Hartmut Böcher, Britta Ellinghaus, Eva König, Margret Langenmayr, Herbert Österreicher, Bodo Rödel, Elke Schleth-Tams, Christine ter Haar, Yvonne Wagner

Herausgeber: Hartmut Böcher

Erziehen, bilden und begleiten

Das Lehrbuch für Erzieherinnen und Erzieher

2. Auflage

Bestellnummer 40275

■ Bildungsverlag EINS

Haben Sie Anregungen oder Kritikpunkte zu diesem Produkt?
Dann senden Sie eine E-Mail an 40275_002@bv-1.de
Autoren und Verlag freuen sich auf Ihre Rückmeldung.

www.bildungsverlag1.de

Bildungsverlag EINS GmbH
Hansestraße 115, 51149 Köln

ISBN 978-3-427-**40275**-6

© Copyright 2013: Bildungsverlag EINS GmbH, Köln
Das Werk und seine Teile sind urheberrechtlich geschützt. Jede Nutzung in anderen als den gesetzlich zugelassenen Fällen bedarf der vorherigen schriftlichen Einwilligung des Verlages.
Hinweis zu § 52a UrhG: Weder das Werk noch seine Teile dürfen ohne eine solche Einwilligung eingescannt und in ein Netzwerk eingestellt werden. Dies gilt auch für Intranets von Schulen oder sonstigen Bildungseinrichtungen.

Inhaltsverzeichnis

Vorwort 7

Einführung 8

1	**Berufswunsch und -wirklichkeit**	13
1.1	Berufswahlmotive	15
1.2	Das Lernen lernen	20
1.2.1	Voraussetzungen schaffen	20
1.2.2	Funktionsweisen unseres Gedächtnisses	23
1.2.3	Aktive Lernmethoden	28
1.2.4	Informationen finden, auswählen und auswerten	33
1.2.5	Fachliteratur zitieren	38
1.3	Rollen und Rollenerwartungen	40
1.3.1	Rollenverteilungssysteme	43
1.3.2	Rollenkonflikte	46
1.3.3	Rollen und Normen	48
1.3.4	Soziale Kontrollmechanismen	49
1.3.5	Rollen und Status in sozialpädagogischen Einrichtungen	49
1.4	Rechte und Pflichten in sozialpädagogischen Einrichtungen	50
1.4.1	Gesetzliche Regeln und Normen	51
1.4.2	Aufsichtspflicht	56
1.4.3	Arbeitsrecht	60
1.4.4	Das Infektionsschutzgesetz	67
1.4.5	Hilfen und Hilfeplan zur Erziehung	71
1.5	Sozialpädagogische Institutionen	76
1.5.1	Tageseinrichtungen für Kinder von 0 bis 3 Jahren	76
1.5.2	Tageseinrichtungen für Kinder von 3 bis 6 Jahren	81
1.5.3	Tageseinrichtungen für Kinder von 6 bis 12 Jahren	85
1.5.4	Altersübergreifende Institutionen	90
1.5.5	Einrichtungen der offenen Kinder- und Jugendarbeit	91
1.5.6	Stationäre Einrichtungen der Kinder- und Jugendhilfe	92
1.5.7	Familienzentren	95
1.6	Sozialpädagogische Grundkompetenzen	98
1.6.1	Handlungskompetenz	101
1.6.2	Wahrnehmen, beobachten, dokumentieren, evaluieren	106
1.6.3	Pädagogische Gespräche führen	125
1.6.4	Organisieren	149
1.6.5	Erziehungs- und Bildungsprozesse planen	156
1.7	Weiterführende Literatur	159

2	**Kinder und Jugendliche im Blick**	161
2.1	**Lebenswelten von Kindern und Jugendlichen**	163
2.1.1	Lebensweltorientierung	163
2.1.2	Die Kinder- und Jugendberichte der Bundesregierung	166
2.2	**Entwicklung und Sozialisation**	176
2.2.1	Zusammenspiel von Anlage und Umwelt	180
2.2.2	Entwicklungsförderung in der Kindertageseinrichtung	182
2.3	**Entwicklungsbedingungen**	184
2.4	**Kinder im Alter von 0 bis 3 Jahren**	187
2.4.1	Vorgeburtliche Entwicklung	187
2.4.2	Erste Entwicklungsaufgaben	190
2.4.3	Das erste Lebensjahr	191
2.4.4	Das zweite Lebensjahr	203
2.4.5	Das dritte Lebensjahr	208
2.5	**Kinder im Alter von 3 bis 6 Jahren**	211
2.5.1	Entwicklungsaufgaben in der frühen Kindheit	212
2.5.2	Das vierte Lebensjahr	212
2.5.3	Das fünfte Lebensjahr	219
2.5.4	Das sechste Lebensjahr	224
2.6	**Kinder im Alter von 6 bis 12 Jahren**	231
2.6.1	Entwicklungsaufgaben in der Kindheit	231
2.6.2	Entwicklung von Schulkindern	232
2.6.3	Konsequenzen für die Praxis	237
2.7	**Kinder im Alter über 12 Jahren**	239
2.7.1	Entwicklungsaufgaben im Jugendalter	240
2.7.2	Pubertät und Adoleszenz	240
2.7.3	Identitätsentwicklung	245
2.7.4	Jugendliche und ihre Umwelt	249
2.7.5	Moral und Werte im Jugendalter	257
2.8	**Umgang mit herausforderndem Verhalten**	261
2.8.1	Verhalten	262
2.8.2	Herausforderndes Verhalten	264
2.8.3	Ursachen für herausforderndes Verhalten	267
2.8.4	Formen herausfordernden Verhaltens	278
2.8.5	Herausforderndes Verhalten und Selbstwertgefühl	290
2.9	**Weiterführende Literatur**	292
3	**Pädagogische Konzepte und ihre Grundlagen**	293
3.1	**Erziehen**	295
3.1.1	Pädagogische Grundhaltungen	300
3.1.2	Erziehungsbedingungen	305

3.1.3	Erziehungsziele	309
3.1.4	Erziehungsmittel	312
3.1.5	Erziehungsstile	318
3.1.6	Normen und Werte in der Erziehung	329
3.1.7	Erziehungsprozesse planen	341
3.1.8	Erziehungskonzeptionen	347
3.1.9	Moderne Konzeptionsentwicklung	384
3.2	**Bildung und Selbstbildungsprozesse**	**390**
3.2.1	Bildung als individueller Lernprozess	391
3.2.2	Bildungsauftrag, Bildungspläne, Bildungsbereiche	393
3.2.3	Bildungsförderung für Kinder von 0 bis 10 Jahren	396
3.3	**Lernen und Lernbedingungen gestalten**	**402**
3.3.1	Lernend beginnt das Leben	403
3.3.2	Verhalten, Handeln und Lernen	409
3.3.3	Persönlichkeit und Lernen	410
3.3.4	Lernen in sozialen Zusammenhängen	412
3.3.5	Lernen findet im Gehirn statt	414
3.3.6	Lernen als Wirklichkeitskonstruktion	421
3.3.7	Reflexe lernen	429
3.3.8	Spontan verhalten und lernen	438
3.3.9	Beobachten und lernen	447
3.3.10	Lebenslanges Lernen	451
3.3.11	Lerntheorien und Menschenbilder	456
3.4	**Erziehen, bilden und begleiten: Querschnittsaufgaben**	**458**
3.4.1	Bildungsprozesse planen	458
3.4.2	Gruppenprozesse gestalten und begleiten	471
3.4.3	Partizipation	479
3.4.4	Das Konzept der Resilienz	489
3.4.5	Koedukation und Chancengleichheit	495
3.4.6	Interkulturelle Bildung und Erziehung	506
3.4.7	Inklusion	517
3.4.8	Sprachförderung	531
3.4.9	Beobachten und dokumentieren	535
3.5	**Erziehen, bilden und begleiten: ausgewählte Bildungsbereiche**	**541**
3.5.1	Sprachkompetenz und Literacy	544
3.5.2	Umweltbildung	564
3.5.3	Gesundheit und Bewegung	582
3.5.4	Spielen und gestalten	595
3.5.5	Mathematisch-naturwissenschaftliche Bildung und Erziehung	605
3.5.6	Musikalische Bildung und Erziehung	615
3.5.7	Künstlerisches Gestalten	627
3.5.8	Ethische und religiöse Bildung und Erziehung	637
3.5.9	Medienkompetenz und Medienerziehung	660
3.6	**Weiterführende Literatur**	**672**

| **4** | **Professionalisierung und Weiterentwicklung** | 675 |

4.1	**Professionalität**	676
4.1.1	Professionalität entwickeln	681
4.1.2	Persönlichkeitsbildung als Basis für Professionalität	682

4.2	**Zusammenarbeit im Team**	683
4.2.1	Kennzeichen eines guten Teams	685
4.2.2	Das Teamgespräch	687
4.2.3	Methoden der Teamarbeit	695

4.3	**Qualitätsmanagement**	697
4.3.1	Was ist Qualität?	698
4.3.2	Was ist Qualitätsmanagement?	698
4.3.3	Gesetzliche Grundlagen und Ziele des Qualitätsmanagements	699
4.3.4	Qualitätsdimensionen	700
4.3.5	Der Nationale Kriterienkatalog	703
4.3.6	Qualitätsmanagement nach Einschätz- und Bewertungsskalen	705
4.3.7	Total-Quality-Management-Systeme	710
4.3.8	Qualität entwickeln im Dialog	712
4.3.9	Aufgaben des Trägers und der sozialpädagogischen Fachkräfte	715
4.3.10	Probleme in der Qualitätsdebatte in Kindertageseinrichtungen	716

| 4.4 | **Fort- und Weiterbildung** | 717 |

| 4.5 | **Kooperation mit externen Partnern** | 722 |

4.6	**Erziehungs- und Bildungspartnerschaften gestalten**	727
4.6.1	Elternarbeit als Erziehungs- und Bildungspartnerschaft	728
4.6.2	Ziele und Bedeutung von Erziehungs- und Bildungspartnerschaften	734
4.6.3	Formen und Methoden in Erziehungs- und Bildungspartnerschaft	740
4.6.4	Elternmitwirkung – rechtlich	762
4.6.5	Beschwerdemanagement	770

| 4.7 | **Weiterführende Literatur** | 775 |

Glossar ... 776

Internet-Links ... 802

Literaturverzeichnis ... 804

Bildquellenverzeichnis ... 845

Sachwortverzeichnis ... 847

Verzeichnis wichtiger Persönlichkeiten ... 861

Vorwort

Die Kulturministerkonferenz fasste mit dem Kompetenzorientierten Qualifikationsprofil für die Ausbildung von Erzieherinnen und Erziehern an Fachschulen/Fachakademien einen Beschluss, der die Kompetenzen beschreibt, die professionelle sozialpädagogische Fachkräfte im Verlauf ihrer Ausbildung entwickeln müssen, um ihren Aufgaben in den Einrichtungen gerecht werden zu können. (vgl. Kultusministerkonferenz: 04.01.2013.) So ist es ihre Aufgabe, Kinder, Jugendliche und junge Erwachsene in ihrer Lebenswelt zu verstehen und pädagogische Beziehungen zu ihnen zu gestalten, Entwicklungs- und Bildungsprozesse anzuregen, gruppenpädagogisch zu handeln, die erforderlichen Erziehungs- und Bildungspartnerschaften zu gestalten, an der Entwicklung der sozialpädagogischen Institution und des Teams teilzuhaben und in Netzwerken mit anderen Institutionen zusammenzuarbeiten. (vgl. Kultusministerkonferenz: 04.01.2013, S.2.)

Dabei sollen die sozialpädagogischen Fachkräfte eine Haltung vermitteln und dementsprechend die Fähigkeit und Bereitschaft der Kinder, Jugendlichen und jungen Erwachsenen fördern,
- sich angemessen an den sie betreffenden Entscheidungen des öffentlichen Lebens zu beteiligen (Partizipation),
- die Verschiedenheit von Menschen als Selbstverständlichkeit und Chance zu verstehen (Inklusion),
- Lebensphasen und Übergang zu bewältigen und mit Belastungen umzugehen (Prävention),
- den sprachlichen Ausdrucks- und Verstehensanforderungen gerecht zu werden (Sprachbildung) und
- unter Berücksichtigung grundlegender Werte eine Balance zwischen Autonomie und sozialer Verantwortung zu finden

(vgl. Kultusministerkonferenz: 04.01.2013, S.4.)

Die Neuauflage des vorliegenden Buches bietet die erforderlichen Grundlagen und Hilfestellungen, um die für die Praxis notwendigen Kompetenzen zu entwickeln. Es enthält Fakten, Impulse und Reflexionsanlässe für handlungsorientiertes Lernen und für die Entwicklung der im Kompetenzorientierten Qualifikationsprofil beschriebenen professionellen Handlungskompetenz. In diesem Sinne unterstützt es sowohl die Arbeit in handlungsorientierten Ausbildungsangeboten als auch das Selbststudium.

Es ist den Autorinnen und Autoren dieses Buches sowie dem Bildungsverlag EINS ein Anliegen, den Studierenden sozialpädagogischer Bildungsgänge einen möglichst ganzheitlichen Überblick über das für professionelles Erziehen, Bilden und Begleiten wichtige und erforderliche Hintergrundwissen zu geben. Daher enthält es Fakten, Impulse und Reflexionsgrundlagen für handlungsorientiertes Lernen und unterstützt mit seinem didaktischen Aufbau die individuelle Entwicklung der Studierenden zu professionellen sozialpädagogischen Fachkräften. Die Neuauflage dieses Buches berücksichtigt die im Kompetenzorientierten Qualifikationsprofil formulierten Anforderungen. Ihr Aufbau entspricht nach wie vor dem Entwicklungsprozess, den die Studieren hin zur professionellen Erzieherinnen-Persönlichkeit durchlaufen (s. Einleitung).

Mithilfe dieses Buches lernen die zukünftigen sozialpädagogische Fachkräfte in ihrer Ausbildung, Kinder, Jugendliche und junge Erwachsene in sozialpädagogischen Einrichtungen in ihrer Entwicklung professionell zu unterstützen und den Bildungsauftrag zu erfüllen, denn wenn

„Kinder schon ein Kapital sein sollen, dann sollten wir alles daransetzen, dieses Kapital von Anfang an so zu fördern, dass es sich kreativ entwickeln kann, denn im Erhalt und in der Förderung von Eigenständigkeit und Kreativität liegt die einzige Möglichkeit, die wir haben, Kinder auf Aufgaben vorzubereiten, die weder sie selbst noch wir voraussehen können." (Schäfer, 2009, S. 12)

Die Autorinnen und Autoren stammen aus unterschiedlichen Bundesländern, wodurch die verschiedenen Ausbildungs- und Praxiserfahrungen in die gemeinsame Arbeit eingebracht werden konnten.

Das Team wünscht den Studierenden Freude und Erfolg.

Köln, im Januar 2013   Hartmut Böcher

Einführung

Dieses Buch wendet sich vor allem an Studierende an Fachschulen und Fachakademien, die in sozialpädagogischen und elementarpädagogischen Einrichtungen für Kinder von 0 bis 3, von 3 bis 6 und von 6 bis 12 Jahren, in altersübergreifenden sowie in stationären Einrichtungen und in Einrichtungen der offenen Kinder- und Jugendarbeit arbeiten werden.

Es orientiert sich am **Kompetenzorientierten Qualifikationsprofil** (s. auch Seite 98 ff.) für die Ausbildung von Erzieherinnen und Erziehern, das die aktuelle KMK-Rahmenvereinbarung und den Gemeinsamen Orientierungsrahmen der Kultusminister- und der Jugend- und Familienministerkonferenz berücksichtigt. (vgl. Kultusministerkonferenz, 22.02.2013 und 04.01.2013.)

Der Ausbildungsprozess sozialpädagogischer Fachkräfte in Fachschulen und Fachakademien ist als individueller Entwicklungsprozess der Studierenden zu verstehen, in dessen Verlauf sie grundlegende Entwicklungsaufgaben lösen. Um die Erarbeitung dieser Entwicklungsaufgaben zu unterstützen, folgt dieses Buch einer Logik, nach der sich die Entwicklungsaufgaben aufeinander aufbauend von den Studierenden bearbeiten lassen (vgl. Gruschka, Studien zur Kompetenzentwicklung, 1985):

1. Den Studierenden soll zunächst die Möglichkeit geboten werden, ein neues, eigenes Konzept ihrer zukünftigen Berufsrolle zu entwickeln. Dazu erhalten sie Unterrichtsangebote, die es ihnen ermöglichen, sich einerseits qualifiziert in den unterschiedlichen sozialpädagogischen Berufsfeldern zu orientieren und sich andererseits Klarheit über die Tragfähigkeit des eigenen Berufswunsches zu verschaffen.
2. In einem zweiten Ausbildungsschritt konzentrieren sich die Studierenden weniger auf den eigenen Berufswunsch und die Weiterentwicklung des Berufsrollenverständnisses. Sie wechseln vielmehr die Perspektive und entwickeln ein Konzept der pädagogischen Fremdwahrnehmung. Das bedeutet, dass die zukünftigen Adressaten der sozialpädagogischen Arbeit in den Vordergrund rücken. Darüber hinaus besteht eine der wichtigen Herausforderungen in diesem zweiten Abschnitt darin, die Fülle der sich aus dieser neuen Perspektive ergebenden Informationen und sich entwickelnden Kompetenzen zu koordinieren. Nur so kann eine tragfähige Grundlage für das pädagogische Handeln in vielen beruflichen Situationen wachsen.
3. Die Entwicklung eines immer professioneller werdenden Konzepts des pädagogischen Handelns steht im Mittelpunkt eines dritten Ausbildungsabschnitts. Nun kommt es darauf an, zu lernen, nachhaltig, vor allem aber konzeptionell zu handeln. Die erzieherischen Aufgaben werden zielorientiert und auf der Grundlage einer reflektierten pädagogischen Konzeption zu lösen gelernt.
4. Darauf aufbauend findet die Ausbildung in der Regel ihren Abschluss in der Auseinandersetzung der Studierenden mit professionellem Handeln in sozialpädagogischen Zusammenhängen. In diesem Kontext haben die Studierenden die Möglichkeit, ein eigenes Konzept der Professionalisierung zu entwickeln. Ein besonders wichtiger Aspekt der Professionalisierung ist dabei die Entwicklung der Fähigkeit und Bereitschaft, sich selbst im beruflichen Kontext weiterzuentwickeln und zu erkennen, dass dies ein Prozess ist, der sich durch die gesamte Berufstätigkeit hindurchziehen muss.

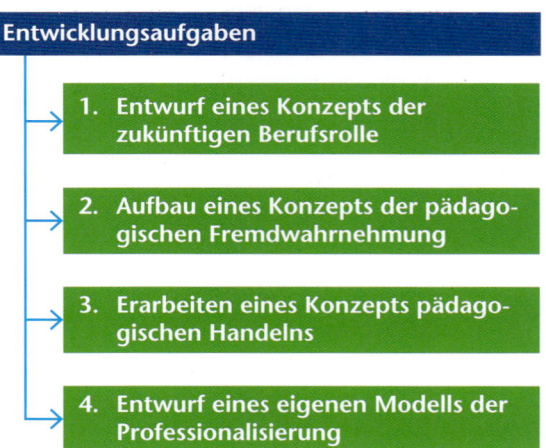

Die Entwicklung erzieherischer Professionalität ist einerseits eine besondere, nur subjektiv zu leistende Aufgabe, andererseits muss die sozialpädagogische Fachkraft aber die spezifischen beruflichen Aufgaben in den verschiedenen Handlungsfeldern lösen können. In diesen Handlungsfeldern müssen sich die sozialpädagogischen Fachkräfte bewähren, indem sie die Kinder und/

oder Jugendlichen professionell und kompetent erziehen, bilden und begleiten.

Die Lösung der Entwicklungsaufgaben durch die Studierenden besteht nicht allein in einem entwicklungs- und persönlichkeitspsychologischen Prozess. Sie findet gleichermaßen im Hinblick auf die Bewältigung der vielfältigen beruflichen Anforderungen in den sozialpädagogischen Berufsfeldern statt.

So muss der Blick während der Ausbildung immer sowohl auf die persönliche Entwicklung der Studierenden als auch auf die konkreten Anforderungen gerichtet werden, denen die sozialpädagogischen Fachkräfte in den verschiedenen Einrichtungen gerecht werden müssen.

Aus der Abfolge der von den Studierenden zu lösenden Entwicklungsaufgaben leitet sich eine mögliche methodisch-didaktische Ausbildungsstruktur ab. Sie fand bereits Mitte der 1990er Jahre in den Richtlinien für die Fachschule für Sozialpädagogik von Nordrhein-Westfalen ihren Niederschlag. Damit war ein erster wichtiger Schritt in der Weiterentwicklung der Konzeptionen der Erzieherinnen-Ausbildung getan: Pädagogisches Handeln wurde von nun an und bis heute als eine subjektive Entwicklungsleistung verstanden, in deren Mittelpunkt die Ausbildung professioneller Handlungskompetenz steht (vgl. Kultusministerkonferenz, 2012).

In den Richtlinien von Nordrhein-Westfalen für die Fachschulen für Sozialpädagogik (Stand 2006) heißt es beispielsweise dazu:

„Die Bearbeitung von Entwicklungsaufgaben durch die Studierenden geschieht im Rahmen von [...] Lernfeldern, die sich auf zentrale berufliche Aufgaben von Erzieherinnen und Erziehern beziehen. Jedes Lernfeld verbindet fachliche, gesellschaftliche und individuelle Aspekte des beruflichen Handelns. Lernfelder erschließen zentrale Handlungsfelder der Kinder- und Jugendhilfe durch Kompetenzbeschreibungen und Zuordnung von Fachinhalten. Der Berufsbezug ist strukturelles Leitkriterium der Ausbildung. Kompetenzbeschreibungen und Fachinhalte der Lernfelder legen lernorganisatorisch eine verbindliche Bildungsgangstruktur fest. Die Lernfelder sind als Handlungsaufgaben formuliert. Sie bündeln thematisch die berufsrelevanten Inhalte und Ziele, die über die Bearbeitung der Entwicklungsaufgaben in konkreten Lernsituationen von den Studierenden angeeignet werden."
(Ministerium für Schule und Weiterbildung des Landes Nordrhein-Westfalen, 2006, S. 19f.)

Der auf lernfelddidaktischer Grundlage formulierte nordrhein-westfälische Fachlehrplan von 2010 orientiert sich ebenfalls am Konzept der Entwicklungsaufgaben (vgl. Ministerium für Schule und Weiterbildung des Landes Nordrhein-Westfalen, 2010, S. 19ff.).

Auch der bayerische Lehrplan für die Fachakademie für Sozialpädagogik beschreibt diese Ausrichtung:

„Zwei wesentliche Aufträge hat die Ausbildung zu erfüllen: Sie muss einerseits die künftigen Erzieherinnen und Erzieher für ihr berufliches Handeln befähigen, dies gilt insbesondere für die Fähigkeit, aus gezielten Beobachtungen und den vermittelten Fachinhalten logisch und fachlich stimmige Aussagen und die entsprechenden Vorgehensweisen abzuleiten, andererseits dürfen Ausbildungsinhalte nicht ohne reflektierende und ggf. verändernde Verknüpfung zur Persönlichkeit der Studierenden vermittelt werden."
(Bayerisches Staatsministerium für Unterricht und Kultus, 2003, S. 7)

Die konkreten aus der beruflichen Praxis heraus entwickelten Lernfelder der Richtlinien verschiedener Bundesländer sind zwar unterschiedlich formuliert, die beruflichen Aufgaben, auf die sie sich beziehen, sind vergleichbar und kompatibel mit dem **Kompetenzorientierten Qualifikationsprofil** und mit dem Gemeinsamen Orientierungsrahmen. Dies trifft auch auf die inzwischen eingerichteten Bachelor-Studiengänge zu.

Als Beispiel seien an dieser Stelle die Lernfelder aus den Lehrplänen der Länder Bayern und NRW angeführt. Die Lernfelder in den bayerischen Richtlinien werden folgendermaßen beschrieben (vgl. Bayerisches Staatsministerium für Unterricht und Kultus, 2006):

- Personen und Situationen wahrnehmen, Verhalten beobachten und erklären
- erzieherisches Handeln planen, durchführen und reflektieren
- Bildungsprozesse anregen und begleiten
- Beziehungen und Kommunikation gestalten
- mit allen am Erziehungs- und Bildungsprozess Beteiligten zusammenarbeiten
- die eigene ästhetische Gestaltungsfähigkeit weiterentwickeln und im beruflichen Handeln einsetzen

- Werte und Werthaltungen reflektieren, weiterentwickeln und in das berufliche Handeln integrieren

Die Lernfelder in den Richtlinien von NRW sind (vgl. Ministerium für Schule und Weiterbildung des Landes Nordrhein-Westfalen, 2010, S. 28):
- Kinder und Jugendliche in ihrer Lebenswelt verstehen und Beziehungen zu ihnen entwickeln
- gruppenpädagogisch handeln und soziales Lernen fördern
- Entwicklungs- und Bildungsprozesse unterstützen
- professionell in sozialpädagogischen Einrichtungen arbeiten

Aufbau des Buches

Das vorliegende Buch bietet Grundlagenmaterialien für die Lösung der oben beschriebenen Entwicklungsaufgaben und für die Entwicklung der für den Beruf erforderlichen Kompetenzen.

Kapitel 1: Berufswunsch und -wirklichkeit

In diesem Kapitel erhalten die Studierenden die Möglichkeit, wichtige zukünftige berufliche Aufgaben im Kontext verschiedener Lernfelder zu erfassen und ein Konzept der zukünftigen Berufsrolle zu entwickeln. Dazu erhalten sie Materialien für
- die Auseinandersetzung mit den Berufswahlmotiven und den differenzierten Vergleich von Berufswunsch und -wirklichkeit,
- die Überprüfung und Optimierung des eigenen Lern- und Arbeitsverhaltens,
- die Reflexion der zu entwickelnden zukünftigen Berufsrolle und die Auseinandersetzung mit Rollenerwartungen,
- Grundinformationen über Rechte und Pflichten in sozialpädagogischen Einrichtungen,
- einen Überblick über die verschiedenen Berufsfelder und Institutionen,
- die Klärung der bereits vorhandenen Kompetenzen und die Entwicklung der für die Bewältigung der vielfältigen beruflichen Aufgaben erforderlichen Kompetenzen.

Kapitel 2: Kinder und Jugendliche im Blick

Im zweiten Kapitel können die Studierenden sich den Lebens- und Entwicklungsbedingungen von Kindern und Jugendlichen einerseits und ihrer psychischen und physischen Entwicklung andererseits zuwenden. Für den Wechsel der Perspektive hin auf die Adressaten der sozialpädagogischen Arbeit erhalten sie Materialien für
- erste Erfahrungen mit den Lebensräumen von Kindern und Jugendlichen,
- Entwicklungs- und Sozialisationsprozesse und -bedingungen,
- Entwicklungsverläufe von der Geburt bis zum Jugendalter,
- die Auseinandersetzung mit Verhaltensabweichungen, -auffälligkeiten und -besonderheiten.

Kapitel 3: Pädagogische Konzepte und ihre Grundlagen

In diesem Kapitel lernen die Studierenden Theorien und Konzepte zu verantwortlichem pädagogischen Handeln kennen. Diese dienen ihnen als Grundlage, eine eigene pädagogische Haltung zu entwickeln. Hierzu erhalten sie Materialien, die sie darin unterstützen,
- eigenes erzieherisches Handeln kritisch zu reflektieren,
- Erziehung altersgemäß und zielorientiert zu konzipieren,
- die Selbstbildungsprozesse von Kindern oder Jugendlichen planvoll in verschiedenen Bildungsbereichen zu unterstützen,
- Entwicklungs- und Bildungsprozesse zu dokumentieren,
- Lernprozesse zu verstehen, pädagogisch zu nutzen und das eigene sowie insbesondere das Lernen von Kindern oder Jugendlichen zu stärken und zu begleiten.

Kapitel 4: Professionalisierung und Weiterentwicklung

Mit den Materialien dieses Kapitels können die Studierenden im Rahmen wichtiger Lernfelder ein eigenes Modell der Professionalisierung für die praktische berufliche Arbeit entwickeln. Hierzu bietet ihnen dieses Buch Materialien für
- die Professionalisierung der Erzieherpersönlichkeit,
- die Zusammenarbeit im Team,
- das Qualitätsmanagement,
- die Fort- und Weiterbildung,
- die Gestaltung der Erziehungs- und Bildungspartnerschaften.

Das Basiswissen in diesem Buch entspricht auch den inhaltlichen Grundlagen vieler Bachelor-Studiengänge zur Bildung und Erziehung in der Kindheit. Auf der Internetseite der Fachhochschule Potsdam heißt es beispielsweise:

„Die Studierenden erwerben Kompetenzen für eine pädagogische Arbeit in Bereichen wie:
- *Erziehung und Bildung in Kindergärten und Horten,*
- *pädagogische Arbeit im Ganztagsschulsystem,*
- *Zusammenarbeit mit Eltern."*

(Fachhochschule Potsdam, 2009)

Wichtige Inhalte aus dem Ausbildungsprofil eines Fachhochschulstudienganges zur Sozialen Arbeit sind u. a. (vgl. Fachhochschule Potsdam, 2009):
- Beziehungs-/Bindungsaufbau
- Entwicklungs- und Bildungsprozesse
- Wahrnehmung und Begleitung von Bildungsprozessen
- Eltern als Erziehungs- und Bildungspartner, Elternbildung
- Kompetenzentwicklung
- Organisationsentwicklung
- Qualitätsmanagement und Qualitätsentwicklung
- Öffentlichkeitsarbeit

So können die Materialien in diesem Buch auch von den FH-Studierenden während ihres Studiums herangezogen werden.
Sie sind auch als Werkzeug für die Bearbeitung beruflicher Aufgaben im Rahmen von Lernsituationen zu verstehen. Diese Lernsituationen werden methodisch und didaktisch von den Unterrichtenden ggf. auch unter Mitwirkung der Studierenden vorbereitet.
Arbeitsvorschläge, Handlungsanleitungen und Tipps für die berufliche Praxis, die in diesem Buch auch vorkommen, dürfen keinesfalls als „Rezepte" verstanden werden, die eins zu eins umzusetzen sind. Es handelt sich dabei um Anregungen, die zwar gerne auch in der vorgeschlagenen Weise erprobt werden können, die im Wesentlichen aber als Basis für eigene Variationen und kritische Reflexionen herangezogen werden sollten.
Das vorliegende Buch wird ergänzt durch ein Arbeitsbuch, einen Portfolioband und Tafelbilder für das interaktive Whiteboard.
Die Kapitel des Studienbuches – und analog des Arbeitsbuches – sind so verfasst, dass sie auch unabhängig voneinander bearbeitet werden können. Deshalb wurden vereinzelte Wiederholungen bewusst nicht vermieden.

Weiterführende Literatur
Für die vertiefende und erweiternde Arbeit enthält das Studienbuch ein Kapitel mit weiterführender Literatur.

Glossar
Am Ende des Buches befindet sich ein Glossar, in dem wichtige Fachbegriffe alphabetisch geordnet und kurz erklärt sind. Die Glossar-Begriffe sind im Text blau hervorgehoben.

Internet-Links
Auch wenn Internetlinks – im Vergleich zu Literatur – eine häufig kürzere Lebensdauer haben, enthält das Studienbuch entsprechende Hinweise. Sollten die Internet-Links nach einiger Zeit nicht mehr existieren, dann können die entsprechenden Stichworte immer noch zu entsprechenden Seiten führen.

Das Arbeitsbuch
Die Gliederung des Arbeitsbuches entspricht der Gliederung des Studienbuches. Es enthält zu jedem Kapitel des Studienbuches Aufgaben und Arbeitsvorschläge. Auch hier handelt es sich um Anregungen für die Auseinandersetzung mit den entsprechenden Materialien.

Portfolioband
Als Entwicklungs- und Lerntagebücher können Portfolios den Studierenden in der Ausbildung und den sozialpädagogischen Fachkräften in der Praxis zeigen, welche Stärken sich entwickeln und auf welche – auch längerfristigen – Veränderungen sie pädagogisch reagieren müssen. Auch der Portfolioband ist auf die Struktur des Lehrbuchs abgestimmt.

Das Anerkennungsjahr/Berufspraktikum
Dieser Band bereitet systematisch auf das Anerkennungsjahr und insbesondere auf Fragen der neuen Rolle, der Praxisanleitung und der Praxisbetreuung vor.

Das Planungs- und Methodenbuch
Das Planungs- und Methodenbuch bietet methodisches und didaktisches „Handwerkszeug" an,

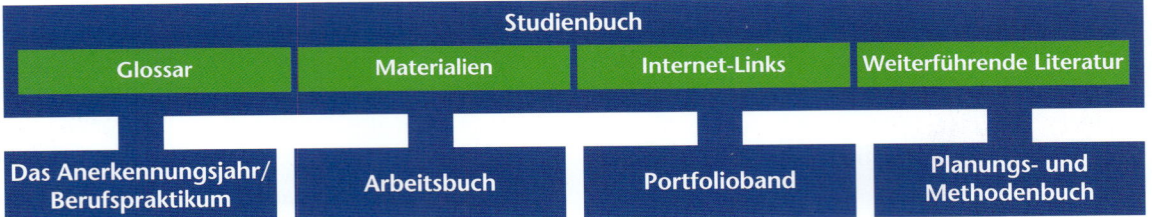

das für das professionelle und persönliche Handeln in der Praxis erforderlich ist. Es baut u. a. auf wichtige Inhalte des Studienbuches auf und ergänzt sie.

Das Team der Autorinnen und Autoren

Hartmut Böcher (Hrsg.): Diplom-Psychologe, 1974–2005 Fachleiter, bis 2000 Leitung einer Fachschule für Sozialpädagogik, 1974–2004 Mitglied in verschiedenen Richtlinienkommissionen, diverse Veröffentlichungen.

Britta Ellinghaus: Erzieherin, Studium der Sozialpädagogik/Sport, seit 2002 Lehrerin am Berufskolleg Käthe-Kollwitz-Schule (KKS) in Aachen, 2004-2009 Fachleiterin, seit 2009 stellvertretende Schulleiterin der KKS. Seit 2011 Schulleiterin am Nelly-Pütz-Berufskolleg des Kreises Düren.

Eva König: Lehramtsstudium der beruflichen Fachrichtung Sozialpädagogik/Deutsch, 2002–2011 Lehrerin an der Fachschule für Sozialpädagogik des Robert-Wetzlar-Berufskollegs in Bonn, seit 2011 Lehrerin am Hermann-Gmeiner-Berufskolleg in Moers, seit 2005 freie Autorentätigkeit beim Bildungsverlag EINS.

Dr. Margret Langenmayr: Studium Germanistik/Katholische Theologie, 1972–2006 Deutsch-Unterricht an einer Caritas-Fachakademie für Sozialpädagogik München, 1992–2006 Schulleiterin, 1998–2006 Vorsitzende der BAG Kath. Ausbildungsstätten für Erzieherinnen/Erzieher, diverse Fachveröffentlichungen.

Herbert Österreicher: Diplom-Ingenieur (FH), Magister artium (ökologische Psychologie, Philosophie, Soziologie), Garten- und Freiflächenplanung, Seminare zur Natur- und Umweltpädagogik, diverse Veröffentlichungen.

Dr. Bodo Rödel: Studium der Heilpädagogik und Erziehungswissenschaften, Arbeit mit jugendlichen Sozialhilfeempfängern, Projektleitung in der Jugendhilfe, seit 2012 Leiter des Arbeitsbereichs Publikationsmanagement beim Bundesinstitut für Berufsbildung in Bonn.

Elke Schleth-Tams: Erzieherin, seit 1988 Leiterin in verschiedenen Tageseinrichtungen für Kinder. Studium der Sozialpädagogik, seit 1995 Fachberatung für den Bereich Tageseinrichtungen für Kinder und Tagespflege, seit 1999 Lehrerin am Berufskolleg Käthe-Kollwitz-Schule in Aachen, Lehramtsstudium berufliche Fachrichtung Sozialpädagogik/Psychologie, NLP-Master und Coach, seit 2012 Fachleiterin am Zentrum für schulpraktische Lehrerausbildung in Aachen und Leverkusen.

Christine ter Haar: Studium Germanistik/Katholische Theologie, unterrichtete bis 2008 Deutsch und katholische Theologie/Religionspädagogik an der Katholischen Fachakademie für Sozialpädagogik München-Harlaching, Mitarbeit an Fachveröffentlichungen.

Yvonne Wagner: Ausbildung zur Erzieherin in München, seit 1994 Erzieherin und Leiterin in verschiedenen Kindertageseinrichtungen, seit 2007 Autorin im Bereich der Frühpädagogik.

Das Fachlektorat wurde durchgeführt von Christel Helene Metke, Köln.

Aus Gründen der Lesbarkeit wird im Folgenden vorrangig von der weiblichen Berufsbezeichnung Gebrauch gemacht, obwohl die Autorinnen und Autoren mehr männliche Erzieher in allen sozialpädagogischen Berufsfeldern für wünschenswert halten und die derzeit aktiven Erzieher entsprechend wertschätzen.

1 Berufswunsch und -wirklichkeit

1.1 Berufswahlmotive

1.2 Das Lernen lernen

1.3 Rollen und Rollenerwartungen

1.4 Rechte und Pflichten in sozialpädagogischen Einrichtungen

1.5 Sozialpädagogische Institutionen

1.6 Sozialpädagogische Grundkompetenzen

1.7 Weiterführende Literatur

Bevor Sie sich entschieden haben, einen Beruf in einem der sozialpädagogischen Berufsfelder zu ergreifen und eine entsprechende Berufsausbildung zu beginnen, hatten Sie bereits Vorstellungen von ihrem zukünftigen Beruf. Diese Vorstellungen haben sich entwickelt

- auf der Grundlage Ihrer konkreten Erfahrungen als Kind oder Jugendliche in verschiedenen sozialpädagogischen Einrichtungen,
- im Zusammenhang mit Gesprächen, die Sie selbst direkt oder indirekt im Familien-, Bekannten- und Freundeskreis über sozialpädagogische Einrichtungen miterlebt haben.

Ihr Bild von den Tätigkeiten und Aufgaben einer sozialpädagogischen Fachkraft entwickelte sich im Verlauf Ihres Lebens sehr allmählich und immer präziser. Sie konnten erleben, mit welchen zum Teil sehr unterschiedlichen Erwartungen Eltern, Kinder und Jugendliche den verschiedenen sozialpädagogischen Fachkräften begegnen, und im Verlauf Ihrer eigenen Biografie eine Vorstellung von Ihrer Berufsrolle entwickeln. Je deutlicher Ihre beruflichen Zukunftswünsche in Richtung sozialpädagogischer Berufsfelder ging, desto intensiver entwickelten Sie ein eigenes, sehr persönliches Konzept Ihrer zukünftigen Berufsrolle. Dieses Konzept werden Sie mithilfe dieses Kapitels überprüfen können.

Der Entscheidung für einen pädagogischen bzw. sozialpädagogischen Beruf liegen immer bestimmte persönliche Motive zugrunde. So unterschiedlich diese Motive sein mögen, so bedeutsam sind sie für den Verlauf Ihrer Berufsausbildung und für Ihre zukünftige berufliche Praxis als professionelle sozialpädagogische Fachkraft. Deshalb ist es zu Beginn der Ausbildung erforderlich, diese Motive zu überprüfen. Die Überprüfung geschieht über eine erste Auseinandersetzung mit den Anforderungen, die die Ausbildung an Sie stellt, und mit der beruflichen Wirklichkeit in den verschiedenen sozialpädagogischen Institutionen.

Als ersten Schritt in die Ausbildung werden Sie daher mithilfe dieses Kapitels Ihre eigenen aktuellen Berufswahlmotive klären und reflektieren, um sich anschließend mit wichtigen Arbeitsanforderungen auseinanderzusetzen, mit denen Sie in Ihrer Ausbildung konfrontiert werden.

Es gibt wenig, was sich im sozialpädagogischen Berufsfeld nicht immer wieder und bisweilen sehr schnell ändert. Dazu gehört natürlich, dass sich jeder neue Jahrgang an Kindern und Jugendlichen anders verhält. Dazu gehört weiter, dass sich auch die fachlichen Grundkenntnisse rasch weiterentwickeln. Was sich heute pädagogisch bewährt, muss morgen nicht gut sein. Aus diesen Gründen und nicht nur, weil selbstverständlich auch während Ihrer Ausbildung hohe Anforderungen an Ihre Lernfähigkeit und -bereitschaft gestellt werden, geht es in diesem ersten Kapitel auch um Fragen der Fähigkeit und Bereitschaft zu lernen.

Des Weiteren gibt Ihnen dieses Kapitel Anregungen, sich kritisch mit Rollen und Rollenerwartungen auseinanderzusetzen. Daran anschließend erhalten Sie Informationen über die Rechte und Pflichten sozialpädagogischer Fachkräfte und gewinnen einen Überblick über die wichtigsten sozialpädagogischen Einrichtungen.

Schließlich geht es in diesem Kapitel darum, bereits vorhandene persönliche Kompetenzen zu hinterfragen und diese mit Anforderungen aus der Praxis zu vergleichen.

Um ein erstes, Ihr Alltagsbild veränderndes professionelleres Konzept von der zukünftigen Berufsrolle zu entwickeln, ist eine intensive Auseinandersetzung mit wichtigen sozialpädagogischen Grundkompetenzen erforderlich.

Diese Grundkompetenzen werden im Verlauf der Ausbildung erworben und weiterentwickelt. Sie sind im „Qualifikationsprofil ‚Frühpädagogik' – Fachschule/Fachakademie" unter dem Stichwort **Professionalität** wie folgt zusammengefasst:

„Professionelles Handeln von Fachkräften in Tageseinrichtungen für Kinder erfordert Kompetenzen der selbstständigen Bearbeitung von komplexen fachlichen Aufgaben mit der eigenverantwortlichen Steuerung der entsprechenden Prozesse in der pädagogischen Gruppe und der Einrichtung sowie der Klärung der eigenen Rolle im Hinblick auf die Gestaltung förderlicher Lebensbedingungen für Kinder und Familien. Kompetentes sozialpädagogisches Handeln im Arbeitsfeld Tageseinrichtungen für Kinder *setzt deshalb neben Fachkompetenzen ausgeprägte personale Kompetenzen voraus."*
(Deutsches Jugendinstitut, 2011, S. 16)

Dem „Qualifikationsprofil ‚Frühpädagogik' – Fachschule/Fachakademie" entsprechend müssen sozialpädagogische Fachkräfte

> *Dieses Kapitel setzt sich mit den für den Beruf erforderlichen, grundlegenden Kompetenzen auseinander. Es leistet einen Beitrag dazu, dass die Studierenden sich in der Berufswirklichkeit orientieren, ihren Berufswunsch mit der sozialpädagogischen Praxis vergleichen und ein erstes Konzept für die zukünftigen Berufsrolle entwickeln können. (vgl. auch Handlungsfelder und Kompetenzen des Kompetenzorientierten Qualitätsprofils der KMK, S. 8f und 98 ff.)*

- „der Welt, sich selbst und Mitmenschen gegenüber offen, neugierig, aufmerksam und tolerant sein;
- Empathie für Kinder, ihre Familien und deren unterschiedliche Lebenslagen haben;
- in der Lage sein, ein pädagogisches Ethos zu entwickeln, prozessorientiert zu reflektieren und Erkenntnisse argumentativ zu vertreten;
- in der Lage sein, pädagogische Beziehungen aufzubauen und professionell zu gestalten;
- die Subjektivität eigener Wahrnehmungen im Spannungsfeld von Selbst- und Fremdwahrnehmung reflektieren und bewerten;
- einen dialogischen Kommunikationsstil pflegen;
- über demokratische Verhaltensweisen verfügen;
- die biografischen Anteile des eigenen Handelns reflektieren und entsprechende Schlussfolgerungen für die pädagogische Arbeit ziehen;
- in der Lage sein, ihren Weiterbildungsbedarf zu erkennen, zu organisieren und nachhaltig zu gestalten;
- über eine ausgeprägte Lernkompetenz verfügen, durch die sie die Entwicklung ihrer Professionalität als lebenslangen Prozess verstehen;
- die kulturellen Hintergründe und die Vielfalt von Zielen und Werten in der Bildung von Kindern respektieren und beachten, u. a. unter Berücksichtigung von Mehrsprachigkeit;
- die Kinder und die Eltern als Subjekte ihrer Entwicklung sehen;
- die Bedeutung emotionaler Bindungen und sozialer Beziehungen bei der pädagogischen Arbeit berücksichtigen;
- über die Fähigkeit, vorausschauend initiativ zu sein und selbstständig im Team zu arbeiten verfügen;
- die Fähigkeit zur Kooperation mit allen Akteurinnen und Akteuren des Arbeitsfeldes haben;
- die Fähigkeit haben, Fachkolleginnen und Fachkollegen sowie Adressatengruppen (wie Eltern, Berufspraktikantinnen und Berufspraktikanten) fachliche Inhalte zu vermitteln;
- berufliche Handlungen fachwissenschaftlich und konzeptionsbezogen in internen Arbeitsprozessen und gegenüber Kooperationspartnerinnen und Kooperationspartnern der Einrichtung vertreten;
- Projekte mit komplexen Bedingungsstrukturen planen und leiten;
- die Verantwortung für die Leitung von pädagogischen Gruppen und für die Entwicklung der Kinder übernehmen;
- sich auf offene Arbeitsprozesse einlassen und mit Ungewissheiten im beruflichen Handeln umgehen können;
- ein ausgeprägtes Bewusstsein für die Risiken ihres Handelns haben;
- eine kritische und reflektierende Haltung zu Handlungen ihres beruflichen Alltags haben."

(Deutsches Jugendinstitut, 2011, S. 16 f.)

1.1 Berufswahlmotive

Der Wunsch, sozialpädagogische Aufgaben beruflich zu übernehmen und eine entsprechende Ausbildung zu absolvieren, hat grundsätzlich etwas mit der persönlichen Biografie zu tun. So sind es die für die Entwicklung des Menschen wichtigen Personen, Personengruppen und Institutionen, die einen Einfluss auf die Entstehung der Berufswahlmotive haben. Dazu gehören natürlich zunächst die Familienmitglieder. Selbst wenn einem dies nicht oder nicht immer bewusst ist, üben sie einen nachhaltigen Einfluss auf die persönlichen Motive eines Menschen aus. Weiter gehören dazu Freunde, Erzieherinnen und Lehrkräfte in sozialpädagogischen Einrichtungen und Schulen, die man besucht hat, und im Jugendalter natürlich der Freundes- und Bekanntenkreis. Speziell für Berufswahlmotive in sozialpädagogischer Richtung spielen auch Erfahrungen eine Rolle, die man als Kind und gegebenenfalls auch im Jugendalter in entsprechenden Einrichtungen sammeln konnte.

Berufswahlmotive und Berufswahlentscheidung stehen in sehr engem Zusammenhang zu den gesellschaftlichen und soziokulturellen Bedingungen, unter denen sie sich entwickelt haben. Der Wunsch, Erzieherin oder – immer noch sehr selten – Erzieher zu werden, macht dies deutlich.

So, wie Eltern normalerweise keine pädagogische Ausbildung haben, nahm man bis in die Mitte des 19. Jahrhunderts an, sei dies auch für den Beruf einer Erzieherin nicht oder nur sehr begrenzt nötig. Erst dann entwickelte sich allmählich der Beruf der Kindergärtnerin, wobei Friedrich Fröbel, auf den die Bezeichnung „Kindergarten" zurückgeht, eine wichtige Rolle spielte (vgl. Kap. 3.1.8). Bis in die 1960er Jahre war in Deutschland wie in vielen anderen Ländern Europas die Vorstellung verbreitet, dass Kinder in Kindergärten eine liebevolle und strenge Betreuerin benötigen, die im Verlauf ihrer eigenen Erziehung zu Hause gelernt hat, mit Kindern umzugehen. Kindertagesstätten, in denen Kinder den ganzen Tag verbrachten, gab es in der Bundesrepublik damals nur wenige.

Es herrschte darüber hinaus die Überzeugung vor, dass die nicht berufstätige Mutter die beste Erzieherin für ihre Kinder und alles andere nur eine Notlösung sei. Dabei wurde und wird bisweilen immer noch in der öffentlichen Diskussion selten an die finanzielle Situation vieler Familien gedacht. So gibt es die Vorstellung, dass es berufstätige Mütter erst in heutiger Zeit gebe und dass die erzieherische Situation der Kinder in früheren Generationen sehr viel besser gewesen sei. Dies allerdings trifft außer in relativ wohlhabenden Familien überhaupt nicht zu. Im Gegenteil, statt in wilden Spielen die Natur zu genießen, mussten viele Kinder schon im frühen Kindesalter mitarbeiten, um zu helfen, die Ernährung der Familie zu sichern.

Erst mit der Kultusministerkonferenz von 1967 wurde der Ausbildungsberuf zur „Staatlich anerkannten Erzieherin" bzw. zum „Staatlich anerkannten Erzieher" in der gesamten Bundesrepublik eingeführt. Doch auch danach war lange Zeit die Einstellung verbreitet, dass es in diesem Beruf in erster Linie darum gehe, Kinder zu betreuen und unterhaltsam zu beschäftigen. Selbst in vielen Ausbildungsstätten existierte der Beschäftigungsbegriff selbst dann noch, als es dort längst selbstverständlich war, dass es bei dieser „Beschäftigung" um methodisch und didaktisch professionelles Handeln gehen muss.

Der Gedanke an die Notwendigkeit professioneller *Erziehung* und *Bildung* rückte durch die öffentliche Diskussion im Anschluss an die schlechten deutschen Ergebnisse bei der ersten **PISA-Studie** im Jahr 2000 in den Vordergrund. So kam es im vergangenen Jahrzehnt zu einer deutlichen Veränderung des Berufsbildes der Erzieherin im Bewusstsein der Öffentlichkeit wie auch im konkreten beruflichen Handeln von der

- bloßen Kinderbetreuung in sozialpädagogischen Institutionen als berufliche Tätigkeit zum
- Erziehen, Bilden und Begleiten der Kinder als professionelles berufliches Handeln in sozialpädagogischen Institutionen.

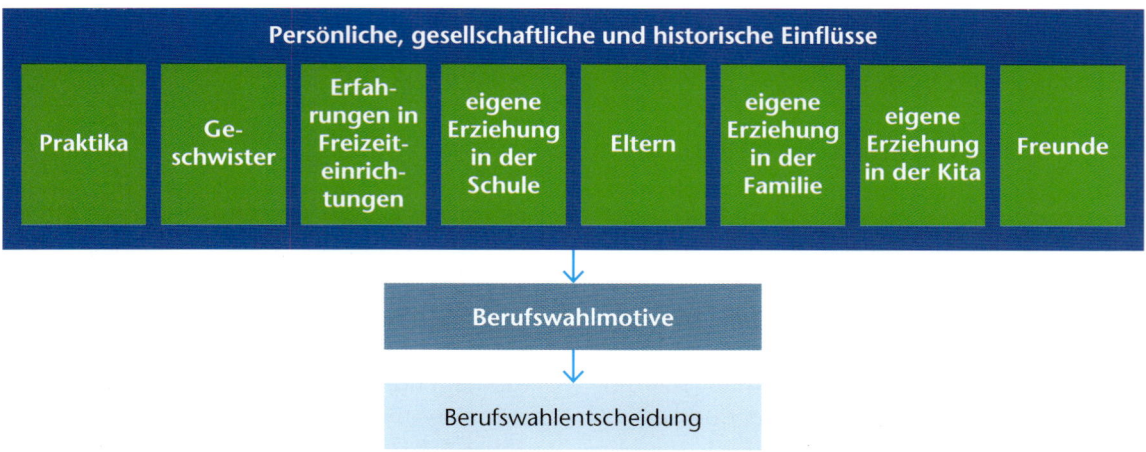

Einflussfaktoren auf Berufswahlmotive und -entscheidungen

Diese historische Entwicklung hat einen bis heute andauernden Einfluss auf die Berufswahlentscheidungen. So spielen die folgenden Faktoren nach wie vor eine zentrale Rolle:
1. Sozialpädagogische Fachkräfte und hier insbesondere Erzieherinnen waren und sind traditionell Frauen.
2. Vor allem der Beruf der Erzieherin wird so gering entlohnt, dass er für viele Männer – selbst wenn sie sehr geeignet dafür wären – nicht in ihre berufsentscheidenden Überlegungen einbezogen wird. Eine der historischen Ursachen liegt darin, dass die Tätigkeit der Erzieherin häufig ehrenamtlich ausgeführt wurde.
3. Das berufliche Ansehen sozialpädagogischer Fachkräfte – und auch wieder insbesondere der Erzieherinnen – ist nicht besonders hoch. Dafür spielen sowohl die historische Entwicklung dieses Berufs als auch die Bezahlung eine Rolle.
4. Die Vorstellung, dass die Arbeit speziell der Erzieherinnen im Prinzip von jeder „guten Mutter" geleistet werden könnte, ist ebenfalls noch in weiten Kreisen der Bevölkerung verbreitet.

Diese vier Faktoren sind miteinander verwoben, was entsprechende Veränderungen und Fortschritte zusätzlich erschwert. Wie bereits erwähnt, hatten die schlechten deutschen PISA-Studien-Ergebnisse hierbei durchaus eine positive Wirkung. Auf einmal kam es in der Öffentlichkeit zu einer deutlichen Aufwertung der Bedeutung sozialpädagogischer Institutionen.

Die **Professionalisierung des Erzieherinnenberufs** ist seitdem in aller Munde und es wird nicht mehr diskutiert, ob es in Kindertagesstätten „nur" um eine liebevolle Betreuung bzw. Beaufsichtigung gehen muss oder ob hier professionelle Erziehung gefordert und eine ebenso professionelle Unterstützung der Selbstbildungsprozesse der Kinder und Jugendlichen notwendig ist.

Damit hat sich das Berufsbild der Erzieherin im öffentlichen Leben – bei vielen Menschen und in der politischen Diskussion – deutlich verändert. Da zu einer Verbesserung des Berufsprestiges in unserer Gesellschaft eine entsprechend angemessene Entlohnung gehört, bleibt allerdings die Frage offen, wie nachhaltig die durch die PISA-Studie angestoßenen Veränderungen sein werden und ob sich Chancen auftun, aus dem fast reinen Frauenberuf einen Beruf zu machen, der für Männer genauso attraktiv sein wird. Dies ist auch deshalb wichtig, weil das Ansehen einer Berufsgruppe auch etwas mit der Berufswahlentscheidung zu tun hat. Ist dieses Ansehen nur gering, ist die Gefahr groß, dass zu viele geeignete junge Frauen und Männer diesen Beruf nicht ergreifen. Dabei helfen allerdings die vielen in der Öffentlichkeit artikulierten Lippenbekenntnisse nicht weiter, wenn nicht konkrete Entscheidungen im Interesse der außerschulischen institutionellen Pädagogik die Lage – auch im internationalen Vergleich – verbessern. Die gegenwärtigen Forderungen vieler Erzieherinnen zeigen die Dringlichkeit einer Verbesserung ihrer Situation.

Analysiert man die anfänglichen Berufswahlmotive der Frauen und wenigen Männer, die sich entschieden haben, Erzieherin oder Erzieher zu werden, stößt man immer wieder auf Motive, die zwar nicht abzulehnen sind, die aber dennoch die Spuren deutlich machen, die die historische Entwicklung und das öffentliche Bewusstsein hinterlassen haben.

Die folgenden Aussagen über die eigenen **Berufswahlmotive** von jungen Frauen, die vor ihrer Berufswahlentscheidung stehen, sind vermutlich nicht selten:

- *Ich möchte gerne mit Menschen arbeiten.*
- *Ich mag Kinder.*
- *Ich möchte Kindern helfen.*
- *Ich bin gerne mit Jugendlichen zusammen.*
- *Ich möchte Kinder fördern und bin begeisterte Bastlerin.*
- *Ich möchte gerne mit Kindern spielen und kreativ sein.*
- *Ich habe gute Erfahrungen beim Babysitten gemacht.*
- *Meine Eltern finden, dass ich gut mit Kindern umgehen kann.*
- *Ich bin oft in einem Jugendzentrum und möchte deshalb auch mal dort arbeiten.*
- *Ich kann mir den Beruf der Erzieherin sehr gut vorstellen, weil man viel mit kleinen Kindern und Jugendlichen zu tun hat. Außerdem kann man dort sehr kreativ sein.*
- *Ich habe mit Kindern schöne Erfahrungen gemacht und wurde immer von ihnen anerkannt.*

- *Ich passe einmal in der Woche auf ein 1-jähriges Kind auf. Das macht viel Spaß und deshalb möchte ich jetzt Erzieherin werden.*
- *Ich habe ein Praktikum im Kindergarten gemacht und die Kinder waren immer begeistert, wenn ich mit neuen Spielen kam. Sie bedankten sich bei mir mit glücklichen Gesichtern.*
- *Ich bin hilfsbereit und arbeite gerne mit Menschen zusammen. Ich bin kreativ, habe Geduld, habe handwerkliches Geschick. Ich passe einmal in der Woche auf ein 3-jähriges Kind auf. Deshalb möchte ich Erzieherin werden.*
- *Erzieherin kommt für mich infrage, da ich mich sehr gerne mit kleinen Kindern beschäftige. Es macht mir viel Spaß, mit kleinen Kindern zusammen zu sein, deshalb passe ich auch einmal in der Woche auf ein 4-jähriges Kind auf.*
- *Ich würde den Beruf Erzieherin sehr gerne ausüben, da es mir sehr viel Spaß macht, mit kleinen Kindern zusammenzuarbeiten. Da ich auch kleine Cousins und Cousinen hab, mit denen ich mich regelmäßig beschäftige bzw. auf sie aufpasse, habe ich viele Erfahrungen mit kleinen Kindern.*
- *Ich habe zwei Praktika in Kindergärten gemacht. Die Kinder haben sich immer total gefreut, wenn sie mich gesehen haben. Also habe ich mir gedacht, werde ich doch Erzieherin.*

Zweifellos muss eine Erzieherin gerne mit Kindern zusammen sein. Auch muss sie kreativ und geduldig sein, mit Menschen umgehen können und Kinder fördern wollen. Dennoch zeigt sich in den obigen Aussagen, dass die folgenden wichtigen Aspekte häufig (noch) nicht im Bewusstsein sind, wenn über die Berufswahl nachgedacht wird:

1. der Unterschied zwischen bloßer Beaufsichtigung und Betreuung einerseits und **(sozial-) pädagogischem Handeln** andererseits
2. die Verschiedenheit von alltäglicher und **professioneller Erziehung**
3. die Aufgabe einer **Unterstützung der Selbstbildungsprozesse** der Kinder
4. die Bedeutung, die die Übernahme von sozialpädagogischer **Verantwortung** in der Praxis für das eigene Verhalten unter folgenden Aspekten hat: Vorbildwirkung, Selbstdisziplin, fachliche Kompetenz, Arbeit mit Erwachsenen etc.

Zudem sind viele der oben aufgelisteten Berufswahlmotive stark idealisierend: Spaß haben, spielen, basteln, malen und froh sein können, wenn die Kinder dankbar sind. Die damit verbundene Vorstellung vom „bloßen" Beschäftigen der Kinder prägt nach wie vor anfängliche Berufswahlüberlegungen. Und auch dies gehört wahrscheinlich zu den Gründen dafür, dass immer noch viel zu wenige Männer diesen Beruf ergreifen.

Andreas Gruschka beschreibt in einem Beispiel den Berufswunsch einer jungen Frau unter dem Titel „Was gibt es Schöneres, als Kinder glücklich zu machen?" Dort heißt es u. a.:

„Die Entscheidung von Daisy, in den Erzieherbildungsgang einzutreten, war durch zwei Motive beeinflusst worden. Bestimmend war für sie vor allem der Wunsch gewesen, Erzieherin zu werden. Jahrelang war Daisy mit ihren Eltern in ein Ferienerholungsheim gefahren. Die Kinder waren dort der Obhut von Erzieherinnen übergeben worden. Die Eltern suchten Erholung und Entspannung; der abenteuerliche Tatendrang der Kinder sollte von Erzieherinnen beaufsichtigt und angeleitet werden. Daisy erinnerte sich noch lebhaft an ihre Ferienaufenthalte und die Aktivitäten in den Kindergruppen. Als sie älter geworden war, hat sich dort ihr Gruppenstatus geändert: Daisy war in die Rolle einer Betreuerin hineingewachsen und leitete schließlich eine Gruppe. Mit Begeisterung war sie dieser Aufgabe nachgekommen. Beim Eintritt in die Kollegschule war sie noch voll von ihren Erfahrungen aus dem Ferienerholungsheim und bekannte mit enthusiastischem Stolz und Überschwang: ‚Ich freue mich riesig, staatlich anerkannte Erzieherin zu werden!' Die Freude bei der Betreuung der Kinder konnte nun in eine berufliche und damit dauerhafte Perspektive eingebracht werden.

Auf dem Hintergrund ihrer Erfahrungen mit Kindern in dem Ferienerholungsheim erscheint für Daisy die Ausbildung zunächst unproblematisch. Gegenüber ihren Mitschülern wusste sie um ihren Erfahrungsvorsprung. Sie fühlte sich sicher im Umgang mit Kindern und verkündete selbstbewusst, dass sie über deren Wünsche recht genau Bescheid wüsste; auch wäre ihr klar, wie Kinder anzuleiten, zu motivieren und zu fördern seien.

Ihren erzählten Erinnerungen nach hörte sich das problemlos an. Noch ließ der durch keinen Hinweis auf irgendeine Verunsicherung vorgetragene Bericht Daisys vermuten, dass sie ihre Vorerfahrungen wohl kaum einer kritischen Verarbeitung unterzogen hatte. Sie sprach [...] von keiner problematisch erlebten Situation, keinem widersprüchlichen Verhalten der Erzieher. Im Gegenteil: Die Betreuung der Kinder schien eine pädagogische Idylle gewesen zu sein. Da hatte sie lediglich dem Wunsch der Eltern nachzukommen, ‚dass die Kinder sich bei der Tante wohlfühlten', dass sie beschäftigt waren. Dieses Interesse deckte sich durchaus mit den Absichten von Daisy, denn schließlich ‚bezahlten die Eltern ja auch dafür teures Geld'. Daisy hatte sich also schon in einer quasi vertraglich geregelten Erziehersituation gefunden. Die ihr zugemutete Aufgabe hatte sie in eine positiv erlebte Verantwortlichkeit gesetzt und selbstbewusst gemacht.

Sie hatte damit schon zu Beginn ihrer Ausbildung den Perspektivenwechsel vollzogen und wusste sich durch die Ferienfreizeitmaßnahmen als ‚Vorpraktikantin' hinreichend orientiert. Es verwundert deshalb nicht, wenn sie von den Erfahrungen bei der Ferienbetreuung der Kinder ein Berufsrollenverständnis ableitete, in dessen Zentrum das Motiv stand: ‚Es macht einfach Spaß, Kinder glücklich zu machen!' Daisy demonstrierte einen nahezu grenzenlosen Optimismus, wenn sie sich für das Glück der ihr anvertrauten Kinder verantwortlich machen konnte. Sie suchte dafür den ‚stabilen Kontakt zu einer Stammgruppe'. Die Rolle als Freizeitbetreuerin wurde von ihr überhöht, indem sie sich wie eine ‚Gruppenmutter' vorstellte, die allumfassend Sorge trug für ‚ihre Kinder'. Die Gruppe wurde zum Freiraum für ein allesamt beglückendes Zusammensein.

Dass es ihrem Verständnis nach aber nicht um spielerische Muße ging, deutete Daisy damit an, dass sie in ihren Erzählbeiträgen ausdrücklich erzieherische Arbeitsbegriffe verwendete: Kinder müssten auch ‚angeleitet', ‚motiviert' und ‚gefördert' werden. Daisy bestimmte damit ihr Tun als eine Form professioneller Verantwortung. Dies setzte sie damals noch nicht in eine Perspektive für den Erzieherberuf um, indem sie etwa systematisch die Wünsche der Kinder zu erkennen versucht hätte. Der naive Umgang und Spaß mit Kindern war für Daisy allein schon pädagogisch befriedigend und gerechtfertigt."

(Gruschka, 1985, S. 114f.)

Dieses ausführliche Beispiel zeigt, dass die Berufswahlmotive kurz vor oder auch kurz nach der Berufswahlentscheidung nicht unbedingt besonders zuverlässig sein müssen. Dies gilt selbst dann, wenn im Vorfeld Erfahrungen in Praktika gesammelt werden konnten. Erfahrungen aus Praktika und Erfahrungen im Privatleben durch Babysitten bzw. Kinderhüten oder Freizeitaktivitäten mit Kindern oder Jugendlichen können hilfreich für die Berufswahlentscheidung sein und entsprechend motivieren. Sie müssen aber noch kein Hinweis darauf sein, dass die notwendigen Voraussetzungen vorhanden sind und dass die Berufswahlmotive die Berufsentscheidung auf Dauer tragen können. Dies gilt zweifellos auch für die Wahlmotive und -entscheidungen in allen anderen Berufsrichtungen.

Was kann also jemand tun, der motiviert ist, einen bestimmten Beruf zu erlernen? Trotz all dieser Unsicherheit, die immer mit einer Berufswahlentscheidung verknüpft ist, ist es erforderlich, zu Beginn der Ausbildung einen Perspektivwechsel vorzunehmen und damit zu beginnen,
- die berufliche Tätigkeit aus einer professionellen Sicht wahrzunehmen,
- die eigenen Kompetenzen kritisch zu reflektieren,
- die Notwendigkeit, die Chancen und auch die Mühen der Kompetenzentwicklung wahrzunehmen,
- sich mit den eigenen und den Erwartungen anderer an die Tätigkeit einer sozialpädagogischen Fachkraft in verschiedenen sozialpädagogischen Arbeitsfeldern vertieft auseinanderzusetzen.

Ohne einen solchen Perspektivwechsel und ohne eine konstruktive und gleichzeitig kritische Auseinandersetzung mit der eigenen Persönlichkeit und den daraus resultierenden Berufswahlmotiven wird die Entwicklung zu einer professionellen Erzieherpersönlichkeit nur schwer möglich sein.

Die Lehrpläne der verschiedenen Bundesländer sehen in einer ersten Ausbildungsphase in der Regel vor, dass sich die Studierenden mit solchen Fragen intensiv auseinandersetzen. In diesem Zusammenhang regen viele Ausbildungsstätten eine intensive **biografische Selbstreflexion** an, die auch dazu geeignet sein kann, die Berufswahlmotive kritisch zu hinterfragen. So heißt es bei Gudjons u. a.:

„Die Notwendigkeit zur reflexiven Auseinandersetzung mit der eigenen Lebensgeschichte kann sich phasenspezifisch verdichten, wenn zum Beispiel konflikthafte Erlebnisse [...] ein Neu-Überdenken der eigenen Biografie und der bisherigen Erfahrungen erforderlich machen. Wenn beim Übergang von einem Lebensabschnitt zu einem neuen (Ausbildung/Beruf oder Berufstätigkeit [...]) eine Neuorientierung wichtig wird, ist biografische Selbstreflexion angezeigt."
(Gudjons u. a., 2008, S. 12)

Insbesondere in einem (sozial-)pädagogischen Beruf ist also die Reflexion des eigenen Lebenslaufs und somit die Auseinandersetzung mit der Entstehungsgeschichte der Berufswahlmotive unbedingt erforderlich. Erst die Analyse der eigenen Biografie sowie der bereits vorhandenen Verhaltensmöglichkeiten und -kompetenzen ermöglicht es den Studierenden, ihr sozialpädagogisches Handeln auf professionell reflektiertes Fremdverstehen zu stützen statt auf laienhaft reflektiertes, biografisches Eigenerleben.

1.2 Das Lernen lernen

Wer seine Ausbildung zur Erzieherin beginnt, muss viel lernen – auch viel theoretisches Wissen. Daher ist es sehr wichtig für Sie zu wissen, wie Sie so effektiv wie möglich lernen können. Seien Sie also ehrlich sich selbst gegenüber: Können Sie in der Regel gelernte Inhalte nicht nur am nächsten Tag wiedergeben und vielleicht noch in der Schulaufgabe, sondern können Sie sich auch in den beruflichen Situationen der Praxis darauf beziehen?

Sie können Ihre Fähigkeit zu lernen weiterentwickeln, wenn Sie mehr darüber wissen, worauf es bei einem effektiven Lernen ankommt. Dann können Sie sich über Ihre Art zu lernen Gedanken machen, Neues ausprobieren und Ihren eigenen effektiven Lernstil entwickeln. Damit legen Sie auch die Grundlage für Ihr lebenslanges Lernen. Für Sie als Erzieherin ist das Thema der lernmethodischen Kompetenz außerdem auch deshalb wichtig, weil heute in den aktuellen Bildungsplänen, z. B. dem bayerischen und dem hessischen, die **Förderung der lernmethodischen Kompetenz** der Kinder als wichtiges Bildungsziel genannt wird.

1.2.1 Voraussetzungen schaffen

Lernmotivation
Haben Sie schon einmal bemerkt, dass Sie Inhalte, die Sie interessieren, viel besser behalten als solche, bei denen dies nicht der Fall ist? Auch in Ihrer

Ausbildung zur Erzieherin wird es Ihnen so ergehen: Viele Lerninhalte sind für Sie interessant, aber auch nicht alle. Ihre Einschätzung hängt eng zusammen mit Ihrer „Lernmotivation": Ihre „Lust", etwas zu lernen, ist je nach Fach und Thema unterschiedlich.

Motivation
Motivation ist eine „Verhaltensbereitschaft in Richtung eines bestimmten Ziels. Jeder Motivation liegt ein Motiv zugrunde, dessen Grad an Bedeutsamkeit den Menschen zu einem bestimmten Verhalten ‚bewegt' " (Krenz, Psychologie, 2007, S. 20).

Wie erfolgreich Sie lernen, hängt u.a. davon ab, wie motiviert Sie dazu sind. Ob Sie motiviert sind, steht wiederum mit den Zielen in Zusammenhang, die Sie für Ihr Lernen haben und die Ihnen mehr oder weniger wichtig sind. Ein Ziel könnte z. B. sein, dass Sie als angehende Erzieherin Kompetenzen entwickeln wollen, um Kindern, mit denen Sie später arbeiten, bessere Entwicklungsmöglichkeiten zu geben, als Sie selbst sie vielleicht hatten etc.

Jedes Ziel hat einen Grund, ein Motiv. Daraus erwächst die eigentliche **Motivation**, das Ziel zu erreichen. Neugier und Interesse, der Wunsch, später als Erzieherin etwas Positives bewirken zu können, aber auch eine Aussicht auf gute Noten und damit auf Erfolg bei einer späteren Bewerbung sind wahrscheinlich für Sie wesentliche Motive beim Lernen. Diese hängen wieder zusammen mit Ihren eigenen Vorerfahrungen, z. B. in der Schule oder während der Praktika in einer Einrichtung.

Die Lernmotivation hängt auch mit der aktuellen Lernsituation zusammen, z. B. ob Sie sich in der Lerngruppe wohlfühlen, ob andere Probleme so drängend sind, dass Sie nur wenig Energie für das Lernen zur Verfügung haben etc.

Es ist hilfreich, dass Sie sich über Ihre eigene Lernmotivation klar werden. Dabei kann zwischen extrinsischer und intrinsischer Motivation unterschieden werden.

Intrinsische Motivation
Intrinsisch heißt, dass ein Verhalten „von innen heraus" motiviert ist, weil es als interessant und befriedigend erlebt wird.

Man geht heute davon aus, dass Menschen ein angeborenes Bedürfnis danach haben, sich über die aktive Auseinandersetzung mit ihrer Umwelt weiterzuentwickeln (vgl. Schräder-Naef, 2002, S. 39). Die Belohnung liegt in der Freude und Befriedigung, die man dabei erlebt. Intrinsisch motiviertes Verhalten ist immer selbstbestimmt.

Extrinsische Motivation
Das Verhalten entsteht durch äußere Veranlassung. Jemand lernt, weil dadurch negative Folgen wie z. B. eine schlechte Note oder eine schlechte Aussicht auf einen Arbeitsplatz vermieden werden.

Beim Lernen für Schule und Ausbildung sind diese beiden Motivationsarten eng miteinander verknüpft: Aufgrund der Leistungsnachweise, die Sie zu erbringen haben und für die Sie eine Note erhalten, sind Sie immer auch extrinsisch motiviert. Eine gute Note bestätigt Sie darin, dass Sie dazugelernt haben, und das bestärkt wiederum Ihre intrinsische Motivation. Außerdem können Sie während Ihrer Ausbildung nicht vermeiden, dass Sie auch Dinge lernen müssen, die Sie (zunächst) nicht interessieren, hier können sie daher zunächst nur extrinsisch motiviert sein.

Für die intrinsische Motivation kommt es vor allem darauf an, dass Sie sich als Lernende dabei **selbstbestimmt** erleben können (vgl. Schräder-Naef, 2002, S. 39). So können Sie sich als Studierende durchaus im Blick auf ein selbstgestecktes Ziel („kompetente Erzieherin") dazu motivieren, sich auch mit „uninteressanten" Inhalten auseinanderzusetzen. Oft entdeckt man dabei Aspekte, die sich dann doch als bedeutsam und interessant erweisen.

Die Lernpsychologie hat herausgefunden, dass wir viel besser behalten, wenn unser Lernen mit positiven Gefühlen verbunden ist. Der Lernerfolg, d. h. die Nachhaltigkeit des Lernens, steigt an, wenn Sie sich als Lernende in der Lernsituation wohlfühlen.

„Gänzlich unbekannter Stoff, Angst und feindliche Gefühle [...] verursachen Stress, hemmen das Lernen und mindern die Erinnerungsfähigkeit. In der Regel zahlt sich jeder Zeitaufwand aus, der in die Beseitigung der unangenehmen Begleitumstände des Lernprozesses investiert wird."
(Frick/Mosimann, 2004, S. 59)

Nutzen Sie daher bei Lernschwierigkeiten schulische Unterstützungsangebote z. B. durch Klassenlehrer, Beratungslehrer oder kollegiale Beratung in Ihrer Praxisstelle oder Lerngruppe. Wichtig ist weiterhin, sich eine angenehme Lernumgebung zu schaffen.

Lernumgebung

Eine wesentliche Voraussetzung für effektives Lernen ist die Lernumgebung. Ihren Arbeitsplatz zu Hause sollten Sie so gestalten, dass Sie sich dort wohlfühlen.

Folgende Punkte sind für eine angenehme Lernumgebung wichtig:

- **Größe der Arbeitsplatte**
  Die Arbeitsplatte sollte ausreichend groß sein, sodass sich die Arbeitsunterlagen gut darauf ordnen lassen. Unser Gehirn arbeitet sehr strukturiert und braucht Übersicht und Klarheit in der Lernumgebung. Daher sollten Sie Ihre Arbeitsunterlagen auf dem Schreibtisch übersichtlich ordnen: Legen Sie Lernunterlagen für die nächste Klausur auf die eine Seite, Arbeitsunterlagen für eine zu erarbeitende Präsentation auf die andere; was erledigt ist, kommt von der linken auf die rechte Schreibtischseite etc. Außerdem sollten Stifte, Textmarker, Notizzettel, Büroklammern etc. einen festen Platz haben.

- **Sitzhaltung**
  Als Faustregel gilt, dass die Schreibtischhöhe zwischen 73 und 81 cm hoch sein soll, die Sitzoberfläche 20 cm tiefer. Der Abstand der Augen zur Tischplatte sollte zwischen 30 und 40 cm betragen. Achten Sie darauf, dass der Schreibtischstuhl bequem ist und ergonomischen Ansprüchen genügt.

- **Licht und Beleuchtung**
  Der Arbeitsplatz soll gutes Tageslicht haben und für schlechte Lichtverhältnisse eine die Arbeitsfläche gut ausleuchtende Tischlampe. Wenn Sie Rechtshänderin sind, sollte der Lichteinfall von links kommen, sind Sie Linkshänderin, von rechts.

- **Ruhe**
  Manche Menschen sagen, dass sie zum Lernen Musik brauchen. Aber: Bei lauter Rockmusik lässt sich nicht lernen. Anders ist es mit Entspannungsmusik, von der es heißt, dass sie die Konzentration fördern könne. Letztlich können Sie das nur selbst ausprobieren.
  Den Effekt der Entspannungsmusik können Sie am besten im Vorfeld des Lernens nutzen: Sie kann dazu beitragen, dass Sie sich wohlfühlen, wenn Sie mit dem Lernen beginnen. Vielleicht ist es Ihnen dann sogar lieber, in Ruhe und ungestört zu lernen.

Zeitplanung

Neben dem Unterricht wird Ihnen gar nicht so viel persönliche Lernzeit bleiben. Umso wichtiger ist es, dass Sie Ihre Lernzeit gut planen. Das hilft Ihnen auch dabei, zwischen Arbeit und Freizeit zu trennen, denn Sie wissen, dass für alles, was zu tun ist, ausreichend Zeit bleibt.

Die **ALPEN-Methode** kann Ihnen dabei helfen (vgl. Frick/Mosimann, 2004, S. 25). Jeder Buchstabe von ALPEN steht für einen Planungsschritt.

A ufgaben und Arbeiten notieren, die Sie erledigen müssen.

L änge der Tätigkeiten einschätzen.

P ufferzonen reservieren; für Unvorhergesehenes zusätzliche Zeit einplanen.

E ntscheidungen treffen über die Reihenfolge der Arbeiten; wenn Sie nicht alles schaffen können, setzen Sie Prioritäten, d. h., streichen Sie, was Sie als weniger wichtig einschätzen.

N otizen machen über die Aufgabenplanung. Berücksichtigen Sie dabei Ihre persönliche Leistungsfähigkeit: Nehmen Sie sich nicht zu viel vor.

Gibt es Lerntypen?

Auch heute werden oft noch in Anlehnung an Frederic Vester verschiedene Lerntypen unterschieden, wie z. B. der visuelle Typ, für den Lesen und das Wahrnehmen von Bildern oder Grafiken eine große Bedeutung haben, der auditive Typ, der am besten über das Hören lernt, sowie ein haptischer Typ, bei dem der Tastsinn besonders gut ausgeprägt ist.

Zwar findet sich diese Unterscheidung in sehr vielen Büchern zum Thema Lernen, sie lässt sich aber wissenschaftlich nicht stützen (vgl. dazu Looß, 2001 und 2009; Stangl, Lerntypen, 2009). Das hängt damit zusammen, dass hier Wahrnehmen und Behalten mit Verstehen gleichgesetzt wird. Entscheidend ist nicht, über welches Sinnesorgan Sie wahrnehmen, sondern ob Sie dem Wahrgenommenen eine **Bedeutung** zuweisen können. Diese entsteht dadurch, dass Sie die eingehenden Sinnesdaten „auswerten". Dies ist ein aktiver und konstruktiver Prozess, auf den auch situative und soziale Faktoren Einfluss haben (vgl. Looß 2001, S. 12).

Oft heißt es auch, dass Bilder für den Lernprozess besonders wichtig seien. Sie erhöhen sicher die Anschaulichkeit, können Interesse wecken, Motivation und **Aufmerksamkeit** steigern und Assoziationen auslösen. Sie können jedoch in dieser Funktion nur indirekt zum Verständnis beitragen. Das reine, auf einfaches Wiedergeben ausgerichtete Behalten von Inhalten mag leichter werden, je mehr Sinne in diesen Prozess einbezogen sind. Das ist aber unabhängig davon, ob diese Inhalte verstanden wurden. Auch wenn der eine den Inhalt lieber erst einmal vorgetragen bekommt, der andere ihn lieber in einem Buch nachliest, so ist doch das gedankliche Durcharbeiten und Verstehen dieser Inhalte entscheidend. Daher beschäftigt sich wissenschaftliche Forschung auch nicht mit „Lerntypen", sondern es werden unterschiedliche **Lernstile** unterschieden. Dabei geht es nicht um bevorzugte Wahrnehmungskanäle, sondern um unterschiedliche „Vorlieben", wie jemand beim Lernen vorgeht. Ihre eigenen Vorlieben sollten Sie sich bewusst machen und überlegen, wie Sie daraus gezielte Lernstrategien entwickeln können (vgl. Kap. 1.2.3). Damit Ihnen das gut gelingt, ist es hilfreich für Sie, etwas über die Funktionsweise unseres **Gedächtnisses** zu wissen.

1.2.2 Funktionsweisen unseres Gedächtnisses

Hierarchischer Aufbau des Informationsflusses

Beim Lernen geht es darum, Informationen vom **Kurzzeitgedächtnis** in das **Langzeitgedächtnis** zu überführen. Allerdings ist die Speicherkapazität des Kurzzeitgedächtnisses begrenzt; es kann nur ca. sieben Informationen aufnehmen. Das können wir uns so vorstellen, als habe es sieben Schubladen. Allerdings müssen Sie sich in der Ausbildung zur sozialpädagogischen Fachkraft in der Regel mehr als sieben Begriffe zu einem Thema einprägen. Die Frage ist daher, wie viel wir in die einzelnen Schubladen hineinlegen können. Wenn man Oberbegriffe findet, die mehrere Informationen zusammenfassen, können wir das Kurzzeitgedächtnis sozusagen überlisten. Ein ganz einfaches Beispiel kann das verdeutlichen. Statt die Begriffsreihe Kopf, Arme, Beine, Rumpf, Hals zu lernen, prägen wir uns den Begriff „Körperteile" im Sinne eines Oberbegriffs ein.

Nicht nur für das Überführen ins Kurzzeitgedächtnis ist es wichtig, den Lernstoff gut zu strukturieren, sondern auch für das Abspeichern im Langzeitgedächtnis. Denn gut strukturierten Lernstoff können Sie viel leichter behalten als unstrukturierten, weil dieser sich dadurch reduziert und Sie daher Gedächtniskapazität sparen. Man weiß heute, dass unverbundenes und rein assoziatives Wissen ohne den Aufbau von Handlungs- und Denkstrukturen nicht in bestehendes Vorwissen integriert wird und zu wenig vernetzt ist (vgl. Schräder-Naef, 2002, S. 21). Es ist also sehr wichtig, dass Sie die Lerninhalte gut strukturieren, und zwar hierarchisch, d. h., Sie ordnen jeweils Ober- und Unterbegriffe einander zu. Dadurch werden die Lerninhalte zugleich reduziert – wenn Sie die Oberbegriffe wissen, fallen Ihnen die dazugehörigen Punkte leichter ein, weil Sie sie zu einem erheblichen Teil ableiten können. Außerdem helfen Ihnen dabei Ihre assoziativen Fähigkeiten.

Die vernetzte Struktur des Informationsflusses

Unser Gedächtnis ist also zum einen hierarchisch strukturiert. Zugleich können wir es uns aber wie ein riesiges Netz vorstellen, in dem durch die Auf-

nahme neuer Informationen neue Verknüpfungen entstehen, die sich an bereits vorhandene Gedankenverbindungen (Assoziationen) anbinden lassen (vgl. Frick/Mosimann, 2004, S. 58).

„Das Wissensgedächtnis hat sehr viele Module oder ‚Schubladen', die im Prinzip zwar unabhängig voneinander arbeiten können, aber miteinander verbunden sind. Dabei werden unterschiedliche Aspekte des Lerninhalts (Personen, Geschehnisse, Objekte, Orte, Namen, Farben, der emotionale Zustand, die Neuigkeit usw.) in unterschiedlichen Schubladen abgelegt. Entsprechend gilt: In je mehr Gedächtnis-Schubladen ein Inhalt parallel abgelegt ist, desto besser ist die Erinnerbarkeit, denn das Abrufen eines bestimmten Aspektes befördert die Erinnerung anderer Aspekte und schließlich des gesamten Wissensinhalts. Wissensinhalte sind über Bedeutungsfelder miteinander vernetzt. Je mehr Wissensinhalte einer bestimmten Kategorie bereits vorhanden sind, desto besser ist die Anschlussfähigkeit."
(Roth, 2010, S. 5)

Dies geht so schnell, dass wir in der Regel nichts davon merken. Dadurch, dass die Informationen netzwerkartig verarbeitet werden, sind sie später vielfältig abrufbar. Wenn Sie die Informationen in Ihrem Gedächtnis wiederfinden wollen, gelingt dies daher umso besser, wenn die Begriffe, die Sie dabei verwenden, den Charakter eines **Schlüsselworts** haben.

„Ein erinnerndes Schlüsselwort (oder eine erinnernde Schlüsselphrase) konzentriert in sich eine große Reihe spezieller Bilder und gibt bei Abruf dieselben Bilder zurück. Der Tendenz nach wird es ein starkes Substantiv oder Verb sein, gelegentlich durch zusätzliche Adjektive oder Adverbien unterstützt."
(Buzan, 1993, S. 97)

Schlüsselwörter bündeln also Bilder bzw. Gedankengänge. Sie dienen als Impulse, mit denen sich einmal gespeicherte Gedankenbilder immer wieder abrufen lassen. Wenn Sie sich beim Lernen gut gewählte Schlüsselwörter einprägen, dann

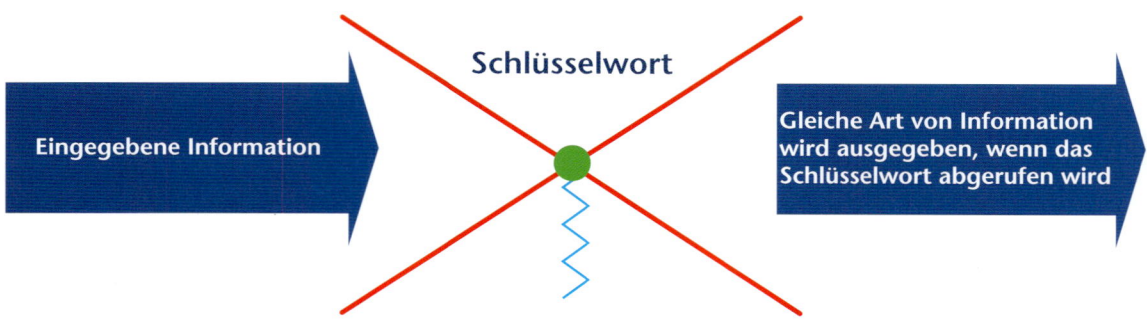

(vgl. Buzan, 1997, S. 97)

wecken diese umfangreiche Erfahrungs- und Empfindungsreihen in unserem Gedächtnis. Dies lässt sich mit der Situation eines Schauspielers vergleichen, der nicht mehr weiter weiß und dem mit einem einzigen Stichwort sein ganzer Text wieder einfällt. Auf diese Weise können Sie mithilfe von Schlüsselwörtern die vernetzte Struktur unseres Gedächtnisses gezielt nutzen.

Unser Gehirn arbeitet mit solchen Schlüsselbegriffen, die miteinander verknüpft sind, denkt aber nicht in Wort- oder Satzreihen. Es versucht, jede neue Information mit früheren Erfahrungen zu verknüpfen. Je vielfältiger eine Information verknüpft ist, umso größer ist die Chance, sie wieder zu erinnern. Deshalb ist es auch so wichtig, dass Sie sich zuerst darüber klar werden, was Sie schon alles zu einem neuen Thema wissen. Dann können sich die neuen Informationen mit dem Vorwissen verknüpfen: Was fällt mir dazu ein? Was hat das mit Dingen zu tun, die ich schon kenne oder weiß, und welche Erfahrungen habe ich dazu schon gemacht?

Durch das „Andocken" der neuen Lerninhalte an Ihr Vorwissen knüpfen Sie das zunächst sehr weitmaschige Netz in Ihrem Gedächtnis immer feiner.

Ein Cluster anfertigen

Eine gute Methode, wie Sie die Fähigkeit des Gehirns zu vernetztem Denken nutzen können, ist das Anlegen eines Clusters. Diese Methode wurde Anfang der 1980er Jahre von Gabriele Rico entwickelt als eine Methode zum kreativen Schreiben. Es ist ein Brainstorming-Verfahren, bei dem die Verknüpfung der Assoziationen deutlich wird. Sie können dieses Verfahren z. B. einsetzen, wenn Sie assoziativ Ihr **Vorwissen** zu einem neuen Lernthema abrufen wollen, aber auch, wenn Sie beginnen, ein Thema schriftlich zu bearbeiten.

Dabei gehen Sie wie folgt vor: In die Mitte eines Blattes schreiben Sie ein Kernwort, also das Thema/Schlüsselwort, zu dem Sie erste Ideen sammeln möchten. Dieses kreisen Sie ein. Von dieser Mitte ausgehend bilden Sie nun Gedankenketten, indem Sie Ihre Assoziationen zu dem Kernwort festhalten. Jeden einzelnen Gedanken, den Sie zu dem Kernwort notieren, kreisen Sie wieder ein und verbinden ihn mit einer Linie mit dem Kernwort. Wenn Sie einen Gedanken haben, der zu den vorhergehenden nicht passt, sondern „neu" ist, gehen Sie zurück zur Mitte und beginnen zum selben Kernwort eine neue Gedankenkette.

Wichtig ist, dass Sie Ihre **Assoziationen** frei fließen lassen und Ihre Einfälle nicht bewerten – es gibt kein „richtiges" oder „falsches" Cluster. Wenn Ihr Gedankenfluss ins Stocken gerät, dann sehen Sie sich Ihr Cluster an. Sie können jetzt einzelne Assoziationen noch ergänzen oder Verbindungslinien zwischen Begriffen an den verschiedenen Ketten ziehen.

Wenn Sie Ihr Cluster fertiggestellt haben und es anschauen, entdecken Sie oft einen Zusammenhang zwischen den Begriffen und entwickeln eine Idee dazu. Daraus können sich Fragen bezüglich eines neuen Lerninhalts ergeben oder eine Vorstellung, wie Sie Ihre schriftliche Arbeit anlegen könnten. Dann sollten Sie gleich mit dem Schreiben anfangen. Oder Sie nehmen dieses Cluster als Grundlage für eine Mindmap (siehe Kap. 1.2.3).

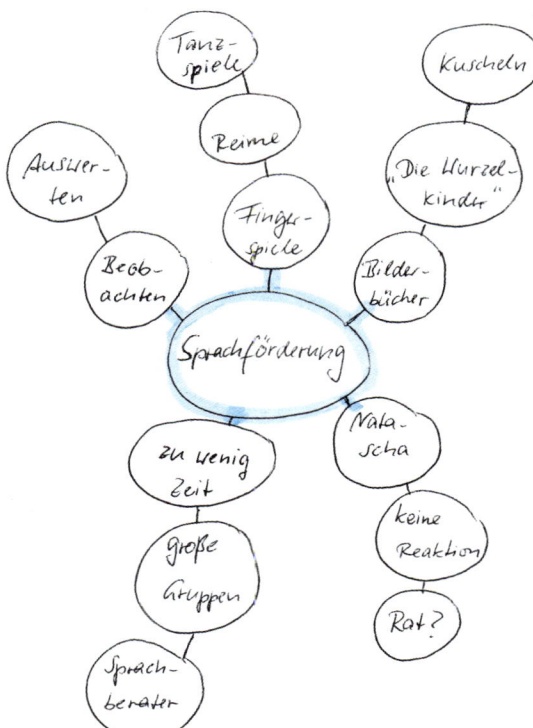

Rechte und linke Gehirnhälfte

Die beschriebenen Funktionsweisen unseres Gedächtnisses sind also sehr unterschiedlich: auf der einen Seite streng hierarchisch von Ober- zu Unterbegriffen strukturierend, also logisch aufbauend, auf der anderen Seite assoziativ-vernetzend. Dazu passen die unterschiedlichen Arbeitsweisen unserer beiden Gehirnhälften, genauer gesagt der beiden Hemisphären der Großhirnrinde, deren

Funktionsweisen sich wie folgt unterscheiden (vgl. Stangl, Gehirnhälften, 2009):

Linke Hemisphäre	Rechte Hemisphäre
logisch	intuitiv
rational	ganzheitlich
analytisch	einfallsreich
quantitativ	konzeptionell
strukturiert	mitfühlend
kontrolliert	musikalisch
organisiert	mitteilsam
geplant	emotional

Beide Hälften steuern außerdem jeweils die Bewegungen der anderen Körperseite.

Durch die Weiterentwicklung der Hirnforschung weiß man inzwischen, dass es zu kurz greift, den Bereich der Emotionen der rechten Hälfte zuzuordnen und das analytische Denken der linken (zum Folgenden vgl. Stangl, Gehirnhälften, 2009). Deshalb gilt es inzwischen als problematisch, aus den unterschiedlichen Funktionsweisen der beiden Gehirnhälften eindeutige Schlussfolgerungen für das Lernen abzuleiten, wie z. B. dass die Funktionsweise der rechten Gehirnhälfte stärker zu berücksichtigen sei. Vielmehr konnte inzwischen nachgewiesen werden, dass die Hemisphären zwar tatsächlich wie oben beschrieben spezialisiert sind, aber die Funktionsbereiche nicht so klar getrennt sind, wie man es früher annahm. Vielmehr sind bei jeder Gehirntätigkeit immer beide Hälften aktiv. Zum Beispiel übernimmt auch die rechte Hemisphäre Aufgaben bei der Sprachbearbeitung und die linke Hälfte ist ebenfalls bei der Verarbeitung von Musik beteiligt.

Pausen zur Sicherung effektiven Lernens

Der Erfolg des Lernens, d. h. wie nachhaltig Sie über das gelernte Wissen verfügen, hängt von zwei Faktoren ab:
1. wie aktiv Sie sich mit dem Lernstoff auseinandersetzen (vgl. Kap. 1.2.3),
2. wie Sie Ihre Zeit, die Sie mit aktivem Lernen verbringen wollen, sinnvoll planen.

Sie lernen effektiver, wenn Sie kürzere Lernetappen statt einzelner langer machen und dabei rechtzeitig Pausen einbauen (vgl. Schräder-Naef, 2002, S. 27).

Die meisten Menschen können ca. 20 Min. hochkonzentriert arbeiten und nach 1,5 Stunden lässt die Konzentration nach. Es ist daher sinnvoll, bereits nach 30 bis 40 Minuten eine Pause von 5 bis 10 Minuten zu machen. Wenn Sie sich hier etwas zu trinken holen und sich dabei kurz bewegen, können Sie Ihren Leistungsabfall auf ein Minimum verringern. Nach einer sehr langen Pause steigt die Leistungskurve nicht dementsprechend wieder an, weil die Erholung zu Beginn einer Pause am stärksten ist. Deshalb hat es keinen Sinn, lange „durchzuhalten", weil Sie dann zu müde werden und eine längere Pause nötig ist, die Sie aber nicht mehr auf das vorangegangene Leistungshoch bringt. Mittags sollten Sie eine längere Pause zum Essen einplanen.

Während der Pause sollten Sie nicht andere Informationen aufnehmen, also z. B. Zeitung lesen oder in einer Zeitschrift blättern. Kurze Bewegung und Trinken unterstützen eine schnelle Erholung.

Die Notwendigkeit, Pausen zu machen, hat auch etwas mit der Funktionsweise unseres Gedächtnisses zu tun. Messungen von Gehirnströmen haben ergeben, dass dem bewussten Lernen eine Phase des unbewussten Lernens folgt (zum Folgenden vgl. Frick/Mosimann, 2004, S. 45). Man spricht hier von „Nachwirkzeit". Lernt man eine längere Zeitdauer ohne eine Pause zu machen, dann hat das Gehirn keine Ruhe für dieses Nachwirken. Die Folge ist, dass der neue Lernstoff ganz oder teilweise das Verarbeiten des vorher Gelernten verhindert (rückwirkende Hemmung). Gleichzeitig verhindert das Nachwirken des zuerst Gelernten das Einprägen der neuen Inhalte (vorauswirkende Hemmung).

Damit hängt es auch zusammen, dass es sinnvoll ist, nach einiger Zeit zu einem anderen Inhalt zu wechseln, der von dem vorher Gelernten stark abweicht, statt ähnliche Inhalte hintereinander zu lernen. Es kommt sonst zur Überlagerung von ähnlichen Lerninhalten, d. h., im Gedächtnis kommt es bei der Einordnung des Lernstoffes zu Verwechslungen. Sie sollten sich also z. B. nach einer Lerneinheit im Fach Psychologie mit Lerninhalten aus einem musischen Fach oder der mathematisch-naturwissenschaftlichen Erziehung beschäftigen.

Schließlich ist es wichtig, dass Sie Ihren eigenen Biorhythmus wahrnehmen, z. B. ob Sie besser vormittags oder abends lernen können. Zumindest

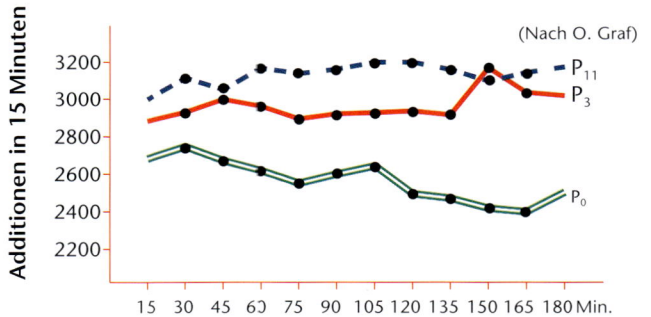

Wiederholen – Verankerung des Gelernten

Neben den Pausen ist auch das Wiederholen des Gelernten für den Lernerfolg entscheidend. Unmittelbar nach dem Lernen erinnern Sie sehr gut, dann aber fällt die Behaltenskurve steil ab. Sie können nur ca. 20 % behalten. Da Sie aber nicht wissen, welche 20 % dies sind, bleibt nur das Wiederholen (vgl. Stangl, Gedächtnis, 2009). Dabei sollten Sie planmäßig vorgehen, damit es Ihnen gelingt, so viel zu behalten, wie sie unmittelbar nach Abschluss des Lernens präsent hatten. Empfohlen wird, nach einer Stunde zehn Minuten lang den Lernstoff zu wiederholen mit dem Effekt, dass Sie die Erinnerung für ungefähr einen Tag auf dem Höchststand halten (vgl. Buzan, 1993, S. 74). Dabei können Sie Ihre Notizen, z. B. eine Mindmap, überarbeiten und eine endgültige Fassung erstellen oder eine der nachfolgend beschriebenen aktiven Lernmethoden anwenden. Am nächsten Tag sollten Sie ca. 2 bis 4 Minuten die Lerninhalte wiederholen; damit „sichern" Sie die Inhalte für ca. eine Woche (vgl. Buzan, 1993, S. 74). Dabei notieren Sie sich z. B. alles, was Sie erinnern, auf einem Blatt und vergleichen dies dann mit Ihrer Mindmap. Nach einer Woche wiederholen Sie erneut in der beschriebenen Weise, dann wieder nach ca. einem Monat. Jetzt haben Sie gute Chancen, dass das Gelernte im Langzeitgedächtnis verankert ist.

Folgerungen für das Lernen

- **Vorwissen aktivieren**
  Für das Lernen ist es aufgrund der vernetzten Struktur unseres Gedächtnisses wichtig, das Vorwissen zu einem Lernstoff zu aktivieren, weil dadurch die neuen Informationen bewusst mit dem Vorwissen verknüpft werden können.

- **Assoziationstechniken nutzen**
  Setzen Sie beim Lernen Ihre Fähigkeit des Assoziierens ein, z. B. indem Sie gezielt mit assoziationsfähigen Schlüsselwörtern arbeiten oder sich mit entsprechenden Methoden vertraut machen wie z. B. Cluster und Mindmap.

- **mit bildhaften Vorstellungen arbeiten**
  Weil Schlüsselwörter im Gehirn mit bildhaften Vorstellungen verknüpft sind, kann sich die Behaltensquote von Lerninhalten erhöhen, wenn Informationen in Bildern wiedergegeben werden (z. B. auch in Grafiken, Diagrammen). Das setzt aber voraus, dass wir die Inhalte verstanden haben. Die Verankerung im Langzeitgedächtnis intensiviert sich, weil Bilder zahlreiche Assoziationen auslösen. Deshalb können Bilder helfen, sich an Inhalte leichter zu erinnern. Sinnvoll ist es, wenn Sie sich die Bilder selbst ausdenken.

- **den Lernstoff strukturieren**
  Wissen, das ausschließlich assoziativ zusammenhängt, wird zu wenig im Langzeitgedächtnis verankert. Daher sollten die Inhalte des Lernstoffs strukturiert werden, d. h., Sie sollten versuchen, dafür einen Aufbau von eher abstrakten Oberbegriffen und konkreten Unterpunkten zu finden. Gleichzeitig ist darauf zu achten, dass die Oberpunkte einen Schlüsselwortcharakter haben, damit es dem Gehirn leichter fällt, dazugehörige Inhalte zu assoziieren.

- **Pausen machen**
  Wenn Sie gezielt Pausen machen, trägt dies erheblich zum Erfolg des Lernens bei.

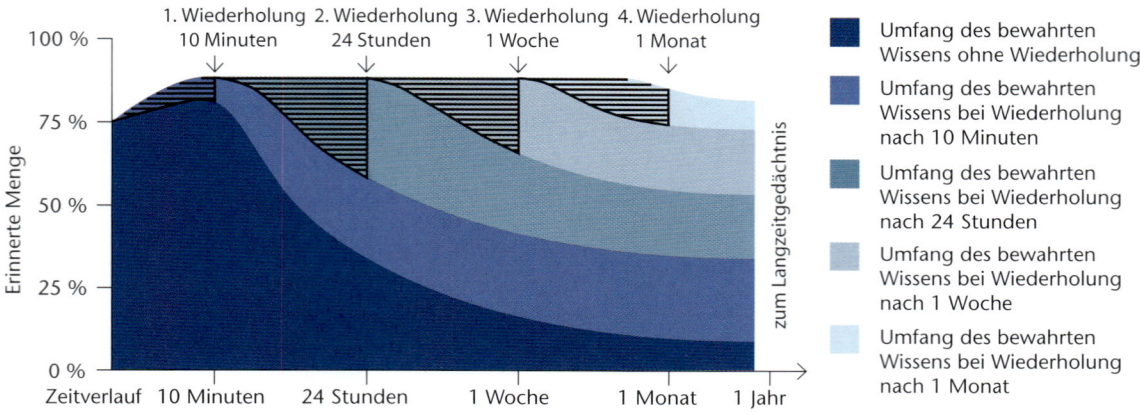

(vgl. Buzan, 1993, S. 75)

- **planmäßig lernen**
  Da Sie sich bei neuen Inhalten stets auf früher erworbenes Wissen rückbeziehen, ist es wichtig, dass Sie dieses auf möglichst hohem Niveau präsent haben. Dies gelingt Ihnen nur, wenn Sie wie beschrieben planmäßig wiederholt haben.

1.2.3 Aktive Lernmethoden

Vielleicht mussten Sie immer mal wieder Lerninhalte einfach nur auswendig lernen. Gefragt war in diesen Fällen vor allem rezeptives, d. h. mechanisch aufnehmendes Einprägen und Behalten. In der Ausbildung zur sozialpädagogischen Fachkraft wird nun von Ihnen in erster Linie eigenständiges und verstehendes Lernen gefordert, bei dem Sie eine aktive Haltung einnehmen und sich mit den Themen und Inhalten selbstständig auseinandersetzen müssen.

Dies ist für Sie auch deshalb wichtig, weil Ihre Praxis außerordentlich komplex ist. Sie werden sich in beruflichen Situationen nicht routinemäßig verhalten können, weil jede Situation und die an ihr beteiligten Personen und Einflüsse unterschiedlich sind. Auch deshalb nützt Ihnen auswendig gelerntes Wissen wenig. Sie sollten sich vielmehr das Wissen so aneignen, dass Sie es auf ganz unterschiedliche berufliche Situationen beziehen und auf verschiedene Problemstellungen übertragen können.

Damit Ihnen dies gelingt, sollten Sie Ihre bisherige Art zu lernen überdenken und für Sie persönlich geeignete Lernstrategien entwickeln.

Informationen bewusst aufnehmen bzw. wiedergeben	Informationen verändern, bewerten, anwenden	Nach subjektiver Bedeutsamkeit des Lernstoffs suchen
Text bzw. Unterrichtsmitschrift markieren	die neuen Informationen mit dem Vorwissen vergleichen	den neuen Lernstoff mit eigenen Erfahrungen in Verbindung bringen
sich die Gliederung des Lernstoffs verdeutlichen	die fünf wichtigsten Aussagen formulieren, und zwar für Personen mit unterschiedlichen Vorkenntnissen	die Anleiterin befragen, worin für sie die subjektive Bedeutsamkeit des Lernstoffs liegt
das Wichtige frei mit eigenen Worten formulieren bzw. jemandem den Lernstoff erzählen	Frage- und Antwortkärtchen zum Thema entwickeln	überlegen, was den Freund/die Freundin interessieren könnte
den zu lernenden Stoff zusammenfassen, z. B. in Form eines Resümees für eine Fachzeitschrift	die Informationen anwenden, d. h. eine entsprechende Aufgabenstellung in der Praxis suchen und lösen	
eine Mindmap zum Lernstoff anlegen	Beispiele aus der Praxis suchen, in denen die Bedeutung des neuen Lernstoffs deutlich wird	
	Gegenargumente suchen	

Tiefe Methoden der Informationsverarbeitung

Tiefe Formen der Informationsverarbeitung

Für den Lernerfolg entscheidend ist dabei, dass Sie selbst als Lernende aktiv sind, weil nur dann die neuen Informationen im Gehirn ausreichend vernetzt werden. Man unterscheidet daher „Tiefenverarbeitung" und „flaches Lernen". Bei flachen Formen der Informationsverarbeitung gehen Sie rein mechanisch mit dem Lernstoff um, ohne ihn gedanklich zu verändern, wie zum Beispiel beim Auswendiglernen. Vielleicht haben Sie auch schon einmal vor einer Schulaufgabe zum wiederholten Male die gleiche Auflistung von Begriffen angesehen, aber Sie sollten sich klar machen, dass Sie dadurch die Behaltensquote langfristig nicht erhöhen (vgl. Schräder-Naef, 2002, S. 75).

Viel effektiver ist eine „tiefe" Verarbeitungsform. Dabei geht es nicht um Auswendiglernen, sondern darum, dass Sie sich die Lerninhalte durch eine aktive Auseinandersetzung aneignen, bei der der Stoff zum Beispiel neu strukturiert, durch Beispiele veranschaulicht, angewendet, verändert wird etc. Ein gutes Beispiel für den Effekt ist, dass man meist eine gute Note bekommt, wenn man einen Spickzettel ausgearbeitet, ihn aber nicht benutzt hat: Wer eine Fülle an Informationen so stark reduziert, dass sie übersichtlich auf einen Spickzettel passt, ist bestens auf jede Schulaufgabe vorbereitet und wird den Spickzettel in seiner eigentlichen Funktion gar nicht brauchen.

Mindmap

Diese Methode wurde von Tony Buzan in den 1970er Jahren entwickelt. Ähnlich wie das Cluster zielt das Arbeiten mit einer Mindmap vor allem auf Bereiche wie Aktivieren, Ermitteln und Strukturieren von Vorwissen, Einstieg in neue Themen, Wissens- und Verständnisüberprüfung oder Evaluation.

Eine Mindmap entspricht in besonderem Maße den oben skizzierten Anforderungen, die sich aus der Funktionsweise unseres Gedächtnisses für das Lernen ergeben. Das englische Wort wurde mit „kognitive Karte" übersetzt oder auch mit „Gedankenatlas". Wenn Sie mit einer Mindmap arbeiten, aktivieren Sie sowohl Ihr bildhaftes Vorstellungsvermögen als auch Ihr analytisches und logisches Denken.

Im Einbeziehen des analytischen Denkens liegt auch der Unterschied zum Cluster. Bei diesem steht die freie Assoziation im Vordergrund. Das Arbeiten mit der Mindmap ist von vornherein mehr auf Strukturieren, Kategorisieren,

Hierarchisieren angelegt (vgl. Dittmann, 2009). Sie schreiben auch hier das Kernwort in die Mitte, zeichnen dann aber zunächst von diesem ausgehende Linien („Äste"), auf denen Sie Ihre Einfälle zum Kernwort festhalten. Diese entsprechen Ihren ersten Ideen zu thematischen Oberpunkten. Diese „Erstanlage" der Mindmap führen Sie dann so fort, dass Sie den ursprünglichen Ästen Zweige hinzufügen. Die Begriffe, die Sie auf diesen Zweigen festhalten, sind Unterpunkte zu denen, die bereits auf den Hauptästen stehen. In dieser auf **Strukturierung** ausgerichteten Grundanlage der Mindmaps zeigt sich der Unterschied zum Cluster, bei dem die freie Assoziation im Vordergrund steht.

Sie können ein Cluster gut als ersten Einstieg für eine Mindmap verwenden. Oft fällt es einem leichter, zunächst einmal nur frei zu assoziieren, ohne schon eine mögliche Strukturierung des Themas mit zu bedenken. Dann überlegen Sie ausgehend von Ihrem Cluster, welche Begriffe Sie auf die Hauptäste Ihrer Mindmap schreiben wollen.

Im Einzelnen gehen Sie beim Anlegen einer Mindmap wie folgt vor (vgl. Buzan, 1993, S. 111 f.):

- **zentrale Themenformulierung**
  In die Mitte einer großen Seite schreiben Sie das Thema, um das es geht. Sie können es entweder mit einem Begriff oder mit einem farbigen Bild darstellen. Ein Bild ist oft „tausend Worte wert"; es regt kreatives Denken an und prägt sich dem Gedächtnis gut ein. Wenn Sie das Thema nur mit einem Begriff angeben, dann rahmen Sie diesen Begriff wie ein Bild ein (z. B. mit einem Rechteck, einer Wolke o. Ä.).

- **Oberbegriffe auf „Hauptästen"**
  Von diesem zentral festgehaltenen Thema lassen Sie jetzt einige „Hauptäste" abzweigen. Darauf schreiben Sie in Großbuchstaben die für das Thema wesentlichen Aspekte (möglichst ein Wort pro Linie). Diese Wörter sollen in Druckschrift mit Großbuchstaben geschrieben werden, weil beim Nachlesen die Druckschrift ein fotografischeres Bild abgibt und leichter lesbar ist. Die Mindmap wird dadurch einprägsamer. Die für das sorgfältige Schreiben aufgewandte Zeit sparen Sie daher später leicht wieder ein.

- **Unterpunkte auf „Nebenzweigen"**
  Von den eingezeichneten „Hauptästen" können weitere Zweige abgehen, auf denen die verschiedenen Hauptgedanken weiter untergliedert werden. Von diesen weiterführenden Linien können wieder andere ausgehen etc. Man spricht dabei von „ausstrahlen". Dadurch wird die Verknüpfung zwischen den Schlüsselbegriffen leicht erkennbar. Wenn Sie mehrere Hauptäste und Zweige entwickelt haben, können Sie sich ganz gezielt noch einmal Gedanken zur Strukturierung des Themas, also zu Ober- und Unterpunkten machen.

- **Einbringen bildhafter Elemente**
  Da eine Mindmap eine ganz persönliche und individuelle Lernvorlage ist, sollten Sie möglichst viel mit bildhaften Darstellungen arbeiten, z. B. Pfeilen, geometrischen Figuren, kleinen Bildern, gemalten Ausrufe- oder Fragezeichen oder selbst definierten Sinnbildern. Bemühen Sie sich um Übersichtlichkeit, z. B. indem Sie einen Hauptast mit seinen Zweigen umranden, damit der Zusammenhang deutlicher wird. Auch wenn Sie durchgängig bestimmte Farben verwenden, können Sie die Zusammenhänge hervorheben.

Heute gibt es spezielle Computerprogramme, mit denen sich ganz leicht eine „ordentliche" Mindmap erstellen lässt. Man kann eine Probeversion aus dem Internet herunterladen (z. B. www. mindjet.de) oder die kostenlose Schulversion nutzen.

Vorteile einer Mindmap:
1. Ein wesentlicher Vorteil besteht darin, dass Sie Ihren Gedanken freien Lauf lassen können, indem Sie alles, was Ihnen zur Zentralidee einfällt, einfach auf einem Haupt- oder Unterast festhalten. Sie können jederzeit neue Informationen durch weitere Verästelungen „einfädeln", was bei linearer Darstellung nur schwer möglich ist.

Auf den ersten Blick wirken Mindmaps „unordentlicher" als lineare oder listenförmige Lernunterlagen. Solch „ordentlich" aussehende Notizen sind nach Informationsmaßstäben aber oft „unordentlich", weil die Schlüsselinformationen zu versteckt und mit vielen für die Information irrelevanten Wörtern gebündelt sind. In ihrer endgültigen Form sind Mindmap-Notizen in der Regel klar und übersichtlich.

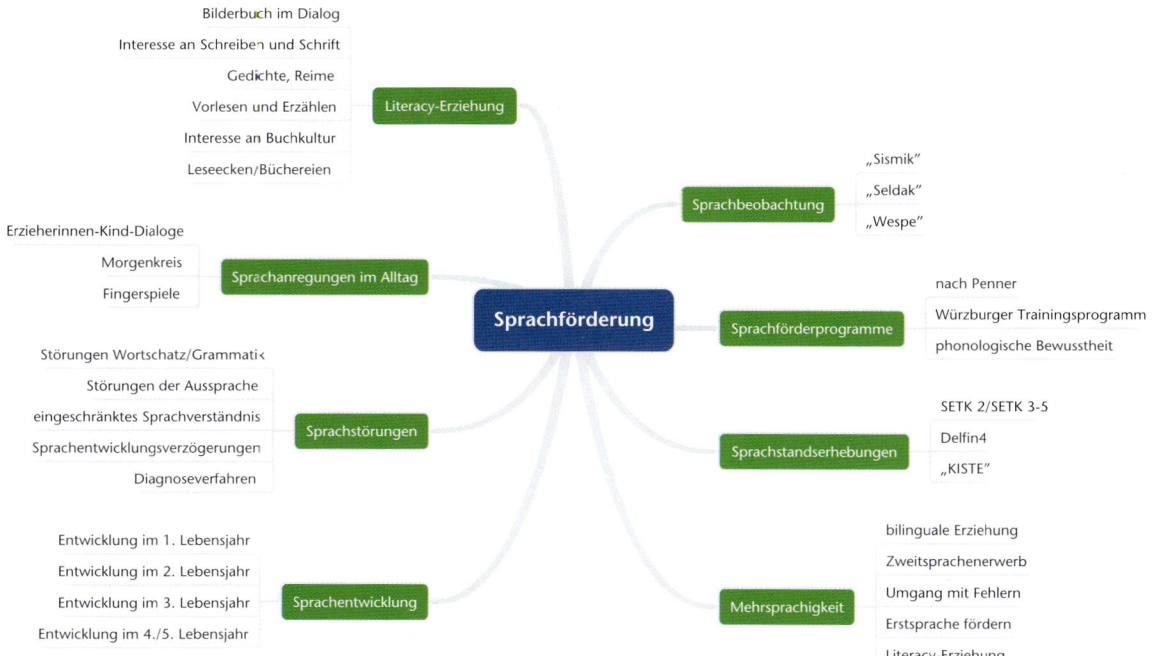

Beispiel für eine Mindmap zum Thema Sprachförderung

Man braucht selten mehr als zehn Minuten, um sie auf ein neues Blatt Papier sauber zu übertragen. Diese abschließende Rekonstruktion ist keineswegs eine Zeitverschwendung, sondern kann als erste Wiederholung genutzt werden (vgl. Buzan, 1993, S. 28; vgl. auch Kap. 1.2.2). So können Sie den Inhalt der Mindmap umso besser verstehen und erinnern.

2. Eine Mindmap zu erarbeiten entspricht voll und ganz den Anforderungen an effektives Lernen: Sie sind dabei nicht nur aktiv (tiefe Informationsverarbeitung), sondern Sie hierarchisieren und strukturieren den Lernstoff auch, indem Sie übergeordnete Begriffe auf den Hauptästen mit untergeordneten auf den Nebenästen verbinden. Dadurch bereiten Sie die Lerninhalte so auf, dass sie im Gedächtnis gut gespeichert werden können. Dies wird noch durch die bildhafte Anlage der Mindmap unterstützt. Hinzu kommt, dass Sie Schlüsselwörter verwenden, die vielfältige assoziative Verknüpfungen ermöglichen.

3. Mit einer Mindmap können Sie hervorragend Lerninhalte wiederholen; die Grundgedanken sind bereits verstanden, zur Rekonstruktion und Erinnerung reichen Assoziationen hervorrufende Schlüsselwörter aus.

Das Lerntagebuch/Portfolio

In Tageseinrichtungen für Kinder ist das Portfolio eine wichtige Dokumentationsmethode. Die Erzieherin hält hier alle individuellen Lernerfahrungen der einzelnen Kinder mit kleinen Berichten, Fotos, von den Kindern gemalten Bildern etc. fest. Dabei geht es zum einen um die „Produkte" der Kinder, zum anderen um den Lernprozess. Dementsprechend können Sie auch für sich selbst ein Lerntagebuch oder Portfolio erstellen.

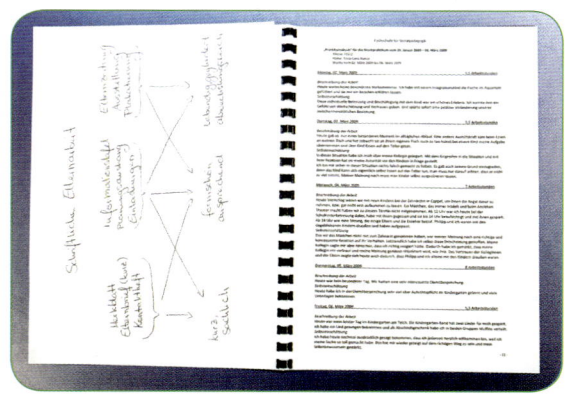

Lerntagebuch

In der Regel werden Portfolios gemeinsam mit Lehrkräften entwickelt. Dazu werden gemeinsam Vorgaben vereinbart, wie zu einer bestimmten

1.2 Das Lernen lernen

Fragestellung eine Auswahl an Arbeiten ganz unterschiedlicher Form, z. B. Texte, Präsentationen, Grafiken, auch selbst gemalte Bilder und Fotos zusammengestellt und kommentiert werden. Der Reflexion des eigenen Lernfortschritts kommt dabei ein besonderer Stellenwert zu.

Ein Lerntagebuch können Sie für sich persönlich unabhängig von den Vorgaben von Lehrkräften führen. Sie können sich dabei z. B. auf ein bestimmtes Fach beziehen, sich aber auch selbst eine fächerübergreifende Fragestellung vornehmen. Im Folgenden finden Sie einige Vorschläge, was Sie in Ihrem Lerntagebuch festhalten könnten.

Lerninhalt
- An welches Vorwissen und an welche Vorerfahrungen konnte ich anknüpfen?
- Welche Inhalte waren ganz neu?
- Was habe ich nicht verstanden und wie kann ich dies klären?
- Welche Inhalte schätze ich als für meine berufliche Praxis besonders relevant ein und wie will und kann ich diese in meiner Praxis berücksichtigen?
- Welche weiteren Gedanken und Ideen habe ich selbst zu dem Thema?
- Was muss ich noch klären?

Lernprozess
- Wie bin ich vorgegangen, warum gerade so?
- Wie effektiv war dieses Vorgehen, wie hoch schätze ich meinen Lernerfolg ein?
- Auf welche Weise habe ich versucht, das neue Wissen mit anderen Lerninhalten und Erfahrungen zu vernetzen?
- Wie gut hatte ich meine Arbeitszeit geplant? Inwiefern konnte ich meine Planungsdaten einhalten?
- Was möchte ich beim nächsten Mal anders machen?

Die Fragen zum Lernprozess sind vielleicht zunächst gewöhnungsbedürftig. Aber gerade durch die Klärung dieser Fragen gelingt es, die eigene lernmethodische Kompetenz weiterzuentwickeln.

Durch Mitschreiben lernen
Mit einer guten Unterrichtsmitschrift entlasten Sie Ihr Gedächtnis. Sie können damit jederzeit die Unterrichtsinhalte wiederholen. Das ist vor allem zur Vorbereitung auf Leistungsnachweise und Prüfungen wichtig. Dafür brauchbare Mitschriften anzufertigen, ist aber gar nicht so einfach.

Im Unterschied zum Protokoll z. B. einer Teambesprechung, bei der es um die Information aller Teammitglieder geht, wird die Unterrichtsmitschrift in der Regel nur von Ihnen persönlich benutzt. Die Mitschrift dient dazu, die Unterrichtsinhalte zu wiederholen, eventuell auch zu ergänzen und in größere Zusammenhänge zu stellen, d. h. mit anderen Lerninhalten zu vernetzen. Wichtig ist, dass Sie sie auch zu einem späteren Zeitpunkt, z. B. vor einer Prüfung, noch gut als Lerngrundlage benutzen können.

Sie wissen bereits, dass man sich nach 24 Stunden an einen Großteil der Inhalte, die man in einem Vortrag gehört hat, nicht mehr erinnern kann – sie sind unwiederbringlich vergessen. Deshalb sollten Sie nach Möglichkeit Ihre Unterrichtsmitschrift noch am gleichen Tag überarbeiten. Das erfordert

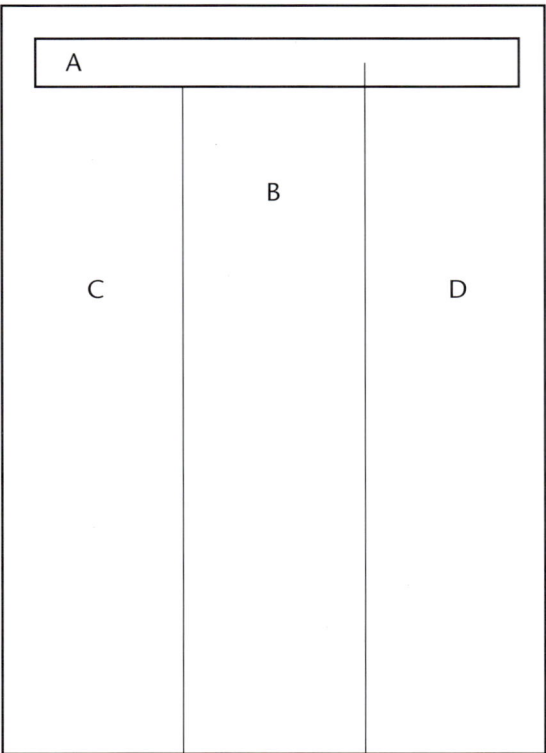

A = Name Lehrer/in, Datum   B = Notizen
C = Gliederungshinweise   D = Ergänzungen beim Überarbeiten

Muster für ein Arbeitsblatt Unterrichtsmitschrift (Schräder-Naef, 2002, S. 94)

zwar eine gewisse Disziplin, letztlich ist aber der erforderliche Zeitaufwand für das Lernen so am geringsten.

Beim Mitschreiben im Unterricht kommt es vor allem auf eine klare Struktur an, denn dies ist für das Ablegen von neuem Wissen in unserem Gedächtnis wichtig. Achten Sie deshalb schon beim Zuhören auf den Aufbau und die Gliederung des Stoffs und strukturieren Sie Ihre Mitschrift auch optisch/grafisch dementsprechend.

Wenn Sie den gedanklichen Aufbau, also die inhaltliche Struktur der vorgetragenen Informationen erkennen wollen, ist es hilfreich, auf entsprechende Strukturwörter zu achten: „deshalb", „obwohl", „weil", „um zu", „daraus ergibt sich". Außerdem sollten Sie sich darauf konzentrieren, wie und wann Hauptpunkte eingeführt und abgeschlossen werden, z. B. durch eine Formulierung wie „Ich komme zum zweiten Punkt".

Wenn der Aufbau beim Zuhören für Sie nicht ausreichend deutlich wird, so sollten Sie nachfragen. Denn das muss gar nicht an Ihnen liegen, sondern kann auch damit zu tun haben, dass derjenige, der Lerninhalte vorträgt, diese nicht klar genug strukturiert hat. Wenn Beispiele, die den Inhalt veranschaulichen, für das Verständnis und das Behalten besonders hilfreich sind, notieren Sie diese ebenfalls.

1.2.4 Informationen finden, auswählen und auswerten

Die Praxis von Erzieherinnen in den unterschiedlichen Arbeitsfeldern hat sich in den letzten Jahren deutlich verändert und wird dies auch weiter tun. Daher ist es nicht nur während der Ausbildung, sondern auch für die spätere Arbeit in den Praxiseinrichtungen wichtig, dass Sie sich selbstständig über fachliche Inhalte und Entwicklungen der Praxis informieren können. Wie gehen Sie dabei vor?

Gezielte Informationssuche

Sie können sich Informationen auf folgende Weise beschaffen:
- im Internet
- in Bibliotheken
- aus Fachzeitschriften
- mithilfe von Buchrezensionen

Internet

Wahrscheinlich ist Ihr erster Weg, sich zu informieren, die Internetrecherche. Dabei stellen sich allerdings zwei grundlegende Fragen: Wie finde ich die Informationen, die ich brauche? Wie kann ich die Qualität und damit die Zuverlässigkeit der Informationen beurteilen?

Die erste Herausforderung ist die nach einer möglichst scharfen Eingrenzung der Suchergebnisse, denn es nützt nichts, wenn eine unüberschaubare Menge an möglichen Internetseiten angegeben wird.

„Einige Strategien dafür könnten so aussehen:
1. *möglichst genaue Suchbegriffe verwenden*
2. *mehrere Suchkriterien verknüpfen: wenn in das Suchfeld zwei oder mehr Begriffe eingegeben werden, dann werden nur Texte gesucht, die alle diese Begriffe enthalten*
3. *nach Wortgruppen suchen lassen: wenn man die Suchbegriffe in Anführungszeichen einschließt, wird nach Texten gesucht, die diese Begriffe in dieser Reihenfolge enthalten*
4. *bestimmte Wörter ausschließen: normalerweise durch ein Minus vor dem Suchbegriff, das macht natürlich nur Sinn, wenn auch noch andere Begriffe vorhanden sind, nach denen gesucht wird."*

(Lohr, 2009, S. 14)

Es ist sinnvoll, eine Recherche mit mehreren Suchmaschinen durchzuführen, da die Anbieter durchaus unterschiedliche Suchergebnisse liefern, die darüber hinaus verschieden gewichtet werden (vgl. Lohr, 2009, S. 14).

Entscheidend kommt es darauf an, dass Sie sich ein Bild davon machen, wie zuverlässig die Ergebnisse sind und ob sie den neuesten Stand der Fachdiskussion widerspiegeln. Davon können Sie z. B. ausgehen, wenn Sie eine der speziellen Seiten für Erzieherinnen besuchen, z. B. www.erzieherinnen-ausbildung.de, www.kindergartenpaedagogik.de, www.erzieherin-online.de, www.bildungsserver.de oder Websites von Berufsverbänden, Fachverbänden, Forschungsinstituten, Universitäten (z. B. www.gew.de, www.ifp.bayern.de, www.spi.nrw.de). Auf diesen Seiten wurde bereits eine Vorauswahl der Texte getroffen und Sie können in der Regel davon ausgehen, dass diese eine fachliche Qualität haben.

Bei anderen Seiten kommt es darauf an, wer die Informationen ins Netz gestellt hat. Im Impressum sollte angegeben sein, wer für die Seite verantwortlich zeichnet und zu welchem Zeitpunkt sie ins Netz gestellt wurde. Dadurch lassen sich Rückschlüsse auf die Seriosität der Informationen und deren Aktualität ziehen. Sie können auch prüfen, ob die Informationen sich auf anderen Webseiten ebenfalls finden lassen, was dafür spricht, dass sie stimmig sind. Allerdings ist man nicht davor gefeit, dass die Seiten voneinander kopiert wurden oder sich dieselben Fehler auf verschiedenen Seiten finden. Daher muss man hier darauf achten, dass es sich wirklich um zwei separate Quellen handelt (vgl. Lohr, 2009, S. 14).

Webseiten, die von unbekannten Privatpersonen oder von Anbietern, die etwas verkaufen wollen, ins Netz gestellt werden, sollten Sie erst einmal skeptisch betrachten, bevor Sie hier gefundene Informationen verwenden.

Trauen Sie sich also, die gefundenen Informationen mit dem Fachwissen, das Sie bereits zur Verfügung haben, zu überprüfen.

Bibliotheken

Ein wichtiger Grundsatz bei der Literatursuche: Verwenden Sie nur Literatur, bei der Sie sicher sind, dass sie inhaltlich aktuell und auf dem neuesten fachlichen Entwicklungsstand ist. Prüfen Sie daher zuerst das Erscheinungsjahr des Fachbuches bzw. der Fachzeitschrift. Wenn es länger als zehn Jahre zurückliegt, suchen Sie unbedingt nach neueren Informationen.

In der Bibliothek ist es wichtig, die unterschiedlichen Online-Katalogarten für die Literatursuche zu nutzen:
- den alphabetischen Verfasserkatalog, wenn der Autor bekannt ist
- den Schlagwortkatalog, wenn man noch keine Literaturangaben hat; dabei auf zielführende Schlagwörter (nicht zu weit, nicht zu eng) achten: Lernen lernen, Lernhilfe, Gedächtnis etc.

Weitere Literaturangaben können Sie in auf das Thema bezogenen Fachbüchern neueren Datums sowie in Fachzeitschriftenaufsätzen, Handbüchern oder Lexika ermitteln.

Um in einer Bibliothek ein Buch bestellen zu können, ist es notwendig, die **bibliografische Angabe** zu kennen (vgl. Kap. 1.2.5).

Bücher, die Sie in größeren Bibliotheken ausleihen wollen, können Sie heute online über das OPAC-System (Online Public Access Catalogue) bestellen. In einer Präsenzbibliothek, z. B. einer Stadtbücherei oder in Ihrer Schulbibliothek, können Sie sich an den Regalen über die vorhandene Fachliteratur informieren. Denken Sie aber daran, dass auch Bücher ausgeliehen sein können. Deshalb ist es stets wichtig, dass Sie auch systematisch, also über das Internet bzw. anhand der Kataloge nach Literatur suchen.

Fachzeitschriften

Für eine Erzieherin, die in der Praxis professionell arbeiten will, ist die regelmäßige Lektüre einer Fachzeitschrift ein Muss. Hier finden sich Berichte über aktuelle Entwicklungen in Theorie und Praxis sowie praktische Anregungen für die pädagogische Arbeit mit den Kindern und Jugendlichen. Themen wie die Unterstützung von Bildungsprozessen, die Zusammenarbeit mit den Eltern, die Team- und Öffentlichkeitsarbeit, Gemeinwesen- und Konzeptarbeit werden regelmäßig aufgegriffen. Leserinnen werden auch gezielt für berufspolitische Fragen sensibilisiert, die den Status der Erzieherin und ihr Ansehen in der Öffentlichkeit betreffen.

Hinzu kommen Besprechungen von Fachbüchern sowie Ankündigungen von wichtigen Fortbildungen, Fachtagungen, Kongressen sowie Ausstellungen.

Manche Fachzeitschriften werden gezielt für ein Bundesland konzipiert (z. B. *Kita aktuell*). Einige Fachzeitschriften haben auch einen Online-Teil, in dem zusätzliche Fachaufsätze ins Internet gestellt werden, bei anderen kann man zumindest das aktuelle Inhaltsverzeichnis einsehen.

Der Vorteil von Fachzeitschriften ist, dass sie immer auf dem aktuellen Stand sind. Das hängt auch damit zusammen, dass der Zeitraum zwischen Abgabe des Manuskripts und Veröffentlichung in der Fachzeitschrift nur wenige Wochen beträgt, während der Herstellungsprozess eines Fachbuches erheblich länger dauert.

Die meisten Fachzeitschriften beziehen sich auf ein bestimmtes Arbeitsfeld, wie z. B. Tageseinrichtungen für Kinder, den Bereich der Erziehungshilfe oder die Jugendarbeit. Dadurch ist bereits eine gezielte Themenvorauswahl gegeben.

Buchrezensionen

In fast allen Fachzeitschriften gibt es regelmäßige Buchbesprechungen (Rezensionen). Damit können Sie sich über den Inhalt eines Fachbuchs informieren sowie eine Stellungnahme zu dessen Qualität erhalten. Dadurch ist es für Sie leichter, sich aus den vielen Neuerscheinungen die herauszusuchen, die für Sie hilfreich sind.

Sie können auch im Internet nach Besprechungen von pädagogischen Fachbüchern suchen. Die Internetseite www.kindergartenpaedagogik.de hat eine spezielle Rubrik, in der Fachbücher besprochen werden oder zumindest eine kurze Inhaltsangabe bereitgestellt wird.

Befragungen

Sie haben auch die Möglichkeit, sich an Fachleute zu wenden, die Sie in Ihrem Umfeld entweder ausfindig machen oder persönlich kennen, z. B. Kinderbeauftragte Ihrer Kommune, Berufsverbände, Forschungsinstitute, Fachhochschulvertreter, Fachberatungsabteilungen großer Verbände, kirchliche Jugendstellen, Leiterinnen und Anleiterinnen etc.

Geeignete Fachbücher auswählen

Vielleicht haben Sie ein Fachbuch schon einmal zur Hälfte durchgearbeitet und dann festgestellt, dass es auf Ihre Fragestellung kaum eingeht. Oder Sie haben zu spät festgestellt, dass es für eine ganz andere Zielgruppe geschrieben ist (z. B. nicht für sozialpädagogische Fachkräfte, sondern für Psychologiestudenten). In solchen Situationen ist es schade um die Zeit, die Sie investieren. Wie können Sie das vermeiden?

Sie können sich schnell und gezielt einen Überblick über das Fachbuch verschaffen und dabei feststellen, ob es für Ihre Zielsetzung geeignet ist. Prüfen Sie dafür der Reihe nach folgende Bestandteile:

- **Vorwort, Klappentext, Buchrückseite**
  Sie enthalten oft wichtige Informationen über Inhalt, Aufbau und Zielsetzung des Buches und damit auch über den angesprochenen Leserkreis (Schüler, Studierende, Studenten und Fachleute, Eltern, Wissenschaftler etc.).

- **Inhaltsverzeichnis und Kapitelüberschriften**
  Sie spiegeln die Schwerpunkte eines Buches wider. Wie ausführlich und wie differenziert sind einzelne Themenkreise dargestellt? So ist es ein Unterschied, ob das Kommunikationsmodell nach Schulz von Thun sehr kompakt auf einer Seite oder mit differenzierten Anwendungsbeispielen auf vier Seiten erläutert wird. Was jeweils gebraucht wird, hängt davon ab, mit welchem Ziel Sie lesen.
- **Kapitelende/Zusammenfassungen**
  Sind einzelne Kapitel am Ende jeweils kurz zusammengefasst, so können Sie daraus Rückschlüsse auf den Inhalt der Kapitel ziehen. Auch dies erleichtert Ihnen die Entscheidung, ob das Durcharbeiten des Buches hilfreich ist.
- **Sachregister**
  Im Sachregister sind in alphabetischer Reihenfolge inhaltliche Stichwörter zur Thematik des Buches gelistet. Am besten suchen Sie sich einen Sachbegriff aus, zu dem Sie schon Vorwissen haben. Dann schlagen Sie die entsprechenden Seiten nach, um sie zu überfliegen. So können Sie leichter entscheiden, ob das Buch für Sie geeignet ist oder nicht, weil Sie den Schwierigkeitsgrad der Sprache beurteilen können. Hat das Buch kein Sachregister, so überfliegen Sie das erste Kapitel, um sich einen Eindruck zu verschaffen. Erst wenn das Buch einer solchen Überprüfung standhält, und Sie zu dem Schluss kommen, dass es für Ihre Zielsetzung geeignet ist, sollten Sie damit arbeiten – oder es wieder in das Bibliotheksregal zurückstellen.

Fachbücher muss man nicht von vorne bis hinten lesen. Ein Fachbuch enthält oft Gedankengänge, die für Sie in Bezug auf eine bestimmte Fragestellung nicht interessant sind. Man kann es mit einem Stück Schweizer Käse vergleichen: Man muss sich darüber klar werden, was das Loch ist (d. h. im Moment nicht wichtig zu wissen) und was der Käse (d. h. für das aktuelle Lernziel von Bedeutung). Nur das muss man sich erarbeiten. Wenn Sie z. B. feststellen, dass eine Kapitelüberschrift darauf schließen lässt, dass der Inhalt im Hinblick auf die eigene Fragestellung keinen Informationsgewinn bringt, ist es sinnvoll, dieses Kapitel einfach zu überspringen.

Strategien zur Erarbeitung von Texten

Wenn Sie aktiv lernen wollen, ist es wichtig, dass Sie fachliche Texte eigenständig erarbeiten können. Sie behalten das Wissen, das Sie sich auf diese Weise aneignen, viel besser, weil Sie selbst dabei aktiv sind. Je mehr methodisches Wissen Sie dazu haben, desto leichter fällt es Ihnen, sich auch mit anspruchsvollen Fachtexten auseinanderzusetzen.

Sich Textinhalte eigenständig und möglichst „tief" zu erarbeiten, hat immer das Ziel, langfristiges Behalten zu unterstützen. Welche Strategie Sie dabei wählen, ist daher davon abhängig, wofür Sie die Informationen brauchen: Müssen Sie als Leistungsnachweis eine Präsentation erarbeiten, die Inhalte für eine Schulaufgabe oder Prüfung lernen oder wollen Sie z. B. später als Erzieherin Ihr Fachwissen auf den neuesten Stand bringen?

Fremdwörter nachschlagen

Egal welches Lernziel Sie haben: Als Erstes müssen Sie Fremd- und evtl. auch Ihnen nicht bekannte Fachwörter in einem Lexikon nachschlagen oder online eine Begriffserklärung suchen.

Fragen formulieren

„Die wichtigste eigene Aktivität ist das Fragen. Fragen sind Teil verschiedener Strategien wie Lesemethoden [...]. Fragen wecken das Interesse, erhalten die Motivation, fördern die eigene Aktivität und tiefenorientierte Auseinandersetzung, sind der Motor des Lernens und steuern gleichzeitig die Richtung. Leider gibt es viele Lernende [...], die sich hüten, Fragen zu stellen, weil sie entweder Angst haben, als dumm zu gelten, oder weil ihnen gar keine Fragen mehr einfallen."
(Schräder-Naef, 2002, S. 94)

Werden Sie sich zunächst darüber klar, was Sie am Thema interessiert, und überlegen Sie dann, was Sie dazu schon wissen, weil dies für die Verankerung im Gedächtnis wichtig ist. Vor diesem Hintergrund versuchen Sie mindestens drei Fragen zum Text zu formulieren, die Sie nach der Lektüre zu beantworten versuchen. Wenden Sie beim Lesen eine der nachfolgenden Methoden zur Erarbeitung von Texten an.

Texte markieren

Dabei haben Sie das Ziel, die Informationen des Textes auf die wesentlichen zu reduzieren. Sie markieren also die wichtigen Informationen. Markieren heißt, in einem Buch, das Ihnen gehört, oder auf Blättern, die Sie sich kopiert haben, mit einem Textmarker die Informationen im Text hervorzuheben (oder mit einem Stift zu unterstreichen), die im Hinblick auf die zuvor formulierten Fragen von Bedeutung sind. Sie sind beim Text Markieren wesentlich aktiver, als wenn Sie den Text nur lesen. Denn Sie müssen sich sehr genau überlegen, welche Textinformationen Sie anstreichen.

Worauf ist zu achten?

- Beim Markieren suchen Sie aktiv nach den wichtigen Informationen im Text, die Sie von den unwichtigen unterscheiden müssen. Das setzt eine gewisse Vertrautheit mit dem jeweiligen Thema voraus. Daher kann es sinnvoll sein, dass Sie den Text zunächst nur überfliegen und dann erst bei einem zweiten Durchgang mit dem Markieren beginnen.

- Markieren ist nur dann sinnvoll, wenn sparsam markiert wird. Streichen Sie also nur die Wörter an, mit denen Sie sich die Inhalte dann auch einprägen können, nämlich Schlüsselwörter oder aussagekräftige Wortgruppen. Wenn Sie ganze Sätze oder sogar Absätze markieren, verliert sich der Hervorhebungscharakter des Markierten: Sie trennen nicht mehr Unwesentliches vom Wesentlichen. Wenn Sie sich später den Textinhalt noch einmal in Erinnerung rufen wollen, müssen Sie sehr viel Text erneut lesen. Markieren Sie auch keine nichtssagenden Füllwörter, sondern nur Wörter, die einen hohen Informationswert haben.

- Es ist hilfreich, dass Sie ein eigenes Symbolsystem entwerfen, mit dessen Hilfe Sie Definitionen, Merksätze, Zusammenhänge, Begründungen, Unklarheiten, Kritik etc. am Rand vermerken können: Pfeile, Kreise, Dreiecke, Fragezeichen, Ausrufezeichen, Blitze.

- Außerdem sollten Sie beim Markieren auch auf die Wörter achten, die die gedankliche

Struktur des Textes wiedergeben (z. B. Konjunktionen wie „deshalb", „obwohl", „aus folgenden Gründen" etc.) oder diese am Rand vermerken (z. B. Ursache, Folgen, 1. Begründung, 2. Begründung etc.). Dadurch erarbeiten Sie den Text „tiefer", weil Ihnen die Struktur des Textes deutlich wird. Sie verankern den Textinhalt noch besser im Langzeitgedächtnis, weil Sie Ihre Lernmethode damit der Funktionsweise Ihres Gedächtnisses anpassen.

Wenn Sie den Text später wieder zur Hand nehmen, enthält er aufgrund der Markierungen, der Symbole und Eintragungen für Sie zusätzliche Mitteilungen: „Dies ist wichtig" – „dieses steht in Beziehung mit ...". Sie profitieren dann also davon, wie genau Sie markiert haben.

Einen Text zusammenfassen

Eine andere Methode, um Textinhalte zu reduzieren, wenden Sie an, wenn Sie den Text mit Ihren eigenen Worten entsprechend den Sinnabschnitten des Textes zusammenfassen und diesen eigene Überschriften geben. Dazu ist es hilfreich, dass Sie sich zuerst über den Aufbau des Textes klar werden. Das gelingt am besten, wenn Sie Fragen zum Inhalt des Textes in Verbindung mit dessen Aufbau überlegen:

Auf der Grundlage dieser Vorarbeit können Sie noch eine zusammenhängende Zusammenfassung erstellen. Oder Sie gehen nach dem gezeigten Raster vor und heften dieses mit dem Text bzw. der Literaturangabe des Textes ab.

Weil Sie sich den Text aktiv auch im Blick auf dessen gedankliche Struktur erarbeitet haben, können Sie ihn wesentlich besser behalten.

Textzusammenfassung	zum Text ...
Quellenangabe zum Text:	
Was ist die These des Textes?	
Mit welchen Argumenten wird sie begründet?	1. 2. 3.
Welche Ursachen und Folgen werden benannt?	Ursachen: Folgen:
Welche Schlussfolgerungen werden gezogen?	

Eine Mindmap zu einem Text entwerfen

Wenn Sie sich einen Text nach einiger Zeit, z. B. vor einer Prüfung, schnell in Erinnerung rufen wollen, dann ist eine Mindmap hilfreich. Auf diese Art werden Sie die Inhalte viel besser behalten können, weil Sie sich aktiv mit dem Textaufbau und Textinhalt auseinandersetzen. Auch wenn Sie sich im Team über einen Fachtext austauschen wollen, haben Sie dafür mit einer Mindmap eine gute Grundlage.

Wie Sie eine Mindmap anlegen, ist in Kap. 1.2.3 genau beschrieben. Wenn Sie eine Mindmap zu einem Text anlegen, entwickeln Sie die Inhalte nicht eigenständig, sondern vom Text ausgehend, d. h., das Thema des Textes bzw. ein entsprechendes Bild schreiben Sie in die Mitte eines großen Blattes (zweckmäßig ist DIN-A3-Querformat). Auf die Hauptäste schreiben Sie die Begriffe bzw. Schlüsselwörter, die den Hauptpunkten des Textes entsprechen, und auf den Verzweigungen halten Sie mit einem Schlüsselwort fest, welche Inhalte Sie jeweils zuordnen.

1.2.5 Fachliteratur zitieren

Im Laufe Ihrer Ausbildung zur Erzieherin müssen Sie immer wieder schriftliche Arbeiten vorlegen und damit Ihre Befähigung, sich selbstständig fachliche Inhalte zu erarbeiten, unter Beweis stellen. Diese schriftlichen Arbeiten basieren auf aktueller Fachliteratur, die Sie eigenständig auswerten. In der Praxis benötigen Sie diese Fähigkeiten zum Beispiel, wenn Sie in Elternbriefen fachliche Fragen darlegen und dabei auf Fachliteratur zurückgreifen.

Immer wenn Sie fremdes Material in einer eigenen Darstellung aufgreifen und verarbeiten, müssen Sie es in ihrem Text als Übernahme kenntlich machen, d. h. die jeweilige Quelle angeben. Dadurch machen Sie deutlich, woran sich Ihre eigenen Überlegungen anschließen und auf welchen Grundlagen Sie Ihre Darstellung aufbauen. Durch das Angeben der Fundstellen werden die zugrunde gelegten Quellen und Materialien für den Leser nachprüfbar. Er kann, wenn er will, diese Texte nachlesen und sich selbst eine Meinung dazu bilden. Das Kenntlichmachen der Übernahme fremder Gedanken hat seinen Grund auch darin, dass die Erkenntnisse anderer als deren geistiges Eigentum gelten und dies respektiert werden muss. Für das Zitieren und die Angabe der Quellen gelten bestimmte Konventionen.

Direktes und indirektes Zitat

Es müssen immer die Quellen angegeben werden – egal, ob Sie eine Vorlage wörtlich (direkt) zitieren oder nur den Gedankengang übernehmen bzw. den Wortlaut minimal abändern (nichtwörtliches bzw. indirektes Zitat). Das wörtliche Zitat muss in Anführungszeichen gesetzt werden. Der Originalwortlaut darf nicht verändert werden, es sei denn, Sie machen dies kenntlich (z. B. Auslassungen durch Klammern, in denen drei Punkte stehen [...], oder Hervorhebungen durch einen Vermerk in Klammern wie [Hervorhebung des Verf.].

Wenn Sie den Satzbau oder Wortlaut des Originaltextes leicht verändern, wird aus dem wörtlichen Zitat ein nichtwörtliches, ebenso wenn Sie den aufgegriffenen Gedanken mit eigenen Worten wiedergeben. Die dem Originaltext zwar inhaltlich, aber nicht wörtlich entsprechende Formulierung wird nicht in Anführungszeichen gesetzt, aber genauso wie bei einer wörtlichen Übernahme als Zitat durch den Verweis auf die Fundstelle kenntlich gemacht (Methode der Kurzzitation am Ende des indirekten Zitats direkt im Text oder Verweis auf Fußnote).

Manche Studierende meinen, viel zu zitieren würde eher ein negatives Bild auf die Verfasserin werfen. Dabei wird verkannt, dass das Zitieren zeigt, dass Sie sich eigenständig mit Fachliteratur vertraut machen und diese in eigenen Texten verarbeiten können. Scheuen Sie sich also nicht, alle Quellen anzugeben, auf die Sie sich beziehen, selbst wenn es etliche auf einer Seite sind.

Die bibliografische Angabe

Am Ende einer schriftlichen Arbeit geben Sie alle Quellen in einem Literaturverzeichnis an, und zwar jeweils mit der bibliografischen Angabe. Diese findet sich in der Regel auf der Rückseite der Titelseite eines Buches.

Es gibt unterschiedliche Verfahren, wie die Satzzeichen zwischen die einzelnen Teile der bibliografischen Angabe gesetzt werden. Ein übliches wird Ihnen im Folgenden vorgestellt. Wichtig ist, dass Sie einheitlich vorgehen.

Bibliografische Angabe

Sie besteht aus den Angaben, die im Bibliothekswesen notwendig sind, um die Quelle zu identifizieren. Dafür haben sich feste Abfolgen mit bestimmten Satzzeichen eingebürgert, z. B. Name des Autors, Vorname: Titel. Untertitel (falls vorhanden), Auflage (bei jeder Auflage außer der ersten), Verlag, Erscheinungsjahr. Vor der Verlagsangabe wird oft zusätzlich noch der Erscheinungsort genannt.

Angabe bei einem einzigen Verfasser

Dies ist der Regelfall:

Krenz, Armin: Professionelle Öffentlichkeitsarbeit in Kindertagesstätten, Bildungsverlag EINS, 2009.

Angabe bei mehreren Verfassern

Gibt es mehrere Autoren, trennt man deren Namen mit Schrägstrich bzw. ab drei Namen fügt man hinter dem ersten „u. a." (und andere) an:

Klein, Ferdinand/Krenz, Armin: Bildung durch Bindung. Frühpädagogik: inklusiv und beziehungsorientiert, Vandenhoeck und Ruprecht, Göttingen, 2012.

Angabe bei übersetzen Titeln

Wurden Bücher aus einer anderen Sprache ins Deutsche übersetzt und dann im deutschsprachigen Raum veröffentlicht, so ist der Name des Übersetzers anzugeben:

Bandura, Albert: Lernen am Modell. Ansätze zu einer sozial-kognitiven Lerntheorie, übers. von Hainer Kober, Klett, 1979.

Angabe bei Sammelbänden

Handelt es sich um einen Sammelband, der von einer oder mehreren Personen (oder einer Stiftung/einem Verein) herausgegeben wurde (Herausgeber) und Einzelbeiträge verschiedener Autoren enthält, dann setzt man hinter den Namen des Herausgebers die Abkürzung (Hrsg.):

Greving, Heinrich/Niehoff, Dieter (Hrsg.): Bausteine der Erziehungswissenschaften, 3. Auflage, Bildungsverlag EINS, 2009.

Angabe eines Beitrages aus einem Sammelband

Soll nur ein einzelner Beitrag eines solchen Sammelbandes angegeben werden, dann gibt man erst den Verfasser des Beitrags mit Titel an, dann den Buchtitel mit dem Namen des Herausgebers sowie die Seitenzahlen:

Kieferle, Christa: Literacy-Entwicklung, in: Sprachliche Bildung in Kindertageseinrichtungen, hrsg. v. Eva Reichert-Garschhammer und Christa Kieferle, Herder, 2011, S. 49-57.

Angabe eines Zeitschriftenaufsatzes
Zitiert man einen Aufsatz aus einer Fachzeitschrift, so nennt man den Namen der Zeitschrift, den Jahrgang der Zeitschrift, die Heftnummer, das Erscheinungsjahr sowie die Seitenzahlen:

Liebenwein, Sylvia: Soziale Milieus und Erziehung, in: KiTa aktuell (BY), 23. Jg., Heft 9, 2011, S. 198-201.

Einige Fachzeitschriften geben den Jahrgang, d.h. die Summe der Jahre, in denen es diese Zeitschrift gibt, nicht an. Dann fehlt diese Angabe:

Hielscher, Kerstin/Münnich, Sibylle: Worüber lachst du? Die Bedeutung von Humor im pädagogischen Alltag, in: Klein & groß, Heft 2, 2012, S. 11 f.

Quellenangaben im Text
Bei der Quellenangabe im Text geben Sie nicht nur einen Hinweis auf die bibliografische Angabe, sondern auch auf die Seitenzahl, auf der sich die Textstelle befindet, auf die Sie sich beziehen.
Es gibt verschiedene Möglichkeiten, wie Sie die Quelle angeben können. Sie können am Ende des Zitats eine hochgestellte Zahl anbringen und unten auf der Seite in der Fußzeile die bibliografische Angabe mit der entsprechenden Seitenzahl vermerken. Einfacher und heute sehr üblich ist die sogenannte Kurzzitation, bei der Sie am Ende des Zitats vor dem Punkt zum Satzabschluss eine Quellenangabe in Klammern einfügen. In dieser vermerken Sie den Namen des Autors, das Erscheinungsjahr der Veröffentlichung sowie die betreffende Seitenzahl:
(Krenz, 2007, S. 68).
Die vollständige bibliografische Angabe findet sich dann im Literaturverzeichnis.
Bei einem indirekten Zitat setzen Sie jeweils vor den Verfassernamen die Abkürzung „vgl.".

Zitieren in mündlichen Präsentationen
Wenn Sie in einer Präsentation einen Satz wörtlich zitieren wollen, dann verweisen Sie während des Vortrags auf den Namen des Autors. Bei nichtwörtlichen Zitaten ist dies nicht notwendig, es sei denn, Sie beziehen sich während einer längeren Passage auf eine Veröffentlichung. Dann sollten Sie den Namen des Verfassers erwähnen.

Zitieren aus dem Internet
Veröffentlichungen im Internet sind wie Printmedien zitierfähig, allerdings muss die Art der Veröffentlichung angegeben werden. Sie geben den Autor und Titel sowie die URL, also die genaue Internetadresse an, sodass die Seite vom Leser nachgeprüft werden kann. Da sich Webseiten sehr schnell ändern, ist es üblich, auch das Datum, zu dem Sie die Seite zuletzt aufgerufen haben, zu vermerken.

Hansen, Rüdiger: Partizipation von Kindern und Jugendlichen als gesellschaftliche Utopie, abgerufen unter: www.kindergartenpaedagogik.de/1113.html [12.08.12].

Aufgrund der häufigen Änderungen von Webseiten verlangen viele Schulen bei schriftlichen Arbeiten, dass ein Ausdruck der entsprechenden Seite der Arbeit beigefügt wird.

1.3 Rollen und Rollenerwartungen

Jeder Mensch nimmt in seinem Leben verschiedene Rollen ein, sowohl im Beruf als auch im privaten Bereich. In seinen unterschiedlichen sozialen Bezügen hat er verschiedene Aufgaben und es werden jeweils bestimmte Erwartungen an ihn gestellt.

Beispiel
Alexandra ist 17 Jahre alt und im ersten Jahr ihrer Ausbildung zur sozialpädagogischen Fachkraft als Blockpraktikantin in einer Krippe tätig. Sie ist Klassensprecherin und arbeitet an der Schülerzeitung der Fachschule mit. Sie singt im Chor und verbringt

viel Zeit in der Bibliothek. Um sich etwas Geld zu verdienen, betreut sie regelmäßig zwei Kinder. Die übrige freie Zeit verbringt sie mit ihrem Freund und mit ihren Freundinnen. Mit ihrer jüngeren Schwester versteht sie sich gut. Wenn ihre Mutter, die sie allein erzieht, beruflich auf Reisen geht, muss Alexandra die Verantwortung für die Schwester übernehmen. Alexandra nimmt folgende Rollen ein:

- Praktikantin
- Schülerin/Studierende
- Klassensprecherin
- Mitarbeiterin einer Schülerzeitung
- Chorsängerin
- Leserin
- Babysitterin
- Partnerin ihres Freundes
- Freundin
- Tochter
- Schwester

Jede dieser Positionen bringt andere Aufgaben, Tätigkeiten, Sichtweisen und Erlebenswelten mit sich. Alexandra hat einen vielseitigen Alltag. Sie wird von verschiedenen Menschen in den unterschiedlichen Rollen anders erlebt, sodass jeder ein etwas anderes Bild der Person Alexandras erhält. Auch Alexandra selbst empfindet sich in den verschiedenen Rollen anders. Sie verhält sich ihren Aufgaben entsprechend unterschiedlich und reagiert auf ihre Umwelt anders.

Wenn Alexandra mit ihren Freundinnen zusammen ist, quatscht sie fröhlich drauflos. Sie hat den Status einer fröhlichen, selbstbewussten jungen Frau. Als Praktikantin im Kindergarten hält sie sich sehr zurück. Sie ist die Jüngste im Team und möchte nicht negativ auffallen. Die Kolleginnen erleben sie als ruhige, aufmerksame Person, die gut zuhören kann.

Die **formelle Rolle** Alexandras in diesem Beispiel ist einerseits die Freundin und andererseits die Praktikantin. Die **informelle Rolle** als Freundin ist die einer fröhlichen Frau, die für jeden Spaß zu haben ist. Als Praktikantin nimmt sie die Rolle der ruhigen, lernfähigen Jugendlichen ein.

Rolle
Eine Rolle in der sozialpädagogischen Praxis ist das Ergebnis verschiedener Erwartungen an eine Person in einer bestimmten Position.

Formelle Rolle
Die formelle Rolle ist die Rolle, die innerhalb einer bestimmten Position eingenommen wird (z. B. Gruppenleiterin, Praktikantin).

Informelle Rolle
Als informelle Rolle wird die Rolle bezeichnet, die sich durch Verhalten, Erwartungen und Meinungen entwickelt (z. B. die Kreative, die Organisatorin etc.).

Jeder Mensch nimmt also verschiedene Rollen ein und wird entsprechend unterschiedlich wahrgenommen. Ebenso kommt es vor, dass dieselbe Rolle von verschiedenen Menschen unterschiedlich ausgefüllt wird.

Beispiel
James Bond wurde schon von mehreren Darstellern gespielt. Jeder der Männer interpretiert die Figur des Spions anders, hat eine andere Ausstrahlung.

So wie eine Rolle in der Schauspielerei unterschiedlich interpretiert wird, so kann auch eine Position, z. B. die der Gruppenleitung im Kindergarten, auf verschiedene Weise wahrgenommen werden – je nachdem, wie sich die Person in dieser Position selbst einbringt und ihre Aufgabe versteht und umsetzt. Es gibt die verschiedensten Typen von Leiterinnen, jede hat einen eigenen Stil, arbeitet auf eigene Weise, nimmt eine Haltung gegenüber ihrem Team ein und prägt ihre Position mit ihrer Persönlichkeit.

Beispiel
Leiterin Vera ist ein gut strukturierter Typ. Sie ist sehr ehrgeizig und erwartet das auch von ihren Kolleginnen. Um den „Haufen gackernder Hühner", wie sie es nennt, in Zaum zu halten, tritt sie konsequent und autoritär, aber humorvoll auf. Sie leitet ihre Tagesstätte mit klaren Anweisungen und Richtlinien und hält das Zepter in der Hand.

Das Team respektiert ihre strenge Leitung, weil sie gerecht ist und Humor beweist. Dass sie die Kolleginnen nicht ganz auf Augenhöhe betrachtet und manchmal auch weniger ernst nimmt („der Hühnerhaufen") führt dazu, dass sie einen heimlichen Spitznamen bekommt: „die Königin". Das Klima in der Tagesstätte ist freundlich, aber auch sehr zielgerichtet und rein auf die Arbeit beschränkt.

Beispiel
Leiterin Marianne ist ein lustiger, herzlicher und redseliger Typ. Sie hält gerne ein Pläuschchen mit den Kolleginnen, springt jederzeit ein, wenn Hilfe benötigt wird und hat nichts dagegen, wenn der Teamsitzung ein anschließender Umtrunk folgt. Sie organisiert die Kita mit „Leib und Seele" und sucht sich Unterstützung, wenn ihr die Organisation über den Kopf wächst. Manchmal vergisst sie einen Termin oder kommt ins Schwitzen, weil sie zu viele Termine auf einen Tag gelegt hat.

Die Kolleginnen lieben sie dafür, dass sie so „nah am Geschehen" ist. Sie sehen ihre Leiterin als eine von ihnen, die eben etwas zusätzliche Arbeit hat. Sie fühlen sich als ein Team, das offen miteinander spricht und auch freundschaftlich miteinander umgeht. Wenn größere Planungen anstehen, kann es aber auch passieren, dass einige Teammitglieder genervt sind, wenn Marianne „vor lauter Quatschen" ihre eigene Planung vergisst.

Welche Rollen können auf mich zukommen?

Schon als Schülerin oder Studierende in der Ausbildung zur sozialpädagogischen Fachkraft zeigt es sich, dass sich Rollen und Rollenerwartungen ständig verändern. War man gerade noch Schülerin und Tochter, soll man nun plötzlich selbstständig handeln, anderen Regeln erläutern und selbst erziehen.

„*Im Verlauf der ersten Phase der Ausbildung kommt es für den Schüler darauf an, dass er in einem doppelten Sinne seinen Perspektivwechsel vornimmt: dass er sich nämlich bewusst in der Rolle des für Kinder Verantwortlichen akzeptiert (er fragt, welche inhaltlichen Aufgaben dadurch entstehen und wie er deren Umsetzung befördern kann), und dass er dabei bereit bleibt, diesen Wechsel reflexiv wieder zurückzunehmen, indem er auf der Basis seiner Erfahrungen als Erzogener die Betroffenen-Perspektive einnimmt (und somit die Antizipation seiner Erzieher-Rolle kritisch überprüft).*"

(Gruschka, 1985, S. 228)

Der Wechsel zwischen den verschiedenen Rollen, in denen sich ein Mensch im Beruf der sozialpädagogischen Fachkraft befinden kann, setzt also eine gefestigte Persönlichkeit voraus. Zumindest aber wird erwartet, dass sich die Person dazu bereit erklärt, ihr Verhalten, ihr Handeln und Denken zu reflektieren, um sich in den jeweiligen Rollen entsprechend verhalten zu können.

In sozialpädagogischen Institutionen gibt es zunächst die verschiedensten Rollen, die – bedingt durch die Aufgaben und gesetzliche Vorschriften – für das Personal als verbindlich gelten. Zudem können, je nach Institution, Personalschlüssel und Struktur, Kinderanzahl und Gruppenformen etc., weitere Aufgaben auf die einzelne Person zukommen.

Die **formelle Rolle** der sozialpädagogischen Fachkraft und Leiterin eines eingruppigen Horts beinhaltet beispielsweise folgende Aufgaben:
- Management
- Organisation
- Zusammenarbeit mit dem Träger
- Zusammenarbeit mit den Eltern

- Zusammenarbeit mit Fachstellen
- Zusammenarbeit mit Gemeinde/Stadt etc.
- Teamarbeit
- auf die Einhaltung des pädagogischen Konzepts achten
- Haushalt und Finanzen regeln
- Personal einstellen und verwalten
- Kassenbücher führen
- Material und Mobiliar verwalten
- pädagogische Arbeit „am Kind"

Die **informelle Rolle** der sozialpädagogischen Fachkraft und Leiterin kann beispielsweise sein:
- Bezugsperson
- Vorbild für die Kinder
- emotionale Stütze für manche Eltern
- Kritikerin mancher Kollegin
- Beraterin in Erziehungsfragen
- Moderatorin
- Lenkerin
- Kommunikationstalent
- Teamplayerin
- kreativer Kopf mit geschickten Händen
- Freizeitgestalterin
- musische Inspiration und Lehrerin
- Sportskanone mit Trainerlizenz
- weltoffene, interkulturell Interessierte
- Wissenschaftlerin
- Gärtnerin
- Notfall-Ersthelferin
- Raumgestalterin
- Verbindungsglied zu Fachberatungen
- Vermittlerin zwischen Einrichtung und Träger
- Zuverlässige und Pünktliche etc.

Die informelle Rolle der sozialpädagogischen Fachkraft ist geprägt von den Erwartungen, die Eltern, das Team, Kinder und Träger an sie stellen. Wie sie diese Rolle konkret ausgestaltet, muss sie selbst entscheiden.

1.3.1 Rollenverteilungssysteme

Mit Beginn der Ausbildung zur sozialpädagogischen Fachkraft entscheidet sich ein Mensch bereits für eine bestimmte formelle Rolle. Später kommt die Wahl des Arbeitsplatzes dazu: entweder frei gewählt oder bedingt durch Gründe wie Ortsnähe, finanzielle Situation, verfügbare Zeit etc.

In einer sozialpädagogischen Institution gibt es für jede Person weitere Aufgaben bzw. Rollen, die sie einnehmen muss oder kann. Meist werden diese formell im Team besprochen oder aber durch den Träger bzw. die Leiterin festgelegt. z. B.:
- Kassenbuchführerin
- Organisatorin des Mittagessens
- Anleiterin einer Praktikantin etc.

Der Prozess, bei dem sich in einer Gruppe verschiedene informelle Rollen herauskristallisieren, also jedes Mitglied seinen Platz in der Gruppe einnimmt, durchläuft verschiedene Phasen.

Gruppenphasen im Team
Wie in jeder Gruppe lassen sich auch im Team einer sozialpädagogischen Einrichtung Gruppenphasen beobachten, die der Rollenfindung dienen.

In einem Team treffen immer verschiedene Charaktere aufeinander, die sich arrangieren müssen, um ein konstruktives Miteinander leben zu können. Es gibt Aufgaben, die den Teammitgliedern zugeteilt werden, aber auch Rollen, die nicht über die Aufgaben definiert werden. Die Rollenverteilung wird besonders davon beeinflusst, wie sich die einzelne Person in der Gruppe präsentiert.

Im Folgenden werden die Gruppenphasen (benannt nach Bernstein/Lowy, 1975) am Beispiel eines Kindergartenteams erläutert, das eine neue Mitarbeiterin bekommt.

1. **Fremdheitsphase**
   Die Kolleginnen kennen die „Neue" noch nicht und haben keine Informationen. Sie verhalten sich nach gewissen Höflichkeitsregeln und tauschen Informationen aus, sodass diese Phase sehr kurz ausfällt. Die Rollen des Teams waren bisher bereits festgelegt. Durch die neue Kollegin Svenja müssen sich die Kolleginnen nun neu orientieren.

2. **Orientierungsphase**
   Die Mitglieder des Teams „beschnuppern" Svenja. Sie versuchen, sie einzuschätzen, und zeigen sich selber von der Seite, die sie am wichtigsten oder auch am sympathischsten finden (die Leiterin demonstriert ihre Fähigkeit zu organisieren und zu führen, eine Kinderpflegerin ihre Herzlichkeit und ihren Humor). Wenn jemand in ein bestehendes Team hineinkommt, zeigen sich häufig dessen „Schwachstellen". In dieser Phase kommt es vermehrt zu Konflikten, da die gewohnten Rollen zum Teil aufgegeben und neue „gefunden" werden müssen. Diese Phase dauert an, bis alle ihren Platz in der Gruppe eingenommen haben. Einzelne Personen wollen sich neu orientieren und suchen daher (freundschaftlichen) Kontakt zu Svenja.

3. **Vertrautheitsphase**
   Jedes Teammitglied fühlt sich als Teil der Gruppe und akzeptiert die anderen. Es kehrt Ruhe ein. Svenja fühlt sich im Team aufgenommen.

4. **Differenzierungsphase**
   Die Teammitglieder wollen als Individuum innerhalb des Gruppengefüges wahrgenommen werden. Jetzt zeigt sich, wer gerne im Vordergrund steht, wer sich lieber der Gruppenmeinung fügt etc. Auch Svenja wird spätestens jetzt „aufwachen" und sich öffnen.

5. **Ablösephase**
   Diese Phase fällt weg, wenn das Team als Verbund bestehen bleibt.

Die Verteilung der Rollen ist neben der Position und deren Aufgaben immer von zwei Perspektiven abhängig:
- **Selbstbild:** Wie sehe ich meine Rolle in dieser Position? Wie sehe ich mich in meiner Rolle?
- **Fremdbild:** Wie sehen die anderen meine Rolle in dieser Position? Wie sehen die anderen mich in meiner Rolle?

Daraus ergeben sich die verschiedenen Erwartungen an die Rolle bzw. an die Person, die diese Position innehat.

Wer sich für den Beruf der sozialpädagogischen Fachkraft entscheidet, muss sich bewusst sein, dass er verschiedene Rollen einnimmt und sich mit damit verbundenen Erwartungen auseinandersetzen muss. Um selbstbewusst innerhalb einer Rolle auftreten zu können, sollte die sozialpädagogische Fachkraft wissen, welche Erwartungen an sie gestellt werden und wie sie diesen begegnen will.

Erwartungen der anderen

Im beruflichen Umfeld der sozialpädagogischen Fachkraft sind viele Personengruppen in irgendeiner Weise miteinander verbunden. Jede dieser Gruppen hat eigene Erwartungen an die Erzieherin und schreibt ihr somit eine Rolle zu.

Erwartungen von außen sind geprägt von der persönlichen Lebenssituation der Erwartenden, von ihrer Erfahrung, ihrem Wissen etc. Die Person, die eine Rolle innehat, trägt durch ihre Außenwirkung, also ihre Persönlichkeit wiederum zum Meinungsbild bei und motiviert so zur **Rollenverteilung**.

Beispiel
Einer gerade von der Schule entlassenen Kinderpflegerin, die schüchtern und unbeteiligt ihrer Arbeit nachgeht, wird weniger Respekt entgegengebracht als einer sozialpädagogischen Fachkraft mit zehn Jahren Berufserfahrung. Dadurch entstehen unterschiedliche Positionen: Die junge Kinderpflegerin wird zur „Schülerin", die als „Hilfsarbeiterin" eingesetzt werden kann, ständige Motivation und Anleitung braucht, obwohl man doch viel mehr von ihr erwartet hätte.

In einem Team erhält jeder seine Aufgabe und damit verbunden seine formelle Rolle. Die Aufgabe, bestimmt durch Arbeitsverträge und interne Absprache, ist klar zu bestimmen. Die **Rollenausführung** hängt aber auch von den Sichtweisen, vom subjektiven Denken der einzelnen Teammitglieder ab. Jeder Mensch interpretiert Aufgaben und deren Erfüllung anders. Auch wenn sie klar definiert sind, können sie durch die Persönlichkeit des einzelnen Menschen unterschiedlich ausgeführt werden. So entsteht auch ein differenzierter Eindruck nach außen.

Beispiel
Marion hat die Aufgabe, das Essen für die Kinder der fünfgruppigen Kita zu bestellen und diesen Ablauf zu organisieren. Sie macht das immer morgens in der ersten Viertelstunde ihrer Arbeitszeit. Zuerst hört sie den Anrufbeantworter ab, ob jemand sein Kind für das tägliche Essen entschuldigt hat. Anschließend holt sie sich alle Listen aus den Gruppen, zählt die Bestellungen und gibt sie an die Essensfirma weiter.
Je nachdem, wie sie sich dabei verhält, wie sie auf die anderen Teammitglieder eingeht und ob ihre Arbeit funktioniert, könnte der Eindruck nach außen sehr verschieden sein:
- *Marion arbeitet gewissenhaft.*
- *Weil Marion nicht auf nachträgliche Wünsche und Änderungen eingeht, erhält sie den Ruf, ignorant zu sein.*
- *Wenn die Listen in den Gruppen nicht ordentlich geführt werden, kann Marion das Essen nicht zuverlässig bestellen. Weil sie keine Zeit und Lust hat, ständig nachzuhaken, bestellt sie inzwischen das, was angegeben ist. So kommt es häufig zu Fehlbestellungen.*
- *Einige meinen, sie müsse öfter nachfragen, ob sich etwas an den Listen geändert hätte.*
- *Einige finden Marion unfreundlich.*

Marion hat ihre Rolle in der Kita bereits erhalten. Sie gilt als eine, die ihre organisatorische Arbeit erledigt, ohne sich von etwas abbringen zu lassen. Sie muss häufig solche Arbeiten übernehmen und stößt immer wieder auf die gleichen Konflikte. Aus Marions Sicht entstehen die Konflikte durch das Unverständnis der Kolleginnen für ihre Situation: Sie will doch nur möglichst schnell und gewissenhaft ihre Arbeit tun und ist daher auf die Zuverlässigkeit der anderen angewiesen.

Je nach Berufsbezeichnung und Position in der **Hierarchie** einer sozialpädagogischen Einrichtung werden die Erwartungen schon von außen festgelegt. Zusätzlich hat jede Person eines Teams jedoch eigene Erwartungen an die Kolleginnen:
- Die sozialpädagogische Fachkraft erwartet beispielsweise von der Kinderpflegerin Unterstützung bei der praktischen Arbeit und das Übernehmen der meisten pflegerischen Tätigkeiten.
- Die Kinderpflegerin erwartet von der sozialpädagogischen Fachkraft Unterstützung bei der Bewältigung des Arbeitsalltags und Anleitung im pädagogischen Bereich.

Gehen die **Erwartungen** weit auseinander, kann es zu **Konflikten** kommen.
Je nachdem, wie ein Team geführt wird und es sich als soziales Gefüge etabliert, sind die Grenzen der Positionen fließend. So gibt es häufig Teams aus sozialpädagogischer Fachkraft und Kinderpflegerin – besonders in eingruppigen Institutionen –, die in der Praxis kaum unterschiedliche Funktionen ausüben. Die sozialpädagogische Fachkraft übernimmt zwar als Gruppenleiterin oder als Leiterin der Einrichtung eine größere Verantwortung, mehr Organisation und Büroarbeit. Die Kinderpflegerin ist jedoch im Arbeitsalltag mit den Kindern als Fachfrau gleichgestellt.

Die Rolle der Kinderpflegerin kann aber auch der einer „Handlangerin" ohne Rechte entsprechen. Manche sozialpädagogische Fachkraft sieht in ihrer „Zweitkraft" immer noch nicht die gleichberechtigte Kollegin. Die Zusammenarbeit im Team sollte jedoch unabhängig vom „Titel" der Menschen von Respekt geprägt sein und trotz ausbildungsbedingter Hierarchien auf Augenhöhe erfolgen.

Wie kann ich die Rollenverteilung beeinflussen?

Beispiel
Offensichtlich schafft Marion es nicht, ihren Kolleginnen ihre Gewissenhaftigkeit mit etwas Freundlichkeit näherzubringen. Sie ist genervt von dem ewigen Nachfragen und der Unzuverlässigkeit der Kolleginnen. Sie hat mehrere Möglichkeiten:
- *im Team darüber sprechen, wie sie ihre Aufgabe besser in den Griff kriegen kann bzw. wie die anderen sich effektiver einbringen könnten*
- *mit den Kolleginnen im Einzelgespräch klären, was sie jeweils verbessern könnten*
- *selbst immer wieder nachhaken und noch mehr Zeit für diese Tätigkeit einplanen*
- *alles so belassen, sich selbst aber nicht mehr darüber ärgern*

Es ist immer auch eine Frage der eigenen Einstellung bzw. der Persönlichkeit, wie man nach außen wirkt. Jede Aufgabe kann unterschiedlich ausgeführt werden. Eine banale Aufgabe wie das Bestellen von Essen kann mit viel Humor und Herzlichkeit, mit Sachverstand und Pflichtbewusstsein oder auch mit Strenge ausgeführt werden. Dementsprechend ist die Außenwirkung und damit auch der Eindruck auf die Kolleginnen und Eltern, der sich bald zu einem Bild von der Person verfestigt. Sie wird in die berühmte „Schublade" gesteckt, ihr wird also ihre Rolle zugeschrieben. Will sie sich daraus befreien, muss sie sich selbst reflektieren:
- Wie ist meine Außenwirkung?
- Wie führe ich meine Tätigkeit aus?
- Wie reagiere ich auf Kritik?
- Wie kommuniziere ich?

Um die eigene Wirkung besser einschätzen zu können, ist es wichtig, Kritik anzunehmen. Ein guter Rahmen dafür ist auch die Supervision, bei der Kolleginnen mithilfe einer moderierenden Person mögliche Probleme, die Abläufe im Alltag oder die Gruppensituation thematisieren.

Erwartungen an sich selbst

Jeder Mensch erfüllt seine Aufgaben und Rollen nicht nur in Abhängigkeit der Außenerwartungen, sondern hat auch einen gewissen Anspruch an sich selbst.

Beispiel
Die junge Berufspraktikantin freut sich auf ihren Arbeitsplatz und sieht sich selbst darin als fröhliche Kollegin, die gerne mit den Kindern tobt und lacht. Sie erwartet, dass sie die neuen Alltagsgegebenheiten schnell kennen lernt und sich anpasst, damit sie routiniert mitarbeiten kann. Sie möchte dabei engagiert auf die anderen wirken und zeigen, dass sie lernfähig ist. Außerdem erwartet sie von sich selbst, dass sie die gelernten Theorien nun auch umsetzen kann. Sie will auf jeden Fall schnell in das Kita-Team integriert sein und von den Kindern akzeptiert und gemocht werden.

Die Berufspraktikantin wird vermutlich schnell erkennen, dass sie diese Ziele nicht so schnell erreichen kann. Allein das Umsetzen der gelernten Theorien braucht viel Erfahrung und Übung. Sie muss sich auf jeden Fall mehr Zeit geben.
Es kommt also darauf an, die eigenen Erwartungen nicht zu hoch anzusetzen, damit sie auch erfüllt werden können. Auch die eigene Wahrnehmung spielt eine Rolle: Schätze ich mein Verhalten und meine Außenwirkung richtig ein?

1.3.2 Rollenkonflikte

Zunächst ist bei Rollenkonflikten zu unterscheiden, ob es sich um eine **formelle Rolle**, also eine Position bzw. Aufgabe handelt oder um eine informelle Rolle. Der Konflikt mit der formellen Rolle lässt sich recht einfach lösen.

Beispiel
Die sozialpädagogische Fachkraft fühlt sich mit der Aufgabe des Schriftführens bei den Teamsitzungen überfordert. Sie möchte sich mehr einbringen, was aber durch das Mitschreiben verhindert wird.

Um den Konflikt zu lösen, muss sie mit dem Team darüber sprechen und bitten, dass eine andere Person diese Aufgabe übernimmt.

Beispiel
Sophie ist Blockpraktikantin im zweiten Studienjahr. Sie arbeitet in einem Kindergarten. Die Gruppenleitung behandelt Sophie respektvoll und lässt sie vielfältige Angebote ausprobieren. Gleichzeitig scheint die Kinderpflegerin mit Sophie nicht einverstanden zu sein. Sie lässt die Praktikantin ständig Putzarbeiten übernehmen und schließt sie häufig vom Gruppengeschehen aus, sobald die sozialpädagogische Fachkraft sich nicht im Raum befindet. Sophie ist überfordert – die beiden Kolleginnen haben offensichtlich sehr unterschiedliche Vorstellungen von den Aufgaben und Pflichten einer Praktikantin.
Auch hier wird ein offenes Gespräch zu einer Lösung führen.

Je nach Position, also formeller Rolle, lassen sich Konflikte leichter oder schwerer bewältigen. Handelt es sich hierbei um einen „sachlichen" Konflikt, der nicht durch die Person und deren Persönlichkeit entstanden ist, kann das Problem auch sachlich besprochen werden.

Beispiel
Verena erhält zu Beginn des Kindergartens von der Leitung die Aufgabe, abends die Toilettenräume zu kontrollieren. Verena wirft also immer einen Blick in die Räume, spült wo es nötig ist oder dreht tropfende Wasserhähne zu. Nach ein paar Wochen erklärt ihr die Leitung, dass sie ebenfalls dafür sorgen sollte, dass immer ausreichend Toilettenpapier und frische Handtücher vorhanden sind.

Der Konflikt mit einer **informellen Rolle** bringt weit mehr Schwierigkeiten mit sich, da sie durch Verhalten, Meinungen, Menschenbild, Erwartungen etc. entstanden ist und somit die Person bzw. Persönlichkeit betrifft. Um einen solchen Konflikt zu lösen, müssen die Hintergründe der Rollenverteilung überprüft und gegebenenfalls überdacht werden. Bei Konflikten mit einer informellen Rolle setzt sich eine Person mit den Erwartungen innerhalb einer Rolle auseinander oder sie empfindet Widersprüche zwischen den Anforderungen verschiedener Rollen, die sie erfüllen soll.

Intrarollenkonflikt
Eine Person befindet sich zwischen widersprüchlichen Erwartungen innerhalb einer Rolle.

Beispiel
Luisa arbeitet als Praktikantin in einem Kindergarten und beobachtet einen Streit zwischen zwei Kindern. Sie ist die einzige Erwachsene im Raum und weiß nicht, wie sie sich angemessen verhalten soll: Die anderen sozialpädagogischen Fachkräfte haben ihr bislang vermittelt, dass sie als Praktikantin hauptsächlich hospitieren und das konkrete Eingreifen in Konfliktsituationen den erfahrenen Erzieherinnen überlassen soll. Nun überlegt sie, ob es notwendig ist, eine Kollegin zu rufen. Andererseits würde sie gerne lernen, als angehende Erzieherin in Konfliktsituationen kompetent einzugreifen.

In der Praxis passiert es häufig, dass Menschen unterschiedliche Erwartungen an die sozialpädagogische Fachkraft stellen. Um Überforderung und Stress zu vermeiden, ist es besonders wichtig, sich seiner Rolle bzw. seiner Position bewusst zu sein. Nur wer seine Aufgaben kennt und seine Rolle bewusst einnimmt, kann dies auch ausstrahlen. Es zahlt sich aus, Kritik anzunehmen und sein Handeln zu reflektieren. Rollen sind nicht statisch, das heißt, eine persönliche (Weiter-)Entwicklung wirkt sich auch auf die Entwicklung der Rolle aus. Die Person prägt eine Rolle auf ihre eigene Weise. Je nachdem, wie sie diese ausfüllen, werden die Erwartungen angepasst.

Interrollenkonflikt
Zwei oder mehr Rollen mit unterschiedlichen bzw. sich widersprechenden Erwartungen lösen in einer Person einen Konflikt aus.

Beispiel
Martina steht am Anfang ihrer Ausbildung zur sozialpädagogischen Fachkraft. Sie lebt noch zu Hause und muss sich mit den Regeln der Eltern abfinden. Hier ist sie auch mit 18 Jahren noch die Tochter, auch wenn sie bereits sehr selbstständig lebt. Im Praktikum im Heim soll sie nun selbst Regeln durchsetzen und Jugendlichen konsequent entgegentreten, die kaum jünger als sie selbst sind. Die beiden Rollen der zu Erziehenden und der sozialpädagogischen Fachkraft zu vereinbaren, empfindet Martina als sehr schwierig.

„Da man Konflikte und Kontroversen im Leben nicht verhindern kann, ist es wichtig, angemessen mit ihnen umzugehen, um sie positiv zu nutzen und daraus zu lernen. Etwas aus- und durchzuhalten, lernen, mit Problemen und Konflikten umzugehen und selbstständig Lösungen zu finden stärkt das Selbstbewusstsein und das Selbstvertrauen."
(Jaszus, 2008, S. 35)

Rollensicherheit und -unsicherheit
„Du bist doch die Gruppenleitung, dann zeig' das auch mal!" Manchmal führen sozialpädagogische Fachkräfte ihre Rolle „nur" aus, stehen aber nicht dahinter. Mangelndes **Selbstwertgefühl** die eigene Leistung betreffend ist weit verbreitet und prägt das Bild der unsicheren, weil sich ihrer Fähigkeiten und Position nicht bewussten Erzieherin.

Die formelle Rolle kann mündlich oder schriftlich genau bestimmt werden. Beispielsweise steht normalerweise im Arbeitsvertrag, ob die Person als Erzieherin und/oder Leiterin angestellt wurde, wie viele Stunden sie arbeitet und manchmal auch, ob sie als Gruppenleitung angestellt ist. Weitere Definitionen der Rolle können und müssen mit dem Träger, der Leiterin und den Kolleginnen abgesprochen und festgehalten werden. So kann sich jede Mitarbeiterin sicher sein, welche formelle Rolle sie ausfüllt.

Im zweiten Schritt müsste geklärt werden, welche Erwartungen mit dieser Rolle verknüpft sind. Allein durch die Ausbildung und durch die eigene Auseinandersetzung mit dem Beruf wird jede Erzieherin eine gewisse Vorstellung davon haben, welche Aufgaben sie zu erfüllen hat. Zusätzlich kann sie aber nachfragen, was die einzelnen Personen von ihr erwarten, und so ihre Unsicherheit beseitigen.

Seine informelle Rolle sucht man sich meist nicht aus. Wie oben beschrieben, entsteht sie durch viele verschiedene Faktoren. Um sich der eigenen Rolle sicher zu sein und dies auch nach außen zu repräsentieren, muss die sozialpädagogische Fachkraft aufmerksam hinhören, wenn die Kolleginnen mit ihr sprechen, Rückmeldungen geben und möglicherweise Kritik äußern. Auch die eigenen Erwartungen an sich selbst muss sie stets kritisch hinterfragen. Letztendlich ist die **Persönlichkeit** ausschlaggebend für die Sicherheit innerhalb der Rolle: Nur wenn die sozialpädagogische Fachkraft mit sich selbst zufrieden ist, ein positives Bild von sich selbst hat und in der Lage ist, ihr Handeln zu beobachten und zu reflektieren, kann sie auch selbstsicher in ihrer Rolle sein.

1.3.3 Rollen und Normen

„Die Norm ist eine Vorgabe für ein Verhalten, das in der Gruppe erwünscht ist, oder für eine Einstellung in der Gruppe, die von allen mehr oder weniger gefordert wird" (Kühne, Basiswissen Psychologie, 2009, S. 104). Für jede Rolle kann es bestimmte **Normen** geben. Von einer sozialpädagogischen Fachkraft wird erwartet, dass sie sich den diesbezüglichen Vorgaben des Trägers – die sowohl explizit formuliert sein können als auch indirekt vermittelt werden – anpasst.

Beispiel
Viele Menschen finden es undenkbar, dass eine junge Frau mit Tätowierungen und Piercings in einem katholischen Kindergarten arbeitet. Die Norm ist hier eine Art Kleiderkodex: Eine sozialpädagogische Fachkraft hat „ordentlich" auszusehen und sich dementsprechend zu kleiden. Zudem hat sie die speziellen Verhaltensnormen zu erfüllen, die die katholische Kirche vorschreibt.

Normen
Normen sind bestimmte Verhaltensregeln, die von einer Gruppe, z. B. der Familie, dem Team oder auch der Gesellschaft an sich, aufgestellt werden.

„Verhaltensvorschriften im Sinne von sozialen Normen sind immer mit bestimmten Verhaltenserwartungen verbunden: Der Einzelne erwartet, dass sich seine Mitmenschen entsprechend den Normen verhalten."
(Hobmair, Soziologie, 2006, S. 74)

Der Mensch muss nun eine Balance zwischen Erwartungen von außen, sozialen Normen und seinen eigenen Erwartungen und Ansprüchen an sich selbst finden (vgl. auch Kap. 3.1.6).

1.3.4 Soziale Kontrollmechanismen

Soziale Kontrolle findet immer von zwei Seiten statt:
- **innere Kontrolle**: Welche Regeln und Normen gelten für mich?
- **äußere Kontrolle**: Reaktionen und Sanktionen von anderen

Beispiel
Nele ist Praktikantin in einem Kindergarten, zusammen mit ihrer Freundin und Mitschülerin Katrin. Die zwei verstehen sich prima und vergessen häufig, dass sie eigentlich zum Arbeiten im Kindergarten sind. Sie lachen viel mit den Kindern und über die Kinder. In letzter Zeit merkt Nele, dass ihr das Rumalbern mit Katrin zu viel wird. Ihr macht die Arbeit mit den Kindern nämlich Spaß und sie würde gerne viel intensiver lernen als bisher. Doch sie traut sich gegenüber Katrin nicht, mit der Kicherei aufzuhören, weil sie nicht als „Streberin" dastehen möchte. Als Katrin einmal krank ist, merkt Nele, wie wohl sie sich plötzlich fühlt. Sie kann sich endlich auf die Arbeit konzentrieren und findet nun einen viel intensiveren Zugang zu den Kindern und Mitarbeiterinnen des Teams.

Nele ist in dem Beispiel verschiedenen Arten von sozialen Kontrollmechanismen ausgesetzt. Sie weiß, dass sie sich entsprechend bestimmten Regeln und Normen verhalten soll. Die Freundschaft zu Katrin lässt sie jedoch aus dem kindischen Rumalbern schwer herauskommen.

Erst als die Freundin einmal fehlt, wird Nele bewusst, welche „Macht" diese ausübt. Nele erfährt nun, dass sie selbstbestimmt ganz anders handelt bzw. sich verhält.
Anhand dieses Beispiels wird deutlich, wie wichtig die gefestigte Persönlichkeit einer sozialpädagogischen Fachkraft ist. Sie muss sich ständig reflektieren; nur durch aufmerksames Beobachten ihres eigenen Verhaltens und ständiges Auseinandersetzen mit sich selbst und ihrer Umgebung kann sie sich vor negativem Gruppendruck schützen und eine eigenständige Persönlichkeit bleiben.

1.3.5 Rollen und Status in sozialpädagogischen Einrichtungen

„Ich bin ja nur Erzieherin."
„Als Kinderpflegerin habe ich hier nichts zu melden."
„Wir sind hier alle gleichberechtigt."

Wer einen sozialpädagogischen Beruf ergreift, ist sich meist im Klaren darüber, dass er keine Karriere machen wird. Zu Ruhm und finanzieller Anerkennung wird er oder sie nicht kommen, wohl aber zu einer menschlichen Anerkennung: durch die Klientel – also die Kinder und Eltern, aber auch durch den Träger, den Arbeitgeber, die Mitarbeiterinnen oder auch die Leiterin. Der Status einer sozialpädagogischen Fachkraft ist also nicht nur von der hierarchischen Position abhängig. Status ist auch eine Frage der Leistung und der eigenen Darstellung.
„Im Allgemeinen ist der Status die Bezeichnung für den Grad der Wertschätzung für eine Rolle oder aber eine Person in einem sozialen Gefüge – z. B. in einer Gruppe" (Kühne, 2009, S. 105). Der **Status** lässt sich besonders durch die eigene Identifikation mit der Rolle beeinflussen. Eine Praktikantin, die sich aktiv ins Arbeitsleben einbringt, offen und fachlich kommuniziert, vermittelt ein positives Bild nach außen. Eltern und Kolleginnen sagen: „Du hast das Zeug zu einer guten sozialpädagogischen Fachkraft!" und arbeiten gerne mit ihr zusammen. So ist ihr Status relativ hoch, obwohl sie von der Position her noch ganz unten auf der „Karriereleiter" steht. Besonders die Eltern, die täglich ihre Kinder bringen und abholen, beurteilen die sozialpädagogischen

Kinder tragen zur Bildung eines Urteils bei. Eine bei Kindern unbeliebte sozialpädagogische Fachkraft hat einen niedrigeren Status als eine beliebte.

Bei allen Überlegungen über Rollenverteilung und Status sollte nicht vergessen werden, dass jeder Mensch eine andere Wahrnehmung hat. Geprägt durch Erziehung und Erfahrungen hat jeder Mensch einen anderen Blickwinkel. Die sozialpädagogische Fachkraft kann es nicht allen recht machen. Solange sie aber selbst versucht, ihre Wahrnehmung zu schulen und an ihrem positiven Selbstbild zu arbeiten, ist sie fähig, den unterschiedlichsten Erwartungen von außen standzuhalten.

Fachkräfte nach ihrem Erscheinungsbild und Auftreten. Auch die Auskünfte und Reaktionen der

1.4 Rechte und Pflichten in sozialpädagogischen Einrichtungen

In sozialpädagogischen Einrichtungen verbringen Menschen viel Zeit miteinander. Dieses Zusammenleben kann nur weitgehend reibungslos funktionieren, wenn es geregelt abläuft. „Geregelt" bedeutet dabei, dass alle ihre Rechte wahrnehmen und ihre Pflichten erfüllen. Rechte und Pflichten ergänzen einander.

Kinder und Jugendliche haben mehr Rechte und Pflichten, als manchmal angenommen wird. Sowohl die Rechte als auch die Pflichten müssen immer wieder aufs Neue bewusst gemacht und zum Teil neu aufeinander abgestimmt werden. Die Einschränkung „zum Teil" zeigt, dass es auch Rechte und Pflichten gibt, die als tragende Säulen des Zusammenlebens nicht infrage gestellt werden können.

Für die Rechte und Pflichten der sozialpädagogischen Fachkräfte gilt grundsätzlich das Gleiche. Allerdings kommen insbesondere all die unmittelbar mit der Ausübung ihres pädagogischen bzw. sozialpädagogischen Berufs verknüpften Rechte und Pflichten hinzu.

Es gehört zu den grundlegenden Aufgaben sozialpädagogischer Fachkräfte,

- die Rechte der Kinder und Jugendlichen zu kennen, zu gewähren und zu sichern,
- Konsens über die Pflichten der Kinder und Jugendlichen und ihre Einhaltung herzustellen,
- die eigenen Rechte – auch als Arbeitnehmerin – zu kennen und wahrzunehmen,
- die eigenen Pflichten als Arbeitnehmerin zu kennen und im Konsens mit dem Team zu erfüllen,
- das Infektionsschutzgesetz zu beachten und
- bei Kindeswohlgefährdung Hilfen nach dem Hilfeplan zur Erziehung zu gewährleisten.

Eine weitgehende Übereinkunft über die gemeinsamen Normen und Werte, die das Zusammenleben innerhalb der Einrichtung leiten, ist Grundlage des Zusammenlebens. Ziel ist es, im Rahmen der persönlichen Entfaltung die Rechte anderer zu beachten und ein möglichst konfliktfreies Miteinander zu ermöglichen.

Da im Zusammenleben der Menschen – nicht nur in sozialpädagogischen Einrichtungen – immer wieder unterschiedliche Interessen gegeneinanderstehen, kann „konfliktfreies" Miteinander nicht bedeuten, dass Kinder, Jugendliche und sozialpädagogische Fachkräfte bei Wahrung der Rechte aller in einer Art konfliktlosen „heilen" Welt leben. Es ist vielmehr auch eine Konfliktfähigkeit gefordert, die zunächst von den sozialpädagogischen Fachkräften vorgelebt werden muss.

Nur so können die Kinder und Jugendlichen lernen,
- Konflikten mit anderen nicht einfach auszuweichen,
- Konflikte nicht aggressiv und einzig im eigenen Interesse auszutragen,
- Konflikte im Konsens und unter Wahrung der Rechte und Erfüllung der Pflichten zu lösen.

Es gehört daher zu den zentralen Aufgaben sozialpädagogischer Fachkräfte, die Rechte der Kinder oder Jugendlichen zu kennen und immer für deren Einhaltung zu sorgen. Darüber hinaus müssen sie sich gleichermaßen ihrer eigenen Rechte und Pflichten bewusst sein und sie einfordern bzw. erfüllen. Dies gilt gegenüber
- den Kindern und Jugendlichen,
- den Erziehungspartnern,
- den Kolleginnen und Kollegen,
- der Leitung der Einrichtung und
- dem Träger.

1.4.1 Gesetzliche Regeln und Normen

Viele der grundlegenden Normen und Werte sind in Gesetze eingeflossen, die das zwischenmenschliche Leben regeln. Allgemeinere Regelungen finden sich im Grundgesetz der Bundesrepublik Deutschland, wie z. B. das Recht auf körperliche Unversehrtheit, freie Meinungsäußerung und das Recht auf Eigentum.

Um Kinder und Jugendliche dabei zu unterstützen, ihre Rechte und Pflichten wahrzunehmen, müssen sozialpädagogische Fachkräfte
- kulturelle, soziale und institutionelle Normen und Regeln als Einflussgrößen auf das Verhalten und Erleben von Kindern und Jugendlichen wahrnehmen und beachten können,

- die Rechte und Pflichten von Kindern und Jugendlichen in erzieherischen Zusammenhängen kennen und beachten,
- die Ziele und Aufgaben der Kinder- und Jugendhilfe, wie sie sich z. B. aus dem Sozialgesetzbuch VIII (auch: KJHG = Kinder- und Jugendhilfegesetz genannt) oder aus landesspezifischen Gesetzen für Tageseinrichtungen für Kinder ergeben, kennen und berücksichtigen,
- die Rechtsstellung von Kindern, Jugendlichen und Erziehungsberechtigten beachten,
- die besonderen, rechtlich vorgegebenen Pflichten wie die Aufsichtspflicht, das Infektionsschutzgesetz oder Hygieneverordnungen kennen und beachten,
- Rechte und Pflichten wie Unfallschutz, Haftungsrecht etc. kennen und beachten (vgl. Ministerium für Schule, Jugend und Kinder des Landes Nordrhein-Westfalen, 2006, S. 30 ff.).

Verinnerlichte Normen

Ein großer Teil der Normen, die die Menschen im täglichen Umgang miteinander einhalten und gegen die sie gelegentlich verstoßen, wurden im Verlauf ihrer Erziehung erworben und so sehr verinnerlicht, dass sie unbewusst befolgt werden (vgl. Kap. 3.1.6).

Erwartungen, die Erwachsene an das Verhalten von Kindern und Jugendlichen haben, entspringen bewussten oder unbewussten Werten und Normen. Diese wiederum bestimmen, wie Eltern und Erzieherinnen auf das Verhalten von Kindern und Jugendlichen reagieren. Darum ist es entscheidend, die verinnerlichten Werte und Normen zu reflektieren, kritisch zu hinterfragen und ggf. zu verwerfen oder zu stärken.

Von jedem Menschen wird – je nach Rolle, in der er sich befindet – erwartet, dass er Werte verkörpert und sich an bestimmte Normen hält. Dabei handelt es sich um **Rollenerwartungen**, die von Person zu Person unterschiedlich sein können. Man unterscheidet Muss-, Soll- und Kann-Erwartungen.

Muss-Erwartungen beziehen sich auf – meist rechtlich begründete – Pflichten, die zu erfüllen sind; bei Nichterfüllung droht zwangsläufig eine Strafe. Soll-Erwartungen beziehen sich auf Pflichten, die ohne eine rechtliche Grundlage dennoch ein hohes Maß an Verbindlichkeit erzeugen.

Bei Nichterfüllung drohen soziale Sanktionen. Kann-Erwartungen müssen nicht unbedingt erfüllt werden. Wer sie erfüllt, kann jedoch mit positiven, d. h. mit angenehmen Konsequenzen rechnen.

Beispiel
Die sozialpädagogische Fachkraft muss ihre Aufsichtspflicht erfüllen, sie soll die Selbstbildungsprozesse der Kinder ihrer Gruppe optimal unterstützen und sie kann sich besonders für die Gestaltung des Außengeländes der Einrichtung engagieren.

Pflichten einfordern und durchsetzen

Zwischen den Rechten von Kindern und Jugendlichen und den Pflichten von Erzieherinnen besteht ein Spannungsfeld: Während Kinder und Jugendliche einerseits ein Recht darauf haben, sich möglichst optimal entwickeln zu können, müssen die Erwachsenen die Risiken erkennen, die Spiel- und Entwicklungsräume in sich bergen. Am deutlichsten tritt dieses Spannungsfeld im Rahmen der Aufsichtspflicht zutage. Dabei handelt es sich keineswegs nur um die Pflicht, die Kinder und Jugendlichen vor körperlichem Schaden zu schützen; auch die Vielfalt an möglichen psychischen und sozialen Risiken gilt es zu bedenken. Die Spannung zwischen den Rechten von Kindern oder Jugendlichen einerseits und den Pflichten der sozialpädagogischen Fachkräfte andererseits lässt sich überwinden, wenn zwischen Kindern und Jugendlichen ein tragfähiges Vertrauensverhältnis besteht, das es erlaubt, in Konfliktfällen gemeinsame Lösungen zu entwickeln. Ein gutes Beispiel sind die Probleme, die sich aus der gesetzlichen Aufsichtspflicht ergeben. Mit diesen Schwierigkeiten kann auch schon eine Praktikantin konfrontiert sein.

Die Rechte von Kindern und Jugendlichen

In Deutschland – wie in allen anderen Ländern Europas – sind wichtige Rechte der Kinder und Jugendlichen in folgenden Rechtsquellen gesichert:

- Das **Grundgesetz** enthält die wichtigsten Rechte und Pflichten der deutschen Staatsbürger. Alle anderen Gesetze – gleich welcher Art – müssen mit den Vorgaben des Grundgesetzes im Einklang stehen. Dies wird im Einzelfall vom Bundesverfassungsgericht geklärt und entschieden.
- So wie das Grundgesetz die **Verfassung** der Bundesrepublik Deutschland ist, so haben auch die 16 Bundesländer jeweils eine eigene Verfassung. Ergeben sich Widersprüche zwischen einer Landesverfassung und dem Grundgesetz, so hat das Grundgesetz Vorrang.
- **Bundesgesetze** enthalten Rechte und Pflichten zu Bereichen, für die der Bund verantwortlich ist. Dazu gehört neben dem Kinder- und Jugendhilfegesetz (KJHG) auch das Strafgesetzbuch (StGB). Damit ist gesichert, dass wichtige gesetzliche Vorschriften für die sozialpädagogische Arbeit mit Kindern und Jugendlichen eine gemeinsame bundesweite Grundlage haben.
- **Landesgesetze** enthalten Rechte und Pflichten zu Bereichen, für die das jeweilige Land verantwortlich ist. Diese Gesetze können sich von Bundesland zu Bundesland deutlich unterscheiden, sie müssen aber alle mit dem Grundgesetz zu vereinbaren sein. Dazu gehören beispielsweise die Gesetze für Schule, für die Erziehung im Elementarbereich und auch die Polizeigesetze.
- Es gibt auch noch Gesetze aus dem früheren Deutschen Reich, die nach wie vor, wenn auch zum Teil weiterentwickelt, Gültigkeit haben. Das wichtigste aus dieser Zeit stammende Gesetzbuch ist das sogenannte **Bürgerliche Gesetzbuch (BGB)**, das viele Fragen des Alltagslebens regelt.

Gesetze müssen in Deutschland immer von den Parlamenten – also dem Bundestag bzw. den Landtagen – erlassen werden. Die Regierungen des Bundes und der Länder können dann detaillierte Ausführungsbestimmungen zu den von ihren Parlamenten erlassenen Gesetzen herausgeben. Diese Bestimmungen werden als Rechtsverordnungen bezeichnet.

In all diesen Gesetzen und auch in Rechtsverordnungen finden sich auch Regeln, die die Rechte von Kindern und Jugendlichen unmittelbar betreffen.

Vor mehr als hundert Jahren forderte die schwedische Pädagogin Ellen Key, das 20. Jahrhundert solle ein Jahrhundert der Kinder werden. Auf allen Kontinenten, in allen Ländern der Welt stand es schlecht um die Rechte von Kindern und Jugendlichen. Viele von ihnen wurden aus vermeintlich guten pädagogischen Absichten geschlagen, sie mussten schon im Kleinkindalter zum Teil schwere körperliche Arbeit leisten, sie wurden in großer Zahl misshandelt und missbraucht, es zählten nur die Rechte der Erwachsenen. Natürlich muss man sich die Frage stellen, ob Ellen Keys Wunsch im Verlauf der vergangenen hundert Jahre in Erfüllung gegangen ist; leider muss man feststellen, dass dies in der Mehrheit der Länder nicht der Fall ist. Ausnahmen sind da sicherlich die Länder Europas und Nordamerikas, in denen sich die Lage der Kinder deutlich verbessert hat, obwohl auch dort noch vieles im Argen liegt. Und leider ist die Lage der Kinder in Deutschland – verglichen mit vielen anderen Ländern Europas – noch keineswegs vorbildlich.

Das Kinder- und Jugendhilfegesetz (KJHG)

Das Achte Sozialgesetzbuch (SGB VIII) enthält das Kinder- und Jugendhilfegesetz (KJHG) mit konkreten Vorschriften, die die Rechte von Kindern und Jugendlichen betreffen. Aus diesen gesetzlichen Vorgaben leiten sich wichtige Rechte der Kinder und Jugendlichen ab.

Das KJHG ist wie folgt aufgebaut:
- §§ 01–10   Allgemeine Vorschriften
- §§ 11–41   Leistungen der Jugendhilfe
- §§ 42–60   Weitere Aufgaben der Jugendhilfe
- §§ 61–68   Schutz der Sozialdaten
- §§ 69–81   Träger der Jugendhilfe
- §§ 82–84   Zentrale Aufgaben
- §§ 85–89   Zuständigkeiten und Kostenerstattung
- §§ 90–97a   Kostenbeteiligungen
- §§ 98–103   Kinder- und Jugendhilfestatistik
- §§ 104–105   Straf- und Bußgeldvorschriften

Das Kinder- und Jugendhilfegesetz (KJHG)

Allgemeine Förderung von Kindern und Jugendlichen	Förderung von Kindern und Jugendlichen in besonderen Lebenslagen
Kinder- und Jugendarbeit, die Jugendsozialarbeit und der erzieherische Kinder- und Jugendschutz	Förderung der Träger der öffentlichen und der freien Jugendhilfe
Förderung ehrenamtlichen Engagements	Kinder- und Jugendschutz
Qualitätsentwicklung	Kinder- und Jugendarbeit
Landesförderung	Zusammenarbeit von Jugendhilfe und Schule
Kinder- und Jugendförderung	Jugendverbandsarbeit
Offene Jugendarbeit	Jugendsozialarbeit

KJHG § 1 Recht auf Erziehung, Elternverantwortung, Jugendhilfe

Im ersten Paragrafen des KJHG werden grundlegende Rechte von Kindern und Jugendlichen sehr präzise formuliert (Justizportal des Landes Nordrhein-Westfalen, 2009):

„(1) Jeder junge Mensch hat ein Recht auf Förderung seiner Entwicklung und auf Erziehung zu einer eigenverantwortlichen und gemeinschaftsfähigen Persönlichkeit.
(2) Pflege und Erziehung der Kinder sind das natürliche Recht der Eltern und die zuvörderst ihnen obliegende Pflicht. Über ihre Betätigung wacht die staatliche Gemeinschaft.
(3) Jugendhilfe soll zur Verwirklichung des Rechts nach Absatz 1 insbesondere
1. junge Menschen in ihrer individuellen und sozialen Entwicklung fördern und dazu beitragen, Benachteiligungen zu vermeiden oder abzubauen,
2. Eltern und andere Erziehungsberechtigte bei der Erziehung beraten und unterstützen,
3. Kinder und Jugendliche vor Gefahren für ihr Wohl schützen,
4. dazu beitragen, positive Lebensbedingungen für junge Menschen und ihre Familien sowie eine kinder- und familienfreundliche Umwelt zu erhalten oder zu schaffen."

KJHG § 8 Beteiligung von Kindern und Jugendlichen

Mit diesem Paragrafen erhalten Kinder und Jugendliche weitgehende – doch leider nach wie vor nicht überall gewährleistete – Rechte zur Mitwirkung an Entscheidungen, die sie unmittelbar betreffen (Bundesministerium der Justiz: Sozialgesetzbuch VIII, § 1, 18.03.2013):

„(1) Kinder und Jugendliche sind entsprechend ihrem Entwicklungsstand an allen sie betreffenden Entscheidungen der öffentlichen Jugendhilfe zu beteiligen. Sie sind in geeigneter Weise auf ihre Rechte im Verwaltungsverfahren sowie im Verfahren vor dem Familiengericht, dem Vormundschaftsgericht und dem Verwaltungsgericht hinzuweisen.
(2) Kinder und Jugendliche haben das Recht, sich in allen Angelegenheiten der Erziehung und Entwicklung an das Jugendamt zu wenden.
(3) Kinder und Jugendliche können ohne Kenntnis des Personensorgeberechtigten beraten werden, wenn die Beratung auf Grund einer Not- und Konfliktlage erforderlich ist und solange durch die Mitteilung an den Personensorgeberechtigten der Beratungszweck vereitelt würde."

In vielen Punkten entsprechen diese Gesetze mit allen Pflichten insbesondere für die Erziehenden der UN-Kinderrechtskonvention.

Die UN-Kinderrechtskonvention – das Übereinkommen über die Rechte des Kindes

Kinderrechte sind Menschenrechte – diese Forderung und Überzeugung fand 1989 ihren Weg in die UN-Kinderrechtskonvention. Die hier formulierten Rechte beinhalten
- Schutzrechte,
- Förderrechte,
- Mitwirkungsrechte,
- Anhörungsrechte und
- Beteiligungsrechte.

Betont werden darin
- der Schutz vor Gewalt,
- der Schutz vor Missbrauch,
- der Schutz vor Vernachlässigung,
- das Recht auf Kenntnis der eigenen Abstammung und
- das Recht auf Leben.

Gefördert werden sollen danach
- die gesundheitliche Versorgung von Kindern,
- die soziale Sicherung,
- Bildung und
- das Recht auf Freizeit.

Über allem steht das Wohl des Kindes als Leitgedanke. Die Allgemeine Erklärung der Menschenrechte, die 1948 nach dem Ende des Zweiten Weltkrieges als wichtige internationale Rechtsgrundlage formuliert wurde, ist Grundlage dieser Kinderrechtskonvention.

Am 26. Januar 1990 hat die Bundesrepublik Deutschland die UN-Kinderrechtskonvention unterzeichnet. Nach der Hinterlegung der Ratifizierungsurkunde beim Generalsekretär der Vereinten Nationen trat die Kinderrechtskonvention am 5. April 1992 in Kraft. Damit ist sie rechtswirksam für alle Bürger der Bundesrepublik (vgl. Bundesministerium für Familie, Senioren, Frauen und Jugend, Übereinkommen über die Rechte des Kindes, 2009).

Die Forderungen der UN-Kinderrechtskonvention gelten selbstverständlich auch für sozialpädagogische Fachkräfte, für Sozialarbeiter oder für Lehrerinnen und Lehrer. Die Kinderrechtskonvention hatte in Deutschland konkrete Folgen wie z. B. die Ernennung von Kinderbeauftragten in Städten und Kommunen und die Einrichtung von Kinder- und Jugendparlamenten und -versammlungen auf verschiedenen Ebenen (Bund, Land, Stadt, Gemeinde). So werden in verschiedenen Städten Prädikate für kinderfreundliche Erwachsene und/oder Einrichtungen verliehen, kinderfreundliche Projekte gefördert und auf kommunalpolitischer Ebene vermehrt Kinder und Jugendliche in sie betreffende Entscheidungsprozesse einbezogen. In einer nordrhein-westfälischen Stadt stellt eine Kinder- und Jugendpartei sogar den Bürgermeister.

Das Bundesministerium für Familie, Senioren, Frauen und Jugend hat auf seiner Internetseite den 2. Staatenbericht zur Umsetzung der UN-Kinderrechtskonvention veröffentlicht und nimmt darin Stellung zu Veränderungen der Situation von Kindern und Jugendlichen in Deutschland (Bundesministerium für Familie, Senioren, Frauen und Jugend, Übereinkommen über die Rechte des Kindes, S. 8 f., 18.03.2013):

„Allgemeine Entwicklungen 1994–1999
Betrachtet man die generelle politische Entwicklung im Berichtszeitraum, dann ist zunächst festzustellen, dass sich pauschale Aussagen kaum treffen lassen. Zu divergierend sind die Strömungen, als dass sie sich im Hinblick auf die Interessen der Kinder auf einen einfachen Nenner bringen ließen. Deshalb können hier nur einige Tendenzen genannt werden:

- *Die meisten Kinder in Deutschland leben unter guten Bedingungen. Und doch gibt es von Armut betroffene Kinder, chronisch kranke Kinder, misshandelte und missbrauchte Kinder, vernachlässigte Kinder und solche, die unter guten materiellen Bedingungen seelisch verkümmern.*
- *Nie wurde Kindern in Familien so viel Aufmerksamkeit geschenkt, bedingt vor allem dadurch, dass die durchschnittliche Kinderzahl in den Familien abnahm. Andererseits gibt es eine nicht geringe Anzahl von Kindern, die vernachlässigt werden und auf sich allein gestellt sind.*
- *Der 1996 eingeführte Rechtsanspruch auf einen Kindergartenplatz ist eine kinderpolitische Errungenschaft von historischer Dimension. Die damit verbundenen Kosten führten aber zu Kürzungen in anderen Bereichen der Kinder- und Jugendhilfe und zudem in den westlichen Bundesländern tendenziell zu einer Verschlechterung der Rahmenbedingungen in den Tageseinrichtungen.*
- *Kinder werden von den Medien und der Werbung wichtig genommen – mit der Folge, dass der Konsum, von Medien wie von Waren, einen übergroßen Stellenwert erhält und zentrale ethische Werte zu verstellen droht.*
- *Den Kinderrechten wird in Deutschland mehr und mehr Beachtung geschenkt. Und doch gibt es nach wie vor eine Haltung, die Kindern einen nachrangigen Platz in der Gesellschaft einräumt. Ferner sollte man nicht übersehen, dass das, was Kinder besonders dringend brauchen,*

nämlich Liebe, Zuwendung und Sicherheit, nicht einklagbar ist und sich gesetzlich nicht verordnen lässt. Allenfalls lassen sich dafür angemessene Rahmenbedingungen schaffen."

Ob die so beschriebene Entwicklung zufriedenstellend ist, ist sicherlich eine Frage, aus deren Beantwortungen sich Handlungsbedarf sowohl für die Bundes- und Landesregierungen als auch für die sozialpädagogische Praxis ergibt.

Kinderrechte im Bürgerlichen Gesetzbuch

Auch im Bürgerlichen Gesetzbuch sind Rechte von Kindern formuliert. In § 1631 BGB, Abs. 2 heißt es im Zusammenhang mit der Personensorge: „Kinder haben ein Recht auf gewaltfreie Erziehung. Körperliche Bestrafungen, seelische Verletzungen und andere entwürdigende Maßnahmen sind unzulässig" (Justizportal des Landes Nordrhein-Westfalen, 2009).

Neben der Verantwortung für die Wahrung der Rechte von Kindern und Jugendlichen haben sozialpädagogische Fachkräfte mit der Aufsichtsführung eine weitere wichtige Aufgabe.

1.4.2 Aufsichtspflicht

Es herrscht Klarheit darüber, dass Kinder und Jugendliche aufgrund ihres Alters Gefahren oft nicht angemessen einzuschätzen vermögen. Dies gilt ganz besonders für extrem behütete Kinder, deren Eltern keinerlei Gefahrenrisiko eingegangen sind bzw. eingehen. So bemisst sich die Aufsichtspflicht auch immer an der Entwicklung und der individuellen Entscheidungs- und Urteilsfähigkeit des jeweiligen Kindes bzw. der Kinder einer Gruppe. Die gesetzlichen Regelungen zur Aufsichtspflicht sind so gesehen durchaus flexibel, stiften allerdings häufig Verunsicherung bei den sozialpädagogischen Fachkräften, die dabei eine große Verantwortung tragen.

So ergibt sich auch in diesem Zusammenhang die Notwendigkeit, dass sozialpädagogische Fachkräfte jedes Kind so gut wie möglich kennenlernen. Beobachten und Dokumentieren sind hier unentbehrliche Kompetenzen (vgl. Kapitel 1.6.2). In Deutschland gibt es wahrscheinlich kaum eine sozialpädagogische Fachkraft, die wegen einer **Verletzung der Aufsichtspflicht** zu einer längeren Haftstrafe verurteilt wurde. Dennoch verursacht dieser Pflichtbereich bei den Mitarbeiterinnen und Mitarbeitern sozialpädagogischer Einrichtungen viele Befürchtungen und Ängste. Die Ursache hierfür liegt darin, dass die Erfüllung der Aufsichtspflicht in hohem Maße davon abhängt, wie die jeweilige sozialpädagogische Fachkraft eine Situation im Einzelfall beurteilt und nicht sicher ist, ob ein Richter in einem eventuellen Verfahren diese Beurteilung genauso vornehmen würde.

Im Gesetz sind zwar die möglichen rechtlichen Folgen bei einer Verletzung der Aufsichtspflicht benannt. Da die Zahl möglicher Aufsichtssituationen und somit auch möglicher Verletzungen der Aufsichtspflicht unüberschaubar ist, bietet es den sozialpädagogischen Fachkräften in den sozialpädagogischen Einrichtungen allerdings nur wenig Handlungssicherheit. In der konkreten Rechtsprechung spielen daher vorliegende frühere Gerichtsurteile als Maßstab eine wichtige Rolle. Rechtlich müssen zwei Arten von Aufsichtspflicht unterschieden werden:

- die gesetzliche Aufsichtspflicht
- die vertragliche Aufsichtspflicht

Die gesetzliche Aufsichtspflicht

Die gesetzliche Aufsichtspflicht wird im Bürgerlichen Gesetzbuch in § 1631 Abs. 1 BGB als Teil der Personensorge geregelt. Sie bezieht sich dort auf die Personensorgeberechtigten, also in der Regel die Erziehungsberechtigten. Dort heißt es: „(1) Die Personensorge umfasst insbesondere die Pflicht und das Recht, das Kind zu pflegen, zu erziehen, zu beaufsichtigen und seinen Aufenthalt zu bestimmen."

Die vertragliche Aufsichtspflicht

Wenn Eltern ihr Kind in einer sozialpädagogischen Einrichtung anmelden, schließen sie mit dem Träger der Einrichtung einen Vertrag. Mit diesem Vertrag übertragen sie dem Träger – ausdrücklich oder auch stillschweigend – die auf ihr Kind bezogene Aufsichtspflicht. Der Träger wiederum überträgt sie auf das Personal der Einrichtung. Dabei muss der Träger sichergestellt haben, dass die Mitarbeiterinnen fähig und bereit sind, die mit der Aufsichtspflicht verknüpfte Verantwortung zu übernehmen.

Die vertragliche Aufsichtspflicht der sozialpädagogischen Fachkräfte ergibt sich – ebenfalls ausdrücklich oder stillschweigend – aus ihrem Arbeitsvertrag mit dem Träger.

Die Leitung einer sozialpädagogischen Einrichtung hat dabei eine zusätzliche Verantwortung. Sie muss

- ihre Mitarbeiterinnen über die Aufsichtsführung aufklären,
- sie über besondere Risiken informieren und
- bei Aufsichtspflichtverletzungen ihrer Mitarbeiterinnen eingreifen.

Inhaltlich entspricht die Aufsichtspflicht sozialpädagogischer Fachkräfte weitgehend der der Eltern. Der Bundesgerichtshof hat festgestellt:

„Entscheidend ist, was verständige Eltern (oder Erzieher oder Betreuer) nach vernünftigen Anforderungen unternehmen müssen, um die Schädigung Dritter durch ihr Kind [...] zu verhindern. Dabei kommt es für die Haftung nach § 832 BGB stets darauf an, ob der Aufsichtspflicht nach den besonderen Gegebenheiten des konkreten Falles genügt worden ist."
(Münder, 1991, S. 92)

Diese Feststellung beinhaltet drei wesentliche Aspekte:
- Die sozialpädagogische Fachkraft muss sich zur Bemessung des Ausmaßes an notwendiger Aufsicht auf ihre pädagogischen Kompetenzen und auf ihre Urteilsfähigkeit stützen können.
- Die pädagogischen Ziele der Einrichtung sind dabei zu berücksichtigen.
- Das Ausmaß an Aufsicht ist im Kontext der jeweiligen Situation zu beurteilen.

Daraus wird deutlich, dass die Aufsichtsführung auch aus Sicht der Rechtsprechung nicht zu einem die Entwicklung der Kinder und Jugendlichen behindernden oder hemmenden Faktor werden soll.

Grundlagen der Aufsichtsführung

Natürlich muss sich eine sozialpädagogische Fachkraft in der Praxis immer wieder fragen, welche Spielräume sie bei der Führung der Aufsicht hat und an welchen Kriterien sie sich orientieren kann, ohne die Spiel- und Entfaltungsräume der Kinder oder Jugendlichen unnötig einzuschränken. Solche Kriterien sind u. a.:

- **Alter der Kinder:** Jüngere Kinder können Gefahren und Risiken oft weniger klar und schnell erkennen als ältere. Sie müssen daher intensiver beaufsichtigt werden.
- **Persönlichkeiten der Kinder:** Neben dem Alter als einem wichtigen Kriterium spielen auch die Persönlichkeiten mit all ihren individuellen Eigenschaften, Fähigkeiten und Fertigkeiten eine bedeutende Rolle. Die Gefahrenwahrnehmung der Kinder und auch der Jugendlichen kann durchaus sehr unterschiedlich sein.
- **Gesundheit der Kinder:** Gesundheitliche Besonderheiten eines Kindes oder Jugendlichen können unterschiedliche Anforderungen an die Aufsichtsführung mit sich bringen wie z. B. Unverträglichkeiten, Allergien o. Ä.
- **sprachliche Fähigkeiten:** Auch ein gutes Sprachverständnis trägt dazu bei, zu verstehen, wo und in welcher Weise man es mit besonderen Gefahren zu tun hat.
- **emotionale Besonderheiten:** Gefahren können sich auch ergeben, wenn Kinder oder Jugendliche z. B. besonders erregbar oder besonders ängstlich sind oder wenn sie wenig Hemmung haben, auch größere Risiken einzugehen.
- **Behinderungen:** Möglicherweise sind Kinder mit Behinderungen auch in besonderer Weise gefährdet, sodass sie einer speziellen Aufsicht bedürfen.
- **Entwicklungsverzögerungen:** Unabhängig vom Lebensalter sind Kinder oder Jugendliche in ihrer Entwicklung durchaus unterschiedlich fortgeschritten, sodass das Alter nicht das alleinige Kriterium sein kann.

Allein diese Aspekte zeigen, dass man Kinder oder Jugendliche auch im Hinblick auf die Aufsichtsführung besonders gut kennen sollte, weshalb bei neu aufgenommenen Kindern besondere Vorsicht zu walten ist. Weiter sind zu berücksichtigen:

- **Art der Beschäftigung:** Bei gefährlicheren Tätigkeiten wie z. B. dem Hantieren mit Werkzeugen bzw. Messern ist eine besondere Aufsicht erforderlich.
- **Gruppensituation:** Es ist allgemein bekannt, dass viele Kinder montags aufgedreht und manche sogar besonders aggressiv sind. Auch dies gilt es zu berücksichtigen.

- **Gruppenraum oder Außengelände:** Hier ist z. B. darauf zu achten, dass es möglichst keine gefährlichen Gegenstände oder Spielgeräte gibt. Wenn der Raum oder das Außengelände wenig übersichtlich ist, muss verstärkt auf die Aufsichtsführung geachtet werden.
- **sozialpädagogische Fachkraft:** Natürlich spielt auch die Persönlichkeit der Fachkraft eine Rolle. So wird eine Gruppenleiterin im Einvernehmen mit der Leitung der Einrichtung einer Berufsanfängerin allmählich die volle Verantwortung der Aufsichtsführung übertragen. Eine Praktikantin wird hier erste, aber noch sehr begrenzte Erfahrungen sammeln. Insgesamt aber ist darauf zu achten, dass die jeweilige Fachkraft in der Aufsichtsführung nicht überfordert ist. Dies gilt ganz besonders bei Exkursionen.

Die Aufsichtspflicht darf jedoch nicht – und das ist für die Arbeit in der Praxis besonders wichtig – zu einer ständigen Kontrolle der Kinder und Jugendlichen führen. Aufsichtsführung hat prinzipiell nichts mit einer die Entwicklung einschränkenden und behindernden Überbehütung zu tun. Und nicht jedes Risiko oder jede Gefahr kann und sollte von vornherein aus dem Weg geräumt werden. Wichtig ist dabei allerdings, dass die Kinder pädagogisch verantwortlich, d.h. kindgemäß an den Umgang mit Gefahren und Risiken herangeführt werden. Die Aufsichtsführung ist eine „Nebenpflicht, vorrangig ist die Erziehung der Minderjährigen zur Selbstständigkeit und Mündigkeit" (Münder, 1991, S. 102).

Von zentraler Bedeutung sind hier folgende gesetzliche Regelungen:

§ 1 Abs. 1 SGB VIII (= Kinder- und Jugendhilfegesetz, KJHG) – auch als Ausfluss von Artikel 2 Abs. 1 GG (= Grundgesetz) – und § 9 Nr. 2 SGB VIII
Kinder haben ein Recht auf Erziehung zu Selbstständigkeit und Eigenverantwortung, auf freie Entfaltung ihrer Persönlichkeit. Das verbietet Bevormundung, Gängelei und fortwährende Kontrolle.

§ 1 Abs. 1 SGB VIII
Jeder junge Mensch hat ein Recht auf Förderung seiner Entwicklung und auf Erziehung zu einer eigenverantwortlichen und gemeinschaftsfähigen Persönlichkeit.

§ 9 Nr. 2 SGB VIII
Bei der Ausgestaltung der Leistungen und der Erfüllung der Aufgaben sind [...] die wachsende Fähigkeit und das wachsende Bedürfnis des Kindes oder des Jugendlichen zu selbstständigem, verantwortungsbewusstem Handeln [...] zu berücksichtigen [...].

Artikel 2 Abs. 1 GG
Jeder hat das Recht auf die freie Entfaltung seiner Persönlichkeit, soweit er nicht die Rechte anderer verletzt und nicht gegen die verfassungsmäßige Ordnung oder das Sittengesetz verstößt.
„Das Recht kann und soll nicht pädagogische Inhalte bestimmen, sondern nur die Grenzen erzieherischer Gestaltungsräume aufzeigen, deren Überschreitung nicht mehr mit den berechtigten Schutzinteressen des Kindes oder der Allgemeinheit zu vereinbaren sind."
(Sahliger, 1994, S. 8)

Die Praxis der Aufsichtsführung

Pädagogische Handlungsweisen im Zusammenhang mit der Aufsichtsführung sind u. a. (vgl. Textor, 2009):

- **Informieren:** Sozialpädagogische Fachkräfte müssen Kinder und Jugendliche alters- und entwicklungsgemäß über mögliche Gefahren in bestimmten Situationen informieren und sicherstellen, dass die Informationen auch verstanden wurden.
- **Ge- und Verbote:** Wo Informationen nicht ausreichen, müssen klare Ge- oder Verbote festgesetzt werden. Dies trifft sowohl auf Situationen zu, in denen die Informationen nicht ausreichend oder noch nicht verstanden werden können, in denen ein Schadenseintritt sehr wahrscheinlich wäre oder in denen erforderliche Kompetenzen noch nicht vorhanden sind.
- **Überwachung und Kontrolle:** Das Ausmaß an Überwachung und Kontrolle muss sich in pädagogisch notwendigen und psychologisch sinnvollen Grenzen halten, d.h., es ist nicht erforderlich, Kinder unablässig zu überwachen und zu kontrollieren.
- **Einschreiten:** Wenn die sozialpädagogische Fachkraft feststellt, dass eine unmittelbare

Gefahr für ein Kind oder für einen Jugendlichen droht, muss sie einschreiten und die Gefahrenquelle irgendmöglich beseitigen.

Beginn und Ende der Aufsichtspflicht

Im Allgemeinen gilt, dass die Aufsichtspflicht der sozialpädagogischen Einrichtung beginnt, wenn das Kind oder der Jugendliche die Einrichtung betritt. Sollte eine andere Regelung gelten, muss dies vertraglich vereinbart worden sein. Bei großen Einrichtungen kann es auch das Betreten des Gruppenraumes oder eines Vorraumes zum Gruppenraum sein.

Eltern, die ihr Kind vor Beginn der Öffnungszeiten allein vor der Einrichtung warten lassen, verletzen möglicherweise ihre Aufsichtspflicht. Die Einrichtung und ihr Personal tragen in diesem Fall keine Verantwortung. Allerdings: Falls dann schon sozialpädagogische Fachkräfte in der Einrichtung sind, die das bemerken, müssen sie dennoch die Verantwortung übernehmen und Sorge tragen, dass das Kind keinen Gefahren ausgesetzt ist.

Die Aufsichtspflicht endet, wenn die Personensorgeberechtigten – also meist die Eltern – das Kind persönlich abholen. Wenn die Eltern das Kind danach noch auf dem Gelände spielen lassen, sind sie selbst und nicht das Personal der Einrichtung aufsichtspflichtig. Die Personensorgeberechtigten können auch andere Personen beauftragen, das Kind abzuholen, müssen dies aber dem Personal der Einrichtung vorher mitteilen. Handelt es sich dabei um Jugendliche, müssen sich die sozialpädagogischen Fachkräfte davon überzeugen, dass sie die Verantwortung auch tatsächlich übernehmen können. Das Personal darf das Kind niemandem – auch keinem Elternteil – übergeben, wenn ihm von dieser Person irgendwelche Gefahren drohen. In einem solchen Fall muss der andere Elternteil oder das Jugendamt bzw. die Polizei eingeschaltet werden.

Wenn Eltern ihr Kind nicht pünktlich abholen, verstößt dies zwar gegen den Vertrag, die Einrichtung muss aber dennoch für die Beaufsichtigung des Kindes sorgen. Gegebenenfalls kann das Kind in einem solchen Fall von einer Erzieherin nach Hause gebracht werden. Die Eltern sind darüber möglichst vorher telefonisch oder durch eine Notiz an der Einrichtungstür zu informieren.

Aufsichtspflichtverletzung – was kann passieren?

Verletzungen der Aufsichtspflicht können
- strafrechtliche,
- zivilrechtliche und
- arbeitsrechtliche Folgen haben.

Strafrechtliche Konsequenzen

Strafrechtliche Konsequenzen hat die Verletzung der Aufsichtspflicht nur, wenn dadurch ein Kind oder ein Dritter verletzt oder gar getötet wurde. In einem solchen Fall werden in der Regel Ermittlungen unabhängig davon durchgeführt, ob eine Anzeige vorliegt oder nicht. Zu einer Bestrafung kommt es nur, wenn die Staatsanwaltschaft eine fahrlässige bzw. grob fahrlässige oder vorsätzliche Verletzung der Aufsichtspflicht nachweist.

Zivilrechtliche Konsequenzen

Zu einem zivilrechtlichen Verfahren kommt es nur, wenn die durch die Aufsichtspflichtverletzungen geschädigten Personen eine Klage auf Schadensersatz einreichen. Die Fachkraft haftet in diesem Fall für den eingetretenen Schaden. In einem zivilrechtlichen Verfahren ist die Beweislast im Unterschied zum strafrechtlichen Verfahren umgekehrt: Die sozialpädagogische Fachkraft muss in diesem Fall nachweisen, dass sie die Aufsichtspflicht nicht verletzt hat. Kommt es zu einer Verurteilung in einem zivilrechtlichen Verfahren, werden die Kosten für Personen-, Sach- und/oder Vermögensschaden sowie für Schmerzensgeld von der zumeist von der Betriebshaftpflichtversi-

cherung des Trägers oder der sozialpädagogischen Fachkraft übernommen.

Arbeitsrechtliche Konsequenzen
Arbeitsrechtlich können Aufsichtspflichtverletzungen folgende Konsequenzen haben:
- formlose Belehrung
- Verweis
- Abmahnung
- ordentliche Kündigung
- fristlose Kündigung

Der Arbeitgeber kann diese Maßnahmen allerdings nicht willkürlich veranlassen. Sie müssen vielmehr angemessen sein. Gegebenenfalls muss die sozialpädagogische Fachkraft dies arbeitsrechtlich überprüfen lassen (vgl. Textor, 2009).
Abschließend sei noch einmal betont: Die gesetzliche Aufsichtspflicht soll und darf pädagogisches Handeln nicht unangemessen einschränken. Es gilt, das Verhältnis von pädagogischem Nutzen einerseits und Risiken für die Kinder andererseits sorgfältig abzuwägen. Sozialpädagogische Fachkräfte gehen durchaus unterschiedlich mit der Aufsichtspflicht um. Die einen schränken die Kinder oder Jugendlichen möglicherweise sogar zu sehr ein, um der Aufsichtspflicht zu entsprechen, die anderen sind da weniger ängstlich. Ein wesentlicher Grund für die Ängste der Erziehenden liegt darin, dass das Gesetz die rechtlichen Konsequenzen im Fall einer Verletzung der Aufsichtspflicht betont, Inhalt und Umfang der Aufsichtsführung jedoch nicht definiert werden. Letzteres ist allerdings aufgrund der unendlichen Vielfalt an Aufsichtssituationen praktisch unmöglich (vgl. Textor, 2009).

1.4.3 Arbeitsrecht

Sozialpädagogische Fachkräfte arbeiten in der Regel als Arbeitnehmerinnen und Arbeitnehmer für einen Arbeitgeber. Grundlage für ihr Arbeitsverhältnis ist ein verbindlicher Arbeitsvertrag. Dieser Vertrag ist für Arbeitgeber wie Arbeitnehmer mit Rechten und Pflichten verbunden. Das Arbeitsrecht hat im Wesentlichen die Funktion, diese Rechte und Pflichten zu sichern.
Die wichtigsten rechtlichen Grundlagen, die in einem Arbeitsverhältnis berücksichtigt werden müssen, sind:

- das Grundgesetz
- Gesetze des Bundes und der Länder
- Tarifverträge
- der Arbeitsvertrag selbst

Das Grundgesetz
In Artikel 3 des Grundgesetzes heißt es u. a., dass Männer und Frauen gleichberechtigt sind und der Staat die Durchsetzung der Gleichberechtigung fördert. Es darf niemand wegen seines Geschlechts, seiner Abstammung, seiner Rasse, seiner Sprache, seiner Heimat und Herkunft, seines Glaubens, seiner religiösen oder politischen Anschauung oder einer Behinderung benachteiligt oder bevorzugt werden.
In Artikel 9 wird das Recht garantiert, Vereinigungen zu bilden, die der Wahrung und Förderung der Arbeits- und Wirtschaftsbedingungen dienen. Dieses Recht bezieht sich auf die Bildung von Gewerkschaften und deren Mitgliedschaft.
In Artikel 12 wird die Berufsfreiheit garantiert. Danach haben alle Deutschen das Recht, Beruf, Arbeitsplatz und Ausbildungsstätte frei zu wählen. Mit diesem Recht ist allerdings kein Anspruch an den Staat auf Bereitstellung bestimmter Ausbildungen oder Berufe verbunden, d. h., der Staat muss nicht dafür Sorge tragen, dass bestimmte Ausbildungen bzw. bestimmte Berufe angeboten werden. Er muss lediglich sicherstellen, dass jeder unter bestimmten Bedingungen unter den vorhandenen Ausbildungs- und Berufsmöglichkeiten wählen kann. Nach Artikel 12 können diese Bedingungen durch konkrete Bundes- oder Landesgesetze weiter geregelt werden. Das häufigste und typischste Beispiel hierfür ist die Notwendigkeit, dass für die Aufnahme einer Ausbildung bzw. für die Ausübung eines Berufs bestimmte individuelle Voraussetzungen (Schulabschlüsse bzw. Studiengänge, bestimmte Altersgrenzen etc.) erfüllt sein müssen.
Leider werden diese Rechte noch nicht überall so gewährt, wie es die Verfasser des Grundgesetzes formuliert haben.

Gesetze
Hier sollen zwei der wichtigsten Gesetze Erwähnung finden: der § 611 des Bürgerlichen Gesetzbuchs (BGB) und das Kündigungsschutzgesetz.

Der Arbeitsvertrag

Arbeitnehmer, die einen Arbeitsvertrag unterzeichnet haben, haben sich damit verpflichtet, die im Vertrag beschriebenen Leistungen zu erbringen. Der Arbeitgeber hat sich verpflichtet, die vereinbarte Vergütung zu zahlen. Dies sieht der § 611 (Vertragstypische Pflichten beim Dienstvertrag) des BGB so vor. Um welche Dienste es sich dabei handelt, wird im Arbeitsvertrag ausgeführt.

Neben dem § 611 BGB spielt in diesem Zusammenhang auch das sogenannte Allgemeine Gleichbehandlungsgesetz (AGG) eine wichtige Rolle. Es ist Ziel des Gesetzes, Benachteiligungen aufgrund der Rasse, der ethnischen Herkunft, des Geschlechts, der Religion oder der Weltanschauung, einer Behinderung, des Alters oder der sexuellen Identität zu verhindern bzw. zu beseitigen. Dies entspricht auch den Vorgaben des Grundgesetzes. Der Arbeitsvertrag muss also das Gleichbehandlungsprinzip beachten.

Arbeitsverträge sind Dienstverträge, die sich auf eine unselbstständige Tätigkeit beziehen, und beinhalten deshalb, dass die Arbeitnehmerin weisungsgebunden ist. Die Dienstanweisungen dürfen allerdings den Rahmen der Dienstleistungen, die im Arbeitsvertrag festgelegt sind, nicht überschreiten.

Grundsätzlich gilt auch für Arbeitsverhältnisse die Vertragsfreiheit. Die Vertragspartner können vereinbaren, was sie möchten, wobei allerdings bestimmte gesetzliche Regelungen beachtet werden müssen; dazu gehören

- die Arbeitszeitregelung, die die zulässige tägliche Arbeitszeit und die Ruhepausen und -zeiten regelt,
- das Kündigungsschutzgesetz,
- das Bundesurlaubsgesetz, das einen bezahlten Mindesturlaub enthält,
- das Mutterschutzgesetz,
- das Bundeserziehungsgeldgesetz,
- das Arbeitsplatzschutzgesetz, das Zivildienstleistenden den Arbeitsplatz für die Zeit nach ihrem Dienst sichert,
- das Lohnfortzahlungsgesetz, das die Fortführung der Gehaltszahlung im Krankheitsfall bis zu einer bestimmten Zeit sichert.

Aus einem Arbeitsvertrag ergibt sich für den Arbeitgeber die Pflicht zur Entlohnung. Diese Pflicht kann erfüllt werden

- nach erbrachter Leistung,
- leistungsbezogen,
- monatlich, wöchentlich.

Sie muss auch erfüllt werden, wenn die Leistung aus nicht vom Arbeitnehmer zu verantwortenden organisatorischen Gründen nicht erbracht werden kann. Weitere Pflichten des Arbeitgebers sind:
- die Beschäftigungspflicht im Rahmen der vereinbarten Dienstleistungen
- die Fürsorgepflicht (Schutz von Gesundheit und Leben, Einhaltung des Arbeitsschutzes, Ruhezeiten, Abführen der Sozialversicherungsbeiträge)
- die Zeugnispflicht (Anspruch auf Erstellung eines Arbeitszeugnisses)

Für den Arbeitnehmer leiten sich folgende Pflichten aus einem Arbeitsvertrag ab:
- sorgfältige und gewissenhafte Erfüllung der vereinbarten Arbeitsleistungen
- Befolgung von Dienstanweisungen
- Treuepflicht (Schweigepflicht, sorgfältiger Umgang mit Arbeitsmitteln, in kirchlichen Einrichtungen keine Verstöße gegen die Grundsätze der Kirche)

Arbeitsverträge müssen nicht schriftlich sein, obwohl die Schriftform in der Regel zu empfehlen ist, da es ansonsten leicht zu Auseinandersetzungen zwischen Arbeitgeber und Arbeitnehmer kommen kann. Das sogenannte Nachweisgesetz sieht daher vor, dass die wesentlichen Arbeitsbedingungen innerhalb eines Monats schriftlich und unterschrieben auszuhändigen sind. Im Paragrafen 2 des Nachweisgesetzes heißt es wörtlich:

„§ 2
Nachweispflicht
(1) Der Arbeitgeber hat spätestens einen Monat nach dem vereinbarten Beginn des Arbeitsverhältnisses die wesentlichen Vertragsbedingungen schriftlich niederzulegen, die Niederschrift zu unterzeichnen und dem Arbeitnehmer auszuhändigen. In die Niederschrift sind mindestens aufzunehmen:
1. der Name und die Anschrift der Vertragsparteien,
2. der Zeitpunkt des Beginns des Arbeitsverhältnisses,

3. bei befristeten Arbeitsverhältnissen: die vorhersehbare Dauer des Arbeitsverhältnisses,
4. der Arbeitsort oder, falls der Arbeitnehmer nicht nur an einem bestimmten Arbeitsort tätig sein soll, ein Hinweis darauf, dass der Arbeitnehmer an verschiedenen Orten beschäftigt werden kann,
5. eine kurze Charakterisierung oder Beschreibung der vom Arbeitnehmer zu leistenden Tätigkeit,
6. die Zusammensetzung und die Höhe des Arbeitsentgelts einschließlich der Zuschläge, der Zulagen, Prämien und Sonderzahlungen sowie anderer Bestandteile des Arbeitsentgelts und deren Fälligkeit,
7. die vereinbarte Arbeitszeit,
8. die Dauer des jährlichen Erholungsurlaubs,
9. die Fristen für die Kündigung des Arbeitsverhältnisses,
10. ein in allgemeiner Form gehaltener Hinweis auf die Tarifverträge, Betriebs- oder Dienstvereinbarungen, die auf das Arbeitsverhältnis anzuwenden sind.

Der Nachweis der wesentlichen Vertragsbedingungen in elektronischer Form ist ausgeschlossen. Bei Arbeitnehmern, die eine geringfügige Beschäftigung nach § 8 Abs. 1 Nr. 1 des Vierten Buches Sozialgesetzbuch ausüben, ist außerdem der Hinweis aufzunehmen, dass der Arbeitnehmer in der gesetzlichen Rentenversicherung die Stellung eines versicherungspflichtigen Arbeitnehmers erwerben kann, wenn er nach § 5 Abs. 2 Satz 2 des Sechsten Buches Sozialgesetzbuch auf die Versicherungsfreiheit durch Erklärung gegenüber dem Arbeitgeber verzichtet. [...]
(3) Die Angaben nach Absatz 1 Satz 2 Nr. 6 bis 9 und Absatz 2 Nr. 2 und 3 können ersetzt werden durch einen Hinweis auf die einschlägigen Tarifverträge, Betriebs- oder Dienstvereinbarungen und ähnliche Regelungen, die für das Arbeitsverhältnis gelten. Ist in den Fällen des Absatzes 1 Satz 2 Nr. 8 und 9 die jeweilige gesetzliche Regelung maßgebend, so kann hierauf verwiesen werden.
(4) Wenn dem Arbeitnehmer ein schriftlicher Arbeitsvertrag ausgehändigt worden ist, entfällt die Verpflichtung nach den Absätzen 1 und 2, soweit der Vertrag die in den Absätzen 1 bis 3 geforderten Angaben enthält."

(dejure.org, Nachweisgesetz, 2009)

Ein Arbeitsverhältnis endet grundsätzlich mit Ablauf einer vereinbarten Zeit oder durch Kündigung bzw. durch einen Aufhebungsvertrag. § 622 des BGB regelt die möglichen Kündigungsfristen.

Tarifverträge

Haben Arbeitgeber- (Arbeitgeberverband) und Arbeitnehmervertreter (Gewerkschaften) einen Tarifvertrag abgeschlossen, gelten die darin enthaltenen Vereinbarungen auch für die entsprechenden Arbeitsverträge in tarifgebundenen Betrieben. In Ausnahmefällen kann ein Arbeitgeber trotz Mitgliedschaft im Arbeitgeberverband nicht tarifgebunden sein. Im Tarifvertragsgesetz heißt es:

„§ 1
Inhalt und Form des Tarifvertrages
(1) Der Tarifvertrag regelt die Rechte und Pflichten der Tarifvertragsparteien und enthält Rechtsnormen, die den Inhalt, den Abschluss und die Beendigung von Arbeitsverhältnissen sowie betriebliche und betriebsverfassungsrechtliche Fragen ordnen können.
(2) Tarifverträge bedürfen der Schriftform.

§ 2
Tarifvertragsparteien
(1) Tarifvertragsparteien sind Gewerkschaften, einzelne Arbeitgeber sowie Vereinigungen von Arbeitgebern.
(2) Zusammenschlüsse von Gewerkschaften und von Vereinigungen von Arbeitgebern (Spitzenorganisationen) können im Namen der ihnen angeschlossenen Verbände Tarifverträge abschließen, wenn sie eine entsprechende Vollmacht haben.
(3) Spitzenorganisationen können selbst Parteien eines Tarifvertrages sein, wenn der Abschluss von Tarifverträgen zu ihren satzungsgemäßen Aufgaben gehört.
(4) In den Fällen der Absätze 2 und 3 haften sowohl die Spitzenorganisationen wie die ihnen angeschlossenen Verbände für die Erfüllung der gegenseitigen Verpflichtungen der Tarifvertragsparteien."

§ 622
Kündigungsfristen bei Arbeitsverhältnissen
(1) Das Arbeitsverhältnis eines Arbeiters oder eines Angestellten (Arbeitnehmers) kann mit einer Frist

von vier Wochen zum Fünfzehnten oder zum Ende eines Kalendermonats gekündigt werden.

(2) Für eine Kündigung durch den Arbeitgeber beträgt die Kündigungsfrist, wenn das Arbeitsverhältnis in dem Betrieb oder Unternehmen

1. *zwei Jahre bestanden hat, einen Monat zum Ende eines Kalendermonats,*
2. *fünf Jahre bestanden hat, zwei Monate zum Ende eines Kalendermonats,*
3. *acht Jahre bestanden hat, drei Monate zum Ende eines Kalendermonats,*
4. *zehn Jahre bestanden hat, vier Monate zum Ende eines Kalendermonats,*
5. *zwölf Jahre bestanden hat, fünf Monate zum Ende eines Kalendermonats,*
6. *15 Jahre bestanden hat, sechs Monate zum Ende eines Kalendermonats,*
7. *20 Jahre bestanden hat, sieben Monate zum Ende eines Kalendermonats.*

Bei der Berechnung der Beschäftigungsdauer werden Zeiten, die vor der Vollendung des 25. Lebensjahrs des Arbeitnehmers liegen, nicht berücksichtigt.
(3) Während einer vereinbarten Probezeit, längstens für die Dauer von sechs Monaten, kann das Arbeitsverhältnis mit einer Frist von zwei Wochen gekündigt werden.
(4) Von den Absätzen 1 bis 3 abweichende Regelungen können durch Tarifvertrag vereinbart werden. Im Geltungsbereich eines solchen Tarifvertrags gelten die abweichenden tarifvertraglichen Bestimmungen zwischen nicht tarifgebundenen Arbeitgebern und Arbeitnehmern, wenn ihre Anwendung zwischen ihnen vereinbart ist.
(5) Einzelvertraglich kann eine kürzere als die in Absatz 1 genannte Kündigungsfrist nur vereinbart werden,
1. *wenn ein Arbeitnehmer zur vorübergehenden Aushilfe eingestellt ist; dies gilt nicht, wenn das Arbeitsverhältnis über die Zeit von drei Monaten hinaus fortgesetzt wird;*
2. *wenn der Arbeitgeber in der Regel nicht mehr als 20 Arbeitnehmer ausschließlich der zu ihrer Berufsbildung Beschäftigten beschäftigt und die Kündigungsfrist vier Wochen nicht unterschreitet.*

Bei der Feststellung der Zahl der beschäftigten Arbeitnehmer sind teilzeitbeschäftigte Arbeitnehmer mit einer regelmäßigen wöchentlichen Arbeitszeit von nicht mehr als 20 Stunden mit 0,5 und nicht mehr als 30 Stunden mit 0,75 zu berücksichtigen. Die einzelvertragliche Vereinbarung längerer als der in den Absätzen 1 bis 3 genannten Kündigungsfristen bleibt hiervon unberührt.
(6) Für die Kündigung des Arbeitsverhältnisses durch den Arbeitnehmer darf keine längere Frist vereinbart werden als für die Kündigung durch den Arbeitgeber."

(dejure.org, Tarifvertragsgesetz, 2009)

Kündigungsschutzgesetz

Eines der für Arbeitnehmerinnen besonders wichtigen Gesetze ist das Kündigungsschutzgesetz. Die Arbeitnehmerin muss eine ordentliche Kündigung nicht begründen, der Arbeitgeber ist jedoch dazu verpflichtet.

Im Paragrafen 1 des Kündigungsschutzgesetzes heißt es:

„Sozial ungerechtfertigte Kündigungen
(1) Die Kündigung des Arbeitsverhältnisses gegenüber einem Arbeitnehmer, dessen Arbeitsverhältnis in demselben Betrieb oder Unternehmen ohne Unterbrechung länger als sechs Monate bestanden hat, ist rechtsunwirksam, wenn sie sozial ungerechtfertigt ist.
(2) Sozial ungerechtfertigt ist die Kündigung, wenn sie nicht durch Gründe, die in der Person oder in dem Verhalten des Arbeitnehmers liegen, oder durch dringende betriebliche Erfordernisse, die einer Weiterbeschäftigung des Arbeitnehmers in diesem Betrieb entgegenstehen, bedingt ist. [...]"

(dejure.org, Kündigungsschutzgesetz, 2009)

In der Politik wird der **Kündigungsschutz** immer wieder kontrovers diskutiert. Manche Politiker machen das derzeit geltende Kündigungsschutzgesetz dafür verantwortlich, dass Arbeitgeber keine neuen Mitarbeiterinnen oder Mitarbeiter einstellen können, da sie befürchten, ihnen nicht kündigen zu können, auch wenn es die Wirtschaftslage oder die Situation des Betriebes erfordert. Andere wiederum verbinden den Kündigungsschutz unmittelbar mit der Frage der Existenzsicherheit des Arbeitnehmers und sind konsequent gegen eine Aufweichung des entsprechenden Gesetzes.

Das Kündigungsschutzgesetz sieht drei Gründe für die Kündigung eines Arbeitnehmers vor:
- personenbedingte Gründe,
- verhaltensbedingte Gründe,
- betriebsbedingte Gründe.

Alle drei Gründe können eine sozialpädagogische Fachkraft betreffen.

Bei einer **personenbedingten Kündigung** liegen Gründe vor, die von der Arbeitnehmerin unverschuldet sind, beispielsweise
- eine schwere, langanhaltende Krankheit,
- sehr häufige Kurzerkrankungen, die zu einer Arbeitsunfähigkeit führen können.

Bei einer **verhaltensbedingten Kündigung** liegt ein Verschulden des Arbeitnehmers vor. Einer verhaltensbedingten Kündigung geht in der Regel eine Abmahnung voraus. Dies ist allerdings nicht zwingend. Im Fall einer sehr schwerwiegenden Verfehlung der Arbeitnehmerin kann auch ohne vorhergehende Abmahnung gekündigt werden. Bei einer verhaltensbedingten Kündigung kann es unter Umständen auch zu einer fristlosen Entlassung aus dem Arbeitsverhältnis kommen. Häufige Gründe für eine verhaltensbedingte Kündigung sind Alkoholismus, Drogenabhängigkeit, aber auch kleinere oder größere Diebstähle. Im sozialpädagogischen Bereich können beispielsweise auch Verletzungen der pädagogischen Pflichten und der Verantwortung für die Kinder oder Jugendlichen zur Kündigung führen. Nach § 626 Absatz 2 BGB muss diese in einem solchen Fall allerdings innerhalb von 2 Wochen erfolgen, nachdem der Arbeitgeber vom Fehlverhalten des Arbeitnehmers erfahren hat. Auch in diesem Fall muss der Kündigungsgrund schriftlich mitgeteilt werden.

Vor allem in wirtschaftlich schwierigen Zeiten kommt es häufiger zu **betriebsbedingten Kündigungen**, beispielsweise wenn ein Unternehmen nicht mehr genug Gewinn machen kann oder Insolvenz anmelden muss. In sozialpädagogischen Einrichtungen kann es vorkommen, dass im Einzugsbereich der Einrichtung nicht mehr genügend viele Kinder zur Anmeldung kommen.

Ein wichtiger Aspekt im Zusammenhang mit dem Kündigungsschutzgesetz ist die Größe des Betriebes bzw. der Einrichtung oder dem Träger der Einrichtung. Sind weniger als zehn Arbeitnehmerinnen (seit 1. Januar 2009, vorher fünf) beschäftigt, gilt das Kündigungsschutzgesetz nicht. In diesem Fall gelten allein die vertraglichen Vereinbarungen. Falls es zu einer Kündigung kommt, die die Arbeitnehmerin für ungerechtfertigt hält, kann sie dagegen klagen. Die Klagefrist beträgt drei Wochen ab Eingang des Kündigungsschreibens.

Prinzipiell gilt das Kündigungsschutzgesetz auch bei kirchlichen Trägern. Bei einer Kündigung können hier allerdings besondere Anforderungen an die Loyalität dem Arbeitgeber gegenüber eine Rolle spielen, die die persönlichen Lebensverhältnisse betreffen (z. B. Leben in einer für die Kirche ungültigen Partnerschaft). Zum Kündigungsschutz in kleinen Einrichtungen/Kirchengemeinden schreibt die Caritas NRW:

„[...] das höchste kirchliche Beschlussorgan in Fragen des Arbeitsrechts hat [...] eine Erklärung zum Schutz der Mitarbeiter in kleinen kirchlichen Einrichtungen/Verwaltungen abgegeben, die nicht vom Kündigungsschutzgesetz erfasst werden.

Die Zahl dieser Mitarbeiter ist vergleichsweise gering, weil das Kündigungsschutzgesetz für alle selbstständig geführten Betriebe/Einrichtungen/Verwaltungen gilt, die mehr als fünf [Anm. d. Autors: aktuell mehr als zehn] Mitarbeiter beschäftigen, wobei Mitarbeiter/innen in Ausbildungsverhältnissen nicht mitgezählt werden. Teilzeitkräfte mit einer regelmäßigen wöchentlichen Arbeitszeit von nicht mehr als 20 Stunden werden mit 0,5 und nicht mehr als 30 Stunden mit 0,75 berücksichtigt. [...]

Zu beachten ist, dass im kirchlichen Arbeitsrecht die Mitarbeiter in Kleineinrichtungen/-verwaltungen nach Vollendung des 40. Lebensjahres und nach einer Beschäftigungszeit von 15 Jahren bei demselben Dienstgeber als ‚unkündbare‘ Mitarbeiter gegen Kündigungen in besonderem Maße geschützt sind (§ 14 Abs. 5 AVR-Caritas; § 41 Abs. 3 KAVO-NRW).

Auch die Mitarbeiter, die nicht ‚unkündbar‘ sind und von den Kündigungsschutzvorschriften nicht erfasst werden, bleiben nach der Auffassung des Bundesverfassungsgerichts nicht völlig schutzlos: Sie haben Anspruch auf den ‚verfassungsrechtlich gebotenen Mindestschutz des Arbeitsplatzes‘. Deshalb sind Kündigungen unzulässig und unwirksam, die vom Dienstgeber aus willkürlichen oder sachfremden Motiven ausgesprochen werden.

Beispielsweise seien genannt:
- *Kündigungen, die ausgesprochen werden, obwohl der Mitarbeiter in zulässiger Weise seine Rechte ausgeübt hat (§ 612a BGB). Beispiele: Kündigung wegen Inanspruchnahme von Arbeitsbefreiung zur notwendigen Pflege eines Kindes.*
- *Kündigungen, die treuwidrig d.h. die willkürlich sind oder auf sachfremden Motiven beruhen.*
- *Kündigungen, bei denen der Dienstgeber unter mehreren Mitarbeitern auswählen kann, jedoch soziale Gesichtspunkte nicht ausreichend beachtet. In diesem Falle kann die Kündigung gegen den Grundsatz von Treu und Glauben verstoßen und aus diesem Grund unwirksam sein (§ 242 BGB). Beispiel: In der Regel ist die ordentliche Kündigung eines Mitarbeiters unwirksam, der 16 Jahre älter als sein nicht gekündigter Kollege und seit 17 Jahren in der Einrichtung tätig ist, wenn der Kollege erst seit 5 Jahren der Einrichtung angehört.*
- *Kündigungen langjähriger Arbeitnehmer, wenn deren Vertrauen auf den Fortbestand des Dienstverhältnisses nicht berücksichtigt wurde. Beispiel: Kündigung einer seit zehn Jahren ohne Beanstandungen tätigen Mitarbeiterin nach zweimaliger kurzer Erkrankung."*

(Caritas in NRW, 2009)

Der Mutterschutz

Ein weiteres wichtiges Gesetz im Rahmen des Arbeitsrechtes ist das Mutterschutzgesetz (MuSchG). Dort heißt es:

„§ 2
Gestaltung des Arbeitsplatzes
(1) Wer eine werdende oder stillende Mutter beschäftigt, hat bei der Einrichtung und der Unterhaltung des Arbeitsplatzes einschließlich der Maschinen, Werkzeuge und Geräte und bei der Regelung der Beschäftigung die erforderlichen Vorkehrungen und Maßnahmen zum Schutze von Leben und Gesundheit der werdenden oder stillenden Mutter zu treffen.
(2) Wer eine werdende oder stillende Mutter mit Arbeiten beschäftigt, bei denen sie ständig stehen oder gehen muss, hat für sie eine Sitzgelegenheit zum kurzen Ausruhen bereitzustellen.
(3) Wer eine werdende oder stillende Mutter mit Arbeiten beschäftigt, bei denen sie ständig sitzen muss, hat ihr Gelegenheit zu kurzen Unterbrechungen ihrer Arbeit zu geben.

§ 3
Beschäftigungsverbote für werdende Mütter
(1) Werdende Mütter dürfen nicht beschäftigt werden, soweit nach ärztlichem Zeugnis Leben oder Gesundheit von Mutter oder Kind bei Fortdauer der Beschäftigung gefährdet ist.
(2) Werdende Mütter dürfen in den letzten sechs Wochen vor der Entbindung nicht beschäftigt werden, es sei denn, dass sie sich zur Arbeitsleistung ausdrücklich bereiterklären; die Erklärung kann jederzeit widerrufen werden.

§ 5
Mitteilungspflicht, ärztliches Zeugnis
(1) Werdende Mütter sollen dem Arbeitgeber ihre Schwangerschaft und den mutmaßlichen Tag der Entbindung mitteilen, sobald ihnen ihr Zustand bekannt ist. Auf Verlangen des Arbeitgebers sollen sie das Zeugnis eines Arztes oder einer Hebamme vorlegen. Der Arbeitgeber hat die Aufsichtsbehörde unverzüglich von der Mitteilung der werdenden Mutter zu benachrichtigen. Er darf die Mitteilung der werdenden Mutter Dritten nicht unbefugt bekannt geben.
(2) Für die Berechnung der in § 3 Abs. 2 bezeichneten Zeiträume vor der Entbindung ist das Zeugnis eines Arztes oder einer Hebamme maßgebend; das Zeugnis soll den mutmaßlichen Tag der Entbindung angeben. Irrt sich der Arzt oder die Hebamme über den Zeitpunkt der Entbindung, so verkürzt oder verlängert sich diese Frist entsprechend.
(3) Die Kosten für die Zeugnisse nach den Absätzen 1 und 2 trägt der Arbeitgeber.

§ 6
Beschäftigungsverbote nach der Entbindung
(1) Mütter dürfen bis zum Ablauf von acht Wochen, bei Früh- und Mehrlingsgeburten bis zum Ablauf von zwölf Wochen nach der Entbindung nicht beschäftigt werden. Bei Frühgeburten und sonstigen vorzeitigen Entbindungen verlängern sich die Fristen nach Satz 1 zusätzlich um den Zeitraum der Schutzfrist nach § 3 Abs. 2, der nicht in Anspruch genommen werden konnte. Beim Tod ihres Kindes kann die Mutter auf ihr ausdrückliches Verlangen ausnahmsweise schon vor Ablauf dieser Fristen, aber noch nicht in den ersten zwei Wochen nach

der Entbindung, wieder beschäftigt werden, wenn nach ärztlichem Zeugnis nichts dagegen spricht. Sie kann ihre Erklärung jederzeit widerrufen.

(2) Frauen, die in den ersten Monaten nach der Entbindung nach ärztlichem Zeugnis nicht voll leistungsfähig sind, dürfen nicht zu einer ihre Leistungsfähigkeit übersteigenden Arbeit herangezogen werden.

§ 7
Stillzeit

(1) Stillenden Müttern ist auf ihr Verlangen die zum Stillen erforderliche Zeit, mindestens aber zweimal täglich eine halbe Stunde oder einmal täglich eine Stunde frei zu geben. Bei einer zusammenhängenden Arbeitszeit von mehr als acht Stunden soll auf Verlangen zweimal eine Stillzeit von mindestens 45 Minuten oder, wenn in der Nähe der Arbeitsstätte keine Stillgelegenheit vorhanden ist, einmal eine Stillzeit von mindestens 90 Minuten gewährt werden. Die Arbeitszeit gilt als zusammenhängend, soweit sie nicht durch eine Ruhepause von mindestens zwei Stunden unterbrochen wird.

(2) Durch die Gewährung der Stillzeit darf ein Verdienstausfall nicht eintreten. Die Stillzeit darf von stillenden Müttern nicht vor- oder nachgearbeitet und nicht auf die in dem Arbeitszeitgesetz oder in anderen Vorschriften festgesetzten Ruhepausen angerechnet werden.

(3) Die Aufsichtsbehörde kann in Einzelfällen nähere Bestimmungen über Zahl, Lage und Dauer der Stillzeiten treffen; sie kann die Einrichtung von Stillräumen vorschreiben."

(dejure.org, Mutterschutzgesetz, 2009)

Indem eine sozialpädagogische Fachkraft für den Träger einer Einrichtung arbeitet, ist sie automatisch verpflichtet, die Vorschriften des Datenschutzgesetzes zu beachten. Dies hört sich einfacher an, als es ist, da es durchaus Fälle geben kann, die unterschiedlich interpretiert werden.

Das Bundesdatenschutzgesetz

Manche Menschen geben an, ihnen sei das Datenschutzgesetz nicht besonders wichtig, da sie nichts zu verbergen hätten. Doch es ist allgemein bekannt, dass sich persönliche Daten unter Verletzung der Persönlichkeitsrechte eines Menschen missbrauchen lassen.

In sozialpädagogischen Einrichtungen bezieht sich der Datenschutz auf die personenbezogenen Daten aller:
- die Kinder oder Jugendlichen
- die Eltern bzw. Erziehungsberechtigten
- Partner der Einrichtung
- die Mitarbeiterinnen

Unter **personenbezogenen Daten** sind alle Informationen zu verstehen, die einen Menschen beschreiben. Dies betrifft seine Adressen, seine Telefonnummern, Sorgerechtsregelungen, aber auch sein Aussehen, seine Gesundheit, seine Persönlichkeitseigenschaften, sein Verhalten, seine sozialen Beziehungen, sein Handeln und vieles mehr. Des Weiteren zählen Informationen dazu, die in Gesprächen mit den Partnern der Einrichtung entstehen. Zudem fallen Daten unter den Datenschutz, die im Zusammenhang mit sozialen Diensten über eine Gefährdung des Kindeswohls in der Familie oder Informationen von der Schule, z. B. über einen plötzlichen Leistungsabfall, entstehen.

Auch die Daten der Mitarbeiterinnen der Einrichtungen sind zu schützen. Dies gilt insbesondere für
- Adressdaten,
- Geburtsdatum,
- berufliche Bewährungszeiten,
- Eintrittsdatum in die Kindertageseinrichtung,
- arbeitsvertragliche Vereinbarungen und
- Kontodaten, die relevant für die Lohn- und Gehaltsabrechnung sind.

Auch die Daten von Lieferanten müssen geschützt werden wie z. B.:
- Bestelllisten,
- Rechnungen,
- Kontonummern der Lieferanten.

Daraus ergeben sich für die sozialpädagogische Fachkraft folgende Handlungskonsequenzen:
- Ohne das Einverständnis der Betroffenen dürfen keine Daten erhoben werden.
- Es sollten nur wirklich benötigte Daten erfasst werden.
- Erhobene Daten dürfen nur zu dem Zweck genutzt werden, zu dem sie erhoben wurden.
- Keinerlei personenbezogene Daten dürfen offen zugänglich sein. Werden die Daten auf einem Computer gespeichert, muss dieser durch ein sicheres Passwort geschützt werden.

- Personenbezogene Daten sind sofort zu vernichten, wenn sie nicht mehr benötigt werden. Vernichten bedeutet bei Papieren, dass sie völlig zerstört werden. Computerdaten müssen so gelöscht werden, dass sie nicht wiederherstellbar sind.

Nicht alle Daten sind gleich schützenswert. Folgende Daten müssen nur begrenzt geschützt werden:
- Möchten z. B. Erziehungsberechtigte sich über Bestellungen der Einrichtung informieren, kann ihnen Einblick in die entsprechenden Listen gewährt werden.
- Unterschriftslisten, in denen Erziehungsberechtigte ihre Bereitschaft zur Teilnahme an Veranstaltungen bestätigen, werden natürlich von allen Erziehungsberechtigten eingesehen.
- Verzeichnisse mit den Mitgliedern des Vorstandes oder des Elternbeirates können ebenfalls den Erziehungsberechtigten geöffnet werden.

Daten, für deren Erhebung das Einverständnis der Betroffenen erforderlich ist, sind z. B.:
- persönliche Daten von Kindern, Eltern und Personal
- Adressdaten
- Telefonnummern
- Informationen zum Familienstand
- Aussagen über die berufliche Tätigkeit

Schon der Bitte einer Mutter um eine Telefonnummer für eine Geburtstagseinladung darf nur mit dem ausdrücklichen Einverständnis der betroffenen Eltern nachgekommen werden.
Noch strenger sind Informationen zu schützen über
- das Einkommen,
- Sozialleistungen,
- Bankverbindungen,
- Familienverhältnisse,
- innere personelle Angelegenheiten der Einrichtung,
- Dokumente von Teambesprechungen,
- Dokumente zur Entwicklung und zum Verhalten der Kinder oder Jugendlichen sowie
- Informationen, die das Ansehen und die gesellschaftliche Stellung betreffen.

1.4.4 Das Infektionsschutzgesetz

Eine weitere für jede sozialpädagogische Fachkraft besonders wichtige gesetzliche Vorschrift ist das Gesetz zur Verhütung und Bekämpfung von Infektionskrankheiten beim Menschen, kurz Infektionsschutzgesetz (IfSG), zurzeit in der Fassung vom 20. Juli 2000 (vgl. Bundesministerium der Justiz, Infektionsschutzgesetz, 2012). Ziel dieses Gesetzes ist, dass
- übertragbaren Krankheiten vorgebeugt wird,
- Infektionskrankheiten frühzeitig erkannt werden und
- ihre Weiterverbreitung verhindert wird.

Dazu ist es erforderlich, dass die zuständigen Behörden von Bund, Ländern und Kommunen, Ärzte, Krankenhäuser, wissenschaftliche Einrichtungen, ggf. auch Tierärzte und sonstige Beteiligte eng zusammenarbeiten und sich gegenseitig unterstützen (vgl. §1 IfSG).

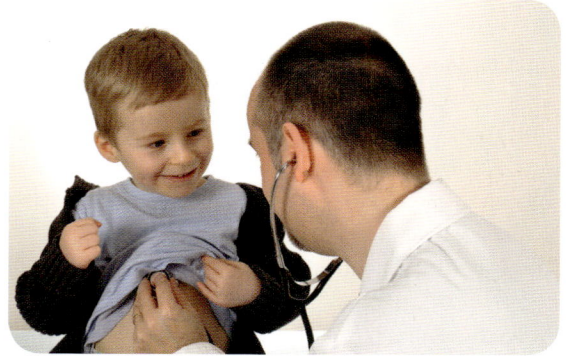

Das Personal der sozialpädagogischen Einrichtung

Nach § 42 IfSG darf niemand im Küchen- und Lebensmittelbereich einer sozialpädagogischen Einrichtung tätig oder beschäftigt sein, der oder die
- an Typhus, Paratyphus, Cholera, Shigellenruhr, Salmonellose oder an einer anderen infektiösen Darmerkrankung oder Virushepatitis A oder E (infektiöse Gelbsucht) erkrankt ist oder bei dem bzw. der ein entsprechender Verdacht besteht,
- an infizierten Wunden oder übertragbaren Hauterkrankungen leidet oder
- Shigellen, Salmonellen, enterohämorrhagische Escherichia coli oder Choleravibrionen ausscheidet.

Sozialpädagogische Fachkräfte oder andere Mitarbeiterinnen und Mitarbeiter, bei denen eine im § 34 (1) IfSG genannte Krankheit festgestellt wurde oder ein entsprechender Verdacht besteht, dürfen so lange keinen Kontakt zu den Kindern oder Jugendlichen ihrer Einrichtung haben, bis ein ärztliches Attest vorgelegt wird, das bescheinigt, dass keine Ansteckungsgefahr mehr besteht. Dies trifft auch auf den etwaigen Befall von Kopfläusen zu.

Die betreuten Kinder und Jugendlichen

In § 34 IfSG werden diejenigen Krankheiten aufgeführt, bei deren Auftreten für die betreuten Kinder oder Jugendlichen das Betreten der Räume der Einrichtung und die Teilnahme an gemeinsamen Veranstaltungen nicht zulässig ist. Dies gilt auch für den Fall, dass ein anderes Mitglied der Familie des Kindes oder Jugendlichen erkrankt ist. Zu diesen Krankheiten gehören z. B. relativ häufige Krankheiten wie Masern, Mumps, Keuchhusten oder Windpocken, aber auch ein Kopflausbefall. Im Heimbereich ist diese Regelung oft nicht umsetzbar. Hier muss das Gesundheitsamt unverzüglich informiert werden und gegebenenfalls eine Unterbringung des betroffenen Kindes oder Jugendlichen in einem Krankenhaus oder – sofern möglich – bei seinen Eltern bzw. Sorgeberechtigten stattfinden.

Wichtige Begriffe

Das IfSG definiert die wichtigsten, mit möglichen Infektionserkrankungen und einer entsprechenden Mitwirkungspflicht verbundenen Begriffe wie folgt:

Begriff	Definition
Krankheitserreger	vermehrungsfähige Viren, Bakterien, Pilze, Parasiten oder sonstige biologische Gegebenheiten, die bei Menschen eine Infektion oder übertragbare Krankheit verursachen können
Inkubationszeit	die Zeitdauer von der ersten Aufnahme der Krankheitserreger bis zum ersten Auftreten von Symptomen
Infektion	die Aufnahme eines Krankheitserregers und seine nachfolgende Entwicklung oder Vermehrung im menschlichen Organismus
übertragbare Krankheiten	durch Krankheitserreger oder deren giftige Produkte, die unmittelbar oder mittelbar auf den Menschen übertragen werden, verursachte Krankheiten
Krankheitsverdächtige	Personen, bei denen Symptome vorliegen, welche das Vorliegen einer bestimmten übertragbaren Krankheit vermuten lassen
Ausscheider	Personen, die Krankheitserreger ausscheiden und dadurch eine Ansteckungsquelle für die Allgemeinheit sein können, ohne selbst krank oder krankheitsverdächtig sind
Ansteckungsverdächtige	Personen, von denen anzunehmen ist, dass sie Krankheitserreger aufgenommen haben, ohne krank, krankheitsverdächtig oder Ausscheider zu sein
nosokomiale Infektion	Infektion, die im zeitlichen Zusammenhang mit einer stationären oder einer ambulanten medizinischen Maßnahme (z. B. Krankenhausaufenthalt) steht und die nicht schon vorher bestand
Schutzimpfung	die Gabe eines Impfstoffes mit dem Ziel, vor einer übertragbaren Krankheit zu schützen
andere Maßnahme der spezifischen Vorbeugung	Gabe von Antikörpern oder von Medikamenten zum Schutz vor Weiterverbreitung übertragbarer Krankheiten
Gesundheitsschädlinge	Tiere, durch die Krankheitserreger auf Menschen übertragen werden können
Sentinel-Erhebung	Methode zur stichprobenartigen Erfassung der Verbreitung bestimmter übertragbarer Krankheiten und der Immunität gegen bestimmte übertragbare Krankheiten in ausgewählten Bevölkerungsgruppen
Gesundheitsamt	die nach Landesrecht für die Durchführung des IfSG bestimmte und mit einem Amtsarzt besetzte Behörde

Mitwirkungs- bzw. Mitteilungspflicht

Von einer Mitwirkungs- und Mitteilungspflicht betroffen sind im Fall einer Erkrankung an einer übertragbaren Infektionskrankheit nach § 34 IfSG alle Mitarbeiterinnen und Mitarbeiter einer sozialpädagogischen Einrichtung, die Eltern und Sorgeberechtigten der betreuten Kinder oder Jugendlichen und der behandelnde Arzt. Die Mitteilung bzw. Meldung ist an folgende Adressaten zu richten (s. Tabelle):

Gemeldet werden müssen
- die wahrnehmbaren Symptome und die konkrete Art des Verdachts,
- Name, Vorname und Geburtsdatum des oder der Betroffenen,
- die Infektionsquelle – sofern eine entsprechende Information vorhanden ist,
- mögliche Kontaktpersonen in der Einrichtung und im Elternhaus.

Die Information der (noch) nicht von der Krankheit oder dem Kopflausbefall Betroffenen kann auf folgende Weise geschehen:
- durch gut sichtbare Aushänge im Eingangsbereich
- durch Informationsblätter über die entsprechende Krankheit und über mögliche Schutzmaßnahmen
- durch Informationsveranstaltungen
- in Einzelgesprächen

In jedem Fall sind diese Maßnahmen gemeinsam mit dem zuständigen Gesundheitsamt zu besprechen und zu entscheiden.

In § 34 IfSG ist auch festgelegt, bei welchen übertragbaren Infektionserkrankungen es für die Kinder oder Jugendlichen verboten ist, die sozialpädagogische Einrichtung zu besuchen bzw. zu betreten. Dieses Verbot wird nach § 34 (1) IfSG aufgehoben, wenn ein ärztliches Attest vorgelegt wird bzw. wenn eine vollständige

Wer informiert?	Wer wird informiert?
die Eltern oder Sorgeberechtigten	unverzüglich die Leitung der sozialpädagogischen Einrichtung
die Mitarbeiterinnen oder Mitarbeiter, die das Auftreten der Erkrankung oder des Kopflausbefalls festgestellt haben	
der Arzt, der die Erkrankung oder den Befall mit Kopfläusen feststellt	die Leitung der Einrichtung und das Gesundheitsamt
die Leitung der sozialpädagogischen Einrichtung	<ul><li>das Gesundheitsamt</li><li>die Eltern oder Sorgeberechtigten der betroffenen Kinder bzw. Jugendlichen, sofern diese noch nicht in Kenntnis gesetzt sind</li><li>die in der Einrichtung betreuten Kinder oder Jugendlichen sowie deren Eltern oder Sorgeberechtigten **anonym**</li></ul>
das Labor, das die entsprechenden Krankheitserreger festgestellt und identifiziert hat	das Gesundheitsamt

Genesung vorliegt. Hierfür gibt es folgende Beispiele:

Erkrankung	Wiederkehr in die Einrichtung
Kopflausbefall	nach sachgerechter Anwendung eines geeigneten Mittels gegen Kopfläuse
Keuchhusten	5 Tage nach Beginn einer Behandlung mit Antibiotika
Scharlach	9 Tage nach dem Anschwellen der Ohrspeicheldrüse
akuter Brechdurchfall (bei Kindern unter 6 Jahren)	nach dem Ende des Durchfalls und Erbrechens
Masern	nach Abklingen der klinischen Symptome, frühestens fünf Tage nach Exanthem-Ausbruch; schriftliches ärztliches Attest erforderlich
Scabies (Krätze)	nur mit Attest
Durchfall aufgrund von E. Coli (EHEC)-Bakterien	nur mit Attest
Durchfall aufgrund von Shigellen (Ruhr)	nur mit Attest
Hirnhautentzündung aufgrund von Meningokokken oder Haemophilus-influenzae-b-Bakterien	nur mit Attest
ansteckungsfähige („offene") Tuberkulose	nur mit Attest
Typhus/Paratyphus, Cholera, Diphterie, Pest, Poliomyelitis (Kinderlähmung)	nur mit Attest

Wichtige Informationen zu allen Fragen, die mit übertragbaren Infektionskrankheiten oder dem Befall von Parasiten zu tun haben, finden Sie u. a. unter folgenden Adressen:

- Das hessische Sozialministerium hat im Internet einen Leitfaden für Kinderbetreuungsstätten und Schulen zum IfSG veröffentlicht, der eine Fülle von nützlichen Hinweisen und hilfreichen Formularen enthält (www.hsm.hessen.de). Der Leitfaden kann hier als PDF-Datei heruntergeladen werden und wurde zuletzt im Jahr 2010 aktualisiert.
- Viele wichtige und grundlegende Informationen und Hinweise sind darüber hinaus auf der Seite des Robert Koch-Instituts z. B. unter dem Stichwort „Infektionskrankheiten" zu finden (www.rki.de).
- Besonders informativ und übersichtlich ist die Seite des Bayerischen Landesjugendamts (BLJA) gestaltet: www.blja.bayern.de
- Um sich näher über die eine bestimmte Krankheit betreffenden Fragen zu informieren, ist die Seite www.gesundheitsamt.de sehr hilfreich. Hier finden Sie eine alphabetische als Hyperlink aufgelistete Reihe der wichtigsten übertragbaren Krankheit, bei denen unverzüglicher Handlungsbedarf durch die zu beteiligenden Institutionen besteht. Am Beispiel „Masern" erhalten Sie in der folgenden Tabelle einen Überblick über die Informationen, die Sie auch zu anderen Krankheiten erhalten können.

Masern	
Meldepflicht	Die Masern sind gemäß § 6 Abs. 1 Nr. 1h IfSG meldepflichtig. Eine Erkrankung kann durch eine rechtzeitige Immunisierung verhindert werden.
Inkubationszeit	acht bis zehn Tage bis zum Beginn des katarrhalischen Stadiums, 14 Tage bis zum Ausbruch des Exanthems
Dauer der Ansteckungsfähigkeit	fünf Tage vor bis vier Tage nach Auftreten des Exanthems, am höchsten vor Auftreten des Exanthems
Zulassung nach Krankheit	nach Abklingen der klinischen Symptome, frühestens fünf Tage nach Exanthem-Ausbruch; schriftliches ärztliches Attest erforderlich
Ausschluss von Ausscheidern	entfällt
Ausschluss von Kontaktpersonen	Ausschluss ist nicht erforderlich bei bestehendem Impfschutz oder nach früher durchlebter Krankheit; sonstige Personen sollen für die Dauer der mittleren Inkubationszeit von 14 Tagen vom Besuch der Einrichtung ausgeschlossen werden (§ 34 Abs. 3 Nr. 7 IfSG).
Hygienemaßnahmen zur Verhütung von Infektionen	keine wirksamen Maßnahmen bekannt
medikamentöse Prophylaxe nach Exposition	Bei ungeimpften, immungesunden Kindern kann der Ausbruch der Wildmasern durch den Lebendimpfstoff wirksam unterdrückt werden, wenn dieser innerhalb der ersten drei Tage nach Exposition verabreicht wird („Inkubationsimpfung"). Bei abwehrgeschwächten Patienten und chronisch kranken Kindern ist die Prophylaxe von Masern mit humanem Immunglobulin (innerhalb von zwei bis drei Tagen nach Kontakt) möglich.

(Robert Koch-Institut, 2012)

Die Belehrung
Die Leitung einer sozialpädagogischen Einrichtung muss
- das Personal im Küchen- und Lebensmittelbereich (§ 43 IfSG),
- das Betreuungs-, Erziehungs-, Aufsichtspersonal und
- die Kinder, Jugendlichen und Erziehungsberechtigten

über die sich aus dem IfSG ergebenden Verpflichtungen in regelmäßigen Abständen informieren und über diese Belehrungen ein Protokoll erstellen, das mindestens drei Jahre lang aufzubewahren ist. Darüber hinaus sind bei jeder Neuaufnahme die entsprechenden Personen differenziert über die Vorschriften des IfSG in Kenntnis zu setzen. Hilfreich ist dabei, zusätzlich ein geeignetes Merkblatt auszuhändigen.

1.4.5 Hilfen und Hilfeplan zur Erziehung

Es kommt vor, dass die Erziehung durch Personensorgeberechtigte – meistens die Eltern – das Wohl der Kinder oder Jugendlichen gefährdet, dass also die verantwortlichen Erwachsenen nicht fähig und/oder bereit sind, ein Kind oder einen Jugendlichen im Interesse seines körperlichen und psychischen Wohles zu erziehen. Diese Fälle sind so häufig, dass der Gesetzgeber im Sozialgesetzbuch VIII (auch Jugendhilfegesetz genannt) festgeschrieben hat, welche Hilfen in einer solchen Situation bereitgestellt und durchgeführt werden müssen. Dort heißt es u. a.:

„*§ 27 SGB VIII*
Hilfe zur Erziehung
(1) Ein Personensorgeberechtigter hat bei der Erziehung eines Kindes oder eines Jugendlichen Anspruch auf Hilfe (Hilfe zur Erziehung), wenn eine dem Wohl des Kindes oder des Jugendlichen entsprechende Erziehung nicht gewährleistet ist und die Hilfe für seine Entwicklung geeignet und notwendig ist.
(2) Hilfe zur Erziehung wird insbesondere nach Maßgabe der §§ 28 bis 35 gewährt. Art und Umfang der Hilfe richten sich nach dem erzieherischen Bedarf im Einzelfall; dabei soll das engere soziale Umfeld des Kindes oder des Jugendlichen einbezogen werden. Die Hilfe ist in der Regel im

Inland zu erbringen; sie darf nur dann im Ausland erbracht werden, wenn dies nach Maßgabe der Hilfeplanung zur Erreichung des Hilfezieles im Einzelfall erforderlich ist.
(2a) Ist eine Erziehung des Kindes oder Jugendlichen außerhalb des Elternhauses erforderlich, so entfällt der Anspruch auf Hilfe zur Erziehung nicht dadurch, dass eine andere unterhaltspflichtige Person bereit ist, diese Aufgabe zu übernehmen; die Gewährung von Hilfe zur Erziehung setzt in diesem Fall voraus, dass diese Person bereit und geeignet ist, den Hilfebedarf in Zusammenarbeit mit dem Träger der öffentlichen Jugendhilfe nach Maßgabe der §§ 36 und 37 zu decken.
(3) Hilfe zur Erziehung umfasst insbesondere die Gewährung pädagogischer und damit verbundener therapeutischer Leistungen. Sie soll bei Bedarf Ausbildungs- und Beschäftigungsmaßnahmen im Sinne des § 13 Abs. 2 einschließen.
(4) Wird ein Kind oder eine Jugendliche während ihres Aufenthaltes in einer Einrichtung oder einer Pflegefamilie selbst Mutter eines Kindes, so umfasst die Hilfe zur Erziehung auch die Unterstützung bei der Pflege und Erziehung dieses Kindes."
(Bundesministerium der Justiz, SGB VIII, 2012)

Die gesetzlich mögliche und für bestimmte Fälle vorgesehene Hilfe zur Erziehung sieht pädagogische sowie psychologische und damit verbundene therapeutische Leistungen vor, die auch die Möglichkeit von Ausbildungs- und Beschäftigungsmaßnahmen einschließen können.

Für sozial benachteiligte und individuell beeinträchtigte junge Menschen bis zu einem Alter von 27 Jahren sind sehr unterschiedliche Hilfeangebote und -möglichkeiten vorgesehen. Als **sozial benachteiligt** gelten in diesem Zusammenhang Jugendliche, die aufgrund
- ihres familiären und sozialen Umfelds,
- ihrer ethnischen oder kulturellen Herkunft oder
- ihrer ökonomischen Situation

Benachteiligungen erfahren haben, die ihre Integration in die Gesellschaft, ihre Schullaufbahn und ihren Eintritt in die Berufswelt erschweren.
Individuell beeinträchtigt sind hingegen beispielsweise Jugendliche mit Lernstörungen oder Lernbeeinträchtigungen, mit psychischen oder physischen Beeinträchtigungen oder solche, die drogenabhängig geworden sind oder bereits eine „kriminelle Karriere" hinter sich haben. Für diese Jugendlichen sieht der Gesetzgeber Maßnahmen der Jugendsozialarbeit vor:

„§ 13
Jugendsozialarbeit
(1) Jungen Menschen, die zum Ausgleich sozialer Benachteiligungen oder zur Überwindung individueller Beeinträchtigungen in erhöhtem Maße auf Unterstützung angewiesen sind, sollen im Rahmen der Jugendhilfe sozialpädagogische Hilfen angeboten werden, die ihre schulische und berufliche Ausbildung, Eingliederung in die Arbeitswelt und ihre soziale Integration fördern.
(2) Soweit die Ausbildung dieser jungen Menschen nicht durch Maßnahmen und Programme anderer Träger und Organisationen sichergestellt wird, können geeignete sozialpädagogisch begleitete Ausbildungs- und Beschäftigungsmaßnahmen angeboten werden, die den Fähigkeiten und dem Entwicklungsstand dieser jungen Menschen Rechnung tragen.
(3) Jungen Menschen kann während der Teilnahme an schulischen oder beruflichen Bildungsmaßnahmen oder bei der beruflichen Eingliederung Unterkunft in sozialpädagogisch begleiteten Wohnformen angeboten werden. In diesen Fällen sollen auch der notwendige Unterhalt des jungen Menschen sichergestellt und Krankenhilfe nach Maßgabe des § 40 geleistet werden.
(4) Die Angebote sollen mit den Maßnahmen der Schulverwaltung, der Bundesagentur für Arbeit, der Träger betrieblicher und außerbetrieblicher Ausbildung sowie der Träger von Beschäftigungsangeboten abgestimmt werden."
(Bundesministerium der Justiz, SGB VIII, 2012)

Die Jugendsozialarbeit umfasst insbesondere
- Hilfen bei der Eingliederung in die Berufswelt,
- Streetwork (mobile Jugendarbeit),

- Integrationshilfen für Jugendliche mit Migrationshintergrund,
- Angebote unterschiedlicher Wohnformen für Jugendliche und
- Schulsozialarbeit.

Dabei geht es nicht nur um Hilfen im schulischen oder beruflichen Bereich, sondern auch um die Unterstützung der psychischen Entwicklung der Jugendlichen. Die entsprechenden Einrichtungen werden sowohl von öffentlichen als auch von freien Trägern unterhalten. Darüber hinaus gibt es auch gewerbliche Träger. Der größte Teil berufsfördernder Maßnahmen für Jugendliche wird von der Bundesagentur für Arbeit finanziert.

Das Hilfeangebot der Jugendsozialarbeit richtet sich insbesondere an

- Jugendliche mit fehlendem oder sehr schlechtem Schulabschluss,
- Jugendliche, die ihre Ausbildung abgebrochen haben oder abbrechen mussten,
- Jugendliche mit kriminellem Hintergrund und
- Jugendliche mit besonderen Integrationsproblemen.

Historisch gesehen entwickelte sich die Jugendsozialarbeit bzw. die Kinder- und Jugendhilfe vor einem etwas anderen sozialen Hintergrund als dem heutigen. Nach dem Ende des Zweiten Weltkrieges waren Millionen Menschen obdachlos. Jugendliche waren von diesem Problem ganz besonders betroffen. Viele Väter waren im Krieg gefallen, die Mütter mussten sich und ihre Kinder irgendwie am Leben erhalten und brauchten Unterstützung. Die damals entstehende Jugendsozialarbeit wurde überwiegend von freien Trägern durchgeführt. Dabei handelte es sich vor allem um Träger

- der evangelischen Kirche (z. B. Diakonisches Werk),
- der katholischen Kirche (z. B. Caritasverband),
- des Deutschen Roten Kreuzes (DRK),
- des Deutschen Paritätischen Wohlfahrtsverbandes (DPWV),
- des Internationalen Bundes (IB) und
- der Arbeiterwohlfahrt (AWO).

Diese Trägergruppen bildeten 1949 die Bundesarbeitsgemeinschaft Jugendaufbauwerk (BAG JAW), die heute noch als Bundesarbeitsgemeinschaft (BAG) Jugendsozialarbeit e.V. besteht.

„Die BAG Jugendsozialarbeit formuliert und vertritt die gemeinsamen und übergreifenden Anliegen und Interessen der Jugendsozialarbeit gegenüber Staat und Gesellschaft und strebt deshalb die Zusammenarbeit auch mit all den relevanten Trägern der Jugendsozialarbeit an, die bisher noch nicht Mitglied der BAG Jugendsozialarbeit bzw. einer ihrer Trägergruppen sind. Die Aufgabenfelder der BAG Jugendsozialarbeit orientieren sich an den folgenden Schwerpunktbereichen der Jugendsozialarbeit: Jugendberufshilfe, Eingliederungshilfe, Jugendwohnen, Jugendsozialarbeit mit jungen Ausländerinnen und Ausländern, Mädchensozialarbeit und schülerinnen- und schülerbezogene Jugendsozialarbeit."

(Fachkräfteportal der Kinder- und Jugendhilfe, 2012)

Für die Beratung von Kindern, Jugendlichen und/oder Personensorgeberechtigten gibt es entsprechende Erziehungsberatungsstellen:

„§ 28
Erziehungsberatung
Erziehungsberatungsstellen und andere Beratungsdienste und -einrichtungen sollen Kinder, Jugendliche, Eltern und andere Erziehungsberechtigte bei der Klärung und Bewältigung individueller und familienbezogener Probleme und der zugrunde liegenden Faktoren, bei der Lösung von Erziehungsfragen sowie bei Trennung und Scheidung unterstützen. Dabei sollen Fachkräfte verschiedener Fachrichtungen zusammenwirken, die mit unterschiedlichen methodischen Ansätzen vertraut sind."

(Bundesministerium der Justiz, SGB VIII, 2012)

Erziehungsberatungsstellen sind staatlich anerkannte ambulante Einrichtungen, die Unterstützung in Erziehungsfragen leisten. Sie können sich sowohl in kommunaler als auch in freier Trägerschaft befinden. Die Inanspruchnahme von Erziehungsberatung ist kostenlos und grundsätzlich freiwillig. Die Stellen lehnen daher Beratungen ab, die nicht auf dem eigenen Wunsch von Sorgeberechtigten, Kindern und/oder Jugendlichen beruhen. In den Beratungsstellen sind Psychologen, Psychotherapeuten, Pädagogen sowie Sozialpädagogen und Sozialarbeiter tätig, die dabei helfen, Entwicklungs-, Beziehungs-, Leistungs- und Verhaltensprobleme zu lösen bzw. Lösungsschritte einzuleiten oder zu entwickeln.

Für Fälle, in denen die Beratung und entsprechende Folgemaßnahmen nicht ausreichen bzw. nicht erfolgversprechend sind, ist eine intensive sozialpädagogische Einzelfallhilfe vorgesehen:

„§ 35
Intensive sozialpädagogische Einzelbetreuung
Intensive sozialpädagogische Einzelbetreuung soll Jugendlichen gewährt werden, die einer intensiven Unterstützung zur sozialen Integration und zu einer eigenverantwortlichen Lebensführung bedürfen. Die Hilfe ist in der Regel auf längere Zeit angelegt und soll den individuellen Bedürfnissen des Jugendlichen Rechnung tragen."
(Bundesministerium der Justiz, SGB VIII, 2012)

Unter der Intensiven sozialpädagogischen Einzelbetreuung (ISE) ist eine gezielte Betreuung durch qualifizierte pädagogische, psychologische, sozialpädagogische oder sozialarbeiterische Fachkräfte in Kooperation mit dem jeweils zuständigen Jugendamt zu verstehen. Zu solchen Jugendlichen, die auf anderen Wegen nicht erreichbar waren, gehören z. B. viele Straßenkinder oder männliche und weibliche jugendliche Prostituierte. Die Hilfe kann sowohl darin bestehen, diese Jugendlichen auf der Straße oder in ihren Unterkünften aufzusuchen, um dort mit ihnen zu arbeiten. Sie wird aber auch in Maßnahmen des betreuten Wohnens angeboten. Selbst ein völliges „Herausnehmen" aus dem sozialen Umfeld ist prinzipiell möglich, beispielsweise durch Beschäftigung in Auslandsprojekten oder auf einem Schiff. Das zentrale Ziel besteht darin, diese Jugendlichen dabei zu unterstützen, sich so selbstständig und selbstverantwortlich wie möglich Perspektiven für ein in die Gesellschaft integriertes zukünftiges Leben erarbeiten.

§ 39 SGB VIII regelt die Frage der entstehenden Kosten. Daraus geht hervor, dass auch ein notwendiger Unterhalt des Kindes oder Jugendlichen einschließlich der Kosten für Sachaufwand, Pflege und Erziehung sicherzustellen ist. Darüber hinaus ist dem Kind oder Jugendlichen auch ein angemessenes Taschengeld zur freien Verfügung zu stellen. Die Höhe der Beträge wird von den zuständigen Behörden jeweils nach Landesrecht und dem Alter des Jugendlichen entsprechend festgesetzt. Weitere Details ergeben sich aus § 39 SGB VIII.

In einer besonderen Situation befinden sich Kinder oder Jugendliche mit psychischen Behinderungen. Diesen Fällen versucht der Gesetzgeber u. a. mit dem folgenden Paragrafen gerecht zu werden:

„§ 35a
Eingliederungshilfe für seelisch behinderte Kinder und Jugendliche
(1) Kinder oder Jugendliche haben Anspruch auf Eingliederungshilfe, wenn
1. *ihre seelische Gesundheit mit hoher Wahrscheinlichkeit länger als sechs Monate von dem für ihr Lebensalter typischen Zustand abweicht, und*
2. *daher ihre Teilhabe am Leben in der Gesellschaft beeinträchtigt ist oder eine solche Beeinträchtigung zu erwarten ist.*

Von einer seelischen Behinderung bedroht im Sinne dieses Buches sind Kinder oder Jugendliche, bei denen eine Beeinträchtigung ihrer Teilhabe am Leben in der Gesellschaft nach fachlicher Erkenntnis mit hoher Wahrscheinlichkeit zu erwarten ist. § 27 Abs. 4 gilt entsprechend.

(1a) Hinsichtlich der Abweichung der seelischen Gesundheit nach Absatz 1 Satz 1 Nr. 1 hat der Träger der öffentlichen Jugendhilfe die Stellungnahme
1. *eines Arztes für Kinder- und Jugendpsychiatrie und -psychotherapie,*
2. *eines Kinder- und Jugendpsychotherapeuten oder*
3. *eines Arztes oder eines psychologischen Psychotherapeuten, der über besondere Erfahrungen auf dem Gebiet seelischer Störungen bei Kindern und Jugendlichen verfügt,*

einzuholen. Die Stellungnahme ist auf der Grundlage der Internationalen Klassifikation der Krankheiten in der vom Deutschen Institut für medizinische Dokumentation und Information herausgegebenen deutschen Fassung zu erstellen. Dabei ist auch darzulegen, ob die Abweichung Krankheitswert hat oder auf einer Krankheit beruht. Die Hilfe soll nicht von der Person oder dem Dienst oder der Einrichtung, der die Person angehört, die die Stellungnahme abgibt, erbracht werden.

(2) Die Hilfe wird nach dem Bedarf im Einzelfall
1. *in ambulanter Form,*
2. *in Tageseinrichtungen für Kinder oder in anderen teilstationären Einrichtungen,*
3. *durch geeignete Pflegepersonen und*
4. *in Einrichtungen über Tag und Nacht sowie sonstigen Wohnformen geleistet.*

(3) Aufgabe und Ziel der Hilfe, die Bestimmung des Personenkreises sowie die Art der Leistungen richten sich nach § 53 Abs. 3 und 4 Satz 1, den §§ 54, 56 und 57 des Zwölften Buches, soweit diese Bestimmungen auch auf seelisch behinderte oder von einer solchen Behinderung bedrohte Personen Anwendung finden.

(4) Ist gleichzeitig Hilfe zur Erziehung zu leisten, so sollen Einrichtungen, Dienste und Personen in Anspruch genommen werden, die geeignet sind, sowohl die Aufgaben der Eingliederungshilfe zu erfüllen als auch den erzieherischen Bedarf zu decken. Sind heilpädagogische Maßnahmen für Kinder, die noch nicht im schulpflichtigen Alter sind, in Tageseinrichtungen für Kinder zu gewähren und lässt der Hilfebedarf es zu, so sollen Einrichtungen in Anspruch genommen werden, in denen behinderte und nicht behinderte Kinder gemeinsam betreut werden."

(Bundesministerium der Justiz, SGB VIII, 2012)

„§ 36
Mitwirkung, Hilfeplan

(1) Der Personensorgeberechtigte und das Kind oder der Jugendliche sind vor der Entscheidung über die Inanspruchnahme einer Hilfe und vor einer notwendigen Änderung von Art und Umfang der Hilfe zu beraten und auf die möglichen Folgen für die Entwicklung des Kindes oder des Jugendlichen hinzuweisen. Vor und während einer langfristig zu leistenden Hilfe außerhalb der eigenen Familie ist zu prüfen, ob die Annahme als Kind in Betracht kommt. Ist Hilfe außerhalb der eigenen Familie erforderlich, so sind die in Satz 1 genannten Personen bei der Auswahl der Einrichtung oder der Pflegestelle zu beteiligen. Der Wahl und den Wünschen ist zu entsprechen, sofern sie nicht mit unverhältnismäßigen Mehrkosten verbunden sind. Wünschen die in Satz 1 genannten Personen die Erbringung einer in § 78a genannten Leistung in einer Einrichtung, mit deren Träger keine Vereinbarungen nach § 78b bestehen, so soll der Wahl nur entsprochen werden, wenn die Erbringung der Leistung in dieser Einrichtung nach Maßgabe des Hilfeplans nach Absatz 2 geboten ist.

(2) Die Entscheidung über die im Einzelfall angezeigte Hilfeart soll, wenn Hilfe voraussichtlich für längere Zeit zu leisten ist, im Zusammenwirken mehrerer Fachkräfte getroffen werden. Als Grundlage für die Ausgestaltung der Hilfe sollen sie zusammen mit dem Personensorgeberechtigten und dem Kind oder dem Jugendlichen einen Hilfeplan aufstellen, der Feststellungen über den Bedarf, die zu gewährende Art der Hilfe sowie die notwendigen Leistungen enthält; sie sollen regelmäßig prüfen, ob die gewählte Hilfeart weiterhin geeignet und notwendig ist. Werden bei der Durchführung der Hilfe andere Personen, Dienste oder Einrichtungen tätig, so sind sie oder deren Mitarbeiter an der Aufstellung des Hilfeplans und seiner Überprüfung zu beteiligen. Erscheinen Maßnahmen der beruflichen Eingliederung erforderlich, so sollen auch die für die Eingliederung zuständigen Stellen beteiligt werden.

(3) Erscheinen Hilfen nach § 35a erforderlich, so soll bei der Aufstellung und Änderung des Hilfeplans sowie bei der Durchführung der Hilfe die Person, die eine Stellungnahme nach § 35a Abs. 1a abgegeben hat, beteiligt werden.

(4) Vor einer Entscheidung über die Gewährung einer Hilfe, die ganz oder teilweise im Ausland erbracht wird, soll zur Feststellung einer seelischen Störung mit Krankheitswert die Stellungnahme einer in § 35a Abs. 1a Satz 1 genannten Person eingeholt werden."

(Bundesministerium der Justiz, SGB VIII, 2012)

Der Hilfeplan legt die grundlegenden Normen fest, denen die unterschiedlichen Hilfen zur Erziehung zu folgen haben. Die Beteiligung der Betroffenen ist dabei von besonderer Bedeutung. Sie sind in entwicklungsgemäßer Weise an allen Entscheidungen zu beteiligen, die sie betreffen und haben das Recht, sich dazu selbst an das zuständige Jugendamt zu wenden. Darüber hinaus können sie die Einrichtung oder den Dienst, der Ihnen helfen soll, unter den unterschiedlichen Trägern selbst wählen, sofern ihre Wahl nicht zu deutlich überhöhten Kosten führt. Wenn dies erforderlich ist, können Kinder und Jugendliche auch ohne Wissen und Mitwirken der Personsorgeberechtigten vom Jugendamt beraten werden.

Das zuständige Jugendamt kann je nach Fall und Problemlage sehr unterschiedliche Hilfen gewähren:
- ambulante Hilfen
    - psychologische Therapien
    - Erziehungs- und Familienberatung
    - soziale Gruppenarbeit
    - Erziehungsbeistand/Betreuungshelfer
    - sozialpädagogische Familienhilfe
    - intensive sozialpädagogische Einzelbetreuung
- teilstationäre Hilfen
    - Tagesgruppenerziehung
    - sozialpädagogische Tagesbetreuung als Alternative zur Kindertagesbetreuung
    - Jugendberufshilfe
- stationäre Hilfen
    - Familienpflege
    - Heimerziehung
    - betreutes Wohnen

(vgl. Rabatsch, 2012)

Der Hilfeplan enthält genaue Informationen über die Art der Hilfe sowie über die dazu notwendigen finanziellen Leistungen und muss regelmäßig auf seine Eignung überprüft werden. An dieser Überprüfung müssen alle Beteiligten – also die Personensorgeberechtigten, die Kinder bzw. Jugendlichen und die Dienste und Einrichtungen – mitwirken (vgl. Jugendamt Nürnberg, 2012).

„Der Hilfeplan ist von seinem Charakter her vielgestaltig. Er ist
- *Grundlage für die Ausgestaltung der Hilfe,*
- *Entscheidungshilfe im Einzelfall,*
- *Instrument fachlicher Selbstkontrolle,*
- *Beleg für die Beteiligung der Betroffenen,*
- *Fahrplan für die Zusammenarbeit der Fachkräfte,*
- *zeit- und zielgerichtetes Planungsinstrument,*
- *Koordinierungsinstrument zwischen Jugendamt und Maßnahmenträger,*
- *Entscheidungsgrundlage für Kostenträger,*
- *Nachweis fachlicher Planungskompetenz,*
- *Bemühen um die richtige(n) Hilfe(n),*
- *Vertrag zwischen allen Beteiligten,*
- *Arbeitshilfe für die Durchführung und Prüfung der Hilfe(n).*

Mit anderen Worten: Der Hilfeplan ist mehr als ein Formular. Er ist ein Instrument des behördlichen Handelns des Jugendamtes nach überwiegend sozialpädagogischen Grundsätzen (siehe § 72 SGB VIII). Beide Kompetenzen, korrektes Verwaltungshandeln und sozialpädagogische Fachlichkeit, schließen sich nicht aus, sondern kommen im Hilfeplan zusammen."

(Jugendamt Nürnberg, 2012)

1.5 Sozialpädagogische Institutionen

Sozialpädagogischen Fachkräften steht es offen, in verschiedensten sozialpädagogischen Einrichtungen zu arbeiten. Je nach persönlicher Neigung, Fähigkeiten, Interessen, Erfahrungen und nach den Ausbildungsschwerpunkten können sie sich für einen Arbeitsbereich entscheiden.

Im Folgenden werden sozialpädagogische Institutionen vorgestellt, in denen üblicherweise sozialpädagogische Fachkräfte beschäftigt werden.

1.5.1 Tageseinrichtungen für Kinder von 0 bis 3 Jahren

In der ehemaligen DDR und einigen osteuropäischen Ländern waren Krippeneinrichtungen gängige Betreuungsformen, um beiden Elternteilen, insbesondere den Frauen, ein Berufsleben zu ermöglichen. Warum dies gefördert wurde, ist eine durchaus diskutierbare Frage, die aber hier

nicht weiter vertieft werden soll. Kinder bereits nach ein paar Monaten abzugeben, bereitete offensichtlich kaum Probleme. Es wurde gesellschaftlich nicht abgewertet, sondern für notwendig und normal befunden. Diese „Tradition" ist bis heute geblieben: In den sogenannten neuen Bundesländern Deutschlands sind bis heute Krippen zahlreicher vorhanden und auch gesellschaftlich anerkannter als in den alten Bundesländern.
Im September 2008 wurde im Bundestag beschlossen, bis 2013 einen Krippen- oder Tagesmutterplatz für jedes Kind unter drei Jahre zur Verfügung zu stellen („Kinderförderungsgesetz"). Ziel war es in erster Linie, Frauen zu ermöglichen, wieder ins Berufsleben einzusteigen, ohne wie bisher eine mindestens dreijährige Pause einzulegen. 2005 wurden für alle Bundesländer Bildungspläne eingeführt, die eine gleichwertige Bildung, Erziehung und Betreuung aller Kinder von Geburt an bis zum Schuleintritt gewährleisten sollen. Kindergärten sind verpflichtet, sich an die Richtlinien zu halten und ihr Personal dahingehend zu schulen. Mit diesen Beschlüssen erhält auch die Arbeit von Tagesmüttern einen neuen Stellenwert. Damit sie aber auch qualitativ hochwertige Betreuung und Bildung bieten können, werden Zugangsvoraussetzungen verlangt: Eine Tagesmutter muss eine Schulung oder eine sozialpädagogische Ausbildung nachweisen, um Kinder betreuen zu dürfen. Außerdem muss sie nach dem jeweiligen Bildungsplan arbeiten – also nicht mehr nur beaufsichtigen und pflegen, sondern auch bilden und erziehen. Diese neue Qualitätsanforderung macht den Beruf der Tagesmutter für viele Erzieherinnen, besonders Mütter, wieder attraktiv. Sie fühlen sich nun auch in diesem Berufsbereich wertgeschätzt. Alternativ zu Krippen werden auch sogenannte Familienkrippen finanziell gefördert. Qualifizierte Tagesmütter können sich hierfür zusammenschließen und zu Hause eine krippenähnliche Situation schaffen.

Erwartungen an die sozialpädagogische Fachkraft
In der Krippe, Krabbelgruppe, U-3-Kita oder Kleinkindspielgruppe – oder wie auch immer sich die Einrichtung für die unter Dreijährigen nennt – sind die sozialpädagogischen Fachkräfte in besonderem Maße gefragt. Nicht nur der direkte Umgang mit den Kindern stellt eine Herausforderung dar, auch vielfältige Aufgaben des Alltags sind zu bewältigen.

Sozialpädagogische Fachkraft – Kind
- Erziehung
- Unterstützung
- Förderung
- Bildung
- Beobachtung und Dokumentation
- Pflege

Die Kleinsten in pädagogischen Institutionen benötigen eine intensive Bindung an wenige, selten wechselnde Bezugspersonen. Es wird also erwartet, dass die sozialpädagogische Fachkraft möglichst selten ausfällt und psychisch sowie physisch in der Lage ist, eine enge Bindung mit den Kindern einzugehen. Sie sollte dementsprechend besonders zuverlässig, gewissenhaft und verantwortungsbewusst sein.

Die Bildungspläne, die in sämtlichen deutschen Bundesländern für sozialpädagogische Einrichtungen vorgeschrieben sind, finden auch in der Krippe Anwendung. Das heißt, die sozialpädagogische Fachkraft muss fähig und bereit sein, die Kinder von Anfang an zu fördern, ihnen Anregungen zu verschaffen und die Entwicklung zielgerichtet zu unterstützen. Sie muss beobachten und dokumentieren, um die Entwicklungs- und Lernfortschritte des Kindes festzuhalten bzw. transparent zu machen.

Auch die pflegerische Arbeit spielt in der Krippe eine große Rolle. Wickeln und Füttern, Naseputzen und Kuscheln gehören zum alltäglichen Umgang mit den Kleinsten und sind nicht von der pädagogischen Arbeit der sozialpädagogischen Fachkräfte zu trennen.

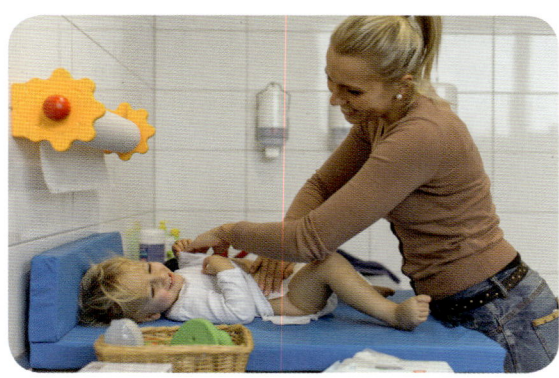

Sozialpädagogische Fachkraft – Eltern
- Kommunikation
- enge Zusammenarbeit/Partnerschaft
- Information
- Zuverlässigkeit

Die Zusammenarbeit mit den Eltern der unter Dreijährigen ist besonders intensiv. Hier wird von der sozialpädagogischen Fachkraft die Bereitschaft erwartet, sich auf die verschiedenen Elterntypen, deren Bedürfnisse, Fähigkeiten und Erwartungen einzulassen und zum Wohle des Kindes und der Gruppe zu agieren. Sie muss daher geschult sein, Gespräche zu führen und ihre Beobachtungen, Erwartungen und Forderungen fachlich begründet und sachlich darzustellen. Sie muss sich als Person zurücknehmen und fähig sein, enge Bindungen, auch zu den Eltern, einzugehen.

„Das Besondere in der Frühpädagogik gegenüber einer Pädagogik mit Jugendlichen oder Erwachsenen ist, dass die Kommunikation mit Eltern unabdingbar ist, um pädagogisch wirksam zu sein. [...] Kinder, deren Eltern nicht wertgeschätzt werden, können an den Bildungsprozessen der Kita nicht voll teilnehmen, denn Kinder sind in erster Linie gegenüber ihren Eltern loyal."
(Balluseck, 2008, S. 29)

Sozialpädagogische Fachkraft – Kolleginnen
- Teamarbeit
- Kommunikation
- Fachlichkeit
- Engagement
- Offenheit

Auch die Teamarbeit ist für die sozialpädagogische Fachkraft eine wichtige Aufgabe (vgl. Kap. 4.2). Die enge Zusammenarbeit fordert die Kolleginnen besonders im emotionalen Bereich immer wieder heraus. Sie müssen fähig sein, sich auf einem fachlichen Niveau auszutauschen, kollegial und partnerschaftlich zusammenzuarbeiten und gleichzeitig mit Offenheit und Herzlichkeit an die Kolleginnen heranzutreten. Ein „gesundes Team" ist die Basis für eine funktionierende Krippe – das sollte nicht unterschätzt werden. Die Kinder erleben die Kolleginnen miteinander, ähnlich wie ihre Eltern zu Hause. Sie lernen durch diese Vorbilder, wie Menschen miteinander umgehen, kommunizieren, sich sozial verhalten etc. Ein harmonisches Team wirkt sich sofort positiv auf die Stimmung in der Krippe aus und kommt so wiederum allen zugute: Kindern und Erwachsenen.

Übergang von der Familie in die Tageseinrichtung
Die Trennung von Eltern und Kind, insbesondere der Mutter und des Kindes, sollte möglichst behutsam ablaufen. Natürlich gibt es Kinder, die sehr schnell Vertrauen fassen, besonders neugierig und unabhängig sind. Doch in der Regel

wollen die Säuglinge, Krabbel- oder Wickelkinder langsam an ihre neue Umgebung und die für sie fremden Erwachsenen und Kinder gewöhnt werden. Je nach Temperament und Vorerfahrungen kann das in unterschiedlich langen Phasen erfolgen. Die sogenannte **Eingewöhnung** wird in den verschiedenen Krippen unterschiedlich gehandhabt. Mancherorts gibt es dafür extra „Nestgruppen", in denen die Kinder in geschützterem und von der großen Gruppe abgetrenntem Raum langsam eingewöhnt werden. Ein Elternteil ist in der Regel einige Zeit dabei, entfernt sich schließlich minutenweise von der Gruppe und so gewöhnt sich das Kind allmählich an die Zeit ohne Eltern (vgl. Kap. 2.4.3, Bindung an Bezugspersonen).

Die Zusammenarbeit zwischen sozialpädagogischen Fachkräften und Eltern ist dabei enorm wichtig. Das Kind spürt sofort, ob sich die Mutter selbst in der Einrichtung wohlfühlt und der sozialpädagogischen Fachkraft vertraut. Ist die Mutter ängstlich, sieht die Krippe nur als Notlösung und ist geplagt von Selbstzweifeln, fühlt sich das Kind automatisch unwohl. Die Atmosphäre der Erwachsenen wirkt sich unmittelbar auf das Wohlbefinden der Kinder aus. Kinder reagieren mit Abwehr, wenn sie Antipathien zwischen den Erwachsenen spüren.

Arbeitsbedingungen

Öffnungszeiten

Krippen haben in den Bundesländern Deutschlands sehr unterschiedliche Öffnungszeiten. So gibt es Krippen, die bereits um 05:30 Uhr öffnen, damit Eltern mit Schicht-Arbeitszeiten problemlos ihrer Arbeit nachgehen können. In Südbayern beispielsweise gibt es jedoch Krippen, die um 08:30 Uhr oder 09:00 Uhr öffnen und damit eher die Leute ansprechen, die möglicherweise nicht arbeiten müssen, sondern ihrem Kind gleichaltrige Spielgefährten bieten oder auch einfach mal ohne ihr Kind sein wollen.

Das Ende eines Krippentages kann bereits während der Mittagszeit sein, aber auch abends oder nachts (besonders in Gebieten mit vielen Schichtarbeitern).

Einige wenige Einrichtungen bieten bereits einen 24-Stunden-Service an. Hier können Kinder übernachten, wenn z. B. die alleinerziehende Mutter Krankenschwester ist und nachts arbeiten muss oder auch, wenn in der Familie eine Notsituation eintritt und sich niemand ausreichend um das Kind kümmern kann.

Gruppenzusammensetzung

Auch die Altersgrenze für die Aufnahme der Kinder ist unterschiedlich. Es lässt sich feststellen, dass besonders in Ballungsräumen und auch in den neuen Bundesländern häufiger sehr junge Kinder, bereits kurz nach Ablauf der Mutterschutzzeit, aufgenommen werden. In den alten Bundesländern ist hier die Hemmschwelle noch größer, die Vorurteile sind noch fest verankert. Kinder werden hier je nach Einrichtung häufig erst ab einem halben Jahr oder älter aufgenommen (vgl. Bertelsmann-Stiftung, 2009).

Viele Krippen oder Vorkindergärten nehmen Kinder erst ab 18 Monaten oder zwei Jahren auf. Sie sehen sich als Brücke von der Familie zum Kindergarten und helfen zunächst den Kindern, ein Gefühl dafür zu entwickeln, wie es später im Kindergarten sein wird. Aber sie ermöglichen auch den Eltern, besonders den Müttern, sich langsam wieder ins Arbeitsleben einzugliedern.

Personalschlüssel

Je nach Alter der Kinder und nach Bundesland sowie nach finanziellen Mitteln des Trägers variiert der Personalschlüssel in den Krippen.

Im Bildungsplan des Landes Sachsen (KiFöG) ist zum Beispiel festgelegt, dass eine pädagogische Fachkraft für sechs Kinder unter drei Jahren zuständig ist. Dieser Schlüssel von 1:6 ist in etwa die Regel in den meisten Bundesländern. Gruppengrößen variieren zwischen acht und etwa 16 Kindern, wobei meist mindestens zwei sozialpädagogische Fachkräfte bzw. eine sozialpädagogische Fachkraft und eine pädagogische Hilfskraft in einer Gruppe beschäftigt sind. Kritisch zu betrachten ist dies, wenn eine der Mitarbeiterinnen ausfällt. Dann wäre die andere alleine mit zwölf Kleinkindern, die gewickelt, versorgt, betreut, gebildet und erzogen werden sollen. Ein Träger, der sich qualitativ besser absichern will, wird zusätzlich noch Ergänzungspersonal einstellen, wie Kinderpflegerinnen, Sozial-(pädagogische) Assistentinnen oder auch Praktikantinnen. Nur so kann tatsächlich eine Betreuung, Bildung und Erziehung nach den Bildungsplänen gewährleistet werden. Da Träger sozialpädagogischer Einrichtungen aber an politische und finanzielle Vorgaben gebunden sind, entsprechen die Personalschlüssel häufig nicht dem realen Bedarf.

Gesellschaftliche Bedeutung der Tageseinrichtung

Ein Kind unter drei Jahren in die Hände von Pädagoginnen zu geben, ist immer noch in vielen Köpfen eine Art „Misshandlung". Das Vorurteil, Kinder könnten sich nur positiv entwickeln, wenn sie ausschließlich von Mutter und Vater (bzw. einem Elternteil) aufgezogen und erzogen würden, herrscht bei vielen Eltern weiterhin vor. Erst die wirtschaftliche Lage vieler Familien bringt sie zu der Erkenntnis, dass die Einrichtung für ihren Säugling oder ihr Krabbelkind sinnvoll sein könnte. Denn viele Eltern sind heute wieder darauf angewiesen, dass beide Elternteile arbeiten, und müssen für diese Zeit ihr Kind irgendwo unterbringen. Mit dem Begriff „frühkindliche Bildung" entwickelt sich die Einstellung zur Krippe allerdings allmählich zum Positiven. Von einer qualitativ hochwertigen Betreuung in einer Krippe versprechen sich die Eltern, dass die bestmögliche Bildung und Erziehung ihrer Kinder gewährleistet ist.

Bedeutung der Tageseinrichtung für Kinder im frühen Kindesalter

Das Kind ist besonders im ersten Lebensjahr noch sehr unselbstständig und daher permanent auf die Hilfe anderer angewiesen. Solange es sich noch nicht fortbewegen kann, braucht es Beschäftigung und Anregungen, die ihm geboten werden, wie Spielsachen, Geräusche, Musik, Ansprache, ein Lächeln etc. Dem Kind reicht es noch aus, die kleine Welt, die es zur Verfügung hat, zu begreifen. Doch es braucht jetzt schon Möglichkeiten, seine Sinne zu entwickeln und die Basis für optimale **Entwicklungsmöglichkeiten** in unterschiedlichen Bereichen zu schaffen (z. B. sprachliche, motorische, emotionale Entwicklung).

Erst mit dem Krabbeln bzw. Laufen kann das Kind sich selbst das holen, was es gerade möchte. Es geht auf „Entdeckungsjagd" und erforscht seine Umwelt, die nun auf einmal aus einem viel größeren Bereich besteht. Jetzt ist es wichtig, dass diese Umgebung kindgerecht und kindfreundlich ist.

Das Kleinkind lernt in erster Linie durch **Nachahmung**. Dies kann durch Abschauen von anderen Kindern erfolgen, aber vor allem von den erwach-

senen Bezugspersonen – meistens Eltern und sozialpädagogischen Fachkräften. In den ersten drei Lebensjahren lernen Kinder noch sehr körperlich, sinnlich durch Anfassen, Greifen, Betasten, Schmecken, Riechen, Abschlecken oder Reinbeißen.

Um den Kleinsten einen geschützten, behüteten Raum zu bieten, in dem sie sich bestmöglich entfalten können, ist es nötig, die Krippe wirklich altersentsprechend zu gestalten und das Personal gezielt auszuwählen und zu schulen. So kann das einzelne Kind seinen Bedürfnissen entsprechend den Alltag erkunden, sich angstfrei bewegen, Kontakte knüpfen und rund um die Uhr lernen.

Eine Krippe bedeutet aber für ein Kleinkind auch, sich von den nächsten Bezugspersonen, meist den Eltern, ein Stück weit zu lösen. Eine Selbstständigkeit wird gefordert und gefördert, die „normalerweise", also zu Hause, einem Kind unter drei Jahren meist nicht abverlangt wird. Das Kind muss sich auf weit mehr äußere Reize, Umstände und Situationen einlassen als in der häuslichen Umgebung. Daher muss die persönliche, menschliche Bindung zu den Eltern wie zu den sozialpädagogischen Fachkräften besonders stabil sein, um eine emotionale und psycho-soziale Sicherheit zu gewährleisten.

1.5.2 Tageseinrichtungen für Kinder von 3 bis 6 Jahren

Jedes Kind hat das Recht auf einen Kindergartenplatz: Seit 1996 gilt in Deutschland der Rechtsanspruch auf einen Kindergartenplatz (BVerfG im Urteil zum § 218 StGB). Hintergrund der Entscheidung des Bundesverfassungsgerichtes war, dass der Rechtsanspruch den Entschluss begünstigen sollte, ungeborenes Leben auszutragen. Gesetzlich verankert wurde der Anspruch im Achten Sozialgesetzbuch (SGB VIII, Kinder- und Jugendhilfegesetz, § 24).

Drei- bis sechsjährige Kinder besuchen größtenteils einen Kindergarten, Kitas (Kindertagesstätten) oder Kinderhäuser. Diese Einrichtungen haben jeweils einen Träger, der privat, privat-gewerblich, eine Elterninitiative, ein Verein, ein Unternehmen oder eine Organisation sein kann. Außerdem übernehmen Gemeinden oder Städte die Trägerschaft von Kindergärten, sofern sich kein „kleinerer" Träger findet (Subsidiaritätsprinzip).

Die Einrichtungen für Kinder zwischen drei und sechs Jahren arbeiten nach unterschiedlichen **pädagogischen Ansätzen und Konzepten**, wobei man beim sogenannten „Regelkindergarten" meist eine Art Mischform der pädagogischen Richtungen vorfindet. Immer häufiger eröffnen Kindergärten mit besonderen Schwerpunkten, die insbesondere die frühkindliche Bildung hervorheben. Pädagogische Orientierungen und Schwerpunkte können u. a. sein:
- Montessori-Kinderhaus
- Waldorfkindergarten (Rudolf Steiner)
- Fröbel-Kindergarten
- Waldkindergarten
- Bauernhofkindergarten
- bilinguale oder multilinguale Kita
- Kunst-Kindergarten
- Musik-Kindergarten
- Integrations-/Inklusionskindergarten

Alle Kindergärten in Deutschland, die eine öffentliche finanzielle Förderung erhalten, sind dem jeweiligen **Bildungsplan** ihres Bundeslandes verpflichtet. So soll ein einheitlicher Bildungsstandard für alle Kindertagesstätten Deutschlands gewährleistet werden.

Erwartungen an die sozialpädagogische Fachkraft

Sozialpädagogische Fachkraft – Kind
- Erziehung
- Bildung
- Betreuung
- Beobachtung und Dokumentation
- Förderung

- Pflege
- Unterstützung (therapeutische Hilfen)

Der Schwerpunkt der Erwartungen an die sozialpädagogische Fachkraft eines Kindergartens ist heute die Bildung und Erziehung der Kinder. Noch vor einigen Jahren waren die Begriffe Betreuung und Förderung die übliche Beschreibung für pädagogische Arbeit im Kindergarten. Heute geht es nicht mehr schlicht darum, Kinder zu betreuen, sondern Ressourcen zu erkennen, Kompetenzen zu stärken und Lernwege zu ermöglichen und zu begleiten. Zusätzlich zu der Erziehungsaufgabe ist die Pädagogin verpflichtet, die Bildung und Entwicklung der Kinder zu beobachten und zu dokumentieren. Dafür muss sie sich fachlich stets weiterbilden, um pädagogisch auf dem neuesten Stand zu sein. Sie muss sich sprachlich gut ausdrücken und dies auch verschriftlichen können.

In vielen Familien findet wenig Miteinander statt. Wenn die Kinder nicht im Kindergarten mit gesundem Essen versorgt würden, kämen manche von ihnen kaum mehr zu einer warmen Mahlzeit. Armut herrscht auch in Kinderzimmern vor und die Vereinsamung fängt schon im Kindesalter an. Sozialpädagogische Fachkräfte sind hier in besonderer Weise gefragt, Kindern und Familien unterstützend zur Seite zu stehen, sie zu beraten und Hilfsangebote zu bieten. Sozialpädagogische Fachkräfte sind häufig diejenigen, die das einzelne Kind die längste Zeit des Tages erleben – so haben sie auch einen großen Einfluss auf die kindliche Entwicklung.

Sozialpädagogische Fachkraft – Eltern
- Kommunikationsfähigkeit
- Empathie
- Vertrauen
- Professionalität
- Abgrenzung

Was früher noch Elternarbeit hieß, wird heute Eltern- oder Erziehungspartnerschaft genannt. Ziel ist es nicht mehr nur, Eltern zu informieren und ihnen Resultate der Betreuung aufzuzeigen, sondern sie in die gemeinsame Bildung und Erziehung der Kinder einzubeziehen (vgl. Kap. 4.6). Dafür benötigen sozialpädagogische Fachkräfte hohe Kompetenzen insbesondere im Bereich der Kommunikation und Organisation. Zusätzlich müssen sie psychisch stabil und fähig sein, empathisch auf Menschen eingehen zu können. In schwierigen Fällen müssen sie sich abgrenzen können und eine stets professionelle Haltung gegenüber den Eltern einnehmen – egal wie partnerschaftlich oder gar freundschaftlich sich die Beziehung entwickelt. Zu erkennen, wann die eigenen Möglichkeiten erschöpft sind und an eine Fachberatung verwiesen werden muss, ist eine weitere Herausforderung an die professionelle Haltung der sozialpädagogischen Fachkraft.

Sozialpädagogische Fachkraft – Kolleginnen
- Teamfähigkeit
- Kommunikationsfähigkeit
- Fachlichkeit
- Engagement
- Offenheit
- Kreativität

In Einrichtungen für Kinder zwischen drei und sechs Jahren treffen wie in jedem Team viele verschiedene Charaktere aufeinander. Je nach Gruppenzahl können Teams aus zwei, aber auch aus 20 oder mehr Personen bestehen. Allein die Individualität der Menschen macht es notwendig, Teamarbeit als kreative Aufgabe zu sehen. Die Teammitglieder einer Kindertagesstätte sind im übertragenen Sinne wie die Säulen, die ein Haus stützen. Funktioniert das Team gut, kann es allen Anforderungen gerecht werden und sorgt für Stabilität. Funktioniert es schlecht, ist das gesamte Gefüge bedroht.

Ein konstruktives Miteinander setzt voraus, dass alle Beteiligten sich offen aufeinander zubewegen und respektvoll miteinander umgehen. Ein gut abgestimmtes Team ist aufeinander eingespielt und schafft dadurch nicht nur ein gutes Betriebsklima, sondern auch einen routinierten Rahmen, der den Handlungsspielraum im pädagogischen Alltag erweitert und erleichtert.

Jedes Teammitglied muss bereit sein, an sich zu arbeiten, das eigene Verhalten zu reflektieren und sich in die Gruppe zu integrieren. In vielen Kitas werden Supervisionen, Coachings oder Mediationen für das Team angeboten, um regelmäßig offene Gespräche zu ermöglichen, die durch einen Moderator (Supervisor) beobachtet und geleitet werden. So wird es den Mitgliedern des

Teams erleichtert, Kommunikationsstörungen in der Gruppe vorzubeugen und Missstimmungen zu beseitigen (vgl. Kap. 4.2).

Übergänge in und aus der Tageseinrichtung für Kinder von 3 bis 6 Jahren

Wenn Kinder einen Kindergarten besuchen, verändert sich für sie und auch für ihre Eltern die Lebenssituation. Es ist ein neuer Lebensabschnitt, ähnlich dem, wenn die Schulzeit beginnt. Vom Säugling hat sich das Kind nun zum Kleinkind entwickelt, das im Kindergarten auf die Schulzeit hinstrebt. Schließlich wird es nach dem Kindergarten direkt in die Grundschule eintreten und sich damit noch ein Stück weiter den Eltern entziehen und mehr und mehr zum selbstständigen Menschen entwickeln.

Elternhaus → Kindergarten

Wurden früher Kinder noch häufig erst mit vier oder gar fünf Jahren in den Kindergarten gebracht, um das letzte Jahr vor der Schule etwas Vorbereitung „mitzunehmen", besuchen heute meist schon Dreijährige und jüngere Kinder die Kindertagesstätten. Bis dahin sind sie zu Hause, in der Regel umsorgt von Mutter oder/und Vater, haben vielleicht Geschwister oder halten sich alleine bei dem betreuenden Elternteil auf. Sie sind behütet und beschützt, eine größere Gruppe ist ihnen häufig fremd. Der Schritt in den Kindergarten ist daher für die meisten Kinder eine große Umstellung und Herausforderung und sollte sehr gut vorbereitet werden. Schnuppertage und Eingewöhnungszeiten helfen den Kindern (und Eltern), sich langsam abzunabeln und dem neuen Alltag zu begegnen.

Krippe → Kindergarten

Besuchen Kinder bereits eine Krippe, sind sie das Gruppengeschehen und den Alltag in einer sozialpädagogischen Einrichtung gewöhnt. Ihnen fällt es meist wesentlich leichter, sich auf die neue Situation und die neuen Bezugspersonen einzustellen. Auch sie benötigen eine Übergangszeit, meist aber deutlich kürzer und weniger intensiv als Kinder ohne Krippenerfahrung. Auch Kindern, die außer Haus von einer Tagesmutter betreut wurden, besonders, wenn dort mehrere Kinder zusammen waren, nützt diese Erfahrung mit weiteren Bezugspersonen und Gruppen für den Eintritt in den Kindergarten. Denn sie haben gelernt, dass es möglich ist, anderen Erwachsenen außer den Eltern zu vertrauen.

Kindergarten → anderer Kindergarten/ Schulkindergarten

Müssen Kinder die Einrichtung wegen eines Umzugs oder der Nichteinschulung wechseln, benötigen sie einen sanften Übergang. Sie haben zwar schon Erfahrungen mit einem Kindergarten machen können, fühlen sich aber in der neuen Umgebung häufig fremd und allein. Kinder zwischen drei und sechs Jahren sind aber besonders offen für neue Kontakte und gewöhnen sich schnell um, sofern sie positiv aufgenommen werden.

Kindergarten → Schule

Ein größerer Übergang ist der vom Kindergarten in die Schule. Meist werden die Kinder lange auf die Anforderungen der Schule vorbereitet. Manche Kinder finden das sehr positiv und freuen sich auf die neuen Herausforderungen. Mit fünf und sechs Jahren wollen sie mehr wissen und mehr lernen. Andere Kinder sind den Anforderungen an das überwiegend kognitive Lernen noch nicht gewachsen. Sie benötigen eine intensivere Vorbereitung auf das Schulleben. Ein Ritual zum Abschied der „Großen" gibt es in fast jedem Kindergarten. Es soll die Freude auf die Schule unterstützen und die jüngeren Kinder neugierig machen auf die Zukunft, die „da draußen" auf sie wartet.

Arbeitsbedingungen in Tageseinrichtungen für Kinder von 3 bis 6 Jahren

Öffnungszeiten

Kinder von drei bis sechs Jahren müssen versorgt werden, wenn ihre Eltern arbeiten. Das heißt, je nach Struktur des Ortes sind die Einrichtungen schon sehr früh (z. B. ab 05:00 Uhr morgens) geöffnet und schließen erst in den Abendstunden. Die meisten „Regelkindergärten" haben aber eine Öffnungszeit zwischen 08:00 Uhr und 17:00 Uhr – je nach Institution auch nur bis mittags.

Gruppenzusammensetzung

Seit Kinder ab drei Jahren einen Anspruch auf einen Kindergartenplatz haben, ist die Gruppenzusammenstellung abhängig vom Bedarf des Ortes. Das heißt, in einem Stadtteil mit überwiegend Arbeitern und Angestellten werden viele Kinder der sozialen Unter- und Mittelschicht angemeldet sein. Mitten in der Stadt, neben einer Universität, besteht die Gruppe aus mehr Kindern von Studenten und Akademikern, aber auch allein erziehenden Müttern und Vätern.

Die Gruppenstärken variieren je nach Konzept, Bedarf, Personalschlüssel und Räumlichkeiten zwischen etwa 15 und 25 Kindern. In sogenannten Offenen Kindergärten, also Einrichtungen, die gar keine festen Gruppen mehr haben, halten sich alle Kinder in allen Räumen auf, je nach Bedarf und Interesse oder Angebot – es gibt also keine Gruppenstärke im herkömmlichen Sinne.

Seit vielen Jahren werden die Gruppen der meisten Kindergärten so zusammengesetzt, dass möglichst Kinder aller Altersstufen dabei sind. Es gibt jedoch auch die Auffassung, dass altershomogene Gruppen, also nur etwa Gleichaltrige, effektiver zusammen lernen und auch spielen können.

Eine Geschlechtertrennung lässt sich im Kindergarten nicht beobachten. Allerdings finden mancherorts spezielle Angebote nur für Mädchen bzw. Jungen statt.

Personalschlüssel

Im Kindergarten arbeiten normalerweise Erzieherinnen und Kinderpflegerinnen bzw. Sozial-(pädagogische) Assistentinnen. Der Personalschlüssel ist in den Bundesländern unterschiedlich geregelt. „Der Personalressourceneinsatz (standardisierter Personalschlüssel) hat im Kindergarten eine Spannweite von 8,8 bis 13,6 zwischen den Bundesländern" (DIPF, www.bildungsbericht.de, 2009).

Mit der Einführung von Buchungszeiten müssen Eltern bestimmen, wie viele Stunden ihr Kind in der nächsten Zeit (meist für das ganze folgende Jahr) die Einrichtung besuchen wird, und dies entsprechend bezahlen. Viele Eltern buchen das Minimum, das sie benötigen, um Kosten zu sparen. So kommt es, dass immer häufiger nur Jahresverträge für die Pädagoginnen möglich sind, da noch unklar ist, wie viel Personal im nächsten Jahr benötigt wird. Immer häufiger arbeiten sozialpädagogische Fachkräfte in Teilzeitstellen mit 20 oder 30 Stunden Wochenarbeitszeit, da nur zu festen „Kernzeiten" tatsächlich ausreichend Kinder für das entsprechend „gebuchte" und daher auch bezuschusste Personal angemeldet sind.

Gesellschaftliche Bedeutung der Tageseinrichtung für Kinder von 3 bis 6 Jahren

PISA-Studien und Bildungspläne, Wirtschaftkrise und Fachkräftemangel unterstützen das neue Bildungsdenken in der Gesellschaft. Seit geraumer Zeit ist zu beobachten, dass Eltern immer mehr darauf bedacht sind, ihre Kinder schon früh zu bilden, gut zu erziehen und sie so für die Zukunft zu wappnen. Ein gutes pädagogisches Konzept der Kindertagesstätte ist obligatorisch. Dazu muss er sich als Dienstleister verstehen und die Bedürfnisse und Wünsche der Eltern erfüllen können. Heute ist es nicht mehr nur normal, ein Kind mit drei Jahren in die Kindertagesstätte zu geben, sondern eher ein Muss. Es gibt nur noch wenige Kinder, die gar keine pädagogische Einrichtung vor dem Schuleintritt besuchen.

Doch Kindertagesstätten sind auch mehr denn je notwendig, um die wirtschaftliche Situation in den Familien stabil zu halten. Viel mehr Frauen als noch vor einigen Jahren gehen arbeiten, manchmal früher nach der Geburt ihres Kindes, als sie es sich wünschen. Die Zeiten, in denen Mütter erst nach Schuleintritt des letzten Kindes wieder ins Berufsleben zurückkehren, sind vorbei. Kindergärten leisten somit einen wichtigen Beitrag für die finanzielle Absicherung vieler Familien oder Alleinerziehender.

Bedeutung der Tageseinrichtung für Kinder von 3 bis 6 Jahren

Kinder im Alter von drei bis sechs Jahren befinden sich in einer Entwicklungsphase zwischen Kleinkind mit überwiegend sinnlichem Empfinden und Kind, das beginnt, sich kognitiv zu lenken. Sie brauchen genau wie Säuglinge viel Nähe und Zuwendung, sind jedoch schon fähig, selbstständig zu handeln und zu hinterfragen, lernen nun richtig zu sprechen und ihren Körper zu nutzen. Kindergarten bedeutet für sie also eine Einrichtung, in der sie sich weiterentwickeln können.

Kinder sind Forscher und Entdecker. Wenn sie im Alter von etwa drei bis vier Jahren ihren Körper so weit verstanden haben, dass sie ihn bewusst einsetzen können, fangen sie an, sich zunehmend für ihre Umgebung zu interessieren. Sie fragen nach und wollen wissen, wie die Welt funktioniert. Die Kindertagesstätte bedeutet für sie somit Bildung auf allen Ebenen.

Sozialpädagogische Tageseinrichtungen für Kinder im Alter von 6 bis 12 Jahren arbeiten
- freizeitpädagogisch,
- familienergänzend,
- schulbegleitend/-unterstützend.

Dass hierbei auch Bildung stattfindet, bedarf keiner Erklärung.

Die verschiedenen Tageseinrichtungen für Kinder von 6 bis 12 Jahren

Offene Ganztagsschulen

Dieses noch recht neue Konzept ähnelt der Tagesheimschule bzw. dem Hort darin, dass für die Kinder (freiwillige) Freizeitangebote stattfinden, die pädagogisch sinnvoll sind und Kinder in der Freizeitgestaltung unterstützen sollen. Ähnlich der „Verlässlichen Grundschule" bieten Offene Ganztagsschulen (OGS) eine zuverlässige Betreuung der Kinder an. Meist ist die Anmeldung für eine Kernzeit verpflichtend – z. B. an vier Tagen bis 16:00 Uhr – entsprechend dem Buchungssystem der Krippen, Kindergärten und Horte. Unterricht findet normalerweise trotzdem nur vormittags statt. Manchmal werden aber auch Stunden auf den Nachmittag gelegt, um das Lernen aufzuteilen. Hausaufgaben werden beaufsichtigt oder pädagogisch betreut.

OGS
OGS ist die Abkürzung für Offene Ganztagsschule, eine Schulform, die die freizeitpädagogische Nachmittagsbetreuung mit einschließt.

Der Kindergarten ist aber auch ein Nestraum für Kinder, die zu Hause wenig Schutz erfahren. Hier können Kindern Momente des Glücks beschert und Erlebnisse verschafft werden, die woanders vielleicht nicht möglich sind.

Und letztendlich und doch zuerst ist der Kindergarten ein sozialer Raum. Denn hier sind Freunde und auch Kinder, die als Konkurrenz betrachtet werden, mit denen Konflikte ausgelebt und fröhliche Zeiten verlebt werden. Die Kinder üben sich im sozialen Verhalten und lernen, sich selbst im Kreise anderer einzuschätzen.

1.5.3 Tageseinrichtungen für Kinder von 6 bis 12 Jahren

Die deutschen Bildungspläne richten sich an sozialpädagogische Einrichtungen für Kinder von der Geburt bis zum Schulbeginn. Anschließend wird der Bildungsauftrag von der Schule übernommen und die pädagogischen Institutionen sind wieder ausschließlich für die weiteren Bereiche zuständig.

Ein wichtiger Aspekt bei der Tagesgestaltung ist das gemeinsame Mittagessen, das häufig für alle Kinder der Schule obligatorisch ist. Die Arbeit der sozialpädagogischen Fachkraft findet in der Offenen Ganztagsschule überwiegend in den Bereichen der sozialen Unterstützung, der Hausaufgabenbetreuung und der pädagogischen Anleitung der Freizeitgestaltung statt.

Die sogenannte **Verlässliche Grundschule** bietet Kindern über den Unterricht hinaus bzw. trotz Unterrichts- oder Lehrerausfalls zuverlässige Betreuung an. Sie ist eine Alternative zu den bisherigen Mittagsbetreuungen, die entstanden sind, weil Eltern häufig auf Betreuung ihrer Kinder nach Unterrichtsschluss, zumindest bis zur

Mittagszeit, angewiesen sind. Viele Grundschulen entlassen die Kinder (besonders in den ersten Klassen) bereits ab 11:00 Uhr, sodass Eltern kaum eine Chance haben, einem Beruf mit geregelten Arbeitszeiten nachzugehen. Die Verlässliche Grundschule versorgt bzw. betreut die Kinder also noch bis zu einer bestimmten Zeit, meist bis spätestens 13:00 Uhr.

Diese Schulformen können den Bedarf jedoch meist nicht decken, weil viele Kinder trotzdem einen Hortplatz benötigen und daher gleich zwei verschiedene Betreuungsformen am Tag besuchen müssen. „Verlässliche Grundschulen" sind keine sozialpädagogischen Institutionen im eigentlichen Sinne, weil außerhalb der schulischen, also bildungsbedingten Betreuung keine oder nur minimale weitere Versorgung und (sozial-)pädagogische Maßnahmen angeboten werden.

Horte und Tagesheimschulen

Horte sind schulunabhängige pädagogische Einrichtungen für Kinder im Grundschulalter, meist bis zur vierten Klasse, seltener bis zur sechsten und nur in Ausnahmefällen auch für weitere Klassen. Häufig sind sie direkt im Schulhaus oder in der Nähe untergebracht, manchmal aber auch etwas weiter entfernt, sodass die Kinder einen Schulweg haben, der einem Weg nach Hause ähnelt (was wiederum in das pädagogische Konzept integriert wird als Bewegungsmöglichkeit und zum Abschalten). Die Kinder werden im Hort von den sozialpädagogischen Fachkräften aufgefangen, wenn sie Probleme haben. Ähnlich der funktionierenden Familie finden sie eine Gemeinschaft vor, in der sie sich „zu Hause" fühlen und ihre Persönlichkeit ausleben können.

Es gibt ein Mittagessen, das in der Gruppe eingenommen wird, sowie diverse freizeitpädagogische Angebote und Möglichkeiten, seine Interessen auszuleben. Hausaufgaben werden betreut, mancherorts nur als „Nebensache", wobei die Hauptlast bei den Eltern bleibt (was oft zu Schul- und Familienproblemen führt, da die berufstätigen Eltern abends gezwungen sind, ihre Kinder noch einmal zu schulischen Leistungen zu motivieren). Andere Horte unterstützen die Kinder und Familien schulbegleitend. Sie versuchen, den Kindern eine klare Struktur bei der Erledigung von Hausaufgaben beizubringen und sie zu selbstständigem Lernen und Üben anzuleiten. Dabei werden Schwierigkeiten, Lernschwächen und -defizite erkannt und können gemeinsam mit Lehrern und Eltern aufgefangen werden. Auch wenn ein Hort kein „billiges Nachhilfezentrum" ist, so gehört heute bei all dem Leistungsdruck eine gewisse Lernpädagogik zum Hortalltag.

Die **Tagesheimschule** unterscheidet sich vom Hort in erster Linie durch den ganztägigen Klassenverband. Es sammeln sich also nicht Kinder verschiedener Klassen und Altersstufen in einer Hortgruppe, sondern die Kinder einer Klasse oder auch Klassenstufe verbringen den Tag gemeinsam. Tagesheimschulen sind also ähnlich einer Ganztagsschule konzipiert. Kinder werden im Schulhaus den gesamten Tag betreut, Hausaufgaben werden gemeinsam erledigt und es gibt verschiedene Freizeitangebote.

Erwartungen an die sozialpädagogische Fachkraft in der Nachmittagsbetreuung

„Es hat sich in der kurzen Zeit nach dem Einstieg in die OGS (2003/2004) herausgestellt, dass im Bereich Freizeit und Hobby (also im außerunterrichtlichen Teil der OGS) überwiegend sozialpädagogische Fachkräfte arbeiten. Überraschend entstanden für Erzieherinnen neue Berufsfelder, die es in dieser Form bisher nicht gab, sieht man von den Arbeitsplätzen der Berufsgruppe im Hort ab."
(Kühne, 2007, S. 195)

Bisher gab es für sozialpädagogische Fachkräfte im Bereich der „Schulsozialarbeit", also der sozialpädagogischen Begleitung von Kindern innerhalb einer Schule, kaum Arbeitsplätze. Hier wurden überwiegend Diplom-Sozialpädagoginnen, Sozialarbeiter und Lehrer eingesetzt. Mit der Ganztagsschule und ganz besonders der Offenen Ganztagsschule hat sich das Angebot um die Freizeitpädagogik, aber auch die persönliche Betreuung der Kinder erweitert, was den vermehrten Einsatz weiterer sozialpädagogischer Fachkräfte notwendig macht.

Sozialpädagogische Fachkräfte müssen sich zunächst selbst imstande sehen, eine Beziehung zu den Schulkindern aufzubauen. Das gelingt nicht immer. Viele sozialpädagogische Fachkräfte lieben es, mit Säuglingen und Kleinkindern zu arbeiten, sind aber mit Schulkindern überfordert. Die Kinder dieses Alters haben ganz andere Sorgen, Probleme, aber auch Interessen. Ihre sprachlichen Ausdrucksmöglichkeiten sind schon sehr der Erwachsenenwelt angeglichen, die Persönlichkeiten schon recht weit ausgebildet. Konflikte werden auf einer anderen Ebene ausgetragen als im Kindergarten und auch die Arbeitsbedingungen sind anders.

So muss die sozialpädagogische Fachkraft eine gefestigte, selbstbewusste **Persönlichkeit** aufweisen, sprachlich kompetent sein und eine gewisse konsequente Autorität an den Tag legen. Auch Humor und Einfühlungsvermögen sind wichtige Eigenschaften für die Arbeit mit Schulkindern. Die sozialpädagogische Fachkraft muss fähig sein, mit Eltern und Lehrern fachlich und angemessen zu kommunizieren. Für die Eltern ist sie häufig eine Art Mittlerin zwischen Schule und Kind und immer wieder muss sie Gespräche wegen mangelnder Leistungen der Kinder in der Schule führen.

Da für die Betreuung der Kinder ab dem Schuleintritt kein Bildungsauftrag über einen Bildungsplan vorliegt, ist die Vermittlung von Bildung als eher nebensächlich anzusehen. Die Kinder und Jugendlichen werden vorrangig freizeitpädagogisch betreut. Sie besuchen die Einrichtung normalerweise freiwillig und erhalten die Möglichkeit, ihre Freizeit sinnvoll zu verbringen, bekommen Anregungen und werden bei Problemen aufgefangen. Die Arbeit teilt sich demnach auf in folgende Bereiche:
- Betreuung/Aufsicht
- Erziehung
- Angebote/Anregungen
- Beratung/Unterstützung

Sozialpädagogische Fachkraft – Kind
- Erziehung
- Betreuung
- Begleitung und Unterstützung
- Beobachtung und Dokumentation
- Anregung

Kinder im Alter von etwa 6 bis 12 Jahren haben andere Bedürfnisse als zum Beispiel die Kinder in der Krippe. Daher wird von der sozialpädagogischen Fachkraft erwartet, dass sie über die Entwicklung der Kinder im Bilde ist und deren Bedürfnisse kennt, die man in drei grobe Bereiche aufteilen kann:
1. Sicherheit/Geborgenheit/Nähe
2. Begleitung in Problemsituationen
3. Anregungen/Möglichkeiten zur freien Entfaltung

Die Kinder brauchen also einen sicheren Raum mit Betreuern, die ihnen Bezugspersonen sind. Sie wollen vertrauen können, sich geborgen fühlen. Aber sie brauchen auch Vorbilder, denen sie nacheifern können.

Gerade sozialpädagogische Fachkräfte im Hort geraten immer wieder ins negative Licht, weil ihre Arbeit mit den recht selbstständigen Kindern häufig passiv wirkt. Es ist Aufgabe der sozialpädagogischen Fachkräfte, dafür zu sorgen, dass die Kinder ihren Interessen entsprechend Förderung erfahren. Auch die Gruppenstrukturen können positiv beeinflusst werden: Ein Hort, der regelmäßig für gemeinsame Aktivitäten sorgt, erzielt ein Zugehörigkeitsgefühl. Keines der Kinder fühlt sich als Außenseiter, wenn es stolz darauf ist, zur Hortgruppe zu gehören. Das Wir-Gefühl gibt den Kindern Halt, auch im Leben außerhalb des Hortes.

Neben der aktiven und pädagogischen Betreuung der Kinder muss die sozialpädagogische Fachkraft im Hort auch psychologisches Feingefühl mitbringen. Daher ist insbesondere in diesem Bereich eine hohe Professionalität erforderlich. Kinder im Schulalter sind häufig Meister im Vertuschen der eigentlichen Probleme. Ein sehr unruhiges Kind muss nicht unbedingt auf AD(H)S diagnostiziert werden – es könnte vielmehr unter mangelndem Selbstwertgefühl leiden, weil es beispielsweise bereits im Kindergarten gemobbt wurde. Das herauszufinden, braucht viel Einfühlungsvermögen und eine gute Beobachtungsgabe.

Sozialpädagogische Fachkraft – Eltern
- Kommunikationsfähigkeit
- Empathie
- Professionalität
- Kreativität

Auch in der Zusammenarbeit mit Eltern muss die sozialpädagogische Fachkraft im Hort hohe Professionalität beweisen. Gerade hier wird das Verhältnis zu den Eltern häufig etwas persönlicher, lockerer. Denn sind die Kinder bereits „aus dem Gröbsten raus", ist die Anspannung im Umgang miteinander nicht mehr so stark. Da der Hort von den Eltern als freizeitpädagogische Einrichtung, die Kinder betreut und versorgt, gesehen wird – stehen sie auch weniger unter Druck als bei Gesprächen mit Lehrkräften. Sie sehen den Hort eher als Mittler zwischen Schule und Kind und nicht selten kommt es vor, dass sie von den sozialpädagogischen Fachkräften eine parteiische Meinung fordern.

Sozialpädagogische Fachkraft – Lehrer
- Kommunikationsfähigkeit
- Fachwissen
- Diplomatie

Viele sozialpädagogische Fachkräfte klagen über eine Art Konkurrenzkampf zwischen den Pädagoginnen von Schule und Hort. Doch die Zusammenarbeit der beiden Institutionen wird immer dringender notwendig. Um die Kinder bestmöglich in ihrer Schullaufbahn zu unterstützen, ihnen eine aktive und konstruktive Begleitung anzubieten, muss die sozialpädagogische Fachkraft in engem und vertrautem Kontakt zu den Lehrkräften stehen. Nicht nur die Regelungen innerhalb der Schule und der einzelnen Klassen müssen bekannt sein, auch Absprachen über den Umgang mit Hausaufgaben bei den einzelnen Kindern sollten getroffen werden.

Kinder mit Lernproblemen benötigen besondere Unterstützung seitens der Lehrkräfte, sozialpädagogischen Fachkräfte und Eltern. Manchmal sind zusätzlich therapeutische oder heilpädagogische Maßnahmen notwendig. Daher ist es wichtig, dass die sozialpädagogische Fachkraft jedes Kind genau im Blick hat und rechtzeitig Schwierigkeiten erkennt, um angemessen unterstützen zu können.

Sozialpädagogische Fachkraft – Fachberatungen und Therapeuten
- differenzierte Beobachtung
- Fachwissen
- Objektivität

Sozialpädagogische Fachkräfte müssen auch außerhalb der schulbegleitenden Funktion besonders eng mit Beratungsstellen zusammenarbeiten, um Kinder mit Problemen rechtzeitig aufzufangen. Auch Kinder mit Behinderung können einen „normalen" Hort besuchen. Therapeuten und Psychologen besuchen den Hort mancherorts regelmäßig und wirken unterstützend im Alltag der Kinder mit.

Sozialpädagogische Fachkraft – Kolleginnen
- Teamfähigkeit
- Kommunikationsfähigkeit
- Fachlichkeit
- Engagement

- Offenheit
- Kritikfähigkeit

Ein Hort ist nur so gut wie sein Team. Das gilt hier wie überall in der sozialpädagogischen Arbeit. Nur wenn das Team gut verknüpft ist, sich offen miteinander auseinandersetzt und es schafft, sachlich miteinander zu kommunizieren, kann es auch pädagogisch wertvoll arbeiten. Die einzelnen Mitglieder müssen sich unterstützen und dabei stets kritikfähig bleiben, um sich weiterzuentwickeln. Durch die offene Arbeit in Horten und Ganztagsschulen (die Kinder haben wesentlich mehr Freiraum als im Kindergarten) ist die konsequente Absprache sowohl inhaltlich als auch organisatorisch unbedingt notwendig. Nur so kann das Miteinander funktionieren.

Arbeitsbedingungen in Offenen Ganztagsschulen und Horten

Öffnungszeiten

Die Arbeitszeiten zeigen schon den ersten wesentlichen Unterschied zur Arbeit in Kindergarten oder Krippe auf: Die Kinder werden nach der Schule betreut, d. h., frühestens ab etwa 11:00 Uhr und je nach Einrichtung bis etwa 16:00, 18:00 oder sogar 19:00 Uhr oder später. Die Arbeitszeit beginnt meist ein bis drei Stunden vor Eintreffen der Kinder. So bleibt ausreichend Zeit für Gespräche mit Lehrkräften, Eltern, Beratungsstellen, dem Team etc.

In den Ferien sind Horte meist ganztägig geöffnet, außer an festgelegten Schließtagen. Es gibt bereits Einrichtungen, die tatsächlich nur an Feiertagen und Wochenenden schließen. Dort wechselt sich das Personal so ab, dass jeder seinen Urlaub unterschiedlich nehmen kann und muss, damit die Institution immer geöffnet ist.

Gruppenzusammensetzung

Horte und Offene Ganztagsschulen bestehen meist aus einer oder mehreren Gruppen mit jeweils etwa 20 bis 30 Kindern. Die Gruppengröße ist abhängig von den Räumlichkeiten und den personellen Gegebenheiten, aber auch dem Bedarf an Hortplätzen. Manche Horte arbeiten offen, sodass sie z. B. aus einer großen Gruppe von 50, 70 oder mehr Kindern bestehen, die sich frei in allen Räumen bewegen können. Allein durch die unterschiedlichen Schulschlusszeiten und die Möglichkeit, das Mittagessen gestaffelt einzunehmen, sind meist nicht mehr als 30 Kinder in einem Raum.

Hortkinder und OGS-Kinder gibt es in jeder sozialen Schicht. Je nach Wohngegend und auch nach den Angeboten der Einrichtungen werden mehr oder weniger Kinder von „Gutverdienern" und Akademikern angemeldet.

Das Alter der Kinder liegt meist zwischen fünf (die früh eingeschulten Kinder) und zehn oder zwölf Jahren (vierte oder sechste Klasse). Ganztagsschulen gibt es aber auch an Gymnasien oder Realschulen und Hauptschulen bis zur neunten oder zehnten Klasse, also mit Jugendlichen bis etwa 16 Jahren.

Personalschlüssel

Im Hort arbeiten üblicherweise pro Gruppe mit etwa 25 Kindern eine sozialpädagogische Fachkraft und eine Kinderpflegerin oder andere Ergänzungskraft. Der genaue Personalschlüssel richtet sich nach den Verordnungen der Bundesländer und zusätzlich nach dem Konzept und den Möglichkeiten des Trägers. In Ganztagsschulen werden neben sozialpädagogischen Fachkräften auch Diplom-Sozialpädagoginnen eingesetzt. Mancherorts sind die Übergänge zwischen „Schulsozialarbeit" und Ganztagsschule fließend.

Gesellschaftliche Bedeutung von Nachmittagsbetreuungen

Horte, Tagesheimschulen und Offene Ganztagsschulen sind in vielen Teilen Deutschlands noch lange nicht die Regel. Erst in den letzten Jahren rückt es stärker ins Bewusstsein, wie sehr Kinder und Eltern von der Nachmittagsbetreuung profitieren. Das Bild der „Aufbewahrungsanstalt für Kinder aus sozial schwachen Familien" ändert sich langsam in das einer pädagogischen Institution mit hohem fachlichen Niveau.

Es gibt immer mehr Eltern, die beide arbeiten müssen, immer mehr Alleinerziehende und immer mehr Einzelkinder, die froh sind, wenn sie nachmittags Spielkameraden um sich haben. Horte und andere Nachmittagsbetreuungen bieten heutzutage aber oft viel mehr. Neben therapeutischer und heilpädagogischer Betreuung finden

vielerorts erlebnispädagogische, musische, wissenschaftliche und technische, sprachliche und sportliche Angebote statt. Philosophieren gehört genauso dazu wie Snoezelen (eine Entspannungsform mit Sinnesreizen). Auch ohne Bildungsauftrag findet in der Nachmittagsbetreuung Bildung statt – nah an den Interessen der Kinder und Jugendlichen.

Bedeutung der Nachmittagsbetreuung für Kinder und Jugendliche

Für Kinder und Jugendliche, die nachmittags in einer sozialpädagogischen Institution betreut werden, ist der Nutzen sehr unterschiedlich. Abhängig von ihrer familiären bzw. persönlichen Lebenssituation und vom Angebot der Institution kann die Betreuung ein großer Gewinn sein, aber auch eine seelische oder körperliche Belastung. Meistens aber fühlen sich die Kinder und Jugendlichen in erster Linie aufgehoben, versorgt und sind zufrieden mit der Möglichkeit, Freunde zu treffen. Wenn zusätzlich noch ihre Interessen aufgegriffen und Hobbys unterstützt werden, ist der Besuch der Einrichtung durchweg positiv.

Die Kinder und Jugendlichen lernen hier, ihre Freizeit sinnvoll zu gestalten, und werden dabei unterstützt, ihre Interessen zu entdecken und auszuleben. Häufig finden sie erst über die Institution zu einem Sport- oder Kreativhobby. Es gibt Angebote, die sich Eltern privat nicht leisten können oder die sie ihrem Kind aus verschiedenen Gründen nicht anbieten möchten oder können. Häufig findet Musik-, Werk- oder Sportunterricht statt, der keine zusätzlichen Kosten verursacht und auf diese Weise jedem Kind zugänglich gemacht wird, das die Einrichtung besucht.

Nachteilige Wirkung kann der Besuch eines Hortes oder einer Offenen Ganztagsschule haben, wenn das Kind sich in der Gruppe oder mit den Betreuern nicht wohlfühlt. Auch Schulprobleme, Kummer innerhalb der Familie, der das Kind belastet, können dafür verantwortlich sein, dass es psychisch überfordert ist. Wie immer sind auch hier wieder aufmerksames Hinsehen und individuelle Unterstützung seitens der sozialpädagogischen Fachkräfte gefragt.

1.5.4 Altersübergreifende Institutionen

Immer mehr Pädagoginnen und Träger erkennen, wie wichtig die Vernetzung von sozialpädagogischen Institutionen ist. Auch das Miteinander von Alt und Jung wird zunehmend als wertvoll für die

Entwicklung und Entfaltung der Kinder, aber auch die gesunde Psyche älterer Menschen angesehen. So entstehen vielerorts **Familienzentren**, die sich nicht mehr als reine Kita, Kindergarten, Krippe oder Hort verstehen, sondern vielmehr als Ort für Familien (vgl. Kap. 1.5.7).

Die Öffnung nach außen ist hier ein Grundsatz. Je nach individuellem Konzept finden auch Kontakte von außen nach innen statt bzw. sind die Türen mehr oder weniger geöffnet.

Kinderhäuser verstehen sich meist als Haus für Kinder, je nach Konzept von null bis zehn Jahren oder anderer Altersstufen. Der Begriff „Kinderhaus" steht in der Montessori-Pädagogik stellvertretend für den Kindergarten, manchmal auch für Einrichtungen des gesamten Elementarbereichs.

1.5.5 Einrichtungen der offenen Kinder- und Jugendarbeit

Offene Türen

Als „Offene Tür" bezeichnen sich Einrichtungen der Kinder- und Jugendarbeit, die Kinder betreuen, aber zu keiner Regelmäßigkeit oder festen Anmeldung verpflichten. Alle im Folgenden aufgeführten Institutionen fallen also unter diesen Begriff. Inzwischen haben sich auch Unterformen gebildet, um die Begriffe etwas genauer abzugrenzen:
- OT – Offene Tür
- TOT – Teiloffene Tür
- HOT – Halboffene Tür
- KOT – Kleine Offene Tür

Hier werden die Einrichtungen also zu einem bestimmten Zeitpunkt ganz geöffnet, teilweise oder zur Hälfte. Manchmal finden nur einzelne Angebote für Kinder statt, die unangemeldet vorbeikommen.

Betreute Spielplätze und Abenteuerspielplätze

Wo spielen Großstadtkinder in der Freizeit? Gibt es Plätze, um Abenteuer zu erleben, die nicht zu gefährlich sind? Die sogenannten Abenteuerspielplätze versuchen Kindern und jüngeren Jugendlichen die Möglichkeit zu geben, sich zu treffen und dabei noch etwas gemeinsam zu erleben oder zu gestalten. Je nach individuellem Konzept der Spielplätze werden Häuser, Hütten und ganze „Forts" aus Holz gebaut. Manchmal gibt es einfach nur eine Art riesigen Bolzplatz und Material (Holz, Nägel und Werkzeug), das einlädt, kreativ zu werden.

Allen Plätzen gemein ist aber die Betreuung durch geschulte Fachkräfte (meist sind es Diplom-Sozialpädagogen, manchmal auch sozialpädagogische Fachkräfte, dazu häufig Zivildienstleistende und Menschen aus dem Holz-Handwerk wie z.B. Schreiner oder Zimmerer). Die Kinder werden sehr locker betreut. Das heißt, sie müssen sich meistens nicht vorher anmelden, können den Treff besuchen, wann sie wollen. Die Betreuer leisten lediglich eine Aufsicht, damit keine Unfälle oder größere Streitigkeiten passieren. Zugleich sind sie aber auch Ansprechpartner in allen Belangen der Kinder und Jugendlichen, unterstützen bei Problemen und beraten in schwierigen Situationen. Häufig finden handwerkliche Kurse oder Freizeitprojekte statt, zu denen die Kinder sich dann anmelden müssen (Indianerwoche, Vogelhäuser bauen usw.).

Jugendzentren

Im Jugendzentrum sind sozialpädagogische Fachkräfte unter dem Personal eher selten. Diese Einrichtungen sind sehr offen – die Kinder und Jugendlichen kommen und gehen, wann sie wollen. Betreuer sorgen für das Einhalten bestimmter Regeln, sind Ansprechpartner für die Kinder, Berater und oft auch so etwas wie erwachsene Freunde. Häufig werden Freizeitangebote gemacht, wie z.B. Tanzkurse, Töpferkurse oder eine Mofawerkstatt.

Streetdance-Kurs im Jugendzentrum

Erwartungen an die sozialpädagogische Fachkraft in freizeitpädagogischen Einrichtungen

Von sozialpädagogischen Fachkräften in freizeitpädagogischen Einrichtungen wird einiges verlangt:
- hohe Professionalität, Hintergrundwissen in Psychologie, Pädagogik, Freizeitpädagogik, Erlebnispädagogik, aber auch therapeutisches Basiswissen, um im speziellen Fall richtig zu entscheiden und weiterzuvermitteln
- Autorität gegenüber den Jugendlichen – sich abgrenzen können, um die Balance zu finden zwischen freundschaftlicher und professioneller Beziehung zu den Jugendlichen
- Humor
- Einfühlungsvermögen
- Flexibilität, sowohl zeitlich als auch pädagogisch

Arbeitsbedingungen in freizeitpädagogischen Einrichtungen

Kinder und Jugendliche werden hier in ihrer Freizeit betreut – das heißt nachmittags, am Wochenende und in den Ferien. Häufig sind die Betreuer in verschiedene Schichten eingeteilt, sodass abwechselnd gearbeitet wird. Diese Arbeitszeiten zeigen, dass die Vereinbarkeit von Familie und Beruf in diesem Feld sehr schwierig ist. Eine alleinerziehende Mutter mit einem oder mehreren Kleinkindern hat normalerweise keine Chance, diese Wechselschichten durchzustehen.

Das Arbeiten mit offenen Gruppen bzw. offenen Türen erfordert ein hohes Maß an **natürlicher Autorität** bei den Betreuern, die sich ständig mit neuen Konflikten pubertierender Jugendlicher auseinandersetzen müssen. Regelverstöße sind hier eine Art der Provokation, die zur Tagesordnung gehört, um Grenzen auszutesten. Die sozialpädagogische Fachkraft muss außerdem ein besonderes Maß an Selbstbewusstsein mitbringen und sich zutrauen, mit freundlicher, herzlicher Autorität auf die Kinder und Jugendlichen zuzugehen.

Weiterhin gehören Disziplin, Fachlichkeit und die Fähigkeit zu organisieren zu den Eigenschaften, die eine Betreuerin solcher Einrichtungen mitbringen sollte. Schließlich ist sie häufig mit schweren Entscheidungen auf sich allein gestellt, muss wissen, wie sie mit den Kindern und Jugendlichen umgehen muss, und das Jugendhaus bzw. den Abenteuerspielplatz etc. organisieren, damit alles funktioniert.

Ein weiterer wichtiger Aspekt darf nicht vergessen werden: Die sozialpädagogische Fachkraft muss „erwachsen" sein. Der Abstand zu den Jugendlichen beträgt bei mancher Berufsanfängerin nur ein paar Jahre – da ist es besonders schwer, sich abzugrenzen und die Jugendlichen zu leiten. Natürlich kann das auch mit jungen Kolleginnen funktionieren, wenn sie genug Verantwortungsbewusstsein und Autorität mitbringen, um sich nicht zum engen Freund der Kinder und Jugendlichen zu machen, sich nicht auf der gleichen Ebene zu bewegen und damit die Führung zu verlieren.

Gesellschaftliche Bedeutung von freizeitpädagogischen Einrichtungen

„Die Kinder von der Straße holen" ist wohl der wichtigste gesellschaftliche Punkt, der sofort genannt wird, fragt man nach dem Sinn von offener Kinder- und Jugendarbeit. Wo sollen sie hin, was mit ihrer Freizeit anfangen? Eltern müssen ganztags arbeiten oder wissen kaum mit sich selbst etwas anzufangen – was sollen sie dann mit ihren Kindern tun? Jugendzentren, Offene Treffs usw. bieten Kindern und Jugendlichen einen geschützten Raum mit pädagogischer und psychischer Betreuung. So erhalten die Kinder die notwendige Unterstützung und werden nicht alleingelassen. Besonders Kinder, die schon sehr früh auf sich allein gestellt sind, benötigen diesen Rückhalt. Dazu kommt, dass viele Einzelkinder oder auch Kinder aus sozialschwachen Familien die Möglichkeit haben, mit Freunden zu spielen und sich in einer Gruppe aufgehoben zu fühlen.

Familien sind froh, wenn die Kinder versorgt sind – Politiker sind beruhigt, dass es solche Einrichtungen gibt. Ob die Kinder und Jugendlichen nicht vielmehr eine kindgerechtere Umgebung und Gesellschaft nötig hätten, die solche Einrichtungen überflüssig macht, bleibt zu diskutieren.

1.5.6 Stationäre Einrichtungen der Kinder- und Jugendhilfe

Kinder- und Jugendheim
Heime sind Lebensräume für Kinder und Jugendliche, die vorübergehend nicht bei ihren Eltern leben können.

Laut § 34 SGB VIII ist das Bestreben einer Heimunterbringung von Kindern und Jugendlichen immer die Rückführung in das Elternhaus oder alternativ in eine andere Familie. Des Weiteren sollen sie auf ein selbstständiges Leben vorbereitet werden.

„Die wenigsten Kinder in ‚Waisenhäusern' sind Waisen – in Kinderheimen sind also in der überwiegenden Mehrzahl nicht Kinder untergebracht, deren Eltern gestorben sind, sondern viel mehr Kinder aus Familien, die nicht mehr in der Lage waren, ihre Kinder angemessen zu erziehen; Kinder, die also durchaus noch ihre Familie hatten – aber eben nur aus der Distanz, die ihnen der Aufenthalt im Kinderheim aufzwang. Eine Zeit lang wurde dann von ‚Sozialwaisen' gesprochen. Heute wissen das die meisten Menschen, zumindest diejenigen, die sich mit dem Thema ‚Heimerziehung' auseinandersetzen. Das Wort ‚Waisenhaus' hat heutzutage vor allem historische Bedeutung."
(Kühne/Zimmermann-Kogel, 2007, S. 70)

Es gibt verschiedene Formen von Heimen:
- Kinderheime für Kinder, die vorübergehend betreut werden müssen
- betreute Wohnformen für Jugendliche mit Problemen
- Kinderdörfer – meist für Waisenkinder
- Erziehungsheime für Kinder und Jugendliche, die sich selbst oder andere gefährden könnten und hier lernen, sich in die Gesellschaft zu integrieren

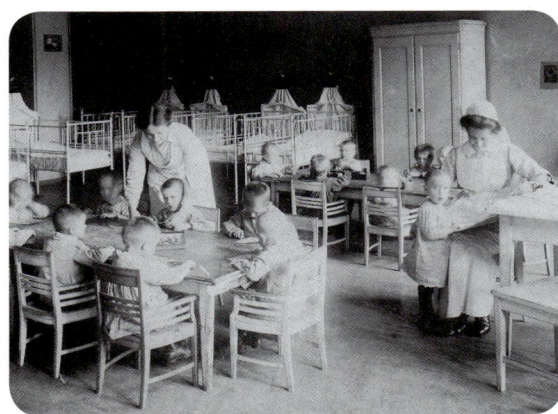

Kinder und Pflegerinnen in einem Waisenhaus, 1919

Erwartungen an die sozialpädagogische Fachkraft im Heim

Mehr als in jedem anderen Arbeitsbereich ist die sozialpädagogische Fachkraft mit ihrer gesamten Persönlichkeit gefragt. Im Heim kommt sie den Kindern noch näher als im Kindergarten oder in der Krippe. Hier verbringen die Kinder ihr Leben und meist sind die sozialpädagogischen Fachkräfte auch mindestens acht Stunden pro Tag dort. Manchmal wohnen sozialpädagogische Fachkräfte auch zeitweise oder vollständig mit im Heim. Die Gratwanderung zwischen Beruf und Privatleben wird schwierig. Es ist eine große Herausforderung, sich einerseits einzubringen und den Kindern zu öffnen und sich andererseits abzugrenzen, um professionell zu bleiben und seine Privatsphäre zu bewahren.

Sozialpädagogische Fachkraft – Kind
- Stabilität
- Erziehung
- Bildung
- Unterstützung
- Beobachtung
- Förderung
- Pflege
- Abgrenzung

Kinder, die stationäre Einrichtungen besuchen, benötigen besonders intensive Bindung an vertrauenswürdige Bezugspersonen. Sie brauchen Halt und Verständnis, aber auch Autorität und Konsequenz. Bildung, Erziehung und Betreuung gehören auch hier zum Alltag. Die sozialpädagogische Fachkraft muss außerdem versuchen, die Individualität eines jeden Kindes wahrzunehmen und zu respektieren.

Wie in anderen sozialpädagogischen Institutionen auch, orientieren sich die sozialpädagogischen Fachkräfte an dem jeweils gültigen Bildungs- und Erziehungsplan. Zusätzlich organisieren sie jede mögliche und nötige Form der Unterstützung durch weitere Fachstellen.

Sozialpädagogische Fachkraft – Eltern
- Offenheit
- Klare Struktur
- Autorität
- Verständnis
- Fachkenntnisse über rechtliche Bestimmungen

Je nach Grund, warum die Kinder im Heim leben, wird die Zusammenarbeit mit den Eltern strukturiert. Sofern möglich, versuchen die sozialpädagogischen Fachkräfte immer im Sinne der Kinder eine Zusammenführung zu ermöglichen. Sie unterstützen dabei beide Seiten – Kinder und Eltern –, um sich zu verständigen. Diese Aufgabe wird häufig von weiteren Fachkräften unterstützt oder übernommen.

Sozialpädagogische Fachkraft – Kolleginnen
- Teamfähigkeit
- Kommunikationsfähigkeit
- Fachlichkeit
- Engagement
- Offenheit
- Vertrauen

Die Zusammenarbeit im Team ist im Heim ausschlaggebend für die Atmosphäre, die vorherrscht. Nur ein Team, das sich auch menschlich versteht, im besten Falle ergänzt, kann gut funktionieren. Dementsprechend wichtig sind nicht nur die persönlichen Voraussetzungen der einzelnen Teammitglieder, sondern auch die Teamarbeit, häufig unterstützt durch Supervision, Coaching oder Mediation.

Arbeitsbedingungen
Je nach Heim und Grund der Unterbringung der Kinder wird die sozialpädagogische Fachkraft einen geregelten Arbeitsalltag haben, wie er auch in der Krippe oder dem Kindergarten stattfindet – also z. B. eine 40-Stunden-Woche mit freiem Wochenende. Oder aber sie arbeitet, was häufiger vorkommt, im Schichtdienst. Manche sozialpädagogischen Fachkräfte leben ganz im Heim. Das ist vor allem in den Kinderdörfern so, wo die sozialpädagogische Fachkraft allein oder mit ihrem Partner eine Art „Ersatzmutter" für die Kinder ist. Auch in manchen Internaten leben die sozialpädagogischen Fachkräfte in der Einrichtung und verbringen nur ihre Ferien und freien Tage außer Haus.

Therapeutische Hilfen
Meist haben Kinder, die ins Heim kommen, bereits Erfahrungen mit Gewalt, Vernachlässigung, Angst oder anderen traumatischen Erlebnissen. Sie benötigen neben der Unterstützung der zuständigen sozialpädagogischen Fachkraft therapeutische Hilfen. Diese kann von verschiedenen Stellen kommen und wird individuell auf das einzelne Kind zugeschnitten. Manchmal sind Heilpädagoginnen oder Psychologinnen fest im Team integriert oder zumindest zeitweise in der Einrichtung, sodass sie bereits zum Kreis der Bezugspersonen gehören. Die Maßnahmen müssen mit dem Jugendamt abgestimmt und finanziell abgesichert werden. Auch hier kommt es also wieder auf gute Zusammenarbeit und engagierte Mitarbeiter an, um den Kindern zu helfen.

Wenn Kinder oder Jugendliche „ins Heim" kommen
Bevor ein Kind im Heim leben muss oder darf, werden viele Möglichkeiten ausgeschöpft. Meist sind die Eltern bzw. Familien schon seit geraumer Zeit beim Jugendamt vorstellig und werden in der Erziehung unterstützt. Sind aber alle Versuche gescheitert, um das Kind in der Familie betreuen zu können, oder eskaliert eine Gewalt- oder Missbrauchssituation, muss das Kind im Heim untergebracht werden. Dabei werden immer verschiedenste Kriterien beachtet. Zunächst aber gilt es, das Kind in Sicherheit zu bringen und für seine kindgerechte Versorgung zu garantieren.

Stationäre Einrichtungen der Kinder- und Jugendhilfe als Lebens- und Entwicklungsräume
Wenn das Elternhaus Erziehung und Bildung nicht (mehr) leisten kann, muss dies von anderen übernommen werden. Das heißt, sind Kinder noch nicht schulfähig, gilt der Bildungs- und Erziehungsplan des jeweiligen Bundeslandes. Außerdem werden die Kinder pädagogisch und psychologisch in ihrer Entwicklung unterstützt und gefördert. Das leisten nicht nur sozialpädagogische Fachkräfte, sondern auch Psychologen, Therapeuten und andere Fachkräfte. Sobald ein Kind schulfähig ist, wird es eine geeignete Schule besuchen. Selten gibt es noch Schulen, die direkt an ein Heim angeschlossen sind.

Kinder, die im Heim leben, sollen die Möglichkeit haben, so „normal" wie möglich aufzuwachsen. Dazu gehören Freunde, ein geregelter Alltag (meist noch klarer strukturiert als in der Familie), Bezugspersonen, Erziehung und Förderung, sowie Freizeitgestaltung.

Gesellschaftliche Bedeutung stationärer Einrichtungen der Kinder- und Jugendhilfe

Heime für Kinder bis zum Erwachsenenalter sind in der Gesellschaft immer noch mit vielen Vorurteilen behaftet. Dafür sorgen nicht nur die zum Teil schrecklichen Zustände in Heimen überall auf der Welt, insbesondere in armen Ländern, sondern auch die in deutschen Heimen der Zeit bis weit in die 1970er Jahre. In vielen Köpfen ist Heimerziehung mit Bildern von Gewalt, Bestrafung und Ängsten verknüpft. Langsam wandelt sich dieses Bild und Heime werden als professionelle sozialpädagogische Fachstellen gesehen mit dem Ziel, den Kindern die bestmöglichen Chancen für ihre Zukunft mitzugeben.

Bedeutung stationärer Einrichtungen der Kinder- und Jugendhilfe für Kinder und Jugendliche

„§ 34 Heimerziehung, sonstige betreute Wohnform
Hilfe zur Erziehung in einer Einrichtung über Tag und Nacht (Heimerziehung) oder in einer sonstigen betreuten Wohnform soll Kinder und Jugendliche durch eine Verbindung von Alltagserleben mit pädagogischen und therapeutischen Angeboten in ihrer Entwicklung fördern. Sie soll entsprechend dem Alter und Entwicklungsstand des Kindes oder des Jugendlichen sowie den Möglichkeiten der Verbesserung der Erziehungsbedingungen in der Herkunftsfamilie
1. eine Rückkehr in die Familie zu erreichen versuchen oder
2. die Erziehung in einer anderen Familie vorbereiten oder
3. eine auf längere Zeit angelegte Lebensform bieten und auf ein selbständiges Leben vorbereiten."
(Bundesministerium der Justiz, SGB VIII, 2012)

Die Unterbringung im Heim gibt dem Leben der Kinder und Jugendlichen zunächst wieder Stabilität und Struktur, sodass sie sich sicher fühlen können und eine gewisse Regelmäßigkeit in ihr Leben zurückkehrt. In weiteren Schritten werden die Kinder und Jugendlichen psychisch betreut und darin unterstützt, ihren Alltag zu bewerkstelligen.

Im Gegensatz zu Kindergarten, Krippe und Hort ist die stationäre Einrichtung nicht mehr rein familienergänzend. Durch den Entzug von Sorgerecht und Umgangsrecht fungieren die Einrichtungen vorübergehend auch als Familienersatz. Dabei steht aber die Zusammenführung der Familie meist im Interesse aller und sofern es für das Kind einen Weg gibt, wieder in die Familie zurückzukehren, wird dies angestrebt.

1.5.7 Familienzentren

Die zugrunde liegende Idee der Einrichtung sogenannter Familienzentren ist nicht neu, neu hingegen ist die Intensität und Konsequenz, mit der diese Idee verfolgt werden soll bzw. verfolgt wird: die Einbindung der Familie – insbesondere der Erziehungsberechtigten – in die pädagogische Arbeit der Kindertagesstätte. Einbindung heißt hier, den Familien beratend zur Seite zu stehen, um eine größtmögliche Übereinstimmung und eine hohe Qualität der pädagogischen Arbeit in Einrichtung und Familie zu erreichen. Einbindung heißt hier darüber hinaus, das im Umfeld der sozialpädagogischen Einrichtung verfügbare soziale Netzwerk zu nutzen und für die unterschiedlichsten Familien erreichbar zu machen.

– *„Die Aufgaben eines Familienzentrums gehen deutlich über die Kernaufgaben einer Kita – Bildung, Betreuung und Erziehung der Kinder – hinaus.*
– *Familienzentren sind vor allem Anlaufstellen für Eltern und Familien im Sozialraum, die je nach sozialräumlichen Anforderungen geeignete Beratungs-, Unterstützungs- und Bildungsangebote für Eltern und Familien bereit halten.*
– *Dementsprechend unterscheiden sich die Angebotsstrukturen und das Profil eines Familienzentrums je nach den sozialräumlichen Bedarfen (Vielfalt der Ausgestaltung bei Gewährleistung von Standards).*
– *Ohne den Aufbau eines dichten Netzwerkes mit Anbietern Familien unterstützender Maßnahmen*

im Umfeld der Kindertageseinrichtung sind die Aufgaben eines Familienzentrums nicht umsetzbar.
- *Besondere Relevanz hat in den meisten Familienzentren die Zusammenarbeit mit Erziehungsberatungsstellen und Familienbildungsstätten."*

(Schilling, 2009, S. 2)

Das Ministerium für Familie, Kinder, Jugend, Kultur und Sport des Landes Nordrhein-Westfalen hat ein sogenanntes **Gütesiegel** für Familienzentren entwickelt. Sie zertifiziert Familienzentren, die bestimmte Qualitätsstandards erfüllen. Dabei kann es sich um eine einzelne Einrichtung oder aber auch um mehrere Einrichtungen handeln, die ein gemeinsames Familienzentrum entwickelt haben. Ein wichtiges Merkmal eines Familienzentrums besteht darin, die Angebote der sozialen, psychologischen und pädagogischen Hilfen im Umfeld der Einrichtung(en) miteinander zu vernetzen und in der Kindertageseinrichtung zu bündeln.

Viele der im Folgenden dargestellten und vom Ministerium für Familie, Kinder, Jugend, Kultur und Sport des Landes Nordrhein-Westfalen entwickelten Kriterien für ein qualifiziertes Familienzentrum lassen sich auf die unterschiedlichsten sozialpädagogischen Einrichtungen übertragen. Dies betrifft die konzeptionelle Arbeit der Einrichtungen, die Einbindung der Erziehungspartner in ihren täglichen Arbeitsprozess und die Kooperation mit anderen für die pädagogische Arbeit wichtigen Partnern. In Nordrhein-Westfalen werden Einrichtungen als Familienzentren zertifiziert, wenn sie in festgelegten Leistungs- und Strukturbereichen bestimmte Qualitätskriterien erfüllen. Die **Leistungsbereiche** beziehen sich auf die Inhalte der Angebote der Familienzentren, die **Strukturbereiche** wiederum umfassen die notwendigen organisatorischen Voraussetzungen, um die inhaltlichen Anforderungen erfüllen zu können. Hier geht es vor allem darum, dass die örtlichen Bedingungen bekannt sind und dass in der pädagogischen, psychologischen und sozialen Arbeit diese Bedingungen angemessen berücksichtigt werden.

Die Leistungs- und Strukturbereiche werden im Folgenden zusammengefasst (vgl. Ministerium für Familie, Kinder, Jugend, Kultur und Sport des Landes Nordrhein-Westfalen, Gütesiegel Familienzentrum, 2012, S. 7):

Leistungsbereiche

1. Bereithalten von Beratungs- und Unterstützungsangeboten für Kinder und Familien; dies erfolgt z. B. durch
   - Bereitstellung eines aktuellen Verzeichnisses von Beratungs- und Therapiemöglichkeiten sowie von Angeboten zur Gesundheits- und Bewegungsförderung,
   - Qualifikation mindestens einer sozialpädagogischen Fachkraft für die gemeinsame Erziehung von Kindern mit und ohne Migrationshintergrund,
   - Organisation von bzw. Information über Eltern-Kind-Gruppen für Familien,
   - Kooperation mit Erziehungs- und Familienberatungsstellen,
   - Organisation einer offenen Sprechstunde für Erziehungs- und Familienberatung,
   - systematische Verfahren zur allgemeinen Früherkennung im Sinne eines Entwicklungsscreenings,
   - systematische Verfahren zur Beobachtung, Dokumentation und Planung von Entwicklungsprozessen,
   - Sicherung der Inanspruchnahme von U-Untersuchungen und Kooperation mit Kinderärzten und -ärztinnen,
   - Organisation von Sprachfördermaßnahmen
   - Ermöglichung individueller Erziehungs- und Familienberatung in den Räumen der Einrichtung,
   - Durchführung einer aufsuchenden Elternarbeit,
   - Spezialisierung mindestens einer sozialpädagogischen Fachkraft im Bereich des Kinderschutzes.
2. Förderung von Familienbildung und Erziehungspartnerschaft, z. B. durch
   - Bereitstellung eines aktuellen Verzeichnisses von Einrichtungen und Angeboten der umliegenden Eltern- und Familienbildung,
   - Kursangebote zur Stärkung der Erziehungskompetenz,
   - die gemeinsame Organisation von Elternveranstaltungen,

- die Organisation interkultureller Veranstaltungen,
- die Unterstützung von Familienselbsthilfeorganisationen,
- Angebote zur Gesundheits- und Bewegungsförderung,
- die Organisation von Deutschkursen für Eltern mit Migrationshintergrund,
- Angebote für Alleinerziehende,
- Angebote zur Stärkung der pädagogischen Kompetenz von Vätern,
- Angebote zur Medienerziehung,
- Angebote zur musisch-kreativen Erziehung,
- ein professionelles Beschwerdemanagement.

3. Unterstützung bei der Vermittlung und Nutzung der Kindertagespflege, z. B. durch
    - schriftliche Informationen zur Kindertagespflege,
    - Informationen zur Vermittlung von Tageseltern,
    - Informationen zur Qualifizierung,
    - Kontakte zu Tageseltern im Stadtteil und ihre Einbindung in die Einrichtung,
    - Organisation der Vermittlung von Kindertagespflegepersonen,
    - Ermöglichung der Nutzung von Räumen der Einrichtung durch Tageseltern,
    - Organisation von Treffen zum Austausch zwischen Tageseltern,
    - Kooperation mit Tagespflegevereinen, -vermittlungsstellen etc.

4. Verbesserung der Vereinbarkeit von Beruf und Familie, z. B. durch
    - Kenntnis der Bedarfslage der Eltern,
    - Organisation der Betreuung über die Öffnungszeiten der Einrichtung hinaus,
    - Organisation des Mittagessens bei Bedarf,
    - Organisation der Betreuungsangebote für unter Dreijährige,
    - Organisation von Babysittern zur Vermittlung bei Bedarf,
    - Organisation einer Notfallbetreuung für Kinder, deren Geschwister die Einrichtung besuchen, und ggf. für Kinder anderer Einrichtungen,
    - Angebot regelmäßiger Betreuungsmöglichkeiten am Wochenende,
    - Kooperation mit Betrieben und mit der Arbeitsagentur,
    - Angebot häuslicher Betreuung, z. B. bei Krankheit oder Dienstreisen der Eltern.

Strukturbereiche

1. Ausrichtung des Angebotes am Sozialraum:
Das Familienzentrum muss gut über das direkte soziale Umfeld informiert sein, sollte mit den Grundschulen kooperieren und seine Arbeit und seine Angebote auf die Bedingungen des Umfeldes einstellen.

2. Aufbau einer verbindlichen Zusammenarbeit mit Einrichtungen und Diensten, deren Tätigkeit den Aufgabenbereich des Familienzentrums berührt:
Die Zusammenarbeit des Familienzentrums mit anderen für Kinder und Familien wichtigen Institutionen ist für eine erfolgreiche Arbeit einer sozialpädagogischen Einrichtung grundlegend. Letztere müssen als Kooperationspartner verstanden und in der konzeptionellen Arbeit berücksichtigt werden. Dazu sind auch schriftliche Kooperationsvereinbarungen zu erstellen. Kooperationspartner können sein:
    - Erziehungsberatungsstellen,
    - Kinderärzte, Zahnärzte,
    - Integrationsagenturen,
    - Integrationsfachstellen,
    - Elternvereine,
    - Migrantenselbsthilfeorganisationen,
    - Familienbildungsstätten,
    - Tagespflegevermittlungen,
    - RAA (Regionale Arbeitsstellen zur Förderung von Kindern und Jugendlichen aus Zuwandererfamilien) etc.

3. Bekanntmachung des Angebotes durch zielgruppenorientierte Kommunikation:
Ein qualifiziertes Familienzentrum muss natürlich über seine Konzeption und alle Angebote in geeigneter Form informieren. Dazu gehören als Mittel u. a.
    - aktuelle Flyer,
    - Broschüren,
    - Informationsblätter,
    - eine Internetseite und eine eigene E-Mail-Adresse,
    - ein gut organisiertes Schwarzes Brett,

- Informationen in den Sprachen, die im Umfeld häufig vertreten sind,
- Presseartikel,
- Informationsveranstaltungen, auf die öffentlich hingewiesen wird, oder
- Tage der offenen Tür.

4. Sicherung der Qualität des Angebotes durch Leistungsentwicklung und Selbstevaluation: Das qualifizierte Familienzentrum muss nach den Vorgaben des Gütesiegels NRW sowohl über eine schriftliche Konzeption verfügen, als auch dafür Sorge tragen, dass mindestens ein Drittel der pädagogischen Fachkräfte der Einrichtung Schwerpunkte in den Leistungsbereichen des Familienzentrums verantwortlich übernehmen bzw. betreuen (z. B. Tagespflege, Kooperation mit Erziehungsberatungsstellen etc.).

„Um das Gütesiegel zu erhalten, muss eine Einrichtung in jedem Leistungs- und Strukturbereich eine im Gütesiegel festgeschriebene Mindestanzahl von Kriterien erfüllen" (Ministerium für Familie, Kinder, Jugend, Kultur und Sport des Landes Nordrhein-Westfalen, Gütesiegel Familienzentrum, 2011, S. 7). Die Zertifizierungsstelle der Landesregierung NRW entscheidet im Einzelfall, ob eine Einrichtung oder eine Gruppe von Einrichtungen das Gütesiegel als qualifiziertes Familienzentrum erhält.

1.6 Sozialpädagogische Grundkompetenzen

Sozialpädagogische Einrichtungen – insbesondere Kindertagesstätten – haben einen Erziehungs-, Bildungs- und Betreuungsauftrag. Der historisch tradierte Auftrag bestand darin, dass eine Erzieherin eine Art „Ersatz" für die nicht berufstätige Mutter war und in erster Linie pflegende, beaufsichtigende und hauswirtschaftliche Aufgaben zu erfüllen hatte. Die heutigen Anforderungen an eine sozialpädagogische Fachkraft in entsprechenden Einrichtungen gehen jedoch weit darüber hinaus.

„Der Geräuschpegel ist hoch."

Die Kultusministerkonferenz hat in ihrem Beschluss vom 07.11.2002 in der Fassung vom 02.03.2012 das Ausbildungsziel und Qualifikationsprofil für Erzieherinnen und Erzieher in sozialpädagogischen Bereichen wie folgt beschrieben:

„Ausbildungsziel und Qualifikationsprofil der Fachrichtung Sozialpädagogik
Ziel der Ausbildung ist die Befähigung, Erziehungs-, Bildungs- und Betreuungsaufgaben zu übernehmen und in allen sozialpädagogischen Bereichen als Erzieher oder Erzieherin selbstständig und eigenverantwortlich tätig zu sein.
Kinder und Jugendliche zu erziehen, zu bilden und zu betreuen erfordert Fachkräfte,
- *die das Kind und den Jugendlichen in seiner Personalität und Subjektstellung sehen.*
- *die Kompetenzen, Entwicklungsmöglichkeiten und Bedürfnisse der Kinder und Jugendlichen in den verschiedenen Altersgruppen erkennen und entsprechende pädagogische Angebote planen, durchführen, dokumentieren und auswerten können.*
- *die als Personen über ein hohes pädagogisches Ethos, menschliche Integrität sowie gute soziale und persönliche Kompetenzen und Handlungsstrategien zur Gestaltung der Gruppensituation verfügen.*
- *die im Team kooperationsfähig sind.*

- *die aufgrund didaktisch-methodischer Fähigkeiten die Chancen von ganzheitlichem und an den Lebensrealitäten der Kinder und Jugendlichen orientiertem Lernen erkennen und nutzen können.*
- *die in der Lage sind, sich im Kontakt mit Kindern und Jugendlichen wie auch mit Erwachsenen einzufühlen, sich selbst zu behaupten und Vermittlungs- und Aushandlungsprozesse zu organisieren.*
- *die als Rüstzeug für die Erfüllung der familienergänzenden und -unterstützenden Funktion über entsprechende Kommunikationsfähigkeit verfügen.*
- *die aufgrund ihrer Kenntnisse von sozialen und gesellschaftlichen Zusammenhängen die Lage von Kindern, Jugendlichen und ihren Eltern erfassen und die Unterstützung in Konfliktsituationen leisten können.*
- *die Kooperationsstrukturen mit anderen Einrichtungen im Gemeinwesen entwickeln und aufrechterhalten können.*
- *die in der Lage sind, betriebswirtschaftliche Zusammenhänge zu erkennen sowie den Anforderungen einer zunehmenden Wettbewerbssituation der Einrichtungen und Dienste und einer stärkeren Dienstleistungsorientierung zu entsprechen.*
- *die über didaktische Kompetenzen verfügen, um bereits bei Kindern im Kindergarten/Vorschulalter Interesse an mathematisch-naturwissenschaftlich-technischen Sachverhalten zu wecken.*
- *die in der Lage sind, die körperliche und motorische Leistungsfähigkeit im vorschulischen Bereich zu fördern."*

(Kultusministerkonferenz, 2012, S. 21 f.)

Damit sind die zentralen Anforderungen genannt, denen sozialpädagogische Fachkräfte – je nach Ausbildung auf unterschiedlichem Niveau – gerecht werden müssen. Dementsprechend deckt dieses Buch diese Bereiche ab. Inhalte und Aufbau des Buches unterstützen die Arbeit nach den in dem Beschluss der Kultusministerkonferenz formulierten didaktisch-methodischen Grundsätzen:

„Didaktisch-methodische Grundsätze
Die Qualifizierung erfordert eine prozesshafte Ausbildung in enger Verzahnung der unterschiedlichen Lernorte.

Zur vertiefenden Auseinandersetzung mit eigenen und fremden Erwartungen an die Tätigkeit in sozialpädagogischen bzw. heilerziehungspflegerischen Arbeitsfeldern ist im Verlauf der Ausbildung ein Konzept der Berufsrolle zu entwickeln.

Durch Analyse und Überprüfung der eigenen Reaktionsmuster und Einschätzungsmöglichkeiten sind

- *Konzepte zu entwickeln, die die angehenden Erzieher und Erzieherinnen befähigen, ihr sozialpädagogisches Handeln auf der Grundlage eines reflektierenden Fremdverstehens zu begründen bzw.*
- *Konzepte für heilerziehungspflegerisches Handeln sowie die Fähigkeiten zu entwickeln, eigenverantwortlich und zielorientiert adressatenbezogene Betreuungs- und Pflege- sowie Bildungs- und Erziehungsprozesse zu gestalten und zu begründen.*

In der Fachschule für Sozialpädagogik ist im Verlauf der Ausbildung die Fähigkeit zu entwickeln, eigenverantwortlich und zielorientiert bei Kindern und Jugendlichen Erziehungs-, Bildungs- und Betreuungsprozesse zu gestalten.

Zur Professionalisierung des eigenen sozialpädagogischen bzw. heilerziehungspflegerischen Handelns bedarf es der Wahrnehmung der beruflichen Tätigkeit als Prozess, in dem es darauf ankommt, Strategien für ein selbstständiges und eigenverantwortliches Handeln zu entwickeln, sie zu dokumentieren und zu überprüfen und dabei gleichzeitig die wechselnden Anforderungen der Praxis zu berücksichtigen."

(Kultusministerkonferenz, 2012, S. 24 f.)

Eine weitere wichtige Qualifikationsbeschreibung, die in die Zukunft der Ausbildung sozialpädagogischer Fachkräfte weist, wurde mit dem sogenannten Qualifikationsprofil „‚Frühpädagogik' – Fachschule/Fachakademie" entwickelt. Es wurde vom Deutschen Jugendinstitut e. V. 2011 herausgegeben, im Rahmen einer Initiative der Robert Bosch Stiftung von einer länderübergreifenden Arbeitsgruppe von Fachleuten erarbeitet und von der Weiterbildungsinitiative Frühpädagogische Fachkräfte (WiFF) begleitet und unterstützt. Die Arbeitsgruppe arbeitete die Kompetenzdimension „Professionelle Haltung" aus, die auch im vorliegenden Buch in vielen Kapiteln eine herausragende Rolle spielt. Darauf aufbauend werden die in der Einführung bereits erwähnten sechs Handlungsfelder beschrieben, auf die sich die Inhalte des vorliegenden Buches beziehen (vgl. Deutsches Jugendinstitut, 2011, S. 7):

- Handlungsfeld 1
  Kinder in ihrer Lebenswelt verstehen und Beziehungen zu ihnen entwickeln
- Handlungsfeld 2
  Entwicklungs- und Bildungsprozesse unterstützen und fördern
- Handlungsfeld 3
  Gruppenpädagogisch handeln
- Handlungsfeld 4
  Mit Eltern und Bezugspersonen zusammenarbeiten
- Handlungsfeld 5
  Institution und Team entwickeln
- Handlungsfeld 6
  In Netzwerken kooperieren und Übergänge gestalten

„Das Qualifikationsprofil ‚Frühpädagogik' – Fachschule benennt [dabei] ausschließlich die fachlichen und personalen Kompetenzen für die Frühpädagogik in der Altersgruppe von null bis zehn Jahren. Es orientiert sich, was die Beschreibung der Kenntnisse, Fertigkeiten und Kompetenzen betrifft, am Deutschen Qualifikationsrahmen für lebenslanges Lernen (DQR).
Der DQR [siehe www.deutscherqualifikationsrahmen.de] beschreibt auf acht Niveaustufen jeweils die Kompetenzen, die für die Erlangung einer Qualifikation erforderlich sind. Kompetenz bezeichnet im DQR [wie auch in diesem Buch] die Fähigkeit und Bereitschaft, Kenntnisse, Fertigkeiten sowie persönliche, soziale und methodische Fähigkeiten in Arbeits- oder Lernsituationen für die berufliche und persönliche Entwicklung zu nutzen."
(Deutsches Jugendinstitut, 2011, S. 12)

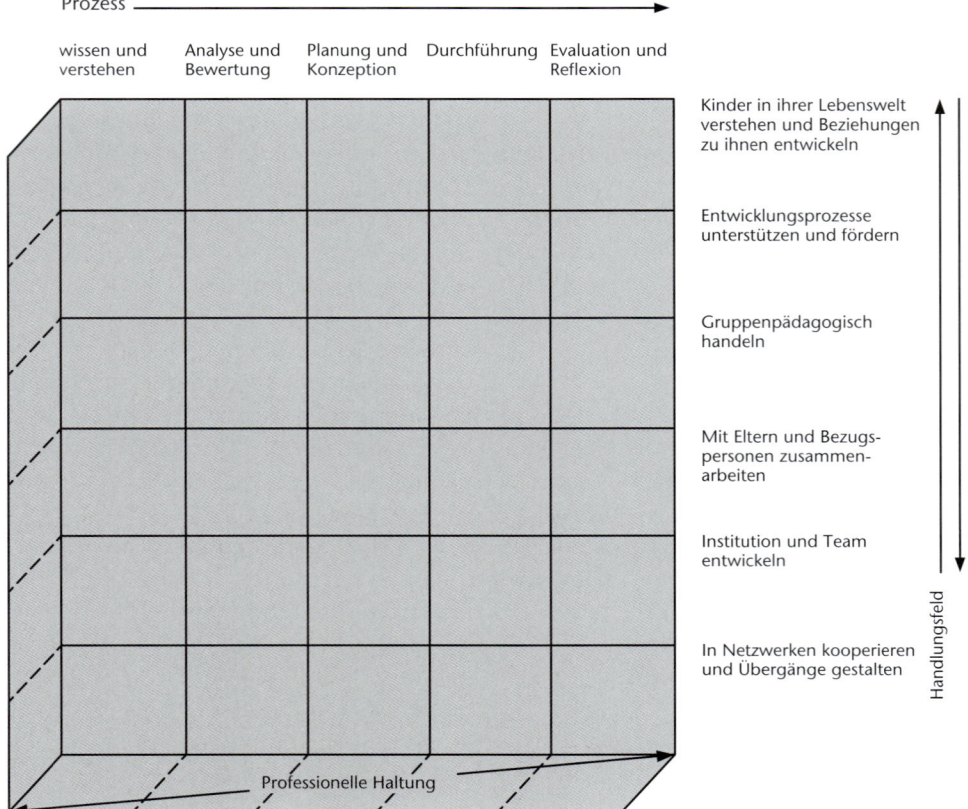

(Deutsches Jugendinstitut, 2011, S. 15)

Konkret bedeutet dies beispielsweise, dass die sozialpädagogische Fachkraft Sorge dafür tragen muss, dass die Kinder und Jugendlichen
- ihre Sinnesorgane und ihre Wahrnehmungsfähigkeit durch dazu notwendige Anregungen trainieren bzw. erweitern können (Förderung der Wahrnehmung),
- ihre Fein- und Grobmotorik weiterentwickeln können,
- ihr Selbstbewusstsein, ihr Selbstvertrauen und ihr Selbstwertgefühl stabilisieren und weiterentwickeln können (sozial-emotionale Stärkung und Förderung),
- ihre Sprach- und Kommunikationsfähigkeit weiterentwickeln, ihre Einsichtsfähigkeit und ihre Problemlösefähigkeit trainieren sowie ihre Konzentrationsfähigkeit stärken können (kognitive Förderung),
- ihr allgemeines Wissen erweitern und reflektieren können,
- ihre Kreativität entfalten und entwickeln können.

Dies sind die wesentlichen Qualifikationen, die für eine erfolgreiche Bewältigung der Aufgaben in der beruflichen Praxis erforderlich sind. Sie sind eng miteinander vernetzt und die Grundlage des beruflichen Selbstverständnisses von Fachkräften in sozialpädagogischen Handlungsfeldern.

Qualifikationen
Unter Qualifikationen sind „Kenntnisse, Fertigkeiten und Fähigkeiten im Hinblick auf ihre Verwertbarkeit im privaten, beruflichen und gesellschaftlichen Bereich" zu verstehen (Deutscher Bildungsrat, 1974, S. 65).

Es ist denkbar, dass jemand während seiner Ausbildung die in der beruflichen Praxis geforderten Qualifikationen erfolgreich erworben hat und trotzdem nicht für den Beruf „geeignet" ist. Wie aber kann das sein? Die Antwort ist einfach: Vorhandene berufliche Qualifikationen sagen nichts über die Fähigkeit und Bereitschaft des Menschen zu eigenverantwortlichem Handeln und somit auch nichts über den eigenverantwortlichen Einsatz dieser Qualifikationen aus. In der beruflichen Praxis wird somit mehr verlangt als nur ein potenzielles Können; es sind Kompetenzen gefordert.

1.6.1 Handlungskompetenz

Kompetenz
Unter einer Kompetenz ist in diesem Zusammenhang das Ergebnis des Ausbildungsprozesses im Hinblick auf die Persönlichkeit des Auszubildenden und die damit verbundene Fähigkeit und Bereitschaft zu selbstverantwortlichem beruflichen Handeln zu verstehen (vgl. Deutscher Bildungsrat, 1974, S. 65).

In anderen Worten: Es reicht nicht, etwas zu können, man muss auch dazu bereit sein, dieses Können selbstverantwortlich einzusetzen. Wie in allen anderen Berufen ist es auch in sozialpädagogischen Ausbildungen erforderlich, mehr als nur die Entwicklung von Qualifikationen anzustreben.

Die Erzieherin beispielsweise, die ihre Prüfungen mit hervorragenden Ergebnissen absolviert hat, die in ihrer beruflichen Praxis allerdings nicht bereit ist, Eigenverantwortung zu übernehmen und ihre Qualifikationen entsprechend einzusetzen, ist ein Beispiel dafür, wie groß möglicherweise der Unterschied zwischen Qualifikation und Kompetenz ist.

Dass jemand gerne einen sozialpädagogischen Beruf ergreifen möchte, kann eine wichtige Voraussetzung dafür sein, die notwendigen Qualifikationen zu erwerben. Dies heißt natürlich noch nicht, dass er in der Lage sein wird, die dazu erforderlichen Kompetenzen zu entwickeln. Selbst wenn die Berufswahlmotive (vgl. Kap. 1.1) ausgeprägt und vielfältige Vorerfahrungen gegeben sind, selbst wenn gute kommunikative und praktische Fähigkeiten und Fertigkeiten vorhanden sind, kann es an anderen erforderlichen Kompetenzen fehlen.

Man unterscheidet folgende Kompetenzkategorien:

Handlungskompetenz
Handlungskompetenz ist die Fähigkeit und Bereitschaft, erworbene Qualifikationen eigenverantwortlich und selbstständig in konkretem beruflichem, gesellschaftlichem und privatem Handeln einzusetzen.

Sie umfasst
- *Sachkompetenz (oft auch als Fachkompetenz bezeichnet),*
- *Humankompetenz (oft auch als Personal-, oder Selbstkompetenz bezeichnet) und*
- *Sozialkompetenz.*

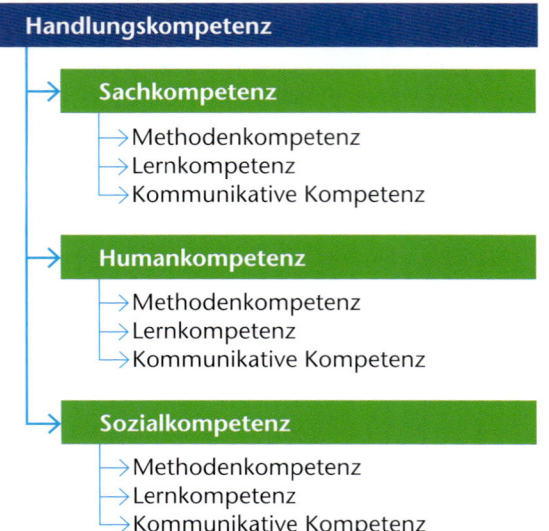

Hat eine Erzieherin beispielsweise differenzierte Kenntnisse über die Verhaltensbeobachtung von Kindern, setzt diese aber in der Praxis – aus welchen Gründen auch immer – überdauernd nicht um, fehlt es in diesem Bereich an entsprechender Kompetenz. Um bei diesem Beispiel zu bleiben: Hier müssen sowohl die Kenntnisse erworben als auch die konkrete Umsetzung dieser Kenntnisse in berufliches Handeln im Sinne einer Kompetenzentwicklung erlernt werden. Selbst dies reicht nicht aus, wenn in der Praxis die Bereitschaft zur eigenverantwortlichen Umsetzung nicht gegeben ist. So wird verständlich, dass es sich beim Kompetenzerwerb immer auch um einen entwicklungs- und persönlichkeitspsychologischen Prozess handelt.
Folgende Elemente der Handlungskompetenz in sozialpädagogischen Handlungsfeldern sind besonders wichtig:
- **Beobachtungskompetenz** ist eine der grundlegenden Voraussetzungen, um die Perspektive der Kinder oder Jugendlichen einnehmen und sie individuell erziehen, bilden und begleiten zu können (vgl. Kap. 1.6.2).
- **Diagnosekompetenz** ist erforderlich, um die Entstehungsgeschichte sozialer und psychologischer Situationen erkennen und beschreiben zu können.
- **Beurteilungskompetenz** macht es möglich, das Verhalten und Erleben von Kindern oder Jugendlichen einschätzen zu können, um die weitere Förderung und Begleitung darauf zu stützen.
- **Förderkompetenz** hat den Einsatz sozialpädagogischer Methoden zum Inhalt, der erforderlich ist, um die Selbstbildungsprozesse von Kindern und Jugendlichen individuell, aber auch in Gruppen zu unterstützen und um sie sozial und emotional zu stärken.
- **Beratungskompetenz** ist sowohl in der konkreten Arbeit mit Kindern oder Jugendlichen als auch mit Erziehungspartnern erforderlich.
- Der Alltag sozialpädagogischer Einrichtungen besteht auch zu einem nicht unerheblichen Teil aus Organisations- und Planungsaufgaben, für die die sozialpädagogische Fachkraft über die notwendige **Organisationskompetenz** verfügen muss. Dazu gehört auch, betriebswirtschaftliche Zusammenhänge zu verstehen und der zunehmenden Dienstleistungsorientierung sozialpädagogischer Institutionen gerecht zu werden.

Sachkompetenz
Sachkompetenz ist die Fähigkeit und Bereitschaft, Sachprobleme selbstständig, inhaltlich und methodisch richtig zu bearbeiten und das Arbeitsergebnis fachlich fundiert zu beurteilen. Fachkompetenz schließt die Fähigkeit und Bereitschaft ein, berufliche Aufgaben planvoll durchzuführen und die Qualität der Arbeit zu überprüfen und weiterzuentwickeln.

Sachkompetenz umfasst sowohl theoretisches Grundlagenwissen als auch die Fähigkeit und Bereitschaft, dieses Wissen in konkretes, fachlich begründetes Handeln umzusetzen. Eine sozialpädagogische Fachkraft handelt sachkompetent, wenn ihr theoretisches und praktisches Handeln fachlich begründet und überprüfbar ist.

Humankompetenz
Humankompetenz bezieht sich in erster Linie auf die Fähigkeit und Bereitschaft eines Menschen, sein eigenes Handeln, seine Entwicklung und seine Persönlichkeit zu reflektieren und kritisch zu hinterfragen.

Humankompetenz wird deshalb häufig auch als Selbstkompetenz bezeichnet. Mit ihr entwickeln sich Selbstbewusstsein, Selbstwertgefühl und Selbstvertrauen des Menschen.

- **Selbstbewusstsein** ist hier wörtlich zu verstehen als Wissen bzw. Kenntnis über sich selbst.
- **Selbstwertgefühl** beinhaltet Achtung und Wertschätzung vor sich selbst. Ohne ein stabiles Selbstwertgefühl ist ein Mensch nur eingeschränkt zu Achtung und Wertschätzung anderen Menschen gegenüber in der Lage.
- **Selbstvertrauen** ist für einen eigenverantwortlichen und selbstständigen Einsatz vorhandener Qualifikationen erforderlich.

Humankompetenz ist die Grundlage für das in sozialpädagogischen Prozessen so wichtige Nachdenken der Fachkräfte über sich selbst, für das kritische Hinterfragen und für die sachliche Beurteilung des beruflichen Handelns und Denkens. Jede kritische Selbstreflexion setzt Selbstbewusstsein, d. h. eine differenzierte und vor allem konstruktive Selbstwahrnehmung, voraus. Selbstreflexion ist nur dann hilfreich, wenn mit ihr die Entwicklung neuer Kompetenzen oder zumindest Verhaltensalternativen verbunden ist.

Wichtige Elemente der Humankompetenz in sozialpädagogischen Handlungsfeldern sind darüber hinaus

- die Bereitschaft zu einer reflektierenden und kritischen Auseinandersetzung mit eigenen Werthaltungen, Einstellungen, Vorurteilen etc. sowie
- ein ausgeprägtes Interesse z. B. an

  - den Persönlichkeiten und Entwicklungen der Kinder und Jugendlichen,
  - der Entwicklung der Arbeitsprozesse der Einrichtung,
  - einer qualifizierten Öffentlichkeitsarbeit,
  - der eigenen Weiterentwicklung (Weiter- und Fortbildung etc.),
  - der Kooperation mit den Erziehungspartnern,
  - der Kooperation mit anderen relevanten Institutionen.

Sozialkompetenz

Sozialkompetenz umfasst den großen Bereich des sozialen Lebens eines Menschen. Dazu gehören die Fähigkeit und die Bereitschaft, Kontakt zu anderen Menschen aufnehmen, gestalten und ihn beenden zu können.

Dabei handelt es sich keineswegs um etwas Abstraktes. Es sind ganz konkrete Handlungsweisen gemeint, z. B.:

- Höflichkeits- und Umgangsformen beherrschen
- Dialoge gestalten
- sich in andere Menschen hineinversetzen
- ein ausgewogenes Verhältnis von Nähe und Distanz zu anderen herstellen
- freundlich und achtsam sein
- kooperieren
- teamfähig sein
- Wissen teilen
- sich auseinandersetzen und Kompromisse finden können
- mit Menschen aus fremden Kulturen umgehen können
- sozial verantwortlich sein
- engagiert sein
- Vorbild sein

Eines der größten Probleme für das Zusammenleben im Alltag und im Berufsleben ist das, was man heute gemeinhin als **Mobbing** bezeichnet. Den Menschen, die mobben, fehlt es vor allem an Sozialkompetenz. In sozialpädagogischen Berufen kann man dabei ohne Weiteres von fehlender beruflicher Eignung sprechen – gleich, ob die Mobbing-Opfer Kolleginnen, Eltern oder Kinder sind.

Eine der häufigsten Methoden des Mobbing ist das Verbreiten von Gerüchten. Andere werden schlecht gemacht mit geheimnisvollen Andeutungen, persönliche oder religiöse Überzeugungen werden lächerlich gemacht oder vieles mehr. Derartiges Verhalten ist für die Betroffenen nicht nur persönlich sehr belastend, es zerstört auch das erforderliche gute Arbeitsklima.

Zusammenfassend lassen sich die wichtigsten Elemente der Sozialkompetenz in sozialpädagogischen Handlungsfeldern benennen als die Fähigkeit und Bereitschaft,
- selbstständig zu reflektieren, zu entscheiden und zu handeln,
- soziale Verantwortung zu übernehmen,
- mit anderen im Handlungsfeld in einem angemessenen Verhältnis von Nähe und Distanz zu kommunizieren,
- Konflikte anzunehmen und zu konstruktiven Konfliktlösungen beizutragen,
- Gruppen zu führen, ohne sie autoritär zu entmündigen,
- auf unterschiedliche Situationen angemessen zu reagieren.

In alle drei Kompetenzkategorien – die Sach-, Human- und Sozialkompetenz – sind die folgenden Kompetenzen integriert:
- Methodenkompetenz
- Lernkompetenz
- kommunikative Kompetenz

Methodenkompetenz
Methodenkompetenz ist die Fähigkeit und Bereitschaft, beruflich zielgerichtet und planmäßig sowie unter dem Einsatz geeigneter Methoden zu handeln.

Im sozialpädagogischen Bereich heißt das beispielsweise, Gespräche mit Eltern, mit Kindern oder Jugendlichen nicht „einfach" zu führen, sondern dabei – durchaus auch bewusst – grundlegende Methoden der Gesprächsführung einzusetzen.

Die Methoden müssen dabei eigenverantwortlich und selbstständig eingesetzt werden. Es ist jedoch wichtig, dass das methodische Vorgehen auch im Team immer wieder in unterschiedlichen Arbeitsbereichen reflexiv thematisiert und weiterentwickelt wird. Methodisches Vorgehen erfordert neben reichhaltigen Methodenkenntnissen in unterschiedlichen Arbeitsbereichen auch Kritikfähigkeit, Eigeninitiative und Kreativität. Dazu gehören
- die Fähigkeit, komplexe pädagogische Situationen zu analysieren und zu reflektieren,
- auf unterschiedliche Situationen flexibel reagieren und eingehen zu können,
- Methoden und Arbeitstechniken zu beherrschen,
- zielorientiert und planvoll zu handeln.

Methodenkompetenz ermöglicht also zielgerichtetes und planmäßiges Vorgehen bei der Bearbeitung komplexer Aufgaben. Dazu gehört die selbstständige Entwicklung und Anwendung von Planungsverfahren, Arbeitstechniken und Lösungsstrategien.

Lernkompetenz
Lernkompetenz ist unter zwei Aspekten von besonderer Bedeutung:
- Sie ist elementar für die berufliche Weiterentwicklung einer sozialpädagogischen Fachkraft.
- Sie ist Grundlage für den täglichen Umgang mit den unterschiedlichsten Aufgaben in der praktischen Arbeit. Nur wer die Konsequenzen seines beruflichen Handelns differenziert wahrnimmt, kann sein Handeln weiterentwickeln und optimieren.

Lernkompetenz

Lernkompetenz ist die Fähigkeit und Bereitschaft, sachliche, psychologische und soziale Gegebenheiten, Prozesse und Zusammenhänge differenziert wahrzunehmen, zu verstehen und zu beurteilen.

Im sozialpädagogischen Alltag zeigt sich Lernkompetenz im täglichen Verstehen und Interpretieren der individuellen Situationen, in denen sich die Kinder oder Jugendlichen befinden, sowie der sich stetig verändernden sozialen Prozesse.

Ein weiterer Aspekt der Lernkompetenz ist die Fähigkeit und die Bereitschaft, die eigenen Lerntechniken und -strategien anzuwenden und kontinuierlich weiterzuentwickeln. Das Kapitel 1.2 bietet hierzu vertiefende Informationen. Lernkompetenz ist also in diesem Zusammenhang die Grundlage, um aktiv und eigenständig an der persönlichen und beruflichen Entwicklung mitwirken zu können.

Kommunikative Kompetenz

Kommunikative Kompetenz setzt vor allem die folgenden Qualifikationen voraus:
- die Beherrschung der eigenen Sprache, d. h. die korrekte Verwendung von Grammatik, Aussprache, Orthografie etc.
- die Fähigkeit, in unterschiedlichen Situationen und kulturellen Zusammenhängen Sprache angemessen einzusetzen und zu verstehen
- Gespräche verständlich und verstehend zu führen
- Beziehungen kommunikativ aufzunehmen, zu gestalten und angemessen zu beenden

Kommunikative Kompetenz
Kommunikative Kompetenz beinhaltet die Fähigkeit und Bereitschaft, sich verständlich zu machen und andere zu verstehen. Sie umfasst mehr als „nur" sprachliche Kompetenz. Der Einsatz von Mimik, Gestik und Körperhaltung gehört ebenso dazu wie die angemessene Verwendung der Schriftsprache oder moderner Kommunikationsmittel.

Das folgende Zitat aus den Richtlinien und Lehrplänen zur Erprobung des Landes NRW fasst die Qualifikationen und Kompetenzen am Beispiel des Erzieherinnenberufes anschaulich zusammen:

„Ziel der Ausbildung ist die Befähigung, Erziehungs-, Bildungs- und Betreuungsaufgaben zu übernehmen und in allen sozialpädagogischen Bereichen als Erzieherin und Erzieher selbstständig und eigenverantwortlich tätig zu sein."
(Kultusministerkonferenz, 2012, S.21.)

Dabei kommt der Persönlichkeit der Erzieherinnen eine Schlüsselrolle zu. Erziehende müssen ihre Kommunikations-, Beziehungs- und Konfliktfähigkeit weiterentwickeln und zu kritischer Reflexion ihrer Person, ihres Menschenbildes sowie zur Selbsterziehung fähig sein. Offenheit, Achtung, Empathie, Toleranz, Multiperspektivität und Integrität müssen als Grundhaltungen der Arbeit entwickelt und praktiziert werden.

„Erzieherinnen und Erzieher arbeiten interkulturell und interreligiös und müssen sich der eigenen kulturell und religiös geprägten Identität bewusst werden. Sie arbeiten integrativ, unterstützen die Eingliederung behinderter Kinder und Jugendlicher in die Angebote der Kinder- und Jugendarbeit und fördern das Zusammenleben behinderter und nichtbehinderter Menschen. Sie arbeiten partizipativ, respektieren die Kinder und Jugendlichen als Partner in der Arbeit und helfen ihnen, kompetent und verantwortlich mitzubestimmen und mitzugestalten. Sie vermitteln Orientierungen und gestalten Lern- und Erfahrungsorte der Gleichberechtigung, Chancengleichheit, Antidiskriminierung und Gewaltfreiheit. Sie stärken die Verantwortung für die ‚Eine Welt'. Sie unterstützen die Eigenaktivität von Kindern und Jugendlichen in Entwicklungs- und Bildungsprozessen und geben ihren Selbstbildungspotenzialen Rahmen und Raum. Sie arbeiten nachhaltig und stärken Kinder und Jugendliche in ihrer Fähigkeit, mit Belastungs- und Stresssituationen erfolgreich umzugehen. Sie arbeiten sozialraumorientiert und sind Erziehungspartner der

Erziehungsberechtigten, die sie bei der Erziehung, Bildung und Betreuung unterstützen. Sie arbeiten im Team als Mitarbeiterinnen und Mitarbeiter von Einrichtungen, die sich in ihren Angeboten und ihren Arbeits- und Organisationsformen ständig weiterentwickeln."

(Ministerium für Schule und Weiterbildung, 2006, S. 17f.)

1.6.2 Wahrnehmen, beobachten, dokumentieren, evaluieren

Eine weitere grundlegende Kompetenz sozialpädagogischer Fachkräfte ist das differenzierte **Wahrnehmen** und **Beobachten**. Erziehen und Bildungsprozesse zu unterstützen und zu fördern ist nur dann qualifiziert zu leisten, wenn die Erziehenden

- die Kinder und Jugendlichen genau kennen,
- entwicklungspsychologische, aber auch situative Veränderungen wahrnehmen,
- zielorientiert und systematisch beobachten können.

Erkennen heißt, sich ein Bild von der Welt und von sich selbst zu machen. Erkenntnisse sind keine getreuen Abbilder der Realität, wie viele Menschen annehmen. Sie werden nicht passiv aufgenommen – nicht durch die Sinnesorgane und auch nicht durch kommunikative Prozesse. Wie Sie in Kapitel 3.3.6 vertiefend lesen werden, werden Erkenntnisse vom denkenden Menschen selbst aktiv konstruiert, sind also subjektiv und Veränderungen unterworfen. Die psychologische Konstruktion von Erkenntnissen erfüllt die lebenswichtige Aufgabe, sich an seine Umgebung anzupassen und die entsprechenden Herausforderungen zu bewältigen. Dazu überprüft der Mensch seine Erkenntnisse über sich und die Welt mehr oder minder regelmäßig auf ihre Brauchbarkeit für die Lösung dieser Aufgabe. Der Vorgang des Erkennens dient der Organisation der Erfahrungswelt des Menschen (vgl. von Glasersfeld, 1998, S. 96).

Der Mensch verfügt über eine ganze Reihe von miteinander vernetzten Möglichkeiten, Kenntnis über sich und seinen Lebensraum aufzubauen und sich seiner selbst bewusst zu werden. In der Psychologie werden die entsprechenden Prozesse unter der Bezeichnung der **Kognition** zusammengefasst. Zu diesen Prozessen zählen

- Wahrnehmung,
- Aufmerksamkeit,
- Denken,
- Gedächtnis und
- Sprache.

Wahrnehmung

Wahrnehmung ist die unter dem Einfluss von Gedächtnisinhalten, Vorstellungen, Emotionen etc. im zentralen Nervensystem stattfindende Verarbeitung von Sinneseindrücken. Dabei werden Reize aus der Umwelt von sensiblen Nervenendigungen in den Sinnesorganen aufgenommen und zum zentralen Nervensystem weitergeleitet. Die wichtigsten Sinnesorgane, in denen sich sensible Sinneszellen befinden, sind die Augen, die Ohren, die Haut, die Nase und die Zunge. Der Gleichgewichtssinn wird von im Innenohr liegenden sensiblen Nervenzellen sowie vom Gesichtssinn, von Körpermuskeln, vom Gehör- und vom Hautsinn (mit-)beeinflusst.

Aufmerksamkeit

Der Mensch achtet im Wachzustand auf das, was die von der Umwelt aktivierten Sinneszellen ihm signalisieren. Sobald die Signale nicht mit seinen Erwartungen übereinstimmen, wendet er sich ihnen besonders zu. Diesen Prozess bezeichnet man als *Aufmerksamkeit*. Wird die Aufmerksamkeit bewusst auf etwas ganz Bestimmtes gerichtet, spricht man von **willkürlicher Aufmerksamkeit**. Es gibt aber auch Ereignisse, bei denen man **unwillkürlich** aufmerksam wird. Dies ist besonders dann der Fall, wenn die Reize, die auf die Sinnesorgane einwirken, besonders stark sind. Auch besondere Bedürfnisse können die Aufmerksamkeit beeinflussen: Hat jemand starken Hunger, wird er oder sie schneller auf ein Restaurant aufmerksam, als wenn dies nicht der Fall ist. Die Aufmerksamkeit lässt sich selektiv auf ganz bestimmte Ereignisse oder Wahrnehmungsinhalte ausrichten. Wäre dies nicht möglich, bestünde häufig die Gefahr einer Reizüberflutung mit all ihren belastenden Momenten. Wenn jemand überdauernd willentlich aufmerksam sein kann, verfügt er über eine hohe Konzentrationsfähigkeit.

Denken

Denken ist ein geistiger Vorgang, bei dem Wahrnehmungsinhalte, Erinnerungen und Vorstellungen mit dem Ziel verarbeitet werden, bestimmte Aufgaben und Probleme zu lösen. Denken umfasst sehr viele unterschiedliche geistige Aktivitäten, sodass eine einfache Definition nicht möglich ist. So gehört die Problemlösefähigkeit des Menschen ebenso dazu wie die Fähigkeit, Schlussfolgerungen zu ziehen. Besondere Denkleistungen sind das Bilden von und der Umgang mit konkreteren oder abstrakteren Begriffen. Denken heißt auch Beziehungen herstellen zwischen Wahrnehmungsinhalten, Gedächtnisinhalten und Vorstellungen.

Gedächtnis

Das Gedächtnis ermöglicht es dem Menschen, vergangene Wahrnehmungsinhalte und Vorstellungen von Ereignissen, Sachen, Emotionen, Bedürfnissen etc. erneut ins Bewusstsein zu rufen. Die „Speicherung" dieser Inhalte ist wegen ihrer Komplexität und Kompliziertheit nicht mit der Speicherung von Daten auf dem Datenträger eines Computers vergleichbar. Sie geschieht vor allem durch Strukturveränderungen in den Synapsen.

Das Gedächtnis ist ununterbrochen aktiv – selbst wenn einem dies überhaupt nicht bewusst ist. So werden unendlich viele Handlungsabläufe des Alltags im Gedächtnis behalten, ohne dass man dies als eine Gedächtnisleistung wahrnehmen würde. Das beginnt beim Aufstehen mit Zähneputzen, Waschen, Anziehen, Frühstücken und setzt sich fort mit dem Verlassen des Hauses oder der Wohnung etc. In der Psychologie unterscheidet man zwischen einem

- **episodischen Gedächtnis** und einem
- **semantischen Gedächtnis**.

Im episodischen Gedächtnis behält man, was man getan hat, und im semantischen Gedächtnis erinnert man sich, wie man es getan hat. Das semantische Gedächtnis ist besonders wichtig, wenn man sich erinnern muss, z. B. wie man einen neuen Fotoapparat bedient. Wenn man sich an bestimmte Inhalte oder Vorgänge nicht erinnert, spricht man von Vergessen.

Man vergisst besonders leicht, wenn die Gedächtnisinhalte

- mit unangenehmen oder angstbesetzten Vorstellungen verbunden sind,
- andere Informationen stören oder nicht in einen bestimmten Kontext passen.

Nähere Informationen zum Gedächtnis finden Sie in den Kapiteln 1.2 sowie 3.3.5.

Sprache

Unter *Sprache* sind umfassende, sehr komplexe und sehr flexible Systeme akustischer Laute, bildlicher Symbole, mimischer und gestischer Äußerungen sowie Körperhaltungen zu verstehen, mit deren Hilfe Menschen – bewusst und ggf. auch unbewusst – „etwas" mitzuteilen versuchen. Die Fähigkeit, eine Sprache zu erlernen, ist beim gesunden Menschen angeboren, die Art der Sprache dagegen erlernt.

Zwischen Denken und Sprache besteht ein enger Zusammenhang. Viele, wenn nicht gar die meisten Problemlösungen werden auf sprachlichem Wege gesucht und gefunden. Die Sprache hilft,

Sinnzusammenhänge begreifbar zu machen. Sie ist ein komplexes System von Zeichen, das eine optimale Kommunikation zwischen den Menschen ermöglicht. Dieses System besteht aus konkreteren und abstrakteren Begriffen, die für die Bezeichnung von Gegenständen und Vorgängen in der Umwelt sowie von psychischen Zuständen und Prozessen verwendet werden. Denken findet im Wesentlichen mithilfe sprachlicher Begriffe statt. In weiten Bereichen ist Denken nichts anderes als lautloses Sprechen.

Während man mit der Zeichensprache noch über ganz konkrete Dinge kommunizieren kann, benötigt man die verbale Sprache, sobald die Inhalte der Kommunikation abstrakt(er) werden. Soziologische und psychologische Studien haben gezeigt, dass

- die Problemlösefähigkeit,
- die Denkfähigkeit,
- die Wahrnehmungsfähigkeit und
- die Lernfähigkeit

umso ausgeprägter sind, je besser ein Mensch sich sprachlich ausdrücken kann. Dies macht deutlich, wie bedeutsam die Sprachförderung für die kognitiven Fähigkeiten von Kindern und Jugendlichen ist (vgl. auch Kap. 3.4.8). Sozialpädagogische Fachkräfte wissen, wie wichtig es ist, bei ihrer Arbeit mit Kindern großen Wert auf guten und korrekten sprachlichen Ausdruck zu legen.

In der Praxis sozialpädagogischer Fachkräfte spielen zwar all diese Erkenntnisprozesse eine wichtige Rolle. In diesem Kapitel wird aber die Wahrnehmung besonders vertieft, da sie eine wesentliche Grundlage für die Praxis der Beobachtung und Dokumentation ist.

Die Reflexion

Im einleitenden Absatz wurde bereits deutlich, dass menschliche Erkenntnisse keine 1:1-Abbilder der äußeren Gegebenheiten im Lebensraum des Menschen sind. In ihrem Buch „Der Baum der Erkenntnis" haben die Neurobiologen Maturana und Varela dazu ein sehr anschauliches Beispiel geschildert:

„Im Tiergarten von Bronx in New York gibt es einen eigenen großen Pavillon, in dem die Primaten untergebracht sind. Hier hat man die Möglichkeit, Schimpansen, Gorillas, Gibbons und viele andere Affenarten aus allen Kontinenten unter günstigen Bedingungen zu beobachten. Es fällt jedoch auf, dass am Ende dieses Pavillons ein von den anderen besonders isolierter, stark vergitterter Käfig liegt. Wenn man sich nähert, sieht man ein Schild, auf dem steht: ‚Der gefährlichste Primat des Planeten.' Schaut man durch das Gitter, sieht man in einem Spiegel überrascht sein eigenes Gesicht. Ein Schild erklärt, dass der Mensch im Gegensatz zu jeder anderen bekannten Spezies viele andere Arten von Lebewesen auf dem Planeten vernichtet hat. Von Betrachtern werden wir zu Betrachteten (durch uns selbst). Aber: Was sehen wir?

Der Augenblick der Reflexion vor einem Spiegel ist immer ein ganz besonderer Augenblick, weil es der Augenblick ist, in dem wir uns des Teils unserer selbst bewusst werden, den wir auf keine andere Weise sehen können. [...] Die Reflexion ist ein Prozess, in dem wir erkennen, wie wir erkennen, das heißt eine Handlung, bei der wir auf uns selbst zurückgreifen. Sie ist die einzige Gelegenheit, bei der es uns möglich ist, unsere Blindheiten zu entdecken und anzuerkennen, dass die Gewissheiten und die Erkenntnisse der anderen ebenso überwältigend und ebenso unsicher sind wie unsere eigenen."

(Maturana/Varela, 1987, S. 28 f.)

Die mit vielen Blindheiten zu charakterisierende Subjektivität menschlichen Erkennens macht eine regelmäßige Reflexion der persönlichen Erkenntnisse erforderlich. Dies trifft ganz besonders auf sozialpädagogische Fachkräfte zu, die mit Kindern, Jugendlichen oder auch Erwachsenen arbeiten. Die Bilder, die Erziehende von Zu-Erziehenden haben, sind immer subjektive Konstruktionen, die mit einer „objektiven" Wahrheit nichts zu tun haben. Reflektieren heißt in diesem Zusammenhang, die eigenen Bilder von den Zu-Erziehenden auf ihre Brauchbarkeit hin zu überprüfen – Brauchbarkeit im Interesse einer optimalen Förderung der Zu-Erziehenden.

Die Subjektivität der Wahrnehmung

Die bisherigen Ausführungen über die Subjektivität mögen Sie irritieren. Vielleicht bemühten auch Sie sich bisher darum, vor allem im Umgang mit anderen Menschen möglichst objektiv zu sein. Und „Objektivsein" würde natürlich auch ein objektives Bild von den Mitmenschen bzw. von der Welt überhaupt erfordern. Möglicherweise hatten Sie bisher auch den Eindruck, dies sei Ihnen ganz gut gelungen.

Vielleicht werden Sie in dieser Hinsicht etwas enttäuscht sein, wenn Sie im Folgenden verstehen lernen, dass nicht einmal Ihre Wahrnehmung dem Anspruch auf **Objektivität** gerecht werden kann. Dies liegt nicht etwa daran, dass es Ihnen an Fähigkeiten mangelt, die Sie noch entwickeln müssten – es ist schlicht nicht möglich.

Subjektivität der Wahrnehmung wird im Folgenden unter zwei Aspekten betrachtet:

1. der Aspekt, durch den die Wahrnehmung bei allen gesunden Menschen auf gleiche Weise subjektiv wird (insbesondere die Beschaffenheit der Sinnesorgane, des Nervensystems sowie die Fülle der optischen Täuschungen),
2. der Aspekt, durch den die Wahrnehmung einer Person immer einzigartig ist und sich dadurch von der jeder anderen Person unterscheidet.

Wahrnehmungsphänomene

Sie alle kennen Zeichnungen, Gemälde, Fotografien mit viel Tiefe. Da hat man tatsächlich einen Eindruck von Ferne und Nähe, von Vordergrund und Hintergrund. Nichts davon existiert wirklich. Alles ist Täuschung, die auf der alltäglichen Erfahrung basiert, dass entferntere Gegenstände kleiner, nahe Gegenstände größer wahrgenommen werden – was sie deshalb natürlich nicht sind.

Das Phänomen der optischen Täuschungen ruft im Alltag immer wieder Überraschung und Erstaunen hervor und wird meist als wahrnehmungspsychologische Ausnahme angesehen. Aber dies ist nicht der Fall. Optische Täuschungen begleiten den Wahrnehmungsprozess kontinuierlich.

Das folgende Beispiel zeigt: Es ist durchaus möglich, dass ein und derselbe Gegenstand ganz unterschiedlich wahrgenommen werden kann, wobei der Mensch der Überzeugung ist, das „Richtige" zu sehen (vgl. Abb. 1).

Auch mit geschlossenen Augen sehen Sie Dinge, die es gar nicht gibt (vgl. Abb. 2).

Können Sie sich vorstellen, Bewegungen wahrzunehmen, die nie ablaufen? Auch das ist möglich (vgl. Abb. 3).

Sie kennen sicherlich auch die aus vielen Punkten bestehenden Anzeigetafeln. Die Punkte leuchten in einer bestimmten Art und Weise abwechselnd auf, wodurch der Eindruck einer sich bewegenden Schrift besteht. Aber es bewegt sich nichts. Die kleinen Lichter leuchten lediglich in einer bestimmten Reihenfolge auf.

Auch kann möglicherweise der Kontext – hier die Umgebung eines Wahrnehmungsgegenstandes – entscheidend für das sein, was der Mensch wahrnimmt (vgl. Abb. 4).

Ob Sie wollen oder nicht: Mal ist es ein B und mal eine 13. Sicher haben Sie schon erfahren, dass es keineswegs gleichgültig ist, wie Sie gekleidet sind,

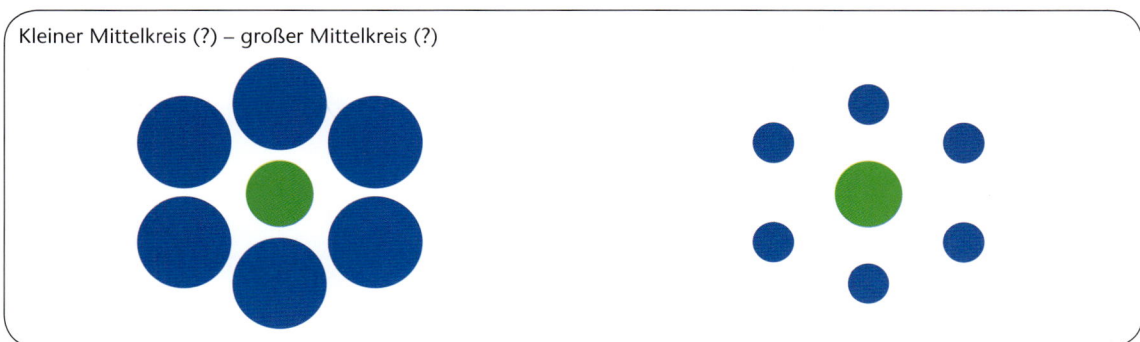

Abbildung 1

Schauen Sie bitte 30 Sekunden auf die 4 Punkte in der Mitte; schließen Sie dann die Augen und bewegen den Kopf hin und her: Was sehen Sie?

Abbildung 2

Schauen Sie bitte auf den Punkt in der Mitte und bewegen den Kopf dabei vor und zurück: Was sehen Sie?

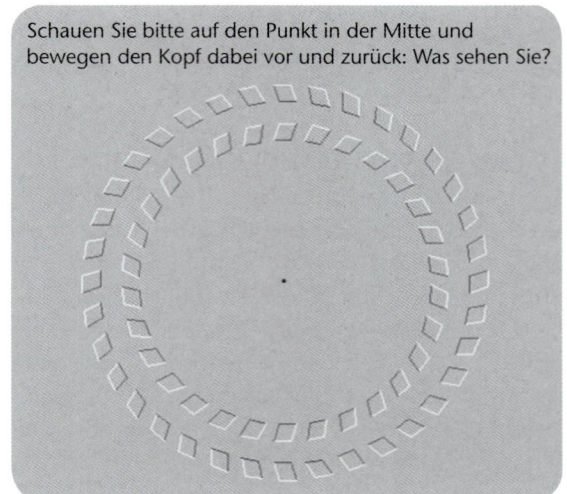

Abbildung 3

wenn Sie bei anderen Menschen etwas erreichen möchten, bei dem der Eindruck wichtig ist, den Sie erwecken. So haben Experimente gezeigt, dass Menschen, die in billige Kleidung gekleidet ein teures Nobelauto zur Probe fahren wollten, abgewiesen wurden. Als sie erneut in teurer Kleidung erschienen, wurde ihnen ihre Probefahrt gerne gestattet.

Zum Glück ist der Mensch in der Lage, Dinge oder Personen selbst dann wiederzuerkennen, wenn sie sich aufgrund ihrer Lage in ihrer Erscheinungsweise auf dem Augenhintergrund grundlegend ändern. Dies ist für den Umgang mit anderen Menschen ebenso wichtig wie für die Wahrnehmung von Tieren oder von Dingen (vgl. Abb. 5). Man bezeichnet dieses lebenswichtige Phänomen als **Wahrnehmungskonstanz**.

Wahrnehmungskonstanz ist wichtig, um die Größe von Gegenständen oder Lebewesen unabhängig von ihrer Entfernung richtig einzuschätzen zu können. Ein Gegenstand auf der Netzhaut wird wesentlich kleiner abgebildet, wenn er sich in der Nähe befindet, als wenn er weiter entfernt ist (vgl. Abb. 6).

Wie viele andere wahrnehmungspsychologische Phänomene dieser Art beruht die Fähigkeit, Größen unabhängig von den auf der Netzhaut abgebildeten Größenverhältnissen konstant wahrzunehmen, auf Erfahrungen, die vom Beginn des Lebens an gemacht werden. Nur diesen Erfahrungen ist es zu verdanken, dass die Menschen beispielsweise weit entfernt wahrgenommene gefährliche Lebewesen in

Lesen Sie, was Sie sehen, von oben nach unten und von links nach rechts.

Abbildung 4

Gut, dass Sie in der Lage sind, sich über die „fotografischen" Projektionen auf Ihrer Netzhaut „hinwegzusetzen". Nur so können Sie eine Tür als solche in geöffnetem und in geschlossenem Zustand erkennen.

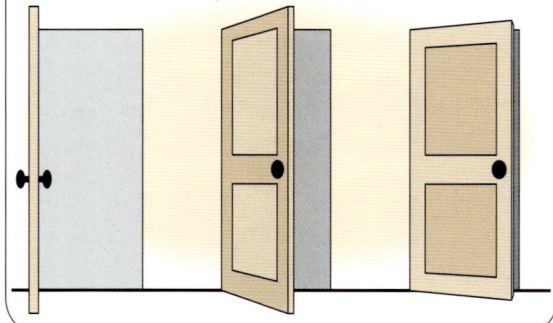

Abbildung 5

ihrer Größe richtig einschätzen und rechtzeitig fliehen konnten.

Interessanterweise werden Größen allerdings immer in ihrem Kontext – hier in ihre Umgebung integriert – wahrgenommen. Dies kann dazu führen, dass Gegenstände bei gleich bleibender Abbildungsgröße auf der Netzhaut trotzdem unterschiedlich groß wahrgenommen werden. Es geht also im Prinzip um die Umkehrung des vorigen Phänomens (vgl. Abb. 7).

Gute Architekten bedienen sich häufig solcher Wahrnehmungsphänomene, um Räume z. B. größer, offener, einladender usw. erscheinen zu lassen, als es der zur Verfügung stehende Platz tatsächlich zulässt. Wenn Sie einmal durch ein größeres Einkaufszentrum gehen und bewusst darauf achten, werden Sie eine Fülle solcher „Architekten-Tricks" sehen können.

So wie Wahrnehmungserfahrungen und -gewohnheiten wichtige Orientierungshilfen darstellen können, so können sie den Menschen täuschen; im folgenden Beispiel können Sie schwarze Punkte sehen, die überhaupt nicht existieren (vgl. Abb. 8).

Es gibt eine Reihe von Wahrnehmungsgesetzen, die der Orientierung des Menschen im Alltag dienen, aber umgekehrt auch dazu führen können, dass man sich gravierend täuscht. In diesem Zusammenhang ist besonders das „Gesetz der guten Gestalt" hervorzuheben (vgl. Abb. 9).

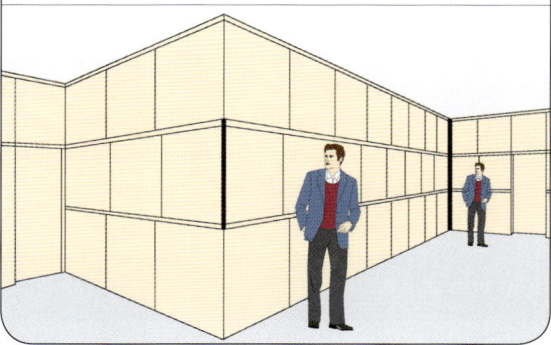

Der hintere Balken ist auf der Netzhaut genauso groß abgebildet wie der vordere, wird aber als größer wahrgenommen. Der Mann hinten ist auf der Netzhaut kleiner abgebildet, wird jedoch als ebenso groß wie der Mann im Vordergrund wahrgenommen.

Abbildung 6

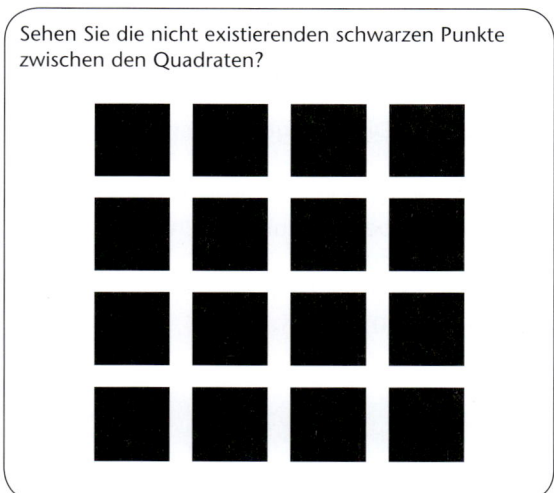

Sehen Sie die nicht existierenden schwarzen Punkte zwischen den Quadraten?

Abbildung 8

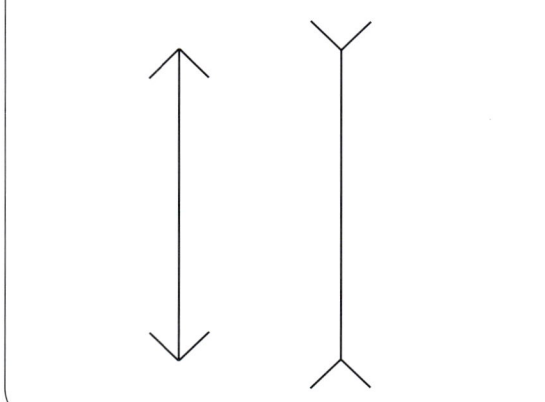

Kaum zu glauben, aber die geraden Linien zwischen den Pfeilen sind in beiden Zeichnungen exakt gleich lang.

Abbildung 7

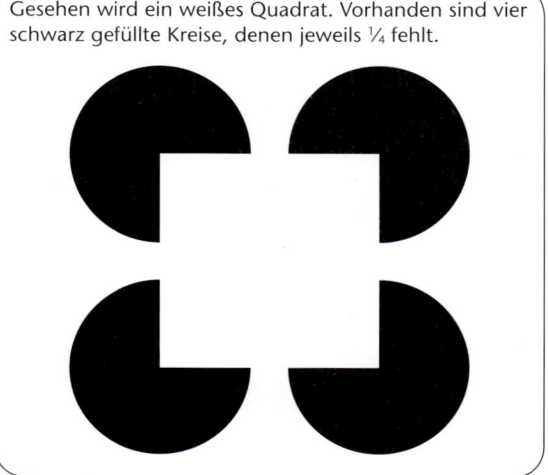

Gesehen wird ein weißes Quadrat. Vorhanden sind vier schwarz gefüllte Kreise, denen jeweils ¼ fehlt.

Abbildung 9

Sobald ein Wahrnehmungsgegenstand früheren Wahrnehmungsinhalten ein wenig entspricht, wird die unvollständige Gestalt ergänzt und als „gute Gestalt" wahrgenommen. Dieses Beispiel zeigt auf sehr einfache und anschauliche Weise, dass Wahrnehmungsinhalte nicht in den Sinnesorganen, sondern im Gehirn gemacht (konstruiert) werden. Allerdings belegen auch die anderen Beispiele zu Wahrnehmungsphänomenen diese Auffassung. Sie werden dazu in Kapitel 3.3.6 noch mehr erfahren können.

Ähnliches geschieht auch beim „Gesetz der guten Fortsetzung". Auch hier wird etwas ergänzt, was dazu führen kann, dass man einen völlig anderen Wahrnehmungsinhalt konstruiert, als es der Abbildung auf der Netzhaut entspricht.

Bereits diese wenigen Beispiele zeigen: Man nimmt die Welt grundlegend anders wahr, als sie auf der Netzhaut abgebildet ist. Unter Umständen nimmt man sogar etwas wahr, was überhaupt nicht existiert. Dies belegt vor allem Folgendes: Erkenntnisse

- entstehen nicht in den Sinnesorganen,
- haben nur bedingt mit den Phänomenen der Außenwelt zu tun,
- werden in erster Linie im Gehirn konstruiert (vgl. Abb. 10).

Empfindung, Wahrnehmung, Vorstellung

Für den Menschen ist es lebensnotwendig, mit der Welt, in der er lebt, in Beziehung treten zu können. Er muss sich orientieren, sich zurechtfinden. Dabei gehören natürlich neben der Außenwelt auch der eigene Körper und die bewusst werdenden psychischen Inhalte und Prozesse zu seiner Welt.

Wahrnehmungsinhalte sind, wie Sie an den vielfältigen Beispielen sehen konnten, subjektiv organisiert. Dabei besteht immer nur eine indirekte Beziehung zwischen den Wahrnehmungsinhalten und den Wahrnehmungsgegenständen. Wahrnehmungsinhalte entstehen im weiteren Prozess durch die Organisation von Empfindungen: Die durch Reizeinwirkung in den Sinneszellen hervorgerufenen Erregungen werden über die Nervenfasern zum Großhirn weitergeleitet. Sobald diese Erregungen bewusst geworden sind, spricht man von Empfindungen. In der Großhirnrinde werden diese Empfindungen mit vielen anderen Hirnaktivitäten zu Wahrnehmungen koordiniert.

Bei dieser Organisation spielen viele Einflussfaktoren eine Rolle:
1. die räumlichen Reizkonstellationen (Reizmuster)
2. die zeitlichen Reizkonstellationen (Reizabfolgen), die beispielsweise bei der Wahrnehmung eines Filmes eine große Rolle spielen

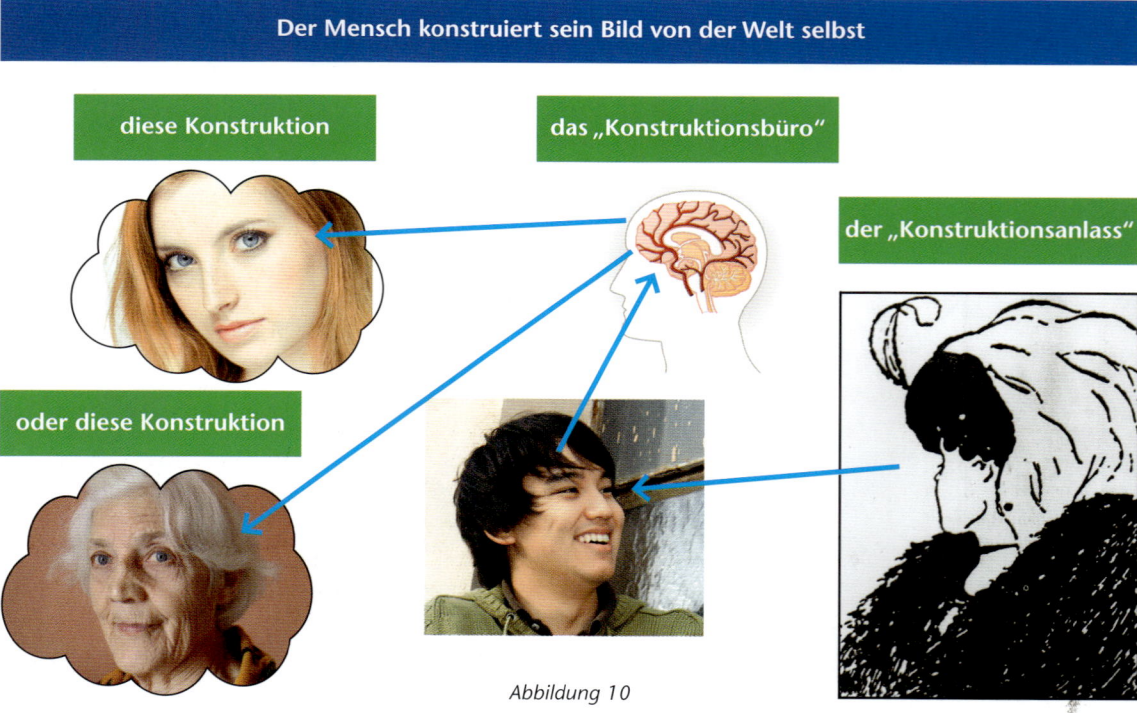

Abbildung 10

3. die distalen (entfernten) Reizquellen (äußere Wahrnehmungsgegenstände)
4. die proximalen (nahen) Reize (Reizung der Sinneszellen in den Sinnesorganen)
5. die Reizstärke, die mindestens erforderlich ist, damit es zur Konstruktion eines Wahrnehmungsinhaltes kommt
6. die Reizart, die erforderlich ist, damit die Sinneszellen in einem Sinnesorgan überhaupt erregt werden können

Besonderheiten des Gesichtssinns

Die Augen und das von ihnen ausgehende Nervensystem leisten viel, damit sich der Mensch in seiner optischen Welt zurechtfinden kann:

- **Hell-dunkel-Adaptation:** Das Auge kann sich an unterschiedliche Helligkeit bzw. Dunkelheit anpassen. Die bekannteste Störung ist dabei die sogenannte Nachtblindheit.
- **Farbensehen:** Während Helligkeit oder Dunkelheit Ausdruck der Lichtstärke sind, sind Farben physikalisch gesehen bestimmte Wellenlängen. Zu den bekanntesten Störungen gehören die unterschiedlichen Arten von Farbenblindheit: Rotblindheit, Grünblindheit, Violettblindheit, totale Farbenblindheit. Interessanterweise wissen viele Menschen mit Farbenblindheit nicht von dieser Einschränkung. Sie wissen beispielsweise, dass eine Wiese grün ist, weil seit ihrer Kindheit der Grauwert der grünen Wiese als grün bezeichnet wurde.
- **Tiefensehen:** Hier geht es um dreidimensionales Sehen. Voraussetzung dafür ist die Funktionstüchtigkeit beider Augen. Die Wahrnehmung räumlicher Tiefe entsteht dadurch, dass beide Augen aus leicht unterschiedlicher Blickrichtung zwei verschiedene Netzhautbilder produzieren. Beim Ausfall eines Auges entfällt das Tiefensehen jedoch nicht völlig, da andere Erfahrungswerte Hinweise auf die räumliche Tiefe geben können.

Besonderheiten des Gehörsinns

Die Reize, die die Sinneszellen im Gehirn erregen können, sind Luftschwingungen, d. h. Wellen, die z. B. durch Schwingungen elastischer Körper hervorgerufen werden. Die Schwingungen der Saite einer Violine sind ein anschauliches Beispiel hierfür. Dabei lassen sich unterscheiden:

- **Ton:** Ein Ton ist eine regelmäßige, einfache Schwingung.
- **Tonhöhe:** Sie hängt von der Schwingungsfrequenz pro Sekunde ab. Je größer die Frequenz, desto höher ist der Ton.
- **Tonstärke:** Sie hängt von der Schwingungsamplitude ab, d. h. je höher die Schwingung, desto lauter der Ton.
- **Klang:** Ein Klang ist die Mischung mehrerer zusammengesetzter regelmäßiger Schwingungen.
- **Geräusch:** Ein Geräusch setzt sich aus unregelmäßigen Schwingungen zusammen.

Dank der Leistungsfähigkeit des Gehörsinns ist es möglich, sowohl die Richtung als auch die ungefähre Entfernung von Tönen, Klängen und Geräuschen bestimmen zu können. Eine besonders wichtige Rolle spielt der Gehörsinn für das Gleichgewicht.

Besonderheiten des Gleichgewichtssinnes

Der Gleichgewichtssinn dient der Orientierung des Menschen im Raum und verschafft ihm zudem ein Bewusstsein von Stehen, Liegen, Bewegen, für Geschwindigkeit und Ruhe. Ohne den Gleichgewichtssinn könnte sich der Mensch nicht zielgerichtet in seiner Umgebung bewegen.

Gesetzmäßigkeiten der Wahrnehmung

Viele Wahrnehmungsgesetze spielen auch im erzieherischen Alltag eine bedeutende Rolle. Dies ist der Gesichtspunkt, unter dem die folgenden Gesetze betrachtet werden sollen.

1. Das Gesetz der Gleichartigkeit

Gleichartige Wahrnehmungsgegenstände werden als zusammengehörige Einheit wahrgenommen (vgl. Abb. 11).

Nach diesem Gesetz werden Personen oder Gegenstände als zusammengehörig wahrgenommen, selbst wenn sie tatsächlich überhaupt nichts miteinander zu tun haben (vgl. Abb. 13).

Dieses Gesetz kann Einfluss auf die Gestaltung pädagogischer Verhältnisse zu einzelnen Kindern oder Jugendlichen haben. Erziehende müssen sehr bewusst darauf achten, dass Kinder, die sich äußerlich gleichen, trotzdem unterschiedliche Individuen sind. Darüber hinaus lässt sich dieses

Abbildung 11

Abbildung 12

Gesetz bei der Gestaltung von Medien für die methodisch-didaktische Arbeit nutzen: Achten Sie darauf, dass unterschiedliche Inhalte auch formal unterschiedlich dargestellt werden.

2. Das Gesetz der Nähe

Personen oder Dinge werden auch als zusammengehörig wahrgenommen, wenn sie sich in einer räumlichen Nähe zueinander befinden. Ein Sprichwort heißt in diesem Sinne: „Sag mir, mit wem du gehst, und ich sage dir, wer du bist." Dieses Sprichwort lässt sich natürlich auch auf das Gesetz der Gleichartigkeit anwenden (vgl. Abb. 12).

Dieses Gesetz kann bewirken, dass Erziehende Kinder oder Jugendliche, die sich in räumlicher Nähe befinden, als gleichartig oder zusammengehörig wahrnehmen, obwohl sie dies keineswegs sein müssen. Es ist nicht immer einfach, die Individualität der Kinder oder Jugendlichen trotz der Wirkung dieses Wahrnehmungsgesetzes wahrzunehmen und zu beachten. Bei der Gestaltung von Medien für die methodisch-didaktische Arbeit lässt sich dieses Wahrnehmungsgesetz im Interesse des Lernerfolges der Kinder oder Jugendlichen nutzen: Stellen Sie Inhalte, die zusammengehören, auch in einer räumlichen Nähe zueinander dar.

3. Das Gesetz des durchgehenden Verlaufs

Wenn sich Linien kreuzen, erfolgt die Wahrnehmungsorganisation immer so, dass sie ihre

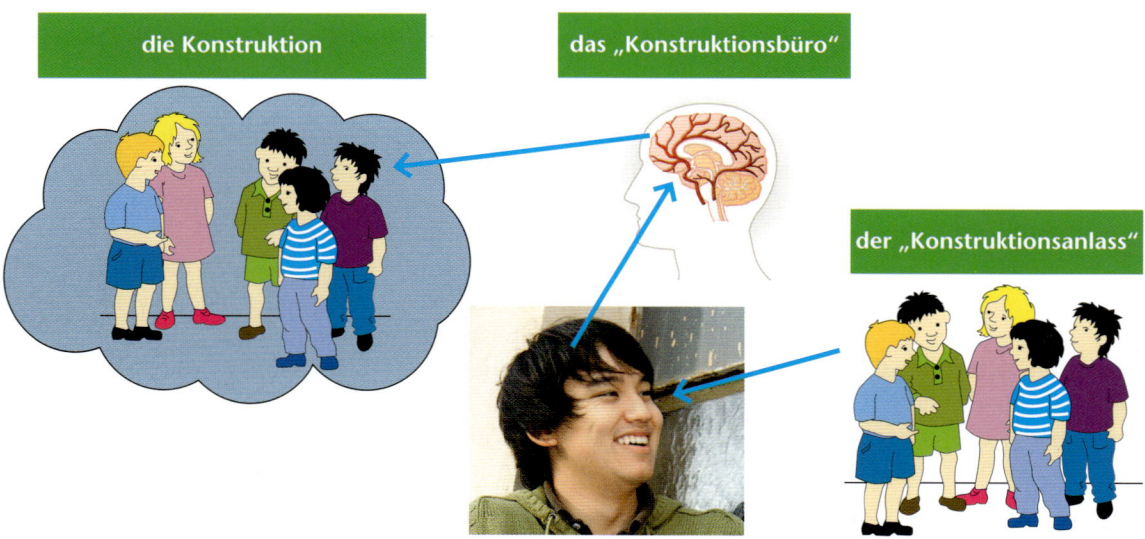

Abbildung 13

114 | 1 Berufswunsch und -wirklichkeit

Richtung und ihre Struktur fortsetzen. Hier werden also Fortsetzungen wahrgenommen, die möglicherweise (!) überhaupt nicht existieren (vgl. Abb. 14).

Das Gesetz des durchgehenden Verlaufs folgt dem Prinzip, dass unsere Wahrnehmung die Dinge möglichst einfach darstellt. Die Tendenz, die Dinge möglichst einfach wahrzunehmen, birgt in Erziehungsprozessen die Gefahr in sich, wichtige Einzelaspekte bzw. Besonderheiten zu übersehen oder nicht Zusammengehöriges als zusammengehörig wahrzunehmen. Auch um dieser Gefahr im Alltag zu begegnen, ist eine permanente Reflexion des Erziehungshandelns erforderlich (vgl. Abb. 15).

4. Das Gesetz der guten Gestalt

Das Gesetz der guten Gestalt besagt, dass Gegenstände immer möglichst einfach und einprägsam wahrgenommen werden. Dabei spielen folgende Merkmale der Wahrnehmungsgegenstände eine Rolle:
- Bewegung
- Einfachheit
- Regelmäßigkeit
- Symmetrie, inneres Gleichgewicht
- Geschlossenheit von Formen

Dieses Gesetz ist schon im frühen Kindesalter wirksam: Kinder können bereits im ersten Lebensjahr Quadrate, Kreise und Dreiecke unterscheiden (vgl. Abb. 16).

Das Gesetz der guten Gestalt hilft, dass Dinge vollständig wahrgenommen werden, obwohl nur Teile von ihnen auf der Netzhaut abgebildet sind (vgl. Abb. 17).

Einerseits unterstützt dieses Gesetz eine schnelle Orientierung, andererseits birgt es das Risiko in sich, dass Gegenstände, Personen oder Vorgänge zu einfach wahrgenommen werden. Bei komplexeren Vorgängen kann es dazu führen, „sich die Dinge schönzureden" und wichtige Details nicht zu berücksichtigen. Andererseits hilft das Gesetz auch, Gesamtzusammenhänge zu erfassen, ohne alle Details zu kennen. Bei der Gestaltung von Medien für die methodisch-didaktische Arbeit lässt sich dieses Gesetz allerdings so nutzen, dass bei der Darstellung von Inhalten auf „unnötige" Details verzichtet werden sollte, um das Lernen zu erleichtern.

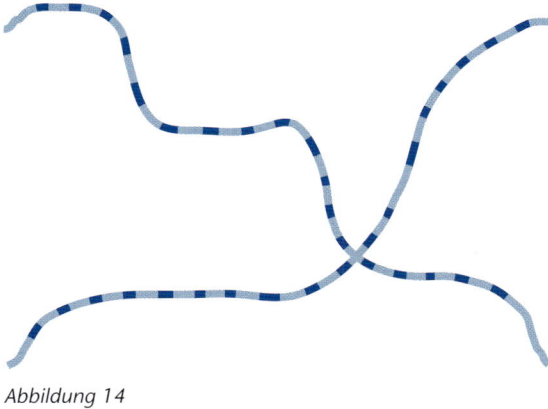

Abbildung 14

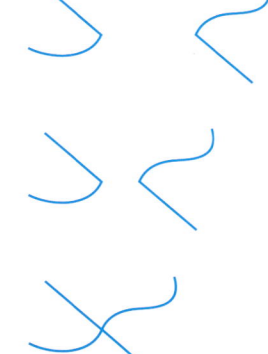

Abbildung 15

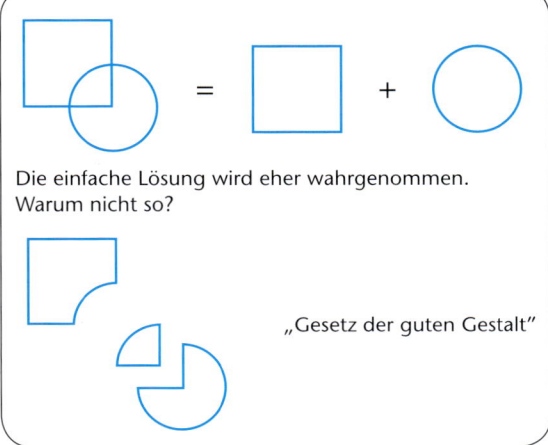

Abbildung 16

Abbildung 17

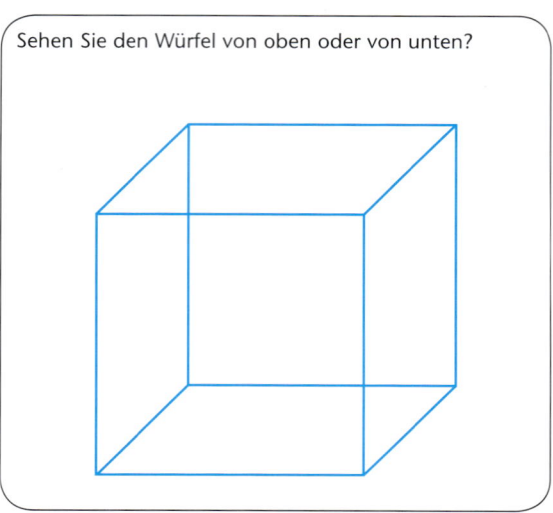

Abbildung 18

5. Figur-Grund-Gesetz

Das Gehirn entscheidet über den Wahrnehmungsinhalt auch in Abhängigkeit davon, ob bestimmte auf der Netzhaut abgebildete Reize als Vordergrund oder als Hintergrund interpretiert werden. Nicht die Abbildung auf der Netzhaut, sondern die Konstruktion im Gehirn ist auch hier – wie bei jeder Wahrnehmung – für den Wahrnehmungsinhalt verantwortlich (vgl. Abb. 19).

Sie können dies auch bei dem Würfel oben rechts sehen (vgl. Abb. 18).

Auch auf der nächsten Seite oben sehen Sie das Quadrat nur, wenn Sie die weiße Fläche als Vordergrund wahrnehmen (vgl. Abb. 20).

Dieses Wahrnehmungsgesetz kann dazu führen, dass verschiedene Menschen die gleiche Situation grundverschieden wahrnehmen. Bevor Sie gemeinsam mit anderen Erziehenden schwierige pädagogische

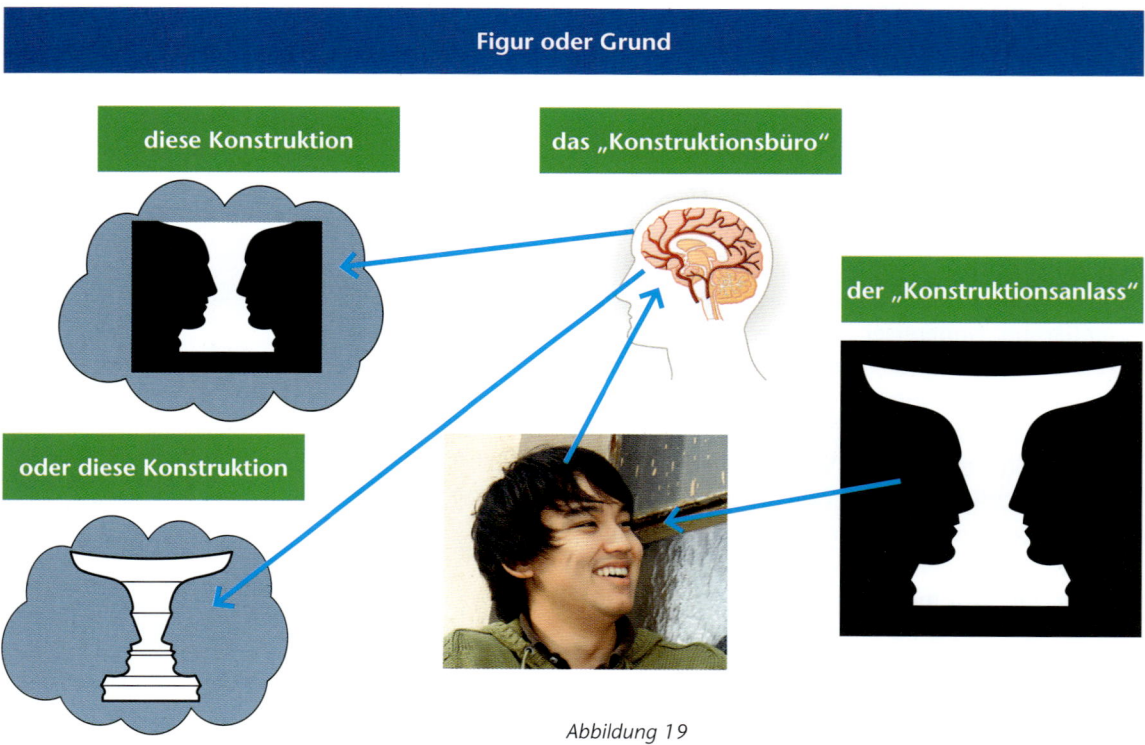

Abbildung 19

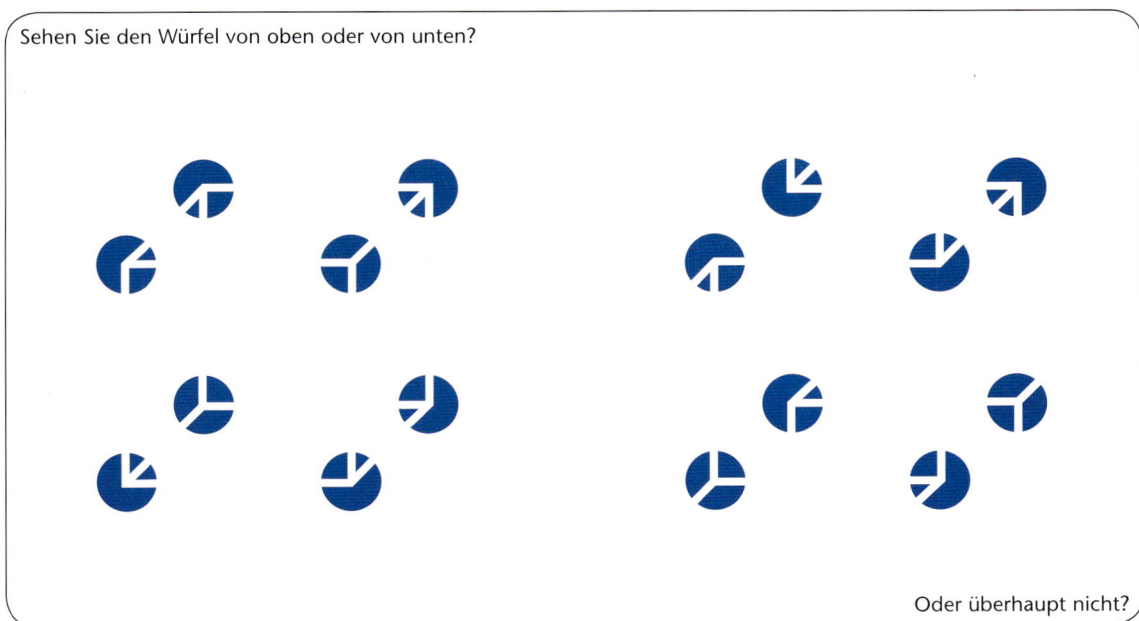

Abbildung 20

Entscheidungen treffen, sollten Sie daher klären, wie alle Mitwirkenden die Situation wahrnehmen und was für jeden im Vordergrund steht.

6. Mehrere Wahrnehmungsgesetze gleichzeitig

Natürlich unterliegt die alltägliche Wahrnehmung meist mehreren Wahrnehmungsgesetzen und/oder -täuschungen gleichzeitig. Das folgende Bild kann dies am Beispiel zweier Wahrnehmungsphänomene, dem Figur-Grund-Gesetz und dem Gesetz der guten Gestalt, verdeutlichen (vgl. Abb. 21).

Beobachtung immer und überall

Überall, wo Menschen in Kontakt zueinander stehen, beobachten sie sich gegenseitig – zufällig oder gezielt. Die dabei vom Beobachter konstruierten Wahrnehmungs- bzw. Beobachtungsinhalte bleiben kurzzeitig oder langzeitig im

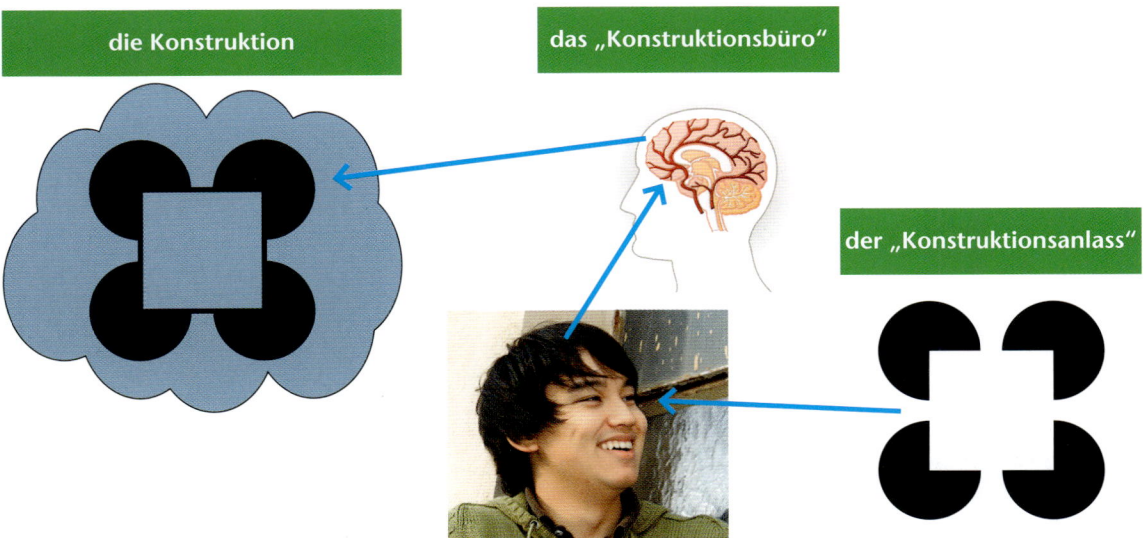

Abbildung 21

Gedächtnis oder werden rasch wieder vergessen. Die Beobachtungsinhalte unterliegen dabei der gleichen Subjektivität wie jede andere Wahrnehmung auch.

Der englische Schriftsteller George Orwell (1903–1950) schrieb während des Zweiten Weltkrieges den Zukunftsroman „1984". Er beschreibt einen Überwachungsstaat, in dem sich kein Mensch mehr unbeobachtet fühlen kann. Überall – selbst in den privaten Lebensbereichen – gibt es in Orwells Roman Kameras und Mikrofone. Die Menschen werden Tag und Nacht systematisch beobachtet, wobei es um die permanente Kontrolle ihres systemkonformen Verhaltens geht. 1971 schrieb der Bonner Psychologe Hans Thomae dazu:

„Für manches Kind ist ‚1984' schon lange Wirklichkeit. Sobald es aus dem schützenden Bereich des Elternhauses heraustritt und sofern es ohne diesen Bereich aufwachsen muss, wird sein Verhalten beobachtet und beurteilt. Schon lange vor dem Schuleintritt geben Tanten und Onkel, Großmütter und Freunde ihre Meinung über Entwicklungsstand, Benehmen und Klugheit des kleinen Erdenbürgers zum Besten. Bei vaterlosen Kindern oder bei Waisen sind es oft Fürsorgerinnen oder Heimleiterinnen, die sich aus bestimmten Gründen ein Urteil bilden müssen, vielleicht, weil ein Pflegestellenwechsel notwendig ist oder weil das Kind adoptiert werden soll. In diesem Fall müssen Fragebögen ausgefüllt werden, die über Name und Geburtsdatum des Kindes, über die Entbindungsanstalt, die Haarfarbe und Augenfarbe Auskunft geben sollen, aber auch – wie es in einem sehr lange gebrauchten Formular etwa des Münchener Stadtjugendamtes heißt – über die ‚charakterliche Veranlagung'.

Ist ein derartiges Formular ausgefüllt, so läuft künftig das eine Kind als ‚trotzig-eigensinniges' (von Veranlagung!), das andere als ‚gutartiges', das dritte als ‚unsauberes' in der Welt umher."
(Thomae, 1968, S. 1)

An der Situation, die Thomae beschreibt, hat sich bis heute nichts Wesentliches verändert. Die Problematik, auf die Thomae eingeht, zeigt das Dilemma, mit dem auch sozialpädagogische Fachkräfte täglich konfrontiert sind. Einerseits ist ein kontinuierliches und sorgfältiges Beobachten für eine erfolgreiche erzieherische Arbeit unabdingbar. Andererseits gilt es, dabei wichtige ethische und moralische Grundsätze zu beachten:

- Die sozialpädagogische Fachkraft hat nur dann ein Recht, ein Kind oder einen Jugendlichen überdauernd und gründlich zu beobachten, wenn dies im Interesse der Entwicklung seiner Persönlichkeit ist.
- Dazu ist eine gründliche und in regelmäßigen Abständen wiederholte Klärung dieses Interesses im Team herbeizuführen.
- Verdeckte, d.h. in gewisser Weise „heimliche" Beobachtungen, sind nur angezeigt, wenn dies aufgrund des Entwicklungsstandes oder der psychologischen Befindlichkeit des Kindes oder Jugendlichen nicht anders möglich ist. Auch hierüber müssen Absprachen im Team getroffen werden.
- Beobachtungsergebnisse und Interpretationen von Beobachtungsprotokollen, die in Aktenordnern aufbewahrt oder in Computerdateien gespeichert und an andere Institutionen oder Erziehungsberechtigte weitergegeben werden, müssen ebenfalls besonders sorgfältig im Team besprochen und kritisch hinterfragt werden.
- Bei der Formulierung schriftlich zu fixierender Beobachtungsergebnisse und ihrer Auswertung sind die Tragweite der Protokolle und die Subjektivität der Wahrnehmung besonders zu berücksichtigen.
- Schriftlich fixierte, aber auch mündlich weitergegebene Beobachtungen können ein Kind auf seinem Weg durch alle pädagogischen Institutionen begleiten.
- Die Beobachterin reflektiert die Qualität ihrer Beziehung zu dem zu beobachtenden Kind oder Jugendlichen.

Aus diesen Punkten leiten sich entsprechende Prüffragen für die sozialpädagogischen Fachkräfte als Voraussetzung für eine professionelle Beobachtung ab. **Beobachten** ist eine der grundlegenden und unentbehrlichsten Tätigkeiten einer sozialpädagogischen Fachkraft. Sie beobachtet ständig und handelt entsprechend den Schlüssen, die sie daraus zieht. Im Verlauf ihrer beruflichen Tätigkeit entwickeln sozialpädagogische

Fachkräfte Beobachtungsgewohnheiten, die ihnen mehr oder minder unbewusst sind, die aber ihrem Beobachten eine gewisse Struktur geben und zum Teil im Vorhinein festlegen, welche Beobachtungsschwerpunkte im Mittelpunkt stehen. Da die Beobachtungskriterien dabei unbewusst sind, ist es in besonderen Fällen wichtig, dass systematisch, zielgerichtet und überprüfbar beobachtet wird.

Beobachtung als pädagogische Herausforderung

Obwohl kein Zweifel daran besteht, dass und wie subjektiv die Wahrnehmung ist, ist sie die entscheidende Orientierungshilfe des Menschen. Psychologen wie Pädagogen haben immer wieder versucht, Methoden zu entwickeln, um brauchbare Informationen über das Verhalten und Erleben, über die Entwicklung und die Persönlichkeit von Kindern und Jugendlichen in erzieherischen Situationen gewinnen zu können. Dabei ist deutlich geworden, dass Beobachtungen und ihre Dokumentation verbessert werden, wenn sie

- durch weitere Beobachter kontrolliert werden,
- zielorientiert sind,
- klar strukturiert sind und
- unter vergleichbaren Bedingungen wiederholt werden.

Beobachtungen haben einen festen Platz im Alltag sozialpädagogischer Einrichtungen. Sie sind erforderlich, um pädagogische, psychologische sowie methodische und didaktische Entscheidungen im Interesse einer optimalen Förderung der Kinder oder Jugendlichen zu treffen.

Auch der Gesetzgeber hat diese Notwendigkeit erkannt und sozialpädagogische Fachkräfte verpflichtet, die ihnen anvertrauten Kinder oder Jugendlichen gründlich und differenziert wahrzunehmen. Dabei wird in vielen gesetzlichen Vorgaben deutlich herausgestellt, dass es eine unmittelbare Abhängigkeit der Qualität des pädagogischen Handelns von einer möglichst umfassenden Kenntnis der Entwicklung und der Persönlichkeiten der Kinder und Jugendlichen gibt.

Im Sozialgesetzbuch SGB VIII § 22, Abs. 2 und 3, heißt es beispielsweise:

„(2) Tageseinrichtungen für Kinder und Kindertagespflege sollen
1. *die Entwicklung des Kindes zu einer eigenverantwortlichen und gemeinschaftsfähigen Persönlichkeit fördern,*
2. *die Erziehung und Bildung in der Familie unterstützen und ergänzen,*
3. *den Eltern dabei helfen, Erwerbstätigkeit und Kindererziehung besser miteinander vereinbaren zu können.*

(3) Der Förderungsauftrag umfasst Erziehung, Bildung und Betreuung des Kindes und bezieht sich auf die soziale, emotionale, körperliche und geistige Entwicklung des Kindes. Er schließt die Vermittlung orientierender Werte und Regeln ein. Die Förderung soll sich am Alter und Entwicklungsstand, den sprachlichen und sonstigen Fähigkeiten, der Lebenssituation sowie den Interessen und Bedürfnissen des einzelnen Kindes orientieren und seine ethnische Herkunft berücksichtigen."

Im Gesetz zur frühen Bildung und Förderung von Kindern (Kinderbildungsgesetz – KiBiz) des Landes Nordrhein-Westfalen wird die Notwendigkeit und die Verpflichtung zu regelmäßigen Beobachtungen direkt angesprochen; dort heißt es: „(5) Die Entwicklung des Kindes soll beobachtet und regelmäßig dokumentiert werden. Die Bildungsdokumentation setzt die schriftliche Zustimmung der Eltern voraus".

Unabhängig von der rechtlichen Verpflichtung einerseits und aller Subjektivität der menschlichen Wahrnehmung andererseits können sozialpädagogische Fachkräfte nicht auf die Beobachtung „ihrer" Kinder und/oder Jugendlichen verzichten.

Dafür gibt es wichtige Gründe:
1. Selbstbewusstsein, Selbstwertgefühl und Selbstvertrauen entwickeln sich in der Wechselwirkung von Fremd- und Selbstwahrnehmung.
2. Selbstwahrnehmung geschieht immer auf der Grundlage von Fremdwahrnehmung: Man kann sich nur selbst sehen, wenn man von anderen gesehen wird.
3. Dies bedeutet: Man kann sich nur weiterentwickeln, wenn man von anderen gesehen und geachtet wird.

4. Die Unterstützung und Begleitung der Selbstbildungsprozesse ist nur möglich, wenn dies den Entwicklungsmöglichkeiten, dem Entwicklungsstand, den Persönlichkeitseigenschaften, den Fähigkeiten und Fertigkeiten sowie der emotionalen und motivationalen Befindlichkeit des einzelnen Kindes oder Jugendlichen angemessen ist. Dies ist nur möglich, wenn die sozialpädagogischen Fachkräfte durch regelmäßige Beobachtungen darüber informiert sind.

„Beobachtet-Werden" ist, sofern es auf fachgerechter, professioneller Beobachtung beruht, für die Persönlichkeitsentwicklung der Kinder und Jugendlichen in sozialpädagogischen Einrichtungen eine wichtige Erfahrung. Dies trifft allerdings nur dann zu, wenn zwischen der Beobachterin und den Kindern oder Jugendlichen ein Vertrauensverhältnis und ein offener, kommunikativer Austausch bestehen. Letzterer muss wertschätzend, achtsam und rücksichtsvoll sein und dem Kind Möglichkeiten eröffnen, aktiver Gestalter seiner eigenen Entwicklung zu sein.

Um diesen Anforderungen an professionelles Beobachten entsprechen zu können, muss eine sozialpädagogische Fachkraft **Methoden der Wahrnehmung** (konkret: der Beobachtung) kennen und anwenden, die die alltägliche Subjektivität begrenzen und kontrollieren.

Die Beobachtung von Kindern und Jugendlichen ist eine entscheidende Grundlage für die Arbeit von pädagogischen Fachkräften in den unterschiedlichen Institutionen ihres Berufsfeldes. Sie ist auch erforderlich, um die Qualität der pädagogischen Arbeit zu kontrollieren und weiterzuentwickeln. Dazu ist es allerdings auch notwendig, dass die Fachkräfte in ihrer praktischen Arbeit einen möglichst unmittelbaren Bezug zwischen ihren Beobachtungsergebnissen und ihren pädagogischen Entscheidungen herstellen.

Die Beobachtungen in der sozialpädagogischen Praxis müssen
- einerseits auf jedes einzelne Kind bzw. jeden einzelnen Jugendlichen ausgerichtet werden und
- andererseits die gesamte Gruppe in den Blick nehmen.

Es gibt keine Kinder oder Jugendlichen, die nicht beobachtet werden müssen, da es um die Förderung aller geht. Beobachtungen müssen darüber hinaus **zielorientiert** und **regelmäßig** durchgeführt werden.

Die Beobachtungen beziehen sich im Alltag auf verschiedene, für die Förderung wichtige Bereiche:
- die Lernbereitschaft in verschiedenen Lebens- und Inhaltsbereichen
- die Lern- und Entwicklungsfortschritte in unterschiedlichen Kompetenzbereichen, z. B.:
  – Sprache
  – mathematisches Verständnis
  – räumliches Vorstellungsvermögen
  – Formauffassung
  – Sozialverhalten
  – emotionale Stabilität
  – Konzentrationsfähigkeit
  – konkret-logisches, logisches oder abstraktes Denken u. v. m.

Eine besondere Rolle spielt natürlich auch das Wohlbefinden der Kinder oder Jugendlichen. Insgesamt sind die Beobachtungsergebnisse Grundlage für die Entwicklung von individualisierten Förderschwerpunkten.

Es liegt im Interesse der Qualität der Beobachtungen, dass sie innerhalb einer Einrichtung nach einer gemeinsamen Struktur durchgeführt werden. Diese erleichtert sowohl das gemeinsame Verständnis der dokumentierten Beobachtungsergebnisse im Team als auch die evtl. notwendige Kontrolle der Beobachtungen durch Zweitbeobachter (vgl. Bayerisches Staatsministerium für Arbeit und Sozialordnung, Familie und Frauen, 2006).

Naive Beobachtungen

Die alltäglichen Beobachtungen, die den Alltag aller Menschen begleiten, bezeichnet man als „naive Beobachtungen". So wertvoll naive Beobachtungen als Anlässe für systematische, professionelle Beobachtungen sind – sie sind immer beeinflusst von
- Einstellungen und Vorurteilen,
- Erwartungen an das Verhalten des Beobachteten,
- Vorinformationen und Gerüchten,

- Stimmungen und Bedürfnissen,
- Interessen des Beobachters,
- subjektiven Zu- oder Abneigungen zwischen Beobachter und Beobachtetem, d. h. in sozialpädagogischen Einrichtungen von der Qualität des pädagogischen Verhältnisses.

Naive Beobachtungen unterliegen all den Wahrnehmungstäuschungen und -gesetzen, die Sie in diesem Kapitel kennenlernen konnten. Sie sind subjektiv und stehen unter dem Einfluss der Vorerfahrungen, der Emotionen, der Werthaltungen, der Vorurteile und Einstellungen des Beobachters. Dennoch sind sie aus der sozialpädagogischen Praxis nicht wegzudenken, denn sie finden in der Regel auch im Alltagsleben der Einrichtung statt. Dabei sind die nicht geplanten und manchmal unerwarteten Ergebnisse naiver Beobachtung häufig Anlass für spätere systematische Beobachtungen.

Naive Beobachtungen sind häufig die Grundlage für vorläufige Vermutungen über besondere Eigenschaften oder Merkmale eines Kindes oder Jugendlichen mit hypothetischem Charakter. Diese Vermutungen müssen dann von sozialpädagogischen Fachkräften mithilfe sehr viel genauerer und systematischerer Beobachtungen überprüft und kontrolliert werden. Naive Beobachtungen haben also auch im beruflichen Alltag sozialpädagogischer Fachkräfte eine – wenn auch begrenzte und kritisch zu hinterfragende – Bedeutung.

Systematische Beobachtungen

Auch wenn mithilfe einer Systematisierung der Beobachtung deren Qualität deutlich verbessert werden kann, ist eine völlig wertneutrale und vom Beobachter unabhängige Beobachtung in der sozialpädagogischen Praxis nicht erreichbar. Selbst wenn der Beobachter die subjektiven Elemente des Beobachtungsprozesses gut kontrolliert, was allerdings auch nur begrenzt möglich ist, bleibt die Subjektivität der Sprache bei der Anfertigung der schriftlichen Beobachtungsprotokolle oder -berichte. Wörter und Sätze mit ihren grammatikalischen Konstruktionen sind niemals wertfrei. Bei jedem Menschen verbinden sich mit ihnen biografische Erfahrungen. Die Schwierigkeit liegt dabei vor allem darin, dass die Erfahrungen des Lesers eines Beobachtungsprotokolls andere sind als die des Schreibers.

Mit systematischen Beobachtungen kann das Verhalten und Erleben eines Kindes sehr viel genauer erfasst werden. Genauigkeit ist dabei eher erreichbar, wenn es um eine Quantifizierung von Daten geht, als wenn es sich um qualitative Beschreibungen handelt. So ist es vergleichsweise einfach festzustellen, wie häufig ein Kind in einer bestimmten Situation und im Verlauf einer Stunde weint. Die qualitative Beschreibung seiner Mimik und Gestik ist demgegenüber ungleich schwieriger.

Mithilfe systematischer Beobachtungen versucht man Beobachtungen so wertneutral wie möglich durchzuführen. Systematischen Beobachtungen liegen bestimmte Kriterien zugrunde, z. B.:

- Zweck und Ziel
- Dauer und Anzahl der Wiederholungen
- Ort
- besondere Situationen
- zu beobachtende Verhaltens-, Handlungs- und Erlebensbereiche

Möglicherweise wird dazu auch die spezielle Beobachtungssituation und damit auch die Verhaltensbedingungen von der sozialpädagogischen Fachkraft vorbereitend gestaltet.

Beobachtungsmethoden

Das entscheidende Ziel von Beobachtungen in der sozialpädagogischen Praxis muss darin bestehen, die Entwicklung und die Persönlichkeit eines Kindes oder Jugendlichen im Sinne der pädagogischen Förderaufgaben so brauchbar wie möglich zu erfassen. Um dies zu erreichen, können sich sozialpädagogische Fachkräfte verschiedener Beobachtungsmethoden bedienen. Dazu gehören u. a.

- das Erstellen von Sammlungen mit den Arbeiten der Kinder oder Jugendlichen (Zeichnungen, Fotos, Geschichten usw.),
- das Anlegen eines Beobachtungsbuches, in dem Seiten für einzelne Kinder und für die Gesamtgruppe angelegt sind (hier werden regelmäßig Wahrnehmungen protokolliert, die durch unstrukturiertes Beobachten entstanden sind),
- das systematische und unstrukturierte Beobachten (hier sind zwar die Kriterien der Planmäßigkeit und Zielorientiertheit erfüllt, das Beobachten selbst ist allerdings offen und folgt keinen detaillierten Vorgaben),

- das systematische und strukturierte Beobachten mithilfe von Beobachtungs- und Einschätzbögen, wie es sie z. B. zur Beobachtung der motorischen oder sprachlichen Entwicklung gibt (diese Methode gibt die zu beobachtenden Einzelaspekte sehr detailliert vor).

Unstrukturierte Beobachtungen eignen sich für die Beobachtung und Beschreibung der äußeren Erscheinungsweise des Beobachtungsgegenstandes. Auf ihrer Grundlage lassen sich qualitative Merkmale gut erfassen. Gilt es beispielsweise, die äußere Erscheinung eines Kindes oder eines Jugendlichen zu beschreiben, wird man dies mithilfe einer unstrukturierten Beobachtung tun.

Strukturierte Beobachtungen eignen sich eher für die Erfassung der Häufigkeit, des Zeitpunktes des Auftretens und der Dauer bestimmter Vorgänge, Gegebenheiten und Verhaltensweisen. Sie dienen also in erster Linie der Erfassung quantitativer Merkmale. Strukturierte Beobachtungen haben den Vorteil, dass die Beobachtungsergebnisse übersichtlicher, vergleichbarer und kontrollierbarer sind. Es besteht dabei aber auch das Risiko, dass wichtige Gesamtzusammenhänge, in denen das Verhalten und Erleben des Beobachteten zu verstehen ist, aus dem Blick geraten.

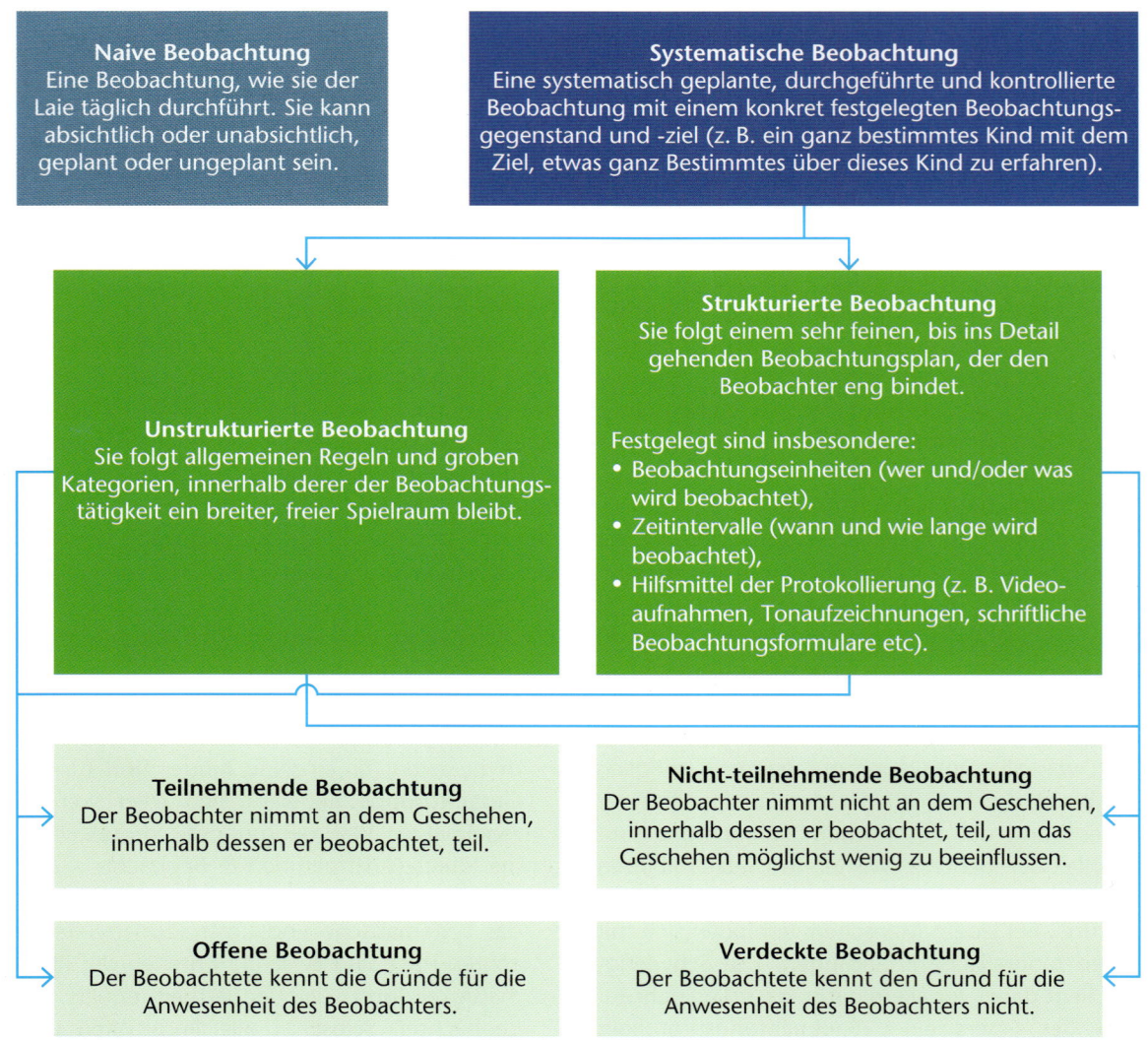

Die wichtigsten Beobachtungsarten

Vorbereitung der Beobachtungen
Im Hinblick auf die Zusammenarbeit im Team ist es wichtig, dass die Beobachtungsprozesse gemeinsam geplant und organisiert werden. Dabei sollten folgende Dinge abgesprochen werden (vgl. Caritasverband, 2009):
- Wer beobachtet?
- Wann wird beobachtet?
- Wie lange wird beobachtet?
- Wie häufig wird beobachtet?
- Wo wird beobachtet?
- Was wird beobachtet?
- Wer wird beobachtet?

Unabhängig von der Beobachtungsmethode ist in der Praxis darauf zu achten, dass das Kind oder der Jugendliche ganzheitlich wahrgenommen wird. Dadurch wird verhindert, dass Einzelaspekte zu sehr in den Vordergrund geraten und das Beobachtungsergebnis verfälscht wird. Wichtige **Ziele** einer Beobachtung können u. a. sein (vgl. Caritasverband, 2009):
- Interessen, Wünsche und Bedürfnisse des Kindes oder Jugendlichen
- Fähigkeiten und Fertigkeiten, Kompetenzen und ihre Entwicklung
- nachhaltige Veränderungen im Lernverhalten
- typische Entwicklungswege
- Informationsgewinnung für die Planung pädagogischer Angebote
- Informationsgewinnung für die Gestaltung der pädagogischen Beziehung
- Informationsgewinnung für die Lösung sozialer und individueller Konflikte
- Verbesserung des Verständnisses eines Kindes oder Jugendlichen
- Hilfen für den Dialog im Team
- Erstellung einer Entwicklungsdokumentation
- Schaffung fundierter Grundlagen für die individuelle Elternarbeit

Da Kinder als Akteure ihrer eigenen Entwicklung und Bildung als Selbstbildungsprozess zu verstehen sind, müssen die sozialpädagogischen Fachkräfte Freiräume schaffen und Lernumgebungen gestalten, in denen eine optimale altersgemäße Entwicklung möglich ist. Die sozialpädagogische Fachkraft muss diese Freiräume für die Beobachtung nutzen. Nicht die künstlich gestalteten Beobachtungssituationen werden die Regel sein, sondern die alltäglichen Handlungsabläufe in der Einrichtung bzw. in der Gruppe.

Beobachtung und Dokumentation
Um die Beobachtungsergebnisse sinnvoll nutzen zu können, müssen sie sorgfältig dokumentiert werden. So wird eine kontinuierliche **Dokumentation** (hier: Bildungsdokumentation) beispielsweise in der Bildungsvereinbarung NRW verpflichtend gefordert (vgl. Ministerium für Schule, Jugend und Kinder des Landes Nordrhein-Westfalen, 2003).

Die Dokumentation beginnt damit, dass die Erziehungsberechtigten bei der Aufnahme ihres Kindes in die Kindertagesstätte darüber informiert werden. Die Dokumentation ist nur mit ihrer schriftlichen Einverständniserklärung möglich. Es besteht jedoch in jedem Fall die Notwendigkeit der sorgfältigen Beobachtung. Die Erziehungsberechtigten haben das Recht, jederzeit Einblick in die Dokumentation ihres Kindes zu nehmen.

Die schriftliche Dokumentation der Beobachtungen hilft,
- das einzelne Kind und insbesondere seine Entwicklung ganzheitlich zu beachten,
- das Kind und sein Verhalten sowie die Effekte des eigenen pädagogischen Handelns zu reflektieren,
- die Perspektive zu wechseln und verschiedene Situationen aus der Sicht des Kindes wahrzunehmen,
- gezielte Fördermaßnahmen zu ergreifen und ihre Wirkung festzustellen,
- partnerschaftliche Elterngespräche zur Erziehung und Bildung des Kindes fundiert führen zu können,
- die eigene Arbeit darzustellen und zu begründen,
- die erzieherische Arbeit zu evaluieren und weiterzuentwickeln.

Die Dokumentation der Beobachtungen muss mindestens folgende **Qualitätsansprüche** erfüllen (vgl. Caritasverband, 2009):
- Die Formulierungen müssen in jedem Fall Wertschätzung und Achtung vor dem Kind zum Ausdruck bringen.
- Die Feststellungen müssen stärkenorientiert sein; schwächenorientierte Formulierungen sind zu vermeiden. Es ist hilfreicher festzustellen,

was ein Kind schon kann und welche Entwicklungsschritte es vor sich hat, als zu schreiben, welche Schwächen es hat. Schwächenorientierte Formulierungen ohne konstruktive Hinweise auf Möglichkeiten der Weiterentwicklung sind kontraproduktiv.

- Die Dokumentation muss den Entwicklungsverlauf eines Kindes darstellen.
- Die Dokumentation muss im Interesse einer guten Erziehungspartnerschaft den Erziehungsberechtigten zur Verfügung gestellt werden.
- Die Dokumentation muss übersichtlich und gut gegliedert sein.
- Die sprachliche Qualität der Dokumentation muss klar und präzise sein.
- Für die Dokumentationen muss ein Ordnungssystem entwickelt werden. Übersichtliche und klar gegliederte Ordnerstrukturen sind eine große Hilfe für die Arbeit mit den Dokumentationen. Ein Computer kann diese Arbeit erleichtern. Das Team sollte sich auch in diesem Punkt absprechen, denn die digitalisierte Dokumentation hat auch Nachteile – insbesondere für die Arbeit mit den Eltern.

Dokumentation und Datenschutz

Mit der Dokumentation sind wichtige Aspekte des Datenschutzes verknüpft:

- Ziel der Dokumentation darf nur die unmittelbare Verbesserung der pädagogischen Aufgaben sein.
- Alle Informationen, die eine Dokumentation enthält, sind ausnahmslos vertraulich zu behandeln.
- Informiert werden dürfen alle sozialpädagogischen Fachkräfte innerhalb des Teams, da und soweit diese im Rahmen der Teamarbeit bei einer Optimierung der Erziehungs- und Bildungsarbeit mitwirken können. Das heißt, dass es zulässig ist, Informationen aus einer Dokumentation zwischen Fachkräften der Einrichtung auszutauschen und zu reflektieren.
- Informationen über Kinder oder Jugendliche dürfen ausschließlich mit (möglichst schriftlicher) Einwilligung der Erziehungsberechtigten an Dritte weitergegeben werden.
- Anonyme Fallbesprechungen mit Dritten sind zulässig. Dabei ist allerdings sicherzustellen, dass die Anonymität vollständig gewährleistet ist.

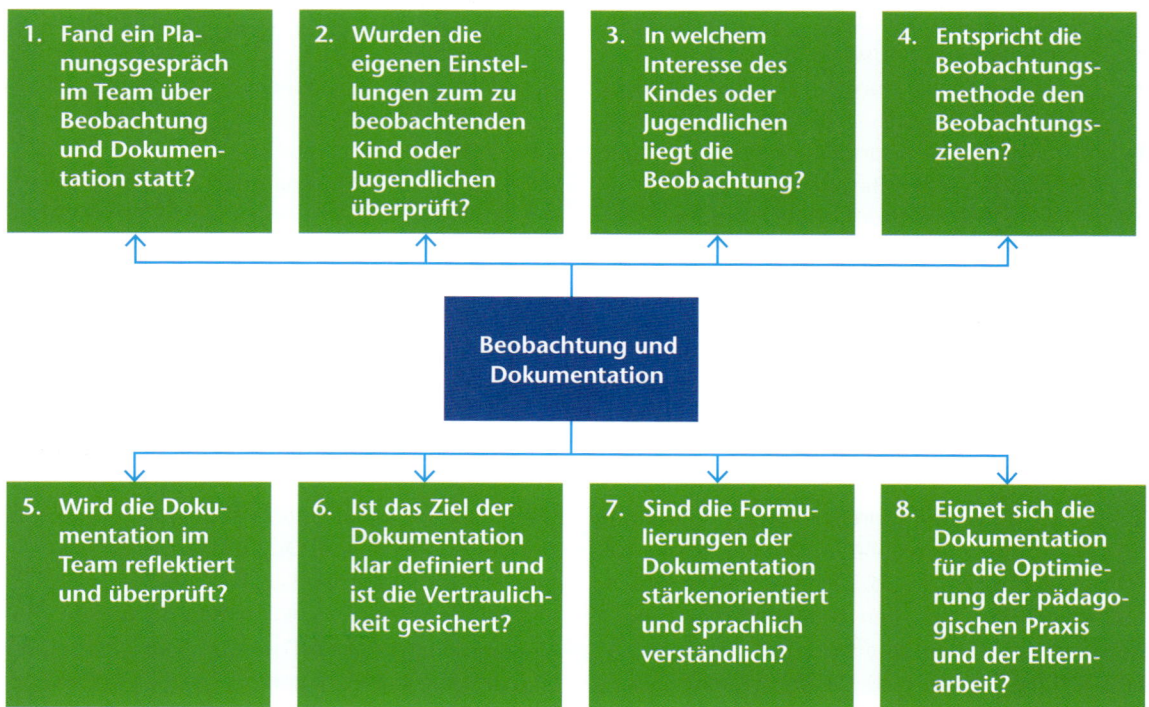

Prüffragen für Beobachtung und Dokumentation

- Bei Anzeichen für die Gefährdung eines Kindes kann – allerdings nur als letztes Mittel – das Jugendamt informiert werden.
- Nicht vertraulich sind die Inhalte von Dokumentationen, die allgemein bekannt und für jeden auch außerhalb der Dokumentation zugänglich sind.
- Informationen über Unfälle und Infektionserkrankungen der Kinder in der Tageseinrichtung müssen nicht vertraulich behandelt werden, sofern sie auch die anderen Kinder der Einrichtung betreffen bzw. ohnehin offen zugänglich sind. Hier kann es auch erforderlich sein, eine Unfallanzeige vorzunehmen oder das Gesundheitsamt zu informieren.
- Das Gleiche trifft auf die Weitergabe von Informationen bei Anzeichen einer Gefährdung des Kindeswohls (Vernachlässigung, Kindesmisshandlung o. Ä.) an das Jugendamt zu.

Evaluieren und Qualität sichern

Eine weitere wichtige Kompetenz soll zum Abschluss dieses Kapitels noch erwähnt werden. Es geht dabei um die Fähigkeit und Bereitschaft, die professionelle Arbeit in der sozialpädagogischen Einrichtung kontinuierlich zu evaluieren und die erreichte Qualität zu sichern. Beides hängt eng miteinander zusammen.

Evaluation

Unter Evaluation ist die Überprüfung und Bewertung von Arbeitsbedingungen, Arbeitsprozessen und Arbeitsergebnissen zu verstehen.

In sozialpädagogischen Institutionen ist die Evaluation sehr vielfältig. Sie bezieht sich zum einen auf allgemeine organisatorische Tätigkeiten, die den Tages-, den Wochen-, den Monats- und den Jahresablauf betreffen. Sie konzentriert sich weiter auf das pädagogische Handeln der sozialpädagogischen Fachkräfte, auf die Zusammenarbeit mit den Erziehungspartnern und vieles mehr. Evaluation ist kein einmaliges oder seltenes Ereignis; sie ist vielmehr ein wichtiger Aspekt der Dokumentation der sozialpädagogischen Arbeit. Die Evaluation hat folgende wesentliche Ziele:
- Die **Sicherung vorhandener Qualität** verhindert, dass Qualität im Alltagsgeschehen durch Gewöhnungsprozesse oder aufgrund anderer Einflüsse verloren geht.
- Die **Weiterentwicklung der Qualität** der Arbeit ist eine überdauernde Notwendigkeit, denn die Arbeitsbedingungen verändern sich stetig. So sind weder die materiellen Bedingungen noch die pädagogischen, psychologischen und sozialen Herausforderungen stabil.
- Zwischen den Mitarbeiterinnen und der Leitung der Einrichtung sollten in regelmäßigen Abständen Zielvereinbarungen getroffen werden. Die Evaluation gibt dabei Aufschlüsse über notwendige Veränderungen und mögliche Optimierungen. Dabei gilt es zu vereinbaren, wer wann und wobei welche Schritte der **Qualitätsverbesserung** vornimmt. An die Zielvereinbarung schließen sich weitere Evaluations- und Qualitätssicherungsprozesse an.

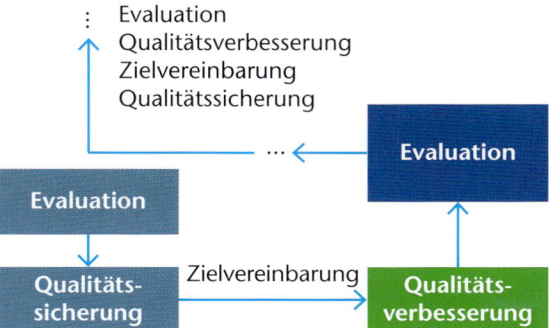

Evaluationen dienen der Wirkungsüberprüfung und stellen ein wichtiges Instrument zur Optimierung von Normen, Regeln und Prozessen dar. Evaluationsverfahren können sich sowohl auf den Kontext, die Struktur, den Prozess als auch auf das Ergebnis beziehen. Vertiefende Informationen zum Qualitätsmanagement finden sich in Kapitel 4.3.

1.6.3 Pädagogische Gespräche führen

Als sozialpädagogische Fachkraft führen Sie an einem ganz normalen Arbeitstag zahlreiche Gespräche mit sehr unterschiedlichen Menschen: mit Kindern und Jugendlichen, mit den Erziehungsberechtigten, mit Teamkolleginnen und Vertretern Ihres Trägers, mit Fachleuten oder Gemeindevertretern, mit denen Ihre Einrichtung zusammenarbeitet, mit dem Hausmeister, dem Reinigungspersonal und vielen anderen. Von der

Art und Weise, wie Sie diese Gespräche führen, hängt es entscheidend ab, ob Sie Ihre jeweiligen Ziele erreichen können und wie sich die Atmosphäre in der Einrichtung gestaltet. Die Fähigkeit, einen Kommunikationsprozess gezielt und angemessen zu steuern, ist daher eine der wesentlichen Kompetenzen einer Erzieherin.

In diesem Kapitel geht es in erster Linie um Gespräche mit Kindern und Jugendlichen. Die Lerninhalte sind aber für Ihre Gespräche mit erwachsenen Partnern genauso bedeutsam.

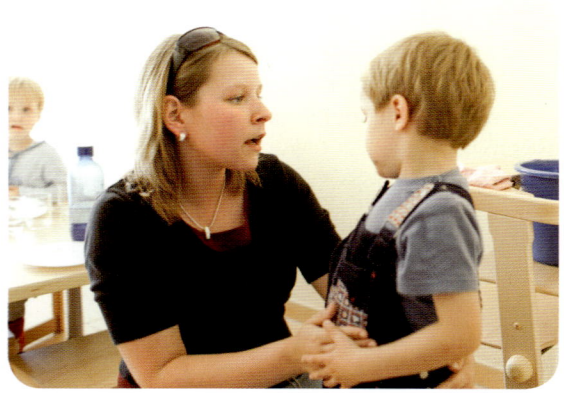

Was ist eigentlich Kommunikation?

Sprachlich kommt dieses Wort aus dem Lateinischen: *communicare* bedeutet gemeinsam machen, teilnehmen lassen. Genau das tun wir, wenn wir kommunizieren: Wir wollen mit einem anderen „etwas zur gemeinsamen Sache machen bzw. etwas gemeinsam zur Sache machen" (vgl. Geißner, 1982, S. 45).

Es gibt keine einheitliche Definition des Begriffes **Kommunikation**. Das hängt auch damit zusammen, dass man sich aus unterschiedlichen Perspektiven mit Kommunikation beschäftigt (zum Folgenden vgl. Wenzel, 2009).

Die naturwissenschaftliche Perspektive

Aus dem Bereich der Naturwissenschaften kommt ein eher technisch orientiertes Verständnis von Kommunikation. Hier wird der Kommunikationsprozess mit Begriffen einer technischen Signalübertragung als Regelkreis abgebildet: Ein Sender „kodiert" eine Nachricht, die zum Empfänger übertragen wird, der die Mitteilung „dekodiert". Er wird dann selbst zum Sender und dann wieder zum Empfänger, sodass ein geschlossener Regelkreis entsteht.

Jedoch passt diese Vorstellung wenig zu unserer Alltagserfahrung. Oft ist es schwierig, die rechten Worte zu finden, sodass ein Zuhörer verstehen kann, was genau der Sprecher meint. Dies gilt für Kinder in besonderem Maße. Auch das Zuhören ist nicht einfach: Immer wieder machen wir die Erfahrung, dass der Zuhörer dem Gehörten eine andere Bedeutung gibt als die, die sie für mich als Sprecher hatte. Gerade in pädagogischen Gesprächen kommt es darauf an, dass beide Gesprächspartner dem Gesagten eine annähernd gleiche Bedeutung geben. Das verlangt unter Umständen eine hohe Bereitschaft und Anstrengung. Die Schwierigkeit eines solchen Verstehens- und Verständigungsprozesses kann daher mit der Vorstellung einer technischen Signalübertragung zwischen Sender und Empfänger nicht befriedigend abgebildet werden. Ein Kommunikationsvorgang ist viel komplexer.

Die sprachwissenschaftliche Perspektive

Diese Perspektive stellt die Frage nach dem „Code" in den Vordergrund, also nach den Zeichen, mit deren Hilfe man sich verständigt. Das, was einer dem anderen mitteilen will, muss kommunizierbar sein, d. h., ein Sprecher, der etwas mitteilen will, muss seine Gedanken und Gefühle in sprachliche (und nichtsprachliche) Zeichen „übersetzen". Wenn die gemeinsam benutzten Zeichen völlig unterschiedliche Bedeutungen hätten, könnte keine Kommunikation stattfinden. Es gibt zwar einen gemeinsamen Vorrat an Zeichen, auf dessen Grundlage man sich verständigen kann, weil diesen Zeichen Bedeutungen zugeordnet werden, die für alle „gleich" sind. Allerdings ist es möglich, dass Sprecher und Zuhörer einzelnen Zeichen – zumindest teilweise – unterschiedliche Bedeutungen zuweisen und es daher Verständigungsprobleme gibt. Im Alltag ist dies oft der Fall, weil Wörter nicht nur eine situationsunabhängige Grundbedeutung haben, sondern eine zusätzliche Bedeutung, die von den kulturellen und lebensgeschichtlichen Erfahrungen mitgeprägt wird.

So verbindet wahrscheinlich jede/r von Ihnen etwas anderes mit dem Wort „Puppe", je nachdem, ob Sie eine Lieblingspuppe hatten, gerne mit Puppen gespielt haben oder mit Puppen gar nichts anfangen konnten. Aufgrund solch unterschiedlicher Assoziationen kann es leicht zu Schwierigkeiten im Kommunikationsprozess kommen.

Vor allem nonverbale Zeichen haben in verschiedenen Kulturkreisen unterschiedliche Bedeutungen. Bei uns meint ein vertikales Kopfnicken Zustimmung, bei den Bulgaren das Gegenteil. Kopfschütteln von links nach rechts bedeutet bei uns Ablehnung, in Südasien aber Zustimmung.

Die konstruktivistische Perspektive

Die Grundthese des Konstruktivismus ist, dass jeder Mensch die Welt nicht erkennt, „[...] wie sie ‚wirklich' ist, sondern wie sie ihm erscheint und wie er sie auf der Grundlage seiner Erfahrungen deutet" (Arnold/Schüßler, 1998, S. 77). Dies gilt auch für die Kommunikation. Neue Forschungsergebnisse aus dem Bereich der Neurobiologie und der Kognitionspsychologie stützen diese Annahme. Das bestätigt wiederum, dass es Kommunikation als geradlinigen Ursache-Wirkungs-Zusammenhang, wie es das Sender-Empfänger-Modell abbildet, so nicht geben kann. Die Konstruktivisten gehen vielmehr – stark vereinfacht dargestellt – davon aus, dass jeder Hörer das, was er hört, interpretiert und dem Gehörten eine „eigene", subjektive Bedeutung gibt. Folglich kann das, was jemand sagt, von Hörer zu Hörer ganz unterschiedlich verstanden werden (vgl. Simon 2008, S. 56 f.). Demnach wird keine Information oder Bedeutung, sondern ein Signal übertragen (z. B. durch Schallwellen), welchem erst durch die „Verstehensaktivität" des Hörers ein Sinn zugeschrieben wird.

„Der Empfänger, wenn wir ihn denn überhaupt so nennen wollen, ist in seinem Verhalten (nicht einmal in seiner Wahrnehmung) nicht passiv durch den Sender bestimmt, sondern [...] in jedem Moment aktiv an der Gestaltung des Geschehens beteiligt. Er nimmt nie nur die Botschaften des Anderen wahr, sondern er erschafft sie erst in ihrer spezifischen Bedeutung, indem er ihnen eine Realität zuordnet [...]."
(Simon, 2008, S. 57 f.)

Deshalb können auch verschiedene Hörer Gesagtes unterschiedlich verstehen. Dass Verstehen dennoch möglich ist, hängt damit zusammen, dass Menschen über ein gemeinsames biologisches Erbe sowie innerhalb einer Gesellschaft auch über kulturelle und soziale Gemeinsamkeiten verfügen (vgl. Wenzel, 2009).

An diesen unterschiedlichen Perspektiven, sich dem Thema Kommunikation anzunähern und damit auseinanderzusetzen, wird deutlich, wie komplex der Themenbereich ist. So erklären sich auch die unterschiedlichen Begriffsdefinitionen. Eine sehr allgemeine Definition des Begriffs **Kommunikation** ist die folgende:

Kommunikation

Die menschliche Kontaktaufnahme und Interaktion mit dem Ziel, sich zu verständigen. Die Menschen benutzen bei der Kommunikation sprachliche und nichtsprachliche Zeichen (vgl. Eichler/Pankau, 2009).

Weil das Ziel von Kommunikation Verständigung ist, ist Kommunikation immer **soziale Interaktion**.

Soziale Interaktion

Ein Geschehen zwischen Menschen, die wechselseitig aufeinander reagieren, sich gegenseitig beeinflussen und steuern (vgl. Hobmair, Psychologie, 2008, S. 341).

Verschiedene Mitteilungsebenen

Es wurde bereits darauf hingewiesen, dass man einen gemeinsamen Zeichenvorrat benötigt, um sich verständigen zu können. Dabei denkt man zunächst meist nur an sprachliche Zeichen, also daran, wie wir uns sprachlich ausdrücken, oder vielleicht auch noch an Mimik und Gestik. Darüber hinaus haben wir aber noch viele andere Möglichkeiten, wie wir uns anderen mitteilen können. Allerdings sind wir uns dessen nicht immer bewusst.

Die verbale Ebene

Dabei geht es um die „Kodierung" und „Dekodierung" der Mitteilung. Wer kommuniziert, muss seine Gedanken und Gefühle sprachlich ausdrücken, d. h. die „richtigen" Worte finden und diese in Sätzen miteinander verbinden können. Dabei haben wir sehr unterschiedliche Möglichkeiten, etwas auszudrücken. Das ist hilfreich, um uns auf unsere Gesprächspartner einstellen zu können. Es ist z. B. ein Unterschied, ob Sie sich als sozialpädagogische Fachkraft umgangssprachlich, mit Wörtern der Jugendsprache oder im Dialekt ausdrücken oder fachsprachliche Begriffe benutzen. Welche Wortwahl und welche Sprachebene angemessen ist, hängt davon ab, mit wem Sie sprechen.

Auch der Satzbau wirkt sich auf die Bedeutung des Gesagten aus. Die Begriffe „Aussagesatz", „Aufforderungssatz", „Fragesatz" weisen auf Bedeutungen hin, die der Satzbau verstärkt. Jemand kann aber auch mit einem Aussagesatz eine Aufforderung ausdrücken: „Oh, habe ich Durst" kann meinen „Bring mir doch etwas zu trinken".

Die sprecherischen Ausdrucksmittel

Wir vermitteln Bedeutungen auch durch die Art und Weise, wie wir sprechen: Sprechtempo, Lautstärke, Betonung, Klangfarbe der Stimme, Satzmelodie, Artikulation, Tonhöhe können die verbale Äußerung unterstreichen oder aber auch deren Bedeutung verändern. Eine erhöhte Lautstärke, veränderte Wortbetonung, Klangfarbe und Satzmelodie können dem Satz „Was habt ihr denn gemacht?" eine völlig andere Bedeutung geben: Statt interessierter Nachfrage wird Kritik und Ärger mitgeteilt. Der sprachliche Fragesatz kann zum (empörten) Ausrufesatz werden.

Pausen

Auch Pausen können ein wichtiger Bedeutungsträger sein. Wenn ein Kind, mit dem Sie sprechen, eine Sprechpause macht, also nicht weiterspricht, kann es dadurch sehr Unterschiedliches mitteilen: Es sucht nach einem passenden Wort, möchte nachdenken, etwas für sich klären, es spürt Gefühle, die ihm schwerfallen zu äußern o. Ä. Als Erzieherin zeigen Sie, dass Sie Ihren Gesprächspartner ernst nehmen, wenn Sie Pausen nicht Ihrerseits schnell durch Reden füllen oder durch Unruhe zeigen, dass Sie gemeinsames Schweigen in einer längeren Pause schlecht aushalten können.

Die nonverbale Ebene

Dafür sind die Körperhaltung, der Gesichtsausdruck mit der jeweiligen Mimik, Arm- und Beinhaltung sowie die Gestik wichtig.

Gefühle wie Angst, Freude, Ärger zeigen sich in erster Linie durch Mimik und Gestik. Was wir auf diesen Ebenen mitteilen, ist uns oft gar nicht bewusst. Gerade bei Kindern können nonverbale Signale eine verlässlichere Quelle sein als verbale (vgl. Delfos, 2004, S. 78). Häufig können Sie zunächst nur vermuten, was ein Kind auf der nonverbalen Ebene mitteilt. Im Verlauf eines Dialogs, in dem sich das Kind ernst genommen fühlt, lassen sich solche Vermutungen überprüfen bzw. kann es Ihnen gelingen, das Kind besser zu verstehen.

Vor allem bei sehr kleinen Kindern kommt der Verständigung über die nonverbale Ebene eine sehr große Bedeutung zu.

Bei der Körpersprache unterscheidet man die Ganzkörperhaltung, die der einzelnen Körperteile sowie die körperliche Orientierung in Bezug auf die anderen Gesprächspartner. Wie zugewandt/abgewandt sitzt ein Kind/ein Jugendlicher da? Dabei spielt die Gesprächssituation eine Rolle: Was in einer entspannten Gesprächssituation in der Jugendfreizeitstätte zunächst noch nicht auffällig ist, kann in einem Stuhlkreis mit Hortkindern Desinteresse signalisieren.

Blickkontakt

Der Blickkontakt hat für das Gelingen eines Gesprächs erhebliche Bedeutung. Wenn Sie ein Kind, einen Jugendlichen, mit dem Sie sprechen, anschauen, zeigen Sie ihm dadurch Ihre Aufmerksamkeit und Zuwendung und motivieren dadurch zu einem Gespräch. Außerdem ist dies die Voraussetzung dafür, dass Sie das Kind mit seinen nonverbalen Äußerungen, d. h. mit dem, was in ihm vorgeht, wahrnehmen können (vgl. Delfos, 2004, S. 78). Allerdings kann es für ein Kind bei einem schwierigen und belastenden Gesprächsthema, bei dem es noch nach Worten sucht, angenehmer sein, wenn es nicht angeschaut wird. Bei solchen Themen sollten Sie sich auch genau überlegen, wo Sie sich hinsetzen bzw. ob es nicht sinnvoller ist, sich neben das Kind als sich ihm gegenüber zu setzen (vgl. Delfos, 2004, S. 82).

Dass Blickkontakt Interesse am anderen und Motivation, mit ihm zu sprechen, ausdrückt, ist allerdings kulturabhängig. In vielen ausländischen Kulturen, vor allem in den arabischen, ist es ein Zeichen fehlenden Respekts, wenn ein Kind einen Erwachsenen anschaut (vgl. Delfos, 2004, S. 81).

Die Objektkommunikation

Diese bezieht sich auf die Gegenstände, die jemand am Körper trägt und die bewusst oder unbewusst als Kommunikationssymbole genutzt werden im Sinne von „Kleider machen Leute": Schmuck, Brille, Kleidung, Piercing, Tattoos (vgl. Krenz, Die Erzieherin als Person, 2007, S. 299 f.).

Zusammenspiel der verschiedenen Mitteilungsebenen

Wir haben also ganz unterschiedliche „Zeichensysteme" zur Verfügung, um uns auszudrücken. Zum Teil wählen wir bewusst aus, zum Teil unbewusst: Es ist uns in der Regel selten klar, welche nonverbalen Zeichen wir geben oder welche Bedeutungsnuancen wir durch unsere Wortwahl ausdrücken.

Auch als „Empfänger" sind wir aktiv am Verstehensprozess beteiligt, denn wir interpretieren die mitgeteilten Zeichen unter Umständen anders, als sie gemeint waren.

Eine besondere Schwierigkeit im Kommunikationsprozess ist, dass wir auf den verschiedenen Mitteilungsebenen Unterschiedliches kommunizieren können. Dies kann den Zuhörer verunsichern, welche Mitteilung er für die „richtige" halten soll. Zum Beispiel können Sie einem Kind gegenüber sprachlich ein Lob formulieren „Das hast du gut gemacht", aber Ihre Körperhaltung, Ihre Mimik, fehlender Blickkontakt können gleichzeitig vollständiges Desinteresse signalisieren.

Kongruente/inkongruente Kommunikation
Kommunikation ist kongruent, wenn die Mitteilungen auf allen Ebenen (verbal, nonverbal etc.) in die gleiche Sinnrichtung weisen. Passen die Mitteilungen nicht zusammen oder widersprechen sich sogar, dann ist die Kommunikation inkongruent.

Paul Watzlawick (1921–2007)
Paul Watzlawick wurde in Villach (Österreich) geboren. Nach seinem Studium der Philosophie und Philologie in Venedig absolvierte er eine psychoanalytische Ausbildung am C.-G.-Jung-Institut in Zürich. Dann hatte er den psychotherapeutischen Lehrstuhl an der Universität in San Salvador inne. Seit 1960 arbeitete er am Mental Research Institute der Palo Alto Gruppe in Palo Alto (Kalifornien) mit und entwickelte dort u. a. die mit seinem Namen verbundene Kommunikationstheorie. 1967 wurde er an die Stanford University in Palo Alto auf den Lehrstuhl für Psychiatrie berufen. Schwerpunkte seiner Forschungsarbeit waren die Erforschung der Kommunikation von Schizophrenen, die systemische Familientherapie und die Theoriebildung zu Kommunikationsprozessen. Er zählt zu den Vertretern des Konstruktivismus. Watzlawick starb 2007 im Alter von 85 Jahren.

Grundsätze der Kommunikation nach Paul Watzlawick

Paul Watzlawick entwickelte gemeinsam mit Janet Beavin und Don D. Jackson fünf Axiome (Grundannahmen) über Kommunikation.

1. Axiom: Man kann nicht nicht kommunizieren.

Watzlawick stellte fest: „Wir können nicht nicht kommunizieren. Kommunikation findet immer statt, wo Menschen als soziale Wesen zusammen sind. Unser Körper verrät uns" (Watzlawick u. a., 1982, S. 53). Mit jedem Verhalten teilt ein Kind (und jeder von uns) etwas über sich mit, auch dann, wenn es schweigt. Denn auch dieses Schweigen drückt etwas aus.

Ein Kind, mit dem Sie sprechen, sollten Sie sehr bewusst wahrnehmen: Das, was ein Kind nonverbal über Mimik, Gestik, Körperhaltung mitteilt, kann Ihnen sehr wichtige Hinweise geben, was in ihm innerlich vorgeht. Auch Sie selbst teilen den Kindern nonverbal vieles mit, was Ihnen gar nicht bewusst ist.

Aber welchen Sinn macht es, alle Signale als kommunikativ wahrzunehmen? Welche Erkenntnisse gewinnen wir dadurch?

Beispiel
Im Hort fällt Ihnen ein Kind auf, weil es beim Mittagessen nach der Schule in der letzten Woche wenig spricht und sich jeden Tag neben jemand anders gesetzt hat. Es ist sehr wahrscheinlich, dass das Kind mit einem solchen Verhalten etwas signalisiert, und es ist Ihre Aufgabe herauszufinden, was das sein könnte. Dies trifft aber nicht für die Fülle an Signalen zu, die die anderen Kinder beim Mittagessen aussenden.

Dieses erste Axiom wurde daher auch kritisch hinterfragt, z. B. daraufhin, dass dabei die Begriffe Verhalten und Kommunikation gleichgesetzt würden und dieses Axiom daher nichtssagend sei. Allgemein wurde an Watzlawicks Ansatz kritisiert, dass hier in erster Linie das „Wie" der Kommunikation beschrieben würde, aber theoretische Begründungen fehlten (vgl. Rothe, 2006, S. 104). Das erste Axiom schärft auf jeden Fall unseren Blick dafür, dass wir in der Interaktion mit anderen auf die vielfältigen Signale achten sollten. Es ist anzunehmen (und zu hoffen!), dass wir in erster Linie die wahrnehmen, die von Bedeutung sind.

2. Axiom: Jede Kommunikation hat einen Inhalts- und einen Beziehungsaspekt, derart, dass letzterer den ersteren bestimmt.

In jeder Äußerung wird ein Inhalt mitgeteilt. Das ist der sachliche Kern einer Aussage, z. B. wenn Sie zu einem Kind sagen: „Das hast du ja mal wieder super gemacht." Das „Was" der Aussage, also ausschließlich der Inhaltsaspekt, ist zunächst klar, nämlich dass das Kind etwas gut gemacht hat und dass dies auch früher schon der Fall war. Es gibt aber auch das „Wie" der Aussage. Watzlawick bezeichnet dies als Beziehungsaspekt. Wenn Sie einem Kind sagen: „Das hast du ja mal wieder super gemacht", dann können Sie durch Ihren Blick Anerkennung signalisieren, ebenso über eine dem Kind zugewandte Körperhaltung und Mimik sowie über die Stimme. Ihre Aussage ist dann kongruent, d. h., Sie übermitteln auf den verschiedenen Ebenen eine anerkennende Rückmeldung.

Denkbar ist aber auch, dass der obige Satz ironisch gesagt wird. Dadurch verändert sich der Beziehungsaspekt vollständig. Sie teilen dem Kind dann durch die Art, wie Sie den Satz sprechen – Betonung, Satzmelodie, Klangfarbe der Stimme –, sowie über Ihre Mimik das genaue Gegenteil des Inhaltsaspekts mit, nämlich dass das Kind etwas nicht gut gemacht hat, Sie ärgerlich sind, von ihm nichts anderes erwartet haben etc. Sie weisen das Kind also durch Körperhaltung und Mimik und Ihre Art zu sprechen an, wie es den Satz „Das hast du ja mal wieder super gemacht" verstehen soll, nämlich nicht als Anerkennung, sondern als Kritik.

Der Beziehungsaspekt bestimmt also den Inhaltsaspekt, d. h., der Beziehungsaspekt legt die Spur fest, in die der Zuhörer treten soll, um den Inhalt angemessen zu verstehen. Watzlawick bezeichnet daher den Beziehungsaspekt als **Metakommunikation**, weil damit eine Aussage über die Art und Weise, wie die Kommunikationspartner miteinander kommunizieren, getroffen würde. Allerdings wird diese Art und Weise nicht bewusst kommuniziert. In der Regel wird der Begriff Metakommunikation aber anders definiert, nämlich so, dass die Art und Weise, wie man miteinander spricht, bewusst und gewollt reflektiert wird:

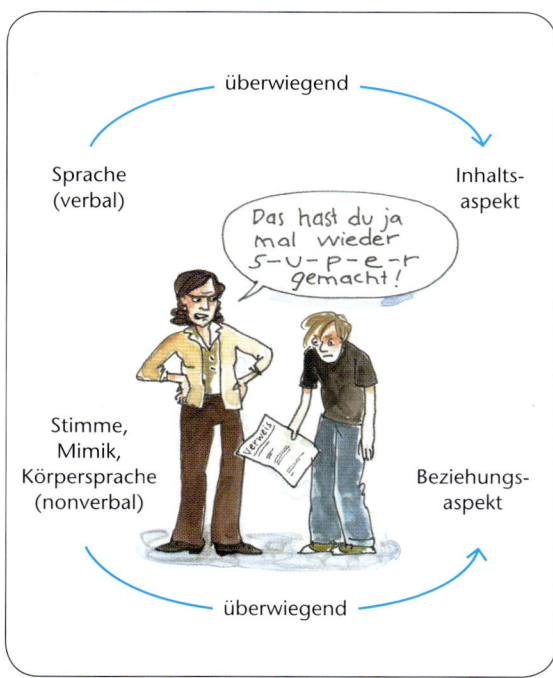

Metakommunikation
Die Gesprächspartner sprechen über die Art und Weise, wie sie miteinander kommunizieren. In der Regel geschieht dies mit dem Ziel, Störungen in der Kommunikation zu verringern.
Bei Watzlawick meint der Begriff Metakommunikation den Beziehungsaspekt von Kommunikation, d. h. die indirekte Anweisung, wie eine Mitteilung zu verstehen ist.

3. Axiom: Kommunikation folgt einer bestimmten Verlaufsstruktur, in der Interpunktionen gesetzt werden

Interpunktion
Die Gesprächspartner meinen, dass ihr eigenes Verhalten im Kommunikationsprozess eine Reaktion auf das Verhalten des anderen sei. Die Ursache für die eigene Reaktion wird also nicht bei sich selbst, sondern beim anderen gesucht. In Konflikten heißt das, dass angenommen wird, dieser gehe vom anderen aus. Eine eigene Verantwortung für den Konflikt wird nicht in Betracht gezogen.

Der Begriff **Interpunktion** meint also, dass unmittelbar vorangegangene Verhaltensweisen bzw. Mitteilungen des Kommunikationspartners in einer bestimmten Art und Weise interpretiert werden. Der Äußerung eines Sprechers liegt also jeweils eine bestimmte Interpretation des Gehörten/Verstandenen zugrunde. Was der Sprecher mitteilt, hat seine Ursache darin, wie er das interpretiert, was sein Gesprächspartner gesagt hat. Der Hörer wird nun selbst zum Sprecher und interpretiert wiederum das Gehörte etc.

Watzlawick vergleicht dies mit einem Reiz-Reaktions-Schema, bei dem die Reaktion ihrerseits wieder als Reiz gesehen werden kann. Jeder Kommunikationspartner unterstellt im Prozess der aufeinanderfolgenden Äußerungen eine bestimmte Ursache-Wirkungs-Abfolge im festen Glauben, dass es diese real gäbe. Dabei konstruiert jeder Kommunikationspartner unterschiedliche Ursache-Wirkungs-Abfolgen.

„[Das bedeutet,] dass die Menschen sich ihre Wirklichkeit aufgrund von persönlichen, subjektiven Erfahrungen und Urteilen bilden, und diese dann für ‚wahr' halten. Diese ‚subjektive' Wirklichkeit, die wir zugleich für objektiv halten, bestimmt dann unser weiteres Handeln. Die Konstruktion unserer Wirklichkeit vollziehen wir nach Watzlawick als Interpunktion von Ereignisfolgen, d. h., wir legen (willkürlich, aber oft im besten Glauben) auf bestimmte Ereignisse besonderen Wert, betrachten diese gewissermaßen als Ursache, Anlass für weitere Ereignisse, die für uns daraus folgen."
(Eichler/Pankau, 2009)

Der obige Beispielsatz „Das hast du ja mal wieder super gemacht" könnte in folgendem Gesprächsverlauf gesagt worden sein:

Beispiel
Erzieherin:
„Hallo Tobias, wie war's heute in der Schule?"
Tobias:
„Die blöde Maier hat mir einen Verweis gegeben."
Erzieherin (in ironisch-verärgertem Ton):
„Das hast du ja mal wieder super gemacht!"
Daraufhin Tobias:
„Halt's Maul."
Erzieherin (wütend):
„Jetzt werd nicht auch noch frech!"
Tobias (laut):
„Also du bist genauso doof wie die Maier!"
Erzieherin (wütend):
„Jetzt langt's aber, heute wird's nichts mit Computerspielen!"

Die Erzieherin interpretiert die Mitteilung „Die Maier hat mir einen Verweis gegeben" in dem Sinn, dass Tobias ein „Dauerstörer" ist. Sie fragt nicht nach, was dem Verweis vorausgegangen ist. Womöglich erlebt sie den Verweis als eigenes Versagen, weil ihre pädagogische Arbeit mit Tobias nicht erfolgreicher war. Mit dem „ja mal wieder" signalisiert sie, dass sie Tobias grundsätzlich als Störer einschätzt; der Verweis scheint sie in dieser Einschätzung zu bestätigen (2. Axiom, Beziehungsaspekt).

Tobias interpretiert den ironischen Satz der Erzieherin als Vorwurf und Abwertung, sagt aber nicht, dass ihn das kränkt, sondern geht zum Angriff auf die Erzieherin über. Diese reagiert wieder mit einem Vorwurf, darauf legt Tobias noch eins drauf, die Erzieherin droht daraufhin die Strafe an. Die Ereignisfolge heißt also:

Erzieherin:
Weil du dich nicht angemessen verhältst, mache ich dir Vorwürfe.
Tobias:
Weil du mir Vorwürfe machst, bin ich aggressiv.
Erzieherin:
Weil du so aggressiv bist, mache ich dir Vorwürfe.
Tobias:
Weil du mir Vorwürfe machst, bin ich aggressiv.
etc.

Beide interpretieren ihr eigenes Verhalten jeweils als „normale" Reaktion auf den „Reiz" des anderen: Die Erzieherin nimmt an, dass sie deshalb Tobias abwertet und ihm Vorwürfe macht, weil er aggressiv ist. Tobias nimmt an, dass er deshalb aggressiv ist, weil die Erzieherin ihm Vorwürfe macht. Die Suche nach dem jeweils Schuldigen („Du bist schuld!") führt die Kommunikationspartner in eine ausweglose Situation, in der z. B. jeder jedem mangelnde Einsicht oder gar Böswilligkeit unterstellt. Der Erzieherin bleibt nur die Strafandrohung, um in der Position der Stärkeren bleiben zu können.

Beendet werden könnte der Disput nur, wenn die Erzieherin die Ereignisfolge durchbricht: „Ich höre auf und du hörst dann gleichzeitig auch auf." So könnte sie z. B. auf den Angriff von Tobias „Halt's Maul" antworten: „Ich möchte nicht, dass du so mit mir sprichst. Aber mich interessiert, was eigentlich los war. Erzähl mal genau, wie das gelaufen ist!"

Wenn sich eine solche Ereignisfolge bereits verfestigt hat und sich oft wiederholt, ist es sinnvoll, auf die Ebene der Metakommunikation zu gehen und gemeinsam zu überlegen, wie diese durchbrochen werden kann.

Die Interpunktion als Ereignisfolge ist auch bei Gesprächen mit Kindern und Jugendlichen zu bedenken, die aus einem anderen Kulturkreis stammen.

„So bringt z. B. die Zugehörigkeit zu einer bestimmten Kultur auch ganz bestimmte, ihr eigene Interpunktionsweisen mit sich, die zur Regulierung dessen dienen, was – aus welchen Gründen auch immer – als ‚richtiges' Verhalten betrachtet wird."
(Watzlawick u. a., 1982, S. 58)

Im Zusammenhang mit dem dritten Axiom geht Watzlawick auch auf die „sich selbst erfüllende Prophezeiung" ein. Wenn eine Mutter zu ihrem Kind immer wieder sagt, dass es im Sport oder in der Mathematik keine guten Leistungen erbringen wird, wird das Kind sich im Unterricht genau so verhalten, dass diese Prophezeiung sich erfüllt.

4. Axiom: Kommunikation bedient sich digitaler und analoger Ausdrucksmittel

Als digitales Ausdrucksmittel bezeichnet Watzlawick die verbale Kommunikation, die einen konkreten Inhalt transportiert (Wörter und Zahlen). Digitale Ausdrucksmittel sind mehr oder weniger eindeutig, so wie eine digitale Uhr die Uhrzeit in Zahlen angibt. Bei einer analogen Uhr liest man von der Stellung der Zeiger die Uhrzeit ab (vgl. Krenz/Müller-Timmermann, 2007, S. 292). Je nach Größe der Zeiger variiert die Genauigkeit, mit der sich die Uhrzeit ablesen lässt.

Entsprechend ist die digitale Kommunikation in der Regel eindeutig. Wortwahl und Satzbau vermitteln eine bestimmte Information, wenn Einigkeit darüber besteht, was mit den sprachlichen Zeichen bezeichnet wird und welche Bedeutung die Satzkonstruktion hat. Allerdings gibt es in jeder Sprache Wörter, deren „inhaltlicher Kern" sehr viele Deutungsmöglichkeiten zulässt, z. B. bei Wörtern wie Gerechtigkeit, Freiheit etc.

Die analoge Kommunikation nutzt Gesten, Mimik, Körperhaltung, sprecherische Ausdrucksmittel und andere Zeichen zur Verständigung. Auch Musik und Malerei ist Teil der analogen Kommunikation. In der Regel ist die analoge Kommunikation mehrdeutig. Mimik, Gestik, Körperhaltung, sprecherische Ausdrucksmittel können sehr unterschiedlich gedeutet werden. Dadurch können besonders leicht Störungen im Kommunikationsprozess entstehen und Missverständnisse auftreten.

Eine Störung ergibt sich immer dann, wenn digitale und analoge Kommunikation nicht übereinstimmen, also wie es z. B. in dem o. g. Satz der Erzieherin der Fall war: „Das hast du ja mal wieder super gemacht." Digital vermittelt der Satz eine positiv anerkennende Information, analog wird Vorwurf und Kritik geäußert. Die Kommunikation ist nicht kongruent.

Die fehlende Kongruenz zwischen digitaler und analoger Kommunikation macht auch den Kern des Double bind aus.

Double bind
Man spricht von einem Double bind, wenn das, was auf den verschiedenen Mitteilungsebenen mitgeteilt wird, sich widerspricht. Daraus entsteht eine Kommunikationsfalle: Reagiert der Zuhörer auf die eine Ebene, kommt die Botschaft, die Reaktion sei falsch. Reagiert er aber auf die andere, ist es genauso falsch.

Der Begriff „Double bind" (auf Deutsch „Doppelbindung") zielt darauf ab, dass zwei unterschiedliche Beziehungsaussagen gemacht werden, diese sich aber widersprechen. Deshalb ist es für den Kommunikationspartner kaum zu entscheiden, welche der beiden Mitteilungen gelten soll. Wenn eine Erzieherin abends kurz vor ihrem Dienstschluss in der Freizeitstätte zu einem Jugendlichen sagt: „Mich interessiert, wie's dir an der neuen Lehrstelle geht", dabei aber auf die Uhr schaut und ihr abwesender Gesichtsausdruck Desinteresse zeigt, dann kann der Jugendliche auf diese Signale des Desinteresses reagieren und antworten: „Keine Lust." Dann kann die Erzieherin „beleidigt" reagieren. Geht der Jugendliche aber darauf ein und erzählt tatsächlich von den Problemen an seiner Lehrstelle, dann ist es der Erzieherin auch nicht recht, weil sie pünktlich zu Dienstschluss ihre Arbeitsstelle verlassen will, und dies lässt sie den Jugendlichen auch merken. Der Jugendliche kann es ihr also gar nicht recht machen. Genau das macht den „Double bind" aus. Für den Jugendlichen wird daraus aber nur dann eine große Belastung, wenn die Erzieherin für ihn eine sehr wichtige Bezugsperson ist, deren Zuwendung für ihn bedeutsam ist.

Für Kinder, die in einem Abhängigkeitsverhältnis zu ihren Bezugspersonen stehen, ist der Double bind dagegen immer eine schwerwiegende Kommunikationsstörung, weil sie auf die Zuwendung ihrer Bezugsperson angewiesen sind: Egal auf welche der widersprüchlichen Mitteilungsebenen sie reagieren, sie machen es falsch. Oft wird dafür als Beispiel die Situation eines Kindes genannt, das beim Versuch, der Mutter seine Liebe zu zeigen, von dieser zurückgewiesen wird; gleichzeitig beklagt sich die Mutter aber darüber, dass das Kind sie nicht liebe. Aus dieser „Falle" kann sich das Kind nicht alleine befreien (vgl. dazu auch unten den Punkt „Gesprächsstörer").

5. Axiom: Zwischenmenschliche Kommunikationsabläufe können symmetrisch und/oder komplementär sein

Dieses Axiom wird nur auf die Interaktion zwischen den Kommunikationspartnern bezogen, nicht aber auf die soziale Rolle, die diese haben und die auch in einer nach Watzlawick symmetrischen Kommunikation durchaus hierarchisch sein kann. So kann eine Praktikantin trotz der unterschiedlichen sozialen Rolle symmetrisch mit der Einrichtungsleiterin kommunizieren. Das bedeutet nach Watzlawick nicht, dass sie sich auf gleicher Augenhöhe begegnen, also partnerschaftlich miteinander kommunizieren, sondern dass die Kommunikationspartner sich um eine spiegelbildliche Beziehung bemühen. Damit ist gemeint, dass der eine es dem andern gleich tun will und Unterschiede möglichst klein gehalten werden sollen. So könnte z. B. die Leiterin eine Person sein, die wenig Gefühl zeigt. Ist die Kommunikation in Watzlawicks Sinn symmetrisch, wird auch die Praktikantin in diesem Gespräch Gefühle nicht äußern. Als komplementär bezeichnet Watzlawick einen Kommunikationsprozess, der die Unterschiedlichkeit der Partner betont. Dies gibt die Chance der gegenseitigen Ergänzung, d. h., die Praktikantin wird durchaus Gefühle äußern, auch wenn die Leiterin es nicht tut.

Eine Kommunikation ist nach Watzlawick dann gelungen, wenn dabei sowohl symmetrische als auch komplementäre Abläufe vorhanden sind.

Das Kommunikationsmodell von Friedemann Schulz von Thun

Das „Kommunikationsquadrat" ist unter der Bezeichnung „Vier-Ohren-Modell" eines der bekanntesten Kommunikationsmodelle. Es besagt, dass Menschen immer zugleich mit vier Zungen reden und mit vier Ohren hören, dargestellt im Modell der „vier Seiten einer Nachricht". Dieses Kommunikationsmodell wird im Folgenden an einem Beispiel erklärt, das Sie selbst in Ihrer Ausbildung erleben könnten.

Die vier Seiten einer Nachricht: Die „vier Schnäbel" des Sprechers

Schulz von Thun unterscheidet vier Ebenen der Kommunikation. Diese veranschaulicht er in einem Kommunikationsquadrat.
Danach enthält jede Äußerung gleichzeitig – egal ob bewusst oder unbewusst – vier Botschaften:
1. eine **Sachinformation** (worüber ich informiere)
2. eine **Selbstkundgabe** (was ich von mir zu erkennen gebe)
3. einen **Beziehungshinweis** (was ich von dir halte und wie ich zu dir stehe)
4. einen **Appell** (was ich bei dir erreichen möchte)

Beispiel
Eine Studierende sagt zur Beratungslehrerin: „Ich glaube, ich breche die Ausbildung ab – das wird mir alles zu viel."

„Worüber ich informiere": die Sachebene

Auf der Sachebene steht die Sachinformation im Vordergrund, d. h., es geht um Sachverhalte, um Daten und Fakten. Insofern ist die Sachebene dem Begriff der digitalen Kommunikation bei Watzlawick gleichzusetzen. Im Beispielsatz informiert die Sprecherin darüber, dass sie glaubt, sie breche die Ausbildung ab und dass ihr alles zu viel werde. Was sie an Sachinformation mitteilt, erscheint auf den ersten Blick verständlich (allerdings bleibt unklar, was mit „ich glaube" gemeint ist). Im Vordergrund steht in dieser Äußerung aber nicht die Information über allgemeine Fakten und Daten, sondern eine persönliche Einschätzung.

„Was ich von mir zu erkennen gebe": die Selbstkundgabe

Jede Äußerung enthält auch, ob jemand will oder nicht, eine Selbstkundgabe, nämlich darüber, was in einem vorgeht, wie man sich fühlt, welche Rolle man einnimmt. Schulz von Thun spricht davon, dass jede Äußerung „zu einer kleinen Kostprobe der Persönlichkeit" wird (www.schulz-von-thun.de). Eine solche Kostprobe kann man „explizit", also ausdrücklich und gewollt geben.

Explizite Mitteilung
Eine Äußerung ist auf der Ebene der Selbstkundgabe explizit, wenn sich an der sprachlichen Formulierung sofort erkennen lässt, dass jemand etwas über sich selbst mitteilt.

Das sagt aber noch nichts darüber aus, ob dies bewusst oder unbewusst getan wird.

Implizite Mitteilung
Eine Mitteilung wird implizit genannt, wenn sie indirekt z. B. über die sprecherischen Ausdrucksmittel, Mimik und Gestik etc. gemacht oder in sprachlichen Formulierungen „versteckt" wird.

Die Studierende leitet ihre Äußerung mit „ich glaube" ein und teilt dadurch deutlich ihre Unsicherheit bezüglich ihrer Entscheidung, die Ausbildung abzubrechen, mit. Zusätzlich informiert sie darüber, wie es ihr persönlich zumute ist: „Das wird mir alles zu viel." Sprachlich wird sowohl an den Wörtern „ich glaube" als auch an dem „mir" deutlich erkennbar, dass sie jetzt mit dem „Selbst-

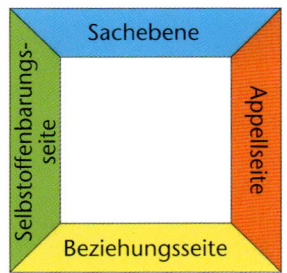

kundgabe-Schnabel" spricht. Man sagt daher, dass diese Mitteilungsebene explizit gemacht wird.

Jetzt wird auch klar, dass die Sachinformation im Sinne einer Mitteilung über Daten und Fakten nicht im Vordergrund steht. Es geht der Studierenden nicht um einen Fakt, nämlich dass die Ausbildung grundsätzlich, also für jede Studierende „einfach zu viel" ist. Dann würde sie sagen: „Ich breche die Ausbildung ab – das ist alles zu viel." In diesem Fall würde die Studierende am stärksten (explizit) mit dem „Sachinformations-Schnabel" sprechen. Das tut sie aber nicht, sondern der Schwerpunkt ihrer Äußerung liegt auf dem „Selbstkundgabe-Schnabel".

Der „Selbstkundgabe-Schnabel" äußert sich oft implizit durch Mimik, Gestik, Tonfall, Klangfarbe der Stimme etc., ohne dass Selbstkundgabe an der verbalen Äußerung erkennbar ist.

„Was ich von dir halte und wie ich zu dir stehe": die Beziehungsseite

Mit jeder Äußerung gibt jemand (durch Formulierung, Tonfall, Mimik etc.) immer auch einen Hinweis darauf, wie er die Beziehung zu seinem Gesprächspartner in diesem Gespräch einschätzt.

Im Beispiel der Studierenden setzt diese ihren „Beziehungsschnabel" nicht aktiv ein, d. h., sie äußert sich nicht explizit („dir vertraue ich"), sondern nur implizit. Die Mitteilung über die Beziehungsseite „steckt" sozusagen in der Aussage „drin". Denn offensichtlich rechnet die Studierende damit, dass ihre Gesprächspartnerin einfühlsam reagieren wird und ihr gegenüber keine verletzende Geringschätzung ausdrücken wird (z. B. durch eine Antwort wie: „Das hat aber lange gedauert, bis Sie das gemerkt haben"). Einer solchen Antwort würde die Wertschätzung und Einfühlung fehlen.

Die Studierende schätzt ihrerseits die Beziehung zu der Beratungslehrerin als partnerschaftlich ein. Sie hat keine Angst, über ihre persönliche Situation zu sprechen. Das Beispiel macht also deutlich, dass eine Äußerung implizit immer auch eine Beziehungsdefinition enthält.

Hätte die Studierende ihren „Sachinformations-Schnabel" am deutlichsten sprechen lassen („Ich breche die Ausbildung ab, das ist alles zu viel"), dann würde sich die Botschaft des Beziehungs-Schnabels nicht so leicht ableiten lassen (höchstens vielleicht an nonverbalen Mitteilungen über Gestik

Friedemann Schulz von Thun (*1944)

Schulz von Thun wurde in Hamburg geboren und studierte Psychologie. 1973 promovierte er bei Reinhard Tausch zu Fragen der sprachlichen Verständlichkeit. Auf dieser Grundlage wurde 1974 das „Hamburger Verständlichkeitskonzept" entwickelt. In den 1970er Jahren entwickelte Schulz von Thun das „Kommunikationsquadrat". 2006 gründete er das Schulz von Thun-Institut für Kommunikation in Hamburg. Sein dreibändiges Werk „Miteinander reden" gilt als Standardwerk der angewandten Kommunikationspsychologie und erreichte eine zweifache Millionenauflage.

und Mimik etc). Aufgrund der expliziten Selbstoffenbarung fällt die Wahrnehmung des Beziehungshinweises leichter, denn die Studierende gibt ihre Unsicherheit deutlich zu erkennen („Ich kann mich dir gegenüber schwach zeigen und brauche keine Angst zu haben, dass du mich verletzt").

Die Beziehungsseite der Nachricht bei Schulz von Thun meint also nicht genau das Gleiche wie der Beziehungsaspekt bei Watzlawick. Bei Watzlawick wird der Beziehungsaspekt als Metakommunikation verstanden, d. h., der Beziehungsaspekt gibt vor, wie der sachliche Kern der Mitteilung zu deuten ist. Bei Schulz von Thun steht bei der Beziehungsseite im Vordergrund, wie die Beziehung zwischen den Gesprächspartnern definiert wird. Dies wirkt sich dann zwar auch darauf aus, wie der Sachaspekt verstanden werden soll, die Mitteilung der Beziehungsseite geht aber darüber hinaus.

„Wozu ich dich veranlassen möchte": die Appellseite

Wenn jemand mit einem anderen spricht, will er in der Regel auch etwas bewirken, Einfluss nehmen auf Handeln, Denken oder Fühlen des anderen. Offen oder verdeckt geht es bei der Appellseite um Wünsche, Appelle, Ratschläge, Handlungsanweisungen etc.

Im Beispiel der Studierenden hat die Appellseite verhältnismäßig viel Gewicht, auch wenn diese nicht explizit gemacht wird. Dafür wäre ein klarer sprachlicher Appell zum Beispiel durch einen Aufforderungssatz notwendig: „Bitte helfen Sie mir!" Die Studierende verdeutlicht aber, dass sie ihre Entscheidung noch nicht endgültig getroffen hat („ich glaube"). Daher kann die Mitteilung auf der Appellseite leicht gehört werden, nämlich dass die Beratungslehrerin sie dabei unterstützen möge, eine „sichere" Entscheidung zu finden. Viel schwieriger ist es, den Appell zu konkretisieren: Die Studierende könnte sich Unterstützung bei der Entscheidungsfindung erhoffen. Sie könnte aber auch appellieren, sie im weiteren Verlauf der Ausbildung zu unterstützen, damit ihr eben nicht mehr „alles zu viel" ist, bzw. ihr in einem Beratungsgespräch dazu Wege aufzuzeigen.

Die vier Seiten einer Nachricht: der vier-ohrige Empfänger

Schulz von Thun will mit seinem Modell verdeutlichen, dass jeder Sprecher bei jeder Äußerung

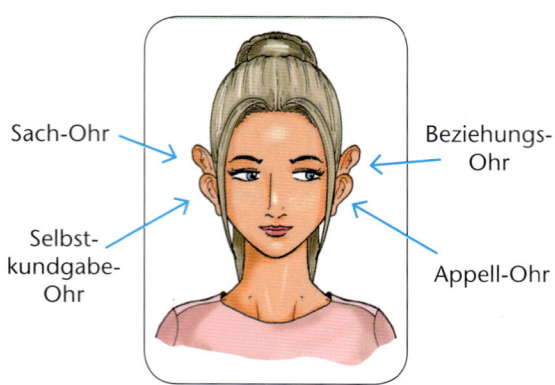

auf allen vier Ebenen (Selbstkundgabe, Sachinformation, Beziehungsseite, Appellseite) wirksam ist. Es wird aber noch komplizierter. Denn diese vier Ebenen werden sozusagen beim Hörer gedoppelt, denn auch er hört „mit vier Ohren". Dabei kann er einer der Seiten ein größeres Gewicht geben als den anderen, wobei nicht gesagt ist, dass er das bei der Seite tut, die auch für den Sprecher das größte Gewicht hat.

Das Sach-Ohr

Wer auf dem Sach-Ohr besonders empfangsbereit ist, hört in erster Linie auf die Daten, Fakten und Sachverhalte. Im Beispiel der Studierenden könnte eine (in Gesprächsführung ungeschulte) Gesprächspartnerin, die sich bemüht, sachlich zu sein und daher besonders auf dem Sach-Ohr hört, zum Beispiel zurückfragen: „Wann wollen Sie aufhören? Vergessen Sie nicht die schriftliche Mitteilung an die Schulleitung." Es ist einleuchtend, dass in diesem Fall der Appell (Anfrage nach Unterstützung) nicht gehört wird und die Studierende sich nicht verstanden fühlt.

Das Selbstkundgabe-Ohr

Ein Hörer kann aber auch in erster Linie mit dem Selbstkundgabe-Ohr hören. So jemand lässt sich beim Zuhören von Fragen wie den folgenden leiten: Was sagt mir das über den anderen? Was ist der für einer? Wie ist er gestimmt?

Im Beispiel von der Studierenden „passt" die besondere Aufmerksamkeit dieses Ohres, weil die Ebene der Selbstkundgabe explizit war. Die Beratungslehrerin könnte also zurückfragen: „Sie wollen die Ausbildung abbrechen, weil Ihnen alles sehr viel erscheint, aber sind noch etwas unsicher?"

Problematisch könnte ein übergewichtiges Hören auf dem Selbstkundgabe-Ohr allerdings dann sein, wenn die Mitteilung „Das wird mir alles zu viel" dramatisiert wird („Kommen Sie unbedingt erst mal zur Ruhe, bevor Sie völlig zusammenbrechen.").

Das Beziehungs-Ohr

Hört die Beratungslehrerin mit einem sensiblen Beziehungs-Ohr, dann wird sie das Vertrauen, das die Studierende ihr in ihrer Rolle als Beratungslehrerin mit Gesprächsführungskompetenzen entgegenbringt, zu schätzen wissen. Vielleicht wird sie das sogar rückmelden: „Ich freue mich über ihr Vertrauen."

Das Hören auf dem Beziehungs-Ohr kann aber auch zu Missverständnissen führen, wenn dieses besonders sensibel und (über-)empfindlich ist. In diesem Fall wird eine Mitteilung abgeklopft im Hinblick auf: Wie fühle ich mich behandelt durch die Art, in der der andere mit mir spricht? Was hält der andere von mir und wie steht er zu mir? Jemand mit einem ausgeprägten Beziehungsohr kann da Geringschätzung oder Machtanspruch heraushören, wo andere solches nicht wahrnehmen.

Das Appell-Ohr

Wessen „Appell-Ohr" besonders ausgeprägt ist, der ist empfangsbereit für die Frage: Was soll ich jetzt machen, denken oder fühlen? Die Beratungslehrerin hört zu Recht die Bitte um Unterstützung. Das „Appell-Ohr" kann aber auch besonders stark ausgebildet sein. Dies ist in sozialen Berufen nicht selten der Fall. Es wird dann leicht eine Bitte um Hilfe gehört, die nicht geäußert wurde und deren Erfüllung den anderen nicht stärkt.

Oft haben sich aufgrund unserer Lebensgeschichte bestimmte „Ohren" besonders herausgebildet. Deshalb orientieren wir uns häufig nicht daran, welcher „Schnabel" das stärkste Gewicht hat (d. h. welche Botschaft explizit gemacht wurde), oder nutzen unsere analytischen Fähigkeiten, um implizite Botschaften wahrzunehmen. Immer wieder haben wir die Tendenz, entweder besonders auf dem Selbstkundgabe-Ohr zu hören oder auf dem Sach-Ohr, dem Beziehungs-Ohr oder dem Appell-Ohr. Das Problem daran ist, dass uns dies in der Regel nicht bewusst ist. Darin steckt aber eine häufige Ursache von Missverständnissen, weil unsere Antwort sich auf das bezieht, was wir gemeint haben zu hören. Hören hat also immer auch eine produktive Seite, d. h., wir ergänzen und interpretieren, was ein anderer sagt, füllen aufgrund unserer Vorerfahrungen auf etc. Aktives Zuhören heißt daher auch stets, ein Gleichgewicht zwischen den oben vorgestellten vier Ohren herzustellen. Dies kann aber nur dann gelingen, wenn wir um unsere persönliche „Sympathie für ein Ohr" wissen und wir den Stellenwert dieses Ohres bewusst abschwächen können.

Die Einflüsse der Kommunikationssituation

Watzlawicks Kommunikationsmodell macht zu wenig deutlich, wie stark die Gesprächssituation Einfluss darauf hat, dass die Gesprächspartner sich verstehen und verständigen können. Schulz von Thun hat inzwischen ein eigenes Situationsmodell entwickelt, in dem er die Vorgeschichte der Kommunikationssituation, die thematische und die zwischenmenschliche Struktur sowie die Ziele aufgreift. Er verweist auch auf die Bedeutung der jeweiligen Rolle, in der jemand an einem Gespräch teilnimmt, also darauf, welchen „Hut" der einzelne jeweils auf hat.

Diese Aspekte finden sich auch in den im Folgenden beschriebenen „Faktoren einer Gesprächssituation" wieder. Mit deren Hilfe kann eine Gesprächssituation sehr schnell analysiert werden:

- **Wer mit wem?**
  Wie sind die Vorerfahrungen der Gesprächspartner? In welcher Beziehung stehen die Gesprächspartner zueinander? Welche wechselseitigen Erwartungen, Einstellungen gibt es? In welcher Rolle spricht er, d. h., welchen „Hut" hat er jeweils auf? etc.
- **Wo?**
  Wie ist die Atmosphäre des Raumes, die Sitzordnung, Nähe und Distanz zwischen den Gesprächspartnern, der kulturelle Raum? etc.
- **Wann?**
  Zu welcher Tageszeit findet das Gespräch statt? Wie ist die jeweilige Tagesform der Gesprächspartner? Was sind die unmittelbar vorangegangenen Erlebnisse und Erfahrungen? Welche aktuellen politischen und gesellschaftlichen Themen spielen eine Rolle? etc.
- **Worüber?**
  Worum geht es in dem Gespräch? Welche Einstellungen und Gefühle haben die Gesprächspartner dem Thema gegenüber? etc.

- **Was/Wie?**
  Welche Äußerungsformen gibt es (Fragen, Aufforderungen, Aussagen)? Wie wird gesprochen (Dialekt, Jugendsprache)? Einschüchternd oder wertschätzend?
- **Warum?**
  Warum findet das Gespräch statt? Wer hat die Initiative dazu ergriffen?
- **Wozu?**
  Was ist das Ziel des Gesprächs? Welche Interessen, Absichten sind damit verbunden? Haben die Gesprächspartner dasselbe Ziel?

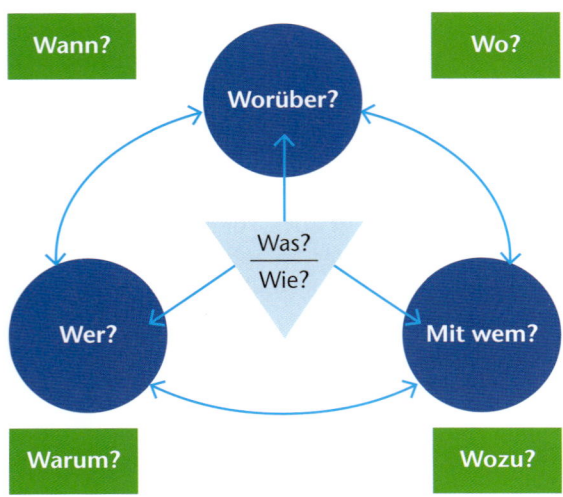

Faktoren der Sprechsituation (vgl. Geißner, 1982, S. 38)

Zu bedenken ist, dass die Einflüsse der Situation für die Gesprächspartner jeweils unterschiedlich sind. Wenn Sie mit einem Jugendlichen ein ernsthaftes Gespräch über dessen Lehrstellensuche führen wollen (Situationsfaktor „Wozu?"), dieser dazu aber gar nicht motiviert ist, wird das Gespräch kaum gelingen. Vielleicht will er aber mit Ihnen über seinen Liebeskummer sprechen, dann wäre es wichtig für Sie, das herauszufinden. Die im Modell genannten Faktoren sind also genau genommen zu vervielfachen, je nachdem, wie viele Gesprächsteilnehmer es gibt.

Nähe und Distanz

Das räumliche Zueinander hat in einer Gesprächssituation eine ganz besondere Bedeutung, spiegelt sich darin doch Nähe und Distanz zwischen den Beteiligten wider.

Egal, ob Sie mit Kindern oder Jugendlichen oder mit Eltern Gespräche führen: Es ist eine wesentliche Voraussetzung für ein gelingendes Gespräch, dass Sie Wertschätzung und Interesse am anderen signalisieren. Dies kommunizieren Sie nicht nur durch Ihre Art zu sprechen, durch Blickkontakt, sondern auch dadurch, wie Sie sich räumlich zu Ihrem Gesprächspartner positionieren.

Wenn Sie in einer Freizeitstätte einen Jugendlichen in das Büro der Leiterin bitten und sich dort hinter dem Schreibtisch verschanzen, wird es Ihnen kaum gelingen, mit dem Jugendlichen ein Gespräch zu führen, in dem dieser Ihnen sein Vertrauen schenkt. Deshalb ist es sehr wichtig, dass Sie sich über die Art und Weise Gedanken machen, wie Sie sich zu einem Kind oder einem Jugendlichen räumlich positionieren, wenn Sie mit ihm ins Gespräch kommen wollen.

Die „Sitzordnung" soll deutlich machen, dass die Erzieherin die Beziehung symmetrisch, d. h. partnerschaftlich gestalten möchte. Das ist unabhängig davon, um welche Inhalte es geht, ob Sie z. B. mit einem Jugendlichen eine Vereinbarung treffen wollen, wie dieser seine Wutausbrüche besser regulieren kann, oder mit einem Vater über dessen Beschwerde sprechen möchten. Die räumlichen Verhältnisse sollten dazu beitragen, dass Ihr Gesprächspartner jede Angst vor diesem Gespräch verliert.

Besonders wichtig ist dieses Zueinander bei Klein- und Kleinstkindern, denn hier sind Sie von selbst eben nicht auf „Augenhöhe". Wenn Sie kleinere Kinder in einer Tageseinrichtung begleiten, werden Sie bei Gesprächen auch körperliche Nähe anbieten, z. B. ein Kind auf den Schoß nehmen, um es zu trösten, oder sich in der Leseecke mit Kindern zusammenkuscheln. Achten Sie dabei darauf, was die einzelnen Kinder wollen und zulassen.

Gesprächsstörer

Ein Gespräch mit einem Kind oder Jugendlichen, für das Sie sich Zeit nehmen und für das Sie vielleicht sogar einen besonderen Termin vereinbart haben, sodass Sie sich vorbereiten können, ist das eine. Das andere sind die vielen kleinen Gesprächssituationen im Laufe eines beruflichen Alltags mit Kindern und Jugendlichen, bei denen Sie sich beziehungs- und damit gesprächs-„förderlich" verhalten können. Genauso kann es aber sein, dass Sie ganz unbeabsichtigt das genaue Gegenteil tun: Ihre Reaktionen stören den Gesprächsverlauf und damit auch die jeweilige Beziehung.

Thomas Gordon hat in seinem Buch „Lehrer-Schüler-Konferenz" zwölf Kategorien benannt, mit der er typische nicht wertschätzende Gesprächsbeiträge ordnet (Gordon, 1977, S. 51 ff.). Auch sozialpädagogische Fachkräfte sind nicht davor gefeit, im Laufe eines Arbeitstages auf solche „Gesprächsstörer" zurückzugreifen, auch deshalb, weil ihnen diese auch aus ihrer eigenen Kindheit vertraut sind. Mögliche Alternativen fallen ihnen daher oft spontan gar nicht ein. Ein erster Schritt, dies zu verändern, besteht darin, sich klarzumachen, was typische Gesprächsstörer sind. Gordon zählt z. B. auf:

- Befehlen, anordnen, kommandieren

Beispiel
Die Erzieherin steht neben Tim (ca. 8 Jahre alt), der an einem Schreibtisch Hausaufgaben macht. Die anderen Tische sind schon leer, die übrigen Kinder bereits fertig. Die Erzieherin sagt: „Mach jetzt endlich mal voran!"

- Warnen und drohen

Beispiel
Erzieherin zu Tim: „Mach jetzt die Hausaufgaben fertig, sonst wird es heute Abend nichts mit dem Fernsehen!"

- Moralisieren, mit „müsstest" und „solltest" argumentieren

Beispiel
Theresa versucht, am Schuhband eine Schleife zu binden. Die Erzieherin steht ungeduldig daneben und sagt: „Jetzt bist du schon fünf Jahre alt. Eine Schleife binden – das solltest du längst können!"

- Raten, Lösungen anbieten, Vorschläge machen

Beispiel
Eine Erzieherin sitzt mit Kaffeetasse im Garten einer Kita. Einige Kinder spielen im Sandkasten. Die 5-jährige Lisa kommt zur Erzieherin und schmollt: „Mir ist langweilig." Die Erzieherin schlägt vor: „Geh ein bisschen schaukeln!"

- Belehren, logische Argumente nennen

Beispiel
Während der Hausaufgabenbetreuung im Hort meint der 9-jährige Lukas zur Erzieherin: „Ich mach meine Hausaufgaben heute Abend zu Hause."
Darauf die Erzieherin: „Am Abend bist du nicht mehr leistungsfähig. Deshalb machst du sie besser jetzt!"

- Verurteilen, kritisieren, beschuldigen

Beispiel
Im Gruppenraum einer Jugendfreizeitstätte liegt alles Mögliche am Boden und auf den Tischen, vor dem Fernseher stapeln sich DVDs. Peter steht im Raum mit einer DVD in der Hand.
Die Erzieherin: „Also wie sieht's denn hier aus? Jemand, der so wenig Sinn für Ordnung hat wie du, ist mir noch nie untergekommen."

- Beschimpfen, Klischees verwenden

    Beispiel
    Fünf Kinder spielen im Hof des Hortes. Die 8-jährige Hannah liegt auf dem Boden, versucht aufzustehen und weint. Die Erzieherin meint mürrisch: „Wer heult denn da gleich. Du bist doch kein Baby mehr!"

- Interpretieren, analysieren

    Beispiel
    Ein Junge liegt im Gruppenraum des Hortes auf dem Sofa: „Mir ist nicht gut, ich habe Kopfschmerzen." Die Erzieherin meint dazu: „Du hast gar keine Kopfschmerzen, du willst dich nur drücken!"

- Beruhigen, herunterspielen, trösten

    Beispiel
    Die 8-jährige Alicia sitzt traurig am Tisch und sagt zur Erzieherin: „Du, Luisa will nicht mehr meine Freundin sein." Die Erzieherin versucht zu trösten und sagt: „Na, so tragisch ist das auch nicht. Es gibt auch andere nette Mädchen."

- Verhören, ausfragen

    Beispiel
    Der Erzieher Ralf sitzt zusammen mit dem 17-jährigen Alexander im Gruppenraum eines Freizeitheims auf dem Sofa. „Du wolltest doch einige Bewerbungen wegschicken. Hast du das gemacht?", fragt er. Alexander antwortet: „Klar doch!" Ralf hakt weiter nach: „Hast du den Lebenslauf wie besprochen vorher abgeändert?"

Es ist kaum vorstellbar, dass sich nach diesen Reaktionen der sozialpädagogischen Fachkraft ein Dialog zwischen ihr und dem Kind oder Jugendlichen entwickeln könnte. Wahrscheinlich ist vielmehr, dass das Kind oder der Jugendliche entweder verstummen und seinen Ärger und das Gefühl, nicht verstanden zu werden, herunterschlucken wird oder mit einer aggressiven Bemerkung „zurückschießt". Das Gespräch wird entweder eskalieren oder versiegen.

Allen diesen Gesprächsstörern ist gemeinsam, dass es sich um „Du-Botschaften" handelt. Was in der sozialpädagogischen Fachkraft vorgeht, bleibt für das Kind oder den Jugendlichen unklar. Stattdessen wird das Kind abgewertet, ihm werden Schuldgefühle gemacht. Wie lässt sich das ändern und worauf kommt es an?

Als „Gesprächsstörer" muss auch die oben erläuterte Double-bind-Botschaft gelten. Problematisch wird eine Double-bind-Kommunikation vor allem dann, wenn die beiden sich widersprechenden Botschaften eine deutliche Appellseite haben, also zwei unterschiedliche Handlungsanweisungen kommuniziert werden. Wie beim Double bind wirkt sich die Problematik vor allem dann aus, wenn einer der Gesprächspartner vom anderen abhängig ist, wie es Kinder im Verhältnis zu ihren Bezugspersonen sind.

Watzlawick nennt einen solchen Satz, der zwei sich widersprechende Handlungsaufforderungen beinhaltet, **Paradoxie**. Sein Beispiel dafür ist: „Sei spontan." Es ist gar nicht möglich, dieser Aufforderung nachzukommen. Denn entweder man befolgt eine Anweisung, dann kann man dabei aber nicht spontan sein. Oder man macht etwas spontan, dann aber aus freien Stücken und nicht als Folge einer Aufforderung. Deshalb ist die Aufforderung „sei spontan" in sich paradox.

Paradoxie
Handlungsaufforderung, die befolgt werden soll, aber nicht befolgt werden darf, um befolgt zu werden (vgl. Watzlawick, 1982, S. 179).

Nun würde wohl kaum jemand eine solche paradoxe Handlungsaufforderung wie „Sei spontan" aussprechen. Aber trotzdem läuft man – gerade im pädagogischen Bereich – Gefahr, unbewusst eine Paradoxie zu formulieren. Die Erzieherin sagt zum Kind: „Du bist wirklich sehr selbstständig geworden. Das ist toll. Aber zieh jetzt deinen Pulli aus, hier ist es ja so warm." Zieht das Kind den Pulli aus, entspricht es nicht mehr dem vorher geäußerten Lob. Lässt es den Pulli an, dann folgt es der Handlungsanweisung zum Ausziehen nicht.

Grundhaltungen in der Gesprächsführung
Die Grundhaltungen in der Gesprächsführung entsprechen den pädagogischen Grundhaltungen (vgl. Kap. 3.1.1). Sie wissen aus eigener Erfahrung z. B. mit Lehrkräften, wie wichtig es ist, dass ein Kind, ein Jugendlicher, aber genauso jeder Erwachsene in einem Gespräch

- emotionale Wärme und Akzeptanz,
- einfühlendes Verstehen und
- Echtheit

erlebt und sich daher verstanden fühlt. Dies ist die Grundlage dafür, dass jemand Vertrauen fasst und offen über das spricht, was ihn bewegt.

Vor allem die sprecherischen Ausdrucksmittel, also z. B. Klangfarbe der Stimme sowie die nonverbalen Mitteilungsebenen wie z. B. Gesichtsausdruck und Körperhaltung sagen viel über die persönliche Haltung dem Kind gegenüber aus. Die Grundhaltungen der Wertschätzung und Akzeptanz, des Sich-Einfühlens und der **Echtheit** werden darüber hinaus auch sprachlich zum Ausdruck gebracht. Deshalb ist es für Sie als sozialpädagogische Fachkraft wichtig zu lernen, wie Sie diese Grundhaltungen in Ihrer Sprache zeigen können. Man spricht hier von „Techniken der Gesprächsführung". Diese Wortwahl bringt zwar zum Ausdruck, dass dies wie eine Technik (z. B. beim Skifahren) erlernt werden kann. Es wird aber nicht deutlich, dass hinter diesen Techniken der Gesprächsführung die oben beschriebenen Grundhaltungen stehen. Wenn Sie als Erzieherin einem Kind gegenüber aus welchen Gründen auch immer in dieser Grundhaltung nicht begegnen können, dann hilft auch die „Technik" nicht weiter. Das Kind spürt, dass Sie nicht echt, nicht authentisch sind und wird sich daher nicht wertgeschätzt und verstanden fühlen.

Wenn Sie ein Kind, einen Jugendlichen wertschätzen, sich in seine Situation einfühlen, um sich mit ihm zu verständigen und ihn verstehen zu können, dann führt das zu einer dialogischen Grundhaltung.

Die heutigen Bildungspläne gehen von einem Bild vom Kind aus, das auf Selbstbestimmung und Selbsttätigkeit angelegt ist und von Geburt an mit Kompetenzen ausgestattet ist.

„Der Bezugspunkt erzieherischen Denkens und Handelns ist daher das Kind als vollwertige Persönlichkeit. [...] Ein solches Bild vom Kind verlangt von Erwachsenen bedingungslose Akzeptanz und Respektierung des Kindes. Seine Person ist uneingeschränkt wertzuschätzen und darf niemals beschämt werden."

(Bayerisches Staatsministerium für Arbeit und Sozialordnung, Familie und Frauen, 2003, S. 21)

Dass eine Erzieherin nicht alle Kinder gleich gerne mag, ist völlig normal. Wichtig ist es, sich darüber klar zu werden, wenn man einem Kind mit Vorbehalten begegnet, und darüber im Team oder in der Supervision zu sprechen. Dabei geht es nicht darum, das Kind dann doch zu mögen, sondern zu einer professionellen Haltung zu finden, mit der man das Kind annehmen und ihm in Gesprächen authentisch begegnen kann. Das heißt nicht, dass Sie alles, was Sie denken, auch sagen müssen. Doch Sie müssen zu dem, was Sie sagen, auch stehen können (vgl. Barth, 2009).

In Gesprächen mit Kindern genügt es in der Regel nicht, dass Sie das „Gefühl" haben, dass Sie das Kind wertschätzen und respektieren. Dies muss sich auch in Ihrer Sprache, Ihrer Wortwahl sowie im nonverbalen Ausdruck für das Kind zeigen. Außerdem ist es für das Kind sehr wichtig, wie Sie auf seine Äußerungen eingehen und sie weiterführen. Es muss spüren können, dass Sie an einem Dialog mit ihm interessiert sind. Dazu ist es hilfreich, Grundkenntnisse in der Gesprächsführung zu haben.

Grundkenntnisse in Gesprächsführung

Die Art und Weise, wie Sie als Erzieherin mit Kindern und Jugendlichen sprechen, hat sehr starken Einfluss auf deren Entwicklungsmöglichkeiten. Bei Kleinstkindern intensiviert das dialogische Sprechen mit dem Kind die Bindung, die Voraussetzung dafür ist, dass das Kind seine Umwelt erforscht und mit anderen Menschen Kontakt aufnimmt. Durch die Art und Weise, wie ein Gespräch geführt wird, wird die Beziehung zum Kind gestaltet. Zugleich ist das Gespräch die wichtigste Erziehungs- und Bildungsmethode, weil hier z. B. auch kognitive Prozesse und Sprachkompetenzen stimuliert und kreative und soziale Entwicklungsbereiche beeinflusst werden (vgl. Textor, Im Gespräch mit Kleinkindern, 2009).

Bei den Beschreibungen von Kommunikationsprozessen durch Watzlawick und Schulz von Thun ist deutlich geworden, wie komplex Mitteilungen in Gesprächen sind. In den ersten Lebensjahren eines Kindes kommt der nonverbalen Kommunikation eine besondere Bedeutung zu, weil Kinder sich zunächst gar nicht und dann nur eingeschränkt sprachlich äußern können. Vor allem im Bereich der unter Dreijährigen kommt es daher wesentlich darauf an, dass Sie als Erzieherin die nonverbalen Signale des Kindes wahrnehmen, feinfühlig darauf reagieren und dies nonverbal kommunizieren (Blickkontakt, Anlächeln, Berühren etc.) (vgl. Textor, Im Gespräch mit Kleinkindern, 2009). Wenn Sie so die Signale sehr kleiner Kinder feinfühlig aufnehmen, tragen Sie wesentlich dazu bei, dass diese ein Bindungsverhalten aufbauen können. „Sichere Bindungsbeziehungen sind [...] die Grundlage für eine gesunde Entwicklung und für lebenslanges Lernen" (Bildung, Erziehung und Betreuung von Kindern in den ersten drei Lebensjahren, 2010, S. 41).

Wie Ihnen Gespräche mit Kindern gelingen – und das heißt immer, dass es Ihnen gelingt, in einen Dialog mit dem Kind zu treten und ihm dabei Wertschätzung zu vermitteln –, hängt nicht zuletzt von Ihren Kenntnissen in der Gesprächsführung ab. Oben wurden Faktoren beschrieben, die in einem Gespräch stören. Im Folgenden geht es um die Faktoren, die im Gespräch förderlich sind.

Zuhören

Ob ein Kind Ihnen viel von sich erzählt, von dem, was es bewegt, wofür es sich interessiert, hängt wesentlich davon ab, ob es sich von Ihnen ernst genommen fühlt. Das vermitteln Sie dem Kind zuallererst durch Ihr aufmerksames Zuhören. Wie kann ein Kind bemerken, dass Sie ihm zuhören und Sie sich für das interessieren, was es Ihnen mitteilt?

Hier gilt zunächst eine grundlegende Gesprächsregel, nämlich den anderen ausreden zu lassen. Das heißt, dass Sie als Zuhörerin schweigen, denn nur wenn Sie schweigen, kann das Kind sprechen. Wenn Sie ein Kind unterbrechen, signalisieren Sie damit, dass es Ihnen nicht wichtig ist, was es zu sagen hat, oder dass Sie sogar glauben, schon zu wissen, was es sagen will. Schweigend zuhören können, ist nicht ganz einfach. Im Gespräch mit Kindern, vor allem mit Kleinstkindern, verlangt das auch Geduld.

Gordon verdeutlicht, wie eng Ihr Schweigen als Zuhörerin des Kindes mit dessen Erfahrung, angenommen und wertgeschätzt zu sein, zusammenhängt:

„Nichts sagen vermittelt tatsächlich Annahme. Schweigen – ‚passives Zuhören' ist eine wirksame, nicht verbale Botschaft, die [...] das Gefühl geben kann, wirklich angenommen zu sein."
(Gordon, 1977, S. 61)

Durch Ihr Schweigen können Sie Ihrem Zuhörer allerdings keine vollständige Sicherheit vermitteln, was in Ihnen vorgeht und ob Sie das Ausgesprochene nicht doch missbilligen. Deshalb ist es ein Grundsatz der Gesprächsführung, das eigene aufmerksame Zuhören mitzuteilen, z. B. durch

- Kopfnicken,
- Blickkontakt,
- zugewandte Körperhaltung,
- begleitende Äußerungen wie „Ja", „Hm".

Gordon nennt dies bestätigende Reaktionen. Ihr Gesprächspartner kann dadurch wahrnehmen, dass Sie zuhören und mit Ihren Gedanken nicht abschweifen.

Kommunikative Türöffner

Bei diesen Äußerungen, die Gordon anschaulich als Türöffner bezeichnet, gehen Sie in der Art und Weise, wie Sie Ihr Zuhören zeigen, einen Schritt weiter.

Kommunikative Türöffner
Kommunikative Türöffner sind offene Fragen und Aussagen, mit denen ein Sprecher den Gesprächspartner ermutigen will, von sich zu erzählen.

Das sind z. B. Sätze wie (vgl. Gordon, 1972, S. 54):
1. „Möchtest du darüber sprechen?"
2. „Manchmal hilft es, einfach etwas zu erzählen."
3. „Erzähl mir die ganze Geschichte."
4. „Das scheint etwas zu sein, das dir sehr wichtig ist."

Mit solchen Sätzen können Sie Interesse an dem, was ein Kind mitteilt, zeigen. Deshalb dürfen solche Türöffnersätze auf keinen Fall eine Bewertung enthalten. Es geht vielmehr darum, Wertschätzung zu vermitteln (vgl. Gordon, 1972, S. 55):
- Deine Gedanken sind es wert, angehört zu werden.
- Du interessierst mich.
- Du hast das Recht auszudrücken, wie du empfindest.

Aktives Zuhören

Das aktive Zuhören ist so etwas wie ein rückkoppelndes Zuhören. Sie teilen dem Kind oder Jugendlichen aktiv mit, was Sie verstanden haben. Das ist leichter gesagt als getan, denn das heißt, dass Sie sich völlig mit eigenen Anmerkungen zum Gesagten zurückhalten, also mit Ihrer Meinung, mit Ratschlägen oder Bewertungen. Vielmehr ist gefragt, dass Sie sich in die Situation Ihres Gesprächspartners hineinversetzen, dabei dessen Gefühle nachzuvollziehen suchen und die Situation mit ihm aus seiner Sicht wahrzunehmen versuchen. Diese Anforderung an das aktive Zuhören macht zugleich deutlich, dass aktives Zuhören ein wesentliches Mittel ist, mit dem Sie dem Kind Wertschätzung und Akzeptanz zeigen.

Aktives Zuhören
Einfühlsame und unterstützende Reaktion eines Gesprächspartners auf die Mitteilung eines Sprechers. Voraussetzung dafür ist, sich in die äußere und innere Situation eines anderen Menschen zu versetzen, aus dessen Perspektive wahrzunehmen und dies zu verbalisieren.

Wie können Sie dementsprechend „einfühlsam" und „unterstützend" auf die Äußerungen eines Kindes reagieren?

Paraphrasieren
Beim Paraphrasieren wiederholen oder umschreiben Sie das, was Sie verstanden haben, mit eigenen Worten. Dabei geht es vor allem um die Wiedergabe des Sachaspekts.

Beispiel
Ein kurzer Dialog beim Malen eines Bühnenbildes für die geplante Theateraufführung der Hortgruppe könnte so ablaufen:

Julia: „Ich kann einfach nicht malen!"
Erzieherin: „Du glaubst, dass du nicht malen kannst?"
Julia: „Was die Helena da malt, ist viel schöner."
Erzieherin: „Hm, du findest das schöner?"
Julia: „Ja, die kann überhaupt alles besser als ich!"
Erzieherin: „Du meinst, dass sie alles besser kann?"
Julia: „Ja, und sie ..." (erzählt, wie sie ihre Beziehung zu Helena erlebt)

Das Paraphrasieren ist vor allem wichtig, wenn ein Kind ein Problem andeutet. Es bewirkt, dass sich das Kind verstanden fühlt und daher mehr von dem erzählt, was in ihm vorgeht. Wichtig ist, dass Sie die Wiederholung als Frage formulieren oder mit Sätzen einleiten wie:
- „Du glaubst ..."
- „Mir scheint ..."
- „Ich frage mich gerade ..."
- „Verstehe ich dich richtig ..."
- „Das klingt für mich so, als wollest du ..."

Dadurch hat das Kind die Möglichkeit, etwas richtigzustellen, und Missverständnisse können gleich ausgeräumt werden. Umgekehrt kann das Kind die Rückmeldung bejahen und merkt Ihr Interesse daran, es zu verstehen.

Vielleicht kommt Ihnen das Paraphrasieren zunächst unnatürlich vor. Tatsächlich besteht die Gefahr, dass die Wiederholung wie ein mechanisches Echo klingt. Dann wäre genau das Gegenteil erreicht von dem, was Sie wollten, nämlich die Situation des Kindes einfühlsam wahrzunehmen. Genauso wenig würden Sie dem Ziel des Paraphrasierens gerecht, wenn Sie beim Versuch, die Äußerung des Kindes zu wiederholen, diese schon interpretieren oder z. B. einen Rat hineinpacken. Hier kommt es sehr auf Ihre Grundeinstellung an, nämlich das Kind wirklich verstehen zu wollen.

Gefühle wahrnehmen und ausdrücken/spiegeln
Für die meisten Menschen ist es eher ungewohnt, Gefühle zu äußern. Kinder erleben hier also wenige Vorbilder, sodass sie sich auch schwer tun, ihre Gefühle mit Worten auszudrücken.

„Wie bei einem Eisberg liegt auch in der zwischenmenschlichen Kommunikation der größere und mit einem höheren Risiko behaftete Teil unter der

Oberfläche, also hinter der allen direkt zugänglichen sichtbaren und hörbaren Information."
(Krenz, Psychologie für Erzieherinnen und Erzieher, 2007, S. 311)

Beim aktiven Zuhören geht es darum, dazu beizutragen, dass etwas von dem unter der Oberfläche liegenden Eisberg heraufkommen kann. Bleiben Erzieherin und Kind über der Oberfläche, wird über etwas gesprochen, was gar nicht das Eigentliche ist. Wenn Sie sich in das Kind einfühlen und mitteilen, was Sie wahrnehmen, helfen Sie dem Kind, seine Gefühle selbst deutlicher erleben und benennen zu können, also den Eisberg aufsteigen zu lassen. Das kann z. B. durch Sätze wie die folgenden geschehen:

- „Das hat dir ganz schön zugesetzt."
- „... und das hat dir Angst gemacht."
- „... und jetzt bist du ganz traurig."
- „Das hat dich richtig geärgert."
- „Da hast du dich zurückgewiesen gefühlt."
- „... und das war richtig schön."

Das Verbalisieren von Gefühlen wird auch als „Spiegeln" bezeichnet. Dieser Begriff macht deutlich, dass die Erzieherin versucht, das in Worte zu fassen, was das Kind spürt, aber selbst noch nicht klar benennen kann. Die Erzieherin nimmt etwas wahr – meist eine nonverbale Mitteilung – und interpretiert diese. Diese Interpretation kann, muss aber nicht zutreffen. Bei einem solchen Versuch, Gefühle des Gesprächspartners zu verbalisieren, gibt es auch Stolpersteine.

Beispiel
Andreas berichtet der sozialpädagogischen Fachkraft, dass sein bester Freund Felix im Sportunterricht nicht mit ihm ein Tandem bilden wollte. Die Erzieherin nimmt an der Mimik von Andreas wahr, dass ihn das sehr verletzt hat. Sie könnte dies verbalisieren: „Ich glaube, das hat dich verletzt", und abwarten, wie Andreas darauf reagiert. Oder sie fällt über einen der folgenden „Stolpersteine":

1. Das Abschwächen: „Das war zwar blöd für dich, aber eigentlich ist es nicht tragisch. Ich finde, dass das ganz normal ist."
2. Das Überinterpretieren: „Ich glaube, du bist deswegen vollständig verzweifelt. Wie gemein auch von Felix. Das heißt ja klar, dass er nicht mehr dein Freund sein will."
3. Das Falsch-Interpretieren: „Ich glaube, du warst ganz froh darüber. Neulich hast du ja schon erzählt, dass Felix im Sport nicht viel kann."

Es wird deutlich, dass es ganz unterschiedliche Möglichkeiten gibt, aktives Zuhören umzusetzen. Dadurch können Sie dazu beitragen, dass Kinder und Jugendliche sich als wertvoll erleben können. Aktives Zuhören vermittelt intensive Aufmerksamkeit und damit Zuwendung. Kinder und Jugendliche können dadurch ihre Gefühle im Gespräch frei ausdrücken und Entspannung erleben. Für Klein- und Kleinstkinder ist das aktive Zuhören „[...] ein wesentlicher Pfeiler resilienten Verhaltens", weil es dem Kind beim Aufbau seiner emotionalen Selbstregulation hilft (vgl. Ladwig u. a., 2009).
Deshalb ist das „Spiegeln" hier ganz besonders wichtig.

Ich-Botschaften

Die oben beschriebenen „Gesprächsstörer" haben alle eines gemeinsam: Solche Sätze sind Du-Botschaften. Das Du, d. h. der Gesprächspartner, wird in destruktiver Weise abgewertet und ihm wird Schuld zugewiesen. Die Gefühle des Sprechers bzw. der sozialpädagogischen Fachkraft bleiben verdeckt. Der Sprecher glaubt dadurch sein eigenes Selbstbild aufrechterhalten zu können.

Beispiel
Die sozialpädagogische Fachkraft formuliert eine Du-Botschaft, wenn sie zu Julia sagt: „Jetzt bist du schon fünf. Eine Schleife binden – das solltest du längst können!" Sie könnte mit einer Ich-Botschaft antworten: „Wir wollen jetzt losgehen. Heute fehlt mir die Geduld, so lange zu warten. Deshalb helfe ich dir heute, morgen probierst du es wieder alleine."

Ich-Botschaft
Der Sprecher spricht offen über seine aktuellen Gefühle und Wünsche und verwendet dabei eine Ich-Formulierung. Er macht die Selbstkundgabeseite des Kommunikationsquadrats explizit.

Was eine Ich-Botschaft ist und wie man sie formulieren kann, lässt sich gut auf der Basis des Kommunikationsmodells von Schulz von Thun nachvollziehen:

- „Mir ist es hier zu laut." (Selbstkundgabe)
- „Ich möchte, dass ihr leiser seid!" (Appell)

In diesem Negativbeispiel (Abb.) ist die Sachebene sprachlich explizit; aber implizit werden die Beziehungsseite und Appellseite verknüpft, der Gesprächspartner implizit abgewertet. Der Appell wird nur implizit geäußert, statt ihn als eigenen Wunsch und Aufforderung sprachlich explizit zu machen: „Hört bitte auf!"

Gordon stellt drei Wirkungen der Ich-Botschaften heraus (Gordon, 1972, S. 115):
1. Sie fördern die Bereitschaft des Gesprächspartners, sich zu ändern.
2. Sie werten ihn nicht ab.
3. Sie verletzen die Beziehung nicht.

Womit hängen diese Wirkungen zusammen? Zunächst einmal steht bei einer Ich-Botschaft das eigene Erleben im Mittelpunkt.

die Verantwortung für ihr Unbehagen und ihre Ungeduld auf sich (ihr ist es zu laut) und sie teilt dies deutlich mit. Gleichzeitig bleibt die Verantwortung der Kinder für ihr Verhalten (laut sein) bei ihnen selbst; sie können es verändern, indem sie leiser spielen. Die Kinder sind frei, ihr Verhalten zu ändern (vgl. Gordon, 1972, S. 114). Bei der Du-Botschaft werden sie durch die Abwertung ihrer Person dazu gezwungen bzw. sie nehmen in Kauf, durch die Verweigerung einer Verhaltensänderung noch mehr abgewertet zu werden.

Es ist nicht ganz einfach, Ich-Botschaften zu formulieren, weil viele Menschen nicht gelernt haben, mitzuteilen, was sie fühlen und erleben. Sprachlich lassen sich Ich-Botschaften in der Regel leicht daran erkennen, dass sie mit „ich" eingeleitet werden. Allerdings gibt es auch Sätze, die mit „ich" beginnen, aber trotzdem einer Du-Botschaft entsprechen: „Ich glaube, ihr seid heute wieder mal furchtbar laut." Eine Ich-Formulierung am Satzbeginn weist zwar den folgenden Satzteil als persönliche Meinung aus, aber das ändert nichts daran, dass es sich nach wie vor um eine Du-Botschaft handelt. Nach dem Modell von Schulz von Thun ist hier die Appellseite explizit, nicht die Selbstkundgabe. Das Gleiche gilt für Sätze wie „Ich finde dich gemein". Hier wird nichts über das Gefühl und Erleben des Sprechers ausgesagt, sondern eine (negative) Einschätzung des Gesprächspartners geäußert. Auch verallgemeinernde Wir-Formulierungen entsprechen nicht den Anforderungen an eine Ich-Botschaft, weil das „Ich" sich hier hinter dem „Wir" versteckt.

„Wenn wir Ich-Aussagen verwenden, zwingen wir den anderen dazu, sich mit uns auseinanderzusetzen. Gleichzeitig stellen wir ihm vollkommen frei, wie er sich nun verhalten möchte. Wir geben ihm sozusagen nur die Möglichkeit zu erkennen, was sein Verhalten in uns bewirkt."
(Weisbach u. a., 1986, S. 104f.)

Im obigen Beispiel („Mir ist es hier zu laut. Ich möchte, dass ihr leiser seid.") werden die Kinder durch die Ich-Botschaft der sozialpädagogischen Fachkraft nicht abgewertet, sondern diese nimmt

1.6 Sozialpädagogische Grundkompetenzen | 145

Umgekehrt gibt es Sätze, die sprachlich mit „du" beginnen, bei denen aber eindeutig eine Ich-Aussage gemacht wird, z. B. wenn jemand sagt: „Du tust mir weh" (vgl. Weisbach, 1986, S. 106). Hier wird die Selbstkundgabeseite des Kommunikationsquadrats verdeutlicht.

Erweiterte Ich-Botschaften

Es gibt Situationen, in denen Sie als Erzieherin nicht nur Ihr Gefühl benennen wollen und es dann dem Kind überlassen, ob es sein Verhalten ändert, sondern in denen Sie zu einer konkreten Handlung auffordern wollen. Hier ist das Grundschema einer erweiterten Ich-Botschaft hilfreich (Koeberle-Petzschner, 2008, S. 40):

Einzelschritte	Beispielsätze
das wahrgenommene Verhalten beschreiben	„Für mich ist es hier sehr laut."
die dadurch ausgelösten Gefühle/Gedanken ausdrücken	„Mich stört das."
die Auswirkungen auf die Situation darstellen, erwünschte Ziele und Verhaltensweisen benennen	„Ich kann mich nicht konzentrieren – bitte seid etwas leiser."

Dialoge durch Fragen unterstützen

Die Darstellung der „vier Ohren" im Kommunikationsmodell von Schulz von Thun hat gezeigt, dass Zuhören ein konstruktiver Prozess ist. Wir hören oft das heraus, was wir hören wollen. Daher ist es sehr wichtig, dass Sie in Gesprächen nachfragen. Damit zeigen Sie u. a. auch Ihre auf Dialog hin angelegte Grundhaltung. Ein Kind oder ein Jugendlicher kann dadurch erfahren, dass Sie sich als Erzieherin wirklich für seine Person, für das, was das Kind innerlich bewegt, interessieren. Die Fragen, die Sie als sozialpädagogische Fachkraft in Gesprächen stellen, sind sozusagen das Fundament für den dialogischen Charakter des Verhältnisses zwischen Erzieherin und Kind.

Fragen stellen Sie als sozialpädagogische Fachkraft vor allem in den folgenden Zusammenhängen:

- **um nachzufragen:** nach ergänzenden Informationen, nach Meinungen, Wünschen und Bedürfnissen, nach Gefühlen
- **beim aktiven Zuhören:** Wenn Sie aktives Zuhören umsetzen wollen, dann ist es wichtig, dies aus einer fragenden Grundhaltung heraus zu tun. Denn wenn Sie paraphrasieren oder auszudrücken versuchen, welche Gefühle Sie wahrgenommen haben, sind das immer An-Fragen an Ihren Gesprächspartner. Die fragende Grundhaltung ist notwendig, weil Sie sich noch nicht sicher sein können, dass Sie Ihre Wahrnehmung richtig interpretieren.
- **beim Begleiten von Bildungsprozessen:** Diese Fragen unterscheiden sich von den vorhergehenden dadurch, dass Sie als Erzieherin gemeinsam mit dem Kind die Haltung einer Lernenden einnehmen. Sie beobachten z. B., wie Kinder im Frühjahr im Garten die ersten Krokusse entdecken, die aus dem Boden herausspitzen und jeden Tag etwas größer werden. Das wird zum „Forschungsobjekt" für die Kinder, sie prüfen, was passiert, wenn sie die Krokusspitzen mit Erde zudecken, sie stellen Hypothesen darüber auf, wie schnell die Blätter wachsen etc. Dies unterstützen Sie durch Ihre Fragen.

Nach dem heutigen Bildungsverständnis als einem Prozess der Ko-Konstruktion verhält sich die Erzieherin dazu nicht wie eine

„(Allein- oder Besser-)Wissende. [...] Sie hält sich auch nicht heraus. Sie trägt aktiv zum Dialog bei, äußert eigene Vermutungen, hört zu, verlangsamt das Ganze, indem sie mitdenkt – auch um sich selbst Zeit zu geben, zu verstehen, was hinter den Hypothesen und Fragen der Kinder steht. Sie signalisiert: Ich weiß etwas und kann etwas beitragen. Was aber ganz genau geschieht, müssen wir gemeinsam herausfinden. Und sie lässt sich

darauf ein, scheinbar Selbstverständliches neu zu sehen und wieder neu zu untersuchen."
(Klein, Wenn die Worte, 2009)

In einem solchen gemeinsamen Prozess hat Ihre Fähigkeit, Fragen zu stellen, einen hohen Stellenwert, egal ob es sich um Naturbeobachtung, Literacy-Erziehung oder darum handelt, Kinder zum Philosophieren anzuregen. Dafür ist es wichtig, dass Sie – genau wie beim aktiven Zuhören – das Beobachtete aus der Perspektive der Kinder wahrnehmen. Ihre eigenen Erklärungen dazu, die der Erwachsenenperspektive entsprechen, stellen Sie dabei erst einmal zurück. Vielmehr kommt es darauf an, dass Sie anknüpfend an die Hypothesen der Kinder neue Fragen einbringen, um diese weiter anzuregen. Das ist nur möglich aus einer dialogischen, „mitlernenden" Haltung heraus. Mit dieser Haltung als „Lernende" und „Fragende" sind Sie nicht nur Vorbild für die Kinder, sondern Sie werden auch in anderen Zusammenhängen mehr und andere Fragen stellen, als Sie es ohne die Erfahrungen in den Dialogen mit den Kindern getan hätten.

Auf welche Art und Weise können Sie als sozialpädagogische Fachkraft fragen?

- **Offene Fragen**
  Offene Fragen eröffnen den Kindern viele Antwortmöglichkeiten. Schon kleine Kinder werden dadurch ermutigt, ihre Theorien, Vorstellungen, Kenntnisse, Phantasien und Gefühle den anderen Kindern und den Erwachsenen mitzuteilen. Je kleiner Kinder sind, desto einfacher sollten die Fragen sein, d. h. möglichst konkret und auf das Hier und Jetzt bezogen (vgl. Bayerisches Staatsministerium für Arbeit und Sozialordnung, Familie und Frauen, 2006, S. 432).
- **Fragen im Rahmen des „Spiegelns" beim aktiven Zuhören**
  Hier wird die Aussage eines Kindes mit eigenen Worten als Frage wiederholt, um zu klären, ob richtig verstanden wurde, was das Kind gesagt hat. Solche Fragen signalisieren zugleich Interesse und Wertschätzung.
- **Geschlossene Fragen**
  Zu einer dialogischen Grundhaltung passen diese Fragen nicht. Geschlossene Fragen sind in der Regel ganz kurz zu beantworten, oft nur mit ja oder nein. Die Antwortmöglichkeit ist stark eingegrenzt, in der Regel geht es darum, dass die Kinder dabei Lerninhalte oder eigene Erfahrungen erinnern. Kinder versuchen hier auch oft, wenn sie etwas nicht erinnern, das Richtige zu erraten (vgl. Bayerisches Staatsministerium für Arbeit und Sozialordnung, Familie und Frauen, 2006, S. 432).
- **Suggestivfragen**
  Suggestivfragen manipulieren und drängen dem Kind eine bestimmte Antwort auf. Fragen wie die folgende sind zu vermeiden: „Ihr wollt doch bei dem eisigen Wetter nicht etwa in den Garten gehen?"

Grenzen setzen

Im gemeinsamen Alltag mit Kindern gibt es Situationen, in denen Sie klar Grenzen setzen wollen oder müssen. Dazu haben Sie als Erzieherin nicht nur die Verantwortung, sondern auch die Macht. Es ist wichtig, dass Sie sich das bewusst machen. Aber Sie dürfen diese Macht nicht missbrauchen. Sie unterbrechen beim Grenzensetzen zwar den Dialog mit dem Kind, aber dieses darf dadurch nicht abgewertet oder beschämt werden (zum Folgenden vgl. Klein, Begrenzen ohne zu beschämen, 2009).

Beim Grenzensetzen geben Sie eine klare und eindeutige Anweisung. Sie treten dabei bestimmt auf, sodass deutlich wird, dass Sie diese Anordnung auch durchsetzen wollen. In diesem Fall wollen Sie also keinen Dialog mit dem Kind über die Grenzsetzung führen, vielmehr wollen sie das Kind anweisen und dieses soll sofort reagieren. Das drückt sich auch sprachlich und sprecherisch aus, in Wortwahl, Tonfall, Körperhaltung. Trotzdem gilt die Grundregel im Gespräch mit Kindern hier genauso, nämlich Kinder wertzuschätzen und nicht zu entmündigen. Wie lässt sich das umsetzen?

„Erzieherinnen, die Kinder in Schranken weisen, sollten wissen, was sie mit ihrer Intervention genau erreichen wollen. Darauf muss sich ihr Handeln konzentrieren, um Kinder vor ungerechtfertigter Beschämung zu schützen, aber auch der eigenen Wirksamkeit wegen."
(Klein, Begrenzen ohne zu beschämen, 2009)

Klein nennt u. a. ein Beispiel, bei dem sich zwei Kinder im Kindergarten um bestimmte Bausteine streiten und im Laufe des Streits beginnen, sich mit Holzbausteinen zu bewerfen. Während die Erzieherin zunächst abgewartet hat und den Kindern überlassen hat, eine Lösung zu finden, setzt sie jetzt eine Grenze, weil sie Verletzungen am Kopf der Kinder befürchtet. Genau das ist ihr Ziel, wenn sie eine Grenze setzen will. „Es geht *nicht* darum, wer angefangen hat, ob schlagen erlaubt oder verboten ist, und auch nicht um Verhaltens-

normen wie das Teilen oder Sich-Vertragen" (Klein, Begrenzen ohne zu beschämen, 2009).

Die Grenzüberschreitung muss für die Kinder erkennbar sein. Die Erzieherin will, dass sie aufhören, und den Kindern muss klar sein, dass darüber mit ihr nicht zu diskutieren ist. Dabei sollen die Kinder sich wertgeschätzt fühlen.

Daher kommt es darauf an, auf keinen Fall Schuld zuzuweisen oder moralische Vorwürfe zu machen. Denn damit wird auf die Person abgezielt, die etwas „Schlechtes" getan hat und sich dementsprechend „schuldig" fühlen soll. Beim Grenzensetzen geht es ausschließlich um die Sache, die nicht getan werden soll, nicht um die Person des Kindes und das, was es fühlt und denkt. Werte und Verhaltensnormen lassen sich ohnehin nicht über Grenzziehungen vermitteln, genauso wenig wie eine wirklich dauerhafte Verhaltensänderung (vgl. Klein, Begrenzen ohne zu beschämen, 2009). Eine solche Eingrenzung des Handlungsspielraums von Kindern muss jeweils konkret begründbar sein und sollte möglichst auch begründet werden.

Die Ich-Botschaft ist die geeignete sprachliche Form, um eine klare und eindeutige Anweisung zu geben, ohne das Kind zu beschämen. Statt zu sagen „Hört jetzt endlich auf, euch zu schlagen!" oder „Ihr wisst doch, dass man sich nie schlagen darf!" kann die Erzieherin ihre Anweisung klar mit den Worten „Ich möchte" oder „Ich will" einleiten.

Beispiel
„*Hört auf, euch mit Holzbausteinen zu bewerfen. Ich will, dass ihr sie liegen lasst, wenn ihr euch streitet.*"
oder
„*Ich möchte, dass ihr die Holzbausteine nicht zum Werfen benutzt, weil ich Angst habe, dass ihr euch verletzt.*"

Damit setzt die Erzieherin die Grenze differenziert, d. h., sie bezieht sie auf die konkrete Situation und die daran beteiligten Personen. Dem entspricht ihre Wortwahl: „mit Holzbausteinen werfen" statt verallgemeinernd „sich schlagen"; „ihr-Anrede" statt unpersönliches „man". Dabei drückt sie auch klar ihren Durchsetzungswillen aus. Eine Formulierung wie „Merkt ihr nicht, dass das weh tun kann, wenn euch ein Holzstück trifft?" würde dem nicht entsprechen, genauso wenig wie der Gebrauch des Wörtchens „bitte", der die Entschiedenheit der Grenzsetzung eher schmälert: „Schlagt euch bitte nicht."

Durch die Ich-Formulierung macht sich die Erzieherin bewusst selbst angreifbar. Denn die Kinder bleiben aller Einschränkung zum Trotz in gewisser Weise handlungsfähig, da sie sich über die Erzieherin ärgern können, wütend auf sie sein können. „Dementsprechend müssen Erwachsene Angriffe und Widerstand von Kindern als *angemessen* respektieren und dürfen sie nicht unterwerfen wollen" (Klein, Begrenzen ohne zu beschämen, 2009). Wollen Sie als Erzieherin Grenzen setzen und dabei das Kind als Person respektieren und nicht beschämen, kommt es also auf Folgendes an:

- stets die Sache bewerten und nicht die Person
- sich mit einer Ich-Botschaft klar und eindeutig als „Bestimmerin" ausweisen
- die Grenze differenziert setzen, d. h. bezogen auf die jeweilige Situation und die jeweiligen Personen
- nur Grenzen setzen, die jeweils konkret begründbar sind, und nach Möglichkeit auch begründen
- den Dialog wieder aufnehmen

Dieser letzte Schritt ist sehr wichtig, weil das Setzen einer Grenze den Dialog mit dem Kind unterbricht und die Beziehung belasten kann. Deshalb sollten Sie, wenn Sie Grenzen gesetzt haben, anschließend deutlich signalisieren, dass mit der Grenzsetzung die Beziehung zur Person nicht abgebrochen ist und der Dialog weitergeführt wird.

Gesprächsführung und Resilienz

Grenzen sollten auch in dieser wertschätzenden Art nur gesetzt werden, wenn es unbedingt notwendig ist. Denn Anweisungen sind mit Entmündigung verbunden. Sie machen nicht ich-stark und nicht resilient. Die Resilienz von Kindern zu stärken, ist aber eine wesentliche Aufgabe im Erziehungs- und Bildungsprozess (vgl. Kap. 3.4.4). Als sozialpädagogische Fachkraft tragen Sie wesentlich zur Persönlichkeitsbildung von Kindern bei, und zwar vor allem durch die Art und Weise, wie Sie mit Kindern und Jugendlichen sprechen. Wie Sie mit schwierigen und belastenden Situationen umgehen, wie Sie Gefühle ausdrücken und Konflikte lösen – dadurch erfahren die Kinder, dass Probleme bewältigbar sind, dass Konflikte gelöst werden können und dass sich auch „heikle" Gefühle offen ausdrücken lassen. All dies ist eine wesentliche Voraussetzung dafür, dass Sie die Resilienz von Kindern stärken (zum Folgenden vgl. Ladwig u. a., 2009, S. 2).

Über Ihre Art, sich sprachlich auszudrücken, werden Sie direkt zum Vorbild für Kinder. Wenn Ihnen beispielsweise etwas misslingt, dann können Sie verbalisieren, wie Sie damit umgehen: „Na, das hat jetzt nicht geklappt, das probiere ich gleich noch mal."

Sie stärken das Selbstvertrauen des Kindes, wenn Sie da, wo dies möglich ist, Kindern Verantwortung übergeben und z. B. sagen: „Ich übergebe dir Verantwortung."

Alles, was Sie über eine dialogische Gesprächsführung erfahren haben, stärkt das Selbstkonzept und Selbstwertgefühl der Kinder. Es ist daher auch nicht hilfreich, wenn Sie einem Kind unaufrichtig schmeicheln, um ihm beispielsweise schneller über einen Misserfolg hinwegzuhelfen. Bei Kleinstkindern stärken Sie durch Ihre Dialogfähigkeit auch im nonverbalen Bereich Bindungsverhalten und Explorationsverhalten, d. h. die Bereitschaft des Kindes, sich mit seiner Umwelt auseinanderzusetzen. So tragen Sie wesentlich zur Resilienz bei.

1.6.4 Organisieren

Eine Organisation ist eine bestimmte Ordnung. Diese Ordnung kann sich auf Gegenstände, auf Menschen, auf Arbeitsprozesse und vieles mehr beziehen. Man organisiert, d. h., man ordnet sein Privatleben, man organisiert Alltag und Beruf – alleine oder gemeinsam mit anderen.

Organisieren heißt daher, die Organisation gestalten oder mitgestalten. Dies ist eine der zentralen beruflichen Aufgaben jeder sozialpädagogischen Fachkraft; sie muss die Verantwortung annehmen, selbst mitverantwortlich für die Organisation zu sein, in der sie arbeitet.

Verschiedene Organisationen, d. h. unterschiedliche Ordnungen haben verschiedene Funktionen. Aus dieser Perspektive lassen sich auch Familien oder Freundeskreise als Organisationen verstehen. Sie haben ganz andere Ordnungsstrukturen als berufliche oder wirtschaftliche Organisationen.

Sowohl im Privatleben als auch in Wirtschaft und Beruf gestalten die Menschen ihr Leben ordnend. Dies gilt auch für die Fachkräfte, die in sozialpädagogischen Institutionen (Organisationen) arbeiten. Dabei üben die Ordnungsstrukturen einen nachhaltigen Einfluss auf Art und Qualität der Arbeit aus. Jeder Mensch ist Mitglied mehrerer Organisationen und dabei selbst aktiver Organisator.

Den privaten Alltag organisieren

Manche Studierende müssen bereits mit Beginn ihrer Ausbildung ihren privaten Alltag allein organisieren. Auf andere kommt dies erst mit der eigentlichen Berufstätigkeit zu. Da es sich hierbei um keine unmittelbar berufliche Anforderung oder Aufgabe handelt, wird selten ein Wort darüber verloren. Möglicherweise zum ersten Mal im

Den beruflichen Alltag organisieren

Im beruflichen Alltag muss viel organisiert werden. Dazu ist es hilfreich und erforderlich, die täglichen Abläufe zu strukturieren. Damit ist allerdings die Gefahr verbunden, dass die sozialpädagogische Fachkraft ihre Tätigkeit ausschließlich an solchen Strukturen orientiert und für den Umgang mit den täglichen „Überraschungen" zu wenig flexibel ist. Die täglichen Überraschungen – das sind in erster Linie natürlich die Kinder oder Jugendlichen, die nicht „funktionieren" können und sollen wie Maschinen.

Heute weiß man, dass eine Organisation umso erfolgreicher ist, je flexibler die Ordnungsstruktur ist. In sozialpädagogischen Einrichtungen, in denen sich unentwegt neue, unvorhergesehene und auch unvorhersehbare Situationen entwickeln, ist auch eine erhöhte Flexibilität der Fachkräfte als Organisatoren gefragt. In diesen Organisationen müssen sowohl die einzelne sozialpädagogische Fachkraft als auch das gesamte Team die Ordnungsstrukturen weiterentwickeln und verbessern. Unter diesem Aspekt muss eine Organisation im übertragenen Sinn eine lernende Organisation sein.

Leben alleine zu sein und selbstständig für sich zu sorgen, kann für manche zu einer Herausforderung werden.

Sollten Sie sich in einer solchen Situation befinden, werden Sie feststellen, dass es hilfreich ist, wenn Sie sich stabile Strukturen schaffen. Die Organisation eines überschaubaren und stabilen privaten Alltags ist eine der wichtigen Voraussetzungen, um den Anforderungen der Ausbildung und auch den Belastungen des späteren beruflichen Alltags gewachsen sein zu können.

Lernende Organisationen

Auch sozialpädagogische Einrichtungen sind lernende Organisationen. Als solche müssen sie Spielräume öffnen für kreatives, flexibles pädagogisches Handeln. Die Organisation des beruflichen

---

Peter M. Senge (*1947)
Peter M. Senge ist Direktor des 1991 gegründeten Center for Organizational Learning an der MIT Sloan School of Management in Cambridge (Massachusetts), wo er sich vor allem mit Fragen der Organisationsentwicklung befasst. Sein Buch mit dem Titel „Die fünfte Diszplin" wurde in viele Sprachen übersetzt. Es liegt auch den folgenden Überlegungen zur Organisation sozialpädagogischer Einrichtungen zugrunde. Auch wenn es Senge um die Organisation von Unternehmen ging, lassen sich viele seiner Überlegungen auf sozialpädagogische Einrichtungen übertragen. Als wesentlich für erfolgreiches Organisieren bezeichnet er die Entwicklung der Fähigkeit, im Team zu kooperieren, gemeinsame Ziele zu verfolgen und individuelle Eigeninteressen der Team-Mitglieder zurückzustellen, sowie die gemeinsame Entwicklung von Visionen, die das Team zu tragen in der Lage ist. All dies und die Bereitschaft, die Kreativität der Mitarbeiter und Mitarbeiterinnen zu stärken, sind wichtige Grundlagen einer erfolgreichen gemeinsamen pädagogischen Arbeit mit Kindern oder Jugendlichen.

Alltags bezieht sich dabei u. a. auf folgende elementare Aufgaben:
- Planung von Erziehungsprozessen
- planvolle und zielorientierte Unterstützung der Selbstbildungsprozesse der Kinder oder Jugendlichen
- Pflege und Betreuung im Rahmen der spezifischen Aufgaben der Einrichtung
- Kooperation im Team
- Kooperation mit den Erziehungspartnern
- Kooperation mit anderen Institutionen
- Beobachtung und Dokumentation
- Evaluation und Qualitätssicherung

Nur wenn sich die Organisation einer sozialpädagogischen Einrichtung – gleich einem lebenden Organismus – lernend weiterentwickelt, wird sie ihren Aufgaben gerecht werden können. Dies kann sie nur dann erfolgreich, wenn sowohl die einzelne Fachkraft als auch das Team als Ganzes eine Reihe von Voraussetzungen erfüllt.

Der amerikanische Unternehmensberater Peter M. Senge hat diese Voraussetzungen zusammengefasst und anschaulich erläutert. Senges Arbeit fand dabei weltweit Beachtung und kann auch für die organisatorischen Herausforderungen einer sozialpädagogischen Einrichtung hilfreich sein.

Nach Senge sind in einer erfolgreichen Organisation fünf grundlegende Aufgaben zu erfüllen. Er bezeichnet diese Aufgaben als „Disziplinen":
1. Personal Mastery
2. Mentale Modelle
3. Gemeinsame Visionen
4. Team-Lernen
5. Systemdenken

Alle fünf Disziplinen werden von Senge als Voraussetzung für erfolgreiches Organisieren verstanden. Seine Überlegungen treffen ohne Einschränkung auch auf sozialpädagogische Einrichtungen und die dort tätigen Mitarbeiterinnen zu. Die erste Disziplin, die er anführt, bezieht sich zunächst vor allem auf die Fähigkeiten der einzelnen Mitarbeiterinnen.

Personal Mastery
Personal Mastery bedeutet, etwas meisterhaft zu beherrschen. Es geht über notwendige Kompetenzen und Fachwissen deutlich hinaus. Das heißt, dass man seine Aufgaben offen, aktiv und kreativ annimmt und nicht nur auf die Geschehnisse reagiert (vgl. Senge, 1996, S. 173).

Für alle Mitarbeiterinnen einer sozialpädagogischen Institution, für die Kinder oder Jugendlichen und für die Erziehungsberechtigten ist es äußerst wichtig, dass die sozialpädagogischen Fachkräfte über die erforderlichen Qualifikationen und Kompetenzen verfügen. Ebenso bedeutsam ist es, sich weiterzuentwickeln, immer wieder neue Ideen umzusetzen und sich zu öffnen für die Ideen anderer.

Personal Mastery umfasst zwei für die sozialpädagogische Fachkraft grundsätzlich wichtige Verhaltensweisen:

1. Sie klärt immer wieder aufs Neue, was sie persönlich für wichtig hält.
   Wenn Sie einmal über Ihr eigenes Verhalten nachdenken, werden Sie feststellen, dass Sie – wie übrigens die meisten anderen Menschen auch – schon häufig viel Zeit und Energie für etwas investiert haben, was im Nachhinein wenig bedeutsam war und möglicherweise sogar auf falschen Vorstellungen beruhte.
2. Sie lernt kontinuierlich, die aktuelle Situation deutlicher und differenzierter wahrzunehmen. Dies steht auch in einem engen Zusammenhang mit der Notwendigkeit einer regelmäßigen Evaluation des beruflichen Handelns (vgl. Kap. 1.6.1). Nur wer wahrnimmt, wo er mit seiner Arbeit gerade steht und welche Qualität sie hat, kann sich entsprechend weiterentwickeln. Senge fasst dies folgendermaßen in Worte:

„Wer am Ziel seiner Wünsche ankommen möchte, muss wissen, wo er sich im Verhältnis zu diesem Ziel gerade befindet."
(Senge, 1996, S. 174)

Personal Mastery beinhaltet die Fähigkeit und die Bereitschaft, sich lernend weiterzuentwickeln, d.h. man lebt, um zu lernen. Menschen, die diese Fähigkeit und die dazugehörige Bereitschaft haben, kommen nie endgültig an. Haben sie ein Ziel lernend erreicht, tun sich neue, weitere Ziele auf, die man ebenfalls nur lernend erreichen kann. Personal Mastery kann auch als lebenslanger Prozess verstanden werden, der andauert. Nur wer das Lernen lieben gelernt hat, wird in der Lage sein, sich auf diesen Prozess wirklich einzulassen.

In sozialpädagogischen Berufen allerdings dürfte dies keine Frage des „Wollens" sein. Die Verantwortung für die Kinder und Jugendlichen und die Ansprüche an eine qualifizierte sozialpädagogische Arbeit sind in einer Weise komplex und veränderlich, dass eine Qualitätssicherung und -verbesserung ohne die gemeinsame Bereitschaft, sich lernend weiterzuentwickeln, nicht möglich ist. Es gibt aber auch noch einen weiteren wichtigen Grund für das Streben danach, seine berufliche Tätigkeit „meisterhaft" zu beherrschen. Dieser Grund ist sehr persönlicher Natur. Es zeigt sich nämlich immer wieder und wird auch Ihrer Erfahrung entsprechen, dass man sich mit seiner beruflichen (und privaten) Tätigkeit umso wohler fühlt, je besser man sie beherrscht. Jeder Schüler weiß, wie entmutigend schlechte und wie ermutigend gute Zensuren sind.

Vielleicht haben Sie auch schon einmal bewusst wahrgenommen, wie unterschiedlich die Stimmung in verschiedenen (sozial-)pädagogischen Institutionen sein kann. Da kommt man in eine Kindertagesstätte und wird von strahlenden Kindern und Erzieherinnen empfangen. Alle wollen einem die schönen kleineren oder größeren Erfolge zeigen und erklären. Die Erzieherinnen berichten von den Kindern und von ihren sich immer aufs Neue entwickelnden erzieherischen Bemühungen, die Kinder erzählen, was sie schon können und was sie bald vorhaben. In solchen Situationen sieht man Menschen, die lernen und die vieles meisterhaft beherrschen.

Genau darum muss man sich nach Senges Auffassung kontinuierlich bemühen, um selbst zufrieden und ausgeglichen arbeiten zu können. Aber nicht nur darum geht es: Ein Team, in dem sich viele Fachkräfte um ihre persönliche Weiterentwicklung bemühen und die Ergebnisse in die Gruppe einbringen, wird auch insgesamt ein hohes Maß an Arbeitszufriedenheit erreichen können.

So gilt es bereits während der Ausbildung, sich darauf zu konzentrieren, die eigenen Fähigkeiten zu optimieren und das Lernen nicht als Last, sondern als persönliche Entwicklungschance zu verstehen. Wer schon fragt, warum er sich mit einem Lerninhalt auseinandersetzen soll, bevor er die wichtigen Zusammenhänge überhaupt erkennen konnte, verschließt sich dem Neuen und wird seine Aufgaben nur schwer beherrschen können. Kurzum: Er kann zu einer Belastung in einem qualifizierten Team sozialpädagogischer Fachkräfte werden. Nutzen Sie also die Chancen, die Ihnen Ihre Lernfähigkeit bietet. So werden Sie Freude an Ihrer Arbeit haben und den Belastungen gewachsen sein können.

Nur allzu häufig wird übersehen, dass jedes Mitglied einer Organisation zum Gelingen oder Misslingen ihrer Aufgaben beiträgt. Sobald sich einige Mitglieder der Organisation zurücklehnen, nicht mitdenken und mitlernen, werden sich die Ziele schwerer erreichen lassen. Dies allerdings kann und sollte für die anderen kein Grund sein, sich ebenfalls zurückzulehnen und die gemeinsamen Ziele aus dem Auge zu verlieren.

Personal Mastery im Sinne Senges erfordert mehr als nur beständige Neugier und Lernbereitschaft: Sie erfordert persönliche Visionen.

Persönliche Visionen sind mehr als persönliche Ziele und materielle Wünsche. Senge beschreibt, dass viele Erwachsene sich in erster Linie etwas wünschen, was sie loswerden wollen: ihr altes Auto, ihre langweilige Arbeit, den Lärm ihrer Kinder usw. Eine Vision ist demgegenüber ein Ziel, mit dem Sinn und Zweck verbunden sind. In der Psychologie spricht man in diesem Zusammenhang auch von intrinsischer Motivation, d. h. dass man etwas tun möchte um der Sache willen.

So werden sozialpädagogische Fachkräfte zufriedener und erfolgreicher mit Kindern und Jugendlichen zusammenarbeiten, wenn sie mit ihrer Arbeit Sinn verbinden und die Erfolge wahrnehmen. Für die Erfolge sind sie in hohem Maße selbst mitverantwortlich.

Persönliche Visionen sind nicht etwa abstrakte Träumereien. Sie enthalten vielmehr die persönlichen inneren Werte der einzelnen Fachkraft. Ohne sie ist eine wertorientierte sozialpädagogische Arbeit kaum denkbar. Vergleicht eine Fachkraft ihre Visionen mit der aktuellen Situation, wird sie größere oder auch kleinere Unterschiede wahrnehmen. Die Wahrnehmung dieser Unterschiede kann als Triebkraft für weiteres kreatives und konstruktives Handeln in Richtung der Vision verstanden werden.

Häufig werden Visionen – insbesondere von Berufsanfängerinnen – von einem Gefühl der Machtlosigkeit unterdrückt:

- „Es hat ja sowieso keinen Sinn ..." oder
- „Ja, wenn ich eine eigene Kindertagesstätte hätte, dann wäre alles besser ..."

und nicht wenige Lehrerinnen oder Lehrer träumen insgeheim von ihrer eigenen Schule und den sich dann ergebenden pädagogischen Möglichkeiten.

Dabei handelt es sich zweifellos um einen Konflikt zwischen Vision und dem Gefühl der Machtlosigkeit. Anstatt die Vision kreativ weiterzuverfolgen, geben viele Menschen auf. Eine erfolgreiche sozialpädagogische Institution braucht aber Mitarbeiterinnen, die ihre persönlichen Visionen beharrlich und auf kreative Weise verfolgen, um ihre Arbeit zu optimieren.

Senge zeigt deutlich, wie wichtig der Umgang der einzelnen Mitarbeiter mit sich selbst, wie wichtig ihr Lernverhalten, ihre Kompetenzen, aber auch ihre Visionen für die Qualität einer Organisation sind (vgl. Senge, 1996, S. 171 ff.).

Mentale Modelle

Alle Menschen haben **Vorstellungen** von der Welt, von ihren Mitmenschen, von ihrer Arbeit, von ihren Zielen, von Normen und von Werten oder von Institutionen, von Städten, von Dörfern etc. im Kopf. Diese Vorstellungen sind die Grundlage des Handelns, Fühlens und Wollens. Senge bezeichnet diese Bilder als mentale Modelle und zeigt, welch großen Einfluss diese Modelle auf das tägliche Leben in einer Organisation haben. Es gibt typische Aussagen, die auf verhaltenswirksame mentale Modelle hinweisen:

- „Das haben wir ja noch nie gemacht!"
- „Ich will das nicht machen, denn wenn es nicht funktioniert, habe ich mich ganz umsonst bemüht!"
- „Wir brauchen das gar nicht erst zu versuchen; der Träger wird es sowieso ablehnen!"

Solche mentalen Modelle können tief verwurzelt und unbewusst sein. Entsprechend können sie das Lernen behindern und die eigene wie die gemeinsame Arbeit beeinträchtigen. Besonders dramatisch ist es, wenn solch hemmende mentale Modelle in einem Team bei mehreren Mitarbeiterinnen gleichzeitig vorhanden sind und – aus welchen Gründen auch immer – nicht thematisiert werden können. So kommt es beispielsweise vor, dass mehrere sozialpädagogische Fachkräfte in einem Team die Vorstellung haben, dass die Kinder allein erziehender Mütter oder gar allein erziehender Väter nicht „gut" erzogen werden, was für ihren Umgang mit diesen Kindern durchaus problematisch sein kann – besonders wenn darüber im Team nicht gesprochen wird. Natürlich gibt es auch mentale Modelle, die für die Arbeit einer Organisation hilfreich oder sogar unentbehrlich sind. Ein solches Modell könnte darin bestehen, dass viele Mitarbeiterinnen sich von der Vorstellung tragen lassen, dass eine gute Teamarbeit den Kindern oder Jugendlichen spürbar zugute kommt.

Daher ist es erforderlich, dass die Mitglieder der Organisation lernen, ihre mentalen Modelle zu reflektieren. Es gibt sozialpädagogische Einrichtungen, die zu diesem Zweck Supervisoren einladen, die mit dem Team arbeiten. **Supervision** ist eine Beratungstechnik, die von ausgebildeten Supervisoren angeboten wird. Supervisoren beraten und begleiten Teams, Gruppen und Organisationen. Sie unterstützen sie bei der Reflexion ihrer mentalen Modelle und ihres konkreten Handelns. Dabei helfen sie auch bei der Erarbeitung von Zielvereinbarungen.

Gemeinsame Visionen

Eine gemeinsame Vision entsteht, wenn alle Mitglieder einer Organisation, einer Gruppe oder eines Teams gemeinsame Ziele entwickeln, verinnerlichen und verfolgen. In sozialpädagogischen Einrichtungen werden solche gemeinsamen Visionen häufig in der jeweiligen pädagogischen **Konzeption** zum Ausdruck gebracht. Man muss allerdings betonen, dass die entsprechenden Formulierungen nur dann gemeinsame Visionen sind, wenn sich auch im konkreten Verhalten des Teams zeigt, dass sie verhaltensleitend sind.

Die gemeinsamen Visionen schaffen die intrinsische Motivation, die das Team bewegt, pädagogische Ziele mit bestimmten Methoden zu verfolgen – nicht, weil dies möglicherweise populär ist, sondern weil die Mitarbeiterinnen gemeinsam von ihrem Sinn und ihrer Bedeutung fest überzeugt sind.

Wie die persönlichen, so enthalten auch die gemeinsamen Visionen Idealbilder, die das Team anzustreben bereit ist. So verstanden sind gemeinsame Visionen keine Illusionen, denen nachzueifern sich nicht lohnt. Im Beruf sind Visionen die konkreten Vorstellungen von qualifizierterer Arbeit in einem weiteren Sinn. In der sozialpädagogischen Praxis könnte dies z. B. heißen, gemeinsame Vorstellungen

- von Kindern oder Jugendlichen, die mit gestärktem Selbstbewusstsein, Selbstvertrauen und Selbstwertgefühl die Einrichtung verlassen,
- von der Einrichtung als Lebensraum, in dem sich die Selbstbildungsprozesse von Kindern und Jugendlichen optimal entfalten können,
- von methodischem, didaktischem und pädagogischem Erzieherverhalten, das auf Anerkennung, Achtung und Wertschätzung aufbaut und ohne autoritäre Machtausübung auskommt etc.

Viele Beispiele für pädagogische Visionen, die durchaus auch zu gemeinsamen Visionen werden können, finden Sie in den pädagogischen Konzeptionen vieler bedeutender Pädagoginnen und Pädagogen (vgl. Kap. 3.1.8).
Die gemeinsamen Visionen des Teams einer sozialpädagogischen Institution müssen auch gemeinsam erarbeitet werden. Man „hat" sie nicht einfach, weil man gut miteinander auskommt. Wie bei den beiden ersten Disziplinen Senges (Personal Mastery und Mentale Modelle) müssen auch die gemeinsamen Visionen Gegenstand gemeinsamer Reflexion sein. Und auch hier kann gegebenenfalls eine Supervisorin oder ein Supervisor wertvolle Unterstützung geben.

„Gemeinsame Visionen verleihen den Menschen ganz von allein so viel Mut, dass sie das Ausmaß ihres Muts gar nicht mehr wahrnehmen. Mut bedeutet einfach, dass man alles tut, was nötig ist, um eine Vision zu verwirklichen. John F. Kennedy formulierte 1961 eine Vision, die sich seit vielen Jahren unter den Leitern des amerikanischen Weltraumprogramms abgezeichnet hatte: Am Ende des Jahrzehnts haben wir einen Mann auf dem Mond. Das führte zu zahllosen kühnen und mutigen Taten."
(Senge, 1996, S. 255)

Dieses Beispiel mag Ihnen in diesem Zusammenhang etwas fremd erscheinen. Sieht man aber genauer auf die große Bedeutung sozialpädagogischer und pädagogischer Arbeit für die Zukunft der Gesellschaft, überdenkt man die Komplexität der Aufgaben und Größe der Verantwortung, ist dieses Beispiel überhaupt nicht abwegig. Und genau wie in diesem Beispiel lebt auch die Qualität der sozialpädagogischen Einrichtung von bewusst reflektierten gemeinsamen Visionen. Um gemeinsame Visionen entwickeln zu können, muss auch das Team gemeinsam lernen.

Team-Lernen
In vielen Teams, Schulklassen, Familien arbeiten die einzelnen Personen – oft unbeabsichtigt – gegeneinander statt miteinander, wodurch viel persönliche Kraft verloren gehen kann. So lernen Schülerinnen und Schüler in einer Schulklasse deutlich leichter und erfolgreicher, wenn es in der Klasse so etwas wie einen Teamgeist mit einer gemeinsamen Entwicklungsrichtung gibt. Dies gilt genauso für das Team einer sozialpädagogischen Einrichtung.
Dabei bestehen die Schwierigkeiten vor allem darin, dass jedes einzelne Mitglied eines Teams, in dem nicht mit-, sondern gegeneinander gearbeitet wird, davon überzeugt ist, die anderen seien dafür verantwortlich. Tatsächlich sind immer alle gleichermaßen an den Schwierigkeiten und auch an den Erfolgen des Teams beteiligt.
Um die sich daraus ergebenden möglichen Probleme zu überwinden, muss ein Team seine Fähigkeiten, die angestrebten Ziele zu erreichen, kontinuierlich erweitern. In der Teamarbeit muss bewusst an der Entwicklung der gemeinsamen Vision, an der Erweiterung der persönlichen Kompetenzen und an der Überwindung hemmender mentaler Modelle gearbeitet werden. Dies erfordert kontinuierliche gemeinsame Lernprozesse.

„Das individuelle Lernen ist in gewisser Weise irrelevant für das organisationale Lernen. Der Einzelne kann unter Umständen unentwegt lernen, ohne dass das Unternehmen etwas lernt. Aber wenn Teams lernen, werden sie zu einem Mikrokosmos für das Lernen in der ganzen Organisation. Gewonnene Einsichten werden in die Tat umgesetzt. Entwickelte Fertigkeiten können an andere Einzelpersonen oder Teams weitergegeben werden (auch wenn es keine Garantie gibt, dass sie angenommen werden)."
(Senge, 1996, S. 287)

Team-Lernen setzt folgendes **Teamverhalten** voraus:
- gründliche gemeinsame Reflexion wichtiger Fragen und Probleme
- Entwicklung neuer Einsichten

- innovatives und im Team koordiniertes Handeln
- Verlässlichkeit aller Teammitglieder
- Dialog- und Diskussionsbereitschaft und -fähigkeit
- gemeinsame Unterstützung kreativen Handelns

Nun könnte man meinen, dass all diese Disziplinen nur – einer Illusion gleich – in einer konfliktfreien „heilen" Welt möglich seien. Aber das Gegenteil ist der Fall. Es sind erst die Ideenkonflikte, die eine wirkliche Entwicklung eines Teams ermöglichen. Hätten alle die gleichen Kompetenzen, die gleichen Vorstellungen und die gleichen Visionen, wäre das Team keine lernende Organisation.

Ein Team lebt davon, dass seine Mitglieder in der Lage sind, sich den anderen zu öffnen, die eigenen Kompetenzen einzubringen, die eigenen Vorstellungen zu hinterfragen und sich lernend auf neue Visionen einlassen zu können. In einem solchen Prozess entstehen natürlich auch Konflikte, die dabei sogar sehr hilfreich sein können, wenn die Teammitglieder konfliktfähig sind.

Organisieren setzt also immer auch Konfliktfähigkeit voraus. **Konfliktfähigkeit** ist die Fähigkeit, eine Auseinandersetzung anzunehmen und konstruktiv mit ihr umzugehen. Dazu wiederum ist es nötig, den anderen zu achten und wertzuschätzen, gerade weil er nicht dieselben Auffassungen vertritt. Weiter gehört zur Konfliktfähigkeit selbstverständlich die Bereitschaft, sich gemeinsam auf die Suche nach einer Lösung zu begeben, was nur möglich ist, wenn die Differenzen klar benannt werden. Auch hierzu müssen die einzelnen Mitglieder eines Teams in der Lage sein, von ihren mentalen Modellen loszulassen und gemeinsame Visionen aufzubauen.

Konfliktlöseverhalten erfordert darüber hinaus, dass
- Konfliktsituationen nicht verdrängt, sondern wahrgenommen werden,
- Konflikte von allen Beteiligten aus ihrer Perspektive benannt werden können,
- jedes Teammitglied seine Fremdwahrnehmung immer wieder aufs Neue überprüft,
- die Teammitglieder empathisch miteinander umgehen,
- die Teammitglieder darauf achten, nicht Gefangene des eigenen Denkens zu werden und sich gegebenenfalls aus dieser Gefangenschaft befreien,
- die Teams sich bewusst sind, dass Problemlösungen, die sich in der Vergangenheit als brauchbar erwiesen haben, in der Gegenwart nicht unbedingt weiterhelfen müssen.

Systemdenken

Als fünfte Disziplin bezeichnet Senge das vernetzte Zusammenwirken aller oben beschriebenen Aspekte und darüber hinaus die Fähigkeit, die Welt als Ganzes wahrzunehmen. Ein wichtiger Aspekt ist dabei, dass das Ganze mehr ist als die Summe seiner Teile. Stellen Sie sich vor, jemand hätte in der vergangenen Nacht Ihr neues Auto auf dem Parkplatz zerlegt. Alle Einzelteile liegen nebeneinander auf dem Parkplatz. Schön geordnet. Es wurde nichts gestohlen, nicht die kleinste Schraube fehlt. Nun haben Sie eine Werkstatt angerufen, die alle Teile mitnehmen und wieder zusammensetzen soll. Dabei geht allerdings ein Benzinschlauch verloren, den die Werkstatt nicht besorgen kann. Nun können Sie Ihr Auto immer noch nicht benutzen. Sie sehen an diesem kleinen Beispiel zweierlei:

1. Das Ganze ist tatsächlich mehr als die Summe der Teile.
2. Auch der kleinste Teil spielt für das Funktionieren des Ganzen eine Rolle.

Genauso verhält es sich auch beispielsweise im Alltag einer sozialpädagogischen Einrichtung. Jede Veränderung wirkt sich auf das Gesamtsystem aus.

Beispiel
- *Eine Erzieherin weist ein Kind etwas harsch ab, weil sie sich gestresst fühlt.*
- *Das Kind wird wütend.*
- *Der Erzieherin gegenüber zeigt es das nicht.*

- *Als sich unbeobachtet fühlt, haut es einem anderen Kind einen Bauklotz auf den Kopf.*
- *Das andere Kind schreit.*
- *Die Erzieherin brüllt das schreiende Kind an und verlangt Ruhe.*
- *Der Lärm bringt Unruhe in die Gruppe.*
- *Die Erzieherin brüllt „Ruhe!".*
- *Im gleichen Moment betritt eine Mutter den Gruppenraum.*
- *Die Mutter sagt nichts dazu.*
- *Auf dem Nachhauseweg spricht die Mutter mit einer anderen Mutter.*
- *Sie spricht von der Disziplinlosigkeit der Erzieherin etc.*

Sie können diesen Verlauf beliebig fortsetzten und feststellen, wie auch im Alltag einer Erzieherin das kleinste Einzelereignis große Auswirkungen haben kann. Man kann – insbesondere auch bei der Bewältigung organisatorischer Aufgaben – lernen, die Teile in ihrer Bedeutung für das Ganze wahrzunehmen und zu reflektieren.

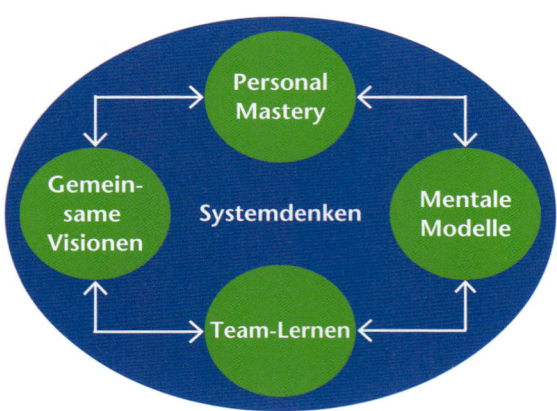

Wer an der Gestaltung einer kleineren oder größeren Organisation mitwirkt, wer also organisiert und Strukturen verändert, dem werden die beschriebenen vier Disziplinen nur dann wirklich helfen, wenn er versteht, dass sie miteinander zusammenhängen und voneinander abhängen. Zwei kurze Beispiele können das veranschaulichen:

- **Lösungen von gestern als Probleme von heute**

„Es war einmal ein Teppichhändler, der entdeckte mitten auf seinem allerschönsten Teppich eine große Beule. Er versuchte, die Beule glatt zu treten – mit Erfolg. Aber sie tauchte nicht weit entfernt an einer anderen Stelle wieder auf. Wieder sprang der Teppichhändler auf die Beule, und sie verschwand – um gleich darauf an einer neuen Stelle wieder aufzutauchen. Wütend verfolgte der Mann die vorwitzige Beule kreuz und quer über den Teppich. Er sprang und stampfte, stampfte und sprang, und verhunzte dabei den ganzen schönen Stoff, bis er schließlich den Teppich an einer Ecke anhob, und siehe da – eine erboste Schlange flitzte heraus."
(Senge, 1996, S. 75)

Dieses Beispiel zeigt, wie wichtig es ist, beim täglichen Organisieren der Arbeit – sei es alleine oder im Team – bewährte Erfahrungen zu überprüfen, einmal innezuhalten, sich auf Neues einzulassen etc. Nur so können Sie den Ärger des „zertrampelten Teppichs" vermeiden und die Probleme Ihres beruflichen (und privaten) Alltags allein oder in Ihrem Team erfolgreich bewältigen.

- **Mehr vom Falschen macht es nicht besser**

Gerade in der Erziehung geschieht es oft, dass Erziehende einen pädagogischen Fehler nicht erkennen und meinen, wenn sie lauter brüllen oder schimpfen, würde es besser. In schwierigen pädagogischen Situationen ist es außerordentlich wichtig, dass die Erziehenden innehalten können, dass sie in der Lage sind, die Perspektive des Kindes einzunehmen, um schließlich gemeinsame Lösungen zu entwickeln.

1.6.5 Erziehungs- und Bildungsprozesse planen

Erziehung und Bildung sind die wichtigsten Aufgabengebiete sozialpädagogischer Fachkräfte. In den Kapiteln 3.1 und 3.2 können Sie sich über die dazu erforderlichen Kompetenzen sozialpädagogischer Fachkräfte informieren. Daher finden Sie in diesem Kapitel nur einen kurzen Überblick.

Bei der **Erziehung** geht es um das pädagogische Handeln der sozialpädagogischen Fachkräfte. Erziehung ist der Begriff für eine ganz spezielle Beziehung zwischen Erziehenden und Zu-Erziehenden. Man spricht dabei auch von einer pädagogischen Beziehung, in der die Erwachsenen versuchen, Kinder oder Jugendliche in einer Weise zu beeinflussen, die sie für deren Zukunft für wichtig erachten. Zentrale Kompetenzen, über die eine sozialpädagogische Fachkraft verfügen muss, beziehen sich in diesem Zusammenhang auf die Gestaltung pädagogischer Beziehungen, die die Entwicklung der Kinder oder Jugendlichen wesentlich unterstützen.

Bei der **Bildung** geht es im Unterschied dazu um die Selbstbildungsprozesse der Kinder und Jugendlichen. Sozialpädagogische Fachkräfte unterstützen die jungen Menschen in der Entwicklung ihrer Selbstbildungsprozesse. Man weiß heute, dass man Kindern oder Jugendlichen Wissen nicht vermitteln, sondern „nur" deren geistige Wissenskonstruktion begleiten und unterstützen kann (vgl. hierzu insbesondere Kap. 3.3.5 und 3.3.6). Zentrale Kompetenzen, über die eine sozialpädagogische Fachkraft verfügen muss, sind in diesem Zusammenhang auf die Gestaltung von Lern- und Bildungsmöglichkeiten bezogen.

Wie bereits mehrfach angedeutet, herrscht in den Vorstellungen vieler Menschen nach wie vor der Gedanke vor, Erziehung in pädagogischen Institutionen sei zwar notwendig und wichtig, herausragende Kompetenzen seien dazu aber nicht erforderlich.

Diese Fehleinschätzung hat die Entwicklung sozialpädagogischer Berufe auch noch in den vergangenen Jahrzehnten beeinträchtigt und belastet.

Erziehungsplanung

Professionelles Erziehen ist ein planvolles und systematisches pädagogisches Handeln, das in entscheidenden Teilen nicht von zufälligem Reagieren der Erziehenden getragen wird. Erziehung planen heißt vielmehr, erzieherische Methoden gezielt einzusetzen, um die Kinder oder Jugendlichen in ihrer Entwicklung zu stärken und sie darin zu unterstützen, Entwicklungsbarrieren zu überwinden. Erziehungspläne werden für den pädagogischen Umgang mit einer ganzen Gruppe, mit einer Teilgruppe oder auch mit einzelnen Kindern oder Jugendlichen erstellt. In ihrer Grundstruktur enthalten sie zwei Elemente:

1. Erhebung der für die Erziehung notwendigen Grundinformationen (z. B. in professionell geführten Gesprächen, durch sorgfältiges Beobachten etc.) und Klärung wichtiger Wirkungszusammenhänge (vgl. Abb. 1).
2. Klärung, Vorbereitung und Umsetzung pädagogischer Handlungsmöglichkeiten (vgl. Abb. 2 auf der nächsten Seite). Die dafür erforderlichen Kompetenzen erwerben Sie in wesentlichen Teilen während Ihrer theoretischen und praktischen Ausbildung. Aber auch im Berufsleben werden Sie sie kontinuierlich weiterentwickeln müssen.

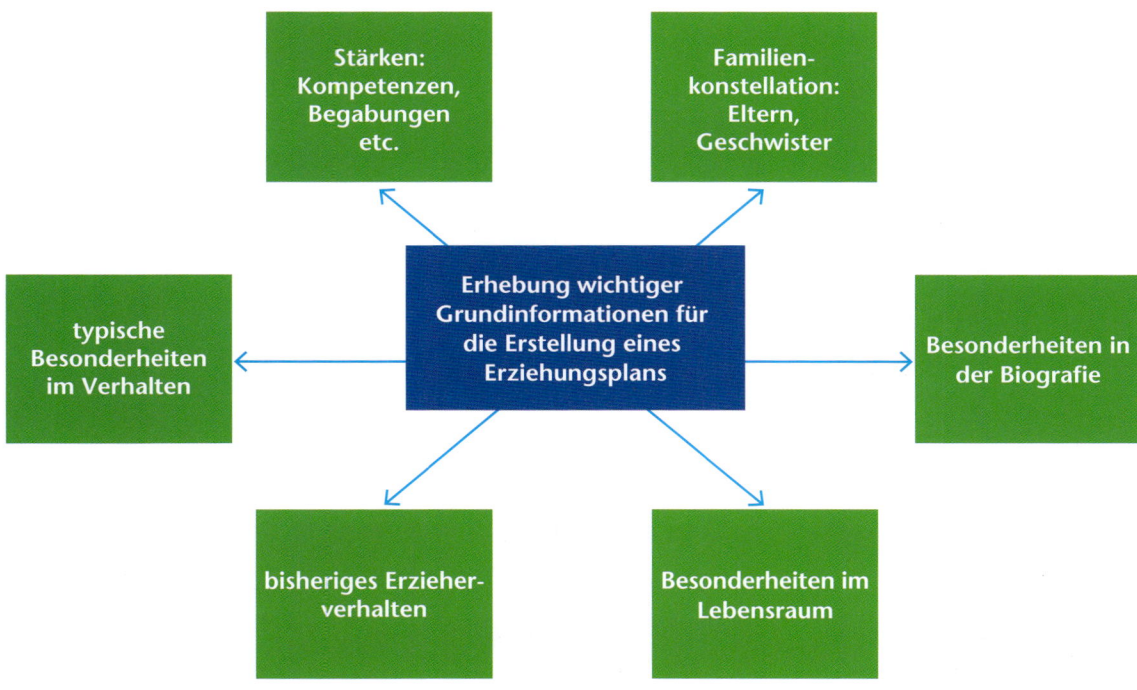

Abbildung 1

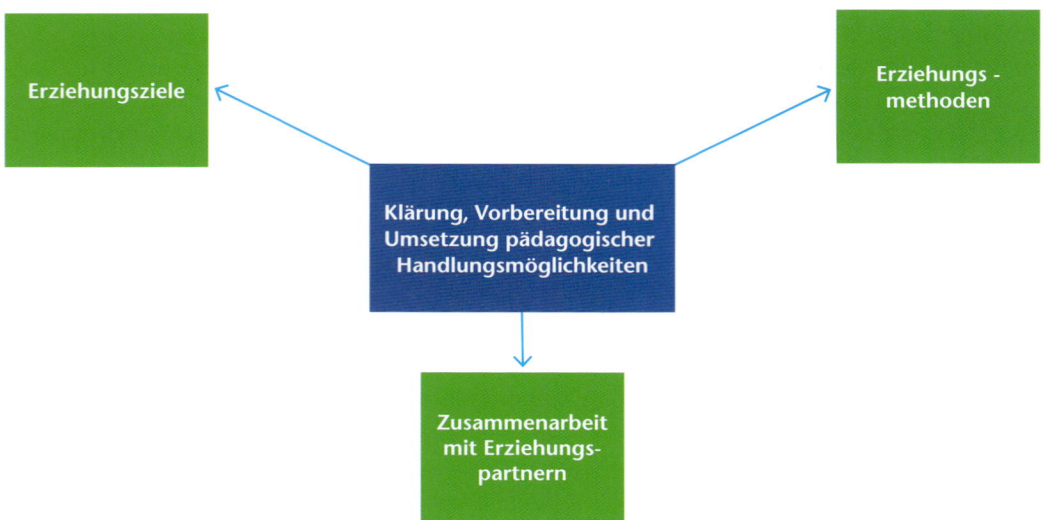

Abbildung 2

Bildungsplanung

Auch sozialpädagogische Einrichtungen haben den Auftrag, für eine möglichst optimale Unterstützung der Selbstbildungsprozesse der Kinder und Jugendlichen zu sorgen. Dazu müssen die sozialpädagogischen Fachkräfte die folgenden Schritte zur Entwicklung eines individuellen Bildungsplans professionell vollziehen können (vgl. folgende Abbildung).

1.7 Weiterführende Literatur

Amthauer, Karl Herrmann/Eul, Werner: Herausforderung Erziehung in sozialpädagogischen Berufen, Band 3, Troisdorf, Bildungsverlag EINS, 2009.

Banyard, Philip/Hayes, Nicky: Denken und Problemlösen, in: Einführung in die Kognitionspsychologie, hrsg. v. Jochen Gerstenmaier, München, Ernst Reinhardt Verlag, 1995, S. 11–40.

Bergmann, Rainer: Recht und Organisation, Köln, Bildungsverlag EINS, 2009.

Bimmel, Peter/Rampillon, Ute: Lernautonomie und Lernstrategien, 6. Aufl., Berlin, Langenscheidt, 2008.

Doherty-Sneddon, Gwyneth: Was will das Kind mir sagen? Die Körpersprache des Kindes verstehen lernen, Bern, Verlag Hans Huber, 2005.

Doll, Erhard: Rechtskunde für sozialpädagogische Berufe, Troisdorf, Bildungsverlag EINS, 2006.

Fthenakis, Wassilios/Oberhuemer, Pamela (Hrsg.): Spielend lernen, Troisdorf, Bildungsverlag EINS, 2007.

Hobmair, Hermann (Hrsg.): Kompendium Pädagogik, Köln, Bildungsverlag EINS, 2009.

Jilesen, Martin: Soziologie für die sozialpädagogische Praxis, 8. Aufl., Köln, Bildungsverlag EINS, 2012.

König, Anke: Interaktion als didaktisches Prinzip, Köln, Bildungsverlag EINS, 2010.

Mescher, Birgit: Handbuch Offene Ganztagsgrundschule, Troisdorf, Bildungsverlag EINS, 2006.

Metzig, Werner/Schuster, Martin: Lernen zu lernen, 7. Aufl., Berlin, Springer, 2006.

Regel, Gerhard/Wieland, Axel Jan (Hrsg.): Offener Kindergarten konkret, Veränderte Pädagogik in Kindergarten und Hort, Hamburg, E. B.-Verlag, Rissen, 1993.

Senge, Peter M.: Die fünfte Disziplin, übers. v. Maren Klostermann, Stuttgart, Verlag Klett-Cotta, 1996.

Viernickel, Susanne/Völkel, Petra/Gartinger, Silvia: Früheste Beobachtung und Dokumentation, Bildungsarbeit mit Kleinstkindern, Troisdorf, Bildungsverlag EINS, 2009.

Zimbardo, Philip G./Gerrig, Richard J./Hoppe-Graff, Siegfried/Engel, Irma: Psychologie, 7. Aufl., übers. von Johanna Baur, Frank Jacobi, Matthias Reiss, Berlin, Springer, 2003.

2 Kinder und Jugendliche im Blick

- 2.1　Lebenswelten von Kindern und Jugendlichen
- 2.2　Entwicklung und Sozialisation
- 2.3　Entwicklungsbedingungen
- 2.4　Kinder im Alter von 0 bis 3 Jahren
- 2.5　Kinder im Alter von 3 bis 6 Jahren
- 2.6　Kinder im Alter von 6 bis 12 Jahren
- 2.7　Kinder im Alter über 12 Jahre
- 2.8　Umgang mit herausforderndem Verhalten
- 2.9　Weiterführende Literatur

> *Die Schwerpunkte dieses Kapitels liegen vor allem im Bereich des Handlungsfeldes 1 und 2 des Kompetenzorientierten Qualitätsprofils: Kinder, Jugendliche und junge Erwachsene verstehen, Beziehungen gestalten, Entwicklungs- und Bildungsprozesse anregen, unterstützen und fördern. (s. auch S. 98 ff.)*

Mithilfe des vorigen Kapitels konnten Sie eine erste Vorstellung davon entwickeln, über welche Kompetenzen eine professionelle sozialpädagogische Fachkraft im Unterschied zu erziehenden Laien verfügen muss.

Im zweiten Kapitel werden Sie die Perspektive wechseln und den Blick auf die Adressaten Ihrer zukünftigen Arbeit richten. Das bedeutet, dass Sie sich den Lebens- und Entwicklungsbedingungen von Kindern und Jugendlichen einerseits und ihrer psychischen und physischen **Entwicklung** andererseits zuwenden.

Dieser Perspektivenwechsel ist erforderlich, damit Sie sich die erforderlichen Grundlagen erarbeiten können, um in der sozialpädagogischen Praxis die Kinder oder Jugendlichen in ihrer Entwicklung individuell erziehen, bilden und begleiten zu können. Dazu benötigen Sie vor allem entwicklungspsychologische Grundkenntnisse und Wissen über den Umgang mit Kindern oder Jugendlichen, deren Verhalten von dem der Mehrheit ihrer Altersgruppe abweicht. Viele solcher Verhaltensweisen werden dann als „problematisch" wahrgenommen, wenn keine ausreichenden entwicklungspsychologischen Kenntnisse über das Kindes- und Jugendalter vorliegen.

Darüber hinaus ist es wichtig zu verstehen, welche entwicklungspsychologischen Veränderungen mit den von Generation zu Generation sich verändernden Lebensräumen und -bedingungen einhergehen.

Ziel dieses Kapitels ist, Ihnen einen Überblick über die Lebenswelten von Kindern und Jugendlichen und deren körperliche, motorische, kognitive, sozial-emotionale und sprachliche Entwicklungsbedingungen zu geben.

Dieses Kapitel ermöglicht Ihnen, sich wichtiges fachtheoretisches Basiswissen zu erarbeiten und Kompetenzen zu entwickeln, die Sie als Voraussetzung für konzeptionelles sozialpädagogisches Arbeiten in den unterschiedlichen Berufsfeldern benötigen.

Zu diesen Kompetenzen gehört ein vertieftes Wissen über die Entwicklung von Kindern und Jugendlichen und über den Einfluss der Lebenswelten auf ihr Verhalten und Erleben. Dazu gehört weiter, die Bedeutung dieses Wissens für die Planung und Durchführung entwicklungs- und bildungsförderlicher pädagogischer Prozesse zu verstehen. Mithilfe des in diesem Kapitel grundgelegten Wissens können Sie Kinder in ihrer Individualität und Persönlichkeit als Subjekte in der pädagogischen Arbeit besser wahrnehmen, einschätzen und ihren Willen nach Kompetenzerweiterung unterstützen. Damit verfügen Sie über erste Fertigkeiten, eine entwicklungs- und bindungsförderliche pädagogische Arbeit auf der Grundlage differenzierter, professioneller und entwicklungsorientierter Beobachtung, Bedürfnisse, Interessen und Lernwege von Kindern zu gestalten und Beziehungen zu Kindern auf der Grundlage von Wahrnehmungs- und Beobachtungsergebnissen unter Einbeziehung des Teams zu reflektieren und zu gestalten. Darüber hinaus verhilft Ihnen das in diesem Kapitel zu erarbeitende Fachwissen, einige der grundlegenden Fertigkeiten zu entwickeln, die erforderlich sind, um

- die eigene Rolle als sozialpädagogische Fachkraft in Entwicklungs- und Bildungsprozessen der Kinder wahrzunehmen und zu reflektieren,
- Konsequenzen für Ihr pädagogisches Handeln zu entwickeln,
- die eigene verbale und nonverbale Kommunikation in ihrer Wirkung auf Kinder zu reflektieren und nachhaltig weiterzuentwickeln sowie
- die Beobachtungsergebnisse und Interpretationen im fachlichen Austausch zum jeweiligen Entwicklungsstand des Kindes auszutauschen, zu überprüfen und zu vertreten (vgl. Deutsches Jugendinstitut, 2011, S. 18 ff.).

2.1 Lebenswelten von Kindern und Jugendlichen

Sozialpädagogische Fachkräfte müssen immer auch die Lebenswelten der Kinder oder Jugendlichen in ihre Überlegungen einbeziehen. Andernfalls wird es nicht möglich sein, das Verhalten und Erleben der Kinder oder Jugendlichen zu verstehen. **Verstehen** ist eine der wesentlichen Grundlagen menschlichen Zusammenlebens. Im Mittelpunkt stehen dabei die Lebenswelten der Menschen in ihren miteinander vernetzten
- historischen,
- kulturellen
- und sozialen

Zusammenhängen (vgl. Thiersch u.a., 2002, S. 161 ff.).

Verstehen ist in der täglichen Arbeit sozialpädagogischer Fachkräfte eine zentrale Aufgabe und Herausforderung. Kinder und Jugendliche zu verstehen erfordert zunächst, ihren Alltag und ihre Lebenswelt in den Blick zu nehmen. Dies wird in der Sozialpädagogik als **Lebensweltorientierung** sozialpädagogischer Arbeit bezeichnet.

Der Alltag

Der Alltag der Kinder oder Jugendlichen in und außerhalb der sozialpädagogischen Einrichtungen ist Ausgangspunkt für die praktische Arbeit der sozialpädagogischen Fachkräfte. Umgangssprachlich ist der Begriff Alltag durch Regeln und Routinen geprägt, die vor allem das Wiederkehren täglicher Ereignisse und Handlungen beinhalten und das Leben erleichtern (und manchmal auch erschweren).

In der Sozialpädagogik versteht man unter Alltag die spezifischen subjektiv erlebten Bedingungen, die die Lebenswelt eines Menschen beschreiben. In einem engeren Sinne wird der Begriff Alltag auch für pragmatische und überschaubare Verstehens- und Handlungsmuster eines Menschen benutzt (vgl. Thiersch, Lebensweltorientierte Soziale Arbeit, 1992, S. 6). Kinder und Jugendliche entwickeln in diesem Sinne Verstehens- und Handlungsmuster, die sie in die Lage versetzen, ihre individuellen Entwicklungsaufgaben zu bewältigen. Entwicklungsaufgaben sind die Anforderungen, die in einem bestimmten Lebensabschnitt eines Menschen bewältigt werden müssen und deren Bewältigung Grundlage für die weitere Entwicklung ist (vgl. Kap. 2.4 bis 2.7).

2.1.1 Lebensweltorientierung

Lebensweltorientierung ist ein rechtlich begründetes Handlungskonzept für sozialpädagogische Fachkräfte. Mit dem 8. Jugendbericht des Bundesministeriums für Jugend, Familie, Frauen und Gesundheit (BMJFFG) aus dem Jahr 1990 (vgl. ABA Fachverband, 2008) wurden grundlegende Veränderungen eingeleitet; eine lebensweltorientierte Perspektive begann sich mit diesem aufsehenerregenden Jugendbericht durchzusetzen. Diese Veränderungen sollten sich darin niederschlagen, dass Kinder und Jugendliche Unterstützung erhalten durch
- Konfrontation mit Bildungs-, Erziehungs- und Orientierungsaufgaben,
- Hilfe bei der Gestaltung der Lebenssituation und
- Hilfe bei der Gestaltung der Lebensräume.

Diese Unterstützung wird vor allem **als Hilfe zur Selbsthilfe** (vgl. auch Kap. 3.1.8) verstanden, wobei es darum geht, die individuellen Kompetenzen der Kinder oder Jugendlichen zu entdecken und die Weiterentwicklung ihrer Verstehens- und Handlungsmuster zu begleiten und zu fördern.

Eine solche lebensweltorientierte Perspektive schlug sich 1991 auch in dem damals neu verabschiedeten Kinder- und Jugendhilfegesetz nieder. In § 27 Abs. 2 und Abs. 4 SGB VIII heißt es beispielsweise:

„(2) Hilfe zur Erziehung wird insbesondere nach Maßgabe der §§ 28 bis 35 gewährt. Art und Umfang der Hilfe richten sich nach dem erzieherischen Bedarf im Einzelfall; dabei soll das engere soziale Umfeld des Kindes oder des Jugendlichen einbezogen werden."
(Justizportal des Landes Nordrhein-Westfalen, 2008)

In § 35 SGB VIII ist zur Frage einer intensiven Betreuung zu lesen:

„Intensive sozialpädagogische Einzelbetreuung soll Jugendlichen gewährt werden, die einer intensiven Unterstützung zur sozialen Integration und zu einer eigenverantwortlichen Lebensführung bedürfen. Die Hilfe ist in der Regel auf längere Zeit angelegt und soll den individuellen Bedürfnissen des Jugendlichen Rechnung tragen."
(Justizportal des Landes Nordrhein-Westfalen, 2008)

Bereits diese beiden Beispiele zeigen die Bedeutung, die einer lebensweltorientierten Perspektive auch aus gesetzlicher Sicht zugeschrieben wird. Sozialpädagogische Fachkräfte sind daher gehalten, die individuellen Lebenssituationen in ihre Arbeit einzubeziehen. Heute sind lebensweltorientierte Ansätze allgemein anerkannt und haben sich in der sozialpädagogischen Praxis bewährt.

Dimensionen der Lebensweltorientierung

Lebensweltorientierte Sozialpädagogik hat folgende Dimensionen (vgl. Thiersch u.a., 2002, S. 171 ff.):
- Gegenwart
- Raum
- soziale Bezüge
- Alltagsaufgaben
- Hilfe zur Selbsthilfe
- gesellschaftliche Dimensionen

Dimension der Gegenwart

Unter Beachtung der sich immer schneller verändernden Lebensverhältnisse und einer damit zusammenhängenden immer ungewisseren Zukunft müssen sozialpädagogische Fachkräfte die Kinder und Jugendlichen, für die sie Verantwortung tragen, darin unterstützen, Kompetenzen zur Lebensweltbewältigung in der Gegenwart zu entwickeln. Die Konzentration auf die Gegenwart der Kinder und Jugendlichen schafft Kompetenzen für die Bewältigung ihrer Zukunft. Die **Dimension der Gegenwart** zielt auf die Bewältigung des gegenwärtigen Alltags der Kinder und Jugendlichen in ihrer Altersgruppe ab (vgl. Thiersch u.a., 2002, S. 171). Denn wenn sie nicht gelernt haben, ihre gegenwärtigen Entwicklungsaufgaben zu lösen, wird ihnen die Bewältigung ihrer zukünftigen Entwicklungsaufgaben erschwert.

Dimension des Raums

Das Leben der Menschen vollzieht sich in sehr unterschiedlichen und vor allem unterschiedlich erlebten Lebensräumen und Lebensphasen. Dementsprechend ist es eine wichtige Aufgabe der sozialpädagogischen Fachkräfte, sich diesen spezifischen Lebensräumen zu öffnen und die Kinder und Jugendlichen darin zu unterstützen, einschränkende Strukturen zu überwinden und Wege für eine Verbesserung ihrer individuellen Lebenssituationen zu erschließen (vgl. Thiersch u.a., 2002, S. 171). So ist es unbedingt erforderlich, dass die sozialpädagogischen Fachkräfte auch die äußeren, räumlichen Lebensbedingungen und -verhältnisse der Kinder oder Jugendlichen kennen.

Dimension der sozialen Bezüge

Eine dritte aus lebensweltorientierter Sicht zu berücksichtigende Dimension ist die der sozialen Beziehungen. Jeder Mensch ist eingebettet in ein Netzwerk von Beziehungen, die ganzheitlich zu sehen und (nach Möglichkeit) zu stärken sind. Auch hier gilt es, die subjektiven sozialen, d.h. zwischenmenschlichen Lebenssituationen zu erfassen und die Kinder und Jugendlichen für die Bewältigung der sich daraus ergebenden Herausforderungen zu stärken. Im Kindes- und Jugendalter ist dazu auch eine professionelle Elternarbeit erforderlich (vgl. Thiersch u.a., 2002, S. 172).

Dimension der Alltagsaufgaben

Bei der Bewältigung der alltäglichen Aufgaben des Menschen stehen die drei Dimensionen – Gegenwart, Raum und soziale Bezüge – ganzheitlich und vernetzt zusammen. Die sich daraus ergebenden mehr oder minder komplexen Alltagsaufgaben der Kinder und Jugendlichen müssen von den sozialpädagogischen Fachkräften in den Blick genommen werden. Dazu ist es erforderlich, dass sowohl die Fachkräfte als auch – in altersgemäßer Weise – die Kinder und Jugendlichen Klarheit über die drei Dimensionen in ihrem Zusammenspiel gewinnen. Dies ist erforderlich, um im Alltag klare Strukturen erkennen und sich im Sinne einer Lösung ihrer jeweiligen Entwicklungsaufgabe orientieren zu können (vgl. Thiersch u. a., 2002, S. 172).

Dimension Hilfe zur Selbsthilfe

Ein wichtiges Element lebensweltorientierter Sozialpädagogik liegt darin, soziale und emotionale Abhängigkeiten zu überwinden und dabei auch Sorge dafür zu tragen, dass keine überdauernde Abhängigkeit zwischen der jeweiligen sozialpädagogischen Fachkraft und den Kindern oder Jugendlichen entsteht. Dabei geht es darum, die Entwicklung von Selbstwertgefühl, Selbstvertrauen und Selbstbewusstsein und die Entwicklung der persönlichen Identität zu unterstützen (vgl. Kap. 2.2 bis 2.7). Grundlage hierfür ist, die individuellen Stärken der Kinder und Jugendlichen wahrzunehmen, bewusst zu machen und im Interesse der Lösung der jeweiligen Entwicklungsaufgaben zu unterstützen. Die Kinder und Jugendlichen werden dabei als aktiv handelnde Persönlichkeiten darin gestärkt, sich selbstständig weiterzuhelfen bzw. weiterzuentwickeln (vgl. Thiersch u. a., 2002, S. 172).

Gesellschaftliche Dimension

Lebensweltorientierung bezieht immer auch die gesellschaftlichen Rahmenbedingungen ein. Die individuellen Lebensverhältnisse stehen im Zusammenhang mit den aktuellen gesellschaftlichen Bedingungen und unterliegen somit auch dem gesellschaftlichen Wandel. So stehen Kinder und Jugendliche unter dem Einfluss zunehmender Arbeitsplatzunsicherheit oder einer belastenden Armut in ihrer Familie. Daneben gibt es noch eine Fülle weiterer gesellschaftlicher Einflüsse, wie sie sich beispielsweise aus einem exzessiven Medien- oder Drogenkonsum ergeben können.

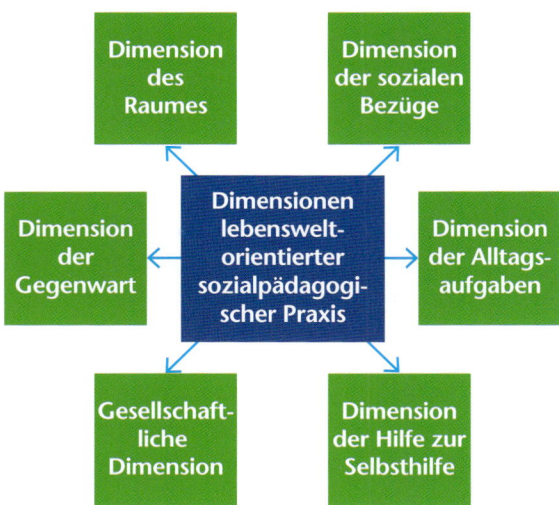

Ziele lebensweltorientierter sozialpädagogischer Praxis

Eine an den Lebenswelten der Kinder und Jugendlichen orientierte sozialpädagogische Praxis verfolgt wesentliche Ziele, die für die Lebensbewältigung der Kinder und Jugendlichen aktuell und zukünftig von großer Bedeutung sind (vgl. Thiersch, Lebensweltorientierte Soziale Arbeit, 1992, S. 30):

- Vorbeugung (Prävention)
- Integration
- Teilhabe (Partizipation)

Vorbeugung (Prävention)

Im Zusammenhang mit den Amokläufen Jugendlicher in den vergangenen Jahren wurde die Bedeutung präventiver, d. h. vorbeugender Maßnahmen, leider nur allzu oft zugunsten der Forderung nach mehr Polizeipräsenz in den Hintergrund gedrängt. Es wäre auch stark verkürzt, pädagogische Prävention nur in Bezug auf derartige Extremsituationen in den Blick zu nehmen. Pädagogische Prävention muss darauf ausgerichtet sein, die Kinder und Jugendlichen so zu stärken, ihre Selbstständigkeit und ihr Verantwortungsvermögen so zu fördern, dass sie den Problemen ihres Alltags und ihren Zukunftsaufgaben gewachsen sind. Dazu gehören gleichermaßen die Förderung ihrer Konflikt- und Kritikfähigkeit und eine klare Werteorientierung. Hierbei spielen ein vertrauensvolles pädagogisches Verhältnis und das **Vorbildverhalten** ebenso eine Rolle wie eine gezielte Unterstützung und Förderung der Selbstbildungsprozesse der Kinder und Jugendlichen (vgl. Thiersch u. a., 2002, S. 173). Prävention bedeutet in diesem Zusammenhang, frühzeitig, begleitend und unterstützend zu handeln.

Integration
Sozialpädagogische Fachkräfte haben es in ihrer Einrichtung zunehmend mit Kindern und Jugendlichen zu tun, die einen anderen kulturellen Hintergrund haben. Dazu kommen Kinder und Jugendliche mit Behinderungen oder anderen Merkmalen, die sie von der Mehrheit unterscheiden. Die Schaffung einer Lebenswelt, in der sich die Menschen mit ihren Unterschieden achten und wertschätzen, ist eines der herausragenden Ziele lebensweltorientierter sozialpädagogischer Praxis. Unter Integration ist dabei nicht Gleichmacherei zu verstehen, sondern Offenheit und Respekt für die Unterschiede. Dazu ist es nötig, (Frei-)Räume für ein achtsames und wertschätzendes soziales Miteinander zu schaffen und zu gestalten (vgl. Thiersch u. a., 2002, S. 173; Thiersch, Lebensweltorientierte Soziale Arbeit, 1992, S. 32 f.).

Teilhabe (Partizipation)
Mitbestimmung und Mitgestaltung sind unentbehrliche Bestandteile einer lebensweltorientierten sozialpädagogischen Praxis. In Artikel 12 der UN-Kinderrechtskonvention heißt es im Wortlaut:

„(1) Die Vertragsstaaten sichern dem Kind, das fähig ist, sich eine eigene Meinung zu bilden, das Recht zu, diese Meinung in allen das Kind berührenden Angelegenheiten frei zu äußern, und berücksichtigen die Meinung des Kindes angemessen und entsprechend seinem Alter und seiner Reife."
(Landesjugendamt Bayern, 1989)

Auch wenn gegen diesen Artikel der Kinderrechtskonvention nur allzu oft verstoßen wird, zeigt er doch, dass Mitbestimmung und Mitgestaltung selbst für Kinder von Bedeutung sind (vgl. Kap. 3.4.3).

2.1.2 Die Kinder- und Jugendberichte der Bundesregierung

Seit 1965 gibt die Bundesregierung in jeder Legislaturperiode – also etwa alle vier Jahre – einen Bericht über die Lebenssituation junger Menschen und über die Leistungen der Kinder- und Jugendhilfe in Deutschland heraus. 2009 wurde der 13. Kinder- und Jugendbericht veröffentlicht (vgl. Bundesministerium für Familie, Senioren, Frauen und Jugend, 2009). Der 14. Bericht wird im Verlauf des Jahres 2013 erscheinen; die weiteren Berichte werden im gleichen Rhythmus erarbeitet. Die Kinder- und Jugendberichte werden von namhaften Wissenschaftlern erarbeitet und informieren differenziert über bestimmte Aspekte der jeweils aktuellen Lebensbedingungen junger Menschen. Aus diesem Grund werden untersuchte Einzelaspekte nur dann mit weiteren Untersuchungen fortgeführt, wenn sich wesentliche Veränderungen ergeben haben. Daher sind die Berichte inhaltlich nicht zwingend vergleichbar. Sämtliche Kinder- und Jugendberichte sind im Internet auf den Seiten des Bundesministeriums für Familie, Senioren, Frauen und Jugend (www.bmfsfj.de) abrufbar.
Im Folgenden werden die drei Kinder- und Jugendberichte von 2002 bis 2009 mit ihren jeweils besonderen Schwerpunkten zusammengefasst.

Der 11. Kinder- und Jugendbericht
Im ersten Teil des 11. Berichts werden die aktuellen Strukturen der Kinder- und Jugendhilfe dargestellt:
- Aufwachsen in öffentlicher Verantwortung

In der Einleitung wird zunächst der Untersuchungsgegenstand erläutert: das Aufwachsen von Kindern und Jugendlichen in Einrichtungen der Kinder- und Jugendhilfe im Sozialstaat Deutschland.
- Grundlagen der Kinder- und Jugendhilfe

Vor diesem Hintergrund wurden die aktuellen Leistungen der verschiedenen gesellschaftlichen Institutionen im Rahmen der Kinder- und Jugendhilfe im Hinblick auf die Frage untersucht, was die verschiedenen Organisationen und Träger für Kinder und Jugendliche in den 16 Bundesländern zu leisten in der Lage sind.
- Modernisierung der Kinder- und Jugendhilfe

Natürlich ist im Rahmen der Kinder- und Jugendhilfe eine kontinuierliche Modernisierung und Anpassung an die jeweiligen sozialen und finanziellen Verhältnisse in den Bundesländern erforderlich. Auch dies wurde im Hinblick auf die Leistungsfähigkeit der Kinder- und Jugendhilfe untersucht.
- Jugendberichte und Sozialberichterstattung – Elemente einer Sozialberichterstattung der Kinder- und Jugendhilfe

Anschließend wird erläutert, wie die Untersuchungen durchgeführt wurden.
Darüber hinaus werden die Ergebnisse der Untersuchungen bezüglich
- der Auswirkungen des demografischen Wandels auf die Kinder- und Jugendhilfe sowie
- der Lebenslagen von Kindern und Jugendlichen unter Berücksichtigung des sozialen Wandels

dargestellt. Die Untersuchung der Lebenslagen beinhaltet die soziale Differenzierung nach folgenden Faktoren:
- Geschlecht
- Bildung
- Schicht/Klasse
- Region
- Migration
- Alter

Aus den Untersuchungsergebnissen werden im 11. Kinder- und Jugendbericht zehn Empfehlungen an Politik und Gesellschaft abgeleitet:

„1. Teilhabe und Zugang
Alle in Deutschland lebenden Kinder und Jugendlichen haben ein Recht auf umfassende Teilhabe an und ungehinderten Zugang zu den sozialen, ökonomischen, ökologischen und kulturellen Ressourcen der Gesellschaft. Die Einlösung dieses Rechtes ist Aufgabe und sollte Ziel aller Politik- und gesellschaftlichen Bereiche in Deutschland sein.
2. Anerkennung des Anderen
Angesichts der zunehmenden Ausdifferenzierung der deutschen Gesellschaft ist eine Politik erforderlich, die sich auf den Grundsatz der Anerkennung kultureller und sprachlicher Vielfalt stützt. Vor diesem Hintergrund fordert die Kommission die Schaffung der rechtlichen und tatsächlichen Voraussetzungen für die gleichberechtigte Teilhabe an allen Angeboten der Kinder- und Jugendhilfe. Dies gilt insbesondere für den Abbau von sozialer Ungleichheit, die auf Migration, regionalen Disparitäten und Geschlechtszugehörigkeit beruht.
3. Neuer Generationenvertrag
Ein neuer Generationenvertrag kann nur durch einen Systemwechsel bei den sozialen Leistungen, durch eine Umverteilung der Belastungen zwischen den Generationen, durch eine familienfreundliche Gestaltung der Arbeitswelt sowie den Ausbau einer bedarfsgerechten sozialen Infrastruktur in öffentlicher Verantwortung entstehen. Die bessere Förderung der infrastrukturellen Angebote hat Vorrang vor der Erweiterung der individuellen finanziellen Transferleistungen (die Erhöhung des Kindergeldes, Familienlastenausgleich etc.), schränkt aber die Subjektförderung (z. B. Hilfen in besonderen Lebenssituationen) keinesfalls ein („Dienste vor Geld').
4. Ausbildungs- und Beschäftigungsgarantie
Die Kommission fordert die fristgerechte Umsetzung (bis 2003) der Beschlüsse des Europäischen Beschäftigungsgipfels vom November 1997. Danach besteht die Verpflichtung, dass jeder junge Mensch unabhängig von seinen Lebensbedingungen ein Recht auf einen grundlegenden schulischen Abschluss, auf die Gewährung einer ‚zweiten Chance' sowie auf eine darüber hinausgehende Förderung seiner Fähigkeiten und Bestrebungen,

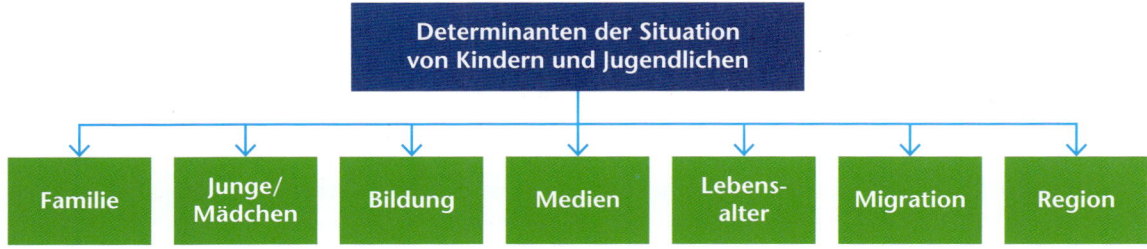

auf eine berufsqualifizierende Ausbildung und auf eine anschließende erste Beschäftigung bzw. die Teilnahme an einer entsprechenden qualifizierenden Beschäftigungsmaßnahme hat.

5. Ganztagsangebote der Bildung und Betreuung für alle Kinder

Bedingungen für ein gelingendes Aufwachsen sind neben der Stärkung der familialen Erziehung und Bildung qualifizierte Angebote für die Erziehung, Bildung und Betreuung aller Kinder in Kindertageseinrichtungen sowie verlässliche Schulzeiten.

Neben diesen Angeboten müssen auch die Einrichtungen der Kinder- und Jugendarbeit zur selbstverständlichen sozialen Infrastruktur gehören. Dies zielt über die Bedingungen für die Vereinbarkeit von Beruf und Familie für Väter und Mütter hinaus auf eine qualifizierte Wahrnehmung und Erweiterung des Bildungsauftrags in allen Handlungsfeldern der Kinder- und Jugendhilfe. Der erforderliche Ausbau von verlässlichen Ganztagsangeboten entsprechend der individuellen Bedürfnisse hat aus Sicht der Kommission Vorrang vor einer generellen Beitragsfreiheit.

6. Die Ausgaben folgen den Aufgaben

Vor dem Hintergrund des gesellschaftlichen Reichtums ist die Verteilung der Ressourcen, die der Kinder- und Jugendhilfe zur Verfügung gestellt werden, Ergebnis politischer Willensbildungsprozesse. Politik hat nicht nur die Aufgabe, gesetzliche Aufträge zu formulieren, sondern ebenso die Pflicht, die erforderlichen Voraussetzungen für die Umsetzung der gesetzlichen Aufträge und die Befriedigung berechtigter Ansprüche durch die Bereitstellung der erforderlichen Ressourcen und der entsprechenden finanziellen Mittel zu schaffen. Der Grundsatz, dass die Ausgaben den Aufgaben zu folgen haben und nicht umgekehrt, dass die Aufgaben nur nach Maßgabe vorhandener Mittel verwirklicht werden können, sollte zwischen den verschiedenen Gesetzgebungsebenen eingehalten werden. Von daher gilt dieser Grundsatz zwischen dem Bund und den Ländern sowie zwischen den Ländern und den Kommunen, aber auch zwischen den Parlamenten bzw. kommunalen Vertretungskörperschaften einerseits und den öffentlichen und freien Trägern der Kinder- und Jugendhilfe andererseits. Dies schafft die Voraussetzungen für die korrekte Anwendung von Steuerungsinstrumenten wie Kontrakt und Budget.

7. KJHG: Umsetzungsdefizite abbauen und Weiterentwicklung vorantreiben

Das Kinder- und Jugendhilfegesetz ist ein modernes und geeignetes Leistungsgesetz. Die Kommission empfiehlt, an seinen Strukturen, Leistungen und Verfahren im Grundsatz festzuhalten, sie weiterzuentwickeln und wirkungsvoll umzusetzen sowie Verbesserungen einzufügen, die im Bericht in verschiedenen Abschnitten benannt sind. Die Erhaltung der Zweistufigkeit (Jugendamt und Landesjugendamt) sowie der so genannten Zweigliedrigkeit (Verwaltung des Jugendamts und Jugendhilfeausschuss) ist zwingende Voraussetzung für die wirkungsvolle partnerschaftliche Zusammenarbeit der öffentlichen und freien Träger und die umfassende Beteiligung der Betroffenen.

8. Fachlich regulierter Wettbewerb

Die Aufgaben des Jugendamtes sollen auf Planung, Entscheidung, Evaluation und Controlling konzentriert werden. Das Jugendamt hat im Kontext seiner Gesamtverantwortung für die Kinder- und Jugendhilfe die Rahmenbedingungen für den ‚fachlich regulierten Qualitätswettbewerb' der freien Träger zu gewährleisten und durch geeignete Steuerungsinstrumente sowie nur subsidiär durch eigene Leistungen die Standards der Leistungserbringung zu sichern.

9. Leistungen bürgerfreundlich gestalten

Die bürgerfreundliche Gestaltung der Leistungen der Kinder- und Jugendhilfe ist die gemeinsame Aufgabe von Leistungserbringern und Kostenträgern in Zusammenarbeit mit den Gesetzgebern. An die Stelle eines formalen Gesetzesvollzuges und bürokratischer Routinen soll eine moderne Leistungsorganisation treten, die sich am Bedarf und am Ergebnis orientiert und dabei die fachlichen

Eckwerte einer modernen Kinder- und Jugendhilfe als qualitätssichernde Standards auch wirklich durchsetzt. Bürgerfreundlich sind die Leistungen der Kinder- und Jugendhilfe insbesondere dann, wenn niedrigschwellige Zugänge eröffnet werden und verlässliche Hilfen aus einer Hand sowie Spielräume für Mitwirkungschancen vorhanden sind.

10. Fachlichkeit und Fachkräftegebot

Kernpunkt einer modernen und zukunftsfähigen Kinder- und Jugendhilfe ist die Professionalität ihres Personals und die Anerkennung ihres fachlichen Eigensinnes. Fachlichkeit setzt eine qualifizierte Ausbildung, eine kontinuierliche Fort- und Weiterbildung sowie eine den gestiegenen Anforderungen entsprechende Bezahlung der Fachkräfte voraus. Eine wesentliche Voraussetzung für die Weiterentwicklung der Kinder- und Jugendhilfe ist, dass das Fachkräftegebot auf allen Ebenen und für alle Leistungsbereiche der Kinder- und Jugendhilfe umgesetzt wird."

(Bundesministerium für Familie, Senioren, Frauen und Jugend, 2002, S. 261 ff.)

In allen Gesellschaften entstehen – immer wieder aufs Neue – soziale Unterschiede und Ungleichheiten. Die Mitglieder der Gesellschaften unterscheiden sich nach Gruppen, Milieus und sozialen Schichten, denen sie jeweils angehören. Die Lebenswelten sind vielfältiger und individualisierter geworden. Die Menschen verfügen allerdings zunehmend über zum Teil gravierend unterschiedliche Chancen. Dafür spielten eine rasch steigende Zahl an Arbeitslosen, eine zunehmende Armut in bestimmten Bevölkerungskreisen sowie die nach wie vor bestehenden Unterschiede im Lebensstandard Ost- und Westdeutschlands eine wesentliche Rolle.

Zu Recht wird im 11. Kinder- und Jugendbericht hinterfragt (vgl. Bundesministerium für Familie, Senioren, Frauen und Jugend, 2002, S. 108),
- ob die Kinder der 1980er und 1990er Jahre tatsächlich zu einer Generation mit ausgeprägterer Chancen- und Risikogleichheit gehörten,
- ob sie ihr Leben nachhaltiger selbst organisieren und gestalten konnten
- und ob sich ihre Kinder aus diesen Gründen weniger voneinander unterscheiden.

Der 12. Kinder- und Jugendbericht

Der 12. Kinder und Jugendbericht aus dem Jahr 2006 legt – entsprechend der zu dieser Zeit und bis heute aktuellen Diskussion – den Schwerpunkt auf die Bildungssituation der Kinder und Jugendlichen in der Bundesrepublik.

Mit dem Rechtsanspruch auf einen Platz in einer Kindertagesstätte bei häufiger Berufstätigkeit beider Elternteile müssen sich die Möglichkeiten öffentlicher Erziehungs- und Bildungsangebote qualitativ und quantitativ stark verändern bzw. erweitern. Dabei spielt, wie im 12. Bericht herausgestellt wird, der demografische Wandel eine wesentliche Rolle. Das allgemeine Bildungsniveau der Bevölkerung muss auch im Interesse der zukünftigen Leistungsfähigkeit der Gesellschaft verbessert werden. Da die große Lern- und Entwicklungsfähigkeit von Kindern im frühen Kindesalter in den vergangenen Jahrzehnten häufig zu gering eingeschätzt und nicht beachtet wurde, dass der Mensch gerade in den Anfangsjahren mehr zu lernen imstande ist als später, muss hier ein entscheidender Wandel einsetzen.

„Dass sich Zielsetzungen, Problemdiagnosen sowie praxisorientierte und politische Reformvorschläge für eine bessere Ausschöpfung von gesellschaftlichen Bildungspotenzialen nicht mehr allein auf den Prozess des Aufwachsens in, sondern auch vor und neben der Schule richten, kann als Resultat einer Kumulation von gesellschaftlichen Entwicklungen im Bereich der Demografie, der Wirtschaft und des Arbeitsmarktes sowie damit einhergehender Probleme aufgrund gesellschaftlich-historischer Ereignisse, wie der Wiedervereinigung von Ost- und Westdeutschland, betrachtet werden. Zwar werden Richtung, Reichweite und Risikopotenziale dieser Entwicklungen in Fachzirkeln bereits seit längerem diskutiert, doch erst mit den gegenwärtigen politischen Umsteuerungsmaßnahmen, die sich – wie z. B. die Hartz-Gesetze, die Gesundheitsreform und die Rentenstrukturreform – bis in die Lebensführung der Einzelnen hinein auswirken, dringen sie in das Bewusstsein einer breiten Bevölkerung. Mangelnde Bildungsleistungen von Schülerinnen und Schülern, die Fragen nach der Positionierung Deutschlands im internationalen Wettbewerb aufwerfen, entfachen öffentliche Debatten um die Zukunftsfähigkeit der

Gesellschaft und die Lebensbedingungen der Bevölkerung."

(Bundesministerium für Familie, Senioren, Frauen und Jugend, 2006, S. 51 f.)

Insgesamt macht der 12. Kinder- und Jugendbericht die nach wie vor bestehenden Probleme und Schwierigkeiten im Bildungsbereich deutlich. Diese beginnen damit, dass in Deutschland die drei Bereiche Betreuung und Pflege, Erziehung sowie Bildung in ihrer Bedeutung ganz unterschiedlich gewertet werden: Betreuung und Pflege haben in der Rangfolge den geringsten und Bildung hat den höchsten Stellenwert. Diese Einschätzung ist in weiten Teilen der Gesellschaft anzutreffen – zum Nachteil und Schaden der Kinder. Betreuung und Pflege sind gerade in der frühsten Kindheit und später im Vorschulalter für die Gesamtentwicklung der Persönlichkeit sowohl im emotionalen als auch im kognitiven und körperlichen Bereich von ganz besonderer Bedeutung. Die Untersuchungsergebnisse, die im 12. Bericht dargestellt werden, weisen deutlich auf die Notwendigkeit einer veränderten Sichtweise hin: Die unterschiedlichen Altersstufen müssen im Hinblick auf die pädagogischen Anforderungen zukünftig gleich und ganzheitlich gesehen und bewertet werden. Ganz besonders wird im 12. Bericht darauf hingewiesen, dass Bildung mehr umfasst als nur die schulische Form.

"'Als Prozess der persönlichen Entwicklung, der Kultivierung und Integration der Persönlichkeit unter Einbeziehung kognitiver, sozialer, kultureller und ethischer Aspekte', wie dies die OECD-Gruppe formuliert (OECD 2004, S. 24), geht es hier um die umfassende Aneignung derjenigen Fähigkeiten und Fertigkeiten, jenes Wissens und Könnens, das zu einer eigenständigen Lebensführung im Erwachsenenalter notwendig ist."

(Bundesministerium für Familie, Senioren, Frauen und Jugend, 2006, S. 48.)

Die Ergebnisse des Berichts machen deutlich, dass mit Betreuung mehr gemeint sein muss als die bloße Auslagerung der Beaufsichtigung aus der Familie in eine sozialpädagogische Einrichtung, nämlich
- Unterstützung und Hilfe,
- Zuwendung, Sorge,
- der Aufbau von Bindung sowie
- eine persönliche Beziehung.

Dies zu leisten erfordert erheblich mehr als nur eine Bewahrpädagogik, wie sie noch in den 1960er bis 1970er Jahren üblich war und die es in Ansätzen noch vereinzelt gibt.

Der 13. Kinder- und Jugendbericht

Der 13. Kinder- und Jugendbericht hat einen anderen, nicht minder aktuellen Schwerpunkt: Er befasst sich mit der Situation der Kinder und Jugendlichen im Hinblick auf Gesundheit, Bewegung und eine frühzeitige Gesundheitsförderung. Dazu heißt es in der vorangestellten Stellungnahme der Bundesregierung:

"Prävention und Gesundheitsförderung sind eine entscheidende Antwort auf die neuen gesundheitlichen Herausforderungen im 21. Jahrhundert. Erfolgreiche Prävention und Gesundheitsförderung beginnt bereits im frühen Kindesalter.
Der 13. Kinder- und Jugendbericht bestätigt bisherige Erkenntnisse, dass zahlreiche der so genannten Zivilisationskrankheiten ihren Ursprung bereits im Kindes- und Jugendalter haben. Ein Beispiel: Zwischen 9 und 15 Prozent der 3- bis 10-jährigen Kinder und 17 Prozent der 14- bis 17-jährigen Jugendlichen sind in Deutschland übergewichtig. Übergewicht kann zu chronischen Erkrankungen führen – beispielsweise zu Diabetes, Herz-Kreislauferkrankungen und Gelenkbeschwerden. Ein Teil dieser Kinder wird zu übergewichtigen Erwachsenen. In der Kindheit und während der Jugendzeit werden gesundheitsgefährdende, aber auch gesundheitsfördernde Verhaltensweisen entscheidend geprägt. Bestimmten Krankheiten kann hier effektiv durch eine gesunde Lebensführung vorgebeugt werden. Die Bundesregierung stimmt mit der Kommission überein, dass nachhaltig ausgerichtete Angebote der Kinder- und Jugendhilfe im Bereich der Prävention und Gesundheitsförderung einen wichtigen und Erfolg versprechenden Beitrag zur Verringerung der individuellen Leiden der Kinder und Jugendlichen sowie mittel- und langfristig zur Entlastung der Sozialversicherungssysteme leisten können."

(Bundesministerium für Familie, Senioren, Frauen und Jugend, 2009, S. 4 f.)

Aus dem Bericht geht hervor, dass sich die Rahmenbedingungen für das Aufwachsen der Kinder und Jugendlichen in den vergangenen Jahren verbessert haben und dass in den sozialpädagogischen Einrichtungen insbesondere die Gesundheitsförderung einen hohen Stellenwert eingenommen hat. Inzwischen hat sich – wie im Bildungsbereich – die Erkenntnis durchgesetzt, dass gesundheitsbewusstes Verhalten zu wesentlichen Teilen bereits in der (frühesten) Kindheit grundgelegt wird. So kann eine gesundheitsfördernde Pädagogik als wirksames Mittel gegen Fettleibigkeit, Magersucht, Fehlernährung und Bewegungsarmut angesehen werden. Neben dem Wohl der Kinder, Jugendlichen und späteren Erwachsenen sind dabei natürlich auch die gesellschaftlichen Kosten im Auge zu behalten, die fehlendes Gesundheitsbewusstsein zur Folge hat.

Darüber hinaus machen die Ergebnisse des 13. Berichts deutlich, dass gesundheitsbewusstes Verhalten in einem engen Zusammenhang zur Qualität der Lebensverhältnisse steht. So wirken sich soziale Benachteiligung und Armut stark nachteilig auf ein gesundheitsförderndes Verhalten aus. Dabei muss gesundheitsbewusstes Handeln nicht zwangsläufig mit hohen Kosten verbunden sein, sondern hat auch etwas mit Wissen und einer entsprechenden Haltung zu tun. Insofern ist eine Pädagogik zur Gesundheitsförderung in sozialpädagogischen Einrichtungen und in Schulen unverzichtbar. Es ist wichtig, Gesundheit und Wohlbefinden der Kinder und Jugendlichen nicht mehr als ausschließliches Anliegen des Gesundheitssystems zu verstehen. Sie müssen vielmehr als integrierter Bestandteil eines ganzheitlich zu verstehenden pädagogischen Konzepts gesehen werden, was in vielen Einrichtungen bereits umgesetzt und weiterentwickelt wird.

Der 13. Bericht weist deutlich darauf hin, dass Kinder, Jugendliche und Heranwachsende einen Anspruch darauf haben, in ihrer Gesamtentwicklung gefördert zu werden. Dies gilt genauso für Kinder und Jugendliche mit Migrationshintergrund wie für junge Menschen mit Behinderung – gleich welcher Art.

„Im Anschluss an die UN-Konvention über die Rechte von Menschen mit Behinderung, aber auch an das SGB IX hat die Kommission sich bemüht, dieser Aufgabe durch das konsequente Einnehmen einer inklusiven Perspektive gerecht zu werden. Die Kommission geht davon aus, dass Heranwachsende mit drohenden oder bereits manifesten Behinderungen das gleiche Recht und das gleiche Bedürfnis haben, die für ihr soziales, psychisches und physisches Wohlbefinden bestmögliche Förderung zu erfahren, wie Kinder und Jugendliche ohne Behinderungen. Als eine ernsthafte Herausforderung erwies sich die Beantwortung der Fragen, die mit den beiden Begriffen „Gesundheitsförderung" und „gesundheitsbezogene Prävention" in der Kinder und Jugendhilfe unweigerlich verknüpft sind: Was bedeutet diese Aufgabe in Bezug auf die Angebote der Kinder- und Jugendhilfe? Was genau vermag die Kinder- und Jugendhilfe zu leisten? Wie sind ihre Aufgaben im Verhältnis zum Gesundheitssystem, zur Eingliederungshilfe und zur Rehabilitation sowie zu den anderen für Kinder und Jugendliche zuständigen Institutionen, vor allem der Schule, zu sehen? Eine besondere Herausforderung waren diese Fragen aus drei Gründen:

- *Erstens muss die Antwort angesichts der Vielfalt der Praxisfelder in der Kinder- und Jugendhilfe jeweils anders ausfallen. Gesundheitsförderung in den Einrichtungen der Kindertagesbetreuung bedeutet etwas anderes als z. B. im Bereich mobiler Straßensozialarbeit oder in der Heimerziehung. Es kann also nicht die eine Antwort geben, sondern nur praxisfeldbezogen unterschiedliche Antworten.*
- *Zweitens zeigte die Arbeit an dem vorliegenden Bericht, dass in der Kinder- und Jugendhilfe gesundheitsbezogene Prävention und Gesundheitsförderung zwar an vielen Stellen mittlerweile auf der Tagesordnung stehen – aber: Deutlich wurde auch, dass mit diesen beiden Begriffen und den damit jeweils verbundenen Herausforderungen für die Fachpraxis sehr unterschiedliche Konzepte verbunden werden. Hier gibt es Klärungsbedarf. Von einem erkennbaren Konsens und einem weithin anerkannten Selbstverständnis, was gesundheitsbezogene Prävention und Gesundheitsförderung in der Kinder- und Jugendhilfe bedeuten, ist die Fachdiskussion noch ein gutes Stück entfernt. Überraschend ist das insofern nicht, als auch außerhalb der Kinder- und Jugendhilfe seit Langem intensive Diskussionen darüber geführt werden, was jeweils unter Gesundheit und Krankheit zu verstehen ist.*

- *Drittens schließlich machen die kurzen Hinweise zu Beginn deutlich, dass das Verhältnis des Gesundheitssystems zu den anderen gesellschaftlichen Teilsystemen, also auch der Kinder- und Jugendhilfe, in den letzten Jahren in Bewegung gekommen ist. Abgeschlossen ist diese Entwicklung noch nicht. Die Debatten um die Zukunft der Krankenkassen, um medizinische Wahlleistungen, individuelle Gesundheitsleistungen bzw. so genannte Selbstbehalte, die Diskussion um das so genannte Präventionsgesetz u. a. m. deuten darauf hin, dass auch in absehbarer Zeit die Frage, wer welche gesundheitsförderlichen Leistungen erbringt bzw. erbringen kann, aktuell bleiben wird. Die Frage nach den Aufgaben der Kinder- und Jugendhilfe im Bereich gesundheitsbezogener Prävention und Gesundheitsförderung enthält damit unvermeidlich auch einen auf Zukunft bezogenen Aspekt. Es geht, mit anderen Worten, auch um die bislang offene Frage: Wie könnten gesundheitsbezogene Prävention und Gesundheitsförderung im Kindes-, Jugend- und jungen Erwachsenenalter als gemeinsame Aufgabe von Kinder- und Jugendhilfe und Gesundheitssystem künftig aussehen? Sollten sie gar zum Aufgabenbereich einer integrierten Gesamtpolitik entwickelt werden?"*

(Bundesministerium für Familie, Senioren, Frauen und Jugend, 2009, S. 33 f.)

Die Ergebnisse der letzten drei Kinder- und Jugendberichte verdeutlichen, dass die Lebensbedingungen als äußere Voraussetzungen das Handeln im Alltag bestimmen und in welcher Weise sie dies tun. Sie sind wesentlich verantwortlich für Ungleichheiten bezüglich Erwerbstätigkeit, Wohlstand usw. Dabei spielen Geschlecht, Bildung, Schicht, Region, Migration und Alter eine herausragende Rolle.

Die besonderen Lebenschancen von Jungen und Mädchen

Nach wie vor spielt es für die Lebenschancen eines Menschen eine wichtige Rolle, ob er als Junge oder als Mädchen geboren wurde.

„Somit muss also bei der Betrachtung der Lebenslagen von Mädchen und Jungen ebenso wie bei den Leistungen der Kinder- und Jugendhilfe die ‚dramatisierende' und die ‚entdramatisierende' Seite der Kategorie Geschlecht ins Blickfeld gerückt werden. Die zentralen Fragen nach dem Leben mit Kindern, nach eigener ökonomischer Absicherung und Lebensführung, nach der ‚Sorge für andere' [...] und nach Erwerbsarbeit sind immer auch Fragen, deren Antworten sich nicht allein geschlechtstypisch zuordnen lassen und die deshalb immer auch Brüche, Erosionen und neue Fragen provozieren.

Dass Frauenpolitik oder Feminismus sich noch immer nicht erledigt haben, zeigt eine vom zuständigen Bundesministerium in Auftrag gegebene Allensbach-Umfrage. ‚Das Selbstbewusstsein und die Identifikation von Frauen mit emanzipatorischen Zielen haben mittel- und langfristig zugenommen', so das Fazit (EMMA 2000, S. 22ff.). Gleichberechtigung halten 16 % der Frauen für weitgehend verwirklicht (45 % der Männer) und 78 % der Frauen meinen, dass noch einiges getan werden muss (44 % der Männer), während sich der Rest der Befragten unentschieden äußert."

(Bundesministerium für Familie, Senioren, Frauen und Jugend, 2002, S. 108)

Für eine sozialpädagogische Fachkraft heißt das, dass sie bereits in der Arbeit mit sehr jungen Kindern darauf achten muss, das Selbstwertgefühl, das Selbstvertrauen und das Selbstbewusstsein der Mädchen so zu unterstützen, dass sie nicht bereits von sich aus hinter den Jungen zurückstehen. Vorbilder in der Familie können diese Herausforderung zusätzlich erschweren.

Die Bildung

Es ist seit Langem unbestritten, dass die Bildung eines Menschen wesentlich zu seinen Zukunftschancen beiträgt. Die Beherrschung wichtiger Kulturtechniken sowie ein bestimmter Bildungsstandard beeinflussen die Entwicklung und den Lebensweg eines Menschen nachhaltig. Dabei dachte man bei solchen Überlegungen vor allem an die Schule als Bildungsinstitution. Erst nach und mit der ersten PISA-Studie rückten auch sozialpädagogische Institutionen in diesem Zusammenhang in den Blick. Es war zwar seit Langem bekannt, dass der Mensch in seinen allerersten Lebensjahren wesentlich mehr, schneller und leichter lernt als später. Die meisten Erwachsenen gingen jedoch – sofern ihnen dies überhaupt bewusst war – davon aus, dass dies im Prinzip keiner besonderen öffentlichen Anstrengungen bedürfe. So gab und gibt es Eltern, die schon vor der Schulzeit sehr viel für die Förderung ihrer Kinder tun, und andere, die nicht die Mittel und/oder die Kompetenzen dafür haben.

Es zeigt sich in der Bundesrepublik Deutschland, dass das Schulsystem wesentlich zu einer sozialen Differenzierung und somit auch zu einer Differenzierung der Zukunftschancen beiträgt. Es entscheidet im Hinblick auf die beruflichen Perspektiven, den späteren Status und die gesellschaftlichen Positionen mit.

„Selbst wenn Bildungsabschlüsse in einer entstandardisierten Gesellschaft immer weniger erwartbare berufliche Sicherheiten gewährleisten, lässt sich daraus keineswegs der Umkehrschluss ziehen, dass Bildungsabschlüsse nicht mehr sozial differenzierend wirken.
Im Gegenteil: Auch heute noch spricht vieles dafür, dass ohne entsprechende Bildungsabschlüsse die Teilhabechancen auf den entsprechenden Arbeitsmärkten weitaus geringer sind [...]. Noch immer entscheiden mithin Bildungsabschlüsse über die Möglichkeiten der Realisierung von Lebensstilen und Lebenslagen, die Möglichkeiten im Beschäftigungssystem entsprechende Positionen zu erreichen. Auch wenn Bildungsabschlüsse keine Garantie für beruflichen Erfolg darstellen, so sind sie hierfür dennoch eine wesentliche Grundlage."
(Bundesministerium für Familie, Senioren, Frauen und Jugend, 2002, S. 109)

Heute finden sich sowohl in der öffentlichen Diskussion als auch in den entsprechenden rechtlichen Vorgaben für die Arbeit in sozialpädagogischen Einrichtungen klare Forderungen nach einer Unterstützung der Selbstbildungsprozesse der Kinder und Jugendlichen – auch und besonders in sozialpädagogischen Einrichtungen für jüngere Kinder.

Die Familie
Nach wie vor sind ganze Gruppen von Menschen in kritischen und problematischen Lebenslagen besonders häufig an den unteren Rändern der sozialen Hierarchien zu finden. Dies bedeutet, dass auch für die dazugehörigen Kinder die Entwicklungs- und Bildungsmöglichkeiten vergleichsweise gering sind. Für die sozialpädagogische Fachkraft bedeutet dies in der Arbeit mit Kindern oder Jugendlichen, gezielt Bildungsmöglichkeiten zu eröffnen und die Eltern – soweit es die sozialen Verhältnisse zulassen – entsprechend zu unterstützen. Diese Unterstützung darf allerdings nicht verängstigen und abschrecken. Dabei spielen natürlich die sozial-emotionalen Beziehungen, die pädagogische Kompetenz der Erziehungsberechtigten und ihre Bildung, die Sorgen und Nöte des Alltags, die Familiengröße und viele andere den Lebensraum Familie bestimmenden Faktoren eine wichtige Rolle.

Die Region
Auch die Räume und Regionen, in denen die Menschen leben, haben einen Einfluss auf ihre Lebensverhältnisse. Der Landesteil, der Wohnort und auch der Stadtteil entscheiden mit über die Zukunftschancen der Menschen. Dabei spielen die Lebenshaltungskosten, die Mieten, die Fahrkosten zum Arbeitsplatz ebenso eine Rolle wie das Vorhandensein oder Fehlen kultureller Angebote. Die Unterschiede in Bezug auf

- Einkommen,
- Erwerbstätigkeit und
- Arbeitslosigkeit

verdeutlichen den Einfluss der Wohngegend im Hinblick auf die Lebenslagen von Kindern, Jugendlichen und ihren Eltern.

Die Migration
Viele der Migranten in Deutschland leben in prekären Verhältnissen. Dieser soziale Umstand hat natürlich belastende und einschränkende Konsequenzen für das Aufwachsen der Kinder und Jugendlichen dieser Familien. Nicht selten wird die hiesige Landessprache Deutsch erst mit Eintritt der Kinder in die Schule bzw. in die Kindertagesstätte erlebt und erlernt. Damit unterscheidet sich die sprachliche Entwicklung der Kinder und Jugendlichen aus Migrantenfamilien erheblich von der deutscher Kinder. Natürlich kann zweisprachiges Aufwachsen auch ein Vorteil während der Entwicklung sein und die Lebens- bzw. Kulturerfahrungen erweitern. Dies setzt aber voraus, dass beide Sprachen (Erst- wie Zweitsprache) strukturell und inhaltlich auf einem ausreichend hohen Niveau

erlernt werden, was keineswegs immer der Fall ist. Häufig hat die Situation der Kinder aus Migrantenfamilien zur Folge, dass ihre Kenntnisse im Deutschen im Vergleich zum Durchschnitt geringer sind. Nicht selten trifft dies sogar auf die Kenntnisse in der Erstsprache zu.

Insgesamt gibt es jedoch, wie der „9. Bericht der Beauftragten der Bundesregierung für Migration, Flüchtlinge und Integration über die Lage der Ausländerinnen und Ausländer in Deutschland" zeigt, in einigen Bereichen eine positive Entwicklung, die längerfristig positive Folgen haben wird und die nicht übersehen werden darf:

„Kitas und Kindergärten: Immer mehr Kinder mit Migrationshintergrund besuchen Kindertagesstätten. Die Betreuungsquote der Kinder aus Einwandererfamilien ist zwischen 2008 und 2011 um 53 Prozent gestiegen (von 9,1 auf 14 Prozent). Bei Kleinkindern ohne Migrationshintergrund beträgt die Steigerung 39 Prozent – von ihnen besuchten 2011 30 Prozent eine Krippe. Ein großes Problem bei der frühkindlichen Förderung: Es gibt eine starke Segregation. Viele Kinder, die zu Hause nicht Deutsch sprechen, gehen auch in eine Kita, in der die meisten Kinder ebenfalls aus anderssprachigen Elternhäusern kommen. Im Kindergartenalter zwischen drei und sechs Jahren wird auch der Großteil der Kinder aus Einwandererfamilien nicht zu Hause betreut – auch hier ist die Quote in den vergangenen drei Jahren noch gestiegen. 2011 gingen 85 Prozent der Kinder mit Migrationshintergrund in einen Kindergarten und 97 Prozent der Kinder aus Familien, die aus Deutschland stammen. Die Zahlen sind in den einzelnen Bundesländern sehr unterschiedlich: So sind in Hamburg und Schleswig-Holstein die Unterschiede zwischen Migranten und aus Deutschland stammenden Kindern am größten.

Schule: „Schrittweise nähern sich die schulischen Leistungen von Kindern und Jugendlichen mit Migrationshintergrund jenen ohne Migrationshintergrund an', heißt es in dem Bericht. Der Anteil der ausländischen Jugendlichen, die die Schule ohne Abschluss verlassen, sank von 2004 bis 2010 um 39 Prozent – ist aber trotzdem mit 12,8 Prozent mehr als doppelt so hoch wie bei den deutschen Schülern. In dem Bericht werden in diesem Punkt allein Ausländer und Deutsche unterschieden, weil in der Schulstatistik nur Nationalitäten erfasst werden – unabhängig vom Migrationshintergrund. Noch immer gibt es starke Unterschiede in den Schulformen. Überproportional viele Ausländer (33 Prozent, bei den Deutschen 12 Prozent) gehen auf eine Hauptschule – ihr Anteil an den Gymnasiasten ist mit gut einem Viertel weit unterdurchschnittlich. Aber in der Mitte treffen sich beide Gruppen: Die Verteilung auf der Realschule hat sich angeglichen. Und: Der Anteil der ausländischen Schüler, die Abitur oder Fachabitur machen, ist zwischen 2005 und 2010 deutlich gestiegen, um insgesamt 36 Prozent. Bei den Nationalitäten gibt es große Unterschiede: Schüler, die aus Russland stammen, sind unter den Migranten am häufigsten auf einem Gymnasium – am schlechtesten stehen bildungsmäßig türkische und italienische Schüler da. Vor allem die soziale Herkunft ist dem Bericht zufolge hierfür entscheidend.*

Ausbildung: Eine Trendwende auf dem Ausbildungsmarkt für Jugendliche mit Migrationshintergrund ist dem Bericht zufolge noch nicht erreicht – trotz der guten Entwicklungen bei der Schulbildung. Ende Dezember 2010 lag der Ausländeranteil an allen Auszubildenden bei nur 5,1 Prozent – obwohl die Ausländerquote bei den 15- bis 24-Jährigen insgesamt 10,6 Prozent beträgt. Jungen Migranten gelingt es nach wie vor deutlich seltener als Jugendlichen ohne Migrationshintergrund, nach der Schule eine berufliche Ausbildung zu absolvieren, so der Bericht. Das sei auch darauf zurückzuführen, dass Arbeitnehmer bei Einstellungen immer noch häufig pauschal über die Gruppe der Migranten urteilten. So werde etwa ein niedriger Schulabschluss in Verbindung mit weniger Leistungsfähigkeit und Motivation gebracht. ‚Problematisch ist, dass diese Eigenschaften dann der gesamten Gruppe der Jugendlichen mit Migrationshintergrund zugeschrieben werden, da sie wesentlich *häufiger über eine geringe schulische Qualifikation verfügen als diejenigen ohne Migrationshintergrund', so der Bericht. Dramatisch bleibt: Immer noch hatten im Jahr 2010 fast ein Drittel der Migranten im Alter von 25 bis unter 35 Jahren keinen Berufs- oder Hochschulabschluss – dreimal so viele wie bei den Gleichaltrigen, deren Familien aus Deutschland stammen. Dagegen hat sich die Zahl der ausländischen Hochschulabsolventen in Deutschland seit Ende der neunziger Jahre mehr als verdreifacht.*

Arbeitslosigkeit: Migranten sind immer noch deutlich häufiger arbeitslos als die Gesamtbevölkerung. Zwar sank im Zeitraum 2005 bis 2010 die Arbeitslosenquote bei Einwandern insgesamt sehr deutlich von 18,1 Prozent auf 11,8 Prozent (im Vergleich: in der Gesamtbevölkerung von 11,3 Prozent auf 7,1 Prozent). Am häufigsten sind Migranten ohne deutschen Pass ohne Job – aber auch hier gibt es leichte Verbesserungen. Bei Ausländern ging die Arbeitslosigkeit von 2010 bis 2011 von 18,2 auf 16,9 Prozent zurück. Aber: Insgesamt konnten Migranten von der guten Konjunkturentwicklung weniger profitieren als Arbeitnehmer aus deutschen Familien – der Abstand zwischen beiden Gruppen wird immer größer.

Armut: Das Armutsrisiko ist bei der Bevölkerung mit Migrationshintergrund dreimal höher. Einwanderer müssen laut Bericht mehr als doppelt so häufig von einem geringen Einkommen leben als Personen ohne Migrationshintergrund (26,2 Prozent gegenüber 11,7 Prozent). Im Jahr 2010 mussten mehr als 60 Prozent der Familien mit Migrationshintergrund mit weniger als 2600 Euro im Monat auskommen. Bei Familien ohne Migrationshintergrund waren es 44 Prozent."

(Reimann, 2012)

Das Lebensalter

Das Lebensalter der Kinder- oder Jugendlichen zu berücksichtigen, erscheint jeder professionellen sozialpädagogischen Fachkraft selbstverständlich. Und dennoch zeigt sich in der Praxis immer wieder, dass eine altersgemäße pädagogische Arbeit sehr viel schwieriger ist, als sie oberflächlich betrachtet zu sein scheint. Da spielen zum einen – insbesondere bei jüngeren Kindern – die zum Teil deutlichen entwicklungspsychologischen Unterschiede eine Rolle, zum anderen muss auch das Lebensalter im Kontext mit all den anderen oben erwähnten Faktoren gesehen werden. Ein jüngeres Kind kann beispielsweise aufgrund seiner Lebenslage viel weiter entwickelt sein als ein älteres. Mehr Sicherheit im Umgang mit den unterschiedlich alten Kindern oder Jugendlichen gewinnt die sozialpädagogische Fachkraft

- mithilfe professioneller Beobachtung,
- auf der Grundlage differenzierter entwicklungs- und sozialpsychologischer Kenntnisse,
- durch genaue Kenntnis des Einzugsbereiches ihrer Einrichtung und
- mithilfe einer intensiven Zusammenarbeit mit Eltern.

Der Medienkonsum

Bereits 1985 hat Claus Eurich ein Buch unter dem Titel „Computerkinder. Wie die Computerwelt das Kindsein zerstört" veröffentlicht. In diesem Buch warnt Eurich vor den Gefahren einer „Maschinisierung" des Denkens. Seit 1985 hat sich die medienpädagogische Situation dramatisch weiterentwickelt. Internetnutzung, Computerspiele, Chats, Blogs – all dies gab es damals, wenn überhaupt, dann doch nur in wenigen Familien. Insbesondere Computerspiele werden zum Teil schon von jungen Kindern exzessiv gespielt. Für manche Eltern sind sie eine Art Babysitter für ihre Kinder. Wo dies so ist, geschieht es auf Kosten der innerfamiliären sozialen Beziehungen. Je älter die Kinder werden, desto grenzenloser und unreflektierter werden sie das Internet nutzen, wenn sie keine gezielte Medienkompetenz entwickeln konnten. Für sozialpädagogische Fachkräfte ist dies zu einer neuen, wichtigen Aufgabe geworden. Mit dieser Aufgabe verbunden ist natürlich, dass sie selbst über die Medienkompetenz verfügen, die die Kinder und Jugendlichen entwickeln sollen (vgl. Kap. 3.5.9).

Bedeutsam ist in diesem Zusammenhang das in vielen Familien permanent laufende Fernsehgerät. Selbst wenn Kinder aufgrund einer gewissen Gewöhnung nicht zuschauen, werden sie durch das laufende Gerät beim Spielen gestört. Dabei kann durchaus ihre Konzentrationsfähigkeit beeinträchtigt werden, selbst wenn die Erwachsenen den Eindruck haben, das Kind nehme gar nicht am Fernsehen teil.

Konzeptionelle Antworten
Zentrale konzeptionelle pädagogische Antworten auf die mitunter durchaus problematischen Lebenslagen von Kindern und Jugendlichen müssen in erster Linie abzielen auf
- Stärkung der persönlichen Identität und des Selbstbewusstseins von Jungen und Mädchen,
- Stärkung des Selbstvertrauens und Selbstwertgefühls,
- Unterstützung und Förderung der Selbstbildungsprozesse,
- gezielte Unterstützung der Sprachentwicklung und Sprachförderung aller Kinder,
- Schaffung einer Ruhe und Sicherheit bietenden Lern- und Entwicklungsumgebung in der sozialpädagogischen Einrichtung,
- ggf. Stärkung und Unterstützung der pädagogischen Kompetenz der Eltern.

Die sozialpädagogischen Fachkräfte müssen sich dabei ihrer Vorbildwirkung stets bewusst sein.
Im 11. Kinder- und Jugendbericht wird insbesondere auf folgende Aspekte hingewiesen (vgl. Bundesministerium für Familie, Senioren, Frauen und Jugend, 2002, S. 111 ff.):
- die Notwendigkeit spezieller „Benachteiligtenprogramme"
- die Notwendigkeit und den Sinn von geschlechtsspezifischen Angeboten (Mädchenprojekte, Jungenarbeit – vgl. auch Kap. 3.4.5)
- die Bedeutung der Jugendkulturarbeit
- die Arbeit mit Kindern und Jugendlichen und insbesondere mit Mädchen mit Behinderungen
- die Arbeit mit Kindern und Jugendlichen und insbesondere mit Mädchen mit Migrationshintergrund
- die positive Rolle, die „kleine altersgemischte Gruppen" (Kinder von 0 bis 6 Jahren) und besonders auch „große altersgemischte Gruppen" (Kinder von 0 bis 12 Jahren) für die Entwicklung der Kinder haben

2.2 Entwicklung und Sozialisation

Pädagogische Fachkräfte werden häufig Entwicklungsbegleiter der Kinder und Jugendlichen genannt. Doch angesichts der großen individuellen Unterschiede in der Entwicklung des Menschen stellt sich Erzieherinnen immer wieder die Frage, wie groß ihr Einfluss auf die Weiterentwicklung ihrer Adressatengruppe eigentlich ist. Diese Frage berührt auch die häufig geführte Diskussion darüber, ob der Entwicklungsverlauf der Kinder stärker von genetischen oder umweltbedingten Faktoren beeinflusst wird.

Man stelle sich vor, eine sozialpädagogische Fachkraft müsse einer Kollegin – ähnlich wie eine Ärztin bei der Übergabe – fachlich abgesichert darüber berichten, wie sich die Kinder während des eigenen Dienstes am Vormittag in einer Kindertagesstätte verhalten haben. Die Kollegin übernimmt zweimal in der Woche den Nachmittagsdienst, hat die Kinder der Gruppe also länger nicht gesehen und stellt im Gespräch folgende Fragen:
- Haben sich die Kinder deiner Meinung nach entwicklungsgemäß verhalten?
- Woher haben sie die von dir beobachtbaren Eigenschaften?
- Meinst du, dass sie sehr stark durch ihre Sozialisation geprägt sind?

Die Beantwortung der Fragen hängt zum einen davon ab, welche Haltung die sozialpädagogische Fachkraft gegenüber Kindern hat, wie sie die Kindheit und die gesamte Lebenssituation der beobachteten Kinder einschätzt und was sie generell über „Kindheit heute" weiß.
Zum anderen erfordert eine fachlich fundierte Antwort in einer solchen Situation Kenntnisse über folgende grundlegende **Bedingungen der Entwicklung:**

- Vererbung
- Reifung
- Lernen
- Sozialisation

Sozialpädagogische Fachkräfte müssen verstehen, wie die einzelnen Entwicklungsfaktoren sich wechselseitig beeinflussen. Sie benötigen Kenntnisse der Entwicklungspsychologie und der Frühpädagogik und müssen vor allem in der Lage sein, Kinder kompetent zu beobachten und Beobachtetes zu dokumentieren (vgl. Kap. 1.6.2).

Natürlich findet in der Praxis nicht in jedem Übergabegespräch eine derart differenzierte Analyse statt, da es sich – anders als bei Aussagen zu Blutdruck oder Körpertemperatur im Arztgespräch – um nicht eindeutige und sehr komplexe Faktoren handelt. Dieses Beispiel soll aber verdeutlichen, dass eine entsprechende Fachlichkeit jeder sozialpädagogischen Fachkraft erforderlich ist, um eine bestmögliche Entwicklung jedes Kindes gewährleisten zu können.

Entwicklung

Die individuelle körperliche, geistige und seelische Entwicklung eines Menschen ist in unterschiedliche Entwicklungskontexte eingebettet und sehr komplex (vgl. Kap. 2.3 bis 2.8). Daher bedarf es verschiedener, sich sogar bisweilen widersprechender Theorien, um der Vielfalt menschlicher Entwicklung in ausgewogener Analyse und im Rahmen der jeweiligen Fragestellung annähernd gerecht zu werden (vgl. Haug-Schnabel/Bensel, 2005, S. 86). Entwicklung wird in der Fachliteratur übereinstimmend als ein lebenslanger Prozess gesehen. Sie beginnt bereits im Mutterleib und endet mit dem Tod. Im Mutterleib kommt es zu Interaktionen zwischen Mutter und Kind und während der Schwangerschaft haben positive Stimuli wie Massagen des Körpers und negative Reize wie Stress Auswirkungen auf die pränatale Entwicklung.

Ab der Geburt haben Interaktionen für die Entwicklung des Kindes auch eine bildende Komponente:

„Die Welt ist dem Neugeborenen erst einmal neu. Es ist gänzlich damit beschäftigt, Muster in dieser Welt zu entdecken, die es wiedererkennen, auf die es sich verlassen kann. Auch das heranwachsende Kleinkind erschließt sich Schritt für Schritt neue Erfahrungsbereiche. Es sollte uns daher nicht verwundern, wenn kleine Kinder viel mit Situationen zu tun haben, die unerschlossen, nicht vorgedacht sind, die es zu entdecken und zu erschließen gilt, als das im späteren Leben je wieder der Fall sein wird."
(Schäfer, 2003, S. 21)

Die Aussagen von Schäfer werden durch zahlreiche Ergebnisse aus der Säuglingsforschung bestätigt. Der Mensch ist von Beginn an ein aktives Wesen, das sich durch seine Erfahrungen organisiert. Dornes spricht beispielsweise von einem „kompetenten Säugling, der über eine erstaunlich kompetente Ausstattung und differenzierte Wahrnehmungsmöglichkeiten verfügt" (Dornes, 1993, S. 11). Untermauert hat er dies mit mehreren Versuchen. Zum Beispiel wurden einem drei Monate alten Säugling zwei Gesichter gleichzeitig gezeigt und dabei die Zeitdauer seiner visuellen Aufmerksamkeit gemessen. Ergebnis war, dass der Säugling eines der beiden Gesichter (in dem Fall das der Mutter) länger anschaute.

Untersuchungen wie die von Schäfer und Dornes haben historische Vorläufer, die zu ihrer Zeit zu ganz anderen Ergebnissen kamen: Der englische Philosoph John Locke (1632–1704) sah den Säugling quasi als „Tabula rasa", also als leere Tafel, die von Eltern und Erzieherinnen beschriftet werden müsse. Locke präzisierte seine Gedanken, indem er darauf verwies, dass es zwar auch Menschen gebe, die keiner großen Unterstützung anderer bedürften, „Beispiele dieser Art sind jedoch selten; und ich darf wohl sagen, dass von zehn Menschen, denen wir begegnen, neun das, was sie sind, gut oder böse, nützlich oder unnütz, durch ihre Erziehung sind" (Locke, 1693, § 1).

In der Kognitionsforschung wird Entwicklung auch als Übergang vom Chaos zum Kosmos gesehen. Chaos steht für Unordnung, Kosmos symbolisiert Ordnung. Die Zeit kurz nach der Geburt ist diesbezüglich ein treffendes Beispiel: Hier erlebt der Säugling zuerst ein „summendes Durcheinander", danach beginnt er, sich Strukturen aufzubauen. Ist eine Ordnung hergestellt, muss diese stabilisiert werden, ist diese Ordnung dann ausreichend stabil, kann sie als Basis genutzt werden, um sie wieder zu verlassen und eine neue Ordnung zu konstruieren. Ein Impuls von innen ist dabei das Verlangen, neue Möglichkeiten zu erforschen, da das Alte zu vertraut, ja fast schon langweilig ist; Impulse von außen werden also genutzt, etwa nach dem Motto: „Da draußen macht mich etwas neugierig." Diesen Entwicklungsvorgang können wir uns wie folgt vorstellen:

In einer Landschaft mit Bergen und Tälern finden sich unterschiedliche Zustände wieder.

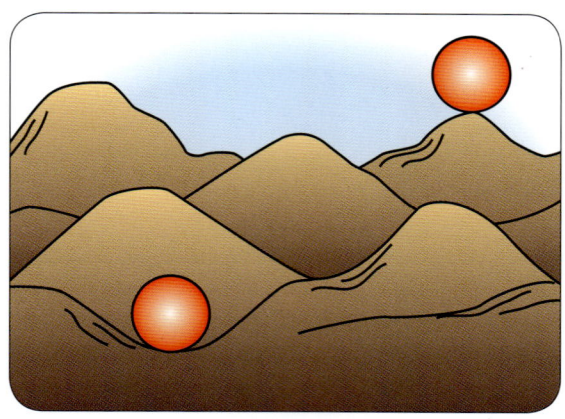

Ist die Kugel in einem Tal (Kugel 1), befindet sie sich in Stabilität. Auf den Menschen übertragen besitzt sie eine sehr hohe Sicherheit, aber eine sehr geringe Veränderungsmöglichkeit. Bei Einflüssen auf die Kugel wird diese im Tal ihre Position nur geringfügig verändern und letztendlich auf die gleiche Position zurückrollen. Das Tal symbolisiert die gebildete Ordnung. Wenn die Kugel im Tal liegt, kann diese Ordnung stabilisiert und gefestigt werden. Das Tal kann sich immer weiter ausbauen, bis es genügend Stabilität bietet. Befindet sich eine Kugel aber auf einem Berg (Kugel 2), werden schon geringe Einflüsse zu einer veränderten Lage führen. Es besteht also eine Instabilität, mit ihr aber auch die einzige Chance zur Veränderung. Das bedeutet: Will ich eine neue Ordnung bilden und mich damit einhergehend weiterentwickeln, muss ich meine alte, ggf. vertraute Ordnung (meine Stabilität) verlassen und eine Phase der Instabilität durchlaufen. Ich muss über den Berg. Aber um die Bereitschaft dazu zu haben, ist es nötig, eine stabile Grundlage in einem Tal entwickelt zu haben.

„Um dieses Wechselspiel zwischen Berg und Tal spielen zu können, ist es für das Kind wichtig, selbst etwas zu tun. Es muss in Bewegung kommen und von der Bewegung in die Handlung. Handlung ist eine Bewegung, die einen Effekt auf etwas oder jemanden hat oder haben könnte. Handlung ist ein Dialog mit der Umwelt. Die Lust am eigenen Handeln spielt hierbei eine große Rolle."
(Doering/Doering, 2009)

Vererbung

Im Entwicklungsprozess des Menschen sind bestimmte Merkmale genetisch vorprogrammiert, beruhen also auf Vererbung. Dazu gehören beispielsweise die Disposition zum Spracherwerb, zur Gewissensbildung und zur Bindungsfähigkeit sowie individuelle Merkmale der körperlichen Erscheinung, der Vitalität und der Sensibilität. Als möglicherweise vererbt wird auch die „Obergrenze der Entfaltbarkeit von Intelligenz und besonderen Spezialbegabungen gesehen", heißt es in dem 2006 von Karl Rieder neu bearbeiteten Klassiker *Entwicklungspsychologie* der 1992 verstorbenen Wissenschaftlerin Schenk-Danzinger (S. 34f.).

Die Anlagen geben also den Rahmen vor, innerhalb dessen Entwicklung stattfinden kann, die wiederum durch die Umwelt beeinflusst wird.

Reifung

Reifung

„Reifung ist jener Anteil, den das organische Wachstum zur Entwicklung beiträgt. Sie vollzieht sich als ein Teil unseres biologischen Erbes in festgelegten, nicht umkehrbaren Aufeinanderfolgen" (Schenk-Danzinger/Rieder, 2006, S. 35).

Die Entwicklung des Menschen ist durch seine Anlagen zum Teil vorprogrammiert und auch die Reifung eines Menschen läuft nach einem in der Genstruktur festgelegten Programm ab. Das Wachstum des Körpers, des Gehirns und der Nervenzellen ist in jedem Neugeborenen bereits vorprogrammiert.

Doch auch auf den Prozess der Reifung wirken Einflüsse und Bedingungen aus der Umwelt ein. Deutlich wird das beispielsweise an der sogenannten **Akzeleration**: Die körperliche Reife wie zum Beispiel die biologische Geschlechtsreife verlagerte sich in den vergangenen 100 Jahren nach vorne. So lag das Alter der ersten Regelblutung der Mädchen 1869 bei ca. 15,6 Jahren, fast 100 Jahre später bereits bei 13,3 Jahren. Sich in dieser Zeitspanne enorm verbessernde Lebensbedingungen führten zu dieser Entwicklung. Gudjons weist darauf hin, dass aus den genannten „Reifungsschüben" keine Phasengliederung der kindlichen Entwicklung abzuleiten ist, denn das wäre ein „Rückfall in biologistisches Denken" (2008, S. 113). Wenn heute dennoch Phasengliederungen vorgenommen werden, dann berücksichtigen sie bei der Einteilung der Abschnitte Bedingungen der Kultur und der Umwelt wie zum Beispiel den Schuleintritt. Generell gilt heute folgende Einteilung (vgl. Gudjons, 2008, S. 113 und Hax-Schoppenhorst, 2005, S. 11):

- Säuglingsalter: Geburt bis 1. Lebensjahr
- Kindesalter: 1. bis 12. Lebensjahr (frühe Kindheit 1. bis 6. Lebensjahr, mittlere Kindheit 6. bis 10. Lebensjahr, späte Kindheit 10. bis 12. Lebensjahr)
- Jugendalter/Adoleszenz: bis ca. 18. Lebensjahr
- Erwachsenenalter

An Personen einer bestimmten Altersgruppe werden kulturell und gesellschaftlich vorgegebene Erwartungen und Anforderungen gestellt, die man als **Entwicklungsaufgaben** bezeichnet. Sie definieren für jedes Individuum in bestimmten Lebenslagen objektiv vorgegebene Handlungsprobleme, denen es sich stellen muss. Sie fungieren auch als Bezugssysteme, innerhalb derer sich die personelle und soziale Identität entwickelt. Das Konzept der Entwicklungsaufgaben wurde von Havighurst (1948) definiert und beschreibt den Lebenslauf als eine Folge von Problemen, denen sich das Individuum gegenübersieht und die es bewältigen muss. Er geht davon aus, dass die verschiedenen Anforderungen, die in einem bestimmten Lebensabschnitt erfüllt werden müssen, durch eine besondere Kombination von innerbiologischen, soziokulturellen und psychologischen Einflüssen entstehen. Die Festlegung einer Aufgabe, die die Gesellschaft an den Einzelnen stellt, ist normativ, die Altersgrenzen für die Bewältigung der Entwicklungsaufgaben sind jedoch variabel.

Sozialisation

Der Mensch ist immer auch Kind seiner Zeit und seiner Biografie. Er ist auf ein Leben in Gesellschaft angelegt, auf Beziehungen zu anderen Menschen angewiesen. Er ist aber auch Mitgestalter dieser Beziehungen, durch die er sich weiterentwickeln will. Der Prozess des Erlernens sozialer Handlungsweisen, mit denen er fähig wird, in Gruppen zu interagieren, wird als **Sozialisation** bezeichnet. Der Mensch bildet sich dabei in Auseinandersetzung mit seinem Lebenskontext zu einer handlungsfähigen Persönlichkeit weiter.

Sozialisation

„Sozialisation ist die lebenslange Aneignung von und Auseinandersetzung mit den natürlichen Anlagen, insbesondere den körperlichen und psychischen Grundmerkmalen, die für den Menschen die ‚innere Realität' bilden, und der sozialen und physikalischen Umwelt, die für den Menschen die äußere Realität bilden" (Hurrelmann, 2002, S. 15 f.).

Verschiedene Sozialisationsinstanzen wirken als Einflussgrößen auf die Entwicklung des Menschen mit ein. Im Zentrum der Sozialisationsforschung steht das Modell des „produktiv realitätsverarbeitenden Subjekts" (vgl. Hurrelmann, 1991, S. 9). Zwischen der Gesellschaft und der Persönlichkeit findet ein Vermittlungsprozess statt, der durch Kommunikation, Interaktion und verschiedene Tätigkeiten gekennzeichnet ist (vgl. Gudjons, 2008, S. 151). Die Struktur der Sozialisationsbedingungen ist in folgender Tabelle dargestellt (vgl. Tillmann, 2000).

Ebene	Komponenten (beispielhaft)
(4) Gesamt-gesellschaft	ökonomische, soziale, politische, kulturelle Struktur
(3) Institutionen	Betriebe, Massenmedien, Schulen, Universitäten, Militär, Kirche
(2) Interaktionen und Tätigkeiten	Eltern-Kind-Beziehungen, schulischer Unterricht, Kommunikation zwischen Gleichaltrigen, Freunden, Verwandten
(1) Subjekt	Erfahrungsmuster, Einstellungen, Wissen, emotionale Strukturen, kognitive Fähigkeiten

Die Tabelle zeigt, wie die Gesamtgesellschaft vermittelnd das Subjekt beeinflusst. Verschiedene Sozialisationsinstanzen werden dabei genannt, die im weiteren Verlauf des Buches vertiefend vorgestellt werden. Der Entwicklungsprozess eines jeden Menschen hängt von seinen durch die Eltern vererbten Informationen ab, aber eben auch von Einflüssen seiner materiellen und sozialen Umgebung und den Möglichkeiten, eigene Erfahrungen zu sammeln und hierbei erfolgreich zu lernen.

2.2.1 Zusammenspiel von Anlage und Umwelt

Die bisherigen Ausführungen haben einen Überblick darüber gegeben, welche Faktoren die Entwicklung beeinflussen. Bei der Frage, ob dabei die Anlagen oder Umwelteinflüsse eine größere Rolle spielen, gibt es kein Entweder-Oder, sondern es handelt sich um ein komplexes Zusammenspiel.

„Jeder Mensch hat seine genetische Potenz, d.h. der genetische Rahmen seiner Möglichkeiten ist im Genom, in seinem Erbgut vorgegeben. Doch von seiner erblichen Grundlage kommt nur das zum Vorschein und zur Wirkung, was durch Umwelteinflüsse aktiviert wird. Diese Einflüsse sind beispielsweise die Stimulation durch Eltern, Erzieherinnen und Lehrer, aber auch durch andere Kinder."
(Haug-Schnabel/Bensel, 2005, S. 91)

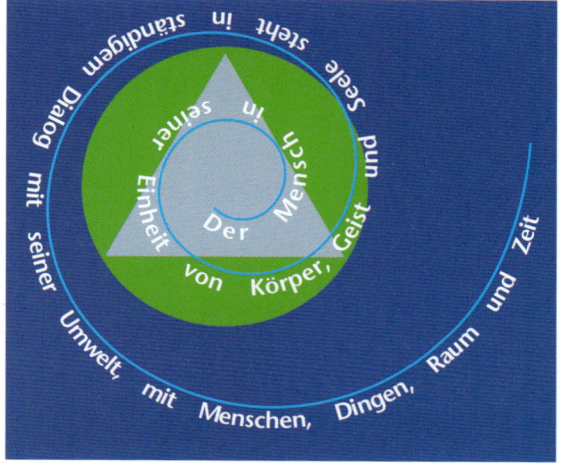

(Doering/Doering, 2009)

Dabei gilt es zu berücksichtigen, dass Körper, Geist und Hand eine Einheit bilden.

„Dies bedeutet einerseits, dass die Einheit des Ganzen mehr ist als die Summe der Einzelteile; wir können einen Menschen also nicht ohne Weiteres in Einzelteile ‚zerlegen', indem wir nur einen Teil betrachten oder beachten. Andererseits ist jede Äußerung, die ein Mensch von sich gibt, von sensomotorischen, emotionalen und geistigen Inhalten bestimmt."
(Doering/Doering, 2009)

Sowohl Anlage als auch Umwelt schaffen grundlegende Voraussetzungen dafür, dass sich Fähigkeiten und Verhaltensweisen ausdifferenzieren und ausbilden können. Der Schweizer Entwicklungsforscher Remo Largo kommt zu dem Schluss:

„Die Umwelt hat – wie die Nahrung für das Wachstum – weniger eine gestaltende als vielmehr eine Art nährende Rolle [...]. Bei eineiigen Zwillingen bewirkt ihre weitgehende identische Anlage, dass sie die gleichen Interessen und Neigungen haben. Sie suchen daher auch in unterschiedlicher Umgebung nach ähnlichen Erfahrungen, soweit die Umwelt diese anbietet und zulässt. Zwillinge beeinflussen mit ihrer Persönlichkeit und ihrem Verhalten die Umgebung auf eine ähnliche Weise, was wiederum den Umgang der Bezugspersonen mit ihnen beeinflusst. Die Umwelt wirkt also weniger als bisher angenommen aktiv auf das Kind ein, sondern das Kind selbst ist aktiv. Die Umwelt bestimmt jedoch das Angebot an Erfahrungen, die das Kind machen kann. Die Umwelt wirkt sich dann negativ auf die Entwicklung des Kindes aus, wenn sie ihm Erfahrungen vorenthält. Ein ‚Überangebot' an Anregungen verbessert seine Entwicklung hingegen nicht, genauso wenig wie ein Überfüttern die Körpergröße positiv beeinflussen kann [...]. Eltern und Lehrer haben nur geringen Einfluss darauf, welche Erfahrungen ein Kind verinnerlicht. Die enorm wichtige Aufgabe von Eltern und Lehrern besteht vielmehr darin, dem Kind möglichst gute Rahmenbedingungen zu gewährleisten, damit es die Erfahrungen machen kann, die es für seine Entwicklung braucht, und es in seinen Lernbemühungen zu unterstützen. Sie geben beispielsweise einem Kind einen Text zum Lesen, der seiner Kompetenz möglichst gut entspricht und einen Leseerfolg verspricht. Ohne Erfahrungen kann sich das Kind nicht entwickeln und wird nie lesen lernen. Da nützt die beste Anlage nichts, so wie auch ein Kind ohne Nahrung nicht wachsen kann. Dem Kind diese Erfahrungen zu ermöglichen, das ist die Aufgabe von Eltern und Lehrkräften. Deshalb sind Bücher im Haushalt und lesende Eltern auch so wichtig [...]. Wenn es darum geht, den Erlebnisraum des Kindes zu gestalten, sind Kenntnisse über die kindliche Entwicklung hilfreich. Mein Eindruck ist, dass die angehenden Lehrer keine ausreichenden Kenntnisse über die kindliche Entwicklung vermittelt bekommen [...]. Der Lehrer muss die Anforderungen, welche er an das Kind stellt, immer wieder neu an die Bedürfnisse des Kindes anpassen. Je älter das Kind wird, desto komplexer wird der Erfahrungsraum, den es in Anspruch nimmt [...]."
(Largo/Beglinger, 2009, S. 78 ff.)

Einen großen Einfluss auf die Entwicklung des Menschen haben natürlich die engen Bezugspersonen wie Eltern, Geschwister, die pädagogischen Fachkräfte in Kindertageseinrichten, Lehrkräfte, andere Kinder, Freunde, Nachbarn, Gruppenleiter u. a. Donata Elschenbroich verweist auf die Bedeutung dieses Sozialraumgefüges vor allem in den ersten Lebensjahren (vgl. Elschenbroich 2001). Sie hat auf der Grundlage vieler Interviews einen sogenannten „Wissenskanon" konzipiert, der aufzeigt, was ein Kind in seinen ersten sieben Jahren erlebt bzw. wissen sollte.

„Menschen sind Wesen, die nicht nur geboren werden, sondern noch zur Welt kommen müssen. Früh geboren zu sein ist eines unserer wesentlichen Gattungsmerkmale. Um uns in der Welt schrittweise einquartieren zu können, sind wir darauf angewiesen, dass man sie uns zeigt. Die menschlichen Nachkommen wiederum sind die einzigen jungen Lebewesen, die auf die Dinge zeigen. Eine Aufforderung, eine Bitte, ein schon vor dem Spracherwerb begonnener Dialog: Der Säugling, das noch nicht sagende Subjekt, bittet, fordert: ‚Erklär mir. Antworte [...]!' Die Welt ist der Inbegriff von allem, womit man Erfahrungen macht, wenn man in ihr ist. Dieses progressive Welteinwohnen beschäftigt uns lebenslang, aber in den frühen Stadien des Lebens ist es besonders abenteuerlich, verheißungsvoll, pionierhaft. In den frühen Jahren ist genetisch alles darauf gerichtet, dass das biologisch nicht angepasste menschliche Junge, ausgestattet mit verschwenderisch reichhaltigem Potential, die Signale aufnehmen kann, die in Borneo, Boston oder Bremen Sinn machen für seine jeweilige Existenz. In diesen frühen Jahren ist es stärker noch, deutlicher noch als später angewiesen auf den Anderen, den Informations-Bereiter. Für das Entschlüsseln des Gesichtsausdrucks und das Decodieren der Sprache ist viel Gehirnkapazität vorgesehen. Das menschliche Gehirn lernt gern von anderen Menschen. Nicht die biologische Mutter muss es sein, da hat die Natur gut vorgesorgt. Jeder andere Mensch mit einem Vorsprung an Weltwissen kann mitspielen."
(Elschenbroich, 2001, S. 10)

Nach Schenk-Danziger besteht die wesentliche Aufgabe der Entwicklungspsychologie darin,

nicht als ein isolierter Forschungsbereich zu arbeiten, sondern interdisziplinär. Anthropologische Grundlagen sollten ebenso in die entwicklungspsychologische Forschung einfließen wie neurobiologische Ergebnisse und solche aus der Biologie und der Soziologie. Diese Disziplinen beschäftigen sich aus unterschiedlichen Perspektiven mit der Frage, wie sich Anlage und Umwelt auf die jeweilige Entwicklung eines Kindes und eines Jugendlichen auswirken.

So weist zum Beispiel die Neurobiologie darauf hin, dass heute die Hirnentwicklung als erfahrungsabhängiger Prozess gesehen wird. Besonders zwischenmenschliche Interaktionen würden die Hirnstrukturen aktivieren bzw. ganz neu konstruieren. Vom Philosophen Martin Buber stammt der Satz: „Alles wirkliche Leben ist Begegnung" (Buber in Liesenfeld, 1998). Hinter dieser Aussage steht der Appell, Kindern Interaktionen zu ermöglichen, die für das eigene Leben nützlich sind. Diese können Halt bedeuten, indem tragfähige Freundschaften und letzten Endes ein „soziales Netz" aufgebaut wird, das in Krisensituationen auffangen kann.

Die interdisziplinäre Forschung hat unter anderem folgende **entwicklungspsychologische Erkenntnisse** hervorgebracht (vgl. Spitzer, 2002; Hüther, 2009; Haug-Schnabel/Bensel, 2005, S. 14):

- Kinder sind bereits früh besonders lernfähig. Im Kindergarten- wie im Grundschulalter hat das Gehirn die Fähigkeit, sich beständig den Erfordernissen seines Gebrauchs anzupassen (Neuroplastizität). Verbindungen im Gehirn entwickeln sich dann, wenn an konkreten Beispielen bzw. in konkreten praktischen Situationen durch die handelnde Auseinandersetzung mit der personalen und der dinglichen Umgebung gelernt werden kann (im Zentralhirn werden diese Erkenntnisse gespeichert).
- Die Befriedigung der Grundbedürfnisse des Schulkindes nach Wertschätzung und Geborgenheit ist Grundlage erfolgreichen Lernens.
- Das Gehirn lernt nur, wenn Körper und Seele im Einklang stehen.
- Ein Kind ist aktiv und entwickelt sich aus sich heraus.
- Ein Kind ist auch selektiv, es sucht nach bestimmten Erfahrungen gemäß seinen Interessen und Neigungen, immer abhängig von seinem Entwicklungsstand.
- Die Umwelt stellt das Angebot an Erfahrungen bereit, die das Kind machen kann.
- Das Kind seinerseits bestimmt, was es annimmt.
- Ein Kind kann quantitativ und qualitativ nur so viel an Umweltangeboten annehmen, wie es von seinem Entwicklungsstand her möglich ist.

Nun stellt sich die Frage, wie eine Umwelt gestaltet sein muss, die den Menschen unterstützt, seine Anlagen fördert, und welche Aufgaben Institutionen dabei haben.

„Nicht eine fehlende genetische Ausstattung gilt es zu beklagen, sondern der vehemente Einsatz für eine Verbesserung der Bildungsumwelt ist zu fordern, um die vorhandenen Anlagen eins Kindes unter Ausnutzung seiner Motivation und Aktivität bestmöglich zu realisieren – ein wesentlicher Impuls der aktuellen Entwicklungsforschung für die Pädagogik."
(Haug-Schnabel/Bensel, 2005, S. 92)

2.2.2 Entwicklungsförderung in der Kindertageseinrichtung

Es ist unstrittig, dass Kinder nie mehr so viel lernen wie in den ersten sechs Lebensjahren. Einer Längsschnittuntersuchung des Berliner Wissenschaftlers Wolfgang Tietze zufolge hat eine schlechte Qualität eines Kindergartens negative Folgen auf die Entwicklung des Kindes und kann sogar zu einer Entwicklungsverzögerung von bis zu einem Jahr führen (vgl. Tietze, 1998).

In einer professionell arbeitenden Einrichtung werden Kinder und Jugendliche von den sozialpädagogischen Fachkräften ernst genommen

und gemäß ihren Anlagen gefördert und herausgefordert. Wichtig dabei ist u. a., dass die Kinder
- sich emotional wohl fühlen,
- sich mit ihren momentanen Themen auseinandersetzen können und
- den konkreten Bezug zu ihrem Leben wahrnehmen.

Voraussetzung dafür ist, dass das Kind bzw. der „aktive Geist" sich in einer anregenden, veränderbaren Umgebung das heraussuchen kann, was für es interessant ist. Das führt zu Erlebnissen, in deren Rahmen gelernt wird (vgl. Spitzer, 2002).

Welche Konsequenzen daraus für das sozialpädagogische Handeln zu ziehen sind, hat Hans Joachim Laewen beschrieben:

„Kinder lernen am intensivsten, wenn die Stärken, Interessen und Bedürfnisse jedes einzelnen Kindes die Grundlage des pädagogischen Handelns sind und dieses entwicklungsgemäß geschieht. Das Kind muss immer ganzheitlich gesehen werden. Sprachliche, kognitive, ästhetische, emotionale, soziale und physische Entwicklungsbereiche sind eng miteinander verknüpft."
(Laewen, 2002, S. 34)

Sozialpädagogische Fachkräfte haben zwar auf die vererbten Merkmale als Rahmenbedingung der Entwicklung keinen Einfluss, aber ihre Aufgabe besteht darin, Kindern und Jugendlichen Erfahrungen zu ermöglichen, die sie bei der Entfaltung ihrer individuellen Möglichkeiten unterstützen. Sie eröffnen Bildungschancen und ebnen Entwicklungswege, die von den Kindern jedoch selbst genutzt und gegangen werden müssen.

Erziehungsvorstellungen und Entwicklung

„Erziehung streut keinen Samen in die Kinder hinein, sondern lässt den Samen aufgehen, der in ihnen liegt."
(Khalil Gibran, „Lebensfreude Kalender", 2009)

Unbestritten ist, dass sich auch der **Erziehungsstil** auf die Entwicklung des Menschen auswirkt (vgl. Kap. 3.1.5). Werden Kinder eher sich selbst überlassen, erhalten sie möglicherweise keine ausreichenden Anregungen aus der Umwelt und ihnen fehlt Orientierung. Doch auch eine zu starke Reglementierung wirkt sich entwicklungshemmend aus.

„Ich glaube, wir müssen unsere Vorstellungen vom Lernen grundsätzlich verändern. Das kindliche Hirn strukturiert sich nicht durch das, was wir dem Kind beibringen, sondern anhand der eigenen Erfahrungen, die das Kind macht. Wenn das Kind spürt, dass es etwas gut hinbekommt, werden die entsprechenden dabei benutzten Nervenvernetzungen gestärkt. Zum Beispiel im Punkt Disziplin. Nur wenn ein Kind selbst herausfindet, dass es seine Stifte, den Tuschkasten und das Wasser in ordentlichem Zustand braucht, um ein Bild zu malen, wird es Disziplin lernen. Wenn es aber durch Disziplinierungsmaßnahmen dazu gezwungen wird, lernt es bestenfalls gehorsam zu sein."
(Hüther, 2009, S. 53 ff.)

Die Kinderbuchautorin und Friedensnobelpreisträgerin Astrid Lindgren betont, dass es vor allen Dingen wichtig ist, Kinder in ihrer Persönlichkeit zu achten und ihre Bedürfnisse ernst zu nehmen. Sie verdeutlicht dies, indem sie sich in die Lage der Kinder versetzt:

„Es ist nicht leicht ein Kind zu sein, las ich kürzlich in einer Zeitung und war perplex, denn es passiert ja nicht jeden Tag, dass man etwas in der Zeitung liest, das wirklich wahr ist. Da spricht ein Revolutionär. Es ist nicht leicht ein Kind zu sein, nein! Es ist schwer – sehr schwer sogar. Was bedeutet es eigentlich, Kind zu sein?

Es bedeutet, dass man zu Bett gehen, aufstehen, sich anziehen, essen, Zähne und die Nase putzen muss, wenn es den Großen passt und nicht einem selbst. [...] Es bedeutet ferner, dass man ohne zu klagen sich die persönlichsten Bemerkungen vonseiten eines jeden Erwachsenen anhören muss, die das eigene Aussehen, den Gesundheitszustand, die Kleidung, die man trägt und die Zukunftsaussichten betreffen.
Ich habe mich oft gefragt, was passieren würde, wenn man die Großen in derselben Art behandeln würde."
(Lindgren, 1939, S. 12)

Jedes Kind ist unverwechselbar, einmalig, hat eigene Wünsche und Ziele. Seine Auseinandersetzung mit der Umwelt geschieht individuell, doch es braucht soziale Kontakte und die Entwicklung unterstützende Anregungen von außen. Erziehendes Verhalten erfordert genaue Kenntnis über die Entwicklung des Kindes und vor allen Dingen eine wertschätzende Haltung ihm gegenüber.

2.3 Entwicklungsbedingungen

Im Folgenden soll verdeutlicht werden, unter welchen Bedingungen sich Entwicklung vollzieht.

Entwicklung
„Unter Entwicklung versteht man eine gerichtete Reihe von miteinander zusammenhängenden Veränderungen des Erlebens und Verhaltens im Laufe des Lebens, die in einer bestimmten Reihenfolge ablaufen" (Hobmair, Psychologie, 2013, S. 213). Die menschliche Entwicklung beginnt mit der Befruchtung und endet mit dem Tod des Menschen. Die zusammenhängenden Veränderungen des Erlebens und Verhaltens des Menschen werden in den motorischen, kognitiven, sprachlichen, seelischen, emotionalen und sozialen Bereich unterteilt.

Welche Faktoren lösen Veränderungen im Organismus aus bzw. halten diese in Gang? Die Bedingungen lassen sich in drei Gruppen einteilen (vgl. Hobmair, 1999, S. 14):
- genetische Faktoren
- Umwelteinflüsse
- Selbststeuerung des Menschen

Alle drei beeinflussen sich wechselseitig, sind voneinander abhängig und wirken im engen Zusammenspiel auf die Entwicklung ein (vgl. Hobmair, 1999, S. 25).
Zur Beschreibung der Eigenschaften eines Menschen als (Zwischen-)Ergebnisse der Entwicklung lassen sich folgende Begrifflichkeiten unterscheiden:
- **Vererbte Eigenschaften** sind auf bestimmte Erbanlagen von den Eltern zurückzuführen.
- **Angeborene Eigenschaften** sind alle bei der Geburt vorhandenen Merkmale, die sowohl vererbt als auch aufgrund von Einflüssen während der Schwangerschaft enstanden sind.
- **Erworbene Eigenschaften** sind auf Umwelteinflüsse zurückzuführen.

Genetische Faktoren
Die menschliche Entwicklung beginnt beim Zusammentreffen von Samenzelle und Eizelle, die jeweils mit einer bestimmten Kombination von Chromosomen ausgestattet sind. Die genetische Ausstattung eines Menschen, die bei der Befruchtung festgelegt wird, bezeichnet man als

Anlage. Die genetischen Faktoren können als Disposition zur Entwicklung beispielsweise der geistigen Fähigkeiten, des Spracherwerbs, der Bindungsfähigkeit, der Vitalität und Sensibilität sowie vermutlich auch der Intelligenz verstanden werden. Eine Schädigung oder Störung des genetischen Materials hemmt Entwicklung oder macht sie unter Umständen unmöglich (vgl. Hobmair, Psychologie, 2008, S. 212). Die Erforschung von genetisch bedingten Risikofaktoren ist noch lange nicht abgeschlossen, da sie eher selten auftreten.

Im Folgenden werden einige Beispiele genannt, die zu Fehlentwicklungen des Fötus führen (vgl. Kasten, 2005, S. 67):
- Mukoviszidose
- Diabetes
- Trisomie 21 (Chromosomen-Fehlbildung auf dem 21. Chromosom)
- Phentylketonurie (Stoffwechselstörung)
- Klinefelter Syndrom (Chromosomen-Fehlbildung)
- Turner-Syndrom (Chromosomen-Fehlbildung nur bei Mädchen)
- Duchenne-Syndrom (Lähmung durch Muskelschwund)

Die Umwelteinflüsse

Neben der genetischen Disposition sind Umweltfaktoren für die Entwicklung des Kindes von großer Bedeutung.

Man kann zur Verdeutlichung der zahlreichen Umwelteinflüsse, denen ein Mensch in seinem Leben ausgesetzt ist, eine Einteilung in vier Bereiche vornehmen:
- natürliche Umwelt
- kulturelle Umwelt
- soziale Umwelt
- ökonomische Umwelt

Die **natürliche Umwelt** ist die belebte und unbelebte Natur, die den Menschen umgibt wie z. B. das Klima und die landschaftlichen Gegebenheiten.

Mit **kultureller Umwelt** sind z. B. Sprache, Religion, Bräuche, Überzeugungen, Trends etc. gemeint.

Die **soziale Umwelt** umfasst die Beziehungen der Menschen untereinander wie z. B. Familienkonstellationen, Geschwister, Bekannte, Freunde, Kindertageseinrichtung etc. (vgl. Hobmair, Psychologie, 2008, S. 213). Häufig werden kulturelle und soziale Umwelteinflüsse als soziokulturelle Faktoren zusammengefasst.

Die **ökonomische Umwelt** bezeichnet die wirtschaftlichen Verhältnisse wie z. B. Wohnumgebung, Wohnraum, Einkommen.

Umwelteinflüsse sind in ihrer Wirkung auf die genetische Ausstattung eines Menschen angewiesen. Sie legen fest was, wann, in welchem Umfang und auf welche Art und Weise gelernt wird (vgl. Hobmair, Psychologie, 2008, S. 213).

Die Selbststeuerung des Menschen

Der Mensch verfügt über die Fähigkeit, als aktives Individuum aus sich selbst heraus Entwicklungsprozesse herbeizuführen und sie so zu beeinflussen (vgl. Hobmaier, Psychologie, 2008, S. 214).

Diese Selbststeuerung ist bereits in der frühen Kindheit zu beobachten. Das Kind erforscht und entdeckt seine Umwelt von sich aus und kann so bestimmte Entwicklungsprozesse auslösen und beeinflussen. Zum Beispiel erkundet es aus Neugier die Tür eines Küchenschranks, durch Zufall öffnet sich die Tür seitlich. Es wiederholt diesen Vorgang mehrmals und wird andere Schranktüren auch auf diese Funktion hin untersuchen und versuchen zu öffnen. Diese Fähigkeit verstärkt sich im Lauf der Entwicklung.

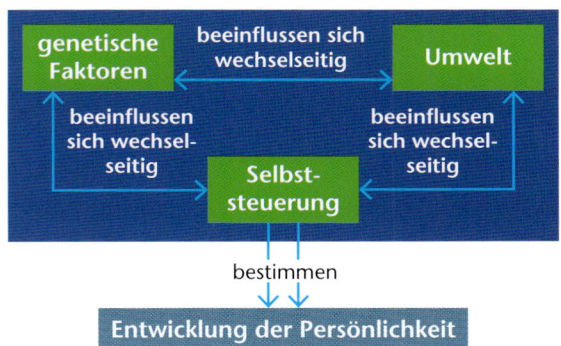

Einflussfaktoren auf die Entwicklung des Menschen (Hobmair, 2012, S. 121)

Zusammenwirken der Faktoren

Auf die Frage, welche Bedingungen (Erbanlagen, Umwelteinflüsse, Selbststeuerung) sich am meisten auf die menschliche Entwicklung auswirken oder den Menschen beeinflussen, gibt es aus wissenschaftlicher Sicht keine eindeutigen Belege.

Die meisten Wissenschaftler sind sich vielmehr sicher, dass sich die Erbanlagen, die Umwelt und die Selbststeuerung wechselseitig bedingen und beeinflussen. Sie sind also nicht isoliert voneinander zu betrachten, sondern immer nur im Zusammenspiel (vgl. Hobmair, Psychologie, 2008, S. 215). Man spricht von einem Gesamtsystem, in dem das Kind und seine Umwelt aktiv und miteinander verschränkt aufeinander einwirken.

So können Anlage und Umwelteinflüsse durch die Selbststeuerung verstärkt oder beeinträchtigt werden. Das eigene Setzen und Verfolgen von persönlichen Zielen spielt dabei eine wichtige Rolle. Zum Beispiel wird ein junger Mensch kein Instrument spielen lernen, wenn er es nicht selbst möchte, obwohl er musikalisch sehr begabt ist und von Eltern und Lehrern sehr gefördert wird (vgl. Hobmair, Psychologie, 2008, S. 214). Umgekehrt kann auch ein weniger musikalisch begabtes Kind durch hohe Motivation und entsprechende Förderung durchaus lernen, ein Instrument zu spielen.

In den folgenden Kapiteln wird die Entwicklung des Menschen von der Schwangerschaft bis zur Adoleszenz in verschiedenen Altersabschnitten dargestellt, wobei zunächst die Entwicklungsaufgaben für den jeweiligen Altersabschnitt erläutert werden.

Sensible Phasen der Entwicklung

Es gibt in der Entwicklung des Menschen bestimmte Zeiträume, in denen bestimmte Entwicklungen sich grundlegend vollziehen, z. B. das Wachstum der Organe in der embryonalen Entwicklung. Man bezeichnet diese Zeiträume auch als **kritische Phasen**. In Bereichen des zwischenmenschlichen Zusammenlebens und der Persönlichkeitsbildung ist die Existenz von kritischen Phasen in der heutigen Wissenschaft umstritten. Zwar ist nach psychologischen Forschungen beispielsweise erwiesen, dass die emotionale Bindung in den ersten Lebensjahren die Basis für spätere Beziehungen ist. Dennoch sind Forscher sich, außer in der embryonalen Entwicklung, nicht sicher, ob Entwicklungserscheinungen in einer kritischen Phase nicht doch rückgängig zu machen sind (vgl. Hobmair, Psychologie, 2008, S. 217). Es wird demnach heute der Begriff der **sensiblen Phase** bevorzugt.

Sensible Phase

„Eine sensible Phase ist ein bestimmter Zeitraum in der Entwicklung, in welchem das Lebewesen für den Erwerb von bestimmten Verhaltensweisen besonders empfänglich ist, die außerhalb dieses Zeitraumes zwar schwierig, aber bis zu einem gewissen Grad wieder verändert werden können" (Hobmair, Psychologie, 2013, S. 222).

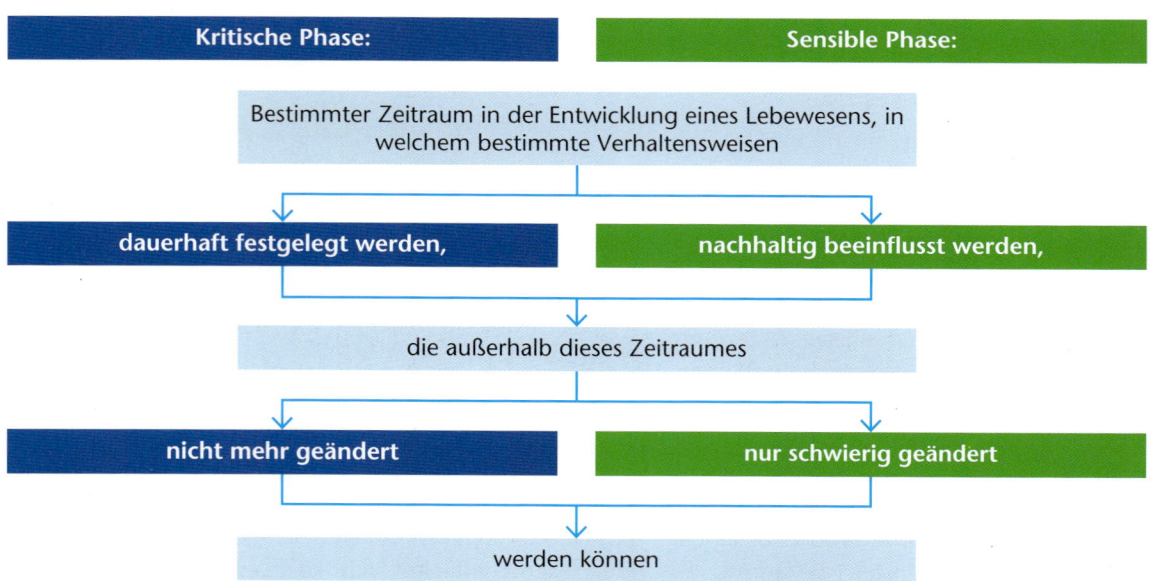

Die Bedeutung von kritischen und sensiblen Phasen (vgl. Hobmair, Psychologie, 2008, S. 218)

Kritische und sensible Phasen haben eine zentrale Bedeutung für die Erziehung. Sozialpädagogische Fachkräfte sollten sie kennen, um Lernen optimal zu unterstützen. In den folgenden Kapiteln werden die kritischen und sensiblen Phasen in der Entwicklung des Kindes näher dargestellt.

2.4 Kinder im Alter von 0 bis 3 Jahren

Im Folgenden soll besonders die frühe Kindheit bis zum vollendeten dritten Lebensjahr genauer betrachtet werden. In dieser Zeit ist der Mensch einer sehr rasanten Entwicklung ausgesetzt, in der eine Vielzahl an Prozessen mit enormen Veränderungen stattfindet. Wichtig dabei ist, dass Entwicklung nie kontinuierlich verläuft, sondern eher sprunghaft.

In diesem Alter wird mehr und nachhaltiger gelernt, als das später im Leben der Fall ist. Erste Werthaltungen, emotionale Stabilität, Sicherheit und Selbstwertgefühl entwickeln sich, wenn die Entwicklungsbedingungen gut sind. Für sozialpädagogische Fachkräfte sind gute Kenntnisse über die Entwicklung von Kindern in diesem Lebensabschnitt von zentraler Bedeutung, um das Verhalten von Kindern und Jugendlichen allgemein besser zu verstehen und sie pädagogisch professionell begleiten und unterstützen zu können.

2.4.1 Vorgeburtliche Entwicklung

Die Gesamtdauer einer Schwangerschaft beträgt in der Regel 40 Wochen, wobei das Kind nur 38 Wochen in Eileiter und Gebärmutter verbracht hat. Errechnet werden die Schwangerschaftswochen ab der letzten Regelblutung der werdenden Mutter.

Die ersten Tage

Vom Eisprung bis zur Einnistung der befruchteten Eizelle in der Gebärmutterwand vergehen etwa acht Tage. In dieser Zeit wandert die Eizelle durch den Eileiter, um sich schließlich an einem gut ausgesuchten Platz an der Gebärmutterschleimhaut anzulagern. Etwa zwei Wochen nach der Befruchtung heißt der menschliche Keim **Embryo** (bis zur 12. Schwangerschaftswoche). Das Längenmaß eines Embryos ergibt sich aus der Größe von Kopf bis Gesäß, auch Scheitel-Steiß-Länge genannt (vgl. Nilsson, 2003, S. 99). Ab der 13. Schwangerschaftswoche spricht man von **Fötus** oder auch **Fetus** (vgl. Kasten, 2005, S. 54). Ab der 14./15. Schwangerschaftswoche wird die Größe des Fötus von Kopf bis Fuß gemessen.

Die ersten Wochen

Bereits einige Wochen nach der Einnistung in der Gebärmutter verwandelt sich der ovale Zellklumpen in ein längliches, wurmartiges Gebilde (ca. 17. bis 20. Tag). Eine gute Versorgung des Embryos über die Plazenta, die mit dem Blutkreislauf der Mutter verbunden ist, ist hierfür unerlässlich, andernfalls ist eine Fehlgeburt in diesem Stadium die Folge (vgl. Nilsson, 2003, S. 86).

In der 3. Schwangerschaftswoche wird das Herz ausgebildet und beginnt vom 21. Tag an zu schlagen. Es schlägt ungefähr doppelt so schnell wie das der Mutter. Durch den Umlauf des Blutes werden Nahrung und Sauerstoff gleichmäßig an alle sich im Wachstum befindlichen Organe verteilt (vgl. Nilsson, 2003, S. 93).

In der 7. Schwangerschaftswoche ist der Embryo fünf Wochen alt und 5 bis 10 mm lang. Kleine knospende Ärmchen und Beinchen sind langsam erkennbar. Die Augen entwickeln sich. Die

Gehirnzellen und unzählige Nervenzellen wachsen rasch, wobei die Entwicklung verschiedener Gehirnbereiche nach unterschiedlichen Zeitplänen stattfindet (vgl. Kasten, 2005, S. 61). Der Embryo wächst schnell, zu Beginn der 8. Schwangerschaftswoche hat er sein Gewicht verdoppelt. Sein Aussehen verändert sich und sämtliche Organe nehmen ihre Funktion auf, z. B. produzieren die Nieren Urin und der Magen stellt Magensaft her (vgl. Nilsson, 2003, S. 101). Der Embryo ist ständig in Bewegung und schläft wenige Stunden am Tag. Muskeln und Gelenke können sich so natürlich entwickeln. Ab der 12. Schwangerschaftswoche können Schlucken und Saugen auch Schluckauf verursachen (vgl. Kasten, 2005, 62). Die Augen, die noch verschlossen sind, können hell und dunkel unterscheiden (vgl. Nilsson, 2003, S. 146). Das Ohr ist bereits entwickelt, kann aber noch keine Laute wahrnehmen. Der Geruchs- und Geschmackssinn bildet sich, Berührungen von außen können wahrgenommen werden. Die wichtigen Organe sind angelegt, der Fötus muss wachsen und seine Fähigkeiten weiter verfeinern.

16. bis 20. Schwangerschaftswoche
Der Fötus bewegt sich und tritt dabei auch gegen die Gebärmutterwand. In dieser Zeit verspürt die Mutter erste Bewegungen. Die Geschlechtsorgane entwickeln sich aus einer neutralen Keimdrüse, wobei sich die inneren Geschlechtsorgane zuerst entwickeln. Allerdings ist das genetische Geschlecht bereits bei der Zeugung festgelegt (vgl. Kasten, 2005, S. 64). Der Kopf macht etwa ein Drittel der Körpergröße aus. Das Gehirn wird von lose zusammengefügten Schädelknochen gestützt. Die Ohren können erste Laute wahrnehmen, auch die Stimme der Mutter prägt sich ein. Das Skelett besteht noch überwiegend aus weichem Knorpelgewebe, durch die Haut schimmern Knochen. Arme und Beine werden länger, die Hände können sich schon aneinander festhalten, einzelne Finger und die Fingernägel sind deutlich zu erkennen. Die Gebärmutterwand dehnt sich zunehmend aus, um dem Fötus Platz zu schaffen (vgl. Nilsson, 2003, S. 133). Der Fötus wiegt am Ende der 20. Woche etwa 400 g und ist 25 cm groß (vgl. Khaschei, 2006, S. 26).

21. bis 26. Schwangerschaftswoche
Die Hälfte der Schwangerschaft ist vorbei, der Fötus wiegt in der 25. Woche ca. 600 bis 800 g und misst ca. 30 cm (vgl. Khaschei, 2006, S. 30). Ab der 26. Schwangerschaftswoche kann der Fötus die Augen öffen. Der Fötus ist weiterhin viel in Bewegung, aber allmählich werden Schlaf- und Ruhezeiten der Mutter ebenfalls zum Schlafen genutzt. Das Geschlecht ist jetzt in der Regel bestimmbar. Mit medizinischen Vorkehrungen könnte das Kind jetzt schon außerhalb der Gebärmutter leben.
Das Gehirn entwickelt sich schnell, die Hirnrinde bildet Furchen und Windungen immer weiter aus (vgl. Nilsson, 2003, S. 148). Die Großhirnrinde, aber auch andere Hirnareale reifen nach der Geburt noch lange Zeit weiter. Nicht nur Nervenzellen sind für die Gewichtszunahme des Gehirns verantwortlich, sondern auch ihre Verbindungen und Verästelungen sowie das Entstehen von vielen Nervenbahnen (vgl. Kasten, 2005, S. 60).
Der Neurobiologe Gerald Hüther beschreibt in „Das Geheimnis der ersten neun Monate" sehr eindrucksvoll, wie prägend sich eine Beziehung zwischen Mutter und Kind auf die Entwicklung des Ungeborenen auswirkt.

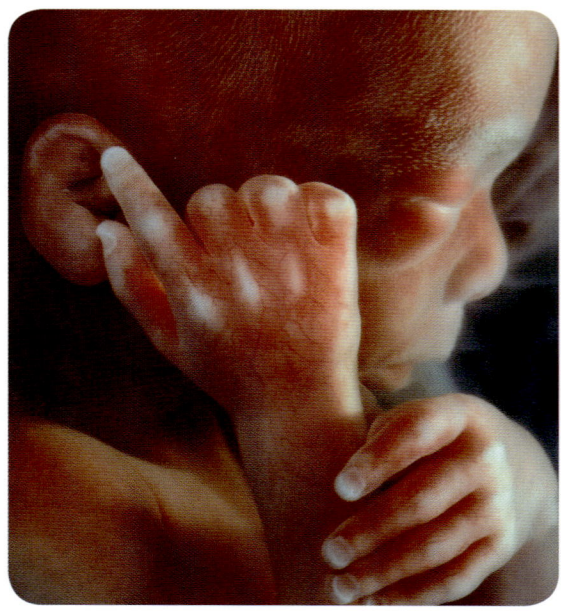

27. bis 40. Schwangerschaftswoche
Das Gesicht des Fötus und alle Organe des Körpers reifen weiter aus, besonders die Lunge. Das Kind nimmt ca. 200 g pro Woche zu. Der Saugreflex

wird immer wieder trainiert; durch das Saugen kann es später außerhalb der Gebärmutter überleben, in der Regel an der Brust der Mutter. Geräusche außerhalb des Mutterleibes werden wahrgenommen.

Ein durchschnittlicher Fötus misst in der 36. Schwangerschaftswoche ca. 45 cm und wiegt ca. 2 600 g (vgl. Khaschei, 2006, S. 42). Am Ende der Schwangerschaft hat der Fötus kaum noch Platz, sich zu bewegen. Tritte und Stöße des Kindes werden deutlich von der Mutter gespürt, mitunter werden Ellenbogen, Knie oder auch Fuß so gestreckt, dass sich die Bauchdecke der Mutter leicht verformt. Der Kopf des Fötus wandert in das Becken, der Bauch der Mutter senkt sich ab. Die Entbindung rückt näher.

Man spricht von einer normalen Geburt, wenn das Kind zwischen der 37. bis 41. Schwangerschaftswoche und einer Geburtsdauer von drei bis 18 Stunden aus der vorderen Hinterhauptlage heraus das Licht der Welt erblickt (vgl. Kasten, 2005, S. 68). Die Mutter sollte nicht mehr als einen halben Liter Blut verlieren. Der Säugling sollte zwischen 3 000 und 3 500 g wiegen und zwischen 50 und 54 cm groß sein.

Vor, während und nach der Geburt gibt es Risikofaktoren, die sich schädlich auf die Entwicklung des Kindes auswirken können.

Risikofaktoren vor der Geburt
- Ernährung
- Infektionskrankheiten
- Medikamenteneinnahme
- Genussmittel
- Arbeitsgifte
- Strahlungsschäden
- psychische Situation der Mutter

Risikofaktoren während der Geburt
- Sauerstoffmangel
- Frühgeburt vor der 36. Schwangerschaftswoche
- übermäßige mechanische Belastung (z. B. Geburt mit der Saugglocke)
- Einnahme von Medikamenten

Risikofaktoren nach der Geburt
- chronische Ernährungsstörungen, Hirnhautentzündung, Stoffwechselkrankheiten, Infektionskrankheiten
- Blutgruppenunverträglichkeit
- Schädel-Hirn-Verletzungen

(vgl. Hobmair, 2008, S. 301 f.)

Darüber hinaus spricht man von ökonomischen und sozialen Risikofaktoren, wenn Kinder in eine Umgebung „hineingeboren" werden, die sich

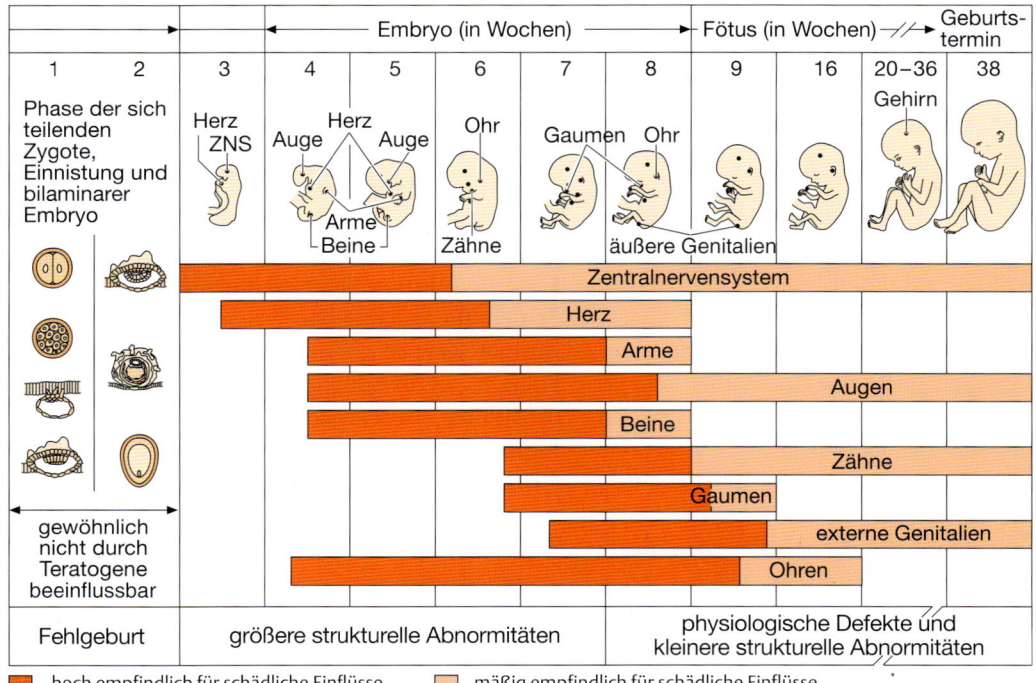

Kritische Phasen der vorgeburtlichen Entwicklung (Mietzel, 2005, S. 69)

ungünstig auf ihre Entwicklung auswirken könnte.

Ökonomische und soziale Risikofaktoren
- Bildungsstand, Einkommen oder Erziehungsstil der Eltern
- soziales Netzwerk: medizinische und psychosoziale Versorgung und Betreuung

Diese Risikofaktoren wirken sich langfristig aus und ihre Wirkung nimmt im Laufe der Entwicklung teilweise noch zu (vgl. Kasten, 2005, S. 68). Alle dargestellten Risikofaktoren könnten die Entwicklung des Ungeborenen bzw. Neugeborenen hemmen oder beeinträchtigen. Mitunter kann die gesamte Entwicklung oder Teilbereiche (z. B. die motorische Entwicklung) des Kindes abweichend verlaufen. Sozialpädagogische Fachkräfte sollten informiert sein, wenn das Kind z. B. als Frühgeburt auf die Welt gekommen ist. Mitunter können individuelle Förderangebote bereitgestellt werden. Die Fachkräfte können auf das Verhalten des Kindes und deren Eltern bewusster eingehen und eine vertrauensvolle Erziehungspartnerschaft aufbauen.

2.4.2 Erste Entwicklungsaufgaben

Nach den Erkenntnissen der Entwicklungspsychologie vollzieht sich Entwicklung während des gesamten Lebens. Sie beginnt mit der Verschmelzung der Samenzelle mit dem Ei und endet mit dem Tod. In dieser Zeit durchlebt der Mensch verschiedene Lebensabschnitte, in denen er sich orientieren und unterschiedliche Aufgaben bewältigen muss. Diese Aufgaben nennt man auch Entwicklungsaufgaben.

Robert Havighurst hat ein Konzept der Entwicklungsaufgaben erarbeitet. Die Inhalte der Entwicklungsaufgaben sind Ende der 1940er Jahre in Chicago (USA) veröffentlicht worden und haben bis heute weitgehende Gültigkeit.

Entwicklungsaufgaben
Entwicklungsaufgaben sind Anforderungen, die in einem bestimmten Lebensabschnitt eines Menschen entstehen und deren erfolgreiche Bewältigung zu Glück und Erfolg bei der Lösung nachfolgender Aufgaben beiträgt. Das Misslingen führt zu Unglücklichsein des Einzelnen, zu Missachtung in der Gesellschaft und letztendlich zu Schwierigkeiten bei der Erfüllung späterer Aufgaben (vgl. Grob/Jaschinski, 2003, S. 23).

Bereits im frühen Kindesalter wird der Mensch mit solchen Entwicklungsaufgaben konfrontiert. Als Voraussetzung für die weitere Entwicklung muss das Kind diese Aufgaben möglichst gut lösen. Art und Schwierigkeiten der Entwicklungsaufgaben ergeben sich nach Havighurst aus
- der körperlichen Reife,
- den Erwartungen der Gesellschaft und
- persönlichen Zielen und Wertvorstellungen.

Die körperliche Reifung bildet die Basis für die Bewältigung von Entwicklungsaufgaben. Reifungsprozesse sind universell, d. h., es gibt kaum Unterschiede zwischen Kulturen.

Gesellschaftliche Erwartungen sind je nach Kultur unterschiedlich und stellen den Menschen vor verschiedene Entwicklungsaufgaben. Erwartungen der Gesellschaft an den Einzelnen werden durch Normen beeinflusst, die sich altersspezifisch unterscheiden. Aus der kulturellen Altersnorm ergibt sich die Einordnung in Früh-, Regel- und Spätentwicklung beim Menschen. Typische gesellschaftliche Entwicklungsaufgaben sind zum Beispiel „trocken werden" oder „sich für einen Beruf entscheiden".

Individuelle Zielsetzungen und Werthaltungen sind wesentliche Bestandteile des Selbst. Jeder Mensch hat einen mehr oder weniger großen Einfluss auf die persönliche Lebensgestaltung. Das Individuum folgt seinen Interessen und Neigungen und wird mit neuen Anforderungen konfrontiert, die es zu bewältigen gilt. Mitunter können persönliche Ziele auch kollidieren. Zum Beispiel kann man in Konflikt geraten, wenn man in der Schule gut abschneiden will, aber andererseits als Aushilfe viel Geld nebenbei verdienen möchte.

Folgende Entwicklungsaufgaben müssen nach Havighurst im Säuglingsalter und in der frühen Kindheit (etwa bis 2 Jahre) bewältigt werden (vgl. Grob/Jaschinski, 2003, S. 22):
- gehen lernen
- feste Nahrung aufnehmen
- sprechen lernen
- Körperausscheidungen kontrollieren
- Geschlechtsunterschiede kennenlernen und sexuelles Schamgefühl entwickeln

- physiologische Stabilität erlangen
- einfache Konzepte zur sozialen und physikalischen Realität formen
- emotionale Beziehungen aufbauen
- lernen, zwischen „richtig" und „falsch" zu unterscheiden
- eigenes Gewissen entwickeln

Die Bewältigung von Entwicklungsaufgaben markiert zentrale Übergänge im Leben eines Menschen. Ein Übergang, der Kleinstkinder vor eine bedeutende Entwicklungsaufgabe stellt, ist der Eintritt in eine sozialpädagogische Einrichtung. Da aber in Westdeutschland die Kinder überwiegend erst ab 3 Jahren eine solche Einrichtung besuchen, wird dieser Übergang in Kapitel 2.5.2, in dem es um Kinder in diesem Alter geht, genauer beschrieben.

2.4.3 Das erste Lebensjahr

Die Säuglingsforschung weiß heute, dass Kinder bereits im vorsprachlichen Alter viel mehr können, als allgemein angenommen wird, z. B. in Kategorien denken und erste Ordnungsstrukturen aufbauen (vgl. Haug-Schnabel/Bensel, 2005, S. 34).
Die engsten Bezugspersonen haben die Verantwortung und sind für die Befriedigung der Bedürfnisse des Säuglings zuständig. Durch positive Ansprache, Liebe, Schutz und Fürsorge kann der Säugling eine positive Bindung zu seinen Eltern aufbauen. Diese positive Eltern-Kind-Bindung ist wichtig für die weitere Entwicklung des Kindes.

Das Neugeborene

Ein neugeborenes Kind versucht von Anfang an, Kontakt mit seinen Bezugspersonen aufzunehmen. Eltern und Säuglinge sind von Natur aus dafür ausgestattet. Forscher, die durch Beobachtungen das Verhalten von Säuglingen untersuchen, sind sich sicher, dass der Säugling ein großes Verhaltensrepertoire sowie eine scheinbar grenzenlose Lernkapazität besitzt. Um aber lernen zu können, müssen die Bezugsperson bzw. die Umwelt dem Säugling Erfahrungen durch Sinneseindrücke ermöglichen (vgl. Haug-Schnabel/Bensel, 2005, S. 34).
Ein Neugeborenes kann seinen Kopf noch nicht selbst halten. Unterstützt man es (Kopf und Körper angemessen gestützt), reagiert es bereits mit Bewegungen und einer gesteigerten Aufmerksamkeit. Alle Sinnsysteme sind nach der Geburt grundsätzlich funktionsfähig, reifen aber noch weiter aus.
Die Nahsinne wie der Geruchssinn, Geschmackssinn und der Haut- bzw. Tastsinn sind besonders weit entwickelt. Hören und Sehen gehören zu den Fernsinnen.
Der Geruchssinn des Neugeborenen ist bereits gut ausgebildet. Es kann zwischen angenehmen und unangenehmen Gerüchen unterscheiden. Nach einigen Tagen kann es die Brust der Mutter und wenig später auch den Körpergeruch des Vaters deutlich erkennen.
Mit seinem Geschmackssinn ist der Säugling schon wenige Stunden nach der Geburt in der Lage, süß, sauer, salzig und bitter zu unterscheiden. Süße Flüssigkeiten werden eindeutig bevorzugt, die anderen Geschmacksrichtungen werden erst mit zunehmendem Alter akzeptiert (vgl. Kasten, 2005, S. 74).
Der Hautsinn reagiert sofort nach der Geburt auf Reize wie Berührungen, Wärme und Kälte. Befunde belegen, dass der Säugling es liebt, gestreichelt zu werden. Der Hautkontakt ist für eine gute, sichere Eltern-Kind-Bindung unerlässlich.
Das Hören ist bereits im Mutterleib möglich. Direkt nach der Geburt erkennen die Neugeborenen die Stimme ihrer Mutter und nach wenigen Tagen können sie die Stimme des Vaters von anderen Männerstimmen unterscheiden. Untersuchungen in diesem Bereich haben gezeigt, dass Neugeborene sich stärker für sprachliche Laute interessieren als für andere Klangmuster (vgl. Kasten, 2005, S. 75).
Das Sehvermögen ist noch beschränkt auf ein enges Umfeld in etwa 20 bis 25 cm Entfernung.

Objekte können in dieser Distanz scharf gesehen werden. Bewegte Objekte wie z. B. der Mund der Mutter sind dabei leichter zu erkennen als unbewegte Objekte. Gesichter und gesichtsähnliche Formen werden länger fixiert. Farben können schon grob unterschieden werden. Bis heute ist ungeklärt, ob das Entfernungs- und Tiefensehen gelernt wird oder aufgrund von Reifungsprozessen im Nervensystem entsteht (vgl. Kasten, 2005, S. 76).

Das körperliche Wachstum verläuft im ersten Lebensjahr am schnellsten. Der Säugling wächst in den ersten drei Monaten durchschnittlich 3,5 cm pro Monat.

Die Motorik eines Neugeborenen ist in den ersten Wochen wenig ausgeprägt. Sie ist vergleichbar mit dem fötalen Zustand im Mutterleib und beschränkt auf

- angeborene Reflexe (Saugreflex, Suchreflex etc.),
- zufällige Bewegungen (Strampeln),
- zielgerichtete Bewegungen (Kopfbewegungen zur Geräuschquelle).

Viele angeborene Reflexe werden schwächer und nach und nach von zielgerichteten Bewegungen überlagert. Im Alter von zwei Monaten können Säuglinge in der Regel in der Bauchlage ihr Kinn sowie die Brust von der Unterlage abheben. Hier werden erste wichtige Erfahrungen mit dem Gleichgewichtssinn gemacht (vgl. Mietzel, 2002, S. 107).

Der Säugling – 3. bis 12. Monat

Der Säugling bildet zwischen dem dritten bzw. vierten und zwölften Monat grundlegende Kompetenzen, z. B. Auge-Hand-Koordination, Wahrnehmung, Lautbildung etc. immer mehr aus. Er ist bei der Fortbewegung, Nahrungsaufnahme und Kommunikation weiterhin auf die Hilfe eines Erwachsenen angewiesen. Im Folgenden werden zentrale Entwicklungsveränderungen näher dargestellt.

Körperliche und motorische Entwicklung

Im Alter von ca. fünf Monaten hat der Säugling sein Geburtsgewicht verdoppelt. Zwischen dem fünften und zehnten Monat bekommen die meisten Kinder ihre ersten Zähne. Die durchschnittliche Schlafdauer sinkt auf 13 bis 14 Stunden, die Säuglinge passen sich mehr und mehr dem Tag-Nacht-Wechsel an.

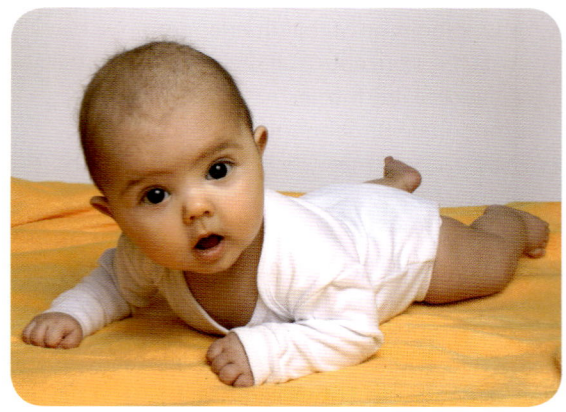

Der Säugling kann bis zum vierten Lebensmonat seinen Kopf in verschiedenen Körperpositionen selber halten, insgesamt wird der Oberkörper kräftiger und reflexartige Bewegungsmuster reduzieren sich. Schließlich kann das Handgelenk unabhängig vom Arm bewegt und die Hand zum Greifen geöffnet werden. In dieser Phase werden Gegenstände häufig geschlagen, besonders wenn sie über dem Säugling schweben. Die Beschäftigung mit den eigenen Händen ist wichtig, um das Greifen zu verfeinern und zielgerichteter werden zu lassen.

Das Kind beginnt sich zu drehen. Mit etwa sechs Monaten ist eine komplette Drehung vom Bauch auf den Rücken bzw. vom Rücken auf den Bauch möglich. Der Säugling beginnt zu sitzen, zunächst mit Hilfe, schließlich frei. Er kann den Kopf drehen, ohne umzufallen. Auch der Oberkörper kann gedreht werden, um z. B. ein Spielzeug aufzunehmen. Die eine Hand kann den Gegenstand

festhalten, während die andere Hand ihn erkundet. Der Säugling kann den Gegenstand von der einen Hand in die andere Hand nehmen. Die Sehfähigkeit nimmt zu und erleichtert somit auch das Greifen und Hantieren. Die Auge-Hand-Koordination verfeinert sich. Das Erkunden des Gegenstandes mit Mund und Zunge wird ausgiebig betrieben (vgl. Oerter/Montada, 2008, S. 180).

Das Loslassen eines Gegenstandes ist keineswegs einfach, das bewusste Entspannen der Muskeln der Hand muss geübt werden. Erst zwischen dem neunten und zwölften Monat ist das Greifen mit dem eines Erwachsenen vergleichbar (vgl. Mietzel, 2002, S. 111). Wenn ein Gegenstand zuverlässig zwischen den Spitzen von Daumen und Zeigefinger gefasst und aufgehoben werden kann, spricht man vom Pinzettengriff.

Im Alter von acht bis zehn Monaten kann das Kind sich aus dem Liegen aufsetzen, frei sitzen und sich vorbeugen und drehen. Auch erste Versuche der Fortbewegung sind zu beobachten, z. B. Rollen zur Seite, Robben, Kriechen und Krabbeln. Die Art der Fortbewegung hängt von den Gegebenheiten des Untergrundes ab. Individuelle Unterschiede können z. B. entstehen durch

- die Kraft des Kindes,
- bisherige motorische Erfahrungen,
- kulturelle Rahmenbedingungen,
- Motivation zur Fortbewegung (vgl. Oerter/Montada, 2008, S. 181).

Rückenlage, Sich-auf-den-Bauch-Drehen, Wälzen und Rollen bis ca. 4. Monat	
Kriechen auf dem Bauch, Krabbeln auf Händen und Knien ca. 5.–10. Monat	
Sich-Aufsetzen ab ca. 8. Monat	
Aufstehen ca. 9.–13. Monat	
freies Aufstehen, freies Gehen ab ca. 14. Monat	

„Normale" Entwicklung zum Gehen

Manche Säuglinge überspringen einzelne Phasen, indem sie z. B. nicht krabbeln, sondern im Sitzen vorwärts rutschen oder sich aus dem Sitzen hochziehen. Es gilt heute allerdings als gesichert, dass gerade das Gehen Reifungsprozesse voraussetzt, die sich während der Bewegungserfahrungen beim Durchlaufen aller Vorstufen vollziehen. Die Knochen und Muskeln des Kindes müssen so weit heranreifen, dass sie das Kind auch tragen.

Die in der Grafik auf Seite 193 dargestellten Entwicklungsabschnitte sind Mittelwerte. Kein Entwicklungsmerkmal ist bei Kindern gleichen Alters gleich ausgeprägt. Die folgende Darstellung verdeutlicht, wie Kinder unter „normalen" Umständen zum Gehen kommen.

Mit den ersten selbstständigen Schritten erweitert sich für den Säugling der Erkundungshorizont und dies trägt zur Differenzierung der kognitiven Entwicklung bei. Alle Entwicklungen im ersten Lebensjahr vollziehen sich in enger sozialer und emotionaler Interaktion mit den Eltern bzw. anderen betreuenden Personen.

Kognitive Entwicklung

Die **kognitive Entwicklung** bezieht sich auf Denkvorgänge und Denkleistungen des menschlichen Gehirns. Im Gehirn des Säuglings vollziehen sich bereits komplexe Lernvorgänge. Die Informationsverarbeitung wird durch die zunehmende Wahrnehmungskompetenz beeinflusst. Im Alter von etwa drei Monaten werden Gegenstände als voneinander getrennt wahrgenommen, wenn ein erkennbarer Abstand zwischen ihnen besteht (vgl. Haug-Schnabel/Bensel, 2005, S. 47).

Im Entwicklungsgeschehen findet keine Trennung zwischen Kognition und Emotion statt. Zwischen dem neunten und zwölften Monat werden Informationen durch Deuten und Blicken eingefordert: „Das Kind startet aktiv und vorsätzlich eine emotionale Informationsabfrage und -verarbeitung" (Haug-Schnabel/Bensel, 2005, S. 45). Folgende Denkleistungen vollziehen sich im ersten Lebensjahr:
- zeitliche Abfolgen erahnen
- Gegenstände wiedererkennen

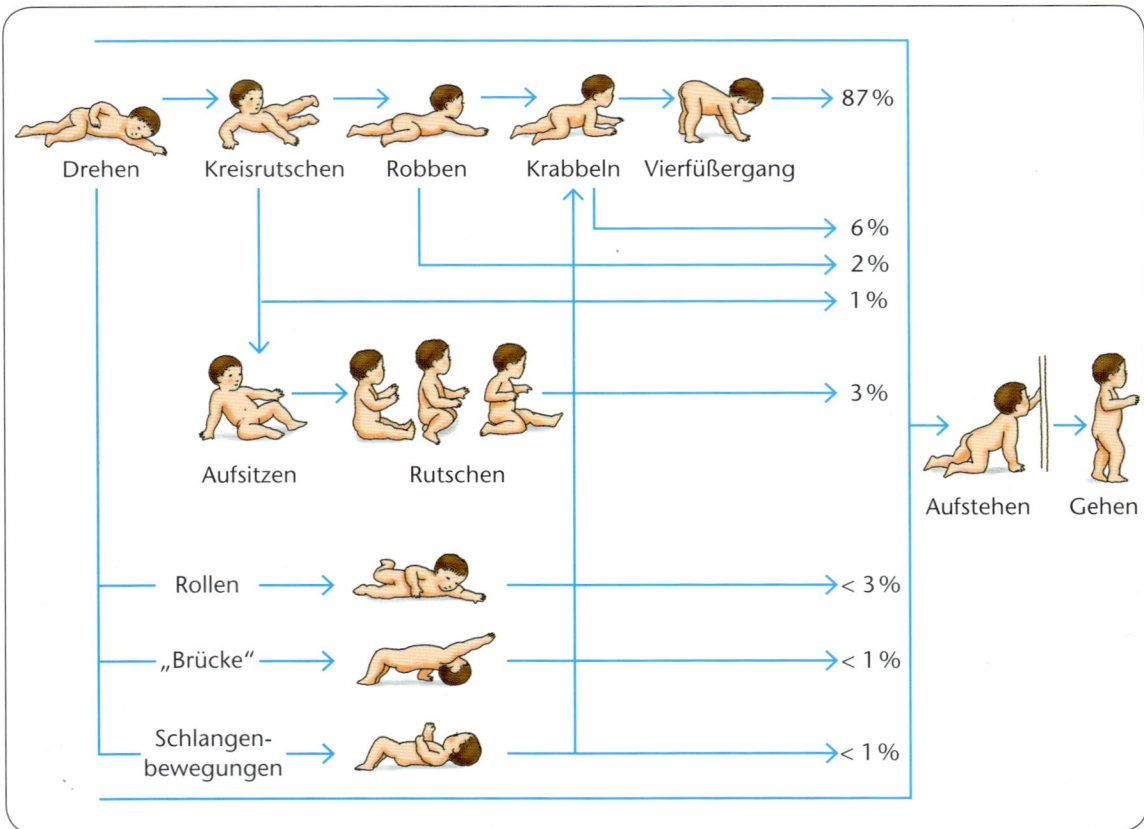

Viele Wege können zum Gehen führen (vgl. Largo, 2004)

- Verhalten bzw. Handlungen beobachten und versuchen, diese nachzuahmen
- Personen- und Objektpermanenz erwerben
- zwischen Tier, Gegenstand und Mensch unterscheiden

Beobachtungen zur Entwicklung des Zeitverständnisses haben gezeigt, dass Säuglinge z. B. aufhören zu schreien, wenn sie sehen, dass die Mutter ihre Bluse zum Stillen öffnet. Das Verständnis, dass eine bestimmte Handlung eine andere nach sich zieht, wird durch Erfahrungen gespeichert und entwickelt sich im zweiten Lebensjahr zu ersten gedanklichen Problemlösungen weiter (vgl. Haug-Schnabel/Bensel, 2005, S. 49). Säuglinge sind im Alter von ca. sechs bis sieben Monaten in der Lage, eine Ordnung in die Fülle ihrer Eindrücke zu bringen, und können sich an Dinge erinnern sowie deren Eigenschaften miteinander vergleichen. Hierfür müssen sie ihre Vorstellungen von Größe, Farbe, Form und Helligkeit erlernen bzw. verfeinern.

Säuglinge können einen Gegenstand, den sie zuvor nur mit Hand oder Mund ertastet haben, anschließend mit einem anderen Sinneskanal, z. B. visuell, wiedererkennen. Auch kleine Veränderungen der Umwelt werden wahrgenommen und immer wieder mit der Realität abgeglichen bzw. umgestaltet. Die Rassel bleibt demnach eine Rassel, auch wenn sie hängt oder von einer Hand halb verdeckt wird (vgl. Kasten, 2005, S. 105).

Zwischen dem neunten und dem zwölften Monat können Kinder gezielt auf Objekte zeigen.

Kinder beobachten ab dem siebten Monat intensiv die Handlungen von Erwachsenen oder Geschwistern und versuchen, Ähnliches zu tun, z. B. eine Zeitung aufschlagen. In der zweiten Hälfte des ersten Lebensjahres entwickelt sich zunehmend eine Vorstellung von Permanenz. Ein Objekt oder eine Person existiert weiter, auch wenn es oder sie nicht mehr sichtbar ist (vgl. Kasten, 2005, S. 107).

Im Alter von drei bis vier Monaten schauen Säuglinge bereits mit großem Interesse Dingen nach, die sich bewegen können. Lebewesen können schon von unbelebten Gegenständen unterschieden werden. Man vermutet, dass diese Leistung evolutionäre Gründe hat, denn Objekte, die sich bewegen, können für den hilflosen Säugling Gefahr oder Fürsorge bedeuten (vgl. Haug-Schnabel/Bensel, 2005, S. 51). Dies widerlegt Piagets Annahme, dass Säuglinge Gegenstände und Lebewesen nicht unterscheiden können. Mit etwa sieben bis neun Monaten können Kinder Tiere von Gegenständen unterscheiden, im Alter ab etwa neun Monaten können Tiere von Menschen unterschieden werden.

Wissensaneignung nach Piaget

Im Folgenden wird kurz die Verarbeitung von Umwelteinflüssen und das damit verbundene vierstufige Modell der Denkentwicklung nach Piaget dargestellt.

Jean Piaget (1896–1980)
Der Schweizer Jean Piaget war Professor für Psychologie, Soziologie und Philosophie an verschiedenen Universitäten, u. a. in Genf und an der Sorbonne in Paris. Von 1929 bis 1967 war er Direktor des Bureau International d'Education in Genf. Piaget war einer der bedeutendsten Psychologen des letzten Jahrhunderts. Besonders interessierte ihn, wie sich Kinder Wissen ohne Hilfe Erwachsener aneignen und sich das Denken entwickelt. Piaget hatte selbst drei Kinder, die ihm u. a. geeignete „Studienobjekte" für seine Forschungen zur Entwicklung der Intelligenz waren. Das wichtigste Ergebnis seiner Studien war eine kognitive Entwicklungstheorie, die erklärte, wie der Mensch sich seine Umwelt aneignet bzw. kognitive Strukturen ausbildet. Piaget entwarf ein vierstufiges Entwicklungsmodell des Denkens, welches die geistige Weiterentwicklung von Geburt bis zur Pubertät darstellt und die Entwicklungspsychologie im Gebiet der kognitiven Entwicklung stark geprägt hat.

Piaget ging davon aus, dass Kinder ihre Erfahrungen nicht passiv aufnehmen, sondern sich immer selbstmotivierend und selbstregulierend mit ihrer Umwelt auseinandersetzen. Kinder entwickeln nach Piagets Auffassung Denkschemata, die einer eigenen subjektiven Sichtweise folgen. Ein Schema ist sozusagen der Grundbaustein der menschlichen Wissens- oder Verhaltensmuster, die individuell gebildet werden. Begriffe werden miteinander vernetzt und dienen als „Denkvorlage" z. B. für eine bestimmte Handlung, die man – ohne nachzudenken – immer auf die gleiche Art ausführt (vgl. Plassmann/Schmitt, 2007).

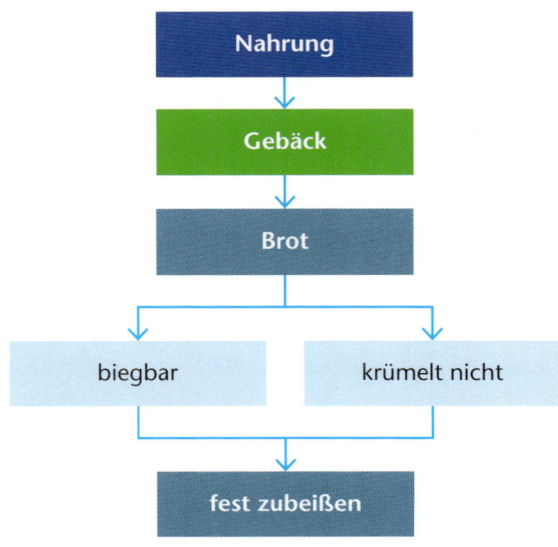

Beispiel für ein mögliches Schema eines Kindes (vgl. Plassmann/Schmitt, 2007)

Ein Kind hat in der oben dargestellten Grafik ein Schema angelegt. Dieses Schema enthält Informationen über die Eigenschaften und den Umgang mit dem Nahrungsmittel „Brot". Das Schema ermöglicht es dem Kind, Umwelteindrücke einzuordnen. Allerdings hat ein Kind sich in kürzester Zeit eine Vielzahl von Schemata angeeignet, die es miteinander zu verknüpfen versucht. Dabei ist es immer darauf bedacht, einen Gleichgewichtszustand zwischen sich selbst und seiner Umwelt herzustellen. Dieses Streben nach Gleichgewicht wird besonderes stark, wenn sich die Anforderungen der Außenwelt verändern und kein bisher gebildetes Schema dieses erklären kann. Dieser Anpassungsprozess wird von Piaget als Adaption bezeichnet.

Adaption
Adaption ist „die Anpassung, die das Kind an seine Umwelt leistet, und umgekehrt das ‚Passendmachen' der Umwelt an und durch das Kind" (Böcher, 2009, S. 27).

Beispiel
*Eine Mutter geht mit ihrem Sohn spazieren, dabei begegnen sie einer Katze. Die Mutter sagt zu ihrem zweieinhalb Jahre alten Kind: „Guck mal, da kommt eine ‚Miau'." Das Kind könnte demnach ein Schema anlegen, das besagt: Alle Vierbeiner sind „Miau".
Die Mutter und das Kind kommen kurze Zeit später an einer Pferdewiese vorbei. Das Kind zeigt begeistert auf das Pferd und sagt: „Miau." Die Mutter verneint dieses. Das Kind gerät aus dem Gleichgewicht. Das zuvor angeeignete Schema „Alle Vierbeiner sind ‚Miau'" wird versucht, auf andere Tiere zu übertragen. Diesen Vorgang nennt Piaget* Assimilation.

Assimilation
Assimilation beschreibt den „Prozess der Anpassung der Umwelt" an das Individuum, an „bereits bestehende kognitive Schemata" (Hobmair, 2012, S. 141).

Das Kind ist nun aufgrund der neuen Erfahrung („Miau" ist nicht richtig) gezwungen, sein bisheriges Schema zu korrigieren, abzulegen oder neue hinzuzunehmen.
Das Kind kann mit seinem Schema „Alle Vierbeiner sind ‚Miau'" seiner Umwelt nicht gerecht werden, es fällt in ein Ungleichgewicht. Um ein Gleichgewicht herzustellen, ändert es sein Schema zum Beispiel wie folgt: „Alle kleinen Vierbeiner sind ‚Miau', alle großen Vierbeiner sind ‚Hühh'." Diesen Angleichungsprozess des Kindes nennt Piaget Akkommodation.

Akkommodation
„Akkommodation ist ein Prozess der Anpassung des Individuums an die Umwelt" (Hobmair, 2012, S. 141).

Dieses neue Schema kann das Kind jetzt auf alle Pferde und Katzen erfolgreich anwenden. Bezeichnet es aber eine Kuh als „Hühh" und wird von seiner Mutter entsprechend korrigiert, entsteht ein neues Ungleichgewicht, das wiederum durch Akkommodation beseitigt wird.

Die folgende Grafik verdeutlicht noch einmal die immer wieder stattfindenden Prozesse der Assimilation und Akkommodation, die sich ergänzen und immer zusammen auftreten. Durch das ständige Streben nach Gleichgewicht ist das Auftreten z. B. nur von Assimilation ausgeschlossen (vgl. Hobmair, 1999, S. 23).

Alter	Stufe	Merkmale
0 bis 2 Jahre	sensomotorisch	Entdeckung von Zusammenhängen
2 bis 7 Jahre	präoperational	Gebrauch von Symbolen, anschauliches Denken
7 bis 11 Jahre	konkrete Operationen	Entwicklung der Logik
über 11 Jahre	formale Operationen	Entwicklung des abstrakten Denkens

Vier Stufen der kognitiven Entwicklung nach Piaget

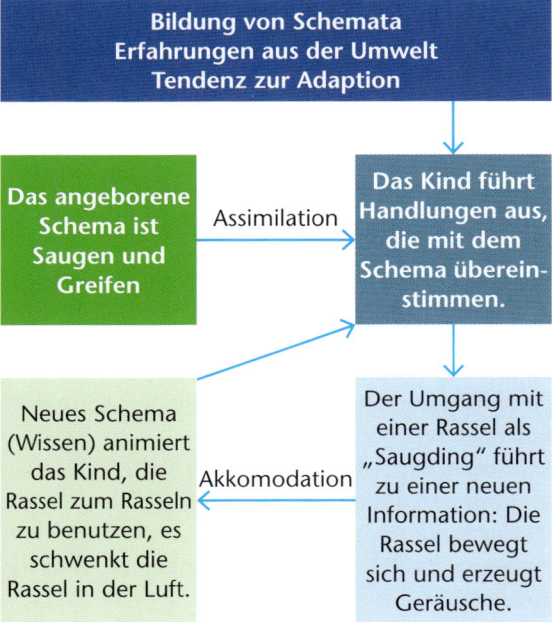

(vgl. Mönks/Knoers, 1996, S. 152)

Ein Kind ist nach Piagets Theorie ständig mit Anpassungsprozessen beschäftigt. Dabei sucht es fortwährend nach einem Gleichgewicht zwischen dem, was es versteht, und dem, was es in seiner Umgebung neu erfährt. Diese Tendenz zum Gleichgewicht nennt Piaget **Äquilibration**. Sie ist notwendig, um sich geistig weiterzuentwickeln bzw. eine höhere Stufe zu erreichen. Piaget unterteilt die Denkentwicklung von Kindern in ein vierstufiges Entwicklungsmodell.

Piaget war der Ansicht, dass alle Kinder, egal welcher Herkunft, in jedem Land diese vier Stufen in derselben Reihenfolge durchlaufen, wobei das Entwicklungstempo unterschiedlich schnell sein könne. In der sensomotorischen Stufe werden Grundlagen für das Denken geschaffen. Die Kinder lernen, verschiedene Reize richtig zu verarbeiten, z. B. Geräusche einer Richtung zuordnen etc. Die verschiedenen Sinne werden beim Erkunden der Umgebung eingesetzt, ein Ring beispielsweise in den Mund genommen, geschüttelt etc. Zunehmend entwickelt sich die Vorstellungskraft; das Kleinkind unternimmt etwas, um einen Effekt zu erreichen. Erste Verknüpfungen von Mittel und Zweck werden hergestellt, z. B. kippt das Kind eine Schublade aus, um eine bestimmte Rassel zu suchen. Am Ende dieser Phase ist es in der Lage, zielgerichtete Handlungen auszuführen, z. B. einen Löffel auf dem Tisch mithilfe eines Hockers zu erreichen. Piaget spricht von **Objektpermanenz**, die sich in dieser Stufe immer weiter ausbildet. Gegenstände existieren weiter, egal ob das Kind sie sehen kann oder ob sie verdeckt sind.

Dieses Phänomen kann man beispielsweise beobachten, wenn man eine Puppe vor einem Kind bewegt und diese schließlich unter dem Tisch verschwinden lässt. Ein ca. sechs Monate altes Kind kümmert sich nicht weiter darum, die Puppe ist nicht mehr existent. Mit zunehmendem Alter wird das Kind den Gegenstand mit Blicken suchen und ein erneutes Auftauchen erwarten. Im Alter von ca. zwei Jahren wird das Kind jedes mögliche Versteck absuchen. Sprachliche Symbole werden durch den Erwerb von Sprache einsetzbar. Im Spiel werden Personen, Gegenstände oder Handlungen durch sprachliche Symbole ersetzt (vgl. hierzu den Abschnitt zur Spielentwicklung im ersten Lebensjahr).

Der Entwicklungsstand zwischen einem Säugling und einem Zweijährigen ist so groß, dass Piaget die sensomotorische Stufe in sechs Stadien unterteilt hat, die auf Seite 198 beschrieben werden.

Sensomotorische Stadien	Adaptive Verhaltensweisen
1. Angeborene Reflexe	Reflexe des Neugeborenen, Übung
2. Primäre Kreisreaktionen (1. bis 4. Monat)	Einfache motorische Gewohnheiten, die sich um den Körper des Säuglings drehen
3. Sekundäre Kreisreaktionen (4. bis 8. Monat)	Handlungen mit interessanten Effekten werden wiederholt, erstes Nachahmungsverhalten
4. Koordination sekundärer Kreisreaktionen (8. bis 12. Monat)	Zielgerichtetes Verhalten, Objektpermanenz, Nachahmungen werden komplexer, vorhandene Handlungsschemata werden auf den gleichen Gegenstand angewendet
5. Tertiäre Kreisreaktionen (12. bis 18. Monat)	Entdeckung neuer Handlungsschemata durch Experimentieren, Gegenstände werden auf ihre Eigenschaften hin untersucht
6. Entwicklung der Vorstellungsfähigkeit (18. bis 24. Monat)	Nachahmung und Als-ob-Spiele, das Kind kann Ergebnisse seiner Handlungen vorwegnehmen

Sensomotorische Stadien nach Piaget (vgl. Jaszus, 2008, S. 283)

Die **präoperationale Stufe** ist die Phase des **anschaulichen Denkens**. Wird zum Beispiel Wasser vor den Augen eines Fünfjährigen von einem breiten Glas in ein schmales, hohes gefüllt, so glaubt das Kind, dass in dem schmalen Glas mehr Wasser ist als in dem breiten Glas. Dem Kind ist es in diesem Stadium noch nicht möglich, mehrere Aspekte gleichzeitig zu berücksichtigen oder miteinander zu verknüpfen. Dies wird auch **Egozentrismus** genannt, es beschreibt die Schwierigkeit, sich eine Situation aus der Sicht eines anderen vorzustellen.

Die Stufe des **konkreten Denkens** erreicht das Kind im Grundschulalter. Der oben beschriebene Umschüttversuch wird von dem Kind erkannt. Es ist in der Lage, sich wechselseitige Beziehungen von Sachverhalten vorzustellen. Das Denken wird unabhängiger von Wahrnehmungen des Kindes. Die Kinder können zunehmend Probleme durch schlussfolgerndes Denken lösen.

Die Stufe des **abstrakten Denkens** befähigt die Kinder ab ca. 11 Jahren, mit Abstraktionen umzugehen. Hypothetische Fragen wie „Was wäre, wenn …?" können gestellt und systematisch beantwortet werden. Logische Denkvorgänge sind nicht mehr an konkrete Probleme gebunden. Sie ermöglichen es z. B., theoretische Regeln aus anschaulichen Gegebenheiten abzuleiten. Aus einer allgemeinen Regel lässt sich auf einen konkreten Sachverhalt schließen, z. B. bei mathematischen und physikalischen Problemen. Über das Denken selbst wird nachgedacht, was auch als **Metakommunikation** bezeichnet wird (vgl. Hobmair, 1999, S. 44ff.).

Die wichtigsten Kritikpunkte an Piagets kognitiver Entwicklungstheorie sind:
- Piaget befragte die Kinder in seinen Untersuchungen auf eine komplizierte Art und Weise. Die Kinder hätten die Aufgaben lösen können, wenn die Fragestellungen einfacher gewesen wären.
- Die Kinder sind bereits viel früher in der Lage, bestimmte Denkleistungen zu erbringen (vgl. Kap. 2.4 und 2.5).
- Die Stufen der Denkentwicklung werden nicht immer zwingend nacheinander und mit einer Steigerung des Denkvermögens durchlaufen.

Jean Piaget hat durch diese umfangreiche Theorie einen sehr bedeutenden Beitrag zur Erforschung kognitiver Prozesse geleistet. Er hat als Erster festgestellt, dass sich Vorstellungen des Kindes von der Welt mit seinen Personen und Objekten erst allmählich entwickeln (vgl. Kasten, 2005, S. 111). Noch heute wird die Beschreibung der geistigen Denkvorgänge in Form von Assimilation und Akkommodation anerkannt und weitergegeben.

Sozial-emotionale Entwicklung

Der Säugling ist von Geburt an ein soziales Wesen. Wie eingangs erwähnt, vollziehen sich die Entwicklungen im ersten Lebensjahr in sehr enger sozialer und emotionaler Interaktion mit den Bezugspersonen, meist den Eltern. Neben den motorischen und kognitiven Fähigkeiten ist auch das Aussehen des Säuglings darauf ausgelegt, eine oder mehrere Personen an sich zu binden. Zum Beispiel erzeugt das **Kindchenschema** (große Augen, großer Kopf, Stupsnase) bei Erwachsenen und Kindern spontane Zuwendung und Fürsorge. Ab der sechsten Lebenswoche tritt das sogenannte soziale Lächeln auf. Der Säugling setzt es noch nicht bewusst ein, aber es erfüllt einen sozialen Zweck. Die Eltern reagieren positiv und wenden sich dem Säugling vermehrt zu (vgl. Kasten, 2005, S. 112).

Bindung an Bezugspersonen

Eine positive Eltern-Kind-Beziehung hat eine Schlüsselfunktion für die Entwicklung des Kindes. Durch die Befriedigung von emotionalen Bedürfnissen wie Nähe, Verbundenheit, Zärtlichkeit, Fürsorge und Schutz sowie positive Ansprache entwickelt der Säugling emotionale Sicherheit. Man spricht auch von einer sicheren Bindung, die eine Voraussetzung für eine gesunde soziale und psychische Entwicklung ist. Jedes Kind entwickelt im Verlauf des ersten Lebensjahres eine personenspezifische Bindung (vgl. Oerter/Montada, 2008, S. 214). Mit verschiedenen Personen können Kinder unterschiedliche Bindungsqualitäten erleben, die ihr Verhalten prägen.

Die Qualität einer Bindung wird durch die Feinfühligkeit der Eltern bestimmt. Je nach Temperament des Kindes und der familiären Situation kann dies sehr unterschiedliche Anforderungen an die Eltern stellen (vgl. Haug-Schnabel/Bensel, 2005, S. 39). Besonders das sensible Reagieren auf die Signale des Kindes festigt die Beziehung und signalisiert dem Kind, dass es sich auf die Bezugsperson verlassen kann. Eltern, die sensibel auf ihr Kind reagieren, lächeln z. B., wenn das Kind lächelt, reden mit ihm, wenn es Lautäußerungen von sich gibt und wenden sich ihm zu, wenn es schreit (vgl. Mietzel, 2002, S. 133). Eine frühe sichere Bindung ist für die Widerstandfähigkeit der Psyche **(Resilienz)** unerlässlich (vgl. Kap. 3.4.4). Resiliente Kinder können mit Enttäuschungen, Problemen und Krisen besser umgehen. Sie

Mary Ainsworth (1913–1999)
Die Amerikanerin Mary Ainsworth studierte Psychologie an der University of Toronto, wo sie 1939 auch promovierte. Sie arbeitete in London zusammen mit John Bowlby, der den Einfluss von Trennungen zwischen Mutter und Kind erforschte. Nach Untersuchungen zu vorbildlichen Mutter-Kind-Beziehungen in Uganda erforschte sie in den 1960er Jahren in Baltimore (USA), wie Kinder auf Trennungen reagieren. Dabei konzentrierte sie sich insbesondere auf die Interaktion zwischen Müttern und Kindern in ihrer natürlichen Umgebung. In den 1970er Jahren entwickelte sie ein Setting für standardisierte Verhaltensbeobachtungen, um das Verhalten und Erleben von Kindern zu untersuchen, wenn ihre Mütter den Raum verlassen, nachdem eine fremde Person ihn betreten hat. Mary Ainsworth entdeckte auf der Grundlage ihrer standardisierten und systematischen Forschung die große Bedeutung der Empathiefähigkeit und Feinfühligkeit der für das Kind wichtigsten Bezugspersonen für die Entwicklung seiner psychischen Stabilität insgesamt und seines Selbstwertgefühls, seines Selbstvertrauens und seines Selbstbewusstseins im Besonderen.

verfügen über ein positives Selbst- und Menschenbild. Resilienzfähigkeit ist nicht angeboren, sondern wird im Laufe der Entwicklung erworben. Unsicher gebundenen Kindern fehlt das Vertrauen, in Zeiten der Bedürftigkeit angemessene und beruhigende Hilfe zu bekommen.

Mary Ainsworth führte die sogenannte „Fremden-Situation"-Studie durch, in der sie beschreibt, wie sich ein ca. 12 Monate altes Kind langsam von seiner Mutter trennt und an eine fremde Person gewöhnen kann. Sie unterteilt diese Situation in acht Episoden (vgl. Mietzel, 2002, S. 128):

1. Die Mutter betritt mit ihrem Kind einen unbekannten Raum.
2. Die Mutter setzt sich, und das Kind kann mit vorhandenem Spielzeug spielen.
3. Eine Fremde betritt den Raum, nach kurzer Zurückhaltung versucht sie mit dem Kind zu spielen.
4. Die Mutter verlässt den Raum.
5. Die Mutter kehrt zurück und die Fremde geht.
6. Die Mutter verlässt noch einmal den Raum. Das Kind bleibt allein.
7. Die Fremde kommt zurück. Falls es erforderlich ist, tröstet sie das Kind.
8. Die Mutter betritt den Raum wieder, die Fremde zieht sich zurück.

(Die Schritte 2 bis 8 dauern jeweils höchstens drei Minuten.)

Mary Ainsworth unterschied drei Bindungstypen zwischen Mutter und Kind im ersten Lebensjahr: die sichere Bindung, die unsicher-vermeidende Bindung und die unsicher-ambivalente Bindung. Die neueren Forschungen zum Bindungsverhalten beschäftigen sich weit über das erste Lebensjahr des Kindes hinaus mit der Bindungsqualität. Im Folgenden werden vier **Bindungstypen** dargestellt, die den heutigen Erkenntnissen der Bindungsforschung entsprechen (vgl. Haug-Schnabel/Bensel, 2005, S. 40f.).

- **Sichere Bindung**
  Kinder mit sicherer Bindung werden sensibel wahrgenommen und erfahren eine angemessene Reaktion auf ihr Verhalten. Die Bezugsperson zeigt Freude in der Interaktion mit dem Kind. Das Kind zeigt eine offene Kommunikation mit der Bezugsperson. Bei Trennung von der Bezugsperson (z. B. wenn die Mutter den Raum verlässt) zeigt sich leichter Protest, das Spiel wird reduziert oder gestoppt. Nach der Rückkehr lässt es sich schnell beruhigen. Das Kind ruht in sich und erfährt, dass es anderen vertrauen kann.

- **Unsicher-vermeidende Bindung**
  Diese Kinder werden von ihrer Bezugsperson nicht feinfühlig oder sogar zurückweisend behandelt. Das Kind zeigt wenig Kommunikation. Bei einer Trennung von der Bezugsperson wirkt es scheinbar gleichgültig, wobei es innerlich stark gestresst ist (Stresshormone sind nachweisbar). Das Kind spielt ohne Konzentration weiter, bei der Rückkehr der Bezugsperson wendet sich das Kind eher ab. Die Kinder haben die Bezugsperson bereits oft abweisend erlebt. Das Kind bekommt das Gefühl vermittelt, dass andere Menschen unerreichbar sind. Ein negatives Selbstwertgefühl kann die Folge sein.

- **Unsicher-ambivalente Bindung**
  Die Bedürfnisse der Bezugsperson stehen klar im Vordergrund. Der Umgang mit dem Kind ist nicht vorhersagbar. Das Kind zeigt übersteigerte Gefühle. Es klammert an der Bezugsperson, wirkt ängstlich. Starker Trennungsprotest und Stress ist die Folge. Das Kind spielt nicht weiter, lässt sich nach der Rückkehr nur schwer beruhigen. Eine Mischung aus Nähe suchen und Verärgerung ist beobachtbar. Es findet nicht mehr ins Spiel zurück. Bisherige Unberechenbarkeit lässt die Kinder schnell verzweifeln und „ausrasten" (vgl. Haug-Schnabel/Bensel, 2005, S. 40 und 43).

- **Desorganisierte Bindung**
  Die Bezugsperson geht ängstigend mit dem Kind um, bis zur Misshandlung oder Vernachlässigung. Meist ist die Bezugsperson selbst traumatisiert. Das Kind zeigt ein sehr widersprüchliches Verhalten wie z. B. Nähe suchen und wegsehen. Hier wird der innere Konflikt zwischen Kontaktwunsch und Angst vor der Bezugsperson deutlich. Bei Weggang der Bezugsperson unterbricht es sein Verhalten ständig. Nach der Rückkehr zeigt das Kind starke Vermeidung, Ambivalenz oder Widerstand.

Die dargestellten Verhaltensweisen der Kinder treten besonders im zweiten Lebensjahr verstärkt auf. Das Verhalten der Kinder mit unsicherer Bindung stellt eine erlernte Strategie dar. Sie versuchen, den Erwartungen der Bezugsperson zu

entsprechen und mit deren Reaktion umzugehen (vgl. Haug-Schnabel/Bensel, 2005, S. 42).
Zusammenfassend können folgende Aspekte der Bindungsforschung herausgestellt werden (vgl. Hobmair, Psychologie, 2008, S. 306):

- Ein Kind kann eine Bindung zu einer oder zu mehreren Personen (nicht zu viele) herstellen, dabei entsteht eine sichere Bindung durch positive Gefühle wie Nähe, Zärtlichkeit, Schutz, Körperkontakt und Ansprache.
- Die Verantwortung für die Bindungsqualität liegt nicht allein bei der Mutter, auch der Vater oder eine andere Person kann dies übernehmen.
- Eine feste Bezugsperson ist wichtig, damit das Kind sein Neugierverhalten ausleben kann. Fehlt die Bezugsperson, kann das im späteren Leben zu fehlender Selbstsicherheit beitragen.
- Die Bezugsperson muss das Bedürfnis nach Nähe und das Ausleben der Neugierde akzeptieren.
- Die Bezugsperson muss die kindlichen Signale richtig wahrnehmen, entschlüsseln und sensibel darauf regieren.
- Erfahrungen, die im ersten Lebensjahr gemacht werden, führen zu unterschiedlichen Bindungsqualitäten in der späteren Entwicklung.

Fremdeln
Im Alter von etwa sieben bzw. acht Monaten kommen Kinder, unabhängig von ihren bisherigen Erfahrungen, in das Fremdelalter. Dieses Phänomen tritt universell auf. Die Kinder reagieren plötzlich mit Angst auf fremde Personen. Sie vermeiden z. B. den direkten Blickkontakt mit der fremden Person, wenden sich ab und rücken näher an Mutter oder Vater heran. Bleiben diese Signale unberücksichtigt, reagieren die Kinder je nach Temperament unterschiedlich stark auf die fremde Person. Einige reagieren erst mit Angst, wenn die fremde Person z. B. versucht, sie zu berühren, andere schon beim bloßen Anblick. Die Kinder sind in der Lage, bekannte Personen von Unbekannten zu unterscheiden und dies auch unmissverständlich auszudrücken. Man spricht auch von der Acht-Monats-Angst. Für die fremde Person empfiehlt es sich, zunächst eine gewisse Distanz zu wahren und zu warten, bis sich das Abwehrverhalten legt (vgl. Kasten, 2005, S. 117).

Die genauen Ursachen für das Fremdeln sind nicht eindeutig geklärt. Einige Forscher vermuten, dass das Fremdeln mit der kognitiven Entwicklung zusammenhängt:

- Kinder haben im Alter von ca. acht Monaten ein Bild bzw. eine Vorstellung von vertrauten Personen (z. B. kleiner, blonder, hellhäutiger Vater) gespeichert. Personen, die sich nähern und besonders stark von dieser Vorstellung abweichen (z. B. großer, dunkelhaariger, bärtiger Mann), erzeugen demnach Angst und rufen heftige Reaktionen hervor (vgl. Kasten, 2005, S. 118).
- Bei einem Einjährigen ist die Angst vor dem Unbekannten noch sehr ausgeprägt. Im Laufe des zweiten Lebensjahres nimmt die Fremdenfurcht dann allmählich ab, da Kinder in diesem Alter fast täglich neuen Personen begegnen, dennoch bleiben sie anfangs anderen Personen gegenüber vorsichtig (vgl. Mietzel, 2002, S. 132).

Emotionen
Neugeborene sind bereits in der Lage, durch ihre Mimik emotionale Grundmuster zu zeigen. Sie werden als Basisemotionen oder primäre Emotionen bezeichnet, da sie in vielen Kulturen vorkommen und überall auf der Welt verstanden werden:

- Abscheu
- Ekel
- Ärger
- Erstaunen
- Überraschung
- Freude
- Traurigkeit

Diese Grundmuster werden durch Erregungszustände im Gehirn ausgelöst und sind noch nicht mit subjektiven Gefühlen verknüpft. Erst einige Lebensmonate später werden diese angeborenen mimischen Reaktionen mit dem passenden Gefühlserlebnis verknüpft. Säuglinge und Kleinkinder sind noch nicht in der Lage, Gefühle vorzutäuschen oder zu unterdrücken. Erst gegen Ende des ersten Lebensjahres gelingt es hin und wieder, den mimischen Ausdruck zu verstärken oder abzuschwächen (vgl. Kasten, 2005, S. 122).

Sprachentwicklung

In den ersten Lebenstagen und -wochen kann der Säugling sich nur schreiend und schließlich lallend verständigen. Diese vorsprachliche Phase umfasst die Zeit von der Geburt bis zum ersten Wort. Schon nach wenigen Wochen wird das **Schreien** des Kindes immer differenzierter und eine aufmerksame, liebevolle Bezugsperson hört an der Tönhöhe und der Intensität, ob das Kind Hunger hat oder Zuwendung benötigt. Ab der zehnten Woche können auch Kreischlaute hinzukommen, die eher ausgelassen bzw. lustvoll klingen. Gurren und Vokallaute wie „aaa" werden eher zufällig geäußert und kommen bei allen Kleinstkindern vor (vgl. Militzer, 2001, S. 26). Juchzen, Quietschen und Kreischen bereichern das Lautspektrum des Kindes.

Um überhaupt Sprachlaute produzieren zu können, muss das Kind eine Vielzahl von Muskeln in Lippen und Zunge zu koordinieren lernen. Alle Kinder aus verschiedensten Sprachkulturen erreichen ungefähr im Alter von zwei bis drei Monaten die **Lallphase**. Hier werden spontane Lautketten gebildet, die unterschiedlich lang sein können z. B. „mä-mä", „de-de", „gei-gei", ständig wechseln und komplexer werden („ne-ne", „la-la", „äää").

Einfache oder mehrfache Wiederholungen sind nicht ausgeschlossen. Das Kind hört seine eigenen Laute und ahmt sie nach. Man spricht von Echolalie. Diese ist eine wichtige Grundvoraussetzung, um später Sprache zu erwerben (vgl. Militzer, 2001, S. 27).

Zwischen dem siebten und dem zehnten Monat verlieren sich Laute, die in der Erstsprache niemals gehört worden sind.

Mit etwa elf Monaten versteht das Kind Inhalte einzelner Worte und erzählt mit unverständlichen Worten im Tonfall der Erstsprache. Die Lautäußerungen werden komplexer. Bezugspersonen fördern dies, indem sie die Lautäußerungen des Kindes aufnehmen und sie nachahmen bzw. diese erweitern. Das Kind versucht den Erwachsenen nachzuahmen, ein Dialog entsteht. Mitunter sind die spezifischen Lautäußerungen nur für enge Bezugspersonen zu verstehen.

Das Kind erreicht ca. zwischen dem 12. und 18. Monat die **Einwortphase**. Es spricht einzelne Worte, die verschiedene Bedeutungen haben können, z. B. könnte „Tee" bedeuten „dort ist Tee" oder „ich möchte jetzt trinken" oder „trink aus deiner Tasse, ich beobachte dich dabei". Oft wird das Wort mit der Zeigegeste zusammen gesprochen.

Wie in allen Bereichen der Entwicklungspsychologie ist auch die Entwicklung der Sprache individuell zu betrachten (vgl. auch Kap. 3.5.1). Einwortphasen und Zweiwortphasen ziehen sich in das zweite Lebensjahr hinein (vgl. hierzu Kap. 2.4.4).

Spielentwicklung

Spiel ist ein elementarer Grundstein in der gesamten Entwicklung des Kindes, der sich seelisch und körperlich auf das Wohlbefinden auswirkt. Die ganzheitlichen Erfahrungen, die das Kind im Spiel sammeln kann, sind zentral für die Selbstbildung und die Lebensbewältigung des Kindes (vgl. auch Kap. 3.5.4).

Eine eindeutige Definition des Begriffs gibt es nicht, doch lassen sich folgende Merkmale des Spiels beschreiben (die aber nicht alle in jedem Spiel vorhanden sein müssen):

- selbstbestimmt
- zweckfrei
- lustvoll, mit Freude
- Selbstzweck (das Kind spielt um des Spielens willen)
- Wiederholungen und Rituale
- Wechsel der Realitätsebene (Spielszene wird zur empfundenen Wirklichkeit)

Das Spiel ermöglicht es dem Kind, sich selbst und seine Umwelt kennenzulernen. Im ersten Lebensjahr steht das sogenannte **Übungs- oder Funktionsspiel** im Vordergrund. Das Kind wiederholt einfache Handlungen und übt seine zunehmenden Fähigkeiten (vgl. hierzu den Abschnitt zur motorischen Entwicklung). Das lustvolle Erproben der Motorik und der Sinne ist beim Säugling zunächst das Wesentliche. Dieses spielerische Ausprobieren zeigt sich auch bei älteren Kindern oder bei Erwachsenen noch, z. B. beim Erkunden eines unbekannten Gegenstandes (vgl. Pausewang, 1997, S. 110).

In kleinen Gruppen Gleichaltriger spielt noch jedes Kind für sich. Es lässt sich das **Parallelspiel** beobachten, d. h., zwei oder mehrere Kinder spielen nebeneinander, oft mit dem gleichen Material, und beobachten sich dabei. Das Parallelspiel ist ein Vorläufer des Sozialspiels, welches erst im Alter von etwa vier Jahren auftritt.

Nach Jean Piaget befindet sich das Kind in der sensomotorischen Stufe (vgl. Abschnitt zur kognitiven Entwicklung nach Piaget). In dieser Stufe entwickelt sich das **sensomotorische Spiel** in sechs Stadien bis zum zweiten Lebensjahr. Vier von sechs Entwicklungsstufen durchläuft das Kind in den ersten zwölf Monaten, diese sollen hier kurz dargestellt werden:

- 0 bis 1 Monat: Der Säugling ist noch stark durch seine Reflexe bestimmt.
- 2 bis 4 Monate: Der Säugling entdeckt z. B., dass er den Arm strecken kann, und wiederholt diese Handlung mit Ausdauer (vgl. Kasten, 2005, S. 119).
- 5 bis 8 Monate: Motorische Handlungen bekommen eine spielerische Qualität. Eine zufällige Bewegung, die etwas bewirkt (z. B. eine Rassel an einer Schnur zu berühren), wird wiederholt ausgeführt. Der Säugling erkennt sich selbst als Verursacher der Handlung.
- 9 bis 12 Monate: Der Säugling lernt zufällige Handlungen miteinander zu verknüpfen und zielgerichtet einzusetzen, z. B. indem er einen Gegenstand, der vor seinen Augen versteckt wird, mit allen ihm zur Verfügung stehenden Verhaltensweisen versucht zurückzubekommen (vgl. Kasten, 2005, S. 120).

Erzieherinnen sollten Kleinkindern das Spiel durch vielfältige Materialangebote ermöglichen. Verschluckbare Kleinteile und nicht farbechte Produkte sind zu vermeiden.

2.4.4 Das zweite Lebensjahr

Das zweite Lebensjahr ist durch eine Reihe von bedeutenden Entwicklungen gekennzeichnet. Etwa um den ersten Geburtstag herum tun die meisten Kinder ihre ersten freien Schritte. Im Verlauf des ersten Halbjahres entdecken die Kinder die Bedeutung des Wortes „nein" und mit ungefähr 18 Monaten erkennen sie sich selbst im Spiegel. Sie bestehen darauf, etwas „alleine" zu tun, und zeigen Stolz, wenn sie eine Handlung selbst zum Ergebnis gebracht haben. Sie beginnen, ritualisierte Handlungen einzufordern und entdecken beim Verteidigen von Spielzeug das Wort „mein" und schließlich auch das „Ich" zur Selbstbezeichnung (vgl. Oerter/Montada, 2008, S. 210).

Körperliche und motorische Entwicklung

Das **Laufenlernen** ist im zweiten Lebensjahr ein Meilenstein in der Entwicklung, sofern keine neurologischen oder motorischen Probleme bestehen. Um frei laufen zu lernen, müssen einige Voraussetzungen erfüllt sein:

- Der Körperschwerpunkt hat sich durch das Längenwachstum gesenkt.
- Die Fuß-, Knie- und Fußgelenke sind beweglicher.
- Die Muskelkraft hat zugenommen.
- Die Koordination von Auge, Gleichgewicht und Körpersinnen hat sich verbessert.

Wann Kinder laufen lernen, lässt sich nicht genau festlegen. Als gesichert gilt allerdings, dass motorische Fähigkeiten bis zum Ende des zweiten Lebensjahres nicht trainiert werden können (vgl. Kasten, 2005, S. 133).

Manche Kinder tun die ersten Schritte mit neun Monaten, andere wiederum erst mit 17 Monaten.

Durch den Zeitpunkt des Laufenlernens lassen sich keine Rückschlüsse auf die weitere Entwicklung ziehen (vgl. Haug-Schnabel/Bensel, 2005, S. 60). Das Laufen kann, muss aber nicht die bevorzugte Fortbewegungsart sein. Kinder nutzen, besonders wenn sie es eilig haben, altbewährte Fortbewegungsmuster wie krabbeln, robben etc., da sie z. B. noch nicht abrupt stehen bleiben oder ihre Richtung beliebig ändern können (vgl. Kasten, 2005, S. 131).

Im Alter von 16 bis 18 Monaten schaffen es die meisten Kinder, Treppenstufen hinabzusteigen, wobei sie beide Füße jeweils auf eine Stufe setzen. Beim Hinaufsteigen benötigen sie noch Hilfe durch ein Geländer oder die Hand des Erwachsenen. Folgende **grobmotorischen** Tätigkeiten werden in dieser Lebensphase neu gelernt bzw. verbessert (vgl. Kasten, 2005, S. 132):

- sich bücken
- etwas aufheben
- mit beiden Beinen hüpfen
- werfen, z. B. einen Ball über eine kurze Strecke
- rückwärts gehen
- abrupt anhalten, Richtung wechseln
- werfen und wegtreten
- fangen auf ausgestreckten Armen

Feinmotorisch werden folgende Tätigkeiten immer besser beherrscht:

- alleine mit einem Löffel essen
- Flüssigkeiten gezielt umschütten
- Bauklötze (ca. vier Stück) aufeinandersetzen

Kognitive Entwicklung

Heute weiß man, dass Kinder nicht bereichsübergreifend nach starren Entwicklungsstufen (Piaget) ihr Wissen erwerben, sondern schon viel früher über ein Teilwissen verfügen. Altersangaben, die Piaget für bestimmte Denkleistungen aufgestellt hatte, konnten durch neuere Forschungsergebnisse korrigiert werden. Hierfür wurden klassische Experimente wie z. B. die „Umschüttaufgabe" variiert und differenziert (vgl. Haug-Schnabel/Bensel, 2005, S. 58; vgl. hierzu die Ausführungen zur präoperationalen Phase der Denkentwicklung nach Piaget in Kap. 2.4.3).

Kinder erwerben zunehmend Wissen über die Funktionen von Alltagsgegenständen und deren Bedeutung, z. B., dass man ein Messer zum Schneiden braucht. Erste Vorlieben und Interessen können beobachtet und sollten gefördert werden.

Man vermutet, dass innere Reifungsprozesse Kinder in die Lage versetzen, sich Vorstellungen von Dingen und Vorgängen zu machen. Zusammenhänge von Ursache und Wirkung werden verstanden (vgl. Kasten, 2005, S. 135). Zwischen dem 18. und 24. Lebensmonat bildet sich das **Ich-Bewusstsein** aus und die Vorstellungstätigkeit setzt ein. Dann sind die Kinder in der Lage, Problemlösungen zu simulieren. Ziele und Wege zur Erreichung können vergegenwärtigt werden (vgl. Haug-Schnabel/Bensel, 2005, S. 59).

Das Ich-Bewusstsein wird von außen dadurch erkennbar, dass die Kinder sich selbst im Spiegel erkennen und das Spiegelbild nicht mehr für ein anderes Kind halten. Durch Versuche konnte man zeigen, dass fast alle Kinder im Alter zwischen dem 21. und 24. Monat eine im Spiegel entdeckte rote Stelle auf ihrer Stirn berühren (vgl. Mietzel, 2002, S. 137). Das Selbstbewusstsein und das Bedürfnis nach Autonomie und Selbstbestimmung entstehen.

Die Entdeckung des eigenen Ichs ist ein bedeutender Fortschritt in der kognitiven Entwicklung und wirkt sich auch auf die sprachliche Entwicklung aus. Das Anschauen von Bilderbüchern ist nun sehr interessant für das Kind. Zusammenhänge und Abläufe werden immer differenzierter verstanden.

Sozial-emotionale Entwicklung

Die sozial-emotionale Entwicklung schreitet voran und steht im engen Zusammenhang mit den kognitiven und sprachlichen sowie motorischen Fortschritten. Das Kind entdeckt sich selbst als Handlungsträger mit eigenen Gefühlen, Vorstellungen, Zielen und Handlungen, die es aber noch nicht so durchsetzen kann, wie es möchte.

Soziale Beziehungen

Das Erleben von Trennungen von der Hauptbezugsperson und deren Verarbeitung gewinnen im zweiten Lebensjahr an Bedeutung und müssen gelernt werden. Der Aufbau einer sicheren Bindung ist noch nicht abgeschlossen, aber Kinder, die im ersten Lebensjahr sichere Bindungserfahrungen gemacht haben, sind auf erste Trennungserfahrungen im zweiten Lebensjahr besser vorbereitet als andere (vgl. Haug-

Schnabel/Bensel, 2005, S. 61). Ohne sichere Bindung gibt es keine schmerzlose Trennung (vgl. Kap. 2.4.3).

Mit zunehmender Autonomie des Kindes kann man beobachten, dass es Interaktionen gezielt gestaltet, z. B. ein Tuch über den Kopf zieht oder hinter einem Möbelstück verschwindet, um sich dem Blick der Hauptbezugsperson zu entziehen und dann wieder aufzutauchen. Solange das Kind die Kontrolle über das Spiel hat, entstehen keine Ängste, die zum abrupten Stoppen des Spiels führen würden.

Diese Art, eine Situation unter Kontrolle zu haben, ist für Kinder wichtig. Eine selbst initiierte Trennung, z. B. die Hand der Mutter loszulassen, um in den Sandkasten zu gehen, hat meist ein selbstständiges und längeres Spiel zur Folge, als wenn die Mutter oder der Vater das Kind einfach in den Sandkasten setzt. In einer neuen Situation sind Kinder damit beschäftigt, eigene Empfindungen mit vertrauten Personen oder älteren Kindern abzugleichen. Hierfür brauchen Kinder Interaktionspartner, in der Regel die Eltern, die ihnen zugewandt und ansprechbar sind.

Man spricht auch von **sozialer Bezugnahme**: Befindet sich das Kind in einer unbekannten Situation, sucht es die Nähe oder den Blickkontakt der Bezugsperson. Je nach Reaktion der Bezugsperson, z. B. aufmunternder oder ängstlicher Gesichtsausdruck, kann das Kind weiterforschen oder es unterlässt es. Kinder lernen durch viele erfolgreich bewältigte kleine Trennungserfahrungen, für sich zu sein und längere Zeit ohne direkten Kontakt auszukommen (vgl. Haug-Schnabel/Bensel, 2005, S. 63).

Einer längeren Trennung von der Hauptbezugsperson, z. B. bei Betreuung durch eine Tagesmutter, sollte immer eine längere Eingewöhnungsphase vorausgehen, damit das Kind Vertrauen zu der Betreuungsperson gewinnen kann.

Kinder entwickeln in dieser Phase auch die Bereitschaft, auf Wünsche vom Erwachsenen einzugehen, Anweisungen zu befolgen und bei anstehenden Aufgaben mitzumachen; man nennt das auch Compliance (vgl. Haug-Schnabel/Bensel, 2005, S. 67).

Das Kind wird bzw. ist empfänglich für den Sozialisationseinfluss der Mutter. Mit Eifer werden Regeln und Werte der Eltern übernommen. Man unterscheidet zwei Formen der **Compliance**:

- aktiv folgen und mitmachen (*committed compliance*)
- sich fügen (*situational compliance*)

Bei der ersten Form übernimmt das Kind gut gelaunt und begeistert die Handlungsaufgabe der Mutter, als wäre es seine eigene, z. B. einen Turm nachbauen. Dieses aktive Folgen nimmt bis zum fünften Lebensjahr zu (vgl. Oerter/Montada, 2008, S. 223).

Bei der zweiten Form verhält sich das Kind zwar kooperativ, führt die Aufgabe aber nur aus, wenn die Bezugsperson dabei bleibt. Diese Form tritt häufig in Situationen auf, bei denen etwas Verbotenes passiert ist, z. B. hebt das Kind Essensreste auf, die es zuvor auf den Boden geworfen hat. Zwischen dem zweiten und fünften Lebensjahr nimmt dieses „Sich-Fügen" ab (vgl. Oerter/Montada, 2008, S. 223).

Bei Kindern im Alter von fünfeinhalb Jahren kann man beobachten, dass solche mit früh ausgeprägter Compliance besonders gewissenhaft handeln, z. B. räumen sie (ohne Aufsicht) die Malsachen an ihren dafür vorgesehen Ort oder beachten Spielregeln sehr genau.

Emotionen

Erste Vorläuferformen von Einfühlungsvermögen und **Perspektivübernahme** können bei Kindern im zweiten Lebensjahr festgestellt werden. Sie haben zwar noch sehr spontane Gefühlsäußerungen, können aber schon unterscheiden, ob es sich um ihr eigenes Gefühl handelt oder um das einer anderen Person, mit der sie mitfühlen, z. B. bei Schmerz (vgl. Kasten, 2005, S. 141). Kinder sind in diesem Alter noch nicht in der Lage, darüber nachzudenken, was sie an dessen Stelle fühlen würden oder was sie tun könnten, damit es dem Gegenüber wieder besser geht.

Am Ende des zweiten Lebensjahres sind Kinder in der Lage, auch komplexere Gefühle, die sogenannten sekundären Emotionen, zum Ausdruck zu bringen. Diese sekundären Emotionen sind

- Angst, Unbehagen,
- Schuldgefühle, Beschämung,
- Eifersucht und
- Stolz (vgl. Mietzel 2002, S. 138).

Ein zweijähriges Kind weiß, was erlaubt ist und was nicht. Wenn es z. B. ein Verbot übertreten hat, kann es Angst, Unbehagen oder Schuldgefühle zum Ausdruck bringen. Die Gefühle Eifersucht und Stolz setzen eine Selbstbewertung beim Kind voraus, hierfür muss die Entwicklung von Selbstbewusstsein und Selbstwertgefühl begonnen haben. Die Entwicklung des Selbstwertgefühls verläuft positiv, wenn das Kind häufig die Gelegenheit hat, sich selbst als „gut" oder „nett" zu erfahren.

Trotzphase

Das Trotzalter beginnt für viele Eltern sehr überraschend, meist gegen Ende des zweiten Lebensjahres, und klingt im vierten Lebensjahr ab (vgl. Kasten, 2005, S. 153).

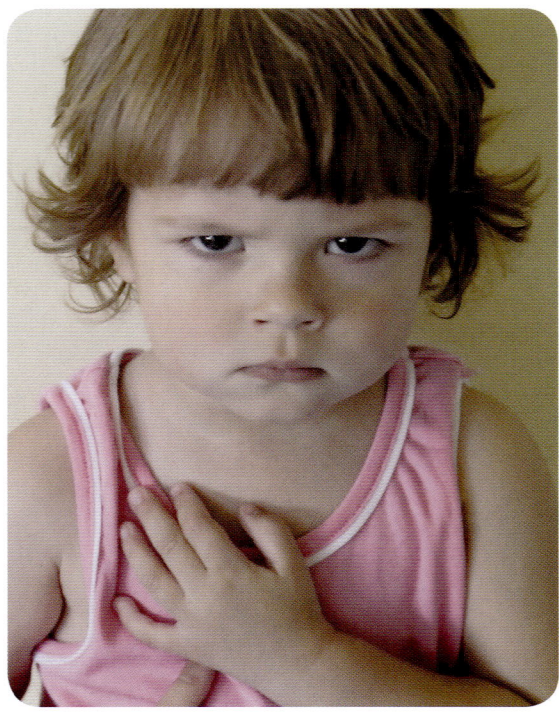

Das Kind gerät ohne ersichtlichen Grund in Wut, schreit laut „nein", schlägt wild um sich und wirft sich unter Umständen auf den Boden. Jeder Versuch, es zu beruhigen, führt zu noch größerem Geschrei und die Eltern können sich das Verhalten ihres Kindes häufig nicht erklären. Das Kind gerät in eine extreme Gefühlssituation, die es noch nicht richtig zu beherrschen weiß. Dies hängt mit folgenden Entwicklungen in diesem Altersabschnitt zusammen:

- Das Kind entdeckt zwischen dem 18. und 24. Lebensmonat sein „Ich".
- Eigene Gefühle und der eigene Wille werden stärker, das Kind weiß plötzlich sehr genau, was es möchte, was einige Wochen vorher noch nicht möglich war.

Wenn das Kind nun in seiner Entscheidung gestört oder von der unmittelbaren Umsetzung abgehalten wird und seinen Willen nicht bekommt, gerät es augenblicklich außer Fassung (vgl. Kasten, 2005, S. 151). Klassische Situationen sind z. B. erst an der Kasse bezahlen und dann auspacken oder erst warten, bis Mama fertig ist, und dann spielen etc.

Das Kind ist in dieser Situation nicht offen für konstruktive Vorschläge. Hoher Widerstand und unbändige Wut werden reflexartig, nicht bewusst gesteuert, zum Ausdruck gebracht. Das liegt daran, dass das Kind noch nicht in der Lage ist, seine inneren Spannungen und Frustrationen zu steuern. Eine zeitliche Verschiebung kann dann nicht verkraftet werden und führt zum Trotzanfall. In der Regel manövrieren sich Kinder so in eine Sackgasse, aus der sie selbst nicht wieder herausfinden. Eltern und Erzieherinnen sollten sich nicht auf den Konflikt einlassen, sondern versuchen, dem Kind Brücken zu bauen, sodass es aus der Wut wieder herausfindet. Für Eltern und sozialpädagogische Fachkräfte kann es von Nutzen sein, wenn sie sich immer wieder vor Augen führen, dass das Kind seine Wut nicht bewusst steuert, sondern im Gegenteil in diesem Moment nicht anders reagieren kann.

Für das Kind beginnt mit dem Trotzalter eine wichtige Entwicklungsphase, nämlich die **Ablösung** von der engen Beziehung zur Mutter bzw. Hauptbezugsperson, es wird ein wenig selbstständiger (vgl. Kasten, 2005, S. 153). Je nachdem, wie Eltern oder sozialpädagogische Fachkräfte mit den Konflikten in der Trotzphase umgehen, können Kinder viel über den zukünftigen Umgang lernen, z. B. dass Konflikte

- zum Alltag gehören und nichts Bedrohliches sind,
- Spannungen mit sich bringen, die sich ertragen und regulieren lassen,
- nicht verdrängt und gemeinsam gelöst werden sollten (vgl. Kasten, 2005, S. 154).

Kinder können darüber hinaus die Erfahrung machen, dass sie negative Gefühle äußern dürfen, ohne gleich bestraft zu werden, und dass es gut und wichtig ist, seinen eigenen Willen auszubilden. Inwiefern diese positiven Erfahrungen wirklich eintreten, hängt vom Verhalten der Erwachsenen ab.

Sprachentwicklung

Kinder können durch Sprache Zusammenhänge und Beziehungen ausdrücken und sind im Laufe der Zeit in der Lage, auch Vorstellungen, Ideen und Wünsche zu formulieren.

Zu Beginn des zweiten Lebensjahres drückt das Kleinkind seine Bedürfnisse und Wünsche häufig noch über Einwort-Sätze aus (vgl. hierzu Sprachentwicklung im ersten Lebensjahr). Ein Wort steht für einen ganzen Satz und dieser ist meist nur von engsten Bezugspersonen zu verstehen.

Mit etwa 18 Monaten erreichen die Kinder die 50-Wörter-Grenze. Von jetzt an sind sie in der Lage, sehr schnell viele neue Wörter zu lernen. Man spricht auch von einer **Wortexplosion**: Bis zu 50 neue Worte innerhalb einer Woche können dazukommen (vgl. Kasten, 2005, S. 138). Das Bewusstsein der Bedeutung von Sprache erwacht im Kind und das erste Fragealter setzt ein.

Die Kinder entdecken, dass jedes Ding seinen eigenen Namen trägt. Sie nehmen die neuen Begriffe wissbegierig auf, indem sie einer angeborenen Lernstrategie folgen. Sie beziehen den neuen Begriff immer zunächst auf das Ganze, z. B. deutet die Mutter auf eine Katze und sagt: „Das ist eine Katze!" Das Kind nimmt an, dass die Mutter nicht die Ohren, die Augen oder den Schwanz meint. Auf diese Weise können aber auch Übergeneralisierungen entstehen. Der Begriff „Katze" steht dann für Vierbeiner jeder Art (vgl. Haug-Schnabel/Bensel, 2005, S. 70).

Das Kind beginnt schließlich, sich über Objekte oder Personen zu äußern, die abwesend sind. Die Kinder verwenden häufig Substantive in Verbindung mit einem Verb oder Adjektiv, z. B. „Mama arbeiten", „Tee heiß", „Papa essen" (vgl. Militzer, 2001, S. 31). Man nennt dies auch **Zwei- oder Mehrwortphase**.

Inhaltswörter überwiegen noch, aber Präpositionen und Artikel kommen hinzu. Der Wortschatz wächst ständig weiter und grammatikalische Formen werden durch Hören, Nachfragen und Nachsprechen erprobt. Das Kind versteht mehr, als es in Sprache ausdrücken kann. Zum Ende des zweiten Lebensjahres können die Kinder Aussagen mit „Ich" oder „Du" formulieren.

Spielentwicklung

Das Spiel wird im zweiten Lebensjahr komplexer; zum **Übungsspiel** kommen das **Symbol- oder Fiktionsspiel** hinzu. Gegenstände werden ineinander gesteckt, aufeinander gestellt oder ein- bzw. ausgeräumt. Erfahrungen im Umgang mit Objekten werden gesammelt, ab dem 18. Monat wird der Umgang zunehmend funktionsgerechter. Diese Phase beginnt abrupt mit etwa 12 bis 13 Monaten. Kinder sind in der Lage, einem Spielgegenstand eine bestimmte Funktion zuzuordnen, z. B. dass ein Löffel zum Essen da ist. Diese Funktion kann auch phantasievoll umgedeutet werden, z. B. wird aus dem Löffel ein Zauberstab oder aus einem Pappkarton ein schnelles Auto. Die gespielten Handlungen stammen aus dem sozialen Umfeld des Kindes, bei denen auch das Kind eine andere Rolle einnimmt.

Bis zum 18. Monat bevorzugen Kinder eher **Als-ob-Spiele**, die sich auf die eigene Person beziehen, z. B. tut es so, als würde es trinken. Ab dem 19. Monat werden zunehmend Objekte in die Spielhandlungen integriert (vgl. Kasten, 2005, S. 173). Diese Art des Als-ob-Spiels ist für die seelische Entwicklung von großer Bedeutung und tritt in allen Kulturen auf. Das Kind ist in der Lage, sich aus seiner Realität zu entfernen und für eine bestimmte Zeit in die Welt der Phantasie und inneren Vorstellungen abzutauchen.

„Das Als-ob-Spiel ist fundamental für den Prozess der Menschwerdung, in dessen Verlauf ein eigenes Innenleben mit vielfältigen psychischen Funktionen und Strukturen, wie etwa Bewusstsein und Identität oder Gewissen ausgebildet werden."
(Kasten, 2005, S. 170)

Auf spielerische Weise werden Handlungssituationen sozusagen geübt oder auch verarbeitet. Das Kind hat durch das Als-ob-Spiel die Möglichkeit,

- problematisch erlebte Situationen nachzuspielen und so zu verarbeiten,
- Wünsche und fantastische Ideen auszuleben, z. B. fliegen zu können,
- Frustrationen oder Wut auszuleben, z. B. die Puppe auszuschimpfen (vgl. Kasten, 2005, S. 172).

2.4.5 Das dritte Lebensjahr

Im dritten Lebensjahr bauen die Kinder ihre bisherigen Entwicklungsfortschritte weiter aus. Die Bewegungen werden runder, aus einfachen Sätzen werden schon umfangreichere Satzgebilde. Die Persönlichkeit, der Charakter bildet sich weiter aus. Viele Kinder sind am Ende des dritten Lebensjahres trocken und brauchen keine Windel mehr.
Alle Fortschritte bedingen sich gegenseitig und können nicht losgelöst voneinander betrachtet werden, dies sollte bei der folgenden Darstellung der Entwicklung berücksichtigt werden.

Körperliche und motorische Entwicklung
Die körperliche Entwicklung vollzieht sich jetzt langsamer, verglichen mit dem ersten Lebensjahr. Die Mehrheit der Mädchen und Jungen ist zu Beginn des dritten Lebensjahres noch gleich groß und schwer (10 bis 14 kg, 80 bis 92 cm).
Zwischen dem 24. und 30. Monat ist das Milchzahngebiss vollständig entwickelt (vgl. Werner, 2007, S. 3).
Im dritten Lebensjahr wird die motorische Entwicklung weiter ausgebaut und verfeinert. Hüpfen, springen, rennen und Dreirad fahren werden gelernt. Die Körperbewegungen werden flüssiger (vgl. Kasten, 2005, S. 188). Mit ca. dreieinhalb Jahren kann das Kind

- sicher auf einem Bein stehen,
- beim Laufen seine Richtung abrupt ändern,
- von einem Stuhl springen,
- einen Ball werfen,
- eine Treppe mit den Füßen abwechselnd hinaufsteigen.

Das sichere Fangen eines Balls, das Hinabsteigen einer Treppe oder das Springen über ein niedriges Seil bereiten den meisten Kindern noch Schwierigkeiten (vgl. Kasten, 2005, S. 189).
Feinmotorisch werden die Kinder geschickter, sie erproben ihre Fähigkeiten im Alltag, wie z. B. Bausteine aufeinanderstellen, Perlen auf eine Schnur fädeln, malen und schneiden mit der Kinderschere. Viele Kinder wollen nicht mehr gefüttert werden und beginnen selbstständig zu essen. Löffel oder Gabel können schon gut gehalten und geführt werden. Das Trinken aus einer Tasse klappt immer besser, ohne etwas zu verschütten. Beim Anziehen helfen die Kinder gut mit, bei kleinen Reißverschlüssen oder Schnürsenkeln benötigen die meisten noch Hilfe.

Sauberkeitserziehung
Heute weiß man, dass Kinder nicht schneller trocken werden, wenn man damit möglichst früh

beginnt. Die Kontrolle über Darm und Blase ist an **Reifungsprozesse** im Körper gebunden, die erst im Laufe des dritten Lebensjahres abgeschlossen sind. Dazu gehört unter anderem die Ausdifferenzierung der Nervenbahnen, die auf die Dehnung der Blase reagieren. Dies kann von außen nicht beschleunigt werden. Die Kontrolle über den Darm wird in der Regel etwas früher ausgebildet, da Druckgefühle im Enddarmbereich deutlich früher wahrgenommen werden können (vgl. Kasten, 2005, S. 190).

Erst, wenn das Kind in der Lage ist, im Nachhinein zu sagen, dass es in die Hose gemacht hat, sollten Eltern und sozialpädagogische Fachkräfte aktiv werden, indem sie das Kind loben und keinen Druck aufbauen.

Viele Kinder können bereits im dritten Lebensjahr ihre Blase vorbeugend entleeren, wenn in absehbarer Zeit keine Möglichkeit besteht, zur Toilette zu gehen. Im Durchschnitt werden Kinder tagsüber mit 28 Monaten trocken und nachts mit ca. 33 Monaten. Es ist demnach nicht ungewöhnlich, wenn Kinder erst im vierten Lebensjahr ganz trocken werden (vgl. Haug-Schnabel/Bensel, 2005, S. 94). Die Harnentleerung bei gefüllter Blase noch eine Zeit aufzuschieben, gelingt erst im Alter von vier Jahren.

Kognitive und soziale Entwicklung

Die kognitive Entwicklung schreitet voran. Die Vorstellung über sich selbst, von Besitz und Eigentum wird differenzierter und dies zeigt sich in allen anderen Entwicklungsbereichen, besonders in der Sprache, im Sozialverhalten und im Spiel. Im Laufe des dritten Lebensjahres beginnen Kinder, sich als Person bzw. als **Individuum** zu sehen. Sie bemerken, dass sie sich von anderen Personen unterscheiden, lernen ihren Namen und können Mädchen von Jungen unterscheiden. Sie beginnen, sich dem gleichgeschlechtlichen Elternteil zuzuordnen und bewerten ihr eigenes Verhalten geschlechtsspezifisch (vgl. Kasten, 2005, S. 197). Die Reaktionen und Urteile, vor allem der engeren Bezugspersonen, werden den Kindern zunehmend wichtiger.

Mit ca. zweieinhalb Jahren können die Kinder sich selbst beschreiben und beziehen sich dabei auf konkrete Sachverhalte wie Fähigkeiten, Kenntnisse, Kleidung oder Besitz: „Ich habe einen neuen Ball! Das ist meine grüne Lieblingshose!"

Diese Merkmale stehen unverbunden, meist positiv, nebeneinander. Das deutet darauf hin, dass die Kinder dieser Altersstufe noch nicht in der Lage sind, zwischen ihrem realen Selbst, dem Wunschbild und dem idealen Selbst zu unterscheiden (vgl. Kasten, 2005, S. 196).

Das Verständnis von „mein" und „dein" ist zunächst noch wenig differenziert. Erst allmählich lernen Kinder den Unterschied und sind bereit, zu teilen, abzugeben oder zu schenken. Sie sind dabei auf positive **Vorbilder** angewiesen; dies ist eine wichtige Entwicklung für das gesamte Sozialverhalten.

Sprachentwicklung

Die Fortschritte im Sprachverständnis und in der Sprachproduktion im dritten Lebensjahr variieren stark. Dies steht im engen Zusammenhang mit den anderen Entwicklungsbereichen, z. B. mit der kognitiven Entwicklung oder mit dem sozialen Umfeld (z. B. Erfahrungen mit erwachsenen Bezugspersonen).

Es kann sehr unterschiedlich sein, wie viele Wörter zum Beispiel ein gerade zweijähriges Kind beherrscht; in der Regel werden Substantive und Verben anfangs nur in der Infinitivform benutzt. Eine Untersuchung belegt, dass Kinder sprechfreudiger Mütter 130 Wörter mehr beherrschen als Kinder schweigsamer Bezugspersonen. Sprachliche Fähigkeiten können demnach beeinflusst werden, z. B. durch anregende Kontakte, einfühlsame Erzieherinnen oder Eltern, Vorlesen, Erzählen, Singen usw. (vgl. Haug-Schnabel/Bensel, 2005, S. 83).

Die Kinder können im dritten Lebensjahr weniger Wörter sprechen, als sie richtig verstehen. Der **passive Wortschatz** eines Kindes ist noch deutlich umfangreicher als der aktive Wortschatz (vgl. Kasten, 2005, S. 195). Fachleute sprechen innerhalb des dritten Lebensjahres von einer Verfünffachung des Wortschatzes von 200 Wörtern zu Beginn auf ca. 1 000 Wörter um den dritten Geburtstag herum (vgl. Kasten, 2005, S. 194).

Ab dem Alter von etwa zweieinhalb Jahren wird die Sprache zu dem wichtigsten Mittel der **Verständigung**. In dieser Phase beginnen Kinder, sich auch untereinander zu unterhalten. Die Sätze, die das Kind formuliert, werden länger (Dreiwortsätze) und häufiger grammatikalisch korrekt. Erste Subjekt-Prädikat-Objekt-Strukturen werden verwendet, vereinzelt werden Nebensätze gebildet. Die „Ich"-Form wird benutzt.

Die Kinder versuchen einen Transfer von sprachlichen Erfahrungen im grammatischen Bereich („Ich habe gesitzt", abgeleitet von „Ich habe gespielt") und werden zunehmend sicherer. Schwerer zu bildende Laute wie „k", „g" „ch" und „r" werden artikuliert (vgl. Sander, 2005, S. 7). Die Kinder haben Spaß an Wortneuschöpfungen wie z. B. „Bettpflaster", „Hüpffrosch" oder „Hoppepferd". Am Ende des dritten Lebensjahres sind viele Kinder bereits in der Lage, sich über vergangene Ereignisse zu unterhalten; die Freude an Reimen und Geschichtenerzählen wächst.

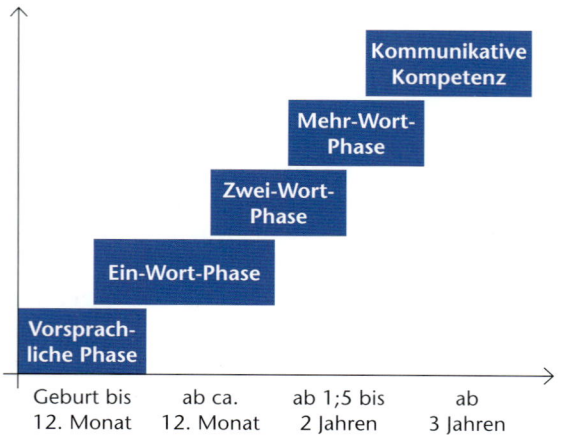

Phasen der Sprachentwicklung (Böcher, 2006, S. 30)

Emotionale Entwicklung

Der emotionale Ausdruck wird vielfältiger und kann absichtsvoller eingesetzt werden. Erst wenn das Kind Selbstbewusstsein entwickelt hat, kann es auch Gefühle wie Verlegenheit, Mitleid oder Neid empfinden. Gefühle wie Stolz und Scham setzen voraus, dass das Kind soziale Regeln kennengelernt hat. Das Gefühl der Schuld setzt voraus, dass ein inneres Wertesystem vorhanden ist (vgl. Haug-Schnabel/Bensel, 2005, S. 78).

Über folgende Fähigkeiten muss das Kind verfügen, um eine erfolgreiche **emotionale Kommunikation** steuern zu können:
- eigene nonverbale Ausdrucksfähigkeit
- Wahrnehmen und Erkennen nonverbaler Signale des Gegenübers
- eigene Gefühle verbalisieren
- eigene Gefühle steuern

Ein offener, toleranter Umgang mit Emotionen in der Familie fördert das Kind in seiner emotionalen Entwicklung. Emotionale Kompetenz wird behindert, wenn das Kind seine Empfindungen nicht ausleben kann, weil sie ausgeklammert (nicht angesprochen) werden.

Zwischen dem zweiten und dritten Lebensjahr beginnen Kinder, die eigenen Emotionen auch zu benennen, z. B. „Silke traurig", um andere zum Eingehen auf ihre Bedürfnisse anzuhalten. Sie lernen, Gefühle anderer Personen und Mimik zu erkennen und sie mitzuerleben (vgl. Haug-Schnabel/Bensel, 2005, S. 80). Kinder beginnen zwischen emotionalem Erleben und emotionalem Ausdruck zu unterscheiden, sie können Gesichtszüge Situationen anpassen und strategisch einsetzen.

Die Fähigkeit, sich gefühlsmäßig in die Lage eines anderen Menschen zu versetzen, nennt man **Empathie**. Erst seit wenigen Jahren ist bekannt, dass Empathie eine gedankliche Leistung ist und nicht mit der angeborenen Gefühlsansteckung verwechselt werden darf (vgl. Kapitel 2.4.3 und Kap. 3.1.1).

Im dritten Lebensjahr ist eine deutliche Differenzierung zwischen dem eigenen Gefühl und dem der anderen Person möglich. Erst am Ende der Grundschulzeit sind Kinder in der Lage, sich angemessen in ihr Gegenüber hineinzudenken.

Spielentwicklung

Versteckspiele und rhythmische Bewegungsspiele bereiten den Kindern viel Freude. Das Zusammenspiel mit anderen Kindern ist noch nicht stark ausgeprägt, kooperative Spielabläufe sind eher selten. Erste Konstruktionsspiele beginnen mit ungezieltem Ausprobieren und sind schließlich auf ein fertiges Produkt ausgerichtet, wie z. B. Bauwerke, Knetobjekte, Bilder (vgl. Böcher, 2006, S. 34). Das Als-ob-Spiel wird komplexer, die Frequenzen werden länger, die Inhalte vielfältiger.

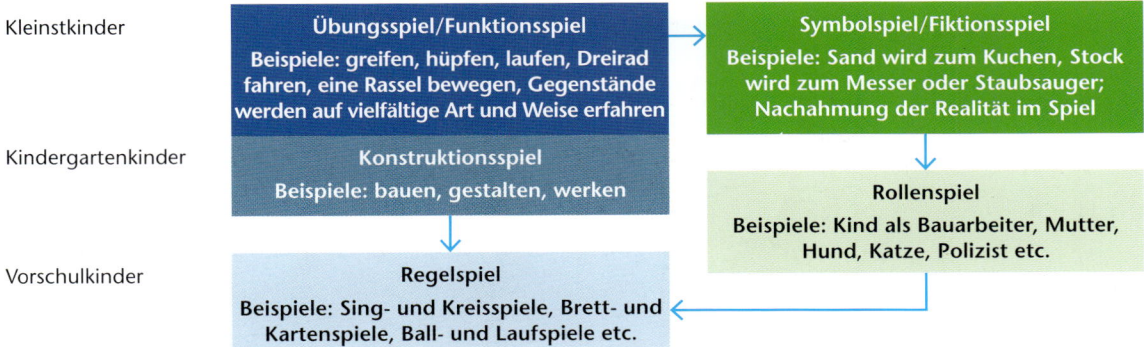

Spielentwicklung und Spielformen (vgl. Pausewang, 1997, S. 24)

Die Kinder schlüpfen jetzt auch gerne in die Rolle von Personen, die sie aus ihrem Umfeld kennen oder die sie als besonders wahrgenommen haben, z. B. durch eine Uniform o. Ä. Phantastische Elemente werden zunehmend in das Spiel miteinbezogen. Kinder haben z. B. einen imaginären Spielpartner oder spielen mit Dingen, die nur in ihrer Vorstellung existieren (Kasten, 2005, S. 193). Die **oben stehende Grafik** stellt Spielformen dar, die im Laufe der Entwicklung erlernt und weiter differenziert werden.

Zusammenfassend werden die oben dargestellten Spielformen noch einmal kurz charakterisiert:

- Im **Übungs- und Funktionsspiel** erprobt bereits der Säugling seine körperlichen Fähigkeiten. Sensorik und Motorik werden ausprobiert, wiederholt und verfeinert. Später werden Objekte aus der Umwelt ausprobiert und umfunktioniert.
- Das **Konstruktionsspiel** ist auf ein fertiges Produkt ausgerichtet. Mittels unterschiedlicher Materialien wie z. B. Sand, Erde, Ton, Knete, Bauklötze oder Pinsel (Werkzeug) und Farbe (Material) etc. werden Dinge hergestellt.
- Im **Symbol- oder Fiktionsspiel** (Als-ob-Spiel) werden Gegenstände oder Materialien benutzt, die mittels der Phantasie der Kinder eine andere Funktion erhalten, z. B. die Gabel als Kamm, der Stuhl als Auto. Die Handlungen werden selbst aus dem sozialen Umfeld des Kindes übernommen, z.B. Puppenspiele oder Autospiele.
- Im **Rollenspiel** ahmen Kinder zusammen mit anderen ihre Umwelt nach, dabei schlüpfen sie gerne in Rollen von Erwachsenen wie z. B. Mutter, Polizist, Superheld oder Tieren wie z. B. Hund, Katze etc. Das Kind versucht, durch das Rollenspiel Verhaltensweisen anderer zu verstehen.
- **Regelspiele** sind daran zu erkennen, dass sie bestimmten, festgelegten Spielregeln und Spielinhalten folgen und fast ausschließlich mit mehreren Spielpartnern gespielt werden. Das Reizvolle ist der Wettbewerbscharakter.

In Kapitel 2.5 werden Formen des Rollen- und Regelspiels noch näher erläutert (vgl. auch Kap. 3.5.4).

2.5 Kinder im Alter von 3 bis 6 Jahren

Die Entwicklung der Kinder in dieser Altersspanne ist durch einen enormen Wissenszuwachs und die Zunahme sozial-emotionaler Kompetenzen geprägt. Die Sprache und das Spiel des Kindes werden komplexer und der Drang nach Selbstständigkeit wächst.

Die Kinder nehmen sehr viel wahr und suchen ständig neue Erfahrungen. In der Interaktion, besonders auch im Dialog mit Erwachsenen und Gleichaltrigen, lernen sie Struktur, Organisation und Hierarchisierung des kulturüblichen Denkens und Handelns. In einer „heiteren", positiven Atmosphäre trauen Kinder sich, Initiative zu ergreifen, sich auszudrücken und ihre Meinung zu sagen. Wichtige Vorbilder für die Kinder sind neben den Eltern die sozialpädagogischen Fachkräfte.

Sie sollten für eine positive Lernatmosphäre sorgen, in der Kinder Fragen stellen können und in der ihre Neugier gefördert wird. Dadurch werden die Kinder dabei unterstützt, Antworten selbst zu entdecken.

2.5.1 Entwicklungsaufgaben in der frühen Kindheit

Den Altersabschnitt von drei bis sechs Jahren kann man der frühen Kindheit zuordnen. Bis ungefähr zum zwölften Lebensjahr spricht man von Kindheit. Havighurst verwendet in seinem Konzept der Entwicklungsaufgaben (vgl. Kap. 2.4.1) den Begriff der mittleren Kindheit und meint damit die Altersspanne von etwa drei bis zwölf Jahren, in der es folgende Aufgaben zu bewältigen gilt (vgl. Grob/Jaschinski, 2003, S. 23):
- körperliche Geschicklichkeit für einfache Spiele entwickeln
- eine gesunde Einstellung zu sich selbst entwickeln
- Gleichaltrige akzeptieren und sich in eine Gruppe einfügen
- Geschlechtsrollenfindung
- Denkschemata und Konzepte für das Leben im Alltag entwickeln
- Moral, Gewissen und Werte entwickeln

Folgende Aufgaben beziehen sich vor allem auf die Zeit ab dem sechsten Lebensjahr und werden in Kapitel 2.6.1 erläutert:

- grundlegende Fertigkeiten im Lesen und Schreiben entwickeln
- persönliche Unabhängigkeit erlernen
- Einstellungen gegenüber sozialen Gruppen und Institutionen entwickeln

Grundlegende Erfahrungen zur Bewältigung der Entwicklungsaufgaben werden von Kindern im Alter von drei bis sechs Jahren gewonnen. In dieser Zeit haben sozialpädagogische Fachkräfte einen besonders großen Einfluss auf die Erziehung, Bildung und Umgebung der Kinder. Mit Umgebung sind die unterschiedlichen Lernorte gemeint, die Erzieherinnen gestalten, z. B. die Auswahl und Farbe der Einrichtungsgegenstände, die Materialien zum Spielen in Gruppenraum, Flur und im Außengelände etc.

Eine weitere Entwicklungsaufgabe ist der Übergang vom Elternhaus in eine sozialpädagogische Einrichtung, wenn dieser nicht schon vor dem vollendeten dritten Lebensjahr stattgefunden hat. Eltern und sozialpädagogische Fachkräfte sollten diesen Übergang und die Phase der Eingewöhnung gemeinsam gestalten.

2.5.2 Das vierte Lebensjahr

Mit dem Eintritt in eine Kindertageseinrichtung nimmt das Interesse an Gleichaltrigen zu. Die Fähigkeit, sich in einen anderen hineinzuversetzen, wächst. Spiel und Realität bilden eine Einheit und man bezeichnet diese Phase auch als die "magischen Jahre". Die Geschlechtsidentität entwickelt sich und das Kind wird tagsüber sowie nachts trocken.

Eingewöhnung – ein guter Start

Mit drei Jahren hat jedes Kind einen Rechtsanspruch auf einen Kinderbetreuungsplatz. Der Übergang in eine sozialpädagogische Institution muss gemeistert werden. Eine gelungene Eingewöhnung ist immer elternbegleitend, bezugspersonenorientiert und abschiedsbewusst, um dem Kind unnötigen Trennungsstress zu ersparen. Bereits bei dem Aufnahmegespräch müssen Eltern darüber informiert sein.

Die meisten sozialpädagogischen Einrichtungen arbeiten aufgrund der sichtbaren Erfolge mit dem sogenannten „Berliner Eingewöhnungsprogramm". Die Grafik auf Seite 214 verdeutlicht die wesentlichen Schritte dieses Programms.

Das Modell ist zur Eingewöhnung von Kleinstkindern entwickelt worden, viele Einrichtungen gewöhnen ihre dreijährigen Kinder häufig ähnlich ein (vgl. Haug-Schnabel/Bensel, 2008, S. 42).

Die Zusammenarbeit aller Beteiligten ist in der Zeit der Eingewöhnung unerlässlich. Folgendes muss die sozialpädagogische Fachkraft vor und während der Eingewöhnung gewährleisten:

- Die Eltern sind zu jeder Zeit gut informiert über Ablauf und Hintergründe der Eingewöhnung.
- Das Team spricht mit den Eltern den Ablauf individuell ab.
- Vorausschauende Personalplanung und Dienstgestaltung ist in der Phase der Eingewöhnung gegeben.
- Die Bezugserzieherin wird benannt.
- Die Kindergruppe wird auf Neuankömmlinge vorbereitet.
- Die Eingewöhnung wird dokumentiert.
- Eine Aufenthaltsmöglichkeit für Eltern steht bereit.
- Zwischen Eltern und Bezugserzieherin wird ein Austausch gepflegt.

Jedes Kind und seine Eltern sind immer individuell zu beraten. Das Akzeptieren der neuen Bezugsperson braucht seine Zeit und bei einigen Kindern dauert die Eingewöhnung länger als bei anderen. Die sozialpädagogische Fachkraft sollte feinfühlig intervenieren, wenn Eltern ungeduldig werden, weil ihr Kind längere Zeit zur Eingewöhnung braucht. Ein Kind hat diese Phase gemeistert, wenn es

- gerne und freiwillig in die Einrichtung kommt,
- beim Abschied der Mutter nicht mehr weint bzw. sich schnell trösten lässt,
- Freude zeigt und lacht,
- auf andere Kinder zugeht, mitspielt und sich mit ihnen auseinandersetzt (vgl. Haug-Schnabel/Bensel, 2005, S. 88).

Körperliche und motorische Entwicklung

Das Kind im vierten Lebensjahr verbessert seine motorischen Fähigkeiten enorm, es wird schneller und geschickter. Ein dreijähriges Kind beherrscht bzw. lernt in der Regel folgende Bewegungsabläufe (**Grobmotorik**):

- langsam und schnell gehen
- schneller rennen, auch mit plötzlichem Richtungswechsel
- kleine und große Schritte machen
- die Gangart wechseln
- den Körper nach Bedarf beugen und drehen
- kurze Strecke auf einem Bein vorwärts hüpfen
- auf Spielgeräte klettern etc.

Kinder lernen das Dreiradfahren und schließlich das Fahrradfahren (vgl. Kasten, 2007, S. 35).

Beim Treppensteigen werden nicht mehr beide Füße auf eine Stufe gestellt. Wenn die Stufen nicht zu hoch sind, gelingt es Kindern, die Stufen hinauf- und hinabzusteigen, indem sie einen Fuß vor den anderen setzen.

Das Berliner Eingewöhnungsmodell

3 Tage Grundphase	4. Tag Trennungsversuch	Kürzere Eingewöhnung	Längere Eingewöhnung	Stabilisierungsphase	Schlussphase

Die Mutter (oder der Vater) kommt mit dem Kind zusammen in die Krippe (möglichst immer zur gleichen Zeit), bleibt ca. 1 Stunde zusammen mit dem Kind im Gruppenraum und nimmt danach das Kind wieder mit nach Hause.
 	
ELTERN:
• Eher passiv.
• Das Kind auf keinen Fall drängen, sich von ihm zu entfernen.
• Immer akzeptieren, wenn das Kind ihre Nähe sucht. Die AUFGABE der ELTERN ist es, „SICHERER HAFEN" zu sein.
• Möglichst NICHT lesen, stricken oder mit anderen Kindern spielen. Das Kind muss das Gefühl haben, dass die Aufmerksamkeit der Mutter jederzeit da ist.
 	
Hinweise für die ERZIEHERINNEN:
• Vorsichtige Kontaktaufnahme **OHNE ZU DRÄNGEN**. Am besten über Spielangebote oder über eine Beteiligung am Spiel des Kindes.
• **BEOBACHTUNG** des Verhaltens zwischen Mutter und Kind.
 	
In diesen ersten 3 Tagen macht man KEIN Trennungsversuch!
	(wenn es ein Montag ist, erst am 5. Tag)
	ZIEL: vorläufige Entscheidung über die Dauer der Eingewöhnungsphase: Einige Minuten nach der Ankunft mit dem Kind in Gruppenraum verabschiedet sich die Mutter vom Kind, verlässt den Raum und bleibt in der Nähe.
	
	Die **REAKTIONEN** des Kindes sind der Maßstab für die Fortsetzung oder den Abbruch dieses Trennungsversuches:
	• Gleichmütige, weiter an der Umwelt interessierte Reaktionen. Bis maximal 30 Minuten Ausdehnung der Trennung.
	• Dies gilt auch dann, wenn das Kind zu weinen beginnt, sich aber rasch und dauerhaft von der Erzieherin beruhigen lässt.
	• Wirkt das Kind nach dem Weggang der Mutter verstört (erstarrte Körperhaltung) oder beginnt untröstlich zu weinen, so muss die Mutter sofort zurückgeholt werden.
		HINWEISE für die Erzieherinnen: Klare Versuche der Kinder, selbst mit Belastungssituationen fertig zu werden und sich dabei nicht an die Mutter zu wenden, eventuell sogar Widerstand gegen das Aufnehmen, wenige Blicke zur Mutter und seltene oder eher zufällig wirkende Körperkontakte sprechen für eine **KÜRZERE** Eingewöhnungszeit, d. h. ca. 6 Tage.	**HINWEISE** für die Erzieherinnen: Häufige Blick- und Körperkontakte mit der Mutter und das heftige Verlangen nach Rückkehr der Mutter beim Trennungsversuch am 4. Tag sind Anzeichen für die Notwendigkeit einer **LÄNGEREN** Eingewöhnungszeit, d. h. ca. 2–3 Wochen.
			
			Mit dem nächsten Trennungsversuch muss einige Tage gewartet werden!
				Ab dem 4. Tag versucht
				• die Erzieherin von der Mutter die Versorgung des Kindes zu übernehmen:
				  – Füttern
				  – Wickeln
				  – sich als Spielpartner anbieten
				• Die Mutter überlässt es jetzt immer öfter der Erzieherin, auf Signale des Kindes zu reagieren, und hilft nur noch, wenn das Kind die Erzieherin noch nicht akzeptiert.
				
				Nur wenn das Kind sich beim Trennungsversuch am 4. Tag von der Erzieherin trösten ließ bzw. gelassen auf die Trennung reagierte, sollte die Trennungszeit am 5. Tag ausgedehnt werden. Am 5. und am 6. Tag ist die Anwesenheit der Mutter in der Krippe notwendig, damit sie bei Bedarf in den Gruppenraum geholt werden kann.
				
				Wenn sich das Kind am 4. Tag nicht trösten ließ, sollte die Mutter am 5. und am 6. Tag mit ihrem Kind wie vorher am Gruppengeschehen teilnehmen und je nach Verfassung des Kindes am 7. Tag einen erneuten Trennungsversuch machen.
					Die Mutter hält sich nicht mehr im Kindertagesheim auf, ist jedoch **JEDERZEIT** erreichbar, falls die Tragfähigkeit der neuen Beziehung zur Erzieherin noch nicht ausreicht, um das Kind in besonderen Fällen aufzufangen.
					• Die EINGEWÖHNUNG ist beendet, wenn das Kind die Erzieherin als „SICHERE BASIS" akzeptiert hat und sich von ihr trösten lässt.
					• Dies ist z. B. dann der Fall, wenn das Kind gegen den Weggang der Mutter protestiert (Bindungsverhalten zeigt), sich aber schnell von der Erzieherin trösten lässt und in guter Stimmung spielt.

DAS KIND SOLLTE IN DER ZEIT DER EINGEWÖHNUNGSPHASE DAS KINDERTAGESHEIM MÖGLICHST **HÖCHSTENS HALBTAGS** BESUCHEN!

Das Berliner Eingewöhnungsmodell (INFANS, Berlin, 1990)

Das Fangen und Werfen von Bällen fällt vielen Kindern im vierten Lebensjahr noch schwer. Die Koordination von Hand, Auge und das Antizipieren (Vorwegnehmen) der Flugbahn müssen hierfür gut funktionieren.

Die **Feinmotorik** ist so weit entwickelt, dass die meisten Kinder selbstständig mit Löffel und Gabel essen können. Alleine an- und ausziehen gelingt, eine Schleife zu binden bereitet vielen noch Schwierigkeiten. Das Ausschneiden dauert noch seine Zeit, Malen nach eigenen Vorstellungen bereitet vielen Kindern Spaß (vgl. Kasten, 2007, S. 36).

Sauberkeitserziehung

Die Harnentleerung bei gefüllter Blase aufzuschieben, gelingt den meisten Kindern noch nicht verlässlich. In der sozialpädagogischen Praxis sollte dies bei der Planung von Aktivitäten auch außerhalb der Einrichtung berücksichtigt werden (vgl. Haug-Schnabel/Bensel, 2005, S. 94).

Die Kinder lernen durch Erklärungen sowie durch Nachahmung, wann man am besten zur Toilette geht, wie viel Zeit man dafür einkalkulieren muss und was man dort genau macht (Deckel öffnen, hinsetzen/stehen, Toilettenpapier abrollen, abreißen, benutzen, abspülen, Deckel schließen, Hände waschen etc.). Am schnellsten schaffen die Kinder dies in einer positiven Atmosphäre. Das Erlernen von Toilettengewohnheiten braucht auch einen pädagogischen Schutzrahmen. Viele Kinder fühlen sich durch Trubel und Hektik auf dem „stillen" Örtchen eher gehemmt. Dies bedeutet für die sozialpädagogische Fachkraft, diese Kinder sensibel zu begleiten. So genannte „Beginner" mit der ganzen Gruppe vor einer Aktion noch schnell zur Toilette zu schicken, ist für die Kleinen eher eine Belastung als eine Entlastung und sollte vermieden werden.

Geschlechtsidentität

Geschlechtsidentität bezeichnet das Gefühl von Männlichkeit und Weiblichkeit oder fehlender Differenzierung. Im Alter von etwa drei Jahren können Kinder das eigene Geschlecht zuordnen. Das ist der erste Schritt zur Entwicklung einer Geschlechtsidentität, die aber noch lange nicht abgeschlossen ist. Das Geschlecht einer anderen Person können sie früher benennen, wobei Erwachsene besser zugeordnet werden können.

Kinder in diesem Alter sind noch der Ansicht, dass sich das Geschlecht verändern könnte, z. B. durch Kleidung, Frisur o. Ä. Sie fühlen sich aber im Spiel meist zum gleichen Geschlecht hingezogen, was im Kindergartenalter zu einer selbst initiierten Gruppentrennung führt (vgl. Haug-Schnabel/Bensel, 2005, S. 95).

Kognitive Entwicklung

Die Fähigkeit, die Perspektive eines anderen einzunehmen, entwickelt sich weiter. Das Kind ist zunehmend in der Lage, sich von seinem eigenen Wissensstand zu lösen und einer anderen Person eine eigene Sicht der Dinge zuzugestehen. Eigene mentale Aktivitäten werden mit denen anderer Menschen in Beziehung gesetzt. Kindergartenkinder akzeptieren bei ihrem Gegenüber, dass dieses eigene Gedanken und Vorstellungen über eine Sache oder ein Erlebnis hat. Sie verstehen, dass ihre Bewusstseinsvorgänge das Ergebnis von Denkvorgängen und Wahrnehmungen sind. Beim Vergleich mit ihren eigenen Vorstellungen und denen anderer Menschen kann es zu Unterschieden und Fehlannahmen kommen, weil z. B. nicht jeder die gleichen Informationen hat (Theory of Mind). Das Kind ist schließlich in der Lage, die geistige Perspektive einer anderen Person einzunehmen. Um diesen Entwicklungssprung festzustellen, nutzt man die dargestellte Bildergeschichte, auch **False-belief-Aufgabe** („falsche Annahme") genannt (vgl. Haug-Schnabel/Bensel, 2005, S. 100).

Das Kind, welches die Bildergeschichte betrachtet, hat mehr Informationen zur Verfügung als das Kind, welches in der Geschichte kurz den Raum verlässt, um nach seiner Rückkehr den Ball zu finden. Erst ältere Kinder (mit Beginn der Schulzeit) verstehen, dass das Kind in der Bildergeschichte nicht auf dem gleichen Wissensstand ist wie sie selbst.

Kinder im vierten Lebensjahr sind zunehmend in der Lage, sich Gefühle anderer Personen gedanklich zu erschließen (**emotionale Perspektivübernahme**) und nicht nur nachzuempfinden. Sie beginnen zu verstehen, wie sich jemand, der sich gerade in einer bestimmten Situation befindet, fühlt.

In dieser Entwicklungsphase vermischen sich besonders im Spiel der Kinder, aber auch im Alltag Realität und Phantasie. Inwieweit Kinder in manchen Situationen nicht unterscheiden können oder wollen, ist noch nicht hinreichend erforscht.

Neueste Forschungsergebnisse belegen, dass Kinder schon recht früh, anders als Piaget annahm, Gegenstände von Lebewesen unterscheiden können (vgl. Kap. 2.4.3). Den Kindern fehlt es an bereichsspezifischem Wissen, deshalb neigen sie zu Antworten, die den Eindruck erwecken, als würden sie die unbelebte Welt als belebt betrachten. Dort, wo dem Kind Wissen fehlt, formuliert es Hypothesen aus einem intuitiven Wissen. Es kann also vorkommen, dass die Kinder Dinge wie ein Auto oder die Sonne zu den Lebenden zählen. Daraus sollte der Erwachsene aber nicht ableiten, dass das Kind glaubt, die Sonne wäre genauso ein Lebenswesen wie ein Mensch (vgl. Haug-Schnabel/Bensel, 2005, S. 103). Kinder sehen Objekte nicht unbedingt als lebendig an, dennoch sind Sätze wie „Ich muss mal den Schrank fragen, welche Hose ich anziehen soll!" oder „Das Brot hat mir gesagt, dass es heute nicht lecker ist!" nichts Ungewöhnliches und stehen dazu keineswegs im Widerspruch. Sie dienen vermutlich nur dazu, die Verantwortung für etwas von sich abzuwenden oder etwas Unangenehmes geschickt zu umgehen (vgl. Haug-Schnabel/Bensel, 2005, S. 103).

Das ist Lea. Lea hat einen Korb.

Das ist Marie. Marie hat eine Schachtel.

Lea hat einen Ball. Sie legt den Ball in ihren Korb.

Lea geht nach draußen.

Marie nimmt den Ball aus dem Korb und legt ihn in die Schachtel.

Jetzt kommt Lea zurück. Sie möchte mit ihrem Ball spielen. Wo sucht Lea nach ihrem Ball?

(Idee: Haug-Schnabel/Bensel, 2005, S. 101)

Soziale Entwicklung

In der sozialpädagogischen Einrichtung hat das Kind nun die Möglichkeit, das Leben in einer größeren Gruppe kennenzulernen und vor allem regelmäßige Kontakte mit anderen Kindern zu erleben. Soziale Verhaltensweisen wie kooperieren, wetteifern, sich durchsetzen, nachgeben, Kompromisse schließen etc. werden in der Gruppe gelernt. Kinder, die neu in die Tageseinrichtung aufgenommen werden, durchlaufen **zwei Phasen**:

- In der 1. Phase halten sich die neuen Kinder zurück, sie bleiben auf Distanz. Die „Neuen" beobachten aufmerksam ihre Umgebung und die Tätigkeiten der anderen Kinder. Diese aktive Beobachterrolle hilft ihnen, den Trennungsschmerz zu verarbeiten und gibt ihnen eine soziale Schonfrist. Kinder in der Zuschauerperspektive werden meist in Ruhe gelassen.
- In der 2. Phase werden die Kinder aktiver, die Schonzeit ist beendet. Erfahrene Kinder nehmen jetzt immer häufiger Kontakt auf. Durch die Vielzahl der sozialen Interaktionen und das Aufeinander-Bezugnehmen findet sich eine neue Gruppenordnung und jedes neue Kind findet seinen Platz in der Hierarchie (Ober- und Unter-Ordnungsverhältnisse). Für neue Kinder ist diese Phase sehr anstrengend. Sozialpädagogische Fachkräfte können Kindern in dieser Zeit das Hineinfinden in die Gruppe erleichtern, indem sie z. B. zwischen

neuen und erfahrenen Kindern bei Konflikten vermitteln oder eine Spielsituation durch gezielte Impulse für die neuen Kinder attraktiv gestalten.

Durch gezielte Beobachtungsverfahren können Interaktionsmuster in einer Kindertagesstättengruppe erfasst werden. Drei- und Vierjährige haben andere **Beziehungssysteme** als drei- und fünfjährige Kinder. Zwischen Drei- und Vierjährigen finden die meisten Kontakte statt, mehr als in jeder anderen Altersgruppe. Fünfjährige sind für dreijährige Kinder häufig ein Vorbild. Meist wimmeln die Fünfjährigen die Dreijährigen ab; wenn sich aber die Älteren auf den Kontakt mit den Jüngeren einlassen, bereichert dies erheblich das Spiel der jüngeren Kinder (vgl. Kasten, 2007, S. 213). Wenn Kinder dagegen nur einen Altersabstand von einem Jahr haben, kann man beobachten, wie ältere Kinder die Jüngeren unterweisen und bereitwillig eine Lehrerrolle bekleiden.

Verbindliche Freundschaften entwickeln sich in der Regel erst im Laufe der nächsten Kindertagesstättenjahre. Freundschaften existieren eher noch im Hier und Jetzt.

Sozialpädagogische Fachkräfte sollten die Gruppenstrukturen sensibel beobachten. Aggressive Übergriffe oder massive Ausgrenzungen einzelner Kinder oder auch Abschottung einzelner Gruppen erfordern ein kreatives pädagogisches Eingreifen vonseiten der Fachkraft.

Sprachentwicklung

Das Kind hat zwischen dem dritten und vierten Lebensjahr elementare Grundmuster seiner Muttersprache erworben. Es spricht im Alter von dreieinhalb Jahren schon komplexe Sätze wie z. B. „Das geht nicht, weil die zu klein ist" und versteht Sachverhalte und Aufgabenstellungen.

Laute werden überwiegend korrekt gebildet, Auslassungen, Vertauschungen und Ersetzungen sind aber in diesem Alter nichts Ungewöhnliches, die Kinder beherrschen das Lautsystem noch nicht ausreichend sicher (vgl. Iven, 2006, S. 46). Unregelmäßige Verben werden noch nicht beherrscht, die Kinder sagen zum Beispiel „Er fahrt Dreirad". Beim Ausdrücken der Vergangenheitsform kommt es auch noch zu Fehlern wie „Ich habe Pizza geesst".

Die Mehrzahl kann gebildet werden, ebenso werden erste Mengenangaben benutzt wie „ein bisschen mehr" oder „viele". Die Zeitvorstellungen wachsen. Die Bedeutung von „gestern" und „morgen" wird verstanden, allerdings kann das Kind noch nicht abschätzen, was eine Stunde später oder drei Stunden später bedeutet. Mädchen sind in jeder Altersstufe der Sprachentwicklung den Jungen ein wenig voraus.

Das **Fragealter** beginnt, die Kinder stellen sehr viele Wieso-weshalb-warum-Fragen. Was für Erwachsene manchmal lästig erscheint, ist für die Kinder eine Art Rückversicherung. Sie wollen Gewissheit erlangen, damit sie das Gelernte im Langzeitgedächtnis speichern können. Es geht aber auch um die Erfahrung, inwieweit jemand ansprechbar und bereit ist, Auskunft zu geben.

Erwachsene haben großen Einfluss auf das Selbstwertgefühl des Kindes und können die Lust der Kinder, die Welt zu entdecken, beeinflussen. Kommunikation und Interaktion im Dialog mit dem Kind sollte demnach bewusst gestaltet werden. Eltern und Erzieherinnen sollten Kinder ermutigen, die Welt durch das Suchen eigener Lösungen zu verstehen (vgl. Haug-Schnabel/Bensel, 2005, S. 90).

Spielentwicklung

In der sozialpädagogischen Einrichtung kommt dem Spiel eine wichtige Bedeutung zu. Über das Spielen sammeln Kinder Erfahrungen und

verarbeiten eine Fülle von Erlebnissen und Eindrücken, nebenbei erwerben sie eine Menge an Wissen. Das Spiel kann folgende **Funktionen** haben (vgl. Brockschnieder, 1997, S. 83):
- Kinder verarbeiten Erlebnisse im Spiel.
- Kinder imitieren Personen oder Dinge, übernehmen die Rollen von bewunderten Personen.
- Kinder übertragen z. B. unangenehme Aufgaben an andere Personen oder Gegenstände.
- Kinder erfinden irreale Personen oder Tiere, die als real existierend akzeptiert werden sollen.
- Kinder rächen sich an Gegenständen oder Personen im Spiel.
- Kinder spielen angstauslösende Personen oder Situationen nach.

Funktionsspiele, Konstruktionsspiele und Symbol- und Rollenspiele werden im „freien Spiel" in der Kindertagesstätte täglich neu ausprobiert.
Im Rahmen des Konstruktionsspiels beginnt das Kind, größere und kompliziertere Gebilde zu bauen, mit Knetmasse beginnt es zu formen. Kinder in diesem Alter lassen sich meist mit Begeisterung von anderen Kindern zum Ausprobieren und Experimentieren mit Schere, Stift oder anderen Materialien anstecken.
Das **Symbolspiel** wird phantastischer, Alltagssituationen werden seltener nachgeahmt. Man bezeichnet diese Zeit auch als die „magischen Jahre", phantastisches Spiel und Realitäten, Gedanken und Taten scheinen bruchlos ineinander überzugehen.
Das kooperative Rollenspiel ist noch in den Anfängen und nimmt im fünften Lebensjahr an Dauer und Kreativität zu (vgl. Kap. 2.5.3). In der Mitte des vierten Lebensjahres sind die Kinder zunehmend in der Lage, sprachlich zu vereinbaren, was wie gespielt werden soll. Gleichaltrige Spielpartner werden wichtiger. Man nennt das Sozialspiel: Mehrere Kinder spielen zusammen, beziehen sich aufeinander und können sich über den Spielverlauf austauschen. Zum Sozialspiel gehören Rollen- und Regelspiele.
Rollenspiele und Konstruktionsspiele werden auch miteinander verknüpft, z. B. wird für die Tierarztpraxis ein Schild hergestellt, um den Eingang im Spiel deutlich zu markieren. Mitunter geben Kinder drehbuchartige Regieanweisungen für das gemeinsame Rollenspiel und wiederholen einzelne Szenen. Sie sprechen über die Art und Weise, wie zu kommunizieren ist, dies wird auch **Metakommunikation** genannt. Folgende Formen von Metakommunikation sind beim Sozialspiel zu beobachten (vgl. Oerter, 2008, S. 242):
- Ausagieren: Während der Spielhandlung wird mitgeteilt, was gerade gespielt wird.
- Versteckte Kommunikation: Diese Kommunikation wird absichtlich im Spiel hervorgehoben, ohne abgesprochen zu sein. Ein Beispiel wäre die Aufforderung zum Mitspielen: „Ihr Tier sieht krank aus, in meinem Wartezimmer ist noch Platz."
- Unterstreichen: Eine Handlung wird verbal beschrieben. Beispiel in der Tierarztpraxis: „Ich lege dem Hund jetzt einen Verband an."
- Geschichten erzählen: Ein Handlungsvorgang wird erzählt, das Kind läuft im Kreis und verfällt in Sprechgesang: „Ich gehe jetzt einkaufen für mein Baby und koche dann gleich."
- Vorsagen: Ein Spieler verlässt den Spielrahmen und teilt dem Spielpartner mit veränderter Stimme mit: „Du musst jetzt die Ware einpacken und bezahlen."
- Implizierte Spielgestaltung: Durch Äußerungen wird der Spielrahmen näher bestimmt, ohne dass eine klare Absprache getroffen wird. Beispiel: Beim Spiel Tierarztpraxis erklärt ein älteres Kind: „Ich bin der Tierarzt!", ein anderes Kind: „Nein, ich!"
- Explizite Spielgestaltung: Es werden klare Spielvorschläge gemacht wie: „Jetzt tun wir so, als ob ..." oder „Wir spielen ...".

Bevor es zum Sozialspiel kommt, spielen Kinder nebeneinander und beobachten sich dabei (Parallelspiel) (vgl. Kap. 2.4.3). Das Parallelspiel bleibt bestehen, auch wenn Kinder längst Sozialspiele spielen.
Erste Formen des **Regelspiels** sind zu beobachten. Dem Kind ist plötzlich nicht mehr egal, wer gewinnt, es möchte selbst beim Memory-Spielen oder beim Wettlauf siegen. Misserfolge zu verkraften, fällt aber noch sehr schwer. Viele Kinder brechen ihr Spiel unwirsch ab oder leugnen, dass sie verloren haben. Mitunter schieben sie die Schuld auf andere Personen oder Umstände. Sozialpädagogische Fachkräfte können Kinder bei „Niederlagen" stärken, indem sie signalisieren, dass Frust und Wut dazu gehören und nicht unterdrückt werden müssen.

Umgang mit Ängsten im Spiel

Ängste vor Drachen, Gespenstern oder Dunkelheit sind in dieser Lebensphase nichts Ungewöhnliches. Die Kinder leben Verlust- und Versagensängste im Spiel aus. Die reiche Phantasie der Kinder lässt sie einerseits starke und gefährliche Figuren fürchten, anderseits träumt das Kind davon, sie zu zähmen und zu beherrschen. Ungeheuer werden mit Zähnen und Krallen oder unheimlichen Augen dargestellt. Kinder üben, mit der Angst umzugehen, sie spielen mitunter auch mit dem Gefühl der Angst und das Gruseln kann sogar als schön empfunden werden (vgl. Haug-Schnabel/Bensel, 2005, S. 104).

2.5.3 Das fünfte Lebensjahr

Kinder erwerben im fünften Lebensjahr zunehmend mehr soziale Kompetenzen und moralisches Wissen. Motorische Fähigkeiten steigern sich und das Spiel mit Sprache ist sehr beliebt. Im fünften Lebensjahr sind Kinder äußerst wissbegierig, ausdauernd und neugierig, besonders wenn sie die Möglichkeit erhalten, ein Problem oder eine Aufgabe selbst zu lösen. Vierjährige wollen möglichst alles selbst erledigen. Die wachsende Motivation zur Selbstständigkeit ist ein Entwicklungsimpuls, der vielfältige Ressourcen aktiviert. Erwachsene sind wichtige „Entwicklungshelfer", denn sie schaffen nötige Experimentier- und Freiräume. Sozialpädagogische Fachkräfte sind aufgefordert, den Kindern in allen Bereichen (kognitiv, emotional, sozial, motorisch, sprachlich) altersgemäße Herausforderungen zu stellen und ihnen erweiterte Entscheidungsspielräume zu schaffen, bei denen bewusst und begleitet alte Grenzen überschritten werden.

Körperliche und motorische Entwicklung

Nach und nach erwirbt das vierjährige Kind die gleichen motorischen Fähigkeiten wie ältere Kinder und Erwachsene. Die Grob- und Feinmotorik wird immer geschickter, das Kind hat einen hohen **Bewegungsdrang**.
Die Kinder klettern allein auf Bäume und Klettergerüste, sie nutzen ausdauernder das Fahrrad und können dabei markierte Wege und kurvenreiche Strecken nachfahren. Viele sind sehr offen für neue Fortbewegungsmöglichkeiten wie z. B. Inlineskaten oder Skifahren.

Tempowechsel bereiten den wenigsten Kindern Schwierigkeiten, das Hüpfen auf einem Bein wird sicherer, länger und die Sprünge weiter (vgl. Kasten, 2007, S. 37). Das Fangen und Werfen eines Balls gelingt zunehmend besser, einen selbst hochgeworfenen Ball wieder zu fangen, bereitet vielen aber noch Schwierigkeiten. Das Werfen mit einer Ausholbewegung des ganzen Arms beherrschen die meisten Kinder noch nicht.
Die **feinmotorischen Kompetenzen** werden besonders bei Bauwerken und Mal- und Basteltätigkeiten unter Beweis gestellt. Das Kind kann jetzt Stifte richtig halten, mit der Schere auf der Linie schneiden, Flüssigkeiten gezielt umfüllen und Bilder mit mehreren Einzelheiten malen.

Sozial-emotionale Entwicklung

Wie bereits im Kapitel 2.4 dargestellt, ist der Mensch ein soziales Wesen und die Bindung an seine Bezugspersonen ist in den ersten Lebensjahren entscheidend für seine gesamte Entwicklung, auch für das Sozialverhalten. Damit sind alle zwischenmenschlichen Verhaltensweisen und Beziehungen gemeint. Wie man sich in welcher

Situation verhält, muss der Mensch aber im Laufe seiner Entwicklung lernen. Man kann das Sozialverhalten in zwei Aspekte unterteilen:
- Sozialverhalten im Sinne von Verhalten des Einzelnen in der Gruppe und Verhalten gegenüber Mitmenschen (Angst, Mitgefühl etc.) (vgl. Kap. 2.4)
- Sozialverhalten im Sinne der Entwicklung eines eigenen Wertesystems, Übernahme von Rollen, Normen, Einstellungen, Gewissensbildung

Moralentwicklung

Moral ist eine Kategorie normativer Überzeugungen, die das eigene Erleben, Werten und Handeln leiten, oder anders ausgedrückt: Moral ist ein System von verbindlichen Soll-Regeln (Normen), die das Zusammenleben in der Gesellschaft steuern.

Normen regeln das Zusammenleben in der Gemeinschaft, z. B. durch Gebote, Verbote oder Verantwortlichkeiten gegenüber einer Person oder einer Institution. Es sind Bewertungsmaßstäbe für das eigene sowie für das Handeln anderer (vgl. Oerter/Montada, 2008, S. 578).

Kinder lernen in der Kultur, in der sie aufwachsen, was „richtig" oder „falsch" ist und verinnerlichen diese Normen mit der Zeit.
- Sie lernen von ihren Eltern, die sie z. B. für normgerechtes Verhalten loben.
- Sie orientieren sich an Erwachsenen (Modell), indem sie Verhaltensweisen beobachten und sich damit identifizieren.
- Sie akzeptieren und übernehmen Verhaltensweisen, wenn ohne Zwang Verständnis geweckt und dem Kind der Sinn erläutert wird.

Eltern und sozialpädagogische Fachkräfte müssen sich bewusst sein, welche Wertvorstellungen ihnen in der Erziehung wichtig sind. Nach diesen sollten sie auch ihr eigenes Verhalten ausrichten, denn nur Werte und Normen, die den Kindern vorgelebt werden, können das Handeln des Kindes und sein **Wertesystem** längerfristig beeinflussen (vgl. Hobmair, Psychologie, 2008, S. 317).

Eltern oder sozialpädagogische Fachkräfte erwarten, dass Kinder sich angemessen verhalten und Verhaltensregeln auch ohne Aufsicht beachten. Kinder werden im Laufe der Zeit fähig, komplexere moralische Entscheidungen zu treffen. Dennoch verhalten sich Kinder die wissen, was von ihnen erwartet wird, nicht zwingend sozial erwünscht. Neben dem moralischen Wissen müssen sie die Fähigkeit erworben haben, so zu handeln, dass es zu Übereinstimmung mit den Wünschen ihrer Bezugsperson kommt. Sie müssen Compliance (die Bereitschaft, auf Wünsche einzugehen) zeigen, auch wenn sie selbst etwas anderes wollen (vgl. dazu Kap. 2.4.4).

Ab dem vierten bis fünften Lebensjahr ist das moralische Wissen der Kinder über die Grundregeln in ihrer Kultur nahezu vollständig. Die moralische Motivation zur Regeleinhaltung entwickelt sich während der gesamten Kindheit weiter. Die Fähigkeit zu Perspektivübernahme und Empathie hilft dem Kind beim Aufbau des moralischen Selbst. Dem Kind wird bewusst, dass eigene Handlungen sich negativ auf sein Gegenüber auswirken können. Hierdurch kann die intrinsische Motivation zur Normeinhaltung entstehen. Kindern wird jetzt klar, dass sie von anderen bewertet werden, wenn sie Normen verletzen oder unmoralisch handeln. Kinder haben Interesse daran, möglichst gut von außen beurteilt zu werden, um akzeptiert und in eine Gruppe integriert zu sein. Dies ist eine wichtige Erkenntnis zum Aufbau des eigenen moralischen Selbst (vgl. Haug-Schnabel/Bensel, 2005, S. 116).

Bildergeschichten eignen sich, um die Entwicklung der **moralischen Motivation** zu überprüfen. Zum Beispiel erhält ein Kind in einer Bildergeschichte ungerechterweise einen Preis bei einem Leistungswettbewerb, obwohl ein anderes Kind genauso viel geleistet hat. Der Konflikt, dem Kinder ausgesetzt sind, zeigt sich in der Beantwortung der Frage: Wird der Preis aufgeteilt oder behält das Kind den Preis für sich allein? Im Folgenden wird dargestellt, wie Kinder verschiedener Altersstufen diese Situation bewerten (vgl. Oerter/Montada, 2008, S. 579).

Das unmoralisch handelnde Kind fühlt sich gut, weil es seine Bedürfnisse befriedigt hat. Dies glauben/erwarten
- 60 % der Vier- bis Fünfjährigen,
- 50 % der Sechs- bis Siebenjährigen,
- 30 % der Acht- bis Neunjährigen.

Die Zuschreibung von Schuldgefühlen verläuft genau entgegengesetzt. Das unmoralisch handelnde Kind hat ein schlechtes Gewissen. Dies vermuten

- 30 % der Vier- bis Fünfjährigen,
- 50 % der Sechs- bis Siebenjährigen,
- 60 % der Acht- bis Neunjährigen.

Ein Teil der Kinder hat bereits im Kindergarten eine moralische Motivation aufgebaut, die im Laufe der Grundschulzeit zunimmt. Moralisches Urteil und die eigene Entscheidung stimmen in diesem Alter häufig noch nicht überein. Das moralische Selbst ist in der Entwicklung und wird im Laufe der Zeit stabiler (vgl. Haug-Schnabel/Bensel, 2005, S. 117). Es ist durchaus normal, dass Kinder nicht bereit sind, so zu handeln, wie es nach ihrem Entwicklungsniveau möglich wäre, um Auseinandersetzungen zu vermeiden.

Neue Studien zeigen, dass Kinder bereits mit vier Jahren deutlich zwischen unmoralischem Handeln (schlagen, wegnehmen etc.) und Verstößen gegen Konventionen (z. B. Tischmanieren) unterscheiden können. Unmoralisches Handeln wird als schlecht empfunden. Verstöße gegen Konventionen hingegen werden akzeptiert, wenn Autoritäten dies erlauben bzw. es keine genauen Regeln gibt.

Was Kinder oder auch Erwachsene tatsächlich dazu motiviert, sich an moralischen Vorstellungen zu orientieren oder danach zu handeln, kann bis heute keine Theorie differenziert erklären. Sicher ist, dass die Familie und das soziale Umfeld einen großen Einfluss auf die Entwicklung des eigenen Wertesystems haben.

Soziale Kompetenzen

In sozialpädagogischen Einrichtungen spielt der Begriff der Sozialkompetenz eine wesentliche Rolle, wenn es um Leistungs- und Entwicklungsbeschreibungen geht. Kognitive Aspekte, praktische und soziale Intelligenz, aber auch Temperament und Charakter sind Aspekte, die in den Begriff „soziale Kompetenz" mit einfließen. Eine genaue Beschreibung dessen, was zur Sozialkompetenz zählt, ist schwierig, da diesbezügliche Anforderungen in allen Kulturen unterschiedlich sind.

Allgemein lässt sich sagen, dass jemand sozial kompetent ist, der sich in sein Gegenüber einfühlen kann, frei von Angst ist, von seinen Gleichaltrigen gemocht wird und Einfluss auf sie nehmen kann. Ein sozial kompetentes Kind hat folgende **Fähigkeiten**:

- Es kann soziale Situationen gut einschätzen (es ist in der Lage, soziale Reize zu verarbeiten).
- Es weiß, dass es zu einer bestimmten sozialen Gruppe gehört (Voraussetzung: soziale Identität als Teil des Selbstkonzepts).
- Es hat die Kontrolle über die eigenen Gefühle und Strategien zur Konfliktbewältigung (Voraussetzung: emotionale Regulierungsfähigkeit).
- Es kann sich verständlich machen.
- Es kann seine Wünsche und Meinungen einbringen.
- Es kann Sozialpartner und Dinge um sich herum wahrnehmen.
- Es kann zuhören.
- Es ist offen für Kritik und Anregungen und kann sich damit auseinandersetzen.
- Es kann seine Fähigkeiten einschätzen.
- Es kann Beziehungen gestalten.
- Es weiß, wo es sich engagieren und abgrenzen muss.
- Es kann sich in eine Gruppe einfinden.
- Es kann Konflikte bewältigen.

Ein Merkmal für hohe Sozialkompetenz ist im Alltag der sozialpädagogischen Einrichtung zu beobachten, wenn ein Kind es schafft, sich in eine bestehende Spielgruppe zu integrieren. Sozial kompetente Kinder erkennen, dass es günstig ist, sich in die Spielgruppe „hineinzuspielen". Zum Beispiel rufen sie nach intensiver Beobachtung des Spielinhalts und Tempos nach Hilfe oder versuchen ein vermeintlich drohendes Missgeschick zu verhindern: „Wenn ihr einkaufen geht, muss jemand die Katze beaufsichtigen!" oder „Achtung, der Turm stürzt gleich um, ich halte ihn hier fest!". Der Retter oder Helfer ist im Spielgeschehen angekommen und weist ihn als geeigneten Mitspieler aus (vgl. Haug-Schnabel/Bensel, 2005, S. 111).

Sozialpädagogische Fachkräfte sollten sich bewusst sein, dass sie neben den Eltern wichtige Interaktionspartner und Vorbild in einer Vielzahl von sozialen Situationen sind. Kinder eignen sich auf unterschiedliche Art und Weise Verhaltensweisen an, verändern ihr Repertoire und differenzieren dieses aus, z. B. durch Anerkennung oder Bekräftigung. Sozialpädagogische Fachkräfte müssen dabei eine moderierende, intervenierende, stützende und gelegentlich auch einschränkende Rolle einnehmen können. Unerwünschtes Verhalten kann durch direkte Interventionen wie Kritik, Missbilligung und Bestrafung unterbunden bzw. eingeschränkt werden (vgl. Kasten, 2007, S. 215).

Psychosexuelle Entwicklung

Kinder erleben viele unterschiedliche Gefühle und es ist wichtig, dass sozialpädagogische Fachkräfte diese Gefühle ernst nehmen. **Gefühle** der Zuneigung, Eifersucht, Sehnsucht und Enttäuschungen in ersten Freundschaften zu erleben, ist für einen partnerschaftlichen Umgang miteinander wichtig. Das Interesse an der Körperlichkeit der anderen Kinder wächst und der Beziehungsaspekt der Sexualität wird wichtiger. Schamgefühle und Intimität müssen erst gelernt werden und sind wichtige Prozesse in der sexuellen Entwicklung und Identitätsfindung von Mädchen und Jungen.

Kinder fangen an, sich für das Aussehen des anderen Geschlechts zu interessieren. Kindliche Sexualität zeigt sich offen oder auch versteckt sowie ängstlich und scheu. In sozialpädagogischen Einrichtungen können Fachkräfte auf Kinder treffen, die z. B. Rollenspiele mit sexuellen Aspekten erfinden, Fragen zur Sexualität stellen oder sexuelle Begrifflichkeiten benutzen. **Doktorspiele** sind bei vier- bis fünfjährigen Kindern beliebt. Hier können die Kinder Unterschiede oder Gemeinsamkeiten entdecken, indem sie sich betrachten, berühren und vergleichen. Auch die Imitation von Geschlechtsverkehr oder Kinderbekommen sind Spiele, die eine Zeit lang aktuell sein können. Meist findet diese Art der Spiele eher zu Hause hinter verschlossenen Türen statt. Wenn es zu Doktorspielen in der Gruppe kommt, sollte man folgende Regeln berücksichtigen:

- Alle Beteiligten wollen tatsächlich mitspielen.
- Spaß steht im Vordergrund: Wenn jemand nicht mehr möchte oder Angst bekommt, darf er aufhören.
- Kein Kind wird gezwungen.
- Es ist ein Spiel unter vielen anderen Spielen, die gespielt werden.

Zeigt sich bei einigen Spielern oder Zuschauern Unbehagen, sollten diese aus der Situation herausgelöst werden. Das Spiel sollte spielerisch ein Ende finden, ohne schlechtes Gewissen. Sozialpädagogische Fachkräfte können das Interesse der Kinder aufgreifen, indem sie z. B. ein Kinderbuch zur Thematik betrachten oder Puppen mitbringen, an denen die Unterschiede zu erkennen sind. Sind die Fragen ausführlich besprochen, werden Doktorspiele wieder uninteressant (vgl. Jaszus, 2008, S. 358).

Eine entsprechende Begleitung durch die Erzieherinnen hilft den Kindern, eine gesunde kindliche Sexualität zu entwickeln. Mitunter sollen die Erzieherinnen ihre persönlichen Vorerfahrungen, Werte und Normen zu dem Thema kritisch reflektieren. Im Team sollte Sexualerziehung thematisiert werden, um Unsicherheiten und Ängste aufzufangen. Jede Einrichtung benötigt ein Konzept, in dem auch Aspekte der Sexualerziehung verankert sind, um eine gemeinsame Haltung vor Eltern und Kindern einnehmen zu können. Es ist wichtig, sich folgende Aspekte der **kindlichen Sexualität** bewusst zu machen:

- Körperliche Nähe und elementares Wohlbefinden beginnen nach der Geburt.
- Die Reaktionen der Eltern auf frühkindliche Sexualreflexe sind prägend. Gelassenheit vermittelt Selbstverständlichkeit. Angst, Unbehagen und Missbilligung führen dazu, dass das Kind sich nicht wohl in seiner Haut fühlt.
- Im zweiten und dritten Lebensjahr nimmt das Interesse am eigenen Körper zu, im vierten Lebensjahr beginnen die ersten Fragen zum Thema Sexualität.
- Erwachsene haben die Aufgabe, Kindern zu vermitteln, dass Sexualität schön ist und Freude bereitet, aber dass es Regeln gibt, wie man sich verhält, z. B. Intimsphäre vs. Öffentlichkeit.
- Fragen sollten einfach und sachlich richtig beantwortet werden.

Bei der Bundeszentrale für gesundheitliche Ausklärung können Broschüren zu dem Thema bestellt und heruntergeladen werden (www.bzga.de).

Sprachentwicklung

Mit vier Jahren hat das Kind wesentliche Strukturen seiner **Erstsprache** erworben. In der Regel sind alle Wortklassen vorhanden. Wünsche, Gedanken und Absichten werden mitgeteilt. Meist überwiegen kurze Sätze, die mit „und" und „dann" verbunden werden. Durch Ableitungen und Zusammensetzungen bildet das Kind neue Wörter, wie entsprechend zu „Nachthemd" das „Taghemd". Buchstaben wie „r" und „s" werden richtig ausgesprochen.

Bis zur Vollendung des fünften Lebensjahres kann das Kind in der Regel
- alle Laute bilden, auch die Zischlaute,
- Pluralformen bilden und Artikel richtig verwenden,
- komplexe Sachzusammenhänge verstehen,
- seinen Namen schreiben.

Literacy – die „Lese- und Schreibkompetenz"

Im deutschsprachigen Raum ist der Begriff „Literacy" noch wenig bekannt. In der wörtlichen Übersetzung bedeutet er „Lese- und Schreibkompetenz", der Begriff meint aber auch weitere Kompetenzen, wie z. B. das Sinn- und Textverständnis, Abstraktionsfähigkeit, Vertrautheit mit Büchern, der literarischen Sprache und auch mit den neuen Medien (Textverarbeitung am PC, Internetrecherchen etc.). Untersuchungen belegen, dass Literacy-Erfahrungen in der frühen Kindheit sich positiv auf die Schulleistungen dieser Kinder auswirken (vgl. Sander, 2005, S. 24).

Literacy soll dem Kind die Chance geben, einen Eingang in die Lese- und Schreibkultur der Gesellschaft zu finden (vgl. dazu auch Kap. 3.5.1). Es geht nicht um Schulunterricht oder starre Früh-Lern-Programme, sondern darum, das Interesse an Zeichen und Botschaften zu fördern und zu befriedigen. Lese- und Schreiberfahrungen beginnen in der frühen Kindheit, beispielsweise wenn die Kinder erleben, wie Geschichten erzählt werden, Bilderbücher betrachtet werden und wenn sie beobachten können, wie Erwachsene Einkaufslisten oder Glückwunschkarten schreiben.

Erwiesenermaßen sind **Bilderbuchbetrachtungen** eine wirksame Form, die Lust und die Freude für Sprache zu wecken und zu fördern. Kinder interessieren sich im Alter von vier bis fünf Jahren stark für Zeichen und Symbole, sie sind in der Lage zu verstehen, dass Buchstaben Informationen liefern. Sie sind fasziniert, wenn ihre ersten schriftlichen Botschaften, die zunächst sehr bildhaft sind, verstanden werden und Informationen auf diese Weise nicht mehr verloren gehen. Eltern und sozialpädagogische Fachkräfte sind aufgefordert, die Begeisterung für die ersten Schreibversuche zu teilen und sie nicht durch ständige Korrekturen einzudämmen. Ein spielerischer Umgang mit Buchstaben und Zahlen sowie das Vorlesen und zugewandte Gespräche lassen Kinder in der Schule das Lesen und Schreiben leichter lernen.

Spielentwicklung

Für Kinder ist es jetzt wichtig, möglichst ungestört und uneingeschränkt spielen zu dürfen. So können sie ihre eigenen Spiele suchen und erfinden. Das Spiel mit Gleichaltrigen ist sehr wichtig. Die Kinder sprechen sich ab, planen und beratschlagen sich. Mitunter entstehen Teams, in denen die Kinder über mehrere Tage gemeinsam an einem Vorhaben wirken. Das fiktive kooperative **Rollenspiel** nimmt deutlich an Länge und Kreativität zu. Regelspiele in kleinen Gruppen werden interessant. Das Kind fängt an, sich Spielregeln unterzuordnen. Es rechnet damit, zu verlieren, dennoch ist die Niederlage eine große emotionale Belastung.

Der bewusste Umgang mit **Regelspielen** in der sozialpädagogischen Einrichtung ist wichtig, um Kindern verschiedene Erfahrungen zu ermöglichen (vgl. Böcher, 2006, S. 37):
- Regelspiele fördern den sozialen Umgang miteinander.
- Selbstbestimmung und Selbstbeherrschung werden erprobt.
- Selbstbewusstsein durch eigene Leistung entsteht.

- Spielregeln laden zu Vergleichen mit dem realen Leben ein.
- Fähigkeiten zur Strategiebildung werden differenziert.

2.5.4 Das sechste Lebensjahr

Kinder im sechsten Lebensjahr differenzieren und spezialisieren sich in allen Entwicklungsbereichen. Die äußere Gestalt verändert sich. Die Rollenspiele sind sehr phantasiereich und Materialien werden im Spiel zunehmend zweckentfremdet. Das Sortieren und Ordnen nach Größe und Farbe mögen die Kinder, das Interesse für Zahlen und Mengen ist geweckt. Buchstaben und Symbole werden begeistert entschlüsselt. Erste Freundschaften entstehen, die Geschlechtsidentität entwickelt sich weiter.

Körperliche und motorische Entwicklung

Die körperliche Gestalt des Kindes beginnt allmählich, schlanker zu werden. Das Kind wächst, insbesondere Arme, Beine und die Muskulatur. Der Körperschwerpunkt senkt sich ab und befindet sich am Ende des sechsten Lebensjahres unterhalb des Bauchnabels. Dies wirkt sich auf die motorischen Fähigkeiten der Kinder aus.
Grobmotorische Fähigkeiten wie Springen, Rennen, Klettern und Hüpfen verbessern sich, vor allem wenn Kinder an Kursen von Vereinen teilnehmen. Im Laufe des sechsten Lebensjahres optimieren die Kinder ihre Wurfbewegungen, d.h., sie unterstützen ihre Ausholbewegung durch eine leichte Drehung des Oberkörpers und verlagern auch ihr Gewicht in das entsprechende Fußgelenk. Viele Kinder können mit sechs Jahren einen mittelgroßen Ball sicher fangen, wenn er ihnen in Brusthöhe zugeworfen wird (vgl. Kasten, 2007, S. 38).
Feinmotorische Fähigkeiten verfeinern sich enorm, vor allem bei Kindern, die gezielt gefördert werden, zum Beispiel beim Erlernen eines Musikinstruments oder beim Tanz. Auch bei künstlerischen Aktivitäten wie Zeichnen, Werken, Modellieren und Malen werden Fähigkeiten weiter differenziert.

In fast allen Bereichen der motorischen Entwicklung gibt es **Unterschiede zwischen Jungen und Mädchen**. Besonders im Alter zwischen vier und sechs Jahren weisen Mädchen gegenüber Jungen bei folgenden Tätigkeiten einen deutlichen Vorsprung auf:
- Umgang mit Papier und Stift
- Nachahmen von Handbewegungen
- Knöpfe öffnen und schließen, Schleifen binden
- seitliches Hin- und Herspringen
- auf einem Bein hüpfen, auch über Hindernisse

Jungen sind in Bereichen besser, die mit Muskelkraft verbunden sind, wie z. B. Werfen, Heben und Tragen (vgl. Kasten, 2007, S. 39).

Man führt die Unterschiede auf die frühere biologische Reife der Mädchen zurück. Es ist aber davon auszugehen, dass die traditionelle Geschlechterrollenerziehung dabei auch eine Rolle spielt. Sozialpädagogische Fachkräfte müssen Jungen und Mädchen angemessene Bewegungsangebote machen, damit eine umfassende motorische Förderung gewährleistet ist.

Motorische Förderung

Bewegung ist für eine gesunde Entwicklung von Körper und Geist lebenswichtig. Eine umfassende motorische Förderung wirkt sich demzufolge positiv auf das körperliche Leistungsvermögen und auf die soziale, kognitive und emotionale Entwicklung aus. In den sozialpädagogischen Einrichtungen ist die ganzheitliche Bewegungserziehung (Psychomotorik) ein fester Bestandteil des Alltags geworden.

Für Kinder ist es ganz wichtig, dass psychomotorische Förderung lust- und spaßorientiert ist. Sie sollte individuell auf das Kind abgestimmt sein und dem Kind die Möglichkeit bieten, seine Grenzen kennenzulernen, realistisch einzuschätzen und aktiv handelnd neue Erfahrungen zu machen. Dies stärkt das Selbstbewusstsein des Kindes.

Kognitive Entwicklung

Zwischen dem vierten und dem sechsten Lebensjahr machen Kinder kontinuierlich Fortschritte, was ihr Denken und Handeln angeht. Sie werden sich ihrer eigenen Gedanken (Innenwelt) bewusster und können sich zunehmend in das Denken und Handeln anderer hineinversetzen. Auch das Verständnis von Ursache und Wirkung entwickelt sich weiter. Schließlich können Wissensbereiche miteinander vernetzt werden, ein wichtiger Schritt zum **problemlösenden Denken**.

Die meisten Forscher gehen heute davon aus, dass es vor allem Erfahrungen im Umgang mit Gegenständen ihrer Umwelt sind, die Kinder dazu befähigen, Beziehungen von Ursache und Wirkung zu erkennen, um vorausschauend zu handeln. Die Kinder haben gelernt, dass sich Gegenstände in räumlicher und zeitlicher Nähe befinden und dass die Ursache immer der Wirkung vorausgeht (vgl. Kasten, 2007, S. 118).

Intuitiv sind Kinder schon sehr früh in der Lage, Zusammenhänge von Ursache und Wirkung zu erkennen (vgl. Kap. 2.4.4). Im sechsten Lebensjahr gelingt es den Kindern, genauere Voraussagen über Geschehnisse zu treffen. Zum Beispiel können sie korrekt angeben, in welche Richtung sich das grüne Auto in der Abbildung bewegt, wenn das weiße vorwärts fährt und beide mit einem unsichtbaren Seil miteinander verbunden sind. Dreijährige schaffen es noch nicht vorauszusagen, dass das grüne Auto sich rückwärts bewegt, wenn das weiße vorwärts fährt.

Kinder im sechsten Lebensjahr haben in der Regel ein implizites Verständnis für die komplizierte Wechselwirkung von Zeit, Entfernung und Geschwindigkeit. In einer Untersuchung konnten sie die unten aufgeführte Aufgabe bereits intuitiv – aus Erfahrungen – lösen, indem sie die Entfernung richtig einschätzten:

„Den Kindern wurde eine kleine Modellbrücke präsentiert, auf der sich nebeneinander eine Schildkröte, ein Meerschweinchen und eine Katze befanden. Dann trat ein Spielzeughund in Aktion: Er begann zu bellen und die Tiere flohen – jedes mit seinem eigenen Tempo. Aufgabe der Kinder war es, einzuschätzen, wie weit die drei Tiere innerhalb von zwei, fünf bzw. acht Sekunden – so lange bellte

Was passiert, wenn das weiße Auto vorwärts fährt und beide mit einem unsichtbaren Seil verbunden sind?

der Hund jeweils – vorankommen würden. Unmittelbar nachdem der Hund zu bellen aufhörte, konnten die Kinder ihr Urteil abgeben: Sie durften die drei Tiere an die Stelle voranrücken, bis zu der sie nach ihrer Schätzung gekommen sein dürften."
(Kasten, 2007, S. 108)

In der Aufgabe ging es darum, dass die Kinder die ihnen zur Verfügung gestellten Informationen über Zeit und Geschwindigkeit der einzelnen Tiere verwenden, um Entfernungen einzuschätzen.
Im Laufe ihrer Kindergartenjahre erwerben Kinder immer mehr Wissen aus den Bereichen
- Physik (unbelebte Welt),
- Psychologie (Innenwelt und Verhalten) und
- Biologie (lebendige Welt).

Die kindlichen Annahmen zur Biologie, der lebendigen Welt, werden erst im Grundschulalter gänzlich erfasst. Im Vorschulalter bauen Kinder zunehmend eigene Theorien darüber auf, wie die Natur und Dinge der unbelebten Welt (naive physikalische Theorien) funktionieren. Parallel dazu entwickeln Kinder ihre eigene **„Theorie der Innenwelt"** („naive psychologische Theorie" oder „Theory of Mind") (vgl. Kasten, 2007, S. 116). Durch diese naiven psychologischen Theorien gelingt es zunehmend, die Innenwelt des Anderen bei der Planung und Ausführung ihrer eigenen Handlungen zu berücksichtigen (vgl. Kap. 2.5.2).
Im Folgenden soll exemplarisch ein Forschungsbefund in jedem Bereich näher dargestellt werden:
- **Naive physikalische Theorien**
  Kinder haben Vorstellungen von Dingen, z. B. dass einige Materialien schwer sind und andere leicht. Sie kennen auch Dinge, die nichts wiegen wie z. B. Luft oder eine Feder. Diese Erkenntnis gewinnen die Kinder nur durch Anschauung und Erfahrung. Wenn die Kinder aber zwei gleich große Objekte vor sich haben, die unterschiedlich schwer sind, wie z. B. eine Eisenkugel und eine Plastikkugel, kommen sie nicht auf die Idee, sich mit der Beschaffenheit (Dichte) der Kugeln zu befassen und erkennen nicht deren unterschiedliches Gewicht. Kinder sind zudem der Auffassung, dass ein Objekt, welches beliebig oft halbiert wird, irgendwann verschwindet. Sie sind noch nicht in der Lage zu verstehen, dass von dem Objekt immer noch etwas übrig bleibt. Im fünften Lebensjahr glauben Kinder noch, dass eine Kiste, die bis zum Rand mit Zucker gefüllt ist, gleichzeitig dieselbe Menge Luft enthalten könnte. Denn Luft, ist aus kindlicher Sicht „nichts" (vgl. Kasten, 2007, S. 117).
  Kinder stoßen an ihre Grenzen, wenn Sachverhalte nicht aus ihrer Erfahrungswelt stammen, z. B. „Warum scheint die Sonne nicht nachts?". Hier geben auch jüngere Grundschulkinder eher phantasievolle oder magische Antworten wie „Weil die Sonne sich ausruhen muss!". Physikalische Gegebenheiten können hingegen intuitiv beantwortet werden, wenn die Kinder auf Erfahrungen zurückgreifen können. Zum Beispiel wissen Kinder auf die Frage „Warum rollt das Fahrrad?" die Antwort: „Weil es runde Reifen hat!"
- **Naive psychologische Theorien**
  Noch vor dem vollendeten sechsten Lebensjahr verstehen viele Kinder, dass „neues" Wissen zu einer Veränderung einer Überzeugung führt. Wissen kann auch ohne Kontakt zur Außenwelt durch Schlussfolgern entstehen. Das Wirken ihres Handelns auf das Gegenüber wird differenzierter.

Das Knobelspiel „Schnick, Schnack, Schnuck", bei dem mit den Fingern die Symbole „Stein", „Schere" und „Papier" dargestellt werden, ist in den Vor- und Grundschuljahren sehr beliebt bei Kindern. Stein gewinnt gegen Schere, Papier gegen Stein und Schere gegen Papier. Werden Vier- bis Fünfjährige gefragt, warum sie sich für das gewählte Symbol entschieden haben, lauten ihre Antworten: „Weil ich gedacht habe, du nimmst jetzt ..." Bei einigen Sechsjährigen kommt es vor, dass sie sagen: „Ich habe gedacht, dass du denken würdest, ich würde wieder Schere nehmen." Hier sind Sechsjährige in der Lage, sich darüber Gedanken zu machen, wie ihre vorangegangene Entscheidung für „Schere" den Spielpartner beeinflusst und sein Handeln im nächsten Spielzug anspornt (vgl. Kasten, 2007, S. 140). Auf die Frage: „Warum handeln Menschen?" antworten drei- bis sechsjährige Kinder sehr unterschiedlich:

Dreijährige nennen in erster Linie Wünsche, Absichten und Bedürfnisse als Beweggründe menschlichen Handels. Vierjährige beziehen schon ein, dass Handeln auf der Grundlage von Wissen erfolgt. Fünfjährige unterscheiden zwischen Absicht, Versehen und Zufall. Sie sind in der Lage, ihre Erlebnisse im Gedächtnis in richtiger zeitlicher Reihenfolge abzuspeichern. Sechsjährige wissen, dass man sich Wissen aus verschiedenen Quellen aneignet (Bücher, Gespräche, Erfahrungen, eigene Schlussfolgerungen). Sie können komplexere Zusammenhänge verstehen. Für Sechsjährige ist es keine Schwierigkeit mehr, Handlungen von Personen vorauszusagen, die von falschen Überzeugungen ausgehen.

- **Naive biologische Theorien**

Wann genau Kinder anfangen, eine biologische Theorie auszubilden, ist ungeklärt. Jean Piaget war der Ansicht, dass Kinder im Vorschulalter zum animistischen Denken neigen, d.h., sie bezeichnen Objekte wie Sonne, Mond oder auch Wetter und Ähnliches als etwas Lebendiges. Heute weiß man, dass Kinder in diesem Alter kein animistisches Denken zeigen, wenn sie die unbelebten Objekte aus ihrer unmittelbaren Umgebung beurteilen sollen. Diese werden als nicht lebendig bezeichnet, selbst wenn sie sich aus sich heraus bewegen können. Eine Ausnahme bildet persönliches Spielzeug wie z. B. ein Teddy oder eine Puppe. Dieses Spielzeug wird in der Phantasie zum Leben erweckt, wenn die Kinder eine starke emotionale Beziehung zu dem Gegenstand haben.

Wesentliche Merkmale eines Lebewesens können bereits vierjährige Kinder benennen, z. B. sich bewegen, essen, atmen und schlafen. Dennoch sind Kinder in diesem Alter noch leichter zu verunsichern, etwa wenn sich ein Lebewesen unbeweglich präsentiert und ein Objekt sich in unerwarteten Bahnen bewegt. Fünf- und sechsjährige Kinder hingegen können bereits klare Urteile darüber fällen, inwiefern sich etwas spontan, gelenkt, mechanisch oder hervorgerufen bewegt. Gleichförmige kontinuierliche Bewegungen werden unbelebten Objekten zugeordnet, spontane Richtungswechsel oder Verlangsamung deuten eher auf Lebewesen hin (vgl. Kasten 2007, S. 146). Pflanzen sind für viele Kinder im Vorschulalter schwer einzuordnen, da sie sich nicht spontan bewegen können. Erst Sechs- bis Siebenjährige sind sich sicher, dass Pflanzen lebendig sind.

Zentrale biologische Begriffe und Vorgänge wie z. B. Vererbung, Fortpflanzung, Stoffwechsel oder Organfunktionen werden erst später im Grundschulalter verstanden. Fünfjährige sind sich meist sehr sicher, dass sie ihren Herzschlag unterbrechen oder ihre Augenfarbe verändern können. Auch das biologische Verständnis für Krankheit und Ansteckung bildet sich erst langsam heraus und es ist nichts Ungewöhnliches, wenn Kinder zwischen dem vierten und sechsten Lebensjahr noch glauben, dass ansteckende körperliche Krankheiten auch soziale oder psychologische Ursachen haben können (vgl. Kasten, 2007, S. 151).

Konsequenzen für die sozialpädagogische Praxis

Die Kinder in der sozialpädagogischen Einrichtung haben aufgrund ihrer Herkunft, ihres Lebensumfeldes und ihrer Familienkonstellationen unterschiedliche Lernbedingungen. Dies wirkt sich auf die kognitiven Fähigkeiten von gleichaltrigen Kindern aus; die Denkleistungen sind sehr unterschiedlich. Das Wissen über Einflussfaktoren sollte Erzieherinnen ermutigen, die Entwicklung des Denkens aktiv anzuregen. Gerade mit Blick auf den Übergang in die Grundschule können Kinder bei entsprechender Unterstützung und spielerischen Anreizen ihre Denkleistungen beträchtlich verbessern. Am Ende des sechsten Lebensjahres zeigt sich dies unter anderem in der korrekten Einschätzung der Mengen von Substanzen (Flüssigkeiten, Knete, Perlen etc.). Kinder können jetzt trotz einer veränderten Form erkennen, dass die Masse sich nicht verändert hat. Die Kinder können sich Denkschritte vorstellen. Denkoperationen können

umgekehrt und zu ihrem Ausgangspunkt zurückverfolgt werden. Dies sollte in der Praxis ganzheitlich gefördert werden, z. B. durch
- Denk- und Ratespiele,
- Experimente,
- Vergleiche anstellen, auch zwischen unterschiedlichen Wissensbereichen, u. a. durch Projekte,
- Hinweise auf Ähnlichkeiten (Farbe, Form, Größe, Oberflächenbeschaffenheit),
- Einbeziehen vorhandenen Wissens,
- Beantwortung realitätsnaher Fragen.

Auch wenn nicht alle Kinder wissenschaftliche Erklärungen verstehen, ist ihnen mehr Wissenschaft zuzutrauen als häufig angenommen (vgl. Bründel, 2005, S. 74). Im Hinblick auf den Übergang in die Grundschule sollte das Bewusstsein für Mengen und Zahlen bereits vor Eintritt in die Schule bzw. mit Eintritt in die Kindertageseinrichtung spielerisch aufgegriffen werden. Kinder in der sozialpädagogischen Einrichtung können auf verschiedene Art und Weise mit Regulationen wie größer/kleiner, dicker/dünner, mehr/weniger vertraut gemacht werden und das Zuordnen und Vergleichen von Gegenständen fällt zunehmend leichter.

Sozial-emotionale Entwicklung

Das Kind differenziert seine Gefühlswelt weiter aus, dabei spielen kognitive und soziale Prozesse eine wesentliche Rolle.

Im sechsten Lebensjahr entstehen erste **engere Freundschaften**, die Zahl der Freunde ist zunächst auf wenige Kinder begrenzt und nimmt im Laufe der Zeit allmählich zu. Kinder geben während der gesamten Kindheit meist gleichgeschlechtlichen Freunden den Vorzug. Freundschaften haben für die Kinder in sozialer und persönlicher Hinsicht folgende **Funktionen**:
- Die Kinder fühlen sich zu zweit stärker.
- Die Freundschaft stärkt das Selbstbewusstsein und das Selbstvertrauen.
- Durch die Rückmeldungen der Freunde lernt man sich selbst mit seinen Stärken und Schwächen besser kennen.
- Freundschaften erleichtern ein Durchsetzen in der Gruppe.
- Man lernt, Kompromisse einzugehen.
- Gemeinsame Entdeckungen und Absprachen fördern das Arbeiten in Teams.

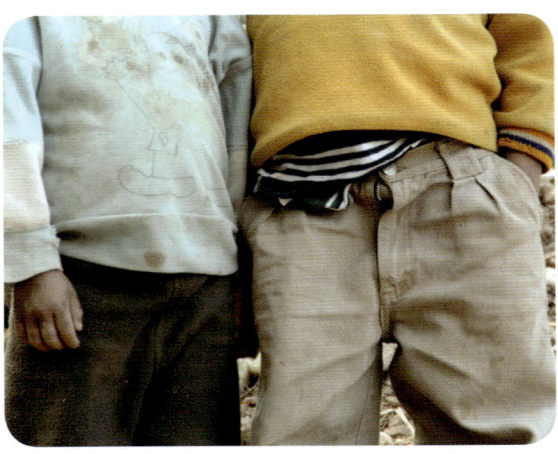

Freundschaften zu suchen und einzugehen, ist eine Fähigkeit, die eng mit der Fähigkeit, zu streiten und Antipathien zu bilden, zusammenhängt. In der sozialpädagogischen Einrichtung ist es somit wichtig, Streitigkeiten zuzulassen. Kinderstreitigkeiten und Abneigungen gegen andere Kinder sind pädagogische Anlässe, in denen **Konfliktlösestrategien** gelernt werden können (vgl. Böcher, 2006, S. 170 f.).

Während der Übergangszeit von der Kindertageseinrichtung zur Grundschule werden Veränderungen im zwischenmenschlichen Bereich deutlich, mit denen das Kind zurechtkommen muss. Abschiede und Neuanfänge müssen bewältigt werden. Vielen Kindern fällt der Übergang im zwischenmenschlichen Bereich leichter, wenn sie mit einem befreundeten Kind in derselben Grundschule eingeschult werden (vgl. Kasten, 2007, S. 243).

Sprachentwicklung

Im sechsten Lebensjahr differenziert jedes Kind individuell seine Sprachkompetenzen. Kognitive, soziale und emotionale Entwicklungen stehen in sehr enger Wechselwirkung zu der Sprache. Die Kinder beherrschen jetzt die s- und sch-Laute, auch in verschiedenen Variationen, z. B. Straße, Pflanze. Mit ca. sechs Jahren können Kinder alle Laute ihrer Erstsprache bilden (vgl. Iven, 2006, S. 45). Der Spracherwerb ist in seinen Grundzügen abgeschlossen, aber in der sozialpädagogischen Praxis gibt es immer mehr Kinder, die Defizite im Sprachverständnis und beim Sprechen haben (vgl. Ulich, 2009). **Sprachförderung** ist demnach ein zentrales Anliegen in allen Bildungsplänen der Bundesländer (vgl. Kap. 3.4.8). Mit Blick auf den Übergang in die Grundschule sind

Alter	Wortschatz	Artikulation	Grammatik	Beispiel
ca. 0,5 Jahre		Gurren, Schreien, Lallen		
ca. 1 Jahr		Erste Worte, verschiedene Laute		ba-ba, ga-ga, lala
ca. 1,5 Jahre	Einzelne Wörter	Beginn der Lautbildung mit: „m", „b", „p", „n", mit Vokal	Einwortsätze	ba, ba, ma, ma, Wau-wau
ca. 2 Jahre	Bis zu 50 Wörter	Es kommen Laute hinzu wie „w", „f", „t" …	Zweiwortsätze, Fragealter	Lala machen (CD anstellen)
ca. 2,5 Jahre	Wortschatz nimmt stark zu, Wortschöpfungen	„K", „g", „ch", „r"	Zunahme der Mehrwortsätze, Endungen an Wörtern beliebig, erster Gebrauch von „ich"	Du auch Bift! (Stift) Meiner großen Schaufel
ca. 3 Jahre	Wortschatz steigt erheblich an	Schwierige Lautverbindungen werden zunehmend versucht wie „kn", „bl", „gr" …	„Warum, weshalb?": einfache Sätze werden gebildet; erste Bildung von Nebensätzen	Warum Mama machst du ab?
ca. 4 Jahre	Farben und Fürwörter werden verwendet	Die Laute der Erstsprache werden beherrscht – schwierig bleiben Zischlaute	Komplexe Sätze, Satzkonstruktionen können noch fehlerhaft sein, Nebensätze werden richtig gebraucht	Gestern war ich (sch)wimmen und bin von Einmeterbrett gesprungt
ca. 6 Jahre	Differenzierter Ausdruck wird möglich	Alle Laute werden korrekt gebildet	Grammatik wird weitestgehend beherrscht, verschiedene Zeit- und Pluralformen werden verwendet, Geschichten können nacherzählt werden	Als ich noch kleiner war, hat die Oma immer mein Brot geschmiert

Phasen der Sprachentwicklung 0,5 bis 6 Jahre (Böcher, 2007, S. 208)

die Vorerfahrungen mit Buchstaben und Lauten für den Schriftspracherwerb und die Lesekompetenz zentral (Literacy). Besonders das Schulen des **phonologischen Bewusstseins** ist eine grundlegende Voraussetzung für den Schriftspracherwerb. Kinder sollen die lautliche Struktur einer Sprache verstehen lernen, indem sie ihr Gehör für die Laute schulen und mit den Wort- und Satzstrukturen vertraut gemacht werden. Erzieherinnen können dies im Alltag fördern, z. B. durch Singspiele, Fingerspiele, Abzählverse, Reime etc. Leselust kann in der Praxis durch vorlesen oder Bilderbücher betrachten geweckt werden.

Schulfähigkeit oder Schulreife

In der Kindertageseinrichtung sind die Fünfjährigen „die Großen" und der Übergang in die Grundschule rückt näher. Die Vorbereitung und Begleitung dieses Lebensereignisses durch die Kooperation von Eltern, Lehrern und sozialpädagogischen Fachkräften ist sehr wichtig. Die Frage, was Kinder können sollten, um die Schule zu besuchen, beschäftigt alle Beteiligten. Der Begriff der Schulfähigkeit ist nicht mit dem veralteten Begriff der Schulreife zu verwechseln. Beide Begriffe tauchen im Zusammenhang mit Vorschulkindern auf, meinen aber etwas ganz Unterschiedliches.

Das Konzept der **Schulreife** setzte voraus, dass alle Kinder innere Reifungsprozesse in etwa gleich durchlaufen und abschließen. Dabei wurde der Umwelt eine geringe Bedeutung beigemessen, es wurde darauf vertraut, dass irgendwann jedes Kind „reif" ist (vgl. Bründel, 2005, S. 40). Aus heutiger Sicht weiß man, dass das Heranreifen eines Kindes nicht ausreicht, um die Kompetenzen zu erlangen, die es braucht, um die Anforderungen der Schule zu bestehen. Der Begriff der

„Schulreife" hat sich umgangssprachlich erhalten, während in der Fachsprache der Begriff „Schulfähigkeit" bevorzugt wird.

Der Begriff **Schulfähigkeit** berücksichtigt die individuellen Eigenschaften und Unterschiedlichkeiten von Kindern. Kinder reagieren, je nach Ausgangslage und Entwicklungsbedingungen, auf Impulse, Hilfe und Unterstützung unterschiedlich und sind daher zu unterschiedlichen Zeitpunkten fähig, die Schule zu besuchen (vgl. Bründel, 2005, S. 41). Die Schulfähigkeit eines Kindes ist immer durch viele Faktoren beeinflusst. Das Bildungsangebot der Kindertagesstätte, die Anforderungen der Grundschule, die Erwartungen des Fachpersonals und die Gruppen- bzw. Klassenzusammensetzungen beeinflussen die Beurteilung der Schulfähigkeit des Kindes und auch die Lern- und Lebensumwelt des Kindes. Ob ein Kind schulfähig ist, kann demnach nur unter Berücksichtigung aller Faktoren und aller Bedingungen festgestellt werden. Es handelt sich um keine feste Größe oder Norm, die gemessen werden kann (vgl. Bründel, 2005, S. 42).

Es ist vielmehr ein Aushandelprozess zwischen allen Beteiligten: Familie, Kindertagesstätte, Schule. Folgende Grundvoraussetzungen sind für die Feststellung der Schulfähigkeit wichtig:
- körperlich-gesundheitliche Voraussetzungen
- kognitive Voraussetzungen
- soziale Voraussetzungen

Die folgende Abbildung verdeutlicht, dass die Schulfähigkeit von vielen Faktoren beeinflusst ist. Die unterschiedlich hohen Kompetenzbereiche sollen darstellen, dass nicht jedes Kind mit den gleichen Kompetenzen die Kindertageseinrichtung verlässt. Jedes Kind ist hier individuell von möglichst allen Beteiligten zu beurteilen, inwiefern es schulfähig ist.

Für die Kinder ist es wichtig, ihre Wünsche und Ängste zum Thema Einschulung in der sozialpädagogischen Einrichtung thematisieren zu können und auf die neue Situation eingestimmt zu werden.

Zusammenarbeit durch Kooperation

Kindertagesstätte und Grundschule sind in Deutschland immer noch zwei getrennte Bildungssysteme und es gibt keine einheitliche Regelung für die Zusammenarbeit beider Institutionen. Viele Bundesländer sind sich darüber einig, dass eine Kooperation für die Gestaltung des Übergangs förderlich und sinnvoll ist. Folgende Möglichkeiten zur Kooperation sind denkbar:
- gegenseitiges Kennenlernen
- Austausch von Informationen
- Einbeziehung der Eltern

Die Zusammenarbeit kann besser gelingen, wenn die Institutionen sich untereinander über ihre Ziele, Strukturen und Konzepte informieren. Je mehr Wissen über die pädagogische Arbeit ausgetauscht wird, desto mehr Kontinuität kann das Kind beim Wechsel in die Grundschule erfahren. Das Einbeziehen der Eltern mit ihren Wünschen und Erwartungen ist wichtig, da sie das Wohlbefinden der Kinder positiv und negativ beeinflussen (vgl. Böcher, 2008, S. 150).

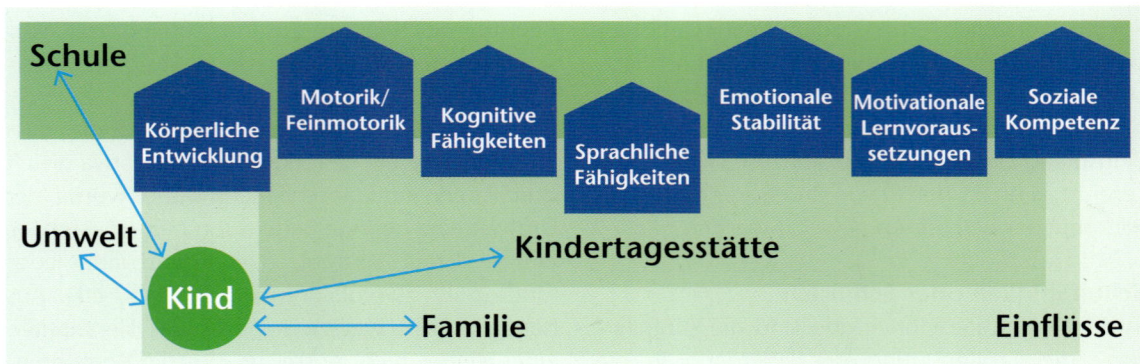

(Böcher, 2008, S. 146)

2.6 Kinder im Alter von 6 bis 12 Jahren

Im Folgenden werden die entwicklungspsychologischen Veränderungen von Sechs- bis Zwölfjährigen näher dargestellt. Die Selbstwahrnehmung differenziert sich zunehmend, was durch das Vergleichen, Aushandeln und Streiten mit Gleichaltrigen verstärkt wird. Freundschaften werden wichtiger, hierdurch können Freude, Sorgen und Nöte geteilt werden. Die Kinder lernen, miteinander zu kooperieren und im Team zusammenzuarbeiten. Nur sozialpädagogische Fachkräfte, die die Entwicklung von Kindern kennen und sich der Interessen und Bedürfnisse von Schulkindern bewusst sind, können den Kindern und Eltern ein qualitativ hochwertiges Betreuungsangebot bieten.

Für sozialpädagogische Fachkräfte soll hier noch einmal die Wichtigkeit der Begleitung von Übergängen in andere Institutionen hervorgehoben werden (vgl. Kap. 2.5.4). Je nach Bundesland ist die Erziehung, Bildung und Betreuung von Schulkindern in diesem Alter sowie der Ausbau von Angeboten unterschiedlich organisiert und fokussiert (vgl. Kap. 1.5). Die Betreuung kann somit in der Verantwortung der Schulen liegen, aber auch von eigenständigen Trägern organisiert sein. Es kann vorkommen, dass Kinder nicht nur einen Übergang zu bewältigen haben, sondern gleich mehrere. Die Bewältigung dieser Übergänge stellt für die Kinder eine wichtige Entwicklungsaufgabe dar. Sozialpädagogische Fachkräfte in allen Institutionen sind gefordert, diese Übergänge mit allen Beteiligten positiv zu gestalten.

2.6.1 Entwicklungsaufgaben in der Kindheit

Beim Schuleintritt werden die Rollen des Kindes innerhalb der Familie, im Verhältnis zu Freunden, sozialpädagogischen Fachkräften und zu Lehrkräften neu geordnet. Meistens verstärkt sich die Leistungsmotivation, u. a. weil die Kinder sich mit anderen vergleichen. Selbstständigkeit, Gruppenfähigkeit, Ausdrucksfähigkeit und Durchsetzungskraft sind wichtige Fähigkeiten, auf die die Kinder beim Bewältigen der Entwicklungsaufgaben angewiesen sind.

Folgende **Entwicklungsaufgaben** können nach Havighurst bis zum vollendeten zwölften Lebensjahr genannt werden (vgl. Kap. 2.5.1):

- Weiterentwicklung körperlicher Geschicklichkeit
- Entwicklung und Verfestigung einer positiven Einstellung zu sich selbst
- Gleichaltrige akzeptieren und sich in eine Gruppe einfügen
- Identifikation mit dem eigenen Geschlecht
- Entwicklung grundlegender Fertigkeiten im Lesen, Schreiben, Rechnen
- Entwicklung von Denkschemata für das Leben im Alltag
- Entwicklung von Gewissen und Moral sowie einer Werteskala
- Entfaltung persönlicher Unabhängigkeit
- Entwicklung von Einstellungen gegenüber sozialen Gruppen und Institutionen
- Bewältigung von Übergängen in Begleitung (Transitionen)

In der neueren Literatur wird zwischen Entwicklungsaufgaben im frühen Schulalter (5 bis 7 Jahre) und im mittleren Schulalter (8 bis 12 Jahre) unterschieden (vgl. Bensel, 2004, S. 3).

Entwicklungsaufgaben im frühen Schulalter bzw. in der mittleren Kindheit (5 bis 7 Jahre) sind:

- Geschlechtsrollenidentifikation,
- einfache moralische Unterscheidungen treffen,
- konkrete Denkoperationen,
- Spiel in der Gruppe.

Entwicklungsaufgaben im mittleren Schulalter bzw. in der späten Kindheit (8 bis 12 Jahre) sind:
- Selbstbewusstsein erweitern,
- soziale Kooperation üben,
- Erlernen grundlegender Kulturtechniken wie Lesen und Schreiben etc.,
- spielen und arbeiten im Team.

2.6.2 Entwicklung von Schulkindern

Die beginnende Ablösung von der Familie, dem Elternhaus und der Eintritt in die Schule sind bedeutende Veränderungen für die Kinder. Die Eltern bleiben wichtige Bezugspersonen, aber die Kinder stellen fest, dass die Eltern nicht alles wissen und können. Durch Gleichaltrige, Erwachsene in den sozialpädagogischen Institutionen und Medien erfahren die Kinder etwas über die Welt und dies wirft bei den Schulkindern viele Fragen auf. Freundschaften werden wichtiger, die Kinder vergleichen sich untereinander. An die Kinder werden in der Schule Leistungsanforderungen gestellt und von den Erfolgen oder Misserfolgen hängt es ab, ob die Kinder Vertrauen in die eigenen Kompetenzen wie z. B. das Lesen entwickeln.

Übergänge begleiten

Übergänge (Transitionen) sollten als Entwicklungsanreiz und Entwicklungschance begriffen werden. Die Transitionsforschung zeigt, dass Übergänge auch entwicklungsfördernd sein können. Entscheidend sind hierbei die gute Begleitung durch „neue" und „alte" Bezugspersonen sowie die eigenen Potenziale des Kindes im sozialen und kognitiven Bereich. Beim Übergang von der Kindertageseinrichtung in die Grundschule verändern sich bestehende Beziehungen und Gewohnheiten oder verschwinden, während eine Reihe neuer Anforderungen dazukommen, wie z. B. die Eingliederung in eine neue Gruppe, ein neues Umfeld etc. Wenn die Auseinandersetzung mit diesen Anforderungen misslingt, besteht ein erhöhtes Risiko für psychische Störungen. Eine neue Umgebung stellt für das Kind aber auch eine Chance dar, wenn es dort positiven Einflüssen ausgesetzt ist.

Körperliche und motorische Entwicklung

Die Körperproportionen und das Erscheinungsbild haben sich verändert und werden dem eines Erwachsenen ähnlicher. Rundliche Körperformen, große Augen, Stupsnase sind verschwunden. Der große vorstehende Bauch des Kleinkindes wird flach. Das Kind hat die ersten bleibenden Zähne. Der Körper verändert sich jetzt nicht mehr so schnell wie im Vorschulalter. Das Bedürfnis nach Schlaf sinkt von elf auf neun Stunden und die ausgeprägte Lust an der Bewegung ist ein wesentliches Merkmal dieser Altersspanne. Geschicklichkeit und rhythmische Bewegungsfähigkeit werden weiter ausdifferenziert (vgl. Werner, 2007, S. 4). Eine gute Körperkoordination ist für motorische Aktivitäten und Sporttreiben eine Grundvoraussetzung. Durch Übungen kann diese Fähigkeit gesteigert bzw. gefördert werden. Zudem sind positive körperliche Erfahrungen von zentraler Bedeutung für das **Selbstkonzept**: Ob das Kind sich für stark oder schwach hält, ob es Vertrauen in seine Fähigkeiten hat oder schnell aufgibt, ist abhängig von seinem Selbstbild (vgl. Zimmer, 1997, 7). Bewegung und Spiel bieten eine große Anzahl an Erfahrungsspielräumen, in denen neben den motorischen Fähigkeiten auch soziale Fähigkeiten weiterentwickelt werden können. Die Bewegungslust von Kindern ist in dieser Altersspanne sehr hoch und sollte nicht gehemmt werden.

Jungen können jetzt den Vorsprung der Mädchen im motorischen Bereich aufholen, sie gewinnen schnell an Koordinationsfähigkeiten dazu. Sie verfügen über ein breites Spektrum an Bewegungsformen und sind den Mädchen in grobmotorischen Bewegungsabläufen, die auf Kraft ausgelegt sind, überlegen. Bis zum Alter von zwölf Jahren ist die sportliche Leistungsfähigkeit von Jungen und Mädchen ähnlich, erst mit Beginn der Pubertät kommt es zu erheblichen Unterschieden.

Das Wachstum von Jungen und Mädchen verläuft mit etwa 6 cm pro Jahr langsamer als zuvor. Das Körpergewicht nimmt um 2 bis 3,5 kg pro Jahr zu. Es kann aber durchaus bedingt durch Lebensweise und Erbanlagen zu erheblichen Unterschieden zwischen Gleichaltrigen kommen (vgl. Mietzel, 2002, S. 294).

Kognitive Entwicklung

Die Denkleistungen des Grundschulkindes verändern sich. Nach Piaget befindet sich das Kind auf der konkret-operationalen Stufe (vgl. Kap. 2.4.3). Kinder sind jetzt in der Lage, z. B. Teilmengen mit einer Gesamtmenge zu vergleichen. Kinder erkennen, dass unterschiedlich geformte Gefäße die gleiche Menge an Flüssigkeit enthalten.

Das Denken der Kinder im Alter von sieben bis acht Jahren macht einen Entwicklungsfortschritt, es wird sachorientierter. Das Kind ist nach Piaget zu Operationen (verinnerlichten Handlungen) fähig und in der Lage, beobachtbare Ereignisfolgen gedanklich umzukehren (Reversibilität).

Kinder wollen die Dinge der Welt entdecken und sind sehr daran interessiert, immer mehr Zusammenhänge zu erkennen und verstehen. Details und kleine, kaum erkennbare Unterschiede von Objekten werden wahrgenommen. Das Sammeln von allen möglichen Gegenständen wie Steine, Muscheln, Sticker etc. wird bei vielen Kindern zum Hobby.

Die Konzentration steigt und das Gedächtnis des Kindes ist wesentlich leistungsfähiger. Kinder können immer besser Probleme erkennen und Lösungen aufzeigen. Logische Fähigkeiten verbessern sich ebenfalls enorm, im Alter ab zehn Jahren werden Logikaufgaben sicher gelöst.

Sozial-emotionale Entwicklung

Die Vorstellungen, die ein Mensch von sich selbst hat, nennt man auch **Selbstkonzept** oder Selbstbild. Kinder im Grundschulalter verfügen inzwischen über ein relativ stabiles Selbstbild, welches sich immer weiter differenziert und mit zunehmendem Alter realistischer wird. Sie nehmen sich immer bewusster als Mädchen oder Junge wahr und die Geschlechtsidentität wächst. Sie können sagen, wie sie nach eigenem Eindruck aussehen, wie beliebt sie bei Gleichaltrigen sind oder in welchem Schulfach sie am besten sind. Sie wissen, dass sie etwas erreichen können (Selbstwirksamkeit). Achtjährige können auf Befragen mitteilen, ob sie mit ihrem Leben zufrieden sind. Eine solche Aussage gibt Aufschluss über das Selbstwertgefühl des Kindes.

Das **Selbstwertgefühl** setzt sich aus zwei verschiedenen Werturteilen zusammen: Zum einen bewertet der Mensch die Bedeutung von Tätigkeiten, Beziehungen und Kompetenzen (wie wichtig findet er beispielsweise, Sport zu treiben, Freunde zu haben oder gut in der Schule zu sein). Zum anderen schätzt er sich selber in Bezug auf diese Kategorien ein und beurteilt sich. Wenn ein Junge zum Beispiel einen hohen Wert darauf legt, ein guter Schüler zu sein, wird er ein geringeres Selbstwertgefühl haben, wenn er nur schlechte Zensuren erhält. Eine Mitschülerin hat vielleicht genauso schlechte Zensuren, aber ein höheres Selbstwertgefühl, weil sie Freundschaften für sehr wichtig hält, also höher bewertet als schulische Arbeit. Wichtig ist, dass sie tatsächlich auch Freundschaften hat, d. h. im Kreise ihrer Freunde anerkannt ist. Außerdem ist die Wertschätzung durch wichtige Personen wie Eltern, Gleichaltrige und sozialpädagogische Fachkräfte für die Entwicklung des Selbstwertgefühls von großer Bedeutung. Ein hohes oder positives Selbstwertgefühl setzt also sowohl voraus, dass der Mensch den eigenen Wunschvorstellungen in Bezug auf hoch bewertete Bereiche nahekommt, als auch, dass er

Zuspruch, Anerkennung und Akzeptanz von wichtigen Personen erhält (vgl. Mietzel, 2002, S. 296).

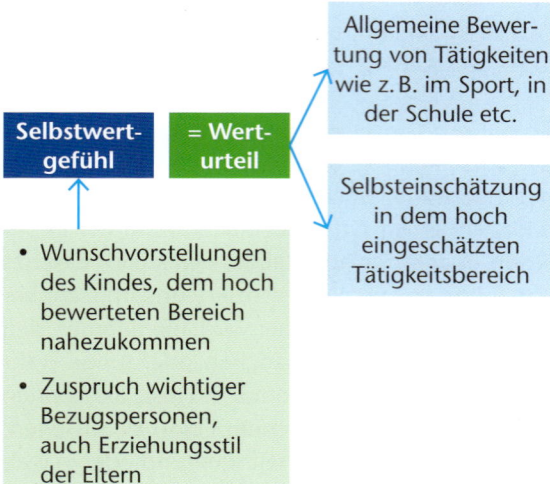

Entstehung und Einflüsse auf das Selbstwertgefühl

Emotionen

Eigene Gefühle zu regulieren oder die des Gegenübers einzuschätzen, gelingt Kindern im Grundschulalter immer besser. Gerade eingeschulte Kinder sind noch sehr überzeugt von ihren Fähigkeiten in allen Bereichen. Durch den Schulalltag kommt es verstärkt zu Situationen, in denen das Kind sich mit einem Gleichaltrigen vergleicht. Das Selbstbild differenziert sich auf diese Art und Weise immer weiter. Durch die realistische Einschätzung eigener Fähigkeiten treten aber auch Situationen ein, in denen das Selbstwertgefühl sich mindert. Grundschulkinder sind demnach sehr oft mit Gefühlsschwankungen beschäftigt und es gelingt ihnen immer besser, diese zu regulieren.

Sechsjährige wissen bereits, dass Menschen auch Gefühle verbergen oder in der gleichen Situation unterschiedliche Gefühle haben können. Sie begreifen, dass ein Mensch auch widersprüchliche Gefühle haben kann: Zum Beispiel freut man sich über eine gute Note und ist gleichzeitig unglücklich, da der beste Freund eine sehr schlechte Note hat. Inwieweit Kinder Ereignisse und Gefühle miteinander verbinden, kann man auch an ihrem Erzählverhalten erkennen. Sechsjährige erzählen mit vielen „und dann"-Formulierungen, was eine Person getan hat und welche Gefühle damit verbunden sind. Ein elfjähriges Kind benutzt dagegen häufig das Wort „weil". Kinder diesen Alters können das Geschehen beschreiben, sie erkennen einen Zusammenhang zwischen dem Verhalten der beteiligten Personen und sie ziehen eine Schlussfolgerung zwischen Gedanken, Absichten und Gefühlen. Es gelingt ihnen somit, Schlussfolgerungen darüber anzustellen, was in einem Menschen vor sich geht (vgl. Baacke, 1999, S. 210).

Emotional stabile und sozial kompetente Kinder können ihre Gefühle gut regulieren, zeigen häufig positive Gefühle und sind in der Lage, sich in ihre Mitschülerinnen und Mitschüler hineinzuversetzen. Sie sind imstande, mit Kindern aus ihrer Gruppe zu kooperieren, was sich positiv auf den Schulerfolg auswirkt.

Leistungsmotivation und Spielverhalten

Je nach Vorerfahrungen sind die Handlungen eines Kindes motiviert durch Erfolgs- oder Misserfolgserwartungen. Im ersten Fall traut das Kind sich beispielsweise, mit Anlauf über ein Hindernis zu springen, weil es aufgrund seiner positiven Selbsteinschätzung an den Erfolg glaubt. Selbst wenn das Hindernis doch zu hoch war und dem Kind die Aufgabe misslingt, kann es den Misserfolg emotional verkraften. Es gewinnt neue Erkenntnis über seine Fähigkeiten und wird sich in weiteren Versuchen langsam an seine Leistungsgrenze herantasten. Im zweiten Fall traut sich das Kind nicht zu springen, weil es entweder aufgrund negativer Selbsteinschätzung seine vorhandenen Erfolgschancen nicht erkennt oder weil es einen Misserfolg nicht verkraften würde und deshalb von vornherein zu vermeiden versucht. Leistungsmotivation entwickelt sich durch einen Abgleich von Erwartung und Effekt in unterschiedlichsten (Alltags-)Zusammenhängen. Das Kind macht also positive und negative Erfahrungen, die sein Handeln und seine Gefühle bzw. Emotionen für die Zukunft prägen. Schon mit viereinhalb Jahren setzt sich ein Kind für anstehende Aufgaben Ziele, die es auf vorangegangene Misserfolge oder Erfolge abstimmt (vgl. Haug-Schnabel/Bensel, 2005, S. 149).

Im Alter von sechs bis zwölf Jahren sind Kinder sehr wettbewerbsorientiert. Sie vergleichen sich und wetteifern gerne, was aber auch schnell zu einer Konkurrenz und damit verbundenen Konfrontation führen kann. Sozialpädagogische

Fachkräfte sollten darauf achten, dass Einzelne sich durch zu viel Ehrgeiz nicht selbst isolieren oder durch ständiges Verlieren resignieren.

Das Regelspiel in Form von Karten- und Brettspielen ist im Alter von acht bis zwölf Jahren sehr beliebt. Das Kind trainiert seine soziale Anpassungsfähigkeit und durchlebt Gefühle des Gewinners und des Verlierers.

Niederlagen ertragen zu lernen, ist im Rahmen von Mannschaftsspielen leichter. Kooperation und Rücksichtnahme sind wichtig, um gemeinsam ein Ziel zu erreichen. Sozialpädagogische Fachkräfte sollten ein breites Spektrum an Kooperations- und Wettkampfspielen in ihrem Repertoire haben.

Eltern und Erzieherinnen haben einen großen Anteil daran, welche Erfahrungen ein Kind macht. Sie können über die Gestaltung der Lebenswelt, über die Auswahl von Räumen und Materialien die Erwartungen des Kindes und seine Leistungen beeinflussen. Kinder, die häufig positive Erfahrungen machen, verlieren ihre Ängste und werden offener für Neues. Sie sind zuversichtlicher und selbstbewusster in ihrem Auftreten und Handeln. Im Grundschulalter können Kinder zwischen dem Erfolg durch eigenes Können oder durch Glück unterscheiden. Im Alter von ca. zehn Jahren werden eigene Fähigkeiten als Erklärung von Leistungen herangezogen.

Freundschaften

Freundschaftliche Beziehungen werden jetzt zunehmend wichtiger für die Schulkinder. Sobald Kinder aufgrund ihrer kognitiven Entwicklung in der Lage sind, Personen miteinander zu vergleichen und hinter bestimmten Aktivitäten Persönlichkeitsmerkmale zu entdecken, verbessert sich die Voraussetzung zur Entwicklung von stabilen Freundschaften.

Das Aufbauen von Freundschaften hängt eng mit sozialer Kompetenz zusammen, wie z. B. genau zu beobachten, nonverbale Signale zu erkennen und selbst einzusetzen, sich in sein Gegenüber einzufühlen und hineinversetzen zu können. Dies sind wichtige Kompetenzen, um freundschaftliche Beziehungen zu entwickeln. Das Integrieren in eine bereits laufende Spielrunde am Tisch oder ein Rollenspiel etc. ist eine komplexe Aufgabe, die sozial kompetenten Kindern besser gelingt. Das Vorbildverhalten der sozialpädagogischen Fachkräfte und der Dialog über zwischenmenschliche Verhaltensweisen und Gruppenregeln können Kinder mit geringer ausgeprägter Sozialkompetenz für zukünftige Situationen sensibilisieren.

In der Vorschulzeit ist die räumliche Nähe für eine Freundschaft noch sehr ausschlaggebend, da die Kinder in ihren Wahlmöglichkeiten eingeschränkt sind. Im Alter zwischen acht und zehn Jahren kann das gleiche Alter für oder gegen eine Freundschaft sprechen. Generell sind die Akzeptanz und das Gefühl der Zugehörigkeit in der mittleren Kindheit wichtige Themen und beeinflussen Freundschaften. Kinder achten mit zunehmendem Alter auf Ähnlichkeiten und Werthaltungen, während räumliche Nähe und das gleiche Alter unwichtiger werden (vgl. Oerter/Montada, 2008, S. 260). Freundschaften werden im Laufe der Zeit immer stabiler und das Verhalten gegenüber Freunden ist differenzierter als anderen Kindern gegenüber. Wettkämpfe werden unter Freunden eher vermieden. Kinder in einer Freundschaftsbeziehung, die einen gemeinsamen Konflikt lösen müssen, können dies oft erfolgreicher tun. Sie verhandeln länger und kommen eher zu einer Kompromisslösung. Zur Aufrechterhaltung von Freundschaften sind soziale Kompetenzen wichtig.

Zu Beginn der Grundschulzeit gibt es kaum Freundschaften zwischen Jungen und Mädchen. Eine unsichtbare Grenze scheint die Geschlechter voneinander zu trennen. In dieser Phase kommt es vor, dass sie sich gegenseitig verhöhnen und zurückweisen. Für Kinder bedeutet die Abwertung des anderen Geschlechts eine Aufwertung des eigenen Geschlechts und ist eine Art Selbstvergewisserung, um sich selbst besser als Junge oder Mädchen zu begreifen. Kontakte unter den Geschlechtern finden aber dennoch statt, und zwar unter Regeln, die von den Kindern selbst geschaffen sind (vgl. Mietzel, 2002,

S. 316). Auf dem Schulhof kann man beobachten, wie Mädchen Jungen fangen oder Jungen Mädchen necken. In der folgenden Übersicht werden einige Regeln dargestellt.

Kinder, die diese Regeln immer wieder missachten, gelten als sozial ungeschickt und sind meist weniger sozial kompetent.

Regel	Beispiel
Der Kontakt kommt zufällig zustande.	Du siehst nicht genau, wohin du gehst und stößt zufälligerweise mit einem Kind des anderen Geschlechts zusammen.
Der Kontakt kommt beiläufig zustande.	Du holst Limonade und musst warten, da zwei Kinder des anderen Geschlechts gerade bedient werden (Unterhaltung mit ihnen nicht zulässig).
Mit dem Kontakt ist ein klarer und notwendiger Zweck verbunden.	Du sagst zu einem Kind des anderen Geschlechts am Nachbartisch: „Gib bitte die Limonade weiter!" Es wird ihm gegenüber keinerlei Interesse zum Ausdruck gebracht.
Ein Erwachsener veranlasst dich zu einem Kontakt.	Ein Lehrer sagt: „Lass dir die Karte von X und Y geben und bring sie mit!"
Dich begleitet ein Kind deines Geschlechts.	Zwei Mädchen können mit zwei Jungen sprechen, aber die jeweils Gleichgeschlechtlichen müssen ziemlich dicht zusammenstehen, Vertrautheit mit dem anderen Geschlecht ist nicht zulässig.
Während des Kontakts muss herausgestellt werden, dass man keinerlei Interesse oder irgendwelche Sympathien für das andere Geschlecht hat.	Du bezeichnest Kinder des anderen Geschlechts als grässlich oder rufst ihnen irgendwelche Beleidigungen nach, oder (kennzeichnend für Jungen): du beschießt oder bewirfst sie mit etwas in dem Moment, in dem sie vorbeigehen.

Auswahl von Regeln (nach Alan Sroufe), unter denen im Grundschulalter Kontakte zwischen Jungen und Mädchen stattfinden (Mietzel, 2002, S. 316)

Etwa ein Fünftel der Kinder pflegt schon Freundschaften über diese Geschlechtergrenze hinweg. Der überwiegende Teil der Jungen und Mädchen knüpft bis zum elften Lebensjahr eher gleichgeschlechtliche Freundschaften. Danach löst sich die Geschlechtertrennung allmählich auf, gleichzeitig lockert sich dann auch die Beziehung gleichgeschlechtlicher Freunde (vgl. Mietzel, 2002, S. 317).

Psychosexuelle Entwicklung

Schon vor dem Eintritt der Pubertät verändert sich das sexuelle Empfinden und Verhalten von Jungen und Mädchen. Manche Dritt- und Viertklässler tauschen bereits Zärtlichkeiten miteinander aus oder „gehen" miteinander. Für Kinder ist ihr Verliebtsein eine ernste Angelegenheit, wenngleich diese ersten Versuche in Sachen Liebe auch noch sehr kurzweilig sind. Das Schamgefühl der Kinder hat sich verstärkt und eventuelle Körpererkundungen werden sehr geheim gehalten. Es ist aber nichts Ungewöhnliches, wenn Schulfreundschaften, Nachbarschaft oder Verwandtschaft von Jungen und Mädchen dafür genutzt werden, sich körperlich näherzukommen. Solche Erkundungen können auch unter Kindern gleichen Geschlechts stattfinden. Meist bereiten diese Erkundungen den Kindern großes Vergnügen und sind altersgemäß, wenn sie mit gegenseitigem Einverständnis stattfinden. Mitunter werden sozialpädagogische Fachkräfte ungewollt Zeuge solcher Aktivitäten. Überzogene Reaktionen können bei Kindern falsche Gefühle erzeugen. Vorsicht ist dann geboten, wenn der Altersunterschied zwischen Kindern zu groß ist oder Kinder zu etwas gezwungen werden, was sie nicht wollen. Das Spiel sollte dann unterbrochen werden und ein Gespräch sollte stattfinden (vgl. Gnielka, 2009, S. 20).

Aufklärung wird früher oder später auch in der Schule stattfinden und sozialpädagogische Fachkräfte können in die Situation kommen, Fragen zu dem Thema der Sexualität zu beantworten. Im Alter von elf und zwölf Jahren zeigen sich häufig schon Anzeichen der beginnenden Geschlechtsreife, ein sexualpädagogisches Konzept ist demnach nicht nur für den Kindertagesbereich, sondern auch für die Betreuungsinstitutionen von Schulkindern sinnvoll und unumgänglich.

Sprachliche Entwicklung

Die verbale Kommunikation perfektioniert sich. Kinder können sich zunehmend dem Kommunikationsstil des Gesprächspartners anpassen. Sie berücksichtigen die Vorkenntnisse und das altersabhängige Wissen des Gesprächspartners. Sachverhalte werden Erwachsenen anders erklärt als Gleichaltrigen. Aber auch mit jüngeren Gesprächspartnern wird anders kommuniziert.

Sprache ist ein wichtiger und bevorzugter Informationsträger. Wissens-, Verständnis- und Sinnfragen nehmen erheblich zu. Mitunter ist der Gesprächspartner mit der Beantwortung dieser Fragen überfordert, besonders wenn es sich um physikalische und naturwissenschaftliche Themengebiete handelt. Sozialpädagogische Fachkräfte sollten Kindern keine falschen Antworten geben, um sie zufriedenzustellen. Fragen fördert das Erkundungsverhalten von Kindern und sollte nie ignoriert werden (vgl. Haug-Schnabel/Bensel, 2005, S. 147).

In der Kindheitsphase nimmt der Gebrauch von derbem Vokabular, Schimpfwörtern, anstößigen Witzen und sexuellen Anzüglichkeiten zu. Einerseits grenzen sich die Geschlechter voneinander ab, anderseits eignen sich Sprüche und „Kitzeleien" auch, um das andere Geschlecht zu necken und zu ärgern bzw. sich näherzukommen. Besonders Sexualität in all ihren Fassetten weckt die Neugier der Kinder. Zeitschriften, Liedtexte der Lieblingsband sowie Serien, Filme und Spots im Fernsehen und Internet liefern eine Fülle von Reizen. Sozialpädagogische Fachkräfte sollten offen und altersgerecht mit dem Thema Sexualität umgehen.

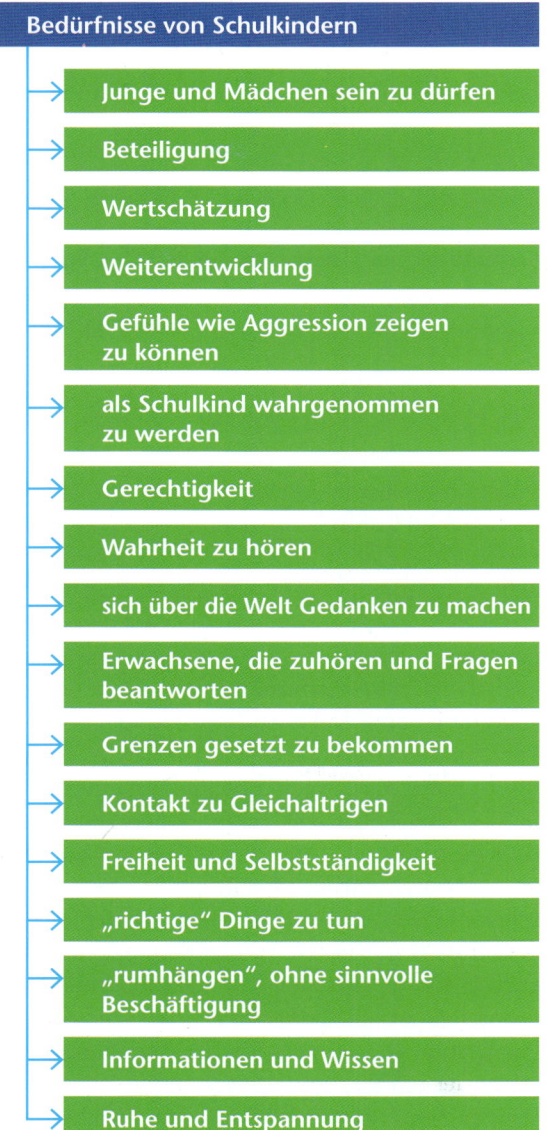

(vgl. Vollmer, 2008, S. 11)

2.6.3 Konsequenzen für die Praxis

In der Kindheit entscheidet es sich, ob Entwicklungspotenziale des Einzelnen zur vollen Entfaltung gelangen. Anregende und strukturierte Angebote auch durch sozialpädagogische Fachkräfte sind wichtige Voraussetzungen (vgl. Oerter, 2008, S. 270).

Schulkinder haben andere Bedürfnisse als Kinder in der Kindertageseinrichtung und diese gilt es als sozialpädagogische Fachkraft wahrzunehmen und angemessen darauf zu reagieren.

Sozialpädagogische Fachkräfte haben in der Freizeitgestaltung und Betreuung von Kindern im Alter von sechs bis zwölf Jahren viele verschiedene **Rollen** einzunehmen (vgl. Vollmer, 2008, S. 11 und Kap. 1.3). Sie sind

- Vorbilder,
- Beobachter,
- Impulsgeber,
- Moderatoren,
- Gesprächspartner,
- Wertevermittler,
- Materialbeschaffer,
- Raumgestalter etc.

Die Beziehung zum Kind sollte immer geprägt sein durch Wertschätzung, Ermutigung, Ressourcenorientierung und Authentizität. Dann fühlen sich Kinder und Jugendliche ernst genommen und können ungezwungen neue Erfahrungsräume entdecken bzw. auch Misserfolge verarbeiten.

Sozialpädagogische Fachkräfte sind häufig wichtige Vermittler zwischen Schule und Elternhaus. Außerdem sind sie mögliche Ansprechpartner bei der Erledigung von Hausaufgaben oder „Seelsorger" bei schlechten Schulleistungen.

Viele Kinder sind bei Schuleintritt noch davon überzeugt, dass sie ihre schulischen Leistungen selbst kontrollieren können. Je mehr ein Kind von der eigenen Kontrolle überzeugt ist, desto stärker engagiert es sich in der Schule und erhöht seine Schulleistungen. Ist ein Kind aber davon überzeugt, dass es selbst wenig Einfluss auf die eigenen Leistungen hat, wird es sich weniger anstrengen und damit seine Schulleistungen verschlechtern. Lehrkräfte, aber auch sozialpädagogische Fachkräfte haben einen großen Einfluss auf die eigenen Kontrollüberzeugungen der Kinder. Zuverlässige und vorhersagbar reagierende Lehrkräfte aber sind besser in der Lage, den Kindern das Gefühl der eigenen Kontrolle über ihre Leistungen zu verschaffen. Sie beugen Misserfolgsorientierung vor und bestärken die Erfolgsorientierung, indem sie auch leistungsschwächere Schüler loben und leistungsstärkere Schüler darauf aufmerksam machen, wenn ihre Leistungen abfallen, Anstrengungen positiv verstärken und Lernangebote mit unterschiedlichen Schwierigkeitsgraden machen. Sie sollten die Themen der Kinder aufgreifen und offene Angebote machen, sodass die Kinder wählen können, in welchem Bereich sie sich weiterentwickeln möchten. Dies sollte in einem günstigen Lebens- und Lernumfeld ermöglicht werden mit einer Öffnung nach innen und außen. Spielen ist weiterhin eine wichtige Freizeitbeschäftigung für Schulkinder dieses Alters. Besonders Rollen- und Regelspiele sind beliebt. Bewegungsspiele kommen dem Bewegungsdrang vieler Kinder sehr entgegen. Jungen verbringen dreiviertel ihrer Zeit in größeren Gruppen und wetteifern gerne (Haug-Schnabel/Bensel, 2005, S. 154). Sozialpädagogische Fachkräfte sollten sich folgender Gefahren von Konkurrenz bei Regelspielen bewusst sein, um sie unter Umständen abzuwandeln, z. B. indem sie eine oder mehrere Spielregeln ändern (vgl. Böcher, 2006, S. 37):

- Leistungsstarke Spieler werden hervorgehoben.
- Spielergebnisse stehen im Vordergrund.
- Einzelne Spieler werden isoliert.
- Abwertung und Ausgrenzung von Mitspielern ist für einzelne Kinder eine Belastung.

Die Intensität des Konkurrenzverhaltens und des Kooperationsverhaltens ist abhängig von
- den Erfahrungen der Kinder,
- der Persönlichkeit jedes Kindes,
- den Spielinhalten,
- der Spielleitung und den Rahmenbedingungen des Spiels wie Zeit, Raum, Materialien.

Lernorte als Lebensorte zu verstehen ist wichtig. Sozialpädagogische Fachkräfte sollten sich ebenfalls vor Augen führen, dass Lebensgewohnheiten wie Ess-, Trink-, Konsum-, Arbeits- und Freizeitverhalten sich in der Kindheit einprägen. Erzieherinnen sind demnach in der Lage, den Kindern dieser Altersspanne noch viele neue Erfahrungen zu ermöglichen.

Im Folgenden werden einige Handlungsempfehlungen für sozialpädagogische Fachkräfte in der Schulkindbetreuung zusammenfassend dargestellt (vgl. Vollmer, 2008, S. 19f.):

- **Wertschätzende Rückmeldung geben:** Fortschritte sollten konkret benannt werden. Ein einfaches „toll" oder „super gemacht" ist oft zu pauschal.
- **Echtes Interesse zeigen:** Genaues Nachfragen ist wichtig, sonst antworten die Kinder schnell mit „gut" und z. B. ein vorschnelles „Morgen sieht die Welt wieder anders aus" oder ähnliche Phrasen entmutigen die Kinder.
- **Kinder mit ihren Emotionen wahrnehmen:** Traurige oder wütende Kinder müssen ihren Gefühlszustand verbal und nonverbal ausdrücken dürfen. Dazu gehört auch, Aggressionen zuzulassen und angemessen abzureagieren, z. B. durch einen Boxsack oder Ähnliches.
- **Bedürfnisse erkennen:** Kinder sollten ermutigt werden, ihre Bedürfnisse zu benennen. Die sozialpädagogische Fachkraft sollte sich auf Tätigkeiten und Themen der Kinder einlassen, z. B. Sammelkarten anschauen oder Jugendzeitschriften lesen.

- **Den Kindern etwas zutrauen:** Kinder sollten häufiger herausgefordert werden, ohne sie zu überfordern. Der gemeinsame Alltag bietet hier viele Gelegenheiten, z. B. durch Beteiligung an Projekten.
- **Freiräume bieten:** Abhängig vom Alter sollten die Kinder selbstständig handeln und entscheiden, z. B. über ihre Teilnahme an Projekten oder wie viel sie essen möchten etc.
- **Schulische Belange begleiten:** Kinder müssen bei der Bewältigung von negativen Emotionen unterstützt werden. Sie werden ermutigt, selbst Lösungen zu finden. Sozialpädagogische Fachkräfte agieren auch als Vermittler zwischen Schüler und Lehrkraft.
- **Sinnfragen gemeinsam nachgehen:** Fragen nach Gott und religiöse Rituale werden unabhängig von einer bestimmten Religion beantwortet.
- **Aushandlungsprozesse begleiten:** Schulkinder entwickeln ihre Werte und Normen über Aushandlungsprozesse weiter aus. Wichtig ist, dass sie unabhängig vom Erwachsenen zu Ergebnissen und eigenen Urteilen kommen. Sozialpädagogische Fachkräfte sollten demnach nicht sofort einschreiten.
- **Werte und Normen vertreten:** Gespräche beispielsweise darüber, warum jemand etwas darf, was der andere nicht darf, helfen das eigene Wertesystem aufzubauen. Ältere Kinder hinterfragen und bewerten auch die Normen und Werte der sozialpädagogischen Fachkräfte. Diese Konflikte gehören zum Alltag.
- **Soziales Lernen fördern:** Dies beinhaltet, auch Streit zuzulassen. Nur so können Kinder lernen, in der Gruppe zu kooperieren und sich prosozial zu verhalten.
- **Gruppenleben organisieren:** Gruppenprozesse werden unter Anleitung der sozialpädagogischen Fachkräfte bewusster erlebt und können auch reflektiert werden. Die Kinder lernen, sich in der Gruppe zu äußern, z. B. in Kinderkonferenzen, aber sich auch zurückzuziehen.
- **Informationen geben:** Sozialpädagogische Fachkräfte stehen den Fragen der Kinder offen gegenüber und recherchieren mitunter zusammen mit ihnen nach Antworten.
- **Selbstbildungsprozesse unterstützen:** Die Kinder werden durch geeignetes Material, ausreichend Zeit und anregenden Raum bei der Entwicklung ihrer Selbstbildungsprozesse unterstützt.

2.7 Kinder im Alter über 12 Jahren

Zwischen der Kindheit und dem Erwachsenenalter durchläuft der Mensch die Phase der Jugend. Sie ist unterteilt in Pubertät und Adoleszenz. Verschiedene Faktoren erschweren eine klare Abgrenzung der einzelnen Phasen:
- Körperliche, psychische und soziale Veränderungen vollziehen sich zu unterschiedlichen Zeitpunkten.
- Zwischen Früh- und Spätentwicklern gibt es große individuelle Unterschiede.
- Mädchen sind im Durchschnitt eineinhalb Jahre früher in der Pubertät als Jungen.

Die Tabelle auf Seite 240 zeigt eine mögliche Unterteilung der verschiedenen Phasen des Erwachsenwerdens.

Phase	Mädchen	Jungen
Vorpubertät	10–12 Jahre	12–14 Jahre
Pubertät	12–14 Jahre	14–16 Jahre
Frühe Adoleszenz	14–15 Jahre	16–17 Jahre
Mittlere Adoleszenz	15–17 Jahre	17–19 Jahre
Späte Adoleszenz	17–19 Jahre	19–21 Jahre
Frühes Erwachsenenalter	19–25 Jahre	21–25 Jahre

Phasen des Jugendalters (vgl. Kasten, 1999, S. 15)

Jugendliche stehen vor der Aufgabe, sich der Veränderung ihres Körpers und ihrer Sexualität zu stellen, sich von den Eltern unabhängiger zu machen und zunehmend Verantwortung für das eigene Denken und Handeln und die eigene Versorgung zu übernehmen. Im Folgenden werden die Entwicklungsaufgaben in dieser Lebensphase näher dargestellt.

2.7.1 Entwicklungsaufgaben im Jugendalter

Wesentliche Entwicklungsaufgaben im Jugendalter sind (vgl. Oerter/Montada, 2008, S. 279, S. 282):

- das Aufbauen eines Freundeskreises zu beiden Geschlechtern
- das Herstellen einer engeren Beziehung (zu einem Freund bzw. einer Freundin)
- Klarheit über sich selbst gewinnen, Identitätsentwicklung (besonders bei männlichen Jugendlichen)
- den eigenen Körper akzeptieren (eher bei weiblichen Jugendlichen)
- Ausbildungs- und Berufswahl treffen
- Rollenverhalten in der Gesellschaft aneignen
- Ablösung vom Elternhaus
- Zukunftspläne entwickeln, auch zu Partnerschaft und Familie
- Werte entwickeln, die das eigene Handeln beeinflussen

Auf der nächsten Seite werden die Entwicklungsaufgaben des Jugendalters nach Havighurst im Übergang zwischen der mittleren Kindheit und dem frühen Erwachsenenalter dargestellt. Die Verbindungslinien zwischen den einzelnen Anforderungen sollen verdeutlichen, dass eine enge Wechselbeziehung zwischen einzelnen Aufgabenbereichen besteht. Einige Entwicklungsaufgaben werden in der Adoleszenz fortgeführt, während andere Aufgaben in der Adoleszenz beginnen und ihre Bewältigung im frühen Erwachsenenalter fortgeführt werden muss.

Die dargestellte Vernetzung von Anforderungen ist eine Besonderheit, die die Phase des Jugendalters charakterisiert.

2.7.2 Pubertät und Adoleszenz

Das Jugendalter beginnt mit der einsetzenden Pubertät. Wann genau die Jugend endet und das Erwachsenenalter beginnt, ist schwer an Altersangaben festzumachen; vielmehr sind die persönliche Einschätzung des Menschen und seine tatsächliche Selbstständigkeit und finanzielle Unabhängigkeit wichtig. In der internationalen Jugendforschung wird der Begriff Adoleszenz für die Phase zwischen Kindheit und Erwachsenenalter benutzt.

Mädchen und Jungen sind im Alter zwischen 11 und 14 Jahren bedeutsamen Entwicklungen ausgesetzt. Körperliche, sozial-emotionale sowie kognitive Veränderungen vollziehen sich. Die Pubertät ist der Prozess, der zur Fruchtbarkeit bei Mädchen und zur Zeugungsfähigkeit von Jungen führt. Damit einhergehend entwickeln und verändern sich die Geschlechtsmerkmale. Andere Formen des Denkens, die eigene Identitätsentwicklung, der Freundeskreis sowie ein eigenes Werte- und Normsystem verändern auch das Handeln.

Mittlere Kindheit (6–12 Jahre)	Adoleszenz (12–18 Jahre)	frühes Erwachsenenalter (18–30 Jahre)
(1) Erlernen körperl. Geschicklichkeit, die für gewöhnliche Spiele notwendig ist	(1) Neue u. reifere Beziehungen zu Altersgenossen beiderlei Geschlechts aufbauen	(1) Auswahl eines Partners
(2) Aufbau einer positiven Einstellung zu sich als einem wachsenden Organismus	(2) Übernahme der männlichen/weiblichen Geschlechtsrolle	(2) Mit dem Partner leben lernen
(3) Lernen, mit Altersgenossen zurechtzukommen	(3) Akzeptieren der eigenen körperlichen Erscheinung und effektive Nutzung des Körpers	(3) Gründung einer Familie
(4) Erlernen eines angemessenen männlichen oder weiblichen sozialen Rollenverhaltens	(4) Emotionale Unabhängigkeit von den Eltern und anderen Erwachsenen	(4) Versorgung und Betreuung der Familie
(5) Entwicklung grundlegender Fertigkeiten im Lesen, Schreiben und Rechnen	(5) Vorbereitung auf Ehe und Familienleben	(5) Ein Heim herstellen; Haushalt organisieren
(6) Entwicklung von Konzepten und Denkschemata, die für das Alltagsleben notwendig sind	(6) Vorbereitung auf eine berufliche Karriere	(6) Berufseinstieg
(7) Entwicklung von Gewissen, Moral und einer Wertskala	(7) Werte und ein ethisches System erlangen, das als Leitfaden für Verhalten dient – Entwicklung einer Ideologie	(7) Verantwortung als Staatsbürger übernehmen
(8) Erreichen persönlicher Unabhängigkeit	(8) Sozial verantwortliches Verhalten erstreben und erreichen	(8) Eine angemessene soziale Gruppe finden
(9) Entwicklung von Einstellungen gegenüber sozialen Gruppen und Institutionen		

(Oerter/Montada, 2008, S. 281)

Körperliche und motorische Entwicklungen

Die Pubertät umfasst die körperlichen Veränderungen von Mädchen und Jungen im Übergang vom Kind zum Jugendlichen. Die körperliche Reifung kommt durch hormonelle Prozesse im Körper zustande, die schon einsetzen, bevor es zu sichtbaren Veränderungen kommt. Fünf zentrale körperliche Veränderungen sind zu nennen:

- Veränderungen der Statur (das Verhältnis von Körperfett und Muskelmasse)
- Wachstumsschub (Größe und Gewicht)
- Veränderungen im Herz-Kreislauf-System (Anstieg von Ausdauer)
- Entwicklung der primären Geschlechtsorgane (Hoden, Eierstöcke)
- Entwicklung der sekundären Geschlechtsmerkmale (Veränderung der Genitalien, Brust, Körperbehaarung in Gesicht, Achsel- und Schambereich)

Die Veränderungen des Längenwachstums und der Gewichtszunahme setzen durch die Wachstumshormone ein. Bis etwa zum elften Lebensjahr sind Jungen und Mädchen gleich groß. Dann wachsen Mädchen im Schnitt etwa 9 cm pro Jahr. Im Alter zwischen 11 und 13 Jahren sind Mädchen meist größer als Jungen, da der hormonelle Wachstumsschub bei Jungen etwas später beginnt. Jungen wachsen etwa 10,5 cm pro Jahr und holen die Mädchen im Alter von ca. 14 Jahren ein. Erwachsene Männer überragen Frauen im Durchschnitt um 12 cm (vgl. Grob/Jaschinski, 2003,

S. 34). Das Längenwachstum betrifft zunächst Hände und Füße, danach Hüfte und Schultern. Der Rumpf erhält erst ganz am Ende seine endgültige Länge. Bei Jungen ist die Schulterbreite und bei Mädchen die Beckenbreite anders proportioniert. Die Wachstumsgeschwindigkeit ist beim Kopf am geringsten; er hat in den vorangegangen Jahren an Größe gewonnen, durch die Streckung der Gesichtsknochen wird das Gesicht schmaler. Bei männlichen Jugendlichen verlaufen die proportionalen Veränderungen deutlicher als bei weiblichen.

Parallel zum Wachstum verändert sich auch das Gewicht von Mädchen und Jungen, wobei die Verteilung von Körperfett und Muskelgewebe bei den Geschlechtern unterschiedlich verläuft. Während der Muskelzuwachs bei Jungen stetig steigt, verlangsamt er sich bei Mädchen zwischen dem 14. und 17. Lebensjahr. Der Körperfettanteil nimmt bei Mädchen im Alter zwischen 12 und 18 Jahren deutlich zu, während Jungen am Ende des Jugendalters dreimal mehr Muskelgewebe haben als Körperfett. Mädchen verfolgen die rasche Zunahme des Fettzuwachses meist mit Sorge, besonders früh entwickelte Mädchen haben ein erhöhtes Risiko für eine Essstörung.

Diese Veränderungen zeigen sich auch bei der sportlichen Leistungsfähigkeit. Wenn Jungen den Wachstumsvorsprung der Mädchen ausgeglichen haben, sind sie den Mädchen deutlich in Kraft und Ausdauerleistungen überlegen, mitunter erleben Mädchen teilweise eine Einbuße ihrer Körperkraft. Das Herz- und Lungenvolumen ist bei Jungen größer und ermöglicht eine bessere Sauerstoffversorgung unter Anstrengung.

Grob- und Feinmotorik kann bei beiden Geschlechtern durch das einsetzende Wachstum vorübergehend etwas ungeschickt wirken. Sozialpädagogische Fachkräfte sollten Jugendliche nicht als „unbeholfen" oder „ungeschickt" bezeichnen und darauf achten, dass innerhalb einer Gruppe ein soziales Miteinander gefördert und unterstützt wird. Eine ausgewogene motorische Koordination kann nach Abschluss des Längen- und Muskelwachstums aufgebaut werden.

Geschlechtsausbildung

Das Wachstum der primären und sekundären Geschlechtsmerkmale sowie die Geschlechtsreife (die erste Menstruation, der erste Samenerguss) setzt bei Mädchen durchschnittlich früher ein als bei Jungen. Es zeigt sich innerhalb jeder Geschlechtergruppe eine interindividuelle Variabilität von vier bis fünf Jahren. In unserer Gesellschaft erleben etwa zwei Drittel der Mädchen und Jungen die erste Menstruation bzw. Ejakulation im 12. oder 13. Lebensjahr (vgl. Werner, 2007, S. 4).

Wie man in der Tabelle auf Seite 243 erkennen kann, werden einzelne Entwicklungsabschnitte voneinander abgegrenzt; diese Alters- und Entwicklungsangaben beziehen sich lediglich auf den Durchschnitt der Bevölkerung; individuelle Unterschiede, Früh- und Spätentwickler sind hier nicht berücksichtigt.

Beginn der Pubertät und Tempo der Entwicklung bis zur physischen Reife sind sehr unterschiedlich. Es kann daher sein, dass einige Jugendliche ihre Pubertät bereits abschlossen haben, während sie bei gleichaltrigen Freunden noch gar nicht begonnen hat.

Bei Mädchen ist das Einsetzen der Pubertät bereits mit 8 Jahren oder erst mit 13 Jahren möglich. Bei Jungen ist der Beginn mit knapp 10 Jahren bis 13;6 Jahren „normal" (vgl. Grob/Jaschinski, 2003, S. 36).

Individuelle Aspekte können die Pubertätsentwicklung beeinflussen:
- genetische Veranlagung
- körperliches Wohlbefinden
- psychische Belastungen (Stress, Konflikte etc.)

Eltern und Kinder ähneln sich häufig durch die genetische Ausstattung. Wenn Eltern früh in die Pubertät gekommen sind, ist die Wahrscheinlichkeit erhöht, dass auch die eigenen Kinder früher in die Pubertät kommen.

Mit körperlichem Wohlbefinden sind hier Ernährung, chronische Erkrankungen und körperliche Belastungen z. B. durch Leistungssport gemeint. Jugendliche, die schon sehr früh eine gute, ausgewogene Ernährung hatten, erreichen die Pubertät früher. Jugendliche mit chronischen Erkrankungen oder solche, die Leistungssport betreiben, kommen oft verspätet in die Pubertät. Familiärer Stress wie z. B. ein hohes Maß an Konflikten oder das Fehlen eines Elternteils durch Tod oder Scheidung kann das Einsetzen der Pubertät ebenfalls in die eine oder andere Richtung beeinflussen. Man hat z. B. herausgefunden, dass männ-

Jungen		Mädchen	
Alter	Veränderungen	Alter	Veränderungen
10–12	Hoden beginnen zu wachsen	10–11	Brüste beginnen zu wachsen, Längenwachstum nimmt zu
		11	Vaginalschleimhaut reift
		11–12	Schambehaarung 1. Stadium, starkes Wachstum der äußeren und inneren Genitalien
12–13	Schambehaarung: 1. Stadium, Penis vergrößert sich, Längenwachstum beschleunigt sich	12–13	Schambehaarung nimmt weiter zu, Brüste wachsen weiter (2. Stadium), starkes Längenwachstum
13–14	starkes Wachstum von Penis und Hoden, Schambehaarung nimmt zu (2. Stadium), leichte Schwellung der Brustdrüsen	13	erste Monatsblutung (unregelmäßige anovulatorische Menses), Achselbehaarung wächst, Schambehaarung und Brüste: 3. Stadium
14	stärkeres Längenwachstum		
14–15	beginnender Oberlippenflaum, Schambehaarung: Stadium 3	14–15	regelmäßige ovulatorische Monatsblutung (Schwangerschaft möglich)
15–16	Achselbehaarung wächst, stärkere Brustdrüsenschwellung, Stimmbruch, Schambehaarung: Stadium 4	16–17	Schambehaarung und Brüste: 4. Stadium, Epiphysenschluss und Ende des Längenwachstums
17–19	Hoden und Penis wachsen weiter, reife Spermien, Rückgang der Brustdrüsenschwellung, Gesichts- und Körperbehaarung insgesamt nimmt weiter zu (Schambehaarung: Stadium 5), männliche Stirn-Haar-Grenze, Epiphysenschluss und Ende des Längenwachstums		

Körperliche und geschlechtliche Veränderungen bei Jungen und Mädchen während der Pubertät und Adoleszenz (Kasten, 1999, S. 27f.)

liche Jugendliche, die ohne Vater aufwachsen, besonders häufig spät in die Pubertät kommen. Bei weiblichen Jugendlichen ist das Gegenteil der Fall (vgl. Grob/Jaschinski, 2003, S. 37).

Auch soziale Faktoren beeinflussen die Pubertätsentwicklung. Jugendliche aus Industrienationen kommen früher in die Pubertät als Jugendliche aus Entwicklungsländern. Schlechtere Ernährung, andere Hygienestandards und eine andere medizinische Versorgung werden dafür verantwortlich gemacht.

Die Abbildung auf Seite 244 verdeutlicht die zum Teil großen Unterschiede zwischen Gleichaltrigen. Die drei Mädchen sind knapp 13 Jahre alt und die drei Jungen fast 15 Jahre. Alle Jugendlichen befinden sich in verschiedenen Phasen der körperlichen Reifung (vor, während und nach der Geschlechtsreife).

Auswirkungen der körperlichen Veränderungen

Die körperlichen Veränderungen wirken sich auf das Selbstwertgefühl, die Körperzufriedenheit und das Verhalten der Jugendlichen aus. Das in der Pubertätsentwicklung erreichte Stadium spielt in der Gleichaltrigengruppe eine Rolle und auch Erwachsene verändern ihre Erwartungen an den jungen Menschen in Abhängigkeit von seinem Alter, seinem geistigen Entwicklungsstand sowie dem körperlichen Erscheinungsbild. Körperlich weit entwickelten Mädchen und Jungen wird meist mehr Verantwortung und Freiheit zugestanden (vgl. Werner, 2007, S. 4).

In welcher Weise Geschlechtshormone das Verhalten von Jugendlichen beeinflussen und sich auf das subjektive Empfinden auswirken, ist noch nicht hinreichend geklärt. Zusammenhänge

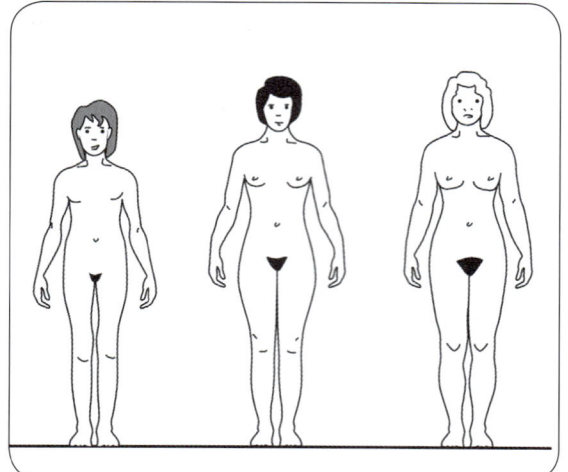 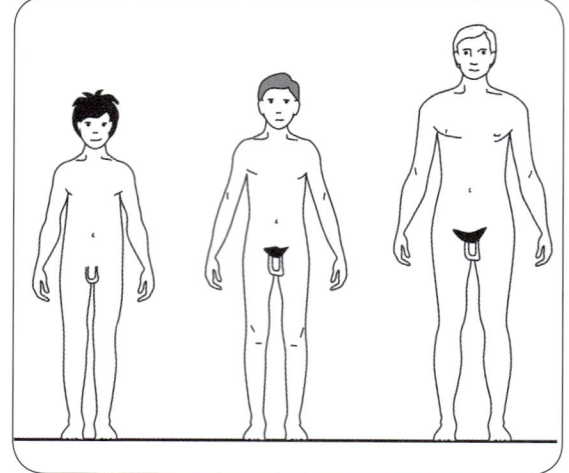

Unterschiede im körperlichen Reifeniveau bei Gleichaltrigen: Alle drei weiblichen Jugendlichen sind 12 ¼ Jahre alt, alle männlichen Jugendlichen 14 ¾ Jahre alt, jedoch befinden sie sich in verschiedenen Phasen ihrer körperlichen Entwicklung, nämlich vor, während und nach der Geschlechtsreife.

zwischen biologischen und psychologischen Vorgängen können aber anhand von Untersuchungen nachgewiesen werden:
- Zusammenhang zwischen der Menge des Sexualhormons Testosteron im Blut und der Häufigkeit von Masturbation und Verliebtsein
- Zusammenhang zwischen Testosteron und der Neigung zu aggressivem Verhalten bei männlichen Jugendlichen
- Zusammenhang zwischen Stimmungsschwankungen und dem Menstruationszyklus

Eine Untersuchung, die sich mit Früh- und Spätentwicklern beschäftigt hat, konnte nachweisen, dass sich der Zeitpunkt der biologischen Reife auf die Reaktionen der Umwelt und auf den Entwicklungsverlauf auswirkt. Bemerkenswert hierbei ist, dass sich die Auswirkungen einer sehr frühen bzw. späten Pubertät auf Mädchen und Jungen unterschiedlich bemerkbar machen. Spät entwickelte Jungen haben ein erhöhtes Bedürfnis nach Autonomie. Meist ist ihr Selbstbild eher negativ, was sich auf ihr Selbstvertrauen auswirkt. Früh entwickelte Jungen werden reifer eingeschätzt und sind angesehener. In Gruppen übernehmen sie oft eine Führungsrolle und machen sexuelle Erfahrungen früher als Gleichaltrige. Mitunter zeigen sie normbrechende Verhaltensweisen, da sie häufig ältere Freunde haben.

Früh entwickelte Mädchen hingegen leiden häufiger unter psychosomatischen Beschwerden als Gleichaltrige, deren Pubertät noch nicht begonnen hat. Das erste Einsetzen der Regelblutung (auch Menarche genannt) wird bei Frühentwicklerinnen meist negativ wahrgenommen. Sie haben häufig ein geringes Selbstwertgefühl, sie sind wenig populär und eher unsicher und unterwürfig (vgl. Grob/Jaschinski, 2003, S. 38). Die schulischen Leistungen sind schlechter als bei anderen Mädchen. Früher als Altersgenossinnen haben früh entwickelte Mädchen freundschaftliche und sexuelle Kontakte. Früh entwickelte Mädchen zeigen wie früh entwickelte Jungen unter Umständen normbrechendes Verhalten, da sie eher mit älteren Jugendlichen Zeit verbringen als mit Gleichaltrigen.

Bei Mädchen wird dem Wachsen der Brüste in der Regel große Aufmerksamkeit geschenkt. Unregelmäßigkeiten oder Verzögerungen werden oft mit Besorgnis wahrgenommen. Weibliche Jugendliche sind häufig von dem Schönheitsideal der Gesellschaft beeinflusst, was unter Umständen zu einer starken Minderung des **Selbstwertgefühls** führen kann. Bei Jungen hat, abgesehen vom Wachstum der Hoden und des Penis, das Bartwachstum einen hohen Stellenwert für das eigene Körperselbstbild. Der Bart bzw. zunächst der Flaum auf der Oberlippe ist von jedem sofort zu erkennen. Ein vermindertes oder verzögertes Wachsen führt oft zu Unsicherheiten. Hautunreinheiten oder eine piepsige Stimme – durch den Stimmbruch verursacht – können mitunter zu Verspottung führen und Jungen in ihrem Auftreten verunsichern.

Zusammenfassend ist festzuhalten, dass der Zeitpunkt der Pubertät von genetischen und psychosozialen Faktoren abhängt. In der Zusammenarbeit mit Kindern und Jugendlichen sollten sozialpädagogische Fachkräfte sensibel für die Probleme und Nöte sein, die in dieser Phase auftreten können.

2.7.3 Identitätsentwicklung

Der Begriff der Identität meint im Alltag die Kombination von persönlichen und unverwechselbaren Daten, wie z. B. Alter, Name, Geschlecht, die einen Menschen auszeichnen. Der Begriff kann in diesem Sinne auch auf Personengruppen angewendet werden (die Postboten, die Engländer, die Motorradfahrer). Im engeren psychologischen Sinne wird Identität als einzigartige Persönlichkeitsstruktur in Verbindung mit dem Bild, was andere von dem Menschen haben, verstanden.
Identität basiert demnach auf zwei Aspekten:
- Selbstwahrnehmung
- Einschätzung durch andere Personen

Für die Entwicklung im Jugendalter ist noch ein weiterer Aspekt wichtig, nämlich das eigene Verständnis für die Identität: Was möchte ich sein und was bin ich (vgl. Oerter/Montada, 2008, S. 303)?
Identität und Selbst sind eng miteinander verbunden und werden häufig im gleichen Zusammenhang verwendet. Man kann nur schwer eine Unterscheidung treffen: Das Selbst bezieht sich auf das, was ihn oder sie als Person kennzeichnet. Von außen sind die Kennzeichen durch die Handlungen der Person zu erkennen. Der Mensch selbst (Innenperspektive) nimmt seine wesentlichen Eigenschaften durch Selbstwahrnehmung und Selbsterkenntnis wahr. Selbstwahrnehmung ist hier auch als Selbstkonzept zu verstehen (vgl. Grob/Jaschinski, 2003, S. 42).

Beispiel
Ein Jugendlicher hat aufgrund seiner bisherigen Schulerfahrungen ein positives schulisches Fähigkeitskonzept. Er wird auch in Zukunft seinen schulischen Aufgaben mit Gelassenheit und Aussicht auf Erfolg entgegensehen. Sein Selbstwertgefühl wird durch die Schule gestärkt. Wenn ein Schüler wiederholt schlechte Noten erhält, wird sich sein schulisches Fähigkeitskonzept negativ entwickeln. Er wird keine Erfolgschancen für sich sehen und sein Selbstvertrauen wird (schulisch) gering sein.

Das **Selbstkonzept** einer Person beinhaltet demnach immer das Wissen, welches eine Person über sich selbst hat (Fähigkeitskonzept), das Selbstwertgefühl und das Selbstvertrauen.
Identität und Selbst – Unterschied
- Wer oder wie bin ich? Die Identität als Beschreibung von Merkmalen
- Wie stehe ich zu mir? Das Selbst als (Selbst-) Bewertung der eigenen Person

Identitätsentwicklung ist ein konstruktiver, kreativer und produktiver Prozess. Identität ist ein System von Zielen, Werten und Überzeugungen, die ein Mensch im Laufe seines Lebens aufbaut und die ihm wichtig sind. Im Folgenden sollen zwei Theorien zur Identitätsentwicklung vorgestellt werden.

Identitätsentwicklung nach Erik Erikson

Erikson berücksichtigt in seiner psychosozialen Entwicklungstheorie, dass Entwicklung ein lebenslanger Prozess ist. Erikson versteht unter Identität die Antwort auf die Frage: Wer bin ich? Erfahrungen der Vergangenheit und Gegenwart werden mit der Zukunft verknüpft. Er geht davon aus, dass der Mensch sich an eine veränderte Umwelt anpassen muss und dabei **acht Krisen** oder moderner ausgedrückt Entwicklungsetappen bewältigen muss:
- Erste Krise: Urvertrauen gegen Urmisstrauen
- Zweite Krise: Autonomie gegen Scham und Zweifel
- Dritte Krise: Initiative gegen Schuldgefühl
- Vierte Krise: Leistung (Werksinn) gegen Minderwertigkeitsgefühl
- Fünfte Krise: Identität gegen Rollenkonfusion
- Sechste Krise: Intimität gegen Isolierung
- Siebte Krise: Zeugende Fähigkeit (Generativität) gegen Stagnation
- Achte Krise: Ich-Identität gegen Verzweiflung

Erikson beschreibt in seiner ersten Krise die sichere Bindung an eine zuverlässige Bezugsperson. **Urmisstrauen** resultiert aus körperlicher oder psychischer Vernachlässigung in den ersten zwei Jahren durch die Bezugsperson.

Die zweite Krise hängt zeitlich mit der Sauberkeitserziehung zusammen. Durch die Kontrolle von Darm und Blase entsteht ein Gefühl der **Autonomie**. Negativ wäre hingegen, wenn aufgrund einer strengen Sauberkeitserziehung übermäßige **Schamgefühle und Zweifel** beim Kind entstehen. Im Alter ab etwa drei Jahren tritt die dritte Krise auf. Bewegungsfreiheit ermöglicht es dem Kind, seine Umwelt zu entdecken und das Gefühl der **Eigeninitiative** stellt sich ein. Misserfolge können zu Schuldgefühlen führen.

Mit Schuleintritt wächst das Interesse an äußeren Realitäten. Das Herstellen von Produkten ist beliebt und fördert den Werksinn der Kinder. Negative Rückmeldungen über die eigene Leistungsfähigkeit können beim Kind Minderwertigkeitsgefühle hervorrufen.

Erikson nannte seine fünfte Krise **Identität versus Identitätsdiffusion**. Sie tritt im Jugendalter auf. Kinder haben zwar schon vorher eine Idee von Identität, diese ist aber noch unbewusst. Die Integration von Vergangenheit, Gegenwart und Zukunft vermittelt die Erfahrung von Kontinuität des eigenen Selbst. Die Antwort auf die Frage: Wer bin ich? wird durch eine realistische Einschätzung der eigenen Person erreicht. Dabei sind Erwartungen der Gesellschaft an die eigene Person bedeutsam, diese werden wiederum vom Jugendlichen kritisch hinterfragt. Jugendliche entwickeln besonders zu den Themen Beruf, Partnerschaft, Politik und Religion individuelle Standpunkte. Verantwortung in einzelnen Bereichen zu übernehmen, ermöglicht so eine Integration der Jugendlichen in die Gesellschaft. Gefühle wie Treue, Loyalität, Wohlbefinden, Selbstachtung und Zielstrebigkeit werden vermittelt. Erikson spricht von Identitätsdiffusion oder Rollendiffusion (es fehlt noch an Ich-Identiät), wenn der Prozess des Hinterfragens und die Integration in die Gesellschaft misslingt. Dem Jugendlichen gelingt es nicht, seine bisherigen Erfahrungen mit seinen Zukunftserwartungen zu verbinden. Arbeitslähmung oder der Aufbau einer Pseudoidentität können die Folge sein (vgl. Grob/Jaschinski, 2003, S. 43). Selbsterkenntnis und Zukunftsperspektive oder ein anhaltender Zustand der Verwirrung charakterisieren diese fünfte Krise.

Die sechste Krise hat den Aufbau einer **intimen Beziehung** zu einer anderen Person ohne Verlust der eigenen Identität zum Ziel. Gelingt dies nicht, fühlt sich der Mensch einsam und **isoliert**.

Die Fähigkeit, nicht nur die eigene Person oder die eigene Beziehung zu sehen, schafft **Generativität** (siebte Krise). Hiermit ist die Weitergabe eigener Fähigkeiten, Werte und Kenntnisse an andere Personen (auch eigene Kinder), die einem vertraut sind, gemeint. Wenn der Mensch ausschließlich seine Bedürfnisse in den Vordergrund stellt, entwickelt sich Selbstabsorption bzw. **Stagnation**.

Die achte Krise, im hohen Lebensalter, konfrontiert den Menschen mit seinem Ableben. Nimmt der Mensch sein Leben (**Ich-Identität**) als sinnhaft wahr, entwickelt er ein Gefühl der Integrität. Erkennt man Fehler, stellt sich **Verzweiflung** ein.

Erik Erikson (1902–1994)
Erik Erikson wurde in Frankfurt geboren und lebte in verschiedenen Städten Europas. Er absolvierte ein Studium an einer Kunstakademie. Über den Kontakt zu Anna Freud wurde er in Wien Psychoanalytiker. 1933 flüchtete er mit seiner Familie wegen seines jüdischen Glaubens vor den Nationalsozialisten in die USA und wurde dort 1939 eingebürgert. Er lehrte als Professor für Entwicklungspsychologie unter anderem an der Elite-Universität Harvard (USA). Er veröffentlichte zahlreiche Werke zur Kinderpsychologie, in denen unter anderem sein berühmt gewordenes Stufenmodell „zur psychosozialen Entwicklung" (eine Weiterentwicklung des Freud'schen Modells) differenziert wurde. Das Schlüsselkonzept Eriksons zum Verständnis der menschlichen Psyche ist die Ich-Identität.

Insgesamt führt die Entwicklung der Identität nach Erikson zu einer immer höheren Integration von Selbsterfahrungen. Konflikte, die erfolgreich gelöst werden, sind eine Basis für die neue Auseinadersetzung mit der Umwelt. Ungelöste Konflikte aus anderen Lebensphasen können in jeder Krise wieder aktuell werden, im Jugendalter gilt dies aber besonders. Nach Erikson ist die Jugend die Phase, in der sich erst eine stabile persönliche Identität bildet, die im weiteren Verlauf des Lebens angepasst und aufrechterhalten werden muss. Äußere Umstände und innere Prozesse können die Identität positiv wie negativ beeinflussen.

Im Folgenden soll der Aufbau von Identität nach Marcia vorgestellt werden, da er sich, angelehnt an Erikson, mit dem Aufbau von Identität von Jugendlichen genauer beschäftigt hat.

Identitätsformen nach James E. Marcia

Marcia hat im Jahre 1980 drei Dimensionen aufgestellt, anhand derer er den Identitätsstatus von Jugendlichen erfasste. Er stellte eine Reihe von Fragen aus unterschiedlichen Bereichen (Politik, Beruf, Religion). Aus den Antworten leitete Marcia das Ausmaß ab an
- Verpflichtung,
- Erkundung und
- Krise.

Der Begriff der **Verpflichtung** steht für den Umfang an Engagement und wie fest der Jugendliche in einem Bereich wie z. B. Beruf, Religion und Politik Einstellungen vertritt. Folgende Fähigkeiten sprechen für Festigkeit der Einstellungen:
- eindeutige Entscheidungen treffen
- Vor- und Nachteile der gewählten Alternative benennen
- Unterstützung der Entscheidung durch entsprechende Handlungen
- verknüpfte Benennungen von Gründen für eine Entscheidung für die nächsten Jahre

Die Verpflichtung gegenüber der eigenen Identität tritt bei den meisten Menschen erst im späten Jugendalter auf.

Erkundung, auch als Exploration bezeichnet, meint die selbstständige Auseinandersetzung mit dem jeweiligen Bereich mit dem Ziel, eine bessere Orientierung und Entscheidungsfindung vorzunehmen. Insbesondere im frühen und mittleren Jugendalter findet Erkundung statt. Ein Jugendlicher findet sich in der Phase der Erkundung (vgl. Grob/Jaschinski, 2003, S. 45), wenn er
- unterschiedliche Alternativen für eine Entscheidung nennen kann,
- Vor- und Nachteile der Alternativen kennt,
- nach Informationen über Alternativen sucht.

Krise ist eng mit der Erkundung verbunden. Die Krise beinhaltet das Ausmaß an Unsicherheit, Beunruhigung oder Rebellion. Sie bildet die Basis und zugleich eine Voraussetzung für den Übergang in eine andere Identitätsform.

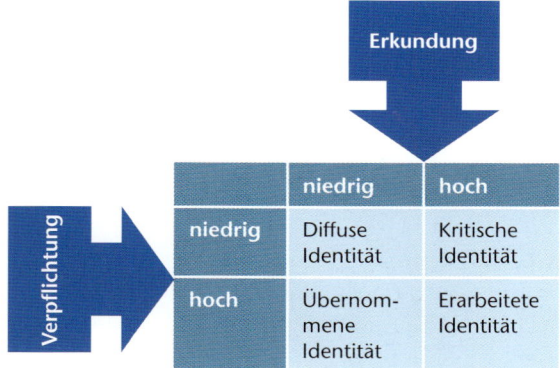

Identitätsformen nach James E. Marcia (vgl. Grob/Jaschinski, 2003, S. 45)

Nach Marcia werden vier Identitätsformen unterschieden:
- **Diffuse Identität:** Jugendliche haben sich mit ihren Möglichkeiten im jeweiligen Themenbereich noch nicht auseinandergesetzt. Es hat keine oder kaum Erkundung stattgefunden. Der Jugendliche legt nur wenig Wert auf Verpflichtung. Bezieht man das auf die Berufswahl, würde es bedeuten, dass der Jugendliche sich noch nicht mit seinen Wünschen und Vorstellungen auseinandergesetzt hat.
- **Übernommene Identität:** In dieser Form findet nur wenig Erkundung statt. Allerdings sind Jugendliche mit übernommener Identität bereits Verpflichtungen eingegangen, z. B. befolgen sie den Rat der Eltern, eine Bewerbung zu schreiben, ohne sich über mögliche Alternativen (z. B. weiterführende Schulen) zu informieren.

- **Kritische Identität:** Die Suche nach Informationen ist typisch für diese Identitätsform. Möglichkeiten und Alternativen werden bedacht, gedanklich durchgespielt, mitunter auch ausprobiert. Es fehlt noch an Verpflichtung, die Jugendlichen haben noch keine Entscheidung getroffen. Für die Berufswahl heißt das, dass sie z. B. Praktika suchen und ausüben, aber noch keinen Ausbildungsvertrag unterschreiben.
- **Erarbeitete Identität:** Diese Identitätsform zeichnet sich durch ein hohes Maß an Erkundung und Verpflichtung aus. Nach Erkundung der Möglichkeiten und Abwägung eigener Interessen und Fähigkeiten sowie Überlegungen zur Zukunftsperspektive trifft der Jugendliche eine Entscheidung und findet z. B. eine Berufsausbildung.

Die Inhalte, anhand derer Marcia die Identität erfasste (Beruf, Politik und Religion als ideologischen Bereich), umfassen nicht den zwischenmenschlichen Bereich wie Freunde, Familie und Partnerschaft. Generell ist festzuhalten, dass Identitätsbildung sehr unterschiedliche Verläufe haben kann. Nicht jeder Mensch durchläuft automatisch alle vier Stadien. Andere Forscher beschreiben den Prozess der Identitätsentwicklung als Balanceakt zwischen ideologischen und zwischenmenschlichen Bereichen, die mitunter auch unterschiedlich verlaufen können. Die gleichen vier Identitätsformen gelten auch für die Geschlechtsidentität.

Identitätsentwicklung in den Phasen des Jugendalters

Die folgende Tabelle auf Seite 249 soll die unterschiedlichen Themen, Entwicklungsaufgaben und Einflussfaktoren, denen Jugendliche während der Identitätsentwicklung im Jugendalter ausgesetzt sind, verdeutlichen. Für sozialpädagogische Fachkräfte sind besonders die Einflussmöglichkeiten wichtig, um Jugendliche mit ihren Bedürfnissen zu stärken und zu begleiten.

Geschlechtsidentität, Geschlechtsrolle, sexuelle Orientierung

Jugendliche erleben während der Pubertät eine Vielzahl an Veränderungen, vor allen Dingen körperliche Veränderungen. Die sexuelle Reifung und das Interesse für die Sexualität erfordern, dass Jugendliche ihr Geschlecht und ihre Sexualität in ihre Identität integrieren.

Geschlechtsidentität bezeichnet das Gefühl von Männlichkeit bzw. Weiblichkeit, aber auch das Gefühl, keinem Geschlecht anzugehören bzw. männliche und weibliche Eigenschaften in einer Person zu vereinen, androgyn zu sein. Die Entwicklung der Geschlechtsidentität ist ein kognitiver Prozess. Jungen und Mädchen registrieren zunächst, dass sie unterschiedlich sind. Im Grundschulalter erwerben sie Geschlechtskonstanz, d. h., sie wissen, dass sich ihr Geschlecht nicht ändert. Ihre Vorstellungen über männliche und weibliche Verhaltensweisen sind zunächst noch sehr starr, werden aber im Laufe der Adoleszenz flexibler. Hierzu ist zu bemerken, dass vor allen Dingen die Geschlechtsidentität der Mädchen sich gewandelt hat. Selbstsicherheit und Selbstbewusstsein und das Treffen eigener Entscheidungen sind stärker ausgeprägt als noch vor einigen Jahrzehnten (vgl. Grob/Jaschinski, 2003, S. 51).

Die **Geschlechtsrolle** zeigt sich im Verhalten der Jugendlichen. Geschlechtsspezifische Verhaltensweisen werden im Laufe der Entwicklung vor allem durch Vorbilder erworben, indem diese nachgeahmt werden. Sozialpädagogische Fachkräfte sollten sich darüber bewusst sein, dass geschlechtsspezifische Verhaltensweisen z. B. durch Lob und Anerkennung verstärkt werden können bzw. dass sie (bewusst oder unbewusst) traditionelle Rollenmuster prägen kann. Mädchen werden unter Umständen weniger zum Werken oder Fußballspielen aufgefordert als Jungen,

	Themen	Aufgaben	Einflussfaktoren
Frühes Jugendalter, 11–14 Jahre	• körperliche Veränderungen • Verlauf der körperlichen Veränderungen • sozialer Status zwischen Gleichaltrigen	• Integration der körperlichen Veränderungen in die eigene Identität • Entwicklung der Geschlechtsidentität	• gesellschaftliche Reaktionen auf die körperlichen Veränderungen • Familie und Gleichaltrige haben hohen Einfluss
Mittleres Jugendalter, 15–17 Jahre	• Wirkung auf das andere Geschlecht • eigene Beliebtheit in Gruppen • berufliche Zukunft • Werte, Fragen der Gerechtigkeit sowie Erwartungen an die Gesellschaft	• Erkundung (nach Marcia) • romantische Beziehungen zu Gleichaltrigen • Zukunft gestalten und die dafür nötigen Schritte planen, um Ziele zu erreichen	• Familie und Gleichaltrige haben weiter einen hohen Einfluss • Schule nimmt jetzt eine wichtige Rolle ein Positiv sind: • Übertragung von Verantwortung • Möglichkeiten der Selbstbestimmung • Förderung von Rollenspielen • soziale Interaktion zwischen mehreren Generationen
Ende des Jugendalters, 18–22 Jahre	• Fähigkeit, selbst Mutter/Vater zu werden • Intimität • Bedeutung einer längerfristigen Beziehung • Werte, Ideale und Moralvorstellungen	• Suche nach einem angemessenen Ausdruck von Sexualität • Stabilisierung der Identität • Verantwortung für neue Lebensbereiche übernehmen	• Zugehörigkeit zu größeren Gemeinschaften (z. B. Arbeitnehmer) erhöht den Einfluss auf die Gesellschaft

Identitätsentwicklung im Jugendalter (vgl. Grob/Jaschinski, 2003, S. 48 f.)

während Jungen seltener zum Puppenspiel oder Kochen aufgefordert werden.

Die **sexuelle Orientierung** kann heterosexuell, homosexuell, bisexuell oder asexuell sein. Wer Sexualität mit dem anderen Geschlecht auslebt, gilt als heterosexuell, gleichgeschlechtliche Beziehungen werden homosexuell genannt. Jugendliche, die sowohl mit dem gleichen Geschlecht als auch mit dem andern Geschlecht sexuelle Kontrakte pflegen, sind bisexuell. Asexualität bedeutet, dass kein Interesse für sexuelle Handlungen besteht. Wie genau sich die sexuelle Orientierung eines Jugendlichen entwickelt, ist bis heute noch nicht ausreichend erforscht.

2.7.4 Jugendliche und ihre Umwelt

Die Entwicklung eines Jugendlichen ist immer in Beziehung zu seiner Umwelt und deren Einflüssen zu sehen. Positive Gefühlsbindungen zu der Familie, den Freunden, aber auch zu Schule, Ausbildung und Freizeit schaffen ein Wohlbefinden. Im Folgenden werden die wichtigsten Lebensräume und Umwelteinflüsse im Kontext der Entwicklungsaufgaben im Jugendalter näher dargestellt.

Familie – Bedeutung und Ablösung

Eine zentrale Entwicklungsaufgabe ist die Ablösung des Jugendlichen von seinen Eltern. Diese Ablösung kann sich bei Jugendlichen in unterschiedlichem Verhalten äußern:
• widersprechen und trotzen
• „cool" sein und sich zurückziehen
• Verantwortung für sich übernehmen und partnerschaftlich kommunizieren

Für Jugendliche und Eltern ist der Ablösungsprozess eine Herausforderung und kann auch schmerzlich sein.

Der Jugendliche

Die Zeit, die Jugendliche mit ihren Eltern tagsüber verbringen, reduziert sich im Laufe des Jugendalters extrem. Während Elfjährige noch durchschnittlich 35 % ihrer Freizeit (inklusive Essen etc.) mit den Eltern verbringen, sind 18-Jährige nur noch 14 % mit der Familie zusammen. Die Identifikation mit den eigenen Eltern sinkt im Laufe des Jugendalters. Die Jungen und Mädchen lösen sich von den Vorstellungen und Werten der Eltern, was Konflikte entstehen lässt und zu Diskussionen führt. Diese sind aber notwendig und wichtig, denn nur durch Abgrenzung ist das Ausbilden der eigenen Identität möglich. Die Kontakte zu Gleichaltrigen werden wichtiger und helfen bei der Ablösung von den Eltern. Problematisch kann es sein, wenn die Bindung an das Elternhaus so eng ist, dass neue Bindungen zu Gleichaltrigen kaum möglich sind. Die Autonomieentwicklung des Jugendlichen ist dann behindert (vgl. Grob/Jaschinski, 2003, S. 56).

Die Eltern

Auch die Eltern lösen sich in der Jugendphase von ihren Kindern. Es besteht eine auffällige Parallele zwischen dem Autonomiebestreben der Jugendlichen und der „Midlife Crisis" der Eltern. Während Jugendliche an Kraft und Attraktivität gewinnen und wichtige Lebensentscheidungen treffen, wird den Eltern vor Augen geführt, dass ihr Leben bereits in sehr festen Bahnen verläuft. Berufliche und private Verpflichtungen, mitunter die finanzielle Unterstützung des Jugendlichen, schränken die Eltern mehr ein als früher. Manche Mütter werden in ihrer Rolle unzufrieden. Die eigenen körperlichen Abbauprozesse setzen langsam ein und die eigene Attraktivität wird von den Eltern mitunter als schwindend wahrgenommen. Manche Eltern erleben die zunehmende Selbstständigkeit des Jugendlichen jedoch eher positiv und entdecken neue Freiräume. Beispielsweise sind Wochenendausflüge zu zweit wieder möglich, ohne aufwendige Betreuungsalternativen zu organisieren.

Die Lösung vom Elternhaus wird als gelungen bezeichnet, wenn die Jugendlichen
- die Normen des Elternhauses kritisch hinterfragen,
- ein selbstständiges Leben führen können,
- sich den Eltern gegenüber noch verbunden fühlen.

Die Qualität der Eltern-Kind-Beziehung hat mehr Einfluss als die Familienstruktur. Familien sind in der heutigen Gesellschaft einem Wandel unterworfen. Es gibt eine Reihe von unterschiedlichen Partner- und Lebensgemeinschaften, die sich von der klassischen Familie unterscheiden. Unabhängig von solchen gesellschaftlichen Veränderungen sind Jugendliche auf zuverlässige und stabile soziale Beziehungen angewiesen, die ihnen Unterstützung und Anregungen für die eigene Entwicklung geben.

Typische Streitthemen, die Jugendliche im Alter von 13 bis 15 Jahren in ihren Familien wahrnehmen und austragen, sind zum Beispiel:
- Kleidung
- politische Fragen
- außerfamiliäre Kontakte, gegengeschlechtliche bzw. gleichgeschlechtliche Partnerschaft
- Kaufentscheidungen

Eltern wiederum geben andere Streitthemen an, die sich meist mit der Aufrechterhaltung des familiären Zusammenlebens beschäftigen, beispielsweise:
- Haushaltspflichten
- Fernsehkonsum
- gemeinsame Mahlzeiten
- Schule

Themen wie Aufenthaltsort, Freunde, Alkoholkonsum und Sexualität gehören zu den Themen, über

die Jugendliche ihren Eltern meist nicht die ganze Wahrheit sagen, wahrscheinlich um Konflikte zu vermeiden (vgl. Grob/Jaschinski, 2003, S. 62).
Die entwicklungsrelevanten Prozesse in jeder Eltern-Kind-Beziehung sind im Übergang vom Kind zum Erwachsenen gleich. Wie viel Autonomie gewähre ich dem Jugendlichen, wie viel Kontrolle ist nötig? Diese Frage kann dann konstruktiv gelöst werden, wenn die wechselseitige Abhängigkeit beider Seiten voneinander akzeptiert wird. Ein hohes Maß an Vertrauen und damit ein geringer Bedarf an Kontrolle entstehen zum Beispiel, wenn die Jugendlichen ihren Eltern von sich aus über ihre täglichen Vorhaben und Geschehnisse zumindest ein bisschen erzählen. Die Balance zwischen selbstständigem Handeln und Kommunikation, zwischen Trennung und Bindung und zwischen Harmonie und Konflikt zu finden, ist für Jugendliche und ihre Eltern eine Herausforderung (vgl. Grob/Jaschinski, 2003, S. 62). Sozialpädagogische Fachkräfte sollten sich darüber bewusst sein und Jugendliche und Eltern mit ihren Sorgen und Nöten ernst nehmen.

Der Einfluss der Gleichaltrigen

Die Gruppe der Gleichaltrigen und Gleichgesinnten, auch Peergruppe genannt, hat im Jugendalter neben der Familie eine bedeutsame Funktion. Jugendliche verbringen mit zunehmendem Alter immer mehr Zeit mit den Gleichaltrigen und die Beziehungen werden intimer. Dieses Verhalten gehört als ein Baustein der Identitätsentwicklung zu der Phase des Jugendalters dazu und ist notwendig, um die Entwicklungsaufgaben des Jugendalters zu bewältigen (vgl. Kap. 2.7.1). Beim Aufbau von Freundschaften zu beiden Geschlechtern und reiferen Beziehungen müssen die Jugendlichen ihre Position finden, sich behaupten, sich selbst einbringen. In der Peergruppe werden Gefühle von Selbstbestimmtheit und wechselseitiger Abhängigkeit erlebt und entsprechende Verhaltensweisen erprobt (vgl. Oerter, 2008, S. 321).
Im Folgenden werden Unterschiede zwischen Beziehungen zu Gleichaltrigen und familiären Beziehungen erläutert.
In Beziehungen zu Gleichaltrigen sind Hierarchien eher unerheblich. Sie sind vielmehr gekennzeichnet durch

- Gleichheit und Souveränität,
- ausdrückliche oder unausgesprochene Beziehungsregeln,
- Selbstoffenbarung und Konfliktverhalten.

Gleichheit betont zunächst die Ähnlichkeiten untereinander, aber auch Akzeptanz von Unterschieden. Gleichheit bedeutet Gerechtigkeit und damit das Recht auf die Durchsetzung eigener Interessen und Wünsche, **Souveränität** die Möglichkeit zur Selbstdarstellung und zur Verwirklichung von persönlichen Zielen in der Beziehung zu Gleichaltrigen.
Familiäre Bindungen und **Beziehungen** zu Gleichaltrigen unterscheiden sich voneinander in ihren Gesetzen und Regeln. Während die Eltern-Kind-Beziehung sogar rechtlich verankert ist und biologisch bestimmt, sind Beziehungen zu Gleichaltrigen freiwillig. Sie gründen auf einer eigenen Entscheidung des Jugendlichen und können zu jeder Zeit beendet werden.
Besonders wichtig für die Entwicklung von Freundschaft ist die **Selbstoffenbarung**. Nur wer etwas von sich preisgibt, kann Freundschaften aufbauen. Konflikte und Streitigkeiten unter Freunden sind häufig kooperativer als mit den Eltern.

Funktionen der Peergruppe

Die Peergruppe vermittelt einerseits Unabhängigkeit von äußeren Normen und andererseits Verbindlichkeit innerhalb des neuen Normsystems der Gruppe. Dadurch hat die Peergruppe fünf wichtige Funktionen für die Entwicklung des Jugendalters (vgl. Grob/Jaschinski, 2003, S. 67):

- Gleichaltrige geben emotionale Geborgenheit.
- Neue Identifikationsmöglichkeiten und Lebensstile werden sichtbar. Die Peergruppe bietet die Möglichkeit, sich auszuprobieren im

Diskutieren, Streiten, Kooperieren, Einfühlen, Austesten von Grenzen und Abbauen von Selbstüberschätzung.
- Der Ablösungsprozess vom Elternhaus wird unterstützt.
- Die sozialen Normen der Peergruppe bieten Orientierung bei der Auswahl und dem Aufbau eigener Ziele, Werte und Normen.
- Wichtige Regeln zum Aufbau und zur Aufrechterhaltung von späteren Beziehungen werden gelernt.

Die Peergruppe ist in der Regel keine geschlossene Gruppe mit strengen Regeln und einer festen Mitgliedschaft. Peergruppen sind meist Cliquen mit einer großen Vielfalt von Interessen und Einstellungen. Jugendliche gehören mitunter verschiedenen Gruppen an, zu denen sie mal kommen und mal nicht, je nachdem, ob sie zum Kern der Gruppe gehören oder eher eine Randposition bekleiden. Jugendliche wählen sich ihre Freunde gezielt aus und nicht jeder Gleichaltrige ist gleich wichtig. Man kann vier Arten von Gruppen unterscheiden:
- **Freundschaften** sind enge Beziehungen zwischen meist zwei gleichgeschlechtlichen Jugendlichen, die durch Zuneigung, Zuverlässigkeit und Offenheit charakterisiert sind und sich so z. B. von Vereinsbekanntschaften abgrenzen.
- **Cliquen** bestehen meist aus vier bis sechs miteinander bekannten Jugendlichen. Die Clique geht zusammen Interessen nach, wie Musik, Motorrad, Sport etc. Meist ähneln sich die Gruppenmitglieder, z. B. Herkunft, Sprache o. Ä.
- **Crowds** sind größere Gruppen Jugendlicher, die durch andere Menschen als Stereotype zusammengefasst werden z. B. Skater, Rapper, Grufties. Crowds sind durch einheitliche Merkmale wie Kleidung, Frisur, Verhalten oder politische Einstellung gekennzeichnet. Die Konformität gibt den Jugendlichen ein Zugehörigkeitsgefühl und somit eine vorläufige Identität; auch Richtlinien für eigenes Denken und Handeln gehören dazu. Jugendliche, z. B. Rapper, haben eventuell Regeln und Werte, die sich von den gesellschaftlichen Normen unterscheiden, dennoch widersprechen sie den gesellschaftlichen Regeln selten (vgl. Grob/Jaschinski, 2003, S. 70).
- **Jugendliche Subkultur** bezeichnet das abweichende Muster von Werten, Normen und Verhaltensweisen einer größeren Gruppe von Jugendlichen. Im Vordergrund steht die Abgrenzung zu der „normalen" Gesellschaft. In Subkulturen finden sich sowohl benachteiligte als auch gut situierte Jugendliche. Die Gruppe stabilisiert das Selbstwertgefühl des Einzelnen und kann mitunter die Identitätsentwicklung unterstützen.

Jugendliche können sich innerhalb ihrer Peergruppen positiv wie negativ beeinflussen, z. B. durch das Lernen am Modell (vgl. Kap. 3.3.9), Beeinflussung durch Gespräche, aber auch durch soziale Verstärkung wie Lob und Anerkennung.
Mit zunehmendem Alter steigt die Bedeutung der gegengeschlechtlichen Freunde, allerdings bleibt zwischen dem 9. und 18. Lebensjahr die Bedeutung der gleichgeschlechtlichen Unterstützung durch eine Freundschaft sehr wichtig. Auch die Eltern bleiben zunächst noch wichtige Ansprechpartner. In der späten Adoleszenz verlassen sich Jugendliche vor allem auf Beziehungspartner.
Die Peergruppe kann neben den o. g. Funktionen aber auch negative Auswirkungen auf die Jugendlichen haben. Grob/Jaschinski sprechen von drei **Risiken**, denen Jugendliche ausgesetzt sind:
- Ausnutzung durch falsche Freunde
- Nachteile durch fehlende Kontakte zu Gleichaltrigen
- negative Beeinflussung durch normbrechende Gleichaltrige

Vertrauen, Selbstoffenbarung und Hilfsbereitschaft sind zentrale Merkmale einer Freundschaft. Wenn man anderen z. B. intime Informationen anvertraut, wird man auch verletzbar. Mitunter werden Geheimnisse weitererzählt und als „Waffe" gegen einen eingesetzt.
Es gibt durchaus Jugendliche, denen es kaum oder nur schwer gelingt, überhaupt Kontakte zu anderen Menschen aufzubauen. Fehlt ihnen der beste Freund oder die beste Freundin und kommen sie ungewollt in eine Zuschauerrolle, fühlen sie sich meist unwohl und depressiv, mitunter werden diese Jugendlichen sozial isoliert. **Soziale**

Isolation ist eine Form des Mobbings und belastet die Jugendlichen stark.

Jugendliche suchen sich ihre Freunde meist aufgrund von Ähnlichkeiten wie Leistung, Motivation und anderen Eigenschaften aus. Es besteht demnach die Gefahr, dass gefährdete Jugendliche, die schon in der Kindheit durch aggressives und impulsives Verhalten aufgefallen sind, Freundschaften zu ebenfalls gefährdeten Altersgenossen aufbauen. Ein Jugendlicher, der sich z. B. einer Gruppe anschließt, in der Rauchen und Alkoholkonsum verherrlicht werden und in der das Überschreiten von Gesetzen „in" ist, wird mitunter durch den Druck der Gruppe oder auch aus Angst vor Ablehnung Dinge tun, die gegen geltende Normen und Gesetze verstoßen (vgl. Grob/Jaschinski, 2003, S. 68 ff.).

Schule als Entwicklungsumwelt
In der Schule müssen zwei Entwicklungsaufgaben bewältigt werden:
- Entwicklung der intellektuellen Leistungsfähigkeit
- Vorbereitung auf das Berufsleben

Jugendliche haben sich kognitiv weiterentwickelt. Die Aufmerksamkeits- und Gedächtnisleistungen von Jungen und Mädchen sind im Vergleich zum Grundschulalter gewachsen. Zum Beispiel können Jugendliche sich eine Reihe von Zahlen leichter und schneller einprägen als Grundschüler. Informationen werden zunehmend schneller verarbeitet, auch im Altersbereich der 12- bis 16-Jährigen ist eine Zunahme der Verarbeitungskapazität zu erkennen. Wissenschaftler erklären dies mit Reifungsprozessen des Nervensystems (vgl. Mietzel, 2002, S. 336).

Nach Piagets Theorie zur kognitiven Entwicklung werden Jugendliche ab dem elften Lebensjahr mehr und mehr fähig, Aufgaben und Probleme zu lösen, die logische Schlussfolgerungen erfordern (vgl. Kap. 2.4.3). Kinder im Grundschulalter lösen Probleme noch sehr wirklichkeitsnah, sie setzen sich mit der Wirklichkeit anschaulich auseinander (konkret-operational). Jugendliche und Erwachsene neigen mehr dazu, sich zu fragen, *wie* etwas sein könnte (formal-operational). Drei Fähigkeiten beherrschen Jugendliche nach Piaget:
- Sie sind in der Lage, zwingende Schlussfolgerungen aus zwei Aussagen zu ziehen.

- Sie können Möglichkeiten in jeder Beziehung kombinieren.
- Sie können deduktive Schlussfolgerungen ziehen.

Wenn zwei Aussagen vorliegen (z. B. Köln liegt nördlich von München und Hamburg liegt nördlich von Köln), dann können Jugendliche eine zwingende Schlussfolgerung ziehen (Hamburg liegt nördlich von München). Jüngere Kinder sind nicht in der Lage, diese Aufgabe zu lösen, es sei denn, sie haben Anschauungsmaterial anhand einer Landkarte zur Verfügung.

Jugendliche haben die Fähigkeit, zu einem bestimmten Sachverhalt eine Vielzahl an denkbaren Hypothesen aufzustellen, diese systematisch zu überprüfen und die richtige Aussage zu erkennen.

Deduktive Schlussfolgerungen basieren auf allgemeingültigen Wenn-dann-Beziehungen, zum Beispiel: „Wenn keine Wolken am Himmel sind, scheint die Sonne" (Gültigkeit am Tag, nicht in der Nacht). Bei Verneinung der Dann-Aussage ist auch die Wenn-Aussage nicht richtig. Wenn die Sonne nicht scheint, kann man daraus schließen, dass Wolken am Himmel sind (vgl. Grob/Jaschinski, 2003, S. 89).

Piagets Kritiker betonen, dass seine Annahmen nur in Ländern und Kulturen belegbar sind, in denen Kinder und Jugendliche zur Schule gehen können. Viele Erwachsene, deren Schulbesuch fehlend oder unzureichend war, scheitern an seinen Aufgaben. Ein weiterer Aspekt ist, dass Jugendliche und Erwachsene, die über die kognitive Kompetenz verfügen, diese im Alltag nicht zwingend einsetzen. Selbst Wissenschaftler, die formal-operationale Denkvorgänge vornehmen könnten, nutzen u. a. Papier und Bleistift, um Probleme zu veranschaulichen.

In neueren Forschungen (Keating, 1990) konnte festgestellt werden, dass Jugendliche über folgende kognitiven Fähigkeiten verfügen (vgl. Grob/Jaschinski, 2003, S. 89, 90):

- **Metakognition:** Jugendliche sind in der Lage, über ihren Denkprozess nachzudenken. Sie können darüber nachdenken, wie und warum sie zu einer falschen Annahme gekommen sind.
- **Mehrdimensionales Denken:** Jugendliche beziehen mehrere Perspektiven gleichzeitig in ihre Überlegungen mit ein und wählen differenziert aus.
- **Erkennen von Relativität:** Jugendliche sind in der Lage, die Relativität (Abhängigkeit) von bestimmten Situationen, Ereignissen und Werten sowie Regeln zu erkennen. Zum Beispiel ist die Schuhgröße 42 bei Frauen relativ groß, während sie bei Männern relativ klein ist.

Jugendliche können im Alltag aufgrund ihrer verbesserten Denkleistungen auch besser diskutieren. Sie argumentieren logischer und systematischer und versuchen z. B., dem Gesprächspartner Denkfehler aufzuzeigen. In Themenbereichen, für die sie sich interessieren und in denen die Jugendlichen schon Vorwissen und Erfahrungen haben, bereitet es keine Probleme, neue Informationen aufzunehmen. Bei Themen, in denen keine ausreichende Wissensbasis besteht, ergeben sich Schwierigkeiten. Verschiedene Techniken können das Behalten und Wiedergeben unterstützen (vgl. Kap. 1.2).

Einflussfaktoren, die sich auf die **Schulleistungen** von Jugendlichen auswirken, lassen sich in vier Kategorien aufteilen:

- Kontext
- individuelle Faktoren
- familiäre Faktoren
- Unterrichtsfaktoren

Die **Kontextfaktoren** beziehen sich auf unser Bildungssystem, die Schulform und die Schulklasse. Die frühe Wahl der weiterführenden Schule und damit die Aufteilung der Kinder in bestimmte Leistungsgruppen erfolgt in den meisten Bundesländern immer noch nach dem vierten Schuljahr. Nur

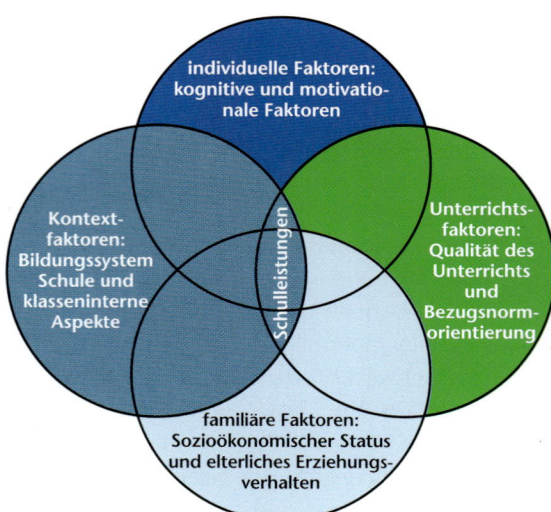

(vgl. Grob/Jaschinski, 2003, S. 94)

in Deutschland, der Schweiz und Österreich werden Kinder so früh nach ihrem Leistungsstand getrennt unterrichtet. Die Unterrichtsdauer, die Lehrkraft und die Zusammensetzung der Schüler innerhalb einer Klasse wirken sich ebenfalls auf die Schulleistungen der Einzelnen aus. Je ähnlicher Vorkenntnisse und Lerntempo in einer Klasse sind, desto besser kann die Lehrkraft alle Schüler angemessen betreuen. Räumlichkeiten und Ausstattung einer Schule beeinflussen ebenfalls die Lernleistungen der Schüler, z. B. die Verfügbarkeit von Internetarbeitsplätzen oder Musikinstrumenten etc.

Die **individuellen Faktoren** umfassen kognitve und motivationale Faktoren. Unter den kognitven Faktoren werden Intelligenz, Problemlöseverhalten und Lernstrategien des einzelnen Schülers verstanden. Die Leistungsmotivation ist ebenfalls ein wichtiger Aspekt. Sie ist je nach Erfahrungen der Schüler eher hoch oder niedrig (vgl. Kap. 2.6.2).

Unter die **familiären Faktoren** fallen der sozioökonomische Status und das elterliche Erziehungsverhalten. Mit dem sozioökonomischen Status sind die soziale Schicht und das Bildungsniveau der Eltern gemeint. Untersuchungen konnten nachweisen, dass Jugendliche bessere Schulleistungen und höhere Bildungsabschlüsse vorweisen, wenn die Eltern ein hohes Einkommen und Bildungsniveau haben (vgl. Grob/Jaschinski, 2003, S. 99). Die Eltern können ihren Kinder meist eine anregende Lernumgebung schaffen, sie mit guten Lernmaterialien ausstatten und gegebenenfalls Nachhilfestunden finanzieren. Die Eltern interessieren sich für die Jugendlichen und unterstützen sie bei Problemen. Klare Regeln sind dabei hilfreich. Eine zu starke Kontrolle beeinträchtigt jedoch die Autonomieentwicklung des Jugendlichen und wirkt sich eher negativ auf die Schulleistungen aus. Die **Unterrichtsfaktoren** beziehen sich auf die Unterrichtsqualität und die Bezugsnormorientierung. Eine hohe Unterrichtsqualität beinhaltet beispielsweise folgende Punkte (vgl. Grob/Jaschinski, 2003, S. 100):

- Störungen sollten früh erkannt und nach Möglichkeit sofort unterbunden werden.
- Schülerinnen und Schüler sollten zu Beginn einen Überblick über die Lernziele und -inhalte bekommen.
- Die Vermittlung der Inhalte sollte lebensweltnah erfolgen.
- Der Unterricht sollte nicht ausschließlich frontal gehalten werden, sondern den Schülerinnen und Schülern viele Möglichkeiten bieten, sich einzubringen und selbst aktiv zu werden.

Bei der Bewertung der Schulleistungen kann sich die Lehrkraft an verschiedenen Bezugsnormen orientieren:

- Bei der **individuellen Bezugsnormorientierung** ist nur die Leistungsentwicklung eines einzelnen Schülers bzw. einer einzelnen Schülerin entscheidend. Die Lehrkraft bewertet jeden Fortschritt positiv, unabhängig davon, wie gut oder schlecht die Leistungen der anderen sind. Diese Form der Bewertung wirkt sich motivationsfördernd auf die Schülerinnen und Schüler aus.
- Die Bezugsnorm kann auch ein **festgelegter Kriterienkatalog** sein, z. B. bekommt jemand mit null Fehlern im Diktat die Note Eins, ab einem Fehler eine Zwei etc.

Zukunftsorientierung und Berufswelt

Eine weitere Entwicklungsaufgabe im Jugendalter besteht darin, Zukunftspläne zu entwickeln, die persönlich bedeutsam und auch realistisch sind. Die Jugendlichen müssen sich darüber klar werden, was sie möchten, und sich einen realistischen Eindruck von dem verschaffen, was sie sich vorstellen (z. B. durch Praktika). Jugendliche von heute haben zwar mehr Auswahlmöglichkeiten als frühere Generationen, sind aber auch mit mehr Risiken konfrontiert. Jugendliche entwickeln Ziele und Pläne, die meist noch flexibel sind und bei Bedarf geändert werden können. Die Zukunftsorientierung verläuft in drei Stufen:

- sich eigene Ziele setzen
- Pläne zur Umsetzung entwickeln
- die entwickelten Pläne auf ihre Umsetzbarkeit hin überprüfen

Im Prozess der Zielsetzung berücksichtigen die Jugendlichen sowohl die persönlichen Vorlieben als auch die Erwartungen von außen und wägen diese gegebenenfalls gegeneinander ab. Außerdem spielt eine Rolle, in welchem Zeitraum das Ziel zu erreichen ist.

Jeder Mensch hat Ziele, die ihm besonders wichtig sind, während andere Ziele in den Hintergrund treten. Je wichtiger jemandem sein Ziel ist, desto mehr ist er geneigt, diese Zielerreichung auch selbst zu kontrollieren. Die Kontrolle über die Zielerreichung fördert den Selbstwert, die psychische Gesundheit und die Lebenszufriedenheit (vgl. Grob/Jaschinski, 2003, S. 119). Jugendliche, die ihre Ziele erreichen, blicken optimistisch und mit Stolz auf weitere Zielsetzungen.

Zielinhalte wie Bildung, Beruf und Familie bleiben über die gesamte Phase des Jugendalters hinweg bedeutsam, werden bis ins Erwachsenenalter hinein wichtiger und die Zielsetzungen immer anspruchsvoller.

Die Planungsstrategien entwickeln sich bis zum frühen Erwachsenenalter weiter. Die Planungen älterer Jugendlicher sind effizienter und realistischer als bei Jüngeren. Jugendliche blicken zunächst optimistisch in die Zukunft. Dieser Optimismus sinkt häufig mit zunehmendem Alter und ersten Misserfolgen.

Eltern und Gleichaltrige beeinflussen die Zukunftsorientierung der Jugendlichen.

Eltern vermitteln bestimmte Normen und Werte und beeinflussen so die Interessen und Ziele ihrer Kinder. Sie sind Vorbilder und beeinflussen durch ihre eigene Einschätzung der Handlungsmöglichkeiten die Entwicklung von Optimismus oder Pessimismus.

Gleichaltrige vergleichen ihre eigenen Situationen und Ziele untereinander und verändern unter Umständen daraufhin ihre Ziele und Pläne. Jugendliche, die erleben, dass sie ihre Ziele vergleichsweise schnell erreichen, werden eine optimistische Haltung entwickeln. Umgekehrt werden sie eine eher pessimistische Haltung entwickeln, wenn sie erleben, dass andere ihre Ziele bedeutend schneller erreichen (vgl. Grob/Jaschinski, 2003, S. 123). Die 15. Shell-Jugendstudie aus dem Jahre 2006 stellte heraus, dass Jugendliche ihre Zukunftsaussichten ungewiss einschätzen und die Familie einen starken Einfluss hat. Im Jahr 2006 waren 72 % der Jugendlichen der Meinung, dass man eine eigene Familie braucht, um wirklich glücklich zu werden. Insgesamt blickten 50 % der Jugendlichen zuversichtlich in die Zukunft, 42 % „mal so – mal so" und 8 % schätzen die Zukunft düster ein. Bildung bleibt ein wichtiger Schlüssel zum Erfolg. Jugendliche an Hauptschulen blicken weniger optimistisch in die Zukunft als Altersgenossen, die ein Gymnasium besuchen.

In der 16. Shell-Jugendstudie wird anhand einer Grafik der Optimismus der Jugendlichen im Vergleich zu den Jahren 2006 und 2002 dargestellt. Jugendliche sind im Jahr 2010 ihrer eigenen Zukunft gegenüber wieder optimistischer eingestellt. 59 % sehen zuversichtlich in die Zukunft, 35 % „mal so – mal so" und 6 % beurteilen ihre Zukunft düster
(vgl. Shell Studie, 2010).

Jugendliche im Beruf

Der Wechsel von Schule zu Beruf ist ein Übergang, der je nach Ausbildungs- und Entwicklungsstand sehr kontinuierlich oder aber abrupt erfolgen kann. Untersuchungen in diesem Bereich belegen, dass die Bereitschaft Jugendlicher, den Übergang in das Berufsleben zu vollziehen, mit zunehmendem Alter steigt. Der frühe Eintritt von Hauptschülern in das Berufsleben ist kritisch zu bewerten, da die persönlichen Ziele in der mittleren Adoleszenz meist noch nicht auf Arbeit und Beruf ausgerichtet sind (vgl. Oerter/Montada, 2008, S. 330). Das hat zur Konsequenz, dass Jugendliche ihre Lehre häufiger abbrechen oder der Ausbildungsberuf nur wenig den Interessen der Jugendlichen entspricht.

Ältere Jugendliche, die aufgrund ihrer Schullaufbahn erst später einen Schulabschluss erreichen, haben die Chance, ihre bisherigen beruflichen Ziele zu überdenken und möglicherweise an veränderte Wünsche und Bedürfnisse anzugleichen. Arbeit wird dann als positiv erlebt, wenn Ausbildung und Beruf zusammenpassen. Jugendliche, die keine Arbeit haben oder keine ihrer Ausbildung entsprechenden Arbeit finden, fühlen sich unwohl und werden mitunter auch depressiv. Einer Längsstudie zufolge gibt es sechs Formen des Übergangs in die Berufsausbildung (vgl. Oerter, 2008, S. 331):

- relativ problemloses Einfinden in einen gewünschten Beruf
- ohne eindeutigen eigenen Berufswunsch relativ problemloses Finden eines akzeptablen Ausbildungsplatzes
- problembeladendes, aber erfolgreiches Finden in den gewünschten Beruf (mitunter wird ein Wartejahr eingelegt, aber der Berufswunsch bleibt)
- Beginn eines Ausbildungsberufs, der als Notlösung empfunden wird
- Scheitern bei der Suche nach einem Ausbildungsplatz, trotz eigener Anstrengung und äußeren Drucks (z. B. Schule endet, Eltern wollen, dass man auszieht, Taschengeldkürzungen etc.)
- Einfinden in eine ungelernte Position ohne einen Ausbildungswunsch

Heute kommt es immer wieder zu einer siebten Variante, von der ca. 30 000 Jugendliche betroffen sind:

- Scheitern bei der Suche nach einem Ausbildungsplatz: Die Jugendlichen erfahren schulische oder berufliche Förderung auch in Form von Weiterbildungen.

In Deutschland werden von der Bundesagentur für Arbeit individuelle Berufsberatungen angeboten, um Jugendlichen den Übergang in den Beruf zu erleichtern. Neben lokalen Ausbildungs- und

Freiwilliges Soziales Jahr in der Altenpflege

Weiterbildungsprogrammen gibt es auch die Möglichkeit, ein freiwilliges soziales oder ökologisches Jahr zu absolvieren: Hier können die Jugendlichen soziale, pflegerische oder ökologische berufliche Tätigkeiten kennenlernen (vgl. Oerter, 2008, S. 331). Gezielte Beratungen über die Ausbildungs- und Berufsmöglichkeit sind wichtige Hilfen für Jugendliche. Die sozialpädagogischen Fachkräfte sollten die Angebote und Beratungsstellen kennen, um die Jugendlichen dorthin vermitteln zu können.

2.7.5 Moral und Werte im Jugendalter

Die Unabhängigkeit von den Eltern ist ebenso eine Entwicklungsaufgabe des Jugendalters wie die Entwicklung von eigenen Normen und Werten. Die eigene Familie, der Erziehungsstil in der Familie und das gesamte soziale Umfeld wie z. B. die Peergruppe haben auf die Moral- und Wertvorstellungen von Jugendlichen einen erheblichen Einfluss.

Noch einmal zur Erinnerung: Moral setzt sich aus Soll-Regeln zusammen, die das gemeinsame Leben in einer Gesellschaft steuern. Normen und Werte sind Bewertungsmaßstäbe für das eigene Handeln sowie für das Handeln anderer und sind kulturell geprägt (vgl. Kap. 2.5.3). Schon im fünften Lebensjahr können Kinder zwischen unmoralischem Handeln wie Schlagen, Stehlen, ungerechtem Behandeln und Verstößen gegen Konventionen wie Tischmanieren oder Verhaltensregeln unterscheiden. In der Grundschule kommen Kinder mit einer Fülle von Normen und Werten in Kontakt, die sich mitunter von denen der eigenen Familie unterscheiden. Zum Beispiel erwartet die Schule, dass die Schulordnung eingehalten wird, bei Besuchen in anderen Familien lernt man z. B., vor dem Essen zu beten oder die Schuhe vor der Haustür auszuziehen.

Mit zunehmendem Alter nimmt die Vielfalt an Erfahrungen mit Normen und Werten zu. Fortschritte in der kognitiven und sozial-emotionalen Entwicklung sowie Erfahrungen aus der Umwelt erweitern den Horizont der Kinder und Jugendlichen. Durch das Bewusstwerden und Nachdenken über unterschiedliche Normen entwickelt sich das moralische Selbst (vgl. Oerter, 2008, S. 586).

Moralische Urteile – Kohlbergs Stufenmodell

Eigene moralische Überzeugungen werden maßgeblich durch die Bewertung selbst erlebter oder theoretischer Situationen gewonnen. Neue Einsichten ergeben sich beispielsweise aus

- dem Nachdenken über moralische Dilemmata,
- Schlussfolgerungen aus erlebter Ungerechtigkeit,
- Erfahrungen mit Normen in unterschiedlichen Kulturen.

Lawrence Kohlberg (1927–1987)

Lawrence Kohlberg wurde 1927 in Bronxville, südwestlich von New York geboren. Bevor er 1948 ein Psychologiestudium in Chicago begann, wurde er als jüdischer Flüchtlingshelfer auf einem Frachtschiff entdeckt und mit der Mannschaft und den Passagieren in Zypern festgesetzt. Mit gefälschten Papieren und über Umwege gelang ihm die Flucht zurück in die USA. Es folgten mehrere Lehrtätigkeiten an unterschiedlichen Instituten, bevor er zurück an die University of Chicago kam und dort bis 1968 als Professor tätig war. 1968 erhielt er eine Professur für Erziehungswissenschaften und Sozialpsychologie an der Harvard University, Massachusetts. Kohlberg gründete das Zentrum für moralische Entwicklung und Erziehung, das er bis zu seinem Tod leitete. Seine Veröffentlichungen haben seit den 1960er Jahren bis heute große Aufmerksamkeit gefunden, insbesondere durch sein Stufenmodell der moralischen Entwicklung.

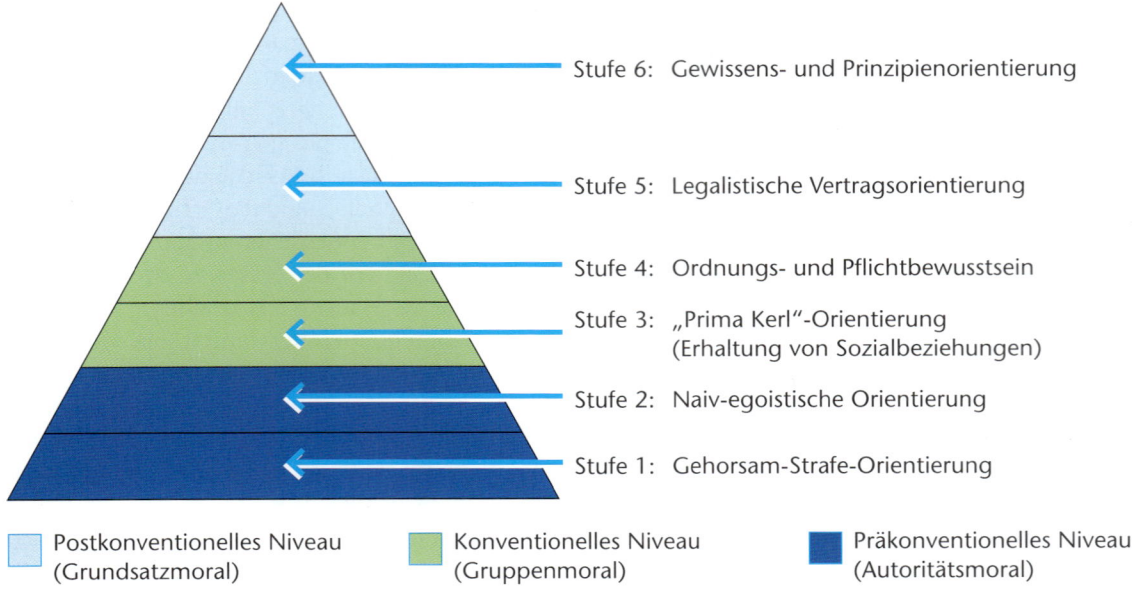

Kohlbergs Stufenmodell (vgl. Oerter/Montada, 2008, S. 594)

Im Folgenden soll das Stufenmodell von Kohlberg vorgestellt werden, das den Prozess der moralischen Urteilsbildung beschreibt.
Kohlbergs Modell hat drei Niveaustufen, jedem Niveau werden jeweils zwei weitere Stufen zugeordnet.
Kohlberg war der Meinung, dass die Stufen
- qualitative Unterschiede im Denken darstellen,
- eine unveränderte Entwicklungssequenz bilden,
- in ihrer Sequenz nicht veränderbar allerdings durch sozialisatorische Einflüsse zu beschleunigen bzw. zu verlangsamen sind,
- strukturelle Einheiten darstellen, die das Denken und Urteilen in allen Kontexten beobachtbar machen,
- nur ansteigen und nicht abfallen. Wer einmal eine höhere Stufe erreicht hat, hat eine höhere Einsicht, die er nicht mehr aufgibt (vgl. Oerter/Montada, 2008, S. 596).

Kohlberg stellte in eigenen Forschungen (1976) fest, dass sich präkonventionelle Moralurteile vorwiegend bei Kindern bis zum einschließlich achten Lebensjahr zeigen, während Jugendliche und Erwachsene meist auf der konventionellen Ebene urteilen.

Er forschte, indem er Kindern, Jugendlichen und Erwachsenen Geschichten vorlegte, die Menschen in einer Konfliktsituation (moralisches Dilemma) darstellen. Die Probanden sollten dann Lösungen aufzeigen und diese begründen. Diese Begründungen sind Grundlage seines Stufenmodells.

Beispiel
Das Dilemma von Heinz:
„Eine todkranke Frau litt an einer besonderen Krebsart. Es gab ein Medikament, das nach Ansicht der Ärzte ihr Leben hätte retten können. Ein Apotheker der Stadt hatte es kurz zuvor entdeckt. Das Medikament war teuer in der Herstellung, der Apotheker verlangte jedoch ein Vielfaches seiner eigenen Kosten. Heinz, der Ehemann der kranken Frau, borgte von allen Bekannten Geld, brachte aber nur die Hälfte des Preises zusammen. Nach ergebnislosen Verhandlungen mit dem Apotheker brach Heinz in der Apotheke ein und stahl das Medikament für seine Frau."
(Oerter/Montada, 2008, S. 594)

Kohlbergs Interesse galt der Frage, mit welchen Argumenten das Stehlen des Medikaments gerechtfertigt wurde (vgl. Mietzel, 2002, S. 283).
- Jugendliche, denen die Geschichte von Heinz vorgelegt wurde, rechtfertigten sich auf dem

konventionellen Niveau (Stufe 3). Sie waren darum bemüht, mit ihrem Verhalten die Zustimmung anderer, nahestehender Personen zu erhalten. In einer Studie von Colby (1983) ergab sich, dass Urteile der Stufe 3 in der Mitte der Adoleszenz ihren Höhepunkt haben und danach abnehmen. In der späten Adoleszenz und dem frühen Erwachsenenalter steigt demgegenüber der Anteil von Urteilen auf der Stufe 4.

- Die Stufe 5 wird nur von sehr wenigen Menschen überhaupt erreicht, meist erst im Erwachsenenalter. Die Urteile werden dann im Einklang mit der eigenen ethischen Lebenshaltung getroffen. Was richtig oder falsch ist, leitet sich aus Prinzipien der Gerechtigkeit ab. Ein Mensch auf der fünften Stufe hat erkannt, dass Gesetze und Werte nur relativ sein können und unter bestimmten Bedingungen geändert oder ignoriert werden müssen (vgl. Mietzel, 2002, S. 345).
- Die Stufe 6 konnte kaum in Studien nachgewiesen werden. Hier geht es um allgemeingültige ethische Prinzipien. Diese Prinzipien sind sehr abstrakt wie z. B. der kategorische Imperativ nach Kant.

Kritiker warfen Kohlberg vor, seine Theorie sei sehr auf westliche Kulturen und die nordamerikanische Bevölkerung ausgerichtet. Mitglieder anderer Kulturen würden auf ein typisches Dilemma nur Antworten geben, die dem präkonventionellen Niveau (Stufe 1 und 2) entsprechen, obwohl ihre Reaktionen im Einklang mit ihrer moralischen Wertvorstellung der eigenen Kultur ständen (vgl. Mietzel, 2002, S. 346).

Zusammenfassend bleibt festzuhalten, dass bis heute keine Theorie hinreichend erklären kann, was Kinder, Jugendliche und Erwachsene dazu bewegt, sich an moralischen Vorstellungen zu orientieren oder danach zu handeln (vgl. Kap. 2.5.3). Aus der Tatsache, dass ein Mensch in einer Situation moralisches Verhalten zeigt, ist nicht sicher abzuleiten, dass er dies auch in einer anderen Situation tun wird. Folgende Aspekte beeinträchtigen das moralische Verhalten:

- Druck, sein Ziel unter allen Umständen erreichen zu müssen (z. B. eine Klasse wiederholen zu müssen)
- Vermeidung von Konflikten (z. B. Strafe durch Eltern)
- Erfolgserlebnis (z. B. durch Pfuschen in der Klassenarbeit)

Immanuel Kant (1724–1804)
Kant war ein wichtiger deutscher Philosoph der Aufklärung. Seine Philosophie beschäftigte sich insbesondere mit den Fragen: Was kann der Mensch grundsätzlich wissen und erkennen? Was soll der Mensch tun, wie soll er sich verhalten? Die erste, erkenntnistheoretische Frage behandelte er in seinem Werk „Kritik der reinen Vernunft", die zweite, moralisch/ethische in der „Kritik der praktischen Vernunft". Außerdem widmete sich Kant ästhetischen, religiösen und anthropologischen Fragestellungen und er beschäftigte sich auch mit pädagogischen Themen. Als Philosoph der Aufklärung war dabei für ihn besonders wichtig, den Menschen zu einem mündigen Wesen zu erziehen, das sich seiner Vernunft bedienen kann und sich dadurch Kants Auffassung nach zwangsläufig moralisch verhalten muss. Er wies auch auf einen Grundwiderspruch pädagogischen Handelns hin: Wie kann ein Mensch durch „Zwang", ausgeübt durch den Willen des Erziehers, zu einem freien Menschen erzogen werden, der lernt, eigenständig seine Vernunft zu gebrauchen? Darüber hinaus stellte Kant die Frage, welche geistigen Voraussetzungen der Mensch mitbringt (z. B. eine Vorstellung von Raum, Zeit und Kausalität), um überhaupt Erfahrungen machen zu können. Er ging davon aus, dass Wirklichkeit durch diese Voraussetzungen erst im Kopf entsteht, und nahm damit viele Überlegungen des Konstruktivismus vorweg.

- die Gefahr, entdeckt zu werden (z. B. beim Pfuschen oder Stehlen) ist für den einzelnen Menschen in verschiedenen Situationen unterschiedlich hoch bzw. gering
- Beeinflussung durch Gleichaltrige

Bei Befragungen von Kindern und Jugendlichen treten immer wieder Widersprüche auf. Ein Zehnjähriger erklärt zum Beispiel, dass Stehlen schlimmer ist, als in einem Pyjama am Unterricht teilzunehmen. Er ist aber eher bereit zu stehlen, als in unangemessener Kleidung am Unterricht teilzunehmen (vgl. Mietzel, 2002, S. 289).

Werte der Jugendlichen

Welche Werte haben Jugendliche und wie stellen sie sich ihre Zukunft vor? Erwachsene sind häufig der Ansicht, dass Jugendliche sich keine tiefgreifenden Gedanken machen und einfach in den Tag hineinleben. Die Befragungen und Studien zeigen deutlich, dass Jugendliche sich viele Gedanken über ihre Zukunft machen und sowohl moderne als auch traditionelle Werte vertreten.

In der 16. Shell-Jugendstudie werden die Werte der Jugendlichen im Alter von 12 bis 25 Jahren pragmatisch eingeschätzt. Über 90 % der Jugendlichen finden es wichtig,
- gute Freunde zu haben,
- ein gutes Familienleben zu führen,
- eigenverantwortlich zu leben und zu handeln.

Leistung ist ebenfalls wichtig, aber der Spaß darf nicht zu kurz kommen. Jugendliche 2010 wollen ihr Leben genießen.

Die unten stehende Grafik stellt die Werteorientierung der Jahre 2002 und 2010 gegenüber: Viele Jugendliche interessieren sich für das, was in der Gesellschaft vor sich geht. 70 % finden, dass Missstände in der Arbeitswelt und in der Gesellschaft nicht einfach hingenommen werden sollen (vgl. www.static.shell.com, 2012).

Eine gute Bildung bleibt weiter der Schlüssel zum Erfolg. Allgemein hat sich die Einstellung zur Ausbildung und zum Berufseinstieg verbessert (76 % der Jugendlichen glauben, nach der Ausbildung übernommen zu werden). Dennoch blicken sozial benachteiligte Jugendliche nur zu 41 % zuversichtlich auf ihre berufliche Zukunft.

Bei der Gegenüberstellung der Werte von Jugendlichen im Alter von 12 bis 25 Jahren in den Jahren 2002 und 2010 wird deutlich, dass die Werte wie Freunde, Familie und Eigenverantwortlichkeit weiterhin sehr wichtig und um einige Prozent angestiegen sind. Gensicke hat sich bereits im Jahr 2002 mit der Werteorientierung von Jugendlichen auseinandergesetzt und unterteilt Jugendliche auf der Basis ihrer Werte in unterschiedliche **Wertetypen**. Diese sollen im Folgenden dargestellt werden (vgl. Grob/Jaschinski, 2003, S. 117):
- selbstbewusste Macher
- pragmatische Idealisten
- zögerliche Unauffällige
- robuste Materialisten

„Selbstbewusste Macher" sind Jungen und Mädchen aus der breiten Mitte der deutschen Gesellschaft. Sie gehören zur „Leistungselite" und

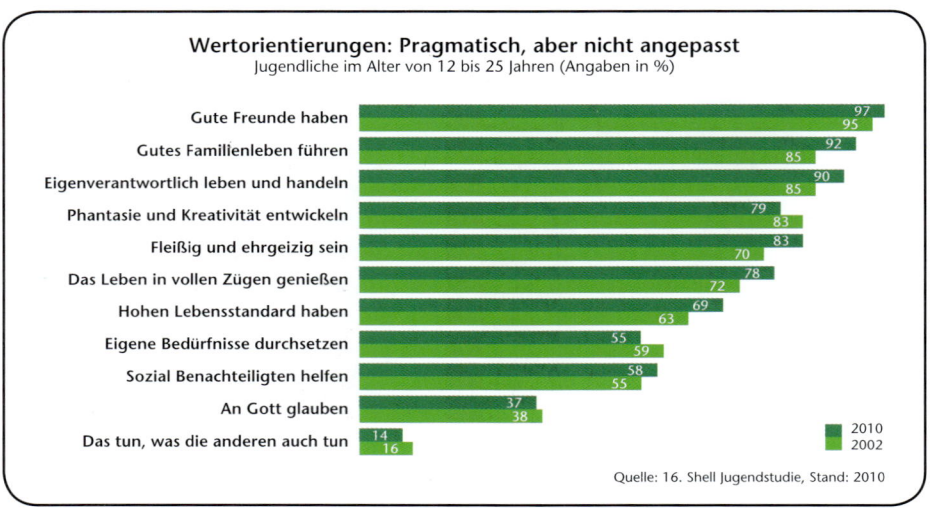

Quelle: 16. Shell Jugendstudie, Stand: 2010

konzentrieren sich sehr auf den Beruf. Sie sind ehrgeizig und streben nach Verantwortung, Einfluss und Ansehen. Ihr Leistungsdenken ist aufgeprägter als das soziale Engagement. Sie sehen ihre Zukunft positiv.

Die „pragmatischen Idealisten" lassen sich dem Bildungsbürgertum zuordnen. Sie verknüpfen persönliches Engagement mit Leistungsbewusstsein und sozialem Denken. Ideelle Werte und eine humane Gestaltung der Gesellschaft sind ihnen wichtig. Sicherheit, Recht und Ordnung haben dennoch eine wichtige Bedeutung. Mädchen sind stärker als Jungen sensibel für Probleme wie z. B. Ausländerfeindlichkeit oder Armut, hier zeigen sie ein hohes soziales Engagement. Sie sehen ihre Zukunft auch positiv.

„Zögerliche Unauffällige" sehen ihre eigene Zukunft eher skeptisch. Anforderungen der Schule oder aus dem Berufsleben können nur schwer bewältigt werden. Sie resignieren leicht und können ihre Interessen nicht selbstbewusst vertreten. Andere unterprivilegierte Mitglieder der Gesellschaft werden toleriert und bevorzugt.

„Robuste Materialisten" haben Ähnlichkeiten mit den „zögerlichen Unauffälligen". Sie reagieren auf Probleme allerdings nicht mit Resignation, sondern mit äußerlicher Stärke und Rücksichtslosigkeit. Dieser Wertetyp tritt fast ausschließlich bei männlichen Jugendlichen auf und wird gesellschaftlich kritisch betrachtet, da Normen, Regeln und Gesetze häufig übertreten werden. Diese Gruppe schaut oft auf Randgruppen und Minderheiten herab, obwohl sie selbst meist auch einer unteren sozialen Schicht angehören. Ein kleiner Teil ist in radikalen Gruppen organisiert.

Gensicke kommt zu dem Schluss, dass der Jugendliche je nach Wertetyp den Anforderungen der Gesellschaft mehr oder weniger gewachsen ist:

„Während die selbstbewussten Macher und pragmatischen Idealisten den gesellschaftlichen Anforderungen gewachsen sind, ist bei den zögerlich Unauffälligen eine stärkere Förderung ihrer Aktivität und sozialen Integration notwendig. Den robusten Materialisten dagegen müssen klare Grenzen gesetzt werden. Erst wenn sie die Normen und Regeln der Gesellschaft akzeptiert haben, können konkrete Fördermaßnahmen ansetzen."
(Gensicke, in: Grob/Jaschinski, 2003, 118 f.)

Die Einteilungen und Bewertungen nach Gensicke sind durch intensive Befragungen von sehr vielen Jugendlichen entstanden und sollten von sozialpädagogischen Fachkräften in der Praxis kritisch hinterfragt werden. Ergebnisse von Studien können auf die individuellen und sehr komplexen Lebenssituationen von Jugendlichen oftmals keine Antwort geben; sie können aber eventuell helfen, Jugendliche im Allgemeinen besser zu verstehen.

2.8 Umgang mit herausforderndem Verhalten

„Auch rechnet man ja so vieles zu den Unarten, nur weil es die Eltern stört, während das Kind mit bestem Gewissen tut, was ihm natürlich ist und unverfänglich scheint."
(Hermann Hesse, in: „Lektüre für Minuten")

Die Begriffe Verhaltensauffälligkeit, Verhaltensstörung, gestörtes Verhalten oder abnormales Verhalten wurden im Verlauf der vergangen Jahre immer häufiger durch den Begriff des herausfordernden Verhaltens (HV) ersetzt. „Herausforderndes Verhalten" weist unmittelbarer auf den engen Wechselbezug zwischen dem Verhalten eines Menschen einerseits und der Wahrnehmung bzw. dem Erleben dieses Verhaltens durch die umgebenden Menschen andererseits hin. Es macht darüber hinaus deutlicher, dass sich aus einem solchen Verhalten ganz besondere Herausforderungen für den Betroffenen wie für seine Mitmenschen ergeben. Darüber hinaus ist der Begriff des herausfordernden Verhaltens (zumindest noch) weniger stigmatisierend als der der Verhaltensauffälligkeit oder des gestörten Verhaltens. In den folgenden Kapiteln werden sowohl die Begriffe des „herausfordernden Verhaltens" als auch der Verhaltensauffälligkeit oder -störung verwendet.

2.8.1 Verhalten

In den vorangegangenen Kapiteln wurde beschrieben, wie die Entwicklung bei Kindern und Jugendlichen in der Regel verläuft. Nicht alle Kinder haben die Chance, eine störungsfreie Entwicklung zu einer gesunden Persönlichkeit zu vollziehen. Beeinträchtigungen können verschiedene Ursachen haben und zeigen sich in herausforderndem Verhalten, das sich unter ungünstigen Bedingungen zu Verhaltensstörungen entwickeln kann.

Die Zahl der Kinder, die starke Auffälligkeiten zeigen, steigt kontinuierlich an. In einer Untersuchung des Sigmund-Freud-Instituts wurde festgestellt, dass 10 bis 15 % der Kinder in Deutschland im Vorschulalter Auffälligkeiten zeigen (vgl. Frankfurter Rundschau, 2007, S. 1). Einen Auslöser dafür sieht Wolfgang Bergmann in den Bedingungen der heutigen Kindheit und spricht vom „Drama des modernen Kindes" (2003).

Sozialpädagogische Fachkräfte werden in ihrem beruflichen Alltag häufig mit Kindern und Jugendlichen konfrontiert, deren Verhalten eine deutliche Herausforderung für sie selbst und für ihre Mitmenschen darstellt. „Der M. ist heute wieder so mies drauf, er stört in jeder Spielgruppe und motzt nur rum" (Zitat einer Erzieherin). Viele sozialpädagogische Fachkräfte fühlen sich durch solche Kinder überfordert. In den Einrichtungen wird auch häufig von „Problemkindern" oder „schwierigen Kindern" gesprochen.

Doch das Kind zeigt lediglich Symptome, die darauf hinweisen, dass beispielsweise im Familiensystem etwas nicht stimmt. Um betroffene Kinder und Jugendliche in ihren Lebenssituationen zu verstehen und Eltern als kompetente Beratung zur Seite stehen zu können, müssen sozialpädagogische Fachkräfte wissen, wie Verhalten entsteht, welche Ursachen Verhaltensauffälligkeiten haben können, wie sie sich äußern, welche Störungsbilder unter Umständen daraus entstehen und wie sie selber damit umgehen können. Eine frühzeitige Intervention im Kindesalter beugt unter Umständen einer psychischen Erkrankung im Erwachsenenalter vor.

Um „Verhaltensauffälligkeit" und deren Ursachen besser verstehen zu können, wird zunächst erläutert, was „Verhalten" ist und wie es sich entwickelt.

Wie entwickelt sich Verhalten?

Das Verhalten eines Menschen entwickelt sich in den ersten Lebensjahren unter Einfluss der genetischen Faktoren sowie der Sozialisation. Verhalten wird vererbt und bildet sich durch den Einfluss des sozialen Umfeldes weiter aus. Verhalten wird als Aktivität bezeichnet, durch die eine Anpassung des Organismus an die Umwelt geschieht (vgl. Gerrig/Zimbardo, 2004, S. 3).

Das Verhalten eines Menschen ist im Verlauf der Lebensspanne nur in einem vorgegebenen Rahmen veränderbar. Dieser Rahmen wird in den ersten Lebensjahren festgelegt. Das kindliche Verhalten löst im sozialen Umfeld eine Reaktion aus. Diese wiederum beeinflusst das Verhalten der Eltern, sodass eine Wechselwirkung entsteht. Verläuft dieser Prozess günstig, hat das Kind gute Chancen, sich zu einem selbstbewussten Menschen zu entwickeln. Unter ungünstigen Bedingungen können sich jedoch Verhaltensauffälligkeiten entwickeln, die wiederum das Elternverhalten beeinflussen und eine Wechselwirkung entstehen lassen, die die Beziehung zwischen Kind und Eltern beeinträchtigt.

Wenn Kinder in den Kindergarten kommen, wird ihr Verhalten zunehmend vom sozialen Umfeld mit beeinflusst. Simchen (2008) geht davon aus, dass die wesentlichen Verhaltensmerkmale im Alter von sechs Jahren ausgebildet sind. Je älter das Kind wird, umso schwieriger wird es, das Verhalten zu ändern. Hier zeigt sich, welche Verantwortung sozialpädagogischen Fachkräften zukommt. Sie sind gefordert, Auffälligkeiten möglichst früh zu erkennen und professionell zu handeln, sodass betroffenen Kindern eine Frühförderung im kognitiven und sozial-emotionalen Bereich ermöglicht werden kann. Die Entwicklung eines positiven Selbstwertgefühls und der sozialen Kompetenz sind für den weiteren Lebensweg sehr wichtig.

An dieser Stelle soll näher betrachtet werden, was die Entwicklung des Verhaltens positiv beeinflusst (vgl. Simchen, 2008, S. 25):

- die genetische Voraussetzung mit den verschiedensten angeborenen Fähigkeiten
- ein intaktes Zentralnervensystem als Voraussetzung für eine gute Fähigkeit zur Wahrnehmung und deren unbeeinträchtigte und realitätsgerechte Verarbeitung (Verhalten entsteht im Kopf und wird von

dort gesteuert; ein intaktes Nervensystem ermöglicht eine angemessene Reaktion auf Reize)
- die Vorbildwirkung der Bezugspersonen, die zum Kind eine warme, tragfähige Beziehung aufbauen, soziale Normen vermitteln und Grenzen setzen (Bindung)
- Förderung und Anerkennung durch das soziale Umfeld, die Motivation zum Lernen wecken und Selbstvertrauen aufbauen
- die Vermittlung von sozialen Normen und erwarteten Verhaltensweisen
- die Vermittlung bestimmter Fähigkeiten, z. B.
    - Selbststeuerung des eigenen Verhaltens und Kontrolle eigener Reaktionen
    - Wahrnehmung und Deutung der Körpersprache anderer
    - ausreichende sprachliche Fähigkeiten, um sich adäquat verständigen zu können

Wie zeigt sich Verhalten?
Sprechen, Lachen, Weinen, Berühren sind Beispiele für beobachtbares Verhalten. Menschliches Verhalten lässt sich jedoch nur unter Einbezug von mentalen Prozessen verstehen. Denken, Planen, Träumen, Phantasieren lassen sich aber nicht beobachten und werden dem Erleben des Individuums zugeordnet.

Verhalten
Unter Verhalten versteht man die Gesamtheit aller von außen beobachtbaren Äußerungen eines Lebewesens. Mit Erleben werden von außen nicht beobachtbare Vorgänge im Menschen bezeichnet, Vorgänge, die der Mensch nur an sich selbst wahrnehmen kann (vgl. Hobmair, Psychologie, 2008, S.18).

Offenes und verdecktes Verhalten
Man unterscheidet verdecktes und offenes Verhalten. Offenes Verhalten ist das, was wahrgenommen werden kann.

Beispiel
Die sozialpädagogische Fachkraft beobachtet seit ca. sieben Wochen eine zunehmende Aggressivität bei dem dreijährigen Frederik. Er beißt und kratzt Kinder, die neben ihm am Frühstückstisch sitzen, aus heiterem Himmel.

Dieses Verhalten ist offen und beobachtbar. Verdecktes Verhalten kann im Gegensatz dazu nicht wahrgenommen werden. Es ist nicht beobachtbar. Dies sind die psychischen Determinanten, die das Verhalten auslösen und steuern. Sie umfassen die aktivierenden Prozesse wie Emotionen, Motive und Einstellungen sowie die kognitiven Vorgänge wie Wissen, Verstehen und Problemlösen.

Beispiel
Die sozialpädagogische Fachkraft beobachtet nun schon seit längerer Zeit, dass die fünfjährige Maja sehr ruhig ist und wenig Kontakt zu anderen Kindern aufnimmt. Eigentlich könnte sie sich darüber freuen, weil Maja sich so ruhig und angepasst verhält. Doch sie macht sich Gedanken, was wohl hinter diesem Verhalten steckt.

Was der Mensch empfindet, kann also nicht durch Fremdbeobachtung erschlossen werden, wohl aber, wie er sich verhält. Diese Wahrnehmung beinhaltet zunächst noch keine Bewertung. Erst wenn das Verhalten in Beziehung zu den gesellschaftlichen Normen und Werten gesetzt wird, entstehen positive und negative Zuschreibungen.

2.8.2 Herausforderndes Verhalten

Weicht das Verhalten eines Kindes deutlich von den Norm- und Wertvorstellungen ab, spricht man von „herausforderndem Verhalten" oder auch von „Verhaltensauffälligkeiten". Die Schwierigkeit für die sozialpädagogischen Fachkraft besteht darin, diese Abweichung nach fachlichen Kriterien zu beurteilen und sich nicht ausschließlich von der eigenen Vorstellung bzw. „Intuition" leiten zu lassen. Im bereits erwähnten Beispiel fühlt sich die Erzieherin durch das Kind M. gestört, weil es durch sein Verhalten die geplanten Abläufe und die Atmosphäre „beeinträchtigt". Dennoch wäre es voreilig, dem Kind eine Verhaltensauffälligkeit oder gar Verhaltensstörung zu unterstellen. Außerdem bestünde die Gefahr, dass eine solche Zuschreibung wiederum das Verhalten des Kindes verstärken oder eine Auffälligkeit bzw. Störung sogar erst hervorrufen würde.

In der Ausbildung sozialpädagogischer Fachkräfte werden entsprechende Fähigkeiten zur fachlich kompetenten Beurteilung häufig leider nicht vermittelt. Viele Erzieherinnen gehen zum Beispiel fälschlicherweise davon aus, dass auffälliges Verhalten von Kindern meistens dadurch entsteht, dass die Eltern überfordert sind, Erziehungsschwierigkeiten haben und keine gute Beziehung zu ihrem Kind aufbauen konnten. Zwar können diese Faktoren eine Rolle spielen, aber es gibt viele weitere Ursachen für die Entstehung auffälligen Verhaltens, sodass eine solche pauschale Erklärung zu kurz greift.

Ingeborg Becker-Textor befragte Erzieherinnen, die in Tageseinrichtungen für Kinder tätig sind: „Was verstehen Sie unter dem Begriff ‚verhaltensauffällig'? Wie und woran erkennen Erzieher eine Verhaltensauffälligkeit?" Die Ergebnisse dieser Befragung machen deutlich, dass viele Erzieherinnen Verhaltensauffälligkeiten nicht kompetent beurteilen können und dass eine Beurteilung bzw. Grenzziehung diesbezüglich schwierig ist. Die Erzieherinnen äußerten sich wie folgt (vgl. Becker-Textor, 1990):

- *Unter schwierig oder verhaltensauffällig verstehe ich, wenn ein Kind nicht kontaktfähig ist und sich nur schwer in die Kindergartengemeinschaft einordnet, wenn es Unstetigkeit im Spiel zeigt, nicht konzentrationsfähig ist, motorische Störungen und psychische Tics aufweist.*
- *Wenn ein Kind Schwierigkeiten im Gruppenverhalten hat. Wenn sein Verhalten von der Verhaltensnorm abweicht, wobei natürlich der Begriff Norm relativ gesehen werden muss. Wenn sich das Kind versperrt und mit anderen nicht in Kontakt treten will. Diese Versperrung wird beeinflusst durch das Verhalten des Erziehers.*
- *Wenn ein Kind mit vier Jahren die Bedeutung von Worten noch nicht begreift, also das Sprachverständnis noch Mängel aufweist. Außerdem sollte ein Kind dieser Altersstufe das Gesprochene motorisch umsetzen können.*
- *Als auffällig betrachten wir ein Kind, das sich in seinen Verhaltensweisen von anderen unterscheidet, das somit auffällig ist, z. B. durch Stottern, das schwer lenkbar ist und starke Aggressivität zeigt.*
- *Verhaltensauffällig sind Kinder, die sich nicht nach Normen des Elternhauses, des Erziehers oder der Gesellschaft verhalten.*
- *Wenn ein Kind grundsätzlich andere Kinder schlägt und willkürlich gebaute Gegenstände zerstört, dann ist es verhaltensauffällig. Es verhält sich dann nicht dem Alter entsprechend. Außerdem wenn es die Anweisungen des Erziehers nicht befolgt.*

Etwa die Hälfte der von Becker-Textor befragten Erzieherinnen beschrieben zwar keine Verhaltensauffälligkeiten, benannten aber folgende Probleme (vgl. Becker-Textor, 1990, S. 26):
- Gewalttätigkeit, Streitsüchtigkeit
- Aggressivität
- mangelnde Fähigkeit zur Konfliktlösung
- starkes Liebesbedürfnis
- Geltungsdrang
- gewaltsames Aufmerksammachen und Wunsch nach Zuwendung
- Sprachstörungen, motorische Unruhe
- persönliche Eigenarten und daraus erwachsende Einordnungsschwierigkeiten
- übermäßige Zurückhaltung des Kindes
- Ängstlichkeit

Die sozialpädagogischen Fachkräfte benannten Probleme, welche durchaus den Verhaltensauffälligkeiten zugeordnet werden können.
Kinder und Jugendliche reagieren sehr unterschiedlich. Die genetische Veranlagung und auch

der Umwelteinfluss spielen hier eine wesentliche Rolle.

Auch Simchen (2008) beschreibt, dass auffälliges Verhalten durch Impulsivität, Regression, Ziellosigkeit, emotionale Steuerungsschwäche mit Ängsten und Aggressionen die Toleranzschwelle von z. B. Eltern und sozialpädagogischen Fachkräften häufig überschreitet. Sie weist jedoch darauf hin, dass die Beurteilung einer Auffälligkeit bei Kindern und Jugendlichen subjektiv ist und auch vom jeweiligen Milieu oder der Kultur abhängig ist.

1. Kognitives Verhalten	• Wie ist die akustische und optische Wahrnehmungsfähigkeit? (laut – leise, hoch – tief, differenziert – oberflächlich) • Wie ist das Erinnerungsvermögen? (stark – schwach) • Welche Begriffsbestimmungen räumlicher Art sind schon vorhanden? (hoch – tief, vorn – hinten, über – unter u. a.) • Welche Größenbezeichnungen können schon genannt werden? (groß – klein, lang – kurz u. a.) • Welche Mengenbezeichnungen können genannt werden? (viel – wenig, mehr – weniger, Zahlen von 0 bis 10) • Welche Farben und Formen können genannt werden? (Grundfarben, Mischfarben, Kreis, Dreieck, Rechteck) • Wie ist der Phantasie- und Kreativitätsbereich entwickelt?
2. Psychisches Verhalten	• Zeigt das Kind Ängste, Unsicherheiten? (zieht sich zurück, wehrt sich nicht, weint sehr schnell) • Ist es kontaktgehemmt? Zeigt es Schuldgefühle? • Wie ist die emotionale Grundstimmung? (froh, heiter, traurig) • Wie ist seine Vitalität entwickelt? (aktiv – passiv) • Wie ist seine Ich-Struktur? (selbstbewusst, unsicher) • Wie ist der Phantasie- und Kreativitätsbereich entwickelt?
3. Soziales Verhalten	• Wie ist die Beziehung zwischen Kind und Erzieher? (abhängig – unabhängig, aktiv – passiv) • Wie ist die Beziehung zwischen Kind und Gruppe? (Außenseiter, Führer, Mitläufer, Aggressor, integriert) • Wie ist die Beziehung zu einzelnen Kindern? (kein Kontakt zu anderen Kindern, Freundschaft, kontaktfähig etc.)
4. Lernverhalten – Motivationsverhalten	• Wie kann sich das Kind konzentrieren? (ausgeprägt – weniger ausgeprägt) • Wie ist die Arbeitshaltung? (selbstständig, benötigt Hilfe der Erzieherin) • Wie ist die Arbeitsweise? (konzentriert sich intensiv auf ein Spiel, kann sich nur kurz mit einer Sache beschäftigen) • Wie ist sein Interesse entwickelt? (interessiert sich für besondere Spiele, ist sehr lustlos)
5. Motorisches Verhalten	• Zeigt das Kind körperliche Auffälligkeiten? (Bewegungsstörungen im grob- bzw. feinmotorischen Bereich) • Wie ist die Hand-Auge-Koordination entwickelt? • Wie geht es mit Material um? (geschickt – plump) • Wie ist seine Mimik und Gestik entwickelt? (auffällig – normal)
6. Sprachliches Verhalten	• Sind Sprachstörungen zu beobachten? (stottert, stammelt, lispelt, poltert) • Welches Sprachvokabular hat es? (umfangreich, eingeschränkt, phantasievoll) • Wie ist die Sprachstruktur? (logisch-kausal, weniger logisch, konfus) • Wie ist das Sprachverhalten? (sprachgewandt, sprachgehemmt)
7. Spielverhalten	• Welche Interaktionsform bevorzugt das Kind? (Einzelspiel, Partnerspiel, Gruppenspiel) • Wie ist die Konzentration beim Spiel? (ausgeprägt, unstetig) • Welches Spielmaterial und welcher Spielbereich werden bevorzugt? (Handlungsmaterial, Rollenspielrequisiten etc.) • Welche Rolle übernimmt es im Spiel? (Führerrolle, Mitläufer, Außenseiter o. a.)

Fragenkatalog zur Verhaltensbeobachtung (Martin/Wawrinowski, 2000, S. 195 f.)

Hilfen zur Verhaltensbeobachtung

Im pädagogischen Alltag sind das Verhalten und die daraus resultierenden Probleme differenziert zu betrachten.

Der folgende Fragenkatalog von Martin/Wawrinowski zur Beobachtung der Verhaltensstruktur von Kindern kann dabei eine Hilfestellung bieten, die Probleme einzuordnen.

Durch die Differenzierungen, die in der Tabelle zu sehen sind, wird die Einordnung des Verhaltens bzw. des Verhaltensmusters möglich.

Das menschliche Verhalten lässt sich wie folgt einteilen:

- motorisches Verhalten
- kognitives Verhalten
- emotionales Verhalten
- soziales Verhalten

Sozialpädagogische Fachkräfte lernen in der Ausbildung, genau zu beobachten. Dies ist eine wichtige berufliche Aufgabe. Aus der Beobachtung heraus wird pädagogisches Handeln entwickelt. Wenn die sozialpädagogische Fachkraft seit längerer Zeit beobachtet, dass Frederik mit drei Jahren ständig kratzt und beißt, ist es nötig, sein Verhalten in unterschiedlichen Situationen über einen längeren Zeitraum differenziert in den Blick zu nehmen.

Simchen hat Kriterien zur Verhaltensbeurteilung zusammengestellt, die dabei helfen sollen, durch Beobachtung herauszufinden, welche auffälligen Eigenschaften über mehrere Wochen bestehen bleiben, eventuell sogar an Intensität zunehmen und sich auch nicht durch erzieherische Maßnahmen beeinflussen lassen (vgl. Simchen, 2008, S. 35f.):

- **Art der Bewegung**
  lebhaft/langsam, rasch/träge, unruhig/ausgeglichen, hastig/gehemmt, zielgerichtet/ungerichtet, bewegungsarm/ungeschickt, ängstlich/unsicher, umtriebig, ungebremst
- **Art der Reaktion**
  offen/gehemmt, spontan/scheu, angepasst/unangepasst, ausgeglichen/reizbar, erregt/teilnahmslos, stumpf, gekränkt, motzig, steuerungsschwach
- **Stimmung**
  heiter/missmutig, situationsgerecht, schwingungsfähig
- **Spielverhalten**
  ausdauernd, interessiert, gestaltungsfähig, geschickt, selbstständig, dominant, unstet, gleichgültig, abwartend, gestaltungsarm, ungeschickt, hilfebedürftig, spielt vorwiegend allein, kann sich in eine Gruppe eingliedern
- **Verhalten anderen Kindern gegenüber**
  kontaktfreudig, zurückhaltend, ablehnend, freundlich, hilfsbereit, bestimmend, gutmütig, reizbar, aggressiv, unverträglich, spricht nicht mit den Kindern
- **Verhalten gegenüber Erwachsenen**
  situationsgerecht, angepasst, kommt den Aufforderungen nach, offen, hilfsbereit, zugewandt, klammert, zärtlichkeitsbedürftig, kleinkindhaft, imitierend, Babysprache, distanzlos, oppositionell, aufdringlich, verweigernd
- **Sprache**
  altersgerechter Wortschatz und Satzbildung, deutliche Aussprache, grammatikalisch richtig, spricht mit wohlgeformten Sätzen, spricht nicht in fremder Umgebung, stammelt, stottert, Probleme bei der Aussprache der s-Laute oder anderer Konsonanten, geringe Äußerungsbereitschaft, Rededrang
- **Sprechweise**
  laut/flüsternd, langsam/schnell, übersprudelnd/stoßweise, undeutlich
- **Reaktion auf Verbote**
  einsichtig/uneinsichtig, vernünftig, reagiert rasch/verzögert, nicht nachhaltig beeindruckt, gekränkt, trotzig, eigensinnig, verweigert, provoziert, leugnet

Anhand der Beobachtung unter Zuhilfenahme dieser Kriterien ist es möglich, herauszufinden, ob bei einem Kind eine funktionelle Störung vorliegen kann.

Für eine soziapädagogische Fachkraft ist die Verhaltensbeobachtung eine wichtige Grundlage ihrer pädagogischen Arbeit. Sollte sich durch die Beobachtung bestätigen, dass eine Auffälligkeit bei einem Kind vorliegt, ist es notwendig, von den Eltern zu erfahren, wie sie das Kind in der häuslichen Umgebung wahrnehmen. Es ist nicht ungewöhnlich, dass das Kind die Auffälligkeiten nur in der Gruppe zeigt und Eltern zu Hause keinerlei Auffälligkeit feststellen. Wie in solchen Situationen professionell zu verfahren ist, um mit den

Eltern ins Gespräch zu kommen, wird in Kapitel 4.6 erörtert.

Wichtig ist, den Kontakt zu den Eltern frühzeitig aufzunehmen. Andernfalls besteht die Gefahr, dass sich aus der Verhaltensauffälligkeit eine Verhaltensstörung entwickelt und es immer schwieriger wird, positiv Einfluss zu nehmen.

Entwicklung von herausforderndem Verhalten zu Verhaltensstörungen

Der Übergang von einer Verhaltensauffälligkeit zu einer Verhaltensstörung ist fließend. Die Kinder und Jugendlichen befinden sich in einer Spirale, aus der sie ohne Hilfe nicht herausfinden. Sie möchten gerne „so sein, wie alle anderen auch" und bemühen sich sehr darum. Da ihnen die Verhaltensänderung jedoch oftmals ohne Hilfe nicht gelingt, reagiert die Umwelt und reagieren sie selbst oftmals mit Enttäuschung. Das Gefühl: „Das hat ja eh alles keinen Zweck, auch wenn ich mich noch so anstrenge" lässt sie resignieren, sich ängstlich zurückziehen oder fördert das oppositionelle, aggressive Verhalten. Oftmals suchen betroffene Kinder und Jugendliche die „Schuld" für die eigenen Probleme bei anderen. Dies stößt bei Eltern und anderen Beteiligten häufig auf Unverständnis und beeinträchtigt die Beziehung.

Die ersten Symptome einer Verhaltensauffälligkeit werden häufig übersehen. Man neigt dazu, viele Erklärungen für das herausfordernde Verhalten zu finden, z. B. dass ein Geschwisterkind geboren wurde oder ein Umzug stattgefunden hat, und hofft darauf, dass sich die Probleme schon „auswachsen" werden. Viele Kinderärzte beraten Eltern auch dahingehend, dass sich das Verhalten mit der Zeit schon verändern wird. Dabei geht wertvolle Zeit verloren und spätestens wenn sich eine Verhaltensstörung entwickelt hat, wird klar, dass es schon eine Reihe von Signalen im Vorfeld gab, die auf eine Verhaltensauffälligkeit hingewiesen haben.

2.8.3 Ursachen für herausforderndes Verhalten

Nicht nur sozialpädagogische Fachkräfte, auch viele Eltern sind bezüglich des Entwicklungsverlaufs des eigenen Kindes verunsichert und bitten um Beratung, wenn sie bei ihren Kindern o. g. Probleme beobachten und feststellen. Es ist sicherlich wichtig, als kompetente Fachkraft über ein Grundlagenwissen zu verfügen, um eine erste Einschätzung im Falle einer entsprechenden Beobachtung vornehmen zu können. Basierend auf der ersten Einschätzung können dann im Team Vorgehensweisen geplant werden, wie dem Kind in seiner Situation bestmögliche Unterstützung, z. B. in Form von Hilfen zur Erziehung, zukommen kann. In Verdachtsfällen sollte Eltern eine entsprechende Diagnostik, beispielsweise bei Kinder- und Jugendpsychiatern oder in einem sozialpädiatrischen Zentrum, empfohlen werden.

Je früher eine Intervention einsetzt, umso erfolgreicher kann diese sein. Um zu erkennen, wo Ursachen für das herausfordernde Verhalten liegen könnten, ist es sinnvoll, die folgenden theoretischen Ansätze zur Erklärung zu nutzen:

- **Individuumszentrierter Ansatz**
  Zunächst wird der Entwicklungsstand des Kindes in verschiedenen Bereichen festgestellt. So kann beispielsweise unterschieden werden, ob eine Verhaltensauffälligkeit auf mangelnder Konzentrationsfähigkeit beruht oder möglicherweise körperliche Ursachen hat.

- **Sozialpsychologischer Ansatz**
  Die sozialen Beziehungen des Kindes werden betrachtet. Welchen Stand hat das Kind in der Familie? Welche Entfaltungsmöglichkeiten hat das Kind? Wie sieht die Beziehung zur sozialpädagogischen Fachkraft oder zur Lehrkraft aus? Welche Rollenübernahme hat in den unterschiedlichen Beziehungen (Familie, Kindergarten, Freunde, Schule etc.) stattgefunden? Findet möglicherweise eine Überbehütung oder Verwöhnung statt oder ist das Kind sich mehr selbst überlassen?
  Hier ist auf andere Kulturen und deren Unterschiede zu achten. Die Wertigkeiten können hier sehr unterschiedlich sein. Dies ist vor allem in der interkulturellen Arbeit mit Kindern von Bedeutung.

- **Kommunikationstheoretischer Ansatz**
  Wie kommuniziert das Kind und welche Sprache nutzt es im Dialog? Welche Informationen werden dadurch transportiert? Dabei ist auch sinnvoll zu beobachten, wie der Kommunikationspartner auf das Kind reagiert.

- **Lerntheoretischer Ansatz**
  Kinder lernen von der Geburt an (vgl. Schäfer, 2003). Die Lerngeschichte des Kindes wird unter die Lupe genommen. Das Selbstbild des Kindes wird hier deutlich. Was und wie viel traut es sich zu? Wie sieht die Erziehung aus? Was wurde von dem Kind von anderen übernommen? Welches Bindungsmuster hat das Kind entwickelt?
- **Soziologischer Ansatz**
  Welchen Einfluss hat die Gesellschaft auf das Kind? Wo wohnt das Kind? Welche Atmosphäre hat das Umfeld und mit welchen Themen beschäftigen sich die Menschen z. B. in der Familie? Welche Normen und Werte wirken auf das Kind ein?

Diese unterschiedlichen Ansätze ermöglichen eine ganzheitliche Betrachtungsweise. Zunächst soll jedoch der individuumszentrierte Ansatz konkretisiert werden.

Neurologische Faktoren für herausforderndes Verhalten

Eine der häufigsten Ursachen für herausforderndes Verhalten ist eine angeborene Regulationsstörung in der **Reizverarbeitung**. Betroffene Kinder und Jugendliche reagieren aufgrund der Schwellensenkung auf Belastungen und Stress mit hoher Verletzbarkeit. Ihr Nervensystem ist stressanfälliger. Die Reaktionen der betroffenen Kinder und Jugendlichen auf solche Situationen sind nicht steuerbar und sehr impulsiv (vgl. Simchen, 2008, S. 29).

Verhaltensbildung im Gehirn

Die Wahrnehmungsverarbeitung findet im Gehirn statt. Über die Sinnesorgane (Auge, Ohr, Geschmacksorgan, Nase, Tast- und Temperaturorgan) werden Informationen der Umwelt aufgenommen und im Zentralnervensystem verarbeitet. Dies nennt man **sensorische Integration**. Durch die sensorische Integration werden die Empfindungen aus den unterschiedlichen Wahrnehmungsbereichen miteinander in Verbindung gebracht (vgl. Petermann u. a., 2004, S. 126).

Ist diese Integration gestört, kommt es zu einer Hemmung der sensorischen Integration. Das bedeutet, dass die im Gehirn ankommenden Reize zu ungenau und langsam verarbeitet werden. Ein Abruf gespeicherter Wahrnehmungen aus dem Wissens- oder Gefühlsgedächtnis erfolgt nicht in der erforderlichen Schnelligkeit. Auch auf die bereits gemachten Erfahrungen erfolgt kein sicherer Rückgriff (vgl. Simchen, 2008, S. 50).

Wahrnehmung und Verarbeitung im Gehirn

Alle aus der Peripherie eintreffenden Reize werden im vorderen Teil des Stirnhirns gefiltert, hier werden z. B. Nebengeräusche ausgeblendet. Die Wahrnehmung wird nach Wichtigkeit bewertet und dann als bioelektrischer Reiz zum Arbeitsgedächtnis weitergeleitet. Der Mensch wird so in

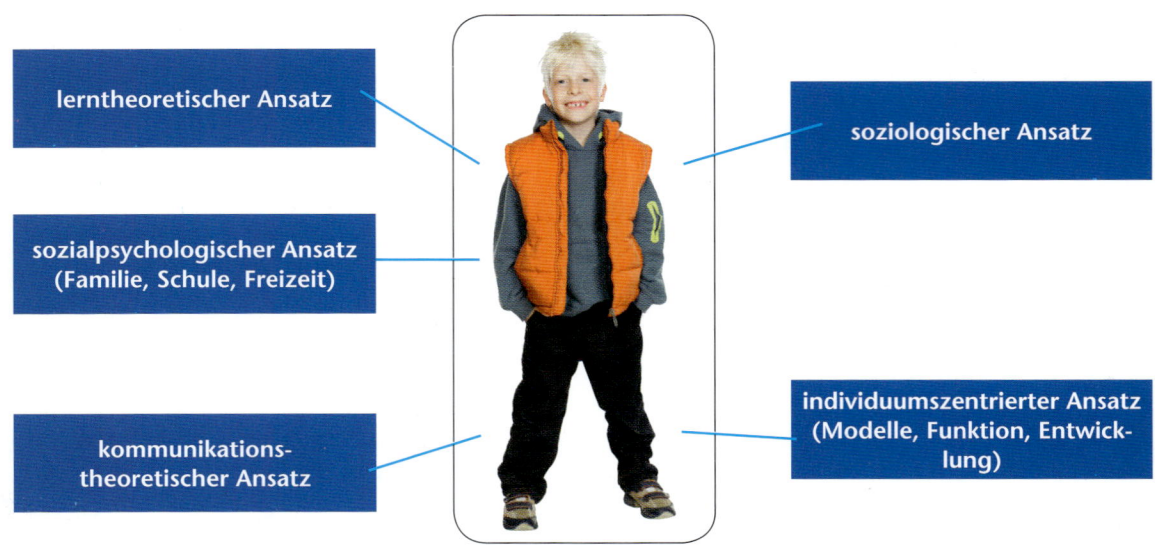

die Lage versetzt, sich auf bestimmte Dinge zu konzentrieren und diese aufmerksam zu verfolgen. Eine Ablenkung durch Nebengeräusche und andere Wahrnehmungen erfolgt in dieser Zeit nicht. Dies ist besonders in Phasen konzentrierten Lernens von Wichtigkeit.

Ist nun eine Reizfilterschwäche vorhanden, wie es bei vielen Kindern und Jugendlichen mit Auffälligkeiten der Fall ist, kommt es zu einer Überlastung des Arbeitsgedächtnisses (vgl. Simchen, 2008, S. 30f.).

Im Wahrnehmungsgedächtnis sammeln sich alle eintreffenden **Wahrnehmungsreize**. Hier werden sie sortiert und unterschiedlichen Zentren zugeordnet. Wenn nun das Arbeitsgedächtnis überlastet ist, geht ein Teil verloren, da nur einige der ankommenden Wahrnehmungen aufgenommen und dann gespeichert werden.

In der frühen Kindheit bilden sich Gedächtnisleitbahnen aus. Durch diese Leitungsbahnen wird ein schnelles Reagieren und der Abruf von Erfahrungen und Wissen möglich. Ohne Zeit- und Informationsverlust gelangen auf diesem Wege Wahrnehmungsreize auf dem schnellsten Weg ins Arbeitsgedächtnis und somit zu den entsprechenden Gehirnzentren.

Wenn diese Leitungsbahnen nicht ausreichend ausgebildet sind, werden Wahrnehmungsreize erst verspätet an die jeweiligen Zentren weitergeleitet. Die Reaktionsfähigkeit eines betroffenen Menschen ist beeinträchtigt. Das Wissen und die gemachten Erfahrungen sind zwar aus dem Gedächtnis abrufbar, aber dies mit Zeitverzögerung. In entsprechenden Lebenssituationen, wie zum Beispiel im Schulalltag, ist das sehr beeinträchtigend (vgl. Simchen, 2008, S. 30f.).

Verarbeitungsstörungen bei Kindern und Jugendlichen mit herausforderndem Verhalten

Wenn nun eine Störung der Transporterfunktionen im Gehirn vorhanden ist, mangelt es den Synapsen an Botenstoffen. Aus diesem Grunde findet eine Weiterleitung bioelektrischer Reize unterbrochen oder verlangsamt statt. Das Verhältnis der Botenstoffe untereinander ist gestört. Es kommt zu einem **„hüpfenden Wahrnehmungsstil"**. Das bedeutet, dass ein Kind oder Jugendlicher Gelerntes auf sehr unterschiedlichen Leistungsniveaus abrufen kann. An einem Tag kann er das Gelernte hervorragend abrufen und wiedergeben, aber schon eine Stunde später gelingt das Abrufen möglicherweise nur mit großer Mühe und das Gelernte kann nicht wiedergegeben werden und gerät wieder in Vergessenheit (vgl. Simchen, 2008, S. 61f.).

Bei manchen Menschen ist im Gehirn nicht genügend Speicherkapazität vorhanden. Dadurch reichen in betroffenen Gehirnzentren die funktionstüchtigen Nervenzellen nicht aus. Grund dafür kann ein Mangel an Reizen sein, durch den nicht beanspruchte Nervenzellen absterben, oder es kann angeboren sein. Besteht eine massive Reizleitungsstörung, ist es möglich, dass Teile des Gehirns, die nicht regelmäßig aktiviert werden, an Größe verlieren.

Ein stark verzweigtes Netzwerk von Nervenzellen erschwert das Lernen. Betroffene haben eine unzureichende Reizfilterung und nicht ausreichend ausgebildete „Gedächtnisbahnen". Aus diesem Grunde verläuft die Weiterleitung von Reizen diffus. Durch diese Weiterleitung werden Reize auf Umwegen oder auch Nebenwegen unvollständig oder zeitverzögert an die entsprechenden Zentren weitergeleitet. Kürzere „Gedächtnisbahnen" fehlen. Für die betroffenen Menschen ist ein konzentriertes, themenorientiertes Arbeiten schwer möglich. Durch kreisende, ablenkende Gedanken ist dies beeinträchtigt. Die Merkfähigkeit ist verringert und das offene Leitungssystem erschwert zielgerichtetes Lernen.

Die Weiterleitung der unterschiedlichen Wahrnehmungen ist bei einem Mangel an Botenstoffen nicht oder nicht schnell genug möglich. Jede Veränderung von Botenstoffen kann weitreichende Folgen für das Verhalten, für Emotionen und für die Persönlichkeit haben. Zum Beispiel kann ein Mangel an Serotonin zu Dauerstress führen. Durch Sport kann der Serotoninspiegel jedoch positiv beeinflusst werden.

Die hier aufgezeigten Störungen können dazu führen, dass die **mangelnde Verarbeitung der Sinnesreize** auf neurobiologischer Ebene die Lern- und Leistungsfähigkeit, das Verhalten insgesamt, die psychische Befindlichkeit und motorischen Fertigkeiten beeinträchtigt und sich hemmend auf die Entwicklung auswirkt. Dies geschieht jedoch sehr individuell, da Menschen sehr unterschiedlich betroffen sein können (vgl. Simchen, 2008, S. 60f.).

Akzeleration

Eine weitere Ursache für die Entwicklung von Verhaltensauffälligkeiten kann auch die Akzeleration sein. Was bedeutet der Begriff Akzeleration? Die körperliche und seelische Reife tritt bei Kindern und Jugendlichen innerhalb einer bestimmten Altersspanne auf. Solange die Entwicklung dem Alter entspricht, geht man von einem normalen Entwicklungsverlauf aus. Wenn sich nun aber die Reifung nach vorne verschiebt, und eine gegenüber dem Durchschnitt beschleunigte körperliche Entwicklung feststellbar ist, wird in der Fachsprache von Akzeleration gesprochen. Die Entwicklung ist beschleunigt. Das Kind von elf Jahren kann zum Beispiel körperlich schon wie ein 16-Jähriger aussehen (vgl. Oerter/Montada, 1998, S. 335f.).

Wie kommt es zu dieser Entwicklung? Es gibt Annahmen, die davon ausgehen, dass aufgrund eines in früher Kindheit ausgelösten physiologischen Stresses das Wachstum durch die Veränderung der endokrinen Balance beschleunigt wird. Dies zeigte eine Untersuchung von Jungen, die während der ersten Lebensjahre physiologischem Stress (z. B. durch Einbrennungen in der Haut) ausgesetzt waren. Die betroffenen Jungen zeigten im Jugendalter ein größeres Wachstum als Jungen der Vergleichsgruppe (vgl. Nickel, 1975, S. 294). Dies ist jedoch nicht empirisch abgesichert. Schenk-Danzinger führt in diesem Zusammenhang die „Ernährungstheorie" an. Fleisch und Fett können bestimmte wachstumsfördernde Drüsen steigern. Die Entwicklungsbeschleunigung ist eine Folge der gesteigerten Aktivierung des innersekretorischen Systems (Drüsensystem) (vgl. Schenk-Danzinger, 2006, S. 257).

Säkulare Akzeleration

Durch viele Untersuchungen wurde festgestellt, dass Kinder und Jugendliche in den letzten hundert Jahren schneller wuchsen (vgl. Nickel, 1975, S. 503). In Westeuropa wurde beobachtet, dass die Menstruation bei Mädchen um bis zu fünf Monate früher pro Jahrzehnt einsetzt (vgl. Nickel, 1975, S. 503). In Österreich wurde sogar eine Vorverlegung von acht Monaten im Verlauf von acht Jahren durch Untersuchungen ermittelt (vgl. Schenk-Danziger, 1988).

Auswirkungen der Akzeleration

Die beschleunigte körperliche Reifung wirkt sich auch auf die psychische Entwicklung aus, wobei es konträre Ansichten darüber gibt, in welcher Weise:
- Wenn eine körperliche Akzeleration von einer Verlangsamung oder Störung der psychischen Entwicklung begleitet wird, handelt es sich um eine disharmonische Entwicklung.
- Wenn mit einer körperlichen Akzeleration eine ebenfalls beschleunigte psychische Entwicklung einhergeht, verläuft die Entwicklung also insgesamt schneller als im Allgemeinen, ist aber dennoch harmonisch.

Beispiel
Die elf Jahre alte Lisa kommt in eine neue Gruppe einer „offenen Tür". Sie wird anhand ihrer Größe und ihres körperlichen Entwicklungsstandes auf mindestens 16 Jahre geschätzt. Die älteren Jungen gehen auf sie zu wie auf eine Gleichaltrige. Die Verfestigung der Geschlechtsidentität ist in Lisas Alter aber noch nicht vollzogen, sodass die Situation sie überfordert. Lisa interessiert sich wie die meisten Kinder im sechsten bis elften Lebensjahr dafür, wie die Dinge funktionieren, und stellt viele Fragen (vgl. Hobmair, Psychologie, 2008, S. 225). Wird ihr nun jedoch vermittelt, dass ihre Fragen als „dumm" oder „störend" angesehen werden, besteht die Möglichkeit, dass sie ein Minderwertigkeitsgefühl entwickelt.
Aufgrund der kontinuierlichen Überforderung kann Lisas Verhalten auffällig werden: Entweder zieht sie sich zurück und traut sich nicht mehr, etwas zu sagen – aus Angst, für dumm gehalten zu werden. Oder sie entwickelt Kompensationsstrategien und zeigt „oppositionelles Verhalten" (Döpfner/Schürmann/Lehmkuhl, 2000, S. 38).

Schenk-Danzinger hingegen geht davon aus, dass die Akzeleration eine verfrühte hormonelle Umstellung auslöst, welche sich auch auf den psychischen Bereich auswirkt, sodass der körperliche und psychische Reifungsprozess in etwa parallel verlaufen (vgl. Schenk-Danzinger, 2006, S. 257). Folgendes Verhalten ist bei Kindern und Jugendlichen zu beobachten:
- Selbstbehauptungstendenzen (vermehrt bei Jungen)
- Hingabetendenzen und erhöhtes Zärtlichkeitsbedürfnis (vermehrt bei Mädchen)

- frühe sexuelle Ansprechbarkeit
- frühe Beziehungsaufnahme zum anderen Geschlecht

Oerter/Montada (vgl. 1998, S. 335) stellen nur einen geringen Zusammenhang zwischen körperlicher und psychischer Entwicklung fest.
Fakt ist jedoch, dass eine frühe Geschlechtsreife einen Einschnitt in die Kindheit bedeutet und sowohl das Kind als auch die Umwelt vor Orientierungsprobleme stellt. Körperlich wirken die Kinder reifer, sind allerdings psychisch unter Umständen noch sehr kindlich, sodass Verunsicherungen entstehen. Diese Kinder werden häufig überschätzt, mit zu hohen Erwartungen konfrontiert und versagen entsprechend häufiger. Möglicherweise entstehen Rollenkonflikte in Familie, Freundeskreis und Schule, die weitere Probleme aufwerfen können (vgl. Schenk-Danzinger, 2006, S. 258).

Dezeleration

Neben der verfrühten Entwicklung hat auch die Spätentwicklung (Dezeleration) Einfluss auf das Verhalten und die Psyche der Jugendlichen. Folgende Probleme können auftreten:
- starke Minderwertigkeitsgefühle
- negatives Selbstbild
- Gefühle der Unzulänglichkeit
- Ängste, so klein zu bleiben

Es gibt zwischen Jungen und Mädchen noch deutliche Unterschiede. Jungen fühlen sich häufig unterdrückt und zurückversetzt, Mädchen hingegen fühlen sich eher isoliert.
Betroffene Jungen und Mädchen brauchen eine liebevolle und verständnisvolle Begleitung und psychische Beratung, damit sich keine unerwünschten Kompensationsmechanismen entwickeln. Sie sollten über ihre Situation Klarheit haben und wissen, dass sie zu den Spätentwicklern gehören, die langsamer wachsen.

Komplikationen während der Schwangerschaft

Eine weitere Ursache für Verhaltensauffälligkeiten bei Kindern und Jugendlichen kann ein nicht ungestörter Verlauf der Schwangerschaft sein. Der Fötus ist bereits vielfältigen Einflüssen ausgesetzt:

Die Mutter kann zum Beispiel während der Schwangerschaft erkranken und Medikamente nehmen oder durch den Konsum von Nikotin, Drogen oder Alkohol die Entwicklung des Kindes beeinträchtigen.
Medikamente, Nikotin, Drogen oder Alkohol durchdringen die Plazenta und wirken auf den Fötus. Auch am allgemeinen Erleben der Mutter ist er schon stark beteiligt. Durch die physiologischen Reaktionen wie der Ausschüttung von Endorphinen und Stresshormonen wird die Strukturbildung des sich entwickelnden Gehirns beeinflusst. Dadurch wird die Grundlage späterer Verhaltensmuster gelegt. Es kommt bereits vor der Geburt zu akuten Bedrohungen des Fötus.
Das soziale Umfeld der Mutter spielt eine nicht unerhebliche Rolle. Beispielsweise können finanzielle Schwierigkeiten, Arbeitslosigkeit oder andere soziale Nöte die Mutter stark belasten, möglicherweise resultiert daraus auch ein hoher Alkoholkonsum. Diese Umstände bieten keine sichere Grundlage, in der die pränatale Phase störungsfrei verlaufen kann. Sensorische Reize wirken sich auf die Entwicklung des Gehörs aus sowie auf die Entwicklung des Bewegungs- und Gleichgewichtssystems. Auch die Ernährungsgewohnheiten und -bedingungen in der Schwangerschaft sind von Bedeutung. Das Kind, dessen Mutter sich bewusst gesund ernährt, hat einen anderen Start als das Kind, dessen Mutter sich eine vitaminreiche, ausgewogene Ernährung nicht leisten kann oder darüber gar nicht informiert ist.
Eine Traumatisierung der Mutter (z. B. durch einen Unfall oder eine Todesnachricht) kann sich auf die Entwicklung des Kindes auswirken.

Komplikationen während der Geburt

Auch Komplikationen während der Geburt können die Entwicklung des Neugeborenen erheblich beeinflussen und damit Ursache für spätere Verhaltensauffälligkeiten sein:
- Sauerstoffmangel unter der Geburt
- Hirnblutungen
- Nabelschnurumschlingungen
- Frühgeburt
- verzögerte Geburt

Gleich nach der Geburt wird der APGAR-Test bei Neugeborenen durchgeführt, der überprüft, ob das Nervensystem intakt ist. Die Reize und Reflexe des Kindes geben Aufschluss darüber, ob das Kind sich der veränderten Umwelt anpasst. Dieser Test wird in Minutenabständen wiederholt.

Entwicklungsbeeinträchtigende Bedingungen nach der Geburt

Weiter zu nennen sind die postnatalen Bedingungen, die sich negativ auf die Entwicklung des Kindes auswirken können (vgl. Petermann u.a., 2004, S. 328):
- Atemstörungen
- Saug- und Schluckstörungen
- Ernährungsstörungen
- Hirnentzündungen, Krampfanfälle
- Schädel-Hirn-Traumen (z. B. durch Unfälle oder Misshandlungen)
- soziale Deprivation
- ungünstiges Erziehungsverhalten der Eltern

Bindungsverhalten

Säuglinge sind zu Beginn ihres Lebens völlig hilflos. Sie sind mit allen sie betreffenden lebenserhaltenden und emotionalen Bedürfnissen auf Bezugspersonen angewiesen, die ihnen Sicherheit und Verlässlichkeit bieten.

„Was können wir [...] über frühe Einflüsse sagen? Sie bahnen bereits den Weg in positiver, seelisch gesunder wie in negativer, seelisch, beeinträchtigender Weise an. [...] Noch gibt es [...] keinen Beleg dafür, dass frühe sehr negative Erlebnisse eines Kindes ungeschehen gemacht werden könnten, sie können jedoch verarbeitet werden. Bedingungen, unter denen Bindungen überhaupt nicht zustande kommen, zeigen besonders gravierende Folgen."
(Grossmann/Grossmann, 2004, S. 59)

In Kapitel 2.4.3 wurde bereits beschrieben, wie wichtig die positive Kind-Eltern-Beziehung für das Kind ist. Auch eine andere Bezugsperson, die eine einfühlsame Beziehung, geprägt von Wärme und Wertschätzung zu einem Kind aufbaut, kann diese wichtige Schlüsselfunktion in der Entwicklung des Kindes übernehmen. Das Kind kann dann eine sichere Bindung entwickeln.

Der Aufbau emotionaler Bindungen im Säuglingsalter ist von elementarer Bedeutung für die Entwicklung der Bindungsfähigkeit während der

gesamten Lebensspanne. Gelingt die **emotionale Bindung im Säuglingsalter,** ist dies die beste Grundlage für den Menschen, Sicherheit und Lebenszufriedenheit zu entwickeln. Die Wissenschaft beschäftigt sich mit den Auswirkungen einer gelungenen emotionalen Bindung und mit der Frage, welche Voraussetzungen dafür erforderlich sind. Was, wenn aber die emotionale Bindung nicht gelingt?

Fehlt der Bezugsperson die Fähigkeit, die Signale des Säuglings zu verstehen oder angemessen darauf zu reagieren, oder ignoriert sie diese, entwickeln die Kinder unsichere Beziehungsmuster:
- unsicher-vermeidend oder
- unsicher- ambivalent oder
- unsicher-desorganisiert

Kinder, die ein unsicher-vermeidendes, unsicher-ambivalentes oder unsicher-desorganisiertes Bindungsmuster entwickelt haben, neigen dazu, Verhaltensauffälligkeiten bis hin zur Verhaltensstörung zu entwickeln. Bindungserfahrungen haben einen großen Einfluss auf die Gestaltung von sozialen Beziehungen im weiteren Lebensverlauf (vgl. Cappenberg, 1997, S. 27).

Die sichere Bindung ist ein Schutzfaktor, der eine gesunde Entwicklung ermöglicht, wenn keine weiteren Risikofaktoren hinzukommen, die möglicherweise behindernd wirken.

Unsichere Bindungsmuster können zu spezifischen Störungen der Entwicklung führen (vgl. Brisch, 2001; Grawe, 1998). John Bowlby spricht diesbezüglich von Entwicklungsfehlverläufen. Er beschäftigte sich als Erster mit der Bindungsqualität zwischen Mutter und Kind und zeigte auf, dass die Fähigkeit der Stressbewältigung des Säuglings durch die Qualität der Beziehung zur Mutter beeinflusst wird. Seiner Ansicht nach werden die ersten frühen Erfahrungen des Kindes in dem Teil des Gehirns gespeichert, der für die Emotionen zuständig ist (limbisches System).

Es stellt sich die Frage, ob ein Zusammenhang zwischen der Entstehung bestimmter Psychopathologien und dem Bindungsverhalten eines Menschen besteht. Die Forschungen von Bowlby zeigen einen Zusammenhang zwischen unsicher-ambivalenter Bindungsrepräsentation und Klaustrophobie (umgangssprachlich: Platzangst) auf.

Durch Studien, die Goldberg durchführte, wurde ein Zusammenhang zwischen Bindungsverhalten und Mukoviszidose festgestellt. In klinischen Studien wurde zudem nachgewiesen, dass es einen Zusammenhang zwischen unsicherer Bindungsrepräsentation und Depression sowie Borderline-Persönlichkeitsstörungen gibt (vgl. Brisch, 2003, S. 75f.).

Eine Studie von Carlson, Ciccetti, Barnett und Braunwald von 1989 stellte heraus, dass misshandelte Kinder zu 80 % dem desorganisierten Bindungsstil zuzuordnen sind. Die betroffenen Kinder sind permanentem Stress ausgesetzt (Kortisolausschüttung). Sie zeigten wenig sozial erwünschtes Verhalten. Veränderungen der neurochemischen und neuroendokrinen Systeme sind feststellbar. Dies wirkt sich auf die Entwicklung wichtiger kognitiver Funktionen (Gedächtnis, Aufmerksamkeit, Sprache) aus – wichtige Grundlagen, die ein gutes Sozialverhalten ermöglichen.

Offene Konflikte und Mangelernährung können die Entwicklung ebenso beeinflussen (vgl. Petermann u. a., 2004, S. 194).

Brisch sieht als Ursache für eine nicht gelungene Bindung und daraus resultierende Bindungsstörungen „das frühe Bedürfnis nach Nähe und Schutz in Bedrohungssituationen und ein ängstlich aktiviertes Bindungsbedürfnis, welches nicht adäquat, unzureichend oder widersprüchlich beantwortet wurde" (Brisch, 2003, S. 77).

Sozialpädagogische Fachkräfte sollten folgende **Ursachen von Bindungsstörungen** kennen (vgl. Brisch, 2006):

- multiple unverarbeitete Traumatisierungen von Kindern durch Bindungspersonen
- massive Vernachlässigung
- sexuelle Gewalt
- körperliche Gewalt
- emotionale Gewalt
- häufig wechselnde Bezugssysteme
- häufiger Verlust von Bezugspersonen

Daraus folgen

- Zerstörung der sicheren emotionalen Basis,
- Verlust von emotionaler Sicherheit und Vertrauen,
- mangelnde Beziehungsfähigkeit,
- Verhaltensstörungen in bindungsrelevanten Situationen,
- psychosomatische Störungen,

John Bowlby (1907–1990)

John Bowlby studierte an der Universität von Cambridge Medizin. 1927 widmete er sich der Entwicklungspsychologie und schloss 1933 sein Psychiatriestudium ab. Er gilt als Pionier der Bindungsforschung. 1951 veröffentlichte er eine von der WHO in Auftrag gegebene Studie, welche die Auswirkungen von Trennung und Verlust der Bezugsperson auf die kindliche Persönlichkeitsentwicklung verdeutlichte. Er betrachtete die Trennung von der Mutter in den ersten Lebensjahren als die ursächliche Entstehung psychischer Störungen. Die von ihm benannte „Mutterentbehrung" führte seinen Ausführungen zufolge zu körperlichen, intellektuellen und psychischen Schäden. Er arbeitete mit der Psychologin Mary Ainsworth (Begründerin der „Fremden-Situation") über lange Jahre zusammen (vgl. Bretherton, 1995).

- aggressives Verhalten im Konflikt,
- Defizite in der kognitiven Entwicklung,
- Störungen in der Entwicklung des Gehirns,
- oftmals Weitergabe an die nächste Generation.

Durch Bindungsstörungen kommt es zu schwerwiegenden Folgen in der kindlichen Entwicklung. In diesen Fällen ist das Kindeswohl erheblich gefährdet. Eine Verwechslung mit dem Störungsbild ADS/ADHS ist möglich, da ähnliche Symptome beobachtbar sein können.

Vor allem im Praxisfeld der stationären Jugendhilfe werden sozialpädagogische Fachkräfte mit Kindern und Jugendlichen konfrontiert, die durch ihre Lebensgeschichte Bindungsstörungen entwickelt haben.

In diesen Fällen reicht eine pädagogische Begleitung häufig nicht aus. Betroffene Kinder und Jugendliche benötigen zusätzlich qualifizierte therapeutische Unterstützung, die ihnen oftmals über mehrere Jahre hinweg geboten werden muss. Bezüglich der Hilfeplanung wird von den sozialpädagogischen Fachkräften über eine optimale Vorgehensweise beraten und entsprechende Maßnahmen werden verbindlich festgelegt.

Was können sozialpädagogische Fachkräfte tun?

Für die sozialpädagogische Fachkraft ist es wichtig, über die Bindungstheorie informiert zu sein und die Konsequenzen aus einer gestörten Bindungsentwicklung zu kennen. Denn dann können sie sich bewusst machen, dass viele Verhaltensauffälligkeiten der Kinder nicht als Provokation, sondern als Symptom einer Störung zu verstehen sind. Wenn Kinder bereits im Kleinstkindalter in eine sozialpädagogische Einrichtung kommen, hat man als sozialpädagogische Fachkraft sicherlich die besten Chancen, auf beobachtbare Entwicklungsfehlverläufe einzuwirken. Beispielsweise können Eltern bei einem Elternabend über die Bedeutung einer sicheren Bindung informiert werden. So können Eltern vermeiden, dass die Kinder unvorbereitete, abrupte Trennungen im Praxisalltag erleben und sich in der Verabschiedungsphase situationsentsprechend verhalten.

Aber auch bei älteren Kindern kann diese Aufklärung noch sehr hilfreich sein. Eine Verhaltensänderung der Bezugsperson kann die Entwicklung des Kindes zu jedem Zeitpunkt positiv beeinflussen.

Sozialpädagogische Fachkräfte sollten Ablösungsprozesse zwischen Kindern und Eltern immer sehr einfühlsam begleiten. Früher war es eher üblich, die Kinder im Kindergarten abzugeben und schnell zu verabschieden. Die Traurigkeit der Kinder wurde kommentiert mit Aussagen wie: „Da muss Jürgen jetzt mal durch, das muss er lernen", und Eltern wurde vermittelt, dass diese Vorgehensweise „normal" sei. Heute wird dem **Ablösungsprozess** mehr Bedeutung beigemessen und die sozialpädagogischen Fachkräfte versuchen, ihn möglichst sanft zu gestalten:

- Sie bieten Kennlernnachmittage an.
- Sie ermöglichen zeitlich eine stufenweise Eingewöhnung.
- Sie bauen in der Eingewöhnungszeit bewusst eine Beziehung zum Kind auf.
- Sie bieten Eltern die Möglichkeit, während einer Hospitation die Einrichtung näher kennenzulernen und Vertrauen aufzubauen, denn sichere Eltern vermitteln auch dem Kind Sicherheit.

Das familiäre Umfeld

Jedes Kind und jeder Jugendliche kann in eine Krise geraten, durch die es zu inneren Konflikten kommt. Der Mensch hat bei gesunder Entwicklung genügend Potenzial, diese Krisen zu überwinden und Konflikte zu lösen.

Ausgelöst werden können solche Krisen beispielsweise durch eine Trennung der Eltern, Familienstreitereien, wenig gemeinsame Zeit mit den Eltern, z. B. weil diese beruflich stark eingespannt sind, Krankheit/Sucht in der Familie, Unklarheit in der Erziehung, Schulschwierigkeiten und andere Lebensbedingungen, die zu einer Entwicklungsgefährdung führen können. Textor spricht von „pathogenen Entwicklungsbedingungen in Familien" (Pädagogischer Rundbrief 1991, S. 1 ff.).

Kinder und Jugendliche erleben sich dann häufig ohnmächtig und hilflos. Dies verunsichert sie und kann zu weiteren Konflikten führen. Es besteht die Gefahr, dass Kinder und Jugendliche Ängste entwickeln, sich zurückziehen, körperliche Symptome ausbilden oder mit oppositionellem, aggressivem Verhalten reagieren.

Oftmals ist das Kind oder der Jugendliche aus familiensystemischer Sicht der Symptomträger, durch den deutlich wird, dass in der Familie etwas nicht stimmt.

Beispiel
Psychisch kranke oder suchtkranke Eltern sind häufig sehr mit sich selbst beschäftigt. Kinder in betroffenen Familien haben häufig keinen erwachsenen Ansprechpartner für ihre eigenen Bedürfnisse, sondern werden mit allen Problemen wie Depression, Niedergeschlagenheit, Apathie, Stimmungsschwankungen, Aggressivität oder Einsamkeit konfrontiert. Dies wirkt sich natürlich auch auf die Gefühlslage der Kinder und Jugendlichen aus.
Kinder orientieren sich am Verhaltensmodell der Eltern, das von einem negativen Selbstbild geprägt ist. Häufig trauen diese sich und ihren Kinder nichts zu. Es mangelt häufig an Problem- und Konfliktlösungstechniken. Zudem kommt es zu Kommunikationsstörungen, da die Familienmitglieder nicht in der Lage sind, ihre Gedanken und Gefühle auszudrücken.

Weitere Faktoren können Ursache für Verhaltensauffälligkeiten sein:

- **Verwöhnung:** An die Kinder werden kaum Anforderungen gestellt. Die Bedürfnisse der Kinder werden zügig befriedigt. Ein Denkmuster der Eltern könnte z. B. sein: „Mein Kind soll es einmal besser haben als ich."
- **Überbehütung:** Kindern wird aufgrund der Ängstlichkeit der Bezugspersonen verwehrt, eigene Erfahrungen zu machen. Beispielsweise verbietet die Mutter ihrem Kind, auf den Baum zu klettern, aus Sorge, dass es herunterfallen und sich verletzen könnte.
- **Einzelkinddasein:** Das Kind hat keine Spielgefährten innerhalb der Familie; häufig beschäftigen sich die Eltern intensiv mit ihm, was manchmal Verwöhnung, Überbehütung und mangelnde soziale Kompetenz zur Folge hat. Außerdem projizieren manche Eltern ihre eigenen Wünsche und Erwartungen auf das Kind. Ein Denkmuster könnte z. B. sein: „Ich fördere mein Kind, damit es es einmal weit bringt. Ich möchte stolz auf mein Kind sein. Ich wollte immer ein Tennis-Ass werden, nun trainiere ich meine Tochter, damit sie es wird."
- **Beziehungsstörungen:** Die Familienmitglieder leben häufig beziehungslos „nebeneinander her", Bedürfnisse werden nicht befriedigt, Konflikte nicht ausgetragen. Oder aber das Zusammenleben ist sehr konfliktbeladen, manchmal finden innerfamiliäre Machtkämpfe statt und die Kinder und Jugendlichen müssen sich den Projektionen und Vorstellungen der Eltern über ihren Lebensweg beugen. Auch die Entwicklung symbiotischer Beziehungen ist möglich.
- **problematischer Erziehungsstil:** Sowohl die Uneinigkeit der Erziehungspartner als auch der Erziehungsstil (autoritär, normenlos, inkonsistent etc.) kann sich negativ auf das Verhalten der Kinder und Jugendlichen auswirken. Überbehütung kann genauso wie die Vernachlässigung von Kindern und Jugendlichen zu Verhaltensauffälligkeiten führen.
- **mangelhafte Ausübung der Elternfunktion:** Manche Eltern sind nicht in der Lage, ihre Erzieherrolle auszufüllen. Beispielsweise sieht sich der Vater nur als „Ernährer", der seinen Beruf ausüben muss, um Geld zu verdienen, der aber keine Vaterfunktion übernimmt. Oder die Mutter kümmert sich umfassend um Gesundheit und Ernährung, ist aber kaum in der Lage, Zuwendung und Liebe zu geben.
- **Rollenzuschreibungen:** Kinder und Jugendliche geraten häufig in die Rolle des Streitschlichters bei Eheproblemen oder sie werden als „Sündenbock" missbraucht. Es kann auch zur Parentifizierung des Kindes oder Jugendlichen kommen. Das bedeutet, dass das Kind oder der Jugendliche die Betreuung jüngerer Geschwister und die Aufgaben des Haushalts übernimmt. Fatal ist auch die Rollenzuschreibung des Ersatzpartners, was die Gefahr des sexuellen Missbrauchs birgt. Beispielsweise schlafen die Kinder nach dem Verlust (Trennung oder Tod) eines Elternteils im Ehebett oder bekommen sämtliche Sorgen und Nöte erzählt. Ein weiteres Beispiel: Kinder von alkoholkranken Eltern übernehmen häufig die Betreuung der jüngeren Geschwister und den Haushalt. Sie möchten nicht, dass das soziale Umfeld wie z. B. die Lehrer in der Schule von der Alkoholkrankheit erfahren. Sie versuchen das „normale" Leben aufrechtzuerhalten.

In der Praxis spricht man häufig von Problemfamilien. Viele bilden ein geschlossenes System. Das bedeutet, dass sich die Familien nach außen abgrenzen und wenige soziale Kontakte haben. Es kann jedoch auch sein, dass Grenzen nur schwach ausgeprägt sind und es von Außenstehenden zur

Einmischung ins Familienleben kommt. Kindern fehlen in beiden Fällen die Orientierungsmaßstäbe. Durch Spannungen in der Familie kommt es zu belastenden Situationen. Durch die beeinträchtige Familienatmosphäre kann es zu ungelösten Konflikten kommen. Die Probleme werden nicht angegangen und geklärt, weil sie häufig auch gar nicht bewusst sind und die Fähigkeit der Selbstreflexion fehlt. Kompensationsstrategien einzelner Familienmitglieder werden entwickelt, die häufig dem Familiensystem noch mehr schaden.

Außerfamiliäre Systeme

Ein weiteres Risiko für die kindliche Entwicklung ist in außerfamiliären Systemen zu finden. Institutionen, in denen Kinder betreut werden, sind familienergänzende Einrichtungen. Bedauerlicherweise ist es auch heute immer wieder zu beobachten, dass sozialpädagogische Fachkräfte oder auch Lehrkräfte in Schulen unangemessenes Verhalten gegenüber Kindern und Jugendlichen zeigen. Oftmals fehlt das nötige Fachwissen in Bezug auf die Entwicklungspsychologie und die Konsequenzen aus einer beeinträchtigten Entwicklung. Eine gestörte Beziehung zu einer sozialpädagogischen Fachkraft oder einem Lehrer kann Kinder sehr stark belasten. Sie entwickeln Ängste oder gar Symptome wie Kopfschmerzen und Übelkeit. Die Angst ist oft nicht beobachtbar. Auch die Angst vor anderen Kindern und Jugendlichen kann sich deutlich psychosomatisch auswirken, wenn ein Kind z. B. stark ausgegrenzt wird und die sozialpädagogische Fachkraft dies nicht bemerkt oder es nicht gelingt, das Kind zu integrieren.

Bei Schulkindern und Jugendlichen kann zum Beispiel Mobbing bzw. Bullying zu großen Problemen in der Entwicklung führen.

Aber auch Kinder, die positive Gefühle für sozialpädagogische Fachkräfte oder Lehrer entwickeln, befinden sich nicht selten in einer schwierigen Situation, da Loyalitätskonflikte entstehen können – vor allem dann, wenn auch noch unterschiedliche Einstellungen vermittelt werden.

Beispiel
Frieda ist fünf Jahre alt. Sie besucht seit zwei Jahren den Kindergarten und mag ihre Erzieherin sehr. In der Einrichtung erfahren die Kinder durch ein Projekt über Mülltrennung, wie wichtig es ist, den Müll in unterschiedliche Kategorien zu trennen. Friedas Mutter ist für dieses Thema nicht offen, denn sie hat eine sechsköpfige Familie zu versorgen und empfindet Mülltrennung als zu kompliziert und zeitaufwendig. Nachdem Frieda ihr eindringlich und wichtig dargelegt hat, warum Müll getrennt werden soll, tut sie dies als „Blödsinn" ab. Frieda ist zutiefst unglücklich. Für sie ist diese Diskrepanz ein Konflikt.

Aber nicht alle Ursachen und genannten Faktoren führen zu Verhaltensauffälligkeiten oder möglicherweise sogar Verhaltensstörungen. Vieles hängt von der Dauer und Stärke der Einflusswirkung ab. Geschlecht, Alter, Temperament und auch die Robustheit des Einzelnen spielen eine bedeutende Rolle. Kinder und Jugendliche reagieren unterschiedlich auf Stress. Kinder und Jugendliche, die ein positives Selbstbild entwickeln konnten, sozial gut integriert sind, sich sprachlich gut ausdrücken können und auf ihr Verhalten auch positive Rückmeldungen erhalten, können zu einem späteren Zeitpunkt frühkindliche Belastungssituationen ausgleichen.

Wenn Kinder außerhalb der Familie eine positive Beziehung zu einem Menschen aufbauen können, kann es sein, dass sie weniger „verwundbar" sind und sich gut entwickeln können, trotz widrigster Umstände. Resilienzfähigkeit kann ihnen einen psychisch gesunden Weg ins Leben ermöglichen (vgl. Kap. 3.4.4).

Traumata

Traumatisierte Kinder und Jugendliche brauchen verständnisvolle Eltern, Lehrkräfte und sozialpädagogische Fachkräfte, damit sie die belastende Erfahrung gut verarbeiten können.

Trauma

"Ein psychisches Trauma ist das Leid der Ohnmächtigen. Das Trauma entsteht in dem Augenblick, wo das Opfer von einer überwältigenden Macht hilflos gemacht wird. Ist diese Macht eine Naturgewalt, sprechen wir von einer Katastrophe. Üben andere Menschen diese Macht aus, sprechen wir von Gewalttaten. Traumatische Ereignisse schalten das soziale Netz aus, das dem Menschen gewöhnlich das Gefühl von Kontrolle, Zugehörigkeit zu einem Beziehungssystem und Sinn gibt." (Herman, 1993, S. 54)

Oftmals folgen einem Trauma anhaltende seelische und körperliche Beeinträchtigungen. In Deutschland wird dies als Psychotrauma bezeichnet.

Der Mensch, der ein Psychotrauma oder eine emotionale Verletzung erfährt, zeigt in der Regel eine normale Reaktion auf ein extremes, belastendes Ereignis. Wenn sich der Mensch an das Ereignis erinnert, ist dies häufig mit starken Emotionen verbunden. Diese Erfahrung ist in der Struktur des Gehirns gespeichert. Durch schlimmste Traumatisierungen kann es auch zu einer Verdrängung des Ereignisses kommen.

Selbst Gewalterfahrung aus zweiter Hand, zum Beispiel durch Fernsehberichte, kann dramatische Folgen zeigen.

Das Spektrum der Reaktionen von Kindern, Jugendlichen und Erwachsenen auf eine belastende Situation, wie einen schweren Unfall, ist sehr breit.

- Einige sind nur beunruhigt und haben Erinnerungen, die bei guter emotionaler Unterstützung langsam in den Hintergrund treten.
- Andere reagieren stärker und entwickeln eine posttraumatische Belastungsstörung (PTBS).

Kinder und Jugendliche, die Gewalt in ihrer Familie oder auch an anderen Orten erlebt haben, laufen Gefahr, dauerhafte Störungen zu entwickeln.

Reaktionen auf ein Trauma

Die emotionalen Reaktionen auf das traumatisierende Ereignis können unmittelbar danach oder erst einige Zeit später auftreten, beispielsweise in Form von

- Angst,
- Depression,
- Rückzug oder
- Wut.

Kinder und Jugendliche, die eine einfühlsame Unterstützung erfahren, haben die Chance, dass dauerhafte, emotionale Störungen vermieden werden. Es besteht jedoch auch die Gefahr, dass die traumatische Erfahrung sogar im Immunsystem und Erbgut Spuren hinterlässt.

Entwickeln Kinder und Jugendliche eine PTBS, muss eine fachkundige Behandlung erfolgen.

Hilfe bei Traumatisierung

Kinder und Jugendliche verfügen über Selbstheilungskräfte und können sich – je nach Schwere des Traumas – von der Belastung wieder erholen. Damit dieser Selbstheilungs- und Verarbeitungsprozess positiv verläuft, ist es wichtig, Folgendes zu beachten:

- Kinder sind Teil eines Systems (Familie, Gruppe). Ist ein Kind oder Jugendlicher betroffen, ist immer das gesamte System betroffen. Durch die Traumatisierung des Kindes werden auch die Familienangehörigen plötzlich und möglicherweise langfristig in eine völlig neue Situation gebracht. Es ist wichtig, dass sich das Kind in dem System sicher fühlt.
- Das Kind oder der Jugendliche sollte sich mit Dingen beschäftigen, die ihm auch vor dem Ereignis Spaß gemacht haben, z. B. sollte das betroffene Kind oder der Jugendliche weiter seinen Hobbys nachgehen.
- Wenn deutlich wird, dass die Belastung groß wird, sollte über Ärzte der Kinder- und Jugendpsychiatrie fachkundige Unterstützung hinzugezogen werden.
- Der Tagesablauf sollte so gestaltet werden, wie er dem Kind bzw. Jugendlichen vertraut ist. Also sollten möglichst Rituale, Essens- und Schlafenszeiten sowie Schul- und Kindergartenbesuche eingehalten werden.
- Alle mit dem Kind oder Jugendlichen vertrauten Personen, auch in Kindergarten und Schule, sollten erfahren, was passiert ist, damit sie das veränderte Verhalten des Kindes oder des Jugendlichen einschätzen können.

- Das Kind oder der Jugendliche sollte nicht nach dem Erlebnis ausgefragt werden.
- Wenn das Kind oder der Jugendliche von sich aus das Thema anspricht, ist aktives Zuhören erforderlich.
- Das Kind oder der Jugendliche sollte mit dem veränderten Verhalten angenommen werden.

2.8.4 Formen herausfordernden Verhaltens

Nachdem nun die Ursachen für herausforderndes Verhalten und sich daraus entwickelnde Verhaltensstörungen verdeutlicht wurden, werden im Folgenden die Formen herausfordernden Verhaltens benannt, mit denen sozialpädagogische Fachkräfte im beruflichen Alltag konfrontiert werden. ADS/ADHS wird als erstes Störungsbild vorgestellt, da sich aus dieser Problematik eine Reihe von weiteren Störungen entwickeln kann. ADS/ADHS wird aber auch deshalb sehr umfassend dargestellt, da dieses Thema eine Problematik zeigt, bei der noch eine sehr große Unwissenheit besteht. Vieles, wie zum Beispiel das Verhalten von sozialpädagogischen Fachkräften, kann auf andere Bereiche, in denen Verhaltensauffälligkeiten auftreten, übertragen werden.

Die Aufmerksamkeitsdefizit-Hyperaktivitätsstörung/ADHS

Manche Kinder sind unruhiger, zappeliger, unkonzentrierter, lauter, aufsässiger, ablenkbarer oder auch stiller, träumerischer, introvertierter, unauffälliger als andere. Dies ist ganz normal. Aus diesem Grunde ist es auch sehr schwer, ADS/ADHS festzustellen.

Daher wird in der öffentlichen Diskussion von „Modediagnose" oder „Zivilisationskrankheit" gesprochen. Es wird darüber gestritten, ob ADS/ADHS eine anerkannte Krankheit oder eine Erfindung der Pharmaindustrie ist, da viele Kinder und Jugendliche mit Methylphenidat behandelt werden. Als Ursache für die Symptome werden häufig folgende Faktoren genannt:
- falsche Erziehung
- hoher Fernsehkonsum
- zu wenig Bewegung
- Computerspiele
- die reizüberflutete Umwelt etc.

Viele Menschen sehen das Störungsbild ADHS nicht als Krankheit an, sondern bloß als Entschuldigung von Eltern, die ihrem Erziehungsauftrag nicht der gesellschaftlichen Norm entsprechend nachkommen. Sie empfinden eine medikamentöse Behandlung als ein Ruhigstellen lebhafter Kinder und Jugendlicher.

Wissenschaftliche Untersuchungen widerlegen jedoch diese Annahme. ADS/ADHS ist ein ernstzunehmendes Problem betroffener Menschen und kann mit Aggressivität, Ängsten, Magersucht, selbstverletzendem Verhalten und Selbstwertproblematiken einhergehen.

Nach Döpfner, Schürmann und Lehmkuhl (2006, S. 13) zeigen die Kinder im Vergleich zu Kindern ihres Alters ausgeprägte Auffälligkeiten in drei Kernbereichen:
- Aufmerksamkeits- und Konzentrationsschwäche
- impulsives Verhalten
- ausgeprägte Unruhe

In den 1950er Jahren erkannte die Wissenschaft das Problem der betroffenen Menschen und beschäftigt sich seitdem mit der Erforschung dieses Störungsbildes, welches vorwiegend im Kindes- und Jugendalter deutlich wird.

Die Entstehungsgeschichte von ADS/ADHS ist bis heute allerdings noch nicht eindeutig geklärt.

Ein Ansatz in der Wissenschaft geht davon aus, dass es sich um eine Funktionsstörung des Gehirns im Stammbereich handelt. ADHS-Kinder haben einen niedrigeren Glucoseverbrauch. Die Botenstoffe Noradrenalin und Dopamin werden falsch reguliert. Das hat die Konsequenz, dass das Hirn nicht entscheiden kann, was wichtig und was unwichtig ist. Diese Funktionsstörung ist für die Verhaltensauffälligkeiten verantwortlich. Oft wird das Problem erst deutlich, wenn die Kinder in der Schule sind und schlechte Noten schreiben.

Auch Hüther und Bonney (vgl. 2004) vertreten die Annahme, dass es von Geburt an Kinder gibt, die unruhiger, wacher und aufgeweckter sind. Diese Kinder sind empfindlicher und leichter zu stimulieren. Das sogenannte dopaminerge System ist bei den Kindern aktiver. Es entwickelt sich eine Hirnstruktur, die leicht durch Reize zu stimulieren ist. Daraus resultiert eine Unruhe, die für die Kinder nicht steuerbar ist, auf die Eltern mit großer Unsicherheit reagieren. Dadurch ist es

schwierig, dem Kind eine sichere Bindung zu bieten (vgl. Hüther/Bonney, 2004).
Einer anderen Position zufolge beruht die Entstehung von ADHS auf frühkindlichen Erfahrungen:

„Es handelt sich um Kinder, die schon in der Säuglingszeit als Schreikinder oder durch Gedeihstörungen aufgefallen sind, die meist auf einer basalen Unsicherheit in der frühen Eltern-Kind-Beziehung beruhen. Diese wiederum rührt daher, dass zumindest ein Elternteil, vor allem die Mutter, das Kind entweder ablehnt oder zu ihm eine hoch ambivalente Beziehung hat [...]. Der frühe Mangel an liebevoller Zuwendung hinterlässt naturgemäß schwerwiegende Spuren beim Kind. Fehlende Geborgenheit, das Gefühl, nicht geliebt zu werden und es den Eltern nicht recht machen zu können, rufen beim Kind schwere Selbstzweifel und Minderwertigkeitsgefühle hervor [...]."
(Neraal, 1999)

Diese Position bekräftigt der Kinderpsychologe Wolfgang Bergmann. Er nimmt an, dass bei vielen Kindern das **Urvertrauen** unzureichend verankert wurde. Säuglinge werden heute sehr früh mit einer Welt voller akustischer und optischer Reize konfrontiert. Die Entwicklung einer geordneten Wahrnehmung wird durch diese Einflüsse sehr früh gestört. Zudem sieht Bergmann einen kinderfeindlichen Trend, da Kinder aufgrund der Veränderung der Lebenswelt sehr früh von Eltern gefordert und gefördert werden, mit dem Ziel, in dieser Leistungsgesellschaft bestehen zu können. Kinder haben schon sehr früh keine Zeit mehr, ihre Entwicklungsschritte in aller Ruhe tun zu können. Die Zeit wird ihnen seitens der Eltern nicht mehr gegeben (vgl. Bergmann, 2006, S. 11 ff.).
Doch ADHS ist nicht nur ein Phänomen der heutigen Zeit. Es begleitet die Menschheit bereits seit über 150 Jahren. Die Bezeichnung hat sich jedoch im Verlaufe der Zeit immer wieder verändert. Sprach man früher von MCD (Minimale Cerebale Dysfunktion), hat sich nun die Abkürzung ADS/ADHS in der medizinischen und auch pädagogischen Fachwelt etabliert. ADS/ADHS ist von der WHO (Weltgesundheitsorganisation) als Krankheit anerkannt und in ihrem Diagnosesystem (ICD-10), in dem alle anerkannten Krankheiten systematisiert und definiert sind, als diagnostische Kategorie enthalten.

Symptome von ADS/ADHS
Das Störungsbild von ADS/ADHS zeigt sich in leichten, mittleren und schwereren Ausprägungen. Folgende Formen können unterschieden werden:

- **Aufmerksamkeits- und Konzentrationsschwäche**

Schon im Kindergarten ist zu beobachten, dass es den Kindern schwer fällt, ihre **Aufmerksamkeit** dauerhaft auf eine Aufgabe zu richten. Es zeigt sich eine hohe Ablenkbarkeit. Angefangene Aufgaben werden häufig abgebrochen, Spiele einfach beendet, ohne zu Ende gespielt zu haben. Dies ist besonders bei Tätigkeiten mit hoher geistiger Anstrengung zu beobachten. Bei fremdbestimmten Aufgaben, wie zum Beispiel Hausaufgaben, zeigen sich diese Auffälligkeiten besonders deutlich. Es ist zu beobachten, dass die Kinder mit Interesse selbstbestimmte Tätigkeiten aufgreifen, dann aber nach kurzer Zeit das Interesse verlieren und zu einer anderen Tätigkeit wechseln. Bei Kindern, die von einer leichteren Form von ADS/ADHS betroffen sind, tritt die Problematik nur bei fremdbestimmten Tätigkeiten auf. Es fällt den Kindern schwer zuzuhören. Häufig verlieren sie Gegenstände oder vergessen diese einfach. Die Organisation von Aufgaben und Aktivitäten fällt ihnen schwer.

- **Impulsives Verhalten**

Die Kinder können nicht abwarten, bis sie an der Reihe sind, sie „platzen" gerade in der Schule mit ihren Antworten heraus, bevor die Frage zu Ende gestellt wurde. Kinder mit impulsivem Verhalten stören häufig Spielprozesse anderer Kinder, indem sie in das Spiel „hineinplatzen" und Gespräche stören. Sie haben eine niedrige Frustrationstoleranz, wenn sie abwarten müssen, und reagieren sehr schnell verletzt.

Beispiel
Sven geht auf den Bauteppich: „Ich spiele jetzt mit euch und der Eisenbahn", ruft er mit lauter Stimme. Sebastian und Tim schauen sich an. Tim sagt: „Nein Sven, wir spielen hier gerade was anderes." „Ihr seid doof!", schreit Sven aufgebracht und tritt mit voller Wucht gegen die Eisenbahn.

- **Hyperaktives Verhalten**

Die Kinder wirken sehr unruhig, Hände und Füße sind viel in Bewegung und sie rutschen auf dem Stuhl herum. Die Kinder stehen häufig auf, um sich zu bewegen. Es ist ein großes Mitteilungsbedürfnis festzustellen. Die Kinder reden sehr viel.

Beispiel
In der „Bärengruppe" findet der Morgenkreis statt. Ein Ausflug zum Bauernhof wird besprochen und gemeinsam geplant. Dennis kann kaum ruhig auf seinem Stuhl sitzen. Er rutscht unruhig hin und her. Ein Kind nach dem anderen teilt seine Ideen und Vorstellungen mit. Plötzlich springt Dennis auf und ruft: „Ich habe auch schon mal Kühe gesehen."

- **Erregbarkeit**

Kinder mit erhöhter Erregbarkeit sind starken Stimmungsschwankungen unterworfen. Auf Kritik reagieren sie sehr empfindlich.

Beispiel
Mareike hat ihren Teller nach dem Mittagessen nicht auf den Teewagen geräumt. Die sozialpädagogische Fachkraft bittet sie, dies nachzuholen. Mareike beginnt zu weinen und verlässt schnell den Raum.

- **Neurobiologische Symptome**

Betroffene Kinder und Jugendliche können Teilleistungsstörungen im Bereich der Sprache (Lese-Rechtschreib-Schwäche = LRS) und Mathematik (Dyskalkulie) zeigen. Es können Schlafstörungen, Angst vor der Schule, Niedergeschlagenheit und sogar Depressionen als Folge beobachtet werden.

Kinder und Jugendliche, die von ADS/ADHS betroffen sind, erfahren selten positives **Feedback**, obschon sie darauf angewiesen sind. Umso wichtiger ist es, sich auch einmal die positiven Seiten anzuschauen. Roswitha Spallek, eine Kinderärztin, beschreibt im Familienhandbuch des Staatsinstituts für Frühpädagogik folgende positiven Eigenschaften:

- sind phantasievoll und kreativ
- zeigen oft überdurchschnittliche Begabung
- sind oft sehr hilfsbreit
- haben einen stark ausgeprägten Gerechtigkeitssinn
- können sehr zärtlich sein
- können intensiv schmusen
- haben Gespür für das Wesentliche
- bringen oft unvermittelt wichtige Aspekte auf den Punkt
- sind gute Schauspieler

Laut heutiger Fachliteratur waren viele berühmte Menschen von ADS/ADHS betroffen: Albert Einstein, Wolfgang Amadeus Mozart, Leonardo da Vinci, Vincent van Gogh, Martin Luther King, Mahatma Gandhi, die Jungfrau von Orleans, Hans Christian Andersen, Ludwig van Beethoven, Winston Churchill, Walt Disney, Thomas Edison, Benjamin Franklin, Robert und John F. Kennedy, Theodore Roosevelt, Jules Verne, die Gebrüder Wright und viele andere Genies, die unsere Welt maßgeblich geprägt haben. Zu Lebzeiten wurden diese zum Teil als komisch, verrückt oder dumm bezeichnet. Meist wurde ihr Genie erst viel später, nach ihrem Tod, erkannt.

Diagnose von ADS/ADHS

Sollte der Verdacht auf ADS/ADHS bei einem Kind oder Jugendlichen bestehen, ist es sinnvoll, Eltern zu einer gründlichen Untersuchung zu raten, da eine Diagnose Klarheit für ihr Kind und sie selbst bringt. Viele Eltern verschließen allerdings vor dem Problem die Augen und stellen auch zu Hause keine Auffälligkeiten fest. Dies kann damit zusammenhängen, dass bei einer intensiven Betreuung die Symptome nicht auftreten, sondern erst in einer Gruppe deutlich werden. Sozialpädagogischen Fachkräften sollte es in Beratungsgesprächen gelingen, die Eltern für die Problematik ihres Kindes zu sensibilisieren und gemeinsam nach Lösungen zu suchen. Nur so kann man den Kindern wirklich gerecht werden und ihnen durch Interventionen gute Entwicklungsperspektiven bieten.

Diese Untersuchung sollte bei einem spezialisierten Kinderarzt, Kinder- und Jugendpsychiater, in der Kinder- und Jugendpsychiatrie an Kliniken oder in einem sozialpädiatrischen Zentrum erfolgen. Damit soll verhindert werden, dass die Kinder vorschnell in eine Schublade gesteckt werden, ohne dass eine fundierte Diagnose vorliegt. Eine Fehldiagnose führt dazu, dass falsche Maßnahmen getroffen und sinnvolle Behandlungsmöglichkeiten nicht ergriffen werden. Kritisch ist sicherlich auch die medikamentöse Behandlung mit Methylphendidatpräparaten (Ritalin, Medikenet, Strattera, Concerta etc.) zu sehen.

Sozialpädagogische Fachkräfte haben die Aufgabe, Eltern auf ihre Beobachtungen aufmerksam zu machen und im Interesse des Kindes zu beraten. Sie sind keine Diagnostiker und Therapeuten. An dieser Stelle muss die sozialpädagogische Fachkraft das auch deutlich machen und an oben genannte Institutionen abgegeben.

Je informierter die sozialpädagogische Fachkraft über das Störungsbild ist, desto besser kann sie betroffenen Familien Unterstützung zukommen lassen.

Unterstützungsmöglichkeiten bei der Diagnosefindung

Wenn ein Kind in der Kinder- und Jugendpsychiatrie vorgestellt wurde und der Verdacht auf ADS/ADHS besteht, erfolgt in der Regel eine Beobachtungsphase anhand eines Beobachtungsbogens.

Die sozialpädagogische Fachkraft wird in dieser Phase gebeten, ihre Beobachtungen sorgfältig in die Beobachtungsbögen zu übertragen. Die Eltern haben einen speziellen Bogen zu den Beobachtungen innerhalb der Familie auszufüllen. Dieser Beobachtungsbogen bildet mit weiteren Tests, die in der Praxis durchgeführt werden, die Grundlage der Diagnostik. In manchen Fällen wird ein Schlafentzugs-EEG geschrieben. Erst wenn alle Untersuchungen abgeschlossen sind, wird die Diagnose gestellt und gemeinsam mit den Eltern überlegt, welche Unterstützung für das betroffene Kind infrage kommt.

Eltern sind in dieser Phase oft hilflos. Häufig werden ihnen aus dem Umfeld Erziehungsfehler vorgeworfen, was sie verunsichert. Sozialpädagogische Fachkräfte sollten Eltern keine Schuld zuweisen, sondern sie im Prozess mit ihrem Kind einfühlsam und verständnisvoll begleiten.

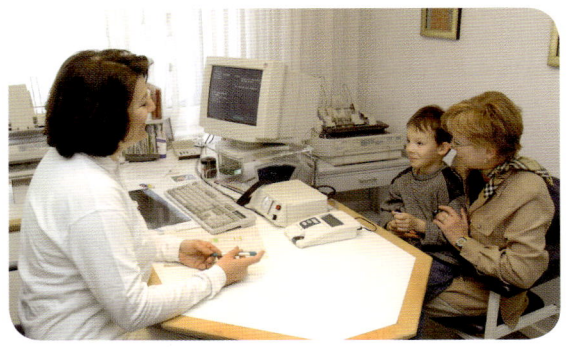

Umgang mit Verhaltensauffälligkeiten

Die sozialpädagogische Fachkraft muss Sach-, Selbst- und Sozialkompetenz entwickeln (vgl. Kap. 1.6.1), um ihrem Erziehungsauftrag gerecht werden zu können. Außerdem ist gerade im Umgang mit Verhaltensauffälligkeiten und -störungen eine positive, geduldige und annehmende Grundhaltung sehr wichtig. Die Kinder müssen in ihrer Gesamtheit wahrgenommen und die eigenen Norm- und Wertvorstellungen hinterfragt werden. Doch besonders im Umgang mit Kindern und Jugendlichen, die von ADS/ADHS betroffen sind, fehlt vielen sozialpädagogischen Fachkräften diese Grundhaltung.

In einer Umfrage von Becker-Textor wurden Erzieherinnen dazu aufgefordert, ihr eigenes Verhalten im Zusammenhang mit Verhaltensauffälligkeiten der Kinder zu beschreiben. Die Befragten reagierten stark verunsichert und gaben an, durch die große Arbeitsbelastung nicht genügend Zeit zu finden, um ihre Verhaltensweisen zu reflektieren bzw. sich so zu verhalten, wie es ihren eigenen Vorstellungen und den Bedürfnissen der Kinder entspräche. Im Folgenden werden einige Aussagen von Erziehern, in welchem Verhältnis sie ihr eigenes Verhalten zu dem der Kinder sehen und inwieweit wir von einer Wechselwirkung ausgehen können vorgestellt:

- *„Bei Überforderung der Erzieherin durch zu große Gruppen und ungenügende Räumlichkeiten ist eine individuelle Förderung nicht so möglich, wie das Kind das Recht darauf hätte. Fazit: Auffälliges Verhalten der Kinder, um Aufmerksamkeit zu erlangen."*
- *„Das Erzieherverhalten ist sehr ausschlaggebend, besonders wenn es sich dabei um ein negatives Verhalten handelt und die Kinder sehr aufnahmefähig sind."*
- *„Es ist sehr schwirig, ein verhaltensauffälliges Kind so zu behandeln wie ein normales Kind in der*

Gruppe, da sich die Kinder bei der Mehrzuwendung für ein einzelnes Kind schnell vernachlässigt fühlen."

- *„In mancher Situation fühlen wir Erzieher uns sehr überfordert. Unser Erzieherverhalten bringen wir im Teamgespräch vor. Auch sind wir glücklich, Anregungen bei der Erziehungsberatungsstelle zu finden."*
- *„Erzieherverhalten kann sich auf die verhaltensauffälligen Kinder auswirken, ist aber nicht in eine Form zu pressen."*
- *„Man kann durch Eigenreflexion von sich und dem Verhalten des Kindes lernen. Man sollte sich eine Verhaltensauffälligkeitstabelle machen und seine eigenen Reaktionen darauf festhalten sowie das Verhalten des Kindes auf Erzieherreaktion, dann dies überdenken, eventuell ändern."*
- *„Steht in sehr engem, wechselseitigem Bezug. Oft wird das Fehlverhalten der Kinder durch falsche Erzieherreaktion erst festgelegt und damit zur konstanten Auffälligkeit."*
- *„Steht in direktem Bezug; sofort oder längerfristig müssen dem Kind Hilfen angeboten werden; das Erzieherverhalten muss öfters überdacht werden, damit der Erzieher nicht selbst zur Ursache für die Auffälligkeiten der Kinder wird."*
- *„Die Erwartungshaltung spielt eine große Rolle. Wenn ich in den Kindergarten gehe und daran denke, dass z. B. Holger gestern so bestimmend auf die Kinder einwirkte und hoffentlich heute sich nicht so verhält, dann verhält er sich bestimmt so. Muss ich aber nicht daran denken, sondern gehe ich ohne Vorurteile zu Holger, so scheint dieses Verhalten nicht so ausgeprägt."*
- *„Ein Erzieher muss auf die Verhaltensauffälligkeiten eines Kindes individuell reagieren. Ansonsten wird die Auffälligkeit womöglich noch verstärkt."*
- *„Der Erzieher kann Ursache für Schwierigkeiten sein. Indem ich mein Verhalten überprüfe, gehe ich genug auf das Kind ein, erkenne ich seine Schwierigkeiten. Ich muss beobachten, wie sein Platz in der Gemeinschaft ist."*
- *„Die Verhaltensauffälligkeiten der Kinder hängen zu einem großen Prozentsatz vom Verhalten der Erzieher ab."*
- *„Eine schlechte Erzieherin kann eine ganze Gruppe Kinder innerhalb kurzer Zeit in total auffällige Kinder umwandeln (habe in dieser Beziehung schlimme Erfahrungen gemacht). Mit viel Verständnis, einigen pädagogischen und heilpädagogischen Kenntnissen, möglichst noch mit guter Zusammenarbeit zwischen den Eltern und der Schule sind viele Verhaltensauffälligkeiten auszugleichen."*

(Becker-Textor, 1990, S. 32)

Durch diese Aussagen wird deutlich, dass sozialpädagogische Fachkräfte insgesamt eine große Unsicherheit bezüglich des Umgangs mit verhaltensauffälligen Kindern verspüren und sich überfordert fühlen.

Das Verhalten von sozialpädagogischen Fachkräften und das Verhalten der Kinder stehen in enger Wechselwirkung. Damit liegt bei den sozialpädagogischen Fachkräften eine hohe Verantwortung, denn ihr Bild vom Kind und ihr Verhalten gegenüber dem Kind prägen dessen Entwicklung in hohem Maße mit. Aus diesem Grund ist es so wichtig zu wissen, welche Ursachen den Verhaltensauffälligkeiten zugrunde liegen können. Dies gilt nicht nur für ADS/ADHS, sondern für alle Formen von herausforderndem Verhalten.

Maßnahmen im pädagogischen Alltag

Die meisten der von ADS/ADHS betroffenen Kinder und Jugendlichen verhalten sich nicht absichtlich herausfordernd, sondern bemühen sich, den Anweisungen der sozialpädagogischen Fachkraft zu folgen und sich in die Gruppe zu integrieren. Sie werden jedoch u. a. durch ablenkende Reize, Konzentrationsmangel, Zwischenimpulse oder Aufmerksamkeitsverlust daran gehindert. Eine der wichtigsten Fähigkeiten der sozialpädagogischen Fachkraft in diesem Zusammenhang ist Geduld. Viele jedoch nehmen das Verhalten der Kinder „persönlich", unterstellen bewusst oder unbewusst, dass die Kinder sie ärgern wollen, und sind gekränkt. Durch Unkenntnis über die wirklichen Ursachen des Verhaltens entsteht häufig ein Konflikt, der eskalieren kann. Die Kinder und Jugendlichen fühlen sich missverstanden und falsch beurteilt, da ihr möglicherweise vorhandener Wille zu gruppenkonformem Verhalten nicht gesehen wird. Unverstandene Kinder reagieren mit oppositionellem Verhalten, Auflehnung und Trotz. Dieses Verhalten können sie mit zunehmender Emotionalität kaum noch kontrollieren. Sie geraten in eine Spirale, aus der sie nicht mehr herausfinden. Widerstand und Vorwürfe bis hin zum Zerwürfnis in der Situation sind die Folge. Die sozialpädagogische Fachkraft sollte sich einige Faktoren bewusst machen, die ihr den Umgang mit einem verhaltensauffälligen Kind oder Jugendlichen erleichtern.

Eigene Grundhaltung als Voraussetzung für professionelles pädagogisches Handeln

- Die sozialpädagogische Fachkraft braucht ein grundlegendes Verständnis für diese Form der Störung, damit sie das Verhalten der Kinder und Jugendlichen richtig einschätzen und bewerten kann.
- Erst dann können situationsangemessene Interaktionen entstehen.
- Dadurch entsteht eine psychische Entlastung für die sozialpädagogische Fachkraft, weil sie das Verhalten des Kindes nicht auf sich bezieht.
- Professionelles Handeln wird dadurch möglich.
- Pädagogisches Handeln kann gedanklich vorausgeplant werden.
- Das Arbeiten an einer positiven Grundeinstellung ist erforderlich.

Regeln

- Dem Kind müssen Klarheit und Struktur im Hinblick auf die Verhaltensanforderung vermittelt werden.
- Dies sollte geduldig und ruhig wiederholt werden.
- Diskussionen sind zu vermeiden.
- Regeln werden gemeinsam in einer ruhigen Gruppenatmosphäre aufgestellt und sichtbar im Raum aufgehängt.
- Die Regeln sollten positiv formuliert werden, um nicht als Ermahnung zu wirken.
- Bei jüngeren Kindern wird mit Symbolen im Regelkatalog gearbeitet.
- So kann die sozialpädagogische Fachkraft auf die Regeln verweisen, ohne große Erklärung, Rechtfertigung und Tadeln des Kindes oder Jugendlichen.

Lob und Tadel

- Sollte ein Tadel nicht zu umgehen sein, ist es wichtig, ihn sachlich auf das Verhalten des Kindes hin zu formulieren.
- Sozialpädagogische Fachkräfte sollten Kinder und Jugendliche angemessen loben, ermutigen, bestärken, wann immer sich die Gelegenheit bietet.

- Dabei sollte das Bemühen und die Anstrengung des Kindes und Jugendlichen im Fokus stehen.
- Negative, „sich selbst erfüllende Prophezeiungen" sind zu vermeiden. Das Kind und der Jugendliche hat jeden Tag wieder eine neue Chance.

Verhaltensbeobachtung

Folgende Punkte sollen in der Dokumentation der Kinder und Jugendlichen festgehalten werden:

- In welchen Situationen treten Verhaltensschwierigkeiten auf?
- Welche Personen (Kinder, sozialpädagogische Fachkräfte) sind daran beteiligt?
- In welchen Situationen treten keine Schwierigkeiten auf?
- Auf welche Maßnahmen reagieren die Kinder und Jugendlichen positiv?
- Welche Personen (Kinder, Eltern, sozialpädagogische Fachkräfte) können unterstützend einbezogen werden?

Was kann eine sozialpädagogische Fachkraft in der Situation tun, in der ein ADS/ADHS-Kind verbal entgleist und sozialpädagogische Fachkräfte und andere Kinder beschimpft?

- den verbalen Angriff nicht persönlich nehmen
- durchatmen und ruhig bleiben
- sich nicht durch das Kind oder den Jugendlichen provozieren lassen
- ruhig und sachlich reagieren
- sinnvollerweise die Krisensituation so früh wie möglich unterbrechen, indem man sie erkennt und durch klare Anweisung auf die Regeln verweist
- dem Kind oder Jugendlichen eine Auszeit geben, in der es sich in einem anderen Raum beruhigen kann, wenn es nötig ist

Dem Kind oder Jugendlichen sollte nach gelungener Konfliktunterbrechung nonverbal (freundlicher Blick, lächeln, Kopfnicken, Berührung) oder verbal (Lob, Aufmunterung oder kleine Anerkennung) signalisiert werden, dass ihm das Meistern der Situation gut gelungen ist. Die sozialpädagogische Fachkraft sollte

- in der Erregungssituation nicht diskutieren, sondern den Vorfall gegebenenfalls hinterher besprechen,

- keine Konsequenzen androhen, die hinterher nicht eingehalten werden können,
- das Kind oder den Jugendlichen nicht vor der Gruppe „vorführen",
- Ungerechtigkeit vermeiden, da sie zu weiteren Provokationen führen könnte.

Mit Übung und zunehmender Erfahrung wird es der selbstkritischen und zur Reflexion bereiten sozialpädagogischen Fachkraft gelingen,
- brenzlige Situationen rechtzeitig zu erkennen, beginnende Erregung bei Kindern und Jugendlichen zu deuten und situationsangemessen gegenzusteuern,
- ruhig und gelassen einzuschreiten,
- deutliche und kurze Instruktionen zu geben, die die Situation entkräften können,
- tragfähige Beziehungen zu Kindern und Jugendlichen aufzubauen, die Interventionen gut möglich machen.

Dabei ist es wichtig zu wissen, dass man jeden Tag wieder vor eine neue Herausforderung gestellt werden kann, diese aber mit dem nötigen Wissen und einem eigenen stabilen klaren Persönlichkeitsprofil zu bewältigen ist. Eine wohlwollende, freundliche, humorvolle und vor allem geduldige Grundhaltung wird gute Erfolge bescheren und zum Weitermachen motivieren.

»Kann man bei Dir auch Sitzfleisch kaufen?«

Aggression

Sozialpädagogische Fachkräfte werden im Alltag häufig mit Aggressionen und aggressivem Verhalten von Kindern und Jugendlichen, einer weiteren Form von Verhaltensauffälligkeit, konfrontiert.

Beispiel
Eine sozialpädagogische Fachkraft fordert Manuel, 6 Jahre alt, auf, das Spiel wegzuräumen, mit dem er zuvor gespielt hat. Leonie, 5 Jahre, bekräftigt die Aufforderung der sozialpädagogischen Fachkraft, nachdem sie bemerkt, dass Manuel nicht gleich der Aufforderung folgt, indem sie sagt: „Du hast doch gehört, was Beate gesagt hat. Du sollst aufräumen." In diesem Moment fegt Manuel mit einem Wisch das Spiel in Richtung Leonie vom Tisch und schreit: „Räum doch selbst auf!"

Der Begriff **Aggression** wird aus dem Lateinischen abgeleitet (*aggredere* = herangehen) und ist in seiner Bedeutung zunächst wertneutral. Ein positiver Aspekt der Aggression ist die Fähigkeit, zielstrebig auf etwas zugehen und die Umwelt aktiv beeinflussen zu können; in diesem Sinne sichert aggressives Verhalten das Überleben des Menschen. In der Psychologie und im alltäglichen Sprachgebrauch wird Aggression jedoch eher in seiner negativen Bedeutung wahrgenommen.

Aggression
Unter Aggression versteht man alle Verhaltensweisen, die eine direkte oder indirekte Schädigung von Organismen und/oder Gegenständen beabsichtigen (vgl. Hobmair, Psychologie, 2008, S. 188).

Dieses schädigende Verhalten kann sich nach außen oder nach innen richten. Nach außen gerichtete Aggression zeigt sich im Handeln oder in der Sprache und ist für Außenstehende gut zu beobachten. Hacker (1988, zit. nach Simchen 2008, S. 123) unterscheidet diesbezüglich drei **Arten von Aggressionen**:
- Aggression mit Kontrollverlust
- Aggression als Strategie zum Erreichen eines Ziels
- strukturelle Aggression, die sich in der Nicht-Beachtung von Gesetzen und Vorschriften niederschlägt

Richtet sich die Aggression gegen die eigene Person (Autoaggression), findet sie im Denken, in den Gefühlen oder in der Phantasie statt und kann häufig nur indirekt beobachtet werden.

Autoaggression zeigen eher Kinder und Jugendliche, die ängstlich sind, sich schuldig fühlen und sich zurückziehen. Sie leiden unter Umständen völlig unbemerkt und sind nach außen angepasst, liebenswert und fallen höchstens durch ihr introvertiertes Verhalten auf (vgl. Simchen, 2008, S. 12). Autoaggressives Verhalten kann aber auch äußerlich sichtbar werden:
- Kopfschlagen
- sich beißen
- sich kratzen
- Stich- und Schnittverletzungen
- Quetschungen
- in Körperöffnungen bohren
- Haare reißen

Auch Anorexie und Bulimie sind Ausdruck einer Autoaggression und erfordern dringend, den betroffenen Kindern und Jugendlichen rechtzeitig Hilfeangebote zu machen.

Ursachen von Aggression

Es gibt einige Theorien und Modelle, die die Entstehung von Aggression erklären. Auf die neurobiologischen Ursachen soll an dieser Stelle nicht näher eingegangen werden, da sie in etwa denen der Entstehung von ADS/ADHS ähnlich sind und die Funktionsweise des Gehirns in diesem Zusammenhang eingehend erläutert wurde.

Drei bedeutende klassische Modelle oder Theorien werden der Erklärung von Aggression zugrunde gelegt:
- Trieb- und Instinkttheorie
- Lerntheorie
- Frustrations-Aggressions-Theorie

Eine neuere Theorie ist die Systemische Theorie.

Trieb- und Instinkttheorie

Freud ging davon aus, dass sich zwei Triebe im Menschen gegenüberstehen, die sich versuchen gegeneinander auszuspielen: Eros, der Lebenstrieb, welcher für Lebenslust und Lieben zuständig ist, und Thanatos, der Todestrieb, welcher versucht, alles Lebendige zu zerstören. Wird Thanatos ausgelebt, richtet sich dies gegen andere Menschen oder gegen sich selbst. Die Aggression ist eine Äußerungsform des Thanatos. Diese Annahme ist jedoch umstritten (vgl. Hobmair, Psychologie, 2008, S. 113 f.).

Lerntheorie

Durch zahlreiche Experimente konnte bestätigt werden, dass der Mensch aggressives und gewalttätiges Verhalten nachahmt. Bandura prägte in diesem Zusammenhang den Begriff „Lernen am Modell". Kinder und Jugendliche orientieren sich an verschiedenen Modellen: Situationen in Filmen und Büchern können ebenso als Verhaltensvorlage dienen wie selbst erlebte Situationen in Familie, Schule oder Freizeit. Die Lerntheorie wird ausführlich in Kap. 3.3.9 dargestellt.

Die Frustrations-Aggressions-Theorie

Der Psychologe John Dollard stellte die Frustrations-Aggressions-Hypothese auf. Er war der Annahme, dass jeder Aggression eine Frustration vorausgeht und dass umgekehrt jede Frustration zu einer Form von Aggression führt.

Frustration

Dollard definierte Frustration als „Gefühl, das in einer Situation auftritt, in der ein zielgerichtetes Verhalten blockiert wird". Nach Hobmair bezieht sich dieses Gefühl, das er als Enttäuschung bezeichnet, zudem auf die „Nichterfüllung eines Bedürfnisses, Wunsches oder von Erwartungen" (vgl. Hobmair, Psychologie, 2008, S. 190).

Nach der Hypothese von Dollard müssten alle Menschen in gleicher Weise auf Frustration reagieren; es gibt jedoch auch Menschen, bei denen sie Fluchtverhalten auslöst. Aggression ist demnach eine mögliche, aber keine zwingende Reaktion auf Frustration. Berkowitz bezieht diese Überlegungen in seine Hypothese mit ein und geht davon aus, dass Frustration eine negative Erregung hervorruft, die wiederum zu Aggressionsbereitschaft führen kann, beispielsweise Ärger, Wut oder Furcht.

Mit Furcht reagiert der Mensch dann, wenn er eine Bedrohung als sehr stark erlebt und seine eigene Stärke als unzureichend einschätzt (vgl. Meier, 2004, S. 25).

Systemische Theorie

Neuere Untersuchungen zeigen, dass früh erlebte negative Bedingungen im Bezugssystem des Kindes, wie z. B. die inkonsequente Erziehung, negative familiäre Erfahrungen, die Entwicklung aggressiven Verhaltens begünstigen können. Das Early-Starter-Modell von Gerald Patteson weist darauf hin, dass bei Menschen, die in ihrer Familie antisoziales Verhalten erfahren haben, die Entwicklung von aggressivem Verhalten begünstigt ist (vgl. Hobmair, Psychologie, 2008, S. 189 u. 192).

Bei Jugendlichen sehen Soziologen die Hauptursache in negativen Einflüssen von Gleichaltrigen oder den sogenannten Peergruppen.

Diagnose

Aggressives Verhalten stellt sich sehr vielfältig dar. Es ist wichtig zu erkennen, welche Motivation der Aggressivität zugrunde liegt, da sich unterschiedliche Konsequenzen für das weitere Vorgehen ergeben. Motive können sein:

- Angst
- das Bestreben, das eigene Bedürfnis egoistisch durchzusetzen
- Selbstbehauptung

Außerdem ist es wichtig zu wissen, welche Faktoren das aggressive Verhalten auslösen können. Verhaltensmuster von sozialpädagogischen Fachkräften, Lehrern und Eltern spielen in diesem Zusammenhang eine große Rolle (vgl. Petermann/Petermann, 2008, S. 17).

Um eine Diagnose stellen zu können, werden folgende Instrumente benutzt:

- Befragung und Beobachtung von Bezugspersonen
- Befragung des Kindes oder Jugendlichen
- Einsatz von Tests
- Beobachtung des Kindes anhand von Beobachtungsbögen

Bei der Diagnosestellung werden biologische, psychische und soziologische Faktoren berücksichtigt.

Eine besondere Bedeutung wird geschlechtsspezifischem aggressivem Verhalten beigemessen. Jungen reagieren eher körperlich, spontan und haben häufig ein starkes Dominanzbestreben in Gruppen. Mädchen agieren eher verdeckt mit einem stärker ausgeprägten prosozialen Verhalten. Aggressives Verhalten zeigt sich bei ihnen meist erst zu Beginn der Pubertät, bei Jungen bereits im Vorschulalter (vgl. Petermann/Petermann, 2008, S. 71).

Maßnahmen im pädagogischen Alltag

Kinder und Jugendliche, die häufig unter Aggressionen leiden, haben möglicherweise ihr Verhaltensmuster bereits verfestigt und neigen dazu, sehr schnell mit aggressivem Verhalten zu reagieren. Man spricht dann von Aggressivität als einem Persönlichkeitsmerkmal (vgl. Hobmair, 2008, S. 189). Viele Kinder und Jugendliche leiden unter ihrer Aggressivität und sind stark verunsichert. Sie möchten in Kontakt treten und Beziehungen aufbauen. Ihr mangelndes Selbstbewusstsein, Selbstvertrauen und Selbstwertgefühl hindert sie jedoch

Biologische Faktoren: Genetische und physiologische Aspekte	Psychische Faktoren: Kognitive und emotionale Aspekte	Soziale Faktoren: Familiäre und umweltbezogene Aspekte
- Geschlechtsunterschiede - Prä- und perinatale Risiken sowie neurologische Funktionsstörungen	- Schwieriges Temperament - Unzureichende Impulskontrolle und Emotionsregulation - Verzerrte sozialkognitive Informationsverarbeitung - Unzureichendes Einfühlungsvermögen	- Mangelnde Aufsicht durch die Eltern - Unzureichende Erziehungskompetenz der Eltern - Unzureichende emotionale Unterstützung und Akzeptanz gegenüber dem Kind - Negative Erziehungspraktiken - Charakteristiken der Eltern und familiäre Stressbelastetheit - Erfahrene körperliche Misshandlung - Soziale Ablehnung durch Gleichaltrige

(Petermann/Petermann, 2008, S. 64)

daran. Wenn sie dadurch keine oder nur eine unbefriedigende Beziehung herstellen können und keine Zuwendung erhalten, reagieren sie gereizt oder mit aggressivem Verhalten. Die Umwelt der betroffenen Kinder und Jugendlichen reagiert ebenfalls aggressiv. Daraufhin kommt es häufig zu
- Körperverletzung,
- Sachzerstörung oder
- Autoaggression.

Um angemessen auf die Aggressionen von Kindern und Jugendlichen reagieren zu können, ist es wichtig, sie nicht als persönlichen Angriff zu werten, sondern einen möglichen Hilferuf in dem Verhalten zu erkennen. Sie wünschen sich vermutlich
- Geborgenheit,
- Wertschätzung,
- (emotionale) Sicherheit,
- Selbstvertrauen,
- Achtung und
- Anerkennung.

Sozialpädagogische Fachkräfte sollten betroffenen Kindern und Jugendlichen
- Raum und Möglichkeiten zur individuellen Entfaltung zur Verfügung stellen,
- Klarheit und Regeln als Orientierungshilfe bieten,
- konsequentes Handeln vorleben,
- in ihren sozialen und emotionalen Fähigkeiten unterstützen,
- achtsam und wertschätzend entgegentreten,
- Orientierungshilfe geben.

Kindern und Jugendlichen sollte die Möglichkeit geboten werden, sich mit ihren negativen Gefühlen auseinanderzusetzen, um eine gesunde Verarbeitung zu ermöglichen. Dazu ist es wichtig,
- die Wahrnehmungsfähigkeit zu fördern,
- die Kinder darin zu unterstützen, ihre Empfindungen auszudrücken und
- konstruktive Konfliktlösungsmodelle zu entwickeln.

Dies ist im sozialpädagogischen Alltag neben der Stärkung des Selbstwertgefühls jedes einzelnen Kindes gut durch **Spiele** zu erreichen. Nachfolgend werden beispielhaft zwei Spiele beschrieben, die im Alltag der Tageseinrichtung für Kinder eingesetzt werden können.

Schimpfworte und ihre Wirkung
(ab 5 Jahren)
Die Kinder sagen reihum, welche Schimpfworte sie persönlich wütend, traurig oder ärgerlich machen. Weil jedoch Schimpfworte sehr unterschiedlich empfunden und bewertet werden können, sollen sich die Kinder bei jedem genannten Wort überlegen, ob sie dieses ebenfalls trifft. Auf diese Weise wird den Kindern rasch klar, dass unabhängig von den eigenen Empfindungen auch ein noch so unbedacht geäußertes Schimpfwort verletzend sein kann.

Der Schmetterwutball
(ab 6 Jahren)
Einen Federball kräftig gegen eine Anti-Aggressionswand oder in einen Sandkasten schmettern; dies macht Spaß und verbessert das allgemeine Wohlbefinden. Indem die Kinder ihre ganze Kraft für dieses Spiel brauchen, sind sie erheblich weniger gereizt und aggressiv. Vielmehr können sie nach einem solchen Match in der Regel besser über das, was sie innerlich bedrückt oder ärgert, sprechen.

Vor allem in Kindertagesstätten sind Spiele zum Abbau von Aggressionen eine wichtige Maßnahme im pädagogischen Alltag. Spielpädagogische Methoden sollten zur Prävention aggressiven Verhaltens eingesetzt werden. Ein wesentlicher Faktor – auch im Sinne von Aggressionsprävention – ist jedoch die Grundhaltung der sozialpädagogischen Fachkraft. Wenn sich Kinder und Jugendliche angenommen und akzeptiert fühlen, ist es ihnen möglich, sozial angemessenes Verhalten zu entwickeln. Da Aggressionen ein Ausdruck fehlender Handlungsstrategien ist, sollte die sozialpädagogische Fachkraft mit Kindern ein alternatives, aggressionsfreies Verhalten üben. Es gibt eine Reihe erprobter **Gewaltpräventionsprogramme**.
Eine bewährte Maßnahme ist das **Deeskalationstraining**. Deeskalation bedeutet das Verhindern von Konflikten und sich aufschaukelnden Prozessen. Es gibt Kindern und Jugendlichen die Möglichkeit, sich mit eigenen Einstellungen, Normen und Werten auseinanderzusetzen. In diesem Training können Kinder und Jugendliche aggressionsauslösende Situationen wie z. B. Provokationen erfahren und einen konstruktiven Umgang mit der erlebten Aggression entwickeln.

In **Rollenspielen** können Kinder verschiedene Perspektiven (Opfer – Täter) in einer eskalierenden Situation erleben und somit eigene Verhaltensstrategien entwickeln. Die Frustrationstoleranz sollte bei Kindern und Jugendlichen durch die Vermittlung moralischer Werte erhöht werden. Weitere Anregungen bezüglich gut praktizierbarer Gewaltpräventionsprogramme in Kindergarten, OGS und Hort erhält man in dem Buch „Erfolgreich gegen Gewalt in Kindergarten und Schule" von Britta Bannenberg und Dieter Rössner oder durch das erfolgreiche Programm „Faustlos" von Manfred Cierpka.

Zudem sollte sich die Erzieherin ihrer Modellfunktion bewusst sein. Ein authentisches, aber kontrolliertes Verhalten wirkt sich positiv auf das Verhalten von Kindern aus.

Zur Ergänzung der pädagogischen Maßnahmen in den Einrichtungen kann Eltern zu therapeutischen Maßnahmen geraten werden. Petermann/Petermann haben ein Training mit aggressiven Kindern entwickelt, das Kinder im Alter von sieben bis dreizehn Jahren gut anspricht und als Einzeltraining einsetzbar ist.

Auch die Familientherapie bietet mit dem Blick auf das gesamte System Familie gute Möglichkeiten, der Ursache aggressiven Verhaltens auf den Grund zu gehen.

Soziale Unsicherheit/Angst

Sozial unsichere Kinder oder Jugendliche fallen sozialpädagogischen Fachkräften zunächst kaum auf. Während Kinder mit ADHS oder aggressive Kinder viel Aufmerksamkeit auf sich ziehen, verhalten sie sich eher still, zurückhaltend, ängstlich, kontaktscheu, gehemmt.

Werden die Kinder angesprochen, antworten sie häufig nicht in ganzen Sätzen, sondern einsilbig, leise und undeutlich. Sie vermeiden Blickkontakt und sind kaum in der Lage, Emotionen zu zeigen. Manche Kinder nesteln an ihrer Kleidung, wirken nervös und ziehen den Kopf ein.

Soziale Unsicherheit
Unter der Sammelbezeichnung „soziale Unsicherheit" werden Verhaltensweisen verstanden, die Aspekte von Trennungsangst, sozialer Ängstlichkeit, soziale Phobien sowie generalisierter Angst beinhalten (vgl. Petermann/Petermann, 2010, S. 3).

Ursachen

Angst ist zunächst einmal etwas ganz Natürliches. Sie ist ein Alarmsignal, welches hilft, bedrohliche Situationen zu erkennen und entsprechend zu reagieren. Durch Angst wird ein lebensnotwendiger Lern- und Anpassungsvorgang ausgelöst.

Eine „normale" Angst verliert nach Hobmair (vgl. Psychologie, 2008, S. 187) ihre Bedrohung, wenn die Ursache gefunden und beseitigt wird. Geschieht dies nicht, kehren die Ängste immer wieder, können nicht ausreichend bearbeitet werden und führen zu einer psychischen Belastung. Werden Angststörungen rechtzeitig erkannt, sind sie häufig gut behandelbar.

Ängste betreffen immer die ganze Person in ihrer Entwicklung und ihrem Verhalten, was die Ursachensuche erschwert (vgl. Hobmair, Psychologie, 2008, S. 185f.). Sie können durch traumatische Erlebnisse ausgelöst worden sein, aber auch auf einer beeinträchtigten Wahrnehmung beruhen, für die meist eine angeborene Funktionsstörung verantwortlich ist.

Ursachen von Angst können sich auf drei Ebenen finden (vgl. Simchen, 2008, S. 111 f.):
- neurologische Ebene
- psychische Ebene
- soziale Ebene

Systematische Verhaltensbeobachtungen von Petermann und Petermann haben gezeigt, dass sozialer Unsicherheit verschiedene Angstphänomene zugrunde liegen:
- **Trennungsangst:** Angst vor dem Verlust der Bindungsperson, die sich beispielsweise durch Weinen, Rückzug und Kontaktblockade äußern kann
- **soziale Ängstlichkeit:** Angst vor dem Eintritt in eine neue Gruppe oder Klasse, die sich durch Schüchternheit, Schlafmangel oder andere psychosomatische Erscheinungen äußern kann
- **soziale Phobien:** Verweigerung des Kontaktes zu anderen Personen und Gruppen
- **Fremdenangst:** Angst vor ungewohnten Umgebungen und fremden Menschen oder Kulturen, die sich in Misstrauen äußern kann
- **Bewertungsangst:** Angst vor schlechter Bewertung, die sich in fehlendem Zutrauen in eigene Fähigkeiten äußern kann

- **Schulangst:** Angst vor der Institution Schule und den damit verbundenen Situationen, Menschen und Anforderungen, die sich in Schulverweigerung und psychosomatischen Erscheinungen äußern kann
- **generalisierte Ängste:** Angst vor der Angst

Diese Ängste können sich in folgenden Symptomen äußern:

vegetative Symptome	irrationale Gedankenmuster
• Kopf- und Bauchschmerzen • Übelkeit, Erbrechen • Herzklopfen • Schwindel	• Sorgen um die Bezugsperson • Selbstzweifel • Misserfolgserwartung • Selbstunsicherheit

Vermeidungsverhalten
- Bei Trennungsangst wird die Trennung vermieden.
- Bei Bewertungsangst wird die Bewertungssituation vermieden.
- Bei Leistungsangst wird die Leistung verweigert.

Diagnostik
Wenn sozialpädagogische Fachkräfte den Verdacht haben, dass ein Kind oder Jugendlicher unter Ängsten leidet, ist es sinnvoll, Eltern zu einer Untersuchung mit entsprechender Diagnostik zu raten. Die Diagnostik erfolgt multimodal, das bedeutet auf der
- kognitiven,
- emotionalen,
- physiologischen
- und auf der Verhaltensebene.

Maßnahmen im pädagogischen Alltag
Viele Ängste sind entwicklungsbedingt und verschwinden mit der Zeit von selbst. Neue Lebensphasen, wie Eintritt in den Kindergarten oder in die Schule sowie Schulwechsel, begünstigen die Entstehung von Angst. Auch die Geburt eines Geschwisterkindes, Umzug, Verlust einer geliebten Person oder des Haustieres sowie erster Liebeskummer oder Prüfungen können Angst hervorrufen. Diese Phasen sind als wichtige Entwicklungs- und Wachstumsprozesse zu verstehen. Kinder und Jugendliche können von sozialpädagogischen Fachkräften in diesen Phasen unterstützt werden, indem
- dem Kind oder Jugendlichen Fehler zugestanden werden,
- Ängste ernst genommen werden,
- Kindern und Jugendlichen vermittelt wird, dass Angst etwas Natürliches ist, mit dem man umgehen lernen muss,

Kognitive Ebene	Emotionale Ebene	Physiologische Ebene	Verhaltensebene
• ungünstige Ursachenzuschreibung • negative Erwartungen • negative Selbstbewertung • Sorgen und Befürchtungen • irrationale Gedanken und innere Sätze • erhöhte Selbstaufmerksamkeit	• Angstgefühle • Gefühl von Unsicherheit und mangelnder Kompetenz • mangelndes Selbstvertrauen • mangelnde Selbstwirksamkeitsüberzeugung • Hilflosigkeitsgefühl	• Herzklopfen • erhöhter Puls • Kurzatmigkeit • Schwitzen • Zittern an Händen und/oder Beinen • Kopfschmerzen • Übelkeit • Bauchkribbeln oder Bauchschmerzen • Muskelanspannung und/oder Muskelschmerzen	• Vermeidung • Verweigerung (auch aggressiv) • an die Eltern klammern • weinen • jammern • stottern (nicht im Sinne einer Sprechstörung) • zittrige Stimme • leise, undeutlich sprechen • kaum/kein Blickkontakt • erstarren, körperlich steif • zappeln • nervös mit den Fingern spielen • Nägelkauen

Ebenen der Angstdiagnostik (Petermann/Petermann, 2010, S. 14)

- Kinder und Jugendliche aktives Zuhören erfahren,
- das Selbstbewusstsein des Kindes gestärkt wird,
- das Kind oder der Jugendliche darin unterstützt wird, sich selbst als wertvollen Menschen anzunehmen,
- Lösungsvorschläge im Umgang mit Angst entwickelt werden.

Für Kinder sind Ängste Realität und müssen ernst genommen und mit Achtsamkeit behandelt werden, damit daraus keine generalisierende Angst entsteht.
Bilderbuchbesprechungen zu dem Thema helfen Kindern im Kindergartenalter, ihre persönlichen Ängste zu verarbeiten.

2.8.5 Herausforderndes Verhalten und Selbstwertgefühl

Ängste, Aggressivität, ADS/ADHS in Verbindung mit Lernstörungen stressen betroffene Kinder, Jugendliche und das gesamte Umfeld. Dies geschieht auf der Basis der veränderten Wahrnehmungsverarbeitung der Kinder und Jugendlichen. Die veränderte Wahrnehmung bedeutet auch, dass die Körpersprache und Kommunikation der betroffenen Kinder und Jugendlichen vom Umfeld häufig fehlinterpretiert werden und es zu Missverständnissen und entsprechenden Reaktionen in sozialen Kontakten kommen kann. Durch die Konsequenzen, wie z. B. ein Streit, der entsteht, fühlen sich betroffene Kinder und Jugendliche abgelehnt, ausgegrenzt und unverstanden.

Beispiel
Tom, 10 Jahre alt, verabredet sich mit seinem Freund Frederik nach der OGS. Bei der Verabredung hat er vergessen, dass er zum Geburtstag seiner Oma muss. Nun sagt er Frederik ab und erklärt ihm, warum sie sich nicht treffen können. Frederik reagiert sehr impulsiv und wütend auf diese Absage und beschimpft seinen Freund Tom.
Frederik ist aufgrund seiner individuellen Wahrnehmung nicht in der Lage, angemessen auf die Absage zu reagieren. Er ist enttäuscht und gerät in Stress, beschimpft seinen Freund, der nicht mit dieser Reaktion rechnet und auch wenig Verständnis für Frederiks Reaktion zeigt. Die im Raum anwesende sozialpädagogische Fachkraft beobachtet die Reaktion von Frederik und versucht, ein klärendes Gespräch mit den beiden Jungen zu führen.

Wenn sich Kinder wie Frederik häufiger so verhalten, geraten sie möglicherweise in eine Außenseiterrolle. Sie erleben aufgrund ihrer gestörten Wahrnehmung Stress. Die veränderte Wahrnehmungsverarbeitung führt zu emotionaler und kognitiver Überforderung und beeinträchtigt das Selbstwertgefühl der Kinder und Jugendlichen. Sie wollen sich nicht so verhalten. Aus diesem Grunde ist es wichtig, bei allen betroffenen Kindern und Jugendlichen ein positives Selbstwertgefühl zu fördern.
Betroffenen Kindern und Jugendlichen kann Unterstützung angeboten werden, indem sie bei der Stressbewältigung unterstützt werden. Man kann ihnen z. B. die Möglichkeit bieten, erst einmal auf dem Außengelände frische Luft zu schnappen oder zum Boxsack im Bewegungsraum zu gehen. Eher

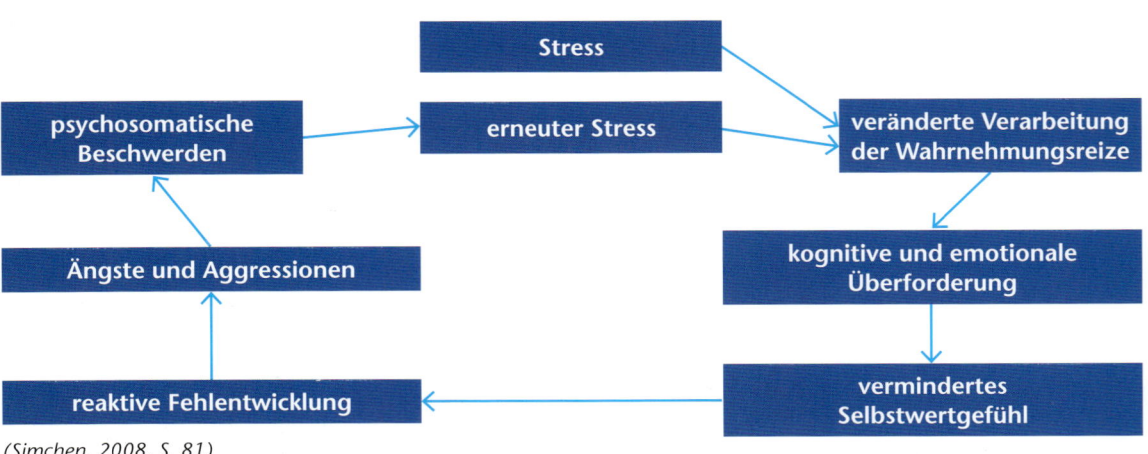

(Simchen, 2008, S. 81)

ängstlichen Kindern und Jugendlichen kann ein einfühlsames, verstehendes Gespräch helfen.

Ein gutes Selbstwertgefühl ist Voraussetzung für eine psychische Stabilität und das Gefühl, den Herausforderungen und Anforderungen des Lebens gewachsen zu sein. Das Bewusstsein vom eigenen Selbst als eine sich wiederholende positive Erfahrung durch Anerkennung vom sozialen Umfeld und Zufriedenheit mit eigenen Erfolgen hat einen ungemein großen Stellenwert in der Persönlichkeitsentwicklung (vgl. Simchen, 2008, S. 19).

Aus diesem Grund ist es wichtig, dass betroffene Kinder und Jugendliche Hobbys oder Beschäftigungen, z. B. in sportlichen oder in musisch-kreativen Bereichen, für sich entdecken, um dadurch für sie wichtige positive Rückmeldungen und damit Selbstbestätigung zu erhalten.

Selbstwertgefühl

Ein positives Selbstwertgefühl definiert Kernberg als „ein wohl gefügtes Selbst, in welchem die verschiedenen Selbstaspekte dynamisch zu einer harmonischen Ganzheit organisiert sind" (Kernberg in Simchen, 2008, S. 19).

Folgende Selbstaspekte führen zu einem gesunden Selbstwertgefühl (vgl. Simchen, 2008, S. 27):
- Willenskraft
- Antrieb
- Interesse
- Motivation
- Anstrengungsbereitschaft
- Entscheidungsfähigkeit
- Gefühlstiefe
- Erfolg
- Anerkennung
- Dinge zu sehen, die einen erfreuen
- Optimismus
- innere Stärke
- erfolgreiche Aufgaben- und Problemlösung
- die Fähigkeit, die genannten Selbstaspekte gut anwenden zu können

Ein sicheres Selbstwertgefühl führt zu einer guten sozialen Kompetenz. Damit Kinder und Jugendliche die Chance haben, auch unter weniger guten Voraussetzungen im Rahmen ihrer Möglichkeiten ein gutes Selbstwertgefühl zu entwickeln, ist es wichtig, wo immer es möglich ist, positiv auf sie zu reagieren und ihnen eine Chance zu geben. Eine der wichtigsten Aufgaben sozialpädagogischer Fachkräfte besteht somit darin, Kinder und Jugendliche in ihrem Selbstwertgefühl zu bestärken.

Eng verbunden mit dem Selbstwertgefühl ist die Selbstachtung. Menschen mit geringer Selbstachtung nehmen Situationen häufig bedrohlich wahr und sind nicht in der Lage, ihre Erahnungen flexibel in ihre Wahrnehmung zu integrieren. Dadurch kommt es zu einer Verzerrung, durch die der betroffene Mensch die Bedeutung der Erfahrung so verändert, dass sie wieder mit der Vorstellung, die er von sich selbst hat, nämlich dem Selbstkonzept übereinstimmt (vgl. Hobmair, Psychologie, 2008, S. 438). Dies ist eine Abwehrreaktion und sicherlich eine der Ursachen für die Entstehung von Verhaltensauffälligkeiten.

In diesem Kapitel konnten nur einige Themen, die im sozialpädagogischen Alltag der sozialpädagogischen Fachkräfte immer wieder eine Herausforderung darstellen, bearbeitet werden.

Zusammenfassend ist festzuhalten, dass herausforderndes Verhalten in den meisten Fällen mit einer Selbstwertproblematik und Angst vor Ablehnung verbunden ist und mit dem Wunsch, Wertschätzung zu erfahren und verstanden zu werden.

Erfahren Kinder und Jugendliche rechtzeitig professionelle Hilfe und Eltern fachlich kompetente Unterstützung im Erziehungsprozess, können Verhaltensstörungen und ihre Folgen vermieden oder zumindest gemildert werden.

2.9 Weiterführende Literatur

Becker-Textor, Ingeborg: Schwierige Kinder gibt es nicht – oder doch?, Freiburg, Herder Verlag, 1990.

Bodenburg, Inga/Kollmann, Irmgard: Frühpädagogik – arbeiten mit Kindern von 0–3 Jahren, Köln, 2. Aufl., Bildungsverlag EINS, 2011.

Brisch, Karl Heinz: Bindungsstörungen, Stuttgart, Klett-Cotta, 2001.

Brisch, Karl Heinz/Hellbrügge, Theodor (Hrsg.): Bindung und Trauma. Risiken und Schutzfaktoren für die Entwicklung von Kindern, Stuttgart, Klett-Cotta, 2003.

Brisch, Karl Heinz/Hellbrügge, Theodor (Hrsg.): Kinder ohne Bindung. Deprivation, Adoption und Psychotherapie, Stuttgart, Klett-Cotta, 2006.

Elschenbroich, Donata: Weltwissen der Siebenjährigen. Wie Kinder die Welt entdecken können, München, Antje Kunstmann, 2001.

Erikson, Erik H.: Identität und Lebenszyklus, 18. Aufl., Frankfurt/Main, Suhrkamp, 2000.

Finger, Gertraud/Simon, Traudel: Was auffällige Kinder uns sagen wollen. Verhaltensstörungen neu deuten, 3. Aufl., München, Klett-Cotta Verlag, 2008.

Fthenakis, Wassilios/Oberhuemer, Pamela (Hrsg.): Sprache und Literacy, Troisdorf, Bildungsverlag EINS, 2007.

Hüther, Gerald/Krens, Inge: Das Geheimnis der ersten neun Monate. Unsere frühesten Prägungen, Weinheim und Basel, Beltz, 2011.

Iven, Claudia: Sprache, 2. Aufl., Troisdorf, Bildungsverlag EINS, 2009.

Martin, Ernst/Wawrinowski, Uwe: Beobachtungslehre, Weinheim und München, Juventa Verlag, 2000.

Meier, Ulrich: Gewalt im sozioökologischen Kontext der Schule, 3. Aufl., Juventa Verlag, 2004.

Metzinger, Adalbert: Entwicklungspsychologie kompakt – 0 bis 10 Jahre – für sozialpädagogische Berufe, Köln, Bildungsverlag EINS, 2011.

Oerter, Rolf/Montada, Leo (Hrsg.): Entwicklungspsychologie, 6. Aufl., Weinheim/Basel, Beltz/PVU, 2008.

Piaget, Jean: Das moralische Urteil beim Kind, Stuttgart, Klett, 1983.

Petermann, Franz/Petermann, Ulrike: Training mit aggressiven Kindern, 12. Aufl., Weinheim und Basel, Beltz, 2008.

Schenk-Danzinger, Lotte, überarbeitet von Rieder, Karl: Entwicklungspsychologie, 2. Aufl., Wien, G&G Verlagsgesellschaft mbH, 2007.

Suess, Gerhard: Erziehung in Krippe, Kindergarten, Kinderzimmer, Klett-Cotta, Stuttgart, 2009.

World Vision Deutschland e. V.: Kinder in Deutschland 2010, 2. World Vision Kinderstudie, Fischer Taschenbuch Verlag, 2010.

Zimmer, Renate: Handbuch der Bewegungserziehung. Didaktisch-methodische Grundlagen und Ideen für die Praxis, 13. Aufl., Freiburg im Breisgau, Herder, 2003.

Zimmer, Renate: Handbuch der Psychomotorik, 2. Aufl., Freiburg im Breisgau, Herder, 1999.

3 Pädagogische Konzepte und ihre Grundlagen

3.1 Erziehen

3.2 Bildung und Selbstbildungsprozesse

3.3 Lernen und Lernbedingungen gestalten

3.4 Erziehen, bilden und begleiten: Querschnittsaufgaben

3.5 Erziehen, bilden und begleiten: ausgewählte Bildungsbereiche

3.6 Weiterführende Literatur

> *Die Schwerpunkte dieses Kapitels liegen vor allem in den Bereichen der Handlungsfelder 2 und 3 des Kompetenzorientierten Qualitätsprofils: Entwicklungs- und Bildungsprozesse anregen, fördern und erziehen, gruppenpädagogisch handeln. (s. auch. S. 98 ff.)*

In Kapitel 2 konnten Sie das Augenmerk gezielt auf Ihre zukünftige Zielgruppe „Kinder und Jugendliche" richten. Entwicklungspsychologische Aspekte spielten in diesem Zusammenhang ebenso eine Rolle wie die Frage nach den unterschiedlichen Lebenswelten von Kindern und Jugendlichen.

In diesem Kapitel geht es nun darum, (sozial-)pädagogische Konzepte und ethisch-moralische Theorien vorzustellen und zu diskutieren, die sozialpädagogischen Fachkräften als Grundlage dienen, eine pädagogische Haltung zu entwickeln. Diese ist Voraussetzung für eigen- und mitverantwortliches erzieherisches Handeln und die Entwicklung eines eigenen Konzepts.

Der Stellenwert, den Erziehung und Bildung in gesamtgesellschaftlichen Zusammenhängen einnehmen, ist in den vergangenen Jahren enorm gestiegen. Dies gilt auch für die pädagogische Arbeit in sozialpädagogischen Institutionen (vgl. Deutsches Jugendinstitut, 2012, S. 18 ff.).

Um die Entwicklungs- und Selbstbildungsprozesse von Kindern und Jugendlichen auf der Grundlage eines wertorientierten Verständnisses von Erziehung und Bildung begleiten und unterstützen zu können, ist es erforderlich, mit ihnen professionell, d.h. fach- und methodenkompetent zu arbeiten. Ein solches professionelles Handeln ist in der Praxis in der Regel in eine Konzeption der Einrichtung eingebunden, die es ermöglicht, die Erziehungsarbeit

- nach innen zielorientiert, fachlich fundiert und überprüfbar zu gestalten,
- nach außen darzustellen, zu begründen, zu evaluieren und
- im Interesse der Kinder und Jugendlichen weiterzuentwickeln.

Die pädagogischen Konzeptionen, die Sie in diesem Kapitel kennenlernen, geben Ihnen Anregungen und Hilfen für die Überprüfung und Weiterentwicklung Ihrer bisherigen pädagogischen Leitvorstellungen. Sie eignen sich darüber hinaus als Grundlage für die Entwicklung einer eigenen pädagogischen Konzeption, die in der Praxis geeignet ist, die konzeptionelle Entwicklungsarbeit des Teams einer Einrichtung zu unterstützen.

Die in diesem Kapitel dargestellten und erläuterten pädagogischen Konzeptionen zeigen darüber hinaus wichtige Aspekte konzeptionellen Handelns in der Praxis auf, wie z. B.

- die Gestaltung einer für die Selbstbildungsprozesse förderlichen Umgebung,
- die Entwicklung verlässlicher, achtsamer und wertschätzender pädagogischer Beziehungen,
- die Befriedigung der Lernbedürfnisse und der damit verbundenen Neugier,
- die Schaffung von Möglichkeiten, die eigenen Kräfte und Fähigkeiten zu erfahren und zu erproben,
- die Stärkung des Selbstbewusstseins, des Selbstwertgefühls und des Selbstvertrauens der Kinder und Jugendlichen.

Das Ziel der in diesem Kapitel beschriebenen sozialpädagogischen Arbeit liegt auch darin, die Bereitschaft und die Fähigkeit der Kinder und Jugendlichen zu fördern, ihre Welt möglichst selbstbestimmt und verantwortlich mitzugestalten. Dies geschieht durch professionelle Begleitung und Unterstützung der Selbstbildungsprozesse durch die sozialpädagogischen Fachkräfte in den Einrichtungen.

Dabei spielt die Mitwirkung der Kinder und Jugendlichen eine ebenso große Rolle wie die Zusammenarbeit mit den Erziehungsberechtigten. Die Ziele sozialpädagogischen Handelns sind nur erreichbar, wenn die verantwortlichen Fachkräfte über ein fundiertes Verständnis vom Lernen der Kinder und Jugendlichen und der dazu erforderlichen Gestaltung der Lernbedingungen haben.

Des Weiteren geht es in diesem Kapitel um Querschnittsaufgaben der sozialpädagogischen Praxis, die nicht nur einen spezifischen, sondern in einem ganzheitlichen Sinne alle Bildungsbereiche betreffen. Die in diesem Kapitel dargestellten Querschnittsaufgaben sind:

- die Planung von Bildungsprozessen
- die Gestaltung und Begleitung von Gruppenprozessen
- die Förderung der Fähigkeit und Bereitschaft zur Partizipation
- die Förderung von Resilienz

- die Unterstützung einer gleichberechtigten Entwicklung von Jungen und Mädchen
- die gemeinsame Bildung und Erziehung von Kindern und Jugendlichen aus unterschiedlichen Kulturen
- die gemeinsame Bildung und Erziehung von Kindern mit und ohne Behinderungen
- Sprachförderung aller Kinder
- die Dokumentation der pädagogischen Arbeit und Prozesse

Darüber hinaus werden Sie sich in diesem Kapitel mit Möglichkeiten auseinandersetzen können, wie Sie spezifische Bildungsprozesse planen und die Planung in bestimmten Bereichen umsetzen können. Die in diesem Kapitel dargestellten exemplarischen Bildungsbereiche sind:
- Sprachkompetenz und Literacy
- Umweltbildung
- Gesundheit und Bewegung
- Spielen und gestalten
- Mathematisch-naturwissenschaftliche Bildung und Erziehung
- Musikalische Bildung und Erziehung
- Künstlerisches Gestalten
- Ethische und religiöse Bildung und Erziehung
- Medienkompetenz und Medienerziehung

3.1 Erziehen

Pädagogik und Erziehungswissenschaft befassen sich mit Erziehungsprozessen in Bezug auf deren
- Inhalte,
- Ziele,
- Methoden,
- kulturelle Prinzipien,
- weltanschauliche Hintergründe,
- interindividuelle Gemeinsamkeiten und
- individuelle Besonderheiten.

Erziehung	Bildung
beabsichtigte (ggf. auch unbeabsichtigte) Einwirkung auf die Entwicklung der Gesamtpersönlichkeit	Aneignung und Integration von Weltwissen mit dem Ziel der Entwicklung von Lebenswissen; das heißt:
mit dem Ziel einer ganz bestimmten und überdauernden Veränderung	Selbstbestimmungsfähigkeit, Mitbestimmungsfähigkeit und Solidaritätsfähigkeit auf der Grundlage
der psychischen, sozialen und kulturellen Dimensionen der Persönlichkeit	intellektueller, handwerklicher, sozialer, ästhetischer, ethischer und politischer Urteils- und Handlungsfähigkeit

Erziehung und Bildung als ganzheitlicher Prozess

Während es in der **Pädagogik** verstärkt um die praktische Frage geht, mit welchen Mitteln und mit welchen Zielen sich Erziehen vollziehen soll, geht es der Erziehungswissenschaft darum, die Erziehungswirklichkeit mit wissenschaftlichen Methoden zu untersuchen, zu erfassen und darzustellen.

Der Begriff **Erziehungswissenschaft** lässt vermuten, dass ihr Gegenstand, die Erziehung, begrifflich eindeutig definiert sei. Dies trifft – wie Sie in diesem Kapitel über das Erziehen erfahren werden – keineswegs zu. Es wäre allerdings unzulässig, daraus zu folgern, dass Erziehen – und insbesondere professionelles Erziehen – ein beliebiger sozialer Vorgang sei, der ausschließlich von den subjektiven Entscheidungen der Erziehenden abhänge.

Erziehen ist also das zentrale Thema von Pädagogik und Erziehungswissenschaft. Erkenntnisse aus der Psychologie, der Soziologie, der Biologie, der Medizin oder der Philosophie unterstützen Pädagogen oder Erziehungswissenschaftler bei ihrer praktischen oder wissenschaftlichen Arbeit, liegen aber nicht im unmittelbaren Fokus der Forschung (vgl. Prange, 2000, S. 7).

In jeder Gesellschaft gibt es eine Vielzahl an pädagogischen (und sozialpädagogischen) Handlungsfeldern, in deren Mittelpunkt – mehr oder weniger unumstritten – das Erziehen von Kindern und Jugendlichen steht. In den unterschiedlichen Tageseinrichtungen für Kinder ist das Erziehen in der Regel Aufgabe von Erzieherinnen und hat den höchsten Stellenwert innerhalb ihres Aufgabenkataloges. In den Einrichtungen der offenen

Kinder- und Jugendarbeit ist der Stellenwert, der dem Erziehen beigemessen wird, schon weniger klar, da die Aufgaben der sozialpädagogischen Fachkräfte in solchen Einrichtungen zum Teil deutlich über das Erziehen hinausgehen.

Ähnliches trifft auch auf stationäre Einrichtungen der Kinder- und Jugendhilfe zu, bei denen es sich nicht um familienergänzende, sondern familienersetzende Institutionen handelt. Hier muss eine Erzieherin viele solcher nicht unmittelbar erzieherischen Aufgaben übernehmen, wie sie auch in jeder Familie anfallen. Gerade dies zeigt, dass es nur sehr schwer möglich ist, Erziehen begrifflich klar einzugrenzen, denn auch ein geregelter Tagesablauf oder schmackhafte, gesunde Ernährung haben einen erzieherischen Wert. Differenzierte Beschreibungen und Erläuterungen unterschiedlicher pädagogischer Handlungsfelder finden Sie insbesondere in Kapitel 1.5.

Weitere sehr komplexe und auch gesellschaftlich umstrittene pädagogische Handlungsfelder umfasst das Schulsystem. Während ein Erziehungsauftrag der Lehrkräfte in den Grund-, Haupt- und Realschulen noch relativ unumstritten ist, sehen viele Lehrerinnen oder Lehrer an Gymnasien oder auch an beruflichen Schulen im Bilden und nicht im Erziehen ihren vorrangigen Auftrag.

Bilden und Erziehen klar voneinander zu trennen ist schon alleine deshalb schwierig, weil Bildungsprozesse und -inhalte erzieherischen Einfluss auf Kinder oder Jugendliche haben. Umgekehrt verbinden die Erziehenden die für sie selbst als wichtig erkannten Bildungsinhalte häufig auch mit erzieherischen Anliegen.

Erziehung wird auch als „Formung" des Menschen verstanden, deren wichtigste Ziele im „Einfügen" in die bestehende Kultur und in der Entwicklung zu einer selbstständigen **Persönlichkeit** bestehen (vgl. Bollnow, 1986). Die Schwierigkeit, die sich aus diesem Erziehungsverständnis ergibt, liegt in der Frage, ob es nicht ein Widerspruch ist, jemanden zu einer selbstständigen Persönlichkeit zu „formen" bzw. ob unter diesen Voraussetzungen Selbstständigkeit überhaupt erreichbar sein kann. Geschieht die Entwicklung einer selbstständigen Persönlichkeit

- nicht eher durch Ermöglichung als durch Formung und
- nicht durch Befähigung zur Mitgestaltung statt durch Einfügung in die Gesellschaft?

Unbestritten ist allerdings, dass Erziehende bereits durch den intensiven Kontakt, den sie zu Kindern oder Jugendlichen haben, Einfluss auf deren Entwicklung nehmen. Dieser Einfluss ist vor allem dann problematisch, wenn der Erziehende sich seiner Wirkung nicht bewusst ist. Eine Erzieherin, die laut brüllend durch den Gruppenraum läuft, muss wissen, dass sie die Kinder auch damit beeinflusst und erzieht: Laute Erzieherinnen haben in der Regel laute Kinder, die – wenn dies häufig geschieht – den Wert von Ruhe und Konzentration für die eigene Person nicht erfahren und ruhige Auseinandersetzungen nicht lernen können.

Erziehungsprozesse sind immer zwischenmenschliche Prozesse, die unter dem Einfluss eines komplexen und häufig nur schwer überschaubaren Netzes unterschiedlicher Faktoren stehen:

- **Die vorherrschenden gesellschaftlichen Norm- und Wertvorstellungen**

  Dieser Aspekt lässt sich am Beispiel des Gehorsams verdeutlichen. Die Rolle des Gehorsams als Ziel der Erziehung hat sich in Deutschland im Laufe der Zeit stark verändert. **Gehorsam** war in früheren Zeiten ein gesellschaftlicher Wert an sich. Als Norm bestimmte er das Verhalten in vielen Lebenssituationen, in denen dies heute nicht mehr der Fall oder geradezu unerwünscht ist. In der stark hierarchisierten Gesellschaft des Deutschen Kaiserreichs oder in der Zeit des Nationalsozialismus war Gehorsam ein kaum hinterfragter Wert. Gehorsamkeit sollte das Kind erlernen, um auch als Erwachsener innerhalb seiner sozialen Strukturen gehorsam sein und Gehorsam verlangen zu können. Zu Beginn des 21. Jahrhunderts spielt Gehorsam in Deutschland eine (meist) sehr viel funktionalere Rolle und wird eher aus sachlichen oder fachlichen Gründen eingefordert.

- **Das politische System**

  Dem Kaiser treu zu dienen, war Aufgabe eines jeden Untertans. Erziehung hatte in erster Linie dieses Ziel zu erreichen. Lehrer und Lehrerinnen, Erzieher und Erzieherinnen, die in der Zeit des Nationalsozialismus tätig waren, verloren ihre Arbeit oder wurden verfolgt, wenn sich herausstellte, dass sie die pädagogischen Ziele des Regimes in ihrer Arbeit mit Kindern und Jugendlichen nicht zu erreichen versuchten oder gar diesen Zielen entgegenwirkten. Wer

heute Lehrerin oder Lehrer wird, ist dem **Grundgesetz** der Bundesrepublik Deutschland verpflichtet und hat in seiner Arbeit grundlegende demokratische Werte und Prinzipien zu respektieren und zu vermitteln.

- **Die wirtschaftliche Lage**
  Die vorherrschende Erziehung steht auch in einem Zusammenhang mit der wirtschaftlichen Lage, in der sich eine Gesellschaft befindet. Ist das Geld knapp oder stehen andere wirtschaftliche Ziele im Vordergrund, wird z. B. Schulen, Heimen, Freizeiteinrichtungen, Kindertagesstätten etc. weniger Raum und weniger Ausstattung zugebilligt. Nicht alle pädagogischen Ziele sind aber unter allen Bedingungen erreichbar.

- **Die soziale Familien- und Lebenssituation**
  Die soziale Schichtzugehörigkeit der Familie (Bildungsgrad, Einkommen, Wohngegend etc.) hat einen Einfluss auf die Art der typischen Erziehungsmethoden der Eltern. „Bildungsfernere" Eltern erziehen häufig sehr viel autoritärer als gebildetere Eltern. Ein Grund dafür könnte sein, dass wirtschaftliche Not Stresssituationen hervorruft und die Eltern vor ganz andere Probleme stellt.

- **Die psychosoziale Familien- und Lebenssituation**
  Die psychologischen Bedingungen innerhalb der Familien der Erziehenden (als Kinder und auch später als Erwachsene) wirken sich ebenfalls auf deren Erziehungsverhalten aus. Scheidungssituationen, schwierige Geschwisterkonstellationen, besondere psychische Notsituationen sind hier nur als deutlichste Beispiele zu nennen.

- **Die persönlichen Bedürfnisse, Wünsche und Ängste**
  In der Praxis werden die persönlichen Bedürfnisse, Wünsche und Ängste der Erziehenden als wichtige Einflussfaktoren auf das Erziehungsverhalten relativ selten in den Blick genommen, obwohl sie eine besonders große Bedeutung haben. So ist es beispielsweise nur allzu einfach, ein persönliches, weit übertriebenes Bedürfnis nach Ordnung als pädagogisch begründetes Ziel darzustellen und zu vertreten, obwohl es differenziert betrachtet vor allem eine unnötige Einengung der Kinder zur Folge hat. Umgekehrt ließe sich auch ein Mangel an Ordnung und Übersichtlichkeit pädagogisch als „wichtiger Spielraum" für die Kinder (schein-)begründen. Eine besondere Rolle spielen in diesem Zusammenhang weitere wichtige Faktoren:
  - die Belastbarkeit
  - das Selbstbewusstsein
  - das Selbstvertrauen
  - das Selbstwertgefühl
  - alle anderen für den Umgang mit anderen Menschen und mit sich selbst wichtigen Eigenschaften

Je professioneller eine Erzieherin zu handeln in der Lage ist, desto klarer kann sie derartige Zusammenhänge erkennen und desto leichter wird es ihr fallen, die Perspektive von ihren eigenen Bedürfnissen, Wünschen und Ängsten hin zu den wichtigen erzieherischen Zielen zu wechseln.

Ein besonderes Konfliktpotenzial kommt dabei dem Umgang mit der **Aufsichtspflicht** zu: So kann man häufig beobachten, dass allzu ängstliche Erzieherinnen die Verhaltensspielräume aus übertriebener Furcht, es könne „etwas passieren", vorschnell und unnötig einengen (vgl. Kap. 1.4.2).

Erziehen – intentionale und funktionale Beeinflussung von Kindern und Jugendlichen

Wie weit der Erziehungsbegriff gefasst wird, ist abhängig davon, ob man beabsichtigte und unbeabsichtigte oder nur erzieherisch beabsichtigte Einflussnahme Erwachsener auf Kinder oder Jugendliche in die Überlegungen einbezieht.

- **Intentionale Erziehung**
  In der Praxis wird unter Erziehung zumeist ein beabsichtigtes, zielorientiertes pädagogisches Handeln verstanden: Eine Erzieherin „will", dass ihr Handeln bei einem Kind die Entwicklung bestimmter Eigenschaften, Fähigkeiten, Fertigkeiten, Einstellungen etc. unterstützt und ihnen Richtung gibt. Diese Richtung wird von ihr entschieden. In den Erziehungswissenschaften spricht man dabei von **intentionaler Erziehung**.

- **Funktionale Erziehung**
  Die Entwicklung der Persönlichkeit von Kindern und Jugendlichen wird allerdings von sehr viel mehr, erzieherisch möglicherweise völlig unbeabsichtigten Faktoren beeinflusst. Dieser Einfluss wird als **funktionale Erziehung**

bezeichnet. Hier lassen sich vor allem folgende Faktoren unterscheiden:
- die besonderen Eigenschaften, Fähigkeiten und Fertigkeiten der Erziehenden, d. h. ihre Gesamtpersönlichkeit
- der Freundes- und Bekanntenkreis, sofern er keine bewussten erzieherischen Absichten verfolgt
- alle sonstigen Einflüsse aus der Umwelt, die die Persönlichkeit der Kinder und Jugendlichen nachhaltig beeinflussen (z. B. neue und alte Medien, Lebensverhältnisse, Umweltbelastungen, Wohngegend, Konsumangebote etc.).

Gemeinsame Grundlage von Pädagogik und Erziehungswissenschaft sind die Erziehungsbedürftigkeit und die Bildungsfähigkeit des Menschen. Aus ihnen leitet sich gleichermaßen eine Erziehungsnotwendigkeit ab. So selbstverständlich dies auf den ersten Blick sein mag, so wenig überrascht es andererseits, dass es auch Pädagogen und Erziehungswissenschaftler gibt, die Erziehung insgesamt äußerst kritisch sehen oder überhaupt ablehnen.

Erziehen – ein Verstoß gegen die Menschenwürde?

Ekkehard von Braunmühl veröffentlichte 1975 ein im Jahr 2006 neu erschienenes Buch mit dem Titel „Antipädagogik, Studien zur Abschaffung der Erziehung". Dieses Buch enthält eine Fundamentalkritik an der damals wie heute geltenden Vorstellung, dass die Erziehung von Kindern und Jugendlichen nach vorgegebenen und auf dem Ehrgeiz der Erziehenden basierenden Zielen zu erfolgen hat. Als dieses Buch 1975 zum ersten Mal erschien, löste es sowohl Begeisterung als auch Ängste und Empörung aus (vgl. von Braunmühl, 2006). Wie von Braunmühl sprach auch Alice Miller in ihrem 1980 erschienen Buch „Am Anfang war Erziehung" den Erwachsenen das Recht ab, Kinder nach ihren Vorstellungen formen zu wollen (vgl. Miller, 1980). Sie analysierte drei Beispiele für die dramatischen Folgen, die sich aus der Erziehung von Kindern für deren späteres Erwachsenenleben ergeben können (Adolf Hitler, Christiane F. – eine drogenabhängige Jugendliche, Jürgen Bartsch – ein junger Mörder). In ihrem Schlusswort schreibt Alice Miller:

„Der optimistische Aspekt dieser Untersuchung [von Miller] darf aber auch nicht übersehen werden. In allem, was ich in der letzten Zeit über die Kindheit von Verbrechern, ja auch Massenmördern gelesen habe, konnte ich nirgends die Bestie, das böse Kind finden, das die Pädagogen zum ‚Guten' erziehen zu müssen meinen. Ich fand überall einfach wehrlose Kinder, die von den Erwachsenen im Namen der Erziehung und oft im Dienste höchster Ideale misshandelt worden waren. Mein Optimismus beruht also auf der Hoffnung, dass die Öffentlichkeit die Verschleierung der Misshandlung im Dienste der Erziehung nicht mehr zulassen wird, sobald sie einmal erkannt hat:
1. *dass diese Erziehung im Grund nicht zum Wohle des Kindes stattfindet, sondern um Bedürfnisse der Erzieher nach Macht und Rache zu befriedigen; und*
2. *dass nicht nur das einzelne misshandelte Kind, sondern, in den Konsequenzen, wir alle als Opfer davon betroffen werden können."*

(Miller, 1980, S. 280 f.)

Erziehung im weiteren Sinne

Erziehungsabsicht: nachhaltige Verhaltensänderung	Erziehungsabsicht: nachhaltige Verhaltensänderung	keine Erziehungsabsicht
erfolgreich	nicht erfolgreich (Hier muss offen bleiben, wann und ob vielleicht noch eine Wirkung eintritt.)	nachhaltige Verhaltensänderung
Intentionale Erziehung oder Erziehung im engeren Sinne	Intentionale Erziehung oder Erziehung im engeren Sinne	Funktionale Erziehung (in der Psychologie als „Sozialisation" oder „implizites Lernen" bezeichnet)

(vgl. Krapp, 2001, S. 21)

Alice Miller (1923–2010)

Alice Miller wurde am 12. Januar 1923 als Alicja Rostowska in Lemberg geboren, das damals zu Polen gehörte. Mithilfe ihrer Eltern gelang es ihr, aus dem Warschauer Ghetto zu fliehen und den Krieg zu überleben. Sie lebte lange Zeit ihres Lebens in der Schweiz und wurde insbesondere als Psychoanalytikerin bekannt, obwohl sie die Psychoanalyse im Verlauf ihrer Tätigkeit als Erziehungsberaterin und als Wissenschaftlerin immer kritischer beurteilte. Sie warf ihr vor allem vor, Traumata während der Kindheit als kindliche Phantasien zu verharmlosen und nicht als Kindesmissbrauch und -misshandlung zu verstehen. 1988 trat sie aus der Schweizerischen Gesellschaft für Psychoanalyse und aus der Internationalen Psychoanalytischen Vereinigung aus. Die bekannteste Veröffentlichung von Alice Miller ist „Das Drama des begabten Kindes", das 1979 erschien und später mehrmals überarbeitet wurde. Sie starb am 14. April 2010 in Saint-Rémy-de-Provence.

Für beide, für von Braunmühl wie für Miller, verstößt Erziehung, die sich an den Bedürfnissen der Erwachsenenwelt und ihrer Gesellschaft orientiert und ausrichtet, gegen die Würde der Kinder, gegen die Menschenwürde schlechthin. Weltweit gibt es – ohne, dass sie eine Mehrheit wären – viele Pädagogen, Erziehungswissenschaftler oder Psychologen, die diese Auffassung teilen. Eines der berühmtesten Beispiele ist Alexander Sutherland Neill, der in Leiston (Suffolk, England) das Internat Summerhill (vgl. Kap. 3.1.8) gründete.

Erziehen – eine Notwendigkeit?

Reverend Joseph Amrito Lal Singh, der Leiter eines Waisenhauses im westbengalischen Medinipur (englisch Midnapore), berichtet in seinen berühmten Tagebuchaufzeichnungen:

„Am selben Samstag, den 9. Oktober 1920, gingen wir am Abend, lange vor Einbruch der Dämmerung, etwa um 16:30 oder 17:00 Uhr heimlich auf den Hochstand und warteten dort gespannt ungefähr eine Stunde lang. Plötzlich kam ein ausgewachsener Wolf aus einem der Löcher, das durch das ständige Heraus- und Hereinlaufen der Tiere ganz glattrandig geworden war. Diesem Tier folgte ein zweites von derselben Größe und Art, diesem ein drittes, welchem sich dicht zwei Junge hintereinander anschlossen; zwei zugleich konnten nicht durch das Loch.

Dicht hinter den Jungen kam der Geist – ein schrecklich aussehendes Wesen – Hand, Fuß und Körper wie ein Menschenwesen; aber der Kopf war ein großer Ball von irgendetwas, das die Schultern und einen Teil des Oberkörpers bedeckte und nur die scharfen Umrisse des Gesichtes freiließ, und dieses Gesicht war das eines Menschen. Auf den Fersen folgte ihm ein anderes grässliches Geschöpf, das genau wie das erste aussah, nur etwas kleiner war. Ihre Augen waren hell und durchdringend, anders als menschliche Augen. Ich kam sofort zu der Folgerung, dass dies menschliche Wesen seien. Der erste Geist zeigte zunächst den Oberkörper zu ebener Erde, stützte die Ellbogen auf den Rand der Höhle, schaute zur einen und dann zur anderen Seite und sprang heraus. Er schaute vom Höhlenausgang im ganzen Kreise herum, bevor er heraussprang und den Wolfsjungen folgte. Ihm folgte ein anderer kleiner Geist von derselben Art, der sich ganz gleich benahm. Beide liefen auf allen Vieren."

(Singh, 1964, S. 31f.)

Was J. A. L. Singh hier berichtet, ist die Entdeckung der beiden als „Wolfskinder von Midnapore" bekannt gewordenen Kinder. Beide Mädchen, sie wurden später Amala und Kamala genannt, wuchsen in einem Wolfsrudel auf. Als sie in einer Höhle gefunden wurden, verteidigte sie eine Wölfin heftig und aggressiv. Das Verhalten von Amala und Kamala entsprach dem junger Wölfe. Sie liefen auf allen Vieren, fraßen Fleisch, das sie schon aus großer Entfernung riechen konnten.

Wolfskind Kamala beim Essen

Amala starb schon ein Jahr nach ihrer Entdeckung an einem Nierenleiden, Kamala, die einige Wörter zu sprechen und aufrecht zu gehen lernte, 1929 an Typhus.

Auch wenn das Beispiel von J.A.L. Singh auf die zweifellos große Lernfähigkeit und damit verbunden auf die unbedingte Erziehungsbedürftigkeit und -notwendigkeit hinweist, sei hierzu kritisch angemerkt, dass es keine wissenschaftlich qualifizierten Zeitzeugen dieser Ereignisse gab und gibt. Dorfbewohner haben lediglich angegeben, die Kinder zusammen mit Wölfen gesehen zu haben und Singh war kein Anthropologe, Biologe oder Psychologe. Die Fotos weisen nur auf das ungewöhnliche Verhalten der Kinder hin, nicht aber auf die Ursachen für dieses Verhalten. So sind möglicherweise manche seiner Verhaltensbeschreibungen übertrieben. Die von einigen Wissenschaftlern aufgestellte Behauptung, es handele sich um eine psychische Erkrankung wie z. B. um Autismus, ist allerdings ebenso hypothetisch.

Solche Berichte wie die von Singh wurden in den Wissenschaften immer wieder als Beleg dafür angesehen, dass Umwelteinflüsse eine große, wenn nicht entscheidende Rolle für die Entwicklung des Menschen spielen und dass der Mensch erziehbar ist und erzogen werden muss.

Deutlich wird dies auch an den berühmten Beispielen des Kaspar Hauser (* um 1812, † 1833) und des von Jean Itard in Frankreich erzogenen Victor von Aveyron (* um 1788, † 1828).

Erziehbarkeit ist nicht gleichbedeutend mit Erziehungsnotwendigkeit.

Die Belege dafür, dass es notwendig ist, den Menschen zu erziehen, sind vielfältig. Der Säugling ist nicht lebensfähig ohne seine Eltern bzw. ohne Erwachsene, die ihn betreuen. Adolf Portmann, Schweizer Biologe und Anthropologe, sprach in diesem Zusammenhang davon, dass der Mensch im Unterschied zum Tier eine physiologische Frühgeburt sei, da er nach seiner Geburt für eine im Vergleich zu Tieren sehr lange Zeit völlig hilflos und von Pflege und Betreuung abhängig ist (vgl. Portmann, 1958).

Auch im Jugend- und Erwachsenenalter ist der Mensch noch auf andere angewiesen. Da er über keine lebenssichernde „Instinkt-Ausstattung" verfügt, muss er das Leben und das Überleben mithilfe anderer Menschen erlernen. Dazu muss er im sozialen Kontakt die komplexe und komplizierte Kultur der Gesellschaft lernen, in der er lebt. Er kann und muss aus der Vergangenheit lernen und Vergangenheit, Gegenwart und Zukunft reflektieren. Bei aller Kritik, wie sie von Vertretern der **Antipädagogik** erhoben wird: Es ist notwendig, dass der Mensch erzogen wird.

Wegen dieser biologischen und anthropologischen Tatsachen stellt sich also nicht die Frage, ob Kinder erzogen werden sollen, sondern wie. Und diese Frage beinhaltet immer die weitere Frage nach der Qualität der Beziehungen zwischen Kindern und Jugendlichen untereinander und zu Erwachsenen.

3.1.1 Pädagogische Grundhaltungen

Unter einer pädagogischen Grundhaltung soll in diesem Zusammenhang die nachhaltige Bereitschaft verstanden werden, erzieherische Kenntnisse und Fähigkeiten in alltäglichen wie in schwierigen Situationen in konkretes pädagogisches Handeln umzusetzen.

„Schwierige Situationen" können sich ergeben aus

- der eigenen psychischen und körperlichen Befindlichkeit der Erzieherin,
- der sozialen Situation im Team der Erzieherin,
- den sachlichen Arbeitsbedingungen,
- dem Verhältnis zu den Eltern der Kinder oder Jugendlichen,
- der pädagogischen Beziehung zwischen Kindern bzw. Jugendlichen und Erzieherin,
- der Beziehung der Kinder oder Jugendlichen zur Gruppe,
- der Beziehung zu einzelnen Kindern oder Jugendlichen,

- psychischen und sozialen Problemen einzelner Kinder oder Jugendlicher,
- der gruppendynamischen Situation.

Jede Erziehung setzt eine Beziehung zwischen Erziehenden und Zu-Erziehenden – ein pädagogisches Verhältnis – voraus. Das pädagogische Verhältnis wird wesentlich durch pädagogische Grundhaltungen des Erziehenden geprägt. Wichtige pädagogische Grundhaltungen beziehen sich ganz besonders auf die Bereitschaft und Fähigkeit,
- Emotionen wahrzunehmen,
- empathisch zu sein,
- die Perspektiven des Anderen einzunehmen,
- Erziehungsbedingungen wahrzunehmen,
- Beziehungen positiv aufzunehmen und zu gestalten,
- Erziehungsbedingungen positiv zu gestalten,
- sich „echt" zu verhalten,
- Kinder und Jugendliche zu achten.

„Ich möchte Erzieherin werden, weil ich Kinder mag!" reicht als Grundlage und Grundhaltung für die Arbeit einer Erzieherin also keinesfalls aus.

Emotionen wahrnehmen

Wenn jemand sagt, er werde nicht verstanden, kann dies Verschiedenes bedeuten:
- Er kann akustisch nicht verstanden worden sein.
- Der von ihm gemeinte Sinn des Gesagten wurde möglicherweise nicht verstanden.
- Seine Emotionen können nicht verstanden worden sein.

Während es weniger schwierig ist, etwas zu wiederholen oder Sinnfragen zu klären, lassen sich **Emotionen** sprachlich nur schwer in Worte fassen. Versuchen Sie es einmal selbst, indem Sie Ihr persönliches Glück, Ihre Trauer, Ihren Ärger oder andere Emotionen so zu formulieren versuchen, wie Sie selbst sie erleben. Sie werden sehen, wie schwierig das ist. Gleichzeitig weiß jeder aus eigener Erfahrung, wie schlecht man sich fühlt, wenn man erlebt, dass die eigenen Gefühle von anderen, persönlich wichtigen Menschen nicht „richtig" wahrgenommen werden. Kommt dies häufig vor, wird es die Beziehung belasten oder gar zerstören. Beziehung aber ist Grundlage und Voraussetzung jeder Erziehung. In der wissenschaftlichen Literatur gibt es eine Vielzahl an Versuchen, Emotionen allgemeingültig zu definieren. Diese Definitionen widersprechen sich zum Teil grundsätzlich, zum Teil nur in Ansätzen. Den weiteren Ausführungen liegt die folgende Definition zugrunde:

Emotionen

Emotionen sind aktuelle Erlebenszustände wie Freude, Trauer, Ärger, Angst, Mitleid, Enttäuschung, Erleichterung, Stolz, Scham, Schuld, Neid. Emotionen sind von emotionalen Dispositionen zu unterscheiden. Emotionale Dispositionen sind persönlichkeitsspezifische Tendenzen, auf bestimmte Weise emotional zu reagieren – z. B. Ängstlichkeit, Fröhlichkeit. Emotionen beziehen sich immer auf ein „Objekt". Objekte in diesem Sinne können sein: Gegenstände, soziale Situationen, Personen, aber auch Vorstellungen oder Erinnerungen. Emotionen können sehr unterschiedlich in Erscheinung treten, z. B. kann sich die Angst vor einem Lehrer von der Angst vor dem Vater sowohl in ihrer Art als auch in ihrer Stärke unterscheiden. Mit Emotionen sind oft auch körperliche und/oder psychische Veränderungen oder Zustände verbunden wie Schweißausbrüche, erhöhter Blutdruck, Zittern, körperliche Unruhe, Magenschmerzen, verminderte oder erhöhte Konzentration (vgl. Funke, 2007, S. 1).

Emotionen sind subjektive Erlebenszustände. Im unmittelbaren Kontakt mit anderen Menschen ist eine objektive Bestimmung der Emotionen der anderen Person nicht möglich. Daher ist man auf Interpretationen angewiesen. Informationen können sowohl der Sprache als auch anderen menschlichen Ausdrucksformen entnommen werden:
- Dynamik und Klangfarbe des Sprechens
- Stockungen und Beschleunigungen des Redens
- Ausmaß an Sicherheit und Klarheit bei der Wortbildung
- Körperhaltung und Körperbewegung
- Mimik

Lange Zeit haben Psychologen und Verhaltensforscher vermutet, dass die Ausdrucksformen von Emotionen völkerübergreifend gleich sind. Eibl-Eibesfeldt sprach in diesem Zusammenhang

 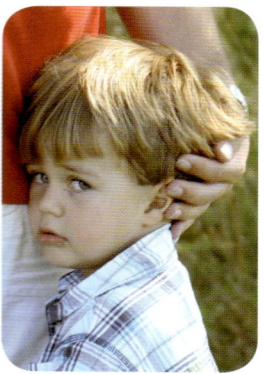

Was sagen die Augen und der Mund?

- mit eigenen Emotionen und denen anderer umgehen zu können (vgl. Salovey u. a., 2004).

Empathisch sein

Empathie
Empathie ist die Fähigkeit, die Gefühle eines anderen Menschen ganzheitlich zu erfassen und zu verstehen, ohne dessen Intimsphäre zu verletzen und ohne diese Gefühle zu teilen bzw. teilen zu müssen. Empathie ist eine der Voraussetzungen, die erfüllt sein müssen, um sich über die Beweggründe des Handelns des anderen Menschen klar werden zu können.

Die Erzieherin sollte sich also in die Gefühlswelt der Kinder einfühlen können, ohne sich darin zu verlieren. Die Bereitschaft hierzu ist eine weitere wichtige Grundhaltung und Voraussetzung für die Gestaltung eines professionellen pädagogischen Verhältnisses: Die Erzieherin muss empathisch sein, um angemessen mit den Kindern umgehen zu können.

von „angeborenem Erkennen". Er belegte seine Vorstellung, dass Wahrnehmung und Ausdruck von Emotionen angeboren sind, mit einer Vielzahl an ethnologischen Untersuchungen (vgl. Eibl-Eibesfeldt, 1973). Heute weiß man allerdings, dass auch persönliche Erfahrungen und Übung die Fähigkeit erweitern,
- die Emotionen anderer Menschen wahrzunehmen und
- Emotionen verständlich auszudrücken.

Demnach kann eine Erzieherin ihre Fähigkeit, die Emotionen der Kinder oder Jugendlichen, für die sie verantwortlich ist und mit denen sie arbeitet, erweitern und verbessern. Die Bereitschaft dazu ist eine der besonders wichtigen pädagogischen Grundhaltungen einer Erzieherin.

Für Salovey, Brackett und Mayer ist die Fähigkeit, Emotionen wahrzunehmen, ein wesentlicher Faktor der emotionalen Intelligenz. Darüber hinaus gehört dazu die Fähigkeit,
- Emotionen zur Unterstützung des Denkens einzusetzen,
- Emotionen zu verstehen und

Empathisch sein bedeutet aber nicht, die Gefühle der Anderen zu teilen, sich beispielsweise mitzufreuen oder mitzuleiden. Letzteres ließe sich als „Gefühlsansteckung" beschreiben, die es der professionellen Erzieherin erschwert – wenn nicht gar unmöglich macht –, die für ihre pädagogischen Entscheidungen erforderliche Distanz zu wahren. Vor allem im unmittelbaren Kontakt mit ganz jungen Kindern ist es schwierig, der „Versuchung" der Gefühlsansteckung zu widerstehen und beispielsweise nicht mitzuleiden, wenn sie traurig sind.

Der Begriff **Empathie** deckt sich mit dem, was der Psychoanalytiker Sigmund Freud früher unter „Einfühlungsvermögen" verstand.

Inzwischen hat der Begriff Empathie den Begriff der Einfühlung nahezu abgelöst. Erst ihre Empathie ermöglicht es der Erzieherin, die Persönlichkeiten der Kinder ganzheitlich, also auch unter Einbeziehung ihrer Emotionalität, wahrzunehmen und zu achten.

Die Perspektive des Anderen übernehmen

Um andere Menschen ganzheitlich zu verstehen, ist nicht nur die Fähigkeit und Bereitschaft, Emotionen wahrzunehmen und empathisch zu sein, erforderlich. Ein weiterer wichtiger Aspekt ist die Fähigkeit und Bereitschaft, die Perspektiven des Anderen übernehmen zu können, denn jeder Mensch hat auf sich und seine Umwelt eine eigene, subjektive Perspektive.

Perspektivenübernahme

Perspektivenübernahme bedeutet, sich in die Rollen und Positionen der anderen Person hineinzuversetzen und die Welt aus ihrer Sicht – also auch auf der Grundlage ihrer Werthaltungen und Normen – wahrzunehmen.

Wesentlich dabei ist, dass der eigene Gefühlszustand dem einer anderen Person entspricht. Dies wird dadurch ausgelöst, dass man die Perspektive der anderen Person einnimmt – „in ihre Haut schlüpft" – und so ihre emotionalen und anderen Reaktionen begreifen kann. Dies gelingt teilweise sogar in extremen Situationen. Beispielsweise wird in Anti-Aggressions-Therapien die Fähigkeit von (potenziellen) Gewalttätern gefordert, sich empathisch zu verhalten und in ihre Opfer hineinzuversetzen.

Achtung vor den Kindern und Jugendlichen

Fähig und bereit zu sein, Emotionen Anderer wahrzunehmen, empathisch zu sein und ihre Perspektive zu übernehmen, sind wichtige Grundlagen für eine achtsame und wertschätzende Beziehung zu Kindern und Jugendlichen. Janusz Korczak, polnischer Arzt und Erzieher, stellte sowohl in seinen Schriften über die Erziehung als auch in seinem praktischen pädagogischen Handeln die Bedeutung einer Pädagogik der Achtung als respektierende und respektvolle wechselseitige Beziehung zwischen Erziehenden und Kindern oder Jugendlichen heraus. Er war der Auffassung, nur so sei es möglich, dass auch die Kinder lernen können, andere Menschen zu achten (vgl. Kapitel 3.1.8).

Achtung vor den Mitarbeiterinnen

Leider wird in der beruflichen Praxis sehr häufig übersehen, dass nicht nur die Achtung vor den Kindern, sondern auch die vor den Mitarbeiterinnen und Mitarbeitern einen wichtigen erzieherischen Einfluss auf die Kinder und Jugendlichen hat. Wie sollen Letztere lernen, achtsam mit anderen umzugehen – selbst, wenn sie von ihren Erzieherinnen geachtet werden –, wenn der Umgang der Erzieherinnen untereinander nicht von wechselseitiger Achtung geprägt ist? Wie sollen die Kinder oder Jugendlichen einen Umgang ohne Mobbing, ohne Intrigen und Aggressionen untereinander pflegen können, wenn ihre Erzieherinnen keinen kollegialen und professionellen Umgang miteinander haben, wenn sie aggressiv miteinander umgehen oder wenn sie über- und nicht miteinander reden?

„Echt" sein

Wie Janusz Korczak war auch Carl Rogers der Auffassung, dass die Achtung vor dem Kind oder

Sigmund Freud (1856–1939)
Sigmund Freud war ein bedeutender österreichischer Arzt und Tiefenpsychologe und Begründer der Psychoanalyse. Seine Theorien und Methoden spielen nach wie vor eine wichtige, wenn auch umstrittene Rolle in Medizin, Psychologie und Psychotherapie. Freud war einer der einflussreichsten Denker des vergangenen Jahrhunderts. Seine Theorien haben bleibenden Einfluss auf das Verhältnis der Menschen zu unbewussten psychischen Vorgängen und insbesondere zur Sexualität.

Jugendlichen eine ganz entscheidende Rolle für eine positive pädagogische Beziehung ist. Bei Rogers kommt als ein weiterer wichtiger Aspekt die Echtheit hinzu, die er als Kongruenz bezeichnet. Eine Erzieherin, die mit ihren Gedanken z. B. bei ihrem Privatleben ist und ihren Kindern „Interesse" an deren Erzählungen vorspielt, ist nach Rogers Auffassung nicht kongruent. Für Rogers ist jegliches „Vorspielen" von Interessen, Haltungen oder Einstellungen, verbal oder durch konkretes Handeln, nicht kongruent. Im Alltag wie in der Literatur wird häufig auch der Begriff der Authentizität für Kongruenz oder Echtheit verwendet (vgl. Rogers, 1972).

Im Alltagsleben, aber auch in beruflichen pädagogischen Zusammenhängen wurde und wird Echtheit leider bisweilen auf verhängnisvolle Weise missverstanden. Echtheit bedeutet nicht, seine Gefühle ohne Rücksicht auf den Anderen auszuleben. Genau dies verbietet sich vor dem Hintergrund der Notwendigkeit, den Anderen zu achten und wertzuschätzen. Gefühle der Missachtung oder der Aggressivität können zwar authentisch sein, sie rücksichtslos zu äußern könnte jedoch Ängste verursachen und die Persönlichkeit der Kinder oder Jugendlichen verletzen. So muss Echtheit immer die Wahrnehmung der Emotionen des Anderen berücksichtigen sowie in eine empathische und wertschätzende Grundhaltung eingebettet sein.

Positive Beziehungsgestaltung

Eine positive pädagogische Beziehung ist nur möglich, wenn es der Erzieherin gelingt, eine zwischenmenschliche Atmosphäre aufzubauen, die den Kindern und Jugendlichen ein Gefühl der Sicherheit und Geborgenheit vermittelt und ihnen gleichzeitig Orientierung für den nicht immer einfachen Prozess ihrer Entwicklung gibt. Dazu müssen die sozialpädagogischen Fachkräfte ihr Selbstbild und ihre Haltung den Kindern oder Jugendlichen gegenüber geklärt haben. Nur dann

Carl R. Rogers (1902–1987)
Der amerikanische Psychologe und Psychotherapeut Carl R. Rogers war der bekannteste Vertreter der Humanistischen Psychologie. Er entwickelte die sogenannte klientenzentrierte Gesprächstherapie. Diese Therapiemethode leistet auch heute noch einen wichtigen Beitrag zur Gesprächsführung in der pädagogischen Arbeit mit Kindern und Jugendlichen.

Rogers arbeitete jahrelang als Psychologe mit delinquenten und unterprivilegierten Kindern und stellte dabei immer wieder fest, dass sie im Grunde wussten, welche Probleme sie zu bewältigen hatten, diese aber nicht verbal artikulieren und in der Folge nicht überwinden konnten. So war er im Unterschied zu manchen anderen Psychologen der Auffassung, dass der Mensch durchaus in der Lage ist, seine eigenen Probleme zu lösen, wenn er sich in einer Sicherheit und Geborgenheit gebenden Umgebung befindet und seine Situation zu verbalisieren vermag. Dazu entwickelte Rogers geeignete Gesprächstechniken, die Grundlage der Gesprächstherapie wurden, in der nicht der Therapeut mit seiner Methode, sondern der Klient mit seinen Anliegen im Mittelpunkt stand.

sind sie in der Lage, sich in professioneller Weise auf ihren Beruf einzulassen.

Dies beinhaltet auch, sich abgrenzen zu können und eine **professionelle Distanz** zu wahren. Das ist in diesem Berufsfeld besonders schwierig, da ständig die eigene Persönlichkeit gefragt ist. Professionalität bedeutet jedoch, sich in der Rolle der sozialpädagogischen Fachkraft nicht „privat zu verhalten", sondern die eigene Persönlichkeit als Basis für die berufliche Identität zu begreifen. So muss die Erzieherin sachorientiert handeln und ihre eigenen, ganz persönlichen Vorlieben zurückstellen können. Zum Beispiel darf sie ein Kind, das sie besonders niedlich findet, nicht bevorzugen bzw. umgekehrt ein anderes Kind benachteiligen. Sie darf sich also nicht von Gefühlen und Impulsen leiten lassen, sondern muss ihr Fachwissen im „Hintergrund" abrufen können.

Darüber hinaus ist es wichtig, die eigenen Erfahrungen mit Bindungen zu anderen Menschen zu reflektieren. Gab es positive Erlebnisse oder auch Enttäuschungen in vertrauensvollen Beziehungen zu Erwachsenen? Die sozialpädagogische Fachkraft muss lernen, sich auf enge Bindungen zu Kindern und Jugendlichen einzulassen und dabei trotzdem noch den professionellen Abstand zu wahren. Dazu gehört auch, sich vor körperlicher Nähe nicht zu scheuen. Besonders bei den ganz jungen Kindern, in der Krippe, ist diese körperliche Bindung wichtig, damit sie sich bei ihr aufgehoben und angenommen fühlen.

Pflichtbewusstsein
In einer sozialpädagogischen Institution angestellt zu sein bedeutet, einen Vertrag mit einem Träger einzugehen. In diesem Vertrag stehen in der Regel die Pflichten der Person in ihrer Position. Meist erklären sich die Pflichten aber zusätzlich aus den spezifischen Erwartungen des Trägers.

Beispiel
Als sozialpädagogische Fachkraft im Waldkindergarten hat Sabine die Gruppenleitung und ist damit zuständig für alle 15 Kinder in der Gruppe. Ihr zur Seite steht eine Kinderpflegerin. Sabines Aufgaben sind in erster Linie das Erziehen, Bilden und Begleiten der Kinder nach waldpädagogischen Grundsätzen und dem Bildungsplan. Sie ist dem Träger, einem Verein verpflichtet, indem sie regelmäßig an gemeinsamen Gesprächen teilnimmt. Sie hat außerdem die Pflicht, regelmäßig im Austausch mit ihrer Kollegin zu stehen. Die Zusammenarbeit mit den Eltern ist sehr eng, sodass Sabine auch dafür zuständig ist, Elterndienste zu verwalten, zu lenken und zu leiten. Sabine hat diese Pflichten beim Einstellungsgespräch erfahren und schließlich während einer Probewoche von ihrer Vorgängerin erläutert bekommen.
Leni arbeitet in einer katholischen Krippe als Gruppenleiterin. Ihre Aufgaben sind in einem Anhang des Vertrages beschrieben. An erster Stelle stehen das christliche Weltbild und die Bereitschaft, dieses auch an die Kinder weiterzutragen. Erst dann folgen Pflichten wie Erziehen, Bilden und Begleiten nach dem Bildungsplan, spezifische Hausarbeiten, Führen eines Kassenbuches, Verwalten der Essensbestellungen usw.

Die sozialpädagogische Fachkraft muss sich ihrer Pflichten gegenüber dem Träger, aber auch den Kindern und Eltern bewusst sein und sich dementsprechend verhalten. Ist sie mit bestimmten Pflichten nicht einverstanden, sollte sie fähig sein, diesen Einwand fachgerecht an die zuständigen Personen heranzutragen, um sie evtl. neu auszuhandeln.

Das Kapitel 3.1.8 über die pädagogischen Konzeptionen berühmter Pädagogen greift die in diesem Kapitel angeführten pädagogischen Grundhaltungen auf und erweitert sie noch.

3.1.2 Erziehungsbedingungen

Das Individuum steht vom Beginn seines Lebens unter dem Einfluss sowohl seiner individuellen Anlagen als auch der auf ihn einwirkenden

Umwelt. Es selbst wiederum beeinflusst das pädagogische Verhältnis und die Erziehungsprozesse mit.

Es ist nicht möglich, eindeutig festzustellen, wie groß dabei der Einfluss der Anlagen des Kindes einerseits und der Erziehungsmaßnahmen andererseits ist, da beide nicht parallel, sondern auf ganzheitliche Weise und miteinander vernetzt wirken. Das Individuum steht mit den Elementen seines Lebensbereichs in ständiger Wechselbeziehung und bildet eine Vielzahl an Eigenschaften, Fähigkeiten und Fertigkeiten, Emotionen und Bedürfnissen, Vorstellungen, Erinnerungen, Gedanken etc. aus.

Da mit Erziehung immer – auch schon im Kleinkindalter – Selbsterziehung einhergeht, ist die Persönlichkeit des Kindes oder Jugendlichen mit all ihren Eigenschaften und individuellen Besonderheiten eine der besonders wichtigen Erziehungsbedingungen.

Erziehung findet in unterschiedlichen ökologischen Systemen statt. Unter einem **ökologischen System** im psychologischen Sinne ist das jeweils individuelle und sehr komplex vernetzte System an Einflussfaktoren zu verstehen, das auf die Entwicklung eines Menschen einwirkt. Dazu gehören alle materiellen und immateriellen Gegebenheiten, die den Lebensraum eines Menschen charakterisieren und beeinflussen, wie gesellschaftliche Verhältnisse, Kulturgegenstände, Wohnverhältnisse, soziale Verhaltensnormen, soziale Beziehungen, Bildungsmöglichkeiten etc. Alle Faktoren eines solchen Systems wirken wechselseitig aufeinander ein. Der Erziehende ist immer ein wichtiger Teil des ökologischen Systems des Zu-Erziehenden – und umgekehrt.

Die ökologischen Systeme haben sowohl Einfluss auf Art, Richtung und Intensität der erzieherischen Prozesse als auch auf die Qualität der bestehenden und sich verändernden pädagogischen Beziehungen. Sie lassen sich in Kategorien beschreiben, die von Urie Bronfenbrenner im Zusammenhang mit entwicklungspsychologischen Untersuchungen und Fragestellungen entwickelt wurden (vgl. Bronfenbrenner, 1981). Bronfenbrenner unterscheidet dabei die folgenden ökologischen Systeme (vgl. Tabelle: Systeme der Erziehungsbedingungen):

- Mikrosystem
- Mesosystem
- Exosystem
- Makrosystem

Jedes dieser Systeme hat Einfluss sowohl auf die Erziehungsprozesse als auch auf die Erziehungsergebnisse. Die vier Systeme werden im Folgenden als Bedingungsfelder der Erziehung näher erläutert.

Systeme der Erziehungsbedingungen	
System	**Systembeschreibung**
Mikrosystem	Ein Mikrosystem umfasst die individuellen Erlebens- und Verhaltensbereiche eines Menschen wie z. B. seine individuellen Verhaltens- und Erlebensmuster oder seine persönlichen sozialen Beziehungen (vgl. Bronfenbrenner, 1981, S. 38).
Mesosystem	„Ein Mesosystem umfasst die Wechselbeziehungen zwischen den Lebensbereichen" (Bronfenbrenner 1981, S. 41).
Exosystem	„Unter Exosystem verstehen wir einen Lebensbereich oder mehrere Lebensbereiche, an denen die sich entwickelnde Person nicht selbst beteiligt ist, in denen aber Ereignisse stattfinden, die beeinflussen, was in ihrem Lebensbereich geschieht, oder die davon beeinflusst werden" (Bronfenbrenner, 1981, S. 42).
Makrosystem	„Der Begriff des Makrosystems bezieht sich auf die grundsätzliche formale und inhaltliche Ähnlichkeit der Systeme niedrigerer Ordnung (Mikro-, Meso- und Exo-)" (Bronfenbrenner, 1981, S. 42). Es umfasst die Gemeinsamkeit stiftenden Elemente einer Kultur oder Subkultur aller Beziehungen innerhalb einer Gesellschaft und somit auch z. B.: • Normen • Werte • Konventionen • Traditionen • geschriebene und • ungeschriebene Gesetze • Weltanschauungen • Ideologien

Das Mikrosystem

Ein **Mikrosystem** ist das subjektiv erlebbare Muster der Aktivitäten, Rollen und zwischenmenschlichen Beziehungen im individuellen Lebensbereich eines Menschen. Dazu gehören auch die sachlichen Gegebenheiten innerhalb dieses Lebensbereiches, also z. B. die Wohnsituation oder kulturelle Besonderheiten.

- Ein hoher Stellenwert im Rahmen des pädagogischen Planens und Handelns der Erzieherinnen kommt der Besonderheit und **Einzigartigkeit** eines jeden einzelnen Kindes und seines Mikrosystems zu. In ihrem berechtigten Anspruch auf eine menschwürdige, unterstützende und die Persönlichkeit stärkende Erziehung sind zwar alle Kinder gleich, nicht aber in dem komplexen und komplizierten ganzheitlichen Gefüge ihrer Persönlichkeit. Daher entspricht die Aussage „gerecht ist, wenn die Erzieherin mit allen Kindern gleich umgeht" nur sehr oberflächlich betrachtet der Forderung „gleiches Recht für alle Kinder". Die Persönlichkeit und der individuelle Lebensbereich des einzelnen Kindes sind die ersten wichtigen Bedingungen, die es in der Erziehung zu berücksichtigen gilt.
- Mutter, Vater und Geschwister (unter Umständen auch andere Verwandte, Adoptiv- oder Pflegeeltern beziehungsweise Heimerzieherinnen) sind die ersten und **nächsten Bezugspersonen** eines Kindes. Mit ihrem vom Kind erlebten Handeln sind sie Elemente des Mikrosystems des Kindes. Dabei haben auch diese Bezugspersonen natürlich ihren eigenen Lebensbereich mit einem eigenen Mikrosystem. Die Eltern, ihre erzieherischen Vorstellungen und ihr pädagogisches Verhältnis zum Kind zu kennen und mit ihnen zu kooperieren, ist daher für die Erzieherin unentbehrlich. Leider klaffen hierbei Anspruch und Wirklichkeit in der Praxis selbst bei großem Bemühen der Erzieherinnen nicht selten auseinander, da es Eltern gibt, die sich aus unterschiedlichsten – manchmal auch nachvollziehbaren – Gründen vor den Erzieherinnen verschließen und einer Kooperation entziehen.
- Der österreichische Psychologe und Psychoanalytiker Walter Toman untersuchte über viele Jahre die Bedeutung der **Geschwisterkonstellation** für die Entwicklung der Persönlichkeit des Kindes. Seine Fragestellungen waren zwar in erster Linie psychologisch, seine Forschungsergebnisse haben jedoch eine große pädagogische Bedeutung (vgl. Toman, 2002). Unter den heutigen Lebensbedingungen ist es in Deutschland eher selten, dass Geschwister bewusst und geplant erzieherisch miteinander umgehen. Ausgeschlossen ist dies jedoch keineswegs. So kommt es vor, dass Eltern älteren Geschwistern eine erzieherische Verantwortung für die Jüngeren übertragen. Die Gründe dafür können sehr vielfältig sein – es kann von den Eltern reflektiert und in verantwortlichen Grenzen geschehen, es kann aber auch in unverantwortlicher Weise überfordernd sein. Rathsmann-Sponsel und Sponsel haben Untersuchungen zur Bedeutung der Geschwisterkonstellation veröffentlicht, die z. B. zeigen, dass älteste Schwestern nicht selten eine „erzieherische" Rolle übernehmen, indem sie sich den jüngeren gegenüber beschützend, helfend, tröstend und bemutternd verhalten. Auch älteste Brüder nehmen häufig eine beschützende Rolle ein. Sie übernehmen Verantwortung und den Jüngeren gegenüber eine Führungsrolle. Im Unterschied zu Kindern mit Geschwistern sind Einzelkinder stärker für die Interessen ihrer erwachsenen Bezugspersonen sensibilisiert, was mit einer größeren Abhängigkeit von ihnen verbunden sein kann (vgl. Rathsmann-Sponsel, 2006). All dies zeigt, dass die Geschwisterkonstellation, in der ein Kind oder ein Jugendlicher lebt, ein

weiterer wichtiger Bedingungsfaktor ist, der von der professionellen Erzieherin berücksichtigt werden muss. Allerdings sollte das Alltagswissen über Geschwisterkonstellationen nicht unreflektiert zur Grundlage des erzieherischen Umgangs mit Kindern gemacht werden. Gerade die Untersuchungen von Toman zeigen, dass die möglichen Ursachen für das Verhalten von Kindern viel zu komplex sind, um derartige einfache Erklärungen zuzulassen.
- **Gleichaltrige** – Freunde, Bekannte oder Fremde – werden mit zunehmendem Alter immer wichtiger für ein Kind. Im Rahmen der notwendigen, allmählichen Loslösung von den Eltern ist dies ein natürlicher und wichtiger Vorgang. Von besonderer Bedeutung sind dabei die Rollen, die die Kinder einnehmen. Gibt es unter den Gleichaltrigen Vorbilder, wird das Kind von den anderen Kindern als gleichberechtigter Partner wahrgenommen, hat es bedeutsame Konkurrenten im Bemühen um die Zuwendung der Erwachsenen etc. sind psychologische und sozialpsychologische Zusammenhänge, die im erzieherischen Umgang mit den Kindern bedacht werden müssen, denn all dies beeinflusst das Verhalten und Erleben des Kindes und seine Beziehung zur Erzieherin.
- Das bewusste und unbewusste **Verhalten der Erzieherin** ist ein bedeutsames Element des Mikrosystems eines Kindes. Manche Erzieherinnen „trennen" ihr bewusstes erzieherisches Handeln von all den anderen psychologischen und sozialpsychologischen „Signalen", die sie dem Kind oder den Kindern aussenden. Dies ist beispielsweise der Fall, wenn das Vorlesen einer Geschichte und das anschließende Gespräch als bewusstes erzieherisches Handeln erlebt werden – die Langeweile ausstrahlende Mimik und Körperhaltung der Erzieherin dagegen nicht. Eine Erzieherin, die lautstark Ruhe einfordert, übersieht, dass ihre eigene Lautstärke erzieherisch kontraproduktiv ist. Die **Gesamtpersönlichkeit** einer Erzieherin ist also ein erzieherischer Einflussfaktor, der weit über das unmittelbare, bewusste Erziehungsverhalten hinausgeht. Daher ist es wichtig, dass eine professionelle Erzieherin fähig und bereit ist, ihre eigenen Eigenschaften, ihre Stärken und Schwächen als Erziehungsbedingungen kritisch und konstruktiv zu reflektieren und gegebenenfalls zu verändern.
- All das, was auf die Persönlichkeit der Erzieherin als „Erziehungsbedingungen" zutrifft, gilt analog für die Lehrerin. Je jünger die Kinder in der Grundschule sind, desto größer und nachhaltiger ist der **Einfluss der Lehrkraft**. Der tatsächliche Einfluss hängt im konkreten Einzelfall von der Qualität der Beziehung zwischen Elternhaus und Lehrkraft, zwischen Lehrkraft und Kind sowie auch von der Rolle des Kindes in der Grundschulklasse ab. Außerdem können auch die Beziehungen zwischen den sozialpädagogischen Einrichtungen und der Schule Auswirkungen haben. So ist es von Bedeutung, wie das Kind von Eltern und Kindertagesstätte auf die Schule vorbereitet wurde und wie gegebenenfalls ein Heim oder ein Hort mit der Schule kooperiert. Eine sozialpädagogische Fachkraft, die mit schulpflichtigen Kindern und Jugendlichen arbeitet, wird sich daher um regelmäßige Kooperation mit der Schule bemühen, die ein wichtiger Einflussfaktor im Rahmen der erzieherischen Arbeit der sozialpädagogischen Einrichtung ist.

Das Mesosystem

Wenn zwischen zwei oder mehr verschiedenen Lebensbereichen, an denen eine Person beteiligt ist, Wechselbeziehungen bestehen, bilden diese Beziehungen ein als Mesosystem bezeichnetes psychologisches **Beziehungsnetz**. Dieses Netzwerk kann im konkreten Fall für die erzieherische Arbeit einer sozialpädagogischen Fachkraft von großer Wichtigkeit sein und die Erziehungsprozesse nachhaltig beeinflussen. Beispiele sind die Beziehungen zwischen

- Kindertagesstätte – Eltern,
- Eltern – Freunden der Eltern,
- Schule – Eltern,
- Freund – Eltern des Freundes,
- Eltern – Religionsgemeinschaft.

Das Exosystem

Im Leben eines Menschen gibt es viele Lebensbereiche, an denen er nicht selbst beteiligt ist, die aber trotzdem unter Umständen einen großen Einfluss ausüben können. Diese Lebensbereiche werden als **Exosysteme** bezeichnet. Im Hinblick auf das Kind einer Kindertagesstättengruppe kann

es beispielsweise folgende erzieherische Exosysteme geben:
- das Erzieherinnen-Team der Kindertagesstätte
- der Elternrat
- der Träger
- die Arbeitsstellen der Eltern

Das Makrosystem

Innerhalb einer Gesellschaft oder eines Kulturkreises gibt es – mehr oder minder ausgeprägt – Gemeinsamkeiten und Zusammenhänge. Solche Gemeinsamkeiten können z. B. sein:
- die Rahmenbedingungen für die Erziehung von Kindern
- die Möglichkeiten zu familienergänzender Betreuung von Kindern oder Jugendlichen
- typische Rollen (Vater, Mutter, Lehrer etc.)
- das komplexe Normen- und Regelgefüge
- Gesetze
- typische Ernährungsgewohnheiten
- Kunst und Kultur
- Weltanschauungen und Ideologie
- die allgemeine wirtschaftliche Situation

Vor diesem Hintergrund ist es wichtig, dass die professionelle Erzieherin
- die dem Makrosystem zugehörigen Erziehungsbedingungen wahrnimmt und analysiert,
- ihre individuellen „Spielräume" erkennt und bereit und fähig ist, sie zu gestalten, und dadurch
- die Erziehungsbedingungen (sowohl die individuellen als auch die für Gruppe) optimiert.

3.1.3 Erziehungsziele

Intentionales, d. h. beabsichtigtes erzieherisches Handeln zielt immer ab auf
- die Entwicklung neuer Persönlichkeitseigenschaften, neuer oder erweiterter Fähigkeiten und Fertigkeiten und/oder
- auf deren Veränderung.

Inhaltlich verbirgt sich dahinter ein teilweise konkretes, teilweise abstraktes Bild vom Kind, „wie es sein und werden sollte". Es ist ein Idealbild vom Kind, das im lebenslangen Prozess der Biografien der Eltern oder Erzieherinnen entstanden ist und das ihrem erzieherischen Handeln Inhalt und Richtung gibt. Es entwickelt sich aus dem Zusammenwirken von
- individuellen Erfahrungen, Bedürfnissen, Hoffnungen und Ängsten der Erziehenden und
- ihren verinnerlichten (internalisierten) gesellschaftlichen Wert- und Normvorstellungen.

Natürlich drücken sich darin sowohl die positiven als auch die negativen Lebenserfahrungen der Erziehenden – bewusst oder unbewusst – aus. **Erziehungsziele** beinhalten bereits das vorweggedachte (antizipierte) Ergebnis des Erziehungsprozesses. In ihnen drückt sich aus, über welche

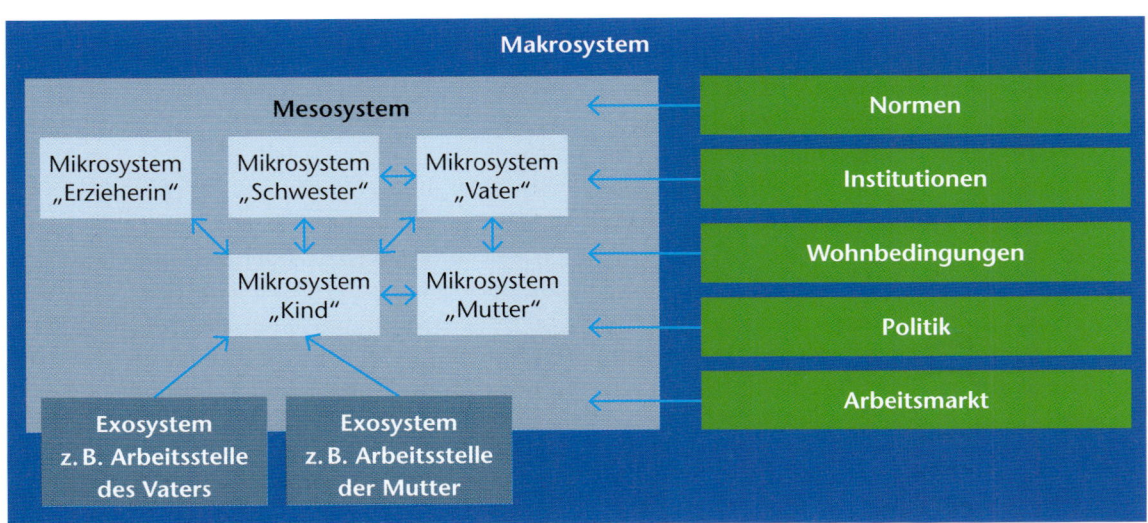

Das Zusammenspiel ökologischer Systeme

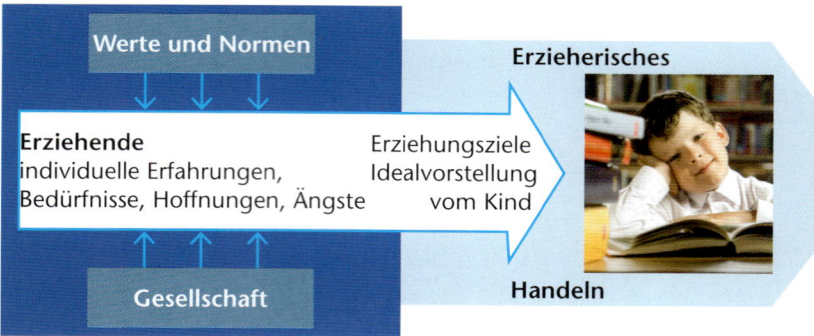

Entstehung des Idealbildes vom Kind

Persönlichkeitseigenschaften das Kind nach dem Erziehungsprozess verfügen soll.

Erziehungsziele

Erziehungsziele sind „normative Vorstellungen von der Person – mit ihren Einstellungen, Empfindungen und Verhaltensweisen – am Ende des Erziehungsprozesses" (Huppertz, 1996, S. 52). Erziehungsziele sind also die Vorstellungen, die sich Erziehende von der Persönlichkeit des Kindes als Ergebnis ihrer erzieherischen Arbeit machen.

Es lassen sich zwei grundsätzliche Kategorien von Erziehungszielen unterscheiden:
1. **formelle Erziehungsziele**, bei denen es sich um bewusst festgelegte Normen z. B. des Staates, der Kirchen oder anderer Institutionen handelt. Solche Ziele sind als gesellschaftliche Leitvorstellungen zu verstehen, wie sie beispielsweise im Achten Sozialgesetzbuch, in Richtlinien für Schulen oder in den gesetzlichen Vorgaben für sozialpädagogische Einrichtungen zu finden sind.
2. **informelle Erziehungsziele**, die sich in Werthaltungen und Wertvorstellungen sowie in unterschiedlichen Einstellungen finden lassen. Informelle Erziehungsziele stehen – mal mehr, mal weniger – unter dem Einfluss formeller Erziehungsziele.

In den westlichen Industriegesellschaften gibt es über eine ganze Reihe von Erziehungszielen einen relativ breiten Konsens, in Deutschland beispielsweise:
- Höflichkeit und gutes Benehmen
- Arbeit ordentlich und gewissenhaft tun
- Hilfsbereit sein, sich für andere einsetzen
- Andersdenkende achten, tolerant sein
- Sparsam mit Geld umgehen
- Sich durchsetzen, sich nicht so leicht unterkriegen lassen
- Wissensdurst, den Wunsch, seinen Horizont ständig zu erweitern,
- Gesunde Lebensweise

(vgl. Stiftung Demoskopie Allensbach, Einstellungen zur Erziehung, 2006, S. 4)

Es gibt auch Erziehungsziele, die sowohl formell als auch informell sind. Beispiele hierfür sind:
- Achtung vor der Würde des Menschen
- Verantwortungsbewusstsein für Natur und Umwelt
- Toleranz
- Demokratieverständnis
- Solidarfähigkeit
- Selbstbestimmung
- Urteilsfähigkeit
- Kritikfähigkeit

Offen bleibt bei den oben erwähnten Erhebungen der Allensbach-Stiftung, wie diese allgemein formulierten Erziehungsziele von verschiedenen Menschen definiert werden. Am Beispiel „gutes Benehmen" (siehe Grafik) lässt sich dies erkennen. Was „gutes Benehmen" ist, empfinden viele Menschen unterschiedlich, auch abhängig davon, in welchen sozialen Bezügen sie sich befinden.

Darüber hinaus sind die in einer Gesellschaft verbreiteten Erziehungsziele zeitlichen Veränderungen unterworfen, die mit gesamtgesellschaftlichem Wandel einhergehen. Besonders deutlich wird dies am Beispiel Deutschlands: Erziehungsziele, die im Deutschen Reich – vor allem in der Zeit des Nationalsozialismus – im Vordergrund standen, unterscheiden sich ganz erheblich von denen in der heutigen Bundesrepublik Deutschland. Dies trifft nicht nur auf das Ziel Demokratieverständnis zu, sondern auch auf die meisten anderen Ziele wie beispielsweise Selbstbestimmung, Toleranz oder Kritikfähigkeit.

Die Entstehung der Erziehungsziele, die eine Erzieherin vertritt, wird wesentlich von folgenden Faktoren beeinflusst:

- dem eigenen Menschenbild
- der eigenen Weltanschauung
- den politischen Verhältnissen
- den wirtschaftlichen Gegebenheiten
- den jeweiligen Umweltbedingungen
- den eigenen Lebens- und Wohnbedingungen
etc.

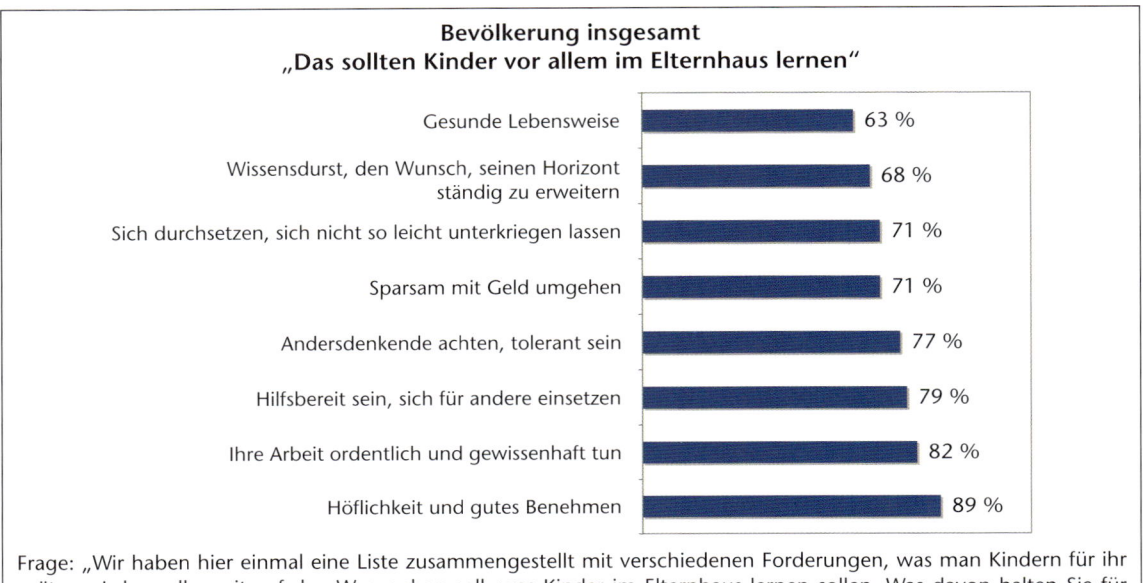

(Stiftung Demoskopie Allensbach, Einstellungen zu Erziehung, 2006, S. 4, Auszug)

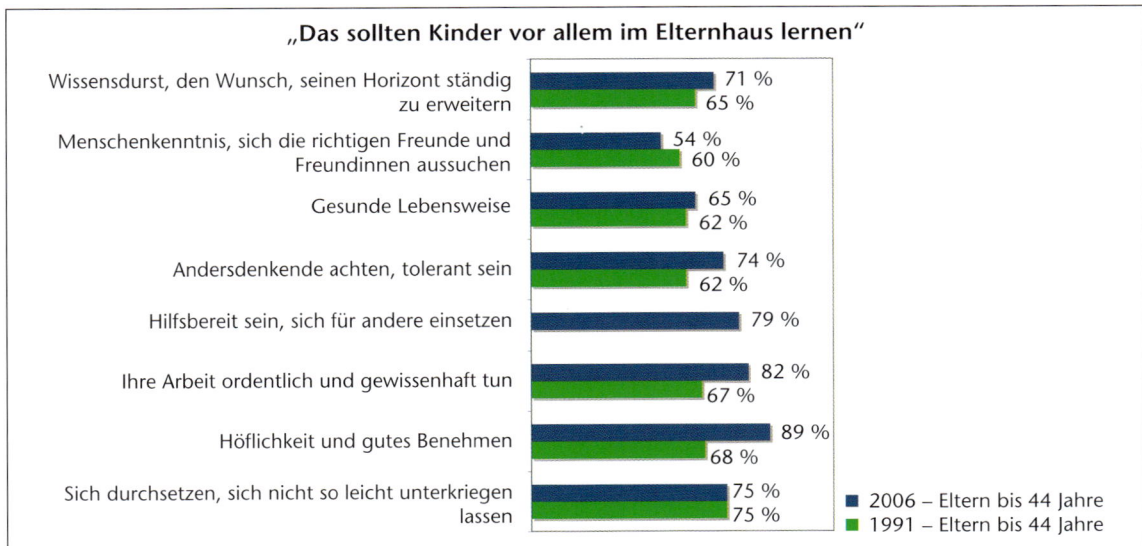

(Stiftung Demoskopie Allensbach, Einstellungen zu Erziehung, 2006, S. 9, Auszug)

3.1 Erziehen | 311

Dabei sind oder waren wichtig:
- die eigenen Eltern und Verwandten
- Freunde
- Erzieherinnen aus der eigenen Kindheit
- Lehrkräfte

Weitere individuelle Faktoren sind:
- die soziale und psychologische Atmosphäre in der Familie
- die Familiengröße
- die Vollständigkeit oder Unvollständigkeit der Familie
- private und berufliche Bezugsgruppen

Natürlich wirken sich auch überwiegend individuelle Aspekte auf die Erziehungsziele einer Erzieherin aus. Beispiele sind:
- eigene Wünsche und Bedürfnisse
- Gefühle
- Einstellungen und Vorurteile
- Erfahrungen
- Traditionen
- die eigenen Erziehungserfahrungen
- positive wie negative Erlebnisse in der persönlichen Biografie

Erziehungsziele haben für die praktische Arbeit einer Erzieherin eine wichtige Funktion: Sie geben ihr Orientierung und sind eine unentbehrliche Hilfe bei der Reflexion des eigenen erzieherischen Handelns (vgl. Brezinka, 1999, S. 138 ff.). So ist es im Alltag hilfreich, immer wieder zu überprüfen, inwieweit das tatsächliche erzieherische Handeln hilfreich für das Erreichen der Ziele ist.

Da die verschiedenen Erziehungsziele, selbst wenn das Team der Erzieherinnen sie im Konsens in der Konzeption der Einrichtung festgehalten hat, verschieden verstanden werden können, ist es unentbehrlich, dass das Team sie immer wieder hinterfragt und klärt, ob die pädagogische Wirklichkeit zum Erreichen der Ziele beiträgt. Nur so lässt sich verhindern, dass Erziehungsziele, auf die sich die Erzieherinnen verständigen, leere Worte sind.

3.1.4 Erziehungsmittel

Erziehungsmittel
Erziehungsmittel sind Maßnahmen, die eine Erzieherin ergreift, um ein Kind so zu beeinflussen, dass es sich überdauernd in einem von ihr erwünschten Sinne verhält. Einige dieser Maßnahmen sind für das Kind angenehm und verstärken das Verhalten in der gewünschten Richtung. Andere dagegen können sehr unangenehm sein. Sie führen meist dazu, dass die Situation vermieden wird, in der das unerwünschte Verhalten auftrat. Bei beiden Arten von Erziehungsmaßnahmen geht es darum, dass Erziehende versuchen, ihre Erziehungsziele durchzusetzen. Erziehungsmittel sind immer Eingriffe in die Entwicklung eines Kindes, Strafen greifen darüber hinaus in den freien Willen des Kindes ein. Sie können nur dann eine Berechtigung haben, wenn das Kind Einsicht in sein problematisches Verhalten haben kann und sich tatsächlich anders hätte verhalten können.

In sozialpädagogischen Institutionen wie in Schulen sind die Art und die Angemessenheit unterschiedlicher Erziehungsmittel immer wieder Gegenstand intensiver Diskussionen. Diese Diskussionen sind umso strittiger, je unklarer bzw. unterschiedlicher die Erziehungsziele sind. Am umstrittensten ist dabei der Einsatz negativer Erziehungsmittel wie Strafe und Bestrafung. Die Spannbreite der Argumentation reicht dabei von „Erziehung muss völlig ohne Strafe auskommen" bis zu „Wenn es nicht anders geht, muss auch hart bestraft werden". Auch in den Schulen und Schulbehörden wird über den Einsatz von Erziehungsmitteln diskutiert.

Die Landesregierung von Sachsen-Anhalt hat am 25.05.1994 einen Runderlass herausgegeben, der Eltern und Lehrern Orientierung geben soll und den Einsatz von Erziehungsmitteln in der Schule regelt. Demnach kann ein Schüler, der die Unterrichts- oder Erziehungsarbeit stört, mit folgenden Konsequenzen rechnen (Kultusministerium des Landes Sachsen-Anhalt, 1994, S. 1 ff.):

- **Ermahnung:** „Die Ermahnung soll in konstruktiver Form erfolgen und geeignet sein, den Schüler zu einer Änderung seines Verhaltens zu bewegen."
- **Auferlegung besonderer Pflichten:** „Diese Pflichten sollen im Zusammenhang mit dem beanstandeten Verhalten stehen."
- **zusätzliche häusliche Übungsarbeiten:** „Sie sollen einen Übungswert haben und dürfen nicht zu mechanischen Schreib- und Lernübungen werden. Sie dürfen die Grenzen der für den

Schüler zumutbaren Belastung nicht überschreiten und sind vom Lehrer nachzusehen."
- **besondere schulische Arbeitsstunden unter Aufsicht**: „Außerhalb ihrer im Stundenplan festgelegten Unterrichtszeit dürfen Schülern […] im Falle ihrer Minderjährigkeit nur nach vorheriger Mitteilung an die Erziehungsberechtigten besondere Arbeitsstunden unter Aufsicht einer Lehrkraft auferlegt werden."
- **mündlicher Tadel mit schriftlichem Vermerk**: „Diese Maßnahme sollte im Allgemeinen nur nach erfolgloser Ermahnung angewandt werden."
- **Wiedergutmachung eines angerichteten Schadens**: „Die Wiedergutmachung auf Anordnung des Lehrers muss dem missbilligten Verhalten angemessen und dem Schüler im Rahmen seiner Möglichkeiten zumutbar sein. Eine Geldzahlung darf nicht angeordnet werden."
- **Verweisung aus dem Unterrichtsraum**: „Der Lehrer kann einen Schüler, der den Unterricht trotz Ermahnung erheblich stört, während der Unterrichtsstunde vorübergehend aus dem Unterrichtsraum weisen. […] Die Aufsichtspflicht der Schule bleibt hiervon unberührt."
- **Kollektivmaßnahmen**: „Kollektivmaßnahmen dürfen nur dann angewandt werden, wenn sie durch das Verhalten aller Schüler einer Klasse oder Gruppe erforderlich werden."
- **körperliche Züchtigung**: „Die körperliche Züchtigung von Schülern ist unzulässig."

Dies ist eine exemplarische Liste von Maßnahmen, die eine Lehrkraft ergreifen kann, wenn eine Schülerin oder ein Schüler den Unterricht stört. Die Entscheidung darüber trifft die Lehrkraft im Rahmen ihrer pädagogischen Freiheit und Verantwortung. Im Erlass werden diese Maßnahmen Erziehungsmittel genannt. In den Sozialwissenschaften und bisweilen im Alltag werden solche Maßnahmen auch als Sanktionen bezeichnet. Die Lehrkraft kann diese Erziehungsmittel entsprechend ihrer pädagogischen Verantwortung mit dem Ziel einsetzen, dass der Schüler oder die Schülerin in Zukunft nicht mehr stört. Offen bleibt dabei, ob die Mittel möglicherweise nur dazu führen, dass die betroffenen Schüler und Schülerinnen bei der sanktionierenden Lehrkraft nicht mehr stören, oder ob eine Verhaltensänderung erreicht werden kann, die dauerhaft ist und sich auch in anderen Lebenssituationen bemerkbar macht.

In dieser Liste fehlen Erziehungsmittel, die eingesetzt werden können oder sollen, wenn die Schülerin oder der Schüler sich den Erwartungen der Lehrerin entsprechend verhält, also positive Mittel im Unterschied zu den oben beschriebenen negativen. Einer der Gründe hierfür ist, dass Erziehungsmittel, die vom Kind als angenehm erlebt werden, weniger strittig sind, obwohl auch sie durchaus problematisch sein können.

Es lassen sich drei grundlegende Arten von Erziehungsmitteln unterscheiden:
- **Lob** und **Belohnung** (vom Kind in der Regel als angenehm erlebte Erziehungsmittel) und
- **Strafe** (vom Kind in der Regel als unangenehm erlebte Erziehungsmittel).

Mit der Einschränkung „in der Regel" soll ausdrückt werden, dass es besondere Situationen gibt, in denen Lob oder Belohnung zwar positiv gemeint sind, aber dennoch als unangenehm erlebt werden. Umgekehrt können auch Erziehungsmittel als angenehm erlebt werden, die vom Erziehenden gegenteilig gemeint sind.

Lob

Unter Lob sind positiv wertende Äußerungen einer Person zu einer anderen Person über deren Verhalten zu verstehen. Lob erhöht die Wahrscheinlichkeit, dass das gelobte Verhalten ggf. nachhaltig wiederholt wird. Lob wirkt nur, wenn es von der gelobten Person als angenehm erlebt wird, was keineswegs immer der Fall sein muss. Lob ist umso wirksamer, je unmittelbarer es dem erwünschten Verhalten des Kindes folgt.

Ob Lob als angenehm erlebt wird, hängt von vielerlei Faktoren ab, z. B. von folgenden Aspekten:
- **Anerkennung der Erzieherin durch das Kind, das gelobt wird**
  Eine große Rolle für die Wirksamkeit von Erziehungsmitteln generell und für die Wirksamkeit von Lob spielt es, ob die Erzieherin von dem gelobten Kind oder von der gelobten Gruppe als Autorität anerkannt wird. Der Begriff „Autorität" darf dabei nicht verwechselt werden mit dem Begriff autoritär. Eine Erzieherin ist für Kinder eine Autorität, wenn sie als Persönlichkeit mit all ihren Kompetenzen

anerkannt und geachtet wird, nicht aber, wenn sie die Kinder „autoritär" unter Druck setzt (vgl. Kap. 3.1.5). Je weniger die Erzieherin anerkannt wird, desto geringer ist die Wirkung ihrer Erziehungsmittel.

- **Beziehung zwischen Erzieherin und Kind**
  Eng mit der Anerkennung der Erzieherin durch die Kinder verbunden ist die Qualität der Beziehung zwischen ihr und dem Kind. Auch hier lässt sich feststellen, dass eine auf wechselseitiger Achtung sowie auf Sicherheit, Unterstützung und emotionaler Geborgenheit basierende positive Beziehung zwischen Erzieherin und Kind wichtig für die Wirksamkeit der Erziehungsmittel ist.
- **Beziehung der Gruppe zur Erzieherin**
  Eine oft übersehene Bedeutung hat auch die Beziehung der Erzieherin zur Gesamtgruppe, für die sie verantwortlich ist. Ist diese Beziehung belastet, wird ein Lob – vor allem ein Lob vor der Gruppe – wenig oder unter Umständen die gegenteilige Wirkung haben.
- **Rolle des Kindes in der Gruppe**
  Weiter hat die Rolle, die das Kind in der Gruppe einnimmt, Bedeutung für die Wirksamkeit eines Lobes durch die Erzieherin. Dies trifft vor allem dann zu, wenn das Kind vor der Gruppe gelobt wird. Ist das Kind Außenseiter in der Gruppe und wird es von den meisten anderen Kindern abgelehnt, kann das Lob ebenfalls eine gegenteilige Wirkung haben.
- **Vorerfahrungen des Kindes mit Lob**
  Es gibt Kinder, die mit Lob nicht oder nicht gut umgehen können. So kann es sein, dass sie es gewohnt sind, für nahezu alles, was sie tun, unreflektiert gelobt zu werden oder dass sie Lob überhaupt nicht oder fast überhaupt nicht kennen. In diesen Fällen ist es sehr schwierig, die Wirkung von Lob im Voraus einzuschätzen. Hier ist es besonders wichtig, dass die Erzieherin sehr vorsichtig lobt und allmählich immer mehr Erfahrungen über den Umgang des Kindes mit Lob sammelt.
- **Art, in der die Erzieherin das Lob ausdrückt**
  Übertriebenes, unangemessenes Lob kann möglicherweise überhaupt nicht oder gegenteilig wirken. Auch wird das Lob einer Erzieherin, die häufiger mit ironischem Unterton lobt bzw. die ein Lob von sich gibt, das gar nicht lobend gemeint ist, von Kindern nicht positiv aufgenommen.
- **Häufigkeit des Lobes**
  Auch das Lob einer Erzieherin, die zu häufig und auch für Verhaltensweisen lobt, die vom Kind für selbstverständlich gehalten werden, wird seine Wirkung verfehlen. So ist es wichtig, dass die Erzieherin einzuschätzen lernt, wie häufig und welches Verhalten sie lobt.

Lob, das falsch eingesetzt wird, kann sowohl dazu führen,
- dass ein Kind etwas tut, damit es wieder gelobt wird und nicht, weil es wichtig und richtig ist oder
- dass ein Kind das Verhalten, für das es gelobt wurde, in Zukunft vermeidet.

Belohnung

Belohnung ist materiell und hat den Charakter von Lohn. Ein Kind, das für ein erwünschtes Verhalten belohnt wird, erhält etwas, was es gerne haben möchte, z. B. einen Gegenstand, Geld oder Süßigkeiten. Belohnung kann – ähnlich wie Lob – die Wahrscheinlichkeit erhöhen, dass das belohnte Verhalten nachhaltig wiederholt wird. Der Unterschied zwischen Lob und Belohnung ist nicht immer ganz klar. Eine gute Schulnote beispielsweise wird von vielen Schülerinnen und Lehrerkräften als Belohnung angesehen, obwohl sie immateriellen Charakter hat. Das Geld dagegen, das ein Kind für eine gute Note erhält, ist eindeutig eine Belohnung. Es kann auch eine Belohnung sein, wenn eine für ein Kind unangenehme Situation beendet wird, wenn also z. B. eine Mutter das

Fernsehverbot für ein Kind aufhebt, weil es seine Hausaufgaben ordentlich gemacht hat.

Mit **Belohnungen** sind im Wesentlichen die gleichen Wirkungen und auch die gleichen erzieherischen Möglichkeiten und Probleme verbunden wie mit Lob. Allerdings gibt es einige Besonderheiten, die hier erwähnt werden sollten:

- Das Risiko, dass sich ein Kind daran gewöhnt und dadurch die Wirkung geringer wird oder verloren geht, ist bei der Belohnung deutlich höher als beim Lob. Eltern, die gute Klassenarbeiten ihres Kindes in der Grundschule fast ausschließlich mit Geld belohnen, werden schon bald feststellen, dass sie die Belohnung erhöhen müssen, wenn sie die Wirkung erhalten wollen. Nicht selten endet dieser inflationäre Prozess mit pädagogisch unvertretbar hohen Belohnungen.
- Die Gefahr, dass ein Kind Neues lernt bzw. sich wie gewünscht verhält, damit es die Belohnung erhält, und nicht, damit es sich weiterentwickelt, ist bei der Belohnung ungleich größer als beim Lob. Die Wahrscheinlichkeit, dass das erwünschte Verhalten wieder verloren geht, sobald keine Belohnung mehr erfolgt, ist ebenfalls größer als beim Lob.

Strafe
Eine Bestrafung ist eine erzieherische Maßnahme, mit der erreicht werden soll, dass ein Kind sich in einer von der Erzieherin erwünschten Weise verhält. Es lassen sich zwei Arten von Bestrafung unterscheiden: Maßnahmen, die unmittelbar auf das unerwünschte Verhalten folgen und für das Kind unangenehm sind, wie z. B. negativ wertende Äußerungen der Erzieherin, Strafarbeiten einer Lehrerin oder eine Ohrfeige von den Eltern, oder Maßnahmen, die einen für das Kind angenehmen Zustand beenden, wie z. B. Fernsehverbot, Computerverbot o. Ä., was ebenfalls unangenehm ist.

Die **Wirkung der Strafe** kann sehr unterschiedlich sein. Besonders häufig ist der „einfachste Weg" für das bestrafte Kind ein zukünftiges Vermeidungsverhalten. Es vermeidet die Situation, in der es bestraft wurde, indem es in Zukunft

Lob und Belohnung			
Verhalten des Kindes	**Bedingungsfaktoren**	**Verhalten der Erzieherin**	**Verhalten des Kindes**
zeigt erwünschtes Verhalten	Kind erkennt die Autorität der Erzieherin an	lobt (Lob = immateriell) oder belohnt (Belohnung = materiell) Die Wirkung von Lob ist nachhaltiger als die Wirkung von Belohnung.	verhält sich mit größerer Wahrscheinlichkeit erneut in erwünschter Weise
	positive Beziehung Erzieherin – Kind		
	positive Beziehung Gruppe – Erzieherin		
	positive bis neutrale Rolle des Kindes in der Gruppe		
	positive Vorerfahrungen des Kindes mit Lob		
	Art, in der die Erzieherin das Lob ausdrückt		
	Häufigkeit des Lobes		
	ein oder mehrere Faktoren sind negativ		verhält sich nicht wieder in erwünschter Weise oder vermeidet die Situation völlig, in der gelobt wurde

- ein unerwünschtes Verhalten abstreitet (lügt),
- sich heimlich unerwünscht verhält.

Wenn ein direktes Ausweichen nicht möglich ist, besteht die Vermeidung darin, dass das Kind
- „gehorcht", solange es kontrolliert wird,
- sich anpasst, weil die Erzieherin über mehr Macht verfügt.

So kommen beispielsweise Eltern, die ihr Kind streng bestrafen, wenn es seine Hausaufgaben nicht macht, in die Situation, ihr Kind permanent bei der Erledigung der Hausaufgaben kontrollieren zu müssen. Sobald sie dies versäumen, werden auch keine Hausaufgaben mehr gemacht. An diesem Beispiel ist leicht zu erkennen, dass Strafen auf der einen Seite und Erziehung zu Selbstständigkeit und (selbst-)verantwortlichem Handeln andererseits schnell zu einem pädagogischen Widerspruch führen können.

Ob eine Erziehung ganz **ohne Strafe** – wie auch in der Literatur vielfach diskutiert – wirklich möglich ist, lässt sich bis heute nicht entscheiden. Sowohl in der Praxis als auch in der wissenschaftlichen Literatur wird allerdings deutlich, dass der Einsatz von Strafe als Erziehungsmittel voller pädagogischer und psychologischer Fallstricke ist.

Eine Strafe ist immer eine unangenehme Belastungssituation für das bestrafte Kind. Da alle Menschen sehr unterschiedlich mit Belastungssituaionen umzugehen vermögen, ist die Wirkung einer Strafe unter Umständen höchst unsicher. So erlebt das eine Kind schon eine leichte, erste Ermahnung als gravierend, während ein anderes Kind darauf vielleicht überhaupt nicht reagiert. Die Wirkung einer Bestrafung hängt also sowohl von der Art der Strafe als auch von der Gesamtpersönlichkeit des Kindes ab.

Es gibt Erwachsene, die nicht lange überlegen und ein Kind „irgendwie" und manchmal auch zu einem viel späteren Zeitpunkt bestrafen. Ein solches Erziehungsverhalten kann sehr leicht und nachhaltig die Vertrauensbasis und damit die wichtige Grundlage für die weitere Erziehung und für die Entwicklung des Kindes beeinträchtigen.

Völlig abzulehnen ist eine Bestrafung für ein Verhalten, in dessen Problematik das Kind keine Einsicht haben konnte und zu dem es aus der Perspektive des Kindes keine Alternative gab.

Strafe – Bestrafung			
Verhalten des Kindes	Bedingungsfaktoren	Verhalten der Erzieherin	Verhalten des Kindes
zeigt unerwünschtes Verhalten	Kind erkennt die Autorität der Erzieherin an	straft direkt (verbal und/oder nonverbal)	vermeidet mit größerer Wahrscheinlichkeit und wenn möglich die Situation, in der gestraft wurde Vermeidungsverhalten kann z. B. sein: lügen, sich verstecken, nicht in die Schule gehen
	positive Beziehung Erzieherin – Kind		
	positive Beziehung Gruppe – Erzieherin		
	positive bis neutrale Rolle des Kindes in der Gruppe		
	positive Vorerfahrungen des Kindes mit Lob		
	Art, in der die Erzieherin das Lob ausdrückt		
	Häufigkeit des Lobes		
	ein oder mehrere Faktoren sind negativ		erhöht die Wahrscheinlichkeit eines erzieherischen Misserfolgs der Strafmaßnahme

Beispiel
Ein Kind geht mit einem gerade gemalten Bild zur Erzieherin, um es ihr zu zeigen. Dabei stolpert es, fällt hin und der Boden ist voller Farbe. Eine Bestrafung in einer solchen Situation führt rasch dazu, dass die Erzieherin aus der Sicht des Kindes zur „Feindin" wird.

In der Praxis und vereinzelt auch in den Wissenschaften wird immer wieder diskutiert, ob logische Konsequenzen, die sich aus einem Verhalten ergeben, bereits eine Strafe sind. Ohne diese Frage zu beantworten, kann jedoch festgestellt werden, dass die Wiedergutmachung als logische Konsequenz auf ein Verhalten, mit dem ein Schaden angerichtet wurde, für ein Kind im entsprechenden Alter einsichtig ist. Allerdings muss eine Wiedergutmachung altersgemäß und angemessen sein. Unlösbare Wiedergutmachungsforderungen sind kontraproduktiv und pädagogisch wie psychologisch abzulehnen.

Aus all dem leitet sich die Verpflichtung der Erzieherin ab, mit Erziehungsmitteln sehr sorgsam und verantwortungsbewusst umzugehen. Dies trifft auf alle Erziehungsmittel zu. Darüber hinaus können Erzieherinnen nur dann Erziehungsmittel einsetzen, wenn sie den Kindern gegenüber über die notwendige Autorität verfügen. An dieser Stelle sei noch einmal darauf hingewiesen, dass eine autoritäre Erzieherin über diese Autorität nicht verfügt. Sie setzt stattdessen Druck als Mittel ein und wenn dieser Druck einmal fehlt, haben die Kinder keine Orientierung mehr.

Besonders problematisch in pädagogischen Zusammenhängen sind Strafen, mit denen nur in zweiter Linie eine Verhaltensänderung beim Kind erreicht werden soll. Dazu gehören Strafen, die nur den Zweck verfolgen, der Gruppe gegenüber ein Exempel zu statuieren, oder deren Funktion darin bestehen soll, das Kind „büßen" zu lassen. Erziehungsmittel, die nicht die Funktion erfüllen, die weitere Entwicklung eines Kindes zu unterstützen, haben keine pädagogische Berechtigung. Dazu gehören natürlich nicht diejenigen Erziehungsmittel, deren Einsatz zum Schutz von Leben und Gesundheit eines Kindes unmittelbar erforderlich ist. Mit einem Kind beispielsweise, das eine Stricknadel in eine Steckdose stecken möchte, darf eine Erzieherin nicht diskutieren; sie muss ihm unmittelbar klar machen, dass dies gefährlich ist und der Versuch nicht wiederholt werden darf. Kinder, die derlei nicht verstehen können, muss die Erzieherin allerdings dadurch schützen, dass entsprechende Gefahren für sie gar nicht erreichbar sind.

Die heutigen wissenschaftlichen Erkenntnisse zeigen, dass der Einsatz von Erziehungsmitteln in erster Linie in Form **positiver Verstärkung** erfolgen sollte, also durch positive Reaktionen auf vom Kind ausgehendes erwünschtes Verhalten. Um dies in der Praxis erfolgreich zu verwirklichen, ist es erforderlich, das Verhalten der Kinder sehr sorgfältig zu beobachten und die Beobachtungen zu dokumentieren. Dies kann helfen, erwünschtes Verhalten nicht für selbstverständlich zu halten – wie es in der Praxis häufig geschieht – und zu übersehen. Je besser dies einer Erzieherin gelingt, umso seltener wird sie sich fragen müssen, ob ein Kind für sein Verhalten bestraft werden sollte. Achtung vor dem Kind, Stärkung seines Selbstbewusstseins, seines Selbstvertrauens und seines Selbstwertgefühls sind hilfreich, wenn eine Erzieherin möglichst ohne Strafen auskommen möchte. Eine Erzieherin, die das Strafen in ihrer Arbeit zu einer Selbstverständlichkeit macht, muss wissen, dass Menschen unter Druck dazu neigen, aggressiv zu reagieren. Im Umgang mit Kindern und Jugendlichen kann dies besonders fatal sein. Wenn die Machtverhältnisse zwischen der Erzieherin und ihrer Gruppe klar sind, werden bestrafte Kinder ihre Aggressionen unter Umständen nicht gegen die Erzieherin, sondern in unbeobachteten Momenten gegen schwächere Kinder oder Jugendliche richten – ganz nach dem Vorbild der Erzieherin. So kann man in der Praxis häufig beobachten, dass Aggressions- und Gewaltprobleme in der Gruppe zwar nicht ausschließlich, aber doch in beträchtlichem Umfang mit dem Einsatz von Strafen durch die Erzieherinnen zusammenhängen. Strafen sind immer eine mehr oder minder gravierende Belastung für das pädagogische Verhältnis.

Die Problematik der Bestrafung lässt sich wie folgt zusammenfassen:

- Bestrafung führt zum Erlernen neuer Verhaltensweisen, mit denen die Strafe in Zukunft zu vermeiden versucht wird. Dazu gehören auch Verhaltensweisen wie Flucht, Schmeicheleien oder Lügen.
- Bestrafungen belasten das pädagogische Verhältnis zwischen Erzieherin und Kind.

- Bestrafungen können Aggressionen auslösen.
- Das Vorbildverhalten der strafenden Erzieherin wird von manchen Kindern im Umgang mit schwächeren Kindern nachgeahmt und erprobt, um sich durchzusetzen.
- Es gibt Kinder, die in ihrem Leben Zuwendung nur in Form von Aggressionen und Bestrafungen erlebt haben. Hier bleiben Strafen meist wirkungslos, da sie geradezu „gesucht" werden.

3.1.5 Erziehungsstile

Die Wahl der Erziehungsmittel trifft eine Erzieherin meist entsprechend ihrem **Erziehungsstil**. Darunter ist die typische Art des Umgangs mit einem Kind oder mit der Gruppe zu verstehen. So entscheidet sich die eine Erzieherin häufiger für den Einsatz von Lob, die andere Erzieherin belohnt Kinder gerne mit kleinen materiellen Überraschungen und die nächste neigt eher als andere dazu, unerwünschtes Verhalten zu bestrafen. Während manche Erzieherinnen tendenziell dominantes Verhalten zeigen und die „Richtung" ganz alleine bestimmen wollen, sind andere herzlicher und lassen die Kinder im Rahmen ihrer Möglichkeiten partnerschaftlich mitbestimmen. Jede Erzieherin setzt in der Regel zwar verschiedene Erziehungsmittel bei ihrer Arbeit ein, bestimmte Erziehungsmittel werden allerdings individuell bevorzugt. Natürlich gibt es auch Erzieherinnen, die ganz bestimmte Erziehungsmittel grundsätzlich ablehnen.

Erziehungsstil
Erziehungsstile sind wissenschaftliche Konstruktionen. Sie fassen für eine Erzieherin typische und erzieherisch bedeutsame Verhaltensmuster zusammen und beziehen auch „nicht erzieherisch gemeinte", aber entsprechend wirksame, relativ stabile Verhaltenstendenzen ein.

Verschiedene **Erziehungsstilkonzepte** wiederum versuchen, in bestimmter Weise eine Einordnung

Kurt Lewin (1890–1947)
Lewin war deutscher Herkunft und starb in Newtonville, Massachusetts. Er emigrierte 1933 in die Vereinigten Staaten. Es waren seine Erfahrungen mit den Nationalsozialisten, die ihn veranlassten, Deutschland zu verlassen und sich mit der Frage nach der sozialpsychologischen Wirkung von autoritärem Führungsverhalten auseinanderzusetzen. In den Vereinigten Staaten erhielt Lewin eine Professur an der Cornell University in Ithaka. 1939 gründete und leitete Kurt Lewin das „Research Center for Group Dynamics" am Massachusetts Institute of Technology. Der Begriff „Gruppendynamik" wurde wesentlich von Kurt Lewin geprägt.

von Erziehungsstilen vorzunehmen. Zwei Konzepte sollen hier kurz erläutert werden: die Idealtypen von Kurt Lewin (s. Seite 318) und die Erziehungsstildimensionen von R. und A.-M. Tausch.

Die Idealtypen von Kurt Lewin

Jede Erzieherin, jede Lehrerin hat die Erfahrung gemacht, dass sich verschiedene Gruppen oder Klassen trotz vermeintlicher Vergleichbarkeit oft unterschiedlich verhalten. Kurt Lewin und seine Mitarbeiter Ronald Lippit und Ralph White untersuchten 1939 die Frage, worauf das unterschiedliche Verhalten von vergleichbaren Gruppen zurückzuführen sei. Ist es möglich, dass diese Unterschiede auf verschiedenen Erziehungsstilen der jeweiligen Lehrerinnen oder Erzieherinnen beruhen?

Das Experiment von Lewin, Lippit und White

Das Experiment, das Lewin, Lippit und White durchführten, zielte auf eine Klärung der Frage ab, welche unterschiedlichen Auswirkungen es hat, wenn eine Gruppe von einer autoritären, von einer demokratischen oder von einer Führungspersönlichkeit geleitet wird, die sich aus den Gruppenprozessen weitestgehend heraushält.

An dem Experiment nahmen vier Gruppen von jeweils fünf Jungen im Alter von zehn bis elf Jahren teil. Diese Gruppen trafen sich fünf Monate lang einmal in der Woche in ihrer Freizeit für eine Stunde, um an Aktivitäten teilzunehmen wie „Theatermasken herstellen", „Wände gestalten", „Seifen schnitzen" und „Modellflugzeuge konstruieren". Die Teilnahme an den Gruppenveranstaltungen war freiwillig.

In sechswöchigem Rhythmus wechselten die Gruppenleiter und der Führungsstil, der jeweils in klar definierten Rollen praktiziert wurde: demokratisch, autoritär und laissez-faire (aus dem Französischen: „machen lassen").

Damit die Gruppen gleich, d. h. vergleichbar waren, wurden die teilnehmenden Kinder vorher in ihrer Schulklasse und auf dem Schulhof beobachtet. Zudem wurde ihr Sozialverhalten anhand soziometrischer Tests untersucht und entsprechende Lehrerberichte verwendet. Auch der sozioökonomische Hintergrund der Kinder wurde berücksichtigt. Zudem wurde eine Vielzahl an Informationen über das Sozialverhalten der Kinder außerhalb der Schule eingeholt.

Während des Experiments wurden die Gruppen beobachtet und die Beobachtungen wie folgt dokumentiert:
- Berichte über die sozialen Interaktionen der Kinder
- Gruppenstrukturanalysen
- Berichte über Veränderungen der Gruppendynamik
- stenografische Aufzeichnungen aller Gespräche
- Berichte über die Beziehungen zwischen den Gruppen
- Berichte der Gruppenleiter über ihr eigenes Erleben der Gruppensituationen
- Filmaufnahmen von Teilen des „Gruppenlebens" etc.

Zudem wurden bestimmte Testsituationen geschaffen:
- Der Gruppenleiter verlässt den Raum während des Treffens.
- Der Gruppenleiter verspätet sich um ein paar Minuten.
- Eine fremde Person (Hausmeister o. Ä.) betritt den Raum und kritisiert die Gruppenarbeit.

Bezogen auf die Arbeitsergebnisse der Gruppen lässt sich zusammenfassen:
- Unter autoritärer Führung war die Arbeit der Gruppen am effizientesten.
- Unter demokratischer Führung weisen die Arbeitsergebnisse die beste Qualität auf.
- Unter einer „Laissez-faire-Führung" wurde insgesamt wenig und mit geringer Qualität geleistet.

Die folgenden Tabellen fassen die wichtigsten Merkmale der von Lewin, Lippit und White untersuchten Erziehungsstile zusammen und geben einen Überblick über die Auswirkungen dieser Erziehungsstile auf die Jungen, auf die Gruppenatmosphäre und auf die sozialen Beziehungen.

An dem Konzept der Idealtypen lässt sich kritisieren, dass sich nur schwer Konsequenzen für die erzieherische Praxis ableiten lassen: Die Erziehungsstile **„autoritär"**, **„demokratisch"** und **„laissez-faire"** kommen in der Realität in dieser klaren Unterscheidung nicht vor, sondern es handelt sich vielmehr um Mischformen, die mehr

Das Verhalten der Gruppenleiter

autoritär	demokratisch	laissez-faire
Der Gruppenleiter bestimmt die Aktivitäten der Gruppe.	Der Gruppenleiter informiert die Gruppe über mögliche Aktivitäten und Ziele und hilft, Mehrheitsentscheidungen zu treffen.	Der Gruppenleiter hält sich völlig aus den Entscheidungsprozessen heraus.
Der Gruppenleiter gibt Schritt für Schritt genaue Anweisungen. Über den Gesamtablauf haben die Kinder keinen Überblick. Der Gruppenleiter gibt seine Anweisungen freundlich, aber bestimmt.	Der Gruppenleiter ist in die Gruppe integriert. Die Aufgaben werden zu Beginn der Treffen besprochen und mögliche Handlungsstrategien gemeinsam festgelegt; der Gruppenleiter bietet bei Sachproblemen Handlungsalternativen an.	Materialien werden bereitgestellt; der Gruppenleiter äußert sich nur bei Nachfrage.
Aufgabenverteilung und Partnerzuteilung werden vom Gruppenleiter festgelegt.	Aufgabenverteilung und Partnerzuteilung werden von den Gruppenmitgliedern entschieden.	Der Gruppenleiter verhält sich völlig passiv.
Lob und Kritik sind persönlich; der Leiter demonstriert, ohne selbst am Geschehen teilzunehmen.	Der Leiter ist objektiv in Lob und Kritik; er handelt als gleichberechtigtes Mitglied.	Der Gruppenleiter kommentiert die Arbeit der Gruppenmitglieder nur auf ausdrückliche Nachfrage.

Erziehungsstile – das Verhalten der Gruppenleiter

Das Verhalten der Jungen

	autoritär geführt	demokratisch geführt	laissez-faire geführt
Atmosphäre	lustlos, unzufrieden, aggressiv, wollen nicht mehr zum Treffen kommen	engagiert, originell, viel Arbeitsfreude, selbstständig	gelangweilt, eher aggressiv, gereizt
Beziehung zum Gruppenleiter	unterwürfig (abgesehen von einzelnen Aggressionen dem Gruppenleiter gegenüber), unselbstständig	gutes Selbstwertgefühl und Selbstvertrauen im Kontakt mit dem Gruppenleiter	von Unzufriedenheit geprägt
Soziale Beziehungen untereinander	angespannte Beziehungen untereinander, wenig Zusammengehörigkeitsgefühl, soziale Beziehungen eher unpersönlich, es gibt Sündenböcke und Außenseiter	angeregte Unterhaltungen, motiviertes Arbeiten, auch Gruppenarbeiten, gutes Verhältnis zum Leiter, gutes Zusammengehörigkeitsgefühl, soziale Beziehungen sind sachbezogen und partnerschaftlich, freundlich, es gibt keine Sündenböcke und Außenseiter	kaum Zusammenarbeit, Langeweile, kaum zielorientierte Arbeit, kein Zusammengehörigkeitsgefühl
Unabhängigkeit in der Arbeit	arbeiten nicht, wenn der Gruppenleiter nicht anwesend ist	arbeiten auch, wenn der Gruppenleiter nicht anwesend ist	arbeiten nur sehr wenig und sehr desorganisiert
Verhalten bei Schwierigkeiten	fordern sofort beim Gruppenleiter Hilfe an	die eigenen Bemühungen werden verstärkt, Hilfe wird auch bei den anderen Gruppenmitgliedern gesucht	Hilflosigkeit
Kommunikation	meist beschränkt auf die aktuelle Aufgabe, meist mit dem Gruppenleiter, ich-bezogene Kommunikation: meist „ich", selten „wir" – wenig Diskussionen	sachbezogene Kommunikation untereinander und mit dem Gruppenleiter, gruppenbezogene Kommunikation: häufiger „wir", seltener „ich", häufige Diskussionen	wenig bis keine sachbezogene Kommunikation, viele Vorschläge, keine Umsetzung, wechselhafte Kommunikation, gereizt
Gruppenumfassende Aktionen	selten	häufig und mit gutem Erfolg	häufig, aber selten mit Erfolg
… und zum Schluss	alle räumen am Ende des Treffens auf	alle räumen am Ende des Treffens auf	ein Junge räumt auf, der Rest nicht

Erziehungsstile und ihre Auswirkungen

oder weniger „autoritär", „demokratisch" oder „laissez-faire" ausgerichtet sind. Problematisch wäre es nun, wenn sich eine Erzieherin beispielsweise bemüht, demokratisch zu sein, dann aber bei Schwierigkeiten autoritär zu sein versucht und dann, wenn sie sich endgültig überfordert fühlt, die Kinder machen lässt, was sie wollen. In einer solchen Situation nimmt sie den Kindern die notwendigen Möglichkeiten, sich am Verhalten der Erzieherin zu orientieren.

Weiter wäre es falsch, den einfachen Schluss aus diesen Ergebnissen zu ziehen, dass die von Lewin, Lippit und White beschriebenen Erziehungsstile die einzigen entscheidenden Einflüsse auf das Verhalten von Kindern und Jugendlichen seien. Wie Sie in diesem Buch an vielen Stellen feststellen können, sind die Determinanten der Entwicklung von Kindern und Jugendlichen weit komplexer und komplizierter. Das Erziehungsstilkonzept von Lewin, Lippit und White hat aber sowohl in der Sozialpädagogik als auch in der Schulpädagogik zu nachhaltigen Diskussionen geführt. Es ist bis heute sehr verbreitet und eine hilfreiche Grundlage zur Reflexion des Erziehungsverhaltens.

Erziehungsstilkonzepte – die Erziehungsstil-Dimensionen von R. und A.-M. Tausch

Ein weiteres Erziehungsstilkonzept, das vor allem in Deutschland bekannt geworden ist, wurde von Anne-Marie Tausch und Reinhard Tausch entwickelt.

Für R. und A.-M. Tausch wie für Lewin, Lippit und White sind Erziehungsstile unterscheidbare, relativ konstante und überdauernde Grundformen erzieherischen Handelns. Während das Erziehungsstilkonzept von Lewin, Lippit und White drei klar beschriebene idealtypische Erziehungsstile beschreibt, ist das Konzept von Tausch und Tausch sehr viel komplexer und variabler. Es beschreibt Erziehungsstile in **vier Dimensionen**, die ähnliches und zueinander im Zusammenhang stehendes, erzieherisch bedeutsames Handeln zusammenfassen (vgl. Tausch/Tausch, 1998):

- Missachtung/Kälte/Härte – Achtung/Wärme/Rücksichtnahme
- kein einfühlendes Verstehen – einfühlendes Verstehen
- Fassadenhaftigkeit – Echtheit
- keine fördernden, nicht dirigierenden Tätigkeiten – viele fördernde, nicht dirigierende Tätigkeiten

Diese vier Dimensionen sind jeweils als Pole auf einer Skala von 1 bis 5 zu verstehen. Auf der Skala Missachtung/Kälte – Achtung/Wärme heißt das: Das Extrem von Missachtung erhält den Wert „1" und das Extrem von Achtung den Wert „5". Dazwischen gibt es alle möglichen Zwischenwerte.

Anne-Marie Tausch (1925–1983)
Reinhard Tausch (*1921)
Das Ehepaar Tausch forschte und lehrte am Psychologischen Institut der Universität Hamburg. Zu ihren Arbeitsschwerpunkten gehörten sowohl pädagogische als auch psychologische und psychotherapeutische Fragestellungen. Anne-Marie und Reinhard Tausch arbeiteten gemeinsam an der Entwicklung der deutschen Gesprächspsychotherapie, die wesentlich auch von den Forschungsarbeiten von Rogers beeinflusst war. Als Anne-Marie Tausch 1983 starb, setzte ihr Mann die gemeinsame Arbeit fort. Die Arbeiten des Ehepaares Tausch beeinflussten die Lehrerausbildung in ganz Deutschland nachhaltig.

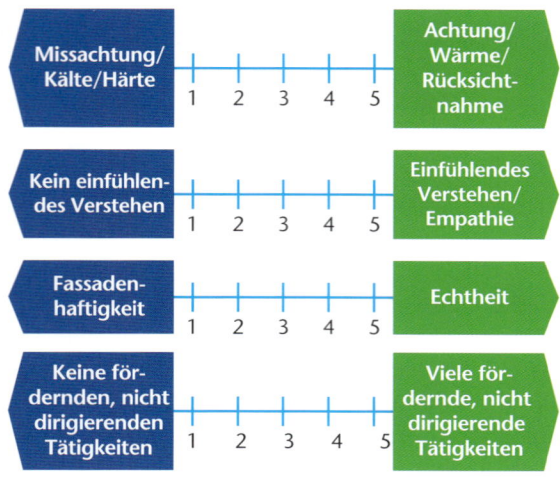

Erziehungsstil-Dimensionen

Die Dimensionen werden von Tausch und Tausch wie folgt beschrieben:

Missachtung/Kälte/Härte
Dies bedeutet, dass die Erzieherin
- das Kind gering achtet,
- es ablehnt,
- eher unfreundlich ist,
- ironisch mit ihm umgeht,
- es demütigt,
- grob und lieblos ist,
- es entmutigt,
- ihm Angst einflößt,
- häufig droht und straft,
- distanziert und verschlossen bleibt.

Achtung/Wärme/Rücksichtnahme
Dies bedeutet, dass die Erzieherin
- das Kind wertschätzt,
- es anerkennt,
- es willkommen heißt,
- nachsichtig ist,
- herzlich ist,
- es beschützt,
- ihm hilft, wo nötig,
- es tröstet,
- offen und nah zu ihm ist.

Kein einfühlendes Verstehen
Dies bedeutet, dass die Erzieherin
- das Kind nur aus ihrer eigenen Perspektive wahrnimmt,
- sich nicht mit der Gefühlswelt des Kindes auseinandersetzt,
- das Kind anders versteht, als es sich selbst wahrnimmt,
- in ihrem Handeln die Gefühlswelt des Kindes ignoriert,
- nicht empathisch ist.

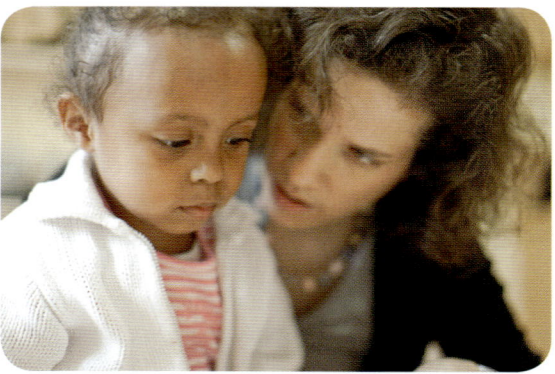

Einfühlendes Verstehen
Dies bedeutet, dass die Erzieherin
- die Gefühlsäußerungen des Kindes erfasst,
- den Gefühlen des Kindes angemessen handelt,
- zum Ausdruck bringt, wie sie die Gefühle des Kindes versteht,
- dem subjektiven Erleben des Kindes entsprechend und angemessen handelt,
- empathisch ist.

Fassadenhaftigkeit
Dies bedeutet, dass die Erzieherin
- anders handelt, als sie denkt und fühlt,
- sich anders gibt, als sie ist, und eine Rolle „spielt",
- andere über sich täuscht,
- unehrlich sich selbst gegenüber ist,
- eigene Gefühle nicht zum Ausdruck bringt.

Echtheit
Dies bedeutet, dass die Erzieherin
- sich gibt, wie sie ist,
- ungekünstelt und natürlich ist,
- sich selbst kennt,
- über Selbstbewusstsein, Selbstvertrauen und Selbstwertgefühl verfügt,
- dem Kind offen und verständlich begegnet,

- sich nicht hinter Routinen und Vorschriften versteckt,
- eigene Gefühle rücksichtsvoll auszudrücken vermag.

Keine fördernde, nicht dirigierende Tätigkeit
Dies bedeutet, dass die Erzieherin
- enge Anweisungen gibt und keine Handlungsalternativen anbietet,
- Hilfen gibt, die als Anweisungen verstanden werden sollen und eigene Entscheidungen ausschließt,
- keine Rückmeldungen (Feedback) gibt,
- sich selbst nicht als Lernende, sondern als Erzieherin versteht, die ihre pädagogische Arbeit „endgültig" beherrscht,
- die Entwicklung von Selbstvertrauen, Selbstwertgefühl und Selbstbewusstsein der Kinder nicht unterstützt,
- die Bildung der Kinder nicht als Selbstbildungsprozesse versteht, sondern Wissen „über die Köpfe der Kinder hinweg" vermittelt.

Fördernde, nicht dirigierende Tätigkeit
Dies bedeutet, dass die Erzieherin
- den Kindern Handlungsalternativen anbietet und ermöglicht,
- Hilfen gibt, die den Kindern eigene Entscheidungen offenlassen bzw. ermöglichen,
- häufig, angemessen und kindgemäß Rückmeldungen (Feedback) gibt,
- mit den Kindern „mitlernt",
- fördernde und didaktisch offene Bedingungen für die Entwicklung von Selbstvertrauen, Selbstwertgefühl und Selbstbewusstsein schafft,
- Angebote zur Unterstützung und Förderung der Selbstbildungsprozesse der Kinder schafft.

(vgl. Tausch/Tausch, 1998)

Dieses sehr komplexe Konzept ermöglicht eine im Vergleich zum idealtypischen Konzept von Lewin, Lippit und White sehr viel differenziertere Einordnung von Erziehungsstilen. Dementsprechend bietet es der Erzieherin in der Praxis auch mehr Möglichkeiten und Hilfen zur Reflexion und Weiterentwicklung der eigenen erzieherischen Tätigkeit.
Entsprechend ihrem gesprächstherapeutischen Arbeitsschwerpunkt spielt im Erziehungsstilkonzept von R. und A.-M. Tausch das **Gespräch** mit den Kindern oder Jugendlichen eine entscheidende Rolle. Das Konzept wurde auf der Grundlage von Beobachtungen der sprachlichen Kommunikation zwischen Erzieherinnen und Kindern entwickelt. Trotz dieser wissenschaftsmethodischen Begrenzung zeigt das Konzept auch, welche hohe Bedeutung der Sprachkompetenz einer Erzieherin zukommt.

Elterliche Erziehungsstile
Die Forschungsergebnisse von Lewin, Lippit und White einerseits und R. und A.-M. Tausch andererseits stützten sich auf das professionelle erzieherische Handeln von Erzieherinnen beziehungsweise Lehrkräften.
Inzwischen gibt es aber auch Konzepte bezüglich der Erziehungsstile von Eltern. Meist werden dabei **fünf Stiltypen** – idealtypisch wie bei Lewin, Lippit und White – unterschieden (vgl. Zimbardo, 2003, S. 692f.; Hobmair, Pädagogik, 2008, S. 274f.):
- autoritativ
- autoritär
- permissiv
- nachgiebig
- vernachlässigend

Autoritative Erziehung
In der autoritativen Erziehung werden die Kinder mit altersgemäßen Anforderungen konfrontiert. Die Einhaltung von Regeln und die Beachtung von Normen werden eingefordert. Gleichzeit sind die Eltern jedoch partnerschaftlich und an ihren Kindern und ihrer Persönlichkeit interessiert. Sie unterstützen die Entwicklung der Selbstständigkeit und des Selbstvertrauens der Kinder.

Autoritäre Erziehung
Autoritäre Eltern fordern absoluten Gehorsam und bestimmen alles, was ihre Kinder betrifft. Regelbefolgung und Achtung vor der elterlichen Erziehungsgewalt sind unabdingbar. All dies ist verbunden mit kontinuierlichen Kontrollen der Kinder durch ihre Eltern. Die Einhaltung von Vorschriften wird mithilfe von Drohungen und Strafen durchgesetzt.

Erich Fromm, aber auch Soziologen wie Theodor W. Adorno, haben sich intensiv mit der autoritären Erziehung beschäftigt und mit der Frage auseinandergesetzt, warum manche Erwachsene keine anderen pädagogischen Wege einschlagen können, als mit ihren Kindern autoritär umzugehen. Beide, Fromm wie Adorno, haben festgestellt, dass es autoritäre Persönlichkeiten gibt, für die eine sozial-integrative Erziehung nicht realisierbar ist und (u. a. deshalb?) für falsch gehalten wird. Besonders bekannt wurden dabei die Arbeiten von Adorno, die die Auseinandersetzungen um eine sozial-integrative, demokratische Grundlegung der Erziehung in Deutschland stark in die Richtung beeinflusst hat, die heute mehrheitlich in deutschen Schulen und Familien anzutreffen ist.

Permissive Erziehung
Permissive Eltern erlauben viel, lenken und kontrollieren wenig und vermeiden Strafen. Sie legen Wert darauf, dass ihre Kinder ihr Verhalten möglichst selbst bestimmen können.

Nachgiebige Erziehung
Nachgiebige Eltern lenken das Verhalten ihrer Kinder kaum und stellen wenige Forderungen. Sie sind sehr tolerant und haben eine enge emotionale Beziehung zu ihrem Kind.

Vernachlässigende Erziehung
Vernachlässigende Eltern halten sich aus den Belangen ihrer Kinder heraus. Sie haben nur wenig emotionale Bezüge zu ihren Kindern und sind wenig an deren Entwicklung und Wohlsein interessiert.

Psychologische und pädagogische Untersuchungen haben ergeben, dass eine **autoritative Erziehung** im Vergleich mit den anderen vier Erziehungsstilen im Hinblick auf die Entwicklung von Kindern erfolgreicher ist. Autoritative Erziehung fördert besonders die Entwicklung des Sozialverhaltens von Kindern, ihre Bereitschaft, Verantwortung für sich und andere zu übernehmen, sowie ihre Selbstständigkeit. Eher umgekehrt verhält es sich mit einer autoritären Erziehung. Hier zeigt sich vor allem die fehlende Bereitschaft, Verantwortung tragen zu können.

Theodor W. Adorno (1903–1969)
Theodor W. Adorno studierte in Frankfurt/Main Philosophie, Soziologie, Psychologie und Musiktheorie. Als Professor jüdischer Abstammung wurde ihm unter den Nationalsozialisten 1933 die Lehrerlaubnis entzogen. 1934 emigrierte er nach Großbritannien und arbeitete als Dozent in Oxford. 1938 wanderte er in die Vereinigten Staaten aus, wo er sich intensiv mit dem Nationalsozialismus auseinandersetzte. 1949 kehrte Adorno nach Frankfurt zurück und erhielt dort eine Professur für Sozialphilosophie. 1950 veröffentlichte er gemeinsam mit anderen Wissenschaftlern die empirische Studie zum autoritären Charakter. Adornos Erfahrungen mit dem autoritären System des Nationalsozialismus prägten sein ganzes Leben. So war es ihm zwar gelungen, Deutschland rechtzeitig zu verlassen und damit sein Leben zu retten, das schreckliche Schicksal der zurückgebliebenen, gequälten und ermordeten jüdischen Bürger belastete ihn jedoch zeitlebens.

Autoritäre Eltern setzen zwar Gehorsam durch, damit verbunden ist jedoch eine geringe Selbstständigkeit ihrer Kinder. Permissiv und nachgiebig erzogene Kinder entwickeln ein ausgeprägtes Selbstvertrauen. Vor allem Letztere haben allerdings gewisse Disziplinprobleme in der Schule. Am nachteiligsten für die Kinder wirkt sich eine vernachlässigende Erziehung durch die Eltern aus. Bei ihnen sind Verhaltensabweichungen und -störungen besonders häufig.

Insgesamt soll an dieser Stelle noch einmal darauf hingewiesen werden, dass der Erziehungsstil einer Erzieherin oder der Eltern niemals der einzig entscheidende erzieherische Einflussfaktor auf die Entwicklung eines Kindes ist. Dies soll allerdings nicht darüber hinwegtäuschen, dass die Erziehungsstilkonzepte eine gute und wichtige Grundlage zur Reflexion und Weiterentwicklung des eigenen erzieherischen Handelns sind. Die verschiedenen Konzepte haben bei aller Unterschiedlichkeit dennoch in den Kernaussagen über die Merkmale und Wirkungen von Erziehungsstilen viele Gemeinsamkeiten.

Die Genese des Erziehungsstils

Wichtige Faktoren, die die Entwicklung des Erziehungsstils einer Erzieherin nachhaltig beeinflussen, sind u. a.

- die Persönlichkeit der Erzieherin mit all ihren Stärken, Schwächen, Vorlieben, Bedürfnissen und Ängsten,
- die Zugehörigkeit zu einer bestimmten soziokulturellen Schicht, in der besondere Erziehungsnormen gültig sind,
- die Familiensituation mit den besonderen Persönlichkeiten ihrer Mitglieder – insbesondere der Eltern der Erzieherin,
- das Menschenbild der Erzieherin,
- sowie die gesamtgesellschaftlichen Situationen, in der – zeit- und kulturabhängig – bestimmte Erziehungsinhalte und -ziele vorherrschend sind.

Die Persönlichkeit der Erzieherin

Persönlichkeit
Persönlichkeit ist das dynamische und relativ überdauernde psychophysische Gesamtsystem, das das Verhalten und Erleben eines Menschen in charakteristischer Weise beeinflusst (vgl. Allport, 1959, S. 49f.). Sie ist die „dynamische Ordnung derjenigen psychophysischen Systeme im Individuum, die seine einzigartigen Anpassungen an seine Umwelt bestimmen" (Allport, 1959, S. 49f.).

Obwohl der Mensch durch seine individuelle und relativ **konstante Persönlichkeitsstruktur** als Individuum identifizierbar ist, kann er sich flexibel und dabei in für ihn typischer Weise auf unterschiedliche Problem- und Aufgabensituationen einstellen. Dies trifft natürlich auch auf das Erziehungsverhalten einer Erzieherin zu.

Ihr typisches Erziehungsverhalten wird wesentlich von ihrer Gesamtpersönlichkeit mitbestimmt. Dies heißt jedoch nicht, dass die Erzieherin ihr Erziehungsverhalten als unabänderlich hinnehmen müsste, denn die Persönlichkeit des Menschen ist Ergebnis des Zusammenspiels von Anlagen und Umwelteinflüssen. Persönlichkeitseigenschaften können – und müssen – sich dementsprechend als Ergebnis von Lernprozessen ändern und weiterentwickeln.

Die Schicht- und Kulturzugehörigkeit der Erziehenden

Ein weiterer Faktor, der den Erziehungsstil der Erziehenden wesentlich beeinflusst, ist ihre Zugehörigkeit zu einer bestimmten sozialen Schicht.

Soziale Schicht
Unter einer sozialen Schicht sind Menschen zu verstehen, die sich im Hinblick auf bestimmte Merkmale gleichen und zusammenfassen lassen. Dabei handelt es sich um Merkmale wie soziale Wertschätzung und gesellschaftliches Ansehen, Bildung, Einkommen, Vermögen und Lebensstandard. Der Begriff der sozialen Schicht ist eine Bezeichnung für die hierarchische Struktur einer Gesellschaft, weshalb in der Soziologie stattdessen auch von „sozialer Ungleichheit" gesprochen wird.

Soziale Schichtmodelle beschreiben **soziale Ungleichheit** innerhalb einer Gesellschaft. Sie gehen davon aus, dass sich die Mitglieder einer Gesellschaft nach einer Rangordnung im Sinne von „oben" und „unten" einordnen lassen. Die Mitglieder einer sozialen Schicht stimmen nicht nur im Hinblick auf ihren beruflichen Status oder ihr Einkommen usw. überein, sondern sie weisen auch Gemeinsamkeiten in ihren Verhaltens- und

Einstellungsmustern auf. Diese Muster sind auch im Erziehungsverhalten erkennbar.

Unterschiedliche Gewichtungen und Definitionen der verschiedenen Schichtmerkmale können dann dazu führen, dass Schichtmodelle sich quantitativ und qualitativ unterscheiden. So gibt es Modelle, die die Gesellschaft in zwei, drei oder fünf Schichten einteilen. Die jeweilige Größe der Schichten ist dabei abhängig von den Kriterien, mit denen sie der jeweilige Autor definiert. Spielt beispielsweise die Bildung in der Definition eine größere Rolle als das Einkommen oder umgekehrt, wird sich die Größe der Schichten entsprechend verändern.

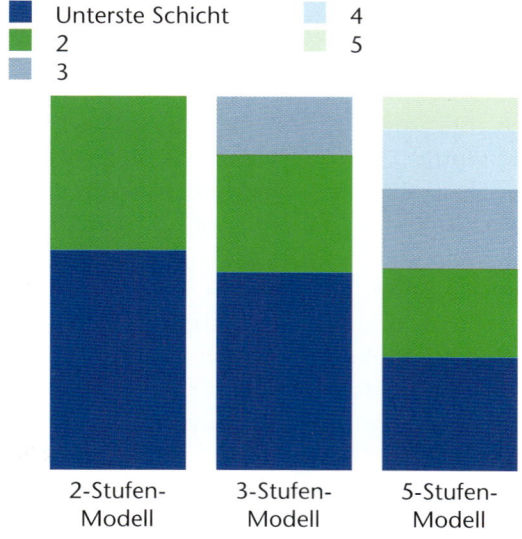

Soziale Schichtmodelle

Unabhängig von der Art der hierarchischen Gliederung einer Gesellschaft durch Soziologen zeigt sich, dass in unteren sozialen Schichten in der Regel andere Erziehungsstile praktiziert werden als in höheren Schichten. Dies bedeutet konkret, dass sich die Sozialisation der Kinder je nach Schichtzugehörigkeit unterscheidet (vgl. Lukesch, 1976, S. 91).

Sozialisation
Mit Erziehung sind alle bewussten und beabsichtigten Einflussnahmen auf das Verhalten von Kindern oder Jugendlichen mit dem Ziel gemeint, deren Verhalten und Erleben nachhaltig in eine bestimmte Richtung zu beeinflussen. Der Begriff Sozialisation umfasst darüber hinaus auch die unbeabsichtigten und möglicherweise sogar unerwünschten Einflüsse des sozialen Milieus und der materiellen Umwelt auf die Entwicklung. Sozialisation umfasst also Erziehung und geht weit darüber hinaus. Sozialisation bezieht sich auf den Prozess der Entwicklung der Persönlichkeit unter dem Einfluss der konkreten sozialen und materiellen Lebensbedingungen.

Die Mitglieder derselben sozialen Schicht nehmen innerhalb der Belohnungs-, Macht- und Ansehensstruktur einer Gesellschaft vergleichbare Rangplätze ein. Sie können auch als Teilkulturen mit unterschiedlichen Wertorientierungen verstanden werden.

Die amerikanische Soziologin Annette Lareau hat in einer umfangreichen Untersuchung die Erziehungsstile der Mittelschicht (*Concerted Cultivation*) und der Unterschicht (*Accomplishment of Natural Growth*) miteinander verglichen. In ihren Untersuchungen wurde besonders deutlich, dass sich der Alltag der Kinder dieser beiden Schichten gravierend unterscheidet (vgl. Lareau, 2003, S. 238f.). Lareau stellte außerdem fest, dass in den Familien der Unterschicht – also der unteren sozialen Schicht – eine eher **restringierte Sprache** gesprochen wird.

Restringierte Sprache
Die restringierte Sprache ist gekennzeichnet durch kurze, grammatikalisch einfache und oft unvollständige Sätze. Dabei werden wenige Adjektive und Adverbien verwendet (vgl. Bernstein u. a., 1973).

In der Mittelschicht dagegen ist eine **elaborierte Sprache** verbreitet.

Elaborierte Sprache
In der elaborierten Sprache werden häufiger Fach- und Fremdwörter verwendet. Sie ist grammatikalisch meist richtig, der Wortschatz ist sehr viel größer und Adjektive und Adverbien werden häufig zur Darstellung komplizierter und komplexer Sachverhalte eingesetzt (vgl. Bernstein u. a., 1973).

Die beiden Begriffe „elaboriert" und „restringiert" gehen auf eine Theorie von Bernstein zurück (vgl. Bernstein u. a., 1973). Auch wenn Bernsteins Theorie heute nicht mehr in allen Punkten für richtig gehalten wird, ist die Grundaussage, dass die soziale Schichtzugehörigkeit die Sprache und insbesondere die Sprachkompetenz beeinflusst, auch heute noch unumstritten und immer wieder in soziologischen Studien bestätigt.

Die **Sprachkompetenz**, d. h. die Fähigkeit, elaboriert zu kommunizieren, spielt für die Entwicklung des Menschen eine große Rolle. Kinder und Jugendliche, deren Erziehende nicht über eine solche sprachliche Kompetenz verfügen, haben in der heutigen Gesellschaft in der Regel deutlich geringere Bildungs- und Berufschancen.

Vor diesem Hintergrund gehört es zu den zentralen Aufgaben einer Erzieherin, die eigene Sprachkompetenz kontinuierlich weiterzuentwickeln und den Kindern kindgemäß und gleichzeitig mit elaborierter Sprache zu begegnen.

Die Untersuchungen von Annette Lareau zeigen weiter, dass der soziale Umgang der Eltern mit ihren Kindern in der Unterschicht weit weniger partnerschaftlich ist als in der Mittelschicht. Angemerkt werden sollte in diesem Zusammenhang, dass solche Untersuchungen zwar Orientierungen für die praktische Arbeit bieten, nicht aber unreflektiert pauschalisiert werden sollten. In der Unterschicht herrscht häufig ein autoritäres Verhältnis der Eltern zu ihren Kindern vor. Auch, weil ein partnerschaftlicher Umgang nicht nur eine Frage der Lebensqualität, sondern auch für die Entwicklung demokratischer Kompetenzen wichtig ist, muss eine Erzieherin entsprechend mit Kindern und Jugendlichen umgehen können. Wie die Sprache, die sie verwendet, so ist auch ihr partnerschaftlicher Umgang mit den Kindern oder Jugendlichen ein Merkmal ihres Erziehungsstils.

Dies gilt gleichermaßen für die Qualität der sozialpädagogischen Angebote, die die Erzieherin den Kindern macht. So gilt es einerseits, die Kinder nicht mit Angeboten zu überfrachten oder zu überfordern, wie dies in manchen Mittelschichtfamilien der Fall ist. Andererseits kommt es auch heute noch in einigen sozialpädagogischen Einrichtungen vor, dass den Kindern zu wenige qualitativ anspruchsvolle und gleichzeitig kindgemäße Bildungsangebote gemacht werden. Auch der Stellenwert, den die Erzieherin der Unterstützung der Selbstbildungsprozesse beimisst, ist ein Merkmal ihres Erziehungsstils.

Ein weiterer wichtiger Aspekt ist in diesem Zusammenhang, dass die Erzieherin ein Gleichgewicht zischen klaren Vorgaben und Freiraum herstellen muss: Während sie einerseits einer klaren Strukturierung des Alltags der Einrichtung folgt, schafft sie andererseits Spielräume für spontane Aktivitäten und Aktionen der Kinder oder Jugendlichen.

Zusammenfassend lässt sich feststellen, dass eine Erzieherin – gleich in welcher sozialpädagogischen Einrichtung sie arbeitet – immer wieder die eigene Sozialisation reflektieren muss, um ihr

Erziehungsstilmerkmale in der Mittel- und Unterschicht

Erziehungsverhalten zu reflektieren, weiterzuentwickeln und somit die Bildungs- und Entwicklungschancen der Kinder zu optimieren. Dazu ist es hilfreich, die wichtigsten Erziehungsstilkonzepte zu kennen sowie ein differenziertes Verständnis von „Autorität" zu haben:

Autorität – aber nicht autoritär

Eine besonders wichtige Unterscheidung ist an dieser Stelle zu treffen: Rationale Autorität ist etwas grundsätzlich anderes als irrationale Autorität. So wird eine Erzieherin, die in der Beziehung zu „ihren" Kindern oder Jugendlichen eine rationale Autorität ist, nicht autoritär mit ihnen umgehen.

Rationale Autorität

„Rationale Autorität hat ihren Ursprung in Kompetenz. Der Mensch, dessen Autorität respektiert wird, handelt kompetent in dem ihm zugewiesenen Bereich, den ihm andere anvertraut haben. Er braucht weder einzuschüchtern, noch muss er durch magische Eigenschaften Bewunderung erregen. Solange und in dem Maße, in dem er kompetente Hilfe leistet, anstatt auszubeuten, beruht seine Autorität auf rationalen Grundlagen und braucht keinerlei irrationale Furcht. Rationale Autorität lässt nicht nur ständige Prüfung und Kritik seitens derer zu, die ihr unterworfen sind, sondern fordert diese geradezu heraus. [...] Rationale Autorität beruht auf der Gleichheit desjenigen, der die Autorität besitzt und dessen, der sich ihr unterstellt." (Fromm, Bd. II, 1980, S. 11)

Irrationale Autorität

„Irrationale Autorität dagegen hat ihren Ursprung stets in der Macht über Menschen. Diese Macht kann eine physische oder eine psychische sein, sie kann tatsächlich vorhanden sein oder aber in der Angst und Hilflosigkeit des Menschen, der sich dieser Autorität unterwirft, ihren Grund haben. Macht auf der einen, Furcht auf der anderen Seite, das sind stets die Stützen irrationaler Autorität. Kritik an dieser Art von Autorität ist nicht nur nicht erwünscht, sondern verboten. [...] Irrationale Autorität beruht ihrer Natur nach auf Ungleichheit und das heißt gleichzeitig, auf einem Wertunterschied." (Fromm, Bd. II, 1980, S. 11)

autoritär

Der Begriff „autoritär" – so wie er meist im Alltag gemeint und in den unterschiedlichen Erziehungsstilkonzepten verwendet wird – bezieht sich auf irrationale Autorität und ist gleichbedeutend mit un- oder antidemokratisch. In pädagogischen Zusammenhängen ist der Begriff „autoritär" auf ein pädagogisches Verhältnis bezogen, das Gehorsam um des Gehorsams willen, das Disziplin um der Disziplin willen verlangt. Erziehungshandeln im autoritären Sinn ist gleichbedeutend mit Machtausübung aufgrund der beruflichen Funktion und nicht auf der Grundlage pädagogischer Kompetenz.

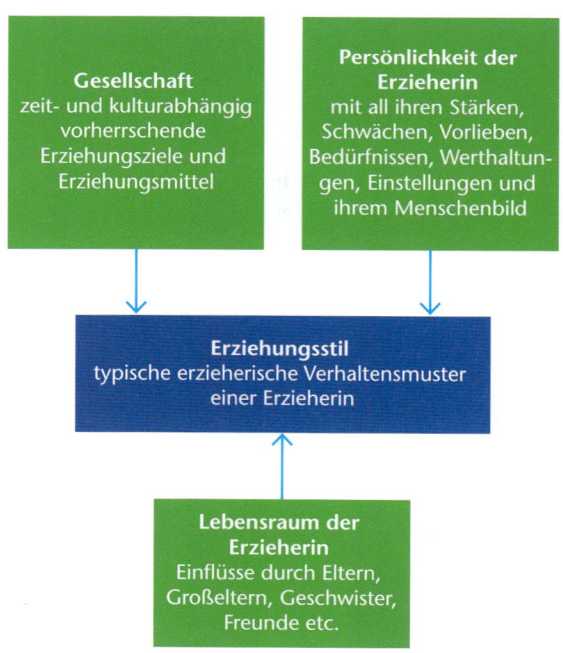

Einflussfaktoren auf den Erziehungsstil einer Erzieherin

3.1.6 Normen und Werte in der Erziehung

Erziehungsziele sind untrennbar verbunden mit Normen und Werten und beeinflussen dementsprechend auch die Mittel und Methoden der Erziehung. Aus diesem Grund werden Sie in diesem Kapitel mehr über das Wesen von Normen und Werten erfahren.

Menschen sind soziale und gesellschaftliche Wesen. Sie leben in kleineren oder größeren Bezugsgruppen:
- in der Familie
- in Freundesgruppen
- in Gruppen sozialpädagogischer Einrichtungen
- in Schulklassen
- in beruflichen Teams etc.

Darüber hinaus leben sie möglicherweise in kleineren oder größeren Religionsgruppen. Wo auch immer Menschen leben, gehören Sie unterschiedlich großen Kulturkreisen und immer bestimmten Gesellschaften an (vgl. auch Kap. 3.5.8).

Die individuellen Weltanschauungen, die persönlichen Interessen und Bedürfnisse der Menschen unterscheiden sich nicht nur, sondern stehen sich häufig sogar entgegen. Dieses Gegeneinander ist nicht zuletzt Ursache für Kriege zwischen Nationen und Völkern und für die kleinen Kämpfe zwischen einzelnen Menschen und größeren wie kleineren Gruppen. Damit dennoch ein soziales Miteinander möglich ist, haben die Menschen formelle und informelle Regeln (Normen) geschaffen.

Informelle Normen finden sich in allen Gruppen einer Gesellschaft – in Familien, Vereinen, Berufsgruppen etc. Diese Normen sind nicht standardisiert oder kodifiziert, aber sie können für das Zusammenleben von großer Bedeutung und handlungsleitend sein. **Formelle Normen** sind dagegen Normen, die – meist schriftlich fixiert – in Form von Rechtsvorschriften (Verfügungen, Erlasse, Verordnungen, Gesetze) einen hohen Grad an Verbindlichkeit haben. Verstöße gegen informelle wie gegen formelle Normen werden meist sanktioniert.

So ist die Menschheit im Laufe ihrer Geschichte gezwungen, immer kompliziertere Regeln für ihr Zusammenleben zu entwickeln. Diese Regeln wurden lange Zeit von Generation zu Generation vorgelebt. Sie wurden nicht oder – sofern dies schon möglich war – nur selten schriftlich fixiert. Seit dem Mittelalter gibt es allerdings eine wachsende Zahl an schriftlich fixierten Regeln (Gesetzen), die das komplexer werdende Zusammenleben der Menschen regeln. Diese Zunahme hat inzwischen ein solches Ausmaß angenommen, dass unzählige Ministerien mit einer noch unzähligeren Anzahl an Fachleuten täglich mit der Entwicklung neuer Gesetze befasst sind. Es gibt inzwischen so viele Regeln, dass die Bundesrechtsanwaltskammer im Jahr 2009 die Mitgliedschaft von 150 377 Rechtsanwälten feststellen konnte, deren Aufgabe darin besteht, Menschen in rechtlichen Fragen zu unterstützen (vgl. Bundesrechtsanwaltskammer, 2009). Im Jahr 1950 waren es nur 12 844, weniger als 10 % der heutigen Zahl (vgl. Bundesrechtsanwaltskammer, 2009).

Normen

Normen sind kognitive, d. h. vom Menschen kognitiv konstruierte Regeln oder Maßstäbe. Sie werden durch Erziehung von Generation zu Generation weitergegeben, wobei sie einem mehr oder minder ausgeprägten Wandel unterliegen. Das Handeln, das sich an Normen orientiert, ist mit diesen nicht gleichzusetzen, denn Normen drücken „nur" aus, welches Verhalten sein oder nicht sein soll.

Es gibt
- technische Normen,
- politische Normen,
- rechtliche Normen (Gesetze, Verordnungen etc.),
- religiöse Normen (z. B. die 10 Gebote),
- soziale Normen (Gruppenverhalten),
- ethische Normen,
- wirtschaftliche Normen,
- Normen in der Personalführung,
- Normen im Sport etc.

Abweichungen von Normen haben meist Konsequenzen, beispielsweise kann die Normverletzung bestraft werden oder ein technisches Gerät funktioniert nicht.

Normen, die speziell das Zusammenleben der Menschen regeln, bezeichnet man als soziale Normen.

Soziale Normen

Soziale Normen sind die in einer Gruppe oder Gesellschaft vorherrschenden Auffassungen über erwünschtes oder nicht erwünschtes Verhalten. Die Einhaltung sozialer Normen kann belohnt werden. Soziale Normen stellen für den Menschen eine Hilfe dar, sich als instinktreduziertes Wesen zu orientieren. Soziale Normen entlasten in vielen Entscheidungssituationen. Normgerechtes Handeln ist eine der Voraussetzungen für die Integration des Einzelnen in die Gemeinschaft. Normen können schützen und entlasten.

In übertragenem Sinne sind soziale Normen eine Art Autorität, die mit ihrer sozial bindenden Kraft eine besondere Form von Gehorsam bewirkt, nämlich Gehorsam im Sinne einer Regelbefolgung. Häufig werden soziale Normen als Einschränkung von Freiheit verstanden und erlebt. Diese Einschränkung äußert sich in Form von Geboten und Verboten:

- **Gebote** schreiben ein bestimmtes Verhalten vor und schließen alternative Verhaltensweisen aus.
- **Verbote** schließen ein bestimmtes Verhalten aus und lassen andere Verhaltensmöglichkeiten offen.

Ein wichtiges Merkmal sozialer Normen besteht in ihrer Objektivität. Unter **Objektivität** ist hier zu verstehen, dass die Normen von allen Mitgliedern einer Gruppe und nicht nur von einzelnen Personen anerkannt werden. Nicht gemeint ist, dass sie eine absolute Gültigkeit und Wahrheit verkörpern. Häufig drücken sich in sozialen Normen auch Traditionen der Gruppen aus. Die gemeinsame Anerkennung der sozialen Normen verbindet die Gruppenmitglieder miteinander. Ohne diesen Effekt wäre ein Zusammenleben nicht möglich.
Soziale Normen

- geben dem Verhalten der Gruppen- oder Gesellschaftsmitglieder eine Richtung vor und drücken aus, was sein soll oder was nicht sein soll,
- haben eine unterschiedliche Verbindlichkeit,
- können schriftlich oder auch nur gewohnheitsmäßig festgelegt sein,
- können sehr präzise oder sehr allgemein sein,
- können von einzelnen oder von allen Mitgliedern einer Gruppe oder Gesellschaft zu beachten sein (vgl. Jilesen, 2008, S. 35 ff.).

Individuelle Normen

In diesem Zusammenhang stellt sich die Frage, ob es ganz individuelle Normen gibt. Der türkische Sozialpsychologe Muzaffer Şerif Başoğlu, in der Literatur bekannt als Muzafer Sherif, führte dazu vor mehr als 70 Jahren ein Experiment durch, das auf einfache, anschauliche Weise den Unterschied und die Beziehung zwischen sozialen und individuellen Normen zeigt. Es ging in diesem Experiment um den Einfluss, den die soziale Gruppe auf individuell entwickelte Normen (Maßstäbe) hat.
Şerif kannte das autokinetische Phänomen, bei dem ein kleiner, in einem verdunkelten Raum leuchtender, unbewegter Lichtpunkt aufgrund unwillkürlicher Augenbewegungen nach kurzer Zeit als bewegt wahrgenommen wird. Er verdunkelte daher einen Raum völlig und projizierte einen solchen Lichtpunkt an eine der Wände. Dann bildete er drei Versuchsgruppen, die das Ausmaß der (Schein-)Bewegungen einschätzen sollten. Der Lichtpunkt wurde jeder Gruppe 100-mal kurz dargeboten.

1. Gruppe: Jede Person schätzte die Bewegung für sich ein, ohne dass die anderen Gruppenmitglieder etwas von der Einschätzung erfuhren. In einem anschließenden gemeinsamen Gespräch über die Einschätzungen behielten die einzelnen Mitglieder ihre vorherige individuelle Einschätzungen bei.

2. Gruppe: Hier wurden die Einschätzungen zunächst alleine vorgenommen, bei weiteren Durchgängen jedoch in Zweier- und Dreiergruppen gemeinsam. Es zeigte sich dabei, dass die Mitglieder der Kleingruppen schnell zu einer gemeinsamen Einschätzung fanden, diese aber als individuelle Norm verstanden.

3. Gruppe: In dieser Gruppe wurden die Schätzungen zunächst offen und erst in weiteren Durchgängen allein vorgenommen. Die Mitglieder dieser Gruppe entwickelten von Anfang an eine gemeinsame Einschätzung, an der sie überdauernd festhielten.

In diesem Experiment bezogen sich die individuelle und die Gruppennorm auf einen Maßstab. Die individuellen Schätzungen lagen zwischen 5 und 8 cm. Unter dem Einfluss der Gruppe unterschieden sie sich kaum mehr. Die Ergebnisse des Experiments zeigen, dass sich individuelle Maßstäbe unter sozialen Einflüssen einem Gruppenmaßstab oder auch einem sozialen Maßstab angleichen. Im Alltagsleben bilden die Menschen täglich derartige Normen. Sie beziehen sich auf Temperaturen, Luftfeuchtigkeit, Entfernungen, Zeiten oder Ähnliches. Viele – insbesondere soziale – Normen sind allerdings nicht quantitativer Natur, d. h., sie beziehen sich nicht auf Messbares. So entstehen auch gemeinsame Werte unter sozialem Einfluss. Die Begründung, die Şerif dafür gibt, ist einleuchtend: Der Einzelne bildet Normen für Dinge, Situationen oder Ereignisse nicht nur, indem er individuell auf sie reagiert, sondern er reagiert auch auf die anderen Personen, mit denen er zusammen ist. Dies zeigt, wie wenig „frei" der Mensch bei der Bildung seiner Normen und der damit zusammenhängenden Werte ist.

Die amerikanischen Psychologen Brunner und Goodman führten 1947 ein bis heute viel zitiertes und in diesem Zusammenhang interessantes Experiment durch, an dem 30 zehnjährige Kinder teilnahmen. Die Kinder konnten auf eine Mattscheibe schauen, auf die von innen ein kleiner runder Fleck projiziert wurde, dessen Durchmesser sie verändern konnten. Das Experiment wurde wie folgt strukturiert und durchgeführt:

- Die Gruppe wurde in drei Untergruppen zu je 10 Kindern geteilt.
- Eine der drei Gruppen war die Kontrollgruppe.
- Die erste Gruppe setzte sich aus Kindern sehr wohlhabender Familien zusammen.
- Die zweite Gruppe bestand aus Kindern armer Familien, die in einem Slumviertel Bostons wohnten.
- Die Kinder der Kontrollgruppe mussten lediglich die Größe der runden Flecken auf der Mattscheibe einschätzen.
- Die Kinder der „reichen" und der „armen" Gruppe erhielten den Auftrag, aus der Erinnerung den runden Fleck so einzustellen, dass seine Größe der einer 1-Cent-, einer 5-Cent-, einer 10-Cent-, einer 25-Cent- und einer 50-Cent-Münze entsprach. In einem zweiten Durchgang bekamen sie die Münzen mit der Aufgabe in die Hand, die Münzen anzuschauen und die Größe des Flecks erneut entsprechend einzustellen.

Das Ergebnis des Experiments entsprach den Erwartungen von Brunner und Goodman:
1. Die Münzen wurden größer eingeschätzt als die runden Flecken.
2. Die Größen von Münzen mit höherem Wert wurden in stärkerem Maße überschätzt als Münzen mit geringerem Wert – sowohl, wenn sich die Kinder nur an die Münzen erinnerten, als auch, wenn sie sie zum Vergleich in der Hand halten konnten.
3. Kinder aus ärmeren Familien überschätzten die Größen der Münzen wesentlich stärker als Kinder aus reichen Familien.

Zweifellos spielte dabei der Wert, den die Münzen für die Kinder normalerweise haben, eine sehr bedeutsame Rolle. Ist der subjektive Wert größer, wie dies bei ärmeren Kindern der Fall ist, wird auch die Größe stärker überschätzt.

Diese durchaus begrenzte Eigenständigkeit des Menschen bei der Entwicklung von Normen und Werten zeigt, wie verantwortungsvoll die erzieherische Arbeit in diesem Zusammenhang ist. Aus diesen Gründen müssen sozialpädagogische Fachkräfte
- ihre eigenen Normen und Werte ständig reflektieren,
- sich ihrer diesbezüglichen Vorbildwirkung bewusst sein,
- die das Verhalten steuernde Wirkung von Normen und Werten kennen,
- Normen und Werten anderer Menschen achtsam, wertschätzend, aber auch kritikfähig gegenüberstehen.

Die Ergebnisse dieses Experiments sind in gewisser Weise auch auf die Entwicklung sozialer Normen übertragbar. Es zeigt sich selbst bei jüngeren Kindern immer wieder, dass sich die Normen für das soziale Miteinander der Mitglieder einer Gruppe meist unbewusst angleichen.

Werte und Orientierungen

Für sein bewusstes und zielgerichtetes Handeln benötigt der Mensch Orientierungen. Die Maßstäbe, derer er sich dabei bedient, sind Werte und Normen. Sie entwickeln sich – wie Şerif an diesem kleinen Beispiel deutlich zeigen konnte – im Zusammenleben unterschiedlicher Gruppen und verändern sich kontinuierlich mit dem Wandel, den alle Gesellschaften durchlaufen.

Während sich Normen als Regeln auf etwas beziehen, was ge- oder verboten sein soll, sind Werte Vorstellungen von etwas, das erwünscht ist. So gibt es Werte in fast allen Lebensbereichen (vgl. Niedersächsisches Kultusministerium, 2009):

- kulturelle Werte
- ästhetische Werte
- sittliche Werte
- politische Werte

Eine besondere Bedeutung kommt den unterschiedlichen Normen und Werten im Rahmen der ethischen und religiösen Erziehung und Bildung zu. Dazu erfahren Sie mehr in Kap. 3.5.8.

Normen und Werte erfüllen eine wichtige psychologische Funktion, indem sie dem Einzelnen die für sein Verhalten wichtige Sicherheit geben. Ob Kinder, Jugendliche oder Erwachsene – alle möchten und müssen wissen, wie sie sich verhalten sollen. Wertvorstellungen werden zwar im sozialen Kontext geschaffen, aber trotz dieser Einflüsse immer vom einzelnen Menschen entwickelt. Somit sind sie nicht absolut, sondern immer aus menschlicher Sicht entwickelt. Auf diese Weise verkörpern Werte immer auch

- kulturelle,
- gesellschaftliche,
- historische und
- individuelle

Elemente.

In der Nachkriegszeit haben die Erfahrungen aus der Zeit des Nationalsozialismus und die im Grundgesetz verankerten Werte einen deutlichen und nachhaltigen Einfluss auf die Entwicklung der in der Bundesrepublik Deutschland vorherrschenden Normen und Werte gehabt. Dabei stehen die Unantastbarkeit der Würde des Menschen und die Achtung vor dem Menschen als zentrale Werte im Mittelpunkt.

Alle Menschen haben ein **Bedürfnis nach Werten**, ohne die sie ihrem Handeln und Fühlen nicht die notwendige Sicherheit und die erforderliche Richtung geben können. In der Öffentlichkeit wird die Frage diskutiert, ob die Erziehung in pädagogischen Institutionen, aber auch in den Familien ausreichend wertorientiert ist. Dabei wird allerdings häufig übersehen, dass es eine oft sogar gravierende Diskrepanz zwischen dem, was die Menschen für Werte halten und benennen, und den Werten, von denen Sie ihr Verhalten leiten lassen, gibt. Als Beispiel dafür könnte die Erzieherin dienen, die die „Würde des Kindes" oder „Achtung vor dem Kind" als wichtig und handlungsleitend ansieht und formuliert, in der Praxis aber häufig aggressiv strafend, ironisch und zynisch mit den Kindern umgeht und vor Mobbing im Team nicht zurücksteht, um sich Vorteile zu verschaffen.

Werte, die die Menschen in Deutschland häufig als besonders wichtig formulieren, sind u. a.

- Individualität,
- Rücksichtnahme und Mitgefühl,
- Achtung vor den Mitmenschen,
- Leistungsfähigkeit etc.

Ein Vergleich solcher und ähnlicher Werte mit denen, die in der Gesellschaft tatsächlich gelebt werden, zeigt: Viele dieser Werte sind zwar bewusst und werden bisweilen wie eine Ideologie zum Ausdruck gebracht. Ihre handlungsleitende und motivierende Funktion haben sie jedoch in vielen Lebensbereichen verloren oder nie gehabt. Handlungsleitend sind dagegen häufig Werte wie

- Konsum,
- Besitz,
- soziales Ansehen,
- Vergnügen, Abwechslung und Nervenkitzel etc.

Die offen zum Ausdruck gebrachten Werte und die, die tatsächlich handlungsleitend sind, sind bei jedem Menschen hierarchisch strukturiert, d. h., bei beiden Wertarten sind einige Werte wichtiger als andere.

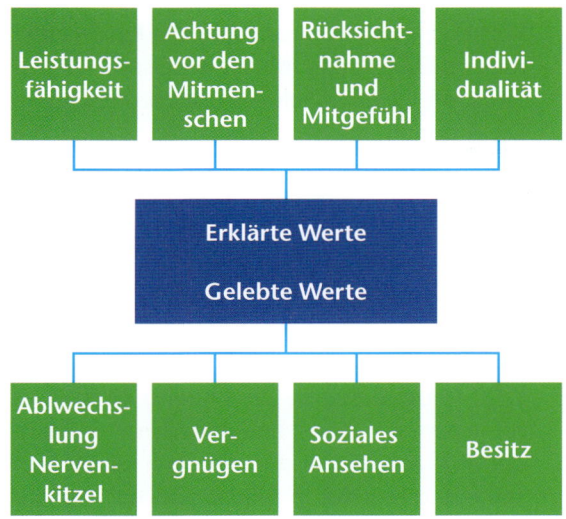

Der **Umgang mit Werten** kann individuell sehr unterschiedlich sein (vgl. Fromm, Bd. IV, 1980):
1. Manche Menschen halten Werte für relativ, d. h., sie glauben, dass es jedermanns eigene Sache sei, welche Werte er für wichtig halte und welche für ihn handlungsleitend seien. Tatsächlich wird aber auch das Verhalten dieser Menschen von Werten beeinflusst, die sie während ihres Lebenslaufes unter dem Einfluss ihrer Umwelt, ihrer Kultur und ihrer Gesellschaft unbewusst verinnerlicht haben.
2. Andere sind der Auffassung, dass das Leben aller Mitglieder einer Gesellschaft und Kultur von verbindlichen Werten – bewusst oder unbewusst – beeinflusst werde. Diese Werte seien für die Stabilität, die Struktur und den Fortbestand der Gesellschaft unentbehrlich.
3. Darüber hinaus gibt es die Vorstellung, Werte seien biologisch begründbar. Demnach leiteten sie sich aus elementarem Erleben wie Liebe, Zärtlichkeit oder Fürsorge ab, die auch im Tierreich zu finden sind. Dabei darf der grundlegende Widerspruch zwischen humanistischen Werten wie beispielsweise Solidarität einerseits und Werten wie Konkurrenzkampf, Aggressivität und Egoismus andererseits nicht übersehen werden.

Der Psychoanalytiker und Philosoph Erich Fromm bezieht sich in seinen Arbeiten auf Werte, die das Handeln des Friedensnobelpreisträgers Albert Schweitzer wesentlich bestimmten. Diese Werte waren der **Ehrfurcht vor dem Leben** zugeordnet. Bei Fromm heißt es dazu:

„Wertvoll oder gut ist danach alles, was zu einer besseren Entfaltung der spezifisch menschlichen Fähigkeiten beiträgt und was das Leben fördert. Negativ oder schlecht ist alles, was das Leben erstickt und das Tätigsein des Menschen lähmt. Alle Normen der großen [...] Religionen wie Buddhismus, Judentum, Christentum oder Islam [...] sind spezifische Formulierungen dieses allgemeinen Wertprinzips. Die Überwindung der Gier, die Liebe

Erich Fromm (1900–1980)
Erich Fromm war ein deutsch-amerikanischer Psychoanalytiker, Philosoph und Sozialpsychologe. Nach der Machtergreifung der Nationalsozialisten ging er zunächst in die Schweiz, um kurz danach (1934) in die Vereinigten Staaten zu emigrieren. Dort arbeitete er zunächst an der Columbia University in New York. 1940 wurde Fromm US-amerikanischer Staatsbürger und ging 1950 nach Mexiko-City, wo er an der Universidad Nacional Autónoma de México (UNAM) unterrichtete. Er gilt heute als einer der bekanntesten und bedeutendsten Humanisten des 20. Jahrhunderts. Als Humanist stand Fromm in der Tradition der abendländischen Philosophie, in deren Mittelpunkt die zu respektierende Würde des Individuums und grundlegende Werte wie Toleranz und Gewaltfreiheit stehen. Fromm wurde sowohl von der Psychoanalyse Freuds als auch von Karl Marx beeinflusst. Sein Menschenbild basierte auf Vorstellungen von einem gewaltfreien, demokratischen Sozialismus, in dem Meinungs- und Gewissensfreiheit handlungsleitende Bedeutung haben. Mit seiner humanistischen Grundhaltung beeinflusste Fromm auch die moderne Pädagogik nachhaltig.

zum Nächsten [...] sind die allen humanistischen philosophischen und religiösen Systemen des Westens und Ostens gemeinsamen Ziele."
(Fromm, Bd. IV, 1980, S. 327)

In Kapitel 3.1.8 können Sie lesen, dass das von Fromm hier dargestellte Werteprinzip auch im Mittelpunkt der wichtigsten, die Entwicklung der Pädagogik und Sozialpädagogik prägenden Konzeptionen steht.

Fromm beschreibt weiter, wie die Entwicklung der Wertesysteme in der Menschheitsgeschichte verlaufen ist – bis hin zu Werten, in deren Mittelpunkt die Ehrfurcht vor dem Leben steht:

„Der Mensch konnte diese Werte erst entdecken, nachdem er einen bestimmten sozialen und ökonomischen Entwicklungsstand erreicht hatte, der ihm genügend Zeit und Kraft ließ, über die rein dem Überleben dienenden Ziele hinausdenken zu können. Aber seit dieser Punkt erreicht wurde, hat man diese Werte hochgehalten und bis zu einem gewissen Grad in den unterschiedlichsten Gesellschaften auch praktiziert [...]."
(Fromm, Bd. IV, 1980, S. 327)

Und er weist deutlich auf die gegenwärtige Werteproblematik hin:

„Zweifellos wird die Praktizierung dieser Werte in der jetzigen Phase der Industriegesellschaft immer schwieriger, eben weil der [...] Mensch so arm an echten Erlebnissen ist und stattdessen Grundsätzen folgt, die von der Maschine für ihn programmiert sind."
(Fromm, Bd. IV, 1980, S. 327)

Pädagogisch wichtig und interessant ist die Frage, welche Beziehungen zwischen Werten und **Wertevermittlung** einerseits und der Rolle der Erziehenden andererseits bestehen. Hier kann man unterscheiden:
1. Erziehende, deren Autorität mehr oder weniger ausschließlich auf einem Machtgefälle beruht, sind in der Regel der Auffassung, dass nur sie wissen, was „gut und böse" ist. Sie verlangen von Kindern oder Jugendlichen die unreflektierte Einhaltung von Normen und die Verinnerlichung entsprechender Werte. Dabei lassen sie keine Kritik an den eingeforderten Werten zu und konfrontieren die Kinder oder Jugendlichen häufig mit der widersprüchlichen Situation, nicht vorzuleben, was sie verlangen. Die Autorität, die hier gemeint ist, bezeichnete Fromm als „irrationale Autorität", weil sie nicht auf Vernunft, sondern auf Macht beruht.
2. Erziehende, deren Autorität dagegen auf sozialer und fachlicher Kompetenz beruht, bezeichnete Fromm als „rationale Autorität". Sie leben die Werte, die sie vertreten, und halten die Normen ein, die dazu erforderlich sind. Dabei lassen sie die Prüfung ihres erzieherischen Handelns und die damit verbundene Kritik zu und versuchen in einem ständigen Prozess, ihr pädagogisches Verhältnis zu den Kindern oder Jugendlichen zu verbessern. Allein dieses erzieherische Handeln ist bereits Ausdruck verinnerlichter Werte.

Als zentrale **Grundwerte** sind die Würde des Menschen und der damit verbundene Anspruch auf selbstverantwortliches Handeln und Mitwirken an der Gestaltung der Gesellschaft zu nennen. Ergänzend treten Freiheit, Gerechtigkeit und Solidarität als Grundwerte der demokratischen Ordnung und Ziele des politischen Handelns hinzu.

Daraus ergeben sich normative Vorstellungen: Der Mensch kann seine Persönlichkeit nur in Freiheit entfalten. Zugleich muss er sich zum Gemeinwohl verpflichtet fühlen. Individualität und Sozialität der menschlichen Person sind zusammen zu denken. Die Wertvorstellung von der menschlichen Person als einem Individuum, das sich selbst und anderen verantwortlich ist, schließt die Gleichheit aller im Recht und in der Pflicht zur Verantwortung ein. Daraus folgt der Gedanke der Mitmenschlichkeit und Solidarität. Die gleichberechtigte Teilhabe aller an der Möglichkeit zur personalen Entfaltung und zur Mitwirkung am politischen, wirtschaftlichen und kulturellen Leben macht das anzustrebende Maß der Gerechtigkeit aus.

Wertewandel
Werte wandeln sich mit den allgemeinen gesellschaftlichen Veränderungen, zu denen auch der Wechsel der Generationen gehört. Wertewandel bedeutet dabei Verschiebung der Wertehierarchie, Verfall alter und Entstehung neuer Werte. Dabei

sind so elementare Grundwerte, wie sie mit der Unantastbarkeit der Menschenwürde im Grundgesetz der Bundesrepublik Deutschland festgehalten wurden, vergleichsweise konstant und stabil. Dennoch zeigt die Geschichte, dass auch die mit solchen Grundwerten verbundenen Normen geachtet, geschützt und durchgesetzt werden müssen.

Der Wandel der Werte, der eine wichtige Rolle auch im Rahmen der erzieherischen Praxis spielt, wurde und wird immer wieder aufs Neue von Soziologen erforscht.

In seinem Buch „Kultureller Umbruch" nennt Ronald Inglehart sechs mögliche **Ursachen** für den Wandel des Wertesystems (vgl. Inglehart, 1995):
1. Wandel des gesellschaftlichen Wohlstands
2. technologische Entwicklung, die die existenziellen Bedürfnisse der Menschen sichert
3. Frieden
4. verändertes Bildungsniveau der Bevölkerung
5. Verbreitung von Massenmedien und Massenkommunikationsmitteln
6. wachsende Mobilität der Bevölkerung

Hier wird Wertewandel in einem engen Zusammenhang mit wirtschaftlichem Fortschritt gesehen, wie er sich in der zweiten Hälfte des 20. Jahrhunderts in der Bundesrepublik Deutschland vollzog. Für die Veränderungen in dieser Zeit spielten – und spielen noch – folgende Aspekte eine besonders wichtige Rolle:
1. Die Entwicklung hin zu einer immer differenzierteren Bildungsgesellschaft: Zunächst ist festzuhalten, dass keineswegs alle gesellschaftlichen Schichten an dieser Entwicklung gleichermaßen teilhaben. Mit einem „Mehr und Anders" an Bildung hat die jeweils nächste Generation mehr Möglichkeiten, die tradierten Wertvorstellungen zu relativieren, kritisch zu reflektieren und ggf. auch zu verändern. Manche Erwachsene sehen darin Chancen, andere eher Gefahren für die Weiterentwicklung der Gesellschaft. Dies bezieht sich ganz besonders auf Werte, die mit einer Zunahme an Selbstständigkeits- und Selbstentfaltungstendenzen verknüpft sind. Besonders stark von der möglicherweise daraus resultierenden Problematik waren schon immer Familien unterer sozialer Schichten betroffen.
2. Im gesamten Bildungssystem der Bundesrepublik Deutschland wurde in den vergangenen Jahrzehnten zunehmend selbstständiges Handeln der Kinder und Jugendlichen gefordert. Auch dies hat seine Spuren im Wandel der Wertesysteme hinterlassen. Dabei ist die geforderte Selbstständigkeit für manche Jugendliche auch eine sehr schwer zu bewältigende Aufgabe. Je nach Schichtzugehörigkeit und Bildungsniveau ist die dabei notwendige Kreativität und Flexibilität nicht zu erbringen.
3. Die raschen Veränderungen der sozialen Lebensbedingungen tragen ihr Übriges zum Wandel der Werte bei, wobei die Geschwindigkeit dieser Veränderungen oft so rasch vor sich geht, dass es für viele Kinder und Jugendliche schwer wird, ihre Identität zu entwickeln und zu finden.
4. Die schnelle Entwicklung der Massenmedien und Massenkommunikationsmittel wird seit einigen Jahrzehnten verstärkt in den Blick genommen. Dies gilt insbesondere im Hinblick auf (möglicherweise) zunehmende Gewaltbereitschaft bei Jugendlichen.

Um die damit verbundenen Schwierigkeiten erfolgreich bewältigen zu können, muss es ein pädagogisches Grundanliegen sein, die ethische Urteils- und Verantwortungsfähigkeit und -bereitschaft von Kindern und Jugendlichen – natürlich dem jeweiligen Alter entsprechend – zu stärken. Dies wird nur möglich sein, wenn die Erziehenden konsequent das Selbstwertgefühl, das Selbstvertrauen und das Selbstbewusstsein der Kinder und Jugendlichen stärken, für die sie Verantwortung tragen. Dazu gehört, dass sie es ihnen ermöglichen, Einsicht in die elementaren Wertvorstellungen zu gewinnen und ganz im Sinne des Albert Schweitzers die Ehrfurcht vor dem Leben und somit auch vor der Natur und der Würde jedes einzelnen Menschen als Grundlage jeglichen sozialen Handelns anzuerkennen.

Kinder und Jugendliche müssen sich in ihrer Wirklichkeit zurechtfinden, sie müssen Grenzsituationen überwinden, in ihrem Lebensraum Frieden stiften und gestalten können – dies alles wird ohne ein grundlegendes und dem Einzelnen bewusstes Wertesystem nur schwer oder gar nicht möglich sein.

Werte haben eine wichtige Orientierungsfunktion im Leben der Menschen. Das Institut für Demoskopie Allensbach hat dazu eine interessante

Studie unter dem Titel „SPASS MUSS SEIN, Aber viele suchen inzwischen nach einer ernsthafteren Lebensorientierung, Eine Vorher-Nachher-Studie zum 11. September 2001" veröffentlicht. Diese Untersuchung bezieht sich zwar „nur" auf die Jahre 1974 bis 2002 und wurde danach nicht neu erstellt. Sie zeigt allerdings Tendenzen auf, die sich bis in die heutige Zeit fortsetzen lassen. Darin heißt es u. a.:

„In zahlreichen Kommentaren, die nach dem 11. September 2001 zu hören und zu lesen waren, wurde angekündigt, dass nichts mehr so bleibt, wie es war. Unsere Gesellschaft im Ganzen werde sich verändern: Ende der Spaßgesellschaft. Der Begriff Spaßgesellschaft hat allerdings vorher schon nur einen eher marginalen Aspekt unserer sozialen Wirklichkeit beschrieben. Sorgen und Befürchtungen waren schon vor dem 11. September für viele Menschen dringlicher als die Suche nach möglichst viel Spaß. Richtig an dem Begriff ‚Spaßgesellschaft' war allerdings, dass sich damit ein jahrzehntelanger Trend in Richtung Hedonismus beschreiben ließ. Das Streben nach möglichst vielen Glückserfahrungen und nach Lebensgenuss ist dabei immer mehr in den Vordergrund getreten. Dieser Trend ist auch nach dem 11. September 2001 in Deutschland ungebrochen."
(Allensbacher Berichte, 2002/6, S. 1)

Zur den im Folgenden dargestellten Grafiken zu Veränderungen der Lebensorientierung zwischen 1974 und 2002 aus den Allensbacher Berichten gibt es zurzeit keine unmittelbar vergleichbaren Folgeuntersuchungen. Die darin dargestellten Untersuchungsergebnisse zeigen allerdings z. T. deutliche Entwicklungstendenzen auf. Stellen Sie sich einmal selbst oder auch Jugendlichen in sozialpädagogischen Einrichtungen die Fragen des Allensbacher Instituts und vergleichen Sie sie mit den in den Grafiken dargestellten Untersuchungsergebnissen.

Die Grafiken zeigen, dass der Wunsch, glücklich zu sein und viel Freude zu haben, seit 1974 deutlich zugenommen hat. Dies gilt gleichermaßen für den Wunsch, das Leben zu genießen. Die Lebensorientierung, die auf soziales Engagement ausgerichtet ist, hat nach 1974 stark abgenommen, um 2002 wieder annähernd die gleiche Bedeutung wie damals zu haben – allerdings deutlich geringer als die auf das eigene Wohlbefinden bezogenen Orientierungen. Obwohl der Wunsch, ganz für andere Menschen da zu sein und anderen zu helfen, bereits 1974 relativ gering war, hat er bis 2002 noch weiter abgenommen.

Interessant ist auch ein Vergleich der Lebensorientierungen nach Altersstufen. „Das Leben genießen" (Seite 337) nahm als Lebensorientierung mit zunehmendem Alter deutlich ab. So sahen 81 % der 16 bis 20 Jahre alten Befragten im Lebensgenuss einen wichtigen Sinn des Lebens. Unter den 75-jährigen Menschen waren es nur noch 26 %. Darüber hinaus zeigen die Ergebnisse, dass die gravierenden Ereignisse vom 11. September 2001

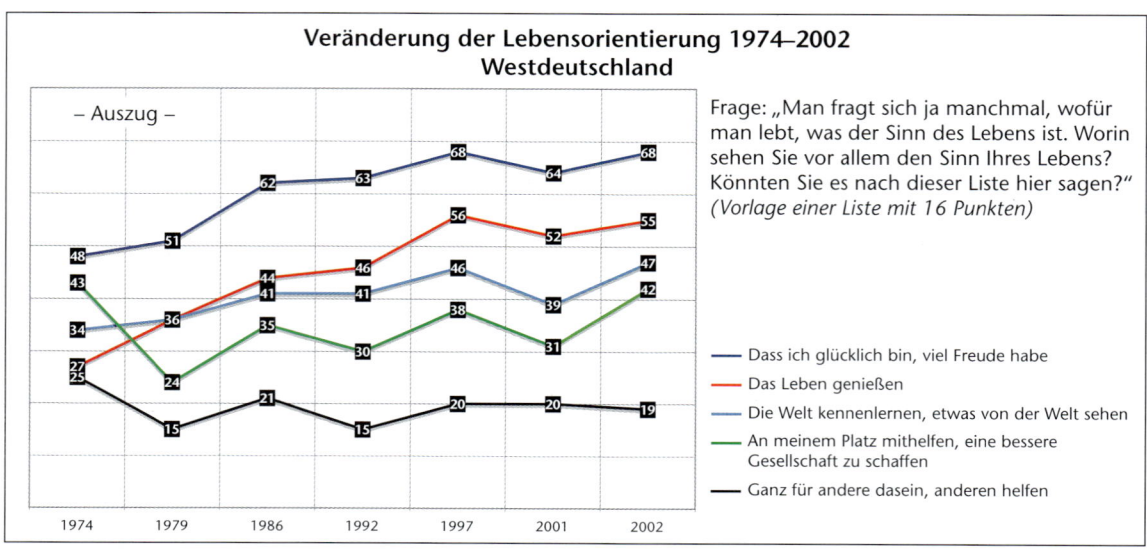

(Allensbacher Berichte 2002/6, Allensbacher Archiv, IfD-Umfragen, zuletzt Februar 2002)

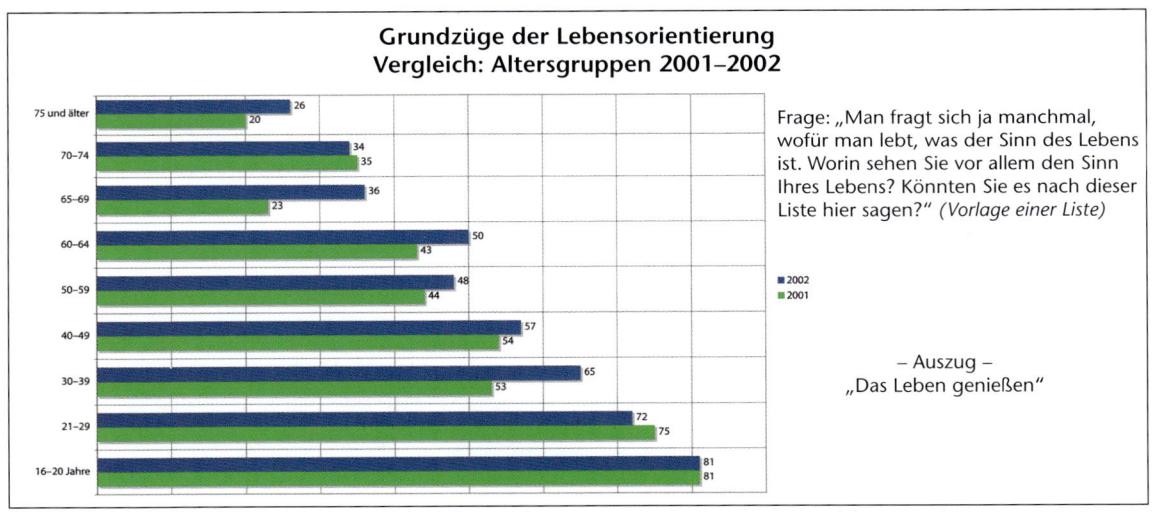

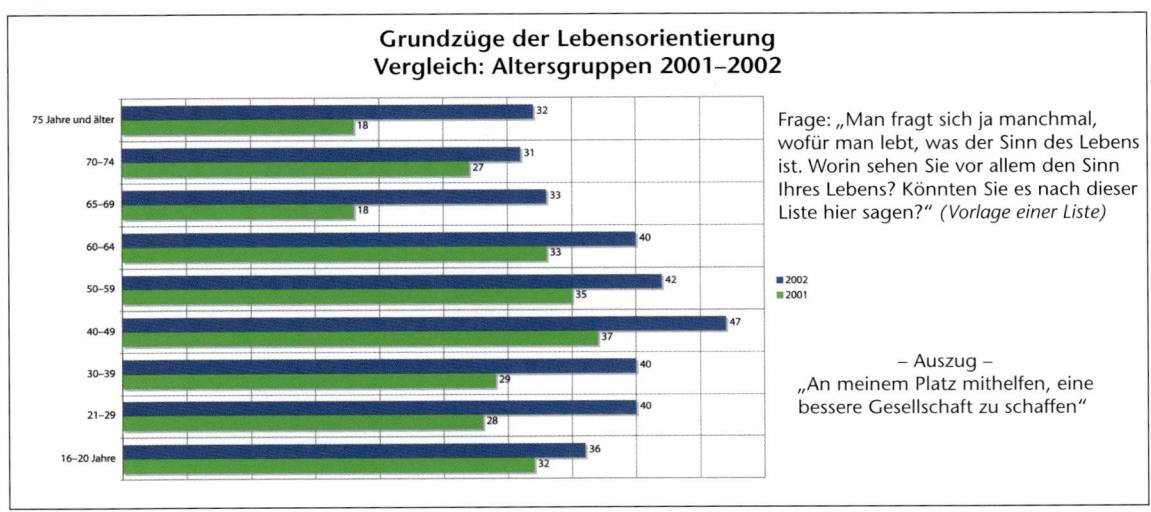

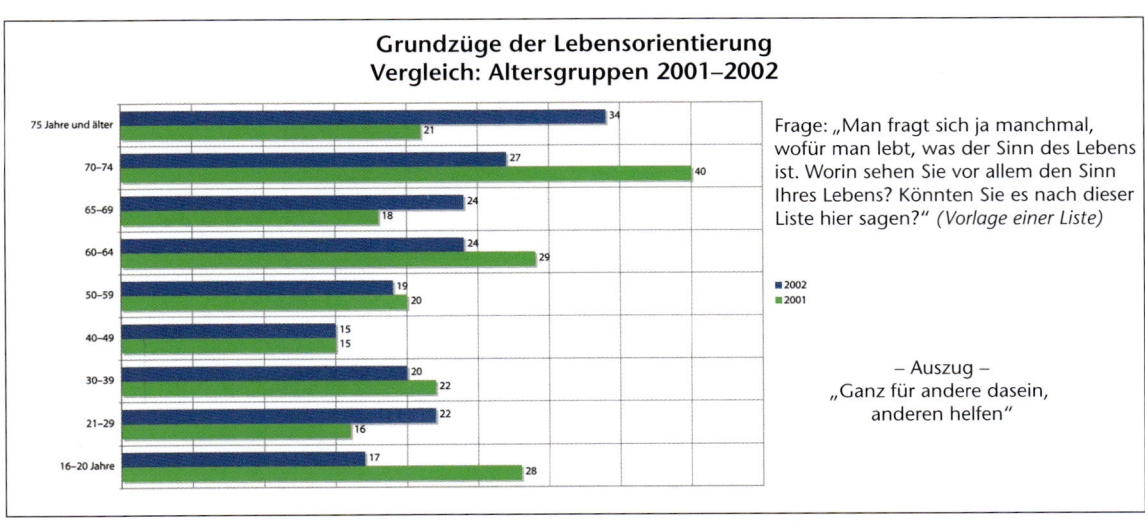

(Allensbacher Berichte 2002/6, Allensbacher Archiv, IfD-Umfragen 7001 und 7017)

in New York keine erheblichen Veränderungen der Lebensorientierungen bewirkt haben.

Bei der Lebensorientierung „An meinem Platz mithelfen, eine bessere Gesellschaft zu schaffen" (Seite 337) waren die Altersunterschiede zwischen Jung und Alt dagegen nur sehr gering. Diese Orientierung spielte bei den 40- bis 49-Jährigen eine größere Rolle als bei anderen Altersstufen.

Wenn man sich vor Augen hält, wie viele alte Menschen ganz für ihre Kinder und Enkelkinder da sind, ist das altersvergleichende Ergebnis zur Orientierung „Ganz für andere da sein, anderen helfen" (Seite 337) gut nachvollziehbar. Viele der Menschen, die älter als 65 Jahre sind, leben ganz und gar für ihre Nachkommen und sehen genau darin einen wichtigen Sinn ihres Lebens.

Interessant ist, was sich in einer Studie des Allensbacher Instituts aus dem Jahr 2006 ergeben hat: Danach wird die Jugend immer neugieriger, technikaffiner und spontaner und der Sinn des Lebens wird zunehmend darin gesehen, das Leben zu genießen.

Bezogen auf die Frage nach der Bedeutung, die es hat, das Leben zu genießen, waren die Veränderungen besonders deutlich – sowohl im Hinblick auf Jugendliche als auch im Hinblick auf die Bevölkerung insgesamt.

Wie zu Beginn dieses Kapitels erläutert, wird das Handeln des Menschen in hohem Maße von seinen verinnerlichten Werten bestimmt. Dies gilt natürlich auch für das erzieherische Handeln sozialpädagogischer Fachkräfte. Dabei ist auf drei Ebenen zu achten:

1. **Werte bestimmen das Handeln der Erziehenden**

   Erziehungsziele und -methoden und insbesondere die Art der Gestaltung des pädagogischen Verhältnisses zu den Kindern oder Jugendlichen werden von den verinnerlichten Werten der Erziehenden bestimmt – gleich, ob die Werte bewusst oder nicht bewusst sind. Erziehende, für die die Achtung vor anderen Menschen ein wichtiger Wert ist, werden Kinder und Jugendliche anders erziehen als Erziehende, deren Handeln in erster Linie vom Wert des Konkurrenzkampfes bestimmt wird. Dies alles trifft sowohl auf ethische und ideelle wie auf materielle Werte zu.

2. **Werte wandeln sich im Zusammenhang mit gesellschaftlichen und kulturellen Veränderungen**

   Die Bedeutung dieses Wertewandels wird am deutlichsten, wenn man sich die Erziehung in deutschen Kindergärten und Schulen vor und

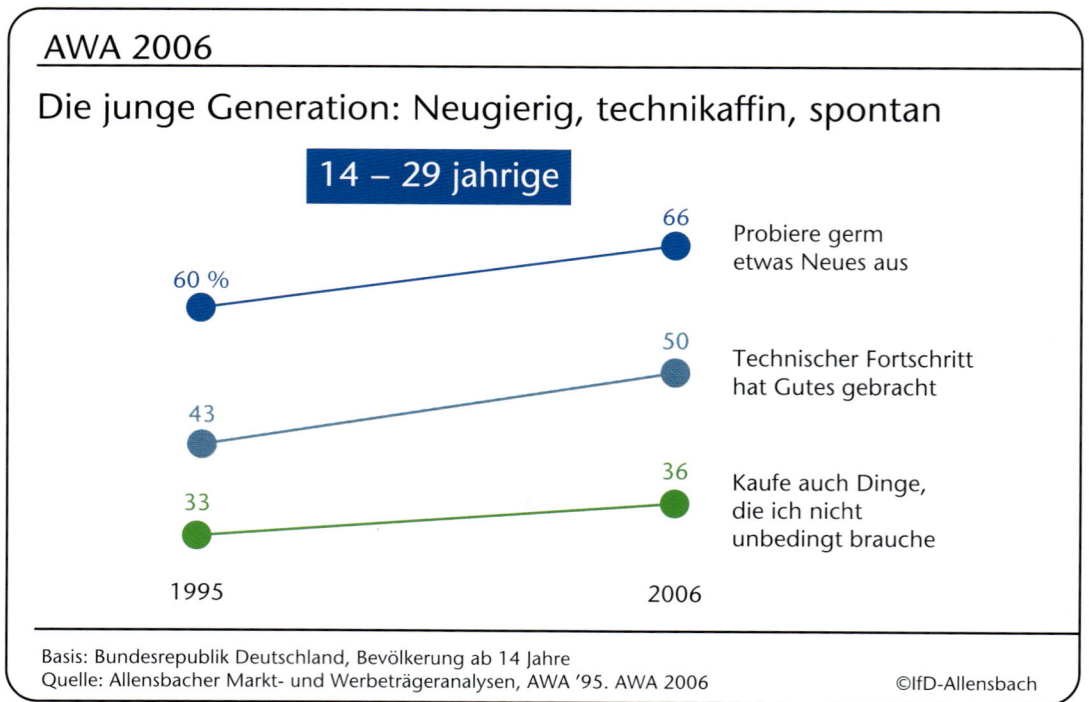

(Allensbacher Archiv, IfD-Umfragen, 2006, S. 4)

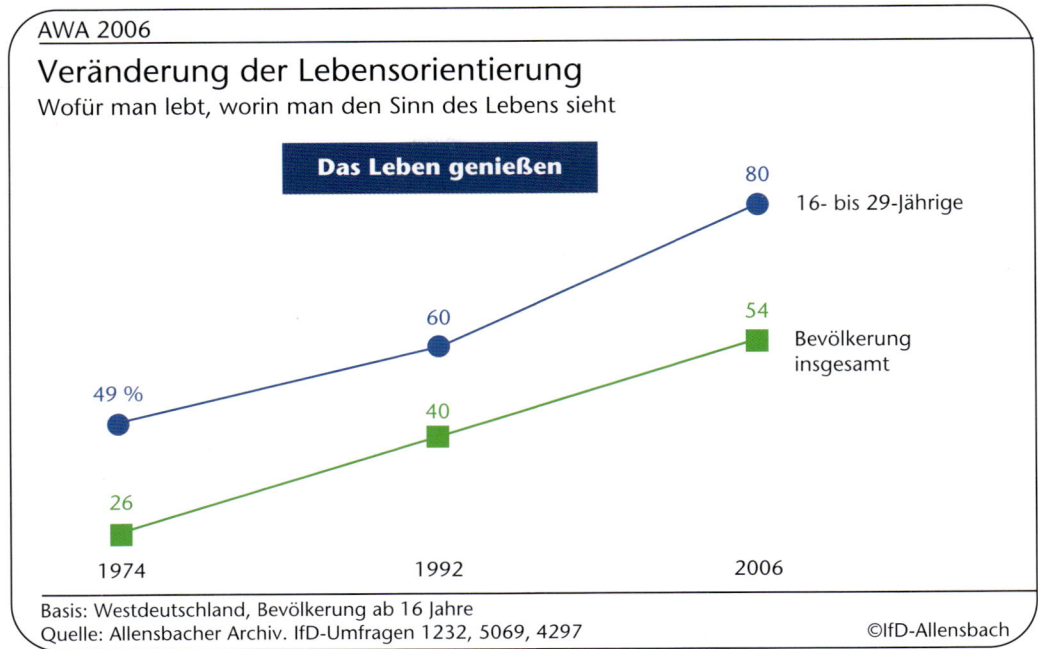

(Allensbacher Archiv, IfD-Umfragen, 2006, S. 5)

nach 1945 beziehungsweise vor und nach dem Ende der DDR vor Augen hält. Weniger auffällig, aber nicht weniger einflussreich sind Werteveränderungen im Hinblick auf Konsumverhalten, Umweltverhalten etc. Erziehende unterliegen diesem Wandel wie alle anderen Menschen mehr oder weniger – aber ausnahmslos.

3. **Kinder und Jugendliche übernehmen ihre Werte von Vorbildern**

Wenn Kinder oder Jugendliche ihr tägliches Handeln an Werten wie „Ehrfurcht vor dem Leben" oder „Achtung vor dem Anderen" orientieren sollen, brauchen Sie Vorbilder, die diese Werte konsequent vertreten. Erziehende haben eine solche Vorbildwirkung allerdings nur, wenn sie von den Kindern oder Jugendlichen, für die sie verantwortlich sind, angenommen und geachtet werden. Kinder und Jugendliche übernehmen ihre Werte nicht nur von den sie Erziehenden. Eine große Rolle spielen mit zunehmendem Alter auch gleichaltrige oder ältere Freunde.

Die Entwicklung von individuellen Werten

Werte werden entwickelt, indem Erfahrungen mit Dingen, Menschen, sozialen Beziehungen und vielen anderen Ereignissen mithilfe subjektiver Interessen eingeordnet werden. Diese Einordnung ist ein Bewertungsprozess. Ein Beispiel, das Ihnen in ähnlicher oder anderer Weise vielleicht vertraut ist: Für den Führerschein sparen, ein neues Handy mit Vertrag kaufen, in den Urlaub reisen, jedes Wochenende abends in die Disco gehen – all das ist gleichzeitig nicht möglich. Folglich werden die „Wunschobjekte" bewertet: Was ist vorrangig wichtig, was kann aufgeschoben werden, worauf kann evtl. ganz verzichtet werden?

Die neuere **Hirnforschung** hat sich eingehend mit der Frage nach dem „Ort" befasst, an dem die Ergebnisse von Bewertungsprozessen – also die Werte eines Menschen – gespeichert werden. Dieser geheimnisvolle Ort ist der präfrontale Kortex (Vorderhirn), zu dem der orbitofrontale und der mediale frontale Kortex gehören. Es ist der Teil des Kortex, der dafür verantwortlich ist, dass der Mensch in der Lage ist, nicht unbedingt das zu tun, wozu ihn seine Bedürfnisse drängen. Dank dieses Teils des Kortex kann man subjektive Bedürfnisse aufschieben oder sogar unterdrücken (vgl. Spitzer, Selbstbestimmen, 2007).

„Hat man sich erst einmal die Leistungen des präfrontalen Kortex vergegenwärtigt, so fällt es nicht mehr schwer, sich auszumalen, was bei seinem Ausfall geschieht. Patienten mit Schädigungen oder Störungen im Bereich des orbitofrontalen Kortex haben Mühe mit der Unterscheidung von Gut und Böse, mit der Verfolgung von Zielen, mit der Unterdrückung

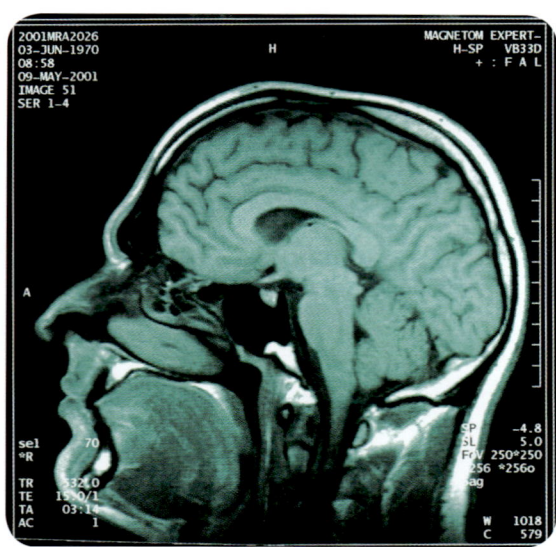
Orbitofrontaler und medialer frontaler Kortex

unmittelbarer Bedürfnisse und mit dem Handeln im Rahmen eines bestimmten Kontextes. Sie verhalten sich damit haltlos, hemmungslos, ziellos, planlos und gegenüber anderen rücksichtslos."
(Spitzer, Selbstbestimmen, 2007, S. 167)

Patienten mit verletztem **präfrontalem Kortex** bemerken ihre Probleme häufig nicht, was mit großen Schwierigkeiten für ihre Mitmenschen verbunden ist. Spitzer geht auch auf die Frage ein, ob man Bewertungen klar von Fakten trennen könne, und schildert ein einfaches Beispiel, das die meisten Menschen gut kennen: Sie nehmen die Auswahl angebotener Produkte in einem Supermarkt völlig anders wahr, wenn sie hungrig sind, als wenn Sie gesättigt sind. Man kann auch sagen: Nahrungsmittel, die sie schnell essen können, werden eher wahrgenommen und höher bewertet als andere (vgl. Spitzer, Selbstbestimmen, 2007, S. 181).

„Fakten und Bewertungen liegen in der Erfahrung des Menschen und in seinem Gehirn nahe beieinander und können oft nur im Denken getrennt werden. Aus meiner Sicht sind viele der gegenwärtigen Probleme u. a. dadurch mitverursacht, dass die enge Verbindung von Fakten und Werten geleugnet wird bzw. dass so getan wird, als könnte man beides in allen Fällen immer sauber trennen. Selbst die Werte werden in philosophischen Wörterbüchern noch unterteilt in ökonomische und ethische [...]. Unser Gehirn tut dies nicht. Es verarbeitet Informationen, merkt sofort, wenn etwas schief geht und handelt sehr schnell; bewertet manches Unerwartete auch positiv und lernt dann etwas Neues. Erst bei langem Nachdenken können wir die Welt in Fakten und Werte einteilen und die Werte nochmals in solche, die sich in Geld ausdrücken lassen, und solche, bei denen dies nicht geht."
(Spitzer, Selbstbestimmen, 2007, S. 195)

Ein ebenfalls für die erzieherische Arbeit wichtiger Zusammenhang besteht zwischen Werten und Moral. Wenn von Werteerziehung die Rede ist, dann ist damit in der Regel auch gemeint, dass Kinder darin unterstützt werden sollen, Werte zu entwickeln, die bestimmten **Moralvorstellungen** entsprechen.

Moral ist ein kognitives Phänomen. Darin waren sich Sigmund Freud, Jean Piaget und Lawrence Kohlberg einig. Die **Entwicklung der Moral** zielt nach Kohlberg in erster Linie auf eine zunehmende Fähigkeit zur Kontrolle der eigenen Triebe und Bedürfnisse. Aus Sicht der Neurobiologie geht es allerdings nicht in erster Linie darum, sondern um Erfahrungen, die sich als Bewertungsergebnisse im präfrontalen Kontext niederschlagen.

„Jede einzelne Bewertung schlägt sich in uns nieder, führt zum Aufbau langfristiger innerer Repräsentationen von Bewertungen, die uns bei zukünftigen Prozessen der Bewertung zu rascheren und zielsicheren Einschätzungen verhelfen. So entstehen zusätzlich zu den Systemen der unmittelbaren Belohnung und Bestrafung Repräsentationen von Gut und Schlecht oder Gut und Böse oder Angenehm und Unangenehm und darauf aufbauend Repräsentationen von Zielen

und Handlungen, Kontexten und Begleitumständen, Zuneigungen und Abneigungen (vor allem im Hinblick auf andere Menschen)."
(Spitzer, Selbstbestimmen, 2007, S. 346)

Unverzichtbarer Teil einer Reflexion erzieherischen Handelns durch die sozialpädagogischen Fachkräfte muss dementsprechend die kritische Reflexion der eigenen und der gesellschaftlichen Werte und Moral sein. Erziehung ist immer gleichzeitig bewusste und nicht bewusste Werte- und Moralerziehung, in der die Erziehenden auch mit Kindern und Erziehungspartnern Gespräche darüber führen müssen. Für die pädagogische Praxis ergibt sich daraus, dass die Bedeutung des Vorbildes der Erwachsenen und hier insbesondere der Erzieherinnen nicht unterschätzt werden darf. Was lernt ein Kind im Hinblick auf sein moralisches Handeln, wenn es miterlebt, wie Erzieherinnen sich streiten oder übereinander reden, wenn die Eltern auf der Ferienreise im Auto aggressiv rasen und über andere Verkehrsteilnehmer schimpfen, wenn Erwachsene Kinder anlügen und gleichzeitig lügende Kinder bestrafen etc.?

In Kapitel 3.1.8 werden Sie sehen, welch große Bedeutung berühmte Theoretiker und Praktiker in einer Erziehung sehen, die sich an hohen moralischen Maßstäben messen lässt: Menschenwürde und Achtung vor dem Kind sind hier die wesentlichen pädagogischen Prinzipien.

3.1.7 Erziehungsprozesse planen

Seit die erzieherische Arbeit in sozialpädagogischen Einrichtungen professionalisiert wurde, gibt es einen breiten gesellschaftlichen Konsens über die Notwendigkeit hoch qualifizierter Erziehungsarbeit. Das bedeutet unter anderem, dass die Arbeit einer Erzieherin auf der Grundlage sorgfältig ausgearbeiteter **Erziehungspläne** basieren muss.

Damit sind in diesem Zusammenhang nicht Erziehungspläne im Sinne der Hilfeplanung nach dem § 36 SGB VIII gemeint, sondern in diesem Kapitel geht es um die Planung und Gestaltung von Erziehungsprozessen in sozialpädagogischen Einrichtungen für Kinder bzw. Jugendliche.

Diese Erziehungspläne haben in den Vorgaben vieler Bundesländer eine allgemeine Grundlage, werden in den Konzeptionen der Einrichtungen weiter präzisiert und schließlich für die Arbeit in den Gruppen konkretisiert. Von den meisten zuständigen Ministerien der Bundesländer werden Erziehung und Bildung bereits im Titel der rechtlichen Vorgaben gemeinsam genannt.

Die Landesregierungen führen Erziehung und Bildung sinnvollerweise in einem Plan zusammen, da sich in der alltäglichen Praxis Bildungs- und Erziehungsprozesse nicht trennen lassen. Bildungsangebote zur Unterstützung der Selbstbildungsprozesse der Kinder oder Jugendlichen haben immer auch eine erzieherische Bedeutung und Erziehungsprozesse sind praktisch nie frei von Bildungsinhalten. Die Bildungs- und Erziehungspläne der Bundesländer sind im Einzelnen (s. Tabelle, S. 342):

Sie können sämtliche Vorgaben der verschiedenen Bundesländer auf der Internet-Seite des deutschen Bildungsservers nachlesen: www.bildungsserver.de.

Im Folgenden finden Sie nähere Ausführungen zu den Bildungs- und Erziehungsplänen von Bayern, Hessen und Thüringen sowie zu den „Grundsätzen zur Bildungsförderung" in Nordrhein-Westfalen. Sie decken die wichtigsten erzieherischen Aspekte ab, die sich trotz aller Unterschiede auch in den Plänen der übrigen Bundesländer finden lassen.

Der Bayerische Bildungs- und Erziehungsplan

Das Bayerische Staatsministerium für Arbeit und Sozialordnung, Familie und Frauen hat im „Kindergartenjahr" 2003/3004 einen vom Staatsinstitut für Frühpädagogik (IFP) entwickelten Bildungs- und Erziehungsplan in 104 Einrichtungen erproben und überarbeiten lassen. Auf dieser Grundlage wurden für alle staatlich geförderten Kindertageseinrichtungen verbindliche Bildungs- und Erziehungsziele in der Ausführungsverordnung zum Bayerischen Kinderbildungs- und

Baden-Württemberg	Orientierungsplan für Bildung und Erziehung in Tageseinrichtungen für Kinder in Baden-Württemberg
Bayern	Der Bayerische Bildungs- und Erziehungsplan für Kinder in Tageseinrichtungen bis zur Einschulung
Berlin	Das Berliner Bildungsprogramm für die Bildung, Erziehung und Betreuung von Kindern in Tageseinrichtungen bis zu ihrem Schuleintritt
Brandenburg	Grundsätze elementarer Bildung in Einrichtungen der Kindertagesbetreuung im Land Brandenburg
Bremen	Rahmenplan für Bildung und Erziehung im Elementarbereich
Hamburg	Hamburger Bildungsempfehlungen für die Bildung und Erziehung von Kindern in Tageseinrichtungen
Hessen	Bildung von Anfang an – Entwurf des Bildungs- und Erziehungsplans für Kinder von 0–10 Jahren in Hessen
Mecklenburg-Vorpommern	Rahmenplan für die zielgerichtete Vorbereitung von Kindern in Kindertageseinrichtungen auf die Schule
Niedersachsen	Orientierungsplan für Bildung und Erziehung im Elementarbereich niedersächsischer Tageseinrichtungen für Kinder
Nordrhein-Westfalen	Bildungsvereinbarung NRW – Fundament stärken und erfolgreich starten
Rheinland-Pfalz	Bildungs- und Erziehungsempfehlungen für Kindertagesstätten in Rheinland-Pfalz
Saarland	Bildungsprogramm für saarländische Kindergärten
Sachsen	Der sächsische Bildungsplan – ein Leitfaden für pädagogische Fachkräfte in Kinderkrippen und Kindergärten
Sachsen-Anhalt	bildung: elementar – Bildung als Programm für Kindertageseinrichtungen in Sachsen-Anhalt
Schleswig-Holstein	Erfolgreich starten – Leitlinien zum Bildungsauftrag von Kindertageseinrichtungen
Thüringen	Thüringer Bildungsplan bis 10 Jahre

-betreuungsgesetz (AVBayKiBiG) festgelegt. Im Vergleich zu den vorhergehenden Regelungen waren neu (vgl. Fthenakis, 2005):
- die Betonung des Lernens in Tageseinrichtungen
- die Förderung von Basiskompetenzen durch pädagogische Arbeit in ausgewählten Bildungsbereichen
- die Akzeptanz der Heterogenität in der Gruppe
- die Förderung personaler und kognitiver, motivationaler und physischer Kompetenzen
- die besondere Förderung lernmethodischer Kompetenz
- die besondere Berücksichtigung der Übergänge von der Familie in die Tageseinrichtung und von der Tageseinrichtung in die Grundschule
- die eigenständigen Bildungsbereiche:
  - Sprache und Literacy
  - Mathematik
  - Naturwissenschaften und Technik
  - Informations- und Kommunikationstechnik, Medien
  - Musik
  - Bewegung, Rhythmik, Tanz und Sport
- die besondere Berücksichtigung der gemeinsamen Erziehung von Kindern mit und ohne Behinderung
- die Berücksichtigung hochbegabter Kinder
- die Bildungs- und Erziehungspartnerschaft mit den Eltern
- die Gemeinwesenorientierung der Tageseinrichtungen
- die Vernetzung und Kooperation mit Fachdiensten
- die Notwendigkeit systematischer Beobachtung der Entwicklung der Kinder

Der Hessische Bildungs- und Erziehungsplan

Im Hessischen Bildungs- und Erziehungsplan wird besonders darauf hingewiesen, dass das Kind im Mittelpunkt aller Überlegungen und Entscheidungen zu stehen hat und nicht die Interessen der Institution. Auch hier liegt ein besonderer Schwerpunkt auf der Förderung der Lernkompetenz der Kinder durch die Erzieherinnen. In diesem Sinne sind die Einrichtungen aufgefordert, zu beachten, dass die ersten 10 Lebensjahre besonders lernintensiv und entwicklungspsychologisch bedeutsam sind.

Bildung wird im hessischen Bildungs- und Erziehungsplan wie folgt verstanden:
- Bildung ist ein lebenslanger Prozess.
- Die Einrichtungen müssen berücksichtigen, dass die ersten 10 Lebensjahre besonders

lernintensiv und entwicklungspsychologisch bedeutsam sind.
- Bildung ist ein sozialer Prozess, an dem Kinder und Erwachsene aktiv beteiligt sind.
- Bildung vollzieht sich immer in sozialem und kulturellem Kontext.
- Bildung umfasst – ganzheitlich – Wissen, Werte und Erziehungsprozesse.

Der Hessische Bildungs- und Erziehungsplan umfasst Basiskompetenzen wie
- Übernahme von Verantwortung,
- Kooperationsfähigkeit,
- Kreativität und
- Umgang mit individuellen Unterschieden und kultureller Vielfalt.

Weitere Schwerpunkte sind:
- Stärkung der Selbstkompetenz
- Förderung von Verantwortungsgefühl und Wertorientierung
- Förderung der Kommunikations- und Medienkompetenz
- Unterstützung der Kinder bei aktivem Lernen, Forschen und Entdecken
- Kinder als kreative und phantasievolle Künstlerinnen und Künstler verstehen und fördern

Im Hessischen Bildungs- und Erziehungsplan sind eine altersgemäße Beteiligung der Kinder, eine Bildungspartnerschaft mit den Eltern und die kollegiale Teamarbeit und Verzahnung aller Bildungsorte besonders hervorgehoben.

Der Bildungs- und Erziehungsplan von Thüringen

Die enge Verbindung von Bildung und Erziehung in den Plänen der Landesregierungen wird im Thüringer Plan exemplarisch deutlich:

„Der Kindergarten ist eine sozialpädagogische Einrichtung und hat neben der Betreuungsaufgabe einen eigenständigen Erziehungs- und Bildungsauftrag im Elementarbereich. Er unterstützt und ergänzt die familiäre Erziehung, um den Kindern beste Entwicklungs- und Bildungschancen zu vermitteln. Der Kindergarten hat seinen Erziehungs- und Bildungsauftrag im ständigen Kontakt mit der Familie durchzuführen und insbesondere

1. *dem Kind zur größtmöglichen Selbstständigkeit und Eigenaktivität zu verhelfen, seine Lernfreude anzuregen und zu stärken,*
2. *die Kreativität des Kindes unter Berücksichtigung seiner individuellen Neigungen und Begabungen zu fördern,*
3. *die Entfaltung der geistigen Fähigkeiten und der Interessen des Kindes zu unterstützen und ihm dabei durch ein breites Angebot von Erfahrungsmöglichkeiten elementare Kenntnisse von der Umwelt zu vermitteln.*

Der Kindergarten hat dabei die Aufgabe, das Kind unterschiedliche soziale Verhaltensweisen, Situationen und Probleme bewusst erleben zu lassen, das Kind nicht auf geschlechtsspezifische Rollen festzulegen und jedem einzelnen Kind die Möglichkeit zu geben, seine eigene soziale Rolle innerhalb der Gruppe zu erfahren und das Gefühl der Zusammengehörigkeit zwischen deutschen und ausländischen Kindern zu entwickeln. Die Integration behinderter Kinder soll besonders gefördert werden. Behinderte und nichtbehinderte Kinder sollen positive Wirkungsmöglichkeiten und Aufgaben innerhalb des Zusammenlebens erkennen und altersgemäße Verhaltensweisen einüben können.

Der Kindergarten hat darüber hinaus die Aufgabe, die Kinder entsprechend ihrer Entwicklung zur Grundschule hinzuführen.

Für die Erziehungs- und Bildungsarbeit in den Kindergärten sind die Träger verantwortlich.

Das für Kindertageseinrichtungen zuständige Ministerium gibt Orientierungen, nach denen die Erziehungs- und Bildungsarbeit in den Kindergärten gestaltet werden kann. Es hört dazu die Spitzenverbände und die Berufsverbände an, um eine Verständigung über den Inhalt zu erreichen."

(Thüringer Ministerium für Soziales, Familie und Gesundheit, 2003, S. 7)

Grundsätze zur Bildungsförderung in Nordrhein-Westfalen

Besonders sei an dieser Stelle auf den Entwurf der Bildungsgrundsätze der Landesregierung Nordrhein-Westfalen hingewiesen. Interessanterweise handelt es sich dabei um Bildungsgrundsätze, die für den U3-, den Elementar- und für den Primarbereich entwickelt wurden. In diesem Entwurf, der auch im Jahr 2012 weiter erprobt und evaluiert wurde, finden sich vertiefende Ausführungen zur Bedeutung der Bildungsförderung von

Kindern von der Geburt bis zum Alter von zehn Jahren, aufgeschlüsselt in zehn Bildungsbereiche, die direkt oder indirekt in allen Bundesländern als relevant angesehen werden:
- Bewegung
- Körper, Gesundheit und Ernährung
- Sprache und Kommunikation
- Soziale, kulturelle und interkulturelle Bildung
- Musikalisch-ästhetische Bildung
- Religion und Ethik
- Mathematische Bildung
- Naturwissenschaftlich-technische Bildung
- Ökologische Bildung
- Medien

Nähere Ausführungen zu den zehn Bildungsbereichen finden Sie in Kapitel 3.2.3.

Erziehung in den Bildungs- und Erziehungsplänen

Betrachtet man die verschiedenen Erziehungs- und Bildungspläne genauer, dann lässt sich feststellen, dass der Bildungsaspekt inzwischen einen höheren Stellenwert erhalten hat, als dies in der Vergangenheit der Fall war.

Die enge Verwobenheit von Erziehungs- und Bildungsarbeit wird auch an dem folgenden Beispiel deutlich: Wie soll ein Kind seine mathematische Kompetenz, seine Sprachkompetenz oder seine Kompetenz im Umgang mit Medien erweitern und entwickeln, wenn es in einer erzieherischen Atmosphäre aufwächst, in der seine Lebensfreude, sein Selbstwertgefühl, sein Selbstvertrauen oder sein Selbstbewusstsein beispielsweise durch eine unterdrückende, autoritäre Erziehung beeinträchtigt wird? Umgekehrt kann das Kind kein Selbstvertrauen entwickeln, wenn es keine kognitiven Herausforderungen zu bewältigen hat und bewältigt. Daraus folgt:
- Ein Erziehungsplan muss immer auch die Unterstützung der Selbstbildungsprozesse von Kindern und Jugendlichen in den Blick nehmen.
- Ein Bildungsplan muss sich immer auch auf eine das Kind oder den Jugendlichen stärkende und ermutigende pädagogische Beziehung stützen können.

Das „planlose" Erziehungshandeln

Bis in die letzten Jahrzehnte war die Meinung weit verbreitet, dass die praktische Arbeit einer Erzieherin nicht mehr erfordert, als spontan und menschlich mit den alltäglichen Situationen in einer Kindertagesstätte umgehen zu können und Kinder zu mögen. Pläne wurden nur insofern erwartet, als sie sich auf die großen Feste und auf die Jahreszeiten bezogen. Entsprechend wurden Lieder, Spiele und Aktivitäten ausgewählt und durchgeführt.

In der Bevölkerung herrschte die Auffassung vor, dass die Aufgaben einer Erzieherin genauso gut von einer nicht ausgebildeten Mutter erfüllt werden könnten, was sich auch in der relativ geringen Bezahlung für diese Tätigkeit zeigt(e). An die Väter wurde gar nicht erst gedacht.

Erst in der Nachkriegszeit entwickelte sich sehr allmählich die Auffassung, dass die professionelle Arbeit in sozialpädagogischen Institutionen sehr viel höhere Anforderungen an die Erzieherin stellt.

Spontanes Handeln einer Erzieherin ist allerdings keineswegs grundsätzlich abzulehnen. Viele Situationen sind so komplex und Dinge ereignen sich so plötzlich und überraschend, dass schnell und auch spontan gehandelt werden muss. Allerdings wird das spontane Handeln einer gut ausgebildeten Erzieherin auf komplexeren Verhaltensmustern basieren und wesentlich professioneller sein als das spontane Handeln eines Laien. Dies trifft ganz besonders dann zu, wenn in der Einrichtung Klarheit über die Ziele, über die Mittel, über den Erziehungsstil besteht und wenn das Wissen über die Kinder und ihre Entwicklungs- und Lebensbedingungen sehr differenziert und umfangreich ist. All dies wird sich in einer sozialpädagogischen Einrichtung sowohl auf die Arbeit mit dem einzelnen Kind als auch auf den pädagogischen Umgang mit der ganzen Gruppe (und mit der gesamten Einrichtung) beziehen. Damit die Einrichtung dem einzelnen Kind und den Gruppen in dieser Weise ihrem pädagogischen Auftrag entsprechend gerecht werden kann, ist es erforderlich, auf Grundlage der Vorgaben der jeweiligen Bundesländer konkrete individuelle und gruppenbezogene Erziehungspläne zu entwickeln.

Individuelle Erziehungspläne

Individuelle Erziehungspläne dienen der pädagogischen Förderung eines Kindes. Sie sind keinesfalls nur für den Umgang mit bestimmten Verhaltens- oder Erlebensschwierigkeiten eines Kindes oder Jugendlichen notwendig. Vielmehr wird die erzieherische Arbeit einer sozialpädagogischen

Fachkraft umso erfolgreicher sein, je klarer die Ziele sind, die sie im Umgang mit jedem einzelnen Kind verfolgt. So kann es z. B. darum gehen, ein Kind darin zu unterstützen,
- seine Konzentrationsfähigkeit zu verbessern,
- seine Aggressionen abzubauen,
- sein Selbstvertrauen zu stärken,
- sich selbst besser kennenzulernen,
- seine Belastbarkeit zu erweitern.

All dies und vieles mehr wird sich in bestimmten, sehr konkreten Situationen im Alltag der Einrichtung vollziehen.
Voraussetzung für die Entwicklung und Gestaltung von Erziehungsplänen sind grundlegende psychologische und pädagogische Kenntnisse. Um einen individuellen Erziehungsplan zu erstellen, ist es zunächst wichtig, möglichst viele Besonderheiten bzw. typische Verhaltens- und Erlebensmerkmale des Kindes und seiner Lebensräume zu kennen. Dies kann sich u. a. beziehen auf:
- Mutter, Vater, Großeltern
- Geschwister
- Kontakte zu anderen Kindern
- Wohnsituation
- Geburt
- Motorik
- Sprechen, Sprache und Sprachentwicklung
- Denken
- Kreativität
- Emotionalität
- Sozialverhalten
- Schlafen
- Essen

Eine weitere wichtige Grundlage für die Entwicklung eines Erziehungsplanes ist eine sorgfältige Beobachtung und Dokumentation des Verhaltens und Erlebens des Kindes und seiner Situation in der Einrichtung – möglichst über einen längeren Zeitraum.
Diese Dokumentation beschreibt den „Ist-Stand" und ist Voraussetzung für eine Klärung der zu formulierenden Erziehungsziele. Bei der Formulierung der Erziehungsziele ist immer auch der Zeitrahmen zu beachten, innerhalb dessen die unterschiedlichen Ziele erreicht werden sollen. Natürlich ist es wichtig, auch langfristige Ziele zu formulieren. Liegen die Ziele allerdings in zu weiter Ferne, besteht die Gefahr, dass die Erzieherin sie aus dem Blickfeld verliert und dass die Kinder sie als unerreichbar wahrnehmen. Kürzerfristige, aufeinander aufbauende erzieherische Ziele führen schrittweise zum Erreichen längerfristiger Ziele.

Erziehungsplan: (Name des Kindes)	
Vorgeschichte	
Zu veränderndes Verhalten und Erleben des Kindes oder Jugendlichen	

Erziehungsplan: (Name des Kindes)			
Zeitplan	Ziele	Mittel/ Methoden	Dokumentation

Struktur eines individuellen Erziehungsplans

Die Zielformulierungen müssen auf möglichst konkrete Weise die neuen zu erreichenden Verhaltens- und Erlebensweisen beschreiben und psychologisch sowie sachlogisch aufeinander aufbauen. Wichtig bei einem individuellen Erziehungsplan ist ferner, dass die erzieherischen Ziele, Mittel und Methoden im Team entwickelt und mit dem Kind oder Jugendlichen besprochen werden. Gegebenenfalls sind auch weitere Erziehungspartner einzubeziehen wie z. B. die Eltern, Lehrkräfte u. a.

Gruppenbezogene Erziehungspläne
Gruppenbezogene Erziehungspläne unterscheiden sich von individuellen Erziehungsplänen in vielerlei Hinsicht. Um einen gruppenbezogenen Erziehungsplan zu erstellen, sind vor allem sozialpsychologische und soziologische Grundkenntnisse von Bedeutung. Darüber hinaus sind grundlegende Kenntnisse über die Gruppe erforderlich. Dies kann sich z. B. beziehen auf:
- Gruppengröße
- Altersstruktur der Gruppe
- Rollen und Rollenstruktur
- Rollen der erzieherischen Mitarbeiterinnen
- Rollen der Eltern

- räumliche Bedingungen
- soziale Struktur der Gruppe
- vorhandene Materialien

Auch hier gilt: Die erzieherische Arbeit der Erzieherin wird umso erfolgreicher sein, je klarere Ziele sie im Umgang mit der Gruppe verfolgt. Ziele können beispielsweise sein:
- Außenseitersituationen zu überwinden
- Aggressionen abzubauen
- die Kooperationsbereitschaft zu unterstützen
- die Rollenzuschreibungen zu überwinden
- die Integration einzelner Kinder zu unterstützen

Eine weitere wichtige Grundlage für die Entwicklung eines gruppenbezogenen Erziehungsplanes ist eine sorgfältige Beobachtung und Dokumentation der dynamischen Prozesse innerhalb der Gruppe – möglichst über einen längeren Zeitraum.

Diese Dokumentation beschreibt – wie bei einem individuellen Erziehungsplan – den „Ist-Stand" und ist Voraussetzung für eine Klärung der zu formulierenden Erziehungsziele. Grundaspekte der Zielformulierung entsprechen den individuellen Erziehungsplänen: Die Zielformulierungen müssen auf möglichst konkrete Weise die neuen zu erreichenden gruppendynamischen Veränderungen beschreiben und sozialpsychologisch sowie sachlogisch aufeinander aufbauen.

Wichtig bei einem gruppenbezogenen Erziehungsplan ist, dass die erzieherischen Ziele, Mittel und Methoden im Team entwickelt und mit der Gruppe besprochen werden.

Auch hier gilt: Je konkreter und klarer sowohl die Ziele als auch die erzieherischen Methoden formuliert sind, je zielgerichteter und präziser dokumentiert wird und je intensiver im Team, mit Erziehungspartnern und mit den Kindern oder Jugendlichen kooperiert wird, desto erfolgreicher wird eine Erzieherin die Erziehungsprozesse (mit-)gestalten können.

Aus dem Bildungs- und Erziehungsplan Thüringen

Die beiden folgenden Beispiele aus dem Thüringer Bildungs- und Erziehungsplan zeigen Möglichkeiten auf, von einer relativ abstrakten Ebene eine Konkretisierung zu entwickeln.

Aus dem Bereich **Sprache und Kommunikation**:

- *„Jedes Kind erfährt, dass sich die Erzieherin ihm zuwendet und den individuellen Entwicklungsstand sowie sprachliche Verständnis- und Ausdrucksfähigkeit berücksichtigt.*
- *In Bezug auf die sprachliche Förderung knüpft die Erzieherin an den Interessen und Fähigkeiten des Kindes an.*
- *Jedes Kind erlebt im gesamten Tagesgeschehen zahlreiche Impulse zur Sprachentwicklung und Vielfalt an kommunikativen Situationen. Möglichkeiten einer frühen Begegnung mit der Schriftsprache (nicht deren Einübung) sind Bestandteil der sprachlichen Entwicklung.*
- *Jedes Kind hat täglich sprachlichen Kontakt zur Erzieherin, zu den Kindern der Gruppe und zu anderen Personen. Dabei erfährt es, dass die eigene Beteiligung an Gesprächen erwünscht ist, unterstützt und respektiert wird.*
- *Jedes Kind erlebt regelmäßig in der Kindertageseinrichtung, dass Märchen und Geschichten erzählt werden, lernt Lieder und Gedichte kennen und findet Gelegenheiten zur Wiederholung und Vertiefung. Dadurch entdeckt es Möglichkeiten, mit Worten und Sprache zu spielen und zu experimentieren.*
- *Alle Kinder, insbesondere die, welche sich wenig sprachlich äußern, erfahren Zuwendung und werden ermutigt.*
- *Jedes Kind erlebt Angebote nichtsprachlicher Bildung zur differenzierten Wahrnehmung der Ausdruckskraft von Gestik und Mimik.*

- *Jedes Kind findet in der Kindertageseinrichtung vielfältige Möglichkeiten und Gelegenheiten, sich in störungsarme Bereiche zurückzuziehen, dort zu verweilen und in Kleingruppen Gespräche zu führen. Dabei findet es gesprächsanregende und -fördernde Materialien und Requisiten vor."*

(Thüringer Ministerium für Soziales, Familie und Gesundheit, 2003, S. 11)

Aus dem Bereich **soziale und emotionale Beziehungen**:

- *„Jedes Kind erlebt andere Kinder und Erwachsene mit unterschiedlichen Eigenschaften, Emotionen und sozialen Fähigkeiten.*
- *Jedes Kind erfährt Freundschaft und Ablehnung, es lernt sich gegenüber anderen Kindern zu behaupten und erlebt sich als Teil einer Gemeinschaft, in die es sich aktiv einbringen und einfügen kann.*
- *Jedes Kind kann, weil es sich angenommen fühlt, Aktivitäten entwickeln, offen sein für Neues, Problemsituationen und Niederlagen verarbeiten.*
- *Jedes Kind erlebt, dass es Fehler machen kann, ohne das Gefühl haben zu müssen, versagt zu haben.*
- *Jedes Kind lernt Regeln (als verständliche Orientierungspunkte) und Verhaltensweisen im Umgang miteinander zu akzeptieren und anzuwenden."*

(Thüringer Ministerium für Soziales, Familie und Gesundheit, 2003, S. 13)

Wenn es beispielsweise heißt, dass die Erzieherin an den Interessen und Fähigkeiten des Kindes anknüpft, dann muss sie diese Interessen und Fähigkeiten auch kennen und dies wiederum setzt kontinuierliches Beobachten und Dokumentieren voraus. Versuchen Sie einmal selbst, die oben zitierten Erziehungs- und Bildungsaspekte auf ein konkretes von Ihnen beobachtetes Kind anzuwenden, zu konkretisieren und mit Zielen für die weitere Arbeit mit ihm zu verbinden.

3.1.8 Erziehungskonzeptionen

Es gibt Erziehungsvorstellungen, seit Menschen bewusst darüber nachdenken, wie sie die Entwicklung ihrer Kinder in ihrem Sinne beeinflussen können. In sehr allgemeiner Form gehören die Antworten auf folgende Fragen zu diesen Überlegungen:

- Wie soll sich das Kind in naher und in ferner Zukunft verhalten?
- Welche überdauernden Eigenschaften soll das Kind entwickeln?
- Über welche Fähigkeiten und Fertigkeiten soll das Kind in naher und in ferner Zukunft verfügen?
- Welches Bild von der Welt soll das Kind haben?
- Woran soll das Kind glauben?
- Welches Bild von sich selbst soll das Kind haben?
- Was kann ich als Erzieherin tun, wie muss ich mich verhalten, um das Kind nachhaltig zu beeinflussen?
- Wie muss ich die Lebenswelt des Kindes gestalten, damit ich es nachhaltig beeinflussen kann?
- Wer soll sich an der erzieherischen Arbeit in welchem Rahmen beteiligen?

Sofern solche Fragen nicht lediglich auf den Moment, sondern auf das langfristige Miteinander von Erziehenden und zu Erziehenden bezogen sind, stellen die Antworten darauf mögliche Elemente einer erzieherischen **Konzeption** dar.

Konzeption
In den heutigen sozialpädagogischen Einrichtungen wird unter einer Konzeption die schriftliche Darstellung der für sie charakteristischen erzieherischen Arbeit in dem vom Erzieherinnen-Team, vom Träger und von den Erziehungspartnern gestalteten Lebensraum der Kinder gesprochen. In der heutigen erzieherischen Praxis wird fälschlicherweise häufig auch der Begriff Konzept für den gleichen Sachverhalt verwendet. Unter einem Konzept versteht man in der Regel einen ersten und meist allgemein gehaltenen Entwurf mit weitaus geringerer Verbindlichkeit, als dies bei einer Konzeption der Fall ist.

In Kapitel 3.1.9 werden Sie sich eingehend mit der Entwicklung einer Konzeption in sozialpädagogischen Einrichtungen auseinandersetzen können. In diesem Kapitel lernen Sie mögliche Elemente pädagogischer Konzeptionen kennen, die auf die theoretische Pädagogik wie auf die

Praxis der Erziehung – natürlich mehr oder minder – nachhaltigen Einfluss hatten und noch haben. Das „mehr oder minder" bezieht sich darauf, dass es auch in Deutschland noch Erziehende gibt, die sich Erziehungspraktiken zurückwünschen, die lediglich Wert auf Zucht, Ordnung und Gehorsam legten, und dass es auf der Welt unzählige Erwachsene gibt, für die Kinder gleichsam Gegenstände sind, die es nach ihren Vorstellungen zu formen und auszubeuten gilt.

Die meisten der historischen Handlungsentwürfe der großen Pädagoginnen und Pädagogen basieren sowohl auf wissenschaftlichen Grundlagen als auch auf z. T. sehr intensiven praktischen Erfahrungen. Allen in diesem Kapitel dargestellten Handlungsentwürfen ist gemeinsam, dass sie die Entwicklung der Pädagogik und der Sozialpädagogik bis ins 21. Jahrhundert zum Teil nachhaltig beeinflusst haben. Aus vielen dieser Konzeptionen haben sich pädagogische und oder sozialpädagogische Bewegungen entwickelt, die bis heute fortbestehen. Dazu gehören beispielsweise:
- Waldorf-Schulen und -Kindertagesstätten
- Montessori-Schulen und -Kindertagesstätten
- Freinet-Schulen und -Kindertagesstätten
- Reggio-Kindertagesstätten

Diese Einrichtungen haben klare Konzeptionen im Sinne der obigen Definition. Viele von ihnen haben klar beschriebene weltanschauliche Grundlagen und allen liegt ein bestimmtes **Menschenbild** zugrunde.

Menschenbilder

Menschenbild
Ein Menschenbild ist eine Vorstellung, die jemand vom Wesen des Menschen hat. Das Menschenbild kann eine individuelle Überzeugung, es kann in einen Glauben, in eine Religion eingebunden sein. Es gibt christliche, buddhistische, humanistische, darwinistische oder islamische Menschenbilder. Mit Menschenbildern sind „keine Ziel- und Wertvorstellungen gemeint. Es handelt sich dabei um anthropologische Grundannahmen, die wir als gegeben anzusehen haben. Es kann also im Prozess von Sozialisation und Erziehung nicht darum gehen, auf dies als ‚Ziele' hin zu erziehen, wir müssen sie im Miteinanderumgehen voraussetzen. Erst im zweiten Schritt können wir dann darüber nachdenken, was wir tun können, damit sich Kinder in Richtung auf mehr gesellschaftlich wünschbare Autonomie, auf eine sozialverträgliche Form von Selbstbewusstsein und in Richtung einer Rationalität entwickeln, die Lebensglück und Lebensqualität für sie und für uns alle bedeuten. Der aus einer anderen Zeit und einer sicher ganz anderen [...] Sichtweise stammende Satz Maria Montessoris, dass das Kind Baumeister des Menschen sei [...], bekommt heute eine ganz neue, menschlich sehr bedeutsame Qualität." (Wieland, 1993, S. 21)

Die folgenden Beschreibungen sind nur sehr kurzgefasst und allgemein gehalten. Natürlich gibt es nicht das eine christliche oder humanistische etc. Menschenbild allein. Aus diesem Grund werden nur Aspekte der verschiedenen Menschenbilder hervorgehoben, die den jeweils meisten gemeinsam sind.

Christliche Menschenbilder
Ein wichtiges Merkmal christlicher Menschenbilder wurde von Papst Johannes Paul II. wie folgt beschrieben:

„[Der Mensch] kann weder seiner Spezies noch der Gesellschaft als einfaches Mittel oder bloßes Werkzeug untergeordnet werden; er hat einen Wert an sich. Er ist Person. Durch seine Intelligenz und seinen Willen ist der Mensch in der Lage, in eine Beziehung der Gemeinschaft, der Solidarität und der Selbsthingabe mit seinem Mitmenschen zu treten."
(Johannes Paul II., 1996)

Buddhistische Menschenbilder
Buddhisten halten den Menschen für grundlegend gut, worin jeder Mensch dem Buddha gleicht und quasi selbst Buddha ist. Alles Leid und alles Übel beruhen lediglich darauf, dass Gier und Hass die wahre Natur des Menschen unterdrücken. Der Aufruf zu Toleranz und Nächstenliebe ist beiden ansonsten insgesamt recht unterschiedlichen Menschenbildern gemeinsam.

Humanistische Menschenbilder
In humanistischen Menschenbildern wird der Mensch ganzheitlich als Einheit von Körper, Seele und Geist verstanden. Aber anders als im christlichen Menschenbild gilt der Mensch nicht als von Gott erschaffen, sondern als Ergebnis biologischer

Evolutionsprozesse. Der Unterschied zum Tier besteht „nur" in den spezifischen geistigen Eigenschaften des Menschen, durch die er über ein Selbst-Bewusstsein, einen Zeitbegriff usw. verfügt.

Das darwinistische Menschenbild

Dieses Menschenbild geht auf Theorien von Charles Darwin zurück, der die Auffassung vertrat, dass immer die Stärksten überleben, während die Schwächeren untergehen. Dies gilt für alle Lebewesen und für alle Pflanzen, wobei die natürlichen Selektionsmechanismen der verschiedenen Arten unterschiedlich sind. Die Lebewesen, die am besten angepasst sind, überleben bzw. überdauern den „Kampf ums Dasein". Dieses Menschenbild wurde durch die „Rassenlehre" der Nationalsozialisten missbraucht, die mit grausamen Konsequenzen behaupteten, dass sie selbst allen anderen Menschen überlegen seien.

Islamische Menschenbilder

In islamischen Menschenbildern gibt es einen Unterschied zwischen „Lebendig-Sein" und „Mensch-Sein". Im Unterschied zu anderen Lebewesen hat der Mensch eine Seele und ist für seine eigenen Taten verantwortlich. Genau dies macht auch seine Würde aus. Dabei ist dem Koran entsprechend das menschliche Leben bedingungslos zu schützen. Einen Menschen – auch sich selbst – zu töten, ist strikt verboten.

Individuelle Menschenbilder

Menschenbilder sind zwar kultur- und gesellschaftsabhängig, sie haben aber immer auch eine spezielle individuelle Ausprägung. Diese individuelle Ausprägung entwickelt sich aus den ganz persönlichen Lebenserfahrungen des einzelnen Menschen. Das eigene Menschenbild wird häufig als so selbstverständlich und richtig erlebt, dass der Mensch anderen Menschenbildern gegenüber sehr intolerant gegenübersteht. Da das jeweilige Menschenbild unmittelbaren Einfluss auf den Umgang mit anderen Menschen – also auch auf die Beziehung des Erziehenden auf den zu Erziehenden – hat, sind Erziehungsziele, -mittel und -stile einer Erzieherin im Einzelfall nur vor dem Hintergrund ihres Menschenbildes zu verstehen. Individuelle Menschenbilder sind nicht statisch, d. h., sie können sich aufgrund von Lernprozessen und Lebenserfahrungen – wenn auch nur langsam – ändern. Deshalb wird von professionellen Erzieherinnen erwartet, dass sie Menschenbilder und insbesondere ihr eigenes Menschenbild zum Gegenstand der Selbstreflexion und zum Thema der Kooperationen mit ihren Kolleginnen machen.

Die Frage, ob der Mensch seinem Wesen nach frei und unabhängig ist, ob er entscheidend von seinen Anlagen oder von seiner Umwelt bestimmt wird, diese Frage hat die Philosophie seit Jahrtausenden und die moderne Psychologie von Anfang an beschäftigt. Oberflächlich könnte man meinen, dass dies doch wenig bedeutsam sei für die praktische pädagogische Arbeit einer Erzieherin. Doch das Gegenteil ist der Fall. Jede Erzieherin hat eine Vorstellung vom Wesen des Menschen und von der eben gestellten Frage. Die eine Erzieherin hält die Umwelt, die andere die Anlagen und die dritte alle beide für wesentliche Einflussfaktoren auf die Entwicklung der Persönlichkeit eines Kindes oder Jugendlichen. Auch dies wäre noch wenig bedeutsam, wenn sich daraus nicht Konsequenzen für ihr konkretes erzieherisches Handeln ableiten ließen. Menschenbilder unterscheiden sich häufig in folgenden Punkten:

- **Anlage oder Umwelt:**
  Eine Erzieherin, die die Umwelteinflüsse für entscheidend hält, wird sich den Kindern und Erziehungspartnern gegenüber anders verhalten als eine Erzieherin, die den Anlagen des Kindes die wesentliche „Verantwortung" für die Entwicklung seiner Persönlichkeit zuspricht. Erstere wird sehr viel mehr auf ihre eigenen und auf die erzieherischen Möglichkeiten der Eltern vertrauen als Letztere.

- **Reagieren oder agieren:**
  Eine Erzieherin, die die Auffassung vertritt, dass der Mensch ein Wesen ist, das auf seine Umwelt „bloß" reagiert, wird anders mit Kindern umgehen als eine Erzieherin, die im Menschen ein Wesen erkennt, das sich eine eigene Theorie, ein eigenes Bild von der Welt entwickelt und dementsprechend aktiv handelt. Letzteres ist eine spezifisch konstruktivistische Auffassung, die pädagogisch darauf abzielt, Kinder nicht nur (z. B. auf Erklärungen, Anweisungen, Befehle o. Ä.) reagieren zu lassen, sondern sie vielmehr bei der Konstruktion brauchbarer (viabler) eigener Bilder von der Welt zu begleiten und zu unterstützen.

Im Folgenden werden nun die Konzeptionen einiger Pädagoginnen und Pädagogen dargestellt, deren theoretische und/oder praktische Arbeit die Entwicklung der Pädagogik und insbesondere der Sozialpädagogik besonders nachhaltig beeinflusst hat. Diese Auswahl soll exemplarisch sein und ließe sich natürlich noch erweitern.

Im Unterschied zu Sokrates, für den Erziehung etwas Freiwilliges ist, orientiert sich Erziehung nach Platon am Gemeinwesen und soll die Bürger zur Anerkennung der Notwendigkeiten der staatlichen Ordnung hinführen. Erziehung hat nach seiner Auffassung dem Wohl des Gemeinwesens zu dienen.

Die nun folgenden Konzeptionen werden chronologisch dargestellt. Dabei lernen Sie jeweils zunächst das **pädagogische Umfeld** kennen, in dem die Pädagogin oder der Pädagoge mit Kindern oder Jugendlichen arbeitete. Dann werden die wichtigsten **pädagogischen Zielvorstellungen** oder Leitideen und anschließend zentrale **methodische** Vorstellungen oder Forderungen dargestellt. Es handelt sich um:

- Jean-Jaques Rousseau
- Johann Heinrich Pestalozzi
- Friedrich Fröbel
- Ellen Key
- Janusz Korczak
- Alexander Sutherland Neill
- Célestin Freinet
- Rudolf Steiner
- Maria Montessori
- Loris Malaguzzi

Außerdem berücksichtigt werden
- situationsorientierte Konzeptionen und
- die Konzeption des „Offenen Kindergartens".

Das Kind ist gut – Rousseau

Zunächst werden die pädagogischen Vorstellungen von Jean-Jacques Rousseau dargestellt, da Rousseau zu den namhaften Pädagogen gehörte, die bedingungslos an das Gute im Kind glaubten, und vor allem, da seine pädagogischen Vorstellungen alle weiteren hier beschriebenen pädagogischen Handlungsentwürfe beeinflusst haben.

Im ersten Teil seines Romans „Emile oder über die Erziehung" stellte Rousseau fest, dass alles gut sei, was aus den Händen des Schöpfers hervorgeht: Der Mensch sei es, der entarten lasse, was er in die Hände bekommt. Daraus ist abzuleiten, dass das Kind nach Rousseaus Auffassung von Natur aus gut ist und erst durch die Einflüsse Erwachsener verdorben wird. Dabei maß Rousseau – anders als er häufig fehlinterpretiert wird – der Erziehung einen hohen Stellenwert bei. So war er der Auffassung, dass es die Erziehung ist, die dem Menschen alles gibt, was bei der Geburt noch fehlt. Dabei unterschied er drei elementare „Erzieher":

- die natürlichen, dem Kind innewohnenden Kräfte als „Erzieher",
- die Erwachsenen, die helfen, dass das Kind lernt, seine natürlichen Kräfte zu gebrauchen, als „Erzieher" und
- die sachliche Umwelt, die sich das Kind im Verlaufe seiner Entwicklung zu Eigen macht – ebenfalls als „Erzieher".

Rousseau wies auf das Dilemma hin, vor dem auch heute viele Erzieherinnen stehen: Wenn sie zu hart und streng mit „ihren" Kindern sind, dann werden sie deren Vertrauen verlieren. Wenn sie aber die Augen verschließen und dem Kind alles durchgehen lassen, wozu benötigt es dann ihre Erziehung?

Sokrates (469 v. Chr.–399 v. Chr.)
Schon der griechische Philosoph Sokrates hielt es für wichtig, dass der zu Erziehende sich auch erziehen lassen will. Dies ist eine Erkenntnis, die auch heute noch nicht alle Erwachsenen begriffen haben. Eine Erziehung gegen den Willen der Kinder wird in vielerlei Hinsicht erfolglos bleiben. Sie ist auf Druck und Gewalt angewiesen, sie wird weder das Selbstbewusstsein noch das Selbstvertrauen oder das Selbstwertgefühl des Kindes in ausreichendem Maße stärken können. Kinder sind nur dann wirklich bereit, sich erziehen zu lassen, wenn dies in einer Atmosphäre geschieht, in der sie den nötigen Raum haben, sich zu entfalten, und in der sie das Vertrauen in sich selbst und in die Erziehenden haben, das für die eigene Entwicklung unentbehrlich ist.

Rousseau löste dieses Dilemma in seinem Erziehungsroman u. a. so, dass er der Natur die entscheidenden Erziehungsfunktionen zusprach und forderte, dass der Erwachsene möglichst wenig in diese Prozesse eingreifen solle. Natur bedeutete für Rousseau u. a. (vgl. Thesing, 1999, S. 13 ff.):
- natürliche Lebensweise ohne Verweichlichung
- das ursprüngliche, eigentliche Wesen des Menschen
- die sittlich „guten" Kräfte des Menschen

Rousseaus Menschenbild war dementsprechend positiv; er vertrat nachdrücklich die Auffassung, dass es keinerlei ursprüngliche Verdorbenheit und Boshaftigkeit des Menschen gebe. Man könnte es mit Janusz Korczak (s. u.) beschreiben: Von wem lernt das Kind das Lügen, das Stehlen, von wem lernt es aggressiv zu sein, wenn nicht vom Erwachsenen?

Rousseaus sah – wie der berühmte britische Pädagoge Alexander S. Neill (s. u.) – das **Glück des Kindes** oder Jugendlichen als wichtigstes Ziel der Erziehung an. Erziehung müsse menschlich sein, denn nur eine menschliche Erziehung könne dazu führen, dass die Kinder und Jugendlichen lernen, die Menschen zu lieben. Darüber hinaus war Rousseau der Auffassung, dass sich der Mensch – also auch die Erzieherin – als **Diener der Natur** verstehen und dieses Verständnis an die Kinder und Jugendlichen weitergeben soll, damit alle zurück zu einem ursprünglichen, natürlichen Leben finden können. Weiterhin ging es Rousseau um eine grundsätzliche Kritik an der bestehenden Gesellschaft und ihrer aus seiner Sicht dekadenten Kultur. Diese Kultur trage dazu bei, dass der Mensch sich immer weiter von seinem eigentlichen, natürlichen Wesen entferne – eine kritische Auffassung, die auch heute für viele Menschen durchaus aktuell ist.

In einer Zeit, in der – zumindest in bürgerlichen Kreisen und in der herrschenden Oberschicht – Kinder wie kleine Erwachsene behandelt und gekleidet wurden und in der man Natürlichkeit für primitiv hielt, in einer Zeit, in der die Kinder der ärmeren und armen Bevölkerung schon in frühster Kindheit z. T. schwere körperliche Arbeit leisten mussten, in einer solchen Zeit waren die Forderungen Rousseaus revolutionär; so spielten Rousseaus Gedanken auch eine wichtige Rolle für die zehn Jahre nach seinem Tod beginnende französische Revolution.

Und heute? Die Forderungen Rousseaus sind immer noch aktuell: In der sogenannten Dritten Welt herrschen z. T. Zustände wie zu Rousseaus Zeiten: Kinder müssen nicht selten hart arbeiten, um ihre Familie mit zu ernähren. Manche kämpfen als Soldaten, werden ausgebeutet, missachtet oder misshandelt und viel zu viele verhungern. Andere dagegen leben in einem wohlbehüteten, eher künstlichen als natürlichen Lebensraum. Und

Jean-Jacques Rousseau (1712–1778)

Jean-Jaques Rousseau wurde in Genf als Sohn eines Uhrmachers geboren und starb in Ermenonville bei Paris. Er übte eine Vielzahl an Berufen aus; er arbeitete in einem Kaufladen, war Musiklehrer, Hauslehrer, Schriftsteller, Philosoph, Pädagoge, Naturforscher und Komponist. Seine gesellschaftlichen und politischen Vorstellungen haben die Französische Revolution wesentlich mitbeeinflusst. In diesem Zusammenhang sollen Rousseaus pädagogische Vorstellungen im Mittelpunkt stehen. Unter Pädagogen ist er vor allem aufgrund seines Romans „Emile oder über die Erziehung" bekannt, den er im Jahr 1759 zu schreiben begann (vgl. Rousseau, 1963). Rousseau, der seine eigenen Kinder in ein Waisenhaus gab und ein bewegtes und unruhiges Leben führte, hielt sich selbst für einen schlechten Erzieher. Dennoch (oder vielleicht gerade deshalb?) befasste er sich intensiv mit pädagogischen und entwicklungspsychologischen Fragen. So entschloss er sich, einen imaginären Schüler anzunehmen und seine pädagogischen Idealvorstellungen in seinem berühmten Roman festzuhalten. Den imaginären Schüler, die Hauptfigur des Romans, nannte er Emile.

in den Industrieländern? Gibt es nicht unzählige Kinder und Jugendliche, die die Natur fast ausschließlich oder überwiegend aus zweiter Hand über die Medien erfahren und eine Entfremdung von den natürlichen und realen, sozialen Vorgängen erleben? Und Ausbeutung und Misshandlung von Kindern gibt es auch hier noch.

Wenn Rousseau schrieb, die Natur solle der wichtigste Erzieher sein, so berührte dies auch das, was heute in der Pädagogik unter „natürlichen Konsequenzen" verstanden wird. Zwei kleine Beispiele, die Rousseau selbst anführte:
- Wenn ein Kind seine Sachen zerstört, sollte der Erzieher sie nicht gleich ersetzen.
- Wenn ein Kind eine Fensterscheibe in seinem Zimmer zerbricht, sollte die Scheibe nicht repariert werden. Wenn es dann friert, lernt es mehr, als wenn der Erzieher es bestraft. Erst nach längerer Zeit sollte die Scheibe ohne weitere Kommentare ersetzt werden. Gerade dieses Beispiel findet sich 200 Jahre später bei Alexander S. Neill wieder (s. u.).

Rousseau forderte, was heute in allen sozialpädagogischen Einrichtungen als Selbstverständlichkeit angesehen und dennoch immer wieder konkret diskutiert werden muss: die Notwendigkeit einer altersgemäßen Beschäftigung mit Spielmaterialien. Bei Rousseau sollten es Materialien sein, die die Natur bereitstellt, was heute vor allem in **Waldorf-Kindertagesstätten** oder **Waldkindergärten** umgesetzt wird. Spielen sollte nicht – wie es auch heute noch bei vielen Eltern der Fall ist – vom Ergebnis, sondern vom Prozess her betrachtet werden; entscheidend ist demnach das, was das Kind während des Spielens lernen konnte, nicht, was es „hervorgebracht" hat. Eine weitere wichtige Frage Rousseaus bezieht sich auf gesellschaftliche Abhängigkeiten und insbesondere auf die des Kindes vom Erwachsenen. Dazu schreibt er:

„Es gibt zweierlei Arten von Abhängigkeit, die von den Dingen oder die der Natur, und die von den Menschen oder die der Gesellschaft. Da die Abhängigkeit von den Dingen keine Sittlichkeit hat, so schadet sie der Freiheit nicht und erzeugt keine Laster. Die Abhängigkeit von den Menschen hingegen ist ordnungswidrig und erzeugt sie [die Laster] alle; durch sie verderben der Herr und der Knecht sich einander gegenseitig. [...] Erhaltet das Kind bloß in der Abhängigkeit von den Dingen, so folgt ihr der Ordnung der Natur in den Fortschritten seiner

Johann Heinrich Pestalozzi (1746–1827)

Johann Heinrich Pestalozzi war wie Rousseau Schweizer. Pestalozzi war Schul- und Sozialreformer, Pädagoge und Philosoph. Die Förderung der Entwicklung von Kindern und Jugendlichen war ihm ein wichtiges Anliegen. Sein großes Engagement vor allem für ärmere und „schwierige" Jugendliche machte ihn schon zu Lebzeiten in ganz Europa berühmt. Er wollte ihnen helfen, sich selbst helfen zu können, was zwei Jahrhunderte später zu Maria Montessoris Leitspruch wurde (s. u.). Im Unterschied zu Rousseau, dessen Arbeiten er kannte und bewunderte, war Pestalozzi auch ein praktisch arbeitender Erzieher. Pestalozzi erkannte, dass Kinder in ihren ersten Lebensjahren besonders viel und besonders nachhaltig lernen. Er forderte, die intellektuellen, die sittlich-religiösen und die handwerklichen Kräfte der Kinder allseitig, ganzheitlich, harmonisch und bereits in den ersten Lebensjahren zu fördern.

Erziehung. [...] Ihr braucht ihm nicht zu verbieten, Böses zu tun; es genügt, dass ihr es daran hindert."
(Wattendorf, 1912, S. 120f.)

Der Erziehende soll also keine unnötigen Abhängigkeiten schaffen, sondern darauf achten, dass das Kind möglichst selbstständig, selbsttätig und selbstverantwortlich leben und handeln kann.

Dies alles macht verständlich, warum Rousseau für viele wichtige Pädagogen späterer Zeiten zum Vorbild wurde. Kritisch ist anzumerken, dass Rousseaus Vorstellungen von einem „Zurück zur Natur" in dieser Weise nicht auf die heutige Zeit übertragbar sind und wahrscheinlich in dieser extremen Form nie auf die Gesellschaft übertragbar waren. Dennoch wäre es fahrlässig, nicht über die Bedeutung einer möglichst natürlichen Lebensweise der Menschen nachzudenken und diese auch anzustreben, ohne aber die für die heutige Menschheit lebenswichtigen technischen und medizinischen Fortschritte zu negieren. Zu den ersten Pädagogen, deren Denken wesentlich von Rousseau beeinflusst wurde, gehörte Johann Heinrich Pestalozzi.

Mit Herz, Kopf und Hand – Pestalozzi

Auch wenn Pestalozzi finanziell und wirtschaftlich keine glückliche Hand hatte, wurde seine praktisch-pädagogische Tätigkeit in der Armenanstalt Neuhof (1774–1780), im Waisenhaus in Stans (1799) und in Burgdorf und Yverdon (1800–1825) weithin bekannt. Obwohl die Sprache in Pestalozzis schriftlichen Werken heute sehr altertümlich klingt, sind viele seiner Grundideen bis heute hochaktuell.

Pestalozzi verfasste 14 Briefe an den Verleger Heinrich Geßner, die 1801 unter dem Titel „Wie Gertrud ihre Kinder lehrt: ein Versuch, den Müttern Anleitung zu geben, ihre Kinder selbst zu unterrichten" erschienen (vgl. Pestalozzi, 2006). Wie Rousseau schrieb auch Pestalozzi einen zu seiner Zeit berühmten Roman mit dem Titel „Lienhard und Gertrud". Mit diesem 1781 erschienenen Roman wollte Pestalozzi helfen, die Menschen vor Armut und Verelendung zu schützen. Danach erschienen drei Folgebände, die allerdings nicht in Romanform an die einfacheren Menschen gerichtet waren. In diesen drei Bänden wandte sich Pestalozzi aber auch an die Gebildeten und Herrschenden.

Anders als Rousseau war Pestalozzi der Auffassung, dass es nicht sinnvoll sei, das Kind in den ersten Lebensjahren nahezu ausschließlich von der Natur erziehen zu lassen. So war er davon überzeugt, dass es durchaus Eigenschaften gebe, die dem Guten im Menschen entgegengesetzt und bösartig sind: Er bezeichnete diese Eigenschaften als **„Leidenschaften"**. Heute spricht man eher von Trieben und Bedürfnissen. Die von Rousseau geforderten Freiheiten können, wie Pestalozzi glaubte, diese Leidenschaften zwar zurückhalten, nicht jedoch beseitigen. So habe jeder Mensch einerseits eine „tierische" Seite und andererseits eine „höhere Natur", durch die er sich von den Tieren unterscheide. Beide Seiten stünden in einem Spannungsverhältnis zueinander und müssten von der Erzieherin bei ihrer Arbeit berücksichtigt werden. Die tierische Natur diene in erster Linie der Selbst- und der Arterhaltung. Die höhere Natur hebe den Menschen über das Tier hinaus und ermögliche ihm,

- die Wahrheit zu erkennen,
- zu lieben,
- auf sein Gewissen zu hören,
- gerecht zu sein,
- sein Handeln an Werten zu orientieren,
- schöpferisch zu sein,
- verantwortlich zu handeln,
- frei zu sein,
- den eigenen Egoismus zu überwinden,
- vernünftig zu sein etc.

Pestalozzi hatte ein durchaus ganzheitliches Verständnis vom Menschen und sah die beiden Seiten als eng miteinander verbunden und verwoben an. Pädagogisch gelte es daher, die Entwicklung der tierischen Seite auf eine höhere Stufe hin zu unterstützen.

Kernaussagen der Pädagogik Pestalozzis lassen sich in folgenden Stichworten zusammenfassen (vgl. Thesing, 1999, S. 30f.):

- Menschenbildung
- Entwicklung einer neuen Schule
- Wohnstubenerziehung
- Lernen mit Kopf, Herz und Hand
- Armenerziehung
- Elementarbildung

Menschenbildung

Im Zentrum der Theorie Pestalozzis steht der Mensch mit dem Ziel und Auftrag, sich selbst zu finden, eine Beziehung zu Gott aufzubauen, innere Ruhe zu finden und zum stillen Genießen zu streben. Um den Menschen herum ist die ihm vertraute Welt mit der Familie, der Berufswelt und den konkreten politisch und gesellschaftlich bedingten Lebensbedingungen. Für den Weg zu einem glücklichen Leben ist ein einfaches und wahrhaftiges Leben Voraussetzung. Das wichtigste Erfahrungsfeld auf diesem Weg ist die **Familie**. Pestalozzi sieht – wie Rousseau – den Menschen als Naturwesen und als Produkt der Gesellschaft, mit der er sich auseinanderzusetzen hat. Die wichtige Aufgabe einer Erzieherin besteht darin, den Widrigkeiten der Natur wie denen der Gesellschaft entgegenzuwirken.

Entwicklung einer neuen Schule

Pestalozzi wurde auch durch seine deutliche Kritik am bestehenden Bildungssystem, d. h. an der Qualität und Quantität von Schulen, bekannt. Seine Hauptkritik zielte darauf ab, dass Kinder aus armen Familien praktisch keine Chance hatten, eine Schule zu besuchen. In den vorhandenen Schulen wurden sie nicht auf die Bewältigung ihres zukünftigen Lebens vorbereitet. Ihre Lehrer waren pädagogisch völlig ungeeignet und verstanden ihre Aufgabe meist darin, dafür zu sorgen, dass ihre Schüler sich politisch ruhig verhielten und keine revolutionären Ideen entwickelten. Den freien Lauf der Natur hielt Pestalozzi im Unterschied zu Rousseau erzieherisch nicht mehr für ausreichend (vgl. Thesing, 1999, S. 33).

Wohnstubenmodell

Pestalozzi war der Meinung, dass das Leben in der Familie Modell für Unterricht und für Erziehung sein sollte. Dabei dachte er in erster Linie an die fürsorglichen und verantwortlichen sozialen Beziehungen innerhalb einer sozial gut funktionierenden Familie. Was in den existierenden Schulen dringend fehlte, waren die positiven Vorbilder, die Pestalozzi in der „Wohnstube" der Familie sah. Die Trennung von Schule und Familie hielt Pestalozzi auch aus didaktischen Gründen für einen großen pädagogischen Nachteil. Denn: Wo anders wird so konsequent gleichzeitig mit Herz, Kopf und Hand gelernt?

Lernen mit Herz, Kopf und Hand

Lernen mit Herz, Kopf und Hand – das ist ganzheitliches Lernen, ein Lernen, an dem gleichzeitig sowohl geistiges als auch körperliches Handeln und Emotionalität beteiligt sind. Auch wenn Pestalozzis methodisch-didaktische Vorstellung bis heute nicht in allen pädagogischen Institutionen realisiert wird, gewinnt dieser Ansatz zunehmend an Bedeutung. Die Richtlinien für Unterricht an Schulen, die einen **handlungsorientierten Unterricht** fordern, zielen auf die Verwirklichung eines entsprechenden Unterrichts ab. Auch eine Erzieherin sollte in ihrer praktischen Arbeit darauf achten, dass in den von ihr initiierten Bildungs- und Erziehungsprozessen Herz, Kopf und Hand beteiligt sind.

Armenerziehung

Durch das Gesamtwerk Pestalozzis zieht sich die Forderung, dass die Armen die Möglichkeit erhalten müssen, sich selbst zu helfen und aus ihrer Armut zu befreien. Die Kinder der Armen sollten wenigstens die Chance bekommen, die wichtigsten Kulturtechniken Lesen, Schreiben und Rechnen zu erlernen. Durchaus kritisch wird bis heute angemerkt, dass sich Pestalozzi nicht darüber hinaus stärker für eine Veränderung der damals bestehenden gesellschaftlichen Verhältnisse engagierte, die für die Armut verantwortlich waren. Dabei sollte jedoch nicht übersehen werden, dass Pestalozzi sich schon als Student politisch für eine Verbesserung der sozialen Lebensverhältnisse engagierte und sich Kreisen anschloss, die den Kampf gegen die Korruption antraten.

Elementarbildung

Dabei hatte er die Vorstellung, dass die frühkindliche Erziehung und Bildung Grundlage der sich anschließenden schulischen Bildung werden sollte. Wichtige methodisch-didaktische

Prinzipien der Elementarpädagogik Pestalozzis sind u. a.:
- Naturgemäßheit
- Anschauung und Anschaulichkeit
- Gemeinschaftsbezogenheit und Lernen in der Gemeinschaft
- Aktivierung des Kräftepotenzials der Kinder
- systematische und sachlogische Abfolge der Inhalte
- Gründlichkeit der Durchdringung der Inhalte
- Entwicklungsgemäßheit der Inhalte
- systematisches Üben
- optimale Lernzeiten

Dabei wird deutlich, wie aktuell Pestalozzis pädagogische und sozialpädagogische Überlegungen auch heute noch sind. Ein berühmter Schüler Pestalozzis, Friedrich Fröbel, engagierte sich noch stärker für die Erziehung und Bildung im frühen Kindesalter. Er arbeitete 1805 bis 1806 als Lehrer an einer Pestalozzi-Musterschule in Frankfurt am Main.

Die Erfindung des Kindergartens – Fröbel

Fröbel war der Auffassung, der Mensch müsse sich der Existenz der göttlichen Gesetze bewusst werden, um Selbstbestimmung und Freiheit zu erreichen. Dies zu ermöglichen sei die Hauptaufgabe der Erziehung. Die Entwicklung dahin führe über

- die Erforschung der Natur,
- den Weg zu sich selbst und
- den Weg zu Gott (vgl. Thesing, 1999, S. 33).

Kinder erobern die Welt
- wahrnehmend,
- bewusst und gezielt beobachtend,
- vergleichend,
- denkend,
- fühlend,
- wollend und
- kreativ handelnd.

Dies alles geschieht, indem sie
- laufen, rennen, balancieren,
- schneiden, sägen, reißen, ziehen und hämmern,
- Ringe oder Formen legen,
- kneten und kleben,
- bauen, zeichnen, malen und vieles mehr.

Die **Entwicklung des Kindes** stellte sich Fröbel vor wie die Entfaltung der Pflanzen in einem Garten, wenn sich beispielsweise eine Blume aus einem Samenkorn entwickelt, wächst und schließlich eine wunderschöne Blüte hervorbringt. Je besser diese Blume vom Gärtner in ihrer Entwicklung unterstützt wird, indem er sie an die richtigen Orte sät, sie düngt und schützt,

Friedrich Wilhelm August Fröbel (1782–1852)
Fröbel studierte Naturwissenschaften in Jena und war danach Privatsekretär auf einem Gut in der Nähe von Neubrandenburg. Nach seiner Tätigkeit als Lehrer in Frankfurt am Main studierte er alte Sprachen, Physik, Chemie und Mineralogie in Göttingen und Berlin. 1816 gründete er die „Allgemeine Deutsche Erziehungsanstalt" in Griesheim in Thüringen. 1835 leitete er das Waisenhaus mit Elementarschule in Burgdorf in der Schweiz. 1840 gründete Fröbel den ersten Kindergarten unter dieser Bezeichnung und unternahm zwischen 1845 und 1849 viele Reisen zur Verbreitung seiner Kindergarten-Idee. Das von Fröbel geschaffene Wort „Kindergarten" hat sich inzwischen in vielen Sprachen als Bezeichnung von vorschulischen Institutionen durchgesetzt. Fröbel war wie Pestalozzi ein politisch engagierter Mensch. 1851 kam es daher zu einem Verbot von Kindergärten, da die Regierenden die Befürchtung hatten, dass sich dadurch liberale und atheistische Ideen im Lande verbreiten könnten (vgl. Thesing, 1999, S. 33). Fröbel war ein tief religiöser Mensch und davon überzeugt, dass in allem, in der Erde, in der Natur und auch im Menschen, göttliche Gesetze wirksam sind. Dabei entwickle sich die gesamte Schöpfung permanent weiter.

desto größer und kräftiger wird sie sein. Dieses Bild veranlasste ihn, die ersten Einrichtungen für Kinder im Alter von 0 bis 6 Jahren „Kindergarten" zu nennen. Erzieherinnen von heute ist es selbstverständlich, Kindern diese Unterstützung zu geben und sie pädagogisch auf dem Weg zu sich selbst und in die Welt zu begleiten. Sie gestalten die Lern- und Entwicklungsumgebung, um das schon für Fröbel wichtigste Ziel der Erziehung zu erreichen: eine starke und selbstbewusste Persönlichkeit, die den täglichen Aufgaben des Lebens gewachsen ist.

Für Fröbel war der Mensch ein kleines Universum, in dem sich die Entwicklung des großen, umfassenden Universums widerspiegelt: der Mensch, ein Wesen, das zu seiner eigenen Entwicklung auf dreimal drei Elemente angewiesen ist.

1. Vater – Mutter – Kind

Der Mensch ist in seiner Entwicklung auf das Zusammenleben von Vater, Mutter und Kind angewiesen. Das Kind benötigt männliche und weibliche Einflüsse, Vater und Mutter benötigen für ihre eigene Entwicklung die Verantwortung für das Kind.

2. Licht – Liebe – Leben

Das Licht, die Liebe und das Leben sind die wesentlichen Elemente, über die der Mensch Ruhe, Frieden und die Wertschätzung jeden Lebens findet. Dazu gehört auch die Achtung vor der Würde von Mensch und Tier.

3. Einzelheit – Einheit – Mannigfaltigkeit

Jeder Mensch ist mehr als die Summe seiner Teile. Er ist Einzelheit, er ist Einheit, also Ganzheit, und er ist mannigfaltig. Dieses ganzheitliche Verständnis vom Menschen ist bis heute hochaktuell.
Der Mensch
1. ist gleichzeitig Schöpfer und Geschöpf,
2. hat Freiheit und unterliegt Gesetzen und
3. ist fremd- und selbstbestimmt.

Dies alles sind wichtige Aspekte des humanistischen Menschenbildes, das Friedrich Fröbel, der „Vater" des **Kindergartens**, vertrat. Er sprach – wenn auch mit anderem Vokabular – von Selbstbildungsprozessen des Menschen und davon, dass in der Selbsttätigkeit des Menschen seine inneren und äußeren Kräfte zum Ausdruck kommen. Beim Kind geschehe dies vor allem im **Spiel**, welches dem Kind die Welt eröffne und ihm die Möglichkeit gebe, seine Gestaltungskräfte zu entwickeln und ersten Lebenssinn zu finden. Die bis heute in den meisten Kindertagesstätten, Heimen und z. T. auch noch in Einrichtungen für schulpflichtige Kinder zu findenden Spielmaterialien, die Fröbel entwickelte, sollten den Kindern helfen, ihre Gestaltungsfähigkeiten zu entfalten und weiterzuentwickeln:

- Kugeln
- Bauklötze
- Würfel
- Legetafeln usw.

Fröbel nannte die Spielzeuge „Spielgaben". Sie wurden meist nach bestimmten geometrischen Gesetzmäßigkeiten entwickelt und sollten die Selbsttätigkeit und Selbstbestimmung der Kinder anregen. Später wurden solche Prinzipien von Maria Montessori aufgegriffen und in der Entwicklung von Arbeitsmaterialien für Kinder nutzbar gemacht. Fröbel unterschied **sechs Spielgaben**:

1. blaue, gelbe, rote, grüne, violette und gelbe weiche Bälle

2. Kugeln und Würfel aus glatt poliertem Holz, später ergänzt durch Walzen

3. aus acht Teilwürfeln bestehender Würfel

4. viermal vertikal geteilter Würfel, der aus acht Ziegelsteinen besteht

5. zweimal in allen Richtungen geteilter Würfel, der aus 21 Würfeln und 18 Prismen besteht

6. 18 Ziegelsteine und 12 halbe Ziegel, die aus der Querteilung des Ziegels entstehen, sowie 6 halbe Ziegel, die aus der Längsteilung des Ziegels hervorgehen

Ein wichtiges, auch heute häufig thematisiertes und oft realisiertes Anliegen Fröbels bezog sich auf die Möglichkeiten, auch den Eltern bildende und beratende Aufgaben im Kindergarten zu übertragen. So glaubte Fröbel zu Recht, dass Erzieherinnen nicht nur für Kinder, sondern auch für Eltern Vorbilder sein können und sollten. Eine vertiefte Elternarbeit in diesem Sinne dient sowohl der pädagogischen Bildung aller Beteiligten als auch der engen erzieherischen Kooperation.

Rousseau, Pestalozzi und Fröbel hatten vor allem gemeinsam, dass sie eine Pädagogik entwickelten, in deren Mittelpunkt nicht die Anliegen der Erwachsenen, sondern die Entwicklung des Kindes, sein Recht auf Bildung, sein Recht auf Stärkung und die Unterstützung seiner Persönlichkeit stehen. Der deutsche Dichter Rainer Maria Rilke sprach als

Erster – mit Blick auf die schwedische Pädagogin Ellen Key – von einer „Pädagogik vom Kinde her". Die Ideen der Pädagogen, die eine radikale Veränderung der Pädagogik im Sinne Ellen Keys forderten, werden unter dem Begriff „Reformpädagogik" zusammengefasst. Gemeinsam ist ihnen – bei aller Unterschiedlichkeit im Einzelnen – dass das Kind oder der Jugendliche und nicht der Erwachsene im Mittelpunkt der Erziehung zu stehen haben. Ellen Key erlangte Weltruhm mit ihrer Forderung, dass es endlich gelte, die Rechte der Kinder auf Nahrung, Bildung und eine Erziehung zu sichern, die ihnen ein Leben in Würde ermögliche.

Das Jahrhundert des Kindes – Key

Ellen Key vertrat die Auffassung, dass sowohl die Erziehung des Kindes in der Familie als auch in der öffentlichen Schule für die Verwirklichung einer neuen, gerechteren Gesellschaft gebraucht wird. Sie kritisierte die Schulen der damaligen Zeit heftig und warf ihnen vor, vielfältigen Seelenmord zu begehen. Die Schulen sollten die Grenzen zwischen den Geschlechtern, den Altersstufen und den sozialen Schichten überwinden. Damit entwarf sie bereits ein Modell für die schwedischen Schulen, wie es Jahrzehnte später in Skandinavien umgesetzt wurde.

Ellen Keys Wunsch war es, dass die Schulen des 20. Jahrhunderts die Kinder zur **Selbstständigkeit** erziehen und ihnen die Fähigkeit vermitteln sollten, glücklich zu sein. Vor über 100 Jahren hat sie dies mit Nachdruck und in vielen Veröffentlichungen gefordert, doch noch immer gibt es in vielen Teilen der Erde keinen Kinderschutz, noch immer gibt es Prügelstrafe und noch immer gibt es in der Mehrheit der Länder die Kinderarbeit. **Das Sklaventum der Kinder** ist für Ellen Key noch um vieles schrecklicher als die Unterdrückung der Frauen, gegen die sie ebenfalls kämpfte.

Wie Pestalozzi und Fröbel bezog sich auch Ellen Key mit vielen ihrer Forderungen auf Rousseau. Ganz im Vordergrund stand dabei die Vorstellung Rousseaus, dass Kindheit einen Eigenwert habe und Kinder keine kleinen, unfertigen Erwachsenen seien. Ellen Key wollte die Kinder Kinder sein lassen – frei von Dressur, frei von Drohungen und Prügel.

Die damaligen Kindergärten verglich Ellen Key mit einem Treibhaus und die damalige frühkindliche Bildungsförderung führte nach ihrer Auffassung dazu, dass die Kinder sich verbrauchten, bevor sie erwachsen werden konnten. Dabei hatte Ellen Key allerdings nicht die Kindergärten im Sinn, wie sie von Fröbel entwickelt wurden. Es waren Kindergärten, in denen 50 oder 60 Kinder auf harten Bänken saßen und totes Wissen pauken mussten. Ellen Key war überzeugt,

- dass die Notwendigkeit einer Erziehung in Freiheit besteht,
- dass nur eine Erziehung in Freiheit und Würde zum wachsenden Fortschritt von Generation zu Generation führt,

Ellen Key (1849–1926)
Ellen Karolina Sophie Key war das erste von sechs Kindern. Sie stammte aus einer adligen Familie und verbrachte ihre Kindheit auf einem Rittergut in Schweden. Ellen Key wurde zwar streng, aber auch sehr liebevoll erzogen. Im Familienleben der Keys wurde weitgehend auf Luxus verzichtet. Ellen Key besuchte keine Schule und wurde stattdessen zu Hause von einer deutschen Lehrerin unterrichtet. Ihre Interessen galten der Geschichte, der Philosophie und der Literatur. Ellen Key, deren Vater Reichstagsabgeordneter im schwedischen Parlament war, interessierte sich besonders für politische und soziale Fragen. Sie begann schon in jungen Jahren, sich für Freiheit und Gerechtigkeit zu engagieren. Von 1878 bis 1898 war sie Lehrerin und von 1883 bis 1903 Dozentin am Arbeiterinstitut in Stockholm. Im Dezember 1900 veröffentliche Ellen Key eine Essaysammlung unter dem Titel „Das Jahrhundert des Kindes" (vgl. Key, 2000). Dieses Buch hatte bis in die 1920er Jahre allein im Deutschen Reich 36 Auflagen. Als es erschien, war Ellen Key bereits als Kämpferin für die Rechte von Frauen, Kindern und Arbeitern hervorgetreten.

- dass die Selbstentfaltungskräfte des Menschen von kultureller Bedeutung sind,
- dass sich die Natur im Kinde selbst vollendet,
- dass eine Gleichheit von Natürlichkeit und Sittlichkeit besteht,
- dass Kindheit etwas Heiliges ist,
- dass die Zukunft durch Bildung und Erziehung beherrschbar ist,
- dass die Kreativität und das Selbstbildungspotenzial von Kindern einzigartig sind,
- dass die Würde des Kindes unantastbar ist.

Kinderrechte im 21. Jahrhundert

Am 5. Oktober 2009 veröffentlichte Unicef die Ergebnisse einer Untersuchung der Kinderrechtsverletzungen weltweit.

„In seinem am Dienstag veröffentlichten Bericht ‚Fortschritt für Kinder' beklagt das Uno-Kinderhilfswerk Unicef massive Kinderrechtsverletzungen weltweit. Demnach sitzen in 44 Ländern der Welt mindestens eine Million Kinder in Gefängnissen – knapp 60 Prozent von ihnen ohne Gerichtsverfahren oder offizielle Anklage. Nur eine Minderheit der Kinder erhielt eine Jugendstrafe, die Mehrheit wurde vor dem Verfahren in Untersuchungshaft gesteckt. Fünf Staaten hätten entgegen aller internationalen Abkommen sogar die Todesstrafe gegen Kinder verhängt, hieß es.

Häufig würden Kinder wegen Bagatelldelikten wie Schulschwänzerei oder Alkoholkonsum eingesperrt, berichtet Unicef. Immer wieder müssten Minderjährige auch wegen illegaler Migration oder psychischer Störungen ‚zu ihrem eigenen Schutz' hinter Gitter. Da mehr als 18 Millionen Kinder in Familien aufwachsen, die auf Grund von Kriegen oder Naturkatastrophen aus ihrer Heimat vertrieben wurden, ist die Zahl der traumatisierten Flüchtlinge entsprechend hoch.

Ein weiteres Problem: Allein im Jahr 2007 kamen geschätzte 50 Millionen Kinder zur Welt, ohne dass ihre Geburt überhaupt registriert wurde. Damit sind sie laut Unicef einer Ausbeutung schutzlos ausgeliefert. Etwa 150 Millionen Kinder unter 15 Jahren sind gezwungen, täglich hart zu arbeiten und könnten deshalb kaum oder gar nicht zur Schule gehen, heißt es in dem Bericht – der fatale Kreislauf zwischen Armut und fehlender Bildung wird kaum durchbrochen.

In mindestens 29 Ländern der Erde sind Mädchen durch die Tradition der Genitalverstümmelung bedroht, jedes dritte wird in Entwicklungsländern im Kindesalter zwangsverheiratet.

Eine Milliarde Kinder leben in Krisengebieten

Besonders verbreitet sind Kinderehen in Niger, Tschad und Mali – hier werden über 70 Prozent der Mädchen zwangsverheiratet. In Bangladesch, Guinea und der Zentralafrikanischen Republik sind es mehr als 60 Prozent. Dennoch verzeichnet Unicef auch Fortschritte. In vielen afrikanischen Ländern sinke der Anteil der Mädchen, die an ihren Genitalien beschnitten werden. In Ländern wie Bangladesch, wo Kinderheiraten weit verbreitet sind, sei das Heiratsalter der Mädchen zudem leicht gestiegen.

‚Eine Gesellschaft kann sich nicht entwickeln, wenn ihre jüngsten Mitglieder in Kinderheiraten gezwungen, sexuell ausgebeutet und ihrer grundlegenden Rechte beraubt werden', sagte Unicef-Direktorin Ann Veneman. Unicef trug die Daten aus Statistiken und eigenen Befragungen zusammen.

Etwa eine Milliarde Kinder leben der Organisation zufolge in Krisengebieten. Auch unter Naturkatastrophen wie Erdbeben, Überschwemmungen oder Dürren hätten Minderjährige überproportional zu leiden. Sie würden Opfer schwerer Krankheiten, von ihren Familien getrennt und könnten die Schule nicht mehr besuchen. Waisen, die zudem für Geschwister verantwortlich seien, würden auf Grund fehlenden Schutzes häufiger Opfer von wirtschaftlicher und sexueller Ausbeutung.

‚Der Bericht zeigt uns, wie viel wir noch tun müssen, um die Lage der Kinder zu verbessern', sagte die Sprecherin von Unicef Deutschland, Helga Kuhn. Das Hilfswerk fordert nachdrücklich bessere Schutzmaßnahmen für Kinder bei Katastrophen, breite Bündnisse zwischen Regierungen sowie bessere Datenerhebungen. Die Datenlage sei noch immer mangelhaft – aus diesem Grund bleibe das gesamte Ausmaß der weltweiten Kinderrechtsverletzungen unbekannt.

Unicef identifiziert in seinem Bericht darüber hinaus vier Handlungsschwerpunkte, um den Schutz der Kinder zu verbessern:

- die Verbesserung von Schutzsystemen,
- die Förderung sozialen Wandels,
- bessere Schutzmaßnahmen bei Katastrophen,
- breite Bündnisse zwischen Regierungen, Zivilgesellschaft und Unternehmen."

(SPIEGEL ONLINE, han/ala/dpa/AFP, 2009)

Die Würde des Kindes, die hier massiv verletzt wird, steht vor allem anderen auch im Mittelpunkt der Anliegen des großen Pädagogen Janusz Korczak.

Die Achtung vor dem Kinde – Korczak

1911 wurde Janusz Korczak Leiter des Waisenhauses Dom Sierot. In dieser Zeit begann er, neben der täglichen praktischen Arbeit seine pädagogischen Vorstellungen von einer friedlichen und klassenlosen Gesellschaft zu entwickeln. Die beiden Klassen, in die Korczak die Gesellschaft geteilt sah, waren einerseits die Erwachsenen und andererseits die Kinder, die eindeutig unterlegen waren.

Die Position, in der sich Korczak dabei sah, war die des Anwalts der Kinder. Er sah es als eine seiner Aufgaben an, den Erwachsenen das Schicksal der Kinder bewusst zu machen. Auch Korczak bezog sich bei vielen seiner Überlegungen auf Rousseau. Den Kindern wurden zu Korczaks Lebzeiten trotz der Bemühungen von Rousseau, Pestalozzi, Fröbel oder Key kaum Rechte zugesprochen, sondern sie hatten den Erwachsenen mehr oder weniger zu gehorchen. Nach wie vor waren sie in der Rolle der kleinen, noch nicht erwachsenen und nicht ernst zu nehmenden Abhängigen. Korczak beschrieb die Erwachsenenwelt von damals ganz klar: Kinder haben nicht oder nur möglichst wenig zu stören und sie dürfen möglichst nicht erahnen, wer und wie die Erwachsenen wirklich sind. Doch selbst heute im 21. Jahrhundert trifft dies noch auf die Situation vieler Kinder zu. In zahlreichen Untersuchungen zu Kinderfreundlichkeit oder -feindlichkeit erweist sich gerade die Bundesrepublik Deutschland im Vergleich zu anderen europäischen Ländern als wenig vorbildlich.

Die Erwachsenen – so sah es Korczak – geben Ratschläge, sie lenken und dominieren das Geschehen. Sie lassen den Kindern keinen Raum, die Welt zu be- und zu ergreifen. Da werde nur Gehorsam

Janusz Korczak (1878–1942)
Janusz Korczak, eigentlich Henryk Goldszmit, war jüdisch-polnischer Arzt, Schriftsteller und Pädagoge. Obwohl Korczak wegen seiner Herkunft und seiner vielfältigen Begabungen eine große akademische Laufbahn hätte einschlagen können, entschied er sich nach seinem Medizinstudium, den Armen und den Waisenkindern in den Elendsvierteln von Warschau zu helfen. Der Name Janusz Korczak war das Pseudonym, das er als Schriftsteller wählte und unter dem er weltberühmt wurde. Besonders hervorzuheben sind Korczaks Kinderbücher, die pädagogisch wertvoll und spannend zu lesen sind. Korczaks pädagogische Schriften basieren durchweg auf wissenschaftlich reflektierten praktischen Erfahrungen. Sie zeigen in hervorragender Weise, wie das praktische Handeln für die Theorieentwicklung und wie umgekehrt die Theorie für die Praxis hilfreich sein kann. Besonders zu empfehlen und in ihrer Bedeutung zeitlos sind die folgenden von Korczak veröffentlichten Bücher für Kinder und für Pädagogen:

- *Kaitus oder Antons Geheimnis*
- *König Hänschen I*
- *König Hänschen auf der einsamen Insel*
- *Der kleine König Macius: eine Geschichte in zwei Teilen für Kinder und Erwachsene*
- *Das Recht des Kindes auf Achtung*

verlangt, wo das Kind eigene Entscheidungen zu treffen lernen sollte. Die Erwachsenen – Eltern wie professionelle Erzieherinnen – müssten begreifen, dass Kinder nicht ihr Eigentum sind.

Neben dem Waisenhaus Dom Sierot leitete Korczak ein zweites Heim, das Nasz Dom. Die harte tägliche praktische Arbeit war Grundlage für seine schriftstellerische Arbeit, mit der er immer wieder als Anwalt der Kinder für deren Rechte kämpfte. Wie kaum ein anderer erwies sich Korczak als Experte für die Frage, wie Kinder ihre Welt wahrnehmen und ordnen und wie die Erwachsenen ihnen dabei helfen könnten.

Ein wichtiger Gedanke, den Korczak zu verwirklichen versuchte, war seine Vorstellung von einer **demokratischen Kinderrepublik**. So wurden im Dom Sierot ein Kinderparlament und ein Kindergericht eingerichtet mit der Aufgabe, das Zusammenleben im Heim zu regeln. Vor Gericht mussten sich auch die Erzieher rechtfertigen, wenn sie gegen Regeln des Heims verstießen.

Nach der Besetzung Polens durch die deutsche Armee errichteten die Nationalsozialisten das Warschauer Ghetto für Juden. Dorthin musste auch Korczaks Waisenhaus ziehen. Die Kinder lebten hier mit Korczak und seinen Erzieherinnen unter schrecklichsten Bedingungen. Am 5. August 1942 wurden alle nach Treblinka gebracht und ermordet. Korczak, den man wegen seiner Bekanntheit in der Welt verschonen wollte, lehnte dies mehrfach ab und starb gemeinsam mit all seinen Kindern.

Die Amerikanerin Betty Jean Lifton hat in ihrem sehr empfehlenswerten Buch „Der König der Kinder, Das Leben von Janusz Korczak" dessen Erklärung der Rechte des Kindes zusammengefasst:

- „Das Kind hat das Recht auf Liebe. [...]
- *Das Kind hat das Recht auf Achtung. [...]*
- *Das Kind hat das Recht auf optimale Bedingungen für sein Wachstum und seine Entwicklung. [...]*
- *Das Kind hat das Recht, in der Gegenwart zu leben. [...]*
- *Das Kind hat das Recht, es selbst zu sein. [...]*
- *Das Kind hat das Recht auf Fehler. [...]*
- *Das Kind hat das Recht, zu versagen. [...]*
- *Das Kind hat das Recht, ernst genommen zu werden. [...]*
- *Das Kind hat das Recht, für das, was es ist, geschätzt zu werden. [...]*
- *Das Kind hat das Recht, zu wünschen, zu verlangen, zu bitten. [...]*
- *Das Kind hat das Recht auf Geheimnisse. [...]*
- *Das Kind hat das Recht auf eine Lüge, eine Täuschung, einen Diebstahl. [...]*
- *Das Kind hat das Recht auf Respektierung seiner Besitztümer und seines Budgets. [...]*
- *Das Kind hat das Recht auf Erziehung.*
- *Das Kind hat das Recht, sich erzieherischen Einflüssen, die seinen eigenen Überzeugungen zuwiderlaufen, zu widersetzen. [...]*
- *Das Kind hat das Recht, sich gegen Ungerechtigkeit zu verwahren. [...]*
- *Das Kind hat das Recht auf einen Kindergerichtshof, wo es über Gleiche urteilen kann und von Gleichen verurteilt wird. [...]*
- *Das Kind hat das Recht auf Verteidigung durch die Gerichtsbarkeit eines Gerichtshofes aus Jugendlichen. [...]*
- *Das Kind hat das Recht auf Respektierung seines Schmerzes. [...]*
- *Das Kind hat das Recht auf Zwiesprache mit Gott.*
- *Das Kind hat das Recht, vorzeitig zu sterben. [...]"*

(Lifton, 1990, S. 463 ff.)

Eines der für Korczak wichtigsten Rechte war das Recht des Kindes auf Achtung. Es umfasste drei elementare Grundrechte:

- **das Recht des Kindes auf seinen Tod**
  Diese Überschrift erschreckt auf den ersten Blick. Doch Korczak wollte damit auf einen sehr wichtigen Sachverhalt hinweisen: Er hatte beobachtet, dass viele Erwachsene dem Kind aus Furcht, es könne ihm etwas zustoßen, die notwendigen Entwicklungs- und Entfaltungsmöglichkeiten nehmen. Sie verwehren wichtige Gelegenheiten zur Selbstentdeckung, zur Willensausübung und -bildung, sie engen seine Freiheit und Autonomie ein und

lassen ihm viel zu wenige Erfahrungsmöglichkeiten.
- **das Recht des Kindes auf den heutigen Tag**
Hiermit meinte Korczak, dass der Erziehende nicht nur an die Zukunft des Kindes denken darf, sondern seine Gegenwart achten muss, damit es lernen kann, verantwortungsbewusst zu leben. Damit betonte er den absoluten Wert der Kindheit und seine Forderung, dem Kind seine spezifische Weltsicht, seine Bedürfnisse und seine Wünsche in der Gegenwart zuzubilligen.
- **das Recht so zu sein, wie es ist**
Korczak sah in den überhöhten Kindheitsidealen vieler Erwachsener eine große Gefahr für die Entwicklung des Kindes. Er war der Auffassung, dass ein Kind ein Recht darauf hat, mittelmäßig zu sein, und ein Recht darauf, dass die Erwachsenen seine Veranlagungen und die Einflüsse aus seiner Umwelt beachten.

Wie tragisch das Leben dieses großen Pädagogen und seiner über 190 Kinder endete, beschreibt Betty Lifton im vorletzten Kapitel ihres Buches:

„*Der letzte Marsch:*
6. August 1942
Das Wichtigste ist – dass es das alles schon einmal gab.
Tagebuch im Ghetto
[...] *Um Punkt sieben gesellte sich Korczak zu Stefa, dem Personal und den Kindern, um an den hölzernen Tischen das Frühstück einzunehmen. Die Tische wurden aufgestellt, nachdem die Nachtlager fortgeräumt worden waren. Vielleicht hatten sie ein paar Kartoffelschalen oder Brotkrusten, vielleicht gab es sogar einen Schluck genau abgemessenen Ersatzkaffee in jedem Becher. Korczak wollte gerade aufstehen, um die Tische abzuräumen, als zwei grelle Pfiffe und der schreckliche Ruf ‚Alle Juden raus!' durch das Haus schrillten.*
Es war Teil der deutschen Strategie, keine Vorankündigungen zu machen, sondern völlig überraschend aufzutauchen. An jenem Morgen lautete der Plan, die Kindereinrichtungen im Kleinen Ghetto zu evakuieren. Das untere Ende der Sliskastraße war bereits von der SS, ukrainischer Miliz und der jüdischen Polizei abgesperrt.
Korczak und Stefa erhoben sich sofort, um die Kinder zu beruhigen. Wie in all den Jahren vorher arbeiteten sie auch jetzt intuitiv zusammen und wussten, was jeder von ihnen zu tun hatte. Sie beauftragte die Erzieher, den Kindern zu helfen, ihre Sachen zu packen. Er ging in den Hof, um einen der jüdischen Polizisten zu bitten, den Kindern Zeit zum Packen zu lassen, danach würden sich dann alle ordentlich aufstellen. Man gewährte ihm eine Viertelstunde.
Korczak hätte nie daran gedacht, jetzt noch Kinder zu verstecken. In den vergangenen Wochen hatte er es erlebt, dass Menschen in Schränken, hinter falschen Wänden, unter Betten gefunden und aus dem Fenster geworfen worden waren, oder man hatte sie, mit dem Gewehr im Anschlag, die Straßen hinuntergetrieben. Es gab nichts anderes, als die Kinder und das Personal geradewegs in das Unbekannte zu führen – und mit etwas Glück auch wieder hinaus. Wer konnte denn wissen, ob – wenn überhaupt jemand eine Chance hatte, da draußen im Osten zu überleben – nicht sie es sein würden?
Als er die Kinder ermutigte, sich ruhig in Viererreihen aufzustellen, muss Korczak gehofft haben, dass, ganz gleich wie schrecklich die Situation war, in der sie sich befanden, es ihm gelingen würde, seinen Charme und seine Überredungskunst einzusetzen, um etwas Brot, ein paar Kartoffeln, vielleicht sogar einige Medikamente für seine jungen Schutzbefohlenen zu erschmeicheln. Aber vor allem würde er da sein, um ihnen Mut zu machen – um sie durch all das zu führen, was vor ihnen liegen mochte.
Er musste die Kinder beruhigen, die sich ängstlich aufstellten, ihre Wasserflaschen umklammert hielten, ihre Lieblingsbücher, Tagebücher und Spielsachen. Aber was konnte er ihnen sagen, er, der verfocht, dass man einem Kind keine Überraschungen zumuten sollte, um die es nicht gebeten hat, und dass ‚eine lange, gefährliche Reise' einer sorgfältigen Vorbereitung bedarf? Was konnte er sagen, ohne ihnen und sich selbst die Hoffnung zu nehmen? Einige vermuten, er habe ihnen gesagt, es ginge jetzt in die Sommerkolonie Rozyczka, aber es ist kaum anzunehmen, dass Korczak seine Kinder belogen hat. Vielleicht hat er ihnen erzählt, dass es dort, wo sie hinfuhren, möglicherweise Kiefern und Birken gab, genau wie in der Sommerkolonie; und wo es Bäume gab, waren natürlich auch Kaninchen und Eichkätzchen.
Doch selbst ein Mann wie Korczak mit seiner ausgeprägten Fantasie konnte sich nicht vorstellen,

was vor ihnen lag. Niemand war bisher aus Treblinka entkommen, um die Wahrheit zu berichten: Sie gingen nicht nach Osten, sondern kamen ungefähr neunzig Kilometer nordöstlich von Warschau zur sofortigen Auslöschung in die Gaskammer. Treblinka bedeutete noch nicht einmal eine einzige Übernachtung.
Die Deutschen hatten durchgezählt: einhundertzweiundneunzig Kinder und zehn Erwachsene. Korczak marschierte an der Spitze dieser kleinen Armee, den zerlumpten Überresten aus den Generationen ehrlicher Soldaten, die er in seiner Kinderrepublik erzogen hatte. Er hatte die fünfjährige Romcia auf dem Arm und vielleicht Szymonek Jakubowicz, dem er die Geschichte des Planeten Rho gewidmet hatte, an der Hand.
Stefa kam ein kurzes Stück nach ihm mit den Neun- bis Zwölfjährigen. Da war Giena mit den dunklen, traurigen Augen, die so sehr denen ihrer Mutter glichen; Eva Mandelblatt, deren Bruder vor ihr auch schon im Waisenhaus gewesen war. Halinka Pinchonson, die es vorzog, mit Korczak zu gehen, statt bei ihrer Mutter zu bleiben. Da waren Jakub, der das Gedicht über Moses geschrieben hatte; Leon mit seinem polierten Kästchen; Mietek mit dem Gebetbuch seines toten Bruders; und Abus, der immer zu lange auf der Toilette blieb. [...]
Einer der älteren Buben trug die grüne Fahne König Hänschens, auf einer Seite zeigte sie den blauen Davidstern auf weißem Grund. Die älteren Kinder wechselten sich auf dem drei Kilometer langen Weg im Fahnetragen ab, und vielleicht erinnerten sie sich daran, wie König Hänschen hocherhobenen Hauptes durch die Straßen seiner Stadt zu seiner vermeintlichen Hinrichtung geschritten war. [...]
Die Gehsteige waren voll mit Menschen aus den Nachbarhäusern, die gezwungen wurden, sich während einer Aktion vor ihren Häusern aufzustellen. Als die Kinder Korczak die Straße hinunter folgten, stimmte einer der Erzieher ein Marschlied an, und alle sangen mit: ‚Wenn der Sturm uns auch umtost, halten wir uns dennoch aufrecht.' [...]
Die kleine Prozession ging an der Dzielnastraße vorbei, am Pawiak, die Zamenhofa hinauf zur nördlichsten Ecke der Ghettomauer. In der großen Hitze wurden die Kleinen immer schlaffer, sie stolperten übers Pflaster und klagten, dass sie sich ausruhen wollten, dass sie durstig seien, dass es ihnen viel zu heiß sei und sie aufs Klo müssten. Doch die jüdische Polizei, die sie eskortierte, trieb sie weiter an. [...]

Die Nachricht, dass Korczaks Waisenhaus geräumt worden war, verbreitete sich wie ein Lauffeuer im Ghetto. Als Gienas Bruder Samuel davon hörte, rannte er aus der Möbelfabrik, zwei Freunde gleich hinter ihm her, um ihn davon abzuhalten, mit seiner Schwester zu gehen. Er eilte zum Büro des Judenrats, um Abraham Gepner zu fragen, ob es wirklich wahr sei. Gepner, der immer so kraftvoll gewesen war, saß zusammengesunken an seinem Schreibtisch und sagte, ja, es sei wahr. [...]
Am Tor, wo das Ghetto endet, warteten frisch eingesetzte Bataillone aus SS und Ukrainern mit ihren Peitschen, Gewehren und Hunden. Die Kinder wurden durch das Tor gedrängt und gestoßen, über die Straßenbahnschienen auf der arischen Seite und durch ein weiteres Tor auf das große Feld neben der Eisenbahn, das als Umschlagplatz diente. Tausende von weinenden, schreienden und betenden Menschen warteten bereits dort in der brütenden Hitze. Familien klammerten sich aneinander, ihre kärglichen Besitztümer in Säcken oder Kissenhüllen zusammengeschnürt; Mütter hielten ihre Kinder fest, die Alten saßen völlig versteinert da. Kein Wasser, keine Nahrung, keine Möglichkeit, sich zu erleichtern, kein Schutz vor den deutschen Peitschen und Flüchen. [...]
Die Deutschen und die Ukrainer prügelten und traten die Menschen in die gechlorten Wagons, und es gab immer noch wieder Platz für mehr. Ein hochaufgeschossener junger Mann mit einer Geige bat einen SS-Offizier in perfektem Deutsch, in den Wagon zu seiner Mutter zu dürfen. Der Offizier lachte spöttisch und meinte: ‚Es kommt darauf an, wie gut du spielst.' Der junge Mann nahm die Geige hervor und spielte ein Requiem von Mendelssohn. Die Musik flutete über den Platz des Wahnsinns. Doch der Offizier, des Spielchens müde, signalisierte dem Geiger, sich in den Wagon zu seiner Mutter zu begeben, und verplombte hinter ihm die Tür. Dann ordnete [...] der sadistische Chef der Ghettopolizei, der auch für den Umschlagplatz zuständig war [...] an, dass die Kinder aus den Waisenhäusern verladen würden. Korczak bedeutete seinen Kindern, sich zu erheben.
Es gibt einige, die sagen, dass in dem Moment ein deutscher Offizier sich durch die Menge drängte und Korczak ein Stück Papier überreichte. Ein einflussreiches Mitglied des CENTOS [Anm. d. Autors: Hilfsorganisation für Kinder im Warschauer Ghetto] hatte sich an jenem Morgen bei der Gestapo

für ihn eingesetzt, und es heißt, Korczak habe die Erlaubnis gehabt zurückzukehren, nicht aber die Kinder. Korczak habe nur den Kopf geschüttelt und den Deutschen fortgewinkt. [...]
Als Korczak seine Kinder ruhig zu den Viehwagons führte, machte die jüdische Polizei einen Weg für sie frei und salutierte instinktiv. [...] Korczak ging mit hocherhobenem Kopf, an jeder Hand ein Kind haltend, und seine Augen hatten diesen ihm eigenen Ausdruck, als ob sie auf ein Ziel in weiter Ferne gerichtet wären."
(Lifton, 1990, S. 444 ff.)

Toleranz und Achtung vor dem Mitmenschen – vor Kindern wie Erwachsenen – war für Korczak ein entscheidendes Prinzip. Diese Haltung sollten die Erwachsenen den Kindern und Jugendlichen konsequent vorleben.

In England lebte ein anderer berühmter Pädagoge, der für die Rechte von Kindern eintrat und der, wie Korczak, die Idee eines Kindergerichts in die Wirklichkeit umgesetzt hat: Alexander Sutherland Neill gründete unter weit weniger dramatischen Umständen das Internat **Summerhill** nahe Leiston in England. Sein Internat war und ist so umstritten, dass Neill sich zeitlebens mit den Schulbehörden auseinandersetzen und gegen eine Schließung kämpfen musste.

Erziehung zum „Glücklich-Sein" – Neill

Der Philosoph, Soziologie und Psychoanalytiker Erich Fromm schrieb ein Vorwort zu Alexander Sutherland Neills Buch „Theorie und Praxis der antiautoritären Erziehung"; dort heißt es:

„A. S. Neills Methode der Kindererziehung ist radikal. Nach meiner Ansicht ist sein Buch von großer Bedeutung, weil es den wahren Grundsatz der Erziehung ohne Furcht schildert. In Summerhill verbirgt sich hinter Autorität nicht ein System der Manipulation. Dieses Buch ist keine Abhandlung über eine Theorie. Es berichtet über die praktische Erfahrung aus fast 40 Jahren. Der Autor vertritt die Ansicht, dass ‚Freiheit möglich ist'".
(Fromm, Vorwort, 1969, S. 14 ff.)

Die Grundsätze, auf denen Neills System aufbaut, lassen sich nach Fromm wie folgt zusammenfassen (Fromm, Vorwort, 1969, S. 14 ff.):

1. „Neill glaubt fest an das ‚Gute im Kind'.
2. Das Ziel der Erziehung [...] besteht darin, mit Freude arbeiten und glücklich werden zu können.
3. In der Erziehung müssen sowohl die intellektuellen wie die emotionalen Kräfte entwickelt werden.
4. Erziehung muss den psychischen Bedürfnissen und Fähigkeiten des Kindes angepasst sein.
5. Erzwungene Disziplin erregt ebenso wie Bestrafung Angst, und Angst erzeugt Feindseligkeit.
6. Freiheit ist nicht Zügellosigkeit. (Zügellosigkeit wird von Neill als die Freiheit verstanden, die die Freiheit anderer Menschen beeinträchtigt, was von ihm grundsätzlich abgelehnt wird.)
7. In engem Zusammenhang damit steht die Forderung nach wirklicher Aufrichtigkeit.
8. Wenn das Kind sich zu einem gesunden erwachsenen Menschen entwickeln soll, muss es eines

Tages die ursprüngliche Bindung an die Eltern oder ihre späteren Stellvertreter in der Gesellschaft aufgeben und völlig selbstständig werden.
9. *Schuldgefühle haben vor allem die Funktion, das Kind an die Autorität zu binden. Schuldgefühle behindern die Entwicklung zur Selbstständigkeit.*
10. *In Summerhill gibt es keinen Religionsunterricht. Das bedeutet jedoch nicht, dass in dieser Schule die humanistischen Werte im weitesten Sinne des Wortes keine Rolle spielen. Neill drückt das kurz und bündig so aus: ‚Nicht Gläubige und Ungläubige im theologischen Sinne liegen miteinander im Kampf, sondern diejenigen, die an die Freiheit des Menschen glauben, und jene, die diese Freiheit unterdrücken wollen.'"*

Damit fasste Erich Fromm die wichtigsten Prinzipien der Pädagogik Neills zusammen.

Die Schule Summerhill in Leiston ist bis heute höchst umstritten. Vor allem wird kritisiert, dass die Kinder in Neills Internatsschule den angebotenen Unterricht freiwillig besuchten. Wer nicht wollte, musste nicht hingehen. Neills Tochter, die heutige Schulleiterin, hält an diesem Prinzip fest. Sie betont zwar, sie sei nicht Alexander S. Neill und wolle gar nicht erst versuchen, seine Arbeit zu kopieren, doch die von Fromm beschriebenen Prinzipien gelten immer noch.

Bruno Bettelheim, einer der besonders bekannten Kritiker, vertritt die Auffassung, dass die Pädagogik Neills nur wegen dessen einzigartiger Persönlichkeit Erfolge habe.

Bettelheim wirft Neill insbesondere vor, Rousseaus Vorstellung vom Guten im Menschen auf naive Weise zu übernehmen. So schreibt er u. a.:

„Aber man lasse einmal jemand, der nicht Neills Format hat, seine naive Pädagogik ausprobieren – es gäbe das größte Chaos. Denn Neills Menschenbild ist schlichtweg falsch – wenn es ihn auch zu wahrhaft bedeutenden Leistungen inspiriert. Vor allem aber ist Neill ein Mensch aus einem Guss und von fast makellosem Charakter – ausgenommen seine schon erwähnte Naivität. Diese ist bei einer großen Persönlichkeit schon fast ein Vorzug. Aber wie sehr würde sie zum Nachteil bei Menschen von geringerem Format!"
(Bettelheim, 1971, S. 90)

So wie Neill das Kind bedingungslos für gut hält, so kritisiert Bettelheim, dass er „die Tendenz zur Aggression [übersieht], die nach den Erkenntnissen der Verhaltensforschung wahrscheinlich angeboren ist, auf jeden Fall aber ein wichtiges Element der seelischen Struktur des Menschen bildet" (Bettelheim, 1971, S. 97).

Bettelheims Annahme, dass es einer ganz außergewöhnlichen Persönlichkeit bedürfe, um Neills Prinzipien in der Praxis umzusetzen, ist sicher berechtigt. Dennoch gibt es eine ganze Reihe von Konsequenzen, die die Erzieherin in einer

Alexander Sutherland Neill (1883–1973)

Neill war einer der bedeutendsten Reformpädagogen des 20. Jahrhunderts. Er hatte sich intensiv mit der Psychoanalyse Sigmund Freuds auseinandergesetzt und pädagogische Konsequenzen aus dieser Theorie für sein praktisches Handeln gezogen. Darüber hinaus übten Rousseaus pädagogische Vorstellungen einen großen Einfluss auf seine Theorie zu erzieherischer Praxis aus. Wie Rousseau glaubte auch Neill an das Gute im Menschen und insbesondere im Kind. Parallelen sind dabei auch im Vergleich mit Janusz Korczak zu erkennen. Neill war überzeugt davon, dass ein glücklicher Mensch das wichtigste Erziehungsziel überhaupt sei. Im Erziehungsziel „Gehorsam" sah Neill eine der Ursachen für die beiden Weltkriege und insbesondere dafür, dass es den Nationalsozialisten gelingen konnte, das deutsche Volk hinter sich zu bekommen und ganz Europa zu terrorisieren. Schulen, davon war Neill überzeugt, sollten ein Schutzraum für Kinder und Jugendliche sein und sie vor dem schlechten Einfluss überkommener, Gehorsam verlangender Generationen bewahren, die Weltkriege und Holocaust verursacht haben.

sozialpädagogischen Einrichtung aus Neills Arbeiten ableiten kann. Dazu gehören ähnlich wie bei Korczak oder Pestalozzi folgende Schlussfolgerungen:
- Erziehung muss darauf abzielen, dass das Kind glücklich ist und bleiben kann sowie dass es dazu in der Lage ist, mit Freude zu arbeiten und sein Leben zu gestalten.
- Erziehung muss dem Kind die Möglichkeit geben, selbstständig und möglichst unabhängig von anderen Menschen zu werden.
- Erziehung darf die Würde des Kindes nicht missachten.
- Erziehung muss auf wechselseitiger Achtung basieren.

Ein Pädagoge, der diese Prinzipien auf etwas andere Weise, aber sehr konsequent umzusetzen versuchte, war der französische Lehrer Célestin Freinet. Bei Freinet standen soziale Überlegungen im Vordergrund. Er versuchte mit seiner Pädagogik zunächst, die Benachteiligung der armen Bauernkinder in der Provence zu bekämpfen. Dazu war es nach seiner Auffassung erforderlich, eine Pädagogik zu entwickeln, die den Kindern die Möglichkeit bietet, handelnd zu lernen. In gewisser Weise hat Freinet bereits eine Pädagogik realisiert, wie sie heute in ähnlicher Weise in **handlungsorientiertem Unterricht** umgesetzt werden soll. Die Achtung vor der Würde des Kindes und die Notwendigkeit einer Erziehung, die das Selbstbewusstsein, das Selbstwertgefühl, das Selbstvertrauen und die Selbstständigkeit der Kinder beachtet bzw. unterstützt, waren für Freinet eine Selbstverständlichkeit.

Die Arbeitsateliers – Freinet

Ebenso wie Pestalozzi, Fröbel, Korczak und Neill war Freinet Praktiker und ein belesener Pädagoge. Er las Rousseau, Pestalozzi und kannte sich in Psychologie, Philosophie, Soziologie und Politik gut aus.

Jörg fasst die Prinzipien der Freinet-Pädagogik wie folgt zusammen (vgl. Jörg, 1995, S. 98 ff.):
- Beachtung der Bedürfnisse und Rechte des Kindes
- Beachtung der Eigenart und Identität des Kindes

Célestin Freinet (1896–1966)
Freinet war einer der bekanntesten französischen Reformpädagogen und Begründer der Freinet-Pädagogik, die bis heute in vielen Schulen und Kindertagesstätten in fast allen Ländern Welt vertreten wird. Freinet wurde 1920 Lehrer in der kleinen Schule von Bar-sur-Loup in der Provence. Hier entwickelte Freinet die Grundzüge seiner Pädagogik, die heute weltweit unter dem Namen Freinet-Pädagogik bekannt ist. Was damals noch ungewöhnlich war, ist heute in vielen Schulen verbreitet: Freinet legte Wert darauf, dass seine Schülerinnen und Schüler schreiben und lesen lernten, kaufte 1923 eine Druckpresse und ließ die Kinder eigene Klassenzeitungen schreiben. Dies ging so weit, dass die von den Kindern gedruckten Zeitungen und auch Bücher allmählich die Texte der damals pädagogisch wenig wertvollen Schulbücher ersetzten. 1924 gründete Freinet gemeinsam mit gleichgesinnten Kollegen die Lehrerkooperative C.E.L. (Cooperative de l'Enseignement Laïc), aus der dann die spätere französische Lehrerbewegung „École Moderne" hervorging; das Institut Coopératif de l'École Moderne existiert noch heute und ist vor allem in Frankreich aktiv. Da die französischen Behörden seine pädagogischen Ideen nicht unterstützen wollten, eröffnete Freinet gemeinsam mit seiner Frau Elise 1935 eine eigene Schule. In der Zeit des Nationalsozialismus wurde Freinet 1940 verhaftet. Während der Haftzeit verfasste er viele grundlegende pädagogische Schriften, die 1946 unter dem Titel „L'École Moderne Française" veröffentlich wurden. Im gleichen Jahr konnten die Freinets auch ihre Privatschule wieder eröffnen (vgl. ICEM, 2009).

- Beachtung der erzieherischen Wirkung der Arbeit
- Beachtung der erzieherischen Wirkkraft des Erfolges
- Beachtung des freien kindlichen Ausdrucks
- Beachtung einer Erziehung zu Kooperation und Mitverantwortung
- Erziehung zur Kritikfähigkeit

Freinets Pädagogik war, ähnlich wie dies bei Pestalozzi beschrieben wird, ganzheitlich im Sinne eines Lernens mit „Kopf, Herz und Hand". Nur auf diese Weise kann das Lernen und Arbeiten erfolgreich sein und Erfolg ist für Freinet eine der für die Entwicklung des Kindes wesentlichsten Komponenten. Erzieherinnen, die ihre Kinder über- oder unterfordern, hindern diese daran, die entsprechenden **Erfolgserlebnisse** erarbeiten zu können. Freinet war der Auffassung, dass die Lernumwelt der Kinder ansprechend und motivierend sein muss. Damit war nicht gemeint, dass die Sterilität eines Klassenraumes durch beliebige Bilder verschönert werden sollte. Vielmehr kam es Freinet in erster Linie darauf an, dass die Klassenräume den Charakter motivierender **Arbeitsateliers** erhielten. Raumschmuck lehnte er zwar nicht ab, aber entscheidend für ihn war die zu schaffende Arbeitsatmosphäre. Freinet schlug vor, den Raum nach Arbeitsbereichen zu strukturieren (vgl. Jörg, 1995, S. 102):

- Arbeitsplanung und Wissenserwerb mit Quellen- und Dokumentensammlungen
- naturwissenschaftliche Versuche
- grafische Gestaltung, schriftlicher Ausdruck und Korrespondenz
- technische Medien
- Pflanzen- und Tierversuche und -beobachtungen
- künstlerisches und musisches Gestalten und Schaffen mit Holz, Metall und Keramik
- hauswirtschaftliche Arbeiten
- Konstruktion, Mechanik, Handel

Ein zentraler Aspekt der Freinet-Pädagogik, die in Deutschland inzwischen in vielen Grundschulen umgesetzt wird, ist die individuelle Wochenplanarbeit. Auf der Grundlage der offiziellen Lehr- und Stundenpläne gestalten die Schülerinnen und Schüler einer Freinet-Schule ihren Wochenarbeitsplan selbst. Bei der konkreten Arbeit bedienen sie sich all der Materialien, die ihr Arbeitsatelier bereitstellt: Arbeitskarteien, Nachschlagewerke, Versuchskarteien und viele andere Materialien. Zu Wochenbeginn formulieren die Kinder ihre Lern- bzw. Arbeitsziele für die Woche und teilen sie auf die verschiedenen Tage auf. Am Schulwochenende kontrollieren sie dann selbst, ob alle Vorhaben durchgeführt und alle Aufgaben gelöst wurden. So erhalten sie eine gute Einschätzung ihres Leistungsvermögens und ihrer Lernfortschritte und lernen, gut mit Kritik umgehen zu können.

Die Wochenarbeitsplanung ermöglicht die Erstellung einer persönlichen Leistungskurve, in die die Lernfortschritte eingetragen werden. Diese Leistungskurve wird dann zur Grundlage einer Leistungsbeurteilung, in der die Kinder erfahren, was sie schon können und was sie sich für die kommende Zeit vornehmen sollen.

Freinet achtete besonders darauf, dass in der Leistungsbeurteilung nicht enthalten war, was das Kind alles falsch macht, sondern die Beurteilung sollte zum Ausdruck bringen, was es schon kann und was es sich vornehmen sollte. Darüber hinaus legte Freinet Wert darauf, die Leistungsbeurteilung individuell mit jedem einzelnen Kind zu besprechen.

Didaktisch kommt in der Freinet-Pädagogik der freien Äußerung der Kinder mithilfe der **Schuldruckerei**, einer Korrespondenz der Schüler untereinander sowie dem Ausdruck im Spiel und in der Musik eine besondere Rolle zu.

Die Schülermitwirkung – oder wie sie auch genannt wird: die Schülermitverantwortung – ist in herkömmlichen Schulen oft nur ein symbolisches, wenn auch rechtlich verankertes Ritual. In Freinet-Schulen ist dies grundsätzlich anders. Hier beginnt die Mitwirkung bei der Organisation und Planung der täglichen Arbeits- und Lernprozesse. Die Eigenverantwortung steht im Vordergrund. Es gibt nicht die in manchen herkömmlichen Schulen verbreitete Konsumentenhaltung unter den Schülerinnen und Schülern, da sie für ihre eigenen Lernprozesse selbst verantwortlich sind.

Célestin Freinet legte großen Wert darauf, dass die Lerninhalte wie die Lernmethoden einen möglichst unmittelbaren Bezug zum Leben haben sollten. Lernen soll nicht erzwungen werden, sondern vom Kind als sinnvoll erlebt. Dies geschieht am ehesten, wenn die Inhalte auch angewandt werden können. So wird das Erlernen des Schreibens und Lesens oft nicht als sinnvoll erlebt, wenn es sich auf das Einüben der Buchstaben und Wörter beschränkt. Sobald Schreiben und Lesen allerdings beispielsweise kommunikative Funktionen erfüllt und Vorteile bietet, ändert sich das und wird sinnerfüllt. Dies geschieht umso eher, je selbstständiger und freier die Lernprozesse ablaufen und je besser sie zum freien Gestalten z. B. von Texten genutzt werden können. Teigeler sieht in der Freinet-Pädagogik eine deutliche psychotherapeutische Wirkung für Kinder mit Legasthenie, Disziplinproblemen, Schulmüdigkeit oder Stresssymptomen. Auch die Lehrerinnen und Lehrer an Freinet-Schulen seien sensibler, ausgeglichener und selbstbeherrschter (vgl. Teigeler, 1995 und Le Bohec, 1995).

Inzwischen gibt es auch erfolgreich arbeitende Freinet-Kindertagesstätten, was zeigt, dass sich Freinet-Pädagogik auch auf andere Altersstufen anwenden lässt.

„Auch Kindergartenkindern wird in diesem Konzept alles zugetraut. Es geht sehr weit darin, wie die Kinder ihren Alltag selbst gestalten. In unfertigen und pädagogisch nicht aufbereiteten Situationen finden die Kinder ihre eigenen Stärken heraus, gewinnen Selbstvertrauen. Soweit die Theorie.

Die Praxis sieht zum Beispiel so aus: Jedes Kind malt oder schreibt am Morgen auf eine Karte, worauf es Lust hat. Das tun auch die Erwachsenen. In einem Morgenkreis, einer kleinen Konferenz, besprechen alle die Vorschläge und erstellen danach den Tagesplan. Für welche Beschäftigung gibt es Mehrheiten? Wer will basteln, möchte jemand Ball spielen? Die Koordination nehmen die Kids selbst in die Hand: Es gibt einen ‚Häuptling', seine Helfer und Sekretäre schreiben ihr Namenskürzel in einen Plan und managen so, wer sich um was kümmert. Eigeninitiative bedeutet also nicht Chaos oder Willkür. Es muss Absprachen geben.

Der Nachwuchs soll kein fertiges Werteschema übergestülpt bekommen. Bedürfnisse müssen kommuniziert und persönliche Grenzen der Kinder geachtet werden. So entsteht ein eigenes Normsystem. Wehtun ist verboten, weil die Kinder es so wollen, nicht, weil ein Erwachsener gepredigt hat, es sei böse. Die Erwachsenen haben zu respektieren, dass ein Kind anders tickt als sie selbst. Statt als Besserwisser den Kleinen aufzuzwingen, was zu tun ist und sie von außen zu lenken, spielen die Pädagogen Beobachter. Die Kinder sollen spüren, dass sie als Ebenbürtige behandelt werden. Pädagogen sorgen zwar für die Sicherheit ihrer Schützlinge, aber sie müssen immer wieder herausfinden, wie und ob sie gerade gebraucht werden. Oft sind sie nämlich entbehrlich. Zum Beispiel, wenn eine Gruppe in Eigenregie die Töpferwerkstadt managt, kleine Tonwürste aus Sieben herausdrückt und Klumpen formt. Sitzt ein Mädchen lieber verträumt auf einer Treppenstufe und stellt sich vor, wie sie mit Glühwürmchen durch den Regenwald schwebt, wird sie nicht gezwungen, mit den anderen zu essen.

Die Großen sollen den Nachwuchs dabei unterstützen, sich auszudrücken und seine Bedürfnisse zu erkennen. Das Kind muss erst einmal wissen, was es überhaupt will. Unabhängig von den Erwachsenen. Es soll darum von Anfang an alleine zwischen Möglichkeiten wählen und die Fähigkeit entwickeln, sich zu entscheiden und zu handeln. Angenommen, ein Kind pinselt gerade ein Bild und will unbedingt noch gelbe Tupfen auf die Schmetterlingsflügel malen. Plötzlich holen es seine Freunde zum gemeinsamen Bastelprojekt ab. Ein Drache soll aus Papierfetzen und Schnüren zusammengeschustert werden. Was tue ich? Die anderen auf später vertrösten und riskieren, dass diese ohne mich werkeln, oder das Tuschkunstwerk eine Weile ruhen lassen, auch wenn ein anderes Kind dann die gelbe Farbe in Beschlag genommen haben könnte? Wenn es gelernt hat, Entscheidungen zu treffen, kann es auch mit anderen Kindern kooperieren und Kompromisse finden: Wartet kurz, ich komme gleich nach.

Typisch für alle reformpädagogischen Konzepte der 20er und 30er Jahre ist, dass die Kinder selbstständig tätig sind und sich dabei selbst erkunden und erschaffen. Es darf sowohl mit Material und Werkzeugen als auch mit sozialen Regelungen experimentieren. Erst die Entdeckungsreise, dann die Erkenntnisse, so ist Freinets Reihenfolge. In Freinet-Kindergärten sind Ateliers und Werkstätten eingerichtet, zu denen auch schon Dreijährige freien Zugang haben, um beispielsweise mit Holz zu schnitzen. Man schenkt ihnen vollstes Vertrauen, hat sie aus dem Augenwinkel aber im Blick. Wer ein ‚Werkstattdiplom' erworben hat, kann auch völlig ohne Aufsicht den anderen Kindern zeigen, wie es geht. Natürlich geht es in einem Freinet-Kindergarten lebhafter und lauter zu, als in einem, der von Erwachsenen geregelt wird. [...]

Während andere pädagogische Ansätze Arbeit und Spiel strikt voneinander trennen, verbindet Freinet sie bewusst. Die Kinder sind auf keinen Fall zur Arbeit verdonnert, sie können aber, soweit die Theorie, am besten lernen, wenn sie einen Sinn in ihrer Tätigkeit erkennen. Sie töpfern eine Tasse, nähen kleine Täschchen, kleben Streichholzschachteln zu Häusern zusammen und haben am Ende etwas davon. Ebenso erledigen sie Aufgaben für die Gruppe, gießen die Blumen, fegen die Straße. Kinder können nach Freinets Ansicht sehr wohl Verantwortung übernehmen, wenn sie sich mit etwas beschäftigen, das ihren körperlichen und geistigen Fähigkeiten entspricht. Sie müssen nur spüren, dass die Erwachsenen es ihnen zutrauen.

Freinet gestand jedem Kind seinen individuellen Rhythmus, seine eigenen Wege und Umwege zu. Es wächst mit seinen Fehlern und Rückschlägen, so die Idee. Die Erwachsenen dürfen die Kleinen dabei auf keinen Fall maßregeln und ihnen ihre Defizite vorwerfen. Sie müssen vielmehr selbst Mut zum Ausprobieren haben. Die Kinder sind, so Freinet, ohnehin kleine Perfektionisten und regeln das allein. Sie entwickeln ihre eigenen Maßstäbe."

(Günther, Selbst ist das Kind, 2006)

Freinet, der zunächst Mitglied der französischen kommunistischen Partei PDF war, verließ diese 1948, da seine auf Freiheit und Selbstbestimmung ausgerichtete Pädagogik mit den Prinzipien der Partei unvereinbar waren. Die PCF startete daraufhin eine mehrjährige Hetzkampagne gegen Freinet, der seine mit freiheitlichen Prinzipien verbundenen sozialen und demokratischen Grundgedanken nie aufgab. Wie er war auch ein weiterer berühmter Pädagoge weltanschaulich – allerdings in ganz anderer Richtung als Freinet – gebunden: Rudolf Steiner.

Waldorf-Schulen und -Kindergärten – Steiner

Anthroposophische Vorstellungen von der Welt, vom Menschen und insbesondere vom Kind sind die weltanschaulichen Grundlagen der Waldorf-Schulen und der Waldorf-Kindergärten.

Anthroposophie

Steiner verstand unter der von ihm begründeten Anthroposophie einen Erkenntnisweg, der es dem Menschen ermögliche, Geistiges jenseits konkreter alltäglicher Wahrnehmungen zu erfahren. Diesen Erkenntnisweg zu gehen, sei ein menschliches Grundbedürfnis. Dabei gehe es um Fragen und um die Suche nach Antworten über das Wesen des Menschen und die Welt und all dem, was nicht wahrnehmbar ist. Mithilfe der Erkenntnismöglichkeiten der Anthroposophie könne, so meinte Steiner, eine Überschreitung der Grenzen menschlicher Wahrnehmung gelingen und ein Ausblick in die dahinter stehende geistige Welt eröffnet werden.

Rudolf Steiner (1861–1925)
Steiner war Philosoph, Theologe und Pädagoge. Die von ihm begründete **Anthroposophie** *findet bis heute Anhänger auf der ganzen Welt. Steiner befasste sich intensiv mit Kant und vor allem mit Goethes Werken. Von 1886 bis 1897 war er freier Mitarbeiter am Goethe- und Schillerarchiv in Weimar. Von 1899 bis 1904 arbeitete er als Referent an der Berliner Arbeiterbildungsschule und ab 1905 hielt er Vorträge in vielen Ländern Europas. 1913 gründete Steiner die Anthroposophische Gesellschaft und 1919 die erste Freie Waldorfschule in Stuttgart.*

Das neugeborene Kind verfügt nach Steiner über Entwicklungskräfte, die zunächst die Ausbildung der Sinnesorgane des zentralen Nervensystems bewirken. Darauf aufbauend entwickeln sich die Fantasie, das Gedächtnis und viele weitere körperliche Organe und psychische Funktionen. Nach Steiner ließe sich die **Entwicklung des Kindes** bis zum Jugendalter in drei Phasen unterteilen, die jeweils ca. sieben Jahre dauern.

Die **erste Phase von 0 bis 7 Jahren** lässt sich wie folgt beschreiben:
- Zunächst steht die Entwicklung der körperlichen Organe im Vordergrund.
- Darauf baut das Erlernen des Laufens und Sprechens auf. Viele Bewegungen und Handlungen der Erwachsenen oder älterer Kinder werden nachgeahmt.
- Im dritten Lebensjahr beginnt sich die Phantasie zu entwickeln. Spiele werden selbstständig entwickelt und gestaltet. Sprache, Spiel und Malen dienen dem kreativen Ausdruck des kindlichen Erlebens.

Diese Entwicklungsprozesse sind nach Steiners Auffassung mit dem achten Lebensjahr abgeschlossen.

Die **zweite Phase von 8 bis 14 Jahren** weist folgende Entwicklungsschwerpunkte auf:
- Das Kind entwickelt erste Werte und beginnt zwischen Gut und Schlecht zu unterscheiden.
- Es braucht eine stabile und konstante Autorität als Vorbild und zur Orientierung. Ein Lehrerwechsel wie in den herkömmlichen Grundschulen wird daher abgelehnt.
- Die Phantasie wird weiterentwickelt, das Rechnen und Schreiben erlernt und es entsteht ein besonderes Interesse an Natur und Berufswelt.

In der **dritten Phase von 15 bis 21 Jahren** stehen folgende Entwicklungsaspekte im Vordergrund:
- die Geschlechtsreife
- die Entwicklung geistiger Fähigkeiten
- das Abstraktionsvermögen
- die Urteilsfähigkeit
- die Achtung vor geistigen und kulturellen Leistungen und Werken

Auf dieses Menschenbild und auf dieses Entwicklungsverständnis stützen sich sowohl Waldorf-Schulen als auch Walddorf-Kindergärten. Waldorf-Kindergärten gibt es Deutschland in vielen verschiedenen Formen: als herkömmliche Kindergärten, als Kindertagesstätten, als Mutter-Kind-Spielgruppen und als Krabbelgruppen. Es gibt sie auch als sozialpädagogische Einrichtungen für schulpflichtige Kinder sowie als heil- und sonderpädagogische Einrichtungen.

In **Waldorf-Schulen** und **Waldorf-Kindergärten** wird Erziehung als schicksalsgestaltende Partnerschaft verstanden, in der sowohl die Bereitschaft der Erziehenden zu Veränderung als auch eine Offenheit gegenüber Entwicklungsprozessen eine wichtige Rolle spielen. Erziehung wird darüber hinaus als Gestaltung der Begegnung verstanden, die die Bereitschaft der Erziehenden zur Selbsterziehung voraussetzt. Erziehung ist immer gleichzeitig auch Erforschung der pädagogischen Prozesse. Die Erkenntnisse über den Menschen und seine Entwicklung werden nicht als feste Größen verstanden, auf die die Erziehenden sich festlegen könnten. In der Beziehung zwischen Erziehenden und Kindern verändern sie sich stetig und bilden sich neu.

Sowohl für das Verständnis, das eine Erzieherin vom Kind zu gewinnen vermag, als auch für die Gestaltung der pädagogischen Beziehung spielen die kindlichen Äußerungsformen eine wichtige Rolle. Zu diesen Äußerungsformen gehört im „Kindergartenalter" in erster Linie das freie Spiel. Im freien Spiel lassen sich entwicklungspsychologische Prozesse besonders deutlich erkennen. Um die psychologischen und pädagogischen Möglichkeiten des freien Spiels zu optimieren, werden in der **Waldorf-Pädagogik** vor allem folgende Aspekte beachtet:

- **die materiell-räumliche Umgebung**
  Die materiell-räumliche Umgebung in einem Waldorf-Kindergarten ist geordnet. Ordnung verleiht dem Kind Orientierung und Sicherheit. Nur in einer geordneten Umgebung gelingt es dem Kind, unmittelbar, spontan und kreativ zu handeln. Das Suchen in einer ungeordneten Umgebung hält die Kinder auf und behindert ihre zielgerichtete Spontaneität.
  Ein perfekt mit Elektromotor und Funksteuerung ausgestattetes Spielauto wird bestimmt von den Funktionen des Motors und der Steuerung. Es bietet dem Kind kaum Gestaltungsmöglichkeiten. Die **Spielmaterialien** in

einem Waldorf-Kindergarten sind dagegen weitgehend einfach und die Kinder können ihnen phantasievoll die unterschiedlichsten Funktionen geben.

Im Folgenden finden Sie ein Beispiel für die Bedeutung von Ordnung und Funktionsoffenheit des Spielmaterials:

„Kinder spielen mit einfachen Holzstücken; mit viel Engagement und Fantasie wird ein Schloss mit Nebengebäuden errichtet. Nach einiger Zeit wird der Spielort verlassen; andere Kinder kommen zu den unordentlich herumliegenden Hölzern; es entsteht kein neues Spiel, vielmehr werden die Hölzer weggetreten. Die Erzieherin räumt beiläufig die Hölzer wieder in den dafür vorgesehenen Korb; kurze Zeit später lässt sich beobachten, wie wiederum Kinder kommen und fantasievoll ein neues konstruktives Spiel beginnen. Das Kind will ständig ‚aus dem Vollen schöpfen'; es benötigt eine gewisse Grundordnung, um aus ihr heraus in das fantasievolle Spiel eintreten zu können."

(Saßmannshausen, 2009)

- **die Strukturierung der Zeit**
  Ebenso wie materielle und sachbezogene Ordnungen gibt auch eine zeitliche Ordnung Orientierung und Sicherheit. Daher sind die Tage, die Wochen, die Monate und das Jahr in Waldorf-Kindergärten zeitlich klar und für die Kinder überschaubar strukturiert. In bestimmtem Rhythmus kehren Riten und Rituale wieder, damit die Zeiteinheiten (Tag, Woche etc.) als Sicherheit verleihender Rahmen erlebt werden können: Freispiel, rhythmisches Gestalten, Märchen hören, hauswirtschaftliche Tätigkeiten etc. finden täglich zum gleichen Zeitpunkt statt (vgl. Saßmannshausen, 2009).

Eine besonders wichtige Rolle spielt in der Waldorf-Pädagogik die Beziehung zwischen Erwachsenen und Kindern. Der Erwachsene gestaltet die Umgebung und schafft den Spielraum, den die Kinder für ihre Entwicklung benötigen. Eine herausragende Bedeutung für Waldorf-Kindergärten hat dabei das **freie Spiel**. In ihm kann sich die Individualität des Kindes am besten entfalten, in ihm kann das Kind frei von fremden Intentionen mit seiner Welt in Verbindung treten.

Nicht unerwähnt bleiben soll, dass die von Rudolf Steiner entwickelte Waldorf-Pädagogik vor allem aufgrund ihrer weltanschaulichen Hintergründe auch in der Kritik steht. Steiner nahm für sich in Anspruch, seine anthroposophischen Ausführungen auf der Grundlage wissenschaftlicher Erkenntnisse entwickelt zu haben. In seinen umfangreichen Werken wird jedoch deutlich, dass sich seine anthroposophischen Kernaussagen mit modernen wissenschaftlichen Methoden nicht überprüfen lassen. Darüber hinaus ist Steiner aufgrund einzelner Formulierungen in seinen Werken bis heute dem Vorwurf faschistischer Tendenzen ausgesetzt. Waldorf-Pädagogen verwehren sich allerdings gegen diesen Vorwurf und verweisen darauf, dass die Gleichwertigkeit aller Menschen Grundlage der Anthroposophie und der Waldorf-Pädagogik sei. Unabhängig davon kann die praktische pädagogische Arbeit in Waldorf-Kindergärten aufgrund ihrer Naturnähe und vieler positiver methodisch-didaktischer Ansätze wertvolle Anregungen für die Entwicklung einer eigenen pädagogischen Konzeption geben. Problematisch wird es jedoch, wenn die Methoden, die Inhalte und die Ziele der Waldorf-Pädagogik mit einem Absolutheitsanspruch vertreten und durchgesetzt und die Kinder dabei in eine Welt versetzt werden, die ihnen aktuelle kulturelle Entwicklungen vorenthält.

Wie in der Waldorf-Pädagogik spielt auch bei Maria Montessori die von der Erzieherin gestaltete Umgebung eine herausragende Rolle. Montessoris pädagogische Gedanken sind allerdings sehr viel weniger weltanschaulich beeinflusst, wenn man davon absieht, dass sie sich als überzeugte Katholikin verpflichtet fühlte, Kindern und Jugendlichen mithilfe ihrer medizinischen und psychologischen Kenntnisse und Erfahrungen zu helfen, sich selbst zu helfen.

Hilf mir, es selbst zu tun – Montessori

In ihrem Kinderhaus erkennt Maria Montessori zum ersten Mal das von ihr später so bezeichnete Phänomen der **Polarisation der Aufmerksamkeit**: Ein Mädchen bemühte sich lange, konzentriert und schließlich erfolgreich, Zylinderblöcke richtig einzusetzen. Nach dem erfolgreichen Ende ihrer Versuche entspannte es sich sichtlich und wandte sich ausgeglichen und ruhig den anderen Kindern zu. Maria Montessori nannte diesen sich an konzentriertes Arbeiten anschließenden Entspannungsprozess Normalisierung. Für die Aktivitäten von Kindern und Jugendlichen verwendete sie den Begriff Arbeit: „Das Kind spielen lassen, bedeutet für sie, das Kind und seine Bedürfnisse als solche zu verkennen" (Allmann, 2007, S. 31). Arbeiten ist für das Kind ein natürliches Bedürfnis auf dem Weg zur Normalisierung. Es führt somit zu einem hohen Maß an Befriedigung und Entspannung. Voraussetzung ist eine dazu geeignete Umgebung. Montessoris Begriff der Arbeit ist grundsätzlich von der Kinderarbeit unterdrückter Kinder zu unterscheiden (vgl. Allmann, 2007, S. 31).

Polarisation der Aufmerksamkeit
Polarisation der Aufmerksamkeit bezeichnet den bei Kindern zu beobachtenden Prozess konzentrierten, überdauernden und zielgerichteten Arbeitens bis zu einem erfolgreichen Ergebnis.

Normalisierung
Normalisierung ist nach Maria Montessori der bei Kindern zu beobachtende Prozess der Entspannung und eintretenden inneren Ruhe nach erfolgreicher, intensiver und konzentrierter Arbeit.

Maria Montessori war davon überzeugt, dass die selbstorganisierenden Kräfte und die Erfahrungen, die die Kinder in der intensiven und konzentrierten Arbeit mit geeigneten didaktischen Materialien machen, ihre geistige und körperliche Entwicklung zu normalisieren vermögen. Sie sah das entscheidende Ziel pädagogischer Prozesse darin, solche Erfahrungen zu ermöglichen. Montessori stellte den Kindern ihre didaktischen Materialien zunächst vor. Die Kinder wiederholten dann die Arbeit damit aus eigener Motivation so lange, bis sie die entsprechenden Übungen erfolgreich und sicher beherrschen, worauf dann die erwähnten Entspannungsphasen folgten. Dieser Prozess gelang auch mit Kindern, die als besonders schwierig, als verwahrlost und lernunwillig galten.

Maria Montessori war davon überzeugt, dass Kinder das Potenzial ihrer Entwicklung hin zur erwachsenen Persönlichkeit in sich selbst tragen. Sie glaubte, dass dieser Entwicklung von Geburt an ein innerer Bauplan zugrunde liege und das Kind der „Baumeister" seiner selbst sei. Die Rolle der Erziehenden beschränke sich darauf, das Kind in gewisser Weise zu pflegen, zu betreuen und mit der Gestaltung der Lernumgebung entwicklungsgemäße didaktische Materialien bereitzustellen, die es seinen Bedürfnissen entsprechend nutzt.

Absorbierender Geist
In der ersten sensiblen Periode verfügt das Kind über eine vorwiegend unbewusste Form der Intelligenz, d. h. über den von Maria Montessori so bezeichneten „Absorbierenden Geist". Das bedeutet, dass das Kind in dieser Zeit alle Eindrücke ungeordnet aufnimmt und unbewusst speichert. Erst in den folgenden Lebensjahren werden diese Eindrücke allmählich geordnet und bewusst.

Maria Montessori (1870–1952)
Die Italienerin war das einzige Kind wohlhabender Eltern und erhielt als erste Frau Italiens 1892 einen Studienplatz für Medizin an der Universität in Rom. Sie schloss ihr Studium 1896 mit Promotion ab und arbeitete als Assistenzärztin an der Psychiatrischen Klinik in Rom. Hier machte Maria Montessori erste systematische Beobachtungen zum Verhalten und Lernen psychisch kranker Kinder. Zwischen 1896 und 1911 führte sie eine eigene ärztliche Praxis. Auf einem großen pädagogischen Kongress in Turin kämpfte sie erstmals an prominenter Stelle für die Rechte von Kindern mit entwicklungs- und persönlichkeitspsychologischen Störungen und wurde 1899 Leiterin eines Instituts zur Ausbildung behinderter Kinder in Rom. Von 1902 bis 1904 studierte Maria Montessori Pädagogik und schloss auch diese Ausbildung erfolgreich ab. 1907 eröffnete sie das erste Kinderhaus (Casa die Bambini) im römischen Elendsviertel Lorenzo.

Montessori-Spielmaterialien

Erste sensible Periode: 0–6 Jahre

0–3 Jahre
- sensible Phase für Bewegung im psychophysischen Sinne von Hand, Gleichgewicht sowie Gehen und Laufen
- sensible Phase für die Sprachentwicklung durch Hören und Sehen der gesprochenen Sprache anderer
- sensible Phase für Ordnung, in der ein Bedürfnis nach Überschaubarkeit und Orientierung dominiert

3–6 Jahre
- sensible Phase für die Entwicklung des eigenen Bewusstseins durch Aktivitäten in der unmittelbaren Umgebung
- sensible Phase für soziales Zusammenleben mit Gleichaltrigen
- sensible Phase für Vervollkommnung und Anreicherung bereits erworbener Fähigkeiten

Zweite sensible Periode: 6–12 Jahre
- sensible Phase für neue soziale Beziehungen
- sensible Phase für die Entwicklung eines moralischen Bewusstseins
- sensible Phase für Abstraktionen

Dritte sensible Periode: 12–18 Jahre
- sensible Phase für Gerechtigkeit und Menschenwürde
- sensible Phase für soziale und gesellschaftliche Prozesse
- sensible Phase für wissenschaftliche Erkenntnisse
- sensible Phase für politische Verantwortung

(vgl. Montessori-Schule Augsburg, 2009)

„Die sensiblen Phasen sind von vorübergehender Dauer und dienen nur dazu, dem Heranwachsenden den Erwerb einer bestimmten Fähigkeit zu ermöglichen. Sobald dies geschehen ist, klingt die betreffende Empfänglichkeit wieder ab. Aus diesen Erkenntnissen können wichtige erziehungsrelevante Konsequenzen abgeleitet werden:
1. In Perioden erhöhter Lernbereitschaft werden durch das Angebot einer entsprechenden Anregungs-Umgebung bestimmte Fähigkeiten unbewusst leicht und spielerisch erworben.
2. Versagt die Umwelt dem Kind jedoch die Möglichkeit, Erfahrungen im Sinne seiner sensiblen Periode machen zu können, so wird der Mensch diese Versäumnisse nur schwer nachholen können."

(Montessori-Schule Augsburg, 2009)

Die vorbereitete Umgebung

Montessori beobachtete, dass das Lernen bei jüngeren Kindern sehr viel stärker mit gefühlsmäßigen Erlebnissen und sensomotorischen Aktivitäten verbunden ist als bei älteren Kindern. Um der jeweiligen sensiblen Periode gerecht zu werden, bereitet die Erzieherin die Umgebung für die Kinder vor. Dabei beachtet sie
- sozial-emotionale,
- sensomotorische und
- kognitive Entwicklungsaspekte.

Die Gestaltungselemente umfassen drei wesentliche Elemente:
1. die Sache
2. die Erzieherin
3. die Atmosphäre

Die Vorbereitung der Sachumgebung

Die Vorbereitung der Sachumgebung beginnt damit, dass die Erreichbarkeit der Materialien in den vorhandenen Regalen der Körpergröße der Kinder angepasst wird, sodass jedes Kind die seiner sensiblen Phase entsprechenden Materialien gut erreichen kann. Die in altersgemäßer Höhe geordneten Materialien müssen nach Montessori folgende Kriterien erfüllen:
- Sie müssen ästhetisch, gut geordnet, sauber und vollständig sein. Im Laufe der Zeit lernen die Kinder dadurch, selbst Verantwortung für die Materialien zu übernehmen.
- Sie müssen die Möglichkeit bieten, dass jeder der aufeinander aufbauenden Lernschritte nacheinander und isoliert für sich vollzogen werden kann, damit das Kind einen systematischen Überblick über seine Lernfortschritte gewinnt.
- Die Materialien müssen so konstruiert sein, dass das Kind selbst seinen Lernerfolg kontrollieren kann.

Die von Montessori entwickelten Materialen umfassen folgende Bereiche:
- Übungen des täglichen Lebens
- Sinnesmaterialien

- Mathematik, Sprache und Schrift
- Materialien zur kosmischen Erziehung

Kosmische Erziehung
Die kosmische Erziehung umfasst das Wissen über die Welt mit all ihren Aspekten und Gesetzmäßigkeiten. Sie bezieht das Weltall, die Erde, die Kontinente ebenso ein wie die konkrete Umgebung des Kindes. Maria Montessori hatte dabei ein durchaus ganzheitliches und systemisches Verständnis vom Kosmos: Alles ist miteinander verbunden und beeinflusst sich gegenseitig.

Ähnlich wie Rudolf Steiner – aber vor dem Hintergrund eines anderen Weltbildes – war Maria Montessori der Auffassung, dass der Mensch zeitlebens für seinen Lebensraum, d. h. für seinen Kosmos, verantwortlich sei. Erst in den letzten Jahrzehnten und im Anblick der sich vollziehenden Klimaveränderung beginnt sich ein solches Verständnis vom Kosmos weltweit zu entwickeln.

Die Erzieherin
Die Erzieherin, die im Sinne Maria Montessoris arbeitet, muss lernen, dem Kind nur zu helfen, wo Hilfe tatsächlich erforderlich ist. Sie muss darauf achten, dass das Kind die nötige Zeit und sachlichen Möglichkeiten erhält, seine Aufgaben und Probleme selbst zu lösen. Nur so lässt sich die Entwicklung von Selbstständigkeit, Selbstvertrauen, Selbstwertgefühl und Selbstbewusstsein unterstützen. Es geht in erster Linie darum, dem Kind zu helfen, Dinge selbst zu tun. Die Erzieherin sollte nicht voreilig eingreifen, manipulieren und korrigieren. Dies hört sich einfach an, aber jede Praktikerin weiß, wie schwierig es ist, das Kind seine Fähigkeiten und Fertigkeiten erleben zu lassen.

Eine weitere Fähigkeit, die es für die Erzieherin zu lernen gilt, besteht darin, langsam, verständlich und genau zu zeigen, wie ein Sachproblem gelöst werden kann. Aufgabe des Kindes ist es dann, die Lösung des Problems selbst zu versuchen, Fehler zu machen, sich selbst zu kontrollieren und zu korrigieren. Das Kind hat das Recht, Fehler zu machen, um aus den Fehlern zu lernen.

Die Montessori-Erzieherin muss
- die Kinder achten,
- ihre Persönlichkeiten respektieren,
- die Kinder in ihrer Entwicklung begleiten,
- die Stärken der Kinder wahrnehmen,
- kindgemäße Angebote machen,
- die Materialien selbst beherrschen, um sie in geeigneter Weise darbieten zu können,
- ruhig und zurückhaltend, aber gleichzeitig konzentriert und präsent sein,
- authentisch sein und klare Grenzen setzen können,
- liebevoll und den Kindern gegenüber aufmerksam sein.

Die Atmosphäre
Ruhe, Geborgenheit, Sicherheit, eine entspannte Atmosphäre sind wichtige unterstützende Faktoren für die Entwicklung eines Kindes. Es ist Aufgabe der Erzieherin, dafür zu sorgen. Eine solche Atmosphäre kann nur entstehen, wenn in der Gruppe klare Strukturen und Regeln bestehen, auf die sich die Kinder verlassen können.

Die Stille
Eine zentrale Rolle in der Montessori-Pädagogik spielt die Stille. Anders als manche Kritiker fälschlicherweise annehmen, ist Stille in der Montessori-Pädagogik nicht ein erzwungenes Schweigen. Sie entwickelt sich mit der Arbeit der Kinder, mit der Polarisation ihrer Aufmerksamkeit und mit dem Prozess des Absorbierens der Impulse ihrer Umgebung.

Die Montessori-Kindergruppe des Montessori-Kindergartenhauses im österreichischen Baden fasst die Prinzipien ihrer Arbeit folgendermaßen zusammen:

„Das Kind wünscht nie, dass man es von seiner Mühe erlöse, es will vielmehr seine Aufgabe

vollkommen und selbstständig ausführen. Die Kinder werden während ihrer Arbeit:
- nicht gestört,
- nicht unterbrochen,
- nicht korrigiert.

[...]

In der Selbstständigkeit und Unabhängigkeit liegt das Ziel der Entwicklung und somit auch die Aufgabe der Erziehung. Daher wird dem Kind, je nach seinem Entwicklungsstand soviel selbstständige Tätigkeit und Entwicklungsfreiheit wie möglich eingeräumt. [...] Erwachsene haben im Entwicklungsprozess des Kindes die Aufgabe, ihm alle Möglichkeiten zur Verfügung zu stellen, die es für seine Entwicklungsschritte benötigt und es liebe- und verständnisvoll auf seinem Weg zu begleiten. So kann es Selbstständigkeit und Unabhängigkeit vom Erwachsenen entwickeln. Dies stärkt das Selbstbewusstsein des Kindes sowie sein Verantwortungsbewusstsein. Der Erwachsene muss sich den Bedürfnissen des Kindes anpassen, muss ihm zu seiner Unabhängigkeit verhelfen und darf ihm nicht zum Hindernis werden.

Die Regeln in der Kindergruppe:
- Wir tun einander nicht weh! Die Kindergärtnerin übersieht nie Gewalt zwischen den Kindern! Wir reißen niemandem etwas aus der Hand, wir stoßen nicht und hauen nicht hin. Die Kindergärtnerin geht immer, wenn sie so etwas sieht, zu den Kindern und erklärt ihnen die Regeln: Wir tun einander nicht weh!
- Ich arbeite auf dem Teppich oder auf dem Tisch und niemand nimmt mir etwas weg! Die Kinder haben als abgeschlossenen Arbeitsplatz einen Teppich. Hier wird gearbeitet. Über diesen Teppich läuft niemand drüber. Wenn ich auf die Toilette gehe, darf ich mein Material liegen lassen und niemand arbeitet damit weiter oder nimmt es mir weg.
- Ich darf mit dem Material arbeiten, solange ich will! Wenn ich arbeite, darf ich so viele Wiederholungen machen, bis ich diesen Lernprozess abgeschlossen habe. Möchte ein anderes Kind auch damit arbeiten, muss es solange warten, bis ich fertig bin.
- Ich räume das Material wieder ins Regal! Nachdem ich eine Arbeit beendet habe, räume ich das Material wieder ordentlich an seinen Platz ins Regal zurück. Erst jetzt ist es wieder frei für andere Kinder.
- Ich darf mir aussuchen, ob ich alleine oder zu zweit arbeiten möchte! Wenn ich meinen Arbeitsplatz hergerichtet habe und mir ein Material aus dem Regal hole, darf ich auch bestimmen, ob jemand mit mir mitarbeiten darf."

(Montessori Kindergruppe, 2009)

Eine weitere, speziell auf Kinder im Kindergartenalter ausgerichtete Pädagogik wurde ebenfalls in Italien entwickelt: die Reggio-Pädagogik. Der Begründer der Reggio-Pädagogik war Loris Malaguzzi.

Reggio-Pädagogik – Malaguzzi

Loris Malaguzzis sozialpädagogischer Ansatz wird als Reggio-Pädagogik bezeichnet, weil er seine pädagogischen Gedanken zunächst und vor allem in der italienischen Stadt Reggio Emilia praktisch umsetzte.

Kinder werden in der Reggio-Pädagogik als eigenständige Wesen verstanden, die die Fähigkeit haben, sich auf unzählige Weisen auszudrücken:

Loris Malaguzzi (1920–1994)
Loris Malaguzzi studierte Pädagogik und war zunächst Grundschullehrer. Nach dem Zweiten Weltkrieg gründete er einen sogenannten Volkskindergarten, in und mit dem er die Grundzüge einer Pädagogik entwickelte, die viele reformpädagogische Grundgedanken zusammenführte und in der Praxis verwirklichte. Das US-Magazin „Newsweek" wählte nach Malaguzzis pädagogischem Ansatz arbeitende Kindertagesstätten der Stadt Reggio Emilia zu den besten sozialpädagogischen Einrichtungen auf der Welt. Ab 1950 war Malaguzzi Berater in einer psychologisch-pädagogischen Beratungsstelle in Reggio Emilia und übernahm 1963 die Leitung aller kommunalen Einrichtungen für Kinder von 0 bis 6 Jahren (vgl. Thesing, 1999, S. 161 ff.).

- mimisch
- gestisch
- laufend
- tanzend
- springend
- sprechend
- schreiend
- singend
- spielend
- mit unzähligen Materialien hantierend
- gestaltend
- bauend
- bastelnd
- schauspielerisch etc.

Kinder sind neugierig und voller Entdeckungsfreude, sie lieben es, zu experimentieren, sind kreative Künstler und Forscher. Und vor allem: Sie sind die Konstrukteure (Baumeister) ihrer eigenen Entwicklung. Sie lernen, indem sie handeln, versuchen und aus Fehlern lernen.

Künstlerisches Gestalten hat in der Reggio-Pädagogik einen besonders hohen Stellenwert. Einer der Gründe dafür ist, die „hundert Sprachen", d. h. die unzähligen Ausdrucks- und Kommunikationsmöglichkeiten der Kinder zu unterstützen. Ganz in diesem Sinne werden die Räume und ihre Gestaltungselemente als „aktive Partner" der Kinder verstanden. Wie u. a. bei Maria Montessori spielen Ästhetik und Anregungsmöglichkeiten dabei eine große Rolle. Nicht das Motto „Hauptsache bunt" zählt in der Reggio-Pädagogik, sondern es geht um künstlerische Qualität, um Materialien, die die Sinne anregen und die nicht nur „aufregen". Auch die Gestaltung mit Licht und Spiegeln wird in der Reggio-Pädagogik immer wieder und in vielfältigen Varianten genutzt. Für all dies werden keine teuren Möbel oder Spielzeuge benötigt. Gegenstände aus dem Alltag wie Töpfe, altes Geschirr, Kisten und Kästen etc. können zu pädagogisch wertvollem Material werden. So haben beispielsweise die meisten Tageseinrichtungen in Reggio im Zentrum des Gebäudes ein Forum, das der Piazza einer italienischen Kleinstadt gleicht und Zentrum des Gemeinwesens ist. Darüber hinaus sind die Speiseräume wie häufig üblich als kleine, offene, an die Piazza angrenzenden Restaurants gestaltet (vgl. Knauf, 2009).

Erziehung in Reggio-Einrichtungen ist als ein Prozess zu verstehen, der nur in enger Zusammenarbeit von Erzieherinnen, Eltern, Fachberaterinnen und anderen für die Erziehung wichtigen oder interessanten Mitbürgern zu leisten ist. Dabei haben auch gemeinsame Fortbildungen von Erzieherinnen, Eltern und Fachberaterinnen einen hohen Stellenwert. In Ausstattung und Arbeit einer Reggio-Einrichtung kommen die Kultur der Umgebung und die Alltagserfahrungen der Kinder zum Ausdruck.

Zum Abschluss dieses Kapitels sollen noch drei weitere sozialpädagogische Ansätze skizziert werden, die in Deutschland weit verbreitet sind und sich in wesentlichen Elementen auf reformpädagogische Grundgedanken stützen. Diesen Ansätzen sind folgende Prinzipien gemeinsam:

- Das Kind ist eine eigenständige Persönlichkeit.
- Das Kind ist der Konstrukteur seiner Entwicklung und seiner Persönlichkeit.
- Die Erzieherin begleitet das Kind in seiner Entwicklung.
- Das Kind ist im Kontext seiner Biografie und seines Umfeldes zu verstehen.
- Erziehung und Bildung in sozialpädagogischen Einrichtungen orientieren sich an den Bedürfnissen der Kinder.
- Das Kind steht im Mittelpunkt des Geschehens.
- Das Kind sollte in der sozialpädagogischen Einrichtung in einer pädagogisch vorbereiteten Umgebung lernen.
- Die pädagogischen Prozesse in einer sozialpädagogischen Institution sind nicht festgelegt und statisch, sondern müssen offen und flexibel sein.

Diese Ansätze sind:
- der Situationsansatz
- der Situationsorientierte Ansatz
- die Offene Arbeit

In den 1970er Jahren wurden der **Situationsansatz** und etwas später der **Situationsorientierte Ansatz** als Alternativen zu der auf vorwiegend kognitive Förderung ausgerichteten sozialpädagogischen Theorie und Praxis entwickelt. Bei diesen beiden Ansätzen geht es nicht darum, wie häufig fälschlicherweise angenommen, nur noch situativ auf besondere Situationen der Kinder zu reagieren, sondern sie verlangen eine sorgfältige und nachhaltige Planung und Vorbereitung.

Situationsansatz

Besonders wichtig und neu war, dass mit dem Situationsansatz nicht nur z. B. in Montessori- oder Freinet-Einrichtungen, sondern in der Mehrheit der deutschen Kindergärten und Kindertagesstätten das Kind als **Akteur seiner eigenen Entwicklung** verstanden wurde. Nun werden die Spuren der Reformpädagogen, wie sie in diesem Kapitel vorgestellt wurden, auch in der Praxis der Mehrheit der sozialpädagogischen Institutionen deutlich.

Grundlegende **Prinzipien** des Situationsansatzes lassen sich wie folgt zusammenfassen (vgl. Preissing, 2009):

Erziehung, Bildung und Betreuung
- Erziehung, Bildung und Betreuung von Kindern werden als gesellschaftliche Aufgabe verstanden.
- Erziehung und Bildung sind aufeinander bezogen.

Die Kinder
- Kinder haben eigene Rechte und Pflichten.
- Kinder entwickeln und entfalten sich eigenaktiv.
- Kinder sind als eigenständige Persönlichkeiten mit ihren Entwicklungsbedürfnissen und im Kontext ihrer spezifischen Lebenssituationen zu verstehen.
- Die Lebenserfahrungen der Kinder werden anerkannt und geachtet.
- Kinder haben vielfältige Ausdrucksmöglichkeiten, die sorgfältig wahrgenommen, unterstützt und gefördert werden müssen.

Der Funktionsansatz
Vergangenheit — Gegenwart — Zukunft
… fördert Fähigkeiten und Fertigkeit für die Bewältigung der Zukunft.

Der Situationsansatz
Vergangenheit — Gegenwart — Zukunft
… greift die bedeutsamen gegenwärtigen Situationen der Kinder auf und verarbeitet sie mit dem Ziel der Förderung von Fähigkeiten und Fertigkeit für die Bewältigung der Zukunft.

Der Situationsorientierte Ansatz
Vergangenheit — Gegenwart — Zukunft
… entschlüsselt die gegenwärtigen Ausdrucksformen der Kinder und nimmt Bezug auf Erlebnisse und Erfahrungen der Kinder in der Vergangenheit. Aus der Verarbeitung der Vergangenheit in der Gegenwart entwickeln sich neue Handlungserfahrungen und Kompetenzentwicklungen in der Zukunft.

(vgl. Krenz, 2008)

Die Erzieherinnen
- Erzieherinnen tragen die Verantwortung für die emotionale Sicherheit des Kindes.
- Erzieherinnen sorgen für eine anregende, kindgemäße Gestaltung des Umfeldes
- Erzieherinnen ermutigen und motivieren die Kinder, sich an gesellschaftlichen Prozessen zu beteiligen.
- Erzieherinnen nehmen regelmäßig an Fortbildungen teil.
- Erzieherinnen und Eltern bilden eine enge Erziehungspartnerschaft.
- Erzieherinnen werden den vielfältigen Lebensbedingungen und Lebensformen der Kinder und ihrer Familien gerecht.

Die wesentlichen Ziele
- Der Situationsansatz zielt auf die Förderung und Weiterentwicklung von Autonomie und Solidarität.
- Die Förderung der Selbst-, Sozial- und Sachkompetenz und die Vermittlung demokratischer Grundwerte ist ein weiteres wichtiges Anliegen des Situationsansatzes.

Die Ausgangspunkte der methodisch-didaktischen Arbeit nach dem Situationsansatz sind sogenannte Schlüsselsituationen. Dabei handelt es sich um Situationen, die im Erleben der Kinder besonders bedeutsam sind. Die Inhalte dieser Schlüsselsituationen werden gemeinsam mit den Kindern entdeckt, erkundet und verarbeitet. Die Bedeutsamkeit der **Schlüsselsituationen** hat drei Dimensionen (vgl. Preissing, 2009):
- Bedeutsamkeit für das einzelne Kind: „Ich in meiner Welt: Individuelle Handlungs- und Erfahrungsräume"
- Bedeutsamkeit für die sozialen Beziehungen zu anderen: „Ich und Wir: Interaktion und Beziehung in der Gruppe"
- Bedeutsamkeit für das Geschehen in der Welt: „Die Welt und ich: Weltgeschehen im Erleben von Kindern"

Der Situationsansatz greift also wichtige Themen aus den Lebenswelten und dem Umfeld der Kinder auf und verarbeitet sie zu didaktischen Einheiten mit dem Ziel, die Kompetenzentwicklung der Kinder effektiv fördern zu können und die Kinder auf die Bewältigung ihres zukünftigen Lebens vorzubereiten.

Im Hinblick auf die Arbeit mit besonderen didaktischen Einheiten gleicht der Situationsansatz noch dem bis Ende der 1960er Jahre vorherrschenden Funktionsansatz (s. Abbildung, S. 378). Hier wurden die didaktischen Einheiten allerdings nicht wie beim Situationsansatz aus Schlüsselsituationen der Lebenswelten der Kinder entwickelt. Sie waren vielmehr auf die Förderung bestimmter psychologischer Funktionsbereiche ausgerichtet und Kinder wurden nicht als Akteure ihrer eigenen Entwicklung verstanden. Ein Beispiel hierfür sind die 1975 vom damaligen Bayerischen Staatsministerium für Unterricht und Kultus herausgegebenen Richtlinien für den Elementarbereich, nach denen auch in vielen Einrichtungen anderer Bundesländer gearbeitet wurde:
- Sozialerziehung und Persönlichkeitsbildung
- religiöse Erziehung
- Aufmerksamkeit – Orientierung – Steuerung
- Wahrnehmung und Motorik
- elementare Musik- und Bewegungserziehung (Rhythmik)
- Spracherziehung
- kognitiver Lernbereich
- Umwelt- und Sachbegegnung
- ästhetische Elementarerziehung

(vgl. Bayerisches Staatsministerium, 1975, S. 4)

Bei den auf dem Situationsansatz basierenden didaktischen Einheiten handelt es sich demgegenüber nicht um zu fördernde psychologische Funktionen, sondern um typische und bedeutsame Schlüsselsituationen, wie sie im Leben von Kindern vorkommen bzw. vorkommen können:
- Kinder im Krankenhaus
- Kinder kommen in die Schule
- Neue Kinder in der Gruppe
- Jungen und Mädchen
- Geburt und Zärtlichkeit
- Verlaufen in der Stadt
- Müll
- Werbung
- Wohnen
- Aufräumen
- Kochen, Ausflug, Kinderfeste
- Wochenende
- Meine Familie und ich

- Kinder werden abgelehnt
- Große und kleine Kinder
- Kinder allein zu Hause
- Kinder und alte Leute
- Tod
- Wir haben Ferien etc.

Das Besondere am Situationsansatz ist eine klare **Zukunftsorientierung** im Sinne einer Vorbereitung auf das kommende Leben. Die praktische Arbeit mit dem Situationsansatz fasst Zimmer so zusammen:

„Im ersten Schritt wird eine Situation aufgespürt und im Dialog mit anderen Menschen untersucht, also eine Situationsanalyse vorgenommen. Diese Untersuchung führt zu einer kleinen Theorie über die Situation. [...]
Der zweite Schritt besteht in der Überlegung, was an dieser Situation unter pädagogischen Gesichtspunkten wichtig ist, welche Anforderungen die Situation an Kinder stellt, welche Qualifikationen von Bedeutung sind, um in ihr handlungsfähig zu werden. [...] Der zweite Schritt besteht mithin in der Formulierung von Zielen: Welche Fähigkeiten und Fertigkeiten sind wünschenswert? Was wollen wir erreichen? Wohin soll die Reise gehen? [...]
Im dritten Schritt sind viele pädagogische Einfälle gefragt. Durch welche Aktivitäten, durch welche Lernerfahrungen lassen sich diese Qualifikationen fördern und Kompetenzen erwerben? Wie kann man jenes forschende, entdeckende Lernen ermöglichen und Kinder anregen, Probleme, wenn es geht, selber zu lösen, Barrieren selber zu überwinden und möglichst mit Vergnügen die Welt zu erschließen? [...]
Im vierten Schritt geht es darum, Erfahrungen auszuwerten und zu überlegen, wie es weitergehen könnte."
(Zimmer/Feldhaus, 2000, S. 27f.)

Kritisch ist zum Situationsansatz anzumerken, dass die Entscheidungen für ein Thema meist von den Erzieherinnen gefällt werden, was nicht unbedingt heißen muss, dass es den Bedürfnissen der Kinder tatsächlich entspricht.
Die nordrhein-westfälische Weiterentwicklung des Situationsansatzes ist der **„situationsbezogene Ansatz"**. Hier sollen die Kinder in die Lage versetzt werden, Lebenssituationen zu bewältigen, die ihr Alltagsleben bestimmen und deren Bewältigung auch der Lösung zukünftiger Lebensaufgaben dienen kann. Zudem soll die pädagogische Arbeit der Erzieherin helfen, dass die Kinder

- Selbstbewusstsein, Selbstvertrauen und Selbstwertgefühl entwickeln,
- ein Grundverständnis für die Umwelt entwickeln und diesbezügliche Grundkenntnisse erwerben,
- kommunikationsbereit und -fähig werden und
- ihre Kommunikationsfähigkeit erweitern.

Dafür wurden in Nordrhein-Westfalen die in den sozialpädagogischen Einrichtungen mittlerweile weit verbreiteten Arbeitshilfen für die Erzieherinnen entwickelt. Ein wichtiges Element des situationsbezogenen Ansatzes ist die sogenannte „offene Planung". Darunter ist nicht etwa ein spontanes, kurzfristiges Reagieren auf plötzlich eintretende Situationen der Kinder zu verstehen. Vielmehr geht es um die gründliche, umfassende Planung und Vorbereitung jener pädagogischen Situationen, durch die und innerhalb derer die Kinder die oben beschriebenen Fähigkeiten entwickeln können. Dies können aktuelle Anlässe sein (z. B. ein Kind hatte einen Unfall), es kann sich um Lebenssituationen von Kindern handeln (z. B. die Lebensverhältnisse und Entwicklungsbedingungen von Kindern mit Migrationshintergrund, die Situation des Übergangs in die Grundschule o. Ä.), es können aber auch Beobachtungen der Erzieherinnen oder Fragen und Wünsche der Kinder sein (vgl. Militzer, 1999, S. 76f.).

Situationsorientierter Ansatz

Der „Situationsorientierte Ansatz" geht im Unterschied zum Situationsansatz davon aus, dass Kinder sich in der **Gegenwart** mit ihren Lebenserfahrungen aus der **Vergangenheit** auseinandersetzen wollen und müssen. Die Auseinandersetzung der Kinder mit ihrer Vergangenheit kann helfen, die Vielzahl an möglichen Ängsten, Belastungen und Spannungen abzubauen, Antworten auf wichtige Fragen zu finden und grundlegende Zusammenhänge zu verstehen. Auch im Jugend- und Erwachsenenalter ist die Fähigkeit zur Verarbeitung der eigenen Erfahrungen noch eine wichtige Voraussetzung für die Weiterentwicklung der Persönlichkeit (vgl. Krenz, Situationsorientierter Ansatz, 2008).

Der Situationsorientierte Ansatz basiert auf folgenden **Prinzipien**:
1. der Kindergarten als offen gestalteter Erfahrungsraum
2. das Recht der Kinder auf eigene unmittelbare Erfahrungen
3. Erfahrungsmöglichkeiten aus konkreten Alltagssituationen
4. ganzheitliche Förderung der Kinder
5. systematische Verhaltensbeobachtung als Grundlage des pädagogischen Handelns
6. Kooperation aller Mitarbeiterinnen der Einrichtung und intensive Elternarbeit
7. flexibler Tagesablauf
8. Lernen und freies Spielen – Gleichrangigkeit von Freispiel und Angebot
9. besondere Förderung des Sozialverhaltens
10. altersgemischte Gruppen
11. Einbeziehung und Gestaltung von Nebenräumen, Fluren und Mehrzweckräumen sowie des Außengeländes
12. regelmäßige Überprüfung der angebotenen Spiel- und Arbeitsmaterialien nach pädagogischen Kriterien
13. offene, thematische Planung anstelle von Wochen- und Rahmenplänen

Auch hier gibt es inhaltliche und methodische Vorschläge, die allerdings offener sind als beim Situationsansatz:
- Ich komme in den Kindergarten
- Wir lernen einander kennen
- Unsere Kindergartengruppe
- Jeder hat ein Zuhause
- Wir erkunden unsere Umgebung
- Was wir tun, wenn wir nicht im Kindergarten sind
- Menschen hier und anderswo
- Wir gehen bald zur Schule

Krenz fasst die Grundelemente des Situationsorientierten Ansatzes wie folgt zusammen:

- „Der ‚Situationsorientierte Ansatz' ist nur dort realer Bestandteil der Arbeit, wo Aussagen und Praxis deckungsgleich sind [...] In anderen Worten: Es darf nicht bei dem Etikett ‚situationsorientiert' bleiben; der Ansatz muss in der praktischen Arbeit deutlich werden. Ein Unterschied zwischen der formulierten sozialpädagogischen Konzeption und der praktischen Erziehungsarbeit ist im Übrigen häufig ein Problem.
- Der ‚Situationsorientierte Ansatz' ist eine Vernetzung von Einstellungen der Erzieher/-innen, einer bestimmten, humanistisch geprägten kontinuierlichen (!) Arbeitsweise mit Kindern und einem bestimmten Arbeitsverhältnis, um Kindern dabei zu helfen, sich in ihrer Persönlichkeit zu entwickeln.
- Der ‚Situationsorientierte Ansatz' ist ein geplantes und strukturiertes Leben und Lernen mit Kindern, in dem pädagogische Absichten überprüft, Entscheidungen getroffen und praktische Arbeitsvorhaben sorgfältig aufgebaut werden.
- Der ‚Situationsorientierte Ansatz' ist weder für die Kindertagesstätte noch für die Eltern eine Legitimation, eigene Verantwortlichkeiten zu delegieren. Sowohl die Institution Kindertagesstätte als auch die Erziehungsberechtigten müssen sich in der Aufgabe wiederfinden, Kinder in der Bewältigung ihrer vielfältigen Lebenseindrücke aktiv zu unterstützen.
- Der ‚Situationsorientierte Ansatz' greift bei seiner Planung von Projekten keine ‚nach außen gerichteten Situationen' auf, sondern vielmehr Ausdrucksformen der Kinder, um aus ihrem Erzählwert (symbolische Interaktion) die ‚inneren Themen' der Kinder zu verstehen und in einem möglichen Projekt zu berücksichtigen."

(Krenz, Der Situationsorientierte Ansatz, 2008, S. 102 ff.)

Krenz definiert den „Situationsorientierten Ansatz" wie folgt:

Situationsorientierter Ansatz
„Der ‚Situationsorientierte Ansatz' gibt Kindern die Möglichkeit, individuelle Erfahrungen und Erlebnisse zu verarbeiten und zu verstehen, bedeutsame Fragen zu beantworten und Zusammenhänge zu

begreifen, um aus der Bewältigung erlebter Situationen und Ereignisse (Erfahrungen) individuelle soziale Kompetenzen auf- und auszubauen" (Krenz, Der Situationsorientierte Ansatz, 2008, S. 107f.).

So wie bereits im Hinblick auf den Situationsansatz und den Situationsorientierten Ansatz beschrieben, steht auch das Menschenbild der Vertreter des „offenen" Kindergartens in einer engen Beziehung zu reformpädagogischen Menschenbildern.

Offene Arbeit – der „offene" Kindergarten

Man könnte meinen, Offene Arbeit beschränke sich auf das Öffnen von Zimmer- und Haustüren. Tatsächlich gehört dies auch dazu, ist aber nicht der zentrale sozialpädagogische Aspekt. Grob gegliedert umfasst Offene Arbeit vier unterschiedliche Varianten der Öffnung (vgl. Funke/Sander, 1993, S. 113 ff.):

1. **Offene Türen:**
   Die sogenannten Stammgruppen und ihre Gruppenräume bleiben bestehen. Es gibt Besuchsmöglichkeiten in anderen Gruppen. Flure und Funktionsräume werden in die Arbeit einbezogen etc.
2. **Offene Gruppen:**
   Den Kindern stehen zwar alle Räume zur Verfügung, doch jedes Kind hat nach wie vor „seinen" Gruppenraum. Verantwortung bezieht sich schwerpunktmäßig auf die „eigene" Gruppe.
3. **Einrichtungen mit innerer Öffnung:**
   Die üblichen Raumstrukturen sind gänzlich aufgelöst. Stattdessen gibt es ein breites Angebot an Funktionsräumen (z. B. Ruhebereich, Kommunikationsbereich, Baubereich/Werkstatt, Musikbereich etc.). Lediglich für ganz bestimmte Situationen wie den Morgen oder den Schlusskreis gibt es sogenannte Stammgruppen.
4. **Einrichtungen mit äußerer Öffnung:**
   Die Einrichtung öffnet sich nach außen und Erzieherinnen wie Kinder nutzen die Angebote der Kommune und des Wohnumfeldes für Aktivitäten und Begegnungen. Eine Öffnung dieser Art kann gleichzeitig mit den ersten drei Varianten praktiziert werden.

Diese Öffnungen sind erforderlich, um andere methodisch-didaktische Anliegen realisieren zu können. Doch zunächst zu dem, was „dahinter" steht: das Menschenbild. Wie beim Situationsansatz und dem Situationsorientierten Ansatz ist auch hier die Grundannahme, dass Kinder die Akteure ihrer eigenen Entwicklung und die Konstrukteure ihres eigenen Wissens sind. Die Vertreter der Offenen Arbeit verstehen das Kind als ein Wesen, das in der Lage ist, nicht nur auf seine Umwelt zu reagieren (sich zu verhalten), sondern auch bewusst und auf der Grundlage eigener Entscheidungen zu handeln. In diesem **Menschenbild** – also auch im Bild vom Kind – sind

- die Fähigkeit zur Konstruktion eigenen Wissens,
- die Fähigkeit, dieses Wissen zur Grundlage eigener Entscheidungen zu machen,
- die Fähigkeit, Verantwortung für diese Entscheidungen zu übernehmen,
- die Fähigkeit und das Bedürfnis, sich und seine Welt zu erforschen und – insbesondere soziale Beziehungen – zu verstehen,

Prämissen, die das erzieherische Handeln bestimmen sollen (vgl. Wieland, 1993, S. 12 ff.).

Diese Prämissen gelten sowohl im Hinblick auf die Kinder als auch auf die Erzieherinnen. Letztere müssen sich immer wieder bewusst machen, dass sie für all die vielfältigen pädagogischen und methodisch-didaktischen Entscheidungen die Verantwortung tragen und darüber sich selbst, den Kindern, den Eltern und dem Träger gegenüber Rechenschaft ablegen müssen. Aus diesen Menschenbildannahmen leitet sich beim Ansatz der Offenen Arbeit eine psychologische und pädagogische Bedürfnisorientierung ab.

Bedürfnisorientierung im Ansatz der Offenen Arbeit ist

„zu einem Schlüsselbegriff geworden, der schnell und zustimmend aufgenommen wurde. Wenn wir uns in unserer pädagogischen Arbeit am Kind orientieren wollen, auf dem Weg sind, eine ‚Pädagogik vom Kinde aus' zu gestalten, dann müssen wir einen klaren Blick für kindliche Bedürfnisse entwickeln und diese konsequent in unser Tun einbeziehen und zum Ausgangspunkt pädagogischen Bemühens machen.

[...] In einer solchen Betrachtungsweise ist das Kind Subjekt. Es bringt sich selbst hervor und braucht für seine Entwicklung bestimmte Grundbedingungen und Voraussetzungen [...]. Wir lösen uns von der Vorstellung, das Kind zum Objekt erzieherischen Handelns zu machen und wollen keine Akteure für die Entwicklung des Kindes sein."
(Regel, Bedürfnisorientierung, 1993, S. 51 f.)

Um welche Bedürfnisse geht es nun im Ansatz der Offenen Arbeit? Da sind an erster Stelle die grundlegenden Bedürfnisse zu nennen nach
- Versorgung,
- Pflege und
- Schutz vor Gefahren.

Dazu gehören Bedürfnisse wie
- angemessene Temperatur (Wärme bzw. Kühle),
- Nahrung,
- Bewegung und Spielräume,
- geistige Aktivität,
- aber auch Ruhe, was in manchen Einrichtungen oft übersehen wird,
- Schlaf,
- Schmerzfreiheit oder -linderung.

Außerdem gehören psychologische Bedürfnisse dazu wie
- Zugehörigkeit,
- Sicherheit,
- Anerkennung und Achtung,
- emotionale Wärme,
- Unabhängigkeit und Autonomie,
- Orientierung,
- Transparenz und Klarheit der Verhaltens- und Handlungsgrenzen (vgl. Regel, Bedürfnisorientierung, 1993, S. 50 ff.)

Hier werden die Grundgedanken der in diesem Kapitel beschriebenen Reformpädagogen deutlich. Ganz konkret bedeutet dies:

- *„Kinder wollen erleben, dass sie willkommen sind, und zwar bedingungslos, willkommen mit ihrer Eigenart und Einmaligkeit, mit ihrer individuellen Lebenserfahrung, mit ihrer Lebensgeschichte und den darin enthaltenen Schicksalsmomenten.*
- *Kinder wollen erleben, dass ihr eigenes Entwicklungstempo akzeptiert wird und sie ihre Zeit erhalten, die sie zum Einleben brauchen.*
- *Kinder wollen verlässliche Erwachsene, die eindeutig und berechenbar sind.*
- *Kinder wollen Bestätigung, sich als wertvoll erleben, bedeutungsvoll sein und beteiligt werden.*

Auf eine kurze Formel gebracht: Kinder wollen präsente Erwachsene, die wohlwollend, interessiert und liebevoll anwesend sind, oft nur verständnisvoll im Hintergrund. Kinder wünschen sich Erwachsene, die sich für sie aufschließen, wenn sie zu ihnen den Kontakt suchen und etwas wollen."
(Regel, Bedürfnisorientierung, 1993, S. 65)

Die Bedürfnisorientierung, die in der Offenen Arbeit eine so zentrale Rolle spielt, wurde in der Öffentlichkeit und auch von einer Reihe von Erzieherinnen häufig missverstanden. Es sind damit keinesfalls gemeint:
- schnelle und unreflektierte Befriedigung von Konsum-Bedürfnissen,
- übertriebene Beschützung, Fürsorge oder Bemutterung der Kinder,
- Verwöhnung oder
- Hilfe aus unangebrachtem Mitleid.

Regel beschreibt all diese Aspekte als Erziehungsratschläge aus der Sicht eines Kindes:
- *„Verwöhne mich nicht. Ich weiß sehr wohl, dass ich nicht alles bekommen kann, wonach ich frage. Ich will Dich nur auf die Probe stellen.*
- *Weise mich nicht im Beisein anderer Leute zurecht, wenn es sich vermeiden lässt. Ich werde Deinen Worten viel mehr Beachtung schenken, wenn Du mich nicht blamierst.*
- *Sei nicht ängstlich mit mir, schenke meinen kleinen Unpässlichkeiten nicht zu viel Aufmerksamkeit. Sie verschaffen mir nur manchmal die Zuwendung, die ich benötige.*
- *Sei nicht fassungslos, wenn ich Dir sage, ‚Ich hasse Dich'. Ich hasse Dich nicht, sondern Deine Macht, meine Pläne zu durchkreuzen.*
- *Bewahre mich nicht immer vor den Folgen meines Tuns. Ich muss auch mal peinliche Erfahrungen machen.*
- *Mach keine Versprechungen. Bedenke, dass ich mich schrecklich im Stich gelassen fühle, wenn Versprechen gebrochen werden.*

- *Unterbrich mich nicht, wenn ich Fragen stelle. Wenn Du das tust, werde ich mich nicht mehr an Dich wenden, sondern versuchen, meine Informationen woanders zu bekommen.*
- *Sag nicht, meine Ängste seien albern. Sie sind erschreckend echt, aber Du kannst mich beruhigen, wenn Du versuchst, sie zu begreifen.*
- *Versuche nicht immer, so zu tun als seiest Du perfekt und unfehlbar. Der Schock ist für mich zu groß, wenn ich herausfinde, dass Du es doch nicht bist.*
- *Denke nicht, es sei unter Deiner Würde, Dich bei mir zu entschuldigen. Deine ehrliche Entschuldigung erweckt in mir ein überraschendes Gefühl der Zuneigung.*
- *Vergiss nicht, ich liebe Experimente. Ich kann ohne sie nicht groß werden. Bitte, halt's aus!*
- *Vergiss nicht, wie schnell ich aufwachse. Es muss für Dich sehr schwer gewesen sein, mit mir Schritt zu halten – aber bitte versuch's."*

(Regel, Bedürfnisorientierung, 1993, S. 83)

3.1.9 Moderne Konzeptionsentwicklung

Sozialpädagogische Einrichtungen stützen ihre Arbeit in der Regel auf eine im Team entwickelte und mit Träger und Eltern abgesprochene Konzeption. Üblicherweise sind diese Konzeptionen in einer entsprechenden Informationsschrift der interessierten Öffentlichkeit, insbesondere den Eltern, zugänglich.

Doch häufig ist zwischen der formulierten Konzeption und dem praktizierten Alltag eine zum Teil erhebliche Diskrepanz festzustellen: Den Erzieherinnen ist es manchmal aufgrund ihrer alltäglichen Belastungen kaum möglich, die hohen Ansprüche der pädagogischen Leitvorstellungen in der Praxis umzusetzen.

Glücklicherweise sind aber derartige Unterschiede zwischen Konzeption und Praxis nicht unbedingt die Regel. Um den Ansprüchen und Anforderungen der Konzeption gerecht zu werden, muss deren Umsetzung in der Praxis regelmäßig hinterfragt werden. In diesem Kapitel erhalten Sie Anregungen zur Entwicklung einer Konzeption sowie dazu, wie man sicherstellen kann, dass diese Konzeption in der Praxis umgesetzt wird und wie man sie weiterentwickeln kann. Mithilfe der Konzeption einer Einrichtung müssen wichtige Aufgaben des Qualitätsmanagements erfüllbar sein. Ist dies nicht der Fall, ist eine solche Konzeption überflüssig.

Warum überhaupt eine Konzeption?

Für die Entwicklung einer Konzeption gibt es sehr viele Gründe. Die wichtigsten werden im Folgenden benannt. Eine Konzeption dient dazu,

- Unterschiede und vor allem Widersprüche zwischen pädagogischer Theorie und gelebter Praxis zu überwinden,
- die Zielvorstellungen und die Praxis der Einrichtung im Hinblick auf die elementaren Bedürfnisse der Kinder zu überprüfen (siehe auch „Offene Arbeit"),
- die Bildungsziele und -inhalte und ihre Umsetzung zu überprüfen, ihre entwicklungspsychologische Bedeutung zu klären und gegebenenfalls Ziele und Inhalte zu ändern,
- inhaltliche und formale Strukturen der Bildungs- und Erziehungsprozesse transparent zu machen und gegebenenfalls zu verbessern,
- die Tagesabläufe für die Kinder ihren Bedürfnissen entsprechend lernanregend und lernwirksam zu gestalten,
- die Qualität der Arbeit regelmäßig und sorgfältig zu überprüfen und zu verbessern,
- die Qualität der Arbeit Außenstehenden gegenüber (insbesondere Eltern, Träger, Jugendamt u. a.) transparent zu machen,
- Grundlagen zu schaffen für die kontinuierliche Fortbildung der Erzieherinnen sowohl im Team als auch durch externe Fortbildungsangebote.

Welchen Zielgruppen dient die Konzeption?

Die Konzeption einer sozialpädagogischen Einrichtung dient

- den Mitarbeiterinnen der Einrichtung in erster Linie, um die Qualität der pädagogischen und organisatorischen Arbeit zu überprüfen und zu optimieren und um die eigenen beruflichen Kompetenzen weiterzuentwickeln;
- den Kindern oder Jugendlichen, die von einer Optimierung der pädagogischen Arbeit profitieren;
- den Eltern bzw. anderen Erziehungsberechtigten, die die Arbeit der Einrichtung als

Grundlage für eine erfolgreiche Kooperation kennen müssen;
- dem Träger, der als übergeordnete Instanz seine besondere Verantwortung nur wahrnehmen kann, wenn er über die Arbeit der Einrichtung informiert ist;
- der interessierten Öffentlichkeit als orientierende Information.

Konzeption und Qualitätsentwicklung

Für die Klärung und Weiterentwicklung der Qualität einer sozialpädagogischen Einrichtung ist ein Maßstab erforderlich, an dem diese Qualität gemessen wird. In der Regel leitet sich dieser Maßstab aus der Konzeption der Einrichtung ab. Hier nämlich wird die Umsetzung der gesetzlichen Vorgaben, der Ansprüche des Trägers und der speziellen pädagogischen Ansprüche an die Arbeit der einzelnen Mitarbeiterinnen und an das Team formuliert.

Seit einiger Zeit wurden verschiedene Verfahren entwickelt, mit deren Hilfe sich die Qualität der Arbeit einer sozialpädagogischen Einrichtung in der Praxis überprüfen lässt (vgl. auch Kap. 4.3). An dieser Stelle seien nur einige wenige als Beispiel angeführt:
- Kieler Instrumentarium für Elementarpädagogik und Leistungsqualität (Krenz, 2001)
- Kindergarten-Einschätz-Skala (KES) (Tietze u. a., 1997)
- Qualität im Situationsansatz (Preissing/Heller, 2003)
- Der sichere Weg zur Qualität (Bostelmann, 2000)

Der allgemeine Ablauf der Konzeptionsentwicklung

Die Entwicklung der Konzeption einer Einrichtung hat in der Regel folgende Struktur:
1. Vorbereitungsphase
2. Entwicklungsphase
3. Veröffentlichung
4. Anwendungsphase mit Dokumentation
5. Evaluationsphase
6. Weiterentwicklung

In der Vorbereitungsphase findet zunächst ein intensiver Austausch im Team über die elementaren pädagogischen Vorstellungen aller Mitarbeiter statt. Zu diesem Austausch gehören

- die Menschenbilder der Mitarbeiterinnen,
- die Erziehungsziel- und Erziehungsstilvorstellungen,
- die Vorstellungen über die Erziehungspartnerschaft mit den Eltern,
- die Vorstellungen über die Zusammenarbeit mit dem Träger und dessen Erwartungen an die Arbeit der Einrichtung,
- die Vorstellungen über die methodische und didaktische Arbeit,
- die Vorstellungen über die Kooperation im Team.

Auf der Grundlage dieser Vorstellungen bzw. nach eingehender Auseinandersetzung werden in der Entwicklungsphase jeweils Visionen formuliert, die in das Konzept übernommen werden.

Darüber hinaus gehört in die Vorbereitungsphase
- eine Analyse der Besonderheiten der Kinder (z. B. besondere Stärken der Kinder, besonders belastete Kinder, Vorlieben der Kinder, soziale Strukturen, Motivation der Kinder, in die Tagesstätte zu kommen, besondere Abneigungen der Kinder etc.),
- eine Analyse des Wohnumfeldes und Einzugsbereichs der Einrichtung (z. B. Wohnbedingungen, Verkehrssituation, Freizeiteinrichtungen, Kirchen, Religionszugehörigkeit etc.),
- eine Analyse der Elternerwartungen und -wünsche,
- eine Analyse der familiären Umfelder der Kinder (z. B. Familienstrukturen, Berufe, Erziehungsstile der Eltern, berufliche Situationen der Eltern etc.),
- eine Analyse der Situation innerhalb der Einrichtung (z. B. räumliche Situation, finanzielle Situation, personelle Situation, vorhandene

Arbeitsmaterialien, vorhandene didaktische Materialien und Spielmaterialien, Gestaltung des Außengeländes etc.),
- eine Analyse der Erwartungen und Wünsche des Trägers,
- eine Analyse der Kooperation mit dem Jugendamt und anderen Institutionen,
- eine Analyse der gegenwärtigen Öffentlichkeitsarbeit.

All diese Punkte müssen geklärt und überprüft werden, damit im Team deutlich werden kann, worauf die zu entwickelnde oder weiterzuentwickelnde Konzeption Antworten finden soll und muss. All dies kann nur in enger Kooperation aller Mitarbeiterinnen erfolgreich geschehen.

Inhaltliche Elemente der Konzeption

Die Konzeption der Einrichtung muss im Ergebnis folgende Fragen beantworten (vgl. Krenz, Konzeptionsentwicklung, 2008, S. 46 ff.):

1. Fragen zur gegenwärtigen Konzeption der Einrichtung:
   - Wie lauten die derzeitigen konzeptionellen Prinzipien, die die Arbeit mit den Kindern bestimmen?
   - Sind die derzeitigen konzeptionellen Prinzipien so formuliert, dass sie in der konkreten Arbeit erkennbar werden können?
   - Warum spielen diese Prinzipien eine besondere Rolle und wie, von wem und warum wurden sie so entwickelt?
2. Fragen zur pädagogischen Praxis:
   - Wie sehen Tages-, Wochen- und Monatsabläufe in der Einrichtung aus?
   - Sind die Arbeitsstrukturen für alle Kinder, Erziehungsberechtigten und Mitarbeiterinnen ausreichend transparent?
   - Wie werden Autonomie, Selbstständigkeit und Eigeninitiative der Kinder und ihre Verantwortlichkeit unterstützt und gefördert?
   - Welchen Einfluss haben systematische und ausführliche methodisch-didaktische Planungen in der Praxis?
   - Gibt es eine regelmäßige Evaluation der praktischen Arbeit?
   - Welche Regeln bestimmen den Alltag der Einrichtung, wie transparent sind diese Regeln für alle und wie sind sie entwickelt worden?
3. Fragen zur Kooperation mit den Erziehungspartnern:
   - Gibt es einen regelmäßigen Austausch mit den Erziehungspartnern über die Entwicklung der jeweiligen Kinder?
   - Gibt es häufigere oder seltenere Anregungen von Erziehungsberechtigten und wie werden solche Anregungen aufgegriffen?
   - Werden die erzieherischen und methodisch-didaktischen Prinzipien der Erzieherinnen mit den Erziehungsberechtigten besprochen und weiterentwickelt?
   - Gibt es einen Austausch mit den Eltern über konkrete Erziehungsfragen in der Einrichtung und zu Hause und werden die Erzieherinnen als Hilfe dabei verstanden?
   - Werden die Eltern regelmäßig und ausführlich über alle wichtigen Ereignisse und Vorhaben informiert?
4. Fragen zum Qualitätsmanagement:
   - Gibt es eine regelmäßige Evaluation der Arbeit des Teams und der einzelnen Mitarbeiterinnen und wie wird sie durchgeführt?
   - Werden die Arbeitsprozesse regelmäßig und für alle Mitarbeiterinnen transparent bzw. zugänglich dokumentiert?
   - Welche Impulse für die Weiterentwicklung der einzelnen Mitarbeiterinnen, des Teams und der Einrichtung insgesamt hat die bisherige Evaluation geben können?

Konzeption und individuelle Menschenbilder

Grundlage einer jeden Konzeption ist das Menschenbild bzw. das Bild vom Kind, über das im Team der Einrichtung ein möglichst weitgehender Konsens bestehen sollte. Dieser Konsens kann nicht ohne Weiteres vorausgesetzt werden.

Während des Prozesses der Konzeptionsentwicklung, an dem prinzipiell das ganze Team einer Einrichtung und je nach Stand des Arbeitsprozesses ggf. auch Trägervertreter, Eltern und Kinder bzw. Jugendliche beteiligt sein sollten, müssen daher die individuellen Menschenbilder aller Mitwirkenden immer wieder thematisiert und aufs Neue geklärt werden. Das hört sich einfacher an, als es ist, denn das eigene Bild vom Menschen bzw. vom Kind ist selbst manchen Pädagogen nicht wirklich bewusst.

Eine Erzieherin, die beispielsweise kein oder nur wenig Vertrauen in die Selbstentwicklungskräfte von Kindern hat, kann zwar einer Konzeption zustimmen, die den Kindern ein hohes Maß an selbstbestimmten Entwicklungsprozessen ermöglichen will, sie wird aber bei der praktischen Umsetzung nur halbherzig – wenn überhaupt – mitwirken können. Nicht anders verhält es sich, wenn eine Erzieherin nicht davon überzeugt ist, dass Bildung in erster Linie Selbstbildung ist. Diese Erzieherin wird methodisch und didaktisch grundlegend anders arbeiten als eine andere, die davon überzeugt ist.

Da Menschenbilder im Verlauf der Biografie entstehen und ebenso wie Vorurteile und Werthaltungen nicht einfach und schnell veränderbar sind, müssen sie immer wieder Gegenstand der Teamgespräche sein und eine besondere Rolle bei der Konzeptionsentwicklung und im Qualitätsmanagement der Einrichtung spielen.

Das Bild vom Kind in der Konzeption

Das in einer Konzeption formulierte Bild vom Kind ist Ergebnis eines längeren Kommunikationsprozesses innerhalb des Teams der sozialpädagogischen Einrichtung. Dabei handelt es sich aber nicht nur um einen Kompromiss bzw. so etwas wie den kleinsten gemeinsamen Nenner, der sich als „schöne" und evtl. sogar anrührende Einleitung in der Konzeption wiederfindet.

Für die Klärung des Bildes vom Kind, das die Konzeption und das Erziehungshandeln tragen soll, ist es vielmehr erforderlich, die sich daraus ableitenden erzieherischen und methodisch-didaktischen Konsequenzen zu erfassen. Diese wiederum müssen so beschrieben werden, dass die konkreten alltäglichen erzieherischen Handlungsweisen daraus ableitbar und darauf beziehbar sind. Steht beispielsweise in der Konzeption, dass Kinder als Akteure ihrer eigenen Entwicklung verstanden werden, dann muss deutlich werden, dass dies Auswirkungen auf die Raumgestaltung, auf die Materialangebote und auf die pädagogischen Beziehungen hat und um welche Auswirkungen es sich handeln wird.

Konzeptionsentwicklung auf fachlicher Grundlage

Es gibt vereinzelt Konzeptionen sozialpädagogischer Einrichtungen, die eine zwar gut klingende, fachlich aber wenig begründete und sehr allgemeine Skizze über pädagogische Anliegen und Prinzipien zeichnen. Eine Einrichtung, die sich in ihrer Konzeption auf Maria Montessori, auf Rudolf Steiner, auf Célestin Freinet, auf Janusz Korczak oder auf mehrere dieser Pädagogen bezieht, muss diese Bezüge und ihre Auswirkungen auf die praktische und alltägliche Arbeit fachlich begründen. Geschieht dies nicht ausreichend klar und präzise, wird die Konzeption nicht Grundlage eines professionellen Qualitätsmanagements sein können. So muss sich die Konzeption auch im Hinblick auf das hier formulierte Bild vom Kind in seiner fachlichen Begründung deutlich abheben von allgemeinen Alltagsformulierungen wie „Das Wohl der Kinder ist uns besonders wichtig und steht im Mittelpunkt unserer Arbeit".

Konzeption und rechtliche Vorgaben

Natürlich sind es nicht nur erziehungswissenschaftliche und pädagogische Grundlagen, auf die sich die konzeptionelle Arbeit einer Einrichtung stützt. In einer Konzeption müssen vielmehr auch die rechtlichen Grundlagen der Konzeption beachtet werden. Dazu gehören:
- das Sozialgesetzbuch (SGB) VIII
- und eine Vielzahl landesspezifischer gesetzlicher Vorgaben wie Bildungsvereinbarungen, Schulgesetze, Kinderbildungs- und -betreuungsgesetze etc.

Dabei geht es um
- den eigenen Bildungsauftrag,
- den spezifischen Erziehungsauftrag und
- den eigenständigen Betreuungsauftrag.

In allen Bundesländern besteht der grundlegende gesetzliche Auftrag von Kindertagesstätten darin, Kinder in der Entwicklung ihrer persönlichen Identität zu unterstützen und ihr Selbstvertrauen, Selbstwertgefühl und Selbstbewusstsein zu fördern. Darüber hinaus sollen Erzieherinnen die Kinder dabei unterstützen, ein sozialverantwortliches Verhältnis von eigener Bedürfnisbefriedigung und Rücksichtnahme auf andere zu entwickeln.

Der gesellschaftliche Kontext

Pädagogische Konzeptionen entstehen immer auch im Kontext der jeweiligen gesellschaftlichen Entwicklungen. So wie in den 1980er bis in die

1990er Jahre eine möglichst offene Erziehung gesellschaftlich favorisiert wurde, so sind inzwischen Tendenzen zu beobachten, beispielsweise Gehorsam und Strafe einen höheren Stellenwert beizumessen. Dies trifft offensichtlich nicht nur auf Laien, sondern auch auf professionelle Erzieher und Wissenschaftler zu. Von daher ist es wichtig, dass der gesellschaftliche Kontext und sein Einfluss auf die Arbeit der Einrichtung im Prozess der Konzeptionsentwicklung intensiv geklärt werden.

Ein prominentes Beispiel hierfür ist Bernhard Bueb, der ehemalige Leiter des weltbekannten Internats Schloss Salem. Der mit dem Bundesverdienstkreuz am Bande ausgezeichnete Pädagoge plädiert dafür, dass Erwachsene wieder mehr Verantwortung für die Erziehung der Kinder und Jugendlichen übernehmen und „Mut zur Erziehung" aufbringen sollten (vgl. Bueb, 2006 und 2008).

Auch der Psychiater Michael Winterhoff kritisiert Erziehungsentwürfe, wie sie von der Reformpädagogik vertreten werden. Er glaubt, dass Ansätze, die das Kind in den Mittelpunkt der erzieherischen Bemühungen stellen, „kleine Tyrannen" hervorbringen können, und spricht in diesem Zusammenhang sogar von einem weit verbreiteten Erziehungsnotstand. Ob heute, verglichen mit der pädagogischen Situation früher, tatsächlich von einem Erziehungsnotstand gesprochen werden kann, ist durchaus fraglich. Doch Winterhoffs Buch „Warum unsere Kinder Tyrannen werden" ist bereits in 17. Auflage erschienen, was durchaus auf ein relativ breites Interesse schließen lässt (vgl. Winterhoff 2008 und 2009).

Auszüge aus folgendem SPIEGEL-Artikel unter dem Titel „Klassenkampf im Kindergarten" zeigen, wie heftig die Diskussion über das richtige Erziehungskonzept in der Gesellschaft auch öffentlich ausgetragen wird:

„Sollen Kinder in der Kita dösen, balgen – oder sich auf die Karriere vorbereiten? [...]
‚Irgendwann hat der Bub auf die Geige erbrochen.'
Die drastischsten Worte des Abends stammten vom Gehirnforscher Prof. Dr. Dr. Manfred Spitzer, der in einem Einspieler mit Verweis aufs private Umfeld vor einer allzu ambitionierten Früherziehung warnte. Eine Bestätigung also für all jene Eltern, die ihre Kinder nicht bis ans andere Ende der Stadt eskortieren, damit die Kleinen dort ein Instrument lernen, das sie einfach nur zum Kotzen finden.
Der Wissenschaftler hatte noch andere frohe Botschaften parat: ‚Kinder müssen dösen dürfen', lautete eine. ‚Beim Balgen entwickelt sich das Gehirn', lautete eine andere. Das mag in Bezug auf ein so schrecklich komplexes Organ wie dem Cerebrum schrecklich schlicht klingen, doch Eltern brauchen offensichtlich diese einfachen Wahrheiten. Sind sie doch zurzeit zutiefst verunsichert, wie sie die Früherziehung ihres Nachwuchses gestalten sollen.
Denn in den Kindergärten des Landes tobt ein neuer Klassenkampf – und glaubt man der Debatte bei ‚Hart aber fair', tut er das gleich auf zwei Ebenen: zum einen auf didaktischer, zum anderen auf vergütungstechnischer. Denn die frühkindliche Förderung soll nach dem Willen vieler Eltern die späteren Aufstiegschancen der Kleinen sichern – geleistet aber wird diese Förderung von unterbezahlten Arbeitskräften. [...]
Für Streit sorgte [...] die Frage, was unter angemessener Früherziehung zu verstehen ist. Auf der einen Seite des pädagogischen Spektrums saß Jelena Wahler, Gründerin der Kindertagesstätte ‚Little Giants'. Weil ihre Tochter in öffentlichen Einrichtungen nicht genug ‚zusätzliche Angebote' bekommen hatte, rief sie einst diese privatwirtschaftliche Institution ins Leben, in der schon die ganz Kleinen mit opulenten Programmen ans Lernen herangeführt werden. Da wird, wie ein Hausbesuch der ‚Hart aber fair'-Redaktion zeigte, selbst die Essenszubereitung zur Geometrieaufgabe. Und natürlich verdienen die Erzieherinnen bei ‚Little Giants' mehr als Müllmänner; auch wenn Initiatorin Wahler über konkrete Zahlen nicht sprechen wollte.
Auf der anderen Seite des ‚Hart aber fair'-Panels saß die Sozialpädagogin Heike Rippert, Leiterin einer städtischen Kindertagesstätte in Stuttgart, die sich zwar über höhere Gehälter für ihre Angestellten freuen würde, die in den strengen strukturellen Vorgaben von Wahlers Giganten-Schulungszentrum aber eher eine Unterdrückung kindlicher Kreativität sieht. [...]
Eine Studie der nicht gerade als antiautoritär verschrienen Konrad-Adenauer-Stiftung bietet da durchaus Anlass zur Besorgnis: In ihr wird festgestellt, dass Frühförderung besorgter Eltern immer mehr als ‚Rettungsanker' in einer wackeligen Gesellschaft gilt. Das Fazit der Untersuchung: ‚Eine breite Mittelschicht grenzt sich nach unten ab.'

Das ist eine Entwicklung, die auch Journalist Füller bestätigen konnte: Gesellschaftlicher Druck und Abstiegsängste würden an Erziehungseinrichtungen und vor allem an die Kinder selbst weitergegeben. ‚Unser Lernbegriff ist nicht auf Förderung, sondern auf Leistung ausgelegt', sagte der Bildungsexperte – um hinzuzufügen: ‚Wir haben nicht zu viele, sondern zu wenige Kuschelecken.'"
(Buß, 2009)

Diese Diskussion zeigt, wie kontrovers die mit konzeptionellen Fragen verknüpften Auseinandersetzungen in der Öffentlichkeit verlaufen.

Anforderungen an die sprachliche Qualität
Die Konzeption einer sozialpädagogischen Einrichtung muss auch formal korrekt sein. Mit „formal" ist an dieser Stelle gemeint: Sie muss grammatikalisch und orthografisch fehlerfrei und stilistisch ansprechend und klar verständlich sein.

Zusammenfassung
Bevor ein Erzieherinnen-Team mit der Überprüfung seiner Konzeption oder der Entwicklung einer neuen Konzeption beginnt, ist es erforderlich, dass alle Mitarbeiterinnen und Mitarbeiter sich Klarheit über ihr Weltbild, ihr Menschenbild und ihre persönlichen Erziehungs- und Bildungsziele verschaffen und sich darüber austauschen.
Bei allen möglichen Unterschieden – vor allem hinsichtlich des Weltbildes – muss über die Notwendigkeit wechselseitiger Wertschätzung und Achtung Einigkeit bestehen. Mögliche Unterschiede im Hinblick auf das Bild vom Kind müssen intensiv besprochen und geklärt werden.

Dieser Austausch ist insofern von großer Wichtigkeit, als sich sowohl aus dem Weltbild als auch aus dem Bild vom Kind die grundsätzlichen Erziehungsziele einer jeden Erzieherin ableiten. Weltbild, Menschenbild sowie Erziehungs- und Bildungsziele sind nicht selten unbewusst und dennoch die Basis für das alltägliche pädagogische Handeln.

Eine Konzeption muss von allen Mitarbeiterinnen und Mitarbeitern einer Einrichtung getragen und umgesetzt werden können. Aus diesem Grund ist es unabdingbar, dass das gesamte Team an ihrer Entwicklung mitarbeitet. Die gemeinsame Konzeptionsentwicklung erfordert zunächst die Klärungen der besonderen Situation, in der sich die Einrichtung und die Kinder, die die Einrichtung besuchen, befinden. Das sind z. B.:

- Lage und Infrastruktur im Umfeld
- räumliche und personelle Voraussetzungen
- finanzielle Bedingungen – Haushalt der Einrichtung
- typische Formen der Kooperation zwischen den Erzieherinnen der Einrichtung
- mögliche Kooperation mit anderen Institutionen im Umfeld
- Art der Kooperation mit dem Träger etc.

Im Hinblick auf die Familien gilt es zu klären:
- Familienstrukturen
- Lebenssituationen
- Wohnsituationen
- Arbeitssituationen

Formal muss ein gemeinsamer Informationsstand vorhanden sein über
- gesetzliche Vorschriften,
- Erlasse,
- trägerspezifische Regelungen.

Für die schriftliche Fixierung ist es wichtig, für welche Leserschaft sie geschrieben wird, denn sie muss „adressatengerecht" formuliert sein; in erster Linie sind das folgende Adressaten:
- Eltern
- Trägervertreter
- das Team selbst
- Grundschule
- Fachöffentlichkeit (Jugendamt, Fachschule, Schulamt u. a.)

3.2 Bildung und Selbstbildungsprozesse

Bildung ist immer ein Prozess, der sich im Gegensatz zur Erziehung am Menschen selbst vollzieht. Im Prozess der Bildung geht es um die Entfaltung der eigenen Persönlichkeit, Individualität und deren Ausgestaltung. Diese Selbstentfaltung geschieht nur durch eine aktive Auseinandersetzung mit der Welt durch die Person selbst. Erziehung ist ein Vorgang, der sich zwischen Menschen abspielt. Hierbei kann es z. B. die Aufgabe der Erziehenden sein, den Zu-Erziehenden die Auseinandersetzung mit sich und ihrer Umwelt zu ermöglichen oder die Voraussetzungen dafür zu schaffen (vgl. Hobmair, Pädagogik, 2008, S. 92f.). Bildung geschieht immer, häufig sogar unbewusst und unbeabsichtigt. Im Folgenden soll der Begriff der Bildung sowie die Bedeutung von Bildung im Bereich der frühen Kindheit näher betrachtet werden.

Bildung – ein Begriff mit vielen Fassetten

Der Begriff „Bildung" wird im Alltag in verschiedenen Zusammenhängen benutzt: „Ich mache eine *Ausbildung*", „meine Tante ist auf einer *Bildungsreise*", „meine Mutter arbeitet in der *Erwachsenenbildung*", „mein Vater macht eine *Fortbildung*" und man sagt, dass „Reisen bildet". Viele Politiker sorgen sich um die Bildung unserer Kinder, vor allem seit die PISA-Studie ergab, dass unser *Bildungsniveau* unter dem der skandinavischen Nachbarländer liegt.

Was ist unter Bildung zu verstehen?

Für die meisten Menschen beginnt Bildung mit dem Eintritt in die Schule. Häufig verbindet man mit Bildung Begriffe wie „Belehrung", „Wissensvermittlung" oder auch „Schulbildung". Bildung ist aber weit mehr als fachliches Wissen (vgl. wissenmedia GmbH, 2008, S. 1):

- der Prozess der Entfaltung der eigenen Persönlichkeit
- das Initiieren dieser Entfaltung
- das Ergebnis (Grad der Geprägtheit der Persönlichkeit)

In dem, was Menschen unter Bildung verstehen, spiegelt sich ihr Selbst- und Weltverständnis wider. Bildung ist historisch geprägt. Je nach Sicht- und Denkweise ihrer Kultur, je nach Menschenbild wird der Begriff anders gedeutet (vgl. Böhm, 2000, S. 75). Eine eindeutige, allgemeingültige Definition des Begriffs gibt es daher nicht. Bildung ist der Prozess, durch den der Mensch in die Lage versetzt wird, den gesellschaftlichen Herausforderungen gewachsen zu sein. Mit diesem Prozess ist die Entwicklung von Selbstbewusstsein, Selbstwertgefühl und Selbstvertrauen eng verknüpft.

Die Geschichte des Begriffs Bildung

Im 17. Jh. war es Comenius, der Bildung für Jungen und auch für Mädchen egal welcher Herkunft forderte. Er gehörte schon damals zu den Pädagogen, die Lernen ohne Zwang, durch Tun und Anschauung forderten, er propagierte dies u. a. in seiner „großen Didaktik" („Didactica magna").

Im deutschen Sprachraum trat der Begriff der Bildung etwa um die Mitte des 18. Jahrhunderts auf. Der Begriff ist mit dem Wort „Bild" verwandt und bedeutet wörtlich so viel wie „im Bilde sein", also die Welt zu verstehen und zu begreifen (vgl. Hobmair, Pädagogik, 2008, S. 92).

Johann Amos Comenius (1592–1670)
Comenius, geboren als Jan Amos Komenský, war ein tschechischer Theologe und Pädagoge, der die Schöpfung als Weltgeschichte verstand, an der der Mensch im Auftrag Gottes mitwirken solle. Hierfür muss der Mensch über eine universale Bildung verfügen (vgl. Meyers großes Taschenlexikon, 1995, S. 314). 1657 erschien in Amsterdam die Gesamtausgabe „Opera Didactica Omnia" mit der „Großen Didaktik" (Didactica magna) als Hauptwerk dieser Ausgabe. Zu seinen wichtigsten und bekanntesten Büchern gehört darüber hinaus „Orbis sensualium pictus" (Die sichtbare Welt), 1658 in Nürnberg veröffentlicht.

Im 19. Jh. war Bildung ein Statussymbol und ein Privileg. Man wollte sich von der ungebildeten Masse abheben und sich eine Vorrangstellung in der Gesellschaft sichern (vgl. Roth, 1991, S. 257). Zur Zeit Wilhelm von Humboldts wurde Bildung als Gestaltungsprozess des „Wachsens und Werdens" verstanden, der Mensch und Natur gleichermaßen meinte. Die lateinischen Begriffe „formatio" und „cultura" wurden in die deutsche Sprache übernommen: „formatio" als Bezeichnung für Bildung und Gestaltung, „cultura" für Anbau, Ausbildung, Bearbeitung und Landwirtschaft. Bildung auf den Menschen bezogen bezeichnete die „Formung des individuellen Geistes, das Streben nach Weisheit und Urteilsfähigkeit, die Erkenntnisse der Geschichte" (Jaszus, 2008, S. 237) sowie die Fähigkeit, sich individuell zu vervollkommnen.

Humboldt prägte diesen klassischen Bildungsbegriff, der bis ins 20. Jh. hinein das pädagogische Denken beeinflusste.

Johann Heinrich Pestalozzi (vgl. Kap. 3.1.8) setzte sich ebenfalls engagiert für die Bildung von Kindern ein. Er schrieb Bücher, in denen er seine Ideale über die Bildung von Kindern in der Familie darlegte, und setzte sich für umfassende Bildungschancen für Kinder und Jugendliche ein. Sie sollten durch Kopf, Herz und Hand, also durch die Entwicklung geistiger Kräfte, emotionaler und sozialer Fähigkeiten sowie motorische Fertig- und Fähigkeiten zu einem Menschen bilden, der lernt, sich selbst im Leben zurechtzufinden (vgl. Böcher, 2006, S. 189). In Abhängigkeit vom Bildungsbegriff wurden jeweils unterschiedliche Erziehungskonzeptionen abgeleitet, die in Kap. 3.1.8 ausführlich beschrieben werden. Im folgenden Kapitel wird der neuere Bildungsbegriff näher erläutert.

3.2.1 Bildung als individueller Lernprozess

Bildung wird im Folgenden als individueller, auf die Gesellschaft bezogener Lern- und Entwicklungsprozess verstanden. Folgende Befähigungen sollen in dessen Verlauf erworben werden (Bildungskommission NRW, 1995, S. 31):

- den „Anspruch auf Selbstbestimmung und die Entwicklung eigener Lebens- und Sinnbestimmungen zu verwirklichen"
- diesen „Anspruch auch für alle Mitmenschen anzuerkennen"
- „Mitverantwortung für die Gestaltung der zwischenmenschlichen Beziehungen und der ökonomischen, gesellschaftlichen, politischen und kulturellen Verhältnisse zu übernehmen"
- die „eigenen Ansprüche, die Ansprüche der Mitmenschen und die Anforderungen der Gesellschaft in eine vertretbare, den eigenen Möglichkeiten entsprechende Relation zu bringen"

Bildung ist somit Selbstbildung, die ein Leben lang andauert, und beinhaltet die Entwicklung von Selbstbewusstsein, Eigenständigkeit und Identität sowie die Entwicklung von Kompetenzen, die zur Bewältigung des Lebens innerhalb einer Gesellschaft dienen. „Ein Mensch wird nicht gebildet, er bildet sich selbst" (Vollmer, 2005, S. 74). Möglicherweise beginnt diese Entwicklung bereits vor der Geburt. Kinder sind schon im Säuglingsalter mit allen Kräften darum bemüht, sich ein Bild von ihrer Welt zu machen. Sie bilden sich eigenaktiv mit allen Sinnen und versuchen die Welt zu „begreifen" (vgl. Vollmer, 2005, S. 74). Eltern und Erzieherinnen sind demnach im doppelten Sinne

Wilhelm von Humboldt (1767–1835)

Humboldt war ein deutscher Gelehrter, Staatsmann und Mitbegründer der Universität Berlin sowie ein Vertreter des humanistischen Bildungsideals. Er setzte sich für ein allgemeines und durchgehendes Erziehungssystem von der Elementarstufe bis zur Universität ein, in dem die Sprache und Dichtung seiner Zeit stark im Vordergrund stand und ein Leitbild des 19. Jahrhunderts wurde. „Für ihn ist der Gebildete derjenige, der ‚soviel Welt als möglich zu ergreifen, und so eng, als er nur kann, mit sich zu verbinden' sucht" (Bildungskommission NRW, 1995, S. 30). Humboldt forderte für jeden Menschen eine allgemeine Bildung. Ziel der Bildung war eine kritische Auseinandersetzung mit der Welt, Emanzipation zu persönlicher Freiheit und Eigengestaltung.

gefordert: Sie sollten Kindern günstige Entwicklungsbedingungen schaffen und sich selbst stetig weiterbilden.

Im Folgenden sollen drei Sichtweisen auf den Bildungsbegriff von Kindheitsforschern der Elementarpädagogik genauer dargestellt werden. Gemeinsam ist allen Sichtweisen die Perspektive auf das eigenaktive Kind.

Bildungsbegriff nach Gerd Schäfer

Bildung ist die Eigentätigkeit der Kinder und somit Selbstbildung. Selbstbildung ist die Tätigkeit, mit der Kinder ihre Umwelt wahrnehmen und daraus das Bild von sich selbst und der Welt konstruieren. Eine frühkindliche Bildung, die sich an den Anforderungen der Gesellschaft und der Schule orientiert, ist nicht sinnvoll (vgl. Textor, 2002, S. 11). Kinder und deren Erfahrungen lassen sich nicht in Kompetenzen aufteilen. Kleinkinder erforschen ihre Umwelt, sie lernen, ihre Welt zu begreifen, nachzudenken, sich selbst und anderen Fragen zu stellen, Probleme zu lösen etc. Sie sind „Forscher" und „Entwerfer ihres Weltbildes". Das kindliche Spiel ist dabei von zentraler Bedeutung (vgl. Vollmer, 2005, S. 75). Für Schäfer umfasst Bildung in den ersten drei Lebensjahren folgende Aspekte (vgl. Textor, 2002, S. 11):
- Bildung der Sinne
- Bildung von Imagination, Phantasie und szenischem Spiel
- Bildung einer symbolischen Welt, insbesondere einer Sprachwelt

In diesem Prozess ist das Kind eng mit den Erwachsenen und der Umwelt verbunden; zwischenmenschliche Beziehungen spielen eine große Rolle.

Ab dem dritten Lebensjahr kommen darauf aufbauend weitere Bildungsbereiche hinzu:
- ästhetische Bildung
- Sprache(n) und Kultur(en)
- die Welt der Natur

Bildungsbegriff nach Hans-Joachim Laewen

Schäfer und Laewen sind beide der Auffassung, dass das Kind sich selbst bildet und der Erwachsene dabei ein zentraler Kooperationspartner ist. Laewen betont die Aufgabe der Erzieherin, die Umwelt aktiv zu gestalten. Hier wird noch einmal deutlich, dass Räume, Zeiten und Interaktionen von Erzieherinnen geplant werden müssen und nicht dem Zufall zu überlassen sind. Dadurch können Erwachsene die Selbstbildungsprozesse des Kindes wesentlich unterstützen (vgl. Textor, 2002, S. 10). Zudem wird das Lernen gleichaltriger Kinder untereinander hervorgehoben. Laewen spricht von **Ko-Konstruktion**, wenn Kinder gleichen Alters untereinander agieren, gemeinsam ihre Erfahrungen mit sich und der Welt verarbeiten, daraus gewonnene, konstruierte Erkenntnisse den andern Kindern mitteilen und aus deren Rückmeldungen wiederum neue Erkenntnisse gewinnen (vgl. Vollmer, 2005, S. 74).

Bildungsbegriff nach Wassilios E. Fthenakis

Fthenakis definiert Bildung als sozialen Prozess, in dem die Lebenssituationen der Kinder und Familien mitberücksichtigt werden. Er setzt Schwerpunkte bei der Vermittlung von Lernkompetenzen und betont die Stärkung kindlicher Kompetenzen wie z. B. Selbstwertgefühl, sichere Bindung zu Eltern und Erzieherinnen sowie Kommunikationsfähigkeit. Kinder und Erwachsene sind Ko-Konstrukteure im Bildungsprozess (vgl. Vollmer, 2005, S. 74).
Bei aller Einigkeit setzen auch aktuelle Kindheitsforscher unterschiedliche Schwerpunkte bei der Definition von Bildung. Für Erzieherinnen ist es wichtig, über Bildung und die damit verbundenen Bildungsprozesse in ihrer Kindertageseinrichtung zu reflektieren, auch im Hinblick auf die jeweilige pädagogische Konzeption der Einrichtung.

Bildungsvoraussetzungen und Selbstbildungspotenziale als Bildungsziele

Die Selbstbildungsprozesse der Kinder beginnen in der Regel mit der Geburt in der Familie, sie werden im Kindergarten und in der Schule weitergeführt, bis sie schließlich in die berufliche oder universitäre

Ausbildung münden. Heute weiß man, dass diese Prozesse innerhalb eines Lebens nie abgeschlossen sind. Man spricht daher auch von **lebenslanger Bildung.**

Für die Erzieherin gilt es die individuellen Eigenschaften der Kinder zu erkennen und zu unterstützen, d. h. eine Lern- und Entwicklungsumgebung zu gestalten, in der Selbstbildung möglichst optimal verlaufen kann. Alles, was es tut, bedeutet etwas für das Kind. Erzieherinnen sind daher aufgefordert, die Fähigkeiten, Fertigkeiten, Erfahrungen, Kenntnisse, Werthaltungen etc. eines Kindes zu erforschen und zu erfahren – mit dem (Bildungs-)Ziel, seine Entwicklung stets zu unterstützen.

Die aktive Auseinandersetzung mit der Umwelt ist eine grundlegende Voraussetzung, um sich ein Bild von der Welt machen zu können. Für Kinder bedeutet das zum Beispiel, alltägliche Dinge des Lebens wie Anziehen, Frühstücken, Einkaufen, Spielen etc. zu erleben und Antworten auf ihre dabei entstehenden Fragen zu erhalten. Dies eröffnet ihnen vielfältige Bildungschancen.

Aus der Entdeckung ihrer Umwelt eröffnen sich den Kindern schon zu Beginn ihres Lebens die eigentlichen Selbstbildungsmöglichkeiten. Diese Entdeckung geschieht mit allen Sinnen, mit Phantasie, mit Gefühlen und vor allem mit Neugier. Erzieherinnen und Eltern sind dabei wichtige Kooperationspartner und Begleiter des Kindes. Die Interaktionen zwischen Erwachsenen und Kindern mit ihren alltäglichen Herausforderungen sind geeignet, den Prozess der Selbstbildung zu unterstützen und zu fördern. Die individuelle Lebenssituation eines jeden Kindes und dessen Familie müssen daher unbedingt in den Bildungsprozess miteinbezogen werden (vgl. dazu Kapitel 3.4.1).

3.2.2 Bildungsauftrag, Bildungspläne, Bildungsbereiche

Seit den ersten Veröffentlichungen der PISA-, IGLU- und OECD-Studien haben die Öffentlichkeit und die Politik erkannt, dass das deutsche Bildungswesen nicht so leistungsstark ist wie das einiger anderer Länder. Die erste Erhebung (PISA 2000) fand im Jahr 2000 statt, alle drei Jahre erfolgen weitere Erhebungen (vgl. Vollmer, 2005, S. 129). Seitdem wird gefordert, dass Kindertageseinrichtungen ihrer Rolle als Bildungseinrichtung besser gerecht werden, da die besondere Bedeutung der ersten Lebensjahre für die Entwicklung inzwischen durch neue Erkenntnisse der Hirnforschung wissenschaftlich nachgewiesen ist.

Die gesetzliche Grundlage für den Bildungsauftrag einer Tageseinrichtung für Kinder und der Kindertagespflege wird durch das Achte Sozialgesetzbuch geschaffen: „Erziehung, Bildung und Betreuung des Kindes gehören zu den wesentlichen Zielen des Förderauftrags und umfassen die soziale, emotionale, körperliche und geistige Entwicklung des Kindes." Die Tageseinrichtungen sollen

- „die Entwicklung des Kindes [...] fördern" sowie
- „die Erziehung und Bildung in der Familie unterstützen und ergänzen" (Bundesministerium der Justiz, 2009, S. 1).

Diese Bestimmungen finden sich in jedem Bundesland unterschiedlich ausdifferenziert wieder (vgl. Hebenstreit, 2009, S. 22). Die Abgrenzung zwischen den Begriffen Tageseinrichtung und Kindertagespflege erfolgt von Bundesland zu Bundesland unterschiedlich (vgl. Fricke, 2009, S. 1).

Zur Erfüllung der Aufträge haben die einzelnen Bundesländer ihre eigenen Bildungspläne und Bildungsvereinbarungen entwickelt. Die Aufgaben bzw. die Anforderungen an die Erzieherinnen in Tageseinrichtungen werden in den verschiedenen Plänen sehr detailliert oder sehr offen dargestellt. Allen Bildungsplänen gemein ist die zugrunde liegende Auffassung, dass die frühen Bildungsvorgänge der Kinder als Basis für alle weiteren Bildungsprozesse angesehen werden können.

Die inhaltlichen Schwerpunkte aller Pläne sind sich ähnlich. Es werden Leitgedanken zum Bildungsverständnis formuliert, das Bild vom Kind wird dargestellt, dann werden Bildungs- und Erziehungsziele meist in Form von Kompetenzen, die die Kinder erwerben sollen, beschrieben (vgl. Textor, Erziehungs- und Bildungspläne, 2008, S. 2). Im Hauptteil werden verschiedene Bildungsbereiche hervorgehoben, wie Bewegung, soziales Leben, Kommunikation, Naturwissenschaften, Mathematik, Gestalten oder Musik.

Darin spiegelt sich wider, dass Bildung mehr ist als das Aneignen von Wissen, denn die Bildungsbereiche entsprechen den Entwicklungsbereichen eines Kindes im sensorischen, motorischen, sprachlichen, emotionalen und kognitiven Sinn (vgl. Bründel, 2005, S. 176).

Oft werden didaktisch-methodische Hinweise gegeben und Themen wie Integration, Migration, Partizipation, Beobachtung dargestellt; außerdem wird auf die Notwendigkeit von Elternarbeit hingewiesen.

Die Dokumentation der Bildungsarbeit (ein Aspekt des Qualitätsmanagements) sowie die langfristige Kooperation zwischen den Institutionen Kindertagesstätte und Grundschule haben in allen Bildungsplänen einen hohen Stellenwert. Im letzten Teil der Bildungspläne finden sich oft Aussagen über die Anforderungen an die Fachkräfte, Qualitätsentwicklung, Evaluation und Aufgaben des Trägers (vgl. Textor, 2008, S. 2). Einige Bildungspläne enthalten auch Praxisbeispiele, Reflexionsfragen und Kriterienkataloge.

Auffallend ist, dass der jeweilige Umfang der Bildungspläne sehr unterschiedlich ist, z. B. umfasst der Bayerische Bildungs- und Erziehungsplan 489 Seiten, das Berliner Bildungsprogramm 133 Seiten und der Orientierungsplan für Bildung in Niedersachsen 60 Seiten. Die Bildungsvereinbarungen

	Berlin	NRW	Bayern	Niedersachsen
Titel	„Das Berliner Bildungsprogramm"	„Mehr Chancen durch Bildung von Anfang an"	Der Bayerische Bildungs- und Erziehungsplan für Kinder in Tageseinrichtungen bis zur Einschulung	Orientierungsplan für Bildung und Erziehung im Elementarbereich niedersächsischer Tageseinrichtungen für Kinder
Bildungsbereiche/ Lernbereiche/ Erfahrungsfelder	7 Bereiche: • Körper, Bewegung, Gesundheit • Soziale und kulturelle Umwelt • Kommunikation: Sprache, Schriftkultur und Medien • Bildnerisches Gestalten • Musik • Mathematische Grunderfahrungen • Naturwissenschaftliche und technische Grunderfahrungen	10 Bereiche: • Bewegung • Körper, Gesundheit, Ernährung • Sprache/Kommunikation • Soziale, kulturelle/ interkulturelle Bildung • Musisch-ästhetische Bildung • Religion und Ethik • Mathematische Bildung • Naturwissenschaftlich-technische Bildung • Ökologische Bildung • Medien	10 Bereiche: • Werteorientierung/ Religiosität • Emotionalität/soziale Beziehungen/ Konflikte • Sprache/Literacy • Informations- und Kommunikationstechnik, Medien • Mathematik • Naturwissenschaften/ Technik • Umwelt • Ästhetik, Kunst, Kultur, Musik • Bewegung, Rhythmik, Tanz und Sport • Gesundheit	9 Bereiche: • Emotionale Entwicklung und soziales Lernen • Kognitive Fähigkeiten • Körper/Bewegung/ Gesundheit • Sprache/Sprechen • Lebenspraktische Kompetenz • Mathematisches Grundverständnis • Ästhetische Bildung • Natur und Lebenswelt • Ethische und religiöse Fragen, Grunderfahrungen menschlicher Existenz

	Berlin	NRW	Bayern	Niedersachsen
Altersgruppe	0–6 Jahre	0–10 Jahre	0–6 Jahre	0–6 Jahre
Umfang	133 Seiten	110 Seiten	489 Seiten	60 Seiten
inhaltliche Gliederung	Für die Bildungsbereiche werden jeweils Kompetenzbereiche benannt, die das Kind sich im Verlauf seines Kindertagesstättenlebens angeeignet haben sollte.	Der Plan gliedert sich in drei Hauptaspekte: • Bildung im Blick • Bildung gestalten • Bildung verantworten Pädagogische Fachkräfte erhalten Leitfragen und Materialideen zur Umsetzung in der Praxis.	Der Plan erläutert das eigene Bildungsverständnis des Bereiches, die Themen-/Praxisfelder, gesellschaftliche Veränderungen und neuere Entwicklungen im Elementarbereich. Praxisbeispiele der Modelleinrichtungen sind enthalten.	Neben Grundlagen und Aussagen zum Bildungsverständnis (Teil I) werden in Teil II die Bildungsziele in Lern- und Kompetenzbereichen vorgestellt. Teil III beschäftigt sich mit der Arbeit in der Kita. Qualitätsentwicklung und -sicherung behandelt Teil IV.
Übergang in die Grundschule/ Elternarbeit/ Dokumentation	ja	ja	ja	ja

des Landes NRW sind 2008/2009 überarbeitet und von 24 Seiten auf 108 Seiten erweitert worden. Geplant ist ein Inkrafttreten im Jahr 2012 nach einer längeren Erprobungsphase in 120 Kindertageseinrichtungen und 60 Grundschulen des Landes. Die oben dargestellte exemplarische Übersicht soll dies verdeutlichen:

Auf der Internetseite des Deutschen Bildungsservers (www.bildungsserver.de) kann man alle Bildungspläne der Bundesländer für die frühe Bildung in Kindertagesstätten einsehen.

Des Weiteren ist zu bemerken, dass sich die Bildungspläne in folgenden Aspekten voneinander unterscheiden:

- Verbindlichkeit
- Altersstufe
- Geltungsbereich
- Entstehung
- Diskussionsphase
- wissenschaftliche Begleitung
- Erprobungsphase mit Fortschreibung des Plans
- landesweite Fortbildungen
- zusätzliche Materialien
- Evaluation/Qualitätsberichterstattung

Die Verbindlichkeit ist im Allgemeinen eher gering, die Altersstufe reicht mal von 0 bis 6 Jahren, mal von 0 bis 10 Jahren, z. B. in Hessen (vgl. Hebenstreit, 2009, S. 37). Der Geltungsbereich (Kindergarten, Krippe, Tagespflege, Schule, Familienbildung etc.) ist sehr vielfältig und hängt von der Einrichtungsvielfalt des jeweiligen Bundeslandes ab. Die Entstehung der Bildungspläne sowie die wissenschaftliche Begleitung bzw. Fortschreibung ist sehr unterschiedlich: An der Erstellung beteiligten sich Gremien von Fachleuten, Forschungsinstitute, unterschiedliche Trägerschaften oder auch Einzelpersonen. In manchen Ländern gibt es eine wissenschaftliche Begleitung, in anderen nicht, ebenso wie eine Fortschreibung der jeweiligen Bildungspläne und eine Qualitätsberichterstattung. Landesweite Fortbildungen und zusätzliche Materialien werden in einigen Bundesländern angeboten, in anderen nicht. Manchmal sind die Fortbildungen freiwillig oder nur für Leiterinnen, mitunter sehr umfassend oder aber gar nicht vorgesehen.

Inwieweit die Bildungspläne positive oder negative Auswirkungen in der pädagogischen Praxis zeigen, wurde noch nicht untersucht (vgl. Textor, 2008, S. 3).

Man kann aber davon ausgehen, dass folgende Themenschwerpunkte die Arbeit der Erzieherin verstärkt beeinflussen:

- naturwissenschaftliche, mathematische Bildung und technische Bildung

- Sprachförderung bei deutschen Kindern und bei Kindern mit Migrationshintergrund
- Beobachtung von Kindern – auch im sprachlichen Bereich
- Dokumentation, z. B. in Form von Lerngeschichten, Portfolios
- Eltern als Partner begreifen und zu Bildungspartnerschaften weiterentwickeln
- Zusammenarbeit mit der Grundschule intensivieren

Die Akzeptanz der Bildungspläne bei Erzieherinnen, Eltern, Wissenschaftler und Medien ist weitestgehend positiv und die meisten Fachkräfte erleben durch die öffentliche Diskussion zum Thema „Tageseinrichtung als Bildungseinrichtung" eine Aufwertung ihres Berufsstandes.

Manche Erzieherinnen haben sich laut eigenem Bekunden nur oberflächlich mit dem in ihrem Bundesland geltenden Bildungsplan befasst. Das liegt zum Teil am Umfang sowie am anspruchsvollen Sprachstil mancher Bildungspläne. Zum anderen wurden die Bildungspläne manchmal ignoriert, weil sie dem praktizierten pädagogischen Ansatz nicht entsprachen oder sie wurden mit den Worten abgetan „Das machen wir alles schon!" (vgl. Textor, 2009, S. 4).

In einigen Tageseinrichtungen ist ein Hang zur „Verschulung" von Bildungsplänen zu beobachten. Hier werden Bildungsbereiche wie Schulfächer behandelt und abgearbeitet. Die Verschulung wird durch Kurse oder Einheiten verstärkt, zu denen Materialkoffer oder „Rezept"-Bücher angeboten werden. Detailliert dargestellte Aktivitäten werden unterrichtsähnlich abgearbeitet. Dies geschieht meist in altershomogenen Gruppen und die Leistung der Kinder wird „abgefragt" (vgl. Textor, Erziehungs- und Bildungspläne, 2008, S. 4).

In solchen Tageseinrichtungen werden die Grundsatzaussagen der Bildungspläne ignoriert bzw. falsch interpretiert. Anstatt Selbstbildung und kokonstruktives Lernen zu ermöglichen, wird dem Kind Wissen „eingetrichtert". Die Selbstbestimmung durch freies Spiel kann nicht stattfinden. Der Aspekt der Ganzheitlichkeit geht durch das Zerlegen in einzelne Entwicklungsbereiche verloren. Es ist zu beobachten, dass Kinder immer noch zu selten in die Bearbeitung von Themen miteinbezogen werden; die geforderte Partizipation der Kinder findet oftmals nicht statt.

Bei der Umsetzung der Bildungspläne sollte das selbst initiierte Beschäftigen eines Kindes oder einer Kindergruppe immer gegenüber der durch die Erzieherin initiierten Beschäftigung Vorrang haben, die Prinzipien der Individualisierung, der Lebensnähe und Ganzheitlichkeit sind unbedingt zu berücksichtigen. Kinder sollen möglichst eigenständig, selbsttätig und mit allen Sinnen lernen, forschen, entdecken und Probleme eigenständig lösen.

3.2.3 Bildungsförderung für Kinder von 0 bis 10 Jahren

Im Jahr 2010 erschien der Entwurf der „Grundsätze zur Bildungsförderung für Kinder von 0 bis 10 Jahren in Kindertageseinrichtungen und Schulen im Primarbereich in Nordrhein-Westfalen", der von der nordrhein-westfälischen Landesregierung in Auftrag gegeben worden war (siehe auch Kapitel 3.2.2). Die Erprobung dieses Entwurfs begann im September 2011 und wird durch ein Team von Wissenschaftlerinnen und Wissenschaftlern der Hochschule Niederrhein und der Westfälischen Wilhelms-Universität Münster begleitet, die Hinweise auf eine mögliche Weiterentwicklung und auf Möglichkeiten einer praktischen Umsetzung erarbeiten. In diesem Zusammenhang wurde u. a. eine Onlinebefragung durchgeführt, an der sich über 92 % der Kindertagesstätten und

Grundschulen beteiligten. Die große Zahl an Rückmeldungen zeigt, dass sowohl im Elementar- als auch im Primarbereich Bildungsförderung von den dort beschäftigten sozialpädagogischen Fachkräften und von den Lehrkräften für bedeutsam gehalten wird. Der Entwurf wurde im Dialog und im Konsens mit den Wohlfahrtsverbänden, den Kirchen, den kommunalen Spitzenverbänden sowie mit Fachleuten aus der Praxis und aus der Wissenschaft erarbeitet.

„Im Zentrum der Bildungsgrundsätze steht die Frage, wie es bereits in den frühen Lebensjahren gelingen kann, Kinder individuell so zu fördern, dass ihnen der Zugang zu Bildung offen steht – unabhängig von der Herkunft und dem Bildungshintergrund der Eltern. Die Grundsätze sollen dazu beitragen, ein gemeinsames Bildungs- und Erziehungsverständnis im Elementar- und Primarbereich weiterzuentwickeln und die Zusammenarbeit der Beschäftigten in diesen Bereichen im Sinne einer kontinuierlichen Bildungsbiografie zu verbessern."
(www.bildungsgrundsaetze.nrw.de, 2012)

Der Entwurf der Bildungsgrundsätze kann auf der Internetseite www.bildungsgrundsaetze.nrw.de heruntergeladen werden. Hier finden sich weitere vertiefende Ausführungen zur Bedeutung der Bildungsförderung von Kindern bis zum Alter von zehn Jahren, aufgeschlüsselt in zehn Bildungsbereiche, die direkt oder indirekt in allen Bundesländern als relevant angesehen werden. Auf der Internetseite kann man darüber hinaus die weitere Entwicklung des Entwurfes verfolgen.

Zu den zehn Bildungsbereichen werden Leitideen formuliert, die die grundsätzliche Bedeutung des jeweiligen Bereichs und der entsprechenden Bildungsförderung deutlich machen. Über diese Leitideen hinaus werden in dem Entwurf Bildungsmöglichkeiten aufgeführt, die den Kindern im Rahmen des jeweiligen Bildungsbereichs eröffnet werden sollten. Für die praktische Arbeit der sozialpädagogischen Fachkräfte sind darauf aufbauend Leitfragen zur Unterstützung und Gestaltung von Bildungsmöglichkeiten formuliert und schließlich werden zu jedem Bereich Denkanstöße und Material-Ideen zur methodisch-didaktischen Arbeit angeboten.

Auch wenn es sich noch um einen Entwurf zur Erprobung handelt und die Ergebnisse der Erprobungsphase noch nicht vorliegen, werden die Bedeutung und die Notwendigkeit einer Bildungsförderung von Geburt an deutlich und die **Leitideen zu den zehn Bildungsbereichen** deshalb im Folgenden zitiert.

Bewegung

„Kinder suchen eigenständig nach Bewegungsmöglichkeiten und fein- und grobmotorischen Herausforderungen. Bewegung ist für sie Erforschen und Begreifen der Welt, Sinneserfahrung, Ausdrucksmöglichkeit von Gefühlen, Kommunikation, Mobilität, Selbstbestätigung, Herausforderung und Lebensfreude. Kindern muss eine Umgebung angeboten werden, die ihrem Bedürfnis nach Bewegung Rechnung trägt und ihnen vielfältige und altersgemäße Erfahrungen ermöglicht, um ihre motorischen Fähigkeiten und Fertigkeiten zu entwickeln. Sie benötigen Personen, die die individuellen Bewegungsinteressen aufgreifen und mit weiteren Herausforderungen verknüpfen. So können sie ihr Körpergefühl und -bewusstsein weiterentwickeln und lernen, ihre Fähigkeiten realistisch einzuschätzen. Unterschiedliche Spielgeräte und -materialien, Fortbewegungsmittel und Geländeerfahrungen fordern immer komplexere Bewegungen heraus, an denen Kinder ihre Kraft, Ausdauer, Beweglichkeit und Koordination herausbilden können.

Im gemeinsamen (sportlichen) Spiel entwickeln sie Teamgeist und Fairness und lernen mit Regeln umzugehen. Weiterhin entwickelt sich aus positiven Bewegungserfahrungen im Kindesalter eine lebenslange Motivation zu sportlicher Betätigung, die dem allgemeinen Wohlbefinden und der Gesundheit dienlich ist."
(Ministerium für Schule und Weiterbildung des Landes Nordrhein-Westfalen/Ministerium für Familie, Kinder, Jugend, Kultur und Sport des Landes Nordrhein-Westfalen, 2011, S. 36)

Körper, Gesundheit und Ernährung

„Ausgehend von ihrem eigenen Körper und seinen Empfindungen und Wahrnehmungen entwickeln Kinder ein Bild von sich selbst. Je differenzierter die Sinneserfahrungen (Hören, Sehen, Tasten, Fühlen, Schmecken, Riechen usw.) sind, die dem Kind ermöglicht werden und je mehr Raum ihm zum Ausprobieren und Gestalten geboten wird, desto mehr Selbstwirksamkeit erfährt es und kann so seine Identität und sein Selbstbewusstsein entwickeln. Kinder gehen zunächst völlig unbefangen mit sich und ihrem Körper um, sie haben ein natürliches Interesse, ihren Körper zu erforschen. In dieser spielerischen Form entwickeln sie ein Geschlechtsbewusstsein. Je älter ein Kind wird, desto neugieriger und wissensdurstiger wird es in Bezug auf seinen Körper und dessen Funktionen, seiner Fähigkeiten und seiner Befindlichkeiten. Über eigenes Erforschen bis hin zu gezielten Fragestellungen nutzen Kinder alle Möglichkeiten, um Antworten auf ihre Fragen zu erhalten und entwickeln so Selbstvertrauen in ihre eigenen Fähigkeiten, aber auch Sach- und Methodenkompetenzen. Auch die Themen Gesundheit und Ernährung mit all ihren Facetten erhalten für Kinder in diesem Zusammenhang zunehmendes Interesse. Kinder haben grundsätzlich ein gutes Gespür und eine gute Selbsteinschätzung, was und wie viel sie an Nahrung benötigen, was ihnen schmeckt und was nicht. Essen und Trinken ist für sie lustvoll und dient ihrem Wohlbefinden, weniger der Versorgung mit notwendigen Nährstoffen. Kindern sollte diese ureigene, positive Einstellung erhalten bleiben und sie sollten hierbei Unterstützung durch Erwachsene erfahren. Gleichzeitig gilt es dem zunehmend ungesunden Ernährungsverhalten frühzeitig entgegenzuwirken, indem Kindern vielfältige positive Erfahrungen in Bezug auf Ernährung ermöglicht werden.

Kinder lieben es, beim Kochen, Tischdecken, Spülen und weiteren hauswirtschaftlichen Tätigkeiten zu helfen. Indem sie Aufgaben in diesen Bereichen ausführen können, erleben sie sich als handlungsfähig, verantwortlich und Teil einer Gemeinschaft. Dies stärkt ihr Selbstbewusstsein, ihre Handlungskompetenzen, aber auch ihr seelisches Wohlbefinden, was wiederum positive Auswirkung auf ihre Gesundheit hat."

(Ministerium für Schule und Weiterbildung des Landes Nordrhein-Westfalen/Ministerium für Familie, Kinder, Jugend, Kultur und Sport des Landes Nordrhein-Westfalen, 2011, S. 40 f.)

Sprache und Kommunikation

„Sprachentwicklung ist ein kontinuierlicher und lebenslanger Prozess. Kinder entwickeln ihre sprachlichen Fähigkeiten am Modell des Sprachverhaltens ihrer Bezugspersonen, bilden aber auch eigene Hypothesen und Regeln über den Aufbau von Sprache. Wertschätzung des Kindes und seiner Äußerungen, Unterstützung des Interesses und der Motivation, sich mitzuteilen und verstanden zu werden, befördern den Prozess seiner zunehmenden Sprachkompetenz. Vielfältige Anregungen sowie sinnvolle Sprechanlässe in einer vertrauensvollen Umgebung unterstützen die sprachlichen Fähigkeiten von Kindern. In bedeutungsvollen Kontexten entwickeln sie ihre Fähigkeiten zum Dialog, indem sie anderen zuhören, auf die Beiträge anderer eingehen und nonverbale Ausdrucksformen einsetzen.

Kinder entdecken die Schrift als ein Medium, gesprochene Sprache festzuhalten und sich mit anderen auszutauschen. Sie entwickeln Interesse für Bücher, für Schreiben und Schrift und erweitern ihr Textverständnis, indem sie selbst zusammenhängend erzählen und unterschiedliche Textsorten unterscheiden können. Sprache wird in zunehmendem Maße als Strukturierungshilfe eigener Denkprozesse gebraucht. Eigene Vorgehensweisen zu erklären oder anderen zuzuhören fördert in dieser Weise die Reflexion eigener Lernprozesse."

(Ministerium für Schule und Weiterbildung des Landes Nordrhein-Westfalen/Ministerium für Familie, Kinder, Jugend, Kultur und Sport des Landes Nordrhein-Westfalen, 2011, S. 44)

Soziale, kulturelle und interkulturelle Bildung

„Selbstvertrauen ist die Grundvoraussetzung, um offen und tolerant gegenüber Anderem und Fremdem zu sein. Die eigene Persönlichkeit und Identität des Kindes werden anerkannt und gestärkt sowie Selbstvertrauen und Offenheit der Kinder ermöglicht. Neugierig stellen Kinder Unterschiede fest und haben die Möglichkeit, sich damit auseinanderzusetzen. Bedürfnisse und Fragen der Kinder werden aufgegriffen, die Neugierde und Offenheit gegenüber anderen gefördert. Kinder nehmen die Menschen im Umfeld als unterschiedliche Persönlichkeiten mit unterschiedlichen Lebensformen, Bedürfnissen, Kulturen und Sprachen wahr und diese Vielfalt wird als Normalität und Bereicherung erlebt. Sie erfahren, dass die eigene Lebensweise eine von vielen möglichen ist und unterschiedliche Werte gelten können. Über Erfahrungen im Umgang mit anderen Kindern und Auseinandersetzung mit verschiedenen Meinungen und Haltungen lernen sie die hier geltenden Grundrechte und deren Hintergründe kennen. Aufgeschlossenheit gegenüber fremden Lebensstilen und Kulturen wird durch alltägliche Erfahrungen gefördert. Die Kinder haben Gelegenheit, Wissen über fremde und die eigene Kultur zu sammeln, sowohl über Schrift, Sprache, Religion und Kultur als auch über verschiedene Formen der Familien und des Zusammenlebens, und diese auch praktisch zu erleben. Kinder nehmen wahr, dass sie jeweils unterschiedliche Interessen und Bedürfnisse haben, diese äußern können und ernst genommen werden. Sie erkennen Möglichkeiten, ihre Interessen anderen zu vermitteln und Lösungswege für Konflikte zu finden. Sie erfahren, dass ihre Gefühle und Meinungen wichtig, sie Teil einer Gemeinschaft sind und sie Verantwortung für sich und andere übernehmen können."

(Ministerium für Schule und Weiterbildung des Landes Nordrhein-Westfalen/Ministerium für Familie, Kinder, Jugend, Kultur und Sport des Landes Nordrhein-Westfalen, 2011, S. 47)

Musisch-ästhetische Bildung

„Kinder entwickeln sich durch aktive und kreative Auseinandersetzung mit ihrer Umwelt. Sie lernen hauptsächlich über Wahrnehmung und Erfahrungen aus erster Hand. Sinnliche Wahrnehmungen und Erlebnisse helfen Kindern, innere Bilder zu entwickeln und sich die Welt anzueignen. Dies bezieht sich nicht nur auf den musisch-künstlerischen Bereich, sondern auf alle Bereiche alltäglichen Lebens.
Durch Gestalten, Musik, Singen, freies Spiel, Tanz, Bewegung, Rollenspiel finden Kinder vielseitige Möglichkeiten für sinnliche Wahrnehmung und Erlebnisse sowie Anregung und Unterstützung, die inneren Bilder auszudrücken. Dafür brauchen Kinder Freiheiten hinsichtlich Raum, Zeit, Spielpartner, Material und Tätigkeiten. Kinder haben durch die Auseinandersetzung mit Künsten die Möglichkeit, ihre kreativen Denk- und Handlungsmuster weiterzuentwickeln.
Das Kind erfährt Musik und Kunst als Quelle von Freude und Entspannung sowie als Anregung zur Kreativität, z. B. im Singen, Tanzen und Malen. Musik und bildende Kunst werden als feste Teile seiner Erlebniswelt und als Möglichkeiten, Emotionen und Stimmungen auszudrücken, erlebt."

(Ministerium für Schule und Weiterbildung des Landes Nordrhein-Westfalen/Ministerium für Familie, Kinder, Jugend, Kultur und Sport des Landes Nordrhein-Westfalen, 2011, S. 50)

Religion und Ethik

„Kinder suchen Spuren von Gottes Gegenwart, u. a. indem sie ein großes Interesse an religiösen Geschichten, Erzählungen, Liedern, Festen, Symbolen und Ritualen zeigen.
Kinder sind tief bewegt von allem Lebendigen und zugleich von der Frage nach Sterben und Tod. Sie fragen nachhaltig danach, wer sie sind und sein dürfen. Die Frage nach Gott und der Schöpfung ist in diesem Sinne eine zentrale Lebensfrage. Kinder nehmen die Welt mit allen Sinnen, mit Gefühl und Verstand wahr.

Kinder erleben auf besonders intensive Weise existenzielle Erfahrungen, wie Angst, Verlassenheit, Vertrauen und Geborgensein, Glück, Gelingen, Scheitern, Bindung, Autonomie, Mut und Hoffnung. Sie benötigen daher von Anfang an Zuneigung, Annahme und Liebe. Die Ausbildung des Selbst und der Identität liegt in der Eigenaktivität des Kindes und ist gleichzeitig vielfach eine Frage erlebten, unbedingten Vertrauens.

Spirituelle Erfahrungen können Kindern Wege zu eigener Gotteserfahrung und zu innerer Stärke eröffnen. Dazu brauchen Kinder Raum, selbstbestimmte Zeit und Erwachsene, die sich zu ihrem Glauben bekennen und ihren Glauben leben.

Religiöse Bildung soll dazu beitragen, dass Kinder sich in dieser Welt besser zurechtfinden und befähigt werden, sie mit zu gestalten. Dabei formulieren Religionen begründete Werte und Normen, die den Kindern Halt und Orientierung für ein gelingendes Leben geben können. Sie bieten Auffassungen von Gott, Welt und Mensch an, mit denen Kinder sich identifizieren können und tragen zur Entwicklung und Stärkung der Persönlichkeit bei."

(Ministerium für Schule und Weiterbildung des Landes Nordrhein-Westfalen/Ministerium für Familie, Kinder, Jugend, Kultur und Sport des Landes Nordrhein-Westfalen, 2011, S. 54)

Mathematische Bildung

„Kinder erleben Mathematik in für sie interessanten und bedeutsamen Zusammenhängen. Im gemeinsamen aktiven Forschen, Entdecken und Experimentieren entwickeln sie eigene Wege, ihre Umwelt zu mathematisieren, mathematische Sachverhalte zu erforschen und Probleme mit Hilfe der Mathematik zu lösen. Ausgehend von konkreten Erfahrungen und praktischem Tun gelangen sie vom Konkreten zum Abstrakten, entwickeln ein mathematisches Grundverständnis und setzen sich mit den Grundideen der Mathematik auseinander (Idee der Zahl, der Form, der Gesetzmäßigkeiten und Muster, des Teils und des Ganzen, der Symmetrie). Sie erfahren, dass ihre eigenen Ideen und Lösungsvorschläge wertvoll und anerkennenswert sind und dass Irrtümer und Fehler auf dem Weg zum Problemlösen konstruktiv genutzt werden können. Mathematische Lernvorgänge stehen im engen Verhältnis zu anderen Bereichen wie Musik, Sport, Naturwissenschaft und Technik. Der Sprache kommt dabei eine besondere Bedeutung zu, weil sie die Basis für mathematisches Denken bietet und sich im Austausch mit anderen mathematisches Grundverständnis erst entwickelt und verfeinert."

(Ministerium für Schule und Weiterbildung des Landes Nordrhein-Westfalen/Ministerium für Familie, Kinder, Jugend, Kultur und Sport des Landes Nordrhein-Westfalen, 2011, S. 58)

Naturwissenschaftlich-technische Bildung

„Ausgehend von originären Begegnungen mit der Natur und Naturvorgängen entdecken Kinder Zusammenhänge, beginnen sie zu verstehen und einzuordnen. Vielfältige Angebote regen zum Staunen, Fragen, Experimentieren und Suchen von Lösungen an. Sie verfolgen eigene und sich ergebende Fragestellungen, finden Antworten und gewinnen dadurch Vertrauen in ihre eigenen Fähigkeiten. Dabei erweitern sie ihre individuellen Strategien, indem sie angebotene Methoden und Problemlösestrategien kennen lernen und nutzen. Sie erfahren die Bedeutung der behandelten Themen für ihre eigene Lebenswelt und übernehmen im Rahmen ihrer Möglichkeiten Verantwortung für den Umgang mit der Natur. Ihre Neugier und Fragehaltung wird

unterstützt und führt zu einer positiven Haltung gegenüber naturwissenschaftlichen und technischen Fragestellungen.

Kinder setzen sich handelnd und experimentierend mit vielfältigen Materialien, Werkzeugen und technischen Vorgängen auseinander. Sie erleben Wirkungszusammenhänge und nutzen sie zur Lösung von Problemstellungen und kreativen Tätigkeiten. Die Bedeutung technischer Errungenschaften und ihre Auswirkungen auf ihre Lebenswelt können sie einschätzen und dazu eine Haltung einnehmen."

(Ministerium für Schule und Weiterbildung des Landes Nordrhein-Westfalen/Ministerium für Familie, Kinder, Jugend, Kultur und Sport des Landes Nordrhein-Westfalen, 2011, S. 61)

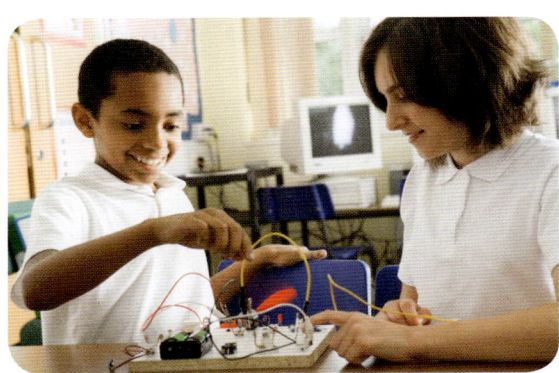

Ökologische Bildung

„Kinder sind geborene Naturbeschützer. Sie lieben und bewundern die Natur und Umwelt, und das, was sie lieben, wollen Kinder auch schützen. Deshalb reagieren Kinder auf die Zerstörung von Natur und Umwelt besonders sensibel. Nicht außer Acht zu lassen ist hier, dass Kinder die Erwachsenen beobachten und sich an ihren Verhaltensweisen orientieren. Von den Erwachsenen lernen die Kinder, die Natur und Umwelt nicht nur zu schützen und zu pflegen, sondern auch verantwortungsvoll zu nutzen. Kinder haben die Möglichkeit, neben Alltagserleben und -beobachtungen auch längerfristig angelegte Projekte, Experimente oder Untersuchungen durchzuführen. Hierbei benötigen sie Erwachsene, die sie über diesen Zeitraum begleiten, ermutigen und unterstützen, damit diese Untersuchungen erfolgreich abgeschlossen werden können.

Durch die Auseinandersetzung mit Natur und Umwelt erweitern die Kinder ihre Kenntnisse über die Welt, stellen Zusammenhänge her und können Übertragungen ableiten. Sie haben Gelegenheit die Gesetzmäßigkeiten und den Nutzen der Natur zu erfahren. So erleben sie sowohl deren Schönheit als auch Nutzen für die Menschen und ergründen, ob und wie diese in Einklang gebracht werden können.

Die ökologische Bildung steht im engen Verhältnis zu allen anderen Bildungsbereichen. Je nach Blickwinkel steht der eine oder andere Bildungsbereich mehr im Vordergrund des Projektes bzw. des Miteinander-Lebens in der Einrichtung, z. B. Gesundheit bei dem Thema ‚Gesunde Ernährung', Bewegung bei Durchführung von Waldtagen, Werte bei der Fragestellung ‚Wie verhalte ich mich gegenüber meiner Umwelt?', Naturwissenschaften beim Thema ‚bewusster Umgang mit Energie'."

(Ministerium für Schule und Weiterbildung des Landes Nordrhein-Westfalen/Ministerium für Familie, Kinder, Jugend, Kultur und Sport des Landes Nordrhein-Westfalen, 2011, S. 64)

Medien

„Kinder brauchen einen akzeptierenden, verstehenden und förderlichen Rahmen, in dem sie sich als eigenständige Persönlichkeiten erfahren und entwickeln können. Sie sollen für ein souveränes Leben mit Medien stark gemacht werden.

Medienpädagogische Angebote haben dabei nicht ‚die Medien' zum Gegenstandsbereich, sondern die Kinder, die in lernender, sozialer oder gestaltender Beziehung zu den Medien stehen. Diese Mensch-Medien-Interaktion verantwortungsvoll einzuschätzen und entwicklungsfördernd einzusetzen ist das Ziel früher Medienbildung. Das Kind soll die Gelegenheit erhalten, sich zu einer medienkompetenten

Persönlichkeit zu entwickeln. Dies gelingt, wenn Fragen und Angebote zur Medienbildung kontinuierlich in den kindlichen und pädagogischen Alltag einbezogen werden. Es geht bei der Bedeutung der medienpädagogischen Bildung im Kindergarten darum, dass Kinder den Prozess der Aneignung von Welt aktiv gestalten sollen, dass ihre Suche nach Lösungswegen nicht von vornherein durch das (Erfahrungs-)Wissen der Erwachsenen eingeschränkt wird.

Kinder erhalten die Möglichkeit, die Erlebnisse, die sie beschäftigen, die sie emotional bewegen oder die sie ängstigen, zu verarbeiten, indem sie darüber sprechen, phantasieren, zeichnen oder Rollenspiele machen. Dies gilt für all ihre wichtigen Lebensbereiche (Familie, Kindergarten, Medien usw.). Auch die Verarbeitung von Medienerlebnissen ist ein wichtiger Bestandteil der (früh-)kindlichen Erfahrungsbildung, weil sich die Kinder dabei die Beziehung zwischen ihrem eigenen Erleben und dem Medienerlebnis vor Augen führen können. Durch die Verarbeitung ihrer Medienerlebnisse drücken Kinder auch ihre eigenen lebenswelt- oder entwicklungsbezogenen Themen aus. Ausgehend von den Medienerlebnissen der Kinder bieten die Fach- und Lehrkräfte spielerische Methoden der Verarbeitung an (Situationsorientierung)."

(Ministerium für Schule und Weiterbildung des Landes Nordrhein-Westfalen/Ministerium für Familie, Kinder, Jugend, Kultur und Sport des Landes Nordrhein-Westfalen, 2011, S. 67)

Auf diesen Bildungsbereichen liegt auch in diesem Buch ein besonderes Augenmerk. Dabei geht es vor allem darum, die grundsätzliche Bedeutung der Unterstützung der kindlichen Selbstbildungsprozesse hervorzuheben.

3.3 Lernen und Lernbedingungen gestalten

„Es ist ein häufiges Missverständnis, dass unter ‚Lernen' die Anhäufung von Wissen im schulischen Sinne verstanden wird. ‚Lernpsychologie' wird aus diesem Grunde häufig mit ‚Pädagogischer Psychologie' verwechselt oder doch wenigstens als Lehre vom Einprägen, Behalten und Reproduzieren eines Wissensstoffes aufgefasst. Aber ebenso wenig, wie sich der Lernvorgang auf die Schule beschränkt, behandelt die Lernpsychologie ausschließlich den Prozess des Wissenserwerbes und der Kenntnisspeicherung."
(Foppa, 1965, S. 11)

Dieses Missverständnis ist auch heute noch im Alltag verbreitet. Wenn Eltern ihre Kinder nach der Schule fragen: „Was hast du heute gelernt?", dann erwarten sie Antworten wie „Ich habe die Hauptstädte der Länder Europas gelernt" oder „Ich habe gelernt, wie man Adjektive von Adverbien unterscheidet". Nach diesem Verständnis bedeutet Lernen, dass Lehrende etwas erklären oder sagen, was die Lernenden behalten sollen. Die Eltern wären vielleicht entsetzt, wenn das Kind sagen würde „Ich habe heute gelernt, wie ich die Lehrerin so richtig ärgern kann und wie ich sie treffsicher mit Papierröllchen beschieße, ohne erwischt zu werden". Die Antwort vieler Eltern wäre wahrscheinlich (mindestens): „Du sollst keinen Blödsinn in der Schule machen, sondern etwas lernen!" Dieses Verständnis von Lernen erfasst aber nur einen Bruchteil dessen, was Lernen aus wissenschaftlicher Sicht bedeutet. Lernen beginnt lange vor der Schulzeit, dauert an bis zum Lebensende und ist erheblich komplexer und komplizierter, als es diesem einfachen und weitverbreiteten Alltagsverständnis entspricht.

Bevor sich die Hirnforscher eingehend und mit modernen wissenschaftlichen Methoden mit dem Lernen befasst haben, gab es verschiedene Definitionen, die noch heute Geltung haben, obwohl sie bei genauerem Hinsehen meist nur einen z. T. sehr kleinen Teil dessen umfassen, was Lernen insgesamt bedeutet.

Bespiele für solche „Lerndefinitionen" sind:
1. Lernen ist das Einprägen von Informationen ins Gedächtnis.
2. Lernen ist das Gewinnen von Einsichten.

3. Lernen ist Aneignung von Kenntnissen.
4. Lernen ist die Entwicklung von Einstellungen.
5. Lernen ist die Entwicklung von Verhaltensweisen.
6. Lernen ist Verhaltensänderung aufgrund von Erfahrungen.
7. Lernen ist Grundlage der Anpassung des Menschen an seine Umwelt als Folge von Erfahrung.
8. Lernen ist ein Prozess, der zu relativ überdauernden Veränderungen im Verhalten und Erleben eines Menschen führt. Lernen umfasst nicht Veränderungen des Verhaltens und Erlebens, die genetisch (z. B. durch Reifung), chemisch (z. B. durch Drogen/Medikamente o. Ä.) oder körperlich (z. B. durch Müdigkeit) bedingt sind.
9. Lernen ist ein Prozess, der zu Leistungsverbesserungen führt.
10. Lernen ist die Aufnahme, Verarbeitung und praktische Umsetzung von Informationen.
11. Lernen ist der Aufbau, die Veränderung oder der Abbau von Verhaltens- und Erlebensweisen.
12. Unter Lernen sind kognitive Konstruktionsprozesse zu verstehen, d. h., Lernen ist die Konstruktion der subjektiv erlebten Wirklichkeit des Menschen.

In diesem Kapitel werden Sie mehr darüber erfahren, wie der Mensch lernt und welche Bedeutung lernpsychologische Erkenntnisse für das konkrete pädagogische Handeln einer Erzieherin haben kann.

3.3.1 Lernend beginnt das Leben

In seinem Buch „Lernen, Gehirnforschung und die Schule des Lebens" hat Manfred Spitzer festgestellt, dass der Mensch bereits vor der Geburt zu lernen in der Lage ist. Er beschreibt dort ein Experiment von De Snoo aus dem Jahr 1937:

„Um herauszufinden, ob das Kind im Mutterleib bereits Geschmacksempfindungen wahrnehmen kann, wurden bereits vor Jahrzehnten recht heroische Experimente angestellt: De Snoo (1937) injizierte entweder nur blauen Farbstoff oder blauen Farbstoff zusammen mit Zucker in die Amnionflüssigkeit *schwangerer Frauen und bestimmte die Menge des von den Frauen im Urin ausgeschiedenen Farbstoffes. Es zeigte sich hierbei, dass bei gleichzeitiger Verabreichung von Zucker und Farbstoff deutlich mehr blauer Farbstoff ausgeschieden wurde. Diesen Befund muss man dahingehend interpretieren, dass der Säugling beim Anbieten von Farbstoff mit Zucker mehr Amnionflüssigkeit geschluckt und daher mehr blauen Farbstoff aufgenommen hat. Dadurch konnte ein größerer Anteil des blauen Farbstoffes über die Plazenta in den mütterlichen Kreislauf und damit den mütterlichen Urin gelangen. Daraus wiederum konnte man schließen, dass der Fetus den Zuckergeschmack offenbar wahrnahm und daraufhin mehr Amnionflüssigkeit schluckte. 35 Jahre später zeigte Liley (1972) das Umgekehrte: Die Injektion einer deutlich bitterschmeckenden Substanz in die Amnionflüssigkeit führte zu einer Verminderung des Saug- und Schluckverhaltens beim Feten."*
(Spitzer, Lernen, 2008, S. 202)

Diese Experimente zeigen, dass das ungeborene Kind bereits in der Lage ist, zu lernen, süße Flüssigkeit wahrzunehmen und dabei verstärkt und umgekehrt bei bitter schmeckender Flüssigkeit weniger zu saugen und zu schlucken.

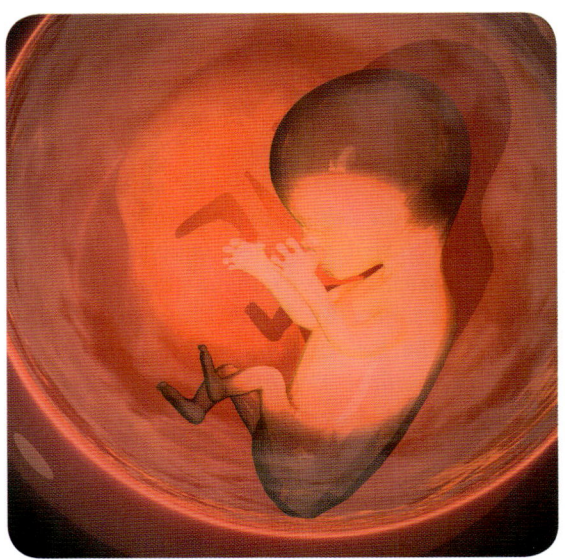

Amnionflüssigkeit
Amnionflüssigkeit ist die Fachbezeichnung für Fruchtwasser. Diese Flüssigkeit umgibt das ungeborene Kind vollständig und bietet ihm Schutz. Gegen Ende der Schwangerschaft trinkt das Ungeborene nahezu die Hälfte dieser Flüssigkeit (ca. 400 ml) selbst.

Der Mensch beginnt also schon vor seiner Geburt zu lernen. Spitzer beschreibt ein weiteres eindrucksvolles Beispiel:

„Schaal und Mitarbeiter (2000) befragten 24 werdende Mütter aus dem Elsass, einer Gegend, in der Anis sehr häufig zum Würzen von Speisen und Getränken verwendet wird, nach ihrem Aniskonsum während der Schwangerschaft. Wie man schon seit den 30er Jahren aus Verhaltensbeobachtungen weiß, wird Anis bereits von Neugeborenen gerochen. Weiterhin ist bekannt, dass sich dieser Stoff nach der Aufnahme mit der Nahrung in alle Körperflüssigkeiten verteilt. Man teilte nun die Mütter in zwei gleich große Gruppen ein, die der Aniskonsumenten und die der Nicht-Aniskonsumenten (Kontrollgruppe). Während der letzten beiden Schwangerschaftswochen wurden den Frauen der Anisgruppe Süßigkeiten, Kekse und ein Sirup mit Anisgeschmack in unbegrenzter Menge zur Verfügung gestellt, und die Frauen wurden gebeten, entsprechend ihren normalen Essgewohnheiten hiervon Gebrauch zu machen. In der Kontrollgruppe dagegen wurde keine Nahrung mit Anisgeschmack konsumiert. In den vier Tagen nach der Geburt wurde darauf geachtet, dass keine der an der Studie beteiligten Mütter Anis zu sich nahmen.

Den Babys wurde im Mittel knapp drei Stunden nach der Geburt und noch vor jeglicher Nahrungsaufnahme (sowie ein zweites Mal am vierten Tag nach der Geburt) in zufälliger Reihenfolge für jeweils zehn Sekunden ein Wattebausch mit geruchlosem Paraffinöl oder mit Anisöl unter die Nase gehalten. Dabei wurden sie mittels Video gefilmt, und diese Videos wurden später von einer unabhängigen Person ausgewertet. Dies geschah nach einem standardisierten Verfahren im Hinblick auf (a) negative Reaktionen im Bereich Mund und Gesicht (Hochziehen der Oberlippe, Herabziehen der Mundwinkel, Herabziehen der Augenbrauen, Rümpfen der Nase etc.), (b) positive Reaktionen im Bereich des Mundes (saugen, lecken, kauen) und (c) Kopfwendereaktionen zum Stimulus hin oder von ihm weg.

Man konnte so nachweisen, dass diejenigen Neugeborenen, die im Mutterleib bereits Anis gerochen hatten, mehr positive Reaktionen im Mundbereich gegenüber Anis zeigten, wohingegen die Neugeborenen der Kontrollgruppe mehr negative Reaktionen zeigten. Kurz, wer Anis schon gerochen hatte, der lächelte eher, wer es nicht kannte, verzog den Mund, wenn er Anis zu riechen bekam."

(Spitzer, Lernen, 2008, S. 203f.)

Schon am vierten Tag nach der Geburt entsprachen die Reaktionen der Säuglinge der Kontrollgruppe denen der „Anisgruppe" weitestgehend. Lediglich die Kopfbewegungen waren noch unterschiedlich.

Wenn der Mensch schon vor seiner Geburt und im Säuglings- bzw. Kleinkindalter zu lernen vermag, dann muss er das Lernen nicht unbedingt lernen. Letzteres trifft offenbar nur im Hinblick auf ganz bestimmte Lernbereiche zu. Das Leben beginnt bereits vor der Geburt, ein lernendes Leben zu sein. Und nicht nur das: Nie wieder lernt der Mensch so viel und so erfolgreich wie in den ersten vier oder fünf Lebensjahren. Er lernt

- sprachlich, mimisch, gestisch und mit seiner Körperhaltung zu kommunizieren,
- ein komplexes System sozialer Verhaltens- und Handlungsweisen adäquat einzusetzen,
- seine angeborenen grob- und feinmotorischen Verhaltensmöglichkeiten schnell zu verfeinern und weiterzuentwickeln,
- Grenzen zu erkennen und zu beachten, Werte und Einstellungen (auch Vorurteile) zu übernehmen,
- Entscheidungen zu treffen und durchzusetzen etc.

Wie die Wolfskinder von Midnapore zeigen, ist es keineswegs selbstverständlich, dass der Mensch lernt, aufrecht auf beiden Beinen zu stehen und zu gehen. Die Wolfskinder lernten von den sie pflegenden Wölfen, auf allen Vieren zu laufen, rohes Fleisch zu zerkauen und zu essen, sprachlich mithilfe der Bell-Laute der Wölfe zu kommunizieren und sich in Wolfshöhlen vor Sonne, Wind und Regen zu schützen.

Man könnte also vermuten, das Lernen sei der für die Entwicklung des Menschen entscheidende Prozess. Dies trifft jedoch nicht zu. Vielmehr bedingen sich die Reifung und Weiterentwicklung des Gehirns und die subjektiv gesammelten Erfahrungen gegenseitig und prägen die Fähigkeiten und Fertigkeiten des Menschen und seine gesamte Persönlichkeit. Erfahrungen beeinflussen die Reifung und die Entwicklung der entsprechenden Hirnareale und das entsprechend beeinflusste Gehirn unterstützt die Fähigkeit, neue, differenziertere Erfahrungen zu sammeln.

Dank moderner psychologischer, biologischer und medizinischer Forschung weiß man heute, dass Kinder keine defizitären Lebewesen sind, die durch von Erwachsenen gesteuerte Lernprozesse ihre Defizite überwinden müssen.

In Anlehnung an Jean Piaget nahm man bis in die neuste Zeit an, dass Säuglinge noch kein Gedächtnis haben, dass die geistigen Operationen von Vorschulkindern genetisch bedingten festen Prinzipien folgen und dass Kinder im Grundschulalter noch nicht abstrakt zu denken vermögen (vgl. Stern, 2009, S. 1). Die von Manfred Spitzer angeführten Beispiele zeigen dagegen, dass sogar schon ungeborene Kinder über Gedächtnisleistungen verfügen. Darüber hinaus lässt sich aus den heutigen Erkenntnissen der Hirnforschung ableiten, dass das Denken und Lernen von Klein- bzw. Vorschulkindern bereits so flexibel ist, dass sie von einer anspruchsvollen, methodisch-didaktisch und pädagogisch gestalteten Lernumgebung nachhaltig profitieren können.

Die wissenschaftlichen Arbeiten Piagets haben zwar zu wichtigen Erkenntnissen über die Art des Denkens und Lernens von Kindern geführt und die Entwicklung der sozialpädagogischen Praxis durchaus im Interesse der Kinder gefördert. Es wurden jedoch auch Schlussfolgerungen aus diesen Arbeiten gezogen, die sich auf die Förderung von Vorschulkindern nachteilig auswirkten. Dazu gehörte in erster Linie, dass man – ausgehend von einer mangelnden geistigen Flexibilität – annahm, dass Kinder einer bestimmten Altersstufe nur ganz bestimmte, dem Alter entsprechend begrenzte Lern- und Entwicklungsschritte zu vollziehen in der Lage sind. Die Untersuchungen der neueren Hirnforschung zeigen dagegen, dass das Denken und das Lernen von Kleinkindern sehr viel flexibler ist als bisher angenommen.

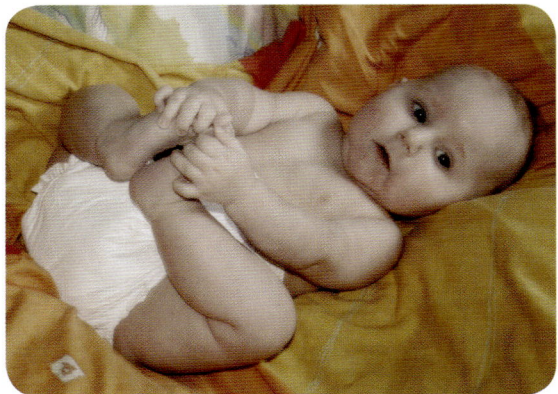

Elsbeth Stern vom Max-Planck-Institut für Bildungsforschung unterscheidet zwei Arten des Lernens in früher Kindheit:
- privilegiertes Lernen
- nicht-privilegiertes Lernen

Privilegiertes Lernen

Privilegiertes Lernen lässt sich sehr leicht am Beispiel des Laufen- und Sprechenlernens veranschaulichen. Für beides gibt es bereits Strukturen im Gehirn, die den entsprechenden Lernprozess unterstützen und erleichtern. Nach Stern handelt es sich dabei um die Entwicklung genetisch programmierter Kompetenzen (vgl. Stern, 2009, S. 2f.). Wie beim Laufen- und Sprechenlernen gibt es auch eine genetisch bedingte Unterstützung für das Orientierungslernen in der sachlichen Welt, für das Wissen über Unterschiede zwischen belebter und unbelebter Welt sowie für die Fähigkeit zur Perspektivübernahme.

Perspektivübernahme

Perspektivübernahme ist die Fähigkeit, sich sachbezogene, soziale oder psychologische Ereignisse aus der Perspektive einer anderen Person vorstellen zu können.

Die Fähigkeit zur Perspektivübernahme ist nach Stern offensichtlich ein von Hirnaktivitäten gesteuerter Prozess, der für die weiteren Lernprozesse und somit für die weitere Entwicklung des Menschen von großer Wichtigkeit ist. In Lernbereichen, für die es eine genetische Vorbereitung gibt, lernen Kinder deutlich leichter und schneller, als dies von Piaget und seinen Nachfolgern angenommen wurde. Nur privilegierte Lernprozesse laufen altersspezifisch ab (vgl. Stern, 2009, S. 2). Interessant sind dabei Maria Montessoris entwicklungspsychologische Vorstellungen (vgl. Kap. 3.1.8); die sensiblen Perioden entsprechen den Ergebnissen der Hirnforschung in all den Bereichen, bei denen es sich nicht um kulturspezifische Lerninhalte handelt.

Nicht-privilegiertes Lernen

Während das privilegierte Laufenlernen durch bestimmte Hirnstrukturen vorbereitet, erleichtert und beschleunigt wird, gibt es Lernbereiche, für die es eine solche Vorbereitung nicht gibt. So sind Kinder, Jugendliche und Erwachsene auf die vielen Lebenssituationen einer modernen Wissensgesellschaft genetisch nicht eingestellt und vorbereitet.

Entsprechende Lerninhalte können folglich sehr viel schwerer und langsamer aufgenommen werden als solche, für die es unterstützende genetische Voraussetzungen gibt.

„Die Konstruktion von kulturell tradiertem Begriffswissen erfordert Zeit und gelingt nur, wenn Kinder gezielt an die Bewältigung bestimmter Anforderungen herangeführt werden. [...] Komplexe Kompetenzen, wie z. B. Lesen, Schreiben oder das Modellieren von Ereignissen mithilfe mathematischer Werkzeuge, müssen in Teilschritte zerlegt werden, sodass die Kinder diese zunächst einzeln üben können, um sie dann später zusammenzufügen. Auch das Verstehen von wissenschaftlichen Zusammenhängen und Erklärungen setzt vorbereitendes Lernen in Teilschritten voraus. Kinder sollten dabei gezielt an überraschende Erfahrungen und Situationen herangeführt und bei der Erarbeitung von Erklärungen unterstützt werden, die sie mit ihren eigenen Worten ausdrücken können. Auf diese Weise konstruieren Kinder anschlussfähiges Wissen, auf das sie später [...] zurückgreifen können."
(Stern, 2009, S. 4)

Das Lernen lernen?
Die Frage, ob man das Lernen erst lernen muss oder nicht, lässt sich folglich nur differenziert beantworten:
1. Das Potenzial zu lernen ist als Anlage vorhanden. Ob und wie dieses Potenzial genutzt werden kann, ist individuell sehr unterschiedlich.
2. Es gibt Lernbereiche, in denen das Lernen durch bestimmte genetisch bedingte Hirnstrukturen sehr leicht fällt und pädagogisch kaum – wenn überhaupt – unterstützt werden müsste oder sollte. Dazu lässt sich noch einmal das Beispiel des Laufenlernens anführen. Die Industrie bietet eine Fülle von Geräten an, die dem Kleinkind helfen sollen, das Laufen zu lernen, beispielsweise kleine Wagen mit Rädern, in denen das Kind steht und mit denen es sich in einer Art Gehbewegung fortbewegen kann. Auch an der Zimmerdecke befestigte Schaukeln sind speziell dafür entwickelt, das Kind zu Gehbewegungen anzuregen. Doch Eltern, die dem Kind ihre Arme entgegenstrecken, unterstützen das Laufenlernen wirksamer. Denn es kommt nicht auf das Lernen des Laufens selbst, sondern nur auf die Motivation des Kindes an, sich zu bewegen.
3. Etwas anders verhält sich dies bei Lernbereichen, für die es keine unterstützenden anlagebedingten Hirnstrukturen gibt. Hier lassen sich zweifellos Strategien entwickeln, die das Lernen erleichtern können. Einer der in unserer Gesellschaft wichtigsten Lernbereiche, auf den dies zutrifft, ist ein Großteil dessen, was in Schule und Ausbildung gelernt werden muss.

Die Auszüge aus dem folgenden Artikel aus SPIEGEL ONLINE vom 3. August 2009 zeigen die Probleme auf, die die derzeitige Diskussion um eine frühe Förderung von Kindern bei Eltern verursachen kann. Gerade im frühen Kindesalter lernen Kinder sehr viel mehr und sehr viel schneller als später. Sie lernen unwillkürlich, sie sind neugierig – und zwar ohne besonderen Leistungsdruck. Wahrscheinlich wäre ausreichend, was vielen Kindern nicht zu Verfügung steht: eine natürliche, anregende, überschaubare und Sicherheit vermittelnde Lebenswelt. Die Beteiligung am „großen Rennen" um die besten und vielleicht auch teuersten Förderangebote sollte daher kritisch reflektiert werden. Sozialpädagogische Fachkräfte sollten, wenn nötig, auch darüber das Gespräch mit „ihren" Erziehungsberechtigten suchen.

„Mein Kind ist so genial
Nur balgen, buddeln, knuddeln – oder sollen Kleinkinder in der Kita am besten schon Physik lernen? Dieter Bednarz über den Stress überehrgeiziger Eltern und die Synapsenpflege für seine drei Töchter: Wenn Papa nur das Abi hat, sollten es die Kleinen doch mindestens bis Harvard bringen!

Was ist ein Kartesianischer Taucher? Ich hatte keine Ahnung. Fanny jedoch, als sie noch keine drei Jahre alt war, wusste es: ‚Da, Wasser.' Ihre Zwillingsschwester Lilly konnte sogar eine Erklärung liefern: ‚Hoch, tief.' Entschlossen drückte sie auf eine Art Plastikflasche, in der ein buntes Männchen schwebte. Mit großen Augen verfolgten die Mädchen, wie die Figur auf den Boden sinkt. Ließ Lilly los, stieg der Taucher wieder auf.

Neben den beiden stand Erzieherin Simone und erzählte etwas von ‚Druck' und ‚Wirkung'. Rosa, sie war gerade mal gut ein Jahr alt und immer im Schlepptau ihrer Schwestern, nickte eifrig, wenn sie ‚Auftrieb' und ‚Volumen' hörte.

Alle Achtung, meine Mädchen scheinen mehr von Physik zu verstehen als Albert Einstein in ihrem Alter. Sind die drei etwa hoch begabt? Wer weiß. In jedem Fall sind sie optimal gefördert.

Aktion ‚Versuch macht klug'

Der Kartesianische Taucher, benannt nach dem großen Philosophen und Physiker René Descartes, ist eine von 20 Experimentierstationen, mit denen mein Nachwuchs bei den ‚Strubbelkindern' auf die Zukunft vorbereitet wird. ‚Versuch macht klug' heißt die Aktion der Hamburger Kindertagesstätten, gefördert durch die Stiftung Nordmetall in Zusammenarbeit mit dem Paritätischen Wohlfahrtsverband, die ‚vorschulische Begegnungen mit Naturwissenschaft und Technik' ermöglichen soll. Und so lernen meine Strubbelkinder im Wortsinne spielend etwas über Fliehkraft, Licht und Schatten, aber auch über Magnetismus und Luftströmungen. ‚Wüchsen die Kinder in der Art fort, wie sie sich andeuten, so hätten wir lauter Genies', lobte schon der Dichterfürst Johann Wolfgang von Goethe das frühkindliche Entwicklungspotenzial. Da nicht nur die Erzieherinnen in unserer Kindertagesstätte glauben, möglichst viel für die Bildung tun zu müssen, gibt es für die Lerneinheiten mit Luftdruckspritzen und Gummisaughebern, Spiegeln und schiefen Ebenen eine lange Warteliste. ‚Gute Kitas gehen jetzt in die Bildungsoffensive', sagt Martin Peters, Referent für Kindertagesbetreuung beim Paritätischen Wohlfahrtsverband in Hamburg.

Ein wenig Synapsenpflege kann ich nur begrüßen. Die Kita meiner Kinder muss ja nicht zu den besten deutschen Einrichtungen gehören, die mal von der Unternehmensberatung McKinsey prämiert wurden. Aber mehr als Balgen, Buddeln und Basteln erwarte ich schon. Wenn der Vater nicht mehr geschafft hat als das Abitur, sollten es die Kinder zumindest bis Harvard oder Oxford bringen. Dafür kann man mit dem Lernen nicht früh genug anfangen.

Aber Werkbänke statt Kuschelecken – will ich das wirklich für meine Töchter? Soll aus den familiär-liebevollen ‚Strubbelkindern' tatsächlich eines dieser ‚Early Excellence Center' werden, die in England die hohen Maßstäbe setzen? Droht der neue Bildungsauftrag ‚Lernen zu lernen' zu einer schrecklichen Verschulung der Kindheit zu entarten?

Mich zumindest erschreckt die Welle der Soll-Pädagogik und die enorme Erwartung vieler Väter und Mütter. Ich finde weniger Wissen nicht so gefährlich wie den immer auffälliger werdenden Narzissmus von Eltern, die ein scheinbar glückliches und sichtbar erfolgreiches Kind vorweisen wollen, um als patente Erzieher dazustehen. Dass diese Symbiose zwischen Eltern und Kind der Entwicklung mehr schadet als jede Hängemattenkindheit, sehen sie nicht.

Ich allerdings bin ein gebranntes Kind des Strebsamkeitsdenkens der fünfziger Jahre, sozialisiert in diesem Mehr und Weiter, Höher und Größer; seelisch verkümmert in Wachstumsgewissheit und Karriereanspruch. Im Bewusstsein um die eigene Deformation kann mein viel zu früh auf Leistung reduziertes Ich denn auch auf dem Elternabend nur gegen Englischunterricht im Kinderladen stimmen. [...]

Eltern im Kampf um die Poleposition fürs Kind

Mit meinem Wunsch, den Kindern Freiraum zu bewahren, stehe ich nicht allein. Auch Erziehungswissenschaftler wie Holger Brandes, Direktor des Instituts für Frühkindliche Bildung in Dresden, halten ‚die zunehmende Tendenz, die Schule in den Kindergarten vorzuverlegen, für eher problematisch'. Wenn Kindertagesstätten Englisch vermitteln möchten, sollten sie einen Muttersprachler als Erzieher einstellen, der mit den Kindern in seiner Sprache arbeitet. Brandes: ‚Bei einem angemessenen Angebot holen sich Kinder ihr Wissen selbst ab.' Spielerisches Lernen heißt das Konzept.

Doch locker zu bleiben, fällt beim Thema Frühbildung selbst entspannten Eltern schwer. Auch wir waren nicht gefeit vor der Gefahr, unsere Kinder gleich nach der Geburt in den Kampf um die Poleposition zu schicken. Mit nur einer Stunde in der Woche könnten wir unseren Nachwuchs durch

‚Spielanregungen' in seiner ‚positiven Körpererfahrung' unterstützen und sein ‚Vertrauen in das eigene Können' stärken, versprach ein Eltern-Kind-Programm. [...]

Tiefe Diener bei der Kita-Bewerbung
[...] Als wirkliche Weichenstellung auf der Bildungsschiene aber sahen wir die richtige Wahl der Krippe – wobei Eltern selbst im vergleichsweise gut versorgten Hamburg keine große Wahl haben. Zu viele berufstätige Paare suchen Plätze für Einjährige. Da gleich zwei zu finden, ist Glückssache. Nie zuvor habe ich so tief den Diener gemacht wie bei den Bewerbungsgesprächen in mehr als einem halben Dutzend Kitas.

Dass es dann mit viel Fürsprache bei den ‚Strubbelkindern' geklappt hat, kam einem Lottogewinn gleich: Bei dem Kinderladen in freier Trägerschaft müssen sich die Eltern engagieren, erhalten dadurch aber auch viel Einblick in die Arbeit der Erzieher. Die beiden Gruppen, ‚Tiger' und ‚Löwen', sind altersgemischt und zählen jeweils 18 Kinder: So lernen die Großen Verantwortung zu übernehmen, und die Kleinen proben das Durchsetzen.

Bildungsarbeit zieht sich durch den ganzen Tag. Das Rechnen wird beim Frühstück geübt, wenn Brotscheiben abgezählt oder Äpfel und Birnen geteilt werden; um den Wortschatz zu erweitern und an Grammatik heranzuführen, wird mit den Kindern bewusst viel gesprochen. Und weil auf jede Gruppe drei vollausgebildete Erzieherinnen kommen, verstärkt durch einen Zivildienst Leistenden, ist auch genug Zeit dazu – so lange niemand krank wird. Dass Regine Wolf und ihr Team auch das deutliche ‚Nein' kennen, ist für Eltern wie uns höchst beruhigend: Manchmal denke ich, dass wir es allein den Erzieherinnen zu verdanken haben, wenn unsere Kinder daheim aufs letzte Wort hören. [...]"
(Bednarz, 2009)

Dass man des Guten an Frühförderung auch zu viel tun kann, wird in den kurzen Auszügen aus einem Interview mit Sabina Pauen, Professorin für Entwicklungs- und Biopsychologie deutlich. Sie arbeitet an der Universität in Heidelberg und forscht über die Denkentwicklung von Babys und Kleinkindern.

„*SPIEGEL ONLINE: Viele Eltern zwickt die Angst, sie könnten etwas versäumen, wenn sie ihr Kind nicht optimal fördern. Wie viel Frühförderung ist sinnvoll?*
Pauen: Das ist eine heikle Frage. Unsere Grundhaltung zum Kleinkind als lernfähiges und denkendes Wesen ist prägend, das soll sie auch sein. Allerdings verfallen leider sehr viele Eltern in Aktionismus und wollen über das Kind stülpen, was sie in Büchern lesen. Das ergibt wenig Sinn. Wenn man die Extreme nimmt: Ein Kind, das in den ersten sechs Lebensjahren nie mit Musik zu tun hatte, verpasst etwas und kann es auch nicht ohne weiteres später aufholen. Ob es aber entscheidend ist, dass ein Kind drei Instrumente kennen lernt oder nur eins oder Musik nur aus dem Radio hört – das wissen wir nicht. Schädlich ist es auf jeden Fall, wenn Eltern in Panik handeln: Dann sind sie nicht beim Kind, sondern bei ihrer Zielvorstellung, was es für ein Wesen werden soll. Erst wenn Eltern ihre Aufmerksamkeit tatsächlich auf das Kind selbst richten, erkennen sie, was genau in welcher Situation der beste Lernimpuls sein kann. [...]
SPIEGEL ONLINE: Oft geht es Eltern um Fähigkeiten, die das Kind später voranbringen sollen – etwa eine Fremdsprache. Sie haben geschrieben, das Hirn sei ab dem zweiten Lebensjahr optimal darauf vorbereitet, Sprachen zu lernen. Sollen Kinder dann wirklich schon mit Fremdsprachen anfangen?
Pauen: Lange hat man gedacht, dass Kinder langsamer sprechen lernen, wenn sie zweisprachig aufwachsen. Das ist mittlerweile vom Tisch. Lernen Kinder ganz intensiv eine zweite Sprache, baut sich das Sprachzentrum anders auf. Damit meine ich aber nicht Kurse von einer Stunde pro Woche, sondern tägliches Sprechen. Kinder, die zweisprachig aufwachsen, sind oft Menschen, die später zum Beispiel Simultandolmetscher werden können. Sie haben ein für beide Sprachen zuständiges neuronales Netz entwickelt. Lernt man die zweite Sprache später, wird ein zweites neuronales Netz angelegt, sodass das Tempo der Übersetzung langsamer ist. Dennoch lässt sich eine Zweitsprache auch später sehr gut lernen. [...]
SPIEGEL ONLINE: Es ist oft von der Reizflut die Rede, die heute auf Kleinkinder einprasselt: Überall flimmert und bimmelt was. Wann wird das zu viel?
Pauen: Es ist zu vermuten, dass Reizüberflutung nachhaltige Konsequenzen hat. Wir werden geboren mit einem vom Stammhirn gesteuerten Aufmerksamkeitssystem. Es lenkt unsere Blicke dahin, wo etwas passiert. Aber ein weiteres

Aufmerksamkeitssystem wird vom Frontalhirn gesteuert. Damit entscheiden wir selbst, wann und wie wir uns mit etwas auseinandersetzen möchten. Eine Umwelt, die permanent das erste System anspricht, weil immer etwas Geräusche macht oder sich bewegt, stützt diese Art der Steuerung sehr stark. Das Verrückte ist, dass unsere Welt uns zum Zappelphilipp macht, zugleich aber von uns verlangt wird, dass wir uns konzentrieren und mit einzelnen Dingen lange und intensiv beschäftigen sollen. Das passt nicht zusammen. Ganz sicher findet man heute mehr Kinder als früher, denen schnell langweilig wird, wenn keine Reize von außen kommen. Das ist schon ein Alarmzeichen.
SPIEGEL ONLINE: Was können Eltern tun?
Pauen: Momente der Stille sind extrem wichtig, in denen sich Kinder selbst aussuchen, worauf sie ihre Aufmerksamkeit richten. Diese Momente kann es natürlich in der Wiege geben, aber das ist kein Vergleich damit, unter einem Baum zu liegen, wenn der Wind ein paar Blätter bewegt oder ein Vogel kommt und wieder wegzwitschert."
(Menke, 2009)

3.3.2 Verhalten, Handeln und Lernen

Der Mensch ist ein Wesen, das – oft gleichzeitig – auf Umweltreize reagiert und selbst aktiv ist. Ersteres wird von einer Reihe von Lernpsychologen als Verhalten und Letzteres als Handeln bezeichnet. Diese Unterscheidung soll hier übernommen werden, auch wenn sie im alltäglichen Sprachgebrauch selten getroffen wird

Verhalten
Verhalten (englisch „behavior") sind alle direkt oder indirekt beobachtbaren Reaktionen auf Umweltreize und die auf dieser Grundlage entstandenen Verhaltensgewohnheiten.

Handeln
Handeln bezeichnet menschliche Aktivitäten, die auf der Grundlage selbst konstruierten Wissens von der Welt entstehen.

Diese beiden Definitionen zeigen deutlich, dass Lernprozesse, je nachdem, ob man sie auf Verhalten oder Handeln bezieht, sehr unterschiedlich sein können:

- Im ersten Fall stellt sich die Frage, unter welchen Umweltbedingungen – beispielsweise pädagogischen Maßnahmen – bestimmte Reaktionen überdauernd beibehalten und unter welchen Bedingungen sie abgebaut werden können. Lernen als überdauerndes Beibehalten oder Abbauen von Reaktionen oder Reaktionsgewohnheiten unter bestimmten äußeren Einflüssen ist **fremdbestimmtes Lernen.**
- Im zweiten Fall stellt sich die Frage, wie es pädagogisch gelingen kann, die Fähigkeit eines Kindes, sich ein brauchbares Bild von der Welt zu konstruieren, zu fördern und zu unterstützen. Dies wiederum setzt voraus, dass die Erzieherin die Subjektivität des eigenen wie des Wissens des Kindes akzeptiert und achtet. Lernen im Sinne aktiven, reflektierenden Handelns auf der Grundlage selbst konstruierten Wissens ist **selbstgesteuertes Lernen**. Dabei haben das Handeln und die daraus erwachsenden Konsequenzen immer auch verändernde und weiterentwickelnde Rückwirkungen auf das subjektive Wissen des Menschen. Dadurch kommt es beim Lernen zu einer permanenten Neukonstruktion des Wissens und zu neuen, brauchbareren Handlungen und Handlungsmöglichkeiten.

Sind die Handlungsprozesse und ihre Ergebnisse dauerhaft brauchbar und werden sie entsprechend genutzt, spricht man von **Handlungsschemata**. Die Entwicklung von brauchbaren Handlungsschemata zur Lösung komplexerer Aufgaben und Probleme ist nur möglich, wenn die konkreten Handlungsprozesse und ihre Ergebnisse auch reflektiert werden. Dies wiederum kann von einer Erzieherin u. a. dadurch gefördert werden, dass sie die Kinder anregt, ihre Handlungen, ihr Wissen und die Brauchbarkeit des Wissens im Hinblick auf konkretes Lösungshandeln zu überprüfen und weiterzuentwickeln. Dies geschieht kaum oder gar nicht, wenn sie die Kinder nur (positiv oder negativ) kritisiert und ihnen damit die Überprüfung und Bewertung der Handlungsweisen und ihrer Ergebnisse abnimmt.

In der Psychologie wie in der Pädagogik gab und gibt es vereinzelt noch Theoretiker, die versuchen, das gesamte Verhalten und Erleben des Menschen entweder auf der Grundlage von Verhalten oder aber auf der Basis von Handeln zu erklären. Doch zweifellos gibt es in der Realität beides: Lernen auf der Grundlage von Umweltreaktionen und Lernen auf der Grundlage reflektierten Handelns.

3.3.3 Persönlichkeit und Lernen

Der Auf- oder Abbau von Verhaltensgewohnheiten unter dem Einfluss von Umwelteinwirkungen sowie die selbstgesteuerte Konstruktion von Wissen funktionieren nicht autonom, d.h. unabhängig von der Gesamtpersönlichkeit des Menschen. Vielmehr beeinflussen folgende Faktoren das Lernen:
- Ausdauer und Selbstdisziplin
- Müdigkeit und Wachheit
- Ausgeglichenheit
- Konzentriertheit oder Unkonzentriertheit
- Kummer oder Freude
- Neugier und Interesse
- Langeweile
- Ärger
- Enttäuschung
- Streitigkeiten etc.

Das Familienklima hat mit all seinen Auswirkungen auf die Persönlichkeit eine lernfördernde oder -hemmende Wirkung. Bei eben aufgeführten exemplarischen Einflussfaktoren handelt es sich allerdings nicht zwingend um Persönlichkeitseigenschaften.

Persönlichkeitseigenschaften
Persönlichkeitseigenschaften sind relativ überdauernde Bereitschaften, sich in einer bestimmten für die Person typischen Art und Weise zu verhalten oder entsprechend zu handeln. Persönlichkeitseigenschaften in diesem Sinne werden auch als Dispositionen bezeichnet. Die Gesamtheit der Persönlichkeitseigenschaften beschreibt die Persönlichkeit eines Individuums. Psychologische Persönlichkeitstests messen derartige Dispositionen mit dem Ziel, das Verhalten und Handeln einer Person in bestimmten Situationen vorhersagen zu können. Die Vorhersagekraft solcher Tests ist durchaus unterschiedlich.

Typische Handlungs- und Verhaltensweisen können einerseits die Persönlichkeit eines Menschen beschreiben, andererseits stehen sie selbst unter dem Einfluss anderer persönlichkeitsrelevanter Merkmale. Dabei handelt es sich z.B. um Emotionen, Motivation, Werthaltungen, Einstellungen etc. So sind Lernfähigkeit und Lernprozesse integriert in das komplexe System der menschlichen Persönlichkeit, die selbst wiederum in das sie umgebende soziale Netzwerk integriert ist.

Hans Jürgen Eysenck stellte in seinen Forschungsarbeiten einen Zusammenhang zwischen bestimmten Persönlichkeitsdimensionen und der Art und der Fähigkeit zu lernen fest.

Zunächst befragte Eysenck eine sehr große Anzahl von Personen nach ihrer Selbsteinschätzung zu bestimmten Eigenschaften und ließ sie auf einer Skala angeben, wie
- gesellig,
- kontaktfreudig,
- gesprächig,
- aufgeschlossen,
- lebhaft,
- sorglos

sie seien bzw. wie
- ruhig,
- ungesellig,
- reserviert,
- bedächtig,
- kontrolliert,
- ängstlich.

In den Antworten auf solche und eine Fülle weiterer Fragen zeigte sich, dass es Menschen gibt, die sich in einer Reihe von Merkmalen gleichen. Solche Merkmale fasste Eysenck zu sogenannten Persönlichkeitsdimensionen zusammen, die er mit möglichst passenden Bezeichnungen versah. Bei einer dieser Dimensionen, die er als „Introvertiertheit – Extravertiertheit" bezeichnete, zeigte sich ein deutlicher Zusammenhang zwischen Persönlichkeit und Lernen. Hierauf soll im Folgenden etwas näher eingegangen werden.

Extravertiertheit – Introvertiertheit
Extravertierte Menschen lassen sich zusammenfassend als aufgeschlossene, kontaktfreudige und in gewisser Weise laute Menschen beschreiben. Introvertierte Menschen sind im Unterschied dazu vergleichsweise zurückhaltend, still und ruhig. Man kann sich diese Dimension als eine Linie zwischen zwei Polen vorstellen, auf der sich jeder Mensch näher an dem einen oder an dem anderen Pol einordnen kann.

Eysenck vertrat die Auffassung, dass der Unterschied zwischen Extravertiertheit und Introvertiertheit auf einem unterschiedlichen Verhältnis von Erregungs- und Hemmungsimpulsen im Gehirn beruhe.

Unter Erregung verstand Eysenck eine besondere Aktivierung des Gehirns, die insbesondere die Bereitschaft zum Lernen erhöht. Als Hemmung bezeichnete er einen Zustand, in dem das Gehirn entspannt und ruhig und der Mensch vor einer möglichen Reizüberflutung geschützt ist.

Interessanterweise stellte Eysenck fest, dass extravertierte Personen über ausgeprägtere Hemmungsvorgänge im Gehirn verfügen als introvertierte. Dies wiederum sieht er als Grund dafür, dass introvertierte Menschen aufmerksamere und erfolgreichere Lerner sind.

Wie kann es zu diesem überraschenden Ergebnis kommen?

Beispiel
Stellen Sie sich vor, in der Karnevalszeit haben sich ein extravertiertes und ein introvertiertes Kind als Teufel verkleidet. Sie toben gemeinsam durch den Gruppenraum, werden immer wilder und bevor die Erzieherin erkennt, was sich da anbahnt, fangen beide gemeinsam an, Stühle umzuwerfen und Gegenstände von den Tischen auf den Boden zu werfen. Mit einiger Mühe gelingt es der Erzieherin, die Situation zu beruhigen und die beiden Kinder zu bewegen, wieder aufzuräumen, was an Unordnung geschehen ist. Einige Zeit später werden die Kinder im Außengelände von Kindern der Nachbargruppe gefragt, was denn passiert sei. Die Wahrscheinlichkeit ist groß, dass das extravertierte Kind lachend davon erzählt, wie sie beide „Teufel" gespielt haben, während das introvertierte Kind die Problematik der Situation rasch erkannt hat und daher nur ungern von den ihm unangenehmen Ereignissen berichtet.

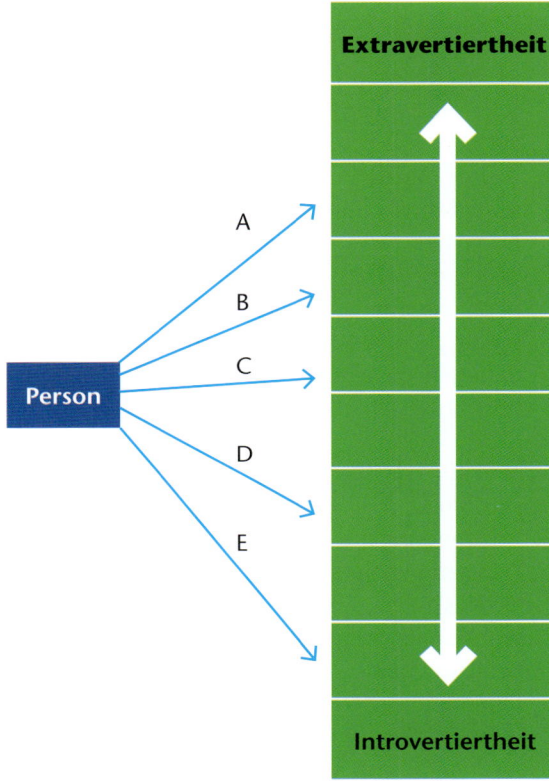

Hans Jürgen Eysenck (1916–1997)
Eysenck wurde in Berlin geboren und starb in London. 1934 ging er wegen des Nationalsozialismus nach Frankreich und kurze Zeit später nach London ins Exil. 1955 wurde er Professor für Psychologie an der Universtity of London, wo er bis 1983 forschte und lehrte. Eysenck verstand sich selbst als Naturwissenschaftler. Zu seinen wichtigsten Forschungsgebieten gehörte das menschliche Lernen, der Einfluss des Lernens auf die Persönlichkeit des Menschen und in Verbindung damit die Entwicklung von Verhaltensstörungen als Folge besonderer Milieubedingungen. Dementsprechend gehört er zu den Wissenschaftlern, die wesentliche Beiträge zur Entwicklung der lernpsychologisch orientierten Verhaltenstherapie erarbeitet haben. Eysencks weitere Forschung konzentrierte sich auf die menschliche Intelligenz als wichtigen Aspekt der Persönlichkeit. Seine diesbezüglichen Veröffentlichungen zu Intelligenzunterschieden zwischen verschiedenen Rassen waren allerdings stark umstritten und basierten auf zweifelhaften Arbeiten seines Lehrers Cyril Burt.

Natürlich spielen viele andere Eigenschaften der Persönlichkeit eine wichtige Rolle für Lernen und Lernerfolg.

- Die **Lernbereitschaft** wird von vielen situativen Aspekten beeinflusst. So kann ein Kind lernen, um seiner Erzieherin, seinen Eltern oder seiner Lehrerin eine Freude zu machen oder von ihnen bewundert und gelobt zu werden. Es kann aber auch sein, dass das Kind neugierig und interessiert an der Sache ist. Im ersteren Fall spricht man von extrinsischer und im letzteren von intrinsischer Motivation.
- Weiter spielen die **Konzentrationsbereitschaft und -fähigkeit** eine wichtige Rolle. Auch hier lässt sich feststellen, dass es eine Wechselwirkung gibt: Ist das Lernen erfolgreich, nimmt auch die Konzentrationsbereitschaft zu. Viele Misserfolgserlebnisse können dagegen zu einem raschen Abbau der Konzentrationsfähigkeit führen.

Weitere für das Lernen wichtige Persönlichkeitsaspekte sind:
- Anstrengungsbereitschaft
- Frustrationstoleranz
- Willenskraft
- emotionale Ausgeglichenheit
- Selbstdisziplin
- Offenheit für Neues

Zusammenfassend soll noch einmal betont werden, dass es zwischen persönlichkeitspsychologischen Faktoren, die das Lernen beeinflussen, und den Lernprozessen und -ergebnissen eine wechselseitige Beeinflussung gibt: Ein Mensch, der etwas Neues gelernt hat, ist ein anderer als vorher. Nachfolgende Lernprozesse werden also wiederum anders von der Persönlichkeit beeinflusst, als dies vorher der Fall war. Dieser Prozess wird niemals abgeschlossen, sondern vollzieht sich während des gesamten Lebens.

3.3.4 Lernen in sozialen Zusammenhängen

Um das Lernen des Kindes zu verstehen, ist es wichtig, die sozialen Zusammenhänge, in die es integriert ist, möglichst gut zu kennen. Aufgrund der Abhängigkeit von der Zuwendung und von den Erfahrungen Erwachsener und z. T. auch älterer Kinder, trifft dies auf ganz junge Kinder in noch größerem Maße zu als auf ältere.

Die Frage nach den sozialen Zusammenhängen von Kindern in einer Gruppe bezieht sich vor allem auf folgende Aspekte:
- Unterschiede und/oder Gemeinsamkeiten im Aussehen der Kinder
- kulturelle Unterschiede und/oder Gemeinsamkeiten
- Unterschiede und/oder Gemeinsamkeiten bezüglich der sozialen Herkunft
- Bildungsunterschiede und/oder -gemeinsamkeiten
- Kompetenzunterschiede und/oder -gemeinsamkeiten

Kinder entwickeln ihr Selbstbewusstsein, ihr Selbstwertgefühl und ihr Selbstvertrauen immer auch im Kontext eines Vergleichs mit anderen Kindern ihrer Bezugsgruppe. Dabei ist es besonders wichtig, dass sie lernen, mit sozialen und kulturellen Unterschieden achtsam umzugehen. Wie dies möglich ist, lernen sie vor allem auch an Vorbildern – den Eltern und auch den sozialpädagogischen Fachkräften in den Einrichtungen, die sie besuchen. Für die sozialpädagogischen Fachkräfte bedeutet dies,
- wertschätzend auf die Einzigartigkeit eines jeden Kindes einzugehen,
- das Interesse jedes Kindes an sozialen Vorgängen wachzuhalten und es zu altersgemäßer Mitwirkung und Übernahme sozialer Verantwortung zu ermutigen,
- ein Gleichgewicht zwischen der Anerkennung der individuellen, sozialen und kulturellen Eigenarten jedes Kindes einerseits und den Bedürfnissen der Bezugsgruppe andererseits zu gewährleisten.

Dies alles gilt nicht erst für Kinder im Schulalter, sondern trifft bereits bei Kindern unter drei Jahren zu. Der vielleicht wichtigste Grund, weshalb eine sozialpädagogische Fachkraft ein besonderes Augenmerk auf die sozialen Zusammenhänge haben muss, liegt darin, dass individuelles Lernen sich immer auch zu einem großen Teil in sozialen Austauschsituationen vollzieht, die von Kommunikation und Kooperation bestimmt sind.

Im Lernverhalten Jugendlicher und Erwachsener kann man feststellen, wie unterschiedlich individuelle Lernbiografien gerade in dieser Hinsicht verlaufen sind. Einige von ihnen können die Vorteile kooperativen Lernens und Arbeitens sehr gut nutzen, andere dagegen kommen weniger oder gar nicht zurecht, wenn sie mit anderen zusammenarbeiten sollen.

Lernen – Kommunikation – Kooperation
Kinder lernen allmählich, ihr egozentrisches Weltbild zu überwinden und die Welt aus der Perspektive anderer wahrzunehmen. Gilt es soziale oder auch Sachprobleme möglichst optimal zu lösen, ist es eine große Hilfe, andere Lösungsperspektiven nachvollziehen und ausprobieren zu können. Dazu wiederum muss man in der Lage sein, sich von seiner eigenen Sichtweise zu lösen, sich in die Sichtweisen anderer hinzuversetzen und eine Lösungsstrategie aus dieser Perspektive zu entwickeln oder mitzuentwickeln. Wer dazu nicht oder nicht ausreichend in der Lage ist, muss als „Einzelgänger" eine Lösung finden. Dieser Weg kann manchmal schneller sein, meistens jedoch lässt sich gemeinsam besser eine Lösung erarbeiten. Ganz besonders trifft dies dann zu, wenn es für ein Problem nicht nur eine, sondern mehrere Lösungen mit unterschiedlicher Brauchbarkeit gibt.

Die Fähigkeit zum Perspektivwechsel und damit auch zur Übernahme der Perspektiven anderer Personen entwickelt sich in der Kindheit. Sie ist eine besonders wichtige Voraussetzung für all die Lernprozesse, bei denen es um die Entwicklung von grundlegenden Kompetenzen im Umgang mit Problemen geht, für deren Lösung es kein einfaches „richtig" oder „falsch" gibt, sondern die die Entwicklung möglichst brauchbarer Handlungs- und Lösungsstrategien erfordern. In der sozialpädagogischen Praxis sind die Erzieherinnen überwiegend mit solchen Problemen konfrontiert, in denen es darum geht, die in der Situation und unter den bestimmten Bedingungen brauchbarste Lösung zu finden. Handelt es sich um komplexere und grundsätzlichere Problemsituationen, werden Kooperation und Kommunikation im Team rasch zu einer unentbehrlichen Hilfe.

Dies gilt jedoch nicht nur für sozialpädagogische Fachkräfte. Auch in der Grundschule, in freizeitpädagogischen Einrichtungen, in weiterführenden Schulen und in den meisten Berufen werden Kooperations- und Kommunikationsfähigkeit verlangt.

Dazu ist eine Bereitschaft zum sozialen Austausch mit anderen erforderlich – eine Bereitschaft, die schon im frühen Kindesalter unterstützt und gefördert werden kann. Sobald die Kooperation mit anderen auf die gemeinsame Lösung eines sozialen oder eines Sachproblems bezogen ist und innerhalb der Gruppe nicht der Konkurrenzkampf dominiert, wird auch die Bereitschaft zunehmen, sich auszutauschen und gemeinsam zu lernen. Wie viel „mehr" man in sozialen Zusammenhängen lernen kann, zeigt sich immer wieder im Sport. So gibt es Fußballmannschaften mit den teuersten Spielern der Welt, die dennoch nicht den entsprechenden Erfolg haben, weil sie nicht ausreichend zu kooperieren und zu kommunizieren in der Lage sind. Und immer wieder gibt es sogenannte Außenseiter, die überraschend die Meisterschaft ohne Übermaß an Spitzenspielern gewinnen können, weil sie als Team harmonieren können. Jeder Spieler weiß genau, was der andere beabsichtigt und kann sich darauf einstellen – d.h., jeder ist in der Lage, die Perspektive zu wechseln.

Lernen – ein sozial beeinflusster Prozess
So wie das Lernen in einer Gemeinschaft von großem Vorteil für die Entwicklung der Lernkompetenz des Menschen sein kann, so kann sie natürlich auch durch ungünstige Lernumgebungen – unter Umständen sogar schwer – beeinträchtigt werden. In Kapitel 1.2 konnten Sie bereits viel darüber erfahren, wie man günstige Lernbedingungen schaffen kann.

An dieser Stelle soll daher nur auf solche Aspekte eingegangen werden, die das Lernen von Kindern

und Jugendlichen in sozialpädagogischen Einrichtungen stören bzw. fördern können. Besonders wichtige und im positiven Sinne beeinflussbare Faktoren sind z. B.:
- Lärm und Unruhe
- Übersichtlichkeit des Raums
- Übersichtlichkeit der Materialien
- überschaubare Gruppengröße
- ausgeglichene Gruppenatmosphäre
- Integration des Einzelnen in die Gruppe
- Wertschätzung durch die anderen Gruppenmitglieder
- Wertschätzung und Ermutigung durch die sozialpädagogischen Fachkräfte

Vor allem in den 1970er und 1980er Jahren war unter den sozialpädagogischen Fachkräften die Vorstellung verbreitet: „Wo Kinder sind, da muss es laut sein." Maria Montessori wies jedoch immer wieder darauf hin, dass es in Gruppen keineswegs laut sein muss, sondern dass Kinder im Gegenteil Ruhe benötigen, um sich entwickeln zu können. Sie meinte dabei keineswegs eine auf autoritäre Weise erzwungene Ruhe, sondern jene, die entsteht, wenn Kinder konzentriert auf ein bestimmtes Ziel hinarbeiten und lernen. Die meisten erwachsenen Menschen haben schon einmal ein solches ruhiges Kind erleben können, das „vor lauter Lernen" die Welt um sich herum zu vergessen scheint und hinterher nicht müde und abgekämpft, sondern entspannt und froh ist. Die sozialpädagogische Fachkraft hat in diesem Zusammenhang die Aufgabe, Lernangebote zu machen und eine Lernumgebung zu gestalten, die es den Kindern ermöglicht, in dieser Weise ruhig und ungestört zu spielen und zu lernen.

3.3.5 Lernen findet im Gehirn statt

Wie Sie bereits in Kapitel 1.2 erfahren konnten, spielt das menschliche Gehirn eine zentrale Rolle für Lernprozesse und somit auch für die Fähigkeit des Menschen, unterschiedlichste Herausforderungen des Lebens bewältigen zu können. In diesem Kapitel können Sie den Aufbau und die Funktionen des Gehirns näher kennenlernen.

Wenn Lernen als Aufbau neuer Verhaltens- oder Handlungsweisen zu verstehen ist, der den Organismus nachhaltig verändert, dann muss es Orte geben, an denen diese Veränderungen stattfinden und in irgendeiner Weise dauerhaft präsent sind. Diese Orte finden sich im Nervensystem. Das Gehirn ist das Zentrum des Nervensystems, von dem aus der gesamte Körper gesteuert wird. Es erhält seine „Informationen" in Form von Stimuli (Reizen) aus der Außenwelt und aus dem Körperinneren. Dabei kommt es zu folgenden Vorgängen:
1. Sobald Reize auf spezifische rezeptorische Organe (Sinnesorgane) treffen, rufen sie dort Erregungen hervor.
2. Diese Erregungen werden zum Gehirn weitergeleitet und verarbeitet.
3. Von dort gelangen sie zu den entsprechenden effektorischen (ausführenden) Organen, die die entsprechenden Körperorgane zu Reaktionen veranlassen.

Das Gehirn von Frauen wiegt im Durchschnitt 1245 Gramm, das von Männern 1375 Gramm. In Relation zur Körpergröße ist das Gewicht des Gehirns von Männern und Frauen etwa gleich groß. Es beträgt 2 Prozent des Gesamtkörpergewichts, ist – in unterschiedlicher Weise – permanent aktiv und verbraucht die Energie von ca. 20 Prozent der Nahrung, die der Mensch zu sich nimmt. Dabei werden ebenfalls 20 Prozent des Gesamtblutes durch das Gehirn geleitet, um den großen Sauerstoffbedarf zu decken. Wird das Gehirn vollständig von der Sauerstoffzufuhr abgeschnitten, verliert der Mensch bereits nach ca. 10 Sekunden das Bewusstsein. Länger andauernder Sauerstoffmangel kann erhebliche Schäden verursachen.

Das Nervensystem

Das Nervensystem lässt sich unterteilen in das zentrale Nervensystem (ZNS) und das periphere Nervensystem. Zum ZNS zählen
- das Gehirn und
- das Rückenmark.

Die Hauptfunktion des ZNS liegt in der Regulation und Koordination der Arbeit und der Zusammenarbeit der Körperteile sowie der psychischen Vorgänge und Zustände.

Das periphere Nervensystem umfasst
- **sensorische Nervenbahnen**, die die Verbindungen zwischen Rezeptoren und ZNS herstellen, sowie
- **motorische Nervenbahnen**, die die Verbindungen zwischen ZNS und Effektoren herstellen.

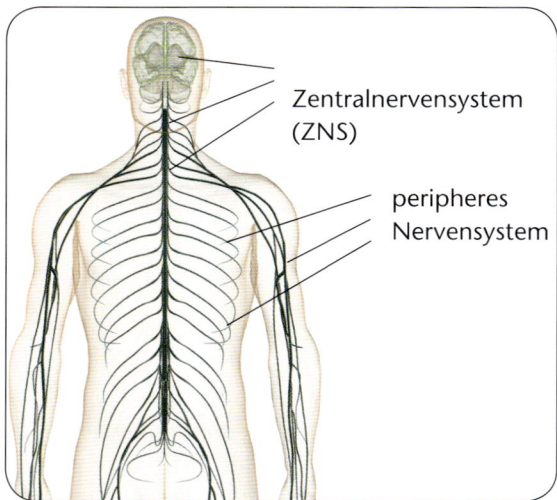

Die Informationsmenge, die das Gehirn in Form von Erregungsimpulsen erreicht, dort verarbeitet wird und das Verhalten steuert, entspricht etwa 100 Megabyte (MB) pro Sekunde. Die Impulse, die das Gehirn verlassen, entsprechen dann immer noch ca. 50 MB. Man könnte fast meinen, es handele sich dabei um Prozesse, die der Arbeitsweise eines Computers vergleichbar sind. Tatsächlich jedoch sind die Prozesse vom Input (der Reizaufnahme) zum Output (dem sich ergebenden Verhalten) im Nervensystem weit komplizierter (vgl. Spitzer, 2007, S. 53 ff.).

Das Nervensystem besteht aus drei wesentlichen Elementen:
1. Nervenzellen
2. sensorische Rezeptoren (Sinneszellen)
3. Synapsen (Verbindungsstellen)

Die Synapsen

Die **Synapsen** spielen für das Lernen eine besonders wichtige Rolle. Sie sind die Kontaktstellen zwischen Nervenzellen und anderen Zellen (wie Sinnes-, Muskel- oder Drüsenzellen) sowie zwischen Nervenzellen untereinander. Über die Synapsen werden Impulse auf jeweils andere Nervenzellen übertragen. Es lassen sich erregende und hemmende Synapsen unterscheiden. Beim Lernen verändert sich die Übertragungsstärke der Synapsen.

Die Impulsübertragung geschieht meist durch chemische und in einigen Fällen auch durch elektrische Prozesse. Bei der chemischen Impulsübertragung spielen sogenannte **Neurotransmitter** eine besondere Rolle. Sie sind die Botenstoffe, die auf die impulsempfangenden Zellen einwirken. Dabei verläuft die Impulsweiterleitung immer nur in einer Richtung. Viele Medikamente bzw. Drogen wirken, indem sie die Freisetzung der Neurotransmitter beeinflussen (z. B. Betablocker zur

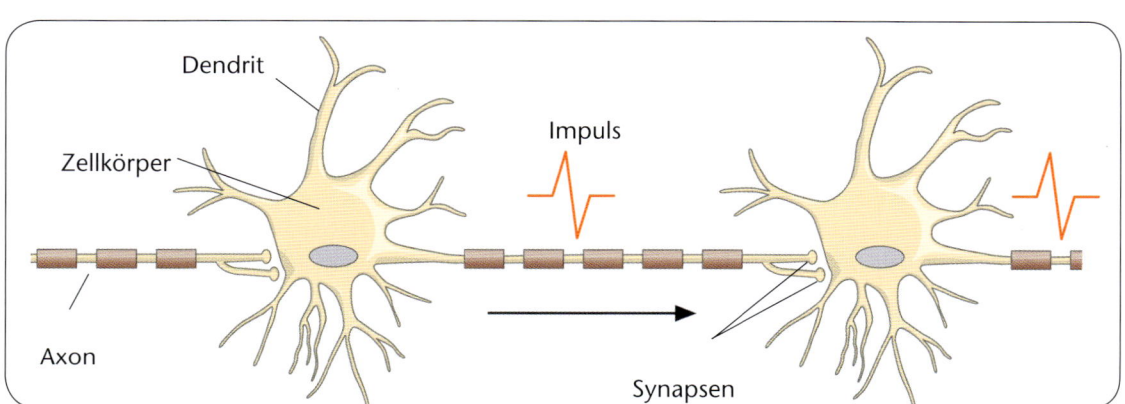

Nervenzelle und Übertragung von Impulsen

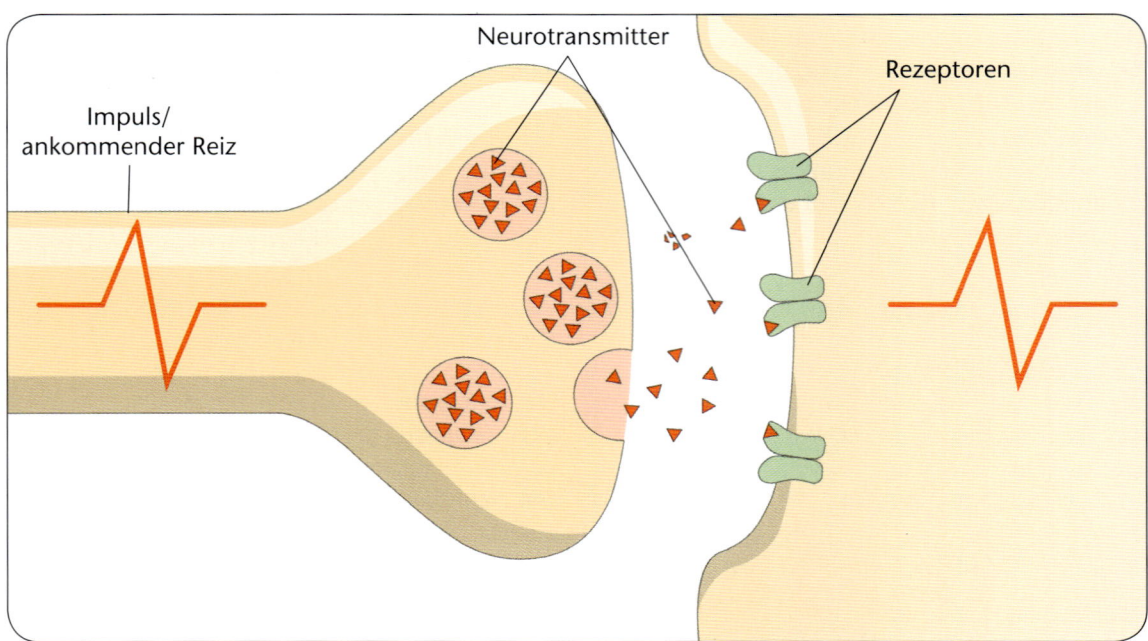

Beeinflussung des Herzkreislaufsystems, Nikotin, Kokain etc.). Da über jede Synapse nur Impulse einer ganz bestimmten für sie typischen Stärke weitergeleitet werden, ist jede Nervenzelle nur für die „Speicherung" spezifischer Lerninhalte „zuständig".

„Unsere Fähigkeit, die Welt zu meistern, steckt in den synaptischen Verbindungen zwischen den Nervenzellen in unserem Gehirn. Da die Welt regelhaft ist, brauchen und müssen wir uns nicht jede Einzelheit merken. Hätten Sie jede einzelne Tomate, die Ihnen je begegnete, als jeweils diese oder jene ganz bestimmte Tomate abgespeichert, dann hätten Sie den Kopf voller (einzelner) Tomaten. Dies würde Ihren Kopf nicht nur unnötig füllen, Sie hätten auch nichts von diesem einzelnen Wissen. Nur dadurch, dass wir von Einzelnem abstrahieren, dass wir verallgemeinern und eine allgemeine Vorstellung von einer Tomate aus vielen Einzelbegegnungen mit Tomaten formen, sind wir in der Lage, z.B. die nächste als solche zu erkennen und dann sofort zu wissen, welche allgemeinen Eigenschaften (Aussehen, Geruch, Geschmack, man kann sie essen, kochen, trocknen, werfen, zu Ketschup verarbeiten etc.) sie hat.

Soll das Lernen uns zum Leben befähigen, sollen wir also für das Leben lernen, geht es in aller Regel um solche allgemeinen Kenntnisse, um Fähigkeiten und Fertigkeiten. [...] Im Hinblick auf das Lernen in der Schule oder an der Universität folgt, dass es nicht darum gehen kann, stumpfsinnig Regeln auswendig zu lernen. Was Kinder brauchen, sind Beispiele. Sehr viele Beispiele und wenn möglich die richtigen und gute Beispiele. Auf die Regeln kommen sie dann schon selbst. [...] Nur dann, wenn die Regel immer wieder angewendet wird, geht sie vom [...] sehr flüchtigen Wissen im Arbeitsgedächtnis in Können über, das jederzeit wieder aktualisiert werden kann."
(Spitzer, Selbstbestimmen, 2007, S. 77f.)

Funktionen des Nervensystems

Stellen Sie sich einen Säugling vor, der in der Nacht zu schreien beginnt. Die Ursache kann mit großer Wahrscheinlichkeit wie folgt erklärt werden: Ein Mangel des Organismus an Nährstoffen wirkt auf spezifische Rezeptoren ein.

Dabei handelt es sich vor allem um einen Glukosemangel, auf den spezielle Rezeptoren im Magen reagieren. Die dabei entstehenden Erregungen werden zum Gehirn des Säuglings geleitet, dort verarbeitet und zu entsprechenden effektorischen Organen weitergeleitet. Die effektorischen Organe aktivieren all die Körperorgane, die zum Hilfeschrei nach Nahrung erforderlich sind. Bereits an diesem kleinen und gut nachvollziehbaren Beispiel sieht man, welche lebenserhaltende Funktion das Nervensystem hat.

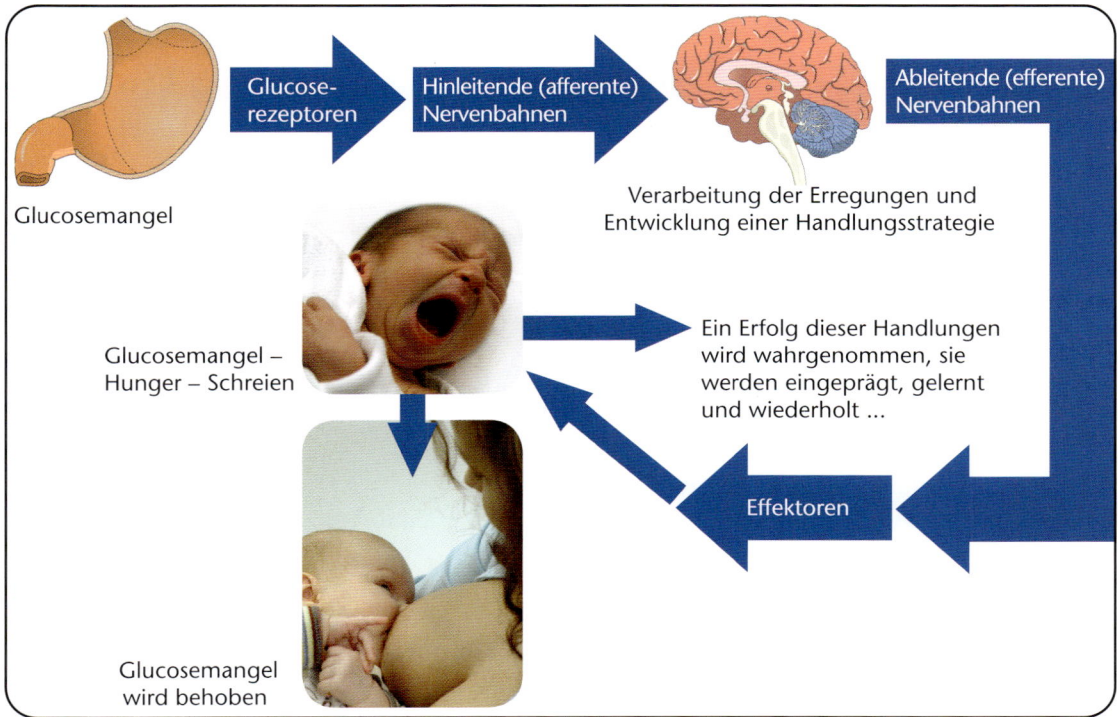

Beispiel für die Funktionen des Nervensystems

Unbewusste Vorgänge im Nervensystem gibt es in vergleichbarer Weise auch bei Säugetieren; das menschliche Nervensystem weist allerdings noch weitere Besonderheiten auf:
- die Denkfähigkeit, mit der das Ich-Bewusstsein verbunden ist
- einen Zeitbegriff, der sich auf Vergangenheit, Gegenwart und Zukunft bezieht und ein historisches Bewusstsein ermöglicht
- die Bildung ethischer Wert- und Moralvorstellungen
- die komplexe menschliche Sprachfähigkeit
- das Abstraktionsvermögen mit der komplizierten Fähigkeit zur Begriffsbildung, ohne die geistige Aktivitäten auf höherem Niveau nicht möglich wären

Es sind insbesondere diese Fähigkeiten des Nervensystems, die den Unterschied zwischen Mensch und Tier ausmachen. Früher ging man sogar davon aus, dass diese Fähigkeiten mit einem völligen Verlust der bei Tieren so wichtigen Instinkte verbunden sind. Heute weiß man allerdings, dass der Mensch zwar weniger als Tiere von Instinkten gesteuert wird, diese aber keineswegs gänzlich verloren hat.

Aufbau und Funktionen des Rückenmarks
Die Nervenbahnen des Rückenmarks haben zwei wesentliche Funktionen:
- Sie leiten Erregungen von den rezeptorischen Organen weiter zum Gehirn und umgekehrt vom Gehirn weiter zu den effektorischen Organen.
- Sie sind das Reflexzentrum des Menschen. Das heißt: Von rezeptorischen Organen werden solche Erregungen über sensorische Nervenbahnen zum Rückenmark geleitet, die keine Beteiligung der Großhirnrinde herbeiführen und benötigen. Im Rückenmark werden diese Erregungen übertragen auf motorische Nervenbahnen und zu entsprechenden effektorischen Organen geleitet. Man spricht dann von einem Reflexbogen.

Bei einem **Reflexbogen** handelt es sich um eine Reaktion, an der das Gehirn und insbesondere die Großhirnrinde nicht beteiligt sind. Man unterscheidet **Eigenreflexe** (z. B. Kniescheibenreflex), bei denen das gereizte und das Erfolgsorgan identisch sind, und **Fremdreflexe** (z. B. der Niesreflex), bei denen beide verschiedene Organe sind.

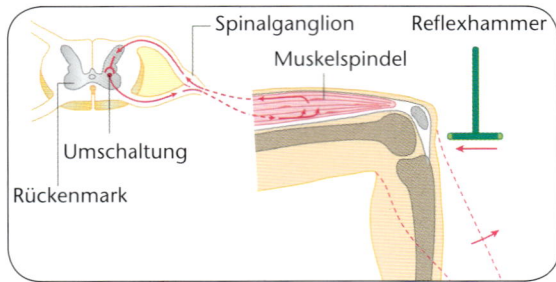

Der Kniescheibenreflex (Reflexbogen)

Vom Aufbau des Großhirns

Das **Großhirn** (Telenzephalon) ist der größte Hirnabschnitt. Es umfasst das Mittel- und das Zwischenhirn. Entwicklungsgeschichtlich ist es der jüngste Teil des Gehirns und Sitz des Bewusstseins; es ist der Ort
- der bewussten Empfindungen,
- des bewussten Handelns,
- des Willens und
- des Gedächtnisses.

Das Großhirn ist nach außen von der **Großhirnrinde** (**Kortex**) umgeben. Im Verlauf der Entwicklungsgeschichte der Menschheit ist die Großhirnrinde immer stärker gewachsen, sodass sich aufgrund des begrenzten Platzes unter dem Schädelknochen tiefe Furchen und erhabene Windungen bildeten. Die Großhirnrinde ist zwischen 1,5 und 3 mm dick und enthält etwa 70 Prozent aller Nervenzellen.

In der Großhirnrinde liegen Verbände von Nervenzellen, die ähnliche Aufgaben haben. Diese Verbände werden als **Rindenfelder** bezeichnet. Man unterscheidet **motorische** und **sensorische Rindenfelder** sowie **Assoziationsfelder**:
- In den motorischen Rindenfeldern liegen Nervenzellen, die die Kontraktion der Skelettmuskeln steuern.
- In den sensorischen Rindenfeldern liegen die Nervenzellen, die die Sinneseindrücke von allen Sinnesorganen verarbeiten.
- In den Assoziationsfeldern werden verschiedene Erregungen verknüpft. Sie verfügen über keine direkten Verbindungen zu rezeptorischen oder effektorischen Organen. Die Assoziationsfelder dienen der Koordination und der weiteren Verarbeitung von motorischen Handlungskonzepten und Sinneseindrücken. Dadurch ermöglichen sie geistige Leistungen wie kreatives Denken und Handeln sowie logisches und abstraktes Denken. Für das Lernen des Menschen spielen diese Felder eine herausragende Rolle.

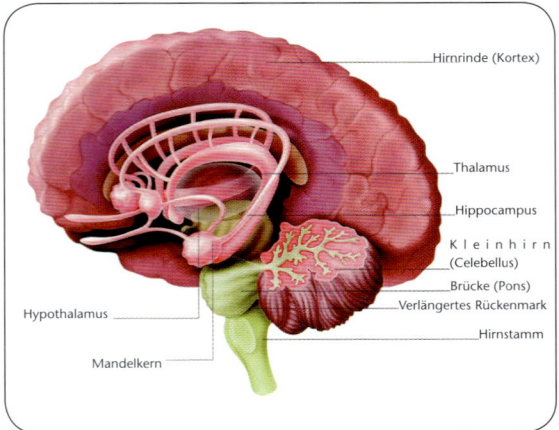

Der Hippocampus

An der Innenseite des Schläfenlappens der Großhirnrinde liegt rechts und links der Hippocampus, das Seepferdchen. Der **Hippocampus** ist in diesem Zusammenhang insofern wichtig, als von ihm zunächst alle neuen, zu lernenden Sachverhalte aufgenommen werden müssen (vgl. Spitzer, 2007).

„Weltweite Berühmtheit in der neurowissenschaftlichen Gemeinschaft erlangte der Patient H. M., dem wegen einer ansonsten nicht behandelbaren Epilepsie der Hippokampus und angrenzende Teile des Gehirns auf beiden Seiten operativ entfernt wurden. Der Patient war danach auf den ersten Blick völlig normal. Es zeigte sich jedoch, dass er unfähig war, neue Ereignisse zu lernen. Die Ärzte und Psychologen, die ihn über Jahre hinweg untersuchten, mussten sich ihm bei jedem Besuch neu vorstellen; er hatte vergessen, mit wem er es beim letzten Mal zu tun gehabt hatte. H. M. konnte immer wieder die gleiche Tageszeitung lesen und überrascht sein von der Neuigkeit der Nachrichten. Ganz schlimm wurde es, als er einmal umziehen musste. Er fand sich in seiner neuen Wohnung nicht zurecht.
In krassem Gegensatz zu seiner Unfähigkeit, neue Einzelereignisse zu lernen, stand das erhalten gebliebene Erlernen einer Fertigkeit. So brachte man H. M. beispielsweise das Schreiben von Spiegelschrift bei, und er hatte damit keine

Schwierigkeiten, sondern lernte dies wie jeder andere auch. Man kann durchaus vermuten, dass H. M. nach der Operation auch das Fahrradfahren hätte lernen können, völlig unbeeinträchtigt, wie jeder andere Mensch auch, wenn er es nicht schon zuvor gekonnt hätte."
(Spitzer, 2007, S. 22 f.)

Neurologische Untersuchungen haben gezeigt, dass Londoner Taxifahrer, die sich im Allgemeinen besonders gut orientieren können, einen etwas größeren Hippocampus als der Durchschnitt der Menschen haben. Manfred Spitzer hält es für möglich, dass der Grund dafür in einem besonderen Wachstum der Nervenzellen im Hippocampus besteht, verursacht durch das permanente Lernen von Orten und Straßennamen. Nach einem entsprechenden Nervenwachstum in der Großhirnrinde wurde intensiv – allerdings ohne Erfolg – geforscht.
Der Hippocampus versetzt den Menschen in die Lage, sehr schnell auf Neues zu reagieren.

„Hat der Hippocampus eine Sache als neu und interessant bewertet, dann macht er sich an ihre Speicherung, d. h. bildet eine neuronale Repräsentation von ihr aus. Daraus folgt, dass eine Sache vergleichsweise neu und interessant sein muss, damit unsere schnell lernende Hirnstruktur sie aufnimmt bzw. ihre Aufnahme unterstützt."
(Spitzer, 2007, S. 34)

Doch so wichtig der Hippocampus für das Lernen sein mag: Der Mensch ist auch ohne die lernpsychologischen Funktionen des Hippocampus lernfähig. Zwar ist dann die Orientierung beeinträchtigt. Beispielsweise hatten Kinder mit diesem Problem Schwierigkeiten, den Heimweg zu finden. Doch die Großhirnrinde stellt so viele Lernmöglichkeiten bereit, dass ein Leben ohne die Vorteile des Hippocampus durchaus möglich ist.

Lernen können und trotzdem nicht wissen
Können Sie sich an die vielleicht mit gewissen Qualen verbrachten Fahrstunden erinnern? Sie haben gelernt, das Gaspedal, die Kupplung, die Bremse, die Handbremse und das Lenkrad zu bedienen. Es dauerte eine Weile, bis Sie ohne Mitwirkung Ihres Fahrlehrers, ohne sein plötzliches Bremsen, ohne seine Hilfe beim Kuppeln ruckfrei fahren könnten. Erklären Sie jetzt mal spontan – ohne im Auto selbst zu sitzen, was Sie beim Autofahren alles leisten. Wo sitzt die Kupplung? Wo die Bremse? Wie bedienen Sie all das – einschließlich der Benutzung der Rückspiegel. Was tun Sie beim Einparken?

Implizites Wissen
Man spricht von implizitem Wissen, wenn man etwas kann, ohne darüber in Form von Wissen verfügen zu können.

Explizites Wissen
Man spricht von explizitem Wissen, wenn man direkt und bewusst über die Inhalte des Wissens verfügen bzw. erklären kann, wie etwas ist, abläuft oder funktioniert.

Es gibt zahlreiche Beispiele für eigenes „Können ohne bewusstes Wissen". Diesem Können ist zwar oft – aber nicht immer – ein explizites Wissen vorausgegangen, welches aber nach einiger Zeit wieder verloren ging.

Üben, üben, üben
Neurologische Untersuchungen haben gezeigt, dass das Erlernen von implizitem Wissen langsam verläuft und der Lernerfolg mit zunehmender Zahl an Wiederholungen immer besser wird. Dies trifft auch auf das oben angeführte „Fahrschulbeispiel" zu. Bei geübten Autofahrern gibt es kein „Abwürgen" mehr, kein Ruckeln und keine Probleme beim Einparken. Autofahrer, die wegen der Schwierigkeiten das Einparken nach Möglichkeit vermeiden und evtl. den Partner bitten, dies für sie zu tun, wird es aufgrund fehlender Übung sehr lange oder immer schwerfallen.
Es gibt sehr viele Faktoren, die das Lernen beeinflussen. Einige davon wurden neurologisch untersucht. Zwei davon sollen hier kurz dargestellt werden:
- Aufmerksamkeit
- Emotionen

Aufmerksamkeit
Man unterscheidet zwei Arten von **Aufmerksamkeit**:
1. allgemeine Wachheit (Vigilanz)
2. selektive Aufmerksamkeit

Die Stärke der Vigilanz bezieht sich auf die Aktivität des Gehirns insgesamt, die selektive Aufmerksamkeit bezieht sich im Unterschied dazu nur auf eine Aktivierung der Hirnbereiche, die für die Verarbeitung der jeweils bevorzugten Informationen „zuständig" sind.

Mit Sicherheit kennen Sie diese Probleme: Sie möchten sich gerne auf eine Klausur vorbereiten, sind aber so müde, dass Sie kaum etwas behalten. Oder Sie sind sehr wach und trotzdem fällt Ihnen das Lernen schwer. Das Gesetz von Yerkes und Dodson zeigt, dass die Lernfähigkeit bei zunehmender Erregung des Organismus zunächst zunimmt, bis eine optimale Leistungsfähigkeit erreicht ist, um dann wieder bis zu einem Minimum abzunehmen.

So stellte Eysenck (vgl. Kap. 3.3.3) fest, dass introvertierte Menschen weniger zusätzliche Impulse (Erregung) benötigen, um schnell und erfolgreich zu lernen, als extravertierte Personen, die mehr zusätzliche Impulse benötigen, um die volle Leistungsfähigkeit zu erreichen.

Der selektiven Aufmerksamkeit steht nur eine begrenzte Kapazität zur Verarbeitung von Informationen zur Verfügung. Das bedeutet: Je breiter die Aufmerksamkeit gestreut ist, desto weniger Informationen können von den verschiedenen Objekten aufgenommen werden, auf die sich die Aufmerksamkeit ausrichtet. Es ist also nicht hilfreich für das Lernen, wenn man gleichzeitig noch Musik hört. Entweder ist die selektive Aufmerksamkeit dabei ganz und gar auf das Lernen ausgerichtet, sodass man kaum etwas von der Musik mitbekommt. Oder man nimmt gleichzeitig etwas von der Musik wahr, was aber die Leistungsfähigkeit beim Lernen beeinträchtigt. Die Gesamtmenge dessen, was als Information aufgenommen werden kann, bleibt gleich (vgl. Spitzer, 2007, S. 143 ff.).

Emotionen

Emotionen üben einen starken und oft unterschätzten Einfluss auf das Lernen aus. Sobald Lernprozesse von positiven Emotionen begleitet werden, laufen sie rascher, erfolgreicher und nachhaltiger ab. Umgekehrt kann man inzwischen feststellen, dass als unangenehm erlebte Emotionen das Lernen unter Umständen sogar stark beeinträchtigen. Dies gilt auch für Lernen verbunden mit Angst – auch wenn oft das Gegenteil behauptet wird.

Angst bewirkt zwar ein rasches Lernen von Inhalten im Sinne eines „Einpaukens". Sobald es allerdings um komplexere kognitive Prozesse geht, ist Angst ein starkes Lernhemmnis. Das Herstellen von Beziehungen, das Vergleichen, Analysieren und Bewerten und vor allem das Anwenden von Lerninhalten wird durch Angst beeinträchtigt – also all das, worauf Lernprozesse ausgerichtet sind.

Im Gehirn sind die Mandelkerne in der Nähe des Hippocampus dafür verantwortlich, dass beängstigende Inhalte schnell gelernt werden. Dies ist durchaus sinnvoll und im Interesse einer zukünftigen Vermeidung von konkreten, natürlichen Gefahren. Auf komplexe „Gefahrensituationen" wie der Herausforderung einer Berufsabschlussprüfung ist dies allerdings nicht bezogen. Hier nämlich kommt es darauf an, das Gelernte anzuwenden, komplexe Sachverhalte zu analysieren und zu bewerten etc.

Man konnte bei der Untersuchung von Patienten mit Verletzungen im Bereich des Hippocampus feststellen, dass zwar noch Emotionen, aber keine Fakten mehr gelernt werden können, während es sich bei Verletzungen des Mandelkerns umgekehrt verhält. Hier können zwar Fakten, nicht aber Emotionen wie Angst gelernt werden.

Wie Angst kann auch Stress zum Problem beim Lernen werden. Stress erhöht zwar die Aktivität des Herz-Kreislaufsystems, die kognitive Leistungsfähigkeit und hemmt u. a. Verdauung, Wachstum und Immunsystem. Stress hat aber gleichzeitig nicht zu unterschätzende negative Langzeitwirkungen und begünstigt eine Neigung zu Geschwüren, zu Infektionskrankheiten und zu Krebserkrankungen. Akuter Stress ist hilfreich für den Umgang mit Gefahren, er kann sogar Lernprozesse unterstützen. Länger anhaltender oder Dauerstress ist dagegen gesundheitsgefährdend. Stresshormone behindern die notwendige Energiezufuhr der Nervenzellen (vgl. Spitzer, 2007, S. 171).

Engramme – Gedächtnisspuren

Wo und wie werden die Inhalte von Lernprozessen „aufbewahrt"? Das Nervensystem funktioniert, wie bereits erwähnt, sehr viel komplexer und komplizierter als ein Computer. Die Spuren, die Lernprozesse im zentralen Nervensystem hinterlassen, werden als Engramme bezeichnet.

Engramm
Ein Engramm ist ein Muster synaptischer Verbindungen, über die Erregungen ganz bestimmter Stärke weitergeleitet werden. Es handelt sich bei einem Engramm um ein Erregungsmuster in einem spezifischen Zellverband. Der Lerninhalt, den das jeweilige Erregungsmuster „repräsentiert", ist durch die besondere Stärke der synaptischen Verbindung „definiert".

Insgesamt spielt sich hier ein einfach erscheinender, biologisch und psychologisch jedoch sehr komplizierter Prozess ab:

„Ein Wahrnehmungsinhalt aktiviert [...] ein spezifisches Erregungsmuster in den beteiligten Zellverbänden aufgrund des physikalischen Inputs und aufgrund der bereits vorliegenden synaptischen Konnektivitäten [Verbindungen]. Wenn das Erregungsmuster zu einem bekannten, stabilen Muster konvergiert, dann ‚erkennt' das System ein Objekt, eine Person etc. D.h., Wahrnehmung und alle anderen kognitiven Aktivitäten sind als Anpassungen aktueller, von der Außenwelt getriebener Aktivierungsmuster an die vorhandenen synaptischen Verbindungen in [...] Zellverbänden zu verstehen. [...] Damit ist jeder kognitive Akt in seiner eigentlichen Bedeutung ein Vorgang des Gedächtniszugriffs. Kognitive Prozesse ohne Beteiligung von Gedächtnis, ohne eine Reaktivierung von gespeicherten Repräsentationen sind nicht denkbar. Eine langfristige Speicherung von Gedächtnisinhalten kann mittels zweier unterschiedlicher Mechanismen erfolgen."
(Rösler, 2003, S. 509f.)

Zu Lang- und Kurzzeitgedächtnis finden Sie Informationen in Kapitel 1.2.2.
Werden bestimmte Erregungsmuster häufiger in der gleichen Weise aufgebaut, dann wird die Wahrscheinlichkeit immer größer, dass sie später in entsprechenden Situationen wieder aktiviert werden: Übung macht also nachweislich und neurologisch erwiesen den Meister. Übung schafft implizites Wissen.
Etwas anders verhält es sich beim sogenannten expliziten Wissen, für dessen Erlernen die synaptischen Verbindungen im Hippocampus eine zentrale und beschleunigende Rolle spielen, denn dort werden die spezifischen synaptischen Verbindungen sehr schnell aktiviert und in einer Art „Kurzschrift" an die sensorischen oder motorischen Bereiche der Großhirnrinde weitergeleitet, wo relativ dauerhaft verfügbare Engramme entstehen. Aufgrund der Beteiligung des Hippocampus vollzieht sich das Lernen hier sehr viel schneller. Im Unterschied zu implizitem Wissen sind die Lerninhalte dabei durchaus bewusst (vgl. Rösler, 2003, S. 509f.).

3.3.6 Lernen als Wirklichkeitskonstruktion

Konstruktivisten vertreten die Auffassung, dass Lernen geistige Konstruktionsleistung ist, die durch die psychische Spannung initiiert wird, die entsteht, wenn der Mensch mit einem ungelösten Problem konfrontiert wird. Durch die Lösung des Problems gelingt der angestrebte Spannungsabbau. In diesem Sinne bedeutet Lernen, brauchbare Problemlösungen und subjektive Antworten auf die vielfältigen Fragen im Leben des einzelnen Menschen zu finden, d. h., Lernen ist Konstruktion von Problemlösungen, Rekonstruktion von Problemlösungen sowie Analyse und Dekonstruktion von Sachverhalten (vgl. Reich, 1997, S. 119ff.):

- Konstruieren heißt, eigene geistige Konstruktionen zu entwickeln – verwoben mit den subjektiven Bedeutungen, den individuellen Interessen-, Motivations- und Gefühlslagen. Konkret bedeutet das: Der Mensch ist Konstrukteur seiner Wirklichkeit und somit ihr **„Erfinder"** (Reich, 1997, S. 119).
- Der Mensch erfindet allerdings nicht alles neu. Vielmehr basiert das subjektiv konstruierte Wissen von der Welt auch auf den entdeckten und nachvollzogenen Erfindungen anderer. Erfindungen anderer nachzuvollziehen heißt, sie erneut zu entdecken. Der Mensch ist somit Rekonstrukteur des Wissens anderer und ihr **„Entdecker"** (Reich, 1997, S. 119).
- Der Mensch kann nicht mit all seinen Wissenskonstruktionen zufrieden sein. Es gibt immer auch Alternativen – im Ganzen wie im Detail –, wie der Weg zum eigenen, subjektiven Wissen gegangen werden kann. Es fehlen Aspekte oder sie erweisen sich aus anderer Perspektive betrachtet als wenig brauchbar. Die Überprüfung der Wissenskonstruktionen, ihre Analyse, das Klären möglicher Ansatzpunkte für eine

Optimierung ihrer Brauchbarkeit usw. wird als Dekonstruktion bezeichnet. Der Mensch ist Dekonstrukteur seines Wissens und des Wissens anderer und somit ihr „**Enttarner**" (Reich, 1997, S. 121).

Die Lernenden können die Konstruktionsprozesse, die zu ihrem Wissen führen, nur selbst steuern. Insbesondere soziale Interaktionen bieten dabei die Möglichkeit, das konstruierte Wissen zu überprüfen. Dadurch wird die Konstruktionsfähigkeit der Lernenden geschult und weiterentwickelt. Konstruktionsfähigkeit in diesem Sinn heißt Denkfähigkeit. Dabei müssen die Lernenden die Möglichkeit haben, die Lerninhalte mit bereits bestehenden Inhalten bzw. Wissensstrukturen zu verknüpfen, um sie vor dem Hintergrund ihrer vorherigen Erfahrungen neu zu konstruieren oder zu rekonstruieren. Jeder Lernweg muss neu konstruiert oder erfunden werden können. Neugierde, Überraschung, Staunen und Zweifel führen zu einer Motivation an der Sache selbst (intrinsische Motivation). In diesem Sinn muss Lernen sinnvoll, nützlich und an realen Bedürfnissen orientiert sein. Erfolgreiches und nachhaltiges Lernen ist nur möglich, wenn die Lernenden ihre Lernprozesse selbst steuern können. Autonomie ist die Voraussetzung für Selbstkonstruktion und Wissenserwerb.

Nicht nur im konstruktivistischen Sinne gilt: Lernen muss Spaß und Freude machen, die Lerninhalte müssen die Lernenden persönlich „ergreifen" und möglichst ihre ganze Person berühren. Passives, nur reproduktives Lernverhalten im Sinne „sinnlosen Paukens" muss durch Selbsttätigkeit, Selbstverantwortung und Eigeninitiative ersetzt werden.

Der Radikale Konstruktivismus

Der sogenannte Radikale Konstruktivismus ist die Theorie des Wissens und Lernens, die beschreibt, dass das Wissen des Menschen, sein Bild von der sozialen und materiellen Welt, immer eine geistige Konstruktion aus dem Zusammenspiel von Sinnesreizen, Gedächtnisleistungen, Bedürfnissen, Vorstellungen, Werthaltungen etc. ist.

Deshalb gehen Vertreter des Radikalen Konstruktivismus davon aus, dass es keine vom Einzelnen unabhängige Objektivität gibt und geben kann – keine Objektivität im Sinne einer hundertprozentigen Übereinstimmung von wahrgenommener und erlebter Welt einerseits und außerhalb des menschlichen Organismus existierender Realität andererseits.

Schon Jean Piaget und viele Wissenschaftlicher vor ihm waren davon überzeugt, dass das menschliche Wissen keineswegs eine Kopie der Realität sein kann. Nach Auffassung der Radikalen Konstruktivisten ist es vielmehr Ergebnis einer erfolgreichen Anpassung des Menschen an seine Welt und genau und nur für diesen „Zweck" brauchbar (viabel) und geeignet.

Die folgenden anschaulichen Beispiele für die Förderung oder Behinderung der Eigenkonstruktion von Wissen stammen aus einem unveröffentlichten Vortrag, der im Frühjahr 1996 von Ernst von Glasersfeld anlässlich eines Kongresses zum Thema „Die Schule neu erfinden" gehalten wurde. Ernst von Glasersfeld ist der Begründer des Radikalen Konstruktivismus, der „radikal" heißt, weil er ganz konsequent menschliches Wissen als subjektiv versteht und jegliche Existenz objektiven Wissens grundsätzlich bestreitet.

Ernst von Glasersfeld (*1917)
Ernst von Glasersfeld ist Philosoph und Kommunikationswissenschaftler. Wegen des Nationalsozialismus verließ er 1937 Deutschland und ging nach Australien. Während des Zweiten Weltkrieges arbeitete er als Farmer in Irland und nahm die irische Staatsbürgerschaft an. Bereits damals gingen seine philosophischen und psychologischen Gedanken in Richtung des später von ihm entwickelten Radikalen Konstruktivismus. 1965 wurde er Leiter eines Projekts der US-Air-Force über computergestützte Linguistik. 1972 las von Glasersfeld zum ersten Mal Arbeiten von Jean Piaget, dessen Theorie über das Denken und Lernen von Kindern zu einer der Grundlagen seiner wissenschaftlichen Arbeiten wurde.

In seinem Vortrag berichtete Ernst von Glasersfeld u. a.:

„Ich war vor sehr langer Zeit in der Schule. Als man dahin kam, dass man uns Geometrie beibringen wollte, da kam der Lehrer in die Klasse und sagte: Heute fangen wir mit der Geometrie an und die Geometrie hat bestimmte Elemente. Das erste Element, sagt er, und nimmt sich so ein schönes Stück Kreide, geht an die Wand, das erste Element ist der Punkt, und macht mit der Kreide so einen hübschen weißen Fleck auf die Wandtafel.
Wie er sich umdreht, schaut er nochmal zurück und sagt: Ja das ist natürlich kein Punkt, kein geometrischer Punkt, weil der geometrische Punkt keine Extension [Anm.: Ausdehnung] hat. Und dann geht es weiter. Da saßen wir, und ich schließe von mir auf die anderen und wir fragten uns: Ja wie geht das? Der Punkt hat keine Extension, also keine Größe. Ist es ein Sandkorn? Nein, nein, ein Sandkorn hat immer noch Extension.
Vielleicht ein Staubkorn? Nein, nein ein Staubkorn hat immer noch Extension. In dem Moment musste man zuhören, was der Lehrer sagte, weil man sonst verloren gewesen wäre und da hat sich das so irgendwie begraben, diese Frage. Die Frage war aber nicht tot. Diese begrabenen Fragen sind so wie Gasblasen, die da unter der Oberfläche sind und eines Tages wird die Temperatur etwas höher, blubb, kommen sie heraus und wirken enorm störend.
Kurz nach dem Begräbnis dieser Punktfrage kommt der Lehrer und sagt, heute fangen wir mit den Dreiecken an. Wie lange das her ist, werden sie daraus erkennen, dass ich ihnen sage, zu unserer Zeit hat der Lehrer noch mit großen Holzdreiecken und Kreide an der Tafel gezeichnet. Er erzählte uns also, ein Dreieck habe drei Ecken und drei Seiten und da kann man das noch weiter beschreiben und da hebt er so eines von diesen Holzdreiecken auf, hält es vor sich und sagt, das ist ein gleichschenkeliges Dreieck. Und indem er das gerade gesagt hat, fällt sein Blick offenbar auf die eine Ecke von dem Dreieck und sieht, dass die abgebrochen ist. Und da sagt er, das wäre ein gleichschenkeliges Dreieck, wenn es diese Ecke noch hätte und er geht weiter und erzählt uns über die Dreiecke und die Winkel usw.
Meine Herren und Damen, dieser Lehrer, obwohl er im Großen und Ganzen ein sehr guter Lehrer war, hat eine unglaublich schöne Idee versäumt. Denn, wie er diese abgebrochene Ecke gesehen hat, hätte er ja sagen können, das geometrische Dreieck, das ist ja nicht das Hölzerne, das geometrische Dreieck, es ist in eurem Kopf. Das konstruiert ihr euch selber, denn wenn ihr das nicht tut, findet ihr ja nirgends in der Welt ein eigentliches Dreieck. Denn ihr findet nirgends eine wirkliche Gerade. Das braucht man ja nur mit einem Mikroskop anzuschauen, dann hat das schöne, hölzerne Dreieck [...] keine Gerade. Das ist, wenn man es [...] mit einem Elektronenmikroskop betrachtet, eine Gebirgskette, an der entlang sie als Beobachter eine Gerade ziehen. [...] Schön! Ich glaube, dass diese Erfahrung, die wir damals gemacht haben, heute genauso wichtig ist wie damals. Wenn man der Klasse erklärt, dass nicht nur die Mathematik, sondern auch die Physik aus Begriffen besteht, die man nicht findet, nicht beobachten, nicht aufklauben kann, sondern die man sich selber machen muss, dann wäre enorm viel [...] geholfen. Dann kämen die Schüler nicht in die fürchterliche Situation, in die, glaube ich, fast alle kommen, [...], dass sie vor der gleichen Frage stehen, wie bei dem Punkt, ja wie ist es denn möglich, dass man von sehr klein zu gar nichts kommt?"
(von Glasersfeld, 1996)

Wahrscheinlich sind auch Sie davon überzeugt, dass die Welt so ist, wie Sie sie wahrnehmen, und wahrscheinlich ist es fast unmöglich, Sie vom Gegenteil zu überzeugen. Immerhin – davon sind Sie wahrscheinlich überzeugt – haben Sie ja Ihr Leben lang gelernt, wie sie um Sie herum ist. Wären Sie sonst überlebensfähig? Oder stimmt es vielleicht doch, was Heinz von Foerster mit seinem Buchtitel „Wahrheit ist die Erfindung eines Lügners" sagt (von Foerster, 2008)?
So provozierend diese Fragen sein und so viel Verwunderung und Unglauben sie hervorrufen mögen, wissenschaftliche Arbeiten wie die von Heinz von Foerster haben bis heute großen Einfluss auf Psychologie, Pädagogik und Philosophie. Heinz von Foerster schreibt im oben erwähnten Buch:

„Wenn es keine Lüge gäbe, wäre alles, was gesagt wird, wahr. [...] So kommt die Wahrheit erst zu Stande durch den Lügner: Wahrheit ist die Erfindung eines Lügners. [...] Ich war ganz stolz auf diese Einsicht und eilte zu einem Philosophenfreund, um

ihm von meiner Entdeckung zu erzählen: ‚Du bist ein halbes Jahrtausend zu spät, mein lieber Heinz', sagte der und verwies mich auf Nikolaus von Kues. [...] ‚Wieso der?' wollte ich wissen. So lernte ich, dass es in der Unendlichkeit des Reiches Gottes keine Lüge gibt: Alles ist wahr. Aber alles ist wahr, weil es keine Lüge gibt. Um das verständlich zu machen, gibt uns Nikolaus von Kues eine Metapher: Man stelle sich einen Kreis mit endlichem Durchmesser vor und erlaube dem Kreis, sich zu vergrößern und zu vergrößern und zu vergrößern, bis der Durchmesser unendlich groß wird: Dann wird der Umfang zur vollkommenen Geraden. Ein unendlicher Kreis ist identisch mit einer geraden Linie! Die Gegensätzlichkeiten, Teil und Gegenteil, die fallen hier zusammen [...]"
(von Foerster/Pörksen, 2008, S. 11)

Wirklichkeit ist subjektiv

Wenn der Mensch, wie Heinz von Foerster nahelegt, keinen Zugang zu einer wie auch immer gearteten absoluten Wahrheit hat, dann muss jeder Einzelne folgerichtig als Erfinder bzw. Konstrukteur seiner eigenen Wahrheit bezeichnet werden – dann muss man unterscheiden zwischen einer äußeren Realität, zu der der Mensch keinen Zugang hat, und der Wirklichkeit, die sich jeder selbst konstruiert.

Ein Blick ins Tierreich genügt, um diese Auffassung zu unterstützen. Regenwürmer verfügen über diffuse Lichtsinnesorgane, die ihnen lediglich eine Hell-dunkel-Unterscheidung ermöglichen. Bei Quallen sind die Lichtsinnesorgane an bestimmten Körperzellen konzentriert, was ihnen bereits ein gewisses Richtungs- und Bewegungssehen ermöglicht. Die Fassettenaugen der Fliegen sind im Hinblick auf die Wahrnehmung von raschen Bewegungen fast 19-mal so leistungsfähig wie die Linsenaugen des Menschen. Die Bildauflösung der Fassettenaugen ist dagegen so grob, dass eine Fliege wesentlich weniger Details wahrzunehmen vermag als der Mensch. So nehmen die verschiedenen Lebewesen schon alleine deshalb eine jeweils andere Welt wahr. Wer von ihnen aber hat die Wahrheit? Die einfache Antwort ist: Jedes Lebewesen hat seine eigene Wirklichkeit; sie ist seine Wahrheit. Was für die optische Wahrnehmung gilt, das trifft natürlich auch auf alle anderen Sinne zu, die unser Bild von der Welt bestimmen. Die Ente, die im Winter auf dem Eis eines zugefrorenen Sees steht, würde wohl kaum Verständnis für die kalten Füße der am Seerand stehenden Beobachter haben.

Nun könnte man meinen, die Leistungsfähigkeit der menschlichen Sinnesorgane sei der von anderen Lebewesen so weit überlegen, dass der Mensch der Wahrheit, also der Antwort auf die Frage, wie die Welt „wirklich" sei, sehr viel näher komme als andere Lebewesen. Auch dies ist offensichtlich nicht der Fall. Würden Fliegen „nur" über die optische Wahrnehmungsfähigkeit des Menschen verfügen, gäbe es sie wahrscheinlich

Heinz von Foerster (1911–2002)
Heinz von Foerster war Physiker, Professor für Biophysik und lange Zeit Leiter des Biological Computer Laboratory in Illinois. Als Physiker arbeitete er zunächst in Deutschland und Österreich, entwickelte eine quantenphysikalische Theorie des Gedächtnisses und emigrierte 1949 in die USA. Dort arbeitete er mit dem Neurologen Warren McCulloch und mit John von Neumann, dem Erfinder des modernen Computers, zusammen. An der University of Illinois gründete er das berühmte Biologische Computer Labor und entwickelte es zu einem kognitionspsychologischen Forschungszentrum. Heinz von Foersters Verdienst ist es, immer wieder auf die unvermeidlichen blinden Flecken und individuellen Eigenarten des Beobachters aufmerksam gemacht zu haben, der sich dem vermeintlich von ihm unabhängigen Objekt der Beschreibung nähert. Persönlich besaß der Natur- und Geisteswissenschaftler Heinz von Foerster nie einen Computer, war Psychologe, Philosoph, Hobby-Zauberer und schaffte es mit seinen psychologischen, pädagogischen und philosophischen Theorien, seine Zuhörer in packenden Vorträgen in den Bann zu ziehen.

nicht. In diesem Fall würden sie die sich nähernden Feinde nämlich viel zu langsam erkennen.
Aber nicht nur der Vergleich der Wahrnehmungsfähigkeit verschiedener Lebewesen zeigt, dass das Bild, das der Mensch von der Welt hat, nicht der Realität entspricht und nur von ihm selbst konstruiert ist. So sind die Perspektiven, aus denen die Welt betrachtet wird, individuell verschieden, die Emotionen, die hinter diesem Bild stehen, die Bedürfnisse, die Vorerfahrungen und vieles mehr. Es ist inzwischen wissenschaftlich gesichert, dass jeder Mensch ein eigenes, individuelles Bild von der Welt und damit von der Wirklichkeit konstruiert. Selbst wenn Zeugen vor Gericht schwören, dass sie die Wahrheit sagen, und selbst wenn sie damit Recht haben, es bleibt immer ihre individuelle „Wahrheit". Jeder gute Richter weiß dies und strafbar ist nur, wenn ein Zeuge wissentlich etwas anderes bezeugt, als es seiner Wirklichkeit entspricht.

Viabilität des Bildes von der Welt
Für die Existenz eines Lebewesens ist es zunächst überhaupt nicht wichtig zu wissen, wie die Welt in der Realität ist. Überlebenswichtig für das Lebewesen ist es vielmehr, die Welt so wahrzunehmen, dass sein Bild von der Welt für seine individuellen Belange brauchbar ist. Die individuellen Belange sind von Lebewesen zu Lebewesen sehr unterschiedlich. Das eine Lebewesen kann sich nur langsam, das andere sehr schnell bewegen. Ein Raubvogel muss aus großer Höhe kleinste sich bewegende Tiere sehen können, die einem Menschen selbst aus großer Nähe noch verborgen blieben. So verfügen die verschiedenen Lebewesen in der Regel über ein individuelles Bild von der Welt, das speziell für das Überleben ihrer Art brauchbar ist. Diese Brauchbarkeit wird in der Fachsprache als Viabilität bezeichnet.

Epistemologie oder „Wie Wissen entsteht"
Ernst von Glasersfeld und Heinz von Foerster haben eine Theorie über das Wissen und den Wissenserwerb entwickelt. Man bezeichnet diese Theorie auch als Epistemologie.

Epistemologie
Epistemologie wird oft als Erkenntnistheorie bezeichnet. Ernst von Glasersfeld vermeidet dieses Wort allerdings und spricht stattdessen von „Wissenstheorie", da das Wort Erkenntnis glauben lässt, dass es eine Widerspiegelung, ein Ebenbild der Welt außerhalb des Organismus gebe.
Die Epistemologie befasst sich im Wesentlichen mit folgenden Fragen:
1. *Was ist Wissen und wie kommt Wissen zustande?*
2. *Was ist Gewissheit und wie kommt sie zustande?*
3. *Unter welchen Bedingungen wird Wissen als gültig angesehen?*

In Kapitel 3.3.5 konnten Sie erfahren, was die Neurowissenschaften zum Zustandekommen von Wissen in Erfahrung bringen konnten. Viele dieser neurowissenschaftlichen Erkenntnisse stehen im Einklang mit den Auffassungen des Radikalen Konstruktivismus, viele der Auffassungen des Radikalen Konstruktivismus lassen sich auch neurowissenschaftlich belegen.

Autopoiesis oder „Was unser Wissen mit uns macht"
Die Konstruktivisten vertreten die Auffassung, dass der Mensch ein autopoietisches System sei. Wie in Kapitel 3.3.5 deutlich wurde, wandelt der Mensch auf die Sinnesorgane einwirkende Reize im Nervensystem in elektrische und chemische Impulse um. Das dadurch erzeugte Wissen bzw. die so entstandene Wirklichkeit ist kein getreues Abbild der Außenwelt, sondern eine für das Individuum meist brauchbare Eigenkonstruktion, die unter dem Einfluss bereits gemachter Erfahrungen, aktueller Emotionen oder Bedürfnisse etc. zustande kam.

Indem der Mensch sich keine Abbilder von der Welt macht, sondern sein Weltwissen selbst entwickelt, verändert er sich auch selbst. In diesem Sinne ist der Mensch der Konstrukteur seiner selbst oder in anderen Worten: Das System Mensch erzeugt sich selbst (vgl. Maturana, 2009). Dabei ist es immer auf sich selbst bezogen (selbstreferenziell), d. h., seine Lernprozesse werden zwar durch Umwelteinflüsse angeregt, als konkretes Wissen aber immer auf sich selbst bezogen und selbst konstruiert.

Indem der Mensch lernt, erschafft er sich selbst neu, indem er sich neu erschafft, erzeugt er neues Wissen, was ihn weiter verändert etc. Der Zusammenhang des als autonom verstandenen Systems Mensch zu seiner Außenwelt stellt sich dabei wie nachfolgend beschrieben dar.

Der Mensch als System

Der Konstruktivismus versteht den Menschen als ein in sich geschlossenes System, das mit seiner Umwelt in vielseitigen Wechselbeziehungen steht. Der „Mensch als System" bedeutet, dass jedes seiner psychologischen und organischen Elemente mit allen anderen, mit ihren Zuständen und ihren dynamischen Veränderungen zusammenhängt und zusammenwirkt. Demnach müssen Lernergebnisse – auch in pädagogischen Bezügen – immer als Ergebnis des Zusammenwirkens aller Elemente des ganzheitlichen Systems Mensch verstanden werden.

Das System steht zwar unter dem Einfluss seiner Außenwelt, verarbeitet diese Einflüsse aber immer selbst. Anders als von anderen Lernpsychologen (vgl. Kap. 3.3.7 und 3.3.8) angenommen, führt eine bestimmte Reizeinwirkung niemals zu sicher vorhersagbaren Reaktionen: Lebende Organismen sind nicht vergleichbar mit Maschinen, in die man etwas eingibt, um Vorhersagbares herauszubekommen.

Folgt man diesen Grundannahmen konstruktivistischer Lerntheorie, können Lehrende kein Wissen „vermitteln" – sie müssen vielmehr Situationen schaffen, in denen die Lernenden brauchbares Wissen konstruieren können. Genau diese Auffassung ist die Grundannahme des sogenannten handlungsorientierten Unterrichts, die vielen Richtlinien verschiedener Schulformen (auch vieler Fachschulen für Sozialpädagogik) zugrunde liegt.

Biologische Grundlagen des Konstruktivismus

Um den Bezug zwischen den Ausführungen zum „Gehirn als Ort des Lernens" und dem konstruktivistischen Lernverständnis noch deutlicher zu machen, seien an dieser Stelle noch einmal einige Aspekte aus anderer Perspektive dargestellt.

Das menschliche Nervensystem ist ein eigenständiges System, das selbst aus autonomen Teilsystemen besteht. Die Interpretation der Aktivität in den Nervenzellen findet innerhalb der kognitiven Teilsysteme statt und ist abhängig vom momentanen Zustand des Gesamtsystems. Die Aufgabe der kognitiven Teilsysteme liegt darin, selbsterzeugte Informationen zu kategorisieren und mit schon vorhandenen „Bildern" zu vergleichen. Kognitive Systeme umfassen alle Prozesse des Erkennens – von Wahrnehmungsprozessen über Denk- und Verstehensprozesse bis hin zu Urteilsprozessen und zur Inhaltlichkeit des Lernens.

Zu den Aufgaben der kognitiven Teilsysteme gehören vor allem

- die Zuordnung von Erregungen in den Sinneszellen zu bestimmten Erregungszuständen im Gehirn,
- der Vergleich der Mitteilungen verschiedener Sinnesbereiche,
- die Stimmigkeitsprüfung mithilfe des Gedächtnisses durch einen Vergleich aller eingehenden sensorischen Erregungen mit früheren.

Wahrnehmungsprozesse und Wahrnehmungsinhalte werden also immer von einer Vielzahl und Vielfalt anderer kognitiver, emotionaler und motivationaler Prozesse und Inhalte mitbestimmt.

Die Konstruktion von Wirklichkeit

Da alle Menschen einen grundsätzlich vergleichbaren Aufbau der Sinnesorgane und des Nervensystems haben, besitzen sie auch vergleichbare Wahrnehmungsmöglichkeiten. Jede Wahrnehmung der äußeren, d. h. außerhalb des Systems Mensch liegenden Realität, hängt jedoch davon ab, wie das geschlossene, **autopoietische System** Mensch das Wahrgenommene, die Außeneinflüsse verarbeitet. Dadurch ist das Wissen aller Menschen über sich und die Welt unterschiedlich. So werden verschiedene Schüler, die an demselben Unterricht teilgenommen haben, in einer Prüfung nur dann das gleiche „Wissen" reproduzieren können, wenn sie alle wörtlich aufgeschrieben haben, was der Lehrer gesagt hat, und genau dies auswendig gelernt haben. Sind Prüfungsvorbereitung und Prüfung so aufgebaut, wird der Lehrer allerdings nur herausfinden, welche Wörter er selbst gebraucht hat und nicht, was die Schüler tatsächlich wissen, d. h., was sie verstanden haben. Außeneinflüsse werden also immer zu einer individuellen, d. h. subjektiven Konstruktion von Wissen verarbeitet. Dabei kommt es darauf an, welche Wahrnehmungserfahrungen eine Person bereits gemacht hat und in welchem Gesamtzusammenhang die Wahrnehmungseindrücke aufgenommen und zu einer neuen Wissenskonstruktion entwickelt werden. Dabei sind sowohl die Übereinstimmungen als auch die Unterschiedlichkeiten der neuen Wahrnehmungen im Vergleich mit vorhandenen Erfahrungen bedeutsam. Stehen Einzelaspekte der Wahrnehmung im Widerspruch zu anderen Einzelaspekten, werden sie als „Fehler" oder „Täuschung" erlebt. Bei einer Fata Morgana beispielsweise stimmen die optische und die taktile Wahrnehmung nicht überein, da man den vermeintlichen See in der Wüste zwar sehen, das Wasser oder die Feuchtigkeit aber nicht fühlen oder ertasten kann. Faktoren, die im Gesamtzusammenhang für das Lernen bedeutsam sind, sind in diesem Sinne z. B. **Erfahrungen** wie

- grundlegende emotionale Erlebnisse,
- Verhaltensmuster aus dem Elternhaus,
- die eigene Biografie als Wissenskonstruktion,
- Lernerfolge,
- spezifische Lebenswelt,
- kulturelle Besonderheiten,

individuelles Befinden wie

- Wünsche,
- Sehnsüchte,
- Erwartungen,
- Motivation,
- körperlicher Zustand,
- Krankheiten,
- körperliche Symptome,

soziale Wahrnehmungen wie

- Konventionen der Lebenswelt,
- Übernahme von Rollenkonzepten,
- Übernahme von sozialen Erwartungen,
- Suche nach eigenen Idealen,
- positive und negative Vorbilder,
- Feindbilder und Sündenböcke.

Viabilität

Wenn alles subjektiv ist, ist dann für die Konstruktivisten alles relativ? Hat dann jeder mit seiner Wirklichkeit Recht? Wenn jeder seine Wirklichkeit selber konstruiert, dann kann es kein „wahr" und kein „falsch" geben.
In der Tat, für radikale Konstruktivisten wie Ernst von Glasersfeld oder Heinz von Foerster sind alle menschlichen Erkenntnisse relativ – aber es sind nicht alle gleich brauchbar für die Bewältigung der alltäglichen und weniger alltäglichen Aufgaben. Konstruktivisten sprechen in diesem Zusammenhang von Viabilität, einem Schlüsselbegriff des Konstruktivismus: Menschen lernen nicht nach dem Kriterium der Wahrheit, sondern nach dem der lebenspraktischen Brauchbarkeit.
Für von Glasersfeld ersetzt der Begriff der Viabilität den traditionellen Wahrheitsbegriff, der eine „korrekte" Abbildung der Realität meint. Somit ist eine Wahrnehmung, eine Erkenntnis, ein Wissen viabel, wenn es zum Individuum und gleichzeitig zu den Herausforderungen seiner Umwelt passt und die Erreichung seiner Ziele erleichtert. Der Mensch kategorisiert sein Handeln und sein Erleben zwar nach „richtig" und „falsch", diese Kategorisierung ist aber subjektiv und findet nach der Entscheidung statt, ob etwas viabel ist oder nicht: So gesehen ist etwas „richtig", wenn es in einem speziellen Sinne brauchbar ist, und „falsch", wenn dies nicht der Fall ist.
Bezogen auf die sozialpädagogische Praxis heißt das, die Kinder sollten nicht (nur) von den sozialpädagogischen Fachkräften hören, dass sie etwas falsch gemacht haben, sondern sie sollten lernen, ihr Handeln auf seine Brauchbarkeit hin selbst zu überprüfen.

Der konstruktivistische Lernbegriff

Wenn der Mensch seine Wirklichkeit selbst konstruiert, ist es unmöglich, dass jemand einen anderen etwas lehrt. Somit ist jedes Individuum für sein Lernergebnis selbst verantwortlich. Lernen im Sinne des Konstruktivismus bedeutet immer auch Veränderung der gerade bestehenden Wirklichkeitskonstruktion. Es vollzieht sich immer in einem Zusammenhang mit dem vorhandenen Wissen, das für die Entwicklung neuer Wissenskonstruktionen mitverantwortlich ist.

Methodisch-didaktische Bedeutung

Aus den folgenden konstruktivistischen Überlegungen sind didaktische Konsequenzen abzuleiten:

- Wissen ist aufgrund seiner immer weiterzuentwickelnden Viabilität nie vollständig und abgeschlossen.
- Wissen wird immer – auch in sozialen Zusammenhängen – individuell und in sozialen Prozessen konstruiert.
- Lernen als Konstruktion von Wissen ist ein aktiver Prozess.
- Lernen vollzieht sich in mehrdimensionalen Bezügen.

Daraus leitet sich ab:
- Kinder sollten beim Lernen so wenig Außensteuerung wie möglich erfahren.
- Sozialpädagogische Fachkräfte belehren Kinder oder Jugendliche nicht frontal, sondern sie unterstützen die Wissenskonstruktion von Kindern als Berater und Begleiter.
- Lernergebnisse sind nicht vorhersehbar.
- Sozialpädagogische Fachkräfte sind Lernhelfer. Sie müssen günstige Bedingungen für die Selbstorganisation des Lernenden schaffen.
- Sozialpädagogische Fachkräfte bereiten für die Kinder eine angemessene Lernumwelt auf und regen so zur Konstruktion von Wissen an.

Sozialpädagogische Fachkräfte sollten also Erfahrungsmöglichkeiten bereitstellen und Lernumgebungen gestalten, in denen Lernen möglich ist, aber nicht erzwungen wird. Dazu ist es erforderlich, dass die sozialpädagogischen Fachkräfte
- die Wirklichkeitskonstruktionen der Kinder oder Jugendlichen achten und wertschätzen,
- die eigenen Wirklichkeitskonstruktionen zurückstellen und den Kindern nicht aufzuzwingen versuchen,
- sich bemühen, die subjektiven Bedeutungen der Wissens- und Wirklichkeitskonstruktionen der Kinder und Jugendlichen nachzuvollziehen und zu begreifen,
- mehrere viable Problemlösungen der Kinder oder Jugendlichen ermöglichen,
- den Kindern und Jugendlichen Möglichkeiten zur selbstständigen Überprüfung der Viabilität anbieten,
- soziale und sachliche Lernumgebungen schaffen, die die Konstruktionsprozesse unterstützen,
- Raum für kreative Denkprozesse schaffen,
- Gespräche über die jeweiligen Wissens- und Wirklichkeitskonstruktionen der Kinder und Jugendlichen bzw. über die eigenen ermöglichen,
- eine selbstständige Wissenskonstruktion und -erschließung ermöglichen,
- die Kinder und Jugendlichen darin unterstützen, Neues an vorhandene Erfahrungen anzuschließen und für sie selbst sinnvolle Verknüpfungen herzustellen,
- die Kinder und Jugendlichen darin zu unterstützen, die Wissens- und Wirklichkeitskonstruktionen anderer achtsam wahrzunehmen und zu respektieren.

Die Bedeutung der Lernumgebung

Wenn Lernen ein auf selbstständigem Konstruieren, Rekonstruieren und Dekonstruieren basierender Prozess der Konstruktion von Wissen ist, dann spielt die von der sozialpädagogischen Fachkraft vorbereitete Lernumgebung eine wesentliche Rolle. Eine Lernumgebung stellt – wie in der Montessori-Pädagogik – altersgemäße, geeignete Materialien zur Konstruktion von Wissen bereit.

Ein herausragendes Merkmal einer Lernumgebung im konstruktivistischen Sinne ist, dass die bereitgestellten Materialien so offen sind, dass mehrere Problemlösungen bzw. mehrere Wissenskonstruktionen möglich sind und im Hinblick auf ihre Brauchbarkeit (Viabilität) überprüft werden können. Nur so ist das von den Konstruktivisten geforderte selbstbestimmte Lernen möglich und nur so kann erreicht werden, dass Lernen mehr ist als mechanisches Einprägen und Reproduzieren.

Die Lernumgebung muss darüber hinaus anregend sein und die Lernenden müssen die Möglichkeit haben, die darin enthaltene Lernherausforderung zu erkennen.

Eine Lernumgebung im konstruktivistischen Sinne muss eine Reihe wichtiger **Kriterien** erfüllen, die

die Eigenkonstruktion von Wissen durch die Kinder oder Jugendlichen – in der Erwachsenenbildung natürlich auch der Erwachsenen – anregen, ermöglich und fördern:

- Die Lernumgebung muss Situationen enthalten, die einen Bezug zur Lebenswirklichkeit der Kinder oder Jugendlichen aufweisen. Dieser Bezug muss erkennbar bzw. entdeckbar sein.
- Die Lernumgebung muss so vorbereitet sein, dass kooperatives Lernen und Arbeiten nicht nur möglich sind, sondern auch angeregt werden. Kooperative Arbeit bzw. kooperatives Lernen zwingt zur Kommunikation über die Konstruktionsprozesse. Die Lernenden müssen ihre Überlegungen erklären, was besonders wichtig für die Konstruktions-, Dekonstruktions- und Rekonstruktionsprozesse ist.
- Die Lernumgebung muss den Kindern oder Jugendlichen die Möglichkeit eröffnen, die Lerninhalte aus verschiedenen Perspektiven wahrzunehmen und zu dekonstruieren.
- Die Lernumgebung darf Lerninhalte nicht zu abfragbarem Lehrbuchwissen vereinfachen. Sie muss es den Lernenden vielmehr ermöglichen, die Sachverhalte in wichtigen Zusammenhängen ihrer eigenen, subjektiven Welt zu sehen und zu erleben.
- Die Lernenden, die in vorbereiteten Lernumgebungen arbeiten, sollten bei Bedarf unterstützt werden, ohne dass ihnen die Arbeit der Eigenkonstruktion ihres Wissens abgenommen wird.
- Die Lernumgebung muss so gestaltet sein, dass jedes Kind oder jeder Jugendliche die Möglichkeit hat, sein Wissen selbstständig zu konstruieren, ohne die Ergebnisse anderer Gruppenmitglieder zu kopieren.
- Der Lernprozess und die Ziele des Lernens sollten nach Möglichkeit gemeinsam geplant und die Lernumgebung gemeinsam vorbereitet werden.
- Die Lernumgebung muss unterschiedliche Lernwege und Lernmethoden offenlassen.
- Die Lernumgebung sollte den individuellen Lernvoraussetzungen der Lernenden angepasst und angemessen sein, was differenzierte Kenntnisse der sozialpädagogischen Fachkräfte über die Kinder und Jugendlichen erfordert.

Lernen vor dem Hintergrund des konstruktivistischen Verständnisses	
Lernen ist ein aktiver Prozess	Ohne aktive Beteiligung des Lernenden kann keine Wissenskonstruktion stattfinden; wichtige Bezugspunkte sind: • Interesse/Motivation • erlebte Sinnhaftigkeit der Lerninhalte
Lernen ist selbstgesteuert	Da eine Fremdsteuerung der Wissenskonstruktion nicht möglich ist, gilt es eine anregende Lernumgebung zu schaffen.
Lernen ist ein Konstruktionsprozess	Lernende konstruieren sich ihre Wirklichkeit bzw. ihr Weltbild (Wissen, Erfahrung, Werthaltungen) durch Vergleiche mit **vorhandenem** Wissen, mit Erfahrungen und Werthaltungen selbst. Deshalb müssen sie die Möglichkeit haben, die Viabilität ihres selbst konstruierten Wissens auch selbst zu überprüfen.
Lernen ist sozial	Lernen findet immer unter sozialen und kulturellen Einflüssen statt und nur im sozialen Kontakt mit anderen kann der Lernende die Plausibilität seines Lernens überprüfen. Wichtige Bezugspunkte sind: • Verständigung (Austausch) • Perspektivenvielfalt

3.3.7 Reflexe lernen

Es gibt angeborene und erlernte **Reflexe**. Vor nicht viel mehr als 100 Jahren entdeckte der russische Physiologe Pawlow, unter welchen Bedingungen Reflexe erlernt werden und welche Bedeutung dabei den angeborenen Reflexen zukommt. Um diese Zusammenhänge zu verstehen, ist es zunächst hilfreich, sich näher mit den angeborenen Reflexen zu befassen.

Jeder kennt das:
- Ein lauter Knall und man zuckt zusammen – unvermeidlich.
- Der Arzt holt einen kleinen Hammer und schlägt damit leicht unter die Kniescheibe. Der Unterschenkel schlägt nach vorne aus, ohne dass man die Bewegung absichtlich ausgeführt hat.

Die hier beschriebenen Reaktionen werden nicht erlernt, sondern sie sind angeboren und bei allen Menschen gleich. Solche Reaktionen bezeichnet man als Reflexe und unterscheidet verschiedene Formen:
- Eigenreflexe
- Fremdreflexe
- koordinierte Reflexbewegungen
- frühkindliche Reflexe

Bei Eigenreflexen lösen die spezifischen Reize die spezifischen Reaktionen im selben Organ (meist in einem Muskel) aus. Ein Beispiel für einen Eigenreflex ist der oben erwähnte Kniescheibenreflex. Solche Reflexe helfen, bei plötzlichen Schlägen oder Stößen das Gleichgewicht zu halten. Bei Eigenreflexen gibt es keine abschwächende Gewöhnung durch häufige Wiederholung.

Bei Fremdreflexen sind das reizaufnehmende Organ und das reagierende Organ unterschiedlich. Ein anschauliches Beispiel ist der sogenannte Kornealreflex: Eine kürzere oder längere Reizung der Hornhaut führt zwangläufig dazu, dass sich das Augenlid schließt. Die Hornhaut selber kann ja nicht reagieren, weil ihr die Muskulatur dazu fehlt. Im Unterschied zu Eigenreflexen ist bei Fremdreflexen eine Abschwächung des Reflexes durch Gewöhnung möglich. Auch der Speichelreflex ist ein solcher Fremdreflex. Es genügen zwei Voraussetzungen, ihn auszulösen: ein Hungergefühl und die Wahrnehmung von Essbarem.

Bei koordinierten Reflexbewegungen löst ein spezifischer Reiz Reaktionen einer Gruppe von Muskeln aus und kann weitere Organe wie Herz und Darm aktivieren und auch bestimmte Gefühle hervorrufen. Letztere können allerdings in gewissem Rahmen beeinflusst und gesteuert werden. Ein **koordinierter Reflex** kann beispielsweise sein, feuchte Hände vor Angst zu bekommen oder bei Schamgefühlen zu erröten, ohne es verhindern zu können.

Darüber hinaus gibt es Reflexe, die nur im frühen Kindesalter vorhanden sind und im Verlauf der Kindheit verschwinden. Vor allem für Kinderärzte sind solche Reflexe eine gute Möglichkeit zur Überprüfung der körperlichen Entwicklung.

Reflexe im frühen Kindesalter

- Drückt man leicht auf die Handinnenfläche oder auf die Fußsohle eines Kleinkindes, schließt sich die Hand bzw. der Fuß beugt sich, als wolle er greifen. Dieser **Greifreflex** wurde bereits ab der 32. Schwangerschaftswoche beobachtet. Er verschwindet relativ rasch, wenn das Kind ca. neun Monate alt ist. Der Greifreflex ist so stark, dass sich das Kind selbst an seiner Mutter oder an einer Stange festhalten kann.
- Berührt man den Mundwinkel eines Kleinkindes, wendet es sofort den Kopf in Richtung der Berührung. Dieser **Suchreflex** dient dazu, dass das Kind die Brust der Mutter leichter findet. Dieser Reflex verschwindet bereits im Verlauf des dritten Monats.
- Dem **Saug- und Schluckreflex** ist es zu danken, dass der Säugling nicht erst lernen muss, sich an der Mutterbrust zu ernähren. Sobald der Gaumen des Kindes berührt wird, beginnt es zwangsläufig zu saugen. Auch der Saugreflex geht ungefähr mit dem dritten Monat verloren. Dann kann das Kind bewusst saugen.
- Der sogenannte **Atemschutzreflex** bewirkt, dass ein neugeborenes Kind sofort aufhört zu atmen, sobald es mit dem Kopf unter Wasser gerät. Das Gleiche geschieht, wenn ihm starker Wind ins Gesicht bläst. Dieser Reflex geht bald nach der Geburt verloren.
- Der **Schreitreflex** bewirkt, dass ein Kleinkind bis etwa zum Alter von drei Monaten Schreitbewegungen durchführt, wenn es unter den Achseln gehalten wird und mit den Fußsohlen den Boden berührt.

Es gibt eine sehr große Zahl an Reflexen und alle werden zunächst ausschließlich durch ganz spezifische Umweltreize ausgelöst. Das muss aber nicht so bleiben. Es gibt psychologische Vorgänge, die dazu führen können, dass z. B. Folgendes geschieht:

- Das Läuten der Kirchenglocken um 12:00 Uhr mittags löst einen Speichelreflex aus.
- In einem völlig normalen Gespräch mit einem Mathematik-Lehrer bekommen Sie feuchte Hände.
- Bei der Begegnung mit Fremden erröten Sie.
- Eine bestimmte Musik lässt Sie sich wohlfühlen, was ihre Mitmenschen kaum verstehen können.
- Der Anblick Ihres früheren Schulgebäudes löst ein Angstgefühl aus.

Früher konnte man sich solche Vorgänge nur schwer erklären, bis der russische Physiologe Iwan Pawlow 1905 z. T. zufällig entdeckte, wie es dazu kommen kann, dass Reflexe gleichsam „lernen" können, auch von anderen als den spezifischen Reizen ausgelöst zu werden. So hat das Läuten einer Kirchenglocke zunächst einmal genauso wenig mit Nahrungsmitteln zu tun wie ein Mathematiklehrer mit der Angst, die für die feuchten Hände verantwortlich ist.

Um diese Lernvorgänge verstehen zu können, ist es hilfreich, folgende Reiz-Reaktions-Muster zu unterscheiden:

- **Neutrale Reize** lösen keinerlei Verhalten aus, wenn sie wahrgenommen werden.
- Bei einer „unbedingten" Reiz-Reaktions-Kette (z. B. Lidschlussreflex) löst ein **unbedingter Reiz** (**unconditioned stimulus, UCS**) in jedem Fall eine bestimmte Reaktion, einen **unbedingten Reflex** (**unconditioned reflex, UCR**) aus. Dieser Vorgang ist biologisch determiniert und wird nicht gelernt.
- Eine „bedingte" Reiz-Reaktions-Kette ist nicht biologisch festgelegt, sondern Ergebnis eines Lernprozesses bzw. einer Konditionierung. Ein ursprünglich neutraler Reiz (z. B. Kirchenglocke um 12 Uhr) wird unter bestimmten Bedingungen (z. B. tägliches Mittagessen um 12 Uhr) zu einem **bedingten Reiz** (**conditioned stimulus, CS**): Er löst eine Reaktion aus (z. B. Speichelfluss), also einen **bedingten Reflex** (**conditioned reflex, CR**), der ohne diesen Lernprozess nicht ausgelöst worden wäre. Die Reaktion hat sich also von einem Reiz (Speichelfluss als Reaktion auf bevorstehendes Mittagessen) auf einen anderen Reiz (Speichelfluss als Reaktion auf die Kirchenglocke) übertragen.

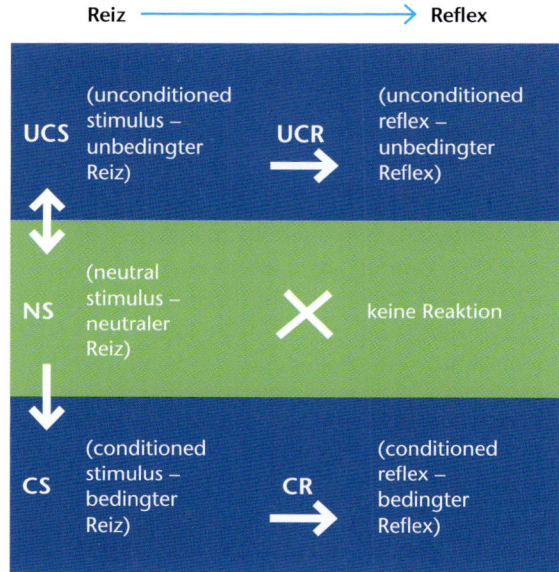

In seiner Konditionierungstheorie erklärt Pawlow, welche Bedingungen erfüllt sein müssen, damit ein ursprünglich neutraler Reiz einen ursprünglich angeborenen Reflex auszulösen vermag. Es gibt Reize, auf die der Mensch antwortet, ohne dies vorher gelernt zu haben. Die darauf beruhenden Lernprozesse bezeichnet man als respondentes Konditionieren. Respondent bedeutet „antwortend", d. h. in diesem Zusammenhang, dass Grundlage oder Ausgangspunkt des Lernprozesses Reize sind, auf die der Organismus mit angeborenem Verhalten antwortet. Da es sich dabei praktisch um die erste wissenschaftliche

Iwan Petrowitsch Pawlow (1849–1936)
Der russische Mediziner und Physiologe erhielt 1904 den Nobelpreis für – wie es damals hieß – „Physiologie oder Medizin" wegen seiner Forschungsarbeiten über die Verdauungsdrüsen. Pawlow legte Hunden bei diesen Forschungsarbeiten künstliche Ausgänge der Verdauungsorgane und untersuchte die dort produzierten Sekrete. Es gelang ihm auf diese Weise, die bis dahin unerforschten Verdauungsvorgänge zu enträtseln. Als psychologisch wichtiges Nebenprodukt fiel auf, dass die Hunde in seinen Experimenten bereits Speichel produzierten, wenn der Mann erschien, der sie normalerweise fütterte. Dies geschah auch, wenn dieser Mann gar kein Futter bei sich hatte. Diese Beobachtung sollte, was Pawlow damals noch nicht wusste, das psychologische Verständnis vieler Lernvorgänge revolutionieren.

Konditionierungstheorie handelte, bezeichnet man sie auch als Klassische Konditionierungstheorie und den Lernprozess als **Klassisches Konditionieren**. Die später vor allem in den USA entwickelten Konditionierungstheorien und ihre pädagogische Bedeutung lernen Sie im nächsten Kapitel (3.3.8) kennen.

Nur auf den ersten Blick erscheint die Klassische Konditionierung als eine sehr begrenzte Theorie, die kein besonders großes Spektrum menschlichen Verhaltens und Erlebens zu erklären vermag. Tatsächlich werden Sie in diesem Kapitel erfahren, dass die von Pawlow untersuchten Konditionierungsvorgänge das menschliche Leben und seine Entwicklung sehr weitreichend beeinflussen und erklären können. Es geht dabei um Lernvorgänge, an deren Ende möglicherweise schwere Verhaltensstörungen oder deren Überwindung stehen, die Schulängste oder auch deren Abbau erklären können, die also für viele mögliche Besonderheiten im Verhalten und Erleben des Menschen verantwortlich sein können. Pawlow selbst glaubte sogar, dass seine Theorie einmal das gesamte menschliche Verhalten und Erleben erklären könnte. Obwohl sich dies wissenschaftlich nicht bewahrheitet hat, besteht auch über 100 Jahre nach Pawlows Erkenntnissen kein Zweifel, dass seine Konditionierungstheorie wichtige Teilbereiche des menschlichen Verhaltens und Erlebens richtig erklärt.

Der Klassische Konditionierungsprozess

Wird ein neutraler Reiz wiederholt mit ein und demselben unkonditionierten Reiz wahrgenommen, wird der ursprünglich neutrale Reiz zum konditionierten Reiz. Wenn nun der ursprünglich neutrale Reiz wahrgenommen wird, löst er den gleichen Reflex aus wie der unkonditionierte Reiz.

Für die Geschwindigkeit, in der dieser Lernprozess stattfindet, spielen folgende Aspekte eine Rolle:
- die Anzahl der Wiederholungen
- der zeitliche Abstand zwischen den aufeinanderfolgenden Reizen
- die Stärke der Reize

Damit es zu einem nachhaltigen Lernprozess kommen kann, muss eine Mindestzahl an Wiederholungen der gleichzeitigen Wahrnehmung von neutralem und unkonditioniertem Reiz vorkommen. Dabei darf zunächst der Abstand des Auftretens zwischen unkonditioniertem und konditioniertem Reiz nicht zu groß sein. Weiter muss eine ausreichende Reizstärke mindestens eines der beiden Reize vorhanden sein.

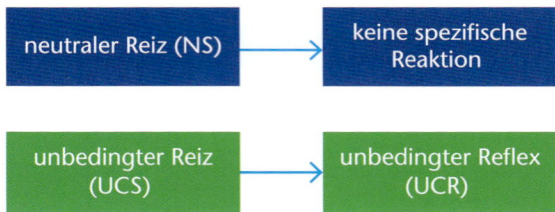

Der Konditionierungsprozess:
UCS und NS werden gleichzeitig und wiederholt wahrgenommen. UCS löst den unbedingten Reflex UCR aus.

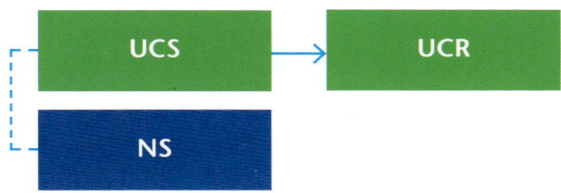

Das Konditionierungsergebnis:

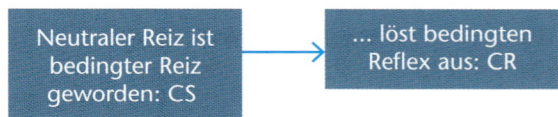

Klassisches Konditionieren

Als Pawlow bei seinen Experimenten mit Hunden über die chemischen Abläufe im Verdauungstrakt zufällig beobachtet hatte, dass diese Tiere bereits mit erhöhter Speichelproduktion reagierten, wenn sie nur den Mann sahen, der sie normalerweise fütterte, ging er dieser Beobachtung nach und führte folgendes Experiment durch:

Er konstruierte einen Apparat, in dem sein Versuchshund stehen musste und den Kopf nicht zur Seite bewegen konnte. Am Maul war der Hund mit einem System an Röhrchen verbunden, damit der dort produzierte Speichel in einem speziellen Behälter aufgefangen und seine Menge genau gemessen werden konnte. Der Raum war schallisoliert und Pawlow konnte den Hund nur durch ein kleines Fenster beobachten. Mit mechanischen Greifarmen konnte Pawlow dem Hund Futter zuführen, ohne diesen Raum betreten zu müssen. Darüber hinaus konnte Pawlow den Hund ganz bestimmten weiteren Reizen aussetzen, zum Beispiel ein Licht aufleuchten, einen Summton oder einen Glockenton ertönen oder das Geräusch eines Metronoms hören lassen.

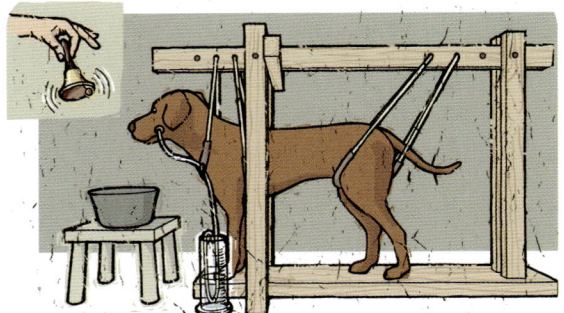

Pawlows Hundeversuch

Das Experiment begann damit, dass Pawlow einen Glockenton ertönen ließ und feststellen konnte, dass der Hund daraufhin keinen Speichel produzierte. Anschließend ließ Pawlow mehrere Male die Glocke unmittelbar vor der Darbietung von Futter ertönen, auf das der Hund mit erhöhter Speichelproduktion reagierte. Nach einer größeren Zahl an Wiederholungen produzierte der Hund bereits vermehrt Speichel, wenn er nur den Glockenton hörte. Als Pawlow dann das Ganze erneut durchführte, stellte er fest, dass der Speichelfluss, der vom Glockenton alleine ausgelöst wurde, immer stärker wurde.

Dieses einfache Experiment, das ohne den großen wissenschaftsmethodischen Aufwand heutiger Zeit durchgeführt wurde, hat die Psychologie und Psychotherapie bis heute nachhaltig beeinflusst.

An den folgenden beiden Beispielen können Sie sehen, wie solche Lernprozesse konkret im

Reizdarbietung	Reflex (CR – bedingter Reflex)	Reflex (UCR – unbedingter Reflex)
Glockenton allein (NS)	keine Speichelproduktion	
Futter allein (CS)		starke Speichelproduktion
Glockenton und Futter (NS + CS)		starke Speichelproduktion
Glockenton und Futter … und weitere Wiederholungen (NS + CS)		starke Speichelproduktion
Glockenton allein (UCS)	leichte Speichelproduktion	
Glockenton und Futter (UCS + CS)		starke Speichelproduktion
Glockenton allein (UCS)	stärkere Speichelproduktion	
Glockenton und Futter (UCS + CS)		starke Speichelproduktion
Glockenton allein (UCS)	noch stärkere Speichelproduktion (die Stärke des bedingten Reflexes (CR) nähert sich der Stärke des unbedingten Reflexes immer mehr an)	
Glockenton und Futter (UCS + CS)		starke Speichelproduktion
etc.		

Pawlows Hundeversuch schematisch

"psychologischen Alltag" eines Menschen verlaufen können:

1. Eine junge Frau sitzt gemütlich im Sessel und liest ein Buch. Sie schaut auf und sieht auf dem Boden eine große schwarze Spinne, die sich langsam nähert. Sie weiß zwar genau, dass Spinnen in Deutschland nützliche Tiere sind, die alle möglichen Insekten fangen und fressen, von denen man gestochen werden kann und die Bakterien und Viren verbreiten. Und trotzdem: Sie springt auf, nimmt ihren Schuh und schlägt die Spinne tot.

   Die junge Frau hat in ihrer Kindheit häufig erlebt, dass Eltern oder Geschwister beim Anblick einer Spinne anfingen zu schreien, sodass sie eine Bedrohung (unbedingter Reiz, UCS) wahrnahm und Angst empfand (unbedingter Reflex, UCR). War die Spinne ursprünglich ein neutraler Reiz (NS), wurde sie durch die Verknüpfung mit gleichzeitigem Schreien selber zum Angstauslöser, also zum bedingten Reiz (CS) bzw. die durch Spinnen ausgelöste Angst zum bedingten Reflex (CR).

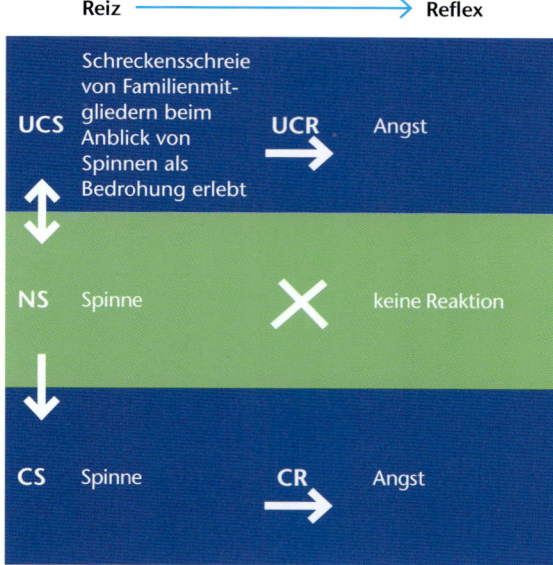

   Wie die Angst vor Spinnen entsteht

2. Ein Schüler hat immer wieder Probleme mit seinem Mathematiklehrer. Seine Art zu erklären, aber vor allem seine ironischen Bemerkungen, über die der Rest der Klasse gerne lacht, wenn alle merken, dass er schon wieder nichts verstanden hat, machen ihm immer wieder Angst. Früher hatte er keine Probleme mit Mathematik, aber jetzt ist es schlimm. Schon zu Hause, wenn er an den Mathematikaufgaben sitzt, hat er richtige Fluchttendenzen. Er findet immer wieder Gründe, jetzt nicht weiterzuarbeiten, bis es schließlich zu spät ist. Die von diesem Mathematiklehrer häufiger ausgehende Bedrohung ist in diesem Fall der unbedingte Reiz, Mathematik ist der ursprünglich neutrale Reiz und Angst der unbedingte Reflex. Mathematik wird in diesem Prozess zum bedingten Reiz und die von Mathematik ausgelöste Angst ist der bedingte Reflex.

3. Jahrelang ist ein Mann ohne Probleme Auto gefahren, doch da kam ganz plötzlich diese regennasse Straße und dann der Knall ... und dann die „weichen Knie". Der Unfall war ja nicht dramatisch, aber ein Schreck war es schon. Nur wenige Tage später kam der zweite kleine Unfall und einige Wochen danach das Radarfoto mit einem hohen Bußgeldbescheid und vier Punkten und zum Schluss der ältere Herr, der auf der Autobahn von hinten auffuhr. Auch dieser Unfall war nicht allzu gravierend, aber seitdem fährt er meist mit der Bahn und bekommt leichte Panik, wenn er ans Autofahren denkt. Die häufigen Autounfälle sowie das Bußgeld werden als Bedrohungssituation erlebt, die in diesem Fall der unbedingte Reiz ist. Diese Bedrohung wird immer wieder im Zusammenhang mit Autofahren wahrgenommen, das ursprünglich ein neutraler Reiz war. Angst ist in diesem Zusammenhang zunächst noch der unbedingte Reflex. Das Autofahren wird in diesem Prozess allmählich zum bedingten Reiz und die davon ausgelöste Angst zum bedingten Reflex.

Löschung und Erholung

Gelernte Beziehungen zwischen einem ursprünglich neutralen Reiz und einem Reflex müssen nicht zwangsläufig von Dauer sein. Sie können „vergessen" oder „verlernt" bzw. nach Pawlow „gelöscht" werden. Man spricht dabei auch von Extinktion. Dieser Vorgang verläuft folgendermaßen:
Der konditionierte Reiz wird lange Zeit nicht mehr gemeinsam mit dem unkonditionierten Reiz wahrgenommen. Dadurch wird der konditionierte Reflex zunächst immer schwächer und schließlich überhaupt nicht mehr ausgelöst.

Treten allerdings dann der unkonditionierte Reiz und der wirkungslos gewordene konditionierte Reiz wieder mehr oder weniger gleichzeitig auf, gewinnt Letzterer seine reflexauslösende Wirkung sehr schnell wieder zurück. Man bezeichnet dies als spontane Erholung.

Nehmen Sie das Beispiel mit der Angst vor Mathematik: Ein guter Mathematiklehrer, der erkennt, dass sein Schüler Angst vor Mathematik hat und deswegen keine guten Leistungen erbringen kann, wird konsequent vermeiden, diesen Schüler durch Ironie oder auf andere Weise zu bedrohen. Er wird ihm Mut machen und versuchen, ihn zu stärken. Gelingt dies über einen längeren Zeitraum, wird allmählich die Angst vor Mathematik verloren gehen – selbst wenn die Leistungen nicht notwendigerweise sehr gut werden.

Reizgeneralisierung

Interessanterweise kann es auch dazu kommen, dass bedingte Reflexe nicht ausschließlich von einem ganz bestimmten bedingten Reiz ausgelöst werden, sondern dass auch Reize, die dem bedingten Reiz ähnlich sind, den bedingten Reflex auslösen. So wäre vorstellbar, dass es im Beispiel des Mathematiklehrers dazu kommt, dass auch Fächer, die der Mathematik in gewisser Weise ähneln, Angst auslösen – z. B. Physik oder Chemie. Man spricht in diesem Zusammenhang von Reizgeneralisierung, weil die Wirkung eines Reizes auf mehrere, evtl. sogar viele ähnliche Reize verallgemeinert wird.

Die Reizgeneralisierung kann aber auch ausgesprochen sinnvoll und von existenzieller Bedeutung sein. Beispielsweise ist es wichtig, dass Kinder generell vorsichtig im Umgang mit fremden Erwachsenen sind. So verhalten sie sich auch in der Regel jedem Fremden gegenüber zurückhaltend, selbst wenn er ausgesprochen freundlich ist und obwohl von der Mehrheit der Fremden gar keine Gefahr ausgeht.

Reizdiskriminierung

Häufig ist es wichtig, auf Umweltreize unterschiedlich zu reagieren, selbst wenn sie sich relativ ähnlich sind. Ist die Reizgeneralisierung wie im Mathematikbeispiel problematisch, kann ihr durch Reizdiskriminierung begegnet werden: Wenn sich beispielsweise der Physiklehrer dem Schüler gegenüber als stärkend und unterstützend erweist und keinerlei Bedrohungssituationen schafft, wäre die Folge, dass der Schüler zwar vor Mathematik, nicht aber vor Physik Angst hätte.

Um bei Schulbeispielen zu bleiben: Es spricht im Prinzip nichts dafür, dass ein Schüler eine Sprache besser lernen kann als eine andere und dennoch kommt es nicht selten vor, dass ein Schüler eine Abneigung vor Englisch, nicht aber vor Französisch hat oder umgekehrt.

Auch die Reizdiskriminierung kann von existenzieller Bedeutung sein. Eine „Zurückhaltung vor Fremden" ist zwar zunächst sinnvoll, doch mit zunehmendem Alter wird es immer wichtiger, unterscheiden zu können: Es gibt Fremde, vor denen man sich in Acht nehmen und von denen man sich fernhalten muss, und andere, denen man sich zuwenden und zu denen man Kontakt aufnehmen können muss. So muss die Erzieherin in der Kindertagesstätte unterschieden werden können von einer fremden Frau, die das Kind auf der Straße anspricht.

Appetitives Konditionieren

Bei dem berühmten Hundeexperiment von Pawlow war der unkonditionierte Reiz – das Futter – für den Hund zweifellos angenehm. Konditionierungsprozesse, die auf angenehmen, unkonditionierten Reizen basieren, nennt man appetitives Konditionieren. Es gibt eine Fülle von Beispielen appetitiven Konditionierens: Für manche Menschen erscheint beispielsweise England grau, neblig und wenig interessant, andere aber lieben dieses Land. Der Grund für eine positive oder negative Bewertung ist fast immer mit der Frage verbunden, welchen Menschen man dort begegnet ist bzw. wie angenehm die Zeit war, die man dort verbrachte. Jemand, der sich in England in einen Engländer verliebt, wird mit großer Wahrscheinlichkeit auch das Land mögen. Bei jemandem, der dort Ablehnung und Abneigung erfahren hat, wird das Gegenteil der Fall sein, denn bei ihm werden sich Prozesse der aversiven Konditionierung abgespielt haben.

Aversives Konditionieren

Bei dem Mathematiklehrer-Beispiel oder dem Beispiel mit den Autounfällen handelt es sich um aversives Konditionieren, denn hier waren die jeweiligen unkonditionierten Reize unangenehm bzw. schädlich oder aversiv. Interessant ist, dass es bei aversiver Konditionierung häufig zu ganz allgemeinen Furchtreaktionen kommt, bei denen der ursprünglich neutrale Reiz allgemeine negative Emotionen auslöst.

Ist der aversive Reiz stark genug, kann schon ein einmaliges Auftreten zu emotionalen und kognitiven Reaktionen führen, die auch nach Jahren noch vorhanden sind. Die so entstandene Furcht ist nur noch sehr schwer abzubauen.

Vor allem Erwachsene, die mit Kindern arbeiten, sollten beachten, dass ein erzieherisches Arbeiten unter Zuhilfenahme furchteinflößender Mittel oder Methoden grundsätzlich abzulehnen ist, da die Konsequenzen für das Kind kaum abzusehen und meist sehr schädlich sind. Wie dramatisch die Wirkung von furchteinflößenden Methoden sein kann, zeigte das folgende Experiment, das John B. Watson durchführte.

„Warum fürchtet sich Klein-Albert vor Ratten? Eine klassische Untersuchung konditionierter Furcht beim Menschen haben die Psychologen John Watson und Rosalie Raynor mit einem kleinen Kind namens Albert durchgeführt. Watson und Raynor (1920) konditionierten Albert, sich vor einer weißen Ratte, die er anfangs gemocht hatte, zu fürchten, indem sie das Erscheinen der Ratte mit einem aversiven unkonditionierten Reiz kombinierten – einem lauten Gong, der direkt hinter dem Kind geschlagen wurde.

Die unkonditionierte Schreckreaktion und das emotionale Unbehagen auf den schmerzhaften Lärm hin waren die Grundlage dafür, dass Albert innerhalb von nur sieben Konditionierungsversuchen lernte, auf den Anblick der weißen Ratte mit Furcht zu reagieren. Die emotionale Konditionierung wurde auf die Konditionierung des Verhaltens erweitert, als Albert lernte, dem gefürchteten Reiz zu entfliehen und dafür durch eine Verringerung seiner Furcht belohnt wurde. Die gelernte Furcht des Jungen generalisierte dann auf andere pelzige Objekte."

(Zimbardo, 1995, S. 272)

Watson konnte die Furcht des kleinen Albert nach der oben beschriebenen Methode schnell und erfolgreich löschen.

Konditionierung zweiter Ordnung

In allen Klassischen Konditionierungsprozessen, die bis hierher beschrieben und erläutert wurden, besteht die Grundlage aus einem unkonditionierten Reiz, einem neutralen Reiz und einem unkonditionierten Reflex. Ist ein auf dieser Grundlage entstandener bedingter Reiz stark genug, kann der von ihm ausgelöste bedingte Reflex Grundlage eines weiteren Konditionierungsprozesses werden. In diesem Fall wird der bedingte Reiz gleichsam zu einer Art „Stellvertreter" für den ursprünglichen unkonditionierten Reiz (vgl. Zimbardo, 1995, S. 272). Darüber hinaus sind auch noch Konditionierungsprozesse dritter oder weiterer Ordnung möglich.

In diesen Fällen wird es für Psychotherapeuten besonders schwierig, wenn sie versuchen, Klienten zu helfen, Ängste vor bestimmten Dingen

John B. Watson *(1878–1958)*
Die Psychologie und insbesondere die Lernpsychologie verdankt Watson eine für die damalige Zeit neue Öffnung hin zu naturwissenschaftlichen Methoden. Er lehnte die bis zu seiner Zeit vorherrschenden geisteswissenschaftlichen Methoden der Psychologie ab und versuchte – wie Pawlow –, das Verhalten und Erleben des Menschen anhand des Klassischen Konditionierens zu erklären. Er war der Überzeugung, dass Erbanlagen im Unterschied zu Umwelteinflüssen nur eine sehr geringe Rolle spielen.

beispielsweise durch Löschung (s. o.) zu „verlernen". Es wäre nämlich hilfreich für derartige Extinktionsversuche, die ursprünglichen Reiz-Reflex-Verbindungen, also den ersten unkonditionierten Reiz, den ersten neutralen Reiz und den ersten unkonditionierten Reflex zu kennen und dort mit der Löschung zu beginnen. Genau dies aber ist oft sehr schwer, wenn nicht gar unmöglich.

Konditionierungsprozesse erster oder höherer Ordnung werden von Psychologen, Psychotherapeuten, Erziehern aber auch von Politikern, Managern und vielen anderen Menschen bewusst – manchmal auch unbewusst – zur Beeinflussung und Steuerung des Verhaltens und Erlebens anderer eingesetzt. Sie können einerseits nützlich, andererseits aber auch sehr schädlich sein, insbesondere wenn Menschen gegen ihren Willen manipuliert werden.

Konditionierung des Immunsystems

Das folgende Beispiel zur Konditionierung des Immunsystems zeigt, wie weit die Klassischen Konditionierungsprozesse in das Leben des Menschen eingreifen können.

Antikörper, die vom jeweiligen Immunsystem gebildet werden, schützen Mensch und Tier vor Krankheitserregern aller Art sowie vor einer Vielzahl an Schadstoffen. Dies geschieht, indem das Immunsystem die fremden Erreger oder Substanzen schnell entdeckt und mit der ebenso schnellen Bildung geeigneter Antikörper reagiert. Die Antikörper wiederum isolieren oder zerstören die „Fremdlinge". Sobald das Immunsystem nicht ausreichend arbeitet, steigt das Risiko, zu erkranken.

Lange Zeit glaubte man, dass die biologischen Prozesse autonom und ohne Mitwirkung des zentralen Nervensystems ablaufen. Heute weiß man allerdings, dass sowohl psychologische als auch biologische Vorgänge in diesen Prozess eingreifen. So haben Untersuchungen an Tieren gezeigt, dass Reaktionen des Immunsystems durch Klassische Konditionierungsprozesse beeinträchtigt werden können.

In einer Untersuchung zum Klassischen Konditionieren bei Ratten wurden mehrmals gleichzeitig eine giftige Substanz, die als unkonditionierter Reiz zum Erbrechen führt und die Aktivität des Immunsystems unterdrückt, gleichzeitig mit einer süßen Saccharin-Lösung dargeboten. Es dauerte

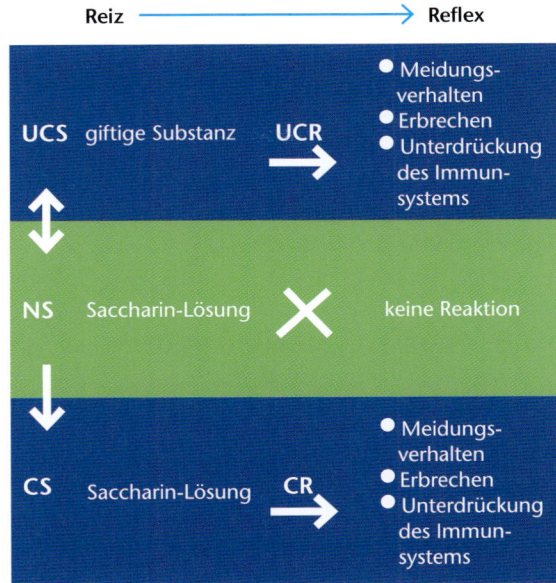

Wie eine Saccharin-Lösung das Immunsystem unterdrücken kann

nicht lange, bis die Ratten auch die Saccharin-Lösung mieden.

Die Saccharin-Lösung (CS) wurde danach für längere Zeit mehrmals in hoher Dosis alleine und nicht gleichzeitig mit der giftigen Substanz, die zum Erbrechen führt und die Aktivität des Immunsystems unterdrückt, dargeboten. Dadurch kam es allmählich zu einer Löschung der konditionierten Reaktion (Vermeidung der Saccharin-Lösung). Als die dargebotene Dosis an Saccharin-Lösung während dieses Prozesses groß genug war, dass sie wieder von den Ratten gefressen wurde, starben einige von ihnen, ohne mit Gift in Berührung gekommen zu sein.

Was hat sie getötet? Gift war es nicht, da es nur Erbrechen hervorrief und nach der Konditionierung wurde ja auch nur Saccharin-Lösung verabreicht. Es konnte nur so sein, dass in diesem Prozess auch das Immunsystem in den Konditionierungsvorgang einbezogen war und der Organismus auf die Saccharin-Lösung genauso reagierte wie ursprünglich auf die giftige Substanz: mit einer Unterdrückung des Immunsystems, die letztlich für den Tod der Tiere verantwortlich war.

Die Ergebnisse dieser Forschungsarbeit und der sich anschließenden Forschungsarbeiten zeigen, wie weit Klassische Konditionierungsprozesse in das Leben von Mensch und Tier eingreifen können. Um bei dem Beispiel zu bleiben: Wer käme im Alltag schon auf die Idee, dass eine Schwäche des Immunsystems auf so scheinbar einfachen Zusammenhängen beruhen könnte, wie sie Pawlow in seinem Hundeexperiment entdeckte? Obwohl er den Nobelpreis gar nicht für diese Entdeckung erhielt, sie wäre es auch wert gewesen (vgl. Zimbardo, 1995, S. 274).

3.3.8 Spontan verhalten und lernen

Beim respondenten Konditionieren liegt dem Lernprozess immer ein Reiz zugrunde, auf den der Organismus mit einem Reflex antwortet (deshalb: respondent). Während Pawlow glaubte, eines Tages das gesamte menschliche Verhalten auf der Grundlage angeborener und erlernter Reflexe erklären zu können, gab es viele Wissenschaftler, die dies bezweifelten. Sie gingen davon aus, dass der Organismus nicht „nur" auf Umweltreize reagiert bzw. antwortet, sondern dass er auch dazu in der Lage ist, sich „von sich aus" zu verhalten.

Es geht also nicht um die Frage, ob Pawlows Theorie grundsätzlich richtig ist, sondern darum, ob sie das *gesamte* Verhalten und Erleben des Menschen zu erklären vermag oder nicht. Jene Psychologen, die von Letzterem überzeugt waren, bezeichneten sich als Verhaltenswissenschaftler bzw. Behavioristen (engl. *behavior* = Verhalten). Ihre Theorien werden unter der Bezeichnung **Behaviorismus** zusammengefasst.

Die Behavioristen haben in ihren unterschiedlichen wissenschaftlichen Arbeiten erklären können, welche Wirkungen die Konsequenzen, die auf ein vom Organismus ausgehendes Verhalten folgen, haben bzw. haben können. Diese Folgen lassen sich als Instrumente zur Beeinflussung des Verhaltens verstehen, weshalb man in der Psychologie auch von Instrumenteller Konditionierung spricht: Diese Folgen bzw. Konsequenzen auf ein Verhalten sind die Bedingungen (Konditionen), unter denen das Verhalten beeinflusst wird.

Die auch für das konkrete, pädagogische Handeln wichtigsten Behavioristen waren:
- Edward L. Thorndike, von dem das „Gesetz des Effektes" stammt
- John B. Watson, der die Forschungsergebnisse Pawlows von dessen Tierversuchen auf das Verhalten und Erleben des Menschen übertrug (vgl. Kap. 3.3.7)
- Burrhus Frederic Skinner, auf den die wichtigsten Forschungsarbeiten zum Operanten Konditionieren zurückgehen

Klassisches und Instrumentelles Konditionieren im Vergleich

Beim **Instrumentellen Konditionieren** wird eine Beziehung zwischen einem Verhalten und den sich daraus ergebenden Konsequenzen gelernt. Folglich handelt es sich beim Lernen um die Assoziation zwischen Reizen und Verhalten. Der Organismus verhält sich zunächst von sich aus aktiv. Sein Verhalten hat Konsequenzen. Diese Konsequenzen entscheiden darüber, ob das Verhalten erneut auftritt oder nicht. Die für das Lernen wichtigen Umwelteinflüsse treten daher beim Instrumentellen Konditionieren im Wesentlichen am Ende und kurz nach dem Verhalten auf. Pädagogisch formuliert lässt sich sagen: Um ein Verhalten zu verändern, zu verstärken oder abzubauen, muss man wissen, welche Konsequenzen welche Auswirkungen haben.

Beim **Klassischen Konditionieren** wird dagegen eine Beziehung zwischen verschiedenen Umweltreizen und einem angeborenen Verhalten gelernt. Hier verhält sich der Organismus passiver, indem er auf Umweltreize antwortet. Der Organismus lernt beim Klassischen Konditionieren die Beziehungen zwischen verschiedenen Reizen. Die Folgen auf sein Verhalten spielen keine Rolle. Der das Verhalten auslösende konditionierte Reiz wird kurz vor und während des vom unkonditionierten Reiz ausgelösten Verhaltens wahrgenommen.

Effekt, Bereitschaft und Übung

In den von ihm formulierten Gesetzen beschreibt Thorndike die große Bedeutung, die den Verhaltenskonsequenzen zukommt, systematisch und mit naturwissenschaftlichen Methoden begründet.

Das Gesetz des Effektes

Wenn einem Verhalten (R = Reaktion) in einer bestimmten Situation (S = Stimulus) ein für den Organismus angenehmer Gesamtzustand folgt, erhöht dies die Wahrscheinlichkeit, dass das Verhalten zukünftig und in dieser Situation wiederholt wird: Die Stärke der S-R-Beziehung nimmt zu.

Zuerst das Verhalten, danach die Konsequenz	Verhalten	Max spielt mit dem Löffel in der Suppe.	
	Situation	Tante Elisabeth ist zu Besuch. Sie sitzt beim Essen mit Max und seinen Geschwistern am Tisch.	
	Verhaltenskonsequenz (Folgeereignis)	Die angenehme Verhaltenskonsequenz: Tante Elisabeth schaut Max liebevoll an, die Geschwister kichern, das Schimpfen der Mutter bleibt aus.	
Lernergebnis		Die Verbindung (Assoziation) zwischen dem Reiz (Tante Elisabeth) und dem Verhalten (mit dem Essen spielen)	Wiederholung des Verhaltens: Wenn Tante Elisabeth zu Besuch ist, spielt Max mit dem Essen.

Wie Max lernt, mit dem Essen zu spielen, wenn Tante Elisabeth zu Besuch ist

Beispiel

Tante Elisabeth ist zu Besuch in der Familie. Sie sitzt mit Karla (9), Frederike (7) und Max (5) am Mittagstisch. Max liebt es, mit dem Löffel im Suppenteller zu rühren, wobei häufig etwas über den Tellerrand läuft. Dieses Mal rührt er besonders heftig, die beiden älteren Schwestern kichern, Tante Elisabeth sagt nichts, denn sie möchte sich nicht in die Erziehung einmischen. Gerade als der Löffel wieder mit einem heftigen „Platsch" in der Suppe landet, kommt die Mutter und will gerade anfangen zu schimpfen. Doch Tante Elisabeth greift ein und sagt: „Nicht schimpfen, das war doch gar nicht so schlimm!" Die beiden Schwestern sind gespannt, was nun wohl passiert. Die Mutter geht wieder in die Küche. Tante Elisabeth schaut den kleinen Max liebevoll an und sagt nichts. Er platscht stolz weiter mit dem Löffel. Monate später denkt Max Mutter darüber nach, warum Max gerade immer dann mit dem Essen spielt, wenn Tante Elisabeth zu Besuch ist. Wenn Tante Elisabeth das Gesetz des Effektes gekannt hätte, hätte sie sich Max und seiner Suppen-Spielerei wohl nicht auf so liebevolle Weise zugewandt.

Versuch und Irrtum *(trial and error)*

Thorndikes Katzenversuche decken noch einen weiteren wichtigen Aspekt im Zusammenhang mit dem Gesetz des Effektes auf. Mit großer Sicherheit kennen auch Sie diesen Vorgang: Sie werden mit einer Aufgabe konfrontiert, für die Sie keine Lösungsstrategie haben. Sie entscheiden sich für einen ersten Versuch. Er ist nicht erfolgreich. Sie versuchen es auf andere Weise etc. Dabei wiederholen Sie gescheiterte Versuche nach Möglichkeit nicht. Irgendwann – manchmal ganz plötzlich und unvorhergesehen – haben Sie die Aufgabe gelöst. Wenn Sie behalten haben, wie dieser letzte erfolgreiche Lösungsweg aussah,

Edward Lee Thorndike *(1874–1949)*

Thorndike gilt als Begründer der Theorie der Instrumentellen Konditionierung und gemeinsam mit dem amerikanischen Psychologen John B. Watson als „Vater" des Behaviorismus. Wie viele andere Behavioristen führte Thorndike eine große Zahl an Tierversuchen durch. Bei ihm waren die Versuchstiere zunächst Katzen, deren Problemlöseverhalten er erforschte. Bei diesen Katzenversuchen entdeckte er die große Bedeutung der Verhaltenskonsequenzen für den Lernprozess. Katzen, die zufällig an einer Schlaufe zogen, öffneten damit ihren Käfig und waren frei. Einige Wiederholungen reichten und die Katzen bedienten sich gezielt der Schlaufe, um sich zu befreien.

Zuerst das Verhalten, danach die Konsequenz	Verhalten	Die Katze zieht zufällig an einer Schlaufe am Käfig.	
	Verhaltenskonsequenz (Folgeereignis)	Dadurch öffnet sich die Tür des Käfigs und die Katze ist frei.	
Lernergebnis		Die Verbindung (Assoziation) zwischen dem Reiz (Schlaufe) und dem Verhalten (an der Schlaufe ziehen)	Wiederholung des Verhaltens: Die Katze öffnet den Käfig mit der Schlaufe.

Das Gesetz des Effektes im Katzenversuch von Thorndike

werden sie ihn wiederholen, wenn Sie beim nächsten Mal mit dieser Aufgabe konfrontiert werden. Thorndike sprach in diesem Zusammenhang von *trial and error* (Versuch und Irrtum).

Wenn Sie Ihr eigenes Lernverhalten – auch rückblickend – reflektieren, werden Sie feststellen, dass es gar nicht selten vorkommt, dass Sie mithilfe von Versuch und Irrtum lernen. Der Bezug zum Gesetz des Effektes ist dabei offensichtlich: Eine Aufgabe, ein Problem gelöst und eine Herausforderung bewältigt zu haben, ist angenehm.

Das Gesetz der Bereitschaft

Thorndike vertrat die Auffassung, dass die Wirksamkeit des Effektes von einer neurophysiologischen Bereitschaft bestimmter Nervenzellen abhänge. Dabei werde die Erregung leitungsbereiter Nervenzellen als angenehm erlebt. Die fehlende Erregung leitungsbereiter Nervenzellen sowie die Erregung nicht leitungsbereiter Nervenzellen seien dagegen unangenehm. Thorndike entwickelte also bereits ein erstes Verständnis von der großen Bedeutung neurophysiologischer Vorgänge, die seit Ende des 20. Jahrhunderts bis heute eine herausragende Rolle in der Lernpsychologie spielen (vgl. Kap. 3.3.5).

Das Gesetz der Übung

Auf die große Bedeutung des Wiederholens und Übens wurde bereits in den Kapiteln 1.2 und 3.3.5 hingewiesen. Bereits Thorndike stellte in seinen Untersuchungen fest, dass die Reiz-Reaktions-Verbindung mit zunehmender Zahl an Wiederholungen immer stärker wird.

B. F. Skinner und das Operante Konditionieren

Einen besonders großen Einfluss auf die Pädagogik hat die behavioristische Lerntheorie von Skinner. Sie bietet viele Anhaltspunkte zur Beantwortung einer Frage, die sich pädagogischen Fachkräften häufig stellt: Wie setzt man Erziehungsmittel zum Wohle der Kinder und Jugendlichen richtig ein? Konkret geht es in Skinners Lerntheorie um (vgl. Zimbardo, 1995, S. 278 ff.):

- „Verhaltenskontingenz", d. h. die stabile Verbindung von Reaktionen mit bestimmten Reizen,
- Verstärker, die diese Verbundenheit beeinflussen,
- „diskriminative Reize", die signalisieren, ob eine bisher erfolgreiche Verhaltensweise ablaufen soll oder nicht.

Eine der grundlegenden Ausgangsüberlegungen Skinners war die Unterscheidung von zwei Arten von Verhalten:

1. **respondentes Verhalten**, das von bestimmten Reizen ausgelöst wird – also das Verhalten, das Pawlow eingehend untersuchte
2. **spontanes Verhalten**, für das es keinen auslösenden Reiz gibt

Das spontane Verhalten bezeichnete Skinner als operantes Verhalten (*operant behavior*). Seine Theorie wird daher als Operante Konditionierungstheorie bezeichnet – im Unterschied zu Pawlows Klassischer Konditionierungstheorie, die davon ausgeht, dass nur respondentes Verhalten Grundlage allen menschlichen Verhaltens und Erlebens sei.

Skinner war – wie Watson und Thorndike – davon überzeugt, dass auch die Psychologie keine Alternative hat, als auf naturwissenschaftliche Methoden (in erster Linie experimentelle Beobachtung und statistische Methoden) zurückzugreifen.

Operantes Konditionieren – Grundbegriffe
Die beiden zentralen Grundbegriffe in Skinners Konditionierungstheorie sind:
- Verstärker und
- Verstärkung.

Verstärker
Verstärker sind Ereignisse oder Gegenstände, die in der Lage sind, die Beziehung zwischen einem operanten Verhalten und einer gleichzeitig vorhandenen Situation zu festigen. Die Wahrscheinlichkeit, dass dies schnell und nachhaltig geschieht, ist am größten, wenn der Verstärker als unmittelbare Konsequenz des Verhaltens eintritt. Beim Menschen kann allerdings auch ein etwas größerer zeitlicher Abstand zwischen Verhalten und Verstärker liegen.

Verstärkung
Verstärkung ist der Prozess, innerhalb dessen sich die Wahrscheinlichkeit erhöht, dass ein bestimmtes Verhalten auftritt. Der Verstärkungsprozess wird durch Verstärker ausgelöst.

Beispiel
Laura macht mitten in einem ernsten Kreisgespräch der Gruppe eine Ente nach. Die anderen Kinder schauen zu ihr und lachen. Die Erzieherin wartet einen Moment, bis es wieder ruhig ist. Das Gespräch geht weiter. Nach einigen Minuten beginnt Laura erneut zu quaken. Wieder lachen alle. Die Erzieherin bittet wieder um Ruhe und fährt dann mit dem Gespräch fort. Das ganze wiederholt sich noch einige Male und als schließlich auch noch andere Kinder zu quaken beginnen, beendet die Erzieherin das Gespräch und nimmt sich vor, es nach einiger Zeit wieder aufzunehmen.
- *Das operante Verhalten: Laura quakt.*
- *Die Situation: Die Gruppe befindet sich im Kreisgespräch.*
- *Der Verstärker: die Zuwendung, die Laura von den anderen Kindern bekommt, nachdem sie begonnen hat zu quaken.*

Als die Erzieherin nach etwa einer Stunde das Gespräch erneut aufnimmt, dauert es nicht lange, bis Laura wieder zu quaken beginnt. Sie hatte die Reaktion der anderen Kinder als Befriedigung ihres Bedürfnisses nach Zuwendung erlebt, die sie möglicherweise in der Gruppensituation als unzureichend empfunden hatte. Die Wahrscheinlichkeit dass sich Lauras Verhalten (das Quaken) nun bei der Fortsetzung der speziellen Situation

Burrhus Frederic Skinner (1904–1990)
B. F. Skinner war zweifellos der berühmteste Vertreter des amerikanischen Behaviorismus – berühmt auch, weil er zwar einerseits einen großen Teil seiner Forschung an Tieren durchführte, andererseits aber seine Ergebnisse mit großer Konsequenz auf aktuelle pädagogische Fragen übertrug. Auf Skinner geht sowohl der Begriff des Operanten Konditionierens als auch das weltweit verbreitete sogenannte Programmierte Lernen zurück. Wie Pawlow vertrat Skinner die Auffassung, dass sich die Persönlichkeit des Menschen weitestgehend unter dem Einfluss seiner Umwelt entwickelt, und erforschte ebenfalls vorwiegend das Verhalten von Tieren. Nach einiger Zeit übertrug er seine Untersuchungsergebnisse auf das menschliche Verhalten und Erleben und hier u. a. auch auf die Lernprozesse, die sich bei Kindern und Jugendlichen vollziehen. Dabei entwickelte er Lernmaschinen, die in den Schulen im Rahmen des damals sogenannten programmierten Lernens auch in vielen Schulen in Deutschland eingesetzt wurden. Viele der heutigen für Kinder und Jugendliche entwickelten Lernprogramme für den Computer basieren noch immer auf den gleichen Prinzipien.

(Kreisgespräch) wiederholt, wurde also durch den Verstärker (Zuwendung durch das Lachen der anderen Kinder) erhöht.

Hilfreich wäre gewesen,
- bereits beim ersten Auftreten das Quaken freundlich, aber bestimmt zu beenden und
- im Kreisgespräch so viel positive Spannung zu erzeugen und Interesse zu wecken, dass die übrigen Kinder nicht länger über Lauras Verhalten lachen und damit ihr Verhalten positiv verstärken.

Insgesamt ist in einer solchen Situation konsequent darauf zu achten, mögliche positive Verstärker für das störende Verhalten zu vermeiden bzw. auszuschalten.

Positive Verstärker
Verstärker, die von Mensch oder Tier direkt als angenehm erlebt werden, bezeichnete Skinner als positive Verstärker.

Dennoch muss nicht jeder potenzielle positive Verstärker (beispielsweise als gut schmeckend empfundenes Essen) in jeder Situation diesen lernpsychologischen Effekt haben.

Beispiel
Stellen Sie sich vor, Sie hätten etwas Besonderes geleistet und Ihre Eltern laden Sie als positive Verstärkung in Ihr Lieblingsrestaurant ein. Sie haben aber überhaupt keinen Hunger, wollen Ihre Eltern aber nicht enttäuschen. Das Essen selber wird unter diesen Bedingungen mit Sicherheit kein positiver Verstärker sein. Dennoch könnte lernpsychologisch der Effekt eintreten, dass Ihre Eltern Ihren Fleiß und Ihre Leistung positiv verstärken, indem sie ihre Anerkennung und Zuwendung zum Ausdruck bringen, die Sie wiederum als sehr positiv erleben.

Positive Verstärker sind also alle Ereignisse oder Dinge, die gegen Ende eines Verhaltens und/oder unmittelbar danach eine angenehme Befindlichkeit hervorrufen. Dabei geht es in erster Linie um Ereignisse, die der Befriedigung von Bedürfnissen dienen. Die Zahl möglicher positiver Verstärker lässt sich daher genauso wenig eingrenzen wie die Zahl möglicher Bedürfnisse. Einige der wichtigsten und im Hinblick auf Verstärkungswirkung besonders wirksamen Bedürfnisse zeigt die Bedürfnispyramide nach Maslow.

Nach Maslow lassen sich die Bedürfnisse des Menschen in einer Hierarchie anordnen, die der Dringlichkeit ihrer Befriedigung entspricht. Das

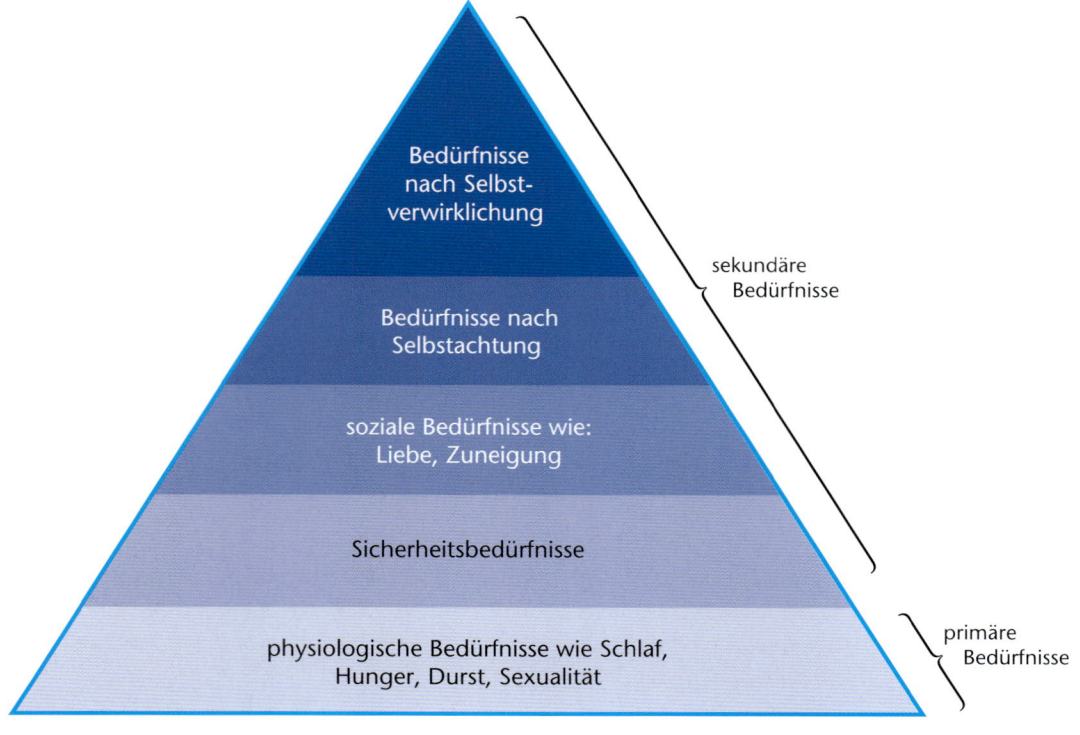

Bedürfnishierarchie nach Maslow

heißt, diejenigen Bedürfnisse, deren Befriedigung nur relativ wenig Aufschub erlaubt, bilden die Basis der Hierarchie. Hierzu ordnet Maslow die angeborenen **primären Bedürfnisse** ein. Sie werden auch als physiologische Bedürfnisse bezeichnet. Die primären Bedürfnisse müssen befriedigt sein, bevor der Mensch versucht, Bedürfnisse der nächsthöheren Hierarchiestufe zu befriedigen. Dabei handelt es sich um Sicherheitsbedürfnisse, die bereits zu den erworbenen **sekundären Bedürfnissen** zählen. Erst wenn diese befriedigt sind, folgen die sozialen Bedürfnisse, dann Bedürfnisse, die auf Selbstachtung abzielen, und schließlich alle Bedürfnisse, die der Selbstverwirklichung dienen. Die Stärke der Bedürfnisse nimmt in der Hierarchie nach oben ab (vgl. Brown/Herrstein, 1984, S. 216f.).

Wichtig ist: Beim Menschen sind nicht unbedingt immer die mit primären Bedürfnissen zusammenhängenden Verstärker am wirksamsten. Verstärker, durch die sekundäre Bedürfnisse befriedigt werden, können ebenfalls sehr stark oder sogar noch stärker sein. Menschen und Tiere können sich an positive Verstärker gewöhnen, die dadurch ihre verstärkende Wirkung verringern oder verlieren.

Negative Verstärker

Von positiven Verstärkern unterscheidet Skinner die negativen Verstärker. Bei negativen Verstärkern handelt es sich nicht – wie häufig fälschlicherweise vermutet – um Strafen. Prinzipiell wirken negative wie positive Verstärker in der gleichen Richtung.

Auch negative Verstärker sind Ereignisse oder Dinge, die gegen Ende eines Verhaltens und/oder unmittelbar danach eine angenehme Befindlichkeit hervorrufen. Der Unterschied zum positiven Verstärker ist folgender:

- Der **positive Verstärker** ist ein Ereignis oder eine Sache, deren Erscheinen und deren Wahrnehmung eine Reiz-Reaktions-Verbindung verstärkt.
- Der **negative Verstärker** ist ein Ereignis oder eine Sache, deren Beendigung oder Beseitigung eine Reiz-Reaktions-Verbindung verstärkt.

Beide, der positive wie der negative Verstärker, sind angenehm und verstärken dementsprechend eine Reiz-Reaktions-Verbindung. Auch bei negativen Verstärkern kann es einen Gewöhnungseffekt geben, der ihre Wirkung verringert oder gar beseitigt. Beispiele für negative Verstärker können sein:

- Lärm, der plötzlich aufhört
- Hitze oder Kälte, die aufhört
- Aggressionen von anderen Menschen, die aufhören
- Schmerz, der aufhört usw.

Beispiel
Viele Autos geben ein unangenehmes, schrilles Geräusch von sich, wenn sich Fahrer oder Beifahrer nicht angeschnallt haben. Im Moment des Anschnallens hört dieses Geräusch auf, was das „Sich-Anschnallen" im Auto wahrscheinlicher macht.

Konditionierte Verstärker

In einem Prozess, der dem Klassischen Konditionieren sehr ähnlich ist, können ursprünglich neutrale Reize auch zu Verstärkern werden. In obigem Beispiel kann Tante Elisabeths Verhalten noch weitreichendere Folgen haben. Es kann nämlich durchaus sein, dass Max als Ergebnis ihres Verhaltens nicht nur mit dem Essen spielt, wenn die Tante zu Besuch ist, sondern auch sonst beim Mittagessen. Dies ist dann der Fall, wenn generell die Mittagessenssituation mit der positiven Verstärkung durch Tante Elisabeth verknüpft wird (siehe Seite 444 unten).

Operantes Konditionieren – Löschung

Wie beim Klassischen Konditionieren kann es auch beim Operanten Konditionieren zu einer Löschung kommen. Dabei geht die Verbindung zwischen einem Verhalten und einer Situation allmählich verloren, wenn dem Verhalten keinerlei Verstärker mehr folgt.

Operantes Konditionieren – Bestrafung

Skinner unterschied zwei Arten von Bestrafung, die er als Bestrafungstyp I und Bestrafungstyp II bezeichnete. Diese verhalten sich ähnlich zueinander wie positive und negative Verstärkung.

1. **Bestrafungstyp I:** Bei dieser Art von Bestrafung wird einem Menschen (oder Tier), der (das) sich in einer bestimmten Situation in einer bestimmten Weise verhält, ein unangenehmer Reiz zugefügt. Ein ganz einfaches Beispiel ist die heiße Herdplatte, auf die ein Kind zufällig fasst. Der unangenehme Reiz führt dazu, dass ein Berühren der Herdplatte in Zukunft vermieden wird.
2. **Bestrafungstyp II:** Wird einem Menschen (oder Tier), der (das) sich in einer bestimmten Situation in einer bestimmten Weise verhält,

Zuerst das Verhalten, dann die Konsequenz	Verhalten (R)	Max spielt mit dem Löffel in der Suppe.	
	Situation (S)	Tante Elisabeth ist zu Besuch. Sie sitzt beim Essen mit Max und seinen Geschwistern am Tisch.	
	Verhaltenskonsequenz (Folgeereignis) V1	Die angenehme Verhaltenskonsequenz: Tante Elisabeth schaut Max liebevoll an, die Geschwister kichern, das Schimpfen der Mutter bleibt aus.	
	Neutraler Reiz (NS)	Das Zusammensein am Mittagstisch	
Lernergebnis		Die Verbindung (Assoziation) zwischen dem Reiz (Tante Elisabeth) und dem Verhalten (mit dem Essen spielen)	Wiederholung des Verhaltens: Wenn Tante Elisabeth zu Besuch ist, spielt Max mit dem Essen.
Lernergebnis durch Wirkung des konditionierten Verstärkers (Verknüpfung von V1 und NS: NS wird zum konditionierten Verstärker V2).		Die mehrfache Verknüpfung von Folgeereignis (V1) und dem neutralen Reiz (NS) führt dazu, dass NS als konditionierter Verstärker (V2) alleine verstärkend wirken kann.	Max spielt mit dem Essen, auch wenn Tante Elisabeth nicht zu Besuch ist.

Wie Max lernt, mit dem Essen zu spielen – auch wenn Tante Elisabeth nicht zu Besuch ist (Konditionierte Verstärker)

etwas Angenehmes weggenommen, ist dies eine Bestrafung des Typs II. Die Wirkung entspricht etwa der Wirkung des Bestrafungstyps I. Taschengeldentzug, Fernsehverbot o. Ä. sind Beispiele für diese Art der Bestrafung.

Wenn Menschen bestraft werden, geschieht dies in der Regel zu dem Zweck, dass sie zukünftig bestimmte Verhaltensweisen unterlassen. Natürlich gibt es auch Strafen, die anderes beabsichtigen, wie Rache oder bei lebenslangen Haftstrafen den Schutz der Allgemeinheit; um diese Strafen soll es hier jedoch nicht gehen.

```
Die Wahrscheinlichkeit, dass das Verhalten in
derselben Situation erneut auftritt, wird größer.

                 positiver       negativer
                 Verstärker      Verstärker
Angenehmes                                    Unangenehmes
wird zugefügt.     ☺              ☺           wird entzogen.

                 Bestrafungs-    Bestrafungs-
                 Typ I           Typ II
Unangenehmes                                  Angenehmes
wird zugefügt.     ☹              ☹           wird entzogen.

Die Wahrscheinlichkeit, dass dieses Verhalten und/oder die
Situation, in der es auftrat, vermieden wird, wird größer.
```

Verstärkung und Bestrafung

Auch Sie haben wahrscheinlich die Erfahrung gemacht, dass Sie bestimmte Verhaltensweisen in bestimmten Situationen nicht wiederholt haben, nachdem Sie dafür bestraft wurden. Schaut man allerdings genauer auf die Wirkung von Strafen, dann wird die Sache jedoch ein wenig komplizierter. Ein häufiges Beispiel kann dies leicht verdeutlichen:

Beispiel
Seit der Straßenverkehr immer dichter geworden ist, haben die Verkehrsbehörden damit begonnen, immer mehr Radaranlagen aufzustellen. Darüber hinaus werden regelmäßig die Bußgelder und Strafen für zu schnelles Fahren z. T. sogar drastisch erhöht. Die Mehrheit der Autofahrer reagiert darauf, indem sie an den Stellen, wo sie um die Existenz einer Radarfalle wissen, langsam fahren und kurz hinter dem Radar wieder beschleunigen und dort wieder zu schnell fahren.

Diese Autofahrer vermeiden also die Situation, in der sie bestraft wurden oder in der eine Strafe droht. An der Bereitschaft, zu schnell zu fahren, ändert dies allerdings nichts. Werden Autofahrer geblitzt, reagieren fast alle gleich: Sie treten auf die Bremse, schauen auf den Tachometer und fahren in den folgenden paar Tagen langsamer, um allmählich wieder wie vorher zu schnell zu fahren. Anschließend versuchen sie, genauer auf mögliche Radarfallen zu achten.

Was ist – psychologisch betrachtet – geschehen? Das plötzliche Bremsen war eine erste Fluchtreaktion: Flucht vor dem Bußgeld und den „Punkten". Das anschließende langsamere Fahren war eine erneute Vermeidungsreaktion, wobei sich die Vermeidung auf ein nächstes eventuelles Bußgeld bezog. Allmählich verschwand das allgemeine Vermeidungsverhalten wieder – es wurde gelöscht und ersetzt durch ein spezielles, nur auf tatsächlich wahrgenommene Radarfallen bezogenes Vermeidungsverhalten.

Wenn also Strafen die Wahrscheinlichkeit verringern, dass ein bestimmtes Verhalten in einer bestimmten Situation abläuft, dann nicht in erster Linie durch den Abbau der Verknüpfung von Verhalten und Situation, sondern durch den Aufbau von Vermeidungsverhalten. Ein im Kindes- und auch noch im Erwachsenenalter besonders häufig vorkommendes Vermeidungsverhalten ist das Lügen.

Dies ist aus lernpsychologischer Sicht ein weiteres schwerwiegendes Argument gegen den pädagogischen Einsatz von Strafen, sei es in der Familie oder in sozialpädagogischen und pädagogischen Institutionen. Im Wesentlichen wird durch Strafen nicht das erwünschte Verhalten erlernt, sondern nur unerwünschtes Verhalten vermieden.

Stellen Sie sich dazu einen Schüler vor, der seine Hausaufgaben nicht macht, weil er Schwierigkeiten hat, seinen Arbeitsalltag zu organisieren, sich die Zeit einzuteilen, Freizeit und Lernen richtig zu verteilen etc. Diesen Schüler zu bestrafen, wäre kontraproduktiv; vielmehr benötigt er Unterstützung dabei, diese Probleme zu lösen.

Viele Erwachsene strafen vorschnell, weil sie sich nicht anders zu helfen wissen und weil rasche Bestrafung oft dazu führt, dass das nicht erwünschte Verhalten schnell aufhört. Sie vermeiden damit zusätzlich ein Gefühl der Machtlosigkeit.

„Statt nach schwer bestimmbaren Verstärkern zu suchen (oder sich um soviel Verständnis für eine Person zu bemühen, dass die Bestimmung von Verstärkern möglich ist), erhöhen sie einfach die Intensität der Bestrafung, bis die Unterdrückung der unerwünschten Reaktion erfolgt.

Bestrafung in der Erziehung kann problematisch wirken und negative Nebenwirkungen verursachen, die noch weniger erwünscht sind als das Verhalten, das eigentlich unterbunden werden sollte. Bestrafung kann (a) zu Gegenaggression gegen die strafende Person oder Institution führen; (b) den künftigen Einsatz von körperlicher Gewalt seitens der bestraften Person fördern; (c) das Selbstbild der bestraften Person verletzen; (d) soviel Angst und Schrecken verursachen, dass die Person unfähig wird, das unerwünschte Verhalten zu kontrollieren (wie das manchmal bei der Sauberkeitserziehung vorkommt); (e) einen Heranwachsenden von Gleichaltrigen (peers) isolieren, da sie ihn als von der Autorität stigmatisiert meiden; und (f) ernsthafte Körperverletzungen verursachen [...]."

(Zimbardo, 1995, S. 280)

Unter diesen Gesichtspunkten sind Bestrafungen möglichst zu vermeiden. Wenn in der Erziehung überhaupt gestraft wird, dann sollten zumindest die folgenden Punkte gegeben sein:

- Es muss klar erkennbare und klar benannte Alternativen zu dem bestraften Verhalten geben, die bei ihrem ersten Auftreten auch positiv verstärkt werden.
- Es muss dem Kind oder Jugendlichen gegenüber verständlich gemacht werden, welche konkrete Verhaltensweise bestraft wird.
- Die Strafe muss angemessen sein, d.h., es darf nicht mehr und nicht intensiver gestraft werden als nötig, um die unerwünschte Verhaltensweise zu unterbinden.
- Die Strafe darf nicht in einen Zusammenhang mit anderen Verhaltenssituationen zu anderen Zeitpunkten gestellt werden können.

- Die Strafe darf sich nur auf eine eingegrenzte Verhaltensweise und nicht auf allgemeine Persönlichkeitseigenschaften oder gar auf die Gesamtpersönlichkeit beziehen.

Die Probleme einer Erziehung, die überwiegend mit Strafen arbeitet, werden insbesondere auch in Kapitel 3.1 deutlich.

Diskriminative Reize

Diskriminative Reize signalisieren, ob ein bestimmtes Verhalten verstärkt werden wird oder nicht. Schülerinnen und Schüler kennen solche Situationen aus der Erfahrung mit unterschiedlichen Lehrerinnen oder Lehrern.

Beispiel
Es gibt das Gerücht, Lehrer A bemühe sich nicht sonderlich um eine ruhige und konzentrierte Arbeitsatmosphäre, bei ihm könne man im Prinzip machen, was man wolle und die Klassenarbeiten seien auch nicht besonders schwer. Dieses Gerücht reicht bereits als Signal, sich im Unterricht von Lehrer A nicht besonders zu engagieren. Bereits als er beim ersten Mal die Klasse betritt, wird es entsprechend unruhig. Lehrer A ist nett und gibt trotz der Unruhe in der Klasse relativ gute Noten. Das werden die Schüler natürlich weitererzählen und so wird sich das Verhalten auf zukünftige Schülerinnen und Schüler übertragen.

Shaping (Formung)

Häufig ist ein erwünschtes Verhalten nicht durch einfachen Verstärkereinsatz zu erreichen. Man hat dann allerdings die Möglichkeit, durch einen systematisch geplanten Einsatz von Verstärkern Verhalten allmählich in Richtung des gewünschten Verhaltens zu beeinflussen. Zimbardo führt dazu das Beispiel eines dreijährigen Kindes an, das starke Probleme im Sozialverhalten hatte, dazu neigte, sich selbst zu schaden, und in häufige unkontrollierbare Wutanfälle verfiel.

„Nach einer Augenoperation wegen grauen Stars weigerte er sich, die Brille zu tragen, obwohl dies unbedingt notwendig war, damit sich das Sehen normal entwickeln konnte. [...] Dann begann das Training mit dem leeren Brillengestell. Das Kind wurde zuerst für das Aufnehmen der Brille verstärkt [...], dann für das Halten und schließlich für das Umhertragen des Brillengestells. Langsam und in sukzessiver Annäherung wurde das Heranbewegen des Gestells an die Augen verstärkt. Nach einigen Wochen setzte es das Gestell in seltsamen Positionen auf den Kopf, und schließlich trug es die Brille in korrekter Weise. Im weiteren Verlauf des Trainings lernte das Kind, die Brille bis zu 12 Stunden am Tag zu tragen."
(Zimbardo, 1995, S. 285)

Ein anderes Beispiel dazu schildert Walter Edelmann:

„Ich erinnere mich an den Fall eines 13-jährigen Schülers, der ein 6. Schuljahr besuchte. Im Durchschnitt blieb dieser Junge etwa jeden dritten Tag vom Unterricht fern. Das ‚normale' Verhalten der meisten Lehrer dürfte folgendes sein: Kommt der Schüler wieder einmal zum Unterricht, wird er getadelt, erhält einen Eintrag in das Klassenbuch, und muss u. U. in einer zusätzlichen Unterrichtsstunde (‚Nachsitzen') einen Teil des versäumten Unterrichtsstoffes nacharbeiten. Dem operanten Verhalten ‚Sc hulbesuch' folgt also eine ganze Serie von aversiven Konsequenzen.
In dem geschilderten Fall verhielt sich der Lehrer allerdings völlig anders. Möglichst jede noch so kleine schulische Leistung (hat einen Teil der Hausaufgaben erledigt, meldet sich ab und zu usw.) wurde sofort positiv verstärkt.
Nach wenigen Wochen war der Schulbesuch absolut regelmäßig und die Leistungen einigermaßen akzeptabel. Lediglich samstags fehlte der Schüler manchmal, da er dann im Haushalt der Eltern arbeiten musste."
(Edelmann, 2000, S. 78)

Kontinuierliche und partielle Verstärkung

Der Aufbau einer festen Verknüpfung zwischen einer Reizsituation und einem Verhalten geschieht am schnellsten und effektivsten, wenn nach jedem Auftreten dieser Konstellation ein Verstärker eingesetzt wird. Es wurde allerdings bereits darauf hingewiesen, dass der Mensch sich an Verstärker gewöhnen kann, wenn sie ohne Unterbrechung jedes Mal nach einem Verhalten auftreten. Durch diesen Gewöhnungseffekt kann es dann trotz Auftretens des Verstärkers zu einer Löschung kommen.

Beispiel
Es ist inzwischen in vielen Familien üblich, dass Kinder – oft sogar schon in der Grundschule – nach einer guten Klassenarbeit mit Geld belohnt werden. Zu

Beginn kann dies sogar eine relativ wirkungsvolle Art der Verstärkung sein. Beispielsweise wird zu Beginn des zweiten Schuljahrs ein Euro gegeben. Dieser Euro wird das Arbeitsverhalten des Kindes zunächst durchaus fördern, evtl. auch noch nach einem halben Jahr. Aber nach vielleicht zwei Jahren kommt es in den meisten Familien zu einer Art „Belohnungserhöhung" und bei manchen Jugendlichen endet dies mit einem PKW zum Abitur. Eine solche Art von Inflation wird umso wahrscheinlicher, wenn die Verstärkung über sehr lange Zeit nach jeder guten Klassenarbeit eintritt.

Ist die Verhaltensweise erst einmal stabil, dann ist eine Löschung sehr viel unwahrscheinlicher, wenn der Verstärker nicht mehr regelmäßig, sondern in unregelmäßigen Abständen eingesetzt wird. Die Abstände zwischen den Verstärkungen dürfen allerdings nicht so lange sein, dass die Reiz-Reaktions-Verbindung bereits gelöscht ist.

Wichtig für die Erziehungspraxis ist auch, dass materielle Verstärker (also z. B. die Belohnung mit Geld) im Allgemeinen weniger nachhaltig sind als soziale und emotionale Verstärker. Zuwendung, Geborgenheit, Achtung und Wertschätzung sind hier wichtiger als ein paar Euro.

3.3.9 Beobachten und lernen

Will man das gesamte Verhalten und Erleben des Menschen mit den auf ihn einwirkenden Umwelteinflüssen erklären, wie dies die Behavioristen tun, dann wird all das, was sich an Denk- und Gefühlsvorgängen abspielt, unbedeutend. Der kanadische Psychologe Bandura befasste sich eingehend mit den behavioristischen Lerntheorien. Er lehnte sie zwar nicht grundsätzlich ab, hielt sie aber für zu einfach und verkürzt, um die tatsächliche Bandbreite menschlichen Verhaltens und Erlebens verstehen und erklären zu können.

Bandura ging davon aus, dass der Mensch durch Nachahmung lernt. Auch wenn vermehrt Originalität und Kreativität von Kindern, Jugendlichen und vor allem von Erwachsenen gefordert werden, ist Nachahmung im Leben unbedingt erforderlich. Die Menschheit wäre nicht existenzfähig, wenn das meiste Verhalten und Erleben, wenn alles Handeln von jedem Einzelnen neu erfunden werden müsste. Wie würde er beispielsweise die wesentliche Grundlage menschlicher Kommunikation erwerben? Gerade der Erwerb der Erstsprache beruht vor allem und ganz besonders erfolgreich auf Nachahmung. Durch Nachahmung lernen Kinder den größten Teil an Verhaltens- und Erlebensweisen, die sie benötigen, um sich in ihrer Familie, in der Kindertagesstätte, in der Schule und später im Berufsleben zurechtzufinden. Das Lernen durch Nachahmung wird auch als Beobachtungslernen bezeichnet. Nachgeahmt werden Verhaltensmuster von anderen Personen; sie sind die Modelle für diese Art des Lernens.

Modell-Lernen
Unter Modell-Lernen, auch Nachahmungs- oder Beobachtungslernen, ist die nachhaltige Nachahmung von Verhaltensmustern anderer Menschen zu verstehen. Diese an bestimmte Personen gebundenen Verhaltensmuster sind die eigentlichen Modelle.

Die ersten Modelle im Leben eines Kindes sind natürlich die **Verhaltensmuster** der Eltern, dann allmählich die von anderen Kindern, von Verwandten und schließlich von Erzieherinnen und Lehrkräften. Darüber hinaus gibt es eine Tendenz, dass vor allem solche Personen mit ihren Verhaltensmustern als Modell dienen, zu denen

Albert Bandura (* 1925)
Bandura beschäftigte sich mit der Frage, was geschieht, wenn der Mensch nicht dadurch lernt, dass ein Reflex bei ihm ausgelöst oder dass ein operantes Verhalten verstärkt wird, sondern wenn er einfach bestimmte Verhaltensmuster anderer Menschen nachahmt. Er war davon überzeugt, dass Lernen in diesem Fall auf geistigen, d. h. kognitiven Prozessen beruhen muss. Bandura wurde 1953 Dozent an der Stanford University, 1973 Präsident des Amerikanischen Psychologenverbandes, der APA. Bis heute ist Bandura an der Stanford Universität tätig.

eine positive soziale Beziehung besteht – Personen also, die gemocht und bewundert werden. Für Thorndike und Skinner war es nicht von Bedeutung, was im Menschen geschieht, wenn er lernt. Die zentrale Frage für sie lautete: Welche Umwelteinflüsse müssen auf den Menschen einwirken, um welches Verhalten, um welche Lernergebnisse voraussagen zu können, also welcher Input führt zu welchem Output? Die geistigen, d. h., die kognitiven Vorgänge im Menschen selbst waren nicht ihr Untersuchungsgegenstand. Eine Erzieherin würde sich nach diesem Prinzip nicht fragen, was in einem Kind vorgeht, wenn es sich in bestimmter Weise verhält, sondern nur, was dieses Verhalten ausgelöst hat bzw. wodurch es verstärkt wurde.

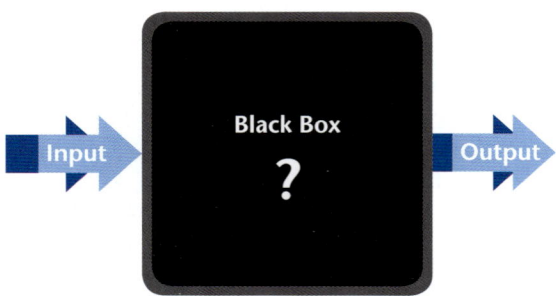

Der Behaviorismus lässt die Frage offen: Was geschieht in der Black Box?

Bandura wollte jedoch darüber hinaus wissen, welche kognitiven Prozesse sich beim Lernen vollziehen und begann, die Vorgänge beim Modell-Lernen zu untersuchen. Hier nämlich ist der Mensch nur indirekt, d. h. geistig aktiv – und zwar als Beobachter. Banduras Überlegung war: Wenn man lernt, indem man einen anderen Menschen beobachtet, dann müssen dabei kognitive Vorgänge eine wichtige Rolle spielen.

Somit entwickelte Bandura gleichsam eine wichtige wissenschaftliche Erweiterung des Behaviorismus: Er untersuchte die Persönlichkeit des Menschen unter dem Aspekt des Zusammenwirkens von drei Faktoren:
- Umfeld
- Verhalten
- psychologische Prozesse, die sich im Menschen selbst beim Lernen abspielen

Unter den psychologischen Prozessen verstand Bandura insbesondere die Fähigkeit des Menschen, Bilder bzw. anschauliche Vorstellungen zu entwickeln und zu speichern, sowie die Fähigkeit, Sprache zu entwickeln und damit zu kommunizieren.

Ernst von Glasersfeld macht in dem folgenden Zitat sehr deutlich, dass es zwischen Reizen und Reaktionen noch mehr geben muss:

„Wenn wir eine Szene oder ein Ereignis beschreiben, dann kommt es manchmal vor, dass wir ein Wort zurücknehmen und durch ein anderes ersetzen. Das erste Wort schien irgendwie nicht zu passen. Es erzeugte Unbehagen, wirkte störend, und so musste eine befriedigendere Formulierung gesucht werden. Das passiert beim Sprechen, aber viel öfter wahrscheinlich beim Schreiben. (Wie viele Glückwunsch- oder Beileidskarten mussten nochmals geschrieben werden, nur weil ein einziges Wort unpassend erschien!)"
(von Glasersfeld, 1998, S. 211)

Von Glasersfeld weist an dieser Stelle darauf hin, dass derartige Selbstkorrekturen nicht mit dem unmittelbaren Einfluss von Umweltreizen erklärt werden können, sondern Ergebnis innerer psychischer Prozesse sind.

Auch Bandura erkannte dies, als er feststellte, dass Lernen durch Nachahmung mehr ist, als dass eine Person (das Modell) etwas tut, was ein Beobachter gleichsam kopiert, um dafür verstärkt zu werden. Beim Lernen durch Nachahmung spielen nach Bandura folgende Effekte eine besondere Rolle:
- ein **Modell-Effekt**
- ein **Enthemmungseffekt**
- ein **Hemmungseffekt**
- ein **auslösender Effekt**

- **Der Modell-Effekt:** Der Beobachter übernimmt Verhaltensweisen, die für ihn selbst ganz neu sind. So nimmt beispielsweise ein Kind, das von zu Hause keinerlei körperliche Aggressionen kennt, bei einem besonders dominanten und von anderen Kindern bewunderten Jungen in der Kindertagesstätte wahr, wie dieser ein anderes Kind schlägt. Es beobachtet dies, sieht, wie der Junge sich damit durchsetzt und verhält sich bei nächster Gelegenheit genauso. Der Modell-Effekt kann natürlich bei erwünschten Verhaltensweisen gleichermaßen auftreten.
- **Der Enthemmungseffekt:** Wird das Verhalten des Modells vom Beobachter positiv erlebt, sinkt die Hemmung, dieses Verhalten ebenfalls durchzuführen. Hierbei geht es nicht um

den Erwerb neuen Verhaltens, sondern um die Enthemmung vorhandener Verhaltensmöglichkeiten als Ergebnis der Beobachtung des Verhaltens anderer Personen und der Konsequenzen, die sich daraus ergaben. Guy R. Lefrancois berichtet über ein Experiment, das zeigt, dass das Aggressionspotenzial von Beobachtern durch die Wahrnehmung aggressiver Modelle enthemmt werden kann:

„Den Vpn [Anm.: Versuchspersonen] wurde ein kurzer Ausschnitt aus einem von zwei Filmen gezeigt; entweder eine gewalttätige Szene aus dem Film ‚Rebel without a cause' oder ein Ausschnitt aus einem Film, der in künstlerische Arbeit vertiefte Jugendliche zeigte. [...] Nach Darbietung der Filme wurden die Vpn gebeten, dem Vl [Anm.: Versuchsleiter] bei einer anderen Untersuchung zu helfen, die die Auswirkungen von Strafe auf das Problemlösungsverhalten untersuchen sollte.

Eine als Vp deklarierte Person, die aber in Wirklichkeit ein Helfershelfer war, saß an einer Schalttafel, löste Aufgaben und signalisierte ihre Antworten, indem sie einen Schalter drückte. Immer wenn sie richtig antwortete, sollte ein grünes Licht an einer zweiten Schalttafel aufleuchten; bei falscher Lösung sollte ein rotes Licht angehen. Auf der zweiten Schalttafel befanden sich auch 15 Kippschalter, die mit 15 Volt, 30 Volt, 45 Volt usw. bezeichnet waren. Die Schalter schienen mit den Elektronen verbunden zu sein, die an den Handgelenken des Strohmanns befestigt waren. Die Instruktionen, die der Vp gegeben wurden (nachdem ihr ein milder Schock verabreicht worden war, um sicherzugehen, dass sie erkannte, was sie tat), waren einfach: Sie solle jedes Mal eine Bestrafung in Form von Elektroschocks verabreichen, wenn ein Fehler gemacht würde. Die Ergebnisse unterstützen stark die Vorhersage, dass die Darbietung eines aggressiven Modells in einem Anstieg der Intensität der verabreichten Schocks resultieren würde.

Noch eindrucksvoller ist, dass sehr wenige Vpn sich weigerten, an dem Experiment teilzunehmen, obwohl sie gebeten wurden, ihren Kollegen Schmerz zuzufügen."
(Lefrancois, 1976, S. 184)

Die Personen, denen vorher der Film mit gewalttätigen Szenen gezeigt wurde, neigten in diesem Experiment zu mehr aggressivem Verhalten als die anderen. Allerdings haben neuere Untersuchungen gezeigt, dass aggressive Modelle in Filmen nicht unbedingt die beschriebene Wirkung haben müssen.

- **Der Hemmungseffekt:** Führt das Verhalten des Modells nicht zum gewünschten Erfolg, wird die Schwelle steigen, dieses Verhalten ebenfalls durchzuführen. Dies trifft besonders dann zu, wenn das Modell für sein Verhalten bestraft wird. Obwohl ein Hemmungseffekt wissenschaftlich nur schwer nachweisbar ist, spielt er im öffentlichen Bewusstsein – sowohl in der Rechtsprechung als auch in den gesellschaftlichen Erziehungsvorstellungen eine große Rolle: Wird ein Straftäter als mögliches Modell schwer genug bestraft, so glaubt man, dann wird seine Straftat auch nicht nachgeahmt. In der Rechtsprechung wird immer wieder von Abschreckung durch bestimmte Strafen gesprochen, obwohl bis heute daran gezweifelt werden muss, dass abschreckende Strafen die Wirkung haben, die ihnen zugesprochen wird. In milderer Form gibt es das Abschreckungsthema natürlich auch in der Erziehung in Kindertagesstätten, Heimen oder Schulen.
- **Der auslösende Effekt:** Das Verhalten und Erleben eines Modells löst beim Beobachter Verhaltensweisen aus, die weder neu und möglicherweise nicht einmal identisch mit dem Verhalten des Modells sind. Ein Beispiel, das Sie vielleicht von sich selbst kennen: Eine Schwester, ein Bruder oder eine andere Person, die Sie kennen, kann etwas besonders gut. Sie wissen, dass Sie dies nicht können und versuchen deshalb, sich bei irgendeiner anderen Verhaltensweise besonders hervorzutun. Das Modell ist dabei nur der Auslöser für das Verhalten des Beobachters.

Durch das Beobachten eines Modells können also
- neue Verhaltensweisen gelernt werden,
- Hemmschwellen für vorhandene Verhaltensweisen sinken,
- Hemmschwellen für vorhandene Verhaltensweisen steigen,
- bestehende Verhaltensmöglichkeiten als konkretes Verhalten ausgelöst werden.

Bandura veröffentlichte 1963 ein berühmt gewordenes Experiment zum Modell-Lernen, das mit Kindern im Kindergartenalter durchgeführt wurde. Dabei wurden die vier- bis fünfjährigen Kinder in drei Gruppen eingeteilt, die den gleichen Film mit jeweils unterschiedlichem Ende sehen konnten. In diesem Film spielte ein Erwachsener die Hauptperson, Rocky. Außerdem war eine große Kunststoff-Puppe zu sehen, die von Rocky geschlagen, umgestoßen und u. a. mit Wortneuschöpfungen beschimpft und malträtiert wurde.

Das Ende des Films unterschied sich folgendermaßen:
- Gruppe 1: Der Film endet damit, dass ein weiterer Erwachsener auftritt, der Rocky für sein Verhalten lobt und mit Süßigkeiten belohnt.
- Gruppe 2: Auch hier kommt ein weiterer Erwachsener hinzu, der Rocky aber nicht lobt, sondern straft und mit Schlägen droht.
- Gruppe 3: Der Film endet, ohne dass noch ein weiterer Erwachsener hinzukommt.

Nachdem die Filmvorführung beendet war, gingen die Kinder einzeln in einen Raum, in dem sich die gleichen Gegenstände befanden wie in dem Film, mit denen sie nun spielen konnten. Dabei zeigte sich, dass die Kinder auch das aggressive Verhalten von Rocky nachahmten – sowohl mit den im Film gesehenen Wortneuschöpfungen als auch mit den entsprechenden aggressiven Handlungen.

Folgende Unterschiede zwischen den Kindern wurden bei der Auswertung deutlich:
- Jungen verhielten sich aggressiver als Mädchen.
- Die Kinder, die sahen, dass Rocky im Film für seine Aggressionen bestraft wurde, waren am wenigsten aggressiv.
- Die Kinder, bei denen Rocky im Film für sein Verhalten gelobt wurde, waren deutlich aggressiver.
- Die Kinder, bei denen Rockys Verhalten im Film keine Konsequenzen hatte, waren ähnlich aggressiv wie die Kinder, bei denen Rocky gelobt wurde.

Danach wurde den Kindern eine Belohnung für jede Handlungsweise Rockys im Film versprochen, die sie im Gedächtnis behalten haben und die sie nachahmen können. Dabei konnten alle deutlich mehr aggressive Handlungsweisen Rockys nachahmen. Die Gruppe, die Rockys Bestrafung beobachtete, lag dabei jedoch weit vor den anderen Kindern (vgl. Bandura/Ross/Ross, 1963).

Nicht jeder Mensch ist für jeden anderen ein Modell, sondern er muss für einen bestimmten Beobachter bestimmte Merkmale aufweisen, ohne die er nicht als Modell wirken würde. Innerhalb einer Gruppe ist das wichtigste Modell nicht selten der Gruppenführer. Es kann aber – was seltener ist – auch der Außenseiter sein. Darüber hinaus erhöhen folgende Aspekte die Wahrscheinlichkeit, dass das Verhalten eines Modells nachgeahmt wird:
- Der Beobachter erkennt beim Modell Ähnlichkeiten zu sich selbst.
- Zwischen Beobachter und Modell besteht eine intensive und enge emotionale Beziehung.
- Das Modell hat einen höheren Status als der Beobachter.
- Das Modell hat soziale Macht.

Häufig wird ein Verhalten auch nur dann nachgeahmt, wenn dies für den Beobachter abgewogen und als sinnvoll erkannt wird. Damit wird das beobachtete Verhalten nur dann gelernt, wenn damit die Erwartung eines Erfolgs verbunden wird. Kinder ahmen besonders häufig Erwachsene nach, was zwar grundsätzlich richtig, aber nicht in jedem Fall sinnvoll oder positiv ist. An dem folgenden Beispiel können Sie erkennen, wie bedeutsam eine Erzieherin, eine Lehrerin und besonders natürlich die Eltern als Vorbild sind.

„Drei- bis fünfjährige Kinder beobachteten, wie Erwachsene eine Dinosaurierfigur aus einer durchsichtigen Plastikschachtel herausholten. Dabei berührten sie den Deckel der Schachtel erst mit einer Feder, bevor sie diese öffneten. Jeder Schritt wurde mit den Kindern durchgesprochen und sie sollten sagen, welche Handlungen notwendig und welche überflüssig waren und sie bekamen dies auch erklärt, damit sie die Unterscheidung lernen. Bei den Tests zeigten die Versuchsleiter, wie sie anderes Spielzeug aus ähnlichen Plastikbehältern wieder mit einigen unnötigen Handlungen herausholten. Dann wurde das Spielzeug wieder eingepackt. Der Versuchsleiter ging aus dem Zimmer und sagte zuvor den Kindern, dass sie auch die Spielzeuge herausholen und dies so machen können, wie sie wollen. Die Kinder ahmten dabei überwiegend die überflüssigen Handlungen unabhängig vom Alter und der kognitiven Unterscheidungsfähigkeit nach, während die Kinder einer Kontrollgruppe, die ohne erneute ‚Vorführung' die Schachteln mit den neuen Spielzeugen auspacken konnten, dies nicht taten. Offenbar ist es für Kinder kaum möglich, den Automatismus des Nachahmens zu durchbrechen, sodass auch

unsinnige Handlungsweisen nachgeahmt werden. Das kann dann auch den Effekt haben, dass Kinder nur noch schwer lernen können, etwas richtig (oder anders) auszuführen, wenn es ihnen ein Erwachsener erst einmal falsch vorgeführt hat."
(Stangl, Lernen am Modell, 2009)

Eine herausragende Rolle spielt das Nachahmungslernen für die Entwicklung des Sozialverhaltens und für die Entwicklung der Gesamtpersönlichkeit.

- Das Sozialverhalten umfasst ein sehr komplexes und kompliziertes Netzwerk von miteinander verknüpften Verhaltensweisen. Zu viele kognitive Prozesse sind in dieses Netz integriert, als dass es sich mit den vergleichsweise einfachen Theorien des Klassischen und Instrumentellen Konditionierens erklären und verstehen ließe. Wissenschaftliche Untersuchungen zeigen ebenso wie alltägliche Erfahrungen, dass Nachahmungsprozesse beim Erlernen des Sozialverhaltens eine zentrale Rolle spielen.
- Noch umfassender ist natürlich die Entwicklung der Gesamtpersönlichkeit, von der das Sozialverhalten nur ein integrierter Teil ist. Ein breites Verhaltensrepertoire und insbesondere auch Einstellungen, Vorurteile, verinnerlichte Normen und Werthaltungen entwickeln sich auf der Basis von Beobachtungslernen. Dabei geht es auch um die Aneignung von Verhaltensweisen, die für die Selbstachtung und für das Selbstwertgefühl von Bedeutung sind, was noch einmal die große Bedeutung von Vorbildern aufzeigt.

3.3.10 Lebenslanges Lernen

In den vergangenen Jahrzehnten ist das Schlagwort vom „lebenslangen Lernen" mehr und mehr Gegenstand öffentlicher Diskussionen geworden. Dabei handelt es sich im Grunde um eine Selbstverständlichkeit: Zu jeder Zeit stand und steht der Mensch vor neuen, generationsspezifischen Herausforderungen, und zwar von Geburt an bis ins hohe Alter. Jede Generation hat sich mehrheitlich diesen Herausforderungen gestellt – und ohne Neugier und immer neues, lebenslanges Lernen wäre dies kaum möglich gewesen.

Doch Neugier war noch vor wenigen Jahrzehnten für viele Erwachsene negativ besetzt – vor allem, wenn Kinder neugierig waren. Heute weiß man aber, dass Neugier ein angeborener Reflex ist, der ausgelöst wird, sobald man einem neuen Sachverhalt bzw. einem fremden Menschen oder Tier begegnet. Der Neugierreflex konkurriert dabei mit einem Schutzreflex, der ein Vermeidungsverhalten auslöst.

Wird Lernen in der Kindheit und in der Jugend bereits mit Druck, Stress und Belastung verknüpft, überwiegt mit großer Wahrscheinlichkeit im Erwachsenenalter, vor allem im hohen Alter, das Vermeidungsverhalten gegenüber der Neugier und verhindert damit lernendes Verhalten. Wem in seiner Kindheit die Freude am Neuen, die Freude am Lernen verloren ging, der wird im Erwachsenenalter schnell Probleme mit der Bewältigung seines Alltagslebens bekommen. Genau hier liegt auch die Herausforderung für Erzieherinnen, Lehrkräfte und besonders auch für die Eltern: Lernen muss Spaß machen. Wer Angst vor dem Lernen hat, wird nur noch das Allernotwendigste lernen, sobald man ihn in Ruhe lässt.

Ein paar Beispiele aus dem Alltagsleben zeigen, wie nachteilig dies im Erwachsenenalter sein kann: Wenn ein Erwachsener früher Geld benötigte, ging er zu seiner Bank, war dort in der Regel mit Namen bekannt und brauchte nur den gewünschten Geldbetrag zu sagen und das vom Angestellten ausgefüllte Formular zu unterschreiben. Heute aber zahlt man häufig mit Plastikkarten, holt sich sein Geld und seine Auszüge am Automaten und inzwischen wird vieles am Computer erledigt. Für Erwachsene, die nicht gelernt haben, sich auf Neues einzulassen und Neues zu lernen, kann dies ein großes Problem bedeuten. Mit großem Tempo verändern sich die unterschiedlichsten Herausforderungen, die im Alltagsleben bewältigt werden müssen: mit Handys umgehen, das Internet nutzen, sich Fahrkarten am Automaten kaufen, Briefmarken am Computer ausdrucken usw.

In diesem Kapitel wird das Thema des lebenslangen Lernens unter zwei Gesichtspunkten betrachtet:
- die Bedeutung des Lernens in Kindheit und Jugend für das Lernen im Erwachsenenalter und
- gesellschaftliche Angebote zur Lernentwicklung im Erwachsenenalter, die auch für ausgebildete sozialpädagogische Fachkräfte hilfreich sein können.

Lernen im Kindes- und Jugendalter

In früheren Kapiteln dieses Buches konnten sie viel über günstige Lern- und Entwicklungsbedingungen im Kindes- und Jugendalter erfahren. Daher sollen an dieser Stelle nur die wichtigsten Aspekte zusammengefasst werden. Um Freude am Lernen, Freude an Neuem zu wecken, sind vor allem folgende Bedingungen erforderlich:
- methodisch-didaktisch gut vorbereitete und gestaltete Lernumgebungen
- lebensraumbezogene Lernsituationen
- Konfrontation mit altersgemäßen Herausforderungen
- bedürfnisorientierte Lernsituationen
- erlebnisorientierte Lernsituationen, die Kinder und Jugendliche begeistern, bewegen, betroffen machen, erfüllen und fesseln
- die Vermeidung von Reizüberflutung
- Ruhezeiten und -räume
- Anerkennung, Achtung und Wertschätzung der Persönlichkeit
- konstruktive Kritik, die sich nie auf die Gesamtpersönlichkeit, sondern immer nur auf die konkreten Verhaltensweisen bezieht, die verändert werden sollen
- Freiräume für die Entfaltung von Motorik und Feinmotorik
- Freiräume für die Entfaltung sozialer Kompetenzen
- Mitwirkung und Mitsprache
- Unterstützung von Verantwortung und Selbstverantwortung
- Stärkung der Fähigkeit zur Selbstdisziplin
- Unterstützung und Förderung des natürlichen Forschungsdranges
- Achtung vor der Subjektivität des Wissens
- Unterstützung der Fähigkeit, Wissen selbst zu konstruieren
- Achtung und Wertschätzung von Fehlern
- Ausschließen von Angst und Furcht als Erziehungsmittel
- Vermeidung von Strafen
- Stärken durch positives Verstärken

Werden diese Punkte in der frühen Erziehung eines Kindes erfolgreich umgesetzt, ist eine konstruktive und richtungweisende Grundlage für ein erfolgreiches Lernen im Jugend- und Erwachsenenalter geschaffen.

Lernen im Jugend- und Erwachsenenalter

Da die technologische und gesellschaftliche Entwicklung von Generation zu Generation immer schneller verläuft und ein Ende dieser Beschleunigung nicht abzusehen ist, wird ein erfolgreiches Lernen im Jugend- und Erwachsenenalter immer wichtiger. Viele der einfachen Arbeiten, die früher von Menschen durchgeführt wurden, werden heute von Maschinen erledigt, deren Konstruktion und deren Bedienung neue und ganz andere Lernprozesse erfordern. Die Zeiten, in denen ein Beruf für das ganze Leben gewählt wurde, nähern sich dem Ende. Ein Berufswechsel aber erfordert neues Lernen, neue Herausforderung, neue Begeisterung.

Ein großer Teil der aufgezählten Bedingungen, die eine erfolgreiche und nachhaltige Lernentwicklung im Kindesalter unterstützen, treffen im Prinzip auch auf das Erwachsenenalter zu. Doch häufig wird im Berufsleben wenig bzw. zu wenig Wert auf die meisten dieser Punkte gelegt. Umso wichtiger ist es daher, dass bereits im Kindesalter die Grundlagen für ein Lernen mit Freude und für ein Interesse an der eigenen positiven Lernentwicklung geschaffen werden.

Bis in die 1950er Jahre nahm man an, dass die Intelligenz und insbesondere die Lernfähigkeit des Menschen von der zweiten Hälfte seines zweiten Lebensjahrzehnts an zwangsläufig abnehmen. Heute weiß man, dass diese Auffassung falsch ist. Die Intelligenz nimmt nicht ab, sondern sie verändert sich und mit ihr die Lernfähigkeit und das Lernverhalten. In der Psychologie unterscheidet man zwei Arten von Intelligenz:
1. kristalline Intelligenz
2. fluide Intelligenz

Kristalline Intelligenz bezieht sich auf erfahrungsgebundene Fähigkeiten, die zur Lösung bekannter kognitiver Probleme erforderlich sind. **Fluide Intelligenz** bezieht sich demgegenüber auf geistige Operationen, die für die Lösung und Bewältigung neuer Probleme und Herausforderungen benötigt werden. Diese beiden Arten entwickeln sich im Lebensverlauf unterschiedlich.

Die kristalline, also die stark auf Erfahrungen beruhende Intelligenz nimmt mit zunehmendem Alter eher zu, während bei der fluiden Intelligenz das Umgekehrte der Fall ist. Verantwortlich dafür werden Veränderungen im zentralen Nervensystem (ZNS) gemacht. Diese Veränderungen führen allmählich und fast unbemerkt zu einer geringeren Fähigkeit, sich umstellen und auf veränderte Bedingungen einstellen zu können und neue Informationen zu verarbeiten. Diese Veränderungen machen sich meist erst in hohem Alter bemerkbar.

Was früher eher übersehen wurde: Bleiben die Anforderungen an Aufmerksamkeit und Konzentrationsfähigkeit im Alter hoch und steigt die übernommene Verantwortung, kann sich die Leistungsfähigkeit des Menschen bis weit ins sechste Lebensjahrzehnt verbessern. Ein Phänomen, dessen sich in der Wirtschaft noch viele Betriebe nicht bewusst sind.

Lernen in der Jugend und im Erwachsenenalter	
Lernen im Kindes- und Jugendalter	**Lernen im Erwachsenenalter**
Das Lernen wird durch das Verstehen des Sinns und der Zusammenhänge erleichtert.	Das Lernen wird durch Verstehen und durch Vergleichen mit Vorerfahrungen erleichtert.
Neue, effektive Lerntechniken werden schneller angeeignet.	Lernen wird durch problemorientiertere Lernstrategien stärker erleichtert.
Schnellere Wahrnehmung erleichtert das Lernen unter Zeitdruck.	Die Übernahme von mehr Eigenverantwortung für das Lernen und selbstständigeres Arbeiten sind „Lernvorteile" im Erwachsenenalter.
Für das Behalten sind weniger Wiederholungen erforderlich.	Das Erkennen von Anwendungsmöglichkeiten erleichtert das Lernen stärker.
Die Lernprozesse sind weniger störanfällig.	Der Umgang mit komplexen Sachverhalten fällt leichter und erleichtert das Lernen.

(vgl. Hörwick, 2009, S. 11)

Dafür, dass Intelligenz und Lernfähigkeit weiter zunehmen oder zumindest nicht abnehmen, müssen allerdings folgende **Voraussetzungen** gegeben sein:

- Herausforderungen zum Lernen sollten angenommen und nicht abgelehnt werden.
- Aufmerksamkeit und Konzentrationsfähigkeit müssen trainiert werden. Besonders problematisch ist stundenlanges Fernsehen, bei dem Aufmerksamkeit und Konzentration durch häufiges Zappen gestört und evtl. sogar nachhaltig vermindert werden.
- Verantwortung für die eigene Intelligenz- und Lernentwicklung muss übernommen und darf nicht anderen Personen überlassen werden. Deutlich wird dies, wenn Menschen in Unterricht oder Fortbildung die Verantwortung für den Lernerfolg ausschließlich bei den Lehrenden oder Dozenten suchen. Auch bei gutem Unterricht werden die Teilnehmenden nicht erfolgreich lernen können, wenn sie sich nicht darauf einlassen.
- Verantwortung für die eigene Intelligenz- und Lernentwicklung zu übernehmen heißt auch, Lernchancen und Lernangebote zu suchen und wahrzunehmen. Natürlich ist dies bisweilen auch recht anstrengend, aber es wäre fatal zu warten, bis andere Menschen einem das Nutzen von Lernchancen aufzwingen. Lernen unter Zwang und mit Abneigung ist auch im Erwachsenenalter wenig erfolgversprechend.
- Auch im Erwachsenenalter verlaufen Lernprozesse leichter und schneller, wenn sie positiv verstärkt werden. Da dies viele Vorgesetzte im Berufsleben nicht wissen oder nicht umsetzen können, bleiben die notwendigen Verstärkungen nur allzu häufig aus. Allerdings können Erwachsene – eher als Kinder – selbst für Verstärkungen sorgen. Verstärkungen, die man sich selbst verschafft, sind unter Umständen genauso wirksam wie die des oder der Vorgesetzten. Wenn Sie an die Arbeit in einer Kindertagesstätte denken: Welch wirksamere Verstärkung könnte es geben, als zu sehen, wie sich Kinder auf Ihre Angebote einlassen, wie sich ihre Fähigkeiten entwickeln oder wie sie, gestärkt durch Ihr umsichtiges und kompetentes Erziehungsverhalten, Konflikte zu lösen gelernt haben.
- Wer schon mit Abschluss seiner Berufsausbildung glaubt, nichts mehr hinzulernen zu können und zu müssen und sich entsprechend „lernfaul" verhält, läuft Gefahr, dass seine Lernfähigkeit und mit ihr seine Fähigkeit zu intelligentem Handeln mit zunehmendem

Alter – möglicherweise sogar sehr rasch – abnimmt.
- Ein stärkerer altersbedingter Rückgang bestimmter Fähigkeiten (insbesondere im Bereich der fluiden Intelligenz) kann auch eine Folge mangelnder geistiger Aktivität sein. Dies betrifft natürlich ganz besonders das bereits angesprochene Wahrnehmen von Fort- und Weiterbildungsmöglichkeiten, mit dem man beginnen sollte, sobald man den Berufsabschluss erreicht hat.
- Lerninhalte, die gut und übersichtlich gegliedert sind, werden leichter gelernt – von jüngeren wie von älteren Menschen.
- Ebenfalls für Jüngere wie für Ältere gilt: Erfolgreiches Lernen erfordert die aktive Beteiligung des Lernenden an der Gestaltung und Organisation der Lernprozesse. Die Konstruktivisten zeigen das sehr deutlich auf (vgl. Kap. 3.3.6). Dabei ist es wichtig, dass auch der Erwachsene die Möglichkeit hat, seine Lernprozesse zu steuern und zu kontrollieren.

In der Mitte des 20. Jahrhunderts entwickelte sich sowohl in den unterschiedlichen Berufsausbildungen als auch in der beruflichen Praxis eine Tendenz zur Spezialisierung. Dies wurde nötig, weil das vorhandene Wissen in den verschiedenen Bereichen so umfangreich wurde, dass es eine Person überforderte. Diese Tendenz hatte und hat immer noch eine Kehrseite. Es hat sich nämlich gezeigt, dass die Lernfähigkeit von Menschen, die sich auf Dauer nur mit einem Spezialgebiet befassen, in dem immer die gleichen Lerntechniken und Lernstrategien gefordert werden, deutliche Probleme in ihrem allgemeinen Lernverhalten bekommen können.

Unterschiedliche Bildungs- und somit auch Lernbereiche erfordern unterschiedliche Lernstrategien und Lerntechniken. Um die Lernfähigkeit bis ins hohe Alter zu erhalten und evtl. sogar weiterzuentwickeln, ist es daher erforderlich, sich auch über den eigenen beruflichen Spezialbereich hinaus zu bilden. Abgesehen davon, dass eine breite Bildung für die Entwicklung der Lernfähigkeit sehr förderlich ist, kann es für eine Erzieherin in einer Kindertagesstätte sehr von Nutzen sein, wenn sie über gute Grundkenntnisse in Mathematik, in Physik, in Chemie, in Englisch etc. verfügt. Sie kann die Kinder neugierig machen auf die vielen spannenden Fragen, die die vielen Fachbereiche beantworten können.

Das Bundesministerium für Bildung und Forschung hat am 23. April 2008 eine Konzeption für das **Lernen im Lebenslauf** veröffentlicht. Dort heißt es:

„Das Lernen im Lebenslauf gehört zu den großen politischen und gesellschaftlichen Herausforderungen in Deutschland. Die Verwirklichung des Lernens im Lebenslauf ist entscheidend für die Perspektive des Einzelnen, den Erfolg der Wirtschaft und die Zukunft der Gesellschaft. Dieser Herausforderung zu begegnen, gehört zu den vorrangigen bildungspolitischen Aufgaben. Daher ist eine Konzeption zum Lernen im Lebenslauf dem Ziel verpflichtet, Deutschlands wichtigste Ressource ‚Bildung' stärker für wirtschaftliche Dynamik und persönliche Aufstiegschancen zu erschließen. Die Globalisierung und die Wissensgesellschaft stellen die Menschen vor große Herausforderungen, die durch den demografischen Wandel noch verstärkt werden: Wissen sowie die Fähigkeit, das erworbene Wissen anzuwenden, müssen durch Lernen im Lebenslauf ständig angepasst und erweitert werden. Nur so können persönliche Orientierung, gesellschaftliche Teilhabe und Beschäftigungsfähigkeit erhalten und verbessert werden. Deshalb ist der ‚Wert des Lernens' zu erhöhen, unabhängig davon, ob das Lernen in erster Linie zur Weiterentwicklung der Beschäftigungsfähigkeit, zur Ausübung des bürgerschaftlichen Engagements oder aus rein privaten Gründen erfolgt. Dabei ist in besonderer Weise dem Umstand Rechnung zu tragen, dass Deutschland ein Integrationsland ist. Damit Integration gelingt, müssen alle für das Lernen im Lebenslauf Verantwortlichen dazu beitragen, dass alle Menschen ihre Potenziale entwickeln können. Dabei ist das Erlernen der deutschen Sprache für eine erfolgreiche Integration unabdingbar. Das Leben und Arbeiten in der Wissensgesellschaft und der herausragende Stellenwert der Entwicklung des Humanvermögens haben insgesamt bereits zu einer Aufwertung des Lernens im Lebenslauf beigetragen. Um die Weiterbildungsbeteiligung zu

erhöhen, müssen die Möglichkeiten für das Lernen im gesamten Lebenslauf verbessert und attraktiver gestaltet werden, indem neue Anreize geschaffen und bestehende Hindernisse beseitigt werden:

- Jede Person muss ermutigt werden, das Lernen als bleibende Herausforderung und als Chance für die persönliche Lebensgestaltung anzunehmen.
- Kein Abschluss soll ohne die Möglichkeit eines Anschlusses zu einer weiteren Qualifizierung bleiben.
- Unternehmen und Verwaltungen müssen ihre Personalentwicklung noch stärker als bisher am Lernen im Lebenslauf und damit auf die bedarfsorientierte, fortlaufende Qualifizierung während der gesamten Lebensarbeitszeit ausrichten.
- Dies bedeutet ebenso, dass neben einer Angebots- auch eine verstärkte Nachfrageorientierung erforderlich ist.
- Dabei sind – insbesondere im Rahmen der öffentlich verantworteten Weiterbildung – bezahlbare und zielgruppenspezifische Angebote zu schaffen, die auch bildungsferneren Schichten einen einfachen Zugang zu Weiterbildung bieten.
- Wichtig sind vor allem eine an der Berufs- und Arbeitsbiografie und der Lebens- und Lernsituation der Menschen orientierte Bildungsberatung und entsprechende Lernangebote. Das schließt eine konsequente Einbeziehung der vielfältigen informellen Lernprozesse außerhalb von Bildungsinstitutionen ein. Arbeitsprozesse müssen lernintensiver gestaltet werden, um die Chancen des Lernens am Arbeitsplatz besser zu nutzen.
- Wir wollen insgesamt das Lernen im Lebenslauf für und mit Unternehmen ausbauen und die Weiterbildung stärker mit der Hightech-Strategie verbinden. Ein besonderes Augenmerk gilt dabei den kleinen und mittleren Unternehmen.
- Diese Zielsetzungen erfordern erhebliche Anstrengungen aller Beteiligten in der Weiterbildungsfinanzierung.

Die Verwirklichung des Lernens im Lebenslauf betrifft somit alle Bildungsbereiche. Die Voraussetzungen für die Weiterbildungsbereitschaft werden wesentlich durch die Motivation und die Befähigung zum selbstständigen Lernen ab der frühkindlichen Bildung und mit den Bildungs- und Ausbildungsinhalten in der Schule, in der Berufsausbildung und an der Hochschule geschaffen. Der Schulabschluss ist die Grundlage für jede Bildungsbiografie. Er muss daher für jeden Menschen erreichbar sein. Die Schulbildung und die fundierte Erstausbildung sind die beste Grundlage für das Weiterlernen. Dabei kann der Weg von der Erstausbildung bis zu einer qualifizierten Weiterbildung eine gleichwertige Alternative zum Abitur und zum Hochschulabschluss sein. Gleichzeitig muss Lernen auch für Menschen in der spät- und nachberuflichen Phase attraktiv bleiben – zum einen, damit ihr Wissen und ihre Kompetenzen erhalten bleiben. Zum anderen, um gesellschaftliche Teilhabe und die Wertschätzung ihrer Erfahrungen zu ermöglichen."

(Bundesministerium für Bildung und Forschung, 2009)

Folgende Beschlüsse sind im Zusammenhang mit Bildung und Lernen im Erwachsenenalter gefasst worden (BMBF, 2009):

1. „Einführung einer ‚Bildungsprämie'": Durch finanzielle Anreize sollen mehr Menschen dazu bewegt werden, sich weiterzubilden.
2. „Verbesserung der Bildungsberatung": Die Bildungsberatung in Deutschland soll ausgebaut bzw. weiterentwickelt und professionalisiert werden.
3. „Weiterbildungstests der Stiftung Warentest": Die Weiterbildungstests der Stiftung Warentest sollen nach erfolgreicher Erprobung fortgeführt werden.
4. „Verbesserung der Angebotsstruktur vor Ort": Die Bildungszusammenarbeit vor Ort in den Regionen soll verbessert werden, damit möglichst viele Bildungsangebote leicht erreichbar werden.
5. „Angebote für Zielgruppen mit besonderen Potenzialen": Mit solchen Angeboten sind Bildungsangebote für Menschen mit besonderen Qualifikationen gemeint.
6. „Durchlässigkeit und Verzahnung der Bildungsbereiche ermöglichen": Hier sollen die Möglichkeiten verbessert werden, auf der Grundlage eigener vorhandener

Qualifikationen Kompetenzen in anderen Bereichen zu entwickeln und dadurch mobiler zu werden.

3.3.11 Lerntheorien und Menschenbilder

Mit den in den vorangegangenen Kapiteln beschriebenen Theorien über das Lernen verbinden sich auch bestimmte Menschenbilder. Dies hat allerdings nichts mit der Frage zu tun, ob die von Pawlow, Skinner oder den Konstruktivisten erarbeiteten wissenschaftlichen Ergebnisse richtig sind oder nicht. Auch die radikalen Konstruktivisten bezweifeln nicht die Richtigkeit des Pawlow'schen Klassischen Konditionierens. Die Frage, um die es vielmehr geht, ist, ob sich die menschlichen Lernprozesse mit einer dieser Theorien alleine verstehen und erklären lassen. Diese Frage ist mit einem eindeutigen Nein zu beantworten.

Das bedeutet, dass die Entwicklung der Gesamtpersönlichkeit des Menschen weder ausschließlich auf der Basis angeborener Reflexe noch allein auf der Grundlage konstruktivistischer Erkenntnisse zu erklären ist. Und dennoch gibt es bis heute Pädagogen und sozialpädagogische Fachkräfte, die die eine oder andere wissenschaftliche Erkenntnis in sehr einseitiger Weise vertreten und in der Praxis umsetzen.

Denken Sie an das Instrumentelle Konditionieren von B. F. Skinner. Wer die Möglichkeiten, die sich aus Skinners Erkenntnissen ergeben, pädagogisch in extremer Weise umsetzt und den Kindern keine Chance lässt, sich selbstständig mit sich und der Welt auseinanderzusetzen, behandelt sie, als wären sie „Maschinen": Wer Erwünschtes tut, wird belohnt, wer Unerwünschtes tut, wird bestraft. Und wenn darüber hinaus noch auf der Basis des Klassischen Konditionierens mit dem Einsatz von Angst als auslösendem Reiz gearbeitet wird, reduziert sich Erziehung auf einen Akt der Dressur.

Eine solche Form der Erziehung kann allerdings sehr erfolgreich und damit gleichzeitig sehr gefährlich sein: Sie verhindert Selbstständigkeit, Kritikfähigkeit, die Konstruktion einer eigenen Meinung, Selbstvertrauen und Selbstbewusstsein. In autoritären Gesellschaften, wie sie es in Deutschland während der Zeit des Nationalsozialismus gab und wie sie auch heute in vielen Staaten der Erde existieren, wurden und werden behavioristische Methoden bisweilen perfekt eingesetzt.

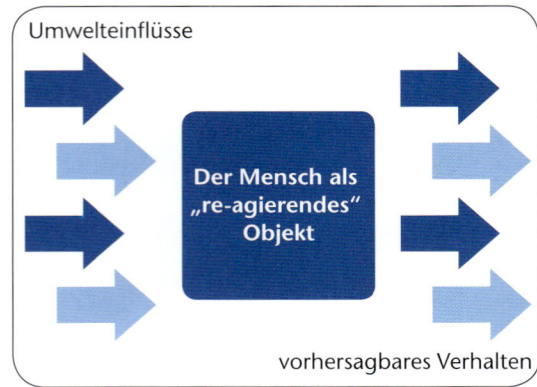

Das Menschenbild des Behaviorismus

Die Nationalsozialisten beispielsweise arbeiteten systematisch mit dem Mittel der Angst und der berechtigten Erwartung auf die dadurch bei vielen Menschen ausgelösten Reflexe: Flucht oder Angriff gegen den Angstauslöser. Darüber hinaus setzten sie sehr systematisch viele mögliche Varianten der Verstärkung und der Bestrafung ein.

Die Angst, die die Nationalsozialisten mit ihrer Propaganda der Bevölkerung mit Nachdruck einflößten, bezog sich auf Juden, Kommunisten, Zigeuner, auf Sozialdemokraten, Demokraten und Demokratien usw. Diese Angst wurde sehr systematisch und kontinuierlich geschürt, bis eine große Mehrheit der Deutschen den zweiten Weltkrieg als unumgänglich und notwendig ansah, um sich vor all den Feinden zu schützen bzw. „zu retten". Dies gehörte zu den vielen propagandistischen Mitteln, auf die sich der nationalsozialistische Terror stützte.

Darüber hinaus setzten die Nationalsozialisten auch all die Verstärkungs- und Bestrafungsmechanismen, die Skinner beschrieben hat, systematisch und konsequent um. Parteimitglieder, Mitglieder von SS und SA hatten reale oder nur vermeintliche Vorteile in Beruf und Privatleben, Vorteile, die gleichsam als positive Verstärker für systemkonformes Verhalten wirksam waren oder wirksam sein sollten. Beförderungen und Gehaltserhöhungen wurden möglicherweise erleichtert oder die Menschen gehörten auch „nur" dazu, indem sie sich zum nationalsozialistischen System bekannten.

Wissenschaftler wie Heinz von Foerster oder Ernst von Glasersfeld (vgl. Kap. 3.3.6) hatten in einem gesellschaftlichen System, in dem der einzelne Mensch wie eine triviale Maschine behandelt wurde, keine Möglichkeit, wissenschaftlich zu arbeiten. Sie verließen Deutschland, wie ein großer Teil der Reformpädagogen (vgl. Kap. 3.1.8), oder kamen in Konzentrationslagern um. Pädagogisches Handeln, das auf Selbstständigkeit, Selbstvertrauen und Selbstbewusstsein des Individuums abzielte und die Selbstkontrolle und Selbstverantwortung des Einzelnen zu fördern versuchte, hatte keinen Platz in dieser autoritären Gesellschaft.

Es waren insbesondere die Konstruktivisten, die den Menschen als ein komplexes System verstanden, dessen vielfältige geistige Aktivitäten Handeln ermöglicht, das weit über ein von Konditionierungsprozessen bestimmtes bloßes Funktionieren hinausgeht. Diese Möglichkeiten dürfen nach ihrer Auffassung nicht unterdrückt, sondern sie müssen unterstützt und gefördert werden. Genau dem fühlen sich moderne Didaktiken verpflichtet wie z. B. der Situationsansatz, das Konzept der Offenen Arbeit oder auch die pädagogischen Konzepte von Maria Montessori, der Reggio-Pädagogik, von Freinet oder, auf Schulpädagogik bezogen, der moderne handlungsorientierte Unterricht. So unterschiedlich diese Konzepte sind, sie alle haben ein Menschenbild, das dem Menschen erheblich mehr Verantwortung für sein eigenes Handeln zuspricht als alle behavioristischen Ansätze.

Die Hauptunterschiede zwischen den Menschenbildern des Behaviorismus und des Konstruktivismus sind:

1. **Der Mensch ist im Verständnis der Behavioristen Objekt**, das heißt, er unterliegt dem Einfluss der Umwelt und ist ihm ausgeliefert. Kennt man die Umwelteinflüsse genau, ist das Verhalten vorhersagbar. Verhalten und Erleben des Menschen lassen sich mit naturwissenschaftlichen Methoden objektiv erfassen. Objektiv heißt in diesem Zusammenhang, für alle Menschen gleich gültig. Für die Behavioristen gibt es „richtiges" und „falsches" Verhalten sowie **objektiv „wahr" und „unwahr"**. Der Gegenstand wissenschaftlichen Arbeitens ist für die Behavioristen „lediglich" das Wirkungsverhältnis von objektiv messbaren Umweltreizen und objektiv erfassbaren Reaktionen. Die geistigen Prozesse (also die Black Box) bleiben für die Behavioristen uninteressant, da sie naturwissenschaftlichen Methoden nicht zugänglich sind.
2. **Im Verständnis der Konstruktivisten ist jeder Mensch Subjekt** und allein mit naturwissenschaftlichen Methoden nicht erklärbar. Hier steht der Mensch in einem wechselwirkenden Verhältnis zu seinem Lebensraum. Er nimmt seine Umwelt wahr, verarbeitet diese Wahrnehmungen immer im Kontext seiner bisherigen Erfahrungen, seiner Bedürfnisse, Gefühle, Vorstellungen etc. Dadurch verändert und erschafft er sich immer neu. Dieser Prozess ist daher ausschließlich subjektiv, d.h., bei jedem Menschen auf einzigartige Weise anders. So ist auch zu verstehen, dass es keine allgemeingültige, sondern immer nur eine **subjektive Wahrheit** gibt. Für die Konstruktivisten gibt es kein „richtig" und kein „falsch", sondern nur ein mehr oder weniger „brauchbar" – in der Fachsprache „viabel".

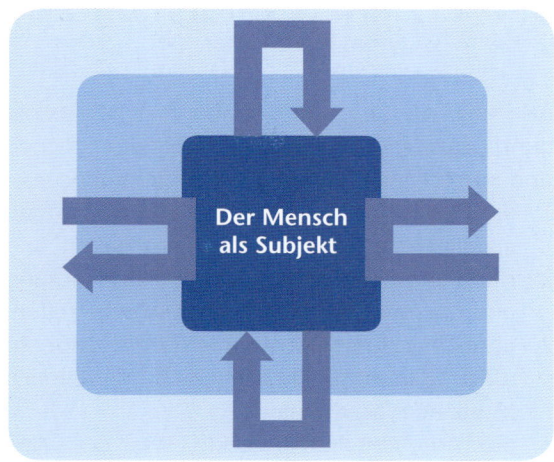

Das Menschenbild des Konstruktivismus
Der Mensch handelt im Kontext seiner eigenen subjektiven Persönlichkeit und seiner Umwelt und erschafft sich auf diese Weise immer wieder neu.

Eine sozialpädagogische Fachkraft muss beide Lernprinzipien kennen und beachten können. Sie muss sehr genau wissen, wie Lob und Belohnung, wie Strafe und Bestrafung wirken, sie muss die Mechanismen kennen, die im Zusammenhang mit angeborenen und erlernten Reflexen ablaufen, und sie muss sich sehr wohl bewusst sein, dass sich alle Kinder ihre Wirklichkeit und ihre Aufgaben- und Problemlösungen auf subjektive Weise selbst erarbeiten und konstruieren.

Ein lernender Mensch erschafft immer auch sich selbst. Erziehende, die ein Kind nicht darin unterstützen, sein Wissen selbst zu konstruieren, die das Kind nicht achten und wertschätzen, hindern es daran, zu einem selbstverantwortlichen und selbstsicheren Mitglied der Gemeinschaften zu werden, in denen es lebt.

3.4 Erziehen, bilden und begleiten: Querschnittsaufgaben

Bei der Förderung und Begleitung der Selbstbildungsprozesse von Kindern oder Jugendlichen sind immer vier Aspekte zu berücksichtigen:
1. die Entwicklung von Kompetenzen, die man als allgemeine Fähigkeiten, Fertigkeiten und Handlungsbereitschaften bezeichnen kann und die somit alle Bildungsbereiche betreffen
2. die Entwicklung von Kompetenzen in spezifischen Bildungsbereichen (z. B. im Bereich Musik oder Mathematik)
3. die erzieherischen Aspekte, die bei allen Bildungsprozessen und -inhalten eine Rolle spielen
4. allgemeine Planungs- und Organisationsaufgaben

Als Querschnittsaufgaben der sozialpädagogischen Praxis werden alle Aufgaben bezeichnet, die nicht nur einen spezifischen, sondern in einem ganzheitlichen Sinne alle Bildungsbereiche betreffen. Bei der Förderung der Entwicklung spezifischer Fähigkeiten werden immer auch übergreifende Kompetenzen geschult. Eine sozialpädagogische Fachkraft, die beispielsweise die Entwicklung der mathematischen Kompetenzen der ihr anvertrauten Kinder fördern möchte, wird dabei auch in vielfältiger Weise die Kompetenzentwicklung in anderen Bereichen unterstützen, beispielweise Sprachkompetenz (z. B. Aufgabenverständnis, sprachliche Ausdrucksfähigkeit) oder Umweltbewusstsein (z. B. durch die Entdeckung mathematisch erschließbarer Prozesse in der Natur). Allgemeine Fähigkeiten wie Kooperation mit dem anderen Geschlecht oder interkulturelles Bewusstsein werden in den gemischten Gruppen zudem bei allen Tätigkeiten in allen Bildungsbereichen gefördert.

In den folgenden Unterkapiteln finden sich folgende wichtige Querschnittsaufgaben für sozialpädagogische Fachkräfte:
- die Planung von Bildungsprozessen
- die Gestaltung und Begleitung von Gruppenprozessen
- die Förderung der Fähigkeit und Bereitschaft zur Partizipation
- die Förderung von Resilienz
- die Unterstützung einer gleichberechtigten Entwicklung von Jungen und Mädchen
- die gemeinsame Bildung und Erziehung von Kindern und Jugendlichen aus unterschiedlichen Kulturen
- die gemeinsame Bildung und Erziehung von Kindern mit und ohne Behinderungen
- Sprachförderung aller Kinder
- die Dokumentation der pädagogischen Arbeit und Prozesse

Für die Erfüllung der Querschnittsaufgaben sind alle sozialpädagogischen Fachkräfte gleichermaßen verantwortlich, bei der Vermittlung spezifischer Fähigkeiten und Fähigkeiten hingegen können und sollten die besonderen Kompetenzen eingesetzt und genutzt werden – nicht alle Fachkräfte sind in allen Bereichen gleich kompetent. Besondere Fähigkeiten einer sozialpädagogischen Fachkraft, beispielsweise im Bereich Musik, sollten nach (organisatorischer, pädagogischer und psychologischer) Möglichkeit allen Kindern einer Einrichtung zugutekommen. Unabhängig davon ist aber natürlich eine entsprechende Einarbeitung aller Mitarbeiterinnen in die inhaltlichen und methodischen Besonderheiten der verschiedenen Bildungsbereiche erforderlich.

3.4.1 Bildungsprozesse planen

Die geplante Unterstützung und Förderung der Selbstbildungsprozesse von Kindern und Jugendlichen umfasst alle möglichen pädagogischen, psychologischen, soziologischen, methodischen und didaktischen Aspekte der Sozialpädagogik. Insofern handelt es sich hierbei um eine typische Querschnittsaufgabe für sozialpädagogische Fachkräfte. Zu Beginn der Ausbildung ist die elementare Bedeutung der Planung von Alltagssituationen, Aktivitäten und Projekten in der täglichen sozialpädagogischen Arbeit für die Studierenden nicht immer leicht ersichtlich. Einerseits erleben sie in ihren praktischen Erfahrungsfeldern vermeintlich ungeplantes Handeln und können aus diesem Grunde die Notwendigkeit planerischer Vorüberlegungen nicht sofort nachvollziehen.

Sozialpädagogische Fachkräfte scheinen situativ zu handeln, sich von den vorgefundenen Gegebenheiten leiten zu lassen und relativ spontan zu reagieren. Vielfach sind planerische Prozesse für Außenstehende nicht sichtbar. Für Eltern und Praktikantinnen bleiben sie unerschlossen, es sei denn, sie fragen aktiv nach, interessieren sich für die Hintergründe pädagogischer Aktionen und Reaktionen oder sie planen und gestalten aktiv mit. Andererseits erleben Erzieherinnen in der Ausbildung einen mit Förderprogrammen und Aktionen verplanten Alltag, der kaum Spiel- und Freiräume lässt.

In genau diesem Spannungsfeld bewegt sich Planung als wesentliche Grundlage und wichtiges Handwerkszeug erfolgreichen pädagogischen Handelns. Schon mit der Planung stellt die sozialpädagogische Fachkraft die Weichen für die kindliche und jugendliche Entwicklung.

Planung als Voraussetzung für zielorientiertes Handeln

„Wer exakt plant, irrt genauer."
(Sprichwort)

Dieses Sprichwort verleitet vielleicht dazu, auf eine konkrete Planung komplett zu verzichten, da suggeriert wird, dass Theorie und Praxis nie übereinstimmen. Doch selbst wenn Pläne in der Praxis häufig abgewandelt werden, haben die Planungs*prozesse* eine unverzichtbare **Funktion** in der pädagogischen Arbeit:

- Die Planung erfordert eine klare Zielorientierung. Sie macht ein genaues Erforschen des Ist-Zustandes notwendig und somit auch die Auseinandersetzung mit den derzeitigen Rahmenbedingungen und der Adressatengruppe. Erst daraus können sich Perspektiven entwickeln, die das Erreichen von Bildungszielen möglich machen.
- Durch eine schriftliche Planung werden Ziele, Rahmenbedingungen und Handlungsalternativen übersichtlich und transparent.
- Schriftliche Planungen dienen als Entscheidungsgrundlage. Planung setzt neue Ideen frei, erweitert und ergänzt bereits Bestehendes und motiviert zur Initiierung und Begleitung von Bildungsprozessen.
- Planung verschafft Überblick und gibt ein Gefühl der Sicherheit im Bezug auf das pädagogische Vorhaben. Planung strukturiert den Gedankengang und schafft Ordnung. Damit wird ein Rahmen abgesteckt, in dem sich der Planende flexibel bewegen und vom Plan begründet abweichen kann. Somit sorgt Planung auch für eine psychische Entlastung.
- Planung ist ein verbindlicher Bestandteil der Teamarbeit. Durch gemeinsame Planung ist eine fachliche Auseinandersetzung, ein kollegialer Austausch und Kooperation gegeben. Dies ist Grundlage, um einen Qualitätsstandard zu finden, zu sichern und weiterzuentwickeln.
- Durch Planung dokumentiert die sozialpädagogische Fachkraft ihre Arbeit und macht sie überprüfbar.

Planung schafft ein Fundament für eine kritische Nachbetrachtung, in der man zum Beispiel sein Vorgehen in Form einer **Reflexion** mit folgenden Fragen überprüfen kann:
- Welche Planungsentscheidungen haben sich bewährt und bestärken mich in der Vorgehensweise?
- Welche waren wenig zielführend und müssen überdacht werden?
- Wo bin ich von meiner Planung mit welchen Konsequenzen abgewichen?
- Welche Lernaufgaben ergeben sich für meine berufliche und persönliche Weiterentwicklung?

Kennzeichen einer professionellen Planung

Um sich der Planung begrifflich zu nähern, sind nachfolgend die wesentlichen Kennzeichen der Planung aufgeführt und an einem konkreten Beispiel erläutert.

Planung ist
- systematisch,
- informationsverarbeitend,
- zielgerichtet,
- adressatenorientiert,
- begründet,
- realistisch,
- perspektivisch,
- prozess- und ergebnisoffen,
- bedürfnisorientiert,
- transparent,
- an wissenschaftlichen Erkenntnissen orientiert und durch sie legitimiert.

Beispiel
Wenn eine sozialpädagogische Fachkraft einige Beobachtungen in einer Gruppe von Drei- bis Sechsjährigen macht, die aufzeigen, dass die Kinder sehr ruhebedürftig sind und jede Gelegenheit der Entspannung wahrnehmen, hat sie in Bezug auf ihre Adressaten bereits einige Informationen erhalten. Sie ordnet ihre Beobachtungen und systematisiert diese. Vor dem Hintergrund dieser Erkenntnisse stellt sie Überlegungen zur möglichen Kompetenzerweiterung und den konkreten Zielen an. Sie überlegt sich, welche Zukunftsbedeutung ein Entspannungsangebot für die Adressatengruppe perspektivisch haben wird, und orientiert sich dabei an den gegenwärtigen Ruhebedürfnissen der Kinder. Durch Informationen an das Team, die Kinder und Eltern sowie das Einbeziehen dieser Personenkreise in die Planung schafft sie größtmögliche Transparenz. Fachliche fundierte Begründungen begleiten jeden einzelnen Planungsschritt. Dabei ist zum Beispiel aus entwicklungspsychologischer Sicht zu berücksichtigen, dass ein Dreijähriger ein anderes Ruhebedürfnis haben wird als ein Sechsjähriger.

Sie überlegt gemeinsam mit den Kindern, dass sie im Nebenraum eine „Entspannungsoase" einrichten werden. Im Verlaufe der Durchführung zeigt sich, dass das Angebot nicht von allen Kindern genutzt wird. Einige Kinder finden über Bewegung zur Entspannung und zu anschließend einkehrender Ruhe. Die Raumplanung wird noch einmal gemeinsam überdacht. An diesem Punkt zeigt sich, dass das Ergebnis einer Planung nicht vorausgesagt werden kann, sondern offen ist.

Da es in der sozialpädagogischen Arbeit um Menschen mit unterschiedlichen und wechselnden Bedürfnissen geht, ist eine Offenheit für Unvorhergesehenes erwünscht und unverzichtbar.

Die Vielfalt des pädagogischen Alltags planen

Kein Tag im Beruf der sozialpädagogischen Fachkraft verläuft wie der andere. Für einen außenstehenden Beobachter, wie z. B. Eltern, wirkt vieles beliebig. „Erzieherinnen spielen doch nur und trinken Kaffee" ist eine geläufige Vorstellung von diesem Beruf.

Dieses Klischee muss aufgelöst werden. Sozialpädagogische Fachkräfte haben einen verantwortungsvollen Beruf. Sie gehen mit Kindern und Jugendlichen aller Altersspannen und in unterschiedlichsten Praxisfeldern um, z. B. in Tageseinrichtungen für Kinder, Offenen Ganztagsschulen, Heimen, in der Tagespflege und Jugendarbeit. Ihr pädagogisches Handeln und Vorgehen prägt die Gesellschaft von morgen. Sie erreichen Kinder in sensiblen Entwicklungsphasen, in denen sie wissbegierig und neugierig sind. Gerd Schäfer spricht von der „Bildung von Anfang an" (Schäfer, 2003). Aus diesem Grund ist die Planung von kleinsten pädagogischen Handlungen, zum Beispiel der bewussten Verabschiedung am Ende des Tages, bis hin zu umfassenden Projekten im Beruf der sozialpädagogischen Fachkraft von großer Bedeutung.

Mit zunehmender Berufserfahrung kann die Erzieherin in vielen Situationen auf frühere Planungen zurückgreifen und sich auch auf ihre Intuition verlassen, doch zu Beginn der Ausbildung ist es notwendig, sich die Vielfalt pädagogischen Wirkens im Alltag bewusst zu machen und diese zu planen.

Indirekte und direkte Planung

Bodenburg und Kollmann (2011) unterscheiden zwischen indirekter und direkter Planung. Die indirekte Planung bezieht sich auf die Gestaltung der Rahmenbedingungen (z. B. Zeitorganisation, Raumgestaltung, Bereitstellung von Materialien und Gegenständen, Anlegen des Außengeländes). Die direkte Planung hingegen ist auf konkrete Vorhaben ausgerichtet (z. B. Museumsbesuch mit Kindern oder Jugendlichen, Elterngespräche, Elternabende, Teamtreffen).

Didaktische Prinzipien

Renate Zimmer stellte als Leitlinie pädagogischen Handelns in der Bewegungserziehung sechs didaktische Prinzipien auf, die sich ebenso für die Planung zahlreicher anderer pädagogischer Situationen eignen und übertragen lassen (vgl. Zimmer, 1998, S. 153 ff.):

1. **Kindgemäßheit**

   Geplante pädagogische Handlungssituationen sollten sich an den Interessen, Bedürfnissen und Fähigkeiten der Kinder orientieren. Sie sollten herausfordern, ohne zu überfordern. Um der Neugierde und Entdeckungsfreude der Kinder gerecht zu werden, sollten sie immer wieder Überraschendes und Unerwartetes beinhalten, ohne auf Vertrautes und Bekanntes vollkommen zu verzichten. Struktur und Ordnung sind wichtige Anker für Kinder und damit auch unabdingbares Element geplanten pädagogischen Handelns.

2. **Offenheit**

   Pädagogische Situationen sollten für aktuelle Gegebenheiten offen sein. Sie müssen ausreichend Raum für die spontanen Einfälle der Kinder und Jugendlichen lassen. Eine Planung ist so flexibel anzulegen, dass es verschiedene Gelegenheiten zur Mitgestaltung gibt.

3. **Freiwilligkeit**

   Die Beteiligung sollte grundsätzlich freiwillig und selbstgesteuert sein. Im Vertrauen auf den Aufforderungscharakter der Spiel- oder Handlungssituationen oder der vorbereiteten Umgebung kann die sozialpädagogische Fachkraft den Kindern oder Jugendlichen die Entscheidung überlassen, ob sie sich einbringen oder eine andere, vielleicht beobachtende Rolle übernehmen möchten. Kinder und Jugendliche haben ein Recht auf eine selbstbestimmte Lernzeit. Die sozialpädagogische Fachkraft kann motivieren, ermutigen und Impulse setzen, keinesfalls sollte sie jedoch überreden oder Zwang ausüben. Zum Lernen benötigt der Mensch eine positive emotionale Haltung.

4. **Erlebnisorientiertheit**

   Pädagogische Handlungssituationen sollten die unmittelbare Erlebniswelt der Kinder und Jugendlichen berühren. Die entwicklungspsychologischen Voraussetzungen sind hier wichtiger Ausgangspunkt für die planerischen Überlegungen. Während jüngere Kinder sich im spielerischen Selbstlernen verlieren oder über Geschichten in eine Erlebniswelt mitnehmen lassen, möchten ältere Kinder vermutlich

   die eigenen Leistungen perfektionieren oder sich mit den Leistungen anderer messen. Jede Lebensphase hat ihren eigenen Erlebnisraum.

5. **Entscheidungsfreiheit**

   Selbst entscheiden zu können bedeutet, selbst wirksam zu werden und selbst etwas bewegen zu können. Mit diesem Prinzip wird ein wichtiger Beitrag zur Persönlichkeitsentwicklung geleistet, wenngleich Entscheidungsspielräume dem individuellen Entwicklungsstand der Kinder anzupassen sind. Kinder und Jugendliche sollten die Möglichkeit haben, mit einem kalkulierten Risiko Fehler machen zu dürfen und aus eigenen positiven und auch mal misslungenen Lernerfahrungen Konsequenzen abzuleiten.

6. **Selbsttätigkeit**

   Handeln aus eigenem Antrieb ist für Kinder Entwicklungsvoraussetzung. Sie werden auf diesem Weg dazu befähigt, Initiative zu ergreifen und verantwortungsvoll mit sich und anderen umzugehen. Wird ihnen jede Entscheidung abgenommen, bleiben wertvolle Lernchancen ungenutzt. Sozialpädagogische Fachkräfte haben die Aufgabe, Kindern Erfahrungsfelder zu eröffnen, in denen sie sich die eigene Wirklichkeit konstruieren dürfen.

Planungsschritte und -prinzipien

Bevor es an die konkrete Umsetzung von pädagogischen Vorhaben geht, ist es wichtig, sich in einzelnen Planungsschritten Klarheit über das eigene Handeln zu verschaffen. Durch die einzelnen Planungsschritte beantwortet man sich selbst die sieben „W-Fragen" und konkretisiert seine Absicht pädagogischen Handelns.

- Warum?
- Wie?
- Wer?
- Wann?
- Mit wem?
- Wo?
- Was?

Durch ein Planungsraster, das exemplarisch auf alle zu planenden Situationen im Alltag der sozialpädagogischen Fachkraft angewendet werden kann, entwickeln Studierende im sozialpädagogischen Berufsfeld ein Bewusstsein systematischen, zielgerichteten pädagogischen Handelns. Dabei ist jedoch zu beachten, dass die Planung damit nicht abgeschlossen ist, sondern in der Durchführung als Orientierung dient und eine Offenheit und Flexibilität bezüglich unvorhersehbarerer Situationen bieten muss.

Merkmale einer offenen Planung

Eine offene Planung wird häufig im Zusammenhang mit dem sogenannten **Situationsansatz** genannt, sie kann jedoch auch unabhängig vom pädagogischen Ansatz wertvolle Impulse geben.
Zunächst soll jedoch zur Abgrenzung auf die Merkmale einer geschlossenen Planung eingegangen werden. Bei dieser Form der Planung ist in der Regel alles vorab im Detail festgelegt. Sowohl Inhalte als auch Methoden und zeitliche Abläufe sind bereits von den Planenden ausgewählt. Die praktische Durchführung orientiert sich eng an der zuvor geplanten Struktur. Ein solches Verständnis von Planung entspricht nicht dem Planungskonzept des Situationsansatzes.
Offene Planung im Situationsansatz „erfolgt im Wechselspiel mit Situationsanalysen, pädagogischer Aktion und Reflexion des Geschehens in der Gruppe. Abweichungen von einmal gefassten Vorhaben, die sich aus aktuellen Ereignissen oder Anregungen von Kindern und anderen Beteiligten ergeben, sind willkommen" (Colberg-Schrader u.a., 1991, S. 112).
Planung ist demnach ein dynamischer Arbeitsprozess. Sie findet nicht nur im Vorfeld statt, sondern begleitet auch die Durchführung. Jede Veränderung im System macht eine Überprüfung und Veränderung des Plans erforderlich.

„Planung nach dem Situationsansatz ist [...] in mehrfacher Hinsicht eine offene Planung:
- *Sie ist offen für alle, die von der pädagogischen Arbeit betroffen sind.*
- *Sie ist offen für ständige Überprüfungen und Veränderungen.*
- *Sie ist offen für weitere Planungselemente wie z. B. Situationsanalysen, Raumplanung, Zusammenarbeit mit anderen Institutionen [...]."*

(Brockschnieder/Ullrich, 1997, S. 136)

Offen bedeutet keineswegs beliebig, sondern meint Offenheit für neue Erkenntnisse, Erfahrungen und Ereignisse. Die nachfolgend beschriebene Schrittfolge ist insofern nicht als nacheinander abzuarbeitende Checkliste zu verstehen, sondern als Beschreibung miteinander verzahnter Planungsvariablen.

Schritte einer Planung

Die Situation analysieren

Kernpunkt einer offenen Planung ist das „Unter-die-Lupe-Nehmen" der Lebenssituation der Zu-Betreuenden. Dahinter steht das Interesse, sich empathisch in die Lage der Kinder und Jugendlichen einzudenken und einzufühlen, sie verstehen und ihnen angemessene Bildungschancen eröffnen zu wollen.
Im Mittelpunkt der Situationsanalyse steht das Erkunden der aktuellen individuellen Lebenssituationen der Kinder und Jugendlichen. Dazu gehören die Betrachtung der familiären Situation, des Sozialraums, in dem das Kind oder der Jugendliche lebt, der Entwicklung in verschiedenen Entwicklungsbereichen sowie das Erforschen von Lernwegen und Selbstbildungspotenzialen. In diesem Zusammenhang werden auch Vorkenntnisse, Vorerfahrungen und Einstellungen der Kinder und Jugendlichen genauer in Augenschein genommen. Zudem ist von Interesse, welche spezifischen Voraussetzungen und Verhaltensweisen bei dem Einzelnen zu beobachten sind. Ebenso lohnenswert und notwendig ist ein Blick auf die Gruppenkonstellation und Gruppendynamik. Der Einzelne ist immer Teil eines Systems, das er selbst

beeinflusst und unter dessen Einfluss er steht. Die Situationsanalyse legt den Grundstein für alle weiteren Planungsschritte. Die sozialpädagogische Fachkraft muss wissen, was Kinder bereits leisten können und was sie über- oder unterfordern würde.

Beispiel
Ein Merkmal für das Spiel der Dreijährigen ist das der Gegenwärtigkeit. Ein Kind in diesem Alter lebt im Augenblick und hat keine Vorstellung von Vergangenheit und Zukunft (vgl. Kap. 2.4.5). Ganz langsam wächst das Kind in ein Zeitverständnis von gestern und morgen. Dies sind elementare Planungsvariablen, wenn es um die Gestaltung des gemeinsamen Alltags geht. Die Kinder brauchen zeitliche Orientierungsmöglichkeiten, die ihrem Alter entsprechen.

Das Thema begründen

Vor dem Hintergrund der Analyseergebnisse trifft die sozialpädagogische Fachkraft eine thematische Entscheidung. Sie nimmt Bezug zu ihren Beobachtungen, stellt zusammenfassend einen aktuellen Lebensbezug des Themas für die Zielgruppe her, formuliert, warum die geplante pädagogische Handlung für die Gegenwart und Zukunft der Kinder von besonderer Bedeutung ist und bezieht sich auch auf rechtliche Vorgaben (z. B. Bildungsvereinbarungen, Bildungspläne).

Sich Sachwissen erschließen

Um sich das Thema der pädagogischen Handlungssituation selbst sachlich zu erschließen, ist eine Auseinandersetzung aus fachwissenschaftlicher Sicht erforderlich.

Aus der Fülle der Sachinformationen, die es zu jedem Thema gibt, sind jene herauszuarbeiten und zu vertiefen, die im Rahmen der pädagogischen Handlung von Bedeutung sind. Hierbei ist nicht nur die sachlich richtige Darstellung bedeutsam, sondern auch die Beantwortung der Frage, welche unterschiedlichen Erfahrungs- und Bildungsmöglichkeiten der entsprechende Sachgegenstand bietet. Leitende Fragestellungen können auch sein: Was ist spannend für Kinder? Was macht neugierig? Was bringt zum Staunen und was regt zum Forschen an?

Zudem erfolgt ein Abwägen verschiedener methodischer Möglichkeiten, um die Situation mit den Kindern oder Jugendlichen zu gestalten.

Kompetenzerweiterungen anstreben

Wenngleich die nachfolgende Begriffsklärung aus der Schulpädagogik kommt, kann sie auch für die sozialpädagogische Arbeit als Orientierungshilfe nützlich sein.

Kompetenz

Der Erziehungswissenschaftler und Psychologe Franz E. Weinert versteht unter Kompetenzen die verfügbaren oder erlernbaren kognitiven Fähigkeiten und Fertigkeiten eines Individuums, bestimmte Probleme zu lösen (vgl. Weinert, 2001, S. 27 f.). Damit einher geht die Bereitschaft und Fähigkeit, die Problemlösungen nicht nur in dieser, sondern auch in anderen, ähnlich gelagerten Situationen erfolgreich und verantwortungsvoll zu nutzen.
Die individuelle Ausprägung der Kompetenz wird nach Weinert von verschiedenen Faktoren bestimmt: Fähigkeit, Wissen, Verstehen, Können, Handeln, Erfahrung und Motivation.

Kompetenzen sind demnach immer wieder erweiterbar, die Möglichkeiten niemals begrenzt. Ein Ziel dagegen kann erreicht werden und mit dem Erreichen kann ein Prozess vorläufig abgeschlossen werden. Die Zielerreichung kann anhand von Indikatoren, die sich auf ein beobachtbares Verhalten beziehen, überprüft werden und Anlass sein, ein neues Ziel anzustreben.

Beispiel
Einem sonst sehr zurückhaltenden Kind gelingt es, eigene Vorstellungen beim Bau einer Bewegungsbaustelle einzubringen. Die anderen Kinder nehmen seine Meinungsäußerung wahr, hören ihm aufmerksam zu und integrieren seine Idee in den Bau. Ein wichtiges Ziel ist erreicht: Das Kind hat seine Meinung gegenüber den anderen Kindern kundgetan und hat in der kleinen Gruppe von vier Kindern Akzeptanz erfahren. Damit hat das Kind seine Kompetenz, hier in Form der Durchsetzungs- und Kommunikationsfähigkeit, erweitert. Nun wird es diese vielleicht auch in der nachmittäglichen Kinderkonferenz einsetzen.

Vorbereitungen treffen

Die Beschreibung der noch notwendigen oder bereits geleisteten Vorbereitungen erleichtert dem Planenden den Überblick, was noch zu tun ist und welcher zeitliche Rahmen zur Verfügung

steht. Hierzu gehören auch Überlegungen zur räumlichen, materiellen und medialen Umgebung für die pädagogische Handlungssituation und jeweilige theoretische Begründungen.

Mögliche Handlungsschritte planen

Daran schließt sich die konkrete Planung der einzelnen Handlungsschritte an. Die bisherigen Erkenntnisse und Entscheidungen münden in einen Ablaufplan und es wird deutlich, mit welchen didaktisch-methodischen Planungsentscheidungen den Kindern oder Jugendlichen welche Lernchance eröffnet werden soll. Als zeitliche Dimensionen können Begrifflichkeiten wie Impuls- oder Einführungsphase, Begleitungs- oder Schwerpunktphase, Transfer- oder Abschlussphase hilfreich sein.

Die einzelnen Handlungsschritte werden zudem hinsichtlich möglicher Schwierigkeiten durchdacht, die bei der Durchführung auftreten könnten. Im Sinne einer offenen Planung sollten Handlungsalternativen benannt werden.

Planungsinstrumente – zwei Beispiele

Zwei ausgewählte Instrumente für eine alleinige Planung oder eine Planung in größeren Gruppen sollen hier stellvertretend für eine Vielzahl methodischer Möglichkeiten genannt werden.

Planung in Tabellenform

Eine Planung in Form einer Tabelle hat den Vorteil, dass sie in einer sehr strukturierten Art und Weise vorzubereiten ist und der Prozess direkt in einen verbindlichen Maßnahmenkatalog mündet. Die Verantwortlichkeiten können im Zuge

Unsere Planung

Zeitrahmen: Thema:

Ziel:

Was?	Wie?	Wer?	Wann?	Womit?

Beispiel für eine Planungstabelle

dessen geklärt und schriftlich fixiert werden. Zudem bietet es sich an, zuvor feststehende Rahmenbedingungen bereits in die Tabelle einzufügen. Ein solches Planungsraster sollte unbedingt abbilden, wer was wo bis wann erledigt, um Verbindlichkeiten zu schaffen. Alle können mitverfolgen, welche Vorhaben bereits erfolgreich umgesetzt wurden, aber auch, welche Aufgaben zu diesem Zeitpunkt noch offen sind. Je klarer und nachvollziehbarer der Plan vorbereitet ist, desto gelungener wird seine Umsetzung.

Planung in Form einer Mindmap

Ein offenerer Zugang wird über den Einsatz einer Mindmap gewählt. Das Wort „Mindmapping" kommt aus dem Englischen und bedeutet „Gedankenflüsse aufzeichnen". Ausgehend von einem Schlüsselbegriff werden Assoziationen dazu benannt und notiert. Nach und nach entsteht ein Gesamtbild, in dem alle Ideen integriert sind (vgl. Kap. 1.2.3). Immer wieder lassen sich Elemente und Anregungen, die der Planende zuvor nicht bedacht hat, flexibel einfügen. Eine Erweiterung im laufenden Prozess ist jederzeit möglich.

Handlungsweisen planen

Die Arbeit der sozialpädagogischen Fachkräfte ist geprägt von Aktionen, die sie von der Begrüßung über die Gestaltung des Tages bis zur Verabschiedung selber initiieren, sowie von Reaktionen, die sie auf die Verhaltensweisen der Kinder und Jugendlichen zeigen. Gruschka fasst diese Vielzahl an Tätigkeiten unter dem Begriff Handlungsweisen zusammen.

Unter Handlungsweisen wird somit jede Form pädagogischen Tuns verstanden – spontan oder geplant, aktiv oder reaktiv, indirekt oder direkt, mehr oder weniger bewusst intendiert. Den Unterschied zwischen **Aktions- und Reaktionsweisen** stellt Gruschka wie folgt heraus:

„Unter Reaktionsweisen verstehen wir Handlungen, die in der Situation spontan, direkt und damit ungeplant, auf den ersten Blick unsystematisch erfolgen. Aktionsweisen in der Praxis setzen voraus, dass das gemeinsame Handeln vorbereitet wird, das heißt, pädagogisch geplant, inszeniert, absichtsvoll eingerichtet, mit besonderen Medien ausgestattet wird, usw."
(Gruschka, 1989, S. 71)

Die Vielzahl an täglichen Interaktions- und Kommunikationsprozessen zeigt, wie fassettenreich erzieherisches Handeln ist. Nahezu jede Handlungsweise kann in Form einer Aktions- oder Reaktionsweise auftreten. So kann sich ein gemeinsames Toben im Toberaum spontan ergeben, es kann aber auch Teil eines Bewegungsprojekts sein.

Aus dieser Vielfalt ergibt sich die Notwendigkeit, zeitweise eine Handlungsweise auszuwählen und diese zum eigentlichen Gegenstand der Planung zu machen, um

1. eigenen Entwicklungsbedarf zu erkennen und sich im Zusammenhang mit ausgewählten Aktionsweisen weiterzuentwickeln und zu professionalisieren,
2. sich selbst in der Realisierung von Handlungsweisen zu beobachten und reflektieren zu können,
3. das eigene Handlungsrepertoire immer wieder zu erweitern und
4. sich von Beteiligten oder Außenstehenden eine Rückmeldung einzuholen.

Beispiel
Eine Erzieherin nimmt wahr, dass ihre Formen der Ermutigung und des Lobens recht einfältig geworden sind. Sie benutzt stereotyp die Worte „schön", „toll" und „super", um Kindern eine positive Rückmeldung zu geben (1). Eine Kollegin hat sie darauf auch bereits mehrfach hingewiesen (4). Nun nimmt sie sich vor, ihr Verhalten bewusst zu beobachten und zu planen, um Kinder sehr gezielt und im Zusammenhang mit den konkreten Verhaltensweisen zu loben (2). Sie plant, genau zu unterscheiden, wann ein Lob angebracht und wann es zu einer überflüssigen Routine geworden ist. Zudem nimmt sie sich vor, Rückmeldungen differenzierter zu formulieren: „Karla, weißt du, was mir gerade gut gefallen hat? Dass du dir die Zeit genommen hast, dem Ben beim Jacke-Anziehen zu helfen. Danke, du warst mir eine große Hilfe." (3). Sie bittet die Kollegin, ihr am Ende des Tages ein kritisches, aber konstruktives Feedback *zu geben (4).*

Alltagssituationen planen

Im sozialpädagogischen Alltag gibt es eine Vielzahl spontaner und ungeplanter Situationen. Ebenso viele Alltagssituationen erfordern jedoch eine geplante Gestaltung, weil sie Kinder und

Jugendliche gezielt auf die Bewältigung zukünftiger Lebenssituationen vorbereiten und immer wiederkehrende „Entwicklungsbereiter" sein sollen. Die nachfolgend beschriebenen Situationen sind sehr typisch für den Arbeitsalltag in sozialpädagogischen Einrichtungen.

- **Begrüßung und Verabschiedung:** Das Ankommen und Verlassen der Institution wird stets von Prozessen räumlicher und sozialer Wahrnehmung begleitet. Schon die Form der Begrüßung entscheidet darüber, ob das Kind oder der Jugendliche auch innerlich „ankommt" und sich in der Gruppe und der Einrichtung aufgehoben fühlen kann. Auch in der Art und Weise des täglichen Auseinandergehens zeigt sich die Qualität der Beziehung.
- **Gestaltung von Essenssituationen:** Gemeinsame Mahlzeiten oder gleitende Essenszeiten in kleineren Gruppen sind Fixpunkte im Alltag und in hohem Maße emotional besetzt. Das Essverhalten ist kognitiv kaum zu beeinflussen, sondern Resultat von Erfahrungen (vgl. Pudel, 2008, S.10ff.). Kinder lernen durch Beobachtung, was sie essen und welche Regeln und Rituale zum Essen gehören. In frühen Jahren sind Eltern die Imitationsmodelle, später auch die Peergruppe in Kindergarten und Schule. Derartige Erkenntnisse sind wichtige Planungsgrundlagen für die Ausgestaltung dieser Alltagssituationen.

- **Spiel- und Freizeitgestaltung:** Die freie Zeit des Kindes und des Jugendlichen ist die Zeit der Selbstbestimmung. Die Entscheidungen hinsichtlich des Ortes, des Partners, der Dauer und des Inhalts liegen in ihren Händen. Dennoch haben Erziehende die wichtige Aufgabe, die Umgebung angemessen vorzubereiten, das Geschehen zu beobachten und die Prozesse nachgehend zu begleiten.
- **Konfliktbewältigung:** Wo Menschen zusammenkommen, treffen unterschiedliche Sichtweisen, Wahrnehmungen und Bedürfnisse aufeinander, die nicht selten Ursache für kurz- oder langfristige Konflikte sind. Aufgabe der sozialpädagogischen Fachkräfte ist es in diesem Zusammenhang, Kinder und Jugendliche zur gewaltfreien, konstruktiven Lösung von Konflikten zu befähigen und mit ihnen Strategien zu entwickeln und zu erproben.

Alltagssituationen erfordern eine besondere Aufmerksamkeit, weil die Gefahr besteht, Ihnen aufgrund der Normalität und Routine zu wenig Beachtung zu schenken.

Projekte planen

Da ein Projekt in der Regel ein größeres Vorhaben ist, sind auch die diesbezüglichen Vorbereitungen und Planungen umfangreicher und aufwendiger als bei einzelnen pädagogischen Handlungssituationen.

Durch Projektarbeit soll die Selbstkompetenz der Kinder und Jugendlichen gestärkt werden, indem sie Verantwortung für das eigene Handeln übernehmen, selbst Initiatoren und Mitgestalter werden und im Team einem selbstgewählten Ziel nachgehen können. Damit geht eine veränderte Rolle der sozialpädagogischen Fachkraft einher. Sie versteht sich als Lernbegleiterin. Die Kinder kommen, wenn sie Hilfe brauchen. Zudem setzt sie vor dem Hintergrund ihrer Wahrnehmungen Impulse und sieht sich einerseits als Ansprechpartnerin, andererseits aber auch als Mitlernende. Projekte sind also immer auch ein gemeinsames „Wagnis", auf das sich die Beteiligten einlassen.

Ein Projekt ist dadurch gekennzeichnet, dass

- der Handlungsbedarf innerhalb der Gruppe entsteht,
- ein demokratisches Verständnis zugrunde liegt und entsprechende Arbeitsformen genutzt werden, die Kooperation, Partizipation und Solidarität zulassen und herausfordern,
- es innerhalb eines bestimmten Zeitraumes prozess- oder ergebnisorientiert in mehreren Arbeitsschritten abläuft (vgl. Stamer-Brandt, 2002, S. 6f.).

Für die Planung eines Projektes ist der Blick zunächst auf die **Ziele des Projektlernens** im Allgemeinen zu richten, da sie die Voraussetzung wesentlicher Planungsentscheidungen darstellen (vgl. Textor, 2002, 16 ff.):

- **Lebensnähe**
  Projektarbeit ist „nah am Leben". Die konkrete Wirklichkeit wird zum „Lehrer" der Kinder und Jugendlichen. Sie konfrontiert die Beteiligten mit Problemen, zu denen Lösungsansätze entwickelt, erprobt und auch mal verworfen werden müssen.
- **Öffnung und Regionalisierung**
  Im Rahmen eines Projekts öffnet sich die Einrichtung. Sie bezieht Außenstehende mit ein und die Teilnehmenden begeben sich auch an andere Lernorte und erweitern das eigene Erfahrungsfeld.
- **Entdeckendes Lernen**
  Eigene Fragestellungen und selbstgewählte Herausforderungen lösen Neugierde und Freude am Entdecken aus. Das selbsttätige Erkennen von Ursachen und Wirkungen führt zu „Aha-Effekten" und neuen Einsichten.
- **Selbsttätigkeit**
  Der Mensch ist ein aktives Wesen, das sich die Welt selbst erschließt und konstruiert. Selbsttätigkeit erhält die Motivation, sich mit dem Thema oder Gegenstand über einen längeren Zeitraum auseinanderzusetzen.
- **Handlungsorientierung**
  Kinder und Jugendliche erleben sich innerhalb des Projektes als handelnde Subjekte und beeinflussen maßgeblich den Verlauf des Vorhabens.
- **Erfahrungslernen**
  Projekte ermöglichen Erfahrungen „aus erster Hand" (Primärerfahrungen), durch die sich die Projektteilnehmer einen neuen Lebensausschnitt erschließen können. So entstehen neue Sichtweisen und Vorstellungen beim Einzelnen und im Team.
- **Exemplarisches Lernen**
  Die Welt ist so vielfältig, dass sich Lernen immer nur auf einen kleinen Teil der Wirklichkeit beziehen kann. Doch wenngleich Projekterfahrungen nur beispielhaft sind, können sie auf andere Lebensbereiche und Lebenssituationen übertragen werden, denn das Einzelne ist der „Spiegel" des Ganzen.
- **Mitbestimmung**
  Projekte eröffnen Gelegenheiten der Mitbestimmung. Sie bereiten auf ein Leben in einer demokratischen Gesellschaft vor und geben den Kindern und Jugendlichen die Chance des partnerschaftlichen Zusammenarbeitens in einem zeitlich und inhaltlich begrenzten Raum.
- **Ganzheitliches Lernen**
  In der Projektarbeit ist nicht nur „Kopfarbeit" gefragt, sondern der ganze Mensch bringt sich mit all seinen Anliegen, Bedürfnissen und Fähigkeiten in den verschiedenen Persönlichkeitsbereichen ein.
- **Methodische Offenheit**
  Die methodische Form soll keinesfalls starr festgelegt sein, sondern folgt ebenso wie die inhaltliche Ausrichtung dem Prinzip der Offenheit. Der Weg zum Ziel wird entwickelt und gemeinschaftlich geplant, er kann und muss jedoch im laufenden Projekt immer wieder überprüft und verändert werden.

Auf der Grundlage dieser Ziele kann eine logische **Planungsfolge** für ein Projekt festgelegt werden (vgl. Günther, 2006, S. 49 ff.):

Phase 1: Projektklärung

Der erste Impuls kann von Kindern, Eltern oder von sozialpädagogischen Fachkräften ausgehen. Die Idee hat dann gute Aussicht auf Verwirklichung, wenn sie bei möglichst vielen Beteiligten auf Zustimmung stößt. Sozialpädagogische Fachkräfte sollten also sehr sensibel hinschauen, hinhören und erspüren, welche Projektthemen sich in der Gruppe „verbergen". Dies kann über Beobachtungen oder informelle Gespräche erfolgen, die Diskussion über eine Projektinitiative kann aber auch in verschiedenen Gremien (Kinderkonferenz, Elternabend) geführt werden. In der Phase der Projektklärung sind auch erste Entscheidungen zu treffen, welchem Thema in welcher Zeit nachgegangen werden soll.

Phase 2: Projektplanung

In der zweiten Phase richtet sich der Blick auf die ganz konkrete Planung. Nun werden die genaueren Zeitabläufe, die Zielrichtungen, methodischen Schritte und Zuständigkeiten vereinbart. Zum Planen im Team gehört auch eine Sachanalyse, zu der Material bereitgestellt oder zusammengetragen sowie die räumliche Umgebung vorbereitet wird. Es können Forscherecken, Projekttische und Experimentierfelder entstehen. Darüber hinaus gilt es, Ressourcen zu klären, die Kosten zu kalkulieren, Risiken abzuschätzen und einen genauen Ablaufplan zu entwickeln.

Phase 3: Projektdurchführung
Nachdem der Plan aufgestellt ist, wird er nun in die Tat umgesetzt. Zwischentreffen und -auswertungen sind immer wieder notwendig, um die Aktualität und Sinnhaftigkeit des Projektplans zu reflektieren und gegebenenfalls Anpassungen vorzunehmen. Insbesondere bei längeren Projekten geben integrierte Reflexionsphasen eine gute Orientierung.

Phase 4: Projektabschluss
Die Projektergebnisse können nun präsentiert und dokumentiert werden. Dies kann in unterschiedlichen Formen erfolgen: Während sich bei dem einen Projekt vielleicht ein Abschlussfest anbietet, legt ein anderes Projekt eher eine Ausstellung nahe. Auch die regionale oder überregionale Öffentlichkeitsarbeit ist ein bedeutender Teil dieser vierten Phase.

Erziehungspartnerschaft planen
Eine qualifizierte pädagogische Arbeit bezieht sich auf drei Bereiche:
- die Arbeit im direkten Kontakt zu dem Kind und der Gruppe
- Teamarbeit
- Elternarbeit

Besonders die Beziehung zu den Eltern ist im pädagogischen Alltag von großer Bedeutung. Sozialpädagogische Fachkräfte sollten sich als Erziehungspartner der Eltern verstehen: Sie haben ein gemeinsames Interesse, Kinder in ihrer Entwicklung bestmöglich zu begleiten und zu unterstützen (vgl. Kap. 4.6).

Nach dem Verständnis von Bronfenbrenner ist für Verhalten und Entwicklung in erster Linie bedeutsam, wie die Umwelt *wahrgenommen* wird und nicht, wie sie in der „objektiven" Realität ist (vgl. Bronfenbrenner, 1981, sowie Kap. 2.2 und 3.3.6). Aus seinem sozioökologischen Konzept ist zu schlussfolgern, dass sozialpädagogische Fachkräfte die Entwicklung von Kindern nur nachvollziehen und verstehen können, wenn sie das familiäre Umfeld und den Lebensraum der Kinder und Jugendlichen berücksichtigen. Dies ist die Basis der Erziehungspartnerschaft.

Am Beispiel der Familienzentren wird deutlich, durch welche geplanten Angebote eine Erziehungspartnerschaft gelingen kann:
- Aufnahmegespräch
- Angebot von Kursen zur Stärkung der Erziehungskompetenz
- Erziehungsberatung
- Elternsprechtage
- Elternabende
- Elterncafés
- Hausbesuche
- „Tür- und Angelgespräche"
- Info-Blatt
- Elternstammtisch
- Elternveranstaltungen zu unterschiedlichen Themen
- Aktivitäten für Eltern mit Kindern
- Aktivitäten nur für Eltern, zum Beispiel Sprach-, Sport-, Kochkurse

Bei der Planung ist zu berücksichtigen, welche Bedürfnisse, Interessen und Erwartungen Eltern an die jeweilige Einrichtung haben. Zudem muss sich das Team bezüglich der Ziele in der Erziehungspartnerschaft verständigen. Auch die personellen, räumlichen und zeitlichen Rahmenbedingungen sollten bei der Planung nicht außer Acht gelassen werden.

Trotz guter Planung kann es auch Eltern geben, die desinteressiert, passiv und destruktiv wirken. Eine professionelle Grundhaltung ermöglicht der sozialpädagogischen Fachkraft, auch in solchen Fällen angemessen zu reagieren, ein mögliches

Missverständnis zu klären bzw. unter Umständen die Haltung der Eltern positiv zu beeinflussen.

Teamarbeit planen

Teamarbeit bedeutet nicht nur Arbeit *im* Team, sondern auch ein konsequentes und zielgerichtetes Arbeiten *am* Team. Teamentwicklung ist zwar in erster Linie eine Führungsaufgabe und liegt in der Verantwortung der Leitungsebene, sie kann aber nur dann gelingen, wenn die von dort ausgehenden Impulse die übrigen Teammitglieder auch erreichen und von ihnen mitgestaltet und mitgetragen werden.

Um sich als Team weiterentwickeln zu können, muss zunächst gemeinsam die Frage geklärt werden, was ein gutes Team von einem weniger guten unterscheidet. Möglicherweise hat jeder ein anderes Bild von einer gut funktionierenden Zusammenarbeit bzw. eine andere Vorstellung von einem „Top-Team" vor Augen. Erst wenn diesbezüglich eine Auseinandersetzung stattgefunden hat und ein Konsens gefunden werden konnte, ist ein Fundament für die weiteren Bau- und Umbauarbeiten vorhanden.

Ein **kompetentes Team** ist fähig,
- ein Problem qualifiziert zu lösen,
- die vorhandenen Ressourcen zu nutzen und Fähigkeiten der Fachkräfte weiterzuentwickeln,
- wirtschaftlich zu denken und zu handeln,
- eine hohe Transparenz untereinander zu schaffen und sich nach außen zu öffnen,
- ein sinnvolles Zeitmanagement zu praktizieren,
- regelmäßige Supervision zu nutzen,
- Qualität und Fachlichkeit auch bei einer wachsenden Anzahl und Komplexität von Aufgaben zu sichern.

(vgl. Deutscher Verein für öffentliche und private Fürsorge, 2002, S. 8 ff.)

Fachlichkeit beinhaltet in diesem Zusammenhang, aktuelle Erkenntnisse und wissenschaftliche Ergebnisse aus der Frühpädagogik und ihrer Bezugsdisziplinen auf den Alltag zu beziehen. Viele sozialpädagogische Fachkräfte fühlen sich aber durch die große Menge an verfügbarer Literatur überfordert und neigen dann dazu, sie komplett zu ignorieren. Dem könnte beispielsweise entgegengewirkt werden, indem das Team jeweils einen „Fachartikel des Monats" auswählt, der reihum für die Teamsitzung vorbereitet wird.

Die **Entwicklung der Teamarbeit** ist kein „Selbstläufer", sondern erfordert eine konkrete sowohl kurzfristige als auch perspektivische Planung. Diese vollzieht sich in verschiedenen Schritten (vgl. Pesch/Sommerfeld, 2002, S. 20 ff.)

Schritt 1: Den Ist-Stand des Teams diagnostizieren

Hier können verschiedene Methoden hilfreich sein (Fragebogen, Interview, Punktabfrage, Zielscheibe), um zunächst eine Einschätzung des momentanen Zustandes des Teams zu erheben. Diese Einzelmeinungen bleiben unkommentiert stehen und können unter Umständen auch anonym erhoben werden. Auf voreilige Bewertung sollte verzichtet werden.

Schritt 2: Themenschwerpunkte auswählen

Das Team wählt nun einen oder mehrere Themenschwerpunkte oder Fragestellungen aus, für die Lösungsansätze diskutiert und gefunden werden sollen.

Schritt 3: Ein gemeinsames Problemverständnis entwickeln

Das Problem oder die Herausforderung wird in dieser Phase von allen Mitgliedern möglichst genau beschrieben und analysiert. Anschließend treten alle miteinander in einen Dialog und suchen nach einem gemeinsamen Verständnis. Möglicherweise weichen die Standpunkte deutlich voneinander ab, sodass durch die Gesprächsleitung eine klare Moderation gefordert ist. Verbindliche Gesprächsregeln können hilfreich sein (Rednerliste, Einhalten von Gesprächstechniken wie Ich-Botschaften oder Feedback-Regeln).

Schritt 4: Lösungsvorschläge sammeln und diskutieren

Nun werden – wiederum zunächst unbewertet und unkommentiert – Lösungsansätze gesammelt. Diese sollten möglichst konkret und handlungsbezogen formuliert sein. Anschließend folgen ein Abwägen der Vor- und Nachteile, eine Diskussion bezüglich möglicher Auswirkungen und ein Austausch von Argumenten. Alle Vorschläge werden unabhängig von der Person sachlich behandelt.

Schritt 5: Entscheidungen treffen
Die Entscheidung wird möglichst demokratisch gefunden. In Einzelfällen bietet sich eine geheime Abstimmung an.

Schritt 6: In der konkreten Arbeit umsetzen
Die favorisierten Lösungen werden umgesetzt. Mit der erfolgreichen Umsetzung zeigen sich schon erste positive Veränderungen.

Schritt 7: Den Prozess auswerten
Nach einer zuvor festgelegten Zeitspanne kommt das Team zusammen und reflektiert den Prozess, der sich seit der Entscheidungsfindung vollzieht. Es wird herausgestellt, welche der Ziele bereits erreicht wurden und welche nicht. Daraufhin werden neue Vereinbarungen getroffen.

Liegt ein partnerschaftliches Leitungsverständnis zugrunde, plant das Team diesen Zyklus gemeinsam. Eine Akzeptanz von Unterschiedlichkeit und Meinungsfreiheit, eine Kultur der Fehlerfreundlichkeit und ein ernsthaftes Interesse jedes Einzelnen an Qualitätsverbesserung sind dabei wichtige, durchgängige Grundsätze.

Öffentlichkeitsarbeit planen
Sozialpädagogische Fachkräfte arbeiten größtenteils in Institutionen, in denen die Arbeit mit den Zu-Betreuenden im Vordergrund steht und auf die Außendarstellung bzw. Eigenwerbung weniger Wert gelegt wird. Doch die einzelnen Einrichtungen sollten sich in der Öffentlichkeit mit ihren Besonderheiten und ihrem Profil präsentieren. Wichtig ist es auch, nach außen darzustellen, welchen Wert die pädagogische Arbeit hat, welche Bedeutung dem Spiel und der Bewegung zukommen und dass die Arbeit in den Bildungsbereichen in zunehmendem Maße als Schulvorbereitung gesehen wird. Zudem ist das Bewusstmachen und Erarbeiten der eigenen Ziele und Methoden Vorläufer einer jeden Öffentlichkeitsarbeit. Es geht also mit jeder Form der Präsentation auch darum, eigene Qualitätsstandards zu erkennen und zu überprüfen, bevor sie für andere sichtbar gemacht werden.

Eine professionelle Außendarstellung ist sehr aufwendig. Sie gelingt nur, wenn sie nicht nur punktuell betrieben wird, sondern
- kontinuierlich,
- effektiv und
- sachlich (vgl. Stamer-Brandt, 2002, S. 6).

Im Sinne dieser Merkmale bieten sich verschiedene Formen der Öffentlichkeitsarbeit in Kombination an (vgl. folgende Abbildung).

Werbung und Merchandising sind inzwischen selbstverständlicher Bestandteil unseres Alltags. Mit einer sachlichen Darstellung hat eine Einrichtung die Chance, sich davon abzuheben und sich als fachkompetente Anlaufstelle zu positionieren.

Hausinterne Öffentlichkeitsarbeit
- Konzeptbroschüre
- Schwarzes Brett oder Schaukasten
- sprechende Wand mit Dokumentationen
- Elternbriefe
- Faltblatt
- hausinterne Zeitung

Veranstaltungen
- Aktionstage (z. B. Großelterntag, Entspannungstag, Waldwochenende)
- Tage der offenen Tür
- Fachtagungen im eigenen Haus mit externen Referenten

Formen der Öffentlichkeitsarbeit

Presse- und Medienarbeit
- Ernennung eines Teammitglieds zum/zur Pressebeauftragten
- Pressemitteilungen
- Einladung der Presse zu einer Veranstaltung
- Artikel in Fachzeitschriften
- Gestaltung der Website

Engagement in Gesellschaft und Politik
- Mitarbeit in politischen Ausschüssen
- kirchliches Engagement
- Besuch von Fachvorträgen und Tagungen
- Mitarbeit in Berufsorganisationen

Eine effektive Öffentlichkeitsarbeit ist schon wegen eingeschränkter finanzieller und zeitlicher Möglichkeiten ratsam. Durch Kontinuität kann schließlich erreicht werden, dass die Botschaft auf vielen verschiedenen Ebenen wahrgenommen wird und im Gedächtnis bleibt.

Öffentlichkeitsarbeit

„Qualitativ hochwertige Öffentlichkeitsarbeit ist eine planmäßige, strukturierte und professionell gestaltete Herstellung von Öffentlichkeit, bei der die Einrichtung klare Informationen, Fakten und Tatsachen der eigenen Einrichtung weitergibt, mit dem Ziel, Aufgaben und Ansprüche transparent zu machen, das Ansehen in der Öffentlichkeit zu steigern und dabei das Vertrauen zur Öffentlichkeit aufzubauen und zu pflegen." (Krenz, 1997, S. 30).

Folgende grundsätzliche planerische Fragen gilt es also zu beantworten:
- Was wollen wir erreichen?
- Wen wollen wir erreichen?
- Auf welchem Weg können wir dies erreichen?

Konzeptionen weiterentwickeln

Alle oben aufgeführten Planungsprozesse und Planungsergebnisse sind in einen Gesamtrahmen eingebettet. Sie werden von der Konzeption der Einrichtung und den darin festgeschriebenen Zielen, Inhalten und Methoden flankiert. Aber auch eine Konzeption ist nur so gut, wie sie auch die Ideen und Überzeugungen aller Beteiligten und Betroffenen (Gesetzgeber, Träger, Team, Angehörige, Kinder und Jugendliche, Kooperationspartner) realistisch abbildet. Zudem sollte sie nicht nur schriftlich festgehalten werden, sondern sich auch in der tatsächlichen Arbeit wiederfinden. So ist es immer wieder notwendig, eine Konzeption auf ihre Gültigkeit hin zu überprüfen und gegebenenfalls anzupassen.

Unter einer **Konzeption** versteht man die schriftliche Selbstdarstellung einer konkreten sozialpädagogischen Einrichtung, in der sich das Team zu einem bestimmten pädagogischen Ansatz und zur Verwirklichung bestimmter Grundsätze verpflichtet. Die Konzeption sollte den Zielvorstellungen des Trägers unbedingt entsprechen.

„Eine pädagogische Konzeption gibt Auskunft über die reale pädagogische Arbeit in einer konkreten Einrichtung. Es werden also Ziele, Inhalte, Methoden und Rahmenbedingungen der jeweiligen Einrichtung beschrieben und begründet."
(Brockschnieder, 1997, S. 331)

Als **Ansatz** bezeichnet man ein schriftlich fixiertes Modell für die Arbeit in einem größeren sozialpädagogischen Feld (z. B. Kindertagesstätte). Einem Ansatz liegen ein bestimmtes Menschenbild und die dazu passenden Prinzipien der pädagogischen Arbeit zugrunde. Er beinhaltet Aussagen zu Leitzielen, Erziehungszielen, zum Stellenwert des Lernens, zu den Inhalten, Methoden und dem Lernmaterial sowie zur Rolle und Aufgabe der Erzieherin (vgl. Büchin-Wilhelm/Jaszus, 2003, S. 28).

Ein **(individuelles) Handlungskonzept** setzt eine sorgfältige Analyse der Gruppensituation bzw. der Einrichtung voraus. Vor diesem Hintergrund werden Zielsetzungen/Kompetenzerweiterungen, die Rolle der Erzieherin, der Erziehungsstil, das Bild vom Kind, das Bildungsverständnis und das Bild vom Lernen beschrieben. Das Handlungskonzept bezieht sich im Gegensatz zur Konzeption auf einen zeitlich überschaubareren Rahmen oder einen bestimmten Themenschwerpunkt (z. B. Spielraumgestaltung). Auch Eltern-, Team- und Öffentlichkeitsarbeit sind wichtige Bestandteile, werden jedoch erst im Berufspraktikum genauer thematisiert. Ein Handlungskonzept kann sich keinesfalls unabhängig von konzeptionellen Grundsätzen der Einrichtung und den rechtlichen Rahmenbedingungen (Erziehungs- und Bildungsauftrag, Bildungsvereinbarung) entwickeln, sondern muss mit diesen in direktem Zusammenhang stehen.

3.4.2 Gruppenprozesse gestalten und begleiten

Pädagogik in sozialpädagogischen Einrichtungen ist immer auch Gruppenpädagogik. Daran ändert auch die Notwendigkeit nichts, jederzeit auch das einzelne Kind im Blick zu haben. So gesehen ist die Gestaltung und Begleitung von Gruppen(-prozessen) eine typische Querschnittsaufgabe. Die sozialpädagogischen Fachkräfte planen die Begleitung der individuellen Selbstbildungsprozesse immer auch unter Berücksichtigung der Prozesse der Gruppe, in und mit der sie arbeiten. Dabei handelt es sich sowohl um Teilgruppen als auch um die Gesamtgruppe.

Die Gestaltung und Begleitung von Gruppenprozessen ist somit eine der Kernaufgaben für sozialpädagogische Fachkräfte. Dazu ist es erforderlich, dass sie typische Aspekte von **Gruppendynamik** kennen und den Einfluss verstehen, den ihr eigenes Verhalten darauf hat.

Die Gruppe soll für die Kinder oder Jugendlichen ein Ort sein, an dem sie

- mit anderen gemeinsam, aber auch alleine in Anwesenheit der anderen lernen können – kognitiv, emotional und sozial,
- Bestätigung finden können,
- emotional nicht allein sind,
- Empathie erfahren und lernen können,
- Wertschätzung erfahren und lernen, andere wertzuschätzen,
- geschützt vor Diskriminierung und Mobbing sind,
- trotz des Zusammenseins mit anderen Ruhe finden können,
- Kooperation der Gruppe und der Gruppenleitung mit der Familie und ggf. auch mit anderen pädagogischen Institutionen erleben können,
- Gruppenstrukturen als Orientierungshilfe und Sicherheit erfahren und nutzen können,
- lernen können, die Dynamik einer Gruppe zu hinterfragen,
- lernen, Ziele unterschiedlichster Art gemeinsam mit anderen Kindern oder Jugendlichen zu entwickeln, zu hinterfragen und zu verfolgen,
- sozial-integrative Gruppenführung kennen und wertschätzen lernen und in altersgemäßer Weise soziale Verantwortung übernehmen können,
- lernen, autoritäre Einflussnahme auf die Gruppe zu erkennen und ihr zu widerstehen.

Die Gruppe bietet also viele Chancen zu (Selbst-)Erfahrungen von Kindern und Jugendlichen, die deren Persönlichkeitsentwicklung positiv unterstützen. Dies setzt voraus, dass alle Mitglieder der Gruppe sich ihr zugehörig fühlen und ein gewisses Wir-Gefühl entwickeln. Die Leiterin einer Gruppe muss also für eine Atmosphäre sorgen, in der möglichst jedes Mitglied jedes andere als zugehörig respektiert und wertschätzt. Erst dann ist die Grundlage dafür geschaffen, das Leben in der Gruppe auch erzieherisch zu gestalten.

Die sozialpädagogische Fachkraft sollte sich darüber bewusst sein, dass jede Gruppe als eine lernende Organisation zu verstehen ist, in der alle Mitglieder sich kontinuierlich weiterentwickeln. Dazu gehört auch sie selbst. Als Leiterin trägt sie die Verantwortung dafür, dass dieser Entwicklungsprozess positiv verläuft und sich keine problematischen Gruppendynamiken verfestigen. Das bedeutet, dass sie die Gruppe leiten und begleiten soll, nicht aber auf ein bestimmtes Ziel hin beeinflussen oder zu etwas zwingen darf.

Im Gegensatz dazu bedeutet eine Gruppe zu beherrschen, sich stark manipulativ oder gar gewaltsam und autoritär zu verhalten. Der Bericht von Morton Rhue über einen Unterrichtsversuch, der auch verfilmt wurde, ist ein deutliches Beispiel dafür.

Beispiel
Als der Lehrer Ron Jones mit seinen Schülerinnen und Schülern über den Nationalsozialismus in Deutschland arbeitete, reagierten die Jugendlichen mit Unverständnis und der Überzeugung, dass sie selbst einem solchen System bzw. seinen Führern niemals gefolgt wären. Ron Jones wollte ihnen das Gegenteil aufzeigen und es gelang ihm schon nach relativ kurzer Zeit, seine Klasse so zu manipulieren, dass sie blind und ausschließlich auf Befehl handelte. Dabei spielte es keine Rolle, wie sinnvoll oder wie destruktiv seine Befehle waren. Nur ganz wenige Jugendliche, die rasch ausgegrenzt und schließlich aggressiv bedroht und angegriffen wurden, folgten den autoritären und manipulativen Maßnahmen nicht; die große Mehrheit ließ sich „überzeugen" und wurde bereit, unsinnige und z. T. brutale Handlungen im Namen der Idee und der Gruppe zu vollziehen (vgl. Rhue, 2011).

Eine Gruppenleitung darf nie versuchen, in diesem autoritären Sinne eine Herrschaft zu übernehmen.

Als Ganzes ist eine Gruppe eine Einheit und wird dabei von vielen Einzelpersonen mit ihren individuellen Biografien, Fähigkeiten, Fertigkeiten, Bedürfnissen, kulturellen Hintergründen, Emotionen etc. gebildet und geformt. Je größer die Gruppe ist, desto komplexer und damit schwieriger zu erfassen sind Struktur und Dynamik. Dies gilt unabhängig vom Alter der Gruppenmitglieder. Die Mitglieder einer stark manipulierten, autoritär geführten Gruppe – beispielsweise die Klasse im oben genannten Experiment oder eine Gruppe der Hitlerjugend – gehen meist davon aus, gemeinsam über eine objektive Wahrheit über sich selbst und über andere Gruppen oder Menschen zu verfügen. Mitgliedern mit anderen Meinungen wird unterstellt, diese Wahrheit zu leugnen und die gemeinsame Existenz zu gefährden. Ihre Ausgrenzung oder sogar ihre psychische oder physische Vernichtung erscheint als logische Konsequenz. Vergleichbares trifft auch auf den Vergleich der Gruppenmitglieder mit anderen Gruppen zu: Während sich die Mitglieder der eigenen Gruppe im Vollbesitz der Wahrheit wähnen, sprechen sie dies anderen Gruppen ab. Tatsächlich aber gibt es weder eine individuelle noch eine kollektive objektive Wahrheit, über die eine Gruppe verfügen könnte.

Die schwierige Aufgabe für eine sozialpädagogische Fachkraft besteht in diesem Zusammenhang darin, ihre Gruppe so zu leiten und zu begleiten,
- dass der sich entwickelnde Gruppenzusammenhalt nicht auf autoritärem Verhalten und/oder auf Manipulation basiert, sondern
- dass die oben beschriebenen pädagogischen Chancen, die das Leben in einer Gruppe bietet, im Sinne einer selbst- und fremdverantwortlichen, sozial-integrativen und somit empathischen Gruppenleitung und -begleitung genutzt werden.

Von zentraler Bedeutung bei der Entwicklung des **Gruppenzusammenhalts** sind die Beobachtungen, die die einzelnen Gruppenmitglieder im Laufe der Zeit machen – Beobachtungen, die sich sowohl auf die Struktur als auch auf die dynamischen Vorgänge innerhalb und auch außerhalb der Gruppe beziehen. Aufgrund der gemeinsamen Gespräche zwischen den Gruppenmitgliedern gleichen sich ihre individuellen, subjektiven Beobachtungen allmählich immer mehr an und werden zu vermeintlich gemeinsamen „Wahrheiten" über das Gruppenleben und über das Verhalten einzelner Mitglieder. Tatsächlich handelt es sich dabei nur um Scheinfakten über das Geschehen innerhalb und außerhalb der Gruppe. Jede Schülerin oder jeder Schüler kennt diesen Vorgang aus eigener Erfahrung – sofern sie oder er die sozialen Prozesse innerhalb der eigenen Klasse einmal aus der dazu nötigen kognitiven und emotionalen Distanz reflektiert hat. Oberflächlich betrachtet geht es den Gruppenmitgliedern meist um die Frage, ob eine Sache, eine Situation oder ein Verhalten „gut" oder „schlecht" ist. Bei näherer Betrachtung kann man allerdings häufig feststellen, dass es lediglich darum geht, welche Aufgaben damit für eine „gemeinsame Sache" erfüllt werden können. So wurde in der Hitlerjugend nicht hinterfragt, ob das gemeinsame oder das individuelle Handeln „gut" oder „schlecht" war, sondern ob es der „gemeinsamen Sache", also der nationalsozialistischen Idee diente oder nicht und dies allein wurde dann als „gut" oder „schlecht" definiert. Wozu das insgesamt führte, hat die Geschichte deutlich gezeigt.

Struktur der Gruppe

Die Struktur einer Gruppe hat großen Einfluss auf die Lebensqualität ihrer Mitglieder. Dies trifft auf jede Gruppe zu – unabhängig vom Alter ihrer Mitglieder. Die Struktur lässt sich anhand der Beziehungen beschreiben, die ihre Mitglieder zueinander haben. Diese **Beziehungen** haben einen mehr oder weniger
- hierarchischen,
- formalen und
- von Zu- und Abneigungen bestimmten

Charakter.

Wie sich die Beziehungen entwickeln, hat neben den Sympathiewerten einzelner Mitglieder entscheidend mit den **Erwartungen** zu tun, die die einzelnen Gruppenmitglieder an andere Gruppenmitglieder richten. Diese Erwartungen können sich allmählich oder auch sehr schnell entwickeln. Häufig spielt der erste Eindruck eine große Rolle, aufgrund dessen meist noch lange Zeit Voraussagen über eine andere Person und ihr Verhalten getroffen werden. Dabei kann der erste Eindruck durchaus auch auf Gerüchten oder oberflächlichen und dadurch sehr begrenzten Vorinformationen beruhen. Hat eine sozialpädagogische Fachkraft beispielsweise etwas aus ihrer Sicht Problematisches über die Familie eines Kindes gehört, wird dies mit großer Wahrscheinlichkeit ihren ersten Eindruck von Eltern und Kind und somit ihre Beziehungen zu ihnen beeinflussen. Das Gleiche trifft natürlich auf alle Gruppenmitglieder, d. h. auch auf die Kinder oder Jugendlichen zu. Um aber eine sogenannte „self fulfilling prophecy" (sich selbst erfüllende Prophezeiung) zu vermeiden, also zu verhindern, dass sich

Beziehungsmuster aufgrund von Vorstellungen entwickeln und verfestigen, ist es notwendig, sich die vorab gebildeten Urteile bewusst zu machen und sich immer zu bemühen, wieder eine unvoreingenommene Haltung den Personen gegenüber einzunehmen.

Die Erwartungen, die von anderen an eine Person gerichtet werden, beeinflussen in der Regel deren Verhalten und ggf. auch deren Erleben. Das solchermaßen beeinflusste Verhalten wird als **Rollenverhalten** bezeichnet, die Person als **Rollenträger**. In jeder Gruppe hat jedes Gruppenmitglied eine mehr oder weniger klar umrissene Rolle. Eine Rolle kann zugeschrieben oder selbst gewählt sein.

Im Umgang mit der Gruppe gehört es zu den Aufgaben einer sozialpädagogischen Fachkraft, sich ein möglichst umfassendes und differenziertes Bild von deren Struktur zu machen:

- Welche Freundschaften und (wechselseitigen) Sympathien gibt es?
- Welche Abneigungen sind festzustellen?
- Welche Rollen nehmen einzelne Kinder ein? (Gruppenführer, Außenseiter etc.)
- Welche Erwartungen richten einzelne oder viele Kinder oder Jugendliche an die sozialpädagogische Fachkraft? Wie also lässt sich ihre eigene Rolle genau beschreiben?

Daraus leiten sich vor allem die folgenden pädagogischen Fragen ab:
1. Welche Strukturveränderungen sind nötig, damit sich möglichst alle Kinder in der Gruppe geachtet und wertgeschätzt fühlen?
2. Wie lässt sich die Struktur der Gruppe nutzen, damit sich die Kinder möglichst optimal entwickeln und entfalten können – sozial, kognitiv und emotional?

Wenn beispielsweise einzelne Kinder oder Jugendliche sehr dominant sind und gleichzeitig eine hohe Wertschätzung von der Mehrheit der anderen Kinder genießen, kann dies durchaus die pädagogischen Handlungsspielräume der sozialpädagogischen Fachkraft begrenzen. Es wird dann zu einem Problem, wenn das Verhältnis zwischen einem solchen Gruppenmitglied und der sozialpädagogischen Fachkraft problembehaftet bzw. konfliktreich ist.

Eine weitere häufige Schwierigkeit verbindet sich mit den besonders beliebten und gleichzeitig sozial sehr aufgeschlossenen Kindern. Sie stehen ebenfalls häufig im Blickfeld der sozialpädagogischen Fachkraft – auch wenn ihr das oft nicht bewusst ist – und genießen dabei einen besonderen Stellenwert im Hinblick auf Wertschätzung und positive Rückmeldungen, während andere Kinder zu wenig wahrgenommen werden. Hier ist die sozialpädagogische Fachkraft gefordert, ihre eigenen Beziehungen zu den einzelnen Kindern oder Jugendlichen auf der Grundlage differenzierter Gruppenbeobachtungen immer wieder zu hinterfragen und gegebenenfalls zu korrigieren. Dazu ist zu empfehlen, in relativ regelmäßigen Zeitabständen andere Erzieherinnen als Zweit- oder Drittbeobachterinnen hinzuzuziehen und sich kollegial zu beraten.

Im Prinzip geht es dabei um die Frage nach dem **sozialen Status**, den einzelne Gruppenmitglieder innerhalb der Gruppe haben. Der soziale Status wird definiert als Position eines Menschen, die sich aus der wechselseitigen Beziehung zu den anderen Mitgliedern innerhalb einer Gruppe ergibt (vgl. Jilesen, 2008, S. 66 ff.). Jedes Gruppenmitglied hat in der Regel einen speziellen Status. In den verschiedenen Gruppen, zu denen sich der Mensch zugehörig fühlt, kann dieser Status durchaus unterschiedlich sein. So kann ein Jugendlicher in seiner Fußballmannschaft einen sehr hohen und in seiner Schulklasse einen vergleichsweise niedrigen Status haben. Dieses Beispiel zeigt auch, dass der Status immer an ganz bestimmte Merkmale oder Eigenschaften einer Person gebunden ist – im ersten Fall an die Fähigkeit, gut Fußball spielen zu können, im zweiten Fall an beliebte Schülereigenschaften.

Der soziale Status spielt bereits im frühen Kindesalter eine bedeutende Rolle für die Struktur einer Gruppe. Jilesen berichtet von einer Untersuchung, die 140 Studierende einer Fachschule für Sozialpädagogik in Kindertagesstätten durchführten. Dabei zeigte sich, dass in jeder der 140 untersuchten Gruppen ein oder mehrere Kinder einen besonders hohen bzw. einen besonders niedrigen Status hatten. Die folgenden Übersichten zeigen die Gründe für diese Einordnungen (vgl. Jilesen, 2008, S. 71 ff.). Die Zahlen geben die Anzahl der Nennungen an.

Gründe für einen besonders hohen Status

1. Merkmale des sozialen Kontaktes			168
kontaktfähig	24	nicht streitsüchtig	6
spielt mit allen	23	Bereitschaft zum Teilen	6
Kontakt zu allen	16	schlichtet Streitereien	5
hilfsbereit	29	kümmert sich um die Neuen	4
Gerechtigkeitssinn	9	Anpassungsfähigkeit	3
freundlich	9	Kompromissbereitschaft	2
lustig	9	Beteiligung an Gemeinschaft	2
rücksichtsvoll	7	Sonstiges	14
2. Besondere Fähigkeiten und Fertigkeiten			**125**
gute Spielideen	42	motorische Fähigkeiten	5
hohe Intelligenz	22	Durchsetzungsfähigkeit	5
große Aktivität	22	Selbstständigkeit	2
besondere Fähigkeiten, Begabungen	12	Spielfähigkeit	2
Sprachfähigkeit	8	körperliche Stärke	1
Spielinteresse	1	bewältigt Aufgaben gut	1
sehr musikalisch	1	kann sich verteidigen	1
3. Äußere Merkmale			**69**
Kleidung	28	Jüngster der Gruppe	7
gutes Aussehen	17	Besitz von Spielmaterial	5
Ältester der Gruppe	8	Körpergröße	3
		Position des Vaters	1

Gründe für einen besonders niedrigen Status

1. Merkmale des sozialen Kontaktes			145
Aggressivität	33	launisch	3
störendes Verhalten	12	Einmischung	2
zerstört	12	keine Rücksicht	2
streitsüchtig	11	ängstlich	2
prügeln	10	schüchtern	2
Herrschsucht	6	verweigerte Sprache	1
Angeberei	6	lügt	1
Alleinspieler	6	Verstoß gegen Regeln	1
wenig Kontakte	6	albern	1
keine Kontaktaufnahme	5	eigensinnig	1
spielt nur mit Bestimmten	4	egoistisch	1
schlechter Verlierer	4	sonstige einmalige Nennungen	9
Wegnahme von Spielzeug	3		

2. Mangelhafte Fähigkeiten und Fertigkeiten			54
Sprachfehler	8	mangelhafte motorische Fähigkeiten	2
Sprachschwierigkeiten	6	motorische Unruhe	2
spielunfähig	6	Entwicklungsrückstand	2
einseitige oder keine Spielinteressen	3	mangelhafte Intelligenz	2
Unselbstständigkeit	3	zu intelligent	2
still	3	kein Durchsetzungsvermögen	2
zurückgezogen	3	unsicher	1
häufiges Weinen	3	kann sich nicht verteidigen	1
Initiativlosigkeit	2	Hirnschaden	1
geringe Aktivität	2		
3. Äußere Merkmale			26
Aussehen	9	junges Alter	
Kleidung	8	klein	
Ausländer	4	Ablehnung durch Erzieher	
4. Unbekanntheit			14

Die Ergebnisse dieser von Studierenden erarbeiteten Untersuchung zeigen, auf wie viele Aspekte eine sozialpädagogische Fachkraft in ihren Beobachtungen zu achten hat, wenn sie erreichen möchte, dass möglichst kein Kind ausgegrenzt wird und dass die Kinder mit sehr hohem Status nicht in die Rolle geraten, die übrige Gruppe einseitig zu dominieren. Status und Rolle sind eng miteinander verwoben.

So hat der Gruppenführer in der Regel einen sehr hohen Status, der Außenseiter dagegen einen sehr niedrigen. Die jeweilige Rolle wird auch hier über die Erwartungen der anderen Gruppenmitglieder an diese Personen definiert: Vom Gruppenführer wird erwartet, dass er das Verhalten der Gruppen zu lenken imstande und bereit ist, vom Außenseiter hingegen, dass er sich nicht den Regeln der Gruppe entsprechend verhalten wird bzw. dass er anders ist.

Dieses Anderssein kann sich auf sehr viele unterschiedliche Aspekte beziehen wie eine andere Sprache oder einen anderen Dialekt, eine andere Hautfarbe, andere Meinungen, eine andere Beziehung zur sozialpädagogischen Fachkraft etc. Manche Einschätzung kann dabei auf bloßen Gerüchten beruhen und muss überhaupt nicht dem Verhalten und Erleben des Außenseiters entsprechen. Auch hier steht die sozialpädagogische Fachkraft in der Verantwortung: Sie muss erkennen, wenn Kinder oder Jugendliche am Rand oder außerhalb der Gruppe stehen, und ihre Integration in die Gruppe unterstützen. Dabei gilt es, große Vorsicht walten zu lassen. Sanktionen gegenüber den Kindern mit hohem Status werden in der Regel dazu führen, dass die Kinder oder Jugendlichen mit Außenseiterpositionen noch stärker ausgegrenzt werden. Dies geschieht dann meist verdeckt und entzieht sich anschließend den Beobachtungsmöglichkeiten der sozialpädagogischen Fachkraft. Ihre pädagogischen und psychologischen Handlungsmöglichkeiten werden dadurch immer begrenzter.

Natürlich sind das besondere Rollenverständnis und das konkrete Rollenverhalten der Erzieherin von großer Bedeutung für die Struktur einer Gruppe. Ist ihr Rollenverständnis „hierarchisch", d. h., werden die verschiedenen Rollen der Gruppe vorrangig von der Fachkraft definiert (z. B. welche Kinder besonders beliebt sind, welches die sogenannten stillen und schüchternen Kinder sind, welche Kinder „alles können" und bei welchen Kindern das Gegenteil der Fall ist etc.) und ist ihre eigene Rolle einseitig dominant, dann provoziert das gleichzeitig Machtkämpfe zwischen den Kindern oder Jugendlichen. Beziehungen nach einem solchen Rollenverständnis hindern die Kinder oder Jugendlichen daran, an der Entwicklung der Verhaltensregeln in der Gruppe offen teilzuhaben. Sie lernen dabei, sich den Stärkeren zu unterwerfen und erhalten ein

Modell zur Unterwerfung der Schwächeren. Hat die sozialpädagogische Fachkraft hingegen ein partnerschaftliches Verständnis von ihrer eigenen Rolle und von den Rollen der anderen Gruppenmitglieder, bedeutet dies nicht, dass es in der Gruppe keine oder kaum Regeln gibt – es geht vielmehr um den Umgang mit Regeln, um ihre Transparenz und Klarheit und einen Konsens über die Wichtigkeit ihrer Einhaltung (vgl. Satir, 1989, S. 138).

Dynamik der Gruppe

Auch wenn Gruppen eine zu einem bestimmten Zeitpunkt relativ klar erkennbare Struktur aufweisen, sind sie dennoch nie statisch. Die Wechselwirkungen zwischen ihren Mitgliedern verändern sich permanent und haben eine ausgeprägte Eigendynamik, die zum einen bestimmten Gesetzmäßigkeiten folgt, zum anderen aber auch in ihrer Erscheinungsweise und in ihren Konsequenzen nicht vorhersagbar ist. Dieses System dynamischer Wechselwirkungen wird in der Psychologie und in der Soziologie als Gruppendynamik bezeichnet.

	Dem Selbst bekannt	Dem Selbst nicht bekannt
Anderen bekannt	I Bereich der freien Aktivität	II Bereich des blinden Flecks
Anderen nicht bekannt	III Bereich des Vermeidens oder Verbergens	IV Bereich der unbekannten Aktivität

(Luft, 1963, S. 22)

Ein entscheidender, die Dynamik von Gruppenprozessen beeinflussender Faktor liegt darin, wie die Gruppenmitglieder die Gruppe und das Verhalten der anderen Mitglieder wahrnehmen. Anfang der 1960er Jahre haben die Sozialpsychologen Harry Ingham und Joseph Luft ein einfaches grafisches Modell entwickelt, das hilft, die entsprechenden Zusammenhänge anschaulich darzustellen und Konsequenzen für die (sozialpädagogische) Praxis daraus abzuleiten. Sie bezeichneten es als **Johari-Fenster** (abgeleitet aus ihren Vornamen Joseph und Harry).

Die vier Quadranten haben die folgende Bedeutung:

I. Dieser Quadrant sagt etwas über die Menge an Verhaltensweisen und Bedürfnisse sowie Beweggründe aus, die allen Gruppenmitgliedern über sich selbst und über die anderen bekannt sind. Dieser Bereich wurde von Ingham und Luft als „Bereich der freien Aktivität" bezeichnet, weil ein freies Verhalten in der Gruppe nur dann möglich ist, wenn ihre Mitglieder möglichst wenig verbergen und verstecken müssen und wenn jeder von den anderen als ganze Persönlichkeit gesehen und geachtet werden kann.
II. Dieser Bereich enthält Informationen, die den anderen Gruppenmitgliedern bekannt, einem selbst jedoch nicht bewusst sind.
III. Hier geht es um den Anteil an Informationen, die jedem Gruppenmitglied über sich selbst bewusst sind, die es jedoch zu vermeiden und zu verbergen versucht.
IV. Hierbei handelt es sich um Informationen über Verhaltensweisen und Motive, die allen Gruppenmitgliedern unbewusst sind, die jedoch trotzdem das Gruppengeschehen beeinflussen.

Alle vier Bereiche haben Einfluss auf die Gruppenprozesse und ihre Dynamik. Sie können auch die Gruppenstruktur verändern.

Gestaltung und Begleitung von sozialpädagogischen Gruppen

Ziel der Gestaltung und Begleitung von sozialpädagogischen Gruppen muss dem Johari-Fenster entsprechend darin liegen, den Anteil an Informationen über das Verhalten und die Motivationen der Gruppenmitglieder, der allen bewusst und zugänglich ist, möglich groß werden zu lassen. Das entscheidende Mittel dazu liegt in den vielfältigen Gesprächsmethoden, d. h. in einer möglichst optimalen Förderung der Kommunikation zwischen allen Gruppenmitgliedern – natürlich einschließlich der sozialpädagogischen Fachkraft. Die Unterstützung von Gesprächen zwischen möglichst allen Mitgliedern der Gruppe ist dazu unabdingbar.

Wird also – im Bild des Johari-Fensters gesprochen – der erste Quadrant größer als alle übrigen, entsteht eine gute Grundlage, auf der die sozialpädagogische Fachkraft auch die Gruppendynamik sinnvoll im Interesse ihrer pädagogischen Ziele gestalten und begleiten kann.

In der Anfangsphase des Bestehens einer Gruppe ist der erste Quadrant – also der Bereich der freien Aktivität – in der Regel kleiner als die übrigen Bereiche.

Ziel einer guten Gruppenbegleitung

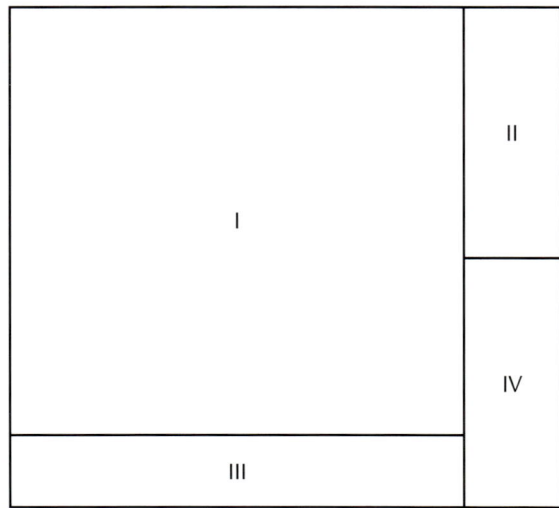

(Luft, 1963, S. 25)

Die Situation einer Gruppe in der Anfangsphase

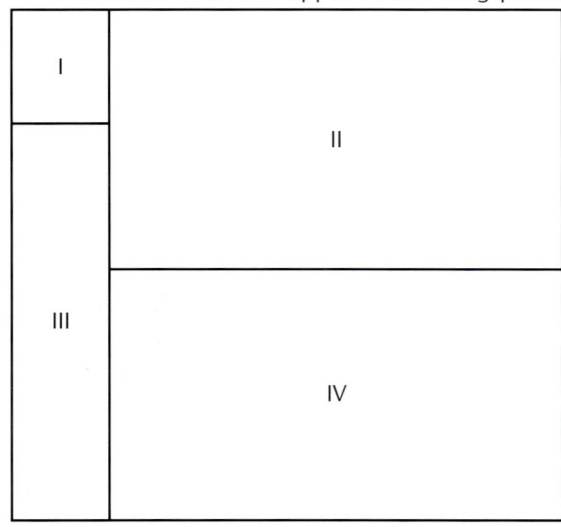

(Luft, 1963, S. 26)

Damit sein Anteil „auf Kosten" der drei anderen Bereiche entsprechend größer werden kann, sind neben guten kommunikativen Grundlagen vor allem folgende Bedingungen erforderlich:
- ein ausgeprägtes Sicherheitsgefühl der Gruppenmitglieder innerhalb der Gruppe
- ein Gefühl der Geborgenheit möglichst aller Mitglieder innerhalb der Gruppe
- ein wechselseitig praktiziertes Prinzip der Wertschätzung und Achtung voreinander
- die Fähigkeit, aufeinander zuzugehen
- die Bereitschaft, gemeinsame Ziele zu verfolgen etc.

All dies ist nur möglich vor dem Hintergrund einer sich positiv entwickelnden Atmosphäre des Vertrauens zwischen den Gruppenmitgliedern. Unabdingbare Voraussetzung ist darüber hinaus, dass die sozialpädagogische Fachkraft offen, klar und authentisch ist, denn nur so können auch Kinder oder Jugendliche in ihrer Gruppe so offen sein, dass der „Bereich der freien Aktivität" kontinuierlich zunimmt.

Um die Gruppe als Lebensraum für soziales Lernen in diesem Sinne zu gestalten, ist es hilfreich, wenn die sozialpädagogische Fachkraft
- möglichst viele Kommunikationsmöglichkeiten schafft,
- die Entwicklung einer wertschätzenden Gesprächsführung initiiert und unterstützt,
- zusammen mit den Kindern oder Jugendlichen gemeinsame Ziele formuliert, sie immer wieder transparent macht und gemeinsam verfolgt,
- eine Atmosphäre schafft, die zulässt, dass Emotionen artikuliert und geteilt werden können,
- die Entwicklung der Empathiefähigkeit der Kinder und Jugendlichen unterstützt,
- zusammen mit der Gruppe gemeinsame Rituale entwickelt,
- gemeinsam Gruppenregeln entwickelt, sodass Regelverstöße aus der Gruppe heraus vermieden werden,
- den Gruppenzusammenhalt unterstützt,
- die einzelnen Kinder beachtet und in ihrem aktuellen sozialen Kontext versteht,
- die Dynamik der Gruppe und ihre Auswirkungen erkennt und pädagogisch begründet beeinflusst und begleitet,
- die Gruppenmitglieder vor Ausgrenzungen und Diskriminierungen schützt etc.

Um die dynamischen Prozesse innerhalb einer Gruppe verstehen zu können, ist eine differenzierte Beobachtungsfähigkeit der sozialpädagogischen Fachkraft erforderlich. Dabei muss ihr bewusst sein, dass sie nicht objektive Tatbestände wahrnehmen kann, sondern dass es sich bei ihren Beobachtungen immer um die eigene subjektive Wahrnehmung und um die Bewertung der gruppendynamischen Vorgänge handelt. Ein Überblick über die Vielfalt an Prozessen und Gegebenheiten innerhalb einer Gruppe ist leichter zu gewinnen, wenn die sozialpädagogische Fachkraft ihre Gruppe regelmäßig und immer wieder auch systematisch beobachtet und ihre Beobachtungen schriftlich festhält (vgl. Kapitel 1.6.3). Aufgrund der Komplexität von Gruppenvorgängen und wegen der Subjektivität der Wahrnehmung ist es natürlich sinnvoll und empfehlenswert, dass möglichst häufig parallele Beobachtungen durch andere sozialpädagogische Fachkräfte durchgeführt werden.

3.4.3 Partizipation

Der Begriff **Partizipation** deckt ein ganzes Begriffsbündel ab wie z. B. Beteiligung, Teilhabe, Teilnahme, Mitwirkung, Mitbestimmung, Selbstbestimmung, Demokratisierung, Mitsprache, Mitgestaltung. Im sozialpädagogischen Bereich wird Partizipation wie folgt definiert:

Partizipation
von Kindern und Jugendlichen ist deren verbindliche Einflussnahme auf Planungs- und Entscheidungsprozesse, von denen sie betroffen sind (vgl. Jaun, 2001, S. 91).

Rechtlicher Hintergrund
Es ist eine grundlegende Anforderung in allen Arbeitsfeldern, Kinder und Jugendliche entsprechend ihrem Entwicklungsstand an allen sie betreffenden Entscheidungen zu beteiligen. Das SGB VIII (Kinder- und Jugendhilfegsetz) macht dies implizit in § 1 deutlich:

„Jeder junge Mensch hat ein Recht auf Förderung seiner Entwicklung und auf Erziehung zu einer eigenverantwortlichen und gemeinschaftsfähigen Persönlichkeit. [...] [Die Jugendhilfe soll] dazu beitragen, positive Lebensbedingungen für junge Menschen und ihre Familien sowie eine kinder- und familienfreundliche Umwelt zu erhalten oder zu schaffen."

Eine Beteiligung von Kindern und Jugendlichen wird dafür ausdrücklich vorgesehen (§ 8 SGB VIII). In § 11 Abs. 1 heißt es:

„Jungen Menschen sind die zur Förderung ihrer Entwicklung erforderlichen Angebote der Jugendarbeit zur Verfügung zu stellen. Sie sollen an den Interessen junger Menschen anknüpfen und von ihnen mitbestimmt und mitgestaltet werden, sie zur Selbstbestimmung befähigen und zu gesellschaftlicher Mitverantwortung und zu sozialem Engagement anregen und hinführen."

Damit ist zugleich auch das Ziel von Partizipation von Kindern und Jugendlichen angegeben.
In § 12 Abs. 2 (1) SGB VIII wird die Verpflichtung der Jugendverbände zur Partizipation der Betroffenen festgelegt. In § 80 SGB VIII Abs. 1 wird gefordert, dass bei der Jugendhilfeplanung der Bedarf „unter Berücksichtigung der Wünsche, Bedürfnisse und Interessen der jungen Menschen" zu ermitteln ist.
Darüber hinaus ist in der UN-Kinderrechtskonvention Art. 12 festgeschrieben:

„Die Vertragsstaaten sichern dem Kind, das fähig ist, sich eine eigene Meinung zu bilden, das Recht zu, diese Meinung in allen das Kind berührenden Angelegenheiten frei zu äußern und berücksichtigen die Meinung des Kindes angemessen, entsprechend seinem Alter und seiner Reife."

Zu nennen ist weiterhin die Agenda 21, die auf der Umweltkonferenz von Rio 1992 verabschiedet wurde (vgl. Frädrich, 2009). Dort wird ausdrücklich gefordert, Kinder und Jugendliche auf internationaler, nationaler, regionaler und lokaler Ebene zu beteiligen:

„Es ist zwingend erforderlich, dass Jugendliche aus allen Teilen der Welt auf allen für sie relevanten Ebenen aktiv an den Entscheidungsprozessen beteiligt werden, weil dies ihr heutiges Leben beeinflusst und Auswirkungen auf ihre Zukunft hat. Zusätzlich zu ihrem intellektuellen Beitrag und ihrer

Fähigkeit, unterstützende Kräfte zu mobilisieren, bringen sie einzigartige Ansichten ein, die in Betracht gezogen werden müssen."
(Agenda 21, Kapitel 25.2, Handlungsgrundlagen, in: Frädrich, 2009)

Partizipation wird heute auch sehr eng mit dem Bildungsbegriff verknüpft. Als Akteure im Bildungsprozess haben Kinder ein Recht auf Bildung und damit auch ein Recht auf ihre eigenen Bildungsthemen. „Sie nehmen somit eine Subjektstellung im Bildungsgeschehen ein. Bildung in diesem Sinn verlangt deshalb eine aktive und angemessene Beteiligung der Kinder an den Entscheidungs- und Handlungsprozessen" (Bayerischer Bildungs- und Erziehungsplan, Entwurf für die Erprobung, 2003, S. 22). Bildung und Partizipation auch von kleinen Kindern sind daher als eine Einheit anzusehen.

Partizipation ist ein Bestandteil **demokratischer Lebensweise** (vgl. Klein/Vogt, 2000, S. 89). Das Kind „erlebt" die Gesellschaft zunächst in den öffentlichen Institutionen, die es besucht, von der Tageseinrichtung für 0- bis 3-Jährige bzw. 3- bis 6-Jährige über die Schule bis zur beruflichen Bildung (vgl. Preissing, 2000, S. 81). In einer Demokratie zu leben heißt, unterschiedliche Interessen auszuhandeln und bereit zu sein, Kompromisse zu schließen. Dieses Aushandeln zu lernen beginnt schon bei Kleinstkindern, wenn es z. B. darum geht, wer welches Spielzeug bekommt. Kinder müssen dabei erst einmal lernen, ihre eigenen Interessen wahrzunehmen und diese auszudrücken. Das Aushandeln verlangt aber auch einen Perspektivenwechsel und die Bereitschaft, sich in einen anderen hineinzuversetzen (Preissing, 2000, S. 84) und dessen Argumente nachzuvollziehen.

Mitsprache und Mitwirkung von Kindern und Jugendlichen an den Vorhaben und Aktivitäten der jeweiligen Einrichtungen bzw. im gemeindlichen Umfeld ist also eng an Sprache gebunden. Beteiligung vollzieht sich in erster Linie in Gesprächen, in Aushandlungs- und Abstimmungsprozessen.

Kinder und Jugendliche brauchen Wertschätzung und Anerkennung, um Selbstvertrauen und Selbstachtung gewinnen zu können. Nur wenn sie Selbstvertrauen in positiv erfahrenen Beziehungen aufbauen und sich als selbstwirksam erleben

Die Rechte des Kindes

1. Recht auf Gleichheit
2. Recht auf Gesundheit
3. Recht auf Bildung
4. Recht auf elterliche Fürsorge
5. Recht auf Privatsphäre und persönliche Ehre
6. Recht auf Meinungsäußerung, Information und Gehör
7. Recht auf Schutz im Krieg und auf der Flucht
8. Recht auf Schutz vor Ausbeutung und Gewalt
9. Recht auf Spiel, Freizeit und Ruhe
10. Recht auf Betreuung bei Behinderung

können, sind sie bereit und fähig zu Selbstbestimmung und gesellschaftlicher Mitverantwortung. Als sozialpädagogische Fachkraft sollten Sie Kinder von klein auf dazu anregen und sie dabei unterstützen, eigene Vorstellungen zu entwickeln, sich eine eigene Meinung zu bilden und diese frei zu äußern. Jedes Kind sollte die Erfahrung machen, dass es mit seiner Meinung ernst genommen und diese bei Entscheidungen tatsächlich berücksichtigt wird. Das setzt voraus, dass Sie als Erzieherin die Kinder auch wirklich beteiligen wollen. Partizipation darf keine Leerformel sein, sondern muss angemessen umgesetzt werden.

Die Rolle der Erwachsenen bei der Beteiligung noch kleiner Kinder besteht also darin, die Kinder bei ihrer forschenden und gestaltenden Auseinandersetzung mit ihrer Lebenswelt nicht durch voreilige Erklärungen einzuengen. Wenn die Kinder Entscheidungen treffen, ist es wichtig, diese durch ein größtmögliches Maß an Information abzusichern. Und schließlich kann es auch sein, dass aufgrund der eigenen größeren Einsicht und Erfahrung heraus ein „Mut zum Besserwissen" notwendig ist (vgl. Hansen, 2005).

„Die pädagogische Falle"

Vielleicht haben Sie als Praktikantin schon eine ähnliche Situation erlebt wie die folgende:

Beispiel
Ein Team, z. B. in einem Hort, hält regelmäßig eine Kinderkonferenz ab. Als aber dort der Wunsch

geäußert wird, einmal ein ganzes Wochenende von Freitag bis Montagmorgen gemeinsam im Hort zu verbringen, wird dieser Wunsch nicht weiter diskutiert.

Dies macht deutlich, dass die Beteiligung von Kindern oft nur so lange gewünscht ist, wie sich daraus keine Konflikte mit den Interessen der Erwachsenen ergeben. Auf dieses Problem zielt die Formulierung der „pädagogischen Falle" (Jaun, 2001, S. 70).
Die Beteiligung von Kindern in Erfüllung des oben beschriebenen Rechtsanspruchs und die Umsetzung von Partizipation als pädagogisches Instrument mit pädagogischen Zielen haben auf den ersten Blick ganz unterschiedliche Qualitäten: Während Pädagogik Freiheit in einem Rahmen gewährt, der von den Erziehenden vorher abgesteckt wurde, setzt Partizipation für alle die gleichen Freiheiten voraus (vgl. Jaun, 2001, S. 71). Daher ist es wichtig, die **Ziele von Beteiligung** zu klären. Sind Beteiligungsprozesse auf ein pädagogisches Ziel ausgerichtet, nämlich soziales und demokratisches Lernen zu fördern, dann werden sie zum Instrument der Pädagogik. Werden Kinder dagegen aus einer politischen Überzeugung heraus beteiligt, dann geht es zuallererst um den Ausgleich von verschiedenen Interessen (vgl. Jaun, 2001, S. 71). Aber auch da, wo es das Ziel ist, demokratisches Lernen zu fördern, müssen Erzieherinnen Beteiligung ernsthaft wollen, d. h. bereit sein, die Perspektive der Kinder einzunehmen und sich mit deren Interessen auseinanderzusetzen. Wenn dies nicht der Fall ist, sitzen die Erzieherinnen in der „pädagogischen Falle".
In den allermeisten Fällen von Partizipation werden Kinder durch Erwachsene angeregt und begleitet, sodass dabei immer eine direkte oder indirekte pädagogische Absicht ins Spiel kommt, auch wenn es die ist, den Kindern politische Erfahrungen zu vermitteln (Jaun, 2001, S. 72).
In diesem Zusammenhang ist die Frage nach dem **Bild vom Kind** sehr wichtig. Werden Kinder als Subjekte wahrgenommen und wird ihre Unverfügbarkeit ernst genommen, dann geht es bei Partizipation darum, ihnen Autonomie zu ermöglichen (vgl. Jaun, 2001, S. 77). Wirkliches Ernstnehmen von Kindern und ihren Anliegen verlangt, dass nicht die erwachsene Sicht auf Leben und Wirklichkeit das Maß aller Dinge bleibt. Vielmehr ist ein Ausgleich von Interessen erforderlich, bei dem die Anliegen und Bedürfnisse von Kindern gleichberechtigt neben denen der Erwachsenen stehen. Auf dieser Basis sind die jeweiligen Interessen auszugleichen (vgl. Jaun, 2001, S. 78).
Welche Folgerungen ergeben sich daraus?

Qualitätsaspekte von Partizipation

Für die **Prozessqualität**, die sich vor allem in der Qualität der Kommunikationsprozesse zeigt, sind u. a. folgende Aspekte wichtig:

- **Wertschätzung und Ermutigung**
  Wertschätzung jedes Einzelnen bewirkt beim anderen Selbstvertrauen und Selbstachtung. Diese sind eine wesentliche Voraussetzung dafür, dass Kinder und Jugendliche sich aktiv in Beteiligungsprozessen einbringen (vgl. Sturzenhecker, 2008, S. 30). Wenn Sie als sozialpädagogische Fachkraft Kinder ernst nehmen, dann können diese nicht nur Vertrauen zu sich gewinnen, sondern dies auch positiv auf andere übertragen (vgl. Jaun, 2001, S. 75).

- **Authentizität**
  Sozialpädagogische Fachkräfte bzw. Erwachsene sind im Prozess authentisch, d. h., sie verzichten darauf, stets ein perfektes Vorbild abzugeben, was Kinder eher einschüchtert (vgl. Jaun, 2001, S. 75).

- **Freiwilligkeit**
  Kinder und Jugendliche dürfen nicht zu Beteiligungsprojekten verpflichtet werden. Für Sie als sozialpädagogische Fachkraft bedeutet dies, aushalten zu müssen, dass Jugendliche ihr Recht auf Selbstbestimmung durch „Verneinung" einbringen. Allerdings sollten Sie nach Wegen suchen, wie Jugendliche auch solches Handeln als explizite „Aussage" in den Beteiligungsprozess einbringen können. Manchmal kann auch aus dem, was Jugendliche verweigern, erschlossen werden, welche Inhalte und Methoden für sie schwierig sind, und zu Überlegungen führen, was sie stattdessen brauchen (vgl. Sturzenhecker, 2008, S. 30).

- **Ernsthaftigkeit**
  Es muss gewährleistet sein, dass die Anliegen, die Kinder in Beteiligungsprozessen äußern, aufgegriffen werden; genauso müssen

die Ergebnisse von Beteiligungsprojekten umgesetzt oder die Umsetzungen zumindest angestrebt werden.

Zu den drei folgenden Punkten vgl. Hartnuß/Maykus (2006):

- **Nachhaltigkeit**
  Partizipation sollte kein einmaliges, isoliertes Angebot sein, sondern als Prinzip den gesamten Erziehungs- und Bildungsprozess in der Einrichtung bestimmen.
- **Differenzierungen**
  Partizipationsangebote müssen allen Kindern und Jugendlichen offenstehen. Dabei bedarf es jedoch differenzierter Angebote nicht nur entsprechend dem Alter, sondern auch für Jungen und Mädchen, für Kinder mit und ohne Migrationshintergrund, für gesunde Kinder und solche mit Behinderungen oder kranke, für privilegierte und sozial benachteiligte Kinder und Jugendliche.
- **Qualifizierung**
  Partizipation darf nicht nur als formales Angebot gelten. Vielmehr ist es wichtig, Kinder und Jugendliche durch gezielte Aktivitäten für die Inanspruchnahme von Beteiligungschancen zu qualifizieren und Partizipation dadurch überhaupt erst zu ermöglichen.

Eine wesentliche Voraussetzung für Partizipationsprozesse ist die Entwicklung sprachlicher und argumentativer Kompetenzen und die Fähigkeit, die eigenen Vorstellungen vor anderen zu präsentieren und zu begründen.

Bei der **Strukturqualität** geht es um die Rahmenbedingungen und Rahmenvorgaben von Beteiligungsprozessen. Sturzenhecker nennt hier z. B. (vgl. 2008, S. 33):

- **Rechte**
  Den Kindern und Jugendlichen muss klar sein, welche Partizipationsstrukturen vorhanden sind, wie sie funktionieren und welche Rechte sie haben.
- **Öffentlichkeit**
  Partizipation findet in der Öffentlichkeit einer Gemeinschaft oder Institution statt. Geheime Absprachen sind dazu ein Widerspruch.
- **Information**
  Infolgedessen müssen alle Informationen für alle Beteiligten gleichermaßen verfügbar sein.
- **Unterstützung und Ressourcen**
  Kinder und Jugendliche brauchen in Beteiligungsprozessen kompetente Begleitpersonen, die ihnen helfen, ihre eigenen Interessen zu klären und überzeugend zu vertreten. Dazu muss auch klar sein, welche Ressourcen an Zeit, Raum, Geld, Medien verfügbar sind.

Partizipation bei Klein- und Kleinstkindern

Wenn schon kleinen Kindern Mitwirkung eingeräumt wird, können diese sich in ihrer Selbstwirksamkeit erleben – ein wichtiger Einflussfaktor für Resilienz. Kinder sollten dies von klein auf erfahren. Daher ist es wichtig, dass Sie als sozialpädagogische Fachkraft schon Klein- und Kleinstkinder dazu ermuntern, ihre Wünsche und Vorstellungen sprachlich auszudrücken, weil sie sich dann immer wieder als selbstwirksam erfahren können. Bei Kleinstkindern kommt es dabei besonders darauf an, deren nonverbale Mitteilungen durch Mimik, Gestik, Körpersprache wahrzunehmen, zu verstehen, in Sprache zu fassen und gezielt aufzugreifen.

In einem Interview beschreibt Edeltraut Prokop, die Leiterin einer Münchner Städtischen Kinderkrippe, u. a. folgende Punkte als besonders wichtig für die Umsetzung von Partizipation bei unter Dreijährigen (vgl. Bayerisches Staatsministerium für Arbeit und Sozialordnung, Familie und Frauen/Staatsinstitut für Frühpädagogik, 2010, S. 124 ff.):

Kommentar eines Grundschülers in einem Schulversuch zur Partizipation von Kindern (in: Knauer, 1998, S. 76)

- Die Räume müssen transparent sein, d. h., die Kinder wissen, wo was passiert. So können sie z. B. selbstbestimmt in die Küche gehen, um etwas zu trinken.
- „Partizipation beginnt am Wickeltisch", d. h., die Kinder haben eine eigene Schublade mit ihrer Wäsche und Windeln, die sie selbst herausnehmen können; sie cremen sich selbst ein, signalisieren, ob sie lieber im Stehen oder im Liegen gewickelt werden wollen.
- In der Eingewöhnungsphase ist es besonders wichtig, die Signale des Kindes feinfühlig zu erkennen und daraus Rückschlüsse zu ziehen, wann die Eingewöhnungsphase als abgeschlossen eingeschätzt werden kann.
- Laufende Beobachtung führt zur Überprüfung der Hypothesen der Erwachsenen: So wurde z. B. deutlich, dass die Kinder einem harten Untergrund, auf dem sie sich spüren können, vor weichen Matten/Teppichen den Vorzug geben.
- Partizipation ist die Voraussetzung für Ko-Konstruktion, weil den Kindern dadurch die Möglichkeit gegeben wird, ihre eigenen Lernwege zu verfolgen.

Wenn Sie als sozialpädagogische Fachkraft Klein- und Kleinstkinder in der Einrichtung beteiligen wollen, dann umfasst das auch Ihre eigene Teilhabe, d. h. die Teilhabe aller sozialpädagogischen Fachkräfte am Leben der Kinder. „Damit meinen wir das Wahrnehmen und Verstehen der subjektiven Welt der Kinder, ihrer Sichtweisen, Erklärungen, Motive und Gefühle" (Klein/Vogt, 2000, S. 90). Gerade bei der Partizipation von Klein- und Kleinstkindern stellt sich das Problem der „pädagogischen Falle": Erwachsene – und das heißt auch sozialpädagogische Fachkräfte – laufen Gefahr, bei ihren Vorstellungen von Partizipation Kinder zum Objekt zu machen, indem sie ihnen großzügig etwas zugestehen, was sie selbst für wichtig halten. Gefragt ist aber, dass sie sich ihrerseits um Teilhabe an der Welt der Kinder bemühen (vgl. Klein/Vogt, 2000, S. 90).

In den Einrichtungen für 3-bis 6-Jährige ist Partizipation heute fest verankert, muss aber immer wieder daraufhin überprüft werden, ob ein wechselseitiger Prozess zwischen den Kindern untereinander und zwischen den Kindern und den Erzieherinnen möglich ist. Dies gilt auch für viele Konzepte, die die Arbeit im Elementarbereich in den letzten beiden Jahrzehnten geprägt haben, wie der Situationsansatz, die Reggio-Pädagogik, das Konzept des Offenen Kindergartens, die Freinet-Pädagogik, zu deren Grundlagen es gehört, dass die Kinder sich in der gemeinsamen Zeit zunehmend beteiligen und mitbestimmen können (Klein/Vogt, 2000, S. 93 ff.). Partizipation in diesem Sinn umfasst auch mehr als „Gremien" wie Kinderkonferenzen, Morgenkreise etc., sondern muss den ganzen Alltag durchziehen. Dabei kommt es auf eine kindzentrierte Haltung an, d. h. dass die Erzieherin sich wirklich auf die einzelnen Kinder und deren Anliegen einlässt.

Klein/Vogt (vgl. 2000, S. 93 ff.) halten für die Partizipation von Klein- und Kleinstkindern folgende Aspekte für wichtig:

- **Das Recht, Geschichten erzählen zu dürfen**
  Mit ihren Geschichten (verbal, im Rollenspiel, in Bildern etc.) teilen Kinder ihre Erfahrungen mit, ihre Einschätzungen von dem, was um sie herum geschieht. Implizit enthalten diese Geschichten die Wünsche der Kinder, wie sie gerne in diese Welt und ihren Alltag eingreifen möchten. „Unter partizipatorischen Gesichtspunkten gilt es, nach der subjektiven Beziehung des Kindes zu einem Erlebnis, einer Sache oder einem Tatbestand, die in allen freien Äußerungen von Kindern enthalten sind, zu fragen" (Klein/Vogt S. 94). Dazu ist es notwendig, dass Sie als sozialpädagogische Fachkraft hinter die vordergründige Mitteilung eines Kindes blicken und ein entsprechendes Dialogangebot machen. Das Erzählen von Geschichten sollte den Kern von Kinderkonferenzen ausmachen.

Beispiel
Beginn eines Dialogs zwischen dem 5-jährigen Felix und der Erzieherin:
Felix: „Tobi hat so einen tollen roten Pulli an."
Erzieherin: „Gefällt er dir?"
Felix: „Ja, Robi hat auch so einen."
Erzieherin: „Dein großer Bruder?"
Felix: „Ja, der hat den von Oma bekommen."
Erzieherin: „Aha, die hat ihm den geschenkt – zum Geburtstag?"
Felix: „Nee, weil er in der Schule ne Zwei hatte."
Erzieherin: „Ah – da kriegt Robi dann da ein Extra-Geschenk."
Felix: „Ja, aber ich nicht."
Erzieherin: „Hättest du auch gerne einen Pulli in so einer tollen Farbe?"…

- **Das Recht auf das eigene Anliegen**
  Sozialpädagogische Fachkräfte nutzen Kinderkonferenzen oft z. B. dazu, über Regeln zu sprechen und die Kinder über gemeinsame Vorhaben zu informieren. Dabei geht es aber um die Ziele der Erzieherin. Wird Partizipation ernst genommen, dann sollten die Kinder Gelegenheit und Raum für ihre eigenen Anliegen haben. So kann sich z. B ein Gespräch über die Regelungen des Tischdienstes in eine andere Richtung entwickeln, nämlich z. B. zu der Frage: Was essen wir gerne, was müssen wir essen und was nicht? Wenn die Kinder für ein solches Anliegen Lösungen suchen und vereinbaren können, lassen sie sich anschließend auch leicht auf das Thema der Erzieherin ein.

- **Das Recht, Entscheidungen zu treffen und Verantwortung zu übernehmen**
  Erwachsene tendieren dazu, sich einzuschalten, wenn sie das, was die Kinder tun, als problematisch, gefährlich etc. einschätzen. „Den Anspruch, partizipatorisch zu handeln, lösen wir dann ein, wenn wir sehr sparsam mit solchen Einmischungsformen umgehen und stattdessen Entscheidungsspielräume öffnen und erweitern" (Klein/Vogt, 2000, S. 98). Das erfordert von Ihnen eine große Aufmerksamkeit in den Dialogen mit den Kindern. Als sozialpädagogische Fachkraft sind Sie gefragt, den Kindern eigene Erfahrungen zu ermöglichen, dabei aber die Verantwortung der Kinder klar anzusprechen und diese zugleich zu begrenzen. So können Sie z. B. eine neue Regel zum unbeaufsichtigten Spiel im Garten einführen, aber diese zugleich auf heute und morgen begrenzen.

Edeltraut Prokop nennt im Hinblick auf die unter Dreijährigen das Beispiel des Zugangs zur Treppe – für Eltern und pädagogisches Personal eher angstbesetzt. Die Beobachtung der Kinder zeigte, wie fasziniert diese von der Treppe sind und wie wichtig z. B. das Hinauf- und rückwärts wieder Herunterkrabbeln für die Schulung des Gleichgewichtssinns ist. Solche wichtigen Lernschritte dürfen den Kindern nicht vorenthalten werden (vgl. Bayerisches Staatsministerium für Arbeit und Sozialordnung, Familie und Frauen/Staatsinstitut für Frühpädagogik, 2010, S. 126).

Für größere Planungsvorhaben, wie z. B. die Planung einer neuen Inneneinrichtung der Tagesstätte ist es wichtig, dass die Kinder zunächst ihre Vorstellungen darüber, wie eine Kita von innen aussehen kann, über ihren begrenzten Erfahrungshorizont hinaus erweitern. Dazu können Ausflüge in Werkstätten und Ateliers beitragen, real oder simuliert in einem Diavortrag. Das Erlebte kann in kleinen Gruppen weiter bearbeitet werden. Haben die Kinder erst einmal die Möglichkeiten erfasst, können sie die Vorschläge konstruktiv ergänzen und souverän bzw. situationsangemessen ihre Prioritäten setzen.

Formen direkter Partizipation

- **Alltagspartizipation**

  Damit sind solche Formen von Partizipation gemeint, die nicht fest institutionalisiert sind und nicht vorab bewusst geplant werden, sondern sich spontan aus der Alltagssituation heraus ergeben. Dabei geht es in der Regel nicht nur um Meinungsbildung, sondern um direkte Mitsprache und Entscheidungsmöglichkeit der Kinder, z. B.:
  - Auswahl von Musik und Filmen
  - spontane Raumzuteilung z. B. in der Jugendfreizeitstätte
  - spontane Raumgestaltung
  - spontane Streitschlichtung, bei der die Erzieherin die Kinder anregt, selbst Lösungen zu finden
  - spontane Kreisgespräche
  - offene Teamsitzung, bei der Kinder und Jugendliche zuhören und sich evtl. über einen „freien Stuhl" mit einbringen können

- **Punktuelle Partizipation**

  Bei punktuellen Beteiligungsformen werden Ideen und Vorschläge eingeholt, die von den sozialpädagogischen Fachkräften pädagogisch ausgewertet und in der weiteren Planung berücksichtigt werden. Diese Form der Partizipation hat also keine Entscheidungsfunktion, sondern dient der Meinungsbildung zu einem bestimmten Zeitpunkt. Eine weitere Beteiligung ist nicht vorgesehen.

  Auch in Kommunen gibt es punktuelle Partizipation, mit dem Ziel, sich über die Meinungen und Einstellungen von Kindern zu informieren.

  Aufgrund der fehlenden Entscheidungsmöglichkeit der Kinder spricht man auch von „konsultativer [beratender] Beteiligung" (Jaun, 2001, S. 101). Zur punktuellen Partizipation gehören z. B.:
  - schriftliche Befragungen oder Interviews
  - das Aufstellen eines Wunsch- oder Meckerkastens
  - Zeichen- und Malaktionen
  - Ideenwände
  - Streifzüge mit Foto/Video
  - Kinder- und Jugendfragestunden im Gemeinderat
  - Kinder- und Jugendsprechstunde beim Bürgermeister

- **Offene Beteiligungsformen**

  Jedes Kind kann hier teilnehmen – sei es, weil es ein Anliegen hat oder weil es einfach dabei sein möchte. Die Beteiligungsform kann beratend sein, d. h., die Meinungen und Ideen der Kinder sind gefragt oder es wird den Kindern ein Recht auf Mitbestimmung eingeräumt. Die jeweils getroffenen Entscheidungen sind verbindlich und werden umgesetzt. Solche offenen Beteiligungsformen sind z. B.:
  - Kinder- und Jugendforum
  - Kinderversammlung
  - Kinderkonferenz
  - Kindersprechstunde
  - Kinderbüro als Anlaufstelle für eine Beteiligung von Kindern und Jugendlichen z. B. bei der Stadtplanung
  - Jugendhearing

- **Repräsentativ/parlamentarische Beteiligungsformen**

  Dies sind die an Kinder angepassten Formen der direkten Demokratie, in denen Kinder und Jugendliche selbst bestimmen und entscheiden können. Sie wählen ihre Vertreter aus ihrem Kreis. Entsprechende Formen sind z. B.:
  - Kinder- und Jugendparlamente auf kommunaler Ebene
  - Selbstverwaltung im Jugendzentrum, bei Stadtranderholungsmaßnahmen etc.
  - Kinder- und Jugendräte im Stadtteil, der Gemeinde oder in der Schule

- **Projektorientierte Beteiligungsformen**

  Im Sinne des Projektbegriffs sind bei dieser Beteiligungsform Thema, Teilnehmer und Durchführungszeit eingegrenzt. Häufig ist ein klares Ziel vorgegeben, z. B. die Entwicklung

des Programms eines Jugendhauses, einer Ferienfahrt, die Umgestaltung der Räume eines Jugendzentrums. Bei den projektorientierten Beteiligungsformen gehört es dazu, dass Kinder und Jugendliche ihre Entscheidungen selbst umsetzen, also z. B. die Räume entsprechend der eigenen Planung gestalten.

- **Medienorientierte Formen der Beteiligung**
Zum einen ist damit die Mitgestaltung von Radio- oder Fernsehprogrammen, Internetseiten oder Printmedien gemeint. Zum anderen werden damit aber auch Beteiligungsprozesse z. B. in Jugendhäusern bezeichnet, bei denen die Jugendlichen ihre Meinungen mit Medien wie Hauszeitungen, Flyern, Infowänden etc. veranschaulichen und auf diese Weise Öffentlichkeit erreichen (vgl. Sturzenhecker, 2009, S. 29).
Schließlich ist hier auch die sogenannte E-Partizipation zu nennen, bei der traditionelle Formen der Beteiligung durch die Möglichkeiten des Internets ergänzt werden.

Indirekte Partizipation

Neben diesen direkten Partizipationsformen gibt es auch eine indirekte Partizipation, bei der Erwachsene sich zum Anwalt von Kindern machen. Vor allem da, wo Kinder aufgrund ihres Entwicklungsstandes ihre Interessen noch nicht nachhaltig vertreten können, ist es wichtig, dass sie anwaltschaftlich vertreten werden.

Zu den indirekten Formen zählen insbesondere institutionalisierte Interessenvertretungen wie die Kinderbeauftragten in einer Kommune, die mit ihrer Tätigkeit darauf abzielen, Kinderinteressen in politische Entscheidungen einzubringen. Darüber hinaus haben sie für Planungsvorhaben und direkte Beteiligungsprojekte anregende und initiierende Funktionen.

In einigen Bundesländern und Kommunen gibt es Kinder- und Jugendkommissionen. Deren Aufgabe ist es unter anderem, Gesetzesvorlagen sowie landesrechtliche Vorschriften daraufhin zu überprüfen, ob und wie sich diese auf Kinder und Jugendliche auswirken, und gegebenenfalls Änderungsvorschläge zu machen.

Das Anwalt-Sein für Kinder ist ein wichtiger Aspekt des Berufsbilds der Erzieherin.

Sprachliche Kompetenzen als Voraussetzung für Partizipation

Als Erzieherin können Sie die für Beteiligungsprozesse wichtigen sprachlichen Fähigkeiten von Kindern und Jugendlichen fördern, indem Sie ihnen Raum geben, um ihre Vorstellungen zu entwickeln und mitzuteilen, ihre Interessen zu klären und gemeinsam in der Gruppe Entscheidungen zu treffen. Dadurch können Kinder und Jugendliche sich darin üben, ihre Interessen und Positionen zum Ausdruck zu bringen, auch mithilfe verschiedenster Medien. Durch die kontinuierliche Teilnahme an Partizipationsprozessen lernen Kinder und Jugendliche, sich immer besser zu artikulieren. Zu unterscheiden sind dabei die folgenden Fähigkeiten:

- **Sprachfähigkeit**
Kinder und Jugendliche müssen ihre Wünsche und Bedürfnisse, ihre Einschätzungen und Ideen verbalisieren können. Gemeinsame Lösungen auszuhandeln verlangt ein großes Maß an Sprachkompetenz. Migrantenkinder, die sich nicht ausreichend ausdrücken können, werden sich z. B. bei Fragen der Raumgestaltung auch nicht einbringen. Umso wichtiger ist es, dass Sie als Erzieherin Wege suchen, auch diese Kinder einzubeziehen, z. B. indem Sie schon früh versuchen, ihnen die jeweilige Fragestellung zu vermitteln und sie dann motivieren, ihre Einfälle dazu in Bildern auszudrücken.
- **Sprechfähigkeit**
Partizipationsprozesse vollziehen sich in der Regel in Gruppen, z. B. auf der Kinderkonferenz. Kinder müssen daher viel Selbstbewusstsein haben, um sich zu trauen, vor anderen und auch zu größeren Gruppen zu sprechen. Dies sollte von klein auf, d. h. sobald ein Kind sich sprachlich mitteilen kann, eingeübt werden und zwar so, dass Kinder allmählich lernen, sprachliche und sprecherische Mittel gezielt einzusetzen.
- **Gesprächsfähigkeit**
Gespräche haben das Ziel, sich wechselseitig über etwas zu verständigen. Dazu gehört die Fähigkeit, andere wahrzunehmen und deren Perspektive einzunehmen, zuzuhören, das Gehörte zu verstehen bzw. sich gegenseitig mitzuteilen, was verstanden wurde, sowie die eigenen Gedanken sprachlich auszudrücken und sich dabei auf andere zu beziehen.

Sie sollten sich als Erzieherin daher immer wieder bewusst machen, in welchem Ausmaß Sie hier für die Kinder Vorbild sind. Kinder beobachten genau, wie Sie Beiträge von anderen aufnehmen, ob Sie nachfragen, ob Sie Kinder auch bei längeren, vielleicht „holprigen" Beiträgen ausreden lassen.

- **Argumentationsfähigkeit**
  Wo es um Beteiligung an Entscheidungen geht, muss argumentiert werden. Dazu gehört auch zu lernen, sich aus gegenseitiger Achtung heraus auf Kompromisse einzulassen.

Gesprächsgrundregeln

„Gruppen von Äußerungen, die durch fragend-antwortendes Miteinandersprechen entstehen, heißen Gespräch" (Geißner, 1981, S. 37). Diese Definition macht deutlich, dass es in Gesprächen um Prozesse geht, in denen sich die Teilnehmenden wechselseitig aufeinander beziehen. Damit dies gelingen kann, ist das Einhalten von Grundregeln wichtig (zum Folgenden vgl. Geißner, 1982, S. 103):

- **Konzentriert zuhören**
  Voraussetzung dafür ist der Wille, den anderen zu verstehen. Dazu gehört auch, den Sprecher als Person wahrzunehmen (sprecherisch, mimisch, gestisch). Unterstützt seine Körpersprache das, was er gesagt hat? Ist mir als Zuhörer klar, was der Andere ausdrücken will? Hieraus ergeben sich wichtige Lernziele für die Gesprächsfähigkeit von Kindern.
  Diese Gesprächsregel erfordert, sich selbst zurückzunehmen, aber auch das Vertrauen darauf, sich mit dem Anderen verständigen zu können. Menschen, die in einem Gespräch keinen Endpunkt finden, reden u. a. auch deshalb immer weiter, weil sie unsicher sind, ob ihr Gesprächspartner sie verstanden hat.

- **Ausreden lassen**
  Jeder Gesprächsteilnehmer hat genauso viel Rederecht wie alle anderen. Daraus ergibt sich, dass jeder ausreden kann und die anderen ihm nicht ins Wort fallen. Das verlangt schon von Kindern, den eigenen Rededrang zu bremsen.

- **Nachfragen**
  Kinder erleben, dass sie nicht immer verstanden werden. Mit dieser Grundregel haben sie einen Rahmen, der es ihnen ermöglicht, genauer in Erfahrung zu bringen, was der andere gemeint hat. Das ermutigt Kinder, weil sie sich dadurch wechselseitig wertschätzen, und nimmt ihnen Angst, sich zu äußern – im Vertrauen auf einen Verständigungsprozess. Nachgefragt werden kann nach Sachen, nach Meinungen und nach Gefühlen.

- **Andere anreden und einbeziehen**
  Gespräche vollziehen sich als Prozess: Alle Teilnehmer haben Anteil am Gesprächsergebnis, das zu Beginn des Gespräches nicht bekannt sein kann. Dabei beziehen sich die Gesprächsbeiträge auf vorangegangene Äußerungen, weil die eigenen Einfälle von dem bestimmt werden, was vorher gesagt wurde. Diese Prozesshaftigkeit von Gesprächen kann jeder dadurch unterstützen, dass er andere nach ihrer Meinung fragt oder noch einmal aufgreift, was vorher gesagt wurde, sei es, um es zu unterstützen oder um Gegenargumente einzubringen. („Ich möchte nochmal aufgreifen, was Tanja gesagt hat. Wichtig daran fand ich ... Man könnte sogar noch weiter gehen, nämlich ...") Solche Beiträge helfen auch, die Zusammenhänge im Gesprächsverlauf deutlich zu machen.

- **Sich kurz fassen**
  Wer sich nicht kurz fasst, beschneidet die anderen in ihrer Möglichkeit, selbst zu Wort zu kommen.

Partizipative Gesprächsformen

Man kann zwischen zwei partizipativen Gesprächsformen unterscheiden:
- Klärungsgespräch
- Streitgespräch

Offene Gesprächsprozesse nennt man auch **Klärungsgespräche**. Sie werden deshalb als offen bezeichnet, weil man nicht ein bestimmtes Ergebnis im Sinne einer Entscheidung erreichen muss. Vielmehr geht es darum, eine Frage- bzw. Problemstellung aus den jeweils unterschiedlichen Perspektiven der Betroffenen zu betrachten. Klärungsgespräche sind daher in der Regel die erste Phase in einem Beteiligungsprozess, dem sich dann die zweite Phase der Entscheidungsfindung anschließt.

Im Gesprächsverlauf wird alles gesammelt, was mit dem Problem zu tun hat:
- Ursachen
- Einflüsse

- Zusammenhänge mit anderen Problemen
- Einstellungen und Gefühle der Betroffenen dazu
- Interessenlagen und Wünsche der Beteiligten
- Zielvorstellungen
- Motivation, das Problem zu verändern
- mögliche Lösungsvorschläge
- Untersuchung und Bewertung dieser Lösungsvorschläge

Für Kinder, besonders für Kindergartenkinder, sind solche Klärungsgespräche sehr wichtig. Sie können hier erfahren, dass es bedeutsam ist, die eigenen Gefühle, Bedürfnisse, Wünsche, aber auch eine von den anderen abweichende Meinung zu äußern. Im Klärungsgespräch darf alles gesagt werden, alles passt zum Thema. Sie lernen die Sichtweisen anderer kennen und fangen an, sich damit auseinanderzusetzen. Weil sie ihre eigenen Interessen entdecken und formulieren lernen und erleben, dass diese ernst genommen werden, fällt es ihnen leichter, auf die Bedürfnisse anderer Rücksicht zu nehmen (vgl. Bayerisches Staatsministerium für Arbeit und Sozialordnung, Familie und Frauen/Staatsinstitut für Frühpädagogik, 2010, S. 66).

Schon früh können die Kinder erleben, dass es entlastet, wenn nicht gleich Lösungen gefunden werden müssen und dass überhaupt erst, wenn möglichst viele Sichtweisen eingebracht wurden, in einem zweiten Schritt eine passende Lösung gefunden werden kann. Eine wichtige Erfahrung im Klärungsgespräch ist es auch, dass die Runde einfach auch schweigen kann, bevor sich ein nächstes Kind zu Wort meldet. Auch Schweigen kann produktiv sein!

Für Gesprächsrunden ist es wichtig, dass schon Klein- und Kleinstkindern die Bedeutung von Gesprächsregeln bewusst wird und sie diese einzuhalten üben. Deshalb braucht ein Gespräch mit ihnen mehr Moderation als ein Gespräch mit Jugendlichen oder Erwachsenen. Als Erzieherin sollten Sie die Kinder zum Sprechen motivieren. Dazu kann zunächst ein Stein, eine Kastanie, ein Wollknäuel etc. hilfreich sein: Wer den Stein in der Hand hält, spricht und die anderen hören zu. Allmählich können die Kinder lernen, dass sie sich mit einem kleinen Handzeichen zu Wort melden und sie dementsprechend in der Reihenfolge der Wortmeldung – wie bei jeder Gesprächsleitung üblich – zum Sprechen aufgefordert werden. Abweichungen davon sollten begründet werden („Jetzt wollen wir mal die Melanie hören, die hat heute noch gar nichts gesagt"). Die Erzieherin kann durch Nachfragen nach Begründungen („Sag uns mal, warum du das so meinst") oder nach Gefühlen und Einstellungen („Und hat dich das gestört?") die Kinder im Gesprächsprozess unterstützen. Für die Kinder ist es sehr wichtig, dass sie merken, dass die Erzieherinnen sie ernst nehmen und ihre Meinungen anerkennen.

Kinder sollten lernen, ihre Gespräche selbst zu leiten. Die einzelnen Aufgaben können Sie mit den Kindern oder Jugendlichen schrittweise einüben (vgl. dazu Kap. 4.2.2). Hilfreich ist es, wenn die Kinder an Ihnen die Aufgaben einer Gesprächsleitung zunächst modellhaft erleben können. Auch kleinere Kinder können z. B. im Morgenkreis allmählich selbst die Gesprächsleitung übernehmen. Sie können das Wort vergeben (bzw. auffordern, den Stein an das Kind, das sich gemeldet hat, weiterzugeben), Ergebnisse in einem Bild festhalten, vorschlagen, ein Thema noch einmal im nächsten Morgenkreis aufzugreifen etc. Als Erzieherin klären Sie mit den Kindern ab, welche Unterstützung und welche weiteren Hilfsmittel sie sich bei dieser Aufgabe noch wünschen.

Wenn Partizipation als „verbindliche Einflussnahme von Kindern und Jugendlichen auf Planungs- und Entscheidungsprozesse, von denen sie betroffen sind", beschrieben wird, dann müssen sie ihre inhaltlichen Vorstellungen zu den anstehenden Fragen nicht nur klären, sondern auch gemeinsam abstimmen und zu begründeten Entscheidungen finden. Den begründeten Meinungsstreit nennt man „**Streitgespräch**".

Geht der Gesprächsphase, in der man sich für eine Problemlösung entscheiden will, die Phase des Klärungsprozesses voraus, dann liegen am Ende dieser Phase nur noch zwei Lösungsvorschläge vor, die nun bewertet werden müssen – es sei denn, es wird bereits ein Lösungsvorschlag von allen als bester eingeschätzt. In diesem Fall erübrigt sich ein Meinungsstreit.

Weitere Vorschläge sollten vorher bereits nach genauer Prüfung und Bewertung am Ende der Klärungsphase ausgeschieden sein.

Jetzt geht es darum, dass die „Anhänger" des einen Lösungsvorschlags begründen, warum sie diesen für „besser" halten als den anderen, und die „Gegner" diese Meinung zu widerlegen versuchen bzw. Argumente für ihr Lösungsmodell anführen. Die unterschiedlichen Standpunkte müssen also so stichhaltig wie möglich begründet werden. Manchmal gelingt es, dass eine Gruppe die andere überzeugt, sodass ein Konsens möglich ist (alle können den Lösungsvorschlag als bestmöglichen akzeptieren).

Die Interessenlagen können aber auch so unterschiedlich sein, dass sich ein Konsens nicht abzeichnet. Dann ist es in der Regel wichtig, Kompromisse einzugehen und Lösungen zu finden, die auf einen Interessenausgleich abzielen. Dazu sehen die Anhänger jeder Position von der Verwirklichung eines Teils ihrer Interessen ab, sodass ein Kompromiss möglich wird. Dies kann aber nur gelingen, wenn die Lösungsvorschläge nicht vorschnell gefunden wurden, sondern Ergebnis eines offenen Klärungsprozesses waren. Jeder weiß dann, dass zurzeit eine befriedigendere Lösung wahrscheinlich nicht gefunden werden kann. Das macht es leichter, sich auf Kompromisse einzulassen.

Oder aber es gelingt im Laufe des Meinungsstreits, dass Gemeinsamkeiten und Zusammenhänge beider Vorschläge deutlich werden, sodass daraus etwas Neues entstehen kann (Synthese beider Vorschläge).

Bei solchen Gesprächsprozessen sollten Sie als sozialpädagogische Fachkraft vor allem bei größeren Kindern und Jugendlichen auf die expliziten und impliziten Gruppenprozesse achten und Koalitionen, Frontenbildungen und Ausgrenzungen steuern.

3.4.4 Das Konzept der Resilienz

Wenn ein Mensch die Fähigkeit hat, auch unter schwierigen Bedingungen sein Leben zu meistern, bezeichnet man dies als **Resilienz**. Kinder gelten dann als resilient, wenn sie in Krisensituationen auf persönliche und sozial vermittelte Ressourcen zurückgreifen können und sich auch unter belastenden Lebensbedingungen positiv entwickeln. Dabei umfasst Resilienz „nicht nur die Abwesenheit psychischer Störungen, sondern den Erwerb altersangemessener Fähigkeiten vor dem Hintergrund der normalen kindlichen Entwicklung, zum Beispiel Bewältigung altersrelevanter Entwicklungsaufgaben trotz aversiver Umstände" (Petermann u. a., 2004, S. 344). Der Begriff Resilienz geht auf das lateinische Wort „resilire" (wörtlich: „zurückspringen", „abprallen") zurück und kann mit **Widerstandsfähigkeit** übersetzt werden.

Resilienz
„Resilienz bezeichnet die psychische Widerstandskraft von Kindern gegenüber biologischen, psychologischen und psychosozialen Entwicklungsrisiken" (Wustmann, 2004, S. 18).

Rönnau-Böse und Fröhlich-Gildhoff (vgl. 2010, S. 13) stellen drei Merkmale für Resilienz heraus:
- Resilienz ist eine variable Größe, also nicht stabil und voraussehbar.
- Resilienz ist situationsspezifisch und multidimensional, also nicht auf alle Lebensbereiche übertragbar, sondern von Situation zu Situation verschieden und von unterschiedlichen Faktoren abhängig, z. B. Alter und Geschlecht.
- Resilienz entwickelt sich in einem dynamischen Anpassungs- und Entwicklungsprozess, ist also mit Lernerfahrungen verbunden, die sich auf die weitere Entwicklung des Kindes positiv auswirken.

Demnach handelt es sich nicht um eine angeborene Kompetenz oder ein Persönlichkeitsmerkmal, sondern Resilienz „wird im Verlauf der Entwicklung im Kontext der Kind-Umwelt-Interaktion erworben" (Wustmann, 2004, S. 28).

Ich schaff das schon (Liedtext)
Als Meike knapp ein Jahr alt war, da konnte sie längst stehn.
Sie übte unermüdlich, an der Wand entlang zu gehn.
Drei Schritte hat sie leicht geschafft und fast den vierten auch,
doch sie entschied sich lieber für 'ne Landung auf dem Bauch.
Sie sah sich um und hat gelacht
und hat vielleicht zum ersten Mal gedacht:

„Ich schaff das schon, ich schaff das schon,
ich schaff das ganz alleine.
Ich komm bestimmt, ich komm bestimmt
auch wieder auf die Beine.
Ich brauch dazu, ich brauch dazu

*vielleicht 'ne Menge Kraft,
doch ich hab immerhin
schon ganz was anderes geschafft."*

*Als Meike in der Schule war, da ging's ihr ziemlich gut.
Nur wenn sie im Sport am Barren stand, verlor sie fast den Mut,
besonders, wenn die Klasse sah, wie sie sich dabei quält.
Am liebsten wär sie abgehaun, und viel hat nicht gefehlt.
Doch sie stand da und hat gedacht:
„Da muss ich durch, das wäre doch gelacht!*

Ich schaff das schon ..."

*Als Meike 17 Jahre war, war sie total verliebt.
Sie glaubte, dass es nur noch rosa Wolken für sie gibt.
Doch dann, von heut auf morgen, stürzte ihre Traumwelt ein.
Sie war total am Boden, und sie fühlte sich so klein.
Doch sie stand auf und hat gedacht:
„Ich bin wohl jetzt erst richtig aufgewacht.*

Ich schaff das schon ..."

*Die Zeit ging schnell vorüber, Meike hat heut selbst ein Kind.
Die Wohnung ist nicht groß, in der die zwei zu Hause sind,
und doch hat jeder Winkel hier sein eigenes Gesicht.
So kuschelig und friedlich haben's viele Kinder nicht.
Und Meike denkt in mancher Nacht
an das, was sie als Kind so oft gedacht.*

Na, na, na, na ...

„Denn ich hab immerhin schon ganz was anderes geschafft!"
(MUSIK FÜR DICH Rolf Zuckowski OHG (Sikorski Musikverlage), Hamburg)

Bereits mit der Geburt beginnen Kinder, ihre Umwelt zu erfassen, Eindrücke zu sammeln und zu lernen – im positiven wie im negativen Sinne (vgl. Schäfer, 2007). Besonders in den ersten Lebensjahren sind sie extrem aufnahmefähig und das, was sie lernen, erfahren, erleben, wirkt sich auf ihre **Persönlichkeitsentwicklung** aus. Sie werden mit Herausforderungen des Lebens konfrontiert, die sie im besten Fall konstruktiv bewältigen und an denen sie reifen können. Die Aufgabe der erwachsenen Bezugspersonen, also auch der sozialpädagogischen Fachkräfte, besteht darin, zur Resilienzentwicklung der Kinder beizutragen, damit sie diesen Herausforderungen gewachsen sind und sich zu widerstandsfähigen, gesunden Erwachsenen entwickeln können. In 10 von 16 Bildungsplänen der verschiedenen Bundesländer wird die Förderung der Resilienz benannt, zwei weitere Länder beschreiben Resilienz als personale Fähigkeit in den Bildungszielen. Rheinland-Pfalz, Mecklenburg-Vorpommern, Schleswig-Holstein, Saarland, Thüringen, Hamburg und Berlin nehmen das Thema Resilienz als Querschnittsaufgabe auf, Bayern und Hessen formulieren Resilienz als Basiskompetenz von Kindern und beschreiben, wie sie gefördert werden kann.

Die Resilienzforschung

Mit der Resilienzforschung in den 1970er Jahren stand erstmals im wissenschaftlichen Fokus, was Kinder innerlich stark macht. Man untersuchte, warum Menschen sich zu gesunden und psychisch widerstandsfähigen Persönlichkeiten entwickelten, obwohl sie in sogenannten Risikofamilien (sozial und materiell benachteiligt) lebten und aufwuchsen. Damit wurde ein Perspektivwandel vom defizitorientierten Blick hin zum Blick auf die Schutzfaktoren und Stärken von Kindern vollzogen (vgl. Rönnau-Böse/Fröhlich-Gildhoff, 2010, S. 13). Eine ähnlich ressourcenorientierte Perspektive nahm der Medizinsoziologe Aaron Antonovsky (1923–1994) ein, als er der Frage nachging, was Menschen trotz außerordentlicher Belastungen gesund bleiben lässt (vgl. Petermann u. a., 2004, S. 322). Er beschäftigte sich mit den Bedingungen, die den Menschen gesund erhalten bzw. die Gesundheitsentwicklung unterstützen, und entwickelte das Modell der Salutogenese.

Die Resilienzforschung lässt sich in drei Phasen einteilen (vgl. Rönnau-Böse/Fröhlich-Gildhoff, 2010, S. 13):
1. Grundlagenforschung
2. Untersuchung der Prozesse und Wirkmechanismen
3. Entwicklung von Präventions- und Resilienzförderprogrammen

Das Ziel der Resilienzforschung besteht darin, herauszufinden, wie Kinder frühestmöglich für Stress- und Belastungssituationen gestärkt werden können. Die bekannteste Studie führte die Entwicklungspsychologin Emmy Werner durch. Sie dokumentierte über 40 Jahre lang die Entwicklung von Kindern auf der Hawaii-Insel Kauai. Die danach benannte Kauai-Studie zeigte, dass Kinder, die biologischen, medizinischen und sozialen Risikofaktoren ausgesetzt sind, sich im Durchschnitt negativer entwickeln als Kinder, die solchen Risikofaktoren nicht ausgesetzt sind. Das meistbeachtete Ergebnis von Werners Forschung jedoch war, dass sich ungefähr ein Drittel der von zahlreichen Risikofaktoren betroffenen Kinder trotzdem positiv entwickelten. Diese Kinder können als resilient bezeichnet werden.

„Kennzeichen resilienter Kinder in der Kauai-Längsschnittstudie
In der Kauai-Längsschnittstudie (Werner 1993) wurde der Lebensweg von 72 resilienten Kindern aus einer Hoch-Risiko-Gruppe über 35 Jahre hin verfolgt. Dabei konnte festgestellt werden, dass diese Kinder außerhalb der Familie emotionale Unterstützung suchten und fanden. Die Teilnahme an außerschulischen Aktivitäten (CVJM, Kirchengemeinde) spielte eine große Rolle und stärkte in den Kindern das Vertrauen, dass ihr Leben einen Sinn hatte und sie ihr Schicksal kontrollieren konnten. Bei Mädchen förderten die mütterliche Berufstätigkeit und die Notwendigkeit, auf Geschwister aufzupassen, die Autonomie und das Verantwortungsgefühl. Resiliente Jungen waren eher Erstgeborene, die die elterliche Aufmerksamkeit nicht teilen mussten. Bei ihnen gab es Väter oder andere Männer in der Familie, die als Rollenvorbild fungieren konnten.

Darüber hinaus konnten in verschiedenen Lebensabschnitten unterschiedliche Resilienzfaktoren festgestellt werden:

Im Säuglingsalter:
Positive Aufmerksamkeit von Familienmitgliedern und von Fremden, die Kinder zeigten weniger negatives Ess- und Schlafverhalten und bewirkten dadurch bei ihren Eltern weniger Disstress.

Im Krabbelalter:
Autonomie, Suche nach neuen Erfahrungen, positive soziale Orientierung, größere Fortschritte in der Kommunikation, Lokomotion und Selbsthilfefertigkeiten.

Grundschulalter:
Die Kinder kamen gut mit Mitschülern aus, verfügten über ein besseres Sprach- und Lesevermögen als die übrigen Kinder mit erhöhtem Entwicklungsrisiko. Obwohl nicht außergewöhnlich begabt, nutzten sie ihre gegebenen Fertigkeiten effektiv, verfügten über viele Interessen und zeigten Aktivität und Hobbys.

In der höheren Schule:
Entwicklung eines positiven Selbstkonzeptes und internaler Kontrollüberzeugungen; die resilienten Mädchen waren selbstsicherer und unabhängiger als die anderen Mädchen mit erhöhtem Risiko."
(Petermann u. a. 2004, S. 83)

Die Forschungsergebnisse bewirkten einen Paradigmenwechsel und es entwickelte sich eine salutogenetische Sichtweise. Im Mittelpunkt der Resilienzforschung stehen seitdem die Ressourcen des einzelnen Menschen und seine Schutzfaktoren (vgl. Zentrum für Kinder- und Jugendforschung, 2012).

Emmy Werner (1929)*
Emmy Werner ist eine US-amerikanische Entwicklungspsychologin. Sie überlebte als Kind die Bombennächte in Mainz, wanderte mit den Eltern in die USA aus und entwickelte sich dort zu einer angesehenen Wissenschaftlerin – sie kann also selbst als in hohem Maße resilient bezeichnet werden. Internationale Bekanntheit erlangte Werner für ihre Längsschnittstudie an 698 Kindern auf der Hawaii-Insel Kauai. Die Studie zeigte, dass sich ca. ein Drittel der Kinder, die vermehrten Risikofaktoren ausgesetzt sind, sich dennoch positiv entwickelten und somit als resilient bezeichnet werden können.

Die Risiko- und Schutzfaktoren

Eine wichtige Aufgabe sozialpädagogischer Fachkräfte besteht darin, Kinder und Jugendliche zu beobachten, Veränderungen in ihrem Verhalten festzustellen und besonders darauf zu achten, wie sie in Krisensituationen reagieren. Dazu zählen auch solche Situationen, die normaler Bestandteil der Entwicklung jedes Kindes sind: Vor allem in Phasen von Transitionen (Übergängen, z. B. beim Kindergarteneintritt) zeigen Kinder und Jugendliche häufig eine höhere Vulnerabilität (Verletzlichkeit). Folgende Übergänge sind für Kinder und Jugendliche bedeutsam:
- Eintritt in den Kindergarten
- Übergang vom Kindergarten in die Schule
- Eintritt in die Pubertät
- Schulwechsel

An diesen Entwicklungsübergängen lösen sich bestehende Strukturen teilweise auf und werden durch neue ersetzt. Langjährige Beziehungen verändern sich oder zerbrechen. Auf Kinder und Jugendliche kommt eine Vielzahl an Entwicklungsanforderungen zu, die sie bewältigen müssen. Gelingt die Bewältigung der Anforderung, geht das Kind oder der Jugendliche gestärkt aus der „Krise" hervor. Wird die Situation aber nicht als Herausforderung, sondern als Überforderung empfunden, ist ein erhöhtes Risiko für die Entwicklung einer psychischen Störung gegeben (vgl. Petermann u. a., 2004, S. 326).

Neben den Phasen der Transitionen kann es im persönlichen Umfeld des Kindes zahlreiche weitere Risikofaktoren geben. Wie jeder Einzelne jeweils darauf reagiert, ist nur schwer vorauszusehen und hängt von zahlreichen Bedingungen ab. Folgende Faktoren sind besonders bedeutsam (vgl. Petermann u. a., 2004, S. 6):
- **Anzahl der Risikofaktoren:** Je höher die Anzahl der Risikofaktoren, desto wahrscheinlicher ist eine fehlangepasste Entwicklung.
- **zeitliche Dauer der Risikofaktoren:** Je länger ein Risikofaktor wirken kann, desto höher ist das Risiko einer Beeinträchtigung.
- **Eintreten des Risikofaktors:** Je früher ein Risikofaktor wirkt, desto höher ist das Risiko, keine Widerstandskraft aufbauen zu können.
- **individuelle Wahrnehmung und Bewertung der Risikofaktoren:** Je nachdem, wie belastend ein Kind oder Jugendlicher eine Situation erlebte, wird der Risikofaktor verstärkt oder abgeschwächt.

In der Resilienzforschung ist neben der Ermittlung von Risikofaktoren besonders bedeutsam, welche Faktoren schützend bzw. risikomildernd wirken und somit eine gesunde kindliche Entwicklung unterstützen. Solche Faktoren erhöhen die Widerstandskraft von Kindern und Jugendlichen gegenüber Belastungen und ermöglichen die Bewältigung von Krisensituationen.

Wustmann (vgl. 2004, S. 44) unterteilt diese Schutzfaktoren in personale, familiäre und soziale Ressourcen:

Personale Ressourcen:
- positives Temperament des erstgeborenen Kindes
- kognitive Fähigkeiten
- positive Selbstwahrnehmung
- Selbstwirksamkeitserwartungen
- soziale Kompetenzen
- aktive Bewältigungsstrategien
- Kreativität und Phantasie

Familiäre Ressourcen:
- stabile Bindung zu mindestens einer Bezugsperson
- emotional warmes, aber auch klar strukturiertes Erziehungsverhalten
- positive Beziehung zu Geschwistern
- Merkmale der Eltern

Soziale Ressourcen:
- soziale Unterstürzung
- Qualität der Bildungsinstitution
- soziale Modelle

Kinder können durch die konstruktive Bewältigung von altersspezifischen Entwicklungsaufgaben Resilienzfaktoren entwickeln. Diese gehören zu den personalen Schutzfaktoren und unterstützen sie bei der Bewältigung schwieriger Lebensumstände. Rönnau-Böse und Fröhlich-Gildhoff (vgl. 2009, S. 41) fassen folgende übergeordnete Resilienzfaktoren aus verschiedenen Resilienzstudien zusammen:
- Selbst- und Fremdwahrnehmung
- Selbststeuerung
- Selbstwirksamkeit
- soziale Kompetenz

- Umgang mit Stress
- Problemlösen

Die genannten Resilienzfaktoren können nicht losgelöst voneinander betrachtet werden, sondern stehen in einem engen Zusammenhang. Beispielsweise ist „die Fähigkeit zur Selbst- und Fremdwahrnehmung ebenso wie eine gute Selbststeuerungsfähigkeit eine Voraussetzung zum Aufbau sozialer Kompetenzen […]. Eine getrennte Betrachtung ist aus analytischen Gründen sinnvoll, wird aber der Komplexität des Seelenlebens nur ansatzweise gerecht" (Rönnau-Böse/Fröhlich-Gildhoff, 2009, S. 41).

Über die gesamte Lebensspanne müssen Menschen Krisen bewältigen und mit Belastungen umgehen. Dies bedeutet, dass die Resilienzentwicklung auch für den erwachsenen Menschen eine immer wieder neu zu bewältigende, lebenslange Aufgabe ist. Auch im Erwachsenenalter können Resilienzfaktoren gestärkt werden.

Rönnau-Böse und Fröhlich-Gildhoff sehen eine Aufgabe von sozialpädagogischen Einrichtungen darin, auch die Resilienz der Eltern durch spezielle Elternkurse zu stärken, in denen ihnen ihre bereits vorhandene Erziehungskompetenz verdeutlicht und zusätzliches Wissen vermittelt wird. Durch die Stärkung der eigenen Resilienzfaktoren werden Eltern gleichzeitig für die Resilienzentwicklung ihrer Kinder sensibilisiert (vgl. Kap. 4.6.2).

Voraussetzungen für resilienzförderndes Verhalten sozialpädagogischer Fachkräfte

Die Resilienzforschung hat gezeigt, welche Schutz- und Resilienzfaktoren entscheidend zur Entwicklung einer widerstandsfähigen, resilienten Persönlichkeit beitragen. Doch welche Voraussetzungen müssen sozialpädagogische Einrichtungen und die dort tätigen Fachkräfte erfüllen, damit die ihnen anvertrauten Kinder und Jugendlichen diese Widerstandskraft entwickeln können? Eine Grundvoraussetzung besteht darin, dass sich die sozialpädagogische Fachkraft bereits während der Ausbildung damit auseinandersetzt, wie sie selber in ihrem bisherigen Leben mit Belastungen und Herausforderungen umgegangen ist. Anhand dieser **Selbstreflektion** kann sie ihre Grundhaltung überprüfen und ein eigenes Risiko-/Schutz-/Resilienzfaktorenprofil erstellen. Auf dieser Grundlage wird der angehenden sozialpädagogischen Fachkraft ein gezieltes Selbstcoaching ermöglicht.

Es erscheint durchaus sinnvoll, diesen Prozess in die Erzieherausbildung an den Fachschulen und Fachakademien für Sozialpädagogik zu implementieren und die persönlichen Kompetenzen angehender sozialpädagogischer Fachkräfte zu trainieren, beispielsweise in Form des Unterrichtsfaches **„Empowerment"**. Durch ein solches Fach könnte die Lebenskompetenz, Empathiefähigkeit, Lebensfreude und Persönlichkeitsentwicklung gefördert werden. Der Unterricht sollte auf dem Prinzip der Selbsterfahrung basieren, sodass die angehenden sozialpädagogischen Fachkräfte Selbstvertrauen entwickeln, ihre Emotionen wahrnehmen und ihre Ressourcen erkennen können (vgl. Schubert, 2009, S. 63). Dies sind wichtige Voraussetzungen für den Umgang mit Kindern und Jugendlichen bzw. für eine resilienzfördernde Grundhaltung.

Sind die sozialpädagogischen Fachkräfte nach ihrer Ausbildung in den unterschiedlichen Praxisfeldern tätig, ist es erforderlich, sich als Team über das **Leitbild** einer resilienzförderlichen Einrichtung Gedanken zu machen und dies auch als Ziel in der Konzeption zu formulieren und zu verankern. Dieser Prozess der Organisationsentwicklung sollte möglichst von allen Teammitgliedern mitgetragen und weiterentwickelt werden (vgl. Rönnau-Böse/Fröhlich-Gildhoff, 2010, S. 35). Die Beteiligung der sozialpädagogischen Fachkräfte führt zu einer höheren Zufriedenheit der Mitarbeiter, was sich wiederum positiv auf die Resilienz des Einzelnen im Team und auf die Teambildung auswirkt. Zudem ist es sinnvoll, in die Leitbildentwicklung nach Möglichkeit auch Träger und Eltern zu involvieren – in der stationären Jugendhilfe ist die Einbindung der Eltern allerdings nicht immer möglich. Eine fortwährende Reflexion im Team und gegenseitige Beratung ist in diesem Prozess erforderlich, da viele den Alltag beeinflussende Faktoren wie Personalmangel durch hohen Krankenstand oder zu wenig Zeit für die pädagogische Arbeit den Prozess behindern können.

Ein Team, das für sich das Leitbild einer resilienzfördernden Institution formuliert hat, kann auch Kinder und Eltern gezielt in der Entwicklung der Resilienz unterstützen.

Förderung der Resilienz

Für eine gute Resilienzentwicklung ist es wichtig, dass die Kinder und Jugendlichen eine bedeutende und vertrauensvolle Beziehung zu einem Menschen aufbauen. Solche engen und verbindlichen Bezugspersonen sind im Idealfall die Eltern, in vielen Fällen können aber auch Verwandte, Großeltern, Lehrerinnen und auch Erzieherinnen eine von Wertschätzung, Respekt und Vertrauen geprägte Beziehung zu den Kindern und Jugendlichen herstellen (vgl. Rönnau-Böse/Fröhlich-Gildhoff, 2010, S. 21).

Durch eine solche Beziehung wird ein grundlegender und entscheidender Schutzfaktor entwickelt: Kinder und Jugendliche, die die Erfahrung machen, dass sich jemand für sie interessiert, ihnen Dinge zutraut und sie unterstützt, entwickeln eine positive Selbstwahrnehmung und ihre Selbstwirksamkeit wächst. Zudem können die Kinder und Jugendlichen durch das Beobachten des konstruktiven Bewältigungsverhaltens in Konflikten und des prosozialen Verhaltens der sozialpädagogischen Fachkraft eigene Verhaltensweisen lernen.

Diese bedeutsame, resilienzfördernde Grundhaltung sollte sozialpädagogischen Fachkräften als personale Kompetenz bewusst sein. Sie ist die Basis einer jeden Resilienzförderung, unabhängig davon, mit wem die Fachkraft arbeitet: ob mit Kindern und Jugendlichen, die vergleichsweise unbelastet sind, oder mit solchen, die eine Behinderung haben, verhaltensauffällig oder sozial benachteiligt sind oder aus unterschiedlichen Kulturen stammen. Gleiches gilt für die Arbeit mit überforderten Eltern.

Es reicht also nicht aus, einige Wochen lang resilienzfördernde Projekte und Programme in den Einrichtungen durchzuführen. Diese können die Resilienzentwicklung zwar sinnvoll ergänzen, die Grundhaltung der pädagogischen Fachkraft aber nicht ersetzen.

Brooks und Goldstein zufolge (vgl. 2007, S. 27) sollten sozialpädagogische Fachkräfte

- Empathie entgegenbringen, indem sie die Sichtweise von Kindern und Jugendlichen zu verstehen versuchen und ernst nehmen,
- aktiv zuhören und effektiv mit Kindern und Jugendlichen kommunizieren,
- Achtsamkeit vermitteln,
- erkennen, wenn pädagogische Maßnahmen erfolglos sind, und Handlungsalternativen einsetzen,
- Kinder und Jugendliche mit all ihren Eigenschaften akzeptieren und respektieren und sie so annehmen, wie sie sind,
- Erfolgserfahrungen angemessen und situationsorientiert bestärken,
- Fehler als Lernchance und Möglichkeit der Weiterentwicklung sehen,
- Verantwortung übertragen mit dem Ziel, Selbstständigkeit zu entwickeln, sodass Kinder und Jugendliche das Gefühl entwickeln, das Leben „im Griff zu haben",
- Partizipation leben sowie
- Regeln aufstellen und deren Einhaltung überprüfen. Daraus entwickeln sich Selbstkontrolle und ein Selbstwertgefühl.

Programme zur Präventions- und Resilienzförderung

Konzepte, die mulitmodal arbeiten, zeigen die nachhaltigsten Effekte. Eltern und Bezugspersonen werden in optimaler Weise miteinbezogen. Personale und soziale Schutzfaktoren werden gezielt durch die Resilienzförderung gestärkt. Die Lebenswelt der Kinder und Jugendlichen muss kontinuierlich in den Prozess einbezogen werden. Drei wissenschaftlich fundierte Programme für das Vorschulalter, deren Effektivität nachgewiesen wurde, werden zurzeit in deutschen Einrichtungen durchgeführt (vgl. Rönnau-Böse/Fröhlich-Gildhoff, 2010, S. 48 ff.):

- „Papilio" zur Förderung sozial-emotionaler Kompetenzen (vgl. www.papilio.de)
- EFFEKT® Entwicklungsförderung in Familien: Eltern-Kindertraining zur Verbesserung der

Problemlösefertigkeiten und Kompetenzen (vgl. www.effekt-training.de)
- Kinder stärken – multimodales Resilienzprogramm (vgl. www.kinderstaerken-ev.de)

Zudem ist in den Grundsätzen zur Bildungsförderung für Kinder von 0–10 Jahren in Kindertageseinrichtungen und Schulen im Primarbereich in NRW im zweiten Bildungsbereich „Körper, Gesundheit und Ernährung" klar formuliert, dass das körperliche und seelische Wohlbefinden eine grundlegende Voraussetzung für die Entwicklung und Bildung und ein Grundrecht von Kindern ist (vgl. Ministerium für Schule und Weiterbildung des Landes Nordrhein-Westfalen/Ministerium für Familie, Kinder, Jugend, Kultur und Sport des Landes Nordrhein-Westfalen, 2011).

Fördermöglichkeiten der Resilienz in diesem Rahmen bieten
- Achtsamkeitstraining durch Meditation und Sinneswahrnehmung,
- Spiel und Spielräume zur Sinneswahrnehmung und -anregung,
- Gespräche, Bücher, Geschichten zu Gefühlen,
- Strategien zum Selbstmanagement und zur Selbstregulation,
- Rituale, die Sicherheit geben,
- Glückstagebuch oder Stärkenbuch,
- Bildungs- und Lerngeschichten,
- Kinderkonferenzen,
- Rollenspiele,
- Kooperationsspiele,
- Bewegungsspiele etc.

Der sozialpädagogischen Fachkraft sind keine Grenzen gesetzt, die passenden Aktivitäten für die jeweilige Zielgruppe, das einzelne Kind oder den einzelnen Jugendlichen zu entwickeln.

Netzwerke

Die Einrichtung von Familienzentren ist bereits ein guter Schritt in Richtung Entwicklung von Netzwerken. Vernetzung und Kooperation unterschiedlicher Institutionen im Sozialraum sollten immer selbstverständlicher werden. Auch die Zusammenarbeit von Schule und Tageseinrichtung für Kinder ist gesetzlich festgelegt (vgl. SGB VIII § 22a).

Im Interesse einer guten Resilienzentwicklung für Kinder und Jugendliche müssen sich die Institutionen öffnen und gemeinsame Konzepte entwickeln.

3.4.5 Koedukation und Chancengleichheit

Die Förderung der Chancengleichheit von Jungen und Mädchen bzw. Männern und Frauen und die Beseitigung von Benachteiligungen gehören zu den herausragenden Querschnittsaufgaben sozialpädagogischer und pädagogischer Institutionen. Diese Aufgabe findet ihre rechtliche Fundierung in Artikel 3, Absatz 1 und 2 des Grundgesetzes der Bundesrepublik Deutschland:

(1) Alle Menschen sind vor dem Gesetz gleich.
(2) Männer und Frauen sind gleichberechtigt. Der Staat fördert die tatsächliche Durchsetzung der Gleichberechtigung von Frauen und Männern und wirkt auf die Beseitigung bestehender Nachteile hin.

Wie diese Chancengleichheit am besten zu erzielen ist, darüber wird seit Jahrzehnten in Gesellschaft, Wissenschaft und Politik intensiv diskutiert. In den meisten Fällen bezieht sich diese Diskussion allerdings auf Schule und Arbeitswelt – und erst seit wenigen Jahren auch auf den Elementarbereich. Das ist auch unbedingt notwendig, denn die Frage nach Chancengleichheit

ist eng verknüpft mit der Frage, wie Jungen und Mädchen ihre Identität entwickeln und ob sie besser gemeinsam oder getrennt unterrichtet bzw. gefördert werden sollten. Die Berücksichtigung der Forschungsergebnisse zur Geschlechtsentwicklung kann zu einer professionellen Haltung führen und einer häufig ideologisch geführten Debatte vorbeugen.

Geschlechtsentwicklung/-identität als Grundlage der Koedukation

Wie sich ein Mensch in Bezug auf sein Geschlecht entwickelt und definiert, beruht auf biologischen, psychologischen und sozialen Faktoren. In diesem Zusammenhang unterscheidet man zwischen **Sex** und **Gender**.

Sex
ist der englische Fachbegriff für das biologische Geschlecht. Ob ein Kind als Mädchen oder Junge geboren wird, hängt von seinen genetischen Anlagen ab.

Was es aber bedeutet, als Mädchen oder Junge aufzuwachsen, wird maßgeblich durch die Gesellschaft und Kultur bestimmt, in der das Kind aufwächst. In diesem Zusammenhang spricht man auch von **sozialer Konstruktion** des Geschlechts. Dies bedeutet, dass sich in einer Gesellschaft bestimmte Vorstellungen und Ideen entwickelt haben, wie Jungen und Mädchen bzw. Männer und Frauen zu sein haben und sich verhalten sollten, welche Eigenschaften und Fähigkeiten ihnen zu- oder abgeschrieben werden.

Gender
ist der englische Fachbegriff für das „soziale Geschlecht" eines Menschen, also seine Identifikation mit dem biologischen Geschlecht im Kontext einer sozialen Gruppe.

Um sich mit seinem sozialen Geschlecht, seiner Rolle als Frau oder Mann, zu identifizieren, muss zunächst eine Auseinandersetzung mit dem biologischen Geschlecht stattfinden.

Ansätze, die sich mit der Geschlechterentwicklung beschäftigen, können folgendermaßen unterschieden werden:

grundsätzliche Forschungsansätze	Beispiele für Theorien
biologische Einflüsse	evolutionstheoretische Ansätze
	neurowissenschaftliche Ansätze
kognitive/motivationale Einflüsse	kognitive Entwicklungstheorien
	Geschlechterschemata (Begriffe, Überzeugungen, Erinnerungen)
	soziale Identität
kulturelle Einflüsse	systemtheoretische Ansätze
	rollentheoretische Ansätze

(vgl. Siegler u. a., 2011, Kap. 15)

Den sozialen Aneignungsprozess der Geschlechtsidentität durch Interaktion und Kommunikation bezeichnet man mit dem englischen Begriff **Doing Gender** (vgl. Hubrig, 2010).

Für sozialpädagogische Fachkräfte ist es natürlich von entscheidender Bedeutung zu wissen, wie viel Einfluss sie durch ihre Tätigkeit tatsächlich auf die Geschlechtsentwicklung nehmen können und ob biologische oder soziale und kulturelle Einflüsse überwiegen. Über diese Zusammenhänge wurde bereits viel und kontrovers – oft auch ideologisch – diskutiert. Heute weiß man, dass sowohl biologische als auch soziale Faktoren einen Einfluss haben, wobei je nach theoretischem Ansatz diese Einflüsse unterschiedlich gewichtet werden. Hobmair geht von einer größeren Bedeutung der sozialen Faktoren aus:

„Es gibt eine Reihe von Belegen dafür, dass die Übernahme von Geschlechterrollen im Laufe der Zeit erlernt wird: Das Kind erwirbt sein geschlechtstypisches Verhalten als Mann oder Frau durch

Nachahmung (Lernen am Modell) und durch Verstärkung seitens anderer Personen. Untersuchungen haben gezeigt, dass sich Eltern in ihrer Erziehung nicht geschlechtsneutral verhalten, sie leben geschlechtstypisches Verhalten vor und verstärken typisch weibliches und typisch männliches Verhalten ihrer Kinder. Bei vielen Eltern und Erziehern zeigen sich Vorlieben für typisch männliches Spielzeug, typisch männliche oder weibliche Kleidung und eine Einteilung der Umwelt in männlich oder weiblich."
(Hobmair, Psychologie, 2008, S. 317)

In diesem Zusammenhang ist es wichtig, zwischen **geschlechtsspezifischen** und **geschlechtstypischen Merkmalen** zu unterscheiden.
Geschlechtsspezifisch sind solche Merkmale, die exklusiv in Abhängigkeit vom jeweiligen biologischen Geschlecht vorkommen. Gemeint sind also die biologischen Merkmale des Geschlechts, beispielsweise die primären und sekundären Geschlechtsmerkmale bei Männern und Frauen.
Als **geschlechtstypisch** werden Merkmale bezeichnet, die nicht ausschließlich, aber weitaus häufiger bei einem der beiden Geschlechter vorkommen. Die meisten psychologischen Merkmale sind geschlechtstypisch und nicht geschlechtsspezifisch. Allerdings weiß man heute, dass es eine enge Wechselwirkung gibt zwischen unseren durch die Gene definierten biologischen (geschlechtsspezifischen) Merkmalen und Umwelteinflüssen. Dieses Feld wird durch den aktuellen Wissenschaftsbereich der Epigenetik erforscht.

Im gesellschaftlichen Alltag werden geschlechtstypische Merkmale jedoch häufig als geschlechtsspezifisch missverstanden, was gängige Stereotype verstärkt. Deshalb muss diese Problematik – auch in der breiten Öffentlichkeit – immer wieder bewusst gemacht werden, damit entsprechende Rollenzuschreibungen vermieden und kritisch aufgearbeitet werden können. So wird beispielsweise immer wieder behauptet, dass Frauen eine höhere soziale Kompetenz hätten, während Männer besser in der Lage seien, rationale Entscheidungen zu treffen. Diese Vorstellungen haben gesellschaftliche Auswirkungen: So gibt es zum Beispiel weitaus mehr Frauen in sozialpflegerischen Berufen als Männer und umgekehrt mehr Männer in technischen Berufen. Indem in sozialpädagogischen Einrichtungen überwiegend

Stereotype verstärken sich häufig selbst, indem sie das bestätigen, was man glaubt.

biologische Einflussfaktoren	soziale Einflussfaktoren	psychologische Einflussfaktoren
• Gene • Geschlechtshormone • Gehirnlateralisation • Reifungsgeschwindigkeit Verhaltensgenetische Studien belegen einen Einfluss auf geschlechtstypische Präferenzen.	• Kanalisierung des Verhaltens durch Eltern, z. B. durch den geschlechtstypischen Kauf von Spielzeug und Kleidung • Unterschiedliche Behandlung von Mädchen und Jungen, z. B. durch geschlechtstypische Bekräftigungen („Jungen weinen nicht!") Untersuchungen zeigen, dass die Vorstellungen der Eltern von den Kindern übernommen werden. Allerdings haben auch die Peers einen großen Einfluss.	Kinder konstruieren aktiv ihre Vorstellungen über die Geschlechter. Dabei nutzen sie soziale Hinweisreize. Die allgemeine Entwicklung des Denkens (kognitive Entwicklung) hat dabei einen großen Einfluss. Dies hängt vermutlich damit zusammen, dass Kinder zunehmend auch Unterschiede zwischen einzelnen Personen wahrnehmen können.

Einflussfaktoren auf die Entwicklung der Geschlechtsidentität (vgl. Pinquart u. a., 2011, S. 280 ff.).

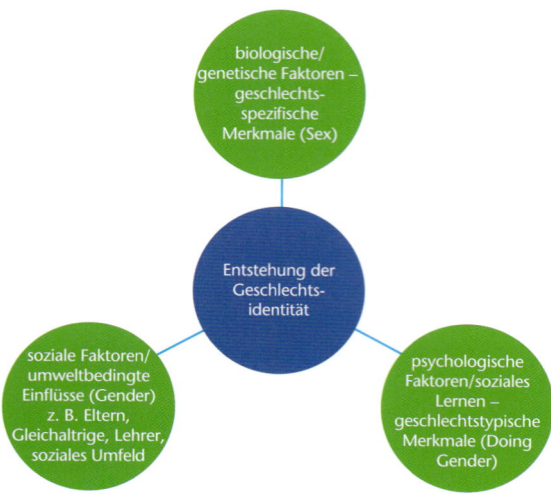

Frauen arbeiten, werden die entsprechenden Stereotype weiter verstärkt, was wiederum zur Folge hat, dass eher Frauen als Männer solche Berufe ergreifen.

Das Schema stellt die komplexen Zusammenhänge bei der Entstehung der Geschlechtsidentität dar. Die Tabelle, auf der Seite 497, erläutert noch einmal die einzelnen Einflussfaktoren.

Chancengleichheit und Geschlechtsidentität

Auch wenn Frauen heute in Deutschland deutlich weniger benachteiligt werden, als dies noch vor einigen Jahrzehnten der Fall war, gibt es doch immer noch zahlreiche gesellschaftliche Belege, dass Frauen nicht dieselben Chancen haben wie Männer. So sind in der Wirtschaft relativ wenige Führungspositionen von Frauen besetzt, zudem erhalten Frauen im Vergleich zu Männern weniger Geld für die gleiche Arbeit. Hieran wird deutlich, dass Chancen und Geschlechtsidentität eng miteinander verknüpft sind.

Es gibt aber auch Beispiele für Chancenungleichheit, wo die Jungen benachteiligt sind. Die in den letzten Jahren durchgeführten Schulleistungsuntersuchungen (PISA) haben beispielsweise gezeigt, dass Jungen in der Schule vielfach schlechter abschneiden als Mädchen. Sie erhalten schlechtere Noten und bleiben häufiger sitzen. So sind 55 % der Abiturienten weiblich – wohingegen mehr Jungen als Mädchen die Haupt- und Förderschulen besuchen (vgl. Spiewak, 2011, S. 1).

Wie könnte nun aber eine wirkliche Chancengleichheit hergestellt werden? Die Antwort ist in den sozialen und psychologischen Faktoren zu suchen – also in der Erziehung. Da die Entwicklung der Geschlechtsidentität dabei bereits im Elementarbereich beginnt, kommt diesem eine entscheidende Bedeutung zu.

Geschlechtsentwicklung im Elementarbereich

Für die Entwicklung der Geschlechtsidentität sind die Jahre im Elementarbereich besonders wichtig und die pädagogischen Fachkräfte tragen diesbezüglich eine hohe Verantwortung. Die Frage nach der Geschlechtsidentität kann aufgegliedert werden in drei Unterpunkte:

- Geschlecht als **biologisches Merkmal** – bin ich ein Junge oder ein Mädchen?
- Geschlecht als **psychologische Kategorie** der Selbstwahrnehmung – wie verhalte ich mich als Junge oder als Mädchen?
- Geschlecht als **gesellschaftliche (soziale) Kategorie** – was bedeutet es, ein Junge oder ein Mädchen zu sein?

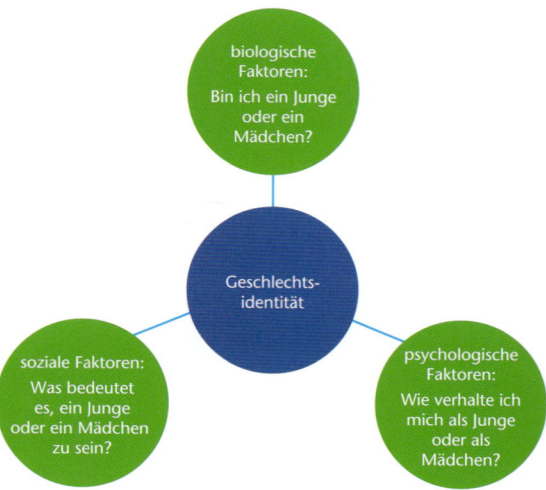

Mit diesen Fragen setzen sich Kinder intensiv auseinander und zur Beantwortung empfangen sie nicht nur gesellschaftliche Botschaften (z. B. aus Bilderbüchern, dem Fernsehen und dem Verhalten der Erwachsenen), sondern sie gestalten auch aktiv ihre Geschlechtsidentität mit, indem sie aus diesen Botschaften auswählen (Doing Gender). Dafür sind ihre Erfahrungen in der Kindertagesstätte und in der Familie besonders wichtig. Dem

Kind sollte deshalb ein differenziertes Bild der Rollen von Männern und Frauen vermittelt werden, um ihm möglichst viele Entwicklungschancen einzuräumen. Die lange Phase der Kindheit bietet also eine gute Voraussetzung dafür, Erfahrungen zu machen, die ein differenziertes Bild von Frauen und Männern ermöglichen.

Dementsprechend lassen sich folgende **Bildungs- und Erziehungsziele** für den Elementarbereich formulieren (vgl. Bayerisches Staatsministerium für Arbeit und Sozialordnung, Familie und Frauen/ Staatsinstitut für Frühpädagogik München, 2006, S. 134):

- gleichwertige und gleichberechtigte Anerkennung des anderen Geschlechts
- Wahrnehmung und Wertschätzung der Unterschiede bei den Geschlechtern
- eine variable, nicht eindimensionale Vorstellung von Weiblichkeit und Männlichkeit
- Erkenntnis, dass trotz der biologischen Unterschiede die Gemeinsamkeiten überwiegen, z. B. im Hinblick auf Fähigkeiten und Interessen
- Wahrnehmung, dass Interessen und Fähigkeiten nicht an das Geschlecht gebunden sind
- Erkennen und kritisches Hinterfragen von Klischees in Bezug auf das Geschlecht (z. B. Mädchen spielen mit Puppen, Jungen interessieren sich für Technik)
- Wahrnehmung der individuellen Persönlichkeit unabhängig vom Geschlecht
- Respekt vor anderen, durch die Kultur geprägte Vorstellungen zum Thema Geschlecht, aber auch deren kritische Bewertung

Besonders wichtig scheint zu sein, dass die sozialpädagogischen Fachkräfte auf Durchbrechungen von **Geschlechtsstereotypen** hinweisen, z. B. Männer in vermeintlich typischen Frauenberufen und umgekehrt, und dies mit der Erklärung verbinden, dass das Interesse und das Können eines Menschen entscheidende Faktoren sind. „Studien haben gezeigt, dass solche Erklärungen sehr wirkungsvoll die Tendenz von Kindern reduzieren können, die Welt durch eine Brille geschlechtlicher Vorurteile zu sehen" (Berk, 2011, S. 373).

Wird Kindern im Elementarbereich nicht die Möglichkeit geboten, sich mit ihrer Geschlechtsidentität auseinanderzusetzen, beispielsweise indem sie Spielräume zum Ausleben unterschiedlicher Rollen erhalten oder alternative Rollenmodelle vorgelebt bekommen, orientieren sie sich in der Regel an traditionellen Rollenbildern. Damit wird ihre Entfaltungsmöglichkeit eingeschränkt und häufig entstehen so auch Risiken für die Kinder. Jungen überschätzen dann beispielsweise ihre körperlichen Möglichkeiten, um dem Stereotyp vom „starken Jungen" zu genügen. Angst oder Hilflosigkeit geben sie nicht zu. Adjektive, mit denen Jungen dann häufig beschrieben werden sind: unruhig, laut, wild, vorlaut, durchsetzungsfähig, leistungsorientiert, unberechenbar.

Mädchen verhalten sich im Vergleich eher ruhig und zurückhaltend und unterdrücken damit ihr Bedürfnis nach Aktivität. Aggressionen werden verdrängt und nicht konstruktiv kanalisiert, sondern unterdrückt. Adjektive, mit denen Mädchen dann häufig beschrieben werden, sind: sozial, angepasst, aufmerksam, hilfsbereit, beeinflussbar, kooperativ, ruhig. Aber auch wenn Kinder die üblichen Rollenklischees durchbrechen, ergeben sich für sie Risiken: Ein Junge, der oft mit Mädchen spielt, wird von den anderen Jungen ausgegrenzt. Oder einem Jungen, der sich im Kindergarten als Prinzessin verkleidet, wird in der Entwicklung oft eine spätere Homosexualität vorausgesagt. Ein Mädchen, das sich kleidet wie ein Junge und gerne mit Jungen spielt, ist möglicherweise weder bei der Jungengruppe noch bei der Mädchengruppe anerkannt. Mädchen, die gerne Konflikte austragen, werden schon mal als „Zicke" bezeichnet – Jungen hingegen in vergleichbarer Situation als „durchsetzungsstark".

In diesem Zusammenhang muss als äußerst problematisch angesehen werden, dass viele Kinder in sozialpädagogischen Einrichtungen kaum bzw. zu wenig Erfahrungen mit männlichen Bezugspersonen machen können. Dies betrifft den Bereich der Frühpädagogik ganz besonders, da nur 2,4 % der Fachkräfte in Kindertagesstätten männlich sind (vgl. Bundesministerium für Familie, Senioren, Frauen und Jugend, 2010; Bodenburg, 2011).

„Seit den 1970er Jahren hat die Emanzipationsbewegung eine Art ‚Feminisierung der Umgangsformen' (Hurrelmann, Klaus: Lebensphase Jugend, 10. Auflage, Weinheim, Juventa, 2010) mit sich gebracht, nicht nur, weil Erzieherinnen und Lehrerinnen inzwischen in Kindergarten und Schule die Mehrheit bilden, sondern auch, weil Rollenvorbilder

für Jungen fehlen. [...] Jungen bekommen kaum einen Mann zu Gesicht, der als Kindergärtner ein Lebensvorbild wäre. [...] Lässt die moderne Frauenrolle, die traditionell männliche Verhaltensmuster einschließt, gleichsam keinen Raum mehr für eine spezifische Männerrolle? [...] Bleibt für moderne Jungen, die ihre Kraft nicht ausprobieren und austoben können, nur das Vorbild des zaubernden Harry Potter?"
(Siegler u. a., 2011, S. 598)

Koedukation
Seit Mitte des 20. Jahrhunderts wird die Koedukation – also die gemeinsame Erziehung von Mädchen und Jungen – als Erziehungs-/Bildungsprinzip propagiert, um Chancengleichheit für beide Geschlechter herstellen zu können.

Koedukation
Das Wort leitet sich von den lateinischen Begriffen **con** *= zusammen und* **educare** *= erziehen ab. Mit Koedukation wird die gemeinsame Erziehung und Bildung beider Geschlechter bezeichnet. Jungen und Mädchen nehmen in einer Gruppe gemeinsam an Aktivitäten wie Spielen, Lernen, Forschen etc. teil.*

Historische Entwicklung
Bereits im 19. Jahrhundert wurde in Grundschulen koedukativ unterrichtet. Der Grund dafür ist allerdings weniger in der gesellschaftspolitischen Einstellung zu sehen als vielmehr darin, dass es in vielen Volks- oder Dorfschulen nur eine einzige Lehrperson gab. Aus dieser strukturellen Gegebenheit resultierte dann der „koedukative" Unterricht, wobei in der Regel die Jungen unterrichtet wurden, während die Mädchen am Rand saßen und mehr oder weniger passiv am Unterricht teilnahmen. Die höheren Schulen waren für Jungen und Mädchen getrennt: Jungen besuchten das Gymnasium, Mädchen das Lyzeum, in dem hauptsächlich Handarbeit und Hauswirtschaft unterrichtet wurde. So sollten die Mädchen auf ihre spätere Rolle als Mutter und Hausfrau vorbereitet werden. Erst mit dem Entstehen der Frauenbewegung und der damit verbundenen Forderung nach Gleichberechtigung Anfang des 20. Jahrhunderts durften Mädchen auch die Gymnasien besuchen. Wurde auf dem Gebiet der ehemaligen DDR bereits 1945 das Prinzip der Koedukation für alle Schulformen eingeführt, ist sie in den verschiedenen Ländern der Bundesrepublik erst zwischen den 1950er und den 1970er Jahren verbindlich geworden.

Gemeinsame Erziehung von Mädchen und Jungen ist auch heute noch eine besondere Aufgabe, bedeutet sie doch sehr viel mehr, als dass beide nur am selben Ort mit denselben (sozial-)pädagogischen Fachkräften zusammen sind. Es geht viel mehr darum, dass die Erziehenden wie auch die Kinder und Jugendlichen sich mit Vorurteilen und Stereotypen auseinandersetzen und geschlechtstypisches Rollenverhalten hinterfragen. Mädchen und Jungen gemeinsam zu erziehen, muss darüber hinaus das Ziel haben, beide entsprechend ihren individuellen Fähigkeiten und Fertigkeiten zu erziehen und in ihrer Entwicklung zu fördern. Die gemeinsame Erziehung von Mädchen und Jungen ist kein zusätzlicher, spezieller Erziehungsbereich, sondern eine Querschnittsaufgabe, ein Prinzip, das in die alltägliche sozialpädagogische Praxis integriert sein muss. Immer noch gibt es Fachkräfte, die glauben, der Sinn der Koedukation liege darin, „Defizite" des jeweils anderen Geschlechts auszugleichen. Eine Erziehung entlang der gängigen Rollenklischees kann leicht dazu führen, dass Mädchen glauben, Mathematik sei „Jungensache" und Sprachen „Mädchensache". Dieser „Glaube" wiederum ist eng mit entsprechenden Erwartungen verknüpft, die dazu führen können, dass ein Mädchen tatsächlich Probleme mit Mathematik oder ein Junge mit Sprachen entwickelt. Mädchen wie Jungen müssen vielmehr lernen können, die eigenen Stärken und Schwächen wahrzunehmen und einzuschätzen, ihre Gefühle, ihre Interessen und ihre Bedürfnisse auch im Kontakt mit dem jeweils anderen Geschlecht auszudrücken.

Reflexion der eigenen Rollenbilder
Diese Zusammenhänge machen deutlich: Sozialpädagogische Fachkräfte haben einen großen Einfluss darauf, ob und inwiefern sich geschlechtsbezogene Stereotype verfestigen, ob Klischees aufgebrochen bzw. inwieweit sie von Generation zu Generation weitergegeben werden. Sie sind Vorbilder und haben die Möglichkeit, Koedukation zu gestalten und auf ein achtsames und wertschätzendes Verhältnis von Mädchen und Jungen, von Frauen und Männern hinzuwirken. Sozialpädagogische Fachkräfte müssen sich daher mit ihrer

eigenen Rolle als Frau bzw. als Mann sowie mit ihren Haltungen und Vorstellungen zu geschlechtsspezifischer Erziehung auseinandersetzen. Dazu gehört eine Reflexion der eigenen Geschlechtererziehung: Wie bin ich zu der Frau/zu dem Mann geworden, die/der ich jetzt bin? Ein Rückblick auf die eigene Kindheit und Jugend verdeutlicht, wie der Prozess der Identifikation mit dem eigenen (sozialen) Geschlecht verlaufen ist, welche Vorbilder es gab und welche Rollenbilder vermittelt wurden.

Beispiel
Die Mutter der 30-jährigen Melanie war damals, 1988, als Melanie fünf Jahre alt war, nicht berufstätig. Der Vater von Melanie ging täglich zur Arbeit, die Mutter kümmerte sich um den Haushalt und die sozialen Kontakte der Familie. Melanie und ihre zwei Jahre ältere Schwester spielten viel mit Puppen und trugen stets ordentliche Kleidung. Die Mutter legte besonderen Wert darauf, dass sie immer höflich waren und Erwachsene respektvoll grüßten. Wenn Besuch kam, mussten die Kinder brav sein. Sie sollten ordentlich essen und dann ins Bett gehen. Der Vater war eigentlich nur am Wochenende richtig da. Er spielte dann manchmal mit ihnen draußen im Garten oder sie machten zusammen Spaziergänge. Mit Jungen spielten die beiden Mädchen fast nie, weil in der Nachbarschaft nur ein Junge wohnte. Der aber war sehr wild und immer schmutzig, daher durften sie mit ihm nicht spielen. Melanie hat ihre Kindheit zwar als schön und glücklich in Erinnerung, tut sich heute aber schwer damit, Jungen gegenüber offen zu sein. Sie findet manchmal gar keinen Zugang. Ein großes Problem bereitet es ihr, Jungen und Mädchen wirklich gleichberechtigt zu behandeln, da sie es als normal und schön empfand, wie die Rollenverteilung in ihrem Elternhaus geregelt war.
Erst während ihrer Ausbildung zur sozialpädagogischen Fachkraft hat sie mit ihrer Mutter darüber gesprochen, wie es damals für sie war. Melanies Mutter erzählte, dass sie Abitur gemacht hatte und ihr Studium eigentlich nur unterbrechen wollte. Wegen der Kinder zu Hause zu bleiben, fand sie damals gut und ganz normal. Weil sie es von Hause aus auch so gewohnt war, dass der Mann arbeitet und die Frau zu Hause „nach dem Rechten" sieht, hat sie sich damit abgefunden und fand es dann auch ganz schön.

Sich aus einem festgelegten Schema zu befreien und neue Wege zu gehen, ist nicht einfach. Sind die Eltern Vorbilder in der „klassischen Rollenverteilung" und leben diese zufrieden und glücklich vor, wird vermutlich auch das Kind diese Zufriedenheit spüren. Es erlebt diese Rollenverteilung als richtig und gut und hinterfragt sie nicht, solange es keine Anregung dazu bekommt. Auch **Zuschreibungen** wie „Mädchen sind ordentlich und brav" und „Jungen sind laut und wild" werden häufig unbewusst aufrechterhalten: Diesbezügliche Bestätigungen werden wahrgenommen

3.4 Erziehen, bilden und begleiten: Querschnittsaufgaben

und verfestigen das eigene Bild („typisch Junge", „typisch Mädchen"), davon abweichendes Verhalten wird eher als Ausnahme gesehen und bewirkt häufig nicht, dass die eigenen Vorurteile überprüft werden.

Ebenfalls kritisch hinterfragt werden müssen Zuschreibungen, beispielsweise dass Rosa eine typische Mädchenfarbe ist und entsprechend ein „richtiges" Mädchen alles in Rosa haben muss. Auch wenn Kinder in diesem Alter sich besonders mit dem eigenen Geschlecht auseinandersetzen und nach einer Identifikation suchen, sollte das übertriebene Farbschema vermieden werden. Es reduziert Mädchen darauf, „niedlich" und „prinzessinnenhaft" zu sein, und vermittelt eine Trennung zwischen Männern und Frauen, die es in der Erwachsenenwelt so nicht gibt bzw. nicht geben sollte.

Bei der Übernahme von Haltungen und Vorstellungen sind auch die kulturellen bzw. religiösen Hintergründe von Bedeutung. So hat vermutlich eine traditionell-islamische Familie andere männliche und weibliche Rollenvorstellungen als eine Familie mit christlichem Hintergrund.

Ein weiterer wichtiger Faktor in der eigenen Geschlechterentwicklung ist die **Sprache**. Das Reflektieren der eigenen Sprache, des eigenen Wortschatzes ist wichtig, um sich die häufig unbewussten Vorstellungen über Geschlechterrollen zu vergegenwärtigen und sie zu hinterfragen:
- Wie wurde früher und wie wird heute in meiner Familie/meinem Freundeskreis über Frauen und Männer gesprochen?
- Welches Bild, welches Rollenverständnis herrscht/e hier vor?
- Wird immer nur die männliche Form benutzt oder auch die weibliche Form verwendet?

„Dazu folgendes Beispiel: Bereits um 1840 schrieben Mathematiker die ersten ‚Computerprogramme'. Formulierungen wie diese lassen zuallererst an Männer denken. Dass Frauen einen wesentlichen Beitrag auf diesem Gebiet leisteten, wird auf Grund der männlichen Personenbezeichnung ‚Mathematiker', die Frauen sprachlich nicht sichtbar macht, häufig vergessen. So bleibt in diesem Beispiel unerwähnt, dass um 1840 das allererste Computerprogramm von der Mathematikerin Lady Ada Lovelace geschrieben wurde."
(Bundesministerium für Unterricht, Kunst und Kultur, 2010, S. 1)

Jeder Mensch handelt vor dem Hintergrund seiner Erziehung, Prägung und Erfahrungen. Sozialpädagogische Fachkräfte müssen ihre Handlungsmuster und deren Entstehung also erkennen, um sie reflektieren und sich auf neue Handlungsmöglichkeiten einlassen zu können. Erst dann sind sie in der Lage, unabhängig von ihrem eigenen Geschlecht gleichberechtigt zu erziehen.

Zu Beginn der 1980er Jahre kam der koedukative Unterricht an Schulen erneut in die Diskussion. Erörtert wurde die Frage, ob nicht die getrennte (monoedukative) Erziehung in bestimmten Bereichen, wie z. B. Technik oder Naturwissenschaften, sinnvoller sei, um eine optimale Förderung gerade auch der Schülerinnen zu erzielen. Aus dieser Debatte entstand der Ansatz einer **reflexiven Koedukation**.

Reflexive Koedukation

Mitte der 1990er Jahre tauchte in der wissenschaftlichen Diskussion zum Thema Koedukation der Begriff der reflexiven Koedukation erstmalig auf. Heute wird er unterschiedlich verwendet: Zum einen meint er, dass die koedukative Förderung in dem Moment aufgehoben wird, wenn eine gezielte Förderung in nach Geschlecht getrennten Gruppen sinnvoll erscheint. So kann es durchaus sinnvoll sein, die Arbeit mit Mädchen und Jungen bei Themen zu trennen, bei denen sie jeweils unter sich sein wollen und sehr persönliche geschlechtsspezifische Erfahrungen austauschen möchten. Im Schulbereich wird eine Trennung von Mädchen und Jungen inzwischen besonders intensiv diskutiert: „Viele Pädagogen propagieren nach den eindeutigen Forschungsergebnissen die reflexive Koedukation, wobei Mädchen und Jungen in bestimmten Fächern getrennt unterrichtet werden, meist in Sport, Informatik und Sexualkunde und in der Leseförderung. Letzteres kommt besonders den Jungen zugute" (Stiftung Freie Schulen Berlin-Brandenburg/Hennert, 2009).

Zum anderen soll mit diesem Begriff hinterfragt werden, ob mit der gemeinsamen Erziehung von Jungen und Mädchen bestehende Unterschiede nicht eher festgeschrieben als aufgelöst werden (vgl. Faulstich-Wieland, 2006). Grundsätzlich kann heute davon ausgegangen werden, dass die formale Bildungsbeteiligung (Schulart und Schulabschluss) für beide Geschlechter gleichermaßen sichergestellt ist. Im Hinblick auf das Schulsystem schneiden Mädchen z. B. bei Schulabschlüssen oder bei der Wahl der Schulform oftmals erfolgreicher ab als Jungen. Trotzdem präferieren Mädchen zum Beispiel im Spiel häufig den sozial-sprachlichen Bereich, während Jungen sich eher für technisch-naturwissenschaftliche Themen interessieren. Dies ist – wie bereits beschrieben – insbesondere auf die unterschiedliche Erziehung von Jungen und Mädchen zurückzuführen.

Für die Praxis im Elementarbereich bedeutet eine reflexive Koedukation:
- Jungen und Mädchen spielen und lernen in der Regel gemeinsam.
- In besonderen Situationen kann es sinnvoll sein, die Gruppen nach Jungen und Mädchen aufzuteilen. So können diese gezielter gefördert werden, da die durch das unterschiedliche Geschlecht bedingten Interaktionsmuster in den Hintergrund treten.

Zu betonen ist in diesem Zusammenhang aber, dass die Trennung der Geschlechter in Mädchen und Jungengruppen kein Prinzip, sondern nur eine Ergänzung zu einer gemeinsamen Erziehung von Mädchen und Jungen sein sollte, denn eine besondere Chance für eine auf wechselseitiger

Wertschätzung beruhende und die geschlechtsspezifische Identität stärkende gemeinsame Erziehung liegt im pädagogisch begleiteten gemeinsamen Aufwachsen von Mädchen und Jungen.

Nach wie vor gibt es zum Thema Koedukation bzw. reflexive Koedukation eine lebhafte Diskussion. Die Hauptargumente lassen sich dabei folgendermaßen zusammenfassen (vgl. Böhmann, 2011; Horstkemper, 2011):

Ein zusätzliches Argument für die zeitweise Trennung von Mädchen und Jungen könnte sein, dass

pro Koedukation	pro reflexive Koedukation
Gleichheit zwischen Jungen und Mädchen gibt es nicht und ist auch nur ein bedingt erstrebenswertes Ziel („Homogenitätssehnsucht"). Diese Gleichheit wird auch durch eine gezielte Trennung nach Geschlechtergruppen nicht hergestellt.	Der „heimliche" Lehrplan der Geschlechtersozialisation (tradiert durch die Lehr-/Betreuungskräfte) hat weiter Bestand, wenn nicht nach Geschlechtern getrennt wird.
Differenzierung nach Geschlecht ist nur themenspezifisch und in didaktischen Ausnahmefällen sinnvoll.	Eine Trennung nach Geschlechtern bei bestimmten Aufgaben und Projekten bringt eine optimale Förderung.
Stereotype Geschlechterrollen werden oftmals durch das pädagogische Fachpersonal selbst reproduziert – unabhängig von der Gruppenzusammensetzung.	Die zeitweise Trennung nach Geschlechtern wird von beiden Gruppen als angenehm erlebt.
Die Trennung nach Geschlechtern betont besonders stark die Kategorie „Geschlecht" als Merkmal der Differenzierung, dabei sind die Unterschiede **innerhalb** der Kategorien „männlich" oder „weiblich" oftmals größer als die Unterschiede zwischen den Kategorien.	
Trennung nach Geschlechtern mit dem Ziel einer besseren Förderung ist in Wirklichkeit Diskriminierung der angeblich besonders förderungsbedürftigen Gruppe (Stigmatisierung).	

gerade im Kindergartenalter die sogenannte Geschlechtertrennung beginnt:

Geschlechtertrennung
Unter Geschlechtertrennung versteht man die Neigung von Kindern, Kindern des anderen Geschlechts aus dem Weg zu gehen und sich hauptsächlich mit gleichaltrigen und gleichgeschlechtlichen Kindern zu beschäftigen.

„Bis ungefähr zum sechsten Lebensjahr verstärkt sich die Geschlechtertrennung stetig – einschließlich aktiven Meidens gegengeschlechtlicher Peers – und bleibt danach über die gesamte Kindheit stabil [...]. Diese Präferenz gleichgeschlechtlicher Peers findet man bei Kindern aller Kulturen, auch wenn es einige kulturelle Unterschiede im Ausmaß gibt."
(Siegler u. a., 2011, S. 594)

Letztlich lernen Kinder gerade auch durch diese „natürliche" Geschlechtertrennung, was es bedeutet, ein Junge oder ein Mädchen zu sein. Die Peers fungieren hier gleichermaßen als Rollenmodelle und Verstärker.

Geschlechtsbewusste Pädagogik
Neben den Begriffen Koedukation bzw. reflexive Koedukation kann insbesondere im Hinblick auf die Chancengleichheit auch von geschlechtsbewusster Pädagogik gesprochen werden. Grundsätzlich wird bei diesem Ansatz davon ausgegangen, dass Kinder individuell so zu fördern sind, dass Geschlechterklischees und Stereotype in den Hintergrund treten. Im Kinder- und Jugendhilfegesetz findet dies seine rechtliche Fundierung.

„Bei der Ausgestaltung der Leistungen und der Erfüllung der Aufgaben sind [...] die unterschiedlichen Lebenslagen von Mädchen und Jungen zu berücksichtigen, Benachteiligungen abzubauen und die Gleichberechtigung von Mädchen und Jungen zu fördern."
(SGB VIII § 9 Abs. 3)

Die Strategie zur politischen Umsetzung wird mit dem Begriff **Gender Mainstreaming** bezeichnet.

Dass es zwingend einer Auseinandersetzung mit den Fragen zum Einfluss auf Interessenbildung und Entwicklung von Vorlieben bedarf, zeigt die pädagogische Interessenforschung aus den 1990er Jahren:

„Jungen spielen häufiger mit technischem und mechanischem Spielzeug, Mädchen häufiger mit Puppen und musisch-kreativem Spielzeug. Diese Unterschiede sind vor allem durch die traditionelle Geschlechtsrollenerziehung erklärbar, sind also nicht angeboren."
(Kasten, 2005, S. 182)

Die pädagogischen Fachkräfte sollten geschlechtstypisches Verhalten thematisieren und alternative Angebote machen. So werden ggf. starre Rollenklischees der Kinder aufgebrochen und es wird ihnen die Möglichkeit zur Entwicklung der individuellen Fähigkeiten gegeben.

Insbesondere im Elementarbereich sollten Kinder die Möglichkeit erhalten, zu erproben, was ihren tatsächlichen Neigungen und Bedürfnissen entspricht. Um dies zu gewährleisten, müssen sozialpädagogische Fachkräfte ihr Handeln hinsichtlich der geschlechterbewussten Erziehung reflektieren:
- Welches Spielzeug biete ich Jungen und Mädchen an?
- Warum biete ich den Jungen ein Tobespiel an, während ich die Mädchen in die Puppenküche schicke?
- Welche Kosenamen gebe ich Jungen und Mädchen?

- Wie denke ich darüber, wenn ein Junge laut ist, und wie, wenn es ein Mädchen tut?
- Dürfen Kinder sich mit ihrer eigenen geschlechtlichen Zugehörigkeit entsprechend auseinandersetzen?
- Wie gehe ich mit Sexualerziehung um?
- Worin bestehen für mich die Unterschiede zwischen Jungen und Mädchen?
- Was will ich Mädchen/Jungen mit auf den Weg geben? etc.

Kritischer Einsatz von Medien ist besonders wichtig.

Für eine geschlechtsbewusste Pädagogik im koedukativen Bereich ist es wichtig, passende Angebote gemeinsam mit Jungen und Mädchen zu entwickeln (Partizipation, vgl. Kap. 3.4.3). Dies sollte mehr beinhalten als das bloße Abfragen ihrer Meinung. Vielmehr muss die pädagogische Fachkraft
- einen Dialog ermöglichen,
- sich in die Kinder hineinversetzen,
- die Grundregeln wertschätzender Kommunikation beachten und
- die Lebenswelt der Kinder berücksichtigen.

Durch diese Interaktionen können Mädchen und Jungen Kooperation, Toleranz und Verantwortung unmittelbar erfahren.

Bewusster Medieneinsatz

Oftmals werden im Elementarbereich unterschiedliche Medien zum Einsatz gebracht (Bilderbücher, Hörbücher etc.). Beim Einsatz dieser Medien sollte die pädagogische Fachkraft sich hinsichtlich einer geschlechtsbewussten Pädagogik fragen:
- Wie werden in den Medien Jungen und Mädchen dargestellt?
- Sind sie gleichermaßen berücksichtigt?
- Wer hat aktive, wer passive Rollen?
- Fällen Mädchen wichtige Entscheidungen und tragen sie Verantwortung?
- Werden Jungen als sozial und emotional kompetent dargestellt?
- Können Jungen und Mädchen mit ihrem Vorwissen an das Thema und den Inhalt anknüpfen?
- Wie kann Medienarbeit mit Kindern und Jugendlichen für die kritische Auseinandersetzung mit Rollenbildern und Rollenklischees, mit Benachteiligungen und Fragen der Gleichberechtigung in Film, Fernsehen und Internet genutzt werden?

Insbesondere die Darstellung von Männern und Frauen im Fernsehen ist häufig stereotyp, was sowohl die berufliche Tätigkeit, das Auftreten, die persönlichen Eigenschaften als auch das Verhalten betrifft. Da viele Kinder das Fernsehen als wichtige Informationsquelle begreifen, sollten die dort auftretenden Rollenklischees thematisiert werden. So sehen 95 % der Kinder zwischen 6 und 13 Jahren mindestens einmal die Woche fern. 76 % der Kinder in dieser Altersgruppe sehen sogar täglich fern. Sendungen, die allgemein als „pädagogisch wertvoll" gelten, stehen dabei nicht an erster Stelle. Auf die Frage, ob es eine Sendung gibt, die das Kind besonders gerne anschaut, antworten beispielsweise nur ca. 2 % der Kinder mit „Löwenzahn" oder „Die Sendung mit der Maus" (vgl. Medienpädagogischer Forschungsbund Südwest, 2010, S. 19 f.).

Zudem haben Untersuchungen gezeigt, dass es einen Zusammenhang zwischen häufigem Fernsehkonsum und ausgeprägtem stereotypen Denken über Männer und Frauen gibt. Auch bevorzugen Kinder eher geschlechtertypische Aktivitäten, wenn sie viel fernsehen (vgl. Siegler u. a., 2011, S. 590).

Leitfragen zur Berücksichtigung der Gender-Perspektive

Folgende Leitfragen können helfen, die Gender-Perspektive einzunehmen und gewohnte Selbstverständlichkeiten infrage zu stellen (vgl. Rohrmann, 2011, S. 8 ff.):
- Können Räume, Material und Angebote von Jungen und Mädchen mit gleichen Chancen wahrgenommen werden – oder zählt beispielsweise, wer schneller ist? Welche Rolle spielen dabei die Eltern, z. B. durch die Art der Kleidung, die sie ihren Kindern anziehen?

- Ist die Aufmerksamkeit der Fachkräfte gleich zwischen Jungen und Mädchen verteilt? Jungen zeigen häufig ein ausgeprägteres Explorationsverhalten als Mädchen – inwiefern beeinflusst dies die Aufmerksamkeitsverteilung?
- Wird in Gesprächen zwischen den Fachkräften oder zwischen Fachkräften und Eltern häufiger über Jungen oder über Mädchen gesprochen?
- Werden Mädchen und Jungen von den Projektangeboten in gleicher Weise angesprochen? Häufig gibt es Themen, die besonders ein Geschlecht ansprechen. Wie können diese entsprechend erweitert werden?
- Wie werden Mädchen und Jungen in den Bereichen gefördert, in denen ihnen noch Erfahrung fehlt?
- Wie werden die Unterschiede zwischen Mädchen und Jungen wahrgenommen und wie wird der Umgang damit gefördert? Erleben sich Mädchen und Jungen unterschiedlich, ohne dass die Unterschiede negativ thematisiert werden?
- Spielt der Gender-Aspekt in allen Bildungsbereichen eine Rolle und wie können die Bildungsbereiche für beide Geschlechter interessant gemacht werden?
- Werden die Bildungsbereiche von Mädchen und Jungen gleich wahrgenommen?
- Wie werden männliche Fachkräfte in Planung, Durchführung und Reflexion von Projekten eingebunden? Und wie werden Väter und Mütter in die Planung einbezogen?

3.4.6 Interkulturelle Bildung und Erziehung

Aufgrund von Globalisierung und wachsender Mobilität der Menschen gibt es heute sehr viel mehr Kontakte zwischen Menschen aus unterschiedlichen Kulturkreisen, als dies früher der Fall war. Aber schon 1955 schloss die Bundesrepublik eine erste Anwerbevereinbarung mit Italien. Die angeworbenen Gastarbeiter erhielten zunächst nur eine zeitlich befristete Aufenthaltserlaubnis, die aber verlängert werden konnte. Danach folgten Vereinbarungen mit Portugal, Jugoslawien, Spanien, der Türkei und Griechenland. Damals und in den Jahren danach reisten Beamte der damaligen Bundesanstalt für Arbeit in großer Zahl durch diese Länder, um Arbeitskräfte für die boomende deutsche Wirtschaft anzuwerben. Während zunächst fast nur die Arbeiter nach Deutschland kamen, folgten ihnen allmählich immer mehr ihrer Frauen und Kinder. In den ersten Jahren kam es noch eher selten zu Kontakten der Gastarbeiter und ihrer Familien mit Deutschen. Inzwischen allerdings leben in ganz Europa Menschen aus verschiedenen Kulturkreisen aller Kontinente. Es mag überraschen, dass nun, nachdem seit der ersten Anwerbevereinbarung über 50 Jahre vergangen sind, im Alltag immer noch wenig Wissen über die verschiedenen Kulturen der Immigranten vorhanden ist.

Mit der Familienzusammenführung entwickelte sich eine ausschließlich für die ausländischen Kinder gedachte „Ausländerpädagogik". Ihr Ansatz war einfach: Die Kinder der Familien müssen Deutsch lernen; das zugrunde liegende methodisch-didaktische Prinzip entsprach dem eines jeden Fremdsprachenunterrichts in Deutschland. Dabei wurden die Lebenswelten der Kinder mit Migrationshintergrund nicht weiter zur Kenntnis genommen.

Besonders dramatisch war und ist die Situation der Kinder Asylsuchender, die seit den 1970er Jahren nach Deutschland kommen. Sie besuchen aus rechtlichen Gründen zunächst gar keine Schule und erhalten auch sonst keine besondere Förderung (vgl. Senatsverwaltung für Bildung, Wissenschaft und Forschung Berlin, 2009).

Die „Ausländerpädagogik" wird allerdings immer stärker kritisiert (vgl. Senatsverwaltung für Bildung, Wissenschaft und Forschung Berlin, 2001)

- Die entscheidenden Probleme sind nicht pädagogischer, sondern gesamtgesellschaftlicher

Natur, die Pädagogik allein wird keine Lösung herbeiführen können.
- Sie orientiert sich zu sehr an den fehlenden sprachlichen Fähigkeiten der Kinder (Defizitorientierung) und baut zu wenig auf den vorhandenen Kompetenzen der Kinder aus anderen Kulturen auf. Zweisprachigkeit als Kompetenz wird zu wenig geachtet.
- Es wird eine zu einseitige Anpassungsleistung von den ausländischen Kindern gefordert.

Solche Kritikpunkte führten und führen zu einem langsamen Umdenken, in dessen Zusammenhang nun von interkulturellem Lernen gesprochen wird, das sich nicht mehr nur auf die Migranten, sondern auf alle Gesellschaftsmitglieder bezieht.

Trotz dieser Entwicklung gibt es noch immer eine Diskussion darüber, ob Deutschland inzwischen eine **multikulturelle Gesellschaft** geworden ist oder nicht.

Multikulturell
Multikulturell bedeutet, dass innerhalb einer Gesellschaft Menschen zusammenleben, die aus unterschiedlichen kulturellen Lebenswelten kommen und daher kulturell unterschiedlich beeinflusst wurden. So definiert muss man Deutschland als eine multikulturelle Gesellschaft bezeichnen.

In der Bundesrepublik besteht nach wie vor eine „nicht definierbare Vorstellung von ‚den Deutschen' und den ‚Nicht-Deutschen'. Grundlage erfolgreicher interkultureller Bildung und Erziehung ist zunächst die Vergegenwärtigung, dass unser heutiges Leben eine Mischung aus unterschiedlichen Einflüssen ist. Unsere jetzige Realität ist das Ergebnis von Migrations- und Integrationsprozessen. Diese Realität wird sich – wie eben in der Vergangenheit – auch zukünftig stetig verändern. Der gemeinsame menschliche Überbau (Grundbedürfnisse wie Ernährung und Religion, gemeinsame und geteilte historische Erfahrungen) bildet die Basis für diese Veränderungen, weil alle Menschen in ihren Grundstrukturen und -funktionen gleich sind. Daraus ergibt sich, dass es keine Bewertung von ‚besser' und ‚schlechter' zwischen den Kulturen, den verschiedenen menschlichen Gemeinschaften, geben kann."
(Senatsverwaltung für Bildung, Wissenschaft und Forschung Berlin, 2001, S. 23)

Angst und Integrationsdruck
Bereits in der Kindheit, aber auch im Erwachsenenalter löst Fremdes nicht nur Neugier, sondern je nach Kontext, in dem es wahrgenommen wird, Gefühle der Angst und der Unsicherheit aus. Dies führt unter anderem dazu, dass viele Menschen aller sozialer Schichten und Gruppierungen Fremden gegenüber Integrationserwartungen haben, die darauf abzielen, dass diese ihre Fremdheit – und damit möglicherweise ihre Identität – verlieren.

Menschen, die unter solchem Integrationsdruck stehen, verhalten sich unterschiedlich: Manche riskieren tatsächlich ihre Identität und passen sich bis zur Unkenntlichkeit an. Mit solchem Identitätsverlust ist nicht selten eine Beeinträchtigung des Selbstbewusstseins, des Selbstvertrauens und des Selbstwertgefühls verbunden. Wer aber kein oder nur ein vermindertes Bewusstsein seiner Selbst hat, worauf soll er vertrauen, was soll er wertschätzen?

Andere weichen dem Integrationsdruck aus, indem sie sich in Gruppen integrieren, deren Mitglieder vergleichbare Identitäten und gleiche kulturelle wie religiöse Merkmale aufweisen. Sie leben in ghettoartigen Verhältnissen und leiten ihr Selbstwertgefühl aus der Zugehörigkeit zu „ihrer" Gruppe ab. So ist es möglich, dass eine Familie 20 oder mehr Jahre in einem anderen Land lebt und nur wenige Familienmitglieder die fremde Sprache beherrschen.

Eine Integration von Menschen anderer Kultur und Religion, die mit dem Verlust der eigenen Identität verbunden ist, muss psychologisch, sozial und politisch gefährlich sein. So ist es erforderlich, dass es sozialpädagogischen Fachkräften

in den Einrichtungen gelingt, Kindern und Jugendlichen den existenziell notwendigen, schützenden und orientierenden kulturellen wie weltanschaulichen Lebensraum anzubieten.

Interkulturelle Bildung – gemeinsame Erziehung

Der Begriff der interkulturellen Erziehung ist ungewollt doppeldeutig, denn „inter" heißt „zwischen". Eine Erziehung „zwischen den Kulturen" wäre eine Erziehung im kulturfreien, d. h. in einem Raum ohne Wertorientierungen. Leider haben viele der wohlgemeinten Bemühungen im Bereich der interkulturellen Erziehung dazu geführt, dass nicht-deutschsprachige Kinder und Jugendliche schließlich ihren eigenen kulturellen Kontext verloren und keinen neuen gefunden haben.

In einer gemeinsamen Erziehung von deutschsprachigen und nicht-deutschsprachigen Kindern und Jugendlichen sowie der dazugehörigen Elternarbeit muss es langfristig gelingen, den Menschen **Wertorientierungen** anzubieten, die geeignet sind, die eigene Identität wahrzunehmen, zu wahren, zu entfalten und dabei Selbstbewusstsein, Selbstvertrauen und Selbstwertgefühle im wörtlichen Sinne zu entwickeln.

Nur so kann bei Deutschen und Migranten eine reflektierte, aber auch unbewusste Bereitschaft entstehen, die „eigenen" und „fremden" Bildungs- und Kulturgüter zu achten, anzunehmen und zum gemeinsamen Nutzen weiterzuentwickeln. Welche Defizite hier bestehen, lässt sich direkt und indirekt auch aus den Ergebnissen der ersten PISA-Studie ableiten. Obwohl bereits seit Langem viele Menschen aus anderen Nationen und Kulturen in Deutschland leben, hat die Bildungspolitik darauf – zumindest bis PISA – nur zaghaft reagiert.

Um in sozialpädagogischen Einrichtungen mit Kindern oder Jugendlichen aus vielen verschiedenen Kulturen professionell pädagogisch arbeiten zu können, müssen sozialpädagogische Fachkräfte über geeignete Kompetenzen verfügen. Sie müssen fähig und bereit sein, das gemeinsame Leben von Kindern und Jugendlichen aus verschiedenen Kulturen sowohl in ihren möglichen Problematiken als auch in ihren Chancen zu erfassen und pädagogisch darauf angemessen zu reagieren.

Interkulturelle Kompetenzen

Besonders wichtige Kompetenzen, um diesen Anforderungen gerecht zu werden, sind:

- **Kommunikative Kompetenz:** Sie umfasst vor allem die Fähigkeit, eine aufmerksame, achtende und wertschätzende interpersonale Beziehung herstellen und gestalten zu können.
- **Empathiefähigkeit:** Ohne Anteilnahme, Einfühlungsvermögen und gegenseitiges Verstehen bzw. ohne die Fähigkeit, sich in Menschen anderer kultureller Herkunft und Erstsprache hineinversetzen zu können, ist eine gemeinsame Erziehung deutschsprachiger und nicht-deutschsprachiger Kinder nicht möglich.
- **Konfliktfähigkeit:** Interkulturelle pädagogische Arbeit bringt neben Bereicherungen auch Konflikte mit sich. Solche Konflikte dürfen nicht in falsch verstandener Toleranz vertuscht werden, da sie dann rasch und oft unbemerkt eskalieren können. Zu Konfliktlösungen beitragen zu können, ist also eine wesentliche Kompetenz.
- **Selbstreflexion:** Ein kreativer und produktiver pädagogischer Umgang mit Menschen aus unterschiedlichen Kulturen erfordert ein hohes Maß an Selbstbewusstsein, d. h. an Wissen über sich selbst, über die eigenen Fähigkeiten und Fertigkeiten, über eigene Werthaltungen, Einstellungen und Vorurteile.
- **Sachkompetenz:** Daneben ist für die gemeinsame Erziehung von deutschsprachigen und nicht-deutschsprachigen Kindern eine Fülle von Sachkenntnissen erforderlich. Dies betrifft

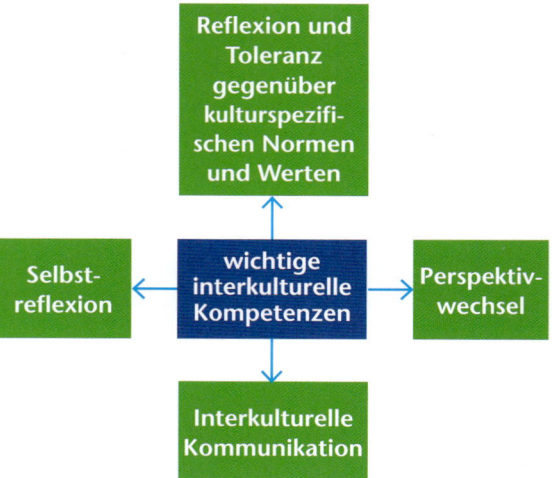

die eigene Kultur und fremde Kulturen, die Lebenssituationen in unterschiedlichen Herkunftsländern, die Sprachentwicklung und Mehrsprachigkeit und vor allem die methodischen und didaktischen Möglichkeiten zur Förderung und Unterstützung der Kinder und Jugendlichen.

Ziel der gemeinsamen Erziehung von Kindern aus unterschiedlichen Kulturkreisen muss sein, eine Atmosphäre gegenseitiger Achtung und Wertschätzung zu schaffen. Sie ist Voraussetzung dafür, dass den folgenden negativen Empfindungen entgegengewirkt werden kann, die bei Kindern, die sich weder sprachlich noch kulturell gut verstehen, leicht entstehen können:
- Verängstigung
- Unsicherheit
- Destabilisierungen

Bei nicht-deutschsprachigen, aber auch bei vielen deutschsprachigen Kindern ist dies nur über eine gezielte und methodisch-didaktisch fundierte **Sprachförderung** (vgl. Kap. 3.4.8 und 3.5.1) möglich. Gut entwickelte sprachliche Fähigkeiten der Kinder sind, wie die PISA-Studie deutlich gemacht hat, unbedingte Voraussetzung, um den Anforderungen der modernen Gesellschaft gewachsen sein zu können.

Die in ihren Ergebnissen für die deutsche Bildungspolitik und Bildungssituation enttäuschenden PISA-Studien veranlassten die Bildungspolitik, Veränderungen der pädagogischen Arbeit auch in Kindertagesstätten und Horten zu fordern. In der ersten PISA-Studie wurde u.a. festgestellt, dass deutsche Jugendliche im internationalen Vergleich ein ausgeprägtes Defizit an sprachlicher Kompetenz aufweisen. Als eine der Ursachen wird eine mangelnde Förderung der Kinder im Elementarbereich angesehen. Warum schnitten die anderen Länder in dieser PISA-Studie „besser" ab? Die Antwort auf diese Frage ist sehr vielschichtig und noch keineswegs abschließend geklärt. Der voreilige Schluss, der Kindergarten sei allein dafür verantwortlich, ist jedenfalls zu einfach. Fest steht, dass im gesamten deutschen Bildungssystem mehr Wert auf die Fähigkeit und Bereitschaft zu verstehendem Umgang mit den sprachlichen Kommunikationsmöglichkeiten der Kinder und Jugendlichen gelegt werden muss.

Gemeinsame Erziehung von Kindern unterschiedlicher Sprachherkunft und unterschiedlicher Kultur gehört zu den täglichen Aufgaben vieler Kindertagesstätten. Hier werden wichtige Weichen für die sprachliche und kulturelle Entwicklung der Kinder und für die Qualität ihres zukünftigen Zusammenlebens gestellt.

Eine besondere Betonung der Sprachförderung ist bedeutsam, weil es wenige Probleme gibt, die Menschen sprachfrei lösen können. Selbst im scheinbar sprachfreien Bewegungsraum zeigt sich, dass der Mensch Problemlösungen sprachlich begleitet und dass diese Begleitung wichtig für die Entwicklung seiner Denkfähigkeit ist.

Leben in zwei Kulturen

Der folgende Artikel aus SPIEGEL ONLINE veranschaulicht die Schwierigkeiten und Fragen, die aus dem Zusammenleben in einer multikulturellen Gesellschaft erwachsen, und zeigt die Notwendigkeit auf, dass die Mitglieder einer multikulturellen Gesellschaft lernen müssen, verständnisvoll und achtsam miteinander umzugehen:

„Was macht ein Junge, wenn die Tante aus Pakistan zu Besuch kommt und im Laden in der deutschen Provinz feilschen will? Ein dummes Gesicht. Hasnain Kazim berichtet in ‚Grünkohl und Curry' von der Auswanderung seiner Familie nach Deutschland – und einem Spagat, der oft ganz schön schmerzt.

Wie viel Integration ist eigentlich nötig? In welchem Gesetz steht, was man tun muss, um in Deutschland leben zu dürfen? Und wie wird man Deutscher? Wenn man auf deutschem Boden geboren wird? Oder nur, wenn man von einem Deutschen abstammt? Auf Antrag?

Und kann man zwei Welten miteinander vereinen? Kann man Christ und Muslim zugleich sein?

Kann man es seinen deutschen Freunden und seiner islamischen Verwandtschaft zugleich recht machen? Den Sohn beschneiden lassen, weil die islamische Tante das erwartet, und wenig später taufen lassen, um eine größtmögliche Integration zu vollziehen? Sicher doch: Wer in einem anderen Land leben will, sollte mit den Einheimischen feiern und trauern und die dortigen Gepflogenheiten respektieren – aber inwieweit muss er sein eigenes Leben danach ausrichten? Was ist mit der alten Heimat, den zurückgebliebenen Verwandten, den Wurzeln?

Meine Eltern haben versucht, uns Kindern die Antworten zu geben. Wir feiern christliche Feste in Deutschland und islamische, wenn wir in Pakistan sind. Wir essen an einem Tag Grünkohl mit Pinkel, am anderen Curry. Hören Bach und Bhangra. Wir leben in beiden Welten, mal mehr in dieser, dann wieder mehr in jener. Wir sitzen nicht zwischen den Stühlen, sondern springen von einem Stuhl zum anderen und wieder zurück. Ich fühle mich als Deutscher. Und Europäer. Und Inder. Und Pakistaner. Und Südasiat.

Spagat zwischen Heimaten

Einfach ist das nicht. Wie deutsch kann man als braunes Kind in Hollern-Twielenfleth sein? Wie pakistanisch in Karatschi, wenn man nur als Kleinkind einheinhalb Jahre dort gelebt hat?

Das Dilemma, in das wir Einwandererkinder geraten, ist, dass es so viele Fragen, aber kaum Antworten gibt. Fragen, die sich den anderen Menschen nicht stellen. Die Antworten, die uns unsere Eltern geben, sind nicht unsere Antworten. Wir müssen uns neu definieren. Sicher, jeder Jugendliche muss das, aber für uns ist es viel schwieriger. Wohin gehören wir?

'Klar, du bist Deutscher, was für eine blöde Frage', sagen meine Freunde.

Wenn es nur so einfach wäre.

In der Grundschule fragte mich mal ein Klassenkamerad: 'Wenn Deutschland Fußball gegen Pakistan spielt, für wen bist du dann?' Gott sei Dank spielen Pakistaner miserabel Fußball.

Ein Cousin zweiten Grades in Indien wollte vor einigen Monaten wissen: 'Wenn es zum Krieg zwischen Indien und Pakistan käme, wo liegen da deine Loyalitäten?'

Für uns Einwandererkinder, die wir unsere Wurzeln nicht kappen wollen, gilt: Unsere alte Heimat fordert, auch wenn wir nie dort gelebt haben, genauso unsere Loyalität wie die neue. Das ist das Problem. Wir müssen einen Spagat vollbringen: es beiden Seiten recht machen, uns selbst und anderen beweisen, wohin wir gehören. Ein Spagat, der gelingen muss, auch wenn die Beine alles andere als biegsam sind. Wenn das Kunststück gelingt, ist es eine Bereicherung: ein Leben in zwei Kulturen, mehrsprachig, weltläufig, bewundert. Wenn es scheitert, ist man arm dran: in keiner Welt zuhause, in keiner Sprache richtig gut.

Wir hatten verdammtes Glück.

[...] Nur selten kam es zum Zusammenprall der Kulturen. Zum Beispiel im Sommer 1988, als uns eine Tante aus Karatschi besuchte. Sie wollte mir einen Wunsch erfüllen. Gleich bei ihrer Ankunft versprach sie mir, sie wolle mir etwas kaufen, was ich schon immer haben wollte. Ich musste lange überlegen, bis mir einfiel, dass ich ein Diktiergerät brauchte. Ich besuchte inzwischen das Vincent-Lübeck-Gymnasium in Stade und schrieb dort für die Schülerzeitung. So ein Aufnahmegerät, wie es die richtigen Reporter hatten, wünschte ich mir.

'Sag ihm, wir nehmen es für fünfzig'

Wir fuhren nach Stade zu einem Elektronikladen. Meine Tante trug einen gelben Sari, darüber einen braunen Strickpullover, weil es für ihre Verhältnisse an diesem sonnigen deutschen Sommertag zu kalt war. Sie sah merkwürdig aus und fiel extrem auf. Mir was das ein bisschen peinlich.

Der Verkäufer zeigte uns ein Gerät, das mir gefiel. Es sollte neunundneunzig Mark kosten.

Meine Tante sagte auf Urdu: 'In Ordnung, sag ihm, wir nehmen es für fünfzig.'

Ich schaute sie an. 'Für fünfzig? Es kostet aber neunundneunzig Mark. In Deutschland kann man nicht handeln.'

'Okay, sag ihm, wir zahlen siebzig.'

Der Verkäufer warf mir einen fragenden Blick zu.

'Äh, meine Tante möchte nur siebzig Mark dafür zahlen.' Ich verschwieg, dass sie bei fünfzig Mark eingestiegen war.

Der Verkäufer lachte.

'Es kostet neunundneunzig, ich kann Ihnen leider keinen Rabatt geben.'

'Was sagt er?', fragte meine Tante. Ich übersetzte für sie.

'Sag ihm fünfundsiebzig Mark', war ihre Reaktion. Mir wurde die Situation immer peinlicher.

„'Man kann in Deutschland nicht handeln. Du musst die Summe zahlen, die auf dem Preisschild steht.'
‚Neunzig Mark?'
‚Bitte, kauf es nur, wenn du bereit bist, neunundneunzig Mark zu zahlen. Wir können hier nicht mit dem Händler über den Preis streiten.'
Der Verkäufer stand sichtlich genervt mit dem Aufnahmegerät in der Hand da.
‚Also, wollen Sie es haben oder nicht?'
Meine Tante überlegte eine Minute lang, dann entschied sie sich.
‚Gut, wir nehmen es. Aber kann er uns nicht wenigstens die Batterien dazugeben und vielleicht eine Packung mit Kassetten?'

Marktkunde mit der kleinen Frau im Sari
Meine Mutter stand die ganze Zeit gelassen daneben. Sie mischte sich in das Gespräch nicht ein, sondern lächelte nur – als wollte sie sagen: Na sieh mal an, jetzt stoßen also westliche und östliche Welt in diesem kleinen Elektroladen aufeinander.
Der Verkäufer hatte die Begriffe ‚Batterie' und ‚Kassette' verstanden und sagte, bevor ich ihm die Frage meiner Tante übersetzen konnte: ‚Ja, ja, Sie bekommen Batterien und Kassetten dazu.'
Sich in eine neue Kultur einzufinden, ist mehr, als eine neue Sprache zu lernen, sich an anderes Essen zu gewöhnen, sich mit einer fremden Religion, ungewöhnlichen Bräuchen und Traditionen vertraut zu machen. Es gehören viel alltäglichere Dinge dazu wie: Heißt ja wirklich ja und nein nein? Wie verbindlich sind Einladungen? Wie pünktlich muss man zu Terminen erscheinen? Gibt man sich zur Begrüßung die Hand? Muss man die Schuhe ausziehen, wenn man ein Haus betritt? Darf man sich in der Öffentlichkeit die Nase putzen, soll man nach dem Essen rülpsen, kann man Hand in Hand mit dem Partner durch die Stadt bummeln, muss man auf bestimmte Kleidung achten? Und, in diesem Fall: Ist Feilschen in Geschäften erlaubt? Es gibt unendlich viele Möglichkeiten, Fehler zu machen.
Das Aufnahmegerät benutze ich immer noch, und bei jedem Einsatz muss ich daran denken, wie meine Tante es mir gekauft hat: diese kleine Frau im Sari in dem Stader Elektroladen. Heute freue ich mich über diese Szene. Es war eine Lehrstunde in marktwirtschaftlicher Preisbildung und in Kulturwissenschaften. Es war ein Stück Globalisierung."
(Kazim, 2009)

Der Austausch zwischen Hasnain Kazim, seiner Tante und dem Verkäufer in einem Elektronikladen zeigt den inzwischen in Deutschland täglich vorkommenden Austausch zwischen Menschen unterschiedlicher Kulturen. Kultur ist veränderlich, wie sich Gesellschaften insgesamt verändern, und die Herkunft des Menschen ist nur einer der seine Persönlichkeit bestimmenden Faktoren. Darüber hinaus hat jeder Mensch seinen eigenen, ganz individuellen kulturellen Hintergrund, der von sehr vielen Faktoren beeinflusst wird:

- die spezifische Situation der Familie
- die sozialpädagogischen Einrichtungen
- die Schule
- die Ausbildung
- das Geschlecht
- der Beruf
- die Altersgruppe
- Hobbys
- Vereine
- die Religion
- die Sprache etc.

Kultur umfasst immer sowohl gesamtgesellschaftliche als auch sehr individuelle Aspekte, was auch in der folgenden Definition deutlich wird:

Kultur
Kultur umfasst all die Handlungen und Produkte, die sich Menschen zur Bewältigung, zur Erleichterung und zur Gestaltung ihres (Alltags-)Lebens schaffen. Dazu gehören der große Bereich der Kunst und der Literatur ebenso wie Kleidung, Essen, Trinken oder technische Errungenschaften. Darüber hinaus umfasst der Kulturbegriff auch die vielfältigen Lebensweisen, die Grundrechte der Menschen sowie ihre Wertesysteme, ihre Traditionen und ihre Überzeugungen. Kulturkreise umfassen Menschen, deren Kultur sich in gewisser Weise gleicht.

Da Kultur unmittelbar mit dem Menschsein verknüpft ist, betrifft der zwischenmenschliche Umgang mit Menschen anderer kultureller Herkunft immer auch die Achtung vor deren Würde. Die Achtung vor der Würde wiederum wurde in die Verfassung der Bundesrepublik Deutschland aufgenommen und wird auch in all den Ländergesetzen formuliert, die sich auf Erziehung, Bildung und Jugendhilfe insgesamt beziehen.

„Kulturelle Unterschiede manifestieren sich auf verschiedene Weise. Unter den vielen Begriffen, mit denen man [...] Kultur beschreibt, decken die vier folgenden zusammen genommen den Gesamtzusammenhang recht gut ab: Symbole, Helden, Rituale und Werte. [...] Den Kern der Kultur [...] bilden die Werte. Als Werte bezeichnet man die allgemeine Neigung, bestimmte Umstände anderen vorzuziehen. Werte sind Gefühle mit einer Orientierung zum Plus- oder zum Minuspol hin. Sie betreffen: böse – gut, schmutzig – sauber, hässlich – schön, unnatürlich – natürlich, anomal – normal, paradox – logisch, irrational – rational. Werte gehören zu den ersten Dingen, die ein Kind lernt – nicht bewusst, sondern implizit. Entwicklungspsychologen glauben, dass das Grundwertesystem bei den meisten Kindern im Alter von 10 Jahren fest verankert ist und Änderungen nach diesem Alter schwierig sind. Viele der eigenen Werte sind dem betreffenden Menschen nicht bewusst, weil er sie so früh im Leben erworben hat. Man kann daher nicht über sie diskutieren, und für Außenstehende sind sie nicht direkt wahrnehmbar. Man kann lediglich aus der Art und Weise, wie Menschen unter verschiedenen Umständen handeln, auf sie schließen."
(Hofstede, 1997, S. 7ff.)

Interkulturelles Lernen
Die Werte der einzelnen Kulturen unterscheiden sich unterschiedlich stark voneinander. In einer inzwischen so vielfältig geworden Gesellschaft wie in Deutschland ist es daher erforderlich, dass die Menschen lernen, mit diesen unterschiedlich „nahen" Kulturen zufriedenstellend umzugehen. Dieser Umgang muss gelernt werden. Da sich die Grundwertesysteme im ersten Lebensjahr weitgehend festigen, sind hier neben den Familien und Grundschulen auch die sozialpädagogischen Fachkräfte in den Einrichtungen besonders gefordert, das interkulturelle Lernen der Kinder zu unterstützen.

Interkulturell
Interkulturalität bezeichnet „Austauschprozesse zwischen Kulturen, genauer gesagt: zwischen Personen oder Gruppen mit unterschiedlichem Kulturhintergrund" (Grosch, 1998, S. 356). Interkulturelle Kompetenz ist die Fähigkeit und

Bereitschaft, mit Menschen aus anderen Kulturen erfolgreich und für alle Seiten zufriedenstellend umgehen zu können. Diese Kompetenz entwickelt sich durch interkulturelles Lernen. Pädagogik, Psychologie und Politik befassen sich seit nicht viel mehr als 40 Jahren mit interkulturellem Lernen. Dabei war Interkulturalität zunächst vor allem Gegenstand politischer Debatten, bevor sie in den Blick erzieherischer und schulischer Bemühungen rückte.

Interkulturelles Lernen zielt darauf ab, die **Kompetenzen** zu entwickeln, die Voraussetzungen dafür sind, dass Menschen unterschiedlicher Herkunft, Kultur und Religion gemeinsam leben sowie miteinander und voneinander lernen können:
- Einer der ersten Schritte interkulturellen Lernens muss sich auf die Wahrnehmung anderer Kulturen konzentrieren.
- Damit verbunden muss es zu einer Relativierung eigener Perspektiven kommen, d.h., man muss lernen, auch solche Menschen zu achten, die eine andere Sicht auf viele Dinge des Lebens haben. Dies darf nicht als eine Relativierung wesentlicher Werte missverstanden werden. Es geht dabei nicht darum, Konflikte auszublenden, sondern zu lernen, trotz aller möglichen Verschiedenheit die Würde des Anderen zu achten und gegebenenfalls auch zu verteidigen.
- Eine solche Achtung von anderen Kulturen und Religionen erfordert ein hohes Maß an Toleranz. Dazu ist es hilfreich, die Sinnhaftigkeit der anderen Kulturen wahrzunehmen.
- In professionellen pädagogischen Zusammenhängen ist es wichtig, dass die Kinder und Jugendlichen aller Kulturkreise, die in der Einrichtung vertreten sind, diese Lernschritte vollziehen. Nur so kann erreicht werden, dass die jeweils anderen Kulturen als wertvoll akzeptiert werden.

Interkulturelles Lernen und Leben verfolgt in erster Linie das Ziel, die Verständigung und das friedliche Zusammenleben der Menschen zu fördern. Da die Menschen in ihrer Kindheit besonders viel, besonders leicht und vor allem in hohem Maße unbewusst lernen, muss interkulturelles Lernen in sozialpädagogischen Einrichtungen einen besonders hohen Stellenwert haben.

Sozialpädagogische Fachkräfte müssen in ihrer alltäglichen Arbeit allerdings darauf achten, dass interkulturelles Lernen nicht zum einzig bestimmenden Anliegen ihrer Arbeit wird, denn so könnte sich die Vorstellung entwickeln, allein die Herkunftsfamilie und ihre Kultur mache die Gesamtpersönlichkeit der Kinder oder Jugendlichen aus.

Interkulturelles Lernen und die sich daraus ergebende interkulturelle Bildung sind wesentlicher Bestandteil des Erziehungs- und Bildungsauftrags aller pädagogischen Institutionen. In unterschiedlicher Weise formuliert zielt dieser Auftrag darauf ab, dass die Kinder und Jugendlichen lernen, in ihrem sozialen Handeln den folgenden Prinzipien zu entsprechen:
- Humanität
- Freiheit und Verantwortung
- Solidarität und Völkerverständigung
- Demokratie und Toleranz

Um dies zu erreichen, ist es wichtig, dass die sozialpädagogischen Fachkräfte die Entwicklung von
- Neugier,
- Offenheit und
- Verständnis

für Kinder mit anderem kulturellen Hintergrund initiieren und fördern.

Sie sollten es den Kindern und Jugendlichen ermöglichen,
- das fremde kulturelle Leben kennenzulernen,
- sich mit ihm auseinanderzusetzen,
- entstehende Ängste zu verarbeiten und
- kulturell bedingte Spannungen auszuhalten.

Eine besonders schwierige Aufgabe ist es häufig, den Kindern zu helfen,
- ihre Vorurteile Fremdem gegenüber überhaupt als solche wahr- und ernst zu nehmen,
- das Anderssein zu respektieren,
- den eigenen Standpunkt zu überdenken und kritisch zu prüfen und
- Verständnis zu entwickeln.

All dies muss natürlich auch von den sozialpädagogischen Fachkräften selbst geleistet werden.

In diesem Zusammenhang ist ihr Vorbild in ganz besonderem Maße von Bedeutung. Den Kindern und Jugendlichen und auch den sozialpädagogischen Fachkräften muss es gelingen, die Perspektive zu wechseln und Kinder mit fremdem kulturellen Hintergrund wahrzunehmen. Nur so kann es gelingen, manche Verhaltensweisen und Ängste dieser Kinder zu verstehen.

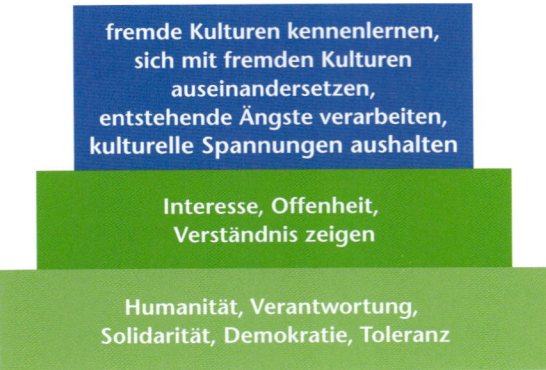

Grundlagen und Prinzipien interkulturellen Lernens

Wie bereits erwähnt, darf interkulturelle Erziehung nicht auf ein bloßes „Gleichmachen" abzielen, denn hierbei verliert ein Kind sehr schnell seine Identität, ohne in der Lage zu sein, eine neue zu finden. Kinder und Jugendliche, die nicht wissen, wer sie sind und wohin sie wirklich gehören, haben häufig große Orientierungs- und Entwicklungsschwierigkeiten.

Sozialpädagogische Einrichtungen und Schulen können es zwar nicht allein schaffen, ein gleichberechtigtes und tolerantes Zusammenleben der Menschen verschiedener Kulturen in einer Gesellschaft zu erreichen; ihr Einfluss hierbei ist allerdings nicht zu unterschätzen (vgl. Senatsverwaltung für Bildung, 2009).

Gemeinsames Lernen

Das gemeinsame Lernen von Menschen mit unterschiedlichem kulturellem Hintergrund muss bestimmte Kriterien erfüllen, wenn das Ziel eines für alle zufriedenstellenden Zusammenlebens erreicht werden soll:

- Die Kinder und Jugendlichen müssen sich in Lernumgebungen entwickeln können, die die kulturellen Besonderheiten gleichberechtigt einbeziehen und achten.
- Die Kinder und Jugendlichen müssen über gleiche Rechte und gleiche Chancen verfügen.
- Interkulturelles Lernen muss sich unter Respektierung der Gemeinsamkeiten und der Unterschiede vollziehen.
- Interkulturelles Lernen ist immer auch kommunikatives Lernen.
- Interkulturelles Lernen schließt die Entwicklung einer neuen Fremdwahrnehmung aller Beteiligten und die damit verbundene Fähigkeit und Bereitschaft zum Perspektivwechsel ein.
- Wenn ein zufriedenstellendes Zusammenleben gelingen soll, müssen alle Beteiligten lernen, sich zu verändern und aufeinander zuzugehen.

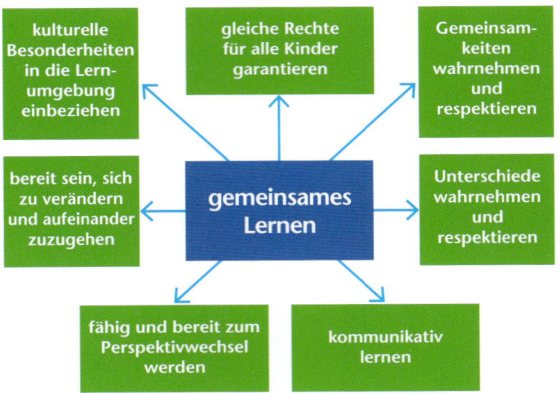

Pädagogische Herausforderungen

Sozialpädagogische Fachkräfte, die interkulturelles Lernen gezielt und bewusst fördern, müssen mit einer ganzen Reihe von Schwierigkeiten rechnen, die sich aus folgenden Faktoren ergeben können:
- Herkunft und Lebensgeschichte des Kindes und seiner Familie
- akzeptierte Erziehungsmittel und -stile
- erwünschte Geschlechterrollen
- Bildungsverständnis
- Demokratieverständnis
- Freiheitsverständnis
- kulturelle und soziale Heterogenität
- Gründe der Migration (Krieg, Verfolgung, Armut etc.)
- Traumata bzw. besondere Existenzängste
- kulturell bedingte Konflikte zwischen Migranten etc.

Die möglichen Ursachen für Schwierigkeiten bei der gemeinsamen Erziehung von Kindern unterschiedlicher kultureller Herkunft sind sehr vielfältig und führen immer wieder zu Konflikten, auf die die sozialpädagogischen Fachkräfte reagieren müssen. In Konfliktsituationen ist es besonders wichtig, dass die sozialpädagogischen Fachkräfte

- Entscheidungen nicht ausweichen und handeln,
- alle Beteiligten gleichermaßen achten und wertschätzen,
- klären, was an den Konflikten kulturell und was nicht kulturell bedingt ist,
- sich zur Klärung kulturbedingter Konflikte das notwendige Wissen erarbeiten,
- im Klärungs- und Lösungsprozess auf Gleichberechtigung aller achten,
- im Konfliktlösungsprozess fremde Einstellungen und Werte achten (vgl. Nieke, 1995, S. 243 ff.).

Toleranz

Gemeinsames interkulturelles Lernen erfordert ein hohes Maß an Toleranz – von den sozialpädagogischen Fachkräften wie von den Kindern und Jugendlichen. Die UNESCO verabschiedete 1995 eine Erklärung dazu, in der sehr klar formuliert wird, was unter Toleranz – auch im Sinne des Zusammenlebens von Menschen mit unterschiedlichem kulturellem Hintergrund – zu verstehen ist. Dort heißt es:

„Entschlossen, alle positiven Schritte zu unternehmen, die notwendig sind, um den Gedanken der Toleranz in unseren Gesellschaften zu verbreiten – denn Toleranz ist nicht nur ein hoch geschätztes Prinzip, sondern eine notwendige Voraussetzung für den Frieden und für die wirtschaftliche und soziale Entwicklung aller Völker, erklären wir:

Artikel 1: Bedeutung von ‚Toleranz'

1.1 Toleranz bedeutet Respekt, Akzeptanz und Anerkennung der Kulturen unserer Welt, unserer Ausdrucksformen und Gestaltungsweisen unseres Menschseins in all ihrem Reichtum und ihrer Vielfalt. Gefördert wird sie durch Wissen, Offenheit, Kommunikation und durch Freiheit des Denkens, der Gewissensentscheidung und des Glaubens. Toleranz ist Harmonie über Unterschiede hinweg. Sie ist nicht nur moralische Verpflichtung, sondern auch eine politische und rechtliche Notwendigkeit. Toleranz ist eine Tugend, die den Frieden ermöglicht, und trägt dazu bei, den Kult des Krieges durch eine Kultur des Friedens zu überwinden.

1.2 Toleranz ist nicht gleichbedeutend mit Nachgeben, Herablassung oder Nachsicht. Toleranz ist vor allem eine aktive Einstellung, die sich stützt auf die Anerkennung der allgemein gültigen Menschenrechte und Grundfreiheiten anderer. Keinesfalls darf sie dazu missbraucht werden, irgendwelche Einschränkungen dieser Grundwerte zu rechtfertigen. Toleranz muss geübt werden von einzelnen, von Gruppen und von Staaten.

1.3 Toleranz ist der Schlussstein, der die Menschenrechte, den Pluralismus (auch den kulturellen Pluralismus), die Demokratie und den Rechtsstaat zusammenhält. Sie schließt die Zurückweisung jeglichen Dogmatismus und Absolutismus ein und bekräftigt die in den internationalen Menschenrechtsdokumenten formulierten Normen.

1.4 In Übereinstimmung mit der Achtung der Menschenrechte bedeutet praktizierte Toleranz weder das Tolerieren sozialen Unrechts noch die Aufgabe oder Schwächung der eigenen Überzeugungen. Sie bedeutet für jeden einzelnen Freiheit der Wahl seiner Überzeugungen, aber gleichzeitig auch Anerkennung der gleichen Wahlfreiheit für die anderen. Toleranz bedeutet die Anerkennung der Tatsache, dass alle Menschen, natürlich mit allen Unterschieden ihrer Erscheinungsform, Situation, Sprache, Verhaltensweisen und Werte, das Recht haben, in Frieden zu leben und so zu bleiben, wie sie sind. Dazu gehört auch, daß die eigenen Ansichten anderen nicht aufgezwungen werden dürfen. [...]

Artikel 4: Bildung und Erziehung

4.1 Bildung ist das wirksamste Mittel gegen Intoleranz. Der erste Schritt bei der Vermittlung von Toleranz ist die Unterrichtung des einzelnen Menschen über seine Rechte und Freiheiten und die damit verbundenen Ansprüche sowie die Herausbildung des Willens zum Schutz der Rechte und Freiheiten anderer Menschen.

4.2 Erziehung zur Toleranz gehört zu den vordringlichsten Bildungszielen. Deshalb ist es notwendig, für den Unterricht zum Thema Toleranz systematische und rationale Lehrmethoden zu verbreiten, die aufklären über die kulturellen, sozialen, wirtschaftlichen, politischen und religiösen Wurzeln von Intoleranz – und damit über die tieferen Ursachen von Gewalt und Ausgrenzung. Bildungspolitik und Lehrpläne sollen ihren Beitrag leisten zur Verständigung, Solidarität und Toleranz zwischen Individuen ebenso wie zwischen ethnischen, sozialen, kulturellen, religiösen oder Sprachgruppen und zwischen den Nationen.

4.3 Erziehung zur Toleranz soll sich bemühen, das Entstehen von Angst vor anderen und der damit verbundenen Ausgrenzungstendenz zu verhindern. Sie soll jungen Menschen bei der Ausbildung ihrer Fähigkeit zur unabhängigen Wertung, zum kritischen Denken und zur moralischen Urteilskraft helfen."

(Deutsche UNESCO-Kommission e. V., 2009)

Obwohl die hier enthaltenen Forderungen leicht nachvollziehbar sind, muss man sich fragen, warum die Menschen in allen Teilen der Welt oft nicht tolerant im Sinne der UNESCO-Erklärung sind oder sein können. Eine der wichtigsten Ursachen hierfür sind die Vorurteile der Menschen.

Vorurteile

Man könnte zunächst meinen, es sei erstrebenswert, vorurteilsfrei zu sein oder zu werden. Fragt man Menschen „Haben Sie Vorurteile?", werden viele von ihnen mit einem klaren „Nein!" antworten und nicht wissen, dass dies nicht möglich ist. Der Grund dafür, dass alle Menschen Vorurteile haben, liegt in der Komplexität und Kompliziertheit der Welt. Man kann nicht alles wissen und muss sich dennoch entscheiden.

Vorurteil
Ein Vorurteil ist das, was ein Mensch weiß, ohne dass er dieses Wissen überprüft und verifiziert hat. Häufig wäre eine solche Verifizierung auch gar nicht möglich. Vorurteile werden subjektiv als „objektive Erkenntnis" erlebt.

Stereotype
Bei Stereotypen handelt es sich um vereinfachende und verallgemeinernde Erfahrungen oder Vorstellungen über andere Menschen oder sich selbst. Stereotype helfen, die Komplexität der sozialen und gesellschaftlichen Welt im Erleben des einzelnen Menschen zu vermindern. Sie helfen bei der Überwindung von Unsicherheit, Angst und Bedrohung und erleichtern den Umgang mit eigenen Minderwertigkeitsgefühlen.

All dies führt dazu, dass sie nur schwer abgebaut werden können, obwohl inzwischen allgemein bekannt ist, dass Vorurteile und Stereotype das Zusammenleben von Menschen mit unterschiedlichem kulturellem Hintergrund erschweren, wenn nicht gar gefährden.

„Vorurteile werden abgebaut, wenn
- bei der Begegnung beiden Seiten der gleiche Status zukommt,
- es sich um intensive Kontakte handelt,
- die Begegnung erfreulich, angenehm und befriedigend verläuft,
- beide Seiten ein gemeinsames Ziel zu erreichen suchen oder wenn übergeordnete gemeinsame Überzeugungen und Werteorientierungen [...], wichtiger erscheinen als individuelle Ziele [...].

Vorurteile werden verstärkt, wenn
- die Kontaktsituation durch Konkurrenz zwischen Gruppen bestimmt ist,
- der Kontakt unerwünscht und unerfreulich ist und spannungsgeladen und frustrierend verläuft,
- der Kontakt das Prestige und den Status einer beteiligten Seite mindert,
- wenn die Beteiligten einander widersprechende moralische oder ethische Grundpositionen haben."

(Maletzke, 1996, S. 173)

Natürlich sind auch die sozialpädagogischen Fachkräfte nicht frei von Vorurteilen und Stereotypen. Daher müssen auch sie in der Praxis den Umgang mit fremden Kulturen immer weiterentwickeln.

3.4.7 Inklusion

Bereits seit den 1970er Jahren gibt es Bestrebungen, Kinder mit und ohne Behinderung gemeinsam in Kindergarten und Schule aufwachsen und lernen zu lassen. Diese Bestrebungen wurden im Elementarbereich teilweise, im schulischen Bereich wenig verwirklicht. Erst 2006 im Zuge der Verabschiedung der **Behindertenrechtskonvention** der Vereinten Nationen (UN) wurden die damaligen Ansätze neu aufgegriffen, mit dem Ziel, die gleichberechtigte Teilhabe von Menschen mit Behinderung in allen gesellschaftlichen Bereichen zu ermöglichen. Diese Konvention wurde am 30. März 2007 durch die Bundesrepublik Deutschland unterzeichnet und ist seit dem 26. März 2009 für alle staatlichen Stellen in Deutschland verbindlich. Mittlerweile sind ihr über 150 Staaten beigetreten, die sich damit verpflichten, ihre Vorgaben in nationale Gesetze zu übertragen. In 50 Artikeln beschreibt die Konvention genaue Regelungen. So heißt es in Artikel 24:

„Die Vertragsstaaten anerkennen das Recht von Menschen mit Behinderungen auf Bildung. Um dieses Recht ohne Diskriminierung und auf der Grundlage der Chancengleichheit zu verwirklichen, gewährleisten die Vertragsstaaten ein integratives Bildungssystem auf allen Ebenen und lebenslanges Lernen mit dem Ziel,
a) die menschlichen Möglichkeiten sowie das Bewusstsein der Würde und das Selbstwertgefühl des Menschen voll zur Entfaltung zu bringen und die Achtung vor den Menschenrechten, den Grundfreiheiten und der menschlichen Vielfalt zu stärken;
b) Menschen mit Behinderungen ihre Persönlichkeit, ihre Begabungen und ihre Kreativität sowie ihre geistigen und körperlichen Fähigkeiten voll zur Entfaltung bringen zu lassen;
c) Menschen mit Behinderungen zur wirklichen Teilhabe an einer freien Gesellschaft zu befähigen."
(Bundesgesetzblatt, 2008)

Die Konvention beschäftigt sich aber nicht nur mit Bildung, sondern beispielsweise auch mit Barrierefreiheit (Artikel 9), Selbstbestimmung (Artikel 19) und dem Arbeitsmarkt (Artikel 27).
2011 hat die Bundesregierung erstmals einen Bericht zum Stand der Umsetzung der UN-Konvention in Deutschland vorgelegt. Der positiven Sichtweise dieses Berichts wurde allerdings von vielen Behindertenorganisationen widersprochen. Von mehreren Seiten wurde auch darauf hingewiesen, dass in der offiziellen deutschen Übersetzung der UN-Konvention die englischen Begriffe „inclusion/inclusive education" fälschlicherweise mit „Integration/integratives Bildungssystem" übersetzt wurden (vgl. Schumann, 2009). Diese Übersetzung entspricht nur unzureichend dem Geist der UN-Konvention. Schließlich unterscheidet Integration noch zwischen Kindern mit und ohne Behinderung bzw. sonderpädagogischem Förderbedarf, wobei Letztere integriert werden müssen. Dagegen geht die inklusive Pädagogik von der Vielfalt aller Menschen aus und versucht auf diese Vielfalt Antworten zu finden, um eine optimale Unterstützung für alle Kinder und Jugendlichen zu erreichen. Inklusion versucht also die Rahmenbedingungen so zu verändern, dass alle Menschen (mit und ohne Behinderung oder Besonderheiten) optimal unterstützt werden können.

Integration

bedeutet, dass Menschen mit sonderpädagogischem Förderbedarf in eine Gruppe von Menschen ohne sonderpädagogischen Förderbedarf integriert werden. Das Umfeld muss an die Möglichkeiten des Menschen mit Behinderung angepasst werden.

Inklusion

bedeutet, die Unterschiedlichkeit der Menschen zu beachten und Rahmenbedingungen so zu gestalten, dass alle eine optimale Entfaltungsmöglichkeit erlangen. Dies bezieht sich auf alle Bereiche der Gesellschaft. Ziel ist die größtmögliche Selbstbestimmung aller.

Das Konzept der Inklusion ist somit als Weiterführung von Integration anzusehen:

„Ist mit Integration die Eingliederung von bisher ausgesonderten Personen gemeint, so will Inklusion die Verschiedenheit im Gemeinsamen anerkennen, d. h., der Individualität und den Bedürfnissen aller Menschen Rechnung tragen. Die Menschen werden in diesem Konzept nicht mehr in Gruppen (z. B. hochbegabt, behindert, anderssprachig ...) eingeteilt. Während im Begriff Integration noch ein vorausgegangener gesellschaftlicher Ausschluss

mitschwingt, bedeutet Inklusion Mitbestimmung und Mitgestaltung für alle Menschen ohne Ausnahme. Inklusion beinhaltet die Vision einer Gesellschaft, in der alle Mitglieder in allen Bereichen selbstverständlich teilnehmen können und die Bedürfnisse aller Mitglieder ebenso selbstverständlich berücksichtigt werden. Inklusion bedeutet, davon auszugehen, dass alle Menschen unterschiedlich sind und dass jede Person mitgestalten und mitbestimmen darf. Es soll nicht darum gehen, bestimmte Gruppen an die Gesellschaft anzupassen."
(Krög, 2005, o. S.)

Die Wurzeln der Inklusionsidee sind unter anderem im sogenannten **Normalisierungsprinzip** zu finden, welches in den 1950er Jahren in Dänemark entwickelt und von dem Schweden Bengt Nirje ausgearbeitet wurde. Ziel ist es, für Menschen mit Behinderung Lebensbedingungen zu schaffen, die den Lebensgegebenheiten und -gewohnheiten ihres Kulturkreises entsprechen, sodass sie ein Leben „so normal wie möglich" (Thimm, 1984, S. 17 f.) führen können. Dies bezieht sich insbesondere auf den normalen Tages-, Wochen- und Jahresrhythmus mit seinen Ritualen und Gewohnheiten (schlafen, aufstehen, Wochenende, Feste, Geburtstage) als auch auf das Erleben des normalen Lebenszyklus in Familie, in pädagogischen Einrichtungen und im Beruf. Das Recht auf Selbstbestimmung soll dabei für alle Kinder und Jugendliche – unter Einschluss ihrer Sexualität – gleichermaßen sichergestellt sein.

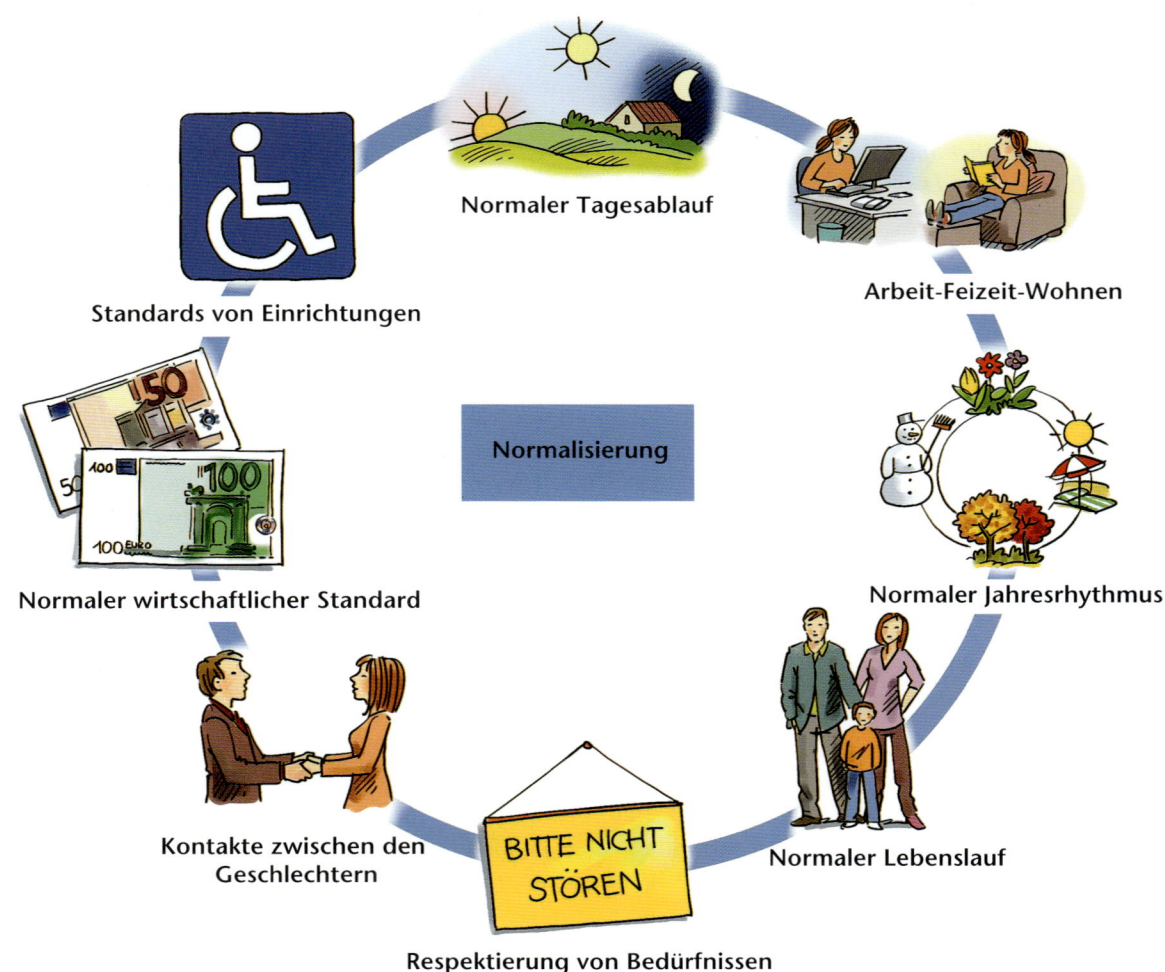

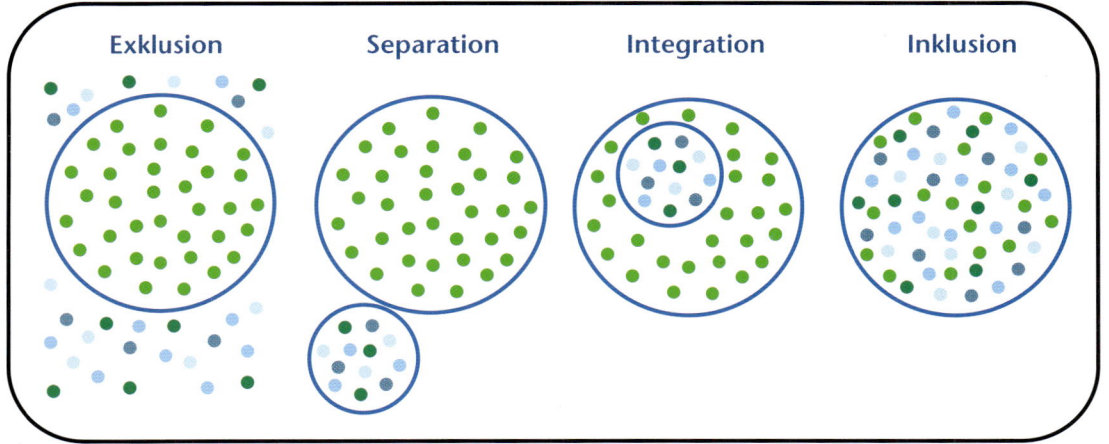

Die Unterschiede zwischen Inklusion, Integration, Exklusion und Segregation lassen sich schematisch darstellen.

Folgende Beispiele verdeutlichen die unterschiedlichen Aspekte von Inklusion:

Beispiel
Der Kölner Elternverein „mittendrin e. V." engagiert sich für die Umsetzung der Inklusion an Regelschulen. Seit 2006 vertritt der Verein mit seiner Kampagne „Eine Schule für alle" den Inklusionsgedanken in der Öffentlichkeit. Gefordert wird eine konsequente Umsetzung der gemeinsamen Beschulung von Kindern mit und ohne Beeinträchtigungen – und zwar von Anfang an. Die normale Regelschule wird als Ort einer optimalen Förderung besonders herausgestellt. Als Voraussetzung dafür wird auf die Verbesserungswürdigkeit einer besonderen individuellen Förderung der Kinder, aber auch auf die Verbesserung der Lehrerausbildung hingewiesen. Weitere Informationen finden sich unter www.eine-schule-fuer-alle.info.

Beispiel
Die Petra Lustenberger Stiftung bemüht sich um die Inklusion von Armut betroffener Kinder – z. B. durch Kochkurse. Der Grundgedanke ist, dass das Thema der gesunden Ernährung auch eine Frage des sozialen Status ist. Der Kochkurs für Kinder zeigt zum einen, wie man sich gesund ernähren kann. Gleichzeitig wird so eine sinnvolle Freizeitbeschäftigung angeboten. Gefördert werden außerdem die Kreativität und das Selbstvertrauen der Kinder durch die erlernten Fähigkeiten. Außerdem entstehen neue soziale Kontakte zwischen den Kindern. Da die Kosten durch die Stiftung übernommen werden, können gerade auch Kinder aus armen Familien teilnehmen. Die Kurse sind also ein Beitrag zur gesellschaftlichen Teilhabe. Weitere Informationen finden sich unter www.petra-lustenberger-stiftung.de.

Beispiel
In Hamburg wird mit dem Projekt „Family Literacy" die Sprachkompetenz von Kindern mit Migrationshintergrund im Vor- und Grundschulalter gefördert. Die Eltern werden dabei gezielt miteinbezogen, außerdem gibt es gemeinsame außerschulische Aktivitäten. Da das Angebot einfach strukturiert ist, kommt es besonders niedrigschwellig zum Einsatz. Durch die Verbesserung der Sprachkenntnisse wird so ein Beitrag zur Inklusion von Menschen mit Migrationshintergrund geleistet. Weitere Informationen finden sich unter http://li.hamburg.de/family-literacy.

Wie diese Beispiele zeigen, betrifft Inklusion nicht nur Kinder mit Behinderung oder einem sogenannten sonderpädagogischen Förderbedarf, sondern auch Kinder mit Migrationshintergrund oder aus von Armut betroffenen Familien. Ebenfalls ist eine geschlechtersensible Pädagogik Teil der Inklusion.

Inklusion ist also ein sehr weit gefasster Begriff und bezieht sich nicht nur auf Menschen mit sonderpädagogischem Förderbedarf, auch wenn der weit überwiegende Teil der wissenschaftlichen und öffentlichen Debatte auf diese Gruppe Bezug nimmt.

Relevanz des Begriffs für sozialpädagogische Fachkräfte

Für sozialpädagogische Fachkräfte stellt der Anspruch, eine inklusive Pädagogik zu verwirklichen, eine besondere Herausforderung dar. Ihnen obliegt es, die Rahmenbedingungen und pädagogischen Prozesse so zu gestalten, dass eine optimale Unterstützung aller gelingen kann. Inklusion zu verwirklichen ist also eine echte **Querschnittsaufgabe** pädagogischer Arbeit und hat Eingang in die Bildungspläne der Länder gefunden. Als erste **strukturelle Voraussetzungen** für gelungene Inklusion können

- ausreichende Personalstärke,
- gezielte Aus- und Fortbildung,
- optimale Gruppengröße,
- gute räumliche Voraussetzungen
- und Unterstützung durch heilpädagogische Fachkräfte

benannt werden.

Da die Gestaltung pädagogischer Prozesse mit dem Ziel einer gelingenden Inklusion ein komplexer Vorgang ist, wird oftmals in einem **multiprofessionellen Team** gearbeitet, beispielsweise zusammen mit Heilerziehungspflegern, Logopädinnen, Psychologen oder Sonderpädagoginnen. Auch steigen die **Ansprüche an das professionelle Handeln:** So muss die Peer-Interaktion noch genauer beobachtet und ggf. gesteuert werden. Die Kommunikation zwischen der Fachkraft und Menschen mit besonderem Förderbedarf kann erschwert sein und ist in einigen Fällen eventuell nur mit Hilfsmitteln möglich. Eine individuelle Entwicklungsplanung erfordert außerdem gute Fachkenntnisse über die Unterstützungsmöglichkeiten und Entwicklungspotenziale der betreffenden Person, insbesondere also Kenntnisse über die Entwicklungsmöglichkeiten und -grenzen bei bestimmten Behinderungen/Beeinträchtigungen. Auch müssen Beobachtungs- und Dokumentationsvorlagen angepasst und mit Blick auf die Personen mit sonderpädagogischem Förderbedarf erweitert werden. Von großer Bedeutung ist zudem eine intensive Zusammenarbeit mit den Eltern, zum einen, um Aufklärungsarbeit bei den Familien zu leisten, die kein behindertes Kind haben. Zum anderen, um die Familien mit behinderten Kindern intensiv zu beraten. Eltern von Kindern mit sonderpädagogischem Förderbedarf haben unter Umständen andere Erwartungen oder Befürchtungen als andere Eltern. Schließlich muss auch neu über den Qualitätsbegriff inklusiver Einrichtungen nachgedacht werden.

Zusätzlich wird die Arbeit dadurch erschwert, dass die unterschiedlichen Leistungssysteme (Sozialhilfe/Kinder- und Jugendhilfe) zum Teil nur schwer in Einklang zu bringen sind.

Zurzeit gibt es immer noch viele spezielle Institutionen, die Menschen mit besonderem Förderbedarf besuchen, auch wenn dies dem Grundgedanken der Inklusion eigentlich zuwiderläuft. Zum Teil sind diese Einrichtungen auch stark auf ihren Erhalt bedacht, da sie ansonsten Privilegien (Betreuer-Schlüssel, Abrechnungsmodi, therapeutische Angebote) verlieren könnten. Diese Einrichtungen können in fünf Bereiche unterteilt werden (siehe Tabelle).:

Alter	Bereich	Beispiele für Institutionen	
0–3	Frühbereich/U3	Frühförderzentren	Wohnheime für Kinder mit Behinderung, heilpädagogische Heime
3–6	Elementarbereich	Sonderkindergarten, Förderkindergarten, integrative Kindertagesstätten	
6–15 bzw. 18	Schulbereich	Sonderschulen, Förderschulen	Internate in Verbindung mit den Sonderschulen
ab 15	Berufsbildender Bereich	Berufsförderungswerke, Berufsvorbereitungsjahr an berufsbildenden Schulen, Werkstätten für Menschen mit Behinderung	Wohnheime in Verbindung mit den Berufsförderungswerken oder den Werkstätten für Menschen mit Behinderung; Wohnheime für Menschen mit Behinderung; Wohngemeinschaften für Menschen mit Behinderung
ab 18	Bereich der Erwachsenenbildung	Berufsförderungswerke, Werkstätten für Menschen mit Behinderung	

(vgl. Bernitzke, 2011, S. 136)

Viele Befürworter dieser Institutionen argumentieren, dass Menschen mit sonderpädagogischem Förderbedarf nur in diesen spezialisierten Einrichtungen eine optimale Förderung erhalten können. Diese Argumentation ist insofern zutreffend, als die überwiegende Anzahl der Regeleinrichtungen noch nicht über die strukturellen Voraussetzungen für eine optimale Förderung verfügt. Für das professionelle inklusive Arbeiten der sozialpädagogischen Fachkraft sind Kenntnisse von auftretenden Behinderungen bzw. Beeinträchtigungen besonders wichtig.

Der Begriff „Behinderung"

Eine einheitliche Definition des Begriffs „Behinderung" zu finden ist kaum möglich, da je nach Interessenlage der Begriff unterschiedlich definiert wird. Die deutsche Gesetzgebung definiert „Behinderung" im Sozialgesetzbuch folgendermaßen:

„Menschen sind behindert, wenn ihre körperliche Funktion, geistige Fähigkeit oder seelische Gesundheit mit hoher Wahrscheinlichkeit länger als sechs Monate von dem für das Lebensalter typischen Zustand abweichen und daher ihre Teilhabe am Leben in der Gesellschaft beeinträchtigt ist. Sie sind von Behinderung bedroht, wenn die Beeinträchtigung zu erwarten ist."
(www.dejure.org, SGB IX §2, Abs. 1, 19.03.2013)

Eine sozialwissenschaftliche Definition lautet:

„Behinderung ist eine Bezeichnung für eine längerfristige Beeinträchtigung im Erleben und Verhalten einer Person, in ihrem Lebensvollzug und/oder in ihrer Teilhabe am gesellschaftlichen Leben, die Folge einer funktionellen Schädigung ist und besondere gesellschaftliche Hilfen erforderlich macht."
(Hobmair, 2009, S. 82)

Eine international anerkannte Beschreibung liefert die **ICF** (International Classification of Functioning, Disability and Health; Internationale Klassifikation der Funktionsfähigkeit, Behinderung und Gesundheit, vgl. Deutsches Institut für Medizinische Dokumentation und Information, 2005). Der Behinderungsbegriff der ICF zielt dabei auf die Funktionsfähigkeit des Menschen ab und beschreibt deren Beeinträchtigungen. Dabei geht es insbesondere um

- die körperliche Funktionsfähigkeit (z. B. Verdauung, Atmung, Stoffwechsel) und Körperstruktur (Organe und Gliedmaßen) eines Menschen,
- die Aktivitätsmöglichkeiten eines Menschen (Möglichkeiten zur Selbstverwirklichung),
- die Entfaltungs- und Teilhabemöglichkeiten eines Menschen (z. B. durch Lernen, Kommunikation, Mobilität, Selbstversorgung).

Diese erste Dimension der Funktionsfähigkeit eines Menschen wird dann in Relation zu sogenannten „Kontextfaktoren" gesetzt. Diese beeinflussen das Ausmaß der Schädigung und deren Bewältigungsmöglichkeit. Man unterscheidet dabei

- Umweltfaktoren (materielle und soziale Einflüsse, z. B. technische Hilfsmittel und Unterstützung) und
- personenbezogene Faktoren (Lebenslauf und Psyche der betroffenen Person).

Die Definition des ICF lenkt den Blick auf eine neue Sichtweise des Themas Behinderung, wie sie in den letzten zwei Jahrzehnten entstanden ist. Diese legt den Schwerpunkt nicht mehr auf Behinderung als Defizit und unterscheidet folglich auch nicht mehr zwischen einzelnen Behinderungsarten. Vielmehr wird Behinderung jetzt diskutiert unter einer **ressourcenorientierten Sichtweise**. Es geht also vor allem darum, welche Kompetenzen ein Mensch mit Behinderung hat und was er benötigt, um sich optimal zu entfalten.

Da der Begriff „Behinderung" selbst defizitorientiert ist, spricht man in der aktuellen Diskussion heute auch von **Mensch mit besonderem Förder- oder Unterstützungsbedarf**.

Folgt man der ICF-Definition, ergeben sich unterschiedliche Möglichkeiten, die Beeinträchtigung von Körperfunktionen und -strukturen zu klassifizieren (s. Tabelle auf der S. 522)

Beispiel
Melanie lebt unter den Bedingungen von Trisomie 21 (Down-Syndrom aufgrund einer Chromosomenschädigung) und gilt als geistig behindert. Sie hat Herzprobleme und Sehbeeinträchtigungen sowie einen geringen Muskeltonus. Lernen fällt Melanie unter den bestehenden Bedingungen schwer. Die Möglichkeiten einer persönlichen Verwirklichung und Selbstbestimmung sowie gesellschaftlichen Teilhabe können als eingeschränkt beschrieben

Beeinträchtigte Körperfunktionen und -strukturen	Beispiele
Beeinträchtigung geistiger Funktionen Struktur des Gehirns, des Rückenmarks	Schädigung von Bewusstsein, Intelligenz und Persönlichkeit, z. B. durch: • Psychosen • Neurosen • psychosomatische Krankheiten
Beeinträchtigung der Sinnesfunktionen (Sehen, Hören, Riechen)	Schädigungen der Augen, der Ohren oder der olfaktorischen Wahrnehmung
Beeinträchtigung von Stimm- und Sprechfunktionen	Schäden an Zunge, Mund und Nasenhöhle
Beeinträchtigung von Blutkreislauf und Atmungsfunktion	Herz-Kreislauf-Probleme, Asthma
Beeinträchtigung von Verdauung, Ausscheidung und Stoffwechsel	Schäden an den Verdauungsorganen
Beeinträchtigung von bewegungsbezogenen Funktionen	Schädigung der Muskeln, Spastiken und des Skeletts
Beeinträchtigung der Haut	Schädigung der Schutzfunktion der Haut
Beeinträchtigung der Genital- und Reproduktionsfunktion	Fortpflanzungsunfähigkeit

(vgl. Hagemann, 2009, S. 434)

werden. Dennoch kann sie einen Regelkindergarten besuchen. Die Eltern lieben Melanie und nehmen sie uneingeschränkt an, allerdings neigen sie dazu, Melanie sehr zu behüten. Deshalb kommen Melanie nicht alle notwendigen Unterstützungen zugute. Melanie ist häufig gut gelaunt, neigt aber zur Distanzlosigkeit, die nicht zuletzt auch die Folge des Schutzes der Eltern sein könnte.

Die Behinderung ist nicht nur von der individuellen Gesundheit oder den Beeinträchtigungen des Kindes abhängig, sondern hängt auch entscheidend davon ab, in welchem Maße die vorhandenen Rahmenbedingungen seine vollständige Beteiligung am gesellschaftlichen Leben begünstigen. Die Folgen von nicht adäquaten Unterstützungsangeboten bereits in der frühen Kindheit können bei Menschen mit Trisomie 21 z. B. zu Depressionen führen. Die Kinder ziehen sich in sich zurück, sie erleiden eine Isolation, dessen Folge Symptome eines Hospitalismus sein können. Jenseits dieser theoretischen Begriffsbestimmungen ist es für eine sozialpädagogische Fachkraft wichtig, Hintergrundwissen zum Thema Behinderung und Entwicklung zu haben, welches professionelles Arbeiten im Rahmen der Inklusion ermöglicht. Im Folgenden sollen daher zunächst die wichtigsten Ursachen von Behinderung und deren Folgen sowie schließlich die am häufigsten vorkommenden Behinderungen dargestellt werden.

Ursachen von Behinderung

Grundsätzlich lassen sich drei Ursachenbereiche unterscheiden:

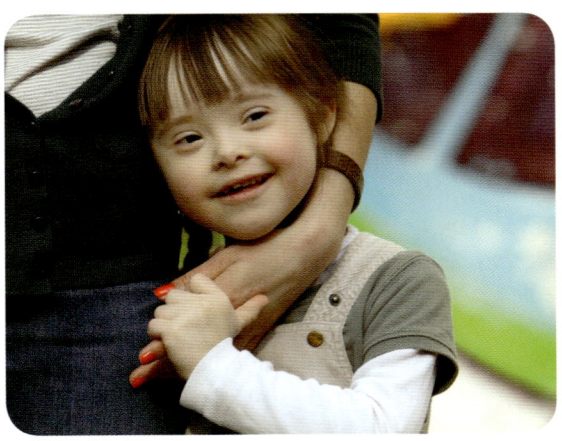

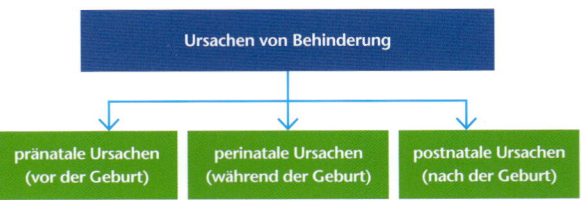

Pränatale Schäden können insbesondere hervorgerufen werden durch:
- Gendefekte
- Chromosomenschäden
- Keimzellenschäden
- Infektionskrankheiten der Mutter
- Fehl-/Mangelernährung der Mutter
- endokrine (hormonelle) Faktoren
- mechanische Faktoren (z. B. Unfall der Mutter)

In der pränatalen Entwicklungsphase ist die Verletzlichkeit des Fötus besonders hoch. Er ist besonders gefährdet durch Medikamente, chemische Stoffe und Drogen (Alkohol/Nikotin). Eine der bekanntesten Ursachen für eine Chromosomenveränderung, die nicht beeinflusst werden kann, ist die Trisomie 21 (Down-Syndrom).

Perinatale Schäden können hervorgerufen werden z. B. durch:
- Frühgeburt
- komplizierte Geburt
- Sauerstoffmangel bei der Geburt
- Verletzungen bei der Geburt

Auch wenn die meisten Geburten völlig problemlos verlaufen, kann es zu Komplikationen kommen, die eine dauerhafte Behinderung nach sich ziehen. Insbesondere ist das Kind durch Sauerstoffmangel und mechanische Einwirkungen auf den Kopf gefährdet.

Postnatale Ursachen von Schäden können sein:
- Fehl-/Mangelernährung des Kindes
- Krankheiten, die den Körper und insbesondere das Gehirn schädigen
- Unfälle

Auch in den ersten Lebensjahren ist das Kind während seiner Entwicklung besonders sensibel. Diverse Kinderkrankheiten, wie Hirnhautentzündung, Masern und Scharlach, können das Gehirn nachhaltig verändern.

Unfallbedingte Einschränkungen/Schädigungen können u. a. entstehen durch
- Hirnverletzungen – insbesondere sind hier bei Kindern unter einem Jahr zu nennen: Erstickungsunfälle, Stürze, Ertrinken, Unfälle durch Rauch und Feuer sowie Vergiftungen (vgl. Statistisches Bundesamt 2010),
- Rückenmarksverletzungen,
- Augenverletzungen.

Die bekannteste Unfallverletzung ist vermutlich die Querschnittslähmung, hervorgerufen durch eine tief greifende Rückenmarksverletzung. Menschen können aber z. B. auch durch einen Unfall erblinden oder an psychischen Krankheiten (wie z. B. Psychosen, Depressionen) leiden.

Nicht zu unterschätzen ist ebenfalls die Schädigung durch soziale Einflüsse. So kann das Fehlen einer liebevollen Bezugsperson zu emotionalen, sozialen und motorischen Mangelerscheinungen (Deprivation) führen. In der frühen Kindheit kann Deprivation sogar den Tod des Kindes zur Folge haben, wie Untersuchungen von René Spitz zeigten (vgl. Gerrig/Zimbardo, 2008, S. 396).

Körperliche Beeinträchtigungen

Körperliche Beeinträchtigungen führen in der Regel zu einer Bewegungsbeeinträchtigung. Diese kann von einer leichten Einschränkung bis zu einer schweren Lähmung reichen. Am häufigsten treten auf:

- **Bewegungsstörungen durch Hirnschädigungen (Cerebralparesen)**: Verändert sind hierbei insbesondere die Muskelspannung, die Bewegungskoordination und die Ausdrucksbewegungen. Infolge einer Cerebralparese kann die gesamte Entwicklung des Kindes beeinträchtigt sein.
- **Fehlbildungen der Gliedmaßen (Dysmelie/Amelie)**: Gliedmaßen können völlig fehlen oder missgebildet sein. Besonders bekannt sind die Fehlbildungen, die durch das Medikament Contergan Mitte des 20 Jh. hervorgerufen wurden.
- **Muskelschwund (progressive Muskeldystrophie)**: Am häufigsten verbreitet ist die progressive Beckengürtel-Muskeldystrophie vom Typ Duchenne – verursacht durch eine Erbkrankheit. Die Bewegungsmöglichkeit wird ab dem ersten Lebensjahr immer weiter eingeschränkt, bis im Alter von ca. 7 Jahren schwere Bewegungsbeeinträchtigungen entstehen.
- **Querschnittslähmungen**: Diese können von einer umfassenden Lähmung über Ausfälle einzelner motorischer Funktionsbereiche bis zu Sensibilitätsstörungen reichen. Betroffen ist das Rückenmark entweder infolge einer angeborenen Fehlbildung (Spina bifida) oder eines Unfalls.

Wahrnehmungsbeeinträchtigungen

Beeinträchtigt sind hier insbesondere die Fähigkeit zur Informationsaufnahme und -weiterleitung an das zentrale Nervensystem sowie die Informationsverarbeitung im Gehirn.

Die bekannteste Wahrnehmungsbeeinträchtigung ist vermutlich die Blindheit bzw. Sehbehinderung. Es gibt diverse unterschiedliche **Beeinträchtigungen des Sehens**. So kann es zu Ausfällen in der Gesichtsfeldmitte oder am Rand kommen. Die Sehschärfe kann betroffen sein oder das Bild ist eingetrübt. Die Augen können zittern, was dazu führt, dass Gegenstände nicht richtig fixiert werden können. Ebenso kann die Sehfähigkeit infolge von Schielen vermindert sein.

Auch bei der **Hörbeeinträchtigung** gibt es eine große Bandbreite, die von der Hörauffälligkeit bis zu einer vollen Taubheit reichen kann. Hörschädigungen können dabei hervorgerufen werden durch eine Schädigung des Ohrs, der Hörnerven oder des Hörzentrums im Gehirn. Da das Hören eine fundamentale Voraussetzung für den Spracherwerb darstellt, ist hier eine frühzeitige Diagnose besonders wichtig.

Kognitive Beeinträchtigungen

Folgende kognitive Beeinträchtigungen können unterschieden werden:

- **Lernbehinderung:** Diese zeigt sich an einer dauerhaften Lernbeeinträchtigung und Intelligenzrückstand (IQ zwischen 70 und 85). Betroffen sind hier u. a. die Fähigkeit zu lernen, sich zu konzentrieren, mit Genauigkeit wahrzunehmen und Sprache korrekt zu gebrauchen. Oftmals sind auch die Motorik sowie das Sozialverhalten eingeschränkt. Es gibt eine Vielzahl von Ursachen (Erziehung, organische Ursachen, schulische Einflüsse und Persönlichkeitsfaktoren). Eine alternative Definition des Begriffs „Lernbehinderung", die sich nicht nur auf den IQ bezieht, lautet:

„Eine Lernbehinderung liegt vor, wenn umfängliche, schwerwiegende und anhaltende Defizite bei der Bewältigung von intellektuellen Leistungsanforderungen festgestellt werden. Dabei ist die gesamte intellektuelle Entwicklung beeinträchtigt. Das Lernen (Erfassen und Anwenden von neuem Wissen, Handlungen etc.) ist in den meisten schulischen, aber auch in den außerschulischen Bereichen deutlich beeinträchtigt.

Zu beachten ist, dass sich eine Lernbehinderung nicht auf das schulische Lernen beschränkt, sondern auch auf das lebenslange Lernen: Auf jede Form des Lernens im Alltag und auf die Bewältigung des täglichen Lebens in jeder Altersstufe. Merkmale einer Lernbehinderung zeigen sich bereits in der Kindheit und enden nicht mit der Schulzeit. Deswegen ist die Früherkennung und Frühförderung elementar.

Eine Lernbehinderung zeigt sich nicht plötzlich, sondern tritt im Laufe der kindlichen Entwicklung immer deutlicher zum Vorschein. Einzelne verursachende Faktoren können sich gegenseitig verstärken:

- *punktuelle (zum Beispiel senso-motorische) Entwicklungsverzögerungen in den ersten Lebensjahren*
- *Lernwege sind nicht genügend optimiert, Lernstrategien nicht genügend ausgebildet, wenig Wissen = „schmale Lernbasis"*
- *Mangel an zielgerichteten Aktivitäten und Zunahme ungeeigneter Aktivitäten (Verhaltensauffälligkeiten)*
- *Versagen, Misserfolg*
- *Abnahme von Motivation und Anstrengungsbereitschaft*
- *Begabungsselbstbild zunehmend negativ; zunehmend misserfolgsmotiviert"*

(Lernen Fördern – Bundesverband, 2009)

- **Geistige Behinderung:** Diese liegt vor, wenn der IQ unter 70 liegt und das Leistungsvermögen wesentlich hinter dem der Altersgruppe zurückbleibt. Sie bedeutet eine signifikant verringerte Fähigkeit, neue oder komplexe Informationen zu verstehen und neue Fähigkeiten zu erlernen und anzuwenden. Gelernt werden kann hauptsächlich praktisch und anschaulich. Bedürfnisse müssen in der Regel unmittelbar befriedigt werden und das soziale Handeln ist deutlich eingeschränkt. Dadurch verringert sich die Fähigkeit, ein unabhängiges Leben zu führen. Die bekannteste Form der geistigen Behinderung ist die Trisomie 21 (Down-Syndrom).

IQ
steht für Intelligenzquotient. Dieser von William Stern (1871–1938) entwickelte Begriff ist eine Vergleichszahl, die anzeigt, ob eine Person in

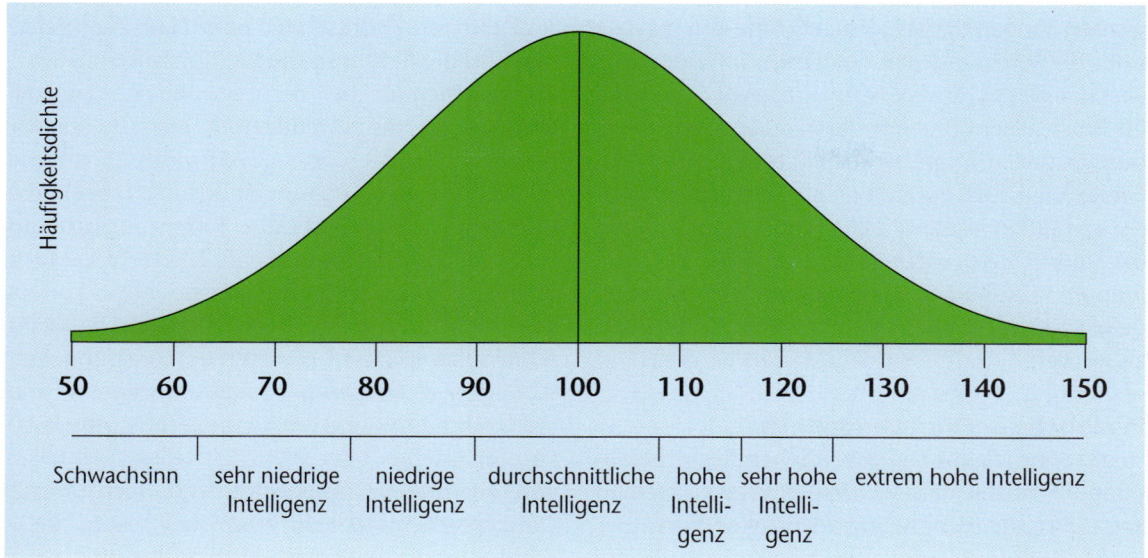

Häufigkeitsverteilung des IQ (Amelang u. a., 2006, S. 170)

sogenannten IQ-Tests besser oder schlechter abschneidet als der Durchschnitt der Altersgenossen. Er errechnet sich wie folgt: (Intelligenzalter : Lebensalter) * 100. Ein IQ von 100 entspricht dabei einem Durchschnittswert.

Emotionale, soziale und kommunikative Beeinträchtigungen

Zu dieser Gruppe zählen vorrangig Kinder und Jugendliche, die Entwicklungsverzögerungen oder Defizite im Bereich der Emotionalität und des Sozialverhaltens aufweisen. Aus unterschiedlichen Gründen haben diese Kinder noch keine altersangemessenen Fähigkeiten und Verhaltensweisen erwerben können. Sie können infolgedessen ihr kognitives Potenzial nicht voll entfalten und haben Schwierigkeiten im Kommunikationsverhalten.

Des Weiteren geht es um Kinder und Jugendliche mit einer Sprachbehinderung. Das Thema Sprache ist für sozialpädagogische Fachkräfte besonders wichtig. Sprachbehinderungen werden unterschieden in (vgl. Iven, 2012):

- verzögerte Sprachentwicklung (die Sprachentwicklung weicht deutlich von dem normalen Entwicklungsverlauf ab),
- Stottern, Stammeln und Poltern – hierbei handelt es sich um Störungen des Redeflusses,
- Dysgrammatismus – meint die Unfähigkeit, grammatikalisch und syntaktisch korrekte Sätze zu produzieren,
- Aphasie – nach bereits erfolgter Sprachentwicklung können sprachliche Inhalte nicht mehr aufgenommen oder geäußert werden,
- Stimmstörungen und Näseln – hier ist der stimmliche Anteil der Rede gestört,
- Mutismus – Sprechen und Sprache wird verweigert, obwohl der Betreffende sprech- und sprachfähig ist.

Als besonders ausgeprägte Form der emotionalen, sozialen und kommunikativen Beeinträchtigung ist Autismus zu nennen. Autistische Menschen sind – vermutlich aufgrund einer intensiven Wahrnehmungsstörung – nicht oder nur eingeschränkt in der Lage, mit ihrer Umwelt in Kontakt zu treten. Ebenfalls sind in diesem Bereich starke Angst und übermäßige Aggression zu nennen. Angst und Aggression sind angeborene und sinnvolle Verhaltensweisen. Angst schützt den Menschen vor risikoreichen Verhaltensweisen – Aggression hilft, sich in der sozialen Ordnung und Gesellschaft zurechtzufinden. In dem Bereich der Beeinträchtigungen werden sie genannt, wenn sie deutlich von dem abweichen, was als normal empfunden wird.

Das Einnässen (Enuresis) und Einkoten (Enkopresis) zählt zu den häufigsten Störungen im Kindesalter. Beide werden dann als Beeinträchtigung definiert, wenn sie wiederholt nach dem vierten Lebensjahr auftreten und das Kind organisch gesund ist.

Weiter sind in diesem Bereich die Ess- und Gewichtsstörungen zu nennen. Unterschieden werden können die Magersucht (Anorexia nervosa – der/die Betreffende hat deutliches Untergewicht/ weniger als 85 % des Normalgewichts) und die Ess-Brecht-Sucht (Bulimia nervosa – auf eine Heißhungerattacke folgt herbeigeführtes Erbrechen). Beides kann auch zusammen auftreten (Bulimanorexia). Mittlerweile tritt in der Kindheit auch häufig das starke Übergewicht auf (Adipositas).

Adipöse Personen essen häufig, ohne ein Hungergefühl zu haben, auch fehlt ihnen das Gefühl, satt zu werden.

Psychische Beeinträchtigungen

Es gibt eine Vielzahl an psychischen Beeinträchtigungen. Beispielhaft werden hier zwei Formen angeführt, die recht häufig anzutreffen sind:

- **Borderline-Persönlichkeitsstörungen:** Diese sind gekennzeichnet durch ein abweichendes Verhalten im kognitiven, sozialen und emotionalen Bereich. Auftreten können u. a. Angst, verlassen zu werden, extreme Haltungen zu anderen Menschen (Idealisierung/Ablehnung), unrealistisches Selbstbild, impulsives und selbstschädigendes Verhalten sowie starke Stimmungsschwankungen.
- **Depressionen:** Im Gegensatz zur landläufigen Meinung können auch Kinder und Jugendliche an Depressionen erkranken. Alarmzeichen sind insbesondere negative Grundeinstellungen, sozialer Rückzug und Selbstisolierung, Suizidankündigungen, Essstörungen, Aufgabe von Hobbys, Leistungsabfall in der Schule und Drogen-/Alkoholkonsum.

Eine Folge psychischer Störungen kann die Selbsttötung, der Suizid, sein. Bereits in der Altersgruppe der 5- bis 15-Jährigen treten Suizide auf. In der Altersgruppe der 15- bis 20-Jährigen ist der Suizid die zweithäufigste Todesursache (210 Fälle in 2008). Jungen sind dabei in dieser Altersgruppe dreimal häufiger gefährdet als Mädchen. Außerdem sind türkische Mädchen unter 18 Jahren eine Risikogruppe – sie haben eine doppelt so hohe Suizidrate wie deutsche in derselben Altersgruppe (vgl. Statistisches Bundesamt, 2010).

Teilleistungsstörungen

Unter Teilleistungsstörungen versteht man Entwicklungsstörungen in abgegrenzten Funktionsbereichen. Die häufigsten Teilleistungsstörungen sind die Lese-Rechtschreib-Schwäche (Legasthenie) und die Rechenschwäche (Dyskalkulie).

Zu beachten ist bei der Legasthenie, dass die Diagnose in der Öffentlichkeit recht inflationär gebraucht wird, während die wissenschaftliche Erforschung der Legasthenie deutlich strengere Kriterien anlegt. Diese Teilleistungsstörung kann differenziert werden in Merkfehler (auch häufig gebrauchte Worte können nicht korrekt geschrieben werden), Regelfehler (Groß-/Kleinschreibung, Getrennt-/Zusammenschreibung, Verstoß gegen Dehnungs-/Schärfungsregeln) und Wahrnehmungs- und Gliederungsfehler (Auslassen von Buchstaben oder Wort-/Satzteilen, Umstellen von Buchstaben, Spiegelung von Buchstaben). Die Legasthenie erlaubt ansonsten keinen Rückschluss auf die Intelligenz des Betroffenen.

Bei der Dyskalkulie handelt es sich um Schwierigkeiten beim Verständnis von Mengen und Zahlen. Auch der Umgang mit grundlegenden Rechenoperationen fällt besonders schwer, bei ansonsten aber mindestens durchschnittlicher Intelligenz (vgl. Bernitzke, 2011, S. 351 ff.)

Inklusion im Elementarbereich

Auch wenn die Mehrzahl von Konzeptionen in Kindertagesstätten das Ziel beinhalten, dass sich die Kinder mit ihren individuellen Interessen und Bedürfnissen gut entfalten können, dürfte dies in den wenigsten Fällen auch mit Blick auf Kinder mit sonderpädagogischem Förderbedarf formuliert sein.

Von allen Kindern mit sonderpädagogischem Förderbedarf besuchen rund 61% Regeleinrichtungen, in denen Inklusion stattfindet – 39 % besuchen aber immer noch spezielle Einrichtungen für Kinder mit sonderpädagogischem Förderbedarf. Damit ist Inklusion zwar schon weit verbreitet, aber noch lange nicht die Regel.

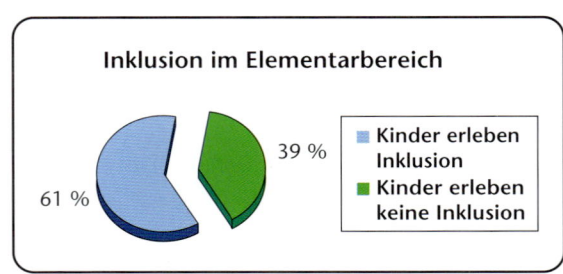

(vgl. Klemm, 2010, S. 13)

Damit der Umgang von nicht behinderten Kindern mit behinderten Kindern eine Selbstverständlichkeit wird, ist eine tägliche Begegnung möglichst von Kindheit an notwendig. So erfahren die Kinder ihre Unterschiedlichkeit. Diese Unterschiede sollen akzeptiert und alltäglich werden. So werden sie zu einer Bereicherung und alternativen Lebensmöglichkeit. Außerdem werden die sozialen Bezüge untereinander vertieft und gegenseitige Rücksichtnahme erlernt. Die Kinder können miteinander und voneinander lernen. Durch die Inklusion gestaltet sich ein gemeinsamer Alltag mit individuellen Erfahrungen (vgl. Mönch-Kalina/Mahnke, 2007, S. 1 f.).

Für eine inklusive Arbeit im elementarpädagogischen Bereich sind zwei Dinge zunächst von entscheidender Bedeutung: zum einen die **positive Haltung** der Fachkraft gegenüber Kindern mit besonderem Förderbedarf, zum anderen die **Beachtung der individuellen Bedürfnisse des Kindes** (vgl. Klein, 2010, S. 18). Durch ihre Haltung prägt die Fachkraft die qualitativen Grundmomente der Erziehung, welche wiederum auf das Kind wirken. Die Bedürfnisse des Kindes sind sehr unterschiedlich und vielschichtig.

Ein Kind hat viele Bedürfnisse (Klein, 2010, S. 23)

Eine inklusiv kompetent handelnde pädagogische Fachkraft zeichnet sich insbesondere dadurch aus, dass sie
- das Kind bedingungslos achtet und wertschätzt,
- den Ressourcen des Kindes vertraut,
- einen für das Kind annehmbaren Erziehungsraum gestaltet,
- detailliertes Wissen über Entwicklungsverläufe hat und in ihrem pädagogischen Handeln stark differenzieren kann,
- die Grenzen des Kindes kennt,
- akzeptiert, dass Erziehungssituationen scheitern können,
- ihre eigene Haltung selbstkritisch reflektiert und
- einem interdisziplinären Austausch gegenüber offen ist.

Zudem muss über die gesamte Lernumgebung neu nachgedacht werden. So ist Flexibilität hinsichtlich der Gruppengröße genauso gefordert wie ein Betreuungsschlüssel, der eine individuelle Betreuung und Förderung ermöglicht. Auch braucht die sozialpädagogische Fachkraft ein professionelles Hintergrundwissen, um z. B. zunächst unverständliche Signale oder Verhaltensweisen von Kindern mit besonderem Förderbedarf den anderen Kindern zu erklären, um Verständnis bei den nicht behinderten Kindern für die spezifische Situation des Kindes mit sonderpädagogischem Förderbedarf zu gewinnen. Darüber hinaus sollte sie fähig sein, die Kompetenzen der jeweiligen Kinder in den Vordergrund zu rücken.

Inklusion im Elementarbereich kann übergreifend unter drei Blickwinkeln betrachtet werden: Erstens muss eine **inklusive Kultur** entfaltet werden. Das bedeutet: Die Gemeinschaft der sozialpädagogischen Fachkräfte, Eltern und Kinder erleben sich als kooperierend, anregend, akzeptierend und sicher. Hinsichtlich der inklusiven Praxis gibt es klare Werte und Prinzipien, die handlungsleitend sind und einen dauerhaften Entwicklungsprozess ermöglichen. Oftmals fehlt es hier noch am professionellen Verständnis dafür, dass die sozialpädagogischen Fachkräfte für den Lernprozess und den Lernerfolg aller Kinder verantwortlich sind.

Zweitens müssen **inklusive Leitlinien** als Orientierungshilfe bei der konzeptionellen Arbeit der Einrichtung entwickelt und etabliert werden. Die pädagogische Arbeit muss auf dieser Grundlage auf die Vielfalt und Individualität der Kinder abgestimmt sein.

Drittens muss eine **inklusive Praxis** entwickelt werden. Die inklusive Kultur und die inklusiven Leitlinien führen zu einer inklusiven Praxis, bei der sich alle Kinder einbringen können. Jedem Mitarbeiter sind die materiellen und individuellen Ressourcen der Einrichtung bekannt. Eltern und das soziale Umfeld werden in die Aktivitäten miteinbezogen (vgl. Booth/Ainscow/Kingston, 2006).

„In der Praxis müsste es so aussehen, dass Kinder, die über die Regelpädagogik hinaus spezifische therapeutische Förderung und Unterstützung benötigen, diese möglichst im Alltag während der normalen Aktivitäten und an individuellen Interessen und Vorlieben der Kinder angelehnt erhalten. Die therapeutischen Maßnahmen müssten in ihren Zielsetzungen wiederum ganzheitlich angelegt sein; es geht also nicht in erster Linie um das Training isolierter Fertigkeiten. Fördermaßnahmen sollen die Kinder anregen und unterstützen beim Erwerb breiter, auch im Alltag sinnvoll einsetzbarer Fähigkeiten. Da geht es zum Beispiel um die vielfältigen Möglichkeiten, Dinge zu transportieren oder um Ideen, wie man die Zeit einfangen kann, ohne die Uhr zu lesen."
(Kobelt-Neuhaus, 2010, o. S.)

Hinsichtlich des in Kapitel 1.6 eingeführten Kompetenzbegriffs können für den inklusiven Elementarbereich folgende erforderlichen Kompetenzen für eine sozialpädagogische Fachkraft formuliert werden:

*„**Werteorientierte Handlungskompetenz**, die die Wertschätzung von Vielfalt zugrunde legt und den Schutz vor Diskriminierung expliziert, indem Diskriminierung zur Sprache gebracht und deren Abbau aktiv verfolgt wird.*
Fachkompetenz: *Wissen über Erscheinungsformen von Heterogenität und zu Entstehungsbedingungen, Mechanismen und Wirkungen von Diskriminierung.*
Selbstreflexionskompetenz *zur Reflexion der eigenen soziografischen Situiertheit zu Einseitigkeiten, Privilegierung und Diskriminierung und deren Bedeutung für pädagogisches Handeln.*

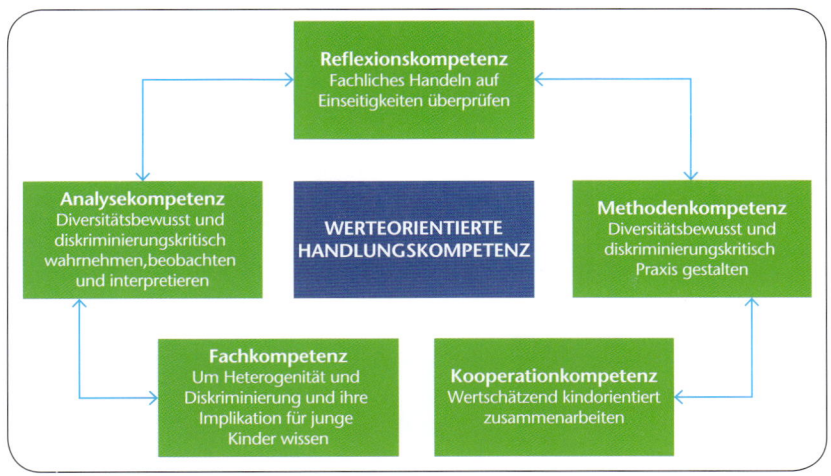

(Sulzer, 2011, S. 49)

Analysekompetenz zur Wahrnehmung und Beurteilung von Lebenslagen und Bildungsprozessen der Kinder und ihrer Familien.
Methodisch-didaktische Kompetenz zur Gestaltung der pädagogischen Praxis.
Kooperationskompetenz für die Zusammenarbeit in multiprofessionellen und heterogenen Teams innerhalb und außerhalb der Einrichtung."
(Sulzer, 2011, S. 27)

Inklusion in der Schule

Die UN-Behindertenrechtskonvention verpflichtet die Bundesländer, allen Menschen mit Behinderung einen Zugang zum Regelschulsystem zu ermöglichen. Zurzeit haben rund eine halbe Million Schüler sonderpädagogischen Förderbedarf (rund 6 % aller Schulkinder). 82 % diese Kinder werden in Förderschulen unterrichtet. Dies zeigt, dass es bis zur vollen Realisierung der UN-Konvention noch ein sehr weiter Weg ist. Die prozentuale Aufteilung dieser Gruppe nach Förderschwerpunkten sieht dabei folgendermaßen aus (siehe Grafik unten):

Am besten ist die Inklusion dabei in der Grundschule verwirklicht – hier finden sich 58 % aller Schulkinder mit sonderpädagogischem Förderbe-

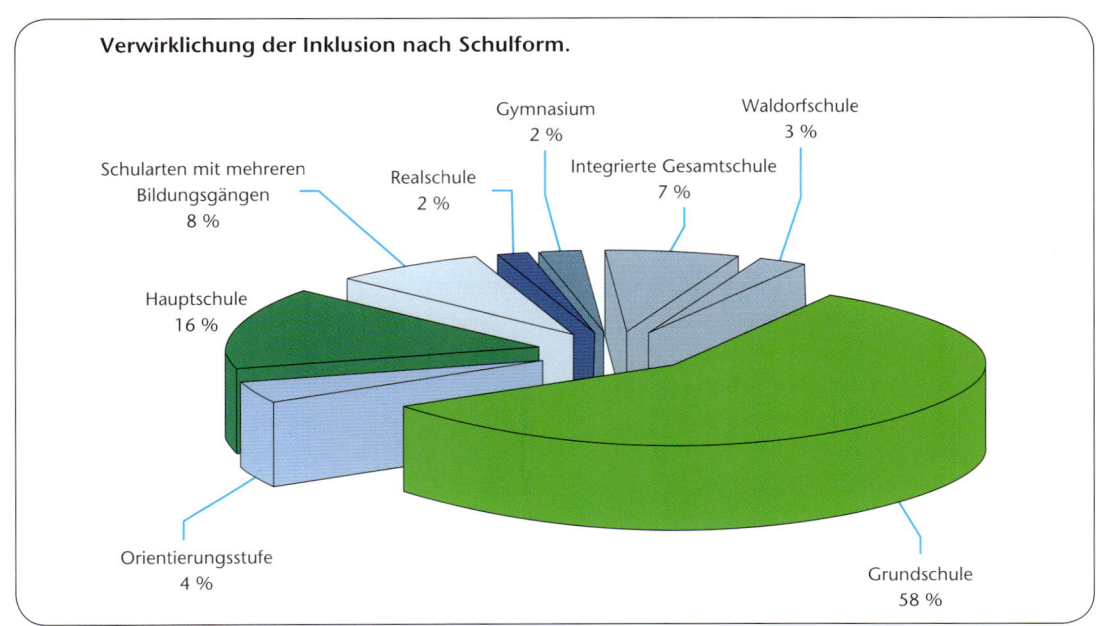

(Sekretariat der Ständigen Konferenz der Kultusminister der Länder in der Bundesrepublik Deutschland, 2011)

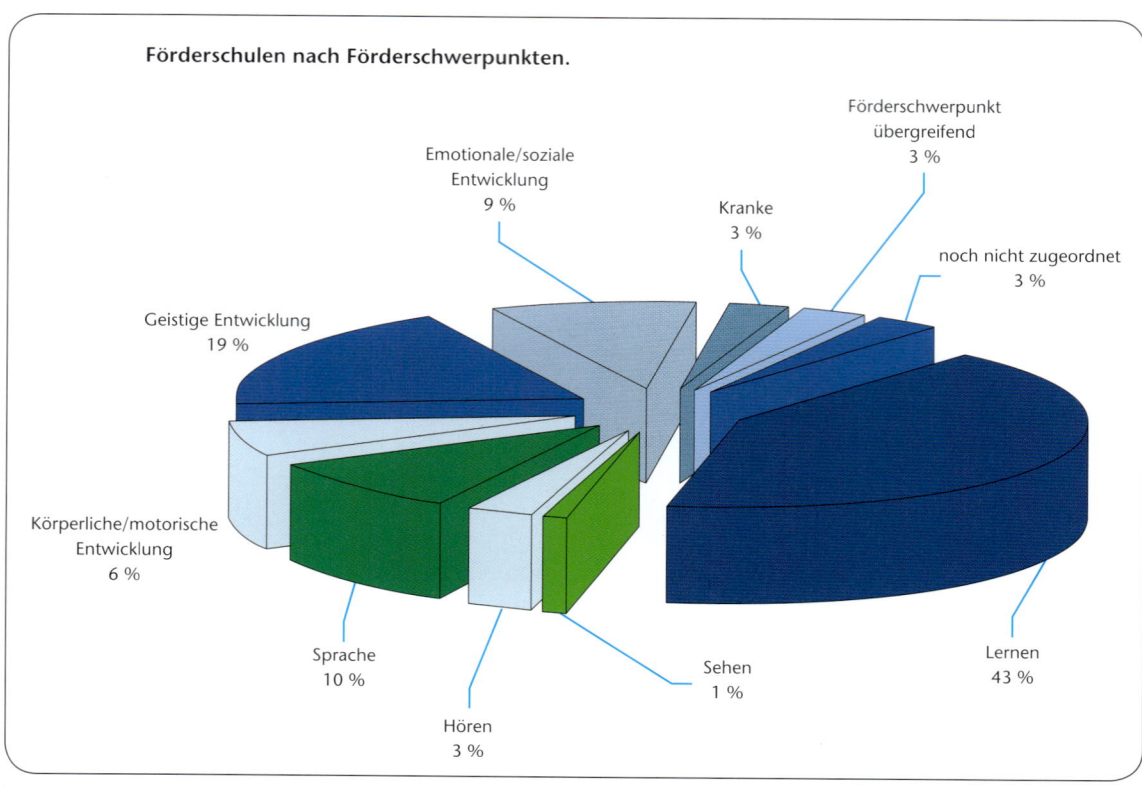

(Sekretariat der Ständigen Konferenz der Kultusminister der Länder in der Bundesrepublik Deutschland, 2011)

darf. Im Gymnasium sind dagegen nur 2 % aller Schulkinder mit sonderpädagogischem Förderbedarf (siehe Tortendiagramm auf der vorigen Seite). Die „Inklusionsquote" schwankt allerdings sehr stark von Bundesland zu Bundesland. Da die Schulgesetzgebung in der Bundesrepublik Deutschland Sache der einzelnen Bundesländer ist, wurde die Inklusion hier zum Teil sehr unterschiedlich verwirklicht. Dabei mag auch der unterschiedliche Umgang mit Diagnoseverfahren eine Rolle spielen. Viele Studien belegen, dass diese Separierung von Schülern zu schlechteren Schulleistungen führt – so ist auch nicht erstaunlich, dass über drei Viertel derjenigen Schüler, die Förderschulen besuchen, keinen Hauptschulabschluss erlangen (vgl. Ebel/Müncher, 2010).

Kontakte zu anderen Kindern werden durch die Inklusion verstärkt, was zu einer Entfaltung der Potenziale von Kindern mit sonderpädagogischem Förderbedarf entscheidend beiträgt. Diese Kinder haben dann auch soziale Kontakte, die über das schulische Umfeld hinausgehen. Auch die Kinder ohne speziellen Förderbedarf können ihre sozialen Kompetenzen weiterentwickeln und profitieren ebenfalls von den differenzierten Unterstützungsangeboten. Länder wie Italien, Norwegen und Schweden zeigen, dass Inklusion erfolgreich gelingen kann – in diesen Ländern besuchen 90 % der Schüler mit sonderpädagogischem Förderbedarf die Regelschule.

Inklusion im Rahmen von Schule kann insbesondere dann verwirklicht werden, wenn

- der Unterricht nicht nur binnendifferenziert ist, sondern sogar nach unterschiedlichen Bildungsgängen abläuft,
- Teamteaching stattfindet (Zwei-Lehrer-System mit oder ohne Sonderpädagogin, wobei beide Lehrer die Verantwortung für alle Schüler tragen),
- die Möglichkeit der Aussetzung der Benotung vorliegt und
- subjektorientierte Formen der Diagnostik durchgeführt werden, die Kompetenzen und nicht Defizite hervorheben.

Für alle sozialpädagogischen Einrichtungen bleibt anzumerken, dass Inklusion nur dann sinnvoll gelingen kann, wenn die hohen Ansprüche an die sozialpädagogischen Fachkräfte einhergehen mit einer qualitativ hochwertigen Aus- und

Weiterbildung. Ebenfalls sind sowohl ein adäquater Personalschlüssel als auch funktionale Räumlichkeiten unbedingt notwendig. Schließlich bleibt kritisch zu diskutieren, ob Inklusion wirklich auch optimale Entwicklungschancen für Menschen mit sonderpädagogischem Förderbedarf beinhaltet. Erste Forschungsergebnisse zeigen, dass dies keinesfalls für alle Beeinträchtigungen gleichermaßen gilt (vgl. WHO, 2011, S. 211). Schließlich bleibt auch die Art der Umsetzung der UN-Konvention in Deutschland ein umstrittenes Thema. Zwar legte die Bundesregierung im Juni 2011 den nationalen Aktionsplan der Bundesregierung zur Umsetzung der UN-Behindertenrechtskonvention mit dem Titel „Unser Weg in eine inklusive Gesellschaft" vor, dieser wird aber von Behindertenverbänden und Nichtregierungsorganisationen als weitestgehend unzureichend kritisiert.

3.4.8 Sprachförderung

Die Entwicklung von Sprachkompetenz (vgl. Kap. 3.5.1) ist elementar für Bildungsprozesse, deshalb geht es in der Praxis um erfolgversprechende Fördermaßnahmen. Ob Fördermaßnahmen greifen, hängt nicht von der Summe erzieherischer Einzelaktivitäten ab, sondern davon, ob diese ineinander verzahnt sind. Die Entwicklung von Sprachkompetenz wird nachhaltig unterstützt, wenn es den Erzieherinnen gelingt, ein breit angelegtes System sprachfördernder Unterstützung aufzubauen, ein „vielfältiges Netz an sprachfördernder Begleitung, das sich wie ein ‚roter Faden' durch den gesamten Alltag der Einrichtung hindurchzieht" (Fuchs/Siebers, 2002, S. 55). Damit wird Sprachförderung zu einer Querschnittsaufgabe in der erzieherischen Praxis. Als solche beinhaltet sie, dass die pädagogischen Fachkräfte Sprachförderung als Grundaufgabe im erzieherischen Alltag verstehen. Ein wichtiger Aspekt sind dabei die erzieherischen Grundhaltungen.

Erzieherische Grundhaltungen in der Sprachförderung

- **Sich in Gesprächspartner einfühlen**
  Kommunikation vollzieht sich nicht nur durch das gesprochene Wort. Sprachvorbild zu sein fängt deshalb damit an, den Kindern vorzuleben, dass auch nonverbale Äußerungen in der Kommunikation ernst zu nehmen sind. Das kann ein ängstlicher Blick eines Kindes sein, das sich in der Anfangssituation morgens nur schwer von Vater/Mutter löst, oder eine abweisende Geste gegenüber der Fachkraft, die es begrüßt. Die Erzieherin ist Sprachvorbild für die umstehenden Kinder, wenn sie solche nonverbalen Signale wahrnimmt und auf sie einfühlsam reagiert, sich dem Kind zuwendet bzw. dem Kind Raum lässt und sich nicht aufdrängt (vgl. Winner, 2004, S. 30). Einfühlsames Verhalten zeigt sich auch darin, herauszuhören und nachzufragen, was das Kind eigentlich sagen wollte bzw. gemeint hat, und es ggf. in seinen Formulierungsanstrengungen zu unterstützen.

- **Selbstbewusstsein der Kinder stärken**
  Die Entwicklung von Sprachkompetenz ist nur dann möglich, wenn Kinder den Mut haben und bereit sind, sich zu äußern. Gerade Kinder mit sprachlichen Defiziten sind leicht zu entmutigen und einzuschüchtern und verlieren damit ihre Freude am Sprechen. Das gilt in besonderem Maße für Kinder mit einer anderen ethnischen Zugehörigkeit, die von vornherein verunsichert sind, weil sie sprachlich oft nichts verstehen und nicht verstanden werden. Kinder können ihre sprachlichen Kompetenzen nur in einem Klima des Wohlwollens und der Wertschätzung entfalten. Sprachförderung muss deshalb – wie jeder Lernprozess in der frühen Kindheit – begleitet sein von Maßnahmen, die das Selbstwertgefühl der Kinder stärken. Das setzt voraus, dass die Erzieherin das einzelne Kind wirklich wahrnimmt, aufmerksam ist für seine Interessen, Vorlieben und Stärken, seine Entwicklungen und Fortschritte beobachtet und an ihnen Anteil nimmt. Im tagtäglichen Zusammensein ist das gut möglich.

- **Wertschätzend sprechen**
  Dass Erzieherinnen den Kindern im Gruppenalltag wertschätzend begegnen, sollte für die einzelne Erzieherin wie auch das Team selbstverständlich sein. Das setzt eine Haltung des Respekts und der Achtung vor dem Kind voraus. Sprachlich lässt sich das daran ablesen, ob die sozialpädagogischen Fachkräfte

1. „bitte" oder „danke" sagen im Umgang mit den Kindern und im Team,
2. Killersätze („Du schon wieder!", „Das verstehst du noch nicht!", „Dafür bist du zu klein"!) vermeiden,
3. ihre Fragen an die Kinder höflich formulieren („Würdest du …?") statt in Befehlssätzen („Zieh jetzt endlich die Schuhe an!", „Sei still"!) zu sprechen.

Diese sprachlichen Formen leben allerdings davon, dass sie ernst gemeint sind.
Ein besonders empfindlicher Bereich ist die Art und Weise, wie über fremde Kulturen und Traditionen gesprochen wird. Sprache ist verräterisch.

Beispiel
Bekommen Kinder mit, wie die Erzieherin zur Kinderpflegerin angesichts einer türkischen Mutter, die einige Schritte hinter dem Vater auf der Straße geht, sagt: „Schau dir das an, das sagt doch alles!", dann ist alles Reden über wertschätzendes Sprechen nicht mehr überzeugend, weil nicht gedeckt durch die innere Einstellung.

Erzieherische Aufgabe ist es, Modell zu sein für wertschätzendes Sprechen und auf diese Weise die Kinder dafür zu sensibilisieren.
Wertschätzend zu sprechen als erzieherische Grundhaltung heißt allerdings nicht, dass die Kinder angehalten werden, sich ihrerseits immer „wohltemperiert" zu äußern. Deren Entwicklungsaufgabe ist es, auch negative Gefühle, z. B. Wut, wahrzunehmen und auszudrücken und in der Erzieherin ein sie verstehendes, Halt gebendes Gegenüber zu finden.

- **Mit den Stärken der Kinder arbeiten**
Mit den Stärken der Kinder zu arbeiten bedeutet nicht, Fehler und Schwächen zu übersehen, sondern anders mit ihnen umzugehen. Dazu muss die Erzieherin die Stärken der Kinder ausfindig machen und dort ansetzen: Spricht ein Kind wenig, wird es nicht mehr sprechen, wenn es immer wieder zu hören bekommt, dass es „mehr den Mund aufmachen" müsste. Ansatzpunkt für sprachliche Förderung ist stattdessen herauszufinden, in welchen Zusammenhängen, in welchen Situationen dieses Kind Interesse zeigt und reagiert.

Beispiel
Erkennt die Erzieherin am Blick von Marta (4 Jahre), die kaum spricht, oder an ihrem Spielverhalten, dass sie sich z. B. besonders für die Babypuppe interessiert, macht sie dieses Interesse zum Ausgangspunkt sprachlicher Förderung. Die Erzieherin wendet sich dem Kind zu und könnte sich darauf beziehen, dass Marta die Puppe gewandt anziehen kann oder sie ganz vorsichtig in die Tragetasche legt, oder dass sie die Puppe „Mama" sagen lässt und dann liebevoll mit ihr spricht u. Ä. Dabei sind auch nonverbale Mitteilungen des Kindes – sein Blick richtet sich auf die Strampelhose – eine wichtige Kommunikationsebene. Die Erzieherin knüpft an solche Wahrnehmungen an: „Du hast der Puppe die lustige Strampelhose ganz allein angezogen" oder „Ich hör die Puppe gar nicht mehr ‚Mama' rufen, du hast sie echt beruhigt" und nimmt in den nächsten Tagen immer wieder diesen Gesprächsfaden auf, wenn sie Marta mit der Puppe spielen sieht. Mit den Stärken von Marta arbeitend, versucht sie das Kind allmählich zum Sprechen anzuregen und den Dialog mit ihm zu erweitern.

Sprachförderung als Grundaufgabe im Tagesgeschehen

Sprachförderung als Grundaufgabe im Alltag nutzt alle Situationen auch für die Entwicklung von Sprachkompetenz. Wenn die Erzieherin den Kindern z. B. den Kasten mit Malstiften hinstellt, kommentiert sie: „Hier stelle ich euch die Malstifte hin." Fragt ein Kind nach der Farbe Rot, sagt sie: „Ah ja, du suchst einen roten Stift." Hat das Kind ihn entdeckt, begleitet sie das kindliche Handeln sprachlich: „Jetzt hast du den roten Stift gefunden" etc. Auf diese Weise wird Sprachförderung zum durchgängigen Prinzip. Die Kinder erleben ein tägliches „‚Sprachbad' in informeller Kommunikation" (Brügelmann/Brinkmann, Sprachbeobachtung und Sprachförderung, 2006).

Sprachförderung als Prinzip im Alltag verlangt von der Erzieherin ein Umdenken: Ihr Sprechen, das in vielen Situationen eher beiläufig geschah, bekommt ein eigenes Gewicht, ihr sprachliches Handeln geschieht bewusst. Es wäre allerdings ein Missverständnis zu glauben, dass es genüge, einfach viel zu reden; das hier gemeinte Verhalten besteht nicht im permanenten „Quasseln", sondern es geht darum, das sprachliche Handeln als „Zusammenarbeit" mit den Kindern im Dialog zu vollziehen. So verstandene Sprachförderung beinhaltet Folgendes:

- **Nonverbale Signale der Kinder wahrnehmen**
Kommunikation ist mehr als Sprache. Durch ihre Körpersprache signalisieren Kinder oft etwas, bevor sie in der Lage sind, sich sprachlich zu äußern. Werden diese Signale sensibel von der Erzieherin wahrgenommen und reagiert sie darauf, fördert sie die Kommunikationsfähigkeit des Kindes in einem wichtigen Bereich. Das Kind lernt, sich differenziert auszudrücken und auch andere auf dieser Ebene zu verstehen.

In **multikulturell** zusammengesetzten Gruppen machen sozialpädagogische Fachkräfte und Kinder zudem eine für das Zusammenleben mit Menschen unterschiedlicher ethnischer Herkunft wichtige Erfahrung: Nonverbale Elemente sind zum Teil kulturabhängig bzw. die gleichen Signale können in verschiedenen Kulturen unterschiedlich gedeutet werden.

Beispiel
Die Fußsohlen (beim Sitzen auf dem Boden) zu zeigen, gilt in muslimisch und buddhistisch geprägten Kulturen beispielsweise als grob unhöflich. So zu sitzen ist für Erkan ausgeschlossen, sein Freund Leon denkt sich nichts dabei.

Kindgerecht sprechen: Beispiele für Sprachstile	
Sprachstil:	**Beispieldialoge:**
„Baby-Talk"	Baby liegt auf dem Wickeltisch, die Mutter berührt es an den Füßen und begleitet dies mit: „Da ist der kleine Zeh. Du kleiner, kleiner Zeh. Wo ist der Zeh? Da ist der Zeh!" (hohe Stimmlage, langsames Sprechtempo, große Pausen zwischen den Sätzen, deutliche Betonung)
Stützende Sprache a) Gemeinsame Aufmerksamkeit	Mutter und Kind spielen mit einem Teddy. Mutter (führt den Teddy, achtet darauf, dass das Kind ihn sehen kann): „Schau, der Teddy geht spazieren." Kind: „Teddy!" Mutter: „Der Teddy kommt zu dir." Kind: „Teddy tomm." Mutter: „Ja, hier kommt der Teddy."
b) Sprachroutinen, Formate	Mutter versteckt den Teddy hinter dem Rücken. Mutter: „Wo ist der Teddy?" Kind: „Wo!" Mutter: „Wo ist der Teddy?" Kind: „Wo Teddy?" Mutter holt den Teddy hervor: „Kuckuck, da ist er ja!" (mit deutlicher Betonung) Kind: „Da Teddy!" Mutter: „Ja, da ist er wieder! Und jetzt ist er wieder weg." Kind: „Wo Teddy"? Mutter: „Kuckuck, da ist er wieder!"
Lehrende Sprache	Mutter und Kind betrachten ein Bilderbuch. Kind: „Da läuft Katze." Mutter: „Ja, da läuft die Katze. Und wo läuft der Hund?" Kind: „Da der Hund." Mutter: „Ja, da *läuft* der Hund." (mit deutlicher Betonung) Kind (zeigt auf ein neues Bild): „Und da?" Mutter: „Da fliegt der Vogel."

(Iven, 2012, S. 55)

Nimmt die Erzieherin nonverbale Signale war, muss sie zunächst nachvollziehen, was sie jeweils bedeuten, bevor sie darauf reagiert. Das Gleiche gilt für die Kinder. Nonverbale Signale richtig zu deuten, setzt auch interkulturelles Wissen voraus.

- **Kindgerecht sprechen**
  Kinder lernen in einem Prozess sprechen, der in deutlich erkennbaren Phasen abläuft. Von daher muss sich das Sprachlernangebot der Erzieherin an den jeweiligen Entwicklungsstand anpassen. Im 1. Jahr kommuniziert sie mit dem Kind im „Babytalk", im 2. Lebensjahr in „stützender Sprache", ab dem 3. Jahr setzt sie eine „lehrende Sprache" (vgl. Grimm, 2003, S. 15) ein. Für das Sprachlernangebot der Erzieherin gilt grundsätzlich, dass sie in ihrer Sprache dem Kind immer etwas voraus sein sollte, ohne über seinen Kopf hinwegzureden.

- **Mit Fragen professionell umgehen**
  Es geht hier nicht um Situationen, in denen Erzieherinnen Informationsfragen an Kinder stellen („Wer holt dich heute ab?"), sondern grundsätzlich darum, wie Erzieherinnen mit Kinderfragen umgehen und wie sie selbst Fragen stellen. Mit Fragen erschließen sich die Kinder ihre Welt, zeigen etwas von sich als Person und von dem, was sie bewegt. Deswegen müssen Fragen ernst genommen werden. Unter dem Gesichtspunkt der Sprachförderung bieten sie ideale Gesprächseinstiege, weil die Kinder hier selbstständig ihr Interesse bekunden und damit das gegeben ist, was Bildungsprozesse begünstigt (kindliche Eigenaktivität, Bedürfnisorientierung).
  Im umgekehrten Fall ist es wichtig zu beobachten, welche Fragen die Erzieherin selbst mit Vorliebe an die Kinder richtet. Zur Verdeutlichung kann folgendes Beispiel von Ulich dienen:

  Beispiel
  „Eine Erzieherin hat mit den Kindern den Zoo besucht. Sie kann Mario fragen: ‚Welche Tiere hast du gesehen?' Solche Fragen sind ein wichtiger und notwendiger Bestandteil von ‚Nachbereitungen' und ihre Beantwortung kann Kindern durchaus Spaß machen: Sie fangen an die Tiere aufzuzählen und sind stolz darauf. Aber dies sind keine wirklich offenen Fragen, weil die Antworten vorgegeben sind. Die Erzieherin war bei dem Zoobesuch dabei, sie weiß eigentlich, welche Tiere die Kinder gesehen haben, und die Kinder wissen, dass sie es weiß. Mit anderen Worten: Die Kinder fühlen, dass hier Wissen abgefragt wird, und antworten daher mit Einwortsätzen. Sie sind nicht aufgefordert, ihre persönliche Sichtweise darzulegen und zu begründen. Die Erzieherin könnte auch fragen: ‚Mario, welches Tier hat dir am besten gefallen?' und darauf aufbauen: ‚Welches Tier möchtest du sein?' Will Mario z. B. eine Giraffe sein, dann könnte sie weiterfragen: ‚Was würdest du denn machen als Giraffe?' Derartige Fragen regen Kinder an, etwas zu erzählen, sich etwas auszudenken. Sie fühlen sich nicht abgefragt, es gibt kein ‚richtig' und ‚falsch', gleichzeitig werden Wortschatz und Syntax erweitert." (Ulich u. a., 2012, S. 24)

- **Auf Sprachverweigerung reagieren**
  Wenn zwei- und mehrsprachig aufwachsende Kinder sich weigern zu sprechen, ist es wichtig, den Gründen der Sprachverweigerung nachzugehen (z. B. Abwertung der Sprache durch die anderssprachige Umgebung, Ablehnung der Bezugsperson, die die Sprache spricht etc.), um Ansatzpunkte für pädagogisches Handeln zu finden. Unter Umständen ist auch eine psychologische Beratung notwendig.

- **Ein korrektives Feedback geben**
  Viele Eltern erwarten, dass Erzieherinnen ihre Kinder auch dadurch sprachlich fördern, indem sie deren Fehler verbessern, und zwar üblicherweise dadurch, dass die Erzieherin das Kind sofort auf den Fehler aufmerksam macht („So sagt man das nicht ..."), seine Äußerung korrigiert („Richtig heißt es ...") und richtig nachsprechen lässt („Sag es nun richtig ...!"). Das Problem ist, dass Kinder auf diese Weise nachweislich sprachlich nichts lernen, im Gegenteil; stattdessen werden besonders sprachlich benachteiligte Kinder vorsichtiger in ihren Äußerungen oder sagen gar nichts mehr. Die Kinder merken nämlich, dass die Erzieherin gar nicht an dem, was sie sagen möchten, interessiert ist, geschweige denn dafür Wertschätzung aufbringt, sondern in erster Linie auf den sprachlichen Fehler reagiert. Wichtig scheint nicht der Inhalt des Gesagten, sondern vor allem die sprachliche Korrektheit. Damit werden Kinder nicht als Gesprächspartner ernst genommen. Sie erfahren, dass das, was sie sagen, keine Bedeutung

hat, sondern nur Vehikel für Sprachtraining ist. Damit fühlen die Kinder sich menschlich entwertet, zugleich wird ein wichtiger Aspekt für Sprachentwicklung, nämlich das Interesse am gegenseitigen Austausch blockiert.

Für die Entwicklung von Sprachkompetenz ist ein anderes sprachliches Verhalten der sozialpädagogischen Fachkraft produktiv, das sogenannte korrektive Feedback.

Beispiel
Rolf (2,5 Jahre) sagt zu einer Erzieherin: „Auto putt." Erzieherin: „Ja, das Auto ist kaputt. Ich weiß. Vielleicht lässt es sich ja reparieren, magst du jetzt mit dem roten Auto weiterspielen?"

Korrektives Feedback bedeutet, dass die Erzieherin selbst sprachlich korrekt im Satzzusammenhang antwortet und dabei die Worte des Kindes, aber sprachlich richtig, aufnimmt und im Sinne eines Dialogs erweitert. Auf diese Weise reißt der Gesprächsfaden nicht ab und der sprachliche Fehler wird nicht ignoriert. Nebenbei erlauben solche Situationen, durch kleine weiterführende Bemerkungen den Wortschatz des Kindes zu erweitern.

Sprachförderung als Querschnittsaufgabe

3.4.9 Beobachten und dokumentieren

Die Unterstützung und Begleitung der Selbstbildungsprozesse von Kindern – insbesondere in Tageseinrichtungen – orientiert sich nicht an festen Lehrplänen, sondern in erster Linie an den Ergebnissen kontinuierlicher professioneller Beobachtungen. Wie Sie in Kapitel 1.6.2 erfahren konnten, sind Beobachten und Dokumentieren wichtige Grundsäulen sozialpädagogischen Handelns. Beobachten gehört zu den beruflichen Aufgaben, die den Arbeitsalltag jeder sozialpädagogischen Fachkraft bestimmen. Professionelle Beobachtungen sind die einzige Möglichkeit der Fachkraft, über die Entwicklungs- und Bildungsprozesse von Kindern und Jugendlichen eine relative Sicherheit zu gewinnen. Diese Sicherheit erhöht sich, wenn die Fachkraft ihre Beobachtungsergebnisse systematisch kontrolliert und dokumentiert.

Es ist in der Regel kein Problem, wenn die Kinder oder Jugendlichen wissen, dass sie beobachtet werden, solange sie sicher sind – und sein können –, dass sich die sozialpädagogische Fachkraft für sie und ihre Entwicklung interessiert und sie nicht kontrollieren will.

Die sozialpädagogische Fachkraft weiß, dass sie sich zurückhalten muss und nicht in das Geschehen eingreifen darf, um die Aussagekraft ihrer Beobachtungen nicht einzuschränken oder zu verfälschen. Bei der Dokumentation der Beobachtungsergebnisse können sogenannte **Entwicklungsskalen** bzw. -bögen zwar hilfreich sein, sie alleine können allerdings die Vielfalt an wichtigen zu beobachtenden Verhaltens- und Erlebensweisen, an Eigenschaften, Einstellungen, Ängsten und Freuden etc. nicht abdecken.

Über die **Subjektivität** jeder Wahrnehmung konnten Sie sich in Kapitel 1.6.2 eingehend informieren. An dieser Stelle sei nur noch einmal darauf hingewiesen: Eine objektive Beobachtung gibt es nicht. Auch die Entwicklungsskalen können das nicht verändern. Sie vereinfachen zwar die Dokumentation, sie machen die Beobachtungsergebnisse aber nicht objektiv.

Will man die Bildungsprozesse von Kindern oder Jugendlichen in den Blick nehmen, muss man vorher klären, was man im Zusammenhang mit Bildung für wichtig hält, um Klarheit darüber zu haben, was überhaupt beobachtet werden soll. Vorgänge, über die man nichts weiß, werden nämlich überhaupt nicht oder nur zufällig wahrgenommen. Die Beobachtung der Entwicklungs- und Bildungsprozesse ist für die Erziehung zu wichtig, als dass man sie dem Zufall überlassen sollte. Dabei soll die beobachtende sozialpädagogische Fachkraft den Blick beim Beobachten nicht nur auf die Kinder oder Jugendlichen, sondern auch auf sich selbst richten.

Zur Beobachtung von Kindern

Bezogen auf das Kind stellen sich grob untergliedert die folgenden, durch direkte Wahrnehmung zu beantwortenden Fragen:
- Was macht das Kind?
- Wie macht es das?
- Mit wem macht es das?
- Womit macht es das?
- Wie lange macht es das?
- In welcher sozialen Situation macht es das?
- Welche Reaktionen anderer folgen auf sein Verhalten?

Dieser Katalog ist zwar nicht vollständig, deckt aber wichtige Grundfragen ab. Außerdem hält die sozialpädagogische Fachkraft Schlüsse fest, die sie aus ihren Beobachtungen zieht, wie z. B.:
- Welche Gefühle hat das Kind bei dem, was es macht, welche Ängste, welche Freuden, welche Befürchtungen?
- Welche Gefühle verbindet das Kind mit den Reaktionen seiner Umwelt auf sein Verhalten?
- Welche Bedürfnisse lassen sich aus dem beobachteten Verhalten erschließen?
- Welche Bedeutung hat die Situation für das Kind? Was ist ihm wichtig?

Die sozialpädagogische Fachkraft muss sich jedoch darüber bewusst sein, dass solche Rückschlüsse noch subjektiver sind als das, was man direkt beobachten kann.

Selbstbeobachtung der sozialpädagogischen Fachkraft

Bezogen auf die Selbstwahrnehmung sollte sich die sozialpädagogische Fachkraft Fragen wie die folgenden stellen:
- Welche Gefühle verbinde ich mit der Situation, in der sich das Kind befindet? Wie habe ich mich in ähnlichen Situationen verhalten?
- Welche persönlichen Erinnerungen und Vorstellungen verbinde ich mit dieser Situation?
- Welche subjektiven Bewertungen verbinde ich mit dem Verhalten und Erleben des Kindes?
- Welche Bedeutung hat die Beobachtung und ihre Analyse für mich und meine pädagogischen Entscheidungen?

Die oben formulierten exemplarischen Fragen, die einer Beobachtung zugrunde liegen bzw. zugrunde liegen können, sind nicht vollständig. Sie alleine reichen aber schon, um nachvollziehbar zu machen, dass intensives, systematisches Beobachten, das nicht dokumentiert wird, wenig hilfreich ist, um pädagogische Entscheidungen daraus abzuleiten. Dazu sind die Beobachtungsergebnisse viel zu komplex und vielfältig.

Beobachtungen sollten möglichst nicht punktuell auf eine isolierte Verhaltens- oder Erlebensweise ausgerichtet sein. Das Verhalten und Erleben – auch der sozialpädagogischen Fachkraft selbst – wird erst durch eine ganzheitliche Sichtweise im Zusammenhang mit dem jeweiligen Kontext verständlich. Die **ganzheitliche**

Wahrnehmung eines Kindes oder Jugendlichen erleichtert es, die Stärken eines Kindes und seine Entwicklung differenziert zu erkennen. Dabei muss es ein Grundanliegen sein, eine stärkenorientierte Beobachtung durchzuführen. Die Förderung eines Kindes sollte sich vor allem auf die Weiterentwicklung vorhandener Stärken stützen. Es ist weniger hilfreich zu wissen, was ein Kind nicht kann, als zu wissen, was es schon kann, um darauf aufzubauen.

Soll die Beobachtung Grundlage für erzieherische Entscheidungen werden und ihren Niederschlag in einer Dokumentation finden, dann müssen bestimmte **Vorüberlegungen** angestellt werden. Es sollte festgehalten werden:
- Wer beobachtet?
- Wer wird beobachtet?
- Wann wird beobachtet?
- Wie oft und in welchen Zeitabständen wird beobachtet?
- Wo wird beobachtet?
- In welchen Situationen wird beobachtet?
- Mit welchen Beobachtungsmethoden wird beobachtet?
- Ist die Darstellung sprachlich angemessen formuliert (s. S. 560)

Wird das Ziel verfolgt, den Bildungsstand der Kinder oder Jugendlichen zu klären, um daran entsprechende Maßnahmen zur Unterstützung der Selbstbildungsprozesse anzuschließen, empfiehlt es sich, die Kinder gezielt in den verschiedenen Erziehungs- und Bildungsbereichen zu beobachten, wie sie beispielsweise auch im Bayerischen Erziehungs- und Bildungsplan erwähnt werden (vgl. Bayerisches Staatsministerium für Arbeit und Sozialordnung, Familie und Frauen, 2006, S. 172 ff.):
- Sprache und Literacy
- Naturwissenschaft und Technik
- Medien
- Mathematik
- Umwelt
- Kunst und Ästhetik
- Religion/Ethik
- soziale Beziehung und Konflikte
- Bewegung, Rhythmik, Tanz und Sport
- Gesundheit

Die Beobachtungsergebnisse müssen regelmäßig und möglichst während oder unmittelbar nach der Beobachtung schriftlich festgehalten, d. h. dokumentiert werden. Dabei muss geklärt sein, wofür (mit welchem Ziel) und für wen die schriftlich fixierten Beobachtungsergebnisse wichtig sind. Dies können sein:
- die sozialpädagogische Fachkraft
- das Kind oder der Jugendliche
- die Gruppe
- das Team der Einrichtung
- die Eltern
- der Träger

Die Ergebnisse und die Auswertung der Beobachtungen der kindlichen Bildungsprozesse sollten kontinuierlich Teil einer Bildungsdokumentation in Kindertageseinrichtungen sein. Die Eltern der Kinder sind selbstverständlich darüber zu

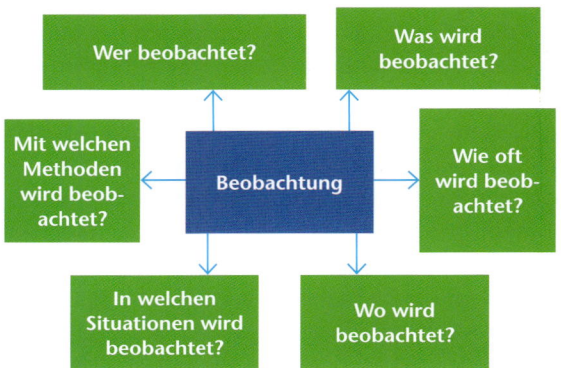

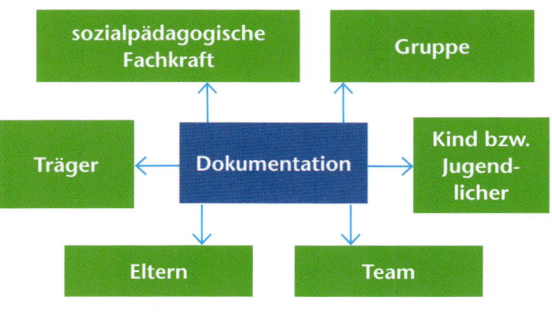

Für wen ist die Dokumentation der erzieherischen Arbeit wichtig?

informieren und müssen einverstanden sein. Auch wenn das Einverständnis nicht erteilt wird, müssen die sozialpädagogischen Fachkräfte die Entwicklungsprozesse aller Kinder beobachten und ihr Erziehungshandeln darauf aufbauen. Die Erziehungsberechtigten haben in jedem Fall das Recht, Einsicht in die Dokumentation ihres Kindes zu nehmen. Dokumentationsunterlagen, die nur das Kind betreffen, werden den Erziehungsberechtigten übergeben, wenn es die Einrichtung verlässt.

Eine professionelle Dokumentation muss bestimmte Kriterien erfüllen:

- Sie muss von Achtung und Wertschätzung der Kinder oder Jugendlichen geprägt sein.
- Sie muss die Stärken, die Fähigkeiten und die Interessen festhalten.
- Sie muss den Erziehungs- und Bildungsprozess des Kindes kontinuierlich darstellen.
- Sie muss als Basis für die Zusammenarbeit mit den Erziehungspartnern dienen (können).

Die Bedeutung der Dokumentation für die sozialpädagogische Fachkraft

Es gehört zu den täglichen Aufgaben einer sozialpädagogischen Fachkraft, ihr eigenes erzieherisches Handeln zu reflektieren, zu korrigieren und zu optimieren. Grundlage hierfür ist die regelmäßige Dokumentation. Nur so kann die Fachkraft feststellen,

- welche Auswirkungen ihre erzieherischen Bemühungen haben,
- was sie beibehalten sollte,
- was sie verändern muss und
- inwieweit ihre eigene Situation, ihre subjektive Wahrnehmung, ihre Biografie etc. das erzieherische Handeln beeinflusst haben.

Darüber hinaus finden konzeptionelle Überlegungen, Wochen-, Monats- und Jahrespläne ihren Niederschlag in der für die eigene Arbeit erstellten Dokumentation. Die sozialpädagogische Fachkraft muss allerdings darauf achten, dass sie in ihrer Arbeit flexibel bleibt und dass die Situationen der Kinder und nicht die Pläne das erzieherische Handeln dominieren.

Die Bedeutung der Dokumentation für das Kind oder den Jugendlichen

Erziehungsziele und Erziehungsmittel müssen der Unterstützung und Förderung der Entwicklungs- und Bildungsprozesse der Kinder und Jugendlichen dienen. Dazu ist es erforderlich, den Ist-Stand – also den derzeitigen Entwicklungs- und Bildungsstand – zu kennen. Die Gestaltung von Erziehungsprozessen basiert auf den Ergebnissen eines Vergleichs zwischen der aktuellen Situation eines Kindes oder Jugendlichen mit dem angestrebten Entwicklungs- und Bildungsstand. Dieser Vergleich erfordert professionelle Beobachtung und gründliche Dokumentation.

Die Bedeutung der Dokumentation für die Gruppe

Auch die Beobachtung der Gruppe sollte dokumentiert werden. Gruppenprozesse sind für die Entwicklungs- und Bildungsprozesse des einzelnen Kindes oder Jugendlichen ebenso wichtig wie für die „Lebensqualität" aller in der Gruppe.

Die Bedeutung der Dokumentation für das Team der Einrichtung

In Kapitel 3.1 konnten Sie die große Bedeutung einer einrichtungsspezifischen pädagogischen Konzeption kennenlernen. Die pädagogische Konzeption enthält die pädagogischen Grundprinzipien, denen die Arbeit der sozialpädagogischen Fachkräfte folgt. Da jede Fachkraft aufgrund ihrer eigenen Biografie, ihrer eigenen pädagogischen Vorstellungen immer auch anders arbeitet als andere, ist es erforderlich, dass sich die Mitarbeiterinnen einer Einrichtung immer wieder zusammenfinden und sich über ihre praktische Arbeit austauschen. Nur so wird ein gemeinsames konzeptionelles Arbeiten möglich sein. Darüber hinaus ermöglicht dieser Austausch eine vertiefte Reflexion des eigenen pädagogischen Handelns durch jede Mitarbeiterin.

Die Bedeutung der Dokumentation für die Eltern

Gespräche über die Entwicklungs- und Bildungsprozesse eines Kindes mit den Eltern dürfen sich nicht auf Vermutungen stützen. Es ist wichtig, mit den Eltern über konkrete Beispiele zu sprechen, um der gemeinsamen Förderung und Unterstützung der Kinder oder Jugendlichen die notwendigen Grundlagen zu geben. Die Dokumentationen einer sozialpädagogischen Fachkraft können auch Grundlage für Elternabende zur Situation der jeweiligen Gruppe sein.

Die Bedeutung der Dokumentation für den Träger

Die Dokumentation der pädagogischen Arbeit durch eine sozialpädagogische Fachkraft kann natürlich auch dem Nachweis der professionellen sozialpädagogischen Arbeit dem Träger der Einrichtung gegenüber dienen. In der freien Wirtschaft sind Dokumentationen der Arbeit für den Arbeitgeber durchaus nicht selten.

Viele gehen davon aus, dass eine sozialpädagogische Fachkraft auch ohne Dokumentation weiß, was sie gearbeitet hat, welche Ziele sie verfolgen soll und wie die Entwicklung der einzelnen Kinder verläuft. Doch dabei täuscht man sich leicht, denn sowohl die Zahl der Kinder als auch die Komplexität der Ereignisse kann ohne Dokumentation im Gedächtnis behalten werden. Elterngespräche oder Gespräche im Team stützen sich ohne Dokumentation nur auf die Erinnerung.

Erinnerungen aber sind ebenso subjektiv wie die Wahrnehmung selbst. Noch mehr: Während der Mensch bereits beim Wahrnehmungsprozess seine eigene Wirklichkeit konstruiert, so fließen in Erinnerungen noch weitere subjektive Auswahl- und Veränderungsprozesse ein. Die **schriftliche Formulierung von Beobachtungsinhalten** hat im Unterschied zur bloßen mündlichen Weitergabe bzw. zur Erinnerung eine Reihe von Vorteilen:

- Mit dem Dokumentieren wird die Aufmerksamkeit verstärkt auf die Beobachtungsinhalte gelenkt.
- Der Schreibprozess selbst kann helfen, die wesentlichen Beobachtungsinhalte in den Vordergrund zu rücken.
- Das Dokumentieren fördert das Behalten.
- Das Dokumentieren erleichtert die Reflexion der beobachteten Ereignisse und Situationen.
- Das Schreiben fördert die Selbstreflexion.

Grundsätzlich können in einer Gruppe alle Ereignisse, Situationen, aber auch Räume und Materialien Beobachtungsgegenstand und **Inhalt einer Dokumentation** sein, z. B.:

- komplexe Handlungsabläufe
- Spielverhalten eines Kindes
- Sprachverhalten und sprachliche Äußerungen
- motorisches Verhalten
- Problemlöseverhalten
- Konfliktlöseverhalten
- Gedächtnisleistungen
- kreative Handlungen
- emotionale Äußerungen
- Kommunikationsverhalten
- Beziehungsgestaltung – Nähe und Distanz zu Kindern und Erwachsenen
- Durchhaltevermögen
- Bedürfnisse und Interessen
- Konzentration
- individuelle Elternarbeit etc.

Bezogen auf die Gruppe:
- Gruppenstruktur (Gruppenführer, Außenseiter usw.)
- Gruppenatmosphäre
- gemeinsame Aktivitäten
- Gruppenzusammenhalt
- Entwicklungsverläufe der Gruppe
- Untergruppenbildungen
- Gruppenkonflikte
- Gruppeninteressen etc.

Bezogen auf das Team:
- Leitbilder
- konzeptionelle Entwicklung
- Kooperationsformen und Kooperationsentwicklung
- Team- und Planungssitzungen
- Teamkonflikte und Konfliktlösungen
- gemeinsame Fortbildungen
- Berichte von Fortbildungen einzelner Mitarbeiterinnen
- gemeinsame Planung und Durchführung von Elternabenden etc.

Bezogen auf Räume und Materialien:
- Funktionen von Materialien und ihre Benutzung
- Anschaffung neuer Materialien und ihre anschließende Benutzung
- Raumgestaltung und Veränderungen der Räume

Beobachtungsbogen			
Name des Kindes		**Datum der Beobachtung**	
Alter des Kindes		**durchführende Person**	

1. **Welche Stärken und individuellen Talente bzw. Vorlieben hat das Kind?**
   bezogen auf z. B. Bewegungsfähigkeit, Sprachkompetenz/Ausdrucksfähigkeit/Kommunikationsfähigkeit, Spielverhalten, Gestalten/Kreativität/Fantasie, Umgang mit Medien, Erschließung von Lebenswelten/Natur und kulturelle Umwelt, soziale Kompetenzen ...

2. **Persönlichkeitsentwicklung des Kindes**
   z. B. Selbstständigkeit, Selbstvertrauen, Selbstbewusstsein, Selbstwertgefühl, Ausgeglichenheit, Emotionalität, Empathie ...

3. **Engagiertheit des Kindes**
   Womit beschäftigt sich das Kind besonders gerne? Wie intensiv, engagiert und konzentriert geht es dieser Beschäftigung nach? Welche Themen/Anliegen sind momentan für das Kind wichtig? Welches Spiel bzw. welche Aktivitäten bevorzugt das Kind? Wie ist das individuelle Lerntempo des Kindes?

4. **Wie setzt das Kind seine eigenen Selbstbildungspotenziale im Bildungsprozess ein?**
   z. B. Wahrnehmungsfähigkeit, innere Verarbeitung durch Eigenkonstruktion, Fantasie, durch sprachliches Denken und durch naturwissenschaftlich-mathematisches Denken, Fähigkeit zum sozialen Austausch, Umgang mit Komplexität und Lernen in Sinnzusammenhängen, Neugierde/forschendes Lernen/individuelle Lernstrategien ...

5. **In welchem Bereich/welchen Bereichen seines individuellen Lernweges benötigt das Kind Unterstützung, Anregung, Förderung oder Freiräume?**
   Hinsichtlich der Bildungsbereiche/der individuellen Selbstbildungspotenziale des Kindes:

6. **Welche pädagogischen Handlungsstrategien ergeben sich auf der Grundlage der aktuellen Beobachtung für das Kind?**
   z. B. individuelle Förderangebote, Gruppensituation, Beratungsgespräche mit den Eltern, Reflexion im Team ...

Fragen zur Selbstreflexion der Erzieher/-in (nicht für Eltern)

Was berührt mich bei diesem Kind?
Welche Erwartungshaltung habe ich dem Kind gegenüber?
Wodurch löst es bei mir Zuwendungs- oder ggf. Abwehrverhalten aus?
Was hat dieses Erleben mit meiner eigenen Biografie zu tun?
Was will mir das Kind mit seinem Verhalten sagen?

An welchen Punkten hat sich meine Wahrnehmung und Einschätzung des Kindes unter Berücksichtigung meiner Selbstreflexion verändert? Was hat sich im Vergleich zur letzten Beobachtung verändert?

Mit welcher Einstellung und Haltung führe ich das Gespräch mit den Eltern zu den Inhalten und Ergebnissen der Beobachtung? Wurde dieses vorab im kollegialen Austausch im Team oder im Gespräch mit der Leitung zur Sicherstellung einer möglichst hohen Objektivität beraten?

Dokumentation der erzieherischen Arbeit, Beobachtungsbogen (Caritasverband, 2009, S. 29f.)

- Gestaltung und Nutzung des Außengeländes
- Geräte und Materialien im Außengelände und ihre Nutzung etc.

Arten des Dokumentierens

Es gibt verschiedene Arten des Dokumentierens:
- schriftliche Beobachtungsprotokolle
- schriftliche Teamsitzungs- oder Besprechungsprotokolle
- Sammlungen von Materialien, die die Kinder oder Jugendlichen erstellt haben
- Videoaufzeichnungen
- Fotografien
- Entwicklungsskalen, in die Entwicklungsveränderungen zu bestimmten Aspekten des Verhaltens und Erlebens eingetragen werden
- vorbereitete Beobachtungsbögen etc.

Diese Arten des Dokumentierens können – je nach Anlass – unterschiedlich präsentiert werden:
- an einer Pinnwand
- mit Fotos
- in Elternbriefen
- in einem Arbeitstagebuch
- in einer Einrichtungszeitung etc.

Dabei darf natürlich der **Datenschutz** nicht missachtet werden. Alle Beobachtungen und Informationen über ein einzelnes Kind oder einen Jugendlichen dürfen nicht an unbefugte Personen weitergegeben werden. Andere Eltern oder andere Kinder bzw. Jugendliche dürfen keinen Zugang dazu bekommen.

Für die Bildungsdokumentation eines Kindes oder Jugendlichen empfiehlt sich folgende Struktur:

„I. Übergang von der Familie in die Tageseinrichtung für Kinder
- *Daten zum Kind (u. a. Name, Alter bei der Aufnahme, Geschwisterkonstellation etc.)*
- *Relevante Informationen aus dem Aufnahmegespräch*
- *Eingewöhnungsphase*

II. Regelmäßige Beobachtung, Auswertung und fachliche Handlungsschritte
- *Entwicklung des Kindes (pädagogisch wichtige Fakten werden [...] festgehalten)*
- *Vorlieben, Lieder, Spiele, Spielpartner, Wünsche, Äußerungen, Ideen ...*
- *Teilnahme an Projekten*
- *Darlegung der Individualität des Kindes*
- *Darstellung der Planung der pädagogischen Arbeit*

III. Konkrete Materialien des Kindes
- *Bilder und andere Werke*
- *Fotos, Zitate, Geschichten von und über das Kind*
- *Beispiele von Situationen, die typisch für das Kind sind*

IV. Gesprächsprotokolle und Aufzeichnungen
- *Elterngespräche bzw. Gespräche mit den Erziehungsberechtigten*
- *Kooperationspartner/Institutionen."*
(Caritasverband, 2009, S. 14f.)

3.5 Erziehen, bilden und begleiten: ausgewählte Bildungsbereiche

Im Mittelpunkt dieses Kapitels steht die Entwicklung und Förderung von Kompetenzen in spezifischen Bildungsbereichen. Dabei sei noch einmal darauf hingewiesen, dass mit den entsprechenden methodischen und didaktischen Aktivitäten der sozialpädagogischen Fachkräfte immer auch erzieherische Prozesse einhergehen – ein Aspekt, den es in der Praxis im Auge zu behalten und zu analysieren gilt. Die verschiedenen Bundesländer nennen in ihren Bildungsprogrammen für Kinder (z. T. bis zum 10. Lebensjahr) unterschiedliche Bildungsbereiche, die sich allerdings im Wesentlichen nur in ihrer Systematik und weniger in ihren Inhalten unterscheiden. Die Bildungsbereiche, die in den Bildungsprogrammen der 16 Bundesländer genannt werden, überschneiden sich weitgehend bzw. sind zum Teil deckungsgleich:

Bundesland	Bildungsbereiche/Entwicklungsfelder
Bayern	<ul><li>Sprache, Schrift, Kommunikation</li><li>Personale und soziale Entwicklung, Werteerziehung/religiöse Bildung</li><li>Mathematik, Naturwissenschaft, (Informations-)Technik</li><li>Musische Bildung/Umgang mit Medien</li><li>Körper, Bewegung, Gesundheit</li><li>Natur und kulturelle Umwelten</li></ul>
Baden-Württemberg	<ul><li>Körper</li><li>Sinne</li><li>Sprache</li><li>Denken</li><li>Gefühl und Mitgefühl</li><li>Sinn, Werte und Religion</li></ul>
Berlin	<ul><li>Körper, Bewegung und Gesundheit</li><li>Soziale und kulturelle Umwelt</li><li>Sprachen, Kommunikation und Schriftkultur</li><li>Bildnerisches Gestalten</li><li>Musik</li><li>Mathematische Grunderfahrungen</li><li>Naturwissenschaftliche Grunderfahrungen</li></ul>
Brandenburg	<ul><li>Körper, Bewegung und Gesundheit</li><li>Sprache, Kommunikation und Schriftkultur</li><li>Musik</li><li>Darstellen und Gestalten</li><li>Mathematik und Naturwissenschaft</li><li>Soziales Leben</li></ul>
Bremen	<ul><li>Rhythmik und Musik</li><li>Körper und Bewegung</li><li>Spiel und Fantasie</li><li>Sprachliche und nonverbale Kommunikation</li><li>Soziales Lernen, Kultur und Gesellschaft</li><li>Bauen und Gestalten</li><li>Natur, Umwelt und Technik</li></ul>
Hamburg	<ul><li>Körper, Bewegung und Gesundheit</li><li>Soziale und kulturelle Umwelt</li><li>Kommunikation: Sprachen, Schriftkultur und Medien</li><li>Bildnerisches Gestalten</li><li>Musik</li><li>Mathematische Grunderfahrungen</li><li>Naturwissenschaftliche und technische Grunderfahrungen</li></ul>
Hessen	<ul><li>Emotionalität, soziale Beziehungen und Konflikte</li><li>Gesundheit</li><li>Bewegung und Sport</li><li>Lebenspraxis</li><li>Sprache und Literacy</li><li>Medien</li><li>Bildnerische und darstellende Kunst</li><li>Musik und Tanz</li><li>Mathematik</li><li>Naturwissenschaften</li><li>Technik</li><li>Religiosität und Werteorientierung</li><li>Gesellschaft, Wirtschaft und Kultur</li><li>Demokratie und Politik</li><li>Umwelt</li></ul>

Bundesland	Bildungsbereiche/Entwicklungsfelder
Mecklenburg-Vorpommern	- Kommunikation, Sprechen und Sprache(n) - Elementares mathematisches Denken - (Inter)kulturelle und soziale Grunderfahrungen - Welterkundung und naturwissenschaftliche Grunderfahrungen - Musik, Ästhetik und bildnerisches Gestalten - Bewegung
Nordrhein-Westfalen	- Bewegung - Spielen und Gestalten, Medien - Sprache - Natur und kulturelle Umwelt Kulturelle Bildung umfasst u. a. folgende Bereiche: – Sprechen, Verstehen, Kommunizieren – soziales Lernen – gesellschaftliches Zusammenleben – Kreativität und Kunst – Umweltbewusstsein – Medienkompetenz
Rheinland-Pfalz	- Wahrnehmung - Sprache - Bewegung - Künstlerische Ausdrucksformen - Religiöse Bildung - Gestaltung von Gemeinschaft und Beziehung - Interkulturelles und interreligiöses Lernen - Mathematik – Naturwissenschaft – Technik - Naturerfahrung – Ökologie - Körper – Gesundheit – Sexualität - Medien
Saarland	- Körper, Bewegung und Gesundheit - Soziale und kulturelle Umwelt, Werteerziehung und religiöse Bildung - Sprache und Schrift - Bildnerisches Gestalten - Musik - Mathematische Grunderfahrungen - Naturwissenschaftliche und technische Grunderfahrungen
Sachsen	- Somatische, - Soziale, - Kommunikative, - Ästhetische, - Naturwissenschaftliche und - Mathematische Bildung
Sachsen-Anhalt	- Körper, Bewegung, Gesundheit - Kommunikation, Sprache(n) und Schriftkultur - (Inter)kulturelle und soziale Grunderfahrungen - Ästhetik und Kreativität - Mathematische Grunderfahrungen - Welterkundung und naturwissenschaftliche Grunderfahrungen
Thüringen	- Sprachliche und schriftsprachliche Bildung - Motorische und gesundheitliche Bildung - Naturwissenschaftliche und technische Bildung - Mathematische Bildung - Musikalische Bildung - Künstlerisch-gestaltende Bildung - Soziokulturelle und moralische Bildung

Bundesland	Bildungsbereiche/Entwicklungsfelder
Niedersachsen	• Emotionale Entwicklung und soziales Lernen • Entwicklung kognitiver Fähigkeiten und der Freude am Lernen • Körper – Bewegung – Gesundheit • Sprache und Sprechen • Lebenspraktische Kompetenzen • Mathematisches Grundverständnis • Ästhetische Bildung • Natur und Lebenswelt • Ethische und religiöse Fragen, Grunderfahrungen menschlicher Existenz
Schleswig-Holstein	• Sprache, Schrift, Kommunikation • Personale und soziale Entwicklung, Werteerziehung/religiöse Bildung • Mathematik, Naturwissenschaft, (Informations-)Technik • Musische Bildung/Umgang mit Medien • Körper, Bewegung, Gesundheit • Natur und kulturelle Umwelten

In diesem Kapitel werden die folgenden Bildungsbereiche aufgegriffen:
- Sprachkompetenz und Literacy
- Umweltbildung
- Gesundheit und Bewegung
- Spielen und gestalten
- Mathematisch-naturwissenschaftliche Bildung und Erziehung
- Musikalische Bildung und Erziehung
- Künstlerisches Gestalten
- Ethische und religiöse Erziehung und Bildung
- Medienkompetenz und Medienerziehung

3.5.1 Sprachkompetenz und Literacy

Die folgenden Ausführungen thematisieren die Förderung von Sprachkompetenz im Elementarbereich; sie beziehen sich vorrangig auf Kinder mit einer „normalen" sprachlichen Entwicklung (vgl. auch Kap. 3.4.8). Sprachförderung von älteren Kindern und Jugendlichen sowie Prävention und Früherkennung von Sprachentwicklungsstörung können in diesem Rahmen nicht behandelt werden.
Sprachkompetenz ist eine **Schlüsselqualifikation**, da sie die Bildungschancen eines Menschen wesentlich beeinflusst. Ob und wie Heranwachsende die Schule meistern und welche beruflichen Möglichkeiten ihnen offenstehen, inwieweit sie sich in unserer Gesellschaft wirklich einrichten können, hängt entscheidend davon ab, ob sie in der Lage sind, mündlich und schriftlich auszudrücken, was sie möchten, denken und fühlen und ob sie andere in der direkten Kommunikation sowie über das geschriebene Wort verstehen können.

Das setzt voraus, dass Kinder in den ersten Lebensjahren ihre sprachlichen Fähigkeiten ungestört entwickeln können. Bei Kindern aus sozial benachteiligten Familien und aus Familien mit Migrationshintergrund ist das oft nicht der Fall. Deswegen ist die Förderung besonders dieser Kinder eine Querschnittsaufgabe von Erzieherinnen (vgl. Kap. 3.4.8). Eine so verstandene Sprachförderung kann nicht an Heilpädagogen und/oder Logopäden delegiert werden.

Für Erzieherinnen (vgl. Kap. 3.4.8) ist diese Aufgabe nicht neu, muss aber – aufgrund von neuen Erkenntnissen über den Prozess des kindlichen Spracherwerbs und dessen Bedeutung für die spätere Schullaufbahn – bewusster und zielgerichteter wahrgenommen werden.

Was ist Sprache?

Zunächst ist zu klären, was genau gemeint ist, wenn im Folgenden immer wieder von Sprache die Rede ist.

Sprache

Sprache ist ein Teil von Kommunikation. Sie ist ein Hilfsmittel, um unsere Bedürfnisse, Gefühle und Gedanken auszudrücken, und zwar verbal oder nonverbal (Körpersprache).

Miteinander leben ist nur möglich, wenn Menschen miteinander handeln und dazu müssen sie miteinander kommunizieren. Auf diese Weise gelingt es, eigene Handlungsspielräume zu erweitern und sich die Welt zu erschließen. Sprache ist kein Selbstzweck, sondern sie ist „Werkzeug" für Interaktion und Kommunikation (auf den verschiedenen Mitteilungsebenen). In dieser Interaktion mit anderen Menschen können wir uns weiterentwickeln.

Zugleich ist Sprache ein Regelwerk, indem z. B. vorgegeben wird, wie Wörter zu betonen (*Herkunft*, Betonung auf „Her") oder Sätze richtig zu konstruieren sind („Ich haben gern dich" – „Ich habe dich gern"). Korrektes Sprechen bedeutet, die Struktur der jeweiligen Sprache zu beachten. Von diesen ersten Überlegungen her lässt sich **Sprachkompetenz** verstehen als Fähigkeit, Sprache als Instrument für Kommunikation einzusetzen und dabei die grammatischen Regeln zu beachten. Im Zusammenhang mit Sprachförderung von Kindern wird der Begriff Sprachkompetenz noch umfassender verstanden:

Zum einen sind die Sprachlernmotivation eines Kindes und seine **sprachliche Aktivität** von Bedeutung. Sein Interesse an Sprache lässt sich daran ablesen, in welchen sprachbezogenen Situationen bzw. an welchen Angeboten es sich aktiv beteiligt, ob es sich z. B. beim Erzählen oder in Gesprächen interessiert zeigt, wann es welche sprachliche Möglichkeiten einsetzt (z. B. um etwas zu bitten oder etwas abzulehnen) und wie es sprachlich (verbal und nonverbal) versucht, Aufgaben zu bewältigen. Dazu gehört weiter sein Interesse, eigene Gefühle, Erlebnisse und Gedanken mitzuteilen, genauso wie das Interesse an dem, was andere miteilen möchten, die Fähigkeit zuzuhören und das Wahrnehmen von Körpersprache.

Zum anderen geht es um **sprachliche Fähigkeiten** im engeren Sinn: Kann das Kind z. B. eine Geschichte erzählen? Ist es in der Lage, sich an Gesprächen zu beteiligen? Kann es Alltagssituationen folgen, beispielsweise Handlungsaufforderungen verstehen? Wie ist sein Wortschatz und Satzbau? Entsprechend diesem Verständnis wird Sprachkompetenz als „funktionaler, dynamischer Kompetenzbegriff" verstanden (Bayerischer Bildungs- und Erziehungsplan, 2010, S. 208), der auch den folgenden Ausführungen zugrunde liegt.

Funktionale Sprachkompetenz
Der Begriff funktionale Sprachkompetenz erfasst Sprachlernmotivation und sprachliche Aktivität in sprachbezogenen Situationen. Außerdem bezieht er sich auf sprachliche Fähigkeiten in sprachbezogenen Situationen, z. B. beim Erzählen sowie auf Satzbau und Wortschatz.

Wie eignen sich Kinder Sprache an?

Dass ein Kind sprechen lernt, ist eine selbstverständliche Erwartung vieler Eltern. Dabei ist ihnen oft kaum bewusst, welch ein komplexer Prozess Sprechenlernen ist, dass er bei den einzelnen Kindern zeitlich unterschiedlich verlaufen kann und auch störanfällig ist (zum Folgenden vgl. Grimm, Sprachstörungen, 2003, S. 30 ff.).

Lernt ein Kind sprechen, leistet es viel: Es muss sich die Regeln für die einzelnen sprachlichen Strukturen wie Laut-, Wort- oder Satzbildung und die Regeln ihres Zusammenspiels aneignen (die Regeln der Lautbildung zu kennen, reicht nicht aus: Sprechen verlangt z. B., Laute zu Wörtern und Wörter zu Sätzen zusammenzusetzen). Wie gelingt diese Mammutaufgabe?

Sprachwissenschaftler gehen heute davon aus, dass ein Kind Sprache nicht durch bloße Imitation erwirbt: Es lernt keine einzelnen Vokabeln, sondern Regeln.

In diesem komplizierten Prozess ist Folgendes von Bedeutung:

- **Sprache wird im interaktiven Austausch gelernt**
  Sprache und Sprechen „fliegen" den Kindern weder zu, noch können sie den Spracherwerb alleine bewerkstelligen. Die Kinder erarbeiten sich zwar selbstständig sprachliche Fähigkeiten, aber das ist nur möglich, wenn sie ein Gegenüber haben. Dementsprechend ist es missverständlich, davon zu sprechen, dass

Kinder in eine Sprache „hineinwachsen". Sprechenlernen ist ein dialogischer Prozess, grundlegend ist das Wechselspiel von Sprechen und Zuhören.

- **Lernen geschieht in Beziehung zu Personen**
Wenn Sie Ihre Ausbildung daraufhin überprüfen, wo Sie viel und gerne lernen, sind vermutlich immer auch die Lehrkräfte, die Sie mögen und bei denen Sie Interesse an Ihrer Person spüren, von Bedeutung. Ähnlich, aber viel fundamentaler ist dieser Sachverhalt bei kleinen Kindern. Lernmotivation bzw. Lerninteresse eines Kindes hängt davon ab, ob es ausreichend Geborgenheit, Zuwendung und Aufmerksamkeit von seinen primären Bezugspersonen erfährt. Dadurch entsteht der „Nährboden" für frühkindliche Lernprozesse und damit auch für den Prozess des Spracherwerbs. Ein Kind entwickelt Freude am Sprechen, wenn die emotionale Beziehung zu den Bezugspersonen (oder den Personen, die für es wichtig sind, z. B. pädagogische Fachkräfte) intakt ist.

- **Kinder lernen sinnorientiert**
Kinder lernen sprechen „in Zusammenhängen, die für sie Sinn machen, ihren Bedürfnissen entsprechen, sich an ihren Interessen orientieren" (Fuchs/Siebers, 2002, S. 52). Die Sprachanregungen durch die Erwachsenen sind umso wirkungsvoller, je mehr sie sich an den aktuellen Bedürfnissen des Kindes orientieren und ihnen Eigenaktivität ermöglichen. Bei einer optimalen Förderung bietet die Erzieherin also nicht eine Anregung nach der nächsten, sondern sie gibt der Eigenaktivität der Kinder Raum, z. B. indem sie abwartet und nicht vorschnell deren Aktivität unterbricht. Dabei ist es wichtig, auch nonverbale Signale wahrzunehmen (etwa interessierte Blicke, Bewegungen in Richtung Ball) und darauf einzugehen („Ja, dahinten liegt ein schöner Ball!").

- **Lernen braucht eine sprachanregende Umgebung**
Schon Kleinstkinder wollen ihre Umgebung erkunden. Ein kahler Raum, in dem es nichts zu sehen bzw. zu entdecken gibt, regt ein kleines Kind nicht an, diese Umgebung zu erforschen. Entdeckt es aber einen bunten Ball, wird es dahinrobben und sich mit diesem Gegenstand beschäftigen – vorausgesetzt, die Erzieherin ist in seiner Nähe, gibt ihm die notwendige emotionale Sicherheit für diese „Expedition" und bleibt mit ihm im Dialog („Jetzt rollt der Ball"). Ein sorgfältig mit verschiedenen Gegenständen ausgestatteter Raum, der zum Erkunden verlockt, ist deshalb pädagogisch ein „Muss".

Sprachverstehen und Sprechfähigkeit

Wenn Sie sich an Ihren Fremdsprachenunterricht erinnern, wissen Sie, dass Sie viel schneller die fremde Sprache verstanden haben, als dass Sie sie sprechen konnten. Diese Beobachtung lässt sich verallgemeinern: In der Sprachentwicklung geht das Sprachverstehen immer der Sprachproduktion voraus. Als sozialpädagogische Fachkraft müssen Sie also davon ausgehen, dass ein Kind immer mehr versteht, als es spricht.

Sprachentwicklung als Teil der Gesamtentwicklung

Eine weitere für erzieherisches Handeln wesentliche Einsicht in die Sprachentwicklung ist, dass sie nicht isoliert von der Entwicklung anderer Fähigkeiten verläuft (vgl. dazu Kap. 2.4 bis Kap. 2.6). Dabei hängen die einzelnen Entwicklungsschritte voneinander ab: Das Kind kann z. B. erste Worte wie „Mama", „Papa" etc. nur bilden, wenn es die notwendigen Voraussetzungen dafür bewältigt hat, z. B. den Schritt der Lautentwicklung. Gibt es im vorangegangenen Prozess eine Störung, wirkt sich das auf den nachfolgenden Erwerbsprozess aus.

Insofern ist es kein Zufall, dass z. B. Kinder mit Hör- oder Sehschädigungen auch sprachlich zum Teil massiv beeinträchtigt sind.

Ein Kind kann also nur richtig sprechen lernen, wenn die Sinnes- und Bewegungskoordination voll ausgebildet ist, d. h., dass es
- klar sieht (z. B. Mundstellungen),
- gut und differenziert hört (z. B. Sprachmelodie, Sprachrhythmus),
- motorische Fähigkeiten besitzt (z. B. für die Erweiterung des Wortschatzes).

Umgekehrt bedeutet dies, dass die Grundlage für eine gut ausgebildete Erst- wie auch Zweitsprache die „Förderung einer differenzierten Wahrnehmungsfähigkeit der Kinder" (Fuchs/Siebers, 2002, S. 52) ist.

Phasen des Spracherwerbs

Eltern sind angerührt, wenn ihr Kind zum ersten Mal „Mama" oder „Papa" sagt, aber sie realisieren oft nicht, dass dies der Anfang einer rasanten Entwicklung ist. Wie verläuft der Spracherwerb eines Kindes? Sprachforscher haben herausgefunden, dass es für den Prozess des Sprachlernens in der frühen Kindheit eine „sensible Phase" gibt, „dass dem Kind nur während der relativ kurzen Zeit bis ungefähr fünf Jahre diejenigen Lernmechanismen zu Verfügung stehen, die einen ungestörten Aufbau der sprachlichen Kompetenz erlauben" (Grimm, 2003, S. 46, auch zum Folgenden). In diesem relativ kurzen Zeitraum ist das Lerntempo der Kinder atemberaubend: Mit ca. 2,5 Jahren besteht der Wortschatz durchschnittlich aus mehr als 500 Wörtern, Sechsjährige haben sich einen aktiven Wortschatz von über 5 000 Wörtern angeeignet; innerhalb von 15 Jahren vergrößert das Kind seinen Wortschatz auf ca. 60 000 Wörter. Einige der Entwicklungsschritte in diesem Prozess werden im Folgenden verdeutlicht (wobei es große individuelle Entwicklungsverzögerungen geben kann):

Alter	Entwicklungsschritte
8–10 Monate	Wortverständnis (erste Worte)
10–13 Monate	Wortproduktion
18–20 Monate	Wortexplosion
20–24 Monate	Wortkombination
ab 28 Monate	Grammatikerwerb

(vgl. Grimm, 2003, S. 35 ff.)

Im zweiten Lebensjahr erweitert ein Kind seine Äußerungen von Einwort- („Ball") über Zweiwort- („Ball habe") auf Dreiwortäußerungen („Michi Ball habe"); die Äußerungen werden genauer und eindeutiger. Im Anschluss an die Ein-, Zwei- und Dreiwortäußerungen fangen Kinder an, Satzketten zu bilden, und ab vier Jahren sind sie in der Lage, komplexere Satzgefüge zu produzieren.

Noch vor seinem fünften Geburtstag verfügt ein Kind weitgehend über die Grammatik (vgl. Dittmann, 2010): Die Artikel gebrauchen Kinder praktisch fehlerfrei. Am schwierigsten ist es für sie, die vier Fälle richtig zu bilden, z. B. „mit den Ball spielen" (zum Spracherwerb vgl. auch Kap. 2.4 bis 2.6).

Unter dem Gesichtspunkt der Lernfähigkeit stellen damit die ersten Lebensjahre auch einen optimalen Zeitpunkt dar, die sprachlichen Kompetenzen von Kindern zu fördern. Aufgrund dieser Erkenntnis wird heute z. B. schon in Kitas Englisch angeboten. Die Einsicht, dass Sprachentwicklung sich in bestimmten Schritten vollzieht, ist aber noch in anderer Hinsicht von Bedeutung: Eltern sind stolz auf jeden Fortschritt ihres Kindes, aber sie vergleichen auch oft, welches Kind schon was kann. Sozialpädagogische Fachkräfte sollten Eltern immer wieder darin erinnern, dass ein Kind nicht gleich perfekt sprechen kann, dass sie die Entwicklung ihres Kindes auch und gerade dadurch fördern, dass sie in aller Gelassenheit Entwicklungsschritte abwarten und sich klar machen, dass ein Kind nur das lernen kann, was in der jeweiligen Entwicklungsphase angelegt ist – allen Fördermaßnahmen zum Trotz.

Außerdem sollten die Eltern darauf aufmerksam gemacht werden, dass die für die einzelnen Phasen angegebenen Zeiträume nur Anhaltspunkte sind, die das einzelne Kind über- oder unterschreiten kann.

Entwicklung im Sprachgebrauch

Im Laufe der ersten Lebensjahre lassen sich zwei wesentliche Entwicklungsschritte im Sprachgebrauch der Kinder als Folge kognitiver Prozesse feststellen:

- **Kinder bauen Symbolwissen auf**

  Eine wichtige Etappe auf dem Weg des Sprachlernens findet ab ca. zehn Monaten statt, wenn Kinder erste Wörter bilden und allmählich sich ein Wissen darüber entwickelt, dass Sprache und Wirklichkeit sich unterscheiden:

  „Wir sind gewohnt über Dinge zu reden, die uns vor Augen sind: Unsere Sprache, die wir den Tag über reden, ist unmittelbar bezogen auf das Handgreifliche, das wir mit unseren Sinnen erfassen. Man kann auch sagen, die Sprache hat Bezeichnungscharakter. Das ist das, was jeder von uns als Kind mühsam erlernt hat. Für bestimmte Dinge gelten bestimmte Wörter. Der runde, bunte Gegenstand in der Hand der Mutter zum Beispiel wird Ball genannt. Immer, wenn das Kind den Ball sieht, sagt es das Wort Ball. Das Kind kann, wenn es anfängt die Sprache zu erlernen, die Bezeichnung und den wirklichen Gegenstand noch nicht voneinander unterscheiden. Dies geschieht erst zu einem späteren Zeitpunkt.

  Eines Tages sagt dann das Kind Ball, obwohl der Ball gar nicht da ist. In diesem Stadium fängt das Kind an zu begreifen, dass das Wort und der Gegenstand zwei verschiedene Dinge sind, zwischen denen jedoch eine Beziehung besteht. Zum Beispiel die, dass wenn man Ball sagt, die Mutter geht und ihn holt [...]. Von Jahr zu Jahr, je älter das Kind wird, begreift es besser, dass die Sprache nicht die Wirklichkeit selbst ist, sondern die Wirklichkeit bezeichnet, symbolisiert. Mithilfe der Sprache ist es daher möglich, sich über die Wirklichkeit zu verständigen.

  Das Wort Ball steht als Symbol für den Gegenstand Ball. Kinder, die den Symbolcharakter der Sprache begriffen haben, haben gleichzeitig gelernt, nicht einfach nach einer Sache zu greifen, sondern mithilfe der Sprache nach dieser Sache zu fragen. Die Sprache hat vermittelnde Funktion. Das Wort Ball als Symbol für den Gegenstand Ball macht es möglich, sich über den Gegenstand Ball mit anderen zu verständigen."

  (Weinberger, 1973, S. 87)

  Andernfalls müsste das Kind immer den Ball dabei haben, auf ihn zeigen, wenn es im Gespräch um einen Ball geht.

- **Kindern lernen, nicht-situationsgebunden zu sprechen**

  Je älter ein Kind wird, desto besser kann es die Möglichkeiten der Sprache erfassen bzw. nutzen. Für den Sprachgebrauch ist der entscheidende Durchbruch die Fähigkeit, über Dinge oder Sachverhalte zu sprechen, die einer der beiden Gesprächsteilnehmer nicht kennt, also etwas zu erzählen, was für den anderen neu ist.

Beispiel

Ein Kind in der Kita kann die Praktikantin fragen, ob es den Ball, der im Flur in einem Korb liegt, mit in den Garten nehmen darf, z. B. so: „Kann ich den mitnehmen?" Es muss sprachlich gesehen über die Frage hinaus nicht viel erklären (höchstens seine Gründe nennen), denn beide – Praktikantin und Kind – sehen den Ball im Flur liegen und das Kind zeigt darauf. Für beide ist auch klar, dass es darum geht, den Ball in den Garten mitzunehmen, denn dahin gehen jetzt alle – ein entsprechender Hinweis ist also überflüssig. Dieses Sprechen ist an die konkrete Situation gebunden. Solche situativen Verweise sind aber nicht möglich, wenn das Kind der Praktikantin vom Familienurlaub in Italien erzählen will und wie es dort mit wildfremden Kindern Fußball gespielt hat.

Was auf den ersten Blick einfach erscheint, nämlich dass das Kind die Personen benennt und den Spielort beschreibt, darüber spricht, wie sie zusammen gespielt haben, ist genau besehen sprachlich höchst anspruchsvoll. Das Kind muss nämlich so erzählen, dass die Praktikantin sich eine konkrete Vorstellung vom Erzählten machen kann. Und das setzt sprachlich einiges voraus, denn jetzt muss das Kind anders reden. Was es der Praktikantin erzählt oder ihr zu erklären versucht, bezieht sich nicht mehr direkt auf einen außersprachlichen Bezugspunkt (den Raum, in dem die Erzieherin steht, das gemeinsame Wissen von Erzieherin und Kind). Räume, Personen, Situationen, Inhalte (wie die Erzählung über das Ballspiel in Italien oder die Erklärung der Spielregeln) müssen sprachlich eingeführt und ggf. ausgeschmückt werden.

Fachlich gesprochen muss das Kind nicht-situationsgebunden reden (dekontextualisierte Sprache). Dies geschieht dann, wenn Kinder erzählen und versuchen, das Erlebte für andere, die nicht dabei waren, nachvollziehbar zu machen.

„Im Alltag des Kindergartens, wo immer sehr viel Sichtbares und Greifbares und Bekanntes passiert, gewöhnen sich viele Kinder daran, sprachliche Botschaften stets durch den direkten Bezug zu ihrer unmittelbaren Umgebung zu verstehen und zu produzieren; sie lernen nicht, in der hier beschriebenen Weise zu abstrahieren. Diese Abstraktionsfähigkeit sowie das Interesse an sprachlich vermittelten Botschaften, die Geduld und die Fähigkeit, diese zu verstehen und zu interpretieren, sind eine wesentliche Voraussetzung für die spätere Lesekompetenz und für das Schreiben von Texten. Auch die sprachgebundene Fantasie wird angeregt: Kinder erfahren, wie man mit Sprache erfundene oder schlicht ‚andere‘ Welten herholen oder herbeizaubern kann."
(Ulich, 2003, S. 5 ff.)

Wie schwer für Kinder dieser Schritt zu nicht-situationsgebundenem Sprechen ist, können Sie leicht selbst beobachten, wenn Sie Kindern beim Erzählen zuhören.

Beispiel
Mia, 3,1 Jahre, erzählt der Mutter von der Feuerwehrübung im Elementarbereich: „Wir mussten ganz, ganz leise sein und so laufen" (läuft auf den Zehenspitzen), „ganz leise, hat die Verena (die Erzieherin) gesagt, weißt du." Nach einer Pause: „Dann war da so ein Mann, der hat uns alles gezeigt. Und ich durfte dann auf den Knopf drücken."

Was geschieht hier sprachlich? In ersten Ansätzen erzählt die Dreijährige nicht-situationsgebunden: Sie deutet die Rahmensituation an (jemand von der Feuerwehr war da), allerdings kann sie, was während der Brandschutzübung alles passiert ist, nicht erzählen oder gar ausschmücken, z. B. wie der Feuerwehrmann aussah. Es ist ein Detail, das sie herausgreift und vormacht (leise zu gehen). Offensichtlich ist es für sie noch dazu schwierig, dieses Detail zu versprachlichen. Die Mutter, die nicht dabei war, muss sich da einiges „zusammenreimen" und/oder nachfragen, um wirklich eine Vorstellung von der Brandschutzübung zu bekommen und dass Mia den Alarmknopf drücken durfte.

Für sozialpädagogische Fachkräfte ist es ein vertrautes Phänomen, dass sie als Zuhörende selbst gedanklich immer wieder Erzählzusammenhänge und Bezüge in den kindlichen Erzählungen herstellen müssen, um die Erzähllücken zu schließen. Ältere Kinder sind geübter im nicht-situationsgebundenen Sprechen und können so von der Feuerwehrübung erzählen, dass die Mutter sie sich ohne Weiteres vorstellen kann – obwohl es oft immer noch schwierig ist, die Ereignisse in der richtigen Abfolge darzustellen.

Mit anderen Worten: Die Kinder können sich erst allmählich sprachlich aus der Situation lösen. Für den erwachsenen Zuhörer ist es immer wieder verblüffend, wie mühelos Kinder in solchen Erzählungen die Grenze zwischen Realität und Phantasie überschreiten („Und dann hab ich geschaukelt, ganz hoch, bis in den Himmel bin ich geflogen").

Mehrsprachig aufwachsen

Es gibt kaum eine Einrichtung im Elementarbereich, die nicht von Kindern besucht wird, die zwei- oder mehrsprachig aufwachsen und deren Sprachkompetenz die sozialpädagogischen Fachkräfte gezielt fördern müssen.

Wie lernen Kinder eine Zweitsprache?

Im Prinzip erlernen Kinder in der frühen Kindheit die Zweitsprache wie die Erstsprache: Vielfältige Sinneserfahrungen, eigenes Ausprobieren und Zuhören sind wichtige Momente in diesem

Aneignungsprozess. Die Kinder schnappen z. B. in der Kita Worte auf, hören die anderen Kinder sprechen, probieren selber aus, etwas zu sagen etc. Dennoch gibt es Unterschiede, die auch für die Sprachförderung im Alltag relevant sind:

Kinder, die mit Deutsch als Zweitsprache aufwachsen, können auf die Ressourcen zurückgreifen, die sie beim Erwerb ihrer Erstsprache strukturell bereits erworben haben. So „wissen" sie, dass es grammatische Muster, Aussprachereln und eine Sprachmelodie gibt sowie Worte, um sich auszudrücken. Das ermöglicht ihnen, die neue Sprache schneller zu lernen.

Allerdings ist auch immer wieder zu beobachten, dass die Sprache eines Kindes auf einem bestimmten, oft niedrigen Niveau stagniert, „einfriert". Für diese **„Fossilisierung"** (Ulich, 2012, S. 19, auch zum Folgenden) von Wortschatz und Grammatik gibt es verschiedene Gründe:
– zu wenig sprachliche Anregung
– mangelnde Motivation
– allgemeine sprachliche Entwicklungsverzögerung

Genaue Beobachtung des Kindes und Rücksprache mit den Eltern sind dann notwendig.

Auch wenn Kinder schon von Geburt an mit zwei Sprachen aufwachsen, beispielsweise wenn Vater und Mutter unterschiedliche Erstsprachen haben, ist der Aneignungsprozess (Doppelspracherwerb oder bilinguale Erziehung) der gleiche. Das gilt auch für den Fall, dass noch eine dritte Sprache, z. B. die der Umgebung, dazukommt.

In der Praxis kann zwei- oder mehrsprachiges Aufwachsen dazu führen, dass ein Kind eine der Sprachen besser als die andere beherrscht – oft gibt es eine starke Sprache und eine (oder zwei) schwache. Dies hängt von verschiedenen Faktoren ab, z. B. wer wie oft in welcher Sprache mit dem Kind spricht. Wie auch immer die genaue Konstellation ist: Die Sprachbiografie der Kinder zu kennen ist für die sozialpädagogischen Fachkräfte wichtig im Hinblick auf gezielte Sprachanregungen.

Die Bedeutung der Erstsprache

Immer wieder hört man von Eltern mit Migrationshintergrund, dass die Erzieherin zum Beispiel der Mutter davon abgeraten hat, mit ihrem Kind in der Bring- oder Abholsituation in der Erstsprache zu sprechen, denn „es soll ja gut Deutsch lernen".

Abgesehen davon, dass es im Einzelfall bei Migrantenkindern in der zweiten oder dritten Generation gar nicht immer eindeutig ist, was ihre Erstsprache ist, geht die Erzieherin hier offensichtlich davon aus, dass es sprachlich für das Kind nachteilig ist, die Erstsprache zu sprechen. Es ist deshalb wichtig, sich die Bedeutung der Erstsprache für den Zweitspracherwerb bewusst zu machen.

Es wurde schon darauf hingewiesen, dass Kinder, die eine Zweitsprache lernen, auf ihr intuitives „Wissen" und ihre „Erfahrungen" beim Erstspracherwerb zurückgreifen können. Untersuchungen belegen, dass Kinder Erfahrungen vom Erlernen der Erstsprache (z. B. dass es richtige und falsche Sätze gibt) für die Aneignung der Zweitsprache nutzen, sie also nicht bei Null anfangen. Die Erstsprache ist so etwas wie das „Betriebssystem" (Fuchs/Siebers, 2002, S. 36) für das Erlernen der Zweitsprache. Wird dieses Betriebssystem nicht gepflegt, drohen „Betriebstörungen". Die Beherrschung der Erstsprache ist maßgeblich dafür, dass ein Kind auch die Zweitsprache differenziert lernen kann.

Die Bedeutung der Erstsprache ist noch in anderer Hinsicht fundamental, nämlich für die Identitätsentwicklung. Erzieherinnen, die Dialekt sprechen, ist das Phänomen vertraut, dass sie sich – sprechen sie Schriftdeutsch – oft „unbehaust" fühlen, nicht mehr wie sie selbst, und sich als nicht authentisch erleben. Dieses Gefühl hat nichts mit ihrer Sicherheit im Schriftdeutschen zu tun, sondern damit, dass Sprache mehr ist als etwas Technisches, wodurch Kommunikation funktioniert. Das hängt mit der Bedeutung der Erstsprache im Leben eines Kindes zusammen (vgl. Böhm u. a., 2004, S. 161 f.):

Noch bevor ein Kind selbst sprechen kann, hört es diese Sprache, es erfährt in ihr Zuwendung durch die primären Bezugspersonen; in dieser Sprache lernt es, „ich" zu sagen, seine Gefühle auszudrücken, Bedürfnisse zu äußern und schließlich wird durch sie der familiäre kulturelle Hintergrund vermittelt: „Jeder Mensch ist unvermeidlich dadurch geprägt, in welcher Kultur er aufwächst" (Fuchs/Siebers, 2002, S. 56). In dieser Sprache werden ihm Umgangsformen, Verhaltensregeln, Sitten, Gebräuche, Werte und Normen vermittelt. Das ist prägend und vermittelt zugleich Sicherheit im Miteinander. Mit seiner Erstsprache „verfügt jeder Mensch über ein Stück Sicherheit und Heimat" (Böhm u. a., 2004, S. 161), sie ist bedeutsam für seine Identität, mehr noch, sie ist Teil seiner Identität.

Erstsprache
Erstsprache ist die Sprache, die ein Kind als Erstes lernt. Da dies nicht automatisch die Sprache der Mutter ist, setzt sich heute zunehmend der Begriff Erstsprache durch. Neben der strukturellen Bedeutung der Erstsprache für den Zweitspracherwerb ist sie aber auch wichtig für die Identitätsentwicklung eines Kindes.

Ein striktes Verbieten der Erstsprache in der Einrichtung muss insofern Kinder enorm verunsichern und entwertet, was für sie bereichernd und wertvoll ist. Dadurch kann ein Kind schnell die Freude am Erlernen der Zweitsprache verlieren.
Diese Einsichten in die Bedeutung der Erstsprache haben weitreichende Konsequenzen für die Förderung von Sprachkompetenz, u. a. müssen Eltern über die dargestellten Sachverhalte aufgeklärt und motiviert werden, ihre Erstsprache in der Familie weiter zu pflegen; für die sozialpädagogischen Fachkräfte folgt aus diesem Wissen, der Erstsprache der Kinder auch in der Einrichtung Raum zu geben, muttersprachliche „Inseln" (Iven, 2010, S. 25) zu schaffen und ihr wertschätzend zu begegnen. In erster Linie bezieht sich dies auf eine klare Regelung, wann z. B. die türkischen Kinder miteinander Türkisch sprechen dürfen. Im Gegenzug muss auch mit den Kindern besprochen werden, wann ausschließlich Deutsch gesprochen wird, z. B. im Stuhlkreis.

Sprachstrategien der Kinder in der Anfangszeit
Kinder, die mehrsprachig aufwachsen, entwickeln in der Anfangszeit bestimmte Sprachstrategien. Auf den ersten Blick scheinen die Kinder einfach Fehler zu machen, bei genauerem Hinschauen erweist sich, dass sie höchst kreative und kluge Strategien benutzen, um sich in der neuen Sprache überhaupt ausdrücken zu können (vgl. Ulich u. a., 2012, S. 16 ff., auch zum Folgenden).

- **Kinder mischen Sprachen**
  Kinder, die zweisprachig aufwachsen, mischen die Sprachen. Erst ab ca. drei Jahren kann ein zweisprachig aufwachsendes Kind im Gespräch beide Sprachen auseinanderhalten, bis dahin mischt es Wörter, Satzteile oder Sätze aus Erst- und Zweitsprache („Come on, gib mir die Puppe!"). Zu so einem „code-Wechsel" (Ulich, 2012, S. 17), also der Mischung von zwei Sprachen, gehört auch, Grammatikregeln von einer in die andere Sprache zu übertragen (z. B.: „Wie tut es Ihnen gehen?" „How do you do?").

Dass die Kinder nicht von Anfang an beide Sprachen auseinanderhalten können, gibt Eltern immer wieder Anlass zur Sorge. Aber es ist ganz normal, dass die Kinder bis ca. 2,6 Jahre beide Sprachen mischen, z. B. wenn ein passendes deutsches Wort dem Kind nicht geläufig oder es schwer auszusprechen ist, wenn es aufgeregt ist etc. Die Erzieherin sollte die Eltern informieren und sie darin bestärken, die Sprache nicht mit der „Fehlerbrille" zu betrachten, sondern beobachten, ob es prinzipiell zwischen den beiden Sprachen trennen kann.

Die Fähigkeit, zwischen Sprachen zu trennen, bildet sich allmählich heraus. Zu den Aufgaben der pädagogischen Fachkräfte gehört es, die Kinder darin zu unterstützen. Zuerst trennen die Kinder im Wortschatz, dann auch in der Grammatik. Mit ca. drei Jahren sind sie sich bewusst, dass sie sich in verschiedenen Sprachsystemen bewegen, und entwickeln unter Umständen sogar eine ausgeprägt positive oder negative Einstellung gegenüber einer ihrer Sprachen. Das hängt oft mit außersprachlichen, z. B. psychischen Problemen zusammen (ein Kind erlebt bei einem Elternteil einen direktiven Sprachstil und fühlt sich nicht ernst genommen oder durch nachdrückliches Ausfragen eingeengt, die Antipathie dagegen kann zu einer Ablehnung der Sprache dieses Elternteils führen und das Kind auch sprachlich blockieren).

Etwas anderes und mit Sprachmischung nicht zu verwechseln ist es, wenn die Kinder situativ von einer Sprache in die andere wechseln: Sie unterhalten sich z. B. mit ihrem niederländisch sprechenden Vater auf Niederländisch, rufen zwischendurch einem deutschen Kind etwas auf Deutsch zu, setzen dann das Gespräch mit dem Vater wieder auf Niederländisch fort. Probieren Sie einmal selbst aus, auf diese Weise von einer Sprache in die andere zu „switchen". Sie werden diese sprachliche Leistung der Kinder mit neuen Augen sehen.

- **Kinder wollen mitreden**
Vielleicht konnten Sie selbst schon beobachten, wie Kinder, die nicht mit Deutsch als Erstsprache aufwachsen, versuchen, sich an Gesprächen zu beteiligen. Drei typische Strategien sind
  – einfach zu raten, worum es geht,
  – so zu tun, als ob sie verstanden haben,
  – sich mit bestimmten Floskeln („Weißt du, ich finde ...") ins Gespräch einzuklinken.

Dabei setzen die Kinder ihr geringes Sprachwissen optimal ein. Den Fachkräften erschwert diese Strategie allerdings, die tatsächlichen Sprachkenntnisse richtig einzuschätzen. Deshalb ist es notwendig, sich im Zweifelsfall durch Nachfragen rückzuversichern, was ein Kind wirklich verstanden hat.

- **Typische Sprechmuster**
Dass Kinder ihre Erstsprachkenntnisse für den Erwerb der Zweitsprache nutzen, heißt nicht, dass sie beim Erlernen der Zweitsprache keine Fehler machen. Im Gegenteil: Beobachtet man Kinder, die Deutsch als Zweitsprache lernen, fallen bestimmte, immer wiederkehrende Sprachfehler auf, die damit zusammenhängen, dass die Erstsprache – Sie erinnern sich – nur das „Betriebssystem" für die Zweitsprache darstellt. Alles, was darüber hinausgeht, muss neu gelernt werden. Solche typischen Sprachfehler von Kindern sind z. B.:
  – immer denselben Artikel zu benutzen
  – beim Verb nur den Infinitiv einzusetzen
  – anfangs mit dem Prinzip der Auslassung zu arbeiten („Mitspielen!") oder („Puppe haben!")

Dieser Sprachgebrauch ist ein in der Anfangssituation passendes Vorgehen, um sich auch mit bruchstückhaften Sprachkenntnissen auszudrücken. Die Kinder wollen sich verständigen. Insofern ist es in dieser Phase nicht sinnvoll, sich auf solche „Fehler" zu konzentrieren, sondern das Interesse der Kinder am Sprechen zu unterstützen, indem die Erzieherin auf deren Kommunikationsversuche eingeht. Die sprachlichen Fehler werden dabei nicht ignoriert, sondern im Sinne eines korrektiven Feedbacks verbessert (siehe S. 534).

Im Hinblick auf alle genannten Sprachstrategien ist es notwendig, dass die Erzieherin beobachtet, ob das einzelne Kind in der Lage ist, allmählich die richtigen Sprechmuster bzw. korrekten Sprachformen zu übernehmen. Ist dies nicht der Fall, ist fachliche Beratung erforderlich.

Sprachanregende Aktivitäten planen

Im Folgenden bekommen Sie anhand einiger Beispiele einen ersten Eindruck davon, wie sprachanregende Aktivitäten im Rahmen der Gruppensituation geplant bzw. durchgeführt werden können. Für alle Aktivitäten ist Voraussetzung und Grundregel, dass die Erzieherin an die Interessen, Bedürfnisse und Stärken der Kinder anknüpft und – so gut das im Gruppenrahmen möglich ist – die Situation dieser Kinder einbezieht (Situationsanalyse). Das motiviert die Kinder, sich auf den Lernprozess einzulassen.

Phonologische Bewusstheit fördern

Im Zusammenhang mit Maßnahmen zur Sprachförderung spielt phonologische Bewusstheit eine wichtige Rolle. Der Begriff bezieht sich auf die Fähigkeit, sprachliche Strukturen zu erfassen, ohne dabei auf Inhalt und Bedeutung zu achten (vgl. Iven 2010, S. 119 ff., auch zum Folgenden). Diese Fähigkeit müssen Kinder erwerben.

In einem ersten Schritt wird eine **phonologische Bewusstheit im weiteren Sinn** entwickelt. Kinder zwischen ca. 4 und 6 Jahren begreifen allmählich, dass Sätze aus Wörtern zusammengesetzt sind und Wörter aus Silben; außerdem lernen sie z. B., dass einzelne Wörter gleiche Anfangslaute haben und dass Wörter sich reimen können.

In dieser Lernphase trägt zu phonologischer Bewusstheit bei, die Wahrnehmungsfähigkeit der Kinder zu schulen, vor allem genaues Hin- und Zuhören. Diese Fähigkeiten können z. B. folgendermaßen geübt werden:

- durch Silbenklatschen oder -hüpfen
- durch „Wörterzauber" (spielerisch lernen, Anfangslaute zu unterscheiden, indem diese verändert werden, z. B. „Schuh" → „Kuh" → „muh"; gleichzeitig erfahren, dass Wörter sich reimen können; hilfreich: Kinderverse und Fingerspiele wie „Das ist der Daumen …")
- durch Geräuschmemorys (Hörvermögen, genaues Erfassen von Lauten und deren richtige Aussprache schulen)

Viele Erzieherinnen erleben, dass alles, was mit Schrift zu tun hat, Kinder neugierig macht. Die Angst einiger pädagogischer Fachkräfte, dass Kinder sich später in der Schule langweilen könnten, wenn sie schon vorher auf diese Interessen eingehen, ist unbegründet. Im Gegenteil: Diese ersten Annäherungen an Geschriebenes sind Voraussetzung für die Fähigkeit, lesen und schreiben zu lernen. Sie werden im Rahmen der Förderung von phonologischer Bewusstheit aufgegriffen und unterstützt. Besonders wichtig ist das für Kinder aus Familien, in denen ein selbstverständlicher Zugang zur Schriftsprache bzw. Geschriebenem fehlt.

Konkret heißt das, Kinder nicht zu bremsen, die sich beispielsweise für Buchstaben interessieren oder wissen wollen, wie man den eigenen Namen schreibt. Bei diesen Bemühungen erfassen sie (allmählich), dass Buchstaben Symbole für Laute sind. Dies wiederum ist eine entscheidende Voraussetzung für die Schreib- und Lesefähigkeit. Auch die „Kritzelbriefe" von Kindern, die jede Erzieherin kennt, sind nicht als „Spielereien" zu bewerten, sondern spiegeln, dass das Kind in Kontakt mit Schrift kommen will und auch eine Idee von deren Bedeutung hat: nämlich etwas festzuhalten für sich oder andere. Daraus können weitere sprachanregende Aktivitäten entwickelt werden, etwa mit den Kindern gemeinsam Geschichten „aufzuschreiben" (vgl. Literacy-Erziehung).

Durch solche und ähnliche Aktivitäten im Elementarbereich wird es den Kindern erleichtert, in der Schule (zwischen 6 und 8 Jahren) den nächsten Schritt zu vollziehen, nämlich Laut- mit Schriftsprache zu verbinden und damit **phonologische Bewusstheit im engeren Sinn** zu erwerben.

Phonologische Bewusstheit

Dieser Begriff bezeichnet die Fähigkeit, Sprache als System wahrzunehmen, ohne auf Inhalt und Bedeutung zu achten. Phonologische Bewusstheit ist entscheidend für das Schreiben- und Lesenlernen und damit auch für schulischen Erfolg von Kindern.

Es wird zwischen phonologischer Bewusstheit im weiteren Sinn (Wörter, Silben, Laute als Bauelemente von Sprache begreifen) und im engeren Sinn (Verbindung zwischen Laut- und Schriftsprache erkennen) unterschieden.

Inzwischen gibt es verschiedene Förderprogramme: Mit dem „Würzburger Trainingsprogramm" (Küspert/Schneider, 2003), ergänzt durch „Hören, Sehen, Lauschen" (Plume/Schneider, 2004) beispielsweise kann ein Kind individuell gefördert werden; eine Besonderheit des Sprachförderprogramms KON-LAB von Zvi Penner besteht darin, dass es sowohl für einsprachige als auch mehrsprachige Kinder konzipiert ist.

Förderung phonologischer Bewusstheit gelingt allerdings nur, wenn auch sprachliche Probleme von Kindern frühzeitig erkannt werden: Hier ist als Erstes die genaue Beobachtung der Erzieherin bedeutsam. Zu einer eventuell notwendigen weiteren Abklärung eignet sich das Bielefelder Screening BISC (Jansen u. a., 1999).

- **Unterschiedliche Gesprächsanlässe aufgreifen**

  Im Tagesablauf der Einrichtung geht es vielfach um praktische, sich wiederholende Aufgaben. Sprachlich ist das in zweifacher Hinsicht nicht unproblematisch: Die Kinder hören überwiegend eine auf praktische, konkrete Sachverhalte bezogene Sprache („Kommt zum Frühstück", „Hast du dir die Hände gewaschen?" etc.), zudem sind die sprachlichen Strukturen gleichförmig (häufig Fragen und Aufforderungssätze). Ähnliches gilt für den Wortschatz. Hier dominieren Tätigkeitsverben wie „aufräumen", „essen", „rausgehen", „reinkommen", „sich hinsetzen" etc. Neben dieser auf die Realität bezogenen Sprache sollte die Erzieherin bewusst darauf achten, dass die Sprache der Fantasie nicht zu kurz kommt, und entsprechende Gesprächsanlässe aufgreifen (vgl. Winner, 2009, S. 13 ff.), z. B. vor Weihnachten über die Wünsche der Kinder sprechen; der Phantasie einmal Raum geben („Was wäre, wenn die Welt ohne Autos wäre?") oder beim Anblick eines toten Tieres nicht nur gemeinsam zu beobachten, woran man erkennt, dass das Tier tot ist etc., sondern bewusst Zeit einzuräumen, falls die Kinder auch Vermutungen und Vorstellungen äußern möchten, wie es mit dem Tier nun weitergehen könnte. Geht die Erzieherin auf solche Wünsche ein, fragt sie nach, vermittelt das den Kindern Wertschätzung und motiviert sie zum Sprechen. Es geht also um pädagogische Grundhaltungen als Voraussetzung für den Dialog.

  Für die Kinder ist es wichtig, sich in Gesprächen auf beiden sprachlichen Ebenen zu bewegen, weil dies ihnen die Wirklichkeit in allen Dimensionen erschließt. Zudem lernen die Kinder durch die phantasiebezogene Darstellungsebene auch für Lesen und Schreiben Wichtiges, z. B.: „Mit Sprache erschaffen wir Welten" (Winner, 2009, S. 13). Zugleich müssen sie lernen, auch im Hinblick auf Schule, beide Ebenen zu trennen. Kleinere Kinder, die darin unsicher sind, vergewissern sich mit „Aber nicht in echt, oder?", wenn z. B. über die Hexe in „Hänsel und Gretel" gesprochen wird.

  Sprachlich wird durch die unterschiedlichen Themen nicht nur der Wortschatz erweitert, sondern werden auch die Satzarten variiert: Aussage-, Frage-, Befehls- und Ausrufesätze wechseln, die Aussagesätze kommen in verschiedenen Abstufungen vor („Wir hätten gerne ...", „Ich mag nicht ..."), es gibt Satzreihen und einfache Haupt-Nebensatzgefüge („..., weil ich das will", „..., damit er sich ärgert").

- **Gespräche im Stuhlkreis**

  Regelmäßige Gespräche im Stuhlkreis sind ideal, um früh kommunikative Fähigkeiten wie Zuhören, Ausredenlassen, Nachfragen, also das Einhalten von Gesprächsregeln zu fördern. Je mehr die Erzieherin an die Interessen und Fragen der Kinder anknüpft, desto lebendiger kann sich ein Gespräch entwickeln. Das macht den Kindern Freude, motiviert sie, sich am Gespräch zu beteiligen, und fördert ihre Lernbereitschaft. Der Maßstab für ein gelungenes Gespräch ist nicht, dass alles sprachlich korrekt ist, sondern dass die Kinder Freude am Erzählen haben und ihre Phantasie angeregt wird. Nicht zuletzt macht sich das in kreativen Wortschöpfungen bemerkbar.

Sind Kinder im Stuhlkreis stumm, heißt das jedoch keineswegs, dass sie nichts zu sagen haben. Innere Beteiligung drückt sich auch im aufmerksamen Zuhören eines Kindes aus. Die Erzieherin sollte allerdings wahrnehmen, wann es nonverbal oder verbal signalisiert, dass es etwas sagen möchte, und das Kind darin unterstützen, zu Wort zu kommen.

Kinder, die nicht mit Deutsch als Erstsprache aufwachsen, geraten im Stuhlkreis besonders leicht ins Hintertreffen und brauchen oft einen kleinen Anstoß durch die Erzieherin („Manish, du möchtest etwas sagen?"). Allen sprachlichen Schwierigkeiten zum Trotz sollte im Stuhlkreis nur Deutsch gesprochen werden. Tagsüber gibt es genug andere Möglichkeiten, den Kindern, deren Erstsprache nicht Deutsch ist, Sprachinseln anzubieten, sodass sie miteinander auch einmal „ihre Sprache" sprechen können.

- **Sprechtreffs für Kinder organisieren**
  In Großstädten sind viele Gruppen multinational zusammengesetzt. Oft kommen die Kinder, ohne überhaupt ein Wort Deutsch zu sprechen, in die Einrichtung. Diese Kinder benötigen zusätzlich Förderangebote in der Kleingruppe, damit ihre Sprachkenntnisse nicht auf niedrigem Niveau stagnieren.

  In einem „Sprechtreff" (Winner, 2009, S. 42) verbessern die Kinder ihre Sprachkenntnisse durch gezielte, an ihren Stärken orientierte individuelle Angebote. Dabei kommt es ganz besonders darauf an, dass die Kinder Empathie und Wertschätzung spüren und ihr Selbstbewusstsein gestärkt wird, um ihre Lernmotivation aufrechtzuerhalten. Ein „Sprechtreff" (Winner, 2009, S. 42) sollte regelmäßig einmal pro Woche stattfinden.

Mit Eltern in der Sprachförderung zusammenarbeiten

Erzieherinnen sollten versuchen, Eltern für eine kontinuierliche Zusammenarbeit in der Sprachförderung zu gewinnen.

Eine wichtige Säule der Zusammenarbeit von Eltern und Erzieherin ist das Gespräch:

- **Das Aufnahmegespräch**
  Das Aufnahmegespräch bietet den Erzieherinnen eine gute Möglichkeit, sich auch über die Sprachkenntnisse des Kindes zu informieren, sodass in der Einrichtung relativ früh über eventuell notwendige Fördermaßnahmen gesprochen werden kann. So ist es auch möglich, sich ggf. rechtzeitig durch Fachleute von außen beraten zu lassen.

  Ist ein Kind zwei- oder mehrsprachig aufgewachsen, gilt es, seine Sprachbiografie zu ermitteln, sodass das Kind gezielt sprachlich gefördert werden kann. Sinnvoll ist es, diese Informationen schriftlich festzuhalten, z. B. in einer „Familienkartei" (mit Wissen der Eltern – Datenschutz beachten!). Im Aufnahmegespräch werden die Weichen für die Zusammenarbeit gestellt. Positiv ist es, wenn die Erzieherin im Vorfeld klärt, ob ein Dolmetscher für das Gespräch gebraucht wird, und sich absichert, dass der „Dolmetscher" selbst auch über ausreichende Sprachkenntnisse verfügt, damit nicht ein „Stille Post"-Effekt entsteht.

- **Elterngespräche**
  In sinnvollen Zeitabständen sollte die Erzieherin Eltern über die Sprachentwicklung ihres Kindes informieren. Dazu gehört, die Beobachtungen zu dokumentieren, z. B. in SISMIK- und SELDAK-Bögen, um im Elterngespräch nachvollziehbar und überzeugend die eigenen Einschätzungen erläutern zu können. Informationen dazu finden Sie auf S. 559).

  Elternabende
  Angesichts des Erwartungsdrucks, dem die Erzieherinnen im Zusammenhang mit Sprachförderung ausgesetzt sind, sind Elternabende zum Thema Sprachförderung zu Beginn des Kindergartenjahres unverzichtbar. Es ist notwendig, dass alle Eltern das Sprachförderkonzept der Einrichtung nachvollziehen können, z. B. auch die Bedeutung von Literacy-Erziehung (siehe S. 556ff.), und nicht darauf warten, wann endlich „richtig" Deutsch gelernt wird.

  Ein Problem von Elternabenden ist es, sicherzustellen, dass die vermittelten Informationen wirklich bei den Eltern ankommen. Organisatorische Absprachen können z. B. in Form eines Ergebnisprotokolls festgehalten werden, das am Schwarzen Brett der Einrichtung ausgehängt wird; dabei gilt es, kreative Lösungen zu finden, sodass wichtige Informationen auch Eltern mit schlechten oder fehlenden Deutschkenntnissen erreichen.

- **Elternbriefe**
Für inhaltliche Fragen bieten sich unterstützend mehrsprachige „Elternbriefe" an, wie sie z. B. das Institut für Frühpädagogik, München, herausgibt. Diese sind allen zugänglich (www.ifp.de) und informieren Eltern auch zu Fragen der Sprachförderung. Sie können in der Einrichtung je nach Bedarf ausgedruckt und den Eltern z. B. nach Elternabenden ausgehändigt werden.

Praktische Zusammenarbeit

Wie und mit welchem Stellenwert die Einrichtung die praktische Zusammenarbeit gestaltet, ist eine grundsätzliche Frage, die im Team besprochen und entschieden werden muss.

Zusammenarbeit in der Literacy-Erziehung

Für Vorlesen, Erzählen und Bilderbuchbetrachtungen, also **Literacy-Erziehung**, sollte auch in der Familie Raum sein. Untersuchungen belegen, dass die Familie die wichtigste Sozialisationsinstanz für das Leben ist: Ob Kinder später Lust am Lesen haben und Interesse an Büchern, wird in der eigenen Familie grundgelegt. Allerdings ist es für Familien vor allem aus bildungsschwachen Schichten aus verschiedenen Gründen zunehmend schwieriger, diese Chancen wahrzunehmen.

Von daher ist die Zusammenarbeit von Erzieherin und Eltern im Elementarbereich notwendig und mit Blick auf das Zeitfenster für Sprachentwicklung auch vom Zeitpunkt her günstig.

Die Zusammenarbeit könnte zweigleisig sein: Aufgabe der sozialpädagogischen Fachkräfte ist es, die Eltern über diese Zusammenhänge zu informieren und sie zu motivieren, auch zu Hause mit ihren Kindern Bilderbücher anzuschauen und ihnen Geschichten vorzulesen bzw. zu erzählen.

Eltern sind in der Regel dankbar, wenn sie in der Einrichtung Anregungen für „Literacy-Erziehung" bekommen und von den Erzieherinnen in ihren Bemühungen zu Hause bestärkt werden.

Parallel dazu könnten „Lesepaten" in die Einrichtung kommen – das müssen nicht die Eltern sein, auch andere Familienangehörige sind dazu einladen. Für die Kinder ist es interessant, wenn sie verschiedene Lesepaten und deren Lektüreauswahl (die im Vorfeld mit der Erzieherin abgesprochen wird) erleben. Die Gruppenleiterin ist in diesen Vorlesestunden anwesend.

Die Familiensprache von Kindern anderer ethnischer Herkunft fördern

Wie bereits erläutert, lernen Kinder Deutsch umso besser, je mehr sie in der Erstsprache „zu Hause" sind: Was Eltern zunächst verblüffen mag, ist eine gesicherte Erkenntnis: Schlüssel für das Erlernen der Zweitsprache Deutsch ist die konsequente Förderung der Erstsprache (vgl. Strätz/Militzer, 2003, S. 20ff.). Je differenzierter das Sprachwissen in der Erstsprache ist, desto mehr wächst die Wahrscheinlichkeit, auch die Zweitsprache differenziert sprechen zu lernen. Dieser Sachverhalt sollte wieder und wieder erläutert werden, damit die Eltern die Bedeutung der <u>Familiensprache</u> für die Sprachentwicklung verstehen.

Eltern fördern ihre Kinder sprachlich also gerade dadurch, dass sie zu Hause die Familiensprache pflegen und nicht mit den Kindern Deutsch zu sprechen versuchen. Das gilt auch für ihre Bemühungen um Literacy: Zum Beispiel werden in einer türkischen Familie türkische Märchen und Geschichten vorgelesen oder erzählt. Die Kinder lernen ihre eigene kulturelle Tradition kennen, was ihr Selbstbewusstsein nur stärken kann, zugleich vertiefen und erweitern sie ihre Kenntnisse in der Erstsprache.

In diesem Zusammenhang ist noch ein weiterer Aspekt zu bedenken: Ob Eltern verschiedener ethnischer Herkunft ihren Part bei der Sprachförderung übernehmen, hängt nicht zuletzt davon ab, ob die Zusammenarbeit zwischen ihnen und der Erzieherin geprägt ist von gegenseitiger Anerkennung und Wertschätzung der jeweils anderen Sprache und Kultur und ob Erzieherinnen und Eltern partnerschaftlich miteinander umgehen. Die Fachkräfte sollten „Schrittmacher" sein, indem sie ihren Respekt und ihr Interesse für die fremde Sprache und Kultur ausdrücken und zeigen. Glaubwürdig ist das allerdings nur, wenn sie dabei echt sind.

Das Konzept der Literacy-Erziehung

Bilderbücher anschauen, vorlesen, Geschichten erzählen – das ist in Kindertageseinrichtungen eigentlich nichts Neues. Die sogenannte Literacy-Erziehung setzt in diesem Zusammenhang aber neue Akzente, nämlich bewusst im weitesten Sinne sprachliche Kompetenzen der Kinder zu stärken und damit gezielt sprachlich benachteiligten Kindern Bildungschancen zu eröffnen.

Auch im Deutschen wird der englische Begriff Literacy benutzt, da es kein passendes deutsches Wort dafür gibt. Wörtlich heißt Literacy „Lese- und Schreibkompetenz", was sehr viele Fähigkeiten wie Sinnverstehen, Lesefreude, sprachliche Abstraktionsfähigkeit einschließt. Bezogen auf die frühe Kindheit ist Literacy „ein Sammelbegriff für kindliche Erfahrungen rund um Buch-, Erzähl-, Reim- und Schriftkultur" (Ulich, 2003, S. 5).

Ziel der Literacy-Erziehung ist es, dass Kinder – unabhängig davon, ob Deutsch ihre Erst- oder Zweitsprache ist – von klein auf entsprechende Erfahrungen rund um Buch-, Erzähl-, Reim- und Schriftkultur machen und dabei

- ihre Sprachkompetenz erweitern,
- Wissen z. B. rund ums Buch und über die Funktionen von Schrift erwerben,
- positive Einstellungen zu Büchern, zum Geschichtenerzählen und – später – auch zum Lesen entwickeln können.

Literacy-Erziehung verschafft Kindern Entwicklungsvorteile im Hinblick auf die Schule, weil sie sprachlich kompetenter und auch bei der Ausbildung der Schreib- und Lesekompetenz „erfolgreicher" sind. Literacy-Erziehung hat daher für Kinder aus sozial benachteiligten und nichtdeutschsprachigen Familien einen besonders hohen Stellenwert. Ein Vorteil ist, dass sie von den sozialpädagogischen Fachkräften selbst „vor Ort" geleistet werden kann.

Lernchancen der Literacy-Erziehung rund ums Buch

- **Bilderbuchbetrachtung**

Literacy-Erziehung sieht das Betrachten eines Bilderbuches mit einer Kleingruppe von Kindern dann als eine besonders nachhaltige Form der Sprachförderung an, wenn dies als Dialog, also gesprächs- und beziehungsorientiert gestaltet wird. Dabei gilt es als besonders wichtig, dass

- das Kind sehr viel Zuwendung und Nähe in einer sprachintensiven Situation erfährt. Weil emotionale Zuwendung eine wesentliche Bedingung für das Lernen ist, hat das Kind bei der Bilderbuchbetrachtung in einer kleinen Gruppe besonders große Lernchancen für seine Sprachentwicklung.
- die Erzieherin sich dabei voll auf das Kind einstellen kann, d. h., das Tempo kann dabei beliebig variiert werden, je nachdem, wie das Kind Interesse zeigt.

Ein wesentliches Ziel der Bilderbuchbetrachtung ist es, dass das Kind selbst aktiv zum (Mit-)Erzähler der Geschichte wird und diese durch eigene Erfahrungen und Ideen erweitert. Die Erzieherin kann das Kind dabei unterstützen, indem sie mit ihm einen sprachanregenden Dialog führt. Michaela Ulich unterscheidet dabei

- *„das einfache Benennen der Dinge, die man sieht (was sehr jungen Kindern oft viel Freude macht)*
- *definieren, umschreiben und erweitern („was ist ein Hammer, wozu braucht man den?')*
- *Beziehungen und Abfolgen herstellen zwischen den Bildern, zwischen den einzelnen Episoden („der Junge geht jetzt zum Fenster und sieht, wie Markus zur Post rennt. Denn Markus sucht seine Freunde Peter und Lisa ...')*
- *deuten, Bedeutung ‚entstehen lassen' und zusammen ‚konstruieren', Deutungsprozesse bewusst machen, ‚weiterspinnen' und ‚fantasieren' („... wie schaut der Junge? ... er sieht so traurig aus und ist vielleicht müde, was glaubst du, manchmal kann man das schwer unterscheiden ... ich glaube eher, dass er traurig ist, aber warum, das wissen wir nicht, was meinst du ... ich könnte mir vorstellen ...')*

- *Bezüge herstellen zum Leben des Kindes, zur Welt außerhalb des Buches („ist dir das auch schon mal passiert? Gestern, als wir aus dem Fenster geschaut haben, da ...')*
- *vorausdeuten: („Was könnte als nächstes passieren? Ob er seine Freunde findet? Vielleicht verläuft er sich dabei', ‚Wie geht die Geschichte wohl zu Ende?')"*

(Ulich, 2003, S. 6f.)

- **Vorlesen und Erzählen**

  Wie die Bilderbuchbetrachtung, so ist auch das Vorlesen und Erzählen in der Literacy-Erziehung wichtig, weil die Sprachkompetenz der Kinder dadurch gezielt gefördert werden kann. Dabei beziehen sich die Lernprozesse auf dreierlei:

  Wenn eine Geschichte vorgelesen oder erzählt wird, lernen die Kinder eine nicht-situationsgebundene Ausdrucksweise kennen – eine wesentliche Voraussetzung, um selbst fähig zu sein, etwas so zu erzählen, dass auch der, der das Geschehen nicht erlebt hat, es verstehen kann. Geschichtenerzählen unterstützt die Entwicklung der dafür notwendigen Abstraktionsfähigkeit.

  Die Kinder begegnen einem anderen Sprachniveau: In Kinderbüchern, Märchen und Erzählungen werden nicht nur viel mehr, sondern auch viel anschaulichere Adjektive benutzt als in der Umgangssprache. Die Sätze enthalten mehr Nebensätze und Einschübe und meist ist der Bogen zwischen Satzanfang und Satzende viel länger als in der Alltagssprache. In Gesprächen bricht man oft Sätze ab und setzt neu an, das gibt es beim Vorlesen einer Geschichte nicht.

  Schließlich lernen die Kinder auch etwas über die Struktur von Geschichten, sodass sie selber erzählen lernen:

  „[S]ie entwickeln ein ‚Geschichtenschema': Geschichten haben Figuren, die etwas erleben, einen Aufbau, es gibt einen Anfang, eine fortschreitende Handlung, vielleicht einen Konflikt, eine Auflösung beziehungsweise ein Ende und so weiter."

  (Ulich, 2003, S. 7)

- **Gedichte, Reime, Singspiele**

  Durch Gedichte, Reime, Singspiele, die traditionell im Kindergartenalltag verankert sind, können Kinder etwas Wichtiges entdecken: dass Sprache nicht nur Inhalte vermittelt, sondern auch eine „Form" (z. B. Reim, Rhythmus) hat. Diese Entdeckung ist später für das Lesenlernen von entscheidender Bedeutung (vgl. die Ausführungen zur phonologischen Bewusstheit auf S. 553f.).

Lernchancen rund um die Schrift

- **Interesse an Schrift und Geschriebenem wecken**

  Vor allem für Kinder aus sozial benachteiligten und bildungsfernen Familien liegen große Lernchancen darin, wenn sie in der Kindertagesstätte erfahren, welche Möglichkeiten sich an Schreiben und Schrift binden: Die Erzieherin kann zum Beispiel im Beisein der Kinder eine Einkaufsliste schreiben, sie kann sich Notizen machen, den Kindern zeigen, wie sie für die Information der Eltern den Tagesplan aufschreibt, Plakate mit Schrift aufhängt etc. Auf diese Weise wird das Interesse der Kinder an Schrift und Schreiben gestärkt. Kinder haben auch Freude an eigenen Schreibversuchen, z. B. wenn sie „Briefe" oder den eigenen Namen schreiben. Dazu kann neben einer „Leseecke" eine „Schreibecke" eingerichtet werden. Diese und ähnliche Aktivitäten sind wichtig, weil damit gute Ausgangsbedingungen für den späteren Erwerb von Schreib- und Lesekompetenz in der Schule geschaffen werden.

- **Geschichten der Kinder aufschreiben**

  Im Anschluss an das Vorlesen oder Erzählen können die Kinder sich z. B. den Schluss jener Geschichten selbst ausdenken. Reizvoll ist es, wenn sie ihre Geschichte der Erzieherin diktieren und in Kleingruppen über Formulie-

rungen beraten wird. Am Computer kann für jedes Kind ein Dateiordner angelegt werden. Die Geschichten aller Kinder können dann zu einem kleinen Buch gebunden werden – so lernen sie auch etwas darüber, wie ein Buch entsteht.

Die Sprachkompetenz von Kindern feststellen

Fördermaßnahmen greifen umso besser, je präziser sie auf die individuelle Situation der Kinder zugeschnitten sind. Dazu müssen die sprachlichen Fähigkeiten der Kinder beobachtet (Sprachbeobachtung) bzw. festgestellt (Sprachstandserhebung) werden. In den verschiedenen Bundesländern werden dabei unterschiedliche Verfahren eingesetzt. Jeweils ein Verfahren zur Sprachbeobachtung und eines zur Sprachstandserhebung sollen kurz vorgestellt werden.

Sprachbeobachtung mit SISMIK und SELDAK

Mit den Beobachtungsbögen (und dem Begleitheft) SISMIK (Sprachverhalten und Interesse an Sprache bei Migrantenkindern in Kindertageseinrichtungen) sowie SELDAK (Sprachentwicklung und Literacy bei deutschsprachig aufwachsenden Kindern) von Michaela Ulich und Toni Mayr, (Beobachtungsbögen und Begleithefte Herder, 2004 bzw. 2006) liegt ein wissenschaftlich fundiertes Verfahren für Sprachbeobachtung vor, das „vor Ort" einsetzbar ist. Erzieherinnen, die die Kinder kennen, beobachten diese mithilfe von Beobachtungsbögen über einen längeren Zeitraum, sodass sie sich vergewissern können, ob das, was sie zu beobachten glauben, auch zutrifft. Ulich/Mayr wollen mit den beiden unterschiedlichen Bögen die spezifische Ausgangssituation von Kindern mit Deutsch als Erst- und als Zweitsprache erfassen.

Kennzeichnend für die Sprachbeobachtung mit SISMIK und SELDAK ist die Bandbreite dessen, was die Erzieherin beobachten soll. In SISMIK beziehen sich viele Fragen der Bögen auf sprachrelevante Alltagssituationen, z. B. am Frühstückstisch, auf Gesprächsrunden im Stuhlkreis oder in der Kleingruppe. Beobachtet werden gezielt sprachliches Interesse und Motivation bei der

SISMIK S. 3
Sprachverhalten in verschiedenen Situationen
A. Am Frühstückstisch
1. Kind schweigt ...
2. hört aufmerksam zu bei ...
3. geht auf deutschsprachige Fragen ...
4. beteiligt sich aktiv an Gesprächen in deutscher ...

SELDAK S. 3
sprachrelevante Situationen: Aktivität und Kompetenzen
A. Gesprächsrunden/Gruppendiskussionen
1. Kind hört bei Gruppengesprächen ...
2. bringt von sich aus eigene Beiträge ...
3. greift Gesprächsbeiträge von anderen auf ...
4. stellt bei Gruppengesprächen gezielt Fragen ...

Literacy-Erziehung etc. Außerdem wurden Fragen aufgenommen, die sich auf sprachliche Kompetenzen im engeren Sinn beziehen (Sprechweise, Wortschatz, Satzbau, Grammatik), und entsprechend der Zielgruppe des Bogens wird auch die Familiensprache der Kinder mit Migrationshintergrund einbezogen.

In SELDAK geht es inhaltlich schwerpunktmäßig um Literacy-bezogene Kompetenzen (u. a. Bilderbuchbetrachtung, Vorlesen, Erzählen); daneben wird auch das Sprachverhalten der Kinder in Gesprächsrunden und ihr kommunikatives Verhalten in der Gruppe beobachtet. Wie in SISMIK ist der zweite Teil auf „sprachliche Kompetenzen im engeren Sinn" bezogen; u. a. wird der Umgang mit Dialekt bzw. Hochdeutsch thematisiert. Mit dieser strukturierten Auswahl von Beobachtungsfragen wird der Blick der Erzieherin auf Sprache als Werkzeug für Kommunikation gelenkt, aber auch auf ihre Struktur, nämlich inwieweit die Kinder korrekt sprechen können.

- **Auswertungsverfahren**

  Für die systematische Auswertung der dokumentierten Beobachtungsergebnisse ist ein Raster vorgegeben. Die Auswertung vermittelt den Beobachtern zugleich Ansatzpunkte für erzieherisches Handeln. Wird etwa beobachtet, dass A. im Stuhlkreis „sehr oft still und zurückgezogen" ist, weiß die Erzieherin – bestärkt auch durch weitere Beobachtungsaspekte –, dass sie gezielt das Selbstbewusstsein von A. stärken sollte etc. Vorteil einer derartig konzipierten Sprachbeobachtung ist, dass sie eine „Brücke" baut zwischen Beobachtung und Förderung (Ulich, 2003, S. 18). Wie dann Fördermaßnahmen geplant werden können, wird exemplarisch gezeigt.

- **Verwendung der Beobachtungsbögen**

  Als Hilfestellung für die Erzieherin haben Ulich/Mayr zu SISMIK und SELDAK jeweils ein Begleitheft entwickelt, in dem sie die Nutzung der Beobachtungsbögen erläutern und deren Auswertung konkretisieren. Außerdem werden Vorschläge für die Förderung anhand von Beispielen skizziert.

  Die Beobachtungsaufgaben und das Auswertungsraster, mit denen das Sprachvermögen in der dargestellten Vielschichtigkeit über einen längeren Zeitraum hinweg erfasst werden soll, müssen sprachlich anders formuliert werden als bei einer Beobachtung über eine Sequenz von z. B. drei bis fünf Minuten. Sprachlich zeigt sich das darin, dass explizite und implizite Wertungen in den Formulierungen auftauchen und Häufigkeitsangaben unbestimmt bleiben.

  Damit die Beobachtungsaufgaben nicht mit einer gewissen Beliebigkeit durchgeführt werden, muss das Team Absprachen treffen, um zu vergleichbaren Beobachtungsergebnissen zu kommen, z. B. wie das explizit wertende Adverb „aufmerksam" verstanden wird, woran das festgemacht werden soll oder wie Häufigkeitsangaben wie „selten" gemeinsam interpretiert werden in Bezug auf den definierten Zeitraum. Unter sprachlichen Gesichtspunkten muss darauf geachtet werden, dass diese Absprachen genau sind; außerdem sollten diese Absprachen im Team präzise schriftlich festgehalten werden.

Delfin 4 – ein Test zur Sprachstandserhebung

Seit 2007 gibt es mit „Delfin 4 – Diagnostik, Elternarbeit und Förderung der Sprachkompetenz Vierjähriger in NRW" ein Testverfahren (vgl. Fried u. a., 2008) mit einer Handreichung (Sprachförderorientierungen 2008), das von Fried im Auftrag des Landes Nordrhein-Westfalen entwickelt wurde. Der Test wurde erarbeitet, um – anders als bei Sprachbeobachtungsverfahren durch Erzieherinnen – eine größere Objektivität der Ergebnisse zu gewährleisten. Alle Kinder in Nordrhein-Westfalen, die zwei Jahre später schulpflichtig werden – auch Kinder, die in sprachtherapeutischer oder logopädischer Behandlung sind –, müssen an diesem Test teilnehmen. Aufgrund der Testergebnisse werden sie entsprechend ihren sprachlichen Fähigkeiten eingeordnet (Screening-Funktion des Tests). Da die Kinder zwei Jahre vor der Einschulung den Test durchlaufen, bleibt für eventuell notwendige Fördermaßnahmen vor Schulbeginn noch Zeit. Die Handreichung enthält allgemeine, fachlich fundierte Empfehlungen zur Sprachförderung und zur Gestaltung von Elternarbeit.

- **Anforderungen an die Kinder**
Vier Aufgabenbereiche sind zu bearbeiten: nach bestimmten Prinzipien konstruierte Sätze und Kunstwörter („Pituski") nachzusprechen, in Bezug auf einen Spielplan Handlungsanweisungen auszuführen („Stelle deine Figur neben das Haus mit dem Blumenfenster") und Bilderzählungen wiederzugeben („Erzähle mir, was hier alles los ist!").
Das Testverfahren dauert ca. 30 Minuten, anwesend sind eine Erzieherin und eine Grundschullehrerin. Für die Kinder, die die erste Stufe bestanden haben, ist der Test beendet, für die anderen Kinder wird in einem zweiten Test (ca. 30 Minuten, durchgeführt von entsprechend geschulten Grundschullehrkräften) der Förderbedarf genauer erhoben. Die Tests werden nicht in der Einrichtung selbst durchgeführt.

- **Anmerkungen zu den vorgestellten Verfahren**
Der Ansatzpunkt, alle Kinder rechtzeitig vor der Einschulung auf ihre sprachlichen Fähigkeiten hin zu testen, sodass eventuell notwendige Fördermaßnahmen bis zur Einschulung geplant werden können, leuchtet ein. Ebenso ist nicht von der Hand zu weisen, dass die z. B. in SISMIK und SELDAK vorgenommenen Auswertungen durch die sozialpädagogischen Fachkräfte wissenschaftlichen Ansprüchen an Objektivität nicht genügen können.
Demgegenüber verweist Ulich (vgl. 2003, S.16ff.) generell im Hinblick auf Sprachtests darauf,
  - dass Sprachtests von einer sehr eingeschränkten „Sprachprobe" ausgehen, von Äußerungen des Kindes in einer oft für dieses Kind problematischen Situation. Hier stelle sich die Frage, wie repräsentativ diese Sprachprobe für das Sprachvermögen des Kindes insgesamt sei.
  - dass Sprachtests außerdem nicht die Lerngeschichte, Lernmotivation, das Interesse an sprachlichem Austausch erfassen. Gerade diese sind aber Aspekte von Sprache, die höchst relevant seien für die Frage: Wie wird der Spracherwerbsprozess dieses Kindes weiter verlaufen?
  - dass Sprachtests in der Regel keine Anhaltspunkte für eine pädagogische Förderung in der Einrichtung liefern.

Evaluation – die eigene Arbeit beurteilen
Die Qualität erzieherischer Arbeit im außerschulischen Bereich zu sichern, liegt im Interesse von Trägern, pädagogischen Fachkräften und Eltern. Dazu trägt Evaluation, d. h. die Bewertung erzieherischer Arbeit bei (vgl. auch Kap.1.6.2).

„Dabei geht es nicht um eine spontane, intuitive Bewertung, sondern um eine Urteilsfindung auf der Grundlage von fundierten und systematisch gewonnenen Informationen und Erkenntnissen. Es geht darum, Praxis zu analysieren, über sie nachzudenken, um dann überlegter und sicherer handeln zu können."
(Ulich u. a., 2012, S. 50 ff.)

Die dafür notwendigen wissenschaftlich entwickelten Qualitätskriterien und Evaluationsverfahren liegen bereits vor (abrufbar z. B. unter www.ifp-bayern.de, www.ina-fu.org, www.spi.nrw.de). Neben der **externen Evaluation** (Fremdevaluation bzw. Evaluation von außen) gibt es den Ansatz der **internen Evaluation**, bei dem diejenigen, deren Arbeit evaluiert wird, von Anfang an in den Bewertungsprozess einbezogen sind. Dem liegt der Gedanke zugrunde, dass die Feststellung von Qualität nicht ausschließlich nach von außen vorgegebenen Kriterien erfolgen muss.
Qualitätskriterien werden als Konstrukte verstanden, die von bestimmten gesellschaftlichen Wertvorstellungen geprägt sind, welche sich im Laufe der Zeit verändern können (vgl. Kap 3.1.6). Ebenso unterliegen die Wertvorstellungen der „Bewerter" einem Wandel, sodass deren Kriterienauswahl ein subjektives Moment beinhaltet. Die Konsequenz aus diesen Überlegungen ist, dass

interne Evaluierung eng mit kritischer Reflexion verbunden sein muss: Sie erfordert, dass alle Beteiligten immer wieder darüber nachdenken, was unter Qualität der Arbeit verstanden wurde bzw. werden soll, welche Wertvorstellungen vorherrschen, die der eigenen Praxis zugrunde liegen, und inwieweit diese auch in Zukunft tragfähig sind.

Evaluation
Unter Evaluation wird die wissenschaftlich fundierte Prüfung (Analyse) und Bewertung von beruflicher Arbeit verstanden. Geschieht dies von Anfang an gemeinsam mit allen Beteiligten, handelt es sich um eine interne Evaluation. Bei der externen Evaluation wird die Analyse von außen vorgenommen.

Evaluation der Sprachförderung in einer Einrichtung dient der Qualitätssicherung und -entwicklung von Angeboten, die zur sprachlichen Kompetenz von Kindern beitragen.

In den Einrichtungen ist allerdings eine streng wissenschaftlich fundierte, kompetenzorientierte Evaluierung der Sprachfördermaßnahmen die Ausnahme. Im sozialpädagogischen Alltag geht es darum, dass die Erzieherinnen selbst in der Lage sind, ihre Arbeit „unter die Lupe zu nehmen" und sich mit der Qualität ihrer Angebote zur Sprachförderung kritisch auseinanderzusetzen und – falls notwendig – zu verändern.

Über Praxis nachdenken – Praxis verändern
Unter dieser Überschrift hat Oberhuemer (2001, S. 53 ff., vgl. auch zum Folgenden) einen praxisorientierten „Leitfaden für die interkulturelle Arbeit in Kindertageseinrichtungen" vorgelegt, der sich auch als Angebot zur Sprachförderung eignet. Dabei liegt der Fokus nicht auf der isolierten Auswertung von erzieherischen Aktivitäten, sondern es geht um den Gesamtzusammenhang von Planung, Durchführung und Auswertung. Ziel ist es, die eigene Praxis weiterzuentwickeln, und zwar auf der Basis differenzierter Beobachtung der Kinder, reflektierter Planung, Durchführung der Angebote bzw. Einschätzung von deren Qualität. Die Arbeitshilfe unterstützt dies: Sie bietet den Erzieherinnen einen Reflexionsrahmen an, der auch für Angebote zur Entwicklung von Sprachkompetenz der Kinder geeignet ist; zudem ist er als „Diskussionsgrundlage für Teambesprechungen und Verständigungshilfe in der Suche nach gemeinsam Zielen und Arbeitsschwerpunkten" (Oberhuemer, 2001, S. 54) gedacht. Damit wird deutlich, dass – auch wenn es zunächst um einen „Selbstreflexionsprozess" der Erzieherin geht – das eigene Nachdenken über Praxis ergänzt werden sollte durch den Dialog mit Kollegen, dem Team, aber auch Eltern, Kindern und Trägern, um blinde Flecken in der persönlichen Einschätzung zu vermeiden. Fachberatung, Supervision oder Fortbildungen können dabei unterstützende Maßnahmen sein.

Konkret muss zunächst im Team der **Anlass** (z. B. mangelnde Zusammenarbeit mit den Eltern), das **Ziel** eines solchen Vorhabens (z. B. verbesserte Kommunikation mit den Eltern) und **wer** sich daran beteiligt (z. B. die Gruppenleitungen und die Leitung der Einrichtung) besprochen werden. Dann ist der genaue Arbeitsschwerpunkt festzulegen, z. B.:
- das Sprachförder-Programm (z. B. Literacy-Erziehung)
- die Arbeit in und mit dem Team (generelle Praxis der Elterninformation über sprachliche Fortschritte auf Grundlage der SISMIK/SELDAK-Fragebögen u. Ä.)
- die gegenseitige kollegiale Beratung (deren Institutionalisierung u. a. mit dem Ziel, Elterngespräche über sprachliche Fortschritte des Kindes mit zwei Erzieherinnen zu führen, u. Ä.)

Der Leitfaden selbst beinhaltet differenzierte Hinweise bzw. Fragen
1. für die Erarbeitung einer Situationsanalyse (u. a. Situationen, die die Erzieherin in der Gruppe beschäftigen, wie die Tatsache, dass einzelne Kinder kein Wort Deutsch sprechen; Schwerpunkt festlegen; Zielformulierung),
2. zur Entwicklung eines Aktionsplans (eigene Ideen und die von anderen einbeziehen; Informationssuche; notwendige Absprachen treffen),
3. für Erprobung – Dokumentation – Reflexion des Angebots wie auch
4. für eine zusammenfassende Auswertung (Zufriedenheit mit eingeleiteten Veränderungen? Beurteilung durch Kinder, Kollegen, Team, Eltern, Fachberatung, Träger; nächster Schritt?).

Damit die Sprachförderpraxis sich weiterentwickelt, sollten die eingeleiteten Veränderungen vertieft oder ein neuer Schwerpunkt bearbeitet werden, wiederum anhand der erläuterten vier Schritte.

Erzieherinnen, besonders Berufsanfängerinnen, fühlen sich vielleicht durch die permanente Reflexion ihrer Arbeit anhand des Leitfadens unter

---

Erprobung – Dokumentation – Reflexion

Zeitplan: je nach Vorhaben festlegen

....

Zwischenbilanz (nach ... Wochen)

    1. Was lief besonders gut?

    ....

    2. Was war schwierig?

    ....

    Das lag hauptsächlich an
    O *fehlender Motivation der Kinder*
    O *fehlender Unterstützung durch Kollegin in der Gruppe*
    O *fehlender Unterstützung durch Leitung*
    O *zu wenig Motivation der Eltern*
    O *Unterbrechung von außen (Telefonate, Vertreterbesuche)*
    O *anderem:* ....

    3. Was lief ganz anders, als ich mir das vorher vorgestellt hatte?

    ....

    4. Was möchte ich anders machen während der verbleibenden Erprobungsphase?

    ....

    5. Dokumentation und laufende Reflexion von Veränderungen – möglichst im Austausch mit einer Kollegin/mit mehren Kolleginnen/Eltern
    Was hat sich verändert? (z. B. bei den Kindern, bei den Eltern, bei den Kolleginnen, bei mir selbst?)

    ....

(vgl. Ulich u. a., 2012, S. 58 ff.)

Druck gesetzt. Tatsächlich kann auch nicht jedes Angebot in der vorgeschlagenen Weise geplant, durchgeführt und ausgewertet werden. Dennoch sollten sie die Idee der Weiterentwicklung nicht aus den Augen verlieren und bedenken, dass es sich um einen langfristigen Prozess handelt, der letztlich auch zu einer Fortschreibung des Konzepts führt.

Zum Nachdenken über die eigene Praxis gehört auch, dass Erzieherinnen sich bewusst sind, dass sich Kriterien für ihren Sprachgebrauch aus den obigen Ausführungen ergeben: Wird z. B. gefordert, dass mit den Kindern wertschätzend gesprochen wird, sind damit direkt Kriterien für den Sprachgebrauch der sozialpädagogischen Fachkraft benannt (spricht sie wertschätzend?).

Die eventuell notwendige Veränderung der eigenen Sprache braucht Zeit und ist ohne äußere Hilfe fast nicht möglich (Grenzen der Selbstreflexion). Kontinuierliche Rückmeldungen sollten deshalb in Teamsitzungen auf der Tagesordnung stehen (kollegiale Beratung).

Dialekt sprechen?

Erzieherinnen, die selber mit einem Dialekt aufgewachsen sind, reagieren schnell emotional, wenn es um Dialekt geht.

Im Rahmen kritischer Selbstreflexion sollte die pädagogische Fachkraft Folgendes bedenken:

Im beruflichen Kontext muss die Erzieherin Hochdeutsch sprechen, weil die Beherrschung des Hochdeutschen Voraussetzung für gesellschaftliche Integration und schulischen Erfolg von Kindern ist. Kommen die Kinder in die Schule, sollen (und wollen) sie lesen und schreiben lernen. Das heißt, die Kinder müssen den Übergang von der gesprochenen Sprache (Lautsprache) zur Schriftsprache (Schreibsprache) bewältigen. Spricht die Erzieherin mit den Kindern Dialekt, erschwert sie diesen Lernprozess, denn nun müssen die Kinder zusätzlich sich das Hochdeutsche als zweite Lautsprache aneignen.

In einem dialektgeprägten Umfeld kann es im Einzelfall dennoch hilfreich sein, wenn die Erzieherin z. B. mit einem verstörten Kind, das mit Dialekt aufgewachsen ist, Dialekt spricht.

Dialekt gilt es als einen kulturellen Schatz zu pflegen – die erzieherische Praxis ist aber nicht der geeignete Rahmen dafür.

3.5.2 Umweltbildung

Angesichts gravierender aktueller Umweltprobleme und zahlreicher düsterer Zukunftsprognosen ist die Frage nach einem anderen, umweltfreundlicheren Lebensstil drängender als jemals zuvor. Wurde die Natur, insbesondere die nicht vom Menschen gestaltete Natur, vor nicht allzu langer Zeit noch allgemein als bedrohlich angesehen und schien höchstens dort von Nutzen, wo man bestimmte Rohstoffe gewinnen konnte, so hat sich diese Haltung – zumindest hierzulande – stark verändert. Wir sind im Begriff zu erkennen, dass uns vor allem Rückkopplungseffekte einer von Menschen übernutzten und geschädigten Natur bedrohen. Vor diesem Hintergrund bedeutet Natur- und Umweltschutz in allererster Linie Schutz der Umwelt um unserer selbst willen. Dabei ist regionaler Umweltschutz ebenso wichtig wie globale Bemühungen zum Beispiel im Zusammenhang mit dem Klimaschutz.

Ein Bewusstsein für umweltschonendes Verhalten ist abhängig von unserem Verhältnis zur Umwelt, das wiederum von zahlreichen Faktoren bestimmt und beeinflusst wird. Persönliche Wertmaßstäbe und Empfindungen sowie die Bedeutung, die Natur und Umwelt insgesamt für einen Menschen besitzen, üben einen besonders großen Einfluss aus. Es geht im Wesentlichen um ein positives **Beziehungsverhältnis:**

„Nur was ich schätze, bin ich bereit zu schützen. Dabei ist es natürlich keine Frage, dass zum Schätzen auch das Kennen gehört. Aber ebenso ist es keine Frage, dass man nur etwas schätzen wird, wozu man auch eine Beziehung hat."
(Gebhard, 2009, S. 67)

Kinder – unsere Hoffnungsträger?

Der Blick auf eine bedrohte und gleichzeitig zunehmend den Menschen bedrohende Umwelt spiegelt sich auch in der aktuellen **Umweltpädagogik** wider. Neben naturkundlichen Themen im engeren Sinn wie das Kennenlernen heimischer Pflanzen, Tiere und deren Lebenswelten spielen heute Fragen **ökologischer Wirkungen und Wechselwirkungen** eine entscheidende Rolle. Konsum und Ernährung, der Umgang mit begrenzten Ressourcen, Abfall und Müll oder unser Verkehrs- und Freizeitverhalten etc. müssen wir heute nicht zuletzt vor dem Hintergrund einer globalen Umweltkrise diskutieren und bewerten: als Verursacher, Betroffene und – hoffentlich auch – Bewältiger der Krise. Dabei setzen wir – ob wir es aussprechen oder nicht – vor allem in unsere Kinder große Hoffnungen. Solange wir dabei unsere eigenen Verpflichtungen und Handlungsoptionen nicht vernachlässigen, ist dagegen auch nichts zu sagen. Wichtig erscheint allerdings zweierlei: Die Tatsache, dass bereits in der frühen Kindheit wesentliche Weichen gestellt werden, welche Beziehungen ein Mensch zu seiner Umwelt entwickelt, sollte Anlass sein, Kindern möglichst viele positive, unmittelbare Naturerfahrungen zu ermöglichen. Gleichzeitig sollte darauf geachtet werden, Kinder in diesem Bereich nicht zu überfordern und auch in die Effekte der Umweltpädagogik insgesamt keine zu hohen Erwartungen zu legen. Umweltfreundliches Verhalten hängt von vielen Faktoren ab.

Umweltlernen von Kindern braucht emotional befriedigende Erlebnisse. „Katastrophenpädagogik" ist nicht nur weitgehend erfolglos, sondern kann sogar schaden, weil sie vor allem auf Angst und Einschüchterung setzt. Umweltpsychologische Erkenntnisse machen deutlich, dass **positive Umwelterfahrungen** am stärksten zur Entwicklung umweltfreundlichen Verhaltens beitragen.

„Kinder brauchen Natur für die gesunde Entwicklung ihrer Sinne und somit für ihr Lernen und ihre Kreativität. Diese Notwendigkeit wird auf zweierlei Weise deutlich: wenn wir uns ansehen, was mit den Sinnen von Kindern und Jugendlichen geschieht, wenn sie die Verbindung zur Natur verlieren, und wenn wir den sinnlichen Zauber betrachten, der in jungen Menschen – auch bei denen, die schon jenseits der Kindheit sind – entsteht, wenn sie auch nur kleinste Erfahrungen in einer natürlichen Umgebung machen."
(Louv/Hüther, 2011, S. 79)

Natur- und Umweltpädagogik verzeichnet sicherlich dort die meisten Erfolge, wo ein bestimmtes Thema für alle Beteiligten Interesse, Neugier, Aufmerksamkeit und vielleicht sogar Begeisterung weckt. Es geht dabei nicht nur um die Kinder, sondern ebenso sehr auch um Erwachsene. Wenn Umweltbildung als Strategie verstanden wird, auf nachhaltige Weise etwas zum Schutz der Umwelt und damit der Lebensgrundlagen tun zu können, ist persönliches Engagement gefragt. Kindern ein gutes Vorbild zu sein, ist vielleicht auch hier der wichtigste Impuls, den Erwachsene geben können.

Das Naturerleben von Kindern im Wandel

Das Verhältnis des Menschen zur Umwelt hat sich in den letzten Jahrzehnten grundlegend gewandelt. Das betrifft vor allem auch die Art und Weise, wie Kinder Natur sehen und erleben. Hatten Kinder früher ein eher geringes Wissen in Bezug auf verschiedene Umweltfragen, sind heute Begriffe wie Umweltverschmutzung, Klimawandel und Artensterben bereits jüngeren Kindern geläufig. Demgegenüber hat die Vertrautheit der Kinder mit der Natur durch eigene, unmittelbare Erfahrungen in den letzten Jahren stark abgenommen, während frühere Generationen in ihrer Kindheit meist noch zahlreiche und sehr unterschiedliche körperliche und sinnliche Naturerfahrungen gemacht haben. Die Polarität zwischen dem Wissen über Natur und der Beziehung zu ihr hat sich in bemerkenswerter Weise umgekehrt.

Ursachen und Einflussfaktoren dieser Entwicklung sind in verschiedenen gesellschaftlichen Prozessen zu sehen. So haben kulturelle Veränderungen im Lauf weniger Jahrzehnte dazu geführt, dass eine früher weitverbreitete romantische Verklärung der Natur einer sehr nüchternen Betrachtungsweise gewichen ist. Zunehmend findet sogar so etwas wie eine „elektronische Abkehr" (Louv, 2011, S. 33) von der Natur statt. Elektronische Parallelwelten liefern uns bequem „zugängliche" und auf Befehl steuerbare „Naturlandschaften".

Zudem werden beispielsweise in Einkaufs- und Freizeitzentren natürlich wirkende Arrangements geschaffen, in denen ausgewählten Pflanzen und Tieren ein begrenzter Lebensraum zur Verfügung gestellt wird. Diese **künstlichen Naturszenerien** zeigen jedoch nur eine „gezähmte" und von allen störenden Elementen befreite und somit realitätsfernere „Natur".

Als weiteres Phänomen der heutigen Zeit ist zu beobachten, dass Kinder immer mehr Zeit in Autositzen und Kinderwagen, auf Kinderhochstühlen und anderen eigens für Kinder konstruierten Möbeln verbringen. Soziologen sprechen hier bereits von „Containerkindern". Daher scheint es nicht verwunderlich, dass das Maß an körperlicher Aktivität in jüngster Zeit bereits bei unter Dreijährigen stark zurückgegangen ist. Untersucht man den Anteil an Zeit, die Kinder im Freien verbringen, so bestätigt sich auch hier immer wieder, dass die körperlichen Aktivitäten stark abgenommen haben. Zudem scheint in dem Maß, in dem unmittelbare Naturerfahrungen wie im freien Gelände spielen, auf Bäume klettern und Verstecke aus Ästen und Brettern bauen weniger werden, der Umfang an Reglementierungen zuzunehmen: Der Aufenthalt im Freien und auf Spielplätzen ist heute hierzulande von einer Vielzahl an Sicherheitsbedenken, Einschränkungen und Verboten geprägt. Wenn Erwachsene Kinder etwa davon abhalten, auf Bäume zu klettern, trägt das bereits im Kleinen zur Entfremdung der Kinder von der Natur bei. Im ländlichen Raum sind Kinder da übrigens nicht unbedingt besser dran. Landwirtschaftliche Strukturen machen unsere Landschaft vielfach nicht nur eintönig, sondern nehmen Kindern ebenso wichtige Möglichkeiten eigener Naturerfahrung (vgl. Blinkert, 1997).

Richard Louv, ein Journalist, der sich in den letzten Jahren intensiv mit diesen Fragen befasst hat, bezeichnet die mit einer solchen Entwicklung verbundenen Folgen als **Naturdefizit-Störung** (*Nature Deficit Disorder*). Er steht damit nicht alleine. Zahlreiche Entwicklungspsychologen und Pädagogen warnen seit Langem vor den Konsequenzen, wenn Kinder sich zu viel in geschlossenen Räumen aufhalten und zu wenig Kontakt mit der Natur haben. Zu den Folgen gehören körperliche und emotionale Defizite bis hin zu Einbußen im Bereich von Sinneswahrnehmungen und Kreativität. Während der „Naturkonsum" von Kindern sinkt, steigt ihr Arzneimittelkonsum. Aber umgekehrt gilt auch: Kinder, die viele und unterschiedliche Naturerfahrungen machen können, sind nicht selten körperlich und psychisch stabiler, können sich besser und länger auf eine Sache konzentrieren und sind selbstständiger und ausgeglichener.

Naturerfahrungen brauchen Gelegenheiten

Kinder, die regelmäßig Zugang zu naturnahen Gärten oder Freiflächen wie Feld, Wald und Wiese haben, machen dort eine Vielzahl unterschiedlicher Erfahrungen. Dazu gehören auch Begegnungen mit Kleintieren. Häufig werden kleine Tiere wie Spinnen, Würmer und Insekten gerade von jüngeren Kindern schneller wahrgenommen als von Erwachsenen. Vielleicht hat das nicht nur damit zu tun, dass diese Kinder dem Boden näher sind, sondern vor allem mit ihrer noch ungebrochenen Neugier. Sie nehmen sich viel Zeit zum Beobachten und erleben diese kleinen Organismen als etwas ganz Besonderes. Hinzu kommt meist eine große Sammelleidenschaft.

Dabei können wir immer wieder beobachten, dass die meisten Kinder zunächst ein ganz unerschrockenes Verhältnis zu Kleintieren haben – es sei denn, sie haben bereits in der frühen Kindheit wiederholt Ekel- und Angstreaktionen von Erwachsenen oder anderen, älteren Kindern angesichts solcher Tiere miterlebt. Das kann sowohl zu eigenen ängstlichen Verhaltensweisen als auch zu heftigen Abwehrreaktionen führen (z. B. um sich schlagen, das betreffende Tier töten).

Finden solche Negativprägungen nicht statt, verhalten sich Kinder Kleintieren gegenüber in der Regel sehr neugierig und fasziniert. Sie entdecken sie an allen möglichen Orten im Garten und in unterschiedlichen (Natur-)Räumen. Manchmal wollen sie ganz viele Einzelheiten über die Lebensweise dieser Tiere erfahren – so zum Beispiel, warum manche Tiere springen, manche im Boden verschwinden und wieder andere fliegen können. Kinder wollen auch wissen, wie die gefundenen Tiere heißen, wie sie ihre Nahrung finden, warum manche von ihnen stechen oder beißen und wie sich solche Tiere vermehren. Solche Fragen sollten Erwachsene nach Möglichkeit zu beantworten versuchen, um das Interesse zu unterstützen – sie können die Antwort ggf. auch gemeinsam mit den Kindern herausfinden.

Beispiel

Eines Tages wurde ich von einigen Kindern gefragt: „Wie bekommen Regenwürmer Babys?" Ich musste überlegen und hatte unterschiedliche Bilder vor meinem inneren Auge: Regenwurm, Ringe, Teilung, Eier legen etc. – wie war das nur? Eltern, die gerade hinzukamen, weil sie ihre Kinder abholten, wurden ebenfalls sofort gefragt. Niemand konnte die Frage auf Anhieb beantworten. Da schlug eines der Kinder vor, nach einem Buch zu suchen, „wo Regenwürmer drin sind". Wir fanden eine kleine Fotoreihe zur Vermehrung der Regenwürmer: Sie zeigte, dass sich zwei Würmer mit der Bauchseite so aneinanderlegen, dass sie über ihre Geschlechtsöffnungen Spermien austauschen können. Diese dienen später zur Befruchtung der eigenen Eizellen. Regenwürmer legen also Eier, und zwar in einen Kokon, dessen Fasern Eiweiß enthalten. Dieses Eiweiß dient den kleinen Wurm-Embryonen als Nahrung.

Eine solche Recherche ist für alle Beteiligten ein besonderes und schönes Erlebnis. Kinder finden es sehr spannend, gemeinsam mit Erwachsenen eine Antwort suchen und finden zu können.

Die Regenwürmer haben die Kinder und das pädagogische Team der betreffenden Kindertagesstätte noch lange beschäftigt. Die erfolgreiche Klärung der Regenwurmvermehrung hat die Kinder zu etlichen neuen Fragen motiviert, und es entstand ein sehr interessantes Projekt rund um den Regenwurm und seine Rolle im Boden, sein Verhältnis zu Amseln und anderem mehr.

In einem Regenwurmkasten lassen sich diese Tiere gut über mehrere Tage halten und beobachten.

Naturräume sind Erlebnisräume – und Lernräume

Während Kinder (und Erwachsene), die nur wenig unmittelbare Naturerfahrungen machen können, Natur häufig vor allem mit Risiko und Gefahr assoziieren, haben jene, die solche Gelegenheiten nutzen können, einen ganz anderen Blick auf Natur und Umwelt. Sie kennen glückhafte Momente, in denen sie staunend vor einer bestimmten Pflanze stehen, unverhofft und fasziniert einem vielleicht seltenen Tier begegnen oder Wetterphänomene beobachten, deren Zustandekommen aufmerksam und neugierig macht. Natur und Naturphänomene werden so zu einer unerschöpflichen Fundgrube an **Anregungen und Lernsituationen.**

Für David Orr, Professor für Umweltstudien am Oberlin College in Ohio, sind elementare Kenntnisse über Natur und Umwelt von wachsender Bedeutung und er warnt, diese Themen zu vernachlässigen – unabhängig von Bildungsweg und Ausbildungsziel (vgl. Louv, 2011, S. 242). Dabei geht es um ganz unterschiedliche Dinge wie ein Grundverständnis ökologischer Gesetzmäßigkeiten (z. B., wie man an einem Ort umweltverträglich lebt), Grenzen der Technologie und wirtschaftliche Nachhaltigkeit bis hin zu Fragen von Maßhalten, Verantwortungsbewusstsein und Umweltethik.

Eine stärkere Berücksichtigung von Umweltthemen in schulischen und vorschulischen Institutionen ist also dringend geboten, ebenso wie der direkte Bezug zur Natur. In Schulen könnten zum Beispiel (mehr) Unterrichtsstunden auch im Freien stattfinden. Organisatorische und strukturelle Gründe mögen das zwar oft erschweren, verhindern sollten sie es aber nicht.

Die Perspektive des Kindes

Besonders für ein Kleinkind ist seine Umwelt noch voller Rätsel, Merkwürdigkeiten und Überraschungen. So ist etwa ein Apfel zunächst weder ein Handelsprodukt noch ein „Geschenk Gottes", kein Symbol der Verführung oder der ewigen Jugend, nicht der Hinweis auf eine bestimmte Kultur des Gartenbaus, und er löst nicht einmal einen Beißreflex aus. Für ein Kleinkind ist der Apfel „zunächst ganz einfach ein Apfel, das heißt, ein mehr oder weniger rundliches, duftendes Ding, in seiner Größe und seiner leicht öligen Haut schlecht anzufassen" (Hüttenmoser, 2007, o. S.). Ein solcher Apfel wird immer wieder betastet, das Kind nähert sich ihm auf unterschiedliche Weise. Es erforscht seine Eigenschaften als sinnlich wahrnehmbares Objekt, stets in aktiver Bewegung und gleichzeitig wahrnehmend und aufnehmend.

Diese **Umweltwahrnehmung** eines Kleinkindes zeigt eine bedeutsame Fähigkeit. Auf das, was einem in der Umwelt und in der Natur begegnet, näher einzugehen und es zu beachten, bildet die Grundlage für die Achtung der Natur, Respekt und Verantwortungsbewusstsein. Hier liegen die Anfänge und viele Ursachen späterer Denk- und Verhaltensweisen gegenüber der Umwelt.

Die unmittelbare Umgebung bzw. Umwelt ist in vielfacher Hinsicht für frühkindliche Bildungs- und Lernprozesse von großer Bedeutung. Neben verschiedenen sinnlichen Erfahrungen, die dem Kind bereits viele Qualitäten seiner Umgebung vermitteln, spielen insbesondere ko-konstruktive Prozesse eine entscheidende Rolle.

Selbstverständlich sind diese Prozesse auch im Bereich der Natur- und Umweltpädagogik von zentraler Bedeutung – mehr noch: Da insbesondere Kleinkinder an ihrer unmittelbaren Umwelt starkes Interesse zeigen und Prägungen, die für die Entwicklung von Umweltbewusstsein im weitesten Sinn wesentlich sind, in die ersten Lebensjahre fallen, ist ein entwicklungsgemäßes natur- und umweltpädagogisches Arbeiten in dieser Zeit besonders wichtig.

Ko-Konstruktion

Ko-Konstruktion bezeichnet Lernen im sozialen Kontext, d. h. im kommunikativen Austausch, in dem die Beteiligten gemeinsam Wissen und Fähigkeiten entwickeln. Aus entwicklungspsychologischer Sicht ist dies ein wichtiger aktiver Prozess, den (Klein-)Kinder zur Welterkundung und -aneignung in Kommunikation mit Gleichaltrigen und anderen Kindern sowie erwachsenen Bezugspersonen durchlaufen.

Die Bildungspläne der letzten Jahre nehmen die Prozesse der Ko-Konstruktion verstärkt in den Blick. Das lässt sich auf mehrere Ursachen zurückführen. Einerseits zeigen zahlreiche Untersuchungen von Entwicklungspsychologen und Neurophysiologen die unerwartet große Bandbreite an kognitiven und interpretativen Fähigkeiten von Kindern. Andererseits haben diese Forschungsarbeiten verstärkt darauf aufmerksam gemacht, wie wichtig dabei soziale und kommunikative Aspekte sind. Zunächst spielt hier die enge Beziehung eines Kindes zu seinen Eltern und anderen erwachsenen Bezugspersonen eine entscheidende Rolle. Aber parallel dazu wird die Entwicklung eines Kindes weit stärker als bislang angenommen von vielfältigen Lernerfahrungen in den ersten Lebensjahren beeinflusst (vgl. Hüther, 2006, S. 79 ff.).

Diese Erkenntnisse sind nicht zuletzt auch für die Umweltpädagogik von großer Bedeutung, denn wenn die Grundlagen des menschlichen Verhaltens zu einem erheblichen Teil in der Kindheit geschaffen werden, dann betrifft das

selbstverständlich auch Aspekte von Umweltbewusstsein und Umwelthandeln. Aus diesem Grund sollten wir uns ein wenig näher mit der Umweltpsychologie befassen.

Komplexe Erkenntnisse der Umweltpsychologie

Bei der Frage nach der Entstehung von Umweltbewusstsein und umweltfreundlichen Verhaltensweisen stößt man auf zahlreiche Beobachtungen, die nicht selten sehr widersprüchlich wirken:
Immer mehr Menschen ist heute bewusst, dass Umweltschutz und Gesundheit eng zusammenhängen. Vor allem, weil damit starke Emotionen verbunden sind, steigt die Bereitschaft, sich mindestens im unmittelbaren eigenen Umfeld für den Erhalt von Umwelt und Natur einzusetzen. Dennoch besteht zwischen Umweltbewusstsein (im Sinn von „Umwelt-Problem-Bewusstsein") und konkretem Umwelthandeln nach wie vor eine deutliche Kluft. Längst nicht jeder, der sich als umweltbewusst bezeichnet, handelt auch danach. Umweltbezogenes Verhalten ist sowohl in verschiedenen Gruppen als auch auf individueller Ebene sehr unterschiedlich ausgeprägt: Niemand handelt überall gleichermaßen umweltfreundlich.

Am schwierigsten fassbar sind Umweltprobleme dort, wo sie zeitlich nicht zu bestimmen sind, weil sich mögliche Schäden erst zu einem späteren Zeitpunkt zeigen und damit nahezu unvorstellbar sind. Gleiches trifft auch auf Schädigungen der persönlichen Gesundheit zu, die aufgrund eines bestimmten Lebensstils (Ernährungsgewohnheiten, Drogenkonsum etc.) zwar zu erwarten, aber aktuell nicht wahrnehmbar sind und deshalb in den Hintergrund gedrängt werden.

Persönliche Betroffenheit und emotionale Nähe zu einem bestimmten Sachverhalt bewirken in der Regel das stärkste Engagement für Umwelt und Natur und damit nachhaltige Verhaltensänderungen. Kinder und Jugendliche, die frühzeitig mit Umweltthemen in Berührung kommen, entwickeln ein nachhaltiges Interesse an diesen Themen. Entscheidend ist dabei allerdings, dass durch handlungsorientierte und längerfristige Umweltprojekte konkrete Handlungsmöglichkeiten aufgezeigt und eingeübt werden können.
Bereits diese knappe Auflistung zeigt eine große Bandbreite an Themen und Fragen, mit denen sich insbesondere die Umweltpsychologie auseinandersetzt. Nicht zuletzt ist dabei zu berücksichtigen, dass bereits der Begriff **Umweltbewusstsein** sehr unterschiedlich verstanden werden kann. Der Bedeutungsumfang kann sehr eng gefasst lediglich auf ein bestimmtes **Umweltwissen** oder ein unmittelbares **Umwelterleben** bezogen sein. Er kann aber auch umweltbezogene **Wertvorstellungen** und bestimmte **Verhaltensabsichten** einbeziehen. In einem weit gefassten Sinn kann Umweltbewusstsein aber auch als Bezeichnung für ganz konkretes umweltfreundliches Verhalten verstanden werden.

Eine der wichtigsten Fragestellungen in Bezug auf umweltschonendes Verhalten ist die nach der Überwindung der Kluft, die ganz offensichtlich zwischen Umweltbewusstsein im engeren Sinn und konkretem Umwelthandeln besteht. Umweltwissen, entsprechende Wertvorstellungen und sogar erklärte Verhaltensabsichten bedeuten nämlich noch lange nicht, dass sich der betreffende Mensch auch wirklich umweltfreundlich verhält. Um diese Diskrepanzen und Unstimmigkeiten aufzuklären, wurden verschiedene Modelle entwickelt, von denen das **Modell für umweltbewusstes Verhalten** (Fietkau/Kessel, 1981, erweitert von Nützel, 2007) vielleicht am besten geeignet ist, die Möglichkeiten und Grenzen der Umweltpädagogik zu veranschaulichen. Der Hauptakzent liegt hier auf dem Aufzeigen konkreter Veränderungsmöglichkeiten, die der Einzelne hat – und der Einschränkungen, denen er gegenübersteht.

In dem Modell für umweltbewusstes Verhalten kennzeichnen die Pfeile mit arabischen Ziffern die hauptsächlichen, durch entsprechende Erhebungen nachgewiesenen Wirkmechanismen:

Verhaltensangebote wie z. B. die einfache Verfügbarkeit eines bestimmten umweltfreundlichen Produkts beeinflussen das konkrete (Nutzungs-)Verhalten stark (1).

Handlungsanreize wie etwa Belohnungen begünstigen ebenfalls ein bestimmtes Verhalten (2).

Eine **umweltgerechte Einstellung** und entsprechende **Werthaltungen** haben auf das umweltrelevante Verhalten häufig einen besonders starken Einfluss (3).

Durch die **Wahrnehmung der Konsequenzen** umweltbewussten Verhaltens kommt es zu einer

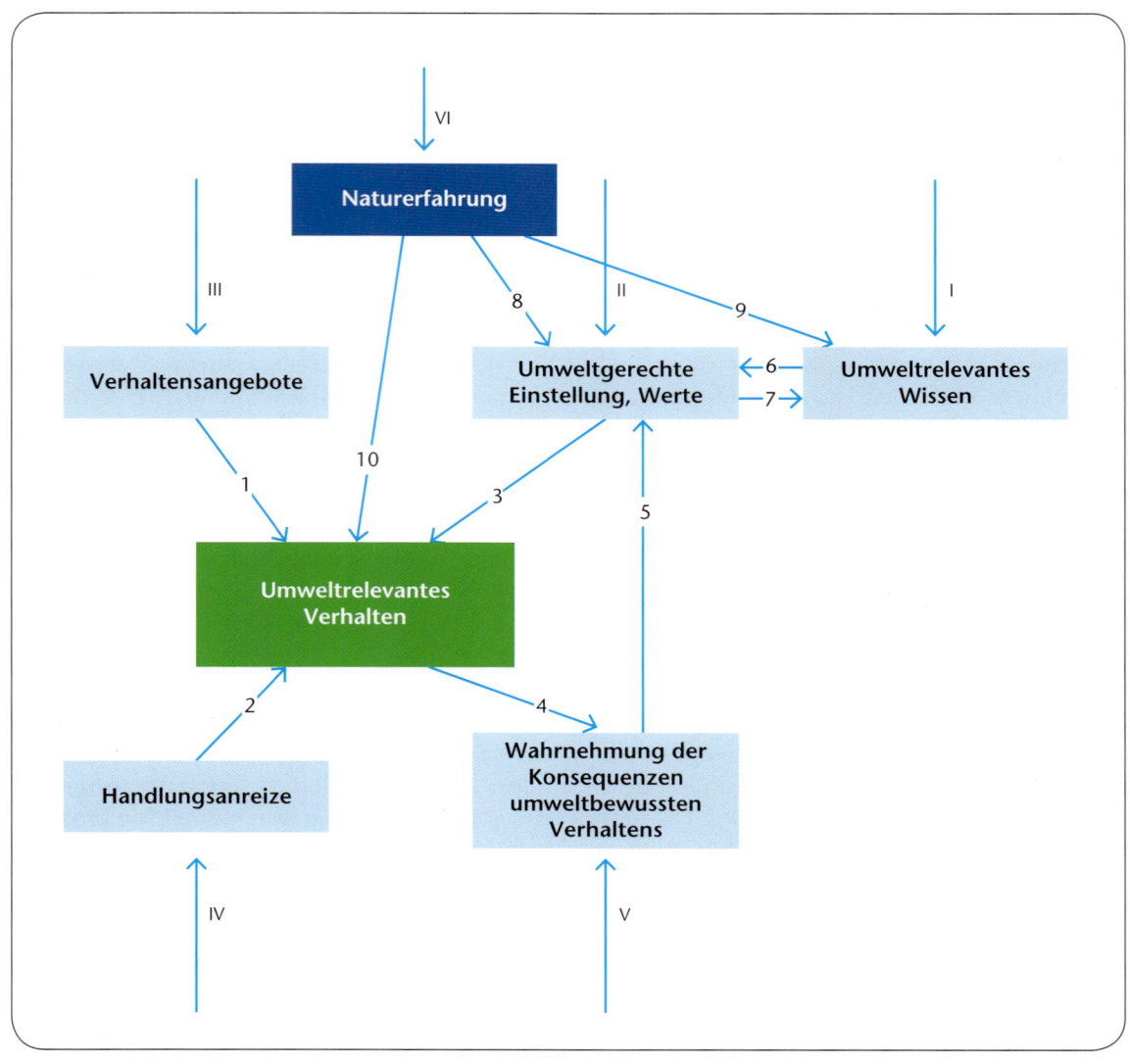

Erweitertes Modell für umweltbewusstes Verhalten von Fietkau und Kessel (Nützel, 2007, S. 70)

Rückkopplung, wodurch sich Einstellungen und Werthaltungen verändern können (4 und 5).
Umweltbezogene Einstellungen sind auch vom jeweiligen **Umweltwissen** geprägt. Umgekehrt wirken sich Einstellungen auch auf das umweltrelevante Wissen aus, indem das Interesse wächst, sich mit bestimmten Inhalten zu befassen (6 und 7).
Soweit das ursprüngliche Modell. Rudolf Nützel hat dieses Modell insbesondere für umweltpädagogische Zielsetzungen erweitert, indem er die Möglichkeiten und Wirkungen von **unmittelbarer Naturerfahrung** als weiteren Baustein hinzugefügt hat. Eine solche Naturerfahrung beeinflusst das umweltrelevante Verhalten nicht nur direkt, sondern auch über veränderte Einstellungen und Werthaltungen sowie entsprechendes Umweltwissen (8, 9 und 10).
Die römischen Ziffern bezeichnen wichtige Ansatzpunkte zur Veränderung des Umweltbewusstseins im Sinne einer Verstärkung umweltfreundlicher Verhaltensweisen:
Die **Vermittlung umweltrelevanten Wissens** ist zwar keinesfalls zu vernachlässigen, hat auf das konkrete Verhalten aber nur indirekte Effekte (I).
Von weit größerer Bedeutung ist nachweislich die **Vermittlung umweltrelevanter Einstellungen und Werte** (II).
Oft unterschätzt wird die **Schaffung entsprechender Verhaltensangebote** als neue oder

verbesserte Möglichkeiten zu umweltfreundlichem Verhalten (III).
Geeignete **Handlungsanreize** motivieren zu umweltfreundlichen Verhaltensweisen (IV).
Parallel dazu führt das **Sichtbarmachen der Konsequenzen** einer bestimmten Handlung zu einer Rückkopplung, die das Verhalten ebenfalls deutlich beeinflussen kann (V).
Durch das **Schaffen von Möglichkeiten unmittelbarer Naturerfahrungen** ergibt sich ein weiterer Ansatzpunkt, der im Zusammenhang mit der (früh-)kindlichen Umweltpädagogik eine besonders wichtige Rolle spielt (VI).
In diesem Modell sind auch wichtige **emotionale Aspekte** enthalten. So haben Untersuchungen ergeben, dass unmittelbare Naturerfahrungen stark motivieren, wobei jedoch keinesfalls jede Art der Naturerfahrung gleichermaßen effektiv ist. „Pädagogisch bedeutsam wird Naturerfahrung erst, wenn es gelingt, eine positive affektive Beziehung zur Natur zu vermitteln, Liebe zur natürlichen Umwelt zu wecken" (Nützel, 2007, S. 68).

Umwelterziehung als lohnende Herausforderung

So, wie sich im allgemeinen Umweltbewusstsein manchmal eine große Kluft zwischen Denken und Handeln zeigt, gibt es auch in der Umweltpädagogik mitunter große Unterschiede zwischen anspruchsvollen Zielsetzungen, Vorgaben und Absichtserklärungen auf der einen Seite und der Umsetzung dieser Ansprüche im pädagogischen Alltag auf der anderen Seite.

So heißt es etwa im Bayerischen Bildungs- und Erziehungsplan, dass „Umweltbildung und -erziehung [...] traditionell ihren Ausgang von der Naturbegegnung, von Erlebnissen mit Tieren und Pflanzen" (Bayerisches Staatsministerium für Arbeit und Sozialordnung, Familie und Frauen/Staatsinstitut für Frühpädagogik, 2006, S. 292) nimmt, gleichzeitig heute aber auch insbesondere Fragen des **Mensch-Natur-Verhältnisses** berücksichtigt werden müssten: „Was verstehe ich unter Umwelt? Welchen Wert messe ich ihr zu? Welche Rolle nehme ich ihr gegenüber ein? Mit der Beantwortung dieser Fragen ist Umweltbildung heute mit der Entwicklung von Werthaltungen verbunden" (Bayerisches Staatsministerium für Arbeit und Sozialordnung, Familie und Frauen/Staatsinstitut für Frühpädagogik, 2006, S. 292). Mit der Darstellung entsprechender „pädagogischer Leitlinien" wie etwa dem „Prinzip der Entwicklungsangemessenheit", dem „exemplarischen Lernen" und der „Mitwirkung der Kinder" werden auch zahlreiche Beispiele und Handlungsanleitungen für (sozial-)pädagogische Fachkräfte genannt. Darunter fallen sowohl „Alltagshandlungen, in denen umweltfreundliche Haltungen zum Tragen kommen" als auch Empfehlungen für längerfristige Projekte wie „Umgestaltung des Gartens" (vgl. Bayerisches Staatsministerium für Arbeit und Sozialordnung, Familie und Frauen/Staatsinstitut für Frühpädagogik, 2006, S. 295 ff.).

In anderen Veröffentlichungen wie etwa in der pädagogischen Rahmenkonzeption für Kinderkrippen der Landeshauptstadt München werden diese Aspekte nicht nur aufgegriffen, sondern teilweise noch stärker auf die Rolle der pädagogischen Fachkräfte fokussiert, wenn es zum Beispiel heißt: „Im Bewusstsein ihrer Vorbildfunktion im pädagogischen Alltag überprüfen sie regelmäßig ihre Handlungs- und Verhaltensweisen, denn nicht nur sie beobachten die Kinder, die Kinder beobachten auch sie" (Landeshauptstadt München, 2008, S. 51). Auch wird hier explizit erklärt, in welcher Weise Umweltbildung im weitesten Sinn zu erfolgen habe:

„Die Kinderkrippen setzen ihren Bildungsauftrag um, indem die pädagogischen Fachkräfte in einem

ko-konstruktiven Prozess den kindlichen ‚Forscherdrang' sowie die kindliche Neugier, die Welt zu entdecken und zu verstehen, anregen, sensibel begleiten und unterstützen. Sie unterstützen das Kind, sich ein Bild von der Welt zu machen, die eigenen Wahrnehmungen, Erfahrungen und Erlebnisse in einem sozialen Kontext zu bewerten."
(Landeshauptstadt München, 2008, S. 36)

Das breite Tätigkeitsspektrum sowie die unterschiedlichen konzeptionellen Ausrichtungen der Kindertageseinrichtungen bringen es mit sich, dass die **Umsetzung umweltpädagogischer Inhalte** in der praktischen Arbeit mit Kindern sehr unterschiedlich ausfällt – sowohl hinsichtlich des zeitlichen Umfangs als auch der Qualität dieser Arbeit, die sich insbesondere an Aspekten wie Themenvielfalt, Schaffen von speziellen Anreizen für Kinder, Aufgreifen kindlicher Interessen und Auswahl besonders geeigneter Methoden festmachen lässt. Während in vielen Einrichtungen die Beschäftigung mit Umweltthemen noch in eher traditioneller Weise erfolgt – beispielsweise durch gemeinsames Singen von Liedern über Regen, Sonne und Vögel, das Sammeln bunter Blätter im Herbst und die Grasaussaat in Töpfen zu Ostern –, ermöglichen andere Einrichtungen Kindern ein sehr viel umfangreicheres Repertoire an Umwelterfahrungen: Sie unternehmen z. B. regelmäßig Ausflüge in nahe gelegene Waldgebiete und erkunden Pflanzen und Tieren in Feuchtbiotopen, ziehen externe Experten wie Förster, Biologen und Geologen bei speziellen Umweltprojekten hinzu und entwickeln und nutzen gezielt das Außengelände der Einrichtung als Raum, in dem die Kinder ganzjährig und bei jeder Witterung Naturerfahrungen machen können.

Die Vielfalt der möglichen Themen zur Umweltbildung kann sehr anspruchsvoll oder gar überfordernd wirken, aber es geht keinesfalls darum, alle Themen auch tatsächlich zu behandeln. In der Praxis ist es meist nicht einmal möglich, sich mit einzelnen Themenbereichen intensiver zu beschäftigen. Viel wichtiger ist aber ohnehin, dass eine Erzieherin sich für etwas entscheidet, was sie selbst interessiert, vielleicht sogar fasziniert. Die **eigene Begeisterung** hilft mehr als alles andere, die betreffenden Kinder an eine bestimmte Thematik heranzuführen. Dabei spielt auch der Zusammenhalt innerhalb des pädagogischen Teams eine große Rolle. Wie in anderen Bereichen auch lassen sich umweltpädagogische Zielsetzungen und Vorhaben sehr viel besser realisieren, wenn das jeweilige Team mehr oder weniger geschlossen und engagiert dahintersteht.

Das gilt selbstverständlich auch für die Grundschule, wo allerdings in der Regel eine einzelne Lehrkraft über den Ablauf eines Schultages entscheidet. Hier könnte eine verstärkte Kooperation zwischen Kindertagesstätte und Grundschule interessant und wichtig werden, und zwar nicht nur aus inhaltlichen und methodischen Gründen: Auch wenn sich Kindergarten und Schule institutionell in vielen Punkten stark unterscheiden, sollte stets bewusst sein, dass es dieselben Kinder sind, die im einen Jahr noch in der „Vorschule" waren und sich nur wenige Wochen später als Schulkinder verhalten sollen.

Lärm reduzieren

Lärm gehört zu jenen unerwünschten bzw. störenden Umweltbelastungen, die glücklicherweise nicht immer und überall auftreten. Wo aber Menschen ihm ausgesetzt sind, leiden sie, je nach Intensität und persönlicher Verfassung, mehr oder weniger darunter – die Wirkung insbesondere starken und länger anhaltenden Lärms darf keinesfalls unterschätzt werden. Der Umweltfaktor Lärm spielt gerade für Kinder und jene Erwachsene, die mit Kindern arbeiten, häufig eine große Rolle. Dabei ist es gar nicht so leicht, sich darüber zu einigen, wann ein bestimmter Geräuschpegel als Lärm anzusehen ist. Aspekte der subjektiven Wahrnehmung sind hier ebenso von Bedeutung wie indirekte Bewertungen: Menschen, die uns sympathisch sind, dürfen eher mal „Krach machen" als andere, und wenn wir gut gelaunt sind, finden wir es auch weniger störend, wenn es um uns herum laut und lärmend zugeht. Diese teils bewussten, teils unbewussten Bewertungsvorgänge sind wesentliche Bestandteile des sogenannten psychologischen Lärmverständnisses. Sie ernst zu nehmen, kann entscheidend helfen, besser zu verstehen, weshalb eine bestimmte laute Situation von verschiedenen Personen unterschiedlich beurteilt wird. Die unterschiedlichen Bewertungen spiegeln sich auch im Lärmbewältigungsvermögen wider, denn nicht selten liegt es in unserer Hand, ob wir uns mit einem bestimmten Lärm aktiv auseinandersetzen oder uns lediglich als Opfer sehen.

Lärmbewältigungsvermögen

Lärmbewältigungsvermögen ist ein Begriff zur Erfassung individueller Fähigkeiten, sich mit Lärmwirkungen aktiv auseinanderzusetzen (tatsächliches oder vermeintliches Kontrollvermögen), mit dem Ziel, Lärm zu vermindern oder abzustellen. Der Begriff dient auch als Maß für die Fähigkeit, subjektiv erlebten Lärm in seinem Belastungscharakter weniger negativ zu bewerten.

Psychologische Aspekte spielen auch bei der Erklärung der meist starken Geräusch- und Lärmkulisse kindlicher Aktivitäten eine Rolle. Als wesentliche Ursache für die häufig lautstarken Bemühungen von Kindern, sich durchzusetzen und sich Gehör zu verschaffen, kann das „Omnipotenz-Verhalten" jüngerer Kinder angesehen werden. Das heißt, es geht in erster Linie um Lebensfreude und Positionsbehauptung. Der damit verbundene Lärmpegel muss keineswegs

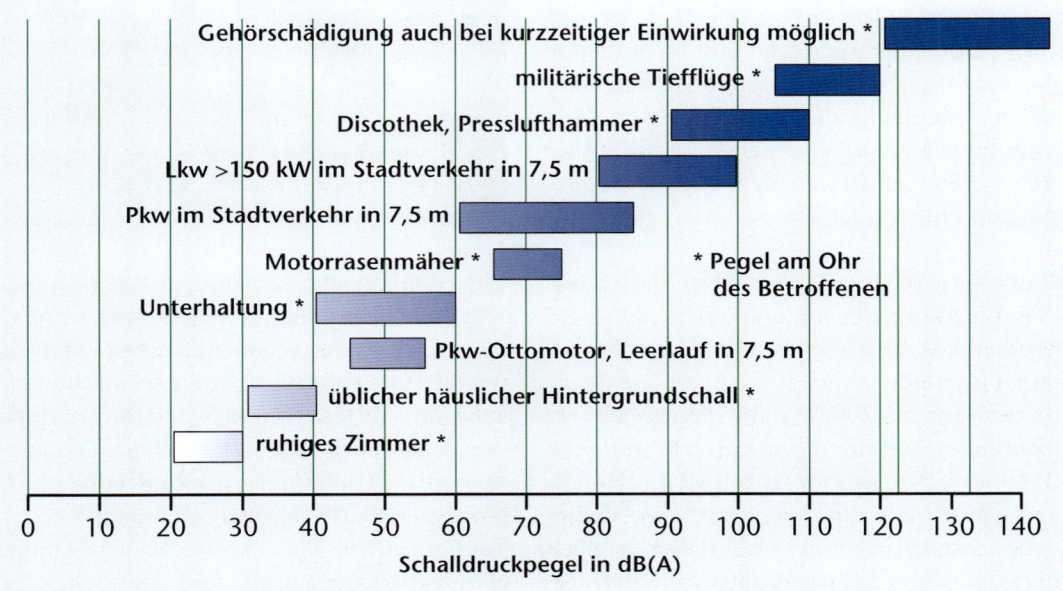

Pegelbereiche charakteristischer Geräusche

(Bayerisches Landesamt für Umwelt, Augsburg, 2007)

mit Aggression oder Streit gekoppelt sein. Die Situation in einer Kindergruppe bietet an sich schon Gelegenheit, gemeinsam „Krach machen" zu können.

Dem **psychologischen Lärmverständnis** steht ein **naturwissenschaftliches Lärmverständnis** gegenüber. Hier werden akustische Reize dann als Lärm definiert, wenn sie einen messbaren Wert überschreiten.

Die Messung erfolgt mittels geeichter Messinstrumente, wobei sich wiederholt gezeigt hat, dass speziell in Kindertagesstätten sehr hohe Pegelwerte erreicht werden. Sie liegen nicht selten zwischen 69 und 74 db (Dezibel) und damit im Bereich eines laufenden Motorrasenmähers in unmittelbarer Nähe.

Darüber hinaus gibt es auch ein sogenanntes ökologisches Lärmverständnis, nach dem Lärm als eine Form der Luftverschmutzung durch Energie angesehen wird.

Insbesondere eine Dauerbelastung durch Lärm birgt Krankheitsrisiken und kann ernste Erkrankungen nach sich ziehen. Zu nennen sind hier neben verstärktem Stressempfinden und anderen psychischen Beeinträchtigungen vor allem Bluthochdruck, erhöhtes Herzinfarktrisiko und unheilbare Schwerhörigkeit. Heute weisen bereits rund 60 % der 18- bis 20-Jährigen Hörschäden auf, und die Zahl der an Tinnitus („Ohrenklingen", eine ernste Erkrankung des Hörsinns) Erkrankten nimmt von Jahr zu Jahr zu.

Deshalb kommt der Reduktion von Lärm gerade auch in Kindertagesstätten eine große Bedeutung zu – zum Wohl der Kinder ebenso wie zum Wohl der dort arbeitenden Erwachsenen. Je nach Alter der Kinder, räumlichen Gegebenheiten und anderen Faktoren gibt es dafür verschiedene Möglichkeiten:

- Gespräch mit den Kindern über die eigene Wahrnehmung von laut und leise
- Messen der Lautstärke mithilfe eines Schallpegelmessgerätes
- gemeinsames Aufstellen von Regeln für ein niedrigeres Geräuschniveau (z. B. für eine bestimmte Zeit im Tagesablauf etc.)
- vermehrter Aufenthalt im Freien (wo Kinder sich austoben können und dabei deutlich geringere Lautstärken erzeugen als in geschlossenen Räumen)
- gezielter Einsatz von Musik (CD-Player etc.)
- gemeinsame Aufnahme eines Hörspiels
- Spiele, in denen es besonders um das genaue Hinhören und differenzierte Wahrnehmen geht (z. B. „Hänschen, piep einmal", Geräuschememory, Erstellen einer Soundmap etc.)
- Umgestaltung des Raums mit schallschluckenden Materialien (z. B. Teppichböden, Vorhänge etc.)

Grundsätze für die Arbeit mit Kindern im Freien

Für Kinder ist der Aufenthalt im Freien an sich häufig schon „Programm" genug – zumindest dort, wo sie selbst aktiv werden dürfen, etwas entdecken können und ausreichend Zeit zur Verfügung steht. Wie bereits ausgeführt, bieten Naturräume und Naturphänomene eine riesige Fundgrube an **Anregungen und Lernsituationen**. Daher ist es zunächst wichtig, Kindern überhaupt den entsprechenden Zugang zu ermöglichen und geeignete Rahmenbedingungen für Naturerlebnisse zu schaffen.

Eine pädagogische Fachkraft, die solche Angebote schafft und begleitet, sollte es aber nicht dabei belassen, lediglich organisatorische Fragen zu klären. Stets ist dabei auch ihre persönliche Haltung in Bezug auf Umwelt und Natur von entscheidender Bedeutung. Nur mit eigenem Engagement kann sie die Erfahrungen der Kinder und ihre Lernprozesse wirklich begleiten und unterstützen.

Joseph Cornell, einer der weltweit bekanntesten Naturpädagogen, nennt fünf Grundsätze für die umweltpädagogische Arbeit mit Kindern. Dabei handelt es sich durchweg um Empfehlungen, die in der Pädagogik insgesamt als nahezu allgemeingültig angesehen werden können; im Zusammenhang mit Naturerfahrung und Umweltbildung spielen sie aber sicherlich eine besonders wichtige Rolle.

Weniger lehren und mehr Gefühle mitteilen

„Neben bloßen Fakten über die Natur (‚Das ist eine Latschenkiefer.') erzähle ich [den Kindern] gern von meinen Gefühlen zu diesem Baum. Ich sage ihnen, dass ich Ehrfurcht und Respekt dafür empfinde, dass eine Latschenkiefer noch in einer Höhe von 2500 Metern wachsen kann [...] und scharfe Winterstürme an ihren Ästen ziehen und zerren. Ich drücke meine Dankbarkeit aus, dass sie uns vor Lawinen schützt und den Boden vor Erosion bewahrt."
(Cornell, 2006, S. 36)

Das Mitteilen der Gefühle kann dabei zweierlei bewirken: Die Kinder begreifen unmittelbar, dass es zwischen uns Menschen und dem Beobachteten eine Beziehung geben kann, was sie auch ermutigt, ihre eigenen Gefühle wahr- und ernstzunehmen. Zudem werden Informationen, die mit Emotionen verbunden sind, weit stärker und nachhaltiger gespeichert als bloßes Faktenwissen.

Aufnahmefähig sein
Kinder reagieren auf verschiedene Naturphänomene oft viel wacher und sensibler als Erwachsene. Das zeigt sich an überraschenden Ausrufen, am Interesse für ein winziges Detail, an einer unerwarteten Frage. Diesen Impulsen sollte nach Möglichkeit stets mit Aufmerksamkeit begegnet werden und man sollte versuchen, mit dem jeweiligen Kind darüber ins Gespräch zu kommen (vgl. Cornell, 2006, S. 37).

Für Konzentration sorgen
Die pädagogische Fachkraft kann indirekt auf vielfache Weise die Atmosphäre beeinflussen, in der Kinder Naturerfahrungen machen. Abgesehen von einzelnen Hinweisen, um die Aufmerksamkeit der Kinder auf eine bestimmte Sache zu richten und zu bündeln, ist es vor allem wichtig, immer wieder für eine gewisse Ruhe und Konzentrationsmöglichkeit zu sorgen. Das gelingt in der Regel dann am besten, wenn kein Zeitdruck herrscht und die Kinder spüren können, dass ihre Entdeckungen wichtig und interessant sind (vgl. Cornell, 2006, S. 38).

Erst schauen und erfahren – dann sprechen
Erfahrungen, die ein Kind in der Natur machen kann, sind stets mit unterschiedlichen Sinneswahrnehmungen verbunden. Hören und riechen, etwas betasten und natürlich die visuelle Wahrnehmung gehen Hand in Hand und ergänzen einander. Nicht selten führt auch eine einzelne Wahrnehmung wie etwa ein bestimmter Geruch oder ein merkwürdiges Geräusch dazu, dass ein Kind neugierig wird und sich für die jeweilige Ursache interessiert. In solchen Momenten wäre es schade, dem Kind vorschnell etwas erklären zu wollen. Besser ist oft eine gewisse Zurückhaltung, damit das Kind zunächst selbst Gelegenheit hat, dem Wahrgenommenen nachzugehen.

„Betrachte den Baum aus ungewöhnlichen Perspektiven. Fühle und rieche seine Rinde und seine Blätter. Setze dich still unter seine Zweige oder auf

einen Ast und schaue, welche Lebewesen im und um den Baum leben und von ihm abhängig sind. Mache die Augen auf. Stelle Fragen. Verlasse dich auf dein Gespür."
(Cornell, 2006, S. 38 f.)

Selbstverständlich ist es nicht schlimm, wenn die Frage eines Kindes nicht sofort beantwortet werden kann. Das Interesse ist entscheidend und dann können nach und nach Informationen beschafft werden – im besten Fall gemeinsam mit dem Kind, indem man jemand anderen fragt oder bestimmte Nachschlagemöglichkeiten nutzt.

ansteckend wirkt und dass sie vielleicht dein größtes Kapital als Lehrer ist" (Cornell, 2006, S. 39).

Sammelleidenschaft der Kinder

„Etwas Besonderes" zu entdecken, bedeutet gerade auch Kindern sehr viel. Während aber Erwachsene das „Besondere" häufig mit finanziellen Aspekten in Verbindung bringen – und den Wert einer Sache demnach am Preis festmachen –, setzen Kinder (noch) andere Prioritäten. Schon die Tatsache, etwas selbst gefunden zu haben, kann für sie ein Ding interessant und damit wertvoll machen.

Insektenhotel

Das Erlebnis mit Freude füllen

Der Aufenthalt im Freien und die damit verbundenen Erfahrungen sollten mit Glücksgefühlen verbunden sein – sowohl für die Kinder als auch für die pädagogische Fachkraft. „Kinder lernen wie von selbst, wenn sie glücklich und begeistert sind. Denke daran, dass deine eigene Begeisterung

Kinder – aber nicht nur Kinder! – lieben es, allerlei Dinge zu suchen und zu sammeln. Meist handelt es sich um kleine Dinge wie Steine, Schneckenhäuser, Früchte, Hölzer, aber auch bestimmte nutzlos gewordene Dinge unseres Alltags, Metallstücke und vieles andere mehr. Manche dieser Fundstücke stammen aus völlig fremden Welten und lassen sich bestaunen und bewundern. Der Moment des Entdeckens bedeutet ein Aufnehmen im doppelten Wortsinn: Indem das Kind etwas in die Hand nimmt, nimmt es dieses Objekt auch deutlicher wahr – Greifen und Begreifen liegen ganz nahe beieinander (vgl. Österreicher/Prokop, 2011).

Ein Beispiel zur praktischen Umsetzung, wie man die kindliche Sammelleidenschaft aufgreifen und unterstützen kann, sind **Suchlisten**, die für verschiedene Rahmenbedingungen und Anlässe leicht selbst zu erstellen sind.

(Österreicher, 2011, S. 19)

Solche Suchlisten können bei vielen Gelegenheiten genutzt werden – z. B. bei Gruppenspielen im Gelände oder an Kindergeburtstagen, zur Auflockerung einer Wanderung mit Kindern oder bei Ausflügen einer Kindergartengruppe oder auch bei einem Ausflug mit älteren Kindern zum gezielten Kennenlernen und Bestimmen von Naturmaterialien, Pflanzen oder Spuren.

Bei der Verwendung solcher oder ähnlicher Listen sind ein paar praktische Dinge zu beachten: So sollten die gesuchten Materialien im entsprechenden Gelände wirklich zu finden sein, allerdings auch nicht allzu zahlreich vorkommen. Unter Umständen ist der Hinweis wichtig, dass keine Tiere „gesammelt" werden sollten und auch keine sehr seltenen, besonderen Pflanzen gepflückt werden dürfen. Im Regelfall wird man darauf schon bei der Zusammenstellung einer solchen Liste achten. Außerdem sind natürlich jahreszeitliche Besonderheiten interessant, ebenso müssen der (sinnvolle) Umfang der Liste sowie die Frage der Ausrüstung der Kinder beachtet werden: Sammelbehälter, vielleicht Pflanzenscheren, kleine Lupen etc. Falls sinnvoll und möglich, können die gesammelten Materialien anschließend vielleicht sogar für den Aufbau eines kleinen „Mini-Museums" genutzt werden.

Die gesammelten interessanten und merkwürdigen Dinge können in einem kleinen Koffer, einer Schachtel oder einer Kiste aufbewahrt werden. Auf diese Weise lassen sich die Funde immer wieder neu begutachten, interpretieren und ordnen. Vielleicht wird die sozialpädagogische Fachkraft selbst nicht immer wissen, was genau sie gerade in der Hand hält, aber das ist auch nicht entscheidend. Für Kinder ist zunächst auch der unmittelbare Zugang über die sinnlichen Qualitäten eines bestimmten Gegenstandes wichtig: Form, Größe, Gewicht, Farbe etc. Die übrigen näheren Bestimmungen wie Herkunft, Entstehungsgeschichte und Bedeutung erschließen sich vielleicht später.

Zwar erscheint es sinnvoll, gerade verschiedene Materialien aus den umgebenden Naturräumen und Aktionsräumen der Kinder in eine solche Sammlung aufzunehmen, aber auch Mitbringsel von einer Reise wie Meerbälle, Versteinerungen, Muschelschalen oder besonders große Pflanzengallen, wie sie in südlicheren Ländern zu finden sind, können so eine „Schatzkiste" bereichern.

Die Sammlung ist **Dokumentation** und **Spielmaterial** in einem, und selbstverständlich lassen sich diese beiden Kategorien nicht wirklich voneinander trennen. Es wird lediglich darauf zu achten sein, dass alle Materialien trocken und nicht allzu vergänglich sind, um zum Beispiel Schimmelbildung zu vermeiden.

Tiere zeichnen

Von Tieren sind Kinder stets besonders fasziniert. Dieses Interesse sollte von den sozialpädagogischen Fachkräften aufgegriffen und durch intensive Beschäftigung unterstützt werden.

Beispiel
Die Entdeckung einer kleinen, vollständig grünen Raupe mit sehr auffälligen und ungewöhnlich ruckartigen Bewegungen löste während eines Ausflugs mit einer Kindergruppe große Neugier aus. Das Tier war auf einer großblättrigen Wiesenpflanze entdeckt worden und vergeblich versuchten die Kinder, eine Abbildung in einem mitgeführten Bestimmungsbuch zu finden.
Ein Kind machte den Vorschlag, die Raupe zu fotografieren, um sie nach der Rückkehr in die Kindertagesstätte in einem anderen Bestimmungsbuch suchen zu können. Leider war der Fotoapparat nicht im Rucksack und da das Tier auch nicht mitgenommen werden sollte, hatte jemand die Idee, die Raupe zu zeichnen. Das war auch gut machbar, denn bei Ausflügen in die Umgebung hat die betreffende Gruppe ohnehin stets einen Vorrat an Papier und Buntstiften sowie Schreibunterlagen im Gepäck.
Es entstanden mehrere Zeichnungen der Raupe und es war auch nicht allzu schwer, das Tier später anhand einiger typischer Details zu identifizieren. Es musste sich um eine Spannerraupe gehandelt haben, denn die Raupen dieser Schmetterlingsfamilie zeigen

exakt jene beinahe unverwechselbare Art der Fortbewegung.

Für die Kinder war es sehr beeindruckend, dass die betreffende Raupe mithilfe ihrer Zeichnungen bestimmt werden konnte. In der Folge entstanden zahlreiche weitere Zeichnungen von Kleintieren aller Art – solche, die im Garten gefunden wurden, und andere, die die Kinder während ihrer Ausflüge in ein nahe gelegenes Waldgebiet entdeckten. Die Lust am Zeichnen und Malen unterstützte das Interesse an den jeweiligen Lebewesen, so wie umgekehrt jedes neu entdeckte Tier von den Kindern mit Begeisterung „porträtiert" wurde (vgl. Österreicher, Kinder lieben kleine Tiere, 2011).

Einbeziehung von Eltern und externen Experten

Wird im Rahmen bestimmter Projekte das Wissen von Fachleuten und anderen Personen in die umweltpädagogische Arbeit eingebunden, erweitern sich nicht nur die eigenen Möglichkeiten der sozialpädagogischen Fachkraft, sondern den betreffenden Kindern stehen auch **zusätzliche, kompetente Ansprechpartner** zur Verfügung. Das können sowohl Eltern sein als auch andere Personen, die gemeinsam mit den Erzieherinnen und den Kindern einzelne Themen vertiefen. Aufgrund der besonders breiten Themenpalette gerade im Bereich der Umweltbildung ist eine solche Vorgehensweise hier sehr sinnvoll und hilfreich.

Da die Einbeziehung solcher Fachleute aus verschiedenen Gründen nur stunden- oder tageweise erfolgen kann, ist es wichtig, das jeweilige Thema gut vorzubereiten. So hat es sich bewährt, ein neues Projekt damit zu beginnen, die Fragen der Kinder aufzuschreiben und an einer **Info-Wand** für alle sichtbar zu machen.

Durch diese Methode wird den Kindern vermittelt, dass ihre Fragen ernst genommen und wertgeschätzt werden. Außerdem sind die Kinder indirekt herausgefordert, eigene Hypothesen und Theorien zu formulieren, die teilweise ebenfalls auf der Info-Wand dargestellt werden. Parallel dazu ermöglicht diese **Visualisierung eines Themas** eine recht umfangreiche Information der Eltern der Kinder sowie aller Besucherinnen und Besucher des Hauses. Und manchmal führt allein dies schon dazu, für ein bestimmtes Thema einen geeigneten Experten zu gewinnen, der sein Fachwissen einbringen kann.

Beispiel
In einer Kindertagesstätte hat ein Vater eines Kindes seine Mitwirkung angeboten, als er mitverfolgen konnte, dass die Kinder sich zu einem bestimmten Zeitpunkt besonders für die Vögel im Garten interessierten. Als Hobby-Ornithologe fiel es ihm leicht, den Kindern zahlreiche interessante Details über Vögel und ihre Lebensweise zu erzählen. Schließlich war es ihm auch möglich, eine Kindergruppe einen Tag lang in Wald und Gelände zu begleiten, um gemeinsam möglichst viele verschiedene Vogelarten hören und beobachten zu können.

Die vielen Fragen der Kinder und ihr großes Interesse an den heimischen Vögeln brachten den Vater auch auf die Idee, ein Vogelhäuschen mit installierter Kamera an der Außenwand des Kinderhauses zu befestigen. Über einen aufgestellten Fernseher konnten die Kinder dann beobachten, wie ein Blaumeisenpaar in das Vogelhäuschen einzog.

Vom Nestbau, der Eiablage bis hin zur Brut-, Schlüpf- und Fütterzeit, konnten die Kinder alles sehr gut beobachten. Besonders groß war die Spannung, als die Jungvögel begannen, im Häuschen hoch und runter zu fliegen: Schaffen sie es, das Vogelhäuschen zu verlassen und im Freien zu fliegen? Und wie lange würden sie von den Eltern bei ihren Flugübungen begleitet werden bzw. wann würden sie so selbstständig wie ihre Eltern sein?

Als an einem Montagmorgen die Kinder wieder zum Fernseher gelaufen waren, um nach „ihren" Vögeln zu sehen, war es aber bereits passiert: Das Vogelhäuschen war leer, die jungen Vögel waren am Wochenende offenbar ausgeflogen und ließen sich nicht mehr sehen. Für die Kinder war das schön und traurig zugleich, und wenn sie in den darauffolgenden Tagen Blaumeisen fliegen sahen, beobachteten sie diese Vögel besonders genau. Immerhin könnte es eine ihrer Meisen sein.

Beispiel
Ein anderes Beispiel eines langfristig angelegten Projektes in dieser Kindertagesstätte ist die Erkundung von Gesteinen, Mineralen und Fossilien. Dabei war es der Leiterin der Einrichtung in den letzten Jahren immer wieder möglich, einen Geologen und Anthropologen vom Paläontologischen Museum München in ihr Haus einzuladen. Bei solchen Gelegenheiten erfuhren die Kinder viel über die Gesteine des Voralpenlandes, bestimmte längst ausgestorbene Tiere und ihre Spuren (Fossilien) bis hin zu Fragen von

Erdgeschichte und Landschaftsentstehung. Gelegentlich begleitete der Geologe die Kinder auch an die Isar, wo sie im Geröll gemeinsam verschiedene Gesteinsarten sammelten, die dann näher untersucht und bestimmt werden konnten.

Neben diesen beiden Beispielen wurden in der betreffenden Einrichtung im Lauf der letzten Jahre noch einige weitere Umweltthemen mithilfe externer Fachleute bearbeitet. Dazu gehörten etwa die Erkundung essbarer Wildpflanzen, der Bau eines „Insektenhotels" im Garten der Kindertagesstätte oder die Unterscheidung verschiedener Biotope und der jeweils charakteristischen Pflanzen- und Tierwelt in der näheren Umgebung der Einrichtung. Je nach Thematik waren verschiedene Fachleute beteiligt, was zusätzlich als sehr positiv anzusehen ist. Denn auf diese Weise kommen die Kinder frühzeitig und gleichsam nebenbei mit verschiedenen Fachkompetenzen, Berufsgruppen und Wissensbereichen in Berührung.

Fazit

Für eine sinnvolle und erfolgreiche Umweltpädagogik ist beides von Bedeutung: **Sensibilität** gegenüber der Notwendigkeit, unsere Umwelt stärker als bisher zu schützen, und **Wissen** um die Schwierigkeiten, aus Umweltbewusstsein **konkretes Umwelthandeln** werden zu lassen. Das individuelle Umweltbewusstsein der pädagogischen Fachkräfte spielt hier eine ganz entscheidende Rolle, denn die Erwachsenen bestimmen darüber, ob und in welcher Weise umweltpädagogische Inhalte und Methoden in einer bestimmten Kindertageseinrichtung umgesetzt werden. Dabei ist keinesfalls nur an ein bestimmtes Umweltwissen der betreffenden Personen zu denken, sondern mindestens ebenso sehr an ihre Einstellung gegenüber Umweltfragen, ihre „innere Nähe" zu Pflanzen und Tieren, Natur- und Umweltschutz. Wer darin nur zusätzliche Anforderungen und Belastungen sieht, irrt: Es zeigt sich immer wieder, dass vor allem diejenigen pädagogischen Fachkräfte, die mit Kindern häufig Umweltthemen aufgreifen, darin auch für sich selbst interessante Veränderungs- und Entwicklungspotenziale entdecken und eine größere Arbeitszufriedenheit erlangen. Anspruchsvolle Aufgabenstellungen haben eben auch das Potenzial, uns anzuregen und psychisch zu stärken.

Die pädagogischen Effekte, die erzielt werden können, hängen vor allem mit der **Vorbildfunktion** von uns Erwachsenen zusammen. Dabei geht es neben der (indirekten) Vermittlung von Werthaltungen wie Achtung vor dem Leben und Aufgeschlossenheit für ökologische Themen auch um ganz lebenspraktische Fragestellungen wie:

- Welchen Lebensstil leben wir Kindern vor?
- Achten wir auf unsere eigene Gesundheit?
- Was tun wir, um möglichst wenig Abfall und Müll zu produzieren?
- Wie gehen wir mit dem anfallenden Müll um?
- Woran können Kinder sehen, ob und wie elektrische Energie gespart werden kann?
- Achten wir beim Einkauf von Spielmaterialien, Werkzeugen und Hilfsmitteln auf Qualität, Lebensdauer und ggf. Reparaturfähigkeit der Dinge – und sprechen wir mit den Kindern gelegentlich auch über unsere diesbezüglichen Überlegungen?

„Erzieherinnen, die sich für die Verwendung ökologisch einwandfreier Substanzen in der Tagesstätte einsetzen und Kinder kindgerecht daran teilhaben lassen, vermitteln ihnen das Bild von verantwortungsvollen, engagierten Erwachsenen. Es sind Erwachsene, die sich für ihr eigenes Arbeitsfeld und gleichzeitig für die Belange von Kindern einsetzen. Erwachsene, die mehr tun, als für einen reibungslosen Verlauf des Alltags zu sorgen. Erwachsene, die ihre Umwelt kritisch wahrnehmen. Erwachsene, die sich kundig machen und sich nicht scheuen, in zunächst unbekannte Gebiete vorzudringen. Erwachsene, die sich nicht rasch entmutigen lassen, sondern die versuchen, Widerstände zu überwinden. Kurz, Erwachsene, die mit ihrem Handeln und Vorleben bestimmter Fähigkeiten durchaus die

Erste Bestandsaufnahme zum umweltfreundlichen Haushalten für Erzieherinnen und/oder Träger*

Bürobereich und Materialien für Kinder

Verwenden Sie in Ihrem Kindergarten Umweltschutzpapier bzw. Recyclingpapier?

☐ nein ☐ ja, bei
☐ Kopien
☐ Rundschreiben
☐ Programmen
☐ Einladungen
☐ Malpapier
☐ Briefbögen
☐ Kuverts
☐ sonstige

Können Sie den Papierverbrauch Ihres Kindergartens noch reduzieren?

☐ nein ☐ ja in folgenden Bereichen:

Welche Materialien, Chemikalien verwenden Sie?
☐ Filzstifte
☐ Alleskleber
☐ Bunt lackierte Bleistifte
☐ Kopierchemikalien
☐ Markierstifte
☐ Farbbänder für Schreibmaschinen
☐ Korrekturflüssigkeit
☐ Overheadfolien
☐ Plastikordner
☐ Plastikmappen
☐ sonstige

Bereich Spiel- und Werkmaterialien

Orientieren Sie sich beim Einkaufen von Spielsachen an deren Umweltfreundlichkeit?

☐ nein ☐ ja

Haben Sie neben Konkurrenzspielen auch sog. „Helferspiele" (Kooperationsspiele)?

☐ nein ☐ ja

Sammeln Sie mit Ihren Kindern laufend Naturmaterialien (Steine, Zapfen, Wurzeln, Schneckenhäuser usw.) für verschiedene Zwecke (z.B. zum Basteln, freien Spiel, Ordnen und Ausstellen usw.)?

☐ nein ☐ ja

Sammeln Eltern, Kinder oder andere Personen für die Gruppe verschiedene Materialien, die noch verwendet werden können (Stoff-, Leder- und Wollreste, Korken, Wachsstummel, Papprollen usw.)?

☐ nein ☐ ja

Fragen, die auch oder vorwiegend Trägerbefugnisse berühren, sind kursiv geschrieben

Sanitärbereich und Ausstattung

Werden umweltfreundliche Putz- und Reinigungsmittel verwendet?

☐ nein ☐ ja ☐ teilweise

Wird ein chemisches Abflussmittel (a) oder ein Gummisauger (b) verwendet?

☐ (a) ☐ (b)

Sind die Toilettenspülkästen mit Wassersparern ausgestattet?

☐ nein ☐ ja

Werden in den Toiletten abwasserbelastende Beckensteine (sog. „Duftsteine") verwendet?

☐ nein ☐ ja

Sind die Wasserhähne mit einem Luftsprudler (Sparperlatoren) versehen?

☐ nein ☐ ja

Womit werden die Hände getrocknet?
☐ Handtüchern ☐ weißen Papiertüchern
☐ Stoffrollen ☐ Recycling-Papiertüchern
☐ Heißluft ☐ Sonstiges

Wird die Wäsche (Bettwäsche, Handtücher usw.) mit Waschmitteln nach dem Baukastenprinzip (Waschsubstanz, Enthärter, Bleichmittel) gewaschen?

☐ nein ☐ ja ☐ nicht bekannt

Wird der Wäsche ein Weichspülmittel zugesetzt?

☐ nein ☐ ja ☐ nicht bekannt

Wird Recycling-Toilettenpapier verwendet?

☐ nein ☐ ja

Aus welchem Material sind die Möbel (Tische, Stühle, Schränke, Regale usw.) hergestellt?
☐ Vollholz ☐ Spanplatten
☐ beschichtetes Holz ☐ Plastik
☐ Sonstiges

Aus welchem Material bestehen die Fußböden in den Gruppenräumen?
☐ Teppichböden aus Kunststoff oder Mischgewebe
☐ Teppichböden aus unbehandelten Naturfasern
☐ Linoleum
☐ PVC (Polyvinylchlorid)
☐ Kork
☐ Holz (Parkett, Dielen)
☐ Sonstiges

Wurden/werden Holzschutzmittel verwendet?

☐ nein ☐ ja ☐ nicht bekannt

Aus welchem Material sind die Vorhänge im Gruppenraum?
☐ unbehandelte Baumwolle
☐ Mischgewebe
☐ Sonstiges

Auszug aus einer ersten Bestandsaufnahme zum umweltfreundlichen Haushalten für Erzieherinnen und/oder Träger (Reidelhuber, 2005, S. 10 f.)

Gegenwart der Kinder im Auge behalten, aber gleichzeitig deren Zukunft bedenken. Damit erstreckt sich die Fürsorge für ein gesundes Lebensumfeld hinaus auf zukunftsorientierte Fähigkeiten."
(Reidelhuber, 2000, S. 12)

Der Anspruch umweltpädagogischer Themen und Arbeitsweisen ist hoch, aber seine Umsetzung nicht unrealistisch. Niemand verhält sich immer und überall absolut umweltschonend, aber wer diesem Thema insgesamt aufmerksam und aufgeschlossen gegenübersteht, kann Kindern bereits in vielen Fällen Vorbild sein und so in einem wesentlichen Bereich zum Erhalt der Umwelt und unserer Lebensgrundlagen beitragen.

3.5.3 Gesundheit und Bewegung

Bewegung ist für die Entwicklung des Menschen von größter Bedeutung. Über die Bewegung erschließt das Kind sich seine Umgebung schon im Mutterleib – die kleinen bewegten Fäuste und Füße sind schon früh sehr aktiv. Bewegung bringt Entwicklungsprozesse in Gang und ist eine zentrale Säule der Gesundheit.

Sozialpädagogische Fachkräfte – gesunde Gesundheitsförderer?

Wenn es um kindliche Gesundheits- und Bewegungsförderung geht, stehen häufig die Adressaten im Mittelpunkt des Interesses. Ebenso wichtig ist jedoch auch das Bewusstsein um die eigene Rolle in diesem Bildungsbereich. Sozialpädagogische Fachkräfte sind Vorbilder für Kinder, Jugendliche und Eltern. Sie wirken als Modelle und haben damit berufsbedingt den Auftrag, für das eigene Gesundsein einzutreten. Nur wenn es ihnen gelingt, sensibel und schonend mit den eigenen Gesundheitsressourcen umzugehen, werden sie auch erfolgreich die Gesundheits- und Bewegungsbiografie ihrer Zu-Betreuenden begleiten können. Dazu gehört in erster Linie eine gesundheits- und selbstbewusste Haltung im sozialpädagogischen Alltag.

Untersuchungen zeigen jedoch, dass das berufsbedingte Gesundheitsrisiko der sozialpädagogischen Fachkräfte nicht unerheblich ist. Die gleichzeitige Erfüllung einer Vielzahl von Arbeitsaufgaben bei steigendem Zeitdruck, das ständige Unterbrechen der eigentlichen Arbeit und der Personalmangel werden von sozialpädagogischen Fachkräften als deutliche Arbeitsbelastung benannt. Zu diesen quantitativen Anforderungen kommen qualitative Anforderungen hinzu wie die Komplexität der Aufgaben: Sozialpädagogische Fachkräfte müssen nicht nur viele Dinge erledigen, sondern auch über vielfältige Fähigkeiten verfügen. Die Verantwortung und die Erwartungen hinsichtlich Geduld, Selbstkontrolle und Improvisationsfähigkeit werden als sehr ausgeprägt erlebt, ausgesprochen hoch sind auch die körperlichen Belastungen. Die Lärmbelästigung liegt teilweise über dem erträglichen Maß. Das Heben und Tragen, das Einnehmen ungünstiger Körperhaltungen und die Nutzung von nicht erwachsenengerechten Möbeln sind als weitere gesundheitliche Belastungsfaktoren im körperlichen Bereich zu nennen (vgl. Berger u. a., 2000, S. 39). Hinzu kommt außerdem vermehrt das Empfinden von Zeitdruck – und das bei einer Zielgruppe, für die Zeit eine eher untergeordnete Rolle spielt.

Somit befinden sich sozialpädagogische Fachkräfte in einem Dilemma: Sie sollen gesundes Verhalten vorleben, sind aber selbst mit einer beruflichen Situation konfrontiert, die dies nur unzureichend zulässt. Sie sollen auf die Erhaltung der eigenen Gesundheit achten, finden jedoch ein gesundheitlich eher riskantes Arbeitsfeld vor. Die Gesundheitsbelastung der sozialpädagogischen Fachkräfte gelangt nur sehr langsam in das Bewusstsein der Öffentlichkeit, während den Fachkräften auf der anderen Seite eine wesentliche Rolle bei der Gesundheits- und Bewegungserziehung der Kinder und Jugendlichen zugeschrieben wird. Treffen diese Bedingungen mit einer Bewegungs- und Gesundheitsbiografie zusammen, die bis zum Berufseinstieg wenig positiv verlaufen ist, potenziert sich das Problem.

Biografiearbeit: Bewegungsfrust – Bewegungslust

Die Bewegungssozialisation hat wesentlichen Einfluss auf das spätere Bewegungsverhalten. Der Stellenwert der Bewegung in der Kindheit ist ausschlaggebend dafür, wie viel Bedeutung ihr im weiteren Leben beigemessen wird. Bewegungsfrust kann nur schwer zu Bewegungslust in der Jugend und im Erwachsenenalter führen. Möchte man Kindern Freude an der Bewegung vermitteln, muss man sich zwangsläufig mit den eigenen Bewegungserfahrungen auseinandersetzen. Ist die sozialpädagogische Fachkraft in der Vergangenheit zu der Erkenntnis gekommen, dass Bewegung misslingen kann, dass es richtige und falsche Bewegungen gibt und dass Bewegung grundsätzlich von anderen bewertet wird, ist eine ablehnende Einstellung nicht verwunderlich.

Beispiel
Annika hat schon in der frühen Kindheit leichtes Übergewicht. Sie bewegt sich jedoch gerne und bevorzugt in Spielphasen den Bewegungsraum und das Außengelände der Kindertagesstätte. Die neue Gruppenleiterin übernimmt die wöchentliche Turngruppe und bevorzugt Lauf- und Reaktionsspiele, bei denen häufiger mal ein Kind ausscheiden muss, das gefangen wird. Ein wenig Anreiz muss ihrer Meinung nach sein. Annika sitzt immer häufiger auf der Bank, steht beim Plumpssack in der Mitte oder verliert die Lust und kehrt in den Gruppenraum zurück. Was hat sie gelernt? Sie hat gelernt, dass Bewegung zum Ausschluss aus der Gruppe führen kann. Sie hat verinnerlicht, dass Bewegung sie in eine unangenehme Situation bringen kann. Dem Turntag blickt sie nun mit Angst entgegen und wann immer es ihr gelingt, entzieht sie sich diesen Stunden. Als Annika in der Fachschule auf dem Stundenplan den Bildungsbereich Bewegung entdeckt, hält sich ihre Begeisterung in Grenzen.

An dieser Stelle kann und darf die Auseinandersetzung jedoch nicht enden. Sie ist aufgefordert, die ursprünglich im Menschen angelegte Bewegungsfreude bei sich wieder aufzuspüren und wiederzubeleben. Wenn sie bei den Kindern Begeisterung für Bewegung vermitteln will, sollte sie sie auch selber spüren können.

Die Bedeutung von Wahrnehmung und Bewegung für die kindliche Entwicklung

Bewegung ist ein zentraler Motor des Lernens. Forschungsergebnisse belegen, dass Bewegung und Hirnentwicklung in einem direkten Zusammenhang stehen. Es wird angenommen, dass körperliche Aktivität einen starken Regulator in der gesamten Gehirnentwicklung darstellt. Bewegung begünstigt die Bildung neuer Nervenzellen und die Netzwerkbildung im Gehirn.

Der Mensch verfügt schon bei seiner Geburt über mehr als 100 Milliarden Nervenzellen. Die werden jedoch erst dann funktionstüchtig, wenn sie miteinander verbunden sind. In der frühen Kindheit werden durch Sinnestätigkeit und körperliche Aktivität Anreize geschaffen, die die Bildung von Verknüpfungen, die Synapsenbildung, unterstützen. Je mehr Reize über die Körper- und Fernsinne zum Gehirn gelangen, desto komplexer werden die Nervenverbindungen zwischen den Nervenzellen (vgl. Zimmer 2000, S. 39 ff.).

Beim kindlichen Lernen haben vermutlich koordinierte Bewegungen einen besonders positiven

Einfluss auf die Hirnentwicklung. Bei der Beobachtung von Kindern in einer naturnahen Bewegungswelt fällt auf, dass sie sich intuitiv genau solche Bewegungsanlässe suchen: schaukeln, schwingen, drehen, balancieren, klettern, einen Rhythmus finden. Immer wieder erproben sie das Gelernte in unterschiedlichsten Situationen. Bewegung ist also eine wichtige Form des Erkenntnisgewinns über sich und die Umwelt (vgl. Kühner/Valler, 2004, S. 34).

Über die Bewegung macht sich das Kind ein Bild von
- sich selbst und seinem Körper,
- seiner sozialen und
- seiner räumlich-materiellen Umgebung.

Vielfach wird der Bildungsbegriff auf die kognitiven Fähigkeiten und intellektuellen Leistungen verengt. Die wissenschaftlichen Ergebnisse legen dagegen nahe, dass Bewegung und Bildung eine untrennbare Einheit darstellen. Sich ein Bild von der Welt zu konstruieren, bedeutet, intrinsisch motiviert in eine handelnde Auseinandersetzung zu gehen. Schon Piaget, Bruner und Wygotski – bedeutende Entwicklungspsychologen des 20. Jahrhunderts – wiesen darauf hin, dass die konkrete Tätigkeit des Kindes die Basis für seine Entwicklung bildet.
Die Möglichkeiten, tätigen Umgang mit Dingen und Menschen zu pflegen, bilden die Grundlage eines jeden Bildungsgeschehens, das von den Selbstbildungsprozessen und inneren Verarbeitungsmöglichkeiten des Kindes ausgeht. Bewegung ist damit „eine elementare Form des Denkens" (Schäfer, 2003, S. 144).

Zutrauen in die eigene Wirksamkeit erlangen
Die Frage nach dem eigenen Können, Wollen und Zutrauen beantwortet sich das Kind vor dem Hintergrund seiner bisherigen Erfahrungen. Für die Entwicklung ist daher das **Selbstkonzept** des Kindes von großer Bedeutung. Es beeinflusst, wie sich das Kind in auffordernden oder herausfordernden Lebenssituationen verhält. Mit jeder Bewegungshandlung bekommt das Kind eine Rückmeldung über die Wirkung seiner Aktion. Erfolg oder Misserfolg zeigen sich meist direkt und unmittelbar, sodass sie in den Erfahrungsschatz eingeordnet werden können. Zudem erleben Kinder schon früh, was sie von sich erwarten können und mit welcher Einschätzung ihnen andere Menschen begegnen. In das Selbstkonzept münden somit Erfahrungen, Kenntnisse und Informationen über Einstellungen und Überzeugungen zur eigenen Person (vgl. Zinnecker/Silbereisen 1996, S. 291). Jede Information, die eine Person aus der sozialen und gegenständlichen Umgebung über sich selbst bekommt, wird subjektiv bewertet und interpretiert. Die Eigenwahrnehmung muss infolgedessen nicht mit der tatsächlichen, objektiven Leistung übereinstimmen. Die gleiche Handlung kann von einem Kind als besondere Meisterleistung, von einem anderen Kind aber als Versagen verbucht werden (vgl. Zimmer, 2004, S. 23 ff.).

Die Entwicklung des Selbstkonzepts ist von Mensch zu Mensch unterschiedlich, individuell, einzigartig. Sie erstreckt sich über ein ganzes Leben und ist nicht direkt beobachtbar. Auch wenn sich Veränderungen im Selbstkonzept zeigen können, zeichnet es sich doch durch eine grundlegende Konstanz aus (vgl. Eggert u. a., 2003). Umso schwieriger ist es, in diesem Bereich Entwicklungsbegleitung zu sein. Die sozialpädagogische Fachkraft ist als wichtige Bezugsperson in der sozialen Umwelt der Kinder am Aufbau des Selbstkonzepts beteiligt. Zudem obliegt ihr im Gruppenalltag die Verantwortung für die sozialen Umgangsweisen der Kinder miteinander. Kinder sehen sich im Spiegel ihrer Umgebung – und sozialpädagogische Fachkräfte tragen Sorge dafür, dass Kinder gerne und voller Zuversicht in diesen Spiegel blicken.

Mit einem positiven Selbstkonzept ist verbunden, dass
- Situationen, die subjektiv als Herausforderung bewertet werden, bewältigbar erscheinen,
- bei einem Problem die konstruktive Suche nach einer Problemlösung aufgenommen wird,
- insgesamt ein optimistisches Zutrauen in die eigene Person überwiegt.

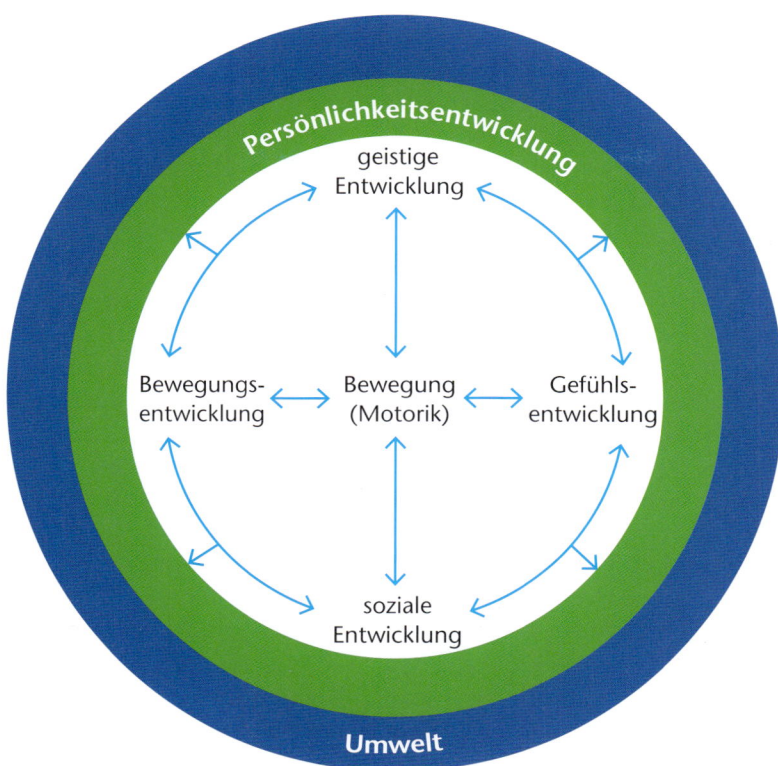

Bewegung – zentrales Moment in der Entwicklung (vgl. Böker/Segerath, 1996, S. 65)

Die Achtung vor den eigenen Fähigkeiten und dem eigenen Können ist grundlegende Voraussetzung dafür, andere zu achten und soziale Beziehungen vertrauensvoll zu gestalten.

In der Gemeinschaft stark werden

Um Teil einer Gemeinschaft zu werden, muss der Mensch sie zunächst wahrnehmen, sich dann auf sie zubewegen, ihre Gesetze und Regeln kennenlernen, um sie dann nach und nach in kleinen Schritten mitzugestalten. Er muss sich auf den Weg machen.

Schon in diesem kurzen Abschnitt wird deutlich, wie eng Bewegung und das soziale Umfeld miteinander verbunden sind.

Durch die Bewegung im sozialen Umfeld lernen Kinder,
- sich auszudrücken und mitzuteilen,
- sich zu behaupten und zurückzunehmen,
- sich zu streiten und zu vertragen,
- sich abzugrenzen und anzunähern,
- sich zu nehmen und abzugeben und
- sich in eine Gemeinschaft zu integrieren.

Kinder brauchen Gelegenheiten, um ihren sozialen Erfahrungsraum allmählich und selbstbestimmt zu erweitern und zu erobern. Ausgehend von einem „Schonraum" müssen sie selbst entscheiden können, wie weit sie sich in die soziale Gesellschaft vorwagen. Eine Altersmischung hat den Vorteil, dass Kinder voneinander profitieren und miteinander lernen können. Gerade Bewegungssituationen eignen sich als Erprobungsfeld. Sie beinhalten überschaubare Szenen, in denen Absprachen getroffen, Normen ausgehandelt und Auseinandersetzungen ausgetragen werden müssen.

Dabei ist jedoch der individuelle Entwicklungsstand eines jeden Kindes zu berücksichtigen. Erst ab einem Alter von zwei Jahren zeigen Kinder auch soziale Emotionen. Kinder rückversichern sich bei Erwachsenen, ob das eigene Verhalten für gut befunden wird. Sie blicken gezielt auf deren emotionale Reaktion, um sich Hilfestellung bei der Selbsteinschätzung zu holen. In dieser Phase benötigen Kinder ein sehr zugewandtes, unterstützendes, aber auch klares Feedback der Bezugspersonen. Erklimmt ein Kind eine noch unerforschte Höhe eines Klettergerüstes und ist unsicher, ob es sich dies zutrauen kann, wird es nach Anzeichen von Ermutigung oder Angst in Mimik und Gestik der sozialpädagogischen Fachkraft suchen.

Zwischen dem zweiten und dritten Geburtstag entwickelt sich ein Bewusstsein für Regeln und Normen des sozialen Zusammenlebens. Zudem zeigen sich Emotionen wie Schuld, Scham und Verlegenheit. Kinder erweitern auch zunehmend ihre Fähigkeit, Emotionen zu regulieren, indem sie sich beispielsweise aus einer Situation zurückziehen oder sich selbst beruhigen. Kindern sollte also die Möglichkeit gegeben sein, ihre Gefühle zu zeigen und entsprechend zu entscheiden, welche Strategie der Regulation sie wählen möchten. Zieht sich ein Kind beispielsweise aus einer zu lauten Bewegungssituation zurück, ist dies ein Indiz für eine zunehmende Emotionsregulation. Hat die sozialpädagogische Fachkraft diese entwicklungspsychologischen Voraussetzungen berücksichtigt, hat sie vielleicht schon eine Ruhehöhle als Teil der Bewegungsbaustelle eingeplant. Allerdings liegen die Strategien der Kinder nicht immer im Bereich angemessenen Verhaltens. Dann sind sie auf eine verbindliche Orientierung durch die Erwachsenen oder andere Kinder angewiesen.

Erst ab dem dritten Lebensjahr kann davon ausgegangen werden, dass Kinder die emotionale Perspektive anderer Personen einzunehmen wissen. Sie können zwischen der eigenen subjektiven Bewertung und der anderer unterscheiden. In dieser Phase leiden Kinder mit, wenn sich ein anderes Kind verletzt hat, zeigen Sympathie oder holen Hilfe, wenn ein Mitspieler hilflos erscheint. Sie lernen aber auch, andere unumwunden an ihrer Gefühlslage teilhaben zu lassen. Wut und Ärger werden deutlich zum Ausdruck gebracht.

Bei der Planung von Bewegungsangeboten ist es wichtig, sich folgende Fragen zu beantworten:
- Welche prosozialen Verhaltensweisen kann ich überhaupt von diesem Kind in diesem Alter einfordern?
- Wie kann die Bewegungssituation gestaltet sein, sodass sie ein passendes soziales Lernangebot beinhaltet?

Der Zusammenhang zwischen Gesundheit und Bewegung

Dass Bewegung einen Beitrag zur Gesunderhaltung leistet, liegt zunächst einmal nahe. Der genauere Zusammenhang führt jedoch zu verschiedenen Sichtweisen und Modellen in der Gesundheitswissenschaft. Zwei Modelle können hier unterschieden werden:
- das Risikofaktoren-Modell
- das Modell der Salutogenese

Während das **Risikofaktorenmodell** danach fragt, was krank macht, welche Faktoren zu einem erhöhten Krankheitsrisiko beitragen und wie man sie vermeiden kann, beschäftigt sich das Modell der **Salutogenese** mit der Frage, was einen Menschen gesund hält. Ersteres Modell entstand mit dem zunehmenden Auftreten von

Aaron Antonowski (1923–1994)
Antonowski war Professor der Soziologie und begründete die Salutogenese-Forschung, die die Frage nach den bestimmenden Faktoren für die Gesunderhaltung des Menschen in den Mittelpunkt des Interesses rückt. Aufgrund der konsequenten Ressourcenorientierung und der Berücksichtigung psychischer, körperlicher und sozialer Faktoren sind seine Erkenntnisse mittlerweile fester Bestandteil der Soziologie, der Psychologie sowie der Gesundheits- und Sportwissenschaft.

Zivilisationskrankheiten. Als Risikofaktor wird ein Faktor bezeichnet, der in einem direkten oder indirekten Zusammenhang mit dem Auftreten bestimmter Erkrankungen oder Gesundheitsstörungen steht und dieses begünstigt oder verstärkt. Als typische Risikofaktoren gelten beispielsweise das Rauchen oder Bewegungsmangel. Gesundheit wird dabei als der Normalzustand angenommen, Krankheit liegt jenseits der Norm. Die Forschungen von Aaron Antonowski, einem amerikanisch-israelischen Gesundheitswissenschaftler, veränderten und ergänzten jedoch diese wissenschaftliche Ausrichtung. Krankheit und Gesundheit stehen sich in seinem Ansatz nicht als Gegensatzpaare gegenüber. Vielmehr befindet sich der Mensch immer in einem dazwischenliegenden Zustand – mal mehr und mal weniger gesund. Antonowski erkannte zudem, dass selbst in sehr belasteten Lebenssituationen unter bestimmten Umständen nicht zwangsläufig negative gesundheitliche Konsequenzen zu erwarten sind. Verfügt ein Mensch über eine ausreichende Widerstandsfähigkeit und ein ausgeprägtes Kohärenzgefühl, ist seine Gesundheit weniger gefährdet als bei Menschen, die diese Voraussetzungen nicht mitbringen.

Kohärenzgefühl
„Unter Kohärenzgefühl wird die Überzeugung der Sinnhaftigkeit des eigenen Lebens und Tuns verstanden. Es handelt sich um eine allgemeine Grundhaltung des Menschen gegenüber der Welt, die gekennzeichnet ist durch ein Gefühl der Zuversicht. [...] Das Kohärenzgefühl entwickelt sich nach Antonowski im Laufe der Kindheit und Jugend und wird von den jeweiligen Erfahrungen und Erlebnissen beeinflusst." (Zimmer, 2004, S. 18)

Kinder haben ein ureigenes Bedürfnis nach Bewegung. Wenn sie in einer entwicklungsförderlichen Umgebung leben, suchen sie sich immer wieder neue Bewegungsanlässe. Ohne das Wissen um die Wirkung tun sie von Natur aus das, was Gesundheit erhält. Sie stärken ihren Organismus, sorgen für die Entwicklung ihres aktiven und passiven Bewegungsapparates und haben der Welt gegenüber ein Gefühl von Offenheit und Neugierde. Allein dadurch, dass Erwachsene zur Befriedigung dieses Bedürfnisses zeitlich, räumlich und materiell Platz schaffen, leisten sie einen Beitrag zur Gesundheitsförderung.

Bewegungsmangel als Gesundheitsrisiko
Kinderwelt ist heute immer weniger gleichbedeutend mit Bewegungswelt, sondern muss sich den gesamtgesellschaftlichen Tendenzen fügen. Das Straßenspiel weicht einem Spiel im Haus, Primärerfahrungen bleiben hinter Medienerfahrungen zurück, unbeaufsichtigte, unverplante Räume werden durch betreute, institutionalisierte Angebote ersetzt. Hinzu kommt ein schon in der frühen Kindheit mit Terminen gefüllter Kalender. Die nahe Wohnumgebung wird kaum noch als Spielmöglichkeit wahrgenommen, da Kinder zwischen verschiedenen „Inseln" hin- und herbewegt werden. Das Passivsein und Konsumieren nimmt zu.

Diese Veränderungen vollziehen sich schon seit mindestens einer Generation, die Auswirkungen zeigen sich jedoch in den Schuleingangsuntersuchungen immer dramatischer (vgl. Bayerisches Landesamt für Gesundheit und Lebensmittelsicherheit, 2006, S. 24 f. und 40 ff.):

- In Deutschland sind etwa 10 bis 20 Prozent aller Schulkinder und Jugendlichen übergewichtig oder adipös. Übergewicht stellt wiederum ein deutliches Risiko für Folgeerkrankungen im Erwachsenenalter dar.
- Sprachentwicklungsstörungen gehören mittlerweile zu den häufigsten Entwicklungsverzögerungen im Kindesalter. Sie werden häufig in Kombination mit Teilleistungsstörungen in anderen Bereichen diagnostiziert (Lese- und Rechtschreibschwäche, Beeinträchtigungen im motorischen Bereich etc.).
- Der Prozentsatz von Kindern mit motorischen Auffälligkeiten und Defiziten nimmt tendenziell zu. Die nachlassende körperliche Leistungsfähigkeit führt zu Haltungsschwächen und Haltungsschäden.

Viele Unfälle im häuslichen Umfeld, im Freizeitbereich und im Straßenverkehr sind zudem in einem Zusammenhang mit den Bewegungsbeeinträchtigungen, Wahrnehmungsstörungen und Konzentrationsschwächen zu sehen.

Bei einer norddeutschen Schuleingangsuntersuchung fielen die Ergebnisse im Bereich der Motorik ebenso besorgniserregend aus (vgl. Zimmer 2004, S. 37): 26,3 Prozent der Kinder konnten keine dem Alter entsprechenden Ergebnisse im motorischen Bereich erreichen. Damit werden mehr als ein Viertel der untersuchten

1. Soziale Sensibilität	• Gefühle anderer wahrnehmen • sich in die Lage eines anderen hineinversetzen • die Bedürfnisse anderer erkennen und im eigenen Verhalten berücksichtigen (z. B. Geräte abgeben) • Wünsche anderer erkennen
2. Regelverständnis	• Gruppenspiele mit einfachen Regeln spielen • vereinbarte Regeln verstehen und einhalten • selber einfache Regeln (z. B. zum Teilen von Geräten) aufstellen
3. Kontakt- und Kooperationsfähigkeit	• im Spiel Beziehungen zu anderen aufnehmen • andere als Mitspieler anerkennen • Hilfe annehmen und anfordern • miteinander spielen • gemeinsame Aufgaben lösen (Geräte transportieren) usw. • anderen helfen • eigene Gefühle ausdrücken und anderen mitteilen • sich verbal mit anderen auseinandersetzen
4. Frustrationstoleranz	• Bedürfnisse aufschieben, zugunsten anderer Werte zurückstellen • nicht immer im Mittelpunkt stehen müssen • mit Misserfolgen umgehen lernen • sich in eine Gruppe einordnen können
5. Toleranz und Rücksichtnahme	• die Leistungen anderer akzeptieren und anerkennen • die Andersartigkeit anderer respektieren (z. B. Behinderungen) • die Bedürfnisse anderer tolerieren und sich beim gemeinsamen Spiel darauf einlassen • Schwächere ins Spiel integrieren • auf schwächere Mitspieler Rücksicht nehmen

Grundqualifikationen sozialen Handelns (vgl. Zimmer, 1993, S. 33)

Kinder als behandlungs- oder beobachtungsbedürftig eingeschätzt oder sind bereits in ärztlicher oder therapeutischer Behandlung.

Insgesamt lässt sich ein Bild zunehmender aktueller Probleme mit folgeschweren langfristigen Schwierigkeiten erkennen. Diese Fakten betonen die Relevanz der Bewegungs- und Gesundheitsförderung in den Einrichtungen des Elementar- und Schulkindbereichs, setzen jedoch auch hohe Maßstäbe für die ausgleichende und fördernde Arbeit mit den Kindern und den Angehörigen. Kompensation und Unterstützung muss frühzeitig ansetzen und nachhaltig wirken.

Kindliche Bewegungsbedürfnisse

Die Bewegungsbedürfnisse von Kindern sind wesentliche Planungsgrundlage für die Gestaltung von Bewegungsräumen, freien Bewegungszeiten und Bewegungsangeboten. Kinder sind „Experten" für die eigene Entwicklung und teilen das immer wieder auf ihre Art und Weise mit. Hinschauen, hinhören, in einen ernsthaften Dialog treten und vielfältige Möglichkeiten bieten, sind die vier tragenden Säulen des pädagogischen Handelns.

Kinder wollen
- *„sich verausgaben – Ausdauer erfahren,*
- *die eigene Körperkraft spüren – Widerstand erfahren,*
- *Gelenkigkeit und Beweglichkeit entwickeln,*
- *Geschwindigkeit erleben,*
- *Bewegungen steuern und koordinieren,*
- *sich im Raum orientieren,*
- *die Balance halten,*
- *schnell reagieren – auf Signale achten,*
- *etwas bewirken, die eigene Handlung als Ursache eines Effektes erleben und*
- *Entspannung erleben – Ruhe genießen"*

(Zimmer, 2004, S. 6)

Dies gilt nicht für alle Kinder gleichermaßen und schon gar nicht für alle Kinder gleichzeitig. In einer vorbereiteten Umgebung suchen sich die Kinder den für sie passenden Anforderungsbereich, wählen einen für sie angemessenen

Schwierigkeitsgrad aus und entscheiden, welchen Weg sie zu welchem Ziel gehen möchten. Die sozialpädagogische Fachkraft stellt Raum, Zeit, Materialien und Methoden zur Verfügung. Sie schaut zu, leitet an, spielt mit, gibt Impulse, vermittelt, nimmt auf, gibt weiter oder motiviert. Und sie sollte sich gerne mit den Kindern bewegen.

Stress als Gesundheitsrisiko

Stress ist nicht an eine bestimmte Altersphase oder ein Entwicklungsstadium gebunden. Er begleitet das menschliche Leben von Beginn an. Schon das ungeborene Kind kann Stress durch Einflüsse aus der Umwelt oder den Stress der Mutter empfinden.

Stress

Der Begriff „Stress" kommt aus dem Englischen und bedeutet „Beanspruchung". Stressoren als Stressauslöser nehmen über die Aufnahme durch die Sinnesorgane Einfluss auf den menschlichen Organismus. Sie bewirken die Ausschüttung des Hormons Cortisol, wodurch der Stoffwechsel angeregt und das Immunsystem gehemmt wird. Zudem gelangen Adrenalin und Noradrenalin ins Blut. Damit verbunden sind zunächst eine enorme Leistungsfähigkeit und nachfolgend starke körperliche Reaktionen (beschleunigter Puls, Anstieg des Blutzuckerspiegels und des Blutdrucks, schnellere Atmung, Schweißausbruch).

Für viele Menschen ist Stress eher negativ besetzt. Sie verbinden damit Hektik, zeitliche Enge und psychische Belastung. Diese negative Art des Stresses wird als **Disstress** bezeichnet. Die positive Form des Stresses wird oft vergessen. **Eustress** bringt uns in Bewegung, mobilisiert in einer gesunden Form unsere körperlichen und seelischen Kräfte und erfüllt uns mit Zufriedenheit. Die Grenzen zwischen den beiden Beanspruchungsarten sind fließend. Umso aufmerksamer sollten sozialpädagogische Fachkräfte sich selbst und die Kinder und Jugendlichen beobachten und Anzeichen für einen ungesunden, auf Dauer krank machenden Stress wahrnehmen.

Die Ursachen für Disstress können unterschiedlicher Natur sein. Ebenso belastend wie psychische und physische Ursachen können soziale Stressoren wirken. Auch hier ist eine trennscharfe Unterscheidung kaum möglich. Im Beruf der sozialpädagogischen Fachkraft entsteht Stress zum Beispiel durch

- Konflikte im Mitarbeiterkreis oder mit Eltern,
- Mobbing,
- ständige Konkurrenzsituationen,
- immerwährende Lärmbelastung im Gruppenalltag,
- Zeitdruck und Hektik,
- Überforderungssituationen, Leistungsdruck,
- viele gleichzeitige Anforderungen und daraus resultierende Rollenkonflikte,
- ein unausgewogenes Nähe-Distanz-Verhältnis,
- übermäßige körperliche Anstrengung.

Auch Kindern und Jugendlichen begegnen in ihren Lebenssituationen zahlreiche Stressoren, die sich gesundheitlich ungünstig auswirken können:

- familiäre Problemsituationen (dauernde Konflikte in der Familie, Trennung der Eltern, Arbeitslosigkeit etc.)
- körperliche und seelische Gewalt
- zu hohe oder zu geringe schulische Anforderungen
- soziale Ausgrenzung aus der Gruppe
- Verplanung des Alltags mit einer Fülle an Terminen
- Reizüberflutung etc.

Stressursachen führen kurz- oder langfristig zu Stressreaktionen, die sich in körperlichen Symptomen (motorische Unruhe, Migräne, Schlafprobleme etc.), emotionalen Reaktionen (Unzufriedenheit, Lustlosigkeit, Depression etc.) oder in kognitiven Reaktionen (z. B. Konzentrationsschwierigkeiten, Leistungsabfall) zeigen können. Auch im sozialen Bereich kann Stress Verhaltensänderungen bewirken (sozialer Rückzug, verbale oder körperliche Gewalt gegenüber anderen Menschen etc.).

Aufgabe der sozialpädagogischen Fachkräfte ist daher einerseits die Wahrnehmung und Beobachtung der Zu-Betreuenden mit Blick auf mögliche

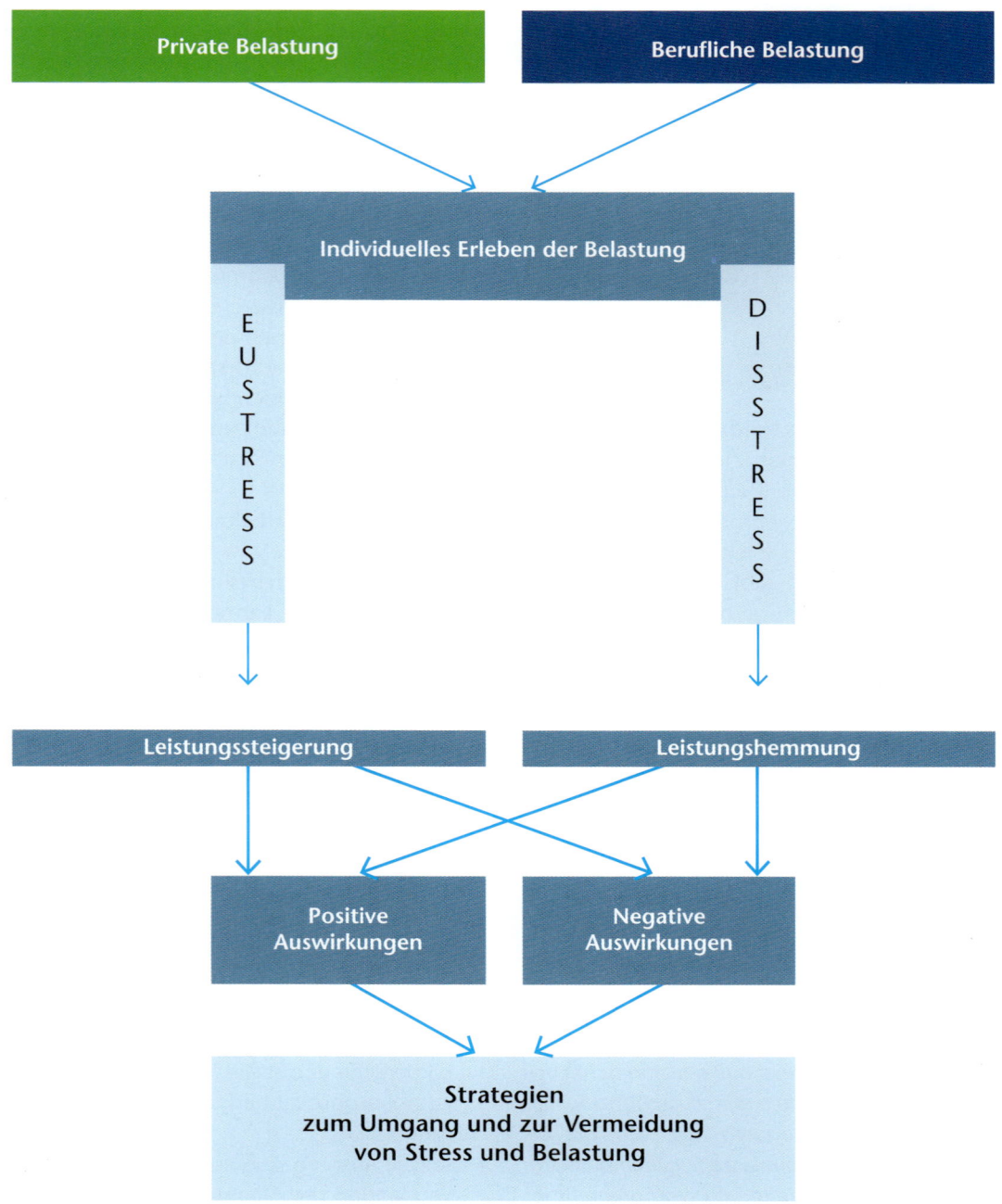

Stresswahrnehmung (Schneewind, 2011, S. 20)

Stressoren und andererseits die Befähigung der Kinder und Jugendlichen, eigene Stresssituationen zu erkennen, zu vermeiden oder sie zu bewältigen. Der Erwerb solcher Strategien ist notwendig, um auch langfristig gesundheitlichen Einschränkungen vorzubeugen.

Für einen Planungsprozess bedeutet dies, das momentane Stresspotenzial zu analysieren und entweder Bewältigungsstrategien anzubieten (Coping) oder präventive Maßnahmen zu initiieren. Der Aufbau von Eustress kann zudem den Folgen des Disstresses entgegenwirken. Eine sozialpädagogische Fachkraft sollte unterschiedliche Methoden kennen und anwenden, um Kindern und Jugendlichen Möglichkeiten der Stressbewältigung zu eröffnen.

Methoden zur Stressbewältigung und Prävention

Kinder und Jugendliche sollten schon früh mit **Entspannungstechniken** vertraut gemacht werden. Hier eignen sich verschiedene altersgemäße Massageformen, Autogenes Training, Progressive Muskelrelaxation, Yoga, Meditation oder Phantasiereisen.

Auch ein „**Glückstagebuch**" kann Kindern und Jugendlichen bewusst machen, welche positiven Seiten das Leben für sie bereithält.

Sobald Kinder in der Lage sind, zeitliche Dimensionen zu erfassen, können sie sich einer realistischen und effektiven **Zeitplanung und -gestaltung** nähern. Im Kindergartenalter kann das bedeuten, dass eine Eieruhr den baldigen Beginn der morgendlichen Erzählrunde ankündigt, ein Dienstplan mit Fotos gemeinsam erstellt wird oder eine bebilderte Checkliste mit einem Zeitstrahl ein Projekt begleitet. Kinder lernen, selbst zu planen und sich ein Gefühl für Zeiträume durch eigenes Handeln und Erleben zu erarbeiten. Ältere Kinder und Jugendliche können über das Führen von Zeittagebüchern einen Überblick über die verbrachte Zeit und ihren persönlichen Wert bekommen. Daraus entwickelt sich ein Bewusstsein für sinnvoll oder weniger sinnvoll verbrachte Zeit, für effektiv oder weniger effektiv erledigte Aufgaben. Individuelle Zeitrhythmen werden transparent und können analysiert werden.

Um sich der Hektik entziehen zu können, eignen sich zeitliche und räumliche ritualisierte **Ruheinseln**. Ein Teestündchen am Nachmittag mit klassischer Musik und einem warmen Getränk kann Kinder beim Innehalten unterstützen. Ein Ruhezelt oder ein Snoezel-Raum bieten die Möglichkeit des Rückzugs und des Reduzierens von Reizen.

Kinder und Jugendliche, die Methoden der **Konfliktbewältigung** anzuwenden wissen, sind weniger stressgefährdet als diejenigen, die Konflikten hilflos und schutzlos ausgeliefert sind. Zur Erweiterung der Konfliktfähigkeit kann neben den alltäglich vermittelten Konfliktlösungsstrategien ein Training im Bereich der Mediation oder **Deeskalation** lohnenswert sein.

Erholungs- und Bewegungspausen sollten ein selbstverständlicher Teil des Tages sein. Das Konzept des Bewegungskindergartens und der Bewegten Schule folgt diesem Prinzip konsequent. Räume werden durchweg auch zu Bewegungsräumen. Sowohl in Arbeitsphasen als auch in Phasen der freien Zeit wechseln sich Anspannung und Entspannung ab. Es entsteht ein Gleichgewicht zwischen eher kognitiv und eher motorisch oder emotional gesteuerten Tagesabschnitten.

Letztendlich obliegt es den sozialpädagogischen Fachkräften, eine Lebenssituation im Schonraum der Einrichtung zu schaffen, die negativen Stress minimiert und Chancen einer persönlichen Weiterentwicklung im Bereich des Stressmanagements eröffnet.

Fehlernährung als Gesundheitsrisiko

Ernährung und Gesundheit stehen in unmittelbarem Zusammenhang: Der Körper braucht regelmäßig bestimmte Nährstoffe und ausreichend Vitamine, um leistungsfähig zu sein. Umso

bedenklicher ist folgende Statistik zu den Ernährungsgewohnheiten von Schulkindern:
- Circa 6 % aller Schülerinnen und Schüler gehen ohne Frühstück in die Schule.
- Circa 6 bis 8 % aller Schülerinnen und Schüler bekommen Geld anstelle eines Pausenbrotes mit in die Schule.
- Mit zunehmendem Alter steigt die Zahl derer, die weder in der Schule etwas kaufen noch etwas in die Schule mitnehmen.
- Etwa ein Drittel der Schülerinnen und Schüler bevorzugen Limonade oder Cola und verzichten auf Milch oder Kakao.
- Süßigkeiten zwischendurch werden immer beliebter.

Als Folge ergibt sich trotz einer meist ausreichenden oder sogar übermäßigen Menge an Kalorien eine Mangelernährung. Kinder und Jugendliche nehmen zu viel Fett, zu viel Zucker und zu viel Salz zu sich, jedoch zu wenig Vitamine, Mineralstoffe und Ballaststoffe. Die dreidimensionale Lebensmittelpyramide der Deutschen Gesellschaft für Ernährung (siehe Abbildung links) informiert darüber, wie sich eine vollwertige Ernährung zusammensetzen sollte.

Der Erzieherin kommen bedeutende Aufgaben zu: Sie dient als Modell für Kinder und Eltern, berät die Erziehungsberechtigen in Ernährungsfragen und integriert gesunde Ernährung als Baustein in den Tagesablauf.

Frühe Suchtprävention
Die Ursachen für ein Suchtverhalten liegen häufig in der frühen Kindheit, wenngleich sich die Folgen erst im Jugend- und Erwachsenenalter zeigen. Prävention muss frühzeitig ansetzen, um wirksam und langfristig erfolgversprechend zu sein.

Sucht
„Sucht ist ein Zustand periodischer und chronischer Vergiftung, hervorgerufen durch den wiederholten Gebrauch einer natürlichen oder synthetischen Droge und gekennzeichnet durch vier Kriterien:
1. Ein unbezwingbares Verlangen zur Einnahme und Beschaffung des Mittels.
2. Eine Tendenz zur Dosissteigerung (Toleranzerhöhung).
3. Die psychische und meist auch physische Abhängigkeit von der Wirkung der Droge.
4. Die Schädlichkeit für den Einzelnen und/oder die Gesellschaft." (Definition der WHO, 1964)

Dreidimensionale Lebensmittelpyramide, © Deutsche Gesellschaft für Ernährung e. V., Bonn (Die Lebensmittelpyramide als Faltmodell kann über www.dge-medienservice.de unter dem Suchbegriff „Lebensmittelpyramide" bezogen werden.)

Der Fokus der Suchtprävention liegt darauf, Kindern bei der Entfaltung ihrer Potenziale und Ressourcen zur Seite zu stehen, um die Suchtgefahr zu verringern.

Die Erscheinungsformen der Sucht sind vielfältig. Zu unterscheiden ist grundsätzlich die substanzgebundene von der nicht substanzgebundenen Sucht. Mit beiden Formen kann ein erhebliches Gesundheitsrisiko verbunden sein. Daher gilt es, Kinder und Jugendliche stark zu machen, sodass sie zu Suchtmitteln aller Art Nein sagen können. Nur wenn Kinder allmählich und ihrer Entwicklung angepasst lernen können, ihre Bedürfnisse adäquat zu befriedigen oder auch mal zurückzustellen, wächst die Wahrscheinlichkeit, dass sie später nicht auf süchtiges Verhalten ausweichen „müssen" (vgl. Gedding, 2011, S. 7).

Was benötigen Kinder, um mental „breite Schultern machen" zu können und persönlich stark zu werden? Wichtig ist vor allem eine sichere soziale Umgebung. Und sie brauchen Aufgaben, die ihnen in vielfältiger Form ermöglichen,

- dass ihnen Dinge überwiegend gelingen,
- dass sie die Lust und den Mut haben, als misslungen Erlebtes noch einmal zu probieren oder einfach als wichtige Erfahrung anzunehmen,
- dass sie sich mit ihren Besonderheiten, Vorlieben, Wünschen und Eigenarten wahrnehmen,
- dass sie selbst wirksam werden können,
- dass sie auf sich oder etwas stolz sein können,
- dass sie anderen etwas beibringen, dass sie Vorbild sein dürfen,
- dass sie anderes und andere wertzuschätzen wissen.

Mit der bundesweiten Initiative „Kinder stark machen" wendet sich die Bundeszentrale für gesundheitliche Aufklärung (BZgA) an alle Erwachsenen, die Verantwortung für Kinder und Jugendliche tragen. Sie richtet sich in erster Linie an Eltern, sozialpädagogische Fachkräfte, Lehrerinnen und Lehrer sowie Mitarbeiterinnen und Mitarbeiter in Sportvereinen (vgl. BZgA, 2009, unter: www.kinderstarkmachen.de).

Ziel der Kampagne ist die Stärkung des Selbstvertrauens und des Selbstwertgefühls sowie die Förderung der Konflikt- und Kommunikationsfähigkeit. Schützende Faktoren wie etwa eine positive Einstellung zum Leben und zum eigenen Körper,

legale Drogen
- Alkohol
- Nikotin
- Medikamente
- ...

illegale Drogen
- Cannabis
- Opium
- Marihuana
- Kokain
- Crack
- Heroin
- LSD
- Vollsynthetische Drogen
- Halluzinogene
- Ecstasy/XTC
- ...

Alltagsdrogen
- Koffein
- Süßigkeiten
- ...

substanzgebundene Sucht

Sucht in ihren Erscheinungsformen

nicht substanzgebundene Sucht

Fernsehsucht

Internetsucht

Kaufsucht

Spielsucht
- Computerspiele
- Glücksspiele
- Wetten, z. B. Sportwetten

Arbeitssucht – Workaholic

Essstörungen

...

(vgl. Biermann/Kaiser, 2009, S. 119)

Genussfähigkeit und der bewusste Umgang mit Gefühlen wie Langeweile, Wut und Angst sollen aufgebaut werden. Dieses Modellprojekt umfasste beim Kasseler Arbeitskreis drei Bestandteile:
1. Informationen zum Thema „Suchtprävention" für Eltern und sozialpädagogische Fachkräfte mit dem Fokus, das Fachwissen zu erweitern und das eigene Konsumverhalten zu hinterfragen
2. Supervision und Fortbildung zur Stärkung des Selbstwertgefühls der sozialpädagogischen Fachkräfte
3. Fortbildungen für sozialpädagogische Fachkräfte im Bereich der Psychomotorik zur Förderung der Körpererfahrung und zur Vermittlung von Mut und Selbstvertrauen

In der Projektevaluation fielen signifikante positive Verhaltensänderungen bei den beteiligten sozialpädagogischen Fachkräften, Eltern und Kindern auf (vgl. Zimmer, 2004, 58 f.):
- Sie waren selbstbewusster und selbstständiger.
- Sie zeigten ein eher ausgeglichenes Sozialverhalten.
- Die Integration von Kindern mit sozialen Schwierigkeiten gelang besser.

Die Öffnung der Einrichtungen nach außen erlaubt und fordert die Unterstützung durch Experten. Das vorgestellte Projekt steht nur beispielhaft für eine Reihe anderer wertvoller Angebote, die vom Team in die Planung einbezogen werden können. Jede Ich-Stärkung ist auch Suchtprävention, was jedoch eine gezielte und systematisch angelegte präventive Arbeit nicht ersetzt. Beide Elemente sind eng miteinander verzahnt und idealerweise im Gesamtkonzept verankert.

Psychomotorik
Einen bewährten Ansatz, der viele Möglichkeiten der Gesundheitsförderung durch Bewegung und Sinneserfahrung beinhaltet, bietet die **Psychomotorik**. Schon durch das Wort wird die Grundannahme des Konzeptes deutlich: Zwischen Psyche und Körper besteht eine enge Verbindung; sie stehen in einer direkten Wechselwirkung zueinander. Geistig-seelische Veränderungen wirken sich körperlich aus, motorische Tätigkeit bringt auch den Geist in Bewegung.

Psychomotorik
„Psychomotorik kennzeichnet die funktionale Einheit psychischer und motorischer Vorgänge, die enge Verknüpfung des Körperlich-motorischen mit dem Geistig-seelischen" (Zimmer/Cicurs, 1987, S. 35).

John Locke drückte dies schon im 17. Jahrhundert aus: „Nichts ist im Verstand, was nicht vorher in den Sinnen war." Eine eigenständige Auseinandersetzung mit sich selbst und der räumlichen, materiellen und sozialen Umwelt ist Voraussetzung für eine gesunde Persönlichkeitsentwicklung. Damit gehen möglichst anregungsreiche Umweltbedingungen mit empathischen Erwachsenen einher.

Psychomotorik bietet vor diesem Hintergrund Räume und Anlässe für ein ganzheitliches Erfassen der Wirklichkeit, für erlebnisreiche Begegnungen mit Dingen und Mitmenschen, für intensive Begegnungen mit sich selbst und den eigenen Möglichkeiten und Grenzen. Sie sorgt jedoch nicht nur für Gelegenheiten zum Aktivsein, sondern macht auch Angebote zum In-sich-Gehen, Spüren, Gefühle-Zeigen, Still-Werden. Professor Ernst J. Kiphard, an den die Anfänge der Psychomotorik in Deutschland Ende der 1950er Jahre namentlich eng gebunden sind, hat sich stets darum bemüht, diese Grundbedürfnisse von Kindern zu berücksichtigen. Er ging davon aus, dass die erzieherische und heilende Wirkung von Bewegung deutlicher zum Wohl der Kinder zu nutzen sei (vgl. Kiphard, 1980).

Während in den ersten Ansätzen eher eine sonderpädagogische Förderung und ein Behandlungsziel im Vordergrund standen, wurde das Konzept der Psychomotorik später in der bewegungspädagogischen Arbeit in Tageseinrichtungen für Kinder und in Schulen übernommen. Der Blick auf das Kind veränderte sich: Es standen nicht mehr die Defizite und deren Kompensation im Mittelpunkt, sondern die Stärken und Fähigkeiten. Das Kind wurde zunehmend als Akteur seiner eigenen Entwicklung, Subjekt seines Lernens und seiner Lebensgestaltung gesehen. Die gegenwärtige Umsetzung der psychomotorischen Idee ist weniger übungs-, sondern vielmehr erlebnisorientiert. Der Einsatz der psychomotorischen Geräte spricht die Wahrnehmungssysteme

aktiv und ganzheitlich an. Hierzu zählen (vgl. Zimmer, 1999, S. 23 f.):
- Rollbretter
- Schwungtücher
- Pedalos
- Balancierkreisel
- Physiobälle

Diese Liste eher standardisierter Materialien kann durch Alltagsmaterialien, Großgeräte und psychomotorische Spielideen beliebig erweitert werden.

Den Zielen, Inhalten und Methoden der Psychomotorik ist zu entnehmen, dass sich hier zahlreiche Ansätze zur Prävention der beschriebenen gesundheitlichen Risiken finden lassen.

3.5.4 Spielen und gestalten

„Der Mensch spielt nur, wo er in voller Bedeutung des Wortes Mensch ist, und er ist da ganz Mensch, wo er spielt."
(Friedrich Schiller)

Vielfältigkeit des Begriffs Spielen

Die Aussage Schillers bezieht sich auf den Menschen allgemein, unabhängig davon, wie alt der Mensch ist und welchem Geschlecht er angehört. In der heutigen Gesellschaft verbinden viele Menschen mit dem Begriff Spielen vor allem Kinder, da dies deren Hauptbeschäftigung auch schon in ganz jungem Alter ist. Im Spiel und durch das Spiel eignet es sich Wissen über die Welt und ihre Beschaffenheit an. Beim Spielen kommuniziert das Kind und lernt dadurch vieles über sich selbst und über andere Menschen. Jedes gesunde Kind spielt, ohne dass es dazu angeleitet wird. Schon der Säugling spielt in seiner Wiege: Was seine kleinen Hände fassen, halten sie fest. Mit der Zeit „versteht" er, dass es eine Welt um ihn herum gibt. Die spielerische Wiederholung des Anfassens und Ergreifens führt zur Synapsenbildung im Gehirn. Das Kind wiederholt diese Handgriffe immer und immer wieder, bis es bereit ist, andere Handlungen vorzunehmen.

Kinderspiel ist immer sinnvoll, denn es führt zur Erweiterung der Sinne. Dies müssen Erwachsene sich immer wieder bewusst machen, damit sie dem Kind die Freiräume gewähren, die es zum Spielen und damit zur eigenen Entfaltung braucht. Wichtig ist auch, das Spiel als zweckfreie Tätigkeit zu sehen und als aktuelles Geschehen anzunehmen.

Das spielende Kind fühlt sich frei von Raum und Zeit, es taucht ganz in sein Tun ein. Diese Zeitspanne der Vertiefung ist abhängig von Alter und Entwicklung des Kindes. Das Kind ist konzentriert auf sein Tun und geht ganz in ihm auf. Daher sollte man nach Möglichkeit vermeiden, Kinder abrupt aus ihrem Spielgeschehen herauszureißen mit – für das Kind – banalen Anliegen wie Aufräumen oder Wechsel des Aufenthaltsortes. Die Situation ist vergleichbar mit der eines Erwachsenen, der in seine Arbeit vertieft ist und nicht gestört werden möchte.

Spielen – eine Form kindlichen Weltstudiums

Man spricht heute sowohl vom kompetenten Säugling als auch vom kompetenten Kind. Spielend erwirbt es Fähigkeiten, wendet sie an, erwirbt dadurch wieder neue Fähigkeiten und lernt auf diese Weise die Welt kennen. Je weiter sich seine **Sinneswahrnehmung** entwickelt, umso mehr kann sein Geist an Eindrücken aufnehmen, die sich ganz allmählich zu Wissen verdichten.

Die ersten elementaren Sinneserfahrungen im Leben eines Menschen prägen seine Wahrnehmung und sein Empfinden im späteren Leben. Die Hirnforschung hat ergeben, dass umso mehr Kontakte zwischen den Nervenzellen im Gehirn entstehen, je mehr Sinnesanregungen der Mensch in der frühen Kindheit bekommt. Dabei ist jedoch unbedingt zu beachten, dass Reizüberflutungen, denen mache Kinder permanent ausgesetzt sind, sich negativ auf die Entwicklung auswirken können, beispielsweise ständig eingeschaltete Musikanlagen oder Fernseher oder auch volle Märkte und überfüllte Kaufhäuser. Das Kind kann diese Eindrücke weder ausblenden noch aktiv beeinflussen und ist ihnen hilflos ausgesetzt. Zudem besteht bei der Einwirkung zu starker Reize die Gefahr, dass die Wahrnehmungsfähigkeit abnimmt. So stellten Forscher zum Beispiel bei der Überprüfung des Geschmackssinnes fest, dass 1986 ein um 44 % höherer Reiz nötig war als 1971. Hörtests aus dem gleichen Zeitraum belegten: Wo 1971 noch 300 000 Klänge unterschieden werden konnten, waren es 1986 kaum noch 100 000 Klänge (vgl. Kneisle, 1994, zit. nach Pohl, 2008, S. 48).

Das Kind muss selber aktiv werden, also eigenständig und freiwillig auf Reize aus der Umwelt reagieren und durch sein Tun wiederum neue Reize hervorrufen. Nur Tätigkeiten, die die Kinder selbst spielerisch ausüben, können Entwicklungsanregungen bieten und Lernprozesse auslösen. Das Spiel sollte also zweckfrei sein und lustbetont ausgeführt werden. Die jeweils erlebte Emotion während des Spiels speichert das menschliche Gehirn zusammen mit der gesammelten Erfahrung ab. Weder das Spiel an sich noch sich darin vollziehende Lernprozesse können erzwungen werden.

Das junge Kind nimmt mit dem ganzen Körper Erfahrungen auf. Je intensiver es sich dem Anlass von Empfindung und Wahrnehmung zuwendet, umso mehr Körperbewusstsein bildet es aus. Das Kind beginnt schon früh mit der Nachahmung seiner menschlichen Umgebung. So lacht es zum Beispiel, wenn seine vertrauten Menschen lachen. Es neigt den Kopf zur Seite, wenn diese es in Kontakt mit ihm tun. Auch bei Erwachsenen ist zu beobachten, dass sie sich gegenseitig spiegeln, wenn sie in intensivem Gespräch miteinander sind.

Die Entwicklung der **Motorik** wirkt direkt auf die Gehirnentwicklung zurück. Tätigkeiten wie Fingerspiele, Bewegungsspiele, Handwerken, Schneiden, Zeichnen, Hämmern, Sticken, Nähen und Stricken wirken sich auf die Differenzierung der Gehirnbildung aus. Maria Montessori, die Kinderspiel konsequent als Arbeit bezeichnete, empfiehlt in ihrer Theorie derartige Tätigkeiten als Übungen des täglichen Lebens, wobei sie sich auf „realistische" Tätigkeiten des Alltags bezieht wie z. B. Kartoffelschälen oder Schuheputzen. Künstliche Ersatzhandlungen lehnte sie ab (vgl. Kap. 3.1.8).

Gabriele Pohl (vgl. 2008, S. 49) bezeichnet Hände als Denkmittel. Körperliches Hantieren führt zur Entwicklung des geistigen Begreifens. Erwachsene sollten also stets abwägen, wann sie einem Kind untersagen, etwas anzufassen. Erwachsene müssen nicht so viel berühren, weil sie es im Kindesalter ausprobiert haben. Sie haben Materialerfahrungen gesammelt und wissen, wie sich kaltes Metall oder raues Holz anfühlt. Sie brauchen nicht mehr in eine Kerze oder in ein Stück Seife zu beißen, um zu wissen, wie diese schmecken. Sie können abschätzen, durch wie enge Öffnungen ihr Körper passt, ohne dass sie stecken bleiben. Ein Kind muss Gelegenheiten erhalten, alle diese Erfahrungen ebenfalls sammeln zu können.

1973 untersuchten die Psychologen Jeffrey Dansky und Irvin Silverman das Spielverhalten von Kindern im Vorschulalter. Sie teilten die Kinder in drei Gruppen ein. Davon sollte die erste Gruppe zehn Minuten lang nach Belieben mit vier Alltagsgegenständen spielen: mit Handtüchern, einem Schraubenzieher, einem Holzbrett und einigen Büroklammern. Die zweite Gruppe sollte sich in die Rollen von Wissenschaftlern versetzen und die gleichen Materialien als Requisiten ihrer Arbeit benutzen. Die dritte Gruppe bekam die Gegenstände nicht zu sehen. Sie sollte sich einfach um einen Tisch herum setzen und irgendetwas malen. Im Anschluss an die gestellten Aufgaben sollten die Kinder möglichst viele Ideen entwickeln und Dinge benennen, die man aus den Materialien herstellen könnte. Das Ergebnis war, dass die Kinder von Gruppe eins, die frei von Vorgaben mit den Alltagsgegenständen spielen konnten, dreimal so viele Einfälle hatten wie die Probanden der beiden anderen Gruppen. Die Möglichkeit, mit verschiedenartigen Gegenständen zu spielen, zu gestalten und zu experimentieren, regt das **kreative Denken** an (vgl. Wenner, 2009, S. 46).

Das spielende Kind entscheidet über die Spieldauer. Im Alter von etwa fünf Jahren bis ins Grundschulalter hinein sind sogenannte Ketten- oder Endlos-Spiele sehr beliebt. Deren Inhalt und Rollenverteilung wird über einen längeren Zeitraum wieder und wieder mit gleicher Intensität aufgegriffen und gespielt. Im Spiel setzt sich das Kind mit seinen eigenen Fähigkeiten auseinander. Es erlebt und erprobt sich in seiner räumlichen und materialen Umgebung. Dabei lernt es neben lustvollen und schönen Erlebnissen auch Schmerz, Druck, Beengung und Verlorenheit kennen. Im Zusammenspiel mit anderen Kindern übt es **soziale Kompetenzen** ein und entwickelt eigene Kommunikationsformen. Das Kind lacht oder lächelt den Spielpartner an und lernt so schon früh, Beziehungen aufzubauen. Im Zusammenspiel setzt das Kind seine Verbal- und seine Körpersprache ein. Von seinem Gegenüber lernt es ähnliche und dennoch andere Verhaltensweisen kennen und erweitert so allmählich sein eigenes Sprach- und Verhaltensrepertoire.

Im kindlichen Zusammenspiel erlebt das Kind Streit und Auseinandersetzung, mal um einen Gegenstand, mal um einen Freund, den beide umwerben und für sich gewinnen möchten. Es erwirbt Konfliktstrategien, die es unter Umständen bis ins Erwachsenenalter hinein anwendet. Hat das Kind Ausdauer und Beharrlichkeit, kommt ihm dies im späteren Leben zugute. Hat es immer wieder nachgegeben oder nach der Wegnahme eines Spielmaterials durch seinen Spielpartner nur schreiend und weinend reagiert, ohne sich zur Wehr zu setzen, könnte es ihm im Erwachsenenleben eventuell ebenfalls schwer fallen, sich zu behaupten. Das ist jedoch keine zwingende Schlussfolgerung. Da das Kind fortwährend lernt, z. B. am Modell anderer Kinder und Erwachsener, hat es viele Möglichkeiten, Verhaltensmodifikationen einzuüben. Jedes Verhalten ist gelernt, d. h. im Umkehrschluss, dass es auch verändert, erweitert oder verlernt werden kann.

Spielentwicklung des Kindes

Geburt bis ein Jahr

Kinder durchlaufen verschiedene Entwicklungsstufen des Spielens (vgl. dazu auch Kap. 2.4 bis 2.6). Das Kind und seine primäre Bezugsperson ahmen wechselseitig ihre Mimik, vor allem Bewegungen des Mundes nach. Das Kind hört auf vertraute Stimmen, die es aus seinem vorgeburtlichen Leben schon kennt. Es spielt mit seiner eigenen Stimme und gibt verschiedene Laute von sich, wie Lallen, Quiektöne, Glucksen sowie Töne, die es mit Lippen, zahnlosen Kiefern und Zunge hervorbringt. Mit seinen Händen greift es, hält sie hoch und betrachtet sie, dreht sie, führt sie allmählich über dem Brustkorb zusammen. In ersten Erkundungsspielen lässt das Kind Gegenstände rollen, pendeln, steckt Dinge in Gegenstände, stapelt sie scheinbar willkürlich. Dazu braucht das Kind nicht viele Gegenstände, denn es wiederholt die einzelnen Abläufe unzählige Male. Bunte Objekte verlocken zum Krabbeln. Das Kind erobert allmählich den Raum. Es liebt „Guckguck-Spiele" oder „Bitte-danke-Spiele", bei denen es in Kontakt mit anderen, teilweise auch fremden Menschen tritt.

Ein bis zwei Jahre

Das Kind lernt aufrecht zu gehen und transportiert schon etwas in seinen Händen oder schiebt z. B. einen Puppenwagen. Es liebt es, Dinge von einem Behältnis in ein anderes umzufüllen. Es erfährt naturwissenschaftliche Zusammenhänge, die es erst im Schulkindalter theoretisch erfassen kann. Das Kind erforscht, welche Dinge zusammenpassen und welche nicht. Es steckt verschiedenste Teile ineinander und braucht viele, manchmal tränenreiche Wiederholungen, um zu lernen, dass nicht alles ineinander passt. Hier lässt das Kind seinen Emotionen auch schon mal freien Lauf und schleudert, was sich seinem Willen nicht beugen will, von sich fort.

Das Kind folgt erwachsenen Bezugspersonen auf Schritt und Tritt. Es will dabei sein, dazugehören. Es beobachtet aufmerksam und viel – bis zur Erschöpfung. Maria Montessori hat den kindlichen

Geist mit einem Schwamm verglichen, der alles in seiner Umgebung absorbiert. Daraus leitet sich eine große Verantwortung für die Erwachsenen ab, die das Kind betreuen. Es ahmt Handlungen der Bezugspersonen nach, beispielsweise das Telefonieren. Über Materialien nimmt das Kind Kontakt zu anderen Menschen auf, indem es ihnen etwas bringt und wieder abholt. Dabei nimmt es intensiven Blickkontakt auf, übt dieses Spiel mit viel Ernst aus, dann lacht es wieder so ansteckend, dass die so angelachte Person auf gleiche Art und Weise reagiert.

Zwei bis drei Jahre

In dieser Lebensphase findet der Übergang vom Erkunden zum **Gestalten** statt. Jetzt werden für das Kind Papier, Stifte, Knete und Bausteine wichtig. Das Kind erlebt sich als schöpferisches Wesen. Es kann Spuren auf Papier, auch auf Wänden, Fußböden und anderen bemalbaren Flächen hinterlassen.

Es kann etwa aufbauen und alles wieder umstoßen. Hildegard Hetzer hat die Bedeutung der Fähigkeit des Turmbauens mit dem Erwerb der Sprache verglichen. Das Kind verbalisiert sein Tun, findet eigene Worte, die sein Tun begleiten. Es experimentiert und forscht mit seinem ganzen Körper. Es balanciert, hängt sich an vieles heran, wippt, sodass es aussieht, als wolle es zum Hüpfen abheben. Das Kind erzählt einem imaginären Spielgefährten seine Erlebnisse, ein Anzeichen des sogenannten „magischen" Denkens. Das Kind befindet sich gern in Gesellschaft Gleichaltriger. Der Kontakt untereinander ist indes von kurzer Dauer. Für die Spielbegleitung unter Dreijähriger sind die **Merkmale frühkindlicher Spielsituationen** eine wichtige Orientierungshilfe.

Das kindliche Spiel in diesem Alter ist

- „kurz, eindringlich, erschöpfend,
- auf Zerlegen aus, anstatt auf Konstruktion angelegt,
- in Sicht- und Rufweite der Erwachsenen,
- materialintensiv,
- auf unterschiedlichen Schauplätzen stattfindend und
- ohne vorauszuplanendes Ergebnis" (Bodenburg/Kollmann, 2011, S. 228).

Drei bis vier Jahre

Im Spiel mit anderen Kindern schlüpft das Kind in verschiedene Rollen. Das **Rollenspiel** ist wichtig, weil die Kinder Erlebnisse verarbeiten, Erfahrungen und Erkenntnisse festigen, Emotionen ausleben und Phantasiewelten gestalten. Sie spielen, „als ob" sie irgendwo anders lebten und beispielsweise Erwachsene, Könige, Prinzessinnen, Vater, Mutter, Baby oder Hund seien. Dabei sind sie in der Lage, zwischen Realität und Phantasie zu unterscheiden. Das „Als-ob" öffnet die Tür in ihre eigene Spielwelt.

Das Gestalten wird wichtiger. Der Umgang mit verschiedenen Werkzeugen wie Schere, Messer, Nadel, Hammer hilft ihnen, Wirkzusammenhänge zu erkunden. Fahrzeuge, die die Kinder selbst lenken und auf denen sie ihre Körpergeschicklichkeit zum Ausdruck bringen können, werden interessant. Die Kinder erleben, dass sie auf diese Weise schneller von einer Stelle zu einer anderen gelangen können. Jedoch auch das Verweilen z. B. auf einem Dreirad bietet sich an, anderen bei ihren Tätigkeiten zuzuschauen. Das Kind beginnt, gezielt zu bauen und zu malen. Es singt und spielt gerne im Kreis. Die Melodien nimmt es mit in seinen Tag und wiederholt sie immer wieder. So haben auch die Eltern zu Hause die Möglichkeit, Spiel und Liedgut aus der Kindertagesstätte kennenzulernen.

Vier bis fünf Jahre

Kinder dieses Alters sammeln und sortieren gerne. Durch das Sammeln und Sortieren lernt das Kind,

Strukturen zu erkennen, systematisch zu arbeiten und Vielfalt zu ordnen. Sie legen sich geheime Stellen an, an denen sie ihre Schätze aufbewahren. Das kann im Garten unter einem Strauch sein oder im Haus in einer scheinbar wenig benutzten Nische wie einer Schublade. Spielen und Gestalten fließen ineinander. So werden beispielsweise gezielt Materialien gestaltet, die dem Rollen- oder Konstruktionsspiel dienen. Die Themen ergeben sich aus den Erlebnisfeldern der Kinder wie beispielsweise Familie, Krankenhaus, Geschäft, Werkstatt, Büro. Die Kinder beginnen, ihre Spielhandlung zu planen. Der Außenstehende erkennt sowohl die Spielidee als auch Gezeichnetes und Gebautes des Kindes. Kinder dieses Alters können Handpuppenspielen folgen und nehmen gerne an Gemeinschaftsspielen mit Gesang und Bewegung im größeren Kreis teil.

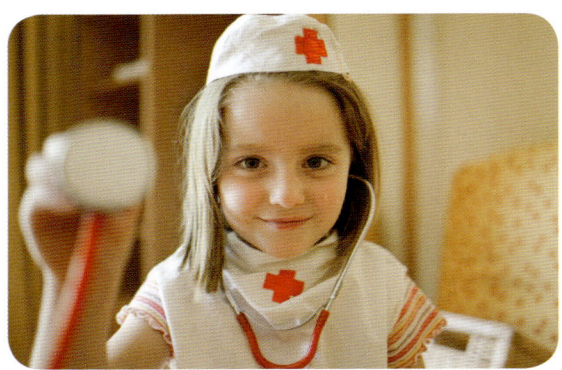

Fünf bis sechs Jahre

Kinder dieses Alters spielen im Rollenspiel Erlebtes und auf die Zukunft Ausgerichtetes phantasievoller. Sie gestalten mit ihren Ideen eine über die Gegenwart weit hinausgehende Welt. Sie setzen sich zunehmend mit Themen auseinander, die außerhalb von Elternhaus und Kindertagesstätte stattfinden. Die Schule wird interessant und in vielen Spielen thematisiert. Das Spiel vollzieht sich planvoller. Die Kinder treffen Absprachen untereinander und beobachten den eigenen Spielverlauf. So können schon mal hitzige Diskussionen unter den Spielpartnern entstehen. Die Kinder benötigen für ihr Spiel jetzt viele Materialien, welche sie zum Teil selbst herstellen. Inhalte von Märchen und Geschichten werden mit viel Liebe zum Detail nachgespielt. Gemeinsames Singen und Musizieren sowie **Regelspiele** im größeren Kreis unter der Anleitung eines Erwachsenen werden gerne gespielt.

Kinder im Grundschulalter

Schulkinder wollen sich von Erwachsenen abgrenzen. Sie regeln ihre Spiele alleine. Bei **Konstruktionsspielen** gefällt es ihnen, nach Anleitung möglichst genau etwas anzufertigen. Sie können sehr ehrgeizig sein und haben einen hohen Anspruch an das eigene Tun. Schließlich soll das Konstrukt auch funktionieren, z. B. eine fahrbare Seifenkiste, begehbare Hütten oder Baumhäuser. Schulkinder lieben es, sich gegenseitig zu messen und zu vergleichen. Wer kann was besser als der andere, wer ist schneller, geschickter? Die Spiele nehmen Wettbewerbscharakter an. Abenteuer werden in Gelände- und Indianerspielen gesucht und gefunden und können sich über mehrere Stunden erstrecken. Ein beliebtes Thema ist zum Beispiel auch „Zirkus" (vgl. Jaszus, 2008, S. 412).

Entwicklung der Spielformen

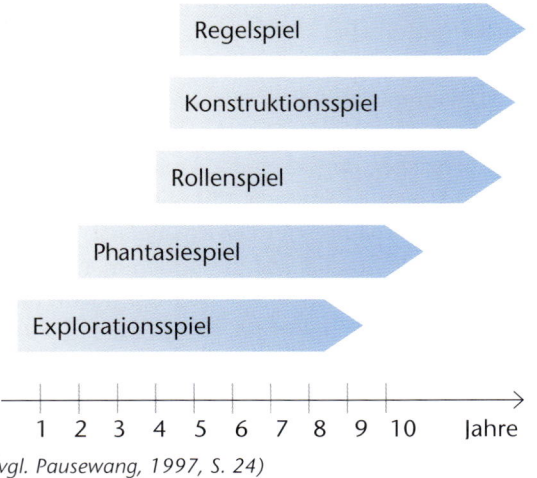

(vgl. Pausewang, 1997, S. 24)

Bedeutung des Spiels in der eigenen Biografie

Jeder gesunde Mensch durchläuft in allen Kulturen die zuvor beschriebenen Entwicklungsphasen. Er wird geprägt von seinen Mitmenschen, der Umgebung und den Materialien, mit denen er in seiner frühen Kindheit umgeht. Je nach gesellschaftlicher Struktur wächst ein Kind eher isoliert auf oder von Anfang an integriert und aktiv beteiligt. Es macht einen Unterschied, ob das Kleinstkind vorwiegend im Kinderwagen durch sein Umfeld geschoben wird oder ob es eng an die Mutter in ein Tragetuch gebunden ist und so alle Bewegungen der Mutter unmittelbar körperlich miterlebt.

Unsere Gesellschaft bietet ein so breites Spektrum der Sozialisation, dass das Leben und die Erfahrungen auch sehr junger Kinder schon weit auseinanderliegen können. Viele dieser frühen Kindheitserlebnisse, z. B. ob ein Kind eher isoliert als Einzelkind gespielt hat oder stets von seinen Geschwistern umgeben war, verschiebt unser Gehirn in das Langzeitgedächtnis. Somit erinnern sich Erwachsene an bestimmte Spielerlebnisse aus ihrer Kindheit, mögen diese nun besonders schön oder auch negativ besetzt gewesen sein.

Unser Gedächtnis speichert parallel zu einem Erleben oder einer Handlung auch die begleitende Atmosphäre, in der etwas stattfindet: Bilder, Geräusche, Gerüche, das soziale Umfeld, die Tageszeit, d. h. Helligkeit oder Dunkelheit, Gespräche und die emotionale Tonlage. Die Erinnerung ist frei von Raum und Zeit und gestattet das Erleben anderer Dimensionen. Der aus Wien stammende und in den USA forschende und lebende Neurowissenschaftler Eric Kandel erinnert sich als Achtzigjähriger an bestimmte Sequenzen aus seiner Kindheit, die über 70 Jahre zurückliegen. Für ihn als Forscher, der sich speziell mit dem Gedächtnis und seinen Funktionen, mit Erinnerungen und neuronalen Abläufen des Lernens befasst, ist seine eigene Spielbiografie von besonderem Interesse. Er berichtet in seinem Buch „Auf der Suche nach dem Gedächtnis" von seinem Geburtstag 1938. Seine Eltern erfüllten ihm seinen lang ersehnten Wunsch: ein ferngesteuertes Modellauto. Die Freude über dieses Geschenk strahlt bis in seine Gegenwart hinein. So erinnert er sich seiner Gefühle und der Spiele, die er mit dem Auto veranstaltet hat. Er sieht die Farbe des Lacks und kleine technische Besonderheiten vor seinem geistigen Auge. Sein Spiel erstreckte sich über mehrere Tage und vollzog sich in den verschiedenen Zimmern seiner elterlichen Wohnung. Das Spielgerät war ihm so wichtig, dass er es vor dem Zubettgehen mit in sein Schlafzimmer nahm (vgl. Kandel, 2009, S. 19).

Allen Personen, die sich mit Kindern und ihrem Spiel befassen, wird die Auseinandersetzung mit der eigenen Spielbiografie empfohlen. Es ist bedeutend, welche Erinnerungen unser Gedächtnis wann und in welchen Zusammenhängen gespeichert hat. Welche Spiele wurden bevorzugt und warum? Welche Abneigungen gab es und warum? Wurde das Einzel-, Partner- oder Gesellschaftsspiel in großer Runde gerne gespielt? Spielorte können für Kinder magische, verzauberte, geheime Orte sein. Wichtig ist, dass eine sozialpädagogische Fachkraft sich solche Bilder ins Gedächtnis ruft. Der Bezug zu Spielkameraden und Freunden, zu Erwachsenen, die Kinder begleiten, hinterlassen Spuren in Gedächtnis und Seele. Sie prägen späteres Verhalten anderer Menschen gegenüber. Die Erinnerungen an selbst erlebte Spiele und damit verbundene Emotionen sind eine Voraussetzung für Empathie. Diese wiederum hilft, Kinder zu verstehen. Stand man zum Beispiel selbst nicht gerne in der Kreismitte, wenn ein Platzwechsel-Spiel gespielt wurde, fällt es leichter, sich in Kinder mit ähnlichen Gefühlen hineinzuversetzen. Kindheit und Spiele in der Kindheit sind nicht nur von Leichtigkeit und Frohsinn geprägt. Manche seelischen Nöte werden durchlitten, wenn bei Kreisauflösungsspielen wie bei „Der dicke Tanzbär" alle Mitspieler schon als Partner erwählt worden sind und „hübsch und fein von einem auf das andere Bein" tanzen. Man selbst steht immer noch da und wartet. Im Spiel wird Kindern häufig sehr viel zugemutet. Das kann stark machen. Es kann aber das Gegenteil bewirken und zu seelischen Kränkungen führen, zum Beispiel, sich übersehen zu fühlen und zu empfinden, nicht wichtig für die Spielkameraden zu sein. Manche Kinder werden auch mit zu viel Kritik konfrontiert, zum Beispiel „zu langsam" zu sein oder „immer daneben" zu werfen. Das kann dazu führen, dass betroffene Kinder sehr selbstkritisch werden und sich weniger zutrauen, als sie leisten könnten.

Bedeutung des kindlichen Spiels für das weitere Leben

Karl Groos, Philosoph und Psychologe, vertrat bereits 1899 die Theorie, dass das kindliche Spiel ein Einüben und Vorüben späteren Lebens darstellt. Das Kind soll im Spiel die Möglichkeit finden, seine vielfältig angelegten Fähigkeiten zu üben und weiterzuentwickeln.

Der Nutzen des Spiels kann auch darin liegen, die Welt aus einer anderen Perspektive zu erleben. Womöglich kann ein mit vielfältigen Spielen ausgefülltes Kinderleben im Erwachsenenalter helfen, kreativer mit Problemlösungen im Berufsalltag umzugehen. Der Evolutionsbiologe Stephen Jay Gould nannte **Flexibilität** den „Schlüssel für Erfolg im Überlebenskampf der Arten" (vgl. Illinger, 2008). Spielen erschließt Kindern viele Denkmöglichkeiten, die ihnen helfen, kreative, phantasievolle Lösungen zu finden.

Der Evolutionsbiologe Marc Bekoff vergleicht das kindliche Spiel mit einem Kaleidoskop, das man immer wieder dreht. Die so stets neu zusammenfallenden Muster ergeben für den Betrachter neue Facetten ein und desselben Subjekts. Das Resultat ist unvorhersehbar und immer neu. Spielen regt die gedankliche Flexibilität und den Einfallsreichtum an. Das kann besonders in unerwarteten Situationen und in neuer Umgebung von Vorteil sein. Wird Kindern Spiel und Bewegung vorenthalten, fehlt ihnen somit die ausreichende Gelegenheit, sich zu wissbegierigen, einfallsreichen Menschen zu entwickeln. Phantasie und Kreativität sind wie Muskeln: Wenn man sie nicht benutzt, verkümmern sie (vgl. Elkind, in: Wenner, 2009, S. 47).

Für die sozialpädagogischen Fachkräfte bedeutet dies u.a., möglichst viele verschiedene Spiele und Spielformen anzubieten und Spielaufgaben so zu wählen, dass es viele Lösungsmöglichkeiten gibt.

Wichtig hierbei ist, die Spielweise der Kinder nicht als „richtig" oder „falsch" zu bewerten. Jungen und Mädchen gehen manchmal sehr unterschiedlich mit denselben Spielmaterialien um und entwickeln je eigene Strategien. Während es für den Jungen beispielsweise eine Selbstverständlichkeit ist, mit einem Pappschwert zu kämpfen, kann es vorkommen, dass das Mädchen das Schwert mit Mustern bemalt und mit Glitzer verziert.

Der Psychologe Oerter betont, wie wichtig es für Kinder ist, Möglichkeiten der **Lebensbewältigung** im Spiel einzuüben. Situationen, die im „wirklichen" Leben nicht gut ausgegangen sind, werden vom Kind kompensiert, indem es dieselben Situationen mit „gutem" Ausgang nachspielt. Das „Heile" wird vom Kind selbst wiederhergestellt. So hilft Spielen den Kindern, ihr Leben zu meistern.

Spielen und Bewegung

Ausgelassenes Spiel ohne Vorgaben und Regeln durch Erwachsene, bei denen Kinder ihren ganzen Körper in Bewegung setzen, fördern die soziale Kompetenz, die Sprachentwicklung sowie das Problemlösevermögen. Das Spielen fördert die Hirnentwicklung insgesamt, indem es das Wachstum neuer Nervenzellen anregt. Können Kinder nicht frei herumtollen, rennen, hüpfen, klettern, Abhänge hinunterkugeln, wieder hinaufhetzen, sich austoben, schadet dies den Seelen der Kinder nachweislich ein Leben lang (vgl. Wenner, 2009, S. 41).

Diese wissenschaftliche Erkenntnis bedarf unbedingt einer Beachtung in der sozialpädagogischen Praxis. Das ist sowohl bei der räumlichen Gestaltung von Innenräumen und Außengelände von Belang als auch in der Beratung der Eltern und anderer Erziehungspartner. Wird die freie Zeit bereits im Kindergartenalter verplant mit Musik-, Mal- und Kinder-Yoga-Stunden, so geht das zu- lasten des kindlichen Spielbedürfnisses. Die Einschränkung des freien Spiels des Kindes könnte zur Folge haben, dass eine Generation ängstlicher, unglücklicher und sozial auffälliger Erwachsener heranwächst (vgl. Wenner, 2009, S. 41).

Vor allem Jungen haben das Bedürfnis, sich zu raufen und ihre Kräfte zu messen. Dabei wechseln sie ohne weitere Absprachen untereinander die Rollen. Die in einem Moment sich balgenden „Kämpfer" werden in der nächsten Spielszene zu gemeinsamen Baumeistern einer großen Garagenanlage. Dieser Wechsel vollzieht sich für den Beobachter blitzschnell, ohne dass er erkennen kann, was die Kinder zu diesem Wechsel bewogen hat. Dieser natürliche Drang hat in der beschriebenen Form nichts mit Aggressivität zu tun. Ein **gesunder Wettkampf**, in dem ein Kind lernt, mal Sieger, mal Verlierer zu sein, stärkt sowohl seine Durchsetzungsfähigkeit wie seine Frustrationstoleranz. Die Kinder erfahren voneinander, welches Verhalten akzeptabel ist und welches nicht. Sie erleben, was Fairness bedeutet. In einer Studie von 1989 zeigt der Forscher Pellegrini auf: Je häufiger Jungen im Alter von fünf bis sieben Jahren miteinander rauften, umso besser schnitten sie in einem Test zur Lösung zwischenmenschlicher Konflikte ab (vgl. Wenner, 2009, S. 46).

Wer immer gewinnen oder immer im Mittelpunkt stehen will, wird durch seine Mitspieler gelehrt, dass das Verhalten unangemessen ist. So lernen Kinder, Kompromisse einzugehen. Sie müssen sich einigen, Absprachen einhalten, Selbstbeherrschung üben, um von den anderen nicht ausgeschlossen zu werden.

Der Neurowissenschaftler Jaak Panksepp sieht einen Zusammenhang zwischen einem Mangel an **freien Spielmöglichkeiten** in der frühen Kindheit und dem Aufmerksamkeitsdefizitsyndrom/Hyperaktivitätsstörung (ADHS). Der Psychiater Benjamin Handen stellte bereits 1995 fest, dass Kinder mit ADHS, wenn sie das Medikament Ritalin verabreicht bekamen, in ihrem Spielverhalten deutlich zurückhaltender, weniger forsch und engagiert waren. Nach Panksepp ist aber gerade das unbändige Spiel von Bedeutung, um im späteren Leben zu mehr Ruhe und Ausgeglichenheit zu finden (vgl. Panksepp 2007, zit. nach Wenner 2009, S. 43).

Neuere Studien in den USA gehen dem Phänomen der Straffälligkeit junger Menschen nach. So fand man heraus, dass es Menschen, die im Alter von etwa 23 Jahren straffällig geworden waren, in ihrer Kindheit an ausreichenden freien Spiel- und Bewegungsmöglichkeiten gefehlt hat. In den gleichen Studien zeigte sich ein Zusammenhang zwischen Arbeitslosigkeit und Spielverhalten in der Kindheit. Kinder, die viel und ausdauernd gespielt haben, verloren im späteren Leben seltener ihre Arbeitsstelle (vgl. Wenner, 2009, S. 44).

Manche Eltern wollen ihre Kinder schützen und untersagen ihnen das Raufen und wilde Rollenspiele, weil es im Verlauf solcher Spiele schon mal zu Verletzungen bis hin zu Knochenbrüchen kommen kann. Doch Eltern und sozialpädagogische Fachkräfte müssen sich darüber bewusst sein, dass ein solches Verbot in der Kindheit negative Konsequenzen für das Erwachsenenalter haben kann. Leidvolle Erfahrungen würden also nicht verhindert, sondern verschoben, denn diese Kinder haben es mitunter später schwerer, sich in unserer komplexen Welt zurechtzufinden. Unvorhersehbare Konflikte müssen bewältigt werden. Räumt man Kindern ein kalkuliertes Risiko ein sowie Möglichkeiten, durch Versuch und Irrtum zu lernen, haben sie gute Chancen, ihr Leben aktiv und selbstbestimmt zu leben.

Aufgaben der sozialpädagogischen Fachkraft

Um Spielsituationen kindgerecht gestalten zu können, sollten Sie sich bewusst machen, welche Bedürfnisse Kinder haben, was ihnen entspricht und welche materiellen und räumlichen

Voraussetzungen geschaffen werden müssen. Folgende Listen sollen einen beispielhaften Überblick geben und können bei der Planung helfen (vgl. UNO-Charta „Rechte des Kindes" in Krenz, 2004, S. 38):

Kinder wollen
- mit anderen Kindern spielen,
- dabei sein,
- sich zurückziehen,
- im Mittelpunkt stehen,
- sich erproben,
- ihre Kräfte messen,
- vieles ausprobieren,
- Räume und Materialien verändern,
- in Ruhe gelassen werden,
- gesucht und gefunden werden,
- beteiligt werden,
- weinen, lachen,
- sich bewegen,
- sich verkleiden,
- sich verstecken,
- Quatsch machen,
- mit Freunden spielen.

Kinder müssen
- oft wiederholen,
- in ihrem Spiel ernst genommen werden,
- sich mal richtig austoben.

Kinder brauchen
- Zeit,
- Platz zum Spielen,
- Spielkameraden,
- Verständnis,
- Alltagsgegenstände,
- Gestaltungsmaterial,
- Verkleidungsrequisiten,
- Konstruktionsmaterial,
- Mal- und Zeichenmaterial,
- auch mal kein Material.

Kinder haben
- viel Phantasie,
- Ausdauer,
- Verständnis für andere,
- Mut,
- Experimentierfreude,
- einen aktiv lernenden Geist,
- viele Interessen,
- Motivation zum Spielen,
- Spielfreude,
- ein Recht auf Ruhe und Freizeit, auf Spiel und altersgemäße Erholung.

Kinder fordern
- von sich aus Anregungen,
- Aufmerksamkeit,
- Geduld,
- Toleranz,
- Regeln,
- völlig freie Phantasie,
- oft Begleitung,
- Alleinsein,
- „Lange-Weile".

Aus dem Wissen um die kindliche Spielentwicklung, die Einflussfaktoren auf das Spiel sowie die kindlichen Spielbedürfnisse ergeben sich vielfältige **Aufgaben** der sozialpädagogischen Fachkraft:
- das kindliche Spiel genau beobachten
- die je nach Entwicklung ausgeprägten kindlichen Bedürfnisse wahrnehmen
- kindliche Interessen aufgreifen
- die Individualität berücksichtigen
- die ineinander fließenden Spielentwicklungsphasen erkennen
- die Rituale an Spielzeiten der Kinder anpassen
- Bewegungsreize bieten
- Verkleidungsmaterial und Rollenspiel-Requisiten bereitstellen
- vorgegebenes Konstruktionsmaterial durch Alltagsgegenstände ergänzen
- Gestaltungsmaterial in vielfältiger Ausformung bereitstellen
- sich als Erwachsener zurückhalten
- sich von den Kindern in ihr Spielgeschehen einladen lassen
- unter Beachtung der genannten Aufgaben das kindliche Spiel fördern
- Spielräume im Innen- und Außenbereich ermöglichen, schaffen, gestalten

Räume schaffen und gestalten

Jede sozialpädagogische Einrichtung bietet Möglichkeiten zur räumlichen Gestaltung, die auf die vielfältigen kindlichen Bedürfnisse eingeht. Beispielsweise entdeckt man von Erwachsenen ungenutzte „blinde Winkel", die mit irgendwelchem

Material zugestellt sind, z. B. der Bereich unter einer aufsteigenden Treppe. Für Erwachsene ist er zu niedrig, um ihn zu nutzen, doch Kinder entdecken dort eine wunderbare Möglichkeit, eine Höhle zu bauen und sich zurückzuziehen. Das Angebot an Decken und alten Vorhängen wird von Kindern gerne genutzt.

Häufig entspricht das Außengelände nicht mehr dem aktuellen spieltheoretischen Stand. Es ist so angelegt, dass es für die Erwachsenen leicht zu überschauen ist, für die Kinder bietet es jedoch zu wenige Spielanreize. Die zur Verfügung stehenden Roller und Dreiräder dürfen nur auf begrenzten, glatten Flächen gefahren werden. Hier bietet es sich an, gemeinsam mit den Eltern das Außengelände kindgerecht umzugestalten. Wiesen und Wege mit Höhenunterschieden und verschiedenem Belag dienen der sensitiven Wahrnehmung der Kinder und schulen ihr Körpergefühl und ihre Balance.

Im Innenbereich untersucht die sozialpädagogische Fachkraft die Räumlichkeiten im Hinblick auf Einzel-, Partner- und Zusammenspiel der ganzen Gruppe. Ausgerichtet an den Bedürfnissen und Interessen der Kinder findet sie mit ihnen gemeinsam Ideen zur Umgestaltung der Räumlichkeiten. Der Vorliebe für Spiel mit Wasser wird nachgegangen, indem der „Nassbereich" unter der Absprache bestimmter Regeln genutzt werden kann. Eine spielfreundliche Umgebung, drinnen wie draußen, berücksichtigt die Merkmale kindlichen Spiels und entspricht dem Bedürfnis nach

- dem Kontakt mit natürlichen Elementen (Wasser, Lehm, Pflanzen),
- sinnlicher Erfassung der nahen Umgebung und der Welt,
- Wiederholung oder Fortsetzung einer einmal gemachten Erfahrung,
- aktiven und bewegten Erprobungsmöglichkeiten,
- kalkulierten und selbst gewählten Risiken,
- Grunderfahrungen mit Techniken,
- abwechslungs- und variantenreichen Situationen,
- Selbstbestimmung und Teilhabe an den Aufgaben und Tätigkeiten der Erwachsenen,
- Möglichkeiten des Sich-Zurückziehens, Schutz-Suchens und Geborgenheit-Findens

(vgl. Bodenburg/Kollmann, 2011, S. 226).

Auch bei der Bereitstellung und Nutzung von Materialien können diese Charakteristika als Richtschnur und Planungsgröße genutzt werden.

Der Verlauf und die Gestaltung des Freispiels werden im Team beobachtet, reflektiert und evaluiert. Sich als nicht mehr zeitgemäß erweisende Methoden entfallen zugunsten von Impulsen, die mit Bedacht eingesetzt werden. Die Kinder lieben Rituale, sie verleihen ihrem Tag Struktur. Diese so in den Tagesablauf zu integrieren, dass das freie Spiel gewährleistet ist, verhilft den Kindern ebenso wie den sozialpädagogischen Fachkräften zu einem harmonischen Zusammenspiel.

Formbares und geformtes Material in Tageseinrichtungen für Kinder

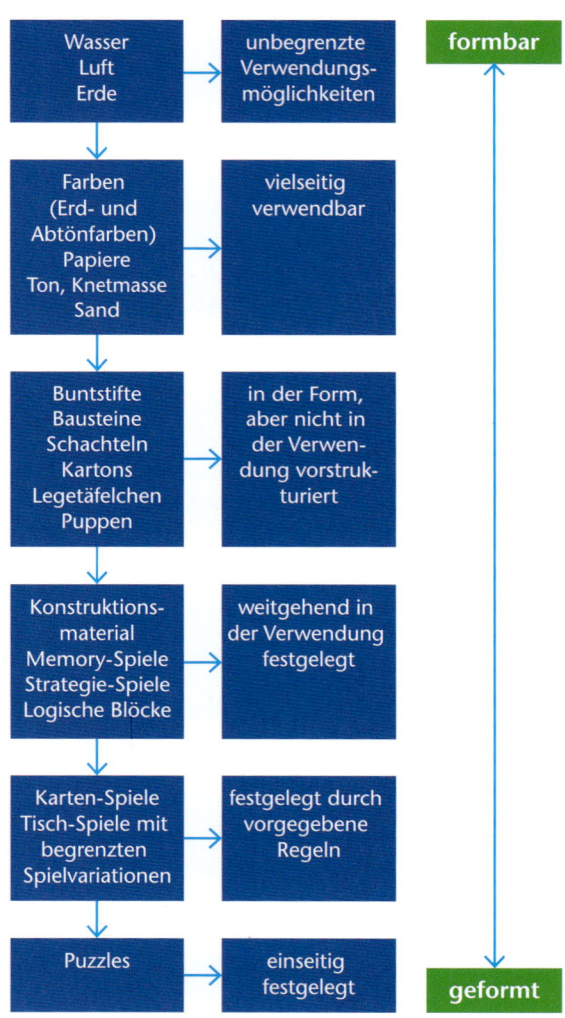

(vgl. Müller/Oberhuemer, 1994, S. 82)

3.5.5 Mathematisch-naturwissenschaftliche Bildung und Erziehung

Die mathematisch-naturwissenschaftliche Bildung ist auch im sozialpädagogischen Bereich in den vergangenen Jahren immer stärker ins Blickfeld geraten. Die Ergebnisse der ersten PISA-Studie haben gezeigt, dass auch im Elementarbereich ein entsprechender pädagogischer Handlungsbedarf besteht. Bereits kleinere Kinder haben oft ein ausgeprägtes Interesse an mathematisch-naturwissenschaftlichen Inhalten.

Rätsel und Fragen

Ein grundlegendes Verständnis mathematischer und naturwissenschaftlicher Denk- und Arbeitsweisen ist für unsere Gesellschaft von zentraler Bedeutung. Dabei geht es im Bereich der Vorschulpädagogik in erster Linie darum, Kinder auf spielerische Weise an entsprechende Phänomene, Begriffe und Vorgehensweisen heranzuführen. Die nachfolgenden Beispiele können durchaus mit Kindern unterschiedlicher Altersstufen umgesetzt werden. Je nach Alter und Entwicklungsstand des einzelnen Kindes wird man sich dabei eher an den sinnlichen Wahrnehmungsmöglichkeiten bis hin zu komplexeren Frage- und Problemstellungen orientieren.

Kinder begegnen der Welt mit großer Neugier und Offenheit. Diese Neugier ist ein starkes Motiv und eine entscheidende Voraussetzung dafür, dass Kinder ihren Platz in der Welt finden.

Epistemische Neugier

Epistemische Neugier ist ein spezifisches Neugierverhalten, das auf aktive Weise nach Einsichten und Wissen sucht. Es ist typisch für viele Fragen von Kindern nach der Ursache oder Funktionsweise einer Sache.

Die Suche nach neuen, noch unbekannten Reizen und die Fähigkeit, sie aufmerksam zu erkunden, begleitet Kinder besonders auch bei ihren Entdeckungen in der Welt der Zahlen und Zeichen, bei allen möglichen Versuchen und Experimenten mit physikalischen, chemischen und technischen Fragestellungen.

Wie heißt die größte Zahl?

Der erste Umgang mit Zahlen ist für Kinder oft ein besonders spannendes Erlebnis und lustvoll üben sie sich im Zählen und Ordnen von Mengen und Reihen. Dazu gehört etwa auch die häufige Frage nach der größten Zahl. Der Wunsch nach Steigerung und Erreichen eines höchstmöglichen Punktes verlangt nach einer klaren Antwort, und so erscheint es Kindern naheliegend, dass man auch beim Zählen irgendwann am Schluss ankommen müsse. Die Antwort auf diese Frage ist im Grunde sehr einfach und gleichzeitig von philosophischer Tragweite: Es kann keine größte Zahl geben, weil man zu jeder Zahl – ganz gleich, wie groß sie ist – immer noch 1 dazuzählen kann.

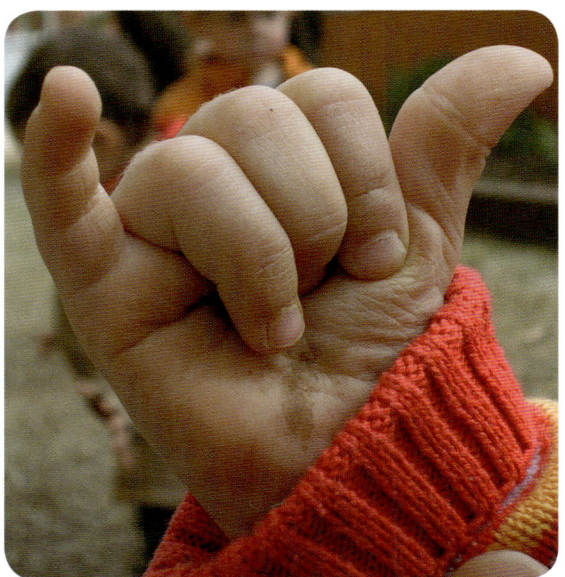

Bis 6 gezählt auf Chinesisch

Diese Erklärung wird vermutlich die Diskussion nicht beenden, sondern macht erst recht neugierig, weckt die Phantasie und öffnet nicht zuletzt einen breiten Zugang zur Mathematik als Schlüssel für ein anspruchsvolles Wissen, das kaum überschätzt werden kann:

„Zu den Überlebenstechniken von heute und morgen gehört insbesondere auch ein allgemeines Verständnis von Mathematik und die Fähigkeit, sich bestimmte mathematische Techniken anzueignen, wenn es erforderlich wird."
(Devlin, 2001, S. 325 f.)

Wie viele Farben hat der Regenbogen?

Die Frage nach der Anzahl der „Regenbogenfarben" ist nur eine von etlichen spannenden Fragen, die das Naturphänomen Regenbogen aufwirft. Erinnern wir uns an einen bestimmten Regenbogen, so können wir uns auch fragen:
- In welcher Reihenfolge waren die Farben zu sehen?
- Zu welcher Tageszeit trat dieser Regenbogen auf?
- In welcher Himmelsrichtung stand er?
- Welche Form (Größe, Krümmung) hatte er genau?

Die Antworten auf solche Fragen führen unmittelbar zu den Eigenschaften und physikalischen Erklärungen dieser wunderbaren und keineswegs immer gleich aussehenden optischen Erscheinung in unserer Atmosphäre.

Dabei ist eine genaue Erklärung des Phänomens gar nicht ganz einfach, denn sie setzt nicht nur das Wissen von der **Wellennatur des Lichts** voraus. Gleichzeitig müssen wir Newtons Entdeckung nachvollziehen, dass die unterschiedlichen Farben des Lichts unterschiedlich stark gebrochen werden. Dazu ist eine ausreichende Menge Wassertropfen erforderlich und immer steht ein Regenbogen der Sonne gegenüber, denn die Reflexion der Farben des Lichts erfolgt in den einzelnen Wassertropfen in sehr spitzen Winkeln. Die Intensität der Farben hängt von der Zahl und Größe der Regentropfen ab. Sonnenstand und meteorologische Bedingungen wie Luftfeuchtigkeit erklären, weshalb wir Regenbögen fast ausschließlich am späteren Nachmittag oder frühen Abend am östlichen Himmel sehen. Seine Form ist – von wenigen Ausnahmesituationen abgesehen – ein Kreissegment, das höchstens die Größe eines Halbkreises besitzt.

Die Farben, die wir erkennen können, variieren in ihrer Deutlichkeit und Intensität und werden von verschiedenen Personen auch häufig unterschiedlich wahrgenommen. Eine feste Anzahl kann also nicht angegeben werden, oft sind nur drei Farbtöne gut zu unterscheiden. Zudem hängt die genaue Position eines Regenbogens vom Standort des Betrachters ab, jeder Mensch sieht seinen ganz eigenen Regenbogen.

Versuch und Irrtum – oder?

Nach einer Idee des russisch-amerikanischen Philosophen Max Black werden von einem Schachbrett zwei einander diagonal gegenüberliegende Eckfelder herausgesägt, sodass das Brett nur noch 62 Felder aufweist. Es stellt sich nun die Frage, wie man das so verkleinerte Schachbrett mit Dominosteinen belegen kann, dass die gesamte Fläche vollständig und exakt abgedeckt ist. Es stehen dafür 31 Dominosteine zur Verfügung, die jeweils genau die Größe von zwei Schachfeldern haben.

Isaac Newton (1642–1726)
Newton gilt als einer der größten Wissenschaftler aller Zeiten. Vor allem in Mathematik, Physik und Optik hat er Grundlegendes geleistet. Neben seinen bahnbrechenden theoretischen Arbeiten hat er auch selbst technisch gearbeitet. Sein 1672 angefertigtes und nach ihm benanntes Spiegelteleskop wurde zu einem für Generationen von Astronomen unentbehrlichen Standardgerät. Auch wenn Newtons Theorien durch neuere Arbeiten vielfach überholt sind, spielen manche von ihnen – wie etwa seine Mechanik – im Alltag nach wie vor eine große Rolle. Diese „klassische Mechanik" eignet sich in besonderer Weise, Kinder mit physikalischen Gesetzmäßigkeiten bekannt und vertraut zu machen.

Die meisten von uns werden an dieses Problem wohl so herangehen, dass sie nach und nach verschiedene Möglichkeiten ausprobieren, das Schachbrett mit den Dominosteinen zu füllen. Dieser **empirische Ansatz** erfordert allerdings sehr viel Zeit und Geduld, denn es gibt ungeheuer viele Variationsmöglichkeiten. Der sehr elegante **mathematische Ansatz** begnügt sich mit wenigen Überlegungen:

1. Da die abgetrennten Felder des Schachbretts einander gegenüberliegen, müssen sie die gleiche Farbe haben.
2. Jeder Dominostein besetzt immer ein schwarzes (blaues) und ein weißes Feld.
3. Da die Anzahl der Felder einer Farbe nun nicht mehr gleich groß ist, kann es für die vollständige Bedeckung des Schachbretts keine Lösung geben.

Das abgebildete Schachbrett ist leicht selbst herzustellen und stellt auch für Kinder eine echte Herausforderung dar.

Gelegenheit weckt Interesse
Um Kinder auf mathematische und naturwissenschaftliche Phänomene und Ideen aufmerksam zu machen, ist es vor allem wichtig, ihnen neben der Verfügbarkeit bestimmter Materialien ausreichend Zeit und Gelegenheit zum Ausprobieren zu bieten. Dabei genügen oft schon wenige einfache Dinge und Hilfsmittel, um die Phantasie zu wecken und Lust zu machen auf eigene Aktivitäten.

Intrinsische Motivation
Intrinsische Motivation basiert auf Zielen, die sich das Individuum selbst setzt. Das Erreichen solcher Ziele aus eigener Anstrengung bewirkt ein starkes und nachhaltiges Gefühl der Belohnung.

Einen großen Einfluss auf den Erlebnisgehalt dieser Erfahrungen der Kinder haben Aspekte wie Materialvielfalt (Aufforderungscharakter der Dinge), Raumgestaltung („Werkstattatmosphäre"), Zeitstrukturen (Vermeidung eines zu engen Zeitkorsetts im pädagogischen Alltag) und – Ihr eigenes Interesse, Ihre eigene Begeisterungsfähigkeit für naturwissenschaftliche Fragestellungen.

Zahlen und Formen
Mathematik spielt in unserem Leben eine bedeutende Rolle, wenngleich wir nur wenige Alltagssituationen wie beispielsweise Geldgeschäfte oder statistische Informationen mit ihr in direkte Verbindung bringen. Wir sollten aber sehen, dass Mathematik in ihren zahlreichen Spezialgebieten nahezu überall unser Leben beeinflusst: Verkehrs- und Wirtschaftsabläufe, Vermessungsaufgaben und Kartografie, Versicherungs- und Bankgeschäfte, Erstellung von Statistiken und Evaluierung von Ergebnissen aller Art, Entwicklung und Steuerung von Formgebung in Produktionsprozessen, Logik, Algebra, Wahrscheinlichkeitsrechnen und vieles andere mehr.

Nach wie vor spielt das Rechnen mit Zahlen in unserem Alltag eine herausragende Rolle, sei es beim Einkaufen, beim Abschätzen von Größenverhältnissen aller Art oder bei der Suche nach einer „gerechten" Verteilung bestimmter Güter.

Arithmetik
Arithmetik ist ein Teilgebiet der Mathematik, in dem es um den Umgang mit den natürlichen Zahlen und den Grundrechenarten geht: Addition (Zusammenzählen), Subtraktion (Abziehen), Multiplikation (Vervielfachen) und Division (Teilen).

Fichtenzapfen-Arithmetik

Ein anderer wichtiger und ebenfalls sehr alter Bereich der Mathematik ist die Geometrie.

Geometrie
Geometrie ist ein Teilgebiet der Mathematik, in dem es um die Untersuchung und Beschreibung von Figuren und Formen geht.

Kindern bieten gerade diese beiden letztgenannten Teilgebiete die besten Möglichkeiten zur Annäherung an die Welt der Mathematik. Die Auseinandersetzung mit Formen und Strukturen führt darüber hinaus weit in andere naturwissenschaftliche Disziplinen hinein.

Mathematische Kompetenzen von Kindern
Der Umgang mit Mengen- und Größenvorstellungen zeichnet das menschliche Denken in einem hohen Maß aus. Der **Zahlensinn** als Fähigkeit zur Unterscheidung unterschiedlich großer Mengen gilt sogar als angeboren. Und so, wie sich aus dem Bedürfnis oder der Notwendigkeit, Mengen zu unterscheiden, wahrscheinlich schon in der Jungsteinzeit das System der Grund- oder Kardinalzahlen (1, 2, 3, 4 etc.) entwickelte, bildet sich während der kindlichen Entwicklung nach und nach eine „numerische Kompetenz": Wir können zählen. Verknüpft mit einem Verständnis für Regeln, sogenannten algorithmischen Fähigkeiten (z. B.: Wenn man zu einer bestimmten Zahl 1 dazuzählt, erhält man die nächstgrößere natürliche Zahl), sind die Hauptvoraussetzungen für Arithmetik („Rechenkunst") gegeben.

Bereits bei Kindern lässt sich eine Vielzahl weiterer mathematischer Kompetenzen erkennen, die je nach Alter und individuellem Entwicklungsstand erstaunlich gut ausgeprägt sein können:

- Erfassen von und Umgang mit Ziffern und Zahlen, Umgang mit Zahlen im Alltag, Gebrauch von Zahlwörtern und -zeichen
- Erkennen der „Mächtigkeit" von Mengen und Gegenständen, Umgang mit Begriffen wie lang, kurz, gerade, schräg, schief, dick
- Wahrnehmen und Vergleichen von Objekten und Materialien, Sortieren nach „berechenbaren" Kriterien wie Form, Größe, Gewicht
- Beurteilen und Klassifizieren von Formen und Objekten nach der Gestalt, zunehmend genaueres Unterscheiden der Merkmale geometrischer Figuren: Kreis, Quadrat, Dreieck, Würfel, Säule, Kugel
- Erkennen und Benennen von Raum- und Lagebeziehungen sowie erster Umgang mit geometrischen Grundbegriffen: Abstand/Entfernung, Anordnung, Ausrichtung, Spiegelung
- Suchen, Finden und Herstellen von Figuren, Mustern und Rhythmen wie „Kachelungen" (Parkettierungen) oder Ornamenten mit unterschiedlichen (Natur-)Materialien bis hin zur Entwicklung musikalischer Rhythmen
- Wahrnehmen und Erfahren zeitlicher Abläufe, Veränderungen und Entwicklungen, erste Schritte zur Erfassung von Dauer und der Möglichkeiten, Zeit zu messen

Kinder in ihrer Entwicklung zu unterstützen und zu fördern heißt auch, diese unterschiedlichen Kompetenzbereiche im Alltag zu erkennen. Wem bewusst ist, dass ein Kind im scheinbar ziellosen Spiel mit einem Kaffeefilter vielfältige Erfahrungen mit Volumina, Formänderungen und Schwerkraft machen kann, wird auch in der Lage sein, die Bedeutung dieses „Spiels" entsprechend einzuschätzen und dem betreffenden Kind eventuell weitere geeignete Materialien und Angebote zur Verfügung stellen können.

Symbole, Zeichen und Entsprechungen
Im Umgang mit Ziffern und Zahlen schaffen Kinder es mühelos, die Grenzen zwischen streng mathematischen Fragestellungen und Aspekten des Alltagslebens bzw. ihren Beobachtungen der Umwelt miteinander zu verbinden. Solche Querverbindungen machen Mathematik nicht nur sehr lebendig, sondern sie verstärken ein Bewusstsein der Zusammengehörigkeit von Dingen,

Begriffen und Erfahrungen verschiedener Lebensbereiche.

Die Zahl 2 bietet dafür besonders viele Beispiele. Mit ihr verbinden sich Begriffe wie Verdoppelung, Symmetrie, Paare als einander ergänzende oder entgegengesetzte Teile bis hin zum Bild der Brücke, die zwei Ufer miteinander verbindet.

Paarung zweier Baumweißlinge (Aporia crataegi)

Die Zahl 3 begegnet uns im Alltag besonders häufig. Unter allen Zahlen besitzt sie den größten Symbolgehalt und prägt mehr oder weniger versteckt unglaublich viele Dinge, Strukturen und Ordnungen. Einiges davon fällt Kindern bereits sehr früh auf, und zur Verblüffung mancher Erwachsenen stellen sie diese arithmetische Gemeinsamkeit dezidiert fest: von Dreirad und Dreibein, den drei Gängen von Vorspeise, Hauptgericht und Dessert bei einem gemeinsamen Mittagessen, den Farben einer Verkehrsampel und natürlich auch der Zahl an Mitspielern, die es mindestens braucht, um überzeugend „Familie" spielen zu können.

Namengebend wurde die Zahl 3 für die **Dreieckszahlen**, ein spielerischer Aspekt der Mathematik, der sich auf eines der elementarsten und einfachsten geometrischen Gebilde bezieht, das Dreieck: Drei gerade Linien umschließen eine beliebig große Fläche und bilden so gleichseitige Dreiecke. Mithilfe von gleichgroßen, dicht aneinandergelegten Kugeln oder Bällen lässt sich das gut veranschaulichen.

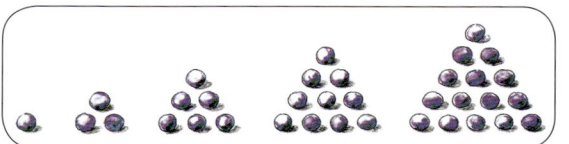

Die Zahl 10 ist eine solche Dreieckszahl. Das heißt, man kann aus zehn gleich großen, dicht aneinandergelegten Kugeln ein vollständiges gleichseitiges Dreieck legen. Man kann nun auf dieses Dreieck weitere Kugeln setzen – etwa so, wie Obsthändler gelegentlich Orangen aufschichten. Damit erhält man eine dreiseitige Pyramide (Tetraeder oder Vierflächner). Zählt man die Kugeln, die eine der vier Flächen bilden, kommt man ebenfalls auf 10. Insgesamt besteht diese Pyramide aus 20 Kugeln, weshalb die Zahl 20 auch als „Tetraederzahl" bezeichnet wird.

Mithilfe von Äpfeln oder Orangen lassen sich leicht verschieden große Pyramiden bauen. Es ist spannend zu verfolgen, welche Beziehungen sich dabei zwischen der Größe des Tetraeders und der Anzahl der Früchte ergeben. Vergessen wir nicht: Kinder erfahren mathematische Zusammenhänge am besten über die unmittelbare Erfahrung von Formen und Größen, durch eigenes Ausprobieren und kreative Entdeckungen. Und es geht dabei um weit mehr als „nur" den Umgang mit Zahlen.

$a^2 + b^2 = c^2$

Aus der Grundform des Dreiecks lassen sich viele mathematische, teilweise höchst anspruchsvolle Überlegungen und Gesetzmäßigkeiten ableiten, unter denen der „Satz des Pythagoras" vielleicht die berühmteste ist. Der griechische Philosoph Pythagoras von Samos (ca. 540–500 v. Chr.) hat über die von ihm entwickelte, stark mystisch geprägte Zahlensymbolik wichtige mathematische Zusammenhänge erkannt und gilt als einer der Urväter der Zahlentheorie.

Satz des Pythagoras

Pythagoras' berühmte mathematische Gleichung, nach der für alle rechtwinkeligen Dreiecke die stets gleiche Beziehung zwischen der Summe der Kathetenquadrate und dem Hypothenusenquadrat ausgedrückt wird: $a^2 + b^2 = c^2$. Der rechte Winkel mit genau 90° ist dabei jener Winkel des Dreiecks, den die beiden Katheten a und b miteinander bilden.

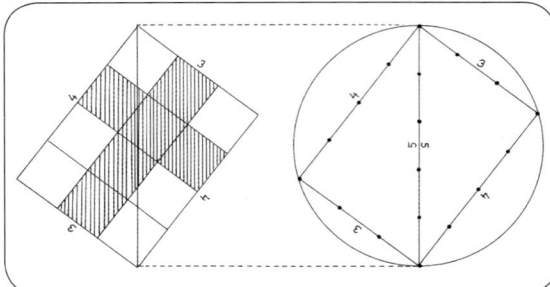

„Pythagoras-Dreieck" in der Architektur

Mithilfe des arithmetisch sehr einfachen Dreiecks mit dem Seitenlängenverhältnis 3:4:5 wurde bereits zur Zeit der ägyptischen Hochkultur vermessen, gezeichnet und geplant. Die Anwendung dieser Figur begleitet dann die Architektur durch die Jahrhunderte. Wir finden sie daher nicht selten in den Grundrissen von Kirchen und anderen Bauten. Wichtig ist dabei unter praktischen Gesichtspunkten, dass sich mit diesem Dreieck auch stets und mühelos ein exakt rechter Winkel konstruieren lässt.

Quadrate, Quadrate

In der Geometrie ist ein Quadrat ein Viereck mit ganz bestimmten Eigenschaften: Es hat vier gleich lange Seiten, vier gleich große Winkel (90°), vier Symmetrieachsen und zwei gleich lange Diagonalen, deren Schnittpunkt gleichzeitig Umkreis- und Inkreismittelpunkt ist. Außerdem ist das Quadrat ein Sonderfall des Parallelogramms: Es ist sowohl Rechteck als auch Rhombus (Raute). Diese hohe Regelmäßigkeit ist in der Praxis immer wieder recht nützlich: Für die Konstruktion eines Quadrats genügt eine Angabe, z. B. die Länge einer Seite oder die einer Diagonale.

Quadrate haben immer etwas Auffälliges an sich und sind daher im Alltag oft sehr nützlich. Eine Form wie z. B. die Fläche eines Quadratmeters – ein wichtiges Flächengrundmaß – lässt sich rasch als Quadrat erkennen.

Aufgrund seiner hohen Regelmäßigkeit bietet sich das Quadrat auch in besonderer Weise für einfache Flächengestaltungen an wie etwa Bodenbeläge aus Gehwegplatten oder gekachelte Wände. Das dahinterstehende mathematische Prinzip lässt sich mit Materialien wie Karton, Steinen oder Tontäfelchen gut erproben.

Wie viele Quadrate sehen Sie hier?

Mathematik in der Natur

Wie eng unser mathematisches Bewusstsein mit der Natur zusammenhängt, scheint schon die Tatsache zu zeigen, dass wir im Dezimalsystem rechnen – jenem Zahlensystem, dessen Basis 10 genau der Anzahl unserer Finger entspricht. Und die fünf Finger einer Hand werden von Kindern früh als Repräsentanten jener Zahl verstanden, mit der sich sowohl eine Hand als auch ein Fuß beschreiben lässt: fünf Finger, fünf Zehen …

Auch wenn seit Langem darauf hingewiesen wird, dass die Palette der fünf klassischen Sinne des Menschen – sehen, hören, riechen, schmecken, tasten – bei Weitem nicht vollständig ist, denken wir im Zusammenhang mit den menschlichen Sinnesorganen ebenfalls unwillkürlich an diese fünf bereits von Aristoteles genannten Sinne. Die Kraft der „runden" Zahl 5 scheint so groß zu sein, dass wir längst bekannte und keineswegs unwichtige Sinne wie Gleichgewichtssinn, Schmerzsinn, Temperatursinn und die sogenannte Tiefensensibilität bei der Aufzählung im Alltag meist völlig vernachlässigen.

Da steht uns die mittelalterliche Symbolik immer noch näher, nach der sich die fünf Sinne des Menschen in den fünf Blumenkronblättern vieler Blüten spiegeln.

Das Sonnenröschen (Helianthemum nummularium) besitzt wie zahlreiche andere heimische Blütenpflanzen fünf Blumenkronblätter.

Beine zählen – der Ordnung halber

Von grundsätzlicher systematischer Bedeutung und weithin bekannt ist die Unterscheidung kleiner Tiere nach Anzahl ihrer Beine: Insekten haben stets sechs, Spinnentiere acht Beine.

Der Sandlaufkäfer (Cicindela hybrida) aus der Familie der Laufkäfer bevorzugt sonnig-warme, kiesige Plätze und ist dort im Sommer gut zu beobachten.

Fibonacci-Zahlen

Eine insbesondere für Kinder spannende Zahlenreihe ist die Reihe der Fibonacci-Zahlen. Diese Reihe wird durch die sehr einfache Regel festgelegt, dass jede folgende Zahl die Summe der beiden vorangehenden ist: 1, 1, 2, 3, 5, 8, 13, 21, 34 etc. Interessant ist diese Zahlenfolge auch deshalb, weil sich in ihr häufige und weit verbreitete natürliche Ordnungsmuster widerspiegeln. Dabei finden sich meist zwei benachbarte Fibonacci-Zahlen als Paar, was allerdings nicht immer leicht zu entdecken ist. Untersucht man beispielsweise Lärchenzapfen, so erkennt man, dass die Samenschuppen in zwei gegenläufigen Spiralen angeordnet sind. In der einen Richtung verlaufen drei, in der anderen Richtung fünf Spiralen stets schräg aufwärts von der Basis des Zapfens bis zu seiner Spitze. Bei Fichtenzapfen gibt es jeweils fünf bzw. acht Spiralen.

Leonardo da Pisa, genannt Fibonacci, hatte diese in Indien und der arabischen Welt schon viel früher bekannte, dann aber nach ihm benannte Zahlenfolge um das Jahr 1200 in die westliche Mathematik eingeführt.

Bienen und Wespen

Das wohl bekannteste Beispiel eines natürlichen Sechsecks finden wir in den Waben von Bienen und Wespen. Die aus sechseckigen Zellen aufgebaute Struktur ist nicht nur äußerst stabil, sondern stellt auch ein sehr günstiges Verhältnis von Wandmaterial zu Raumvolumen dar: Eine verhältnismäßig geringe Materialmenge genügt, um in materialsparender Weise eine große Zahl einzelner Kammern stabil miteinander zu verbinden, ohne dass unbrauchbare Lücken oder Spalten entstehen.

Wer ein Wespennest genauer betrachtet und untersucht, wird immer wieder seine Schönheit und Zweckmäßigkeit bewundern. Besonders erstaunlich ist dabei, wie es diesen Tieren gelingt, aus den winzigen Fasermengen, die sie transportieren können, jene teilweise riesigen und filigranen Nester zu bauen. Das geringe Gewicht der

Konstruktion hängt mit dem Baumaterial zusammen: Im Gegensatz zu den Bienen, deren Zellen aus relativ schwerem **Wachs** gefertigt werden, bestehen die Waben von Wespennestern aus **Zellulosefasern**, genauer: zerkauten Holzfasern. Der Unterschied zeigt sich rasch, wenn man zwei gleich große Stückchen einer Bienen- und einer Wespenwabe an den beiden Armen einer Balkenwaage befestigt. Im einfachsten Fall genügt dafür ein dünnes Holzstäbchen, das in der Mitte an einem Bindfaden aufgehängt wird und an dessen Enden die beiden Proben befestigt werden.

Wespennest

Die Entdeckung eines Wespennests im Garten ist für die meisten Menschen zunächst eher beunruhigend. Trotz aller Vorsichtsmaßnahmen sollte eine solche Gelegenheit genutzt werden, um Kinder mit diesen Insekten besser bekannt zu machen.

Sechseckige Schablonen aus Sperrholz oder Pappe können Kindern eine wertvolle Hilfe beim Zeichnen von wabenförmigen Flächenmusterungen sein.

Maße und Einheiten

Beim Messen, also dem Ermitteln von Größen und Maßen, können Kinder eine für viele Bereiche sehr wichtige Erfahrung machen: Mit Zahlen kann man (fast) alles machen, aber wenn wir einen Bezug zur gegenständlichen Welt herstellen wollen, brauchen wir eine Bezeichnung für das, womit wir uns befassen. Eine Zahl kann für sich genommen nämlich alles Mögliche bedeuten, es handelt sich zunächst nur um ein Zeichen. Was mit „5" oder „500" im Einzelfall wirklich gemeint ist, können wir ohne weitere Informationen nicht wissen. Erst die Verbindung einer **Maßzahl** mit einer bestimmten **Einheit** ermöglicht uns eine konkrete Aussage: ein Messergebnis oder auch eine Schätzung.

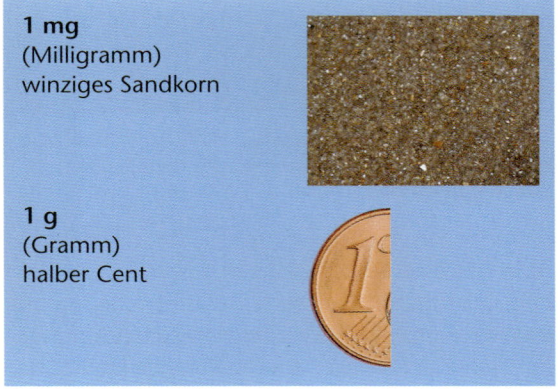

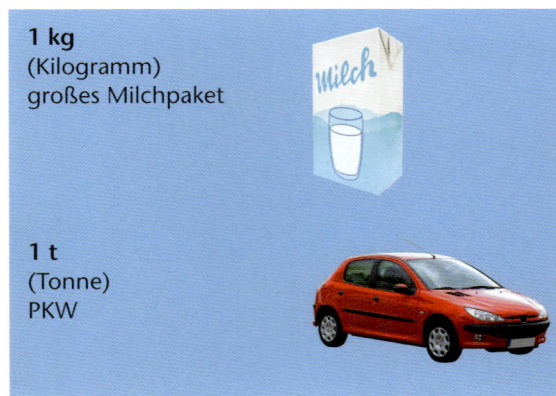

Die Einheiten der Masse werden Kindern durch entsprechende Vergleichsmöglichkeiten mit bekannten Objekten verständlicher (vgl. Schneider, 2000).

Wiegen, messen und schätzen

Ein Kind hat gehört, dass man viel trinken soll, und möchte verstehen, was das genau heißt. Wie viel ist viel? Vielleicht hat dieses Kind schon eine Vorstellung, wie viel ein Liter ist, aber vermutlich ist ein Alltagsmaß wie z. B. das Fassungsvermögen einer Tasse oder eines Bechers nachvollziehbarer.

Die Wahl des Gefäßes wird sich nach den Erfahrungen des Kindes richten, die Beantwortung insgesamt steht aber bereits für den Zusammenhang von Maßzahl und Einheit: „6 solche Tassen pro Tag" oder „5-mal dieses Glas, bis zum Rand gefüllt" – die Zahl als Maßzahl und die Tasse oder das Glas als Einheit. Und von hier ist es nur ein kleiner Schritt zum Vergleichen und Umrechnen von Einheiten: „Wenn ich diese 6 vollen Tassen zusammenschütte, habe ich einen Liter."

Da mit einem Flaschenzug auch ziemlich schwere Dinge – und sogar andere Kinder – hochgezogen werden können, sollten Kinder ein solches Gerät nur unter Aufsicht benutzen dürfen.

Eine Balkenwaage bietet nicht nur anschauliche Vergleichsmöglichkeiten, sondern stellt auch eine Aufforderung zum Rechnen dar.

An physikalische Fragestellungen werden Kinder am besten herangeführt, wenn sie möglichst viel selbst ausprobieren können. Aufgrund des meist einfachen Aufbaus vieler Versuchsanordnungen, der guten Verfügbarkeit entsprechender Materialien sowie einer meist unmittelbaren Einsichtigkeit von Abläufen und Ergebnissen bietet sich für die Arbeit mit Kindern die Klassische Mechanik in besonderer Weise an.

Mechanik
Mechanik ist jener Bereich der Physik, der sich mit der Bewegung von Körpern aufgrund der Einwirkung von Kräften befasst. Beispiele: freier Fall von Objekten, Bewegungen von Kreiseln, Hebeln oder Flaschenzügen. Allgemein wird darunter auch die Theorie und Praxis der Konstruktion von Maschinen verstanden, einschließlich der Untersuchung ihrer Funktionsweisen und Wirkungsgrade.

Es gibt zahlreiche Beispiele einfacher naturwissenschaftlicher Versuche, mit deren Hilfe Kinder bestimmte Zusammenhänge kennenlernen können:

- Luft wiegen: Ein gefüllter Luftballon ist schwerer als ein nicht aufgeblasener. Luft ist also nicht nichts.
- Eine leere Konservendose schwimmt wieder an die Oberfläche, wenn sie unter Wasser gehalten wird. Das funktioniert auch, wenn sich an der Unterseite der Dose ein großes Loch befindet.
- Wie können Windräder gebaut werden, die sich auch bei geringen Luftbewegungen gut drehen? Lässt sich ein solches Windrad als Antriebsquelle nutzen?
- Ein schwerer, in einem Netz von der Decke hängender Ball wird als Pendel benutzt. Ein (mutiges!) Kind steht dabei so, dass dieses Pendel das Kinn des Kindes bei seiner ersten Schwingung beinahe berührt. Und das Kind soll auch unbewegt so stehen bleiben ... Was hat die Pendelbewegung mit der Luft zu tun?
- Ein leerer Blechkanister wird mit sehr heißem Wasser ausgespült, anschließend fest verschlossen und auf den Tisch gestellt. Wenige Sekunden später beginnt der Kanister zu krachen, er bewegt sich, fällt vielleicht sogar um. Was passiert da? (Dieses Experiment ist besonders eindrucksvoll, wenn der Kanister so stabil gebaut ist, dass ein Kind ihn nur schwer verbeulen könnte!)
- Wie funktioniert ein Katapult? Was braucht man alles für den Bau eines Katapults? Können Sie ein kleines, funktionsfähiges Katapult bauen?

Ordnen, sortieren, gliedern
Kinder lieben es, Dinge aller Art zu ordnen und zu sortieren. Damit setzen sie sich auf spielerische Weise bereits mit wichtigen Fragen von Materialeigenschaften, Anwendungsmöglichkeiten oder der Frage nach der Herkunft der Dinge auseinander.

Im Sinne eines Ordnungssystems können auch abstrakte Begriffe wie die „Zahl" besser verstanden werden – auch wenn eine solche Ordnung für Kinder nur indirekt von Bedeutung ist. Untersuchen wir aber einmal „Zahlen" nach ihren Verwendungsmöglichkeiten, so zeigt sich deutlich, wie unterschiedlich eine Zahl gebraucht werden kann und welche kognitive Leistung Kinder vollbringen, wenn es ihnen gelingt, diese unterschiedlichen Aspekte in der Alltagskommunikation auseinanderzuhalten (vgl. Bayerisches Staatsministerium für Arbeit und Sozialordnung, Familie und Frauen/Staatsinstitut für Frühpädagogik München, 2012, S. 257):

- Ordinaler Aspekt: Zahlen geben einen Rangplatz an (z. B. der Wievielte? – der 2., der Letzte).
- Kardinaler Aspekt: Mit Zahlen bestimmen wir die Anzahl der Elemente einer Menge (z. B. wie viele Äpfel? – 5 Äpfel).
- Codierungsaspekt: Zahlen werden als Namen zur Unterscheidung von Objekten benutzt (z. B. Telefonnummer, Hausnummer etc.).
- Rechenaspekt: Wir rechnen mit Zahlen (im Kopf, auf Papier, mit einer Rechenmaschine etc.).
- Geometrischer Aspekt: Zahlen begegnen uns in geometrischen (ebenen oder räumlichen) Zusammenhängen (z. B. Dreieck, Siebeneck, Tetraeder etc.; Längenmessungen).
- Operatoraspekt: Zahlen werden in Verbindung mit einer Funktion benutzt (z. B. wie oft? – dreimal, das Zehnfache).
- Maßzahlaspekt: Zahlen stehen in Verbindung mit einer Größe und geben das Verhältnis zu einer Einheit an (z. B. Wie lang? Wie schwer? Wie teuer? – 4 cm, 7 kg, 3 Euro etc.).
- Narrativer Aspekt: Zahlen besitzen eine emotionale und symbolische Bedeutung (z. B. in Märchen, Erzählungen, Bräuchen: Glückszahl 7, die 13. Fee bringt Unheil etc.).

Siebe unterschiedlicher Maschenweite sind für Kinder besonders reizvoll. Mit großer Ausdauer sortieren sie damit Sandkörner, Steinchen und viele andere kleine Dinge.

Parkettierung

Parkettierung
Die lückenlose Belegung einer Fläche mit geometrischen Figuren ohne Überlappungen wird in der Mathematik als Parkettierung bezeichnet. Dafür kommen besonders Quadrate (z. B. Plattenbelag von Gehwegen), Dreiecke und Sechsecke infrage.

Symmetrien als Gestaltungsprinzip
Parkettierungen weisen stets eine hohe Regelmäßigkeit auf, wobei Symmetrien eine besondere Bedeutung zukommt. So weisen nicht nur die Einzelteile häufig mehrere Symmetrieachsen auf (durch ein Quadrat können vier Symmetrieachsen gelegt werden), sondern die Ergebnisse einer Parkettierung selbst sind meist streng symmetrisch.

Die genau 76 verschiedenen Dreiecke, deren Gesamtzahl sich aus der Anzahl der verwendeten Farben errechnen lässt, lassen sich auf höchst variable Weise kombinieren – ein Material mit einem hohen Aufforderungscharakter zur Bildung von Mustern und Strukturen.

Musterbildung
Musterungen, d. h. mehr oder weniger regelmäßige Wiederholungen eines Grundmusters, begegnen uns sowohl in der Natur (Baumringe, Rippelmuster am Sandstrand, Schäfchenwolken,

Fellzeichnung von Tieren etc.) als auch in der Gestaltung vieler künstlicher Produkte.

Die spielerische Auseinandersetzung mit geometrischen Formen führt zu ganz unterschiedlichen Erfahrungen und Lernprozessen: Das Form- und Farbbewusstsein wird geschärft, die Kinder erfinden selbst Muster und formulieren damit indirekt ihre eigenen Problemstellungen: Die (gemeinsame) Lösungssuche erfordert – und fördert – geeignete Strategien der Verbalisierung und Kommunikation, das Ergebnis lässt sich als individuelle und/oder Gruppenleistung erleben und vieles andere mehr.

Körper und Räume

Die platonischen Körper

Eine Weiterführung flächiger Formen und Figuren besteht darin, Kinder an einfache dreidimensionale Körper heranzuführen: Kugel, Quader und Würfel, Pyramide, Kegel. Besonders interessant sind dabei auch die platonischen Körper, die mithilfe entsprechender Schnittmuster leicht aus Papier oder Karton gefaltet werden können.

Platonische Körper

Platonische Körper sind fünf verschiedene geometrische Körper, die aus jeweils gleich großen, völlig regelmäßigen und ebenen Begrenzungsflächen bestehen. Sie sind benannt nach dem griechischen Philosophen Platon (427–347 v. Chr.), der darin die Urformen der vier klassischen Elemente sah: Feuer (Tetraeder), Wasser (Oktaeder), Erde (Ikosaeder), Luft (Hexaeder oder Würfel). Die Form der Welt insgesamt spiegele sich im zwölfflächigen Pentagondodekaeder.

Orientierung gesucht

Kindern mathematisches und naturwissenschaftliches Grundwissen zu vermitteln, bedeutet in erster Linie, ihnen die Möglichkeit zu geben, **Grundbegriffe** wie Zahl, Länge, Breite, Höhe, Gewicht, Volumen (Rauminhalt), Körperform, Muster, Regelmäßigkeit, Spiegelung etc. kennen und richtig gebrauchen zu lernen. Je nach Entwicklungsstand des Kindes können und sollten dann einzelne Interessen und Handlungsmöglichkeiten vertieft und ausgebaut werden. Entscheidend sind dabei das eigene Tun, die Förderung von Neugier und das Interesse für offene Fragen – die beste Grundlage und Vorbereitung für künftige Entwicklungen.

3.5.6 Musikalische Bildung und Erziehung

„An die Musik
Musik: Atem der Statuen. Vielleicht:
Stille der Bilder. Du Sprache wo Sprachen
enden. Du Zeit,
die senkrecht steht auf der Richtung vergehender Herzen.

Gefühle zu wem? O du der Gefühle
Wandlung in was? –: in hörbare Landschaft.
Du Fremde: Musik. Du uns entwachsener
Herzraum. Innigster unser,
das, uns übersteigend, hinausdrängt, –
heiliger Abschied:
da uns das Innre umsteht
als geübteste Ferne, als andre
Seite der Luft:
rein,
riesig,
nicht mehr bewohnbar."
(Rilke, 1996, S. 897)

Musik, auch als die Sprache der Liebenden und die Sprache der Seele bezeichnet, erreicht jeden Menschen. Schon der Säugling im Mutterleib nimmt Geräusche war, denn das Gehör ist sehr früh ausgebildet. So kann er den Rhythmus des Herzens spüren und hören, nimmt die Veränderungen des Tempos bei Belastung wahr und wird durch den Pulsschlag der Mutter bereits „musikalisch" geprägt. Er hört aber auch Stimmen, Sprachmelodien und Musik, wenn auch gedämpft und gefiltert durch die Bauchdecke und das Fruchtwasser. Direkt nach der Geburt reagiert das Baby bereits auf Töne. Es erkennt die Stimme der Mutter wieder, entspannt sich beim Hören eines gesummten Einschlafliedes und erschrickt bei lauten, schrillen und unrhythmischen Geräuschen. Schon bald wiegt sich das Kleinkind zum Takt der Musik und summt und singt, was ihm gerade einfällt. Musik scheint dem Menschen „im Blut zu liegen". Er speichert Melodien ab, ohne sich bewusst darüber zu werden – fast so, als „sammle" das Gehirn Töne und Tonfolgen, um sie später wiedererkennen oder wiedergeben zu können.

Neben der bildenden und darstellenden Kunst ist Musik eine der **wesentlichen Ausdrucksformen** des Menschen. Sie ist eng verknüpft mit Bewegung bzw. dem Tanz, denn der Mensch bewegt sich intuitiv zu Rhythmen und jede Bewegung wiederum hat ihren eigenen Rhythmus, ihre eigene Dynamik. Musik bewegt den Menschen aber auch im übertragenen Sinn, sie weckt Emotionen. Eine schwermütige Melodie beispielsweise kann Weinen auslösen, die fröhlichen Klänge einer Klarinette bewirken vielleicht ein Schmunzeln und Dissonanzen werden von vielen als unangenehm oder spannungsreich empfunden. Musik erreicht den Menschen unmittelbar, sie kann nicht abgefangen oder gefiltert werden, und zwar nicht nur wegen der spürbaren Schwingungen, die z. B. von lauten Bässen oder einer großen Trommel erzeugt werden. Es ist vielmehr der Klang, der die Empfindungen berührt. Musik ist wie eine universelle Sprache, oder, wie die Schriftstellerin Bettina von Arnim es ausdrückte: „Musik ist die Vermittlung des geistigen Lebens zum sinnlichen." Eine Oper beispielsweise, deren Geschichte beim Lesen vielleicht sehr verworren und schwer nachvollziehbar erscheint, wird durch den Ausdruck der Musik leichter verständlich, weil neben dem kognitiven auch ein emotionaler Zugang ermöglicht wird.

Doch nicht nur das Hören von Musik hat eine Wirkung auf den Menschen, sondern auch das eigene Musizieren. Es bietet die Möglichkeit, Empfindungen auszudrücken, was sich wiederum körperlich und seelisch auswirkt. Besonders das Singen hat nachweislich positive Effekte: Es stärkt das Immunsystem, lindert Schmerzen, Stress und Depression und steigert Wohlbefinden und Lebensfreude. Und das mehrstimmige Singen in einer Gruppe vermittelt ein Gefühl von Zugehörigkeit und Harmonie.

Musikalische Bildung in Krippe, Kindergarten, Hort und Jugendarbeit umfasst ein weites Spektrum von der Vermittlung musikalischer Kompetenzen bis hin zur Persönlichkeitsbildung. So lässt sich die musikalische Erziehung und Bildung in drei Bereiche aufteilen:
Kinder und Jugendliche
- erleben Musik,
- lernen musikalische Ausdrucksformen, Instrumente und Musiker kennen,
- drücken sich selber musikalisch aus.

Um musikalisches Erleben zu ermöglichen, sind über das Hören und Wahrnehmen von Musik hinaus weitere Faktoren von Bedeutung:

- *„die Differenzierungen des Hörsinnes*
- *die Erfahrung der Stimmen der Anderen*
- *Differenzierungen der Bewegungserfahrungen*
- *Erfahrungen von körperlichen Rhythmen*
- *Erfahrungen des Raumerlebens*
- *die Integration verschiedener Sinnenwelten*
- *das Erleben von Zeit"*

(Schäfer, 2007, S. 129)

Musik zu erleben und zu erlernen erfolgt immer im Zusammenhang mit anderen (Sinnes-)Erfahrungen und Erlebnissen. Die musikalische Ausdrucksfähigkeit ist demnach auch abhängig davon, wie gut die jeweiligen anderen Fähigkeiten und Kompetenzen entwickelt sind. Ein Kind benötigt eine gute Ausbildung des Gehörs und der auditiven Wahrnehmung. Nur so kann es verschiedene Töne unterscheiden und die eigene Stimme zwischen anderen wahrnehmen. Es muss früh beginnen, seine Stimme und ihre verschiedenen Ausdrucksmöglichkeiten kennenzulernen. Atmung und Mundmotorik sollten kontrolliert werden können und entwicklungsfähig sein. Das Kind sollte seine Bewegungen koordinieren können und sich in Raum und zeitlichen Abläufen sicher fühlen. Um all diese Fähigkeiten ausbilden zu können, bedarf es gezielter Förderung.

Bildungsziele der Musikerziehung

Musik spricht viele Bereiche des Lernens, Denkens und Handelns an. In sozialpädagogischen Einrichtungen findet Musikerziehung sowohl gezielt, z. B. in Form einer Liederarbeitung, als auch

„nebenbei" im alltäglichen Miteinander statt, z. B. durch Summen einer Melodie beim Aufräumen. Der Bayerische Bildungs- und Erziehungsplan beschreibt die Bildungsziele der Musikerziehung von allen Bildungsplänen am umfassendsten:

„Gemeinsam Singen und Musizieren und sich durch Musik ausdrücken
- *Spielend mit Klängen und Tönen, mit Sprache und Sprachelementen umgehen*
- *Die eigene Sprech- und Singstimme entdecken*
- *Erfahren, dass Singen viel Spaß machen kann*
- *Die eigene Singstimme in Richtung einer schön klingenden Kinderstimme entwickeln*
- *Kinderlieder und -verse aus dem eigenen und anderen Kulturkreisen kennen lernen*
- *Ein kleines Repertoire an Liedern singen können*
- *Verschiedene Musikinstrumente kennen lernen und ihre Klang- und Spielweise, aber auch ihre Bauweise erkunden*
- *Freude am gemeinsamen Singen und Musizieren entwickeln*
- *Lieder, Geschichten und gehörte Musikstücke mit elementaren (Orff-)Instrumenten begleiten*
- *Eigene musikalische Ideen entwickeln und dies klanglich umsetzen*
- *Musik als Ausdrucksmöglichkeit der eigenen Stimmungen, Gefühle und Ideen erfahren*
- *Lieder, Geschichten, kleine Spielszenen und Theaterstücke szenisch, vokal und instrumental gestalten.*

Musik erleben und bewusst wahrnehmen
- *Musik als Möglichkeit zur Entspannung und als Quelle des Trostes und der Aufmunterung erfahren*
- *Auf akustische und musikalische Reize konzentriert hören, diese differenziert wahrnehmen und orten (Richtungshören) und darauf reagieren*
- *Beim Zuhören zwischen laut – leise, hoch – tief, schnell – langsam unterscheiden*
- *Musik mit ungeteilter Aufmerksamkeit zuhören können*
- *Musikstücke und Tänze verschiedener Genres, Epochen und Kulturen kennen lernen*
- *Wichtige Komponisten klassischer Musik (z. B. Mozart, Vivaldi) und einige ihrer bekannten Musikwerke kennen lernen*
- *Eigene musikalische Vorlieben entwickeln*
- *Eigene Ansprüche an die Qualität von Musik entwickeln*
- *Musikrhythmen in Tanz und Bewegung umsetzen (…)*
- *Musik bildnerisch und gestalterisch umsetzen*
- *Erste spielerische Erfahrungen mit dem grafischen Notieren von Musik sammeln*
- *Erste Begegnung mit der tradierten Notenschrift (z. B. Liederbücher, Orchesterpartitur)."*

(Bayerisches Staatsministerium für Arbeit und Sozialordnung, Familie und Frauen/Staatsinstitut für Frühpädagogik München, 2012, S. 326)

Die Übersicht zeigt, dass Musikerziehung kein Bildungsbereich ist, der für sich allein steht. Durch die Auseinandersetzung mit Musik können viele weitere Kompetenzen geschult und Fähigkeiten erlangt werden. Vor allem aber unterstützt die Musikerziehung die Identitätsfindung und den Erwerb sozialer Kompetenz des einzelnen Kindes und Jugendlichen. Dabei ist Musik nie nur ein Medium, das passiv genutzt wird. Beim Hören von Musik findet immer zugleich ein emotionales Erlebnis statt, das kognitiv verarbeitet werden muss. Zusätzlich kann auch selbst musiziert oder mit und nach Musik kreativ gestaltet werden. Die Anwendungs- und Ausdrucksmöglichkeiten sind vielfältig.

Beck-Neckermann nennt **„3 Perspektiven** des musikalischen Handelns" und beschreibt diese folgendermaßen:

- *„Prozess- und erlebnisorientierte Perspektive: Musik ist Spiel und Handlungsfeld*
- *Persönlichkeits- und entwicklungsorientierte Perspektive: Musik ist Erfahrungsfeld, in dem die Kinder sich in Beziehung zu sich selbst und zu anderen erleben*
- *Werk- und ergebnisorientierte Perspektive: Musik ist Gestaltungsfeld, in dem die Kinder Werke erschaffen."*

(Weber, 2003, S. 129)

Mit Musikerziehung verknüpfte Bildungsbereiche

Im Folgenden soll verdeutlich werden, inwiefern sich die Auseinandersetzung mit Musik auf andere Bildungsbereiche auswirkt. Dabei gibt es zwar Überschneidungen zwischen den einzelnen

Bereichen, aber die getrennte Beschreibung dient der Anschaulichkeit.

Rhythmus und Rhythmik

Rhythmus kann als eine Art grundsätzliches Prinzip verstanden werden: Das Herz schlägt im Rhythmus, es gibt den Rhythmus von Ein- und Ausatmung sowie den Tag/Nacht-, Wochen- und Jahresrhythmus von Mensch und Natur. Wir hören das gleichmäßige Ticken der Uhren, das Rattern der Züge über die Schwellen der Gleise, das Singen, Brüllen und Schnurren der Tiere im ihnen eigenen Takt.

Rhythmus bietet dem Menschen **Struktur** in sehr vielen Bereichen des Lebens, beispielsweise
- in der Gestaltung (musikalisch, aber auch in der bildenden Kunst und in der Dramaturgie),
- in der Bewegung und im Sport (z. B. ist kein Hürdenlauf ohne Rhythmus denkbar, auch kein gelungener Sprungwurf im Basketball)
- oder in der Sprache (besonders deutlich beim Versmaß in Gedichten).

Rhythmen aufnehmen, variieren und gestalten zu können, kann demnach als elementare Fähigkeit verstanden werden. Die Frage, ob es eine angeborene Rhythmusbegabung gibt, lässt sich nur sehr schwer erforschen. Es ist davon auszugehen, dass es ähnlich wie bei körperlichen Veranlagungen auch Rhythmusveranlagungen gibt; sicher ist aber auch, dass Rhythmusfähigkeit beeinflusst und gefördert werden kann bzw. andernfalls verkümmert. Im Verlauf der Entwicklung gibt es sogenannte „Learning Windows": Im Alter von fünf bis sieben Jahren kann die Rhythmusfähigkeit am besten beeinflusst werden. Bietet man Kindern in dieser Zeit diesbezüglich viele Anregungen, zeigt die Förderung die größte Wirkung.

Rhythmen können nicht nur mit Hilfsmitteln wie z. B. Orff-Instrumenten erzeugt werden, sondern auch mit dem eigenen Körper, z. B. durch Klatschen, Stampfen, Schnipsen oder stimmliche Geräusche. Rhythmisches Sprechen fördert das Empfinden von Takten und Notenlängen.

Auch gehörlose Menschen können Rhythmen und Klänge empfinden, z. B. durch die Schwingungen tiefer Töne. Sie benötigen lediglich einen Klangkörper, der ihnen die Schwingungen übermittelt, wie z. B. eine große Holzblocktrommel oder einen Kontrabass. Auch ein schwingender Fußboden kann Töne übertragen, wenn entsprechend starke Schallwellen ausgesendet werden (beispielsweise Bässe aus größeren Lautsprechern). Die Kinder oder Jugendlichen legen sich auf den Boden und versuchen mit ihrem Körper die Schwingungen aufzunehmen. So können sie Rhythmus spüren und nachempfinden.

Sprachliche Kompetenz

Sprache kann ein Mittel sein, um Musik zu erleben, und zugleich kann Musik als Instrument genutzt werden, um Sprache zu lernen. Das Singen eines Liedes erfordert eine gewisse **Sprechfähigkeit**. Durch das frühe Hören, Imitieren und Erlernen von Liedern erweitert das Kind seinen Wortschatz und übt die deutliche Artikulation. Rhythmisches Sprechen und Singen schult zudem die Fähigkeit zum Lautieren und Silbentrennen. Somit wird die **phonologische Bewusstheit** gestärkt. Tonhöhenvariationen verdeutlichen die Möglichkeiten, Sprache zu betonen.

Kinder ohne Sprechvermögen können die Lieder summen, brummen oder auch die Klänge mit Instrumenten imitieren. Kinder mit eingeschränkter Hörfähigkeit können auch in Gebärdensprache „singen" oder, falls diese noch nicht ausreichend erlernt wurde, in eigenen Gebärden, ähnlich der eines Fingerspiels, den Text nachempfinden.

Singen und Sprechen hängt sehr eng zusammen, denn beides erfordert die Ausbildung der Stimmbänder und die richtige Atemtechnik. Das Singen mit dem Kazoo ist in diesem Zusammenhang besonders sinnvoll.

Auch das deutliche Artikulieren ist gefordert. Wenn Kinder und Jugendliche beginnen, Noten lesen zu lernen, müssen sie sich mit Schrift und Form auseinandersetzen, lernen neue Symbole kennen und erweitern ihr Wissen über die Möglichkeit, sich schriftlich auszudrücken.

Soziale Kompetenz

Musikalische Interaktionen setzen **Disziplin** aller Beteiligten voraus. Der Musizierende muss Geduld und Ausdauer beweisen, um das Instrument bzw. die Stimme irgendwann zu beherrschen. Er muss seine Tonfolgen kennenlernen und üben, Texte auswendig lernen und sich dem vorgegebenen Schema des Liedes unterwerfen. Vor allem beim Chorsingen und Orchestermusizieren muss der Musizierende Rücksicht nehmen, abwarten, auf die anderen hören und zugleich selbstsicher sein Instrument präsentieren. Dies stärkt seine **Teamfähigkeit** und macht ihn kritikfähig und kommunikativ.

Musik hören und aktives Musizieren trägt dazu bei, Gefühle zu spüren und zu zeigen. Kinder entdecken ihre **Emotionen** und lernen, sie zu benennen. Sie spüren Musik, haben keine Angst vor Tränen, wenn sie von Klängen berührt sind. Sie probieren aus, welches Instrument sie besonders berührt. Später (als Jugendliche) haben sie die Möglichkeit, ihre Gefühle offen über Liedtexte und Melodien nach außen zu tragen.

Singen stärkt das **Selbstwertgefühl**. Allein die aufrechte und präsente Körperhaltung wirkt sich wiederum auf das Empfinden aus. Somit ist Musikerziehung besonders förderlich für die Resilienz der Kinder und Jugendlichen und damit auch ein Präventionsmittel (auch im Hinblick auf die Vermeidung von Suchtstrukturen oder Angststörungen).

Interkulturelle Kompetenz

Kinder lernen ihre eigene nationale Musikgeschichte und Tradition kennen. Sie spielen auf Instrumenten ihres Landes und singen alte Volkslieder. Aber sie lernen auch Lieder und Instrumente sowie Musikstile und musikalische Besonderheiten anderer Länder kennen. Dabei sollten Stereotype hinterfragt bzw. Unterschiedlichkeiten und ihre Entstehung erklärt werden. Beispielsweise besteht afrikanische Musik natürlich nicht nur aus Trommeln. Trotzdem enthält die pauschale Wahrnehmung, „die Afrikaner haben im Unterschied zu den Mitteleuropäern den Rhythmus im Blut", durchaus einen wahren Kern. Die Musikprägung verläuft in den verschiedenen Ländern ganz unterschiedlich, was mit dem jeweiligen Umgang mit Körperlichkeit zu tun hat. Rhythmus und Bewegung sind untrennbar miteinander verbunden und diesbezüglich hat es kulturell völlig verschiedene Entwicklungen gegeben. Die afrikanische Kultur ist bis heute sehr körperbetont: Die Kinder werden im Tragetuch am Körper der Mutter überall mit hingenommen, sie spüren auch über die Geburt hinaus häufig den mütterlichen Herzrhythmus, erleben die Rhythmen bei den „Work Songs" und Tanz, Bewegung und Körperausdruck sind elementare Bestandteile des Alltags. In Mitteleuropa hingegen ist die Körperlichkeit regelrecht „ab-erzogen" worden – zum einen durch die Aufklärung mit ihrer Betonung des Geistes und der Ratio und zum anderen schon viel früher durch die Kirche, die Körperlichkeit mit Sexualität und sündigem Verhalten in Verbindung brachte. Dieser unterschiedliche Umgang mit Körper und Bewegung hatte Auswirkungen auf die Musikentwicklung: In der afrikanischen Musik haben sich extrem vielfältige und komplexe Rhythmen entwickelt, die für Mitteleuropäer zum Teil kaum nachvollziehbar, geschweige denn auf Anhieb nachzumachen sind. Die Musik hierzulande ist rhythmisch relativ leicht verständlich und überschaubar, dafür aber melodisch und harmonisch komplexer, was vor allem auf den Mönchsgesang im 12. Jahrhundert zurückgeht: Sie haben begonnen, mit den Tönen zu spielen, auszuprobieren, vieles miteinander zu kombinieren und die (körperlich nicht ausgelebte) Bewegung in der Melodieführung herzustellen, woraus sich eine komplexe Vielstimmigkeit entwickelt hat. Jemand, der tanzt, tut das nicht, sondern rhythmisiert und setzt Musik eher in sichtbare Bewegung um.

Die Chance in der heutigen Musikerziehung besteht darin, die unterschiedlichen Ausdrucksformen von Musik und ihre jeweilige Faszination erlebbar zu machen, sodass die Kinder und Jugendlichen von der verschiedenartigen Entwicklung in den unterschiedlichen Ländern profitieren können.

Sowohl die Geschichte der Musikkultur in anderen Ländern als auch die heutige Musik ist für Kinder und Jugendliche interessant. Sie stellen fest, dass Musik eine universelle Sprache ist, die zur Verständigung zwischen den Kulturen beitragen kann.

Kreativität, Phantasie und ästhetisches Empfinden

Beim Musizieren können Kinder ihre eigenen Ideen einbringen und umsetzen. In der Gestaltung mit Musik können sie ihren gesamten Körper einsetzen und ihre Fähigkeiten einbringen (Tanz, Bewegung, szenisches Spiel, Malen, Zeichnen, Konstruieren, Texte und Melodien erfinden). Musikerlebnisse können künstlerisch gestaltet werden: Liedinhalte und Assoziationen werden gemalt, gezeichnet, geformt, in Collagen oder Materialbildern ausgedrückt etc. Ältere Kinder und Jugendliche setzen ihre Kreativität und Phantasie ein, wenn sie Lieder selbst komponieren und texten. Sie konstruieren und bauen Instrumente und spielen darauf. Bei allen musikalischen Aktivitäten wird stets das ästhetische Empfinden angesprochen.

Kognitive Fähigkeiten und Wissen

Musizieren fördert das Erfassen von Zusammenhängen und das **strukturierte Denken**. Ein Lied hat immer einen Anfang und ein Ende, in der Regel auch unterschiedliche Elemente wie Refrain und Strophe. Es besteht aus mehreren Taktfolgen, die sich aufeinander beziehen. Abstraktes Wissen, z. B. über den Inhalt des Liedes, kann über das Singen verinnerlicht werden. Informationen werden so verarbeitet und gespeichert. Musizieren erfordert Aufmerksamkeit und **Konzentration**, die sich wegen des emotionalen Interesses meist von selbst einstellen. Insofern profitieren die Kinder auch im Hinblick auf ihr allgemeines Lernverhalten. Das Lesen der Notenschrift erfordert bereits eine große Denkleistung.

Musiktheorie über Komponisten, Musikstile und -epochen sowie die Möglichkeiten des Komponierens können in vereinfachter Form bereits im Kindergarten vermittelt werden. Hier ist es wichtig, den Impulsen und Interessen der Kinder zu folgen und sie nicht mit unnötigem Wissen zu überfordern. Auch die **Instrumentenkunde** ist bereits im Vorschulalter sinnvoll. Kinder wollen und sollen erfahren, wie die Instrumente heißen, die so vielfältige Klänge erzeugen. Zudem können sie lernen, aus welchem Material sie hergestellt wurden und wie man selber Instrumente bauen kann. Theoretisches Wissen wird so mit praktischen Erfahrungen verknüpft.

Naturwissenschaften und Technik

Musik ist eng verknüpft mit Mathematik, u. a. wegen der unterschiedlichen Notenwerte, durch die der Rhythmus entsteht. Aber auch technisches Interesse wird durch die Beschäftigung mit Musik und den Instrumenten geweckt. Anhand der Musikinstrumente lassen sich auch viele physikalische Fragen beantworten, z. B.:

- Wie entsteht ein Ton?
- Was passiert, wenn eine Gitarrensaite gezupft wird?
- Warum klingt der Ton anders, wenn ich mehrere Löcher einer Blockflöte zuhalte?
- Welche Hölzer eignen sich am besten für den Bau einer Gitarre oder Pfeife und warum?
- Warum benötigt ein Instrument einen Resonanzkörper?

Der Ton an sich ist ein interessantes Phänomen. Die Kinder wollen wissen, was ein Ton eigentlich genau ist und warum wir ihn hören können. Sie fragen sich, ob Tiere die Töne genauso hören wie die Menschen, welche von ihnen gut und welche nicht so gut hören können, wie die Fledermaus hört oder eine Spinne. Im Zusammenhang mit dem Hören ergeben sich weitere Fragestellungen, z. B. ob und warum man im Wasser hören kann oder welche Materialien den Schall besonders gut weiterleiten.

Bewegung

Musik und Bewegung sind vor allem bei Kindern untrennbar miteinander verbunden. Eine Erziehung nur zum Stillsitzen und Stillstehen verhindert den natürlichen Impuls des Menschen, zu Musik zu wippen, zu tippeln und sich zu wiegen. Spiellieder und Tänze hingegen kommen dem natürlichen Bewegungsdrang von Kindern und Jugendlichen entgegen. Musizieren fördert aber auch die feinmotorischen Fähigkeiten. Denn beispielsweise das richtige Halten eines Klangstabes oder der Gitarre und das Greifen der Saiten müssen gelernt sein. Zudem wird die Koordinationsfähigkeit geschult, wenn z. B. beim Gitarrenspielen beide Hände unterschiedlich genutzt werden.

Inklusion

Musik kann Menschen mit und ohne Behinderung verbinden. Manchmal dient sie sogar als Weg der Kommunikation, wenn eine so schwere körperliche Behinderung vorliegt, dass sich das Kind oder der Jugendliche kaum mehr äußern kann. Kinder mit eingeschränkter Bewegungsfähigkeit haben bei einer großen Auswahl an Instrumenten viele Möglichkeiten zu musizieren und so in die Orchester-Gruppe integriert zu werden. Kinder und Jugendliche mit geistiger Behinderung sind oft besonders musikbegeistert. Häufig haben sie weniger Scheu davor, frei zu singen, und begeistern durch ihre musikalische Leidenschaft. Musik hilft, traumatisierte, verängstigte oder verstörte Kinder in eine Gruppe aufzunehmen. Sowohl das aktive Musizieren als auch das Hören von Musik schafft eine Brücke der Kommunikation. Immer häufiger diagnostizierte Syndrome wie ADHS und Autismus verlieren beim Musizieren an Bedeutung. Sowohl sehr aktive Kinder, die ihre Impulse schwer kontrollieren können, als auch sehr zurückhaltende, in sich gekehrte Kinder fühlen sich häufig von Musik angesprochen und drücken sich gerne musikalisch aus.

Musikalische Entwicklung

Die **Fähigkeit zu singen** ist angeboren, also physiologisch jedem Menschen gegeben. Besonders ausgeprägt ist diese Fähigkeit bei Kleinkindern, die von Natur aus in ein melodisches Sing-Sang-Sprechen verfallen und die Kopf- statt der Bruststimme verwenden. Lieder für Kleinkinder bewegen sich optimalerweise im Bereich zwischen ein- und zweigestrichenem f (f' bis f''), für ältere Kinder und Jugendliche ist es einfacher, im Umfang zwischen ein- und zweigestrichenem c (c' bis c'') zu singen.

Manche Kinder können trotz der grundsätzlichen Fähigkeit zu singen Töne nicht so genau treffen bzw. haben einen geringeren Tonumfang. Die Ursache dafür liegt häufig in der mangelnden Ausbildung der Stimme und deren Erprobung. Kinder, mit denen wenig stimmlich kommuniziert wird, können sich nicht an Vorbildern orientieren und ihnen fehlt die Motivation, Laute zu imitieren. Im besten Fall probieren sie trotzdem intuitiv ihre Stimme aus und üben so auch die richtige Dosierung des Luftstroms beim Singen und Sprechen.

Die Ausbildung musikalischer Fähigkeiten und Fertigkeiten verläuft zwar individuell verschieden, aber es gibt folgende Entwicklungsstufen, die jeder (gesunde) Mensch in den ersten Lebensjahren durchläuft:

Alter	musikalische Fähigkeiten
Fötus im Mutterleib	• frühe Ausbildung des Gehörs • Wahrnehmung von Stimmen, Geräuschen und Herzrhythmus
Säugling/Kleinkind	• Erkunden von Gegenständen in Bezug darauf, welche Geräusche man mit ihnen erzeugen kann • Ausprobieren der Stimme • Imitieren von Tönen und Tonfolgen
Kind (bis ca. 6 Jahre)	• Nachsingen einfacher Melodien und Texte • Heraushören der eigenen Stimme unter mehreren (Chorsingen, Kanon) • Einhalten von Rhythmen und Tonfolgen (Musizieren in der Gruppe)
Schulkind/Jugendlicher	• ausgebildete auditive Wahrnehmung • Nachsingen auch komplexer Texte und Melodien • prinzipielle Fähigkeit zum Erlernen jedes Instrumentes

Das **Gehör des Fötus** bildet sich sehr früh aus, sodass Herztöne der Mutter, Geräusche anderer Organe, Stimmen und andere Geräusche bereits im Mutterleib wahrgenommen werden können.

Säuglinge und Kleinkinder erleben Musik aktiv im Spiel. Sie probieren Instrumente aus, wie sie auch Spielzeug und andere Gegenstände erkunden. Sie bewegen die Rassel, um zu erfahren, was passiert (Ursache-Wirkung-Kausalität). Hören sie ein Geräusch, probieren sie aus, ob sie es erneut erzeugen können. So lernen sie allmählich, dass sie bewusst Geräusche produzieren können und dass das Instrument ein „Werkzeug" dafür ist.

Das Gehör entwickelt sich weiter, sodass differenziertes Hören möglich wird (auditive Wahrnehmung). Das Kind übt, einzelne Töne unter verschiedenen Geräuschen bewusst wahrzunehmen, z. B. eine bestimmte Stimme aus einer Gruppe von Stimmen herauszuhören und deren Klang zu folgen. Das Kleinkind beginnt, Laute zu erzeugen und erkundet so die Funktionen der eigenen Stimme. Es imitiert Sprachmelodien (Lernen am Modell), bis die eigenen Töne den gehörten Tönen entsprechen. Dabei moduliert es die Tonhöhe, Klangfarbe und Melodie. So entwickelt es seine Stimme bzw. Sprache vom ersten Schreien über das Brabbeln bis hin zum Summen und später auch Singen und Sprechen. **Akustik** wird erkundet; beispielsweise singen Kinder voller Inbrunst in einer Unterführung und freuen sich über die Verstärkung ihrer Stimme. Instrumente und Gegenstände werden in Bezug auf ihre Tonerzeugung erprobt. Rhythmisches Sprechen fällt immer leichter (Fingerspiele). Stets findet Musik mit Körpereinsatz statt.

Im **Kindergarten- bis zum Schulalter** werden Sprache und Stimme immer ausgereifter, Töne können präziser nachgeahmt werden. Das Kind kann seine eigene Stimme bewusst wahrnehmen und bald auch bewusst steuern. So ist singen in der Gruppe möglich und auch bestimmte Instrumente können schon in kleinen Gruppen eingesetzt werden. Für das ästhetische Empfinden besonders geeignet ist das Spiel mit pentatonisch gestimmten Instrumenten. Durch das Fehlen der Halbtonschritte innerhalb einer Oktave gibt es keine dissonanten Töne und die Kinder haben ein stetes Erfolgserlebnis beim Spiel mit dem Instrument, weil es immer angenehm klingt.

Die untrennbare Verknüpfung von Musik und Bewegung bleibt bis zu einem Alter von etwa vier Jahren bestehen. Sobald das Kind eine ausgereiftere Impulskontrolle entwickelt, nimmt der Bewegungsdrang beim Musizieren ab und wird nun bewusster eingesetzt (Tanz).

In der **Jugend** dient Musik unter anderem der Identitätsfindung. Jugendliche orientieren sich an Vorbildern, suchen Idole, die ihnen (musikalische) Richtungen weisen. Peer Groups finden sich unter anderem über den gemeinsamen Musikgeschmack. Jugendliche entdecken ihre eigenen musikalischen Talente und nutzen die Musik, um Stimmungen und Emotionen auszuleben. Häufig findet ein Wechsel der Instrumentenwahl statt, z. B. von der Blockflöte zum Saxophon, vom Klavier zur E-Gitarre.

Moderne Pop- und Rockmusik ist für Kinder im Schulalter und Jugendliche natürlich besonders ansprechend. Sie kann Kinder und Jugendliche motivieren, selbst zu musizieren. In den sozialpädagogischen Einrichtungen sollten daher entsprechende Songbooks der beliebtesten Stars mit Liedtexten und Begleitung zugänglich sein.

Kinder erleben Musik

„Das Elementarste der Musik ist die Freude und der Spaß" (Amthauer, 2007, S. 130). In diesem Sinne sollte Musik etwas Alltägliches sein, das allen Beteiligten Freude bereitet. Bereits in der Krippe können Kinder auf unterschiedlichen Wegen mit Musik in Berührung gebracht werden. Es beginnt mit dem Begrüßungslied im Morgenkreis, geht beim Bewegen nach Musik aus dem CD-Spieler weiter und endet mit der Spieluhr, die vor dem Einschlafen aufgezogen wird. Die Möglichkeiten sind so vielfältig, dass unter Umständen schwer einzuschätzen ist, welche Auswahl sinnvoll und altersentsprechend sein mag. Generell gilt: Je öfter die Musik „selbst gemacht" ist, desto besser. Passiver Musikkonsum führt möglicherweise dazu, dass diese nur noch als Berieselung wahrgenommen und entsprechend auch nicht wertgeschätzt wird.

Ob eine ausgewählte Musik als „schön" empfunden wird oder nicht, ist eine Geschmacksfrage. Ob sie aber geeignet ist, um Kleinkinder musikalisch zu fördern oder ihre Persönlichkeitsbildung zu unterstützen, lässt sich überprüfen.

Einige Aspekte sollten bei der Auswahl der Medien und der Musik beachtet werden:

- leise oder variable Abspiellautstärke (z. B. Spieluhr, Spieltiere und Spiele)
- altersgerechte Inhalte, sowohl textlich als auch melodisch (z. B. wenige wechselnde Takte und einfache, sich wiederholende Texte für Kleinkinder)
- keine diskriminierenden oder gewaltverherrlichenden Textinhalte
- keine religiösen Lieder, die einer interreligiösen Erziehung widersprechen
- eine gewisse Bandbreite an Musikstilen und Inhalten (nicht der eigene Geschmack sollte ausschlaggebend sein, denn die Kinder und Jugendlichen haben ein Recht darauf, eine breite Palette an musikalischen Möglichkeiten kennenzulernen)

Musik im Alltag

Überall im alltäglichen Geschehen sind Geräusche bzw. melodische Töne zu hören, die in der Regel nicht bewusst wahrgenommen werden. Erzieherinnen können das aufmerksame Hören der Kinder fördern, indem sie sie immer wieder dazu animieren. Spaziergänge durch den Wald, den Stadtpark und entlang der Straße können wahre „Hör-Spiele" sein. Die Kinder werden dazu angeregt, die vielen unterschiedlichen Geräusche wahrzunehmen und allmählich darin immer mehr musikalische Klänge zu erkennen – ob das der Gesang eines Vogels ist oder das Bimmeln einer Straßenbahn, vielleicht auch das Schleifen des Besens einer Straßenkehrmaschine. Besonders spannend ist es, diese Töne aufzunehmen und später wieder anzuhören und vielleicht sogar zu einem Hörstück zusammenzuschneiden.

Auch im Tagesablauf in der Kita, dem Hort und der Krippe können pädagogische Fachkräfte musikalisches Hören unterstützen. Sie können die Namen singen, den Ruf zum Mittagessen rhythmisch gestalten und Klänge verwenden, um auf etwas hinzuweisen, z. B. eine Klangschale anschlagen, um zum Vorlesen zu rufen. **Musikalische Rituale** wie das Begrüßungslied, das Geburtstagslied, die Melodie, die zum Einschlafen aus der Spieluhr ertönt oder gesungen wird, und rhythmisches Sprechen bei bestimmten Anlässen wie

„Piep, piep, piep,
wir haben uns alle lieb
und wünschen uns und wünschen uns
'nen guten Appetit!"

gehören zum Krippen- und Kindergartentag unbedingt dazu. Je öfter gesungen und rhythmisiert wird, desto besser. Rituale geben den Kindern Sicherheit und Orientierung im Alltag, weil sie so zuverlässig wiederkehren. Musikalische Rituale sind dabei besonders einprägsam. Erzieherinnen können sich dies zunutze machen und sich z. B. für das Aufräumen eine kurze Liedzeile ausdenken und sie täglich zur Motivation singen. Vielleicht kommen mit der Zeit weitere Zeilen dazu: „Wir räumen auf, wir räumen auf, wir räumen alles ein." Mit Musik geht tatsächlich vieles leichter. Die Kinder haben Spaß dabei, zu singen und aufzuräumen, und empfinden es im besten Fall nicht mehr als notwendiges Übel, sondern als lustiges Spiel.

Klanggeschichten und „vertonte" Bilderbücher sind bei Kindern sehr beliebt. Es können einfache Geschichten verwendet werden, die entweder selbst erfunden oder Bilderbüchern entnommen sind. Zu den einzelnen Situationen spielen die Kinder Instrumente, machen Geräusche bzw. ahmen mit ihrer Stimme Geräusche nach und erarbeiten sich die Geschichte auch akustisch. Gerade Bilderbücher bieten sich an, Geschichten über verschiedene Sinneskanäle erfahren zu lassen: Durch das Hören beim Vorlesen lernen die Kinder die Wörter und den Inhalt kennen, sie sehen die Bilder, die die Geschichte verdeutlichen, und sie erzeugen selbst Geräusche dazu und hören die Töne der anderen Kinder.

Im Morgen- oder Abschlusskreis, der in fast jeder Krippe und Kita stattfindet, gehören **Singspiele** zum täglichen Ablauf. Die Kinder bewegen sich zu einem Lied, das sie meist selbst singen. Sie spielen den Ablauf des Textinhaltes oder bestimmte Spielfolgen. Fast schon zu einem szenischen Spiel zählen Singspiele, die ganze Geschichten erzählen und bei denen mehrere Strophen eines Liedes spielerisch dargestellt werden. Dieses ganzheitliche Erleben eines Themas unterstützt das frühe Lernen von Inhalten und macht zudem viel Freude. Zu Singspielen können auch **Klatschspiele** gezählt werden, die normalerweise von zwei sich gegenüberstehenden oder -sitzenden Kindern gespielt werden. Beide Kinder singen ein kurzes Lied und klatschen im Takt nach einem festgelegten Schema mal in die eigenen Hände, mal in die des Gegenübers, auch mal auf ihre Oberschenkel oder sie kreuzen die Arme beim Abklatschen. Folgendes Lied eignet sich z. B. als Klatschspiel:

Ja du di du di du fa le ri und fa le ru du di du du du fa le ri ra ru
Komposition und Text: Yvonne Wagner

Fingerspiele spielen in der Frühpädagogik eine große Rolle. Sie werden häufig gesungen, zumindest aber rhythmisch gesprochen. Das Bewegen der Finger „illustriert" den Text, sodass die Kinder den Inhalt leichter verinnerlichen. Ähnlich wie die Klatschspiele, die vor allem Grundschulkinder lieben, müssen Fingerspiele oft wiederholt werden. Je öfter die Kinder sie spielen, singen und sprechen, desto besser können sie sie auswendig und desto mehr Freude haben sie daran. Vor allem die Kleinsten erleben die Wiederholung als freudiges Ereignis. Sie erwarten bereits den Schluss, den sie ja kennen, und fordern gleich eine weitere Wiederholung.

Begegnungen mit Musikern

Kinder sind in der Regel begeisterte Zuhörer von Livemusik. Schon die Kleinsten, die gerade laufen können, eilen häufig zur Bühne, um den Musikern ganz nah zu sein. Natürlich ist es in so einem Fall besonders wichtig, darauf zu achten, dass die Lautstärke angemessen ist, sodass das empfindliche Gehör der Kinder keinen Schaden nimmt. Die Stilrichtung der Musik ist zunächst Nebensache. Für Kinder ist es beeindruckend zu erleben, dass Menschen Musik machen. Sie sind fasziniert von den Klängen, von der Geschicklichkeit der Musiker und den Vibrationen, die sie bis in ihren Bauch hinein spüren können.

Ein besonderer Genuss für Kinder und Jugendliche kann ein klassisches Konzert sein, vor allem, wenn sie sich vorab bereits mit dem Komponisten und den Instrumenten auseinandergesetzt haben. Die gewaltige Präsenz eines klassischen Orchesters imponiert häufig auch Jugendlichen und kann eine nachhaltige Wirkung haben.

In fast jedem Dorf und in jeder kleinen Stadt gibt es eine **Dorfkapelle**. Hier wird meist großer Wert auf die Nachwuchsförderung gelegt, sodass viele Musiker gerne einer Einladung in die sozialpädagogische Einrichtung folgen. Sie stellen den Kindern ihr Instrument vor und zeigen ihnen, welche Töne sie damit „zaubern" können. Möglicherweise dürfen die Kinder auch mal ein Instrument in die Hand nehmen. Nach einer solchen persönlichen Begegnung ist der Besuch eines Konzertes dieser Kapelle noch spannender. Oft bieten die Musiker auch Unterricht an – evtl. ist eine Kooperation zur instrumentalen Frühförderung möglich.

Instrumentenausstattung

Die Ausstattung einer sozialpädagogischen Einrichtung mit Instrumenten kann je nach finanziellen Möglichkeiten sehr umfangreich und vielfältig sein. Wichtig ist aber die **Qualität** der Instrumente, nicht die Quantität. Viele minderwertige Instrumente motivieren nicht mehr zum Musizieren als wenige hochwertige. Es gibt oft große Unterschiede im Klang, in der Handhabung und auch in der Ästhetik des Instrumentes (ein Kunststoffsaxophon ersetzt niemals ein echtes Instrument). Auch die heute in Massen angefertigten Spielzeuginstrumente für Kleinkinder sind wenig sinnvoll – sie bewirken im Gegenteil oft Überdruss, denn sie erzeugen meist keine klangvollen, sondern eher „quietschende" Töne, haben in Funktion und Optik häufig kaum Ähnlichkeit mit dem Original und können niemals die Freude an Musik vermitteln wie ein „echtes" Instrument.

Die Instrumente sollen zum Ausprobieren anregen. Kinder dürfen keine Scheu haben, damit und darauf zu spielen – entsprechend hochwertig muss die Verarbeitung sein. Kinder und Jugendliche sollen sie auch dazu verwenden dürfen, ihrer Stimmung bzw. ihren Gefühle Ausdruck zu verleihen oder sie zu kanalisieren. Damit sich die übrige Gruppe beispielsweise vom lauten Schlagzeugspiel oder sich stets wiederholenden Flötenmelodien nicht gestört fühlt, sollten die Instrumente in einem separaten Musikraum genutzt werden können.

Je nach Zielgruppe der pädagogischen Institution sollte auch das Repertoire an Instrumenten altersgerecht sein und bestimmte **Kriterien** erfüllen:

Bis 3 Jahre (Krippe)
- aus massiven und stabilen Materialien (damit sie auch nach mehrmaligem Herunterfallen nicht kaputt sind)
- speichelbeständig und abriebfest (keine gesundheitsschädlichen Lacke oder Weichmacher)
- abwaschbar
- ohne ablösbare, verschluckbare Kleinteile
- leicht
- gut greifbar für Kinderhände
- leise und ansprechende Töne erzeugend

3–6 Jahre (Kindergarten)
- ein größeres Bewegungsausmaß ermöglichend, auch beidhändig oder bei Einsatz der Füße spielbar (Trommeln, Klangstäbe)
- die Feinmotorik herausfordernd (Saiteninstrumente)
- verschiedene Klänge bzw. Töne erzeugend
- Alltagsgegenstände als Tonerzeuger (Schüsseln mit Kochlöffeln schlagen)

6–10 Jahre (Grundschule/Hort)
- nach Möglichkeit Einsatz aller Instrumente, teilweise in entsprechend kleinerer Ausführung
- selbst gebaute und gebastelte Instrumente

Jugendliche (Heim/Jugendzentrum)
- weites Spektrum von der Zither (Volksmusik) bis zum E-Bass (Rock und Pop), um verschiedene Musikrichtungen kennenzulernen und auszuprobieren und um neue Formen zu kreieren
- Instrumente, die sich zum spontanen Ausdruck von Gefühlen eignen und ohne Vorkenntnisse zu spielen sind (z. B. Mundharmonika, Bongos, Congas)

Musikinstrumente können nach dem Material eingeteilt werden, aus dem sie bestehen (z. B. Holzinstrumente, Blechblasinstrumente), aber auch nach der Art, wie sie zu bedienen sind, oder nach der Art der physikalischen Tonerzeugung. Im Folgenden wird beispielhaft eine mögliche Einteilung beschrieben, wobei die Liste noch um viele Instrumente erweitert werden könnte:

Räumliche Bedingungen
Musikerziehung findet in sozialpädagogischen Einrichtungen vor allem gemeinsam in der Gruppe statt. Trotzdem sollten Kindergärten, Horte und andere Institutionen einen separaten **Musikraum** haben. Hier kann Musikerziehung in Kleingruppen stattfinden. Kinder dürfen „Krach"

Bezeichnung	Instrumente
Schlag- und Fellinstrumente	Becken, Triangel, Glockenspiel, Xylophon, Handtrommel, große Trommel, Bongo, Conga, Pauke, Schellentrommel, Schlagzeug
Saiteninstrumente	Gitarre, Tischharfe oder Türharfe, Harfe, Kantele, Ukulele, Geige, Cello, Banjo, Kontrabass, E-Bass
Blasinstrumente	Flöte, Tröte, Kazoo, Saxophon, Klarinette, Oboe, Trompete, Posaune, Horn
Tasteninstrumente	Klavier, Orgel, Keyboard, Akkordeon, Melodica
Orff-Instrumente	Glockenspiel, Metallophon, Xylophon, Klangstäbe, Becken, Triangel, Hand- und Schellentrommel, Pauke, Schellenring, Holzblocktrommel, Rassel, Fingercymbeln, Kastagnetten
Naturinstrumente	Regenstab, Kürbisrasseln und -trommeln, Maracas, Guiro (Fisch)
selbst gebaute Instrumente	Saiten- und Schlaginstrumente, Rasseln, Klappern, Blasinstrumente wie Kamm und Papier, Grashalm, Gießkanne, Klangerzeuger wie Glas, Flaschen, Schüsseln, Schläuche usw.

machen, ohne die übrige Gruppe zu stören, und können sich andererseits ganz in ihr Musizieren vertiefen, ohne durch das Gruppengeschehen abgelenkt zu werden. Besonders Jugendliche sondern sich gerne von anderen ab, um allein mit ihrem Instrument zu sein. Sie fühlen sich so freier und unbeobachtet und können sich ganz ihren Empfindungen hingeben. Praktisch ist ein Musikraum auch dann, wenn größere Instrumente wie ein Schlagzeugset oder ein Klavier vorhanden sind. Zudem können die Instrumente und ggf. Notenständer über längere Zeit aufgebaut bleiben, wenn beispielsweise für einen bestimmten Anlass wie ein Sommerfest geprobt wird.

Die **Ausstattung** des Musikraums ist individuell auf die Einrichtung abzustimmen, einige Dinge sollten aber nach Möglichkeit vorhanden sein:

- Regale, Schränke, Kommoden
- Kästen, Körbe, Schachteln (für kleinere Instrumente und Naturmaterialien, die als Instrumente genutzt werden)
- Holzboden (für die Schwingungen), beweglicher Teppich, Sitzkissen, Decken
- Stoff zum Behängen der Wände und/oder dicke Vorhänge, die den Schall etwas auffangen und so den Lärmpegel niedrig halten (spezielle Übungsräume sollten allerdings wesentlich mehr schallgedämmt sein)
- Tische und Stühle in entsprechender Höhe und Größe, je nach Alter der Kinder und Jugendlichen
- Notenständer
- Aufnahme- und Abspielgeräte (Kassettenrekorder, CD-Player, digitales Aufnahmegerät, Mikrofone, Lautsprecher)
- Notenblätter und Schmierpapier sowie Stifte
- Tafel und Kreide

In Krippe und Kindergarten ist es sinnvoll, das Musikzimmer mit dem **Bewegungsraum** zu kombinieren, da Musik fast immer in Zusammenhang mit Bewegung stattfindet. Hier muss besonders darauf geachtet werden, dass die Instrumente gut beiseite geräumt werden können und sich niemand daran verletzen kann, wenn viele Kinder herumtoben und tanzen.

Für den Gruppenraum und das Musizieren im Alltag ist eine kleine **Grundausstattung** notwendig. Diese kann in einem Korb oder einer Kiste aufbewahrt werden. Sinnvoll ist auch eine Instrumentenwand, die an die Tür oder eine Zimmerwand geschraubt wird. Die Instrumente können an dafür eingeschraubten Haken befestigt werden.

Für die Kinder jederzeit zugängliche Instrumente wie kleine Rasseln, Trommeln oder auch Naturmaterialien als Klangerzeuger können in einem Kasten oder einer Schublade auf Kinderhöhe im Gruppenraum untergebracht werden.

Besonders beliebt ist bei den Kindern eine „**Hör-Insel**". Diese „Ecke" besteht aus einer gemütlichen Sitzgelegenheit oder Polstern zum Hinlegen und Kuscheln. In der Nähe gibt es ein Musikabspielgerät (Kassettenrekorder oder CD-Player). Die Kinder können sich hinlegen oder -setzen und ganz entspannt der gewählten Musik lauschen. Vielleicht singt gelegentlich ein Kind den anderen etwas vor oder eine Erzieherin spielt leise ein Lied auf der Gitarre. Auch ältere Kinder und Jugendliche genießen einen solchen Rückzugsraum mit Musik, bezeichnen diesen aber anders, etwa als „Chill"-Raum.

Die Haltung der sozialpädagogischen Fachkraft

„Die Erzieherin im Kindergarten ist keine Musikpädagogin. Sie ist aber durchaus in der Lage, ‚musikalisch-pädagogisch' zu wirken. Dieser Begriff unterscheidet sich vom Terminus ‚musikpädagogisch', indem er die Bereiche ‚Musik' und ‚Pädagogik' gleichberechtigt nebeneinander stehen lässt. ‚Musikerziehung' in diesem Sinne findet ihren Ursprung in der Reformpädagogik. Danach ermöglicht die musikalisch-pädagogische Arbeit unter dem Gesichtspunkt einer ganzheitlichen Erziehung

sowohl eine ‚Erziehung zur Musik', wie auch eine ‚Erziehung durch Musik'."
(Amthauer/Eul, 2009, S. 136)

Wichtige Voraussetzungen für die Erzieherin als Impulsgeberin und Vorbild musikalischer Bildung sind demnach
- musikalisches Grundwissen,
- positive Grundhaltung zum aktiven Musizieren,
- Rhythmusgefühl,
- Instrumentenkenntnis,
- Kenntnis von Notenschrift und
- Grundwissen über Komponieren und Liedtexten.

Sozialpädagogische Fachkräfte sollten keine Angst vor dem Musizieren mit Kindern haben. Das ist schwer, wenn sie selber unsicher sind, wie ein Instrument gespielt werden muss oder ob sie die richtigen Töne beim Singen treffen. Außerdem findet Musik heute vielfach passiv statt: Sie wird häufig eher konsumiert als selbst produziert. Diese Haltung zu Musik führt leider dazu, dass auch manche pädagogischen Fachkräfte dazu neigen, Kindern lieber Musik vorzusetzen, anstatt sie gemeinsam selbst zu erzeugen. Wichtig ist also, die eigene **musikalische Biografie** zu überprüfen und an der Haltung zum Musizieren zu arbeiten bzw. die eigene musikalische Ausbildung zu intensivieren.

Die wichtigste Voraussetzung, um Musikerziehung und -bildung zu gewährleisten, ist aber die eigene Freude am Musizieren.

3.5.7 Künstlerisches Gestalten

Mit dem gesellschaftlichen Wandel sind immer wieder auch Neuerungen in der Kindergartenpädagogik verbunden – kreatives Gestalten und die Auseinandersetzung mit Kunst und Kultur bleiben jedoch stets ein wichtiger Bestandteil der Bildung von Kindern. Das Beschäftigen mit verschiedensten Materialien liegt in der Natur des lernenden Menschen. Schon der Säugling will Dinge begreifen und setzt sich mit den Funktionen von Gegenständen auseinander. Bald versucht das Kind, diese zu ordnen und zu sortieren. Es beginnt, Gegenstände in andere Zusammenhänge zu setzen und zu verändern. Es stellt beispielsweise Töpfe und Schüsseln auf den „Kopf", baut daraus einen Turm und freut sich über dessen Höhe und Form. Es fasst mit beiden Händen in den Frühstücksbrei und schmiert ihn übers Gesicht, den Teller und den Tisch. Dieses **sinnliche Erleben** ist bereits in frühen Jahren Teil der Bildung von **ästhetischem Empfinden**.

Das intuitive Gespür für die Schönheit von Farben, Formen und Komposition wird im Laufe der Entwicklung ergänzt durch das Erfahren von Materialeigenschaften sowie das Orientieren an Vorbildern und deren künstlerischer Ausdruckskraft. Zunehmend kann die Verwendung von Materialien in ästhetischem Bezug für das schöpferische Ausdrücken von Gefühlen, Erlebnissen, Gedanken und Vorstellungen genutzt werden.

In Krippe, Kindergarten, Hort und Einrichtungen für Jugendliche verändert sich der Anspruch an das künstlerische Gestalten. Denn je älter der Mensch wird, desto mehr strebt er nach Ergebnissen, nach Aussagen und Produkten. Diese ergebnisorientierte Ausrichtung kann jedoch dazu führen, dass sich bereits Grundschulkinder als „Versager" fühlen, wenn sie beispielsweise die geliebte Comicfigur nicht perfekt kopieren können. Schon im Kindergarten erfahren Kinder, dass viele Erwachsene in erster Linie ihre Kunstwerke, also das Produkt bewerten und weniger den Akt des Malens, der Auseinandersetzung mit Farben, Formen und Komposition als solches. Die Erzieherin sollte diesem Trend entgegenwirken und zum bewertungsfreien Gestalten ermutigen.

Kreatives und künstlerisches Gestalten als **Bildungsziele** finden sich in allen **Bildungsplänen**. Im Allgemeinen geht es darum, Kinder zu kreativem Handeln anzuregen, ihnen Techniken

künstlerischer Ausdrucksweise zu vermitteln und sie darin zu unterstützen, verschiedene Stadien der künstlerischen Entwicklung zu durchleben.
Im Bayerischen Bildungs- und Erziehungsplan werden diese Ziele beispielsweise folgendermaßen formuliert:

„Im Dialog mit seiner Umwelt lernt das Kind, diese mit allen Sinnen bewusst wahrzunehmen, sie bildnerisch zu gestalten und spielend in verschiedene Rollen zu schlüpfen. Es entdeckt und erfährt dabei eine Vielfalt an Möglichkeiten und Darstellungsformen als Mittel und Weg, seine Eindrücke zu ordnen, seine Wahrnehmung zu strukturieren und Gefühle und Gedanken auszudrücken. Neugier, Lust und Freude am eigenen schöpferischen Tun sind Motor der kindlichen Persönlichkeitsentwicklung."
(Bayerisches Staatsministerium für Arbeit und Sozialordnung, Familie und Frauen/Staatsinstitut für Frühpädagogik München, 2012, S. 298)

Hier wird deutlich, dass künstlerisches Gestalten nicht isoliert betrachtet werden kann. Bei allen sinnlichen Wahrnehmungen und Erlebnissen, bei allem, was das Kind zu verstehen und begreifen lernt, ergeben sich kreative Momente und ästhetische Erfahrungen, die es zu vertiefen gilt. Künstlerisches Gestalten ist also das Verinnerlichen und Verarbeiten von Erlebnissen und zugleich auch das Erleben eigenen schöpferischen Wirkens.
Die Hamburger Bildungsempfehlungen betonen die Bedeutung des bildnerischen Gestaltens:

„Im bildnerischen Gestalten entwickeln Kinder ihre Visionen. Kognitives und magisches Denken, Realitätsbearbeitung und Fantasie, Feststellung und Vorstellung kommen hier zusammen. Die Spannung zwischen Möglichem und Unmöglichem, zwischen Realität und Fiktion setzt Kräfte frei, mit denen Kinder sich selbst als Gestalter ihrer Welt erleben können."
(Behörde für Soziales, Familie, Gesundheit und Verbraucherschutz Hamburg, 2008, S. 48)

Das bildnerische Gestalten ist demnach ein Mittel, um das eigene Denken und Empfinden auszudrücken, wobei Realität und Fiktion ineinander übergehen.

Durch die Beschäftigung mit gestalterischen Mitteln werden Kompetenzen entwickelt, die auch in anderen Bildungsbereichen relevant sind.

„Querverbindungen zu anderen Bereichen
Ästhetische Bildung durchdringt nahezu jeden im vorliegenden Orientierungsplan beschriebenen Bildungsbereich. Sie erfasst alle Ausdrucksformen des Kindes (Sprache, Mimik und Gestik, Singen und Musizieren, Bewegung und Tanzen). Kreative und fantasievolle Lösungsstrategien sind auch in Bereichen wie Mathematik, Naturwissenschaften und Technik gefragt."
(Bayerisches Staatsministerium für Arbeit und Sozialordnung, Familie und Frauen/Staatsinstitut für Frühpädagogik München, 2012, S. 300)

Insbesondere in folgenden Bereichen kann künstlerisches Gestalten das Erreichen der jeweiligen Bildungsziele unterstützen:

Sprache und Kommunikation
Kunst kann als Gesprächsanlass dienen, wobei sich sowohl die eigenen Werke der Kinder und Jugendlichen als auch die anderer Künstler anbieten. Zudem beinhalten Kunstwerke eine Symbolsprache, die sowohl bei der Auseinandersetzung mit historischer und zeitgenössischer Kunst als auch beim selbsttätigen künstlerischen Tun erfahren wird.

Motorik und Koordination
Künstlerisches Gestalten findet in der Regel mit den Händen statt. Dadurch werden die Handmotorik bzw. die Geschicklichkeit, die auch für das Schreiben sehr wichtig ist, und besonders die Auge-Hand-Koordination trainiert. Beim Zeichnen, Malen, Werken und Basteln üben die Kinder zudem Überkreuz-Bewegungen, was die Vernetzung der beiden Gehirnhälften fördert. Gerade beim Handwerken mit gröberen Materialien wird die Grobmotorik geschult, indem stabiles Stehen, kräftiges Zupacken und geschicktes Verteilen der Muskelkraft gefordert ist. Auch Kinder mit manuellen bzw. motorischen Beeinträchtigungen werden durch künstlerisches Gestalten motiviert, ihre Grob- und Feinmotorik den eigenen Fähigkeiten entsprechend zu trainieren. Zum Teil bilden sie sogar besondere Fähigkeiten aus, indem sie beispielsweise beim Malen statt

der Hände die Füße, den Mund oder die Arme benutzen.

Naturwissenschaft und Technik

Beim Malen, Zeichnen, Basteln und Werken kommen ständig neue Fragen auf: Was passiert, wenn ich die Farbe sehr flüssig auf das Papier tropfen lasse? Was geschieht, wenn ich dann das Papier bewege? Warum hält der Kleber Papier zusammen, Styropor aber nicht? Wie kommt es, dass ein Schnitt ins gefaltete Papier ein gleichmäßiges Muster ergibt? So kann künstlerisches Gestalten zugleich auch ein Forschen und Ergründen sein. Farben mischen, Anrühren in geeignetem Verhältnis von Wasser und Farbstoff sowie das Aufbringen auf Papier sind Vorgänge, die erst allmählich gelernt werden. Dabei bauen die Kinder auf ihr jeweils erworbenes Wissen auf und setzen so, ähnlich einer Versuchsreihe, ihr Lernen fort. Auch mathematische Grundlagen werden trainiert: Schon in den Zeichnungen kleiner Kinder finden sich Reihenbildungen (z. B. Leitern, Blätter), Symmetrien (z. B. Schmetterlinge, Blumen) und Zählungen (z. B. fünf Finger an jeder Hand).

Soziale und emotionale Erziehung

Sich künstlerisch auszudrücken, entspannt und befriedigt. Diese Befriedigung entsteht durch das „Entladen" der Emotionen, aber auch durch das Lösen eines gestellten Problems bzw. durch das Herstellen eines Produktes, das man sich vorher ausgedacht hat („Das habe ich geschafft!"). Werden Kinder in ihrer künstlerischen Auseinandersetzung ernst genommen und wertgeschätzt, erfahren sie emotionale Sicherheit. Das Finden eigener schöpferischer Fähigkeiten und Neigungen dient der Identitätsfindung. Kinder lernen aber auch, Kritik anzunehmen und zu äußern, und üben auf diese Weise, sowohl ihr Selbstbild zu erkennen und zu hinterfragen als auch sich empathisch und respektvoll auszudrücken. Kinder und Jugendliche trainieren darüber hinaus bestimmte „Arbeitstugenden", die sie auch im Leben und für das Lernen außerhalb des Kunstraumes benötigen: Sie nehmen sich etwas vor, planen und strukturieren die Arbeitsschritte, lernen, nicht gleich aufzugeben und übernehmen Verantwortung für das Material, Werkzeuge und den Raum, den sie nutzen.

Künstlerisches Gestalten mit Kindern kann übergeordnet als Auseinandersetzung mit der eigenen schöpferischen Kraft und den Gestaltungsmöglichkeiten zusammengefasst werden. Diese Auseinandersetzung findet in drei unterschiedlichen Formen statt:

- Kinder erleben Kunst.
- Kinder lernen künstlerische Gestaltungstechniken, Werkstoffe, Materialien und Werkzeuge kennen.
- Kinder drücken sich künstlerisch aus.

Kinder erleben Kunst

Auch in Kleinstädten sind in der Regel Kunsträume zu finden: ein Heimatmuseum, vielleicht auch eine **Galerie** oder auch ein Künstler mit einem **Atelier** oder einer Werkstatt. In größeren Städten ist die Auswahl an **Ausstellungen** und anderen Begegnungsstätten mit Kunst entsprechend vielfältiger. Da viele Erwachsene aber selbst kaum Erfahrung damit haben, sich Kunst in **Museen** zu nähern, übertragen sie ihre „Berührungsängste" auf die Kinder und meiden den Museumsbesuch mit ihnen. Doch gerade Kinder, besonders ab dem Kindergartenalter, nähern sich der Kunst noch sehr unbedarft und vertrauen ihrem eigenen Gespür – sie werten nicht bzw. beurteilen nicht nach „schön" und „nicht schön". Sie sehen Bilder und denken sich Geschichten dazu aus. Sie fragen sich, was auf dem Bild passiert. Pädagogische Fachkräfte können spannende Momente erleben, wenn Kinder riesige historische Kunstwerke betrachten, z. B. in der Alten Pinakothek in München, und ihre Eindrücke schildern. Kinder bestaunen die überdimensionalen Bilder und brauchen eine Weile, um darin einzutauchen und sich zurechtzufinden. Sie träumen Wege weiter, reiten mit den Soldaten in die Schlacht oder fiebern mit dem Menschen auf dem Schiff in den hohen Wellen mit. Erzieherinnen können viel von den Kindern lernen, vor allem, sich (wieder) wertfrei auf Kunst einzulassen und sich auf fantasievolle Gedankenreisen zu begeben. Und Kinder kann man durch diesen emotionalen Zugang für Kunst interessieren und ihnen Wissen vermitteln. Das Bild „Kinderspiele" von Pieter Bruegel beispielsweise bietet die Möglichkeit, sich auf humorvolle Weise mit der Kunst des 16. Jahrhunderts auseinanderzusetzen.

Die Bildbetrachtung kann natürlich auch im Kindergarten, in der Krippe und im Hort stattfinden, mithilfe von Fotos, Drucken und über das Internet. Doch die unmittelbare Nähe zum echten Bild ist so „magisch", dass nach Möglichkeit ein Museumsbesuch vorzuziehen ist.

Die Auseinandersetzung mit historischer Kunst bietet Kindern die Möglichkeit, zu verstehen, wie sich Kunst und Kultur entwickelt haben und auch immer weiterentwickeln. Sie erkennen, dass Techniken, Muster und Motive sich häufig wiederholen. Die Kinder können auch selber nachmachen, wie beispielsweise die alten Ägypter gemalt haben, und erfahren, wie wunderbare Tierzeichnungen oder Erlebnisbilder mit einfachen Erdfarben oder Asche an die Höhlenwände gemalt wurden und dort bis heute erhalten blieben. Zudem können sie Techniken kennenlernen, die es ihnen ermöglichen, sich mit einfachen Mitteln künstlerisch auszudrücken, z. B. durch das Formen von Lehm und Erde oder mittels Kleben von Collagen aus gepresstem Herbstlaub.

Wichtig zu erfahren ist ebenfalls, dass der eigene künstlerische Ausdruck sich im Laufe des Lebens ständig erweitern und auch stark verändern kann. Es gibt Künstlerinnen und Künstler, die einen

Pieter Bruegel: Kinderspiele

Pieter Bruegel der Ältere (1525–1569)
Pieter Bruegel d. Ä. war ein flämischer Maler der Renaissance. Seine Darstellungen des bäuerlichen Lebens erzählen vom Alltag der Menschen zu dieser Zeit. Bruegel setzte auch Sprichwörter in Bilder um und erzählte so Geschichten auf teilweise groteske Weise. Da er häufig zahlreiche Menschen auf einem Gemälde darstellte, kann man sie auch als frühe Vorläufer der Wimmelbilder bezeichnen.

bestimmten Stil ihr Leben lang beibehalten, und es gibt andere, die immer wieder nach neuen Formen suchen. Das Werk von Pablo Picasso beispielsweise, einem der bedeutendsten Künstler des 20. Jahrhunderts, ist geprägt von einer großen Vielfalt künstlerischer Ausdrucksformen.

Auch **Plastiken** sind für Kinder faszinierend anzusehen, ebenso wie moderne **Installationen**, die sich über die Augen der Kinder manchem Erwachsenen erst erschließen. Bei Skulpturen ergibt sich allerdings das Problem, dass Kinder (wie auch Erwachsene) die Formen gerne berühren möchten. Eine weich geformte Figur des französischen Bildhauers Auguste Rodin beispielsweise lässt sich erst beim direkten Anfassen in ihrer Gesamtheit „begreifen". Das Nachspüren der Form vermittelt ein besseres Verständnis und lässt das Ansinnen des Künstlers erkennen. Um die Kunstwerke zu schützen, ist das Berühren allerdings in der Regel untersagt. Mancherorts gibt es jedoch bereits Museen und Galerien für Kinder, die darauf ausgelegt sind, Kunst mit allen Sinnen zu erleben und sich aktiv zu beteiligen. Zudem werden spezielle Kinderführungen und museumspädagogische Begleitangebote in fast allen größeren Kunstmuseen angeboten und sind gerade auch für kunstunerfahrene Erzieherinnen hilfreich. Vielerorts gibt es Kinder-Galerien, die unter anderem zum Ziel haben, kunstinteressierte Kinder miteinander zu vernetzen und ihnen Raum zu geben.

Der Besuch eines Künstlers an seinem Arbeitsort ist für Kinder besonders beeindruckend. Hier sehen sie, wo der Kunstmaler arbeitet (im Atelier oder auch in der freien Natur), wo die Bildhauerin ihre Steine bearbeitet oder etwas formt (in der Werkstatt) oder wo die Illustratorin ihre Bilder für das nächste Buch zeichnet. So verstehen sie, dass der Künstler oder die Künstlerin einem Beruf nachgeht, wie ein Handwerker, ein Techniker oder eine Sekretärin. Wenn die Kinder z. B. Bilder in verschiedenen Phasen ihrer Entstehung sehen können, erleben sie, dass die Kunstwerke einen langen Prozess durchlaufen, ehe sie im Museum oder an der Zimmerwand hängen oder im Bilderbuch anzusehen sind. Der Künstler kann die Fragen der Kinder direkt beantworten und seine Kunst-Technik näher erläutern. Allein durch das Schnuppern der Luft in einem Atelier, die vielleicht nach Farben und Lösungsmitteln, nach Leinwänden oder nach Holz riecht, wird ein künstlerischer Gestaltungsprozess sinnlich erfahren.

Pablo Picasso (1881–1973)
Der spanische Grafiker, Maler und Bildhauer zeigt bis zu seinem Tod, dass Kunst ein steter Prozess des Lernens und Begreifens ist. Sein Gesamtwerk umfasst Gemälde, Zeichnungen, Grafiken, Plastiken und Keramiken und variiert enorm im künstlerischen Ausdruck. Die Werke aus seiner sogenannten Blauen und Rosa Periode und die Begründung des Kubismus zusammen mit Georges Braque bilden den Beginn seiner außerordentlichen Künstlerlaufbahn. Für Picassos Werk sind bereits zu Lebzeiten zwei Museen eingerichtet worden. Die Taube, die er auf ein Plakat für den Weltfriedenskongress 1949 zeichnete, steht bis heute als Symbol für den Frieden.

Auguste Rodin (1840–1917)
François Auguste René Rodin war Bildhauer und Zeichner. Er gilt als einer der Wegbereiter der modernen Plastik und Skulptur und des Impressionismus. Rodin gelang es, in seinen Werken Emotionen mit einer ins Allgemeinmenschliche erhobenen Größe darzustellen; oft sind die Figuren dabei nur angedeutet oder nur so weit aus dem Block herausgearbeitet wie nötig. Seine Gestalten entstanden durch Beobachtung der Natur bzw. der menschlichen Formen, die für ihn immer als schön galten.

Kinder lernen künstlerische Gestaltungstechniken und Materialien kennen

Die Voraussetzung dafür, Kinder angemessen an künstlerisches Gestalten heranführen zu können, ist eine entsprechende **räumliche Ausstattung**. Es reicht nicht aus, zeitweilig einen Tisch mithilfe einer Kunststofftischdecke zum Maltisch zu deklarieren. Besser ist ein zusätzlicher Raum zum Werken, Basteln und Malen, wie er in einigen Kitas bereits vorhanden ist, der ausreichend Platz, Material und Licht bietet und in dem es auch schmutzig werden darf. Kann eine Einrichtung diesen Platz nicht bieten, sollte ein Teil des Gruppenraums oder ein Nebenraum mit einem widerstandsfähigen, gut abwischbaren Boden ausgestattet werden. Extreme „Matsch"- und Ganzkörpermalprojekte kann man auch im Bad durchführen, wo sich die Kinder richtig austoben können. Besonders für Kinder unter drei Jahren bietet es sich an, einen warmen Raum mit Fliesen oder Kunststoffboden auszustatten, ein großes Waschbecken einzubauen und im Optimalfall auch noch eine Dusche. So können die Kleinsten ganz frei ihren Bedürfnissen nachgehen, Farben oder „Schmiermassen" wie Lehm oder Schaum mit dem ganzen Körper zu verteilen und mit Wasser zu spielen. Aktionen, bei denen sowohl die Kinder als auch die Umgebung schmutzig werden, können bei warmer Außentemperatur auch im Freien stattfinden. Sofern es sich um natürliche Materialien handelt, ist es kein Problem, wenn Kinder sich komplett beschmieren und anschließend mit warmem Wasser aus einer Gießkanne abduschen lassen.

In Einrichtungen für ältere Kinder und Jugendliche wie Hort, Ganztagsschule oder Heim sollten nach Möglichkeit verschiedene, voneinander getrennte Werk- und Kreativräume eingerichtet werden, in denen jeweils unterschiedlichen Interessen nachgegangen werden kann. Denn wenn z. B. mehrere Kinder sägen und hämmern, fühlen sich vermutlich diejenigen, die lieber zeichnen oder nähen möchten, gestört.

Die sogenannte **vorbereitete Umgebung**, wie sie von der italienischen Reformpädagogin Maria Montessori gefordert wird, bietet Kindern den Freiraum, ihre Kreativität frei und selbstverantwortlich zu entfalten: Sie finden eine gewisse Ordnung vor, die sie gut beibehalten können und die ihnen hilft, sich zu orientieren. Materialien und Mobiliar sind auf ihre Größe und Entwicklung abgestimmt, sodass sie selbstständig handeln können (Tische schieben, Stühle wegtragen, Pinsel aus dem Regal holen). Werkzeuge werden aufgehängt oder in Sortierschubladen aufbewahrt, sodass jedes Werkzeug seinen Platz hat. Malutensilien können auch für jedes Kind zusammengestellt sein: Jeder hat seinen eigenen Karton mit Wassermalkasten, Pinseln und Lappen. Die Farben, die die Kinder benutzen dürfen, stehen so niedrig im offenen Regal, dass sie leicht zugänglich sind. Auch andere Materialien wie Knetmassen, alte Zeitschriften, Kleber usw. sollten so sortiert sein, dass man sie leicht findet. Hilfreich sind an der Vorderseite entsprechend gekennzeichnete Schuhkartons. Für Kindergartenkinder kann diese Kennzeichnung aus einer Abbildung oder einem Teil des Materials bestehen, das sich im jeweiligen Karton befindet (z. B. ein Stück Wolle oder ein Schnipsel aus einer Zeitschrift).

Bei der **Aufbewahrung der Werkzeuge** ist zu beachten, dass nur jene für Kinder frei zugänglich sein dürfen, deren Bedienung keine besondere Gefahr mit sich bringt. Mit Strom betriebene Geräte wie Bohrmaschinen etc. oder auch Linolschnitt- und Schnitzmesser, Cutter und Heißklebepistole sollten eingeschlossen und nur auf Anfrage der Kinder und Jugendlichen von der Erzieherin ausgehändigt werden, sodass sie die

Arbeit beaufsichtigen kann. Bei anderen Werkzeugen wie Hammer und Zange ist natürlich ebenfalls Vorsicht geboten, jedoch hängt die freie Zugänglichkeit vom Alter der Kinder und Jugendlichen ab. Spätestens ab dem Grundschulalter können Kinder damit schon recht selbstständig arbeiten, aber natürlich sollte immer ein Erwachsener informiert und in der Nähe sein. Zur Aufbewahrung eignet sich entweder eine Kiste oder ein richtiger Werkzeugkasten. Wichtig ist, dass die Werkzeuge gut zugänglich sind und man sich nicht beim Herausnehmen verletzt. Einige Werkzeuge sind nur für die Verwendung eines bestimmten Materials notwendig und sollten daher direkt bei den entsprechenden Materialien aufbewahrt werden.

Die **Materialien** für das kreative und künstlerische Gestalten sind so vielfältig wie die Ideen der Kinder und Jugendlichen, sodass jede sozialpädagogische Einrichtung ihre Ausstattung beliebig erweitern kann. Folgende Materialien und Werkzeuge sollten jedoch als Grundausstattung in jeder Einrichtung vorhanden sein:

- Sandtisch, Tabletts, Wannen, Schalen und Becher
- Knete, Ton
- Sand, Erde
- Gips
- Legematerial
- Klebstoffe
- Seifen
- Stifte, Schreib- und Zeichenwerkzeuge
- Spachtel, Schab-, Kratz- und Schneidwerkzeuge
- Farben, Pinsel
- Fäden, Schnüre
- Watte, Schafwolle
- Stoffe, Plüsch
- Knöpfe, Schnallen
- Papier, Karton, Tapetenreste
- Metall, Draht
- Holzreste
- Korken
- Lederreste
- (Schmuck-)Steine, Perlen
- Naturmaterial
- Restbestände, sauberer Müll und Sperrmüll

„Kinder an die Vielfalt von Materialien und Techniken heranzuführen ist ein Kernbereich ästhetischer Bildung. Wichtig ist eine differenzierte Materialauswahl, die darauf achtet, kein vorgedachtes, vorgestanztes Bastelmaterial zu verwenden."
(Bayerisches Staatsministerium für Arbeit und Sozialordnung, Familie und Frauen/Staatsinstitut für Frühpädagogik München, 2012, S. 307)

Vorgedachtes, vorgestanztes Material wie z. B. bereits zugeschnittene Tonpapier-Körperteile oder Moosgummiplättchen begrenzen die Möglichkeiten, frei zu gestalten. So hat z. B. ein Papierhase bereits die vom Grafiker vorgegebene Form und das Kind keine Möglichkeit, ihn nach eigenen Vorstellungen anzufertigen. Bei jüngeren Kindern ist es sinnvoll, nur wenige Materialien zu Verfügung zu stellen und diese nach einiger Zeit zu wechseln. So können sie sich intensiv jeder einzelnen Materialart widmen und diese ausgiebig erkunden. Dabei zeigt sich, dass gerade unbehandeltes, natürliches Material am meisten Vielfalt bietet. Holz beispielsweise kann viele Erscheinungsformen haben: Sägemehl, Sägespäne, Hobelspäne, Holzsplitter, Zweige, Äste, Holzscheiben von Bäumen, Bretter, Rinde, Stäbe. Mit diesem Material kann sowohl plastisch als auch bildnerisch gearbeitet werden. Die Kinder können aus dem Sägemehl eine Knetmasse herstellen oder eine dicke Farbe, sie können Holzspäne aufkleben und mit kleinen Ästen und Scheiben Reliefs (Halbplastiken) gestalten. Aus Holzresten stapeln und leimen sie Skulpturen oder malen Bilder auf Bretter und Scheiben.

Angeleitetes Basteln und Malen

Heutzutage werden Erzieherinnen glücklicherweise nicht mehr als „Basteltanten" tituliert, sondern deren vielfältige und anspruchsvolle pädagogische Aufgaben anerkannt. Tatsache bleibt aber, dass vernünftig angeleitetes Basteln, Malen und Werken sehr sinnvoll und entwicklungsfördernd sein kann, vielen Kindern außerdem große Freude bereitet und somit weiterhin als wichtige sozialpädagogische Aufgabe verstanden werden muss. Um aber eine sinnvolle Förderung der (Persönlichkeits-)Entwicklung zu bewirken, sind bestimmte Prinzipien bei der Anleitung zu berücksichtigen.

Beim Basteln wird die Feinmotorik der Hände besonders gefordert und somit auch trainiert. Da dies und auch das lange Stillsitzen zur schulischen Reife beiträgt, bestand bis vor kurzem die sogenannte Vorschulerziehung zu einem großen Teil aus Bastelangeboten: Die Kinder fertigten bestimmte Faltarbeiten, klebten diese auf und stellten typische Fensterbilder nach

festgelegten Schemata her. Heute ist pädagogischen Fachkräften jedoch klar, dass vorgegebenes, schablonenbasiertes und nachgeahmtes Gestalten nichts mit Kreativität zu tun hat. Hier geht es nur um Imitation und technische Genauigkeit. Auch das kann natürlich sinnvoll sein und auch Spaß machen. Für Kindergartenkinder ist es ein befriedigendes Erlebnis, das Haus so zu falten, wie die Erzieherin es vorgemacht hat oder das „Himmel-und-Hölle"-Spiel endlich selbst falten zu können. Viele Grundschulkinder lieben es, eine Werkarbeit nach Anleitung durchzuführen, vor allem, wenn sie dafür eine Bastelpackung als Gesamtpaket erhalten. Grundsätzlich aber sollte die Anleitung zum Basteln, Malen und Werken darin bestehen, Impulse zu geben und Materialerkundungen anzuregen („Probiere doch heute mal die Wachsmalkreiden aus!"). Auch das gelenkte Gestalten zu einem Thema kann sinnvoll sein, wenn den Kindern dabei ausreichend individueller Freiraum bleibt.

Beispiel
In einer Kita wollen die Kinder einen Osterhasen basteln. Zunächst werden gemeinsam die typischen Merkmale herausgearbeitet: lange Ohren, große Zähne, große Hinterpfoten zum Springen und ein kleines Puschelschwänzchen. Jedes Kind wird nun aufgefordert, seine eigenen Ideen umzusetzen. Dabei kann das Material vorgegeben sein, z. B. farbiges Tonpapier und Klebestift, oder aber die Kinder arbeiten ganz frei und entscheiden sowohl über Größe, Form und Farbe als auch die Materialien ihrer Osterhasen. In jedem Fall sind die Ergebnisse vielfältig und individuell: 25 identische Osterhasen wirken stupide und langweilig, 25 verschiedene, schiefe, lange, dünne und bunte Osterhasen zeigen die Unterschiedlichkeit der Kinder und erfreuen sowohl die Künstler als auch die Betrachter.

Das themenbezogene Arbeiten hilft vor allem Schulkindern, einen Anfang zu finden und sich dann kreativ „auszutoben". Je jünger die Kinder sind, desto weniger Vorgaben brauchen sie. Sie wollen ihre Erlebnisse ausdrücken und sollten dies so frei wie möglich tun dürfen.

„Beim bildnerischen Gestalten steht der Umgang mit nicht vorgefertigten, insbesondere mit formbaren Materialien wie Ton, Lehm, Sand, Erde und Holz im Vordergrund. Kreative Prozesse, d. h. die Freude am zweckfreien Manipulieren und die Erfindung von Formen, entwickeln sich bei kleinen Kindern in erster Linie über die Auseinandersetzung ihrer Körpersinne mit einem Material."
(Ministerium für Schule, Jugend und Kinder des Landes Nordrhein-Westfalen, Bildungsvereinbarung NRW, 2003, S. 14)

Kinder drücken sich künstlerisch aus

Sobald ein Kind fähig ist, seine Hände zu steuern und frei zu bewegen, etwa wenn es sitzen kann, beginnt es zu malen. Zunächst ist dieses Malen auf Tätigkeiten wie das Verrühren von Speisen und „Schreiben" mit der Handfläche im Sand auf dem Erdboden begrenzt. Sobald es einen Stift festhalten kann, beginnt es, damit Bewegungen zu machen. Es entdeckt, dass es Spuren hinterlassen kann, und bewegt den Stift nun immer gezielter. Hat das Kind herausgefunden, dass es den Stift ganz und gar steuern kann, entstehen häufig Zeichnungen, die Erwachsene meist als Kritzeleien identifizieren, für das Kind jedoch etwas ganz Konkretes darstellen können.

Beispiel
Ein Kind wird dabei beobachtet, wie es mit dem Stift auf einem Blatt herummalt und dabei Geräusche macht: Es brummt wie ein Traktor und führt den Stift entsprechend schneller und langsamer auf und ab und rundherum – so „fährt" der imaginäre Traktor über das Bild. Interessanterweise erkennen viele Kinder diese Traktorspur auch später wieder, während wir uns dies auf die Bildrückseite notieren müssen. Das Kind hat sein Erleben, seine Fantasie in die Zeichnung gelegt.

Bald schon erkundet das Kind weitere Materialien. Es probiert aus, wie Pinsel die Farbe verteilen, mal dicker, mal dünner, mal tropfend nass, mal deckend. Nun kann es gezielter malen, Farben und Formen variieren und bald auch konkret darstellen, was es abbilden möchte. Es beginnt, die gemalten Formen zu benennen. Dabei steht immer das Tun im Vordergrund, nicht das Ergebnis. Erst das Thematisieren eines Ergebnisses, eines Endproduktes durch die Erwachsenen bringt Kinder dazu, das Ergebnis mit kritischen Augen zu betrachten. Plötzlich (meist mit Eintreten der „Schulreife") interessiert sich das Kind auch für das gegenständliche Malen und Zeichnen. Es versucht, zielorientiert etwas Bestimmtes darzustellen. Sofern dies aus eigenem Antrieb geschieht und das Kind darin bestärkt wird, sich auszuprobieren, ist das anregend und befriedigend. Schwierig wird es nur, sobald gewertet wird. Loben und Kritisieren (schön, gut, schlecht, nicht richtig) kann das Kind verunsichern und dazu bewegen, seine Leistung als Künstler zu beurteilen. „Ich kann das nicht!" ist plötzlich recht häufig zu hören. Daher brauchen Kinder Vorbilder, die ihnen den Spaß am Prozess des Zeichnens und Malens vermitteln und helfen, diesen zu erhalten.

Jeder Mensch durchlebt verschiedene Phasen des künstlerischen Schaffens. Je nach persönlichen Fähigkeiten und Möglichkeiten, sich auszuprobieren, finden diese Phasen früher oder später statt. Es kann also sein, dass ein Kind mit fünf Jahren immer noch „kritzelt", während ein Zweijähriger bereits Kopffüßler (Gestalten, die nur aus Beinen und einem kopfähnlichen Gebilde bestehen) mit lachenden Gesichtern zeichnet. Folgende **Phasen der Kinderzeichnung** lassen sich beobachten:

- Kritzeln und Klecksen (Kreuze, Bögen, erste Kreise, Zickzack – meist endlose Linien, „schwingen" durch den Raum)
- erstes gegenständliches Zeichnen (Kopffüßler, Pflanzen, Tiere, Maschinen – differenzierte Linienführung, bewusster und gesteuerter Richtungswechsel; ab ca. vier Jahren)
- Einbeziehen von geometrischen Formen (Rock = Dreieck, Kreis = Kopf) und Ausschmücken der Zeichnungen mit diversen Details (Haare, Schuhe, Punkte auf dem Leopardenfell, Blumen auf der Wiese, Häuser bekommen Fenster, ein Dach und einen Schornstein)
- Darstellung von Menschen im Profil, Ergänzung weiterer Details der menschlichen Figur (Wimpern, erste Bewegungen), Darstellung von Szenen (Menschen halten etwas in der Hand, die Sonne fehlt auf fast keinem Bild, steter Bezug zur Grundlinie, die oft in Form einer grünen Linie (Wiese) dargestellt wird; ab ca. sechs Jahren)

Im Grundschulalter (ca. mit acht Jahren) interessiert sich das Kind meist dafür, Reales detailgetreu abzubilden. Kinder, die vorher wenig geübt und sich kaum mit Materialeigenschaften auseinandergesetzt haben, stoßen dabei allerdings schnell an ihre Grenzen. Sie brauchen viel Ermunterung und Hilfe dabei, in kleinen Schritten an ihren Kunstwerken zu arbeiten.

Mit etwa acht Jahren beginnen Kinder außerdem, sich mit **Komposition** (Lage der Objekte im Raum), **Farbgestaltung** und **Perspektive** auseinanderzusetzen. Sie überlegen, wo sie Figuren in welcher Größe hinzeichnen müssen, damit sie weiter entfernt erscheinen. Manche Kinder zeichnen gerne plastische geometrische Formen mit dem Lineal und entwickeln daraus technische Gerätestudien oder zeichnen Häuser mit einzelnen Zimmern. Farben werden nun häufiger gemischt, um die gewünschte Nuance zu erhalten und das eigene Bild wird auf seine Ästhetik hin selbstkritisch beäugt.

Auch beim **plastischen Gestalten** durchleben die Kinder mehrere Entwicklungsphasen, die deutlich abhängig von ihrer Fingermotorik und der Auge-Hand-Koordination sind. Die Bearbeitung von Knete beispielsweise erfolgt zunächst durch einfaches Drücken, später auch durch Hauen und Walzen bis hin zum Rollen. Ist die Feinmotorik schon weiterentwickelt, kann das Kind erste Kugeln und Schlangen rollen (etwa mit 18 Monaten) und seine gekneteten Formen einer realen Form zuordnen (Kugel = Ball). Sobald die Hände geschickt genug sind, versucht das Kind, weitere Formen abzubilden. So entstehen bald einfache Figuren, Tiere und Häuser oder Fahrzeuge.

Das künstlerische Gestalten in sozialpädagogischen Einrichtungen bezieht sich jedoch nicht nur auf das Zeichnen, Malen und Plastizieren, das Kinder alleine durchführen. Folgende Tätigkeiten bieten weitere Möglichkeiten zur kreativen Beschäftigung:

- Kleben von Collagen und Reliefs
- Basteln mit verschiedenen Materialien

- Drucken
- Werken mit unterschiedlichsten Materialien
- plastisches Gestalten mit formbaren Massen und festen Werkstoffen
- Installationskunst (verschiedene Techniken werden miteinander kombiniert)
- Mediengestaltung (Arbeiten mit Videos und Fotos)

Dabei kann jeweils alleine oder in Gemeinschaften gearbeitet werden, die Aufgabenstellung kann sehr frei oder themengebunden sein.

Verhalten der sozialpädagogischen Fachkräfte

„Entscheidend für kreatives Arbeiten mit Kindern ist die Balance zwischen unterstützender Einflussnahme und gewähren lassen. Das Kind wird zum Hauptakteur im Gestaltungsprozess und stimuliert seine natürlichen Motivationskräfte."
(Bayerisches Staatsministerium für Arbeit und Sozialordnung, Familie und Frauen/Staatsinstitut für Frühpädagogik München, 2012, S. 306)

Pädagogische Fachkräfte sind demnach **Wegbreiter**, nicht Lehrer. Sie stellen Raum, Ausstattung, Material, Werkzeuge und Zeit zur Verfügung, sich künstlerisch auszudrücken. Zudem sorgen sie für eine entspannte Atmosphäre, die Kinder ermuntert, sich sorglos schöpferisch zu betätigen. Erzieherinnen sollten aber auch Techniken vermitteln und sich daher auch selbst mit künstlerischem Gestalten auseinandersetzen. Dabei liegt der Schwerpunkt auf dem Wissen und Verstehen der Techniken, nicht auf der eigenen künstlerischen Perfektion. Wichtig ist, das künstlerische Gestalten als schöpferischen Prozess zu begreifen und sich daran zu erfreuen, statt auf perfekte Endprodukte hinzuarbeiten.

Während Kinder und Jugendliche z. B. malen, zeichnen, kleben, nähen oder hobeln, stehen ihnen die sozialpädagogischen Fachkräfte unterstützend zur Seite. Sie greifen nicht ein, malen nichts ins Bild oder ergänzen anderweitig die Arbeiten mit eigenen Leistungen. Sie zeigen vielmehr den Weg zum eigenen Tun, regen weitere Möglichkeiten an oder ermuntern, weiter am Werk zu arbeiten. Die malende Erzieherin am Basteltisch kann Vorbild sein und Kinder ermutigen, in einen Malprozess mit einzusteigen. Sie selbst zieht sich möglichst bald aus dem Schaffensprozess der Kinder zurück und eröffnet diesen die Möglichkeit, eigene, individuelle Werke zu kreieren, Neues auszuprobieren und daran zu lernen.

Das **Deuten von Kinderzeichnungen** ist sehr kritisch zu betrachten. Ein Kind, das Erlebnisse, Eindrücke oder momentane Stimmungen in sein Bild überträgt, kann oft selbst nicht sagen, warum es dies genauso malt. Es ist daher fast unmöglich, als Betrachter zu erkennen, worin die Ambition des Kindes lag, bestimmte Farben und Formen genau in dieser Weise zu verwenden. Die pädagogische Fachkraft sollte aber jedes Kind stets im Blick haben. So beobachtet sie auch dessen künstlerische Ausdrucksweisen. Malt ein vierjähriges Kind z. B. stets nur mit einer Farbe, immer die gleiche Form und immer so lange, bis das Papier komplett ausgefüllt ist, deutet dies nicht direkt auf eine „Störung" der Entwicklung oder Psyche des Kindes hin. Vielmehr heißt es hier, herauszufinden, warum das Kind nur diese Farbe verwendet. Vielleicht hat es einfach Freude daran, fühlt sich entspannt, wenn es immer diese eine Form malt. Andererseits könnte es auch Probleme mit der Motorik bzw. Koordination haben und sich daher nur an eine Form „herantrauen". Oder es fühlt sich tatsächlich „gefangen in einem Kreisel", weil es noch keine festen Bezugspersonen in der Gruppe gefunden hat, und es verarbeitet dieses Gefühl in Form eines immerwährenden Farbkreisels. Diese Ausdrucksmöglichkeiten sollten dem Kind nicht genommen werden. Die Aufgabe der pädagogischen Fachkraft besteht darin, das Kind zu ermuntern, andere Farben und Formen kennenzulernen, aber sie sollte dem Kind auch Hilfestellungen bieten, darüber zu sprechen, was es beschäftigt, und sich in der Gruppe aufgehoben zu fühlen.

Geschlechtsspezifische Aspekte

Die frühere **geschlechtsspezifische Trennung** in Werken für Jungen und Handarbeiten für Mädchen, vor allem in der Schule, ist immer noch in vielen Köpfen verankert. Dass viele Jungen sich für Handwerk, Technik und gröbere Werkarbeiten interessieren, mag daran liegen, dass sie ihre Energie gerne nutzen und ihre stets wachsende Muskelmasse „irgendwie in Schwung bringen" müssen. Je nachdem, wie sie von Elternhaus, Kindergarten und Umfeld geprägt wurden, ist es jedoch für sie selbstverständlich, sich auch für Textilarbeiten wie Weben, Häkeln und Nähen zu interessieren oder Perlenarmbänder zu fädeln. Auffallend ist, dass gerade im Kindergarten viele Jungen sehr großes Interesse an Schmuckarbeiten zeigen. In dieser Phase entwickelt sich ihr ästhetisches Empfinden und einige von ihnen haben sogar eine Glitzer-Pink-Phase, wie fast alle Mädchen sie durchleben.

Umgekehrt haben viele Mädchen große Freude daran, zu sägen, zu feilen, zu schleifen und zu hämmern. Auch sie sind geprägt und geleitet von Vorbildern und trauen sich manchmal nur deshalb nicht zu, körperlich anspruchsvollere, gröbere und weniger „schöne" Arbeiten auszuprobieren. Denn ihnen wurde suggeriert, dass Mädchen sich vorwiegend mit den modischen, verzierenden und schmückenden Handarbeiten beschäftigen. Hier zeigt sich, wie wichtig die Haltung der Erzieherinnen ist. Sie können durch ihre Impulse und ihr Vorbild ermöglichen, dass Jungen und Mädchen gleichermaßen unvoreingenommen an die unterschiedlichen künstlerischen kreativen Techniken herangehen und dies auch an die Eltern weitergeben. So haben beide Geschlechter die Chance, sich entsprechend ihren Fähigkeiten und Interessen zu entwickeln.

3.5.8 Ethische und religiöse Bildung und Erziehung

Dass ethische Bildung und Erziehung wichtig ist, darin sind sich sozialpädagogische Fachkräfte, Eltern und Träger einig.
Anders ist dies, wenn es religiöse Bildung und Erziehung betrifft. Beispielsweise zählen sozialpädagogische Fachkräfte in kommunalen Einrichtungen die Auseinandersetzung mit religiösen Themen häufig nicht zu ihren Aufgaben: Sie verweisen auf kirchliche Einrichtungen und die Eltern oder klammern religiöse Themen angesichts der religiösweltanschaulichen Vielfalt in den Gruppen sowie der wachsenden Zahl von Heranwachsenden ohne Bekenntniszugehörigkeit aus. Da Religion(en) aber Teil der Lebenswirklichkeit sind, dürfen damit zusammenhängende Fragen in der erzieherischen Praxis nicht einfach ausgeblendet werden.

In diesem Kapitel wird geklärt, inwiefern ethische und religiöse Bildung und Erziehung Aufgaben sozialpädagogischer Fachkräfte sind, und es werden entsprechende Ziele, Inhalte und Methoden anhand einzelner Schwerpunkte exemplarisch dargestellt.

Gesetzliche Grundlagen

Für religiöse und ethische Bildung und Erziehung gelten die jeweiligen gesetzlichen Regelungen der Länder, u. a. das Elternrecht auf Bestimmung religiöser Bildung und Erziehung des Kindes sowie die Vorgaben zur Religionsmündigkeit von Heranwachsenden. Zu beachten sind außerdem die Bildungspläne für den Elementarbereich, soweit sie sich auf ethische und religiöse Bildung und Erziehung beziehen, sowie die UN-Konvention „Übereinkommen über die Rechte des Kindes" von 1989.

Beobachtungen in der erzieherischen Praxis

Besonders im Elementarbereich, aber auch bei älteren Kindern und Jugendlichen fallen große Neugier und Wissensdurst auf, die sich in vielfältigen Fragen äußern. Diese Fragen beziehen sich beispielsweise auf folgende Themen (vgl. Boschki, 2008, S. 17 ff.):

- **die eigene Identität** (z. B.: Wieso bin ich, wie ich bin? Was für ein Mensch will ich werden?)
- **Geheimnisse des Unendlichen/Unvorstellbaren** (z. B.: Kommt man im All an ein Ende? Wer waren die ersten Menschen? Wenn Gott alles erschaffen hat, wer hat dann Gott geschaffen?)
- **Probleme und Fragen des Zusammenlebens** (z. B.: Warum bestimmen immer die Erwachsenen? Warum gibt es Streit?)
- **Zukunftsängste, Kriege, Umweltkatastrophen** (z. B.: Wie sieht meine Zukunft aus? Was wäre, wenn es keine Bäume gäbe?)
- **Trauer, Krankheit, Leiden, Sterben und Tod** (z. B.: Warum muss ein Mensch krank sein?

Warum lässt Gott zu, dass man so traurig sein muss?)
- **Leben nach dem Tod** (z. B.: Was mache ich, wenn ich tot bin? Wo kommen wir hin, wenn wir tot sind?)
- **die Entstehung von Sprache** (z. B.: Warum gibt es eigentlich Wörter?)
- **Existenz Gottes (bzw. Allahs, Jahwes etc.)** (z. B.: Wie sieht Gott aus? Gibt es ihn wirklich?)

Interessant an diesem Katalog ist, dass schon Kinder offenbar früh anfangen, sich mit den „großen" Fragen des Lebens zu beschäftigen. Sozialpädagogische Fachkräfte bestätigen zudem, dass Kinderfragen sich auch noch auf andere Themen beziehen, nämlich auf

- das eigene religiöse Erleben (z. B. auf das Krippenspiel an Weihnachten, Kommunion oder Konfirmation),
- Beobachtungen, die sich aus dem Aufwachsen in einer weltanschaulich-religiös pluralen Gesellschaft ergeben (Warum feiert Martin – ein Zeuge Jehovas – seinen Geburtstag nicht in der Kita? Weshalb hat Handans Mutter immer ein Kopftuch auf?),
- Werte und Normen des alltäglichen Lebens (Warum teilen? Weshalb nicht jemanden „Spasti" nennen?).

Vergleichbare Beobachtungen machen sozialpädagogische Fachkräfte bei Jugendlichen:
Oft sind es äußere Anlässe wie die Konfrontation mit der Trennung der Eltern oder Krankheit und Tod in der Familie, die Fragen aufwerfen.

Ebenso wird der Alltag hinterfragt: Essen, trinken, schlafen und wieder aufstehen, essen etc. – kann das alles sein? Wie will ich leben? Was ist für mich Glück?

Hinzu kommen Zukunftsängste angesichts des Klimawandels und der Unsicherheit im Hinblick auf einen Arbeitsplatz. Solche Erfahrungen der Heranwachsenden provozieren Fragen nach dem „Sinn des Ganzen" und nach innerer Orientierung und Sicherheit.

Wie Kinder stellen auch Jugendliche Normen und Werte des Zusammenlebens auf den Prüfstand (warum nicht den Kumpel ein bisschen übers Ohr hauen, weshalb nicht im Supermarkt etwas „mitgehen" lassen?). Solche und ähnliche Konflikte um die Einhaltung von Regeln kennt jede Erzieherin.

Die Praxisbeobachtungen zeigen, dass die Heranwachsenden in allen Altersstufen Fragen nach Sinn und Bedeutung stellen. Wenn im alltäglichen Miteinander Fragen nach dem richtigen Verhalten im Zusammenleben und nach Sinngebung aufkommen, sollten sie ernst genommen werden (vgl. Kap. 1.6.3). Mehr noch: Die Heranwachsenden haben ein Recht auf Antwort. Die Erzieherin darf sie im Sinne der pädagogischen Grundhaltung nicht überhören, sondern sollte auch auf diese Themen eingehen und zum Gespräch motivieren.

Erziehung und Wertorientierung

Erziehung hat mit Werten und Normen zu tun (vgl. Kap 3.1.6), und zwar implizit oder explizit. Dazu zwei Beispiele:

Beispiel 1
Wenn Sie mit den Kindern in der Hausaufgabenbetreuung zugewandt und einfühlsam umgehen, verhalten Sie sich wertorientiert, ohne dies jedoch zu thematisieren. Ihr Verhalten kann dabei unterschiedlich motiviert sein: Dass diese Kinder es Ihnen „wert" sind, könnte von Ihrem humanistischen oder religiösen Menschenbild abhängen. Oder Sie verhalten sich so, weil dies zu Ihrem Job gehört bzw. weil Sie gemerkt haben, dass es auf diese Weise am schnellsten geht. Ihr Handeln ist – bewusst oder unbewusst – von Werteinstellungen geprägt (über die im Team nachgedacht und über die miteinander gesprochen werden sollte, um Klarheit über die Handlungsmotive zu bekommen).

Beispiel 2
Die Praktikantin Martha beobachtet, wie Mascha, 6 J., auf Olli, 5 J., zeigt, der sich damit abmüht, seine Schuhe zu binden, und ruft: „Schnürsenkel binden, das ist doch babyeierleicht, bist du vielleicht doof!" Olli schaut verlegen, die anwesenden Kinder lachen. Die Erzieherin greift erklärend in die Situation ein und nimmt sich darüber hinaus vor, einen Stuhlkreis zum Thema „Das finde ich gemein!" zu planen.

Ethische und religiöse Bildung und Erziehung greift die Frage nach wertorientiertem Verhalten umfassend und vertieft auf (vgl. zum Folgenden Funiok, 2003 und 2007, S. 46ff.).

Werte und Normen

In unserer Gesellschaft gilt Vieles und Unterschiedliches als „wert-voll", z. B. ein cooles Outfit, Spaß zu haben, Geld zu verdienen etc. Im Zusammenhang mit Wertorientierung geht es jedoch um moralische Werte. Dazu gehören z. B. Selbstbestimmung (Autonomie), Wahrheit, Solidarität, Gemeinwohl, Gerechtigkeit, Gewaltlosigkeit und Freundlichkeit. Natürlich zählen auch Grundwerte dazu wie die Würde und Gleichheit aller Menschen oder Religionsfreiheit, die in der Verfassung festgeschrieben sind.

Es gibt also eine Vielzahl an moralischen Werten, die im menschlichen Zusammenleben eine Rolle spielen.

Kinder und Jugendliche erleben von klein auf, dass in ihrer Familie bestimmte Werte für wichtig erachtet werden, andere vielleicht weniger (z. B. könnten Ordnung, Gehorsam, Verlässlichkeit höher bewertet werden als z. B. Sauberkeit oder Zivilcourage – oder umgekehrt).

Ein **Wert** drückt etwas aus, was erwünscht ist, er ist eine positive Vorgabe, die das Verhalten steuern soll; es geht aber nicht um private Vorlieben Einzelner, sondern um Vorstellungen, die von der Allgemeinheit als wichtig erachtet werden. Eine Gesellschaft muss sich darüber verständigen, was sie als „wertvoll" erachtet. In unserer Gesellschaft gibt es inzwischen z. B. einen Konsens darüber, dass Nachhaltigkeit ein Wert ist. Auch in Einrichtungen geht es darum, sich über gemeinsame Wertvorstellungen zu verständigen, z. B. über umweltfreundliches Verhalten, gesunde Ernährung oder Mitbeteiligung (Partizipation). Damit diese Werte im Alltag in der Einrichtung auch beachtet werden, werden sie in Form von Regeln (Normen) verbindlich gemacht, an die sich alle halten müssen.

Wird in einer Einrichtung über Werte wie Solidarität in der Gruppe oder gegenseitige Achtung nachgedacht, dann vor allem mit dem Ziel, dass diese auch von allen im Haus gelebt werden (vgl. Kap. 3.1.6). Um dies zu gewährleisten, gibt es entsprechende Normen. **Normen** sind von Menschen konstruierte Handlungsregeln, die uns in Form von Ge- und Verboten begegnen (z. B. „du sollst die Wahrheit sagen" bzw. „du sollst nicht lügen"). Dabei kann unterschieden werden zwischen ungeschriebenen, selbstverständlichen Normen, z. B. Besuchern höflich zu begegnen (Wert: Achtung der Person), und anderen, an die immer wieder erinnert werden muss, z. B. nach der Gruppenstunde das Licht auszumachen (Wert: Nachhaltigkeit) oder am Faschingsfest die Getränke zu bezahlen (Wert: Ehrlichkeit).

Normen müssen für alle verständlich sein und begründet werden können: Die Einhaltung einer unverständlichen Norm kann in einer Erziehung zur Mündigkeit nicht eingefordert werden. Wenn Jugendliche z. B. fragen: „Warum soll ich denn nicht lügen, spart mir doch viel Stress?", müssen sie überzeugt werden, weshalb diese Norm in der Gruppe gilt.

Auch wenn Regeln und Vorschriften bis hin zur Hausordnung in der Einrichtung manchmal „nerven", haben sie einen großen Vorteil: „Richtiges" Verhalten ist verbindlich festgeschrieben, sodass nicht jeder in der Gemeinschaft immer wieder neu darüber nachdenken muss.

Anders als Werte, die Vorstellungen von dem, was sein soll, beinhalten, sind Normen also kognitive Regeln, durch die „Werte umgesetzt, bewahrt und geschützt" werden (Frost, 2012, S. 24). Diese Regeln können sich im Laufe der Zeit als überholt erweisen und sind dann zu verändern oder abzuschaffen.

Neben den moralischen Normen gibt es allerdings auch solche, die nichts mit Moral zu tun haben, z. B. Anstandsregeln, sogenannte gute Tischmanieren, die Schuhordnung in der Turnhalle oder die DIN-Normen für Papiergrößen.

Ethik, ethische Erziehung und Moral

Ethik beschäftigt sich wissenschaftlich mit Moral, ethische Erziehung ist ebenfalls auf der theoretischen Ebene angesiedelt. Im Alltag werden die Begriffe Moral und Ethik oft wenig unterschieden; in der erzieherischen Praxis bekommt „moralisch" zudem leicht einen negativen Unterton: „Das ist jetzt aber moralisch" meint dann: „Das ist bewertend und damit unprofessionell". Von daher ist es notwendig, die Begriffe zu klären und zu versuchen, sie voneinander abzugrenzen: **Moral** bezieht sich im Unterschied zu Ethik konkreter auf die Lebenspraxis von Menschen. Moral ist die Summe all dessen, was in einer Gesellschaft als gut angesehen wird und was verboten ist. Dabei sind nicht nur Vorschriften und Verbote relevant, sondern auch Empfindungen, Erwartungen, Ideale, Institutionen (vgl. Hegele, 1983, S. 225 f.). Deshalb ist der Begriff nicht so leicht einzugrenzen.

Als „moralisch" gilt jemand, wenn er sich entsprechend den vorgegebenen gesellschaftlichen Erwartungen und Normen verhält. Dabei wird vorausgesetzt, dass sein Verhalten mit seinen eigenen moralischen Grundsätzen übereinstimmt. Aus der Psychologie ist bekannt, dass moralisches Bewusstsein sich erst allmählich entwickelt (vgl. Kohlbergs Stufenmodell, Kap. 2.7.5).

In konkreten Situationen können Menschen oft ohne lange nachzudenken beurteilen, ob etwas „moralisch" ist oder nicht, z. B. dass es „unmoralisch" ist (also nicht mit dem übereinstimmend, was in unserer Gesellschaft als gut und richtig angesehen wird), Kinder als Arbeitskräfte auszubeuten.

In der Ethik wird über Kriterien für richtiges Verhalten nachgedacht: Ethik beschäftigt sich u. a. damit, wie Werte und Normen zu begründen oder welche neuen zu entwickeln sind (z. B. Sterbehilfe, Stammzellenforschung etc.).

Es ist eine Frage von Professionalität, dass alle, die mit Erziehung zu tun haben, auch über Werte und Normen nachdenken. Fachlich gesprochen geht es um eine rationale reflektierte Meinungs- und Urteilsbildung. Worüber muss jede Erzieherin sich Gedanken machen mit dem Ziel, sich eine begründete Meinung und ein Urteil zu bilden? Das betrifft zweierlei:
- die Grundlagen von Erziehung und die daraus abgeleiteten ethischen Grundsätze für pädagogisches Handeln (z. B. dass die Würde eines Jugendlichen immer und unter allen Umständen zu achten ist)
- ihre Fähigkeit, berufliche Situationen (einschließlich der notwendigen Entscheidungen und sich daraus ergebenden Konsequenzen) unter ethischen Gesichtspunkten zu reflektieren

Ethische Erziehung beinhaltet ein erzieherisches Handeln, das Kinder und Jugendliche darin fördert, ihre Urteils- und Bewertungsfähigkeit aufzubauen. Ziel ist es, eigene Wertmaßstäbe zu entwickeln und sie auch vertreten zu können. Anders als in der moralischen Erziehung, die auf die Einhaltung von Normen und Regeln abzielt, bleibt ethische Erziehung auf der Ebene der Reflexion und der (rationalen) Begründung. Das schließt auch grundsätzliche Überlegungen ein, weshalb Normen und Regeln nicht immer eingehalten werden. Ethische Erziehung kann bei älteren Kindern und Jugendlichen bestenfalls dazu führen, eine innere Selbstverpflichtung einzugehen – ob diese tatsächlich eingehalten wird, ist nicht mehr eine Frage ethischer, sondern Aufgabe moralischer Bildung und Erziehung.

Beispiel
Max, 12 Jahre, hat seinen Eltern nichts von seiner Note „mangelhaft" im Fach Deutsch erzählt. Sein Freund Paul verspricht, ihn nicht zu verpetzen. Die Eltern ahnen etwas, sie fragen Paul, ob er weiß, wie die Arbeit ausgefallen ist und welche Note Max bekommen hat. Paul weiß nicht, wie er sich verhalten soll, druckst herum und sagt schließlich, dass er von nichts weiß.
Am nächsten Tag erzählt Paul der Erzieherin in der Hausaufgabenbetreuung von seinem Dilemma und will von ihr wissen, ob sein Verhalten in Ordnung war.

In vielen moralischen Entscheidungssituationen bietet die sogenannte **Goldene Regel** eine gute Orientierung, die in der Formulierung von Martin Luther lautet: „Was du nicht willst, das man dir tu, das füg auch keinem andern zu." In dieser Konfliktsituation hingegen hilft sie nicht weiter, weil sie zu wenig konkret ist bzw. weil Paul sich in einem moralischen Dilemma befindet und die Lösung eine differenzierte Auseinandersetzung erfordert. Die Entscheidungsfindung könnte in folgenden Schritten versucht werden (vgl. Frost, 2012, S. 60):
- die Situation nochmals genau durchgehen (Analyse der Situation)
- gemeinsam überlegen, was für Max, für Paul und die Eltern wichtig ist (Interesse der Konfliktparteien), z. B. eine gute Beziehung zwischen den Freunden, zwischen Paul

und Max' Eltern, zwischen Max und seinen Eltern)
- die ethischen Normen herausfinden, um die es geht, hier vor allem: ehrlich und solidarisch sein
- mit Paul überlegen, was für ihn jetzt besonders wichtig ist (ethische Normen gewichten): z. B. gutes Verhältnis zu Max als seinem besten Freund (solidarisch sein)
- Verhaltensmöglichkeiten „durchspielen" nach dem Motto: „was wäre, wenn" (Handlungsoptionen entwickeln und beurteilen): Wie hätte Paul sich noch verhalten können, mit welchen vermutlichen Folgen?
- sich entscheiden (ethisches Urteil)

Es ist kaum vorstellbar, alle Schritte im erzieherischen Alltag in dieser differenzierten Form durchzuführen. Wichtig ist, dass die sozialpädagogische Fachkraft sie „im Hinterkopf" hat für die eigene reflektierte Auseinandersetzung mit schwierigen Konfliktsituationen. Und im Gespräch mit Paul hat sie schon viel erreicht, wenn es ihr gelingt, ihn auf einen Aspekt aufmerksam zu machen, den er ihrer Meinung nach übersieht. Für Paul ist entscheidend, dass er lernt, dass es kein Patentrezept gibt, sondern er sich selbst auf die Suche nach einer Lösung machen muss, die für ihn stimmt, und dass sich diese Suche lohnt.

Ethisches Lernen beginnt in Ansätzen im Elementarbereich, indem die Kinder auf altersgemäße Weise zu einem ersten Wahrnehmen dessen, was „gut" und „böse" ist, angeregt werden. Mit zunehmendem Alter sollten die Kinder und Jugendlichen zu einer reflektierten Auseinandersetzung über wertorientiertes Verhalten in konkreten Situationen befähigt werden, z. B. über gegenseitige Achtung und Toleranz in der Gruppe etc.

Vier Modelle der ethischen Bildung

	Wertübertragung	Werterhellung	Wertentwicklung	Wertkommunikation
Ziel	Jugendliche sollen vorab ausgewählte Werte und Normen übernehmen	Jugendliche sollen erworbene moralische Einstellungen erkennen und sich ggf. davon emanzipieren	Jugendliche sollen ihre moralische Urteilskompetenz stufenweise erhöhen	Jugendliche sollen die Wünschbarkeit und Haltbarkeit von Werten und Normen aus einer ethischen Optik beurteilen
Methoden/ Verfahren	Weitergabe von Werten und Normen auf direktem Weg durch kognitive, affektive und volitive Lernprozesse	Bewusstmachung von und Konfrontation mit erworbenen Werten und Normen	Diskussion moralischer Konflikte anhand von Dilemma-Geschichten	Teilnahme an argumentativen Diskussionsprozessen mit Perspektivenwechsel
Wertorientierung	liegt in den Inhalten (»dem Wert«) der Werte und Normen, die tradiert werden sollen	liegt in der Optimierung des subjektiven Denkens und Handelns	liegt im Aufbau eines prinzipiengeleiteten ethischen Urteils	liegt im Ziel der ethischen Mündigkeit der Jugendlichen, die Ziel und Methode ist
Wertpluralität	wird auf jene Werte reduziert, die von Jugendlichen übernommen werden sollen	wird auf die Werte reduziert, die individuell bedeutsam sind	kommt in ausgesuchten Dilemmata in funktionaler Absicht zur Sprache	ist Ausgangspunkt und Gegenstand der Kommunikation über Werte und Normen

(Ziebertz, 2010, S. 445)

In ethischer Erziehung werden also Werte nicht einfach an die Heranwachsenden weitergegeben („eingepflanzt"), die Kinder und Jugendlichen werden aber in der Suche nach dem, was für sie richtig ist, auch nicht völlig sich selbst überlassen, sondern es geht um Unterstützung und Begleitung in einem Orientierungsprozess.

Damit ist angedeutet, dass es verschiedene Wege gibt, Werte zu vermitteln. Die Übersicht auf der S. 641 stellt dies in einer Zusammenfassung dar, wobei es in der Praxis zu Überschneidungen kommt. Die pädagogischen Fachkräfte müssen sich im Team darüber verständigen, wo sie Schwerpunkte setzen wollen (was zugleich eine konzeptionelle Frage ist und damit die Einrichtung insgesamt betrifft).

Als Voraussetzung für das Gelingen von ethischer Erziehung müssen zum einen die pädagogischen Fachkräfte selbst zu ethischer Meinungs- und Urteilsbildung fähig sein, zum anderen die Kinder und Jugendlichen zum Perspektivenwechsel (Empathie) und altersabhängig sollten sie (zumindest ansatzweise) die Fähigkeit haben, Meinungen zu begründen.

Ethik
Als Teildisziplin der Philosophie geht es in der Ethik um die Frage nach „richtigem" Handeln und Wollen. Während sich Ethik auf gefordertes menschliches Handeln bezieht, handelt es sich bei Moral um die praktische Umsetzung solcher Forderungen. Ethische Erziehung trägt insofern zur Wertorientierung bei, als sie ein begründetes Nachdenken (reflektierte Meinungs- und Urteilsbildung) über Werte und Normen beinhaltet. Ziel ist, Heranwachsende zu fördern, eigene Wertmaßstäbe zu entwickeln.

Was hat Religion mit Wertorientierung zu tun?

Fragt man Jugendliche nach der Bedeutung von Religion in unserer Gesellschaft, fallen manchen spontan die Zehn Gebote ein und immer wieder ist zu hören: „Religion ist nötig für Werteerziehung." Andere bestreiten genau das und erinnern z. B. an die Goldene Regel oder an das Grundgesetz und halten Religion in Bezug auf Werteerziehung für überflüssig.

Für die Beantwortung der Ausgangsfrage sind drei Aspekte relevant:

- **Religionen motivieren zur Beachtung der Grundwerte**
  Aus der religiösen Sicht des Lebens ergeben sich Forderungen an das Verhalten für das menschliche Leben und Zusammenleben. Dabei stimmen die Hochreligionen in zentralen religiösen Forderungen mit den Grundwerten überein (vgl. Küng, 1993, S. 80 ff.). Entsprechungen für die Goldene Regel finden sich im Judentum, Buddhismus, Islam und Christentum.

  Unsere weltanschaulich offene Gesellschaft basiert nicht auf religiösen Wertvorstellungen, es gibt keine Staatsreligion. Dennoch erfüllen Religionen im Hinblick auf Wertorientierung für viele Menschen eine wichtige Aufgabe: Sie können dazu motivieren, die demokratischen Grundwerte zu achten.

  Diesen Zusammenhang zu kennen ist für die erzieherische Praxis wichtig: zum einen, um als Erzieherin den Stellenwert von religiöser Erziehung für Wertorientierung zu verstehen, und zum anderen, um dafür offen zu sein, dass Einrichtungen unterschiedlichster religiös-weltanschaulicher Ausrichtung in Fragen der Werteerziehung zusammenarbeiten und sich gemeinsam für wertorientierte Anliegen einsetzen können und sollten, z. B. für Aktionen gegen Kindesmissbrauch oder für Suchtprävention.

- **Religiöse Werte und Normen vermitteln Denkanstöße**
  Die Hochreligionen motivieren nicht nur dazu, die Grundwerte ernst zu nehmen, sondern sie vermitteln religiöse Werte und Normen, die es wert sind, über sie nachzudenken: z. B. zu fasten (z. B. Islam), keine Tiere zu essen (strenge Formen des Hinduismus), einen Ruhetag in der Woche einzuhalten (Sabbat bzw. Sonntag: Judentum/Christentum), auf dem Schutz des Lebens zu bestehen (gegen Schwangerschaftsabbruch und Sterbehilfe: z. B. Christentum), Respekt der Kinder vor den Eltern zu fordern (z. B. Islam).

  Gerade in religiös pluralen Gruppen eröffnen sich hier für junge Menschen Gesprächsmöglichkeiten. Hält ein muslimisches Gruppenmitglied die vorgeschriebenen Gebetszeiten ein, steht das Thema Beten im Raum; beteiligt sich eine evangelische Jugendliche in der

Kirchengemeinde an einer Aktion gegen Fremdenfeindlichkeit, könnte dies für die Gesamtgruppe zum Impuls werden, über Einstellung Fremden gegenüber nachzudenken.
- **Religionen beinhalten Deutungsangebote**
Neben philosophischen und weltanschaulichen Ansätzen bieten die verschiedenen Religionen Antworten auf die Sinnfragen, die Kinder und Jugendliche sich stellen: die Frage, ob es Gott gibt; die Frage nach dem, was glücklich macht, was tragfähig ist, wenn Sicherheiten zerbrechen, nach dem, was sie hoffen lässt und Zuversicht schenkt, nach dem, was nach dem Tod kommt u. Ä. Die religiösen Antworten auf solche existentiellen Fragen ergänzen die Werteerziehung. Sie sind nicht beliebig austauschbar mit anderen Antworten.

Was ist Wertbindung und wodurch wird sie ermöglicht?

Ob Werteerziehung wirklich gelingt, lässt sich erst am Ergebnis ablesen, zum Beispiel, ob die Gruppenmitglieder untereinander und gegenüber der Gruppenleitung ehrlich sind. Was fördert eine solche „tatkräftige" Bindung an Werte?
Der Prozess der sogenannten Wertbindung setzt früh ein (vgl. Kap. 3.1.6): Kinder orientieren sich an den Werten der Bezugspersonen, dann spielen zunehmend die Werte Gleichaltriger eine Rolle und schließlich – nicht erst in der Pubertät – stellen Kinder und Jugendliche scheinbar selbstverständliche Werte der Erwachsenenwelt wieder auf den Prüfstand, um die für sie persönlich wichtigen und von ihnen bejahten Werte herauszufinden.
Dabei wird manches über Bord geworfen, z. B. gesundheitsbewusste Ernährung oder ein Gottesdienstbesuch der Oma zuliebe; manches wird geprüft und für wert befunden, es beizubehalten wie der Schutz der Umwelt, anderes neu als Wert für das eigene Leben entdeckt (z. B. Leistung, beruflicher Erfolg).
Wertbindungen können sich auch später noch verändern. Das Erleben der Großartigkeit der Natur beim Wandern oder Bergsteigen kann einen Menschen dazu bringen, mehr auf umweltfreundliches Verhalten zu achten oder sich für den Glauben an etwas Absolutes, an einen Gott zu öffnen. Die Beispiele verdeutlichen noch etwas Wichtiges, nämlich dass Wertbindung nicht nur rational erfolgt, sondern auch mit Emotionen verbunden ist. Das bedeutet für die Erzieherin, Wertorientierung sowohl kognitiv als auch affektiv zu unterstützen.

Voraussetzungen für Wertbindung

In der Fachliteratur wird darauf verwiesen, dass Wertbindung vor allem Folgendes voraussetzt:
- **Grundvertrauen ins Leben**
Die Bindungsforschung hat herausgestellt, wie wichtig das Grundvertrauen der Kinder ins Leben ist (vgl. Kasüschke, 2008, S. 9 ff.). Ohne dieses Grundvertrauen zur Welt und zu sich, das sich durch Zuwendung und Anerkennung entwickelt, hat auch Wertorientierung kein Fundament. Kinder finden z. B. schnell heraus, dass Teilen etwas Gutes ist, wenn sie diejenigen sind, die etwas abbekommen. Für manche Kinder ist es dennoch schwierig, selber zu teilen – das kann damit zusammenhängen, dass sie selbst in einem tieferen Sinn bedürftig nach Liebe und Anerkennung sind; erfahren sie diese nicht, „hängen die Werte in der Luft", weil sie „nicht in einem (wenigstens ansatzweise) gelebten ‚guten Leben' verankert" sind (Funiok, 2008, S. 26, vgl. ebd. auch zum Folgenden).
- **Vertrauen in die soziale Umwelt**
Schon sehr früh nehmen Kinder wahr, ob sie der sozialen Umwelt, der sie z. B. in der Kita begegnen, trauen können, aber auch ältere Kinder und Jugendliche haben hier ein feines Gespür. Traut sich z. B. eine Erzieherin nicht, im Team auf Mobbing einer Kollegin hinzuweisen, weil sie nicht das Vertrauen hat, dass in der Einrichtung so etwas öffentlich benannt werden darf, wirkt sich das auf die Einrichtung insgesamt aus: Im Team werden (Wert-)Konflikte unter den Teppich gekehrt, ängstliche Anpassung, Mangel an Offenheit und Ehrlichkeit wird die Sitzungen prägen. Auch in der Gruppe wird diese Erzieherin eher „vorsichtig" reagieren, wenn es um ihre ehrliche Meinung geht. Von den Heranwachsenden authentisches Verhalten einzufordern oder zu Zivilcourage zu ermutigen, ist dann nicht glaubwürdig. (Allerdings kann und sollte sehr wohl auch gemeinsam über die Schwierigkeiten, authentisch zu sein und couragiert zu handeln, gesprochen werden.)

- **Umfassender Sinnhorizont**
  Menschen brauchen so etwas wie eine innere Stütze, eine umfassende Sinngebung, um die von ihnen bejahten Werte leben zu können. In unserer pluralen Gesellschaft ist dieser umfassende Sinnhorizont das „demokratische Ethos" (Grundwerte), dem alle Menschen in unserem Land verpflichtet sind. Einen inneren Halt können Menschen in einer humanistischen Gesinnung finden wie die Schauspielerin Carola Neher, die sich in russischer Gefangenschaft nicht als Spionin missbrauchen ließ; oder sie finden ihn in religiösen Überzeugungen, wie die Ordensschwester Anna Bertha Königsegg, die sich aus ihrem christlichen Glauben heraus für das Recht auf Leben behinderter Kinder eingesetzt und gegen deren Ermordung während der NS-Zeit entschieden Widerstand geleistet hat (vgl. Leber, 1963).
  Die persönlich bejahten Werte brauchen eine stabile Stütze durch „Kopf und Herz" bzw. „einen letzten logischen und emotionalen Halt" (Funiok, 2006, S. 27).
  Für die erzieherische Praxis bedeutet das, in der Werteerziehung das demokratische Ethos nicht nur argumentativ heranzuziehen (um persönlich bejahte Werte zu begründen), sondern es auch emotional erfahrbar zu machen, beispielsweise in der Gruppe für eine Atmosphäre der gegenseitigen Achtung zu sorgen, sodass die Gruppenmitglieder erleben, dass dieser Grundwert persönlich bedeutsam und bereichernd ist. Zudem sollte man Jugendlichen in der Gruppe Raum geben zu erzählen, was für sie z. B. Gerechtigkeit oder Frieden bedeutet – um nur zwei Grundwerte zu nennen – und welche konkreten Schlüsse sie daraus für sich ziehen.

Welche erzieherischen Grundhaltungen sind unterstützend, um wertorientiertes Verhalten zu entwickeln?

Sozialpädagogische Fachkräfte können die Heranwachsenden auf der Suche nach Orientierungspunkten für ihr Handeln wie folgt unterstützen (vgl. Funiok, 2003):
- Zuneigung zu den Kindern/Jugendlichen mit einer konsequenten Haltung bei erzieherischen Maßnahmen verbinden
- zu dem stehen, was sie für richtig halten, auch zu ihren moralischen und religiösen Überzeugungen
- Standpunkte begründen, damit sie nachvollziehbar werden
- glaubwürdig sein, z. B. Ehrlichkeit nicht nur von der Gruppe fordern, sondern selbst ehrlich sein
- Selbstwertgefühl und Selbstvertrauen der Heranwachsenden stärken, ihnen z. B. Aufgaben übertragen und sie zum Handeln ermutigen
- Wertüberzeugung anderer achten, auch wenn sie von der eigenen Überzeugung abweicht

Bedeutung von Leitbildern – Wertekultur der Einrichtung

Damit Werteerziehung wirksam wird, müssen die Werte im Miteinander in der Gruppe lebendig gelebt werden. Ebenso sind Team wie auch Träger in der Pflicht.

In diesem Zusammenhang geht es auch um die Wertekultur in der Einrichtung, z. B. um den wertschätzenden Umgang mit Eltern, die in einer anderen Kultur und Religion verwurzelt sind, um den Umgang mit Mitarbeitern oder mit Reinigungskräften.

Durch ein **Leitbild** wird die Wertorientierung in der Einrichtung festgelegt. Damit es nicht nur auf dem Papier steht, sondern die Praxis prägt, ist es so zu formulieren, dass die Wertvorstellungen überprüfbar sind. Es sollten Verfahren entwickelt werden, um die tatsächliche Ausrichtung an dem, was gewollt ist, zu evaluieren.

Vor allem aber ist es von „unten" her zu entwickeln, also von allen, die in der Einrichtung mitarbeiten und im Austausch mit Eltern und Träger, sodass es von allen mitgetragen wird. Auch Kinder und Jugendliche sollten gehört werden. Dann ist das Leitbild lebendiger Ausdruck der tatsächlichen Wertekultur der Einrichtung.

Sich mit Trägern und Eltern verständigen

Die Gestaltung von ethischer und religiöser Bildung und Erziehung in den Einrichtungen ist unterschiedlich, je nachdem,
- ob der Träger die Kommune ist, eine christliche Kirche oder eine andere Institution,
- welche religiösen Einstellungen die Fachkräfte haben und
- welche religiös-weltanschauliche Zugehörigkeit die Heranwachsenden bzw. die Eltern haben.

Träger, Eltern und pädagogische Fachkräfte sollten über ihre Wünsche an und Vorstellungen von ethischer und religiöser Bildung und Erziehung in der Einrichtung miteinander sprechen und sich in einem nächsten Schritt über konkrete Ziele, Inhalte und Methoden verständigen. Einseitige Vorgaben lösen innere Widerstände bei den anderen Beteiligten aus und beeinträchtigen die Qualität der erzieherischen Arbeit.

Ziele ethischer und religiöser Bildung und Erziehung

In den folgenden Ausführungen soll exemplarisch aufgezeigt werden, wie Werteerziehung im außerschulischen Bereich in die Praxis umgesetzt werden kann. Sie orientieren sich an den Vorgaben des Bayerischen Bildungs- und Erziehungsplans (2006, S. 174 ff.) für Kinder in Tageseinrichtungen bis zur Einschulung.

Das Ziel ethischer und religiöser Bildung und Erziehung in der erzieherischen Praxis ist es, Kindern und Jugendlichen zu ermöglichen, in der Begegnung mit lebensnahen Wertsystemen und religiösen Überlieferungen altersentsprechend einen eigenen Standpunkt zu finden sowie Wertschätzung und Offenheit gegenüber anderen Sichtweisen zu entwickeln.

Dazu ist es notwendig, dass Kinder und Jugendliche folgende Bildungs- und Erziehungsziele erreichen:

1. mit Religiosität, die sie in ihrem Umfeld erleben, und mit unterschiedlichen Religionen umgehen zu können,
2. sich unterschiedlicher Wertigkeiten im Handeln bewusst zu sein, Orientierungspunkte zu entdecken,
3. fähig zu sein, eigene Sinn- und Bedeutungsfragen zu artikulieren und Antwortversuche zu erproben,
4. sensibel zu sein für sinnstiftende ganzheitliche Erfahrungszusammenhänge.

Das dafür notwendige Fachwissen wird exemplarisch anhand einzelner inhaltlicher Schwerpunkte dargestellt, ergänzt durch „Hinweise für die Umsetzung". Vieles kann nur angedeutet werden, das gilt auch für die Berücksichtigung der verschiedenen Altersgruppen. Werden die „Hinweise" auf eine andere Zielgruppe als die angegebene übertragen, ist es notwendig, entwicklungspsychologische Bedingungen (vgl. Kap. 2.3) und pädagogische Standards zu beachten.

Abschließend werden Grundaufgaben religiöser Erziehung erläutert, nämlich
- Fragen zu fördern,
- wertklärende Gespräche zu führen und
- sachgerecht religiöse Texte einzubeziehen.

Religion, Religionen und Religiosität

Anders als noch vor wenigen Jahrzehnten ist heutzutage für Heranwachsende das Zusammenleben mit Menschen anderer weltanschaulich-religiöser Zugehörigkeit und mit Menschen ohne Bekenntniszugehörigkeit Normalität. Kinder und Jugendliche müssen lernen, mit dieser Situation nicht nur „irgendwie" zurechtzukommen, sondern ein friedliches Zusammenleben zu gestalten, in dem alle Formen nicht-religiösen und religiösen Lebens Platz finden.

Das Wort „Religion" geht auf das lateinische Wort *religare* (= sich zurückbinden) zurück: Religiöse Menschen binden sich zurück an etwas, was ihrem Leben Tiefe gibt, was ihnen absolut wichtig ist. **Religiosität** bezeichnet die innere Haltung, wie Menschen ihren Glauben leben.

Die kürzeste Beschreibung von **Religion** lautet „Unterbrechung des Alltags": Religion kann Menschen dazu veranlassen, sich aus dem Tagesgeschäft immer wieder herauszuziehen, um Distanz zu gewinnen und sensibel zu werden für die Tiefendimension des Lebens (vgl. zum Folgenden Küng, 1993, S. 78 f.). Damit ist beispielsweise gemeint,
- die Erfahrung von Leid, Ungerechtigkeit, Geburt und Tod nicht auszublenden, sondern einen Deutungsrahmen für das Woher und Wohin unseres Lebens zu finden,
- nicht nur bereit zu sein, Verantwortung zu tragen, sondern eine Antwort zu entdecken auf

das Warum und Wozu unserer Verantwortung,
- geängstigt durch Beziehungslosigkeit und Heimatlosigkeit zu begreifen, was Heimat und Geborgenheit vermitteln kann, sowie
- die Sehnsucht nach dem „ganz Anderen" in sich wachzuhalten.

Ähnlich wie die Philosophie versuchen Religionen, die Wirklichkeit als Ganzes wahrzunehmen und den Blick dafür zu schärfen, „dass das Leben nicht nur aus Mess-, Zähl- und Wiegbarem" (Beer, 2000, S. 8) besteht, und sie verweisen dabei auf das aus ihrer Sicht Absolute, auf einen Gott. Hängen Menschen ihr Herz an Werte wie Konsum, Geld oder Macht, vergöttern sie nach religiöser Auffassung etwas Relatives.

Aus religiöser Sicht ist Gott (die Bezeichnung „Gott" meint hier immer auch „Allah" bzw. „Jahwe" etc.) das „universale religiöse Grundwort, das fundamentale Symbol" (Tillich, zit. nach Möller/Tschirch: 2002, S. 74) für das, was dem Leben Tiefe gibt. Manche Menschen stellen sich Gott als personales Wesen vor, andere sprechen vom Urgrund des Lebens oder der „Wirklichkeit, die trägt". Es sind (und bleiben) Versuche, sich diesem Absoluten anzunähern.

Religionen bieten eine umfassende Deutung der **Wirklichkeit** an, z. B. die Deutung der Entstehung der Welt als Schöpfung Gottes (u. a. in Hinduismus, Judentum, Christentum und Islam).

Trotz aller Unterschiede in ihren Botschaften, in Sitten und Gebräuchen, in denen sich die Religiosität der Gläubigen ausdrückt, sowie in den institutionellen Strukturen erscheinen die verschiedenen Religionen als unterschiedliche Wege zu dem einen Absoluten, dem Menschen sich nur annähern können.

Mit den unterschiedlichen Religionen umgehen zu können, kann nicht heißen, dass Erzieherinnen die Aufgabe haben, den Heranwachsenden sämtliche Religionen dieser Welt zu erschließen. Ihre Aufgabe ist es,
- die Religionen, die in der Gruppe und im Umfeld eine Rolle spielen, aufzugreifen und zum Thema zu machen sowie
- das Christentum schwerpunktmäßig einzubeziehen, weil dieses geschichtlich unsere Gesellschaft mitgeprägt hat und ihm noch viele Kinder und Jugendliche angehören.

Ein Klima gegenseitiger Achtung und Wertschätzung in der Gruppe – auch nicht-religiösen Menschen gegenüber – ist Voraussetzung dafür, über religiöse Einstellungen zu reden.

Vielfalt erleben – einen eigenen Standpunkt entwickeln

Wie können Kinder und Jugendliche in weltanschaulich-religiös pluralen Gruppen lernen, mit dieser Situation konstruktiv umzugehen und gleichzeitig einen eigenen Standpunkt zu entwickeln? Orientiert an dem Konzept interkulturellen Lernens stellt Deiss-Niethammer (vgl. 2002, S. 150 f.) folgende Aspekte heraus:
- Gruppenmitglieder dürfen ihre religiöse Unterschiedlichkeit leben, ohne dass dies als Störfaktor betrachtet wird.
  So sollten z. B. Bekleidungs- und Speisevorschriften der Religionen bekannt sein und ernst genommen werden (z. B. Kopfbedeckungen wie Kopftuch oder Sikh-Kappe, Gerichte ohne Schweinefleisch für Muslime, vegetarische für Hindus und Buddhisten). In der Praxis ist das angesichts der Vielfalt der Religionen in den Gruppen nicht immer einfach.
- Die Gruppenmitglieder finden Elemente ihrer religiösen Tradition in der Einrichtung wieder, Bücher über ihre Religion, ihre heiligen Schriften in verständlichen Ausgaben (soweit möglich) in der Leseecke, ein Kalender mit den Festen der Religionen bis hin zum gemeinsamen Feiern einzelner religiöser Feste sollten in den Einrichtungen selbstverständlich sein.

- Die Gruppenmitglieder lernen, dass es in religiösen Gesprächen um gelebten Glauben geht.
  Damit ist das Missverständnis gemeint, dass in der Gruppe Glaubensfragen „diskutiert" werden sollten, statt sich für die lebendigen Überzeugungen der Einzelnen zu interessieren.

Werden diese Vorschläge ernst genommen, bekommen Religionen ein Gesicht und werden in ihrer Bedeutung im Leben des einzelnen Kindes oder Jugendlichen greifbar. Was von außen betrachtet möglicherweise verwundert – z. B. während des Ramadan tagsüber zu fasten, dafür aber abends viel zu essen – erscheint in einem neuen Licht, wenn Jugendliche erzählen, was diese religiöse Forderung für sie bedeutet: sich viele Stunden von Sonnenaufgang bis Untergang zu disziplinieren, durch diesen Verzicht nicht etwa einen Verlust zu erleiden, sondern für sonst nicht mögliche innere Veränderungen Raum zu schaffen, getragen von dem Gefühl der Verbundenheit mit den anderen Gläubigen.

Die Zuhörenden sind jetzt eher in der Lage, einer zunächst befremdlichen religiösen Praxis unvoreingenommen zu begegnen und den anderen, dem sie etwas bedeutet, zu achten.

Zugleich könnten diese Erfahrungen für das einzelne Gruppenmitglied ein Impuls sein, sich mit zunehmendem Alter bewusst zu werden, wo es selbst weltanschaulich-religiös steht und stehen möchte. So rückt der eigene Standpunkt neu ins Bewusstsein. In einem von gegenseitiger Wertschätzung getragenen Gruppenklima ist es dann selbstverständlich, vor den anderen zu den eigenen Überzeugungen zu stehen und zu lernen, den eigenen Standpunkt zu vertreten. Das trägt unmittelbar zur Entwicklung von religiös-weltanschaulicher Identität bei.

Voraussetzung für Dialog und Begegnung

Für Kinder sind unterschiedliche religiöse Vorstellungen oder Sitten oft kein Problem. Nach dem Motto: „Du machst es also so, bei uns zu Hause ist das so" wird religiös-weltanschauliche Vielfalt in der Gruppe auf unkomplizierte Weise akzeptiert. Auch für Jugendliche ist meist klar, dass es nicht nur eine einzige Wahrheit gibt. Sie scheinen in diesem Punkt weiter zu sein als mancher Erwachsene.

Diese Sichtweise relativiert nicht den persönlichen Weg, für den sich ein Mensch entschieden hat, sie zeigt vielmehr ein „individuelles Verständnis von Wahrheit, die es aber zugleich erträgt, neben sich andere Wahrheiten zu haben" (Deiser-Niethammer, 2002, S. 158). Die entscheidende Voraussetzung für Dialog und Begegnung besteht darin, dass Verschiedenheit sein darf bzw. bejaht wird. Vielleicht kann nicht immer (aus vielen möglichen Gründen) die religiös-weltanschauliche Überzeugung jedes einzelnen Gruppenmitglieds von allen anderen als wertvoll und bereichernd erfahren werden, wohl aber ist sie als gegeben auszuhalten und als persönliche Haltung zu akzeptieren – es sei denn, es werden Grundrechte missachtet. Dann ist es Aufgabe der Gruppenleitung, das zu benennen und klar Position zu beziehen.

Gemeinsamkeiten erfahren, Unterschiede aushalten

Die Begegnung mit unterschiedlichen weltanschaulich-religiösen Lebenswelten führt nicht immer zu Verstehen, allen Bemühungen zum Trotz. Auf Grenzen zu stoßen, Unterschiede auszumachen und diese auszuhalten, ist teilweise ungemein schwer. Die Forderung „Sei doch einfach mal tolerant!" deckt diese Schwierigkeit leicht zu.

Die sozialpädagogischen Fachkräfte müssen im Gespräch behutsam darauf achten, dass die Tendenz, vor bestehenden Unterschieden die Augen aus Rücksicht auf die Gruppenzusammengehörigkeit zu verschließen – „wir verstehen uns doch so gut, wird sind uns doch einig" –, der Gruppe bewusst wird. Dabei geht es nicht darum, Unterschiede als hemmend, unüberbrückbar oder gar als Störfaktor zu werten, sondern sie als Ausdruck von Individualität und Verschiedenheit auch im weltanschaulich-religiösen Bereich anzunehmen. Ohne Angst anders sein zu können, ist auf Dauer nur dort möglich, wo Vielfalt von der Erzieherin tatsächlich als bereichernd erlebt, dieser Ansatz vom Team getragen und auch institutionell verankert wird.

Tolerant sein

Dort, wo eine andere (oder auch eine nicht vorhandene) religiöse Überzeugung als etwas zu der Person Gehörendes gedeutet und anerkannt wird, ist Toleranz möglich (vgl. zum Folgenden Uhl, 2000). Wie könnte das in der erzieherischen Praxis aussehen? Toleranz ist dann gefordert, wenn es um einen Konflikt geht.

- Ist erkennbar, dass die Gegensätze in einer Sache unvereinbar sind, muss das offen benannt werden. Wichtig dabei ist aber, dass nur die Sache selbst abgelehnt wird, die Personen hingegen unabhängig davon Achtung und Respekt verdienen. Eine tolerante Erzieherin wird es aber nicht bei dieser Feststellung belassen, sondern eine Handlungsalternative (ggf. mit dem Team) entwickeln. Hintergrund ist die Einsicht, dass jeder Mensch ein Recht auf seine persönlichen weltanschaulich-religiösen Einstellungen hat und individuelle Vielfalt selbstverständlich ist.

Beispiel
Bei den Zeugen Jehovas gilt es als unbiblisch, den eigenen Geburtstag zu feiern. Also sollte die Erzieherin die Situation besprechen – im Team im Sinne einer generellen Lösung, in der Gruppe als Einübung in praktische Toleranz – und nach einer Alternative suchen, wie Martin (5 J.) im Alltag einmal eine besondere Rolle ausüben darf bzw. in besonderer Weise im Mittelpunkt stehen kann.

- Die Erzieherin sieht, nicht nur aufgrund ihres Sachwissens, Chancen für eine Verständigung. Sie versucht gemeinsam mit allen Betroffenen auszuloten, wie eine Lösung aussehen könnte. Dabei geht es nicht einfach nur um den kleinsten gemeinsamen Nenner.

Beispiel
Mit religiös interessierten und aufgeschlossenen muslimischen Eltern kann besprochen werden, in welchem Rahmen Amra (6 J.) bei einem Krippenspiel mitmachen darf, da im Islam Jesus als Prophet geachtet wird und der Koran (19:16 ff.) die Umstände der Geburt Jesu ähnlich wie in der Bibel (Lk 1, 27 ff.) beschreibt. Dabei ist es wichtig, sich Gemeinsamkeiten bewusst zu machen, Bedenken zu erfahren, um dann gemeinsam eine Lösung zu finden. Von großer Bedeutung ist ein regelmäßiger Kontakt zwischen Eltern und Erzieherin und eine gute Gesprächsatmosphäre. Die islamischen Namen Isa (Jesus) und Marjam (Maria) zu verwenden, kann ein Türöffner für ein gutes Gespräch sein.

Hinweise für die Umsetzung

- Gedankenaustausch über Glauben an Gott anregen: z. B.: Gibt es einen Gott? Warum glaube ich/glaube ich nicht? etc. (setzt gute Gruppenatmosphäre voraus). Dazu notiert jeder das Wort für „Gott" in seiner Sprache auf Karton, gestaltet diesen kreativ und hängt ihn im Gruppenraum auf.
- Kinder/Jugendliche bitten, heilige Gegenstände von zu Hause mitzubringen: z. B. islamische Gebetskette, Kreuz, christliche Marien- oder Heiligenbilder, Statuen hinduistischer Gottheiten, tibetische Gebetsfahnen etc. Sie bieten Anlass, sich über deren Bedeutung in der Familie auszutauschen und Parallelen zu erforschen (z. B. zwischen islamischen, buddhistischen bzw. hinduistischen Gebetsketten und dem christlichen Rosenkranz); religiöse Vielfalt kann so als selbstverständlich erfahren und eine Öffnung für andere religiöse Einstellungen bewirkt werden.
- nicht-religiöse Gruppenmitglieder einladen, von ihren Ritualen und Feiern zu Hause zu erzählen: deren Überzeugung wird so als gleichwertiger Weg anerkannt.

Wertorientiertes Handeln

Säuglinge handeln zunächst triebgesteuert (vgl. Kap. 2.4.3); erst im Laufe seiner Entwicklung lernt der Mensch, sich unterschiedlicher Wertigkeiten im Handeln bewusst zu sein und sich entsprechend selbst gewählter Orientierungspunkte zu verhalten. Das setzt voraus, einen Wert innerlich zu bejahen und Zusammenhänge zwischen dem Handeln und seinen Folgen zu erfassen.

Im Alltagsleben in der Einrichtung bzw. in den Gruppen bieten sich viele Gelegenheiten für Kinder und Jugendliche, sich mit wertorientiertem Handeln auseinanderzusetzen. Dazu beispielhaft einige Möglichkeiten:

Verantwortung im Alltag übernehmen

In der erzieherischen Praxis ist es selbstverständlich, dass in allen Altersstufen die Gruppenmitglieder Verantwortung für bestimmte Aufgaben übernehmen. Ein besonderes Gewicht sollte dabei die Verantwortung jedes Einzelnen für **umweltgerechtes Verhalten** haben, z. B. Plastikflaschen nicht einfach in den Mülleimer zu werfen. Aber auch Träger und Einrichtung können Signale setzen und von der Auswahl des Spielzeugs über Essensplanung bis hin zur Raumausstattung auf Umweltverträglichkeit achten. In der Werteerziehung wird das hinter diesem Verhalten alle Ebenen betreffende Anliegen mit den Kindern bzw. Jugendlichen diskutiert (und auch mit den Eltern thematisiert). Ethische und religiöse Erziehung ergänzen sich in Bezug auf dieses Thema: Der Gedanke, die Schöpfung zu bewahren, ist ein Anliegen christlicher, jüdischer, islamischer, hinduistischer und buddhistischer (hier: Ethik des Mitgefühls) Traditionen.

In besonderer Weise können Heranwachsende in und außerhalb der Einrichtung Verantwortung übernehmen durch verschiedene **Formen direkter Partizipation** (vgl. Kap 3.4.3). Diese funktionieren umso besser, je mehr die Gesprächspartner – immer ihrem Alter entsprechend – sich an Gesprächsregeln halten, fair argumentieren und mit zunehmendem Alter auch in der Lage sind, unfaires Gesprächsverhalten (Manipulation und Scheinargumentationen) zu bemerken und den Gesprächsbeteiligten bewusst zu machen. Das schafft Bewusstsein dafür, dass alle in dieser Runde gleich sind, drückt gegenseitige Achtung und Respekt aus und trägt zur Ehrlichkeit im Gespräch bei.

Aufgabe der sozialpädagogischen Fachkraft ist es, die Kinder und Jugendlichen nicht nur darin zu unterstützen, sich die notwendigen Techniken für das Gelingen von Stuhlkreis oder Kinderkonferenz anzueignen, sondern auch die dahinter liegenden Werthaltungen bewusst zu machen und damit Nachdenken über Wertmaßstäbe zu fördern.

Auseinandersetzungen gewaltfrei lösen

Körperliche und sprachliche Gewalt sind auch im erzieherischen Alltag in vielen Facetten und allen Altersstufen zu beobachten. Eine zunehmend wichtige erzieherische Aufgabe besteht darin, Heranwachsende darin zu unterstützen, auf gewaltsame Auseinandersetzungen zu verzichten und zu lernen, strittige Punkte im Gespräch zu klären. Das setzt allerdings voraus, die Bedeutung von Aggression für die psychische Entwicklung Heranwachsender zu bedenken und darüber hinaus auch geschlechtsspezifische Unterschiede nicht außer Acht zu lassen (Jungen tragen ihre Aggressionen eher nach außen als Mädchen). Auf gewaltsame Auseinandersetzungen zugunsten von verbaler Konfliktlösung zu verzichten, heißt nicht, Aggression grundsätzlich als etwas Negatives abzulehnen und deshalb zu unterdrücken. Entwicklungspsychologisch gesehen ist es notwendig, dass Heranwachsende damit experimentieren können, körperliche und sprachliche Aggression auszudrücken. Ganz praktisch heißt das, dass sie – je nach Alter unterschiedlich – sich balgen und „zoffen" und ihren Gefühlen spontan Luft machen dürfen. Werteerziehung setzt dort an, wo Gewalt – verbale und sprachliche – als legitimes Mittel der Konfliktlösung betrachtet wird. Dann müssen die Heranwachsenden damit konfrontiert werden, dass Streitpunkte verbal ausgehandelt werden können, und sie werden angeregt, sich die unterschiedlichen Wertigkeiten von gewaltsamer Auseinandersetzung und friedlicher Konfliktlösung bewusst zu machen.

Ein Verfahren, Konflikte friedlich zu lösen, ist die **Mediation**, bei der auch Gleichaltrige untereinander als Streitschlichter fungieren: Bei gewaltsamen Auseinandersetzungen z. B. auf dem Schulhof wird sofort eingegriffen. Parallel dazu werden in der Gruppe/Klasse durch gezielte Maßnahmen das Zusammengehörigkeitsgefühl und die Solidarität untereinander gefördert. Zu wertorientiertem Verhalten trägt bei, wenn die hinter Streitschlichtung stehenden Werte Gewaltlosigkeit, körperliche Unversehrtheit und gegenseitige Achtung besprochen werden und es Raum gibt, deren Für und Wider abzuwägen sowie alternative Lösungswege zu diskutieren.

Miteinander über Vorbilder sprechen

Der Arbeitskreis Forum Bildung nennt als eine der Zielbestimmungen moderner Bildungseinrichtungen den Punkt „Werte erfahren" und weist darauf hin, dass Werte sich nicht abstrakt vermitteln lassen, sondern dass es darum geht, Gelegenheiten zu schaffen, Werte zu erleben und zu reflektieren. „Der Erwerb von Werten hängt von Alltagserfahrungen und von Vorbildern ab, die Werte vorleben" (Funiok, 2007, S. 47).

Menschen aus dem unmittelbaren Umfeld, aus Gegenwart und Vergangenheit, Figuren aus Märchen, Geschichten und Literatur können eine Vorbildfunktion haben. Die verschiedenen religiösen Traditionen sind ebenfalls reich an Darstellungen vorbildlichen Lebens. Wer letztendlich für Heranwachsende heute Vorbild ist, könnte im Gespräch gemeinsam herausgefunden werden. Die erzieherische Aufgabe liegt eventuell darin, darauf aufmerksam zu machen, dass vorbildliches Verhalten auch – ganz unspektakulär – bei Menschen im eigenen Umfeld (Familie, Nachbarschaft, Schule) zu erleben ist.

Woraus entwickeln **Vorbilder** ihre Kraft? Vorbilder rühren etwas in einem Menschen an – geheime Träume, Wünsche, Vorstellungen, wie man selbst sein möchte. Vorbilder zeigen, dass solche Lebensentwürfe real sein können, und das begeistert. Sie berühren also emotional. Und sie überzeugen, weil Reden und Verhalten nicht auseinanderfallen, wofür gerade Heranwachsende eine geschärfte Wahrnehmung haben. Der polnische Pädagoge Janusz Korczak (vgl. Kap. 3.1.8) ist für viele Menschen ein Vorbild, weil er nicht nur eine Erziehung zu Menschlichkeit entwarf, sondern diese Menschlichkeit im Umgang mit den Kindern bis zu dem gemeinsamen Tod im KZ Treblinka gelebt hat.

„So zu sein wie ..." ist ein wichtiger Impuls für die Entwicklung von Wertbewusstsein und Wertbindung Heranwachsender und Teil ihrer Identitätsentwicklung. Werden Vorbilder zu einem Thema in der Gruppe, darf es nicht das Ziel sein, diese zu demontieren. Die Erzieherin nimmt in diesen Gesprächen nicht nur interessiert zur Kenntnis, wer wen bewundert, sondern rückt das Wertsystem dieses Menschen, der als Vorbild fasziniert, in den Mittelpunkt der Aufmerksamkeit.

Diese Gespräche – sogenannte **wertklärende Gespräche** – haben folgende Ziele:
- Orientierungspunkte im Handeln des Vorbildes zu entdecken und sie wahrzunehmen
- einen Bezug zum eigenen Leben herzustellen
- abzuwägen, was für und was gegen das vorbildlich erscheinende Verhalten spricht

Im Gespräch werden – altersangemessen differenziert – auch mögliche Motive des vorbildlichen Verhaltens und damit verbundene Konsequenzen diskutiert sowie alternative Verhaltensweisen zum Vergleich herangezogen und bewertet.

In diesem Zusammenhang ist es naheliegend, die Gruppenmitglieder anzuregen, dem Zusammenhang zwischen ihrer Lebensgeschichte und der Wahl ihres Vorbilds nachzugehen (Biografie-Arbeit).

Dass die Erzieherin im Gespräch ebenfalls Position bezieht, ist selbstverständlich. Dies gilt auch, wenn sie eine abweichende Meinung vertritt, weil sie bestimmte Aspekte des Verhaltens kritisch sieht. Das muss allerdings sehr einfühlsam geschehen, um die Jugendlichen, deren Herz an ihrem Vorbild hängt, nicht zu verletzen und um sie nicht in ihrem Fühlen und Denken einzuengen.

Orientierung finden im Umgang mit Liebe und Sexualität

Freundschaft, Liebe, Trennung und Umgang mit Sexualität sind für Jugendliche zentrale Themen, die sie in der Regel mit Gleichaltrigen besprechen. Sozialpädagogische Fachkräfte können diese Themen in ethischer und religiöser Bildung und Erziehung aufgreifen und in einem geschützten Rahmen Gesprächsmöglichkeiten schaffen, die Jugendlichen helfen, Orientierungspunkte für ihr Handeln zu finden.

Dabei ist zu berücksichtigen, dass
- jedes Gruppenmitglied seine persönliche Einstellung zu Sexualität und Liebe hat,
- diese Einstellung mitbeeinflusst ist von unterschiedlichen kulturell/religiös geprägten Werten und Normen.

Das macht diese wertklärenden Gespräche in der Gruppe einerseits schwierig, andererseits auch bereichernd. Sie sind darauf angelegt, Jugendliche für unterschiedliche Werthaltungen zu sensibilisieren und zu Offenheit für und Wertschätzung von anderen Einstellungen zu erziehen. Voraussetzung ist Gesprächskompetenz und interkulturelles Wissen der Erzieherin.

Orientierungspunkt für die Entwicklung eigener Maßstäbe ist – unter Beachtung gesetzlicher Regelungen zum Umgang mit Sexualität für Jugendliche –, die andere Person in ihrer Würde zu achten. Diese Grundnorm ist sowohl für ethische als auch religiöse Bildung und Erziehung leitend, sie ist der zentrale Gedanke hinter der Goldenen Regel wie auch hinter dem christlichen Gebot der Nächsten- und Selbstliebe. Damit wird u. a. ein unter Jugendlichen verbreitetes Leistungsdenken – wer hat schon sexuelle Kontakte und wie viele? – hinterfragt und alle Formen gewalttätiger Übergriffe sind prinzipiell ausgeschlossen.

Im Zusammenhang mit Sexualität und Liebe haben Religionen nicht nur Deutungsangebote, sondern zum Teil rigide Verhaltensnormen entwickelt (z. B. die jüdische Orthodoxie, bestimmte islamische Strömungen oder christliche Kirchen). Werden jene in der Gruppe vertreten, müssen sie zur Diskussion gestellt werden. Damit das Bild nicht einseitig bleibt und ethische Entscheidungsfähigkeit gestärkt wird, sollten verschiedene Sichtweisen aus der gleichen religiösen Tradition nebeneinandergestellt werden: z. B. neben konservative christliche Vorstellungen Äußerungen von liberal eingestellten Theologen.

Hinweise zur Umsetzung
- Konfliktsituationen mit offenem Ausgang diskutieren (sogenannte Dilemma-Geschichten): Dabei sollten einzelne „Schritte zur Entscheidungsfindung" für das Gespräch ausgewählt werden. Die Bearbeitung solcher Konfliktsituationen ermutigt zu eigenständigen Lösungen, das Abwägen von Lösungen fördert das Wertebewusstsein in der Gruppe.
- für die Einführung von Mediation mit Schulen im Einzugsgebiet kooperieren
- Solidaritätsprojekte mit armen Kindern und Jugendlichen in aller Welt oder vor Ort unterstützen: Dafür können Kooperationsmöglichkeiten mit Pfarrgemeinden o. Ä. gesucht werden.

Sinn- und Bedeutungsfragen in der Gruppe
Am Anfang dieses Kapitels wurden Beispiele dafür genannt, dass Fragen der Kinder „Ausdruck ihrer Welterschließung [sind]. Sie fragen nicht nur nach Funktionen, sondern auch nach Sinn- und Bedeutung" (Beer, 2000, S. 7). Von Erzieherinnen sind existenzielle Fragen von Kindern genauso wie die von Jugendlichen als produktive Momente in der Suche nach Wertorientierung zu begreifen, in ihnen spiegeln sich elementare Interessen der Heranwachsenden.

Religiöse Deutungen kennenlernen
Auf drei grundlegende Fragen, die junge Menschen häufig stellen, soll inhaltlich näher eingegangen werden:
- Woher kommt die Welt?
- Was ist der Sinn des Lebens?
- Was kommt nach dem Tod?

Im Folgenden werden die Antworten des christlichen Glaubens exemplarisch skizziert, nicht zuletzt auch, weil sie Anlass für viele Missverständnisse

bei Kindern und Jugendlichen sind. Das Gruppengespräch muss aber offen bleiben für all die Deutungsangebote, die die Gruppenmitglieder interessieren.

Woher kommt die Welt?
Was die christliche Tradition zur Beantwortung dieser Fragen beitragen kann, entspricht den Vorstellungen vieler Religionen: Die Welt kommt von Gott und ihre Entstehung wird in Bildern und in mythischen Erzählungen dargestellt. Das gilt auch für die biblische Botschaft von der Schöpfung durch das Wort („Gott sprach ...") und die Erzählung von der Erschaffung von Adam und Eva.

Um zu verstehen, was „gemeint" ist, müssen die biblischen Texte mit ihren Bildern und Mythen von denen, die sie lesen, neu entschlüsselt und auf ihr Leben bezogen werden. Dabei hilft die moderne Bibelwissenschaft und Theologie, solche „Verstehensbrücken" zu schlagen (vgl. zum Folgenden Rahner, 2009, S. 32 ff.).

Sie weist darauf hin, dass die Texte nicht mit den naturwissenschaftlichen Forschungen konkurrieren. Sie geben keine Antwort auf die naturwissenschaftliche Frage nach der Entstehung der Welt, sondern versuchen, mit dem Bild von „Schöpfung" die Beziehung zwischen Gott und Welt/Mensch zu deuten: Beides, Welt und Mensch, ist gewollt und steht in Verbindung zu Gott. In dieser Deutung schwingt all das mit an Einverständnis, Liebe, Zuwendung und Bejahung, was mitschwingt, wenn Eltern sagen: Dieses Kind ist gewollt. Die daraus entstehende Verbundenheit ist aber keine „Einbahnstraße". Sie schließt, mit wachsendem Alter, Verpflichtungen ein.

Eine Aufgabe professionellen erzieherischen Handelns ist es, typische Stolpersteine im Hinblick auf religiöse Deutungen und deren Vereinbarkeit mit naturwissenschaftlichen Erkenntnissen aus dem Weg zu räumen, sodass der Unterschied zwischen religiöser Botschaft und naturwissenschaftlicher Wirklichkeitsbeschreibung klar wird. Dann erst können die biblischen Botschaften als ernst zu nehmende Deutungsangebote für die persönliche Orientierung wahrgenommen werden. Das gilt vor allem für die hartnäckig sich haltende Vorstellung, man müsse die Schöpfungsgeschichte wortwörtlich nehmen, sie sei – weil hier in „7 Tagen" geschildert – naturwissenschaftlich völlig überholt.

Was ist der Sinn des Lebens?
Mit Antworten auf diese Frage lassen sich Bibliotheken füllen. Jugendliche hätten möglicherweise eine kurze, einfach Antwort parat: glücklich sein. Für ethische und religiöse Erziehung ist damit das Thema nicht beendet, sondern im Gegenteil: Es gilt der Frage nachzugehen, was glücklich macht. Das folgende Statement bringt eine christliche Sichtweise auf den Punkt, die zur Auseinandersetzung anregen kann:

„Wo die Optimierung des eigenen Glücks die grundlegende Bestimmung des Handelns ist, da kann es nur Enttäuschung und Unglück geben. Bestimmte Dinge findet man nur, wenn man sie nicht sucht; dazu gehört das Glück. Wann bin ich glücklich? Wenn ich mich verliere in der Liebe zu einem Menschen; wenn ich mich versenke in die Schönheit eines Bildes; wenn ich nicht mich wahrnehme, sondern die Stille des Waldes. Zum Glück gehört also ein Stück Weggehen von sich selber; eher also Selbstvergessenheit als die Selbstversessenheit. Glück ist Verbundenheit, also eben nicht die unverbundene Selbststeigerung, die alles andere benutzt zur eigenen Optimierung. Wo man das Leben so organisiert, dass man sich selber Ziel und Maßstab ist, da kann nicht mehr als Verzweiflung herauskommen."
(Sölle/Steffenski, 1995, S. 104)

Was kommt nach dem Tod?
Dies ist eine Frage, die Kinder und Jugendliche meist brennend interessiert und wozu sie eigene Phantasien haben. Die religiösen Antworten werden als ambivalent erfahren: Einerseits ist da die Einsicht, nichts zu wissen – niemand war tot und ist wieder ins Leben zurückgekehrt, sodass religiöse Beschreibungen des Paradieses oft eher als amüsant denn als ernstzunehmend erachtet werden –, andererseits ist das Bedürfnis ausgeprägt, sich ein Bild von dem zu machen, was den Menschen nach seinem Tod erwartet.

Religiöse Traditionen weichen der existenziellen Frage, was nach dem Tod kommt, nicht aus. Die Leser heiliger Schriften der Religionen begegnen zum Teil alle Sinne ansprechenden Darstellungen, in denen es um Auferstehung, Verwandlung oder geistig-seelische Unsterblichkeit geht, zum Beispiel in der koranischen Paradiesbeschreibung (vgl. 55,47 ff.).

Jüdischer und christlicher Glaube weichen davon ab: Statt farbige Jenseitsvisionen (die es im Lauf der Jahrhunderte dennoch immer wieder, auf das Schönste und Schrecklichste, ausgemalt gab und Himmel und Hölle darstellten) entwickelt die biblische Antwort eine abstrakte Hoffnungsperspektive: Wer an Gott glaubt, ist auch im Tod nicht verloren. Christen und Juden vertrauen darauf, dass sie auch nach dem Tod aufgehoben, geborgen, nicht getrennt, sondern bei Gott sind.

Solcher Glaube richtet sich nicht nur auf ein Jenseits, sondern wirkt sich auf die Lebenseinstellung und -gestaltung aus: Nach dem Tod „bei Gott" ist demnach nur, wer sein Leben hier und jetzt im Glauben an Gott gestaltet hat.

Mit dem letzten Gedanken erledigt sich ein häufiges Missverständnis von jungen Menschen, das die konstruktive Auseinandersetzung mit dem christlichen Deutungsangebot immer wieder belastet, nämlich „Hauptsache, man kommt ins Paradies, der Rest ist egal".

Der Aufstieg in das himmlische Paradies (Hieronymus Bosch, um 1500)

Hinweise zur Umsetzung
- Fragen von Kindern und Jugendlichen fördern
- einzelne Fragen von Kindern in einem Projekt „Philosophieren mit Kindern" aufgreifen (vgl. www.philosophieren-mit-kindern.de)
- Kinder und Jugendliche zur kreativen Auseinandersetzung mit dem, was nach dem Tod kommt, anregen. Im Gegensatz zu den auf Ausmalung verzichtenden biblischen Hinweisen haben Kinder und Jugendliche in der Regel Phantasien von dem, was nach dem Tod kommt. Im Hinblick auf ein sachgerechtes Verständnis muss die sozialpädagogische Fachkraft immer wieder bewusst machen, dass es in den Bildern der Kinder und Jugendlichen um deren eigene Deutung geht („Also, so stellst du dir das vor!") und sie sollte behutsam eingreifen, wenn die Bilder Angst machende Phantasien (Hölle, jüngstes Gericht) enthalten (z. B. „Du hast ja hier so düstere Farben benutzt" o. Ä.). Im Koran gibt es massive Höllenbilder, die manche islamische Eltern auch ihren Kindern vermitteln. Darüber sollte mit den Eltern gesprochen werden.
- im Gespräch über die kindlichen Vorstellungen authentisch sein vermitteln (z. B.: „Ich stelle mir vor, dass Gott mich lieb hat.")
- im Gespräch über existentielle Fragen auch andere Stimmen hören, z. B. einen muslimischen Gläubigen einladen. Authentische Zeugnisse motivieren in besonderer Weise, sich mit der eigenen Einstellung auseinanderzusetzen.

Sensibel werden für Erfahrungen, die Sinn stiften

Religionen und damit auch religiöse Erziehung vermitteln sinnstiftende Erfahrungen durch das geschriebene Wort, aber Religion und Glaube erschließen sich noch auf andere Weise, z. B. über Musik, Bilder oder Naturerlebnisse. Durch solche ganzheitlichen Erfahrungen in der Gemeinschaft mit anderen, aber auch allein, kann Heranwachsenden etwas „aufgehen" und Sinn erlebt werden.

Religionsgemeinschaften besitzen Räume, die ebenfalls für solche Erfahrungszusammenhänge sensibilisieren, nämlich Tempel, Kirchen, Synagogen, Moscheen etc. Wie solche Räume erkundet werden können, wird am Beispiel einer christlichen Kirche gezeigt und soll anregen, Gebetsstätten anderer Religionen kennenzulernen, die in der Umgebung zu finden sind oder mit der Religion von Gruppenmitgliedern zu tun haben.

Eine Kirche besuchen

Ein Besuch von „heiligen Räumen" hat nichts mit einem „Erlebnistrip" der herkömmlichen Art zu tun. Es geht vielmehr darum, dass Kinder und Jugendliche etwas von dem Besonderen dieses Ortes spüren: Kirchen sind „durchbetete Räume", die die Sinne ansprechen und deren Gestaltung auf Dimensionen verweisen, die den Alltag überschreiten (transzendieren).

Beispiel
Der folgende Erfahrungsbericht dokumentiert den Besuch einer katholischen Kirche mit Jugendlichen (13- bis 15-Jährige, Kirche im Stadtviertel, in der noch kein Gruppenmitglied war):
Große Aufmerksamkeit erregen die riesengroßen blau verglasten Portale, die einladend geöffnet sind, und der Vorraum, auf dessen Boden sich Farben des Glases spiegeln. Die Jugendlichen finden das einhellig „cool".
Als Erstes wird bei Betreten die ganz andere Atmosphäre wahrgenommen: Stille, das gedämpfte Licht, Kühle, während es draußen sommerlich warm und strahlend hell ist; der Geruch von Kerzenduft und Weihrauch.
Die muslimischen Gruppenmitglieder wundern sich, dass es keine Möglichkeit für rituelle Reinigung (mit Wasser) vor der Kirche gibt und auch die Schuhe nicht ausgezogen werden müssen.
Einige bewegen sich Kaugummi kauend und laut redend durch den Raum, andere eher zögerlich und befangen; ein Mädchen bemerkt, dass auf der Seite in einer Bank eine Frau sitzt und betet. Die Stimmen werden leiser.
Der Raum selbst mit seiner Mischung von „kostbar" und „sparsam" erregt Staunen: das goldene Metallgeflecht, in das ein Kreuz eingearbeitet ist, das erst im zweiten Blick erkennbar wird; die karge Möblierung, man kann nur stehen oder sitzen, aber nicht knien. Aufmerksam betrachtet wird die große, mit Zeichen versehene Kerze (Osterkerze) im Altarraum, das ewige Licht im Seitenschiff, das Taufbecken, an einer Seitenwand ein „Foto"-Kreuzweg. In einer Ecke entdecken sie – im Gegensatz zu der modernen Grundausstattung – eine barocke Marienfigur in schwungvoller Bewegung, die sich dem Kind auf ihrem Schoß liebevoll zuwendet. „Wie jung die ist", flüstert eine Jugendliche ihrer Freundin zu.
Interessierte Neugier äußert sich in Fragen zu Sinn und Bedeutung der Gegenstände, Symbole und Figuren, der moderne Fotokreuzweg interessiert die Gruppe besonders, weil auf den Fotos aktuelle Bezüge zu Situationen in Jerusalem hergestellt werden.
Ungläubiges Staunen und Unverständnis bei allen in der Gruppe über den Beichtstuhl im Seitengang (Wozu und warum, Schuld, Sünde – gibt's das? Und überhaupt, wozu ist eine Kirche gut? Beten kann man doch überall).
Der Hinweis der Gruppenleitung auf die Funktion von Kirchen als „Fluchtorte" und auf die Möglichkeit des Kirchenasyls bis heute wird erstaunt aufgenommen.
Wieder draußen: bei fast allen ein kurzer Moment der staunenden Wahrnehmung; das da drinnen ist irgendwie ganz anders.

Durch den Kirchenbesuch verbindet sich Religion und Glaube für diese Gruppe mit Eigenaktivität und ganzheitlichen Erfahrungen. Die zentrale Erfahrung war, den atmosphärischen Unterschied zwischen Sakralem (Heiligem) und Profanem (Weltlichem) zu spüren und über diese Erfahrung vielleicht eine erste Ahnung von dem „ganz Anderen" zu bekommen, um das es in religiöser Bildung und Erziehung geht.
Solche ganzheitlichen Zugänge sollten nicht überschätzt, aber in ihrer Bedeutung für Wertorientierung auch nicht unterschätzt werden.

Feste feiern

In allen Einrichtungen wird mit großer Selbstverständlichkeit und gerne gefeiert – das gilt für Feste aus dem Lebenslauf genauso wie für religiöse Feste aus dem Jahreslauf. Bei der Festvorbereitung sind es meist organisatorische Fragen, die Zeit und Kraft der Erzieherinnen in Anspruch nehmen. Religiöse Erziehung richtet die Aufmerksamkeit auf einen anderen Aspekt, nämlich Feste als Chance für sinnstiftende Erfahrungen.

Zum einen geht es um die Erfahrung von Gemeinschaft: Mit viel Engagement entwickeln die sozialpädagogischen Fachkräfte jeweils ein Festprogramm, gemeinsames Essen, eine festlich gestaltete Örtlichkeit. Vorausgesetzt, dass keiner zum Feiern gezwungen wird, kann über religiöse und kulturelle Unterschiede hinweg ein Gefühl der Zusammengehörigkeit und Verbundenheit entstehen. Diese bedeutsame, sinngebende Erfahrung, in der Gemeinschaft „aufgehoben" zu sein, kennen manche Kinder und Jugendliche nur aus der Einrichtung.

Zum anderen geht es um eine mit jedem einzelnen religiösen Fest verbundene spezifische sinnstiftende Erfahrung. Deswegen ist eine religiöse Erziehung, die sich bei Festen nur auf Brauchtumspflege beschränkt, ein Missverständnis (was nicht heißt, dass Sitten und Gebräuche nicht Schlüssel zum Verständnis sein können). Kindern und Jugendlichen wird so die Möglichkeit genommen, sich mit dem religiösen Deutungsangebot auseinanderzusetzen.

Erzieherinnen sollten sich über die wichtigsten Feste der Religionen, die in der Gruppe vertreten sind, informieren (vgl. www.feste-der-religionen.de), um sie aufgreifen zu können. Außerdem lernen sie dabei, wann gemeinsames Feiern möglich ist (z. B. wird über die Geburt Jesu auch im Koran berichtet) und wann es als provozierend empfunden werden könnte (Muslime glauben nicht an die Auferstehung Jesu).

Professionelles erzieherisches Handeln beinhaltet, bei der Vorbereitung von religiösen Festen dreierlei zu unterscheiden:
1. Inhalt des Festes
2. Bedeutung des Festes
3. Bezug zum Leben

Beispiel
Das islamische Opferfest (Eid al-Adha) ist ein beweglicher Feiertag. Sein Datum orientiert sich am islamischen Mondkalender. Es wird vier Tage lang während der jährlichen Pilgerfahrt (Haddsch) von allen Muslimen auf der ganzen Welt als größter Feiertag gefeiert. Am Opferfest gedenken Muslime des Abraham, der bereit war, dem Befehl Gottes gehorchend, seinen Sohn Ismail zu opfern. Die Bedeutung des Festes liegt darin, sich die Werte „Gehorsam gegenüber Gott" und „Bereitschaft zu teilen" für das eigene Leben bewusst zu machen. Worin der aktuelle Lebensbezug des Festes für Kinder oder Jugendliche in der Gruppe liegt, könnte Gesprächsthema mit den Heranwachsenden sein, aber auch mit religiös aufgeschlossenen Eltern oder anderen gläubigen Muslimen.

Hierzulande sind aufgrund der christlich-abendländischen Tradition einige Feste in der Gesellschaft verankert, sodass sie auch in den meisten sozialpädagogischen Einrichtungen begangen werden. Daher sollen im Folgenden die wichtigsten christlichen Feste und ihre Bedeutung kurz erläutert werden.

Inhalt und Bedeutung von wichtigen christlichen Festen

Traditionell werden in den Einrichtungen folgende Feste begangen: Ostern, Weihnachten, Pfingsten (eher selten), je nach Alter und Gruppensituation noch St. Martin und St. Nikolaus. Aus religionspädagogischer Sicht ist problematisch, dass das Martinsfest zunehmend im Schatten von Halloween steht oder ganz von ihm verdrängt wird. Ähnlich konkurriert St. Nikolaus mit der amerikanischen Weihnachtsmann-Tradition bzw. wird an Weihnachten das Christkind durch den Weihnachtsmann, der die Geschenke bringt, ersetzt. Im Hinblick auf Feste besteht der Anspruch an sozialpädagogische Fachkräfte, bei der Feier religiöser Feste deren Inhalt und Bedeutung sinngemäß und altersgerecht zu vermitteln. Dieser Anspruch ist unter dem Aspekt von Wertorientierung begründet.

In diesem Sinne miteinander religiöse Feste zu feiern, setzt bei den sozialpädagogischen Fachkräften **Echtheit** (vgl. Kap. 3.1.1) voraus. Nur wovon sie selbst überzeugt sind, können sie überzeugend feiern. Daraus ergeben sich persönliche Konsequenzen: sich ehrlich zu positionieren und sich u. U. für die Vorbereitung von Gottesdiensten nicht zur Verfügung zu stellen und stattdessen z. B. eine andere Kollegin zu bitten, diese Aufgabe zu übernehmen. Glaubwürdig sein gilt ebenso für gemeinsame religiöse Feiern z. B. mit muslimischen Kindern: Die Erzieherin in der Vorbereitungsgruppe muss das

Vorhaben von ihrer Überzeugung her mittragen können, sonst verletzt sie eine pädagogische Grundhaltung.

Inhalt der Feste
- **St. Martin** (11. November): Erinnerung an Martin von Tours (geb. 316/317 in Ungarn, Soldat im römischen Dienst, dann Bischof, gest. 8.11.397), der der Legende nach an einem Wintertag seinen Militärmantel mit einem frierenden Mann teilt

Der heilige Martin, Bischof von Tours, teilt seinen Mantel mit einem Bettler (Wappen der Stadt Dieburg)

- **St. Nikolaus** (6. Dezember): Erinnerung an Nikolaus von Myra (geb. ca. 280, gest. ca. 330, Türkei); Legenden zufolge war er ein freundlicher Helfer in vielerlei Nöten, der u. a. das Kornwunder bewirkt haben soll: Rettung von Menschen vor dem Hungertod durch eine Schiffsfracht Getreide, die sich wundersam vermehrte (die traditionelle Begleitung durch einen furchterregenden Gesellen ist eine sehr viel spätere Erfindung)
- **Weihnachten** (24. Dezember): Erinnerung an die Geburt Jesu unter ärmlichen Umständen in Bethlehem (geboren vermutlich 4 v. Chr., Tod ca. 30 n. Chr.).
- **Ostern** (1. Sonntag nach dem Frühlingsvollmond): Erinnerung daran, dass Gott dem christlichen Glauben zufolge Jesus am dritten Tag nach seiner Hinrichtung am Kreuz auferweckt hat
- **Pfingsten** (50. Tag nach Ostern): Erinnerung daran, dass die Jünger in Jerusalem nach Jesu Tod sich als vom Geiste Jesu durchdrungen fühlten („Entsendung des Heiligen Geistes"), was sich an ihrer wunderbaren Fähigkeit gezeigt haben soll, viele andere Sprachen sprechen und verstehen zu können

Bedeutung der Feste
- **St. Martin:** Mitfühlen und Teilen als bereichernde und stimulierende Erfahrungen
- **St. Nikolaus:** Schenken ohne Gegenleistung (Instrumentalisierung des Heiligen für eine Gehorsamerziehung durch das Bewerten des kindlichen Verhaltens nach „gut" und „böse" entspricht nicht der ursprünglichen Bedeutung des Festes)
- **Weihnachten:** Freudenfest zur Erinnerung daran, dass Jesus, der „Sohn Gottes", Mensch wurde und doch einzigartig und beispielhaft darin ist, wie er sein Menschsein gelebt hat
- **Ostern:** Freudenfest, weil Gott Jesus auch im Tod nicht im Stich gelassen hat und Menschen das auch für sich erhoffen dürfen
- **Pfingsten:** Fest der Begeisterung für die Sache Jesu und der Bereitschaft, sie weiterzutragen

Aktueller Lebensbezug
Der aktuelle Lebensbezug von religiösen Festen wird erschlossen, indem deren Inhalt und Bedeutung auf die konkrete Lebenssituation derjenigen, die feiern, bezogen wird. Dazu bieten sich Gespräche in der Gruppe und im Team an.
Auch in den anderen Religionsgemeinschaften werden religiöse Feste als Ausdruck des Glaubens und als Gestaltung ihres gemeinschaftlichen Lebens gefeiert. Im Hinblick auf für die Erzieherinnen fremde Religionen sollten sie Kontakte zu aufgeschlossenen Eltern oder anderen Gläubigen suchen.

Religiöse Feste und religiöse Vielfalt
Erzieherinnen fragen sich immer wieder, ob es überhaupt machbar ist, religiöse Feste in weltanschaulich-religiös pluralen Gruppen zu feiern.
Zwei Prinzipien aus der interkulturellen Arbeit (vgl. Möller/Tschirch, 2002, S. 151 ff.) sind in diesem Zusammenhang hilfreich: das Repräsentationsprinzip und das Prinzip des Biografiebezuges.
Das **Repräsentationsprinzip** geht davon aus, dass die religiös-weltanschauliche Vielfalt in der Gruppe sichtbar werden muss, und zwar auch bei Festen. Das Team überlegt, welche Feste für die

Kinder und Jugendlichen wichtig sind und deshalb in irgendeiner Form in der Einrichtung „vorkommen" sollten, und sei es nur, dass Gruppenmitglieder erzählen, wie sie zu Hause gefeiert haben.

Den **Biografiebezug** zu beachten bedeutet, bei Gruppenmitgliedern oder Eltern jeweils konkret nachzufragen, wie sie ihr Fest, ihre Bräuche feiern und sich nicht nur auf Literatur über Feste der Religionen zu verlassen; außerdem ist davon auszugehen, dass Gruppenmitglieder ohne Bekenntnis ebenfalls familiäre Festtraditionen haben können, und diese gilt es zu erkunden.

Der Religionspädagoge Frieder Harz schlägt für religiöse Feste vor, Rollen zu unterscheiden, nämlich die des Gastgebers und des Gastes (vgl. Harz, 2008, S. 132).

Ein Gastgeber kann Respekt erwarten von seinem Gast gegenüber den eigenen Sitten und Gebräuchen, wird aber den Gast weder vereinnahmen noch Konflikte provozieren, indem er dessen Überzeugungen und Wertvorstellungen ignoriert. Entscheidend für ein gelingendes gemeinsames Feiern ist, dass die Gruppe und die Gruppenleitung weltanschauliche und religiöse Vielfalt nicht als Last, sondern als Ausdruck individueller Verschiedenheit auch im religiösen Bereich erleben und als wertvoll erachten.

Hinweise zur Umsetzung

- sinnstiftendes, ganzheitliches Erleben planen
  - erlebnispädagogische Aktionen darauf ausrichten (z. B. Grenzerfahrungen einbeziehen)
  - bewusst Zeit einplanen für beispielsweise das Erleben der Natur
- Besuche religiöser Räume planen
  - in thematische Zusammenhänge einbinden
  - für **Kinder** kleine Aufgaben vorbereiten (die größte Kerze suchen, etwas malen o. Ä.; für **Jugendliche** eher „technische" Aufgaben vorbereiten (Ausrichtung der Moschee bestimmen; Dicke der Stufen zur Turmspitze messen u. Ä.)
  - möglichst unmittelbar im Anschluss an den Besuch Möglichkeit zum Fragen und zum Austausch von Eindrücken einplanen
- Feste thematisieren
  - mit **Kindern** einen Festkalender mit Festen aller Religionen, die in der Gruppe vertreten sind, erarbeiten
  - **Jugendliche** einladen, in der Gruppe zu erzählen, wie religiöse Feste in der Familie gefeiert werden (Voraussetzung: ein gutes Gruppenklima und die Bereitschaft, auch das, was einem selbst fremd ist, an sich heranzulassen)

Querschnittsaufgaben in ethischer und religiöser Bildung und Erziehung

Fragen fördern

„Wer nicht fragt, bleibt dumm" – präziser als mit dieser Lebensweisheit lässt sich die Grundfunktion von Fragen in ethischer und religiöser Bildung und Erziehung nicht beschreiben: den Dingen auf den Grund zu gehen und den eigenen Horizont zu erweitern. Deshalb besteht ein erstes religionspädagogisches Grundprinzip darin, Raum für Fragen zu schaffen und für ein fragefreundliches Klima in der Gruppe zu sorgen – im

Gegensatz zu einer „Frag doch nicht so dumm"-Einstellung. Dies bedeutet auch, dass keine Frage lächerlich gemacht wird, selbst wenn sie vordergründig „komisch" erscheint, z. B. „Hat der liebe Gott auch schlimme Träume, wenn er schläft?", denn solche Fragen sind oft das Ergebnis von gründlichem Nachdenken der Kinder.

Im Gruppenalltag gehen Fragen leicht unter oder werden nur halb gehört oder auch bewusst überhört – das gilt besonders für religiöse Fragen. Dies führt dazu, dass die Fragenden sich nicht ernst genommen fühlen und beim nächsten Mal lieber nicht mehr fragen. Ein derartiger Umgang mit Fragen kann viele Gründe haben, z. B. auch die Angst der Erzieherin, keine hinreichenden Antworten geben zu können.

Wer eine Frage stellt, hofft darauf, dass auf sie eingegangen wird. Es reicht also nicht, als Erzieherin die Fragen nach Sinn und Bedeutung anzuhören und den Fragenden zu loben, ihn ansonsten aber mit seinen Fragen allein zu lassen (vgl. Beer, 2000, S. 9). Genauso unbefriedigend ist es, wenn die Erzieherin die gestellte Frage sofort selbst beantwortet und damit das Thema beendet. Denn so verhindert sie im Ansatz, was ethische und religiöse Erziehung ausmacht: durch Anregungen zum Nachdenken den eigenen Weg zu entdecken. Damit Kinder und Jugendliche ihre Antworten auf Sinnfragen finden, brauchen sie ein Gegenüber, das die pädagogischen Grundhaltungen (vgl. Kap. 3.1.1) ernst nimmt, die Antwortsuche unterstützt und bereit ist, sich mit den Kindern in einen „Prozess des Abwägens und Überlegens, der erst allmählich zu einer Antwort führt" (Beer, 2000, S. 10) zu begeben.

Austausch und Gespräch über ethische und religiöse Fragen werden umso lebendiger, je mehr die Erzieherin die Fragen, die in der Gruppe auftauchen, aufgreift. Außerdem stärkt es das Selbstvertrauen der Kinder und Jugendlichen, wenn ihre Fragen ernst genommen werden und es „beflügelt" aus lernpsychologischer Sicht (vgl. Kap. 1.2) die an solchen Fragen ansetzenden Lernprozesse.

Wertklärende Gespräche führen

Für Gespräche über Wertorientierung, sogenannte wertklärenden Gespräche z.B. über Gerechtigkeit, gilt zunächst all das, was generell für pädagogische Gespräche gilt (vgl. Kap. 1.6.3). Wertklärende Gespräche sind allerdings konfrontativ und sind fachlich Streitgespräche (s. S. 370): Durch die Konfrontation unterschiedlicher Positionen, die jeweils zu begründen sind, wird die Beurteilungs- und Bewertungsfähigkeit der Gruppenmitglieder gefördert. Sie sollten von der Erzieherin ermutigt werden, selbstständig weiterzudenken und Erklärungen auch zu überprüfen.

Es ist Aufgabe der Gruppenleitung, immer wieder den Blick der am Gespräch Beteiligten zu erweitern, indem sie auf bisher nicht beachtete oder neue Aspekte aufmerksam macht. Das erfordert jedoch einfühlsames Vorgehen, damit niemand das Gefühl bekommt, dass ihm etwas übergestülpt wird.

Dabei ist auch zu bedenken, dass Werte etwas sehr Persönliches, Intimes sind. Das setzt gegenseitige Akzeptanz und Vertrauen voraus und erfordert von der Gesprächsleitung Gespür für die Situation.

Für wertklärende Gespräche gibt es eine Altersgrenze nach unten (aufgrund der Argumentations- und Konfrontationsfähigkeit). Dennoch können sie in ersten Ansätzen schon von **Kindern** geführt werden:

Beispiel

Mia (knapp 6 J.) und Levi (4 J.), warten auf die Mutter; die Erzieherin beobachtet, wie sie zum Zeitvertreib bis zur Schaukel um die Wette laufen, aber als Levi sieht, dass Mia viel schneller ist als er, hört er mittendrin auf und fängt an zu weinen. Mia dreht sich um und schaut fragend auf Levi. Der schluchzt: „Das ist umgerecht! Du solls' warten!" Mia reagiert nicht. Levi: „Du bis' größer!" Mia überlegt, schluckt sichtbar, nickt dann und sagt etwas genervt: „Na gut, renn du zuerst los." Levi ist einverstanden; Mia ist zwar wieder schneller, aber wegen seines Vorsprungs bleibt Levi am Schluss Mia dicht auf den Fersen. Die Kinder legen untereinander fest, wer erster und zweiter Sieger ist. Etwas später wendet sich die Erzieherin freundlich an die Kinder: „Na, ihr beiden, alles o.k.?" Die Kinder nicken. Dann Mia: „Das mit dem Laufen find ich – gut und blöd!"

Für **Jugendliche** könnte es interessant sein, TV-Sendungen wie die beliebten Daily Soaps daraufhin zu untersuchen, welche Werte hinter der dargestellten Handlung stehen, vor allem, wenn es um Liebe, Freundschaft, Sexualität u. Ä. geht.

Aufgabe der Gesprächsleitung ist es, dafür zu sorgen, dass die Gespräche nicht vom eigentlichen Thema – sich Werte bewusst zu machen – abdriften und zu bedenken, dass wertklärende Gespräche für die Gesprächsteilnehmer auch eine sprachliche Herausforderung sind: informieren, erklären, Standpunkte begründen stellen erhebliche Anforderungen dar, insbesondere für Kinder und Jugendliche mit Deutsch als Zweitsprache.
Gespräche über religiöse Überzeugungen entziehen sich der Bewertung von „falsch" und „richtig". Hier geht es um einen offenen Gesprächsprozess mit dem Ziel zu informieren und nicht zu bewerten, sodass jedes Gruppenmitglied sich traut, seine religiöse Überzeugungen zu äußern.

Texte aus religiösen Überlieferungen einbeziehen

Es kann bereichernd sein, in der erzieherischen Praxis kurze Texte aus religiösen Überlieferungen der verschiedenen Religionen in die Arbeit mit Gruppen einzubeziehen, z. B. „Geschichten, die der Seele gut tun" (Kornfeld/Feldmann, 2003) oder „Gleichnisse des Lebens" (Berger, 2002).
Im Folgenden wird exemplarisch auf einige biblische Texte hingewiesen.
Solche Texte zu lesen setzt voraus,
- eine für die Zielgruppe verständliche Textfassung auswählen: für Kinder eine Kinderbibel, für Jugendliche z. B. die Volx Bibel (erschienen 2006, volxbibel verlag),
- den Text selbst genau zu kennen und zu verstehen,
- sich über Sachfragen („Was ist ein Samariter?") zu informieren.

Inhaltlich geht es darum, die Bedeutung der biblischen Texte zu erschließen und einen Bezug zum Leben der Gruppenmitglieder herzustellen. Biblische Geschichten erleichtern dies durch die typisierende Darstellung von Handlung, Personen und Orten und lassen so Raum für Phantasie.
Die Heranwachsenden erfahren, dass die Texte nicht weltfremd und abgehoben sind, dass sie Lebenserfahrungen aufgreifen, die sie selbst auch angehen, ebenso Wertvorstellungen, die nach wie vor aktuell und bedenkenswert sind, und zwar auch für die eigene Lebensorientierung.

Beispiele
In der Zachäus-Geschichte (Lk 19,1 ff.) geht es darum, dass jemand, der bösartig und geldgierig ist, die für ihn überraschende Erfahrung macht, dass er trotzdem von jemandem gemocht wird.
Die Erzählung könnte Jugendliche ansprechen, weil sie auf die Frage: Was ist Glück? eine Antwort hat.
Ähnlich auch das „Gleichnis vom verlorenen Sohn" (Lk 15), in dem sich Jugendliche wiederfinden können in ihrem Wunsch nach Unabhängigkeit und der Lust, sich „auf und davon" zu machen. Der Schluss vermittelt, was sie möglicherweise nicht für selbstverständlich halten: Auch nach Misserfolg und Scheitern bist du zu Hause willkommen.
Oder die Erzählung vom „barmherzigen Samariter" (Lk 10,25 ff.), die modellhaft Verhaltensalternativen vorführt: helfen oder weiterziehen? Nur in wenigen Worten wird klar: Wer da liegt, interessiert nicht, auch nicht, ob es denen, die vorübergehen, gerade ins Programm passt; es interessiert allein, wer die Notlage erkennen will und entsprechend handelt, anstatt schlau zu reden.
So verstanden können biblische Geschichten auch „Mutmachgeschichten" (Harz, 2008, S. 29) sein.

Grenzen ethischer und religiöser Erziehung

Allem Engagement zum Trotz stoßen Fachkräfte in ethischer und religiöser Bildung und Erziehung immer wieder an Grenzen. Ein nicht zu unterschätzender Faktor ist die oft viel zu knappe Zeit, die für Gespräche über Normen und Werte zu Verfügung steht.

3.5 Erziehen, bilden und begleiten: ausgewählte Bildungsbereiche | **659**

Vor allem aber haben es die Erzieherinnen mit konkurrierenden Systemen zu tun: Da werden in den Medien immer neue Konsumwünsche geweckt, während die Fachkraft sich mit Heranwachsenden über Prioritäten in der Lebensgestaltung auseinandersetzt. Da lassen junge Menschen die Unabänderlichkeit von Sterben und Tod an sich heran und suchen nach Sinn, gleichzeitig erleben sie die Verdrängung dieser Lebensrealitäten in den Medien und das Ausblenden von Fragen nach Sinn und Bedeutung.

Fachkräfte sollten diese Grenzen ihrer Bemühungen wahrnehmen.

3.5.9 Medienkompetenz und Medienerziehung

Kaum eine Entwicklung verlief in den vergangenen 100 Jahren so schnell wie die der Medien.
1923 begann das deutsche Rundfunkwesen mit der Arbeit. Ende 1924 gab es schon ca. 100 000, 1926 ca. 1 Mio. und 1934 über 5 Mio. Hörer (vgl. Kreimeier, 2009). Im Dritten Reich wurde das Radio rasch zum Massenmedium.

Das Fernsehgerät hat später eine ähnlich rasante Entwicklung zum Massenmedium erlebt. Die ersten Fernsehbilder wurden 1929 vom Berliner Sender Witzleben ausgestrahlt.

„Berlin, 8. März 1929: Punkt 23 Uhr legte im Rundfunksender Witzleben am Berliner Funkturm der ungarisch-deutsche Erfinder Dénes von Mihály eine Filmrolle in den Projektor. Der Streifen wurde mit der mechanischen Nipkow-Scheibe in optische Bildpunkte zerlegt und per Kabel ins etwa sieben Kilometer entfernte Fernsehlaboratorium der Post übertragen. Dort schauten sich die 50 geladenen Gäste das Ergebnis dieser ersten Fernsehübertragung an."
(Köpcke, 2009)

1935 übertrug das Funkhaus Berlin die erste Sendung eines regelmäßigen Fernsehprogramms. Damals hatten nur 50 Haushalte ein Fernsehgerät und die Qualität war – im Vergleich mit heutigen Geräten – sehr gering. Man bezeichnete sie nicht ohne Grund als Flimmerkisten – ein Begriff, der bis heute Verwendung findet. Zu einer dem Radio vergleichbaren Entwicklung kam es dann aber erst nach dem Zweiten Weltkrieg und heute gibt es kaum noch einen Haushalt ohne Fernseher. Je nach Technik kann man zwischen hunderten von Sendern auswählen, Teletext lesen oder auch einkaufen (vgl. Köpcke, 2009).

Der Computer hat es im Jahr 2008 auf eine weltweite Nutzerzahl von über 1 Milliarde Menschen gebracht. Dabei spielen sowohl die private Nutzung des Computers als auch die Nutzung in Wirtschaft und öffentlichem Dienst eine besondere Rolle. Viele Arbeitsprozesse sind heute ohne Computer nicht mehr denkbar.

Noch in den 1970er und 1980er Jahren haben viele Psychologen, Pädagogen und Sozialpädagogen die Auffassung vertreten, man solle Kinder möglichst von Computern fernhalten. Heute hat man erkannt, dass weder Fernsehgeräte noch der Computer mit all ihren Möglichkeiten aus der Lebenswelt der Kinder und Jugendlichen herauszuhalten sind. Sie gehören inzwischen als fester Bestandteil zu ihrer Lebenswirklichkeit.

Daraus sind grundlegende pädagogische Konsequenzen für die sozialpädagogische Praxis abzuleiten:

- Sozialpädagogische Fachkräfte müssen selbst über eine hohe Medienkompetenz verfügen. Sie müssen in der Lage sein, die Technik zu beherrschen und die unterschiedlichsten Medienangebote zu beurteilen und nach pädagogischen Gesichtspunkten auszuwählen.
- Die Kinder und Jugendlichen müssen die Möglichkeit erhalten, selbst eine entsprechende Medienkompetenz zu entwickeln.

Dabei wird sich die Medienkompetenz der sozialpädagogischen Fachkräfte nur im Hinblick auf die hinzukommenden methodisch-didaktischen und pädagogischen Kompetenzen von der der Kinder und Jugendlichen unterscheiden.

Die meisten Menschen in Europa beherrschen die Kulturtechnik des Lesens und Schreibens (mehr oder weniger) gut und bedienen sich vieler Printmedien. Sie lesen Zeitungen und Zeitschriften oder auch Bücher. Es gibt keinen Einkauf, bei dem sie nicht mit einer Vielfalt an werbenden Flyern, Plakaten oder anderen Informationen konfrontiert werden. Dies alles ist so selbstverständlich geworden, dass Printmedien bisweilen nicht in die Überlegungen zur Medienkompetenz einbezogen werden.

Printmedien stellen zwar keine besonderen, über die konkrete Lesefähigkeit hinausgehenden technischen Anforderungen; viele der Aspekte, die im Folgenden zur Medienkompetenz dargestellt werden, gelten jedoch auch für sie. Medienkompetenz umfasst nämlich erheblich mehr als nur den Umgang mit der „Hardware", also mit den technischen Geräten.

Der Mensch konstruiert sich auf der Grundlage der Wahrnehmung von Schriftbildern, Fotos oder Filmen eigene Vorstellungen und Bilder. Dabei erweitert er sein Wissen und bisweilen kommt es dazu, dass er diesen Prozess so sehr genießt, dass er von der Nutzung des Mediums abhängig wird. Fernseh- und Computersucht sind durchaus zu einem gesellschaftlichen Problem geworden.

Nach Baacke (vgl. 2009) umfasst der Begriff der Medienkompetenz dreierlei:

- **Kommunikative Kompetenz:** Sie ist Voraussetzung für das Zusammenleben der Menschen. Der Anfang der Entwicklung kommunikativer Kompetenz liegt bereits in der frühen Kindheit und bezieht sich zunächst auf den Erwerb und die angemessene Anwendung der Erstsprache. Später kommt dann die Schriftsprache hinzu und es dauert nicht lange, bis ältere Kinder und Jugendliche die Nutzung von Fernsehern, Telefonen, Handys und Computern verstehen. Sie sehen fern, telefonieren, schreiben SMS oder E-Mails und surfen im Internet. Bei all dem geht es um Kommunikation, d. h. um die Vermittlung, die Weitergabe oder den Austausch von Informationen. Die Voraussetzungen für die Ausbildung der kommunikativen Kompetenz sind angeboren. Wie sich diese Kompetenz dann entwickelt, hängt allerdings in hohem Maße vom Lernumfeld des Menschen, von seiner Erziehung und Bildung ab – also u. a. auch von der kommunikativen Kompetenz der sozialpädagogischen Fachkräfte.

- Der praktische Umgang mit Printmedien ist naturgemäß kein Problem. Ganz anders sieht dies allerdings beim **Umgang mit elektronischen Medien** aus. So hat schon so manches Fernsehgerät den einen oder anderen Menschen vor große Probleme gestellt. Da müssen eventuell bestimmte Sender erst gefunden und eingestellt werden, da müssen Netz- und Antennenkabel angeschlossen werden und vieles mehr. Mit Medien umzugehen, die Geräte bedienen zu können, ist ein Teilaspekt

der Medienkompetenz und bei vielen Medien Voraussetzung, um sie überhaupt nutzen zu können.
- Da sich die Medienentwicklung auch in Zukunft rasant verändern wird, muss sich auch die **Kompetenz der Mediennutzung** kontinuierlich weiterentwickeln. Dies gilt sowohl für die sozialpädagogischen Fachkräfte als auch für die Kinder und Jugendlichen.

In der 1995 von der Kultusministerkonferenz beschlossenen Erklärung zur Medienpädagogik in der Schule heißt es, dass die jungen Menschen
- *"sich in der Medienwelt zurechtfinden können, d.h., daß sie die Angebotsvielfalt der Medien kennen, ihre vielfältigen (inhaltlichen und technischen) Verflechtungen wahrnehmen, Zugangsmöglichkeiten erfahren, die Handhabung einüben und Auswahl und Nutzung sinnvoll gestalten lernen,*
- *die durch Medien vermittelten Informationen, Erfahrungen und Handlungsmuster kritisch einordnen können, d.h. daß sie sie auf ihren Realitätsgehalt überprüfen, sie in Beziehung setzen zur gesellschaftlichen Funktion der Medien und zu den ökonomischen Bedingungen ihrer Produktion und Verbreitung,*
- *sich innerhalb einer von Medien bestimmten Welt selbstbewusst, eigenverantwortlich und produktiv verhalten können, d.h. daß sie ästhetische und moralische Wertmaßstäbe entwickeln, neben analytischen auch kreative Fähigkeiten aufbauen, über praktische Medienarbeit lernen, eigenen Vorstellungen und Interessen Ausdruck zu verleihen und diese auch öffentlich zu machen."*

(Kultusministerkonferenz, 1997, S. 1)

Medienkompetenz konkret

Baacke fasst die wichtigsten Dimensionen der Medienkompetenz wie folgt zusammen:
1. Medienkritik
2. Medienkunde
3. Mediennutzung
4. Mediengestaltung

Medienkritik zu üben, umfasst zunächst zwei wichtige Teilkompetenzen:
- Unterscheidungskompetenz und
- Beurteilungskompetenz

Damit verbunden ist die Fähigkeit, Medien und Medieninhalte zu analysieren. Problematische Entwicklungen auf dem Medienmarkt müssen erkannt werden, wie z.B. die Veränderung von Machtstrukturen innerhalb der Gesellschaft durch Medienkonzentrationen und finanzielle Einflussnahmen (z.B. durch Werbefinanzierung). Um dazu in der Lage zu sein, müssen die Menschen über das erforderliche Hintergrundwissen verfügen, worin eine wichtige Aufgabe aller pädagogischen und sozialpädagogischen Institutionen liegt.

Medienkritik umfasst darüber hinaus auch eine konstruktiv-kritische Selbstreflexion: Wie gehen wir selbst mit Medien um? Welche mehr oder minder wertvollen Fernsehsendungen sehen wir, wie verhalten wir uns im Umgang mit dem Internet, welche Zeitungen lesen wir und wie kritisch gehen wir selbst mit den Inhalten um?

Beide Teilaspekte sind eng verwoben mit der Fähigkeit zu „ethischem Betroffensein", der Fähigkeit und Bereitschaft, Medien und Medieninhalte auch vor dem Hintergrund wichtiger ethischer Werte zu reflektieren und zu bewerten (vgl. Baacke, 2009).

Unter **Medienkunde** ist das Wissen über Medien zu verstehen. Dazu gehören zwei Bereiche (vgl. Baacke, 2009):
- z.B. Wissen über das Rundfunksystem in Deutschland, über moderne und klassische Medien und über Mediensysteme oder über die Arbeit von Journalisten oder Reportern, über Programmarten und Auswahlkriterien oder über Nutzungsmöglichkeiten verschiedener Medien.
- Wissen über den praktischen Umgang mit den Geräten. Dazu gehört z.B. der Umgang mit Computerhardware und -software und die Nutzung entsprechender Handbücher, dazu gehört auch die Bedienung von DVD-Recordern, von Handys usw.

Die Kompetenz der **Mediennutzung** bezieht sich zunächst auf „Rezeptionskompetenz", d.h. auf die Fähigkeit und Bereitschaft, Medieninhalte analysierend und kritisch-reflektierend wahrzunehmen und zu verarbeiten.

Die Nutzung neuer Medien erfordert neben rezeptiven Kompetenzen auch die Fähigkeit und

Bereitschaft, kritisch, selbst- und fremdverantwortlich mit interaktiven Angeboten umzugehen (vgl. Baacke, 2009). Dazu gehören beispielsweise

- Teleshopping,
- Telebanking,
- Chatten etc.

Die Kompetenz der **Mediengestaltung** beinhaltet die Fähigkeit, kreativ-gestaltend aktiv zu werden. Der Computer bietet diesbezüglich sowohl im Internet als auch mit geeigneter Software viele Möglichkeiten. Es gibt ältere Kinder und viele Jugendliche, die bereits über die Fähigkeit verfügen, eigene Programme zu schreiben und Internetseiten zu gestalten. Auch wenn die meisten sozialpädagogischen Fachkräfte über solche Fähigkeiten nicht verfügen (müssen), sollten sie sie unterstützen und begleiten können (vgl. Baacke, 2009).

Um die Kompetenzentwicklung der Kinder und Jugendlichen in diesen Bereichen zu unterstützen, ist es hilfreich, wenn die sozialpädagogischen Fachkräfte

- sich selbst regelmäßig über die Entwicklungen im Medienbereich informieren,
- die verschiedenen Medien selbst auch nutzen können,
- gemeinsam mit den Kindern oder Jugendlichen bestimmte verbindliche Nutzungsregeln entwickeln – sofern es die entsprechenden Medien in der Einrichtung gibt,
- die Kinder und Jugendlichen erleben lassen, dass Medien nicht die Realität abbilden, sondern bei jedem Nutzer die Konstruktion einer subjektiven Wirklichkeit bewirken, die es kritisch zu hinterfragen gilt,

- Kinder und Jugendliche darin unterstützen, sich ein kritisches Bild von den möglichen Gefahren der Mediennutzung zu machen,
- mit den Kindern und Jugendlichen Kriterien für eine selbst- und sozialverantwortliche Auswahl von Medien und Medieninhalten entwickeln,
- die Kinder und Jugendlichen über den Sinn und die Möglichkeiten des Jugendmedienschutzes informieren,
- die Kinder und Jugendlichen über Kostenfallen und Betrügereien im Internet aufklären,
- die Kinder mit der Nutzung der öffentlichen Büchereien und ihrem inzwischen sehr vielfältigen Medienangebot vertraut machen,
- ein besonderes Augenmerk auch auf eine kritische selbst- und sozialverantwortliche Handynutzung legen.

Eine wichtige Säule der medienpädagogischen Arbeit in sozialpädagogischen Einrichtungen ist die Elternarbeit, da die meisten Probleme im Zusammenhang mit der Mediennutzung in den Elternhäusern stehen. Es ist wichtig, dass die sozialpädagogischen Fachkräfte in sinnvollen Abständen Elternabende zu medienpädagogischen Fragen durchführen. Dabei sollten die Regeln für den Umgang mit Medien auch immer wieder gemeinsam mit den Eltern reflektiert werden.

Wichtige Links

Im Folgenden werden wichtige Links, die auch überdauernd im Internet zu finden sind und Hilfen bei der medienpädagogischen Arbeit bieten können, aufgeführt:

- Der deutsche Bildungsserver bietet umfassende aktuelle informative Texten auch zur Medienpädagogik: www.bildungsserver.de
- Das Programm „Polizeiliche Kriminalprävention der Länder und des Bundes" (ProPK) informiert präventiv über seine Presse- und Öffentlichkeitsarbeit und entwickelt präventive Medien und Konzepte zur Unterstützung der örtlichen Polizeidienststellen: www.polizei-beratung.de
- Die Europäische Union hat die Initiative „Klicksafe" entwickelt. Dabei handelt es sich um ein Projekt im Rahmen des „Safer Internet Programms". Diese Initiative informiert über

Sicherheitsfragen, die mit der Nutzung des Internets verbunden sind. Träger von Klick-safe ist ein Konsortium der Landeszentrale für Medien und Kommunikation Rheinland-Pfalz, dem auch die Landesanstalt für Medien NRW und das Europäische Zentrum für Medienkompetenz (ecmc) angehört: www.klicksafe.de

- Die Internetseite SCHAU HIN! Informiert über Adressen von Beratungsstellen für Medienkompetenz und -erziehung: www.schau-hin.info
- Auch die Seite des Medienpädagogischen Forschungsverbundes Südwest bietet eine Fülle an medienpädagogischen Materialen. Besonders hilfreich ist das Infoset „Medienkompetenz", das auch Hilfen für die medienpädagogische Arbeit mit Eltern anbietet: www.mpfs.de
- Den Leitfaden „Ein Netz für Kinder. Surfen ohne Risiko?" für Eltern und Pädagogen wurde im Auftrag des Bundesministeriums für Familie, Senioren, Frauen und Jugend von jugendschutz.net erarbeitet. Er enthält ein besonderes Heft für Kinder „Entdecke Dein Internet": www.bmsfj.de oder www.jugendschutz.net/eltern/surfen

Die Untersuchungen der Jugendmedienstudie 2012 des Medienpädagogischen Forschungsverbundes Südwest zeigen die Notwendigkeit auf, dass Kinder und Jugendliche eine möglichst breite und intensive Medienkompetenz entwickeln.

Ausstattung der Haushalte mit Medien

Der Jugendmedienstudie JIM (Jugend, Information, (Multi-)Media) von 2012 zufolge verfügen fast alle Haushalte mit Kindern oder Jugendlichen zwischen 12 und 19 Jahren über einen Fernsehapparat, ein Mobiltelefon, einen Computer bzw. ein Laptop und über einen CD-Spieler. 98 % der Haushalte haben einen Internetzugang. Auch die Digitalkamera befindet sich in 93 % der Haushalte. Sogar fast drei Viertel verfügen über eine Spielkonsole (vgl. Medienpädagogischer Forschungsverbund, 2012, S. 6).

Geräte im Besitz Jugendlicher

Erstaunlich ist auch, wie viele Jugendliche bereits über eine größere Zahl an Mediengeräten verfügt. 98 % der männlichen und 96 % der weiblichen Jugendlichen besitzt bereits ein eigenes Handy. Player/iPods besitzen 84 % (männlich) bzw. 78 % (weiblich) und Radios 67 % (männlich) bzw. 59 % (weiblich) der Jugendlichen. 85 % (männlich) bzw. 88 % (weiblich) verfügen über einen eigenen Internetanschluss. (vgl. Medienpädagogischer Forschungsverbund, 2012, S. 8).

Mediennutzung in der Freizeit

In ihrer Freizeit nutzen Jugendliche zwischen 12 und 19 Jahren die Fülle ihrer Medien intensiv. Fernsehen und Computernutzung liegen dabei ganz vorne. 62 % der Jugendlichen sitzen täglich und 29 % mehrmals pro Woche vor dem Fernseher und 68 % nutzen den Computer täglich und 23 % mehrmals in der Woche (vgl. Medienpädagogischer Forschungsverbund, 2012, S. 12).

Medienbindung

Unter Medienbindung ist die Bedeutung zu verstehen, die ein Medium für einen Menschen hat. In der JIM-Studie von 2008 wurden die 12- bis 19-jährigen Jugendlichen gefragt, auf welche Medien sie am wenigsten verzichten könnten. Dabei wurden der Computer und das Internet am häufigsten genannt. In einer anderen Studie für Kinder zwischen sechs und 13 Jahren war es noch der Fernseher, der bei den älteren erst auf Platz 4 landete (vgl. Medienpädagogischer Forschungsverbund, 2009, S. 19).

Bücher lesen

Interessant an der JIM-Studie ist, dass immerhin noch viele der Jugendlichen regelmäßig Bücher lesen: 42 % täglich, 17 % einmal wöchentlich oder 14-tägig, 25 % einmal monatlich und 16 % nie (vgl. Medienpädagogischer Forschungsverbund, 2012, S. 19).
Im Hinblick auf die Ergebnisse der JIM-Studie von 2012 stellt sich die Frage nach der möglichen Wirkung auf das Verhalten und Erleben der Kinder und Jugendlichen. Dazu gibt es eine Reihe von zum Teil widersprüchlichen Theorien.

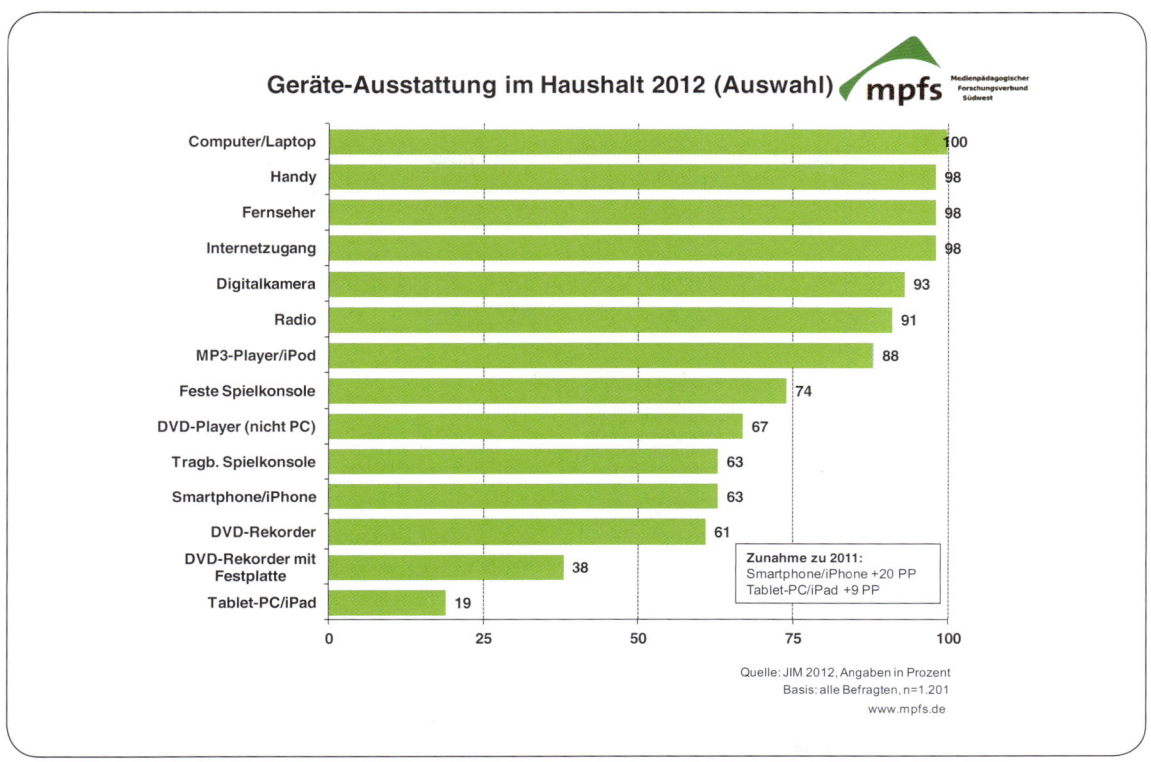

(Medienpädagogischer Forschungsverbund Südwest/ JIM-Studie 2012/ www.mpfs.de)

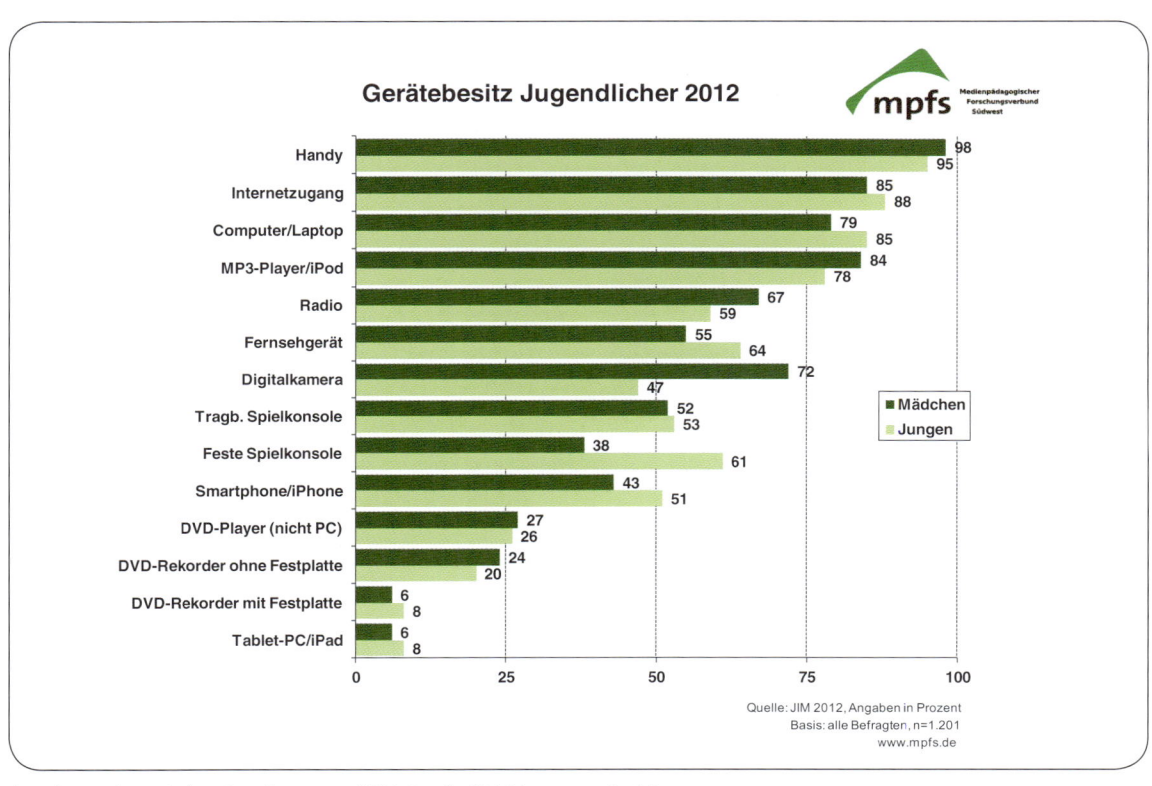

(Medienpädagogischer Forschungsvert/ JIM-Studie 2012/ www.mpfs.de)

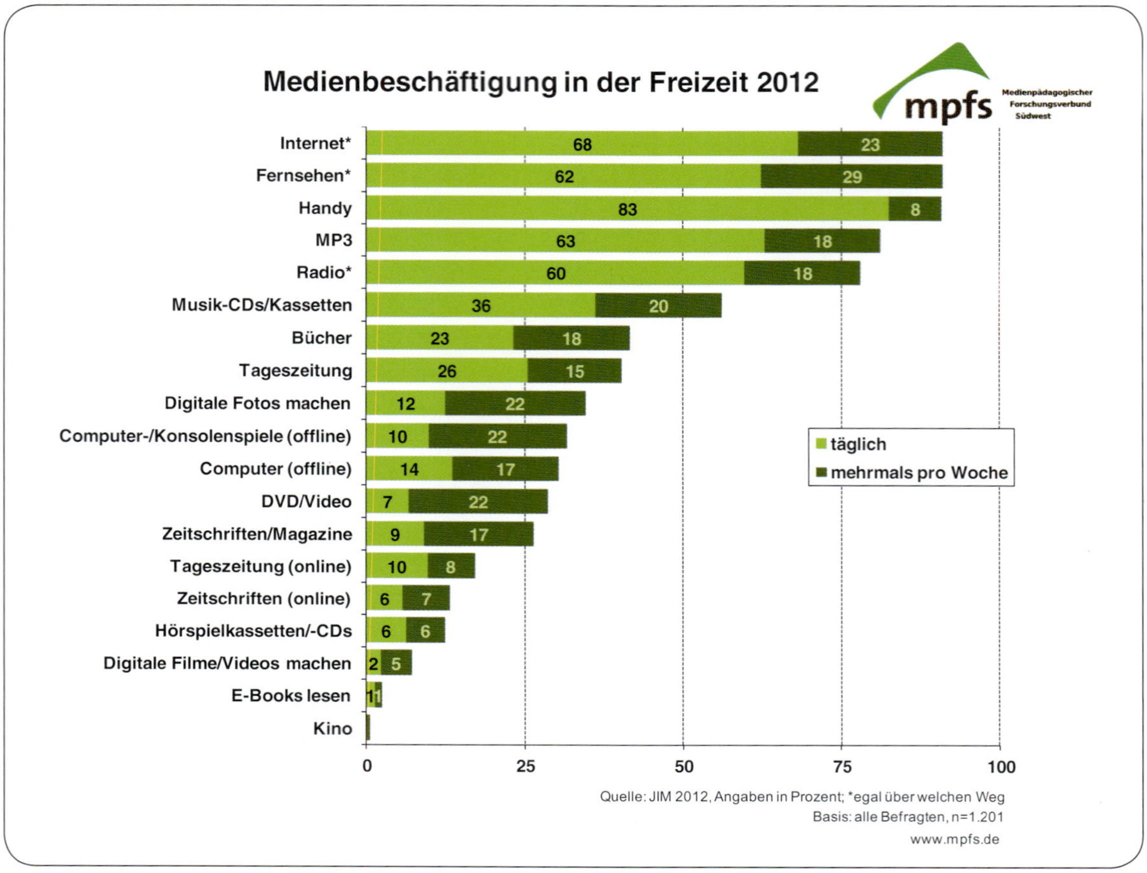

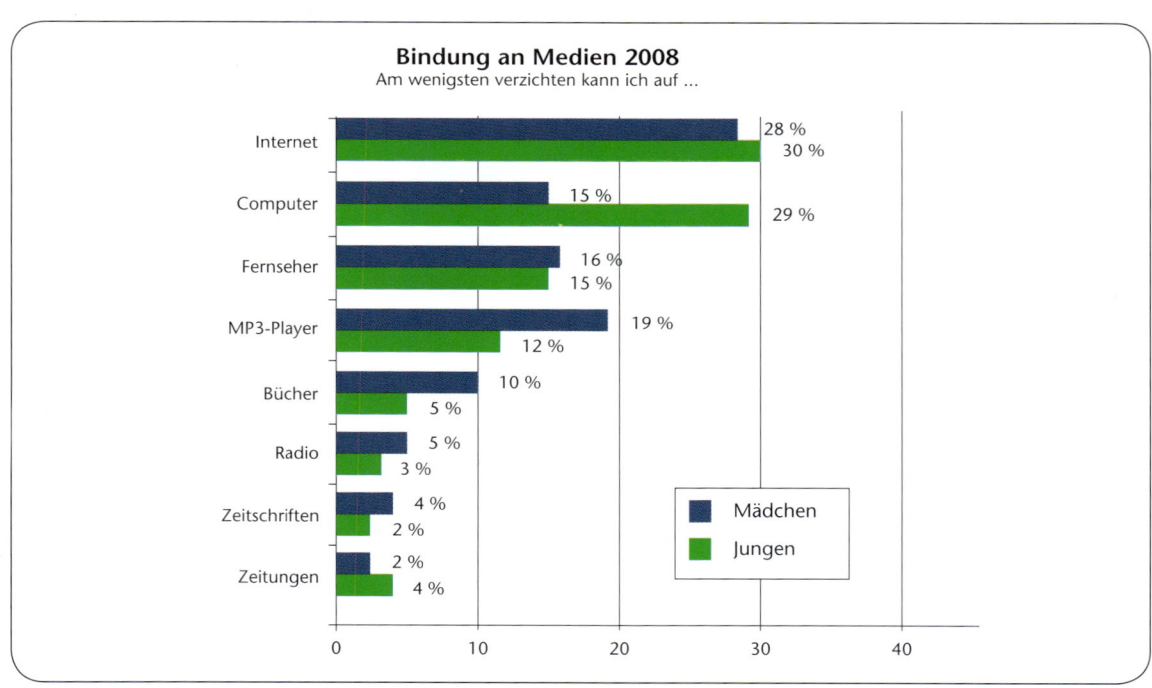

(Medienpädagogischer Forschungsverbund Südwest/ JIM-Studie 2012/ www.mpfs.de)

(Medienpädagogischer Forschungsverbund Südwest: JIM-Studie 2008, S. 19)

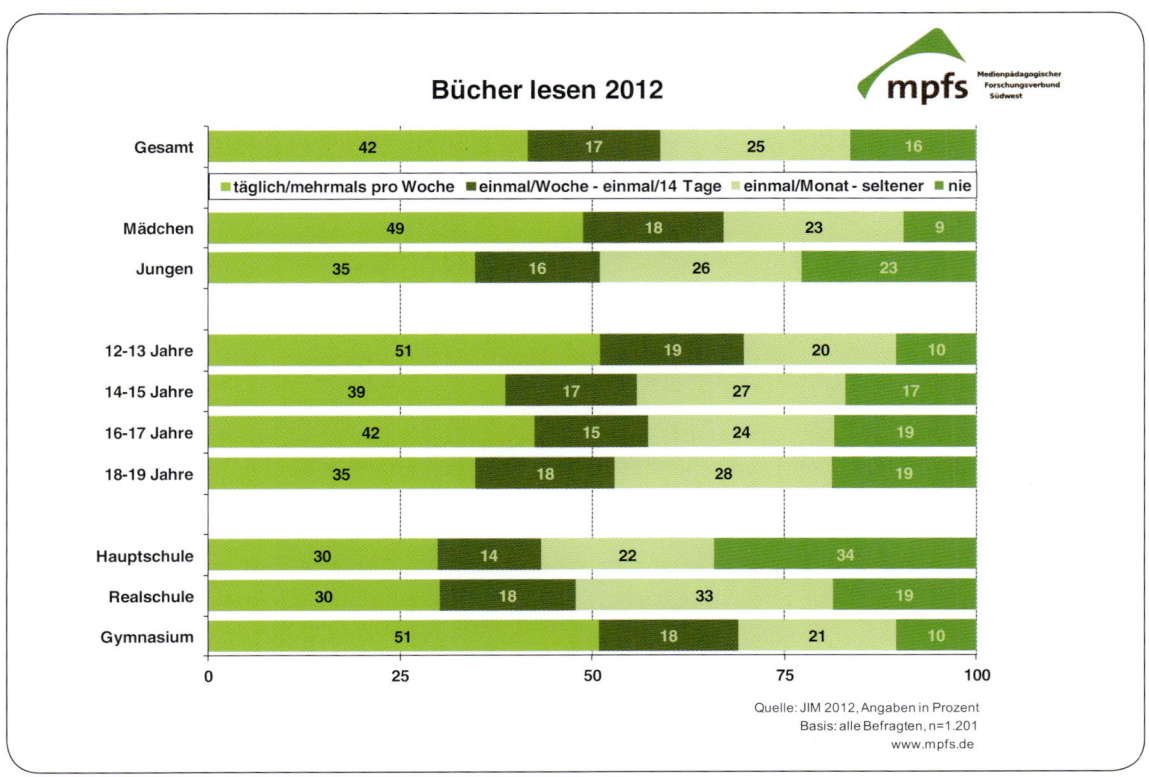

(Medienpädagogischer Forschungsverbund Südwest/ JIM-Studie 2012/ www.mpfs.de)

Medien und Kommunikation

Im Zusammenhang mit Medienkompetenzen wurde bereits erwähnt, dass kommunikative Fähigkeiten eines ihrer besonders wichtigen Elemente ist. In diesem Sinne werden Medien auch als Kommunikationsmittel bezeichnet.

Die unterschiedlichen Definitionen und Vorstellungen, die es von Medien als Kommunikationsmittel des Menschen gibt, zeigen die vielfältigen Erscheinungsweisen und Bedeutungen auf. Medien werden benötigt, um mit anderen in Beziehung zu treten und zu stehen. Die meisten Menschen haben eigene Einstellungen zu den unterschiedlichen Medien – vor allem zu modernen Massenmedien. Die einen halten sie für „Teufelszeug", das nur der Manipulation zum Nutzen einiger weniger Menschen dient, andere halten sie für unverzichtbar im Hinblick auf die Funktionsfähigkeit einer demokratischen und wirtschaftlich stabilen Gesellschaft. Zwischen diesen extremen Auffassungen gibt es alle möglichen anderen Meinungen. Unabhängig davon, wie sie bewertet werden, dienen die Medien direkt oder indirekt immer der Beziehung zwischen den Menschen.

- **Medien als Übermittler von Zeichen**

    Medien (Geräte oder Gegenstände) sind die Übermittler von Zeichen. Man gebraucht heute den aus der Computersprache stammenden englischen Begriff Hardware für das konkrete Material oder Gerät, mit dessen Hilfe Informationen vermittelt werden (z.B. ein Buch bzw. das Papier des Buches und die aus Druckerschwärze bestehenden Buchstaben oder das Computergerät). Über die Hardware hinaus umfasst der Begriff „Medium" auch den Menschen als Übermittler von Zeichen; man spricht in diesen Zusammenhang vom „personalen Medium".

- **Medien als Zeichen**

    Weiter sind Medien auch die Zeichen selbst mit ihren Bedeutungen (also z.B. Wörter, Texte, Bilder, Farben). Sie verkörpern die Informationen, die weitergegeben und individuell interpretiert werden. In diesem Sinne spricht man von Software. Software ist die übermittelte

Information (z.B. der Inhalt eines Buches). Beim Computer versteht man unter Software die Programme, die mithilfe des Gerätes bedient werden können.

In der Medientheorie gibt es auch engere Definitionen, die den Menschen selbst nicht als Medium verstehen. Der Unterschied zwischen einem weiten Medienbegriff, wie er in diesem Buch verwendet wird und einem engen Verständnis von Medien wird folgendermaßen erklärt.

- **Weiter Medienbegriff**
  Wenn Medien – was unumstritten ist – der Kommunikation zwischen verschiedenen Menschen dienen, dann können die Menschen selbst auch Mittler von Zeichen sein. Man denke nur an die große Spannbreite mimischer, gestischer oder aber sprachlicher Zeichen, deren Träger der Mensch selbst ist.
- **Enger Medienbegriff**
  Wenn man unter Medien nur Hardware und Software versteht, dann sind Personen natürlich keine Medien. Der Mensch bedient sich der Hard- und Software, benutzt sie als kommunikatives Werkzeug und muss nicht selbst als Werkzeug verstanden werden.

Medienwelten

Jeder lebt in einer individuell unterschiedlichen Welt von Medien und ist unterschiedlichen Medieneinflüssen ausgesetzt. So gibt es nicht nur individuelle Unterschiede hinsichtlich der Frage, ob Fernseher, ein Telefon, ein Radio, die Tageszeitung, ein Anrufbeantworter, Bücher, ein Computer oder vieles mehr überhaupt vorhanden sind bzw. benutzt werden. Auch bezüglich der Frage, wie der Mensch die für ihn erhältlichen Informationen verarbeitet, spielt eine große Rolle. Diese besondere, individuelle „Mediensituation" bezeichnet man als Medienwelt einer Person.

Mediengeschichte

Alle Medien haben eine Geschichte. Sie haben sich nicht nur technisch weiterentwickelt. Auch die Einstellungen der Menschen zu einzelnen Medien haben sich im Verlauf der Zeit stark gewandelt. Meist waren diese Einstellungen zu neuen Medien zunächst sehr ablehnend, um schließlich doch positiv zu werden. Die Bandbreite der Meinungen reichte in allen Jahrhunderten von blinder Unterwerfung unter den Einfluss der Medien bis zu ihrer strikten Ablehnung.

Ein Blick in die Geschichte der Medien öffnet Erzieherinnen vielfältige Möglichkeiten, die Welt der Medien selbst besser zu verstehen und gleichzeitig Kindern und Jugendlichen den Umgang mit ihnen und ihren Möglichkeiten und Grenzen unmittelbar erfahrbar zu machen.

Mit Kindern Telefone, Morse-Apparate, Geheimschriften etc. zu bauen bzw. zu entwickeln, hat einen eigenen pädagogischen Wert. Kinder und Jugendliche können auf diese Weise nicht nur bauen und konstruieren, sondern auch das Wesen von Medien erfassen.

Fehlt es an der entsprechenden Medienkompetenz, kann die Nutzung aller Medien problematisch sein. Wer noch glaubt, alles, was gedruckt wurde, sei richtig oder gar wahr, für den sind auch Printmedien gefährlich. Bei den neuen Medien ist ein hohes Maß an Medienkompetenz für eine risikolose Mediennutzen ebenso wichtig. Hinzu kommt eine nicht zu unterschätzende Suchtgefahr. All dies soll und kann allerdings nicht dazu führen, Kinder und Jugendliche von alten wie neuen Medien fernzuhalten. Im Gegenteil – sie müssen pädagogisch begleitet lernen, kompetent und kritisch die verschiedenen Medien und Medieninhalte zu nutzen. Ist diese medienpädagogische Notwendigkeit erfüllt, können Kinder mit altersgemäßen Medieninhalten nicht nur gefahrlos umgehen, sondern diese Inhalte darüber hinaus im Rahmen ihrer Selbstbildungsprozesse nutzen. Die Förderung und Entwicklung der Medienkompetenz der Kinder oder Jugendlichen muss daher zu den besonders wichtigen Aufgaben sozialpädagogischer Fachkräfte gehören.

Medien im Wandel der Zeit

Die Klage, Bücher hätten negative Auswirkungen auf das Verhalten und Erleben der Menschen, geht zurück bis zu den alten Griechen und reicht bis in die Anfänge des 20. Jahrhunderts. In unserem Jahrhundert gesellt sich zum Bücherwurm – bei gleichbleibender Sorge vieler Pädagogen – der Viel-Seher, der Viel-Hörer, der Video-Freak und inzwischen immer häufiger auch der Computer-Freak. Allen Medien ist gemeinsam: Als sie neu waren, erhoben sich einzelne Menschen, aber auch ganze Interessengruppen dagegen in der Sorge, sie könnten zu einer gesellschaftlichen Gefahr werden.

So wie sich Eltern früher ängstigten, dass das viele Lesen ihrer Kinder schädlich für deren Augen sei, so fürchten sie heute um die Ohren der Walkman-Hörer oder der Disco-Besucher beziehungsweise um Augen und Rücken der Fernseh- und Computer-Kinder.

Nicht nur auf Gefahren für Augen, Ohren und Körperhaltung, sondern noch mehr auf die psychische und körperliche Gesamtentwicklung der Kinder und Jugendlichen richtete sich immer wieder das Augenmerk von Eltern, Lehrern und Erzieherinnen wie Erziehern. Entwicklungsverzögerungen, sogar geistige Behinderungen wurden vorausgesehen, wann immer ein neues Medium auftauchte.

Über das Aufkommen pädagogischer und entwicklungspsychologischer Befürchtungen hinaus bedeutete die Erfindung und Einführung neuer Medien in der Vergangenheit jedes Mal eine Erschütterung und eine elementare Veränderung der gesamten gesellschaftlichen Verhältnisse, und schon immer wurde versucht, die Medienangebote zu beeinflussen – nicht nur in diktatorischen Systemen.

„Alte" und „neue" Medien im Vergleich

Eine der besonderen und historisch bedeutsamen Veränderungen, die mit der Einführung des Buches verbunden war und bis heute von Bedeutung ist, lag darin, dass Kommunikation nun nicht mehr unmittelbar persönlich und körperlich sein musste: Maschinen begannen, die individuelle, einmalige und manuelle Herstellung der Zeichen zu ersetzen. Einer der bekanntesten Pädagogen der vergangenen Jahrzehnte, Hartmut von Hentig, schreibt, dass er – hätte er sich unter alten und neuen Unterrichtsmedien für eines zu entscheiden – Tafel und Kreide wählen würde, denn man verwende Tafel und Kreide als „Verlängerung der eigenen Person". Die Person spiele im Unterricht immer mit und habe eine konzentrierende Wirkung.

Die alten Medien seien aufgrund einiger spezifischer Aspekte pädagogisch besonders nützlich; zu nennen seien da vor allem

- ihre Unvollkommenheit, die von der Erzieherin bzw. dem Erzieher verlangt, dass sie bzw. er selbst sie belebt,
- ihre Dienstbarkeit, d.h. die Tatsache, dass sie nicht von selbst funktionieren,
- die vollständige Durchschaubarkeit ihrer Machart und
- die Möglichkeit, die Kinder und Jugendlichen, denen etwas vermittelt werden soll, zu beobachten und sich auf sie einzustellen (vgl. von Hentig, 1987, S. 25f.).

Die neuen, technologischen Medien
- sind demgegenüber vollkommener und mit einer Eigengesetzlichkeit versehen, die selbstständiges, unabhängiges Denken weniger unmittelbar hervorrufen,
- sind autonom, d.h., sie können auch für sich und ohne Erzieherin oder Lehrer funktionieren,
- sind durch ihr hohes technisches Niveau nicht mehr durchschaubar (die Mystifizierung und Personalisierung des Computers durch viele Nutzer macht dies deutlich),
- erfordern sehr viel Konzentration auf das Medium selbst, wodurch sie von den Personen und den sozialen Bezügen, in denen sie wirken, ablenken.

Medienwirkungstheorien

Da eindeutige wissenschaftliche Erkenntnisse über die Wirkung von Medien (noch) nicht existieren, wurden auf der Grundlage vieler verschiedener Indizien (Hinweise) unterschiedliche Theorien dazu entwickelt. Diese Theorien werden als **Medienwirkungstheorien** bezeichnet. Eine Auswahl dieser Theorien:
- Reiz-Reaktions-Modell
- Zweistufenfluss der Kommunikation
- Nutzenansatz
- Thematisierungsansatz
- Ansatz zur Wirklichkeitskonstruktion
- Wissensklufthypothese

Die Theorien im Einzelnen:
- **Reiz-Reaktions-Modell** (*Stimulus-Response*)
  Dieses Modell geht von einer starken Wirkung der Massenmedien aus. Hiernach sind grundsätzlich alle Mitglieder der Gesellschaft durch die Massenmedien beeinflussbar. Um die gewünschte Wirkung (Beeinflussung des Menschen) zu erzielen, müssen alle Reize, die in die gewünschte Richtung gehen, verstärkt dargeboten werden, während Reize, die dieser gewünschten Beeinflussung entgegenwirken, unterdrückt werden müssen. Dieses Modell unterstellt in seiner Konsequenz auf jeden Fall eine Wirkung.

- **Zweistufenfluss der Kommunikation**
  (*Two-Step-Flow of Communication*)
  Massenmedien wirken nach diesem Modell zweistufig: Meldungen und Nachrichten gelangen zunächst zu den sogenannten Meinungsführern (Minderheit) und dann über diese zu den weniger aktiven Teilen der Bevölkerung (Mehrheit). Politisch stark interessierte Menschen mit eigenem Standpunkt (*Opinion-Leader* = Meinungsführer) nehmen mediale Botschaften auf und geben diese (in veränderter Form) an eher passiv agierende Menschen (*Opinion-Follower* = Meinungsübernehmer) weiter. Die Botschaft der Massenmedien wirkt also nicht direkt auf die Hauptkonsumenten, diese lassen sich jedoch eher durch die Meinung ihnen vertrauter Personen beeinflussen.
- **Nutzenansatz** (*Uses and Gratifications Approach*)
  Hier steht die aktive Rolle der Konsumenten bei der Auswahl der Medienangebote im Zentrum. Welche Motive und welche Bedürfnisse führen dazu, ganz bestimmte Medienangebote zu nutzen? Ein erweiterter Nutzenansatz fragt nach dem Katalog der Bedürfnisse, die ein Rezipient hat und welche Medienangebote diese Bedürfnisse am ehesten befriedigen können. Wer also z. B. Bedürfnisse nach kommerzieller Popmusik befriedigen will, „zappt" so lange, bis er auf den verschiedenen Musikkanälen fündig geworden ist, also seine Bedürfnisbefriedigung erhält.
- **Thematisierungsansatz** (*Agenda-Setting-Approach*)
  Der Grundgedanke ist, dass die Medien durch ihre fortlaufende Berichterstattung bestimmte Themen besetzen und über diese häufiger als über andere berichten. Diese Themen werden sich also zwangsläufig in der Folgezeit auch in den Köpfen der Konsumenten widerspiegeln. In einer Art Langzeitwirkung werden die Aussagen der Massenmedien die Konsumenten beeinflussen und ihr Weltbild mitgestalten.
- **Ansatz zur Wirklichkeitskonstruktion**
  (*Reality-Construction-Approach*)
  Die Inhalte, die die Medien darbieten, werden von den Nutzern zur eigenen Wirklichkeitskonstruktion gebraucht. Kulturelle Muster, die durch die Medien vermittelt werden, werden von den Konsumenten oftmals kritiklos übernommen. So ist es nicht verwunderlich, dass gerade Viel-Seher die im Fernsehen gezeigten Ansichten und Einstellungen übernehmen.
- **Wissenskluft-Hypothese** (*Knowledge-Gap-Hypothesis*)
  1970 wurde in einer Untersuchung festgestellt, dass die kognitiven Inhalte der Medienangebote nicht von allen Teilen der Bevölkerung gleich genutzt wurden: Bevölkerungsschichten mit einem höheren sozioökonomischen Status und höherer Bildung eignen sich die Wissensangebote der Massenmedien wesentlich intensiver als andere Bevölkerungsschichten mit niedrigerem sozioökonomischen Status an. Die daraus resultierende Wissenskluft nimmt tendenziell zu (vgl. Merten, 1991, S. 58 ff.).

Medienerziehung im Elementarbereich

Wird von Medienerziehung oder Medienarbeit gesprochen, so denken selbst viele Pädagogen und sozialpädagogischen Fachkräfte zunächst an die Arbeit mit älteren Kindern und/oder Jugendlichen. Ihnen ist wenig bewusst, dass die meisten Kinder bereits im Elementarbereich über viel Medienerfahrung verfügen. Sie nutzen Fernseher, Audio-CDs, DVDs und auch der Umgang mit Computer und Internet ist vielen jüngeren Kindern vertraut. Fast von Geburt an haben sie die „flimmernde Kiste", das „sprechende Telefon" oder das „musizierende Radio" erlebt.

Verglichen mit früheren Generationen haben sie eine völlig andere „Medienbiografie". Vor wenigen Jahrzehnten war es für ein zehnjähriges Kind bereits eine ganz besondere Form des Kontaktes mit der Welt außerhalb der Familie, wenn es mit einem Zettel in der Hand für seine Mutter einkaufen ging. Heute dagegen halten bereits vier- bis fünfjährige Kinder wie selbstverständlich telefonische Kontakte aufrecht, hören Radio, sehen fern, machen erste Fotos oder spielen Computerspiele. Oft können die heutigen Kinder selbstständiger mit den neuen Medien umgehen als ihre Eltern. Manchen Vorteilen dieser Selbstständigkeit entgegengesetzt ist allerdings eine damit möglicherweise verbundene Abhängigkeit.

In der Praxis der Elementarpädagogik der vergangenen 20 bis 30 Jahre wurde dies nur wenig berücksichtigt. Kinderbücher, Bilder, Spiele (bevorzugt solche aus dem Spielwarenhandel) und Bastelmaterialien unterschiedlichster Art dominieren die Medienwelt der Kindertagesstätten. Je nach sozialpädagogischer Ausrichtung ist ihre Auswahl mehr oder minder von pädagogischen Konzeptionen bestimmt. Viele Kindertagesstätten erwecken den Eindruck, als seien Medien wie Fernsehen, Video oder Computer unbemerkt an ihnen (und an den Kindern) vorübergegangen.

Doch die neuen Medien konfrontieren auch die Kinder im Kindergartenalter mit einer täglichen Fülle von Informationen. Mit ihnen umzugehen, sie zu verarbeiten und die Verarbeitung nicht den Kindern allein zu überlassen, ist eine der vorrangigen medienpädagogischen Aufgaben der sozialpädagogischen Fachkräfte heute und in der Zukunft.

Charakteristisch für die Medienerfahrungen vieler Kinder im Elementarbereich ist die große Diskrepanz zwischen den klassischen Erfahrungen in der Kindertagesstätte einerseits und denen in der Familie andererseits. Zu Hause stehen manche Kinder unter größerem Medieneinfluss, als in der Kindertagesstätte verarbeitet werden kann bzw. verarbeitet wird. Will eine Kindertagesstätte situationsorientiert arbeiten, muss sie erkennen, dass die familiären Medienwelten der Kinder ein wesentlicher Situationsaspekt sind: Viele Kinder sind Viel-Seher von Fernsehsendungen, und auch Videospiele nehmen immer mehr ihrer Zeit in Anspruch. Der inzwischen leicht zu bedienende DVD-Player ist die maschinelle ‚Ersatz-Oma' vieler Kinder. Selbst wenn manche Kinder die neuen Medien weniger nutzen, so gehören sie doch zu ihrem Umfeld dazu und prägen ihr Welterleben mit.

Die Konsequenz aus all dem kann nur heißen: Medienerziehung und Medienarbeit müssen auch im Elementarbereich die neuen Medien einbeziehen. Dabei kommt der Elternarbeit ein besonders hoher Stellenwert zu. Nur in einer konstruktiven Zusammenarbeit kann die häufig ausgeprägte Diskrepanz zwischen der Medienwelt der Kindertagesstätte und der Medienwelt in der Familie aufgearbeitet und im Interesse der Kinder gemindert werden. Norbert Neuß berichtet von einem entsprechenden Projekt:

„In einem einwöchigen Projekt wollten wir erfahren, wie die Kinder unterschiedliche Spiel- und Lernsoftware-Titel erleben und bewerten. Während eines eigens dafür entworfenen Expertenspiels übernehmen die Kinder die Rolle der Experten. Diese zeichnen sich dadurch aus, dass sie ihre eigene Meinung haben und diese auch kundtun. Bei dem Expertenspiel handelt es sich aber nicht um einen ‚pädagogischen Trick', sondern um die feste Überzeugung, dass niemand besser über seine Qualitätsmaßstäbe berichten kann als das einzelne Kind selbst. Für die Bewertung der unterschiedlichen Spiele wurden ein Bewertungsteppich und mehrere gelbe Bewertungssymbole entwickelt. Da gibt es zum Beispiel einen Pinsel als Symbol für die grafische Gestaltung, ein Ohr für die akustische Gestaltung und einen ‚rauchenden Kopf' für den Fall, dass man an irgendeiner Stelle nicht mit dem Spiel weiterkam, weil man die Antwort oder den Weg nicht wusste. Nachdem alle Kinder die Symbole verstanden haben, spielen sie in Gruppen zu jeweils drei oder vier Kindern. Jede Gruppe hat nur ein Spiel, das sie bewerten soll und jedes Kind soll selbst gespielt haben. Nun bewertet jedes Kind das Spiel mithilfe der Bewertungssymbole. Durch interessiertes Nachfragen werden die Begründungen für die Entscheidung der Kinder deutlich.

Einen Eindruck der Ergebnisse zeigt die Bewertung des Spiels ‚Tapferes Schneiderlein' aus der Reihe ‚Simsala Grimm'. Über die sehr gute optische Gestaltung sind sich die drei Kinder hier einig. Die Geräusche werden überwiegend als gut empfunden. Ein Kind findet, dass bei diesem Spiel zu viel erzählt wird. Die Geschichte mögen alle drei Kinder sehr. Dennoch fordert dieses Spiel die Kinder heraus, den roten Faden der Geschichte zu finden. Es wird folglich von allen drei Experten mit dem Zeichen des „rauchenden Kopfes" bewertet. Trotzdem sind die Kinder auch der Ansicht, dass man hier etwas lernen

konnte. Auf die Frage, was man hier lernen kann, antwortet Linus, ‚dass man nicht gleich aufgeben sollte, wenn man mal nicht weiß, wo es beim Spiel weiter geht'. Damit formuliert er einen ‚Lerneffekt', der nicht unmittelbar mit dem Inhalt des Spiels zusammenhängt. Mit dieser Form der Bewertung sind verschiedene medienpädagogische Ziele verbunden. Zum einen werden über sprachliche, zeichnerische oder sonstige ästhetische Ausdrucksweisen lernförderliche Reflexionsprozesse angeregt. Dabei müssen sich die Kinder eigene Gedanken machen, eigene Meinungen bilden und diese formulieren. [...] Auch die Eltern bekamen die Aufgabe, unterschiedliche Spiele in Kleingruppen zu spielen, sie danach den anderen Gruppen zu beschreiben, mit den Bewertungssymbolen zu bewerten und anschließend eigene Qualitätskriterien zu nennen. Medienpädagogisches Ziel dieser Gruppenarbeit ist es auch, den Eltern, die sich bisher noch nicht mit Edutainment-Programmen beschäftigt haben, einen Einblick in diese Spiele zu geben und damit die Grundlage für eine sachliche Diskussion zu schaffen. Vorrangig ging es aber darum, die Perspektiven der Eltern und der Kinder zu vergleichen und zum Anlass für eine Diskussion über Qualitätsmaßstäbe von Spiel- und Lernsoftware zu nehmen."
(Neuß, 2001, S. 2f.)

Das Internetportal der Landesanstalt für Medien Nordrhein-Westfalen (LfM) bietet eine Fülle von Anregungen für die praktische Medienarbeit in Kindertagesstätten. Sie finden dieses Portal unter der Internet-Adresse www.kita-nrw.de/medienpaed/texte.php. Dort finden Sie u. a.:
- Surftipps und Internetseiten für Kinder
- Surftipps und Internetseiten für Erzieherinnen und Eltern
- Softwaretipps für Kindergarten und Hort
- Literaturtipps zum Thema Medienerziehung
- Adressenliste und Bezugsquellen für medienpädagogische Materialien
- einen Grundbaukasten mit einer umfangreichen Datenbank
- Online-Artikel zum Thema Kinder und Computer
- Kontaktadressen wichtiger Institutionen oder möglicher Partnerprojekte

3.6 Weiterführende Literatur

Bayerisches Staatsministerium für Arbeit und Sozialordnung, Familie und Frauen/Staatsinstitut für Frühpädagogik München (Hrsg.): Der Bayerische Erziehungs- und Bildungsplan für Kinder in Tageseinrichtungen bis zur Einschulung, 5., erneuerte Aufl., Berlin, Cornelsen Scriptor, 2012.

Böcher, Hartmut/Koch, Roland: Medienkompetenz, 3. Aufl., Köln, Bildungsverlag EINS, 2012.

Bowman, Dana/Kohl, MaryAnn F. (Hrsg.)/Ramsey, Renee: Erste Kunst mit allen Sinnen erfahren, Köln, Bildungsverlag EINS, 2008.

Breyhan, Halka: Malen, Formen und Gestalten, Köln, Bildungsverlag EINS, 2009.

Cieslik-Eichert, Andreas/Dunker, Heike/Jacke, Claus: Lernfeld Kunst, Köln, Bildungsverlag EINS, 2010.

Cieslik-Eichert, Andreas/Jacke, Claus: Kreatives Handeln in Fachschulen für Sozialpädagogik, Troisdorf, Bildungsverlag EINS, 2009.

Eldelmann, Walter: Lernpsychologie, 6. Aufl., Weinheim, Beltz PVU, 2000.

Enzensberger, Hans M.: Der Zahlenteufel, München, Hanser, 1999. Im Terzio-Verlag, München, auch als interaktive CD-ROM erhältlich.

Fthenakis, Wassilios E.: Natur-Wissen schaffen – Band 6, Portfolios im Elementarbereich, Troisdorf, Bildungsverlag EINS, 2009.

Gebhard, Ulrich: Kind und Natur. Die Bedeutung der Natur für die psychische Entwicklung, Wiesbaden, VS Verlag für Sozialwissenschaften, 2009.

Hellmich, Achim/Teigeler, Peter (Hrsg.): Montessori-, Freinet-, Waldorfpädagogik. Konzeption und aktuelle Praxis, 5. Aufl., Weinheim, Beltz, 2007.

Hobmair, Hermann: Psychologie, 4. Aufl., 1. korr. Nachdruck, Troisdorf, Bildungsverlag EINS, 2008.

Hoppenstadt, Gila (Hrsg.): Meine Sprache als Chance, Köln, Bildungsverlag EINS, 2010.

Hoppenstadt, Gila (Hrsg.): Die Welt ist elefantastisch – Sprachförderung mit den Elefanten (diverse Produkte), Köln, Bildungsverlag EINS, 2009/2010.

Hubrig, Silke: Bewegung in der Kita, Köln, Bildungsverlag EINS, 2010.

Hubrig, Silke: Genderkompetenz, Köln, Bildungsverlag EINS, 2010.

Iven, Claudia: Sprache, 3. Auflage, Köln, Bildungsverlag EINS, 2012.

Klein, Ferdinand: Inklusive Erziehungs- und Bildungsarbeit in der Kita, Köln, Bildungsverlag EINS, 2010.

Lifton, Betty: Der König der Kinder. Das Leben von Janusz Korczak, übers. v. Annegrete Lösch, Stuttgart, Klett-Cotta, 1993.

Louv, Richard/Hüther, Gerald/Nohl, Andreas [Übers.]: Das letzte Kind im Wald? Geben wir unseren Kindern die Natur zurück! [mit 80 Umweltaktionen für unsere Kinder], Weinheim, Basel, Beltz, 2011.

Merget, Gerhard: Erziehen mit Musik, Köln, Bildungsverlag EINS, 2009.

Merthan, Bärbel: Ist Vivaldi ein Dackel? Köln, Bildungsverlag EINS, 2011.

Österreicher, Herbert: Das Zahlenheft, Berlin/Weimar, verlag das netz, 2008.

Österreicher, Herbert: Kinder lieben kleine Tiere. Berlin, Weimar, verlag das netz, 2011.

Österreicher, Herbert: Natur- und Umweltpädagogik für sozialpädagogische Berufe, Köln, Bildungsverlag EINS, 2011.

Österreicher, Herbert: Ökologie und Gesundheitserziehung für sozialpädagogische Berufe. Köln, Bildungsverlag EINS, 2012.

Regel, Gerhard/Wieland Axel Jan (Hrsg.): Offener Kindergarten konkret. Veränderte Pädagogik in Kindergarten und Hort, Hamburg, EB-Verlag Rissen, 1993.

Schäfer, Gerd E.: Bildung beginnt mit der Geburt. Ein offener Bildungsplan für Kindertageseinrichtungen in Nordrhein-Westfalen, 2. Aufl., Weinheim, Beltz, 2005.

Schäfer, Gerd E.: Bildungsprozesse im Kindesalter. Selbstbildung, Erfahrung und Lernen in der frühen Kindheit, 3. Aufl., Weinheim, München, Juventa-Verlag, 2005.

Scheibe, Wolfgang: Die reformpädagogische Bewegung, 1900–1932. Eine einführende Darstellung, 10. Aufl., Weinheim, Beltz, 1999.

Spitzer, Manfred: Lernen. Gehirnforschung und die Schule des Lebens, Berlin, Springer-Verlag – Spektrum Akademischer Verlag, 2008.

Stewart, Ian: Das Rätsel der Schneeflocke. Die Mathematik der Natur, übers. von Andrea Kamphuis u. a., Heidelberg/Berlin, Spektrum Akademischer Verlag, 2002.

Thesing, Theodor: Leitideen und Konzepte bedeutender Pädagogen. Ein Arbeitsbuch für den Pädagogikunterricht, 3. Aufl., 2007.

Ulich, Michaela/Oberhuemer, Pamela: Es war einmal, es war keinmal ... Ein interkulturelles Lese- und Arbeitsbuch, Weinheim, Beltz, 2004.

Viernickl, Susanne/Völkl, Petra (Hrsg.): Fühlen, bewegen, sprechen und lernen, Köln, Bildungsverlag EINS, 2008.

Wagner, Yvonne: Die Kreativ-Projekte-Kiste, Mülheim a. d. R., Verlag an der Ruhr, 2010.

Wagner, Yvonne: Erziehen, bilden und begleiten, Das Portfoliobuch für Erzieherinnen und Erzieher, Köln, Bildungsverlag EINS, 2011.

Winkel, Sandra/Petermann, Franz/Petermann, Ulrike: Lernpsychologie, Paderborn, Schöningh, 2006.

4 Professionalisierung und Weiterentwicklung

4.1 Professionalität

4.2 Zusammenarbeit im Team

4.3 Qualitätsmanagement

4.4 Fort- und Weiterbildung

4.5 Kooperation mit externen Partnern

4.6 Erziehungs- und Bildungspartnerschaften gestalten

4.7 Weiterführende Literatur

Die Schwerpunkte dieses Kapitels liegen in den Bereichen der Handlungsfelder 4, 5 und 6 des Kompetenzorientierten Qualitätsprofils: Erziehung und Bildungspartnerschaften gestalten, an der Entwicklung der Institution und des Teams mitwirken und in Netzwerken kooperieren. (s. auch S. 98 ff.)

In den ersten drei Kapiteln dieses Buches wurde deutlich, dass die Kompetenzen, über die eine professionelle sozialpädagogische Fachkraft verfügen muss, weit über das hinausgehen, was Laien normalerweise können, wenn sie Kinder oder Jugendliche erziehen.

Diese Kompetenzen allein sind allerdings noch keine vollständige und erschöpfende Grundlage für ein Konzept der Professionalisierung im sozialpädagogischen Bereich. Sozialpädagogische Fachkräfte müssen vielmehr fähig und bereit sein,

- sich selbst weiterzuentwickeln und weiterzubilden,
- im Team zu arbeiten,
- die Qualität der eigenen Arbeit zu kontrollieren und zu reflektieren,
- mit Erziehungspartnern im Interesse der Kinder und Jugendlichen konstruktiv zusammenzuarbeiten und
- die rechtlichen Grundlagen der beruflichen Arbeit zu kennen, zu respektieren und zum Wohle der Kinder und Jugendlichen zu realisieren.

4.1 Professionalität

Professionalität ist die berufsmäßige, fachgerechte Ausführung einer Tätigkeit. Der Begriff beinhaltet eine Qualität, die in der Regel von einem Amateur bzw. Laien nicht erbracht werden kann. Ein Profi ist also ein „Mensch vom Fach".

Die Frage nach der Professionalität von Erzieherinnen wird erst seit wenigen Jahrzehnten gestellt. Inzwischen aber gibt es einen gesellschaftlichen Konsens, dass gerade die jungen Kinder eine besonders qualifizierte Erziehung, Bildung und Begleitung benötigen. Die PISA-Studien haben diesen Konsens noch erheblich gefördert. Zunächst seien hier vier grundlegende Punkte genannt:

- Nur mit entsprechendem Fachwissen ist es der Erzieherin möglich, optimale Bildung und Erziehung zu gewährleisten.
- Kinder brauchen Profis an ihrer Seite, die sie wahrnehmen, respektieren und in ihrer Entwicklung unterstützen.
- Ein optimales Management sozialpädagogischer Einrichtungen erfordert umfangreiche Sachkenntnisse.
- Um die eigene Gesundheit erhalten zu können, müssen sozialpädagogische Fachkräfte gelernt haben, auf sich selber und auf die eigenen Grenzen und Bedürfnisse zu achten und die Arbeitsbedingungen entsprechend mitzugestalten.

Professionalität beschränkt sich nicht auf die Kenntnis von Fachausdrücken und Theorien. Sie besteht vielmehr aus vielen unterschiedlichen Fähigkeiten, Fertigkeiten und Eigenschaften und äußert sich in der Herangehensweise an eine berufliche Tätigkeit – in diesem Falle das Bilden, Erziehen und Begleiten von Kindern und Jugendlichen. Erzieherinnen sind Fachkräfte und müssen sich dessen bewusst sein. Dies ist Voraussetzung dafür, dass sich das Bild von sozialpädagogischen Fachkräften in der Gesellschaft verändert. Die „Kindergartentante" von früher gibt es nicht mehr, denn sie würde nach heutigen Ansprüchen

nicht professionell arbeiten, weil sich ihre Beschäftigung mit Kindern weitgehend auf „Spielen und Betreuen" beschränken würde.

Professionalität ist nie endgültig erreicht, sondern sie entwickelt sich in einem lebenslangen Prozess immer weiter. Sozialpädagogische Fachkräfte lernen stetig aus den konkreten Alltagserfahrungen im Umgang mit Kindern, Jugendlichen sowie (mit-)verantwortlichen Erwachsenen und aus neuen theoretischen Erkenntnissen. Bisweilen gibt es unter den Studierenden die Auffassung, dass es in der Ausbildung lediglich um die Vermittlung von Wissen gehe. Ein folgenschwerer Irrtum, denn die Praxis zeigt deutlich, dass dies allein nicht ausreichend für die Arbeit in den Einrichtungen qualifiziert. Der Umkehrschluss ist allerdings ebenso falsch, dass nämlich die Fachkraft gar nicht über viel Fachwissen verfügen müsse, sondern in erster Linie eine positive Einstellung zu den ihr anvertrauten Kindern oder Jugendlichen und „praktisches Können" haben sollte. Damit verband sich in früheren Zeiten die Vorstellung, dass eine Erzieherin z. B. in einem Kindergarten die dort erforderlichen Tätigkeiten autodidaktisch erlernen könne. Sowohl Faktenwissen als auch praktisches Können sind also erforderlich, machen aber nur einen Teil dessen aus, was in diesem Zusammenhang unter Professionalität zu verstehen ist. Im Verlauf der Ausbildung zur sozialpädagogischen Fachkraft entwickelt sich nämlich darüber hinaus die Gesamtpersönlichkeit der Studierenden: Die intensive Auseinandersetzung mit der eigenen Person, mit inneren Haltungen, eigenen „typischen Eigenschaften" sowie dem Umgang mit sich und der Umwelt trägt zur Reifung bei und ermöglicht einen reflektierten und zugewandten Umgang mit den Kindern und Jugendlichen.

In diesem Kapitel wird auf einige wichtige berufliche Qualitäten und Aufgaben professionell tätiger sozialpädagogischer Fachkräfte eingegangen, deren Bewältigung von allen anderen Erziehungspartnern selbstverständlich erwartet wird und werden kann. Sie sollten bereit sein,

- die Notwendigkeit der Veränderung und Weiterentwicklung der eigenen Persönlichkeit im Kontext der beruflichen Aufgaben zu erkennen und sich darauf einzulassen,
- unabhängig von persönlichen Zu- oder Abneigungen mit Kolleginnen und Kollegen im Team zusammenzuarbeiten,
- eigene Einstellungen (ggf. Vorurteile) und Werthaltungen kritisch zu hinterfragen und gegebenenfalls zu überwinden,
- nicht ohne deren Beisein negativ über Kolleginnen und Kollegen zu sprechen und für bestehende Schwierigkeiten gemeinsam Lösungen zu suchen,
- sich auch auf neue Methoden der Teamarbeit einzulassen und an der Weiterentwicklung des Teams konstruktiv mitzuwirken,
- Kritik anzunehmen, sich mit ihr auseinanderzusetzen und sie für die eigene Weiterentwicklung zu nutzen,
- Kritik sozial und emotional verträglich zu äußern,
- Kritik aufzunehmen und konstruktiv zu verarbeiten, auch wenn sie nicht unbedingt konstruktiv geäußert wurde,
- sich sowohl theoretisch als auch praktisch im Hinblick auf die eigene Persönlichkeitsentwicklung fort- und evtl. weiterzubilden,
- mit Trägervertretern, Fachberatern etc. konstruktiv zu kooperieren und Anregungen aufzugreifen, zu überprüfen und gegebenenfalls umzusetzen,
- sich auf externe Partner einzulassen sowie den entsprechenden Kontakt zu suchen,
- Erziehungspartnerschaften kooperativ und im Interesse der Kinder oder Jugendlichen zu gestalten.

Eine ganz besondere Bedeutung für professionelle Arbeit in sozialpädagogischen Einrichtungen kommt der **Wahrnehmungs- und Beobachtungsfähigkeit** der sozialpädagogischen Fachkräfte zu.

- *„Die [aktuellen und notwendigen] Veränderungen in der pädagogischen Arbeit werden vor allem von einer Intensivierung und Differenzierung der Beobachtung für den Eigenanteil des Kindes an seinen Bildungsprozessen angestoßen.*
- *Sie führen zu neuen Fragen an ‚Theorien und Konzepten' und müssen bis in die ‚Organisation' der Institution Kindertagesstätte hinein bedacht werden.*
- *Wahrnehmende Beobachtung der Kinder verlangsamt den pädagogischen Handlungsprozess, indem er die Eigenständigkeit der Kinder stärker ins Spiel bringt. Damit befreit er Erzieherinnen*

aus der Rolle der pädagogischen ‚Entertainerin' und erweitert ihre professionellen Aufgabenstellungen. Darauf müssen Erzieherinnen vorbereitet sein.

- *Die Sensibilisierung der Wahrnehmung von Erzieherinnen sowie eine Arbeit an konzeptuellen Weiterentwicklungen, welche die eigenen Gestaltungskräfte und Ausdrucksmöglichkeiten einbeziehen, vertieften das Verständnis für die Interessen und den Gestaltungsreichtum der Kinder.*
- *Insbesondere sind es die Bereiche Bewegung, Spiel, Tanz, Theater, ästhetisches Gestalten, Musik, Sprache und Weltwissen einschließlich der damit verbundenen weltanschaulichen Fragen, die alltäglich bei den Kindern wahrgenommen werden können und die ihr Handeln und Nachdenken leiten. Als vorhandene Alltagsfragen der Kinder, nicht als Lernbereiche oder Fächer, verdienen sie pädagogische Aufmerksamkeit. Sie aufzuspüren und mit den Antworten zu verknüpfen, die das ‚kulturelle Gedächtnis' bereithält, erweist sich als Aufgabe einer frühkindlichen Bildung, welche die biografischen und individuellen Ressourcen als Selbstbildungspotenziale mit einbezieht.*
- *Wahrnehmendes Beobachten bildet die Voraussetzung für die Gestaltung der Räume, innen wie außen, für die Auswahl der Materialien und für die sachlichen Themen, die den Kindern vorgeschlagen werden. Dadurch verbessert es die Handlungsfähigkeit der Erzieherinnen im pädagogischen Alltag. Wahrnehmendes Beobachten kann sich aber auch nur da entfalten, wo Kinder eine Umgebung vorfinden, die ihre Handlungs- und Denktätigkeit anregt.*
- *Wahrnehmendes Beobachten und Dokumentation stellen die Zusammenarbeit mit den Eltern auf eine differenziertere sachliche Basis und intensivieren sie. Die Eltern können am Tun und Denken ihrer Kinder stärkeren Anteil nehmen, besser begreifen, wie sie lernen und damit auch ihre eigenen Ansprüche an die Zukunft ihrer Kinder angemessener mit deren Möglichkeiten abstimmen."*

(Schäfer/Robert Bosch Stiftung, 2012, S. 1 f.)

Zu den erforderlichen Kompetenzen einer sozialpädagogischen Fachkraft zählen auch Eigenschaften wie

- Verlässlichkeit,
- Pünktlichkeit,
- Echtheit,
- Klarheit,
- Selbstdisziplin,
- Offenheit.

Solche Eigenschaften kann man nicht erwerben wie theoretisches Fachwissen, sondern man erfährt in der Ausbildung über deren Bedeutung und muss ggf. an sich arbeiten, um sie im beruflichen Kontext (innerhalb der Ausbildung z. B. während der Praktika) abrufen zu können. Eine Erzieherin beispielsweise, die zu einem Elternabend zu spät kommt, die versprochenen Unterlagen nicht mitgebracht hat oder die wenig über die einzelnen Kinder und ihre Bedürfnisse weiß, wird von den Eltern nicht als professionell arbeitende sozialpädagogische Fachkraft akzeptiert werden können.

Es ist sinnvoll, die Entwicklung zur professionellen sozialpädagogischen Fachkraft als Prozess zu verstehen, in dem die Studierenden weitgehend selbstständig bestimmte Entwicklungsaufgaben lösen müssen, wobei sie von den Ausbildenden gestützt und begleitet werden. Entwicklungsaufgaben beziehen sich immer auf die Entwicklungs- und Lernprozesse der gesamten Persönlichkeit. Dies trifft gleichermaßen auf Ausbildung, Fortbildung und Weiterbildung zu, weshalb eine sozialpädagogische Fachkraft auch nur dann über die notwendige Professionalität verfügt, wenn sie eine entsprechende Fortbildungs- und Veränderungsbereitschaft mitbringt.

Wichtig ist dabei, dass die Entwicklung der Professionalität nicht ein einfacher hierarchischer Prozess ist, in dem immer neue Fähigkeiten und/oder neues Fachwissen auf bereits vorhandene Grundlagen aufbauen, bis eine Art Pyramide vollständig ist und die sozialpädagogische Fachkraft gleichsam abschließend über „alles" verfügt, was sie zur Ausübung ihres Berufs benötigt. Auch wenn manchmal in der Praxis der Eindruck erweckt wird, als gebe es solche „fertigen" Fachleute in sozialpädagogischen Einrichtungen: Wer seine Grenzen und damit auch die Notwendigkeiten zur eigenen Weiterentwicklung nicht (er-)kennt und entsprechend handelt, arbeitet nicht professionell.

Indem von sozialpädagogischen Einrichtungen nicht mehr nur die Betreuung von Kindern und Jugendlichen erwartet wird und werden darf, sondern seit Längerem auch die Erziehung und nun auch die Bildung im Fokus stehen, wird von allen sozialpädagogischen Fachkräften ein immer höheres Qualifikationsniveau verlangt.

Als eine der wichtigsten Qualifikationen sozialpädagogischer Fachkräfte kann zweifellos ihre **Beziehungsfähigkeit** angesehen werden – ihre Fähigkeit also, einen belastbaren Kontakt zu den anvertrauten Kindern und Jugendlichen aufzubauen (vgl. von Balluseck, 2009).

Beziehungsfähigkeit in diesem Sinne beinhaltet viel mehr als die Fähigkeit, mit Kindern zu spielen oder sich mit Jugendlichen zu beschäftigen. Sie setzt zunächst einmal voraus, dass die betreffende Person mit sich selbst „im Reinen" ist, d. h., dass sie sich selbst zu achten und wertzuschätzen vermag und auf dieser Grundlage den Kindern und Jugendlichen authentisch und achtsam begegnen kann und sie nicht zu beherrschen versucht.

„Das ist mehr als die mütterliche Wärme, die dereinst von Erzieherinnen gefordert wurde, weshalb zunächst nur Frauen in den Beruf gehen durften. Aber die Mütterlichkeit ist darin aufgehoben, und wir wissen heute, dass nicht nur Frauen diese Eigenschaften entwickeln können. Kinder brauchen in dieser Weise beziehungsfähige Bezugspersonen, die über eine gewisse Autonomie verfügen. Sie können nur dann ein Gefühl von Autonomie entwickeln, wenn sie dafür Vorbilder haben. Und nur wer selbst nicht ausschließlich fremd gesteuert ist, kann Voraussetzungen und Konsequenzen der Selbstbestimmung begreifen, vorleben und entwickeln."
(von Balluseck, 2009)

Autonom ist ein Mensch in diesem Sinne, wenn er in einem für ihn und seine Umwelt angemessenen und somit selbst- wie sozialverantwortlichen Maß selbstbestimmt und selbstständig zu handeln vermag. So zu leben und zu handeln ist nur möglich, wenn der Mensch Beziehung emotional positiv erlebt hat und die Entwicklung seines Selbstvertrauens, seines Selbstwertgefühls und seines Selbstbewusstseins entsprechend gefördert und gestärkt wurden. Nur auf diese Weise kann der Mensch allmählich unabhängig von ständiger positiver Verstärkung werden. Professionell handelnde sozialpädagogische Fachkräfte sind sich dessen bewusst und in der Lage, mit den Kindern in diesem Sinne als Beziehungspersonen „zusammenzuleben". Problematisch wird es allerdings für die Kinder sozialpädagogischer Einrichtungen, wenn die für sie arbeitenden sozialpädagogischen Fachkräfte zwar die hier angesprochene Beziehungsfähigkeit mitbringen, aber beispielsweise über das für die Reflexion und Weiterentwicklung ihres sozialpädagogischen Handelns erforderliche Sachwissen nicht verfügen.

Gerd E. Schäfer unterscheidet **fünf Qualitäten** einer professionellen sozialpädagogischen Fachkraft:

„1. Wahrnehmungsqualität
2. Reflexionsqualität
3. Handlungsqualität
4. Sachqualität
5. Kommunikative Qualität"
(Schäfer/Robert Bosch Stiftung, 2012, S. 4 ff.)

Wahrnehmungsqualität

„Dabei geht es um eine professionelle Entwicklung und Differenzierung der Wahrnehmungsqualität der Erzieherinnen für pädagogisch bedeutsame Situationen. Diese Qualität muss auf die Schwierigkeiten und Besonderheiten der Alltagssituationen (z. B. hohe Komplexität) bezogen sein, um in diesen Anwendung zu finden.

Diese Qualität ist nicht mit Diagnosefähigkeit gleichzusetzen. Diagnosen werden gestellt, wenn Bildungsprozesse fehlgelaufen sind. Aus fehlgelaufenen Bildungsprozessen kann man nicht die Anforderungen ableiten, die im Alltag notwendig sind, um Bildungsprozesse zu gestalten. Aus pädagogischen Notfällen sind kaum Strategien für das alltägliche professionelle Rüstzeug zu gewinnen, genau so wenig wie man aus der Notfallmedizin entscheidende Strategien für die Erhaltung von Gesundheit ablesen kann.

Stattdessen benötigen Erzieherinnen eine situationsbezogene, individuum- und gruppenorientierte, differenzierte Wahrnehmungs- und Interpretationsfähigkeit für das alltägliche Bildungs- und Erziehungsgeschehen, zum einen zur Evaluation ihrer Arbeit, zum anderen, um Grundlagen für die pädagogische Arbeit mit Kindern zu entwickeln. Wahrnehmen der Kinder in ihren Bildungsprozessen sowie in ihren sozialen Bezügen ist Ausgangspunkt einer an den Ressourcen der Kinder orientierten Pädagogik."
(Schäfer/Robert Bosch Stiftung, 2012, S. 4 ff.)

Dies zeigt, von welch großer Bedeutung die Beobachtung im Alltag einer professionell arbeitenden sozialpädagogischen Fachkraft ist. Differenziertes Beobachten – sei es systematisch, sei es spontan – ist eine der elementaren Grundlagen allen (sozial-)pädagogischen Handelns. Dabei handelt es sich um eine Qualität, die im Kontext menschlicher Wahrnehmungsfähigkeit keineswegs „einfach" angeboren ist; sie muss vielmehr während der Ausbildung, aber auch danach kontinuierlich weiterentwickelt werden.

Reflexionsqualität

„Um pädagogisches Geschehen verstehen zu können, braucht man theoretische Modelle und Reflexionsfähigkeit. Nur mit einem soliden Fundament an Gedanken und Theorien, wird man das, was man in der pädagogischen Praxis wahrnimmt, auch ordnen und einsichtig machen können. Es besteht ein unmittelbarer Zusammenhang zwischen Wahrnehmen und Denken: Ohne sich auf Wahrnehmungen zu beziehen, bleibt Denken leer und beliebig, allenfalls seiner eigenen Logik anheim gegeben. Aber ohne klärendes Nachdenken wird man auch kaum differenzierte Wahrnehmungen machen können. Wahrnehmungsqualität und Reflexionsqualität sind durch einen rekursiven Kreislauf miteinander verbunden."
(Schäfer/Robert Bosch Stiftung, 2012, S. 5)

Um die erforderliche Reflexionsqualität entwickeln zu können, sind also zwei wichtige Grundlagenbereiche erforderlich und ebenfalls immer weiterzuentwickeln:
- Fachwissen über Erziehungs- und Bildungstheorien, psychologisches Grundlagenwissen über die soziale, emotionale und kognitive Entwicklung von Kindern und Jugendlichen und über das Lernen sowie entsprechende theoretische Modelle, Kenntnisse über die Bedeutung der Lebensräume und Umweltbedingungen von Kindern und Jugendlichen
- die Möglichkeit, das Fachwissen im Alltag der sozialpädagogischen Praxis als Werkzeug zur Reflexion und Evaluation des konkreten (sozial-)pädagogischen Handelns zu nutzen

Handlungsqualität

„Einerseits ist Denken Probehandeln und ersetzt teilweise probierendes Handeln. Andererseits muss man auch handeln, um dem Denken einen Anstoß zu geben oder es zu hinterfragen; Handeln ist auch eine Form des Denkens. So wie das Schreiben Gedanken präzisiert, kann auch Handeln das Nachdenken schärfen.
Natürlich gehört zur Handlungsqualität auch ein professionelles Können in pädagogischen Situationen, sei es im alltäglichen oder im institutionellen Zusammenhang. Kein Pianist ginge auf das Podium, ohne seine Sache geübt zu haben. Es genügt also nicht, Erzieherinnen mit Theorien auszustatten, sondern sie müssen ihre Theorien im Handeln erproben, differenzieren, festigen und auf ihre eigenen persönlichen Fähigkeiten abstimmen. Das gelingt nicht in kurzen Praktika, sondern bedarf einer kontinuierlichen und reflektierten Zusammenarbeit mit geeigneten Kindertageseinrichtungen.
Da pädagogisches Handeln sich oft in einem Raum der theoretischen Unsicherheit abspielt – man kann im Alltag oftmals theoretisch nicht überschauen, was sich ereignet – kann man auch nicht vor dem Hintergrund klarer wissenschaftlicher Erkenntnis handeln. Vielmehr speist sich das pädagogische Handeln aus der theoretischen Reflexionsfähigkeit einerseits und den Mustern pädagogischen Handelns andererseits, die man bereits verinnerlicht hat und über die man im Detail im Einzelfall nicht nachdenkt. Nur wenn man über solche Muster verfügt, ist man zu situationsbezogenem Handeln in der Lage, auf die Gefahr hin, dass man gelegentlich damit falsch liegt. Korrekturen dieses Handelns erfolgen in der Regel dann in einem nachträglichen Reflexionsprozess. Es geht also nicht um intuitives Handeln, sondern um Handeln, das im Kreislauf von Tun und Reflexion seine Tauglichkeit, Spontaneität und Flexibilität gewonnen hat. Man könnte von einer **reflektierten professionellen Spontaneität** sprechen."
(Schäfer/Robert Bosch Stiftung, 2012, S. 5 f.)

Professionelles Handeln kann sich nicht in der Reflexion theoretischer Modelle (allein) entwickeln. Hier sind ausreichende praktische Übungsmöglichkeiten erforderlich, die von differenziert beobachtenden und wertschätzend begleitenden Ausbilderinnen oder Ausbildern unterstützt werden, die sowohl die individuellen Stärken als auch die individuellen Schwächen der Studierenden erkennen. Es geht also bei dem, was Schäfer zur

Handlungsqualität ausführt, um weit mehr als „nur" um methodisch-didaktische Reflexion.

Sachqualität

Es steht außer Frage, dass eine sozialpädagogische Fachkraft von den Dingen, die Kinder und Jugendliche interessieren, etwas verstehen muss und dass sie sich da, wo dies nicht der Fall ist, auch selbstständig sachkundig zu machen bereit und in der Lage ist. Wer Kinder oder Jugendliche nur betreut, der überlässt es ihnen, sich entsprechend kompetent zu machen, wem allerdings die Unterstützung ihrer Bildungsprozesse ein Anliegen ist, der muss Sorge dafür tragen, dass er oder sie auch selbst in diesen Bereichen kompetent ist. Hier ist die Bildung der sozialpädagogischen Fachkräfte gefragt. Kinder und Jugendliche, aber auch Erwachsene, bilden sich nicht allein und isoliert von anderen Menschen. Sie benötigen die Kommunikation mit den sozialpädagogischen Fachkräften über die sie interessierenden Bildungsinhalte, sie benötigen von den Fachkräften sinnvoll bereitgestellte Materialien, um sich bilden zu können (vgl. Schäfer, 2012, S. 5 f.)

Kommunikative Qualität

„Der kommunikativen Qualität liegt die Fähigkeit zur differenzierten Beobachtung pädagogischer Situationen mit einzelnen Kindern und Kindergruppen zugrunde. Diese Wahrnehmungen müssen in Sprache gefasst und darüber hinaus nach außen dargestellt werden. Dies erfordert ständige Gelegenheit, Wahrnehmungen zu versprachlichen und vor Dritten mündlich oder auch schriftlich darzustellen sowie argumentativ zu vertreten.

Es sind vor allem zwei Bereiche, die bei der Einübung in fachlicher Kommunikation mitbedacht werden müssen. Zum einen geht es um den kollegialen Austausch über die Beobachtungen, welche man an und mit Kindern im professionellen Alltag gemacht hat. Zum anderen erfordert die neue Rolle der Erzieherin, Interpretin der kindlichen Bildungsprozesse für die Eltern und die Öffentlichkeit zu sein, eine Vorbereitung auf diese kommunikativen Aufgaben. In beiden Fällen schließt Kommunikationsfähigkeit die Wahrnehmung der eigenen Person und ihrer möglichen Wirkungen auf andere mit ein."

(Schäfer/Robert Bosch Stiftung, 2012, S. 7)

Die kommunikative Qualität umfasst
- das mündliche Verbalisieren von Beobachtungs- bzw. Wahrnehmungsinhalten,
- das schriftliche Dokumentieren von Alltagsabläufen und psychologischen wie pädagogischen Prozessen,
- das mündliche und schriftliche fachliche Begründen von (sozial-)pädagogischen Handlungen und Handlungsstrategien.

4.1.1 Professionalität entwickeln

Die Ausbildung der sozialpädagogischen Fachkräfte ist sicher überdenkenswert und reformierbar. Ob Professionalität nur durch ein Hochschulstudium gewährleistet werden kann, ist jedoch umstritten.
Eine wichtige Voraussetzung für Professionalität ist zunächst die eigene Einstellung. Jemand, der sich leidenschaftlich mit einem Thema beschäftigt, kann durch seine Hingabe, ständige Übung und zusätzlich fachliche Bildung über Bücher und das Befragen von Fachleuten zu einem Spezialisten werden. Der **autodidaktische Weg** ist nur anders und vielleicht auch länger als der über eine reguläre Ausbildung.
Sozialpädagogische Fachkräfte, die ihrem Beruf mit Leidenschaft nachgehen, dabei aber auch berücksichtigen, dass sie immer weiterlernen bzw. sich professionalisieren müssen, benötigen nicht unbedingt ein Studium. Eine vernünftige Ausbildung mit engagierten Lehrkräften, relevanten Inhalten und aktuellen Lehrmethoden kann genauso zum Ziel führen.
Die Gefahr beim **Studium** besteht darin, dass bei einer Vermittlung überwiegend theoretischen Wissens die Praxis vernachlässigt wird. Bei der Arbeit der sozialpädagogischen Fachkraft steht aber der Kontakt zu dem einzelnen Kind und der Gruppe im Vordergrund. Ein Studium ist also nur dann sinnvoll, wenn es den praktischen Bedingungen im Alltag angepasst wird. In jedem Fall – sowohl bei einem Hochschulstudium als auch bei der Ausbildung an einer Fachschule oder Fachakademie – sind sinnvolle Inhalte und Methoden der Vermittlung von zentraler Bedeutung.
An **Fachschulen** findet normalerweise zwei Jahre theoretischer Unterricht statt (einschließlich diverser Kurzpraktika). In dieser Zeit sollen alle späteren Berufsfelder, also Krippe, Kindergarten, Hort und

Heim, behandelt werden. Dass aber das jeweilige Klientel, die Kinder und deren Eltern, vollkommen unterschiedlich ist und dementsprechend die Anforderungen an die sozialpädagogischen Fachkräfte stark differieren, findet teilweise zu wenig Beachtung. Möglicherweise wäre es sinnvoll, die Ausbildung stärker zu spezialisieren und später auch die Zugangsmöglichkeiten in den Beruf von dieser Ausbildungsspezialisierung abhängig zu machen.

Derzeit werden aufgrund der vielen neu entstehenden Krippen entsprechend viele Fachkräfte für diesen Bereich gesucht. Bisher wurde aber die Krippenerziehung bei der Ausbildung noch zu wenig beachtet. Zusatzausbildungen und Seminare sind hier also von großem Nutzen. Diese sollten weit über eine kurze Fortbildung hinausgehen, um entsprechende Qualifikationen zu ermöglichen. So könnte eine sozialpädagogische Fachkraft, die ihre Ausbildung mit dem Schwerpunkt Frühpädagogik in der Krippe absolviert hat, eine **Qualifizierungsmaßnahme** (z. B. über ein Jahr berufsbegleitend) besuchen, um auch für die Arbeit im Kindergarten optimal vorbereitet zu sein.

Solche Maßnahmen sind jedoch schwer zu realisieren, solange die sozialpädagogischen Fachkräfte unterbezahlt und beruflich überlastet sind. Der Nachteil bei der schulischen Ausbildung bzw. der an einer Berufsakademie ist die große Heterogenität der Klassen. Zurzeit werden noch Schülerinnen mit Hauptschulabschluss (z. B. für die Ausbildung zur Kinderpflegerin bzw. sozialpädagogischen Assistentin) und Schülerinnen mit Abitur und dementsprechender Vorbildung gleichzeitig unterrichtet. Inhalte und Methoden des Unterrichts werden aber von einer Schülerin mit Lernerfahrungen der Hauptschule ganz anders verstanden, umgesetzt und verinnerlicht als von einer Gymnasiastin, die das Lernen wesentlich länger trainiert hat. Allgemeinbildung, persönliche Reife und Erfahrung im Berufsleben sind weitere Punkte, die das Spektrum der Vorerfahrungen deutlich machen. Um allen gerecht zu werden, setzen die Schulen häufig bei einem eher niedrigen Niveau an und können daher keinen hohen Standard erreichen. Wären die Anforderungen jedoch höher, hätten viele Schülerinnen Probleme, die Inhalte zu verstehen bzw. zu verinnerlichen. Allerdings würde dadurch zumindest der Status der Ausbildung angehoben.

Eine Möglichkeit bestünde also darin, statt eines Studiums die Eingangsbedingungen für die Ausbildung an sozialpädagogischen Fachschulen zu verschärfen. Von einem Menschen, der den Beruf der sozialpädagogischen Fachkraft unbedingt lernen möchte, ist zu erwarten, dass er sich selbst entsprechend vorbereitet und vorbildet, um die Zugangsvoraussetzungen zu erwerben. Professionalität durch Ausbildung ist möglich. Die Frage der Umsetzung ist aber noch nicht abschließend diskutiert.

Orientieren an der Praxis

Die Ausbildung, ob an Schule oder Hochschule, muss **handlungsorientiert** sein. Sozialpädagogische Fachkräfte benötigen nicht nur Theorien z. B. darüber, welche Kreisspiele es gibt, sondern sie müssen wissen, welche Spiele für welche Situationen als welchem Grund geeignet sind. Besonders in Bezug auf die Bildungspläne wird deutlich, welcher Nachholbedarf bei der Handlungsorientierung besteht. Beispielsweise lernen sozialpädagogische Fachkräfte die theoretischen Möglichkeiten der mathematischen Frühbildung kennen, haben aber Schwierigkeiten, sie im Alltag umzusetzen. Das kann zur Folge haben, dass Mathematik häufig einfach außer Acht gelassen wird oder man „unterrichtet" die Kinder stundenweise in Mathematik, ohne die Vermittlung spielerisch in den Alltag einzubauen. Die sozialpädagogischen Fachkräfte müssen also selbst eine gewisse Bildung erhalten, um Kindern Bildung zu vermitteln. Sie müssen lernen, wie Bildung kindgerecht stattfindet und erkennen, was Kinder aus ihren Handlungen, ihrem Spiel lernen.

4.1.2 Persönlichkeitsbildung als Basis für Professionalität

Professionalität im Sinne einer pädagogischen und persönlichen Handlungskompetenz entwickelt sich aus der zunehmenden Fähigkeit, Ausbildungsinhalte der beiden Lernorte zu verbinden.

„Wir sind überzeugt, dass sozialpädagogische Fachkräfte in erster Linie durch ihre Persönlichkeit wirken. Daher ist uns parallel zur Entwicklung der beruflichen Identität der Studierenden die Entwicklung ihrer gesamten Persönlichkeit ein wichtiges Anliegen. Über erlebte Anerkennung und

Wertschätzung ihres ‚So-Seins' werden Sicherheit und Vertrauen zu sich selbst und in Bezug auf andere gestärkt. Wir gehen davon aus, dass auf dieser Grundlage das Einlassen auf einen kontinuierlichen Prozess des Lernens und Veränderns im Sinne von Entwicklung gelingt.
Zunehmende Bewusstheit über eigene Werthaltungen und Achtung vor dem ‚So-Sein' und den Werten anderer führen zu Ausgewogenheit in der Balance zwischen eigener Individualität und sozialer Bezogenheit. Persönlichkeitsbildung als ganzheitlicher Entwicklungsprozess lässt integriertes Wissen in Verhalten und Handlungen sichtbar werden."
(Fachakademie für Sozialpädagogik des Landkreises Aschaffenburg, 2009)

Eine professionelle Erzieherin zu sein bedeutet auch, autonom zu denken und zu handeln. Sie darf sich nicht nur von Leitbildern beeinflussen lassen, sondern muss fähig sein, ein eigenes Bild zu entwerfen und danach zu handeln. Nur wenn sie selbst eigenständig ist, kann sie auch Kinder zu autonomen Individuen erziehen, die nicht fremdgesteuert sind, sondern ihr eigenes Potenzial entwickeln.

Selbstanalyse

„Ein zentraler Aspekt der Selbstanalyse ist die Auseinandersetzung mit der Selbst- und Fremdwahrnehmung. Meist stimmt das Selbstbild mit der Fremdwahrnehmung nicht überein – die individuellen Vorstellungen über uns selbst, über die eigenen Charakter- und Verhaltenseigenschaften decken sich nicht mit dem, wie uns andere wahrnehmen. Eine von vielen Ursachen für diese Abweichung kann darin liegen, dass wir uns selbst und unsere Persönlichkeitseigenschaften weitaus kritischer bewerten, als dies unser menschliches Umfeld tut. Dies kann aus einem Mangel an Selbstvertrauen heraus geschehen oder weil wir an uns selbst den Anspruch auf perfekte Leistung stellen oder weil wir mehr auf unsere vermeintlichen Schwächen schauen als auf das, was wir können."
(Pommerenke, 2007, S. 91)

Zusammenfassend können drei Fragen, die sich die sozialpädagogische Fachkraft selbst stellt, helfen, ihre Professionalität zu beschreiben:
- Was tue ich?
- Wie tue ich es?
- Warum tue ich es?

In den nächsten Kapiteln werden Sie sich mit wichtigen Aufgaben professioneller sozialpädagogischer Fachkräfte auseinandersetzen, die über die unmittelbare Arbeit mit Kindern und/ oder Jugendlichen hinausgehen, aber dennoch in unmittelbarem Zusammenhang zu ihnen stehen:
- Zusammenarbeit im Team
- Qualitätsmanagement
- Fort- und Weiterbildung
- Kooperation mit externen Partnern
- Erziehungspartnerschaften gestalten
- Arbeitsrecht

4.2 Zusammenarbeit im Team

In den 1990er Jahren wurden die Veränderungen der Anforderungen an die sozialpädagogische Fachkraft, die der gesellschaftliche Wandel im letzten Drittel des zurückliegenden Jahrhunderts mit sich gebracht hatte, intensiv diskutiert. Dabei wurde deutlich, dass die neuen Herausforderungen neue Formen der Kooperation notwendig machten. Vorher hatte sich die Zusammenarbeit der Erzieherinnen oft eher zufällig und mehr oder weniger unverbindlich gestaltet, weil jeder isoliert für sich und seine Gruppe plante. Die Teamarbeit bezog sich in erster Linie auf Absprachen und gemeinsame Feste (vgl. Randow-Barthel, 1998, S. 52). Die veränderten Anforderungen an die Qualität der Einrichtungen und das Konzept der offenen Gruppen im Kindergarten führten dazu, dass sich aus dem Einzelkämpfertum mit versteckter Konkurrenz mehr und mehr eine offene und konstruktive Zusammenarbeit entwickelte (vgl. Randow-Barthel, 1998, S. 52). Eine einzelne sozialpädagogische Fachkraft allein ist gar nicht mehr in der Lage, die vielfältigen Anforderungen zu berücksichtigen. Das ganze Team ist gefragt, Situationen einzuschätzen, das Konzept weiterzuentwickeln, Probleme zu lösen. Daher ist heute Teamarbeit in sozialpädagogischen Einrichtungen in allen Arbeitsfeldern selbstverständlich.

Ist Teamarbeit gleichbedeutend mit Entlastung? Das legt die folgende Antwort einer Studierenden auf die Frage, was denn ein Team sei, nahe: „TEAM = **T**oll! **E**in **A**nderer **M**achts!" Wer mit einer solchen Einstellung mit anderen zusammenarbeiten möchte, wird schnell Schwierigkeiten bekommen.

Team
Ein Team ist eine „Arbeits-/Leistungsgruppe, die zielorientiert tätigkeitsnotwendige Aufgaben in Angriff nimmt und in effektiver und effizienter Zusammenarbeit aktuelle Herausforderungen erkennt, aufgreift und konstruktiv löst/erledigt. Dabei steht [...] eine bedeutsame Arbeitsaufgabe für alle Mitarbeiter/innen im Mittelpunkt" (Krenz, 2002).

Wenn alle Teammitglieder davon überzeugt sind, dass die Ziele erstrebenswert sind und sich der persönliche Einsatz lohnt, dann sind sie auch bereit, intensiv an den Aufgaben des Teams zu arbeiten. Weil diese komplex sind, können sie nur arbeitsteilig, aber vernetzt angegangen werden. Dabei haben die Ausrichtung auf das Ziel und die gemeinsame Aufgabe Vorrang vor den individuellen Interessen.

Oftmals gehen Praktikantinnen, die am Beginn ihrer Ausbildung erste Erfahrungen mit Einrichtungsteams machen, davon aus, dass eine gute Zusammenarbeit mit Sympathie zwischen den einzelnen Teammitgliedern verbunden sein müsse. Das macht das Arbeiten zwar angenehm, aber notwendig ist dies nicht. In der Zusammenarbeit im Team geht es vielmehr um Arbeitsbeziehungen.

Deren Grundlage ist das von allen Teammitgliedern geteilte Interesse und die Motivation, die gemeinsam vereinbarten Ziele zu erreichen. Auch dadurch entsteht eine innere Verbundenheit, die sich aber von der in einer freundschaftlichen Beziehung unterscheidet.

In einem Team leistet nicht jeder als Einzelkämpfer seinen Beitrag zum Ganzen, das Ergebnis der gemeinsamen Aufgabenerfüllung ist also nicht die Summe von Einzelbeiträgen. Vielmehr ermöglicht die Zusammenarbeit im Team Synergieeffekte. Das bedeutet, dass das Zusammenwirken der Leistungen einzelner Teammitglieder in Verbindung mit der gemeinsamen Motivation sich stärker auf die Qualität des Ganzen auswirkt, als es die Summe der Einzelleistungen tun könnte. Die Fähigkeiten der Einzelnen addieren sich nicht, sondern werden neu miteinander kombiniert – dadurch entsteht etwas Neues. Genau das macht das berühmte „Plus" aus, durch das sich die Leistung eines guten Teams von der Summe der Leistungsfähigkeit der einzelnen Mitglieder unterscheidet.

Dazu muss in einem Team nicht immer Harmonie herrschen und es ist nicht notwendig, dass alle zu einer Sache dieselbe Meinung haben. Gefragt ist vielmehr die Bereitschaft, sich auf die Ideen einzelner Teammitglieder einzulassen und sich an der Auswertung und Reflexion der neu gemachten Erfahrungen aktiv zu beteiligen.

Im Zusammenhang mit der Qualitätsdiskussion in sozialpädagogischen Einrichtungen wird die Teamarbeit heute vor allem unter dem Aspekt der Teamentwicklung thematisiert.

Teamentwicklung
bezeichnet den Aufbau, die Förderung und Pflege eines Teams (vgl. Pesch, 2007, S. 440).

Ein Team versteht sich dabei als Teil einer lernenden Organisation, die sich gemeinsam auf den Weg begibt, um die Qualität ihrer Arbeit kontinuierlich weiterzuentwickeln.

Teamentwicklung ist ein Prozess, in dem folgende **Aufgaben** im Mittelpunkt stehen (vgl. Pesch/Sommerfeld, Teamentwicklung, 2002, S. 19):
- gemeinsame Bestandsaufnahme der Teamsituation
- Klärung von Rollen und Funktionen
- Verbesserung der Beziehungen der Teammitglieder

- Erarbeitung der organisatorischen Abläufe
- Vereinbarung verbindlicher und nützlicher Regeln und Arbeitsverfahren

Im Gegensatz zur Personalentwicklung, bei der die Kompetenzentwicklung des Einzelnen im Vordergrund steht, geht es bei der Teamentwicklung also um Fragen, die sich auf das Team als Ganzes beziehen. Dabei erfahren aber auch die einzelnen Mitglieder einen Kompetenzzuwachs, weil sie zur Auseinandersetzung angeregt und ihre Sichtweisen intensiv einbezogen werden (vgl. Pesch/Sommerfeld, Teamentwicklung, 2002, S. 20).

4.2.1 Kennzeichen eines guten Teams

Ein gut zusammenarbeitendes Team lässt sich mit einem Orchester vergleichen: Als Einzelne beherrschen die Musiker eines guten Orchesters jeweils ihr Instrument. Aber nur wenn sie fähig sind, sich aufeinander einzustimmen und dabei ein gemeinsames Ziel anstreben, entsteht eine harmonische Melodie (vgl. Pesch/Sommerfeld, 2002, S. 10).

Prozessqualität
Diese bezieht sich auf die Ausgestaltung der Interaktions- und Kommunikationsprozesse innerhalb des Teams: Wie ist die Beziehungsgestaltung? Wie ist der Umgang mit Konflikten? Welches Klima prägt die Zusammenarbeit? Im Einzelnen wird die Prozessqualität vor allem von den folgenden Aspekten bestimmt:

1. **Kommunikationsfähigkeit**
   Alle Teammitglieder bringen unterschiedliche persönliche und berufliche Erfahrungen, unterschiedliche Arten, mit Konflikten umzugehen, unterschiedliche Ausdrucksmöglichkeiten für Gefühle etc. mit. Wie die Teammitglieder miteinander umgehen, inwieweit sie auch bei unterschiedlichen Einstellungen und Erwartungen wertschätzend miteinander sprechen, wirkt sich stark darauf aus, wie gut sie miteinander ziel- und aufgabenorientiert arbeiten können.
2. **Kooperationsfähigkeit**
   Die Teammitglieder wollen zusammenarbeiten. Sie wissen, dass sie das Ziel, das sie sich gesteckt haben, nur gemeinsam erreichen können. Dabei stellt sich die Frage, ob bei den zu vereinbarenden Maßnahmen zur Zielerreichung alle immer einer Meinung sein müssen. In diesem Fall müssten erst alle von einer Idee überzeugt sein, bevor etwas Neues ausprobiert werden kann. Dies würde dazu führen, dass ein Team sich selbst blockiert, weil Einigkeit schwer herstellbar ist (vgl. Klein, 2005). Kooperationsfähigkeit heißt also auch, die Bereitschaft zu haben, sich auf neue Ideen einzulassen bzw. Teammitglieder Neues ausprobieren zu lassen, auch wenn Einzelne der Idee skeptisch gegenüberstehen. Ohne Praxiserfahrungen können neue Ideen letztlich nicht beurteilt werden.

3. **Wille zum Erfolg und Leistungsbereitschaft**
   „Der zentrale Auftrag eines Teams ist es, Leistung zu erbringen" (Randow-Barthel, 1998, S. 54). Dies kann zunächst „hart" wirken. Wenn die Teammitglieder aber von ihren Zielen und Aufgaben überzeugt sind und bei deren Festlegung beteiligt waren, sind sie auch motiviert, diese zu erreichen. Dabei wissen sie, dass dazu Kooperation notwendig ist.
4. **Selbstwertgefühl**
   „Die Mitglieder sind stolz auf ihre individuellen wie kollektiven Kompetenzen und können deshalb auch ihre eigenen Grenzen tolerieren" (Pesch, 2007, S. 438). Auf der Grundlage der Kompetenzen der Einzelnen entstehen Stärken (aber auch Schwächen) des Teams als Ganzem, die dieses – dabei die eigene Leistungsfähigkeit anerkennend, aber auch selbstkritisch – reflektieren kann.
   Dazu gehört auch eine „Fehlerkultur". Ein Team braucht Fehlertoleranz, d. h., Fehler sollten als

Möglichkeiten des Lernens angesehen werden. Dazu gehört auch der Mut, Neues auszuprobieren und dabei erst einmal Umwege in Kauf zu nehmen.

5. **Anerkennung**

   „Damit Teammitglieder gut miteinander arbeiten können, müssen sie sich wohlfühlen" (Randow-Barthel, 1998, S. 57). Die einzelnen Persönlichkeiten innerhalb eines Teams haben unterschiedliche Fähigkeiten, Temperamente, Kommunikationsstile. Ein positives Klima wechselseitiger Wertschätzung ist die Voraussetzung dafür, dass die Einzelnen offen miteinander kommunizieren können und nicht unausgesprochene Vorbehalte die Zusammenarbeit behindern.

6. **Konfliktregelung**

   Konflikte lassen sich in einem Team nicht vermeiden, da unterschiedliche Personen mit verschiedenen Charakteren und Einstellungen zusammenarbeiten. Umso wichtiger ist es, dass offen kommuniziert werden kann und Konflikte angesprochen und konstruktiv bearbeitet werden können.

   Dazu gehört auch, dass nicht bei Dritten geklagt und dadurch die Atmosphäre der Gruppe belastet wird (vgl. Randow-Barthel, 1998, S. 58).

7. **Motivation**

   Die Erfahrungen eines guten Teams, die Ausrichtung auf ein gemeinsames Ziel und eine gemeinsame Aufgabenstellung, die Zusammensetzung der Gruppe und deren Leistungsfähigkeit, die Art der Entscheidungsfindung, die Methoden der Konfliktlösung sowie der Anspruch, sich selbst weiterzuentwickeln und Prozesse zu optimieren, motivieren die Teammitglieder.

8. **Lösung der anstehenden Aufgaben**

   Damit die Anforderungen, die sich aus der komplexen und nur arbeitsteilig zu erfüllenden Aufgabe ergeben, bewältigt werden können, ist es wichtig, dass
   - die Rollen und Funktionen der beteiligten Teammitglieder eindeutig beschrieben sind,
   - die Arbeiten sachgerecht verteilt und organisiert sind,
   - wechselseitige Information gesichert ist,
   - Entscheidungsverfahren vereinbart und eingehalten werden,
   - Probleme analysiert und bearbeitet werden,
   - die eigene Arbeit evaluiert wird, d. h., Arbeitsweisen und -ergebnisse, aber auch „weiche" Faktoren wie Teamkultur und Atmosphäre prozessbezogen überprüft werden (vgl. Pesch, 2007, S. 439).

Strukturqualität

Die Rahmenbedingungen werden durch gesetzliche Vorgaben oder den Träger der Einrichtung bestimmt, aber auch Leitung und Team können darauf Einfluss nehmen. Dazu gehören im Blick auf die Qualität der Teamarbeit:

- **Klare, verbindliche Zielsetzung**

  Nur wenn es klare Zielvorstellungen und -vorgaben gibt, können auch alle an einem Strang ziehen. Die Ziele dürfen nicht zu hoch gesteckt werden, weil ihr Nichterreichen Enttäuschung auslöst, genauso wenig dürfen sie aber verschwommen formuliert werden. Jedes Teammitglied sollte die Ziele benennen können, also Antwort auf die Frage geben können: Was wollen wir erreichen (vgl. Randow-Barthel, 1998, S. 55)?

- **Eine echte Teamaufgabe**

  Die Rahmenbedingungen sind so gestaltet, dass Zusammenarbeit im Team sowohl erforderlich als auch sinnvoll ist. Die Aufgabe leitet sich von der Zielvereinbarung ab.

- **Regelmäßige Teamgespräche**

  „Das Argument, es stünde gerade nichts Dringendes zur Diskussion an, lässt auf ein sehr eingeschränktes Teamverständnis schließen" (Randow-Barthel, 1998, S. 57).

  Die Regelmäßigkeit von Teamgesprächen trägt dazu bei, dass Information und Austausch gesichert sind, die Teammitglieder sich besser kennenlernen und es leichter fällt, Konflikte offen anzugehen. Regelmäßige Teamgespräche sollten fester Bestandteil der Dienstzeit bzw. Verfügungszeit sozialpädagogischer Fachkräfte sein.

Die Rolle der Leiterin

Ob ein Team die ihm gestellten Aufgaben gut bewältigen kann, hängt wesentlich von der Art und Weise ab, wie die Leiterin ihre Führungsaufgabe wahrnimmt. Dass die Qualität der Leitung nicht bei den Kennzeichen eines guten Teams aufgeführt wird, hat seinen Grund darin, dass Leitungskräfte nur in spezieller Weise Mitglied eines Teams

sind (vgl. auch zum Folgenden Rohnke, 2009). Der Träger der Einrichtung spricht ihnen besondere Rechte und Pflichten zu, zum Beispiel:
- die Möglichkeit, Dienstanweisungen zu geben
- Dienstpläne zu gestalten
- die Zusammenstellung von Gruppenbetreuungsteams
- Festlegung von Vertretungsregelungen
- Beteiligung bei der Erstellung von Dienstzeugnissen

„Die Leitung ist weisungsbefugt und weisungsverpflichtet; sie ist nicht gleichberechtigtes Mitglied! Sie verantwortet dem Träger gegenüber den Ablauf der Einrichtung und trägt die Verantwortung im Sinne der Dienst- und Fachaufsicht über die Mitarbeiterinnen. Sie überwacht die ordnungsgemäße Durchführung der Aufgaben."
(Herrmann/Weber, Erfolgreiche Methoden, 2003, S. 12)

Es ist wichtig, dass im Team diese besondere Funktion und Stellung der Leiterin klar ist. Es sollte transparent sein, was die Leiterin der Einrichtung entscheidet, ob bzw. in welchen Fällen sie dies nach Beratung mit dem Team tut und ob bzw. welche Entscheidungskompetenz das Team als Ganzes hat.

Der Führungsstil der Leitung wirkt sich auf die Qualität der Teamarbeit aus. Eine heute in vielen Stellenbeschreibungen von Leitungskräften geforderte Kompetenz heißt „Fördern und Fordern". Diese Formulierung bringt die beiden Pole der Führungsaufgabe einer Leitung gut zum Ausdruck: Auf der einen Seite ist es wichtig, dass sie ihre Mitarbeiterinnen mit deren individuellen Fähigkeiten anerkennt und ihnen Freiräume lässt, auf der anderen Seite ist es ihre Aufgabe, immer wieder das Ziel der gemeinsamen Arbeit bewusst zu machen und dementsprechend zu motivieren. Dazu muss sie auch herausfinden, was die Teammitglieder an Unterstützung brauchen.

4.2.2 Das Teamgespräch

Die Zusammenarbeit im Team vollzieht sich zu einem erheblichen Teil in Teamgesprächen. Hier werden die Ziele geklärt und vereinbart und inhaltliche Fragen im Zusammenhang mit der pädagogischen Arbeit, der Weiterentwicklung des Konzepts der Einrichtung, mit den sich daraus ergebenden Vernetzungen diskutiert und Vereinbarungen getroffen. Das Teamgespräch gibt auch Raum, um Konflikte zu lösen, die eigene Arbeit zu reflektieren, Profil- und Qualitätsentwicklung voranzubringen sowie Evaluationsergebnisse zu besprechen.

Vorbereitung des Teamgesprächs

Soll jedes einzelne Teamgespräch von den Beteiligten nicht als Zeitverschwendung, sondern als wesentlicher und befriedigender Teil der Arbeit erlebt werden, dann muss das Teamgespräch sehr gut vorbereitet werden. Dazu gehört:

Tagesordnung vorbereiten

Die Tagesordnung muss zu Beginn des Gespräches vorliegen. Damit alle Teammitglieder ihre Wünsche für die Tagesordnung mit einbringen können, ist es hilfreich, ein entsprechendes Formblatt auszuhängen, auf das jedes Mitglied Tagesordnungspunkte (TOPs) eintragen kann. Es sollte einmal grundsätzlich geklärt werden, ob die Einrichtungsleiterin aus dieser Liste die TOPs für die nächste Teamsitzung auswählt oder ob diese jeweils zu Beginn des Gesprächs gemeinsam festgelegt werden. Nicht behandelte TOPs werden dann auf die folgende Sitzung vertagt.

Der zeitliche Rahmen des Teamgesprächs und die Anzahl der Tagesordnungspunkte müssen in einem realistischen Verhältnis zueinander stehen. TOPs, die relativ schnell behandelt werden können, sollten sich mit „größeren Brocken", die mehr Gesprächszeit benötigen, abwechseln.

Zuordnung der Funktion des Gesprächsleiters

Schon vor dem Teamgespräch sollte geregelt werden, wer die Gesprächsleitung übernimmt: Rolliert sie unter den Teammitgliedern, wird sie von der Leitung übernommen (mit allen Vor- und Nachteilen) oder wechselt die Gesprächsleitung bei den einzelnen TOPs, je nachdem, in wessen Verantwortungsbereich dieser fällt?

Es ist für die Gesprächsleitung hilfreich, wenn diese sich schon bei der Vorbereitung überlegt, wie viel Zeit ungefähr für welchen Top notwendig ist, und dies auch allen bekannt gibt. Das „wirkt" aber nur, wenn die Gesprächsleitung, aber auch die Teilnehmenden sich auf diesen Zeitrahmen einstellen.

Die Klärung, wer die Gesprächsleitung übernimmt, sollte ergänzt werden durch die Festlegung des Protokollanten. Bei einer regelmäßigen Teambesprechung sollte diese Aufgabe rollieren.

Für gute Rahmenbedingungen sorgen

Dazu gehört die Sitzordnung der Teammitglieder. Es unterstützt den Gesprächsprozess, wenn jede/r jede/n sehen und damit dessen Reaktionen und nonverbale Signale wahrnehmen kann. Eine Sitzordnung des „runden Tisches" oder notfalls eine quadratische Sitzordnung unterstützt die Symmetrie im Gespräch, bei der die Gesprächspartner sich unabhängig von ihren Rollen und Funktionen als gleichwertig akzeptieren.

Werden Medien benötigt, dann sollten diese bereitstehen und auch funktionsfähig sein: Beamer, Overheadprojektor, Flipchart, Moderationskarten, dicke Filzstifte etc.

Ein Teammitglied sollte es übernehmen, das Besprechungszimmer vor dem Gespräch gut zu lüften und Getränke bereitzustellen.

Aufgaben des Gesprächsleiters

Wenn Sie die Funktion des Gesprächsleiters übernehmen, müssen Sie dafür Sorge tragen, dass die Gesprächsteilnehmer die anstehenden Themen in der zur Verfügung stehenden Zeit unter möglichst großer Beteiligung aller besprechen und dabei zu sinnvollen Arbeitsergebnissen kommen. Daraus ergeben sich die folgenden Aufgaben:

Zuteilung des Rederechts

In einer kleinen Gruppe bis zu sechs Teilnehmern können die Gesprächsteilnehmer aufeinander Rücksicht nehmen, sodass alle zu Wort kommen. Aber auch hier empfiehlt es sich, dass ein Gesprächsleiter darauf achtet, dass jeder sich einbringen kann. Allzu leicht reden nämlich auch in einer kleinen Gruppe überwiegend die, die hier besonders „schnell" sind, zurückhaltende Teilnehmer kommen zu kurz.

Umfasst die Gesprächsgruppe mehr als sechs Teilnehmer, dann ist es die Aufgabe des Gesprächsleiters, die Wortmeldungen der Teilnehmer der zeitlichen Reihenfolge nach zu notieren und das Rederecht genau in dieser Reihenfolge zu erteilen. Um dem jeweiligen Teilnehmer zu signalisieren, dass der Gesprächsleiter die Wortmeldung bemerkt hat, genügt ein kurzes Nicken dem Betreffenden gegenüber. Bei größeren Gesprächsrunden ist es für die Teilnehmer hilfreich, wenn der Gesprächsleiter bei der Worterteilung deutlich macht, dass Redewünsche registriert wurden („Jetzt zuerst Frau Maier, dann Herr Huber und dann Frau Wagner"). So weiß der Einzelne, wann er an der Reihe ist.

In der Funktion des Gesprächsleiters sollten Sie auch versuchen, zurückhaltende Gesprächsteilnehmer zu ermutigen. In größeren Gruppen können Sie zum Beispiel zaghafte Wortmeldungen besonders aufmerksam registrieren oder jemanden bei entsprechenden nonverbalen Reaktionen ermuntern, etwas zu sagen („Frau X, Sie wollten etwas sagen?") bzw. anregen, sich zu beteiligen („Manche haben ihre Meinung noch gar nicht geäußert"). Teilnehmer mit besonderer Sachkenntnis können Sie gegebenenfalls ansprechen.

Das Ziel des Gesprächs klären und während des Prozesses im Auge behalten

Als Gesprächsleiter sollten Sie Klarheit über das Gesprächsziel jedes einzelnen TOPs haben. Es kann entweder schon bei der Vorbereitung oder gemeinsam mit den Teilnehmern zu Beginn des jeweiligen Punktes festgelegt werden. Ein Gespräch, in dem das Ziel verfolgt wird, dass alle auf den gleichen Informationsstand z. B. über den Planungsstand des Tags der Offenen Tür kommen, verläuft anders, als wenn es darum geht, sich als Team zu einigen, ob auch in diesem Jahr die Jugendfreizeitstätte sich erneut mit einem Tag der Offenen Tür in der Gemeinde präsentieren soll. Hier geht es um ein Streitgespräch, das zu einer Entscheidung führen soll. Ist es nicht das Ziel, eine Entscheidung zu treffen, sondern geht es vielmehr darum, sich grundsätzlich mit den

Möglichkeiten auseinanderzusetzen, die eine Freizeitstätte hat, Öffentlichkeitsarbeit zu betreiben, dann handelt es sich um ein Klärungsgespräch und der Gesprächsprozess ist entsprechend anders zu strukturieren (vgl. Kapitel 3.4.3).

Bei einigen Themen kann es vorkommen, dass die Gesprächsteilnehmer abschweifen oder zusätzliche Themen ins Spiel bringen. Der Gesprächsleiter hat darauf zu achten, dass die Teilnehmer beim Thema bleiben und das Gesprächsziel erreicht wird. Er kann darauf verweisen, dass weitere relevante Themen in einer der nächsten Teamsitzungen besprochen werden können.

Das Gespräch über jeden einzelnen TOP in Gang bringen

Wie Sie jeweils das Gespräch zu einem der TOPs eröffnen, sollten Sie sich genau vorher überlegen. Je nachdem, wie Sie den Einstieg in den TOP formulieren, werden sich wenige oder viele Teammitglieder einbringen. Am besten bringen Sie das Gespräch mit einer offenen Fragestellung in Gang. Eine Frage, die mit Ja oder Nein beantwortet werden kann, ist nicht offen, sondern geschlossen. Zum Beispiel: „Ist euch Christina in letzter Zeit verändert vorgekommen?" Antwort: Nein. Ein offener Gesprächseinstieg, der das Gespräch in Gang bringt, könnte zum Beispiel sein: „Christinas Mutter hat Kollegin Maier angesprochen, weil Christina wie verstummt ist, wenn sie sie vom Hort abholt. Das mache ihr ganz schön zu schaffen. Deshalb wollen wir kurz über Christina sprechen. Wie habt ihr sie in der letzten Zeit wahrgenommen?"

Bei komplexeren Themen den inhaltlichen Gesprächsverlauf gliedern

Komplexe Themen sollten in unterschiedliche Teilaspekte gegliedert werden (z. B. Ursachen des Problems, Sammeln verschiedener Lösungsvorschläge, Bewerten der Lösungsvorschläge, Entscheidung herbeiführen). Andernfalls „springen" die Teilnehmer zwischen den verschiedenen Aspekten oder bleiben bei Unwichtigem hängen. Dann ist es schwer, zu einem Ergebnis zu kommen. Als Gesprächsleiter haben Sie die Aufgabe, die Teilaspekte eines Themas zu verdeutlichen, das Gespräch über die einzelnen Aspekte jeweils in Gang zu bringen und jeweils zusammenzufassen. Dadurch wird der Gesprächsverlauf überschaubar.

Sie können als Gesprächsleiter Teilaspekte des Themas selbst vorschlagen, diese aber auch mit der Gruppe gemeinsam überlegen. Manchmal ergeben sich im Laufe des Gesprächs neue Teilaspekte. Sie sollten als Gesprächsleiter darauf achten, ob sich neue Aspekte ergeben, diese benennen und sie in den weiteren Gesprächsverlauf einbeziehen.

Eine weitere Möglichkeit, das Gespräch zu strukturieren, ist zum Beispiel das Verdeutlichen unterschiedlicher Positionen („Bisher sind vor allem zwei Positionen deutlich geworden, nämlich ..."). Dadurch wird auch signalisiert, dass es dazugehört und das Team weiterbringt, wenn es unterschiedliche Standpunkte gibt. Hilfreich kann es auch sein, auf Verknüpfungen zwischen unterschiedlichen Argumenten hinzuweisen oder Gemeinsamkeiten anscheinend widersprüchlicher Einstellungen festzustellen, um Lösungen vorzubereiten, die von allen getragen werden.

Das Gesprächsergebnis am Ende eines TOPs zusammenfassen

Am Ende eines TOPs fassen Sie als Gesprächsleiter das Ergebnis noch einmal knapp zusammen. Dabei wird für die Teilnehmer deutlich, ob das Gesprächsziel voll erreicht wurde oder ob noch ein weiterer Gesprächstermin notwendig ist. Sind am Ende eines TOPs konkrete Planungsschritte vereinbart worden, dann müssen Sie als Gesprächsleiter dafür sorgen, dass die Aufgaben verteilt und die Verantwortlichkeiten präzise vereinbart werden sowie ein Zeitplan für die Durchführung festgelegt wird.

Über Anträge abstimmen

Manchmal stellt ein Teammitglied einen Antrag, über den abgestimmt werden soll. Hier ist es Ihre Aufgabe als Gesprächsleiter, den Antrag zu wiederholen bzw. ihn das Teammitglied noch einmal wiederholen zu lassen. Dabei müssen Sie darauf achten, dass die Formulierung präzise ist und nicht missverstanden werden kann. „Frau Meier hat den Antrag gestellt, dass in diesem Jahr kein Tag der Offenen Tür stattfinden soll, weil wir das aufgrund der längerfristigen Erkrankung von Kollegin X nicht bewältigen können. Wer unterstützt diesen Antrag?" „Wer stimmt dagegen?", evtl. „Wer enthält sich der Stimme?"

Für ein gutes Gesprächsklima sorgen

Als Gesprächsleiter sollten Sie darauf achten, dass alle sich an die Gesprächsregeln halten, vor allem, dass jeder aussprechen kann (vgl. Kap. 3.4.3). Dauerredner können Sie unterbrechen und darauf hinweisen, dass weitere Wortmeldungen vorliegen. Ist ein Gesprächsbeitrag sehr unklar und wird nicht nachgefragt, so können Sie stellvertretend für die Gruppe nachfragen. Hören Sie bei einem Beitrag eine Frage heraus, so können Sie diese aufgreifen und an die Gesprächsteilnehmer weitergeben.

Persönliche Angriffe zwischen Teammitgliedern weisen Sie als Gesprächsleiter zurück („Bitte bleiben Sie sachlich", „Das scheint ein Problem zwischen euch beiden zu sein, bitte klärt das nachher.")

Neutrale Einstellung des Gesprächsleiters

Bei einem strengen Aufgabenverständnis ist der Gesprächsleiter neutral. Das bedeutet, dass Sie in dieser Funktion zu den inhaltlichen Aspekten des Themas/der einzelnen TOPs grundsätzlich nicht Stellung nehmen, sondern sich in Ihren Beiträgen ausschließlich auf den Gesprächsverlauf beziehen (also mit Fragen das Gespräch zu jedem TOP eröffnen, zusammenfassen, das Wort zuteilen etc.). Das hat damit zu tun, dass Sie sonst erhebliche Manipulationsmöglichkeiten haben: So könnten Sie z. B. jederzeit einen inhaltlichen Beitrag bringen, da Sie sich selbst das Wort zuteilen können, wann Sie wollen. Ihre Meinung hat möglicherweise aufgrund der Autorität, die Sie in der Funktion des Gesprächsleiters haben („Funktionsautorität"), bei den übrigen Teammitgliedern mehr Gewicht, als Sie sonst hätten.

In der sozialpädagogischen Praxis ist es schwirig, diese Neutralität durchzuhalten, wenn die Leitung einer Einrichtung die Gesprächsleitung selbst übernimmt. Dies mag manchmal sinnvoll sein, weil sie einen größeren Informationsstand und klarere Vorstellungen über das Gesprächsziel hat als andere Teammitglieder. In einem solchen Fall ist es aber wichtig, dass die inhaltlichen Beiträge der Leiterin, die in ihrer „Wichtigkeit" denen der anderen Teilnehmer gleichgestellt sind, deutlich als solche von ihren Gesprächsleiterinterventionen zu unterscheiden sind. Die Leiterin kann z. B. ihre Gesprächsbeiträge wie folgt einleiten:

„Ich möchte jetzt auch inhaltlich etwas dazu sagen ..." oder „Ich habe mich jetzt auch auf die Rednerliste gesetzt ..."

Grundsätzlich sollte aber ein „normales" Teammitglied die Gesprächsleitung übernehmen. Eventuell kann diese auch rollieren. Dies setzt aber voraus, dass alle Klarheit über die damit verbunden Aufgaben haben. Dann kann auch jeder erfahren: Wer selbst mitdiskutiert, kann das Gespräch nur schwer leiten.

Zur Neutralität des Gesprächsleiters gehört es auch, Parteilichkeit zu vermeiden. Auch deshalb sollte die Einrichtungsleiterin nicht die Funktion der Gesprächsleitung übernehmen, weil sie sich ja unter Umständen für ihre Ziele argumentativ stark machen will. Das kann sie aber in der Rolle der neutralen Gesprächsleitung nicht. Genauso wenig darf ein Gesprächsleiter Sympathien oder Antipathien zeigen.

Symmetrie im Gespräch

Symmetrie kommt aus dem Griechischen und heißt „Ebenmaß". In der Geometrie wird die spiegelbildliche Lage von Punkten oder Linien Symmetrie genannt. Übertragen auf einen Gesprächsprozess bedeutet Symmetrie, dass im Gesprächsverlauf alle Gesprächspartner gleichwertig sind, im Idealfall also gleich viel Redezeit beanspruchen und ihr Anteil am Ergebnis des Gespräches auch gleichwertig ist. Jeder hat im Wechsel die Rolle von Sprecherin und Hörer.

Dies setzt voraus, dass die Gesprächsteilnehmer im Gesprächsverlauf die folgenden Gesprächsgrundregeln umfassend umsetzen (vgl. Kap. 3.4.3):
- konzentriert zuhören
- ausreden lassen
- nachfragen
- andere anreden und einbeziehen
- sich kurz fassen

Dass in einem Teamgespräch alle Teilnehmer gleich viel Redezeit beanspruchen, kommt in der Praxis wahrscheinlich nur selten vor. Trotzdem ist es wichtig, dass Sie sich diesen Anspruch an die Qualität eines Gespräches, besonders eines Teamgespräches, bewusst machen. Damit wird ausgesagt, dass in einem Gespräch alle Teammitglieder gleichwertig sind, auch wenn sich Erfahrungen und Voraussetzungen unterscheiden. Dahinter steht die Einstellung, dass jeder einzelne Beitrag wichtig ist, weil jede Person andere Hintergründe, Sichtweisen, Erfahrungen etc. mit einbringt.

Symmetrie in Gesprächen ist also unabhängig von dem Status und der Rolle, die jemand aufgrund seiner Ausbildung in einer sozialpädagogischen Einrichtung hat. Die beruflichen Rollen sind dort meist hierarchisch gegliedert: Beispielsweise ist die Einrichtungsleiterin Diplom-Sozialpädagogin, die Gruppenleiterinnen sind Erzieherinnen. Daneben gibt es Heilerziehungspfleger, Kinderpflegerinnen, eine Berufspraktikantin und Erzieherpraktikantinnen. Obwohl in einem Gespräch grundsätzlich alle Beteiligten gleichberechtigte Partner sind, lässt sich in Teamgesprächen der unterschiedliche Status der Gesprächsteilnehmer oft an deren Beteiligung und sprachlichen Äußerungen ablesen. Die Einrichtungsleiterin könnte z. B. wesentlich mehr Gesprächszeit beanspruchen, sie kann unter Umständen die Gesprächsregel „ausreden lassen" verletzen und die Berufspraktikantin unterbrechen, ohne dass diese sich traut, weiterzureden. Die Erzieherpraktikantin redet vielleicht nur, wenn sie gefragt wird. Deshalb ist es sehr wichtig, sich über die Rolle, die man in einem Team hat, und über die jeweiligen Rollenbeziehungen klar zu werden.

Die Hierarchie der Rollen in einer Einrichtung ist in einem Teamgespräch nicht grundsätzlich aufgehoben. Symmetrie im Gespräch heißt aber, dass in der Rolle als Gesprächsteilnehmer – bezogen auf den Gesprächsverlauf, nicht auf die Rollen in der Einrichtung – alle gleichwertig sind. Das bedeutet, dass im Gesprächsverlauf alle – Leiterin wie Erzieherpraktikantin – die gleichen Rechte und Pflichten haben: Jeder hat das Recht zu sprechen, jeder hat die Pflicht zuzuhören. Weil alle Gesprächsteilnehmer sich über eine Sache gemeinsam austauschen wollen (= „etwas zur gemeinsamen Sache machen wollen"; Geißner, 1981, S. 129), und Gespräche ein Prozess sind, an dem alle beteiligt sind, wechseln die Rollen von Sprechern und Hörern. Wenn alle sich an die fünf beschriebenen Grundgesprächsregeln halten, entsteht Symmetrie im Gespräch.

Im Gesprächsverlauf hat – für die begrenzte Zeit des Teamgesprächs – der Gesprächsleiter Autorität, denn er teilt das Rederecht in der Reihenfolge der Wortmeldungen zu.

Diese Gleichwertigkeit im Gesprächsprozess ist zu unterscheiden von den Rechten und Pflichten, die mit dem jeweiligen Status in einer sozialpädagogischen Einrichtung verbunden sind, also z. B. in einer Tageseinrichtung für Kinder mit der Funktion der Leiterin, der Gruppenleiterin, der Zweitkraft, der Praktikantin. Die Leiterin kann in dieser Funktion der Erzieherin im Verlauf des Teamgesprächs eine Anweisung geben, nämlich z. B. den Bericht fürs Jugendamt für das Kind Lena bis zum nächsten Montag als Entwurf fertigzustellen und ihr abzuliefern. Die Leiterin kann aber nicht der Erzieherin das Wort abschneiden, wenn diese dagegen Einwände vorbringen will, sondern sie wird diese – in einem symmetrischen Gespräch – anhören. Vielleicht wird sie bei ihrer Entscheidung bleiben und diese nicht diskutieren wollen – dann muss die Erzieherin für sich klären, ob sie dies akzeptieren kann. Steht z. B. eine solche Aufgabe nicht in ihrer Stellenbeschreibung und wurden die Berichte bisher auch immer von der Leiterin geschrieben, dann kann sie dies sachlich ansprechen und deutlich machen, dass sie den Bericht nicht schreiben will, weil sie es nicht als ihre Aufgabe ansieht. Ob die Leiterin dies akzeptiert, ist eine andere Frage. Tut sie es nicht, dann ist das Gespräch in dieser Phase nicht symmetrisch, weil von der Leiterin eine Entscheidung getroffen wurde, an der nicht alle Anteil haben. Problematisch wäre das dann, wenn die Frage, wer den Bericht schreibt, ein TOP im Teamgespräch gewesen wäre und alle davon ausgegangen wären, dass hierzu gemeinsam eine Lösung gefunden werden soll. Es würde den Standards für ein symmetrisches Gespräch widersprechen, wenn die Leiterin das Gesprächsergebnis schon von vorneherein festgelegt und der Gesprächsprozess folglich kein Gewicht mehr gehabt hätte.

Kennzeichen von Asymmetrie im Gespräch

Asymmetrie zeigt sich dann, wenn ein Gesprächsteilnehmer die Gesprächsregeln nicht einhält und den Gesprächsverlauf dominiert. In Teamgesprächen kann diese Gefahr dann bestehen, wenn die Leiterin einer Einrichtung die Gesprächsleitung übernimmt. Aber auch „normale" Teammitglieder können durch unangemessenes Gesprächsverhalten Asymmetrie bewirken.

Vielredner

Im asymmetrischen Gespräch kommt es nicht zu einem regelmäßigen Wechsel zwischen Sprechen und Zuhören. Der Gesprächsverlauf wird sehr stark von der Leitung bzw. einer Person bestimmt, die sich dauernd zu Wort meldet oder sich das Wort einfach nimmt, also andere unterbricht. Diejenige redet dann selbst sehr viel, ohne die anderen Gruppenmitglieder einzubeziehen. So kann kein Gesprächsprozess entstehen

Kein offener Gesprächsprozess

Gerade wenn Leitungs- und Gesprächsleitungsfunktion gekoppelt sind, ist die Gefahr groß, dass die Leitung an Gesprächsergebnissen, an denen alle Anteil haben, gar nicht interessiert ist. In erster Linie geht es ihr darum, ihre Meinung durchzusetzen. Sie hat das Gesprächsergebnis sozusagen von Anfang an im Kopf und steuert das Gespräch bewusst oder unbewusst darauf hin. Dazu passt auch, dass in asymmetrischen Gesprächen oft Scheinargumentationen benutzt werden und so die eigenen Interessen verschleiert werden. Weil die Meinungen der anderen im Grunde gar keine Bedeutung für das Gesprächsergebnis haben, kann das Gespräch willkürlich beendet werden bzw. der betreffende Tagesordnungspunkt wird vorschnell abgeschlossen und zum nächsten übergeleitet.

Fehlende Wertschätzung

Wer einen Gesprächsprozess dominieren will, neigt dazu, Äußerungen der anderen zu bewerten („Das passt nicht hierher"). Es können Killersätze geäußert werden („So ein Schwachsinn!") oder andere durch „Killerfaces" unter Druck gesetzt werden. Dabei wird über Mimik und Körperhaltung deutlich gemacht, dass man mit den Äußerungen eines oder mehrerer Gesprächsteilnehmer überhaupt nicht einverstanden ist. So kann jemand ungläubig schauen, einem anderen Teammitglied über Mimik mitteilen, dass er nichts von dem Gesagten hält (z. B. durch Augen verdrehen), kann abschätzig lächeln, ostentativ Langeweile zeigen etc. Konkurrenz unter den Teammitgliedern bzw. zwischen Einzelgruppierungen des Teams wird dadurch verstärkt.

Gesprächsblockierer

Sie haben denselben Effekt wie abschätzige und den anderen verletzende Killerphrasen, nämlich dass man sich seine Gedanken nicht mehr auszusprechen traut. Solche Gesprächsblockierer haben den Anschein, dass sie sachlich sind, bei genauem Hinhören merkt man aber, dass sie manipulieren und einen offenen Austausch von Argumenten verhindern. Solche Sätze sind z. B.:
- „Das bekommen wir nicht genehmigt!"
- „Solch einen Aufwand können wir nicht betreiben!"
- „Das ist viel zu teuer."

- „Dafür ist die Zeit noch nicht reif."
- „Das sagen wir mal den Eltern."

Eine gute Sammlung solcher Sätze findet sich bei Hermann/Weber, Teamentwicklung, S. 29.

Möglichkeiten, Asymmetrien im Gespräch zu verändern

Wenn Sie asymmetrische Gesprächssituationen verändern wollen, ist es hilfreich, zunächst zu prüfen, was genau die Asymmetrie bewirkt:

Vielredner

Handelt es sich einfach um jemanden, der nicht zum Ende kommen kann, dann versuchen Sie am besten abzuwarten, bis dieser einen Satz beendet (= seine Stimme senkt). So können Sie eine andere Person nach ihrer Meinung fragen oder selbst einen Beitrag beginnen. Vielredner brauchen oft einfach nur Aufmerksamkeit. Ihr Redefluss versiegt, wenn sie merken, dass aufmerksam zugehört wird. Meist schalten die anderen aber ab, sodass der Vielredner noch mehr redet. Hier hilft es nachzufragen, z. B. „Was also ist genau der Kernpunkt?" „Das war jetzt sehr viel auf einmal. Bisher habe ich verstanden, dass …" „Ich möchte dich unterbrechen, weil ich deinen Ausführungen nicht mehr folgen kann."

Killersätze/„Killerfaces"/ Gesprächsblockierer

Sind es die „Killerfaces" von Kolleginnen, dann ist es wichtig, in einer Ich-Botschaft das eigene Gefühl zu äußern oder nachzufragen: „Du signalisierst gerade, dass du nicht einverstanden bist mit dem, was ich sage. Welche Bedenken hast du?"
Oder bei einem Killersatz: „Deine Reaktion verletzt mich. Ich fühle mich von oben herab behandelt."
Oder bei einem Gesprächsblockierer: „Du meinst, das wird nicht genehmigt? Fragen wir doch einfach mal deswegen an."

Bei Vorgesetzten

Entsteht die Asymmetrie durch den Einfluss einer Person, die eine besondere Funktion in der Einrichtung hat, dann braucht es eine ganze Menge Mut, die Asymmetrie zu thematisieren. Am sinnvollsten ist es, auf die Ebene der Metakommunikation zu gehen, d. h. sich darüber auszutauschen, wie das Gespräch verläuft und was das für die Kollegen bedeutet. Damit besteht die Chance zu einer Veränderung.

Wenn aber z. B. eine Einrichtungsleiterin einen Führungsstil hat, der die Asymmetrie im Teamgespräch begründet, dann wird ein solches Gespräch nicht möglich sein. Hier kann es unter Umständen helfen, in der konkreten Situation eine Ich-Botschaft zu formulieren, die das eigene Gefühl verdeutlicht, und einen Vorschlag zur Veränderung zu machen: „Ich fühle mich in diesem Gespräch nicht wohl. Mein Eindruck ist, dass Ihnen unsere Meinung gar nicht wichtig ist. Es wäre schön, wenn Sie uns mehr Raum lassen, unsere Vorschläge einzubringen."

Wird eine Ich-Botschaft geäußert, dann ist die Chance groß, dass die Leiterin sich nicht angegriffen fühlt. Denn darauf kommt es bei einem solchen Klärungsversuch entscheidend an: dass man nicht selbst auf die Angriffsebene geht und den anderen „niedermacht", denn dann würden nur die Zuordnungen wechseln, wer die Asymmetrie bestimmt und wer sie „erleiden" muss. Der Konflikt eskaliert.

Zeichnet sich ab, dass die Gesprächssituation nicht zu verändern ist, kann es sinnvoll sein, für das Team Supervision zu beantragen.

Supervision

Supervision ist ein von einer dafür ausgebildeten Fachkraft begleiteter Beratungsprozess, bei dem Probleme, Konflikte und Fragestellungen des Teams bearbeitet werden (vgl. Nagel, 2008, S. 25).

Feedback

Wie lassen sich Konflikte und schwierige Gesprächssituationen in einem Teamgespräch lösen? Ein Feedback zu geben ist oft der erste Schritt dazu.

Feedback

Gibt eine Person einer anderen eine Rückmeldung dazu, wie sie die Äußerungen oder das Verhalten der anderen Person erlebt, dann bezeichnet man dies als Feedback.

Die Gefahr dabei ist, dass ein Feedback verletzt, sei es, weil es den anderen abwertet, pauschal ist oder dem anderen etwas unterstellt. Wie würde es Ihnen ergehen, wenn jemand zu Ihnen sagt: „Du bist so eingebildet, immer redest du von deinen Erfolgen"?

Wenn Sie ein konstruktives Feedback geben wollen, kommt es vor allem darauf an, dass Sie sich mit Ihrer Rückmeldung auf die Wahrnehmung eines konkreten Verhaltens beziehen und dabei nicht interpretieren und nicht bewerten. Anlass für ein Feedback muss nicht ein problematisches Verhalten sein. Es verbessert die Atmosphäre im Team, wenn sich die Teammitglieder immer wieder auch positives Verhalten rückmelden. Wenn Sie jemandem ein kritisches Feedback geben wollen, ist es sinnvoll, zunächst eine positive Rückmeldung zu geben.

Beispiel
Maria sagt zu Jürgen: „Ich habe drei Argumente genannt, warum ich gegen einen Tag der Offenen Tür bin, aber du bleibst dabei, dass dieser notwendig ist, ohne dass du das begründest. So fühle ich mich nicht ernst genommen. Ich möchte, dass du auf meine Argumente eingehst." Eine solche Äußerung ist etwas anderes, als wenn Maria sagen würde: „Du immer mit deiner Rechthaberei." Der Unterschied liegt darin, dass sie konkret beschreibt, welches Verhalten von Jürgen sie stört und welches Gefühl das bei ihr auslöst. Außerdem macht sie ihm einen Vorschlag. Jürgen kann diesen annehmen oder aber über seine Wahrnehmung der Situation sprechen.

Um Sicherheit zu bekommen, wie Sie konstruktiv Feedback geben können, sollten Sie die folgenden Grundsätze beachten:
- **Beschreiben**
  Sie beschreiben, was Sie wahrgenommen, d. h. gehört und/oder gesehen haben, ohne zu bewerten oder das Verhalten Ihres Gegenübers zu interpretieren. Ihre Aussage trifft den anderen daher nicht als Person, sondern bezieht sich auf sein Verhalten.
- **Die eigene Gefühlsreaktion benennen**
  „Das macht mich wütend." So erhält Ihr Gesprächspartner eine Information, was sein Verhalten oder das, was er sagt, bei Ihnen bewirkt. Würden Sie stattdessen Ihren Ärger nur indirekt ausdrücken („Das ist eine Frechheit. Das lasse ich mir nicht bieten.") greifen Sie die Person des anderen an und verletzen.
- **Ein Bedürfnis/einen Wunsch äußern**
  Wenn Sie vorschlagen, was Ihr Gesprächspartner anders machen könnte, so erhält er dadurch eine Perspektive für die Zukunft. Er erhält die Freiheit, sein Verhalten zu ändern, kann es aber auch beibehalten.

Wollen Sie diesen Dreischritt (Wahrnehmung beschreiben, eigenes Gefühl aussprechen, einen Wunsch äußern) umsetzen, dann sollten Sie dabei auch darauf achten, wie Sie formulieren:
- **Konkret**
  Bei Verallgemeinerungen oder pauschalen Aussagen ist es für den Angesprochenen sehr schwierig, etwas zu verändern. Die Gefahr, dass er sich verletzt fühlt, ist groß. „Das machst du immer so." Beziehen Sie sich also auf die aktuelle Situation und beschreiben Sie konkret, was Sie wahrgenommen haben.

- **Zeitnah**
  Wird ein Feedback unmittelbar in der Situation gegeben, die zu Unzufriedenheit führt, dann kann dies von den Beteiligten am besten nachvollzogen werden. Eine kritische Rückmeldung zu einem Vorfall, der schon einige Zeit zurückliegt, ist meist wenig hilfreich, weil die Beteiligten entweder keine oder nur vage und auch unterschiedliche Erinnerungen haben.
- **Subjektiv**
  Sie können nur von sich und ihren eigenen Beobachtungen und Eindrücken sprechen. Benutzen Sie also Ich-Aussagen.
- **Konstruktiv**
  Ziel Ihres Feedbacks sollte es sein, für die Zukunft etwas Positives zu erreichen. Deshalb sollte sich das Feedback nur auf Verhaltensweisen beziehen, die veränderbar sind.
- **Erwünscht**
  Sie sollten ein Feedback nur geben, wenn es erwünscht ist.

Worauf kommt es an, wenn Sie selbst ein Feedback erhalten (vgl. Koeberle u. a., 2008, S. 70)?
- Hören Sie zunächst nur zu und unterbrechen Sie nicht.
- Wenn Ihnen etwas unklar ist, fragen Sie nach.
- Wehren Sie die Kritik nicht einfach ab, sondern prüfen Sie deren Berechtigung.
- Haben Ihnen andere schon Vergleichbares rückgemeldet?
- Bestätigen Sie die Fakten.
- Suchen Sie (gemeinsam) nach Lösungen.

4.2.3 Methoden der Teamarbeit

Damit die Zeit, die ein Team für das Teamgespräch zur Verfügung hat, so effektiv wie möglich genutzt werden kann, ist es oft hilfreich, mit verschiedenen Methoden zu arbeiten, mit denen sich jeweils das Ziel eines TOPs besonders gut erreichen lässt. Im Folgenden werden einige bewährte Methoden vorgestellt.

Der „Kümmerer"

Im Team werden immer wieder Themen angerissen, geraten dann aber wieder in Vergessenheit. Oder es wird etwas entschieden, aber die Umsetzung läuft schleppend. Daher ist es gut, wenn im Team ein Verantwortlicher/eine Verantwortliche für die weitere Bearbeitung einer Fragestellung bzw. die Umsetzung einzelner Planungsschritte benannt wird. Jedes Teammitglied kann diese Aufgabe übernehmen, unabhängig von der Hierarchie. Wichtig ist, dass alle die Rolle und Funktion eines Kümmerers wünschen und diejenige, die diese Aufgabe übernimmt, die Befugnis hat, andere Teammitglieder auf den Stand der Arbeiten hin anzusprechen (vgl. Hermann/Weber, 2003, S. 54).

Brainstorming

Es werden Einfälle und Ideen zu einer Fragestellung in der Gesprächsrunde gesammelt. Dazu ist eine Einstiegsfrage nötig, die offen, konkret und motivierend ist, z. B.: „Welche Ideen habt ihr, damit wir ... umsetzen können?" „Was können wir tun, damit ...?" Die Frage wird auf einem Flipchart als Überschrift notiert. Eine Person übernimmt die Moderation und schreibt alle Ideenvorschläge auf.

Die Regeln werden vorher kurz besprochen:
- Es dürfen nur Ideen geäußert werden, Kommentare oder Fragen sind tabu. Der Gedankenfluss der Gruppe soll nicht unterbrochen werden.
- Bereits geäußerte Ideen können aufgegriffen und mit einem neuen Stichwort „weitergesponnen" werden.
- Alles darf vorgeschlagen werden, auch wenn es zunächst „abwegig" erscheint.

Ein solches Brainstorming hat das Ziel, möglichst viele Ideen zu sammeln und dabei eingefahrene Denkstrukturen aufzubrechen und Kreativität anzuregen. Erst in einer sich anschließenden Gesprächsphase werden die Ideen bewertet und im Blick auf ihre mögliche Umsetzung diskutiert (vgl. Herrmann/Weber, 2003, S. 50).

Das Brainstorming kann auch das Ziel haben, ausschließlich Fragen zu einem Thema zu sammeln.

Brainwriting 6-3-5

Diese schriftliche Abwandlung des Brainstormings hat den Vorteil, dass das Sammeln von Ideen weniger von einzelnen Teammitgliedern bestimmt werden kann. Auch zurückhaltendere Mitglieder können sich mit ihren Ideen einbringen (vgl. zum Folgenden Hermann/Weber, 2003, S. 51).

Ausgangspunkt ist ein Formular entsprechend dem obenstehenden Muster:

Es wird zuerst eine 6er-Gruppe gebildet. Zunächst formuliert jedes Mitglied ein Problem oder eine Frage („Was können wir tun, um in unserem Hort die Qualität des Mittagessens zu verbessern?"). Dann gibt jeder sein Formular mit der Problemanzeige weiter, bis es wieder zu ihm zurückkommt. Dabei trägt jedes Gruppenmitglied (also alle fünf weiteren Gruppenmitglieder) in die Zeilen unter die Problemanzeige insgesamt drei Lösungsvorschläge ein und gibt das Formblatt weiter. Die bereits formulierten Lösungsvorschläge werden vom Nächsten gelesen. Es können jetzt entweder neue Vorschläge darunter geschrieben werden oder es werden die bereits notierten vertieft oder weiterentwickelt.

Für das Aufschreiben der Lösungsvorschläge sollte die Dauer von fünf Minuten pro Person nicht überschritten werden. Die Bearbeitung ist abgeschlossen, wenn jedes Gruppenmitglied in alle Formulare – außer in das eigene – drei Lösungsvorschläge eingetragen hat.

Problem/Frage		Name:
		Datum:

Diejenige, die das Problem eingebracht hat, sichtet jetzt die Lösungsvorschläge und sucht die drei aus, die sie für die besten hält. Diese werden jetzt in der Gruppe diskutiert und bewertet.

Mithilfe dieser Methode lassen sich innerhalb von 30 Minuten für sechs Problemanzeigen je 15 Lösungsvorschläge erarbeiten (6 x 3 x 5), also insgesamt 90. Diese Methode kann in Bezug auf die Gruppengröße variiert werden.

SOPE (Sammeln, Ordnen, Punkten, Entscheiden)

Diese Methode verknüpft das ungeordnete und unzensierte Sammeln von Ideen mit einer systematischen Strukturierung und Bewertung. Dementsprechend gibt es vier Phasen (vgl. zum Folgenden Hermann/Weber, 2003, S. 52).

Zur Vorbereitung werden mehrere Pinnwände aufgestellt.

1. **Sammeln**
   Das Thema bzw. die Fragestellung wird von der Moderatorin so präzise wie möglich als Kopfzeile auf eine Pinnwand geschrieben.
   Jedes Teammitglied schreibt seine spontanen Einfälle zu diesem Thema mit einem passenden Begriff in großer, gut lesbarer Schrift auf eine Metaplan-Karte (ein Begriff pro Karte).

2. **Ordnen**
   Alle Teammitglieder stellen sich in einem Halbkreis um die Pinnwände. Die Moderatorin fordert ein Teammitglied auf, seinen ersten Begriff zu benennen und an eine der Stellwände zu pinnen. Damit ist eine erste „Themensäule" eröffnet. Wie beim Brainstorming ist es eine wichtige Regel, dass dieser Begriff nicht bewertet werden darf, Verständnisfragen sind aber erlaubt. Das Teammitglied, das die Karte hingehängt hat, fragt nun, wer eine ähnliche oder dazu passende Aussage notiert hat. Ein anderes Teammitglied hängt nun seine dazu passenden Karten darunter (Dopplungen werden nicht aufgehängt) und fragt nun auch wieder nach Ergänzungen. Wenn es keine passende Karte mehr gibt, wird diese Themensäule geschlossen und ein neues Unterthema eröffnet. So geht es weiter, bis alle Kärtchen geordnet sind. Als nächster Schritt werden gemeinsam Überschriften für jede Themensäule gesucht, die auf eine „Wolkenkarte" geschrieben werden, sodass sie sofort als Teilaspekt des Gesamtthemas erkennbar sind. Dies ist wichtig, weil im nächsten Schritt nur noch mit diesen Formulierungen gearbeitet wird.

3. **Punkten**
   Jedes Teammitglied erhält sieben farbige Klebepunkte, mit der die einzelnen Themensäulen gewichtet werden können. Von den sieben Klebepunkten können maximal drei Punkte einer Themensäule zugeordnet werden.

4. **Entscheiden**
   Die Moderatorin zählt die an den einzelnen Themensäulen aufgeklebten Punkte und schreibt die jeweilige Zahl auf diese Pinnwand. Dadurch ergibt sich eine Rangfolge der einzelnen Teilaspekte, die dann auf den folgenden Teamsitzungen in dieser Reihenfolge bearbeitet werden können.

Bewahr- und Veränderungswaage

Wenn das Team eine Bilanz des Erreichten ziehen und sich über Veränderungswünsche verständigen will, ist folgende Methode geeignet (vgl. Pesch/Sommerfeld, 2002, S. 31):

Jedes Teammitglied erhält Moderationskarten, auf die jeder Stichworte zu den folgenden Fragen notieren kann:

- Was ist mir in unserer Einrichtung wichtig und sollte auf jeden Fall erhalten bleiben?
- Was soll sich verändern?

Auf eine große Pinnwand wird eine Waage mit einer Bewahr- und einer Veränderungsschale gezeichnet. Jedes Teammitglied ordnet seine Karten den beiden Schalen zu. Dadurch wird sichtbar, welche Schale „schwerer" ist. Darüber kann das Team dann ins Gespräch kommen.

PMB-Methode

Dazu wird ein Arbeitsblatt vorbereitet nach folgendem Muster (Herrmann/Weber, 2003, S. 53): Zunächst wird das Thema, mit dem man sich auseinandersetzen will, gemeinsam festgelegt. Dann bearbeitet jedes Teammitglied das Formblatt wie folgt:

1. Worum geht es? Was ist die Idee bzw. was ist das Problem? (Feld 1)
2. Welchen Wunsch, welche Forderung habe ich? (Feld 2)
3. Was ist an der Idee positiv? (Feld 3)
4. Welche Möglichkeiten zur Umsetzung sehe ich? (Feld 4)

Feld 1 Idee/Problem	Feld 4 Möglichkeiten
Feld 2 Forderung/Wunsch	
Feld 3 Positives	Feld 5 Bedenken

5. Was spricht evtl. gegen die Idee bzw. welche negativen Folgen könnten sich bei der Umsetzung zeigen? (Feld 5)

Anschließend werden im Gespräch die Einträge in den einzelnen Feldern verglichen. Auf dieser Grundlage ist es möglich, die nächsten Schritte zu planen.

4.3 Qualitätsmanagement

Die Begriffe „Qualitätsmanagement" und „Qualitätssicherung" sind heutzutage sehr geläufig. Doch was bedeutet Qualität überhaupt? Wie ist pädagogische Qualität messbar? Wer bestimmt, was gute Pädagogik ist – Eltern? Erzieher? Kinder? Durch das folgende Beispiel wird aufgezeigt, wie vielfältig die Frage nach Qualität in sozialen Institutionen ist. In diesem Kapitel werden zunächst einige zentrale Begriffe geklärt. Auf der Basis unterschiedlicher Qualitätskriterien und -dimensionen werden dann verschiedene in der Praxis angewandte Qualitätsmanagementsysteme erläutert und kritisch hinterfragt.

Beispiel
Frau Fischer, Mutter der zweijährigen Alina, kommt zum Erstgespräch in die Kindertagesstätte „Eichenstraße". Sie sucht eine Kindertagesstätte für ihre Tochter, um wieder in den Beruf einsteigen zukönnen. Außerdem, so denkt sie, kann Alina so andere Kinder kennen lernen; als Einzelkind hat sie so kurz nach dem Umzug kaum Kontakte zu anderen Kindern. Natürlich möchte Frau Fischer für Alina eine ganz besonders gute Einrichtung finden. Sie spricht mit Frau Franzen, der Leiterin der Einrichtung, und fragt nach der Qualität der Kindertagesstätte. Frau Franzen berichtet stolz, dass sie nach dem situationsorientierten Ansatz arbeiten, Altersmischung für sie ganz wichtig sei, die Bildungsprozesse der Kinder mit Portfolios dokumentiert

werden, Exkursionen regelmäßig stattfinden, es in der Einrichtung eine Erzieherin für Sprachförderung und eine für Bewegungserziehung gebe.

Nach dem Gespräch ist Frau Fischer sehr beeindruckt von der Tagesstätte „Eichenstraße" und berichtet ihrer Nachbarin davon. „Was, da willst du Alina hingeben? Der Kindergarten ist schlecht! Wehe, du schaffst es mal nicht, dein Kind pünktlich abzuholen. Dann wirst du direkt schon angeblafft – und die Elternabende da sind das reinste Chaos!"

Nun ist Frau Fischer ganz irritiert. „Worauf soll ich denn noch alles achten? Ich will doch nur, dass sich Alina wohl fühlt, dass sie sich mit den Kindern versteht und was lernt. Wie finde ich bloß einen guten Kindergarten?"

4.3.1 Was ist Qualität?

Was eine „gute Kindertagesstätte" ausmacht, lässt sich nicht so einfach beantworten. Fragt man die dort tätigen Erzieherinnen und Erzieher nach „Kriterien einer guten Tagesstätte", wird man wahrscheinlich andere Antworten erhalten, als wenn man Trägervertreterinnen oder -vertreter, Eltern, Kinder oder die Leiterin bzw. den Leiter fragen würde. Der in der Alltagssprache diffus verwendete Begriff der „Qualität" wird in diesem Kapitel näher beleuchtet.

Wie pädagogische Fachkräfte in einer Kindertagesstätte arbeiten sollen, um qualitativ hochwertige Pädagogik zu gewährleisten, wird in den jeweiligen Bildungsvereinbarungen und Bildungsplänen der einzelnen Bundesländer festgelegt. Die Selbstbildungspotenziale der einzelnen Kinder müssen berücksichtigt werden, das Kind selbst steht im Mittelpunkt. Braun und Tietze fassen dies mit dem Begriff der „pädagogischen Qualität" zusammen.

Pädagogische Qualität
Pädagogische Qualität bezieht sich sowohl auf die umfassende Optimierung der Bildungs- und Entwicklungschancen von Kindern oder Jugendlichen in den unterschiedlichen Erziehungs- und Bildungsbereichen als auch auf ihr allgemeines Wohlbefinden.
Wesentliche Voraussetzung für pägagogische Qualität ist die nachhaltige Unterstützung der Selbstbildungsprozesse und des sie mittragenden Selbstvertrauens und Selbstwertgefühls der Kinder oder Jugendlichen. Pädagogische Qualität umfasst in einem ganzheitlichen Sinne die emotionale, geistige, soziale und körperliche Förderung in einer entsprechend gestalteten pädagogischen Umgebung. Sie erfordert ein konstruktives Zusammenwirken der unterschiedlichen Erziehungspartner und verantwortlichen Institutionen.

In die gleiche Richtung geht Wassilios Fthenakis, Professor für Entwicklungspsychologie und Anthropologie der Universität Bozen, mit seiner Definition von Erziehungsqualität.

Erziehungsqualität
Die „Güte der Erziehungsqualität" wird mit der Erreichung von Betreuungszielen, die sich auf unterschiedliche Kriterien beziehen, verbunden. Erziehungsqualität berücksichtigt entwicklungspsychologische Kriterien beim Kind, soziopolitische Zielsetzungen bzw. Vorgaben unterschiedlicher Interessengruppen (z. B. Ideologien, bildungspolitische Rahmenbedingungen) und marktwirtschaftliche Zielsetzungen (z. B. Finanzrahmen, Zufriedenheit der Eltern etc.) (vgl. Fthenakis, 1999, S. 54).

4.3.2 Was ist Qualitätsmanagement?

Die Frage nach der Sicherung und Entwicklung von Qualität im pädagogischen Bereich betrifft Kindertageseinrichtungen, Offene Ganztagsschulen, Heime, Horte und anderen Einrichtungen für Kinder und Jugendliche. Nicht nur der wachsende Anspruch an Kindertagesstätten, sich an fachlichen Standards zu orientieren, sondern auch der zunehmende Wettbewerb der Kindertageseinrichtungen untereinander macht „‚Qualität' und ‚Qualitätsmanagement' zu Schlüsselbegriffen eines veränderten Selbstverständnisses von Tageseinrichtungen für Kinder" (Tietze/Viernickel, 2007, S. 11).

Die Begriffe Qualitätsmanagement und Qualitätssicherung werden oftmals synonym gebraucht. Das Wort Qualitätsmanagement suggeriert jedoch eine tiefgreifendere konzeptionelle Einbettung der Qualitätssteigerung durch betriebswirtschaftliche Aspekte auf der Führungsebene. Seit Einführung der DIN-EN-ISO-Norm spricht man dennoch auch im pädagogischen Bereich überwiegend von Qualitätsmanagement.

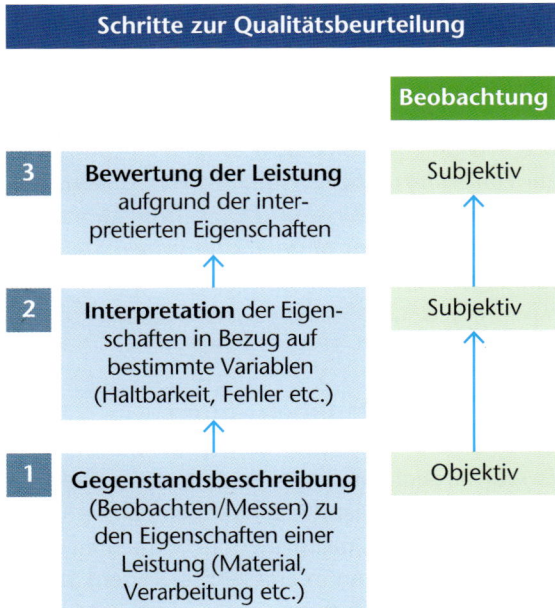

Schritte zur Qualitätsbeurteilung (vgl. Greving/Niehoff, 2003, S. 7)

Qualitätsmanagement

Unter Qualitätsmanagement versteht man konzeptionelle, strukturelle, personelle und pädagogische Maßnahmen zur Erhaltung und Steigerung der Erziehungs-, Bildungs- und Betreuungsqualität in Institutionen. Dazu werden Strategien und Instrumente ausgewählt, die Wirkung der Instrumente überprüft und die „Erkenntnisse in transparente Modifikationen der Strategien und nachvollziehbare Qualitätsverbesserungen" (Bülow-Schramm, 2006, S. 18f.) umgesetzt.

Somit kann Qualitätsmanagement als Weiterentwicklung der Qualitätssicherung verstanden werden. Qualitätssicherungssysteme sollten zunächst nur Fehler in Institutionen zu vermeiden helfen; Qualitätsmanagementsysteme, die später entwickelt wurden, gehen jedoch über diese Zielsetzung hinaus. „Sie basieren auf der Erkenntnis, dass ein Unternehmen nur dann überlebensfähig ist, wenn es sich als Ganzes ständig um die Verbesserung seiner Leistungen und seines Angebots bemüht" (Erath/Amberger, 2000, S. 11).

Um Qualität in pädagogischen Einrichtungen weiterzuentwickeln, ist es notwendig, den Ist-Zustand zu kennen, Ziele zu formulieren und Wege zu finden, wie diese Ziele erreicht werden können.

Ob ein Ziel durch die gewählten Maßnahmen erreicht werden konnte, muss evaluiert und überprüft werden.

Evaluation

Eine Evaluation ist ein Bewertungsverfahren in sozialen Organisationen, in dem der Erfolg, die Wirkung oder die Effektivität bewertet wird. Die Ergebnisse einer Evaluation bieten die Grundlage für Veränderungen, Verbesserungen oder Umstrukturierungen (vgl. Bremische Evangelische Kirche, 1999, S. 216).

Das **7-Schritte-Verfahren** nach Tietze kann eine Möglichkeit sein, nachhaltiges Qualitätsmanagement durchzuführen.

Qualitätsentwicklung und Qualitätsmanagement sind ein langwieriger Prozess, der auf unterschiedlichen Ebenen (Einrichtungsebene, Trägerebene, Umwelt) und mit verschiedenen Beteiligten (Eltern, pädagogische Fachkräfte, Kinder, Trägervertreter) durchlebt werden muss. Um die Qualität einer Einrichtung zu bestimmen, kann man entweder ein eigenes Messinstrument entwickeln oder auf bereits vorhandene Qualitätsentwicklungsmodelle zurückgreifen.

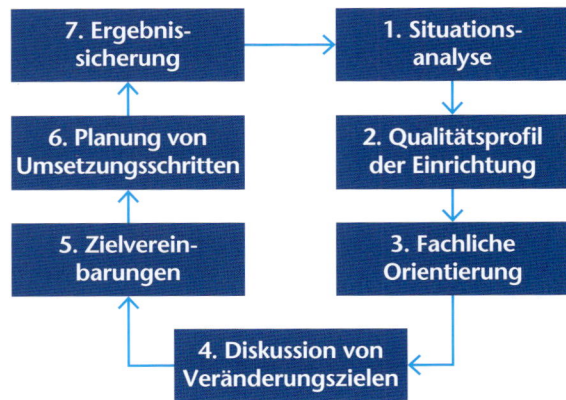

Das 7-Schritte-Verfahren nach Tietze (vgl. Tietze/Viernickel, 2007, S. 40)

4.3.3 Gesetzliche Grundlagen und Ziele des Qualitätsmanagements

Es gibt zahlreiche Gründe, warum ein qualitativ hochwertiger Kindergarten von Bedeutung ist. Qualitätsmanagement in Kindertagesstätten ist gesetzlich verankert.

Das SGB VIII (Kinder- und Jugendhilfegesetz, KJHG) sieht vor, dass Einrichtungen in öffentlicher Trägerschaft „die Qualität der Förderung in ihren Einrichtungen durch geeignete Maßnahmen sicherstellen und weiterentwickeln" sollen (SGB VIII § 22a Abs. 1). Dazu zählt, dass die Einrichtungen eine pädagogische Konzeption entwickeln und ihre Arbeit mit entsprechenden Instrumenten und Verfahren evaluieren (vgl. SGB VIII § 22a Abs. 1). Die Kooperation mit folgenden Personen und Institutionen ist ebenfalls vorgeschrieben:

„1. mit den Erziehungsberechtigten und Tagespflegepersonen zum Wohl der Kinder und zur Sicherung der Kontinuität des Erziehungsprozesses,
2. mit anderen kinder- und familienbezogenen Institutionen und Initiativen im Gemeinwesen, insbesondere solchen der Familienbildung und -beratung,
3. mit den Schulen, um den Kindern einen guten Übergang in die Schule zu sichern und um die Arbeit mit Schulkindern in Horten und altersgemischten Gruppen zu unterstützen. Die Erziehungsberechtigten sind an den Entscheidungen in wesentlichen Angelegenheiten der Erziehung, Bildung und Betreuung zu beteiligen."

Außerdem soll sich das Angebot an den Bedürfnissen der Kinder und ihrer Familien orientieren, und zwar nicht nur pädagogisch, sondern auch organisatorisch:

„Werden Einrichtungen in den Ferienzeiten geschlossen, so hat der Träger der öffentlichen Jugendhilfe für die Kinder, die nicht von den Erziehungsberechtigten betreut werden können, eine anderweitige Betreuungsmöglichkeit sicherzustellen."
(SGB VIII § 22a Abs.1)

Das Land Nordrhein-Westfalen strebt als erstes Bundesland die „Weiterentwicklung von Kindertagesstätten zu Familienzentren" an (Ministerium für Generationen, Familie, Frauen und Integration des Landes Nordrhein-Westfalen, 2008, S. 2), dennoch sagt das Gütesiegel „Familienzentrum" nur bedingt etwas über die Qualität der Kindertageseinrichtung aus (vgl. Braun 2009, S. 79).

„Mit dem Gütesiegel ‚Familienzentrum NRW' sollen Merkmale erfasst werden, die über die Wahr*nehmung der für alle Kindertageseinrichtungen geltenden Kernaufgaben der Bildung, Erziehung und Betreuung hinausgehen. Das Gütesiegel umfasst daher vor allem Kriterien, die für die Bereitstellung eines niedrigschwelligen Angebots zur Förderung und Unterstützung von Kindern und Familien wesentlich sind. Das betrifft Merkmale, die in der Praxis nicht zum allgemeinen Standard von Tageseinrichtungen gehören."*
(Ministerium für Generationen, Familie, Frauen und Integration des Landes Nordrhein-Westfalen, 2007, S. 4)

4.3.4 Qualitätsdimensionen

Es wurde deutlich, dass Qualität unterschiedlich definiert werden kann – je nachdem, aus welcher Perspektive der Qualitätsbegriff betrachtet wird: Ist man mehr daran interessiert, die Eltern zufriedenzustellen? Soll besonders ökonomisch gearbeitet werden? Steht das Kind in seiner Entwicklung im Vordergrund? Nach welchem pädagogischen Konzept wird gearbeitet? Welches Bild vom Kind liegt zugrunde?

Qualitätsdimensionen nach Tietze/Roßbach
Wolfgang Tietze gilt als Begründer der Qualitätsmessinstrumente „Kindergartenskala", „Hort- und Ganztagsangebote-Skala" und der „Krippenskala" und unterscheidet drei Qualitätsdimensionen.
1. **Orientierungsqualität**
   Zur Orientierungsqualität gehören z. B. Konzepte, Vorstellungen und Werte der sozialpädagogischen Einrichtung. Somit bezieht sich die Orientierungsqualität auf die Vorstellungen der sozialpädagogischen Fachkräfte und deren Bild vom Kind (vgl. Tietze u. a., 2005, S. 7):
   - Wie verstehen sie die Bildung von Kindern?
   - Worin sehen sie die Bedeutung ihrer Arbeit?
   - Wie definieren sie die Aufgaben von Familie und Einrichtung?
2. **Prozessqualität**
   Die Prozessqualität bezieht sich auf die pädagogische Arbeit mit Kindern und Jugendlichen bzw. die gesamte Dynamik des pädagogischen Geschehens (vgl. Tietze u. a., 2005, S. 7):
   - gezielte Bildungsangebote in den unterschiedlichen Lernbereichen
   - gemeinsam durchgeführte Projekte
   - die Zusammenarbeit mit dem Träger
   - die Interaktion mit Eltern und Schule

3. **Strukturqualität**
Zur Strukturqualität gehören alle äußeren Rahmenbedingungen, die die pädagogische Arbeit direkt und indirekt bedingen. Dazu zählen neben den personalen und räumlichen Strukturen auch politische Faktoren. Die Strukturqualität umfasst
- den Personalschlüssel,
- das Ausbildungsniveau der Mitarbeiterinnen und Mitarbeiter,
- die Gruppengröße,
- die Altersmischung innerhalb der Gruppe,
- die Lage der Einrichtung (sozialer Brennpunkt, Stadtzentrum, dörfliche Lage etc.),
- die räumlich-materiellen Möglichkeiten der Einrichtung im Innen- und Außenbereich,
- das finanzielle Budget der Einrichtung (vgl. Tietze u. a., 2005, S. 7).

Diese drei Qualitätsdimensionen nach Tietze stehen in engem Zusammenhang und können sich wechselseitig beeinflussen. Sehen Erzieherinnen ihre Arbeit z. B. darin, die Selbstbildungspotenziale der Kinder bestmöglich zu nutzen *(Orientierungsqualität)*, werden sie gezielte Aktivitäten in den einzelnen Bildungsbereichen durchführen bzw. die Umgebung lernfördernd gestalten *(Prozessqualität)*. Ist die Gruppe altersgemischt *(Strukturqualität)*, werden andere Projekte durchgeführt als nur mit den Vorschulkindern *(Prozessqualität)*. Es lassen sich viele Beispiele anführen, in denen die Qualitätsdimensionen interdependieren.
Diesen gängigen Qualitätsdimensionen fügt Petra Strehmel noch zwei weitere hinzu:
- **Organisations- und Managementqualität**
Zur Organisations- und Managementqualität gehört die Arbeit der Leitung und des Trägers hinsichtlich Personalführung, Öffentlichkeitsarbeit und Kommunikation mit Behörden (vgl. Strehmel, 2008, S. 12).
- **Ergebnisqualität**
Diese Dimension nimmt das Resultat der pädagogischen Arbeit in den Blick, also den Entwicklungsstand der Kinder im Bereich der sprachlichen, motorischen, emotionalen, kognitiven und sozialen Entwicklung (vgl. Strehmel, 2008, S. 12).

Qualitätsdimensionen nach Erath/Amberger
Auch Erath und Amberger benennen in ihrem „KitaManangementKonzept" drei Dimensionen von Qualität:

„Die Gesamtqualität einer Einrichtung ist umso höher, je besser es gelingt, die unterschiedlichen Erwartungen und Wünsche aller Interessenpartner zu vermitteln und diese im Rahmen einer optimalen Organisationsstruktur unter Einhaltung einer möglichst hohen Fachlichkeit umzusetzen."
(Erath/Amberger, 2000, S. 41)

Somit besteht eine Interdependenz zwischen den folgenden drei Qualitätsdimensionen:
- interaktive Dimension
- fachliche Dimension
- organisationale Dimension

Die **interaktive Dimension** bezieht sich darauf, wie mit den unterschiedlichen Personengruppen zusammengearbeitet wird, inwieweit beispielsweise die Erziehungsberechtigten als „Kunden" gesehen und geschätzt werden. Dennoch ist es wichtig, dass sich eine Kindertagesstätte nicht nur

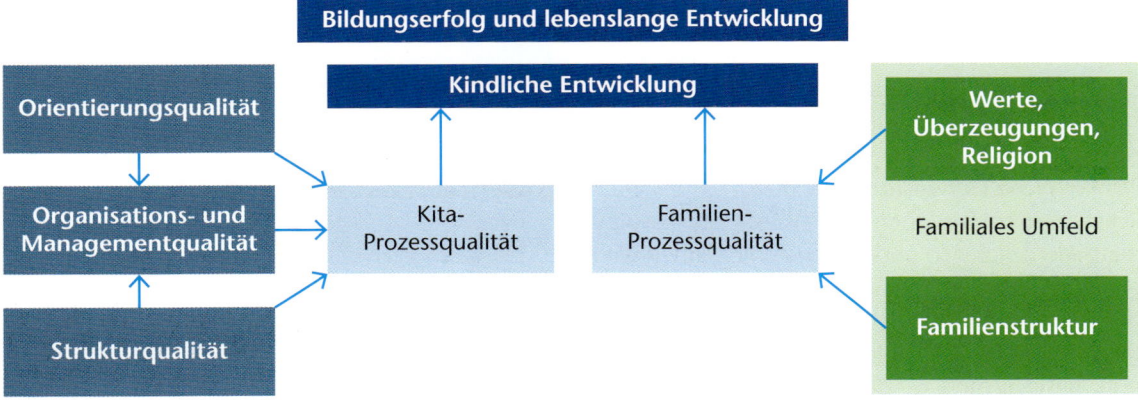

(vgl. Viernickel, 2006)

Die drei grundlegenden Dimensionen der Gesamtqualität von Kindertageseinrichtungen (vgl. Erath/Amberger, 2000, S. 40)

nach den Wünschen und Bedürfnissen der Eltern richtet.

Die folgende Abbildung zeigt, welche Interessenpartner es in einer Kindertageseinrichtung gibt, die alle bei der „Erbringung der Leistung mitwirken" (Erath/Amberger, 2000, S. 42).

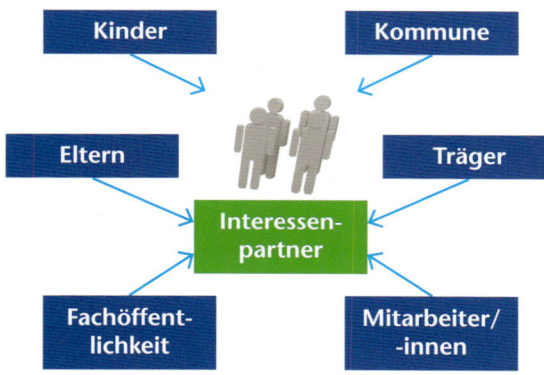

Die Interessenpartner einer Kindertageseinrichtung (vgl. Erath/Amberger, 2000, S. 43)

Somit kann auch Qualität nicht isoliert betrachtet, sondern nur durch Mitarbeit aller Interessenpartner optimal entwickelt werden.

Die **fachliche Dimension** bezieht sich auf die Qualifikationen pädagogischer Fachkräfte, die die Kinder bilden, erziehen und betreuen. Von ihnen wird erwartet, dass sie fachlich fundiert und professionell ihr Wissen über Erziehungswissenschaft, Didaktik, Entwicklungspsychologie, Organisationstheorie und gesetzliche Grundlagen anwenden und in ihrer Arbeit berücksichtigen können. Die Fachlichkeit bezieht sich auf unterschiedliche Ebenen:

- „*Fachlichkeit als Einhaltung hoher pädagogischer Standards*
- *Fachlichkeit als Erfüllung des tatsächlich angestrebten Zwecks der Einrichtung*
- *Fachlichkeit als Einhaltung der jeweils geltenden gesetzlichen Vorgaben und Rahmenrichtlinien*"

(Erath/Amberger, 2000, S. 44)

Die **organisationale Dimension** bezieht sich auf die Struktur innerhalb der Einrichtung, wozu z. B. der Ausgleich von Krankheitsfällen, die Wirtschaftlichkeit der Einrichtung und die Qualitätsentwicklung zählen (vgl. Erath/Amberger, 2000, S. 44 f.).

Teilaspekte der Fachlichkeit (vgl. Erath/Amberger, 2000, S. 44)

(vgl. Erath/Amberger, 2000, S. 45)

4.3.5 Der Nationale Kriterienkatalog

Die einzelnen Träger bzw. die jeweiligen Fachverbände der Wohlfahrtsverbände haben eigene Handbücher und Pläne zum Qualitätsmanagement entwickelt. Der Nationale Kriterienkatalog versteht sich als Ergänzung dieser Handbücher. Während diese Handbücher die Erstellung einzelner Qualitätskriterien und fachlicher Standards auf den jeweiligen Träger bzw. die einzelne Einrichtung bezogen berücksichtigen, gibt der Nationale Kriterienkatalog allgemeine Qualitätskriterien an. Diese können unterschiedlichen Einrichtungen und Trägern als Grundlage dienen, um den eigenen Standard festzulegen (vgl. Tietze/Viernickel, 2007, S. 12).

Der Nationale Kriterienkatalog setzt hohe Ansprüche. Sein Ziel besteht nicht darin, Mindeststandards in Kindertageseinrichtungen festzulegen, sondern „beste Fachpraxis" zu beschreiben (Tietze/Viernickel, 2007, S. 27). Dieser besonders hohe Anspruch soll als Motivation zur Verbesserung der Bedingungen dienen und keine Abbildung des Ist-Zustandes sein. Dennoch stellen die Kriterien des Nationalen Kriterienkataloges „keine unerreichbare Utopie" (Tietze/Viernickel, 2007, S. 27) dar, sondern bieten einen Rahmen, an dem sich jede Einrichtung orientieren kann (vgl. Tietze/Viernickel, 2007, S. 27).

Qualitätsbereiche

Qualitätsbereiche
Unter einem Qualitätsbereich versteht der Nationale Kriterienkatalog „all jene Situationen, Interaktionen und Routinen im Tagesablauf sowie die Organisation und die räumlich-materiellen Bedingungen oder auch Aspekte der Zusammenarbeit mit den Familien und Schulen [...], die das Wohlergehen und die Entwicklung der Kinder direkt oder indirekt beeinflussen" (Tietze/Viernickel, 2007, S. 29).

Qualität muss in unterschiedlichen Bereichen gewährleistet werden. Durch diesen Bezug zu den verschiedenen Referenzen lässt sich die Anordnung der Qualitätsbereiche des Nationalen Kriterienkatalogs erklären (vgl. Tietze/Viernickel, 2007, S. 28 ff.):

- Referenz „Rahmenbedingungen"
Räumliche und zeitliche Strukturen prägen und bedingen die Arbeit in den Kindertageseinrichtungen. Die Arbeit innerhalb der strukturellen Vorgaben muss pädagogisch begründet und fachlich fundiert sein. Die pädagogischen Fachkräfte dürfen die strukturellen Vorgaben des Trägers nicht unreflektiert hinnehmen, sondern müssen diese im Sinne des Kindes beeinflussen und didaktisch füllen.

- Referenz „Grundbedürfnisse und Rechte der Kinder"
Jedes Kind hat ein Recht auf Mahlzeiten und Ernährung, Gesundheit und Körperpflege, Ruhe und Schlafen und auf Sicherheit. Diese Grundbedürfnisse müssen zunächst befriedigt werden, bevor weitere Bildungsarbeit stattfinden kann. Dennoch macht sich qualitative Arbeit darin bemerkbar, wie Situationen, die sich diesen Qualitätsbereichen zuordnen lassen, pädagogisch gestaltet werden.

- Referenz „Bildungsauftrag"
Die Qualitätsbereiche Sprache und Kommunikation, kognitive Entwicklung, Spiele und emotionale Entwicklung, bildende Kunst, Musik und Tanz, Bauen und Konstruieren, Fantasie- und Rollenspiel und Bewegung bzw. Natur-, Umgebungs- und Sachwissen decken alle Entwicklungsbereiche ab und „beschreiben in ihrer Gesamtheit eine soziale und materielle Umwelt, die entwicklungsangemessene und -anregende Interaktionen, Angebote und Herausforderungen bereithält" (Tietze/Viernickel, 2007, S. 30). In diesen Bereichen sind die Kinder sowohl schöpferisch-kreativ als auch entdeckend und forschend tätig. Sie experimentieren und eignen sich ihre Umwelt selbsttätig an. In diesen Qualitätsbereichen brauchen die Kinder eine Umgebung, die sie zum Lernen anregt und ihnen Bildung ermöglicht.

- Referenz „Gleichheit und Differenz"
Den Umgang mit Differenzen und Gemeinsamkeiten lernen die Kinder nicht nur durch kulturelle Vielfalt, sondern auch durch die Integration bzw. Inklusion von Kindern mit Behinderung (vgl. Kap. 3.4.7).

- Referenz „Kooperation zwischen Einrichtungen und Familie"
Jede Kindertageseinrichtung muss mit den Eltern der Kinder bzw. mit anderen

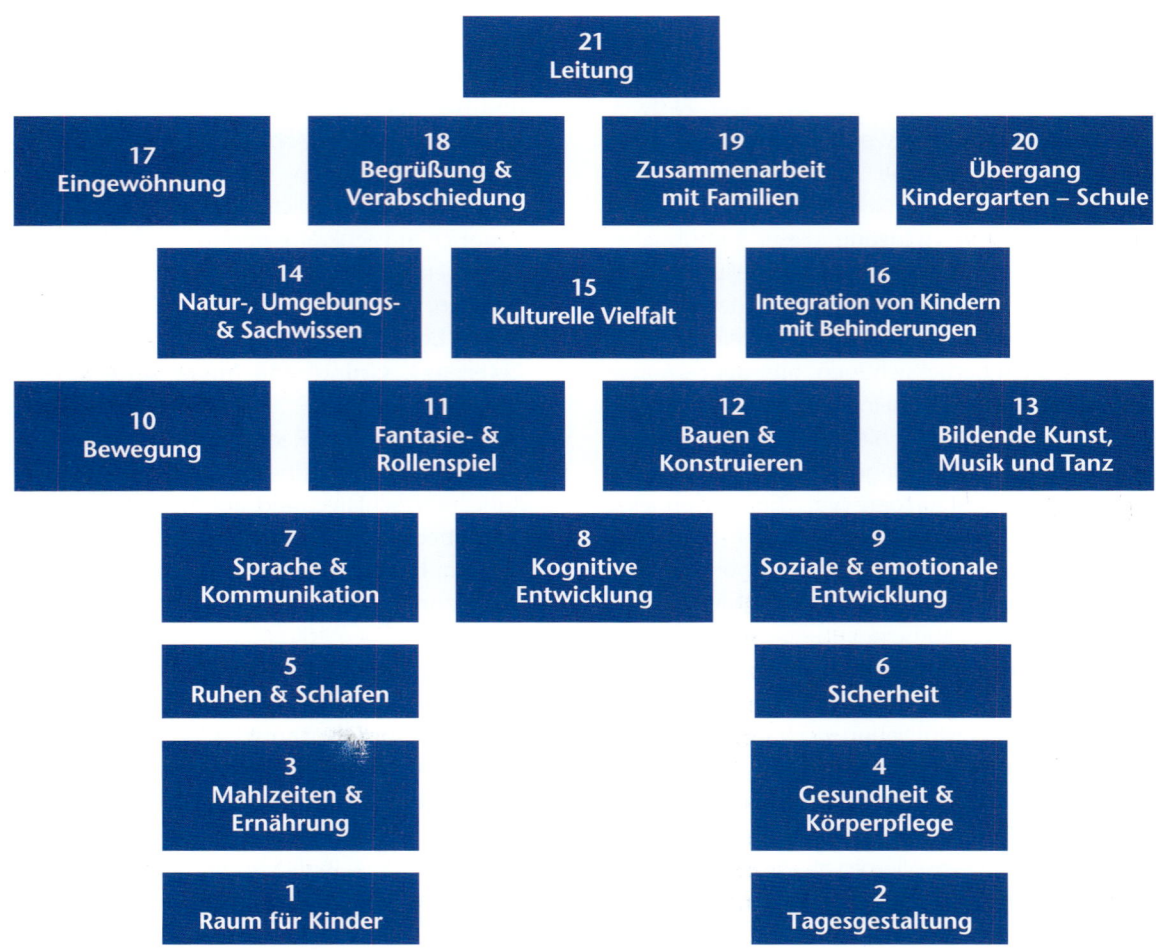

Qualitätsbereiche des Nationalen Kriterienkatalogs (Tietze/Viernickel, 2007, S. 28)

Institutionen, die Verantwortung für die Erziehung und Bildung der Kinder tragen, kooperieren. Die Zusammenarbeit mit der Familie beginnt mit den ersten Besuchen der Kinder in Kindertageseinrichtungen durch die Eingewöhnung. Täglich wiederkehrend sind die Momente der Begrüßung und Verabschiedung der Kinder. Beim Übergang vom Kindergarten zur Schule beginnt dann – mit den Eltern gemeinsam – die Zusammenarbeit mit den Schulen, auf die die Kinder wechseln werden.

- **Referenz „Leitung"**
Die Leitung einer Kindertagesstätte beinhaltet einen besonders großen Teil der Verantwortung für die Qualitätsentwicklung. Zur Leitung gehören Qualitätskriterien im Bereich der „Arbeitsorganisation, Personalentwicklung, Bedarfsorientierung und konzeptionelle[n] Weiterentwicklung der Arbeit, Öffentlichkeitsarbeit, Qualitätssicherung sowie Finanzen und betriebswirtschaftliche Aspekte" (Tietze/Viernickel, 2007, S. 31).

Arbeit mit dem Nationalen Kriterienkatalog

Innerhalb der Qualitätsbereiche sind die Qualitätskriterien nach sechs Leitgesichtspunkten gegliedert:

- **Räumliche Bedingungen**
Dieser Leitgesichtspunkt gibt Antwort auf die Frage der Raumstruktur und -nutzung. Dazu zählen sowohl die Räume im Inneren der Kindertagesstätte als auch im Außengelände. Inwieweit motivieren diese die Kinder zum Ausprobieren, Gestalten, Erfahrungen-Machen? Die Räume müssen von den Erzieherinnen pädagogisch gestaltet werden und auf die Bedürfnisse und Entwicklungsbesonderheiten der Kinder zugeschnitten sein.

- **Erzieherin-Kind-Interaktion**
  Zentral für das professionelle Handeln der pädagogischen Fachkraft sind die Schlüsselkompetenzen Beobachtung, „Dialog- und Beteiligungsbereitschaft" sowie „Impulse setzen".
- **Planung**
  Planung ist für pädagogisches Handeln zentral; durch eine Gesamtplanung wird professionelles Handeln sichtbar und reduziert die „gut gemeinten", aber willkürlich praktizierten Einzelaktionen. Außerdem werden „Projektarbeit" oder „Situationsorientierung" oftmals fälschlicherweise als Legitimation zur Planungsfreiheit verstanden. Doch nur durch eine systematische Planung können die gegebenen Möglichkeiten optimal ausgeschöpft werden und die pädagogische Arbeit wird transparent.
- **Nutzung und Vielfalt von Material**
  Dieser Leitgesichtspunkt bezieht sich auf das Vorhandensein und die Nutzung des Materials. Dabei sind „Vielfalt und Entwicklungsangemessenheit […] sowohl im Bezug auf die verschiedenen Altersstufen und Entwicklungsstände der […] Kinder zu sehen als auch im Hinblick auf das Spektrum der möglichen Inhalte und Themen sowie der Verfügbarkeit des gezielten Einsatzes von Medien" (Tietze/Viernickel, 2007, S. 33).
- **Individualisierung**
  Die aktuellen Anliegen, Lebensgeschichten und Interessen der Kinder müssen der pädagogischen Fachkraft bewusst sein. Diese zu würdigen und zu respektieren, wirkt sich auch auf die Qualität der pädagogischen Arbeit aus. „Mit der Individualisierung der pädagogischen Arbeit verbunden ist die Gestaltung eines Erfahrungs- und Lernbereiches, der dem individuellen Entwicklungsstand der Kinder wie auch ihren aktuellen Bedürfnissen angemessen ist" (Tietze/Viernickel, 2007, S. 33). Damit ist jedoch nicht gemeint, dass die Erzieherin die Wünsche eines jeden Kindes immer berücksichtigen soll.
- **Partizipation**
  Inwieweit die Kinder in die Gestaltung von Prozessen der Kindertageseinrichtung einbezogen werden, beschreibt der sechste Leitgesichtspunkt. Die Kinder werden als handelnde Individuen verstanden, die Verantwortung für ihre Umgebung tragen und an Entscheidungen beteiligt werden können. Allerdings darf die pädagogische Fachkraft das Recht der Kinder auf Partizipation nicht als Pflicht ansehen, die Kinder gegen ihren Willen in bestimmte Aktivitäten einzubinden (vgl. Tietze/Viernickel, 2007, S. 31 ff.).

4.3.6 Qualitätsmanagement nach Einschätz- und Bewertungsskalen

Wolfgang Tietze hat mit seinen Kolleginnen und Kollegen für verschiedene sozialpädagogische Praxisfelder Skalen entwickelt, mit denen die Qualität in den Einrichtungen nach vorgegebenen Qualitätsbereichen und -merkmalen festgestellt und gesichert bzw. verbessert werden kann.

Es gibt Skalen für die unterschiedlichsten Praxisfelder:

- Die erste entwickelte Skala war die Kindergarteneinschätzskala, heute in der revidierten Fassung **„Kindergarten-Skala"** genannt.
- Für den Bereich der Krippen wurde die **„Krippen-Skala"** entwickelt.
- Der Bereich der Tagespflege wird durch die **„Tagespflege-Skala"** abgedeckt.
- Die Betreuung, Bildung und Erziehung von Schulkindern in Horten und außerunterrichtlichen Angeboten, wie in Ganztagsschulen, wird durch die **„Hort- und Ganztagsskala"** abgedeckt.

Somit kann mit den von Tietze entwickelten Instrumenten die Qualität „in allen institutionellen Formen der Bildung, Betreuung und Erziehung von Kindern […] sowie in der semi-institutionellen Form der Tagespflege" (Tietze u. a., 2007, S. 5) festgestellt und daraufhin verbessert werden.

Im Folgenden werden nur die institutionelle Kindererziehung und -betreuung berücksichtigt, die Tagespflege wird in diesem Lehrbuch nicht behandelt.

Alle Skalen haben US-amerikanische Qualitätsskalen zum Vorbild, die weiterentwickelt und modifiziert wurden:

„R" steht für „revidierte Fassung", d. h., die ursprünglichen Fassungen sind überarbeitet, angepasst und verbessert worden.

Deutsche Variante	US-amerikanisches Vorbild
Kindergarten-Skala (KES-R) (Früher hieß die Skala noch „Kindergarteneinschätzskala", was die Abkürzung KES erklärt)	Early Childhood Environment Rating Scale (ECERS)
Krippen-Skala (KRIPS-R)	Infant Toddler Environment Rating Scale (ITERS-R)
Hort- und Ganztagesskala (HUGS)	School-Age Care Environment Rating Scale (SACERS)

Qualitätsverständnis der Einschätz- und Bewertungsskalen

Alle Skalen orientieren sich an dem Begriff der pädagogischen Qualität (vgl. Kap. 4.3.1) und den Qualitätsdimensionen der Struktur-, Prozess- und Orientierungsqualität (vgl. Kap. 4.3.4).

Die Skalen gehen von folgenden Maximen aus, die für die Bewertung und Feststellung von Qualität fundamental sind:

- *„Kinder sind aktive Lernende; sie lernen durch ihre Aktivitäten, durch das, was sie tun, hören, erfahren und sehen.*
- *Kinder lernen durch die Interaktion mit dem Pädagogen und anderen Erwachsenen wie auch durch die Interaktion mit anderen Kindern. Sprachliche und nicht-sprachliche Interaktionen mit Erwachsensen sind wichtige Anregung kindlicher Bildungsprozesse.*
- *Eine räumlich-materiale Umwelt, die so organisiert ist, dass Kinder maximal unabhängig und erfolgreich sein können, gibt den Kindern mehr Gelegenheit für produktive Interaktionen, Diskussionen und Freude.*
- *Kinder benötigen emotionale Wärme und Geborgenheit und räumliche Möglichkeiten, die diesen Bedürfnissen entgegenkommen, sowie vorhersagbare Routinen, um sich sicher und geschützt zu fühlen.*
- *Eine gute Umwelt für Kinder sollte auch den Bedürfnissen der Erwachsenen, die in ihr arbeiten, gerecht werden."*

(Tietze u. a., HUGS, 2005, S. 7)

Neben diesen Orientierungsgrundsätzen bezieht sich Tietze auf „Individualisierung der pädagogischen Arbeit und eine auf die Kinder und ihre Bedürfnisse ausgerichtete Planung, die Flexibilität und Veränderung zulässt" (Tietze u. a., HUGS, 2005, S. 7).

Allgemeiner Aufbau der Skalen

Jede Skala hat verschiedene Bereiche, denen unterschiedliche Merkmale zugeordnet sind.

Die 50 Merkmale der HUGS

I. Platz und Ausstattung
1. Innenraum
2. Raum für grobmotorische Aktivitäten
3. Rückzugsmöglichkeiten
4. Raumgestaltung
5. Bereiche/Räume zur Erledigung der Hausaufgaben
6. Ausstattung für regelmäßige Pflege und Versorgung (Essen, Schlafen und Aufbewahrung der persönlichen Dinge des Kindes)
7. Ausstattung für Lern- und Freizeitaktivitäten
8. Ausstattung für Entspannung und Behaglichkeit
9. Ausstattung für Grobmotorik
10. Zugang zu den Räumen
11. Berücksichtigung persönlicher Bedürfnisse der Erzieherinnen
12. Räumlichkeiten für die professionellen Bedürfnisse der Erzieherinnen

II. Gesundheit und Sicherheit
13. Maßnahmen im Krankheitsfall/Gesundheitsförderung
14. Notfallmaßnahmen
15. Sicherheitsvorkehrungen
16. Anwesenheit
17. Nachhausegehen
18. Mahlzeiten und Zwischenmahlzeiten
19. Körperpflege

III. Aktivitäten
20. Künstlerisches Gestalten
21. Musik und Bewegung
22. Bauen/Konstruieren/Werken
23. Rollenspiel/Theater
24. Sprach-/Leseaktivitäten
25. Mathematik/schlussfolgerndes Denken
26. Naturwissenschaft/Naturerfahrungen
27. Akzeptanz von Verschiedenartigkeit

Die 50 Merkmale der HUGS

IV. Interaktionen
28. Begrüßung und Verabschiedung
29. Erzieher-Kind-Interaktion
30. Erzieher-Kind-Kommunikation
31. Beaufsichtigung der Kinder durch die Erzieherin
32. Verhaltensregeln/Disziplin
33. Kind-Kind-Interaktion
34. Erzieher-Eltern-Interaktion
35. Kooperation zwischen den Erzieherinnen
36. Kooperation mit der Schule

V. Strukturierung der pädagogischen Arbeit
37. Tagesablauf
38. Freispiel
39. Administrative Verantwortlichkeiten
40. Nutzung von Angeboten in der Gemeinde/Umgebung
41. Vernetzung der pädagogischen Arbeit/Öffnung nach außen

VI. Berufliche Entwicklungsmöglichkeiten für das Personal
42. Fortbildungsmöglichkeiten
43. Dienstbesprechungen
44. Beratung und fachliche Beurteilung der Erzieherinnen

Ergänzende Merkmale für Kinder mit sonderpädagogischem Förderbedarf
45. Vorkehrungen für Kinder mit sonderpädagogischem Förderbedarf
46. Individualisierung
47. Vielfältige Möglichkeiten zum Erlernen und Üben von Fertigkeiten
48. Engagement/Beteiligung
49. Kind-Kind-Interaktion
50. Förderung der Kommunikation

Merkmale der HUGS (Tietze u. a., HUGS, 2005, S. 9)

Die 43 Merkmale der KES-R nach 7 übergreifenden Bereichen

I. Platz und Ausstattung
1. Innenraum
2. Mobiliar für Pflege, Spiel und Lernen
3. Ausstattung für Entspannung und Behaglichkeit
4. Raumgestaltung
5. Rückzugsmöglichkeiten
6. Kindbezogene Ausgestaltung
7. Platz für Grobmotorik
8. Ausstattung für Grobmotorik

II. Betreuung und Pflege der Kinder
9. Begrüßung und Verabschiedung
10. Mahlzeiten und Zwischenmahlzeiten
11. Ruhe- und Schlafzeiten
12. Toiletten
13. Maßnahmen zur Gesundheitsvorsorge
14. Sicherheit

III. Sprachliche und kognitive Anregungen
15. Bücher und Bilder
16. Anregungen zur Kommunikation
17. Nutzung der Sprache zur Entwicklung kognitiver Fähigkeiten
18. Allgemeiner Sprachgebrauch

IV. Aktivitäten
19. Feinmotorische Aktivitäten
20. Künstlerisches Gestalten
21. Musik und Bewegung
22. Bausteine
23. Sand/Wasser
24. Rollenspiel
25. Naturerfahrungen/Sachwissen
26. Mathematisches Verständnis
27. Nutzung von Fernsehen, Video und/oder Computer
28. Förderung von Toleranz und Akzeptanz von Verschiedenartigkeit/Individualität

V. Interaktionen
29. Beaufsichtigung/Begleitung/Anleitung bei grobmotorischen Aktivitäten
30. Allgemeine Beaufsichtigung/Begleitung/Anleitung der Kinder
31. Verhaltensregeln/Disziplin
32. Erzieher-Kind-Interaktion
33. Kind-Kind-Interaktion

VI. Strukturierung der pädagogischen Arbeit
34. Tagesablauf
35. Freispiel
36. Gruppenstruktur
37. Vorkehrungen für Kinder mit Behinderungen

VII. Eltern und Erzieherinnen
38. Elternarbeit
39. Berücksichtigung persönlicher Bedürfnisse der Erzieherinnen
40. Berücksichtigung fachlicher Bedürfnisse der Erzieherinnen
41. Interaktion und Kooperation der Erzieherinnen
42. Fachliche Unterstützung und Evaluation der Erzieherinnen
43. Fortbildungsmöglichkeiten

Merkmale der KES-R (Tietze u. a., 2005, KES-R, S. 9)

Die 41 Merkmale der KRIPS-R nach 7 übergreifenden Bereichen

I. Platz und Ausstattung
1. Innenraum
2. Mobiliar für Pflege und Spiel
3. Ausstattung für Entspannung und Behaglichkeit
4. Raumgestaltung
5. Kindbezogene Ausgestaltung

II. Betreuung und Pflege der Kinder
6. Begrüßung und Verabschiedung
7. Mahlzeiten und Zwischenmahlzeiten
8. Ruhe- und Schlafzeiten
9. Wickeln und Toilette
10. Maßnahmen zur Gesundheitsvorsorge
11. Sicherheit

III. Zuhören und Sprechen
12. Unterstützung der Kinder beim Sprachverstehen
13. Unterstützung der Kinder beim Sprachgebrauch
14. Nutzung von Büchern

IV. Aktivitäten
15. Feinmotorische Aktivitäten
16. Körperliche Bewegung/Spiel
17. Künstlerisches Gestalten
18. Musik und Bewegung
19. Bausteine
20. Rollenspiel
21. Sand/Wasser
22. Naturerfahrungen/Sachwissen
23. Nutzung von Fernsehen, Video und/oder Computer
24. Förderung von Toleranz und Akzeptanz von Verschiedenartigkeit/Individualität

V. Interaktionen
25. Beaufsichtigung/Begleitung/Anleitung bei Spiel- und Lernaktivitäten
26. Kind-Kind-Interaktion
27. Erzieher-Kind-Interaktion
28. Verhaltensregeln/Disziplin

VI. Strukturierung der pädagogischen Arbeit
29. Tagesablauf
30. Freispiel
31. Spiel- und Lernangebote in Kleingruppen
32. Vorkehrungen für Kinder mit Behinderungen

VII. Eltern und Erzieherinnen
33. Elternarbeit
34. Berücksichtigung persönlicher Bedürfnisse der Erzieherinnen
35. Berücksichtigung fachlicher Bedürfnisse der Erzieherinnen
36. Interaktion und Kooperation der Erzieherinnen
37. Kontinuität der Erzieherinnen
38. Fachliche Unterstützung und Evaluation der Erzieherinnen
39. Fortbildungsmöglichkeiten

Zusätzliche Merkmale
40. Eingewöhnung
41. Einbeziehung der familialen Lebenswelt

Merkmale der KRIPS-R (Tietze u. a., 2005, KRIPS-R, S. 9)

Die einzelnen Merkmale werden mithilfe von Einschätzskalen mit sieben Bewertungsstufen (von 1 = unzureichend bis 7 = ausgezeichnet) modifiziert. Welche Kriterien für die Einschätzung gegeben sein müssen, wird in den Handreichungen zu den einzelnen Skalen erläutert, sodass der Umgang schnell erlernt werden kann.

Die HUGS bezieht sich auf sechs Bereiche, denen insgesamt 44 Merkmale zugeordnet sind. Bei der KES-R sind die Merkmale für die Kinder mit sozialpädagogischem Förderbedarf den regulären Bereichen zugeordnet – dies geschah bei der Entwicklung der KES-R aus der KES.

Arbeit mit den Skalen

Die Skalen können zur Selbst- und zur Fremdeinschätzung genutzt und anhand von Beobachtung, Einschätzung und Befragung ausgefüllt werden. Pädagogische Fachkräfte, Leitungen, Fachberaterinnen und Fachberater, Trägervertretungen, Wissenschaftler etc. können die Skala nutzen, um die Qualität festzustellen und zu verbessern. Vorher müssen sie sich jedoch einem viertägigen Anwendetraining unterziehen, in dem folgende Aspekte berücksichtigt werden:

- Einarbeitung in die Grundlagen der Skala unter pädagogisch-inhaltlichen und formal-methodischen Gesichtspunkten
- praktische Übungs- und Supervisionseinheiten

Erst wenn ein vorgegebenes Maß an Übereinstimmungen unter den Beobachtern erreicht ist, gilt das Training als erfolgreich abgeschlossen (vgl. Tietze u. a., HUGS, 2005, S. 10).

Die Arbeit mit den unterschiedlichen Skalen ist sehr ähnlich und lässt sich allgemein in verschiedene Schritte unterteilen (vgl. Tietze u. a., HUGS, 2005, S. 10ff.):

1. **Gespräch mit der Erzieherin**
   Vor der eigentlichen Beobachtung soll ein Gespräch von ca. 45 bis 60 Minuten zwischen dem Anwender der Skala und einer Erzieherin geführt werden, um allgemeine Fragen zu klären.
2. **Lesen**
   Jeder Anwender sollte – trotz Trainings – die Merkmale und die ergänzenden Hinweise vor der direkten Arbeit lesen und studieren.
3. **Beobachten**
   Die Einschätzung erfolgt auf Basis einer mindestens dreistündigen nicht-teilnehmenden Beobachtung. Bei der Beobachtung sollte jede Interaktion mit den Kindern und jeder Kontakt mit den Erzieherinnen vermieden werden.
4. **Eintragen in den Bewertungsbogen**
   Erst nach einer hinreichenden Beobachtung werden die Aspekte eingeschätzt und die Merkmale auf der Skala von 1 bis 7 markiert.
5. **Fragen**
   Da einiges nicht beobachtet werden kann bzw. sich durch die Beobachtung Nachfragen ergeben, steht am Ende des Eintrags in den Bewertungsbogen ein weiteres Gespräch mit der Erzieherin.
6. **Auswertung**
   Die Auswertung findet auf Basis der Markierungen und Skalierungen statt. Dabei kann die Bewertung auf der Ebene der Merkmale, der Bereiche oder auf einer Gesamtskala (Gesamteindruck) stattfinden.

Bei der KES-R und der KRIPS-R teilen die Autoren die Merkmale in verschiedene Gruppen ein und erleichtern so die Anwendung:

Gruppe I
Hier können Merkmale beobachtet werden, wenn noch keine Kinder im Gruppenraum sind. Dazu zählen z. B. Raumgestaltung, Sicherheit, Mobiliar für Pflege, Spiel und Lernen (vgl. Tietze u. a., KES-R, 2005, S. 11).

Gruppe II
In dieser Gruppe werden Merkmale zusammengefasst, die sich auf Ereignisse beziehen, welche nur zu bestimmten Tageszeiten beobachtet werden können. Der Beobachter muss in solchen Situationen also reagieren und diese beim Auftreten der Ereignisse beobachten. Dazu zählen z. B. Begrüßung und Verabschiedung, Mahlzeiten und Zwischenmahlzeiten, Toilettengang (KES-R) bzw. Wickeln und Toilette (KRIPS-R).

Gruppe III
Bei einigen Merkmalen werden sowohl die Materialien als auch deren Nutzung beobachtet. Dazu gehören z. B. Bücher und Bilder, Sand/Wasser, Rollenspielmaterialien, Nutzung von Fernsehen, Video oder Computer, Bausteine etc.

Gruppe IV
In dieser Gruppe werden Interaktionen eingeschätzt. Voraussetzung dafür ist eine ausreichend lange und ergiebige Beobachtungszeit. Beispiele für Merkmale dieser Gruppe sind: Tagesstruktur, Kind-Kind-Interaktion, Erzieherin-Kind-Interaktion, Anregung zur Kommunikation (KES-R), allgemeiner Sprachgebrauch (KES-R), Unterstützung beim Sprachverstehen (KRIPS-R), Unterstützung beim Sprachgebrauch (KRIPS-R).

Gruppe V
In der letzten Gruppe werden Merkmale zusammengefasst, die sich nicht beobachten lassen, sondern im Gespräch erfragt werden müssen. Dazu zählen z. B. Elternarbeit, Maßnahmen zur Gesundheitsvorsorge, Fortbildungsmöglichkeiten, Berücksichtigung der persönlichen und fachlichen Bedürfnisse der Erzieherinnen, Eingewöhnung (KRIPS-R), Kontinuität der Erzieherinnen (KRIPS-R). Die einzelnen Merkmale werden in Form von Beobachtungs- und Einschätzungsbögen untersucht und auf entsprechenden Skalen angekreuzt und eingeschätzt. Mithilfe aller Subskalen zu den

einzelnen Merkmalen kann am Ende eine Gesamtbewertung des Merkmales stattfinden.

Kritik an der Qualitätsfeststellung mit KES-R

Da die KES-R die bekannteste der drei Qualitätsskalen ist, wird hier exemplarisch Kritik an der KES-R geübt, diese kann aber auf die anderen Skalen übertragen werden.

Dem Merkmalskatalog der einzelnen Skalen liegt ein bestimmtes Konzept von Kindererziehung, -betreuung und -bildung mit dem entsprechenden Menschenbild zugrunde. Einige Bewertungen oder Einschätzungen verschiedener Merkmale stehen im Widerspruch mit einigen gängigen Konzeptionen. Konkret bedeutet dies z. B.: In der KES-R wird vom Vorhandensein verschiedener Spielzeuge, z. B. Bausteinen und Tischspielen oder ausreichendem Sandspielzeug ausgegangen (vgl. Tietze u. a., KES-R, 2005, S. 19).

In spielzeugfreien Kindergärten wird aber bewusst auf vorgefertigtes Spielzeug verzichtet, weil in der dahinter stehenden Konzeption davon ausgegangen wird, dass die Kinder ihr Spielzeug selbst herstellen.

Die KES-R lässt sich ebenfalls nicht in Einrichtungen anwenden, die nach dem offenen Konzept arbeiten, da die KES-R verschiedene Funktionsbereiche vorsieht. Um die Raumgestaltung mit „gut" zu bewerten, müssen mindestens „drei Funktionsbereiche ausgewiesen und gut ausgestattet" (Tietze u. a., KES-R, 2005, S. 19) sein, z. B. mit „Wasser in der Nähe des Malbereichs" (Tietze u. a., KES-R, 2005, S. 19). Konzepte, die sich bewusst von einer Aufteilung nach Funktionsbereichen distanzieren, werden laut KES-R mit „unzureichend" innerhalb des Merkmals „Raumgestaltung" bewertet.

Durch diese sehr detaillierte Liste scheint das Qualitätsverständnis innerhalb eines Kindergartens starr festgelegt und nicht flexibel an die Kinder, die Eltern, die Bedürfnisse der Umgebung oder der pädagogischen Fachkräfte anpassbar zu sein. Es macht den Eindruck, dass durch die KES-R eine Vereinheitlichung der vorschulischen institutionellen Bildung, Betreuung und Erziehung erreicht werden soll.

4.3.7 Total-Quality-Management-Systeme

Arbeitet eine sozialpädagogische Einrichtung mit Total-Quality-Management-Systemen, wird dort auf ein ganzheitliches Qualitätsmanagement Wert gelegt: Die qualitative Weiterentwicklung bezieht sich sowohl auf die Zufriedenheit der Kunden (Erziehungsberechtigte, Eltern, Kinder, Kooperationspartner etc.) als auch auf die Abläufe innerhalb einer sozialpädagogischen Praxiseinrichtung. Es wird davon ausgegangen, dass eine Institution lernfähig ist.

Die drei Bestandteile des Begriffes können folgendermaßen erläutert werden (vgl. Amerein u. a., 2011, S. 123):

- „Total" heißt übersetzt „umfassend" und weist darauf hin, dass alle Personengruppen, die in Kontakt mit der sozialpädagogischen Einrichtung stehen, in die Qualitätsentwicklung mit einbezogen werden.
- „Quality" bedeutet, dass Tätigkeiten bzw. Vorgänge nicht erst im Laufe der Zeit optimiert werden, sondern von Anfang an so durchdacht und konzipiert sein sollen, dass sie den gewünschten Qualitätsstandards entsprechen. In einer sozialpädagogischen Einrichtung, die nach einem TQM-System arbeitet, erkennt man diesen Leitgedanken an der Dokumentation, aus der hervorgeht, dass einzelne Abläufe effektiv aufeinander abgestimmt und klar geregelt sind.

- Mit „Management" soll ausgedrückt werden, dass die Qualität einer sozialpädagogischen Einrichtung nur dann gewährleistet und optimiert werden kann, wenn auf der Leitungs- und Führungsebene Qualität vorgelebt und die Einhaltung der Qualitätsstandards eingefordert werden (vgl. Amerein u. a., 2011, S. 123).

Ein Instrument des Total-Quality-Managements ist DIN EN ISO 9000 ff.

DIN EN ISO 9000 ff.

Die DIN EN ISO 9000 ff. ist ein System zur kontinuierlichen Qualitätssteigerung.

Die Abkürzungen DIN EN ISO lassen sich wie folgt „entschlüsseln" (vgl. Roux, 2006, S. 136):
- DIN ist die Abkürzung für „Deutsche Industrie Norm"; sie geht auf das Deutsche Institut für Normung e. V. in Berlin zurück.
- EN steht für „Europäische Norm".
- ISO ist die Abkürzung für „International Office of Standardisation" (weltweite Vereinigung nationaler Normungsinstitute).

Mithilfe eines externen Beraters legt die Einrichtung Veränderungsziele fest. Das Erreichen der Ziele wird extern überprüft. Nach einem erfolgreichen Veränderungsprozess wird die Einrichtung in einem externen Verfahren zertifiziert (vgl. Büchin-Wilhelm/Jaszus, 2006, S. 115).

Zertifizierung
Unter Zertifizierung versteht man die „Bestätigung der Teilnahme an einem Qualifizierungsprogramm" (Büchin-Wilhelm/Jaszus, 2006, S. 116).

Voraussetzung der Zertifizierung nach DIN ISO 9000 ff.

Da das Qualitätsmanagement nach DIN EN ISO 9000 ff. ein ganzheitliches Verfahren ist, werden alle Mitarbeiter in den Prozess mit eingebunden. Hat sich eine Einrichtung bzw. ein Träger für die Zertifizierung nach DIN EN ISO 9000 ff. entschieden, muss jede pädagogische Fachkraft an der Qualitätssteigerung mitwirken.

Die Arbeit zur Qualitätssteigerung fordert zunächst einen hohen (bürokratischen) Arbeitsaufwand, weil die Arbeitsabläufe verschriftlicht und Arbeitsanweisungen verbindlich festgelegt werden müssen. Diese Dokumentation erfolgt auf drei Ebenen:

1. **Qualitätsmanagementhandbuch (QMH)**
   Hier werden die Struktur der Einrichtung, die Geschäftsfelder und die Qualitätsziele und -ansprüche dokumentiert (z. B. Lage und Einzugsgebiet der Einrichtung, Konzept, Anzahl der Gruppen, Personalstruktur, pädagogisches Leitbild).
2. **Verfahrensanweisungen (VA)**
   Genaue Stellenbeschreibungen des Personals der Einrichtung und festgesetzte Qualitätsstandards werden in den Verfahrensanweisungen niedergeschrieben (z. B. Stellenbeschreibung einer Gruppenleitung, Stellenbeschreibung einer Zweitkraft, Ziele der Bildungs- und Erziehungsarbeit in den einzelnen Gruppen, Förderschwerpunkte).
3. **Arbeitsanweisungen**
   Auf dieser Ebene wird der Arbeitsalltag greifbar und nachvollziehbar. Pläne von wiederkehrenden Tätigkeiten oder Abläufen werden in Form von Checklisten und Fragebögen aufgeschrieben, um gleich bleibende Qualität zu gewährleisten (z. B. Wie findet die Eingewöhnung neuer Kinder statt? Wie werden neue Mitarbeiter eingearbeitet? Wie wird Karneval gefeiert? Wie wird der Geburtstag eines Kindes gefeiert? Wie findet Sprachförderung statt? Wie werden Waldexkursionen durchgeführt? Was ist bei der Planung von Elternabenden zu beachten? Wie wird mit den Eltern kooperiert? Wie wird mit Beschwerden umgegangen? Wie laufen Besprechungen ab?)

Alle Ebenen der Dokumentation sind verbindlich und haben „Weisungscharakter" für die pädagogische Arbeit (vgl. Roux, 2006, S. 137).

Durch die Erstellung dieser verbindlichen Dokumentation hat sich das Personal der Einrichtung ausführlich mit ihrer eigenen Arbeit und ihren qualitativen Ansprüchen auseinandergesetzt. Es folgt die Prüfungsphase. Die Zertifizierung erfolgt durch einen Auditor einer externen und unabhängigen Zertifizierungsgesellschaft (vgl. Roux, 2006, S. 137).

Audit/Auditor
Ein Audit ist eine nach bestimmten Regeln ablaufende Prüfung, die die Wirksamkeit der Qualitätsbestrebungen und -verbesserungen kontrolliert. Dabei werden Erfolge gewürdigt und Schwachstellen aufgedeckt, was der weiteren Verbesserung nützen soll. Der externe Qualitätsexperte, der diese Prüfung durchführt, wird Auditor genannt (vgl. Bremische Evangelische Kirche, 1999, S. 213).

Ein Auditor bietet vor dem eigentlichen Audit eine Vorprüfung an, in der die Dokumentenlage überprüft wird. Diese Vorprüfung kann von der Einrichtung wahrgenommen werden, sie kann sich aber auch ohne Vorprüfung zum eigentlichen Audit melden.

Beim Audit wird überprüft, ob die vorher benannten Schwächen behoben wurden und die aufgelisteten Arbeitsabläufe schlüssig und sinnvoll sind. Diese Prüfung erfolgt anhand von Normen. Nach einem Abschlussgespräch mit dem Auditor werden die Unterlagen einem Ausschuss vorgelegt, der in Absprache mit dem Auditor über die Erteilung des Zertifikates entscheidet (vgl. Roux, 2006, S. 137). Das Zertifikat ist nach Erteilung drei Jahre gültig. Nach Ablauf erfolgt allerdings in der Regel ein Wiederholungsaudit, nach dessen Bestehen das Zertifikat um weitere drei Jahre verlängert wird (vgl. Krämer, 1999, S. 174).

Kritik an der Zertifizierung durch DIN ISO 9000 ff.
Es wird kritisiert, dass einem Qualitätsmanagement nach der DIN EN ISO 9000 ff. kein pädagogisches Konzept zugrunde liegt, wie dies bei einem Qualitätsmanagement nach der KES oder HUGS der Fall ist. Mit der DIN EN ISO 9000 ff. wurde eine Norm, die ursprünglich aus dem Wirtschafts- und Industriesektor stammt, auf das Sozial- und Gesundheitswesen übertragen.

Die Kundenorientierung – zentrales Ziel der Qualitätssteigerung nach DIN EN ISO 9000 ff. – ist im industriellen Bereich leichter zu erfassen als im sozialen Sektor. Wer sind die Kunden der Kindertageseinrichtungen: Kinder, Eltern, Grundschulen? Oftmals widersprechen sich die Qualitätsvorstellungen der potenziellen Kundengruppen. Um die Kundenwünsche ermitteln zu können, bedarf es einer konstruktiven Kommunikation mit den Eltern und Kindern. Kinder äußern ihre Wünsche oftmals nicht verbal, sondern im Spiel oder durch emotionale Reaktionen. Es müssen Wege gefunden werden, die Wünsche der Kinder zu erkennen und zu verstehen und die Ansprüche der Eltern damit zu verbinden.

Ein weiterer Kritikpunkt des sehr kostenintensiven Qualitätsmanagements liegt darin, dass durch diese Norm lediglich bescheinigt wird, mit welchen Methoden das Qualitätsmanagement stattgefunden hat. Es handelt sich also hier nur um die Einhaltung formaler Forderungen und nicht um pädagogische Qualitätsstandards.

Befürworter der Zertifizierung nach DIN EN ISO 9000 ff. loben diese Art des Qualitätsmanagements aus folgenden Gründen (vgl. Roux, 2006, S. 137):

- Durch die Dokumentation wird ein einheitlicher und verbindlicher Handlungsrahmen abgesteckt.
- Organisationsabläufe und Einrichtungsstruktur werden optimiert.
- Langfristige Kontrolle und Evaluation werden ermöglicht.
- Durch den langwierigen Prozess der Dokumentation und Zertifizierung wird die interne Kommunikation angeregt.
- Dadurch kann gemeinsam – mithilfe eines externen Beraters – innerhalb einer Einrichtung klar definiert werden, was qualitative Arbeit bedeutet.
- Eine Zertifizierung nach der DIN EN ISO 9000 ff. entspricht internationalen Standards und ermöglicht einen länderübergreifenden Vergleich (vgl. Erath/Jansen, 1999, S. 10).

4.3.8 Qualität entwickeln im Dialog

Der **Kronberger Kreis** ist eine Arbeitsgruppe, die aus einer Fortbildungsgruppe vom hessischen Ministerium für Umwelt, Energie, Jugend, Familie und Gesundheit unter der Leitung von Reinhart Wolff entstand. Nach der Veranstaltung entschied sich die Gruppe dazu, Qualitätskriterien für Tageseinrichtungen zu formulieren und traf sich dafür zum ersten Mal in der Stadt Kronberg (Hessen).

Der Kronberger Kreis versteht unter Qualitätsentwicklung in Kindertagesstätten etwas grundlegend anderes, als durch die Managementsysteme suggeriert wird. Er kritisiert, dass weder die betriebswirtschaftlichen Ansätze der Total-Quality-Management-Systeme noch die starren Kriterienkataloge und Einschätzskalen die beteiligten Personengruppen genügend berücksichtigen. Zudem kritisiert der Kronberger Kreis, dass der „Situationsansatz als Bezugsrahmen" zu wenig Beachtung in den verschiedenen Modellen und Instrumenten findet. Darum fordert er, Qualität im Dialog zu entwickeln, indem die gemeinsame Konsensbildung und die Verbesserung der Qualität durch alle Beteiligten im Mittelpunkt stehen und sich die Optimierungen auf den Situationsansatz beziehen (vgl. Kronberger Kreis für Qualitätsentwicklung in Kindertageseinrichtungen, 1998, S. 10).

Die KES-R gibt detaillierte Merkmale und Kriterien für eine „gute Kindertagesstätte" vor. Die DIN EN ISO 9000 ff. verlangt, dass die Einrichtungsleitung mithilfe eines externen Beraters Qualitätsmerkmale und pädagogische Ziele festlegt, wobei die Wünsche und Bedürfnisse der „Kunden" elementar sind. Der Kronberger Kreis verfolgt einen dritten Ansatz zur Entwicklung von Qualitätsmerkmalen: den Dialog.

Grundsätze der dialogischen Qualitätsentwicklung

Der Kronberger Kreis geht davon aus, dass Qualität nur mit allen Beteiligten gemeinsam entwickelt werden kann. Das Konzept zur dialogischen Qualitätsentwicklung im Kindergarten sieht vor, dass „mit denjenigen, von denen Qualität wesentlich abhängt, den Fachkräften, den Nutzern (Eltern und Kindern) und Trägern von Kindertageseinrichtungen" (Kronberger Kreis für Qualitätsentwicklung in Kindertageseinrichtungen, 1998, S. 15) ein Gespräch entstehen muss, an dessen Ende gemeinsam Qualität entwickelt werden kann. Der Kronberger Kreis sieht Aspekte zur Qualitätsfeststellung im Bereich der Erziehung eher auf der interaktiven Ebene, d. h.: Will man Qualität von Erziehungsprozessen messen, muss man sich die Interaktionen der Beteiligten anschauen und diese bewerten, weil Erziehung „ein personales Geschehen, ein Handeln im Beziehungsfeld" (Kronberger Kreis für Qualitätsentwicklung in Kindertageseinrichtungen, 1998, S. 17) ist. Es ist wichtig, die Haltung der am Erziehungsprozess Beteiligten zu untersuchen.

Somit wird der Fokus bei einer Qualitätsentwicklung nach dem Kronberger Kreis auf die Orientierungsqualität gelegt und folgende „allgemeine beziehungsmäßige Qualitätskriterien" (Kronberger Kreis für Qualitätsentwicklung in Kindertageseinrichtungen, 1998, S. 19) werden festgelegt (vgl. Kronberger Kreis für Qualitätsentwicklung in Kindertageseinrichtungen, 1998, S. 19 f.):

- Kontaktfreudigkeit
- Klienten- und Nutzerfreundlichkeit
- Methodenkompetenz
- Reflexionskompetenz
- konkretes Engagement, „am Problem dran sein"
- Kontextorientierung/Situationsorientierung
- aus eigenen Fehlern lernen

Der Kronberger Kreis nennt vier **Voraussetzungen**, um erfolgreiches Qualitätsmanagement zu betreiben (vgl. Kronberger Kreis für Qualitätsentwicklung in Kindertageseinrichtungen, 1998, S. 8 f.):

1. Es müssen Qualitätsstandards formuliert werden, die die deutsche Reformgeschichte des Kindergartens berücksichtigt. Dies bedeutet, dass die formulierten Standards nicht beliebig

sein dürfen und dass nicht jedem „neuen Trend" gefolgt werden darf.
2. Die Umsetzung der Qualitätsstandards muss intern und extern evaluiert werden. Die externe Evaluation soll dabei von unabhängigen Institutionen geleistet werden und der Bestärkung dienen und nicht als „Damoklesschwert" (Kronberger Kreis für Qualitätsentwicklung in Kindertageseinrichtungen, 1998, S. 8) empfunden werden.
3. Für pädagogische Fachkräfte, Träger, Fachberatungen und Personen in Aus- und Fortbildungen sollen materielle und immaterielle Anreize geschaffen werden, um sie zu guter Arbeit anzuspornen.
4. Jede Institution soll einen größeren Handlungsspielraum bekommen, also mehr autonom entscheiden, planen und entwickeln können. Dazu gehört beispielsweise, dass Einrichtungen sich finanzielle Mittel erwirtschaften können sollen, um so unabhängiger vom Träger zu werden.

Struktur des Kronberger Modells zur dialogischen Qualitätsentwicklung

Die dialogische Qualitätsentwicklung orientiert sich an drei Leitebenen (vgl. Roux, 2006, S. 134):
1. **Die Ebene des Bedarfs und der Nachfrage**
Zum Beispiel: Welche Dienstleistungen, welche pädagogischen Handlungsweisen werden für die Kinder dieses Kindergartens gebraucht? Dazu gehört beispielsweise der Einbezug des sozialen Milieus der Einrichtung.
2. **Die Ebene der Angebote, Ziele, Mittel und Möglichkeiten der Einrichtung**
Zum Beispiel: Was müssen Träger anbieten? Welche gesetzlichen Grundlagen gibt es zu beachten? Welche materiellen und nicht materiellen oder personellen Möglichkeiten gibt es? Sicherlich haben Elterninitiativen andere Möglichkeiten und auch Grenzen als konfessionell gebundene Einrichtungen.
3. **Die Ebene der beruflichen Praxis**
Zum Beispiel: Welche fachlichen Aufgaben und Ziele stellen sich die Fachkräfte?

Um diese allgemeinen Leitebenen zu konkretisieren, werden „insgesamt über 450 Kriterien empfohlen, auf deren Grundlage ein eigener Qualitätskriterienkatalog dialogisch (mit Fachkräften, Nutzern, Trägern, Organisationen, Leiterinnen der Einrichtungen, Schule, Politikern) ausgehandelt werden soll" (Roux, 2006, S. 134). Dabei haben die einzelnen Kriterien Bezug zu unterschiedlichen Prozessbereichen der Qualität. Der Kronberger Kreis nennt Folgende:

- **Programm und Prozessqualität**
Hierunter wird die Balance zwischen geplanten, strukturierten Tagesabläufen und alltäglicher Kreativität verstanden. Der Kronberger Kreis spricht sich – in Anlehnung an den Situationsansatz – gegen eine „Manipulation und Instrumentalisierung der Kinder" aus und fordert mehr „beziehungsmäßige Offenheit", indem die Programme in Kindertagesstätten kritisch reflektiert werden (vgl. Kronberger Kreis für Qualitätsentwicklung in Kindertageseinrichtungen, 1998, S. 29).
- **Leitungsqualität**
Die Leitung soll die Einrichtung in einem kollegialen Leitungsstil führen und über Fähigkeiten im Bereich des Sozialmanagements sowie der Qualitätsentwicklung verfügen. Die Leitung einer Kindertageseinrichtung muss ihre Kompetenzen und die ihres Teams förderlich für die pädagogische Arbeit, die Öffentlichkeitsarbeit, die Trägerkooperation nutzen und sich stets fort- und weiterbilden (vgl. Kronberger Kreis für Qualitätsentwicklung in Kindertageseinrichtungen, 1998, S. 51).
- **Personalqualität**
Das Kronberger Modell bezieht sich mit der Personalqualität auf die Fähigkeiten und Haltungen der einzelnen pädagogischen Fachkräfte, die sich ihrer eigenen Erfahrungen und Biographie bewusst sein müssen, um sich selbst für lebenslanges Lernen und solidarisches Handeln begeistern und mit anderen im Team arbeiten zu können (vgl. Kronberger Kreis für Qualitätsentwicklung in Kindertageseinrichtungen, 1998, S. 58).
- **Einrichtungs- und Raumqualität**
Die Einrichtungs- und Raumqualität bezieht sich auf die Strukturqualität der Einrichtung und beschreibt die Beschaffenheit, Ästhetik, Großzügigkeit und Vielfältigkeit der Innen- und Außenräume der Einrichtung. Diese sollen so gestaltet sein, dass dort kreatives

Erleben, persönliches Wohlbefinden und soziale Partizipation stattfinden kann (vgl. Kronberger Kreis für Qualitätsentwicklung in Kindertageseinrichtungen, 1998, S. 66).

- **Trägerqualität**
  Ein wesentliches Merkmal der Trägerqualität ist die Balance zwischen Strukturiertheit und Offenheit für Veränderungen. Der Träger übernimmt interne und externe Managementaufgaben (vgl. Kronberger Kreis für Qualitätsentwicklung in Kindertageseinrichtungen, 1998, S. 73).
- **Kosten-Nutzen-Qualität**
  Hierunter versteht der Kronberger Kreis eine hohe Kosteneffizienz. Ein sparsamer Mitteleinsatz soll optimale pädagogische Qualität hervorbringen. Hervorzuheben ist, dass Einrichtungen mit einer hohen Kosten-Nutzen-Qualität ihre finanziellen Mittel aus unterschiedlichen Quellen beziehen (vgl. Kronberger Kreis für Qualitätsentwicklung in Kindertageseinrichtungen, 1998, S. 79).
- **Förderung von Qualität**
  „Qualität in Kindertageseinrichtungen ist im wesentlichen Personalqualität", aber auch abhängig von Gruppengröße, Personalschlüssel, Milieubedingungen etc. (vgl. Kronberger Kreis für Qualitätsentwicklung in Kindertageseinrichtungen, 1998, S. 84).

Ziel des Kronberger Modells

Das Kronberger Modell zur dialogischen Qualitätsentwicklung soll keine Checkliste und kein Handbuch bieten, sondern zum Dialog anregen. Die Autoren des Kronberger Modells definieren ihr Ziel wie folgt:

„Das Kronberger Konzept der Qualitätsentwicklung ist als Anregung gedacht. Es ist ein Vorschlag zum gemeinsamen Nachdenken im Team, damit es gelingt, aus der Tageseinrichtung für Kinder (und damit meinen wir alle Einrichtungsformen für das ganze Altersspektrum bis ca. 14 Jahre) eine sich selbstständig verändernde Organisation zu machen. Dann sind wir auf dem Weg zu einer lernenden Organisation. Pädagogische Praxis bester Qualität muss sich immer wieder neu erfinden. Wir verstehen unseren Beitrag als Anregung, die eigene Arbeit kritisch zu überprüfen und eigenständig im Dialog aller Beteiligter weiterzuentwickeln, um insbesondere mehr Zufriedenheit und größere Anerkennung bei Kindern und Eltern, Erzieherinnen und Erziehern aber auch bei Trägern sowie der Öffentlichkeit zu erreichen."
(Kronberger Kreis für Qualitätsentwicklung in Kindertageseinrichtungen, 1998, S. 25)

Kritik am Kronberger Modell

„Es ist besser eine Frage zu diskutieren, ohne sie zu entscheiden, als eine Frage zu entscheiden, ohne sie zu diskutieren."
(Joseph Joubert)

Erath und Jansen kritisieren die Unverbindlichkeit und allgemeine Formulierung des Modells, weil es keine verbindlichen Anhaltspunkte für die Ergebnisqualität aufweise (vgl. Erath/Jansen, 1999, S. 10). Die Herausgeber des Kronberger Konzepts bestimmen zwar, was sie unter „guter" pädagogischer Qualität verstehen, geben aber keine konkreten Hilfestellungen, sondern berufen sich auf ihren Grundgedanken, die konkreten Kriterien im Dialog entwickeln zu wollen. Dies ist allerdings sehr zeitaufwändig, weil alle Variablen erst gemeinsam mit allen Beteiligten erkannt und formuliert werden müssen. Aufgrund dieser sehr langen Diskussion besteht die Gefahr, dass in den Einrichtungen weder eine Qualitätsfeststellung noch eine Qualitätssteigerung erfolgt, sondern der Prozess auf der Ebene der Diskussion stehen bleibt. Oder aber die Kriterien im programmatischen Teil des Kronberger Konzepts werden nicht mehr als Anregung, sondern als vorgeschriebene Merkmale verstanden.

Das Kronberger Modell ist als Gegensatz zu den Bewertungs- und Einschätzungsskalen entstanden, die die Autoren des Kronberger Konzepts stark kritisieren (vgl. Kronberger Kreis für Qualitätsentwicklung in Kindertageseinrichtungen, 1998, S. 19). Allerdings fordern sie auf der Ebene der „Trägerqualität", dass der Träger die Einrichtung für externe Qualitätskontrollen öffnet, und schlagen dazu als Methode „empirische [...] Erhebungsverfahren wie KES" vor (Kronberger Kreis für Qualitätsentwicklung in Kindertageseinrichtungen, 1998, S. 78).

4.3.9 Aufgaben des Trägers und der sozialpädagogischen Fachkräfte

In der Qualitätsdebatte stellt sich immer wieder die Frage, von wem die Qualitätsentwicklung ausgehen muss, wer letztendlich die Standards bestimmt und mit welcher Beteiligung sie realisiert wird. Die Rahmenbedingungen werden zu einem großen Teil von den betreffenden Gesetzgebern festgelegt und bestimmen die finanziellen, personellen und inhaltlichen Ressourcen und Ansprüche.

Weiterer Dreh- und Angelpunkt ist der Träger mit seinen Zielen und seinem Verständnis von Bildungs- und Erziehungsarbeit. Er hat sicherzustellen, dass Qualität gegeben ist und weiterentwickelt wird. Zu diesem Zweck kann er sich für ein Qualitätsmanagement-Verfahren entscheiden, das dann auf allen Ebenen Anwendung findet. Die aktive Mitwirkung der vor Ort tätigen Kolleginnen und Kollegen und der Erziehungs- und Kooperationspartner ist dann eine wesentliche Voraussetzung zum Gelingen des Vorhabens. Das bedeutet, dass dem Träger die Aufgabe zukommt, das Verfahren nicht nur einzuführen, zu begleiten und zu kontrollieren, sondern auch Überzeugungsarbeit zu leisten. Gelingt dies nicht, werden die Vorgaben in der alltäglichen Arbeit vermutlich unterlaufen.

Die Qualität der Einrichtung ist die Summe der Kompetenzen der einzelnen Mitarbeiterinnen und Mitarbeiter. Diese einfache Formel gibt den Sachverhalt sicherlich nur verkürzt wieder, macht aber deutlich, dass jede Fachkraft die Qualität maßgeblich mitbestimmt. Von ihr hängt ganz zentral das Gelingen der Arbeit in der Gruppe, im Team und im Gemeinwesen ab. Entwickelt sie sich persönlich nicht weiter, wird der Prozess in der Gruppe und Einrichtung ebenso stagnieren. Qualität drückt sich also nicht nur in den größeren Zusammenhängen aus, sondern ganz konkret in jeder kleinen, kurzen Aktion, Reaktion oder Interaktion.

Beispiel
Schon seit drei Tagen scheint die Sonne, alle Gruppen befinden sich auf dem Außengelände und die Kinder widmen sich einem intensiven Spiel auf dem Rasen und im Sandkasten. Zwei sozialpädagogische Fachkräfte haben auf der Bank Platz genommen und unterhalten sich rege.
Die Außenwirkung dieser Szene kann aus verschiedenen Blickwinkeln betrachtet sehr unterschiedlich ausfallen. Es kann gesehen werden, dass die Kinder fähig sind, sich einem Spiel zuzuwenden, ohne die Hilfe der Erwachsenen in Anspruch nehmen zu müssen, dass die räumliche Umgebung sinnvoll vorbereitet wurde, dass die Fachkräfte eine beobachtende Rolle eingenommen haben und in einen fachlichen Austausch treten.

Es kann aber auch gesehen werden, dass die Fachkräfte wenig Interesse an den Spielprozessen der Kinder haben, eher private als fachliche Gespräche führen und mit der Spielzeit auf dem Außengelände ihre Pausenzeiten potenzieren.
Jede Tätigkeit – und auch jede Nicht-Tätigkeit – ist also Teil des Qualitätsmanagements. Mit diesem Bewusstsein müssen eine ständige Selbstreflexion und ein kritisches Feedback der Teammitglieder untereinander einhergehen.

4.3.10 Probleme in der Qualitätsdebatte in Kindertageseinrichtungen

Die aufgeführten Modelle (Bewertungs- und Einschätzskalen, DIN EN ISO 9000 ff., Kronberger Modell) zeigen, unter welch unterschiedlichen Aspekten Institutionen und ihre Qualität beurteilt werden können. Was unter „guter", „sehr guter" oder gar „mangelhafter" Qualität verstanden wird, lässt sich abschließend nicht festlegen, sondern ist vom dahinterstehenden Menschenbild und der entsprechenden Konzeption abhängig. Folgende bewusst provokativ formulierten Fragen zeigen das Dilemma auf und können Anlass zur Diskussion bieten:

Ist die Kindheit ein Schonraum, in dem die Kinder beschützt werden müssen, um sich und ihre eigene Persönlichkeit zu stärken, um mit negativen Erlebnissen gestärkt und selbstsicher umgehen zu können? Bedeutet dies dann, die Kinder vor medialen Erfahrungen zu schützen und neue Medien aus den Einrichtungen zu verbannen? Oder: Lernen die Kinder gerade im Kindergarten unter pädagogischer Anleitung am besten, mit medialen

Erfahrungen umzugehen? Ist der Kindergarten die Vorbereitung auf die Schule und sollte da nicht Medienerziehung einen hohen Stellenwert haben? Brauchen Kinder nicht im Kindergarten tägliche Medienerfahrung, um den Umgang mit diesen Medien zu lernen? Ist nun eine Einrichtung gut, die täglich Medien in die Arbeit einbindet oder soll die Einrichtung besser bewertet werden, die noch nicht einmal einen Kassettenrekorder besitzt?

Ein weiteres Problem bei der Qualitätsmessung und -entwicklung im sozialen Bereich liegt in der Messbarkeit der Indikatoren und „Ergebnisse". Die Pädagogik verfolgt keine stringente Input-Output-Regelung, sie arbeitet mit Menschen und nicht mit vorhersehbar programmierbaren Maschinen. Die pädagogische Arbeit ist zu komplex, zu viele Faktoren (bezüglich der Edukanden und der Erzieherinnen und Erzieher, des Milieus, der Trägervoraussetzungen etc.) beeinflussen die Interaktion zwischen Kindern und pädagogischen Fachkräften. Vieles ist nicht messbar und bestimmbar, sodass man oft mit der Kritik „Was man nicht messen kann, kann man auch nicht verbessern" (Flösser, 2001, S. 1467) konfrontiert wird.

Eine weitere Schwierigkeit in der Diskussion um die Qualitätssteigerung betrifft die widersprüchlichen Ziele: Zum einen soll die pädagogische Arbeit reformiert werden, zum anderen geht es häufig um reine Kosteneinschränkung und Rationalisierung der Arbeitsprozesse (vgl. Kronberger Kreis für Qualitätsentwicklung in Kindertageseinrichtungen, 1998, S. 13). Manchmal ist mit dem Ziel „Innovation und Qualitätssteigerung" in Wahrheit „Rationalisierung und Einsparung" gemeint.

4.4 Fort- und Weiterbildung

Die sozialpädagogische Ausbildung erfolgreich abgeschlossen zu haben, ist die Vorbedingung, um in einem der vielen, inhaltlich sehr unterschiedlich ausgerichteten Berufsfelder tätig zu werden. Das Lernen, das Sammeln von Erfahrungen und das Weiterbilden ist jedoch ein fortlaufender Prozess. Bereits im dritten Jahr der Ausbildung, in der Phase der Professionalisierung, ist es verpflichtend, an einer Fortbildung teilzunehmen. Einige Studierende bilden sich zusätzlich zu Schule, Akademie oder Hochschule parallel fort. Sie vertiefen und erweitern auf diese Art und Weise ihr Fach- und Sachwissen.

Im Neuhumanismus und bis ins 20. Jahrhundert hinein wurde Bildung als ein endlicher Prozess verstanden. Die Bildungsbefugten hatten eine abgeschlossene Ausbildung. Konträr steht dazu die heutige Auffassung, dass es in dem Sinne keine abgeschlossene Bildung gibt. Die sich schnell wandelnde Gesellschaft erfordert umfassende Lernprozesse (vgl. Herzog, 1999, S. 36f.). Professionalität bedeutet daher auch, lebenslang neugierig zu bleiben und am Erwerb neuen Wissens und neuer Fähigkeiten echt interessiert zu sein.

Die sozialpädagogische Fachkraft hat trägerunabhängig einen Rechtsanspruch auf jährlich fünf Tage Bildungsurlaub. Allerdings ist nicht jedes

Angebot zu Fort- und Weiterbildung gesetzlich anerkannt. Meist enthalten die Angebote aber Hinweise darauf, ob sie „anerkannte" Fortbildungen im Sinne des Gesetzes sind.

Im Berufsalltag wird der sozialpädagogischen Fachkraft schnell deutlich, wie sinnvoll es ist, die in der Ausbildung erworbenen Grundkenntnisse zu erweitern. Beispielsweise ergeben sich Fragen zu der Entwicklung des Kindes und seiner Sozialisation erst im praktischen Umgang mit den

Kindern. Familienpädagogik, -psychologie und -soziologie kennt die Erzieherin zwar aus ihrem Unterricht, doch eine Vertiefung und Erweiterung dieser Wissensgebiete ist unbedingt erforderlich. In speziellen Fort- und Weiterbildungsangeboten können darüber hinaus analytisch-konzeptionelle und kommunikative Fähigkeiten ausgebaut werden. Wichtig sind zudem organisatorische und berufspolitische Kompetenzen sowie Kenntnisse über Entwicklungen in der aktuellen bildungspolitischen Diskussion.

Fort- und Weiterbildung können folgende **Zielsetzungen** haben (vgl. Rieder-Aigner, 1994, S. 3):
- Fach- und Sachwissen kontinuierlich überprüfen und erweitern
- eigene Kompetenzen weiterentwickeln
- Kompetenzenaustausch zwischen Einrichtung und dem Umfeld fördern
- Stillstand vorbeugen
- die Chance lebenslangen Lernens nutzen

Die Ergebnisse der PISA-Studien haben in Deutschland eine Diskussion über die Bildungsangebote für Kinder und Jugendliche sowie die Ausbildung von sozialpädagogischem Fachpersonal und Lehrern ausgelöst. Viele Institutionen von den Kindertagesstätten bis zu den Universitäten sind auf ihre bis dahin geltenden Erziehungs- und Bildungsstandards untersucht worden. Fest steht, dass es einen hohen Bedarf an Fort- und Weiterbildungen der sozialpädagogischen Fachkräfte gibt, damit sie sich angemessen mit der gesellschaftlich wichtigen Aufgabe der Bildung und Erziehung von Kindern befassen können. Doch das berufliche Ansehen der sozialpädagogischen Fachkräfte ist viel geringer, als es dieser verantwortungsvollen Tätigkeit entsprechen würde. Daraus folgen Unterbezahlung und Personalknappheit, sodass der Wunsch, sich fort- und weiterzubilden, Zeit- und Kostenprobleme mit sich bringt: Häufig müssen die Fortbildungen am Abend oder am Wochenende stattfinden und sind zudem mit hohen Kosten verbunden. Bei einigen Veranstaltungen beteiligt sich der Träger an den Kosten oder übernimmt sie ganz. Damit verknüpft sind jedoch bestimmte Erwartungen des Trägers an die Teilnehmer von Fort- und Weiterbildungen. Häufig muss die fortbildungswillige Fachkraft gute Argumente vorbringen, um ihren Träger von der Notwendigkeit der Teilnahme zu überzeugen.

Von großer Bedeutung sind solche Fortbildungsmaßen, bei denen es um die Entwicklung der Persönlichkeit der sozialpädagogischen Fachkraft geht. Durch ihre Persönlichkeit erzieht und beeinflusst sie die Kinder nachhaltiger als mit Spielen, Angeboten, Programmen, didaktischen Materialien oder räumlicher und sachlicher Ausstattung. Wie kann die sozialpädagogische Fachkraft ihr Selbst und So-Sein pflegen (vgl. Rieder-Aigner, 1994, S. 9 f.)? Die Antwort lautet, indem sie schon zu Jahresbeginn gezielte Angebote der Fort- und Weiterbildung plant, zum Beispiel:
- Angebote, die der Psychohygiene dienen
- Coaching-Seminare
- Supervision

Solche Angebote dienen dazu, nach starker psychischer und emotionaler Anstrengung zur Ruhe zu kommen und andererseits neue Kraft zu schöpfen.

Begriffsklärung: Fortbildung – Weiterbildung

Fortbildungsangebote sind in Kursen oder Seminaren angelegt, bieten inhaltliche Themen an, deren Vertiefung eine sinnvolle Ergänzung zu vorhandenem Fachwissen darstellt. Darüber hinaus finden Informationsveranstaltungen zu aktuellen Anlässen oder Trainings bestimmter Kompetenzbereiche statt.

Ziele sind:
- Wissen vertiefen
- Leistungsstandards erhalten
- neue Arbeitsansätze und Methoden erlernen

Mit einer Fortbildung ist keine tarifliche Verbesserung verbunden (vgl. Büchin-Wilhelm, 2003).
Die Weiterbildung ist vom Umfang her auf einen längeren Zeitraum angelegt und führt meist zu einer höheren oder anderen beruflichen Qualifikation. Sie dient in jedem Fall der persönlichen Weiterentwicklung. Häufig wird dies jedoch vom Träger kaum oder gar nicht zur Kenntnis genommen.

Ziele sind:
- Wissenserweiterung
- Weiterentwicklung persönlicher Kompetenzen
- Ausdauer und Beständigkeit

In vielen Fällen wird eine Zusatzqualifikation erworben, die mit einer Statusanhebung, zum

Beispiel Leiterin, und einem finanziellen Aufstieg verbunden ist.

Lebenslanges Lernen

Da sich gesellschaftliche Strukturen und Kommunikationsformen schnell und nachhaltig verändern, ist es für sozialpädagogische Fachkräfte unerlässlich, sich fachtheoretisch mit ihnen auseinanderzusetzen bzw. sich zunächst für bestimmte Themengebiete Hilfe und Unterstützung zu holen, beispielsweise im technischen Bereich. Lebenslanges Lernen ist in der sich ständig verändernden Welt eine absolute Notwendigkeit. Das Lernen hat dabei neben der großen Bedeutung für das Individuum eine doppelte gesellschaftliche Funktion (vgl. Herzog, 1999, S. 85f.):

- Antriebskraft für Veränderungen und Entwicklung
- Bedingung für die Durchsetzung von Innovation und zukunftsfähiger Gestaltung unserer Gesellschaft

Ständige Lernbereitschaft und kontinuierliches Lernen führen zu einer Herausbildung neuer Wertvorstellungen und neuer Verhaltensweisen.

Die Bereitschaft zu Fort- und Weiterbildung wird bereits bei der Einstellung erfragt. Institutionen mit bestimmter pädagogischer Ausrichtung stellen dies als Bedingung an neue Kolleginnen und Kollegen, zum Beispiel Montessori-Einrichtungen oder Waldorf-Kindergärten. Hier findet in der Regel eine berufsbegleitende Fortbildung über ein bis zwei Jahre statt, um dem jeweiligen pädagogischen Handlungsansatz entsprechend arbeiten zu können.

Noch ist die Ausbildung sozialpädagogischer Fachkräfte häufig so angelegt, dass ein breites Spektrum an Wissensgebieten abgedeckt wird. Die Studierenden werden sowohl für die Arbeit in Krippen als auch in Freizeitstätten für Schulkinder und Jugendliche, Häusern der Offenen Tür (OT), Kinder- und Jugendfreizeitheimen, heilpädagogischen Einrichtungen und Krankenhäusern ausgebildet. Daraus wird ersichtlich, wie notwendig die Vertiefung von Spezialwissen ist.

Wer eine Leitungsposition in kleinerem oder größerem Rahmen übernimmt und in allen Anforderungsbereichen kompetent agieren möchte, bedarf einer zielgerichteten Zusatzqualifizierung. Von einer **Leitung** werden zum Beispiel gefordert:

- Menschenführung
- Umgang mit der Personalpolitik
- Erwachsenenbildung
- Kindererziehung und -bildung
- Organisation
- Management
- Betriebswirtschaft

Doch nicht nur von der Leitung, sondern auch von den Kolleginnen im Team wird kontinuierliches Dazulernen, Neulernen und Umlernen gefordert. Dazu bietet es sich an, spezielles Wissen praxisbegleitend und vertiefend in Kursen und Seminaren aufzubauen oder aufzufrischen. Zudem ist der Kontakt mit den Kolleginnen in ähnlichen Situationen wohltuend. In kurzen Gesprächen ergeben sich manchmal hilfreiche Hinweise.

Hier zeigt sich ein Unterstützungsbedarf aufgrund steigender Anforderungen: Einerseits soll Familien- und Elternberatung, Prävention, Integration, Öffnung, Vernetzung, Kooperation mit anderen Partnern stattfinden, auf der anderen Seite darf der eigentliche Erziehungs- und Bildungsauftrag nicht vernachlässigt werden. Es ist also unabdingbar, in Fort- und Weiterbildungsangeboten Rat, Unterstützung, Ermutigung und hin und wieder Coaching in Anspruch zu nehmen. So könnte ein Angebot lauten: „Erlauben Sie sich zu atmen. Atemschöpfen in atemlosen Zeiten."

Außenstehende mögen den Wert eines solchen Angebots vielleicht nicht erkennen, doch die Teilnehmerinnen eines solchen Kurses sind dankbar für die eingeübten Atemtechniken, vor allem aber für das Verständnis der Initiatoren. Es zeigt, dass es Stellen gibt, die sich mit der seelischen Beanspruchung und dem permanenten Druck der sozialpädagogischen Fachkräfte auseinandergesetzt haben.

Damit der geschöpfte Atem möglichst lange trägt, werden in anderen Fort- und Weiterbildungsangeboten neue Möglichkeiten der Arbeitsteilungen vermittelt. In Kindertagesstätten mit U-3-Gruppen übernehmen oft die Teammitglieder, die aufgrund des erweiterten Personalschlüssels hinzukommen, viele anfallende Arbeiten.

Erlaubt es die Arbeitssituation einer Einrichtung, ist es zu begrüßen, wenn sich zwei oder drei Kolleginnen gleichzeitig fortbilden. Dies stärkt

Aufbau und Struktur des Teams im Gesamtkollegium. Dadurch wird gewährleistet, dass die Erkenntnisse aus der Fort- und Weiterbildung konsequent in die Erziehungs- und Bildungsarbeit einfließen. So können Kinder und Personal von dem Wissenszuwachs konkret in der Praxis profitieren. Durch gemeinsam erlebte Fortbildung wächst das Verständnis der Teammitglieder füreinander und die Zusammenarbeit gestaltet sich fruchtbarer.

Fort- und Weiterbildung im Gesamtkonzept

Angebote zu Fort- und Weiterbildung sollten möglichst in ein Qualifizierungssystem eingebettet sein, das für alle an der Erziehungs- und Bildungsarbeit Beteiligten offen und in der Region organisiert ist. Diese Forderung bekommt umso mehr Gewicht, wenn man bedenkt, dass der einzelnen Einrichtung zunehmend Gestaltungskompetenz und Qualitätsverantwortung übertragen wird (vgl. Herzog, 1999, S. 56f.). Sinnvoll ist zudem, einrichtungsnahe und einrichtungsinterne Fort- und Weiterbildungsmaßnahmen zu organisieren, damit neue Erfahrungen im Anwendungszusammenhang wirksam werden können.

Die mit der Anwendung des neuen Wissens gemachten Erfahrungen sollen günstigstenfalls in das System bzw. die konkrete Arbeit zurückfließen. Nur so kann sich die Wissensbasis weiter entwickeln. Dieses methodische Modell wird als *Loop reflecting learning* bezeichnet (vgl. Herzog, 1999, S. 88).

Das Lernen ist demnach niemals abgeschlossen, sondern bleibt eine permanente Aufgabe des Menschen. *Loop reflecting learning* fordert Ganzheitlichkeit, Offenheit, Irrtumstoleranz und Mut zu visionärem Denken. Dies sind sinnvolle Lernimpulse für die Erziehungs- und Bildungsarbeit in den sozialpädagogischen Einrichtungen.

Die heutige Wissens- und Informationsgesellschaft verlangt bestimmte Schlüsselqualifikationen. Der Erfolg der Durchsetzung neuer Erkenntnisse und Ideen hängt nicht allein von angehäuftem Wissen ab, sondern von Metawissen, d.h. von Wissen, das über das Fachwissen hinausgeht. Strategische Qualifikationen sind gefragt, mit denen Fähigkeiten und Kenntnisse fruchtbar gemacht werden können. Demnach müssen Sach-, Selbst- und Sozialkompetenz zusammenwirken.

Notwendige **Schlüsselqualifikationen** sind beispielsweise:
- Kreativität
- abstraktes, theoretisches Denken
- Selbstständigkeit
- planerisches und analytisches Denken
- ausgeprägte Bereitschaft zu Teamarbeit
- Flexibilität
- selbstständiges Problemlösen
- Belastbarkeit
- Argumentation und Rhetorik
- Verhandeln und Vermitteln
- Umgang mit Medien

Die bisherigen Ausführungen verdeutlichen, dass ein kontinuierlicher Fort- und Weiterbildungsbedarf besteht. Im Bereich der Ingenieurswissenschaften hat man die Erkenntnis gewonnen, dass das aktuelle Fachwissen etwa drei Jahre Bestand hat. Danach ist es erforderlich, sich im technischen Feld weiter qualifizieren. Der Wissensstand in unserer Gesellschaft verdoppelt sich circa alle fünf Jahre (vgl. Herzog, 1999, S. 89).

Pflege des Images

Vom beruflichen Verständnis der sozialpädagogischen Fachkraft und der Bewertung ihres Tuns hängen ihr Auftreten und ihre Resonanz bei anderen Menschen ab. Übt sie sich darin, über gesichertes Wissen zu verfügen, es in ein reflektiertes Handeln umzusetzen und dieses zu dokumentieren, erweitert sich ihr professioneller Hintergrund. In speziellen Kursen kann sie trainieren, wirksam und mit geschulter Stimme zu argumentieren. Dies beinhaltet zukunftsorientiertes Engagement und muss von Zeit zu Zeit durch Fort- und Weiterbildung gestärkt werden. Es ist Pflicht jeder sozialpädagogischen Fachkraft, sich fortlaufend zu informieren. Dies gilt für alle Beteiligten eines Kollegiums und wird als Holschuld bezeichnet.

In Fort- und Weiterbildungsveranstaltungen bietet es sich an, Netzwerke mit anderen Institutionen aufzubauen. So kann eine einrichtungsübergreifende Solidarität entstehen, die dem fachlichen Austausch dient. Dadurch kann zudem das Selbstwertgefühl und die berufliche Identifikation der Teilnehmerinnen gestärkt werden.

Fort- und Weiterbildungsbedarf

Der konkrete Fort- und Weiterbildungsbedarf richtet sich nach dem jeweiligen aktuellen Wissens- und Könnensstand bzw. den Bedürfnissen und Interessen der sozialpädagogischen Fachkräfte einer Einrichtung. Neben der Teilnahme an Kursen, Seminaren, Vorträgen, Schulungen und Kongressen ist es für die einzelne Mitarbeiterin unerlässlich, sich regelmäßig Zeit zum Selbststudium zu nehmen. Es ist erforderlich, sich mit Fachthemen auseinanderzusetzen, Fachzeitschriften und fachspezifische Rundbriefe zu lesen, unter Umständen selbst Leserbriefe zu verfassen und mit Kolleginnen darüber zu diskutieren. Eigenwahrnehmung und -reflexion ermöglichen die Einschätzung des Wissensbedarfs. Um jedoch einer Überforderung vorzubeugen, ist es notwendig, zwischen sehr wichtigen, wichtigen, interessanten und nicht relevanten Informationen zu unterscheiden und für die weitere Beschäftigung eine Auswahl zu treffen. Leerlauf- und Wartezeiten, die sich im Laufe des Tages immer wieder ergeben, können genutzt werden – und es ist durchaus akzeptabel, nicht jede Wissenslücke sofort zu schließen.

Das beschriebene Selbstmanagement kann an niemanden delegiert werden. Es erfordert Selbstdisziplin und Selbstbestimmung in der Lebensführung. Das Interesse, spezielles Wissen aufzunehmen und zu vertiefen, aufzuarbeiten und an andere weiterzugeben, ist unabhängig von organisierten Veranstaltungen. Man kann davon ausgehen, dass alle Eindrücke und Erfahrungen im Leben eines Menschen als Selbstqualifikation genutzt werden können, wenn man Lernen als permanente Chance versteht. In gewisser Weise unterstützen positiv ausgerichtetes, konstruktives Denken, Konfliktfähigkeit und Realitätssinn die Fähigkeit, aus allen Erfahrungen Gewinn zu ziehen.

Aspekte des Selbstmanagements sind nach Rieder-Aigner (2002, S. 7):
- Selbstannahme ohne Selbstzufriedenheit
- Selbstverantwortung und konstruktives Denken
- Selbstvertrauen trotz erkannter Grenzen
- Selbstkontrolle, Umgang mit Frustration
- rechtzeitiges Treffen von Entscheidungen
- nichts sagen, was man innerlich ablehnt
- Aufschieberei vorbeugen
- Berufs-, Lebens-, Zeiteinteilung
- Gewinn aus Begegnungen schöpfen
- anderen Menschen nicht zu viel Macht über sich geben
- unterscheiden lernen zwischen fördernden und hemmenden Mitmenschen (Wer tut mir gut? Wer blockiert mich?)

Kollegialer Austausch

Neben der anspruchsvollen und oft anstrengenden Fort- und Weiterbildung sollte ein beratender Austausch im Team stattfinden, und zwar unter Anwendung einer systematischen Methode. Dabei ist jedes Teammitglied Expertin und nutzt ihr Wissen, das wiederum allen Mitarbeiterinnen dient. So findet einrichtungsintern eine Weiterentwicklung vor allem der Selbst- und Sozialkompetenzen statt. Die kollegiale Beratung kann als Problemlösungs- und/oder Coachingmethode auf der Grundlage gegenseitiger Anerkennung stattfinden.

Beispiele zu Fort- und Weiterbildungsinhalten

- Psychohygiene
- Rhetorik und Sprachkompetenz
- Bewegungserfahrungen
- Kommunikation und Ausdrucksmittel
- Tanz
- Musikpädagogik
- Praktikantenanleitung
- Wertewandel
- Erfahrungswissen, Lernen durch Tun
- Projekt- und Konzeptarbeit
- Gesprächsführung
- Zukunftsvisionen, Zukunftswerkstatt
- Management und Organisation
- Betriebswirtschaft in der Kita
- religionspädagogische Themen
- Gesundheitsförderung
- Gesunderhaltung
- Leiten einer sozialpädagogischen Einrichtung

- Öffnung einer Einrichtung
- Aufbau und Gestaltung von Erziehungspartnerschaften
- Elternmitwirkung
- Umgang mit und Einsatz von Medien
- Erstellen einer Homepage
- Hygienevorschriften im Alltag
- berufliche Anforderungen an sozialpädagogische Fachkräfte im Wandel
- Problemfeld: Grenzen setzen
- Bildung im gesellschaftlichen Diskurs
- Wie lernen und bilden sich Kinder?
- Sprachentwicklung und Sprachförderung
- pädagogische Konzepte (z. B. Grundlagen des Situationsansatzes, Grundlagen der Montessori-Pädagogik, Grundlagen der Reggio-Pädagogik)
- Bild des Kindes in unserer Zeit
- Konfliktverhalten von Kindern
- Erarbeiten von Qualitätsmerkmalen für die eigene Arbeit
- Kenntnis aktueller Rechtsgrundlagen

Mögliche Formen der Fort- und Weiterbildung
- Selbststudium, Selbstqualifikation
- Informationsveranstaltungen
- kollegiale Beratung
- Supervision
- hausinterne Fortbildungen, zum Beispiel Projektplanung
- Fachgespräche
- Seminare
- Kurse
- Trainings
- Exkursionen
- Hospitationen
- Aufbaustudien
- Lehrgänge

Bei der Suche nach dem passenden Angebot sind auch die Fachberaterinnen und Fachberater der Träger behilflich. Die Teams sollten sich daher regelmäßig über ihren Bedarf verständigen und diesen deutlich formulieren. Um Nachhaltigkeit zu sichern, könnten sich diejenigen, die eine Fortbildung besucht haben, im eigenen Haus als Multiplikatoren verstehen, die ihre Erkenntnisse in einer Sitzung transportieren und für Ideen begeistern. Noch leichter gelingt dies, wenn zwei Teammitglieder gemeinsam ein Seminar besucht haben und sich im Sinne einer Ko-Konstruktion in einen Austausch begeben können.

4.5 Kooperation mit externen Partnern

„Wenn du mit anderen ein Schiff bauen willst, so beginne nicht, mit ihnen Holz zu sammeln, sondern wecke in ihnen die Sehnsucht nach dem großen, weiten Meer."
(Antoine de Saint Exupéry, in: Der kleine Prinz, 1943)

Die Ergebnisse der PISA-Studien haben vermehrt die Arbeit in den Kindertagesstätten (Kitas) in das öffentliche Bewusstsein gerückt. Mit Interesse wird verfolgt, wie in den Kitas gearbeitet wird. Die Kita wird als erste öffentliche Ebene des Bildungssystems wahrgenommen, von deren Qualität die weitere Erziehung und Bildung der Kinder abhängt.

Zur alltäglichen sozialpädagogischen Praxis gehört das Kooperieren mit verschiedenen Partnern und Institutionen. Sowohl Kitas, offene Ganztagsschulen (OGS), Horte als auch Kinder- und Jugendheime sind auf eine professionelle Kooperation, auf Interessenaustausch und gegenseitige Unterstützung zum Wohle des Kindes angewiesen.

Kooperation
Der Begriff Kooperation stammt ursprünglich aus dem Kirchenlatein und bedeutet „Mitwirkung" (vgl. Brockhaus Enzyklopädie, 2005, S. 514).

Da Erziehung und Bildung auf verschiedenen Ebenen stattfinden, ist das gesamte Gemeinwesen mit der Erziehung des Kindes befasst. So leisten verschiedene Kommunen, private Einrichtungen und Vereinigungen dazu ihre Beiträge (vgl. Herzog, 1999, S. 56).

Abhängig von Inhalten und Themen können Netzwerke aufgebaut werden, die die Arbeit der einzelnen Einrichtungen deutlich stärken und die es ermöglichen, die verschiedenen Lebensräume der Kinder miteinander zu verbinden.

„Der Ausgangspunkt ist die Tatsache, dass die Nachbarschaft und der Ortsteil, in dem Familien ihr Zuhause haben, wesentliche Sozialisationsfaktoren für Kinder darstellen. Denn der Stadtteil und die Gemeinde bilden den unmittelbaren Erfahrungshorizont, und Kinder im Vorschulalter sind an ständiger Erweiterung des ‚Horizontes' interessiert. Sie wollen ihre weitere räumliche und soziale Nachbarschaft entdecken und erobern. Dort befindet sich eine Fülle von Anschauungsmaterial und liegt der Mittelpunkt für soziale Bezüge, die ein Kind über den engeren Kreis der Familie hinaus aufnimmt. Die lokale Umwelt als Sozialisationsfaktor gewinnt eine kaum zu überschätzende Funktion für die Identitätsentwicklung des Kleinkindes."
(Hopf, 1988, S. 23 f.)

Kindergarten-Gruppe zu Gast im benachbarten Altersheim

Kindertagesstätten und andere sozialpädagogische Tageseinrichtungen für Kinder haben die Pflicht, ihre Aufgaben und Leistungsangebote stets kritisch zu überprüfen. Da sich eine Gesellschaft ständig verändert, ist es von Bedeutung, sich mit diesen Vorgängen fortlaufend auseinanderzusetzen. Das Leistungsangebot soll sich dabei pädagogisch und organisatorisch an den Bedürfnissen der Kinder orientieren (SGB VIII § 22 Abs. 2, § 14).

Bereits vor fast 30 Jahren gab es Reformversuche im Kindergartenbereich, die eine Öffnung zum sozialen Umfeld des Kindes forderten. In Diskussionen um die Vereinbarkeit von Familie und Beruf und im Zuge von Entwicklungen fort von institutionszentrierten und hin zu vernetzten Sichtweisen sozialer Systeme werden Tageseinrichtungen für Kinder heute verstärkt wahrgenommen als Teil der regionalen Infrastruktur (vgl. Achter Jugendbericht, 1990).

Zeitgemäße Konzepte aktivieren das Potenzial einer Kita als nachbarschaftliches Begegnungs- und Kommunikationszentrum oder als generationsübergreifenden Treffpunkt. Junge Familien suchen zunehmend nach einer Einrichtung, in der nicht nur ihr Kind einen Platz und Geborgenheit findet, sondern wo auch sie sich als Erwachsene mit Erwachsenen austauschen können. So werden neue Netzwerke in der Nachbarschaft geknüpft.

Die Arbeit der sozialpädagogischen Fachkraft wirkt von innen nach außen. Dass dies sowohl politisch gewünscht als auch gesamtgesellschaftlich erforderlich ist, zeigt die wachsende Zahl von Familienzentren (NRW), die sich gezielt Beratung, Elternbildung und Unterstützungsangebote für Kinder zur Aufgabe machen.

Basis jeder Kooperation mit außerbetrieblichen Partnern ist für das Kita-Personal ihr eigenständiger Erziehungs- und Bildungsauftrag. Kindern soll die Möglichkeit eröffnet werden, ihr gegenwärtiges Leben, sich selbst und ihre Umwelt zu verstehen und ihre Identität zu entwickeln mit dem Ziel, zukünftige Lebenssituationen kompetent und verantwortungsbewusst zu bewältigen. Diese Erziehungs- und Bildungsaufgaben werden dem jeweiligen Kooperationspartner durch das Team transparent gemacht.

Um Kooperationspartner zu finden und möglichst dauerhaft zu binden, muss zunächst Vertrauen aufgebaut werden. Die Aufgaben der jeweiligen Einrichtung sind dem Kooperationspartner transparent zu machen. Interessen, Bedürfnisse, eventuelle Ansprüche und Wünsche werden klar geäußert. Um ihnen eine beständige konstruktive Kooperation zu ermöglichen, bedarf es einer regelmäßigen Kommunikationspflege, z. B. bei Stadtteilkonferenzen. Die Partner tauschen sich kontinuierlich über ihre Vorhaben aus.

Externe Kooperationspartner können sein:
- Eltern und weitere Erziehungspartner (z. B. Großeltern)
- benachbarte Einrichtungen (z. B. Studenten- und Altersheime)

- ferner liegende Einrichtungen, möglicherweise auch im Ausland
- Träger
- Behörden (z. B. Gesundheitsamt, Kinderärzte)
- Therapeuten
- Betriebe (z. B. Handwerker)
- Erziehungsberatungsstellen
- Feuerwehr
- Polizei
- Medienanstalten
- religiöse Einrichtungen
- Schulen
- Sporteinrichtungen
- Jugendhilfeausschuss
- Stadt- und Gemeindeverwaltung
- Volkshochschulen
- Fachhochschulen und Universitäten
- Einrichtungen für Menschen mit Behinderung
- Museen
- Theater
- Geschäfte
- Nachbarn der sozialpädagogischen Einrichtungen
- Vertreter verschiedener ethnischer Gruppen

Die schrittweise Öffnung der Einrichtungen stellt die sozialpädagogischen Fachkräfte vor große Herausforderungen. Die Erwartungen an das Personal steigen, obwohl die Ergebnisse von Umfragen zeigen, dass es beispielsweise eine Reihe von Eltern gibt, die sich eine aktivere Rolle in der Gestaltung des Kitalebens vorstellen könnten. In diesem Sinne sind Eltern auch wichtige „Ressourcen" für die Kita. Die Dimension der Arbeit ändert sich durch offenere Formen der Zusammenarbeit. Dies wirkt sich auch auf die Arbeit mit Kindern aus. Wichtig ist, dass gemeinsam darauf geachtet wird, wie und in welchem Umfang sich die Qualität der Erziehungs- und Bildungsarbeit verändert (vgl. Rieder-Aigner 2002).

Anforderung an sozialpädagogische Fachkräfte

Aufgabe des sozialpädagogischen Fachpersonals ist es, eine Bedarfsanalyse zu erstellen und ein einrichtungsspezifisches Konzept zu entwickeln, das sich an den verschiedensten Lebensbedingungen der Kinder und ihrer Familien orientiert. Dabei sind sie aufgefordert, die sozialen und erzieherischen Kompetenzen der Eltern und anderer Partner anzuerkennen. Dies setzt voraus, dass die eigenen Kompetenzen reflektiert, realistisch eingeschätzt und klar definiert werden. Dabei müssen eigene Bewertungen und Einstellungen infrage gestellt werden (Familienbilder, Bildungsideale, Mutter-, Vaterbilder). Eine verstehende, angstfreie Atmosphäre ist für den Aufbau gegenseitigen Vertrauens Voraussetzung. Sozialpädagogische Fachkräfte sollten dabei eigene professionelle Grenzen erkennen und wissen, wo man sich fachliche Hilfe und Unterstützung holen kann. Eine wesentliche Aufgabe ist es, eigene Netzwerke zu bilden und Eltern zu beraten (vgl. Kap. 4.6.1).

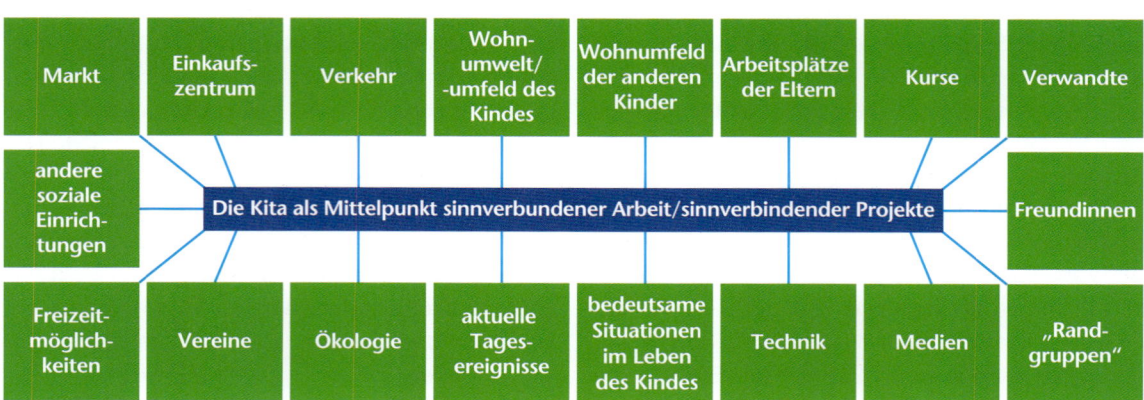

(Krenz, 1997, S. 38)

Kooperationskompetenzen

Um erfolgreich kooperieren zu können, bedarf es bestimmter sozialpädagogischer Grundkompetenzen:
- Teamfähigkeit
- Offenheit und Aufgeschlossenheit
- Kommunikationsbereitschaft und Kontaktfreude
- Neugierde und Innovationsbereitschaft
- Toleranz und Frustrationstoleranz
- Höflichkeit und Diplomatie
- Fairness
- Ausdauer und Mut
- Kreativität und Risikobereitschaft
- Selbstorganisation und Eigenständigkeit
- Leistungsbewusstsein und Lernbereitschaft, sich mit politischen, wirtschaftlichen, kulturellen und sozialen Bedingungen auseinanderzusetzen

Teamkompetenzen

Einem aufgeschlossenen Team von sozialpädagogischen Fachkräften bereitet es Freude, sich auf die Kooperation mit außerbetrieblichen Partnern einzulassen. Voraussetzung dafür ist, dass jedes Teammitglied in seiner Besonderheit und Individualität angenommen und akzeptiert wird. Es ist wichtig, dass jeder seine Stärken und Schwächen kennt, damit professionell umzugehen lernt und sich entsprechend im Team aufgehoben fühlt. Die gute Stimmung des Teams überträgt sich auf mögliche Kooperationspartner und lässt diese neugierig werden auf die Zusammenarbeit.

Manchmal erfordert es viel Geduld, um das Vertrauen eines bestimmten Kooperationspartners zu gewinnen oder ein bestimmtes Vorhaben auf den Weg zu bringen. In diesem Fall ist es von Vorteil, sich auf den Zusammenhalt des Teams verlassen zu können.

Das Auffinden geeigneter Beratungsstellen erfordert eine gute regionale Kenntnis im Gemeinwesen, um eine entsprechende Kooperation aufzubauen und aufrechtzuerhalten. Innerhalb des Teams sollte ein kontinuierlicher Informationsaustausch gewährleistet sein, sodass im Falle von Abwesenheit jedes Teammitglied die Kooperation fortsetzen kann.

Ähnlich verlaufen kreative Prozesse. Im kontinuierlichen Austausch können Ideen gedeihen. Vor deren Umsetzung sollte jedoch genügend Zeit zum „Reifen" und Überdenken vorhanden sein. Hier ist Toleranz von Bedeutung. Wichtig ist es, andere Ideen gelten zu lassen, um das eigentliche Ziel nicht aus den Augen zu verlieren: die gemeinsame Gestaltung von Bildungswegen zum Wohle der Kinder und der Einrichtungen.

Es ist von Bedeutung, mit den jeweiligen Kooperationspartnern die Ziele, die hinter möglichen Vorhaben stehen, gemeinsam zu besprechen. Denn so werden die zur Verfügung stehenden Ressourcen der Kooperationspartner sichtbar und können sinnstiftend und vielfältig genutzt werden. Jeder Kooperationspartner hat die Möglichkeit, seinen Beitrag zu einer gelingenden und verantwortungsvollen Ergänzung der Erziehungs- und Bildungsarbeit darzustellen und zu leisten.

Beispiel
Das Außengelände einer Einrichtung soll so umgestaltet werden, dass es den Spiel- und Entfaltungswünschen der Kinder entspricht, nach ökologischen und naturgemäßen Überlegungen neu bepflanzt und mit Hügeln und Abhängen versehen wird. Nun kann es zu Interessenkollisionen der Kooperationspartner kommen: Der Landschaftsgestalter sieht sich die Bodenbeschaffenheit als Grundlage einer neuen Bepflanzung an. Da ist es für ihn vielleicht unverständlich, warum ausgerechnet dort, wo wegen der ungehinderten Sonneneinstrahlung eine Bepflanzung sinnvoll wäre, eine Hügellandschaft entstehen soll. Oder der Schreiner sieht aus seiner Perspektive einen anderen Standort für das Klettergerüst als günstiger an als die sozialpädagogischen Fachkräfte. Hier ist es wichtig, im gemeinsamen Gespräch die Bedürfnisse aller Beteiligten transparent zu machen und nach Lösungen zu suchen, die allen gerecht werden.

Mögliche Inhalte und Themen der Kooperation

Insbesondere bei Übergängen innerhalb der kindlichen Bildungsbiografie bietet sich ein enger Austausch zwischen den jeweiligen sozialpädagogischen oder schulpädagogischen Einrichtungen an, z. B. Kita und Grundschule. Hier greift eine fruchtbar angelegte institutionelle Basis-Kooperation. In einigen Fällen arbeiten beispielsweise Jugendamt, Sozialamt, Kinder- und Jugendärztlicher Dienst sowie das Schulamt zusammen.

In Fällen von Behinderungen und Entwicklungsrisiken bei Kindern wie zur Unterstützung der Eltern von besonders begabten Kindern sollten Eltern, sozialpädagogische Fachkräfte, Lehrerinnen, Therapeuten und Ärzte besonders intensiv miteinander kooperieren.

Besondere Sorgfalt müssen die verantwortlichen sozialpädagogischen Fachkräfte walten lassen, wenn es um eine Kindeswohlgefährdung im Sinne von Vernachlässigung, Missbrauch oder Gewaltanwendung geht. In solchen Fällen und um präventiv zu handeln, bedarf es einer professionellen Kooperation mit Kinder- und Jugendschutzdiensten bzw. vergleichbaren Institutionen, Vereinen und Verbänden (vgl. Thüringer Kultusministerium, 2008, S. 163). Offenheit und Austausch können betroffene Kinder und deren Familien hilfreich unterstützen, ihnen beistehen, Wege aus dieser belastenden Lebenssituation zu finden (vgl. Baumgarten, 2009, S. 140).

Themen von Kooperation können außerdem sein:
- gemeinsame Feste und Feiern gestalten, Mitgestalten von Stadtteil- oder Gemeindefesten inter- und multikulturell
- ökologischer Umbau einer sozialpädagogischen Einrichtung
- Um- und oder Neugestaltung des Außengeländes mit Bewegungs-, Erlebnis- und Ruhezonen
- Gesundheitsförderung der Kinder (z. B. Projekte zu gesunder Ernährung, Gesunderhaltung der Zähne, „Bewegte Kita")
- Einrichten eines Eltern-Großeltern-Bistros
- Redaktion einer Kita-Zeitung
- Austausch mit Fördereinrichtungen, z. B. Integration bzw. Inklusion behinderter Kinder in Regeleinrichtungen
- Beistand in erzieherischen Belangen
- Optimierung von Organisationen, z. B. „kurze Wege" bei Verwaltungsmaßnahmen
- Qualitätsstandards der erzieherischen Arbeit gemeinsam bestimmen

Planung von Kooperationspartnerschaften

Damit gemeinsame Vorhaben mit einem oder mehreren Kooperationspartnern eine positive und erlebnisreiche Herausforderung werden, bedarf es einer professionellen Planungsstrategie. Sowohl wenn sich innerhalb der sozialpädagogischen Einrichtung ein Bedarf zur Kooperation ergibt als auch für den Fall, dass von außen ein Kooperationsanliegen an die Einrichtung herangetragen wurde, erfolgt in der Regel der erste Schritt teamintern. In vorbereitenden Treffen, Sitzungen und Gesprächen wird eine Position der Einrichtung bezüglich der möglichen Kooperation erarbeitet. Wichtige Aussagen, Vereinbarungen und Beschlüsse werden in Protokollen fixiert. Erst dann erfolgt der Schritt nach außen, indem externe Partner zu den Möglichkeiten einer Kooperation befragt werden.

Wiederum im Team findet die Auswertung der Befragung statt. Daraus ergeben sich mögliche Inhalte und Ziele, die miteinander abgestimmt werden müssen, und die gemeinsame Strukturierung der Arbeitsschritte. Es empfiehlt sich, prozessorientiert zu planen. So werden die Kompetenzen der einzelnen Beteiligten optimal eingesetzt und die Kooperationspartner können voneinander profitieren. Jeder ist aktiv einbezogen und informiert. Um sich von Zeit zu Zeit von den Fortschritten oder den jeweiligen Arbeitsphasen zu überzeugen, werden von Beginn an Termine für regelmäßig stattfindende Zwischentreffen festgelegt. Als konstruktiv haben sich hier Zeitabstände von ca. drei bis sechs Wochen erwiesen. Die Treffen helfen jedem Einzelnen, sein Arbeitspensum zu strukturieren. Zudem ist es bereichernd zu erfahren, wie weit die Aktionen der Kooperationspartner gediehen sind und sich gegenseitig Impulse zu weiterem Vorgehen zu geben. Der Zeitumfang richtet sich wiederum nach Inhalt und Thema der Kooperation. So benötigt eine Festvorbereitung zum Beispiel je nach Vorhaben zwei bis vier Wochen, wohingegen Umgestaltungen des Außengeländes einige Monate bis zu einem Jahr dauern können.

Unabhängig von Inhalt und Vorhaben dienen die Zwischentreffen der eigenen sowie der Gruppenreflexion, der Reflexion des Ist-Zustandes und der eventuellen Korrektur des weiteren Weges.

Der Prozessverlauf und -fortschritt wird für alle sichtbar dokumentiert, zum Beispiel in Form von Wandzeitungen, Flugblättern, Videoaufnahmen, Rundschreiben oder Artikeln in der Kita-Zeitung. So haben Außenstehende Einblick in das Geschehen und fühlen sich mit einbezogen und angesprochen.

Je nach Themenschwerpunkt kann abschließend eine Präsentation des Ergebnisses stattfinden. Die Presse sollte dann rechtzeitig in Kenntnis gesetzt werden, um darüber in ihren Medien zu berichten.

Präsentationen sind auch immer Öffentlichkeitsarbeit und gute Beispiele für eine konstruktive Zusammenarbeit.

Reflexion der Kooperation
Nach Abschluss des Kooperationsvorhabens ist es sinnvoll, den Prozess und das Ergebnis gemeinsam zu reflektieren:
- Wie haben die einzelnen Mitglieder die Kooperation erlebt?
- Welche Erkenntnisse und Einsichten wurden gewonnen?
- Gab es menschliche, technische oder methodische Schwierigkeiten?

- War die Planung zielgerichtet?
- Sind die gesteckten Ziele erreicht worden?

Die Evaluation des Prozesses dient dazu, Erfahrungen und Erkenntnisse für künftige Vorhaben zu nutzen und Kooperationen zu optimieren. Damit die wertvollen Erkenntnisse nicht verloren gehen, werden Reflexionen und Evaluationen protokolliert. Erfreulich wäre es, wenn sich aus gelungener Kooperation eine dauerhafte regionale Vernetzung entwickeln würde, z. B. in Form eines „runden Tisches", an dem sich ein Initiativkreis „Bildung" formieren könnte (vgl. Herzog, 1999, S. 56 ff.).

4.6 Erziehungs- und Bildungspartnerschaften gestalten

In Tageseinrichtungen für Kinder, in Horten, Offenen Ganztagschulen und auch in der stationären Jugendhilfe ist die Arbeit mit Eltern und Bezugspersonen ein wichtiger Bestandteil der pädagogischen Arbeit. Eltern sind die Menschen, die in der Regel am besten über das Kind informiert sind. Sie haben es geboren und im Rahmen ihrer Möglichkeiten auf dem bisherigen Lebensweg begleitet. „Elternarbeit" ist im Kinder- und Jugendhilfegesetz (SGB VIII) verankert. § 1 (2) sagt aus, „dass die Pflege und Erziehung der Kinder das natürliche Recht der Eltern und die zuvörderst obliegende Pflicht" ist. § 22 sagt aus, dass Tageseinrichtungen für Kinder „die Erziehung und Bildung in der Familie ergänzen und unterstützen sollen". In Abschnitt 3 wird verdeutlicht, dass Eltern darin unterstützt werden sollen, Familie und Erwerbstätigkeit besser miteinander vereinbaren zu können.

Somit sind die Gestaltung von Erziehungspartnerschaften bzw. die Elternarbeit gesetzlich vorgeschrieben. Diese vollzieht sich jedoch vor dem Hintergrund sich verändernder Familienverhältnisse. Folgende ökopsychologische Merkmale der Familie entwickelte Matthias Petzold aus dem Modell von Urie Bronfenbrenner (vgl. 1981; 1986):

Ökopsychologische Merkmale der Familie
A: Gesellschaftliche Rahmenbedingungen (Makrosystem)
eheliche oder nichteheliche Beziehung gemeinsame oder getrennte wirtschaftliche Verhältnisse Zusammenleben oder getrennte Wohnungen
B: Soziale Verpflichtungen (Exosystem)
Verpflichtungen durch Verwandtschaft oder Ehe Selbstständigkeit oder Abhängigkeit des anderen kulturell/religiös gleich oder unterschiedlich ausgerichtet
C: Kinder (Mesosystem)
mit oder ohne Kind(er) leibliche(s) oder adoptierte(s) Kind(er) leibliche oder stiefelterliche Kindbeziehung
D: Partnerschaftsbeziehung (Mikrosystem)
Lebensstil als Single oder in Partnerschaft hetero- oder homosexuelle Beziehung Dominanz des einen oder Gleichberechtigung

4.6.1 Elternarbeit als Erziehungs- und Bildungspartnerschaft

Aufgrund der gesellschaftlichen Veränderungen sind Eltern in der heutigen Zeit vermehrt auf Hilfe bei der Erziehung ihrer Kinder angewiesen: Großeltern sind, anders als in den früheren Großfamilien, nicht mehr selbstverständliche Erziehungspartner; viele junge Familien ziehen aufgrund der beruflichen Situation in fremde Städte und können dort zunächst nicht auf ein soziales Netz zurückgreifen; durch Trennungen und Scheidungen gibt es heute vermehrt Alleinerziehende oder stiefelterliche Kindbeziehungen; durch Arbeitslosigkeit oder Krankheit geraten Familien oder Eltern in Notsituationen, in denen sie mit der Erziehung ihrer Kinder überfordert sind und Hilfe in Anspruch nehmen müssen.

Um als sozialpädagogische Fachkraft eine gute Erziehungsarbeit leisten zu können, ist es erforderlich, das einzelne Kind oder den einzelnen Jugendlichen im Kontext seines familiären Umfelds bzw. der Bildungs- und Sozialisationserfahrungen zu sehen und auf dieser Grundlage die Zusammenarbeit mit den Eltern und Bezugspersonen zu entwickeln. Es müssen also individuelle Zugänge zur konstruktiven Auseinandersetzung ermöglicht werden.

Aber auch die pädagogische Arbeit in den Einrichtungen hat sich verändert. Gaben Eltern ihre Kinder früher im Kindergarten ab und die sozialpädagogischen Fachkräfte waren die Handelnden, sind Eltern heute im partnerschaftlichen Dialog gefordert und Mitgestalter der pädagogischen Arbeit. Durch die Einbindung von Eltern in die pädagogische Arbeit weitet sich der Begriff der „Erziehungspartnerschaft" auf eine „Bildungspartnerschaft" im Interesse der Kinder aus.

Aus Sicht der sozialpädagogischen Fachkräfte haben sich die Anforderungen erhöht durch
- Integration/Inklusion von Kindern mit Behinderung,
- Sprachförderung,
- „Literacy",
- Bewegungsprogramme,
- Konzeptentwicklung,
- verändertes Lernverhalten und Verhaltensmuster bei Kindern und Jugendlichen,
- intensivere Elternarbeit,
- Netzwerkarbeit.

Diese Anforderungen führen möglicherweise zu Überforderungen im Beruf. Eltern werden als Kunden gesehen und sozialpädagogische Einrichtungen verstehen sich als Dienstleistungsunternehmen.

Textor geht davon aus, dass sozialpädagogische Fachkräfte und Eltern „Notgemeinschaften" eingehen, um auf die sich rasch wandelnden gesellschaftlichen Verhältnisse gemeinsam reagieren zu können und um sich im Interesse der Kinder und Jugendlichen gegenseitig unterstützen zu können (vgl. Fröhlich-Gildhoff u. a., 2008, S. 20). Hieraus ergibt sich das Prinzip der Erziehungs- und Bildungspartnerschaft, welches durch Textor Eingang in die Bildungspläne der Bundesländer für den Bereich Tageseinrichtungen für Kinder gefunden hat.

Textor beschreibt die Erziehungs- und Bildungspartnerschaft folgendermaßen:

„Die Grundhaltung ist hier, dass die Erziehung und Bildung eines Kindes die ‚Co-Produktion' von Eltern, Erzieherinnen, Lehrerinnen und dem Kind selbst ist. Daraus ergibt sich die Zusammenarbeit zwischen allen Erwachsenen, basierend auf einem intensiven, dialoghaften Informations- und Erfahrungsaustausch. So sollten Erzieherinnen und Lehrerinnen selbst mehr familienbildend tätig werden und Eltern darüber informieren, wie gute Lernvoraussetzungen in Familien geschaffen und (Selbst)bildungsprozesse der Kinder initiiert und unterstützt werden können [...]. Je mehr die Familie als Co-Produzent von Bildung wahrgenommen und je intensiver die Kooperation mit ihr wird, umso mehr müssen Erzieherinnen und Lehrerinnen ihre Erziehungs- und Bildungsziele mit den Eltern abstimmen und ihre Bildungsangebote in die Familien hineintragen."
(Textor, 2005, S. 157)

Fröhlich-Gildhoff u. a. konnten durch eine Studie im Jahre 2006 zeigen, dass sozialpädagogische Fachkräfte in Tageseinrichtungen für Kinder die wichtigsten Ansprechpartner für die Eltern sind, wenn es um Erziehungsfragen geht. Erzieherinnen tragen dementsprechend eine sehr hohe Verantwortung. Weiterhin stellten Fröhlich-Gildhoff u. a. heraus, was für Eltern in einer guten Zusammenarbeit wichtig ist, und folgerten, dass sozialpädagogische Fachkräfte ihre Haltung gegenüber Eltern verändern sollten:

„Dort wo Konkurrenz bestand, Berührungsängste den wechselseitigen Umgang prägten und/oder vorrangig die Defizite der Erziehungsberechtigten gesehen wurden, gelang es durch ein verändertes und gestärktes Selbstverständnis der Fachkräfte, den Blick vom einzelnen Kind zur gesamten Familie zu weiten. Die Erzieherinnen sahen, dass sie als Professionelle auf die Eltern zugehen und sich an deren Stärken und Interessen orientieren sollten. Dabei ist es wichtig, jede einzelne Familie mit ihren Ressourcen aber auch Problemen in den Blick zu nehmen."
(Fröhlich-Gildhoff u. a., 2006, S. 14)

Durch diese Studie wurde eine „Wirkungskette zur Gestaltung einer erfolgreichen Zusammenarbeit zwischen Eltern und sozialpädagogischen Fachkräften" (Fröhlich-Gildhoff u. a., 2006, S. 14) nachgewiesen. Voraussetzung hierfür ist eine gute Teamarbeit und deren Weiterentwicklung sowie ein fundiertes Konzept, für das auch ein Leitbild entwickelt wird. Der Blick geht nicht mehr nur zum Kind, sondern zum gesamten System Familie. Die vorhandenen Stärken und Interessen der Familie müssen bei der Planung der Erziehungs- und Bildungspartnerschaft miteinbezogen werden.

Eltern und Bezugspersonen sind keine homogene Gruppe, sondern die Erwartungen, Wünsche und Interessen sind von Familie zu Familie sehr unterschiedlich.

Es gibt Eltern, die aufgrund der eigenen Biografie ihre Vorstellungen gut artikulieren können und eine hohe Erwartungshaltung an die Einrichtung haben. Bei ihnen stehen die Bildungsziele für das einzelne Kind im Vordergrund und sie müssen in der Regel nicht von der pädagogischen Fachkraft motiviert werden, um sich in den pädagogischen Alltag einzubringen.

Es gibt jedoch auch Eltern und Bezugspersonen, die zurückhaltend, eher schüchtern wirken und sich auch, was die Mitgestaltung des pädagogischen Alltags angeht, eher zurückhaltend verhalten.

Des Weiteren gibt es Eltern mit Migrationshintergrund, die sich aufgrund anderer kultureller Hintergründe und Sprachbarrieren nicht einbringen können oder wollen.

Beispiel
Eine alleinerziehende Mutter, die als Krankenschwester im Schichtdienst arbeitet und zwei Kinder im Kindergartenalter hat, beschäftigt sich mit anderen Themen der Betreuung und Bildung als die Mutter, die als Lehrerin eine halbe Stelle hat.

An diesem Beispiel wird deutlich, dass die Zusammenarbeit mit Eltern individuell verlaufen muss, um entsprechendes Vertrauen und Verständnis mit dem Ziel einer erfolgreichen Kooperation entwickeln zu können.

Ziel dieses Kapitels ist es, die Eltern als Erziehungs- und Bildungspartner zu sehen, zu verstehen und die Gestaltung der Erziehungs- und Bildungspartnerschaft in den unterschiedlichen Praxisfeldern zu verdeutlichen. Wenn über Eltern gesprochen wird, sind gleichermaßen andere Bezugspersonen mit angesprochen. Junge sozialpädagogische Fachkräfte sollen dadurch ermutigt werden, Erziehungs- und Bildungspartnerschaften als wichtigen Bestandteil der pädagogischen Arbeit anzuerkennen und sie aktiv und methodisch interessant im Interesse der Kinder und Jugendlichen zu gestalten. Vorwiegend werden die Begriffe Erziehung- und Bildungspartnerschaft verwendet, da nicht nur die Eltern am Erziehungs- und Bildungsprozess beteiligt sind.

Voraussetzungen für eine gelingende Erziehungs- und Bildungspartnerschaft

Damit eine gute Erziehungs- und Bildungspartnerschaft gelingen kann, bedarf es seitens der sozialpädagogischen Fachkraft einiger Voraussetzungen. Vor allem eine positive, wertschätzende Grundhaltung ist die Basis für eine gut funktionierende Erziehungspartnerschaft. Zudem sind folgende Faktoren von Bedeutung (vgl. Kühne/Zimmermann-Kogel, 2005, S. 143):

- Sozialpädagogische Fachkräfte sollten sich ausreichend Zeit für Gespräche nehmen, damit Austausch und Beratungen konstruktiv sein können.
- Sie sollten durch Aus- und Fortbildungen über das nötige Fachwissen verfügen.
- Eltern sollten als Experten für ihre Kinder wahrgenommen werden.
- Die sozialpädagogische Fachkraft sollte über Techniken der Gesprächsführung verfügen und empathisch sein.
- Sie sollte die Bedürfnisse und Lebenslage der Familie erfassen und angemessen darauf reagieren.

- Sie sollte Konfliktmanagement beherrschen und angemessen einsetzen können.
- Sie sollte Geduld zeigen – der Weg der kleinen Schritte führt zum Ziel.
- Sie sollte andere Lebensvorstellungen akzeptieren.
- Sie sollte die Erziehungsarbeit der Eltern anerkennen.
- Sie sollte tolerant sein und unterschiedliche Normen und Werte anerkennen.
- Sie sollte kontaktfreudig sein – ein freundliches Begrüßen ist selbstverständlich.
- Sie sollte Dialogbereitschaft signalisieren – Offenheit ist eine wichtige Voraussetzung, sich kennenlernen, aufeinander eingehen und Vertrauen entwickeln zu können.
- Sie sollte flexibel sein – Vorschläge, Ideen und Gedanken können ausgetauscht, reflektiert und verworfen werden.
- Sie sollte ihre Einstellungen und Erziehungsvorstellungen kritisch überdenken und zu Veränderungen bereit sein.

Auch die Eltern sollten einige Voraussetzungen mitbringen, damit eine fruchtbare Erziehungs- und Bildungspartnerschaft entstehen kann:
- Bereitschaft zum Gespräch,
- Vertrauen – nur auf einer vertrauensvollen Ebene kann über Sorgen und Nöte gesprochen werden,
- Anerkennung der Kompetenz der sozialpädagogischen Fachkraft,
- Bereitschaft zur Reflexion der eigenen Erziehungsziele und des Erziehungsstils,
- Bereitschaft zur Betrachtung von Werten und Normen.

Es ist davon auszugehen, dass manche Eltern aufgrund ihrer persönlichen Situation (Arbeitslosigkeit, Armut, Migrationshintergrund u. a.) zur Mitarbeit motiviert werden müssen.

Was kann eine gute Zusammenarbeit verhindern?

Die Zusammenarbeit von Eltern und sozialpädagogischen Fachkräften ist oft durch Gefühle und Haltungen beeinträchtigt wie
- Angst,
- mangelndes Verständnis,

Elternarbeit im Spannungsfeld von Erwartungen

Kind	Eltern	Erzieherinnen	Träger
• Spannungsfreie Eltern-Erzieherin-Beziehung • Interesse der Eltern am Erziehungsgeschehen • Ähnliche Regeln im Elternhaus und in der Tageseinrichtung	• Umfassende Information über die Einrichtung • Fortlaufende Informationen über die Entwicklung des Kindes • Fundierte Informationen zu Erziehungsfragen • Berücksichtigung der Elterninteressen im Erziehungsalltag • Hilfen bei Entscheidungen und in Konfliktsituationen	• Interesse der Eltern an der Tageseinrichtung • Aktive Teilnahme an Elternveranstaltungen • Persönliches Engagement für die Belange der Einrichtung • Kennen und Beachten von Regelungen der Einrichtung	• Eltern-Engagement für die Einrichtung und den Träger • Mitwirkung und Unterstützung bei Aktivitäten der Einrichtung • Stärkere Berücksichtigung im Erziehungsalltag

(Bernitzke/Schlegel, 2004, S. 23)

- Vorurteile (Kultur, Lebensform, Erziehungsstil etc.),
- Unsicherheiten,
- Unterlegenheitsgefühl,
- Überlegenheitsgefühl,
- Forderungen,
- Eifersucht etc.

Vor allem die Beziehung zwischen der sozialpädagogischen Fachkraft und der Mutter des Kindes oder Jugendlichen kann durch Konkurrenz beeinträchtigt sein. Eine ablehnende Haltung der sozialpädagogischen Fachkraft gegenüber den Eltern (oder umgekehrt) behindert die konstruktive Zusammenarbeit. In diesem Fall ist sicherlich eine Klärung nötig, um die Qualität der Erziehungspartnerschaft zu verbessern. Möglicherweise kann eine dritte Person hinzugezogen werden, die den Klärungsprozess begleitet.

Die Qualität der Erziehungs- und Bildungspartnerschaft

In Kapitel 4.3.1 wurde thematisiert, mit welchen Methoden die Qualität in sozialpädagogischen Einrichtungen gemessen werden kann. Diese Methoden können für die folgenden Überlegungen als Grundlage dienen.

Eltern haben unterschiedliche Erwartungen und Anforderungen an eine sozialpädagogische Einrichtung. Diese orientieren sich an den Lebensbedingungen der jeweiligen Familien oder Alleinerziehenden. Somit wird auch die Qualität einer Einrichtung sehr unterschiedlich definiert. Während eine Familie eine möglichst lange Betreuungszeit wünscht, kann der Bedarf einer alleinerziehenden Mutter die möglichst optimale Frühförderung für ihr Kind sein.

Alle Qualitätsanforderungen an die Einrichtungen haben durchaus ihre Berechtigung. Ziel der Einrichtungen sollte es sein, Qualitätsstandards zu entwickeln, die eine Aussage über die möglichen Leistungen der einzelnen Einrichtungen geben.

In der Praxis ist es wichtig, Eltern die Möglichkeit zu eröffnen, ihre Erwartungen und Bedürfnisse an die Einrichtung zu formulieren. Nur wenn die Einrichtung darüber informiert ist, welche Erwartungen an sie gestellt werden, hat sie die Möglichkeit, ihre Standards zu überprüfen und gegebenenfalls weiterzuentwickeln. Die Einrichtungen müssen zwei wesentliche Dinge in Erfahrung bringen:

- Wie schätzen Eltern die pädagogische Qualität in der Tageseinrichtung ihre Kinder ein?
- Welche pädagogischen Qualitätskriterien sind für Eltern wichtig, welche weniger wichtig?

Hierzu gibt es folgende Möglichkeiten der Informationsgewinnung:

- Zum Ende oder zu Beginn des Kindergartenjahres können Fragebögen verteilt werden.
- Ein Meckerkasten bietet den Eltern während des gesamten Jahres die Möglichkeit, Verbesserungsvorschläge abzugeben.
- Das persönliche Gespräch in Verbindung mit einem Entwicklungsgespräch kann in Form eines Elternsprechtages stattfinden. Abschließend wird die Elternzufriedenheit erfragt.
- Auch Elternabende bieten die Möglichkeit des gemeinsamen Austauschs über mögliche Probleme.
- Zum offenen Dialog mit Eltern in Tür- und Angelgesprächen gibt es jederzeit die Möglichkeit.

Wie gut die Zusammenarbeit mit Eltern in den unterschiedlichen Institutionen ist, sollte immer anhand der Aspekte der Qualitätsentwicklung und Qualitätssicherung überprüft werden.

Die verschiedenen Konzepte zum Qualitätsmanagement in sozialpädagogischen Einrichtungen zeigen die Qualität der Elternarbeit in den fünf Komponenten pädagogischer Qualität, die sich auf die Elternarbeit übertragen lassen (vgl. Strätz 2008).

Orientierungsqualität

Ziel von pädagogischen Fachkräften, die die Orientierungsqualität ernst nehmen, sollte es sein, sich als Begleiter von Eltern zu verstehen, die aufmerksam sind und im günstigen Fall Entwicklungsrisiken von Kindern und Jugendlichen sowie familiäre Probleme so frühzeitig erkennen, dass pädagogisches Handeln rechtzeitig im Interesse der Kinder und Familien einsetzen kann. Dies wird in der heutigen Zeit immer notwendiger, da aufgrund gesellschaftlicher Veränderungen Eltern häufig hilflos sind und Unterstützung in Erziehungsprozessen brauchen.

Strukturqualität

Hier ist zu bedenken, welche Ressourcen für eine konstruktive Elternarbeit genutzt werden können, also was unter den gegebenen Bedingungen geleistet werden kann, aber auch an welchen Punkten weitere Handlungsspielräume erschlossen werden müssen.

Des Weiteren sollte überprüft werden, welche Angebote Eltern erreichen und warum bzw. welche Angebote nicht angenommen werden.

Es können durchaus Kooperationen mit anderen Einrichtungen angestrebt werden, um ein für Eltern attraktives Angebot zu schaffen. Die Entwicklung von Netzwerken bündelt fachliche Kompetenz und erweitert die Möglichkeiten, für die Zielgruppe ansprechende Angebote bereitzustellen.

Prozessqualität

Alle die Einrichtung betreffenden Vorgänge werden als Prozess bezeichnet. Die Prozessqualität bezieht sich in diesem Zusammenhang auf die Qualität, wie die Interaktion mit Eltern stattfindet, wie die Gestaltung der Erziehungs- und Bildungspartnerschaft allgemein transparent gemacht und praktiziert wird.

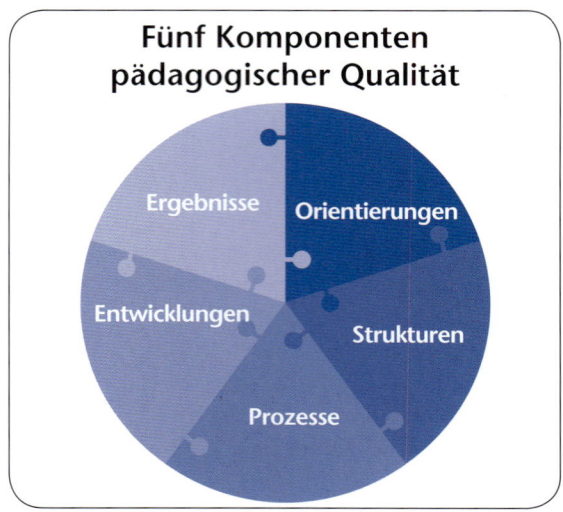

(vgl. Dr. Rainer Strätz, Vortrag vom 19.06.2008)

Die vorgebenden Strukturen bzw. Rahmenbedingungen sind das Fundament, auf dem die Umsetzung der Prozesse erfolgen kann. Zudem bedarf es fachlich qualifizierten Personals, das mit Engagement, Interesse, Verlässlichkeit und der Bereitschaft zur Beziehungskontinuität in Bezug auf die Zielgruppe Eltern bereit und fähig ist, Prozesse individuell und differenziert zu gestalten.

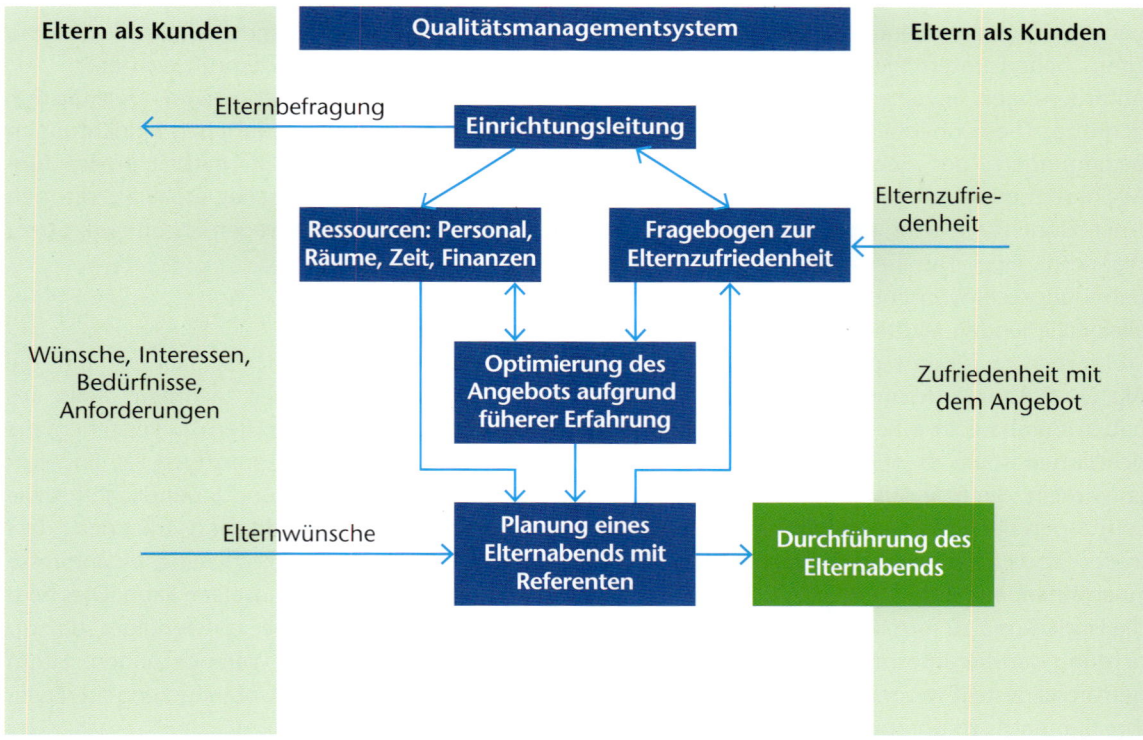

(Bernitzke/Schlegel, 2004, S. 41)

Die Interaktions-, Kommunikations- und Kooperationsprozesse sowie das Konfliktmanagement und die Gestaltung der unterschiedlichen Handlungsbereiche (z. B. Elternabende, Elternberatung, Elterngespräche) sind ein wichtiges Qualitätsmerkmal in der Erziehungspartnerschaft. Unerlässlich ist die Dokumentation zum Beispiel in Form eines Qualitätsjournals, in dem die Prozesse erfasst werden.

Ergebnisqualität

In der Erziehungs- und Bildungspartnerschaft ist es erforderlich, kreative und neue Wege zu gehen, um Eltern als Zielgruppe zu erreichen. Hierzu gehört eine klare Zielformulierung für jeden einzelnen Prozess. Denn nur wer sein Ziel kennt, hat auch eine Chance, dort anzukommen, und kann überprüfen, ob er angekommen ist.

Die Ergebnisqualität bemisst, inwieweit die Ziele in der Erziehungs- und Bildungspartnerschaft verwirklicht werden. Durch die Dokumentation wird die Effektivität der Erziehungs- und Bildungspartnerschaft deutlich. Sie macht eine systematische Reflexion möglich und ist Grundlage für die weitere Fortführung der Arbeit.

Aber auch das Ausmaß an Zufriedenheit bei den Eltern ist ein offensichtliches Indiz für gelungene Elternarbeit. Diese kann beispielsweise durch einen Fragebogen oder ein Interview ermittelt werden.

Eine selbstkritische Analyse der erzielten Ergebnisse ermöglicht eine Standortbestimmung, von der aus eine systematische weitere Planung erfolgen kann. Die Analyse wird mit den Qualitätsstandards verglichen und die Ergebnisse des Vergleichs werden transparent gemacht. Gegebenenfalls werden die Qualitätsstandards weiterentwickelt. Daraus resultiert die Qualitätsentwicklung.

Es sollten Dokumentationssysteme verwendet werden, die sich ohne großen Zeitaufwand gut in den beruflichen Alltag integrieren lassen.

Entwicklungsqualität

Durch die Reflexion der Prozesse und die Überprüfung der Ergebnisse kann die Erziehungs- und Bildungspartnerschaft verbessert und weiterentwickelt werden.

Eltern als ...	Partner	Kunden
Einstellung zu den Eltern	Eltern sind gleichberechtigte Partner, die in den Erziehungsalltag umfassend einzubeziehen sind.	Eltern sind Kunden mit spezifischen Wünschen und Interessen; Eltern sind zufriedenzustellen und an die Einrichtung zu binden.
Elternrolle	Mitgestalter, Mit-Verantwortliche für das sozialpädagogische Angebot	Konsumenten, Nutzer einer sozialpädagogischen Dienstleistung
Elternverhalten	Aktiv sein, beraten, sich einbringen, mitwirken, Aufgaben übernehmen, Zeit investieren, Anregungen geben	Bewerten, wünschen, einfordern, auswählen, mit eigenen Vorstellungen/Interessen vergleichen
Elternerwartung	Fortlaufende Information, Mitsprache, Gestaltungsräume	Leistungskatalog, Qualität, Wahlmöglichkeiten
Konsequenzen für Erzieherinnen	Mitwirkung ermöglichen und gemeinsame Aktivitäten mit Eltern organisieren; Begegnungsmöglichkeiten für Eltern schaffen, gemeinsame Arbeitsgruppen (Eltern/Erzieherinnen) bilden, Eltern als Ressourcen nutzen (zum Beispiel Elternkompetenzen)	Öffentlichkeitsarbeit; Marketing, Präsentation des Leistungsangebots; Profilbildung der Einrichtung; Leistungen dokumentieren (zum Beispiel Plakate, Informationsmaterial), Qualität der Leistung belegen; Elternzufriedenheit und -wünsche fortlaufend erfassen
Wirkung auf Eltern	Eltern identifizieren sich mit „ihrer" Einrichtung und setzen sich für sie ein	Eltern äußern Zufriedenheit/Unzufriedenheit mit dem Dienstleistungsangebot der Einrichtung
Motto	Wir sitzen alle in einem Boot.	Der Kunde ist König.

Eltern als Partner und Kunden (Bernitzke/Schlegel, 2004, S. 20)

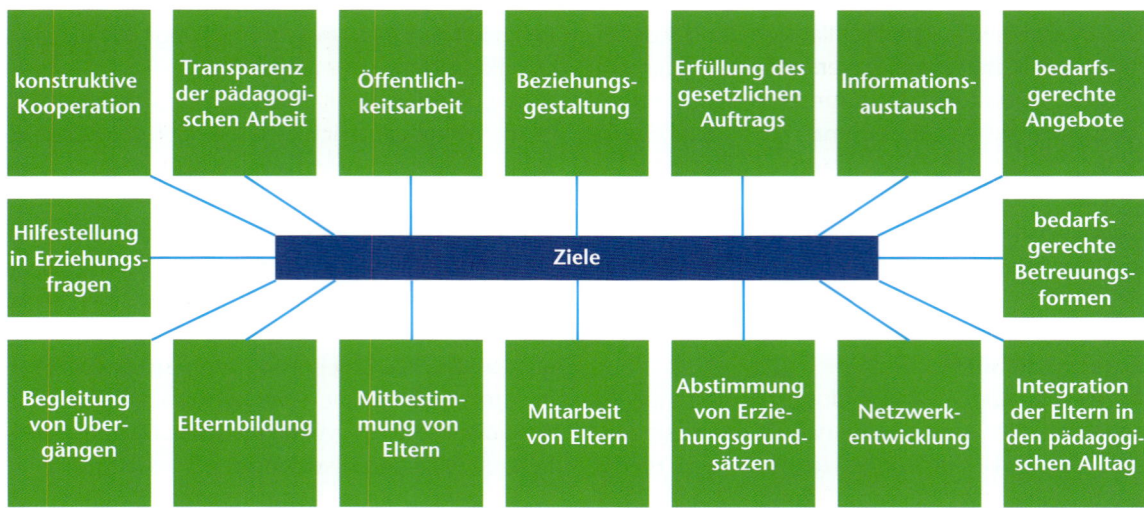

Das pädagogische Fachpersonal sollte dabei nicht sich selbst überlassen bleiben, sondern die Möglichkeit erhalten, durch Supervision, Fallbesprechungen, Fortbildung etc. unterstützt zu werden. Fachliche Begleitung ist wichtig und notwendig. Die Aspekte Lebenslanges Lernen und Lernende Organisation sind im Rahmen von Qualitätsmerkmalen von sozialpädagogischen Einrichtungen eine wichtige Voraussetzung für alle genannten Qualitätsbereiche.

Die Entwicklung von Netzwerken in Form von trägerübergreifenden Konferenzen auf kommunaler oder regionaler Ebene ist auch im Sinne der Erziehungspartnerschaft anzustreben.

Viele Einrichtungen entwickeln sich in einigen Bundesländern langsam zu Familienzentren, womit eine quantitative und qualitative Erweiterung des Angebots in der Erziehungspartnerschaft einhergeht. Dabei ist es von besonderer Bedeutung, die Qualität in Bezug auf die Elternarbeit zu evaluieren.

4.6.2 Ziele und Bedeutung von Erziehungs- und Bildungspartnerschaften

„Familien und Kindergarten sind gemeinsam für das Wohl von Kindern verantwortlich. Sie prägen beide die kindliche Entwicklung in entscheidendem Maße. Familie und Kindergarten sind prägende Lebenswelten von Kindern."
(Textor/Blank, 2004, S. 5)

Für sozialpädagogische Fachkräfte ist die Zusammenarbeit mit Eltern eine berufliche Aufgabe mit vielen Zielen (siehe Grafik oben).

Durch den Begriff Erziehungs- und Bildungspartnerschaft wird deutlich, dass die Erziehung und Bildung der Kinder und Jugendlichen in gemeinsamer Verantwortung geschieht. Das Kind oder der Jugendliche ist Mittelpunkt dieser Partnerschaft. Beide Seiten verfolgen im günstigen Fall ähnliche Ziele für das Kind oder den Jugendlichen. Viele Eltern sind jedoch mit dieser Aufgabe überfordert und benötigen Hilfe. Durch Familienzentren werden bereits heute niedrigschwellige Angebote für Eltern gemacht.

Bislang war der Blick auf Familien und die Entwicklung der Kinder in den Familien eher defizitorientiert. Es ist jedoch allmählich ein Perspektivwechsel festzustellen und die Aufmerksamkeit der Wissenschaft richtet sich vermehrt auf die Schutz- und Risikofaktoren in der kindlichen Entwicklung. Es wird also untersucht, was Kinder brauchen, um sich seelisch gesund entwickeln zu können. Kinder müssen altersangemessene Kompetenzen erwerben, die ihnen die Lösung altersentsprechender Entwicklungsaufgaben auch in schwierigen Lebenssituationen ermöglicht. Dies gelingt ihnen nur, wenn einfühlsame und wertschätzende Erwachsene sie begleiten. Eltern wiederum brauchen Unterstützung, damit Kinder Resilienz entwickeln können.

Resilienz bei Eltern und Kindern

Die Resilienzforschung untersucht vor allem:
- gesunde Entwicklungsprozesse in überdauernd belastenden Situationen,
- Beständigkeit von Kompetenzen in Belastungssituationen,
- Verarbeitung und Verarbeitungsgeschwindigkeit von Traumata.

Übergänge von der Familie in die Tageseinrichtung oder von der Tageseinrichtung in die Schule stellen für Familien Herausforderungen dar. Werden diese positiv bewältigt, wirkt sich dies positiv auf das Kind oder den Jugendlichen aus. Der junge Mensch stabilisiert seine Persönlichkeit und entwickelt das Bewusstsein, dass Veränderungen und Stresssituationen eine Herausforderung sind, die er aber bewältigen kann. Gelingt es nicht, diese Situationen altersentsprechend zu bewältigen, können Entwicklungsprobleme entstehen.

Wenn Familien die Kompetenzen fehlen, Kinder und Jugendliche altersentsprechend zu begleiten, sollte die Erziehungs- und Bildungspartnerschaft sie dabei unterstützen, ohne ihnen ihre Autonomie zu nehmen. Ziel ist es, dass die Familie als ein Ort wahrgenommen wird, an dem **Resilienz** entwickelt werden kann. Eltern können lernen, Krisen als Chancen zu begreifen und sie können erfahren, dass Probleme konstruktiv gelöst werden können (vgl. Tschöpe-Scheffler, 2006, S. 286).

Der Mensch ist aus Sicht der Entwicklungspsychologie ein sich ständig wandelndes und entwickelndes Wesen. Also entwickelt sich auch die Fähigkeit der Krisen- und Problembewältigung. Auch Eltern sind in der Lage, sich immer wieder neuen Herausforderungen zu stellen und zu lernen, mit Belastungen umzugehen.

Gerade die Erziehung von Kindern ist eine immer wieder neue Herausforderung, die auch mit Belastung verbunden sein kann. Eltern entwickeln ihre Elternschaft parallel zu der Entwicklung der Kinder und Jugendlichen und sehen sich somit auch immer wieder vor neuen Entwicklungsaufgaben. Dies kann auch zu Verunsicherung und Überforderung führen. Durch Konzepte, die eine Stärkung der elterlichen Resilienz vorsehen, werden Eltern in ihrer Erziehungskompetenz gestärkt und für die Resilienzförderung ihrer Kinder sensibilisiert.

Eltern muss in einer gelingenden Erziehungspartnerschaft der positive Blick aufs Kind eröffnet werden, damit sie sehen, was ihnen in der Erziehung gut gelingt und wo die familiären Stärken und gemeinsamen Interessen liegen. Dadurch wird eine positive Beziehungsgestaltung zwischen Eltern, Kindern und Jugendlichen unterstützt. Voraussetzung dafür ist ein guter Kontakt zwischen Eltern und sozialpädagogischer Fachkraft.

Eine positive Atmosphäre wirkt sich auch positiv auf das Kind oder den Jugendlichen aus. Wenn Kinder und Jugendliche spüren, dass Eltern und pädagogische Fachkräfte sich mit Wertschätzung und **Akzeptanz** begegnen, fördert dies auch ihre Beziehung zu der Erzieherin. Voraussetzung dafür ist die Offenheit sowohl seitens der Familie als auch der sozialpädagogischen Einrichtung.

Offenheit seitens der Eltern bedeutet, dass sie über das Kind, sein Verhalten, seine Entwicklung, seine besonderen Erlebnisse, aber auch über ihre Vorstellungen und Erziehungsziele und -methoden sprechen.

Die sozialpädagogische Einrichtung ihrerseits macht den pädagogischen Alltag in der Einrichtung transparent. Eltern erfahren gerne etwas über
- die Entwicklung ihres Kindes,
- die Integration ihres Kindes,
- das Verhalten ihres Kindes und
- ob das Kind Schwierigkeiten hat.

Haben Eltern Erziehungsschwierigkeiten, möchten sie auch von den sozialpädagogischen Fachkräften erfahren, wie sie an ihrer Stelle handeln würden.

Die sozialpädagogische Fachkraft
- arbeitet mit den Eltern zusammen,
- reflektiert mit den Eltern das Erziehungsverhalten,

- unterstützt sie in ihrem Erziehungsverhalten,
- beachtet die rechtlichen Grundlagen,
- entwickelt ein Handlungskonzept und
- dokumentiert die pädagogische Arbeit und die Elternarbeit.

Bernitzke/Schlegel formulieren im Handbuch der Elternarbeit folgende Forderungen an eine gelingende Elternarbeit:

- *„Eltern sind Erwachsene und müssen mit Methoden des erwachsenenmäßigen Lernens informiert werden.*
- *Elternarbeit ist adressatengerecht zu gestalten. Bildungsvoraussetzungen, Sprachkompetenz, Erfahrungen der Eltern sind bei der Planung zu berücksichtigen.*
- *Die Privatsphäre der Eltern ist bei der Elternarbeit zu achten.*
- *Elternarbeit berücksichtigt variabel die Vielfalt von Methoden und Ausdrucksformen.*
- *Elternarbeit ist ein integrativer Bestandteil der Erziehungsarbeit und darf nicht als lästiges Anhängsel verstanden werden.*
- *Elternarbeit ist kontinuierlich zu überprüfen, um qualitativen Ansprüchen gerecht zu werden.*
- *Elternarbeit stärkt und stützt die Kompetenzen der Eltern.*
- *Elternarbeit ist eine Teamaufgabe, für die jeder Mitarbeiter Verantwortung trägt und seinen Beitrag zu leisten hat.*
- *Elternarbeit ist gemeinwesenorientiert, d. h. in das Gemeinwesen, in dem die Einrichtung arbeitet, zu integrieren und mit anderen Institutionen abzustimmen.*
- *Elternarbeit muss wirkungsvoll sein, denn sie ist öffentlichkeitswirksam und hat großen Einfluss darauf, wie die Einrichtung in der Öffentlichkeit wahrgenommen und eingeschätzt wird. Elternarbeit ist damit eine wichtige Zukunftsinvestition, die den Bestand der Einrichtung sichern kann.*
- *Elternarbeit ist sorgfältig zu planen, da Eltern als Multiplikatoren ihre Erfahrungen weitergeben. Dieser Aspekt wird vielfach unterschätzt. Deshalb muss Elternarbeit professionell angegangen und realisiert werden.*
- *Elternarbeit ist für Eltern interessant und attraktiv zu gestalten, nur dann ist eine hohe Beteiligung und Motivation der Eltern erreichbar.*
- *Elternarbeit muss betroffen machen, damit die Eltern zum aktiven Mittun bewegt werden."*

(Bernitzke/Schlegel, 2004, S. 13 f.)

Es ist jedoch zu bedenken, dass man als sozialpädagogische Fachkraft, selbst wenn man diese Forderungen erfüllt, in der pädagogischen Arbeit möglicherweise mit Eltern konfrontiert wird, die wenig Interesse an der Arbeit zeigen, Kritik äußern und insgesamt schwer erreichbar und nicht zur Zusammenarbeit bereit sind.

Erziehungs- und Bildungspartnerschaft in unterschiedlichen sozialpädagogischen Arbeitsfeldern

Bisher wurde die Erziehungs- und Bildungspartnerschaft in der Tageseinrichtung für Kinder allgemein betrachtet. Die Grundhaltung lässt sich auch auf alle anderen Bereiche übertragen. Doch werden in den verschiedenen Arbeitsfeldern unterschiedliche Anforderungen an sozialpädagogische Fachkräfte gestellt, was sich auf die konkrete Erziehungs- und Bildungspartnerschaft auswirkt.

Erziehungs- und Bildungspartnerschaft mit Eltern von Kindern unter drei Jahren

Die Zusammenarbeit mit Eltern in einer Gruppe mit Kindern unter drei Jahren ist in der Regel besonders intensiv. Eltern haben häufig ein schlechtes Gewissen, wenn sie ihr Kind so früh in eine Einrichtung geben. Das Kind kann sich noch nicht verbal äußern, daher suchen Eltern den intensiven Austausch über die Stimmung und Entwicklung des Kindes.

Zudem sind Absprachen nötig bezüglich
- der Schlaf- und Essenzeiten und
- der Sauberkeitserziehung.

Soziapädagogische Fachkräfte sind in ihrer Sensibilität, *Empathie* und Feinfühligkeit gefordert, Eltern das Gefühl zu geben, dass ihr Kind gut aufgehoben ist und sie aufgrund eines intensiven Austauschs über alle ihr Kind betreffenden Belange informiert werden.

Erziehungs- und Bildungspartnerschaft in einer multikulturellen Einrichtung

Familien mit Migrationshintergrund erfahren in unserer Gesellschaft häufig Ablehnung. Dies hat unterschiedliche Ursachen. Ein Aspekt könnte sein, dass sprachliche Barrieren die Kommunikation erschweren. Des Weiteren spielt der unterschiedliche kulturelle Hintergrund eine große Rolle. Eltern mit Migrationshintergrund stehen unter Umständen dem sozialpädagogischen Fachpersonal kritisch gegenüber, da sie schon Ablehnung erfahren haben. Zudem ist es vor allem für Männer häufig gewöhnungsbedürftig, dass ihre Söhne möglicherweise von einer weiblichen sozialpädagogischen Fachkraft betreut werden. Außerdem können unterschiedliche Erziehungsauffassungen trennend wirken und aufgrund von Sprachproblemen nicht diskutiert werden. Eltern haben dann das Gefühl, ihr Kind schützen zu müssen.

Aufgrund der sprachlichen Schwierigkeiten wird weder das Gespräch seitens mancher Eltern gesucht, noch kommen sie zu Elternabenden. Elternmitteilungen können aufgrund der mangelnden Sprachkenntnisse häufig nicht gelesen werden.

Ziel ist es, Eltern durch interessante Angebote (beispielsweise Mithilfe bei der Zubereitung eines internationalen Buffets für ein Fest) den Zugang zu der Einrichtung zu erleichtern und dies als Chance für den Beziehungsaufbau zu nutzen, damit Erziehung- und Bildungspartnerschaft entstehen kann.

Erziehungs- und Bildungspartnerschaft in der OGS/im Hort

In der OGS oder dem Hort, den es in einigen Bundesländern noch gibt, sieht die Zusammenarbeit mit Eltern wieder anders aus. Häufig ist der Kontakt zu den Eltern sehr zurückhaltend. Die Kinder gehen alleine nach Hause und sozialpädagogische Fachkräfte sehen die Eltern nur, wenn es „brennt". Manche Kinder werden auch durch das Jugendamt (Hilfen zur Erziehung) in die Einrichtung vermittelt, was dann auch fallbedingte Einzelgespräche mit den Eltern erforderlich macht.

Die Themen, die die sozialpädagogischen Fachkräfte mit den Eltern besprechen, betreffen häufig die Schule. Es gibt möglicherweise Probleme in der Klasse, mit den schulischen Aufgaben oder den Lehrkräften. Aber auch die Freizeitorganisation muss besprochen werden, da Kinder häufig von dort aus weitere sportliche oder musikalische Freizeitangebote wahrnehmen. Also sind Absprachen notwendig bezüglich

- Hausaufgaben,
- Klassenkameraden/Freunde treffen,
- Nachhauseweg,
- Freizeitorganisation.

Eltern haben oftmals die Erwartung, dass die Hausaufgaben vollständig und korrekt in der Einrichtung erledigt werden. Der Wunsch, dass die Kinder auf Klassenarbeiten vorbereitet werden, besteht ebenfalls seitens der Eltern. Dies ist aber im Tagesablauf aus unterschiedlichen Gründen häufig nicht möglich und löst Unmut bei sozialpädagogischen Fachkräften aus. Kinder haben ein unterschiedliches Tempo bei der Erledigung der Hausaufgaben. Die Einrichtungen orientieren sich am Schulgesetz, das in den ersten beiden Schuljahren 30 Minuten und im dritten und vierten Schuljahr 60 Minuten Zeit zur Erledigung der Hausaufgaben vorsieht.

Parallel zur Hausaufgabenbetreuung findet der Gruppenalltag statt, in dem die Kinder ihre Freizeit verbringen sollen, da es für die weitere Entwicklung der Kinder wichtig ist, Freiräume zu haben. Kursangebote strukturieren den Tagesablauf. Somit sehen sich sozialpädagogische

Fachkräfte nicht selten in Konfliktgesprächen mit Eltern zur Klärung der Bedingungen. Es gibt auf der anderen Seite aber auch Eltern, die sich augenscheinlich nicht für die Belange ihrer Kinder interessieren. Sozialpädagogische Fachkräfte sollten sich immer Gedanken darüber machen, welche Gründe Eltern dafür haben, sich wenig oder gar nicht interessiert zu zeigen. Oftmals sind die Eltern überfordert, in schwierigen Lebenssituationen oder haben selber nicht gelernt, fürsorglich zu sein. Möglicherweise zeigt das Kind oder der Jugendliche bereits Verhaltensauffälligkeiten (vgl. Kapitel 2.8). Dann ist es die Aufgabe der sozialpädagogischen Fachkraft, sich um die Beziehung zu den Eltern und vor allem zu dem Kind zu bemühen.

Ziel ist es, Eltern zu erreichen, im Interesse der Kinder zu beraten und gemeinsam Lösungswege zu entwickeln, die allen Beteiligten gerecht werden.

Erziehungs- und Bildungspartnerschaft in der stationären Erziehungshilfe

Das Ziel der Heimerziehung besteht darin, dass das Kind oder der Jugendliche in die Familie zurückkehren kann (vgl. SGB VIII § 34 Abs. 2). Zum Wohle des Kindes und Jugendlichen ist gesetzlich verankert, dass sozialpädagogische Fachkräfte mit den Eltern zusammenarbeiten. Eltern erhalten Beratung und Unterstützung, damit eine Rückführung in die Familie möglich wird. Wesentliche Entscheidungen, die die Lebensperspektive des Kindes oder Jugendlichen angehen, werden mit den Eltern beraten und wenn möglich gemeinsam getroffen. Eltern haben, auch wenn das Kind oder der Jugendliche in der stationären Erziehungshilfe untergebracht ist, zahlreiche Rechte und Pflichten. Beispielsweise haben sie Mitspracherecht bezüglich der Hilfeplanung ihres Kindes. Besonders im Praxisfeld Heim gibt es viele Faktoren, die die Erziehungspartnerschaft erschweren.

- Eltern erleben sich, wenn ihr Kind oder Jugendlicher in die stationäre Jugendhilfe kommt, häufig als Versager und haben Gefühle der Ohnmacht (zum Folgenden vgl. Günder, 2007, S. 232).
- Eltern empfinden den Heimaufenthalt ihres Kindes als Strafe und Ungerechtigkeit und sehen keine Motivation zur Zusammenarbeit.
- Eltern halten Termine und Absprachen nicht ein.
- Eltern sehen aufgrund persönlicher Überforderung keine Möglichkeit der Zusammenarbeit.
- Der Kontakt zu den Kindern kann pädagogische Erfolge verringern oder es kommt sogar zu Rückschlägen.
- Eltern nehmen junge sozialpädagogische Fachkräfte nicht ernst, da diese keine eigenen Kinder haben.
- Sozialpädagogische Fachkräfte werden als Konkurrenz gesehen. Eifersucht und Verletztsein blockieren eine Kontaktaufnahme.
- Eltern wohnen weit weg.

Werden solche Eltern mit sozialpädagogischen Fachkräften konfrontiert, die sie von oben herab behandeln und ihnen das Gefühl vermitteln, besser zu wissen, was für das Kind gut ist, kommt es, wie Blandow sagt, zur „unreflektierten Degradierung" (Günder, 2004, S. 19).

Sozialpädagogische Fachkräfte, die im Heim arbeiten, sehen zahlreiche Schwierigkeiten bezüglich der gesetzlich vorgesehenen Erziehungspartnerschaft. Dennoch sollte die Zusammenarbeit mit Eltern im Interesse der Kinder und Jugendlichen konsequent angestrebt werden. Gerade in der Anfangsphase ist es wichtig, Eltern mit Wertschätzung zu begegnen, sodass eine vertrauensvolle Gesprächsbasis geschaffen werden kann. Die Eltern hatten lange Zeit die Verantwortung für das Kind oder den Jugendlichen. Sie möchten nicht als schlechte Eltern abgestempelt werden. Es geht auch gar nicht darum, Schuld zuzuweisen, sondern darum, zu klären, in welcher Form die Eltern weiterhin für ihr Kind als Mutter oder Vater da sein können. Der Fokus der Gespräche sollte anfangs nicht auf Erziehungs- und Lebensfragen liegen.

Die professionelle Haltung beinhaltet in diesem Fall,
- die Eltern in ihrer Individualität zu akzeptieren,
- sie mit Wohlwollen und Warmherzigkeit willkommen zu heißen sowie
- mit den Eltern eine Kooperation anzustreben.

Dadurch wird es den Eltern erleichtert zu akzeptieren, dass es für ihr Kind besser ist, eine Zeit lang nicht mehr ihrer Verantwortung zu unterstehen. Damit diese Grundhaltung entwickelt werden kann, müssen folgende Voraussetzungen erfüllt sein:

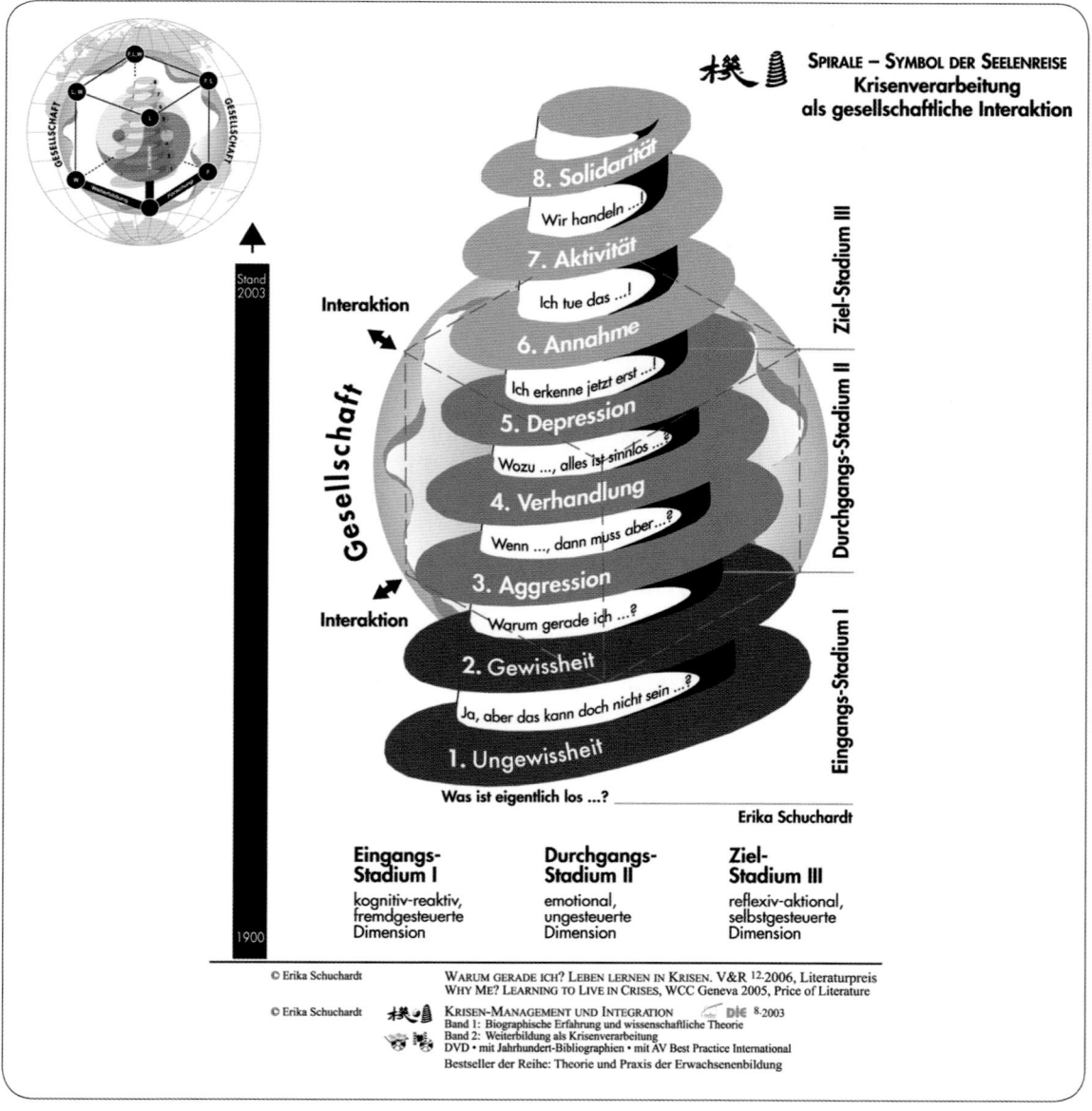

(Schuchardt, 2006, S. 56)

- Eine hohe Reflexionsfähigkeit in Bezug auf die eigene Person und das Team muss vorhanden sein.
- Negative Haltungen wie Gefühle der Eifersucht und Konkurrenz müssen aufgedeckt und abgebaut werden.
- In der Kommunikation ist zu beachten, dass eine leicht verständliche Sprache gewählt wird.

Nur so kann „Elternarbeit im Interesse des Kindes wirklich wahrgenommen werden und sich die sozialpädagogische Fachkraft effektiv bei Vorgesetzten und Institutionen für sie einsetzen und dort vorhandene Vorbehalte und Barrieren überwinden" (Günder, 2007, S. 240). Ziel ist es, im Interesse der Kinder und Jugendlichen zu den Eltern Kontakt herzustellen und Barrieren abzubauen.

Erziehungs- und Bildungspartnerschaft mit Eltern von Kindern mit Behinderung

Eltern von Kindern mit einer Behinderung bedürfen einer intensiven Begleitung in Form einer Erziehungspartnerschaft.

Oftmals durchliefen sie, bevor das Kind in die Einrichtung kam, eine Trauerspirale (siehe Abbildung, Schuchardt, 2006). Ihre ganze Welt geriet

möglicherweise durch die Feststellung der Behinderung ins Wanken. Diese Nachricht stößt in den meisten Fällen auf Unwissenheit, Unsicherheit und Unannehmbarkeit. In diesem Prozess brauchen Eltern alle mögliche Unterstützung und Begleitung, um Sicherheit im Umgang mit ihrem Kind entwickeln zu können.

4.6.3 Formen und Methoden in Erziehungs- und Bildungspartnerschaft

Die Arbeit mit Eltern ist grundsätzlich ein Kommunikationsprozess, der durch vielfältige Formen und Methoden unterstützt werden kann.
Die Zielsetzung in der Arbeit mit Eltern ist sehr unterschiedlich. Entsprechend werden die Formen und Methoden in der Literatur in Kategorien eingeteilt. Diese Kategorien sind jedoch nicht streng voneinander zu trennen, denn einzelne Angebote wie z. B. ein Tag der offenen Tür kann für die Eltern sowohl beratenden, bildenden als auch mitwirkenden Charakter haben. Bernitzke und Schlegel unterscheiden zwischen der sozialen Form, welche die direkte Kommunikation zwischen pädagogischem Fachpersonal und Eltern bezeichnet, und der schriftlichen Form. Die soziale Form wird noch einmal unterteilt: Von Informations-, Beratungs- und Bildungsangeboten profitieren die Eltern, es handelt sich also um eine **elternunterstützende** Form. Dabei können Einzelpersonen, die Eltern einer Gruppe oder alle Eltern angesprochen werden. Die sozialpädagogische Fachkraft verfügt in diesen Situationen über ein Repertoire an Gesprächsmethoden, Beratungstechniken, Moderations- und Präsentationstechniken.

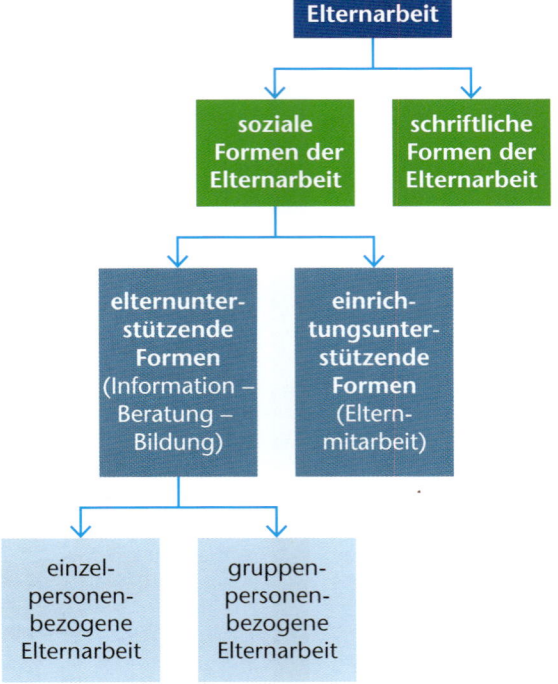

(Bernitzke/Schlegel, 2004, S. 52)

Von der **einrichtungsunterstützenden** Elternmitwirkung profitiert die Institution. Eltern unterstützen die Einrichtung z. B. über die gesetzlich geregelte Elternmitwirkung bei Festen und Feiern in der Öffentlichkeitsarbeit.
Die Universität Dortmund führte im Jahr 1984 eine Studie zur Überprüfung der Elternarbeit in Tageseinrichtungen für Kinder durch. Die Frage an 553 sozialpädagogische Fachkräfte war, welche Formen der Elternarbeit in den letzten zwölf Monaten durchgeführt wurden.
Im Jahr 2002 befragen Bernitzke und Schlegel 126 Einrichtungen und verglichen diese mit den damaligen Antworten der Studie. Nachfolgende Übersicht gibt einen Überblick über den Einsatz der Methoden und Formen von Elternarbeit.
Durch diese Ergebnisse wird deutlich, dass die sozialpädagogische Fachkraft Erziehungspartnerschaft vor allem durch allgemeine Gespräche und das Feiern von Festen praktiziert. Es zeichnet sich

Kompetenzen der sozialpädagogischen Fachkräfte in der Erziehungspartnerschaft

	Kompetenzen für die einzelpersonen-bezogene Formen der Erziehungspartnerschaft	Kompetenzen für die gruppenbezogenen Formen der Erziehungspartnerschaft	Kompetenzen für die einrichtungsunterstützenden Formen der Erziehungspartnerschaft	Kompetenzen für die schriftlichen Formen der Erziehungspartnerschaft
Fach-kompetenz	• Entwicklung eines eigenen Standpunktes, differenzierte sozialpädagogische Kenntnisse, • beständige Weiterentwicklung des Kenntnisstandes, • kritische Auseinandersetzung mit neuen Konzepten der Elternarbeit, • Wahrnehmung von entsprechenden Fortbildungsangeboten, • Berücksichtigung der Elternrechte	• Entwicklung eines eigenen Standpunktes, differenzierte sozialpädagogische Kenntnisse, • beständige Weiterentwicklung des Kenntnisstandes, • kritische Auseinandersetzung mit neuen Konzepten der Elternarbeit, • Wahrnehmung von entsprechenden Fortbildungsangeboten, • Begründung des fachlichen Handelns	• Entwicklung eines eigenen Standpunktes, differenzierte sozialpädagogische Kenntnisse, • beständige Weiterentwicklung des Kenntnisstandes, • kritische Auseinandersetzung mit neuen Konzepten der Elternarbeit, • Wahrnehmung von entsprechenden Fortbildungsangeboten, • Begründung des fachlichen Handelns, • Grundkenntnisse der Motivationspsychologie	• Entwicklung eines eigenen Standpunktes, differenzierte sozialpädagogische Kenntnisse, • beständige Weiterentwicklung des Kenntnisstandes, • kritische Auseinandersetzung mit neuen Konzepten der Elternarbeit, • Wahrnehmung von entsprechenden Fortbildungsangeboten, • Begründung des fachlichen Handelns, • Wissen aus dem Bereich EDV, • Kenntnisse in der Gestaltung von Texten
Methoden-kompetenz	• Methodenvielfalt, • Beratungskompetenz, • Problemlösungsstrategien, • Gesprächstechniken, • aktives Zuhören	• Methodenvielfalt, • Problemlösungsstrategien, • kreativitätsfördernde Arbeitsformen, • erwachsenengerechte Vermittlungsformen, • Visualisierungs- und Präsentationstechniken, • Techniken der Informationsbeschaffung, -bearbeitung und -auswertung, • Moderation, Diskussionsleitung, • Gesprächstechniken	• Methodenvielfalt, • Problemlösungsstrategien, • kreativitätsfördernde Arbeitsformen, • erwachsenengerechte Vermittlungsformen, • Visualisierungs- und Präsentationstechniken, • Techniken der Informationsbeschaffung, -bearbeitung und -auswertung, • Moderation, Diskussionsleitung, • Gesprächstechniken	• Methodenvielfalt, • Problemlösungsstrategien, • kreativitätsfördernde Arbeitsformen, • Visualisierungs- und Präsentationstechniken, • Techniken der Informationsbeschaffung, -bearbeitung und -auswertung, • Techniken der Elternbefragung
Selbst-kompetenz	• Echtheit, • Offenheit, • Frustrationstoleranz, • Durchsetzungsfähigkeit, • selbstkritische Reflexion, • Empathie/Einfühlungsvermögen, • positive Berufseinstellung, • Verlässlichkeit, • Flexibilität	• Echtheit, • Frustrationstoleranz, • Durchsetzungsfähigkeit, • selbstkritische Reflexion, • Empathie/Einfühlungsvermögen, • positive Berufseinstellung, • Veränderungsbereitschaft, • Begeisterungsfähigkeit, • Organisationsfähigkeit, • Verlässlichkeit, • Flexibilität	• Echtheit, • Frustrationstoleranz, • Durchsetzungsfähigkeit, • selbstkritische Reflexion, • Empathie/Einfühlungsvermögen, • positive Berufseinstellung, • Veränderungsbereitschaft, • Begeisterungsfähigkeit, • Organisationsfähigkeit, • Verlässlichkeit, • Flexibilität	• Echtheit, • Frustrationstoleranz, • Durchsetzungsfähigkeit, • selbstkritische Reflexion, • Empathie/Einfühlungsvermögen, • positive Berufseinstellung, • Veränderungsbereitschaft, • Organisationsfähigkeit, • Verlässlichkeit, • Flexibilität, • gute Beherrschung der deutschen Sprache
Sozial-kompetenz	• Kooperationsbereitschaft, • Kommunikationsfähigkeit, • konstruktives Vorgehen in Konfliktsituationen, • Übernahme von sozialer Verantwortung, • Verlässlichkeit gegenüber Eltern, • partnerschaftliche Grundhaltung	• Kooperationsbereitschaft, • Kommunikationsfähigkeit, • Erkennen und Steuerung von Gruppenprozessen, • konstruktives Vorgehen in Konfliktsituationen, • Übernahme von sozialer Verantwortung, • Verlässlichkeit gegenüber Eltern, • partnerschaftliche Grundhaltung	• Kooperationsbereitschaft, • Kommunikationsfähigkeit, • Erkennen und Steuerung von Gruppenprozessen, • konstruktives Vorgehen in Konfliktsituationen, • Übernahme von sozialer Verantwortung, • Verlässlichkeit gegenüber Eltern, • partnerschaftliche Grundhaltung	• Kommunikationsfähigkeit, • Übernahme von sozialer Verantwortung, • Verlässlichkeit gegenüber Eltern, • partnerschaftliche Grundhaltung

Formen der Elternarbeit (Bernitzke/Schlegel, 2004)

eine Veränderung ab. Sozialpädagogische Fachkräfte in der Gruppenleitung führen deutlich mehr Aufnahmegespräche. Auch die schriftlichen Formen der Elternarbeit haben zugenommen, was sicherlich auf die Vereinfachung durch neue Medien zurückzuführen ist. Die Elternmitarbeit hat sich verstärkt; dies ist sicherlich auch auf ein verändertes Denken zurückzuführen, das sich in Richtung Elternpartnerschaft entwickelt. Aktivitäten wie Bastelnachmittage und -abende haben deutlich abgenommen, ebenso wie Hausbesuche und Hospitationen der Eltern.

Ziel der heutigen Zusammenarbeit mit Eltern ist u. a. die Stärkung der Kompetenzen in den Familien. Sozialpädagogische Fachkräfte verstehen sich als Begleiterinnen in einer wichtigen Lebensphase für Eltern, Kinder und Jugendliche. Somit entsteht eine Erziehungs- und Bildungspartnerschaft mit vielfältigen Aufgabenfeldern.

Kompetenzen der soziapädagogischen Fachkraft für die Gestaltung von Erziehungs- und Bildungspartnerschaft

Die Gestaltung von Erziehungs- und Bildungspartnerschaften gehört zu den Aufgaben der sozialpädagogischen Fachkraft. Um dieser Anforderung und manchmal auch Herausforderung gerecht zu werden, bedarf es der Entwicklung von Fach-, Selbst-, Sozial- und Methodenkompetenz. Die sozialpädagogische Fachkraft bringt sich mit ihrer Individualität in die Arbeit ein. Die junge sozialpädagogische Fachkraft fühlt sich häufig noch unsicher und manchmal auch überfordert. Dies ist zu Beginn normal. In der schulischen Ausbildung erhält sie ein Basiswissen. Auf diesen grundlegenden Kenntnissen wird die sozialpädagogische Fachkraft aufbauen und ihr individuelles Verständnis für die Arbeit mit den Familien entwickeln. Dabei wird sie stetig durch Fort- und Weiterbildung ihr Fachwissen erweitern und zunehmende Sicherheit in der Zusammenarbeit mit Eltern gewinnen.

Die einzelbezogenen Formen der Erziehungs- und Bildungspartnerschaft

Der erste Kontakt beginnt in der Regel über das Anmelde- oder Aufnahmegespräch. Des Weiteren finden Tür- und Angel-, Beratungs-, Entwicklungs-, Kritik- und Konfliktgespräche etc. statt. Dafür muss die sozialpädagogische Fachkraft Gesprächsmethoden oder -techniken beherrschen. Das in der Schule vermittelte Basiswissen reicht häufig nicht aus, um den Anforderungen im Alltag gerecht zu werden. Sozialpädagogische Fachkräfte sollten sich im Rahmen von Fort- und Weiterbildung diesbezüglich weiterqualifizieren, um ihre Handlungsmöglichkeiten zu erweitern und Sicherheit zu gewinnen. Gerade für junge sozialpädagogische Fachkräfte ist es von großer Bedeutung, durch eine methodische Vielfalt Sicherheit zu entwickeln.

Vor jedem Gespräch sollte sich die sozialpädagogische Fachkraft überlegen:
- Was ist Thema des Gesprächs?
- Was ist mein Ziel in diesem Gespräch?
- Mit welchen Inhalten möchte ich das Ziel erreichen?
- Welche Form des Gesprächs begünstigt es, das Ziel zu erreichen?
- Wurden schon Ziele erreicht?

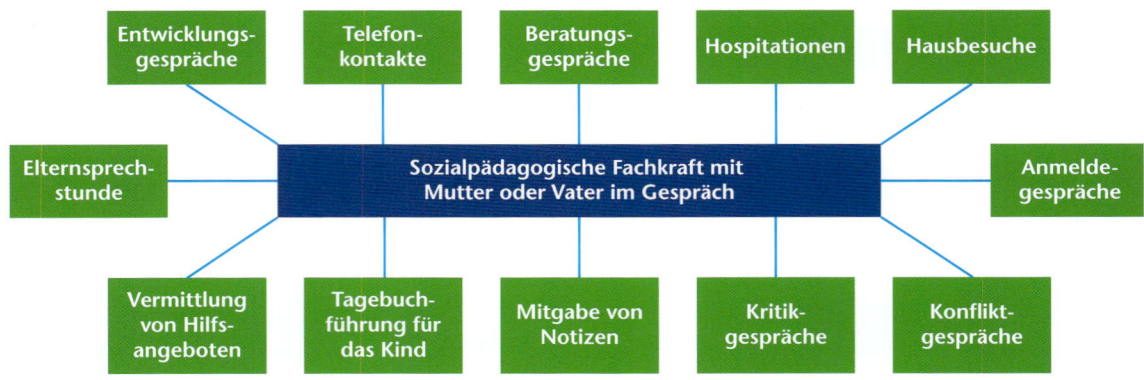

Bei der Zielformulierung ist es erforderlich, folgende Aspekte zu berücksichtigen:
- Welche Vorstellungen hat der Träger, bei dem die sozialpädagogische Fachkraft arbeitet?
- Welche Rahmenbedingungen muss die sozialpädagogische Fachkraft für dieses Gespräch schaffen?
- Welche Informationen hat sie zu dem Thema des Gesprächs?

Die Ziele eines Gesprächs müssen immer wieder auf ihre Gültigkeit und Richtigkeit hin überprüft werden. Nicht immer stimmt die Zielsetzung der sozialpädagogischen Fachkraft mit den Zielen der anderen am Gespräch Beteiligten überein. Sie muss lernen, mit diesen unterschiedlichen Vorstellungen umzugehen und eventuell auch Überzeugungsarbeit bezüglich der Zielsetzung zu leisten.

Es ist sinnvoll, Gespräche zu planen und die eigene Vorgehensweise zu begründen (vgl. Kapitel 4.2). Durch die Planung macht sich die sozialpädagogische Fachkraft schon im Vorfeld bewusst, welche Faktoren den Prozess des Gesprächs fördern oder behindern können.

Das Gespräch bzw. die zwischenmenschliche Kommunikation und Kooperation sind Fundamente in der Sozialpädagogik. Voraussetzung eines jeden guten Gesprächs ist die Fähigkeit des „aktiven Zuhörens".

Aktives Zuhören in der Erziehungs- und Bildungspartnerschaft

Das aktive Zuhören gehört gerade in der Erziehungs- und Bildungspartnerschaft zur professionellen Gesprächsführung mit dem Ziel, eine einfühlende und verstehende Gesprächsatmosphäre zu schaffen und sein Gegenüber mit seinen Gefühlen zu verstehen.

Drei Ansätze thematisieren das aktive Zuhören (vgl. Bernitzke/Schlegel, 2004, S. 57):
- die Gesprächspsychotherapie nach Carl. R. Rogers
- das Kommunikationsmodell nach Friedemann Schulz von Thun
- die Gesprächsgrundsätze der Familienkonferenz nach Gordon

Die Gedanken, Bedürfnisse, Empfindungen und Gefühle von Eltern sind nur indirekt für die am Gespräch beteiligten Personen erfahrbar, da Kommunikation häufig verschlüsselt über Sprache, Gestik, Mimik und Körpersprache abläuft. Nonverbale Signale beeinflussen den Gesprächsverlauf indirekt, sind in der Regel unbewusst, aber von großer Bedeutung:
- Ein freundlicher, offener Gesichtsausdruck entspannt eine Gesprächssituation und signalisiert Interesse und ein zugewandte Haltung.
- Der Blickkontakt sollte weich und locker sein. Durch den Blickkontakt vermittelt man, dass man ganz bei dem Gesprächspartner ist.
- Eine körperliche Zugewandtheit wird durch Nicken deutlich.

Möchte die sozialpädagogische Fachkraft erfahren, was die Eltern bewegt, kann sie die Botschaften durch aktives Zuhören entschlüsseln. Die sozialpädagogische Fachkraft ist in diesem Falle der Empfänger der Botschaft und versucht zu verstehen, was Eltern, in diesem Falle die Sender, empfinden. Das formuliert die sozialpädagogische Fachkraft mit eigenen Worten und meldet es den Eltern zurück. Hierbei ist darauf zu achten, dass keine Ratschläge, Tipps oder Beurteilungen in diese Rückmeldung einfließen.

Beispiel
1. *Eltern: „Gestern hat unser Sohn wieder nicht die aufgestellten Regeln eingehalten."* Sozialpädagogische Fachkraft: *„Sie ärgern sich, dass er sich nicht an die vereinbarten Regeln hält."*
2. *Mutter: „Bei der Schuluntersuchung hat Mira die Aufgaben nicht lösen wollen und hat sich weinend geweigert mitzumachen."* Sozialpädagogische Fachkraft: *„Sie machen sich Sorgen, dass Mira nicht eingeschult wird."*

Aus diesen kurzen Beispielen können sich längere Gesprächssequenzen entwickeln, in denen die sozialpädagogische Fachkraft aktives Zuhören anwenden kann.

Das aktive Zuhören der sozialpädagogischen Fachkraft wirkt sich folgendermaßen aus:
- Es unterstützt die Eltern, ihre eigenen Gedanken und Empfindungen zu klären.
- Negative Empfindungen bleiben aus, da sich die Eltern akzeptiert fühlen.
- Ängste werden reduziert.
- Die Beziehung zwischen Eltern und sozialpädagogischer Fachkraft wird verbessert durch das Gefühl, verstanden zu werden.
- Es entsteht eine Vertrauensbasis.
- Für die Eltern wird die Klärung eigener Probleme möglich, da die Selbstständigkeit und Unabhängigkeit gewahrt bleiben.

Ziel des aktiven Zuhörens in der Erziehungs- und Bildungspartnerschaft

Aktives Zuhören muss geübt und darf nicht nur als Methode angewendet werden. Die Schwierigkeit besteht unter anderem darin, die Gefühle des Gesprächspartners richtig wiederzugeben. Allerdings ist es viel entscheidender, ehrliches Interesse zu zeigen und das Gegenüber wirklich zu verstehen, als das Gefühl exakt benennen zu können. Beim aktiven Zuhören haben Eltern die Möglichkeit, das im Gespräch nicht richtig wiedergegebene Gefühl zu korrigieren. Die sozialpädagogische Fachkraft, die aktives Zuhören in ihren Gesprächen einsetzt, sollte eine annehmende Grundeinstellung gegenüber Eltern haben und sie als selbstständige Personen respektieren, die ein Recht darauf haben, ihre Erfahrungen zu machen und ihre Probleme zu lösen. Dann hat sie die Chance, ein tiefes Verständnis für die Situation der Eltern zu entwickeln und kann auch brisantere Themen offen ansprechen. Da das aktive Zuhören sehr konzentriert erfolgt, sollte ein Gespräch 45 Min. nicht überschreiten. Auch Pausen sind wichtig. Während des Schweigens kann Gesagtes noch einmal überdacht werden und die Stille gibt allen Beteiligten den Raum, sich der eigenen Gefühle und Haltungen bewusst zu werden.

Durch das aktive Zuhören werden die Eltern darin unterstützt, selber Lösungen für ihre Probleme zu entwickeln. Dabei ist es wichtig, Folgendes zu unterlassen:
- Ratschläge geben
- Meinungen äußern
- Urteile fällen
- Tipps geben

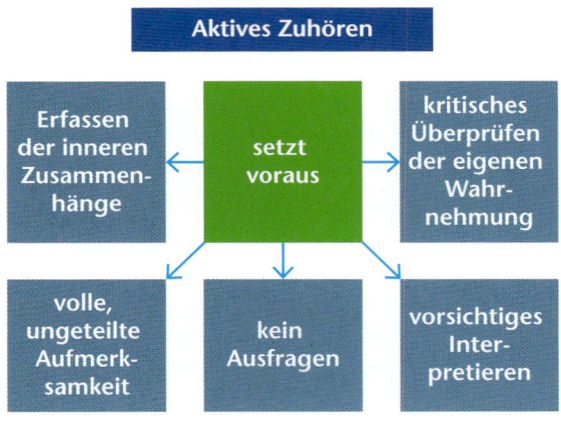

(vgl. Crisand, 1982)

Ich-Botschaften in der Erziehungs- und Bildungspartnerschaft

In Erziehungs- und Bildungspartnerschaft kommt es häufig zu Missverständnissen oder Situationen, die einer Klärung bedürfen. Sozialpädagogische Fachkräfte fühlen sich möglicherweise ungerechtfertigt kritisiert oder angegriffen. In diesen Situationen ist es hilfreich, **Ich-Botschaften** einzusetzen: Das bedeutet, Rechtfertigungen und Gegenvorwürfe zu vermeiden und ausschließlich die eigenen Gefühle, Empfindungen und Gedanken zu artikulieren. In Kapitel 1.6.3 wird erläutert, was Ich-Botschaften sind und wann sie wie sinnvoll eingesetzt werden können.

Oftmals führt eine Konfliktsituation zur Konfrontation zwischen Eltern und pädagogischem Fachpersonal. Ein Wort gibt dann das andere.

Beispiel
Eine Mutter sagt zur sozialpädagogischen Fachkraft: „Ich habe Ihnen doch gesagt, dass der Tim nicht raus soll, weil er erkältet ist. Jetzt hat er auch noch nasse Füße bekommen, weil es so geregnet hat. Er wird sicher morgen mit Fieber zu Hause bleiben müssen.

Antwort der sozialpädagogischen Fachkraft: „Frau Siedermann, ich habe das Gefühl, dass sie die Verantwortung bei mir sehen, wenn Tim morgen krank ist."

Ich-Botschaften wirken weniger bedrohlich als Du-Botschaften und können Situationen entspannen bzw. Konflikte deeskalieren.
- Durch die Ich-Botschaften wird deutlich, dass auch die sozialpädagogische Fachkraft ein Mensch mit Empfindungen, Stärken und Schwächen ist. Das birgt die Chance, dass eine partnerschaftliche Beziehung entstehen kann.
- Die Formulierung von Ich-Botschaften motiviert auch die Gesprächspartner, diese Form der Kommunikation zu wählen.
- Durch Ich-Botschaften entsteht eine Atmosphäre der Offenheit und des Vertrauens. Sie fördern die Beziehung.

Schwierigkeiten

Es kann sein, dass sich trotz der Verwendung von Ich-Botschaften die Erwartungen einer guten Beziehung nicht erfüllen. Folgende Probleme können der Grund dafür sein:
- Hinter der Ich-Botschaft versteckt sich ein Vorwurf oder ein Urteil. Die Botschaft ist also nicht echt.
- Die sozialpädagogische Fachkraft teilt möglicherweise nur einen Teil ihrer Gefühle und Empfindungen mit. Dies ist meist der negative Teil.
- Abgeschwächte Ich-Botschaften kommen ebenfalls nicht echt beim Gesprächspartner an.

Aus diesem Grund sollte die sozialpädagogische Fachkraft sich immer wieder bewusst machen:
- Was geht in mir vor?
- Wird ein Bedürfnis von mir durch das Verhalten des Gesprächspartners bedroht?
- Was empfinde ich?

Dies ist eine Hilfe, Ich-Botschaften so zu formulieren, dass sie zu einer guten Beziehung führen können.

Positive Beeinflussung von Gesprächen

Mit dem Grundwissen über Kommunikation gelingt es sozialpädagogischen Fachkräften, Elterngespräche professionell und konstruktiv zu führen. Nach Wolter (vgl. 2000, in: Bernitzke/Schlegel, 2004, S. 63) können Gespräche auf der verbalen Ebene positiv beeinflusst werden:
- **Feedback geben**
  Es ist sinnvoll, zeitnah eine Rückmeldung zu geben, wie das Gesagte verstanden wurde. Dabei werden auch die damit zusammenhängenden Gefühle verbalisiert. Auch negative Gefühle werden angesprochen und haben in dem Gespräch Raum. Die Rückmeldungen sollten möglichst knapp und inhaltsbezogen, also die Aussage betreffend sein. Undifferenzierte Gesprächsfloskeln sind zu vermeiden.
- **Feedback differenzieren**
  Wahrnehmung → „Ich habe Sie so verstanden, dass ...", „Ich erlebe Sie ..."
  Vermutung → „Ich vermute ...", „Ich kann mir vorstellen ..."
  Gefühl → „Ich empfinde ..."
- **Positives Verstärken**
  Was gut gelingt, wird herausgestellt, z. B. Fortschritte und positive Veränderungen. Dadurch wird die Beziehung gestärkt und auch eine negative Grundhaltung kann verändert werden.
- **Gesprächspartner ermutigen**
  Zwischen sozialpädagogischer Fachkraft und Eltern entsteht Vertrauen, sodass offen über Probleme gesprochen werden kann.
- **Aussagen konkretisieren lassen**
  Eltern werden gebeten, anhand von Beispielen zu beschreiben, was sie beschäftigt.
- **Situation strukturieren**
  Die sozialpädagogische Fachkraft fasst die Gesprächsinhalte zusammen und macht die daraus gewonnenen Erkenntnisse noch einmal bewusst. Eltern erkennen Zusammenhänge und eine neue Sicht auf die Situation wird möglich.
- **Pausen ermöglichen**
  Die bisherigen Äußerungen können reflektiert und Gedanken und Gefühle wahrgenommen werden. Die Stille darf aber nicht zu lange anhalten, da sonst möglicherweise der Druck entsteht, sich äußern zu müssen.
- **Lösungen entwickeln lassen**
  Lösungen werden nicht aufgezwungen, sondern die Eltern haben die Ressourcen, eigene Lösungen zu entwickeln. Die Lösungsansätze sind dann für die jeweilige Situation und die betroffenen Menschen passend.

- **Gefühle zulassen**
  Die sozialpädagogische Fachkraft gibt den Gefühlsreaktionen der Eltern genügend Raum und wartet ab, bis diese bereit sind, das Gespräch fortzuführen. Sie tröstet nicht sofort, sondern signalisiert, dass die Gefühle berechtigt sind und geäußert werden müssen.
- **Zuwendung signalisieren**
  Die sozialpädagogische Fachkraft pflegt auf verbaler und nonverbaler Ebene einen respektvollen und freundlichen Umgang.
- **Unabhängigkeit steigern**
  Eltern sollten im Verlauf des Gesprächs selbstständig mit den eigenen Problemen umgehen. Die Unterstützung der sozialpädagogischen Fachkraft verliert an Bedeutung.

Frage- und Impulstechniken sind ebenfalls ein wichtiges Handwerkszeug in der Gesprächsführung. Sie sind für den Erfolg eines Gesprächs von großer Bedeutung.

„**Killerphrasen**" blockieren Gespräche und verhindern die Erreichung des Ziels: Bestimmte Bemerkungen können den Gesprächspartner verunsichern, verletzen, frustrieren und auch wütend machen. „**Türöffner**" hingegen befördern die Bereitschaft zu einem konstruktiven Gespräch (vgl. Kap. 1.6.3).

Killerphrasen
- unterstellen den Eltern mangelnde Kompetenz,
- betonen die Überlegenheit und Macht der sozialpädagogischen Fachkraft,
- setzen den Gesprächspartner herab, machen ihn lächerlich und unglaubwürdig,
- führen zu einem offensichtlichen oder innerlichen Rückzug der Eltern.

Türöffner
- aktivieren die Kompetenzen und Erfahrungen der Eltern,
- akzeptieren den Informationsvorsprung des Gesprächspartners,
- beinhalten eine partnerschaftliche, akzeptierende Grundhaltung,
- aktivieren das Mitteilungsbedürfnis der Eltern und ermutigen sie zum Sprechen.

Nachdem einige grundsätzliche Voraussetzungen für das Gespräch mit Eltern thematisiert wurden, werden nun die einzelnen Formen und Methoden der einzelbezogenen Elternarbeit erörtert.

Formen und Methoden der Erziehungs- und Bildungspartnerschaft

Alle Formen und Methoden der Erziehungspartnerschaft erfordern eine positive Grundhaltung gegenüber Eltern und Kindern, eine gute Planung, Reflexion und Dokumentation. Wie die Umsetzung der Zusammenarbeit mit Eltern erfolgt, ist ein wichtiges Qualitätsmerkmal der pädagogischen Einrichtung. Des Weiteren sollte die sozialpädagogische Fachkraft in der Lage sein,

- ihre Fähigkeiten und Fertigkeiten einzubringen und zu erweitern,
- vernetzt zu denken und ein eigenes Handlungskonzept zu entwickeln,
- sich aktiv an der konzeptionellen Arbeit in der Einrichtung zu beteiligen,
- die Arbeit der Einrichtung zu dokumentieren und zu präsentieren,
- mit den unterschiedlichsten Eltern zusammenzuarbeiten und sie in ihrer Erziehungskompetenz zu unterstützen sowie
- ihr rechtliches und organisatorisches Wissen in sozialpädagogischen Einrichtungen anzuwenden.

Die Tabelle auf der nächsten Seite gibt einen allgemeinen Überblick über die Methoden und Formen, die Erziehungspartnerschaft unterstützen. Einige häufig praktizierte Formen werden im Anschluss an die Tabelle als Beispiel konkretisiert.

Formen und Methoden in der einzelpersonenbezogenen Erziehungs- und Bildungspartnerschaft

Eine der zentralen Möglichkeiten, mit Eltern in Kontakt zu treten, ist das Gespräch. Dies ist ein selbstverständlicher Teil der täglichen Arbeit. Diese Gespräche finden in vielfältiger Form statt. Sozialpädagogische Fachkräfte sollten erkennen, welche Chancen sie bieten, die Zusammenarbeit mit Eltern im Interesse der Kinder und Jugendlichen zu verbessern und Gespräche gezielt, konstruktiv und mit professioneller Grundhaltung führen. Die Problemorientierung sollte, anders als von vielen Erzieherinnen praktiziert, nicht im Vordergrund stehen. Die Rahmenbedingungen werden von der sozialpädagogischen Fachkraft geschaffen. Sie muss

1 Angebote vor Aufnahme des Kindes	• erster Kontakt zu Eltern • Anmeldegespräch • Vorbesuche in der Gruppe • regelmäßige Besuchsnachmittage	• Einführungselternabend • Elterncafé zu Beginn des Kindergartenjahres • Hausbesuche oder Telefonanrufe vor Beginn des Kindergartenjahres
2 Angebote unter Beteiligung von Eltern und Erzieherinnen	• Elternabende • Gruppenelternabende • Elterngruppen (mit/ohne Kinderbetreuung) • themenspezifische Gesprächskreise • Treffpunkt für Alleinerziehende • Vätergruppe • Treffpunkt für Aussiedler/Ausländer	• Gartenarbeit • Kochen für Kinder • Spielplatzgestaltung • Renovieren/Reparieren • Büroarbeit, Buchhaltung • Elternbefragung
3 Angebote unter Beteiligung von Familien und Erzieherinnen	• Feste und Feiern • Basare, Märkte, Verkauf von Second-Hand-Kleidung • Freizeitangebote für Familien (z. B. Wanderungen, Ausflüge) • Bastelnachmittage	• Spielnachmittage • Kurse (z. B. Töpfern) • Familiengottesdienste • Vater-Kind-Gruppe/-angebote • Familienfreizeiten
4 Eltern als Miterzieher	• Mitwirkung von Eltern bei Gruppenaktivitäten, Beschäftigungen und Spielen • Begleitung der Gruppe bei Außenkontakten • Einbeziehung in die Entwicklung von Jahres- und Rahmenplänen • Planung von Veranstaltungen und besonderen Aktivitäten, Gestaltung von Spielecken usw.	• Kita-Projekte unter Einbeziehung der Eltern (z. B. Besuche am Arbeitsplatz, Vorführung besonderer Fertigkeiten) • Kurse für Kinder oder Teilgruppen (z. B. Sprachunterricht, Schwimmkurs, Töpferkurs) • Einspringen von Eltern bei Abwesenheit von Fachkräften (z. B. wegen Erkrankung, Fortbildung)
5 Angebote nur für Eltern	• Elternstammtisch • Elternsitzecke (auch im Garten) • Elterncafé • Treffpunktmöglichkeiten am Abend oder am Wochenende • Elterngruppe/-arbeitskreis (allgemein, themen-/aktivitätenorientiert, Hobbygruppe)	• Väter-/Müttergruppen • Angebote von Eltern für Eltern • Elternselbsthilfe (z. B. wechselseitige Kinderbetreuung)
6 Einzelkontakte	• Tür- und Angelgespräche • Termingespräche • Telefonkontakte (regelmäßig oder nur bei Bedarf) • Mitgabe/Übersendung von Notizen über besondere Ereignisse	• Tagebücher für jedes einzelne Kind • Beratungsgespräche (mit Mutter, Eltern, Familie; unter Einbeziehung von Dritten), Vermittlung von Hilfsangeboten • Hospitation • Hausbesuche
7 Informative Angebote	• schriftliche Konzeption der Kindertageseinrichtung • Elternbriefe/-zeitschrift • schwarzes Brett • Bericht über pädagogische Arbeit • Tagesberichte • Fotowand	• Buch- und Spielausstellung • Ausleihmöglichkeit (Spiele, Bücher, Artikel, Musikkassetten) • Beratungsführer für Eltern • Auslegen von Informationsbroschüren • Internetauftritt
8 Elternvertretung	• Einbeziehung in die Konzeptionsentwicklung • Besprechung der Ziele und Methoden der pädagogischen Arbeit • Einbindung in Organisation und Verwaltungsaufgaben	• gemeinsames Erstellen der Jahres- und Projektpläne • Einbeziehung in die Planung, Vorbereitung und Gestaltung besonderer Aktivitäten und Veranstaltungen
9 Kommunalpolitisches Engagement	• Eltern als Fürsprecher der Kindertageseinrichtung • Eltern als Interessenvertreter für Kinder	• Zusammenarbeit mit Elternvereinigungen, Initiativgruppen, Verbänden und Einrichtungen der Familienselbsthilfe

Formen und Methoden in Erziehungspartnerschaften (vgl. Bayerisches Staatsministerium, 1996)

beispielsweise auch darauf achten, dass ein gewisser Abstand zwischen den am Gespräch beteiligten Personen berücksichtigt wird. In der Sozialpädagogik wird dies auch „soziale Distanzzone" genannt.

Das Anmeldegespräch

In Zeiten rückläufiger Kinderzahlen und Gruppenschließungen kommt dem Anmeldegespräch eine besondere Bedeutung zu.

Anmeldegespräche sind ein erster Kontakt, der für die weitere Zusammenarbeit eine wichtige Funktion hat. Durch den ersten Eindruck, den „Dienstleister" und „Kunden" voneinander bekommen, werden die Weichen für die zukünftige Zusammenarbeit gestellt. Für dieses Gespräch wird ein Termin vereinbart, damit genügend Zeit zur Verfügung steht. Das Kind kommt in der Regel mit in die Einrichtung und hält sich im gleichen Raum auf, in dem das Gespräch stattfindet. Oder es wird, wenn es sich bereits von den Eltern lösen kann, von einer anderen sozialpädagogischen Fachkraft in einer Gruppe betreut.

Ziel des Anmeldegesprächs ist es, eine positive Grundlage für eine Erziehungspartnerschaft zwischen Familie und Tageseinrichtung für Kinder zu legen und Eltern und Kinder mit der Einrichtung vertraut zu machen. Erste Erwartungen und Vorstellungen werden ausgetauscht. Für Eltern und Kinder ist dies häufig eine neue Situation, die mit Unsicherheit verbunden ist. Aus diesem Grunde sind Eltern sehr sensibel in ihrer Wahrnehmung. Sie nehmen wahr, wie das pädagogische Fachpersonal ihrem Kind und ihnen selber begegnet und erspüren die Atmosphäre in der Einrichtung.

Wer an diesem Gespräch teilnimmt, wird in den Einrichtungen teamintern geregelt. In jedem Fall sollte die zukünftige Gruppenleiterin an dem Gespräch beteiligt sein. Auf sie sind Eltern und Kind sehr gespannt. Das folgende Schema zeigt den möglichen Ablauf des Gesprächs.

Das Tür- und Angelgespräch

Das sogenannte Tür- und Angelgespräch ist eine wichtige Form in der Erziehungspartnerschaft. Hier findet die wirklich familienergänzende Arbeit statt. Beim Bringen und Abholen der Kinder wird ein schneller und meist unkomplizierter Austausch gepflegt und eine wichtige Grundlage für die weitere vertrauensvolle Zusammenarbeit gelegt. In diesen Gesprächen werden Eltern
- über wichtige Entwicklungsschritte informiert,
- wenn nötig Hilfsangebote gemacht,
- über besondere Vorkommnisse informiert.

---

1 Warming-up-Phase
Begrüßung und Vorstellung der beteiligten Personen
Einführende Fragen: Was wissen die Eltern bereits über die Einrichtung? Von wem wurden sie informiert?

2 Informationsphase: Erzieherinnen/Eltern
Darstellung der Einrichtung
- Informationen zum Träger, zur Struktur und zu den Zielsetzungen
- Erläuterung des pädagogischen Konzepts
- Information über die zukünftige Kindergruppe (Zusammensetzung in Hinsicht auf Alter und Geschlecht, Besonderheiten etc.)
- Nachfragen seitens der Eltern

3 Informationsphase: Eltern/Erzieherinnen
Informationen über das aufzunehmende Kind:
- Hinweise beispielsweise zu Entwicklungsstand, Besonderheiten, Gewohnheiten, Ritualen, Vorlieben, Ängsten
- Informationen über die familiäre Situation

4 Formalitäten
Erfassen der Daten
- Personalkartei ausfüllen
- Aushändigen von Informationsmaterial
- ggf. Einholen einrichtungsspezifischer Einverständniserklärungen der Eltern

5 Rundgang
Kennenlernen der Einrichtung
- Vertrautmachen mit den Räumlichkeiten
- Vorstellen der anderen Mitarbeiterinnen und ihrer Funktionen

6 Feedback
Rückmeldung über das Anmeldegespräch (Umfang, Verständlichkeit, Anschaulichkeit, inhaltliche Gestaltung, Atmosphäre)

Möglicher Ablauf eines Anmeldegesprächs (Bernitzke/Schlegel, 2004, S. 77f.)

Dies ist besonders in der Anfangsphase von besonderer Bedeutung, da Eltern darüber informiert werden möchten, wie sich ihr Kind einlebt. Außerdem besteht noch sehr viel Unsicherheit seitens der Eltern, die durch Tür- und Angelgespräche abgebaut werden kann.

Die sozialpädagogische Fachkraft muss darauf achten, dass die Tür- und Angelgespräche nicht zulasten der Kinderbetreuung gehen. Sollte in einem solchen Gespräch deutlich werden, dass das Thema längere Zeit in Anspruch nimmt, ist es sinnvoll, einen Gesprächstermin zu vereinbaren.

Die Elternsprechstunde

Einige Einrichtungen bieten eine Elternsprechstunde an. Ziel ist es, Informationen zwischen sozialpädagogischen Fachkräften und Eltern auszutauschen. Die Elternsprechstunde wird an einem Tag in einem festgelegten Zeitrahmen angeboten. Die Zeit sollte so gelegt werden, dass auch berufstätige Eltern die Möglichkeit haben, die Elternsprechstunde in Anspruch zu nehmen.

Das Beratungsgespräch

Beratungsgespräche gewinnen in der Erziehungs- und Bildungspartnerschaft zunehmend an Bedeutung. Eltern haben häufig Fragen bezüglich der Erziehung, Bildung und Entwicklung ihres Kindes, aber auch zu kritischen Lebenssituationen und familiären Problemen. Nicht selten machen sie sich Sorgen, ob sich ihr Kind altersgemäß entwickelt, oder stellen Verhaltensauffälligkeiten fest, die sie verunsichern.

In diesen Fällen ist die Beratung von Eltern ein wichtiger Bestandteil der sozialpädagogischen Arbeit. Soziapädagogische Fachkräfte müssen überprüfen, zu welchen Themen sie über Beratungskompetenz verfügen und an welchen Punkten sie Eltern möglicherweise andere Hilfsangebote vermitteln sollten. Sie haben keine therapeutische

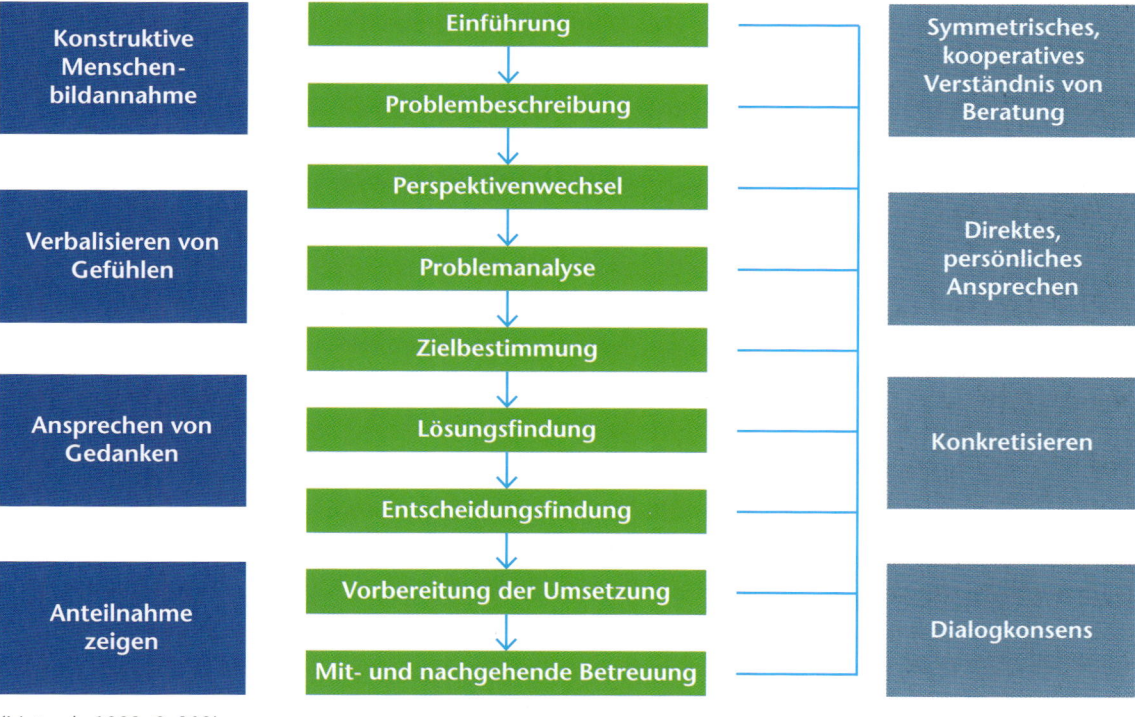

(Mutzeck, 1993, S. 203)

Ausbildung und müssen ihre Grenzen in Beratungssituationen erkennen und annehmen.
Ziel des Beratungsgesprächs kann Orientierung und Strukturierung, aber auch Klarheit bezüglich einer Entscheidung sein. Auch die Vermittlung von Hilfsangeboten ist möglicherweise das Ziel der Beratung. Dies kann dann erforderlich werden, wenn

- Elternteile schwer erkranken, sterben oder die Familie sonstigen außergewöhnlichen Belastungen ausgesetzt ist,
- große Probleme in der Erziehung bestehen oder Beziehungsstörungen erkennbar sind,
- Auffälligkeiten festgestellt werden (Sprache, Entwicklung, Verhalten).

Die pädagogische Beratung gewinnt nicht nur in Familienzentren zunehmend an Bedeutung. Bezogen auf die Resilienzfähigkeit von Kindern und Eltern wird durch die Beratung eine wichtige prophylaktische Arbeit geleistet, die rechtzeitig einsetzen muss. Elternberatung sollte nicht nur in schwierigen Situationen stattfinden, sondern selbstverständlich in die pädagogische Arbeit integriert werden. Es ist wichtig, Beratungsgespräche ressourcenorientiert zu führen. Folgende Kriterien haben sich in der „klientenzentrierten Gesprächsführung" nach S. R. Rogers bewährt (vgl. 1990, S. 21):
Für manche Eltern ist es schwer, das Beratungsangebot der Einrichtung anzunehmen. In diesen Fällen können Hausbesuche erforderlich werden.

Das Konfliktgespräch in der Erziehungs- und Bildungspartnerschaft

„Ein Konflikt ist nicht objektiv vorhanden, sondern ein subjektives Erleben. In diesem Sinne gilt: Jeder Konflikt beginnt in uns selbst" (Mahlmann, 2000, S. 166).
Aus unterschiedlichen Gründen, die möglicherweise durch Vorurteile oder nicht erfüllte Erwartungen entstehen, kann es zu Konflikten in der Erziehungs- und Bildungspartnerschaft kommen. Konflikte machen unter Umständen Angst, weil sie so wenig überschaubar sind, und werden gerade von jungen sozialpädagogischen Fachkräften ungern angesprochen. Wenn diese Konflikte jedoch „unter den Teppich" gekehrt werden, können sie sich im Verlaufe der Zeit vergrößern, verselbstständigen und irgendwann völlig unüberschaubar werden. Aus diesem Grund ist es wichtig, frühzeitig eine Klärung anzustreben, um eine erfolgreiche Erziehungs- und Bildungspartnerschaft zu ermöglichen.

Durch Konfliktgespräche soll im Interesse der Kinder das Klima zwischen Eltern und sozialpädagogischer Fachkraft verbessert und nach Kompromissen oder Lösungen gesucht werden. Daher sollte man sich für ein Konfliktgespräch Zeit nehmen und allen Beteiligten die Möglichkeit bieten, sich darauf vorzubereiten.

Oftmals treffen verbale „Angriffe" seitens der Eltern, die deutlich machen, dass ein Konflikt zugrunde liegt, die sozialpädagogische Fachkraft unvorbereitet. Dann sollte sie deutlich machen, dass ihr das Thema zu wichtig ist, um es zwischen Tür und Angel zu besprechen. Es ist sinnvoll, einen Gesprächstermin zur Konfliktklärung zu vereinbaren. Das Konfliktthema sollte jedoch im Vorfeld benannt werden.
Vor dem Gespräch sollte die sozialpädagogische Fachkraft sich Folgendes bewusst machen (vgl. Mahlmann, 2000, S. 200):

- Welche Konfliktthemen liegen vor?
- Wer ist am Konflikt direkt und indirekt beteiligt?
- Welche Informationen bezüglich dieses Konflikts liegen den beteiligten Personen vor?
- Wie wird der Konflikt von den beteiligten Personen bewertet?

Während des Gesprächs sollten die Dimensionen nach A. Tausch und R. Tausch berücksichtigt werden. Folgende Türöffner können den Einstieg in ein Konfliktgespräch erleichtern:

- „Erzählen Sie etwas darüber!"
- „Das interessiert mich. Ich möchte mehr darüber hören."
- „Ihre Meinung finde ich interessant."

Dimension: Achtung – Wärme – Rücksichtnahme	
Sprachäußerungen der Missachtung:	Sprachäußerungen der Achtung:
„Das sehen Sie aber ganz falsch, Frau Geier!"	„Schön, dass wir uns unterhalten können."
„Ihr Kind ist sprunghaft und unberechenbar!"	„Ihr Kind ist genau so wichtig wie jedes andere!"
„Manfred bringt uns manchmal zur Verzweiflung!"	„Grete hat schon viel dazu gelernt!"
	„Ich bin nicht sicher, ob wir immer verstehen, was Thorsten uns damit sagen will!"

Dimension: Echtheit	
Fassadenhaftigkeit/ Widersprüchlichkeit im Gespräch:	Echtheit im Gespräch:
„Sie wissen doch, dass wir immer für Sie da sind!"	„Ich freue mich, dass wir heute miteinander reden können."
„Hänschen wird das schon schaffen!"	„Ich finde es schade, dass sich Kati manchmal so viel Mühe gibt und nicht weiterkommt, wie sie selbst will!"

Dimensionen des Konfliktgesprächs (vgl. Tausch/Tausch, 1977, S. 15)

Nach Tausch und Tausch ist es sinnvoll, auf folgende Aspekte während des Gesprächs zu achten (vgl. Tausch/Tausch, 1977, S. 14 ff.):
- Gefühle des Gesprächspartners akzeptieren, keine Urteile fällen
- sich in die Vorstellungswelt und Lebenssituation des Gegenübers hineinversetzen und ihn in der Auseinandersetzung damit unterstützen
- Kompromisse, Alternativen oder Vereinbarungen anstreben, die die Eltern akzeptieren können
- sich über mögliche Folgen austauschen
- Verzicht auf Drohungen, Unterstellungen und Abwertungen
- Zurückhaltung mit der Betonung der eigenen Kompetenzen
- Bemühen um das Hier und Jetzt – weniger um Vergangenes
- Bemühen um Gemeinsamkeit und zukünftiges Handeln
- Verzicht auf Ratschläge

Wenn die Gesprächssituation „festgefahren" wirkt und sich das Gespräch im Kreis dreht, ist die Metakommunikation eine gute Möglichkeit, Störungsquellen und Kommunikationsfehler zu erkennen und dem Gespräch eine neue Wendung zu geben. Das erfordert eine aufmerksame und konzentrierte Gesprächsführung.

Beispiel
Wenn die sozialpädagogische Fachkraft bemerkt, dass Eltern möglicherweise nicht annehmen können, was gesagt wird, stoppt sie das Gespräch und thematisiert ihre Wahrnehmung mit einer Ich-Botschaft:
- *„Ich habe den Eindruck, dass Sie mit dem, was ich gesagt habe, nicht einverstanden sind. Wie geht es Ihnen gerade?"*
Oder:
- *„Ich nehme wahr, dass unser Gespräch ins Stocken gerät. Wie sollen wir weiter vorgehen?"*

Gemeinsam können die sozialpädagogische Fachkraft und die Eltern überlegen, wie sie weiter vorgehen möchten, um zum Thema zurückzukehren. Den Eltern wird dadurch Interesse und Wertschätzung entgegengebracht. Sie fühlen sich ernst genommen.
Zum Abschluss eines Gesprächs ist es wichtig, ein Feedback einzuholen und die Eltern zu fragen, wie sie das Gespräch erlebt haben und ob ihnen möglicherweise etwas im Gespräch gefehlt hat.
Manche Konflikte lassen sich nicht in einem einzelnen Gespräch klären. Dann ist es wichtig, Zeit zum Nachdenken einzuräumen und einen neuen Termin zu vereinbaren. In seltenen Fällen kann es auch notwendig sein, dass die Leiterin oder der Trägervertreter an dem Konfliktgespräch beteiligt wird.

Hausbesuche

Hausbesuche sind Ausnahmen und sollten nur bei besonderen Voraussetzungen und zu zweit durchgeführt werden. Vorher sollte jedoch erwogen werden, ob das beabsichtigte Ziel nicht auch mit einer anderen Form der Elternarbeit erreicht werden könnte.

Nach Bernitzke und Schlegel kommt dieses Angebot für sozial schwache und sehr schüchterne Eltern infrage, die in ihrer gewohnten Umgebung möglicherweise sicherer und somit aufgeschlossener sind (vgl. Bernitzke/Schlegel, 2004, S. 91).
Hausbesuche nehmen sehr viel Zeit in Anspruch und sollten schon aus diesem Grunde die Ausnahme sein. Sie ermöglichen jedoch, die Situation des Kindes besser nachzuvollziehen, was zu einem besseren Verständnis der Probleme des Kindes führt.
Hausbesuche erfolgen immer nach Terminvereinbarung und sollten zeitlich beschränkt werden (ca. 60 Min.).
Das Gespräch bei einem Hausbesuch erfolgt mit der gleichen professionellen Grundhaltung wie in anderen Gesprächssituationen. Die Themen können z. B. Erziehungsstile, Erziehungseinstellungen, Probleme und Entwicklung des Kindes etc. sein. Es ist darauf zu achten, dass im Beisein des Kindes grundsätzlich ein positiv geprägter Austausch stattfindet und keine kritischen Themen angesprochen werden; ggf. sollten die Eltern freundlich darauf hingewiesen werden. Das Gespräch sollte dann *mit* dem Kind und nicht *über* das Kind geführt werden. Das Kind sollte im Fokus des Gesprächs stehen. Soziapädagogische Fachkräfte sollten eine professionelle Distanz wahren.

Telefonkontakte in der Erziehungs- und Bildungspartnerschaft

Durch den Telefonkontakt können Informationen auf dem „kurzen Weg" weitergeleitet und unproblematische Themen besprochen werden. Gerade für berufstätige Eltern, die ihr Kind nicht selbst abholen können, kann dies sehr hilfreich sein. Telefonkontakte ersetzen jedoch keine Beratungs- oder Entwicklungsgespräche. Auch umfangreichere Konfliktthemen (siehe Beschwerdemanagement) sollten nicht am Telefon abgehandelt werden.
Es ist zwingend darauf zu achten, dass den Eltern die telefonischen Sprechzeiten bekannt sind. Wie beim Tür- und Angelgespräch gilt auch hier: Telefonate dürfen nicht zulasten der Betreuungszeit von Kindern gehen.
Sinnvoll ist ein morgendlicher Telefondienst in der Bringphase, sodass Krankmeldungen oder wichtige Informationen weitergegeben werden können. In Zeiten immer knapper werdenden Fachpersonals ist es schwierig, einen kontinuierlichen Telefondienst bereitzustellen, der nicht zulasten der Kinder geht. So kann es in pädagogischen Kernzeiten sinnvoll sein, einen Anrufbeantworter einzusetzen, damit wichtige gruppenpädagogische Prozesse nicht durch Anrufe gestört werden. Natürlich sollte der Anrufbeantworter regelmäßig abgehört werden und ein Rückruf in dringenden Fällen zeitnah erfolgen.

Hospitationen

Hospitationen für Eltern, die einen Kindergartenplatz für ihr Kind suchen, sind Teil der Öffentlichkeitsarbeit. Durch das Angebot von Hospitationsmöglichkeiten wird bereits die Bereitschaft zur Offenheit signalisiert. Dies ist eine wichtige vertrauensbildende Grundlage. Hospitationen werden aber auch über das gesamte Kindergartenjahr angeboten. In welcher Form die Einrichtungen Hospitationen anbieten möchten, wird teamintern geregelt. Die Regelung sollte jedoch die gesamte Einrichtung betreffen. Des Weiteren ist die Festlegung von Regeln für Hospitationen notwendig, die für die Eltern transparent sein sollten.
Grundsätzlich fördern Hospitationen eine gute Erziehungspartnerschaft und sind Grundlage einer erfolgreichen Elternarbeit. Dies kann auch mit der Eingewöhnungszeit in einer Einrichtung verbunden werden. Hospitationen ermöglichen Eltern,
- sich einen Eindruck von der pädagogischen Arbeit in der jeweiligen Einrichtung zu verschaffen,
- sich ein Bild über die Entwicklung und Integration ihres Kindes in der Gruppe zu machen,
- sich aktiv in den pädagogischen Alltag einzubringen,

- einen Perspektivwechsel vorzunehmen, der ihnen ermöglicht, die Arbeit der sozialpädagogischen Fachkraft nachzuvollziehen und einzuschätzen.

Probleme in der einzelpersonenbezogenen Erziehungs- und Bildungspartnerschaft

Es gibt eine Reihe von Problemen, die in der einzelpersonenbezogenen Erziehungs- und Bildungspartnerschaft für die sozialpädagogische Fachkraft eine Herausforderung darstellen:
- Negative Einstellungen durch Voreingenommenheit und Klischees erschweren die Zusammenarbeit mit Eltern.
- Gespräche über auffällige Kinder bedeuten eine große Verantwortung. Eltern wollen das Problem möglicherweise nicht wahr haben oder werden unnötig in Sorge versetzt. Die sozialpädagogische Fachkraft trägt die Verantwortung, festzustellen, ob ein Kind auffällig ist, und muss dann umgehend die Eltern zu einem Gespräch bitten, damit möglichst zeitnah Interventionsmöglichkeiten entwickelt werden können. Unterlässt sie das Gespräch, gefährdet sie die Entwicklung des Kindes.
- Ein Verdacht auf Kindesmisshandlung oder Missbrauch erfordert dringend die Auseinandersetzung mit den Eltern. Hier ist eine sehr sensible Vorgehensweise nötig, damit Eltern nicht unschuldig in Verdacht geraten. Die sozialpädagogische Fachkraft sollte in jedem Fall im Team über eine angemessene Vorgehensweise beraten und keinen Schritt alleine tun. Sind die Eltern nicht die Täter, muss mit ihnen gemeinsam ein Handlungsplan entwickelt werden.
- In Trennungs- und Scheidungsprozessen „ringen" Eltern oft um die Kinder. Die sozialpädagogische Fachkraft muss dann im Interesse der Kinder Stellung beziehen und Eltern aufzeigen, wie sich diese Situation auf die Entwicklung des Kindes auswirken kann.
- Alleinerziehende Eltern fordern die sozialpädagogische Fachkraft häufig, da sie vielfach selbst überfordert sind und wenig Entlastung im Alltag mit ihrem Kind finden. Der Informationsfluss zwischen getrennt lebenden Elternteilen ist häufig erschwert. Entscheidungskompetenzen und Regeln zum Kontakt des Kindes zu dem jeweiligen Elternteil müssen geklärt und möglicherweise immer wieder neu verhandelt werden.

Die Zusammenarbeit mit Eltern erfordert ein berufliches Selbstbewusstsein der sozialpädagogischen Fachkraft. Die Zusammenarbeit kann viel Zeit, Energie und Nerven kosten. Umso wichtiger ist es, dass sie Techniken der Gesprächsführung und des Konfliktmanagements trainiert.

Die gruppenbezogenen Formen der Erziehungs- und Bildungspartnerschaft

Neben der einzelbezogenen Elternarbeit ist der regelmäßige Umgang mit Elterngruppen eine der Aufgaben sozialpädagogischer Fachkräfte. Dies ist vielen jungen Menschen bei der Berufswahl nicht bewusst. Sie denken vor allem an die Arbeit mit Kindern und Jugendlichen, doch die Unterstützung und Begleitung von Eltern in Erziehungsprozessen hat stark an Bedeutung zugenommen. Daher entwickelt die sozialpädagogische Fachkraft im Verlauf der Ausbildung Kompetenzen, die sie befähigen, eine qualifizierte gruppenbezogene Elternarbeit durchführen zu können.

Dazu zählen (vgl. Böcher, 2008, S. 83):
- Selbstständigkeit und Empathie
- die sozialen Strukturen und Prozesse zu erfassen, vernetzt zu denken und Gruppenprozesse auf der Grundlage durchdachter Handlungskonzepte zu steuern
- Gruppenprozesse zu gestalten, zu leiten, Räume entsprechend vorzubereiten und sich mit den Kolleginnen abzusprechen
- ihre soziale und pädagogische Kompetenz nach außen darzustellen und fachlich zu begründen

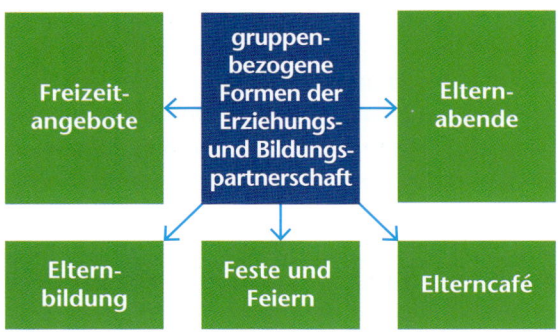

Gruppenbezogene Formen der Erziehungs- und Bildungspartnerschaft

- Moderations-, Präsentations-, und Evaluationstechniken und Methoden sinnvoll einzusetzen
- Sicherheit im Umgang mit Medien und Arbeitsmaterialien etc.

Begleitung und Steuerung von Gruppenprozessen

In allen Formen der gruppenbezogenen Elternarbeit sind typische Gruppenprozesse nach Bernstein und Lowy beobachtbar. Für die sozialpädagogische Fachkraft ist es wichtig zu wissen, welche Themen in den unterschiedlichen Entwicklungsphasen der Gruppenprozesse im Vordergrund stehen. So kann sie die Prozesse verstehen, steuern und ihre Aufgabe als Moderatorin wahrnehmen.

Folgende Phasen sind in der gruppenbezogenen Elternarbeit beobachtbar:
- 1. Phase: Voranschluss/Orientierung
- 2. Phase: Machtkampf/Kontrolle
- 3. Phase: Vertrautheit/Intimität
- 4. Phase: Differenzierung
- 5. Phase: Trennung/Auflösung

Die sozialpädagogische Fachkraft kann in der Arbeit mit Eltern gruppendynamische Übungen einsezen, die den verschiedenen Gruppenphasen zugeordnet sind. Sie sollte darauf achten, dass die ausgewählten Verfahren für die Zielgruppe geeignet sind und den Gruppenprozess unterstützen. Oftmals gibt es jedoch Widerstände bei den Eltern bezüglich des Einsatzes von Übungen.

Für die sozialpädagogische Fachkraft ist es wichtig, sich gezielt Methoden anzueignen, durch die sie die Prozesse in der gruppenbezogenen Form der Elternarbeit moderieren und unterstützen kann.

Moderationstechniken

Moderation

Bei der Moderation handelt es sich um eine Methode, mit der Gruppen im Arbeitsprozess unterstützt werden können. Sie wird beispielsweise eingesetzt, wenn ein Thema, ein Problem oder eine Aufgabe auf die Inhalte konzentriert, zielgerichtet und effizient, eigenverantwortlich, im Umgang miteinander zufriedenstellend und möglichst störungsfrei sowie an der Umsetzung in die alltägliche Praxis orientiert bearbeitet werden soll (vgl. Hartmann u. a., 1999, S. 16).

Die Moderatorin begleitet den Prozess neutral und inhaltlich unparteiisch. Sie trägt keine Verantwortung für das Ergebnis und hat folgende Aufgaben (vgl. Hartmann u. a., 1999):
- auf die Strukturierung des Arbeitsprozesses achten
- Ziele vereinbaren und diese im Prozess im Auge behalten
- sinnvolle Arbeitsverfahren anbieten und erklären
- Regeln mit der Gruppe erarbeiten und auf die Einhaltung achten
- die Gruppe anregen und notwendige Regeln ergänzen (z. B. Redezeiten)
- auf den Kontakt der Teilnehmenden und die Beziehung zueinander achten
- eine fragende Haltung einnehmen
- Arbeitsergebnisse zusammenfassen

Die Moderation verläuft in sechs Phasen (vgl. Seifert, 1995, S. 53):
1. Einstieg
2. Ideen- und Themensammlung
3. Bewertung und Auswahl
4. Themenbearbeitung
5. Maßnahmenplanung
6. Abschluss und Reflexion

Eine gelungene Moderation benötigt eine gute Visualisierung im Moderationsprozess. Auf Plakaten oder Pinnwänden festgehaltene Zwischenergebnisse geben allen Teilnehmenden die Chance, sich zu orientieren.

In jeder soziapädagogischen Einrichtung sollten ein Moderationskoffer und Flipchart oder Pinnwände vorhanden sein.

Folgender Moderationsplan nach Seifert gibt einen Überblick über die einzelnen Moderationsschritte, den zeitlichen Umfang, die Methode und Hilfsmittel. Verbindlich ist für alle am Moderationsprozess beteiligten Personen die Planung der Maßnahmen. Durch den Maßnahmenplan erhält man einen Überblick, was, wozu, von wem, wann bearbeitet wird.

Folgende Verfahren sollen Moderatorinnen anwenden können:
- Ein/Mehr-Punkt-Abfrage
- Blitzlicht
- Karten-Antwort-Verfahren
- Zuruf-Antwort-Verfahren
- Gewichtungsverfahren

Zeit	Moderationsschritt	Inhalte	Moderationsmethode	Hilfsmittel
Ca. 3 Std.	Gesamtplanung	Konzept zur Neugestaltung des Außengeländes erstellen.		Pinnwände, Flipcharts, Moderationskoffer/-set.
15 Min.	1. Einstieg	Thema verdeutlichen, Ziele definieren, Ablauf strukturieren, gutes Arbeitsklima herstellen.	Erwartungsabfrage, Visualisierung des Themas, der Zielsetzung und Arbeitsschritte am Flipchart.	Vorbereitetes Plakat: *Arbeitsschritte, Erwartungen.*
20 Min.	2. Ideensammlung	Gestaltungselemente des Außengeländes auflisten.	Kartenabfrage oder Ideenspeicher an dem Flipchart auf Zuruf.	Flipchart.
15 Min.	3. Bewertung/Auswahl	Gesamtkonzept mit Gestaltungselementen festlegen.	Mehr-Punkt-Abfrage.	Vorbereitetes Plakat: *Ideenspeicher zu den Gestaltungselementen.*
75 Min.	4. Themenbearbeitung	Gestaltungselemente konkretisieren, Lösungsalternativen entwickeln, Lösungen im Plenum präsentieren, Entscheidungen treffen.	Untergruppen bilden, Problemanalysen (Zeitaufwand, Kostenermittlung), Mehr-Punkt-Abfrage als Entscheidungsgrundlage.	Vorbereitetes Plakat: *Arbeitsschritte.* Plakate zur Präsentation der Gruppenergebnisse.
45 Min.	5. Maßnahmeplanung	Maßnahmekatalog erstellen.	Maßnahmeplan.	Vorbereitetes Plakat: *Maßnahmeplan.*
10 Min.	6. Abschluss/Reflexion	Reflexion im Hinblick auf Zielerreichung, Erwartungen, Gruppenprozess, Gesamtzufriedenheit.	Blitzlicht oder Stimmungsbarometer.	Vorbereitetes Plakat: *Stimmungsbarometer.*

Möglicher Verlauf einer Moderation (Bernitzke/Schlegel, 2004, S. 143)

- Diskussion
- Kleingruppenarbeit
- Brainstorming
- Fragenspeicher
- Maßnahmenplan
- Metaplantechnik
- Mehrfelder-Tafeln
- Mindmaps

Präsentationstechniken

Präsentation
Unter einer Präsentation wird der mündliche Vortrag vor einer Gruppe verstanden, bei dem den Zuhörern unter Nutzung visueller Medien bestimmte Inhalte in einer strukturierten Form vermittelt werden (vgl. Bernitzke/Schlegel, 2004, S. 15).

Viele Situationen in der Elternarbeit erfordern die Präsentation von Themen. Sozialpädagogische Fachkräfte lernen und üben diese Techniken in der Ausbildung mit dem Ziel, Souveränität und Sicherheit in der Präsentation zu entwickeln.

Nach Bernitzke und Schlegel bestimmen fünf Faktoren den Erfolg einer Präsentation:
1. Zielklarheit
2. Einschätzung der Zielgruppe
3. Präsentationsaufbau
4. Visualisierung
5. Präsentationsverhalten

Durch die Zielformulierung gelingt es der sozialpädagogischen Fachkraft, fachlich sicher und überzeugend zu wirken. Sie verdeutlicht ihr außerdem, ob sie die Eltern informieren, überzeugen oder motivieren möchte. Entsprechend muss die Präsentation aufgebaut sein.

Auf das Kommunikationsmodell nach Schulz von Thun bezogen (vgl. Kapitel 1.6.3) wirkt die Präsentation der sozialpädagogischen Fachkraft auf folgenden Ebenen:
1. Sachinhalt – Fachwissen
2. Appell – Überzeugungskraft, Motivation
3. Beziehung – Vertrauen, Sympathie
4. Selbstoffenbarung – Kreativität, Intelligenz, Humor, Innovation, Objektivität, organisatorische Fähigkeiten

Die sozialpädagogische Fachkraft sollte bereits bei der Vorbereitung der Präsentation an ihre beabsichtigte Wirkung auf die Eltern denken. Zudem sollte die Gestaltung der Präsentation auf die Zielgruppe ausgerichtet sein. Folgende Fragen erleichtern die Analyse:
- Wie setzt sich die Elternschaft zusammen (Anteil von Eltern mit Migrationshintergrund, mögliche Sprachprobleme)?
- Welche Eltern werden voraussichtlich kommen?
- Wie viele werden voraussichtlich kommen (wichtig bei Materialplanung)?
- Welche Einstellung zum Thema ist bekannt?
- Was wissen die Eltern bereits? Gab es schon Veranstaltungen zu dem Thema?
- Welches Interesse bringen die Eltern mit?
- Mit welcher Erwartung kommen die Eltern zu der Präsentation?
- Was werden die Eltern mitnehmen (Wissenszuwachs, Handlungskompetenz)?

Der Aufbau einer Präsentation besteht in der Regel aus folgenden Phasen:
- 15 % Einleitung
- 75 % Hauptteil
- 10 % Schluss

Folgendes Beispiel in Anlehnung an Amann (2001, S. 26) gibt einen Eindruck, wie eine Präsentation strukturiert sein kann.

Die sozialpädagogische Fachkraft sollte auf folgende Aspekte während der Präsentation achten:
- rhetorisches Verhalten (Einstieg, Motivation, Anschaulichkeit)
- Sprechtempo, Mimik, Gestik (Körpersprache)
- Inhalt (richtiger, sachlich logischer Aufbau, Thema/Zielsetzung)
- persönliches Auftreten (sicher, unsicher, Blickkontakt)
- Redeanteil (zu wenig, zu hoch, angemessen)
- Organisation
- Medieneinsatz (Auswahl sinnvoll, überfrachtet, hilfreich, passend, sichere Handhabung)
- flexibles Verhalten in unvorhergesehenen Situationen
- Gesamteindruck (angemessene Kleidung, in der sich die Präsentierende wohlfühlt; Echtheit)

Viele sozialpädagogische Fachkräfte fühlen sich unsicher in Situationen, in denen sie im Mittelpunkt stehen. Dieses Gefühl verliert sich jedoch meist mit zunehmender Übung.

„Selbstvertrauen gewinnt man dadurch, dass man genau das tut, wovor man Angst hat, und auf diese Weise eine Reihe von Erfahrungen sammelt."
(Dale Carnegie, zit. nach Moritz Bauer: Selbstbewusstsein aufbauen, http://www.selbstbewusstsein-staerken.net/selbstbewusstsein-aufbauen/, [26.03.2013])

Begeisterungsfähigkeit

„Wenn du begeisterungsfähig bist, kannst du alles schaffen. Begeisterung ist die Hefe, die deine Hoffnungen himmelwärts treibt. Begeisterung ist das Blitzen in deinen Augen, der Schwung deines Schrittes, der Griff deiner Hand, die unwiderstehliche Willenskraft und Energie zur Ausführung deiner Ideen. Begeisterte sind Kämpfer. Sie haben Seelenkräfte. Sie besitzen Standfestigkeit. Begeisterung ist die Grundlage allen Fortschritts. Mit ihr gelingen Leistungen, ohne sie höchstens Ausreden."
(Henry Ford, zit. nach Inge Fritzsche, http://www.ingchen.trekfightclan.de/zitate/zitate/b/begeisterung.htm, [26.03.2013])

Oftmals beklagen soziapädagogische Fachkräfte mangelndes Engagement der Eltern. Sie blieben Elternabenden fern, würden die Aushänge nie lesen, ließen ständig die Elternbriefe liegen etc. Doch solche Aussagen sind zu pauschal und es wäre außerdem falsch, zu schlussfolgern, dass die Eltern generell keine Lust haben, sich einzubringen. Zum einen fehlt vielen Menschen die Zeit, zum anderen sind sie vielleicht bisher nicht ausreichend motiviert worden. Die Entwicklung von Visionen ist eine Möglichkeit, bei Eltern Motivation zu fördern. Ziele gemeinsam zu erarbeiten, die man im Interesse der Kinder erreichen möchte, schafft Verbindlichkeit.

Zeitanteil	allgemeine Struktur	Inhalte	Präsentationshinweise
15 %	Einleitung	Begrüßung der Eltern	Blickkontakt, zugewandte, freundliche Haltung
		Vorstellung (Selbstvorstellung und bei Kleingruppen Vorstellung der Eltern)	Namen und Funktion nennen, Hinweis auf Kompetenz zur Thematik verdeutlichen
		Hinführung	Interesse wecken durch ein aktuelles Ereignis, Zitat, Statistik, Fallbeispiel, Eltern experimentieren lassen, Übung/Rollenspiel, als Frage formulierte Problemstellung
		Thema	Thema ansprechend formulieren
		Bedeutung der Thematik für die Zuhörer	Thema auf die Situation der Eltern beziehen; Bedeutung und Nutzen herausstellen
		Überblick/Ablaufplan	Inhaltliche Gliederung kurz kommentieren (zum Beispiel Plakat oder Transparent einsetzen), um den Eltern eine Orientierung zu geben
75 %	Hauptteil	Informationsteil	**alternative Gliederungsformen:** Ist – Soll – Weg – Darstellung Vergangenheit – Gegenwart – Zukunft These – Antithese – Synthese Problem – übliche Lösung – neuer Lösungsweg Behauptung – Argumente – Konsequenz
10 %	Schluss	Zusammenfassung	Kernaussagen prägnant formulieren; das Wesentliche herausstellen
		Aufforderung zum Handeln	Ausblick in die Zukunft – verbunden mit einem Appell zum konkreten Handeln
		Abrundung	Bezug zur Einleitung herstellen; Zitat
		Dank	Persönlichen Dank für Interesse der Teilnehmer sowie an Helfer, die zum Gelingen der Veranstaltung beigetragen haben
		Diskussion	Überleitung zur Diskussion

Möglicher Ablauf einer Präsentation (Bernitzke/Schlegel, 2004, S. 154)

Es ist also wichtig, dass sozialpädagogische Fachkräfte die grundlegenden Motivationsprozesse kennen. Motive sind die Beweggründe, die Menschen antreiben, Ziele zu verfolgen. Bernitzke und Schlegel unterscheiden folgende Motive, die der Zusammenarbeit mit Eltern zugrunde liegen können:

- Das **Leistungsmotiv** – Befriedigung erfolgt durch die Verwirklichung von Leistungszielen; z. B. finden manche Eltern Erfüllung, wenn die Umgestaltung des Außengeländes unter ihrer Mitarbeit fertiggestellt wird.
- Das **Kompetenzmotiv** – Manche Eltern streben nach persönlicher Entfaltung und suchen die Mitarbeit im Kindergartenrat. Sie möchten die Arbeit aktiv mitgestalten.
- Das **Geselligkeitsmotiv** – Manche Eltern nehmen gerne an allem teil. Sie möchten

dazugehören und haben das Bedürfnis nach Schutz und Anerkennung in der Gruppe. Ob Tag der offenen Tür oder Gruppenraumrenovierung, sie sind dabei.
- Das **Sicherheitsmotiv** – Manche Eltern sind eher kritisch, machen sich sehr viele Gedanken und haben das Bestreben, Gefahren und Hindernisse, die die Verwirklichung von Zielen und Bedürfnissen beeinträchtigen, zu beseitigen.

Die sozialpädagogische Fachkraft sollte erkennen, welches Motiv bei den Eltern möglicherweise vorhanden ist und sie gezielt für den passenden Bereich, in dem aktive Mitarbeit in einer soziapädagogischen Einrichtung erforderlich ist, sensibilisieren. Die Eltern werden in unterschiedlichen Bereichen Interesse an der Mitarbeit formulieren.
Wichtig ist es, Betroffenheit zu erzeugen und Eltern deutlich zu machen, was ihre Mitarbeit für *ihr Kind* bedeutet.
Damit Motivation entstehen kann, müssen folgende Voraussetzungen gegeben sein:
- Vertrauen muss geschaffen werden.
- Eltern müssen als Partner gesehen werden.
- Partizipation muss gelebt werden.
- Verantwortung muss geteilt werden.
- Klare Absprachen bezüglich der Verantwortlichkeit müssen getroffen werden.
- Zielklarheit muss geschaffen werden.
- Das Ziel muss zeitnah erreichbar sein.
- Die Kompetenzen der Eltern müssen richtig eingeschätzt werden.
- Feedback muss gegeben werden.
- Eine förderliche Gruppendynamik muss entstehen.

Die Grundhaltung der sozialpädagogischen Fachkraft entscheidet mit darüber, wie Motivation gelingt.

Die Raumgestaltung

Gruppenbezogene Formen der Elternarbeit erfordern die Planung der Raumgestaltung. Die Gestaltung orientiert sich an dem Ziel und Thema der jeweiligen Veranstaltung. Die meisten sozialpädagogischen Einrichtungen verfügen über eine größere Halle (für Großgruppenveranstaltungen, z. B. Elternvollversammlung). Die Bestuhlung sollte sich ebenfalls am Ziel und Thema der Veranstaltung orientieren und muss individuell an das Raumangebot der jeweiligen Einrichtung angepasst werden.
Bei Präsentationen eigenen sich Halbkreise oder Stuhlreihen.
- Sind Gespräche geplant, eignet sich der Stuhlkreis.
- Ist Kleingruppenarbeit geplant, eignen sich Tischgruppen etc.

Der Elternabend

Elternabende können viele unterschiedliche Ziele und Intentionen haben (vgl. Bernitzke/Schlegel, 2004, S. 164):
- vorbereitend-erarbeitend
- mitplanend-problemlösend
- informierend-bildend

Elternabende haben im Laufe der Zeit eine andere Bedeutung bekommen. Die partnerschaftliche Kooperation steht heute im Vordergrund. Einrichtungen müssen innovative Konzepte entwickeln und neue Formen finden, um Eltern für Elternabende zu interessieren. Die Angebote sollten sich an den Interessen und Bedürfnissen der Eltern orientieren. Heute ist es selbstverständlich, dass sozialpädagogische Fachkräfte Moderations- und Präsentationstechniken an Elternabenden einsetzen und Bildungsangebote zu pädagogischen, gesundheits- oder ernährungsbezogenen Themen anbieten. Aktivierende Methoden in der Elternarbeit sollen die Erziehungspartnerschaft verbessern. Dies gilt für alle gruppenbezogenen Formen der Elternarbeit.
Elternabende bedürfen der gründlichen Planung. Der zeitliche Rahmen sollte zwei bis drei Stunden nicht überschreiten. Eine gemütliche Atmosphäre und das Anbieten von Getränken tragen ebenso zum Gelingen bei wie der gut vorbereitete und präsentierte Inhalt.
Die terminliche Planung sollte frühzeitig im Team und mit den Eltern abgestimmt werden. Des Weiteren sollten in der Planung
- das Ziel formuliert werden,
- das Thema auf der Grundlage von Elternwünschen konkretisiert werden (Wünsche werden durch Aushänge oder Befragung ermittelt),

- der Gestaltungsrahmen festgelegt werden (mit oder ohne Referent, Diskussion, Erfahrungsaustausch etc.),
- die Methode zur Durchführung vereinbart werden,
- Aufgaben im Team verteilt werden (Raumvorbereitung, Verpflegung, Moderation, Präsentationsvorbereitung etc.).

Die Vorbereitung beinhaltet:
- Einladungen, evtl. mehrsprachig, zu schreiben und zu verteilen (spätestens 14 Tage vor dem Termin),
- Plakate und Aushänge anzubringen, die auf den Elternabend hinweisen,
- evtl. Informationen über die Presse zu veröffentlichen,
- Eltern gezielt anzusprechen und einzuladen und am Tag der Veranstaltung noch mal zu erinnern,
- den Raum vorzubereiten und
- Medien und Material bereitzustellen.

Die Durchführung beinhaltet:
- **Begrüßung** – Thema, Ziel und Ablauf kurz erläutern, über die Zeitstruktur informieren, unbekannte Teilnehmende vorstellen,
- **Hinführung** – Gegenseitige Erwartungen abklären, daraus Ziele konkretisieren und die Vorgehensweise abstimmen,
- **Thema** – Durch Impulsreferat, Präsentation, Vortrag etc. gemeinsame fachliche Voraussetzungen schaffen. Bei vorbereitenden und mitplanenden Elternabenden Maßnahmenplan entwickeln,
- **Reflexion** – Was war positiv? Was sollte verändert werden? Was fällt zukünftig weg? Es können anonyme oder offene Formen der Befragung eingesetzt werden.

Zur Qualitätsverbesserung und Kundenorientierung ist es unerlässlich, den Elternabend im Team zu reflektieren. Folgende Fragen sind bei der Auswertung hilfreich:
- Wie viele Eltern konnten angesprochen werden?
- Wurden die Ziele erreicht?
- Wie war die aktive Beteiligung der Eltern?
- Wurde das Thema verständlich und strukturiert bearbeitet?
- Waren die Eltern interessiert?
- Wurden Material und Medien adressatengerecht eingesetzt?
- Waren die Methoden zur Vermittlung des Themas für die Zielgruppe geeignet?

Elternnachmittage

Elternnachmittage kommen vielen Eltern entgegen, da die Kinder mit in die Einrichtung kommen und somit kein Betreuungsproblem entsteht. Geschwisterkinder können ebenfalls mit eingeladen werden. Sozialpädagogische Fachkräfte sollten Eltern die Aufsicht ihrer Kinder bei solchen Veranstaltungen überlassen, da sie das gesamte Gruppengeschehen beobachten und Gespräche mit den Eltern führen müssen. Die Eltern sollten darauf bereits in der Einladung und zu Beginn des Elternnachmittags hingewiesen werden (vgl. Bernitzke/Schlegel, 2004, S. 174).

Ziel des Elternnachmittags ist eine zwanglose Kommunikation, gegenseitiges Kennenlernen und Informationsaustausch bezüglich des Konzepts und der Arbeitsweise.

Auch bei dieser Form erfolgt die Vorbereitung, indem spätestens 14 Tage vor dem Termin schriftlich eingeladen wird. Aushänge und Plakate sowie persönliche Ansprache seitens der sozialpädagogischen Fachkraft dienen zur Erinnerung.

Eltern können in die Vorbereitung und Durchführung des Elternnachmittags einbezogen werden, indem sie dazu bereits in der Einladung Informationen erhalten. Beispielsweise können Speisen und Getränke organisiert oder einzelne Programmpunkte von Eltern gestaltet werden. Die sozialpädagogische Fachkraft ist für die Gesamtorganisation der Veranstaltung verantwortlich. Spielaktionen oder kleinere Präsentationen aus dem pädagogischen Alltag sollten eingeplant werden. Ein gemeinsamer harmonischer Abschluss sollte verbindlicher Bestandteil der Veranstaltung sein.

Eltern, die aus unterschiedlichen Gründen nicht teilnehmen, sollten noch einmal gezielt angesprochen werden. Ihnen sollte verdeutlicht werden, welche Auswirkungen ihr Fernbleiben für ihr Kind haben kann. Es fühlt sich möglicherweise alleine und dadurch benachteiligt. Wenn Eltern es gar nicht einrichten können, kann vielleicht die

Oma oder der Opa mit dem Kind an dem Nachmittag teilnehmen.
Die soziapädagogische Fachkraft sollte darauf achten,
- Eltern mit Kontaktschwierigkeiten dabei zu unterstützen, sich in die Elterngruppe zu integrieren,
- alle Eltern wahrzunehmen und Kontakt zu ihnen zu haben,
- das Geschehen zu leiten und Eltern, die zur Selbstdarstellung neigen, respektvoll und wertschätzend Grenzen aufzuzeigen.

Elternbildung
Die Elternbildung nimmt in den Tageseinrichtungen für Kinder zu. Die gesellschaftlichen Veränderungen der letzten Jahre wirken sich Studien zufolge vielfältig auf die Kinder aus (vgl. Fröhlich-Gildhoff u. a., 2008):
- Bei 18 % der Kinder im Vorschulalter werden Verhaltensauffälligkeiten diagnostiziert.
- 13 % der Kinder zeigen bei der Einschulungsuntersuchung Sprachstörungen bzw. -auffälligkeiten. Der Prozentsatz liegt bei Kindern aus benachteiligten Familien noch höher (vgl. Mersmann, Gesundheitsamt der Landeshauptstadt Düsseldorf, 2003).
- Kinder im Vorschulalter sehen durchschnittlich ca. 70 Minuten fern, Grundschulkinder im Schnitt 1,5 Stunden (vgl. Feirabend/Klingler, 2004). Längsschnittstudien zeigen, dass Kinder und Jugendliche, die viel fernsehen, später schlechtere Ausbildungsabschlüsse haben.
- 26 % der Kinder aus psychosozial schwer belasteten Familien sind nicht „schulreif" und schaffen die erste Klasse nicht.

Das Ziel der Elternbildung besteht zum einen darin, präventiv die Kompetenzen der Eltern zu stärken, sie mit ihren Ressourcen in Kontakt zu bringen und dadurch das Zusammenleben in der Familie positiv zu beeinflussen. Zum anderen müssen vor allem die Kompetenzen jener Eltern gestärkt werden, deren Kinder bereits Auffälligkeiten zeigen. Manche Eltern fühlen sich in ihrem familiären Alltag in einigen Situationen überfordert und hilflos. Durch Angebote, beispielsweise in Form eines Elterntrainings, kann Eltern frühzeitig eine Unterstützung angeboten werden, die sie in ihrer Erziehungskompetenz stärkt und für Entspannung in den Familien sorgt.

Angebote im Rahmen der Elternbildung sollten so ausgewählt und gestaltet werden, das sie die Situationen der Familien aufgreifen und eine gute Hilfestellung sind. Dies ist eine hohe Anforderung an die Einrichtung.

Daher sollte diese Aufgabe von sozialpädagogischen Fachkräften übernommen werden, die Erfahrungen in der klientenzentrierten Gesprächsführung haben und somit Eltern gut in ihren Entwicklungsprozessen begleiten können.

Neben Gesprächskreisen können auch Elterntrainingsprogramme durch qualifiziertes Fachpersonal in den Einrichtungen angeboten werden, z. B.:
- Triple P (Positive Parenting Program)
- Familientraining nach Gordon
- Kess (kooperativ, ermutigend, sozial, situationsorientiert)
- STEP (Systematic Training for Effective Parenting)
- Starke Eltern – Starke Kinder

Einrichtungsunterstützende Formen der Erziehungs- und Bildungspartnerschaft
Viele Einrichtungen sind auf das Engagement und die tatkräftige Unterstützung der Eltern angewiesen. Die Träger haben immer weniger Geld zur Verfügung. Aus diesem Grund springen Eltern als Gärtner, Koch oder auch Maler und Anstreicher ein. Vor allem in den Elterninitiativen ist die Integration der Eltern ein wichtiger Punkt im Konzept. Durch die Elternmitwirkung zeigen Eltern eine hohe Identifikation mit der Einrichtung.

Ziel in der einrichtungsunterstützenden Form der Erziehungspartnerschaft ist es, Eltern als Partner ernst zu nehmen und deutlich zu machen, dass die Verantwortung für die Erziehung der Kinder gemeinsam getragen wird.

Durch die gemeinsame Planung, Vorbereitung und Durchführung z. B. von Festen oder Ausflügen werden Eltern beteiligt und das pädagogische Fachpersonal wird entlastet.

Durch von der Elternschaft gegründete Fördervereine können Einrichtungen auch finanzielle Unterstützung z. B. zur Umsetzung von Projekten erhalten.

Stufe 5: Interventionen auf Familienebene
Diese Kinder weisen starke Verhaltensstörungen auf, die durch das familiäre Umfeld verstärkt werden. In Einzeltherapie werden bei den Eltern das Kommunikationsverhalten und die Vermeidung von Stresssituationen trainiert.

Stufe 4: Intensives Elterntraining
Im Rahmen eines Elterntrainings, das ca. 4–10 Einzel- oder Gruppensitzungen umfasst, wird den Eltern vermittelt, wie sie auf das Problemverhalten reagieren sollen, wie sie durch gezielte Verstärkung dieses Verhalten beeinflussen können oder wie durch das konsequente Nichtbeachten Verhaltensweisen verändert werden können.

Stufe 3: Information und aktives Training
Das Elterntraining (Einzel- oder Gruppensitzungen) beinhaltet das Einüben neuen Erziehungsverhaltens, um das Kind entwicklungsgemäß zu fördern. Die Eltern üben im Rollenspiel das neue Verhalten ein und erhalten über die Trainer ein Feedback.

Stufe 2: Erziehungstipps für Kinder bis zum Grundschulalter
In vier Sitzungen (Dauer: 15 Min.) werden die Eltern mündlich und schriftlich über Entwicklungs- und Erziehungsprobleme informiert.

Stufe 1: Vermittlung allgemeiner Erziehungsmethoden
Mit Bezugspersonen wie Eltern, Großeltern oder Erziehern wird über Erziehungsfragen diskutiert; es werden Fernsehserien und Rundfunksendungen zu verschiedenen Erziehungsfragen erstellt und ausgestrahlt.

Formen elternbezogener Hilfemaßnahmen (Sanders, 1998)

Schriftliche Formen der Erziehungs- und Bildungspartnerschaft

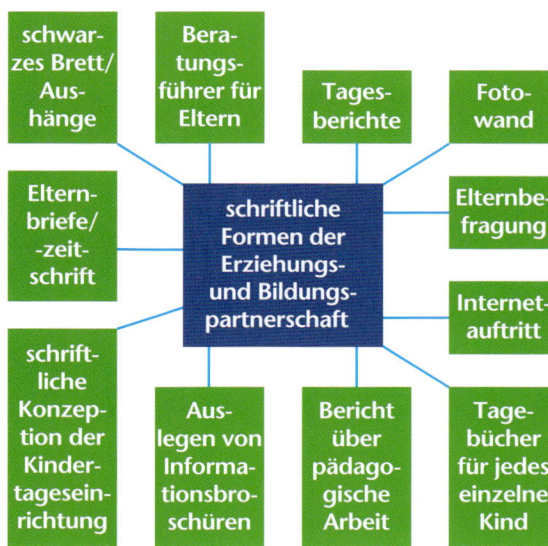

Schriftliche Formen in der Erziehungs- und Bildungspartnerschaft sind Teil der Öffentlichkeitsarbeit. Daher sind alle schriftlichen, die sozialpädagogische Einrichtung betreffenden Informationen, egal ob Elternbrief oder Aushang, mit größter Sorgfalt zu erstellen. Die sozialpädagogische Fachkraft muss die deutsche Sprache beherrschen und gute Kenntnisse in der Gestaltung von Texten haben. Außerdem muss sie mit dem Computer und Internet umgehen können, um Elternbrief, Berichte etc. zu schreiben und diese per E-Mail zu verschicken. Diese häufig sehr hilfreiche Form der Kommunikation kann jedoch das Gespräch nicht ersetzen.

Beim Verfassen von Texten jeder Art sollte die sozialpädagogische Fachkraft dreistufig vorgehen, indem sie sich zunächst das Ziel klar macht, dann eine Stoffsammlung vornimmt und daraufhin eine Gliederung verfasst. Dabei achtet sie darauf, dass die Texte (z. B. Elternbriefe)

- klar, einfach und eindeutig formuliert sind,
- der Zielgruppe angemessen sind,
- kurz gefasst sind,
- eine gute Struktur aufweisen,
- Erklärungen der Fachwörter enthalten,
- Sätze mit höchstens 20 Wörtern enthalten,
- überwiegend Formulierungen mit direkter Ansprache enthalten (z. B.: „Geben Sie Ihrem Kind bitte Gummistiefel mit." statt: „Den Kindern sollten Gummistiefel mitgegeben werden."),
- Mütter und Väter bzw. andere Erziehungsberechtigte gleichermaßen ansprechen.

Der Entwurf wird von den Teammitgliedern gegengelesen und gegebenenfalls korrigiert. Für Eltern mit Migrationshintergrund müssen die Inhalte der schriftlich verfassten Informationen gegebenenfalls erklärt oder übersetzt werden.

Aushänge, Kurzmitteilungen am schwarzen Brett, Elternzeitschriften, Informationsbroschüren etc. dienen der Information von Eltern. Durch diese Formen wird eine Transparenz geschaffen und ein möglichst lückenloser Austausch von Informationen möglich. Dieser Austausch ist in einer Erziehungspartnerschaft unerlässlich.

Die Elternbefragung

Im Rahmen der Qualitätsdebatten in sozialpädagogischen Einrichtungen kommt der Elternbefragung mittlerweile ein hoher Stellenwert zu. Zufriedenheit mit der Einrichtung, Wünsche, Meinungen und Interessen können durch die Befragung erhoben werden. Da dies ein Instrument der Qualitätssicherung in sozialpädagogischen Einrichtungen ist, welches zunehmend an Bedeutung gewinnen wird, soll die Elternbefragung hier thematisiert werden.

Elternbefragung
Die Befragung wird als Instrument definiert, das ein planmäßiges Vorgehen beinhaltet, um durch gezielte Fragen bei den Eltern aussagekräftige Informationen zu einem festgelegten Bereich zu gewinnen (vgl. Bernitzke/Schlegel, 2004, S. 245).

Die sozialpädagogischen Fachkräfte müssen die Befragung planen und entscheiden, welche Form der Befragung mit welchem Ziel eingesetzt wird:

Nichtstandardisiertes Verfahren	Teilstandardisiertes Verfahren	Standardisiertes Verfahren
Die sozialpädagogische Fachkraft interviewt und hat einen „Leitfaden", der den Fragebereich festlegt. Antworten werden mitprotokolliert.	Der Gesprächsverlauf ist vorstrukturiert. Die sozialpädagogische Fachkraft hat wenig Spielraum in der Befragung.	Meist Fragebögen; bei dieser Form werden die Antworten vorstrukturiert. Eltern werden gebeten, den Fragebogen auszufüllen und zeitnah zurückzugeben.

Verfahren zur Elternbefragung

Für sozialpädagogische Einrichtungen eignet sich das standardisierte Verfahren im pädagogischen Alltag, da die anderen Formen sehr zeitaufwendig sind. Die Befragung kann über das Internet oder über ausgeteilte Fragebögen erfolgen. Es können je nach Ziel offene oder geschlossene Fragen mit vorstrukturierter Antwort eingesetzt werden. Der Aufbau und die Fragenformulierungen sollen zur Beantwortung der Fragen motivieren, die Sätze sollten möglichst knapp formuliert und gut verständlich sein. Nur so kann ein hoher Rücklauf der Fragebögen erwartet werden.

Des Weiteren müssen folgende Überlegungen bei der Entwicklung eines Fragebogens angestellt werden:
- Ziel – Was wird warum gefragt?
- Adressaten – Wer wird gefragt?
- Fragebogenaufbau – Wie wird gefragt?

Das Ziel sollte der Adressatengruppe klar sein, um sie zur Mitarbeit und Bearbeitung des Fragebogens zu motivieren. Gegebenenfalls müssen die Fragebögen für die Eltern mit Migrationshintergrund übersetzt werden.

Die Eltern sollten zeitnah über das Ergebnis der Befragung unterrichtet werden. Die Ergebnisse müssen in die Planung der pädagogischen Arbeit einfließen, sodass Eltern sich ernst genommen fühlen und sich eine fruchtbare, konstruktive Erziehungspartnerschaft entwickeln kann.

4.6.4 Elternmitwirkung – rechtlich

Die Mitwirkung der Erziehungsberechtigten hat eine große pädagogische und psychologische Bedeutung sowohl für die Arbeit sozialpädagogischer Fachkräfte als auch für die Entwicklung der Kinder oder Jugendlichen. Sie ist kein freiwilliges Angebot der Einrichtungen oder Träger, sondern gesetzlich vorgeschrieben. Bereits das Kinder- und Jugendhilfegesetz (KJHG) sieht als Bundesgesetz eine Beteiligung der Erziehungsberechtigten an Entscheidungen in wichtigen Angelegenheiten der Tageseinrichtungen vor. Unabhängig davon, welche weiteren Vorschriften die entsprechenden Landesgesetze zur Elternmitwirkung enthalten: In jedem Fall gibt das KJHG (SGB VIII § 22) die Rahmenbedingungen vor.

ACHTUNG ELTERNBEFRAGUNG!

Für wie wichtig halten Sie die Elternarbeit in unserer Kindertagesstätte?
☐ sehr wichtig ☐ wichtig ☐ wenig wichtig ☐ unwichtig

Möchten Sie in unserer Einrichtung Hinweise über die Erziehung und Entwicklung von Kindern erhalten?
☐ ja gerne ☐ gelegentlich ☐ nein

Möchten Sie Hinweise über Aktivitäten erhalten, die Sie zu Hause mit Ihrem Kind machen können?
☐ ja gerne ☐ gelegentlich ☐ nein

Haben Sie Interesse, in unserer Einrichtung andere Eltern kennenlernen?
☐ ja gerne ☐ teils, teils ☐ nein

Haben Sie den Wunsch, mit anderen Eltern über die Erziehung und Entwicklung von Kindern zu diskutieren?
☐ ja gerne ☐ hin und wieder ☐ nein

Sind Sie gut über das Verhalten und die Entwicklung Ihres Kindes in unserer Einrichtung informiert?
☐ bestens ☐ zufriedenstellend ☐ nicht ausreichend ☐ völlig ungenügend

Wie beurteilen Sie die Zusammenarbeit zwischen Ihnen und uns?
☐ bestens ☐ zufriedenstellend ☐ nicht ausreichend ☐ völlig ungenügend

Sind Sie genügend über das pädagogische Konzept und die Arbeitsweise unserer Einrichtung informiert?
☐ bestens ☐ zufriedenstellend ☐ nicht ausreichend ☐ völlig ungenügend

Können Sie in unserer Einrichtung längere Gespräche mit unseren Fachkräften führen?
☐ ja ☐ hin und wieder ☐ nein

Können Sie mit unseren Fachkräften über Ihr Kind und Ihre Familie sprechen?
☐ bestens ☐ zufriedenstellend ☐ nicht ausreichend ☐ völlig ungenügend

Können sich unsere Fachkräfte in Ihre Situation hineinversetzen?
☐ ja ☐ bedingt ☐ nein

Sind Ihre Erziehungsvorstellungen in unserer Kindertagesstätte berücksichtigt?
☐ ja, völlig ☐ zum großen Teil ☐ kaum ☐ überhaupt nicht

Finden Sie in unserer Einrichtung Hilfe bei Erziehungsfragen und -problemen?
☐ ja ☐ bedingt ☐ nein

Lesen Sie in der Regel die Elternbriefe und die Kita-Zeitung?
☐ ja ☐ kaum ☐ nein

Haben Sie Mitbestimmungsmöglichkeiten in unserer Einrichtung?
☐ ja ☐ bedingt ☐ überhaupt nicht

Zu welchen Zeiten könnten Sie für sich am besten unsere Angebote der Elternarbeit wahrnehmen?
☐ ab 20:00 Uhr ☐ ab 18:00 Uhr ☐ ab 16:00 Uhr ☐ ab 14:00 Uhr
☐ Samstagvormittag oder -nachmittag

Wie viel Zeit können Sie in der Regel im Monat für unsere Angebote der Elternarbeit aufbringen?
☐ weniger als 1 Stunde ☐ 1 bis 2 Stunden ☐ 3 bis 4 Stunden ☐ 5 bis 7 Stunden
☐ 8 Stunden und mehr

Haben Sie Verbesserungsvorschläge?
Wir würden uns darüber freuen!

_____
_____
_____
_____
_____

Vielen Dank für Ihre Mitarbeit.
Ihr Kindertagesstätten-Team

Dort heißt es zu den Grundsätzen der Förderung von Kindern in Tageseinrichtungen:

„(1) In Kindergärten, Horten und anderen Einrichtungen, in denen sich Kinder für einen Teil des Tages oder ganztags aufhalten (Tageseinrichtungen), soll die Entwicklung des Kindes zu einer eigenverantwortlichen und gemeinschaftsfähigen Persönlichkeit gefördert werden.
(2) Die Aufgabe umfasst die Betreuung, Bildung und Erziehung des Kindes. Das Leistungsangebot soll sich pädagogisch und organisatorisch an den Bedürfnissen der Kinder und ihrer Familien orientieren.
(3) Bei der Wahrnehmung ihrer Aufgaben sollen die in den Einrichtungen tätigen Fachkräfte und anderen Mitarbeiter mit den Erziehungsberechtigten zum Wohl der Kinder zusammenarbeiten. Die Erziehungsberechtigten sind an den Entscheidungen in wesentlichen Angelegenheiten der Tageseinrichtung zu beteiligen."
(SGB VIII § 22)

Die einzelnen Länder haben diese bundesgesetzliche Regelung insbesondere für die Kindertagesbetreuung weiter konkretisiert. Die Regelungen einiger der Bundesländer werden im Folgenden dargestellt. Bereits im Voraus lässt sich sagen, dass sie sich in dem Grundprinzip einer notwendigen Kooperation der Einrichtungen mit den Erziehungspartnern nicht unterscheiden. Mit Blick auf die Details kann man feststellen, dass die Mitwirkung der Erziehungsberechtigten unterschiedlich konkretisiert wird und zum Teil auch unterschiedliche Schwerpunkte gesetzt werden. Die exemplarischen Paragrafen stammen aus folgenden Bundesländern:

- Bayern
- Berlin
- Brandenburg
- Niedersachsen
- Nordrhein-Westfalen
- Sachsen
- Thüringen

Beispiel Bayern

Die wichtigsten Aussagen zur Elternmitwirkung sind im Bayerischen Kinderbildungs- und -betreuungsgesetz (BayKiBiG) in Artikel 14 zu finden. Darüber hinaus haben noch weitere Artikel einen mehr oder minder direkten Bezug zur Mitwirkung der Erziehungsberechtigten.

„Art. 14
Zusammenarbeit der Kindertageseinrichtungen mit den Eltern
(1) Eltern und pädagogisches Personal arbeiten partnerschaftlich bei der Bildung, Erziehung und Betreuung der Kinder zusammen.
(2) 1. Die pädagogischen Fachkräfte informieren die Eltern regelmäßig über den Stand der Lern- und Entwicklungsprozesse ihres Kindes in der Tageseinrichtung.
2. Sie erörtern und beraten mit ihnen wichtige Fragen der Bildung, Erziehung und Betreuung des Kindes.
(3) 1. Zur Förderung der besseren Zusammenarbeit von Eltern, pädagogischem Personal und Träger ist in jeder Kindertageseinrichtung ein Elternbeirat einzurichten.
2. Soweit die Kindertageseinrichtung Kinder ab Vollendung des dritten Lebensjahres betreut, soll der Elternbeirat zudem die Zusammenarbeit mit der Grundschule unterstützen.

Rechte der Eltern	
Zusammenarbeit	partnerschaftlich bei Bildung, Erziehung und Betreuung
Information	Pädagogische Fachkräfte informieren und hören die Eltern an.
Gemeinsame Handlungs-möglichkeiten	Eltern erörtern und beraten Bildung, Erziehung und Betreuung mit pädagogischen Fachkräften.
Gremien	
Elternbeirat (verpflichtend einzurichten)	wird von Leitung und Träger informiert und angehört
	berät über Jahresplanung, Umfang der Personalausstattung, Planung regelmäßiger Informations- und Bildungsveranstaltungen für Eltern, Öffnungs- und Schließzeiten, Festlegung der Elternbeiträge, Verwendung nicht zweckbestimmter Spenden
Träger	Die pädagogische Konzeption wird vom Träger in Abstimmung mit pädagogischem Personal und Elternbeirat fortgeschrieben.
weitere Partner	
Grundschule	Der Elternbeirat unterstützt die Zusammenarbeit mit der Grundschule.

(4) 1. Der Elternbeirat wird von der Leitung der Kindertageseinrichtung und dem Träger informiert und angehört, bevor wichtige Entscheidungen getroffen werden.
2. Der Elternbeirat berät insbesondere über die Jahresplanung, den Umfang der Personalausstattung, die Planung und Gestaltung von regelmäßigen Informations- und Bildungsveranstaltungen für die Eltern, die Öffnungs- und Schließzeiten und die Festlegung der Höhe der Elternbeiträge.
(5) Die pädagogische Konzeption wird vom Träger in enger Abstimmung mit dem pädagogischen Personal und dem Elternbeirat fortgeschrieben.
(6) Ohne Zweckbestimmung vom Elternbeirat eingesammelte Spenden werden vom Träger der Kindertageseinrichtung im Einvernehmen mit dem Elternbeirat verwendet.

(7) Der Elternbeirat hat einen jährlichen Rechenschaftsbericht gegenüber den Eltern und dem Träger abzugeben."
(Bayerisches Staatsministerium für Arbeit und Sozialordnung, Familie und Frauen, 2009)

Beispiel Berlin

In Berlin sind die Mitwirkungsrechte im Kindertagesbetreuungsreformgesetz (KitaFöG), Gesetz zur Weiterentwicklung des bedarfsgerechten Angebotes und der Qualität von Tagesbetreuung formuliert:

„Teil IV
Elternbeteiligung und Betreuungsvertrag
§ 14
Elternbeteiligung
(1) In Tageseinrichtungen ist die Zusammenarbeit des Fachpersonals mit den Eltern zu gewährleisten. Die Fachkräfte sind verpflichtet, die Eltern regelmäßig über die Entwicklung ihrer Kinder in der Tageseinrichtung zu informieren. Hospitationen von Eltern, ihre Anwesenheit während der Eingewöhnungsphase und ihre Beteiligung an gemeinsamen Unternehmungen sind zu fördern.
(2) Die Eltern sind in Fragen der Konzeption und deren organisatorischer und pädagogischer Umsetzung in der Arbeit der Tageseinrichtungen zu beteiligen. Hierzu gehören auch Maßnahmen oder Entscheidungen, die zu finanziellen Belastungen der Eltern führen. Die Fachkräfte erörtern mit den Eltern die Grundlagen, Ziele und Methoden ihrer pädagogischen Arbeit.
(3) Die Eltern der Kinder einer Tageseinrichtung im Sinne von § 3 Abs. 2 und 3, in Einrichtungen mit mehr als 45 Kindern, die Eltern der jeweiligen Gruppe bilden die Elternversammlung. Jede Elternversammlung wählt für die Dauer eines Jahres eine Elternvertretung und eine Stellvertretung. In Tageseinrichtungen mit mehr als 45 Kindern wird ein Elternausschuss gebildet, welcher sich aus den gewählten Elternvertretungen der Gruppen zusammensetzt. Bei Trägern mit mehr als einer Tageseinrichtung ist auf Wunsch der Elternversammlungen ein Elternbeirat zu bilden, für den jeder Elternausschuss, sofern ein solcher in der jeweiligen Einrichtung nicht besteht, die Elternvertretung ein Mitglied wählt.
(4) Die Elternversammlungen, die Elternvertretung und die Elternausschüsse dienen der gegenseitigen Information sowie der Beteiligung in

Rechte der Eltern	
Zusammenarbeit	ist zu gewährleisten
Information	Fachkräfte sind verpflichtet, Eltern regelmäßig über die Entwicklung ihrer Kinder in der Tageseinrichtung zu informieren.
Gemeinsame Handlungsmöglichkeiten	Hospitationen von Eltern, Anwesenheit während der Eingewöhnungsphase, Beteiligung an gemeinsamen Unternehmungen
	Beteiligung zu Fragen der Konzeptionsentwicklung und -umsetzung Erörterung von Zielen und Methoden der pädagogischen Arbeit
	Beteiligung bei Entscheidungen mit finanziellen Auswirkungen für die Eltern
Gremien	
Die Einrichtung aller Gremien dient der gegenseitigen Information sowie der Beteiligung.	
Elternversammlung*	setzt sich aus allen Eltern der Gruppe zusammen
	kann Auskunft über wichtige Angelegenheiten verlangen
	wählt eine Elternvertretung
Elternausschuss*	wird aus den Elternvertretungen gebildet
Elternbeirat	wird auf Wunsch der Elternversammlung gebildet, wenn ein Träger mehrere Einrichtungen trägt
Bezirkselternausschuss	wird aus dem Kreis der Elternvertreter von diesen gewählt
Kindertagesstättenausschuss*	hat an wichtigen, die Einrichtung und die Eltern betreffenden Angelegenheiten mitzuwirken

*nur bei Einrichtungen mit mehr als 45 Kindern

Angelegenheiten im Sinne der Absätze 1 und 2. Sie haben die Aufgabe, die Leitung der Tageseinrichtung zu beraten. Die Elternausschüsse oder, sofern solche nicht bestehen, die jeweilige Elternvertretung kann von dem Träger und dem Fachpersonal Auskunft über wesentliche, die Tageseinrichtung betreffende Angelegenheiten verlangen. Die Elternbeiräte sind vom Träger über wesentliche, die Gesamtheit der Tageseinrichtungen betreffende Angelegenheiten zu informieren und zu hören.

(5) Die Elternvertretung wählt aus ihrer Mitte eine Vertretung und eine Stellvertretung für den Bezirkselternausschuss.

(6) In Tageseinrichtungen mit mehr als 45 Kindern wird ein Kindertagesstättenausschuss gebildet, der an den wichtigen, Eltern und Beschäftigte gleichermaßen betreffenden Angelegenheiten mitzuwirken hat. Er besteht zu gleichen Teilen aus Mitgliedern, die aus dem Kreis der Beschäftigten und aus dem Kreis der Eltern gewählt werden. Ihm gehört auch ein Vertreter des Trägers an."
(KitaFöG § 14)

Beispiel Brandenburg

Brandenburg hat die Elternmitwirkung insbesondere im Paragrafen 4 seines Kindertagesstättengesetzes (KitaG) geregelt:

„Abschnitt 2
Beteiligungen
§ 4
Grundsätze der Beteiligung
(1) Die Kindertagesstätte hat ihren Auftrag in enger Zusammenarbeit mit der Familie und anderen Erziehungsberechtigten durchzuführen. Mit anderen Einrichtungen und Diensten sollen sich die Kindertagesstätten zum Wohl der Kinder unter Beachtung des Rechts auf informationelle Selbstbestimmung des Kindes und seiner Erziehungsberechtigten abstimmen. Insbesondere ist der Kinder- und Jugendgesundheitsdienst des Gesundheitsamtes im Rahmen der Gesundheitsvorsorge gemäß § 11 im Einvernehmen mit den Erziehungsberechtigten auf Entwicklungsbeeinträchtigungen des Kindes hinzuweisen. Der Übergang zur Schule und die Betreuung und Förderung schulpflichtiger Kinder sollen durch eine an dem Entwicklungsstand der Kinder orientierte Zusammenarbeit mit der Schule erleichtert werden.
(2) Die demokratische Erziehung der Kinder setzt die Beteiligung von Eltern und sonstigen Erziehungsberechtigten, Erziehern und Erzieherinnen an allen wesentlichen Entscheidungen der Tagesstätten voraus und verlangt das demokratische Zusammenwirken aller Beteiligten. § 4 Abs. 1 Satz 2 des

Rechte der Eltern	
Zusammenarbeit	enge Zusammenarbeit mit der Familie und anderen Erziehungsberechtigten und demokratisches Zusammenwirken aller Beteiligten
Gemeinsame Handlungsmöglichkeiten	demokratische Erziehung der Kinder mit Beteiligung der Erziehungsberechtigten an allen wesentlichen Entscheidungen
weitere Partner	
Zusammenarbeit mit anderen Einrichtungen und Diensten unter Beachtung des Rechts auf informationelle Selbstbestimmung des Kindes	
Gesundheitsamt (Kinder- und Jugendgesundheitsdienst)	Gesundheitsvorsorge im Einvernehmen mit den Erziehungsberechtigten
Schule	den Übergang zur Schule mitgestalten
	Betreuung und Förderung schulpflichtiger Kinder
	Zusammenarbeit mit der Schule

Achten Buches Sozialgesetzbuch bleibt hiervon unberührt."
(Brandenburgisches Vorschriftensystem BRAVORS, 2009)

Beispiel Niedersachsen

In Niedersachsen wird die Mitwirkung im Gesetz über Tageseinrichtungen für Kinder (KiTaG) geregelt:

„§ 10
Elternvertretung und Beirat der Kindertagesstätten
(1) Die Erziehungsberechtigten der Kinder in einer Gruppe wählen aus ihrer Mitte eine Gruppensprecherin oder einen Gruppensprecher sowie deren Vertretung. Das Wahlverfahren regelt der Beirat. Die Gruppensprecherinnen und Gruppensprecher bilden einen Elternrat. Die erste Wahl in einer Kindertagesstätte veranstaltet der Träger.
(2) Die Elternräte in einer Gemeinde können einen gemeinsamen Elternrat bilden (Gemeinde- oder Stadtelternrat für Kindertagesstätten). Diese Elternräte und andere Zusammenschlüsse von Elternvertretungen können gebildet werden, wenn sich mindestens die Hälfte der Elternräte aus dem vertretenen Gebiet beteiligt. An Kreiselternräten müssen sich mindestens die Gemeindeelternräte aus der Hälfte der kreisangehörigen Gemeinden beteiligen. Die Gemeinden und die örtlichen Träger sollen den Elternräten vor wichtigen Entscheidungen rechtzeitig Gelegenheit zur Stellungnahme geben.
(3) Die Gruppensprecherinnen und Gruppensprecher sowie die Vertreter der Fach- und Betreuungskräfte und des Trägers, deren Zahl der Träger bestimmt, bilden den Beirat der Kindertagesstätte. Der Träger kann vorsehen, dass die Aufgaben eines Beirats von einem anderen Gremium wahrgenommen werden, wenn in diesem eine den vorstehenden Bestimmungen entsprechende Vertretung mit entscheidet.
(4) Wichtige Entscheidungen des Trägers und der Leitung erfolgen im Benehmen mit dem Beirat. Das gilt insbesondere für
1. die Aufstellung und Änderung der Konzeption für die pädagogische Arbeit,
2. die Einrichtung neuer und die Schließung bestehender Gruppen oder Betreuungsangebote,

Rechte der Eltern	
Zusammenarbeit	wichtige Entscheidungen von Träger und Leitung im Einvernehmen mit dem Beirat über: • Konzeptionsentwicklung • Einrichtung oder Schließung von Gruppen • Gruppengröße • Aufnahmekriterien • Öffnungszeiten
Gremien	
Gruppensprecher	werden aus der Gruppe gewählt
Elternrat	setzt sich aus den Gruppensprechern zusammen
Beirat	setzt sich zusammen aus Gruppensprechern und Vertretern der Fach- und Betreuungskräfte sowie Trägervertretern
	regelt die Wahlverfahren
	kann Vorschläge zur Verwendung der Haushaltmittel und zur Regelung der Elternbeiträge machen
Gemeinde- oder Stadtelternrat	sind möglich

3. die Festlegung der Gruppengrößen und Grundsätze für die Aufnahme von Kindern,
4. die Öffnungs- und Betreuungszeiten.
Der Beirat kann Vorschläge zu den in Satz 2 genannten Angelegenheiten sowie zur Verwendung der Haushaltsmittel und zur Regelung der Elternbeiträge in der Kindertagesstätte machen."
(Niedersächsische Staatskanzlei, 2009)

Beispiel Nordrhein-Westfalen

In Nordrhein-Westfalen gibt es das Kinderbildungsgesetz (KiBiz), in dem u. a. die Mitwirkung der Erziehungsberechtigten festgelegt ist:

„§ 9
Zusammenarbeit mit den Eltern
(1) Das Personal der Kindertageseinrichtungen sowie Tagemütter und -väter arbeiten mit den Eltern bei der Förderung der Kinder partnerschaftlich und vertrauensvoll zusammen. Die Eltern haben einen Anspruch auf eine regelmäßige Information über den Stand des Bildungs- und Entwicklungsprozesses ihres Kindes.
(2) In jeder Kindertageseinrichtung werden zur Förderung der Zusammenarbeit von Eltern, Personal und Träger die Elternversammlung, der Elternbeirat und der Rat der Kindertageseinrichtung gebildet. Das Verfahren über die Zusammensetzung der Gremien und die Geschäftsordnung werden vom Träger im Einvernehmen mit den Eltern festgelegt. Die Mitwirkungsgremien sollen die Zusammenarbeit zwischen den Eltern, dem Träger und dem pädagogischen Personal sowie das Interesse der Eltern für die Arbeit der Einrichtung fördern.
(3) Die Eltern der die Einrichtung besuchenden Kinder bilden die Elternversammlung. In der Elternversammlung informiert der Träger über personelle Veränderungen sowie pädagogische und konzeptionelle Angelegenheiten. Zu den Aufgaben der Elternversammlung gehört die Wahl der Mitglieder des Elternbeirates.
(4) Der Elternbeirat vertritt die Interessen der Elternschaft gegenüber dem Träger und der Leitung der Einrichtung. Er ist über wesentliche personelle Veränderungen bei pädagogisch tätigen Kräften zu informieren. Gestaltungshinweise des Elternbeirates hat der Träger angemessen zu berücksichtigen.
(5) Der Rat der Kindertageseinrichtung besteht aus Vertreterinnen und Vertretern des Trägers, des Personals und des Elternbeirates. Aufgaben sind

Rechte der Eltern	
Zusammenarbeit	
Information	Eltern haben Anspruch auf regelmäßige Information über Bildungs- und Entwicklungsprozesse ihres Kindes.
Gremien	
Elternversammlung	die Eltern der Einrichtung
	wird vom Träger informiert über personelle Veränderung und pädagogische wie konzeptionelle Angelegenheiten
	wählt die Mitglieder des Elternbeirates
Elternbeirat	vertritt Elterninteressen gegenüber Träger und Leitung
	ist zu informieren über wichtige personelle Veränderungen
Rat der Kindertageseinrichtung	besteht aus Träger-, Personal- und Elternratsvertretern

insbesondere die Beratung der Grundsätze der Erziehungs- und Bildungsarbeit, die räumliche, sachliche und personelle Ausstattung sowie die Vereinbarung von Kriterien für die Aufnahme von Kindern in die Einrichtung."
(Ministerium für Generationen, Familie, Frauen und Integration Nordrhein-Westfalen, 2009)

Beispiel Sachsen

Das sogenannte SächsKitaG (Sächsisches Gesetz zur Förderung von Kindern in Tageseinrichtungen) enthält die Mitwirkungsrechte der Erziehungsberechtigten. Im Mitwirkungsparagrafen wird auch auf das Mitwirkungsrecht der Kinder hingewiesen:

„§ 6
Mitwirkung von Erziehungsberechtigten und Kindern als Landesgesetz
(1) Die Erziehungsberechtigten wirken durch die Elternversammlung und den Elternbeirat bei der Erfüllung der Aufgaben der Kindertageseinrichtung, die ihre Kinder besuchen, mit. Sie sind bei allen wesentlichen Entscheidungen zu beteiligen. Dies gilt insbesondere für die Änderung der pädagogischen Konzepte und für die Kostengestaltung.

Rechte der Eltern	
Information	Der Träger und die Leitung erteilen den Erziehungsberechtigten, der Elternversammlung und dem Elternbeirat erforderliche Auskünfte.
Gremien	
die Kinder	wirken entwicklungsentsprechend (insbesondere im schulpflichtigen Alter) bei der Gestaltung ihres Alltages mit
Elternversammlung	sind bei allen wesentlichen Entscheidungen zu beteiligen, insbesondere bei der Änderung der pädagogischen Konzepte und der Kostengestaltung
Elternbeirat	
Elternbeiräte auf Gemeinde- oder Kreisebene	können zur Beratung und Unterstützung der Elternbeiräte auf Einrichtungsebene gebildet werden

(2) Der Träger der Einrichtung trifft Bestimmungen zur Organisation der Elternversammlung sowie zu Bildung und Organisation des Elternbeirates.
(3) Der Träger und die Leitung der Kindertageseinrichtung erteilen den Erziehungsberechtigten, der Elternversammlung und dem Elternbeirat die erforderlichen Auskünfte.
(4) Zur Beratung und Unterstützung der Elternbeiräte der Einrichtung können Elternbeiräte auf der Gemeinde- und der Kreisebene gebildet werden.
(5) Die Kinder wirken entsprechend ihrem Entwicklungsstand und ihren Bedürfnissen insbesondere im schulpflichtigen Alter bei der Gestaltung ihres Alltages in den Kindertageseinrichtungen mit."
(Freistaat Sachsen, Sächsische Staatskanzlei, 2009)

Beispiel Thüringen

Das Thüringer Kindertageseinrichtungsgesetz (ThürKitaG) listet die Vorgänge besonders detailliert auf, bei denen die Erziehungsberechtigten zu informieren sind und bei denen sie ausdrücklich zustimmen müssen.

„§ 10
Elternmitwirkung
(1) Die Eltern haben das Recht, an Entscheidungen der Kindertageseinrichtung mitzuwirken und einen Elternbeirat zu bilden; über dieses Recht sind die Eltern durch den Träger der Einrichtung jährlich zu informieren. Der Elternbeirat fördert die Zusammenarbeit zwischen dem Träger der Einrichtung, den Eltern und den anderen an der Bildung, Erziehung und Betreuung der Kinder Beteiligten sowie das Interesse der Eltern für die Arbeit der Einrichtung. Dazu wählen die Eltern der Kinder einer Gruppe aus ihrer Mitte einen Elternvertreter und seinen Stellvertreter. Die gewählten Elternvertreter bilden den Elternbeirat.

Rechte der Eltern	
Information	Über das Recht, Vertreter zu wählen, sind die Eltern durch den Träger der Einrichtung jährlich zu informieren.
Gemeinsame Handlungsmöglichkeiten	an Entscheidungen der Einrichtung mitwirken und einen Elternbeirat bilden
Gremien	
Elternvertreter	Eltern der Gruppe wählen Elternvertreter, Elternvertreter bilden den Elternbeirat
Elternbeirat	fördert die Zusammenarbeit zwischen Träger, Eltern und anderen an der Bildung, Erziehung und Betreuung Beteiligten sowie das Interesse der Eltern für die Einrichtung
	ist zu informieren über: • pädagogisches Konzept • räumliche und sächliche Ausstattung • personelle Besetzung • Haushaltsplan der Tageseinrichtung • Gruppengröße und -zusammensetzung • Hausordnung und Öffnungszeiten • Elternbeiträge • Trägerwechsel
	muss zustimmen bei finanziellen Entscheidungen, die die Eltern über die Elternbeiträge hinaus betreffen

(2) Der Elternbeirat ist vom Träger und der Leitung der Einrichtung rechtzeitig und umfassend über wesentliche Entscheidungen in Bezug auf die Kindertageseinrichtung zu informieren und insbesondere vor Entscheidungen über
1. *das pädagogische Konzept der Tageseinrichtung,*
2. *die räumliche und sächliche Ausstattung,*
3. *die personelle Besetzung,*
4. *den Haushaltsplan der Tageseinrichtung,*
5. *die Gruppengröße und -zusammensetzung,*
6. *die Hausordnung und Öffnungszeiten,*
7. *die Elternbeiträge sowie*
8. *einen Trägerwechsel*

anzuhören.

(3) Entscheidungen, die die Eltern in finanzieller Hinsicht außerhalb der regelmäßigen Elternbeiträge berühren, bedürfen der Zustimmung durch den Elternbeirat. Hierzu zählen insbesondere
1. *die Planung und Gestaltung von Veranstaltungen für die Kinder und Eltern,*
2. *die Verpflegung in der Einrichtung sowie*
3. *die Teilnahme an Modellprojekten.*

(4) Zur Wahl der Elternvertreter lädt die Leitung der Kindertageseinrichtung ein. Die Wahl hat bis zum 30. September des Jahres stattzufinden. Sie kann schriftlich und geheim durchgeführt werden. Der Elternbeirat kann sich eine Geschäftsordnung geben, die seine Arbeit regelt. Er informiert die Eltern, die Leitung und den Träger der Kindertageseinrichtung über seine Tätigkeit."

(Freistaat Thüringen, 2009)

4.6.5 Beschwerdemanagement

Eine Erzieherin kann sehr professionell arbeiten, aber auch sie wird sich mit **Beschwerden** auseinandersetzen müssen. Das hängt damit zusammen, dass Eltern für ihre Kinder nur „das Beste" wollen und schnell das Gefühl haben, dass dieser Anspruch nicht erfüllt wird. Daher ist es ganz wichtig, dass eine Erzieherin sich durch Beschwerden nicht persönlich angegriffen fühlt, sondern diese als Chance versteht, die Qualität der Einrichtung weiterzuentwickeln.

In vielen Einrichtungen werden Beschwerden als „Störungen" erlebt, die den normalen Ablauf durcheinanderzubringen drohen. Darauf scheinen sich auch viele Eltern einzustellen, die oft untereinander ihre Beschwerden austauschen, ohne dass die Erzieherinnen etwas davon erfahren. Die Erzieherinnen glauben dann zwar, dass die Eltern mit der Einrichtung zufrieden sind, die Wirklichkeit entspricht dem aber nicht. Deshalb ist es wichtig, dass die Eltern die Möglichkeit haben, Unzufriedenheiten schnell zu äußern, und zwar in einer eher distanzierten Weise. So kann z. B. ein Kasten aufgestellt werden „Was Sie uns als Eltern gerne rückmelden möchten" (am besten gleich mit Zettel und Stift daneben). So signalisieren die Erzieherinnen, dass sie die Eltern als wichtige Partner für die Erziehungs- und Bildungsprozesse der Kinder sehen und zugleich als „Kunden", für deren Anregungen und Rückmeldungen sie offen sind. Diese Offenheit schließt auch den Umgang mit Beschwerden ein. Mit dieser Haltung können Erzieherinnen Beschwerden als wichtige Informationsquelle nutzen, um auf mögliche Schwachstellen der eigenen Einrichtung aufmerksam zu werden (zum Folgenden vgl. Pesch/Sommerfeld, Beschwerdemanagement, 2002, S. 19ff.).

Eine Erzieherin muss sich klar machen, dass der Grund für eine Beschwerde eine Erwartung ist (in diesem Fall die der Eltern an die Einrichtung), die enttäuscht wird.

Eine Beschwerde muss sich also nicht unbedingt auf grobes Fehlverhalten beziehen. Solche unerfüllten Erwartungen der Eltern zu kennen, ist für ein Team sehr wichtig, weil es nur dann möglich ist, diese so früh wie möglich zu bedenken und unter Umständen nach Lösungen zu suchen. „Beschwerden sind daher ein willkommener Anlass, um die Beziehungen zu Eltern zu verbessern" (Pesch/Sommerfeld, Beschwerdemanagement, 2002, S. 52). Hilfreich ist es, die Beschwerden zunächst einmal aus der Perspektive der Eltern, d. h. der Kunden, wahrzunehmen. Dies hilft dabei, sich durch die Beschwerde nicht persönlich angegriffen zu fühlen, sondern die Sichtweise der Eltern nachvollziehen zu können.

Beschwerden „vier-ohrig" hören

Ein professioneller Umgang mit Beschwerden verlangt aber noch mehr, nämlich genau herauszuhören, worum es dem Beschwerdeführer eigentlich geht. Dazu ist es hilfreich, das in Kap. 1.6.3 erläuterte Kommunikationsmodell von Schulz von Thun auf die Beschwerde anzuwenden. Wenn man deren „vier Seiten" klärt, kann es besser gelingen, den sachlichen Kern der Beschwerde „herauszuschälen". Damit gewinnt man eine Basis für eine sachliche Auseinandersetzung mit den sich beschwerenden Eltern.

Beispiel
In einem Hort beschwert sich eine Mutter: „Das Essen ist hier nicht gerade toll. Woanders wird viel besser und abwechslungsreicher gekocht, da schmeckt's den Kindern!" Die Erzieherin wird die Situation mit großer Wahrscheinlichkeit auf folgenden „vier Ohren" wahrnehmen (vgl. Pesch/Sommerfeld, Beschwerdemanagement, 2002, S. 35 f.):

Vier Ohren im Beschwerdegespräch oder: Wie eine Mutter verstanden werden kann, die um besseres Essen für ihr Kind bittet.

- **Beziehungsohr**
  Die Erzieherin hört zunächst einmal auf dem „Beziehungsohr" und nimmt die Aussage der Mutter wie folgt wahr: „Die Mutter hält mich und meine Arbeit für wenig gut." Sie reagiert gekränkt und erlebt die Beziehung zur dieser Mutter als belastend.
  Menschen mit empfindlichen Beziehungsohren begehen häufig den Fehler, dass sie einer Sachauseinandersetzung ausweichen und das Gespräch auf die Beziehungsebene verlagern. Also: Eine sachliche Kritik wird nicht angenommen, sondern es erfolgt eine Reaktion auf der Beziehungsebene, die z. B. autoritär oder ironisch sein kann.

- **Appellohr**
  Wahrscheinlich hört sie mit ihrem „Appellohr" auch eine (vermeintliche) Aufforderung heraus: „Streng dich/strengt euch mehr an, kocht besser und abwechslungsreicher!" (… und ist empört, dass sie noch mehr leisten soll).
  Wer überwiegend das Appellohr benutzt, macht sich die Gedanken des anderen ganz einseitig zu eigen und beschäftigt sich mit der Frage, was er denn zu tun habe und was er tun kann, um dem (vermeintlichen) Wunsch des Sprechers nachzukommen. Man ist gewissermaßen auf dem „Appell-Sprung". Kleinste Signale werden auf ihre Appell-Komponente hin untersucht. Der Zuhörer verliert auf diese Weise die Antenne für das, was er selbst denkt und fühlt, und ist fast nur für den anderen da.

- **Selbstkundgabeohr**
  Die Erzieherin ist wahrscheinlich kaum sensibel für das, was ihr die Mutter über sich offenbart: „Mir ist es ein großes Anliegen, dass es meinem Kind schmeckt" oder vielleicht sogar, „… dass mein Kind sich gesund ernährt" oder „Ich habe Angst, dass mein Kind nicht gerne in den Hort geht, wenn es ihm da nicht schmeckt". Um das genau zu klären, muss sie nachfragen.
  Damit würde sich die Perspektive der Erzieherin von ihrer eigenen Person weg auf die Bedürfnisse und Wünsche der Mutter verschieben. Dann muss sie sich nicht gekränkt fühlen, sondern findet Anknüpfungspunkte für ein Gespräch mit der Mutter.
  Für den Zuhörer ist es auch hier schwer zu entscheiden: Hat die Nachricht eher Selbstkundgabe- oder eher Beziehungscharakter? Dasselbe Verhalten kann nämlich oft entweder als Selbstkundgabe- oder als Beziehungssignal aufgefasst werden.

Beispiel
Ein Vater tritt auf Bauklötze, die der Sohn nicht aufgeräumt hat: „Was ist denn das für eine Schweinerei?!" Der Sohn hört auf dem Beziehungsohr: „Du meckerst immer nur an mir herum!" Die Mutter versteht die Äußerung des Vaters dagegen als Selbstkundgabe: „Mir ist heute alles zu viel!"

Statt auf Gefühlsausbrüche, Anklagen und Vorwürfe auf der Beziehungsseite zu reagieren, ist es besser, auch die Selbstkundgabebotschaft aufzunehmen. Aber: Auf dem Beziehungsohr überhaupt nicht zu hören und alles, was der andere sagt, gewissermaßen nur als Selbstkundgabe zu diagnostizieren, ohne dass es die eigene Gefühlswelt erreicht, ist auch nicht hilfreich. Man schaltet dann die Beziehungsebene aus, erspart sich Betroffenheit und kann die Beziehung nur schlecht verbessern. Aktives Zuhören ist die beste Möglichkeit, die Selbstkundgabe des anderen zu hören.

- **Sachohr**
Das Sachohr wird beim Hören einer Beschwerde oft vernachlässigt. Die Mutter spricht von einem Vergleich mit dem Essen in anderen Einrichtungen. Vielleicht würden sich – auf der Sachebene – Anregungen aufnehmen lassen. Die Erzieherin könnte nachfragen, ob die Mutter genauere Informationen über den dortigen Speisezettel hat oder sie könnte sich vornehmen, das Thema „Essensqualität" auf der nächsten Teamsitzung anzusprechen. Es könnte ihr auch einfallen, dass sie schon längst zu einer Nachbareinrichtung diesbezüglich Kontakt aufnehmen wollte, dies aber vergessen hatte. Dann könnte sie sich sogar bei der Mutter für den Hinweis bedanken.

Auf Beschwerden angemessen eingehen

Wenn eine Erzieherin in der Lage ist, bei einer Beschwerde mit ihrem Sachohr zuzuhören, dann ist für den konstruktiven Umgang mit der Beschwerde schon viel gewonnen. Angemessenes Hinhören muss aber ergänzt werden durch die Fähigkeit, mit dem Beschwerdeführer so zu sprechen bzw. zu kommunizieren, dass dieser sich mit seinem Anliegen ernst genommen fühlt. Im Folgenden werden dazu einige grundlegende Punkte zusammengestellt.

Aktives Zuhören

Eine Erzieherin kann die Gesprächsregel „konzentriert zuhören" (vgl. Kap. 1.6.3) voll umsetzen und trotzdem kann derjenige, der seine Beschwerde loswerden will, das Gefühl haben, er rede ins Leere, die Erzieherin verstehe ihn nicht oder interessiere sich nicht für die Beschwerde. Passives Zuhören ist also zu wenig. Wie Sie „aktiv zuhören", können Sie in Kap. 1.6.3 nachlesen. Im Folgenden finden Sie aber noch einige zusätzliche Hinweise, welche Techniken der Gesprächsführung in Beschwerdegesprächen besonders wichtig sind.

- **Kommunikative Türöffner**
Eltern, die sich beschweren, brauchen zuerst einmal das Gefühl, dass sie mit ihrer Beschwerde „ankommen". Zeigen Sie daher als Erzieherin Ihr Interesse an der Person und ihrem Anliegen. Durch „Türöffnen" (vgl. Kap. 1.6.3) können Sie zum Weitersprechen ermuntern. Beispiele dafür sind „hm", „ja", „ich verstehe", aber auch die Wiederholung besonders wichtig erscheinender Aussagen („Sie meinen also, dass ...").

- **Nachfragen**
Zu den sogenannten Türöffnern gehört auch das Nachfragen. Als Erzieherin zeigen Sie dadurch ihrem Gesprächspartner, dass sie verstehen wollen, worum es geht. Nachfragen lässt sich nach dem Sachverhalt der Beschwerde („Was ist genau passiert?"), aber auch nach Gefühlen („... und das hat Sie ärgerlich gemacht?") oder Meinungen bzw. Einstellungen („... und für Sie ist das ganz besonders wichtig?") (vgl. Kap. 3.4.3).

- **Nonverbale Mitteilungen wahrnehmen**
Aktiv zuhören setzt voraus, dass Sie sich voll auf Ihr Gegenüber konzentrieren. Dann können Sie auch unausgesprochene Gefühle wahrnehmen, z. B. an der Körperhaltung, an Mimik und Gestik, am Klang der Stimme, am Atemrhythmus. Solche Wahrnehmungen bzw. deren erste Deutung anzusprechen, kann denjenigen, der die Beschwerde vorbringt, entlasten, z. B. mit Sätzen wie: „Das hat ihnen ganz schön zugesetzt" oder „Darüber sind Sie ziemlich verärgert".

- **Zusammenfassen**
Im Beschwerdegespräch kann es hilfreich sein, komplexe Sachverhalte zusammenzufassen („Ich fasse mal kurz zusammen, was ich bisher verstanden habe, ob das nach Ihrer Meinung so zutrifft. Ihnen geht es darum ...")

- **Übersetzen**
Beschwerden werden oft viel zu spät geäußert, wenn sich bereits eine Menge Ärger aufgestaut hat. Die Beschwerden werden dann

als Vorwürfe geäußert, durch die sich die Erzieherin angegriffen fühlt. Das Gespräch kreist dann um die Frage, ob die Beschwerde überhaupt nicht, zu einem kleinen oder größeren Teil berechtigt ist. Das führt aber nicht weiter. Die Atmosphäre entspannt sich schnell, wenn die Erzieherin zu klären versucht, was der Beschwerdeführer im positiven Sinne möchte, d.h., um welchen Wunsch es geht. Statt der Mutter, die sich über das Essen in der Einrichtung beschwert, zu antworten: „Die können sich das auch leisten, die haben ja viel höhere Elternbeiträge!", ist es hilfreich, auf den hinter der Beschwerde stehenden Wunsch der Mutter einzugehen, zum Beispiel so: „Ihnen ist Michis Ernährung besonders wichtig. Habe ich das richtig verstanden?"

Es gilt herauszufinden, was eventuell hinter der Äußerung im Sinne einer Selbstkundgabe stehen könnte. Vielleicht wird dann aus einem Vorwurf eine Bitte, aus einer Anschuldigung die Mitteilung von Angst und Sorge. Eine Anklage lässt sich womöglich als Wut und Ärger „übersetzen". Mit solchen „Botschaften" lässt sich viel leichter umgehen als mit Vorwürfen, Anschuldigungen oder Anklagen.

Einen Fehler selbstsicher eingestehen

Jemand kann sich darüber beschweren, dass er über die Ferienfahrt der Einrichtung viel zu spät informiert wurde. Es hilft nichts, diesen Fakt schönzureden, ganz unabhängig davon, wie angemessen, vorwurfsvoll, unpassend die Beschwerde vorgetragen wird. Ein solcher Fehler sollte ohne Zögern eingestanden und evtl. kurz erklärt werden. Ein Ausdruck des Bedauerns ist hilfreich („Das tut mir leid", „Das hätte eigentlich nicht passieren dürfen"). Vielleicht kann man sich bedanken, dass der andere seinen Unmut geäußert hat, und darauf hinweisen, dass das die Zusammenarbeit erleichtert.

Beleidigungen zurückweisen

Es kann durchaus sein, dass Beschwerden – vor allem zwischen Tür und Angel – so vorgetragen werden, dass sie beleidigen und verletzen. Dann ist immer die Gefahr der Eskalation gegeben, weil jeder Mensch dazu neigt, in einer solchen Situation „zurückzuschlagen".

Beispiel
Vater: „Also das hätte ich von Ihnen nicht erwartet – und Sie wollen Erzieherin sein?" Erzieherin: „Also solche Väter wie Sie brauchen wir hier in unserer Einrichtung nicht. Kein Wunder, dass Benno immer wieder in der Gruppe ausrastet." Es lässt sich leicht ausmalen, wie ein solcher Dialog weitergeht.

Welche Strategien sind in einer solchen Situation hilfreich (vgl. Pesch/Sommerfeld, Beschwerdemanagement, 2002, S. 82f.)?

- **Überhören und zur Tagesordnung übergehen**
  Das kann dann sinnvoll sein, wenn jemand kurz Dampf ablassen muss, aber dann sachlich weiterreden kann.
- **Nur auf dem Sachohr hören**
  Nachfragen, welcher Sachverhalt dem Angriff zugrunde liegt. Dabei übergeht man die Mitteilung auf der Beziehungsebene, die verletzt, und knüpft an den Sachbezug an: „Sagen Sie mir, was Sie so verärgert hat."
- **Übersetzen**
  Wie oben beschrieben, geht es darum, die Aussage nicht auf sich persönlich zu beziehen, sondern zu fragen, was beim anderen an Gefühlen und Wünschen hinter einer beleidigenden Aussage steht. Möglich ist das aber nur, wenn die Situation so viel Rollendistanz zulässt.
- **Den Angriff zurückweisen und gleichzeitig Verständnis für den Angriff zeigen**
  „Ich verstehe, dass sie sehr verärgert sind. Aber so kommen wir nicht weiter. Setzen wir uns in Ruhe zusammen und versuchen wir, eine Lösung für das Problem zu finden."
- **Mit einer Ich-Botschaft antworten**
  „Die Art, wie Sie mit mir sprechen, macht mich ärgerlich. Mir ist aber Ihre Kritik wichtig. Können Sie mir genauer sagen, worum es Ihnen geht?"
- **Das Gespräch mit einer Ich-Aussage beenden**
  Es kann sein, dass Eltern sich in einer Art und Weise äußern, die einen vollständig aufwühlt. In der Regel wird dann zwischen Person und Sache nicht mehr getrennt, d.h., die Person wird abgewertet, weil etwas an einer Sache nicht gut gelaufen ist. Dann ist niemand in der Lage, die vorher genannten Strategien

umzusetzen. Es ist daher sinnvoll, das Gespräch zu beenden und einen anderen Termin vorzuschlagen. „Ich fühle mich sehr verletzt. Ich brauche jetzt erst etwas Abstand. Ich schlage vor, dass wir uns morgen in Ruhe Zeit nehmen, darüber zu reden!"

Leitfaden für ein Beschwerdegespräch

In der Regel wird man vorschlagen, Beschwerden in einem kurzen Gespräch zu klären. Wie sollte ein Beschwerdegespräch ablaufen? Dazu im Folgenden einige Hinweise (vgl. Pesch/Sommerfeld, Beschwerdemanagement, 2002, S. 73 ff.):

- **Äußere Bedingungen**
  Eine ruhige und ungestörte Atmosphäre ist wichtig. Die Sitzordnung sollte die Symmetrie zwischen den Beteiligten deutlich machen (vgl. 4.2.2). Zu Beginn sollten Sie den zeitlichen Rahmen für das Gespräch mitteilen.
- **Gesprächseröffnung**
  Nach der Begrüßung benennen Sie den Anlass des Gesprächs. Achten Sie dabei darauf, dass Sie dies in einer beschreibenden und nicht wertenden oder parteiergreifenden Form tun. Unter Umständen ist es wichtig zu begründen, wer in welcher Rolle am Gespräch teilnimmt (z. B. die Einrichtungsleiterin, wenn es um grundsätzliche Entscheidungen geht, die für die ganze Einrichtung gelten etc.).
  Eine längere Gesprächseinstimmung über Belangloses (Smalltalk) ist nicht hilfreich. Der Beschwerdeführer könnte das als Ablenkung erleben und sich nicht ausreichend ernst genommen fühlen.
- **Beschwerdeannahme**
  Der Beschwerdeführer soll ausreichend Zeit haben, seine Sicht der Dinge darzulegen. Dabei hören Sie aktiv zu, sodass der andere sich mit seinem Anliegen ernst genommen fühlen kann. Das gilt auch dann, wenn er Vorwürfe äußert oder seinen Emotionen freien Lauf lässt. Nur wenn Sie oder eine Kollegin regelrecht beleidigt werden, sollten Sie dies zurückweisen (siehe oben).
- **Beschwerde-Klarheit**
  Hier geht es darum, den Kern der Beschwerde zu verstehen. Oft ist der Kern schnell deutlich, z. B. wenn jemand sich darüber beschwert, dass die Einrichtung in den Osterferien geschlossen ist. Beschwerden können aber auch wenig konkret sein. Dann ist es wichtig, dass Sie durch Nachfragen herausfinden, worum es Ihrem Gesprächspartner eigentlich geht. Im Vordergrund steht dann, auf die Selbstkundgabe-Mitteilungen zu hören. Erst wenn klar ist, was der Kern der Beschwerde ist, können Lösungen gesucht werden. Dabei muss die Sicht des Beschwerdeführers auf jeden Fall ernst genommen werden. Auf dessen Perspektive kommt es an, auch wenn Sie als Erzieherin eine andere Einstellung zum Problem haben. Der Vater will zunächst, dass sein Unwille über die Schließung in den Osterferien verstanden wird, erst dann kann er die Argumente, die die Schließung notwendig machen, nachvollziehen.
- **Gemeinsame Lösungssuche**
  Hier ist vor allem Flexibilität im Denken gefragt, weil dann neue Lösungen gefunden werden können, bei denen es keine Verlierer gibt. Denn es gibt „Gewinner-Verlierer-Lösungen" und „Gewinner-Gewinner-Lösungen". Einem Verlierer wird eine Lösung präsentiert, die er zu schlucken hat: „Das steht so in unserer Konzeption. Dann müssen Sie sich halt eine andere Einrichtung suchen."
  Bei der Gewinner-Gewinner-Lösung geht es darum, Alternativen zu diskutieren und nach Teillösungen, mit denen beide Gruppierungen leben können, zu suchen.
- **Ergebnissicherung**
  Das Gesprächsergebnis sollte von Ihnen noch einmal zusammengefasst werden. Dadurch erhält der Beschwerdeführer Gelegenheit, die Vereinbarung zu hören und ihr ausdrücklich zuzustimmen.
  Ist eine Einigung auf eine Lösung nicht möglich, dann sollte auch das benannt werden. In diesem Fall sollte ggf. ein weiterer Gesprächstermin vereinbart werden.
- **Verabschiedung**
  Diese sollte zum Gesprächsverlauf passen. Hat sich die Situation entspannt, dann können Sie Ihre Zufriedenheit zeigen. Konnte keine Lösung gefunden werden, dann kann – ohne Übertreibung – Bedauern darüber ausgedrückt werden sowie das Interesse, bald zu einer Problemlösung zu finden.

4.7 Weiterführende Literatur

Altgeld, Karin/Stöbe-Blossey, Sybille (Hrsg.): Qualitätsmanagement in der frühkindlichen Bildung, Erziehung und Betreuung, Perspektiven für eine öffentliche Qualitätspolitik, 1. Aufl., Wiesbaden, VS-Verlag für Sozialwissenschaften, 2009.

Bernitzke, Fred/Schlegel, Peter: Das Handbuch der Elternarbeit, Troisdorf, Bildungsverlag EINS, 2004.

Krenz, Armin: Professionelle Öffentlichkeitsarbeit in Kindertagesstätten, Troisdorf, Bildungsverlag EINS, 2009.

Münnich, Sibylle: Basiswissen Soziale Kompetenz, Köln, Bildungsverlag EINS, 2010.

Pesch, Ludger/Sommerfeld, Verena: Beschwerdemanagement, wie Kindergärten TOP werden, Weinheim, Beltz, 2002.

Sauer, Marlen: Elternarbeit in Kindertagesstätten, bedarfsgerechtes inhaltliches und strukturiertes Arbeiten in Kitas, Elternbefragung als Bedarfsanalyse, Saarbrücken, VDM Müller, 2007.

Teschner, Andreas: Erzieherinnen im Kindergarten – eine empirische Untersuchung zu einem Verständnis ihrer Professionalität, Münster, Lit Verlag, 2004.

Textor, Martin R.: Elternmitarbeit. Auf dem Wege zur Erziehungspartnerschaft, München, Bayerisches Staatsministerium für Arbeit und Sozialordnung, Familie, Frauen und Gesundheit 1996, S. 6–28.

Textor, Martin R.: Erziehungs- und Bildungspartnerschaften mit Eltern, Freiburg, Herder Verlag, 2006.

Viernickel, Susanne/Völkl, Petra (Hrsg.): Qualität für die Kleinsten, Köln, Bildungsverlag EINS, 2010.

Weber, Kurt/Herrmann, Mathias: Erfolgreiche Methoden für die Team- und Elternarbeit, 1. Aufl., Freiburg i. Br., Herder, 2003.

Glossar

Absorbierender Geist
In der ersten sensiblen Periode verfügt das Kind über eine vorwiegend unbewusste Form der Intelligenz, d. h. über den von Maria Montessori so bezeichneten „Absorbierenden Geist". Das bedeutet, dass das Kind in dieser Zeit alle Eindrücke ungeordnet aufnimmt und unbewusst speichert. Erst in den folgenden Lebensjahren werden diese Eindrücke allmählich geordnet und bewusst.

Adaption
Die Anpassung, die das Kind an seine Umwelt leistet, und umgekehrt das „Passendmachen" der Umwelt an und durch das Kind.

Adipositas
Deutliches Übergewicht, auch Fettleibigkeit oder Fettsucht genannt. Es handelt es sich um ein starkes Übergewicht, das durch eine über das normale Maß hinausgehende Vermehrung des Körperfettes mit krankhaften Auswirkungen gekennzeichnet ist.

Adoleszenz
Abgeleitet vom lateinischen Begriff *adolescere* = heranwachsen. Lebensabschnitt zwischen Kindheit und jungem Erwachsenenalter.

Aggression
Der Begriff Aggression wird aus dem Lateinischen abgeleitet (*aggredere* = herangehen) und ist in seiner Bedeutung zunächst wertneutral. Ein positiver Aspekt der Aggression ist die Fähigkeit, zielstrebig auf etwas zugehen und die Umwelt aktiv beeinflussen zu können; in diesem Sinne sichert aggressives Verhalten das Überleben des Menschen. In der Psychologie und im alltäglichen Sprachgebrauch wird Aggression jedoch eher in seiner negativen Bedeutung wahrgenommen und man versteht darunter alle Verhaltensweisen, die eine direkte oder indirekte Schädigung von Organismen und/oder Gegenständen beabsichtigen (vgl. Hobmair, Psychologie, 2008, S. 188).

Akkommodation
Beschreibt den Prozess der Anpassung des Individuums an die Umwelt bzw. Realität.

Aktives Zuhören
Einfühlsame und unterstützende Reaktion eines Gesprächspartners auf die Mitteilung eines Sprechers. Voraussetzung dafür ist, sich in die äußere und innere Situation eines anderen Menschen zu versetzen, aus dessen Perspektive wahrzunehmen und dies zu verbalisieren.

Akzeptanz
Freiwilliges Annehmen bzw. Anerkennen einer Persönlichkeit mit ihren Entscheidungen und ihrem Verhalten oder einer Situation bzw. Sache.

Alltag
In der Sozialpädagogik versteht man unter Alltag die spezifischen subjektiv erlebten Bedingungen, die die Lebenswelt eines Menschen beschreiben. In einem engeren Sinne wird der Begriff Alltag auch für pragmatische und überschaubare Verstehens- und Handlungsmuster eines Menschen benutzt.

Alltagsaufgaben, Dimension der A.
Bei der Bewältigung der alltäglichen Aufgaben des Menschen stehen die drei Dimensionen – Gegenwart, Raum und soziale Bezüge – ganzheitlich und vernetzt zusammen. Die sich daraus ergebenden mehr oder weniger komplexen Alltagsaufgaben der Kinder und Jugendlichen müssen von den sozialpädagogischen Fachkräften geachtet werden.

Amnionflüssigkeit
Fachbezeichnung für Fruchtwasser. Diese Flüssigkeit umgibt das ungeborene Kind vollständig und schützt es so. Gegen Ende der Schwangerschaft trinkt das Ungeborene nahezu die Hälfte dieser Flüssigkeit (ca. 400 ml) selbst. Amnionflüssigkeit ist alkalisch.

Angststörung
Ein intensives Angstgefühl ohne Auslöser, das mit Spannungs- und Erregungszuständen einhergeht.

Anorexie
Essstörung, die häufig im Jugendalter auftritt. Betroffene nehmen sich als übergewichtig wahr und kontrollieren ihr Essverhalten sehr stark. Das Körpergewicht beträgt weniger als 85 Prozent des altersgemäßen Durchschnittsgewichts.

Ansatz
Als Ansatz bezeichnet man ein schriftlich fixiertes Modell für die Arbeit in einem größeren sozialpädagogischen Feld (z. B. Kindertagesstätte). Ein Ansatz bevorzugt ein bestimmtes Menschenbild und die dazu passenden Prinzipien der pädagogischen Arbeit. Es macht Aussagen zu Leitzielen, Erziehungszielen, zum Stellenwert des Lernens, zu den Inhalten, Methoden und dem Lernmaterial sowie zur Rolle und Aufgabe des Erziehers/der Erzieherin.

Anthropologie
Man unterscheidet zwischen der biologischen und der philosophischen Anthropologie. Biologische Anthropologie untersucht mit naturwissenschaftlichen Methoden die Entstehung, die Entwicklung und die Veränderungen des Menschen als biologisches Wesen. Die philosophische Anthropologie reflektiert und analysiert das Wesen des Menschen mit geisteswissenschaftlichen Methoden. Dabei spielt die Lebenssituation des Menschen eine zentrale Rolle. Erkenntnisse aus anderen Wissenschaften (z. B. Medizin, Physik, Soziologie, Pädagogik) werden dabei in die Reflexion und in die Ergebnisse der Forschungsarbeit einbezogen.

Anthroposophie
Rudolf Steiner verstand unter der von ihm begründeten Anthroposophie einen Erkenntnisweg, der es dem Menschen ermögliche, Geistiges jenseits konkreter alltäglicher Wahrnehmungen zu erfahren. Diesen Erkenntnisweg zu gehen, sei ein menschliches Grundbedürfnis. Dabei gehe es um Fragen und um die Suche nach Antworten über das Wesen des Menschen und die Welt. Mithilfe der Erkenntnismöglichkeiten der Anthroposophie könne eine Überschreitung der Grenzen menschlicher Wahrnehmung gelingen und ein Ausblick in eine geistige Welt eröffnet werden.

Äquilibration
Ein Kind ist nach Jean Piaget ständig mit Anpassungsprozessen beschäftigt. Dabei sucht es fortwährend nach einem Gleichgewicht zwischen dem, was es versteht, und dem, was es in seiner Umgebung neu erfährt. Diese Tendenz zum Gleichgewicht nennt Piaget Äquilibration. Sie ist notwendig, um sich geistig weiterzuentwickeln.

Arithmetik
Teilgebiet der Mathematik, in dem es um den Umgang mit den natürlichen Zahlen und den Grundrechenarten geht: Addition (Zusammenzählen), Subtraktion (Abziehen), Multiplikation (Vervielfachen) und Division (Teilen).

Assimilation
Beschreibt die Fähigkeit, neue Erfahrungen in schon bestehende Denk- und Handlungsstrukturen zu integrieren.

Assoziationsfelder
Areale der Hirnrinde, die der Informationsverarbeitung von Sinneseindrücken dienen. Sie ermöglichen geistige Leistungen wie kreatives Denken und Handeln sowie logisches und abstraktes Denken. Für das Lernen des Menschen spielen diese Felder eine herausragende Rolle.

Aufmerksamkeit
Die Ausrichtung kognitiver Prozesse auf eine Sache oder eine Situation. Diese Ausrichtung kann bewusst (willkürliche Aufmerksamkeit) oder nicht bewusst (unwillkürliche Aufmerksamkeit) gesteuert werden.

Aufmerksamkeit, selektive Aufmerksamkeit
Eine Aktivierung nur der Hirnbereiche, die für die Verarbeitung der jeweils bevorzugten Informationen „zuständig" sind.

Aufmerksamkeit, Vigilanz
Die Stärke der Vigilanz, d.h. einer allgemeinen Wachheit, bezieht sich auf die Aktivität des Gehirns insgesamt.

Authentizität
Wenn eine Person sich nicht in erster Linie von äußeren Einflüssen bestimmen lässt, sondern sich entsprechend ihren Fähigkeiten, Fertigkeiten, Bedürfnissen, Werthaltungen etc. verhält, spricht man von Authentizität. Gruppendruck oder hierarchische Abhängigkeiten können die Authentizität eines Menschen beeinträchtigen. Statt von Authentizität wird auch von Echtheit einer Person gesprochen.

Autoritär

Der Begriff „autoritär" – so wie er im Alltag meist gemeint und in den unterschiedlichen Erziehungsstil-Konzepten verwendet wird – bezieht sich auf irrationale Autorität und ist gleichbedeutend mit un- oder antidemokratisch. In pädagogischen Zusammenhängen ist der Begriff autoritär auf ein pädagogisches Verhältnis bezogen, das Gehorsam um des Gehorsams Willen und Disziplin um der Disziplin Willen verlangt. Erziehungshandeln im autoritären Sinn ist gleichbedeutend mit Machtausübung aufgrund der beruflichen Funktion und nicht auf der Grundlage pädagogischer Kompetenz.

Autorität, irrationale

„[...] hat ihren Ursprung stets in der Macht über Menschen. Diese Macht kann eine physische oder eine psychische sein, sie kann tatsächlich vorhanden sein oder aber in der Angst und Hilflosigkeit des Menschen, der sich dieser Autorität unterwirft, ihren Grund haben. Macht auf der einen, Furcht auf der anderen Seite, das sind stets die Stützen irrationaler Autorität. Kritik an dieser Art von Autorität ist nicht nur nicht erwünscht, sondern verboten. [...] Irrationale Autorität beruht ihrer Natur nach auf Ungleichheit und das heißt gleichzeitig, auf einem Wertunterschied" (Fromm, 1980, S. 11).

Autorität, rationale

„[...] hat ihren Ursprung in Kompetenz. Der Mensch, dessen Autorität respektiert wird, handelt kompetent in dem ihm zugewiesenen Bereich, den ihm andere anvertraut haben. Er braucht weder einzuschüchtern, noch muss er durch magische Eigenschaften Bewunderung erregen. Solange und in dem Maße, in dem er kompetente Hilfe leistet anstatt auszubeuten, beruht seine Autorität auf rationalen Grundlagen und braucht keinerlei irrationale Furcht. Rationale Autorität lässt nicht nur ständige Prüfung und Kritik seitens derer zu, die ihr unterworfen sind, sondern fordert diese geradezu heraus. [...] Rationale Autorität beruht auf der Gleichheit desjenigen, der die Autorität besitzt und dessen, der sich ihr unterstellt" (Fromm, 1980, S. 11).

Behaviorismus

Psychologische Theorie, die das Verhalten und Erleben des Menschen mithilfe naturwissenschaftlicher Methoden zu erforschen versucht. Im Unterschied zum Konstruktivismus erforscht er wesentliche geistige Vorgänge nicht, weil sie naturwissenschaftlichen Methoden nicht zugänglich sind.

Belohnung

Ist materiell und hat den Charakter von Lohn. Ein Kind, das für ein erwünschtes Verhalten belohnt wird, erhält etwas, was es gerne haben möchte, z. B. einen Gegenstand, Geld oder Süßigkeiten. Belohnung kann – ähnlich wie Lob – die Wahrscheinlichkeit erhöhen, dass das belohnte Verhalten nachhaltig wiederholt wird. Der Unterschied zwischen Lob und Belohnung ist nicht immer ganz klar. Eine gute Schulnote beispielsweise wird von vielen Schülerinnen und Lehrkräften als Belohnung angesehen, obwohl sie immateriellen Charakter hat. Das Geld dagegen, das ein Kind für eine gute Note erhält, ist eindeutig eine Belohnung. Es kann auch eine Belohnung sein, wenn eine für ein Kind unangenehme Situation beendet wird, wenn also z. B. eine Mutter das Fernsehverbot für ein Kind aufhebt, weil es seine Hausaufgaben ordentlich gemacht hat.

Beobachtung

Man unterscheidet die sogenannte naive von der systematischen Beobachtung. Erstere ist die allen Menschen bekannte und geläufige Alltagsbeobachtung, bei der die Aufmerksamkeit zufällig oder auch vorsätzlich, aber nicht systematisch auf bestimmte Ereignisse ausgerichtet ist. Die systematische Beobachtung ist eine der wichtigsten Methoden der Psychologie und der Pädagogik. Sie kann strukturiert oder unstrukturiert, am Beobachtungsgeschehen teilnehmend oder nicht teilnehmend erfolgen.

Bestrafung

Erzieherische Maßnahme, mit der erreicht werden soll, dass ein Kind sich in einer von der Erzieherin erwünschten Weise verhält. Es lassen sich zwei Arten von Bestrafung unterscheiden: Maßnahmen, die unmittelbar auf das unerwünschte Verhalten folgen und für das Kind unangenehm sind, wie z. B. negativ wertende Äußerungen der Erzieherin, Strafarbeiten einer Lehrerin oder eine Ohrfeige von den Eltern, oder Maßnahmen, die einen für das Kind angenehmen Zustand beenden, wie z. B. Fernsehverbot, Computerverbot o. Ä., was ebenfalls unangenehm ist.

Bewusstheit, phonologische
Dieser Begriff bezeichnet die Fähigkeit, Sprache als System wahrzunehmen, ohne auf Inhalt und Bedeutung zu achten. Phonologische Bewusstheit ist entscheidend für das Schreiben- und Lesenlernen und damit auch für schulischen Erfolg von Kindern. Es wird zwischen phonologischer Bewusstheit im weiteren Sinn (Wörter, Silben, Laute als Bauelemente von Sprache begreifen) und im engeren Sinn (Verbindung zwischen Laut- und Schriftsprache erkennen) unterschieden.

Bibliografische Angabe
Sie besteht aus den Angaben, die im Bibliothekswesen notwendig sind, um die Quelle zu identifizieren. Dafür haben sich feste Abfolgen mit bestimmten Satzzeichen eingebürgert, z. B. Name des Autors, Vorname: Titel. Untertitel (falls vorhanden), Verlag, Erscheinungsjahr. Vor der Verlagsangabe wird oft zusätzlich noch der Erscheinungsort genannt.

Bildung
Eine allgemein gültige Definition gibt es nicht. Bildung wird in diesem Buch als Selbstbildung verstanden, die ein Leben lang andauert und die Entwicklung von Selbstbewusstsein, Eigenständigkeit und Identität sowie die Entwicklung von Kompetenzen umfasst, die der Bewältigung des Lebens innerhalb einer Gesellschaft dienen.

Bildung, ästhetische
Förderung sinnlicher Wahrnehmung basierend auf den Bereichen Musik, Kunst, darstellendes Spiel, Bewegung, Naturwissenschaft und Technik sowie Sprache. Ziel ist die Verknüpfung kognitiver und emotionaler Erfahrungen zu einer individuellen Empfindungsfähigkeit in allen Lebensbereichen.

Bildungsplanung
Sozialpädagogische Einrichtungen haben den Auftrag, für eine möglichst optimale Unterstützung der Selbstbildungsprozesse der Kinder und Jugendlichen zu sorgen.

Bindung
Die besondere Beziehung eines Kindes zu seiner Bezugsperson oder seinen Bezugspersonen, die das Kind ständig betreuen und in deren Anwesenheit es sich sicher fühlt.

Black Box
Die Behavioristen haben das Verhältnis von Reiz-Aufnahme und Reaktion mit dem Ziel untersucht, Verhalten vorhersagbar zu machen. Dabei haben sie sich nicht mit den geistigen Prozessen befasst, die sich im zentralen Nervensystem abspielen. Sie bezeichnen diese geistigen Prozesse, die naturwissenschaftlichen Methoden nicht zugänglich sind, als Black Box.

Coaching
Beratung und Begleitung, z. B. von Führungskräften, ursprünglich aus den USA kommend. Klärung von Problemstellungen in Beruf und Privatleben.

Compliance
Das Übernehmen von Handlungen einer engen Bezugsperson. Man unterscheidet das „aktive Folgen" und das „Sich-Fügen". Bei der ersten Variante ist das Kind mit Spaß und Eifer bei der Sache, bei der zweiten Variante fügt es sich und führt eine Tätigkeit nur bei Anwesenheit der Bezugsperson aus.

Deeskalation
Konflikte und sich aufschaukelnde Prozesse werden durch Deeskalationsmethoden verhindert. Kritische Situationen werden durch Eingreifen unterbrochen.

Denken
Geistiger Vorgang, bei dem Wahrnehmungsinhalte, Erinnerungen und Vorstellungen mit dem Ziel verarbeitet und in Beziehung zueinander gebracht werden, bestimmte Aufgaben und Probleme zu lösen.

Deprivation
Mit Deprivation (von lat. deprivare = berauben) ist der allgemeine Zustand der Entbehrung, des Entzugs oder der Isolation gemeint. Der Verlust bezieht sich auf die unzureichende Befriedigung der Grundbedürfnisse von Kindern und Jugendlichen (dazu gehören vor allem liebevolle, einfühlsame Zuwendung und Verständnis). Daraus erwächst das Gefühl des Mangels und der (sozialen) Benachteiligung.

Dokumentation

Unter einer Dokumentation pädagogischer Prozesse versteht man das Nutzbarmachen von Fremd- und Selbstbeobachtungen durch die schriftliche Fixierung der Beobachtungsergebnisse. Die Dokumentation dient in erster Linie der Evaluation und Weiterentwicklung der erzieherischen Arbeit. Sie ist ein wichtiger Bestandteil des Qualitätsmanagements einer sozialpädagogischen Institution.

Double bind

Man spricht von Double bind, wenn das, was auf den verschiedenen Mitteilungsebenen mitgeteilt wird, sich widerspricht. Daraus entsteht eine Kommunikationsfalle: Reagiert der Zuhörer auf die eine Ebene, kommt die Botschaft, die Reaktion sei falsch. Reagiert er aber auf die andere, ist es genauso falsch.

Echtheit

siehe Authentizität

Effekt, auslösender

Wenn das Verhalten und Erleben eines Modells beim Beobachter Verhaltensweisen auslöst, die weder neu sind und möglicherweise nicht einmal identisch mit dem Verhalten des Modells, spricht man von einem auslösenden Effekt.

Elaborierte Sprache

In der elaborierten Sprache werden häufiger Fach- und Fremdwörter verwendet. Sie ist grammatikalisch meist richtig, der Wortschatz ist sehr umfangreich und zur Darstellung komplizierter und komplexer Sachverhalte werden häufig Adjektive und Adverbien eingesetzt (vgl. Bernstein u. a., 1973).

Embryo

Der menschliche Keim in den ersten acht bis zwölf Wochen.

Emotionen

Aktuelle Erlebenszustände wie Freude, Trauer, Ärger, Angst, Mitleid, Enttäuschung, Erleichterung, Stolz, Scham, Schuld, Neid. Emotionen sind von emotionalen Dispositionen zu unterscheiden. Emotionale Dispositionen sind persönlichkeitsspezifische Tendenzen, auf bestimmte Weise emotional zu reagieren – z. B. Ängstlichkeit, Fröhlichkeit. Emotionen beziehen sich immer auf ein „Objekt". Objekte in diesem Sinne können sein: Gegenstände, soziale Situationen, Personen, aber auch Vorstellungen oder Erinnerungen. Emotionen können sehr unterschiedlich in Erscheinung treten, z. B. kann sich die Angst vor einem Lehrer von der Angst vor dem Vater sowohl in ihrer Art als auch in ihrer Stärke unterscheiden. Mit Emotionen sind oft auch körperliche und/oder psychische Veränderungen oder Zustände verbunden wie Schweißausbrüche, erhöhter Blutdruck, Zittern, körperliche Unruhe, Magenschmerzen, verminderte oder erhöhte Konzentration (vgl. Funke, 2007, S. 1).

Empathie

Die Fähigkeit, die Gefühle eines anderen Menschen ganzheitlich zu erfassen und zu verstehen, ohne dessen Intimsphäre zu verletzen und ohne diese Gefühle zu teilen bzw. teilen zu müssen. Empathie ist eine der Voraussetzungen, die erfüllt sein müssen, um sich über die Beweggründe des Handelns des anderen Menschen klar werden zu können.

Engramm

Ein Muster synaptischer Verbindungen, über die Erregungen ganz bestimmter Stärke weitergeleitet werden. Es handelt sich bei einem Engramm um ein Erregungsmuster in einem spezifischen Zellverband. Der Lerninhalt, den das jeweilige Erregungsmuster „repräsentiert", ist durch die besondere Stärke der synaptischen Verbindung „definiert".

Enthemmungseffekt

Wird das Verhalten eines Modells vom Beobachter positiv erlebt, sinkt dessen Hemmung, sich ebenfalls so zu verhalten.

Entwicklung

„Unter Entwicklung versteht man eine gerichtete Reihe von miteinander zusammenhängenden Veränderungen des Erlebens und Verhaltens im Laufe des Lebens, die in einer bestimmten Reihenfolge ablaufen" (Hobmair, Psychologie, 2013, S. 213). Die menschliche Entwicklung beginnt mit der Befruchtung und endet mit dem Tod. Die zusammenhängenden Veränderungen des Erlebens und Verhaltens des Menschen werden in den motorischen, kognitiven, sprachlichen, seelischen, emotionalen und sozialen Bereich unterteilt.

Entwicklungsaufgaben
Anforderungen, die sich dem Menschen in den verschiedenen Lebensabschnitten stellen und deren erfolgreiche Bewältigung zu Glück und Erfolg bei der Lösung nachfolgender Aufgaben beiträgt. Das Misslingen führt zu Unglücklichsein des Einzelnen, zu Missachtung in der Gesellschaft und letztendlich zu Schwierigkeiten bei der Erfüllung späterer Aufgaben (vgl. Grob/Jaschinski, 2003, S. 23).

Epistemologie
Wird oft als Erkenntnistheorie bezeichnet. Ernst von Glasersfeld vermeidet dieses Wort allerdings und spricht stattdessen von „Wissenstheorie", da das Wort Erkenntnis glauben lasse, dass es eine Widerspiegelung, ein Ebenbild der Welt außerhalb des Organismus gebe. Die Epistemologie befasst sich im Wesentlichen mit folgenden Fragen:
1. Was ist Wissen und wie kommt Wissen zustande?
2. Was ist Gewissheit und wie kommt sie zustande?
3. Unter welchen Bedingungen wird Wissen als gültig angesehen?

Erstsprache
Die Sprache, die ein Kind als Erstes lernt. Da dies nicht automatisch die Sprache der Mutter ist, setzt sich heute zunehmend der Begriff Erstsprache durch. Neben der strukturellen Bedeutung der Erstsprache für den Zweitspracherwerb ist sie auch wichtig für die Identitätsentwicklung eines Kindes.

Erziehung, autoritäre
Autoritäre Erziehende fordern absoluten Gehorsam und bestimmen alles, was ihre Kinder angeht. Regelbefolgung und Achtung vor der Erziehungsgewalt sind unabdingbar. All dies ist verbunden mit kontinuierlicher Kontrolle der Kinder durch die Erziehenden. Die Einhaltung von Vorschriften wird mithilfe von Drohungen und Strafen durchgesetzt.

Erziehung, autoritative
In der autoritativen Erziehung werden die Kinder mit altersgemäßen Anforderungen konfrontiert. Die Einhaltung von Regeln und die Beachtung von Normen werden eingefordert. Gleichzeitig verhalten sich die Erziehenden jedoch partnerschaftlich und sind an den Kindern und ihrer Persönlichkeit interessiert. Sie unterstützen die Entwicklung der Selbstständigkeit und des Selbstvertrauens der Kinder.

Erziehung, ethische und religiöse
Ethik ist die wissenschaftliche Beschäftigung mit Moral. Dabei stehen folgende Fragen im Mittelpunkt: Was dürfen, sollen und müssen wir tun? Was ist verboten? In ethischer Erziehung werden die Antworten auf diese Fragen auf Erziehung bezogen. Ziel ethischer und religiöser Erziehung ist es, Kindern und Jugendlichen zu ermöglichen, in der Begegnung mit lebensnahen Wertsystemen und religiösen Überlieferungen einen eigenen Standpunkt zu finden sowie Wertschätzung und Offenheit gegenüber anderen zu entwickeln.

Erziehung, funktionale
Einflüsse (soziale, mediale, sachliche u.a.), denen keine erzieherischen Absichten zugrunde liegen.

Erziehung, intentionale
Beabsichtigte, zielorientierte erzieherische Einflussnahme.

Erziehung, nachgiebige
Nachgiebige Erziehende lenken das Verhalten der Kinder kaum und stellen wenig Forderungen. Sie sind sehr tolerant und haben eine enge emotionale Beziehung zum Kind.

Erziehung, permissive
Permissive Erziehende erlauben viel, lenken und kontrollieren wenig und vermeiden Strafen. Sie legen Wert darauf, dass die Kinder ihr Verhalten möglichst selbst bestimmen können.

Erziehung, vernachlässigende
Vernachlässigende Erziehende halten sich aus den Belangen der Kinder heraus. Sie haben nur wenig emotionale Bezüge zu den Kindern und sind wenig an deren Entwicklung und Wohlsein interessiert.

Erziehungsmittel
Maßnahmen, die Erziehende ergreifen, um ein Kind so zu beeinflussen, dass es sich überdauernd in einem von ihnen erwünschten Sinne verhält. Einige dieser Maßnahmen sind für das Kind angenehm und verstärken das Verhalten in der gewünschten Richtung. Andere dagegen können sehr unangenehm sein. Sie führen meist dazu, dass die Situation vermieden wird, in der das unerwünschte Verhalten auftrat. Bei beiden Arten

von Erziehungsmaßnahmen geht es darum, dass Erziehende versuchen, ihre Erziehungsziele durchzusetzen. Erziehungsmittel sind immer Eingriffe in die Entwicklung eines Kindes, Strafen greifen darüber hinaus in den freien Willen des Kindes ein. Sie können nur dann eine Berechtigung haben, wenn das Kind Einsicht in sein problematisches Verhalten haben kann und sich tatsächlich anders hätte verhalten können.

Erziehungsplanung

Professionelles Erziehen ist ein planvolles und systematisches pädagogisches Handeln, das in entscheidenden Teilen nicht von zufälligem Reagieren der Erziehenden getragen wird. Erziehung planen heißt, erzieherische Methoden gezielt einzusetzen, um Kinder oder Jugendlichen in ihrer Entwicklung zu stärken und sie darin zu unterstützen, Entwicklungsbarrieren zu überwinden. Erziehungspläne werden für den pädagogischen Umgang mit einer ganzen Gruppe, mit einer Teilgruppe oder auch mit einzelnen Kindern oder Jugendlichen erstellt.

Erziehungsqualität

Die „Güte der Erziehungsqualität" wird mit der Erreichung von Betreuungszielen, die sich auf unterschiedliche Kriterien beziehen, verbunden. Erziehungsqualität berücksichtigt entwicklungspsychologische Kriterien beim Kind, soziopolitische Zielsetzungen bzw. Vorgaben unterschiedlicher Interessengruppen (z. B. Ideologien, bildungspolitische Rahmenbedingungen) und marktwirtschaftliche Zielsetzungen (z. B. Finanzrahmen, Zufriedenheit der Eltern etc.) (vgl. Fthenakis, 1999, S. 54).

Erziehungsstil

Fasst die für eine Erzieherin typischen und erzieherisch bedeutsamen Verhaltensmuster zusammen und bezieht auch „nicht erzieherisch gemeinte", aber entsprechend wirksame, relativ stabile Verhaltenstendenzen ein.

Erziehungsziele

„[N]ormative Vorstellungen von der Person – mit ihren Einstellungen, Empfindungen und Verhaltensweisen – am Ende des Erziehungsprozesses" (Huppertz, 1996, S. 52). Erziehungsziele sind also die Vorstellungen, die sich Erziehende von der Persönlichkeit des Kindes als Ergebnis ihrer erzieherischen Arbeit machen.

Ethik

Als Teildisziplin der Philosophie geht es in der Ethik um die Frage nach „richtigem" Handeln und Wollen. Während sich Ethik auf gefordertes menschliches Handeln bezieht, handelt es sich bei Moral um die praktische Umsetzung solcher Forderungen. Ethische Erziehung trägt insofern zur Wertorientierung bei, als sie ein begründetes Nachdenken (reflektierte Meinungs- und Urteilsbildung) über Werte und Normen beinhaltet. Ziel ist, Heranwachsende zu fördern, eigene Wertmaßstäbe zu entwickeln.

Ethnologie

Bedeutet Völkerkunde (griechisch ethnos = Volk, Stamm, logos = Wort, Sinn) und untersucht die gegenwärtigen Kulturen und Gesellschaften der verschiedenen Völker.

Ethnopsychologie

Teilgebiet der Psychologie, das seelische Vorgänge unter dem Aspekt der Zugehörigkeit zu bestimmten kulturellen Gruppen untersucht.

Evaluation

Überprüfung und Bewertung von Arbeitsbedingungen, Arbeitsprozessen und Arbeitsergebnissen. Die Ergebnisse einer Evaluation bieten die Grundlage für Veränderungen, Verbesserungen oder Umstrukturierungen. Geschieht dies von Anfang an gemeinsam mit allen Beteiligten, handelt es sich um eine interne Evaluation. Bei der externen Evaluation wird die Analyse von außen vorgenommen.

Exosystem

Im Leben eines Menschen gibt es viele Lebensbereiche, an denen er nicht selbst beteiligt ist, die aber trotzdem einen unter Umständen großen Einfluss ausüben können. Diese Lebensbereiche werden als Exosysteme bezeichnet.

Familiensprache

Die Sprache, die in der Familie gesprochen wird. Bei Kindern mit Deutsch als Zweitsprache muss geklärt werden, welche Sprache die Familiensprache ist.

Familienzentrum

Familienzentren sind Einrichtungen für Kinder zwischen 0 und 6 Jahren. Hier hat die Einbindung der Familien – insbesondere der Erziehungsberechtigten – und ihrer Lebenswelten in die pädagogische Arbeit der Kindertagesstätte einen besonderen Stellenwert. Einbindung heißt dabei, den Familien beratend zur Seite zu stehen, um eine höchstmögliche Übereinstimmung und eine hohe Qualität der Erziehungspraxis in Einrichtung und Familie zu erreichen. Einbindung heißt darüber hinaus, das soziale Netzwerk, das im Umfeld der sozialpädagogischen Einrichtung verfügbar ist, zu nutzen und für die unterschiedlichsten Familien erreichbar zu machen. Einbindung bedeutet in diesem Zusammenhang auch, dass die Einrichtungen eine verpflichtende Kooperation mit den verschiedenen Erziehungspartnern und mit für die sozialpädagogische Arbeit wichtigen Institutionen entwickeln.

Feedback

Gibt eine Person einer anderen eine Rückmeldung, wie sie die Person des anderen und ihr Verhalten erlebt, dann bezeichnet man dies als Feedback.

Fötus oder Fetus

Das herangewachsene Kind ab dem dritten Schwangerschaftsmonat.

Frustration

Dollard definierte Frustration als „Gefühl, das in einer Situation auftritt, in der ein zielgerichtetes Verhalten blockiert wird". Nach Hobmair bezieht sich dieses Gefühl, das er als Enttäuschung bezeichnet, zudem auf die „Nichterfüllung eines Bedürfnisses, Wunsches oder von Erwartungen" (vgl. Hobmair, Psychologie, 2008, S. 190).

Funktionale Sprachkompetenz

Der Begriff funktionale Sprachkompetenz erfasst Sprachlernmotivation und sprachliche Aktivität in sprachbezogenen Situationen. Außerdem bezieht er sich auf sprachliche Fähigkeiten in sprachbezogenen Situationen, z. B. beim Erzählen, sowie auf Satzbau und Wortschatz. Die Fördermaßnahmen bestehen nicht in einem systematisch aufgebauten „Sprachunterricht", sondern orientieren sich an Situationen und Zusammenhängen, in denen Kinder sprachliche Aktivitäten entwickeln und unterstützt sie, diese sprachlich zu bewältigen.

Gedächtnis

Ermöglicht es dem Menschen, vergangene Wahrnehmungsinhalte und Vorstellungen von Ereignissen, Sachen, Emotionen, Bedürfnissen etc. erneut ins Bewusstsein zu rufen. Die „Speicherung" dieser Inhalte ist wegen ihrer Komplexität und Kompliziertheit nicht mit der Speicherung von Daten auf dem Datenträger eines Computers vergleichbar. Sie geschieht vor allem durch Strukturveränderungen in den Synapsen.

Gegenwart, Dimension der G.

Bezieht sich auf die Bewältigung des gegenwärtigen Alltags der Kinder und Jugendlichen in ihrer Altersgruppe (vgl. Thiersch/Grunwald/Köngeter, 2002, S. 171). Ein Kind muss lernen, seine gegenwärtigen Entwicklungsaufgaben zu lösen, um eine Entwicklung in der Zukunft zu ermöglichen.

Gender

Der englische Fachbegriff für das „soziale Geschlecht" eines Menschen, also seine Identifikation mit dem biologischen Geschlecht im Kontext einer sozialen Gruppe. Es entsteht durch gesellschaftlich-kulturelle Zuschreibungsprozesse. Um sich mit seinem sozialen Geschlecht, seiner Rolle als Frau oder Mann, zu identifizieren, muss zunächst eine Auseinandersetzung mit dem biologischen Geschlecht stattfinden.

Geometrie

Teilgebiet der Mathematik, in dem es um die Untersuchung und Beschreibung von Figuren und Formen geht.

Geschlechtertrennung

Unter Geschlechtertrennung versteht man die Neigung von Kindern, Kindern des anderen Geschlechts aus dem Weg zu gehen und sich hauptsächlich mit gleichaltrigen und gleichgeschlechtlichen Kindern zu beschäftigen.

Geschlechtsidentität

Die Vorstellung eines Menschen von sich als Mann oder Frau.

Gesellschaftliche Dimension
Die individuellen Lebensverhältnisse stehen im Zusammenhang mit den aktuellen gesellschaftlichen Bedingungen und unterliegen somit auch dem gesellschaftlichen Wandel. So stehen Kinder und Jugendliche unter dem Einfluss zunehmender Arbeitsplatzunsicherheit oder einer belastenden Armut in ihrer Familie. Daneben gibt es noch eine Fülle weiterer gesellschaftlicher Einflüsse, wie sie sich beispielsweise aus einem exzessiven Medien- oder Drogenkonsum ergeben können.

Gesprächstherapie
Die Gesprächstherapie (auch Klientenzentrierte Therapie, Personzentrierte Psychotherapie oder nicht-direktive Beratung) basiert auf der psychotherapeutisch helfenden bzw. heilenden Wirkung von Gesprächen. Carl R. Rogers, einer der Hauptvertreter der Humanistischen Psychologie, hat dazu geeignete Gesprächstechniken entwickelt. In Deutschland wurde die Gesprächstherapie vor allem von R. und A.-M. Tausch vertreten und weiterentwickelt.

Großhirn
Das Großhirn (Telenzephalon) ist der größte Hirnabschnitt. Es umfasst das Mittel- und das Zwischenhirn. Entwicklungsgeschichtlich ist es der jüngste Teil des Gehirns und Sitz des Bewusstseins; es ist der Ort der bewussten Empfindungen, des bewussten Handelns, des Willens und des Gedächtnisses.

Großhirnrinde (Kortex)
In der Großhirnrinde liegen Verbände von Nervenzellen, die ähnliche Aufgaben haben. Diese Verbände werden als Rindenfelder bezeichnet. Man unterscheidet motorische und sensorische Rindenfelder sowie Assoziationsfelder.

Handeln
Bezeichnet menschliche Aktivitäten, die auf der Grundlage selbstkonstruierten Wissens von der Welt entstehen.

Handeln, professionelles
„Professionelles Handeln von Fachkräften in Tageseinrichtungen für Kinder erfordert Kompetenzen der selbstständigen Bearbeitung von komplexen fachlichen Aufgaben mit der eigenverantwortlichen Steuerung der entsprechenden Prozesse in der pädagogischen Gruppe und der Einrichtung sowie der Klärung der eigenen Rolle im Hinblick auf die Gestaltung förderlicher Lebensbedingungen für Kinder und Familien. Kompetentes sozialpädagogisches Handeln im Arbeitsfeld *Tageseinrichtungen für Kinder* setzt deshalb neben *Fachkompetenzen* ausgeprägte *personale Kompetenzen* voraus" (Deutsches Jugendinstitut, 2012, S. 16).

Handlungskompetenz
Die Fähigkeit und Bereitschaft, erworbene Qualifikationen eigenverantwortlich und selbstständig in konkretem beruflichen Handeln einzusetzen.

Handlungskonzept, individuelles
Ein individuelles Handlungskonzept legt eine sorgfältige Situationsanalyse der Gruppensituation bzw. der Einrichtung zugrunde. Vor diesem Hintergrund macht es Aussagen zu den Zielsetzungen/Kompetenzerweiterungen, zur Rolle der Erzieherin/des Erziehers, zum Erziehungsstil, zum Bild vom Kind, zum Bildungsverständnis und zum Bild vom Lernen. Es bezieht sich im Gegensatz zur Konzeption auf einen zeitlich überschaubaren Rahmen oder einen bestimmten Themenschwerpunkt (z. B. Spielraumgestaltung). Auch Eltern-, Team- und Öffentlichkeitsarbeit sind wichtiger Bestandteil eines Handlungskonzeptes. Ein Handlungskonzept kann sich keinesfalls unabhängig von konzeptionellen Grundsätzen der Einrichtung und den rechtlichen Rahmenbedingungen (Erziehungs- und Bildungsauftrag, Bildungsvereinbarung) entwickeln, sondern muss mit diesen in direktem Zusammenhang stehen.

Handlungsweisen
Unter einer Handlungsweise wird jede Form pädagogischen Tuns verstanden – spontan oder geplant, aktiv oder reaktiv, mehr oder weniger bewusst intendiert (vgl. Gruschka, 1989, S. 71).

Hemmungseffekt
Tritt ein, wenn das Verhalten des Modells nicht zum gewünschten Erfolg führt. Dadurch wird eine Nachahmung unwahrscheinlicher.

Heterogen
Uneinheitlich, aus Ungleichartigem zusammengesetzt. Gruppen in sozialpädagogischen Einrichtungen

können in Bezug auf verschiedene Merkmale heterogen sein: das Alter der Kinder, das Geschlecht, die Nationalität, das soziale Umfeld etc.

Hilfe zur Selbsthilfe, Dimension zur H.
Die Kinder und Jugendlichen als aktiv handelnde Persönlichkeiten darin stärken, sich selbstständig weiterzuhelfen bzw. weiterzuentwickeln.

Hippocampus
An der Innenseite des Schläfenlappens der Großhirnrinde liegt recht und links der Hippocampus. Vom Hippocampus müssen zunächst alle neuen zu lernenden Sachverhalte aufgenommen werden. Der Hippocampus spielt für den Transfer von Inhalten aus dem Kurzzeitgedächtnis ins Langzeitgedächtnis eine wichtige Rolle.

Humanistische Psychologie
Geht auf Abraham Maslow zurück und wurde vor allem von Carl Rogers mit der klientenzentrierten Psychotherapie weiterentwickelt. Eine Kernannahme von Rogers ist die, dass das Individuum über viele Möglichkeiten verfügt, um sich selbst verstehen zu lernen und Verhalten verändern zu können. Diese Fähigkeiten können in einer geeigneten psychologischen Situation durchaus aktiviert bzw. verstärkt werden. Rogers' Methode dazu ist die Gesprächstherapie.

Humankompetenz
Bezieht sich in erster Linie auf die Fähigkeit und Bereitschaft eines Menschen, sein eigenes Handeln, seine Entwicklung und seine Persönlichkeit zu reflektieren und kritisch zu hinterfragen. Humankompetenz wird deshalb häufig auch als Selbstkompetenz bezeichnet.

Ich-Botschaft
Der Sprecher spricht offen über seine aktuellen Gefühle und Wünsche und verwendet dabei eine Ich-Formulierung.

Identität
Im engeren psychologischen Sinne beschreibt der Begriff der Identität die als „Selbst" erlebte innere Einheit der Person. Selbsterkenntnis, aber auch die Wahrnehmung der Persönlichkeitsstruktur durch andere Personen ist wichtig.

Ideologie
Gleichbedeutend mit dem Begriff der Weltanschauung. Eine Ideologie ist ein System von Vorstellungen und Werturteilen.

Inklusion
bedeutet, die Unterschiedlichkeit der Menschen zu beachten und Rahmenbedingungen so zu gestalten, dass alle eine optimale Entfaltungsmöglichkeit erlangen. Dies bezieht sich auf alle Bereiche der Gesellschaft. Ziel ist die größtmögliche Selbstbestimmung aller.

Instinkt
Die Verhaltensforschung bezeichnet Instinkt als selbst- und arterhaltendes Verhalten, das durch bestimmte angeborene Mechanischen ausgelöst wird. Der Mensch wird im Unterschied zum Tier als instinktarmes Wesen verstanden.

Integration
bedeutet, dass Menschen mit sonderpädagogischem Förderbedarf in eine Gruppe von Menschen ohne sonderpädagogischen Förderbedarf integriert werden. Das Umfeld muss an die Möglichkeiten des Menschen mit Behinderung angepasst werden.

Integrationsdruck
Auf Menschen mit Migrationshintergrund wird Druck ausgeübt, sich möglichst schnell in die neue Gesellschaft zu integrieren.

Integrativ
Abgeleitet von Integration; Wiederherstellung eines Ganzen, einer Einheit, Einbeziehung, Eingliederung. Gemeint ist in diesem Buch die Eingliederung von Menschen mit Behinderung und Menschen aus verschiedenen kulturellen und ethnischen Gruppierungen.

Interaktion, soziale
Ein Geschehen zwischen Menschen, die wechselseitig aufeinander reagieren, sich gegenseitig beeinflussen und steuern (vgl. Hobmair, Psychologie, 2008, S. 341).

Interkulturell
Abgeleitet von Interkulturalität: Bezeichnet „Austauschprozesse zwischen Kulturen, genauer gesagt:

zwischen Personen oder Gruppen mit unterschiedlichem Kulturhintergrund" (Grosch, 1998, S. 356). Interkulturelle Kompetenz ist die Fähigkeit und Bereitschaft, mit Menschen aus anderen Kulturen erfolgreich und für alle Seiten zufriedenstellend umgehen zu können. Diese Kompetenz entwickelt sich durch interkulturelles Lernen. Pädagogik, Psychologie und Politik befassen seit nicht viel mehr als 40 Jahren mit interkulturellem Lernen. Dabei war Interkulturalität zunächst vor allem Gegenstand politischer Debatten, bevor sie in den Blick erzieherischer und schulischer Bemühungen rückte.

Interkulturelle Erziehung
Der Begriff der interkulturellen Erziehung ist in seiner wörtlichen Bedeutung missverständlich, denn das lateinische Wort inter heißt „zwischen". Eine Erziehung zwischen den Kulturen wäre eine Erziehung im kulturfreien Raum ohne Wertorientierungen. Gemeint sind aber pädagogische Prozesse, die die Entwicklung interkultureller Kompetenzen fördern.

Interkulturelle Kompetenzen
Kompetenzen, die ein friedliches Zusammenleben von Menschen mit unterschiedlichem kulturellem Hintergrund fördern, wie z. B. kommunikative Kompetenz, Empathiefähigkeit, Konfliktfähigkeit, Selbstreflexionsfähigkeit und Sachkompetenz.

Interpunktion
Die Gesprächspartner meinen, dass ihr eigenes Verhalten im Kommunikationsprozess eine Reaktion auf das Verhalten des anderen sei. Die Ursache für die eigene Reaktion wird also nicht bei sich selbst, sondern beim anderen gesucht. In Konflikten heißt das, dass angenommen wird, dieser gehe vom anderen aus. Eine eigene Verantwortung für den Konflikt wird nicht in Betracht gezogen.

IQ
Steht für Intelligenzquotient. Dieser von William Stern (1871–1938) entwickelte Begriff ist eine Vergleichszahl, die anzeigt, ob eine Person in sogenannten IQ-Tests besser oder schlechter abschneidet als der Durchschnitt der Altersgenossen. Er errechnet sich wie folgt: (Intelligenzalter : Lebensalter) * 100. Ein IQ von 100 entspricht dabei einem Durchschnittswert.

Koedukation
Das Wort leitet sich von den lateinischen Begriffen con = zusammen und educare = erziehen ab. Mit Koedukation wird die gemeinsame Erziehung und Bildung beider Geschlechter bezeichnet.

Kognition
Prozess, mithilfe dessen der Mensch Kenntnis über sich und seinen Lebensraum gewinnt und durch den er sich überhaupt seiner Selbst bewusst wird. Zu kognitiven Prozessen zählen die Wahrnehmung, die Aufmerksamkeit, das Denken, das Erinnern und das Sprechen.

Kognitive Entwicklung
Die Entwicklung der Wahrnehmung, des Denkens, der Sprache und des Lernens, Behaltens und Erinnerns.

Kohärenzgefühl
„Unter Kohärenzgefühl wird die Überzeugung der Sinnhaftigkeit des eigenen Lebens und Tuns verstanden. Es handelt sich um eine allgemeine Grundhaltung des Menschen gegenüber der Welt, die gekennzeichnet ist durch ein Gefühl der Zuversicht. [...] Das Kohärenzgefühl entwickelt sich nach Antonowski im Laufe der Kindheit und Jugend und wird von den jeweiligen Erfahrungen und Erlebnissen beeinflusst" (Zimmer, 2004, S. 18).

Ko-Konstruktion
Lernen im sozialen Kontext, d. h. im kommunikativen Austausch, in dem die Beteiligten gemeinsam Wissen und Fähigkeiten entwickeln. Aus entwicklungspsychologischer Sicht ist dies ein wichtiger aktiver Prozess, den (Klein-)Kinder zur Welterkundung und -aneignung in Kommunikation mit Gleichaltrigen und anderen Kindern sowie erwachsenen Bezugspersonen durchlaufen.

Kommunikation
Die menschliche Kontaktaufnahme und Interaktion mit dem Ziel, sich zu verständigen. Die Menschen benutzen bei der Kommunikation sprachliche und nichtsprachliche Zeichen. Weil das Ziel von Kommunikation Verständigung ist, ist Kommunikation immer soziale Interaktion.

Kommunikation, kongruent/inkongruent
Kommunikation ist kongruent, wenn die Mitteilungen auf allen Ebenen (verbal, nonverbal etc.) in die gleiche Sinnrichtung weisen. Passen die Mitteilungen nicht zusammen oder widersprechen sich sogar, dann ist die Kommunikation inkongruent.

Kommunikative Kompetenz
Diese Kompetenz beinhaltet die Fähigkeit und Bereitschaft, sich verständlich zu machen und andere zu verstehen. Sie umfasst mehr als „nur" sprachliche Kompetenz. Der Einsatz von Mimik, Gestik und Körperhaltung gehört ebenso dazu wie die Verwendung der Schriftsprache oder moderner Kommunikationsmittel.

Kommunikative Türöffner
Offene Fragen und Aussagen, mit denen ein Sprecher den Gesprächspartner ermutigen will, von sich zu erzählen.

Kompensationsstrategie
Ein Verhalten, welches zum Beispiel ein Gefühl der Minderwertigkeit ausgleicht. Die Strategie kann sich beispielsweise in Form von besonderer „Coolheit", Aggression oder Clownerie zeigen.

Kompetenz
Die verfügbaren oder erlernbaren kognitiven Fähigkeiten und Fertigkeiten eines Individuums, bestimmte Probleme zu lösen (vgl. Weinert, 2001, S. 27f.). Damit einher geht die Bereitschaft und Fähigkeit, die Problemlösungen auch in ähnlichen Situationen erfolgreich und verantwortungsvoll zu nutzen. Die individuelle Ausprägung der Kompetenz wird nach Weinert von verschiedenen Faktoren bestimmt: Fähigkeit, Wissen, Verstehen, Können, Handeln, Erfahrung und Motivation.

Konditionieren
Prozess der relativ überdauernden Veränderung des Verhaltens und Erlebens. Bei Konditionierungsprozessen entstehen relativ dauerhafte Reiz-Reaktions-Verbindungen.

Konditionierung zweiter Ordnung
Bei der Konditionierung zweiter Ordnung steht an Stelle des unkonditionierten Reizes ein konditionierter Reiz, der mit einem neutralen Reiz verbunden wird.

Konditionieren, appetitives
Bei appetitivem Konditionieren ist der unbedingte Reiz angenehm.

Konditionieren, aversives
Bei aversivem Konditionieren ist der unbedingte Reiz unangenehm.

Konditionieren, klassisches
Der Lernprozess, bei dem ein ursprünglich neutraler Reiz einen Reflex auslöst, der vorher nur von einem bedingten Reiz ausgelöst werden konnte.

Konstruktivismus
Eine psychologisch-pädagogische Lehre, die sich mit den geistigen Prozessen (Denken, Wissen, Wahrnehmen etc.) befasst. Konstruktivisten vertreten die Auffassung, dass jegliches Wissen eine subjektive Konstruktion des einzelnen Menschen ist.

Konzept
Zusammenfassung, schriftlicher Entwurf.

Konzeption
Unter einer Konzeption versteht man die schriftliche Selbstdarstellung einer konkreten sozialpädagogischen Einrichtung, in der sich das Team zu einem bestimmten pädagogischen Ansatz und zur Verwirklichung bestimmter Grundsätze verpflichtet. Die Konzeption sollte den Zielvorstellungen des Trägers unbedingt entsprechen. „Eine pädagogische Konzeption gibt Auskunft über die reale pädagogische Arbeit in einer konkreten Einrichtung. Es werden also Ziele, Inhalte, Methoden und Rahmenbedingungen der jeweiligen Einrichtung beschrieben und begründet" (Brockschnieder, Praxisfeld Erziehung, 1997, S. 331). Obwohl dies sachlich nicht zutreffend ist, wird in der erzieherischen Praxis häufig auch der Begriff Konzept für den gleichen Sachverhalt verwendet. Ein Konzept ist aber nur ein meist sehr allgemein gehaltener Entwurf mit weitaus geringerer Verbindlichkeit.

Kooperation
Sowohl die inner- als auch die überbetriebliche Zusammenarbeit zwischen sozialpädagogischen Einrichtungen und Partnern wie Eltern und/oder andere Einrichtungen.

Kortex
siehe Großhirnrinde

Kosmische Erziehung
Umfasst das Wissen über die Welt mit all ihren Aspekten und Gesetzmäßigkeiten. Sie bezieht das Weltall, die Erde, die Kontinente ebenso ein wie die konkrete Umgebung des Kindes. Maria Montessori hatte dabei ein durchaus ganzheitliches und systemisches Verständnis vom Kosmos: Alles ist miteinander verbunden und beeinflusst sich gegenseitig.

Kultur
Umfasst all die Handlungen und Produkte, die sich Menschen zur Bewältigung, zur Erleichterung und zur Gestaltung ihres (Alltags-)Lebens schaffen. Dazu gehören der große Bereich der Kunst und der Literatur ebenso wie Kleidung, Essen, Trinken oder technische Errungenschaften. Darüber hinaus umfasst der Kulturbegriff auch die vielfältigen Lebensweisen, die Grundrechte der Menschen sowie ihre Wertesysteme, ihre Traditionen und ihre Überzeugungen. Kulturkreise umfassen Menschen, deren Kultur sich in gewisser Weise gleicht.

Kündigungsschutz
Gesetzlicher Schutz vor ungerechtfertigter Kündigung.

Kurzzeitgedächtnis
Im Kurzzeitgedächtnis werden Inhalte maximal ein bis zwei Stunden gespeichert, um dann entweder vergessen oder ins Langzeitgedächtnis überführt zu werden. Für den Transfer vom Kurz- ins Langzeitgedächtnis spielt der Hippocampus, einer der ältesten Teile des Großhirns, eine besondere Rolle.

Langzeitgedächtnis
Im Langzeitgedächtnis werden Inhalte sehr lange, ggf. lebenslang gespeichert. Inhalte des Langzeitgedächtnisses werden zunächst im Kurzzeitgedächtnis gespeichert.

Lernen
Lernen ist Aneignung von Kenntnissen, Aufnahme, Verarbeitung und praktische Umsetzung von Informationen, Einprägen von Informationen ins Gedächtnis, Gewinnen von Einsichten, Aufbau, Veränderung oder Abbau von Verhaltens- und Erlebensweisen, Entwicklung von Einstellungen. Lernen ist ein auf Erfahrung beruhender Prozess, der zu Leistungsverbesserungen und zu relativ überdauernden Veränderungen im Verhalten und Erleben eines Menschen führt. Lernen umfasst nicht Veränderungen des Verhaltens und Erlebens, die genetisch (z. B. durch Reifung), chemisch (z. B. durch Drogen oder Medikamente) oder körperlich (z. B. durch Müdigkeit) bedingt sind. Lernen ist Grundlage der Anpassung des Menschen an seine Umwelt als Folge von Erfahrung bzw. Verhaltensänderung aufgrund von Erfahrungen. Unter Lernen sind kognitive Konstruktionsprozesse zu verstehen, d. h., Lernen ist die Konstruktion der subjektiv erlebten Wirklichkeit des Menschen.

Lernen, lebenslang
Die Lernfähigkeit des Menschen nimmt im Prozess des Alterns nicht grundsätzlich ab, verändert sich aber wesentlich. Eine wichtige Rolle für die Lernfähigkeit im Alter spielt eine regelmäßige und überdauernde geistige Aktivität.

Lernen, nicht-privilegiertes
Bei nicht-privilegiertem Lernen handelt es sich um Lernprozesse, die nicht durch bestimmte genetisch bedingte Hirnstrukturen erleichtert und beschleunigt werden. Während das privilegierte Lernen durch bestimmte Hirnstrukturen vorbereitet, erleichtert und beschleunigt wird, trifft dies auf nicht-privilegiertes Lernen (beispielsweise die Informationsverarbeitung in einer modernen Wissensgesellschaft) nicht zu.

Lernen, privilegiertes
Die Entwicklung genetisch gesteuerter Kompetenzen. Wie beim Laufen- und Sprechenlernen gibt es auch eine genetisch bedingte Unterstützung für das Orientierungslernen in der sachlichen Welt, für das Wissen über Unterschiede zwischen belebter und unbelebter Welt sowie für die Fähigkeit zur Perspektivübernahme.

Lernkompetenz
Die Fähigkeit und Bereitschaft, sachliche, psychologische und soziale Gegebenheiten, Prozesse und Zusammenhänge differenziert wahrzunehmen, zu verstehen und zu beurteilen. Im sozialpädagogischen Alltag zeigt sich Lernkompetenz im täglichen Verstehen und Interpretieren der individuellen Situationen, in denen sich die Kinder oder Jugendlichen

befinden, sowie der sich stetig verändernden sozialen Prozesse.

Lob
Unter Lob sind positiv wertende Äußerungen einer Person zu einer anderen Person über deren Verhalten zu verstehen. Lob erhöht die Wahrscheinlichkeit, dass das gelobte Verhalten ggf. nachhaltig wiederholt wird. Lob wirkt nur, wenn es von der gelobten Person als angenehm erlebt wird, was keineswegs immer der Fall sein muss. Lob ist umso wirksamer, je unmittelbarer es dem erwünschten Verhalten des Kindes folgt.

Löschung
Wird ein konditionierter Reiz lange Zeit nicht mehr gemeinsam mit dem unkonditionierten Reiz wahrgenommen, wird der konditionierte Reflex zunächst immer schwächer, um schließlich überhaupt nicht mehr zu erfolgen.

Makrosystem
Die Gesamtheit von Gemeinsamkeiten und Zusammenhängen innerhalb einer Gesellschaft oder eines Kulturkreises.

Mandelkerne
Teile des Gehirns in der Nähe des Hippokampus. Sie bewirken, dass angsteinflößende Inhalte schnell gelernt werden. Dies ist durchaus sinnvoll und im Interesse einer zukünftigen Vermeidung von konkreten natürlichen Gefahren.

Mechanik
Jener Bereich der Physik, der sich mit der Bewegung von Körpern aufgrund der Einwirkung von Kräften befasst. Beispiele: freier Fall von Objekten, Bewegungen von Kreiseln, Hebeln oder Flaschenzügen. Allgemein wird darunter auch die Theorie und Praxis der Konstruktion von Maschinen verstanden, einschließlich der Untersuchung ihrer Funktionsweisen und Wirkungsgrade.

Medienbindung
Die Bedeutung, die ein Medium für einen Menschen hat.

Medienkompetenz
Umfasst die Fähigkeit und Bereitschaft zu einem selbst- und fremdverantwortlichen Umgang mit Medien. Zur Medienkompetenz zählen Medienkritik, Medienkunde, Mediennutzung und Mediengestaltung.

Medienwelt
Jeder lebt in einer individuell unterschiedlichen Welt von Medien und ist unterschiedlichen Medieneinflüssen ausgesetzt. So gibt es nicht nur individuelle Unterschiede hinsichtlich der Frage, ob Fernseher, ein Telefon, ein Radio, die Tageszeitung, ein Anrufbeantworter, Bücher, ein Computer oder vieles mehr überhaupt vorhanden sind bzw. benutzt werden. Auch die Frage, wie der Mensch die für ihn erhältlichen Informationen verarbeitet, spielt eine große Rolle. Diese besondere, individuelle „Mediensituation" bezeichnet man als Medienwelt einer Person.

Medienwirkungstheorien
Da eindeutige wissenschaftliche Erkenntnisse über die Wirkung von Medien (noch) nicht existieren, wurden auf der Grundlage vieler verschiedener Indizien unterschiedliche Theorien dazu entwickelt. Diese Theorien werden als Medienwirkungstheorien bezeichnet.

Menschenbild
Ein Menschenbild ist eine Vorstellung, die jemand vom Wesen des Menschen hat. Das Menschenbild kann eine individuelle Überzeugung, es kann in einen Glauben, in eine Religion eingebunden sein. Es gibt christliche, buddhistische, humanistische, darwinistische oder islamische Menschenbilder. Mit Menschenbildern sind keine Ziel- und Wertvorstellungen gemeint. Es handelt sich dabei um anthropologische Grundannahmen, die wir als gegeben anzusehen haben.

Metakommunikation
Die Gesprächspartner sprechen über die Art und Weise, wie sie miteinander kommunizieren. In der Regel geschieht dies mit dem Ziel, Störungen in der Kommunikation zu verringern. Bei Watzlawick meint der Begriff Metakommunikation den Beziehungsaspekt von Kommunikation, d. h. die indirekte Anweisung, wie eine Mitteilung zu verstehen ist.

Methodenkompetenz
Die Fähigkeit und Bereitschaft, beruflich zielgerichtet und planmäßig sowie unter dem Einsatz geeigneter Methoden zu handeln.

Migration
Wenn Menschen – aus unterschiedlichen Gründen – ihren Wohnsitz dauerhaft von einem Land in ein anderes verlegen, bezeichnet man dies als Migration. Menschen mit Migrationshintergrund sind aus einem anderen Land zugewandert. Dazu werden auch Kinder oder Kindeskinder gezählt.

Mikrosystem
Das subjektiv erlebbare Muster der Aktivitäten, Rollen und zwischenmenschlichen Beziehungen im individuellen Lebensbereich eines Menschen. Dazu gehören auch die sachlichen Gegebenheiten innerhalb dieses Lebensbereiches, also z. B. die Wohnsituation oder kulturelle Besonderheiten.

Mitteilung, explizit
Eine Äußerung ist nach Friedemann Schulz von Thun explizit, wenn sich an der sprachlichen Formulierung sofort erkennen lässt, dass jemand etwas über sich selbst mitteilt. Das sagt aber noch nichts darüber aus, ob dies bewusst oder unbewusst getan wird.

Mitteilung, implizit
Eine Äußerung wird implizit genannt, wenn sie indirekt z. B. über die sprecherischen Ausdrucksmittel, Mimik und Gestik etc. gemacht oder in sprachlichen Formulierungen „versteckt" wird.

Modell-Effekt
Der Beobachter übernimmt Verhaltensweisen, die für ihn selbst ganz neu sind. So nimmt beispielsweise ein Kind, das von zu Hause keinerlei körperliche Aggressionen kennt, bei einem besonders dominanten und von anderen Kindern bewunderten Jungen in der Kindertagesstätte wahr, wie dieser ein anderes Kind schlägt. Es sieht, wie der Junge sich damit durchsetzt, und verhält sich bei nächster Gelegenheit genauso. Der Modell-Effekt kann natürlich bei erwünschten Verhaltensweisen gleichermaßen auftreten.

Modell-Lernen
Unter Modell-Lernen, auch Nachahmungs- oder Beobachtungslernen, ist die nachhaltige Nachahmung von Verhaltensmustern anderer Menschen zu verstehen. Diese an bestimmte Personen gebundenen Verhaltensmuster sind die eigentlichen Modelle.

Motivation
Eine „Verhaltensbereitschaft in Richtung eines bestimmten Ziels. Jeder Motivation liegt ein Motiv zugrunde, dessen Grad an Bedeutsamkeit den Menschen zu einem bestimmten Verhalten ‚bewegt'" (Krenz, Psychologie, 2007, S. 20).

Motivation, extrinsisch
Das Verhalten wird durch äußere Faktoren veranlasst. Jemand lernt, weil dadurch negative Folgen wie z. B. eine schlechte Note oder eine geringe Aussicht auf einen Arbeitsplatz vermieden werden.

Motivation, intrinsisch
Intrinsisch heißt, dass ein Verhalten „von innen heraus" motiviert ist, weil es als interessant und befriedigend erlebt wird. Intrinsische Motivation basiert auf Zielen, die sich das Individuum selbst setzt. Das Erreichen solcher Ziele aus eigener Anstrengung bewirkt ein starkes und nachhaltiges Gefühl der Belohnung.

Motorik
Alle vom Gehirn gesteuerten Bewegungen. Grobmotorik meint die Bewegungskoordination des ganzen Körpers, Feinmotorik den Gebrauch der Hände und Finger.

Multikulturell
Bedeutet, dass innerhalb einer Gesellschaft Menschen zusammenleben, die aus unterschiedlichen kulturellen Lebenswelten kommen und daher kulturell unterschiedlich beeinflusst wurden. So definiert muss man Deutschland als eine multikulturelle Gesellschaft bezeichnen.

Mutterschutz
Gesetzlicher Schutz berufstätiger werdender Mütter.

Nachweispflicht
Arbeitgeber müssen spätestens einen Monat nach Beginn eines Arbeitsverhältnisses, dem kein schriftlicher Vertrag zugrunde liegt, die wesentlichen Vertragsbedingungen schriftlich niederlegen und dem Arbeitnehmer unterschrieben aushändigen.

Nervenbahnen, motorische
Nervenbahnen, die Impulse (Erregungen) vom zentralen Nervensystem zu den ausführenden Organen leiten.

Nervenbahnen, sensorische
Nervenbahnen, die Impulse (Erregungen) von den Sinneszellen zum zentralen Nervensystem leiten.

Nervensystem, peripheres
Das periphere Nervensystem umfasst sensorische Nervenbahnen, die die Verbindungen zwischen Rezeptoren und ZNS sowie motorische Nervenbahnen, die die Verbindungen zwischen ZNS und Effektoren herstellen.

Nervensystem, zentrales (ZNS)
Das Nervensystem lässt sich unterteilen in das zentrale Nervensystem (ZNS) und das periphere Nervensystem. Zum ZNS zählen das Gehirn und das Rückenmark.

Neugier, epistemische
Spezifisches Neugierverhalten, das auf aktive Weise nach Einsichten und Wissen sucht. Typisch für viele Fragen von Kindern nach der Ursache oder Funktionsweise einer Sache.

Normalisierung
Nach Maria Montessori der bei Kindern zu beobachtende Prozess der Entspannung und eintretenden inneren Ruhe nach erfolgreicher, intensiver und konzentrierter Arbeit.

Normen
Normen sind kognitive, d. h. vom Menschen konstruierte Regeln oder Maßstäbe. Sie werden durch Erziehung von Generation zu Generation weitergegeben, wobei sie einem mehr oder minder ausgeprägten Wandel unterliegen. Das Handeln, das sich an Normen orientiert, ist mit diesen nicht gleichzusetzen, denn Normen drücken „nur" aus, welches Verhalten sein oder nicht sein soll. Normen sind also Handlungsregeln, die dazu da sind, die Beachtung von Werten zu sichern. Sie sind als Ge- oder Verbote formuliert. Normen sind vernünftig begründbar und damit auch kommunizierbar; sie sind für eine Gemeinschaft verbindlich. Es wird zwischen moralischen und vor- oder außermoralischen Normen unterschieden.

Normen, soziale
Soziale Normen sind die in einer Gruppe oder Gesellschaft vorherrschenden Auffassungen über erwünschtes oder nicht erwünschtes Verhalten. Die Einhaltung sozialer Normen kann belohnt werden. Soziale Normen stellen für den Menschen eine Hilfe dar, sich in seiner Welt als instinktreduziertes Wesen zu orientieren. Soziale Normen entlasten in vielen Entscheidungssituationen. Normgerechtes Handeln ist eine der Voraussetzungen für die Integration des Einzelnen in die Gemeinschaft. Normen können schützen und entlasten.

Objektivität
Es gibt psychische Inhalte und Prozesse, die bei allen gesunden Menschen gleich sind (z. B. angeborene Reflexe). In der Psychologie werden diese Phänomene mit naturwissenschaftlichen (objektiven) Methoden untersucht. Unter Objektivität ist dabei zu verstehen, dass die Dinge oder Ereignisse auch außerhalb menschlichen Bewusstseins so sind, wie sie wahrgenommen werden. In der Philosophie und in der Psychologie gibt es einen Streit darüber, ob der Mensch überhaupt einen Zugang zu einer Welt außerhalb seines subjektiven Bewusstseins hat bzw. haben kann.

Öffentlichkeitsarbeit
„Qualitativ hochwertige Öffentlichkeitsarbeit ist eine planmäßige, strukturierte und professionell gestaltete Herstellung von Öffentlichkeit, bei der die Einrichtung klare Informationen, Fakten und Tatsachen der eigenen Einrichtung weitergibt, mit dem Ziel, Aufgaben und Ansprüche transparent zu machen, das Ansehen in der Öffentlichkeit zu steigern und dabei das Vertrauen zur Öffentlichkeit aufzubauen und zu pflegen" (Krenz, 1997, S. 30).

OGS
Abkürzung für Offene Ganztagsschule. Eine Schulform, die die freizeitpädagogische Nachmittagsbetreuung mit einschließt.

Ökologie
Ein Teilgebiet der Biologie. Sie befasst sich mit der Wechselwirkung der Organismen untereinander und der Wechselwirkung der Organismen mit der unbelebten Natur.

Organisation, lernende
Ein System, welches sich ständig in Bewegung befindet. Entwicklungsprozesse werden zielgerichtet genutzt, um Wissensspielräume zu erweitern und Handlungsspielräume zu entwickeln.

Pädagogik, geschlechtsbewusste
Kinder werden individuell so gefördert, dass Geschlechterklischees und Stereotype in den Hintergrund treten. Im Kinder- und Jugendhilfegesetz findet dies seine rechtliche Fundierung (SGB VIII § 9 Abs. 3). Die Strategie zur politischen Umsetzung wird als *Gender Mainstreaming* bezeichnet.

Paradoxie
In der Kommunikation nach Paul Watzlawick eine Handlungsaufforderung, die befolgt werden muss, aber nicht befolgt werden darf, um befolgt zu werden („Sei spontan!"), also eine widersprüchliche Aufforderung oder Aussage.

Parentifizierung
Die Rollenumkehr zwischen Eltern (engl. parents) und Kind, wobei Eltern ihre Elternfunktion nur unzureichend erfüllen und das Kind die nicht kindgerechte „Elternrolle" zugewiesen bekommt.

Partizipation
Teilhabe durch Mitbestimmung und Mitgestaltung. Partizipation ist Bestandteil einer lebensweltorientierten sozialpädagogischen Praxis.

Partizipation von Kindern und Jugendlichen
Deren verbindliche Einflussnahme auf Planungs- und Entscheidungsprozesse, von denen sie betroffen sind (vgl. Jaun, 2001, S. 91).

Personalkompetenz
siehe Humankompetenz

Persönlichkeit
Das dynamische und relativ überdauernde psychophysische Gesamtsystem, das das Verhalten und Erleben eines Menschen in charakteristischer Weise beeinflusst (vgl. Allport, 1959, S. 49f.). Sie ist die „dynamische Ordnung derjenigen psychophysischen Systeme im Individuum, die seine einzigartigen Anpassungen an seine Umwelt bestimmen" (Allport, 1959, S. 49f.).

Persönlichkeitseigenschaften
Relativ überdauernde Bereitschaften, sich in einer bestimmten für die Person typischen Art und Weise zu verhalten oder entsprechend zu handeln. Persönlichkeitseigenschaften in diesem Sinne werden auch als Dispositionen bezeichnet. Die Gesamtheit der Persönlichkeitseigenschaften beschreibt die Persönlichkeit eines Individuums. Psychologische Persönlichkeitstests messen derartige Dispositionen mit dem Ziel, das Verhalten und Handeln einer Person in bestimmten Situationen vorhersagen zu können. Die Vorhersagekraft solcher Tests ist durchaus unterschiedlich.

Perspektivübernahme
Die Fähigkeit, sich sachbezogene, soziale oder psychologische Ereignisse aus der Perspektive einer anderen Person vorstellen zu können.

Philosophie
Der Begriff stammt aus dem Griechischen und bedeutet „Liebe zur Weisheit". Philosophen deuten die Welt und die menschliche Existenz. Im Unterschied zu Fachwissenschaften wie Medizin, Psychologie oder Erziehungswissenschaft grenzen sie die Gegenstände ihrer wissenschaftlichen Untersuchungen nicht fachspezifisch ein.

Phonologische Bewusstheit
Dieser Begriff bezeichnet die Fähigkeit, Sprache als System wahrzunehmen, ohne auf Inhalt und Bedeutung zu achten. Phonologische Bewusstheit ist entscheidend für das Schreiben- und Lesenlernen und damit auch für schulischen Erfolg von Kindern. Es wird zwischen phonologischer Bewusstheit im weiteren Sinn (Wörter, Silben, Laute als Bauelemente von Sprache begreifen) und im engeren Sinn (Verbindung zwischen Laut- und Schriftsprache erkennen) unterschieden.

Platonische Körper
Fünf verschiedene geometrische Körper, die aus jeweils gleich großen, völlig regelmäßigen und ebenen Begrenzungsflächen bestehen. Benennung nach dem griechischen Philosophen Platon (427–347 v. Chr.), der darin die Urformen der vier klassischen Elemente sah: Feuer (Tetmeder), Wasser (Oktaeder), Erde (Ikosaeder), Luft (Hexaeder oder Würfel). Die Form der Welt insgesamt spiegele sich im zwölfflächigen Pentagondodekaeder.

Polarisation der Aufmerksamkeit
Nach Maria Montessori der bei Kindern zu beobachtende Prozess konzentrierten, überdauernden und zielgerichteten Arbeitens bis zu einem erfolgreichen Ergebnis.

Prävention
Vorbeugung – psychologisch, pädagogisch, medizinisch.

Professionalität
Die berufsmäßige, fachgerechte Ausführung einer Tätigkeit. Der Begriff beinhaltet eine Qualität, die in der Regel von einem Amateur bzw. Laien nicht erbracht werden kann. Zur Professionalität gehören auch vom Fach unabhängige Eigenschaften wie Pünktlichkeit, Genauigkeit, Zuverlässigkeit, Kooperationsfähigkeit, Lern- und Entwicklungsbereitschaft u. v. m.

Projekt
Typische Methode des erfahrungsbezogenen Planungskonzepts. In Absprache mit der Zielgruppe wird ein Vorhaben beschlossen und geplant.

Projektionen
Das Verlagern von inneren Vorgängen (Empfindungen, Gefühlen, Wünschen, Interessen) in die Außenwelt. Dabei kann es sich nach der Psychoanalyse um einen Abwehrmechanismus handeln, bei dem eigene Gefühle und Wünsche einem anderen Menschen zugeschrieben werden.

Psychologie
Die Wissenschaft vom Verhalten und Erleben des Menschen. Es gibt sowohl naturwissenschaftliche als auch geisteswissenschaftliche Richtungen der Psychologie, die sich zum Teil fundamental in ihren Methoden unterscheiden.

Psychomotorik
„[...] Kennzeichnet die funktionelle Einheit psychischer und motorischer Vorgänge, die enge Verknüpfung des Körperlich-motorischen mit dem Geistig-seelischen" (Zimmer/Cicurs, 1987, S. 35).

Psychosozial
Bezieht sich auf das individuelle Verhalten und Erleben eines Menschen in sozialen, d. h. zwischenmenschlichen Zusammenhängen.

PTBS
Abkürzung für Posttraumatische Belastungsstörung. Diese tritt auf, wenn traumatische Ereignisse nicht verarbeitet werden. Es kommt zu schweren gesundheitlichen Auswirkungen auf das seelische und körperliche Befinden von Betroffenen.

Pubertät
Kommt aus dem Lateinischen (*pubertas*) und bedeutet „Geschlechtsreife". In der Phase der Pubertät entwickeln sich die primären und sekundären Geschlechtsmerkmale. Die erste Regelblutung (Menarche) und der erste Samenerguss (Ejakulation) stellen sich ein.

Pythagoras, Satz des
Berühmte mathematische Gleichung, nach der für alle rechtwinkeligen Dreiecke die stets gleiche Beziehung zwischen der Summe der Kathetenquadrate und dem Hypothenusenquadrat ausgedrückt wird: $a^2 + b^2 = c^2$. Der rechte Winkel mit genau 90° ist dabei jener Winkel des Dreiecks, den die beiden Katheten a und b miteinander bilden.

Qualifikationen
Fähigkeiten, die als Voraussetzung für die Bewältigung der Aufgaben der beruflichen Praxis erforderlich sind. Qualifikationen sind eng miteinander vernetzt. Sie sind die Grundlage des beruflichen Selbstverständnisses von Fachkräften in sozialpädagogischen Handlungsfeldern. Dabei sind unter Qualifikationen „Kenntnisse, Fertigkeiten und Fähigkeiten im Hinblick auf ihre Verwertbarkeit im privaten, beruflichen und gesellschaftlichen Bereich" zu verstehen.

Qualität, Handlungs-
„Einerseits ist Denken Probehandeln und ersetzt teilweise probierendes Handeln. Andererseits muss man auch handeln, um dem Denken einen Anstoß zu geben oder es zu hinterfragen; Handeln ist auch eine Form des Denkens. So wie das Schreiben Gedanken präzisiert, kann auch Handeln das Nachdenken schärfen. Natürlich gehört zur Handlungsqualität auch ein professionelles Können in pädagogischen Situationen, sei es im alltäglichen oder im institutionellen Zusammenhang. Kein Pianist ginge auf das Podium, ohne seine Sache geübt zu haben. Es genügt also nicht, Erzieherinnen mit Theorien auszustatten, sondern sie müssen ihre Theorien im Handeln erproben, differenzieren, festigen und auf ihre eigenen persönlichen Fähigkeiten abstimmen. Das gelingt nicht in kurzen Praktika, sondern bedarf einer kontinuierlichen und reflektierten

Zusammenarbeit mit geeigneten Kindertageseinrichtungen" (Schäfer, 2012, S. 5 f.).

Qualität, kommunikative

„Der kommunikativen Qualität liegt die Fähigkeit zur differenzierten Beobachtung pädagogischer Situationen mit einzelnen Kindern und Kindergruppen zugrunde. Diese Wahrnehmungen müssen in Sprache gefasst und darüber hinaus nach außen dargestellt werden. Dies erfordert ständige Gelegenheit, Wahrnehmungen zu versprachlichen und vor Dritten mündlich oder auch schriftlich darzustellen sowie argumentativ zu vertreten. Es sind vor allem zwei Bereiche, die bei der Einübung in fachlicher Kommunikation mitbedacht werden müssen. Zum einen geht es um den kollegialen Austausch über die Beobachtungen, welche man an und mit Kindern im professionellen Alltag gemacht hat. Zum anderen erfordert die neue Rolle der Erzieherin, Interpretin der kindlichen Bildungsprozesse für die Eltern und die Öffentlichkeit zu sein, eine Vorbereitung auf diese kommunikativen Aufgaben. In beiden Fällen schließt Kommunikationsfähigkeit die Wahrnehmung der eigenen Person und ihrer möglichen Wirkungen auf andere mit ein" (Schäfer, 2012, S. 7).

Qualität, pädagogische

Pädagogische Qualität bezieht sich sowohl auf die umfassende Optimierung der Bildungs- und Entwicklungschancen von Kindern oder Jugendlichen in den unterschiedlichen Erziehungs- und Bildungsbereichen als auch auf ihr allgemeines Wohlbefinden. Wesentliche Voraussetzung für pädagogische Qualität ist die nachhaltige Unterstützung der Selbstbildungsprozesse und des sie mittragenden Selbstvertrauens und Selbstwertgefühls der Kinder oder Jugendlichen.

Qualität, Reflexions-

„Um pädagogisches Geschehen verstehen zu können, braucht man theoretische Modelle und Reflexionsfähigkeit. Nur mit einem soliden Fundament an Gedanken und Theorien, wird man das, was man in der pädagogischen Praxis wahrnimmt, auch ordnen und einsichtig machen können. Es besteht ein unmittelbarer Zusammenhang zwischen Wahrnehmen und Denken: Ohne sich auf Wahrnehmungen zu beziehen, bleibt Denken leer und beliebig, allenfalls seiner eigenen Logik anheim gegeben. Aber ohne klärendes Nachdenken wird man auch kaum differenzierte Wahrnehmungen machen können. Wahrnehmungsqualität und Reflexionsqualität sind durch einen rekursiven Kreislauf miteinander verbunden" (Schäfer, 2012, S. 5).

Qualität, Sach-

Es steht außer Frage, dass eine sozialpädagogische Fachkraft von den Dingen, die Kinder und Jugendliche interessieren, etwas verstehen muss. Wenn dies nicht der Fall ist, muss sie bereit und in der Lage sein, sich selbstständig sachkundig zu machen. Wer Kinder oder Jugendliche nur betreut, der überlässt es ihnen, sich entsprechend kompetent zu machen, wem allerdings die Unterstützung ihrer Bildungsprozesse ein Anliegen ist, der muss Sorge dafür tragen, dass er oder sie auch selbst in diesen Bereichen etwas kann. Hier ist die Bildung der sozialpädagogischen Fachkräfte gefragt. Kinder und Jugendliche, aber auch Erwachsene, bilden sich nicht allein und isoliert von anderen Menschen. Sie benötigen die Kommunikation mit den sozialpädagogischen Fachkräften über die sie interessierenden Bildungsinhalte, sie benötigen von den Fachkräften sinnvoll bereitgestellte Materialien, um sich bilden zu können (vgl. Schäfer, 2012, S. 5 f.).

Qualitätsbereiche

Unter einem Qualitätsbereich versteht der Nationale Kriterienkatalog „all jene Situationen, Interaktionen und Routinen im Tagesablauf sowie die Organisation und die räumlich-materiellen Bedingungen oder auch Aspekte der Zusammenarbeit mit den Familien und Schulen [...], die das Wohlergehen und die Entwicklung der Kinder direkt oder indirekt beeinflussen" (Tietze/Viernickel, 2007, S. 29).

Qualitätsmanagement

Konzeptionelle, strukturelle, personelle und pädagogische Maßnahmen zur Erhaltung und Steigerung der Erziehungs-, Bildungs- und Betreuungsqualität in Institutionen. Dazu werden geeignete Strategien und Instrumente ausgewählt, ihre Wirkung überprüft und im Sinne einer Qualitätsverbesserung modifiziert. (vgl. Bülow-Schramm, 2006, S. 18 f.).

Raum, Dimension des R.

Es ist unbedingt erforderlich, dass die sozialpädagogischen Fachkräfte auch die äußeren, räumlichen

Lebensbedingungen und -verhältnisse der Kinder oder Jugendlichen kennen.

Reflexe
Reaktionen auf bestimmte Umweltreize, die der Mensch zum Überleben benötigt und die schon beim ersten Mal fehlerfrei ablaufen müssen. Reflexe sind angeborene Verhaltenstendenzen, die nach einem festen angeborenen Programm unter gleichen Bedingungen stets in gleicher, rascher und starrer Weise ablaufen. Sie können durch bestimmte Reize (Schlüsselreize) jederzeit ausgelöst werden (Alles-oder-nichts-Reaktion).

Reflex, angeborener oder unbedingter
Wenn bestimmte Umweltreize oder Reizkonstellationen zwangsläufig ganz bestimmte Reaktionen auslösen, ohne dass dieser Zusammenhang vorher gelernt wurde, nennt man diese Reaktionen „angeborene Reflexe" bzw. „unbedingte Reflexe".

Reflex, angeborener, unbedingter oder unkonditionierter
siehe Reflex, Unconditioned Reflex (UCR)

Reflex, conditioned (CR)
Die deutsche Übersetzung von conditioned reflex ist „bedingter" oder „konditionierter Reflex". Dieser Reflex wird nach einem entsprechenden Lernprozess von einem ursprünglich neutralen Reiz ausgelöst. Der Lernprozess ist die besondere Bedingung (Kondition), ohne die der Reiz keinen Reflex auslösen würde.

Reflex, Eigenreflex
Bei Eigenreflexen lösen die spezifischen Reize die spezifischen Reaktionen im selben Organ (meist in einem Muskel) aus.

Reflex, erlernter, bedingter oder konditionierter Reflex
siehe Reflex, Conditioned Reflex (CR)

Reflex, Fremdreflex
Bei Fremdreflexen sind das reizaufnehmende Organ und das reagierende Organ unterschiedlich.

Reflex, koordinierter Reflex
Bei koordinierten Reflexbewegungen löst ein spezifischer Reiz Reaktionen einer Gruppe von Muskeln aus und kann weitere Organe wie Herz und Darm aktivieren und bestimmte Gefühle hervorrufen. Letztere können allerdings in gewissem Rahmen beeinflusst und gesteuert werden.

Reflex, unconditioned Reflex (UCR)
Die deutsche Übersetzung von unconditioned reflex (UCR) ist „unbedingter" oder „unkonditionierter Reflex". Unbedingte Reflexe werden natürlicherweise von unbedingten Reizen ausgelöst, ohne dass der Zusammenhang zwischen UCS und UCR vorher gelernt wurde. Diese Reaktionen nennt man „unbedingt", weil es für den Ablauf der Reiz-Reflex-Verbindung über die Wahrnehmung des unbedingten Reizes hinaus keinerlei weiterer Bedingungen bedarf.

Reflexbogen
Bei einem Reflexbogen handelt es sich um eine Reaktion, an der das Gehirn und insbesondere die Großhirnringe nicht beteiligt sind. Man unterscheidet Eigenreflexe (z. B. Kniescheibenreflex), bei denen das gereizte und das Erfolgsorgan identisch sind, und Fremdreflexe (z. B. der Niesreflex), bei denen sie verschieden sind.

Reiz, bedingter
siehe Stimulus, Conditioned Stimulus (CS)

Reiz, neutraler
Neutrale Reize lösen keine Reaktionen aus.

Reiz, unbedingter
siehe Stimulus, Unconditioned Stimulus (UCS)

Reizdiskriminierung
Bei einer Reizdiskriminierung werden ähnliche, nur relativ schwer unterscheidbare Reize so unterschieden, dass der eine Reiz einen bedingten Reflex auslöst und der andere nicht.

Reizgeneralisierung
Es kann vorkommen, dass bedingte Reflexe nicht ausschließlich von einem ganz bestimmten bedingten Reiz ausgelöst werden. In diesem Fall handelt es sich um eine Verallgemeinerung, bei der ebenfalls Reize, die dem bedingten Reiz ähnlich sind, den bedingten Reflex auslösen.

Resilienz
Resilienz ist die psychische Widerstandsfähigkeit eines Menschen, mithilfe derer er belastende Lebens-

umstände durchstehen kann und seine psychische Stabilität und Gesundheit zu erhalten vermag. Unter belastenden Lebensumständen sind in diesem Zusammenhang Lebenskrisen unterschiedlichster Art zu verstehen wie schwere psychische und/oder soziale Krisen, Krankheit, Armut, Gefahren durch Kriege oder auch Naturkatastrophen etc. Resilienz umfasst die Fähigkeit, persönliche Kompetenzen zur aktuellen Bewältigung von Krisen und auch als Anlass für die weitere persönliche Entwicklung zu nutzen. Resilienzfähigkeiten können im frühen Kindesalter systematisch von Bezugspersonen gestärkt werden.

Restringierte Sprache
Die restringierte Sprache ist gekennzeichnet durch kurze, grammatikalisch einfache und oft unvollständige Sätze. Dabei werden wenige Adjektive und Adverbien verwendet (vgl. Bernstein u. a., 1973).

Rezeptorische Organe
Reizaufnehmende Organe, Sinnesorgane.

Rindenfelder, motorische
In den motorischen Rindenfeldern liegen Nervenzellen, die die Kontraktion der Skelettmuskeln steuern.

Rindenfelder, sensorische
In den sensorischen Rindenfeldern liegen die Nervenzellen, die die Sinneseindrücke von allen Sinnesorganen verarbeiten. In den Assoziationsfeldern werden verschiedene Erregungen verknüpft. Sie verfügen über keine direkten Verbindungen zu rezeptorischen oder effektorischen Organen.

Rolle
In der sozialpädagogischen Praxis ist eine Rolle das Ergebnis verschiedener Erwartungen an eine Person in einer bestimmten Position.

Rolle, formell und informell
Formelle Rollen sind offiziell anerkannt und institutionalisiert. Es kann sich um in Gesetzen, Rechtsverordnungen oder anderen Vorschriften fixierte oder um nicht schriftlich festgehaltene traditionelle Rollen handeln. Informelle Rollen entwickeln sich dagegen aus überdauernden Verhaltensmustern einer Person.

Rollen, komplementär
Sich ergänzende Rollenerwartungen an verschiedene Personen wie Mutter-Kind, Lehrer-Schüler, Käufer-Verkäufer.

Rolle, soziale
Verhaltenserwartungen an einen Menschen, der im sozialen Zusammenleben eine bestimmte Stellung einnimmt. Da der Mensch in verschiedenen Gruppen lebt (Familie, Beruf, Schule, Freizeit), können (Rollen-)Konflikte dadurch entstehen, dass unterschiedliche Erwartungen nicht vereinbar sind.

Rollenkonflikt, Inter-, Intra-
Wenn eine Person verschiedene Rollen nicht miteinander vereinbaren kann, spricht man von einem Interrollenkonflikt. Bei einem Intrarollenkonflikt befindet sich eine Person zwischen widersprüchlichen Erwartungen innerhalb einer Rolle.

Sachkompetenz
Das reflektierte Anwenden von Fachwissen und die Bereitschaft, diese Fähigkeiten einzusetzen. Sachkompetenz wird oft auch als Fachkompetenz bezeichnet.

Sanktionen
Reaktionen und Maßregelungen von außen mit dem Ziel, ein Verhalten zu ändern.

Schicht, soziale
Unter einer sozialen Schicht sind Menschen zu verstehen, die sich im Hinblick auf bestimmte Merkmale gleichen. Dabei handelt es sich um Merkmale wie soziale Wertschätzung und gesellschaftliches Ansehen, Bildung, Einkommen, Vermögen und Lebensstandard. Der Begriff der sozialen Schicht ist eine Bezeichnung für die hierarchische Struktur einer Gesellschaft, weshalb in der Soziologie stattdessen auch von „sozialer Ungleichheit" gesprochen wird.

Selbstkompetenz
siehe Humankompetenz

Selbstkonzept
Das mentale Modell (Selbstwahrnehmung) einer Person über die eigenen Fähigkeiten und Eigenschaften.

Die kognitive Komponente des Selbstkonzepts beschreibt das Wissen, das eine Person über sich selbst hat, die affektive umfasst das Selbstwertgefühl und das Selbstvertrauen.

Selbstwertgefühl
Ein positives Selbstwertgefühl definiert Kernberg als „ein wohl gefügtes Selbst, in welchem die verschiedenen Selbstaspekte dynamisch zu einer harmonischen Ganzheit organisiert sind" (Kernberg in Simchen, 2008, S. 19).

Sensible Phase
„Ein bestimmter Zeitraum in der Entwicklung, in welchem das Lebewesen für den Erwerb von bestimmten Verhaltensweisen besonders empfänglich ist, die außerhalb dieses Zeitraumes zwar schwierig, aber bis zu einem gewissen Grad wieder verändert werden können" (Hobmair, Psychologie 2013, S. 222).

Sensible Perioden
Maria Montessori stellte in ihren Beobachtungen fest, dass es in der Entwicklung des Kindes Zeiten gibt, während derer sie für bestimmte Entwicklungs- und Bildungsmöglichkeiten besonders empfänglich sind. Sie bezeichnete diese Zeiten als Sensible Perioden.

Sensorische Integration
Das Zusammenspiel unterschiedlicher Sinnesqualitäten sowie die Koordination unterschiedlicher Sinnessysteme (z. B. Hand-Auge-Koordination).

Sex
Englischer Fachbegriff für das biologische Geschlecht. Ob ein Kind als Mädchen oder Junge geboren wird, hängt von seinen genetischen Anlagen ab.

Situationsansatz
Ein pädagogischer Ansatz, der kindzentriert ausgerichtet ist und in dem der Begriff „Situationen" eine Schlüsselfunktion darstellt. Erlebnisse der Kinder werden als ganzheitliche zu bearbeitende Lernsituationen verstanden. Nach dem Situationsansatz wird bundesweit gearbeitet (vgl. Krenz 1997, S. 30).

Situationsorientierter Ansatz
Nach diesem Ansatz wird Kindern die Möglichkeit gegeben, „individuelle Erfahrungen und Erlebnisse zu verarbeiten und zu verstehen, bedeutsame Fragen zu beantworten und Zusammenhänge zu begreifen, um aus der Bewältigung erlebter Situationen und Ereignisse (Erfahrungen) individuelle soziale Kompetenzen auf- und auszubauen" (Krenz, 2008, S. 107f.).

Soziale Bezüge, Dimension der S. B.
Jeder Mensch ist eingebettet in ein mehr oder minder komplexes Netzwerk von Beziehungen, die ganzheitlich zu sehen und (nach Möglichkeit) zu stärken sowie in der pädagogischen Arbeit zu berücksichtigen sind.

Sozialisation
Bezieht sich auf den Prozess der Entwicklung der Persönlichkeit unter dem Einfluss der konkreten sozialen und materiellen Lebensbedingungen. Mit Erziehung sind alle bewussten und beabsichtigten Einflussnahmen auf das Verhalten von Kindern oder Jugendlichen mit dem Ziel gemeint, deren Verhalten und Erleben nachhaltig in eine bestimmte Richtung zu beeinflussen. Der Begriff Sozialisation umfasst darüber hinaus auch die unbeabsichtigten und möglicherweise sogar unerwünschten Einflüsse des sozialen Milieus und der materiellen Umwelt auf die Entwicklung.

Sozialkompetenz
Umfasst den großen Bereich des sozialen Lebens eines Menschen. Dazu gehören die Fähigkeit und die Bereitschaft, Kontakt zu anderen Menschen aufnehmen, gestalten und ihn beenden zu können.

Sozialpädagogische Fachkräfte
Personen, die eine unterschiedlich lange und intensive sozialpädagogische Ausbildung oder ein Studium absolviert haben. Das können sein: Sozialhelfer/innen, Kinderpfleger/innen, Erzieher/innen, Sozialpädagog/innen, Diplompädagog/innen.

Sozialpsychologie
Der Bereich der Psychologie, der sich mit der wissenschaftlichen Untersuchung des Individuums unter dem Einfluss seiner sozialen Beziehungen befasst.

Spiel
Die wichtigste Ausdrucksform des Kindes, über die sich Selbstbildung und Lebensbewältigung vollzieht.

Grundsätzlich ist das kindliche Spiel lustbetont, selbstbestimmt, zweckfrei sowie frei von äußeren Zwängen.

Sprache
Unter Sprache sind umfassende, sehr komplexe und sehr flexible Systeme akustischer Laute, bildlicher Symbole, mimischer und gestischer Äußerungen sowie Körperhaltungen zu verstehen, mithilfe derer Menschen – bewusst und ggf. auch unbewusst – „etwas" mitzuteilen versuchen. Die Fähigkeit, eine Sprache zu erlernen, ist beim gesunden Menschen angeboren, die Art der Sprache dagegen erlernt.

Sprache, elaborierte
In der elaborierten Sprache werden häufiger Fach- und Fremdwörter verwendet. Sie ist grammatikalisch meist richtig, der Wortschatz ist sehr umfangreich und zur Darstellung komplizierter und komplexer Sachverhalte werden häufig Adjektive und Adverbien eingesetzt (vgl. Bernstein u. a., 1973).

Sprache, restringierte
Weist kurze, grammatikalisch einfache und oft unvollständige Sätze auf. Dabei werden wenige Adjektive und Adverbien verwendet (vgl. Bernstein u. a., 1973).

Stereotype
Vereinfachende und verallgemeinernde Erfahrungen oder Vorstellungen über andere Menschen oder sich selbst. Stereotype helfen, die Komplexität der sozialen und gesellschaftlichen Welt im Erleben des einzelnen Menschen zu vermindern. Sie helfen bei der Überwindung von Unsicherheit, Angst und Bedrohung und erleichtern den Umgang mit eigenen Minderwertigkeitsgefühlen.

Stimulus, conditioned (CS)
Die deutsche Übersetzung von conditioned stimulus ist „bedingter" oder „konditionierter Reiz". Dieser Reiz ist biologisch nicht bedeutsam und war ursprünglich ein neutraler Reiz. Seine reflexauslösende Funktion ist – und dies ist die besondere Bedingung (Kondition) – vorher erlernt worden.

Stimulus, unconditioned (UCS)
Die deutsche Übersetzung von unconditioned stimulus ist „unbedingter" oder „unkonditionierter Reiz". Dieser Reiz ist biologisch bedeutsam, denn er löst eine ganz bestimmte Reaktion (einen Reflex) aus, ohne dass dies vorher gelernt wurde.

Stress
Der Begriff „Stress" kommt aus dem Englischen und bedeutet „Beanspruchung". Stressoren als Stressauslöser nehmen über die Aufnahme durch die Sinnesorgane Einfluss auf den menschlichen Organismus. Sie bewirken die Ausschüttung des Hormons Cortisol, wodurch der Stoffwechsel angeregt und das Immunsystem gehemmt wird. Zudem gelangen Adrenalin und Noradrenalin ins Blut. Damit verbunden sind zunächst eine enorme Leistungsfähigkeit und nachfolgend starke körperliche Reaktionen (beschleunigter Puls, Anstieg des Blutzuckerspiegels und des Blutdrucks, schnellere Atmung, Schweißausbruch).

Subjektivität
Wahrnehmungsinhalte, Gedächtnisinhalte, Gedanken, Emotionen, Motive entstehen im Zentralen Nervensystem. Aufgrund der unterschiedlichen Lebenserfahrungen eines jeden Menschen sind diese psychischen Vorgänge und Inhalte immer einzigartig und somit subjektiv. Manche Psychologen und Philosophen glauben, dass die Subjektivität mit wissenschaftlichen Mitteln überwunden werden und ein Zugang zu der vom Individuum unabhängigen Welt geschaffen werden kann.

Sucht
„Sucht ist ein Zustand periodischer und chronischer Vergiftung, hervorgerufen durch den wiederholten
Gebrauch einer natürlichen oder synthetischen Droge und gekennzeichnet durch vier Kriterien:
1. Ein unbezwingbares Verlangen zur Einnahme und Beschaffung des Mittels.
2. Eine Tendenz zur Dosissteigerung (Toleranzerhöhung).
3. Die psychische und meist auch physische Abhängigkeit von der Wirkung der Droge.
4. Die Schädlichkeit für den Einzelnen und/oder die Gesellschaft." (Definition der WHO, 1964)

Supervision
Ein von einer dafür ausgebildeten Fachkraft begleiteter Beratungsprozess, bei dem Probleme, Konflikte und Fragestellungen des Teams bearbeitet werden (vgl. Nagel, 2008, S. 25).

Symbiotische Beziehung

Die Beziehung zwischen zwei Lebewesen, die nicht ohne einander leben können. Bei Kindern ist dies in den ersten Lebensjahren ein normaler Entwicklungsverlauf. Wenn allerdings der altersgemäße Ablösungsprozess zwischen Eltern und älteren Kindern erschwert ist oder nicht stattfinden kann, resultiert daraus möglicherweise eine neurotische Beziehungsform.

Synapsen

Die Kontaktstellen zwischen Nervenzellen und anderen Zellen (wie Sinnes-, Muskel- oder Drüsenzellen) sowie zwischen Nervenzellen untereinander. Über Synapsen werden Impulse auf jeweils andere Nervenzellen übertragen.

Tarifvertrag

Haben Arbeitgeber- und Arbeitnehmervertreter (Arbeitgeberverband und Gewerkschaften) einen Tarifvertrag abgeschlossen, gelten die darin enthaltenen Vereinbarungen für die entsprechenden Arbeitsverträge in tarifgebundenen Betrieben. In Ausnahmefällen kann ein Arbeitgeber trotz Mitgliedschaft im Arbeitgeberverband nicht tarifgebunden sein.

Team

Eine „Arbeits-/Leistungsgruppe, die zielorientiert tätigkeitsnotwendige Aufgaben in Angriff nimmt und in effektiver und effizienter Zusammenarbeit aktuelle Herausforderungen erkennt, aufgreift und konstruktiv löst/erledigt. Dabei steht [...] eine bedeutsame Arbeitsaufgabe für alle Mitarbeiter/innen im Mittelpunkt" (Krenz, 2002).

Teamentwicklung

Bezeichnet den Aufbau, die Förderung und Pflege eines Teams (vgl. Pesch, 2007, S. 440).

Teilleistungsstörungen

Lernstörungen in Bereichen des Schreibens, Lesens oder der Mathematik bei normaler bis überdurchschnittlicher Intelligenz.

Toleranz

Bedeutet Respekt, Akzeptanz und Anerkennung der Kulturen unserer Welt, unserer Ausdrucksformen und Gestaltungsweisen unseres Menschseins in all ihrem Reichtum und ihrer Vielfalt. Gefördert wird sie durch Wissen, Offenheit, Kommunikation und durch Freiheit des Denkens, der Gewissensentscheidung und des Glaubens. Toleranz ist Harmonie über Unterschiede hinweg. Sie ist nicht nur moralische Verpflichtung, sondern auch eine politische und rechtliche Notwendigkeit. Toleranz ist eine Tugend, die den Frieden ermöglicht, und trägt dazu bei, den Kult des Krieges durch eine Kultur des Friedens zu überwinden.

Tradition

Ein überlieferter Brauch. Traditionen sichern die Fortsetzung dessen, was kulturell einmal begonnen wurde, und ermöglichen einen Zugang zu den Welterfahrungen der Vorfahren.

Transitionen

Bedeutende Übergänge im Leben eines Menschen.

Trauma

„Ein psychisches Trauma ist das Leid der Ohnmächtigen. Das Trauma entsteht in dem Augenblick, wo das Opfer von einer überwältigenden Macht hilflos gemacht wird. Ist diese Macht eine Naturgewalt, sprechen wir von einer Katastrophe. Üben andere Menschen diese Macht aus, sprechen wir von Gewalttaten. Traumatische Ereignisse schalten das soziale Netz aus, das dem Menschen gewöhnlich das Gefühl von Kontrolle, Zugehörigkeit zu einem Beziehungssystem und Sinn gibt" (Herman, 1993, S. 54).

Unsicherheit, soziale

Unter der Sammelbezeichnung „soziale Unsicherheit" werden Verhaltensweisen verstanden, die Aspekte von Trennungsangst, sozialer Ängstlichkeit, soziale Phobien sowie generalisierter Angst beinhalten (vgl. Petermann/Petermann, 2010, S. 3).

Verhalten

Die Gesamtheit aller von außen beobachtbaren Äußerungen eines Lebewesens. Von außen nicht beobachtbare Vorgänge im Menschen werden als Erleben bezeichnet; Vorgänge, die der Mensch nur an sich selbst wahrnehmen kann (vgl. Hobmair, 2008, S.18).

Verhaltensmuster

Ererbte und erlernte Verhaltensweisen, die in einer bestimmten Situation in einer bestimmten, oft voraussagbaren Weise und Abfolge ablaufen. Verhaltensmuster dienen der Anpassung an die Umwelt.

Vigilanz
siehe Aufmerksamkeit

Vorstellungen
Subjektiv konstruierte psychische „Bilder" von Dingen, Ereignissen oder Menschen, die durch das Zusammenspiel von Erinnerungen, Emotionen, Bedürfnissen etc. entstehen. Es gibt keinen direkten Bezug zwischen Vorstellung und äußeren Ereignissen wie bei der Wahrnehmung.

Vorurteil
Das, was ein Mensch „weiß", ohne dass er dieses Wissen überprüft und verifiziert hat. Häufig wäre eine solche Verifizierung auch gar nicht möglich. Vorurteile werden subjektiv als „objektive Erkenntnis" erlebt.

Wahrnehmung
Die unter dem Einfluss von Gedächtnisinhalten, Vorstellungen, Emotionen etc. im zentralen Nervensystem stattfindende Verarbeitung von Sinneseindrücken. Dabei werden Reize aus der Umwelt von sensiblen Nervenendigungen in den Sinnesorganen aufgenommen und zum zentralen Nervensystem weitergeleitet. Die wichtigsten Sinnesorgane, in denen sich sensible Sinneszellen befinden, sind die Augen, die Ohren, die Haut, die Nase, die Zunge und die für den Gleichgewichtssinn wichtigen Muskeln und Gelenke.

Wahrnehmung, auditive
Das Erfassen und Verarbeiten von Informationen über das Gehör. Voraussetzung ist die intakte akustische Wahrnehmungsfähigkeit (Hörfunktion). Hörinformationen werden nach Tonhöhe, Richtung, Klangfarbe, Ursache des Geräusches, Inhalte etc. überprüft und entsprechend verarbeitet.

Wahrnehmungskonstanz
Das Phänomen der Wahrnehmungskonstanz gibt es in allen Wahrnehmungsbereichen. Am deutlichsten und leichtesten zu verstehen ist es im Bereich der optischen Wahrnehmung. Entfernt sich ein Mensch von einem Gegenstand, wird die Größe dieses Gegenstandes als gleichbleibend wahrgenommen, obwohl die optische Abbildung auf dem Augenhintergrund immer kleiner wird. Dabei spielt die Lebenserfahrung des Menschen die entscheidende Rolle.

Wahrnehmungsqualität
Dabei geht es um eine professionelle Entwicklung und Differenzierung der Wahrnehmungsqualität der Erzieherinnen für pädagogisch bedeutsame Situationen. Diese Qualität muss auf die Schwierigkeiten und Besonderheiten der Alltagssituationen (z. B. hohe Komplexität) bezogen sein, um in diesen Anwendung zu finden. Diese Qualität ist nicht mit Diagnosefähigkeit gleichzusetzen. Diagnosen werden gestellt, wenn Bildungsprozesse fehlgelaufen sind. Aus fehlgelaufenen Bildungsprozessen kann man nicht die Anforderungen ableiten, die im Alltag notwendig sind, um Bildungsprozesse zu gestalten. Aus pädagogischen Notfällen sind kaum Strategien für das alltägliche professionelle Rüstzeug zu gewinnen, genauso wenig wie man aus der Notfallmedizin entscheidende Strategien für die Erhaltung von Gesundheit ablesen kann.

Wahrnehmungtäuschung
Das Phänomen der Wahrnehmungtäuschung gibt es in allen Wahrnehmungsbereichen. Am bekanntesten und leichtesten zu identifizieren sind sie im optischen Bereich. Bei einer Wahrnehmungtäuschung wird etwas anderes wahrgenommen, als es den Abbildungen auf der Netzhaut entspricht. Die Wahrnehmungtäuschungen verdeutlichen die Subjektivität der Wahrnehmung.

Wahrnehmungszentrum
Das Wahrnehmungszentrum des Menschen befindet sich im Gehirn. Hier treffen alle aufgenommenen Reize aufeinander und werden gefiltert und weitergeleitet.

Weltanschauung
siehe Ideologie

Werte
Vorstellungen – also kognitive Konstruktionen – von dem, was für wünschenswert, für „gut" gehalten wird. Werte können einzelne Menschen, Gruppen oder Gesellschaften beeinflussen. An Werten können sich Menschen orientieren, um bewusst und zielgerichtet zu handeln. Werterziehung bezieht sich auf moralische Werte, z. B. Ehrlichkeit und Gerechtigkeit. Werte können sich verändern (Wertewandel).

Wertorientierung
Man spricht von Wertorientierung, wenn Menschen moralische Werte als für sich verbindlich erachten und ihr Handeln nach ihnen ausrichten.

Wissen, explizites
Man spricht von expliziertem Wissen, wenn man direkt und bewusst über die Inhalte des Wissens verfügen kann beziehungsweise erklären kann, wie etwas ist, abläuft oder funktioniert.

Wissen, implizites
Man spricht von implizitem Wissen, wenn man etwas kann, ohne darüber in Form von Wissen verfügen zu können.

Zielvereinbarung
Ein Element im Qualitätsmanagement einer Institution. Nachdem die Arbeit der Institution überprüft (evaluiert) wurde, wird die festgestellte Qualität gesichert und es kommt zu Vereinbarungen über die nächsten Schritte der Qualitätsverbesserung. Diese Vereinbarungen werden in der Regel zwischen einer Mitarbeiterin und der Leitung schriftlich getroffen und bei der nächsten Evaluation überprüft.

Zuhören, aktiv
siehe Aktives Zuhören

Internet-Links

Aufsichtspflicht:	www.aufsichtspflicht.de
Bildungspläne der Bundesländer – Bildung in Kindertageseinrichtungen:	www.bildungsserver.de
BJK – Bundesjugendkuratorium:	www.bundesjugendkuratorium.de
Bundesministerium der Justiz:	www.bmj.bund.de
Bundeszentrale für Gesundheitliche Aufklärung:	www.bzga.de
Deutsche Nationalbibliothek:	www.dnb.de
Deutsche UNESCO-Kommission e. V.:	www.unesco.de
Deutscher Bildungsserver:	www.bildungsserver.de
Deutscher Kinderschutzbund:	http://dksb.de
Eltern im Netz:	www.elternimnetz.de
Erziehungspartnerschaft:	www.berliner-kitabuendnis.de/presse/die-weltgemeinsam-benennen.html
Fachforum ErzieherInnenausbildung:	www.erzieherinnenausbildung.de
Fachhomepage für Erzieherinnen:	www.erzieherin-online.de
Fachkräfteportal der Kinder- und Jugendhilfe:	www.jugendhilfeportal.de
Familienhandbuch des Staatsinstituts für Frühpädagogik (IFP):	www.familienhandbuch.de
Göttinger Aufruf zur Schaffung von Lebensbedingungen für Kinder und Jugendliche, die ihnen die Entwicklung zu eigenständigen und sozialverantwortlichen Persönlichkeiten ermöglichen:	www.sachsen.ganztaegig-lernen.de
Inklusion:	www.inklusionslandkarte.de www.definitiv-inklusiv.org www.behindertenbeauftragter.de www.netzwerk-artikel-3.de www.einfach-teilhaben.de www.deutscher-behindertenrat.de www.behindern-ist-heilbar.de
Jugendamt der Stadt Nürnberg, Kampagne Erziehung:	www.jugendamt.nuernberg.de/kampagne/index.html

Juristischer Informationsdienst:	http://dejure.org
Justiz-online:	www.lexsoft.de/lexisnexis/justizportal_nrw.cgi
kindergarten heute, Fachzeitschrift:	www.kindergarten-heute.de
Kindergartenpädagogik – Online-Handbuch:	www.kindergartenpaedagogik.de
Kunst:	www.edwinscharffmuseum.de/kindermuseum www.museum-brandhorst.de/de/kunstvermittlung/kinder-und-kunst.html www.little-art.org/ www.pinakothek.de/kunstvermittlung-und-fuehrungen/kinder-jugend-und-familien
Lernen lernen:	www.lernen-heute.de www.pohlw.de/lernen/kurs/index.htm
Lerntechnik – Stangls Arbeitsblätter:	http://www.stangl-taller.at/ARBEITSBLAETTER/LERNTECHNIK/default.shtml
Schulz von Thun – Kommunikationstheorien und -techniken:	www.schulz-von-thun.de
Social-Net – Rezensionen von Fachbüchern:	www.socialnet.de/rezensionen
Staatsinstitut für Frühpädagogik:	www.ifp.bayern.de
UNICEF:	www.unicef.de
Weltwerkstatt:	www.weltwerkstatt.de

Literaturverzeichnis

ABA Fachverband: Offene Arbeit mit Kindern und Jugendlichen, 8. Jugendbericht des Bundesministeriums für Jugend, Familie, Frauen und Gesundheit, abgerufen unter: www.aba-fachverband.org/index.php?id=392 [01.08.2008].

Albers, Timm: Mittendrin statt nur dabei – Inklusion in Krippe und Kindergarten, München, Ernst Reinhardt, 2011.

Allensbacher Archiv, IfD-Umfragen, abgerufen unter: http://www.ifd-allensbach.de/fileadmin/AWA/AWA_Praesentationen/2006/awa06_jugend.pdf, [19.04.2012].

Allensbacher Berichte 2002/6: Spaß muss sein. Aber viele suchen inzwischen nach einer ernsthafteren Lebensorientierung. Eine Vorher-Nachher-Studie zum 11. September 2001, Institut für Demoskopie Allensbach, abgerufen unter: www.ifd-allensbach.de/pdf/prd_0206.pdf [05.04.2009].

Allmann, Silke: Lernalltag in einer Montessori-Schule – Kinder zwischen Selbstständigkeit und Anpassung. Eine empirisch-qualitative Untersuchung, München, Waxmann, 2007.

Allport, Gordon W.: Persönlichkeit, Struktur, Entwicklung und Erfassung der menschlichen Eigenart, 2. Aufl., Meisenheim a. Gl., Verlag Hain, 1959.

Altgeld, Karin/Stöbe-Blossey, Sybille (Hrsg.): Qualitätsmanagement in der frühkindlichen Bildung, Erziehung und Betreuung. Perspektiven für eine öffentliche Qualitätspolitik, Wiesbaden, VS Verlag für Sozialwissenschaften, 2009.

Amelang, Manfred/Bartussek, Dieter/Stemmler, Gerhard/Hagemann, Dirk: Differentielle Psychologie und Persönlichkeitsforschung, 6. Auflage, Stuttgart, Verlag W. Kohlhammer, 2006.

Amthauer, Karl Herrmann/Eul, Werner (Hrsg.): Herausforderung Erziehung in sozialpädagogischen Berufen, Band 3, Köln, Bildungsverlag EINS, 2009.

Antons, Klaus: Praxis der Gruppendynamik. Übungen und Techniken, 5. Aufl., Göttingen, Hogrefe, 1992.

Arbeitsgemeinschaft für Kinder- und Jugendhilfe – AGJ: Jugendhilferelevante Gesetze des Bundes und der Länder, abgerufen unter: www.jugendhilfeportal.de/wai1/showcontent.asp?ThemaID=5049 [26.09.2009].

Arens, Ulla/Milhofer, Petra: Wie Jungen und Mädchen zu ihren Rollen finden – Geschlechtsidentität entwickeln, in: Schüler, 9, 2004, S. 58–61.

Arnold, Rolf/Schüßler, Ingeborg: Wandel der Lernkulturen. Ideen und Bausteine für ein lebendiges Lernen, Darmstadt, Wissenschaftliche Buchgesellschaft, 1998.

Auernheimer, Georg: Einführung in die interkulturelle Pädagogik, 5. Aufl., Darmstadt, Wissenschaftliche Buchgesellschaft, 2007.

Baacke, Dieter: Medienkompetenz als Entwicklungs-Chance, in: medien + erziehung, Heft 4, 1996, S. 202–203.

Baacke, Dieter: Medienkompetenz, Tübingen, Niemeyer Verlag, 1997.

Baacke, Dieter: Medienpädagogik, Tübingen, Niemeyer, Verlag 1997.

Baacke, Dieter: Zum Konzept und zur Operationalisierung von Medienkompetenz, 1998, abgerufen unter: www.uni-bielfeld.de/paedagogik/agn/ag9/Texte/MKompetenz1.htm [22.09.2009].

Baacke, Dieter: Die 6- bis 12jährigen. Einführung in die Probleme des Kindesalters, 3. Aufl., Weinheim und Basel Beltz, 1999.

Bader, Reinhard: Entwicklung der Berufsausbildung und des Verhältnisses von Allgemein- und Berufsbildung, in: Schule mit Zukunft. Bildungspolitische Empfehlungen und Expertisen der Enquete-Kommission des Landtages von Sachsen-Anhalt, hrsg. v. Karl-Heinz Braun, Leverkusen Opladen, Leske + Budrich, 1998, S. 231–266.

Balluseck, Hilde von (Hrsg.): Professionalisierung der Frühpädagogik, Leverkusen Opladen, Verlag Barbara Budrich, 2008.

Balluseck, Hilde von: Qualifikation und Professionalisierung von ErzieherInnen – Herausforderungen und Zukunftsvisionen, 07.04.2009, abgerufen unter: http://www.erzieherin.de/qualifikation-und-professionalisierung.php [28.04.2012].

Bandura, Albert: Lernen am Modell. Ansätze zu einer sozial-kognitiven Lerntheorie, übers. v. Hainer Kober, Stuttgart, Klett-Cotta, 1976.

Bandura, Albert: Aggression. Eine sozial-lerntheoretische Analyse, übers. v. Uwe Olligschläger, Stuttgart, Klett-Cotta, 1979.

Bandura, Albert: Sozial-kognitive Lerntheorie, übers. v. Hainer Kober, 1. Aufl., Stuttgart, Klett-Cotta, 1979.

Bandura, Albert/Ross, Dorothea/Ross, Sheila A.: Imitation of film-mediated aggressive models, Journal of Abnormal and Social Psychology, Vol. 66, Nr. 1, 1963.

Bandura, Albert/Walters, Richard H.: Social Learning and Personality Development, New York, Holt, Rinehart und Winston, 1963.

Bannenberg, Britta/Rössner, Dieter: Erfolgreich gegen Gewalt in Kindergarten und Schule, München, Beck, 2006.

Banyard, Philip/Hayes, Nicky: Denken und Problemlösen, in: Einführung in die Kognitionspsychologie, hrsg. v. Jochen Gerstenmaier, München, Ernst Reinhardt Verlag, 1995, S. 121–152.

Barth, Siegfried: Dialog auf gleicher Augenhöhe, abgerufen unter: www.kindergarten-heute.de/beitraege/fachbeitraege/beruf_html?k_onl_struktur=732635&einzelbeitrag=473004&archivansicht=1 [10.08.09].

Baumgarten, Silke: Schafft die Frauenhäuser ab! Interview mit Prof. Gerhard Amendt, abgerufen unter: www.brigitte.de/gesellschaft/politik-gesellschaft/frauenhaeuser-gerhard-amendt-1031207/3.html [14.04.2010].

Bayerisches Landesamt für Gesundheit und Lebensmittelsicherheit (Hrsg.): Gesundheit der Vorschulkinder in Bayern. Ergebnisse der Schuleingangsuntersuchung zum Schuljahr 2004/2005, Erlangen, 2006.

Bayerisches Landesamt für Umwelt, LFU/ Abt.2, A122/ 08.2007, Pegelbereiche charakteristischer Geräusche, abgerufen unter: http://www.lfu.bayern.de/laerm/foliensammlung/allgemein/doc/a122.pdf, [27.04.2013].

Bayerische Staatsgemäldesammlungen Kunstareal München, abgerufen unter: http://www.pinakothek.de/kunstvermittlung-und-fuehrungen/kinder-jugend-und-familien [05.03.2012].

Bayerisches Staatsministerium für Arbeit und Sozialordnung, Familie und Frauen/Staatsinstitut für Frühpädagogik München: Der Bayerische Bildungs- und Erziehungsplan für Kinder in Tageseinrichtungen bis zur Einschulung. Entwurf für die Erprobung, Beltz Verlag Weinheim/Berlin/Basel, 2003, S. 21.

Bayerisches Staatsministerium für Arbeit und Sozialordnung, Familie und Frauen: Das Bayerische Kinderbildungs- und -betreuungsgesetz (BayKiBiG) mit Ausführungsverordnung, AVBayKiBiG], abgerufen unter: www.stmas.bayern.de/kinderbetreuung/download/baykibig.pdf [26.09.2009].

Bayerisches Staatsministerium für Arbeit und Sozialordnung, Familie und Frauen/Staatsinstitut für Frühpädagogik München (Hrsg.): Der Bayerische Erziehungs- und Bildungsplan für Kinder in Tageseinrichtungen bis zur Einschulung, Weinheim und Basel, Beltz, 2006.

Bayerisches Staatsministerium für Arbeit und Sozialordnung, Familie und Frauen/Staatsinstitut für Frühpädagogik München (Hrsg.): Bildung, Erziehung und Betreuung von Kindern in den ersten drei Lebensjahren. Handreichung zum bayerischen Bildungs- und Erziehungsplan für Kinder in Tageseinrichtungen bis zur Einschulung, München, Verlag das netz, 2010.

Bayerisches Staatsministerium für Arbeit und Sozialordnung, Familie und Frauen/Staatsinstitut für Frühpädagogik München (Hrsg.): Der Bayerische Erziehungs- und Bildungsplan für Kinder in Tageseinrichtungen bis zur Einschulung, 5., erweiterte Aufl., Berlin, Cornelsen Scriptor, 2012.

Bayerisches Staatsministerium für Unterricht und Kultus (Hrsg.): Der Übergang vom Kindergarten zur

Grundschule, Frühpädagogische Förderung in altersgemischten Gruppen. Richtlinien für den Elementarbereich, 5. Aufl., Donauwörth, Verlag Ludwig Auer, 1975.

Bayerisches Staatsministerium für Unterricht und Kultus: Lehrplan für die Fachakademie für Sozialpädagogik, Stand 2003, http://www.isb.bayern.de/download/11780/fak_souialpaedagogik_2003.pdf, [18.03.2013]

BBJ Consult AG (Hrsg.) im Auftrag des Bundesministerium für Bildung und Forschung (www.bmbf.de) und des Sekretariats der Kultusministerkonferenz (www.kmk.org): Der Deutsche Qualifikationsrahmen für lebenslanges Lernen, www.deutscherqualifikationsrahmen.de [10.02.2013].

Becker, Nicole: Hirngespinste der Pädagogik, in: Psychologie heute 11/2009.

Beck-Gernsheim, E.: Auf dem Weg in die postfamiliale Familie – Von der Notgemeinschaft zur Wahlverwandtschaft, in: Riskante Freiheiten, hrsg. v. Ulrich Beck und Elisabeth Beck-Gernsheim: Frankfurt a. M., Suhrkamp, 1994, S. 115–138.

Becker-Textor, Ingeborg: Schwierige Kinder gibt es nicht – oder doch? „Problemkinder" im Kindergarten, Freiburg, Herder, 1990.

Bednarz, Dieter: Mein Kind ist so genial, SPIEGEL ONLINE, abgerufen unter: www.spiegel.de/schulspiegel/wissen/0,1518,639724,00.html [03.08.2009].

Beer, Peter: Religiöse Erziehung. Grundinformationen, in: Bayrischer Landesverband Katholische Tageseinrichtungen für Kinder, 2000.

Beer, Peter: Am Anfang stehen Fragen, in: Welt des Kindes, 2, 2002, S. 6–10.

Behörde für Soziales, Familie, Gesundheit und Verbraucherschutz Hamburg: Hamburger Bildungsempfehlungen für die Bildung und Erziehung von Kindern in Tageseinrichtungen, 2012, abgerufen unter: http://www.hamburg.de/contentblob/118066/data/bildungsempfehlungen.pdf [07.03.2012].

Behringer, Luise/Höfer, Renate: Wie Kooperation in der Frühförderung gelingt, München, Ernst Reinhardt Verlag, 2005.

Beiner, Friedhelm (Hrsg.): Janusz Korczak, Pädagogik der Achtung. Tagungsband zum Dritten Internationalen Wuppertaler Korczak-Kolloquium, Heinsberg, Agentur Dieck, 1987.

Beiner, Friedhelm/Lax-Höfer, Elisabeth (Hrsg.): Janusz Korczak. Von der Grammatik und andere pädagogische Texte, Heinsberg, Agentur Dieck, 1991.

Bensel, Joachim/Haug-Schnabel, Gabriele: Vom Säugling zum Schulkind – Entwicklungspsychologische Grundlagen, in: kindergarten heute spezial, Themenheft, 2004.

Berger, Judith/Niemann, Désirée/Nolting, Hans-Dieter/Schiffhorst, Guido: Stress bei Erzieher/innen. Ergebnisse einer BGW-DAK-Studie über den Zusammenhang von Arbeitsbedingungen und Stressbelastung in ausgewählten Berufen, Hamburg, Berufsgenossenschaft für Gesundheitsdienst und Wohlfahrtspflege, Deutsche Angestellten Krankenkasse, 2000.

Berger, Klaus (Hrsg.): Gleichnisse des Lebens, Frankfurt a. M. und Leipzig, 2002.

Bergmann, Wolfgang: Das Drama des modernen Kindes, 2. Aufl., Weinheim und Basel, Beltz, 2003.

Bergmann, Wolfgang: Gute Autorität. Grundsätze einer zeitgemäßen Erziehung, 3. Aufl., Weinheim und Basel, Beltz, 2006.

Berk, Laura E.: Entwicklungspsychologie, 5. Auflage, München, Pearson, 2011.

Bernitzke, Fred: Handbuch Teamarbeit, Grundlagen für erfolgreiches Arbeiten in Kita und Kindergarten, Freiburg, Herder, 2009.

Bernitzke, Fred: Heil- und Sonderpädagogik, 4. Auflage, Köln, Bildungsverlag EINS, 2011.

Bernitzke Fred/Schlegel, Peter: Das Handbuch der Elternarbeit, Köln, Bildungsverlag EINS, 2004.

Bernstein, Basil/Brandis, Walter/Henderson, Dorothy: Soziale Schicht, Sprache und Kommunikation, übers. v. Marianne Schneider, Düsseldorf, Pädagogischer Verlag Schwann, 1973.

Bernstein, Saul/Lowy, Louis: Neue Untersuchungen zur Sozialen Gruppenarbeit, Freiburg, Lambertus Verlag, 1975.

Bertelsmann Stiftung, abgerufen unter: www.bertelsmannstiftung.de [26.07.09].

Bettelheim, Bruno: Summerhill: pro und contra, 15 Ansichten zu A. S. Neills Theorie u. Praxis, in: Antiautoritäre Schule in der Diskussion, hrsg. v. Harold Hart, übers. v. Guenther Ekkehard Weidle, Reinbek bei Hamburg, Rowohlt, 1971, S. 85-102.

Bierhoff, Hartwig: Internet-Dienst des Deutschen Bundestages, abgerufen unter: www.bundestag.de/parlament/funktion/gesetze/grundgesetz/ [10.04.2007].

Biermann, Bernd/Kaiser, Doris: Gesund leben, 3. Aufl., Köln, Bildungsverlag EINS, 2009.

Bildungskommission NRW: Zukunft der Bildung – Schule der Zukunft. Denkschrift der Kommission „Zukunft der Bildung – Schule der Zukunft" beim Ministerpräsidenten des Landes NRW, Neuwied, Kriftel, Berlin, Luchterhand, 1995.

Bimmel, Peter/Rampillon, Ute: Lernautonomie und Lernstrategien, 6. Aufl., Berlin, Langenscheidt, 2008.

Blandow, Jürgen: Pflegekinder und ihre Familien, Weinheim, Juventa, 2004.

Blank-Mathieu, Margarete: Jungen im Kindergarten, Frankfurt a. M., Brandes und Apsel, 1996.

Blank-Mathieu, Margarete (Hrsg.): Erziehungswissenschaft, Bd. 1, 4. Aufl., Köln, Bildungsverlag EINS, 2006.

Blank-Mathieu, Margarete (Hrsg.): Erziehungswissenschaft Bd. 2, 3. Aufl., Köln, Bildungsverlag EINS, 2006.

Blinkert, Baldo: Aktionsräume von Kindern auf dem Land. Eine Untersuchung im Auftrag des Ministeriums für Umwelt und Forsten Rheinland-Pfalz. Pfaffenweiler, Centaurus, 1997.

Böcher, Hartmut, Hrsg.: Erziehen, bilden und begleiten, Das Arbeitsbuch für Erzieherinnen und Erzieher, 2. Aufl., Köln, Bildungsverlag EINS, 2013.

Böcher, Hartmut: Grundbegriffe der Psychologie, Köln, Bildungsverlag EINS, 1976.

Böcher, Hartmut (Hrsg.): Sozialpädagogische Theorie und Praxis. Lernfeld 1 und 2, Bd. 1, Köln, Bildungsverlag EINS, 2006.

Böcher, Hartmut: Sozialpädagogische Theorie und Praxis. Lernfeld 3, Bd. 2, Köln, Bildungsverlag EINS, 2007.

Böcher, Hartmut (Hrsg.): Sozialpädagogische Theorie und Praxis. Lernfeld 4, Bd. 3, Köln, Bildungsverlag EINS, 2008.

Bodenburg, Inga/Kollmann, Irmgard: Frühpädagogik – arbeiten mit Kindern von 0 bis 3 Jahren, Köln, Bildungsverlag EINS, 2009.

Bodenburg, Inga/Kollmann, Irmgard: Frühpädagogik – arbeiten mit Kindern von 0 bis 3 Jahren, 2. Aufl., Köln, Bildungsverlag EINS, 2011.

Boeree, George C.: Persönlichkeitstheorien. Hans Eysenck und andere Temperament-Theoretien, übers. v. Diana Wieser, 2006, abgerufen unter: www.socialpsychology.de/cc/click.php?id=13 [22.05.2009].

Böcher, Hartmut (Hrsg): Sozialpädagogische Theorie und Praxis, Lernfeld 1 und 2, Bd. 1, 2. Auflage, Troisdorf, Bildungsverlag EINS, 2009.

Böhm, Dietmar/Böhm, Regine/Deiss-Niethammer, Birgit: Handbuch interkulturelles Lernen. Theorie und Praxis für die Arbeit in Kindertageseinrichtungen, Freiburg, Herder, 1999.

Böhm, Dietmar/Böhm, Regine/Deiss-Niethammer, Birgit: Handbuch Interkulturelles Lernen, 3. Aufl., Freiburg, Herder, 2004.

Böhm, Winfried: Wörterbuch der Pädagogik, 15. Aufl., Stuttgart, Kröner, 2000.

Böhmann, Marc: Pro. Zeitweise geschlechtergetrennter Unterricht in allen Fächern? Die Vorteile überwiegen für Jungen und Mädchen deutlich!, abgerufen unter: http://www.zeit.de/online/2007/24/Getrennter-Unterricht-Pro [27.05.2011].

Böker, Mechthild/Segerath, Johannes: Sport und Bewegungserziehung, Köln, Bildungsverlag EINS, 2000.

Bollnow, Otto Friedrich: Grundformen der Erziehung. Vortrag aus dem Jahr 1986, abgerufen unter: www.otto-friedrich-bollnow.de/doc/GrundformenErzA.pdf [10.06.2009].

Booth, Tony/Ainscow, Mel/Kingston, Denise: Index für Inklusion, Frankfurt a. M., 2006.

Bonkhoff-Graf, Petra: Verhaltensbeobachtung bei Kindergartenkindern. Beobachterübereinstimmung des FOS-RIII- und des RAS-Kodiersystems in standardisierten Aufgabensituationen bei Kindergartenkindern, Hamburg, Verlag Dr. Kovač, 2006.

Boschki, Reinhold: Ohne Beziehung keine Glaubensvermittlung? Religionspädagogische Perspektiven zur religiösen Erziehung und Bildung im Elementarbereich, in: Im Ursprung ist Beziehung. Die Beziehungsdimension im pädagogischen und religionspädagogischen Handeln in Kindertageseinrichtungen, hrsg. v. Verband Katholischer Tageseinrichtungen für Kinder (KTK)- Bundesverband e. V., 2008.

Bostelmann, Antje/Metze, Thomas (Hrsg.): Der sichere Weg zur Qualität. Kindertagesstätten als lernende Unternehmen, 2. Aufl., Weinheim und Basel, Beltz, 2000.

Bracken, Helmut von: Die Prügelstrafe in der Erziehung. Soziologische, psychologische und pädagogische Untersuchungen, Dresden, Verlag am andern Ufer, 1926.

Brandenburgisches Vorschriftensystem (BRAVORS): Zweites Gesetz zur Ausführung des Achten Buches des Sozialgesetzbuches – Kinder- und Jugendhilfe – (Kindertagesstättengesetz – KitaG), abgerufen unter: www.landesrecht.brandenburg.de/sixcms/detail.php?gsid=land_bb_bravors_01.c.43373.de [27.09.2009].

Brandt, Petra Maria: Das muss draußen herrlich sein. Wind- und Wetterspiele für Kindergarten und Hort, Freiburg, Lambertus, 1997.

Braun, Karl-Heinz (Hrsg.): Schule mit Zukunft. Bildungspolitische Empfehlungen und Expertisen der Enquete-Kommission des Landtages von Sachsen-Anhalt, im Auftr. des Landtages, Leverkusen Opladen, Leske + Budrich, 1998.

Braun, Ulrich: Kita im Netzwerk. Für eine gelingende Jugendhilfe braucht es ein ganzes Dorf, in: KiTa aktuell NW, 1, 2001, S. 17–19.

Braun, Ulrich: Pädagogische Qualität ist die Visitenkarte einer Kita – Was ist pädagogische Qualität?, abgerufen unter: www.u-braun.de/pdf/F_1_1.pdf [15.12. 2009]

Braunmühl, Ekkehard von: Antipädagogik. Studien zur Abschaffung der Erziehung, Leipzig, tologo Verlag, 2006.

Brezinka, Wolfgang: Erziehungsziele – Erziehungsmittel – Erziehungserfolg: Beiträge zu einem System der Erziehungswissenschaft, 3. Aufl., Ernst Reinhardt Verlag, 1999.

Briesen, Detlef/Weinhauer, Klaus (Hrsg.): Jugend, Delinquenz und gesellschaftlicher Wandel. Bundesrepublik Deutschland und USA nach dem Zweiten Weltkrieg, Essen, Klartext Verlag, 2007.

Brisch, K.H. & Lehmkuhl, U.: Störungsspezifische Diagnostik und Psychotherapie von Bindungsstörungen, Vandenhoeck & Ruprecht, Wien, 2003.

Brockhaus Enzyklopädie: Band 1, 21. völlig neu bearbeitete Aufl., 2005.

Brockschnieder, Franz-Josef/Ullrich, Wolfgang: Praxisfeld Erziehung. Didaktik/Methodik für die Fachschule für Sozialpädagogik, Köln, Bildungsverlag EINS, 1997.

Bronfenbrenner, Urie: Die Ökologie der menschlichen Entwicklung. Natürliche und geplante Experimente, Stuttgart, Klett-Cotta, 1981.

Brooks, Robert/Goldstein, Sam: Das Resilienz-Buch, Stuttgart, Klett-Cotta, 2007.

Brown, Roger/Herrnstein, Richard J.: Grundriss der Psychologie, übers. v. S. Ertel, Berlin, Heidelberg, Springer, 1984.

Bruch, Herbert/Wanka, Richard: Wertewandel in Schule und Arbeitswelt, Mainz, Logophon-Verlag, 2006.

Brückner Uta/Friauf, Heike: Der richtige Kindergarten für mein Kind. Alles Wichtige über Montessori- und Waldorf-Kindergarten, städtische und kirchliche Einrichtungen, Kitas, Kinderläden, Waldkindergarten u. a., Zürich, Verlag Kreuz, 1997.

Bruer, John T.: Der Mythos der ersten drei Jahre. Warum wir lebenslang lernen, übers. v. Andreas Nohl, Weinheim und Basel, Beltz, 2003.

Brügelmann Hans/Brinkmann, Erika: Sprachbeobachtung und Sprachförderung am Schulanfang, Ms. für Friedrich-Jahrsheft, 2006, abgerufen unter: www.agprim.uni-siegen.de/printbrue/sprachbeobachtung.pdf [06.12.2009].

Bründel, Heidrun: Wie werden Kinder schulfähig? Freiburg, Herder, 2005.

Brunner, Reinhard/Lehr, Ursula M.: Eine unbarmherzige Psychologie. Anmerkungen zur Familien- und Gerontopsychologie, Frankfurt a. M., Verlag Lang, 1990.

Bubolz, Georg: Kursthemen Erziehungswissenschaft 3 – Entwicklung und Sozialisation in der Kindheit, Berlin, Cornelsen, 2000.

Büchin-Wilhelm, Irmgard/Jaszus, Rainer: Fachbegriffe für Erzieherinnen und Erzieher, 2. Aufl., Stuttgart, Holland + Josenhans Verlag, 2003.

Bueb, Bernhard: Lob der Disziplin – Eine Streitschrift. Berlin, List, 2006.

Bueb, Bernhard: Von der Pflicht zu führen. Neun Gebote der Bildung, Berlin, Ullstein, 2008.

Bülow-Schramm, Margreth: Qualitätsmanagement in Bildungseinrichtungen, Verlag Waxmann, 2006.

Bumann, Gregor: Bildungsprozesse in Kindertageseinrichtungen – pädagogische Ansätze: Situationsansatz, Reggio-Pädagogik und das Infans-Konzept im Vergleich, Hamburg, Diplomica-Verlag, 2008.

Bündel, Heidrun: Wie werden Kinder schulfähig? Was der Kindergarten leisten muss, Freiburg, Herder, 2005.

Bundesgesetzblatt Jg. 2008 Teil II Nr. 35: Übereinkommen über die Rechte von Menschen mit Behinderung, abgerufen unter: http://www.bgbl.de/Xaver/text.xav?bk=Bundesanzeiger_BGBl&start=%2F%2F*[%40attr_id%3D%27bgbl208s1476.pdf%27]&wc=1&skin=WC [01.06.2012].

Bundesministerium der Justiz: Sozialgesetzbuch SGB, Buch 8: Kinder- und Jugendhilfe, Abschnitt 3: Förderung von Kindern in Tageseinrichtungen und in der Tagespflege, §22, Abs. 2 Grundsätze der Förderung, abgerufen unter: http://www.gesetze-im-internet.de/sgb_8/BJNR111630990.html, [20.03.2013]

Bundesministerium der Justiz: Sozialgesetzbuch VIII, § 1, http://www.blja.bayern.de/textoffice/gesetze/sgbviii/1.html, [18.03.3013]

Bundesministerium der Justiz: Gesetz zur Verhütung und Bekämpfung von Infektionskrankheiten beim Menschen (Infektionsschutzgesetz – IfSG), zuletzt geändert durch Art. 1 des Gesetzes v. 28.7.2011 (BGBl. S. 1622), abgerufen unter: http://www.gesetze-im-internet.de/ifsg/BJNR104510000.html [12.03.2012].

Bundesministerium für Bildung und Forschung (BMBF): Lernen im Lebenslauf, abgerufen unter: www.bmbf.de/de/411.php [30.07.2009].

Bundesministerium für Bildung und Forschung (BMBF), Kultusministerkonferenz (KMK): Deutscher Qualifikationsrahmen für lebenslanges Lernen (DQR), http://www.deutscherqualifikationsrahmen.de/de/der_dqr/ [05.04.2012].

Bundesministerium für Familie, Senioren, Frauen und Jugend (Hrsg.): Kinder- und Jugendhilfe (Achtes Buch Sozialgesetzbuch), 10. Aufl., Berlin, 2000.

Bundesministerium für Familie, Senioren, Frauen und Jugend: Frauen und Männer im Alltag, abgerufen unter: www.gender-mainstreaming.net/bmfsfj/generator/gm/frauen-und-maenner-im-alltag,did=13474.html [21.08.2007].

Bundesministerium für Familie, Senioren, Frauen und Jugend (Hrsg.): Dreizehnter Kinder- und Jugendbericht, 2009, abgerufen unter: www.dji.de/cgi-bin/projekte/output.php?projekt=687 [05.05.2012].

Bundesministerium für Familie, Senioren, Frauen und Jugend, Bericht der Bundesrepublik Deutschland an die Vereinten Nationen gemäß Artikel 44 Abs. 1 Buchstabe b des Übereinkommens über die Rechte des Kindes, http://www.auswaertiges-amt.de/cae/servlet/contentblob/358178/publicationFile/3610/Bericht2-Kinderrechte.pdf.

Bundesministerium für Familie, Senioren, Frauen und Jugend (Hrsg.): Elfter Kinder- und Jugendbericht, 2002, abgerufen unter: http://www.bmfsfj.de/doku/Publikationen/kjb/data/archiv.html [05.05.2012].

Bundesministerium für Familie, Senioren, Frauen und Jugend, Bericht der Bundesrepublik Deutschland an die Vereinten Nationen gemäß Artikel 44 Abs. 1 Buchstabe b des Übereinkommens über die Rechte des Kindes, http://www.auswaertiges-amt.de/cae/servlet/contentblob/358178/publicationFile/3610/Bericht2-Kinderrechte.pdf.

Bundesministerium für Familie, Senioren, Frauen und Jugend: Männliche Fachkräfte in Kindertagesstätten. Eine Studie zur Situation von Männern in Kindertagesstätten und in der Ausbildung zum Erzieher, Berlin 2010.

Bundesministerium für Unterricht, Kunst und Kultur (BMUKK) Wien: Geschlechtergerechtes Formulieren, 2. Auflage, Wien, 2010.

Bundesrechtsanwaltskammer: Entwicklung der Zahl zugelassener Rechtsanwälte von 1950 bis 2007, abgerufen unter: www.brak.de/seiten/pdf/Statistiken/2007/Entwicklung_Gesamtzahlen_2007.pdf [05.07.2009].

Bundesrechtsanwaltskammer: Große Mitgliederstatistik zum 01.01.2009, abgerufen unter: www.brak.de/seiten/pdf/Statistiken/2009/MGg2009.pdf [01.03.2009].

Bundeszentrale für politische Bildung (Hrsg.): Das Ende der Gemütlichkeit. Theoretische und praktische Ansätze zum Umgang mit Fremdheit, Vorurteilen und Feindbildern, Bonn, 1993.

Bundeszentrale für politische Bildung (Hrsg.): Interkulturelles Lernen – Arbeitshilfen für die politische Bildung, Bonn, 1998.

Bundeszentrale für gesundheitliche Aufklärung (BZgA): Kinder stark machen. Suchtprävention – frühzeitig und umfassend, abgerufen unter: www.kinderstarkmachen.de [29.03.2010].

Bund-Länder-Kommission für Bildungsplanung und Forschungsförderung: Medienerziehung in der Schule – Orientierungsrahmen, Bonn, 1995.

Bünting, Karl-Dieter: Deutsches Wörterbuch, Chur, Isis-Verlag, 1996.

Buschmeier, Gisela: Hand in Hand, in: Welt des Kindes, 3, 2005, S. 15–17.

Buß, Christian: Klassenkampf im Kindergarten, in: SPIEGEL ONLINE, abgerufen unter: www.spiegel.de/kultur/gesellschaft/0,1518,631101,00.html [18.06.2009].

Buzan, Tony: Kopftraining. Anleitung zum kreativen Denken, Tests und Übungen, München, Goldmann Taschenbuch Verlag, 1993.

Caritas in NRW: Kündigungsschutz in kleinen Einrichtungen/Kirchengemeinden, Düsseldorf, abgerufen unter: www.caritas-nrw.de/cgi-bin/rechtinfodienst.asp?action=show&recht_id=65 [28.09.2009].

Caritasverband für die Diözese Münster e. V., Abteilung Soziale und Sozialpädagogische Dienste und Einrichtungen, Referat Tageseinrichtungen für Kinder: Bildungsvereinbarung NRW, Beobachtung und Bildungsdokumentation in katholischen Tageseinrichtungen für Kinder, 15. März 2004, abgerufen unter: ww.dicvmuenster.caritas.de/aspe_shared/form/download.asp?nr=134257&form_typ=115&acid=C45265CF9A0640858F58EEFF4F592449DB39&ag_id=126 [10.08.2009].

Carnegie, Dale, zit. nach Moritz Bauer: Selbstbewusstsein aufbauen, http://www.selbstbewusstsein-staerken.net/selbstbewusstsein-aufbauen/, [26.03.2013].

Cassels, Annette: Erinnern und Vergessen, in: Einführung in die Kognitionspsychologie, hrsg. v. Jochen Gerstenmaier, München, Ernst Reinhardt Verlag, 1995, S. 153–194.

Cassels, Annette/Green, Patrick: Wahrnehmung, in: Einführung in die Kognitionspsychologie, hrsg. v. Jochen Gerstenmaier, München, Ernst Reinhardt Verlag, 1995, S. 41–90.

Cierpka, Manfred: Faustlos, Freiburg, Herder, 2009.

Cieslak, Hanna: Die Führungsforschung von Lewin u. a. als Ausgangspunkt von Führungsstilforschung. Theoretischer Hintergrund, empirische Befunde und aktuelle Bedeutung, München, Grin Verlag, 2008.

Cherry, Kendra: Mary Ainsworth Biografie, abgerufen unter: http://translate.google.de/translate?hl=de&langpair=en%7Cde&u=http://psychology.about.com/od/profilesal/p/ainsworth.htm [28.10.2011].

Colber-Schrader, Hedi/Krug, Marianne/Pelzer, Susanne: Soziales Lernen im Kindergarten. Ein Praxisbuch des DJI, München, Kösel-Verlag, 1991.

Combe, Arno/Helsper, Werner: Pädagogische Professionalität, Untersuchungen zum Typus pädagogischen Handelns, Frankfurt am Main, Suhrkamp-Taschenbuch Wissenschaft, 1996.

Cornell, Joseph B.: Mit Kindern die Natur erleben, übers. v. Gabriele Kuby, Mülheim a. d. R., Verlag an der Ruhr, 2006.

Crisand, Ekkehard: Psychologie der Gesprächsführung, Heidelberg, Sauer, 1982.

Dahrendorf, Ralf: Homo Sociologicus. Ein Versuch zur Geschichte, Bedeutung und Kritik der Kategorie der sozialen Rolle, 16. Aufl., Wiesbaden, VS Verlag für Sozialwissenschaften, 2006.

DBSH: Qualitätskriterien des DBSH, Grundraster zur Beurteilung der Qualität in den Handlungsfeldern Sozialer Arbeit, abgerufen unter: www.dbsh.de/html/qualitaetskriterien.html [20.08.2008].

Deisler-Niethammer, Birgit: Religionspädagogik im multireligiösen Kontext, in: Arbeitsbuch Religionspädagogik für Erzieherinnen, hrsg. v. Rainer Möller und Reinmar Tschirch, Stuttgart, Verlag W. Kohlhammer, 2002, S.149–198.

dejure.org Rechtsinformationssysteme GmbH (Hrsg): Tarifvertragsgesetz, abgerufen unter: dejure.org/gesetze/TVG/1.html [21.09.2009].

dejure.org Rechtsinformationssysteme GmbH (Hrsg): Mutterschutzgesetz, abgerufen unter: dejure.org/gesetze/ MuSchG/7.html [23.09.2009].

dejure.org Rechtsinformationssysteme GmbH (Hrsg): Nachweisgesetz, abgerufen unter: dejure.org/gesetze/NachwG/2.html [29.09.2009].

dejure.org Rechtsinformationssysteme GmbH (Hrsg): Kündigungsschutzgesetz, abgerufen unter: dejure.org/gesetze/KSchG/1a.html [30.09.2009].

dejure.org Rechtsinformationssysteme GmbH (Hrsg.): Rehabilitation und Teilhabe behinderter Menschen, SGB IX §2, Abs. 1, abgerufen unter: http://dejure.org/gesetze/SGB_IX/2.html, [19.03.2013]

Delfos, Martine: „Sag mir mal ..." Gesprächsführung mit Kindern (4–12 Jahre), Weinheim und Basel, Beltz, 2004.

Der Bundesbeauftragte für den Datenschutz und die Informationsfreiheit, Internetredaktion: Bundesdatenschutzgesetz (BDSG) vom 20. Dezember 1990 (BGBl. I S. 2954), neu gefasst durch Bekanntmachung vom 14. Januar 2003 (BGBl. I S. 66), geändert durch § 13 Abs. 1 des Gesetzes vom 5. September 2005 (BGBl. I S. 2722) sowie durch Artikel 1 des Gesetzes vom 22. August 2006 (BGBl. I S. 1970), abgerufen unter: www.bfdi.bund.de/cln_030/nn_531520/DE/GesetzeUndR<<echtsprechung/BDSG/BDSG__node.html__nnn=true [06.05.2007].

Deutsche UNESCO-Kommission e. V.: Erklärung von Prinzipien der Toleranz, abgerufen unter: www.unesco.de/erklaerung_toleranz.html?&L=0 [22.09.2009].

Deutscher Bildungsrat: Zur Neuordnung der Sekundarstufe II. Konzept für eine Verbindung von allgemeinem und beruflichem Lernen, verabschiedet auf d. 38. Sitzung der Bildungskommission am 13./14. Febr. 1974 in Bonn, Bonn-Bad Godesberg, 1974.

Deutsches Institut für Internationale Pädagogische Forschung- DIPF: Bildungsbericht, Frankfurt a.M., 2009, abgerufen unter: www.bildungsbericht.de, [13.03.2013]

Deutscher Verein für öffentliche und private Fürsorge: Empfehlungen zur Teamarbeit und Teamentwicklung in der sozialen Arbeit, Frankfurt a. M., Eigenverlag des Vereins für öffentliche und private Fürsorge, 2002.

Deutsches Institut für Medizinische Dokumentation und Information (DIMDI): Internationale Klassifikation der Funktionsfähigkeit, Behinderung und Gesundheit, 2005.

Deutsches Jugendinstitut e. V. (Hrsg.): Qualifikationsprofil „Frühpädagogik – Fachschule / Fachakademie", München, 2011, abgerufen unter: http://www.weiterbildungsinitiative.de/publikationen/ausbildung/details-ausbildung/artikel/qualifikationsprofil-fruehpaedagogik-fachschule-fachakademie.html [5.4.2012].

Deutsches PISA-Konsortium (Hrsg.): PISA 2000, Basiskompetenzen von Schülerinnen und Schülern im internationalen Vergleich, Leverkusen Opladen, Leske + Budrich, 2001.

Devlin, Keith J.: Das Mathe-Gen oder wie sich das mathematische Denken entwickelt und warum Sie Zahlen ruhig vergessen können, übers. v. Dietmar Zimmer, Stuttgart, Klett-Cotta, 2001.

Die Beauftragte der Bundesregierung für Migration, Flüchtlinge und Integration: 6. Bericht über die Lage der Ausländerinnen und Ausländer in der Bundesrepublik Deutschland, Berlin 2005, abgerufen unter: www.bundesregierung.de/Content/DE/Publikation/IB/Anlagen/ausl_C3_A4nderbericht-6-teil-II,property=publicationFile.pdf [28.07.2007].

Die Beauftragte der Bundesregierung für Migration, Flüchtlinge und Integration: 9. Bericht der Beauftragten der Bundesregierung für Migration, Flüchtlinge und Integration über die Lage der Ausländerinnen und Ausländer in Deutschland, Berlin 2012, abgerufen unter: http://www.bundesregierung.de/Content/DE/Artikel/IB/Artikel/Themen/Gesellschaft/Allgemein/2012-06-27-pm-neunter-lagebericht.html [27.06.2012].

Die Bibel: Altes und Neues Testament, Einheitsübersetzung, Katholische Bibelanstalt Stuttgart, Freiburg, Herder 1980.

Dietrich, Georg: Erziehungsvorstellungen von Eltern. Ein Beitrag zur Aufklärung der subjektiven Theorie der Erziehung, Göttingen, Toronto, Zürich, Hogrefe, 1985.

Diller, Angelika/Rauschenbach, Thomas (Hrsg.): Reform oder Ende der Erzieherinnenausbildung? Beiträge zu einer kontroversen Fachdebatte, München, Verlag Deutsches Jugendinstitut, 2006.

Diller, Angelika/Leu, Hans-Rudolf/Rauschenbach, Thomas (Hrsg.): DJI - Fachforum Bildung und Erziehung, Bd. 1, München, Verlag Deutsches Jugendinstitut, 2004.

Dittmann, Jürgen: Der Spracherwerb des Kindes. Verlauf und Störungen, 3., völlig überarbeitete Auflage München, Beck, 2010.

Dittmann, Karsten: Cluster & Mindmaps. Anleitung zu zwei kreativen Grundmethoden, abgerufen unter: www.homilia.de/download/Cluster%20und%20Mindmaps.pdf [14.08.09].

Doering, Waltraud/Doering, Winfried: Entwicklungsbegleitung, abgerufen unter: www.entwicklungsbegleitung-doering.de/03bedeutung [27.12.2009].

Doherty-Sneddon, Gwyneth: Was will das Kind mir sagen? Die Körpersprache des Kindes verstehen lernen, Bern, Verlag Hand Huber, 2005.

Doll, Erhard: Rechtskunde für sozialpädagogische Berufe, Köln, Bildungsverlag EINS, 2006.

Donath, Ulrike: Hundert Sprachen hat das Kind: wie Kinder wahrnehmen, denken und gestalten lernen. Dokumentation der Veranstaltung zur Ausstellung aus Krippen und Kindergärten in Reggio Emilia/Italien 1991 in Berlin, hrsg. v. Senatsverwaltung für Jugend und Familie, Referat für Kindertagesstätten, Pressestelle, 1. Aufl., Berlin, FIPP-Verlag, 1992.

Döpfner, Manfred/Schürmann, Stephanie/Lehmkuhl, Gerd: Wackelpeter und Trotzkopf. Hilfen für Eltern bei hyperkinetischem und oppositionellem Verhalten, 2. Aufl., Weinheim und Basel, Beltz, 2000.

Dornes, Martin: Der kompetente Säugling, Frankfurt a.M., Fischer-Taschenbuch-Verlag, 1993.

Dornes, Martin: Die frühe Kindheit. Entwicklungspsychologie der ersten Lebensjahre, Frankfurt a. M., Fischer-Taschenbuch-Verlag, 1997.

Dornes, Martin: Die emotionale Welt des Kindes, Frankfurt a. M., Fischer-Taschenbuch-Verlag, 2000.

Dreher, Eva: Entwicklungspsychologie als Lebensspanne / R. J. Havighurst, abgerufen unter: www.unet.univie.ac.at/~a0401627/Havighurst.pdf [27.03.2009].

DRK-Integrative Kindertagesstätte: Konzeption, abgerufen unter: www.drk-frankenberg.de/einrichtungen/KonzeptionGemuenden.pdf [10.7.2007].

Duden: Das Fremdwörterbuch, Band 5, 7. neu bearbeitete und erweiterte Aufl., Mannheim, Leipzig, Wien, Zürich, Dudenverlag, 2001.

Dümmler, Reinhard/Jäcklein, Margit: Ich sag doch Lollmops. Kindern mit Aussprachestörungen helfen, München, Kösel, 2005.

Duncker, Christian: Dimensionen des Wertewandels in Deutschland. Eine Analyse anhand ausgewählter Zeitreihen, Frankfurt a. M., Lang, 1998.

Duncker, Christian: Verlust der Werte? Wertewandel zwischen Meinungen und Tatsachen, Wiesbaden, Deutscher Universitäts-Verlag, 2000.

Dusolt, Hans: Zusammenarbeit mit Eltern. Erziehungspartnerschaft zwischen Experten, in: kindergarten heute, 9, 2004, S. 10–16.

Ebel, Christian/Müncher, Angela: Gemeinsam lernen – mit und ohne Behinderung, in: Podium Schule 1.10, Gütersloh, Bertelsmann Stiftung 2010.

Edelmann, Walter: Lernpsychologie, 6. Aufl., Weinheim und Basel, Beltz, 2000.

Effinger, Herbert: Wissen was man tut und tun, was man weiß. Die Entwicklung von Handlungskompetenzen im Studium der Sozialen Arbeit, in: Blätter der Wohlfahrtspflege, 6, 2005, S. 223–228.

Effner, Bettina, Herting, Birgit: Erziehen, bilden und begleiten, Das Planungs- und Methodenbuch, Köln, Bildungsverlag EINS, 2012.

Egger, Paul: Der Ursprung der Erziehungsziele in der Lehre von Plato, Aristoteles und Neill. Eine philosophische Orientierungshilfe in der Kulturproblematik, Bern und Stuttgart, Verlag Haupt, 1989.

Eggert, Dietrich/Bode, Sandra/Reichenbach, Christina: Das Selbstkonzept Inventar (SKI) für Kinder im Vorschul- und Grundschulalter. Theorie und Möglichkeiten der Diagnostik, Dortmund, Verlag Modernes Lernen, 2003.

Egner, Helga (Hrsg.): Das Eigene und das Fremde – Angst und Faszination, Solothurn und Düsseldorf, Walter-Verlag, 1994.

Eibl-Eibesfeldt, Irenäus: Der vorprogrammierte Mensch. Das Ererbte als bestimmender Faktor im menschlichen Verhalten, Wien, Verlag Fritz Molden, 1973.

Eibl-Eibesfeldt, Irenäus: Die Biologie des menschlichen Verhaltens. Grundriss der Humanethologie, 5. Aufl., Vierkirchen, Blank, 2004.

Eichelberger, Harald (Hrsg.): Freinet-Pädagogik und die moderne Schule, Innsbruck, Studien-Verlag, 2003.

Eichler, Wolfgang/Pankau, Johannes: Fünf kommunikationspsychologische Axiome, Text erschienen im: Lern- und Studienportal Kommunikation. Kommunikations- und Konflikttraining im Rahmen der Lehreraus- und Weiterbildung, erstellt an der Universität Oldenburg, abgerufen unter: www.germanistik-kommprojekt.uni-1/1_05.html, [20.03.2013].

Elschenbroich, Donata: Weltwissen der Siebenjährigen. Wie Kinder die Welt entdecken können, München, Doris Kunstmann Verlag, 2001.

Elsner, Hans: Die Montessori-Pädagogik in der Schule von heute, in: Montessori-, Freinet-, Waldorfpädagogik. Konzeption und aktuelle Praxis, hrsg. v. Achim Hellmich und Peter Teigeler, 3. Aufl., Weinheim und Basel, Beltz, 1995, S. 76–86.

EMMA: Die Girlies sind Emanzen, Heft 4, Juli/August 2000, S. 22–25.

Ernst, Andrea/Herbst, Vera/Langbein, Kurt/Skalnik, Christian: Kursbuch Kinder. Eltern werden – Eltern sein, Entwicklung und Erziehung, Gesundheit und Kindgerechte Medizin, Kindergarten, Schule und Freizeit, Köln, Kiepenheuer & Witsch, 1993.

Ernst, Stephan/Engel, Ägidius: Ethik konkret. Werkbuch für Schule, Gemeinde und Erwachsenenbildung. München, Kösel-Verlag, 2001.

Engel, Uwe/Bartsch, Simone/Schnabel, Christiane: Was ist dran am Wertewandel? Über die Gleichheit unter den Menschen, Hamburg, merus verlag, 2006.

Erath, Peter/Amberger, Claudia: Das KitaManagementKonzept. Kindertageseinrichtungen auf dem Weg zur optimalen Qualität, Freiburg, Herder, 2000.

Erikson, Erik H.: Identität und Lebenszyklus, 18. Aufl., Frankfurt a. M., Suhrkamp, 1972.

Erkert, Andrea: Spiele zum Abbau von Aggressivität, München, Don Bosco Verlag, 2003.

Esslinger, Liese/Scherounugg, Helmut/Schulz, Alena: Ich bin eine Müllhexe und ich heiße Rosalie, 2. Aufl., Langenzersdorf, Trans-World Musikverlag, 1999.

Ettrich, Klaus Udo: Bindungsentwicklung und Bindungsstörung, Stuttgart, Thieme Verlag, 2004.

Eurich, Claus: Computerkinder. Wie die Computerwelt das Kindsein zerstört, Hamburg, Rowohlt Taschenbuch Verlag, 1985.

Ewert, Otto: Erziehungsstile in ihrer Abhängigkeit von soziokulturellen Normen, in: Psychologie der Erziehungsstile. Beiträge und Diskussionen des Braunschweiger Symposions, hrsg. von Theo Herrmann, Göttingen, Hogrefe, 1970.

Eysenck, Hans J./Strelau, Jan (Hrsg.): Personality Dimensions and Arousal, Berlin, Springer US, 1987.

Eysenck, Hans J./Eysenck, Michael W.: Persönlichkeit und Individualität. Ein naturwissenschaftliches Paradigma, übers. v. Horst Dieter Rosacker, München, Psychologie-Verlags-Union, 1987.

Fachakademie für Sozialpädagogik des Landkreises Aschaffenburg: Leitbild, abgerufen unter: http://faks-ab.de/download/Leitbildvoll.pdf [23.06.2009].

Fachhochschule Potsdam, Fachbereich Sozialwesen: Bachelor of Arts: Bildung und Erziehung in der Kindheit, abgerufen unter: www.sozialwesen.fh-potsdam.de/studiengaengefb1.html [01.09.2009].

Fachhochschule Potsdam, Fachbereich Sozialwesen: Bachelor of Arts: Bildung und Erziehung in der Kindheit, abgerufen unter: www.sozialwesen.fh-potsdam.de/fb1babek.html [02.09.2009].

Fachkräfteportal der Kinder- und Jugendhilfe, abgerufen unter: http://www.jugendhilfeportal.de/index.php?id=131&tx_fkpinstitut_main[institut]=105&tx_fkpinstitut_main[action]=show&tx_fkpinstitut_main[controller]=Institut [15.04.2012].

Fahrenberg, Jochen/Hampel, Rainer/Selg, Herbert: Freiburger Persönlichkeitsinventar (FPI). Revidierte Fassung (FPI-R) und teilweise geänderte Fassung (FPI-A1), 7. Aufl., Göttingen, Hogrefe, 2001.

Faulstich-Wieland, Hannelore: Einführung in Genderstudien, 2. Aufl., Stuttgart, UTB, 2006.

Feierabend, Sabine/Klingler, Walter: Was Kinder sehen. Eine Analyse der Fernsehnutzung 2003 von Drei- bis 13-Jährigen, Media Perspektiven, 4, 2004, S. 151–162.

Filippini, Tiziana/Vecchi, Vea: Hundert Sprachen hat das Kind. Das Mögliche erzählen, Kinderprojekte der städtischen Krippen und Kindergärten von Reggio Emilia, übers. v. Miriam Houtermans/Erika Bertold, Neuwied, Luchterhand, 2002.

Filtzinger, Otto: Einführung – Interkulturelles Lernen und interkulturelle Kompetenz in sozialpädagogischen Berufen, in: Interkulturelle Pädagogik. Methodenhandbuch für sozialpädagogische Berufe, hrsg. von Ellen Johann, Hildegard Michely und Monika Springer, Berlin, Cornelsen, 1998, S. 9–21.

Finger, Gertraud/Simon, Traudel: Was auffällige Kinder uns sagen wollen. Verhaltensstörungen neu deuten, 3. Aufl., München, Klett-Cotta Verlag, 2008.

Fink, Albert Matthias/Hegner, Ralf: Praxis der Jungenarbeit. Unser Gruppenkonzept: „Selbstbewusste Jungen unter sich", abgerufen unter: www.jungenforum.net/9.htm [04.09.2007].

Fitzner, Kristin: Familiale Sozialisation im Kulturvergleich, 7. Sitzung, 31.05.2007, abgerufen unter: www.tu-chemnitz.de/phil/soziologie/nauck/personal/LehreSS07fitzner/PP_sitzung7.pdf [01.08.2007].

Fleck, Christian: Justizportal des Landes Nordrhein-Westfalen: Gesetz zur frühen Bildung und Förderung von Kindern (Kinderbildungsgesetz – KiBiz), § 13 KiBiz, Abs. 5, abgerufen unter: www.lexsoft.de/lexisnexis/justizportal_nrw.cgi?sessionID=9957434031757746799&templateID=zugeordneteDoc&xid=137494,23&zddoctype=g&uxz=1878411788&a1=Dummy_nv_68&c1=1&c2=04&c3=01&c4=0102 [03.04.2009].

Fleck, Christian, Justizportal des Landes Nordrhein-Westfalen: Sozialgesetzbuch (SGB), Achtes Buch (VIII), Kinder- und Jugendhilfe, § 22 SGB VIII, Abs. 1, 2 u. 3, abgerufen unter: www.lexsoft.de/lexisnexis/justizportal_nrw.cgi?templateID=content&sessionID=9957434031757746799&uxz=865661018&a1=Dummy_nv_68&c1=3&c2=04&c3=50&c4=5002 [04.04.2009].

Fleck, Christian, Justizportal des Landes Nordrhein-Westfalen: Gesetz zur Förderung von Kindern in Tageseinrichtungen und Kindertagespflege (Kindertagesförderungsgesetz – KitaFöG), abgerufen unter: www.lexsoft.de/lexisnexis/justizportal_nrw.cgi? sessionID=932998481573157273&templateID=main&highlighting=off&xid=555531,15&tree_xid=555531,15&c3=21&c4=2122#ank [29.09.2009].

Flösser, Gabriele: Das Konzept des Gender-Mainstreaming- als qualitätssicherndes Element in sozialen Diensten, in: v. Ginsheim, G/Meyer, D (Hg.): Gender-Mainstreaming- neue Perspektiven für die Jugendhilfe, Berlin. 2001.

Foerster, Heinz von: Wissen und Gewissen, 3. Aufl., Frankfurt a. M., Suhrkamp, 1996.

Foerster, Heinz von/Glasersfeld, Ernst von: Wie wir uns erfinden – eine Autobiographie des radikalen Konstruktivismus, 3. Aufl., Heidelberg, Carl-Auer-Systeme Verlag, 2007.

Foerster, Heinz von/Pörksen, Bernhard: Wahrheit ist die Erfindung eines Lügners. Gespräche für Skeptiker, Heidelberg, Carl-Auer-Systeme Verlag, 1988.

Foerster, Heinz von/Pörksen, Bernhard: Wahrheit ist die Erfindung eines Lügners. Gespräche für Skeptiker, 8. Aufl., Heidelberg, Carl-Auer-Systeme Verlag, 2008.

Foppa, Klaus: Lernen. Gedächtnis, Verhalten, Ergebnisse und Probleme der Lernpsychologie, Köln, Verlag Kiepenheuer und Witsch, 1965.

Ford, Henry, zit. nach Inge Fritzsche, http://www.ingchen.trekfightclan.de/zitate/zitate/b/begeisterung.htm, [26.03.2013].

Frädrich, Jana: Kinderbeteiligung. Kinder vertreten ihre Interessen selbst, in: Familienhandbuch des Staatsinstituts für Frühpädagogik (IFP), abgerufen unter: www.familienhandbuch.de/cmain/f_Programme/a_Familienpolitik/s_1030.html [05.01.2010].

Franken, Bernd: Kooperation zwischen Kindergarten und Grundschule, in: basiswissen kita, Sonderheft kindergarten heute, 2. Aufl., Freiburg, Herder, 2006, S. 5–55.

Frankl, Liselotte: Lohn und Strafe. Ihre Anwendung in der Familienerziehung, Jena, Verlag Gustav Fischer, 1935.

Freie und Hansestadt Hamburg (Hrsg.): Die Hamburger Bildungsempfehlungen, 3. Aufl. 2008, abgerufen unter: http://www.hamburg.de/contentblob/118066/data/bildungsempfehlungen.pdf [30.05.2010].

Freinet, Célestin: Pädagogische Werke, Teil 1, Paderborn, Schöningh, 1998.

Freistaat Sachsen, Sächsische Staatskanzlei: Sächsisches Gesetz zur Förderung von Kindern in Tageseinrichtungen (Gesetz über Kindertageseinrichtungen – SächsKitaG), abgerufen unter: www.revosax.sachsen.de/Details.do?sid=866471745248&jlink=p6&jabs=10 [26.09.2009].

Freistaat Thüringen, Kultusministerium: Thüringer Kindertageseinrichtungsgesetz, abgerufen unter: www.thueringen.de/de/tkm/kindergarten/recht/thuerkitag/content.html [29.09.2009].

Frick, René/Mosimann, Werner: Lernen ist lernbar. Eine Anleitung zur Arbeits- und Lerntechnik, 6. Aufl., Aarau, Verlag Sauerländer, 2004.

Fricke, Astrid: Was gibt es Neues im Kinder- und Jugendhilferecht, SGB VIII, in: Online Handbuch, hrsg. von Ingeborg Becker-Textor und Martin Textor, abgerufen unter: www.sgbviii.de/S158.html [21.01.2009].

Fried, Lilian: Delfin 4. Diagnostik, Elternarbeit und Sprachförderung bei Vierjährigen in NRW, in: Schulverwaltung Nordrhein-Westfalen, 19, 11, 2008, S. 300–302.

Fritz-Schubert, Ernst: Schulfach Glück, Freiburg im Breisgau, Herder, 2008.

Fröhlich-Gildhoff, Klaus/Kraus-Gruner, Gabriele/Rönnau, Maike: Gemeinsam auf dem Weg. Eltern und ErzieherInnen gestalten Erziehungspartnerschaft, in: kindergarten heute, 10/2006, S. 6–15.

Fröhlich-Gildhoff, Klaus/Rönnau, Maike/Dörner, Tina: Eltern stärken mit Kursen in Kitas, München, Ernst Reinhardt Verlag, 2008.

Fröhlich-Gildhoff, Klaus/Rönnau, Maike/Dörner, Tina/Kraus-Gruner, Gabriele/Engel, Eva-Maria: Kinder Stärken! Resilienzförderung in der Kindertageseinrichtung, Göttingen, Vandenhoeck & Ruprecht GmbH & Co. KG, 2008, abgerufen unter: www.erzieherin.de/assets/files/paedagogischepraxis/Froehlich-Gildhoff-Resilienz.pdf [04.07.2012].

Fromm, Erich: Vorwort, in: Alexander Sutherland Neill, Theorie und Praxis der antiautoritären Erziehung, das Beispiel Summerhill, übers. v. Hermann Schroeder und Paul Horstrup, Reinbek bei Hamburg, Rowohlt, 1969.

Fromm, Erich: Gesamtausgabe, Bd. II, Analytische Charaktertheorie, Stuttgart, Deutsche Verlagsanstalt, 1980.

Fromm, Erich: Gesamtausgabe, Bd. III, Empirische Untersuchungen zum Gesellschaftscharakter, Stuttgart, Deutsche Verlagsanstalt, 1980.

Fromm, Erich: Gesamtausgabe, Bd. IV, Gesellschaftstheorie, Stuttgart, Deutsche Verlagsanstalt, 1980.

Fromm, Erich: Gesamtausgabe, Bd. VI, Religion, Stuttgart, Deutsche Verlagsanstalt, 1980.

Fromm, Erich: Gesamtausgabe, Bd. VII, Aggressionstheorie, Stuttgart, Deutsche Verlagsanstalt, 1980.

Frost, Angelika: Berufsethik in der Sozialpädagogik, Köln, Bildungsverlag Eins, 2012.

Fthenakis, Wassilios E. (Hrsg.): Elementarpädagogik nach PISA. Wie aus Kindertagesstätten Bildungseinrichtungen werden können, Freiburg, Herder, 2003.

Fthenakis, Wassilios E./Hanssen, Kirsten/Oberhuemer, Pamela/Schreyer, Inge (Hrsg.): Träger zeigen Profil. Qualitätshandbuch für Träger von Kindertageseinrichtungen, (CD-ROM: Das Instrument zur Selbstevaluation), Weinheim und Basel, Beltz, 2003.

Fuchs, Ragnhild/Siebers, Christiane: Sprachförderung von Anfang an. Arbeitshilfen für die Fortbildung von pädagogischen Fachkräften in Tageseinrichtungen für Kinder. Sozialpädagogisches Institut des Landes Nordrhein-Westfalen, o. J., abgerufen unter: http://spi.nrw.de/produkt/sprachfoerd.pdf [14.02.2012].

Funiok, Rüdiger: Wertklärende Gespräche und sozialpädagogische Berufsethik, unveröffentlichtes Manuskript, 2003.

Funiok, Rüdiger: Werteerziehung in der Schule, in: tv diskurs 39, 1, 2007, S. 46–49.

Funiok, Rüdiger: Medienethik, Verantwortung in der Mediengesellschaft, Stuttgart, Verlag W. Kohlhammer, 2007.

Funiok, Rüdiger: Prinzipien und Modelle der Werterziehung (9), in: Ethische und normative Grundfragen. Vorlesungsmanuskript S. 26, München, 2008.

Funk, Rainer (Hrsg.): Fromm, Erich: Gesamtausgabe, Band I–X, Stuttgart, Deutsche Verlagsanstalt GmbH, 1980.

Funke, Uta/Sander, Eva: Offene Arbeit mit vielen Gesichtern, in: Offener Kindergarten konkret, hrsg. von Gerhard Regel und Axel Jan Wieland, Hamburg, E. B.-Verlag Rissen, 1993.

Funke, Joachim: Vorlesung Allgemeine Psychologie II: Emotion, abgerufen unter: www.psychologie.uni-heidelberg.de/ae/allg/lehre/emotion.pdf [19.03.2007].

Gapski, Harald: Medienkompetenz. Eine Bestandsaufnahme und Vorüberlegungen zu einem systemtheoretischen Rahmenkonzept, Wiesbaden, Westdeutscher Verlag, 2001.

Gary, Gisela M.: Geschichte der Kindergärtnerin von 1779 bis 1918, Wien, Edition Praesens, 1995.

Gatzweiler, Werner: Die Beziehungsfähigkeit der Erzieherin stärken. Wie können förderliche Grundhaltungen erschlossen werden?, in: Im Ursprung ist Beziehung. Die Beziehungsdimension im pädagogischen und religionspädagogischen Handeln in Kindertageseinrichtungen, hrsg. v. Verband Katholischer Tageseinrichtungen für Kinder (KTK)-Bundesverband e. V., 2008, S. 45–53.

Gatzweiler, Werner: Im Ursprung ist Beziehung. Die Beziehungsdimension im pädagogischen und religionspädagogischen Handeln in Kindertageseinrichtungen, hrsg. v. Verband Katholischer Tageseinrichtungen für Kinder (KTK)-Bundesverband e. V., 2008.

Gebhard, Ulrich: Kind und Natur. Die Bedeutung der Natur für die psychische Entwicklung, Wiesbaden, VS Verlag für Sozialwissenschaften, 2009.

Gedding, Verena: Selbstbewusst sein – gesund leben. Aktivitäten zur Suchtprävention, Köln, Bildungsverlag EINS, 2011.

Geißler, Erich E.: Erziehungsmittel, Bad Heilbrunn, Klinkhardt, 1982.

Geißner, Hellmut: Sprechwissenschaft. Theorie der mündlichen Kommunikation, Königstein, Scriptor, 1981.

Geißner, Hellmut: Sprecherziehung. Didaktik und Methodik der mündlichen Kommunikation, Königstein, Scriptor, 1982.

Gerrig, Richard J./Zimbardo, Philip G.: Psychologie, 16. Aufl., München, Pearson Studium, 2004.

Gesundheitsämter Dachau und Garmisch, abgerufen unter: http://www.gesundheitsamt.de/alle/gesetz/seuche/wzr/index.htm [12.02.2012].

Gibran, Khalil: „Lebensfreude Kalender", Pahl-Verlag, 2009.

Giebler, Hartmut/Johannkemper, Marlies/Nath Günter E.: Rechtskunde, 7. Aufl., Köln, Bildungsverlag EINS, 2005.

Glasersfeld, Ernst von: Das Lernen lernen. Vortrag auf Audio-Cassette, in: Kongress „Die Schule neu erfinden", 4 Audio-Cassetten, hrsg. v. Heinz von Foerster, Ernst von Glasersfeld und Fritz B. Simon, Heidelberg, Carl-Auer-Systeme Verlag, März 1996.

Glasersfeld, Ernst von: Wege des Wissens, Heidelberg, Carl-Auer-Systeme, 1997.

Glasersfeld, Ernst von: Radikaler Konstruktivismus, 2. Aufl., Frankfurt a. M., Suhrkamp, 1998.

Glöckner-Hertle, Ulrike/Wünsche, Michael: Qualitätsmanagement in Kindertagesstätten, Offenbach, Burckhardthaus-Laetare-Verlag, 2000.

Gnielka, Martin: Über Sexualität reden ... Zwischen Einschulung und Pubertät, abgerufen unter: www.bzga.de/?uid=6ef01610a0a27cf4dd01a95bb1bf1700&id=medien&sid=72&idx=1333 [08.08.2009].

Gordon, Thomas: Familienkonferenz. Die Lösung von Konflikten zwischen Eltern und Kind, Hamburg, Hoffmann und Campe, 1972.

Gordon, Thomas: Lehrer-Schüler-Konferenz. Wie man Konflikte in der Schule löst, Hamburg, Hoffmann und Campe, 1977.

Greving, Heinrich/Niehoff, Dieter (Hrsg.): Qualitätsmanagement, Troisdorf, Verlag EINS, 2003.

Greving, Heinrich/Ondracek, Petr: Handbuch Heilpädagogik, 2. Auflage, Köln, Bildungsverlag EINS, 2010.

Grimm, Hannelore: Störungen der Sprachentwicklung: Grundlage – Ursachen – Diagnose – Intervention – Prävention. 2. überarb. Auflage, Göttingen, Hogrefe, 2003.

Grob, Alexander/Jaschinski, Uta: Erwachsen werden. Entwicklungspsychologie des Jugendalters, Weinheim und Basel, Beltz, 2003.

Grosch, Harald/Leenen, Rainer: Glossar, in: Bundeszentrale für politische Bildung (Hrsg.): Interkulturelles Lernen – Arbeitshilfen für die politische Bildung, Bonn, Bundeszentrale für politische Bildung, 1998.

Grossmann, Karin E./Grossmann, Klaus: Bindungen. Das Gefüge psychischer Sicherheit, Stuttgart, Klett-Cotta, 2004.

Gründer, Richard: Praxis und Methoden der Heimerziehung, Freiburg im Breisgau, Lambertus-Verlag, 2007.

Gruschka, Andreas: Wie Schüler Erzieher werden. Studien zur Kompetenzentwicklung und fachlichen Identitätsbildung in einem doppelqualifizierenden Bildungsgang des Kollegschulversuchs NRW, Wetzlar, Büchse der Pandora, 1985.

Gruschka, Andreas: Handeln in der Praxis und sich Bilden mit Hilfe der Schule. Konzepte zur Theorie-Praxis-Verzahnung am Beispiel der Erzieherausbildung in der Kollegschule, Soest, Landesinstitut für Schule und Weiterbildung, 1989.

Gudjons, Herbert: Praxis der Interaktionserziehung, Bad Heilbrunn, Verlag Julius Klinkhardt, 1978.

Gudjons, Herbert: Pädagogisches Grundwissen, 10. Aufl., Bad Heilbrunn, Julius Klinkhardt, 2008.

Gudjons, Herbert/Pieper, Marianne/Wagener-Gudjons, Birgit: Auf meinen Spuren. Übungen zur Biografiearbeit, völlig neu bearbeitete und aktualisierte Auflage, Bad Heilbrunn, Klinkhardt, 2008.

Günder, Richard: Stress mit Kindern, Freiburg, Lambertus Verlag, 2004.

Günther, Franziska: Selbst ist das Kind, ZEIT Online vom 4.8.2006, abgerufen unter: www.zeit.de/online/2006/31/kindergarten-konzepte-freinet [01.02.2009].

Günther, Sybille: In Projekten spielend lernen. Grundlagen, Konzepte und Methoden für eine erfolgreiche Projektarbeit in Kindergarten und Grundschule, Münster, Ökotopia Verlag, 2006.

Guss, Kurt: Lohn und Strafe. Ansätze und Ergebnisse psychologischer Forschung, Bad Heilbrunn, Klinkhardt, 1979.

Gutbrod, Helga/Edwin Scharff Museum und Städtische Sammlungen Neu-Ulm: abgerufen unter: http://edwinscharffmuseum.de/kindermuseum.html [05.03.2012].

Hagemann, Christine: Pädagogik/Psychologie, 3. Auflage, Köln, Bildungsverlag EINS, 2009.

Hansen, Rüdiger: Partizipation von Kindern und Jugendlichen als gesellschaftliche Utopie, in: Kindergartenpädagogik – Handbuch, hrsg. v. Martin R. Textor, abgerufen unter: www.kindergartenpaedagogik.de/1113.html [05.03.2012].

Hardach-Pinke, Irene: Die Gouvernante. Geschichte eines Frauenberufs, Frankfurt, Campus, 1993.

Hart, Harold H. (Hrsg.): Summerhill: pro und contra. 15 Ansichten zu A. S. Neills Theorie u. Praxis, antiautoritäre Schule in d. Diskussion, übers. v. Guenther Ekkehard Weidle, Reinbek bei Hamburg, Rowohlt, 1971.

Hartland, Judith: Sprache und Denken, in: Einführung in die Kognitionspsychologie, hrsg. v. Jochen Gerstenmaier, München, Ernst Reinhardt Verlag, 1995, S. 195–279.

Hartmann, Martin/Rieger, Michael/Luoma, Marketta: Zielgerichtet moderieren, Weinheim und Basel, Beltz, 1999.

Hartnuß, Birger/Maykus, Stephan: Mitbestimmen, mitmachen, mitgestalten. Entwurf einer bürgerschaftlichen und sozialpädagogischen Begründung von Chancen der Partizipations- und Engagementförderung, 2006, abgerufen unter: http://blk-demokratie.de/fileadmin/public/dokumente/Hartnu___Maykus.pdf [05.03.2012].

Harz, Frieder: Religiöse und ethische Bildung und Erziehung im evangelischen Kindergarten. Aktivitäten und Projekte, Köln, Bildungsverlag EINS, 2008.

Haug-Schnabel, Gabriele/Bensel, Joachim: Grundlagen der Entwicklungspsychologie. Die ersten 10 Lebensjahre, 6. Aufl., Freiburg, Herder, 2005.

Haug-Schnabel, Gabriele/Bensel, Joachim: Alles ist noch so neu und fremd, in: kindergarten heute, 5, 2008, S. 42–44.

Havighurst, R.: Developmental Task and Education, 3. Aufl., New York, 1972.

Hax-Schoppenhorst, Thomas: Wenn die Seele Achterbahn fährt, Neukirchen, Neukirchener Verlagsgesellschaft, 2005.

Hayes, Nicky: Kognitive Prozesse – eine Einführung, in: Einführung in die Kognitionspsychologie, hrsg. v. Jochen Gerstenmaier, München, Ernst Reinhardt Verlag, 1995, S. 11–40.

Hebenstreit, Sigurd: Bildung im Elementarbereich. Die Bildungspläne der Bundesländer der Bundesrepublik Deutschland 2008, in: Kindergartenpädagogik – Online Handbuch, hrsg. v. Martin R. Textor, abgerufen unter: www.kindergartenpaedagogik.de/1869.html [23.02.2009].

Hegele, Günther: Grundwissen für Christen, Stuttgart, Kreuz-Verlag,1983.

Heimlich, Ulrich: Spiel als Entwicklung – Entwicklung als Spiel, in: TPS, Theorie und Praxis der Sozialpädagogik, 9/10, 2004, S. 50–55.

Hellmich, Achim/Teigeler, Peter (Hrsg.): Montessori-, Freinet-, Waldorfpädagogik, Konzeption und aktuelle Praxis, 3. Aufl., Weinheim und Basel, Beltz, 1995.

Hemmerling, Annegert: Der Kindergarten als Bildungsinstitution. Hintergründe und Perspektiven, Wiesbaden, VS Verlag für Sozialwissenschaften, 2007.

Hentig, Hartmut von: Das allmähliche Verschwinden der Wirklichkeit. Ein Pädagoge ermutigt zum Nachdenken über d. neuen Medien, 3. Aufl., München, Hanser, 1987.

Herman, Judith Lewis: Die Narben der Gewalt. Traumatische Erfahrungen verstehen und überwinden, übers. v. Verena Koch, München, Kindler, 1993.

Herrmann, Mathias/Weber, Kurt: Erfolgreiche Methoden für die Team- und Elternarbeit, Freiburg, Herder, 2003.

Herzog, Roman: Bildung gemeinsam verantworten: Regionale Bildungsallianzen aufbauen, in: Initiativkreis Bildung. Zukunft gewinnen, Bildung erneuern, hrsg. v. Bertelsmann Stiftung, Originalausgabe, Goldmann-Verlag, 1999.

Herzog, Roman: Empfehlungen zur Erneuerung des Bildungswesens – Kurzfassung, in: Initiativkreis Bildung. Zukunft gewinnen, Bildung erneuern, hrsg. v. Bertelsmann Stiftung, Originalausgabe, Goldmann-Verlag, 1999.

Herzog, Roman: Megathema Bildung – vom Reden zum Handeln, in: Initiativkreis Bildung. Zukunft gewinnen, Bildung erneuern, hrsg. v. Bertelsmann Stiftung, Originalausgabe, Goldmann-Verlag, 1999.

Hesse, Hermann: Leben ist Werden, Suhrkamp, Frankfurt, Berlin, 2008.

Hessisches Sozialministerium: IfSG Leitfaden Kinderbetreuung, 2010, abgerufen unter: http://www.hsm.hessen.de/irj/HSM_Internet?cid=8ce37f8ec68bd09004ec79f108ead66b [12.03.2012].

Hessisches Sozialministerium/Hessisches Kultusministerium: Bildung von Anfang an. Bildungs- und Erziehungsplan für Kinder von 0 bis 10 Jahren in Hessen, Wiesbaden, 2007.

Heyn, Gudrun: Metabolisches Syndrom. Das egoistische Gehirn als Ursache, abgerufen unter: www.pharmazeutische-zeitung.de/index.php?id=28936 [04.05.2009].

Hinz-Rommel, Wolfgang: Interkulturelle Kompetenz – Ein neues Anforderungsprofil für die soziale Arbeit, Münster und New York, Waxmann Verlag, 1994.

Hirschfeld, Harald: Jean-Jacques Rousseau und Alexander Sutherland Neill. Fortschritt, Stagnation oder Rückschritt? Autopsie zweier pädagogischer Idole, Frankfurt a. M., Verlag Lang, 1987.

Hobmair, Hermann (Hrsg.): Pädagogik/Psychologie für die berufliche Oberstufe, Band 2, Köln, Bildungsverlag EINS, 2012.

Hobmair, Hermann: Soziologie, Köln, Bildungsverlag EINS, 2006.

Hobmair, Hermann: Psychologie, 5. Aufl., Köln, Bildungsverlag EINS, 2013.

Hobmair, Hermann (Hrsg.): Pädagogik, 4. Aufl., Köln, Bildungsverlag EINS, 2008.

Hobmair, Hermann (Hrsg.): Kompendium der Psychologie, Köln, Bildungsverlag EINS, 2010.

Hobmair, Hermann (Hrsg.): Kompendium der Pädagogik, Köln, Bildungsverlag EINS, 2009.

Hofstede, Geert: Lokales Denken, globales Handeln – Kulturen, Zusammenarbeit und Management, München, DTV, 1997.

Holland, James G./Skinner, Burrhus F.: Analyse des Verhaltens, 2. Aufl., übers. v. Irmela Florin, München, Urban und Schwarzenberg, 1974.

Hopf, Arnulf: Die Öffnung des Kindergartens zur Gemeinde und zum Stadtteil hin, Wehrfritz Wissenschaftlicher Dienst, 1988, S. 23–25.

Hopf, Arnulf/Franken Bernd/Zill-Sahm, Ivonne: Vom Kindergarten in die Grundschule, Evaluationsinstrumente für einen erfolgreichen Übergang, Weinheim und München, Beltz, 2004.

Hörwick, Eva: Lernen Ältere anders?, abgerufen unter: www.aqua-nordbayern.de/aqua/download/02.pdf [01.08.2009].

Horstkemper, Marianne: Contra. Im Interesse der Mädchen und Jungen: Nein. Geschlechtertrennung in allen Fächern zementieren das, was es zu überwinden gilt, abgerufen unter: http://www.zeit.de/online/2007/24/Getrennter-Unterricht-Contra [27.05.2011].

Hubrig, Silke: Genderkompetenz, Köln, Bildungsverlag EINS, 2010.

Hugoth, Matthias: Fremde Religionen – fremde Kinder?, Freiburg, Herder, 2003.

Hundmeyer, Simon: Recht für Erzieherinnen und Erzieher, 19. Aufl., München, TR-Verlagsunion, 2004.

Hundmeyer, Simon: Aufsichtspflicht in Kindertageseinrichtungen. Rechtlich begründete Antworten auf Fragen aus der Praxis zur Aufsichtspflicht, Haftung und Versicherungsschutz, 3. Aufl., Kronach, Carl Link, 2006.

Huppertz, Norbert (Hrsg.): Konzepte des Kindergartens, Oberried bei Freiburg, PAIS-Verlag, 1998.

Huppertz, Norbert/Schinzler, Engelbert: Grundfragen der Pädagogik. Eine Einführung für sozialpädagogische Berufe, 10. Aufl., Troisdorf, Bildungsverlag EINS, 1996.

Hurrelmann, Klaus: Einführung in die Sozialisationstheorie, 8. Aufl., Weinheim und Basel, Beltz, 2002.

Hurrelmann, Klaus/Ulich, Dieter: Neues Handbuch der Sozialisationsforschung, 5. Aufl., Weinheim und Basel, Beltz, 1991.

Hüther, Gerald: Das Gehirn ist eine Baustelle, in: DER SPIEGEL Wissen, Nr. 1, 2009, S. 52–57.

Hüther, Gerald: Neurobiologische Grundlagen des frühen Lernens, in: Kindern gerecht werden. Kontroverse Perspektiven auf Lernen in der Kindheit, hrsg. von Günther Opp, Theodor Hellbrügge, Luc Stevens, Bad Helbrunn: Julius Klinkhadt, 2006, S. 79–92.

Hüther, Gerald/Bonney, Helmut: Neues vom Zappelphilipp. ADS/ADHS verstehen, vorbeugen und behandeln, 5. Aufl., Zürich und Düsseldorf, Patmos Verlag, 2004.

Hüttenmoser, Marco: Evas Apfel, 2007, abgerufen unter: http://www.kindundumwelt.ch/de/_files/Apfel4.pdf [27.05.2010].

ICEM – Institut Coopératif de l'Ecole Moderne – Pédagogie Freinet, 01/2009, abgerufen unter: www.icem-pedagogie-freinet.org/?q=node/2586 [04.03.2009].

Illinger, Patrick: Hey, hey, hey, was ist denn hier los? Hier wird gespielt!, in: Süddeutsche Zeitung Magazin, 41, 2008, S. 33 ff.

INFANS, Institut für angewandte Sozialwissenschaften/Frühe Kindheit e. V.: Das Berliner Eingewöhnungsmodell, Berlin, 1990.

Inglehart, Ronald: Kultureller Umbruch. Wertwandel in der westlichen Welt, übers. v. Ute Mäurer, Frankfurt a. M., Campus-Verlag, 1995.

Inglehart, Ronald: Modernisierung und Postmodernisierung. Kultureller, wirtschaftlicher und politischer Wandel in 43 Gesellschaften, übers. v. Ivonne Fischer, Frankfurt a. M., Campus-Verlag, 1998.

Inglehart, Ronald/Welzel, Christian: Modernization, Cultural Change and Democracy, New York, Cambridge University Press, 2005.

Institut Coopératif de l'École Moderne (ICEM-Pédagogie Freinet), abgerufen unter: www.icem-pedagogie-freinet.org/icem-info/presentation [04.03.2009].

International Federation of Social Work: Definition of Social Work, abgerufen unter: www.ifsw.org/en/p38000208.html [02.08.2008].

Iven, Claudia: Sprache in der Sozialpädagogik, Köln, Bildungsverlag EINS, 2006.

Iven, Claudia: Aktivitäten zur Sprachförderung, Köln, Bildungsverlag EINS, 2010.

Iven, Claudia: Sprache in der Sozialpädagogik, 3. Auflage, Köln, Bildungsverlag EINS, 2012.

Jacobi, Volker: Rechtsfragen im Kindergartenalltag. Für Erzieher, Träger, Eltern, 6. Aufl., Donauwörth, Auer, 1993.

Janker, Elena/little Art e. V., abgerufen unter: http://www.little-art.org/ [05.03.2012].

Jansen, H./Mannhaupt, G./Marx, H./Skowronek, Helmut: Bielefelder Screening zur Früherkennung von Lese-Rechtschreibschwierigkeiten (BISC), Göttingen, Hogrefe, 1999.

Jaszus, Rainer/Büchin-Wilhelm, Irmgard/Mäder-Berg, Martina/Gutmann, Wolfgang: Sozialpädagogische Lernfelder für Erzieherinnen, Stuttgart, Holland + Josenhans Verlag, 2008.

Jaun, Thomas: Angst vor Kindern? Die Notwendigkeit der Kinderpartizipation und Wege dazu, Bern, blmv Verlag für Soziales und Kulturelles, 2001.

Jilesen, Martin: Soziologie für die sozialpädagogische Praxis, 7. Aufl., Köln, Bildungsverlag EINS, 2008.

Joachim, Willi E.: Wichtige Werte im Wertewandel. Welche Werte wiegen wie viel in einer wechselhaften Welt?, Münster, Verlagshaus Monsenstein und Vannerdat, 2007.

Johann, Ellen/Michely, Hildegard/Springer, Monika (Hrsg.): Interkulturelle Pädagogik. Methodenhandbuch für sozialpädagogische Berufe, Berlin, Cornelsen, 1998.

Johannes Paul II.: Botschaft an die Mitglieder der Päpstlichen Akademie der Wissenschaften anlässlich ihrer Vollversammlung am 22. Oktober 1996, in deutscher Sprache im Internet veröffentlich von Dr. Josef Spindelböck, aktualisiert am 08.02.1998, abgerufen unter: stjosef.at/dokumente/evolutio.htm [10.03.2009].

Jörg, Hans: Meine Begegnung mit Freinet und der Freinet-Pädagogik, in: Montessori-, Freinet-, Waldorfpädagogik. Konzeption und aktuelle Praxis, hrsg. v. Achim Hellmich und Peter Teigeler, 3. Aufl., Weinheim und Basel, Beltz, 1995.

Jugendamt der Stadt Nürnberg: Reform der Sozialen Dienste, Teil: Sozialpädagogische Basisdienste und Erzieherische Hilfen. Der Hilfeplan nach § 36 SGB VIII, (Auszug aus dem Beschluss des Stadtrates), abgerufen unter: http://www.sgbviii.de/S30.html [05.03.2012].

Jugendrecht, 27. Auflage, München, Beck-Texte im dtv, 2006.

Jugendschutzgesetz (JuSchG) vom 23. Juli 2002 (BGBl.I 2730), zuletzt geändert durch das Gesetz zur Vereinheitlichung von Vorschriften über bestimmte elektronische Informations- und Kommunikationsdienste (Elektronischer-Geschäftsverkehr-Vereinheitlichungsgesetz – ElGVG) vom 26.2.2007 (BGBl. I 179), abgerufen unter: www.kindex.de/pro/index~mode~gesetze~value~juschg.aspx [05.06.2007].

Justizportal des Landes Nordrhein-Westfalen: Bürgerliches Gesetzbuch, abgerufen unter: www.lexsoft.de/lexisnexis/justizportal_nrw.cgi?sessionID=17973963641004344302&templateID=main&highlighting=off&xid=137485,1825&tree_xid=137485,1825&c3=21&c4=2122#ank [10.09.2009].

Justizportal des Landes Nordrhein-Westfalen: Sozialgesetzbuch (SGB): Achtes Buch (VIII) Kinder- und

Jugendhilfe in der Fassung der Bekanntmachung vom 14. Dezember 2006 (BGBl. I S. 3134), abgerufen unter: www.lexsoft.de/lexisnexis/justizportal_nrw.cgi [01.08.2008].

Kaeding, Peer/Richter, Jens/Siebel, Anke/Vogt, Silke: Mediation an Schulen verankern. Ein Praxisbuch, Weinheim und Basel, Beltz, 2005.

Kandel, Eric: Auf der Suche nach dem Gedächtnis. Die Entstehung einer neuen Wissenschaft des Geistes, München, Goldmann Verlag, 2009.

Kasten, Hartmut: Pubertät und Adoleszenz. Wie Kinder erwachsen werden, München, Ernst Reinhardt Verlag, 1999.

Kasten, Hartmut: 0–3 Jahre. Entwicklungspsychologische Grundlagen, Weinheim und Basel, Beltz, 2005.

Kasten, Hartmut: 4–6 Jahre. Entwicklungspsychologische Grundlagen, Mannheim, Cornelsen, 2007.

Kasüschke, Dagmar/Fröhlich-Gildhoff, Klaus: Frühpädagogik heute, Kronach, Carl Link, 2008.

Kasüschke, Dagmar: Projekt Mobile. Betrieblich unterstützte Kinderbetreuung an der Universität Dortmund, abgerufen unter: www.betriebskindergarten.uni-dortmund.de/Finanzen/finanz.htm [07.05.2007].

Kasüschke, Dagmar: Welche Art von Beziehung braucht ein Kind? Der Einfluss unterschiedlicher Beziehungserfahrungen auf die Entwicklung des Kindes, in: Im Ursprung ist Beziehung. Die Beziehungsdimension im pädagogischen und religionspädagogischen Handeln in Kindertageseinrichtungen, hrsg. v. Verband Katholischer Tageseinrichtungen für Kinder (KTK)-Bundesverband e. V., 2008.

Kaum, Ludwig: Kohlberg Biographie, 2001, abgerufen unter: http://www.philosophie.de/wastun/wastun.php?dir=kohlberg&file=bio [28.10.2011].

Kazim, Hasnain: Geschichte einer Einwanderung. „Sag ihm, wir nehmen es für fünfzig", SPIEGEL ONLINE vom 21.09.2009, abgerufen unter: www.spiegel.de/kultur/literatur/0,1518,650282,00.html [21.09.2009].

Kegel, Aman/Rausch, Sigmund: Erfolgreich präsentieren, Neusäß, Kieser, 2001.

Kegler, Ulrike: In Zukunft lernen wir anders. Wenn die Schule schön wird, 1. Aufl., Weinheim und Basel, Beltz, 2009.

Kelly, George Alexander: Die Psychologie der persönlichen Konstrukte, übers. v. Elke Danzinger-Tholen, Paderborn, Verlag Junfermann, 1986.

Key, Ellen Karolina Sofia: Das Jahrhundert des Kindes, übers. v. Francis Maro, neu hrsg. mit einem Nachw. von Ulrich Herrmann, unveränd. Nachdruck der Ausg. von 1992, Weinheim und Basel, Beltz, 2000.

Khaschei, Kirsten: Rundum. Schwangerschaft und Geburt, Broschüre der Bundeszentrale für gesundheitliche Aufklärung, Würzburg, Druckerei Echter, 2006.

Kiphard, Ernst J.: Motopädagogik. Psychomotorische Entwicklungsförderung, Bd. 1, Dortmund, Verlag Modernes Lernen, 1980.

Kindheit, Familie und Heim. Pädagogischer Rundbrief 1991, 40 (6/7), S. 1–12.

Kiphard, Ernst J.: Wie weit ist ein Kind entwickelt? Eine Anleitung zur Entwicklungsprüfung, Dortmund, Verlag Modernes Lernen, 11. Aufl., 2002.

KITA Regenbogen e. V.: Vereinssatzung, abgerufen unter: www.regenbogenkinder.net/downloads/KITA_Satzung.pdf [03.06.2007].

Klein, Ferdinand: Inklusive Erziehungs- und Bildungsarbeit in der Kita, Köln, Bildungsverlag EINS, 2010.

Klein, Lothar: Aus Erfahrung lernt man erst, wenn man sie gemacht hat. Entwicklungsprozesse in Teams brauchen Erlaubnisse und Reflexion, 2005, in: Kindergartenpädagogik Online-Handbuch, hrsg. v. Martin R. Textor, abgerufen unter: www.kindergartenpaedagogik.de/1390.html [24.07.09].

Klein, Lothar: Begrenzen ohne zu beschämen. Wie man wertschätzend Grenzen setzen kann, in: Kindergartenpädagogik Online-Handbuch, hrsg. v.

Martin R. Textor, abgerufen unter: www.kindergartenpaedagogik.de/1339.html [05.03.2012].

Klein, Lothar: Wenn die Worte nur so aus einem heraus fließen ... Warum eine dialogische Haltung die Sprache fördert, in: Kindergartenpädagogik Online-Handbuch, hrsg. v. Martin R. Textor, abgerufen unter: www.kindergartenpaedagogik.de/1341.html [05.03.2012].

Klein, Lothar/Vogt, Herbert: Erzieherinnen im Dialog mit Kindern. Wie Partizipation im Kindergarten aussehen kann, in: Lernprogramm Demokratie. Möglichkeiten und Grenzen politischer Erziehung von Kindern und Jugendlichen, hrsg. v. Christian Büttner und Bernhard Meyer, Weinheim und München, Juventa Verlag, 2000, S. 89–105.

Klein, Lothar/Vogt, Herbert: Fachfrau für professionelle Beziehungen. Wofür Erzieherinnen in der Zusammenarbeit mit Eltern zuständig sind, in: TPS, Theorie und Praxis der Sozialpädagogik, 7, 2006, S. 16–23.

Klemm, Klaus: Gemeinsam lernen. Inklusion leben. Gütersloh, Bertelsmann Stiftung 2010.

Kleve, Heiko: Sozialarbeitswissenschaft, Systemtheorie und Postmoderne. Fragmente einer postmodernen Professions- und Wissenschaftstheorie Sozialer Arbeit, Freiburg, Lambertus, 2003.

Kliebisch, Udo: Kommunikation und Selbstsicherheit. Interaktionsspiele für Schule, Jugendarbeit und Erwachsenenbildung, Mühlheim, Verlag an der Ruhr, 1995.

Klippert, Heinz: Kommunikationstraining, 5. Aufl., Weinheim und Basel, Beltz, 1998.

Klöcker, Michael/Tworuschka, Udo (Hrsg.): Ethik der Religionen – Lehre und Leben, Umwelt, Bd. 5, München/Göttingen, Verlage Kösel/Vandenhoeck & Ruprecht, 1986.

Knauer, Raingard/Stamer-Brandt, Petra: Kinder können mitentscheiden. Beteiligung von Kindern und Jugendlichen in Kindergarten, Schule und Jugendarbeit, Neuwied, Luchterhand, 1998.

Knauf, Tassilo: Reggio-Pädagogik: kind- und bildungsorientiert, in: Kindergartenpädagogik Online-Handbuch, hrsg. v. Martin R. Textor, abgerufen unter: www.kindergartenpaedagogik.de/1138.html [27.11.2009].

Knisel-Sheuring, Gerlinde: Gesprächshilfen für Erzieherinnen in Kindergarten und Hort. Mit Eltern im Dialog, Lahr, Verlag Ernst Kaufmann, 2001.

Kobelt-Neuhaus, Daniela: Inklusion – Konsequenzen für die Praxis in Kindertageseinrichtungen, in: Frühe Kindheit, Heft 2/2010, abgerufen unter: http://liga-kind.de/fruehe/210_kobeltneuhaus.php [28.03.2011].

Köck, Peter: Praxis der Beobachtung, Donauwörth, Auer, 1981.

Kock, Renate: Célestin Freinet. Kindheit und Utopie, Bad Heilbrunn, Klinkhardt, 2006.

Koeberle-Petzschner, Editha: Grundlagen der Kommunikation. Neue Reihe Bayerische Verwaltungsschule (BVS), 2008.

Kogel, Katrin: Von Chancengleichheit, Achtungen und Gerechtigkeit, in: klein&groß, 11, 2007, S. 48 ff.

Köpcke, Monika: Wir sahen nicht allzu viel. Der Berliner Sender Witzleben zeigt die ersten Fernsehbilder in Deutschland, in: Deutschlandfunk/dradio.de, abgerufen unter: www.dradio.de/dlf/sendungen/kalenderblatt/929419/ [24.09.2009].

Korczak, Janusz: König Hänschen auf der einsamen Insel, übers. v. Katja Weintraub, überarb. v. Klaus Staemmler, 3. Aufl., Göttingen, Vandenhoeck und Ruprecht, 1993.

Korczak, Janusz: Kaitus oder Antons Geheimnis, übers. und bearb. v. Friedhelm Beiner, Frankfurt a. M., Fischer-Taschenbuch-Verlag, 1994.

Korczak, Janusz: König Hänschen I, übers. v. Katja Weintraub, 5. Aufl., Göttingen, Vandenhoeck und Ruprecht, 1995.

Korczak, Janusz: Der kleine König Macius. Eine Geschichte in zwei Teilen für Kinder und Erwachsene, übers. v. Monika Heinker, 2. Aufl., Freiburg, Herder, 1995.

Korczak, Janusz: Das Recht des Kindes auf Achtung, bearb. v. Friedhelm Beiner, 2. Aufl., Gütersloh, Gütersloher Verlagshaus, 2007.

Kornfield, Jack/Feldmann, Christina (Hrsg.): Geschichten, die der Seele gut tun, 7. Aufl., Freiburg, Herder spektrum, 2003.

Köster, Claudia: Die Reformpädagogik von Alexander Neill, Célestin Freinet und Don Milani. Summerhill, École Moderne und Barbiana als Beispiele befreiender Pädagogik, Oldenburg, Paulo Freire Verlag, 2005.

Krapp, Andreas/Weidemann, Bernd: Pädagogische Psychologie. Ein Lehrbuch, 4. Aufl., Weinheim und Basel, Beltz, 2001.

Kraus, Björn: Lebenswelt und Lebensweltorientierung – eine begriffliche Revision als Angebot an eine systemisch-konstruktivistische Sozialarbeitswissenschaft, abgerufen unter: www.sozialarbeit.ch/dokumente/lebensweltorientierung.pdf [02.08.2008].

Kreimeier, Klaus: Mediengeschichte des 19. und frühen 20. Jahrhunderts, abgerufen unter: www.kreimeier-online.de/Mediengeschichte_18.htm [23.09.2009].

Krenz, Armin: Der situationsorientierte Ansatz im Kindergarten. Grundlagen und Praxis, 17. Aufl., Freiburg, Herder Verlag, 1991.

Krenz, Armin: Handbuch Öffentlichkeitsarbeit. Professionelle Selbstdarstellung für Kindergarten, Kindertagesstätte und Hort, Freiburg, Herder, 1997.

Krenz, Armin: Qualitätssicherung in Kindertagesstätten. Kieler Instrumentarium für Elementarpädagogik und Leistungsqualität – KIEL, München, Ernst Reinhardt Verlag, 2001.

Krenz, Armin: Teamarbeit als Voraussetzung für eine qualitätsgeprägte Elementarpädagogik, in: Kindergartenpädagogik Online-Handbuch, hrsg. v. Martin R. Textor, 2002, abgerufen unter: www.kindergartenpaedagogik.de/700.html [05.03.2012].

Krenz, Armin: Psychologie für Erzieherinnen und Erzieher. Grundlagen für die Praxis, Berlin, Düsseldorf, Mannheim, Cornelsen Scriptor, 2007.

Krenz, Armin: Der „Situationsorientierte Ansatz" in der Kita. Grundlagen und Praxishilfen zur kindorientierten Arbeit, Troisdorf, Bildungsverlag EINS, 2008.

Krenz, Armin: Konzeptionsentwicklung in Kindertagesstätten – professionell, konkret, qualitätsorientiert, Troisdorf, Bildungsverlag EINS, 2008.

Krenz, Armin: Beobachtung und Entwicklungsdokumentation im Elementarbereich, München, Verlag Olzog, 2009.

Krenz, Armin/Müller-Timmermann, Eckhart: Kommunizieren und Interagieren, in: Psychologie für Erzieherinnen und Erzieher. Grundlagen für die Praxis, hrsg. v. Armin Krenz, Berlin, Düsseldorf, Mannheim, Cornelsen Scriptor, 2007, S. 284–368.

Krippendorf, Klaus: Der verschwundene Bote. Metaphern und Modell der Kommunikation, in: Medien und Kommunikation. Konstruktion von Wirklichkeit, hrsg. v. Deutsches Institut für Fernstudien an der Universität Tübingen, Weinheim und Basel, Beltz, 1990.

Kristeva, Julia: Fremde sind wir uns selbst, Frankfurt a. M., Suhrkamp Verlag, 1990.

Krög, Walter: Herausforderung Unterstützung. Perspektiven auf dem Weg zur Inklusion. EQUAL – Entwicklungspartnerschaft MIM, 2005.

Kronberger Kreis für Qualitätsentwicklung e. V.: Qualität im Dialog entwickeln. Wie Kindertageseinrichtungen besser werden, Seelze, Friedrich Verlag (Kallmeyer), 1998.

Krüger, Angelika/Zimmer, Jürgen: Die Ausbildung von Erzieherinnen neu erfinden, Neuwied, Kriftel, Berlin, Luchterhand Verlag, 2002.

Kühne, Norbert: Elternkonfliktgespräch, in: Praxisbuch Sozialpädagogik, Bd. 1, hrsg. v. Norbert Kühne und Katrin Zimmermann-Kogel, Köln, Bildungsverlag EINS, 2005, S. 166–190.

Kühne, Norbert: Ganztägig und offen – die Arbeit in der Offenen Ganztagsgrundschule, in: Praxisbuch Sozialpädagogik Band 3, hrsg. v. Norbert Kühne und

Katrin Zimmermann-Kogel, Köln, Bildungsverlag EINS, 2007, S. 193–207.

Kühne, Norbert: Basiswissen Psychologie, Köln, Bildungsverlag EINS, 2009.

Kühne, Norbert/Zimmermann-Kogel, Katrin: Aspekte der Heimerziehung, in: Praxisbuch Sozialpädagogik, Band 4, hrsg. v. Norbert Kühne und Katrin Zimmermann-Kogel, Köln, Bildungsverlag EINS, 2007, S. 65–90.

Kühner, Claudia/Stein, Vaaler: Bewegung macht schlau, in: Psychologie heute, Heft 12, 2004, S. 34–40.

Kultusministerium des Landes Sachsen-Anhalt: Erziehungsmittel in der Schule, RdErl. des MK vom 26. 5. 1994 – 14.2-83005, abgerufen unter: www.sachsen-anhalt.de/LPSA/index.php?id=7256#c21216 [20.03.2009].

Kultusministerkonferenz (Hrsg.): Kompetenzorientiertes Qualifikationsprofil für die Ausbildung von Erzieherinnen und Erziehern an Fachschulen/Fachakademien, Beschluss vom 01.12.2011, http://www.kmk.org/fileadmin/veroeffentlichungen_beschluesse/2011/2011_12_01-ErzieherInnen-QualiProfil.pdf [04.01.2013].

Kultusministerkonferenz (Hrsg.): Gemeinsamer Orientierungsrahmen „Bildung und Erziehung in der Kindheit", http://www.kmk.org/fileadmin/veroeffentlichungen_beschluesse/2010/2010_09_16-Ausbildung-Erzieher-KMK-JFMK.pdf [22.02.2013].

Kultusministerkonferenz (Hrsg.): Kompetenzorientiertes Qualifikationsprofil für die Ausbildung von Erzieherinnen und Erziehern an Fachschulen/Fachakademien, Beschluss vom 01.12.2011, http://www.kmk.org/fileadmin/veroeffentlichungen_beschluesse/2011/2011_12_01-ErzieherInnen-QualiProfil.pdf [04.01.2013].

Kultusministerkonferenz (Hrsg.): Kompetenzorientiertes Qualifikationsprofil für die Ausbildung von Erzieherinnen und Erziehern an Fachschulen/Fachakademien, Entwurf (Stand: 11.03.2011) http://www.kmk.org/fileadmin/veroeffentlichungen_beschluesse/2011/2011_12_01-ErzieherInnen-QualiProfil.pdf [20.03.2013].

Kultusministerkonferenz (Hrsg.): Kompetenzorientiertes Qualifikationsprofil für die Ausbildung von Erzieherinnen und Erziehern an Fachschulen/Fachakademien, Entwurf (Stand: 11.03.2011) http://www.kmk.org/fileadmin/veroeffentlichungen_beschluesse/2011/2011_12_01-ErzieherInnen-QualiProfil.pdf [20.03.2013].

Kultusministerkonferenz: Medienpädagogik in der Schule – Erklärung der Kultusministerkonferenz vom 12.05.1995, abgerufen unter: www.nibis.de/nli1/chaplin/portal%20neu/portal_start/start_grundsaetze/materialien_grundsaetze/3kmk95.pdf [24.09.2009].

Kultusministerkonferenz: Neue Medien und Telekommunikation im Bildungswesen, Bonn, 1997.

Kultusministerkonferenz: Rahmenvereinbarung zur Ausbildung und Prüfung von Erziehern/Erzieherinnen, Beschluss der Kultusministerkonferenz vom 28.01.2001, abgerufen unter: www.dbsh.de/Erzieherinnen.pdf [10.07.2009].

Kultusministerkonferenz: Rahmenvereinbarung über Fachschulen, Beschluss vom 07.11.2002 i. d. F. vom 02.03.2012, abgerufen unter: http://www.kmk.org/fileadmin/veroeffentlichungen_beschluesse/2002/2002_11_07-RV-Fachschulen.pdf [12.04.2012].

Kultusministerkonferenz (Hrsg.): Rahmenvereinbarung über Fachschulen (Beschluss der Kultusministerkonferenz vom 07.11.2002 i.d.F. vom 02.03.2012), http://www.kmk.org/fileadmin/veroeffentlichungen_beschluesse/2002/2002_11_07-RV-Fachschulen.pdf [25.01.2013].

Kultusministerkonferenz (Hrsg.): Rahmenvereinbarung über Fachschulen (Beschluss der Kultusministerkonferenz vom 07.11.2002 i.d.F. vom 02.03.2012), http://www.kmk.org/fileadmin/veroeffentlichungen_beschluesse/2002/2002_11_07-RV-Fachschulen.pdf [20.03.2013].

Küng, Hans: Projekt Weltethos, 12. Aufl., München, Zürich, Piper Verlag, 2010.

Küspert, Petra/Schneider, Wolfgang: Hören, Lauschen, Lernen. Sprachspiele für Kinder im Vorschulalter. Würzburger Trainingsprogramm zur Vorbereitung auf den

Erwerb der Schriftsprache, 4. Aufl., Göttingen, Vandenhoeck und Ruprecht, 2003.

Ladwig, Arndt/Gisbert, Kristin/Wörz, Thomas: Kleine Kinder – starke Kämpfer! Resilienzförderung im Kindergarten, in: Kindergartenpädagogik Online-Handbuch, hrsg. v. Martin R. Textor, abgerufen unter: www.kindergartenpaedagogik.de/645.html [08.08.2009].

Laewen, Hans-Joachim/Andres, Beate (Hrsg.): Bildung und Erziehung in der frühen Kindheit. Bausteine zum Bildungsauftrag von Kindertageseinrichtungen, Weinheim, Berlin, Basel, Beltz, 2002.

Laewen, Hans-Joachim/Andres, Beate (Hrsg.): Forscher, Künstler, Konstrukteure. Werkstattbuch zum Bildungsauftrag von Kindertageseinrichtungen, 4. Aufl., Berlin, Cornelsen Scriptor, 2007.

Landeselternrat für Kindertageseinrichtungen in Nordrhein-Westfalen e. V.: Zweites Gesetz zur Ausführung des Gesetzes zur Neuordnung des Kinder- und Jugendhilferechtes, abgerufen unter: www.elternrat.de/LER-KiTa-NRW/download/gtk-nrw.htm [05.07.2007].

Landeshauptstadt München, Sozialreferat (Hrsg.): Die pädagogische Rahmenkonzeption für Kinderkrippen der Landeshauptstadt München, München, Eigenverlag, 2008.

Landesinstitut für Schule und Weiterbildung (Hrsg.): Jahrbuch des Landesinstituts 1997. Auf dem Weg zu einer integrierten Medienbildung. Beispiele und Beiträge aus dem Landesinstitut, Soest und Bönen, 1997.

Landesinstitut für Schule und Weiterbildung (Hrsg.): Evaluation der Weiterbildung. Gutachten, Soest und Bönen 1997.

Landesinstitut für Schule und Weiterbildung (Hrsg.): Kompetent für/durch Medien. Impulse für die Weiterbildung, Soest, 1998.

Landesjugendamt Bayern: Übereinkommen über die Rechte des Kindes, UN-Kinderrechtskonvention vom 20. November 1989, abgerufen unter: www.blja.bayern.de/textoffice/gesetze/TextOfficeUN_Kinderkonvention.htm [28.07.2008].

Landesregierung Nordrhein-Westfalen: Justizportal, Gesetz über Tageseinrichtungen für Kinder – GTK, abgerufen unter: www.lexsoft.de/lexisnexis/justizportal_nrw.cgi [03.03.2007].

Landesstelle Berlin für Suchtfagen e. V.: Was ist Sucht? abgerufen unter: www.landesstelle-berlin.de/e349/e482/e2695/ [21.11.2009].

Landkreis Emsland, Fachbereich Bildung: Emsland Familienzentrum, abgerufen unter: http://www.familienzentrum-emsland.de/img_files/allgemein/.2/koordination.jpg [04.06.2012].

Lareau, Annette: Unequal Childhoods. Class, Race, and Family Life, Berkeley, University of California Press, 2003.

Largo, Remo: Babyjahre. Entwicklung und Erziehung in den ersten vier Jahren, München, Piper, 2004.

Largo, Remo: Kinderjahre – Die Individualität des Kindes als erzieherische Herausforderung, 12. Aufl., München und Zürich, Piper, 2006.

Largo, Remo: Interview, abgerufen unter: www.familie.de/kind/gesundheit/artikel/entwicklung-von-baby-und-kleinkind-im-vergleich/interview-mit, S.-prof-dr-remo-h-largo-schweizer-kinderarzt [21.08. 2009].

Largo, Remo H./Beglinger, Martin: Schülerjahre. Wie Kinder besser lernen, München, Piper, 2009.

Laucht, Manfred: Risiko- vs. Schutzfaktor? Kritische Anmerkungen zu einer problematischen Dichotomie. In: Was Kinder stärkt. Erziehung zwischen Risiko und Resilienz, hrsg. von Günther Opp, Michael Fingerle und Andreas Freytag, München, Ernst Reinhardt Verlag, 1999.

Leber, Annedore (Hrsg.): Das Gewissen entscheidet. Bereiche des deutschen Widerstandes von 1933-1945 in Lebensbildern, Frankfurt am Main, Wien, Zürich, Büchergilde Gutenberg, 1963.

Le Bohec, Paul: Therapeutische Aspekte der Freinet-Pädagogik, übers. v. Ursula Pfender und Peter Teigeler, in: Montessori-, Freinet-, Waldorfpädagogik. Konzeption und aktuelle Praxis, hrsg. v. Achim Hellmich und

Peter Teigeler, 3. Aufl., Weinheim und Basel, Beltz, 1995, S. 140–151.

Lefrancois, Guy R.: Psychologie des Lernens. Report von Kongor dem Androneaner, übers. v. Wilhelm F. Angermeier, Peter K. Leppmann und Thomas J. Thiekötter, Berlin und Heidelberg, Springer-Verlag, 1976.

Lehr, Ursula M.: Psychologie des Alterns, Wiebelsheim, Quelle und Meyer, 2000.

Lehr, Ursula M./Thomae, Hans: Alltagspsychologie. Aufgaben, Methoden, Ergebnisse, Darmstadt, Wissenschaftliche Buchgesellschaft, 1991.

Leman, Kevin: Geschwisterkonstellationen. Die Familie bestimmt Ihr Leben, 6. Aufl., übers. v. Thomas Lardon, München, MVG-Verlag, 2004.

Lennart, Nilsson/Hamberger, Lars: Ein Kind entsteht, 6. Aufl., München, Goldmann, 2003.

Lernen Fördern – Bundesverband zur Förderung von Menschen mit Lernbehinderungen e. V.: Aktivität und Teilhabe. Informationsbroschüre für Menschen mit Lernbehinderungen, 2009.

Leu, Hans Rudolf/Krappmann, Lothar: Zwischen Autonomie und Verbundenheit: Bedingungen und Formen der Behauptung von Subjektivität, Frankfurt am Main, Suhrkamp Taschenbuch Wissenschaft, 1999.

Levold, Tom: Der 95. Geburtstag von Mary Ainsworth, abgerufen unter: www.systemagazin.de/serendipity/index.php?/archives/1031-95.-Geburtstag-von-Mary-Ainsworth.htm [21.06.2009].

Lewin, Kurt/Lippitt, Ronald/White, Ralph K.: Patterns of aggressive behaviors in experimentally created social climates, in: Journal of Social Psychology, 10, 1939, S. 271–299.

Liebertz, Charmaine: Warum ist ganzheitliches Lernen wichtig?, in: Kindergartenpädagogik Online-Handbuch, hrsg. v. Martin R. Textor, abgerufen unter: www.kindergartenpaedagogik.de/419.html, letzter Abruf: [21.11.2009].

Liesenfeld, Martin: Hundert Worte von Martin Buber, Oberpframmern, Verlag Neue Stadt, 1998.

Lifton, Jean Betty: Der König der Kinder. Das Leben von Janusz Korczak, 2. Aufl., übers. v. Annegret Lösch, Stuttgart, Klett-Cotta, 1990.

Lindemann, Holger/Vossler, Nicole: Die Behinderung liegt im Auge des Betrachters. Konstruktivistisches Denken für die pädagogische Praxis, Neuwied, Luchterhand, 1999.

Lindgren, Astrid: Steine auf dem Küchenbord, 2. Aufl., Oetinger, Hamburg, 1939.

Lingenauber, Sabine: Einführung in die Reggio-Pädagogik. Kinder, Erzieherinnen und Eltern als konstitutives Sozialaggregat, 5. Aufl., Bochum, Projektverlag, 2009.

Locke, John: Gedanken über Erziehung, Ditzingen, Reclam, 1693, § 1.

Lohr, Michael: Das Internet als Arbeitsmaterial. WWW und E-Mail im Kita-Alltag, in: Kita aktuell, Sonderausgabe KiTa Impuls, 2. Jg., 1, 2009, S. 13–15.

Loos, Roger: Praxisbuch Spracherwerb, Sprachförderung im Kindergarten, Bd. 1, München, Don Bosco, 2005.

Looß, Maike: Lerntypen? Ein pädagogisches Konstrukt auf dem Prüfstand, in: Die deutsche Schule, 93. Jg., 2001, S. 186-198.

Looß, Maike: Die Lerntypentheorie – hilfreiches Rezept oder populärer Irrtum?, in: Forschung & Lehre, 16. Jg., 2009, S. 880-881.

Louv, Richard/Hüther, Gerald: Das letzte Kind im Wald? Geben wir unseren Kindern die Natur zurück! [mit 80 Umweltaktionen für unsere Kinder], übers. v. Andreas Nohl, Weinheim/Basel, Beltz, 2011.

Luft, Josef: Einführung in die Gruppendynamik, übers. v. Gudrun Theusner-Stampa, Stuttgart, Ernst Klett Verlag, 1963.

Lukesch, Helmut: Elterliche Erziehungsstile. Psychologische und soziologische Bedingungen, Stuttgart, Berlin, Köln, Mainz, Kohlhammer, 1976.

Mahlmann, Regina: Konflikte managen, Weinheim und Basel, Beltz, 2000.

Maletzke, Gerhard: Interkulturelle Kommunikation – Zur Interaktion zwischen Menschen verschiedener Kulturen, Opladen, Westdeutscher Verlag, 1996.

Martin, Ernst/Wawrinowski, Uwe: Beobachtungslehre. Theorie und Praxis reflektierter Beobachtung und Beurteilung, Weinheim, Juventa, 2000.

Maturana, Humberto R./Varela, Francisco J.: Der Baum der Erkenntnis. Wie wir die Welt durch unsere Wahrnehmung erschaffen – die biologischen Wurzeln des menschlichen Erkennens, 3. Aufl., übers. v. Kurt Ludewig, Bern, Scherz-Verlag, 1987.

Maturana, Humberto R./Varela, Francisco J.: Der Baum der Erkenntnis. Die biologischen Wurzeln menschlichen Erkennens, übers. v. Kurt Ludewig, Frankfurt a. M., Fischer-Taschenbuch-Verlag, 2009.

Medienpädagogischer Forschungsverbund Südwest: JIM-Studie 2008. Jugend, Information, (Multi-)Media, Basisuntersuchung zum Medienumgang 12- bis 19-Jähriger, Autoren: Sabine Feierabend und Thomas Ratgeb, abgerufen unter: www.mpfs.de/index.php?id=117, [24.09.2009].

Medienpädagogischer Forschungsverbund Südwest: KIM-Studie 2010, Kinder + Medien + Computer + Internet, Basisuntersuchung zum Medienumgang 6- bis 13-Jähriger in Deutschland, Stuttgart, 2011.

Menke, Birger: Wie Kinder zum Zappelphilipp werden. Interview mit Sabina Pauen, SPIEGEL ONLINE, abgerufen unter: www.spiegel.de/schulspiegel/wissen/0,1518,639684,00.html [03.08.2009].

Menke, Simone: Übergangsmanagement und lebenslanges Lernen, 2008, abgerufen unter: www.uebergangsmanagement.info/pdf/zuem_report.pdf [21.07.2009].

Mersmann, Heiner: Gesundheitsamt der Landeshauptstadt. Gesundheitsbericht über Schulneulige von 1998–2001, Düsseldorf, 2003.

Merten, Klaus: Allmacht oder Ohnmacht der Medien? Erklärungsmuster der Medienwirkungsforschung, in: Funkkolleg Medien und Kommunikation, Studienbrief 9, Weinheim und Basel, Beltz, 1991, S. 38–73.

Merz-Foschepoth, Christine: Pädagogische Handlungskonzepte von Montessori bis zum Situationsansatz, Freiburg, Herder, 2002.

Metzger, Wolfgang: Gesetze des Sehens, 3. Aufl., Frankfurt a. M., Verlag Waldemar Kramer, 1975.

Metzig, Werner/Schuster, Martin: Lernen zu lernen, 7. Aufl., Berlin, Springer, 2006.

Metzinger, Adalbert: Zur Geschichte der Erzieherausbildung. Quellen – Konzeptionen – Impulse – Innovationen, Frankfurt, Peter Lang, 1993.

Meyer, Wolf-Uwe/Reisenzein, Rainer/Schützwohl, Achim: Einführung in die Emotionspsychologie. Die Emotionstheorien von Watson, James und Schachter, Bd. 1, 4. Aufl., Bern, Verlag Huber, 2008.

Meyer, Wolf-Uwe/Reisenzein, Rainer/Schützwohl, Achim: Einführung in die Emotionspsychologie. Evolutionspsychologische Emotionstheorie, Bd. 2, 3. Aufl., Bern, Verlag Huber, 2008.

Meyers großes Taschenlexikon, Bd. 4, 5. überarbeitete Aufl., Mannheim, B. I. Taschenbuchverlag, 1995.

Mietzel, Gerd: Wege in die Entwicklungspsychologie. Kindheit und Jugend, 4. Aufl., Weinheim und Basel, Beltz, 2002.

Mietzel, Gerd: Wege in die Psychologie, 12., völlig überarbeitete und erweiterte Neuausgabe, Stuttgart, Klett-Cotta, 2005.

Militzer, Renate: Situationsorientiertes Arbeiten in Tageseinrichtungen, in: Tausend Situationen und mehr!, Die Tageseinrichtung – ein Lebens- und Erfahrungsraum für Kinder, hrsg. v. Sozialpädagogisches Institut für Kinder, Jugend und Familie, Münster, Votum Verlag, 1999, S. 69–82.

Militzer, Renate/Demandewitz, Helga/Fuchs, Ragnhild: Wie Kinder sprechen lernen. Entwicklung und Förderung der Sprache im Elementarbereich auf der Grundlage des situationsbezogenen Ansatzes, hrsg. v. Ministerium für Frauen, Jugend, Familie und

Gesundheit des Landes Nordrhein-Westfalen, Düsseldorf, 2001.

Militzer, Renate/Demandewitz, Helga/Solbach, Regina: Tausend Situationen und mehr! Die Tageseinrichtung – ein Lebens- und Erfahrungsraum, hrsg. v. Sozialpädagogisches Institut NRW, Münster, Votum Verlag, 1999.

Miller, Alice: Am Anfang war Erziehung, Frankfurt a. M., Suhrkamp Verlag, 1980.

Ministerium für Bildung, Jugend und Sport des Landes Brandenburg: Finanzierungsregelungen, abgerufen unter: www.mbjs.brandenburg.de/media/lbm1.a.1234. de/finanzierungsregelungen.pdf [07.06.2009].

Ministerium für Bildung, Jugend und Sport des Landes Brandenburg: Unternehmen Kindertagesstätte – Ein praktisches Handbuch zur Übernahme und Führung von Kindertagesstätten im Land Brandenburg, abgerufen unter: www.mbjs.brandenburg.de/sixcms/detail.php/lbm1.c.320586.de [05.02.2009].

Ministerium für Bildung, Wissenschaft, Jugend und Kultur des Landes Rheinland-Pfalz: Keyfacts, abgerufen unter: kita.rlp.de/fileadmin/downloads/Keyfacts_Finanzen.pdf [05.03.2009].

Ministerium für Familie, Kinder, Jugend, Kultur und Sport des Landes Nordrhein-Westfalen (Hrsg.): Gütesiegel Familienzentrum Nordrhein-Westfalen, Stand September 2011, abgerufen unter: https://broschueren.nordrheinwestfalendirekt.de/broschuerenservice/pageflip/staatskanzlei/guetesiegel-familienzentrum-nordrhein-westfalen/870#/auto-pages [14.06.2012].

Ministerium für Generationen, Familie, Frauen und Integration (MFFI) des Landes Nordrhein-Westfalen (Hrsg.): Das Gütesiegel Familienzentrum NRW, 2007, abgerufen unter: www.familienzentrum.nrw. de/fileadmin/documents/pdf/guetesiegelbroschuere.pdf [11.05.2010].

Ministerium für Generationen, Familie, Frauen und Integration (MFFI) des Landes Nordrhein-Westfalen: Delfin 4. Sprachförderorientierung, Eine Handreichung, 2008.

Ministerium für Generationen, Familie, Frauen und Integration (MFFI) des Landes Nordrhein-Westfalen: KiBiz, abgerufen unter: www.mgffi.nrw.de/pdf/kinder-jugend/KiBiz_Volltext.pdf [24.09.2009].

Ministerium für Schule und Weiterbildung des Landes Nordrhein-Westfalen: Richtlinien und Lehrpläne zur Erprobung, Fachschulen des Sozialwesens, Fachrichtung für Sozialpädagogik, 7605/2006, abgerufen unter: www.learn-line.nrw.de/angebote/fs/sozial.htm [21.06.2009].

Ministerium für Schule und Weiterbildung des Landes Nordrhein-Westfalen: Richtlinien und Lehrpläne zur Erprobung, Fachschule des Sozialwesens, Fachrichtung Sozialpädagogik, 7621/2010, hrsg. v. Ministerium für Schule und Weiterbildung des Landes Nordrhein-Westfalen, abgerufen unter: www.berufsbildung.schulministerium.nrw.de/cms/upload/_lehrplaene/e/bewegung_gesundheit.pdf [07.05.2010].

Ministerium für Schule, Jugend und Kinder des Landes Nordrhein-Westfalen: Erfolgreich starten! Schulfähigkeitsprofil als Brücke zwischen Kindergarten und Grundschule, eine Handreichung, Ritterbachverlag, 2003.

Ministerium für Schule, Jugend und Kinder des Landes Nordrhein-Westfalen: Bildungsvereinbarung NRW. Fundament stärken und erfolgreich starten, Düsseldorf, 2003.

Ministerium für Schule und Weiterbildung des Landes Nordrhein-Westfalen/Ministerium für Familie, Kinder, Jugend, Kultur und Sport des Landes Nordrhein-Westfalen (Hrsg.): Mehr Chancen durch Bildung von Anfang an – Entwurf – Grundsätze zur Bildungsförderung für Kinder von 0 bis 10 Jahren in Kindertageseinrichtungen und Schulen im Primarbereich in Nordrhein-Westfalen, 2011, abgerufen unter: http://www.bildungsgrundsaetze.nrw.de [12.04.2012].

Ministerium für Schule und Weiterbildung des Landes Nordrhein-Westfalen/Ministerium für Familie, Kinder, Jugend, Kultur und Sport des Landes Nordrhein-Westfalen (Hrsg.): Sprachstandsfeststellung zwei Jahre vor der Einschulung. Informationen für Eltern, 2012.

Möller, Rainer/Tschirch, Reinmar (Hrsg.): Arbeitsbuch Religionspädagogik für ErzieherInnen, Stuttgart, Verlag W. Kohlhammer, 2002.

Mönch-Kalina, Sabine/Mahnke, Stephanie: Was bedeutet „Integrative Kindertageseinrichtung"?, Hochschule Wismar 2007, abgerufen unter www.kita-portal-mv.de/documents/fragen_der_eltern_3.pdf [20.09.2012].

Mönks, Franz J./Knoers, Alphons M. P.: Lehrbuch der Entwicklungspsychologie, München/Basel, Reinhardt, 1996.

Montessori Kindergruppe: Pädagogik Grundprinzipien, abgerufen unter: www.montessori-in-baden.at/kg/paedagogik_B.html [03.02.2009].

Montessori, Maria: Kinder sind anders, 7. Aufl., übers. v. Percy Eckstein und Ulrich Weber, bearb. v. Helene Helmig, Stuttgart, Klett, 1964.

Montessori, Maria: Spannungsfeld Kind, Gesellschaft, Welt, auf dem Wege zu einer kosmischen Welt, aus nachgelassenen Texten, hrsg. und übers. v. Günter Schulz-Benesch, Freiburg, Herder, 1979.

Montessori-Schule Augsburg: Sensible Phasen, abgerufen unter: www.montessori-augsburg.de/Impressum.8.0.html [01.05.2009].

Monzel, Andrea: Das gleiche ist nicht das selbe – Möglichkeiten und Grenzen von Mädchenarbeit unter der besonderen Berücksichtigung des ländlichen Raums, abgerufen unter: www.maedchenarbeit.de/beitraege/monzel_andrea.html [29.08.2007].

MPI, Max-Planck-Gesellschaft zur Förderung der Wissenschaften e. V., München, abgerufen unter: www.mpib-berlin.mpg.de/de/copyright/index.htm [07.01.2009].

Müller, Helga/Oberhuemer, Pamela: Kinder wollen spielen. Spiel und Spielzeug im Kindergarten, 3. Aufl., Freiburg, Herder, 1994.

Münder, Johannes: Beratung, Betreuung, Erziehung und Recht. Handbuch für Lehre und Praxis, 2. Aufl., Münster, Votum-Verlag, 1991.

Museum Brandhorst, abgerufen unter: http://www.museum-brandhorst.de/de/kunstvermittlung/kinder-und-kunst.html [05.03.2012].

Mutzeck, Wolfgang: Kollegiale Praxisberatung, in: Pädagogik und Auffälligkeit. Impulse für Lehren und Lernen bei erwartungswidrigem Verhalten, hrsg. v. Klaus Fitting, Eva Kluge und Eva Maria Saßenrath-Döpke, Weinheim, Deutscher Studienverlag, 1993, S. 168–181.

Myers, David G.: Psychologie, übers. v. Sabine Mehl, Katrin Beckmann und Birgit Pfitzer, Heidelberg, Springer Medizin Verlag, 2005.

Nagel, Gudrun: Supervision als Instrument der Teamentwicklung, Reflexion des Beziehungsgeschehens, TPS, Theorie und Praxis Sozialpädagogik, 10, 2008, S. 25–27.

Näger, Silvia: „Schau mal, was ich gefunden hab!", in: kindergarten heute, Heft 11, 2006, S. 16–21.

Naturschutzzentrum NRW bei der Landesanstalt für Ökologie/Landschaftsentwicklung und Forstplanung NRW (Hrsg.): Natur-Spiel-Räume für Kinder. Eine Arbeitshilfe zur Gestaltung naturnaher Spielräume an Kindergärten und anderswo, abgerufen unter: www.nua.nrw.de/nua/var/www/de/kirche/pdf/08.pdf [05.01.2010].

Neill, Alexander Sutherland: Theorie und Praxis der antiautoritären Erziehung. Das Beispiel Summerhill, übers. v. Hermann Schroeder und Paul Horstrup, Reinbek bei Hamburg, Rowohlt, 1969.

Neill, Alexander Sutherland: Das Prinzip Summerhill. Fragen und Antworten, Argumente, Erfahrungen, Ratschläge, 3. vom Autor bearb. Aufl., übers. v. Hermann Krauss, Reinbek bei Hamburg, Rowohlt, 1995.

Neill, Alexander Sutherland: Die grüne Wolke. Den Kindern von Summerhill erzählt, 4. Aufl., übers. v. Harry Rowohlt, Reinbek bei Hamburg, Rowohlt, 2001.

Neill, Alexander Sutherland: Selbstverwaltung in der Schule, hrsg. v. Rebekka Horlacher und Jürgen Oelkers, Zürich, Verlag Pestalozzianum, 2005.

Neraal, Terje: Die hyperkinetische Störung im Jugend- und Erwachsenenalter. Frühe psychologische Intervention ratsam, in: Deutsches Ärzteblatt, Heft 43, 1999.

Netz, Tillman: Erzieherinnen auf dem Weg zur Professionalität. Studien zur Genese der beruflichen Identität, Frankfurt a. M., Lang, 1998.

Neuberger, Christel: Auswirkungen elterlicher Arbeitslosigkeit und Armut auf Familien und Kinder. Ein mehrdimensional empirisch gestützter Zugang, in: Aufwachsen in Armut. Erfahrungswelten und soziale Lagen von Kindern armer Familien, hrsg. von Ulrich Otto, Opladen, Leske + Budrich, 1997, S. 79–122.

Neuhaus, Cordula: Hyperaktive Jugendliche und ihre Probleme. Erwachsen werden mit ADS. Was Eltern tun können, 3. Aufl., Berlin, Urania Verlag, 2000.

Neuß, Norbert: Computereinsatz in Kindertagesstätten, 2001, abgerufen unter: home.arcor.de/nneuss/pc-kiga-.pdf [13.12.2009].

Niedersächsische Staatskanzlei: Gesetz über Tageseinrichtungen für Kinder (KiTaG) in der Fassung vom 7. Februar 2002, abgerufen unter: www.nds-voris.de/jportal/portal/t/k6e/page/bsvorisprod.psml;jsessionid=7F769EF374CF9AB1D02467CD78F8581A.jp95?doc.hl=1&doc.id=jlr-KiTaGNDrahmen%3Ajuris-lr00&showdoccase=1&documentnumber=1&numberofresults=31&doc.part=X&doc.price=0.0&paramfromHL=true#focuspoint [29.09.2009].

Niedersächsisches Kultusministerium (Hrsg.): Rahmenrichtlinien für das Gymnasium – gymnasiale Oberstufe, die Gesamtschule – gymnasiale Oberstufe, das Fachgymnasium, das Abendgymnasium, das Kolleg, Werte und Normen, 2004, abgerufen unter: www.nibis.de/nli1/gohrgs/rrl/rrl_wn_go.pdf [05.06.2009].

Nieke, Wolfgang: Interkulturelle Erziehung und Bildung, Leverkusen Opladen, Leske + Budrich, 1995.

Niesel, Renate: Immer noch brav in der zweiten Reihe? Mädchen im Kindergarten, in: Kindergarten heute, 3, 29, 1999, S. 16–22.

Niesel, Renate: Schulreife oder Schulfähigkeit – was ist darunter zu verstehen? in: Familienhandbuch des Staatsinstituts für Frühpädagogik (IFP), abgerufen unter: www.familienhandbuch.de/cmain/f_Aktuelles/a_Schule/s_190.html [24.07.2009].

Nilsson, Lennart: Ein Kind entsteht, 6. Aufl., übers. v. Lothar Schneider, München, Goldmann, 2003.

Nodes, Wilfried: An Zustimmung wird nicht gespart, abgerufen unter: www.dbsh.de/DemoscopeStudie.pdf [20.08.2008].

Nuber, Ursula S.: Leben mit dicker Haut, in: Psychologie Heute, Heft 7, Juli 2011, Weinheim, Beltz Verlag, 2011, S. 20–27.

Nugel, Sabine: Biologie und Gesundheiterziehung für die sozialpädagogische Ausbildung, 4. Aufl., Köln, Bildungsverlag EINS, 2009.

Nützel, Rudolf: Förderung des Umweltbewusstseins von Kindern. Evaluation von Naturbegegnungen mit Kindergartenkindern einer Großstadt. München, oekom, 2007.

Oberhuemer, Pamela: Über Praxis nachdenken, Praxis verändern – Ein Leitfaden für die interkulturelle Arbeit in Kindertageseinrichtungen, in: Die Welt trifft sich im Kindergarten. Interkulturelle Arbeit und Sprachenförderung, hrsg. von M. Ulich, Neuwied, Kriftel, Berlin, Luchterhand, 2001, S. 71–77.

Organisation for Economic Cooperation and Development (OECD): Die Politik der frühkindlichen Betreuung, Bildung und Erziehung in der Bundesrepublik Deutschland. Ein Länderbericht der Organisation für wirtschaftliche Zusammenarbeit und Entwicklung (OECD), 2004, abgerufen unter: http://www.bmfsfj.de/bmfsfj/generator/RedaktionBMFSFJ/Pressestelle/Pdf-Anlagen/oecd-studie-kinderbetreuung,property=pdf.pdf www.bmfsfj.de [05.09.2012].

Organisation for Economic Cooperation and Development (OECD): PISA Studie. Internationale Schulleistungsstudie, abgerufen unter: www.oecd.org/document/20/0,3343,de_34968570_34968795_39648148_1_1_1_1,00.html [07.01.2009].

Oerter, Rolf/Montada, Leo (Hrsg.): Entwicklungspsychologie, 5. Aufl., Weinheim und Basel, Beltz, 2005.

Oerter, Rolf/Montada, Leo (Hrsg.): Entwicklungspsychologie, 6. Aufl., Weinheim und Basel, Beltz, 2008.

Olp, Ingeborg: Wir sind ein offener Kindergarten – wie geht es weiter …?, in: Offener Kindergarten konkret, hrsg. von Gerhard Regel und Axel Jan Wieland, Hamburg, E.B.-Verlag Rissen, 1993, S. 108–144.

Orwell, George: 1984, übers. v. Michael Walter, hrsg. v. Herbert W. Franke, 27. Aufl., Berlin, Ullstein, 2005.

Österreicher, Herbert: Natur- und Umweltpädagogik für sozialpädagogische Berufe, Köln, Bildungsverlag EINS, 2008.

Österreicher, Herbert: Natur- und Umweltpädagogik für sozialpädagogische Berufe, 2. Aufl., Köln, Bildungsverlag Eins, 2011.

Österreicher, Herbert: Kinder lieben kleine Tiere. Berlin, Weimar, verlag das netz, 2011.

Österreicher, Herbert: Ökologie und Gesundheitserziehung für sozialpädagogische Berufe. Köln, Bildungsverlag EINS, 2012.

Österreicher, Herbert/Prokop, Edeltraud: Kinder wollen draußen sein. Natur entdecken, erleben und erforschen, Seelze, Kallmeyer, 2011.

Oswald, Hans: Sozialisation, Entwicklung und Erziehung im Kindesalter, in: Zeitschrift für Pädagogik, Forschungs- und Handlungsfelder der Pädagogik, Beiheft, 36, 1997, S. 52–74.

Oswald, Paul/Schulz-Benesch, Günter: Grundgedanken der Montessori-Pädagogik. Aus Maria Montessoris Schrifttum und Wirkkreis, 2. Aufl., Freiburg, Herder, 1967.

Papenheim, Heinz-Gert: Rechte und Pflichten im Berufspraktikum, Köln, Bildungsverlag EINS, 2000.

Patzlaff, Reiner/Saßmannshausen, Wolfgang: Leitlinien der Waldorfpädagogik für die Kindheit von 3 bis 9 Jahren. Teil 1, 2. Aufl., Stuttgart, Pädagogische Forschungsstelle beim Bund der Freien Waldorfschulen, 2007.

Pausewang, Freya: Dem Spielen Raum geben, 1. Aufl., Berlin, Cornelsen Verlag, 1997.

Peltzer, Ulf: Lawrence Kohlbergs Theorie des moralischen Urteilens, Wiesbaden, VS Verlag für Sozialwissenschaften, 1991.

Penner, Zvi: Kon-Lab: Gesamtpaket Kindergarten, Köln, Bildungsverlag EINS, 2009.

Permien, Hanna/Frank, Kerstin: Schöne Mädchen – Starke Jungen? Gleichberechtigung: (k)ein Thema in Tageseinrichtungen für Kinder, Freiburg, Lambertus, 1995.

Pesch, Ludger: Teamentwicklung, in: Handwörterbuch für Erzieherinnen und Erzieher, hrsg. v. Raimund Pousset, Berlin, Düsseldorf, Mannheim, Cornelsen Scriptor, 2007, S. 440 ff.

Pesch, Ludger/Sommerfeld, Verena: Beschwerdemanagement. Wie Kindergärten TOP werden, Weinheim und Basel, Beltz, 2002.

Pesch, Ludger/Sommerfeld, Verena: Teamentwicklung. Wie Kindergärten TOP werden, Weinheim, Berlin, Basel, Beltz Verlag, 2002.

Pestalozzi, Johann Heinrich: Lienhard und Gertrud, Bad Schwartau, WFB-Verlags-Gruppe, 2007.

Pestalozzi, Johann Heinrich: Sämtliche Werke. Kritische Ausgabe, hrsg. v. Arthur Buchenau, Eduard Spranger und Hans Stettbacher, 31 Bde., Berlin und Zürich, Verlag Walter de Gruyter & Co, 1927–1996.

Pestalozzi, Johann Heinrich: Wie Gertrud ihre Kinder lehrt. Ein Versuch, den Müttern Anleitung zu geben, ihre Kinder selbst zu unterrichten, Bad Schwartau, WFB-Verlagsgruppe, 2006.

Peterander, Franz/Arnold, Rolf (Hrsg.): Qualitätsmanagement in sozialen Einrichtungen, 2. Aufl., München, Ernst Reinhardt Verlag, 2004.

Petermann, Franz/Niebank, Kay/Scheithauer, Herbert: Entwicklungswissenschaft, Entwicklungspsychologie – Genetik – Neuropsychologie, Berlin, Heidelberg, New York, Springer Verlag, 2004.

Petermann, Franz/Petermann, Ulrike: Training mit sozialunsicheren Kindern, 10. Aufl., Weinheim, Basel, Beltz, 2006.

Petermann, Franz/Petermann, Ulrike: Training mit aggressiven Kindern, 12. Aufl., Weinheim und Basel, Beltz, 2008.

Petersen, Thomas/Mayer, Tilman: Der Wert der Freiheit. Deutschland vor einem neuen Wertewandel?, Basel, Herder, 2005.

Pinquart, Martin/Schwarzer, Gudrun/Zimmermann, Peter: Entwicklungspsychologie – Kindes- und Jugendalter, Göttingen, Hogrefe, 2011.

Plassmann, Ansgar A./Schmitt, Günter: Das Entwicklungsstufenmodell nach Piaget, abgerufen unter: www.uni-due.de/edit/lp/ [18.03.2010], Psychologie online lernen, Universität Duisburg-Essen, Campus Essen, 2007.

Platon: Der Staat, 2. Aufl., Leipzig, Reclam Verlag jun., 1988.

Pohl, Gabriele: Kindheit – aufs Spiel gesetzt, 2. Aufl., Berlin, dohrmann Verlag, 2008.

Pommerenke, Ulrich: Motivation und Erfolg. Strategien und Selbst-Coaching für Erzieherinnen, Offenbach, Gabal Verlag, 2004.

Pommerenke, Ulrich: Ich kann´s – ich mach´s, Berlin, Cornelsen Scriptor, 2007.

Portmann, Adolf: Zoologie und das neue Bild des Menschen. Biologische Fragmente zu einer Lehre vom Menschen, 2. Aufl., Reinbek bei Hamburg, Rowohlt, 1958.

Pousset, Raimund (Hrsg.): Handwörterbuch für Erzieherinnen und Erzieher, Berlin, Düsseldorf, Mannheim, Cornelsen Verlag Scriptor, 2007.

Prange, Klaus: Plädoyer für Erziehung, Baltmannsweiler, Schneider Verlag Hohengehren, 2000.

Preissing, Christa: Demokratie-Erleben im Kindergarten, in: Lernprogramm Demokratie. Möglichkeiten und Grenzen politischer Erziehung von Kindern und Jugendlichen, hrsg. v. Christian Büttner und Bernhard Meyer, Weinheim und München, Juventa Verlag 2000, S. 81–88.

Preissing, Christa/Boldaz-Hahn, Stefani (Hrsg.): Qualität im Situationsansatz. Qualitätskriterien und Materialien für die Qualitätsentwicklung in Kindertageseinrichtungen, 2. Aufl., Düsseldorf, Cornelsen Scriptor, 2009.

Preissing, Christa/Boldza-Hahn, Stefani (Hrsg.): Qualität von Anfang an, Berlin, Cornelsen Scriptor, 2009.

Preissing, Christa/Heller, Elke (Hrsg.): Qualität im Situationsansatz. Qualitätskriterien und Materialien für die Qualitätsentwicklung in Kindertageseinrichtungen, 1. Aufl., Weinheim, Beltz, 2003.

Preissing, Christa/Institut für den Situationsansatz, Internationale Akademie (INA gGmbH) an der Freien Universität Berlin: Leitbild des Situationsansatzes, abgerufen unter: www.pdfdownload.org/pdf2html/pdf2html.php?url=http%3A%2F%2Fwww.ina-fu.org%2Fista%2Fcontent%2Fpdf%2Fleitbild.pdf&images=yes [06.05.2009].

Preissing, Christa/Institut für den Situationsansatz, Internationale Akademie (INA gGmbH) an der Freien Universität Berlin: Konzeptionelle Grundsätze des Situationsansatzes, abgerufen unter: www.pdfdownload.org/pdf2html/pdf2html.php?url=http%3A%2F%2Fwww.ina-fu.org%2Fista%2Fcontent%2Fpdf%2Fkonzeptionelle_grundsaetze.pdf&images=yes [09.05.2009].

Preissing, Christa/Prott, Roger: Rechtshandbuch für Erzieherinnen, 2. Aufl., Berlin, FIPP-Verlag,1993.

Preissing, Christa/Wagner, Petra: Kleine Kinder, keine Vorurteile?, Freiburg, Herder, 2003.

Pudel, Volker: Warum Kinder anders essen, als sie sich ernähren sollten. Das Essverhalten ist emotional gesteuert und kognitiv kaum beeinflussbar, in: TPS, Theorie und Praxis der Sozialpädagogik, Heft 01, 2008, S. 10–14.

Rabatsch, Manfred: Rechte und Pflichten der Eltern in Zusammenarbeit mit dem Jugendamt – Gewährung von Hilfen zur Erziehung – SGB VIII, abgerufen unter: www.legastenieverband.org/sgbviii.pdf [06.03.2012].

Rahner, Johanna: Neue Aktualität alter Streitigkeiten, in: zur debatte. Themen der Katholischen Akademie in Bayern, hrsg. v. Katholische Akademie in Bayern, München, 4, 2009, S. 32–34.

Randow-Barthel, Sybille: Teamarbeit. Gemeinsam zum Erfolg, in: Die qualifizierte Leiterin. Erfolgreiches Sozialmanagement in Kindertagesstätten, hrsg. v. Institut für Bildung und Entwicklung im Caritasverband der Erzdiözese München und Freising e.V., München, Don Bosco Verlag, 1998, S. 51–61.

Rastätter, Renate: Nicht dümmer aber die Dummen. Pressekonferenz 11.09.2006, abgerufen unter: www.bawue.gruene-fraktion.de/cms/themen/dokbin/146/146977.pdf [03.09.2007].

Rathsmann-Sponsel, Irmgard/Sponsel, Rudolf: Geschwisterkonstellationen, 2006, abgerufen unter: www.sgipt.org/gipt/diffpsy/cst/tgk_cst.htm [06.04.2008].

Rau, Johannes: Grußwort des Ministerpräsidenten des Landes Nordrhein-Westfalen zur Tagung des Dritten Internationalen Wuppertaler Korczak-Kolloquiums, in: Janusz Korczak. Pädagogik der Achtung. Tagungsband zum Dritten Internationalen Wuppertaler Korczak-Kolloquium, hrsg. v. Friedhelm Beiner, Heinsberg, Agentur Dieck, 1987, S. 10–12.

Rauschenbach, Thomas: Die Erzieherin. Ausbildung und Arbeitsmarkt, Weinheim, Juventa-Verlag, 1995.

Rauschenbach, Thomas: Frühkindliche Bildung, Betreuung und Erziehung. 10 Befunde, abgerufen unter: www.bildungsbericht.de/ftbb08/FI_Rauschenbach.pdf [18.06.09].

Reddy, Peter: Aufmerksamkeit und das Lernen von Fertigkeiten, in: Einführung in die Kognitionspsychologie, hrsg. v. Jochen Gerstenmaier, München, Ernst Reinhardt Verlag, 1995, S. 91–120.

Regel, Gerhard: Bedürfnisorientierung. Geben und Nehmen in der Beziehung zu Kindern, in: Offener Kindergarten konkret, hrsg. von Gerhard Regel und Axel Jan Wieland, Hamburg, E.B.-Verlag Rissen, 1993, S. 50–88.

Regel, Gerhard: Offen sein als Prinzip. Voraussetzung für das Gelingen der pädagogischen Weiterentwicklung im Elementarbereich, in: Offener Kindergarten konkret, hrsg. von Gerhard Regel und Axel Jan Wieland, Hamburg, E.B.-Verlag Rissen, 1993, S. 139–157.

Regel, Gerhard/Wieland, Axel Jan (Hrsg.): Offener Kindergarten konkret, Veränderte Pädagogik in Kindergarten und Hort, Hamburg, E.B.-Verlag Rissen, 1993.

Reich, Kersten: Systemisch-konstruktivistische Pädagogik. Einführung in Grundlagen einer interaktionistisch-konstruktivistischen Pädagogik, 2. Aufl., Neuwied, Luchterhand, 1997.

Reidelhuber, Almut: Umweltbildung. Ein Projektbuch für die sozialpädagogische Praxis von 3–10 Jahren, Freiburg i. Br., Lambertus, 2000.

Reidelhuber, Almut: Umweltbildung und -erziehung im Kindergarten. Gemeinsam geht es am besten, hrsg. v. Bayerisches Staatsministerium für Arbeit und Sozialordnung, Familie und Frauen, München, 2005.

Reimann, Anna: Regierungsbericht, Migranten starten Aufholjagd, in: Spiegel-Online, 27.6.2012, abgerufen unter: http://www.spiegel.de/politik/deutschland/auslaenderbericht-migranten-holen-bei-bildung-auf-a-841066.html [27.06.2012].

Rettkowitz, Michael/Elternrat.de: Zweites Gesetz zur Ausführung des Gesetzes zur Neuordnung des Kinder und Jugendhilferechtes (Gesetz über Tageseinrichtungen für Kinder – GTK) vom 29. Oktober 1991, zuletzt geändert durch das Zweite Gesetz zur Änderung des Schulgesetzes für das Land Nordrhein-Westfalen (2. Schulrechtsänderungsgesetz) vom 27.06.2006 (Artikel 4), abgerufen unter: www.elternrat.de/LER-KiTa-NRW/download/gtk-nrw.htm [10.07.2007].

Reuter, Lothar: Jungen im Blick, 2005, abgerufen unter: www.jungenarbeit-online.de/content.jsp?jsessionid=8FC23B01340CB4EAEBA1FA825B429B23&kontext=Kontext_77&auswahl=131&dwgroup=null&dwview=default [31.08.07].

Rhue, Morton: Die Welle, übers. v. Noack, Hans-Georg, Ravensburg, Ravensburger Buchverlag, 2011.

Rieber, Dorothea: Der Kultur der Kinder auf der Spur. Ein Vergleich von Reggio-Pädagogik und Situationsansatz, Freiburg im Breisgau, Lambertus, 2002.

Rieder-Aigner, Hildegard (Hrsg.): Handbuch Kindertageseinrichtungen, Bd. 1, Regensburg, Walhalla Fachverlag, 2002.

Riepe, Gerd/Riepe, Regina: Du schwarz – ich weiß, Wuppertal, Peter Hammer Verlag gemeinsam mit der Deutschen Welthungerhilfe, 1992.

Rilke, Rainer Maria: Die Gedichte, Frankfurt a. M., Insel Verlag, 1996.

Robert Koch-Institut (Hrsg.): Merkblatt des RKI für Ärzte, Leitungen von Gemeinschaftseinrichtungen und Gesundheitsämter aktualisiert: Juli 2006 – Erstveröffentlichung im Bundesgesundheitsblatt 05/1997, Zulassung – Wiederzulassung in Schulen, Kindergärten und sonstigen Gemeinschaftseinrichtungen bei Erkrankung oder nach Kontakt mit Erkrankten oder nach Genesung bei Masern, abgerufen unter: http://www.gesundheitsamt.de/alle/gesetz/seuche/wzr/kh/mas.htm [03.09.2012].

Rödder, Andreas/Elz, Wolfgang (Hrsg.): Alte Werte – neue Werte: Schlaglichter des Wertewandels, Göttingen, Vandenhoeck & Ruprecht, 2008.

Rogers, Carl R.: Die nicht direktive Beratung, München, Kindler Studienausgabe, 1972.

Rogers Carl R.: Die Kraft des Guten. Ein Appell zur Selbstverwirklichung, Frankfurt a. M., Fischer Taschenbuch Verlag, 1990.

Rogers, Carl R.: Entwicklung der Persönlichkeit. Psychotherapie aus der Sicht eines Therapeuten, 13. Aufl., übers. v. Jacqueline Giere, Stuttgart, Klett-Cotta, 2000.

Rohmann, Tim/Thoma, Peter: Jungen in Kindertagesstätten. Ein Handbuch zur geschlechtsbezogenen Pädagogik, Freiburg, Lambertus, 1998.

Rohmann, Tim: Gender Mainstreaming und die Arbeit mit Jungen in Tageseinrichtungen für Kinder, in: Switchboard, April/Mai, 2003, S. 157.

Rohrmann, Tim: Mit der ‚Gender-Brille' durch die Kita, in: kindergarten heute, 6-7, 2011, S. 8–12.

Rohnke, Hans-Joachim, Leitung und Teamarbeit – ein Widerspruch? 2001, abgerufen unter: www.kindergartenpaedagogik.de/521.html [25.07.09].

Rönnau-Böse, Maike/Fröhlich-Gildhoff, Klaus: Resilienz, München, Basel, UTB Profile, Ernst Reinhardt Verlag, 2009.

Rönnau-Böse, Maike/Fröhlich-Gildhoff, Klaus/Dörner, Tina: Prävention und Resilienzförderung in Kindertageseinrichtungen – PRiK: Trainingsmanual für ErzieherInnen, München, Ernst Reinhardt Verlag, 2010.

Rönnau-Böse, Maike/Fröhlich-Gildhoff, Klaus: Resilienzförderung im Kita-Alltag: Was Kinder stark und widerstandsfähig macht, Freiburg im Breisgau, Herder, 2010.

Rösler, Frank: Auf der Suche nach dem Engramm. Wie und wo speichert das Gehirn Informationen? Jahrbuch 2002 der Deutschen Akademie der Naturforscher Leopoldina, 2003, abgerufen unter: www.muenchner-wissenschaftstage.de/content/e160/e707/e728/e1095/filetitle/VRoeslerGedaechtnis_ger.pdf [05.06.2009].

Roth, Gerhard: Warum sind Lehren und Lernen so schwierig? abgerufen unter: www.studienseminar-leverkusen.de/bk/ausbildung/reader-lernen/roth_lehrenundlernen.pdf [13.01.2010].

Roth, Leo: Pädagogik. Handbuch für Studium und Praxis, München, Ehrenwirth Verlag, 1991.

Rothe, Friederike: Zwischenmenschliche Kommunikation. Eine interdisziplinäre Grundlegung, Deutscher Universitätsverlag, 2006.

Rousseau, Jean-Jacques: Emile oder über die Erziehung, hrsg. v. Martin Rang, übers. v. Eleonore Sckommodau, Stuttgart, Verlag Reclam, 1963.

L. Fried & S. Roux (Hrsg.): Pädagogik der frühen Kindheit. Handbuch und Nachschlagewerk, Weinheim und Basel, 2006.

Saffange, Jean-François: Libres regards sur Summerhill, l'oeuvre pédagogique de A.-S. Neill, Bern und Frankfurt a. M., Verlag Lang, 1985.

Sahliger, Udo: Die Aufsichtspflicht im Kindergarten, Münster, Votum-Verlag, 1994.

Antoine de Saint-Exupery: Der kleine Prinz, 1943, Karl-Rauch-Verlag, Düsseldorf, 53. Auflage, 1998.

Salovey, Peter/Brackett, Marc A./Mayer, John: Emotional Intelligence. Key Readings on the Mayer and Salovey Model, Port Chester, New York, National Professional Resources – Inc., 2004.

Sander, Rita/Spanier, Rita: Sprachentwicklung und Sprachförderung – Grundlagen für die pädagogische Praxis, in: Sonderheft kindergarten heute, 4. Aufl., Freiburg, Herder, 2005.

Sanders, Matt: Verhaltenstherapeutische Familientherapie. Eine „Public-Health"-Perspektive, in: Prävention von Trennung und Scheidung – Internationale Ansätze zur Prädiktion und Prävention von Beziehungsstörungen, hrsg. v. Kurt Hahlweg u. a., Stuttgart, Kohlhammer, 1998, S. 273–288.

Sandhof, Kathrin/Stumpf, Birgitta: Mit Kindern in den Wald. Wald-Erlebnis-Handbuch, Planung, Organisation und Gestaltung, Münster, Ökotopia-Verlag, 1998.

Saßmannshausen, Wolfgang: Waldorfpädagogik im Kindergarten, Freiburg, Herder, 2003.

Saßmannshausen, Wolfgang: Waldorf-Pädagogik auf einen Blick. Einführung für den Kindergarten, 1. Aufl. der vollst. überarb. und erw. Neuausg. (3. Gesamtaufl.), Freiburg, Herder, 2008.

Saßmannshausen, Wolfgang: Waldorfkindergarten. Grundlagen und Grundanliegen des Waldorfkindergartens, in: Kindergartenpädagogik Online-Handbuch, hrsg. v. Martin R. Textor, abgerufen unter: www.kindergartenpaedagogik.de/163.html [06.06.2009].

Satir, Virginia: Selbstwert und Kommunikation: Familientherapie für Berater und zur Selbsthilfe, übers. v. Maria Bosch und Elke Wisshak, 9. Aufl., München, Verlag Pfeiffer, 1989.

Sauer, Marlen: Elternarbeit in Kindertagesstätten. Bedarfsgerechtes inhaltliches und strukturiertes Arbeiten in Kitas, Elternbefragung als Bedarfsanalyse, Saarbrücken, VDM Müller, 2007.

Schäfer, Gerd E.: Bildungsprozesse im Kindesalter, Weinheim und Basel, Beltz, 1995.

Schäfer, Gerd E. (Hrsg.): Bildung beginnt mit der Geburt. Ein offener Bildungsplan für Kindertageseinrichtungen in Nordrhein-Westfalen, Weinheim und Basel, Beltz, 2003.

Schäfer, Gerd E. (Hrsg.): Bildung beginnt mit der Geburt, 2. Aufl., Weinheim und Basel, Beltz, 2005.

Schäfer, Gerd. E. (Hrsg.): Bildung beginnt mit der Geburt, Cornelsen Scriptor, Berlin, 2007.

Schäfer, Gerd E.: Bildung beginnt vor der Schule, abgerufen unter: www.uni-koeln.de/ew-fak/paedagogik/fruehekindheit/texte/fata_schae.pdf [05.11.2009].

Schäfer, Gerd E./Robert Bosch Stiftung: Überlegungen zur Professionalisierung von Erzieherinnen, abgerufen unter: http://www.bosch-stiftung.de/content/language1/downloads/rahmencurriculum_schaefer.pdf [28.04.2012].

Schäffter, Ortfried (Hrsg.): Das Fremde – Erfahrungsmöglichkeiten zwischen Faszination und Bedrohung, Opladen, Westdeutscher Verlag, 1991.

Scheffler, Bernd: Die soziale Konstruktion von Wirklichkeit im Individuum, in: Funkkolleg Medien und Kommunikation, Studienbrief 2, Weinheim und Basel, Beltz, 1991.

Scheler, Max: Der Formalismus in der Ethik und die materiale Wertethik. Neuer Versuch der Grundlegung eines ethischen Personalismus, 6. Aufl., Bern und München, Francke, 1980.

Schenk-Danzinger, Lotte: Entwicklungspsychologie, überarb. von Karl Rieder, 2. Aufl., Wien, G&G Verlagsgesellschaft, 2006.

Schilling, Gabi: Im Dienste von Eltern und Kind – Angebote der Familienzentren für die ganze Familie, Fachkongress des MGFFI „Familienzentren in NRW –

eine Zwischenbilanz im Dialog mit den Nachbarn" am 12. Mai 2009 in Aachen – Forum 3, abgerufen unter: http://www.familienzentrum.nrw.de/tagungsdokumentation.html [10.06.2012].

Schlecht, Daena: Kita – wie gut sind wir?, Skalen zur Einschätzung der pädagogischen Qualität nach internationalen Standards unter Einbeziehung aller Bildungspläne in Deutschland, Berlin, Cornelsen Scriptor, 2008.

Schlimme, Maren: Unsere Entwicklung zur offenen Kindertagesstätte, in: Offener Kindergarten konkret, hrsg. von Gerhard Regel und Axel Jan Wieland, Hamburg, E.B.-Verlag Rissen, 1993, S. 112–130.

Schmitt-Wenkebach, Rainer: Aufsichtspflicht in Tageseinrichtungen für Kinder, Bonn, Arbeiterwohlfahrt Bundesverband e. V., 1994.

Schneewind, Julia (Hrsg.): Persönlichkeit stärken – gesund bleiben. Kraft tanken im Erzieherinnen-Alltag, Köln, Bildungsverlag EINS, 2011.

Schneider, Holle: Anstöße für lebendige Gespräche in Frauengruppen. Thematische Anregungen und methodische Hilfen von Angst bis Zeit, 3. Aufl., Düsseldorf, Klens Verlag, 1992.

Schneider, Siegfried: Mathematisches Grundwissen. Kleines Mathe-Lexikon, Bühl, Konkordia, 2000.

Schräder-Naef, Regula: Lerntraining in der Schule. Voraussetzungen – Erfahrungen – Beispiele, Weinheim und Basel, Beltz Verlag, 2002.

Schuchardt, Erika: Warum gerade ich? Leben lernen in Krisen, 12. Aufl., Göttingen, Vandenhoeck & Ruprecht, 2006.

Schulz von Thun, Friedemann: Miteinander reden. Störungen und Klärungen. Allgemeine Psychologie der Kommunikation, Reinbek bei Hamburg, Sachbuch rororo, 1981.

Schulz von Thun, Friedemann: Situationsmodell, abgerufen unter: http://www.schulz-von-thun.de/index.php?article_id=106 [26.02.2012].

Schulz-Benesch, Günter: Zu Geschichte und Aktualität der Montessori-Pädagogik, in: Montessori-, Freinet-, Waldorfpädagogik. Konzeption und aktuelle Praxis, hrsg. v. Achim Hellmich und Peter Teigeler, 3. Aufl., Weinheim und Basel, Beltz, 1995.

Schumann, Brigitte: Inklusion statt Integration – eine Verpflichtung zum Systemwechsel, Sonderdruck Pädagogik, Heft 2/2009, S. 51–53.

Schwab, Hans-Rüdiger (Hrsg.): Philipp Melanchthon, der Lehrer Deutschlands: ein biographisches Lesebuch, München, Deutscher Taschenbuch Verlag, 1997.

Schweizerische Ärztezeitung/Bulletin des medercins suisses, Nr. 51/52, 2000, S. 81.

Seifert, Josef W.: Visualisieren, präsentieren, moderieren, 8. Auflage, Offenbach, Gabal, 1995.

Seiwert, Lothar J.: Wenn Du es eilig hast, gehe langsam. Das neue Zeitmanagement in der beschleunigten Welt. Sieben Schritte zur Zeitsouveränität und Effektivität, 3. Aufl., Frankfurt a. M., Campus Verlag, 1999.

Sekretariat der Ständigen Konferenz der Kultusminister der Länder in der Bundesrepublik Deutschland: Sonderpädagogische Förderung in allgemeinen Schulen (ohne Förderschulen) 2009/2010, abgerufen unter: http://www.kmk.org/statistik/schule/statistische-veroeffentlichungen/sonderpaedagogische-foerderung-in-schulen.html [05.07.2011].

Sekretariat der Ständigen Konferenz der Kultusminister der Länder in der Bundesrepublik Deutschland: Rahmenvereinbarung über Fachschulen, Beschluss vom 07.11.2002 i. d. F. vom 02.03.2012, abgerufen unter: http://www.kmk.org/fileadmin/veroeffentlichungen_beschluesse/2002/2002_11_07-RV-Fachschulen.pdf [12.10.2012].

Senatsverwaltung für Bildung, Wissenschaft und Forschung Berlin: Interkulturelle Bildung und Erziehung. Handreichung für Lehrkräfte an Berliner Schulen der Senatsverwaltung für Schule, Jugend und Sport Berlin, 2001, abgerufen unter: www.berlin.de/imperia/md/content/sen-bildung/politische_bildung/interkult.pdf [20.09.2009].

Senge, Peter M.: Die fünfte Disziplin, übers. v. Maren Klostermann, Stuttgart, Klett-Cotta, 1996.

Shell-Studie: Jugend 2006 – Eine pragmatische Generation unter Druck, abgerufen unter: www.bildungsspiegel.de/aktuelles/shell-studie-jugend-2006-eine-pragmatische-generation-unter-druck_2.html?Itemid=262 [26.08.2009].

Shell-Studie: Jugend 2010 – Eine pragmatische Generation behauptet sich, abgerufen unter: http://www.shell.de/home/content/deu/aboutshell/our_commitment/shell_youth_study/2010/ [30.03.2012].

Siebert, Horst: Lernen als Konstruktion von Lebenswelten. Entwurf einer konstruktivistischen Didaktik, Frankfurt a. M., VAS Verlag für Akademische Schriften, 1994.

Siegler, Robert/DeLoache, Judy/Eisenberg, Nancy: Entwicklungspsychologie im Kindes- und Jugendalter, 3. Auflage, Heidelberg, Spektrum Akademischer Verlag, 2011.

Simchen, Helga: Verunsichert, ängstlich, aggressiv. Verhaltensstörungen bei Kindern und Jugendlichen – Ursachen und Folgen, Stuttgart, Kohlhammer, 2008.

Simon, Fritz: Einführung in Systemtheorie und Konstruktivismus, Heidelberg, Carl-Auer-Systeme Verlag, 2008.

Singh, Joseph Amrito Lal: Die Wolfskinder von Midnapore, übers. v. Sonja Flitner und Hildegard Kasper, Heidelberg, Quelle & Meyer, 1964.

Smidt, Marianne: Der Wertewandel im Zeichen des Euro. Zum Zusammenspiel von inneren und äußeren Werten, privater und gesellschaftlicher Gesundheit, Berlin, Frieling, 2006.

Sölle, Dorothee/Steffenski, Fulbert: Wider den Luxus der Hoffnungslosigkeit, hrsg. v. Matthias Mettner, Freiburg, Herder, 1995.

Sozialgesetzbuch, Achtes Buch (SGB VIII), Kinder- und Jugendhilfegesetz, abgerufen unter: www.gesetze-im-internet.de/sgb_8 [15.02.2012].

Späth, Karl: Abgrenzung oder neue Partnerschaft?, in: TPS, Theorie und Praxis der Sozialpädagogik, 1, 2007, S. 50–53.

SPIEGEL ONLINE, han/ala/dpa/AFP: UNICEF-Bericht. Eine Million Kinder ohne Gerichtsurteil im Gefängnis, abgerufen unter: www.spiegel.de/panorama/gesellschaft/0,1518,653482,00.html [06.10.2009].

Spielhofer, Karin/Abel-Pfeiffer, Monika/Willig, Wolfgang: Lesebuch für Entwicklungspsychologie und Pädagogik, 2. Aufl., Balingen, Selbstverlag W. Willig, 1991.

Spiewak, Martin: Was hilft den Jungen? Die Bildungsexpertin Hannelore Faulstich-Wieland und Klaus Hurrelmann streiten über die richtigen Förderkonzepte, abgerufen unter: http://www.zeit.de/2010/32/Streitgespraech-Jungen [27.05.2011].

Spitzer, Manfred: Lernen. Gehirnforschung und die Schule des Lebens, Darmstadt, Wissenschaftliche Buchgesellschaft, 2002.

Spitzer, Manfred: Selbstbestimmen. Gehirnforschung und die Frage: Was sollen wir tun?, Berlin, Heidelberg, Spektrum Akademischer Verlag, 2007.

Spitzer, Manfred: Lernen. Gehirnforschung und die Schule des Lebens, Berlin, Springer-Verlag – Spektrum Akademischer Verlag, 2008.

Spitzer, Sabine: Lebensweltorientierte soziale Arbeit mit Straßenkindern in Kamerun, 2005, abgerufen unter: www.uni-koeln.de/phil-fak/afrikanistik/kant/data/SS1_kant1.pdf [06.08.2008].

Sportjugend NRW: Persönlichkeitsentwicklung, 1/6, 1996, S. 21.

Spranger, Eduard: Das Gesetz der ungewollten Nebenwirkungen in der Erziehung, Heidelberg, Quelle & Meyer, 1962.

Stadt Bergisch Gladbach: Richtlinien zur Förderung der Kindertagesstätten, abgerufen unter: www.bergischgladbach.de/downloads/6553/6559/7583/7584/XXV.pdf [01.05.2007].

Stamer-Brandt, Petra: Mit Kindern in Projekten arbeiten. Planung, Durchführung und Nachbereitung, Freiburg im Breisgau, Herder, 2002.

Stangl, Werner: Auswirkungen von Schichtunterschieden auf die Erziehung, abgerufen unter: arbeitsblaetter.stangl-taller.at/ERZIEHUNG/Schicht-Erziehung.shtml [04.04.2009].

Stangl, Werner: Lernen am Modell – Albert Bandura, abgerufen unter: arbeitsblaetter.stangl-taller.at/LERNEN/Modelllernen.shtml [09.07.2009].

Stangl, Werner: Gedächtnis, abgerufen unter: arbeitsblaetter.stangl-taller.at/GEDAECHTNIS/Vergessen.shtml [05.03.2012].

Stangl, Werner: Lerntypen, abgerufen unter: arbeitsblaetter.stangl-taller.at/LERNEN/Lerntypen.shtml [05.03.2012].

Steiner, George: In Blaubarts Burg. Anmerkungen zur Neubestimmung der Kultur, übers. v. Friedrich Polakovics, Wien/Zürich, Europaverlag, 1991.

Statistisches Bundesamt (Hrsg.): Unfälle, Gewalt, Selbstverletzung bei Kindern und Jugendlichen – Ergebnisse der amtlichen Statistik zum Verletzungsgeschehen 2008, Wiesbaden 2010.

Steiner, Rudolf: Zur Sinneslehre, hrsg. v. Christoph Lindenberg, Stuttgart, Verlag Freies Geistesleben, 1981.

Steiner, Rudolf: Elemente der Erziehungskunst, hrsg. v. Karl Rittersbach, Stuttgart, Verlag Freies Geistesleben, 1985.

Steiner, Rudolf: Christus und die menschliche Seele. Zehn Vorträge, gehalten in Kopenhagen und Norrköping vom 23. bis 30. Mai 1912 und 12. bis 16. Juli 1914, hrsg. v. Rudolf-Steiner-Nachlassverwaltung, ungekürzte Ausg., Dornach, Rudolf-Steiner-Verlag, 2008.

Stephan, Ernst/Ägidius, Engel: Christliche Ethik konkret. Ein Werkbuch für Schule, Gemeinde und Erwachsenenbildung, München, Kösel Verlag, 2001.

Stern, Elsbeth: Entwicklung und Lernen im Kindesalter, abgerufen unter: www.kita-bildet.de/downloads/Referat_Stern.pdf [01.07.2009].

Stiftung Demoskopie Allensbach: Allensbacher Berichte Moral 2001/10 – Werte und Normen im Wandel, abgerufen unter: www.ifd-allensbach.de/pdf/prd_0110.pdf [12.05.2009].

Stiftung Demoskopie Allensbach: Allensbacher Berichte Moral 2002/6 – Spaß haben, das Leben genießen, abgerufen unter: www.ifd-allensbach.de/pdf/prd_0105.pdf [12.05.2009].

Stiftung Demoskopie Allensbach: Einstellungen zur Erziehung. Kurzbericht zu einer repräsentativen Bevölkerungsumfrage im Frühjahr 2006 für das Bundesministerium für Familie, Senioren, Frauen und Jugend, abgerufen unter: www.ifd-allensbach.de/pdf/akt_0601.pdf [10.04.2009].

Stiftung Freie Schulen Berlin-Brandenburg/Hennert, Horst: Neue Diskusssion. Jungen und Mädchen in der Schule trennen, abgerufen unter: www.erziehungstrends.de/Monoedukation/2, [13.12.2009].

Stoll, Siegfried: Der Situationsansatz im Kindergarten. Möglichkeiten seiner Verwirklichung, Berlin, FIPP-Verlag, 1995.

Strätz, Rainer: Unveröffentlichter Vortrag vom 19.06.2008, Essen.

Strobel, Beate: Heilpädagogik für Erzieherinnen, München, Ernst Reinhardt Verlag, 2005.

Ströker, Elisabeth: Geschichte und Lebenswelt als Sinnesfundament der Wissenschaften in Husserls Spätwerk, in: Lebenswelt und Wissenschaft in der Philosophie Edmund Husserls, hrsg. v. Elisabeth Ströker, Frankfurt a. M., Verlag Vittorio Klostermann, 1979, S. 106–123.

Sturzenhecker, Benedikt: Partizipation in der offenen Jugendarbeit, abgerufen unter: www.aba-fachverband.org/fileadmin/user_upload_2008/partizipation/DKHW_Sturzenhecker_Partizipation_OKJA_c3_1.pdf [05.03.2012].

Sulzer, Annika/Wagner, Petra: Inklusion in Kindertageseinrichtungen – Qualifikationsanforderungen an die Fachkräfte, München, Deutsches Jugendinstitut e. V. Weiterbildungsinitiative Frühpädagogischer Fachkräfte (WiFF), 2011.

Tausch, Anne-Marie/Tausch, Reinhard: Erziehungspsychologie. Begegnung von Person zu Person, 8. Aufl., Göttingen, Hogrefe, 1977.

Tausch, Anne-Marie/Tausch, Reinhard: Erziehungspsychologie: Begegnung von Person zu Person, 11. Aufl., Göttingen, Hogrefe, 1998.

Teigeler, Peter: Freinet-Pädagogik, psychologische Lernmotivations-Theorie und Viktor E. Frankls ‚Wille zum Sinn', in: Montessori-, Freinet-, Waldorfpädagogik, Konzeption und aktuelle Praxis, hrsg. v. Achim Hellmich und Peter Teigeler, 3. Aufl., Weinheim und Basel, Beltz, 1995, S. 114–140.

Tenorth, Heinz-Elmar/Tippelt, Rudolf (Hrsg.): Lexikon Pädagogik, Weinheim und Basel, Beltz, 2007.

Teschner, Andreas: Erzieherinnen im Kindergarten. Eine empirische Untersuchung zu einem Verständnis ihrer Professionalität, Münster, Lit, 2004.

Textor, Martin R.: Pädagogischer Rundbrief, 40 (6/7), 1991, S. 1 ff.

Textor, Martin R.: Elternmitarbeit. Auf dem Wege zur Erziehungspartnerschaft, München, Bayerisches Staatsministerium für Arbeit und Sozialordnung Familien, Frauen und Gesundheit, 1996.

Textor, Martin R.: Kooperation mit den Eltern. Erziehungspartnerschaft von Familie und Kindertagesstätte, München, Don Bosco, 2000.

Textor, Martin R.: Projektarbeit im Kindergarten. Planung, Durchführung, Nachbereitung, 8. Aufl., Freiburg, Herder, 2002.

Textor, Martin R.: Projektarbeit im Kindergarten. Planung, Durchführung, Nachbereitung, 9. Aufl., Freiburg, Herder Verlag, 2004.

Textor, Martin R.: Elternarbeit im Kindergarten. Ziele, Formen, Methoden, Norderstedt, Books on Demand, 2005.

Textor, Martin R.: Befragungsergebnisse zur Elternarbeit, in: Kindergartenpädagogik Online-Handbuch, hrsg. v. Martin R. Textor, abgerufen unter: www.kindergartenpaedagogik.de/1013.pdf [10. 07. 2007].

Textor, Martin R.: Erzieher/in und (Berufs-)Politik, in: Kindergartenpädagogik Online-Handbuch, hrsg. v. Martin R. Textor, abgerufen unter: www.kindergartenpaedagogik.de/1004.html [06.07.2007].

Textor, Martin R.: Der Bildungsauftrag des Kindergartens, 2002, in: Kindergartenpädagogik Online-Handbuch, hrsg. v. Martin R. Textor, abgerufen unter: www.kindergartenpaedagogik.de/844.html [21.12.2008].

Textor, Martin R.: Erziehungs- und Bildungspläne, 2008, in: Kindergartenpädagogik Online-Handbuch, hrsg. v. Martin R. Textor, abgerufen unter: www.kindergartenpaedagogik.de/1951.html [23.02.2009].

Textor, Martin R.: Im Gespräch mit Kleinkindern, in: Kindergartenpädagogik Online-Handbuch, hrsg. v. Martin R. Textor, abgerufen unter: https://www.familienhandbuch.de/erziehungsbereiche/sprache/im-gesprach-mit-kleinkindern [05.03.2012].

Textor, Martin R.: In jedem Fall verantwortlich? Zur Aufsichtspflicht in der Kita und im Kindergarten, in: Kindergartenpädagogik Online-Handbuch, hrsg. v. Martin R. Textor, abgerufen unter: www.kindergartenpaedagogik.de/22.html [10.09.2009].

Textor, Martin R./Blank, Brigitte: Eltermitarbeit. Auf dem Wege zur Erziehungspartnerschaft, überarb. Aufl., München, Bayerisches Staatsministerium für Arbeit und Sozialordnung Familien, Frauen und Gesundheit, 2004.

Textor, Martin R./Winterhalter-Salvatore, Dagmar: Hilfen für Kinder, Erzieher/innen und Eltern. Vernetzung von Kindertageseinrichtungen mit psychosozialen Diensten, München, Bayerisches Staatsministerium für Arbeit und Sozialordnung, Familie, Frauen und Gesundheit, 1999.

Thesing, Theodor: Leitideen und Konzepte bedeutender Pädagogen. Ein Arbeitsbuch für den Pädagogikunterricht, Freiburg, Lambertus Verlag, 1999.

Theunert, Helga: Gewalt in den Medien – Gewalt in der Realität, Opladen, KoPäd Verlag, 1996.

Thiersch, Hans: 30 Jahre Sozialpädagogik: Tübinger Reminiszensen im Licht allgemeiner Entwicklungen, abgerufen unter: www.erziehungswissenschaft.uni-tuebingen.de/.../2006/files/Thiersch_-_30__Sozialp__dagogiktag_2006.pdf [20.08.2008].

Thiersch, Hans: Kritisch Deuten, in: Soziale Arbeit als Wissenschaft. Eine Orientierung, hrsg. v. Ernst Engelke, Freiburg, Lambertus Verlag, 1992, S. 270–281.

Thiersch, Hans: Lebensweltorientierte Soziale Arbeit. Aufgaben der Praxis im sozialen Wandel, Weinheim und München, Juventa, 1992.

Thiersch, Hans: Vorlesung im Wintersemester 2006/2007, Universität Tübingen, abgerufen unter: timms.uni-tuebingen.de/Search/SearchForm01.aspx [01.08.2008].

Thiersch, Hans/Grundwald, Klaus/Köngeter, Stefan: Lebensweltorientierte Soziale Arbeit, in: Grundriss Soziale Arbeit, ein einführendes Handbuch, hrsg. v. Werner Thole, 2. überarbeitete und aktualisierte Aufl. November 2002, Wiesbaden, VS Verlag für Sozialwissenschaften/ GWV Fachverlag, 2002, S. 161–178.

Thimm, Walter: Das Normalisierungsprinzip: eine Einführung, Kleine Schriftenreihe, Bd. 5, Lebenshilfe-Verlag, Marburg, 1984.

Thomae, Hans: Beobachtung und Beurteilung von Kindern und Jugendlichen, 10. Aufl., Basel, S. Karger, 1968.

Thüringer Kultusministerium: Thüringer Bildungsplan für Kinder bis zehn Jahre, Weimar und Berlin, Verlag das netz, 2008.

Thüringer Ministerium für Soziales, Familie und Gesundheit: Leitlinien frühkindlicher Bildung, 2003, abgerufen unter: www.thueringen.de/imperia/md/content/tkm/kindergarten/leitlinien.pdf [05.04.2009].

Tietze, Wolfgang: Wie gut sind unsere Kindergärten?, Neuwied, Luchterhand, 1998.

Tietze, Wolfgang/Bolz, Melanie//Grenner, Katja/Schlecht, Daena/Wellner, Beate: Krippen-Skala (KRIPS-R). Feststellung und Unterstützung pädagogischer Qualität in Krippen, Deutsche Fassung der Infant/Toddler environment rating scale von Thelma Harms, Richard M. Clifford, Weinheim, Beltz, 2005.

Tietze, Wolfgang/Rossbach, Hans-Günther/Stendel, Martina/Wellner, Beate: Hort- und Ganztagesangebotsskala (HUGS). Feststellung und Unterstützung pädagogischer Qualität in Horten und außerunterrichtlichen Angeboten, Weinheim und Basel, Beltz, 2005.

Tietze, Wolfgang/Schuster, Käthe-Maria/Grenner, Katja/Roßbach, Hans-Günther: Kindergarten-Skala (KES-R). Feststellung und Unterstützung pädagogischer Qualität in Kindergärten, Deutsche Fassung der Early childhood environment rating scale von Thelma Harms, Richard M. Clifford, 3. Aufl., Weinheim, Beltz, 2005.

Tietze, Wolfgang/Viernickel, Susanne (Hrsg.): Pädagogische Qualität in Tageseinrichtungen für Kinder. Ein nationaler Kriterienkatalog, Berlin, Scriptor, 2007.

Tillmann, K.-J.: Sozialisationstheorien, 10. Aufl., Reinbek, Rowohlt Verlag, 2000.

Toman, Walter: Familienkonstellationen. Ihr Einfluss auf den Menschen und sein soziales Verhalten, 7. Aufl., München, C. H. Beck Verlag, 2002.

Tschöpe-Scheffler, Sigrid: Perfekte Eltern und funktionierende Kinder? Vom Mythos der „richtigen" Erziehung, Opladen, Verlag Barbara Budrich, 2006.

Uhl, Katrin/Ulrich, Susanne: Achtung (+) Toleranz (Medienkombination). Wege demokratischer Konfliktregelung, hrsg. v. Bertelsmann-Forschungsgruppe Politik, Gütersloh, Verlag Bertelsmann Stiftung, 2000.

Ulich, Michaela: Sprachförderung von Kindern – Was brauchen deutsche und ausländische Kinder?, in: Kompetenzen. Deutsch für Sozialpädagogische Berufe, von Margret Langenmayr, 1. korr. Aufl., Köln, Bildungsverlag EINS, 1999, S. 36–38.

Ulich, Michaela: Literacy und Sprachliche Bildung im Elementarbereich, in: KiTa spezial, 04/2003. S. 5ff.

Ulich, Michaela: Sprachliche Bildung und Literacy im Elementarbereich, abgerufen unter: www.ifp.bayern.de/projekte/laufende/ulich.html [15.11.2009].

Ulich, Michaela: Informationen für Lehrerinnen und Lehrer, Erzieherinnen und Erzieher zum Thema Mehrsprachigkeit, August 2008, abgerufen unter: www.tor-zur-welt.hamburg.de/index.php/ [02.12.2009].

Ulich, Michaela: sismik „Lust auf Sprache", DVD mit Begleitheft, Herder, o. J.

Ulich, Michaela/Mayr, Toni: sismik. Sprachverhalten und Interesse an Sprache bei Migrantenkindern in Kindertageseinrichtungen. Beobachtungsbogen und Begleitheft zum Beobachtungsbogen sismik, Freiburg, Herder, 2004.

Ulich, Michaela/Mayr Toni: seldak. Sprachentwicklung und Literacy bei deutschsprachig aufwachsenden Kindern. Beobachtungsbogen und Begleitheft zum Beobachtungsbogen seldak, Freiburg, Herder, 2006.

Ulich, Michaela/Oberhuemer, Pamela/Soltendiek, Monika: Die Welt trifft sich im Kindergarten. Interkulturelle Arbeit und Sprachförderung in Kindertageseinrichtungen, 4. Auflage, Berlin, Cornelsen, 2012.

Verband katholischer Tageseinrichtungen für Kinder (KTK): Vielfalt bereichert. Interkulturelles Engagement katholischer Tageseinrichtungen für Kinder, Positionen und Materialien, März 1999.

Verlinden, Martin/Kübel, Anke: Väter im Kindergarten. Anregungen für die Zusammenarbeit mit Vätern in Tageseinrichtungen für Kinder, Weinheim und Basel, Beltz, 2005.

Vollmer, Knut: Das Wörterbuch für Erzieherinnen und pädagogische Fachkräfte, Freiburg, Herder, 2005.

Vollmer, Knut: So geht's – Schulkinder betreuen, Sonderheft Spot kindergarten heute, 2008, S. 11.

Völschow, Yvette: Qualität der Kinderbetreuung in Tagespflege. Theoretische Konzepte und Ergebnisse einer empirischen Erhebung von Vermittlungseinrichtungen in Nordwestdeutschland, abgerufen unter: docserver.bis.uni-oldenburg.de/publikationen/dissertation/2004/voequa03/voequa03.html [05.06.2007].

Vopel, Klaus W.: Interaktionsspiele, Teil 3, 9. Aufl., Salzhausen, Iskopress, 1999.

Voß, Reinhard (Hrsg.): Die Schule neu erfinden. Systemisch-konstruktivistische Annäherungen an Schule und Pädagogik, 2. Aufl., Neuwied, Luchterhand, 1997.

Voß-Rauter, Helga: Heterogene Klassen und Montessori-Pädagogik, in: Montessori-, Freinet-, Waldorfpädagogik, Konzeption und aktuelle Praxis, hrsg. v. Achim Hellmich und Peter Teigeler, 3. Aufl., Weinheim und Basel, Beltz, 1995.

Wagner, Richard (Hrsg.): Natur-Spiel-Räume für Kinder. Eine Arbeitshilfe zur Gestaltung naturnaher Spielräume an Kindergärten und anderswo, Landeszentrale für Umweltaufklärung Rheinland-Pfalz, o. J.

Wandjo, Sabine: Erziehen, bilden und begleiten, Das Anerkennungsjahr/Berufspraktikum, Köln, Bildungsverlag EINS, 2012.

Wannack, Evelyne: Kindergarten und Grundschule zwischen Annäherung und Abgrenzung, Münster, Verlag Waxmann, 2004.

Watson, John B.: Behaviorism (überarb. Ausg.), Chicago, University of Chicago Press, 1930.

Wattendorf, Ludwig: Rousseaus Emil, Buch I – III, 4. Aufl., hrsg. v. Bernhard Schulz u. a., übers. v. Ludwig Wattendorf, Paderborn, Schöningh, 1912.

Watzlawick, Paul/Bavelas, Janet Beavin/Jackson, Don D.: Menschliche Kommunikation. Formen, Störungen, Paradoxien, 6. unveränderte Aufl., Berlin, Stuttgart, Wien, Verlag Hans Huber, 1982.

Watzlawick, Paul/Bavelas, Janet Beavin/Jackson, Don D.: Menschliche Kommunikation, Formen, Störungen, Paradoxien, 10. Aufl., Bern, Verlag Hans Huber, 2000.

Weber, Sigrid: Das musikalische Spiel als Bildungserfahrung. In: Die Bildungsbereiche im Kindergarten, hrsg. v. Sigrid Weber, Herder, Freiburg, 2003.

Weber, Wilfried: Wege zum helfenden Gespräch, 10. Aufl., München, Ernst Reinhardt Verlag, 1994.

Weidenmann, B.: Lernen – Lerntheorie, in: Pädagogische Grundbegriffe, Bd. 2, hrsg. v. Dieter Lenzen, 7. Aufl., Reinbek, Rowohlt Verlag, 2004, S. 996–1010.

Weinberger, Johannes: Deutsch für Deutsche. Sprache im Alltag, Frankfurt a. M., Fischer Verlag, 1973.

Weinert, Franz E.: Vergleichende Leistungsmessung in Schulen – eine umstrittene Selbstverständlichkeit, in: Leistungsmessungen in Schulen, hrsg. v. Franz E. Weinert, Weinheim und Basel, Beltz, 2001, S. 17–31.

Weisbach, Christian/Eber-Götz, Monika/Ehresmann, Simone: Zuhören und Verstehen. Eine praktische Anleitung mit Übungen, Reinbek bei Hamburg, Rowohlt Verlag, 1986.

Wenner, Melinda: Der Unernst des Lebens, in: Gehirn und Geist, 7-8, 2009, S. 41 ff.

Wenzel, Kathrin: Kommunikationstheorien, 2009, abgerufen unter: www.leuphana.de/medienkulturwiki/medienkulturwiki2/index.php?oldid=624 [30.07.09].

Werner, Annegret: Wie verläuft eine altersgemäße körperliche Entwicklung, in: Handbuch Kindeswohlgefährung nach § 1666 BGB und Allgemeiner Sozialer Dienst (ASD), Deutsches Jugendinstitut (DJI), Handbuch, von Heinz Kindler, abgerufen unter: http://213.133.108.158/asd.14.htm [01.03.2007].

Wetzel, Gottfried: Qualitätsmerkmale von Kindergärten und soziale Integration von Kindern mit besonderen Bedürfnissen, abgerufen unter: bidok.uibk.ac.at/library/wetzel-qualitaet.html#id3173030 [10.07.2007].

WHO: World Report On Disability, 2011.

WHO EXPERT COMMITEE ON ADDICTION-PRODUCING DRUGS (1964): WHO Technical Series, 14. Report, Genf.

Wiarda, Jan-Martin: Die beste Hilfe ist gar keine Hilfe, in: DIE ZEIT, 20.10.2005, Nr. 43, abgerufen unter: www.zeit.de/2005/43/B-EuS-Trautwein-Interview [24.07.2007].

Wieland, Axel Jan: Menschenbild und Methodenkonzept der Handlungsforschung im Zusammenhang mit „offener" Kindergartenarbeit, in: Offener Kindergarten konkret, hrsg. von Gerhard Regel und Axel Jan Wieland, Hamburg, E.B.-Verlag Rissen, 1993, S. 12–49.

Wilmes, Andrea: Betreuen, unterstützen, Situationen mitgestalten, Köln, Bildungsverlag EINS, 2011.

Winner, Anna: Konzepte und Angebote zur Förderung kommunikativer Kompetenzen und des sprachlichen Denkens bei Kindern von null bis sechs Jahren in Kindertagesstätten, in: Sprachförderung im Vor- und Grundschulalter. Konzepte und Methoden für den außerschulischen Bereich, hrsg. v. Deutsches Jugendinstitut, München, 2002, S. 25–109.

Winner, Anna: Erzieherinnen und Erzieher sind Sprachförderfachleute, in: KiTa-aktuell, 2, 2004, S. 29.

Winner, Anna: Kleinkinder ergreifen das Wort. Sprachförderung mit Kindern von 0 bis 4 Jahren, Berlin, Cornelsen Scriptor, 2007.

Winner, Anna (Hrsg.): Sprache & Literacy, Berlin, Düsseldorf, Cornelsen Scriptor, 2009.

Winterhoff, Michael: Warum unsere Kinder Tyrannen werden. Oder: die Abschaffung der Kindheit, 17. Aufl., Gütersloh, Gütersloher Verlagshaus, 2008.

Winterhoff, Michael: Tyrannen müssen nicht sein. Warum Erziehung allein nicht reicht – Auswege, 4. Aufl., Gütersloh, Gütersloher Verlagshaus, 2009.

wissenmedia GmbH, München, 2000–2008, NIONEX, WissenMediaVerlag: Bildung, abgerufen unter: www.wissen.de/wde/generator/wissen/ressorts/bildung, [29.12.2008].

Witte, Katharina: Entwicklung zur offenen Ganztagseinrichtung mit Hort-Strukturierung der Nachmittagszeit, in: Offener Kindergarten konkret, hrsg. v. Gerhard Regel und Axel Jan Wieland, Hamburg, E.B.-Verlag Rissen, 1993, S. 118–134.

Witting, Heike: Der Bildungsprozess des Kindes im Übergang von der Familie in die Schule, Eine qualitativ-interpretative Untersuchung, Frankfurt a. M., Verlag Peter Lang, 1989.

Wolf, Bernhard: Der Situationsansatz in der Evaluation. Ergebnisse der externen empirischen Evaluation des Modellvorhabens Kindersituationen, Landau, Empirische Pädagogik e. V., 1999.

World Vision Deutschland e. V.: Kinder in Deutschland 2010, 2. World Vision Kinderstudie, Fischer Taschenbuch Verlag, 2010.

Wustmann, Corina: Was Kinder stärkt – Ergebnisse der Resilienzforschung und ihre Bedeutung für die pädagogische Praxis, in: Elementarpädagogik nach PISA. Wie aus Kindertagesstätten Bildungseinrichtungen werden, hrsg. v. Wassilios E. Fthenakis, Freiburg, Herder, 2004, S. 106–135.

Zentrum Bayern Familie und Soziales, Bayerisches Landesjugendamt (BLJA): Rahmenhygieneplan gemäß § 36 Infektionsschutzgesetz für Einrichtungen der Kinder- und Jugendhilfe, abgerufen unter: http://www.blja.bayern.de/themen/erziehung/heimerziehung/TextOffice_Rahmenhygieneplan.html [13.03.2010].

Zentrum für Kinder- und Jugendforschung, abgerufen unter: http://www.resilienz-freiburg.de/de/resilienz.html [17.04.2012].

Ziebertz, Hans-Georg: Ethisches Lernen, in: Religionsdidaktik, hrsg. v. Georg Hilgers, Stephan Leimgruber und Hans Georg Ziebertz, vollständig überarbeitete 6. Auflage, München, Kösel, 2010.

Zimbardo, Philip G: Psychologie, übers. v. Barbara Keller, dtsch. Bearb. Siegfried Hoppe-Graf/Barbara Keller/Irma Engel, dtsch. Aufl. hrsg. v. Siegfried Hoppe-Graf/Barbara Keller, 6. Aufl., Berlin, Springer, 1995.

Zimbardo, Philip G./Gerrig, Richard J.: Psychologie, 7. Aufl., übers. von Johanna Baur, Frank Jacobi und Matthias Reiss, Berlin, Springer, 2003.

Zimbardo, Philip G./Gerrig, Richard J: Psychologie, 16. Aufl., München, Pearson Studium, 2004.

Zimmer, Jürgen/Feldhaus, Hans-Jürgen: Das kleine Handbuch zum Situationsansatz, Weinheim und Basel, Beltz, 2000.

Zimmer, Renate: Handbuch Bewegungserziehung, Freiburg, Herder, 1993.

Zimmer, Renate: Zur Bedeutung von Körper- und Bewegungserfahrungen für das Selbstwerden des Kindes, in: Kindergarten heute, Heft 1, 1997, S. 6–15.

Zimmer, Renate: Handbuch der Bewegungserziehung, 8. Aufl., Freiburg, Herder, 1998.

Zimmer, Renate: Handbuch der Psychomotorik, 2. Aufl., Freiburg, Verlag Herder, 1999.

Zimmer, Renate: Handbuch der Sinneswahrnehmung, Freiburg, Herder, 2000.

Zimmer, Renate: Kursbuch Bewegungsförderung. So werden Kinder fit und beweglich, München, Don Bosco Verlag, 2004.

Zimmer, Renate/Cicurs, Hans: Psychomotorik. Neue Ansätze im Sportförderunterricht und Schulsonderturnen, Schorndorf, Hofmann Verlag, 1987.

Zinnecker, Jürgen/Silbereisen, Rainer K.: Kindheit in Deutschland. Aktueller Survey über Kinder und ihre Eltern, Weinheim/München, Juventa Verlag, 1996.

Bildquellenverzeichnis

Cover: fotolia (godfer)

akg- images GmbH, Berlin: 653.1

Birgitt Biermann-Schickling, Hannover/Bildungsverlag EINS GmbH, Köln: 418.1

BilderBoxBildagentur GmbH, Breitbrunn/Hörsching: 281.1, 302.1-4, 602.1

Bildungsverlag EINS GmbH, Köln: 37.1

Sir Richard Bowlby Bt., London: 273.1

Angelika Brauner, Hohenpeißenberg/Bildungsverlag EINS GmbH, Köln: 111.1, 116.1, 135.1, 189.1, 415.2, 416.1, 417.1, 417.2, 577.1

Patricia Crittenden (owner and photograher): 199.2

Deutsche Gesellschaft für Ernährung e. V. (DGE), Bonn: 592.1-2

Nadine Dilly, Bottrop/Bildungsverlag EINS GmbH, Köln: 13.1, 86.1, 634.1, 717.1, 727.1, 749.1, 757.1

dpa Picture-Alliance GmbH, Frankfurt: 41.1 (dpa), 41.2 (ZUMA Press), 72.1 (dpa), 90.1 (ZB), 129.2 (dpa), 175.1 (Sven Simon), 195.1 (dpa), 246.1 (KPA/TopFoto), 259.1 (dpa), 299.1 (dpa), 303.1 (maxppp), 324.2 (dpa), 333.1 (dpa), 355.1 (akg-images), 358 (dpa), 361.1 (dpa), 367.1 (ZB), 381.1 (dpa), 418.2 (picture-alliance), 422.1 (APA/picturedesk.com), 428.1 (dpa), 431.1 (dpa), 436.2 (KPA/TopFoto), 441.1 (KPA/TopFoto), 455.1 (dpa), 561.1 (dpa), 595.1 (ZB), 616.1 (dpa), 631.1 (akg-images/Tony Vaccaro), 657.1 (dpa), 723.1 (ZB), 737.1 (dpa)

Inge Eismann-Nolte, Amöneburg/Bildungsverlag EINS GmbH, Köln: 18.1, 22.1, 31.2, 35.1, 50.1, 59.1, 79.1, 106.1, 226.1, 239.1, 331.1, 484.1, 509.1, 537.1, 546.1, 688.1, 709.1, 720.1, 736.1, 743.1

Britta Ellinghaus, Herzogenrath: 459.1

fotolia, Berlin: 34.1 (Andres Rodriguez), 34.2 (spotlight-studios), 43.1 (Bruno Passigatti), 49.1 (Galina Barskaya), 51.1 (Cmon), 67.1 (Dan Race), 69.1 (thomaslerchphoto), 73.1 (Lisa F. Young), 79.2 (Dron), 87.1 (BelFoto), 91.1 (Fabio Barni), 112.1 (Yurok Aleksandrovich), 112.2 (Alta.C), 112.3 (NL shop), 114.4 (NL shop), 116.5 (NL shop), 117.3 (NL shop), 146.1 (filtv), 177.2 (Kurhan), 182.1 (Ramona Heim), 184.1 (Ramona Heim), 187.1 (NiDerLander), 191.1 (Steve Lovegrove), 192.1 (Michaela Brandl), 192.2 (Cédric Chabal), 199.1 (Max Tactic), 201.1 (Pavel Losevsky), 203.1 (Limeyrunner), 206.1 (Renata Osinska), 208.1 (Tomasz Wojnarowicz), 208.2 (Grischa Georgiew), 213.1 (contrastwerkstatt), 224.2 (Monkey Business), 228.1 (chris74), 231.1 (Marzanna Syncerz), 232.1 (contrastwerkstatt), 235.1 (contrastwerkstatt), 240.1 (auremar), 248.1 (Franz Pfluegl), 251.1 (Franz Pfluegl), 253.1 (gajatz), 263.1 (R.-Andreas Klein), 272.1 (Fotowerk), 310.1 (pressmaster), 310.2 (Ella), 341.1 (Urbanhearts), 354.1 (Monika Adamczyk), 392.1 (Andres Rodriguez), 393.1 (Ramona Heim), 397 (Monkey Business), 398.1 (Anna Omelchenko), 400.1 (Lukasz Pajor), 400.2 (Jasmin Merdan), 400.3 (somenski), 401.1 (Monkey Business), 401.2 (diego cervo), 403.1 (rgbspace), 405.1 (Yvonne Bogdanski), 415.1 (marc osborne), 417.3 (Galina Barskaya), 417.4 (Anja Roesnick), 451.1 (sonya etchison), 454.1 (endostock), 494.1 (contrastwerkstatt), 496.1 (Marzanna Syncerz), 497.1 (CandyBox Images), 497.2 (ehrenberg-bilder), 501.1 (Kzenon), 504.1 (Joseph Shelton), 511.1 (Franz Pfluegl), 512.1 (Udo Kroener), 512.2 (Edsweb), 512.3 (benoitphoto), 512.4 (Brian Weed), 512.5 (henryart), 512.6 (mars), 512.9 (Earl Robbins), 512.10 (Martina Berg), 512.12 (Twilight_Art_Pictures), 522.1 (denys_kuvaiev), 545.1 (Udo Kroener), 559.1 (Torsten Schon), 565.1 (sborisov), 575.2 (Elena kouptsova-vasic), 576.2 (Tina Stumpp), 583.1 (Franz Pfluegl), 584.1 (Ramona Heim), 598.1 (jeecis), 602.2 (Philippe LERIDON), 612.5 (rdnzl), 612.6 (Fatman73), 618.1 (Loic LE BRUSQ), 621.1 (Beth Orick), 622.1 (bst2012), 627.1 (ManEtli), 632.1 (Kica Henk), 645.1 (Lucky Dragon), 646.1 (DXfoto.com), 651.1 (Simone van den Berg), 661.2 (spuno), 663.1 (Jacek Chabraszewski), 675.1 (Alexander Raths), 692.1 (ewolff), 735.1 (ambrozinio), 740.1 (Jaren Wicklund)

Elisabeth Galas, Bad Neuenahr/Bildungsverlag EINS GmbH, Köln: 110.1, 110.4, 114.3, 114.6, 116.3, 116.4, 116.7, 178.1, 244.1

Getty Images/Time & Life Pictures, München: 257.1 (Lee Lockwood), 447.1 (Jon Brenneis)

Björn Hänssler - bopicture/Bildungsverlag Eins: 659.1

Benjamin Hartmann/Bildungsverlag EINS GmbH, Köln: 366.1, 376.1, 424.1, 433.1, 586.1

Interfoto, München: 318.2 (Imagno), 304.1 (Archiv Friedrich)

Hendrik Kranenberg, Drolshagen/Bildungsverlag EINS GmbH, Köln: 194.1, 518.1

Cornelia Kurtz, Boppard/Bildungsverlag EINS GmbH, Köln: 24.1, 28.2, 42.1, 44.1, 98.1, 108.1, 130.1, 131.1, 138.2, 145.1, 145.2, 148.1, 177.1, 216.1, 314.1, 324.1, 436.1, 482.1, 483.1, 501.2-3, 548.1, 551.2, 638.1, 648.1, 654.1, 676.1, 685.1, 691.1, 694.1, 697.1, 750.1, 771.1

MEV Verlags GmbH, Augsburg: 106.2, 112.4, 114.5, 116.6, 117.4, 180.1, 225.1, 250.1, 256.1, 268.1, 276.1, 307.1, 445.1 (Roland Bauer), 512.7 (People Collection), 512.8 (Gabriele Huss), 512.11 (Creativstudio), 612.3 (Jonas Krüger), 612.4 (GEWA Fotostudio), 650.1 (Christian Albert), 660.1 (Susanne Holzmann)

Evelyn Neuss, Hannover/Bildungsverlag EINS GmbH, Köln: 136.1, 193.1

Nienhuis Montessori International B.V, www.nienhuis.com: 373.1, 373.2, 373.3, 373.4

Bildarchiv OKAPIA KG Michael Grzimek & Co, Frankfurt/Main: 188.1 (Derek Bromhall/OSF)

Herbert Österreicher, München: 566.1, 567.1, 568.1, 571.1, 572.1, 576.1, 577.2, 578.1, 580.1, 582.1, 605.1, 606.1, 607.1-2, 608.1, 609.1-3, 610.1-2, 611.1-3, 612.1-2, 613.1-2, 614.1-3

Project Photos, Augsburg: 340.1 (Reinhard Eisele)

Christian Schlüter, Essen/Bildungsverlag EINS GmbH, Köln: 19.1, 55.1, 77.1, 78.1, 80.1, 81.1, 85.1, 103.1 , 103.2, 104.1, 105.1, 126.1, 128.1, 129.1, 139.1, 142.1, 149.1, 155.1, 161.1, 163.1, 168.1, 174.1, 183.1, 210.2, 212.1, 215.1, 217.1, 219.1, 221.1, 223.1, 224.1, 263.2, 280.1, 291.1, 293.1, 302.5, 304.1, 305.1, 318.1, 322.1, 328.1, 340.2, 346.1, 352.1, 364.2, 375.1, 377.1, 385.1, 389.1, 394.1, 396.1, 399.1, 402.1, 406.1, 413.1, 461.1, 464.1, 466.1, 468.1, 503.1, 505.1, 507.1, 532.1, 536.1, 539.1, 551.1, 552.1, 554.1, 557.1, 558.1, 574.1, 575.1, 585.1, 589.1, 591.1, 592.3, 596.1, 599.1, 626.1, 637.1-2, 661.1, 671.1, 683.1, 691.2, 710.1, 711.1, 713.1, 716.1, 730.1, 752.1

Schulz von Thun, Institut für Kommunikation, Hamburg: 135.2

SINA® Spielzeug GmbH, Neuhausen, www.sina-spielzeug.de: 356.1, 357.1-5

Stadt Dieburg: 656.1

Henning Studte, Darmstadt: 284.1

Reinhard Tausch, Stuttgart/Bildungsverlag Eins GmbH, Köln: 321.1, 321.2

ullsteinbild, Berlin: 93.1, 112.5 (Jaanson(L)), 300.1, 360.1 (Still Pictures), 364.1 (LEONE), 365.1 (ArenaPAL/SNITZER Herb), 372.1, 411.1 (Tappe), 439.1 (Granger Collection), 485.1 (Momentphoto), 506.1 (Rogge)

Emmy Werner: 491.1

Wikimedia Commons: 350.1, 351.1 (Maurice Quentin de La Tour), 352.2 (F.G.A. Schöner), 360.2, 369.1, 390.1, 391.1 (Johann Joseph Schmeller), 606.2 (Godfrey Kneller, 1702), 630.1 (The Yorck Project: 10.000 Meisterwerke der Malerei. DVD-ROM, 2002. ISBN 3936122202. Distributed by DIRECTMEDIA Publishing GmbH), 630.2 (Edme de Boulonois), 631.2 (Félix Nadar)

www.klicksafe.de, Landeszentrale für Medien und Kommunikation (LMK) Rheinland-Pfalz, Ludwigshafen: 664.1

Sachwortverzeichnis

A

Abenteuerspielplatz 77, 91
Ablösung 206
Ablösungsprozess 274
Absorbierender Geist 372
Achtung vor dem Kinde 360
Achtung vor den Kindern und Jugendlichen 303
Achtung vor den Mitarbeiterinnen 303
Adaption 196
AD(H)S 88
ADHS 278
Adoleszenz 186, 240
Adorno, Theodor W. 324
ADS 280
ADS/ADHS 274
AGG 61
Aggression 265, 284, 525
Ainsworth, Mary 199
Akkommodation 196
Akzeleration 179, 270
Akzeleration, säkular 270
Akzeptanz 234, 735
Alltag 149, 150, 163, 282, 460
Alltagssituationen planen 465
ALPEN-Methode 22
Amnionflüssigkeit 403
Analysekompetenz 529
Anerkennung des Anderen 167
Angabe, bibliografisch 34, 39
Angst 265, 288, 507
Anlage 180, 349
Anmeldegespräch 747
Anorexie 285
Anthroposophie 369
Antipädagogik 300
Antonowski, Aaron 586
Appell 134
Appellohr 771
Appell-Ohr 137
Äquilibration 197
Arbeiterwohlfahrt (AWO) 73
Arbeitsatelier 366, 367
Arbeitsbedingungen 79
Arbeitsfelder für sozialpädagogische Fachkräfte 77
Arbeitsplatzschutzgesetz 61
Arbeitsrecht 60
Arbeitsvertrag 61
Argumentationsfähigkeit 487
Arithmetik 607
Armenerziehung 354
Armut 175
Assimilation 196
Assoziationsfeld 418
Assoziationstechnik 27
Asymmetrie im Gespräch 692
Atmosphäre 375
Audit 712
Aufmerksamkeit 23, 107, 273, 279, 419
Aufmerksamkeitsdefizit-Hyperaktivitätsstörung (ADHS) 278
Aufmerksamkeit, selektiv 420
Aufnahmegespräch 555
Aufsichtsführung, Grundlagen 57
Aufsichtsführung in der Praxis 58
Aufsichtspflicht 51, 56
Aufsichtspflicht, Beginn und Ende 59
Aufsichtspflichtverletzung 56
Aufsichtspflicht, Verletzung der 59
Ausbildungs- und Beschäftigungsgarantie 167
Aushandlungsprozess 239
Austausch, kollegial 721
Authentizität 238, 304, 481
Autopoiesis 425
autoritär 313, 319, 328
Autorität 328, 334
Autorität, irrational 328
Autorität, natürlich 92
Autorität, rational 328
AWO 73
Axon 415

B

Babysitter 19
Bandura, Albert 447
Bauernhofkindergarten 81
Bayerischer Bildungs- und Erziehungsplan 341
Bedürfnis 238, 443, 526
Beeinträchtigung 525
Befragung 35
Behaviorismus 438, 448, 456
Behindertenrechtskonvention 517
Behinderung 521, 522
Behinderung, geistig 524
Behinderung, kognitiv 524
Behinderung, Ursachen 522
Behinderung, Wahrnehmung 524

Belastungsstörung, posttraumatisch (PTBS) 277
Belehrung 71
Belohnung 313, 314
Beobachten 118, 535
Beobachter 119
Beobachtung 108, 119, 536, 705
Beobachtung, Methoden 120, 121
Beobachtung, naiv 120
Beobachtung, nicht-teilnehmend 122
Beobachtung, offen 122
Beobachtungsfähigkeit 677
Beobachtung, strukturiert 122
Beobachtung, systematisch 121
Beobachtung, teilnehmend 122
Beobachtung, unstrukturiert 122
Beobachtung, verdeckt 122
Berufsbild der Erzieherin 17
Berufsentscheidung 19
Berufsrolle 14
Berufswahlmotiv 15
Berufswunsch 10
Beschwerdegespräch 774
Beschwerdemanagement 770
Bestrafung 312, 443
Beteiligung, medienorientiert 486
Beteiligung, projektorientiert 485
Beteiligung, repräsentativ 485
Beteiligung von Kindern und Jugendlichen 54
Bewegung 266, 397, 582, 586, 601, 620
Bewegungsbedürfnis 588
Bewegungsfrust 583
Bewegungslust 583
Bewegungsmangel 587
Bewusstheit, phonologisch 553
Beziehungen, sozial und emotional 347
Beziehungsfähigkeit 679
Beziehungsgestaltung 304
Beziehungshinweis 134
Beziehungsnetz 308
Beziehungsohr 771
Beziehungs-Ohr 137
Beziehungsstörung 275
Beziehungssysteme 217
Bezugsnormorientierung 255
BGB 52
Bibliothek 34
Bildung 16, 157, 172, 295, 390, 516
Bildung als individueller Lernprozess 391
Bildung, ethisch 637
Bildung, interkulturell 506

Bildung, Körper, Gesundheit und Ernährung 398
Bildung, lebenslang 393
Bildung, mathematisch 400
Bildung, musikalisch 615, 616
Bildung, musisch-ästhetisch 399
Bildung, naturwissenschaftlich-technisch 400
Bildung, ökologisch 401
Bildung, Religion und Ethik 399
Bildung, religiös 637, 645
Bildungsauftrag 393
Bildungsbegriff 392
Bildungsbereich 393
Bildungsbereiche 541
Bildungsförderung 396
Bildungsförderung in Nordrhein-Westfalen 343
Bildung, sozial, kulturell und interkulturell 399
Bildungspartnerschaft 731
Bildung, Sprache und Kommunikation 398
Bildungsprozess 458
Bildungssystem 335
Bildungsvoraussetzungen 392
Bild vom Kind 393
Bindung 199, 200
Bindungsstörung 273
Bindungsverhalten 272
Biografie 14, 599
Black Box 448
Borderline-Persönlichkeitsstörungen 526
Bowlby, John 273
Brainstorming 695
Brainstorming-Verfahren 25
Brainwriting 695
Bruegel der Ältere, Pieter 630
Buber, Martin 182
Bundesarbeitsgemeinschaft (BAG) Jugendsozialarbeit e.V. 73
Bundesdatenschutzgesetz 66
Bundeserziehungsgeldgesetz 61
Bundesgesetz 52
Bundesurlaubsgesetz 61
Bürgerliches Gesetzbuch 52

C
Caritasverband 73
Chancengleichheit 495, 498
Clique 252
Cluster 25
Coaching 82, 94
Comenius, Johann Amos 390
CR 431

Crowd 252
CS 431

D
Das Infektionsschutzgesetz 67
Datenschutz 124
Deeskalation 287, 591
Definition 37
Delfin 4 560
Demokratisch 319
Dendrit 415
Denken 107
Depressionen 526
Deprivation 272
Deutscher Paritätischer Wohlfahrtsverband (DPWV) 73
Deutscher Qualifikationsrahmen (DQR) 100
Deutsches Institut für medizinische Dokumentation 75
Deutsches Rotes Kreuz (DRK) 73
Dezeleration 271
Diagnosefindung 281
Diakonisches Werk 73
Dialekt 564
Dialog 146
DIN EN ISO 9000ff. 711, 716
Distanz 138
Distanz, professionell 305
Disziplin, Gemeinsame Visionen 153
Disziplin, Mentale Modell 153
Disziplin, Personal Mastery 151
Disziplin, Systemdenken 155
Disziplin, Team-Lernen 154
Doing Gender 496, 498
Dokumentation 108, 123, 538, 539, 711
Dokumentation der Bildungsarbeit 394
Dokumentationsarten 541
Dokumentation und Datenschutz 124
Dokumentieren 535
Double bind 133
DPWV 73
DQR 100
DRK 73

E
Echtheit 141, 303, 304, 322
Effekt, auslösend 449
Effekt, Gesetz 438
Effekt, Hemmungs- 449
Effekt, Modell- 448

Effektor 417
Eigenreflex 417
Eingliederungshilfe 74
Einschätz- und Bewertungsskalen 705
Einzelbetreuung 74
Einzelkinddasein 275
Einzigartigkeit 307
Elementarbildung 354
Eltern 250, 579, 644
Elternabend 758
Elternarbeit 728, 730, 740
Elternarbeit, Angebote 747
Elternbefragung 762
Elternbildung 760
Elterngespräche 555
Elternhaus 311
Elternmitwirkung 762
Elternnachmittag 759
Elternrechte 764
Emanzipationsbewegung 499
Embryo 187
Emotion 205, 234, 238, 301, 420
Emotionen 201
Empathie 210, 302, 737
Empfindung 112
Empowerment 493
Engramm 421
Entscheidungsfreiheit 461
Entspannungstechniken 591
Entsprechungen 608
Entwicklung 162, 177, 184, 355, 370, 583
Entwicklung, 0 bis 3 Jahre 187
Entwicklung, 1. Lebensjahr 191
Entwicklung, 2. Lebensjahr 203
Entwicklung, 3 bis 6 Jahre 211
Entwicklung, 3. Lebensjahr 208
Entwicklung, 6 bis 12 Jahre 231
Entwicklung, 12 Jahre und älter 239
Entwicklung, abstraktes Denken 198
Entwicklung, Bedingungen 176
Entwicklung, Egozentrismus 198
Entwicklung, emotional 210
Entwicklung, feinmotorisch 215
Entwicklung, Identität 245
Entwicklung, kognitiv 194, 204, 209, 215, 225, 233
Entwicklung, konkretes Denken 198
Entwicklung, Moral 220
Entwicklung motorisch 204, 232
Entwicklung, motorisch 208, 213, 219, 224, 241

Entwicklung, musikalisch 621
Entwicklung, präoperationale Stufe 198
Entwicklung, psychosexuell 222, 236
Entwicklungsaufgabe 8, 163, 179, 190, 212, 231, 240, 734
Entwicklungsfaktoren, genetisch 184
Entwicklungsförderung 182
Entwicklung, sozial 209, 216
Entwicklung, sozial-emotional 198, 204, 219, 228, 233
Entwicklungsphase, sensible 186
Entwicklungsqualität 733
Entwicklung, vorgeburtlich 187
Epistemologie 425
Ergebnisqualität 733
Erholung 434
Erikson, Erik 246
Erkennen 106
Erlebnisräume 567
Erlebnsiorientiertheit 461
Ermahnung 312
Erregbarkeit 280
Erstsprache 549, 550, 551
Erwartung 44
Erwartung, Muss-, Soll-, Kann- 51
Erzählen 558
Erziehen 295
Erzieherin im Situationsansatz 379
Erzieherin in der Montessori-Pädagogik 375
Erziehung 16, 156, 344, 516
Erziehung, autoritär 323, 344
Erziehung, autoritativ 323
Erziehung, ethisch 637, 640
Erziehung, funktional 297
Erziehung im weiteren Sinne 298
Erziehung, intentional 297
Erziehung, interkulturell 506
Erziehung, nachgiebig 324
Erziehung, permissiv 324
Erziehung, religiös 637, 645
Erziehungsbedingung 305
Erziehungsberatung 73
Erziehungshandeln 344
Erziehungshilfe 738
Erziehungskonzeptionen 347
Erziehungsmittel 312
Erziehungsnotwendigkeit 299
Erziehung, sozial-emotional 629
Erziehungspartner 728
Erziehungspartnerschaft 82

Erziehungspartnerschaft planen 468
Erziehungspläne, gruppenbezogen 345
Erziehungspläne, individuell 344
Erziehungsplanung 157
Erziehungsprozess 296
Erziehungsprozess, Planung 341
Erziehungsstil 183, 275, 318
Erziehungsstil-Dimensionen 321
Erziehungsstile, elterlich 323
Erziehungsstilkonzepte 318, 321
Erziehungsvorstellung 183
Erziehungswissenschaft 295
Erziehungsziele 309, 310
Erziehungsziele, formell 310
Erziehungsziele, informell 310
Erziehung, vernachlässigend 324
Ethik 639, 642
Evaluation 125, 561, 562, 699, 727
Exklusion 519
Exosystem 306, 308
Extravertiertheit 410
Eysenck, Hans Jürgen 411

F
Fachbuch 35
Fachkompetenz 528
Fachkraft, sozialpädagogische 17, 77
Fachliteratur 38
Fachzeitschrift 34
Familie 173, 249, 354, 727
Familienkrippe 77
Familiensprache 556
Familienzentrum 77, 91, 95
Familienzentrum, Gütesiegel 96
Familienzentrum, Qualitätssicherung 98
Feedback 534, 693, 745
Fehler 773
Fehlernährung 591
Feste 654
Fibonacci-Zahlen 611
Fiktionsspiel 211
Fingerspiele 624
Foerster, Heinz von 424
Fortbildung 718
Fötus 185, 187
Fragealter 217
Frage, geschlossen 147
Fragen 534
Frage, offen 147
Frage, suggestiv 147

Freinet, Célestin 366
Freinet-Pädagogik 366
Freiräume 239
Freiwilligkeit 461, 481
Freizeitgestaltung 466
Fremdeln 201
Fremdreflex 417
Fremdwörter 36
Freud, Sigmund 303
Freundschaft 235, 252
Fröbel 16
Fröbel, Friedrich Wilhelm August 355
Fröbel-Kindergarten 81, 355
Fromm, Erich 333
Frühpädagogik 14, 78
Frustration 285
Frustrations-Aggressions-Theorie 285
Fthenakis, Wassilios E. 392
Funktionsansatz 378
Funktionsspiel 202, 211

G
Ganztagsangebot 168
Ganztagsschule 87
Ganztagsschule, offene (OGS) 85
Gebote 330
Gedächtnis 107
Gedächtnis, Wissens- 24
Gehirn 268, 404, 414
Gehirnhälften 25
Gehorsam 296
Gehörsinn 113
Gemeinschaft 585
Gender 496
Gender Mainstreaming 504
Gender-Perspektive 505
Generationenvertrag 167
Geometrie 608
Gerätebesitz 665
Geschlechtertrennung 504
Geschlechtsentwicklung 496
Geschlechtsidentität 215, 248, 498
Geschlechtsrolle 248
Geschlechtsspezifisch 497
Geschlechtsstereotypen 499
Geschlechtstypisch 497
Geschwisterkonstellation 307
Gesetz 60
Gesichtssinn 113
Gesprächsanlass 554

Gesprächsfähigkeit 486
Gesprächsführung 125, 140, 141, 149, 658
Gesprächsgrundregeln 487
Gesprächsleiter 688, 690
Gesprächsstörer 139
Gespräch, symmetrisch 690
Gespräch, Tür- und Angel 748
Gestalten 595
Gestalten, künstlerisch 627
Gesundheit 582, 586
Gesundheitsamt 68, 69
Getalten, plastisch 635
Gewaltpräventionsprogramm 287
Glasersfeld, Ernst von 422
Gleichaltrige 251, 308
Gleichbehandlungsgesetz 61
Gleichgewichtssinn 113
Glucoserezeptor 417
Grenzen, setzen 147
Großhirn 418
Großhirnrinde 188
Grundgesetz 52, 60
Grundhaltung 302
Grundhaltung, pädagogisch 300
Grundsätze, didaktisch-methodisch 99
Grundschule, verlässliche 85
Grundschulzeit 235
Grundwerte 334, 642
Gruppendynamik 477
Gruppenleben 239
Gruppenphase 43
Gruppenphase, Ablösephase 44
Gruppenphase, Differenzierungsphase 44
Gruppenphase, Fremdheitsphase 44
Gruppenphase, Orientierungsphase 44
Gruppenphase, Vertrautheitsphase 44
Gruppenprozess 471, 754
Gruppenstruktur 473
Gruppenzusammenhalt 473
Gruppenzusammensetzung 79
Gruschka, Andreas 18

H
Haftungsrecht 51
Handeln 409
Handeln, sozialpädagogisch 18
Handeln, wertorientiert 648
Handeln, zielorientiert 459
Handlungskompetenz 101
Handlungskompetenz, wertorientiert 528

Handlungsqualität 680
Handlungsweisen planen 465
Hausaufgabenbetreuung 85
Hausbesuche 751
Hauser, Kaspar 300
Heimerziehung 95
Hemisphäre, linke 26
Hemisphäre, rechte 26
Herausforderndes Verhalten, neurologische Faktoren 268
Hessischer Bildungs- und Erziehungsplan 342
Hierarchie 45
Hilfeart 75
Hilfeplan 71, 75, 76
Hilfe, therapeutisch 94
Hilfeziel 72
Hilfe zur Erziehung 71, 72
Hilfe zur Selbsthilfe 165
Hilfe, zur Selbsthilfe 164
Hilf mir, es selbst zu tun 371
Hippocampus 418
Hirnforschung 339
Hort 77, 85, 86, 89, 737
Hort- und Ganztagsskala (HUGS) 706
Hospitationen 752
HOT – Halboffene Tür 91
Humankompetenz 102
Humboldt, Wilhelm von 391
Hygieneverordnung 51

I
IB 73
ICF 521
Ich-Botschaft 144, 744
Ich-Botschaft, erweitert 146
Identität 245, 248
Identitätsdiffusion 246
Identitätsentwicklung 248
Identitätsformen 247
Ideologie 332
IfSG 67
Imagepflege 720
Immunsystem 437
Impuls 416
Infektionsschutzgesetz 50, 51, 67
Informationsauswahl 33
Informationssuche 33
Informationsverarbeitung 29
Inklusion 517, 519, 526, 529, 621
inklusive Praxis 528

Instinkt 300
Institution, sozialpädagogische 76
Instrumentenausstattung 624
Integration 166, 517, 519
Integrationsdruck 507
Integrationshilfe 73
Integrations-/Inklusionskindergarten 81
Intelligenz, fluid 452
Intelligenz, kristallin 452
Intelligenzquotient 524
Interesse 238
Interkulturell 512
Internationaler Bundes (IB) 73
Internet 33
Interpunktion 131
Interrollenkonflikt 47
Intrarollenkonflikt 47
Introvertiertheit 410
IQ 524
Isolation 253

J
Johari-Fenster 477
Jugendalter 240
Jugendamt 76
Jugendhilfe 54
Jugendliche 250, 256
Jugendsozialarbeit 72
Jugendzentrum 77, 91

K
Kant, Immanuel 259
Kernzeit 84
Key, Ellen 53, 358
Kindchenschema 199
Kinderbetreuung 16
Kinderbüro 77
Kindergarten 77, 355
Kindergarten-Skala (KES-R) 706
Kinderhaus 91
Kinderrechte 359
Kinderrechte im Bürgerlichen Gesetzbuch 56
Kinderrepublik, demokratisch 361
Kindertagestätte, bi- oder multilingual 81
Kinder- und Jugendbericht 166
Kinder- und Jugendheim 77, 92
Kinder- und Jugendhilfe 296
Kinder- und Jugendhilfegesetz 51, 53
Kinder- und Jugendhilfe, stationäre Einrichtungen 92

Kinderzeichnung 635
Kindeswohl 55
Kindeswohlgefährdung 50
Kindgemäßheit 461
Kirche 654
KJHG 51, 53, 54, 168
Klanggeschichten 623
Klatschspiele 624
Klicksafe 664
Koedukation 495, 500
Koedukation, reflexiv 502
kognitiven Fähigkeiten 254
Kohärenzgefühl 587
Kohlberg, Lawrence 257
Ko-Konstruktion 568
Kommunikation 126, 127, 346, 413, 628, 667, 670, 740
Kommunikation, kongruent/inkongruent 129
Kommunikation, Objekt- 129
Kommunikationsfähigkeit 685
Kommunikationsmodell, Schulz von Thun 134
Kommunikationssituation 137
Kommunikative Qualität 681
Kompetenz 20, 101, 463, 529, 741
Kompetenz, Beobachtungs- 102
Kompetenz, Beratungs- 102
Kompetenz, Beurteilungs- 102
Kompetenz, Diagnose- 102
Kompetenzentwicklung 20
Kompetenz, Förder- 102
Kompetenz, Human 102
Kompetenz, interkulturell 508
Kompetenz, kommunikativ 661
Kompetenz, kommunikative 105
Kompetenz, Kooparations- 725
Kompetenz, Lern- 105
Kompetenz, lernmethodisch 20
Kompetenz, Methoden- 104
Kompetenz, methodisch-didaktisch 529
Kompetenz, Sach- 102
Kompetenz, sozial 221, 619
Kompetenz, Sozial- 103
Kompetenz, sprachlich 618
Kompetzen, interkulturell 619
Kompetzen, Team- 725
Konditionieren, appetitiv 435
Konditionieren, aversiv 435
Konditionieren, instrumentell 438
Konditionieren, klassisch 432
Konditionieren, operant 440

Konflikt 48
Konfliktgespräch, Dimensionen 751
Konfliktlösestrategien 228
Konkurrenzverhalten 238
Konstruktion 426
Konstruktion der Wirklichkeit 421
Konstruktionsspiel 211
Konstruktivismus 127, 422, 426, 457
Kontakt 236
Kontextfaktoren 521
Kontrolle, äußere 49
Kontrolle, innere 49
Kontrollmechanismus, sozial 49
Konzentrationsbereitschaft 412
Konzentrationsfähigkeit 412
Konzeption 153, 347, 384, 471
Konzeptionsentwicklung 384
Konzeptionsentwicklung, Ablauf 385
Konzeption und Bild vom Kind 387
Konzeption und Menschenbild 386
Konzeption und rechtliche Vorgaben 387
Konzeption, wichtige Inhalte 386
Kooperation 230, 413, 722
Kooperationsfähigkeit 685
Kooperationskompetenz 529
Kooperationspartnerschaften 726
Korczak, Janusz 303, 360
Körper, platonisch 615
Kortex 339, 418
Kortex, präfrontal 340
Kosmische Erziehung 375
KOT – Kleine Offene Tür 91
Kreativität 620
Krippe 77
Krippeneinrichtungen 76
Krise 247
Kriterienkatalog, Nationaler 703, 704
Kronberger Kreis 712
Kronberger Modell 714
Kultur 511
Kulturzugehörigkeit 325
Kultusministerkonferenz 98
Kündigung, betriebsbedingt 64
Kündigung, personenbedingt 64
Kündigungsfrist 62, 63
Kündigungsschutzgesetz 61, 63
Kündigung, verhaltensbedingt 64
Kunst 629
Kunst-Kindergarten 81
Künstlerisches Gestalten 377

L

Laewen, Hans-Joachim 392
Laissez-faire 319
Landesanstalt für Medien (LfM) 672
Landesgesetz 52
Lärm 572
Lärmbewältigungsvermögen 573
Laufenlernen 203
Lebensalter 175
Lebensbezug 656
Lebenschancen 172
Lebensorientierung 336, 337
Lebensweltorientierung 163
Lebensweltorientierung, Dimensionen 164
Leistungsbereitschaft 685
Leistungsmotivation 234
Leitbild 644
Leiterin 686
Lernbedingungen 402
Lernbehinderung 524
Lernbereitschaft 412
Lernen 20, 402, 410
Lernen, fremdbestimmt 409
Lernen in sozialen Zusammenhängen 412
Lernen, interkulturell 512
Lernen, lebenslang 451, 719, 734
Lernen lernen 406
Lernen mit Herz 354
Lernen, nicht-privilegiert 405
Lernen, planmäßig 28
Lernen, privilegiert 405
Lernen, selbstgesteuert 409
Lernen, sozial beeinflusst 413
Lernen, soziales 239
Lernfeld 9
Lernfelddidaktik 9
Lerninhalt 32
Lernmethode, aktive 28
Lernmotivation 20
Lernprozess 32
Lernstil 23
Lerntagebuch 31
Lerntheorie 285
Lerntheorie und Menschenbild 456
Lerntypen 23
Lernumgebung 22, 428
Lesen 667
Lewin, Kurt 318
Lindgren, Astrid 183

Literacy 223, 544
Literacy-Erziehung 556, 557
Literaturangaben 34
Lob 283, 313, 314
Locke, John 178
Löschung 434, 443

M

Makrosystem 306, 309
Malaguzzi, Loris 376
Mandelkern 420
Marcia, James E. 247
Marsch, der letzte 362
Maße 612
Mathematik 610
Mathematisch-naturwissenschaftliche Bildung 605
Mathematisch-naturwissenschaftliche Erziehung 605
Mechanik 613
Mediation 82, 94, 591, 649
Medien 401
Medienbegriff 668
Medienbeschäftigung 666
Medienbindung 664, 666
Medieneinsatz 505
Medien, elektronisch 661
Medienerziehung 660, 670
Medien, Geräteausstattung 665
Mediengeschichte 668
Mediengestaltung 663
Medienkompetenz 660
Medienkonsum 175
Medienkritik 662
Medienkunde 662
Mediennutzung 662, 664
Medienwelten 668
Medienwirkungstheorie 669
Mehrsprachigkeit 549
Menschenbild 348
Menschenbildung 353
Menschenwürde 298
Mesosystem 306, 308
Messen 612
Metakommunikation 131, 218
Migration 173
Migrationshintergrund 506
Mikrosystem 306, 307
Miller, Alice 299
Mindmap 27, 29, 30, 31, 38

Mitschreiben 32, 33
Mittagsbetreuungen 85
Mitteilung, explizit 134
Mitteilung, implizit 134
Mitteilungsebenen 127
Mitteilungspflicht 69
Mittelschicht 327
Mitverantwortung 391
Mitwirkung 75
Mitwirkungspflicht 69
Mobbing 253
Modell-Lernen 447
Moderation 754
Montessori-Kinderhaus 81
Montessori, Maria 371, 372
Montessori-Pädagogik 91
Montessori-Spielmaterialien 373
Moral 257, 340, 639
Moralentwicklung 340
Moralisches Urteil 257
Motivation 21, 406
Motivation, extrinsisch 21
Motivation, intrinsisch 21, 607
Motorik 192, 585, 596, 628
Multikulturell 507
Musik 622
Musikerziehung 616, 617
Musik-Kindergarten 81
Musterbildung 614
Mutterschutz 65

N

Nachweisgesetz 61
Nachweispflicht 61
Nähe 138
Natur 610
Naturdefizit-Störung 566
Naturerfahrung 566
Naturerleben 565
Naturräume 567
Naturwissenschaft 629
Neill, Alexander S. 351
Neill, Alexander Sutherland 364, 365
Nervenbahn, afferent 417
Nervenbahn, efferent 417
Nervenbahn, motorisch 415
Nervenbahn, sensorisch 415
Nervensystem 414
Nervensystem, peripher 414, 415

Nervensystem, zentral (ZNS) 414
Nestgruppe 79
Netzwerk 495
Neugier, epistemisch 605
Neurobiologie 182
Neurotransmitter 416
Newton, Isaac 606
Nonverbale Signale 533
Normalisierung 372
Normalisierungsprinzip 518
Normen 48, 310, 329, 551, 639, 642
Normen, gesetzlich 51
Normen, individuell 330
Normen, sozial 330
Normen und Werte 329
Normen, verinnerlicht 51
NS 431

O

Objektivität 109, 422
Offene Arbeit 382
Offene Ganztagsschule 77
Offene Ganztagsschule (OGS) 89
Offene Gruppen 382
Offene Türen 382
Offenheit 461
Öffentlichkeitsarbeit 471
Öffentlichkeitsarbeit planen 470
Öffnung, äußere 382
Öffnung, innere 382
Öffnungszeit 79, 83
OGS 85, 86, 737
Ordnen 613
Organisation, lernend 150, 734
Organisieren 149
Orientierung 615, 650
Orientierungen 332
Orientierung, sexuell 248
Orientierungsqualität 731
OT – Offene Tür 91

P

Pädagogik 295
Pädagogik, geschlechtsbewusst 504
Paradoxie 140
Paraphrasieren 143
Parentifizierung 275
Parkettierung 614
Partizipation 166, 479, 482, 649

Partizipation, direkt 485
Partizipation im Alltag 485
Partizipation, indirekt 486
Partizipation, offen 485
Partizipation, punktuell 485
Partizipation, Qualitätsaspekte 481
Partizipative Gesprächsformen 487
Partner, extern 722
Pause 26
Pawlow, Iwan Petrowitsch 430
Peergruppe 251
Perioden, sensible 374
Personalschlüssel 42, 80, 84, 89
Persönliche Visionen 152
Persönlichkeit 296, 325, 410
Persönlichkeitsbildung 682
Persönlichkeitseigenschaft 410
Perspektivenübernahme 303
Perspektivübernahme 205, 405
Perspektivwechsel 20, 303
Pestalozzi, Johann Heinrich 352, 391
Pflicht 52
Pflichtbewusstsein 305
Pflichten 312
Philosophie 646
Phobie 288
Piaget, Jean 195
Picasso, Pablo 631
PISA 498
PISA-Studie 16
Planung 459
Planungsschritte 462
PMB-Methode 697
Polarisation der Aufmerksamkeit 372
Portfolio 31
Portmann, Adolf 300
Position 41
Präsentation 755, 757
Prävention 165, 592
Prinzipien, didaktisch 460
Professionalisierung 10, 17, 99
Professionalität 8, 14, 88, 676
Professionalität entwickeln 681
Projektabschluss 468
Projektdurchführung 468
Projektion 275
Projektklärung 467
Projektplanung 466, 467
Prozessqualität 685, 732
Psychomotorik 225, 594

PTBS 277
Pubertät 240
Pythagoras, Satz des 610

Q

Quadrat 610
Qualifikation 101
Qualifikationsprofil 14, 99, 100
Qualifikationsprofil, Erzieherinnen und Erzieher 98
Qualität 712
Qualität, Erziehungs- 698
Qualität, pädagogisch 698
Qualitätsbereiche 703
Qualitätsdimensionen 700
Qualitätsentwicklung 385, 713
Qualitätsfeststellung 710
Qualitätsmanagement 697, 698, 699, 705, 711
Qualitätsmanagementsystem 732
Qualitätssicherung 125
Quellenangabe im Text 40
Querschnittsaufgabe 520
Querschnittsaufgaben 458

R

Räume schaffen 603
Recht auf Erziehung 54
Rechte des Kindes 361, 480
Rechte und Pflichten 50
Rechtsanspruch 55, 81
Rechtsverordnung 52
Reflex 429, 431
Reflexbogen 417
Reflexion 108, 341
Reflexionsqualität 680
Regeln 283
Regelspiel 211, 218
Reggio-Pädagogik 376
Region 173
Reifung 179
Reiz 431
Reiz, diskriminativ 446
Reizdiskriminierung 435
Reizfilterschwäche 269
Reizgeneralisierung 435
Religion 645
Resilienz 149, 482, 489, 735
Resilienzfaktoren 492
Resilienzförderung 494
Resilienz, Förderung 494
Resilienzforschung 490

Rezension 35
Rezeptor 416
Rhythmik 618
Rindenfeld, motorisch 418
Rindenfeld, sensorisch 418
Risikofaktorenmodell 586
Risikofaktoren, vor, während und nach der Geburt 189
Rodin, Auguste 631
Rogers, Carl R. 304
Rolle 40, 41, 48, 237
Rolle, formell 41, 42, 46
Rolle, informell 41, 43, 47, 48
Rollenbild 500
Rollenerwartung 40, 51
Rollenkonflikt 46
Rollenmodelle 499
Rollensicherheit 48
Rollenspiel 211, 288
Rollenträger 474
Rollenverhalten 474
Rollenverteilung 43, 46
Rollenwechsel 42
Rollenzuschreibung 501
Rousseau, Jean-Jacques 350, 351
Rückenmark 417
Rückmeldung 238

S

Sachinformation 134
Sachkompetenz 102
Sachohr 772
Sach-Ohr 136
Sachqualität 681
Sachregister 36
Sachumgebung 374
Salutogenese 586
Sammelleidenschaft 576
Sauberkeitserziehung 208, 215
Säugling 192
Schaden, perinatal 523
Schaden, pränatal 523
Schäfer, Gerd 392
Schätzen 612
Schicht, soziale 254, 325
Schichtzugehörigkeit 325
Schlüsselsituationen 379
Schlüsselwort 24, 25
Schulangst 289
Schuldruckerei 367

Schule 253
Schülermitwirkung 367
Schulfähigkeit 229
Schulkind 232
Schulkind, Bedürfnisse 237
Schulleistungen 254
Schulreife 229
Schulsozialarbeit 73, 86
Schulz von Thun, Friedemann 135
Schwangerschaft 187
Segregation 519
Selbstanalyse 683
Selbstbeobachtung 536
Selbstbestimmung 391
Selbstbewusstsein 335, 531
Selbstbildung 393
Selbstbildungspotenziale 392
Selbstbildungsprozess 18, 239, 390
Selbstkompetenz 102
Selbstkonzept 149, 232, 233, 245, 584
Selbstkundgabe 134
Selbstkundgabeohr 771
Selbstkundgabe-Ohr 136
Selbstreflektion 493
Selbstreflexion, biografisch 20
Selbstreflexionskompetenz 528
Selbsttätigkeit 461
Selbstvertrauen 335
Selbstwertgefühl 149, 233, 244, 291, 335, 685
Senge, Peter M. 150
Sex 496
Sexualität 222, 650
Shaping 446
Sinn 653
Sinn des Lebens 652
Situationsansatz 378, 713
Situationsbezogener Ansatz 380
Situationsorientierter Ansatz 378, 380, 381
Skinner, Burrhus Frederic 441
Sokrates 350
SOPE 696
SOS-Kinderdorf 77
Sozialgesetzbuch VIII 71
Sozialisation 176, 179, 326, 327
Sozialkompetenz 102
Spiel 356
Spielen 595, 601
Spielentwicklung 202, 207, 210, 217, 223, 597
Spielformen 599
Spielplatz, betreut 91

Spielregeln 238
Spielverhalten 234
Sprachbehinderungen 525
Sprachbeobachtung 559
Sprache 107, 346, 502, 544, 628
Sprache, elaboriert 326
Sprachentwicklung 202, 207, 209, 217, 223, 228, 237, 525, 547
Sprache, restringiert 326
Spracherwerbsphasen 547
Sprachfähigkeit 486
Sprachförderprogramm KON-LAB 554
Sprachförderung 509, 531, 532
Sprachgebrauch 548
Sprachkompetenz 327, 544, 559
Sprachkompetenz, funktional 545
Sprachstrategien 551
Sprachverstehen 546
Sprachverweigerung 534
Sprechfähigkeit 486, 546
Sprechmuster 552
Status 49, 474, 475
Steiner, Rudolf 369
Stereotype 497, 500, 516
Stille 375
Stillzeit 66
Strafe 312, 313, 315
Strafe, Wirkung 315
Streetwork 72
Stress 290, 589
Stressbewältigung 591
Strukturqualität 686, 732
Stufenmodell von Kohlberg 258
Stuhlkreis 554
Subjektivität 108, 535
Sucht 592
Suchtprävention 592
Suizid 526
Supervision 82, 94, 693, 734
Symbole 608
Symbolspiel 218
Synapse 415
System, ökologisch 306

T
Tadel 283
Tageseinrichtungen für Kinder von 0 bis 3 Jahren 76
Tagesheimschule 77, 85, 86

Tarifvertrag 62
Tarifvertragspartei 62
Tausch, Anne-Marie 321
Tausch, Reinhard 321
Team 683, 684
Teamarbeit 78, 82, 695
Teamarbeit planen 469
Teamentwicklung 684
Teamgespräch 687
Technik 629
Teilhabe und Zugang 167
Teilleistungsstörungen 526, 587
Teilzeitstelle 84
Telefonkontakte 752
Textmarker 37
Text, Markierung 37
Thorndike, Edward Lee 439
Thüringer Bildungs- und Erziehungsplan 343
Tod 652
Toleranz 515, 647
Total-Quality-Management-System 710
TOT – Teiloffene Tür 91
Träger 73, 644, 715
Träger der öffentlichen Jugendhilfe 72
Transition 492
Transitionen 232
Trauma 277
Trennungsangst 288
Treuepflicht 61
trial and error 439
Trisomie 21 522
Trotzphase 206
Türöffner, kommunikativ 142

U
Üben 419
Überbehütung 275
Übergänge 83, 232
Übungsarbeiten 312
UCR 431
UCS 431
Umfeld 350
Umfeld, familiär 274
Umgebung 370
Umgebung, vorbereitete 374
Umwelt 180, 249, 349
Umweltbildung 564
Umwelteinflüsse 185
Umwelterziehung 571

Umweltpsychologie 569
UNESCO 515
Unfallschutz 51
UN-Kinderrechtskonvention 54, 55
UN-Konvention über die Rechte von Menschen mit Behinderung 171
Unsicherheit, sozial 288
Unterricht, handlungsorientiert 354, 366
Unterschicht 327
Urmisstrauen 245
Urvertrauen 279
USA. Es folgten 257

V
Verankerung von Gelerntem 27
Verantwortung, pädagogische 18
Verbote 330
Vererbung 178
Verhalten 262, 263, 409
Verhalten, herausfordernd 261, 267
Verhalten, hyperaktiv 280
Verhalten, offen 263
Verhalten, respondent 440
Verhaltensauffälligkeit 264, 281
Verhaltensbeobachtung 266, 283
Verhaltensmuster 266, 447
Verhalten, spontan 438, 440
Verhaltenssauffälligkeit 267
Verhaltensstörung 267, 269
Verhaltensvorschrift 48
Verhalten, verdeckt 263
Vermeidungsverhalten 289
Verstärker 441
Verstärker, negativ 443
Verstärker, positiv 442
Verstärkung 441
Verstärkung, kontinuierlich 446
Verstärkung, partiell 446
Verstärkung, positiv 317
Verstehen 163
Versuch und Irrtum 439, 606
Vertragsfreiheit 61
Verwöhnung 275
Viabilität 425, 427
Vigilanz 420
Vorbild 339, 650
Vorlesen 558
Vormundschaftsgericht 54
Vorstellung 112, 153

Vorurteil 516
Vulnerabilität 492

W
Wahrnehmung 50, 106, 112, 583
Wahrnehmung, auditiv 616
Wahrnehmung, Fremd- 119
Wahrnehmung, ganzheitlich 537
Wahrnehmung, Konstanz 110
Wahrnehmung, Konstruktion 112, 114, 116, 117
Wahrnehmung, Methoden 120
Wahrnehmung, Phänomene 109
Wahrnehmung, Selbst- 119
Wahrnehmungsgedächtnis 269
Wahrnehmungsgesetze 113
Wahrnehmungsqualität 679
Wahrnehmung, Subjektivität 109
Waldkindergarten 81
Waldorfkindergarten 77, 81
Waldorf-Kindertagesstätten 352
Waldorf-Schule 369
Watson, John B. 436
Watzlawick, Kommunikationsaxiome 130
Watzlawick, Paul 129
Weiterbildung 718
wenig 82
Werner, Emmy 491
Wertbindung 643
Werte 257, 310, 332, 338, 551, 639, 642
Werte, individuell 339
Wertekultur 644
Werteschema 368
Werte und Normen 239
Wertevermittlung 334
Wertewandel 334, 335, 338
Wertorientierung 638, 642
Wertschätzung 49, 481, 692, 735
Wiederholen 27
Wiegen 612
Wirklichkeit 424
Wirklichkeitskonstruktion 670
Wissen, explizit 419
Wissen, implizit 419
Wissensaneignung 195
Wochenarbeitsplanung 367
Wohnen, betreutes 95
Wohnstubenmodell 354
Wolfskinder 404
Wortschatz 209

Z

Zeichen 608
Zeitplanung 22
Zertifizierung 711
Zeugnis, ärztliches 65
Zeugnispflicht 61
Ziele im Situationsansatz 379
Zielvereinbarung 125
Zielvorstellungen, pädagogisch 350
Zitat 38
Zitat, direkt 39
Zitat, indirekt 39
Zitat, Internet 40
Zitat, Sammelband 39
Zitat, Zeitschriftenaufsatz 40
Zuhören 142
Zuhören, aktiv 137, 143, 743, 744, 772
Zukunftsorientierung 255, 380
Zusammenfassung 38
Zweitsprache 549, 550

Verzeichnis wichtiger Persönlichkeiten

Die im Folgenden vorgestellten wichtigen Persönlichkeiten sind Pädagogen, Philosophen, Soziologen, Mediziner und Wissenschaftler, die einen besonderen Einfluss auf die Entwicklung der Pädagogik bzw. auf grundlegende wissenschaftliche Denkrichtungen haben oder hatten. Sie finden diese Persönlichkeiten auch in den Kapiteln jeweils in dem Kontext, in dem sie von besonderer Bedeutung sind.

Adorno, Theodor W. (1903–1969)
Theodor W. Adorno studierte in Frankfurt/Main Philosophie, Soziologie, Psychologie und Musiktheorie. Als Professor jüdischer Abstammung wurde ihm unter den Nationalsozialisten 1933 die Lehrerlaubnis entzogen. 1934 emigrierte er nach Großbritannien und arbeitete als Dozent in Oxford. 1938 wanderte er in die Vereinigten Staaten aus, wo er sich intensiv mit dem Nationalsozialismus auseinandersetzte. 1949 kehrte Adorno nach Frankfurt zurück und erhielt dort eine Professur für Sozialphilosophie. 1950 veröffentlichte er gemeinsam mit anderen Wissenschaftlern die empirische Studie zum autoritären Charakter. Adornos Erfahrungen mit dem autoritären System des Nationalsozialismus prägten sein ganzes Leben. So war es ihm zwar gelungen, Deutschland rechtzeitig zu verlassen und damit sein Leben zu retten, das schreckliche Schicksal der zurückgebliebenen, gequälten und ermordeten jüdischen Bürger belastete ihn jedoch zeitlebens.

Ainsworth, Mary (1896–1999)
Die Amerikanerin Mary Ainsworth studierte Psychologie an der University of Toronto, wo sie 1939 auch promovierte. Sie arbeitete in London zusammen mit John Bowlby, der den Einfluss von Trennungen zwischen Mutter und Kind erforschte. Nach Untersuchungen zu vorbildlichen Mutter-Kind-Beziehungen in Uganda erforschte sie in den 1960er Jahren in Baltimore (USA), wie Kinder auf Trennungen reagieren. Dabei konzentrierte sie sich insbesondere auf die Interaktion zwischen Müttern und Kindern in ihrer natürlichen Umgebung. In den 1970er Jahren entwickelte sie ein Setting für standardisierte Verhaltensbeobachtungen, um das Verhalten und Erleben von Kindern zu untersuchen, wenn ihre Mütter den Raum verlassen, nachdem eine fremde Person ihn betreten hat. Mary Ainsworth entdeckte auf der Grundlage ihrer standardisierten und systematischen Forschung die große Bedeutung der Empathiefähigkeit und Feinfühligkeit der für das Kind wichtigsten Bezugspersonen für die Entwicklung seiner psychischen Stabilität insgesamt und seines Selbstwertgefühls, seines Selbstvertrauens und seines Selbstbewusstseins im Besonderen.

Antonowski, Aaron (1923–1994)
Antonowski war Professor der Soziologie und begründete die Salutogenese-Forschung, die die Frage nach den bestimmenden Faktoren für die Gesunderhaltung des Menschen in den Mittelpunkt des Interesses rückt. Aufgrund der konsequenten Ressourcenorientierung und der Berücksichtigung psychischer, körperlicher und sozialer Faktoren sind seine Erkenntnisse mittlerweile fester Bestandteil der Soziologie, der Psychologie sowie der Gesundheits- und Sportwissenschaft.

Bandura, Albert (* 1925)
Bandura beschäftigte sich mit der Frage, was geschieht, wenn der Mensch nicht dadurch lernt, dass ein Reflex bei ihm ausgelöst oder dass ein operantes Verhalten verstärkt wird, sondern wenn er einfach bestimmte Verhaltensmuster anderer Menschen nachahmt. Er war davon überzeugt, dass Lernen in diesem Fall auf geistigen, d. h. kognitiven Prozessen beruhen muss. Bandura wurde 1953 Dozent an der Stanford University, 1973 Präsident des Amerikanischen Psychologenverbandes, der APA. Bis heute ist Bandura an der Stanford University tätig.

Bowlby, John (1907–1990)
John Bowlby studierte an der Universität von Cambridge Medizin. 1927 widmete er sich der Entwicklungspsychologie und schloss 1933 sein Psychiatriestudium ab. Er gilt als Pionier der Bindungsforschung. 1951 veröffentlichte er eine von der WHO in Auftrag gegebene Studie, welche die Auswirkungen von Trennung und Verlust der Bezugsperson auf die kindliche

Persönlichkeitsentwicklung verdeutlichte. Er betrachtete die Trennung von der Mutter in den ersten Lebensjahren als die ursächliche Entstehung psychischer Störungen. Die von ihm benannte „Mutterentbehrung" führte seinen Ausführungen zufolge zu körperlichen, intellektuellen und psychischen Schäden. Er arbeitete mit der Psychologin Mary Ainsworth (Begründerin der „Fremden-Situation") über lange Jahre zusammen (vgl. Bretherton, 1995).

Comenius, Johann Amos (1592–1670)

Comenius, geboren als Jan Amos Komenský, war ein tschechischer Theologe und Pädagoge, der die Schöpfung als Weltgeschichte verstand, an der der Mensch im Auftrag Gottes mitwirken solle. Hierfür muss der Mensch über eine universale Bildung verfügen (vgl. Meyers großes Taschenlexikon, 1995, S. 314). 1657 erschien in Amsterdam die Gesamtausgabe „Opera Didactica Omnia" mit der „Großen Didaktik" (Didactica magna) als Hauptwerk dieser Ausgabe. Zu seinen wichtigsten und bekanntesten Büchern gehört darüber hinaus „Orbis sensualium pictus" (Die sichtbare Welt), 1658 in Nürnberg veröffentlicht.

Erikson, Erik (1902–1994)

Erik Erikson wurde in Frankfurt geboren und lebte in verschiedenen Städten Europas. Er absolvierte ein Studium an einer Kunstakademie. Über den Kontakt zu Anna Freud wurde er in Wien Psychoanalytiker. 1933 flüchtete er mit seiner Familie wegen seines jüdischen Glaubens vor den Nationalsozialisten in die USA und wurde dort 1939 eingebürgert. Er lehrte als Professor für Entwicklungspsychologie unter anderem an der Elite-Universität Harvard (USA). Er veröffentlichte zahlreiche Werke zur Kinderpsychologie, in denen unter anderem sein berühmt gewordenes Stufenmodell „zur psychosozialen Entwicklung" (eine Weiterentwicklung des Freud'schen Modells) differenziert wurde. Das Schlüsselkonzept Eriksons zum Verständnis der menschlichen Psyche ist die Ich-Identität.

Eysenck, Hans Jürgen (1916–1997)

Eysenck wurde in Berlin geboren und starb in London. 1934 ging er wegen des Nationalsozialismus nach Frankreich und kurze Zeit später nach London ins Exil. 1955 wurde er Professor für Psychologie an der University of London, wo er bis 1983 forschte und lehrte. Eysenck verstand sich selbst als Naturwissenschaftler. Zu seinen wichtigsten Forschungsgebieten gehörte das menschliche Lernen, der Einfluss des Lernens auf die Persönlichkeit des Menschen und in Verbindung damit die Entwicklung von Verhaltensstörungen als Folge besonderer Milieubedingungen. Dementsprechend gehört er zu den Wissenschaftlern, die wesentliche Beiträge zur Entwicklung der lernpsychologisch orientierten Verhaltenstherapie erarbeitet haben. Eysencks weitere Forschung konzentrierte sich auf die menschliche Intelligenz als wichtigen Aspekt der Persönlichkeit. Seine diesbezüglichen Veröffentlichungen zu Intelligenzunterschieden zwischen verschiedenen Rassen waren allerdings stark umstritten und basierten auf zweifelhaften Arbeiten seines Lehrers Cyril Burt.

Foerster, Heinz von (1911–2002)

Heinz von Foerster war Physiker, Professor für Biophysik und lange Zeit Leiter des Biological Computer Laboratory in Illinois. Als Physiker arbeitete er zunächst in Deutschland und Österreich, entwickelte eine quantenphysikalische Theorie des Gedächtnisses und emigrierte 1949 in die USA. Dort arbeitete er mit dem Neurologen Warren McCulloch und mit John von Neumann, dem Erfinder des modernen Computers, zusammen. An der University of Illinois gründete er das berühmte Biologische Computer Labor und entwickelte es zu einem kognitionspsychologischen Forschungszentrum. Heinz von Foersters Verdienst ist es, immer wieder auf die unvermeidlichen blinden Flecken und individuellen Eigenarten des Beobachters aufmerksam gemacht zu haben, der sich dem vermeintlich von ihm unabhängigen Objekt der Beschreibung nähert. Persönlich besaß der Natur- und Geisteswissenschaftler Heinz von Foerster nie einen Computer, war Psychologe, Philosoph, Hobby-Zauberer und schaffte es mit seinen psychologischen, pädagogischen und philosophischen Theorien, seine Zuhörer in packenden Vorträgen in den Bann zu ziehen.

Freinet, Célestin (1896–1966)

Freinet war einer der bekanntesten französischen Reformpädagogen und Begründer der Freinet-Pädagogik, die bis heute in vielen Schulen und

Kindertagesstätten in fast allen Ländern Welt vertreten wird. Freinet wurde 1920 Lehrer in der kleinen Schule von Bar-sur-Loup in der Provence. Hier entwickelte Freinet die Grundzüge seiner Pädagogik, die heute weltweit unter dem Namen Freinet-Pädagogik bekannt ist. Was damals noch ungewöhnlich war, ist heute in vielen Schulen verbreitet: Freinet legte Wert darauf, dass seine Schülerinnen und Schüler schreiben und lesen lernten, kaufte 1923 eine Druckpresse und ließ die Kinder eigene Klassenzeitungen schreiben. Dies ging so weit, dass die von den Kindern gedruckten Zeitungen und auch Bücher allmählich die Texte der damals pädagogisch wenig wertvollen Schulbücher ersetzten. 1924 gründete Freinet gemeinsam mit gleichgesinnten Kollegen die Lehrerkooperative C. E. L. (Cooperative de l'Enseignement Laïc), aus der dann die spätere französische Lehrerbewegung „École Moderne" hervorging; das Institut Coopératif de l'École Moderne existiert noch heute und ist vor allem in Frankreich aktiv. Da die französischen Behörden seine pädagogischen Ideen nicht unterstützen wollten, eröffnete Freinet gemeinsam mit seiner Frau Elise 1935 eine eigene Schule. In der Zeit des Nationalsozialismus wurde Freinet 1940 verhaftet. Während der Haftzeit verfasste er viele grundlegende pädagogische Schriften, die 1946 unter dem Titel „L École Moderne Française" veröffentlich wurden. Im gleichen Jahr konnten die Freinets auch ihre Privatschule wieder eröffnen (vgl. ICEM, 2009).

Freud, Sigmund (1856–1939)

Sigmund Freud war ein bedeutender österreichischer Arzt und Tiefenpsychologe und Begründer der Psychoanalyse. Seine Theorien und Methoden spielen nach wie vor eine wichtige, wenn auch umstrittene Rolle in Medizin, Psychologie und Psychotherapie. Freud war einer der einflussreichsten Denker des vergangenen Jahrhunderts. Seine Theorien haben bleibenden Einfluss auf das Verhältnis der Menschen zu unbewussten psychischen Vorgängen und insbesondere zur Sexualität.

Fröbel, Friedrich Wilhelm August (1782–1852)

Fröbel studierte Naturwissenschaften in Jena und war danach Privatsekretär auf einem Gut in der Nähe von Neubrandenburg. Nach seiner Tätigkeit als Lehrer in Frankfurt am Main studierte er alte Sprachen, Physik, Chemie und Mineralogie in Göttingen und Berlin. 1816 gründete er die „Allgemeine Deutsche Erziehungsanstalt" in Griesheim in Thüringen. 1835 leitete er das Waisenhaus mit Elementarschule in Burgdorf in der Schweiz. 1840 gründete Fröbel den ersten Kindergarten unter dieser Bezeichnung und unternahm zwischen 1845 und 1849 viele Reisen zur Verbreitung seiner Kindergarten-Idee. Das von Fröbel geschaffene Wort „Kindergarten" hat sich inzwischen in vielen Sprachen als Bezeichnung von vorschulischen Institutionen durchgesetzt. Fröbel war wie Pestalozzi ein politisch engagierter Mensch. 1851 kam es daher zu einem Verbot von Kindergärten, da die Regierenden die Befürchtung hatten, dass sich dadurch liberale und atheistische Ideen im Lande verbreiten könnten (vgl. Thesing, 1999, S. 33). Fröbel war ein tief religiöser Mensch und davon überzeugt, dass in allem, in der Erde, in der Natur und auch im Menschen göttliche Gesetze wirksam sind. Dabei entwickle sich die gesamte Schöpfung permanent weiter.

Fromm, Erich (1900–1980)

Erich Fromm war ein deutsch-amerikanischer Psychoanalytiker, Philosoph und Sozialpsychologe. Nach der Machtergreifung der Nationalsozialisten ging er zunächst in die Schweiz, um kurz danach (1934) in die Vereinigten Staaten zu emigrieren. Dort arbeitete er zunächst an der Columbia University in New York. 1940 wurde Fromm US-amerikanischer Staatsbürger und ging 1950 nach Mexiko-City, wo er an der Universidad Nacional Autónoma de México (UNAM) unterrichtete. Er gilt heute als einer der bekanntesten und bedeutendsten Humanisten des 20. Jahrhunderts. Als Humanist stand Fromm in der Tradition der abendländischen Philosophie, in deren Mittelpunkt die zu respektierende Würde des Individuums und grundlegende Werte wie Toleranz und Gewaltfreiheit stehen. Fromm wurde sowohl von der Psychoanalyse Freuds als auch von Karl Marx beeinflusst. Sein Menschenbild basierte auf Vorstellungen von einem gewaltfreien, demokratischen Sozialismus, in dem Meinungs- und Gewissensfreiheit handlungsleitende Bedeutung haben. Mit seiner humanistischen Grundhaltung beeinflusste Fromm auch die moderne Pädagogik nachhaltig.

Glasersfeld, Ernst von (* 1917)

Ernst von Glasersfeld ist Philosoph und Kommunikationswissenschaftler. Wegen des Nationalsozialismus verließ er 1937 Deutschland und ging nach Australien. Während des Zweiten Weltkrieges arbeitete er als Farmer in Irland und nahm die irische Staatsbürgerschaft an. Bereits damals gingen seine philosophischen und psychologischen Gedanken in Richtung des später von ihm entwickelten Radikalen Konstruktivismus. 1965 wurde er Leiter eines Projekts der US-Air-Force über computergestützte Linguistik. 1972 las von Glasersfeld zum ersten Mal Arbeiten von Jean Piaget, dessen Theorie über das Denken und Lernen von Kindern zu einer der Grundlagen seiner wissenschaftlichen Arbeiten wurde.

Humboldt, Wilhelm von (1767–1835)

Humboldt war ein deutscher Gelehrter, Staatsmann und Mitbegründer der Universität Berlin sowie ein Vertreter des humanistischen Bildungsideals. Er setzte sich für ein allgemeines und durchgehendes Erziehungssystem von der Elementarstufe bis zur Universität ein, in dem die Sprache und Dichtung seiner Zeit stark im Vordergrund stand und ein Leitbild des 19. Jahrhunderts wurde. „Für ihn ist der Gebildete derjenige, der ‚soviel Welt als möglich zu ergreifen, und so eng, als er nur kann, mit sich zu verbinden' sucht" (Bildungskommission NRW, 1995, S. 30). Humboldt forderte für jeden Menschen eine allgemeine Bildung. Ziel der Bildung war eine kritische Auseinandersetzung mit der Welt, Emanzipation zu persönlicher Freiheit und Eigengestaltung.

Kant, Immanuel (1724–1804)

Kant war ein wichtiger deutscher Philosoph der Aufklärung. Seine Philosophie beschäftigte sich insbesondere mit den Fragen: Was kann der Mensch grundsätzlich wissen und erkennen? Was soll der Mensch tun, wie soll er sich verhalten? Die erste, erkenntnistheoretische Frage behandelte er in seinem Werk „Kritik der reinen Vernunft", die zweite, moralisch/ethische in der „Kritik der praktischen Vernunft". Außerdem widmete sich Kant ästhetischen, religiösen und anthropologischen Fragestellungen und er beschäftigte sich auch mit pädagogischen Themen. Als Philosoph der Aufklärung war dabei für ihn besonders wichtig, den Menschen zu einem mündigen Wesen zu erziehen, das sich seiner Vernunft bedienen kann und sich dadurch Kants Auffassung nach zwangsläufig moralisch verhalten muss. Er wies auch auf einen Grundwiderspruch pädagogischen Handelns hin: Wie kann ein Mensch durch „Zwang", ausgeübt durch den Willen des Erziehers, zu einem freien Menschen erzogen werden, der lernt, eigenständig seine Vernunft zu gebrauchen? Darüber hinaus stellte Kant die Frage, welche geistigen Voraussetzungen der Mensch mitbringt (z. B. eine Vorstellung von Raum, Zeit und Kausalität), um überhaupt Erfahrungen machen zu können. Er ging davon aus, dass Wirklichkeit durch diese Voraussetzungen erst im Kopf entsteht, und nahm damit viele Überlegungen des Konstruktivismus vorweg.

Key, Ellen (1849–1926)

Ellen Karolina Sophie Key war das erste von sechs Kindern. Sie stammte aus einer adligen Familie und verbrachte ihre Kindheit auf einem Rittergut in Schweden. Ellen Key wurde zwar streng, aber auch sehr liebevoll erzogen. Im Familienleben der Keys wurde weitgehend auf Luxus verzichtet. Ellen Key besuchte keine Schule und wurde stattdessen zu Hause von einer deutschen Lehrerin unterrichtet. Ihre Interessen galten der Geschichte, der Philosophie und der Literatur. Ellen Key, deren Vater Reichstagsabgeordneter im schwedischen Parlament war, interessierte sich besonders für politische und soziale Fragen. Sie begann schon in jungen Jahren, sich für Freiheit und Gerechtigkeit zu engagieren. Von 1878 bis 1898 war sie Lehrerin und von 1883 bis 1903 Dozentin am Arbeiterinstitut in Stockholm. Im Dezember 1900 veröffentliche Ellen Key eine Essaysammlung unter dem Titel „Das Jahrhundert des Kindes" (vgl. Key, 2000). Dieses Buch hatte bis in die 1920er Jahre allein im Deutschen Reich 36 Auflagen. Als es erschien, war Ellen Key bereits als Kämpferin für die Rechte von Frauen, Kindern und Arbeitern hervorgetreten.

Kohlberg, Lawrence (1927–1987)

Lawrence Kohlberg wurde 1927 in Bronxville, südwestlich von New York geboren. Bevor er 1948 ein Psychologiestudium in Chicago begann, wurde er als jüdischer Flüchtlingshelfer auf einem Frachtschiff entdeckt und mit der Mannschaft und den Passagieren in Zypern festgesetzt. Mit gefälschten Papieren und über Umwege gelang ihm die Flucht zurück in die USA. Es folgten mehrere Lehrtätigkeiten an unterschiedlichen Instituten, bevor er zurück an die University of Chicago kam und dort bis 1968 als Professor tätig war. 1968 erhielt er eine Professur für Erziehungswissenschaften und Sozialpsychologie an der Harvard University, Massachusetts. Kohlberg gründete das Zentrum für moralische Entwicklung und Erziehung, das er bis zu seinem Tode leitete. Seine Veröffentlichungen haben seit den 1960er Jahren bis heute große Aufmerksamkeit gefunden, insbesondere durch sein Stufenmodell der moralischen Entwicklung.

Korczak, Janusz (1878–1942)

Janusz Korczak, eigentlich Henryk Goldszmit, war jüdisch-polnischer Arzt, Schriftsteller und Pädagoge. Obwohl Korczak wegen seiner Herkunft und seiner vielfältigen Begabungen eine große akademische Laufbahn hätte einschlagen können, entschied er sich nach seinem Medizinstudium, den Armen und den Waisenkindern in den Elendsvierteln von Warschau zu helfen. Der Name Janusz Korczak war das Pseudonym, das er als Schriftsteller wählte und unter dem er weltberühmt wurde. Besonders hervorzuheben sind Korczaks Kinderbücher, die pädagogisch wertvoll und spannend zu lesen sind. Korczaks pädagogische Schriften basieren durchweg auf wissenschaftlich reflektierten praktischen Erfahrungen. Sie zeigen in hervorragender Weise, wie das praktische Handeln für die Theorieentwicklung und wie umgekehrt die Theorie für die Praxis hilfreich sein kann. Besonders zu empfehlen und in ihrer Bedeutung zeitlos sind die folgenden von Korczak veröffentlichten Bücher für Kinder und für Pädagogen:

- Kaitus oder Antons Geheimnis
- König Hänschen I
- König Hänschen auf der einsamen Insel
- Der kleine König Macius: eine Geschichte in zwei Teilen für Kinder und Erwachsene
- Das Recht des Kindes auf Achtung

Lewin, Kurt (1890–1947)

Lewin war deutscher Herkunft und starb in Newtonville, Massachusetts. Er emigrierte 1933 in die Vereinigten Staaten. Es waren seine Erfahrungen mit den Nationalsozialisten, die ihn veranlassten, Deutschland zu verlassen und sich mit der Frage nach der sozialpsychologischen Wirkung von autoritärem Führungsverhalten auseinanderzusetzen. In den Vereinigten Staaten erhielt Lewin eine Professur an der Cornell University in Ithaka. 1939 gründete und leitete Kurt Lewin das „Research Center for Group Dynamics" am Massachusetts Institute of Technology. Der Begriff „Gruppendynamik" wurde wesentlich von Kurt Lewin geprägt.

Malaguzzi, Loris (1920–1994)

Loris Malaguzzi studierte Pädagogik und war zunächst Grundschullehrer. Nach dem Zweiten Weltkrieg gründete er einen sogenannten Volkskindergarten, in und mit dem er die Grundzüge einer Pädagogik entwickelte, die viele reformpädagogische Grundgedanken zusammenführte und in der Praxis verwirklichte. Das US-Magazin „Newsweek" wählte nach Malaguzzis pädagogischem Ansatz arbeitende Kindertagesstätten der Stadt Reggio Emilia zu den besten sozialpädagogischen Einrichtungen auf der Welt. Ab 1950 war Malaguzzi Berater in einer psychologisch-pädagogischen Beratungsstelle in Reggio Emilia und übernahm 1963 die Leitung aller kommunalen Einrichtungen für Kinder von 0 bis 6 Jahren (vgl. Thesing, 1999, S. 161 ff.).

Miller, Alice (1923–2010)

Alice Miller wurde am 12. Januar 1923 als Alicja Rostowska in Lemberg geboren, das damals zu Polen gehörte. Mithilfe ihrer Eltern gelang es ihr, aus dem Warschauer Ghetto zu fliehen und den Krieg zu überleben. Sie lebte lange Zeit ihres Lebens in der Schweiz und wurde insbesondere als Psychoanalytikerin bekannt, obwohl sie die Psychoanalyse im Verlauf ihrer Tätigkeit als Erziehungsberaterin und als Wissenschaftlerin immer kritischer beurteilte. Sie warf ihr vor allem vor, Traumata während der Kindheit als kindliche Phantasien zu verharmlosen und nicht als Kindesmissbrauch und -misshandlung zu verstehen. 1988 trat sie aus der Schweizerischen Gesellschaft für Psychoanalyse und aus der Internationalen Psychoanalytischen Vereinigung aus. Die bekannteste Veröffentlichung von Alice Miller ist „Das Drama des begabten Kindes", das 1979 erschien und später mehrmals überarbeitet wurde. Sie starb am 14. April 2010 in Saint-Rémy-de-Provence.

Montessori, Maria (1870–1952)

Die Italienerin war das einzige Kind wohlhabender Eltern und erhielt als erste Frau Italiens 1892 einen Studienplatz für Medizin an der Universität in Rom. Sie schloss ihr Studium 1896 mit Promotion ab und arbeitete als Assistenzärztin an der Psychiatrischen Klinik in Rom. Hier machte Maria Montessori erste systematische Beobachtungen zum Verhalten und Lernen psychisch kranker Kinder. Zwischen 1896 und 1911 führte sie eine eigene ärztliche Praxis. Auf einem großen pädagogischen Kongress in Turin kämpfte sie erstmals an prominenter Stelle für die Rechte von Kindern mit entwicklungs- und persönlichkeitspsychologischen Störungen und wurde 1899 Leiterin eines Instituts zur Ausbildung behinderter Kinder in Rom. Von 1902 bis 1904 studierte Maria Montessori Pädagogik und schloss auch diese Ausbildung erfolgreich ab. 1907 eröffnete sie das erste Kinderhaus (Casa die Bambini) im römischen Elendsviertel Lorenzo.

Neill, Alexander Sutherland (1883–1973)

Neill war einer der bedeutendsten Reformpädagogen des 20. Jahrhunderts. Er hatte sich intensiv mit der Psychoanalyse Sigmund Freuds auseinandergesetzt und pädagogische Konsequenzen aus dieser Theorie für sein praktisches Handeln gezogen. Darüber hinaus übten Rousseaus pädagogische Vorstellungen einen großen Einfluss auf seine Theorie zu erzieherischer Praxis aus. Wie Rousseau glaubte auch Neill an das Gute im Menschen und insbesondere im Kind. Parallelen sind dabei auch im Vergleich mit Janusz Korczak zu erkennen. Neill war überzeugt davon, dass ein glücklicher Mensch das wichtigste Erziehungsziel überhaupt sei. Im Erziehungsziel „Gehorsam" sah Neill eine der Ursachen für die beiden Weltkriege und insbesondere dafür, dass es den Nationalsozialisten gelingen konnte, das deutsche Volk hinter sich zu bekommen und ganz Europa zu terrorisieren. Schulen, davon war Neill überzeugt, sollten ein Schutzraum für Kinder und Jugendliche sein und sie vor dem schlechten Einfluss überkommener, Gehorsam verlangender Generationen bewahren, die Weltkriege und Holocaust verursacht haben.

Newton, Isaac (1642–1726)

Newton gilt als einer der größten Wissenschaftler aller Zeiten. Vor allem in Mathematik, Physik und Optik hat er Grundlegendes geleistet. Neben seinen bahnbrechenden theoretischen Arbeiten hat er auch selbst technisch gearbeitet. Sein 1672 angefertigtes und nach ihm benanntes Spiegelteleskop wurde zu einem für Generationen von Astronomen unentbehrlichen Standardgerät. Auch wenn Newtons Theorien durch neuere Arbeiten vielfach überholt sind, spielen manche von ihnen – wie etwa seine Mechanik – im Alltag nach wie vor eine große Rolle. Diese „klassische Mechanik" eignet sich in besonderer Weise, Kinder mit physikalischen Gesetzmäßigkeiten bekannt und vertraut zu machen.

Pawlow, Iwan Petrowitsch (1849–1936)

Der russische Mediziner und Physiologe erhielt 1904 den Nobelpreis für – wie es damals hieß – „Physiologie oder Medizin" wegen seiner Forschungsarbeiten über die Verdauungsdrüsen. Pawlow legte Hunden bei diesen Forschungsarbeiten künstliche Ausgänge der Verdauungsorgane und untersuchte die dort produzierten Sekrete. Es gelang ihm auf diese Weise, die bis dahin unerforschten Verdauungsvorgänge zu enträtseln. Als psychologisch wichtiges Nebenprodukt fiel auf, dass die Hunde in seinen Experimenten bereits Speichel produzierten, wenn der Mann erschien, der sie normalerweise fütterte. Dies geschah auch, wenn dieser Mann gar kein Futter bei sich hatte. Diese Beobachtung sollte, was Pawlow damals noch nicht wusste, das psychologische Verständnis vieler Lernvorgänge revolutionieren.

Pestalozzi, Johann Heinrich (1746–1827)

Johann Heinrich Pestalozzi war wie Rousseau Schweizer. Pestalozzi war Schul- und Sozialreformer, Pädagoge und Philosoph. Die Förderung der Entwicklung von Kindern und Jugendlichen war ihm ein wichtiges Anliegen. Sein großes Engagement vor allem für ärmere und „schwierige" Jugendliche machte ihn schon zu Lebzeiten in ganz Europa berühmt. Er wollte ihnen helfen, sich selbst helfen zu können, was zwei Jahrhunderte später zu Maria Montessoris Leitspruch wurde. Im Unterschied zu Rousseau, dessen Arbeiten er kannte und bewunderte, war Pestalozzi auch ein praktisch arbeitender Erzieher. Pestalozzi erkannte, dass Kinder in ihren ersten Lebensjahren besonders viel und besonders nachhaltig lernen.

Er forderte, die intellektuellen, die sittlichreligiösen und die handwerklichen Kräfte der Kinder allseitig, ganzheitlich, harmonisch und bereits in den ersten Lebensjahren zu fördern.

Piaget, Jean (1896–1980)

Der Schweizer Jean Piaget war Professor für Psychologie, Soziologie und Philosophie an verschiedenen Universitäten, u. a. in Genf und an der Sorbonne in Paris. Von 1929 bis 1967 war er Direktor des Bureau International d'Education in Genf. Piaget war einer der bedeutendsten Psychologen des letzten Jahrhunderts. Besonders interessierte ihn, wie sich Kinder Wissen ohne Hilfe Erwachsener aneignen und sich das Denken entwickelt. Piaget hatte selbst drei Kinder, die ihm u. a. geeignete „Studienobjekte" für seine Forschungen zur Entwicklung der Intelligenz waren. Das wichtigste Ergebnis seiner Studien war eine kognitive Entwicklungstheorie, die erklärte, wie der Mensch sich seine Umwelt aneignet bzw. kognitive Strukturen ausbildet. Piaget entwarf ein vierstufiges Entwicklungsmodell des Denkens, welches die geistige Weiterentwicklung von Geburt bis zur Pubertät darstellt und die Entwicklungspsychologie im Gebiet der kognitiven Entwicklung stark geprägt hat.

Rogers, Carl R. (1902–1987)

Der amerikanische Psychologe und Psychotherapeut Carl R. Rogers war der bekannteste Vertreter der Humanistischen Psychologie. Er entwickelte die sogenannte klientenzentrierte Gesprächstherapie. Diese Therapiemethode leistet auch heute noch einen wichtigen Beitrag zur Gesprächsführung in der pädagogischen Arbeit mit Kindern und Jugendlichen. Rogers arbeitete jahrelang als Psychologe mit delinquenten und unterprivilegierten Kindern und stellte dabei immer wieder fest, dass sie im Grunde wussten, welche Probleme sie zu bewältigen hatten, diese aber nicht verbal artikulieren und in der Folge nicht überwinden konnten. So war er im Unterschied zu manchen anderen Psychologen der Auffassung, dass der Mensch durchaus in der Lage ist, seine eigenen Probleme zu lösen, wenn er sich in einer Sicherheit und Geborgenheit gebenden Umgebung befindet und seine Situation zu verbalisieren vermag. Dazu entwickelte Rogers geeignete Gesprächstechniken, die Grundlage der Gesprächstherapie wurden, in der nicht der Therapeut mit seiner Methode, sondern der Klient mit seinen Anliegen im Mittelpunkt stand.

Rousseau, Jean-Jacques (1712–1778)

Jean-Jaques Rousseau wurde in Genf als Sohn eines Uhrmachers geboren und starb in Ermenonville bei Paris. Er übte eine Vielzahl an Berufen aus; er arbeitete in einem Kaufladen, war Musiklehrer, Hauslehrer, Schriftsteller, Philosoph, Pädagoge, Naturforscher und Komponist. Seine gesellschaftlichen und politischen Vorstellungen haben die Französische Revolution wesentlich mitbeeinflusst. In diesem Zusammenhang sollen Rousseaus pädagogische Vorstellungen im Mittelpunkt stehen. Unter Pädagogen ist er vor allem aufgrund seines Romans „Emile oder über die Erziehung" bekannt, den er im Jahr 1759 zu schreiben begann (vgl. Rousseau, 1963). Rousseau, der seine eigenen Kinder in ein Waisenhaus gab und ein bewegtes und unruhiges Leben führte, hielt sich selbst für einen schlechten Erzieher. Dennoch (oder vielleicht gerade deshalb?) befasste er sich intensiv mit pädagogischen und entwicklungspsychologischen Fragen. So entschloss er sich, einen imaginären Schüler anzunehmen und seine pädagogischen Idealvorstellungen in seinem berühmten Roman festzuhalten. Den imaginären Schüler, die Hauptfigur des Romans, nannte er Emile.

Schulz von Thun, Friedemann (* 1944)

Schulz von Thun wurde in Hamburg geboren und studierte Psychologie. 1973 promovierte er bei Reinhard Tausch zu Fragen der sprachlichen Verständlichkeit. Auf dieser Grundlage wurde 1974 das „Hamburger Verständlichkeitskonzept" entwickelt. In den 1970er Jahren entwickelte Schulz von Thun das „Kommunikationsquadrat". 2006 gründete er das Schulz von Thun-Institut für Kommunikation in Hamburg. Sein dreibändiges Werk „Miteinander reden" gilt als Standardwerk der angewandten Kommunikationspsychologie und erreichte eine zweifache Millionenauflage.

Senge, Peter M. (* 1947)

Peter M. Senge ist Direktor des 1991 gegründeten Center for Organizational Learning an der MIT Sloan School of Management in Cambridge (Massachusetts), wo er sich vor allem mit Fragen der Organisationsentwicklung befasst. Sein Buch mit dem Titel „Die fünfte Disziplin" wurde in viele Sprachen übersetzt. Es liegt auch den folgenden Überlegungen zur Organisation sozialpädagogischer Einrichtungen zugrunde. Auch wenn es Senge um die Organisation von Unternehmen ging, lassen sich viele seiner Überlegungen auf sozialpädagogische Einrichtungen übertragen. Als wesentlich für erfolgreiches Organisieren bezeichnet er die Entwicklung der Fähigkeit, im Team zu kooperieren, gemeinsame Ziele zu verfolgen und individuelle Eigeninteressen der Team-Mitglieder zurückzustellen, sowie die gemeinsame Entwicklung von Visionen, die das Team zu tragen in der Lage sind. All dies und die Bereitschaft, die Kreativität der Mitarbeiter und Mitarbeiterinnen zu stärken, sind wichtige Grundlagen einer erfolgreichen gemeinsamen pädagogischen Arbeit mit Kindern oder Jugendlichen.

Skinner, Burrhus Frederic (1904–1990)

B. F. Skinner war zweifellos der berühmteste Vertreter des amerikanischen Behaviorismus – berühmt auch, weil er zwar einerseits einen großen Teil seiner Forschung an Tieren durchführte, andererseits aber seine Ergebnisse mit großer Konsequenz auf aktuelle pädagogische Fragen übertrug. Auf Skinner geht sowohl der Begriff des Operanten Konditionierens als auch das weltweit verbreitete sogenannte Programmierte Lernen zurück. Wie Pawlow vertrat Skinner die Auffassung, dass sich die Persönlichkeit des Menschen weitestgehend unter dem Einfluss seiner Umwelt entwickelt, und erforschte ebenfalls vorwiegend das Verhalten von Tieren. Nach einiger Zeit übertrug er seine Untersuchungsergebnisse auf das menschliche Verhalten und Erleben und hier u. a. auch auf die Lernprozesse, die sich bei Kindern und Jugendlichen vollziehen. Dabei entwickelte er Lernmaschinen, die in den Schulen im Rahmen des damals sogenannten programmierten Lernens auch in vielen Schulen in Deutschland eingesetzt wurden. Viele der heutigen für Kinder und Jugendliche entwickelten Lernprogramme für den Computer basieren noch immer auf den gleichen Prinzipien.

Sokrates (469 v. Chr.–399 v. Chr.)

Schon der griechische Philosoph Sokrates hielt es für wichtig, dass der zu Erziehende sich auch erziehen lassen will. Dies ist eine Erkenntnis, die auch heute noch nicht alle Erwachsenen begriffen haben. Eine Erziehung gegen den Willen der Kinder wird in vielerlei Hinsicht erfolglos bleiben. Sie ist auf Druck und Gewalt angewiesen, sie wird weder das Selbstbewusstsein noch das Selbstvertrauen oder das Selbstwertgefühl des Kindes in ausreichendem Maße stärken können. Kinder sind nur dann wirklich bereit, sich erziehen zu lassen, wenn dies in einer Atmosphäre geschieht, in der sie den nötigen Raum haben, sich zu entfalten, und in der sie das Vertrauen in sich selbst und in die Erziehenden haben, das für die eigene Entwicklung unentbehrlich ist.

Steiner, Rudolf (1861–1925)

Steiner war Philosoph, Theologe und Pädagoge. Die von ihm begründete Anthroposophie findet bis heute Anhänger auf der ganzen Welt. Steiner befasste sich intensiv mit Kant und vor allem mit Goethes Werken. Von 1886 bis 1897 war er freier Mitarbeiter am Goethe- und Schillerarchiv in Weimar. Von 1899 bis 1904 arbeitete er als Referent an der Berliner Arbeiterbildungsschule und ab 1905 hielt er Vorträge in vielen Ländern Europas. 1913 gründete Steiner die Anthroposophische Gesellschaft und 1919 die erste Freie Waldorfschule in Stuttgart.

Tausch, Anne-Marie (1925–1983) und Tausch, Reinhard (* 1921)

Das Ehepaar Tausch forschte und lehrte am Psychologischen Institut der Universität Hamburg. Zu ihren Arbeitsschwerpunkten gehörten sowohl pädagogische als auch psychologische und psychotherapeutische Fragestellungen. Anne-Marie und Reinhard Tausch arbeiteten gemeinsam an der Entwicklung der deutschen Gesprächspsychotherapie, die wesentlich auch von den Forschungsarbeiten von Rogers beeinflusst war. Als Anne-Marie Tausch 1983 starb, setzte ihr Mann die gemeinsame Arbeit fort. Die Arbeiten des Ehepaares Tausch beeinflussten die Lehrerausbildung in ganz Deutschland nachhaltig.

Thorndike, Edward Lee (1874–1949)

Thorndike gilt als Begründer der Theorie der Instrumentellen Konditionierung und gemeinsam mit dem amerikanischen Psychologen John B. Watson als „Vater" des Behaviorismus. Wie viele andere Behavioristen führte Thorndike eine große Zahl an Tierversuchen durch. Bei ihm waren die Versuchstiere zunächst Katzen, deren Problemlöseverhalten er erforschte. Bei diesen Katzenversuchen entdeckte er die große Bedeutung der Verhaltenskonsequenzen für den Lernprozess. Katzen, die zufällig an einer Schlaufe zogen, öffneten damit ihren Käfig und waren frei. Einige Wiederholungen reichten und die Katzen bedienten sich gezielt der Schlaufe, um sich zu befreien.

Watson, John B. (1878–1958)

Die Psychologie und insbesondere die Lernpsychologie verdankt Watson eine für die damalige Zeit neue Öffnung hin zu naturwissenschaftlichen Methoden. Er lehnte die bis zu seiner Zeit vorherrschenden geisteswissenschaftlichen Methoden der Psychologie ab und versuchte – wie Pawlow –, das Verhalten und Erleben des Menschen anhand des Klassischen Konditionierens zu erklären. Er war der Überzeugung, dass Erbanlagen im Unterschied zu Umwelteinflüssen nur eine sehr geringe Rolle spielen.

Watzlawick, Paul (1921–2007)

Paul Watzlawick wurde in Villach (Österreich) geboren. Nach seinem Studium der Philosophie und Philologie in Venedig absolvierte er eine psychoanalytische Ausbildung am C.-G.-Jung-Institut in Zürich. Dann hatte er den psychotherapeutischen Lehrstuhl an der Universität in San Salvador inne. Seit 1960 arbeitete er am Mental Research Institute der Palo Alto Gruppe in Palo Alto (Kalifornien) mit und entwickelte dort u. a. die mit seinem Namen verbundene Kommunikationstheorie. 1967 wurde er an die Stanford University in Palo Alto auf den Lehrstuhl für Psychiatrie berufen. Schwerpunkte seiner Forschungsarbeit waren die Erforschung der Kommunikation von Schizophrenen, die systemische Familientherapie und die Theoriebildung zu Kommunikationsprozessen. Er zählt zu den Vertretern des Konstruktivismus. Watzlawick starb 2007 im Alter von 85 Jahren.

Emmy Werner (* 1929)

Emmy Werner ist eine US-amerikanische Entwicklungspsychologin. Sie überlebte als Kind die Bombennächte in Mainz, wanderte mit den Eltern in die USA aus und entwickelte sich dort zu einer angesehenen Wissenschaftlerin – sie kann also selbst als in hohem Maße resilient bezeichnet werden. Internationale Bekanntheit erlangte Werner für ihre Längsschnittstudie an 698 Kindern auf der Hawaii-Insel Kauai. Die Studie zeigte, dass sich ca. ein Drittel der Kinder, die vermehrten Risikofaktoren ausgesetzt sind, sich dennoch positiv entwickelten und somit als resilient bezeichnet werden können.